Le Robert & Collins

poche

italien

français-italien / italien-français

HarperCollins Publishers
Westerhill Road
Bishopbriggs
Glasgow
G64 2QT
Great Britain

Quatrième édition/Quarta edizione
2014

ISBN 978-0-00-753451-7

www.collins.co.uk
www.collinsdictionary.com

Dictionnaires Le Robert
25, avenue Pierre-de-Coubertin
75211 Paris cedex 13
France

www.lerobert.com

ISBN 978-2-32100-841-5

Dépôt légal mai 2016
Achevé d'imprimer en mai 2016

Photocomposition/
Fotocomposizione
Davidson Publishing Solutions, Glasgow

Imprimé en Italie par /
Stampato in Italia da
Grafica Veneta

DIRECTION ÉDITORIALE/DIREZIONE EDITORIALE
Catherine Love

CHEFS DE PROJET/DIRETTORI DEL PROGETTO
Teresa Álvarez
Janice McNeillie

COLLABORATEURS/COLLABORATORI
Délia D'Ammassa
Phyllis Buchanan
Laurence Larroche
Mery Martinelli
Debora Mazza
Carol McCann
Christian Salzédo

INFORMATIQUE ÉDITORIALE/
INFORMATICA
Thomas Callan
Agnieszka Urbanowicz

POUR LA MAISON D'ÉDITION/
PER L'EDITORE
Gerry Breslin
Kerry Ferguson

Indice

Introduzione iv
Abbreviazioni xii
Trascrizione fonetica xv
Verbi italiani xvii
Verbi francesi xxv
I numeri xxviii
L'ora xxx
La data xxxi
FRANCESE – ITALIANO 1–366
Prospettiva sull'italiano 1–32
ITALIANO – FRANCESE 367–680
Grammatica italiana 1–32

Table des matières

Introduction viii
Abréviations xii
Transcription phonétique xvi
Verbes italiens xvii
Verbes français xxv
Les nombres xxviii
L'heure xxx
La date xxxi
FRANÇAIS – ITALIEN 1–366
Perspectives sur l'italien 1–32
ITALIEN – FRANÇAIS 367–680
Grammaire italienne 1–32

Introduzione

Se desiderate imparare il francese o approfondire le conoscenze già acquisite, se volete leggere o redigere dei testi in francese, oppure conversare con interlocutori di madrelingua francese, se siete studenti, turisti, segretarie, uomini o donne d'affari, avete scelto il compagno di viaggio ideale per esprimervi e comunicare in francese, sia a voce che per iscritto. Strumento pratico e moderno, il vostro dizionario dà largo spazio al linguaggio quotidiano in campi come l'attualità, gli affari, la gestione dell'ufficio, l'informatica e il turismo. Come in tutti i nostri dizionari, grande importanza è stata data alla lingua contemporanea e alle espressioni idiomatiche.

Come usare il dizionario

L'obiettivo del dizionario è quello di fornirvi il maggior numero possibile di informazioni senza tuttavia sacrificare la chiarezza all'interno delle voci. In questa sezione troverete alcune spiegazioni su come sono presentate le informazioni nel testo.

Le voci

Una voce tipo del dizionario si compone di vari elementi, descritti qui di seguito.

La trascrizione fonetica

I lemmi, francesi e italiani, che possono presentare qualche difficoltà di pronuncia sono seguiti dalla trascrizione fonetica tra parentesi quadre. Come nella maggior parte dei dizionari moderni, è stato adottato il sistema noto come 'alfabeto fonetico internazionale'. L'elenco completo dei caratteri utilizzati in questo sistema è riportato alle pagine xv e xvi.

Le categorie grammaticali

Tutte le parole appartengono ad una categoria grammaticale, cioè possono essere sostantivi, verbi, aggettivi, avverbi, pronomi, articoli o congiunzioni. I sostantivi possono essere singolari o plurali, maschili o femminili. I verbi possono essere transitivi, intransitivi, riflessivi o impersonali in entrambe le lingue. La categoria grammaticale compare in *corsivo* subito dopo la pronuncia ed altre eventuali informazioni di tipo morfologico (plurali irregolari ecc.).

Molte voci sono state suddivise in varie categorie grammaticali. Per esempio, la parola italiana **bene** può essere sia un avverbio che un aggettivo o un sostantivo, e la parola francese **creux** può essere sia un aggettivo ('cavo'), che un sostantivo maschile ('cavità'). Analogamente il verbo italiano **correre** può essere usato sia come verbo intransitivo ('correre alla stazione') che come transitivo ('correre un rischio').

Per presentare la voce con maggior chiarezza e permettervi di trovare rapidamente i significati che cercate, è stato introdotto il simbolo ▶ per contrassegnare il passaggio da una categoria grammaticale ad un'altra.

Suddivisioni semantiche

La maggior parte delle parole ha più di un significato. Per esempio la parola **fiocco** può essere sia l'annodatura di un nastro che una falda di neve. Molte parole si traducono in modo diverso a seconda del contesto in cui sono usate: per esempio **gamba** si tradurrà in francese con 'jambe' nel senso anatomico, e con 'pied' se ci si riferisce alla gamba di una sedia o di un tavolo. Per permettervi di scegliere la traduzione giusta per ogni contesto in cui è possibile trovare la parola, le voci sono state suddivise in categorie di significato. Ciascuna suddivisione è introdotta da un indicatore d'uso tra parentesi in *corsivo*. Le voci **fiocco** e **gamba** compaiono quindi nel testo nel modo seguente:

> **fiocco, -chi** ['fjɔkko] *sm* (*di nastro*) nœud *m* ; (*di lana, stoffa, neve*) flocon *m*
>
> **gamba** ['gamba] *sf* jambe *f* ; (*di sedia, tavolo*) pied *m*

Per segnalare la traduzione appropriata sono stati introdotti anche indicatori d'ambito d'uso in *corsivo* con la prima lettera maiuscola, tra parentesi, spesso in forma abbreviata, come per esempio nel caso della voce **disturbo**:

> **disturbo** [dis'turbo] *sm* dérangement *m* ; (*Med*) trouble *m* ; (*Radio, TV*) brouillage *m*

L'elenco completo delle abbreviazioni adottate nel dizionario è riportato alle pagine xii – xiv.

Le traduzioni

La maggior parte delle volte esiste una traduzione precisa per ciascun significato della parola, come risulta dagli esempi riportati fin qui. A volte, tuttavia, è impossibile tradurre precisamente nella lingua d'arrivo: in questi casi è stato fornito un equivalente approssimativo, preceduto dal segno ≈, come ad esempio per la parola **cinquième** (*Scol*). Per questa parola non esiste una traduzione vera e propria data la diversità dei sistemi scolastici dei due paesi, e quindi è stato dato l'equivalente italiano 'seconda media'.

> **cinquième** [sɛ̃kjɛm] *adj, nm/f*
> quinto(-a) ▸ *nm* quinto ▸ *nf* (*Scol*)
> ≈ seconda media

A volte è persino impossibile trovare un equivalente approssimativo. Questo è il caso dei prodotti tipici di un certo paese, come ad esempio **panettone**:

> **panettone** [panet'tone] *sm sorte de grosse brioche avec des fruits confits que l'on mange traditionnellement à Noël*

In questi casi, al posto della traduzione, che non esiste, comparirà una spiegazione; per maggiore chiarezza, questa spiegazione, o glossa, è scritta in *corsivo*.

Molto spesso la traduzione fornita per una parola può non funzionare all'interno di una data locuzione. Ad esempio alla voce **mancare**, spesso tradotta con 'manquer' in francese, troviamo varie locuzioni in cui le traduzioni fornite all'inizio della voce non si possono utilizzare: **mancò poco che morisse** 'il s'en est fallu de peu qu'il ne meure', **manca poco alle sei** 'il n'est pas loin de six heures', e così via.

Ed è proprio in questi casi che potrete verificare l'utilità e la completezza del dizionario, che contiene una ricca gamma di composti, locuzioni e frasi idiomatiche.

Il registro linguistico

In italiano sapete istintivamente scegliere l'espressione corretta da usare a seconda della situazione in cui vi esprimete. Per esempio saprete quando dire **Non me ne importa!** e quando invece potete dire **Chi se ne frega?** Più difficile sarà farlo in francese, dove avrete minore consapevolezza delle sfumature di registro linguistico. Per questo motivo, nel dizionario sono stati inseriti indicatori di registro (*fam*) per quelle parole ed espressioni che sono di uso più colloquiale. L'indicatore (*fam!*) segnala invece le parole e le espressioni che, in quanto volgari, sono per lo più da evitarsi.

Parole chiave

Ad alcune voci è stato riservato un trattamento particolare sia dal punto di vista grafico che da quello linguistico. Si tratta di voci come **essere** e **fare**, e dei loro equivalenti francesi **être** e **faire** che, per la loro importanza e complessità, meritano una strutturazione più articolata ed un maggior numero di locuzioni illustrative.

In queste voci, le diverse categorie di significato all'interno delle singole categorie grammaticali, sono contrassegnate da numeri, e le costruzioni sintattiche e le locuzioni che illustrano quel particolare significato sono riportate all'interno della relativa categoria.

Informazioni culturali

Le voci affiancate da una riga verticale illustrano alcuni aspetti della cultura dei paesi di madrelingua francese e italiana. Tra gli argomenti trattati ci sono il sistema politico, quello scolastico, i mezzi di comunicazione e le feste nazionali. Tra queste voci di approfondimento culturale ci sono ad esempio **televisione**, **Laurea**, **préfecture** e **fête des Rois**.

Introduction

Vous désirez apprendre l'italien ou approfondir des connaissances déjà solides. Vous voulez vous exprimer en italien, lire ou rédiger des textes italiens ou converser avec des interlocuteurs italiens. Que vous soyez lycéen, étudiant, touriste, secrétaire, homme ou femme d'affaires, vous venez de choisir le compagnon de travail idéal pour vous exprimer et pour communiquer en italien, oralement ou par écrit. Résolument pratique et moderne, votre dictionnaire fait une large place au vocabulaire de tous les jours, aux domaines de l'actualité, des affaires, de la bureautique et du tourisme. Comme dans tous nos dictionnaires, nous avons mis l'accent sur la langue contemporaine et sur les expressions idiomatiques.

Mode d'emploi

Vous trouverez ci-dessous quelques explications sur la manière dont les informations sont présentées dans votre dictionnaire. Notre objectif : vous donner un maximum d'informations dans une présentation aussi claire que possible.

Les articles

Voici les différents éléments dont est composé un article type dans votre dictionnaire :

Transcription phonétique

La prononciation de tous les mots figure, entre crochets, immédiatement après l'entrée. Comme la plupart des dictionnaires modernes, nous avons opté pour le système dit « alphabet phonétique international ». Vous trouverez ci-dessous, aux pages xv et xvi, une liste complète des caractères utilisés dans ce système.

Données grammaticales

Les mots appartiennent tous à une catégorie grammaticale donnée : nom, verbe, adjectif, adverbe, pronom, article, conjonction. Les noms peuvent être masculins ou féminins, singuliers ou pluriels. Les verbes peuvent être transitifs, intransitifs, pronominaux (ou réfléchis) ou encore impersonnels. La catégorie grammaticale des mots est indiquée en *italique*, immédiatement après le mot.

Souvent un mot se divise en plusieurs catégories grammaticales. Ainsi le français **creux** peut-il être un adjectif ou un nom masculin et l'italien **fondo** peut-il être soit un nom (« fond »), soit un adjectif (« profond »). De même le verbe **fumer** est parfois transitif (« fumer un cigare »), parfois intransitif (« défense de fumer »). Pour vous permettre de trouver plus rapidement le sens que vous cherchez, et pour aérer la présentation, nous avons séparé les différentes catégories grammaticales par une petite flèche noire ▶.

Divisions sémantiques

La plupart des mots ont plus d'un sens ; ainsi **bouchon** peut être un objet servant à boucher une bouteille, ou, dans un sens figuré, un embouteillage. D'autres mots se traduisent différemment selon le contexte dans lequel ils sont employés : **défendre** se traduira en italien par « difendere » ou « proibire » selon qu'il s'agit de prendre la défense de quelqu'un ou d'interdire quelque chose. Pour vous permettre de choisir la bonne traduction dans tous les contextes, nous avons divisé les articles en catégories de sens, avec une « indication d'emploi » entre parenthèses et en *italique*. Pour les exemples ci-dessus, les articles se présenteront donc comme suit :

bouchon [buʃɔ̃] *nm* tappo; (*fig*) ingorgo

défendre [defɑ̃dʀ] *vt* (*aussi Jur, fig*) difendere; (*interdire*) proibire

De même, certains mots changent de sens lorsqu'ils sont employés dans un domaine spécifique, comme par exemple **devoir** qui se traduit généralement par « dovere », mais qui devient « compito » dans un contexte scolaire. Pour montrer à l'utilisateur quelle traduction choisir, nous avons donc ajouté, en *italique* entre parenthèses et avec une majuscule, une indication de domaine, à savoir dans ce cas particulier (*Scolaire*), que nous avons abrégé pour gagner de la place en (*Scol*) :

devoir [d(ə)vwaʀ] *nm* dovere *m*; (*Scol*) compito

Une liste complète des abréviations dont nous nous sommes servis dans ce dictionnaire figure ci-dessous, aux pages xii – xiv.

Traductions

La plupart des mots français se traduisent par un seul mot italien, et vice-versa, comme dans les exemples ci-dessus. Parfois cependant, il arrive qu'il n'y ait pas d'équivalent exact dans la langue d'arrivée, c'est pourquoi nous avons donné un équivalent approximatif, indiqué par le signe ≈ ; c'est le cas par exemple pour le mot **collège** *(école)* dont l'équivalent italien est « scuola media » : il ne s'agit pas d'une traduction à proprement parler puisque nos deux systèmes scolaires sont différents :

> **collège** [kɔlɛʒ] *nm* (*école*) ≈ scuola media

Parfois, il est même impossible de trouver un équivalent approximatif. C'est le cas par exemple pour la sauce française **roux** :

> **roux, rousse** [ʀu, ʀus] *adj* rosso(-a); (*personne*) rosso(-a) (di capelli) ▸ *nm/f* rosso(-a) di capelli ▸ *nm* (Culin) *preparazione base per salse fatta di burro fuso e farina*

L'explication remplace ici une traduction (qui n'existe pas) ; pour plus de clarté, cette explication, ou glose, est donnée en *italique*.

Souvent aussi, on ne peut pas traduire isolément un mot, ou une acception particulière d'un mot. La traduction en italien d'**aimer**, par exemple, est « amare », cependant **bien aimer qn** se traduit non pas par « amare bene qn », mais par « voler bene a qn ». Même une expression toute simple comme **le petit doigt** nécessite une traduction séparée, en l'occurrence « il mignolo » (et non « il piccolo dito »). C'est là que votre dictionnaire se révélera particulièrement utile et complet, car il contient un maximum de composés, de phrases et d'expressions idiomatiques.

Registre

En français, vous saurez instinctivement quand dire **j'en ai assez** et quand dire **j'en ai marre** ou **j'en ai ras le bol**. Mais lorsque vous essayez de comprendre quelqu'un qui s'exprime en italien, ou de vous exprimer vous-même en italien, il est particulièrement important de savoir ce qui est poli et ce qui l'est moins. Nous avons donc ajouté l'indication (*fam*) aux expressions de la langue familière ; les expressions particulièrement grossières se voient dotées d'un point d'exclamation supplémentaire (*fam!*) dans la langue de départ comme dans la langue d'arrivée, vous incitant à une prudence accrue. Notez que l'indication (*fam*) n'est pas répétée dans la langue d'arrivée lorsque le registre de la traduction est le même que celui du mot ou de l'expression traduits.

Mots-clés

Une importance particulière a été accordée aux mots qui figurent dans le texte sous la mention **mot-clé**. Il s'agit de mots particulièrement complexes ou importants, comme **être** et **faire** ou leurs équivalents italiens **essere** et **fare**, que nous avons traités d'une manière plus approfondie parce que ce sont des éléments de base de la langue.

Notes culturelles

Les articles séparés du texte principal par une ligne verticale décrivent certaines caractéristiques culturelles des pays francophones et de l'Italie. Les médias, l'éducation, la politique et les fêtes figurent parmi les sujets traités. Exemples : **televisione**, **Laurea**, **préfecture** et **fête des Rois**.

Abbreviazioni | Abréviations

abbreviazione	*abbr, abr*	abréviation
aggettivo	*adj*	adjectif
amministrazione	*Admin*	administration
avverbio	*adv*	adverbe
aeronautica, trasporti aerei	*Aer*	aviation
aggettivo	*agg*	adjectif
agricoltura	*Agr*	agriculture
amministrazione	*Amm*	administration
anatomia	*Anat*	anatomie
architettura	*Archit*	architecture
articolo	*art*	article
astrologia	*Astrol*	astrologie
astronomia	*Astron*	astronomie
ausiliare	*aus, aux*	auxiliaire
automobile, automobilismo	*Aut, Auto*	automobile
aeronautica, trasporti aerei	*Aviat*	aviation
avverbio	*avv*	adverbe
biologia	*Biol*	biologie
botanica	*Bot*	botanique
chimica	*Chim*	chimie
cinema	*Cine, Ciné*	cinéma
commercio	*Comm*	commerce
congiunzione	*cong, conj*	conjonction
edilizia	*Constr*	construction
cucina	*Cuc, Culin*	cuisine
davanti a	*dav*	devant
definito	*déf*	défini
dimostrativo	*dém*	démonstratif
determinativo	*det, dét*	déterminant
dimostrativo	*dim*	démonstratif
diritto	*Dir*	juridique
economia	*Econ, Écon*	économie
edilizia	*Edil*	construction
elettricità, elettronica	*Elettr, Élec*	électricité, électronique
esclamazione	*escl*	exclamation
eccetera	*ecc, etc*	et cetera
eufemismo	*euph*	euphémisme
esclamazione	*excl*	exclamation

femminile	*f*	féminin
familiare	*fam*	familier
da evitare	*fam!*	vulgaire
ferrovia	*Ferr*	chemins de fer
figurato	*fig*	figuré
finanza	*Fin*	finance
fisica	*Fis*	physique
fisiologia	*Fisiol*	physiologie
fotografia	*Fot*	photographie
in generale, generalmente	*gen, gén*	en général, généralement
geografia	*Geo, Géo*	géographie
geometria	*Geom, Géom*	géométrie
scherzoso	*hum*	humoristique
impersonale	*impers*	impersonnel
industria	*Ind*	industrie
indefinito	*indef, indéf*	indéfini
informatica	*Inform*	informatique
invariabile	*inv*	invariable
ironico	*iron*	ironique
diritto	*Jur*	juridique
letteratura	*Lett*	littérature
linguistica	*Ling*	linguistique
letteratura	*Litt*	littérature
letterario	*litt*	littéraire
maschile	*m*	masculin
matematica	*Mat, Math*	mathématiques
medicina	*Med, Méd*	médecine
meteorologia	*Meteor, Météo*	météorologie
militare	*Mil*	domaine militaire
musica	*Mus*	musique
sostantivo	*n*	nom
nautica	*Naut*	nautisme
peggiorativo	*peg, péj*	péjoratif
fotografia	*Photo*	photographie
fisica	*Phys*	physique
fisiologia	*Physiol*	physiologie
plurale	*pl*	pluriel
politica	*Pol*	politique
possessivo	*poss*	possessif
participio passato	*pp*	participe passé

prefisso	*pref, préf*	préfixe
preposizione	*prep, prép*	préposition
pronome	*pron*	pronom
psicologia	*Psic, Psych*	psychologie
qualcosa	*qc, qch*	quelque chose
qualcuno	*qn*	quelqu'un
ferrovia	*Rail*	chemins de fer
religione	*Rel*	religion
relativo	*rel*	relatif
sostantivo	*s*	substantif
scherzoso	*scherz*	humoristique
sistema scolastico	*Scol*	enseignement
singolare	*sg*	singulier
soggetto	*sogg, suj*	sujet
tecnica, tecnologia	*Tecn, Tech*	technique
telefono	*Tel, Tél*	télécommunications
tipografia	*Tip*	typographie
televisione	TV	télévision
tipografia	*Typo*	typographie
università	*Univ*	université
verbo	*vb*	verbe
verbo intransitivo	*vi*	verbe intransitif
verbo pronominale	*vpr*	verbe pronominal
verbo riflessivo	*vr*	verbe réfléchi
verbo transitivo	*vt*	verbe transitif
zoologia	*Zool*	zoologie
marchio registrato	®	marque déposée
introduce un'equivalenza culturale	≈	indique une équivalence culturelle

Trascrizione fonetica

NB: L'accostamento di certi suoni indica solo una rassomiglianza approssimativa.

NB : La mise en équivalence de certains sons n'indique qu'une ressemblance approximative.

Consonanti / Consonnes

Consonanti		Consonnes
padre	p	poupée
bambino	b	bombe
tutto	t	tente thermal
dado	d	dinde
cane che	k	coq qui képi
gola ghiro	g	gag bague
sano	s	sale ce nation
svago esame	z	zéro rose
scena	ʃ	tache chat
	ʒ	gilet juge
pece lanciare	tʃ	tchao
giro gioco	dʒ	jean
afa faro	f	fer phare
vero bravo	v	valve
letto ala	l	lent salle
gli	ʎ	
	ʀ	rare rentrer
rete arco	r	
madre ramo	m	maman femme
fumante	n	non nonne
gnomo	ɲ	agneau vigne
	ŋ	parking
	h	hop!
buio piacere	j	yeux paille pied
uomo guaio	w	nouer oui
	ɥ	huile lui

Transcription phonétique

Vocali / Voyelles

Vocali		Voyelles
vino ideale	i	ici vie lyre
stella edera	e	jouer été
epoca eccetto	ɛ	lait jouet merci
mamma	a	plat amour
	ɑ	bas pâte
	ə	le premier
	œ	beurre peur
	ø	peu deux
rosa occhio	ɔ	or homme
mimo	o	mot eau gauche
utile zucca	u	genou roue
	y	rue urne

Vocali nasali / Voyelles nasales

Vocali nasali		Voyelles nasales
	ɛ̃	matin plein
	œ̃	brun
	ɑ̃	gens jambe dans
	ɔ̃	non pont pompe

Varie / Divers

Varie		Divers
per il francese: indica 'h' aspirata	'	pour l'italien : précède la syllabe accentuée

Verbes italiens

1 Gerundio **2** Participio passato **3** Presente **4** Imperfetto **5** Passato remoto **6** Futuro **7** Condizionale **8** Congiuntivo presente **9** Congiuntivo imperfetto **10** Imperativo

accadere *comme* **cadere**
accedere *comme* **concedere**
accendere **2** acceso **5** accesi, accendesti
accludere *comme* **alludere**
accogliere *comme* **cogliere**
accondiscendere *comme* **scendere**
accorgersi *comme* **scorgere**
accorrere *comme* **correre**
accrescere *comme* **crescere**
addirsi *comme* **dire**
addurre *comme* **ridurre**
affiggere **2** affisso **5** affissi, affiggesti
affliggere **2** afflitto **5** afflissi, affliggesti
aggiungere *comme* **giungere**
alludere **2** alluso **5** allusi, alludesti
ammettere *comme* **mettere**
andare **3** vado, vai, va, andiamo, andate, vanno **6** andrò *etc* **8** vada **10** va' !, vada!, andate!, vadano!
annettere **2** annesso **5** annessi *o* annettei, annettesti
apparire **2** apparso **3** appaio, appari *o* apparisci, appare *o* apparisce, appaiono *o* appariscono **5** apparvi *o* apparsi, apparisti, apparve *o* apparì *o* apparse, apparvero *o* apparirono *o* apparsero **8** appaia *o* apparisca
appartenere *comme* **tenere**
appendere **2** appeso **5** appesi, appendesti
apporre *comme* **porre**
apprendere *comme* **prendere**
aprire **2** aperto **3** apro **5** aprii *o* apersi, apristi **8** apra
ardere **2** arso **5** arsi, ardesti
ascendere *comme* **scendere**
aspergere **2** asperso **5** aspersi, aspergesti
assalire *comme* **salire**
assistere **2** assistito
assolvere **2** assolto **5** assolsi *o* assolvei *o* assolvetti, assolvesti
assumere **2** assunto **5** assunsi, assumesti
astenersi *comme* **tenere**
attendere *comme* **tendere**
attingere *comme* **tingere**
AVERE **3** ho, hai, ha, abbiamo, avete, hanno **5** ebbi, avesti, ebbe, avemmo, aveste, ebbero **6** avrò *etc* **8** abbia *etc* **10** abbi!, abbia!, abbiate!, abbiano!
avvedersi *comme* **vedere**
avvenire *comme* **venire**
avvincere *comme* **vincere**
avvolgere *comme* **volgere**
benedire *comme* **dire**
bere **1** bevendo **2** bevuto **3** bevo *etc* **4** bevevo *etc* **5** bevvi *o* bevetti, bevesti **6** berrò *etc* **8** beva *etc* **9** bevessi *etc*
cadere **5** caddi, cadesti **6** cadrò *etc*
chiedere **2** chiesto **5** chiesi, chiedesti

chiudere **2** chiuso **5** chiusi, chiudesti
cingere **2** cinto **5** cinsi, cingesti
cogliere **2** colto **3** colgo, colgono **5** colsi, cogliesti **8** colga
coincidere **2** coinciso **5** coincisi, coincidesti
coinvolgere *comme* **volgere**
commettere *comme* **mettere**
commuovere *comme* **muovere**
comparire *comme* **apparire**
compiacere *comme* **piacere**
compiangere *comme* **piangere**
comporre *comme* **porre**
comprendere *comme* **prendere**
comprimere **2** compresso **5** compressi, comprimesti
compromettere *comme* **mettere**
concedere **2** concesso *o* conceduto **5** concessi *o* concedei *o* concedetti, concedesti
concludere *comme* **alludere**
concorrere *comme* **correre**
condurre *comme* **ridurre**
confondere *comme* **fondere**
congiungere *comme* **giungere**
connettere *comme* **annettere**
conoscere **2** conosciuto **5** conobbi, conoscesti
consistere *comme* **assistere**
contendere *comme* **tendere**
contenere *comme* **tenere**
contraddire *comme* **dire**
contraffare *comme* **fare**
contrarre *comme* **trarre**
convenire *comme* **venire**
convincere *comme* **vincere**
coprire *comme* **aprire**
correggere *comme* **reggere**
correre **2** corso **5** corsi, corresti
corrispondere *comme* **rispondere**
corrompere *comme* **rompere**
costringere *comme* **stringere**
costruire **5** costrui *o* costrussi, costruisti
crescere **2** cresciuto **5** crebbi, crescesti
cuocere **2** cotto **3** cuocio, cociamo, cuociono **5** cossi, cocesti
dare **3** do, dai, dà, diamo, date, danno **5** diedi *o* detti, desti **6** darò *etc* **8** dia *etc* **9** dessi *etc* **10** da'!, dai!, date!, diano!
decidere **2** deciso **5** decisi, decidesti
decrescere *comme* **crescere**
dedurre *comme* **ridurre**
deludere *comme* **alludere**
deporre *comme* **porre**
deprimere *comme* **comprimere**
deridere *comme* **ridere**
descrivere *comme* **scrivere**
desumere *comme* **assumere**
detergere *comme* **tergere**
devolvere **2** devoluto
difendere **2** difeso **5** difesi, difendesti
diffondere *comme* **fondere**
dipendere *comme* **appendere**
dipingere *comme* **tingere**
dire **1** dicendo **2** detto **3** dico, dici, dice, diciamo, dite, dicono **4** dicevo *etc* **5** dissi, dicesti **6** dirò *etc* **8** dica, diciamo, diciate, dicano **9** dicessi *etc* **10** di'!, dica!, dite!, dicano!
dirigere **2** diretto **5** diressi, dirigesti
discendere *comme* **scendere**
dischiudere *comme* **chiudere**

disciogliere *comme* **sciogliere**
discorrere *comme* **correre**
discutere **2** discusso **5** discussi, discutesti
disfare *comme* **fare**
disilludere *comme* **alludere**
disperdere *comme* **perdere**
dispiacere *comme* **piacere**
disporre *comme* **porre**
dissolvere **2** dissolto *o* dissoluto **5** dissolsi *o* dissolvetti *o* dissolvei, dissolvesti
dissuadere *comme* **persuadere**
distendere *comme* **tendere**
distinguere **2** distinto **5** distinsi, distinguesti
distogliere *comme* **togliere**
distrarre *comme* **trarre**
distruggere *comme* **struggere**
divenire *comme* **venire**
dividere **2** diviso **5** divisi, dividesti
dolere **3** dolgo, duoli, duole, dolgono **5** dolsi, dolesti **6** dorrò *etc* **8** dolga
DORMIRE **1** *GERUNDIO* dormendo **2** *PARTICIPIO PASSATO* dormito **3** *PRESENTE* dormo, dormi, dorme, dormiamo, dormite, dormono **4** *IMPERFETTO* dormivo, dormivi, dormiva, dormivamo, dormivate, dormivano **5** *PASSATO REMOTO* dormii, dormisti, dormì, dormimmo, dormiste, dormirono **6** *FUTURO* dormirò, dormirai, dormirà, dormiremo, dormirete, dormiranno **7** *CONDIZIONALE* dormirei, dormiresti, dormirebbe, dormiremmo, dormireste, dormirebbero **8** *CONGIUNTIVO PRESENTE* dorma, dorma, dorma, dormiamo, dormiate, dormano **9** *CONGIUNTIVO IMPERFETTO* dormissi, dormissi, dormisse, dormissimo, dormiste, dormissero **10** *IMPERATIVO* dormi!, dorma!, dormite!, dormano!
dovere **3** devo *o* debbo, devi, deve, dobbiamo, dovete, devono *o* debbono **6** dovrò *etc* **8** devo *o* debba, dobbiamo, dobbiate, devano *o* debbano
eccellere **2** eccelso **5** eccelsi, eccellesti
eludere *comme* **alludere**
emergere emerso **5** emersi, emergesti
emettere *comme* **mettere**
erigere *comme* **dirigere**
escludere *comme* **alludere**
esigere **2** esatto
esistere **2** esistito
espellere **2** espulso **5** espulsi, espellesti
esplodere **2** esploso **5** esplosi, esplodesti
esporre *comme* **porre**
esprimere *comme* **comprimere**
ESSERE **2** stato **3** sono, sei, è, siamo, siete, sono **4** ero, eri, era, eravamo, eravate, erano **5** fui, fosti, fu, fummo, foste, furono **6** sarò *etc* **8** sia *etc* **9** fossi, fossi, fosse, fossimo, foste, fossero **10** sii!, sia!, siate!, siano!
estendere *comme* **tendere**
estinguere *comme* **distinguere**
estrarre *comme* **trarre**
evadere **2** evaso **5** evasi, evadesti
evolvere **2** evoluto

fare **1** facendo **2** fatto **3** faccio, fai, fa, facciamo, fate, fanno **4** facevo *etc* **5** feci, facesti **6** farò *etc* **8** faccia *etc* **9** facessi *etc* **10** fa'!, faccia!, fate!, facciano!

fingere *comme* **cingere**

FINIRE **1** GERUNDIO finendo **2** PARTICIPIO PASSATO finito **3** PRESENTE finisco, finisci, finisce, finiamo, finite, finiscono **4** *IMPERFETTO* finivo, finivi, finiva, finivamo, finivate, finivano **5** *PASSATO REMOTO* finii, finisti, finì, finimmo, finiste, finirono **6** FUTURO finirò, finirai, finirà, finiremo, finirete, finiranno **7** CONDIZIONALE finirei, finiresti, finirebbe, finiremmo, finireste, finirebbero **8** CONGIUNTIVO PRESENTE finisca, finisca, finisca, finiamo, finiate, finiscano **9** CONGIUNTIVO IMPERFETTO finissi, finissi, finisse, finissimo, finiste, finissero **10** *IMPERATIVO* finisci!, finisca!, finite!, finiscano!

flettere **2** flesso

fondere **2** fuso **5** fusi, fondesti

friggere **2** fritto **5** frissi, friggesti

fungere **2** funto **5** funsi, fungesti

giacere **3** giaccio, giaci, giace, giac(c)iamo, giacete, giacciono **5** giacqui, giacesti **8** giaccia *etc* **10** giaci!, giaccia!, giac(c)iamo!, giacete!, giacciano!

giungere **2** giunto **5** giunsi, giungesti

godere **6** godrò *etc*

illudere *comme* **alludere**

immergere *comme* **emergere**

immettere *comme* **mettere**

imporre *comme* **porre**

imprimere *comme* **comprimere**

incidere *comme* **decidere**

includere *comme* **alludere**

incorrere *comme* **correre**

incutere *comme* **discutere**

indulgere **2** indulto **5** indulsi, indulgesti

indurre *comme* **ridurre**

inferire[1] **2** inferto **5** infersi, inferisti

inferire[2] **2** inferito **5** inferii, inferisti

infliggere *comme* **affliggere**

infrangere **2** infranto **5** infransi, infrangesti

infondere *comme* **fondere**

insistere *comme* **assistere**

intendere *comme* **tendere**

interdire *comme* **dire**

interporre *comme* **porre**

interrompere *comme* **rompere**

intervenire *comme* **venire**

intraprendere *comme* **prendere**

introdurre *comme* **ridurre**

invadere *comme* **evadere**

irrompere *comme* **rompere**

iscrivere *comme* **scrivere**

istruire *comme* **costruire**

ledere **2** leso **5** lesi, ledesti

leggere **2** letto **5** lessi, leggesti

maledire *comme* **dire**

mantenere *comme* **tenere**

mettere **2** messo **5** misi, mettesti

mordere **2** morso **5** morsi, mordesti

morire **2** morto **3** muoio, muori, muore, moriamo, morite, muoiono **6** morirò *o* morrò *etc* **8** muoia

mungere **2** munto **5** munsi, mungesti
muovere **2** mosso **5** mossi, movesti
nascere **2** nato **5** nacqui, nascesti
nascondere **2** nascosto **5** nascosi, nascondesti
nuocere **2** nuociuto **3** nuoccio, nuoci, nuoce, nociamo *o* nuociamo, nuocete, nuocciono **4** nuocevo *etc* **5** nocqui, nuocesti **6** nuocerò *etc* **7** nuoccia
occorrere *comme* **correre**
offendere *comme* **difendere**
offrire **2** offerto **3** offro **5** offersi *o* offrii, offristi **8** offra
omettere *comme* **mettere**
opporre *comme* **porre**
opprimere *comme* **comprimere**
ottenere *comme* **tenere**
parere **2** parso **3** paio, paiamo, paiono **5** parvi *o* parsi, paresti **6** parrò *etc* **8** paia, paiamo, paiate, paiano
PARLARE **1** *GERUNDIO* parlando **2** *PARTICIPIO PASSATO* parlato **3** *PRESENTE* parlo, parli, parla, parliamo, parlate, parlano **4** *IMPERFETTO* parlavo, parlavi, parlava, parlavamo, parlavate, parlavano **5** *PASSATO REMOTO* parlai, parlasti, parlò, parlammo, parlaste, parlarono **6** *FUTURO* parlerò, parlerai, parlerà, parleremo, parlerete, parleranno **7** *CONDIZIONALE* parlerei, parleresti, parlerebbe, parleremmo, parlereste, parlerebbero **8** *CONGIUNTIVO PRESENTE* parli, parli, parli, parliamo, parliate, parlino **9** *CONGIUNTIVO IMPERFETTO* parlassi, parlassi, parlasse, parlassimo, parlaste, parlassero **10** *IMPERATIVO* parla!, parli!, parlate!, parlino!
percorrere *comme* **corrrere**
percuotere **2** percosso **5** percossi, percotesti
perdere **2** perso *o* perduto **5** persi *o* perdei *o* perdetti, perdesti
permettere *comme* **mettere**
persuadere **2** persuaso **5** persuasi, persuadesti
pervenire *comme* **venire**
piacere **2** piaciuto **3** piaccio, piacciamo, piacciono **5** piacqui, piacesti **8** piaccia *etc*
piangere **2** pianto **5** piansi, piangesti
piovere **5** piovve
porgere **2** porto **5** porsi, porgesti
porre **1** ponendo **2** posto **3** pongo, poni, pone, poniamo, ponete, pongono **4** ponevo *etc* **5** posi, ponesti **6** porrò *etc* **8** ponga, poniamo, poniate, pongano **9** ponessi *etc*
posporre *comme* **porre**
possedere *comme* **sedere**
potere **3** posso, puoi, può, possiamo, potete, possono **6** potrò *etc* **8** possa, possiamo, possiate, possano
prediligere **2** prediletto **5** predilessi, prediligesti
predire *comme* **dire**
prefiggersi *comme* **affiggere**
preludere *comme* **alludere**
prendere **2** preso **5** presi, prendesti
preporre *comme* **porre**

prescrivere *comme* **scrivere**
presiedere *comme* **sedere**
presumere *comme* **assumere**
pretendere *comme* **tendere**
prevalere *comme* **valere**
prevedere *comme* **vedere**
prevenire *comme* **venire**
produrre *comme* **ridurre**
proferire *comme* **inferire**[2]
profondere *comme* **fondere**
promettere *comme* **mettere**
promuovere *comme* **muovere**
proporre *comme* **porre**
prorompere *comme* **rompere**
proscrivere *comme* **scrivere**
proteggere **2** protetto **5** protessi, proteggesti
provenire *comme* **venire**
provvedere *comme* **vedere**
pungere **2** punto **5** punsi, pungesti
racchiudere *comme* **chiudere**
raccogliere *comme* **cogliere**
radere **2** raso **5** rasi, radesti
raggiungere *comme* **giungere**
rapprendere *comme* **prendere**
ravvedersi *comme* **vedere**
recidere *comme* **decidere**
redigere **2** redatto
redimere **2** redento **5** redensi, redimesti
reggere **2** retto **5** ressi, reggesti
rendere **2** reso **5** resi, ridesti
reprimere *comme* **comprimere**
rescindere *comme* **scindere**
respingere *comme* **spingere**
restringere *comme* **stringere**
ricadere *comme* **cadere**
richiedere *comme* **chiedere**
riconoscere *comme* **conoscere**
ricoprire *comme* **coprire**
ricorrere *comme* **correre**
ridere **2** rise **5** risi, ridesti
ridire *comme* **dire**
ridurre **1** riducendo **2** ridotto **3** riduco *etc* **4** riducevo *etc* **5** ridussi, riducesti **6** ridurrò *etc* **8** riduca *etc* **9** riducessi *etc*
riempire **1** riempiendo **3** riempio, riempi, riempie, riempiono
rifare *comme* **fare**
riflettere **2** riflettuto *o* riflesso
rifrangere *comme* **infrangere**
rimanere **2** rimasto **3** rimango, rimangono **5** rimasi, rimanesti **6** rimarrò *etc* **8** rimanga
rimettere *comme* **mettere**
rimpiangere *comme* **piangere**
rinchiudere *comme* **chiudere**
rincrescere *comme* **crescere**
rinvenire *comme* **venire**
ripercuotere *comme* **percuotere**
riporre *comme* **porre**
riprendere *comme* **prendere**
riprodurre *comme* **ridurre**
riscuotere *comme* **scuotere**
risolvere *comme* **assolvere**
risorgere *comme* **sorgere**
rispondere **2** risposto **5** risposi, rispondesti
ritenere *comme* **tenere**
ritrarre *comme* **trarre**
riuscire *comme* **uscire**
rivedere *comme* **vedere**
rivivere *comme* **vivere**
rivolgere *comme* **volgere**
rodere **2** roso **5** rosi, rodesti
rompere **2** rotto **5** ruppi, rompesti
salire **3** salgo, sali, salgono **8** salga
sapere **3** so, sai, sa, sappiamo, sapete, sanno **5** seppi, sapesti

6 saprò *etc* **8** sappia *etc* **10** sappi!, sappia!, sappiate!, sappiano!
scadere *comme* **cadere**
scegliere **2** scelto **3** scelgo, scegli, sceglie, scegliamo, scegliete, scelgono **5** scelsi, scegliesti **8** scelga, scegliamo, scegliate, scelgano **10** scegli!, scelga!, scegliamo!, scegliete!, scelgano!
scendere **2** sceso **5** scesi, scendesti
schiudere *comme* **chiudere**
scindere **2** scisso **5** scissi, scindesti
sciogliere **2** sciolto **3** sciolgo, sciogli, scioglie, sciogliamo, sciogliete, sciolgono **5** sciolsi, sciogliesti **8** sciolga, sciogliamo, sciogliate, sciolgano **10** sciogli!, sciolga!, sciogliamo!, sciogliete!, sciolgano!
scommettere *comme* **mettere**
scomparire *comme* **apparire**
scomporre *comme* **porre**
sconfiggere **2** sconfitto **5** sconfissi, sconfiggesti
sconvolgere *comme* **volgere**
scoprire *comme* **aprire**
scorgere **2** scorto **5** scorsi, scorgesti
scorrere *comme* **correre**
scrivere **2** scritto **5** scrissi, scrivesti
scuotere **2** scosso **3** scuoto, scuoti, scuote, scotiamo, scotete, scuotono **5** scossi, scotesti **6** scoterò *etc* **8** scuota, scotiamo, scotiate, scuotano **10** scuoti!, scuota!, scotiamo!, scotete!, scuotano!
sedere **3** siedo, siedi, siede, siedono **8** sieda
seppellire **2** sepolto
smettere *comme* **mettere**
smuovere *comme* **muovere**
socchiudere *comme* **chiudere**
soccorrere *comme* **correre**
soddisfare *comme* **fare**
soffriggere *comme* **friggere**
soffrire **2** sofferto **5** soffersi *o* soffrii, soffristi
soggiungere *comme* **giungere**
solere **2** solito **3** soglio, suoli, suole, sogliamo, solete, sogliono **8** soglia, sogliamo, sogliate, sogliano
sommergere *comme* **emergere**
sopprimere *comme* **comprimere**
sorgere **2** sorto **3** sorsi, sorgesti
sorprendere *comme* **prendere**
sorreggere *comme* **reggere**
sorridere *comme* **ridere**
sospendere *comme* **appendere**
sospingere *comme* **spingere**
sostenere *comme* **tenere**
sottintendere *comme* **tendere**
spandere **2** spanto
spargere **2** sparso **3** sparsi, spargesti
sparire **5** sparii *o* sparvi, sparisti
spegnere **2** spento **3** spengo, spengono **5** spensi, spegnesti **8** spenga
spendere **2** speso **5** spesi, spendesti
spingere **2** spinto **5** spinsi, spingesti
sporgere *comme* **porgere**
stare **2** stato **3** sto, stai, sta, stiamo, state, stanno **5** stetti, stesti **6** starò *etc* **8** stia *etc* **9** stessi *etc* **10** sta'!, stia!, state!, stiano!

stendere *comme* **tendere**
storcere *comme* **torcere**
stringere **2** stretto **5** strinsi, stringesti
struggere **2** strutto **5** strussi, struggesti
succedere *comme* **concedere**
supporre *comme* **porre**
svenire *comme* **venire**
svolgere *comme* **volgere**
tacere **2** taciuto **3** taccio, tacciono **5** tacqui, tacesti **8** taccia
tendere **2** teso **5** tesi, tendesti *etc*
tenere **3** tengo, tieni, tiene, tengono **5** tenni, tenesti **6** terrò *etc* **8** tenga
tingere **2** tinto **5** tinsi, tingesti
togliere **2** tolto **3** tolgo, togli, toglie, togliamo, togliete, tolgono **5** tolsi, togliesti **8** tolga, togliamo, togliate, tolgano **10** togli!, tolga!, togliamo!, togliete!, tolgano!
torcere **2** torto **5** torsi, torcesti
tradurre *comme* **ridurre**
trafiggere *comme* **sconfiggere**
transigere *comme* **esigere**
trarre **1** traendo **2** tratto **3** traggo, trai, trae, traiamo, traete, traggono **4** traevo *etc* **5** trassi, traesti **6** trarrò *etc* **8** tragga **9** traessi *etc*
trascorrere *comme* **correre**
trascrivere *comme* **scrivere**
trasmettere *comme* **mettere**
trasparire *comme* **apparire**
trattenere *comme* **tenere**
uccidere **2** ucciso **5** uccisi, uccidesti
udire **3** odo, odi, ode, odono **8** oda
ungere **2** unto **5** unsi, ungesti
uscire **3** esco, esci, esce, escono **8** esca
valere **2** valso **3** valgo, valgono **5** valsi, valesti **6** varrò *etc* **8** valga
vedere **2** visto *o* veduto **5** vidi, vedesti **6** vedrò *etc*
VENDERE **1** *GERUNDIO* vendendo **2** *PARTICIPIO PASSATO* venduto **3** *PRESENTE* vendo, vendi, vende, vendiamo, vendete, vendono **4** *IMPERFETTO* vendevo, vendevi, vendeva, vendevamo, vendevate, vendevano **5** *PASSATO REMOTO* vendei *o* vendetti, vendesti, vendé *o* vendette, vendemmo, vendeste, venderono *o* vendettero **6** *FUTURO* venderò, venderai, venderà, venderemo, venderete, venderanno **7** *CONDIZIONALE* venderei, venderesti, venderebbe, venderemmo, vendereste, venderebbero **8** *CONGIUNTIVO PRESENTE* venda, venda, venda, vendiamo, vendiate, vendano **9** *CONGIUNTIVO IMPERFETTO* vendessi, vendessi, vendesse, vendessimo, vendeste, vendessero **10** *IMPERATIVO* vendi!, venda!, vendete!, vendano!
venire **2** venuto **3** vengo, vieni, viene, vengono **5** venni, venisti **6** verrò *etc* **8** venga
vincere **2** vinto **5** vinsi, vincesti
vivere **2** vissuto **5** vissi, vivesti
volere **3** voglio, vuoi, vuole, vogliamo, volete, vogliono **5** volli, volesti **6** vorrò *etc* **8** voglia *etc* **10** vogli!, voglia!, vogliate!, vogliano!
volgere **2** volto **5** volsi, volgesti

Verbi francesi

1 Participe présent **2** Participe passé **3** Présent **4** Imparfait **5** Futur **6** Conditionnel **7** Subjonctif présent

acquérir 1 acquérant **2** acquis **3** acquiers, acquérons, acquièrent **4** acquérais **5** acquerrai **7** acquière

ALLER 1 allant **2** allé **3** vais, vas, va, allons, allez, vont **4** allais **5** irai **6** irais **7** aille

asseoir 1 asseyant **2** assis **3** assieds, asseyons, asseyez, asseyent **4** asseyais **5** assiérai **7** asseye

atteindre 1 atteignant **2** atteint **3** atteins, atteignons **4** atteignais **5** atteindrai **7** atteigne

AVOIR 1 ayant **2** eu **3** ai, as, a, avons, avez, ont **4** avais **5** aurai **6** aurais **7** aie, aies, ait, ayons, ayez, aient

battre 1 battant **2** battu **3** bats, bat, battons **4** battais **7** batte

boire 1 buvant **2** bu **3** bois, buvons, boivent **4** buvais **5** boirai **7** boive

bouillir 1 bouillant **2** bouilli **3** bous, bouillons **4** bouillais **7** bouille

conclure 1 concluant **2** conclu **3** conclus, concluons **4** concluais **7** conclue

conduire 1 conduisant **2** conduit **3** conduis, conduisons **4** conduisais **7** conduise

connaître 1 connaissant **2** connu **3** connais, connaît, connaissons **4** connaissais **5** connaîtrai **7** connaisse

coudre 1 cousant **2** cousu **3** couds, cousons, cousez, cousent **4** cousais **7** couse

courir 1 courant **2** couru **3** cours, courons **4** courais **5** courrai **7** coure

couvrir 1 couvrant **2** couvert **3** couvre, couvrons **4** couvrais **7** couvre

craindre 1 craignant **2** craint **3** crains, craignons **4** craignais **7** craigne

croire 1 croyant **2** cru **3** crois, croyons, croient **4** croyais **7** croie

croître 1 croissant **2** crû, crue, crus, crues **3** croîs, croissons **4** croissais **7** croisse

cueillir 1 cueillant **2** cueilli **3** cueille, cueillons **4** cueillais **5** cueillerai **7** cueille

devoir 1 devant **2** dû, due, dus, dues **3** dois, devons, doivent **4** devais **5** devrai **7** doive

dire 1 disant **2** dit **3** dis, disons, dites, disent **4** disais **5** dirai **7** dise

dormir 1 dormant **2** dormi **3** dors, dormons **4** dormais **7** dorme

écrire 1 écrivant **2** écrit **3** écris, écrivons **4** écrivais **7** écrive

ÊTRE 1 étant **2** été **3** suis, es, est, sommes, êtes, sont **4** étais **5** serai **6** serais **7** sois, sois, soit, soyons, soyez, soient

FAIRE 1 faisant **2** fait **3** fais, fais, fait, faisons, faites, font **4** faisais **5** ferai **6** ferais **7** fasse

falloir 2 fallu **3** faut **4** fallait **5** faudra **7** faille

FINIR **1** finissant **2** fini **3** finis, finis, finit, finissons, finissez, finissent **4** finissais **5** finirai **6** finirais **7** finisse

fuir **1** fuyant **2** fui **3** fuis, fuyons, fuient **4** fuyais **7** fuie

joindre **1** joignant **2** joint **3** joins, joignons **4** joignais **7** joigne

lire **1** lisant **2** lu **3** lis, lisons **4** lisais **5** lirai **7** lise

luire **1** luisant **2** lui **3** luis, luisons **4** luisais **7** luise

maudire **1** maudissant **2** maudit **3** maudis, maudissons **4** maudissait **7** maudisse

mentir **1** mentant **2** menti **3** mens, mentons **4** mentais **7** mente

mettre **1** mettant **2** mis **3** mets, mettons **4** mettais **5** mettrai **7** mette

mourir **1** mourant **2** mort **3** meurs, mourons, meurent **4** mourais **5** mourrai **7** meure

naître **1** naissant **2** né **3** nais, naît, naissons **4** naissais **7** naisse

offrir **1** offrant **2** offert **3** offre, offrons **4** offrais **7** offre

PARLER **1** parlant **2** parlé **3** parle, parles, parle, parlons, parlez, parlent **4** parlais, parlais, parlait, parlions, parliez, parlaient **5** parlerai, parleras, parlera, parlerons, parlerez, parleront **6** parlerais, parlerais, parlerait, parlerions, parleriez, parleraient **7** parle, parles, parle, parlions, parliez, parlent *IMPÉRATIF* parle !, parlez !

partir **1** partant **2** parti **3** pars, partons **4** partais **7** parte

plaire **1** plaisant **2** plus **3** plais, plaît, plaisons **4** plaisais **7** plaise

pleuvoir **1** pleuvant **2** plu **3** pleut, pleuvent **4** pleuvait **5** pleuvra **7** pleuve

pourvoir **1** pourvoyant **2** pourvu **3** pourvois, pourvoyons, pourvoient **4** pourvoyais **7** pourvoie

pouvoir **1** pouvant **2** pu **3** peux, peut, pouvons, peuvent **4** pouvais **5** pourrai **7** puisse

prendre **1** prenant **2** pris **3** prends, prenons, prennent **4** prenais **5** prendrai **7** prenne

prévoir *come* **voir** **5** prévoirai

RECEVOIR **1** recevant **2** reçu **3** reçois, reçois, reçoit, recevons, recevez, reçoivent **4** recevais **5** recevrai **6** recevrais **7** reçoive

RENDRE **1** rendant **2** rendu **3** rends, rends, rend, rendons, rendez, rendent **4** rendais **5** rendrai **6** rendrais **7** rende

résoudre **1** résolvant **2** résolu **3** résous, résout, résolvons **4** résolvais **7** résolve

rire **1** riant **2** ri **3** ris, rions **4** riais **7** rie

savoir **1** sachant **2** su **3** sais, savons, savent **4** savais **5** saurai **7** sache *IMPÉRATIF* sache !, sachons !, sachez !

servir **1** servant **2** servi **3** sers, servons **4** servais **7** serve

sortir **1** sortant **2** sorti **3** sors, sortons **4** sortais **7** sorte

souffrir **1** souffrant **2** souffert **3** souffre, souffrons **4** souffrais **7** souffre

suffire **1** suffisant **2** suffi **3** suffis, suffisons **4** suffisais **7** suffise

suivre **1** suivant **2** suivi **3** suis, suivons **4** suivais **7** suive

taire **1** taisant **2** tu **3** tais, taisons **4** taisais **5** tairai **7** taise

tenir **1** tenant **2** tenu **3** tiens, tenons, tiennent **4** tenais **5** tiendrai **7** tienne

vaincre **1** vainquant **2** vaincu **3** vaincs, vainc, vainquons **4** vainquais **7** vainque

valoir **1** valant **2** valu **3** vaux, vaut, valons **4** valais **5** vaudrai **7** vaille

venir **1** venant **2** venu **3** viens, venons, viennent **4** venais **5** viendrai **7** vienne

vivre **1** vivant **2** vécu **3** vis, vivons **4** vivais **7** vive

voir **1** voyant **2** vu **3** vois, voyons, voient **4** voyais **5** verrai **7** voie

vouloir **1** voulant **2** voulu **3** veux, veut, voulons, veulent **4** voulais **5** voudrai **7** veuille *IMPÉRATIF* veuillez !

I numeri | Les nombres

I numeri		Les nombres
uno	1	un(e)
due	2	deux
tre	3	trois
quattro	4	quatre
cinque	5	cinq
sei	6	six
sette	7	sept
otto	8	huit
nove	9	neuf
dieci	10	dix
undici	11	onze
dodici	12	douze
tredici	13	treize
quattordici	14	quatorze
quindici	15	quinze
sedici	16	seize
diciassette	17	dix-sept
diciotto	18	dix-huit
diciannove	19	dix-neuf
venti	20	vingt
ventuno	21	vingt et un(e)
ventidue	22	vingt-deux
ventitré	23	vingt-trois
ventotto	28	vingt-huit
trenta	30	trente
quaranta	40	quarante
cinquanta	50	cinquante
sessanta	60	soixante
settanta	70	soixante-dix
settantuno	71	soixante et onze
settantadue	72	soixante-douze
ottanta	80	quatre-vingts
ottantuno	81	quatre-vingt-un(e)
novanta	90	quatre-vingt-dix
novantuno	91	quatre-vingt-onze
cento	100	cent
centouno	101	cent un(e)

trecento	**300**	trois cents
trecentouno	**301**	trois cent un(e)
mille	**1 000**	mille
milleduecentodue	**1 202**	mille deux cent deux
cinquemila	**5 000**	cinq mille
un milione	**1 000 000**	un million

primo(-a), 1º (1ª)	premier (première), 1er (1ère)
secondo(-a), 2º (2ª)	deuxième, 2e, 2ème
terzo(-a), 3º (3ª)	troisième, 3e, 3ème
quarto(-a)	quatrième
quinto(-a)	cinquième
sesto(-a)	sixième
settimo(-a)	septième
ottavo(-a)	huitième
nono(-a)	neuvième
decimo(-a)	dixième
undicesimo(-a)	onzième
dodicesimo(-a)	douzième
tredicesimo(-a)	treizième
quattordicesimo(-a)	quatorzième
quindicesimo(-a)	quinzième
sedicesimo(-a)	seizième
diciassettesimo(-a)	dix-septième
diciottesimo(-a)	dix-huitième
diciannovesimo(-a)	dix-neuvième
ventesimo(-a)	vingtième
ventunesimo(-a)	vingt et unième
ventiduesimo(-a)	vingt-deuxième
ventitreesimo(-a)	vingt-troisième
ventottesimo(-a)	vingt-huitième
trentesimo(-a)	trentième
centesimo(-a)	centième
centunesimo(-a)	cent-unième
millesimo(-a)	millième

L'ora	L'heure
che ora è?, che ore sono?	*quelle heure est-il ?*
è ..., sono ...	*il est ...*
mezzanotte	minuit
l'una (del mattino)	une heure (du matin)
l'una e cinque	une heure cinq
l'una e dieci	une heure dix
l'una e un quarto	une heure et quart
l'una e venticinque	une heure vingt-cinq
l'una e mezzo *o* mezza, l'una e trenta	une heure et demie, une heure trente
l'una e trentacinque	deux heures moins vingt-cinq, une heure trente-cinq
le due meno venti, l'una e quaranta	deux heures moins vingt, une heure quarante
le due meno un quarto, l'una e quarantacinque	deux heures moins le quart, une heure quarante-cinq
le due meno dieci, l'una e cinquanta	deux heures moins dix, une heure cinquante
mezzogiorno	midi
le tre, le quindici	trois heures (de l'après-midi), quinze heures
le sette (di sera), le diciannove	sept heures (du soir), dix-neuf heures
a che ora?	à quelle heure ?
a mezzanotte	à minuit
alle sette	à sept heures
fra venti minuti	dans vingt minutes
venti minuti fa	il y a vingt minutes

La data	La date
oggi	aujourd'hui
domani	demain
dopodomani	après-demain
ieri	hier
l'altro ieri	avant-hier
il giorno prima	la veille
il giorno dopo	le lendemain
la mattina	le matin
la sera	le soir
stamattina	ce matin
stasera	ce soir
questo pomeriggio	cet après-midi
ieri mattina	hier matin
ieri sera	hier soir
domani mattina	demain matin
domani sera	demain soir
nella notte tra sabato e domenica	dans la nuit de samedi à dimanche
viene sabato	il viendra samedi
il sabato	le samedi
tutti i sabati	tous les samedis
sabato scorso, lo scorso sabato	samedi dernier
il prossimo sabato	samedi prochain
fra due sabati	samedi en huit
fra tre sabati	samedi en quinze
da lunedì a sabato	du lundi au samedi
tutti i giorni	tous les jours
una volta alla settimana	une fois par semaine
una volta al mese	une fois par mois
due volte alla settimana	deux fois par semaine
una settimana fa	il y a une semaine *ou* huit jours
quindici giorni fa	il y a quinze jours
l'anno scorso *o* passato	l'année passée *ou* dernière
fra due giorni	dans deux jours
fra una settimana	dans huit jours *ou* une semaine
fra quindici giorni	dans quinze jours
il mese prossimo	le mois prochain
l'anno prossimo	l'année prochaine

che giorno è oggi?	quel jour sommes-nous ?
il primo/24 ottobre 2014	le 1er/24 octobre 2014
Parigi, 24 ottobre 2014	Paris, le 24 octobre 2014
nel 2014	en 2014
il millenovecentonovantacinque	mille neuf cent quatre-vingt-quinze
44 a.C.	44 av. J.-C.
14 d.C.	14 apr. J.-C.
nel diciannovesimo secolo, nel XIX secolo, nell'Ottocento	au XIXe (siècle)
negli anni trenta	dans les années trente

FRANÇAIS – ITALIEN
FRANCESE – ITALIANO

a¹ [a] *vb voir* **avoir**
a² *abr* (= *are*) a

MOT-CLÉ

à [a] (*à* + *le* = **au**, *à* + *les* = **aux**) *prép*
1 (*endroit, situation*) a, in; **à Paris/au Portugal** a Parigi/in Portogallo; **à la maison/à l'école/au bureau** a casa/a scuola/in ufficio; **à la campagne** in campagna; **à cinq minutes de la gare** a cinque minuti dalla stazione; **c'est à 10 km/à 20 minutes (d'ici)** è a 10 km/a 20 minuti (da qui); **à la radio/télévision** alla radio/televisione
2 (*temps*) a; **à trois heures** alle tre; **à minuit** a mezzanotte; **à demain/lundi !** a domani/lunedì!; **à la semaine prochaine !** alla prossima settimana!; **au printemps** in primavera; **au mois de juin** nel mese di giugno; **à Noël/Pâques** a Natale/Pasqua
3 (*attribution, appartenance*) di; **le livre est à lui/à nous/à Paul** il libro è suo/nostro/di Paul; **un ami à moi** un mio amico; **donner qch à qn** dare qc a qn
4 (*moyen*) : **à bicyclette** in bicicletta; **à pied** a piedi; **à la main/machine** a mano/macchina; **se chauffer au gaz** avere il riscaldamento a gas
5 (*provenance*) da; **boire à la bouteille** bere dalla bottiglia; **prendre de l'eau à la fontaine** prendere acqua alla fontana
6 (*caractérisation, manière*) : **l'homme aux yeux bleus/à la veste rouge** l'uomo dagli occhi azzurri/con la giacca rossa; **à sa grande surprise** con sua grande sorpresa; **à ce qu'il prétend** a quanto dice; **à l'européenne/la russe** all'europea/alla russa; **à nous trois nous n'avons pas su le faire** in tre non siamo riusciti a farlo
7 (*but, destination*) : **tasse à café** tazzina da caffè; **maison à vendre** casa in vendita; **je n'ai rien à lire** non ho niente da leggere; **à bien réfléchir** a ben pensarci, pensandoci bene
8 (*rapport, évaluation, distribution*) : **100 km/unités à l'heure** 100 km/unità all'ora; **payé au mois/à l'heure** pagato al mese/all'ora; **cinq à six** cinque a sei; **ils sont arrivés à quatre** sono arrivati in quattro

abaisser [abese] *vt* abbassare; (*fig*) umiliare; **s'abaisser** *vr* (*aussi fig*) abbassarsi; **s'~ à faire/à qch** abbassarsi a fare/a qc
abandon [abɑ̃dɔ̃] *nm* (*aussi Sport*) abbandono; **être/laisser à l'~** (*sans entretien*) essere/lasciare in abbandono; **dans un moment d'~** in un momento di abbandono
abandonner [abɑ̃dɔne] *vt* abbandonare; (*lieu, possessions*) lasciare ▸ *vi* (*Sport*) abbandonare; (*Inform*) uscire; **s'abandonner** *vr* : **s'~ (à)** abbandonarsi (a); **~ qch à qn** (*céder*) lasciare qc a qn
abat-jour [abaʒuʀ] (*pl* **abat-jour(s)**) *nm* paralume *m*, abat-jour *m inv*
abats [aba] *vb voir* **abattre** ▸ *nmpl* frattaglie *fpl*
abattement [abatmɑ̃] *nm* abbattimento, prostrazione *f*; (*déduction*) riduzione *f*; **~ fiscal** sgravio fiscale
abattoir [abatwaʀ] *nm* mattatoio, macello
abattre [abatʀ] *vt* abbattere; (*personne*) far fuori; (*fig*) abbattere, prostrare; **s'abattre** *vr* abbattersi; **s'~ sur** (*suj : pluie*) abbattersi su; (*: coups, injures*) piovere su, abbattersi su; **~ ses cartes** (*aussi fig*) scoprire le carte; **~ du travail** *ou* **de la besogne** lavorare sodo
abbaye [abei] *nf* abbazia
abbé [abe] *nm* (*d'une abbaye*) abate *m*; (*de paroisse*) prete *m*; **M. l'~** Padre *m*; **l'~ Dubois** don Dubois, il reverendo Dubois
abcès [apsɛ] *nm* (*Méd*) ascesso
abdiquer [abdike] *vi* (*Pol*) abdicare ▸ *vt* rinunciare a
abdomen [abdɔmɛn] *nm* addome *m*

abdominal, e, -aux [abdɔminal, o] *adj* addominale; **abdominaux** *nmpl* addominali *mpl*; **faire des abdominaux** fare addominali
abeille [abɛj] *nf* ape *f*
aberrant, e [abeʀɑ̃, ɑ̃t] *adj* aberrante
aberration [abeʀasjɔ̃] *nf* aberrazione *f*
abîme [abim] *nm* (*Géo, fig*) abisso, baratro; **être au bord de l'~** (*fig*) essere sull'orlo dell'abisso *ou* del baratro
abîmer [abime] *vt* rovinare, sciupare; **s'abîmer** *vr* rovinarsi, sciuparsi; (*fruits*) guastarsi; (*navire* : *disparaître en mer*) inabissarsi; (*fig* : *dans des pensées*) sprofondarsi; **s'~ les yeux** rovinarsi gli occhi
aboiement [abwamɑ̃] *nm* abbaiare *m inv*
abolir [abɔliʀ] *vt* (*Jur*) abolire, abrogare
abominable [abɔminabl] *adj* abominevole
abondance [abɔ̃dɑ̃s] *nf* abbondanza; **en ~** in abbondanza
abondant, e [abɔ̃dɑ̃, ɑ̃t] *adj* abbondante
abonder [abɔ̃de] *vi* abbondare; **~ en** abbondare di; **~ dans le sens de qn** essere completamente d'accordo con qn
abonné, e [abɔne] *nm/f* abbonato(-a) ▸ *adj* : **être ~ à un journal/au téléphone** essere abbonato(-a) ad un giornale/al telefono
abonnement [abɔnmɑ̃] *nm* abbonamento
abonner [abɔne] *vt* : **~ qn à** abbonare qn a; **s'abonner à** *vr* abbonarsi a
abord [abɔʀ] *nm* (*à un lieu*) approdo; **abords** *nmpl* (*d'un lieu*) vicinanze *fpl*; **être d'un ~ facile/difficile** (*personne*) essere/non essere alla mano; (*lieu*) essere facile/difficile da raggiungere; **d'~** (*en premier*) prima, dapprima; **tout d'~** innanzi tutto, prima di tutto; **de prime ~, au premier ~** di primo acchito
abordable [abɔʀdabl] *adj* (*personne*) alla mano; (*prix, marchandise*) accessibile, abbordabile
aborder [abɔʀde] *vi* (*Naut*) approdare ▸ *vt* (*Naut, fig*) abbordare; (*problème*) affrontare; (*heurter*) speronare; (*vie*) affrontare
aboutir [abutiʀ] *vi* avere un esito positivo; **~ à/dans/sur** (*lieu*) terminare *ou* sboccare a/in/su; **~ à** (*fig*) portare *ou* approdare a
aboyer [abwaje] *vi* abbaiare
abréger [abʀeʒe] *vt* abbreviare, accorciare; (*mot*) abbreviare
abreuver [abʀœve] *vt* abbeverare; **s'abreuver** *vr* abbeverarsi; **~ qn de** (*fig* : *d'injures etc*) coprire qn di
abreuvoir [abʀœvwaʀ] *nm* abbeveratoio
abréviation [abʀevjasjɔ̃] *nf* abbreviazione *f*
abri [abʀi] *nm* riparo; (*cabane*) baracca; (*Mil, en montagne*) rifugio; **être/se mettre à l'~** essere/mettersi al riparo; **à l'~ de** (*aussi fig*) al riparo da; (*protégé par*) al riparo di
abricot [abʀiko] *nm* albicocca
abriter [abʀite] *vt* riparare; (*recevoir, loger*) ospitare; **s'abriter** *vr* ripararsi; (*fig* : *derrière la loi*) trincerarsi
abrupt, e [abʀypt] *adj* scosceso(-a), ripido(-a); (*personne, ton*) brusco(-a)
abruti, e [abʀyti] (*fam*) *nm/f* imbecille *m/f*, cretino(-a)
ABS [abeɛs] *abr m* (*Auto*) abs *m inv*
absence [apsɑ̃s] *nf* assenza; (*défaillance, d'attention*) disattenzione *f*; **en l'~ de** in assenza di
absent [apsɑ̃] *adj, nm/f* assente *m/f*
absenter [apsɑ̃te] : **s'absenter** *vr* assentarsi
absolu, e [apsɔly] *adj* assoluto(-a) ▸ *nm* assoluto; **dans l'~** in assoluto
absolument [apsɔlymɑ̃] *adv* (*oui*) certamente, senz'altro; (*tout à fait, complètement*) assolutamente; **~ pas** assolutamente no
absorbant, e [apsɔʀbɑ̃, ɑ̃t] *adj* assorbente; (*tâche, travail*) impegnativo(-a)
absorber [apsɔʀbe] *vt* assorbire; (*manger, boire*) ingerire
abstenir [apstəniʀ] : **s'abstenir** *vr* astenersi; **s'~ de qch/de faire** astenersi da qc/dal fare
abstrait, e [apstʀɛ, ɛt] *adj* astratto(-a) ▸ *nm* : **dans l'~** in astratto; **art ~** arte *f* astratta
absurde [apsyʀd] *adj* assurdo(-a) ▸ *nm* assurdo; **raisonnement par l'~** ragionamento per assurdo
abus [aby] *nm* abuso; **il y a de l'~** (*fam*) questo è troppo; **~ de confiance** abuso di fiducia; **~ de pouvoir** abuso di potere

abuser [abyze] *vi* esagerare ▸ *vt* ingannare; **s'abuser** *vr* sbagliare, sbagliarsi; **si je ne m'abuse** se non erro *ou* sbaglio; **~ de** (*force, droit, alcool*) abusare di; (*violer : femme*) abusare di; **~ de la patience de qn** abusare della pazienza di qn

abusif, -ive [abyzif, iv] *adj* abusivo(-a); (*prix*) eccessivo(-a)

académie [akademi] *nf* accademia; (*Scol*) *circoscrizione amministrativa scolastica e universitaria francese*; **l'A~ (française)** l'Académie *f* française, l'Accademia di Francia

L'**Académie française** è stata fondata dal Cardinale Richelieu nel 1635 durante il regno di Luigi XIII. È formata da quaranta studiosi e scrittori eletti a vita conosciuti come *les Quarante* o *les Immortels*. Una delle funzioni dell'Académie è quella di regolamentare lo sviluppo della lingua francese e le sue raccomandazioni sono spesso oggetto di accesi dibattiti. L'Académie ha pubblicato varie edizioni del dizionario della lingua francese e assegna vari premi letterari.

acajou [akaʒu] *nm* mogano

acariâtre [akaʀjɑtʀ] *adj* scontroso(-a)

accablant, e [akɑblɑ̃, ɑ̃t] *adj* (*témoignage, preuve*) schiacciante; (*chaleur, poids*) opprimente

accabler [akɑble] *vt* prostrare, opprimere; (*suj : preuves, témoignage*) schiacciare; **~ qn d'injures** coprire qn di ingiurie; **~ qn de travail** oberare qn di lavoro; **accablé de dettes/de soucis** assillato dai debiti/dalle preoccupazioni

accalmie [akalmi] *nf* bonaccia; (*fig*) tregua

accaparer [akapaʀe] *vt* (*produits, marché*) fare incetta di, accaparrare; (*pouvoir, voix*) accaparrarsi; (*suj : travail etc*) assorbire (completamente)

accéder [aksede] *vi* : **~ à** accedere a; (*indépendance*) ottenere; (*requête, désirs*) acconsentire a

accélérateur [akseleʀatœʀ] *nm* acceleratore *m*

accélérer [akseleʀe] *vt, vi* accelerare

accent [aksɑ̃] *nm* accento; **aux ~s de** (*musique*) alle note di; **mettre l'~ sur** (*fig*) porre l'accento su; **~ aigu** accento acuto; **~ circonflexe** accento circonflesso; **~ grave** accento grave

accentuer [aksɑ̃tɥe] *vt* accentare; (*fig*) accentuare; **s'accentuer** *vr* accentuarsi

acceptation [aksɛptasjɔ̃] *nf* accettazione *f*

accepter [aksɛpte] *vt* accettare; **~ de faire** accettare di fare; **~ que/que qn fasse** accettare che/che qn faccia; **~ que** (*reconnaître*) riconoscere che; **j'accepte !** accetto!; **je n'accepterai pas cela** questo non lo accetterò

accès [aksɛ] *nm* (*aussi Inform*) accesso; (*Méd*) attacco ▸ *nmpl* (*routes, entrées etc*) vie *fpl* d'accesso; **facile/difficile d'~** (*lieu*) di facile/difficile accesso; (*personne*) alla mano/poco alla mano; **l'~ au chantier est interdit** è vietato l'accesso al cantiere; **donner ~ à** dare accesso a, permettere di accedere a; **~ de colère** accesso di collera; **~ de joie** impeto di gioia; **~ de toux/de fièvre** accesso di tosse/di febbre

accessible [aksesibl] *adj* : **~ (à)** (*livre, sujet*) accessibile (a)

accessoire [akseswaʀ] *adj* accessorio(-a) ▸ *nm* accessorio; (*Théâtre*) materiale *m* scenico

accident [aksidɑ̃] *nm* incidente *m*; **par ~** per caso; **~ de la route** incidente stradale; **~ de parcours** incidente di percorso; **~s de terrain** irregolarità *fpl* *ou* asperità *fpl* del terreno; **~ du travail** infortunio sul lavoro

accidenté, e [aksidɑ̃te] *adj* (*relief, terrain*) accidentato(-a); (*voiture, personne*) sinistrato(-a); (*du travail*) infortunato(-a) ▸ *nm/f* sinistrato(-a); (*du travail*) infortunato(-a); **un ~ de la route** una vittima della strada

accidentel, le [aksidɑ̃tɛl] *adj* (*mort, chute*) accidentale

acclamer [aklame] *vt* acclamare

acclimater [aklimate] *vt* acclimatare; **s'acclimater** *vr* acclimatarsi

accolade [akɔlad] *nf* abbraccio; (*signe typographique*) graffa; **donner l'~ à qn** abbracciare qn

accommoder [akɔmɔde] *vt* (*plat*) preparare ▸ *vi* (*Méd*) accomodarsi; **s'accommoder** *vr* : **s'~ de** (*accepter*) accontentarsi di

FAUX AMIS
s'accomoder ne se traduit pas par le mot italien *accomodarsi*.

accompagnateur, -trice [akɔ̃paɲatœʀ, tʀis] *nm/f* accompagnatore(-trice)
accompagner [akɔ̃paɲe] *vt* accompagnare; **s'accompagner** *vr* (*Mus*) accompagnarsi; **s'~ de** accompagnarsi a, essere accompagnato(-a) da; **vous permettez que je vous accompagne ?** permette che l'accompagni?
accompli, e [akɔ̃pli] *adj* (*musicien, talent*) consumato(-a); **le fait ~** il fatto compiuto
accomplir [akɔ̃pliʀ] *vt* (*tâche*) compiere, adempiere; (*souhait, projet*) realizzare; **s'accomplir** *vr* realizzarsi
accord [akɔʀ] *nm* accordo; (*consentement, autorisation*) consenso; (*Ling*) accordo, concordanza; **mettre deux personnes d'~** mettere d'accordo due persone; **se mettre d'~** mettersi d'accordo; **être d'~** essere d'accordo; **être d'~ (pour faire/que)** essere d'accordo (di fare/che); **d'~ !** d'accordo!; **d'un commun ~** di comune accordo; **en ~ avec qn** d'accordo con qn; **être d'~ (avec qn)** essere d'accordo (con qn); **donner son ~** dare il proprio consenso; **~ en genre et en nombre** (*Ling*) accordo *ou* concordanza di genere e numero; **~ parfait** (*Mus*) accordo perfetto
accordéon [akɔʀdeɔ̃] *nm* (*Mus*) fisarmonica; **en ~** (*papier plié*) a fisarmonica
accorder [akɔʀde] *vt* accordare; **s'accorder** *vr* accordarsi; (*être d'accord*) concordare; (*un moment de répit*) concedersi; **~ de l'importance/de la valeur à qch** attribuire importanza/valore a qc; **je vous accorde que ...** le concedo che...
accoster [akɔste] *vt* (*Naut*) accostare; (*personne*) avvicinare, abbordare ▸ *vi* (*Naut*) accostare
accouchement [akuʃmɑ̃] *nm* parto; **~ à terme** parto a termine; **~ sans douleur** parto indolore
accoucher [akuʃe] *vi, vt* partorire; **~ d'une fille** partorire una bambina
accouder [akude] : **s'accouder** *vr* : **s'~ à/contre/sur** appoggiarsi (con i gomiti) a/contro/su; **accoudé à la fenêtre** appoggiato (con i gomiti) alla finestra
accoudoir [akudwaʀ] *nm* bracciolo
accoupler [akuple] *vt* (*animaux : faire copuler*) accoppiare; **s'accoupler** *vr* (*copuler*) accoppiarsi
accourir [akuʀiʀ] *vi* accorrere
accoutumance [akutymɑ̃s] *nf* assuefazione *f*
accoutumé, e [akutyme] *adj* solito(-a), consueto(-a); **être ~ à qch/à faire** essere abituato(-a) a qc/a fare; **comme à l'accoutumée** come al solito
accoutumer [akutyme] *vt* : **~ qn à qch/à faire** abituare qn a qc/a fare; **s'accoutumer** *vr* : **s'~ à qch/à faire** abituarsi a qc/a fare
accroc [akʀo] *nm* strappo; **sans ~s** (*fig, anicroche*) senza intoppi; **faire un ~ à** (*vêtement*) farsi uno strappo a; (*fig : règle etc*) fare uno strappo a
accrochage [akʀɔʃaʒ] *nm* (*d'une remorque*) agganciamento; (*Auto, Mil*) scontro; (*dispute*) scontro, battibecco; **l'~ d'un tableau** l'appendere un quadro
accrocher [akʀɔʃe] *vt* (*vêtement, tableau*) appendere; (*wagon, remorque*) agganciare; (*heurter*) urtare; (*déchirer : robe*) impigliare; (*fig : attention, client*) attirare, attrarre ▸ *vi* (*fermeture éclair*) incepparsi; (*fig : pourparlers etc*) incagliarsi; (*disque, slogan*) far presa, colpire; **s'accrocher** *vr* aggrapparsi; (*ne pas céder*) tener duro; (*se disputer*) litigare; **s'~ à** (*grillage*) restare impigliato(-a) in; (*agripper, aussi espoir, idée*) aggrapparsi a; **il faut s'~** (*fam*) bisogna tener duro
accrocheur, -euse [akʀɔʃœʀ, øz] *adj* (*vendeur*) persuasivo(-a); (*concurrent*) tenace; (*publicité, titre*) che colpisce
accroissement [akʀwasmɑ̃] *nm* incremento, aumento
accroître [akʀwatʀ] *vt* incrementare, accrescere; **s'accroître** *vr* aumentare
accroupir [akʀupiʀ] : **s'~** *vr* accovacciarsi, accoccolarsi
accru, e [akʀy] *pp de* **accroître**
accueil [akœj] *nm* accoglienza; (*endroit*) accettazione *f*; (: *dans une gare etc*) (servizio) informazioni *fpl*; **centre/comité d'~** centro/comitato di accoglienza
accueillir [akœjiʀ] *vt* (*aussi fig*) accogliere; (*loger*) ospitare
accumuler [akymyle] *vt* accumulare; **s'accumuler** *vr* accumularsi

accusation [akyzasjɔ̃] *nf* accusa; **l'~** (*partie*) l'accusa; **mettre en ~** mettere in stato d'accusa; **acte d'~** atto d'accusa

accusé, e [akyze] *nm/f* (*Jur*) imputato(-a), accusato(-a) ▶ *nm* : **~ de réception** (*Postes*) avviso di ricevimento; **lettre recommandée avec ~ de réception** raccomandata con ricevuta di ritorno

accuser [akyze] *vt* accusare; (*fig : souligner*) mettere in risalto; (*: rendre manifeste*) rivelare; **s'accuser** *vr* accusarsi; **~ qn/qch de qch** accusare qn/qc di qc; **~ réception de** accusare ricevuta di; **~ le coup** (*aussi fig*) accusare il colpo; **s'~ de qch/d'avoir fait qch** accusarsi di qc/di aver fatto qc

acéré, e [aseʀe] *adj* (*lame*) affilato(-a); (*pointe*) appuntito(-a); (*fig : plume*) tagliente

acharné, e [aʃaʀne] *adj* accanito(-a)

acharner [aʃaʀne] : **s'acharner** *vr* : **s'~ contre/sur** accanirsi contro/su; **s'~ à faire** (*persister à*) ostinarsi a fare

achat [aʃa] *nm* acquisto; **faire l'~ de** acquistare; **faire des ~s** fare compere *ou* acquisti

acheter [aʃ(ə)te] *vt* comprare, acquistare; (*soudoyer*) comprare; **~ à crédit** comprare a credito; **~ qch à qn** (*marchand*) comprare qc da qn; (*ami etc : offrir*) comprare qc a qn

acheteur, -euse [aʃ(ə)tœʀ, øz] *nm/f* acquirente *m/f*; (*professionnel*) compratore(-trice)

achever [aʃ(ə)ve] *vt* terminare; (*tuer*) finire; **s'achever** *vr* terminare; **~ de faire qch** terminare di fare qc; **ses remarques achevèrent de l'irriter** le sue osservazioni finirono per irritarlo del tutto

acide [asid] *adj* acido(-a) ▶ *nm* acido

acidulé [asidyle] *adj* acidulo(-a); (*qu'on a acidulé*) acidulato(-a); **bonbons ~s** *caramelle dure alla frutta*

acier [asje] *nm* acciaio; **~ inoxydable** acciaio inossidabile

aciérie [asjeʀi] *nf* acciaieria

acné [akne] *nf* (*Méd*) acne *f*; **~ juvénile** acne giovanile

acompte [akɔ̃t] *nm* acconto

à-côté [akote] (*pl* **-s**) *nm* (*question*) aspetto secondario; (*argent*) extra *m inv*

à-coup [aku] (*pl* **-s**) *nm* sobbalzo, scossa; (*de l'économie*) sbalzo; **sans ~** senza scosse; **par ~s** a sbalzi; (*travailler*) a periodi

acoustique [akustik] *nf* acustica ▶ *adj* (*Anat, Phys*) acustico(-a)

acquéreur [akeʀœʀ] *nm* acquirente *m/f*; **se porter/rendre ~ de qch** acquistare qc

acquérir [akeʀiʀ] *vt* (*biens, valeur*) acquistare; (*droit, habitude, certitude*) acquisire; (*résultats*) raggiungere

acquis, e [aki, iz] *pp de* **acquérir** ▶ *nm* conquista; (*expérience*) esperienza (acquisita) ▶ *adj* acquisito(-a); **tenir qch pour ~** (*comme allant de soi*) dare qc per scontato; **son aide nous est acquise** possiamo contare sul suo aiuto; **caractère ~** carattere *m* acquisito

acquitter [akite] *vt* (*Jur : accusé*) assolvere, prosciogliere; (*droits de douane*) pagare; (*facture*) quietanzare; **s'acquitter de** *vr* (*tâche, promesse*) adempiere a; (*dette*) liberarsi da

âcre [ɑkʀ] *adj* acre

acrobate [akʀɔbat] *nm/f* acrobata *m/f*

acrobatie [akʀɔbasi] *nf* (*aussi fig*) acrobazia; **~ aérienne** acrobazia aerea

acte [akt] *nm* atto; **actes** *nmpl* (*compte-rendu, procès-verbal*) atti *mpl*; **prendre (bon) ~ de** prendere atto di; **faire ~ de présence** fare atto di presenza; **faire ~ de candidature** candidarsi nominalmente; **~ d'accusation** atto d'accusa; **~ de baptême/mariage/naissance** atto di battesimo/matrimonio/nascita; **~ de vente** atto di vendita

acteur, -trice [aktœʀ, tʀis] *nm/f* attore(-trice)

actif, -ive [aktif, iv] *adj* attivo(-a); (*remède*) efficace ▶ *nm* (*Comm, Ling*) attivo; **prendre une part active à qch** partecipare attivamente a qc; **l'~ et le passif** (*Comm*) l'attivo e il passivo

action [aksjɔ̃] *nf* azione *f*; **une bonne/mauvaise ~** una buona/cattiva azione; **mettre en ~** (*réaliser*) mettere in atto; **passer à l'~** passare all'azione; **un homme d'~** un uomo d'azione; **sous l'~ de** sotto l'azione di; **un film d'~** un film d'azione; **~ de grâce(s)** (*Rel*) azione di grazie, ringraziamento; **~ en diffamation** (*Jur*) azione per diffamazione

actionnaire [aksjɔnɛʀ] *nm/f* azionista *m/f*

actionner [aksjɔne] *vt* azionare
activer [aktive] *vt* (*processus, travaux*) accelerare; (*Tech, Chim*) attivare; **s'activer** *vr* (*personne*) darsi da fare
activité [aktivite] *nf* attività *f inv*; **cesser toute ~** cessare ogni attività; **en ~** (*fonctionnaire militaire*) in servizio; (*industrie, volcan*) in attività; **~s subversives** (*Pol*) attività *fpl* sovversive
actrice [aktʀis] *nf voir* **acteur**
actualité [aktɥalite] *nf* attualità *f inv*; **actualités** *nfpl* (*TV*) telegiornale *msg*; **l'~ politique/sportive** l'attualità politica/sportiva; **d'~** d'attualità
actuel, le [aktɥɛl] *adj* attuale; **à l'heure actuelle** al momento attuale
actuellement [aktɥɛlmɑ̃] *adv* attualmente
adaptateur, -trice [adaptatœʀ, tʀis] *nm/f* (*Théâtre etc*) riduttore(-trice) ▸ *nm* (*Élec*) adattatore *m*
adapter [adapte] *vt* (*aussi Théâtre, Ciné, TV*) adattare; (*Mus*) arrangiare; **~ qch à** adattare qc a; **~ qch sur/dans/à** adattare qc a; **s'adapter (à)** *vr* adattarsi (a)
addition [adisjɔ̃] *nf* (*Math : opération*) addizione *f*; (*au café, restaurant*) conto; (*d'une clause*) aggiunta
additionner [adisjɔne] *vt* (*Math*) sommare; **s'additionner** *vr* aggiungersi; **~ un vin d'eau** aggiungere acqua ad un vino
adepte [adɛpt] *nm/f* adepto(-a)
adéquat, e [adekwa(t), at] *adj* adeguato(-a), adatto(-a)
adhérent, e [adeʀɑ̃, ɑ̃t] *adj* aderente ▸ *nm/f* (*de club*) socio(-a); (*parti, syndicat*) aderente *m/f*, iscritto(-a)
adhérer [adeʀe] *vi* aderire ▸ *vt* : **~ à** aderire a; (*être membre de*) essere iscritto(-a) a; (*club*) essere socio(-a) *ou* membro(-a) di
adhésif, -ive [adezif, iv] *adj* adesivo(-a) ▸ *nm* adesivo
adieu [adjø] *excl, nm* addio; **adieux** *nmpl* : **faire ses adieux à qn** congedarsi *ou* accomiatarsi da qn; **dire ~ à qn** salutare qn; **dire ~ à qch** dire addio a qc
adjectif, -ive [adʒɛktif, iv] *adj* aggettivale ▸ *nm* aggettivo; **~ attribut** aggettivo attributo; **~ démonstratif** aggettivo dimostrativo; **~ épithète** aggettivo epiteto; **~ numéral/possessif/qualificatif** aggettivo numerale/possessivo/qualificativo
adjoint, e [adʒwɛ̃, wɛ̃t] *nm/f* vice *m inv/f inv*; (*aide*) assistente *m/f*; **directeur ~** vicedirettore *m*; **~ au maire** vicesindaco
admettre [admɛtʀ] *vt* ammettere; (*candidat : Scol, gén*) ammettere, promuovere; (*gaz, eau, air*) immettere; **je n'admets pas ce genre de conduite/que tu fasses cela** non ammetto questo genere di comportamento/che tu lo faccia; **admettons** (*approbation faible*) può anche darsi; **admettons que** ammettiamo che
administrateur, -trice [administʀatœʀ, tʀis] *nm/f* amministratore(-trice); **~ délégué** amministratore delegato; **~ judiciaire** amministratore giudiziario
administration [administʀasjɔ̃] *nf* amministrazione *f*; **l'A~** l'amministrazione pubblica
administrer [administʀe] *vt* amministrare; (*remède, sacrement*) somministrare
admirable [admiʀabl] *adj* (*moralement*) ammirevole; (*esthétiquement*) stupendo(-a)
admirateur, -trice [admiʀatœʀ, tʀis] *nm/f* ammiratore(-trice)
admiration [admiʀasjɔ̃] *nf* ammirazione *f*; **être en ~ devant** essere in ammirazione davanti a
admirer [admiʀe] *vt* ammirare
admis, e [admi, iz] *pp de* **admettre**
admissible [admisibl] *adj* (*candidat*) ammesso(-a); (*comportement, attitude*) ammissibile
ADN [ɑdeɛn] *sigle m* (= *acide désoxyribonucléique*) DNA *m*
adolescence [adɔlesɑ̃s] *nf* adolescenza
adolescent, e [adɔlesɑ̃, ɑ̃t] *nm/f* adolescente *m/f*
adopter [adɔpte] *vt* adottare
adoptif, -ive [adɔptif, iv] *adj* adottivo(-a)
adorable [adɔʀabl] *adj* adorabile, delizioso(-a)
adorer [adɔʀe] *vt* adorare
adosser [adose] *vt* : **~ qch à/contre** addossare qc a/contro; **s'adosser** *vr* : **s'~ à/contre** (*suj : personne*) addossarsi *ou* appoggiarsi a/contro; **être adossé à** essere addossato(-a) *ou* appoggiato(-a) a

adoucir [adusiʀ] *vt* (*boisson*) addolcire; (*peau*) ammorbidire; (*peine, douleur*) lenire, mitigare; **s'adoucir** *vr* (*v vt*) addolcirsi; ammorbidirsi; mitigarsi

adresse [adʀɛs] *nf* (*domicile*) indirizzo, recapito; (*Inform*) indirizzo; (*habileté*) destrezza, abilità *f inv*; **partir sans laisser d'~** partire senza lasciare l'indirizzo; **~ électronique** *ou* **mail** indirizzo di posta elettronica, indirizzo e-mail; **~ web** indirizzo Internet

adresser [adʀese] *vt* indirizzare; (*injure, compliments*) rivolgere; **~ qn à un docteur/bureau** indirizzare qn a un medico/ufficio; **~ la parole à qn** rivolgere la parola a qn; **s'adresser à** rivolgersi a; (*suj : livre, conseil*) essere destinato(-a) a

adroit, e [adʀwa, wat] *adj* abile

ADSL [adeɛsɛl] *sigle m* (= *asymmetrical digital subscriber line*) ADSL *m*

adulte [adylt] *nm/f, adj* adulto(-a); **l'âge ~** l'età adulta; **film pour ~s** film *m inv* per adulti; **formation des/pour ~s** (corsi *mpl* di) formazione *f* per adulti

adverbe [advɛʀb] *nm* avverbio; **~ de manière** avverbio di modo *ou* maniera

adversaire [advɛʀsɛʀ] *nm/f* avversario(-a)

aération [aeʀasjɔ̃] *nf* aerazione *f*; **conduit d'~** condotto di aerazione; **bouche d'~** bocca d'aerazione

aérer [aeʀe] *vt* (*pièce*) arieggiare, ventilare; (*literie*) far prendere aria a; (*fig : style*) alleggerire; **s'aérer** *vr* prendere aria

aérien, ne [aeʀjɛ̃, jɛn] *adj* aereo(-a); (*métro*) soprelevato(-a); (*fig : édifice*) slanciato(-a); (*: grâce*) leggiadro(-a); **compagnie aérienne** compagnia aerea; **ligne aérienne** linea aerea

aérogare [aeʀogaʀ] *nf* aerostazione *f*; (*en ville*) (air) terminal *m inv*

aéroglisseur [aeʀoglisœʀ] *nm* hovercraft *m inv*

aéronaval, e [aeʀonaval] *adj* aeronavale ▶ *nf* : **l'A~** l'aviazione *f ou* l'Aeronautica navale

aérophagie [aeʀɔfaʒi] *nf* aerofagia

aéroport [aeʀɔpɔʀ] *nm* aeroporto; **~ d'embarquement** aeroporto d'imbarco

aérosol [aeʀɔsɔl] *nm* (*Méd*) aerosol *m inv*; (*bombe*) spray *m inv*

affaiblir [afebliʀ] *vt* indebolire; **s'affaiblir** *vr* indebolirsi

affaire [afɛʀ] *nf* (*problème, question*) affare *m*, faccenda, questione *f*; (*scandale*) caso; (*criminelle, judiciaire*) causa; (*entreprise, magasin*) impresa; (*marché, transaction, occasion*) affare; **affaires** *nfpl* affari *mpl*; (*objets, effets personnels*) roba *fsg*, cose *fpl*; **c'est mon ~** sono affari miei; **occupe-toi de tes ~s** occupati degli affari *ou* dei fatti tuoi; **tirer qn d'~** cavare *ou* togliere qn dagli impicci; **se tirer d'~** trarsi d'impiccio *ou* d'impaccio; **en faire une ~** farne tutta una questione; **j'en fais mon ~** lascia fare a me; **tu auras ~ à moi !** te la vedrai con me!; **ceci fera l'~** questo andrà benissimo; **avoir ~ à qn/qch** avere a che fare con qn/qc; **c'est une ~ de goût/d'argent** è una questione di gusto/di soldi; **c'est l'~ d'une minute/d'une heure** è questione di un minuto/di un'ora; **les A~s étrangères** (*Pol*) gli (Affari) Esteri

affairer [afeʀe] : **s'~** *vr* affaccendarsi, darsi da fare

affamé, e [afame] *adj* affamato(-a)

affecter [afɛkte] *vt* (*émouvoir*) toccare, colpire; (*feindre*) ostentare, affettare; **~ qch à** (*allouer : crédits etc*) destinare qc a; **~ qn à** (*employé etc*) destinare *ou* assegnare qn a; **~ qch d'un coefficient/indice** attribuire a qc un coefficiente/indice

affectif, -ive [afɛktif, iv] *adj* affettivo(-a)

affection [afɛksjɔ̃] *nf* (*tendresse, amitié*) affetto; (*Méd*) affezione *f*; **avoir de l'~ pour** nutrire *ou* provare affetto per; **prendre en ~** affezionarsi a

affectionner [afɛksjɔne] *vt* essere affezionato(-a) a

affectueux, -euse [afɛktɥø, øz] *adj* affettuoso(-a)

affichage [afiʃaʒ] *nm* (*des prix*) affissione *f*; (*électronique*) visualizzazione *f*; **« ~ interdit »** « divieto di affissione »; **tableau d'~** tabellone *m*; **~ à cristaux liquides** visualizzazione *f* a cristalli liquidi; **~ digital** *ou* **numérique** visualizzazione digitale

affiche [afiʃ] *nf* (*de publicité, parti politique*) manifesto; (*officielle*) avviso; **être à l'~** (*Théâtre, Ciné*) essere in programma; **tenir l'~** tenere il cartellone

afficher [afiʃe] *vt* affiggere; (*électroniquement*) visualizzare; (*fig : péj*) ostentare; **s'afficher** *vr* (*péj*) farsi notare; (*électroniquement*) visualizzarsi; **« défense d'~ »** « divieto d'affissione »
affilée [afile] : **d'~** *adv* di fila
affirmatif, -ive [afiʀmatif, iv] *adj* (*réponse*) affermativo(-a)
affirmative [afiʀmativ] *nf* : **répondre par l'~** rispondere affermativamente; **dans l'~** in caso affermativo
affirmer [afiʀme] *vt* (*prétendre*) affermare, asserire; (*désir, autorité*) affermare; **s'affirmer** *vr* affermarsi
affligé, e [afliʒe] *adj* afflitto(-a); **~ d'une maladie/tare** afflitto(-a) da una malattia/tara
affliger [afliʒe] *vt* affliggere, addolorare
affluence [aflyɑ̃s] *nf* affluenza; **heure/jour d'~** ora/giorno di punta
affluent [aflyɑ̃] *nm* affluente *m*
affolement [afɔlmɑ̃] *nm* panico
affoler [afɔle] *vt* sconvolgere; **s'affoler** *vr* perdere la testa

FAUX AMIS
affoler ne se traduit pas par le mot italien *affolare*.

affranchir [afʀɑ̃ʃiʀ] *vt* affrancare; (*fig*) liberare; **s'affranchir de** *vr* liberarsi da
affranchissement [afʀɑ̃ʃismɑ̃] *nm* (*Postes*) affrancatura; (*fig*) liberazione *f*; **tarifs d'~** tariffe *fpl* postali; **~ insuffisant** affrancatura insufficiente
affreux, -euse [afʀø, øz] *adj* orribile
affront [afʀɔ̃] *nm* affronto
affrontement [afʀɔ̃tmɑ̃] *nm* scontro
affronter [afʀɔ̃te] *vt* affrontare; **s'affronter** *vr* affrontarsi; (*théorie*) scontrarsi
affût [afy] *nm* : **être à l'~ (de)** fare la posta (a); (*fig*) essere a caccia (di)
afin [afɛ̃] : **~ que** *conj* affinché; **~ de faire** allo scopo di fare
africain, e [afʀikɛ̃, ɛn] *adj* africano(-a) ▸ *nm/f* : **Africain, e** africano(-a)
Afrique [afʀik] *nf* Africa; **~ du Nord** Nordafrica; **~ du Sud** Sudafrica *m*
agacer [agase] *vt* dare fastidio a, infastidire
âge [ɑʒ] *nm* età *f inv*; **quel ~ as-tu ?** quanti anni hai?; **une femme d'un certain ~** una donna di una certa età; **bien porter son ~** portar bene i propri anni; **prendre de l'~** avanzare negli anni; **limite d'~** limite *m* d'età; **troisième ~** terza età; **~ de raison** età della ragione; **l'~ ingrat** l'età ingrata; **~ légal** maggiore età; **~ mental** età mentale; **l'~ mûr** la maturità
âgé, e [ɑʒe] *adj* anziano(-a); **~ de 10 ans** di 10 anni; **les personnes ~es** gli anziani
agence [aʒɑ̃s] *nf* agenzia; **~ de placement** agenzia di collocamento; **~ de publicité** agenzia pubblicitaria; **~ de voyages** agenzia di viaggi; **~ immobilière** agenzia immobiliare; **~ matrimoniale** agenzia matrimoniale
agenda [aʒɛ̃da] *nm* agenda; **~ électronique** agenda elettronica
agenouiller [aʒ(ə)nuje] : **s'~** *vr* inginocchiarsi
agent, e [aʒɑ̃, ɑ̃t] *nm/f* (*Admin*) funzionario(-a) ▸ *nm* (*fig : élément, facteur*) agente *m*, fattore *m*; **~ commercial(e)/d'assurances** agente *m/f* di commercio/di assicurazioni; **~ de change** agente *m/f* di cambio; **~ (de police)** agente *m/f* (di polizia); **~ immobilier(-ière)** agente *m/f* immobiliare; **~ (secret(-ète))** agente *m/f* (segreto(-a))
agglomération [aglɔmeʀasjɔ̃] *nf* (*village, ville*) agglomerato urbano; (*Auto*) centro abitato; **l'~ parisienne** l'area metropolitana parigina
aggraver [agʀave] *vt* aggravare; **s'aggraver** *vr* aggravarsi; **~ son cas** aggravare la propria situazione
agile [aʒil] *adj* agile
agir [aʒiʀ] *vi* agire; **~ sur qch** (*sujet médicament, substance*) agire su qc; **il s'agit de/de faire** si tratta di/di fare; **de quoi s'agit-il ?** di cosa si tratta?; **s'agissant de** trattandosi di
agitation [aʒitasjɔ̃] *nf* agitazione *f*
agité, e [aʒite] *adj* agitato(-a)
agiter [aʒite] *vt* agitare; **s'agiter** *vr* (*aussi fig*) agitarsi; **« ~ avant l'emploi »** « agitare prima dell'uso »
agneau [aɲo] *nm* agnello
agonie [agɔni] *nf* (*aussi fig*) agonia
agrafe [agʀaf] *nf* (*de bureau*) punto metallico; (*de vêtement*) gancio; (*Méd*) agrafe *f*
agrafer [agʀafe] *vt* agganciare; (*des feuilles de papier*) cucire (*con cucitrice*)
agrafeuse [agʀaføz] *nf* (*de bureau*) cucitrice *f*

agrandir [agʀɑ̃diʀ] *vt* ingrandire; **s'agrandir** *vr* ingrandirsi; **(faire) ~ sa maison** (fare) ampliare la propria casa
agrandissement [agʀɑ̃dismɑ̃] *nm* ampliamento; (*Photo*) ingrandimento
agréable [agʀeabl] *adj* gradevole, piacevole
agréé, e [agʀee] *adj* autorizzato(-a); **magasin/concessionnaire ~** negozio/concessionario autorizzato
agréer [agʀee] *vt* (*demande, requête*) accogliere favorevolmente; **~ à qn** (*plaire à*) essere gradito(-a) a; **veuillez ~, Monsieur, mes salutations distinguées** distinti saluti
agrégation [agʀegasjɔ̃] *nf* (*Univ*) *titolo e concorso a cattedra per l'insegnamento nelle scuole secondarie e nelle facoltà universitarie*
agrégé, e [agʀeʒe] *nm/f* (*Univ*) *titolare dell'agrégation*
agrément [agʀemɑ̃] *nm* (*accord*) consenso; (*attraits*) fascino; (*plaisir*) piacere *m*; **voyage d'~** viaggio di piacere; **jardin d'~** giardino ornamentale
agresser [agʀese] *vt* aggredire
agresseur, -euse [agʀesœʀ, øz] *nm/f* aggressore (aggreditrice)
agressif, -ive [agʀesif, iv] *adj* aggressivo(-a); (*couleur*) violento(-a)
agricole [agʀikɔl] *adj* agricolo(-a)
agriculteur, -trice [agʀikyltœʀ, tʀis] *nm/f* agricoltore(-trice)
agriculture [agʀikyltyʀ] *nf* agricoltura
agripper [agʀipe] *vt* afferrare; **s'agripper à** *vr* aggrapparsi a
agro-alimentaire [agʀoalimɑ̃tɛʀ] (*pl* **-s**) *adj* agro-alimentare
agrumes [agʀym] *nmpl* agrumi *mpl*
aguets [agɛ] : **aux ~** *adv* : **être aux ~** essere in agguato
ai [ɛ] *vb voir* **avoir**
aide [ɛd] *nf* aiuto, soccorso ▸ *nm/f* assistente *m/f*, aiutante *m/f*; **à l'~ de** con l'aiuto di, servendosi di; **à l'~ !** aiuto!; **appeler qn à l'~** chiamare qn in aiuto; **appeler à l'~** gridare aiuto; **venir/aller à l'~ de qn** venire/andare in aiuto *ou* soccorso di qn; **venir en ~ à qn** venire in aiuto di qn; **~ de camp** *nm/f* aiutante *m/f* di campo; **~ de laboratoire** *nm/f* assistente *m/f* di laboratorio; **~ familiale** *nf* collaboratrice *f* familiare, *diplomata, retribuita dallo Stato per assistere le famiglie bisognose*; **~ judiciaire** *nf* assistenza legale; **~ ménagère** *nf* collaboratrice *f* familiare; **~ sociale** *nf* assistenza sociale; **~ technique** *nf* assistenza tecnica
aide-mémoire [ɛdmemwaʀ] (*pl* **aide-mémoire(s)**) *nm* tavola sinottica
aider [ede] *vt* aiutare; **s'aider de** *vr* aiutarsi con, servirsi di; **~ qn à faire qch** aiutare qn a fare qc; **~ à** facilitare, favorire
aide-soignant, e [ɛdswaɲɑ̃, ɑ̃t] (*pl* **aides-soignants, -es**) *nm/f* aiuto-infermiere(-a)
aie *etc* [ɛ] *vb voir* **avoir**
aïe [aj] *excl* ahi!
aigle [ɛgl] *nm* aquila
aigre [ɛgʀ] *adj* aspro(-a), acido(-a); **tourner à l'~** (*discussion*) degenerare
aigre-doux, -douce [ɛgʀədu, dus] (*pl* **aigres-doux, -douces**) *adj* agrodolce
aigreur [ɛgʀœʀ] *nf* acidità; (*d'un propos*) asprezza; **~s d'estomac** acidità di stomaco
aigu, -uë [egy] *adj* acuto(-a)
aiguille [egɥij] *nf* ago; (*de réveil, montre, compteur*) lancetta; (*montagne*) picco; **~ à tricoter** ferro da maglia *ou* calza
aiguiser [egize] *vt* affilare; (*fig : appétit*) stuzzicare; (*: esprit*) aguzzare; (*: douleur, désir*) acuire
ail **aulx**) [aj, o] *nm* aglio
aile [ɛl] *nf* ala; (*de moulin*) pala; (*de voiture*) fiancata; **battre de l'~** (*fig*) essere mal messo(-a); **voler de ses propres ~s** volare con le proprie ali
ailier, -ière [elje, jɛʀ] *nm/f* (*Sport*) ala; **~ droit(e)/gauche** ala destra/sinistra
aille *etc* [aj] *vb voir* **aller**
ailleurs [ajœʀ] *adv* altrove; **partout/nulle part ~** in qualsiasi/nessun altro posto; **d'~** del resto, d'altronde; **par ~** peraltro
aimable [ɛmabl] *adj* garbato(-a), cortese; **vous êtes bien ~** molto cortese da parte sua
aimant, e [ɛmɑ̃, ɑ̃t] *nm* calamita ▸ *adj* affettuoso(-a)
aimer [eme] *vt* amare; (*d'amitié, affection*) voler bene a; **s'aimer** *vr* (*v vt*) amarsi; volersi bene; **j'aime la plage/faire du ski** mi piace la spiaggia/sciare; **j'aime que l'on soit gentil avec moi** mi fa piacere che gli altri siano gentili

con me; **bien ~ qn** voler bene a qn; **j'aime bien Pierre** voglio bene *ou* sono affezionato a Pierre; **j'aime bien ton pantalon** mi piacciono i tuoi pantaloni; **j'aime assez aller au cinéma** mi piace abbastanza andare al cinema; **j'aimerais ...** mi piacerebbe ...; **j'aimerais (bien) m'en aller** mi piacerebbe andarmene; **j'aimerais te demander de ...** vorrei chiederti di ...; **j'aimerais avoir ton avis** desidererei avere il tuo parere; **j'aimerais que la porte soit fermée** vorrei che la porta fosse chiusa; **tu aimerais que je fasse quelque chose pour toi?** desideri che faccia qualcosa per te?; **j'aime mieux** *ou* **autant vous dire que ...** preferisco dirle che ...; **j'aimerais mieux** *ou* **autant y aller maintenant** preferirei andarci ora; **j'aime mieux Paul que Pierre** mi piace più Paul di Pierre; **je n'aime pas beaucoup Paul** Paul non mi piace molto

aine [ɛn] *nf* inguine *m*

aîné, e [ene] *adj* più vecchio(-a); (*le plus âgé*) maggiore ▶ *nm/f* maggiore *m/f*, primogenito(-a); **aînés** *nmpl* (*fig: anciens*) antenati *mpl*; **il est mon ~ (de deux ans)** è più vecchio di me (di due anni)

ainsi [ɛ̃si] *adv* così ▶ *conj* (*en conséquence*) così; **~ que** (*comme*) come; (*et aussi*) così come; **pour ~ dire** per così dire; **~ donc** (e) così; **~ soit-il** (*Rel*) così sia; **et ~ de suite** e così via

air [ɛʀ] *nm* aria; **dans l'~** (*atmosphère, ambiance*) nell'aria, buttare all'aria una stanza; **regarder/tirer en l'~** guardare/sparare in aria; **parole/menace en l'~** parole *fpl*/minacce *fpl* campate in aria; **prendre l'~** prendere aria; **en plein ~** all'aria aperta; **avoir l'~ triste** aver l'aria *ou* un'aria triste; **il a l'~ de dormir** sembra che dorma; **il a l'~ malade** sembra malato; **prendre de grands ~s (avec qn)** darsi delle arie (con qn); **sans avoir l'~ de rien** facendo finta di niente; **ils ont un ~ de famille** tra loro c'è una certa somiglianza; **courant d'~** corrente *f* d'aria; **mal de l'~** mal *m* d'aria; **être tête en l'~** avere la testa tra le nuvole; **~ comprimé/conditionné** aria compressa/condizionata; **~ liquide** aria liquida

airbag [ɛʀbag] *nm* (*Auto*) airbag *m inv*

aisance [ɛzɑ̃s] *nf* (*facilité*) facilità; (*grâce, adresse*) naturalezza, spigliatezza; (*richesse*) agiatezza

aise [ɛz] *nf* (*confort*) agio, comodità *f inv*; **prendre ses ~s** mettersi comodo(-a); **aimer ses ~s** amare le comodità; **soupirer/frémir d'~** sospirare/fremere di gioia; **être à l'~** essere a proprio agio; (*financièrement*) essere benestante; **être mal à l'~** essere a disagio; **mettre qn à l'~/mal à l'~** mettere qn a proprio agio/a disagio; **se mettre à l'~** mettersi a proprio agio; **à votre ~** come preferisce

aisé, e [eze] *adj* (*facile*) agevole; (*naturel*) sciolto(-a), disinvolto(-a); (*assez riche*) agiato(-a)

aisselle [ɛsɛl] *nf* ascella

ait [ɛ] *vb voir* **avoir**

ajonc [aʒɔ̃] *nm* ginestrone *m*

ajourner [aʒuʀne] *vt* rinviare, aggiornare; (*candidat*) rimandare

ajouter [aʒute] *vt* aggiungere; **~ que** (*dire*) aggiungere; **~ foi à** prestar fede a; **~ à** (*augmenter, accroître*) aumentare, accrescere; **s'ajouter à** *vr* aggiungersi a

alarme [alaʀm] *nf* allarme *m*; **donner l'~** dare l'allarme; **à la première ~** al primo allarme

alarmer [alaʀme] *vt* allarmare; **s'alarmer** *vr* allarmarsi

album [albɔm] *nm* album *m inv*; (*livre*) albo; **~ à colorier** album da colorare; **~ de timbres** album di francobolli

alcool [alkɔl] *nm* alcol *m inv*; **un ~** un alcolico; **~ à 90°** (*Méd*) alcol a 90°; **~ à brûler** spirito; **~ de poire/de prune** acquavite *f* di pere/di prugne

alcoolique [alkɔlik] *adj* alcolico(-a); (*personne*) alcolizzato(-a) ▶ *nm/f* alcolista *m/f*, alcolizzato(-a)

alcoolisé, e [alkɔlize] *adj* alcolico(-a); **fortement/peu ~** fortemente/poco alcolico(-a)

alcoolisme [alkɔlism] *nm* alcolismo

alcotest®, alcootest® [alkɔtɛst] *nm* etilometro; (*épreuve*) alcotest *m inv*

aléatoire [aleatwaʀ] *adj* aleatorio(-a)

alentour [alɑ̃tuʀ] *adv* intorno; **alentours** *nmpl* (*environs*) dintorni *mpl*; **aux ~s de** (*espace*) in prossimità di, nelle vicinanze di; (*temps*) verso, intorno a

alerte [alɛʀt] *adj* vivace ▶ *nf* allarme *m*; **~ à la bombe** allarme *m* bomba *inv*; **donner l'~** dare l'allarme; **à la**

première ~ al primo allarme; **~ rouge** allarme rosso
alerter [alɛʀte] *vt* (*pompiers etc*) avvertire; (*informer, prévenir : l'opinion*) mettere in guardia
algèbre [alʒɛbʀ] *nf* algebra
Alger [alʒe] *n* Algeri *f*
Algérie [alʒeʀi] *nf* Algeria
algérien, ne [alʒeʀjɛ̃, jɛn] *adj* algerino(-a) ▸ *nm/f* : **Algérien, ne** algerino(-a)
algue [alg] *nf* alga
alibi [alibi] *nm* alibi *m inv*
aligner [aliɲe] *vt* allineare; (*équipe*) schierare; (*arguments, chiffres*) presentare; **s'aligner** *vr* allinearsi; **~ qch sur** (*adapter*) allineare qc a; **s'~ (sur)** (*Pol : pays*) allinearsi (a)
aliment [alimɑ̃] *nm* alimento; **~ complet** alimento completo
alimentation [alimɑ̃tasjɔ̃] *nf* alimentazione *f*; (*approvisionnement*) rifornimento; **~ de base** alimenti *mpl* base *inv*; **~ en continu** alimentazione continua; **~ (en) papier** alimentazione carta; **~ générale** alimentari *m inv*
alimenter [alimɑ̃te] *vt* alimentare; **s'alimenter** *vr* alimentarsi; **~ (en)** (*Tech*) alimentare (con)
allaiter [alete] *vt* allattare; **~ au biberon** allattare col biberon
allécher [aleʃe] *vt* allettare
allée [ale] *nf* viale *m*; **allées** *nfpl* : **~s et venues** andirivieni *msg*
allégé, e [aleʒe] *adj* (*yaourt etc*) magro(-a)
alléger [aleʒe] *vt* (*voiture, chargement*) alleggerire; (*dette, impôt, souffrance*) ridurre; (*souffrance*) alleviare
Allemagne [almaɲ] *nf* Germania
allemand, e [almɑ̃, ɑ̃d] *adj* tedesco(-a) ▸ *nm/f* : **Allemand, e** tedesco(-a) ▸ *nm* tedesco; **allemand, e de l'Est** tedesco(-a) orientale *ou* dell'Est
aller [ale] *nm* andata ▸ *vi* andare; (*fonction d'auxiliaire*) : **je vais y ~** ci vado, ci andrò; (*progresser*) : **~ en empirant** andar peggiorando; **s'en aller** *vr* (*partir*) andarsene; **~ faire qch** andare a fare qc; **~ (simple)** (sola) andata; **~ (et) retour** andata e ritorno *m*; **je vais me fâcher** sto per arrabbiarmi; **~ à** (*convenir*) essere adatto(-a) a; **~ avec** (*couleurs, style etc*) star bene con; **~ voir/chercher qn** andare a trovare/a prendere qn; **comment allez-vous ?** come sta?; **comment ça va ?** (*affaires etc*) come va?; **il va bien/mal** sta bene/male; **ça va bien/mal** va bene/male; **ça ne va pas sans difficultés** questo comporta inevitabilmente delle difficoltà; **il y va de leur vie** ne va della loro vita; **se laisser ~** (*se détendre, se négliger*) lasciarsi andare; **~ à la chasse/pêche** andare a caccia/pesca; **~ au théâtre/au concert/au cinéma** andare a teatro/a un concerto/al cinema; **~ à l'école** andare a scuola; **je vais m'en occuper demain** me ne occuperò domani; **cela me va** (*couleur, vêtement*) mi sta bene; **ça va ? — oui (ça va) !** come va? — non c'è male!; **tout va bien** va tutto bene; **ça ne va pas du tout** non va per niente bene; **ça va** (*approuver*) va bene; **ça ira** (*comme ça*) così può andare; **cette robe vous va très bien** questo vestito le sta molto bene; **~ jusqu'à** andare fino a; **ça va de soi** va da sé; **ça va sans dire** va da sé; **il va sans dire que** va da sé *ou* è chiaro che; **il n'y est pas allé par quatre chemins** è andato dritto allo scopo; **tu y vas un peu fort** esageri un po'; **allons !, allez !** su!, dai!; **allons-y !** forza!, coraggio!; **allons donc !** suvvia!; **~ mieux** (*personne*) stare meglio; (*affaires etc*) andare meglio; **je vais mieux** sto meglio; **allez, fais un effort** dài, fai uno sforzo; **allez, je m'en vais** beh, io vado; **allez, au revoir** arrivederci
allergie [alɛʀʒi] *nf* allergia
allergique [alɛʀʒik] *adj* allergico(-a)
alliance [aljɑ̃s] *nf* (*Mil, Pol*) alleanza; (*mariage*) matrimonio; (*bague*) fede *f*, vera; **neveu par ~** nipote *m* acquisito
allier [alje] *vt* (*aussi fig*) unire; (*métaux*) legare; **s'allier** *vr* (*pays, personnes*) allearsi; (*éléments, caractéristiques*) unirsi, associarsi; **s'~ à** allearsi con *ou* a
allô [alo] *excl* pronto!
allocation [alɔkasjɔ̃] *nf* (*somme allouée*) sussidio, indennità *f inv*; (*d'un prêt*) assegnazione *f*; **~ (de) chômage** sussidio di disoccupazione; **~ (de) logement** indennità di alloggio; **~ de maternité** indennità di maternità; **~s familiales** assegni *mpl* familiari
allonger [alɔ̃ʒe] *vt* allungare; **s'allonger** *vr* allungarsi; (*personne*) stendersi; **~ le pas** allungare il passo

allumage [alymaʒ] *nm* (*Auto*) accensione *f*; (*d'un réacteur*) innesco
allume-cigare [alymsigaʀ] (*pl* **allume-cigares**) *nm* accendisigari *m inv*
allumer [alyme] *vt* accendere; **s'allumer** *vr* accendersi; **~ (la lumière** *ou* **l'électricité)** accendere la luce; **~ le/un feu** accendere il/un fuoco
allumette [alymɛt] *nf* fiammifero; **~ au fromage** (*Culin*) sfogliatina al formaggio
allure [alyʀ] *nf* andatura; (*vitesse*) velocità *f inv*; (*aspect, air*) aria; **avoir de l'~** aver stile *ou* classe; **à toute ~** a tutta velocità
allusion [a(l)lyzjɔ̃] *nf* allusione *f*; **faire ~ à** fare allusione a, alludere a
alors [alɔʀ] *adv, conj* allora; **il habitait ~ à Paris** allora abitava a Parigi; **et ~ ?** e allora?; **~ que** *conj* mentre; **il est arrivé ~ que je partais** è arrivato mentre io partivo; **~ qu'il était à Paris...** mentre era a Parigi...
alourdir [aluʀdiʀ] *vt* appesantire; **s'alourdir** *vr* appesantirsi
Alpes [alp] *nfpl* : **les ~** le Alpi *fpl*
alphabet [alfabɛ] *nm* alfabeto; (*livre*) sillabario
alpinisme [alpinism] *nm* alpinismo
Alsace [alzas] *nf* Alsazia
alsacien, ne [alzasjɛ̃, jɛn] *adj* alsaziano(-a) ▸ *nm/f* : **Alsacien, ne** alsaziano(-a)
altermondialisme [altɛʀmɔ̃djalism] *nm* altermondialismo
altermondialiste [altɛʀmɔ̃djalist] *adj, nm/f* no-global *m inv/f inv*, altermondialista *m/f*
alternatif, -ive [altɛʀnatif, iv] *adj* alternativo(-a)
alternative [altɛʀnativ] *nf* alternativa
alterner [altɛʀne] *vt* alternare ▸ *vi* : **~ (avec qch)** alternarsi (con qn)
altitude [altityd] *nf* (*par rapport à la mer*) altitudine *f*; (*par rapport au sol*) altezza; **à 500 m d'~** a 500 m di altezza; **en ~** in quota; **perdre/prendre de l'~** (*avion*) perdere/prendere quota; **voler à haute/à basse ~** (*avion*) volare ad alta/a bassa quota
alto [alto] *nm* (*instrument à cordes*) viola; (*saxophone*) sassofono contralto ▸ *nf* (*chanteuse*) contralto
aluminium [alyminjɔm] *nm* alluminio
amabilité [amabilite] *nf* amabilità, cortesia; **il a eu l'~ de...** ha avuto la cortesia di...
amaigrissant, e [amegʀisɑ̃, ɑ̃t] *adj* : **régime ~** dieta dimagrante
amande [amɑ̃d] *nf* mandorla; (*de noyau de fruit*) nocciolo, seme *m*; **en ~** (*yeux*) a mandorla
amandier [amɑ̃dje] *nm* mandorlo
amant, e [amɑ̃, ɑ̃t] *nm/f* amante *m/f*
amas [amɑ] *nm* ammasso, cumulo
amasser [amɑse] *vt* ammassare; **s'amasser** *vr* ammassarsi; (*preuves*) accumularsi
amateur, -trice [amatœʀ, tʀis] *nm/f* (*non professionnel*) dilettante *m/f*, amatore(-trice); **du travail d'~** (*péj*) da dilettante; **musicien/sportif ~** musicista *m*/sportivo dilettante; **le sport ~** lo sport amatoriale; **~ de musique/sport** appassionato di musica/sport
ambassade [ɑ̃basad] *nf* ambasciata; **secrétaire/attaché(e) d'~** segretario(-a)/addetto(-a) d'ambasciata
ambassadeur, -drice [ɑ̃basadœʀ, dʀis] *nm/f* ambasciatore(-trice)
ambiance [ɑ̃bjɑ̃s] *nf* atmosfera, ambiente *m*; **il y a de l'~** c'è una bella atmosfera
ambigu, -uë [ɑ̃bigy] *adj* ambiguo(-a)
ambitieux, -euse [ɑ̃bisjø, jøz] *adj, nm/f* ambizioso(-a)
ambition [ɑ̃bisjɔ̃] *nf* ambizione *f*
ambulance [ɑ̃bylɑ̃s] *nf* ambulanza
ambulancier, -ière [ɑ̃bylɑ̃sje, jɛʀ] *nm/f* autista *m/f* di ambulanza
âme [ɑm] *nf* anima; (*conscience morale*) animo; **un village de 200 ~s** un paesino di 200 anime; **rendre l'~** rendere l'anima (a Dio); **joueur/tricheur dans l'~** giocatore *m*/imbroglione *m* nato; **bonne ~** (*aussi iron*) anima pia; **~ sœur** anima gemella
amélioration [ameljɔʀasjɔ̃] *nf* miglioramento
améliorer [ameljɔʀe] *vt* migliorare; **s'améliorer** *vr* migliorare
aménager [amenaʒe] *vt* (*espace, local, terrain*) sistemare; (*territoire*) pianificare; (*transformer*) trasformare; **~ les combles en chambre** trasformare la soffitta in camera da letto

amende [amɑ̃d] *nf* ammenda, multa; **mettre à l'~** punire; **faire ~ honorable** fare ammenda
amener [am(ə)ne] *vt* (*faire venir, apporter, conduire*) portare; (*occasionner*) provocare; (*baisser : drapeau, voiles*) ammainare; **s'amener** (*fam*) ▸ *vr* arrivare; **~ qn à qch/à faire** portare qn a qc/a fare
amer, amère [amɛʀ] *adj* (*aussi fig*) amaro(-a)
américain, e [ameʀikɛ̃, ɛn] *adj* americano(-a) ▸ *nm* americano ▸ *nm/f* : **Américain, e** americano(-a); **vedette américaine** *artista che si esibisce prima dello spettacolo principale*
Amérique [ameʀik] *nf* America; **~ centrale/latine** America centrale/latina; **~ du Nord** Nordamerica *m*; **~ du Sud** Sudamerica *m*
amertume [amɛʀtym] *nf* amarezza
ameublement [amœbləmɑ̃] *nm* mobilio, arredamento; **articles d'~** articoli *mpl* d'arredamento; **tissu d'~** tessuto d'arredamento; **papier d'~** carta da parati
ami, e [ami] *nm/f* amico(-a) ▸ *adj* : **famille amie** famiglia amica; **pays/groupe ~** paese *m*/gruppo amico; **être (très) ~ avec qn** essere (molto) amico(-a) di qn; **être ~ de l'ordre/de la précision** essere amante dell'ordine/della precisione; **un ~ des arts/des chiens** un amico *ou* amante dell'arte/dei cani; **petit ~/petite amie** (*fam*) ragazzo/ragazza
amiable [amjabl] *adj* amichevole; **à l'~** *adv* (*Jur*) in via amichevole
amiante [amjɑ̃t] *nm* amianto
amical, e, -aux [amikal, o] *adj* amichevole
amicalement [amikalmɑ̃] *adv* amichevolmente; (*formule épistolaire*) cordiali saluti
amincir [amɛ̃siʀ] *vt* (*personne*) snellire; **s'amincir** *vr* (*objet*) assottigliarsi; (*personne*) snellirsi
amincissant, e [amɛ̃sisɑ̃, ɑ̃t] *adj* (*régime, crème*) dimagrante
amiral, e, -aux [amiʀal, o] *nm/f* ammiraglio
amitié [amitje] *nf* amicizia; **prendre en ~** affezionarsi a; **avoir de l'~ pour qn** provare amicizia per qn; **faire** *ou* **présenter ses ~s à qn** portare *ou* porgere i propri (cordiali) saluti a qn; **~s** (*formule épistolaire*) (cordiali) saluti
amonceler [amɔ̃s(ə)le] *vt* ammucchiare; (*fig : travail, fortune*) accumulare; **s'amonceler** *vr* ammucchiarsi; (*nuages, fig*) accumularsi
amont [amɔ̃] *adv* : **en ~** (*aussi fig*) a monte; **en ~ de** a monte di ▸ *prép* a monte di
amorce [amɔʀs] *nf* (*sur un hameçon*) pastura, esca; (*d'une cartouche, d'un obus*) innesco, detonatore *m*; (*tube*) capsula; (*: contenu*) carica; (*fig : début*) avvio, inizio
amortir [amɔʀtiʀ] *vt* (*choc, bruit, douleur*) attutire; (*Comm*) ammortare, ammortizzare; **~ un abonnement** ammortizzare un abbonamento
amortisseur [amɔʀtisœʀ] *nm* ammortizzatore *m*
amour [amuʀ] *nm* amore *m*; **filer le parfait ~** filare in perfetto amore; **faire l'~** fare l'amore; **un ~ de** un amore di; **l'~ libre** l'amore libero; **~ platonique** amore platonico
amoureux, -euse [amuʀø, øz] *adj* amoroso(-a); (*vie, problèmes*) amoroso(-a), sentimentale ▸ *nm/f* innamorato(-a) ▸ *nmpl* (*couple*) innamorati *mpl*; **être ~ de** essere innamorato(-a) di; **tomber ~ (de qn)** innamorarsi (di qn); **un ~ des bêtes/de la nature** un amante degli animali/della natura
amour-propre [amuʀpʀɔpʀ] (*pl* **amours-propres**) *nm* amor proprio
ampère [ɑ̃pɛʀ] *nm* ampere *m inv*
amphithéâtre [ɑ̃fiteɑtʀ] *nm* anfiteatro; (*Univ*) ≈ aula magna
ample [ɑ̃pl] *adj* ampio(-a)
amplement [ɑ̃pləmɑ̃] *adv* ampiamente; **~ suffisant** più che sufficiente
ampleur [ɑ̃plœʀ] *nf* ampiezza; (*d'un désastre*) ampiezza, vastità; (*d'une manifestation*) importanza; **prendre de l'~** assumere una certa importanza
amplificateur [ɑ̃plifikatœʀ] *nm* amplificatore *m*
amplifier [ɑ̃plifje] *vt* amplificare
ampoule [ɑ̃pul] *nf* (*Élec*) lampadina; (*de médicament*) fiala; (*aux mains, pieds*) vescica
amusant, e [amyzɑ̃, ɑ̃t] *adj* divertente

amuse-gueule [amyzgœl] (*pl* **amuse-gueules**) *nm* salatino, stuzzichino
amusement [amyzmɑ̃] *nm* divertimento
amuser [amyze] *vt* divertire; **s'amuser** *vr* (*jouer*) giocare; (*se divertir*) divertirsi; **s'~ de qch** trovare qc divertente; **s'~ à faire** divertirsi a fare
amygdale [amidal] *nf* tonsilla; **opérer qn des ~s** operare qn di tonsille
an [ɑ̃] *nm* anno; **être âgé de** *ou* **avoir trois ans** avere tre anni; **en l'an 1990** nell'anno 1990, nel 1990; **le jour de l'an, le premier de l'an** il capodanno; **le nouvel an** l'anno nuovo
anabolisant, e [anabɔlizɑ̃, ɑ̃t] *adj, nm* anabolizzante *m*
analphabète [analfabɛt] *nm/f* analfabeta *m/f*
analyse [analiz] *nf* analisi *f inv*; **faire l'~ de** fare l'analisi di; **une ~ approfondie** un'analisi approfondita; **en dernière ~** in ultima analisi; **avoir l'esprit d'~** avere una mente analitica; **~ grammaticale/logique** analisi grammaticale/logica
analyser [analize] *vt* analizzare; (*Psych*) psicanalizzare
ananas [anana(s)] *nm* ananas *m inv*
anatomie [anatɔmi] *nf* anatomia
ancêtre [ɑ̃sɛtʀ] *nm/f* antenato(-a); **ancêtres** *nmpl* (*aïeux*) antenati *mpl*; **l'~ de** (*fig*) il precursore di
anchois [ɑ̃ʃwa] *nm* acciuga
ancien, ne [ɑ̃sjɛ̃, jɛn] *adj* antico(-a); (*dans une fonction*) anziano(-a); (*précédent, ex-*) ex *inv* ▸ *nm/f* anziano(-a); **un ~ ministre** un ex ministro; **mon ancienne voiture** la macchina che avevo prima; **être plus ~ que qn** (*dans la hiérarchie, par l'expérience*) essere più anziano(-a) di qn; **~ combattant** ex combattente *m*; **~ (élève)** (*Scol*) ex allievo
ancienneté [ɑ̃sjɛnte] *nf* antichità; (*Admin*) anzianità
ancre [ɑ̃kʀ] *nf* ancora; **jeter/lever l'~** gettare/levare l'ancora; **à l'~** ancorato(-a)
ancrer [ɑ̃kʀe] *vt* (*câble etc*) ancorare; (*fig : idée etc*) radicare, ancorare; **s'ancrer** *vr* (*Naut*) ancorarsi; (*fig*) radicarsi, ancorarsi
Andorre [ɑ̃dɔʀ] *nf* Andorra
andouille [ɑ̃duj] *nf* (*Culin*) *salsicciotto di trippa*; (*fam*) salame *m* (*péj*)
âne [ɑn] *nm* (*aussi péj*) asino
anéantir [aneɑ̃tiʀ] *vt* annientare, distruggere
anémie [anemi] *nf* anemia
anémique [anemik] *adj* anemico(-a)
anesthésie [anɛstezi] *nf* anestesia; **sous ~** sotto anestesia; **~ générale/locale** anestesia totale/locale
ange [ɑ̃ʒ] *nm* (*aussi fig*) angelo; **être aux ~s** essere al settimo cielo; **~ gardien** (*aussi fig*) angelo custode
angine [ɑ̃ʒin] *nf* angina; **~ de poitrine** angina pectoris
anglais, e [ɑ̃glɛ, ɛz] *adj* inglese ▸ *nm* (*langue*) inglese ▸ *nm/f* : **Anglais, e** inglese *m/f*; **anglaises** *nfpl* (*cheveux*) boccoli *mpl*; **filer à l'anglaise** andarsene *ou* filarsela all'inglese
angle [ɑ̃gl] *nm* angolo; (*prise de vue*) angolazione *f*; (*fig : point de vue*) angolazione *f*, prospettiva; **~ aigu/obtus** angolo acuto/ottuso; **~ droit** angolo retto; **~ mort** angolo morto
Angleterre [ɑ̃glətɛʀ] *nf* Inghilterra
anglophone [ɑ̃glɔfɔn] *adj* anglofono(-a)
angoisse [ɑ̃gwas] *nf* angoscia; **avoir des ~s** essere angosciato(-a)
angoissé, e [ɑ̃gwase] *adj* angosciato(-a)
anguille [ɑ̃gij] *nf* anguilla; **il y a ~ sous roche** (*fig*) gatta ci cova; **~ de mer** gongro
animal, e, -aux [animal, o] *adj* animale ▸ *nm* animale *m*; (*fam*) animale, bestia; **~ domestique/sauvage** animale domestico/selvatico
animateur, -trice [animatœʀ, tʀis] *nm/f* animatore(-trice); (*de télévision, de music-hall*) presentatore(-trice)
animation [animasjɔ̃] *nf* (*aussi Ciné*) animazione *f*; **animations** *nfpl* (*activités*) attività *fsg*
animé, e [anime] *adj* animato(-a)
animer [anime] *vt* animare; (*sentiment etc*) infondere; **s'animer** *vr* animarsi
anis [ani(s)] *nm* (*Bot, Culin*) anice *m*
ankyloser [ɑ̃kiloze] : **s'~** *vr* anchilosarsi
anneau, x [ano] *nm* anello; **anneaux** *nmpl* (*Sport*) anelli *mpl*; **exercices aux anneaux** esercizi *mpl* agli anelli
année [ane] *nf* anno; **souhaiter la bonne ~ à qn** augurare (il) buon anno a qn; **tout au long de l'~** per tutto

l'anno; **d'une ~ à l'autre** da un anno all'altro; **d'~ en ~** di anno in anno; **l'~ scolaire/fiscale** l'anno scolastico/fiscale

annexe [anɛks] *adj* (*problème*) connesso(-a), annesso(-a); (*document*) allegato(-a); (*salle*) attiguo(-a), contiguo(-a) ▸ *nf* (*bâtiment*) dépendance *f inv*, annessi *mpl*; (*de document, ouvrage, jointe à une lettre, un dossier*) allegato

anniversaire [anivɛʀsɛʀ] *adj* : **fête/jour ~** anniversario ▸ *nm* compleanno; (*d'un événement, bâtiment*) anniversario

annonce [anɔ̃s] *nf* annuncio; (*Cartes*) dichiarazione *f*; **~ (publicitaire)** annuncio (pubblicitario), inserzione *f*; **les petites ~s** gli annunci economici

annoncer [anɔ̃se] *vt* annunciare; (*Cartes*) dichiarare; **s'annoncer** *vr* : **s'~ bien/difficile** preannunciarsi bene/difficile; **~ la couleur** (*fig*) mettere le carte in tavola; **je vous annonce que...** le annuncio che...

annuaire [anɥɛʀ] *nm* annuario; **~ électronique** ≈ pagine *fpl* gialle elettroniche; **~ téléphonique** elenco telefonico

annuel, le [anɥɛl] *adj* annuale

annulation [anylasjɔ̃] *nf* annullamento

annuler [anyle] *vt* annullare; **s'annuler** *vr* annullarsi

anonymat [anɔnima] *nm* anonimato; **garder l'~** mantenere l'anonimato

anonyme [anɔnim] *adj* anonimo(-a)

anorak [anɔʀak] *nm* giacca a vento

anormal, e, -aux [anɔʀmal, o] *adj* anormale; (*injuste*) assurdo(-a) ▸ *nm/f* anormale *m/f*

antarctique [ɑ̃taʀktik] *adj* antartico(-a) ▸ *nm* : **l'A~** l'Antartide *f*; **le cercle ~** il circolo antartico; **l'océan A~** l'oceano antartico

antenne [ɑ̃tɛn] *nf* antenna; (*poste avancé*) avamposto; (*petite succursale ou agence*) sede *f* distaccata; **à l'~** in onda; **avoir l'~** essere in onda; **passer à l'~** andare in onda; **prendre l'~** prendere la linea; **deux heures d'~** due ore di trasmissione; **hors ~** non in onda; **~ chirurgicale** (*Mil*) avamposto (medico); **~ parabolique** antenna parabolica

antérieur, e [ɑ̃teʀjœʀ] *adj* anteriore; **~ à** anteriore a; **passé ~** (*Ling*) trapassato remoto; **futur ~** (*Ling*) futuro anteriore

antibiotique [ɑ̃tibjɔtik] *nm* antibiotico ▸ *adj* antibiotico(-a)

antibrouillard [ɑ̃tibʀujaʀ] *adj* : **phare ~** faro *m* antinebbia *inv*

anticipation [ɑ̃tisipasjɔ̃] *nf* anticipazione *f*; **par ~** (*Comm* : *rembourser etc*) in anticipo; **livre/film d'~** libro/film di fantascienza

anticipé, e [ɑ̃tisipe] *adj* (*règlement, paiement*) anticipato(-a); **avec mes remerciements ~s** ringraziando anticipatamente

anticiper [ɑ̃tisipe] *vt* (*paiement, événement* : *Sport*) anticipare; (*hausse*) prevedere ▸ *vi* : **n'anticipons pas** non anticipiamo i tempi; **~ sur** fare anticipazioni su

anticorps [ɑ̃tikɔʀ] *nm* anticorpo

antidopage [ɑ̃tidɔpaʒ] *adj* (*Sport*) antidoping *inv*

antidote [ɑ̃tidɔt] *nm* antidoto

antigel [ɑ̃tiʒɛl] *nm* antigelo

antihistaminique [ɑ̃tiistaminik] *nm* antistaminico

antillais, e [ɑ̃tijɛ, ɛz] *adj* antillano(-a) ▸ *nm/f* : **Antillais, e** antillano(-a)

Antilles [ɑ̃tij] *nfpl* Antille *fpl*; **les grandes/petites ~** le grandi/piccole Antille

antilope [ɑ̃tilɔp] *nf* antilope *f*

antimite, antimites [ɑ̃timit] *adj* antitarmico(-a) ▸ *nm* antitarmico

antimondialisation [ɑ̃timɔ̃djalizasjɔ̃] *nf* antiglobalizzazzione

antipathique [ɑ̃tipatik] *adj* antipatico(-a)

antipelliculaire [ɑ̃tipelikylɛʀ] *adj* antiforfora *inv*

antiquaire [ɑ̃tikɛʀ] *nm/f* antiquario(-a)

antique [ɑ̃tik] *adj* antico(-a)

antiquité [ɑ̃tikite] *nf* antichità *f inv*; (*péj*) anticaglia; **l'A~** (*Histoire*) l'antichità; **magasin/marchand d'~s** negozio/commerciante *m* di antichità *ou* antiquariato

antirouille [ɑ̃tiʀuj] *adj* : **peinture ~** vernice *f* antiruggine *inv*; **traitement ~** trattamento *m* antiruggine *inv*

antisémite [ɑ̃tisemit] *adj, nm/f* antisemita *m/f*

antiseptique [ɑ̃tisɛptik] *adj* antisettico(-a) ▸ *nm* antisettico

antivirus [ɑ̃tivirys] *nm* (*Inform*) antivirus *m inv*
antivol [ɑ̃tivɔl] *adj* (*dispositif*) antifurto *inv* ▸ *nm* antifurto; (*pour vélo*) lucchetto
anxieux, -euse [ɑ̃ksjø, jøz] *adj* ansioso(-a); **être ~ de faire** essere ansioso(-a) di fare
AOC [aose] *sigle f* (= *Appellation d'origine contrôlée*) ≈ DOC *f*
août [u(t)] *nm* agosto; *voir aussi* **juillet**
apaiser [apeze] *vt* placare; **s'apaiser** *vr* placarsi
apercevoir [apɛʀsəvwaʀ] *vt* scorgere, intravedere; (*constater, percevoir*) cogliere, vedere; **s'apercevoir** *vr* : **s'~ de/que** accorgersi di/che; **sans s'en ~** senza accorgersene
aperçu [apɛʀsy] *pp de* **apercevoir** ▸ *nm* quadro sommario
apéritif, -ive [apeʀitif, iv] *adj* aperitivo(-a) ▸ *nm* aperitivo; **prendre l'~** prendere l'aperitivo
à-peu-près [apøpʀɛ] (*péj*) *nm inv* approssimazione *f*
apeuré, e [apœʀe] *adj* impaurito(-a)
aphte [aft] *nm* afta
apitoyer [apitwaje] *vt* impietosire; **s'apitoyer** *vr* impietosirsi; **s'~ sur qn** compatire qn; **s'~ sur le sort de qn** impietosirsi per la sorte di qn
aplatir [aplatiʀ] *vt* (*vaincre, écraser*) schiacciare; **s'aplatir** *vr* (*devenir plus plat*) appiattirsi; (*être écrasé*) schiacciarsi; (*péj*) strisciare; **s'~ contre** (*fam : entrer en collision*) spiaccicarsi contro
aplomb [aplɔ̃] *nm* (*Tech*) appiombo; (*fig*) sangue *m* freddo, sicurezza; (*péj*) faccia tosta; **d'~** in equilibrio ▸ *adv* (*Constr*) a piombo, a perpendicolo
apostrophe [apɔstʀɔf] *nf* (*signe*) apostrofo; (*interpellation*) apostrofe *f*
apparaître [apaʀɛtʀ] *vi* apparire; (*avec attribut*) apparire, sembrare; **il apparaît que** risulta che; **il m'apparaît que** mi risulta che
appareil [apaʀɛj] *nm* apparecchio; (*politique, syndical*) apparato; **qui est à l'~ ?** chi parla?; **dans le plus simple ~** in costume adamitico; **~ digestif/ reproducteur** apparato digestivo/ riproduttore; **~ numérique** fotocamera digitale; **~ photo** macchina fotografica; **~ productif** apparato produttivo
appareiller [apaʀeje] *vi* (*Naut*) salpare ▸ *vt* appaiare
apparemment [apaʀamɑ̃] *adv* apparentemente
apparence [apaʀɑ̃s] *nf* apparenza; **malgré les ~s** malgrado le apparenze; **en ~** in apparenza
apparent, e [apaʀɑ̃, ɑ̃t] *adj* (*visible*) apparente; **coutures ~es** cuciture *fpl* in risalto; **poutres/pierres ~es** travi *fpl*/ pietre *fpl* a vista
apparenté, e [apaʀɑ̃te] *adj* (*aussi fig*) imparentato(-a) con
apparition [apaʀisjɔ̃] *nf* apparizione *f*, comparsa; (*surnaturelle*) apparizione *f*; **faire une ~** fare un'apparizione; **faire son ~** fare la propria comparsa
appartement [apaʀtəmɑ̃] *nm* appartamento
appartenir [apaʀtəniʀ] : **~ à** *vt* appartenere a; **il lui appartient de ...** tocca *ou* spetta a lui ...; **il ne m'appartient pas de (faire)** non tocca *ou* spetta a me (fare)
apparu, e [apaʀy] *pp de* **apparaître**
appât [apɑ] *nm* (*aussi fig*) esca
appel [apɛl] *nm* (*aussi Scol, Jur*) appello; (*cri*) richiamo; (*Mil : recrutement*) chiamata; **faire ~ à** fare appello a; **faire** *ou* **interjeter ~** (*Jur*) ricorrere in appello; **faire l'~** (*Mil, Scol*) fare l'appello; **sans ~** (*fig*) senza appello; **faire un ~ de phares** lampeggiare; **indicatif d'~** segnale *m* di chiamata; **numéro d'~** (*Tél*) numero; **~ d'air** tiraggio, presa d'aria; **~ d'offres** (*Comm*) gara di appalto; **~ (téléphonique)** chiamata (telefonica)
appeler [ap(ə)le] *vt* chiamare; (*fig : nécessiter*) richiedere; **s'appeler** *vr* chiamarsi; **~ qn à l'aide** *ou* **au secours** chiamare in aiuto qn; **~ qn à un poste/ des fonctions** chiamare qn a ricoprire un posto/delle funzioni; **être appelé à** (*fig*) essere chiamato(-a) a; **~ qn à comparaître** (*Jur*) citare qn in giudizio; **en ~ à qn/qch** fare appello a qn/qc; **comment ça s'appelle ?** come si chiama (questo)?; **il s'appelle** si chiama; **je m'appelle** mi chiamo; **comment vous appelez-vous ?** come si chiama?; **~ police-secours** ≈ chiamare il 113; **ça s'appelle un(e)...** si chiama...
appendicite [apɛ̃disit] *nf* appendicite *f*

appesantir [apəzɑ̃tiʀ] : **s'~** *vr* appesantirsi; **s'~ sur** (*fig*) insistere troppo su
appétissant, e [apetisɑ̃, ɑ̃t] *adj* appetitoso(-a)
appétit [apeti] *nm* appetito; **avoir un gros/petit ~** avere molto/poco appetito; **couper l'~ de qn** togliere l'appetito a qn; **bon ~!** buon appetito!
applaudir [aplodiʀ] *vt* applaudire ▸*vi* applaudire; **~ à** (*décision, mesure, projet*) plaudire a; **~ à tout rompre** applaudire fragorosamente
applaudissements [aplodismɑ̃] *nmpl* applausi *mpl*
appli [apli] *nf* applicazione *f*
application [aplikasjɔ̃] *nf* applicazione *f*; **mettre en ~** applicare; **avec ~** con applicazione
appliquer [aplike] *vt* applicare; (*gifle, châtiment*) appioppare, affibbiare; **s'appliquer** *vr* (*élève, ouvrier*) applicarsi; **s'~ à** (*loi, remarque*) riguardare; **s'~ à faire qch** applicarsi a fare qc
appoint [apwɛ̃] *nm* : **avoir/faire l'~** (*en payant*) avere/dare i soldi giusti; **d'~** (*salaire, travail*) integrativo(-a); **chauffage/lampe d'~** riscaldamento/lampada supplementare
apporter [apɔʀte] *vt* portare; (*preuve*) fornire, addurre; (*produire* : *soulagement*) recare, portare; (*suj* : *remarque* : *ajouter*) fornire
appréciable [apʀesjabl] *adj* (*important*) apprezzabile, notevole
apprécier [apʀesje] *vt* apprezzare; (*évaluer*) valutare
appréhender [apʀeɑ̃de] *vt* (*craindre*) temere; (*Jur*) arrestare; **~ que/de faire** temere che/di fare
apprendre [apʀɑ̃dʀ] *vt* (*nouvelle, résultat*) sapere; (*leçon, texte*) imparare, apprendere; (*langue, métier, fig*) imparare; **~ qch à qn** (*informer*) informare qn di qc; (*enseigner*) insegnare qc a qn; **~ à faire qch** imparare a fare qc; **~ à qn à faire qch** insegnare a qn a fare qc
apprenti, e [apʀɑ̃ti] *nm/f* apprendista *m/f*; (*fig*) principiante *m/f*
apprentissage [apʀɑ̃tisaʒ] *nm* apprendistato; (*Comm, Scol*) formazione *f*; **faire l'~ de qch** (*fig*) fare le prime esperienze di qc; **école** *ou* **centre d'~** scuola *ou* centro di formazione professionale
apprêter [apʀete] *vt* apprettare; **s'apprêter** *vr* : **s'~ à qch** prepararsi a qc; **s'~ à faire qch** prepararsi *ou* apprestarsi a fare qc
appris, e [apʀi, iz] *pp de* **apprendre**
apprivoiser [apʀivwaze] *vt* addomesticare
approbation [apʀɔbasjɔ̃] *nf* approvazione *f*; **digne d'~** degno di approvazione
approcher [apʀɔʃe] *vi* avvicinarsi ▸*vt* avvicinare; (*objet* : *rapprocher*) avvicinare, accostare; **s'approcher de** *vr* avvicinarsi a; **~ de** (*moment, nombre etc*) avvicinarsi a; **approchez-vous** si avvicini
approfondir [apʀɔfɔ̃diʀ] *vt* (*aussi fig*) approfondire
approprié, e [apʀɔpʀije] *adj* : **~ (à)** adeguato(-a) (a), appropriato(-a) (a)
approprier [apʀɔpʀije] *vt* rendere appropriato(-a); **s'approprier** *vr* appropriarsi
approuver [apʀuve] *vt* approvare; **je vous approuve entièrement** ha tutta la mia approvazione; **lu et approuvé** letto e approvato
approvisionner [apʀɔvizjɔne] *vt* rifornire; (*compte bancaire*) versare dei soldi su; **~ qn en** rifornire qn di; **s'~ dans un certain magasin/au marché** rifornirsi in un certo negozio/al mercato; **s'~ en** rifornirsi di
approximatif, -ive [apʀɔksimatif, iv] *adj* approssimativo(-a)
appt *abr* = *appartement*
appui [apɥi] *nm* appoggio; (*de fenêtre*) davanzale *m*; (*d'escalier, fig*) sostegno; **prendre ~ sur** appoggiarsi su; **point d'~** punto d'appoggio; **à l'~ de** a sostegno di
appuyer [apɥije] *vt* (*soutenir*) sostenere, appoggiare; **~ sur** (*presser sur*) premere; (*fig*) insistere su; (*suj* : *chose*) poggiare su; **s'~ sur** appoggiarsi su *ou* a; (*fig* : *se fonder sur*) basarsi su; **~ sur le champignon** (*fam*) dare gas, dare un'accelerata
après [apʀɛ] *prép, adv* dopo; **deux heures ~** due ore dopo; **le jour d'~** il giorno dopo; **~ qu'il est parti** dopo che è partito; **~ avoir fait** dopo aver fatto; **courir/crier ~ qn** correre/gridare dietro a qn; **être toujours ~ qn** (*critiquer etc*) essere sempre alle costole di qn; **~ quoi** dopo di che; **d'~** (*selon*)

secondo; (*œuvre d'art*) alla maniera di; **d'~ lui/moi** secondo lui/me; **~ coup** in seguito; **~ tout** *adv* dopo tutto; **et (puis) ~ !** e con questo?

après-demain [apʀɛdmɛ̃] *adv* dopodomani

après-midi [apʀɛmidi] (*pl* **après-midi(s)**) *nm ou nf* pomeriggio

après-rasage [apʀɛʀazaʒ] (*pl* **-s**) *nm* : **lotion ~** dopobarba *m inv*

après-shampooing [apʀɛʃɑ̃pwɛ̃] (*pl* **après-shampooings**) *nm* balsamo

après-ski [apʀɛski] (*pl* **-s**) *nm* doposcì *m inv*

après-soleil [apʀɛsɔlɛj] *adj inv, nm inv* doposole (*m*) *inv*

apte [apt] *adj* : **~ (à)** adatto(-a) (a); **~ (au service)** (*Mil*) idoneo(-a) (al servizio)

aquagym [akwaʒim] *nf* aquagym *f*

aquarelle [akwaʀɛl] *nf* acquerello

aquarium [akwaʀjɔm] *nm* acquario

arabe [aʀab] *adj* arabo(-a) ▸ *nm/f* : **Arabe** arabo(-a) ▸ *nm* (*langue*) arabo

Arabie [aʀabi] *nf* Arabia; **l'~ Saoudite** *ou* **Séoudite** l'Arabia Saudita

arachide [aʀaʃid] *nf* arachide *f*

araignée [aʀeɲe] *nf* ragno; **~ de mer** grancevola

arbitraire [aʀbitʀɛʀ] *adj* arbitrario(-a)

arbitre [aʀbitʀ] *nm/f* arbitro

arbitrer [aʀbitʀe] *vt* arbitrare

arbre [aʀbʀ] *nm* (*Bot, Tech*) albero; **~ à cames** albero a camme; **~ de Noël** albero di Natale; **~ de transmission** albero di trasmissione; **~ fruitier** albero da frutto; **~ généalogique** albero genealogico

arbuste [aʀbyst] *nm* arbusto

arc [aʀk] *nm* arco; **~ de cercle** semicerchio; **en ~ de cercle** a semicerchio; **A~ de triomphe** Arco di trionfo

arcade [aʀkad] *nf* arcata; **arcades** *nfpl* (*d'un pont etc*) arcate *fpl*; (*d'une rue*) portici *mpl*; **~ sourcilière** arcata sopracciliare

arc-en-ciel [aʀkɑ̃sjɛl] (*pl* **arcs-en-ciel**) *nm* arcobaleno

arche [aʀʃ] *nf* (*Archit*) arcata; **~ de Noé** arca di Noè

archéologie [aʀkeɔlɔʒi] *nf* archeologia

archéologue [aʀkeɔlɔg] *nm/f* archeologo(-a)

archet [aʀʃɛ] *nm* (*Mus*) archetto

archipel [aʀʃipɛl] *nm* arcipelago

architecte [aʀʃitɛkt] *nm/f* architetto; (*fig*) artefice *m*

architecture [aʀʃitɛktyʀ] *nf* architettura

archives [aʀʃiv] *nfpl* archivio *msg*

arctique [aʀktik] *adj* artico(-a) ▸ *nm* : **l'A~** l'Artico; **le cercle ~** il circolo artico; **l'océan A~** l'oceano Artico

ardent, e [aʀdɑ̃, ɑ̃t] *adj* ardente; (*lutte*) acceso(-a)

ardoise [aʀdwaz] *nf* ardesia; (*d'écolier*) lavagnetta; **avoir une ~** (*fig*) avere un debito

ardu, e [aʀdy] *adj* arduo(-a)

arène [aʀɛn] *nf* arena; **arènes** *nfpl* (*de corrida*) arena *fsg*

arête [aʀɛt] *nf* (*de poisson*) lisca; (*d'une montagne*) crinale *m*; (*d'un solide etc*) spigolo; (*Constr*) colmo

argent [aʀʒɑ̃] *nm* (*métal, couleur*) argento; (*monnaie*) denaro, soldi *mpl*; **en avoir pour son ~** spendere bene il proprio denaro *ou* i propri soldi; **gagner beaucoup d'~** guadagnare molto denaro *ou* molti soldi; **changer de l'~** cambiare del denaro *ou* dei soldi; **~ comptant** denaro contante; **~ de poche** soldi per le piccole spese; **~ liquide** denaro liquido

argenterie [aʀʒɑ̃tʀi] *nf* argenteria

argentin, e [aʀʒɑ̃tɛ̃, in] *adj* argentino(-a) ▸ *nm/f* : **Argentin, e** argentino(-a)

Argentine [aʀʒɑ̃tin] *nf* Argentina

argentique [aʀʒɑ̃tik] *adj* (*appareil-photo*) tradizionale, non digitale

argile [aʀʒil] *nf* argilla

argot [aʀgo] *nm* gergo

argotique [aʀgɔtik] *adj* gergale

argument [aʀgymɑ̃] *nm* argomentazione *f*; (*sommaire*) sunto

argumenter [aʀgymɑ̃te] *vi* argomentare

aride [aʀid] *adj* arido(-a)

aristocratie [aʀistɔkʀasi] *nf* aristocrazia

aristocratique [aʀistɔkʀatik] *adj* aristocratico(-a)

arithmétique [aʀitmetik] *adj* aritmetico(-a) ▸ *nf* aritmetica

arme [aʀm] *nf* (*aussi fig*) arma; **armes** *nfpl* (*blason*) arme *fsg*; **à ~s égales** ad armi pari; **ville/peuple en ~s** città/popolo in armi; **passer par les ~s** passare per le armi; **prendre/présenter les ~s** prendere/presentare

le armi; **~s de destruction massive** armi di distruzione di massa; **~ blanche/à feu** arma bianca/da fuoco
armée [aʀme] *nf (Mil, fig)* esercito; **~ de l'air** aeronautica militare; **~ de terre** esercito; **~ du Salut** esercito della salvezza
armer [aʀme] *vt* armare; *(appareil-photo)* caricare; **~ qch/qn de** armare qc/qn di; **s'~ de** *(aussi fig)* armarsi di
armistice [aʀmistis] *nm* armistizio; **l'A~** l'Armistizio
armoire [aʀmwaʀ] *nf* armadio; **~ à glace** armadio a specchi; **~ à pharmacie** armadietto dei medicinali
armure [aʀmyʀ] *nf* armatura
armurier [aʀmyʀje] *nm* armaiolo
arnaque [aʀnak] *nf* : **de l'~** una truffa
arnaquer [aʀnake] *vt* : **se faire ~** farsi truffare
arobase [aʀobaz] *nf* chiocciola
aromates [aʀɔmat] *nmpl* spezie *fpl*
aromathérapie [aʀɔmateʀapi] *nf* aromaterapia
aromatisé, e [aʀɔmatize] *adj* aromatizzato(-a)
arôme [aʀom] *nm* aroma *m*
arracher [aʀaʃe] *vt (aussi fig)* strappare; *(clou, dent)* estrarre; *(herbe, souche)* estirpare; **s'arracher** *vr (article très recherché, personne)* contendersi; **~ qch à qn** strappare qc a qn; **~ qn à** *(solitude, famille)* strappare qn a; **s'~ de** *(lieu)* staccarsi da
arrangement [aʀɑ̃ʒmɑ̃] *nm* sistemazione *f*; *(compromis)* accordo; *(Mus)* arrangiamento
arranger [aʀɑ̃ʒe] *vt* sistemare; *(voyage, rendez-vous)* organizzare; *(Mus)* arrangiare; *(convenir à)* : **cela m'arrange** mi sta bene; **s'arranger** *vr (se mettre d'accord)* mettersi d'accordo; *(querelle)* risolversi; *(situation)* aggiustarsi; **s'~ pour que** fare in modo che; **je vais m'~** mi arrangerò; **ça va s'~** la cosa si sistemerà; **s'~ pour faire** vedere di riuscire a fare; **si cela peut vous ~** se può andarvi bene
arrestation [aʀɛstasjɔ̃] *nf* arresto
arrêt [aʀɛ] *nm* arresto; *(de bus etc)* fermata; *(Jur : décision)* sentenza; *(Football)* stop *m inv*; **arrêts** *nmpl (Mil)* arresti *mpl*; **être à l'~** stare fermo(-a); **rester** *ou* **tomber en ~ devant ...** stare in ammirazione davanti a ...; **sans ~** senza sosta; **~ d'autobus** fermata d'autobus; **~ de mort** sentenza capitale *ou* di morte; **~ de travail** sospensione *f* del lavoro
arrêter [aʀete] *vt* fermare; *(chauffage, radio)* spegnere; *(date, choix)* fissare; *(suspect, criminel)* arrestare; **s'arrêter** *vr* fermarsi; *(pluie, bruit)* smettere; **sans s'~** senza fermarsi; **~ de faire qch** smettere di fare qc; **arrête de te plaindre** smettila di lamentarti; **~ son choix sur** optare per; **s'~ sur** *(suj : regard)* fermarsi su; **s'~ net** fermarsi di colpo
arrhes [aʀ] *nfpl* caparra *fsg*
arrière [aʀjɛʀ] *adj inv* posteriore ▸ *nm (d'une voiture, maison)* retro; *(Sport)* terzino; **arrières** *nmpl (fig)* : **assurer ses ~s** coprirsi le spalle; **à l'~** *(derrière)* dietro; **en ~** *(regarder)* indietro; *(tomber, aller)* all'indietro; **en ~ de** *(derrière)* dietro a
arrière-goût [aʀjɛʀgu] *(pl* **-s***) nm* sapore *m*; *(de vin)* retrogusto
arrière-grand-mère [aʀjɛʀgʀɑ̃mɛʀ] *(pl* **arrière-grands-mères***) nf* bisnonna
arrière-grand-père [aʀjɛʀgʀɑ̃pɛʀ] *(pl* **arrière-grands-pères***) nm* bisnonno
arrière-pays [aʀjɛʀpei] *nm inv* entroterra *m inv*
arrière-pensée [aʀjɛʀpɑ̃se] *(pl* **-s***) nf* secondo fine *m*; **sans ~s** senza secondi fini
arrière-plan [aʀjɛʀplɑ̃] *(pl* **-s***) nm* sfondo; **à l'~** *(fig)* in secondo piano
arrière-saison [aʀjɛʀsɛzɔ̃] *(pl* **-s***) nf* autunno inoltrato
arrimer [aʀime] *vt* stivare
arrivage [aʀivaʒ] *nm* arrivo
arrivée [aʀive] *nf* arrivo; *(ligne d'arrivée)* arrivo, traguardo; **à mon ~** al mio arrivo; **courrier à l'~** posta in arrivo; **~ d'air** *(Tech)* presa d'aria; **~ de gaz** alimentazione *f* del gas
arriver [aʀive] *vi* arrivare; *(événement, fait)* succedere, accadere; **~ à** *(atteindre)* arrivare a; **~ à faire qch** arrivare *ou* riuscire a fare qc; **j'arrive !** arrivo!; **il arrive à Paris à huit h** arriva a Parigi alle otto; **~ à destination** arrivare a destinazione; **il arrive que ...** succede che ...; **il lui arrive de faire** gli capita di fare; **je n'y arrive pas** non ci riesco; **~ à échéance** scadere; **en ~ à faire** essere arrivato(-a) al punto di fare
arrogance [aʀɔgɑ̃s] *nf* arroganza
arrogant, e [aʀɔgɑ̃, ɑ̃t] *adj* arrogante

arrondissement [aʀɔ̃dismɑ̃] *nm* circoscrizione *f* (amministrativa)

: Parigi, Lione e Marsiglia sono suddivise in distretti numerati chiamati **arrondissements**. Parigi, per esempio, è suddivisa in 20 *arrondissements* municipali. Questa suddivisione amministrativa risale al 1860, e fu introdotta dopo un nuovo ingrandimento della città. Gli *arrondissements* parigini vennero numerati a spirale, partendo dal quartiere del Louvre, nel centro della città, e procedendo in senso orario.

arroser [aʀoze] *vt* annaffiare, innaffiare; (*Culin, Géo, fig*) bagnare

arrosoir [aʀozwaʀ] *nm* annaffiatoio

arsenal, -aux [aʀsənal, o] *nm* (*aussi fig*) arsenale *m*

art [aʀ] *nm* arte *f*; **avoir l'~ de faire** (*fig*) avere l'arte di fare; **livre/critique d'~** libro/critico d'arte; **les ~s et métiers** le arti e i mestieri; **~ dramatique** arte drammatica; **~s ménagers** arti domestiche; **~s plastiques** arti figurative

artère [aʀtɛʀ] *nf* (*Anat, rue*) arteria

arthrite [aʀtʀit] *nf* artrite *f*

artichaut [aʀtiʃo] *nm* carciofo

article [aʀtikl] *nm* articolo; **à l'~ de la mort** in punto di morte; **~ défini/indéfini** articolo determinativo/indeterminativo; **~ de fond** articolo di fondo; **~s de bureau** articoli da ufficio; **~s de voyage** articoli da viaggio

articulation [aʀtikylasjɔ̃] *nf* (*aussi fig*) articolazione *f*

articuler [aʀtikyle] *vt* (*mot, phrase*) articolare; (*pièce, élément*) snodare; **s'articuler** *vr* articolarsi; **s'~ autour de** (*fig*) articolarsi intorno a

artificiel, le [aʀtifisjɛl] *adj* artificiale

artisan, e [aʀtizɑ̃, an] *nm/f* artigiano(-a); (*fig*) artefice *m/f*; **l'~ de la victoire/du malheur** l'artefice della vittoria/della disgrazia

artisanal, e, -aux [aʀtizanal, o] *adj* artigianale

artisanat [aʀtizana] *nm* artigianato

artiste [aʀtist] *nm/f* (*aussi fig*) artista *m/f* ▸ *adj* artistico(-a)

artistique [aʀtistik] *adj* artistico(-a)

as[1] [ɑ] *vb voir* **avoir**

as[2] [ɑs] *nm* (*carte, personne*) asso

ascenseur [asɑ̃sœʀ] *nm* ascensore *m*

ascension [asɑ̃sjɔ̃] *nf* ascensione *f*; (*d'un ballon etc*) ascesa; **(île de) l'A~** (isola di) Ascensione; **l'A~** (*Rel*) l'Ascensione

: La **fête de l'Ascension**, che cade di giovedì, normalmente in maggio, è un giorno di festa in Francia. Molti francesi si prendono un giorno di vacanza, il venerdì, e fanno ponte fino alla domenica successiva.

asiatique [azjatik] *adj* asiatico(-a) ▸ *nm/f*: **Asiatique** asiatico(-a)

Asie [azi] *nf* Asia

asile [azil] *nm* (*refuge, abri*) asilo, rifugio; (*pour malades mentaux*) manicomio; (*pour vieillards*) ospizio; **droit d'~** (*Pol*) diritto d'asilo; **accorder l'~ politique à qn** concedere l'asilo politico a qn; **chercher/trouver ~ quelque part** cercare/trovare rifugio da qualche parte

aspect [aspɛ] *nm* aspetto

asperge [aspɛʀʒ] *nf* asparago

asperger [aspɛʀʒe] *vt* spruzzare

asphalte [asfalt] *nm* asfalto

asphyxier [asfiksje] *vt* asfissiare, soffocare; (*fig : pays, économie*) soffocare; **mourir asphyxié** morire asfissiato

aspirateur [aspiʀatœʀ] *nm* aspiratore *m*; (*électroménager*) aspirapolvere *m inv*

aspirer [aspiʀe] *vt* aspirare; **~ à qc/à faire** aspirare a qc/a fare

aspirine [aspiʀin] *nf* aspirina

assagir [asaʒiʀ] *vt* far mettere giudizio a; **s'assagir** *vr* mettere giudizio

assaisonnement [asɛzɔnmɑ̃] *nm* condimento

assaisonner [asɛzɔne] *vt* condire; **bien assaisonné** ben condito

assassin [asasɛ̃] *nm* assassino

assassiner [asasine] *vt* assassinare

assaut [aso] *nm* (*Mil, fig*) assalto; **prendre d'~** prendere d'assalto; **donner l'~ (à)** dare l'assalto (a); **faire ~ de** (*rivaliser*) gareggiare in

assécher [aseʃe] *vt* prosciugare

assemblage [asɑ̃blaʒ] *nm* raccolta; (*menuiserie*) montaggio; **un ~ de** (*mélange*) un insieme di

assemblée [asɑ̃ble] *nf* (*public, assistance*) pubblico; (*réunion, Pol*) assemblea; **~ des fidèles** (*Rel*) assemblea dei fedeli; **~ générale** assemblea generale; **l'A~ nationale** ≈ la Camera dei deputati

assembler [asɑ̃ble] *vt* mettere insieme, riunire; (*Tech*) assemblare; (*voiture, meuble*) montare; (*amasser*) riunire; **s'assembler** *vr* (*personnes*) riunirsi

asseoir [aswaʀ] *vt* mettere a sedere; (*autorité, réputation*) consolidare; **s'asseoir** *vr* sedersi; **faire ~ qn** far sedere qn; **~ qch sur** (*aussi fig*) basare qc su; (*appuyer*) appoggiare qc su

assez [ase] *adv* abbastanza; **~ !** basta (così)!; **~/pas ~ cuit** abbastanza/non abbastanza cotto; **est-il ~ fort/ rapide ?** è abbastanza forte/rapido?; **il est passé ~ vite** è passato abbastanza in fretta; **~ de pain/livres** abbastanza pane/libri; **vous en avez ~** ne avete abbastanza; **en avoir ~ de qch** (*en être fatigué*) averne abbastanza di qc

> **FAUX AMIS**
> **assez** ne se traduit pas par le mot italien *assai*.

assidu, e [asidy] *adj* assiduo(-a); (*élève, employé*) ligio(-a)

assied *etc* [asje] *vb voir* **asseoir**

assiérai *etc* [asjeʀe] *vb voir* **asseoir**

assiette [asjɛt] *nf* piatto; (*d'un cavalier, d'un navire*) assetto; (*d'une colonne*) fondamento; **~ à dessert** piatto da dessert; **~ anglaise** (*Culin*) piatto freddo; **~ creuse/plate** piatto fondo/ (piano); **~ de l'impôt** imponibile *m*

assimiler [asimile] *vt* (*aussi fig*) assimilare; (*comparer*) : **~ qch/qn à** equiparare qc/qn a; **s'assimiler** *vr* (*s'intégrer*) assimilarsi; **ils sont assimilés aux infirmiers** (*Admin : classés comme*) sono equiparati agli infermieri

assis, e [asi, iz] *pp de* **asseoir** ▸ *adj* seduto(-a); **~ en tailleur** seduto a gambe incrociate

assistance [asistɑ̃s] *nf* (*public*) astanti *mpl*; (*aide*) assistenza; **porter** *ou* **prêter ~ à qn** prestare assistenza a qn; **A~ (publique)** *ente pubblico per l'assistenza ai minori*; **enfant de l'A~ (publique)** bimbo senza famiglia; **~ technique** assistenza tecnica

assistant, e [asistɑ̃, ɑ̃t] *nm/f* assistente *m/f*; **assistante sociale** assistente sociale

assisté, e [asiste] *nm/f* assistito(-a) ▸ *adj* (*Auto*) : **direction assistée** servosterzo; **freins ~s** servofreno *msg*

assister [asiste] *vt* (*personne*) assistere; **~ à** (*scène, match*) assistere a

association [asɔsjasjɔ̃] *nf* associazione *f*; **~ d'idées** associazione d'idee

associé, e [asɔsje] *adj* associato(-a) ▸ *nm/f* socio(-a)

associer [asɔsje] *vt* associare; **s'associer** *vr* associarsi; **~ qn à** (*projets, profits, joie*) far qn partecipe di; (*affaire*) prendere qn come socio(-a) di; **~ qch à** (*joindre, allier*) unire qc a; **s'~ à** (*s'allier avec*) mettersi in società con; (*opinions, joie de qn*) associarsi a

assoiffé, e [aswafe] *adj* (*aussi fig*) assetato(-a)

assommer [asɔme] *vt* ammazzare; (*suj : médicament*) stordire; (*fam : importuner*) scocciare

Assomption [asɔ̃psjɔ̃] *nf* : **l'~** l'Assunzione *f*

assorti, e [asɔʀti] *adj* (*couleurs*) intonato(-a); (*partenaires*) assortito(-a); **fromages ~s** formaggi *mpl* assortiti; **~ à** (*en harmonie avec*) in armonia con; **~ de** (*conditions, conseils*) accompagnato(-a) da; **bien/mal ~** ben/mal assortito

assortiment [asɔʀtimɑ̃] *nm* assortimento

assortir [asɔʀtiʀ] *vt* (*aussi fig*) assortire; (*couleurs*) intonare; **s'assortir** *vr* (*aller ensemble*) andare d'accordo; **~ qch à** intonare qc con; **~ qch de** accompagnare qc con

assouplir [asupliʀ] *vt* (*cuir, fig : caractère*) ammorbidire; (*membres, corps*) sciogliere; (*fig : règlement, discipline*) rendere meno rigido(-a); **s'assouplir** *vr* (*v vt*) ammorbidirsi; sciogliersi; divenire meno rigido(-a)

assouplissant [asuplisɑ̃] *nm* ammorbidente *m*

assumer [asyme] *vt* assumere; (*conséquence, situation*) accettare (consapevolmente); **s'assumer** *vr* assumersi

assurance [asyʀɑ̃s] *nf* certezza; (*fig : confiance en soi*) sicurezza; (*contrat, secteur commercial*) assicurazione *f*; **prendre une ~ contre** stipulare un'assicurazione contro; **~ contre l'incendie/le vol** assicurazione contro gli incendi/i furti; **société d'~** società di assicurazioni; **compagnie d'~s** compagnia di assicurazioni;

~ au tiers assicurazione terzi; **~ maladie** assicurazione contro le malattie; **~ tous risques** (*Auto*) polizza *f* casco *inv*; **~s sociales** ≈ previdenza sociale

assurance-vie [asyʀɑ̃svi] (*pl* **assurances-vie**) *nf* assicurazione *f* sulla vita

assuré, e [asyʀe] *adj* (*sûr* : *victoire etc*) assicurato(-a); (*démarche, voix*) sicuro(-a) ▸ *nm/f* (*couvert par une assurance*) assicurato(-a); **~ de** (*certain de*) sicuro(-a) di; **être ~** (*assurance*) essere assicurato(-a); **~ social** assistito(-a)

assurément [asyʀemɑ̃] *adv* sicuramente

assurer [asyʀe] *vt* (*Comm*) assicurare; (*succès, victoire*) garantire; (*démarche, construction*) stabilizzare; (*service, garde*) prestare; (*certifier* : *fait etc*) certificare; **s'assurer** *vr* (*Comm* : *par une assurance*) : **s'~ (contre)** assicurarsi (contro); **~ qch à qn/que** (*garantir*) assicurare qc a qn/che; **~ qn de qch** (*confirmer, garantir*) assicurare qc a qn; **je vous assure que non/si** vi assicuro di no/sì; **s'~ de/que** (*vérifier*) assicurarsi di/che; **s'~ sur la vie** stipulare un'assicurazione sulla vita; **s'~ le concours/la collaboration de qn** assicurarsi la partecipazione/la collaborazione di qn

asthmatique [asmatik] *adj, nm/f* asmatico(-a)

asthme [asm] *nm* asma

asticot [astiko] *nm* verme *m*

astre [astʀ] *nm* astro

astrologie [astʀɔlɔʒi] *nf* astrologia

astronaute [astʀonot] *nm/f* astronauta *m/f*

astronomie [astʀɔnɔmi] *nf* astronomia

astuce [astys] *nf* astuzia; (*truc*) trucco; (*plaisanterie*) trucco

astucieux, -euse [astysjø, jøz] *adj* astuto(-a)

atelier [atəlje] *nm* (*d'artisan*) laboratorio; (*de couturière*) atelier *m inv*; (*de peintre*) studio, atelier; (*d'usine*) reparto; **~ de musique/poterie** (*groupe de travail*) gruppo *ou* workshop *m inv* di musica/ceramica

athée [ate] *adj, nm/f* ateo(-a)

Athènes [atɛn] *n* Atene *f*

athlète [atlɛt] *nm/f* atleta *m/f*

athlétisme [atletism] *nm* atletica leggera; **tournoi d'~** gara di atletica; **faire de l'~** fare atletica

atlantique [atlɑ̃tik] *adj* atlantico(-a) ▸ *nm* : **l'(océan) A~** l'(oceano) Atlantico

atlas [atlɑs] *nm* atlante *m*

atmosphère [atmɔsfɛʀ] *nf* (*aussi fig*) atmosfera

atome [atom] *nm* atomo

atomique [atɔmik] *adj* atomico(-a)

atomiseur [atɔmizœʀ] *nm* spray *m inv*, nebulizzatore *m*

atout [atu] *nm* (*aussi fig*) atout *m inv*; **~ pique/trèfle** atout di picche/di fiori

atroce [atʀɔs] *adj* atroce

attachant, e [ataʃɑ̃, ɑ̃t] *adj* (*personne, animal*) caro(-a)

attache [ataʃ] *nf* fermaglio; (*fig*) legame *m*; **attaches** *nfpl* (*relations*) legami *mpl*

attacher [ataʃe] *vt* (*lier*) legare; (*bateau*) ormeggiare; (*étiquette etc*) attaccare; (*ceinture, souliers*) allacciare ▸ *vi* (*poêle, riz*) attaccare; **s'attacher** *vr* (*robe etc*) chiudersi; **s'~ à** (*par affection*) attaccarsi a; **s'~ à faire qch** impegnarsi a fare qc; **~ qch à** attaccare qc a; **~ qn à** (*fig* : *lier*) legare qn a; **~ du prix/de l'importance à** attribuire valore/importanza a; **~ son regard/ses yeux sur** fissare lo sguardo/gli occhi su

attaque [atak] *nf* attacco; (*Méd* : *cardiaque*) crisi *f inv*; (: *cérébrale*) ictus *m inv*; **être/se sentir d'~** essere/sentirsi in forma; **~ à main armée** aggressione *f* a mano armata

attaquer [atake] *vt* attaccare; (*suj* : *rouille, acide*) intaccare; (*travail*) intraprendere ▸ *vi* (*Sport*) attaccare; **~ qn en justice** intentare causa a qn; **s'~ à** affrontare; (*épidémie, misère*) combattere

attarder [ataʀde] : **s'attarder** *vr* attardarsi

atteindre [atɛ̃dʀ] *vt* raggiungere; (*blesser, fig*) colpire

atteint, e [atɛ̃, ɛ̃t] *pp de* **atteindre** ▸ *adj* (*Méd*) : **être ~ de** essere affetto(-a) da

atteinte [atɛ̃t] *nf* attacco; (*à l'honneur*) offesa; **hors d'~** (*aussi fig*) fuori portata; **porter ~ à** attentare a

attendant [atɑ̃dɑ̃] : **en ~** *adv* nell'attesa; **en ~ que** in attesa che; (*quoi qu'il en soit*) intanto

attendre [atɑ̃dʀ] *vt* aspettare ▸ *vi* aspettare; **s'attendre** *vr* : **s'~ à (ce**

que) (*escompter, prévoir*) aspettarsi (che); **~ qch de qn/qch** (*espérer*) aspettarsi qc da qn/qc; **je n'attends plus rien de la vie** non mi aspetto più nulla dalla vita; **attendez que je réfléchisse** mi faccia riflettere; **je ne m'y attendais pas** non me l'aspettavo; **ce n'est pas ce à quoi je m'attendais** non è ciò che mi aspettavo; **~ un enfant** aspettare un bambino; **~ de pied ferme** aspettare con risoluzione; **~ de faire/d'être** aspettare di fare/di essere; **faire ~ qn** far aspettare qn; **se faire ~** farsi aspettare; **j'attends vos excuses** aspetto le vostre scuse

attendrir [atɑ̃dʀiʀ] *vt* intenerire; (*viande*) rendere più tenero(-a); **s'attendrir** *vr* : **s'~ (sur)** intenerirsi (per)

attendu, e [atɑ̃dy] *pp de* **attendre** ▶ *adj* atteso(-a); **~ que** visto che

attentat [atɑ̃ta] *nm* attentato; **~ à la pudeur** oltraggio al pudore; **~ suicide** attentato suicida

attente [atɑ̃t] *nf* attesa; (*espérance*) aspettativa; **contre toute ~** contrariamente ad ogni aspettativa

attenter [atɑ̃te] : **~ à** *vt* attentare a; **~ à ses jours** attentare alla propria vita

attentif, -ive [atɑ̃tif, iv] *adj* (*auditeur, élève*) attento(-a); (*soins*) premuroso(-a); (*travail*) accurato(-a); **~ à/à faire** attento(-a) a/a fare

attention [atɑ̃sjɔ̃] *nf* attenzione *f*; **à l'~ de** (*Admin*) all'attenzione di; **porter qch à l'~ de qn** portare qc all'attenzione di qn; **attirer l'~ de qn sur qch** attirare l'attenzione di qn su qc; **faire ~ à** fare attenzione a; **faire ~ que/à ce que** stare attento(-a) che; **~, respectez les consignes de sécurité** attenzione, rispettate le norme di sicurezza; **~ à la voiture !** attento alla macchina!

attentionné, e [atɑ̃sjɔne] *adj* premuroso(-a)

atténuer [atenɥe] *vt* attenuare; (*force*) moderare; **s'atténuer** *vr* attenuarsi; (*violence*) placarsi

atterrir [ateʀiʀ] *vi* atterrare

atterrissage [ateʀisaʒ] *nm* atterraggio; **~ forcé** atterraggio forzato; **~ sans visibilité** atterraggio in condizioni di scarsa visibilità

attestation [atɛstasjɔ̃] *nf* attestato; **~ d'un médecin** certificato medico

attirant, e [atiʀɑ̃, ɑ̃t] *adj* seducente

attirer [atiʀe] *vt* attirare; (*magnétiquement etc*) attrarre; **~ qn dans un coin/vers soi** attirare qn in un angolo/verso di sé; **~ l'attention de qn** attirare l'attenzione di qn; **~ l'attention (de qn sur qch)** attirare l'attenzione (di qn su qc); **~ des louanges/ennuis à qn** procurare delle lodi/grane a qn; **s'~ des ennuis** procurarsi delle grane

attitude [atityd] *nf* atteggiamento

attraction [atʀaksjɔ̃] *nf* attrazione *f*

attrait [atʀɛ] *nm* fascino, attrattiva; **attraits** *nmpl* (*d'une femme*) grazie *fpl*; **éprouver de l'~ pour** provare attrazione per

attraper [atʀape] *vt* afferrare; (*voleur, animal*) catturare; (*fig : train, habitude*) prendere; (*fam : réprimander*) sgridare; (*: duper*) imbrogliare

attrayant, e [atʀɛjɑ̃, ɑ̃t] *adj* attraente

attribuer [atʀibɥe] *vt* (*prix, rôle*) assegnare; (*conséquence, importance*) attribuire; **s'attribuer** *vr* (*s'approprier*) appropriarsi

attrister [atʀiste] *vt* rattristare; **s'attrister** *vr* : **s'~ de qch** rattristarsi per qc

attroupement [atʀupmɑ̃] *nm* assembramento

attrouper [atʀupe] : **s'~** *vr* assembrarsi

au [o] *prép + art déf voir* **à**

aubaine [obɛn] *nf* fortuna insperata; (*Comm*) occasione *f*

aube [ob] *nf* alba; **à l'~** all'alba; **à l'~ de** all'alba di; (*fig*) agli albori di

aubépine [obepin] *nf* biancospino

auberge [obɛʀʒ] *nf* locanda; **~ de jeunesse** ostello della gioventù

> **FAUX AMIS**
> **auberge** ne se traduit pas par le mot italien *albergo*.

aubergine [obɛʀʒin] *nf* melanzana

aucun, e [okœ̃, yn] *adj* alcuno(-a), alcun (alcun'), nessuno(-a), nessun (nessun') ▶ *pron* nessuno(-a); **il le fera mieux qu'~ de nous** lo farà meglio di chiunque di noi

audace [odas] *nf* (*aussi péj*) audacia; **il a eu l'~ de** ha avuto l'audacia di; **vous ne manquez pas d'~ !** non le manca la faccia tosta!

audacieux, -euse [odasjø, jøz] *adj* audace

au-delà [od(ə)la] *adv* al di là, oltre ▸ *nm inv* : **l'~** l'aldilà *m inv*; **~ de** al di là di, oltre; (*limite, somme etc*) al di sopra di, oltre

au-dessous [odsu] *adv* al di sotto, sotto; **~ de** (*personne, zéro, genou*) al di sotto di, sotto; (*fig : peu digne de*) non all'altezza di; **~ de tout** inetto(-a); (*affaire*) indegno(-a)

au-dessus [odsy] *adv* sopra; (*limite, somme*) oltre; **~ de** sopra, al di sopra di; (*limite, somme*) oltre; (*fig : des lois*) al di sopra di

au-devant [od(ə)vɑ̃] : **~ de** *prép* incontro a; **aller ~ de** (*personne, danger*) andare incontro a; (*désirs*) venire incontro a

audience [odjɑ̃s] *nf* (*entrevue, séance*) udienza; (*auditeurs, lecteurs*) pubblico; (*taux d'écoute*) audience *f inv*

audiovisuel, le [odjovizɥɛl] *adj* audiovisivo(-a) ▸ *nm* audiovisivo; **l'~** i mezzi audiovisivi

audition [odisjɔ̃] *nf* udito; (*d'un disque, d'une pièce*) ascolto; (*Jur, Mus, Théâtre*) audizione *f*

auditoire [oditwaʀ] *nm* pubblico, auditorio

augmentation [ɔgmɑ̃tasjɔ̃] *nf* aumento; **~ (de salaire)** aumento (di stipendio)

augmenter [ɔgmɑ̃te] *vt, vi* aumentare; **~ de poids/volume** aumentare di peso/volume

augure [ogyʀ] *nm* (*prophète*) indovino; **de bon/mauvais ~** di buon/cattivo auspicio

> **FAUX AMIS**
> **augure** ne se traduit pas par le mot italien *auguri*.

aujourd'hui [oʒuʀdɥi] *adv* oggi; **~ en huit/en quinze** oggi a otto/a quindici; **à dater** *ou* **partir d'~** a partire da oggi

aumône [omon] *nf* elemosina; **faire l'~ (à qn)** fare l'elemosina (a qn); **faire l'~ de qch à qn** (*fig*) fare l'elemosina di qc a qn

aumônier [omonje] *nm* cappellano

auparavant [opaʀavɑ̃] *adv* prima

auprès [opʀɛ] : **~ de** *prép* vicino a; (*Admin : recourir, s'adresser*) presso; (*en comparaison de*) in confronto a

auquel [okɛl] *voir* **lequel**

aurai *etc* [ɔʀe] *vb voir* **avoir**

aurons *etc* [ɔʀɔ̃] *vb voir* **avoir**

aurore [ɔʀɔʀ] *nf* aurora; **~ boréale** aurora boreale

ausculter [ɔskylte] *vt* auscultare

aussi [osi] *adv* anche; (*de comparaison : avec adj, adv*) così; (*si, tellement*) tanto, così ▸ *conj* così; **~ fort/rapidement que** tanto forte/rapidamente quanto; **lui ~** anche lui; **~ bien que** (*de même que*) così come, come pure; **il l'a fait — moi ~** lui l'ha fatto — e io pure; **je le pense ~** anch'io lo penso

aussitôt [osito] *adv* (*immédiatement*) subito; **~ que** non appena; **~ dit, ~ fait** detto fatto; **~ envoyé** appena inviato

austère [ostɛʀ] *adj* austero(-a)

austral, e [ɔstʀal] *adj* australe; **l'océan A~** l'oceano Australe; **les terres A~es** le terre Australi

Australie [ostʀali] *nf* Australia

australien, ne [ostʀaljɛ̃, jɛn] *adj* australiano(-a) ▸ *nm/f* : **Australien, ne** australiano(-a)

autant [otɑ̃] *adv* (*travailler, manger etc*) tanto; **~ que** (*comparatif*) (tanto) quanto; **~ (de)** tanto(-a); **n'importe qui aurait pu en faire ~** chiunque avrebbe potuto fare altrettanto; **~ partir/ne rien dire** tanto vale partire/non dire niente; **~ dire que** tanto vale dire che; **il n'est pas découragé pour ~** non per questo è scoraggiato; **pour ~ que** per quanto; **d'~** (*à proportion*) in proporzione; **d'~ plus (que)** tanto più (che); **on travaille d'~ mieux qu'on réussit à se concentrer** più si riesce a concentrarsi meglio si lavora; **~ ... ~ ...** tanto ... quanto ...; **il en a fait tout ~** ha fatto altrettanto; **ce sont ~ d'erreurs** sono altrettanti errori; **y en a-t-il ~ (qu'avant) ?** ce ne sono tanti quanti ce n'erano prima?; **il y a ~ de garçons que de filles** ci sono tanti ragazzi quante ragazze; **pourquoi en prendre ~ ?** perché prenderne così tanto?

autel [otɛl] *nm* altare *m*

auteur, e [otœʀ] *nm/f* autore(-trice); **droit d'~** diritto d'autore

authentique [otɑ̃tik] *adj* autentico(-a)

auto [oto] *nf* auto; **~s tamponneuses** autoscontri *mpl*

autobiographie [otobjɔgʀafi] *nf* autobiografia

autobronzant, e [ɔtɔbʀɔ̃zɑ̃] *adj, nm* autoabbronzante (*m*)

autobus [ɔtɔbys] *nm* autobus *m inv*; **ligne d'~** linea dell'autobus
autocar [ɔtɔkaʀ] *nm* corriera, pullman *m inv*

FAUX AMIS
autocar ne se traduit pas par le mot italien *autocarro*.

autochtone [ɔtɔktɔn] *adj, nm/f* autoctono(-a)
autocollant, e [otokɔlɑ̃, ɑ̃t] *adj* autoadesivo(-a) ▸ *nm* autoadesivo
autocuiseur [otokɥizœʀ] *nm* pentola a pressione
autodéfense [otodefɑ̃s] *nf* autodifesa; **groupe d'~** gruppo di autodifesa
autodidacte [otodidakt] *nm/f* autodidatta *m/f*
auto-école [otoekɔl] (*pl* **-s**) *nf* autoscuola, scuola guida
auto-entrepreneur, -euse [otoɑ̃tʀəpʀənœʀ, øz] *nm/f piccolo imprenditore che beneficia di un regime contributivo e fiscale semplificato*
autographe [ɔtɔgʀaf] *nm* autografo
automate [ɔtɔmat] *nm* (*aussi fig*) automa *m*
automatique [ɔtɔmatik] *adj* automatico(-a) ▸ *nm* (*pistolet*) automatica
automne [ɔtɔn] *nm* autunno
automobile [ɔtɔmɔbil] *nf* automobile *f* ▸ *adj* automobilistico(-a); **l'~** (*industrie*) l'industria automobilistica
automobiliste [ɔtɔmɔbilist] *nm/f* automobilista *m/f*
autonome [ɔtɔnɔm] *adj* autonomo(-a); **en mode ~** (*Inform*) in modalità autonoma
autonomie [ɔtɔnɔmi] *nf* autonomia; **~ de vol** autonomia di volo
autopsie [ɔtɔpsi] *nf* autopsia
autoradio [otoʀadjo] *nm* autoradio *f inv*
autorisation [ɔtɔʀizasjɔ̃] *nf* autorizzazione *f*; **donner à qn l'~ de** dare a qn l'autorizzazione a; **avoir l'~ de faire** avere l'autorizzazione a fare
autorisé, e [ɔtɔʀize] *adj* (*digne de foi*) autorevole; (*permis*) autorizzato(-a); **~ (à faire)** autorizzato(-a) (a fare); **dans les milieux ~s** negli ambienti ufficiali
autoriser [ɔtɔʀize] *vt* autorizzare; **~ qn à faire** autorizzare qn a fare
autoritaire [ɔtɔʀitɛʀ] *adj* autoritario(-a)
autorité [ɔtɔʀite] *nf* autorità *f inv*; **les ~s** (*Mil, Pol etc*) le autorità; **faire ~** (*personne, livre*) fare testo; **d'~** d'autorità
autoroute [otoʀut] *nf* autostrada; **~ de l'information** autostrada informatica
auto-stop [otostɔp] (*pl* **autos-stops**) *nm* autostop *m*; **faire de l'~** fare l'autostop; **prendre qn en ~** far salire qn che fa l'autostop
auto-stoppeur, -euse [otostɔpœʀ, øz] (*pl* **auto-stoppeurs, -euses**) *nm/f* autostoppista *m/f*
autour [otuʀ] *adv* intorno; **~ de** intorno a; (*environ, à peu près*) circa, intorno a; **tout ~** (*de tous côtés*) tutt'intorno
autre [otʀ] *adj* altro(-a) ▸ *pron* : **un/l'~** un/l'altro; **je préférerais un ~ verre** preferirei un altro bicchiere; **je voudrais un ~ verre d'eau** vorrei un altro bicchiere d'acqua; **~ chose** un'altra cosa, qualcos'altro, altro; **~ part** altrove; **d'~ part** d'altra parte; **nous/vous ~s** noialtri(-e)/voialtri(-e); **d'~s** altri(-e); **les ~s** gli altri (le altre); **se détester l'un l'~/les uns les ~s** odiarsi a vicenda *ou* l'un l'altro; **la difficulté est ~** la difficoltà è un'altra; **d'une semaine à l'~** da una settimana all'altra; (*constamment*) una settimana dopo l'altra; **entre ~s** (*gens*) fra gli altri; (*choses*) fra cui; **j'en ai vu d'~s** (*indifférence*) ho visto ben altro; **à d'~s !** raccontalo a un altro!; **de temps à ~** di tanto in tanto; *voir aussi* **part** ; **temps** ; **un**
autrefois [otʀəfwa] *adv* un tempo, una volta
autrement [otʀəmɑ̃] *adv* altrimenti; **je n'ai pas pu faire ~** non ho potuto fare altrimenti; **~ dit** (*en d'autres mots*) in altre parole; (*c'est-à-dire*) ossia
Autriche [otʀiʃ] *nf* Austria
autrichien, ne [otʀiʃjɛ̃, jɛn] *adj* austriaco(-a) ▸ *nm/f* : **Autrichien, ne** austriaco(-a)
autruche [otʀyʃ] *nf* struzzo; **faire l'~** (*fig*) fare lo struzzo
aux [o] *prép + art déf voir* **à**
auxiliaire [ɔksiljɛʀ] *adj* ausiliario(-a) ▸ *nm* (*Ling*) ausiliare *m* ▸ *nm/f* (*Admin*) avventizio(-a); (*aide, adjoint*) aiutante *m/f*, collaboratore(-trice)
auxquelles [okɛl] *prép + pron voir* **lequel**

auxquels [okɛl] *prép + pron voir* **lequel**
avalanche [avalɑ̃ʃ] *nf (aussi fig)* valanga
avaler [avale] *vt* inghiottire, mandar giù; (*roman*) divorare; (*croire*) bere
avance [avɑ̃s] *nf (de troupes etc)* avanzata; (*progrès*) avanzamento; (*opposé à retard, d'argent*) anticipo; **avances** *nfpl (ouvertures)* proposte *fpl*; (*: amoureuses*) avances *fpl*; **une ~ de 300 m/4 h** (*Sport*) un vantaggio di 300 m/4 h; **(être) en ~** (essere) in anticipo; **être en ~ sur qn** essere in vantaggio su qn; **à l'~, d'~** in anticipo; **par ~** in anticipo; **payer d'~** pagare in anticipo; **~ (du) papier** (*Inform*) avanzamento della carta
avancé, e [avɑ̃se] *adj* avanzato(-a); **d'un âge ~** di una certa età; **il est ~ pour son âge** è precoce per la sua età
avancement [avɑ̃smɑ̃] *nm* avanzamento
avancer [avɑ̃se] *vi* avanzare; (*être en saillie, surplomb*) sporgere; (*montre, réveil*) essere avanti ▸ *vt* portare in avanti; (*date, rencontre, argent*) anticipare; (*hypothèse, idée*) avanzare; (*pendule, montre*) mettere avanti; (*travail etc*) portare avanti; **s'avancer** *vr* avvicinarsi; (*fig : se hasarder*) spingersi; (*être en saillie, surplomb*) sporgere; **j'avance (d'une heure)** sono avanti (di un'ora)
avant [avɑ̃] *prép* prima di ▸ *adv* : **trop/ plus ~** troppo/più avanti ▸ *adj inv* anteriore; **siège/roue ~** sedile *m*/ruota anteriore ▸ *nm (d'un véhicule, bâtiment)* davanti *m inv*, parte *f* anteriore; (*Sport*) attaccante *m*; **~ qu'il parte/de faire** prima che parta/di fare; **~ tout** innanzitutto; **à l'~** davanti; **marcher en ~** camminare davanti; **en ~ de** davanti a; **aller de l'~** agire con risolutezza; **~ qu'il (ne) pleuve** prima che piova
avantage [avɑ̃taʒ] *nm (aussi Sport)* vantaggio; **à l'~ de qn** a vantaggio di qn; **être à son ~** essere al proprio meglio; **tirer ~ de** trarre vantaggio da; **vous auriez ~ à faire** vi converrebbe fare; **~s en nature** fringe benefits *mpl*, benefici accessori; **~s sociaux** prestazioni *fpl* sociali
avantager [avɑ̃taʒe] *vt* avvantaggiare; (*embellir*) donare
avantageux, -euse [avɑ̃taʒø, øz] *adj* vantaggioso(-a); (*portrait, coiffure*) che dona
avant-bras [avɑ̃bʀa] *nm inv* avambraccio
avant-coureur [avɑ̃kuʀœʀ] (*pl* **-s**) *adj* premonitore(-trice); **signe ~** segno premonitore
avant-dernier, -ière [avɑ̃dɛʀnje, jɛʀ] (*pl* **avant-derniers, -ières**) *adj, nm/f* penultimo(-a)
avant-goût [avɑ̃gu] (*pl* **-s**) *nm* anticipazione *f*
avant-hier [avɑ̃tjɛʀ] *adv* l'altro ieri
avant-première [avɑ̃pʀəmjɛʀ] (*pl* **-s**) *nf* anteprima; **en ~** in anteprima
avant-veille [avɑ̃vɛj] (*pl* **-s**) *nf* : **l'~** l'antivigilia
avare [avaʀ] *adj, nm/f* avaro(-a); **~ de compliments/caresses** avaro(-a) di complimenti/carezze
avec [avɛk] *prép* con; **~ habilité/ lenteur** con abilità/lentezza; **~ eux/ ces maladies** (*en ce qui concerne*) con loro/queste malattie; **~ ça** *ou* **ces qualités** (*malgré ça*) malgrado ciò; **et ~ ça ?** (*dans un magasin*) serve altro?; **~ l'été ...** con l'estate ...; **~ cela que ...** senza contare che ...
avenir [avniʀ] *nm* avvenire *m*, futuro; **l'~ du monde** il futuro del mondo; **à l'~** in avvenire *ou* futuro; **sans ~** senza avvenire; **c'est une idée sans ~** è un'idea che non ha futuro; **métier d'~** lavoro che offre prospettive; **politicien d'~** politico di sicuro avvenire
aventure [avɑ̃tyʀ] *nf* avventura; **partir à l'~** (*au hasard*) partire all'avventura; **roman/film d'~** romanzo/film di avventura
aventureux, -euse [avɑ̃tyʀø, øz] *adj* avventuroso(-a)
avenue [avny] *nf* viale *m*, corso
avérer [aveʀe] : **s'~** *vr (avec attribut)* rivelarsi
averse [avɛʀs] *nf* acquazzone *m*, rovescio; (*fig : d'insultes*) pioggia
averti, e [avɛʀti] *adj* competente
avertir [avɛʀtiʀ] *vt* : **~ qn (de qch/que)** avvertire *ou* avvisare qn (di qc/che)
avertissement [avɛʀtismɑ̃] *nm* avvertimento; (*à un élève, sportif*) ammonimento; (*d'un livre*) avvertenza
avertisseur [avɛʀtisœʀ] *nm* segnalatore *m*; (*aussi* : **avertisseur sonore** : *Auto*) claxon *m inv*

aveu [avø] *nm* confessione *f*; **passer aux aveux** finire per confessare; **de l'~ de** secondo

aveugle [avœgl] *adj (aussi fig)* cieco(-a) ▶ *nm/f* cieco(-a); **les ~s** i ciechi; **mur ~** muro cieco; **test en (double) ~** test *m inv* a doppio cieco

aviation [avjasjɔ̃] *nf* aviazione *f*; **compagnie/ligne d'~** compagnia/linea aerea; **terrain d'~** campo d'aviazione; **~ de chasse** aviazione da caccia

avide [avid] *adj* avido(-a); **~ d'honneurs/d'argent** avido(-a) di onori/di denaro; **~ de sang** assetato(-a) di sangue; **~ de connaître/d'apprendre** assetato(-a) di sapere

Avignon [aviɲɔ̃] *n vedi nota*

Il **Festival d'Avignon** è uno degli avvenimenti più importanti del calendario culturale francese. Tra la fine di luglio e l'inizio di agosto la città viene invasa da appassionati di teatro, e molti edifici storici si trasformano in spazi teatrali. Gli spettacoli più prestigiosi vengono messi in scena nel cortile del *Palais des Papes*.

avion [avjɔ̃] *nm* aereo; **par ~** posta aerea; **aller (quelque part) en ~** andare (da qualche parte) in aereo; **~ à réaction** aereo a reazione; **~ de chasse** aereo da caccia; **~ de ligne** aereo di linea; **~ supersonique** aereo supersonico

aviron [avirɔ̃] *nm* remo; **l'~** (*Sport*) il canottaggio

avis [avi] *nm* parere *m*; (*conseil*) consiglio; (*notification*) avviso; **à mon ~** secondo me, a mio avviso; **j'aimerais avoir l'~ de Paul** mi piacerebbe sentire l'opinione di Paul; **je suis de votre ~** la penso come voi; **vous ne me ferez pas changer d'~** non mi farete cambiare idea; **être d'~ que** essere dell'avviso che; **changer d'~** cambiare idea; **sauf ~ contraire** salvo avviso contrario; **sans ~ préalable** senza preavviso; **jusqu'à nouvel ~** fino a nuovo ordine; **~ de concours** bando di concorso; **~ d'appel** (*Tél*) avviso di chiamata; **~ de crédit/débit** (*Comm*) avviso di accredito/addebito

aviser [avize] *vt* (*voir*) scorgere; (*informer*) : **~ qn de qch/que** avvisare qn di qc/che ▶ *vi* (*réfléchir*) decidere; **s'~ de qch/que** (*remarquer*) accorgersi di qc/che; **s'~ de faire qch** (*s'aventurer à*) azzardarsi a fare qc

avocat, e [avɔka, at] *nm/f* (*aussi fig*) avvocato, avvocatessa ▶ *nm* (*Bot, Culin*) avocado *m inv*; **se faire l'~ du diable** fare l'avvocato del diavolo; **l'~ de la défense/de la partie civile** l'avvocato della difesa/di parte civile; **~ d'affaires** avvocato civilista; **~ général** sostituto procuratore generale

avoine [avwan] *nf* avena

MOT-CLÉ

avoir [avwaʀ] *vt* **1** (*posséder*) avere; **elle a deux enfants/une belle maison** ha due bambini/una bella casa; **il a les yeux gris** ha gli occhi grigi; **vous avez du sel ?** ha del sale?; **avoir du courage/de la patience** avere coraggio/pazienza

2 (*âge, dimensions*) avere; **il a trois ans** ha tre anni; **le mur a trois mètres de haut** il muro è alto tre metri, il muro ha tre metri d'altezza

3 (*fam : duper*) farla a; **on t'a bien eu !** te l'abbiamo fatta!; **on l'a bien eu !** ci è cascato!

4 : **en avoir après** *ou* **contre qn** avercela con qn; **en avoir assez** averne abbastanza; **j'en ai pour une demi-heure** ne ho per una mezz'ora

5 (*obtenir, attraper*) prendere, ricevere; **j'ai réussi à avoir mon train** sono riuscito a prendere il treno; **j'ai réussi à avoir le renseignement qu'il me fallait** sono riuscito ad ottenere le informazioni di cui avevo bisogno

▶ *vb aux* **1** avere; **avoir mangé/dormi** aver mangiato/dormito

2 (*+ à + infinitif*) : **avoir à faire qch** aver da fare qc, dover fare qc; **vous n'avez qu'à lui demander** non ha che da chiederglielo; **tu n'as pas à me poser de questions** non devi farmi domande; **tu n'as pas à le savoir** non è necessario che tu lo sappia

▶ *vb impers* **1** : **il y a** (*+ sing*) c'è; (*+ pl*) ci sono; **il y a du sable/un homme** c'è sabbia/un uomo; **il y a des hommes** ci sono degli uomini; **qu'y a-t-il ?, qu'est-ce qu'il y a ?** che c'è?; **il doit y avoir une explication** deve esserci una spiegazione; **il n'y a qu'à ...** non resta che ...; **il ne peut y en avoir**

qu'un può essercene solo uno
2 (*temporel*) : **il y a 10 ans** dieci anni fa; **il y a 10 ans/longtemps que je le sais** sono 10 anni/è molto tempo che lo so, lo so da 10 anni/da molto tempo; **il y a 10 ans qu'il est arrivé** sono 10 anni che è arrivato, è arrivato 10 anni fa
▶ *nm* averi *mpl*; (*Comm*) avere *m*; **avoir fiscal** (*Fin*) credito d'imposta

avortement [avɔʀtəmɑ̃] *nm* aborto
avouer [avwe] *vt* confessare ▶ *vi* confessare; (*admettre*) ammettere; **~ avoir fait/être/que** confessare di aver fatto/di essere/che; **s'~ vaincu/incompétent** riconoscersi sconfitto/incompetente; **~ que oui/non** ammettere di sì/no
avril [avʀil] *nm* aprile *m*; *voir aussi* **juillet**
axe [aks] *nm* asse *m*; **~ de symétrie** asse di simmetria; **~ routier** asse stradale
ayons *etc* [ɛjɔ̃] *vb voir* **avoir**

baba [baba] *adj inv* : **en rester ~** (*fam*) rimanerci di stucco ▶ *nm* : **~ au rhum** babà *m inv* al rum
bâbord [bɑbɔʀ] *nm* : **à** *ou* **par ~** a babordo
babouin [babwɛ̃] *nm* babbuino
baby-foot [babifut] (*pl* **baby-foots**) *nm* (*jeu*) calcetto
bac[1] [bak] *nm* (*bateau*) (piccolo) traghetto; (*pour marchandises*) chiatta; (*récipient*) vasca, vaschetta; (: *Photo etc*) vaschetta; (: *Ind*) vasca; **~ à glace** vaschetta del ghiaccio; **~ à légumes** cassetto per le verdure
bac[2] [bak] *abr* = *baccalauréat*
baccalauréat [bakalɔʀea] *nm* ≈ (diploma di) maturità

Il **baccalauréat** (comunemente chiamato **bac**) è il diploma, nonché l'esame, che conclude il secondo ciclo di studi della scuola secondaria, dopo tre anni di liceo. In funzione dell'indirizzo di studi prescelto, può essere generale, tecnologico o professionale. Per il *baccalauréat* generale, esistono tre orientamenti, letterario (*série L*), scientifico (*série S*) ed economico-sociale (*série ES*), tra i quali gli studenti devono scegliere dopo il primo anno di liceo. Il possesso del *baccalauréat* è un requisito per accedere all'istruzione superiore.

bâche [bɑʃ] *nf* telone *m*
bachoter [baʃɔte] (*fam*) *vi preparare un esame in modo superficiale ed affrettato*
bâcler [bɑkle] *vt* sbrigare alla bell'e meglio

bactérie [baktəʀi] *nf* batterio
badaud, e [bado, od] *nm/f* curioso(-a), sfaccendato(-a)
baffe [bɑf] (*fam*) *nf* sberla, sventola
bafouiller [bafuje] *vi, vt* farfugliare
bagage [bagaʒ] *nm* (*aussi* : **bagages**) bagaglio; **~ littéraire** (*fig*) bagaglio letterario; **~ à main** bagaglio a mano
bagarre [bagaʀ] *nf* zuffa, rissa; **il aime la ~** è un tipo rissoso
bagarrer [bagaʀe] : **se bagarrer** *vr* azzuffarsi; (*discuter*) litigare
bagnole [baɲɔl] *nf* (*fam*) macchina; (*péj*) macinino, carretta
bague [bag] *nf* anello; **~ de fiançailles** anello di fidanzamento; **~ de serrage** (*Tech*) anello di chiusura
baguette [bagɛt] *nf* (*petit bâton, Mus*) bacchetta; (*cuisine chinoise*) bastoncino; (*pain*) filoncino, baguette *f inv*; (*Constr* : *moulure*) tondino; **mener qn à la ~** comandare qn a bacchetta; **~ de sourcier** bacchetta da rabdomante; **~ de tambour** bacchetta da tamburo; **~ magique** bacchetta magica
baie [bɛ] *nf* baia; (*fruit*) bacca; **~ vitrée** vetrata, finestrone *m*
baignade [bɛɲad] *nf* bagno; (*endroit*) stabilimento balneare; **~ interdite** divieto di balneazione
baigner [beɲe] *vt* fare il bagno a ▸ *vi* : **~ dans son sang** essere in una pozza di sangue; **se baigner** *vr* fare il bagno; **être baigné de lumière** essere inondato(-a) dalla luce; **« ça baigne ! »** (*fam*) « va benissimo! »
baignoire [bɛɲwaʀ] *nf* vasca (da bagno); (*Théâtre*) palco di platea
bail [baj] (*pl* **baux**) *nm* affitto; **donner** *ou* **prendre qch à ~** dare *ou* prendere qc in affitto; **~ commercial** affitto commerciale
bâiller [bɑje] *vi* sbadigliare; (*porte*) che non si chiude bene; (*jupe*) che cade male
bâillonner [bɑjɔne] *vt* (*aussi fig*) imbavagliare
bain [bɛ̃] *nm* (*aussi Tech, Photo*) bagno; **prendre un ~** fare un bagno; **~ de bouche** collutorio; **~ de foule** bagno di folla; **~ de pieds** pediluvio; **~ de soleil** bagno di sole; **~ moussant** bagnoschiuma *m inv*; **~s de mer** bagno di mare; **~s(-douches) municipaux** bagni(-docce) pubblici
bain-marie [bɛ̃maʀi] (*pl* **bains-marie**) *nm* bagnomaria *m*; **faire chauffer au ~** (*boîte etc*) riscaldare a bagnomaria
baïonnette [bajɔnɛt] *nf* baionetta; **douille/ampoule à ~** portalampada/lampadina a baionetta
baiser [beze] *nm* bacio ▸ *vt* baciare; (*fam!* : *duper*) fottere; (: *sexuellement*) scopare (*fam!*)
baisse [bɛs] *nf* (*de température, des prix*) calo, diminuzione *f*; **en ~** in ribasso; **à la ~** al ribasso
baisser [bese] *vt* abbassare; (*prix*) abbassare, ribassare ▸ *vi* (*niveau, température*) calare, abbassarsi; (*vue, jour, lumière*) calare; (*santé*) peggiorare; (*cours, prix*) essere in ribasso; **se baisser** *vr* chinarsi, abbassarsi
bal [bal] *nm* ballo; **~ costumé** ballo in costume; **~ masqué** ballo in maschera; **~ musette** ballo liscio
balade [balad] *nf* passeggiata; (*en voiture*) gita; **faire une ~** fare una passeggiata; (*en voiture*) fare una gita
balader [balade] *vt* portare in giro *ou* a spasso; **se balader** *vr* passeggiare; (*en voiture*) andare a fare un giro (in macchina)
baladeur [baladœʀ] *nm* : **~ MP3** lettore MP3
balafre [balɑfʀ] *nf* sfregio
balai [balɛ] *nm* scopa; (*Auto, Mus*) spazzola; **donner un coup de ~** dare una scopata
balance [balɑ̃s] *nf* bilancia; (*Astrol*) : **B~** Bilancia; **être B~** essere della Bilancia; **~ commerciale** bilancia commerciale; **~ des paiements** bilancia dei pagamenti; **~ romaine** stadera
balancer [balɑ̃se] *vt* dondolare, far oscillare; (*fam* : *lancer*) scaraventare; (*renvoyer, jeter*) buttar via ▸ *vi* (*fig*) esitare; **se balancer** *vr* dondolarsi; (*bateau*) ondeggiare; (*branche*) agitarsi; **~ qch à la poubelle** (*fam*) buttare via qc; **je m'en balance** (*fam*) me ne infischio, me ne frego
balançoire [balɑ̃swaʀ] *nf* altalena
balayer [baleje] *vt* spazzare, scopare; (*suj* : *vent, torrent etc*) spazzare; (: *radar, phares*) esplorare; (*soucis etc*) spazzar via, scacciare
balayette [balɛjɛt] *nf* scopino
balayeur, -euse [balɛjœʀ, øz] *nm/f* spazzino(-a) (*che spazza le strade*)

balbutiement [balbysimɑ̃] *nm* balbettio; **balbutiements** *nmpl* (*fig* : *débuts*) primi passi *mpl*
balbutier [balbysje] *vi, vt* balbettare
balcon [balkɔ̃] *nm* balcone *m*; (*Théâtre*) balconata, galleria
baleine [balɛn] *nf* balena; (*de parapluie*) stecca
balise [baliz] *nf* segnalazione *f*; (*Naut* : *flottant*) galleggiante *m*; (: *émettant signaux optiques etc*) radiofaro; (*Aviat*) faro di atterraggio; (*Auto, Ski*) paletto
baliser [balize] *vt* segnare ▶ *vi* (*fam*) avere fifa
ballant, e [balɑ̃, ɑ̃t] *adj* : **les bras ~s** con le braccia a ciondoloni
balle [bal] *nf* (*de fusil*) pallottola; (*de tennis, golf, ping-pong*) pallina; (*du blé*) pula; **~ perdue** proiettile *m* vagante
ballerine [bal(ə)ʀin] *nf* ballerina
ballet [balɛ] *nm* balletto; **~ diplomatique** (*fig*) balletto diplomatico
ballon [balɔ̃] *nm* (*de sport, Aviat, jouet*) pallone *m*; (*de vin*) bicchiere *m*; **~ d'essai** (*Météo*) pallone sonda; (*fig*) test *m inv* per sondare l'opinione pubblica; **~ de football** pallone da calcio; **~ d'oxygène** bombola d'ossigeno; **~ d'eau chaude** boiler *m inv*
balnéaire [balneɛʀ] *adj* balneare
balustrade [balystʀad] *nf* balaustra
bambin [bɑ̃bɛ̃] *nm* bimbo
bambou [bɑ̃bu] *nm* bambù *m inv*
banal, e [banal] *adj* banale
banalité [banalite] *nf* banalità *f inv*
banane [banan] *nf* banana; (*sac*) marsupio
banc [bɑ̃] *nm* panca, panchina; (*de poissons*) banco; **~ d'essai** (*fig*) banco di prova; **~ de sable** banco di sabbia; **~ des accusés/des témoins** banco degli accusati/dei testimoni
bancaire [bɑ̃kɛʀ] *adj* bancario(-a)
bancal, e [bɑ̃kal] *adj* (*personne*) dalle gambe storte; (*meuble*) traballante; (*fig* : *raisonnement, solution*) che non regge
bandage [bɑ̃daʒ] *nm* (*pansement*) fasciatura
bande [bɑ̃d] *nf* (*de tissu etc*) fascia, striscia; (*Méd*) fascia; (*magnétique*) nastro; (*Ciné*) film *m inv*, pellicola; (*motif, dessin*) striscia; (*Radio, groupe*) banda; (*péj*) : **une ~ de ...** una banda di ...; **faire ~ à part** fare gruppo a parte; **~ dessinée** fumetto; *voir aussi* **nota**; **~ de roulement** (*de pneu*) battistrada *m inv*; **~ sonore** colonna sonora; **~ de terre** striscia di terra; **~ Velpeau®** (*Méd*) fascia per medicazioni

> La **bande dessinée** o **BD** ha un largo seguito in Francia sia tra i ragazzi che tra gli adulti. Ogni anno in gennaio ad Angoulême si tiene una mostra internazionale del fumetto. Tra i personaggi più famosi vanno ricordati Astérix, Tintin, Lucky Luke e Gaston Lagaffe.

bandeau [bɑ̃do] *nm* fascia; (*sur les yeux*) benda; (*Méd*) fasciatura
bander [bɑ̃de] *vt* fasciare; (*muscle, arc*) tendere ▶ *vi* (*fam!*) averlo duro (*fam!*); **~ les yeux à qn** bendare gli occhi a qn
bandit [bɑ̃di] *nm* bandito
bandoulière [bɑ̃duljɛʀ] *nf* : **en ~** a tracolla
banlieue [bɑ̃ljø] *nf* periferia; **quartier de ~** quartiere *m* periferico; **lignes de ~** linee *fpl* extraurbane; **trains de ~** treni *mpl* extraurbani
bannir [baniʀ] *vt* bandire
banque [bɑ̃k] *nf* banca; (*au jeu*) banco; **~ d'affaires** banca d'affari; **~ de dépôt** banca di depositi; **~ de données** (*Inform*) banca (di) dati; **~ d'émission** banca d'emissione; **~ des yeux/du sang** banca degli occhi/del sangue
banquet [bɑ̃kɛ] *nm* banchetto
banquette [bɑ̃kɛt] *nf* banchina; (*d'auto*) sedile *m*
banquier, -ière [bɑ̃kje, jɛʀ] *nm/f* banchiere(-a)
banquise [bɑ̃kiz] *nf* banchisa
baptême [batɛm] *nm* (*aussi fig*) battesimo; **~ de l'air** battesimo dell'aria
baptiser [batize] *vt* battezzare
bar [baʀ] *nm* (*établissement, meuble*) bar *m inv*; (*comptoir*) bancone *m*; (*poisson*) branzino
baraque [baʀak] *nf* baracca; (*fam*) catapecchia; **~ foraine** baraccone *m*
baraqué, e [baʀake] (*fam*) *adj* ben piantato(-a)
baratiner [baʀatine] (*fam*) *vt* intortare
barbare [baʀbaʀ] *nm/f* barbaro(-a) ▶ *adj* (*homicide*) efferato(-a)
barbe [baʀb] *nf* barba; **au nez et à la ~ de qn** (*fig*) sotto il naso di qn; **quelle ~ !**

(*fam*) che barba!; **~ à papa** zucchero filato

barbelé [baʀbəle] *nm* filo spinato

barbiturique [baʀbityʀik] *nm* barbiturico

barbouiller [baʀbuje] *vt* (*couvrir, salir*) insudiciare; (*péj : mur, toile*) imbrattare; **avoir l'estomac barbouillé** avere la nausea

barbu, e [baʀby] *adj* barbuto(-a)

barder [baʀde] *vi* (*fam*) : **ça va ~** si mette male ▸ *vt* (*Culin*) ricoprire di sottili fette di lardo

barème [baʀɛm] *nm* (*des prix, des tarifs*) tabella; (*cotisations, notes*) prontuario; **~ des salaires** tabella salariale

baril [baʀi(l)] *nm* barile *m*

bariolé, e [baʀjɔle] *adj* variopinto(-a), multicolore

baromètre [baʀɔmɛtʀ] *nm* (*aussi fig*) barometro

baron, ne [baʀɔ̃, ɔn] *nm/f* (*aussi fig*) barone(-essa)

baroque [baʀɔk] *adj* (*Art*) barocco(-a); (*fig*) bizzarro(-a)

barque [baʀk] *nf* barca

barquette [baʀkɛt] *nf* (*tartelette, récipient*) barchetta

barrage [baʀaʒ] *nm* sbarramento, diga; (*sur route, rue*) sbarramento; **~ de police** posto di blocco

barre [baʀ] *nf* (*de fer etc*) sbarra, barra; (*Naut*) barra del timone; (*de la houle*) barra; (*écrite*) sbarra; (*danse*) sbarra; (*Jur*) : **comparaître à la ~** comparire in giudizio; **être à** *ou* **tenir la ~** (*Naut*) essere *ou* stare al timone; **codes (à) ~s** codice *m* a barre; **~ fixe** (*Gymnastique*) sbarra (fissa); **~ de mesure** (*Mus*) stanghetta; **~ à mine** barramina; **~s parallèles** (*Gymnastique*) parallele *fpl*

barreau, x [baʀo] *nm* barra; **le ~** (*Jur*) il foro, l'avvocatura

barrer [baʀe] *vt* sbarrare; (*mot*) cancellare; (*Naut*) tenere il timone di; **se barrer** *vr* (*fam*) svignarsela, tagliare la corda; **~ le passage** *ou* **la route à qn** sbarrare il passaggio *ou* la strada a qn

barrette [baʀɛt] *nf* (*pour les cheveux*) fermacapelli *m inv*; (*Rel*) berretto; (*broche*) barretta

barricader [baʀikade] *vt* barricare; **se ~ chez soi** (*fig*) barricarsi in casa

barrière [baʀjɛʀ] *nf* (*aussi fig*) barriera; (*de passage à niveau*) barriera, sbarra; **~ de dégel** (*Auto*) segnale *m* di divieto di transito causa disgelo; **~s douanières** barriere doganali

barrique [baʀik] *nf* botte *f*

bas, basse [bɑ, bɑs] *adj* basso(-a); (*vue*) corto(-a); (*action*) vile ▸ *nm* (*de femme*) calza; (*partie inférieure*) : **le ~ de ...** il fondo di ... ▸ *adv* (*voler*) basso; (*parler*) a bassa voce; **plus ~** più in basso; (*dans un texte*) oltre, più avanti; (*parler*) più piano; **la tête basse** a testa bassa; **avoir la vue basse** avere la vista corta; **au ~ mot** come minimo; **enfant en ~ âge** bambino in tenera età; **en ~** giù, in basso; (*dans une maison*) giù, da basso; **en ~ de** in fondo a; **de ~ en haut** dal basso in alto; **des hauts et des ~** degli alti e bassi; **un ~ de laine** (*fig : économies*) risparmi (sotto il materasso); **mettre ~** (*accoucher*) figliare; **« à ~ la dictature ! »** « abbasso la tirannide! »; **~ morceaux** (*viande*) carne *f* di secondo taglio

bas-côté [bakote] (*pl* **-s**) *nm* (*de route*) banchina; (*d'église*) navata

basculer [baskyle] *vi* precipitare; (*benne etc*) ribaltarsi; (*camion etc*) : **~ dans** rovesciarsi in ▸ *vt* (*faire basculer*) (far) ribaltare

base [bɑz] *nf* base *f*; (*Pol*) : **la ~** la base; **jeter les ~s de** porre le basi di; **à la ~ de** (*fig*) alla base di; **sur la ~ de** (*fig*) in base a; **à ~ de café** a base di caffè; **~ de données** (*Inform*) database *m inv*; **~ de lancement** base di lancio

baser [bɑze] *vt* basare; **se ~ sur** basarsi su; **être basé à/dans** (*Mil*) essere dislocato(-a) a

bas-fond [bɑfɔ̃] (*pl* **-s**) *nm* (*Naut*) bassofondo; **bas-fonds** *nmpl* (*fig*) bassifondi *mpl*

basilic [bazilik] *nm* basilico

basilique [bazilik] *nf* basilica

basket [baskɛt] *nm* = **basket-ball**

basket-ball [baskɛtbol] *nm* pallacanestro *f*

baskets [baskɛt] *nfpl* scarpe *fpl* da ginnastica

basque [bask] *adj* basco(-a) ▸ *nm* (*Ling*) basco ▸ *nm/f* : **Basque** basco(-a); **le Pays Basque** i Paesi baschi

basse [bɑs] *adj f voir* **bas** ▸ *nf* (*Mus*) basso

basse-cour [bɑskuʀ] (*pl* **basses-cours**) *nf* cortile *m*; (*animaux*) animali *mpl* da cortile

bassin [basɛ̃] *nm* (*aussi Anat*) bacino; (*cuvette*) catino, bacinella; (*de fontaine*) vasca; **~ houiller** bacino carbonifero
bassine [basin] *nf* bacinella, catino
basson [bɑsɔ̃] *nm* (*Mus*) fagotto
bastion [bastjɔ̃] *nm* bastione *m*; (*fig*) baluardo
bat [ba] *vb voir* **battre**
bataille [bataj] *nf* (*aussi fig*) battaglia; **en ~** (*cheveux*) arruffato(-a); **~ rangée** ordine *m* di combattimento
bateau, x [bato] *nm* barca, imbarcazione *f*; (*grand*) nave *f*; (*abaissement du trottoir*) abbassamento del marciapiede (*per il transito di veicoli*) ▸ *adj* (*banal, rebattu*) trito(-a); **~ à moteur** barca a motore; **~ de pêche** peschereccio
bateau-mouche [batomuʃ] (*pl* **bateaux-mouches**) *nm* battello (*per giri turistici sulla Senna*)
bâti, e [bɑti] *adj* : **terrain ~** area fabbricata ▸ *nm* (*armature*) telaio; (*Couture*) imbastitura; **bien ~** (*personne*) ben piantato(-a)
bâtiment [bɑtimɑ̃] *nm* edificio, costruzione *f*; (*Naut*) nave *f*; **le ~** (*industrie*) l'edilizia
bâtir [bɑtiʀ] *vt* (*aussi fig*) costruire; (*Couture*) imbastire
bâtisse [bɑtis] *nf* costruzione *f*
bâton [bɑtɔ̃] *nm* bastone *m*; (*d'agent de police*) sfollagente *m inv*; **mettre des ~s dans les roues à qn** mettere i bastoni tra le ruote a qn; **parler à ~s rompus** chiacchierare spaziando su vari argomenti; **~ de rouge (à lèvres)** rossetto; **~ de ski** bastone *ou* bastoncino (da sci)
bats [ba] *vb voir* **battre**
battement [batmɑ̃] *nm* (*de cœur*) battito; (*intervalle*) intervallo, pausa; **10 minutes de ~** 10 minuti di pausa; **~ de mains** battimano; **~ de paupières** battito di palpebre
batterie [batʀi] *nf* (*Mil, Élec, Mus*) batteria; **~ de tests** batteria di test; **~ de cuisine** batteria da cucina
batteur, -euse [batœʀ, øz] *nm/f* (*Mus*) batterista *m/f* ▸ *nm* (*appareil*) frullatore *m*
battre [batʀ] *vt* battere; (*frapper*) picchiare; (*œufs*) sbattere; (*blé*) trebbiare; (*cartes*) mescolare ▸ *vi* (*cœur*) battere; (*volets, porte*) sbattere; **se battre** *vr* (*aussi fig*) battersi; (*venir aux mains*) picchiarsi; **~ des mains** battere le mani; **~ de l'aile** (*fig*) essere ridotto(-a) male; **~ des ailes** sbattere le ali; **~ froid à qn** trattare freddamente qn; **~ la mesure** battere il tempo; **~ en brèche** (*Mil, fig*) demolire; **~ son plein** essere al culmine; **~ pavillon italien** battere bandiera italiana; **~ en retraite** battere in ritirata
baume [bom] *nm* (*aussi fig*) balsamo
bavard, e [bavaʀ, aʀd] *adj* chiacchierone(-a)
bavarder [bavaʀde] *vi* chiacchierare
bave [bav] *nf* bava
baver [bave] *vi* sbavare; **en ~** (*fam*) passarne di cotte e di crude
bavoir [bavwaʀ] *nm* (*de bébé*) bavaglino
bavure [bavyʀ] *nf* sbavatura; **~ policière** abuso commesso della polizia
bazar [bazaʀ] *nm* emporio; (*fam*) roba, armamentario; (*désordre*) baraonda, caos *m*
bazarder [bazaʀde] (*fam*) *vt* sbarazzarsi di
BCBG [besebeʒe] *adj* (= *bon chic bon genre*) perbenino *inv*
BD [bede] *sigle f* = *bande dessinée* ; *voir* **bande** ; (= *base de données*) DB *f*
bd *abr* = *boulevard*
béant, e [beɑ̃, ɑ̃t] *adj* spalancato(-a), aperto(-a)
beau, bel, belle, beaux [bo, bɛl] *adj* bello(-a) ▸ *adv* : **il fait ~** fa bel tempo, fa bello; **un ~ geste** un bel gesto; **un ~ salaire** un buono stipendio; **un ~ gâchis/rhume** (*ironique*) un bel pasticcio/raffreddore; **le ~ monde** il bel mondo; **un ~ jour ...** un bel giorno ...; **de plus belle** ancora di più; **bel et bien** proprio; **le plus ~ c'est que ...** il bello è che ...; **« c'est du ~ ! »** « bella roba! »; **on a ~ essayer ...** si ha un bel provare ...; **il a ~ jeu de protester** ha un bel protestare, è facile per lui protestare; **en faire/dire de belles** farne/dirne delle belle; **faire le ~** (*chien*) rizzarsi sulle zampe posteriori
beaucoup [boku] *adv* molto; **il boit ~** beve molto; **il ne rit pas ~** non ride molto; **~ plus grand** molto più grande; **il en a ~ plus** ne ha molti di più; **~ trop de ...** troppo(-a) ...; **~ de** (*nombre*) molti(-e), parecchi(-e); (*quantité*) molto(-a), parecchio(-a); **~ d'étudiants** molti studenti; **~ de**

courage molto coraggio; **il n'a pas ~ d'argent** non ha molto denaro; **de ~** *adv* di molto
beau-fils [bofis] (*pl* **beaux-fils**) *nm* genero; (*remariage*) figliastro(-a)
beau-frère [bofʀɛʀ] (*pl* **beaux-frères**) *nm* cognato
beau-père [bopɛʀ] (*pl* **beaux-pères**) *nm* suocero; (*remariage*) patrigno
beauté [bote] *nf* bellezza; **de toute ~** di grande bellezza; **finir en ~** chiudere in bellezza
beaux-arts [bozaʀ] *nmpl* belle arti *fpl*
beaux-parents [boparɑ̃] *nmpl* suoceri *mpl*
bébé [bebe] *nm* bambino, bebè *m inv*
bec [bɛk] *nm* (*d'oiseau*) becco; (*de cafetière, de plume*) beccuccio; (*d'une clarinette etc*) bocchino; **clouer le ~ à qn** (*fam*) chiudere il becco a qn; **ouvrir le ~** (*fam : fig*) aprir becco; **~ de gaz** lampione *m* (a gas), fanale *m* (a gas); **~ verseur** beccuccio versatore
bêche [bɛʃ] *nf* vanga
bêcher [beʃe] *vt* (*terre*) vangare
bedaine [bədɛn] *nf* pancia, trippa
bedonnant, e [bədɔnɑ̃, ɑ̃t] *adj* panciuto(-a)
bée [be] *adj* : **bouche ~** a bocca aperta
bégayer [begeje] *vi, vt* balbettare
beige [bɛʒ] *adj* beige *inv*
beignet [bɛɲɛ] *nm* frittella

> **FAUX AMIS**
> **beignet** ne se traduit pas par le mot italien *bignè*.

bel [bɛl] *adj m voir* **beau**
bêler [bele] *vi* belare
belette [bəlɛt] *nf* donnola
belge [bɛlʒ] *adj* belga ▸ *nm/f* : **Belge** belga *m/f*
Belgique [bɛlʒik] *nf* Belgio
bélier [belje] *nm* montone *m*; (*engin*) ariete *m*; (*Astrol*) : **B~** Ariete; **être B~** essere dell'Ariete
belle [bɛl] *adj f voir* **beau** ▸ *nf* (*Sport*) : **la ~** la bella
belle-fille [bɛlfij] (*pl* **belles-filles**) *nf* nuora; (*remariage*) figliastra
belle-mère [bɛlmɛʀ] (*pl* **belles-mères**) *nf* suocera; (*remariage*) matrigna
belle-sœur [bɛlsœʀ] (*pl* **belles-sœurs**) *nf* cognata
belvédère [bɛlvedɛʀ] *nm* belvedere *m inv*
bémol [bemɔl] *nm* bemolle *m*
bénédiction [benediksjɔ̃] *nf* benedizione *f*
bénéfice [benefis] *nm* (*Comm*) utile *m*; (*avantage*) beneficio, vantaggio; **au ~ de** a beneficio di
bénéficier [benefisje] *vi* : **~ (de)** beneficiare (di)
bénéfique [benefik] *adj* benefico(-a)
bénévole [benevɔl] *adj, nm/f* volontario(-a)
bénin, -igne [benɛ̃, iɲ] *adj* benigno(-a), benevolo(-a); (*tumeur, mal*) benigno(-a)
bénir [beniʀ] *vt* benedire
bénit, e [beni, it] *adj* benedetto(-a); **eau bénite** acqua santa
benne [bɛn] *nf* (*de camion*) cassone *m*; (*de téléphérique*) cabina; **~ à ordures** cassonetto; **~ basculante** cassone ribaltabile
béquille [bekij] *nf* stampella; (*de bicyclette*) cavalletto
berbère [bɛʀbɛʀ] *adj* berbero(-a) ▸ *nm* (*Ling*) berbero ▸ *nm/f* : **Berbère** berbero(-a)
berceau, x [bɛʀso] *nm* (*aussi fig*) culla
bercer [bɛʀse] *vt* cullare; **se bercer** *vr* : **se ~ d'illusions** cullarsi nelle illusioni
berceuse [bɛʀsøz] *nf* ninnananna
béret [beʀɛ], **béret basque** [beʀɛ bask(ə)] *nm* basco
berge [bɛʀʒ] *nf* sponda, argine *m*; (*fam*) anno
berger, -ère [bɛʀʒe, ɛʀ] *nm/f* pastore(-pastorella); **~ allemand** (*chien*) pastore *m* tedesco
berne [bɛʀn] *nf* : **en ~** a mezz'asta
berner [bɛʀne] *vt* imbrogliare, prendere in giro
besogne [bəzɔɲ] *nf* lavoro, compito
besoin [bəzwɛ̃] *nm* bisogno; (*pauvreté*) : **le ~** l'indigenza ▸ *adv* : **au ~** all'occorrenza; **il n'y a pas ~ de (faire)** non c'è bisogno di (fare), non occorre (fare); **les ~s (naturels)** i bisogni; **faire ses ~s** fare i bisogni; **avoir ~ de qch/de faire qch** aver bisogno di qc/di fare qc; **pour les ~s de la cause** per avvalorare la propria tesi
bestiole [bɛstjɔl] *nf* bestiola, bestiolina
bétail [betaj] *nm* bestiame *m*
bête [bɛt] *nf* animale *m*, bestia; (*insecte, bestiole*) bestiolina ▸ *adj* (*stupide*) stupido(-a); **chercher la petite ~** cercare il pelo nell'uovo; **les ~s** il bestiame; **~ noire** bestia nera; **~ de somme** bestia da soma; **~s sauvages** belve *fpl*

bêtise [betiz] *nf* (*défaut d'intelligence*) stupidità ; (*action, remarque*) stupidaggine *f*; **faire/dire une ~** fare/dire una stupidaggine
béton [betɔ̃] *nm* (calcestruzzo di) cemento; **en ~** (*fig : alibi, argument*) di ferro; **~ armé** cemento armato; **~ précontraint** cemento armato precompresso
bette [bɛt] *nf* bietola
betterave [bɛtʀav] *nf* barbabietola; **~ fourragère** barbabietola da foraggio; **~ sucrière** barbabietola da zucchero
beur [bœʀ] *nm/f magrebino nato in Francia da genitori immigrati*

Con la parola **beur** si indica una persona di origine nordafricana nata in Francia. Il termine non è razzista e viene spesso usato dai mass media, dai gruppi antirazzisti e dagli stessi nordafricani di seconda generazione. La parola è stata creata dall'inversione delle sillabe di *arabe*.

beurre [bœʀ] *nm* burro; **mettre du ~ dans les épinards** (*fig*) migliorare la situazione; **~ de cacao** burro di cacao; **~ noir** burro nero
beurrer [bœʀe] *vt* imburrare
beurrier [bœʀje] *nm* burriera, portaburro *m inv*
biais [bjɛ] *nm* (*d'un tissu*) sbieco; (*fig : moyen*) espediente *m*, scappatoia; **en ~, de ~** di sbieco, di traverso
biaiser [bjeze] *vi* (*fig*) tergiversare
bibelot [biblo] *nm* suppellettile *f*
biberon [bibʀɔ̃] *nm* biberon *m inv*; **nourrir au ~** allattare al biberon
bible [bibl] *nf* bibbia
bibliobus [biblijobys] *nm* bibliobus *m inv*
bibliothécaire [biblijɔtekɛʀ] *nm/f* bibliotecario(-a)
bibliothèque [biblijɔtɛk] *nf* (*meuble*) libreria; (*institution, collection*) biblioteca; **~ municipale** biblioteca comunale
bic® [bik] *nm* biro® *f inv*
bicarbonate [bikaʀbɔnat] *nm* : **~ (de soude)** bicarbonato (di sodio)
biceps [bisɛps] *nm* bicipite *m*
biche [biʃ] *nf* cerva
bicolore [bikɔlɔʀ] *adj* bicolore
bicoque [bikɔk] (*péj*) *nf* bicocca
bicyclette [bisiklɛt] *nf* bicicletta
bidet [bidɛ] *nm* bidè *m inv*
bidon [bidɔ̃] *nm* bidone *m* ▸ *adj inv* (*fam : combat, élections*) fasullo(-a)
bidonville [bidɔ̃vil] *nm* bidonville *f inv*
bidule [bidyl] *nm* coso, affare *m*

MOT-CLÉ

bien [bjɛ̃] *nm* **1** bene *m*; **faire du bien à qn** fare del bene a qn; **faire le bien** fare del bene; **dire du bien de** parlare bene di; **c'est pour son bien que ...** è per il suo bene che ...; **changer en bien** migliorare; **mener à bien** portare a buon fine; **je te veux du bien** ti voglio bene; **le bien public** il bene pubblico
2 (*possession, patrimoine*) beni *mpl*; **son bien le plus précieux** il suo bene più prezioso; **avoir du bien** avere dei beni; **biens (de consommation)** beni (di consumo)
▸ *adv* **1** (*de façon satisfaisante*) bene; **elle travaille/mange bien** lavora/mangia bene; **croyant bien faire, je ...** credendo di far bene, io ...; **tiens-toi bien !** stai composto!; (*prépare-toi!*) tienti forte!
2 (*valeur intensive*) molto; **bien jeune/mieux/souvent** molto giovane/meglio/spesso; **(c'est) bien fait !** è quel che si merita!; **j'espère bien y aller** spero proprio di andarci; **je veux bien t'aider, mais...** lo faccio volentieri, ma...; **il faut bien le faire** bisogna pur farlo; **il y a bien deux ans** sono almeno due anni; **Paul est bien venu, n'est-ce pas ?** Paul è venuto, vero?; **il faut bien l'admettre** bisogna proprio ammetterlo; **se donner bien du mal** darsi un gran daffare; **où peut-il bien être passé ?** dove sarà mai andato?
3 (*beaucoup*) : **bien du temps/des gens** molto tempo/molta gente
▸ *adj inv* **1** (*en bonne forme, à l'aise*) : **être/se sentir bien** stare/sentirsi bene; **je ne me sens pas bien** non mi sento bene; **on est bien dans ce fauteuil** si sta bene in questa poltrona
2 (*joli, beau*) bello(-a); **tu es bien dans cette robe** stai bene con quel vestito; **elle est bien, cette femme** è una bella donna
3 (*satisfaisant*) : **c'est bien ?** va bene?; **mais non, c'est très bien** ma no, va bene; **c'est très bien (comme ça)** va benissimo (così); **elle est bien, cette maison/secrétaire** questa casa è bella/questa segretaria è brava

4 (*juste, moral*) giusto(-a); (*personne : respectable*) perbene *inv*; **des gens biens** (*parfois péj*) delle persone perbene
5 (*en bons termes*) : **être bien avec qn** essere in buoni rapporti con qn; **si bien que** tanto che; **tant bien que mal** alla meno peggio
6 : **bien que** *conj* benché, sebbene
7 : **bien sûr** *adv* certo, certamente

bien-aimé, e [bjɛ̃neme] *adj* adorato(-a), amato(-a) ▸ *nm/f* amato(-a)
bien-être [bjɛ̃nɛtʀ] *nm* benessere *m*
bienfaisance [bjɛ̃fəzɑ̃s] *nf* beneficenza
bienfait [bjɛ̃fɛ] *nm* beneficio
bienfaiteur, -trice [bjɛ̃fɛtœʀ, tʀis] *nm/f* benefattore(-trice)
bien-fondé [bjɛ̃fɔ̃de] *nm* fondatezza
bientôt [bjɛ̃to] *adv* presto; **à ~** a presto
bienveillance [bjɛ̃vɛjɑ̃s] *nf* benevolenza
bienveillant, e [bjɛ̃vɛjɑ̃, ɑ̃t] *adj* benevolo(-a)
bienvenu, e [bjɛ̃vny] *adj* gradito(-a) ▸ *nm/f* : **être le ~/la bienvenue** essere il benvenuto/la benvenuta
bienvenue [bjɛ̃vny] *nf* : **souhaiter la ~ à** dare il benvenuto a
bière [bjɛʀ] *nf* (*boisson*) birra; (*cercueil*) bara; **~ blonde/brune** birra chiara/scura; **~ (à la) pression** birra alla spina
bifteck [biftɛk] *nm* bistecca
bigorneau, x [bigɔʀno] *nm* lumaca di mare
bigoudi [bigudi] *nm* bigodino
bijou, x [biʒu] *nm* (*aussi fig*) gioiello
bijouterie [biʒutʀi] *nf* gioielli *mpl*; (*magasin*) gioielleria
bijoutier, -ière [biʒutje, jɛʀ] *nm/f* gioielliere(-a)
bikini [bikini] *nm* bikini *m inv*
bilan [bilɑ̃] *nm* (*Comm, fig*) bilancio; **faire le ~ de** fare il bilancio di; **déposer son ~** (*Comm*) dichiarare fallimento; **~ carbone** bilancio del carbonio; **~ de santé** bollettino medico
bile [bil] *nf* bile *f*; **se faire de la ~** (*fam*) rodersi il fegato
bilingue [bilɛ̃g] *adj* bilingue
billard [bijaʀ] *nm* biliardo; **passer sur le ~** (*fam*) passare sotto i ferri del chirurgo
bille [bij] *nf* biglia; (*de bois*) tronco; **jouer aux ~s** giocare a biglie
billet [bijɛ] *nm* biglietto; (*aussi* : **billet de banque**) banconota; **un ~ aller simple** un biglietto di sola andata; **~ à gratter** gratta e vinci *m inv*; **~ aller retour** biglietto di andata e ritorno; **~ à ordre** (*Comm*) effetto a vista; **~ d'avion/de train** biglietto aereo/ferroviario; **~ de loterie** biglietto della lotteria; **~ doux** biglietto galante; **~ électronique** biglietto elettronico
billetterie [bijɛtʀi] *nf* biglietteria; (*Banque*) sportello automatico
billion [biljɔ̃] *nm* bilione *m*
bimensuel, le [bimɑ̃sɥɛl] *adj* bimensile
bio [bjo] *adj* = **biologique**
biocarburant [bjokaʀbyʀɑ̃] *nm* biocarburante *m*
biochimie [bjoʃimi] *nf* biochimica
biodégradable [bjodegʀadabl] *adj* biodegradabile
biodiversité [bjodivɛʀsite] *nf* biodiversità
biodynamique [bjodinamik] *adj* biodinamico(-a)
biographie [bjɔgʀafi] *nf* biografia
biologie [bjɔlɔʒi] *nf* biologia
biologique [bjɔlɔʒik] *adj* (*aussi produits, aliments*) biologico(-a)
biomasse [bjomas] *nf* biomassa
biotechnologie [bjotɛknɔlɔʒi] *nf* biotecnologia
Birmanie [biʀmani] *nf* Birmania
bis, e [*adj* bi, biz, *adv, excl, nm* bis] *adj* : **pain ~** pane *m* nero ▸ *adv, excl, nm* bis *m inv*
biscotte [biskɔt] *nf* fetta biscottata
biscuit [biskɥi] *nm* biscotto; (*porcelaine*) biscuit *m*; **~ à la cuiller** savoiardo
bise [biz] *adj f voir* **bis** ▸ *nf* (*baiser*) bacio; (*vent*) tramontana
bisexuel, le [bisɛksɥɛl] *adj* bisessuale
bison [bizɔ̃] *nm* bisonte *m*
bisou [bizu] *nm* (*fam* : *baiser*) bacino
bissextile [bisɛkstil] *adj* : **année ~** anno bisestile
bistro, bistrot [bistʀo] *nm* caffè *m inv*, bar *m inv*
bitume [bitym] *nm* bitume *m*, asfalto
bizarre [bizaʀ] *adj* bizzarro(-a), strano(-a)
blague [blag] *nf* (*propos*) panzana, frottola; (*farce*) scherzo; **« sans ~ ! »** (*fam*) « davvero! »; **~ à tabac** borsa del tabacco

blaguer [blage] *vi* scherzare
blaireau, x [blɛʀo] *nm* (*Zool*) tasso; (*brosse*) pennello da barba
blairer [bleʀe] *vt* (*fam*) : **je ne peux pas le ~** non lo posso vedere
blâme [blɑm] *nm* biasimo; (*sanction*) nota di biasimo
blâmer [blɑme] *vt* biasimare
blanc, blanche [blɑ̃, blɑ̃ʃ] *adj* bianco(-a) ▸ *nm/f* bianco(-a) ▸ *nm* bianco; (*aussi* : **blanc d'œuf**) albume *m*; (*aussi* : **blanc de poulet**) petto di pollo; (*aussi* : **vin blanc**) (vino) bianco; **à ~** (*tirer, charger*) a salve; **d'une voix blanche** con una voce spenta; **aux cheveux ~s** dai capelli bianchi; **le ~ de l'œil** il bianco dell'occhio; **laisser en ~** (*ne pas écrire*) lasciare in bianco; **chèque en ~** assegno in bianco; **chauffer à ~** (*métal*) arroventare; **saigner à ~** salassare; **~ cassé** bianco sporco
blanche [blɑ̃ʃ] *adj f voir* **blanc** ▸ *nf* (*Mus*) minima
blancheur [blɑ̃ʃœʀ] *nf* candore *m*
blanchiment [blɑ̃ʃimɑ̃] *nm* : **~ d'argent sale** riciclaggio di denaro sporco
blanchir [blɑ̃ʃiʀ] *vt* imbiancare; (*linge*) candeggiare, sbiancare; (*Culin*) sbollentare; (*fig* : *disculper*) scagionare; (: *argent*) riciclare ▸ *vi* sbiancare; (*cheveux*) diventare bianco(-a); **blanchi à la chaux** imbiancato a calce
blanchisserie [blɑ̃ʃisʀi] *nf* lavanderia
blason [blɑzɔ̃] *nm* blasone *m*
blasphème [blasfɛm] *nm* bestemmia
blatte [blat] *nf* blatta
blazer [blazɛʀ] *nm* blazer *m inv*
blé [ble] *nm* grano; (*argent* : *fam*) grana *f inv*, sghei *mpl*; **~ en herbe** grano verde; **~ noir** grano saraceno
bled [blɛd] *nm* (*péj* : *lieu isolé*) buco (*fig*); **le ~** (*en Afrique du nord*) l'entroterra
blême [blɛm] *adj* (*visage*) smorto(-a); (*lueur*) pallido(-a); **~ de colère** livido(-a) dalla rabbia
blessé, e [blese] *adj, nm/f* ferito(-a); **un ~ grave, un grand ~** un ferito grave; **~ dans son orgueil** ferito nell'orgoglio
blesser [blese] *vt* ferire; (*suj* : *souliers etc*) far male a; **se blesser** *vr* ferirsi; **se ~ au pied** ferirsi al piede
blessure [blesyʀ] *nf* (*aussi fig*) ferita
bleu, e [blø] *adj* azzurro; (*aussi* : **bleu foncé**) blu *inv*; (*bifteck*) molto al sangue ▸ *nm* (*couleur*) azzurro; (*aussi* : **bleu foncé**) blu *m inv*; (*novice*) matricola; (*contusion*) livido; **~ (de travail)** tuta; **une peur bleue** una fifa blu; **zone bleue** zona *f* disco *inv*; **fromage ~** *formaggio tipo gorgonzola*; **~ de méthylène** blu di metilene; **~ marine** blu scuro; **~ nuit** blu notte; **~ roi** blu Savoia
bleuet [bløɛ] *nm* fiordaliso
bleuté, e [bløte] *adj* azzurrognolo(-a), azzurrino(-a)
bling-bling [bliŋbliŋ] (*fam*) *adj inv* bling-bling *inv* ▸ *nm* bling-bling *m*
bloc [blɔk] *nm* blocco; **serré à ~** stretto(-a) a fondo, avvitato(-a) a fondo; **en ~** in blocco; **faire ~** fare blocco; **~ opératoire** (*Méd*) blocco operatorio; (*salle*) sala operatoria
blocage [blɔkaʒ] *nm* blocco
bloc-notes [blɔknɔt] (*pl* **blocs-notes**) *nm* blocco per appunti, bloc-notes *m inv*
blocus [blɔkys] *nm* blocco
blog, blogue [blɔg] *nm* blog *m inv*
bloguer [blɔge] *vi* scrivere blog
blond, e [blɔ̃, blɔ̃d] *adj* biondo(-a); (*sable, blés*) dorato(-a) ▸ *nm/f* biondo(-a) ▸ *nm* biondo; **~ cendré** biondo cenere
bloquer [blɔke] *vt* bloccare; (*grouper*) raggruppare; **~ les freins** bloccare i freni
blottir [blɔtiʀ] : **se blottir** *vr* rannicchiarsi
blouse [bluz] *nf* camice *m*; (*de femme*) camicetta
blouson [bluzɔ̃] *nm* giubbotto
bluff [blœf] *nm* bluff *m inv*
bobard [bɔbaʀ] (*fam*) *nm* balla
bobine [bɔbin] *nf* (*de fil, de film, Élec*) bobina; **~ (d'allumage)** (*Auto*) bobina (d'accensione)
bobo[1] [bobo] *nm* (*langage enfantin*) bua
bobo[2] *nm/f* (= *bourgeois-bohème*) *borghese pseudointellettuale e alternativo*
boboïser [boboize] : **se boboïser** *vr* (*quartier, ville*) popolarsi di bobo
bocal, -aux [bɔkal, o] *nm* barattolo (di vetro), vaso
bœuf [bœf] *nm* bue *m*; (*Culin*) manzo
bof [bɔf] (*fam*) *excl* boh!
bogue [bɔg] *nf* (*Bot*) riccio (di castagna) ▸ *nm* (*Inform*) bug *m inv*
bohémien, ne [bɔemjɛ̃, jɛn] *nm/f* bohémien *m inv/f inv*

boire [bwaʀ] *vt* bere; (*s'imprégner de*) assorbire ▸ *vi* (*alcoolique*) bere; **~ un coup** bere un bicchiere
bois [bwa] *vb voir* **boire** ▸ *nm* (*matériau*) legno; (*forêt*) bosco; (*Zool*) corna *fpl*; **les ~** (*Mus*) i legni; **de/en ~** di/in legno; **~ de chauffage** legna da ardere; **~ mort** legna secca; **~ vert** legno verde
boisé, e [bwaze] *adj* boscoso(-a); (*vin*) boisé
boisson [bwasɔ̃] *nf* bevanda, bibita; **pris de ~** brillo(-a); **~s alcoolisées** bevande alcoliche; **~s gazeuses** bibite gassate
boîte [bwat] *nf* scatola; (*fam : entreprise*) ditta, ufficio; **aliments en ~** cibi *mpl* in scatola; **mettre qn en ~** (*fam*) prendere in giro qn; **~ à gants** vano *m* portaoggetti *inv*; **~ à musique** carillon *m inv*; **~ à ordures** pattumiera; **~ aux lettres** (*d'immeuble*) cassetta delle lettere; (*de rue, poste*) buca delle lettere; **~ crânienne** scatola cranica; **~ d'allumettes** scatola di fiammiferi; **~ de conserves** scatola di conserve; **~ (de nuit)** discoteca; **~ de petits pois** scatola di piselli; **~ de sardines** scatoletta di sardine; **~ de vitesses** (*Auto*) cambio; **~ noire** (*Aviat*) scatola nera; **~ postale** casella postale; **~ vocale** (*dispositif*) servizio di segreteria telefonica
boiter [bwate] *vi* (*aussi fig*) zoppicare
boîtier [bwatje] *nm* (*d'appareil-photo*) corpo; **~ de montre** cassa di orologio
boive *etc* [bwav] *vb voir* **boire**
bol [bɔl] *nm* scodella, ciotola; **un ~ d'air** una boccata d'aria; **en avoir ras le ~** (*fam*) averne fin sopra i capelli; **un coup de ~** (*fam*) una botta di fortuna
bolide [bɔlid] *nm* bolide *m*
bombardement [bɔ̃baʀdəmɑ̃] *nm* bombardamento
bombarder [bɔ̃baʀde] *vt* bombardare; **~ qn de** (*cailloux, lettres*) bombardare qn di; **~ qn directeur** nominare inaspettatamente qn direttore
bombe [bɔ̃b] *nf* bomba; (*atomiseur*) bomboletta; (*Équitation*) berretto da fantino; **faire la ~** (*fam*) fare baldoria; **~ à retardement** bomba a scoppio ritardato; **~ atomique** bomba atomica
bombé, e [bɔ̃be] *adj* bombato(-a); (*mur*) convesso(-a)
bomber [bɔ̃be] *vt* : **~ le torse** mettere il petto in fuori

MOT-CLÉ

bon, bonne [bɔ̃, bɔn] *adj* **1** (*agréable, satisfaisant*) buono(-a); (*élève, conducteur etc*) bravo(-a); **un bon repas/restaurant** un buon pasto/ ristorante; **vous êtes trop bon** lei è troppo buono; **avoir bon goût** avere buon gusto; **être bon en maths** essere bravo(-a) in matematica
2 (*bienveillant, charitable*) : **être bon (envers)** essere buono(-a) (verso)
3 (*correct*) giusto(-a), esatto(-a); **le bon numéro** il numero esatto; **le bon moment** il momento giusto *ou* buono
4 (*souhaits*) : **bon anniversaire !** buon compleanno!; **bon voyage !** buon viaggio!; **bonne chance !** buona fortuna!; **bonne année !** buon anno!; **bonne nuit !** buona notte!
5 (*approprié, apte*) : **bon à/pour** buono(-a) per; **bon pour le service** (*militaire*) idoneo al servizio militare
6 : **bon enfant** bonaccione(-a); **de bonne heure** di buon'ora; **bon marché** a buon mercato; **bon mot** battuta (di spirito); **bon sens** buon senso; **bon vivant** buontempone *m*
▸ *nm* **1** (*billet*) buono; (*aussi* : **bon cadeau**) buono *m* regalo *inv*; **bon d'essence** buono di benzina; **bon de caisse** scontrino di cassa; **bon du Trésor** buono del Tesoro
2 : **avoir du bon** avere del buono; **pour de bon** (per) davvero; **il y a du bon dans ce qu'il dit** non ha tutti i torti
▸ *adv* : **il fait bon** si sta bene; **sentir bon** avere un buon profumo; **tenir bon** tener duro; **à quoi bon ?** a che pro?
▸ *excl* : **bon !** bene!; **ah bon ?** ah sì?; **bon, je reste** va bene, rimango; *voir aussi* **bonne**

bonbon [bɔ̃bɔ̃] *nm* caramella
bonbonne [bɔ̃bɔn] *nf* damigiana; **~ de gaz** bombola di gas
bond [bɔ̃] *nm* balzo; **faire un ~** fare un balzo; **d'un seul ~** in un balzo solo; **~ en avant** (*fig*) balzo in avanti
bondé, e [bɔ̃de] *adj* pieno(-a) zeppo(-a)
bondir [bɔ̃diʀ] *vi* balzare; **~ de joie** saltare dalla gioia
bonheur [bɔnœʀ] *nm* felicità *f inv*; **avoir le ~ de** avere la fortuna di; **porter ~ (à qn)** portare fortuna (a qn); **au petit ~** a caso; **par ~** per fortuna

bonhomme [bɔnɔm] (*pl* **bonshommes**) *nm* tizio, uomo ▸ *adj* bonario(-a); **un vieux ~** un vecchietto; **aller son ~ de chemin** proseguire tranquillamente per la propria strada; **~ de neige** pupazzo di neve

bonifier [bɔnifje] : **se bonifier** *vr* migliorare

bonjour [bɔ̃ʒuʀ] *excl, nm* buongiorno *m inv*; **donner** *ou* **souhaiter le ~ à qn** dare il buongiorno a qn, salutare qn; **~ Monsieur** buongiorno signore; **dire ~ à qn** salutare qn

bonne [bɔn] *adj f voir* **bon** ▸ *nf* domestica, cameriera

bonnet [bɔnɛ] *nm* berretto; (*de soutien-gorge*) coppa; **~ d'âne** berretto d'asino; **~ de bain** cuffia da bagno

bonsoir [bɔ̃swaʀ] *excl, nm* buonasera *m inv*; *voir aussi* **bonjour**

bonté [bɔ̃te] *nf* bontà *f inv*; (*attention, gentillesse*) gentilezza; **avoir la ~ de ...** avere la cortesia di ...

bonus [bɔnys] *nm* (*prime*) bonus *m inv*; (*réduction*) riduzione *f* del premio assicurativo

bord [bɔʀ] *nm* (*de table, verre*) bordo, orlo; (*de rivière, lac, falaise*) riva, sponda; (*de route*) ciglio; (*de vêtement*) orlo; (*de chapeau*) tesa, falda; (*Naut*) : **à ~** a bordo; **monter à ~** salire a bordo; **jeter par-dessus ~** gettare in *ou* a mare; **le commandant/les hommes du ~** il comandante/gli uomini di bordo; **du même ~** (*fig*) della stessa opinione; **au ~ de la mer** in riva al mare; **au ~ de la route** sul ciglio della strada; **être au ~ des larmes** (*fig*) stare per piangere; **être au ~ de la crise de nerfs** essere sull'orlo di una crisi di nervi; **sur les ~s** (*fig*) appena appena; **de tous ~s** di ogni parte; **~ du trottoir** bordo del marciapiede

bordeaux [bɔʀdo] *nm* (*vin*) bordeaux *m inv* ▸ *adj inv* (*couleur*) bordò *inv*, bordeaux *inv*

bordel [bɔʀdɛl] (*fam*) *nm* (*aussi fig*) bordello, casino ▸ *excl* merda (*fam!*); **mettre le ~** fare casino

border [bɔʀde] *vt* fiancheggiare; **~ qch de** orlare qc di, bordare qc di; **~ qn dans son lit** *ou* **le lit de qn** rincalzare *ou* rimboccare le coperte a qn

bordure [bɔʀdyʀ] *nf* bordo; (*sur un vêtement*) orlo; **en ~ de** sul bordo di; (*de route*) sul ciglio di; **~ de trottoir** bordo di marciapiede

borgne [bɔʀɲ] *adj* guercio(-a)

borne [bɔʀn] *nf* (*pour délimiter*) limite *m*; **dépasser les ~s** (*fig*) superare ogni limite; **sans ~(s)** senza limite(-i); **~ (kilométrique)** pietra miliare

borné, e [bɔʀne] *adj* limitato(-a); (*personne*) ottuso(-a)

borner [bɔʀne] *vt* (*terrain, horizon*) delimitare; (*fig : désirs, ambition*) limitare; **se ~ à faire** limitarsi a fare

bosquet [bɔskɛ] *nm* boschetto

bosse [bɔs] *nf* (*de terrain etc*) protuberanza; (*enflure*) bernoccolo; (*du bossu, du chameau etc*) gobba; **avoir la ~ des maths** (*fam*) avere il bernoccolo della matematica; **rouler sa ~** vagabondare

bosser [bɔse] (*fam*) *vi* sgobbare

bosseur, -euse [bɔsœʀ, øz] *nm/f* sgobbone(-a)

bossu, e [bɔsy] *adj, nm/f* gobbo(-a)

botanique [bɔtanik] *nf* botanica ▸ *adj* botanico(-a)

botte [bɔt] *nf* (*soulier*) stivale *m*; (*Escrime*) botta; (*gerbe*) : **~ de paille** balla di paglia; **~ d'asperges/de radis** mazzo di asparagi/di ravanelli; **~s de caoutchouc** stivali di gomma

> **FAUX AMIS**
> **botte** ne se traduit pas par le mot italien *botte*.

bottin [bɔtɛ̃] *nm* elenco telefonico, guida del telefono

bottine [bɔtin] *nf* stivaletto

bouc [buk] *nm* caprone *m*; (*barbe*) pizzetto; **~ émissaire** capro espiatorio

boucan [bukɑ̃] (*fam*) *nm* baccano

bouche [buʃ] *nf* bocca; **une ~ à nourrir** (*fig*) una bocca da sfamare; **de ~ à oreille** in confidenza; **pour la bonne ~** per la fine; **faire du ~(-) à (-)~ à qn** fare la respirazione bocca a bocca a qn; **faire venir l'eau à la ~** far venire l'acquolina in bocca; **« ~ cousue ! »** « acqua in bocca! »; **~ d'aération** condotto di aerazione; **~ de chaleur** bocca dell'aria calda; **~ d'égout** tombino; **~ d'incendie** idrante *m*; **~ de métro** entrata del metrò

bouché, e [buʃe] *adj* (*flacon etc*) tappato(-a); (*cidre*) di qualità superiore; (*temps, ciel*) coperto(-a); (*carrière*) senza sbocco, senza avvenire; (*péj : personne*) ottuso(-a); **avoir le nez ~** avere il naso tappato

bouchée [buʃe] *nf* boccone *m*; **ne faire qu'une ~ de** (*fig*) far fuori in un batter d'occhio; **pour une ~ de pain** (*fig*) per un boccone di pane; **~s à la reine** (*Culin*) vol-au-vent *mpl* di pollo (o vitello)

boucher [buʃe] *nm* macellaio ▶ *vt* tappare; (*obstruer*) ostruire; **se boucher** *vr* otturarsi; **se ~ le nez** tapparsi il naso

boucherie [buʃʀi] *nf* macelleria; (*fig*) macello

bouchon [buʃɔ̃] *nm* tappo; (*fig*) ingorgo; (*Pêche*) galleggiante *m*; **~ doseur** tappo dosatore

boucle [bukl] *nf* (*d'un lacet, d'une lettre*) occhiello; (*de ceinture*) fibbia; (*d'un fleuve*) ansa; (*Inform*) loop *m inv*; **en ~** (*écouter, passer*) a ripetizione; **~ (de cheveux)** ricciolo (di capelli), boccolo; **~s d'oreilles** orecchini *mpl*

bouclé, e [bukle] *adj* riccio(-a); (*tapis*) bouclé *inv*

boucler [bukle] *vt* (*ceinture etc*) allacciare; (*magasin, affaire, circuit*) chiudere; (*budget*) far quadrare; (*fam : enfermer*) rinchiudere; (*: prisonnier*) metter dentro; (*: quartier*) accerchiare ▶ *vi* (*cheveux*) arricciarsi; **~ la boucle** (*Aviat*) fare un cerchio completo, fare un looping; **arriver à ~ ses fins de mois** riuscire a far quadrare il proprio bilancio

bouclier [buklije] *nm* scudo; **~ fiscal** scudo fiscale; **~ humain** scudo umano

bouder [bude] *vi* fare il muso ▶ *vt* (*personne*) tenere il broncio a; (*fig*) evitare

boudin [budɛ̃] *nm* (*Culin*) sanguinaccio; (*Tech*) spirale *f*, tubolare *m*; **~ blanc** *salume fatto con latte e carni bianche*

> **FAUX AMIS**
> **boudin** ne se traduit pas par le mot italien *budino*.

boue [bu] *nf* melma, fango; **~s industrielles** fanghi industriali

bouée [bwe] *nf* (*balise*) boa; (*de baigneur*) salvagente *m*, ciambella; **~ (de sauvetage)** salvagente *m*; (*fig*) ancora di salvezza

boueux, -euse [bwø, øz] *adj* fangoso(-a), melmoso(-a) ▶ *nm/f* (*péj*) spazzino(-a)

bouffe [buf] (*fam*) *nf* (*nourriture*) roba da mangiare; (*repas*) mangiata

bouffée [bufe] *nf* (*d'air*) ventata; (*de pipe*) boccata; **~ de chaleur** vampata di calore; **~ de fièvre** accesso di febbre

bouffer [bufe] *vi* (*fam*) mangiare, sbafare ▶ *vt* mangiare, sbafare

bouffi, e [bufi] *adj* gonfio(-a)

bouger [buʒe] *vi* muoversi; (*dent etc*) dondolare; (*voyager*) spostarsi ▶ *vt* muovere, spostare; **se bouger** *vr* (*fam*) darsi una mossa; **ce tissu n'a pas bougé au lavage** questo tessuto ha resistito bene al lavaggio

bougie [buʒi] *nf* (*pour éclairer, Auto*) candela

boui-boui [bwibwi] (*pl* **bouis-bouis**) (*fam*) *nm* bettola

bouillabaisse [bujabɛs] *nf* zuppa di pesce alla provenzale

bouillant, e [bujɑ̃, ɑ̃t] *adj* bollente; (*fig*) fremente; **~ de colère** fremente di collera

bouillie [buji] *nf* poltiglia; (*de bébé*) pappa; **en ~** (*fig*) in poltiglia

bouillir [bujiʀ] *vi* bollire; (*fig*) ribollire; **faire ~ qch** far bollire qc; **~ de colère** ribollire di rabbia

bouilloire [bujwaʀ] *nf* bollitore *m*

bouillon [bujɔ̃] *nm* (*Culin*) brodo; (*bulles, écume*) bollore *m*; **~ de culture** brodo di coltura

bouillonner [bujɔne] *vi* (*aussi fig*) ribollire; (*torrent*) gorgogliare

bouillotte [bujɔt] *nf* borsa dell'acqua calda

boulanger, -ère [bulɑ̃ʒe, ɛʀ] *nm/f* panettiere(-a)

boulangerie [bulɑ̃ʒʀi] *nf* panetteria, panificio; (*commerce, branche*) panificazione *f*

boule [bul] *nf* (*gén, pour jouer*) palla; (*de machine à écrire*) sfera; **boules** *nfpl* bocce *fpl*; *voir aussi* **nota**; **roulé en ~** raggomitolato(-a); **se mettre en ~** (*fig : fam*) incavolarsi; **perdre la ~** (*fig : fam*) perdere la testa; **faire ~ de neige** (*nouvelle, information*) scatenare un effetto valanga; **~ de gomme** pasticca gommosa; **~ de neige** palla di neve

bouleau, x [bulo] *nm* betulla

boulet [bulɛ] *nm* (*aussi :* **boulet de canon**) palla

boulette [bulɛt] *nf* pallina; (*fig*) cantonata

boulevard [bulvaʀ] *nm* viale *m*, corso

bouleversement [bulvɛʀsəmɑ̃] *nm* sconvolgimento

bouleverser [bulvɛʀse] *vt* sconvolgere; (*papiers, objets*) mettere sottosopra

boulimie [bulimi] *nf* bulimia
boulimique [bulimik] *adj* bulimico(-a)
boulon [bulɔ̃] *nm* bullone *m*
boulot [bulo] (*fam*) *nm* lavoro
boum [bum] *nm* boom *m inv* ▸ *nf* party *m inv*, festa
bouquet [bukɛ] *nm* (*de fleurs*) mazzo; (*de persil etc*) mazzetto; (*parfum*) aroma *m*; **« c'est le ~ ! »** (*fig*) « ci mancava solo quello! »; **~ garni** (*Culin*) mazzetto di odori
bouquin [bukɛ̃] *nm* libro
bouquiner [bukine] *vi* leggere
bourbier [buʀbje] *nm* pantano
bourdon [buʀdɔ̃] *nm* calabrone *m*; **avoir le ~** essere giù di corda
bourdonnement [buʀdɔnmɑ̃] *nm* ronzio; **avoir des ~s d'oreilles** avere un ronzio nelle orecchie
bourg [buʀ] *nm* borgo
bourgeois, e [buʀʒwa, waz] *adj, nm/f* borghese *m/f*
bourgeoisie [buʀʒwazi] *nf* borghesia; **petite ~** piccola borghesia
bourgeon [buʀʒɔ̃] *nm* gemma, germoglio
bourgeonner [buʀʒɔne] *vi* gemmare, germogliare
Bourgogne [buʀgɔɲ] *nf* Borgogna ▸ *nm* : **bourgogne** (*vin*) borgogna *m*
bourguignon, ne [buʀgiɲɔ̃, ɔn] *adj, nm/f* borgognone(-a); **(bœuf) ~** ≈ brasato
bourrasque [buʀask] *nf* burrasca
bourratif, -ive [buʀatif, iv] *adj* che riempie
bourré, e [buʀe] *adj* (*rempli*) : **~ de** pieno(-a) zeppo(-a) di; (*fam*) ubriaco(-a) fradicio(-a)
bourreau [buʀo] *nm* boia *m inv*; (*fig*) seviziatore *m*; **~ de travail** stacanovista *m*
bourrer [buʀe] *vt* (*pipe, poêle*) caricare; (*valise*) riempire; (*personne : de nourriture*) : **~ de** rimpinzare di; **~ qn de coups** riempire qn di botte; **~ le crâne à qn** riempire la testa a qn
bourru, e [buʀy] *adj* burbero(-a)
bourse [buʀs] *nf* (*subvention*) borsa di studio; (*porte-monnaie*) borsellino; **bourses** *nfpl* (*Anat*) borse scrotali; **la B~** la Borsa; **sans ~ délier** senza spendere un soldo; **B~ du travail** ≈ Camera del lavoro
bous [bu] *vb voir* **bouillir**
bousculade [buskylad] *nf* parapiglia *m inv*; (*mouvements de foule*) calca
bousculer [buskyle] *vt* urtare, spingere; (*fig*) sollecitare, far premura a
bouse [buz] *nf* : **~ (de vache)** sterco (bovino)
bousiller [buzije] (*fam*) *vt* scassare
boussole [busɔl] *nf* bussola
bout [bu] *vb voir* **bouillir** ▸ *nm* pezzo; (*extrémité : de pied, bâton*) punta; (*: de ficelle, table, rue, période*) fine *f*; **au ~ de** (*après*) in capo a; **au ~ du compte** in fin dei conti; **être à ~** essere allo stremo, non poterne più; **pousser qn à ~** far perdere la pazienza a qn; **venir à ~ de qch** venire a capo di qc; **venir à ~ de qn** spuntarla su qn; **~ à ~** da capo a capo; **à tout ~ de champ** ad ogni piè sospinto; **d'un ~ à l'autre, de ~ en ~** da cima a fondo; **à ~ portant** a bruciapelo; **un ~ de chou** (*enfant*) un bambino; **cigarette ~ filtre** sigaretta con filtro
boutade [butad] *nf* battuta di spirito
bouteille [butɛj] *nf* bottiglia; (*de gaz butane*) bombola; **il a pris de la ~** (*fam*) non è più un giovanotto
boutique [butik] *nf* negozio; (*de grand couturier*) sartoria; (*de mode*) boutique *f inv*
bouton [butɔ̃] *nm* (*Bot*) bocciolo, gemma; (*sur la peau*) foruncolo, brufolo; (*de vêtements*) bottone *m*; (*électrique etc*) pulsante *m*; (*de porte*) campanello; **~ de manchette** gemelli *mpl*; **~ d'or** (*Bot*) botton *m* d'oro
boutonner [butɔne] *vt* abbottonare; **se boutonner** *vr* abbottonarsi
boutonnière [butɔnjɛʀ] *nf* occhiello
bouton-pression [butɔ̃pʀesjɔ̃] (*pl* **boutons-pressions**) *nm* (bottone *m*) automatico
bouture [butyʀ] *nf* talea; **faire des ~s** riprodurre per mezzo di talee
bovin, e [bɔvɛ̃, in] *adj* (*aussi fig*) bovino(-a); **bovins** *nmpl* (*Zool*) bovini *mpl*
bowling [buliŋ] *nm* bowling *m inv*
boxe [bɔks] *nf* boxe *f inv*, pugilato
BP [bepe] *sigle f* (= *boîte postale*) C.P. *f*
bracelet [bʀaslɛ] *nm* braccialetto
braconnier, -ière [bʀakɔnje, jɛʀ] *nm/f* bracconiere(-a)
brader [bʀade] *vt* svendere
braderie [bʀadʀi] *nf* svendita
braguette [bʀagɛt] *nf* brachetta
braise [bʀɛz] *nf* brace *f*
brancard [bʀɑ̃kaʀ] *nm* barella

brancardier, -ière [bʀɑ̃kaʀdje, jɛʀ] *nm/f* barelliere(-a)
branche [bʀɑ̃ʃ] *nf* ramo; (*de lunettes*) stanghetta; (*enseignement, science*) ramo, branca
branché, e [bʀɑ̃ʃe] (*fam*) *adj* : **être ~** essere alla moda
brancher [bʀɑ̃ʃe] *vt* (*appareil électrique*) collegare, inserire la spina di; (*téléphone : sur le réseau*) collegare, allacciare; **ça te branche d'aller au restau ce soir ?** (*fam*) ti va di andare al ristorante stasera?
brandir [bʀɑ̃diʀ] *vt* brandire
braquage [bʀakaʒ] *nm* (*fam : attaque*) rapina a mano armata; **rayon de ~** (*Auto*) raggio di sterzo
braquer [bʀake] *vi* (*Auto*) sterzare ▶ *vt* (*revolver, regard etc*) : **~ qch sur** puntare qc su; (*mettre en colère*) : **~ qn** aizzare qn; (*fam : banque*) assaltare; **se braquer** *vr* : **se ~ (contre)** impuntarsi (su)
bras [bʀɑ] *nm* braccio; (*de fauteuil*) bracciolo ▶ *nmpl* (*fig*) manodopera *fsg*, braccia *fpl*; **~ dessus ~ dessous** a braccetto; **avoir le ~ long** (*fig*) avere le mani in pasta; **à ~ raccourcis** a tutta forza, selvaggiamente; **à tour de ~** a tutta forza; **baisser les ~** arrendersi; **~ droit** (*fig*) braccio destro; **~ de fer** braccio di ferro; **une partie de ~ de fer** (*fig*) un braccio di ferro, una prova di forza; **~ de levier** braccio di leva; **~ de mer** braccio di mare
brasier [bʀɑzje] *nm* rogo; (*fig*) focolaio
brassard [bʀasaʀ] *nm* bracciale *m*
brasse [bʀas] *nf* (*nage*) rana; (*mesure*) braccio; **~ papillon** farfalla
brassée [bʀase] *nf* bracciata
brasser [bʀase] *vt* (*bière*) fabbricare; (*salade, cartes etc*) mescolare; (*affaires*) trattare; **~ l'argent** maneggiare soldi
brasserie [bʀasʀi] *nf* ristorante *m*, trattoria; (*usine*) birrificio
brave [bʀav] *adj* (*courageux*) coraggioso(-a); (*bon, gentil*) bravo(-a); (*péj*) gradasso(-a)
braver [bʀave] *vt* sfidare
bravo [bʀavo] *excl* bravo ▶ *nm* applauso
bravoure [bʀavuʀ] *nf* coraggio
break [bʀɛk] *nm* (*Auto*) station wagon *f inv*
brebis [bʀəbi] *nf* pecora; **~ galeuse** pecora nera
brèche [bʀɛʃ] *nf* breccia; **être sur la ~** (*fig*) essere sulla breccia; **battre en ~** battere in breccia
bredouiller [bʀəduje] *vi, vt* farfugliare, biascicare
bref, brève [bʀɛf, ɛv] *adj* breve ▶ *adv* insomma, a dirla breve; **en ~** in breve
Brésil [bʀezil] *nm* Brasile *m*
Bretagne [bʀətaɲ] *nf* Bretagna
bretelle [bʀətɛl] *nf* (*de fusil etc*) tracolla; (*de vêtement*) spallina; (*d'autoroute*) raccordo, bretella; **bretelles** *nfpl* (*pour pantalons*) bretelle *fpl*; **~ de contournement** (*Auto*) svincolo; **~ de raccordement** (*Auto*) raccordo
breton, ne [bʀətɔ̃, ɔn] *adj* bretone ▶ *nm* (*Ling*) bretone *m* ▶ *nm/f* : **Breton, ne** bretone *m/f*
brève [bʀɛv] *adj f voir* **bref** ▶ *nf* (*voyelle, nouvelle*) breve *f*
brevet [bʀəvɛ] *nm* brevetto; **~ (d'invention)** brevetto (di invenzione); **~ d'apprentissage** certificato di apprendista(to); **~ (des collèges)** diploma *m* (di scuola media); **~ d'études du premier cycle** diploma di licenza media

Il **brevet des collèges** è un esame che si sostiene alla fine del *collège*, all'età di 15 anni.

breveté, e [bʀəv(ə)te] *adj* (*invention*) brevettato(-a); (*diplômé*) diplomato(-a)
bricolage [bʀikɔlaʒ] *nm* bricolage *m inv*, fai-da-te *m inv*; (*péj*) riparazione *f* fatta alla bell'e meglio
bricoler [bʀikɔle] *vi* fare lavoretti; (*passe-temps*) dedicarsi al bricolage ▶ *vt* riparare; (*mal réparer*) riparare alla bell'e meglio
bricoleur, -euse [bʀikɔlœʀ, øz] *nm/f, adj* appassionato(-a) di bricolage
bridge [bʀidʒ] *nm* bridge *m inv*; (*dentaire*) ponte *m*
brièvement [bʀijɛvmɑ̃] *adv* brevemente
brigade [bʀigad] *nf* squadra; (*Mil*) brigata
brigadier, -ière [bʀigadje, jɛʀ] *nm/f* (*Police*) brigadiere *m*; (*Mil*) caporale *m*
brillamment [bʀijamɑ̃] *adv* brillantemente
brillant, e [bʀijɑ̃, ɑ̃t] *adj, nm* brillante *m*
briller [bʀije] *vi* (*aussi fig*) brillare
brin [bʀɛ̃] *nm* filo; (*fig*) : **un ~ de** un briciolo di; **un ~ mystérieux** (*fam*) con un pizzico di mistero; **~ d'herbe** filo d'erba; **~ de muguet** rametto di mughetto; **~ de paille** festuca di paglia
brindille [bʀɛ̃dij] *nf* ramoscello

brioche [bʀijɔʃ] *nf dolce di pasta lievitata a base di farina, uova e burro*; (*fam* : *ventre*) pancia
brique [bʀik] *nf* mattone *m* ▶ *adj inv* (color) mattone *inv*
briquet [bʀikɛ] *nm* accendino
brise [bʀiz] *nf* brezza
briser [bʀize] *vt* rompere, spezzare; (*fig* : *carrière, vie, amitié*) stroncare; (: *volonté, résistance*) spezzare; (: *grève*) sabotare; **se briser** *vr* rompersi, spezzarsi; (*fig* : *cœur*) spezzarsi; (*espoir, rêve*) infrangersi
britannique [bʀitanik] *adj* britannico(-a) ▶ *nm/f* : **Britannique** britannico(-a); **les Britanniques** i britannici
brocante [bʀɔkɑ̃t] *nf* (*activité*) commercio di articoli da rigattiere; (*magasin*) (negozio di) rigattiere
brocanteur, -euse [bʀɔkɑ̃tœʀ, øz] *nm/f* rigattiere(-a)
broche [bʀɔʃ] *nf* (*bijou*) spilla; (*Culin*) spiedo; (*Méd*) chiodo; **à la ~** (*Culin*) allo spiedo
broché, e [bʀɔʃe] *adj* (*livre*) rilegato(-a) in brossura ▶ *nm* (*tissu*) broccato
brochet [bʀɔʃɛ] *nm* luccio
brochette [bʀɔʃɛt] *nf* spiedino; **une ~ de stars** una sfilza di star
brochure [bʀɔʃyʀ] *nf* opuscolo
brocoli [bʀɔkɔli] *nm* broccolo
broder [bʀɔde] *vt* ricamare ▶ *vi* : **~ (sur des faits/une histoire)** ricamare (sui fatti/una storia)
broderie [bʀɔdʀi] *nf* ricamo
bronches [bʀɔ̃ʃ] *nfpl* bronchi *mpl*
bronchite [bʀɔ̃ʃit] *nf* bronchite *f*
bronzage [bʀɔ̃zaʒ] *nm* (*hâle*) abbronzatura
bronze [bʀɔ̃z] *nm* bronzo
bronzé, e [bʀɔ̃ze] *adj* (*hâlé*) abbronzato(-a)
bronzer [bʀɔ̃ze] *vi* abbronzarsi; **se bronzer** *vr* abbronzarsi
brosse [bʀɔs] *nf* spazzola; **donner un coup de ~ à** dare una spazzolata a; **coiffé en ~** con i capelli a spazzola; **~ à cheveux/à habits** spazzola per capelli/per vestiti; **~ à dents** spazzolino (da denti)
brosser [bʀɔse] *vt* spazzolare; (*fig* : *tableau, bilan etc*) dipingere; **se brosser** *vr* spazzolarsi; **tu peux te ~ !** (*fam*) puoi farci una croce sopra!
brouette [bʀuɛt] *nf* carriola
brouillard [bʀujaʀ] *nm* nebbia; **être dans le ~** (*fig*) brancolare nel buio
brouiller [bʀuje] *vt* scompigliare; (*embrouiller*) imbrogliare; (*TV*) criptare; (*Radio*) disturbare; (*rendre trouble, confus*) annebbiare, confondere; (*désunir* : *amis*) mettere contro; **se brouiller** *vr* (*ciel, temps*) guastarsi; (*vue*) annebbiarsi; (*détails*) offuscarsi; **se ~ (avec)** rompere (con); **~ les pistes** confondere le piste
brouillon, ne [bʀujɔ̃, ɔn] *adj* confusionario(-a) ▶ *nm* minuta; **cahier de ~** quaderno di brutta copia
broussailles [bʀusɑj] *nfpl* cespugli *mpl*
broussailleux, -euse [bʀusɑjø, øz] *adj* cespuglioso(-a)
brousse [bʀus] *nf* savana
brouter [bʀute] *vt* brucare ▶ *vi* (*Auto, Tech*) andare a scatti
brugnon [bʀyɲɔ̃] *nm* nocepesca
bruine [bʀɥin] *nf* acquerugiola
bruiner [bʀɥine] *vb* : **il bruine** pioviggina
bruit [bʀɥi] *nm* rumore *m*; (*fig*) notizia, voce *f*; **pas/trop de ~** nessun/troppo rumore; **sans ~** senza rumore; **faire du ~** fare rumore; **le ~ court que...** corre voce che; **~ de fond** rumore di fondo
brûlant, e [bʀylɑ̃, ɑ̃t] *adj* bruciante; (*liquide*) bollente; (*regard*) ardente; (*sujet*) scottante
brûlé, e [bʀyle] *adj* bruciato(-a) ▶ *nm* : **odeur de ~** odore *m* di bruciato; **les grands ~s** gli ustionati gravi
brûler [bʀyle] *vt* bruciare; (*suj* : *eau bouillante, soleil*) scottare ▶ *vi* bruciare; (*combustible, feu*) ardere; **tu brûles !** (*jeu*) fuoco!; **se brûler** *vr* scottarsi, ustionarsi; **se ~ la cervelle** farsi saltare le cervella; **~ les étapes** bruciare le tappe; **~ un feu rouge** passare col rosso; **~ (d'impatience) de faire qch** bruciare dall'impazienza di fare qc
brûlure [bʀylyʀ] *nf* ustione *f*, scottatura; (*sensation*) bruciore *m*; **~s d'estomac** bruciore *msg* di stomaco
brume [bʀym] *nf* nebbia, foschia
brun, e [bʀœ̃, bʀyn] *adj* bruno(-a) ▶ *nm* (*couleur*) bruno
brushing [bʀœʃiŋ] *nm* messa in piega a fon
brusque [bʀysk] *adj* brusco(-a); (*soudain*) brusco(-a), improvviso(-a)
brut, e [bʀyt] *adj* grezzo(-a); (*soie, minéral*) greggio(-a); (*Inform* : *données*)

non elaborato(-a); (*Comm : bénéfice, salaire, poids*) lordo(-a) ▶ *nm* : **(champagne) ~** (champagne) brut *m inv*; **(pétrole) ~** (petrolio) greggio
brutal, e, -aux [bʀytal, o] *adj* brutale
brute [bʀyt] *adj f voir* **brut** ▶ *nf* bruto
Bruxelles [bʀysɛl] *n* Bruxelles *f*
bruyamment [bʀɥijamɑ̃] *adv* rumorosamente
bruyant, e [bʀɥijɑ̃, ɑ̃t] *adj* rumoroso(-a)
bruyère [bʀyjɛʀ] *nf* (*plante*) erica; (*lieu*) brughiera
BTS [beteɛs] *sigle m* (= *Brevet de technicien supérieur*) *diploma rilasciato dopo due anni di corso negli istituti di specializzazione superiore*
bu, e [by] *pp de* **boire**
buccal, e, -aux [bykal, o] *adj* : **par voie buccale** per via orale
bûche [byʃ] *nf* ceppo; **prendre une ~** (*fam*) fare un capitombolo; **~ de Noël** *tronchetto di Natale*
bûcher [byʃe] *nm* rogo ▶ *vi* (*fam : étudier*) sgobbare ▶ *vt* (*fam*) sgobbare su
bûcheron, ne [byʃʀɔ̃, ɔn] *nm/f* boscaiolo(-a), taglialegna *m inv/f inv*
budget [bydʒɛ] *nm* (*Fin, de ménage*) bilancio (preventivo)
buée [bɥe] *nf* (*sur une vitre*) condensa; (*de l'haleine*) vapore *m*
buffet [byfɛ] *nm* (*meuble*) credenza; (*de réception*) buffet *m inv*; **~ (de gare)** bar *m* (di stazione)
buis [bɥi] *nm* bosso
buisson [bɥisɔ̃] *nm* cespuglio
bulbe [bylb] *nm* (*Bot, Anat*) bulbo; (*coupole*) cupola a bulbo
Bulgarie [bylgaʀi] *nf* Bulgaria
bulle [byl] *nf* (*dans un liquide, du verre, papale*) bolla; (*de bande dessinée*) fumetto; **~ de savon** bolla di sapone
bulletin [byltɛ̃] *nm* bollettino; **~ météorologique/d'informations** bollettino meteorologico/di informazioni; **~ de naissance** certificato di nascita; **~ de salaire** foglio *m* paga *inv*; **~ (de notes** *ou* **scolaire)** pagella; **~ de santé** bollettino medico; **~ (de vote)** scheda elettorale; **~ réponse** tagliando per la risposta
bureau, x [byʀo] *nm* (*meuble*) scrivania, scrittoio; (*pièce, service*) ufficio; (*responsables d'une association*) comitato di presidenza; **~ de change** ufficio di cambio; **~ d'embauche** ufficio di assunzione; **~ de placement** ufficio di collocamento; **~ de poste** ufficio postale; **~ de tabac** tabaccheria; **~ de vote** seggio elettorale
bureaucratie [byʀokʀasi] *nf* burocrazia
bus[1] [by] *vb voir* **boire**
bus[2] [bys] *nm* (*véhicule*) (auto)bus *m inv*; (*Inform*) bus *m inv*
buste [byst] *nm* busto; (*de femme*) petto, seno
but[1] [by] *vb voir* **boire**
but[2] [byt] *nm* (*cible*) bersaglio; (*fig*) meta; (: *d'une entreprise, d'une action*) scopo, obiettivo; (*Football : cage*) porta; (*point*) rete *f*, goal *m inv*; (*Rugby*) punto; **de ~ en blanc** di punto in bianco; **avoir pour ~ de faire** avere come scopo di fare; **dans le ~ de** allo scopo di; **gagner par trois ~s à deux** vincere per tre (reti) a due
butane [bytan] *nm* butano
butiner [bytine] *vi* bottinare
buvais *etc* [byvɛ] *vb voir* **boire**
buvard [byvaʀ] *nm* carta assorbente
buvette [byvɛt] *nf* bar *m inv*

C

c' [s] *voir* **ce**
ça [sa] *pron* questo, ciò; (*pour désigner*) questo(-a); (*plus loin*) quello(-a); **ça m'étonne que ...** mi stupisce che ...; **ça va ?** come va?; (*d'accord?*) va bene?; **ça alors !** questa poi!; **c'est ça** proprio così, sì; **ça fait une heure que j'attends** è un'ora che aspetto
cabane [kaban] *nf* capanna
cabaret [kabaʀɛ] *nm* cabaret *m inv*
cabillaud [kabijo] *nm* merluzzo
cabine [kabin] *nf* cabina; **~ de douche** box *m inv* doccia; **~ d'essayage** cabina di prova; **~ de projection** cabina di proiezione; **~ (téléphonique)** cabina (telefonica)
cabinet [kabinɛ] *nm* stanzino; (*de médecin, d'avocat*) studio; (*Pol*) gabinetto, governo; (*d'un ministre*) gabinetto; **cabinets** *nmpl* (*W.C.*) gabinetto *msg*; **~ d'affaires** studio commerciale; **~ de toilette** toilette *f inv*; **~ de travail** studio
câble [kɑbl] *nm* cavo; **le ~** *ou* **la TV par ~** la TV *f inv* via cavo
cacahuète [kakaɥɛt] *nf* nocciolina americana, arachide *f*
cacao [kakao] *nm* cacao; (*boisson*) cioccolata
cache [kaʃ] *nm* (*pour texte, photo*) mascherino; (*pour l'objectif*) copriobbiettivo; (*pour diapositives*) telaio ▸ *nf* nascondiglio; **~ d'armes** nascondiglio per le armi
cache-cache [kaʃkaʃ] *nm inv* : **jouer à ~** giocare a nascondino
cachemire [kaʃmiʀ] *nm* cachemire *m inv* ▸ *adj* cachemire *inv*; **C~** Kashmir *m*
cacher [kaʃe] *vt* nascondere; **se cacher** *vr* nascondersi; (*être caché*) essere nascosto(-a); **~ qch à qn** nascondere qc a qn; **je ne vous cache pas que ...** non le nascondo che ...; **~ son jeu** (*fig*) nascondere le proprie intenzioni; **il ne s'en cache pas** non ne fa un segreto
cachet [kaʃɛ] *nm* (*comprimé*) cachet *m inv*; (*comprimé*) compressa; (*sceau*) sigillo; (*de la poste*) timbro; (*d'artiste*) cachet *m inv*; (*fig*) impronta caratteristica
cachette [kaʃɛt] *nf* nascondiglio; **en ~** di nascosto
cachotteries [kaʃɔtʀi] *nfpl* misteri *mpl*; **faire des ~** fare tanti misteri
cactus [kaktys] *nm inv* cactus *m inv*
cadavre [kadɑvʀ] *nm* cadavere *m*
caddie [kadi] *nm* (*Golf*) caddie *m inv*; (*au supermarché*) carrello
cadeau, x [kado] *nm* regalo; **faire un ~ à qn** fare un regalo a qn; **ne pas faire de ~ à qn** (*fig*) rendere la vita difficile a qn; **faire ~ de qch à qn** regalare qc a qn
cadenas [kadnɑ] *nm* lucchetto
cadence [kadɑ̃s] *nf* (*Mus*) cadenza; (*de travail etc*) ritmo; **en ~** regolarmente
cadet, te [kadɛ, ɛt] *adj* minore ▸ *nm/f* (*de la famille*) : **le ~/la cadette** il minore/la minore, il più piccolo/la più piccola; **il est mon ~ de deux ans** è più giovane di me di due anni; **les ~s** (*Sport*) *atleti di età compresa tra i 16 e i 18 anni*; **le ~ de mes soucis** la cosa che mi preoccupa meno
cadran [kadʀɑ̃] *nm* quadrante *m*; (*du téléphone*) disco; **~ solaire** meridiana
cadre [kɑdʀ] *nm* (*de tableau*) cornice *f*; (*de vélo*) telaio; (*sur formulaire*) riquadro; (*fig : environnement*) ambiente *m*; (*: limites*) ambito ▸ *nm/f* (*Admin*) quadro, impiegato(-a) (*a di alto livello*); **~ moyen** quadro superiore; **~ supérieur** dirigente *m/f* ▸ *adj* : **loi-~** legge *f* quadro *inv*; **rayer qn des ~s** (*Mil, Admin*) radiare qn dai quadri; **dans le ~ de** (*fig*) nel quadro *ou* nell'ambito di; **~ moyen** (*Admin*) quadro intermedio; **~ supérieur** (*Admin*) dirigente *m/f*
cafard [kafaʀ] *nm* scarafaggio; **avoir le ~** (*fam*) essere giù di corda
café [kafe] *nm* caffè *m inv*; (*bistro*) caffè, bar *m inv* ▸ *adj* (*couleur*) caffè *inv*; **~ au lait** caffellatte *m inv*; **~ crème** cappuccino; **~ en grains/en poudre** caffè in grani/macinato; **~ liégeois**

gelato al caffè con panna; **~ noir** caffè nero; **~ tabac** bar *m inv* tabaccheria
cafetière [kaftjɛʀ] *nf* caffettiera
cage [kaʒ] *nf* gabbia; **en ~** in gabbia; **~ d'ascenseur** gabbia dell'ascensore; **~ d'escalier** tromba delle scale; **~ (des buts)** (*Football*) porta, rete *f*; **~ thoracique** gabbia toracica
cageot [kaʒo] *nm* cassetta
cagibi [kaʒibi] *nm* sgabuzzino
cagnotte [kaɲɔt] *nf* (*tirelire*) piatto; (*argent*) cassa
cagoule [kagul] *nf* passamontagna *m inv*; (*de moine*) cocolla
cahier [kaje] *nm* quaderno; **~ d'exercices** quaderno di esercizi; **~ de brouillon** quaderno di brutta; **~ de doléances/de revendications** elenco di lagnanze/di rivendicazioni; **~ des charges** capitolato d'appalto
caille [kaj] *nf* quaglia
cailler [kaje] *vi* (*lait*) cagliare; (*sang*) coagularsi; (*fam : avoir froid*) gelare; **ça caille** si gela
caillou, x [kaju] *nm* sasso, ciottolo
caillouteux, -euse [kajutø, øz] *adj* sassoso(-a)
caisse [kɛs] *nf* cassa; **faire sa ~** (*Comm*) contare il denaro in cassa; **~ claire** (*Mus*) piccolo tamburo; **~ d'épargne** cassa di risparmio; **~ de retraite** cassa *f* pensioni *inv*; **~ de sortie** cassa (*all'uscita di supermercato*); **~ enregistreuse** registratore *m* di cassa; **~ noire** fondi *mpl* neri
caissier, -ière [kesje, jɛʀ] *nm/f* cassiere(-a)
cajoler [kaʒɔle] *vt* coccolare
cake [kɛk] *nm* plum cake *m inv*
calandre [kalɑ̃dʀ] *nf* calandra
calanque [kalɑ̃k] *nf* calanca, cala
calcaire [kalkɛʀ] *nm* calcare *m* ▶ *adj* calcareo(-a)
calcium [kalsjɔm] *nm* calcio
calcul [kalkyl] *nm* conto, calcolo; (*Scol*) aritmetica; (*fig*) calcolo; **d'après mes ~s** secondo i miei calcoli; **~ biliaire/rénal** calcolo biliare/renale; **~ différentiel/intégral** calcolo differenziale/integrale; **~ mental** calcolo mentale
calculatrice [kalkylatʀis] *nf* calcolatrice *f*
calculer [kalkyle] *vt, vi* calcolare; **~ qch de tête** calcolare qc mentalmente *ou* a mente
calculette [kalkylɛt] *nf* calcolatrice *f* tascabile
cale [kal] *nf* (*de bateau*) stiva; (*en bois*) zeppa; **~ de construction** bacino di costruzione; **~ sèche** *ou* **de radoub** bacino di carenaggio *ou* di raddobbo
calé, e [kale] *adj* (*fixé*) fissato(-a), bloccato(-a); (*voiture*) bloccato(-a); (*fam : personne*) ferrato(-a), bravo(-a)
caleçon [kalsɔ̃] *nm* mutande *fpl* (*da uomo*), boxer *m inv*; (*de femme*) fuseaux *mpl* (*senza staffa*); **~s longs** mutandoni *mpl*
calembour [kalɑ̃buʀ] *nm* gioco di parole
calendrier [kalɑ̃dʀije] *nm* calendario
calepin [kalpɛ̃] *nm* taccuino
caler [kale] *vt* fissare, bloccare; (*avec des coussins*) sistemare; (*fig : abandonner*) cedere, arrendersi; **se caler** *vr* : **se ~ dans un fauteuil** sprofondare in una poltrona; **j'ai encore calé** mi si è spento il motore di nuovo
calibre [kalibʀ] *nm* (*aussi fig*) calibro; (*d'un fruit*) grossezza
califourchon [kalifuʀʃɔ̃] : **à ~ (sur)** *adv* a cavalcioni (di)
câlin, e [kɑlɛ̃, in] *adj* affettuoso(-a), coccolone(-a)
calmant, e [kalmɑ̃, ɑ̃t] *adj, nm* calmante *m*
calme [kalm] *adj* calmo(-a) ▶ *nm* calma; **sans perdre son ~** senza perdere la calma; **~ plat** (*Naut, fig*) bonaccia
calmement [kalməmɑ̃] *adv* con calma
calmer [kalme] *vt* calmare; (*colère, jalousie*) calmare, placare; **se calmer** *vr* calmarsi; (*colère etc*) calmarsi, placarsi
calomnie [kalɔmni] *nf* calunnia
calomnier [kalɔmnje] *vt* calunniare
calorie [kalɔʀi] *nf* caloria
calque [kalk] *nm* (*aussi* : **papier calque**) carta lucida
camarade [kamaʀad] *nm/f* compagno(-a); **~ d'école** compagno(-a) di scuola; **~ de jeu** compagno(-a) di giochi
Cambodge [kɑ̃bɔdʒ] *nm* Cambogia
cambrer [kɑ̃bʀe] *vt* inarcare; **se cambrer** *vr* arcuarsi, inarcarsi
cambriolage [kɑ̃bʀijɔlaʒ] *nm* furto (con scasso)
cambrioler [kɑ̃bʀijɔle] *vt* (*maison, magasin*) svaligiare; (*personne*) derubare
cambrioleur, -euse [kɑ̃bʀijɔlœʀ, øz] *nm/f* ladro(-a), scassinatore(-trice)

camelote [kamlɔt] (*fam*) *nf* paccottiglia, robaccia
caméra [kameʀa] *nf* cinepresa; (*TV*) telecamera
caméscope [kameskɔp] *nm* videocamera
camion [kamjɔ̃] *nm* camion *m inv*
camionnette [kamjɔnɛt] *nf* camioncino
camionneur, -euse [kamjɔnœʀ, øz] *nm/f* (*entrepreneur*) autotrasportatore *m*; (*chauffeur*) camionista *m*
camomille [kamɔmij] *nf* camomilla
camp [kɑ̃] *nm* campo; (*fig, Pol*) parte *f*; (*Sport*) squadra; **~ de concentration** campo di concentramento; **~ de nudistes** campeggio *ou* campo di nudisti; **~ de vacances** campo estivo
campagnard, e [kɑ̃paɲaʀ, aʀd] *adj* campagnolo(-a), rustico(-a) ▶ *nm/f* campagnolo(-a)
campagne [kɑ̃paɲ] *nf* (*aussi Mil, Pol, fig*) campagna; **à la ~** in campagna; **faire ~ pour** far propaganda per; **~ de publicité** campagna pubblicitaria; **~ électorale** campagna elettorale
campement [kɑ̃pmɑ̃] *nm* accampamento
camper [kɑ̃pe] *vi* accamparsi; (*en vacances*) campeggiare
campeur, -euse [kɑ̃pœʀ, øz] *nm/f* campeggiatore(-trice)
camping [kɑ̃piŋ] *nm* campeggio; **(terrain de) ~** campeggio; **faire du ~** andare in *ou* fare campeggio; **faire du ~ sauvage** fare campeggio libero
camping-car [kɑ̃piŋkaʀ] (*pl* **-s**) *nm* camper *m inv*
camping-gaz® [kɑ̃piŋgaz] *nm inv* fornello da campeggio
Canada [kanada] *nm* Canada *m*
canadien, ne [kanadjɛ̃, jɛn] *adj* canadese ▶ *nm/f* : **Canadien, ne** canadese *m/f*
canadienne [kanadjɛn] *nf* giaccone *m* imbottito
canaille [kanɑj] *nf* canaglia
canal, -aux [kanal, o] *nm* canale *m*; **par le ~ de** (*Admin*) tramite; **~ de distribution** (*Comm*) canale di distribuzione; **~ de Panama/de Suez** canale di Panama/di Suez; **~ de télévision** (*au Canada*) canale televisivo
canalisation [kanalizasjɔ̃] *nf* canalizzazione *f*
canaliser [kanalize] *vt* canalizzare; (*fig : efforts, foule*) incanalare
canapé [kanape] *nm* divano; (*Culin*) tartina, canapé *m inv*
canard [kanaʀ] *nm* anatra; (*fam : journal*) giornale *m*
canari [kanaʀi] *nm* canarino
cancer [kɑ̃sɛʀ] *nm* cancro; (*Astrol*) : **C~** Cancro; **être C~** essere del Cancro
cancre [kɑ̃kʀ] *nm* (*élève*) scaldabanchi *m inv*
candidat, e [kɑ̃dida, at] *nm/f* candidato(-a); **être ~ à** essere candidato(-a) a
candidature [kɑ̃didatyʀ] *nf* candidatura; **poser sa ~** presentare la propria candidatura
cane [kan] *nf* anatra (femmina)
canette [kanɛt] *nf* bottiglia (di birra); (*de machine à coudre*) spoletta
canevas [kanvɑ] *nm* (*aussi fig*) canovaccio
caniche [kaniʃ] *nm* barboncino
canicule [kanikyl] *nf* canicola
canif [kanif] *nm* coltellino (a serramanico), temperino
canine [kanin] *nf* canino
caniveau [kanivo] *nm* canaletto di scolo
canne [kan] *nf* bastone *m*; **~ à pêche** canna da pesca; **~ à sucre** canna da zucchero
cannelle [kanɛl] *nf* cannella
canoë [kanɔe] *nm* canoa; **~ (kayak)** kayak *m inv*
canon [kanɔ̃] *nm* cannone *m*; (*d'une arme*) canna; (*Mus, fig*) canone *m* ▶ *adj* (*fam : très beau*) strafigo(-a)
canot [kano] *nm* barca; **~ de sauvetage** scialuppa di salvataggio; **~ pneumatique** gommone *m*, canotto (pneumatico)
cantatrice [kɑ̃tatʀis] *nf* cantante *f*; (*d'opéra*) cantante (lirica)
cantine [kɑ̃tin] *nf* (*réfectoire*) mensa; **manger à la ~** mangiare in *ou* alla mensa

> **FAUX AMIS**
> **cantine** ne se traduit pas par le mot italien *cantina*.

canton [kɑ̃tɔ̃] *nm* (*en Suisse*) cantone *m*; (*en France*) ≈ circoscrizione *f*
canular [kanylaʀ] *nm* scherzo, burla
caoutchouc [kautʃu] *nm* gomma; (*bande élastique*) elastico; **en ~** di gomma; **~ mousse** gommapiuma®

CAP [seape] *sigle m* (*= Certificat d'aptitude professionnelle*) *diploma professionale*
cap [kap] *nm* capo; **changer de ~** (*Naut*) cambiare rotta; **franchir** *ou* **passer le ~ de** (*fig : de la quarantaine etc*) superare la soglia di; (*: de somme, d'argent etc*) superare il tetto di; **mettre le ~ sur** fare rotta verso *ou* su; **le C~** Città del Capo; **le ~ de Bonne Espérance** il Capo di Buona Speranza; **le ~ Horn** Capo Horn
capable [kapabl] *adj* capace; **~ de faire** capace di fare; **il est ~ d'oublier** è capace di dimenticarsene; **spectacle/ livre ~ d'intéresser** spettacolo/libro che può interessare
capacité [kapasite] *nf* capacità *f inv*; (*d'un récipient*) capacità, capienza; **capacités** *nfpl* (*physiques, intellectuelles*) capacità *fpl*; **~ à faire qch** capacità di fare qc; **~ (en droit)** *diploma conferito dalla facoltà di legge dopo due anni di studi e un esame*
cape [kap] *nf* cappa, mantello; **rire sous ~** (*fig*) ridere sotto i baffi
CAPES [kapes] *sigle m* (*= Certificat d'aptitude au professorat de l'enseignement de second degré*) *diploma di abilitazione all'insegnamento nelle scuole secondarie*
capitaine [kapitɛn] *nm/f* capitano; (*de gendarmerie*) ≈ maresciallo; (*de pompiers*) comandante *m*; **~ au long cours** capitano di lungo corso
capital, e, -aux [kapital, o] *adj* essenziale; (*découverte, importance, Jur*) capitale ▶ *nm* capitale *m*; **capitaux** *nmpl* (*fonds*) capitali *mpl*; **les sept péchés capitaux** i sette peccati capitali; **exécution/peine capitale** esecuzione *f*/ pena capitale; **~ d'exploitation** capitale d'esercizio; **~ social** capitale sociale
capitale [kapital] *nf* (*ville*) capitale *f*; (*lettre*) maiuscola
capitalisme [kapitalism] *nm* capitalismo
capitaliste [kapitalist] *adj* capitalista, capitalistico(-a) ▶ *nm/f* capitalista *m/f*
capituler [kapityle] *vi* capitolare
caporal, e, -aux [kapɔʀal, o] *nm/f* caporale *m*
capot [kapo] *nm* (*de voiture*) cofano ▶ *adj inv* (*Cartes*) : **faire qn ~** dare cappotto a qn
capote [kapɔt] *nf* (*de voiture, de landau*) capote *f inv*; **~ (anglaise)** (*fam*) preservativo
câpre [kɑpʀ] *nf* cappero
caprice [kapʀis] *nm* capriccio; **caprices** *nmpl* (*de la mode etc*) capricci *mpl*; **faire des ~s** fare i capricci
capricieux, -euse [kapʀisjø, jøz] *adj* capriccioso(-a)
Capricorne [kapʀikɔʀn] *nm* (*Astrol*) Capricorno; **être ~** essere del Capricorno
capsule [kapsyl] *nf* capsula
capter [kapte] *vt* captare; (*eau*) canalizzare; (*fam : comprendre*) capire
captivant, e [kaptivɑ̃, ɑ̃t] *adj* avvincente
captivité [kaptivite] *nf* prigionia; **en ~** (*animaux*) in cattività; (*soldat*) prigioniero(-a)
capturer [kaptyʀe] *vt* catturare
capuche [kapyʃ] *nf* cappuccio
capuchon [kapyʃɔ̃] *nm* cappuccio
car [kaʀ] *nm* pullman *m inv* ▶ *conj* perché, poiché; **~ de police** furgone *m* di polizia; **~ de reportage** furgone attrezzato per le riprese televisive
carabine [kaʀabin] *nf* carabina; **~ à air comprimé** carabina ad aria compressa
caractère [kaʀaktɛʀ] *nm* carattere *m*; **avoir bon/mauvais ~** avere un buon/ cattivo carattere; **avoir du ~** avere carattere; **en ~s gras** in grassetto; **en petits ~s** a caratteri minuti, in piccolo; **en ~s d'imprimerie** in stampatello; **~ joker/de remplacement** carattere *m* jolly
caractériser [kaʀakteʀize] *vt* caratterizzare; **se caractériser par** *vr* distinguersi per, essere caratterizzato(-a) da
caractéristique [kaʀakteʀistik] *adj* caratteristico(-a) ▶ *nf* caratteristica
carafe [kaʀaf] *nf* caraffa
caraïbe [kaʀaib] *adj* caraibico(-a); **les Caraïbes** *nfpl* i Caraibi *mpl*; **la mer des Caraïbes** il mar dei Caraibi
carambolage [kaʀɑ̃bɔlaʒ] *nm* tamponamento a catena
caramel [kaʀamɛl] *nm* caramello ▶ *adj inv* (*couleur*) caramello *inv*; **~ mou** caramella mou®
carapace [kaʀapas] *nf* corazza, carapace *m*; (*fig*) corazza
carat [kaʀa] *nm* carato
caravane [kaʀavan] *nf* carovana; (*camping*) roulotte *f inv*, caravan *m inv*
carbone [kaʀbɔn] *nm* carbonio; (*aussi* : **papier carbone**) carta *f* carbone *inv*

carbonique [kaʀbɔnik] *adj* carbonico(-a); **gaz ~** anidride *f* carbonica; **neige ~** ghiaccio secco, neve *f* carbonica

carbonisé, e [kaʀbɔnize] *adj* (*rôti*) carbonizzato(-a); **mourir ~** morire carbonizzato(-a)

carburant [kaʀbyʀɑ̃] *nm* carburante *m*

carburateur [kaʀbyʀatœʀ] *nm* carburatore *m*

cardiaque [kaʀdjak] *adj* cardiaco(-a) ▶ *nm/f* cardiopatico(-a); **être ~** soffrire di mal di cuore

cardigan [kaʀdigɑ̃] *nm* cardigan *m inv*

cardiologue [kaʀdjɔlɔg] *nm/f* cardiologo(-a)

carême [kaʀɛm] *nm* quaresima

carence [kaʀɑ̃s] *nf* carenza; **~ vitaminique** carenza vitaminica

caresse [kaʀɛs] *nf* carezza

caresser [kaʀese] *vt* accarezzare; **~ l'espoir de faire qch** accarezzare la speranza di fare qc

cargaison [kaʀgɛzɔ̃] *nf* carico

cargo [kaʀgo] *nm* nave *f* da carico, cargo *m*

caricature [kaʀikatyʀ] *nf* caricatura

carie [kaʀi] *nf* carie *f inv*; **~ (dentaire)** carie (dentaria)

carnaval [kaʀnaval] *nm* carnevale *m*

carnet [kaʀnɛ] *nm* (*calepin*) taccuino; (*de tickets, timbres etc*) blocchetto; (*d'école*) pagella; **~ à souches** blocco a madre e figlia; **~ d'adresses** rubrica; **~ de chèques** libretto degli assegni; **~ de commandes** (*Comm*) copiacommissione *m inv*; (*fig*) volume *m* delle ordinazioni; **~ de notes** (*Scol*) pagella

carotte [kaʀɔt] *nf* carota

carpe [kaʀp] *nf* carpa

carré, e [kaʀe] *adj* quadrato(-a); (*fig*) franco(-a), diretto(-a) ▶ *nm* quadrato; **le ~ (d'un nombre)** il quadrato (di un numero); **élever un nombre au ~** elevare un numero al quadrato; **mètre/kilomètre ~** metro/chilometro quadrato; **~ d'agneau** lombata *ou* carré *m inv* d'agnello; **~ d'as/de rois** (*Cartes*) poker *m inv* d'assi/di re; **~ de soie** fazzoletto *ou* foulard *m inv* di seta

carreau, x [kaʀo] *nm* piastrella, mattonella; (*de fenêtre*) vetro; (*dessin*) quadro, quadretto; (*Cartes : couleur*) quadri *mpl*; **papier/tissu à carreaux** carta/tessuto a quadri *ou* quadretti

carrefour [kaʀfuʀ] *nm* incrocio, crocevia *m inv*; (*fig*) punto d'incontro

carrelage [kaʀlaʒ] *nm* (*pose*) piastrellamento; (*revêtement*) rivestimento di piastrelle; (*sol*) pavimento di piastrelle

carrément [kaʀemɑ̃] *adv* (*franchement*) francamente; (*complètement*) decisamente; **il l'a ~ mis à la porte** l'ha messo alla porta senza tanti complimenti

carrière [kaʀjɛʀ] *nf* (*de craie, sable*) cava; (*métier*) carriera; **militaire de ~** militare *m* di carriera; **faire ~ dans** fare carriera in

carrosserie [kaʀɔsʀi] *nf* carrozzeria; **atelier de ~** carrozzeria

carrure [kaʀyʀ] *nf* spalle *fpl*; (*fig*) levatura; **de ~ athlétique** di corporatura atletica

cartable [kaʀtabl] *nm* cartella

carte [kaʀt] *nf* carta; (*de fichier*) scheda; (*d'abonnement, de parti*) tessera; (*au restaurant*) lista; (*aussi* : **carte postale**) cartolina; (*aussi* : **carte de visite**) biglietto da visita; **avoir/donner ~ blanche** avere/dare carta bianca; **jouer aux ~s** giocare a carte; **jouer ~s sur table** (*fig*) giocare a carte scoperte; **tirer les ~s à qn** fare le carte a qn; **à la ~** alla carta; **~ à gratter** gratta e vinci *m*; **~ à puce** smart card *f inv*; **~ bancaire** (tesserino) Bancomat *m inv*; **C~ Bleue®** carta di debito; **~ d'électeur** certificato elettorale; **~ d'état-major** carta militare; **~ d'identité** carta d'identità; **~ de crédit** carta di credito; **~ de fidélité** fidelity card *f inv*, tessera fedeltà; **~ de séjour** permesso di soggiorno; **~ des vins** lista dei vini; **~ grise** libretto di circolazione; **~ mémoire** (*d'appareil photo numérique*) scheda di memoria; **~ X, ~ routière** carta stradale; **~ SIM** SIM card *f inv*; **~ téléphonique** scheda telefonica; **~ (téléphonique) prépayée** carta telefonica prepagata; **~ verte** (*Auto*) carta verde

carte-mère [kaʀtəmɛʀ] (*pl* **cartes-mères**) *nf* (*Inform*) scheda madre

carter [kaʀtɛʀ] *nm* (*Auto*) carter *m inv*

cartilage [kaʀtilaʒ] *nm* cartilagine *f*

carton [kaʀtɔ̃] *nm* cartone *m*; (*boîte*) scatolone *m*; (*d'invitation*) cartoncino, biglietto; **faire un ~** (*au tir*) tirare al

bersaglio; (*fam* : *suj* : *film*) sbancare il botteghino; **~ à dessin** cartella
cartouche [kaʀtuʃ] *nf* cartuccia; (*de cigarettes*) stecca
cas [kɑ] *nm* caso; **faire peu de ~/grand ~ de** dare poca/molta importanza a; **le ~ échéant** eventualmente; **en aucun ~** in nessun caso; **au ~ où** (+ *conditionnel*) nel caso in cui (+ *congiuntivo*), qualora (+ *congiuntivo*); **dans ce ~** in questo caso; **en ~ de** in caso di; **en ~ de besoin** in caso di necessità *ou* bisogno; **en ~ d'urgence** in caso d'emergenza; **en ce ~** in tal caso; **en tout ~** ad ogni modo; **~ de conscience** caso di coscienza; **~ de force majeure** caso di forza maggiore; **~ limite** caso *m* limite *inv*; **~ social** problema *m* sociale
cascade [kaskad] *nf* (*chute d'eau*) cascata; (*Ciné*) scena pericolosa; (*de rires*) valanga; **en ~** (*démissions, révélations*) a catena
cascadeur, -euse [kaskadœʀ, øz] *nm/f* cascatore(-trice)
case [kɑz] *nf* (*hutte*) capanna; (*compartiment*) scomparto; (*sur un formulaire, de mots croisés, pour le courrier*) casella; (*d'échiquier*) casa; **cochez la ~ réservée à cet effet** sbarrare la casella appropriata
caser [kɑze] *vt* sistemare; **se caser** *vr* sistemarsi
caserne [kazɛʀn] *nf* caserma
casier [kɑzje] *nm* (*meuble fermé*) armadietto; (*meuble ouvert*) scaffale *m*; (*case*) scomparto; (*Pêche*) nassa; **~ à bouteilles** portabottiglie *m inv*; **~ judiciaire** fedina penale; (*lieu*) casellario giudiziale
casino [kazino] *nm* casinò *m inv*
casque [kask] *nm* (*de pompier, soldat*) elmetto; (*de motocycliste, chez le coiffeur*) casco; (*pour audition*) cuffia; **les C~s bleus** i Caschi blu
casquette [kaskɛt] *nf* berretto
casse-croûte [kɑskʀut] (*pl* **casse-croûte(s)**) *nm* spuntino
casse-noix [kɑsnwa] *nm inv* schiaccianoci *m inv*
casse-pieds [kɑspje] (*pl* **casse-pieds**) (*fam*) *adj, nm/f* : **il est ~, c'est un ~** è uno scocciatore *ou* un rompiscatole
casser [kɑse] *vt* rompere; (*Jur*) annullare, cassare; (*Comm* : *prix*) far scendere ▸ *vi* rompersi; **se casser** *vr* rompersi; (*fam* : *partir*) tagliare la corda; **se ~ une jambe** rompersi una gamba; **à tout ~** (*fam* : *tout au plus*) al massimo; **se ~ net** rompersi di netto
casserole [kasʀɔl] *nf* pentola, casseruola
casse-tête [kɑstɛt] (*pl* **casse-têtes**) *nm* (*fig*) rompicapo
cassis [kasis] *nm* ribes *m inv* nero; (*liqueur*) liquore *m* di ribes nero
cassonade [kasɔnad] *nf* zucchero non raffinato
cassoulet [kasulɛ] *nm stufato di carne con fagioli bianchi*
catalogue [katalɔg] *nm* catalogo
catalytique [katalitik] *adj* : **pot ~** marmitta catalitica
catastrophe [katastʀɔf] *nf* catastrofe *f*; **atterrir en ~** fare un atterraggio d'emergenza; **partir en ~** partire in tutta fretta
catéchisme [kateʃism] *nm* catechismo
catégorie [kategɔʀi] *nf* categoria; **morceaux de première/deuxième ~** (*Boucherie*) tagli *mpl* di prima/seconda scelta
catégorique [kategɔʀik] *adj* categorico(-a)
cathédrale [katedʀal] *nf* cattedrale *f*
catholique [katɔlik] *adj, nm/f* cattolico(-a); **pas très ~** (*fig*) poco raccomandabile
catimini [katimini] : **en ~** *adv* di soppiatto, alla chetichella
cauchemar [koʃmaʀ] *nm* incubo
cause [koz] *nf* causa; **faire ~ commune avec qn** fare causa comune con qn; **être ~ de** essere causa di; **à ~ de** a causa di; **pour ~ de décès/réparations** per lutto/lavori; **(et) pour ~** per dei buoni motivi; **être en ~** (*personne*) essere parte in causa; (*intérêts, qualité*) essere in discussione; **mettre en ~** chiamare in causa; **remettre en ~** rimettere in discussione; **être hors de ~** essere fuori questione; **en tout état de ~** ad ogni modo
causer [koze] *vt* causare, provocare ▸ *vi* chiacchierare, parlare
caution [kosjɔ̃] *nf* cauzione *f*; (*Jur* : *personne*) garante *m/f*; (*fig*) appoggio; **payer la ~ de qn** pagare la cauzione per qn; **se porter ~ pour qn** rendersi garante per qn; **libéré sous ~** (*Jur*) rilasciato dietro cauzione; **sujet à ~** dubbio(-a)

cavalier, -ière [kavalje, jɛʀ] *adj* (*désinvolte*) impertinente, sfrontato(-a) ▸ *nm/f* (*à cheval, au bal*) cavaliere *m*; (*Équitation*) cavallerizzo(-a) ▸ *nm* (*Échecs*) cavallo; **faire ~ seul** agire per conto proprio; **allée** *ou* **piste cavalière** pista riservata all'equitazione (*in un parco*)

cave [kav] *nf* (*pièce, réserve de vins*) cantina

CD [sede] *sigle m* (= *compact disc*) CD *m inv*; (*Pol*: = *corps diplomatique*) CD *m*

CDD [cedede] *sigle m* (= *contrat à durée déterminée*) contratto a tempo determinato

CDI [sedei] *sigle m* (= *Centre de documentation et d'information*) *biblioteca scolastica*; (= *contrat à durée indéterminée*) contratto a tempo indeterminato

CDIser, cédéiser [sedeize] *vt* stabilizzare (il contratto di lavoro a)

CD-Rom [sedeʀɔm] *sigle m* (= *Compact Disc Read Only Memory*) CD-Rom *m inv*

MOT-CLÉ

ce, c', cette [sə, s, sɛt] (*devant nm* **cet** + *voyelle ou h aspiré, pl* **-s**) *adj dém* (*proximité*) questo(-a); (*non-proximité*) quello(-a); **cette maison-ci/là** questa/quella casa; **cette nuit** stanotte

▸ *pron* **1** : **c'est** è; **c'est un peintre** è un pittore; **ce sont des peintres** sono pittori; **c'est le facteur** (*à la porte*) è il postino; **qui est-ce ?** chi è?; **qu'est-ce ?** che cos'è?; **c'est toi qui le dis** lo dici tu; **c'est toi qui lui as parlé** sei stato tu a parlargli; **sur ce** detto ciò; **c'est qu'il est lent/a faim** è perché è lento/ha fame; **si ce n'est ...** se non ..., eccetto ...

2 : **ce qui, ce que** ciò *ou* quello che; (*chose qui*) : **il est parti, ce qui me chagrine** se n'è andato, e ciò mi dispiace; **tout ce qui bouge** tutto ciò che si muove; **tout ce que je sais** tutto quello che so; **ce dont j'ai parlé** ciò di cui ho parlato; **ce que c'est grand !** com'è grande!; *voir aussi* **-ci** ; **est-ce que** ; **n'est-ce pas** ; **c'est-à-dire**

ceci [səsi] *pron* questo, ciò

cédéiser [sedeize] *vt* = **CDIser**

céder [sede] *vt, vi* cedere; **~ à** (*tentation, personne*) cedere a

CEDEX [sedɛks] *sigle m* = *courrier d'entreprise à distribution exceptionnelle*

ceinture [sɛ̃tyʀ] *nf* cintura; (*fig* : *de remparts*) cinta; **~ de sauvetage** cintura di salvataggio; **~ de sécurité** cintura di sicurezza; **~ noire** (*Judo*) cintura nera; **~ verte** (*espaces verts*) zona verde

cela [s(ə)la] *pron* questo, ciò; **~ m'étonne que ...** mi stupisce che ...; **quand/où ~ ?** quando/dove?

célèbre [selɛbʀ] *adj* celebre, famoso(-a)

célébrer [selebʀe] *vt* celebrare

céleri [sɛlʀi] *nm* : **~(-rave)** sedano *m* rapa *inv*; **~ en branche** sedano a costola

célibataire [selibatɛʀ] *adj* (*homme* : *gén*) scapolo, celibe; (: *Admin*) celibe; (*femme* : *aussi Admin*) nubile ▸ *nm* (*homme*) scapolo; (*Admin*) celibe *m* ▸ *nf* donna nubile; (*Admin*) nubile *f*

celle, celles [sɛl] *pron voir* **celui**

cellule [selyl] *nf* (*Anat, Biol, de parti*) cellula; (*de prisonnier, moine*) cella; (*familiale*) nucleo; **~ souche** cellula staminale

cellulite [selylit] *nf* cellulite *f*

celui, celle [səlɥi, sɛl] (*mpl* **ceux**, *fpl* **celles**) *pron* : **~-ci/là, celle-ci/là** quello(-a); **ceux-ci/là, celles-ci/là** questi(-e); **~ de mon frère** quello di mio fratello; **~ du salon/du dessous** quello del salotto/di sotto; **~ qui bouge** quello che si muove; **~ que je vois** quello che vedo; **~ dont je parle** quello di cui parlo; **~ qui veut** chi vuole

cendre [sɑ̃dʀ] *nf* cenere *f*; **cendres** *nfpl* (*volcanique, d'un défunt*) ceneri *fpl*; **sous la ~** (*Culin*) sotto la brace

cendrier [sɑ̃dʀije] *nm* portacenere *m inv*, posacenere *m inv*

censé, e [sɑ̃se] *adj* : **je suis/tu es ~ faire ...** si presume *ou* si ritiene che io/tu faccia ...

censeur, e [sɑ̃sœʀ] *nm/f* (*du lycée*) ≈ vicepreside *m/f* (*con mansioni disciplinari*); (*Pol, Presse, Ciné*) censore *m*

censure [sɑ̃syʀ] *nf* censura; **motion de ~** (*Pol*) voto di sfiducia

censurer [sɑ̃syʀe] *vt* censurare; (*gouvernement*) dare il voto di sfiducia a

cent [sɑ̃] *adj inv, nm inv* cento; (*di euro, dollaro*) centesimo; **pour ~** per cento; **faire les ~ pas** camminare su e giù; *voir aussi* **cinq**

centaine [sɑ̃tɛn] *nf* : **une ~ (de)** un centinaio (di); **plusieurs ~s (de)** molte centinaia (di); **des ~s (de)** centinaia (di); **dépasser la ~** superare i cent'anni di età

centenaire [sɑ̃t(ə)nɛʀ] *adj, nm/f* centenario(-a) ▶ *nm* centenario

centième [sɑ̃tjɛm] *adj, nm/f* centesimo(-a) ▶ *nm* centesimo

centigrade [sɑ̃tigʀad] *nm* centigrado

centilitre [sɑ̃tilitʀ] *nm* centilitro

centime [sɑ̃tim] *nm* centesimo; **~ d'euro** centesimo (di euro)

centimètre [sɑ̃timɛtʀ] *nm* centimetro

central, e, -aux [sɑ̃tʀal, o] *adj* centrale ▶ *nm* : **~ (téléphonique)** centrale *f* telefonica

centrale [sɑ̃tʀal] *nf* centrale *f*; (*prison*) carcere *m*; **~ d'achat** (*Comm*) centrale d'acquisto; **~ électrique** centrale elettrica; **~ nucléaire** centrale nucleare; **~ syndicale** sindacato nazionale

centre [sɑ̃tʀ] *nm* centro; (*Football : homme*) centravanti *m inv*; (*passe*) cross *m inv*, traversone *m*; **~ aéré** *centro ricreativo per bambini*; **~ commercial/culturel/sportif** centro commerciale/culturale/sportivo; **~ d'appels** centro informazioni telefoniche; **~ d'apprentissage** centro di addestramento professionale; **~ d'éducation surveillée** *centro per il recupero dei minori*; **~ de détention** istituto di pena; **~ de gravité** baricentro; **~ de tri** (*Postes*) centro di smistamento; **~ hospitalier** complesso ospedaliero; **~s nerveux** centri nervosi

centre-ville [sɑ̃tʀəvil] (*pl* **centres-villes**) *nm* centro *m* (città) *inv*

cépage [sepaʒ] *nm* vitigno

cèpe [sɛp] *nm* porcino

cependant [s(ə)pɑ̃dɑ̃] *conj* tuttavia, ciononostante

céramique [seʀamik] *nf* ceramica

cercle [sɛʀkl] *nm* cerchio; (*club*) circolo; **~ d'amis** cerchia d'amici; **~ de famille** cerchia familiare; **~ vicieux** circolo vizioso; **~ vertueux** circolo virtuoso

cercueil [sɛʀkœj] *nm* bara

céréale [seʀeal] *nf* cereale *m*; **céréales** *nfpl* (*du petit déjeuner*) cereali *mpl*

cérémonie [seʀemɔni] *nf* cerimonia; **cérémonies** *nfpl* (*péj : façons, chichis*) cerimonie *fpl*

cerf [sɛʀ] *nm* cervo

cerfeuil [sɛʀfœj] *nm* cerfoglio

cerf-volant [sɛʀvɔlɑ̃] (*pl* **cerfs-volants**) *nm* (*jouet*) aquilone *m*; (*Zool*) cervo volante

cerise [s(ə)ʀiz] *nf* ciliegia ▶ *adj inv* (color) ciliegia *inv*; **la ~ sur le gâteau** (*fig*) la ciliegina sulla torta

cerisier [s(ə)ʀizje] *nm* ciliegio

cerner [sɛʀne] *vt* circondare; (*fig*) circoscrivere

certain, e [sɛʀtɛ̃, ɛn] *adj* certo(-a); **un ~ Georges** un certo Georges; **un ~ courage** un certo coraggio; **~s cas** certi *ou* alcuni casi; **d'un ~ âge** d'una certa età; **un ~ temps** un certo tempo; **sûr et ~** più che certo

certainement [sɛʀtɛnmɑ̃] *adv* certamente

certes [sɛʀt] *adv* certo, certamente

certificat [sɛʀtifika] *nm* certificato; (*diplôme*) diploma *m*, licenza; **~ de vaccination** certificato di vaccinazione; **~ médical** certificato medico

certifier [sɛʀtifje] *vt* certificare, garantire; (*Jur*) autenticare; **~ à qn que** garantire a qn che; **~ qch à qn** garantire qc a qn

certitude [sɛʀtityd] *nf* certezza

cerveau, x [sɛʀvo] *nm* cervello

cervelas [sɛʀvəlɑ] *nm* (*Culin*) cervellata

cervelle [sɛʀvɛl] *nf* cervello; (*Culin*) cervella

ces [se] *adj dém voir* **ce**

cesse [sɛs] : **sans ~** *adv* continuamente, di continuo; **n'avoir de ~ que** non darsi tregua finché

cesser [sese] *vt* cessare ▶ *vi* cessare, smettere; **~ de faire** cessare *ou* smettere di fare

cessez-le-feu [sesel(ə)fø] *nm inv* cessate il fuoco *m inv*

c'est-à-dire [sɛtadiʀ] *adv* cioè, vale a dire, ossia; **~ ?** (*demander de préciser*) vale a dire?; **~ que** vuol dire che; (*manière d'excuse*) veramente

cet [sɛt] *adj dém voir* **ce**

cette [sɛt] *adj dém voir* **ce**

ceux [sø] *pron voir* **celui**

chacun, e [ʃakœ̃, yn] *pron* ognuno(-a), ciascuno(-a)

chagrin, e [ʃagʀɛ̃, in] *nm* dispiacere *m*; **avoir du ~** essere triste

chahut [ʃay] *nm* baccano, cagnara
chahuter [ʃayte] *vt* disturbare (facendo baccano) ▸ *vi* fare baccano *ou* cagnara
chaîne [ʃɛn] *nf* catena; (*Radio, TV*) canale *m*; (*Inform*) stringa; **chaînes** *nfpl* (*liens, asservissement, Auto*) catene *fpl*; **travail à la ~** lavoro *m* alla catena di montaggio; (*fig*) lavoro alienante; **réactions en ~** reazioni *mpl* a catena; **faire la ~** fare la catena; **~ audio** *ou* **stéréo** impianto stereo; **~ de solidarité** catena di solidarietà; **~ de fabrication** *ou* **de montage** catena di montaggio; **~ de montagnes** catena di montagne *ou* montuosa; **~ hi-fi** impianto *m* hi-fi *inv*
chaînon [ʃɛnɔ̃] *nm* maglia; (*fig*) anello; **le ~ manquant** l'anello mancante
chair [ʃɛʀ] *nf* carne *f*; (*de fruit, tomate*) polpa ▸ *adj* : **(couleur) ~** color carne *inv*; **avoir la ~ de poule** avere la pelle d'oca; **être bien en ~** essere ben in carne *ou* ben messo(-a); **en ~ et en os** in carne e ossa; **~ à saucisses** carne tritata per salsicce
chaise [ʃɛz] *nf* sedia; **~ de bébé** seggiolone *m*; **~ électrique** sedia elettrica; **~ longue** sedia a sdraio, sdraio *f inv*
châle [ʃɑl] *nm* scialle *m*
chaleur [ʃalœʀ] *nf* (*aussi fig*) calore *m*; (*température*) caldo; **en ~** (*Zool*) in calore
chaleureux, -euse [ʃalœʀø, øz] *adj* caloroso(-a)
chalumeau, x [ʃalymo] *nm* cannello
chamailler [ʃamɑje] : **se chamailler** *vr* bisticciare
chambre [ʃɑ̃bʀ] *nf* camera; (*Jur* : *d'un tribunal*) sezione *f*; **faire ~ à part** dormire in camere separate; **stratège en ~** stratega *m* da caffè; **~ à air** (*de pneu*) camera d'aria; **~ à coucher** camera da letto; **~ à gaz** camera a gas; **~ à un lit/à deux lits** (*à l'hôtel*) camera singola/a due letti; **~ d'accusation** sezione *f* istruttoria (della Corte d'Appello); **~ d'agriculture** camera dell'agricoltura; **~ d'amis** camera degli ospiti; **~ d'hôte** camera in affitto (*in casa privata*); **~ de combustion** camera di combustione; **~ de commerce et d'industrie** camera di commercio (e dell'industria); **C~ des députés** camera dei deputati; **~ des machines** sala *f* macchine *inv*; **~ des métiers** camera dell'artigianato; **~ forte** camera blindata; **~ froide** cella frigorifera; **~ meublée** camera ammobiliata; **~ noire** camera oscura; **~ pour une/deux personne(s)** camera singola/doppia
chameau, x [ʃamo] *nm* cammello
chamois [ʃamwa] *nm* (*Zool*) camoscio
champ [ʃɑ̃] *nm* (*aussi fig*) campo; **dans le ~** (*Photo*) nell'inquadratura, in campo; **prendre du ~** indietreggiare (*per ottenere una visuale più ampia*); **laisser le ~ libre à qn** lasciare libero il campo a qn; **mourir au ~ d'honneur** morire sul campo (dell'onore); **~ d'action** campo d'azione; **~ de bataille** campo di battaglia; **~ de courses** ippodromo; **~ de manœuvre/de tir** campo di manovre/di tiro; **~ de mines** campo minato
champagne [ʃɑ̃paɲ] *nm* (*vin*) champagne *m inv*; **fine ~** *acquavite pregiata prodotta nella Charente*
champignon [ʃɑ̃piɲɔ̃] *nm* fungo; (*fam* : *accélérateur*) acceleratore *m*; **~ de Paris** *ou* **de couche** champignon *m inv*, fungo coltivato; **~ vénéneux** fungo velenoso
champion, ne [ʃɑ̃pjɔ̃, jɔn] *adj* fenomenale ▸ *nm/f* campione(-essa); **~ du monde** campione(-essa) del mondo
championnat [ʃɑ̃pjɔna] *nm* campionato
chance [ʃɑ̃s] *nf* fortuna; **chances** *nfpl* (*probabilités*) probabilità *fpl*; **il y a de fortes ~s pour que Paul soit malade** è molto probabile che Paul sia malato; **une ~** una fortuna; (*occasion*) un'occasione *f*, una possibilità; **bonne ~ !** buona fortuna!; **avoir de la ~** essere fortunato(-a), avere fortuna; **il a des ~s de gagner** ha buone probabilità di vincere; **je n'ai pas de ~** sono sfortunato, non ho fortuna; **encore une ~ que tu viennes !** fortuna *ou* meno male che tu vieni!; **donner sa ~ à qn** offrire un'opportunità a qn
chandelle [ʃɑ̃dɛl] *nf* candela; **dîner aux ~s** cena a lume di candela; **tenir la ~** (*fig*) tenere la candela
change [ʃɑ̃ʒ] *nm* (*Comm*) cambio; **opérations de ~** operazioni *mpl* di cambio; **gagner/perdre au ~** guadagnare/perdere nel cambio; **donner le ~ à qn** (*fig*) imbrogliare qn
changement [ʃɑ̃ʒmɑ̃] *nm* cambiamento; **~ de vitesses** cambio di marcia

changer [ʃɑ̃ʒe] *vt* cambiare ▶ *vi* cambiare; **se changer** *vr* cambiarsi; **~ de** (*adresse, nom, voiture, place*) cambiare; **~ de métier** cambiare mestiere; **~ d'air** cambiare aria; **~ d'idée** cambiare idea; **~ de couleur/direction** cambiare colore/direzione; **~ de vêtements** cambiarsi (d'abito); **~ de place avec qn** fare cambio di posto con qn; **~ de vitesse** (*Auto*) cambiare marcia; **~ qn/qch de place** cambiare qn/qc di posto; **~ qch en** trasformare qc in; **~ (de train)** cambiare (treno); **il faut ~ à Lyon** bisogna cambiare a Lione; **cela me change** tanto per cambiare

chanson [ʃɑ̃sɔ̃] *nf* canzone *f*; **c'est toujours la même ~** (*fig*) è sempre la stessa musica

chant [ʃɑ̃] *nm* canto; (*Tech*) : **posé de** *ou* **sur ~** messo(-a) di taglio *ou* costa; **~ de Noël** canto natalizio

chantage [ʃɑ̃taʒ] *nm* ricatto; **faire du ~** ricattare

chanter [ʃɑ̃te] *vi, vt* cantare; **~ juste/faux** essere intonato(-a)/stonato(-a); **si ça lui chante** (*fam*) se gli gira; **faire ~ qn** ricattare qn

chanteur, -euse [ʃɑ̃tœʀ, øz] *nm/f* cantante *m/f*; **~ de charme** cantante di canzoni sentimentali

chantier [ʃɑ̃tje] *nm* cantiere *m*; **être/mettre en ~** essere/mettere in cantiere; **~ naval** cantiere navale

chantilly [ʃɑ̃tiji] *nf voir* **crème**

chantonner [ʃɑ̃tɔne] *vi, vt* canticchiare, canterellare

chanvre [ʃɑ̃vʀ] *nm* canapa

chapeau, x [ʃapo] *nm* cappello; **~ !** complimenti!; **partir sur les chapeaux de roues** partire a tutta velocità; **~ melon** bombetta

chapelle [ʃapɛl] *nf* cappella; **~ ardente** camera ardente

chapelure [ʃaplyʀ] *nf* pangrattato

chapitre [ʃapitʀ] *nm* capitolo; (*fig*) argomento; **avoir voix au ~** avere voce in capitolo

chaque [ʃak] *adj* ogni *inv*; (*indéfini*) ognuno(-a), ciascuno(-a); **c'est deux euros ~** sono due euro l'uno; **~ fois que** ogni volta che

char [ʃaʀ] *nm* carro; (*aussi* : **char d'assaut**) carro armato

charbon [ʃaʀbɔ̃] *nm* carbone *m*; **~ de bois** carbone di legna

charcuterie [ʃaʀkytʀi] *nf* (*magasin*) salumeria; (*produits*) salumi *mpl*

charcutier, -ière [ʃaʀkytje, jɛʀ] *nm/f* salumiere(-a); (*traiteur*) rosticciere(-a)

chardon [ʃaʀdɔ̃] *nm* cardo

charge [ʃaʀʒ] *nf* (*fardeau*) carico; (*Élec, Mil, explosif, rôle*) carica; (*mission*) incarico; (*Jur*) indizio a carico; **charges** *nfpl* (*du loyer*) spese *fpl*; **à la ~ de** a carico di; (*cure thermale etc*) a carico della Previdenza Sociale; **à ~ de revanche** a buon rendere; **prendre en ~** prendersi la responsabilità di; (*dépenses*) accollarsi; **revenir à la ~** tornare alla carica; **~s sociales** oneri *mpl* sociali

chargé, e [ʃaʀʒe] *adj* carico(-a); (*journée*) pieno(-a); **~ de** (*responsable de*) incaricato(-a) di ▶ *nm/f* : **~ d'affaires** incaricato(-a) d'affari; **~ de cours** professore(-essa) incaricato(-a)

chargement [ʃaʀʒəmɑ̃] *nm* (*action*) carico, caricamento; (*objets, marchandise*) carico

charger [ʃaʀʒe] *vt* caricare; (*un portrait, une description*) caricare le tinte di ▶ *vi* caricare; **~ qn de qch/faire qch** incaricare qn di qc/fare qc; **se ~ de** occuparsi di; **se ~ de faire qch** assumersi l'incarico di fare qc

chargeur [ʃaʀʒœʀ] *nm* caricatore *m*; **~ de batterie** caricabatteria *m*

chariot [ʃaʀjo] *nm* carrello; (*charrette*) carro; **~ élévateur** carrello elevatore

charité [ʃaʀite] *nf* carità; **faire la ~ (à)** fare la carità (a); **fête/vente de ~** festa/vendita di beneficenza

charmant, e [ʃaʀmɑ̃, ɑ̃t] *adj* affascinante; (*délicieux*) delizioso(-a), incantevole

charme [ʃaʀm] *nm* (*Bot*) carpine *m*; (*d'une personne, d'une activité*) fascino; (*envoûtement*) incantesimo; **charmes** *nmpl* (*appâts*) grazie *fpl*; **c'est ce qui fait son ~** è quello il suo fascino; **faire du ~ à qn** cercare di sedurre qn; **aller** *ou* **se porter comme un ~** stare benone

charmer [ʃaʀme] *vt* (*plaire*) affascinare, incantare; (*envoûter*) incantare; **je suis charmé de** sono felice di

charmeur, -euse [ʃaʀmœʀ, øz] *adj* affascinante ▶ *nm/f* uomo/donna affascinante; **~ de serpents** incantatore(-trice) di serpenti

charnière [ʃaʀnjɛʀ] *nf* cerniera

charpente [ʃaʀpɑ̃t] *nf (d'un bâtiment, 'd'un roman)* struttura; *(carrure)* corporatura
charpentier, -ière [ʃaʀpɑ̃tje, jɛʀ] *nm/f* carpentiere *m*
charrette [ʃaʀɛt] *nf* carretta, carretto
charrue [ʃaʀy] *nf* aratro
charter [ʃaʀtɛʀ] *nm (avion)* charter *m inv*; **vol ~** volo charter
chasse [ʃas] *nf* caccia; *(aussi :* **chasse d'eau***)* sciacquone *m*; **la ~ est ouverte/fermée** la (stagione della) caccia è aperta/chiusa; **aller à la ~** andare a caccia; **prendre en ~, donner la ~ à** dare la caccia a; **tirer la ~ (d'eau)** tirare l'acqua; **~ à courre** caccia a inseguimento; **~ à l'homme** caccia all'uomo; **~ aérienne** inseguimento aereo; **~ gardée** *(fig)* riserva di caccia; **~ sous-marine** pesca subacquea
chasse-neige [ʃasnɛʒ] *(pl* **chasse-neige(s)***)* *nm* spazzaneve *m inv*
chasser [ʃase] *vt* cacciare; *(expulser, dissiper)* cacciare, scacciare ▸ *vi* cacciare; *(Auto)* slittare
chasseur, -euse [ʃasœʀ, øz] *nm/f* cacciatore(-trice) ▸ *nm (avion)* caccia *m inv*; *(domestique)* portiere *m*; **~ de têtes** *(fig)* cacciatore di teste; **~s alpins** *(Mil)* alpini *mpl*
châssis [ʃɑsi] *nm (de voiture, cadre)* telaio
chat[1] [ʃa] *nm* gatto; **avoir un ~ dans la gorge** avere la raucedine; **avoir d'autres ~s à fouetter** avere altre gatte da pelare; **~ sauvage** gatto selvatico
chat[2] [tʃat] *nm (Inform)* il chattare
châtaigne [ʃɑtɛɲ] *nf* castagna
châtain [ʃɑtɛ̃] *adj* castano(-a)
château, x [ʃɑto] *nm* castello; **~ d'eau** serbatoio d'acqua; **~ de sable** castello di sabbia; **~ fort** fortezza
châtiment [ʃɑtimɑ̃] *nm* castigo, punizione *f*; **~ corporel** pena corporale
chat line [tʃɑtlɑin] *nf* chat line *f inv*
chaton [ʃatɔ̃] *nm (Zool)* gattino, micino; *(Bot)* amento; *(de bague)* castone *m*
chatouiller [ʃatuje] *vt (suj : personne)* fare il solletico a; *(tissu)* pizzicare; *(fig : l'odorat, le palais)* stuzzicare; **ça chatouille !** fa il solletico!
chatte [ʃat] *nf* gatta
chatter [tʃate] *vi (Inform)* chattare
chaud, e [ʃo, ʃod] *adj* caldo(-a); *(fig : félicitations)* caloroso(-a); *(: discussion)* accanito(-a) ▸ *nm* caldo; **il fait ~** fa caldo; **manger/boire ~** mangiare/bere caldo; **avoir ~** avere caldo; **donner ~** fare caldo; **tenir ~** tenere caldo; **tenir au ~** tenere al caldo; **rester au ~** restare al caldo; **~ et froid** *nm (Méd)* colpo di freddo
chaudière [ʃodjɛʀ] *nf* caldaia
chauffage [ʃofaʒ] *nm* riscaldamento; **arrêter le ~** spegnere il riscaldamento; **~ électrique** riscaldamento elettrico; **~ au charbon** riscaldamento a carbone; **~ au gaz** riscaldamento a gas; **~ central** riscaldamento centralizzato; **~ par le sol** riscaldamento sottopavimento
chauffe-eau [ʃofo] *nm inv* scaldabagno *m inv*, scaldacqua *m inv*
chauffer [ʃofe] *vt* scaldare, riscaldare ▸ *vi* scaldarsi; *(moteur)* scaldare; **se chauffer** *vr (se mettre en train)* fare riscaldamento; *(au soleil)* scaldarsi
chauffeur [ʃofœʀ] *nm (de taxi, d'autobus)* autista *m/f*; *(privé)* automobilista *m/f*; **voiture avec/sans ~** macchina con/senza autista
chaumière [ʃomjɛʀ] *nf* casa con il tetto di paglia
chaussée [ʃose] *nf* fondo stradale
chausser [ʃose] *vt (bottes, skis)* mettere, infilare; *(enfant)* mettere le scarpe a; *(suj : soulier)* calzare; **se chausser** *vr* mettersi le scarpe; **~ du 38/42** portare il 38/42; **~ grand** calzare grande
chaussette [ʃosɛt] *nf* calzino
chausson [ʃosɔ̃] *nm* pantofola; *(de bébé)* scarpina; **~ aux pommes** ≈ sfogliatella farcita alle mele
chaussure [ʃosyʀ] *nf* scarpa; **la ~** *(Comm)* l'industria calzaturiera; **~s basses** scarpe *fpl* basse; **~s de ski** scarponi *mpl* da sci; **~s de montagne** scarpe *fpl* da trekking; **~s montantes** scarponcini *mpl*
chauve [ʃov] *adj* calvo(-a)
chauve-souris [ʃovsuʀi] *(pl* **chauves-souris***)* *nf* pipistrello
chauvin, e [ʃovɛ̃, in] *adj, nm/f* sciovinista *m/f*
chaux [ʃo] *nf* calce *f*; **blanchi à la ~** imbiancato a calce
chavirer [ʃaviʀe] *vi (bateau)* scuffiare, rovesciarsi
chef [ʃɛf] *nm/f* capo; *(de cuisine)* chef *m inv*; **au premier ~** estremamente, sommamente; **de son propre ~** di propria iniziativa; **commandant en ~**

C

comandante in capo; **~ d'accusation** (*Jur*) capo d'accusa; **~ d'atelier** capofficina *m/f*; **~ d'entreprise** dirigente *m/f* d'azienda; **~ d'équipe** (*Sport*) caposquadra *m/f*; **~ d'État** capo *m/f* di Stato; **~ d'orchestre** direttore(-trice) d'orchestra; **~ de bureau** capufficio *m/f*; **~ de famille** capofamiglia *m/f*; **~ de file** capofila *m/f*; **~ de gare** capostazione *m/f*; **~ de rayon** caporeparto *m/f*; **~ de service** caposervizio *m/f*

chef-d'œuvre [ʃɛdœvʀ] (*pl* **chefs-d'œuvre**) *nm* capolavoro

chef-lieu [ʃɛfljø] (*pl* **chefs-lieux**) *nm* capoluogo

chemin [ʃ(ə)mɛ̃] *nm* (*sentier*) sentiero, strada; (*itinéraire, direction*) strada, direzione *f*; (*trajet, fig*) strada, cammino; **en ~** per strada; **~ faisant** strada facendo; **~ de fer** ferrovia; **par ~ de fer** per ferrovia; **les ~s de fer** (*organisation*) le ferrovie; **~ de terre** strada

> **FAUX AMIS**
> **chemin** ne se traduit pas par le mot italien *camino*.

cheminée [ʃ(ə)mine] *nf* (*sur le toit*) comignolo; (*d'usine, de bateau*) ciminiera; (*à l'intérieur*) camino, caminetto

chemise [ʃ(ə)miz] *nf* (*vêtement*) camicia; (*dossier*) cartella; **~ de nuit** camicia da notte

chemisier [ʃ(ə)mizje] *nm* camicetta

chêne [ʃɛn] *nm* quercia

chenil [ʃ(ə)nil] *nm* canile *m*

chenille [ʃ(ə)nij] *nf* (*Zool*) bruco; (*de char, chasse-neige*) cingolo; **véhicule à ~s** mezzo cingolato

chèque [ʃɛk] *nm* assegno; **faire/toucher un ~** emettere/riscuotere un assegno; **par ~** con assegno; **~ au porteur** assegno al portatore; **~ barré** assegno sbarrato; **~ de voyage** traveller's cheque *m inv*; **~ en blanc** assegno in bianco; **~ postal** assegno di conto corrente postale; **~ sans provision** assegno scoperto

chéquier [ʃekje] *nm* libretto di assegni

cher, chère [ʃɛʀ] *adj* caro(-a) ▸ *adv* : **coûter/payer ~** costare/pagare caro; **mon ~, ma chère** mio caro, mia cara; **cela coûte ~** costa caro

chercher [ʃɛʀʃe] *vt* cercare; (*Inform*) ricercare; **~ des ennuis/la bagarre** cercare rogne; **aller ~** andare a prendere; (*docteur*) andare a cercare *ou* chiamare; **~ à faire** cercare di fare

chercheur, -euse [ʃɛʀʃœʀ, øz] *nm/f* ricercatore(-trice); **~ d'or** cercatore *m* d'oro

chéri, e [ʃeʀi] *adj* (*aimé*) caro(-a), amato(-a); **(mon) ~** (mio) caro, tesoro

cheval, -aux [ʃ(ə)val, o] *nm* cavallo; **~ vapeur** cavallo *m* vapore *inv*; **faire du ~** fare equitazione; **à ~** a cavallo; **à ~ sur** (*mur etc*) a cavalcioni di *ou* su; (*fig : périodes*) a cavallo tra; **être à ~ sur le règlement** tenere molto al regolamento; **monter sur ses grands chevaux** andare su tutte le furie; **10 chevaux (fiscaux)** 10 cavalli (fiscali); **~ à bascule** cavallo a dondolo; **~ d'arçons** (*Sport*) cavallo; **~ de bataille** (*fig*) cavallo di battaglia; **chevaux de bois** cavalli di legno (della giostra); (*manège*) giostra; **~ de course** cavallo da corsa; **chevaux de frise** cavalli di Frisia

chevalier [ʃ(ə)valje] *nm* cavaliere *m*; **~ servant** cavalier servente

chevalière [ʃ(ə)valjɛʀ] *nf anello con sigillo*

chevaux [ʃəvo] *nmpl voir* **cheval**

chevet [ʃ(ə)vɛ] *nm* : **au ~ de qn** al capezzale di qn; **lampe de ~** lampada da notte; **livre de ~** libro prediletto; **table de ~** comodino

cheveu, x [ʃ(ə)vø] *nm* capello; **cheveux** *nmpl* (*chevelure*) capelli *mpl*; **se faire couper les cheveux** farsi tagliare i capelli, tagliarsi i capelli; **avoir les cheveux courts/en brosse** avere i capelli corti/a spazzola; **j'ai les cheveux gras/secs** ho i capelli grassi/secchi; **tiré par les cheveux** (*histoire*) tirato(-a) per i capelli; **cheveux d'ange** (*vermicelle*) capelli d'angelo

cheville [ʃ(ə)vij] *nf* (*Anat, de bois*) caviglia; **être en ~ avec qn** fare lega con qn; **~ ouvrière** (*fig*) perno, fulcro

chèvre [ʃɛvʀ] *nf* capra ▸ *nm* formaggio di capra; **ménager la ~ et le chou** salvare capra e cavoli

chèvrefeuille [ʃɛvʀəfœj] *nm* caprifoglio

chevreuil [ʃəvʀœj] *nm* capriolo

chez [ʃe] *prép* (*à la demeure de*) a casa di, da; (*direction*) da; (*auprès de*) presso; **~ Nathalie** a casa di Nathalie, da Nathalie; **~ moi** a casa mia, da me; **~ le**

boulanger/le dentiste dal fornaio/dal dentista; **il travaille ~ Renault** lavora alla Renault; **~ ce poète** in questo poeta, nelle opere di questo poeta; **~ les Français** nei francesi; **c'est une habitude ~ elle** per lei è un'abitudine

chic [ʃik] *adj* elegante, chic *inv*; (*dîner, gens*) raffinato(-a), chic; (*généreux*) generoso(-a) ▸ *nm* classe *f*, eleganza; **avoir le ~ de** *ou* **pour** avere il dono *ou* l'arte di; **c'était ~ de sa part** è stato gentile da parte sua; **~ !** che bello!, magnifico!

chichis [ʃiʃi] *nmpl* : **faire des ~** fare smancerie

chicorée [ʃikɔʀe] *nf* cicoria; **~ frisée** indivia riccia

chien [ʃjɛ̃] *nm* cane *m*; **temps de ~** tempo da cani; **vie de ~** vita da cani; **couché en ~ de fusil** raggomitolato(-a); **entre ~ et loup** all'imbrunire; **~ d'aveugle** cane per ciechi; **~ de chasse/de garde** cane da caccia/da guardia; **~ de race** cane di razza; **~ de traîneau** cane da slitta; **~ policier** cane *m* poliziotto *inv*

chienne [ʃjɛn] *nf* cagna

chiffon [ʃifɔ̃] *nm* straccio

chiffonner [ʃifɔne] *vt* spiegazzare; (*tracasser*) infastidire

chiffre [ʃifʀ] *nm* cifra; **en ~s ronds** in cifra tonda; **écrire un nombre en ~s** scrivere un numero in cifre; **~s arabes** numeri *mpl* arabi; **~ d'affaires** (*Comm*) giro d'affari; **~ de ventes** volume *m* delle vendite; **~s romains** numeri *mpl* romani

chiffrer [ʃifʀe] *vt* calcolare, valutare; (*message*) cifrare; **se chiffrer à** *vr* ammontare a

chignon [ʃiɲɔ̃] *nm* chignon *m inv*

Chili [ʃili] *nm* Cile *m*

chilien, ne [ʃiljɛ̃, jɛn] *adj* cileno(-a) ▸ *nm/f* : **Chilien, ne** cileno(-a)

chimie [ʃimi] *nf* chimica

chimiothérapie [ʃimjoteʀapi] *nf* chemioterapia

chimique [ʃimik] *adj* chimico(-a); **produits ~s** prodotti *mpl* chimici

chimpanzé [ʃɛ̃pɑ̃ze] *nm* scimpanzé *m inv*

Chine [ʃin] *nf* Cina; **la République populaire de ~** la Repubblica Popolare Cinese; **la République de ~** (*Taiwan*) la Repubblica di Cina

chinois, e [ʃinwa, waz] *adj* cinese ▸ *nm* cinese *m* ▸ *nm/f* : **Chinois, e** cinese *m/f*

chiot [ʃjo] *nm* cucciolo

chipoter [ʃipɔte] *vi* (*manger*) mangiucchiare, piluccare; (*ergoter*) cavillare

chips [ʃips] *nfpl* (*aussi* : **pommes chips**) patatine *fpl*

chirurgical, e, -aux [ʃiʀyʀʒikal, o] *adj* chirurgico(-a)

chirurgie [ʃiʀyʀʒi] *nf* chirurgia; **~ esthétique** chirurgia estetica

chirurgien, ne [ʃiʀyʀʒjɛ̃, jɛn] *nm/f* chirurgo(-a); **~ dentiste** medico dentista

chlore [klɔʀ] *nm* cloro

choc [ʃɔk] *nm* scontro, urto; (*moral*) shock *m inv*, colpo; (*affrontement*) conflitto ▸ *adj* : **prix ~** prezzo eccezionale; **de ~** (*troupe*) d'assalto; (*traitement*) d'urto; (*patron etc*) d'assalto; **en état de ~** in stato di shock, sotto shock; **~ opératoire** shock *ou* trauma *m* operatorio

chocolat [ʃɔkɔla] *nm* cioccolato; (*bonbon*) cioccolatino; (*boisson*) cioccolata; **~ à croquer** cioccolato in tavoletta; **~ à cuire** cioccolato fondente per dolci; **~ au lait** cioccolato al latte; **~ en poudre** cacao in polvere

chœur [kœʀ] *nm* coro; **en ~** in coro

choisi, e [ʃwazi] *adj* scelto(-a)

choisir [ʃwaziʀ] *vt* scegliere; **~ de faire qch** scegliere di fare qc

choix [ʃwa] *nm* scelta; **avoir le ~** poter scegliere; **de premier ~** di prima scelta; **de ~** di qualità; **je n'avais pas le ~** non avevo scelta; **au ~** a scelta

chômage [ʃomaʒ] *nm* disoccupazione *f*; **mettre au ~** licenziare, lasciare senza lavoro; **être au ~** essere disoccupato(-a); **~ partiel/technique** ≈ cassa integrazione; **~ structurel** disoccupazione strutturale

chômeur, -euse [ʃomœʀ, øz] *nm/f* disoccupato(-a)

choquer [ʃɔke] *vt* urtare

chorale [kɔʀal] *nf* coro

chose [ʃoz] *nf* cosa; **choses** *nfpl* (*situation*) cose *fpl*; **être/se sentir tout ~** (*fam* : *bizarre*) sentirsi strano(-a); (*malade*) sentirsi poco bene; **dire bien des ~s à qn** fare i propri saluti a qn; **faire bien les ~s** fare le cose in grande; **parler de ~s et d'autres** parlare del più e del meno; **c'est peu de ~** non è un granché

chou, x [ʃu] *nm (Bot)* cavolo ▶ *adj inv* carino(-a); **mon petit ~** tesorino mio; **faire ~ blanc** fare fiasco; **bout de ~** piccolino(-a); **~ (à la crème)** bignè *m inv* (alla crema); **~ de Bruxelles** cavolino di Bruxelles

choucroute [ʃukRut] *nf* crauti *mpl*; **~ garnie** *piatto a base di crauti, salsicce e carne di maiale*

chouette [ʃwɛt] *nf* civetta; **~ !** che bello!

chou-fleur [ʃuflœR] (*pl* **choux-fleurs**) *nm* cavolfiore *m*

chrétien, ne [kRetjɛ̃, jɛn] *adj, nm/f* cristiano(-a)

Christ [kRist] *nm* Cristo; (*crucifix, peinture*) : **christ** cristo; **Jésus ~** Gesù Cristo

christianisme [kRistjanism] *nm* cristianesimo

chrome [kRom] *nm* cromo; (*objet*) oggetto cromato

chromé, e [kRome] *adj* cromato(-a)

chromosome [kRomozom] *nm* cromosoma *m*

chronique [kRɔnik] *adj* cronico(-a) ▶ *nf* cronaca; **~ sportive/théâtrale/financière** cronaca sportiva/teatrale/finanziaria

chronologique [kRɔnɔlɔʒik] *adj* cronologico(-a)

chronomètre [kRɔnɔmɛtR] *nm* cronometro

chronométrer [kRɔnɔmetRe] *vt* cronometrare

chrysanthème [kRizɑ̃tɛm] *nm* crisantemo

chuchotement [ʃyʃɔtmɑ̃] *nm* bisbiglio

chuchoter [ʃyʃɔte] *vt, vi* bisbigliare

chut [ʃyt] *excl* zitto!

chute [ʃyt] *nf* caduta; (*fig : des prix, salaires*) crollo; (*de température, pression*) calo; (*de papier, de tissu : déchet*) ritaglio; **la ~ des cheveux** la caduta dei capelli; **~ (d'eau)** cascata; **~ des reins** reni *fpl*; **~ libre** caduta libera; **~s de neige** nevicate *fpl*; **~s de pluie** piogge *fpl*

ci [si] *adv* : **ce garçon/cet homme-ci** questo ragazzo/uomo; **cette femme-ci** questa donna; **ces hommes/femmes-ci** questi uomini/queste donne; *voir aussi* **par; comme; ci-contre; ci-joint** *etc*

cible [sibl] *nf* (*aussi fig*) bersaglio; (*d'une campagne publicitaire*) target *m inv*

ciboulette [sibulɛt] *nf* erba cipollina

cicatrice [sikatRis] *nf* cicatrice *f*

cicatriser [sikatRize] *vt* cicatrizzare ▶ *vi* cicatrizzare; **se cicatriser** *vr* cicatrizzarsi

ci-contre [sikɔ̃tR] *adv* (qui) a lato, a fianco, di fronte

ci-dessous [sidəsu] *adv* (qui) sotto

ci-dessus [sidəsy] *adv* (qui) sopra

cidre [sidR] *nm* sidro

Cie *abr* (= *compagnie*) C.ia

ciel [sjɛl] (*pl* **ciels** *ou* (*litt*) **cieux**) *nm* cielo; **cieux** *nmpl* (*litt, Rel*) cieli *mpl*; **sous d'autres cieux** in altri lidi; **à ~ ouvert** a cielo aperto; **tomber du ~** (*être stupéfait*) cadere dalle nuvole; (*arriver à l'improviste*) piovere dal cielo; **~ !** oh, cielo!; **~ de lit** cielo del letto (a baldacchino)

cieux [sjø] *nmpl voir* **ciel**

cigale [sigal] *nf* cicala

cigare [sigaR] *nm* sigaro

cigarette [sigaRɛt] *nf* sigaretta; **~ électronique** sigaretta elettronica

cigogne [sigɔɲ] *nf* cicogna

ci-inclus, e [siɛ̃kly, yz] *adj* allegato(-a), accluso(-a) ▶ *adv* qui accluso, in allegato

ci-joint, e [siʒwɛ̃, ɛ̃t] *adj* allegato(-a) ▶ *adv* in allegato; **veuillez trouver ~ ...** si allega ...

cil [sil] *nm* ciglio

cime [sim] *nf* cima

ciment [simɑ̃] *nm* cemento

cimetière [simtjɛR] *nm* cimitero; **~ de voitures** cimitero di macchine

cinéaste [sineast] *nm/f* cineasta *m/f*

cinéma [sinema] *nm* cinema *m inv*; **aller au ~** andare al cinema; **~ d'animation** cinema d'animazione

cinglant, e [sɛ̃glɑ̃, ɑ̃t] *adj* (*froid, propos, ironie*) pungente; (*vent*) sferzante; (*échec*) cocente

cinglé, e [sɛ̃gle] (*fam*) *adj* tocco(-a), picchiato(-a)

cinq [sɛ̃k] *adj, nm inv* cinque *m inv*; **avoir ~ ans** (*âge*) avere cinque anni; **le ~ décembre 1999** il cinque dicembre 1999; **à ~ heures** alle cinque; **nous sommes ~** siamo in cinque

cinquantaine [sɛ̃kɑ̃tɛn] *nf* : **une ~ (de)** una cinquantina (di); **avoir la ~** essere sulla cinquantina

cinquante [sɛ̃kɑ̃t] *adj inv, nm inv* cinquanta *m inv*; *voir aussi* **cinq**

cinquantenaire [sɛ̃kɑ̃tnɛR] *adj* cinquantenne ▶ *nm* (*anniversaire*) cinquantenario

cinquième [sɛ̃kjɛm] *adj, nm/f* quinto(-a) ▸ *nm* quinto ▸ *nf* (*Scol*) ≈ seconda media; **un ~ de la population** un quinto della popolazione; **trois ~s** tre quinti

cintre [sɛ̃tʀ] *nm* gruccia, ometto; **en plein ~** (*Archit*) a tutto sesto

cintré, e [sɛ̃tʀe] *adj* (*veste*) sciancrato(-a)

cirage [siʀaʒ] *nm* lucido

circoncis, e [siʀkɔ̃si] *adj* circonciso(-a)

circonférence [siʀkɔ̃feʀɑ̃s] *nf* circonferenza; (*d'un parc*) perimetro

circonstance [siʀkɔ̃stɑ̃s] *nf* circostanza; **poème de ~** poesia d'occasione; **air de ~** aria di circostanza; **tête de ~** espressione *f* di circostanza; **~s atténuantes** (*Jur*) circostanze attenuanti

circuit [siʀkɥi] *nm* circuito; (*Écon* : *des capitaux*) circolazione *f*; **~ automobile** circuito automobilistico; **~ de distribution** circuito di distribuzione; **~ fermé** circuito chiuso; **~ intégré** circuito integrato

circulaire [siʀkylɛʀ] *adj* circolare ▸ *nf* circolare *f*; **jeter un regard ~** volgere intorno lo sguardo

circulation [siʀkylasjɔ̃] *nf* circolazione *f*; (*Auto*) circolazione, traffico; **bonne/ mauvaise ~** (*du sang*) buona/cattiva circolazione; **il y a beaucoup de ~** c'è molto traffico; **mettre en ~** mettere in circolazione

circuler [siʀkyle] *vi* circolare; **faire ~** far circolare

cire [siʀ] *nf* cera; (*cérumen*) cerume *m*; **~ à cacheter** ceralacca

ciré, e [siʀe] *adj* (*parquet*) lucidato(-a) a cera, lucido(-a) ▸ *nm* cerata

cirer [siʀe] *vt* (*chaussures*) lucidare; (*parquet, meuble*) lucidare, dare la cera a

cirque [siʀk] *nm* circo; (*fig*) baraonda

ciseau, x [sizo] *nm* : **~ (à bois)** scalpello; **ciseaux** *nmpl* (*gén, de tailleur*) forbici *fpl*; (*Gymnastique*) sforbiciata *fsg*; **sauter en ciseaux** saltare a forbice

citadin, e [sitadɛ̃, in] *nm/f, adj* cittadino(-a)

citation [sitasjɔ̃] *nf* citazione *f*

cité [site] *nf* città *f inv*; **~ ouvrière** quartiere *m* operaio; **~ universitaire** città universitaria

citer [site] *vt* citare; **~ en exemple** citare a esempio; **je ne veux ~ personne** non voglio fare nomi

citoyen, ne [sitwajɛ̃, jɛn] *nm/f* cittadino(-a)

citron [sitʀɔ̃] *nm* limone *m*; **~ pressé** spremuta di limone; **~ vert** limetta

citronnade [sitʀɔnad] *nf* limonata

citronnelle [sitʀɔnɛl] *nf varietà di piante dal caratteristico aroma di limone*

citronnier [sitʀɔnje] *nm* limone *m* (*pianta*)

citrouille [sitʀuj] *nf* zucca

civet [sivɛ] *nm* (*Culin*) civet *m inv* (*piatto a base di selvaggina marinata nel vino rosso mescolata al sangue dell'animale*); **~ de lièvre** civet di lepre

civière [sivjɛʀ] *nf* barella

civil, e [sivil] *adj* civile ▸ *nm* (*Mil*) civile *m*; **habillé en ~** in borghese; **dans le ~** da borghese; **mariage/enterrement ~** matrimonio/funerale civile

civilisation [sivilizasjɔ̃] *nf* civiltà *f inv*

clair, e [klɛʀ] *adj* chiaro(-a); (*pièce*) luminoso(-a); (*peu consistant* : *sauce, soupe*) liquido(-a) ▸ *adv* : **voir ~** vedere chiaro ▸ *nm* : **~ de lune** chiaro di luna; **pour être ~** per essere chiaro; **y voir ~** vederci chiaro; **bleu/rouge ~** azzurro/ rosso chiaro; **par temps ~** quando non ci sono nuvole; **tirer qch au ~** mettere in chiaro qc; **il ne voit plus très ~** non ci vede più bene; **mettre au ~** mettere in bella copia; **le plus ~ de son temps/ de son argent** la maggior parte del suo tempo/dei suoi soldi; **en ~** (*TV* : *non crypté*) non cifrato(-a); (*c'est-à-dire*) in altre parole

clairement [klɛʀmɑ̃] *adv* chiaramente

clairière [klɛʀjɛʀ] *nf* radura

clairsemé, e [klɛʀsəme] *adj* (*cheveux, herbe*) rado(-a)

clandestin, e [klɑ̃dɛstɛ̃, in] *adj* clandestino(-a); **passager ~** (passeggero) clandestino; **immigration clandestine** immigrazione *f* clandestina

claque [klak] *nf* (*gifle*) schiaffo, sberla; **la ~** (*Théâtre*) la claque

claquer [klake] *vi* (*drapeau, porte*) sbattere; (*coup de feu*) produrre un rumore secco ▸ *vt* (*porte*) sbattere; **elle claquait des dents** batteva i denti; **se ~ un muscle** stirarsi un muscolo

claquettes [klakɛt] *nfpl* tip tap *m inv*

clarifier [klaʀifje] *vt* (*fig*) chiarire, chiarificare

clarinette [klaʀinɛt] *nf* clarinetto

clarté [klaʀte] *nf* chiarezza; **manquer de ~** mancare di chiarezza
classe [klɑs] *nf* (*Scol* : *Rail*, *fig*) classe *f*; (*leçon*) lezione *f*; **un (soldat de) deuxième ~** un soldato semplice; **1ère/2ème ~** 1ª/2ª classe; **de ~** di classe; **faire la ~** fare lezione; **aller en ~** andare a scuola; **faire ses ~s** (*Mil*) fare il corso addestramento reclute *ou* CAR; **aller en ~ verte/de neige/de mer** andare in campagna/a sciare/al mare con la scuola; **~ dirigeante/ouvrière** classe dirigente/operaia; **~ grammaticale** classe grammaticale; **~ sociale** classe *ou* ceto sociale; **~ touriste** classe turistica
classement [klɑsmɑ̃] *nm* classificazione *f*; (*liste*, *rang* : *Scol*) graduatoria, classifica; (: *Sport*) classifica; **premier au ~ général** (*Sport*) primo nella classifica generale
classer [klɑse] *vt* classificare; (*Jur* : *affaire*) archiviare; **se ~ premier/dernier** classificarsi primo/ultimo
classeur [klɑsœʀ] *nm* (*cahier*) classificatore *m*, raccoglitore *m*; (*meuble*) classificatore *m*; **~ (à anneaux)** raccoglitore *m* ad anelli
classique [klasik] *adj* classico(-a) ▸ *nm* (*œuvre*, *auteur*) classico; **études ~s** studi *mpl* classici
clavecin [klav(ə)sɛ̃] *nm* clavicembalo
clavicule [klavikyl] *nf* clavicola
clavier [klavje] *nm* tastiera
clé [kle] *nf* chiave *f* ▸ *adj* : **problème/position ~** problema *m*/posizione *f* chiave *inv*; **mettre sous ~** mettere sotto chiave; **prendre la ~ des champs** svignarsela; **prix ~s en main** prezzo chiavi in mano; **livre/film à ~** *libro/film che contiene allusioni velate a personaggi o fatti reali*; **à la ~** alla fine; **~ anglaise** *ou* **à molette** chiave inglese; **~ d'ut** chiave di contralto; **~ de contact** chiave di accensione; **~ de fa/de sol** chiave di basso/di sol; **~ de voûte** chiave di volta; **~ USB** chiavetta USB, penna USB
clef [kle] *nf* = **clé**
clématite [klematit] *nf* clematide *f*
clémentine [klemɑ̃tin] *nf* clementina
clergé [klɛʀʒe] *nm* clero
clic [klik] *nm* clic *m inv*; **en un ~** in un clic
cliché [kliʃe] *nm* (*Photo*) negativo; (*Typo*) cliché *m inv*; (*Ling*) luogo comune, cliché
client, e [klijɑ̃, klijɑ̃t] *nm/f* cliente *m/f*; (*du docteur*) paziente *m/f*
clientèle [klijɑ̃tɛl] *nf* clientela; (*du docteur*) pazienti *mpl*
cligner [kliɲe] *vi* : **~ des yeux** strizzare gli occhi; **~ de l'œil** fare l'occhiolino
clignotant, e [kliɲɔtɑ̃, ɑ̃t] *adj* lampeggiante ▸ *nm* (*Auto*) lampeggiatore *m*, freccia
clignoter [kliɲɔte] *vi* (*lumière*) lampeggiare
climat [klima] *nm* (*aussi fig*) clima *m*
climatisateur [klimatizatœʀ] *nm* climatizzatore *m*
climatisation [klimatizasjɔ̃] *nf* climatizzazione *f*, condizionamento dell'aria
climatisé, e [klimatize] *adj* con aria condizionata
climatiseur [klimatizœʀ] *nm* condizionatore *m* d'aria, climatizzatore *m*
clin [klɛ̃] *nm* : **~ d'œil** strizzatina d'occhio; **en un ~ d'œil** in un batter d'occhio
clinique [klinik] *adj* clinico(-a) ▸ *nf* clinica
clip [klip] *nm* (*pince*) clip *f inv*; (*vidéo*) videoclip *m inv*, clip *m inv*
cliquer [klike] *vi* (*Inform*) cliccare; **~ deux fois** cliccare due volte; **~ sur** cliccare su
clochard, e [klɔʃaʀ, aʀd] *nm/f* barbone(-a), vagabondo(-a)
cloche [klɔʃ] *nf* campana; (*fam* : *niais*) stupido, salame *m*; **se faire sonner les ~s** (*fam*) farsi sgridare; **~ à fromage** copriformaggio *m inv*
clocher [klɔʃe] *nm* campanile *m* ▸ *vi* (*fam*) non andare, zoppicare; **de ~** (*péj* : *rivalités etc*) di campanile
cloison [klwazɔ̃] *nf* (*Constr*) parete *f* divisoria, tramezzo; (*fig*) barriera; **~ étanche** (*fig*) compartimento stagno
clonage [klonaʒ] *nm* clonazione *f*
clone [klon] *nm* clone *m*
cloner [klone] *vt* clonare
clope [klɔp] (*fam*) *nm ou nf* cicca
cloque [klɔk] *nf* bolla, vescica
clôture [klotyʀ] *nf* chiusura; (*barrière*) recinzione *f*
clou [klu] *nm* chiodo; (*Méd*) foruncolo; **clous** *nmpl* (= *passage clouté*) strisce *fpl* pedonali, passaggio pedonale; **pneus à ~s** pneumatici *mpl* chiodati; **le ~ du spectacle** (*fig*) il clou dello spettacolo; **~ de girofle** chiodo di garofano

clown [klun] *nm* clown *m inv*, pagliaccio; **faire le ~** (*fig*) fare il buffone
club [klœb] *nm* circolo, club *m inv*
CNRS [seɛnɛʀɛs] *sigle m* (= *Centre national de la recherche scientifique*) ≈ CNR *m inv*
coaguler [kɔagyle] *vi* (*aussi* : **se coaguler**) coagularsi
cobaye [kɔbaj] *nm* (*Zool, fig*) cavia
cocaïne [kɔkain] *nf* cocaina
coccinelle [kɔksinɛl] *nf* coccinella
cocher [kɔʃe] *nm* vetturino, cocchiere *m* ▸ *vt* spuntare, segnare
cochon, ne [kɔʃɔ̃, ɔn] *nm* maiale *m* ▸ *nm/f* (*péj*) sporcaccione(-a), maiale(-a) ▸ *adj* (*livre, histoire*) sporco(-a), sconcio(-a); **avoir une tête de ~** essere una testa dura; **~ d'Inde** porcellino d'India; **~ de lait** porcellino da latte
cochonnerie [kɔʃɔnʀi] (*fam*) *nf* porcheria
cocktail [kɔktɛl] *nm* cocktail *m inv*
cocorico [kɔkɔʀiko] *excl, nm* chicchirichì *m inv*
cocotte [kɔkɔt] *nf* (*en fonte*) pentola di ghisa; **ma ~** (*fam*) cocca mia; **~ en papier** ochetta di carta; **~ (minute)**® pentola a pressione
code [kɔd] *nm* codice *m*; (*Auto*) anabbagliante *m*; **se mettre en ~(s)** (*Auto*) accendere gli anabbaglianti; **~ barres** codice a barre; **~ civil** codice civile; **~ de conduite** codice di condotta; **~ de la route** codice della strada; **~ pénal** codice penale; **~ postal** codice postale; **~ secret** codice segreto

> **FAUX AMIS**
> **code** ne se traduit pas par le mot italien *coda*.

code-barres [kɔdbaʀ] (*pl* **codes-barres**) *nm* codice a barre
coefficient [kɔefisjɑ̃] *nm* coefficiente *m*
cœur [kœʀ] *nm* cuore *m*; (*Cartes* : *couleur*) cuori *mpl*; **affaire de ~** affare *m* di cuore; **avoir bon/du ~** avere (buon) cuore; **avoir mal au ~** (*estomac*) avere la nausea; **contre son ~** (*poitrine*) al cuore; **opérer qn à ~ ouvert** operare qn a cuore aperto; **parler à ~ ouvert** parlare a cuore aperto; **de tout son ~** con tutto il cuore; **avoir le ~ gros** *ou* **serré** avere il cuore gonfio; **en avoir le ~ net** vederci chiaro; **avoir le ~ sur la main** avere il cuore in mano; **par ~** a memoria; **de bon ~** volentieri; **avoir à ~ de faire** tenerci a fare; **cela lui tient à ~** (ciò) gli sta a cuore; **prendre les choses à ~** prendersela a cuore; **s'en donner à ~ joie** (*s'amuser*) divertirsi come pazzi; **je suis de tout ~ avec toi** ti sono vicino; **~ d'artichaut** cuore di carciofo; (*fig*) rubacuori *m inv*; **~ de l'été** cuore dell'estate; **~ de la forêt** cuore della foresta; **~ de laitue** cuore di lattuga; **~ du débat** (*fig*) cuore del dibattito
coffre [kɔfʀ] *nm* (*meuble*) cassapanca; (*aussi* : **coffre-fort**) cassaforte *f*; (*d'auto*) bagagliaio; **avoir du ~** (*fam*) avere buoni polmoni
coffre-fort [kɔfʀəfɔʀ] *nm* cassaforte *f*
coffret [kɔfʀɛ] *nm* cofanetto; **~ à bijoux** portagioie *m inv*
cognac [kɔɲak] *nm* cognac *m inv*
cogner [kɔɲe] *vt* (*heurter* : *verres etc*) urtare ▸ *vi* (*personne*) battere; (*volet, battant*) battere; (*moteur*) picchiare in testa; **se cogner à** *vr* urtare contro; **~ sur/contre** battere su/contro; **~ à la porte/fenêtre** battere *ou* picchiare alla porta/finestra
cohérent, e [kɔeʀɑ̃, ɑ̃t] *adj* coerente
coiffé, e [kwafe] *adj* : **bien/mal ~** pettinato(-a)/spettinato(-a); **~ d'un chapeau** con in testa un cappello; **~ en arrière** con i capelli all'indietro; **~ en brosse** con i capelli a spazzola
coiffer [kwafe] *vt* (*personne*) pettinare; (*colline, sommet*) ricoprire; (*Admin* : *sections, organismes*) controllare; **se coiffer** *vr* pettinarsi; **~ qn d'un béret** mettere un berretto in testa a qn; **~ qn sur le poteau** battere qn sul filo del traguardo
coiffeur, -euse [kwafœʀ, øz] *nm/f* parrucchiere(-a)
coiffeuse [kwaføz] *nf* (*table*) toeletta
coiffure [kwafyʀ] *nf* (*cheveux*) pettinatura, acconciatura; (*chapeau*) copricapo *m*, cappello; **la ~** l'arte dell'acconciatura
coin [kwɛ̃] *nm* (*de page, pièce, rue*) angolo; (*caisse*) spigolo; (*pour caler, fendre le bois*) cuneo; (*endroit*) posto; **l'épicerie du ~** il negozio di alimentari all'angolo; **dans le ~** in zona; **au ~ du feu** accanto al focolare; **du ~ de l'œil** con la coda dell'occhio; **regard/sourire en ~** sguardo/sorriso di sottecchi

coincé, e [kwɛ̃se] *adj* bloccato(-a), incastrato(-a); (*fig* : *inhibé*) bloccato(-a)
coïncidence [kɔɛ̃sidɑ̃s] *nf* coincidenza
coing [kwɛ̃] *nm* mela cotogna; **pâte de ~s** cotognata
col [kɔl] *nm* (*de chemise*) collo, colletto; (*encolure, cou, de bouteille*) collo; (*de montagne*) valico, passo; (*de verre*) orlo; **~ de l'utérus** collo dell'utero; **~ du fémur** collo del femore; **~ roulé** collo a dolcevita
colère [kɔlɛʀ] *nf* collera, ira; **une ~** un accesso *ou* attacco di collera; **être en ~ (contre qn)** essere in collera *ou* arrabbiato(-a) con qn; **mettre qn en ~** fare arrabbiare qn; **se mettre en ~** arrabbiarsi
coléreux, -euse [kɔleʀø, øz] *adj* collerico(-a), irascibile
colimaçon [kɔlimasɔ̃] *nm* : **escalier en ~** scala a chiocciola
colin [kɔlɛ̃] *nm* nasello
colique [kɔlik] *nf* (*Méd*) diarrea; (*douleurs*) colica; **~ néphrétique** colica renale
colis [kɔli] *nm* pacco, collo; **par ~ postal** come pacco postale
collaborateur, -trice [kɔ(l)labɔʀatœʀ, tʀis] *nm/f* collaboratore(-trice)
collaboration [kɔ(l)labɔʀasjɔ̃] *nf* collaborazione *f*
collaborer [kɔ(l)labɔʀe] *vi* collaborare; **~ à** collaborare a
collant, e [kɔlɑ̃, ɑ̃t] *adj* adesivo(-a); (*robe etc*) aderente; (*péj* : *personne*) appiccicoso(-a) ▸ *nm* (*en nylon*) calzamaglia; (*en nylon*) collant *m inv*
colle [kɔl] *nf* colla; (*devinette*) indovinello, domanda difficile; (*Scol*) punizione *f*, castigo; **~ de bureau** colla (da ufficio); **~ forte** colla forte
collecte [kɔlɛkt] *nf* colletta; **faire une ~** fare una colletta
collectif, -ive [kɔlɛktif, iv] *adj* collettivo(-a) ▸ *nm* collettivo; **~ budgétaire** progetto di bilancio
collection [kɔlɛksjɔ̃] *nf* collezione *f*; (*Édition*) collana; (*Comm* : *échantillons*) campionario; **pièce de ~** pezzo da collezione; **faire (la) ~ de** fare collezione di; **(toute) une ~ de** (*fig*) una (bella) collezione di; **~ (de mode)** collezione
collectionner [kɔlɛksjɔne] *vt* collezionare
collectionneur, -euse [kɔlɛksjɔnœʀ, øz] *nm/f* collezionista *m/f*
collectivité [kɔlɛktivite] *nf* (*groupement*) gruppo, comunità *f inv*; **la ~** (*le public, l'ensemble des citoyens*) la collettività; (*vie en communauté*) la vita in comune; **~s locales** (*Admin*) enti *mpl* locali
collège [kɔlɛʒ] *nm* (*école*) ≈ scuola media; *vedi nota* ; (*assemblée*) collegio; **~ d'enseignement secondaire** ≈ scuola secondaria di primo grado; **~ électoral** collegio elettorale

Il **collège** è una scuola statale secondaria frequentata da ragazzi tra gli 11 e i 15 anni. I ragazzi seguono un programma stabilito a livello nazionale con diverse materie comuni ed alcune a scelta. Le scuole sono libere di stabilire gli orari e di scegliere i propri metodi didattici.

collégien, ne [kɔleʒjɛ̃, ɛn] *nm/f* studente(-essa) *m/f* (di scuola media)
collègue [kɔ(l)lɛg] *nm/f* collega *m/f*
coller [kɔle] *vt* incollare; (*fam* : *mettre, fourrer*) sbattere, ficcare; (*Scol* : *fam*) punire; (*à un examen*) bocciare ▸ *vi* (*être collant*) appiccicare, attaccare; (*adhérer*) aderire; **~ qch sur** incollare qc su; **~ son front à la vitre** incollare la fronte al vetro; **~ à** (*aussi fig*) aderire a; **~ qn** (*par une question*) fare a qn una domanda cui non sa rispondere
collier [kɔlje] *nm* (*bijou*) collana; (*de chien, de tuyau*) collare *m*; **~ (de barbe), barbe en ~** barba alla Cavour
colline [kɔlin] *nf* collina
collision [kɔlizjɔ̃] *nf* collisione *f*; **entrer en ~ (avec)** entrare in collisione (con)
collyre [kɔliʀ] *nm* collirio
colombe [kɔlɔ̃b] *nf* colomba
Colombie [kɔlɔ̃bi] *nf* Colombia
colonie [kɔlɔni] *nf* colonia; **~ (de vacances)** colonia
colonne [kɔlɔn] *nf* colonna; **en ~ par deux** in fila per due; **se mettre en ~ par deux/quatre** mettersi in fila per due/quattro; **~ de secours** squadra di soccorso; **~ (vertébrale)** colonna vertebrale
colorant, e [kɔlɔʀɑ̃, ɑ̃t] *adj* colorante ▸ *nm* colorante *m*
colorer [kɔlɔʀe] *vt* colorare; **se colorer** *vr* colorarsi, colorirsi

colorier [kɔlɔʀje] *vt* colorare; **album à ~** album da colorare
coloris [kɔlɔʀi] *nm* tinta
colza [kɔlza] *nm* colza
coma [kɔma] *nm* coma *m inv*; **être dans le ~** essere in coma
combat [kɔ̃ba] *vb voir* **combattre** ▶ *nm* (*Mil*) combattimento; (*fig*) lotta; **~ de boxe** incontro di pugilato; **~ de rues** rissa, zuffa (*per la strada*)
combattant, e [kɔ̃batɑ̃, ɑ̃t] *adj* combattente ▶ *nm* combattente *m*; (*d'une rixe*) avversario, contendente *m*; **ancien ~** ex combattente
combattre [kɔ̃batʀ] *vt, vi* combattere
combien [kɔ̃bjɛ̃] *adv* (*interrogatif* : *quantité*) quanto; (*nombre*) quanti; (*exclamatif* : *comme, que*) quanto, come; **~ de** quanto(-a); **~ de temps** quanto tempo; **~ coûte/pèse ceci ?** quanto costa/pesa questo?; **vous mesurez ~ ?** che taglia porta?; **ça fait ~ ?** (*prix*) quant'è?; **ça fait ~ en largeur ?** quanto è largo?
combinaison [kɔ̃binɛzɔ̃] *nf* combinazione *f*; (*vêtement* : *spatiale, d'aviateur, de ski etc*) tuta; (*de femme* : *sous-vêtement*) sottoveste *f*
combiné [kɔ̃bine] *nm* (*aussi* : **combiné téléphonique**) ricevitore *m*; (*Ski*) combinata; (*vêtement de femme*) guaina, modellatore *m*
comble [kɔ̃bl] *adj* (*salle, maison*) pieno(-a) zeppo(-a), colmo(-a) ▶ *nm* (*du bonheur, plaisir*) colmo; **combles** *nmpl* (*Constr*) sottotetto *msg*; **faire salle ~** registrare il pienone; **de fond en ~** da cima a fondo; **pour ~ de malchance** per colmo di sfortuna; **c'est le ~ !** è il colmo!; **sous les ~s** nel sottotetto
combler [kɔ̃ble] *vt* colmare; (*désirs*) appagare, esaudire; (*personne*) appagare; **~ qn de joie/d'honneurs** colmare qn di gioia/di onori
comédie [kɔmedi] *nf* commedia; **jouer la ~** (*fig*) fare *ou* recitare la commedia; **Comédie-Française** *vedi nota*; **~ musicale** commedia musicale

> Fondata nel 1680 da Luigi XIV, la **Comédie-Française** è il teatro nazionale francese. La compagnia viene sovvenzionata dallo Stato e si esibisce soprattutto al Palais-Royal di Parigi dove mette in scena principalmente i classici teatrali francesi.

comédien, ne [kɔmedjɛ̃, jɛn] *nm/f* (*Théâtre*) attore(-trice); (*comique*) attore(-trice) comico(-a); (*fig* : *simulateur*) commediante *m/f*; (: *pitre*) buffone(-a)
comestible [kɔmɛstibl] *adj* commestibile; **comestibles** *nmpl* (*aliments*) (generi *mpl*) alimentari *mpl*
comique [kɔmik] *adj* comico(-a) ▶ *nm/f* (*artiste*) comico(-a); **le ~ de l'histoire, c'est ...** il comico della storia è ...
commandant, e [kɔmɑ̃dɑ̃, ɑ̃t] *nm/f* (*gén, armée de l'air, Naut*) comandante *m*; (*Mil* : *grade*) maggiore *m*; **~ (de bord)** (*Aviat*) comandante *m* (pilota)
commande [kɔmɑ̃d] *nf* (*Comm*) ordine *m*, ordinazione *f*; (*Inform*) comando; **commandes** *nfpl* (*de voiture, d'avion*) comandi *mpl*; **passer une ~ (de)** fare un ordine (di); **sur ~** su ordinazione; **véhicule à double ~** veicolo a doppi comandi; **prendre les ~s** (*d'un avion, d'un parti*) prendere i comandi; **~ à distance** telecomando
commander [kɔmɑ̃de] *vt* comandare; (*Comm*) ordinare; (*fig* : *nécessiter*) imporre; **~ à** (*Mil*) comandare; **~ à qn de faire qch** ordinare a qn di fare qc; **c'est moi qui commande ici !** qui commando io!

MOT-CLÉ

comme [kɔm] *prép* **1** (*comparaison*) come; **tout comme son père** proprio come suo padre; **fort comme un bœuf** forte come un toro; **il est petit comme tout** è proprio piccolo; **comme c'est pas possible** (*fam*) non è possibile; **il est têtu comme c'est pas possible** *ou* **permis** (*fam*) è incredibilmente testardo
2 (*manière*) come; **comme ça** così; **comment ça va ? — comme ça** come va? — così così; **comme ci, comme ça** così così; **faites comme cela** *ou* **ça** fate così; **on ne parle pas comme ça à ...** non si parla così a ...
3 (*en tant que*) come; **donner comme prix/heure** stabilire come prezzo/ora; **travailler comme secrétaire** lavorare come segretaria
▶ *conj* **1** (*ainsi que*) come; **elle écrit comme elle parle** scrive come parla; **comme on dit** come si dice; **comme si** come se; **comme quoi ...** (*d'où il s'ensuit

que) ne consegue che ...; **comme de juste** come è giusto (che sia); **comme il faut** come si deve
2 (*au moment où, alors que*) mentre, nel momento in cui; **il est parti comme j'arrivais** è partito mentre arrivavo
3 (*parce que, puisque*) siccome; **comme il était en retard, ...** siccome era in ritardo, ...
▸ *adv* (*exclamation*) : **comme c'est bon/il est fort !** com'è buono/forte!

commencement [kɔmɑ̃smɑ̃] *nm* inizio; **au ~** all'inizio

commencer [kɔmɑ̃se] *vt* iniziare, cominciare ▸ *vi* iniziare, cominciare; **une citation commence l'article** l'articolo inizia con una citazione; **~ à faire** iniziare *ou* cominciare a fare; **~ par qch/par faire qch** iniziare *ou* cominciare con qc/col fare qc

comment [kɔmɑ̃] *adv* come; **~ ?** (*que dites-vous?*) come?; **~ !** (*affirmatif : de quelle façon*) come!; **et ~ !** eccome!; **~ donc !** certamente!, come no!; **~ aurais-tu fait ?** come avresti fatto?; **~ tu t'y serais pris ?** come *ou* cosa avresti fatto?; **~ faire ?** come fare?; **~ se fait-il que ... ?** com'è che ...?; **~ est-ce que ça s'appelle ?** come si chiama?; **~ est-ce qu'on ... ?** come si ...?; **le ~ et le pourquoi** il come e il perché

commentaire [kɔmɑ̃tɛʀ] *nm* commento; **~ (de texte)** (*Scol*) commento

commentateur, -trice [kɔmɑ̃tatœʀ, tʀis] *nm/f* (*Radio, TV*) commentatore(-trice); **~ sportif(-ive)** commentator(-trice) sportive(-a)

commerçant, e [kɔmɛʀsɑ̃, ɑ̃t] *adj* commerciale; (*personne*) portato(-a) per il commercio ▸ *nm/f* commerciante *m/f*

commerce [kɔmɛʀs] *nm* commercio; **le petit ~** il commercio al minuto; **faire ~ de** commerciare in; (*fig : péj*) fare commercio di; **chambre de ~** camera di commercio; **livres de ~** libri contabili; **vendu dans le ~** in commercio; **vendu hors-~** fuori commercio; **~ en** *ou* **de gros** commercio all'ingrosso; **~ équitable** commercio equo e solidale; **~ extérieur** commercio (con l')estero; **~ intérieur** commercio interno

commercial, e, -aux [kɔmɛʀsjal, o] *adj* (*aussi péj*) commerciale ▸ *nm/f* commerciale *m/f*

commercialiser [kɔmɛʀsjalize] *vt* commercializzare

commissaire [kɔmisɛʀ] *nm/f* commissario; **~ aux comptes** revisore *m* dei conti; **~ du bord** commissario di bordo

commissariat [kɔmisaʀja] *nm* commissariato; (*Admin*) funzione *f* di commissario

commission [kɔmisjɔ̃] *nf* commissione *f*; **commissions** *nfpl* (*achats*) compere *fpl*, commissioni *fpl*; **~ d'examen** commissione d'esame

commode [kɔmɔd] *adj* comodo(-a); (*personne*) : **pas ~** esigente, difficile ▸ *nf* cassettone *m*, comò *m inv*

commun, e [kɔmœ̃, yn] *adj* comune; (*identique*) identico(-a); (*péj*) ordinario(-a) ▸ *nm* : **cela sort du ~** è fuori del comune; **communs** *nmpl* (*bâtiments*) dipendenze *fpl*; **le ~ des mortels** i comuni mortali; **sans commune mesure** senza paragone; **bien ~** bene *m* comune; **être ~ à** essere comune a; **en ~** in comune; **peu ~** poco comune; **d'un ~ accord** di comune accordo

communauté [kɔmynote] *nf* comunità *f inv*; **régime de la ~** (*Jur*) regime *m* di comunione dei beni

commune [kɔmyn] *adj f voir* **commun** ▸ *nf* comune *m*

La **commune** è la più piccola suddivisione amministrativa in Francia. Delle 36 767 *communes*, il 90% ha meno di 2.000 abitanti, e a volte una *commune* è formata da più paesi di piccole dimensioni. È amministrata da un *maire*, un sindaco, eletto dal consiglio comunale tramite elezioni comunali.

communication [kɔmynikasjɔ̃] *nf* comunicazione *f*; (*de demande, dossier*) trasmissione *f*; **communications** *nfpl* (*routes, téléphone etc*) comunicazioni *fpl*; **mettre qn en ~ avec qn** mettere qn in comunicazione con qn; **travailler dans la ~** lavorare nella comunicazione; **~ en PCV** telefonata a carico del destinatario

communier [kɔmynje] *vi* comunicarsi, fare la comunione; (*fig*) essere in comunione spirituale

communion [kɔmynjɔ̃] *nf* (*Rel, fig*) comunione *f*
communiquer [kɔmynike] *vt* comunicare; (*demande, dossier*) trasmettere ▸ *vi* comunicare; **se communiquer à** *vr* trasmettersi a; **~ avec** (*suj* : *salle*) comunicare con
communisme [kɔmynism] *nm* comunismo
communiste [kɔmynist] *adj, nm/f* comunista *m/f*
compact, e [kɔ̃pakt] *adj* compatto(-a)
compagne [kɔ̃paɲ] *nf* compagna
compagnie [kɔ̃paɲi] *nf* compagnia; **tenir ~ à qn** tenere *ou* fare compagnia a qn; **fausser ~ à qn** piantare in asso qn; **en ~ de** in compagnia di; **Dupont et ~** (*Comm*) Dupont e soci; **... et ~** ... e compagnia bella; **~ aérienne** compagnia aerea
compagnon [kɔ̃paɲɔ̃] *nm* compagno; (*ouvrier*) artigiano
comparable [kɔ̃paʀabl] *adj* : **~ (à)** paragonabile (a)
comparaison [kɔ̃paʀɛzɔ̃] *nf* paragone *m*, confronto; **en ~ de, par ~ à** in confronto a; **en ~** in confronto; **par ~** in base a un confronto *ou* paragone; **sans ~** (*de loin*) sicuramente; **cet ouvrage est sans ~ avec les autres** non c'è paragone tra quest'opera e le altre
comparer [kɔ̃paʀe] *vt* paragonare, confrontare; **~ qch/qn à** *ou* **et qch/qn** paragonare qc/qn a qc/qn, confrontare qc/qn con qc/qn
compartiment [kɔ̃paʀtimɑ̃] *nm* (*de train*) scompartimento; (*case*) scomparto
compas [kɔ̃pɑ] *nm* (*Géom*) compasso; (*Naut*) bussola
compatible [kɔ̃patibl] *adj* : **~ (avec)** compatibile (con)
compatriote [kɔ̃patʀijɔt] *nm/f* compatriota *m/f*
compensation [kɔ̃pɑ̃sasjɔ̃] *nf* (*dédommagement*) compenso, risarcimento; (*Banque, d'une dette*) compensazione *f*; **en ~** in compenso
compenser [kɔ̃pɑ̃se] *vt* compensare
compétence [kɔ̃petɑ̃s] *nf* competenza
compétent, e [kɔ̃petɑ̃, ɑ̃t] *adj* competente
compétitif, -ive [kɔ̃petitif, iv] *adj* competitivo(-a)
compétition [kɔ̃petisjɔ̃] *nf* competizione *f*; (*Sport*) competizione, gara; **la ~** (*Sport* : *activité*) l'agonismo; **être en ~ avec** essere in competizione con; **~ automobile** corse *fpl* automobilistiche
complément [kɔ̃plemɑ̃] *nm* (*aussi Ling*) complemento; (*surplus*) supplemento; (*alimentaire, vitaminé*) integratore *m*; (*reste*) resto; **~ (circonstanciel) de lieu/d'agent** complemento di luogo/d'agente; **~ d'information** (*Admin*) informazioni supplementari *fpl*; **~ (d'objet) direct** complemento oggetto *ou* diretto; **~ (d'objet) indirect** complemento indiretto; **~ de nom** complemento di specificazione
complémentaire [kɔ̃plemɑ̃tɛʀ] *adj* complementare
complet, -ète [kɔ̃plɛ, ɛt] *adj* completo(-a); (*hôtel, cinéma*) al completo ▸ *nm* (*costume* : *aussi* : **complet-veston**) completo; **au (grand) ~** al (gran) completo
complètement [kɔ̃plɛtmɑ̃] *adv* completamente
compléter [kɔ̃plete] *vt* completare; **se compléter** *vr* completarsi
complexe [kɔ̃plɛks] *adj* complesso(-a) ▸ *nm* complesso; **faire un ~** avere un complesso; **~ d'infériorité** complesso d'inferiorità; **~ industriel/portuaire/hospitalier** complesso industriale/portuale/ospedaliero
complexé, e [kɔ̃plɛkse] *adj* complessato(-a)
complication [kɔ̃plikasjɔ̃] *nf* (*d'une situation*) complessità *f inv*; (*difficulté, ennui*) complicazione *f*; **complications** *nfpl* (*Méd*) complicazioni *fpl*
complice [kɔ̃plis] *nm/f* complice *m/f*
compliment [kɔ̃plimɑ̃] *nm* complimento; **compliments** *nmpl* (*félicitations*) complimenti *mpl*, congratulazioni *fpl*; **tous mes ~s !** i miei complimenti!
compliqué, e [kɔ̃plike] *adj* complicato(-a), complesso(-a)
comportement [kɔ̃pɔʀtəmɑ̃] *nm* comportamento
comporter [kɔ̃pɔʀte] *vt* comprendere; (*impliquer*) comportare; **se comporter** *vr* comportarsi
composé, e [kɔ̃poze] *adj* composto(-a)
composer [kɔ̃poze] *vt* comporre ▸ *vi* (*Scol*) fare un compito in classe; (*transiger*) venire a patti; **se ~ de** essere

composto(-a) da, comporsi di; **~ un numéro** comporre un numero
compositeur, -trice [kɔ̃pozitœʀ, tʀis] *nm/f* (*Mus, Typo*) compositore(-trice)
composition [kɔ̃pozisjɔ̃] *nf* composizione *f*; (*Scol*) compito in classe, prova scritta; **de bonne ~** accomodante; **~ française** (*Scol*) tema in francese
composter [kɔ̃pɔste] *vt* (*ticket*) convalidare; (*déchets*) compostare
compote [kɔ̃pɔt] *nf* conserva di frutta; **~ de pommes** conserva *f* di frutta
compréhensible [kɔ̃pʀeɑ̃sibl] *adj* comprensibile
compréhensif, -ive [kɔ̃pʀeɑ̃sif, iv] *adj* comprensivo(-a)
comprendre [kɔ̃pʀɑ̃dʀ] *vt* capire, comprendere; (*se composer de, inclure*) comprendere; **se faire ~** farsi capire; **mal ~** capire male
compresse [kɔ̃pʀɛs] *nf* compressa
compresser [kɔ̃pʀese] *vt* (*Inform*) zippare
comprimé, e [kɔ̃pʀime] *adj* : **air ~** aria compressa ▸ *nm* (*Méd*) compressa
compris, e [kɔ̃pʀi, iz] *pp de* **comprendre** ▸ *adj* (*inclus*) compreso(-a), incluso(-a); **~ entre ...** (*situé*) situato(-a) tra ...; **~ ?** capito?; **y/non ~ la maison** compresa/esclusa la casa; **la maison comprise/non comprise** compresa/esclusa la casa; **service ~** servizio compreso; **100 € tout ~** 100 € tutto compreso
compromettre [kɔ̃pʀɔmɛtʀ] *vt* compromettere
comptabilité [kɔ̃tabilite] *nf* contabilità *f inv*
comptable [kɔ̃tabl] *nm/f* ragioniere(-a), contabile *m/f* ▸ *adj* contabile
comptant [kɔ̃tɑ̃] *adv* : **payer/acheter ~** pagare/comprare in contanti
compte [kɔ̃t] *nm* conto; **comptes** *nmpl* (*comptabilité*) conti *mpl*; **ouvrir un ~** aprire un conto; **rendre des ~s à qn** (*fig*) rendere conto a qn; **faire le ~ de** fare il conto di; **tout ~ fait** a conti fatti; **à ce ~-là** (*dans ce cas*) in questo caso; (*à ce train-là*) di questo passo; **en fin de ~, au bout du ~** (*fig*) in fin dei conti; **à bon ~** a buon mercato; **avoir son ~** (*fig, fam : ivre*) essere completamente sbronzo(-a); (*à bout de force*) non poterne proprio più; **pour le ~ de qn** per conto di qn; **pour son propre ~** per conto proprio; **sur le ~ de qn** sul conto di qn; **travailler à son ~** lavorare in proprio; **au bout du ~** in fin dei conti; **mettre qch sur le ~ de qn** (*le rendre responsable*) ritenere qn responsabile per qc; **prendre qch à son ~** assumersi la responsabilità di qc; **trouver son ~ à** trovare il proprio tornaconto a; **régler un ~** regolare un conto; **rendre ~ (à qn) de qch** rendere conto (a qn) di qc; **tenir ~ de qch/que** tenere conto di qc/che; **~ tenu de** tenuto conto di; **~ à rebours** conto alla rovescia; **~ chèques** conto corrente; **~ client** conto attivo; **~ courant** conto corrente; **~ d'exploitation** conto commerciale; **~ de dépôt** conto di deposito; **~ rendu** resoconto; (*de film, livre*) recensione *f*
compte-goutte(s) [kɔ̃tgut] (*pl* **compte-gouttes**) *nm* contagocce *m inv*; **au ~** (*fig*) col contagocce
compter [kɔ̃te] *vt* contare; (*facturer*) conteggiare, mettere in conto ▸ *vi* contare; (*figurer*) : **~ parmi** figurare tra; **~ réussir/revenir** contare di riuscire/tornare; **~ sur** contare su; **~ avec qch/qn** tenere conto di qc/qn; **~ sans qch/qn** non tenere conto di qc/qn; **sans ~ que** senza contare che; **à ~ du 10 janvier** a partire dal 10 gennaio; **ça compte beaucoup pour moi** conta molto per me; **cela compte pour rien** non ha importanza; **je compte bien que** conto *ou* spero che
compteur [kɔ̃tœʀ] *nm* contatore *m*; **~ de vitesse** tachimetro
comptoir [kɔ̃twaʀ] *nm* banco; (*ville coloniale*) impresa commerciale (*in possedimento coloniale*)
con, conne [kɔ̃, kɔn] (*fam!*) *adj* coglione(-a) (*fam!*)
concentrer [kɔ̃sɑ̃tʀe] *vt* concentrare; **se concentrer** *vr* concentrarsi
concerner [kɔ̃sɛʀne] *vt* riguardare, concernere; **en ce qui me concerne** per quanto mi riguarda; **en ce qui concerne ceci** per quanto riguarda questo
concert [kɔ̃sɛʀ] *nm* (*Mus*) concerto; (*fig : de protestations etc*) coro; **de ~** (*ensemble*) insieme; (*d'un commun accord*) d'intesa

concessionnaire [kɔ̃sesjɔnɛʀ] *nm/f* concessionario(-a)
concevoir [kɔ̃s(ə)vwaʀ] *vt* concepire, ideare; (*enfant*) concepire
concierge [kɔ̃sjɛʀʒ] *nm/f* portinaio(-a), custode *m/f*; (*d'hôtel*) portiere(-a)
concis, e [kɔ̃si, iz] *adj* conciso(-a)
conclure [kɔ̃klyʀ] *vt* concludere; **~ qch de qch** (*déduire*) concludere *ou* dedurre qc da qc; **~ au suicide** concludere che si tratta di suicidio; **~ à l'acquittement** pronunciarsi per l'assoluzione; **~ un marché** concludere un affare; **j'en conclus que** ne concludo che
conclusion [kɔ̃klyzjɔ̃] *nf* conclusione *f*; **conclusions** *nfpl* (*Jur*) conclusioni *fpl*; **en ~** in conclusione
conçois *etc* [kɔ̃swa] *vb voir* **concevoir**
concombre [kɔ̃kɔ̃bʀ] *nm* cetriolo
concours [kɔ̃kuʀ] *nm* concorso; (*Scol*) esame *m*; (*aide, participation : de personne*) contributo; **recrutement par voie de ~** assunzione *f* mediante concorso; **apporter son ~ à** dare il proprio contributo a; **~ de circonstances** concorso di circostanze; **~ hippique** concorso ippico
concret, -ète [kɔ̃kʀɛ, ɛt] *adj* concreto(-a)
concrétiser [kɔ̃kʀetize] *vt* concretizzare, concretare; **se concrétiser** *vr* concretizzarsi
conçu, e [kɔ̃sy] *pp de* **concevoir**
concubinage [kɔ̃kybinaʒ] *nm* convivenza (*di una coppia*)
concurrence [kɔ̃kyʀɑ̃s] *nf* concorrenza; **en ~ avec** in concorrenza con; **jusqu'à ~ de** sino alla concorrenza di; **~ déloyale** concorrenza sleale
concurrent, e [kɔ̃kyʀɑ̃, ɑ̃t] *adj* concorrente ▸ *nm/f* concorrente *m/f*; (*Scol*) candidato(-a)
condamnation [kɔ̃dɑnasjɔ̃] *nf* condanna; **~ à mort** condanna a morte
condamner [kɔ̃dɑne] *vt* condannare; (*porte, ouverture*) sopprimere, condannare; **~ qn à qch/faire** condannare qn a qc/fare; **~ qn à 2 ans de prison** condannare qn a 2 anni di prigione; **~ qn à une amende** condannare qn ad una multa
condensation [kɔ̃dɑ̃sasjɔ̃] *nf* condensazione *f*
condition [kɔ̃disjɔ̃] *nf* condizione *f*; **en bonne ~** in buone condizioni; **conditions** *nfpl* (*tarif, prix, circonstances*) condizioni *fpl*; **sans ~** senza condizioni; **à/sous ~ que** a condizione che; **à/sous ~ de** a patto di; **mettre en ~** (*Sport*) mettere in forma; (*Psych*) condizionare; **~s atmosphériques** condizioni atmosferiche; **~s de vie** condizioni di vita
conditionnel [kɔ̃disjɔnɛl] *nm* (*Ling*) condizionale *m*
conditionnement [kɔ̃disjɔnmɑ̃] *nm* condizionamento
condoléances [kɔ̃dɔleɑ̃s] *nfpl* condoglianze *fpl*
conducteur, -trice [kɔ̃dyktœʀ, tʀis] *adj* conduttore(-trice) ▸ *nm* conduttore *m* ▸ *nm/f* (*Auto etc*) conducente *m/f*, guidatore(-trice); (*machine*) manovratore(-trice), conducente *m/f*
conduire [kɔ̃dɥiʀ] *vt* (*véhicule, délégation, troupeau, société*) guidare; (*passager, enquête, chaleur, électricité*) condurre; (*orchestre*) dirigere; **se conduire** *vr* comportarsi; **~ vers/à** condurre *ou* portare verso/a; **~ qn quelque part** condurre *ou* portare qn da qualche parte; **se ~ bien/mal** comportarsi bene/male
conduite [kɔ̃dɥit] *nf* (*en auto*) guida; (*comportement*) condotta; (*d'eau, gaz*) conduttura; **sous la ~ de** sotto la guida di
confection [kɔ̃fɛksjɔ̃] *nf* preparazione *f*; (*Couture*) confezione *f*; **vêtement de ~** vestito confezionato
conférence [kɔ̃feʀɑ̃s] *nf* conferenza; **~ au sommet** conferenza al vertice; **~ de presse** conferenza *f* stampa *inv*
confesser [kɔ̃fese] *vt* confessare; **se confesser** *vr* (*Rel*) confessarsi
confession [kɔ̃fesjɔ̃] *nf* confessione *f*
confetti [kɔ̃feti] *nm* coriandolo

> **FAUX AMIS**
> *confetti* signifie **dragées** en italien.

confiance [kɔ̃fjɑ̃s] *nf* fiducia; **avoir ~ en** avere fiducia in; **faire ~ à** confidare in; **en toute ~** con la massima fiducia; **mettre qn en ~** guadagnarsi la fiducia di qn; **de ~** di fiducia; **question/vote de ~** questione *f*/voto di fiducia; **inspirer ~ à** ispirare fiducia a; **digne de ~** degno di fiducia; **~ en soi** fiducia in se stessi
confiant, e [kɔ̃fjɑ̃, jɑ̃t] *adj* fiducioso(-a); (*en soi-même*) sicuro(-a) di sé

confidence [kɔ̃fidɑ̃s] *nf* confidenza
confidentiel, le [kɔ̃fidɑ̃sjɛl] *adj* confidenziale
confier [kɔ̃fje] *vt* (*travail, responsabilité*) affidare; (*secret, pensée*) confidare; **~ qch à qn** affidare qc a qn; **se ~ à qn** confidarsi con qn
confirmation [kɔ̃firmasjɔ̃] *nf* conferma; (*Rel*) cresima
confirmer [kɔ̃firme] *vt* confermare; **~ qn dans ses fonctions** (ri)confermare qn nell'incarico; **~ qn dans une croyance** rafforzare qn nel suo convincimento; **~ qch à qn** confermare qc a qn
confiserie [kɔ̃fizʀi] *nf* pasticceria; **confiseries** *nfpl* (*bonbons*) dolciumi *mpl*
confisquer [kɔ̃fiske] *vt* (*Jur*) confiscare; (*objet : provisoirement : à un enfant*) sequestrare
confit, e [kɔ̃fi, it] *adj* : **fruits ~s** frutta candita; **~ d'oie** *nm carne d'oca cotta e conservata nel grasso di cottura*
confiture [kɔ̃fityʀ] *nf* confettura, marmellata
conflit [kɔ̃fli] *nm* conflitto; **~ armé** conflitto armato
confondre [kɔ̃fɔ̃dʀ] *vt* confondere; **se confondre** *vr* confondersi; **se ~ en excuses/remerciements** profondersi in scuse/ringraziamenti; **~ qch/qn avec** confondere qc/qn con
conforme [kɔ̃fɔʀm] *adj* : **~ à** conforme a; **~ à la commande** come da ordine
conformément [kɔ̃fɔʀmemɑ̃] *adv* : **~ à** conformemente a
conformer [kɔ̃fɔʀme] *vt* : **~ qch à** conformare qc a; **se conformer à** *vr* conformarsi a
conformité [kɔ̃fɔʀmite] *nf* conformità; **en ~ avec** in conformità a
confort [kɔ̃fɔʀ] *nm* comodità *fpl*, comfort *m inv*; **tout ~** con tutti i comfort
confortable [kɔ̃fɔʀtabl] *adj* comodo(-a); (*fig : salaire*) buono(-a)
confronter [kɔ̃fʀɔ̃te] *vt* confrontare; (*témoins, accusés*) mettere a confronto
confus, e [kɔ̃fy, yz] *adj* confuso(-a)
confusion [kɔ̃fyzjɔ̃] *nf* confusione *f*; **~ des peines** (*Jur*) cumulo di pene
congé [kɔ̃ʒe] *nm* (*vacances*) ferie *fpl*, vacanza; (*arrêt de travail, Mil*) congedo; (*avis de départ*) commiato, congedo; **en ~** (*en vacances*) in ferie *ou* vacanza; (*en arrêt de travail, soldat*) in congedo; **semaine/jour de ~** settimana/giorno di vacanza *ou* ferie; **prendre ~ de qn** prendere congedo *ou* congedarsi da qn; **donner son ~ à qn** licenziare qn; **~ de maladie** congedo per malattia; **~ de maternité** congedo per maternità; **~s payés** ferie retribuite
congédier [kɔ̃ʒedje] *vt* (*employé*) licenziare
congélateur [kɔ̃ʒelatœʀ] *nm* congelatore *m*
congeler [kɔ̃ʒ(ə)le] *vt* congelare
congestion [kɔ̃ʒɛstjɔ̃] *nf* congestione *f*; **~ cérébrale** congestione cerebrale; **~ pulmonaire** congestione polmonare
congrès [kɔ̃gʀɛ] *nm* congresso
conifère [kɔnifɛʀ] *nm* conifera
conjoint, e [kɔ̃ʒwɛ̃, wɛ̃t] *adj* congiunto(-a) ▶ *nm/f* coniuge *m/f*
conjonctivite [kɔ̃ʒɔ̃ktivit] *nf* congiuntivite *f*
conjoncture [kɔ̃ʒɔ̃ktyʀ] *nf* congiuntura; **la ~ économique** la congiuntura (economica)
conjugaison [kɔ̃ʒygɛzɔ̃] *nf* coniugazione *f*
connaissance [kɔnɛsɑ̃s] *nf* conoscenza; (*personne connue*) conoscente *m/f*; **connaissances** *nfpl* (*savoir*) conoscenze *fpl*, cognizioni *fpl*; **être sans ~** (*Méd*) essere privo di conoscenza; **perdre/reprendre ~** perdere/riprendere conoscenza; **à ma/sa ~** che io/lui sappia; **faire ~ avec qn** *ou* **la ~ de qn** fare conoscenza con qn *ou* la conoscenza di qn; **c'est une vieille ~** è una vecchia conoscenza; **avoir ~ de** essere a conoscenza di; **prendre ~ de** esaminare; **en ~ de cause** con cognizione di causa
connaisseur, -euse [kɔnɛsœʀ, øz] *nm/f* intenditore(-trice), conoscitore(-trice)
connaître [kɔnɛtʀ] *vt* conoscere; **se connaître** *vr* conoscersi; **~ qn de nom/vue** conoscere qn di nome/vista; **ils se sont connus à Genève** si sono conosciuti a Ginevra; **s'y ~ en qch** essere esperto(-a) di qc
connecter [kɔnɛkte] *vt* collegare, connettere; **se ~ à Internet** collegarsi a Internet
connerie [kɔnʀi] (*fam!*) *nf* stronzata (*fam!*)
connexion [kɔnɛksjɔ̃] *nf* connessione *f*, collegamento; (*Inform*) connessione *f*

connu, e [kɔny] *pp de* **connaître** ▶ *adj* noto(-a), conosciuto(-a)
conquérir [kɔ̃keʀiʀ] *vt* conquistare
conquête [kɔ̃kɛt] *nf* conquista
consacrer [kɔ̃sakʀe] *vt* consacrare; **se ~ à qch** dedicarsi a qc; **~ son temps/argent à faire** dedicare il proprio tempo/denaro a fare
conscience [kɔ̃sjɑ̃s] *nf* coscienza; **avoir/prendre ~ de** avere/prendere coscienza di; **avoir qch sur la ~** avere qc sulla coscienza; **perdre/reprendre ~** perdere/riprendere conoscenza; **avoir bonne/mauvaise ~** avere/non avere la coscienza tranquilla; **en (toute) ~** in (tutta) coscienza; **~ professionnelle** coscienza professionale
consciencieux, -euse [kɔ̃sjɑ̃sjø, jøz] *adj* coscienzioso(-a)
conscient, e [kɔ̃sjɑ̃, jɑ̃t] *adj* (*Méd, délibéré*) cosciente; **~ de** conscio(-a) di, consapevole di, cosciente di
consécutif, -ive [kɔ̃sekytif, iv] *adj* consecutivo(-a); **être ~ à** essere conseguenza di
conseil [kɔ̃sɛj] *nm* consiglio; (*expert*) : **~ en recrutement** consulente *m* di reclutamento del personale ▶ *adj* : **ingénieur-~** ingegnere *m* consulente; **tenir ~** tenere consiglio; **je n'ai pas de ~ à recevoir de vous** non sta a lei darmi consigli; **donner un ~/des ~s à qn** dare un consiglio/dei consigli a qn; **demander ~ à qn** chiedere consiglio a qn; **prendre ~ (auprès de qn)** farsi consigliare (da qn); **~ d'administration** consiglio d'amministrazione; **~ de classe/de discipline** consiglio di classe/di disciplina; **~ de guerre** consiglio di guerra; **~ de révision** consiglio di leva; **~ des ministres** consiglio dei ministri; **~ général** ≈ consiglio provinciale; **~ municipal** consiglio comunale; **~ régional** consiglio regionale
conseiller[1] [kɔ̃seje] *vt* consigliare; **~ qch à qn** consigliare qc a qn; **~ à qn de faire qch** consigliare a qn di fare qc
conseiller[2], -ère [kɔ̃seje, jɛʀ] *nm/f* consulente *m/f*; **~ matrimonial** consulente matrimoniale; **~ municipal** consigliere *m* comunale
consentement [kɔ̃sɑ̃tmɑ̃] *nm* consenso
consentir [kɔ̃sɑ̃tiʀ] *vt* : **~ (à qch/faire)** acconsentire (a qc/fare); **~ qch à qn** concedere *ou* consentire qc a qn
conséquence [kɔ̃sekɑ̃s] *nf* conseguenza; **conséquences** *nfpl* (*effet, répercussion*) conseguenze *fpl*; **en ~** di conseguenza; **ne pas tirer à ~** non essere grave; **sans ~** senza importanza; **lourd de ~** di grande importanza
conséquent, e [kɔ̃sekɑ̃, ɑ̃t] *adj* coerente; (*fam* : *important*) importante; **par ~** di conseguenza
conservateur, -trice [kɔ̃sɛʀvatœʀ, tʀis] *adj* conservatore(-trice) ▶ *nm/f* (*Pol*) conservatore(-trice); (*de musée*) conservatore *m* ▶ *nm* (*de produit*) conservante *m*
conservatoire [kɔ̃sɛʀvatwaʀ] *nm* (*de musique*) conservatorio; (*de comédiens*) ≈ accademia d'arte drammatica; (*Écologie*) area protetta
conserve [kɔ̃sɛʀv] *nf* (*gén pl* : *aliments*) scatolame *m*; **en ~** in scatola; **~s de poisson** pesce *m* in scatola
conserver [kɔ̃sɛʀve] *vt* conservare; **se conserver** *vr* conservarsi; **« ~ au frais »** « conservare al fresco »
considérable [kɔ̃sideʀabl] *adj* considerevole, notevole
considération [kɔ̃sideʀasjɔ̃] *nf* considerazione *f*; **considérations** *nfpl* (*remarques, réflexions*) considerazioni *fpl*; **prendre en ~** prendere in considerazione; **cela mérite ~** questo merita di essere preso in considerazione; **en ~ de** considerato(-a), dato(-a)
considérer [kɔ̃sideʀe] *vt* considerare; **~ que** (*estimer*) ritenere che; **~ qch comme** (*juger*) considerare qc
consigne [kɔ̃siɲ] *nf* (*ordre, instruction*) ordine *m*, consegna; (*de bouteilles, d'emballages*) deposito, cauzione *f*; (*de gare*) deposito *m* bagagli *inv*; (*Scol*) punizione *f*; **~ automatique** armadietti *mpl* per deposito bagagli (*a gettone*); **~s de sécurité** istruzioni *fpl* per la sicurezza
consister [kɔ̃siste] *vi* : **~ en/dans** consistere in; (*être formé de*) essere costituito(-a) da, consistere di; **~ à faire** consistere nel fare
consoler [kɔ̃sɔle] *vt* consolare; **se ~ (de qch)** consolarsi (di qc)

consolider [kɔ̃sɔlide] *vt* (*maison, meuble*) rinforzare; (*fig : position, avance*) consolidare
consommateur, -trice [kɔ̃sɔmatœʀ, tʀis] *nm/f* consumatore(-trice); (*dans un café*) cliente *m/f*
consommation [kɔ̃sɔmasjɔ̃] *nf* consumo; (*Jur, boisson*) consumazione *f*; **de ~** (*biens*) di consumo; (*société*) dei consumi; **~ aux 100 km** (*Auto*) consumo ogni 100 km
consommer [kɔ̃sɔme] *vt, vi* consumare
consonne [kɔ̃sɔn] *nf* consonante *f*
constamment [kɔ̃stamɑ̃] *adv* costantemente
constant, e [kɔ̃stɑ̃, ɑ̃t] *adj* costante
constat [kɔ̃sta] *nm* constatazione *f*; **~ (de police)** (*après un accident*) verbale (di polizia); **~ à l'amiable** constatazione amichevole; **~ d'échec** constatazione di fallimento
constatation [kɔ̃statasjɔ̃] *nf* constatazione *f*
constater [kɔ̃state] *vt* constatare; **~ que** constatare che
consterner [kɔ̃stɛʀne] *vt* costernare
constipé, e [kɔ̃stipe] *adj* stitico(-a)
constitué, e [kɔ̃stitɥe] *adj* : **~ de** costituito(-a) da; **bien/mal ~** di sana/debole costituzione
constituer [kɔ̃stitɥe] *vt* costituire; **se ~ partie civile** costituirsi parte civile; **se ~ prisonnier** costituirsi
constitution [kɔ̃stitysjɔ̃] *nf* costituzione *f*
constructeur [kɔ̃stʀyktœʀ] *nm* costruttore *m*; **~ automobile** costruttore d'automobili
constructif, -ive [kɔ̃stʀyktif, iv] *adj* costruttivo(-a)
construction [kɔ̃stʀyksjɔ̃] *nf* costruzione *f*; (*de phrase, roman*) struttura
construire [kɔ̃stʀɥiʀ] *vt* costruire; **se construire** *vr* : **ça s'est beaucoup construit dans la région** si è costruito molto in questa zona
consul, e [kɔ̃syl] *nm/f* console *m/f*
consulat [kɔ̃syla] *nm* consolato
consultant, e [kɔ̃syltɑ̃, ɑ̃t] *adj, nm/f* consulente *m/f*
consultation [kɔ̃syltasjɔ̃] *nf* (*d'un expert*) consulenza; (*d'un dictionnaire*) consultazione *f*; (*séance : médicale*) visita; **consultations** *nfpl* (*Pol : pourparlers*) consultazioni *fpl*; **être en ~** essere in riunione; **le médecin est en ~** il medico sta visitando un paziente; **aller à la ~** (*Méd*) andare dal medico; **heures de ~** (*Méd*) orario di visita
consulter [kɔ̃sylte] *vt* consultare; (*montre*) guardare; **se consulter** *vr* consultarsi
contact [kɔ̃takt] *nm* contatto; **au ~ de** a contatto con; **mettre/couper le ~** (*Auto*) mettere/togliere il contatto; **entrer en ~** venire a contatto; **se mettre en ~ avec qn** mettersi in contatto con qn; **prendre ~ avec** (*relation d'affaires*) prendere contatto con; (*connaissance*) contattare
contacter [kɔ̃takte] *vt* contattare
contagieux, -euse [kɔ̃taʒjø, jøz] *adj* contagioso(-a)
contaminer [kɔ̃tamine] *vt* contaminare
conte [kɔ̃t] *nm* racconto; **~ de fées** fiaba
contempler [kɔ̃tɑ̃ple] *vt* contemplare
contemporain, e [kɔ̃tɑ̃pɔʀɛ̃, ɛn] *adj, nm/f* contemporaneo(-a)
contenir [kɔ̃t(ə)niʀ] *vt* contenere; **se contenir** *vr* contenersi, dominarsi
content, e [kɔ̃tɑ̃, ɑ̃t] *adj* contento(-a); **~ de qn/qch** contento(-a) di qn/qc; **~ de soi** contento(-a) di sé; **je serais ~ que tu ...** sarei felice che tu ...
contenter [kɔ̃tɑ̃te] *vt* accontentare; **se contenter de** *vr* accontentarsi di
contenu, e [kɔ̃t(ə)ny] *pp de* **contenir** ▸ *adj* contenuto(-a) ▸ *nm* contenuto; (*d'un camion, bateau*) carico
conter [kɔ̃te] *vt* raccontare; **en ~ de(s) belles à qn** raccontarne delle belle a qn
conteste [kɔ̃tɛst] : **sans ~** *adv* senza dubbio
contester [kɔ̃tɛste] *vt, vi* contestare
contexte [kɔ̃tɛkst] *nm* contesto
continent [kɔ̃tinɑ̃] *nm* continente *m*
continu, e [kɔ̃tiny] *adj* continuo(-a); **courant ~** corrente *f* continua
continuel, e [kɔ̃tinɥɛl] *adj* continuo(-a)
continuer [kɔ̃tinɥe] *vt* (*gén*) continuare ▸ *vi* continuare; **vous continuez tout droit** continui diritto; **~ à** *ou* **de faire** continuare a fare
contourner [kɔ̃tuʀne] *vt* aggirare
contraceptif, -ive [kɔ̃tʀasɛptif, iv] *adj* contraccettivo(-a) ▸ *nm* contraccettivo

C

contraception [kɔ̃tʀasɛpsjɔ̃] *nf* contraccezione *f*
contracté, e [kɔ̃tʀakte] *adj* contratto(-a); (*personne*) teso(-a)
contracter [kɔ̃tʀakte] *vt* (*muscles, maladie*) contrarre; (*assurance*) stipulare; (*fig*) rendere teso(-a) *ou* nervoso(-a); **se contracter** *vr* (*muscles*) contrarsi
contractuel, le [kɔ̃tʀaktɥɛl] *adj* contrattuale ▸ *nm/f* (*agent*) vigile(-essa) urbano(-a) (*esclusivamente per infrazioni al divieto di sosta*); (*employé*) impiegato(-a) avventizio
contradiction [kɔ̃tʀadiksjɔ̃] *nf* contraddizione *f*; **en ~ avec** in contraddizione con
contradictoire [kɔ̃tʀadiktwaʀ] *adj* contraddittorio(-a); **débat ~** dibattito in contraddittorio
contraignant, e [kɔ̃tʀɛɲɑ̃, ɑ̃t] *vb voir* **contraindre** ▸ *adj* restrittivo(-a); (*engagement*) vincolante
contraindre [kɔ̃tʀɛ̃dʀ] *vt* : **~ qn à qch/faire qch** costringere qn a qc/fare qc
contrainte [kɔ̃tʀɛ̃t] *nf* costrizione *f*, obbligo; **sans ~** liberamente
contraire [kɔ̃tʀɛʀ] *adj* contrario(-a) ▸ *nm* contrario; **~ à** (*loi, raison*) contrario(-a) a; (*santé*) nocivo per; **au ~** al contrario, invece; **je ne peux pas dire le ~** non posso negarlo; **le ~ de** il contrario di
contrarier [kɔ̃tʀaʀje] *vt* contrariare; (*mouvement, action*) ostacolare
contrariété [kɔ̃tʀaʀjete] *nf* contrarietà *f inv*
contraste [kɔ̃tʀast] *nm* contrasto
contrat [kɔ̃tʀa] *nm* contratto; **~ de mariage** contratto di matrimonio; **~ de travail** contratto di lavoro
contravention [kɔ̃tʀavɑ̃sjɔ̃] *nf* contravvenzione *f*; (*P.V. pour stationnement interdit*) multa per sosta vietata; **dresser ~ à** fare una contravvenzione a
contre [kɔ̃tʀ] *prép* contro; **par ~** invece
contrebande [kɔ̃tʀəbɑ̃d] *nf* contrabbando; (*marchandise*) merce *f* di contrabbando; **faire la ~ de** fare contrabbando di
contrebas [kɔ̃tʀəbɑ] : **en ~** *adv* più in basso
contrebasse [kɔ̃tʀəbɑs] *nf* contrabbasso
contrecoup [kɔ̃tʀəku] *nm* contraccolpo; **par ~** di riflesso
contredire [kɔ̃tʀədiʀ] *vt* contraddire; **se contredire** *vr* contraddirsi
contrefaçon [kɔ̃tʀəfasɔ̃] *nf* contraffazione *f*; (*faux : produit*) imitazione *f*; (*: billet, signature*) falso
contre-indication [kɔ̃tʀɛ̃dikasjɔ̃] (*pl* **-s**) *nf* controindicazione *f*
contre-indiqué, e [kɔ̃tʀɛ̃dike] (*mpl* **-s**, *fpl* **contre-indiquées**) *adj* controindicato(-a)
contremaître [kɔ̃tʀəmɛtʀ] *nm/f* caporeparto *m/f*; (*Constr*) capomastro
contreplaqué [kɔ̃tʀəplake] *nm* compensato
contresens [kɔ̃tʀəsɑ̃s] *nm* controsenso; (*de traduction*) errore *m* (di interpretazione), controsenso; **à ~** a rovescio, in senso contrario
contretemps [kɔ̃tʀətɑ̃] *nm* contrattempo; **à ~** (*Mus*) fuori tempo; (*fig*) a sproposito
contribuer [kɔ̃tʀibɥe] : **~ à** *vt* contribuire a
contribution [kɔ̃tʀibysjɔ̃] *nf* contributo; **contributions** *nfpl* (*impôts*) imposte *fpl*; **mettre à ~** ricorrere a; **~s directes/indirectes** imposte dirette/indirette
contrôle [kɔ̃tʀol] *nm* controllo; **perdre/garder le ~ de son véhicule** perdere/mantenere il controllo del veicolo; **~ continu** (*Scol*) *sistema di valutazione del profitto basato su controlli periodici oltre che sull'esame di fine anno*; **~ d'identité** accertamento di identità; **~ des changes** (*Comm*) controllo dei cambi; **~ des naissances** controllo delle nascite; **~ des prix** controllo dei prezzi
contrôler [kɔ̃tʀole] *vt* controllare; **se contrôler** *vr* controllarsi; **~ ses émotions** controllare le proprie emozioni
contrôleur, -euse [kɔ̃tʀolœʀ, øz] *nm/f* (*de train, bus*) controllore *m*; **~ aérien** controllore di volo
controversé, e [kɔ̃tʀɔvɛʀse] *adj* controverso(-a)
contusion [kɔ̃tyzjɔ̃] *nf* contusione *f*
convaincre [kɔ̃vɛ̃kʀ] *vt* (*aussi Jur*) : **~ (de)** convincere (di); **~ qn (de faire)** convincere qn (a fare)
convalescence [kɔ̃valesɑ̃s] *nf* convalescenza; **maison de ~** convalescenziario

convenable [kɔ̃vnabl] *adj* (*personne*) per bene; (*tenue, manières*) decente, corretto(-a); (*moment, endroit*) opportuno(-a); (*salaire, travail*) accettabile

convenir [kɔ̃vniʀ] *vi* convenire; **~ à** (*être approprié à*) addirsi *ou* confarsi a; (*être utile à*) convenire a; (*arranger, plaire à*) andare (bene) a; **il convient de** è bene; **~ de** (*fixer : date, somme etc*) fissare, stabilire; **~ que** (*admettre*) convenire che; **~ de faire qch** decidere di fare qc; **comme convenu** come convenuto *ou* stabilito

convention [kɔ̃vɑ̃sjɔ̃] *nf* convenzione *f*; **conventions** *nfpl* (*règles, convenances*) convenzioni *fpl*; **~ collective** contratto collettivo

conventionné, e [kɔ̃vɑ̃sjɔne] *adj* convenzionato(-a)

convenu, e [kɔ̃vny] *pp de* **convenir** ▶ *adj* convenuto(-a)

conversation [kɔ̃vɛʀsasjɔ̃] *nf* conversazione *f*; (*politique, diplomatique*) colloquio; **avoir de la ~** saper conversare

convertir [kɔ̃vɛʀtiʀ] *vt* : **~ qn à** convertire qn (a); **~ qch en** convertire qc in; **se convertir (à)** *vr* convertirsi (a)

conviction [kɔ̃viksjɔ̃] *nf* convinzione *f*; **sans ~** senza convinzione

convivial, e, -aux [kɔ̃vivjal, jo] *adj* conviviale; (*Inform*) facile da usare

convocation [kɔ̃vɔkasjɔ̃] *nf* convocazione *f*

convoquer [kɔ̃vɔke] *vt* convocare; **~ qn (à)** convocare qn (a)

coopération [kɔɔpeʀasjɔ̃] *nf* cooperazione *f*

coopérer [kɔɔpeʀe] *vi* : **~ (à)** cooperare (a)

coordonné, e [kɔɔʀdɔne] *adj* coordinato(-a)

coordonner [kɔɔʀdɔne] *vt* coordinare

copain, copine [kɔpɛ̃, kɔpin] (*fam*) *nm/f* amico(-a); (*petit ami*) ragazzo(-a) ▶ *adj* : **être ~ avec** essere in buoni rapporti con; **petit ~** ragazzo

copie [kɔpi] *nf* copia; (*Scol : feuille d'examen*) foglio; (*devoir*) compito; (*Typo*) manoscritto; **journaliste en mal de ~** giornalista a corto di ispirazione; **~ certifiée conforme** copia autenticata; **~ d'écran** (*Inform*) copia della schermata; **~ papier** (*Inform*) documento stampato

copier [kɔpje] *vt* copiare ▶ *vi* (*Scol*) copiare; **~ sur** copiare da

copieur [kɔpjœʀ] *nm* (*Scol*) copione(-a); (*aussi* : **photocopieur**) fotocopiatrice *f*

copieux, -euse [kɔpjø, jøz] *adj* (*repas, portion*) abbondante; (*notes, exemples*) copioso(-a)

copine [kɔpin] *nf voir* **copain**

coq [kɔk] *nm* gallo ▶ *adj inv* : **poids ~** (*Boxe*) peso gallo; **~ au vin** (*Culin*) galletto al vino; **~ de bruyère** (*Zool*) gallo cedrone; **~ de village** (*fig, péj*) rubacuori *m inv*

coque [kɔk] *nf* (*de noix*) guscio; (*de bateau*) scafo; (*d'auto*) scocca; (*d'avion*) carcassa; (*de mollusque*) tellina; **à la ~** (*Culin*) alla coque

coquelicot [kɔkliko] *nm* papavero

coqueluche [kɔklyʃ] *nf* pertosse *f*; **être la ~ de** (*fig*) essere il (la) beniamino(-a) di

coquet, te [kɔkɛ, ɛt] *adj* civettuolo(-a), frivolo(-a); (*bien habillé*) elegante; (*joli*) grazioso(-a); (*somme, salaire etc*) bello(-a)

coquetier [kɔk(ə)tje] *nm* portauovo *m inv*

coquillage [kɔkijaʒ] *nm* mollusco; (*coquille*) conchiglia

coquille [kɔkij] *nf* (*de mollusque*) conchiglia; (*de noix, d'œuf*) guscio; (*de beurre*) noce *f*; (*Typo*) refuso; **~ d'œuf** *adj inv* (*couleur*) beige *inv* (molto chiaro); **~ de noix** guscio di noce; **~ St Jacques** cappa santa

coquin, e [kɔkɛ̃, in] *adj* (*enfant, sourire*) birichino(-a); (*histoire*) piccante, spinto(-a); (*regard*) malizioso(-a) ▶ *nm/f* (*péj*) furfante *m/f*, briccone(-a)

cor [kɔʀ] *nm* (*Mus*) corno; (*Méd*) : **~ (au pied)** callo; **réclamer à ~ et à cri** (*fig*) invocare a gran voce *ou* con insistenza; **~ anglais** corno inglese; **~ de chasse** corno da caccia

corail, -aux [kɔʀaj, o] *nm* corallo

Coran [kɔʀɑ̃] *nm* : **le ~** il Corano

corbeau, x [kɔʀbo] *nm* (*aussi fig*) corvo

corbeille [kɔʀbɛj] *nf* (*panier, Inform*) cestino; (*Théâtre*) palco; (*à la Bourse*) : **la ~** la corbeille; **~ à ouvrage** cestino da lavoro; **~ à pain** cestino del pane; **~ à papiers** cestino della carta straccia; **~ de mariage** (*fig*) regali *mpl* di matrimonio

corde [kɔʀd] *nf* corda; **les ~s** (*Boxe*) le corde; **la ~ sensible** il tasto giusto; **les**

(instruments à) ~s (*Mus*) gli strumenti a corda; **tapis/semelles de ~** tappeto/suole *fpl* di corda; **tenir la ~** (*Athlétisme, Auto*) correre nella corsia interna; **tomber des ~s** piovere a catinelle; **tirer sur la ~** tirare la corda; **usé jusqu'à la ~** (*habit etc*) liso(-a); (*histoire etc*) troppo sfruttato(-a); **être sur la ~ raide** (*fig*) camminare sul filo del rasoio; **~ à linge** corda per stendere; **~ à nœuds** (*à la gym*) fune *f* con nodi; **~ à sauter** corda per saltare; **~ lisse** fune *f*; **~s vocales** corde vocali

cordée [kɔʀde] *nf* cordata

cordialement [kɔʀdjalmɑ̃] *adv* cordialmente

cordon [kɔʀdɔ̃] *nm* cordone *m*; **~ de police** cordone di polizia; **~ littoral** cordone litoraneo; **~ ombilical** cordone ombelicale; **~ sanitaire** cordone sanitario

cordonnerie [kɔʀdɔnʀi] *nf* bottega del calzolaio

cordonnier, -ère [kɔʀdɔnje, ijɛʀ] *nm/f* calzolaio(-a)

Corée [kɔʀe] *nf* Corea; **la ~ du Sud/du Nord** la Corea del Sud/del Nord

coriace [kɔʀjas] *adj* coriaceo(-a); (*adversaire*) duro(-a); (*problème*) arduo(-a)

corne [kɔʀn] *nf* corno; (*de la peau*) callo; **~ d'abondance** corno dell'abbondanza; **~ de brume** corno da nebbia

cornée [kɔʀne] *nf* cornea

corneille [kɔʀnɛj] *nf* cornacchia

cornemuse [kɔʀnəmyz] *nf* cornamusa; **joueur de ~** suonatore *m* di cornamusa

cornet [kɔʀnɛ] *nm* (*de glace*) cono; (*de frites, de dragées*) cartoccio; **~ à piston** (*Mus*) cornetta

corniche [kɔʀniʃ] *nf* (*d'armoire*) cimasa *f*; (*route*) strada panoramica

cornichon [kɔʀniʃɔ̃] *nm* cetriolino (sott'aceto)

> **FAUX AMIS**
> **cornichon** ne se traduit pas par le mot italien *cornicione*.

corporel, le [kɔʀpɔʀɛl] *adj* corporale; (*odeurs*) corporeo(-a); **soins ~s** cura del corpo

corps [kɔʀ] *nm* corpo; **à son ~ défendant** suo malgrado; **à ~ perdu** a corpo morto; **le ~ diplomatique** il corpo diplomatico; **navire perdu ~ et biens** nave *f* perduta corpo e beni; **prendre ~** prendere corpo; **faire ~ avec** fare tutt'uno con; **~ et âme** anima e corpo; **~ à ~** *nm, adv* corpo a corpo; **~ constitués** organi *mpl* costituzionali; **~ consulaire** corpo consolare; **~ d'armée** corpo d'armata; **~ de ballet** corpo di ballo; **~ de garde** corpo di guardia; **~ du délit** corpo del reato; **~ électoral** corpo elettorale; **~ enseignant** corpo insegnante; **~ étranger** corpo estraneo; **~ expéditionnaire** task force *f inv*; **~ législatif** organo legislativo; **~ médical** corpo medico

correct, e [kɔʀɛkt] *adj* corretto(-a); (*passable*) decente

correcteur, -trice [kɔʀɛktœʀ, tʀis] *nm/f* (*Scol*) esaminatore(-trice); (*Typo*) correttore(-trice), revisore *m*

correction [kɔʀɛksjɔ̃] *nf* correzione *f*; (*qualité*) correttezza; (*coups*) lezione *f*; **~ (des épreuves)** correzione di bozze; **~ sur écran** (*Inform*) editing *m inv* allo schermo

correspondance [kɔʀɛspɔ̃dɑ̃s] *nf* corrispondenza; (*de train, d'avion*) coincidenza; **cours/vente par ~** corso/vendita per corrispondenza

correspondant, e [kɔʀɛspɔ̃dɑ̃, ɑ̃t] *adj* corrispondente ▶ *nm/f* corrispondente *m/f*; (*au téléphone*) interlocutore(-trice) (telefonico(-a))

correspondre [kɔʀɛspɔ̃dʀ] *vi* corrispondere; (*chambres*) comunicare; **~ à** corrispondere a; **~ avec qn** corrispondere con qn

corrida [kɔʀida] *nf* corrida

corridor [kɔʀidɔʀ] *nm* corridoio

corrigé [kɔʀiʒe] *nm* (*Scol*) versione *f* corretta; (*Typo*) bozza corretta

corriger [kɔʀiʒe] *vt* correggere; (*punir physiquement*) picchiare

corrompre [kɔʀɔ̃pʀ] *vt* corrompere

corruption [kɔʀypsjɔ̃] *nf* corruzione *f*

corse [kɔʀs] *adj* corso(-a) ▶ *nm/f*: **Corse** corso(-a) ▶ *nf*: **la Corse** la Corsica

corsé, e [kɔʀse] *adj* (*café etc*) forte; (*problème etc*) complicato(-a); (*scabreux : histoire*) piccante, scabroso(-a)

cortège [kɔʀtɛʒ] *nm* corteo

cortisone [kɔʀtizɔn] *nf* cortisone *m*

corvée [kɔʀve] *nf* faticaccia; (*Mil*) corvé *f inv*

cosmétique [kɔsmetik] *nm* cosmetico ▸ *adj* cosmetico(-a); (*fig : réforme, changement*) superficiale
cosmopolite [kɔsmɔpɔlit] *adj* cosmopolita
costaud, e [kɔsto, od] *adj* (*personne*) robusto(-a); (*objet*) solido(-a)
costume [kɔstym] *nm* (*régional, de théâtre*) costume *m*; (*d'homme*) vestito, abito
costumé, e [kɔstyme] *adj* in costume; (*bal*) in maschera; **être ~ en** essere vestito(-a) da
cote [kɔt] *nf* (*d'une valeur boursière, d'un candidat etc*) quotazione *f*; (*d'une voiture*) prezzo di listino; (*d'un cheval, mesure*) quota; (*de classement, d'un document*) segnatura; **avoir la ~** (*fam*) essere molto quotato(-a); **~ d'alerte** livello di guardia; **~ de popularité** (livello di) popolarità
côte [kot] *nf* (*rivage, d'un tricot*) costa; (*pente*) pendio; (*: sur une route*) salita; (*Anat*) costola; (*Boucherie : d'agneau, de porc*) costoletta; **~ à ~** fianco a fianco; **la C~ (d'Azur)** la Costa Azzurra; **la C~ d'Ivoire** la Costa d'Avorio
côté [kote] *nm* (*du corps*) fianco; (*d'une boîte, feuille, direction*) parte *f*; (*de la route, d'un solide*) lato; (*fig : d'une affaire, d'un individu*) aspetto; **de 10 m de ~** con un lato di 10 m; **des deux ~s de la route** sui due lati della strada; **des deux ~s de la frontière** da una parte e dall'altra della frontiera; **de tous (les) ~s** da tutte le parti; **de quel ~ est-il parti ?** da che parte è andato?; **de ce/de l'autre ~** da questa/dall'altra parte; **d'un ~ ... d'un autre ~** (*alternative*) da un lato ... dall'altro; **du ~ de** dalle parti di; **du ~ de Lyon** dalle parti di Lione; **de ~** (*marcher, regarder*) di traverso; (*être, se tenir*) di fianco *ou* lato; **laisser/mettre de ~** lasciare/mettere da parte; **sur le ~ de** sul lato di; **de chaque ~ (de)** da ogni parte (di); **du ~ gauche** sul lato sinistro; **de mon ~** (*quant à moi*) da *ou* per parte mia; **regarder de ~** guardare di traverso; **à ~** accanto; **à ~ de** accanto *ou* vicino a; (*comparé à*) rispetto a; **à ~ (de la cible)** fuori bersaglio; **être aux ~s de** (*aussi fig*) essere al fianco di
côtelette [kotlɛt] *nf* costoletta; (*sans os*) cotoletta
côtier, -ière [kotje, jɛʀ] *adj* costiero(-a)
cotisation [kɔtizasjɔ̃] *nf* (*à un club, syndicat*) quota; (*pour une pension etc*) contributo
cotiser [kɔtize] *vi* : **~ (à)** versare la propria quota (a); **se cotiser** *vr* fare la colletta
coton [kɔtɔ̃] *nm* cotone *m*; **drap/robe de ~** lenzuolo/vestito di cotone; **~ hydrophile** cotone idrofilo; **c'est ~ !** (*fam : ardu, complexe*) non è una cosa semplice
Coton-Tige® [kɔtɔ̃tiʒ] (*pl* **Cotons-Tiges**) *nm* cotton fioc® *m inv*
cou [ku] *nm* collo
couchant [kuʃɑ̃] *adj* : **soleil ~** tramonto, calar *m inv* del sole
couche [kuʃ] *nf* strato; (*de bébé*) pannolino; **~s sociales** strati sociali
couché, e [kuʃe] *adj* sdraiato(-a), disteso(-a); (*au lit*) a letto, coricato(-a); **~ sur l'herbe** sdraiato *ou* disteso sull'erba
coucher [kuʃe] *nm* : **~ de soleil** tramonto ▸ *vt* (*personne : mettre au lit*) mettere a letto; (*: étendre*) coricare, adagiare; (*: loger*) alloggiare; (*objet*) distendere ▸ *vi* dormire; (*fam*) : **~ avec qn** andare a letto con qn; **se coucher** *vr* (*pour dormir*) coricarsi, andare a letto *ou* a dormire; (*pour se reposer*) distendersi; (*soleil*) tramontare; **à prendre avant e ~** da prendere prima di coricarsi
couchette [kuʃɛt] *nf* cuccetta
coucou [kuku] *nm* cuculo, cucù *m inv* ▸ *excl* cucù
coude [kud] *nm* gomito; **~ à ~** gomito a gomito
coudre [kudʀ] *vt, vi* cucire
couette [kwɛt] *nf* (*édredon*) piumone *m*; **couettes** *nfpl* (*cheveux*) codini *mpl*
couffin [kufɛ̃] *nm* (*de bébé*) culla (portatile)
couler [kule] *vi* (*fleuve, liquide, sang*) scorrere; (*stylo, récipient*) perdere, colare; (*nez*) colare; (*bateau*) affondare, colare a picco ▸ *vt* (*cloche, sculpture*) fondere; (*bateau*) affondare; (*fig : magasin, entreprise*) rovinare; (*: candidat*) silurare; (*: passer*) : **~ une vie heureuse** trascorrere una vita felice; **se couler** *vr* : **se ~ dans** (*interstice etc*) infilarsi in; **faire ~** far scorrere; **faire ~ un bain** far scendere l'acqua per il bagno; **~ une bielle** (*Auto*) fondere una bronzina; **~ de source** essere la logica

conseguenza; **~ à pic** colare a picco; **laisser ~** lasciar correre
couleur [kulœʀ] *nf* colore *m*; (*fig*) aspetto; (*Cartes*) colore *m*, seme *m*; **couleurs** *nfpl* (*du teint*) colorito *msg*; (*dans un tableau*) colori *mpl*; (*Mil*) bandiera *fsg*; **film/télévision en ~s** film/televisione *f* a colori; **de ~** di colore; **sous ~ de faire** col pretesto di fare
couleuvre [kulœvʀ] *nf* biscia
coulisse [kulis] *nf* (*Tech*) guida (di scorrimento), scanalatura; **coulisses** *nfpl* (*Théâtre*) quinte *fpl*; **dans les ~s** (*fig*) dietro le quinte; **porte à ~** porta scorrevole
couloir [kulwaʀ] *nm* (*de train, avion*) corridoio; (*sur la route*) corsia preferenziale; (*Sport*) corsia
coup [ku] *nm* colpo; (*avec arme à feu*) sparo, colpo; (*frappé par une horloge*) rintocco; (*fam : fois*) volta; (*Échecs*) mossa; **à ~s de hache** a colpi di scure; **à ~s de marteau** a martellate; **être sur un ~** (*fam*) avere qualcosa per le mani; **en ~ de vent** veloce come il vento; **donner** *ou* **passer un ~ de chiffon** dare una passata con lo straccio; **avoir le ~** (*fig*) saperci fare; **boire un ~** (*fam*) bere (un bicchiere); **à tous les ~s** tutte le volte, ogni volta; (*fam : certainement*) di sicuro; **être dans le ~** essere al corrente della situazione; **être hors du ~** (*fig*) non averci niente a che fare; **il a raté son ~** ha fallito il colpo; **du ~** stando così le cose; **pour le ~** per una volta; **d'un seul ~** (*subitement*) di colpo; (*à la fois*) in una volta sola; **du premier ~** al primo colpo; **faire un ~ bas à qn** (*fig*) rifilare un colpo basso a qn; **et du même ~ je ...** e già che ci sono, ...; **à ~ sûr** a colpo sicuro; **après ~** a cose fatte, dopo; **~ sur ~** uno(-a) dopo l'altro(-a); **sur le ~** sul momento; **sous le ~ de** sotto l'effetto di; **tomber sous la ~ de la loi** incorrere in una sanzione penale; **~ bas** colpo basso; **~ d'éclat** azione *f* brillante; **~ d'envoi** calcio d'inizio (della partita); **donner le ~ d'envoi de qch** (*fig*) dare il via a qc; **~ d'essai** tentativo; **~ d'État** colpo di Stato; **~ d'œil** colpo d'occhio; **~ de chance** colpo di fortuna; **~ de chapeau** (*fig*) congratulazioni *fpl*; **~ de coude** gomitata; **~ de couteau** coltellata; **~ de crayon** tratto di matita; **~ de feu** sparo; **~ de filet** retata; **~ de foudre** (*fig*) colpo di fulmine; **~ de frein** frenata; **~ de fusil** colpo di fucile, fucilata; **~ de genou** ginocchiata; **~ de grâce** colpo di grazia; **~ de main** (*aide*) : **donner un ~ de main à qn** dare una mano a qn; **~ de maître** colpo da maestro; **~ de pied** calcio, pedata; **~ de pinceau** pennellata; **~ de poing** pugno; **~ de soleil** colpo di sole; **~ de sonnette** scampanellata; **~ de téléphone** telefonata; **~ de tête** (*fig*) colpo di testa; **~ de théâtre** (*fig*) colpo di scena; **~ de tonnerre** tuono; **~ de vent** colpo di vento; **~ du lapin** colpo di frusta *ou* della strega; **~ dur** brutto colpo; **~ fourré** brutto tiro *ou* tiro mancino; **~ franc** calcio di punizione; **~ sec** colpo secco
coupable [kupabl] *adj* colpevole ▶ *nm/f* colpevole *m/f*; **~ de** colpevole di
coupe [kup] *nf* coppa; (*de cheveux, de vêtement, pièce de tissu*) taglio; (*graphique, plan*) sezione *f*, spaccato; **machine vue en ~** macchina vista in sezione; **être sous la ~ de** essere in balia di; **faire des ~s sombres dans** operare tagli drastici in
couper [kupe] *vt* tagliare; (*livre broché*) tagliare le pagine di; (*appétit, eau*) togliere; (*fièvre*) stroncare; (*ajouter de l'eau : vin*) allungare, annacquare ▶ *vi* tagliare; (*Cartes*) alzare; (*: avec l'atout*) prendere con la briscola; **se couper** *vr* tagliarsi; (*se contredire en témoignant etc*) contraddirsi; **se faire ~ les cheveux** farsi tagliare i capelli; **~ l'appétit à qn** togliere l'appetito a qn; **~ la parole à qn** interrompere qn; **~ les vivres à qn** tagliare i viveri a qn; **~ le contact** *ou* **l'allumage** (*Auto*) togliere il contatto; **~ les ponts (avec qn)** tagliare i ponti (con qn)
couple [kupl] *nm* coppia; **~ de torsion** coppia di torsione
couplet [kuplɛ] *nm* (*Mus*) strofa; (*péj*) ritornello
coupole [kupɔl] *nf* cupola; **sous la C~** (*à l'Académie française*) all'Accademia di Francia
coupon [kupɔ̃] *nm* (*ticket*) buono, tagliando; (*de tissu*) scampolo
coupure [kupyʀ] *nf* taglio; (*fig : entaille, brèche*) frattura; (*de journal, de presse*) ritaglio; **~ d'eau** interruzione *f*

dell'acqua; **~ de courant** interruzione *f* della corrente

cour [kuʀ] *nf* (*de ferme, de jardin, d'immeuble*) cortile *m*; (*Jur, royale*) corte *f*; **faire la ~ à qn** fare la corte a qn; **~ d'appel** corte d'appello; **~ d'assises** corte *f* d'assise; **~ de cassation** corte di cassazione; **~ de récréation** (*Scol*) cortile della scuola; **~ des comptes** (*Admin*) corte dei conti; **~ martiale** corte marziale

courage [kuʀaʒ] *nm* coraggio; (*ardeur*) impegno, volontà *f inv*; **un peu de ~** un po' di coraggio; **je n'ai pas le ~** (*énergie*) non ne ho la forza; **bon ~ !** coraggio!

courageux, -euse [kuʀaʒø, øz] *adj* coraggioso(-a)

couramment [kuʀamɑ̃] *adv* correntemente

courant, e [kuʀɑ̃, ɑ̃t] *adj* corrente ▸ *nm* corrente *f*; **être/mettre au ~ (de)** essere/mettere al corrente (di); **se tenir au ~ (de)** tenersi al corrente (di); **dans le ~ de** nel corso di; **~ octobre** durante il mese di ottobre; **le 10 ~** il 10 corrente mese; **« anglais ~ »** « inglese fluente »; **~ d'air** corrente d'aria; **~ électrique** corrente elettrica

courbature [kuʀbatyʀ] *nf* : **avoir des ~s** essere tutto(-a) indolenzito(-a)

courbe [kuʀb] *adj* curvo(-a) ▸ *nf* curva; **~ de niveau** curva di livello

coureur, -euse [kuʀœʀ, øz] *nm/f* corridore(-trice); (*à pied*) podista *m/f* ▸ *adj m* (*péj*) donnaiolo ▸ *adj f* (*péj*) cacciatrice di uomini; **~ automobile** corridore automobilista; **~ cycliste** corridore ciclista

courge [kuʀʒ] *nf* zucca

courgette [kuʀʒɛt] *nf* zucchino, zucchina

courir [kuʀiʀ] *vi* correre; (*eau*) scorrere; (*Comm : intérêt*) decorrere ▸ *vt* (*épreuve, danger, risque*) correre; **~ les cafés/bals** frequentare i caffè/balli; **~ les magasins** girare per i negozi; **le bruit court que ...** corre voce che ...; **par les temps qui courent** coi tempi che corrono; **~ après qn** correre dietro a qn; **laisser ~ qn/qch** lasciar perdere qn/qc; **faire ~ qn** fare correre qn; **tu peux (toujours) ~ !** toglitelo (pure) dalla testa!

couronne [kuʀɔn] *nf* corona; **~ (funéraire** *ou* **mortuaire)** corona (funebre *ou* mortuaria)

courons *etc* [kuʀɔ̃] *vb voir* **courir**

courriel [kuʀjɛl] *nm* e-mail *m inv*, messaggio *m* di posta elettronica; **envoyer qch par ~** inviare qc per posta elettronica

courrier [kuʀje] *nm* posta; (*rubrique*) cronaca; **qualité ~** tipo lettera; **long/moyen ~** (*Aviat*) aereo a lungo/medio raggio; **~ du cœur** posta del cuore; **~ électronique** posta elettronica

courroie [kuʀwa] *nf* cinghia; **~ de transmission/de ventilateur** cinghia di trasmissione/del ventilatore

courrons *etc* [kuʀɔ̃] *vb voir* **courir**

cours [kuʀ] *vb voir* **courir** ▸ *nm* corso; (*leçon : heure*) lezione *f*; (*Comm*) prezzo; (*fig : d'une maladie, des saisons*) decorso; **donner libre ~ à** dare libero sfogo a; **avoir ~** (*monnaie*) avere corso legale; (*fig*) essere in uso; (*Scol*) avere lezione; **en ~** (*année, travaux*) in corso; **en ~ de route** strada facendo; **au ~ de** nel corso di; **le ~ du change** il (corso *ou* tasso di) cambio; **~ d'eau** corso d'acqua; **~ du soir** corso serale; **~ élémentaire** *2º e 3º anno della scuola elementare francese*; **~ moyen** *4º e 5º anno della scuola elementare francese*; **~ préparatoire** ≈ prima elementare; **~ supérieur** corso superiore

course [kuʀs] *nf* corsa; (*trajet : du soleil*) corso; (*: d'un projectile*) traiettoria; (*excursion en montagne*) ascensione *f*, scalata; (*petite mission*) commissione *f*; **courses** *nfpl* (*achats*) compere *fpl*, commissioni *fpl*; **faire les** *ou* **ses ~s** fare la spesa; (*Hippisme*) corse *fpl*; **jouer aux ~s** giocare alle corse; **à bout de ~** esausto(-a); **~ à pied** gara podistica; **~ automobile** corsa automobilistica; **~ d'étapes** *ou* **par étapes** corsa a tappe; **~ d'obstacles** corsa a ostacoli; **~ de côte** (*Auto*) gara in salita; **~ de vitesse** gara di velocità; **~s de chevaux** corse dei cavalli

court, e [kuʀ, kuʀt] *adj* corto(-a) ▸ *adv* corto ▸ *nm* (*de tennis*) campo; **tourner ~** (*action, projet*) arenarsi; **couper ~ à ...** tagliare corto ...; **à ~ de** a corto di; **prendre qn de ~** cogliere qn di sorpresa; **pour faire ~** per farla corta *ou* breve; **avoir le souffle ~** aver il fiato corto; **tirer à la courte paille** tirare a sorte; **faire la courte échelle à qn** aiutare qn a salire; **~ métrage** corto metraggio

court-circuit [kuʀsiʀkɥi] (*pl* **courts-circuits**) *nm* cortocircuito
courtoisie [kuʀtwazi] *nf* cortesia
couru [kuʀy] *pp de* **courir** ▶ *adj* (*spectacle etc*) di successo; **c'est ~ (d'avance) !** (*fam*) andiamo sul sicuro!
cousais *etc* [kuzɛ] *vb voir* **coudre**
couscous [kuskus] *nm* cuscus *m inv*
cousin, e [kuzɛ̃, in] *nm/f* cugino(-a); (*Zool*) zanzara; **~ germain** primo cugino; **~ issu de germain** cugino di secondo grado
coussin [kusɛ̃] *nm* cuscino; (*Tech*) cuscinetto; **~ d'air** cuscino d'aria
cousu, e [kuzy] *pp de* **coudre** ▶ *adj* : **~ d'or** ricco(-a) sfondato(-a)
coût [ku] *nm* costo; **le ~ de la vie** il costo della vita
couteau, x [kuto] *nm* coltello; (*mollusque*) cannolicchio; **~ à cran d'arrêt** coltello a serramanico; **~ à pain/de cuisine** coltello da pane/da cucina; **~ de poche** coltello da tasca
coûter [kute] *vt* costare ▶ *vi* : **~ à qn** costare a qn; **~ cher à qn** (*fig*) costare caro a qn; **combien ça coûte ?** quanto costa?; **coûte que coûte** a tutti i costi
coûteux, -euse [kutø, øz] *adj* costoso(-a)
coutume [kutym] *nf* costume *m*; **de ~** di solito
couture [kutyʀ] *nf* cucito; (*art, activité*) sartoria; (*points*) cucitura
couturier [kutyʀje] *nm* sarto
couturière [kutyʀjɛʀ] *nf* sarta
couvent [kuvɑ̃] *nm* convento
couver [kuve] *vt* covare ▶ *vi* covare; **~ qn/qch des yeux** covare qn/qc con gli occhi
couvercle [kuvɛʀkl] *nm* coperchio
couvert, e [kuvɛʀ, ɛʀt] *pp de* **couvrir** ▶ *adj* coperto(-a); (*coiffé d'un chapeau*) col cappello in testa ▶ *nm* coperto; **couverts** *nmpl* (*cuiller, couteau, fourchette*) posate *fpl*; **~ de** coperto(-a) di; **bien ~** ben coperto(-a); **mettre le ~** apparecchiare; **ajouter un ~** aggiungere un posto a tavola; **service de 12 ~s en argent** servizio di posate d'argento da 12; **à ~** al coperto, al riparo; **sous le ~ de** sotto la responsabilità di; (*sous l'apparence de*) con il pretesto di
couverture [kuvɛʀtyʀ] *nf* (*de lit*) coperta; (*de bâtiment, Assurances, Presse*) copertura; (*de livre, cahier*) copertina; (*fig : d'un espion*) copertura; **~ chauffante** termocoperta
couvre-lit [kuvʀəli] (*pl* **-s**) *nm* copriletto *m inv*
couvrir [kuvʀiʀ] *vt* coprire; (*Zool*) coprire, montare; **se couvrir** *vr* coprirsi; (*temps*) guastarsi; (*se coiffer*) mettersi il cappello; **~ qn/qch de** coprire qn/qc di; **se ~ de** coprirsi di
cow-boy [kobɔj] (*pl* **-s**) *nm* cow-boy *m inv*
crabe [kʀɑb] *nm* granchio
cracher [kʀaʃe] *vi* sputare ▶ *vt* sputare; (*fig : lave, injures*) vomitare; **~ du sang** sputare sangue
crachin [kʀaʃɛ̃] *nm* pioggerella, acquerugiola
craie [kʀɛ] *nf* gesso
craindre [kʀɛ̃dʀ] *vt* temere; **je crains que vous (ne) fassiez erreur** temo che si sbagli; **~ de/que** temere di/che
crainte [kʀɛ̃t] *nf* timore *m*; **soyez sans ~** non temete; **(de) ~ de/que** per timore di/che
craintif, -ive [kʀɛ̃tif, iv] *adj* timoroso(-a)
crampe [kʀɑ̃p] *nf* crampo; **~ d'estomac** crampo allo stomaco
cramponner [kʀɑ̃pɔne] : **se cramponner** *vr* aggrapparsi; **se ~ à** aggrapparsi a
cran [kʀɑ̃] *nm* (*entaille, trou*) buco; (*de courroie*) tacca; (*courage*) fegato; **être à ~** avere i nervi a fior di pelle; **~ de sûreté** sicura
crâne [kʀɑn] *nm* cranio
crapaud [kʀapo] *nm* rospo
craquement [kʀakmɑ̃] *nm* scricchiolio
craquer [kʀake] *vi* (*bruit*) scricchiolare; (*se briser*) rompersi, cedere ▶ *vt* : **~ une allumette** accendere un fiammifero; **j'ai craqué !** (*fam*) sono crollato(-a)!; (*enthousiasmé*) mi ha fatto morire!; **~ pour qch** (*fam*) impazzire per, perdere la testa per
crasse [kʀas] *nf* sporcizia, sudiciume *m* ▶ *adj* (*fig : ignorance*) crasso(-a)
crasseux, -euse [kʀasø, øz] *adj* sudicio(-a), sozzo(-a)
cravache [kʀavaʃ] *nf* frustino, scudiscio
cravate [kʀavat] *nf* cravatta
crawl [kʀol] *nm* stile *m* libero, crawl *m inv*
crayon [kʀɛjɔ̃] *nm* matita; **écrire au ~** scrivere a matita; **~ de couleur** matita colorata; **~ optique** penna ottica

création [kʀeasjɔ̃] *nf* creazione *f*; (*univers*) creato
crèche [kʀɛʃ] *nf* (*de Noël*) presepio; (*garderie*) (asilo) nido
crédit [kʀedi] *nm* (*confiance, autorité*) considerazione *f*, credito; (*Écon*) credito; **crédits** *nmpl* (*fonds*) sovvenzioni *fpl*; **payer/acheter à ~** pagare/comprare a rate; **faire ~ à qn** fare credito a qn
créditer [kʀedite] *vt* : **~ un compte d'une somme** accreditare una somma su un conto
créer [kʀee] *vt* creare; (*Théâtre*) portare sulle scene
crémaillère [kʀemajɛʀ] *nf* (*aussi Rail*) cremagliera; **direction à ~** (*Auto*) sterzo a cremagliera; **pendre la ~** fare una festa per inaugurare la casa nuova
crème [kʀɛm] *nf* crema; (*du lait*) panna ▸ *adj inv* (color) crema *inv*; **un (café) ~** ≈ un cappuccino; **~ anglaise** crema pasticciera; **~ à raser** crema da barba; **~ Chantilly** panna montata; **~ solaire** crema solare; **~ fouettée** panna montata; **~ glacée** gelato
créneau, x [kʀeno] *nm* (*de fortification*) merlo; (*fig : dans un emploi du temps*) momento libero, buco; **faire un ~** (*Auto*) posteggiare (*a marcia indietro tra due auto*)
crêpe [kʀɛp] *nf* (*galette*) crêpe *f inv*, crespella ▸ *nm* (*tissu*) crêpe *m inv*; (*de deuil*) fascia (di lutto); **semelle (de) ~** suola di para; **~ de Chine** crêpe de Chine *m inv*
crêperie [kʀɛpʀi] *nf* crêperie *f inv*
crépuscule [kʀepyskyl] *nm* crepuscolo
cresson [kʀesɔ̃] *nm* crescione *m*
creuser [kʀøze] *vt* scavare; (*fig : problème, idée*) approfondire; **ça creuse** (*fam*) mette appetito; **se ~ (la cervelle** *ou* **la tête)** spremersi le meningi
creux, -euse [kʀø, kʀøz] *adj* (*évidé*) cavo(-a), vuoto(-a); (*concave*) incavato(-a), cavo(-a); (*son*) cavernoso(-a) ▸ *nm* incavo, cavità *f inv*; (*fig : sur graphique, dans statistique*) abbassamento; **heures creuses** (*gén*) ore *fpl* calme *ou* morte; (*pour électricité, téléphone*) ore *fpl* di minore utenza; **j'ai un ~ (à l'estomac)** ho un buco allo stomaco
crevaison [kʀəvɛzɔ̃] *nf* foratura
crevé, e [kʀəve] *adj* (*pneu*) forato(-a); (*fam : fatigué*) : **je suis ~** sono distrutto *ou* stanco morto
crever [kʀəve] *vt* bucare, forare ▸ *vi* (*pneu, automobiliste*) forare; (*abcès, outre, nuage*) scoppiare; (*fam : mourir*) crepare; **~ d'envie/de peur/de faim** crepare d'invidia/di paura/di fame; **~ l'écran** dominare lo schermo
crevette [kʀəvɛt] *nf* : **~ rose/grise** gamberetto
cri [kʀi] *nm* grido; (*d'animal : spécifique*) verso; **à grands ~s** a gran voce; **~s d'enthousiasme/de protestation** grida d'entusiasmo/di protesta; **c'est le dernier ~** è l'ultimo grido
criard, e [kʀijaʀ, aʀd] *adj* (*couleur*) chiassoso(-a); (*voix*) stridulo(-a), stridente
cric [kʀik] *nm* cric *m inv*
crier [kʀije] *vi* gridare ▸ *vt* (*ordre, injure*) gridare; **sans ~ gare** senza preavviso; **~ au secours** gridare aiuto; **~ famine** piangere miseria; **~ grâce** implorare mercé; **~ au scandale/meurtre** gridare allo scandalo/all'assassino
crime [kʀim] *nm* (*Jur*) crimine *m*; (*meurtre*) delitto; (*fig*) delitto, crimine; **le ~ organisé** il crimine organizzato
criminel, le [kʀiminɛl] *adj* (*Jur*) penale; (*fig : blâmable*) criminale ▸ *nm/f* criminale *m/f*; **~ de guerre** criminale di guerra
crin [kʀɛ̃] *nm* crine *m*; **à tous ~s, à tout ~** a oltranza
crinière [kʀinjɛʀ] *nf* criniera
crique [kʀik] *nf* cala
criquet [kʀikɛ] *nm* cavalletta
crise [kʀiz] *nf* (*Méd*) crisi *f inv*, attacco; (*Pol, Rel, Écon*) crisi *f inv*; **piquer une ~** (*fam*) dare in escandescenze; **~ cardiaque/de foie** attacco cardiaco/di fegato; **~ de nerfs** crisi di nervi
cristal, -aux [kʀistal, o] *nm* cristallo; **cristaux** *nmpl* (*objets de verre*) cristalleria; **~ de plomb** cristallo di piombo; **~ de roche** cristallo di rocca; **cristaux de soude** carbonato di sodio (in cristalli)
critère [kʀitɛʀ] *nm* criterio
critiquable [kʀitikabl] *adj* criticabile
critique [kʀitik] *adj* critico(-a) ▸ *nf* critica ▸ *nm/f* critico; **la ~** (*activité, personnes : d'art, littéraire*) la critica
critiquer [kʀitike] *vt* criticare
Croatie [kʀɔasi] *nf* Croazia
crochet [kʀɔʃɛ] *nm* (*pour suspendre, accrocher*) gancio; (*tige, clef*) grimaldello; (*détour*) deviazione *f*;

(*Tricot*) uncinetto; **crochets** *nmpl* (*Typo*) parentesi *fsg* quadra; **vivre aux ~s de qn** vivere alle spalle di qn; **~ du gauche** (*Boxe*) gancio sinistro

crocodile [kʀɔkɔdil] *nm* coccodrillo

croire [kʀwaʀ] *vt* credere; **se ~ fort** credersi forte; **~ à/en/que** credere a/in/che; **~ être/faire** credere di essere/di fare; **j'aurais cru que si ...** credevo che se ...; **je n'aurais pas cru cela (de lui)** non me lo sarei mai aspettato; **vous croyez ?** crede?; **vous ne croyez pas ?** non crede?; **~ (en Dieu)** credere (in Dio)

croisade [kʀwazad] *nf* crociata

croisement [kʀwazmɑ̃] *nm* (*carrefour* : *Biol*) incrocio

croiser [kʀwaze] *vt* incrociare ▸ *vi* (*Naut*) incrociare; **se croiser** *vr* incrociarsi; **~ les jambes** incrociare le gambe; **se ~ les bras** (*aussi fig*) incrociare le braccia

croisière [kʀwazjɛʀ] *nf* crociera; **vitesse de ~** (*Auto etc*) velocità di crociera

croissance [kʀwasɑ̃s] *nf* crescita; **troubles de la/maladie de ~** disturbi *mpl*/malattia della crescita; **~ économique** crescita economica

croissant, e [kʀwasɑ̃, ɑ̃t] *vb voir* **croître** ▸ *adj* crescente ▸ *nm* (*gâteau*) croissant *m inv*, cornetto; (*motif*) mezzaluna; **~ de lune** spicchio di luna

croître [kʀwatʀ] *vi* crescere; (*jours*) allungarsi

croix [kʀwa] *nf* croce *f*; **en ~** *adj, adv* a *ou* in croce; **la C~ Rouge** la Croce Rossa

croque-monsieur [kʀɔkməsjø] *nm inv* ≈ toast *m inv*

croquer [kʀɔke] *vt* (*fruit*) mordere; (*dessiner*) schizzare ▸ *vi* essere croccante; **~ la vie à belles dents** (*fig*) godersi appieno la vita; **(être) à ~** (*fig*) (essere) delizioso(-a)

croquis [kʀɔki] *nm* schizzo

crotte [kʀɔt] *nf* sterco, escrementi *mpl*; **~ !** (*fam*) accidenti!

crottin [kʀɔtɛ̃] *nm* : **~ (de cheval)** sterco (di cavallo); (*fromage*) (piccolo) formaggio di capra

croustillant, e [kʀustijɑ̃, ɑ̃t] *adj* croccante; (*fig*) piccante

croûte [kʀut] *nf* crosta; (*de vol-au-vent*) crosticina; **en ~** (*Culin*) in crosta; **~ de pain** crosta di pane; **~ terrestre** crosta terrestre

croûton [kʀutɔ̃] *nm* (*Culin*) crostino; (*extrémité* : *du pain*) cantuccio

croyance [kʀwajɑ̃s] *nf* credenza

croyant, e [kʀwajɑ̃, ɑ̃t] *vb voir* **croire** ▸ *adj, nm/f* (*Rel*) credente *m/f*

CRS [seɛʀɛs] *sigle fpl* (= *Compagnies républicaines de sécurité*) *forza di polizia per la sicurezza nazionale* ▸ *sigle m membro delle CRS*

cru, e [kʀy] *pp de* **croire** ▸ *adj* crudo(-a); (*grossier*) spinto(-a) ▸ *nm* (*vignoble*) vigneto; (*vin*) vino; **monter à ~** (*cheval*) cavalcare senza sella *ou* a pelo; **de son (propre) ~** (*fig*) di propria invenzione; **du ~** del luogo

crû [kʀy] *pp de* **croître**

cruauté [kʀyote] *nf* crudeltà *f inv*

cruche [kʀyʃ] *nf* brocca; (*fam* : *imbécile*) scemo(-a)

crucifix [kʀysifi] *nm* crocifisso

crudité [kʀydite] *nf* crudezza; (*d'une couleur*) violenza; **crudités** *nfpl* (*Culin*) verdure *fpl* crude

crue [kʀy] *adj f voir* **cru** ▸ *nf* piena; **en ~** in piena

cruel, le [kʀyɛl] *adj* crudele

crus *etc* [kʀy] *vb voir* **croire**

crûs *etc* [kʀy] *vb voir* **croître**

crustacés [kʀystase] *nmpl* crostacei *mpl*

Cuba [kyba] *nm ou nf* Cuba

cubain, e [kybɛ̃, ɛn] *adj* cubano(-a) ▸ *nm/f* : **Cubain, e** cubano(-a)

cube [kyb] *nm* cubo; **mètre ~** metro cubo; **2 au ~ = 8** 2 al cubo = 8; **élever au ~** (*Math*) elevare al cubo

cueillette [kœjɛt] *nf* raccolta

cueillir [kœjiʀ] *vt* cogliere; (*fig* : *fam*) acciuffare

cuiller [kɥijɛʀ] *nf* cucchiaio; **~ à café** cucchiaino (da caffè); **~ à soupe** cucchiaio

cuillère [kɥijɛʀ] *nf* = **cuiller**

cuillerée [kɥijʀe] *nf* cucchiaiata; (*Culin*) : **~ à soupe/café** cucchiaio/cucchiaino

cuir [kɥiʀ] *nm* cuoio, pelle *f*; (*avant tannage*) pelle *f*; **~ chevelu** cuoio capelluto

cuire [kɥiʀ] *vt* cuocere ▸ *vi* cuocere; **bien/trop cuit** ben/troppo cotto; **pas assez cuit** poco cotto; **cuit à point** cotto a puntino

cuisine [kɥizin] *nf* cucina; **faire la ~** cucinare

cuisiné, e [kɥizine] *adj* : **plat ~** piatto pronto (*da asporto*)

cuisiner [kɥizine] *vt* cucinare, preparare; (*fam*) torchiare ▶ *vi* cucinare
cuisinier, -ière [kɥizinje, jɛʀ] *nm/f* cuoco(-a)
cuisinière [kɥizinjɛʀ] *nf* cucina (economica)
cuisse [kɥis] *nf* coscia; (*mouton*) cosciotto
cuisson [kɥisɔ̃] *nf* cottura
cuit, e [kɥi, kɥit] *pp de* **cuire** ▶ *adj* cotto(-a); **bien/très cuite** ben cotta
cuivre [kɥivʀ] *nm* rame *m*; **les ~s** (*Mus*) gli ottoni; **~ jaune** ottone *m*; **~ (rouge)** rame
cul [ky] *nm* (*fam!*) culo (*fam!*); **~ de bouteille** fondo *ou* culo di bottiglia
culminant [kylminɑ̃] *adj* : **point ~** punto culminante
culot [kylo] *nm* (*d'ampoule*) attacco; (*fam : effronterie*) faccia tosta, sfacciataggine *f*; **il a du ~** ha una bella faccia tosta
culotte [kylɔt] *nf* (*pantalon*) calzoni *mpl*, pantaloni *mpl*; (*de femme*) : **(petite) ~** mutandine *fpl*, slip *m inv*; **~ de cheval** calzoni da equitazione; (*fig*) grasso su cosce e glutei
culte [kylt] *nm* culto; (*en apposition*) culto; **un film ~** un film culto, un cult
cultivateur, -trice [kyltivatœʀ, tʀis] *nm/f* coltivatore(-trice)
cultivé, e [kyltive] *adj* (*terre*) coltivato(-a); (*personne*) colto(-a)
cultiver [kyltive] *vt* coltivare
culture [kyltyʀ] *nf* (*du blé etc*) coltivazione *f*, coltura; (*connaissances etc*) cultura; (*Biol*) coltura; **(champs de) ~s** coltivazioni; **~ physique** cultura fisica
culturel, le [kyltyʀɛl] *adj* culturale
cumin [kymɛ̃] *nm* cumino
cure [kyʀ] *nf* cura; (*Rel : fonction*) funzione *f* di parroco; **faire une ~ de fruits** fare una cura a base di frutta; **n'avoir ~ de** non curarsi di; **~ d'amaigrissement** cura dimagrante; **~ de repos** periodo di riposo; **~ de sommeil/de désintoxication** cura del sonno/di disintossicazione
curé [kyʀe] *nm* parroco, curato; **M. le ~** il (signor) parroco
cure-dent [kyʀdɑ̃] (*pl* **-s**) *nm* stuzzicadenti *m inv*
curieux, -euse [kyʀjø, jøz] *adj* curioso(-a) ▶ *nmpl* (*badauds*) curiosi *mpl*
curiosité [kyʀjozite] *nf* curiosità *f inv*
cutané, e [kytane] *adj* cutaneo(-a)
cuve [kyv] *nf* tino, vasca; (*à mazout etc*) cisterna
cuvette [kyvɛt] *nf* catinella, bacinella; (*du lavabo*) vaschetta; (*des w-c*) tazza; (*Géo*) conca
CV [seve] *sigle m* (*Auto: = cheval vapeur*) CV *m inv*; (*Admin: = curriculum vitae*) CV *m inv*
cybercafé [sibɛʀkafe] *nm* cybercaffè *m inv*
cyberculture [sibɛʀkyltyʀ] *nf* cibercultura
cyberespace [sibɛʀɛspas] *nm* cyberspazio
cybernaute [sibɛʀnot] *nm/f* cybernauta *m/f*
cyberspace [sibɛʀspas] *nm* cyberespazio
cyclable [siklabl] *adj* : **piste ~** pista ciclabile
cycle [sikl] *nm* (*vélo*) bicicletta; (*naturel, biologique*) ciclo; (*Scol*) : **1er ~** *scuola media e primo anno delle scuole superiori*; **2ème ~** *ultimi tre anni delle scuole superiori*
cyclisme [siklism] *nm* ciclismo
cycliste [siklist] *nm/f* ciclista *m/f*
cyclomoteur [siklomɔtœʀ] *nm* ciclomotore *m*
cyclone [siklon] *nm* ciclone *m*
cygne [siɲ] *nm* cigno
cylindre [silɛ̃dʀ] *nm* cilindro; **moteur à 4 ~s** motore *m* a 4 cilindri
cylindrée [silɛ̃dʀe] *nf* cilindrata; **une (voiture de) grosse ~** un'auto di grossa cilindrata
cymbale [sɛ̃bal] *nf* piatti *mpl*
cynique [sinik] *adj* cinico(-a)
cystite [sistit] *nf* cistite *f*

C

d' [d] *prép voir* **de**
DAB [dəb] *sigle m* (= *distributeur automatique de billets*) sportello Bancomat
dactylo [daktilo] *nf* (*aussi* : **dactylographe**) dattilografa
dada [dada] *nm* pallino, chiodo fisso (*fig*)
daim [dɛ̃] *nm* (*Zool*, *peau*) daino; (*imitation*) pelle *f* scamosciata
dame [dam] *nf* signora; (*Cartes*) donna, regina; (*Échecs*) regina; **dames** *nfpl* (*jeu*) dama *fsg*; **les (toilettes des) ~s** la toilette delle signore; **~ de charité** dama di carità; **~ de compagnie** dama di compagnia
dandiner [dɑ̃dine] : **se dandiner** *vr* dondolarsi
Danemark [danmaʀk] *nm* Danimarca
danger [dɑ̃ʒe] *nm* pericolo; **être/ mettre en ~** essere/mettere in pericolo; **être en ~ de mort** essere in pericolo di vita; **être hors de ~** essere fuori pericolo; **un ~ public** un pericolo pubblico
dangereusement [dɑ̃ʒʀøzmɑ̃] *adv* pericolosamente
dangereux, -euse [dɑ̃ʒʀø, øz] *adj* pericoloso(-a); (*maladie*) grave
danois, e [danwa, waz] *adj* danese ▸ *nm* (*Ling*) danese *m*; (*chien*) alano (tedesco), danese ▸ *nm/f* : **Danois, e** danese *m/f*

MOT-CLÉ

dans [dɑ̃] *prép* **1** (*position, direction*) in; **c'est dans le tiroir/dans le salon** è nel cassetto/in salotto; **dans la boîte** nella scatola; **marcher dans la ville** camminare in città; **je l'ai lu dans le journal** l'ho letto sul giornale; **monter dans une voiture/le bus** salire in una macchina/sull'autobus; **dans la rue** per (la) strada; **elle a couru dans le salon** è corsa in salotto
2 (*provenance*) da; **je l'ai pris dans le tiroir/salon** l'ho preso dal cassetto/ salotto; **boire dans un verre** bere da un bicchiere
3 (*temps*) tra, fra; **dans deux mois** tra *ou* fra due mesi; **dans quelques jours** tra *ou* fra qualche giorno
4 (*approximation*) circa; **dans les 20 €/12 mois** circa *ou* sui 20 €/12 mesi

danse [dɑ̃s] *nf* danza; **~ du ventre** danza del ventre; **~ moderne** danza moderna
danser [dɑ̃se] *vt, vi* ballare
danseur, -euse [dɑ̃sœʀ, øz] *nm/f* ballerino(-a); **en danseuse** (*cyclisme*) in piedi sui pedali; **~ de claquettes** ballerino(-a) di tip tap; **danseuse du ventre** danzatrice *f* del ventre
dard [daʀ] *nm* pungiglione *m*
date [dat] *nf* data; **amis de longue/ fraîche ~** amico di lunga/fresca data; **ils se connaissent de longue ~** si conoscono da lunga data; **premier/ dernier en ~** primo/ultimo in ordine di tempo; **prendre ~ avec qn** fissare (la data di) un appuntamento con qn; **faire ~** fare epoca; **~ de naissance** data di nascita; **~ limite** data di scadenza
dater [date] *vt* datare ▸ *vi* essere datato(-a); **~ de** risalire a; **à ~ de** a decorrere da
datte [dat] *nf* dattero
dauphin [dofɛ̃] *nm* (*aussi fig*) delfino
daurade [doʀad] *nf* orata
davantage [davɑ̃taʒ] *adv* di più; (*plus longtemps*) più a lungo; **~ de** più; **~ que** più di *ou* che

MOT-CLÉ

de, d' [də, d] (*de* + *le* = **du**, *de* + *les* = **des**) *prép* **1** (*appartenance*) di; **le toit de la maison** il tetto della casa; **la voiture d'Élisabeth/de mes parents** l'auto di Élisabeth/dei miei genitori
2 (*moyen*) con; **suivre des yeux** seguire con gli occhi
3 (*provenance*) da; **il vient de Londres**

viene da Londra; **elle est sortie du cinéma** è uscita dal cinema
4 (*caractérisation, mesure*) : **un mur de brique** un muro di mattoni; **un billet de 50 €** un biglietto da 50 €; **une pièce de deux mètres de large** *ou* **large de deux mètres** una stanza di due metri di larghezza *ou* larga due metri; **un bébé de 10 mois** un bambino di 10 mesi; **12 mois de crédit/travail** 12 mesi di credito/lavoro; **de 14 à 18** da 14 a 18; **trois jours de libres** tre giorni liberi; **de nos jours** ai giorni nostri; **être payé 20 € de l'heure** essere pagato 20 € all'ora
5 (*cause*) : **mourir de faim** morire di fame; **rouge de colère** rosso(-a) dalla *ou* per la collera
6 (*devant infinitif*) : **il est impossible de partir aujourd'hui** è impossibile partire oggi
▸ *dét partitif* del(lo) (della) (*spesso omesso*); **du vin** del vino; **des pommes de terre** delle patate; **des enfants sont venus** sono venuti dei bambini; **pendant des mois** per mesi; **il mange de tout** mangia di tutto; **a-t-il du vin ?** ha (del) vino?; **il n'a pas de chance/ d'enfants** non ha fortuna/bambini

dé [de] *nm* (*à jouer*) dado; (*aussi* : **dé à coudre**) ditale *m*; **dés** *nmpl* (*jeu*) dadi *mpl*; **couper en dés** (*Culin*) tagliare a dadi; **les dés sont jetés** (*fig*) il dado è tratto
déballer [debale] *vt* (*marchandise*) sballare; (*fam*) mettere in piazza, spiattellare
débarcadère [debaʀkadɛʀ] *nm* imbarcadero
débardeur, -euse [debaʀdœʀ, øz] *nm* (*maillot*) canottiera ▸ *nm/f* scaricatore(-trice)
débarquer [debaʀke] *vt* sbarcare ▸ *vi* sbarcare; **~ chez qn** (*fam*) piombare da qn
débarras [debaʀa] *nm* ripostiglio, sgabuzzino; **bon ~ !** che liberazione!
débarrasser [debaʀase] *vt* : **~ (de)** (*local*) sgomberare (da); (*personne*) sbarazzare (di); **se débarrasser de** *vr* sbarazzarsi di; **~ (la table)** sparecchiare (la tavola)
débat [deba] *nm* dibattito
débattre [debatʀ] *vt* (*question*) dibattere; (*prix*) discutere; **se débattre** *vr* dibattersi
débit [debi] *nm* (*d'un liquide*) erogazione *f*; (*d'un fleuve*) portata; (*élocution*) eloquio; (*d'un magasin*) smercio; (*du trafic*) flusso; (*bancaire*) addebito; **le ~ et le crédit** il dare e l'avere; **connexion haut ~** (*Internet*) connessione *f* ad alta velocità; **~ de boissons** spaccio di bevande; **~ de tabac** tabaccheria
déblayer [debleje] *vt* sgomberare; (*fig* : *affaires, travail*) sbrigare; **~ le terrain** (*fig*) spianare il terreno
débloquer [deblɔke] *vt* sbloccare; (*fonds, aide*) stanziare ▸ *vi* (*fam*) blaterare; **~ des crédits** (*Fin*) sbloccare i crediti
déboîter [debwate] *vi* (*Auto*) uscire dalla fila; **se déboîter** *vr* (*genou etc*) slogarsi, lussarsi
débordé, e [debɔʀde] *adj* (*fig* : *personne*) stracarico(-a) di impegni
déborder [debɔʀde] *vi* (*rivière*) straripare; (*eau, lait*) traboccare ▸ *vt* (*Mil, Sport* : *un concurrent*) aggirare; **~ (de) qch** spingersi troppo al di là di qc; **~ de joie** (*fig*) scoppiare di gioia; **~ de zèle** essere pieno di zelo
débouché [debuʃe] *nm* sbocco
déboucher [debuʃe] *vt* (*évier, tuyau*) sturare; (*bouteille*) stappare ▸ *vi* (*aboutir*) sboccare; **~ de/sur** sbucare da/in; **~ sur** (*fig*) sfociare in
debout [d(ə)bu] *adv* : **être ~** essere in piedi; **être encore ~** (*fig* : *en état*) stare ancora in piedi; **se mettre ~** mettersi in piedi, alzarsi; **se tenir ~** stare in piedi; **« ~ ! »** « in piedi! »; **cette histoire ne tient pas ~** questa storia non sta in piedi *ou* non regge
déboutonner [debutɔne] *vt* sbottonare; **se déboutonner** *vr* (*aussi fig*) sbottonarsi
débraillé, e [debʀaje] *adj* trasandato(-a)
débrancher [debʀɑ̃ʃe] *vt* disinnestare; (*prise, fer à repasser*) staccare
débrayage [debʀɛjaʒ] *nm* (*Auto*) disinnesto della frizione; (*grève*) sospensione *f* del lavoro
débrayer [debʀeje] *vi* (*Auto*) disinnestare la frizione; (*cesser le travail*) smontare, staccare; (*fam*) entrare in sciopero
débris [debʀi] *nm* coccio ▸ *nmpl* resti *mpl*
débrouillard, e [debʀujaʀ, aʀd] *adj* sveglio(-a)

d

débrouiller [debʀuje] *vt* sbrogliare; **se débrouiller** *vr* cavarsela, sbrogliarsela
début [deby] *nm* inizio; **débuts** *nmpl* (*Ciné, Sport etc*) esordio *msg*, debutto *msg*; (*carrière*) inizi *mpl*; **un bon/mauvais ~** un buon/cattivo inizio; **faire ses ~s** fare il proprio debutto; **au ~** all'inizio; **dès le ~** fin dall'inizio
débutant, e [debytɑ̃, ɑ̃t] *adj, nm/f* esordiente *m/f*, principiante *m/f*; (*Théâtre*) debuttante *m/f*
débuter [debyte] *vi* debuttare; (*dans une activité*) esordire; (*spectacle, cours etc*) iniziare
décaféiné, e [dekafeine] *adj* decaffeinato(-a)
décalage [dekalaʒ] *nm* spostamento; (*écart*) differenza, scarto; (*désaccord*) disaccordo; (*temporel*) sfasamento; (*fig*) divario; **~ horaire** differenza di fuso orario
décaler [dekale] *vt* spostare; **~ qch de 10 cm/2 h** spostare qc di 10 cm/2 h
décapotable [dekapɔtabl] *adj* decappottabile
décapsuleur [dekapsylœʀ] *nm* apribottiglie *m inv*
décédé, e [desede] *adj* deceduto(-a)
décéder [desede] *vi* decedere, morire
décembre [desɑ̃bʀ] *nm* dicembre *m*; *voir aussi* **juillet**
décennie [deseni] *nf* decennio
décent, e [desɑ̃, ɑ̃t] *adj* decente
déception [desɛpsjɔ̃] *nf* delusione *f*
décès [desɛ] *nm* decesso; **acte de ~** atto di morte *ou* di decesso
décevoir [des(ə)vwaʀ] *vt* deludere
décharge [deʃaʀʒ] *nf* (*dépôt d'ordures*) discarica; (*Jur*) discarico, discolpa; (*électrique, salve*) scarica; **à la ~ de** a discarico di
décharger [deʃaʀʒe] *vt* scaricare; (*Jur*) scagionare; **se décharger** *vr* scaricarsi; **~ qn de** (*responsabilité, tâche*) sollevare qn da; **~ sa colère (sur)** (*fig*) sfogare la propria collera (su); **~ sa conscience** (*fig*) scaricare la propria coscienza; **se ~ dans** (*se déverser*) scaricarsi in; **se ~ d'une affaire sur qn** scaricare una faccenda su qn
déchausser [deʃose] *vt* (*personne*) togliere le scarpe a; (*skis*) togliere; **se déchausser** *vr* togliersi le scarpe; (*dent*) ballare
déchet [deʃɛ] *nm* scarto; **déchets** *nmpl* (*ordures*) rifiuti *mpl*; **~s radiocatifs** scorie *fpl* radioattive; **~s verts** rifiuti organici
déchiffrer [deʃifʀe] *vt* decifrare; (*partition*) leggere a vista
déchirant, e [deʃiʀɑ̃, ɑ̃t] *adj* (*situation, nouvelle*) straziante; (*bruit, cri*) lacerante
déchirement [deʃiʀmɑ̃] *nm* strappo; (*chagrin*) lacerazione *f*, strazio; **déchirements** *nmpl* (*de conflit*) lacerazioni *fpl*
déchirer [deʃiʀe] *vt* strappare; (*fig : personne, cœur*) straziare; (*: pays, peuple*) lacerare, dilaniare; **se déchirer** *vr* strapparsi; (*fig : peuple, amants*) dilaniarsi; **se ~ un muscle/un tendon** subire uno strappo muscolare/del tendine
déchirure [deʃiʀyʀ] *nf* strappo; **~ musculaire** strappo muscolare
décidé, e [deside] *adj* deciso(-a); **c'est ~** è deciso; **être ~ à faire** essere deciso(-a) a fare
décidément [desidemɑ̃] *adv* proprio, decisamente
décider [deside] *vt* decidere; **se décider** *vr* (*personne*) decidersi; (*suj : problème, affaire*) risolversi; (*départ*) essere deciso(-a); **~ que/de faire** decidere che/di fare; **~ qn (à faire qch)** convincere qn (a fare qc); **~ de qch** decidere di qc; **se ~ pour qch/à qch/à faire** decidersi per qc/a qc/a fare; **« décide-toi ! »** « deciditi! »
décimal, e, -aux [desimal, o] *adj* decimale
décimètre [desimɛtʀ] *nm* decimetro; **double ~** doppio decimetro (*righello*)
décisif, -ive [desizif, iv] *adj* decisivo(-a)
décision [desizjɔ̃] *nf* decisione *f*; **prendre la ~ de faire** prendere la decisione di fare; **emporter** *ou* **faire la ~** avere l'ultima parola
déclaration [deklaʀasjɔ̃] *nf* dichiarazione *f*; **~ (d'amour)** dichiarazione (d'amore); **~ de décès** denuncia di decesso; **~ de guerre** dichiarazione di guerra; **~ de perte** denuncia di smarrimento; **~ de sinistre/de vol** denuncia di sinistro/di furto; **~ d'impôts** *ou* **de revenus** dichiarazione *ou* denuncia dei redditi; **~ de naissance** denuncia di nascita
déclarer [deklaʀe] *vt* dichiarare; (*vol, perte : à la police*) denunciare; (*Admin : employés*) dichiarare; (*: revenus*)

dichiarare, denunciare; (: *décès, naissance*) denunciare; **se déclarer** *vr* (*feu*) divampare; (*maladie*) manifestarsi; (*amoureux*) dichiararsi; **se ~ favorable/prêt à** dichiararsi favorevole/disposto a; **~ la guerre** dichiarare guerra

déclencher [deklɑ̃ʃe] *vt* (*aussi fig*) far scattare, azionare; **se déclencher** *vr* scattare

décliner [dekline] *vi* declinare ▸ *vt* (*Ling*) declinare; (*nom, adresse*) dichiarare; **se décliner** *vr* (*Ling*) declinarsi

décoiffer [dekwafe] *vt* (*enlever le chapeau*) togliere il cappello a; (*déranger la coiffure*) spettinare; **se décoiffer** *vr* (*v vt*) togliersi il cappello; spettinarsi

déçois *etc* [deswa] *vb voir* **décevoir**

décollage [dekɔlaʒ] *nm* (*Aviat, Écon*) decollo

décoller [dekɔle] *vt* staccare ▸ *vi* (*Aviat, Écon*) decollare; (*discipline, science*) decollare, affermarsi; **se décoller** *vr* staccarsi

décolleté, e [dekɔlte] *adj* (*robe, femme*) scollato(-a) ▸ *nm* scollatura; (*épaules*) décolleté *m inv*

décolorer [dekɔlɔʀe] *vt* (*tissu*) scolorire; (*cheveux*) decolorare; **se décolorer** *vr* scolorirsi

décommander [dekɔmɑ̃de] *vt* (*marchandise*) annullare l'ordinazione di; (*réception*) disdire; **se décommander** *vr* declinare un invito; **~ des invités** disdire un invito

décomplexé, e [dekɔ̃plɛkse] *adj* spregiudicato(-a); **la droite décomplexée** la destra spregiudicata

déconcerter [dekɔ̃sɛʀte] *vt* sconcertare

décongeler [dekɔ̃ʒ(ə)le] *vt* scongelare

déconner [dekɔne] (*fam*) *vi* (*en parlant*) sparare fesserie; (*faire des bêtises*) fare idiozie; **sans ~** scherzi a parte

déconseiller [dekɔ̃seje] *vt* : **~ qch (à qn)** sconsigliare qc (a qn); **~ à qn de faire** sconsigliare a qn di fare; **c'est déconseillé** è sconsigliabile

décontracté, e [dekɔ̃tʀakte] *adj* disteso(-a), rilassato(-a)

décontracter [dekɔ̃tʀakte] *vt* (*muscle*) rilassare, distendere; **se décontracter** *vr* rilassarsi, distendersi

décor [dekɔʀ] *nm* (*d'un palais etc*) arredo; (*paysage, Théâtre*) scenario; **changement de ~** (*fig*) cambio di scena; **entrer dans le ~** (*fig*) uscire di strada; **en ~ naturel** (*Ciné*) all'esterno

décorateur, -trice [dekɔʀatœʀ, tʀis] *nm/f* decoratore(-trice); (*Ciné*) scenografo(-a)

décoration [dekɔʀasjɔ̃] *nf* decorazione *f*

décorer [dekɔʀe] *vt* decorare

décortiquer [dekɔʀtike] *vt* (*riz*) mondare; (*amandes, arachides*) sgusciare; (*fig*) analizzare minuziosamente

découdre [dekudʀ] *vt* scucire; **se découdre** *vr* scucirsi; **en ~** (*fig*) darsele, venire alle mani

découper [dekupe] *vt* tagliare; (*article de journal*) ritagliare; **se ~ sur** stagliarsi su

décourager [dekuʀaʒe] *vt* scoraggiare; **se décourager** *vr* scoraggiarsi; **~ qn de faire/de qch** dissuadere qn dal fare/da qc

décousu, e [dekuzy] *pp de* **découdre** ▸ *adj* scucito(-a); (*fig*) sconclusionato(-a)

découvert, e [dekuvɛʀ, ɛʀt] *pp de* **découvrir** ▸ *adj* scoperto(-a) ▸ *nm* (*bancaire*) scoperto; **à ~** (*Mil, fig*) allo scoperto; (*compte*) scoperto(-a); **à visage ~** (*franchement*) apertamente

découverte [dekuvɛʀt(ə)] *nf* scoperta; **aller à la ~ (de)** andare alla scoperta (di)

découvrir [dekuvʀiʀ] *vt* scoprire; (*casserole*) scoperchiare, scoprire; (*apercevoir*) scorgere; (*dévoiler, fig*) svelare; **se découvrir** *vr* (*ôter son chapeau*) scoprirsi il capo; (*se déshabiller, au lit*) scoprirsi; (*ciel*) schiarirsi; **~ que** scoprire che; **se ~ des talents** scoprire di avere *ou* scoprirsi dei talenti

décrire [dekʀiʀ] *vt* descrivere

décrocher [dekʀɔʃe] *vt* staccare; (*fig : récompense, contrat*) (riuscire a) strappare ▸ *vi* alzare il ricevitore; (*perdre sa concentration*) distrarsi; **se décrocher** *vr* (*tableau, rideau*) staccarsi; **~ (le téléphone)** (*pour répondre*) alzare il ricevitore

déçu, e [desy] *pp de* **décevoir** ▸ *adj* deluso(-a)

dédaigner [dedeɲe] *vt* disdegnare; **~ de faire** non degnarsi di fare

dédaigneux, -euse [dedɛɲø, øz] *adj* sdegnoso(-a)

dédain [dedɛ̃] *nm* sdegno

dedans [dədɑ̃] *adv* dentro ▸ *nm* interno; **là-~** là dentro; **au ~** dentro; **en ~** (*vers l'intérieur*) in dentro
dédiaboliser [dedjabɔlize] *vt* (*parti, image*) sdemonizzare
dédicacer [dedikase] *vt* (*livre*) : **~ (à qn)** fare una dedica (a qn) su; **envoyer sa photo dédicacée** mandare la propria foto con dedica
dédier [dedje] *vt* : **~ à** dedicare a
dédommagement [dedɔmaʒmɑ̃] *nm* risarcimento
dédommager [dedɔmaʒe] *vt* : **~ qn (de)** risarcire qn (di); (*fig*) ripagare qn (di)
dédouaner [dedwane] *vt* sdoganare
déduire [dedɥiʀ] *vt* : **~ qch (de)** (*ôter*) detrarre *ou* dedurre qc (da); (*conclure*) dedurre qc (da)
défaillance [defajɑ̃s] *nf* (*syncope*) svenimento, mancamento; (*fatigue*) debolezza; (*technique*) mancato funzionamento; **~ cardiaque** collasso cardiaco
défaire [defɛʀ] *vt* disfare; (*installation, échafaudage*) smontare; (*vêtement*) slacciare; (*cheveux*) spettinare; **se défaire** *vr* (*cheveux*) spettinarsi; (*fig : mariage etc*) sciogliersi; **se ~ de** disfarsi di; **~ ses bagages** disfare le valige; **~ le lit** disfare il letto
défait, e [defɛ, ɛt] *pp de* **défaire** ▸ *adj* disfatto(-a)
défaite [defɛt] *nf* disfatta
défaut [defo] *nm* difetto; **~ de** (*manque, carence*) mancanza *ou* carenza di; **~ de la cuirasse** (*fig*) punto debole, tallone *m* d'Achille; **en ~** in fallo; **faire ~** (*manquer*) mancare; **à ~ de** in mancanza di; **par ~** (*Jur*) in contumacia; (*Inform*) per predefinizione *ou* default
défavorable [defavɔʀabl] *adj* sfavorevole
défavoriser [defavɔʀize] *vt* sfavorire, penalizzare
défectueux, -euse [defɛktɥø, øz] *adj* difettoso(-a)
défendre [defɑ̃dʀ] *vt* (*aussi Jur, fig*) difendere; (*interdire*) proibire, vietare; **se défendre** *vr* difendersi; **~ à qn qch/de faire** proibire *ou* vietare a qn qc/di fare; **c'est défendu** è proibito *ou* vietato; **il se défend** (*fig*) si difende, se la cava; **ça se défend** (*fig*) mi pare che regga; **se ~ de/contre** difendersi da/contro; **se ~ de faire qch** guardarsi bene dal fare qc
défense [defɑ̃s] *nf* difesa; (*d'éléphant etc*) zanna; **ministre de la ~** ministro della difesa; **la ~ nationale** la difesa nazionale; **la ~ contre avions** la difesa contraerea; **« ~ de fumer/cracher »** « vietato fumare/sputare »; **« ~ d'afficher/de stationnement »** « divieto di affissione/di sosta »; **prendre la ~ de qn** prendere le difese di qn; **~ des consommateurs** tutela del consumatore
défi [defi] *nm* sfida; **mettre qn au ~ de faire qch** sfidare qn a fare qc; **relever un ~** accettare una sfida
déficit [defisit] *nm* (*Comm*) deficit *m*; **être en ~** essere in deficit; **~ budgétaire** deficit di bilancio
défier [defje] *vt* sfidare; **se défier de** *vr* (*se méfier*) diffidare di; **~ qn de faire qch** sfidare qn a fare qc; **~ toute comparaison** non temere confronti; **~ toute concurrence** non temere la concorrenza
défigurer [defigyʀe] *vt* sfigurare; (*fig : œuvre*) travisare; (*: vérité*) travisare, deformare
défilé [defile] *nm* (*Géo*) gola, stretta; (*soldats*) sfilata; (*manifestants*) corteo; **un ~ de** (*voitures, visiteurs etc*) un corteo di
défiler [defile] *vi* sfilare; **se défiler** *vr* svignarsela; **faire ~** far scorrere
définir [definiʀ] *vt* definire
définitif, -ive [definitif, iv] *adj* definitivo(-a)
définitive [definitiv] *nf* : **en ~** in definitiva
définitivement [definitivmɑ̃] *adv* definitivamente
déformer [defɔʀme] *vt* deformare; (*pensée, fait*) travisare; **se déformer** *vr* deformarsi
défouler [defule] : **se défouler** *vr* sfogarsi
défunt, e [defœ̃, œ̃t] *adj* : **son ~ père** il suo defunto padre ▸ *nm/f* defunto(-a)
dégagé, e [degaʒe] *adj* (*ciel*) sereno(-a), terso(-a); (*vue*) libero(-a); (*ton, air*) disinvolto(-a), spigliato(-a)
dégager [degaʒe] *vt* (*exhaler*) emanare, sprigionare; (*zone etc*) liberare; (*troupes*) disimpegnare; (*désencombrer*) sgomberare; (*idée, aspect*) evidenziare; (*crédits*) sbloccare, liberare; **se dégager**

vr (*odeur*) sprigionarsi; (*passage bloqué*) liberarsi, sgomberarsi; (*ciel*) schiarirsi; **se ~ de** (*se libérer*) liberarsi da; **~ sa parole** ritirare la parola data; **~ qn de** (*parole, engagement etc*) liberare qn da; **dégagé des obligations militaires** militesente

dégâts [degɑ] *nmpl* : **faire des ~** fare *ou* causare danni

dégel [deʒɛl] *nm* disgelo; (*fig : des prix etc*) scongelamento, sblocco; (*: des relations*) distensione *f*

dégeler [deʒ(ə)le] *vt* (*fig : prix etc*) scongelare, sbloccare; (*: atmosphère*) distendere ▸ *vi* sgelare; **se dégeler** *vr* (*fig*) distendersi

dégivrer [deʒivʀe] *vt* sbrinare

dégonflé, e [degɔ̃fle] *adj* sgonfio(-a) ▸ *nm/f* (*fam*) fifone(-a)

dégonfler [degɔ̃fle] *vt* sgonfiare ▸ *vi* sgonfiarsi; **se dégonfler** *vr* (*fam*) tirarsi indietro per la fifa

dégouliner [deguline] *vi* sgocciolare, colare

dégourdi, e [deguʀdi] *adj* sveglio(-a), svelto(-a)

dégourdir [deguʀdiʀ] : **se dégourdir** *vr* : **se ~ les jambes** sgranchirsi le gambe

dégoût [degu] *nm* disgusto

dégoûtant, e [degutɑ̃, ɑ̃t] *adj* (*aussi fig*) disgustoso(-a)

dégoûté, e [degute] *adj* schizzinoso(-a), schifiltoso(-a); **il n'est pas ~ !** è di bocca buona!; **~ de** disgustato(-a) *ou* nauseato(-a) da

dégoûter [degute] *vt* (*aussi fig*) disgustare; **~ qn de qch** (*aussi fig*) far passare a qn la voglia di qc; **se ~ de** (*se lasser de*) stancarsi di

dégrader [degʀade] *vt* degradare; **se dégrader** *vr* degradarsi; (*relations, situation*) deteriorarsi

degré [dəgʀe] *nm* grado; (*escalier*) gradino; **brûlure au 1er/2ème ~** ustione *f* di primo/secondo grado; **équation du 1er/2ème ~** equazione *f* di primo/secondo grado; **alcool à 90 ~s** alcol *m* a 90 gradi; **vin de 12 ~s** vino di 12 gradi; **par ~(s)** per gradi, gradualmente

dégressif, -ive [degʀesif, iv] *adj* decrescente; **tarif ~** tariffa decrescente

dégringoler [degʀɛ̃gɔle] *vi* ruzzolare; (*fig : prix, Bourse*) crollare ▸ *vt* (*escalier*) scendere a precipizio

déguisement [degizmɑ̃] *nm* travestimento

déguiser [degize] *vt* travestire; (*fig : réalité, fait*) mascherare; **se déguiser** *vr* : **se ~ (en)** (*se costumer*) mascherarsi da; (*pour tromper*) travestirsi da

dégustation [degystasjɔ̃] *nf* (*v vb*) degustazione *f*

déguster [degyste] *vt* degustare, assaggiare; (*fig*) assaporare, gustare ▸ *vi* (*fam*) : **qu'est-ce qu'il a dégusté !** (*injures*) quante se ne è sentite dire!; (*coups*) quante se n'è buscate!

dehors [dəɔʀ] *adv* (*en plein air*) fuori ▸ *nm* esterno ▸ *nmpl* apparenze *fpl*; **mettre** *ou* **jeter ~** buttar fuori; **au ~** fuori; (*en apparence*) dal di fuori; **au ~ de** fuori da; **de ~** dal di fuori; **en ~** (*vers l'extérieur*) in fuori; **en ~ de** (*hormis*) all'infuori di, oltre a

déjà [deʒa] *adv* già; **quel nom, ~ ?** che nome, scusi?; **c'est ~ pas mal** già non è male; **as-tu ~ été en France ?** sei già stato in Francia?; **c'est ~ quelque chose** è già qualcosa

déjeuner [deʒœne] *vi* (*matin*) far colazione; (*à midi*) pranzare ▸ *nm* (*petit déjeuner*) (prima) colazione *f*; (*à midi*) pranzo; **~ d'affaires** colazione d'affari

delà [dəla] *prép, adv* : **par-~** al di là di, oltre; **au-~ (de)** al di là (di), oltre

délai [delɛ] *nm* (*attente*) termine *m*; (*sursis*) dilazione *f*; (*temps accordé : aussi : délais*) proroga; **sans ~** subito, immediatamente; **à bref ~** a breve scadenza, entro breve tempo; **dans les ~s** entro i termini previsti; **un ~ de 30 jours** una proroga di 30 giorni; **compter un ~ de livraison de 10 jours** calcolare un tempo di consegna di 10 giorni; **~ de livraison** termine *m* di consegna

délaisser [delese] *vt* abbandonare; (*négliger*) trascurare

délasser [delɑse] *vt* (*membres*) distendere; (*personne, esprit*) rilassare; **se délasser** *vr* rilassarsi, distendersi

délavé, e [delave] *adj* sbiadito(-a), scolorito(-a); (*terrain*) inzuppato(-a)

délayer [deleje] *vt* (*Culin*) stemperare; (*fig : idée, discours*) dilungarsi in

delco® [dɛlko] *nm* (*Auto*) spinterogeno

délégué, e [delege] *adj* delegato(-a) ▸ *nm/f* delegato(-a), rappresentante *m/f*; **~ de classe** rappresentante di classe; **~ du personnel** delegato del personale; **ministre ~ à** ≈ sottosegretario a; **~ médical** rappresentante *m* di prodotti farmaceutici

déléguer [delege] *vt* delegare

délibéré, e [delibeʀe] *adj* deliberato(-a); (*déterminé*) risoluto(-a); **de propos ~** con deliberato proposito

délicat, e [delika, at] *adj* delicato(-a); (*attentionné*) premuroso(-a)

délicatement [delikatmɑ̃] *adv* delicatamente

délice [delis] *nm* delizia

délicieux, -euse [delisjø, jøz] *adj* delizioso(-a)

délimiter [delimite] *vt* delimitare

délinquant, e [delɛ̃kɑ̃, ɑ̃t] *adj, nm/f* delinquente *m/f*

délirer [deliʀe] *vi* delirare

délit [deli] *nm* reato; **commettre un ~** commettere un reato; **~ de droit commun** reato comune; **~ de fuite** (reato di) omissione *f* di soccorso

délivrer [delivʀe] *vt* rilasciare; **~ qn de** (*ennemis*) liberare qn da; (*fig*) sollevare *ou* liberare qn da

délocaliser [delɔkalize] *vt* (*entreprise, emplois*) delocalizzare, trasferire

deltaplane® [dɛltaplan] *nm* deltaplano

déluge [delyʒ] *nm* (*aussi fig*) diluvio

demain [d(ə)mɛ̃] *adv* domani; **~ matin/soir** domani mattina/sera; **~ midi** domani a mezzogiorno; **à ~** a domani

demande [d(ə)mɑ̃d] *nf* (*gén, Admin, Écon*) domanda; (*revendication*) richiesta, domanda; (*Jur*) istanza; **à la ~ générale** a generale richiesta; **faire sa ~ (en mariage)** fare una proposta di matrimonio; **~ d'emploi** domanda d'impiego; **« ~s d'emploi »** « richieste di lavoro »; **~ de naturalisation** richiesta di naturalizzazione; **~ de poste** domanda d'assunzione

demandé, e [d(ə)mɑ̃de] *adj* (*article etc*) : **très ~** molto richiesto(-a)

demander [d(ə)mɑ̃de] *vt* chiedere, domandare; (*un médecin, plombier*) chiamare; (*vouloir engager : personnel*) cercare; (*exiger, requérir, nécessiter*) richiedere; **~ qch à qn** chiedere *ou* domandare qc a qn; **~ à qn de faire** chiedere *ou* domandare a qn di fare; **cela demande de la patience/beaucoup de temps** ciò richiede pazienza/molto tempo; **~ la main de qn** (*fig*) chiedere la mano di qn; **~ des nouvelles de qn** chiedere notizie di qn; **~ l'heure/son chemin** chiedere l'ora/la strada; **~ pardon à qn** chiedere scusa a qn; **~ à** *ou* **de voir/faire** chiedere di vedere/fare; **se ~ si/pourquoi** chiedersi *ou* domandarsi se/perché; **ils demandent deux secrétaires et un ingénieur** cercano due segretarie e un ingegnere; **~ la parole** chiedere la parola; **~ la permission de** chiedere il permesso di; **je n'en demandais pas davantage** non chiedevo *ou* domandavo di più; **je me demande comment tu as pu** mi chiedo come tu abbia potuto; **je me le demande** me lo chiedo; **on vous demande au téléphone** la vogliono al telefono; **il ne demande que ça/qu'à faire ...** non chiede altro/che di fare ...; **je ne demande pas mieux que ...** non chiedo di meglio che ...

demandeur, -euse [dəmɑ̃dœʀ, øz] *nm/f* : **~ d'emploi** ≈ iscritto(-a) alle liste di collocamento

démangeaison [demɑ̃ʒɛzɔ̃] *nf* prurito

démanger [demɑ̃ʒe] *vi* prudere; **l'envie** *ou* **ça le démange de faire ...** muore dalla voglia di fare ...

démaquillant, e [demakijɑ̃, ɑ̃t] *adj, nm* detergente *m*

démaquiller [demakije] *vt* struccare; **se démaquiller** *vr* struccarsi

démarche [demaʀʃ] *nf* (*allure*) andatura, portamento; (*intervention*) passo; (*fig : intellectuelle etc*) percorso; (*requête, tractation*) pratica; **faire** *ou* **entreprendre des ~s (auprès de qn)** avviare delle pratiche (presso qn)

démarrage [demaʀaʒ] *nm* partenza; (*Auto*) avviamento; (*Sport*) scatto; (*fig*) avvio, inizio; **~ en côte** partenza in salita

démarrer [demaʀe] *vi* partire; (*véhicule*) mettersi in moto; (*travaux, affaire*) iniziare, avviarsi ▶ *vt* (*voiture*) mettere in moto; (*travail*) iniziare

démarreur [demaʀœʀ] *nm* (*Auto*) (motorino d')avviamento

démêler [demele] *vt* districare; (*fig*) sbrogliare

démêlés [demele] *nmpl* noie *fpl*, grane *fpl*; **avoir des ~ avec la justice** avere grane con la giustizia

déménagement [demenaʒmɑ̃] *nm* trasloco; **entreprise/camion de ~** impresa/camion *m inv* di trasloco
déménager [demenaʒe] *vt* (*meubles*) spostare ▶ *vi* traslocare
déménageur, -euse [demenaʒœʀ, øz] *nm/f* traslocatore(-trice); (*entrepreneur*) titolare *m/f* di impresa di traslochi
démence [demɑ̃s] *nf* (*Méd*) demenza; **~ sénile** demenza senile
démerder [demɛʀde] (*fam!*) *vi* : **démerde-toi !** arrangiati come cazzo vuoi! (*fam!*)
démettre [demɛtʀ] *vt* : **~ qn de** dimettere qn da; **se démettre** *vr* (*épaule etc*) lussarsi, slogarsi; **se ~ (de ses fonctions)** dimettersi (dalle proprie funzioni)
demeurer [d(ə)mœʀe] *vi* abitare, dimorare; (*fig*) rimanere, restare; **en ~ là** non andare avanti
demi, e [dəmi] *adj* mezzo(-a) ▶ *nm* (*Football*) mediano; **un ~** (*bière*) una birra; **il est deux heures et demie** sono le due e mezza; **il est midi et ~** è mezzogiorno e mezzo; **à ~** a metà; (*sourd, idiot*) mezzo(-a); **fini/corrigé à ~** (*fig*) mezzo finito/corretto; **à la demie** (*heure*) alla mezza; **~ de mêlée/d'ouverture** (*Rugby*) mediano di spinta/d'apertura
demi-douzaine [dəmiduzɛn] (*pl* **-s**) *nf* mezza dozzina
demi-finale [dəmifinal] (*pl* **-s**) *nf* semifinale *f*
demi-frère [dəmifʀɛʀ] (*pl* **-s**) *nm* fratellastro
demi-heure [dəmijœʀ] (*pl* **-s**) *nf* mezz'ora
demi-journée [dəmiʒuʀne] (*pl* **-s**) *nf* mezza giornata
demi-litre [dəmilitʀ] (*pl* **-s**) *nm* mezzo litro
demi-livre [dəmilivʀ] (*pl* **-s**) *nf* 250 grammi *mpl*, due etti e mezzo
demi-pension [dəmipɑ̃sjɔ̃] (*pl* **-s**) *nf* mezza pensione *f*; (*lycée*) semiconvitti *mpl*; **être en ~** essere a mezza pensione
démis, e [demi, iz] *pp de* **démettre** ▶ *adj* (*épaule etc*) lussato(-a)
demi-sœur [dəmisœʀ] (*pl* **-s**) *nf* sorellastra
démission [demisjɔ̃] *nf* dimissioni *fpl*; **donner sa ~** dare le dimissioni
démissionner [demisjɔne] *vi* dimettersi, rassegnare le dimissioni
demi-tarif [dəmitaʀif] (*pl* **-s**) *nm* : **voyager à ~** viaggiare con lo sconto del 50%
demi-tour [dəmituʀ] (*pl* **-s**) *nm* dietro front *m inv*; **faire ~** fare marcia indietro
démocratie [demɔkʀasi] *nf* democrazia
démocratique [demɔkʀatik] *adj* democratico(-a); (*sport, moyen de transport etc*) popolare
démodé, e [demɔde] *adj* fuori moda *inv*, superato(-a)
demoiselle [d(ə)mwazɛl] *nf* signorina; (*vendeuse*) commessa, signorina; **~ d'honneur** damigella d'onore
démolir [demɔliʀ] *vt* (*aussi fig*) demolire
démon [demɔ̃] *nm* demonio; **le D~** il Demonio; **le ~ du jeu** il demone del gioco
démonstration [demɔ̃stʀasjɔ̃] *nf* dimostrazione *f*
démonter [demɔ̃te] *vt* (*aussi fig*) smontare; **se démonter** *vr* (*personne*) smontarsi
démontrer [demɔ̃tʀe] *vt* dimostrare
démouler [demule] *vt* (*gâteau*) sformare
démuni, e [demyni] *adj* (*sans argent*) a corto di denaro; **~ de** sprovvisto(-a) di; **les plus ~s** i più bisognosi, i più poveri
dénicher [deniʃe] *vt* stanare
dénier [denje] *vt* negare; **~ qch à qn** negare qc a qn
dénivellation [denivelasjɔ̃] *nf* dislivello
dénombrer [denɔ̃bʀe] *vt* contare; (*énumérer*) calcolare
dénomination [denɔminasjɔ̃] *nf* (*nom*) denominazione *f*
dénoncer [denɔ̃se] *vt* denunciare; **se dénoncer** *vr* (auto)denunciarsi
dénouement [denumɑ̃] *nm* conclusione *f*; (*Théâtre*) finale *m*
dénouer [denwe] *vt* sciogliere; (*cravate*) slacciare; (*fig*) risolvere
denrée [dɑ̃ʀe] *nf* derrata; **~s alimentaires** derrate alimentari
dense [dɑ̃s] *adj* denso(-a), fitto(-a); (*population, trafic*) denso(-a); (*fig : style*) conciso(-a), stringato(-a)
densité [dɑ̃site] *nf* densità *f inv*
dent [dɑ̃] *nf* (*Anat, d'une machine*) dente *m*; **avoir/garder une ~ contre qn**

avere il dente avvelenato contro qn; **avoir les ~s longues** avere grosse ambizioni; **se mettre qch sous la ~** mettere qc sotto i denti; **être sur les ~s** essere sul chi vive; **faire ses ~s** mettere i denti; **à belles ~s** con grande appetito; **en ~s de scie** altalenante; **ne pas desserrer les ~s** non aprir bocca; **~ de lait** dente di latte; **~ de sagesse** dente del giudizio

dentaire [dɑ̃tɛʀ] *adj* (*soins, hygiène*) dentale; (*prothèse*) dentario(-a); **cabinet ~** studio odontoiatrico

dentelle [dɑ̃tɛl] *nf* merletto, pizzo; **ne pas faire dans la ~** (*fam*) non andare per il sottile

dentier [dɑ̃tje] *nm* dentiera

dentifrice [dɑ̃tifʀis] *adj* dentifricio(-a) ▸ *nm* dentifricio

dentiste [dɑ̃tist] *nm/f* dentista *m/f*

dentition [dɑ̃tisjɔ̃] *nf* (*dents*) dentatura

dénué, e [denɥe] *adj* : **~ de** privo(-a) di

déodorant [deɔdɔʀɑ̃] *nm* deodorante *m*

déontologie [deɔ̃tɔlɔʒi] *nf* deontologia

dépannage [depanaʒ] *nm* riparazione *f*; **service de ~** servizio di assistenza (tecnica); (*Auto*) servizio di soccorso; **camion de ~** (*Auto*) carro *m* attrezzi *inv*

dépanner [depane] *vt* riparare; (*fig*) dare una mano a, aiutare

dépanneuse [depanøz] *nf* carro *m* attrezzi *inv*

dépareillé, e [depaʀeje] *adj* scompagnato(-a)

départ [depaʀ] *nm* partenza; (*d'un employé : démission*) dimissioni *fpl*; (*: licenciement*) licenziamento; **à son ~** alla sua partenza; **au ~** (*au début*) all'inizio; **courrier au ~** posta in partenza; **le tableau des ~s** il tabellone delle partenze

département [depaʀtəmɑ̃] *nm* (*administratif*) dipartimento, ≈ provincia; (*d'université*) istituto; (*de magasin*) reparto; **~ ministériel** ministero; **~ d'outre-mer** dipartimento d'oltremare

> La Francia metropolitana è suddivisa in 96 unità amministrative chiamate **départements**, ciascuna guidata da un *préfet* nominato a livello statale, e amministrata da un *Conseil général*. I **départements** generalmente derivano il nome da importanti luoghi geografici come fiumi o monti.

dépassé, e [depɑse] *adj* superato(-a); (*fig*) sopraffatto(-a)

dépasser [depɑse] *vt* superare; (*être en saillie sur*) sporgere da ▸ *vi* (*Auto*) sorpassare; (*ourlet, jupon*) pendere; **se dépasser** *vr* (*se surpasser*) superare se stesso(-a); **être dépassé** essere superato(-a); **être dépassé par les événements** essere travolto(-a) dagli avvenimenti; **cela me dépasse** (*dérouter*) sono sconcertato, non riesco a capire

dépaysé, e [depeize] *adj* spaesato(-a)

dépaysement [depeizmɑ̃] *nm* spaesamento, disorientamento; (*changement agréable*) (piacevole) cambiamento

dépêcher [depeʃe] *vt* inviare con urgenza; **se dépêcher** *vr* sbrigarsi; **se ~ de faire qch** sbrigarsi a fare qc

dépendance [depɑ̃dɑ̃s] *nf* (*aussi Méd*) dipendenza; (*bâtiment*) dépendance *f inv*

dépendre [depɑ̃dʀ] *vt* tirare giù; **~ de** dipendere da; **ça dépend** dipende

dépens [depɑ̃] *nmpl* : **aux ~ de** a spese di

dépense [depɑ̃s] *nf* spesa; (*comptabilité*) uscita; (*de gaz, eau*) consumo; (*de temps, de forces*) dispendio; **une ~ de 100 €** una spesa di 100 €; **pousser qn à la ~** far fare una spesa a qn; **~s de fonctionnement** spese di funzionamento; **~ de temps** dispendio di tempo; **~s d'investissement** spese di investimento; **~ énergétique** dispendio energetico; **~s publiques** spesa *fsg* pubblica

dépenser [depɑ̃se] *vt* (*argent*) spendere; (*gaz, eau, énergie*) consumare; **se dépenser** *vr* (*bouger*) fare esercizio (fisico); (*fig*) darsi da fare

dépeupler [depœple] *vt* spopolare; **se dépeupler** *vr* spopolarsi

dépilatoire [depilatwaʀ] *adj* : **crème ~** crema depilatoria

dépister [depiste] *vt* (*maladie*) scoprire, individuare; (*voleur*) rintracciare; (*poursuivants*) depistare, mettere fuori strada

dépit [depi] *nm* dispetto; **en ~ de** (*malgré*) a dispetto di; **en ~ du bon sens** contro ogni logica

dépité, e [depite] *adj* indispettito(-a), stizzito(-a)

déplacé, e [deplase] *adj* (*propos*) fuori posto *ou* luogo; **personne déplacée** profugo(-a)
déplacement [deplasmɑ̃] *nm* spostamento; (*voyage*) viaggio, trasferta; (*de fonctionnaire*) trasferimento; (*Naut*) dislocamento; **en ~** in trasferta; **~ d'air** spostamento d'aria; **~ de vertèbre** spostamento di vertebra
déplacer [deplase] *vt* spostare; (*employé*) trasferire; (*fig* : *conversation, sujet*) spostare i termini di; **se déplacer** *vr* spostarsi; **se ~ en voiture/avion** spostarsi in auto/aereo
déplaire [deplɛʀ] *vi* : **~ (à qn)** non piacere (a qn); **se déplaire** *vr* (*quelque part*) non trovarsi bene
déplaisant, e [deplɛzɑ̃, ɑ̃t] *vb voir* **déplaire** ▸ *adj* sgradevole, poco piacevole
dépliant [deplijɑ̃] *nm* prospetto, opuscolo
déplier [deplije] *vt* aprire, spiegare; **se déplier** *vr* aprirsi, spiegarsi
déposer [depoze] *vt* (*mettre, poser*) posare, (de)porre; (*à la banque, caution*) depositare; (*passager*) lasciare; (*roi*) deporre; (*Admin* : *dossier etc*) presentare; (*Jur* : *plainte, réclamation*) sporgere ▸ *vi* (*vin etc*) sedimentare; (*Jur*) : **~ (contre)** deporre (contro); **se déposer** *vr* depositarsi; **~ son bilan** (*Comm*) dichiarare fallimento
dépositaire [depozitɛʀ] *nm/f* (*d'un secret*) depositario(-a); (*Comm*) rivenditore(-trice) autorizzato(-a); **~ agréé** rivenditore(-trice) autorizzato(-a)
déposition [depozisjɔ̃] *nf* (*Jur*) deposizione *f*
dépôt [depo] *nm* deposito; (*de candidature*) presentazione *f*; (*prison*) cella; **mandat de ~** mandato di carcerazione; **~ bancaire** deposito bancario; **~ de bilan** dichiarazione *f* di fallimento; **~ légal** deposito legale; **~ d'ordures** deposito di rifiuti
dépourvu, e [depuʀvy] *adj* : **~ de** sprovvisto(-a) di, privo(-a) di; **prendre qn au ~** prendere qn alla sprovvista
dépression [depʀesjɔ̃] *nf* (*aussi Météo*) depressione *f*; **~ (nerveuse)** esaurimento (nervoso)
déprimant, e [depʀimɑ̃, ɑ̃t] *adj* deprimente
déprimer [depʀime] *vt* deprimere
depuis [dəpɥi] *prép* da ▸ *adv* (*temps*) da allora; **~ que** da quando; **~ qu'il m'a dit ça** da quando me l'ha detto; **~ quand ?** da quando in qua?; **il habite Paris ~ 1993/~ 5 ans** abita a Parigi dal 1993/da 5 anni; **~ quand le connaissez-vous ?** da quando lo conoscete?; **je le connais ~ neuf ans** lo conosco da nove anni; **elle a téléphoné ~ Valence** ha telefonato da Valenza; **~ les plus petits jusqu'aux plus grands** dai più piccoli ai più grandi; **je ne lui ai pas parlé ~** da allora non gli ho più parlato; **~ lors** da allora
député, e [depyte] *nm/f* (*Pol*) deputato
dérangement [deʀɑ̃ʒmɑ̃] *nm* disturbo; (*désordre*) disordine *m*; **en ~** (*téléphone*) fuori servizio
déranger [deʀɑ̃ʒe] *vt* (*personne*) disturbare; (*plans*) scombinare; (*objets, vêtements*) spostare, mettere in disordine; **se déranger** *vr* disturbarsi; **est-ce que cela vous dérange si ... ?** vi disturba se ...?; **ça te dérangerait de faire ... ?** ti dispiacerebbe fare ...?; **ne vous dérangez pas** non si disturbi; **excusez-moi de vous ~** mi scusi se la disturbo, scusi il disturbo
déraper [deʀape] *vi* (*aussi fig*) slittare; (*personne*) scivolare
déréglé, e [deʀegle] *adj* guasto(-a); (*estomac*) in disordine
dérégler [deʀegle] *vt* (*mécanisme*) guastare; (*estomac*) causar disturbi a; **se dérégler** *vr* guastarsi
dérisoire [deʀizwaʀ] *adj* (*prix*) irrisorio(-a); (*solution*) ridicolo(-a)
dérive [deʀiv] *nf* deriva; **aller à la ~** (*Naut, fig*) andare alla deriva; **~ des continents** deriva dei continenti
dérivé, e [deʀive] *adj* derivato(-a)
dermatologue [dɛʀmatɔlɔg] *nm/f* dermatologo(-a)
dernier, -ière [dɛʀnje, jɛʀ] *adj, nm/f* ultimo(-a); **lundi/le mois ~** lunedì/il mese scorso; **du ~ chic** all'ultimo grido; **le ~ cri** l'ultimo grido; **rendre le ~ soupir** esalare l'ultimo respiro; **en ~** per ultimo; **en ~ ressort** in ultima analisi; **avoir le ~ mot** avere l'ultima parola; **ce ~, cette dernière** quest'ultimo, quest'ultima
dernièrement [dɛʀnjɛʀmɑ̃] *adv* ultimamente

dernier-né, dernière-née [dɛʀnjene, dɛʀnjɛʀne] (*mpl* **derniers-nés**, *fpl* **dernières-nées**) *nm/f* ultimogenito(-a); (*fig : voiture, smartphone*) ultimo modello

dérogation [deʀɔgasjɔ̃] *nf* deroga

déroulement [deʀulmɑ̃] *nm* svolgimento

dérouler [deʀule] *vt* svolgere, srotolare; **se dérouler** *vr* (*avoir lieu*) svolgersi

déroutant, e [deʀutɑ̃, ɑ̃t] *adj* sconcertante

déroute [deʀut] *nf* (*Mil*) rotta; (*fig*) sfacelo; **en ~** in rotta

dérouter [deʀute] *vt* dirottare; (*fig*) disorientare

derrière [dɛʀjɛʀ] *prép, adv* dietro ▶ *nm* (*d'une maison*) retro; (*postérieur*) sedere *m*; **les pattes/roues de ~** le zampe/ruote posteriori *ou* di dietro; **par ~** da dietro; (*fig*) alle spalle

des [de] *voir* **de**

dès [dɛ] *prép* fin da; **~ que** (*aussitôt que*) (non) appena; **~ à présent** da ora in poi; **~ réception** dal momento del ricevimento; **~ son retour** dal suo ritorno; **~ lors** da allora in poi; **~ lors que** (*aussitôt que*) (non) appena; (*puisque, étant donné que*) poiché, dato che

désaccord [dezakɔʀ] *nm* disaccordo; **être en ~ avec qn** essere in disaccordo con qn

désaffecté, e [dezafɛkte] *adj* (*gare etc*) adibito(-a) ad altro uso; (*église*) sconsacrato(-a)

désagréable [dezagʀeabl] *adj* sgradevole

désagrément [dezagʀemɑ̃] *nm* fastidio

désaltérer [dezalteʀe] *vt, vi* dissetare; **se désaltérer** *vr* dissetarsi; **ça désaltère** è dissetante

désapprobateur, -trice [dezapʀɔbatœʀ, tʀis] *adj* (*regard, ton*) di disapprovazione

désapprouver [dezapʀuve] *vt* disapprovare

désarmant, e [dezaʀmɑ̃, ɑ̃t] *adj* disarmante

désarroi [dezaʀwa] *nm* smarrimento

désastre [dezastʀ] *nm* disastro

désastreux, -euse [dezastʀø, øz] *adj* disastroso(-a)

désavantage [dezavɑ̃taʒ] *nm* svantaggio

désavantager [dezavɑ̃taʒe] *vt* sfavorire, svantaggiare

descendre [desɑ̃dʀ] *vt* (*escalier, montagne, rivière*) scendere; (*rue*) percorrere, scendere; (*valise, paquet*) portare giù; (*étagère etc*) abbassare; (*fam : personne*) far fuori; (*: avion*) abbattere; (*: boire*) scolarsi ▶ *vi* (*gén*) scendere; (*voix*) abbassarsi, calare di volume; **~ à pied/en voiture** scendere a piedi/in macchina; **~ du train/d'un arbre/de cheval** scendere dal treno/da un albero/da cavallo; **~ de** (*famille*) discendere da; **~ à l'hôtel** scendere all'albergo; **~ dans la rue** (*manifester*) scendere in piazza; **~ dans le Midi** scendere al sud; **~ en ville** scendere in città

descente [desɑ̃t] *nf* (*aussi Ski*) discesa; **au milieu de la ~** a metà discesa; **freiner dans les ~s** frenare in discesa; **~ de lit** scendiletto *m inv*; **~ (de police)** irruzione *f* (di polizia)

description [dɛskʀipsjɔ̃] *nf* descrizione *f*

désemparé, e [dezɑ̃paʀe] *adj* smarrito(-a), sperduto(-a)

désenclaver [dezɑ̃klave] *vt* (*région, ville*) far uscire dall'isolamento (*ampliando le vie di comunicazione*)

déséquilibre [dezekilibʀ] *nm* (*aussi fig*) squilibrio; **en ~** in bilico; **un budget en ~** un bilancio che non quadra

désert, e [dezɛʀ, ɛʀt] *adj* deserto(-a) ▶ *nm* deserto

déserter [dezɛʀte] *vi* (*Mil*) disertare ▶ *vt* (*salle, école*) abbandonare

déserteur, -euse [dezɛʀtœʀ, øz] *nm/f* disertore(-trice)

désertique [dezɛʀtik] *adj* desertico(-a)

désespéré, e [dezɛspeʀe] *adj, nm/f* disperato(-a); **état ~** (*Méd*) caso disperato

désespérer [dezɛspeʀe] *vi* disperare; **se désespérer** *vr* disperarsi; **~ de qch** disperare di qc; **~ de qn** aver perso le speranze per quanto riguarda qn; **~ de (pouvoir) faire qch** disperare di (poter) fare qc

désespoir [dezɛspwaʀ] *nm* disperazione *f*; **être/faire le ~ de qn** essere la disperazione di qn; **en ~ de cause** come ultima risorsa

déshabillé, e [dezabije] *adj* svestito(-a) ▸ *nm* négligé *m inv*
déshabiller [dezabije] *vt* svestire, spogliare; **se déshabiller** *vr* svestirsi, spogliarsi
déshérité, e [dezeʀite] *adj, nm/f* diseredato(-a)
déshonorant, e [dezɔnɔʀɑ̃, ɑ̃t] *adj* disonorevole
déshonorer [dezɔnɔʀe] *vt* disonorare
déshydraté, e [dezidʀate] *adj* disidratato(-a)
désigner [deziɲe] *vt* designare; (*montrer*) indicare
désinfectant, e [dezɛ̃fɛktɑ̃, ɑ̃t] *adj, nm* disinfettante *m*
désinfecter [dezɛ̃fɛkte] *vt* disinfettare
désintéressé, e [dezɛ̃teʀese] *adj* (*généreux, bénévole*) disinteressato(-a)
désintéresser [dezɛ̃teʀese] *vt* : **se ~ (de)** disinteressarsi (di)
désintoxication [dezɛ̃tɔksikasjɔ̃] *nf* (*Méd*) disintossicazione *f*; **faire une cure de ~** fare una cura disintossicante
désinvolte [dezɛ̃vɔlt] *adj* disinvolto(-a)
désir [deziʀ] *nm* desiderio; **exprimer le ~ de** esprimere il desiderio di
désirer [deziʀe] *vt* desiderare; **~ faire qch** desiderare (di) fare qc; **ça laisse à ~** lascia a desiderare
désireux, -euse [deziʀø, øz] *adj* : **~ de faire** desideroso(-a) di fare
désister [deziste] : **se désister** *vr* desistere; (*candidat*) ritirarsi; **se ~ en faveur de** ritirarsi a favore di
désobéir [dezɔbeiʀ] *vi* : **~ (à)** disobbedire (a)
désobéissance [dezɔbeisɑ̃s] *nf* disubbidienza
désobéissant, e [dezɔbeisɑ̃, ɑ̃t] *adj* disubbidiente
désobligeant, e [dezɔbliʒɑ̃, ɑ̃t] *adj* scortese, sgarbato(-a)
désodorisant, e [dezɔdɔʀizɑ̃, ɑ̃t] *adj, nm* deodorante *m*
désœuvré, e [dezœvʀe] *adj* sfaccendato(-a), sfaticato(-a)
désolé, e [dezɔle] *adj* desolato(-a); **je suis ~, il n'y en a plus** sono desolato, non ce n'è più
désordonné, e [dezɔʀdɔne] *adj* disordinato(-a)
désordre [dezɔʀdʀ] *nm* disordine *m*; **désordres** *nmpl* (*Pol : troubles, manifestations*) disordini *mpl*; **en ~** in disordine; **dans le ~** (*tiercé*) non in ordine di arrivo
désormais [dezɔʀmɛ] *adv* ormai
desquelles [dekɛl] *voir* **lequel**
desquels [dekɛl] *voir* **lequel**
dessécher [deseʃe] *vt* (*plante, peau*) seccare; (*terre, fig*) inaridire; (*volontairement : aliments etc*) essiccare; **se dessécher** *vr* (*plante, peau*) seccarsi; (*terre*) inaridirsi
desserrer [deseʀe] *vt* (*aussi fig*) allentare; (*poings, dents*) schiudere; **ne pas ~ les dents** non aprire bocca
dessert [desɛʀ] *vb voir* **desservir** ▸ *nm* (*plat*) dessert *m inv*
desservir [desɛʀviʀ] *vt* (*ville, quartier*) servire; (*nuire à : personne*) nuocere a; **~ la table** sparecchiare la tavola
dessin [desɛ̃] *nm* (*aussi Art*) disegno; **le ~ industriel** il disegno tecnico; **~ animé** cartone *m* animato; **~ humoristique** vignetta umoristica
dessinateur, -trice [desinatœʀ, tʀis] *nm/f* disegnatore(-trice); (*de bandes dessinées*) vignettista *m/f*; **~ industriel** disegnatore *m* tecnico; **dessinatrice de mode** disegnatrice *f* di moda
dessiner [desine] *vt* disegnare; (*suj : robe*) segnare; **se dessiner** *vr* (*forme, solution*) delinearsi
dessous [d(ə)su] *adv* sotto ▸ *nm* (*de table, voiture*) sotto, parte *f* inferiore; (*étage inférieur*) : **les voisins/l'appartement du ~** i vicini/l'appartamento (del piano) di sotto ▸ *nmpl* (*fig : de la politique, d'une affaire*) retroscena *mpl*, risvolti *mpl*; (*sous-vêtements*) biancheria *fsg* intima; **en ~** (*sous, plus bas*) sotto; **par ~** *prép* sotto; **de ~** da sotto; **de ~ le lit** da sotto il letto; **avoir le ~** avere la peggio
dessous-de-plat [dəsudpla] *nm inv* sottopiatto
dessus [d(ə)sy] *adv* sopra ▸ *nm* (*de table, voiture*) parte *f* superiore, sopra *m inv*; **les voisins/l'appartement du ~** i vicini/l'appartamento di sopra; **en ~, par ~** sopra; **de ~** (da) sopra; **avoir/prendre/reprendre le ~** avere/prendere/riprendere il sopravvento; **bras ~ bras dessous** a braccetto, sottobraccio; **sens ~ dessous** sottosopra
dessus-de-lit [dəsydli] *nm inv* copriletto *m inv*
destin [dɛstɛ̃] *nm* destino

d

destinataire [dɛstinatɛʀ] *nm/f* (*Postes*) destinatario(-a)
destination [dɛstinasjɔ̃] *nf* destinazione *f*; **à ~ de ...** (*avion, train, bateau*) con destinazione ...; (*voyageur*) diretto(-a) ...
destiner [dɛstine] *vt* : **~ à** (*poste, personne, lettre*) destinare a; **se ~ à l'enseignement** avviarsi all'insegnamento; **être destiné à** (*sort, usage*) essere destinato(-a) a; (*suj : sort*) essere riservato(-a) a
désuet, -ète [dezɥɛ, ɛt] *adj* antiquato(-a)
désuétude [desɥetyd] *nf* : **tomber en ~** cadere in disuso
détachable [detaʃabl] *adj* staccabile
détachant [detaʃɑ̃] *nm* (*nettoyant*) smacchiatore *m*
détacher [detaʃe] *vt* (*enlever, ôter*) staccare; (*délier*) slegare; (*Mil*) distaccare; (*vêtement : nettoyer*) smacchiare; **se détacher** *vr* (*gén, Sport*) staccarsi; (*chien, prisonnier*) slegarsi; **~ qn (auprès de/à)** (*Admin*) distaccare qn (presso/a); **se ~ (de qn** *ou* **qch)** staccarsi (da qn *ou* qc); **se ~ sur** stagliarsi su, spiccare su
détail [detaj] *nm* dettaglio; **prix de ~** prezzo al dettaglio; **au ~** al dettaglio; **faire/donner le ~ de** fare un elenco dettagliato di; (*compte, facture*) fare la specifica di; **en ~** nei dettagli
détaillant, e [detajɑ̃, ɑ̃t] *nm/f* dettagliante *m/f*
détaillé, e [detaje] *adj* dettagliato(-a)
détailler [detaje] *vt* (*Comm*) vendere al dettaglio; (*énumérer*) elencare dettagliatamente; (*examiner*) esaminare nei dettagli
détecter [detɛkte] *vt* rivelare
détective [detɛktiv] *nm* (*en Grande Bretagne : policier*) investigatore *m*; **~ (privé)** detective *m inv*, investigatore (privato)
déteindre [detɛ̃dʀ] *vi* (*tissu*) stingere, scolorire; (*couleur*) sbiadire; **~ sur** stingere e macchiare; (*fig : influencer*) influenzare
détendre [detɑ̃dʀ] *vt* (*fil, élastique*) allentare; (*Phys : gaz*) far espandere; (*relaxer*) rilassare, distendere; **se détendre** *vr* (*ressort*) scattare; (*se reposer*) distendersi; (*se décontracter*) rilassarsi
détendu, e [detɑ̃dy] *adj* (*personne, atmosphère*) rilassato(-a), disteso(-a)
détenir [det(ə)niʀ] *vt* detenere; (*objet*) possedere; **~ le pouvoir** detenere il *ou* essere al potere
détente [detɑ̃t] *nf* (*aussi fig*) distensione *f*; (*d'une arme*) grilletto; (*Sport*) scatto
détenteur, -trice [detɑ̃tœʀ, tʀis] *nm/f* detentore(-trice)
détention [detɑ̃sjɔ̃] *nf* detenzione *f*; **~ provisoire** detenzione provvisoria
détenu, e [det(ə)ny] *pp de* **détenir** ▸ *nm/f* detenuto(-a)
détergent [detɛʀʒɑ̃] *nm* detersivo
détérioration [deteʀjɔʀasjɔ̃] *nf* deterioramento
détériorer [deteʀjɔʀe] *vt* deteriorare, danneggiare; **se détériorer** *vr* (*aussi fig*) deteriorarsi
déterminant, e [detɛʀminɑ̃, ɑ̃t] *adj* determinante; **un facteur ~** un fattore determinante
déterminé, e [detɛʀmine] *adj* determinato(-a); **être ~ à faire qch** essere determinato a fare qc
déterminer [detɛʀmine] *vt* stabilire, determinare
déterrer [deteʀe] *vt* disotterrare
détester [detɛste] *vt* odiare, detestare
détiens *etc* [detjɛ̃] *vb voir* **détenir**
détour [detuʀ] *nm* deviazione *f*; **au ~ du chemin** alla svolta del sentiero; **sans ~** (*fig*) senza giri di parole
détourné, e [detuʀne] *adj* indiretto(-a)
détournement [detuʀnəmɑ̃] *nm* deviazione *f*; **~ d'avion** dirottamento aereo; **~ de fonds** distrazione *f* di fondi; **~ de mineur** sottrazione *f* di minore; (*corruption*) corruzione *f* di minorenne
détourner [detuʀne] *vt* (*rivière, trafic*) deviare; (*avion*) dirottare; (*yeux, tête*) voltare (dall'altra parte); (*de l'argent*) sottrarre; (*conversation, attention*) sviare; **se détourner** *vr* (*tourner la tête*) voltarsi (dall'altra parte); **~ qn de son devoir/travail** distogliere qn dal suo dovere/lavoro
détraquer [detʀake] *vt* guastare; (*santé, estomac*) far male a, rovinare; **se détraquer** *vr* (*v vt*) guastarsi; rovinarsi
détrempé, e [detʀɑ̃pe] *adj* (*sol*) inzuppato(-a), fradicio(-a)
détresse [detʀɛs] *nf* (*désarroi*) sconforto; (*misère*) indigenza; **appel/**

signal de ~ richiesta/segnale *m* di soccorso; **~ respiratoire** insufficienza respiratoria
détriment [detʀimɑ̃] *nm* : **au ~ de** a scapito di
détroit [detʀwa] *nm* stretto; **le ~ de Gibraltar** lo stretto di Gibilterra
détromper [detʀɔ̃pe] *vt* : **~ qn** far capire a qn che si sbaglia; **se détromper** *vr* : **détrompez-vous** non è così come lei pensa
détrôner [detʀone] *vt* (*aussi fig*) detronizzare
détrousser [detʀuse] *vt* depredare
détruire [detʀɥiʀ] *vt* (*aussi fig*) distruggere
dette [dɛt] *nf* (*aussi fig*) debito; **~ de l'État** debito dello Stato; **~ publique** debito pubblico
DEUG [døg] *sigle m* (= *Diplôme d'études universitaires générales*) *diploma universitario conseguito dopo due anni di studi*
deuil [dœj] *nm* lutto; **porter/prendre le ~** portare/prendere il lutto; **être en ~** essere in lutto
deux [dø] *adj inv, nm inv* due *m inv*; **les ~** entrambi(-e); **ses ~ mains** entrambe le sue mani; **tous les ~ jours/mois** ogni due giorni/mesi; **à ~ pas** a due passi; **~ points** (*ponctuation*) due punti; *voir aussi* **cinq**
deuxième [døzjɛm] *adj, nm/f* secondo(-a); **~ classe** seconda classe; *voir aussi* **cinquième**
deuxièmement [døzjɛmmɑ̃] *adv* in secondo luogo
deux-pièces [døpjɛs] *nm inv* (*tailleur, maillot de bain*) due pezzi *m inv*; (*appartement*) bilocale *m*
deux-roues [døʀu] *nm* veicolo a due ruote
devais [dəvɛ] *vb voir* **devoir**
dévaler [devale] *vt* (*escalier, pente*) precipitarsi giù per
dévaliser [devalize] *vt* (*personne*) derubare; (*banque*) svaligiare
dévaloriser [devalɔʀize] *vt* svalorizzare, togliere valore a
dévaluation [devalɥasjɔ̃] *nf* (*aussi Écon*) svalutazione *f*
dévaluer [devalɥe] *vt* svalutare
devancer [d(ə)vɑ̃se] *vt* (*arriver avant*) precedere; (*distancer*) superare; (*prévenir, anticiper*) prevenire; **~ l'appel** (*Mil*) anticipare la chiamata alle armi
devant [d(ə)vɑ̃] *vb voir* **devoir** ▸ *adv* davanti ▸ *prép* (*aussi fig*) davanti a ▸ *nm* (*de maison, vêtement, voiture*) davanti *m inv*; **prendre les ~s** prendere l'iniziativa; **j'ai pris les ~s et j'ai appelé** l'ho preceduto e ho chiamato io; **de ~** (*roue, porte*) davanti; **les pattes/roues de ~** le zampe/ruote anteriori *ou* davanti; **par ~** (*boutonner*) (sul) davanti; (*entrer, passer*) dal davanti; **aller au-~ de** (*personne, difficultés*) andare incontro a; (*désirs de qn*) prevenire; **par-~ notaire** in presenza del notaio
devanture [d(ə)vɑ̃tyʀ] *nf* (*façade*) facciata; (*vitrine*) vetrina
dévaster [devaste] *vt* devastare
développement [dev(ə)lɔpmɑ̃] *nm* sviluppo; **les pays en (voie de) ~** i paesi in via di sviluppo; **~ durable** sviluppo sostenibile
développer [dev(ə)lɔpe] *vt* sviluppare; **se développer** *vr* svilupparsi
devenir [dəv(ə)niʀ] *vt* diventare, divenire; **~ médecin** diventare *ou* divenire medico; **que sont-ils devenus ?** che ne è stato di loro?
déverser [devɛʀse] *vt* (*aussi fig*) riversare; **se ~ dans** (*fleuve, mer*) riversarsi in
devez [dəve] *vb voir* **devoir**
déviation [devjasjɔ̃] *nf* (*aussi Auto*) deviazione *f*
devienne *etc* [dəvjɛn] *vb voir* **devenir**
deviner [d(ə)vine] *vt* indovinare
devinette [d(ə)vinɛt] *nf* indovinello
devis [d(ə)vi] *nm* preventivo; **~ descriptif** descrizione *f* dei lavori; **~ estimatif** preventivo di spesa
devise [dəviz] *nf* (*formule*) motto; (*Écon*) moneta; **devises** *nfpl* (*argent*) valuta *fsg*
dévisser [devise] *vt* svitare; **se dévisser** *vr* svitarsi
devoir [d(ə)vwaʀ] *nm* dovere *m*; (*Scol*) compito ▸ *vt* (*argent, respect*) : **~ qch à qn** dovere qc a qn; (*suivi de l'infinitif* : *obligation*) : **il doit le faire** deve farlo, lo deve fare; (: *fatalité*) : **cela devait arriver** doveva succedere prima o poi; (: *intention*) : **il doit partir demain** deve partire domani; (: *probabilité*) : **il doit être tard** dev'essere tardi; **se faire un ~ de faire** farsi un dovere di fare; **se ~ de faire qch** sentirsi in dovere di fare qc; **je devrais faire** dovrei fare; **tu n'aurais pas dû** non avresti dovuto; **comme il se doit** come si deve; **se**

d

mettre en ~ de faire qch disporsi *ou* prepararsi a fare qc; **derniers ~s** onoranze *fpl* funebri; **vous devriez lui en parler** dovrebbe parlargliene; **est-ce que je dois vraiment m'en aller ?** devo andarmene davvero?; **je lui dois beaucoup** gli devo molto; **faire ses ~s** fare i compiti; **~ sur table** compito in classe; **~s de vacances** compiti *mpl* per le vacanze

dévorant, e [devɔʀɑ̃, ɑ̃t] *adj* (*passion*) divorante; (*faim*) tremendo(-a)

dévorer [devɔʀe] *vt* divorare; **~ qn/qch des yeux** *ou* **du regard** divorare qn/qc con gli occhi *ou* lo sguardo

dévoué, e [devwe] *adj* (*personne*) devoto(-a); **être ~ à qn** essere devoto(-a) a qn

dévouer [devwe] : **se dévouer** *vr* (*se sacrifier*) : **se ~ pour** sacrificarsi per ; **se ~ à** (*se consacrer*) dedicarsi a

dextérité [dɛksteʀite] *nf* destrezza

diabète [djabɛt] *nm* diabete *m*

diabétique [djabetik] *adj, nm/f* diabetico(-a)

diable [djɑbl] *nm* diavolo; (*chariot à deux roues*) carrello; **(petit) ~** (*enfant*) diavoletto; **pauvre ~** (*clochard*) povero diavolo; **un vacarme du ~, de tous les ~s** un baccano infernale; **il fait une chaleur du ~** fa un caldo infernale; **avoir le ~ au corps** avere il diavolo in corpo; **habiter/être situé au ~** abitare/trovarsi a casa del diavolo

diabolo [djabɔlo] *nm* (*jeu*) diabolo; (*boisson*) *limonata frizzante con sciroppo alla frutta*; **~ menthe** *limonata frizzante con sciroppo alla menta*

diagnostic [djagnɔstik] *nm* diagnosi *f*

diagnostiquer [djagnɔstike] *vt* diagnosticare

diagonal, e, -aux [djagɔnal, o] *adj* diagonale

diagonale [djagɔnal] *nf* (*Math*) diagonale *f*; **en ~** in diagonale; **lire en ~** (*fig*) dare una scorsa a

diagramme [djagʀam] *nm* diagramma *m*

dialecte [djalɛkt] *nm* dialetto

dialogue [djalɔg] *nm* dialogo; **cesser/reprendre le ~** cessare/riprendere il dialogo; **~ de sourds** dialogo tra sordi

diamant [djamɑ̃] *nm* diamante *m*; (*de vitrier*) diamante *m* tagliavetro *inv*

diamètre [djamɛtʀ] *nm* diametro

diapositive [djapozitiv] *nf* diapositiva

diarrhée [djaʀe] *nf* diarrea

dictateur [diktatœʀ] *nm* dittatore *m*

dictature [diktatyʀ] *nf* dittatura

dictée [dikte] *nf* dettato; **prendre sous ~** scrivere sotto dettatura

dicter [dikte] *vt* (*aussi fig*) dettare

dictionnaire [diksjɔnɛʀ] *nm* dizionario; **~ bilingue** dizionario bilingue; **~ encyclopédique** dizionario enciclopedico; **~ géographique** dizionario geografico; **~ de langue** dizionario di lingua

dicton [diktɔ̃] *nm* detto

dièse [djɛz] *nm* cancelletto; (*Mus*) diesis *m inv*; **appuyez sur la touche ~** premere (il tasto) cancelletto

diesel [djezɛl] *nm* diesel *m inv*; **un (véhicule/moteur) ~** un (veicolo/motore) diesel

diète [djɛt] *nf* dieta; **être à la ~** essere a dieta

diététique [djetetik] *adj* dietetico(-a) ▸ *nf* dietetica; **magasin ~** negozio di prodotti dietetici

dieu, x [djø] *nm* (*aussi fig*) dio; **D~** Dio; **le bon D~** il buon Dio; **mon D~ !** Dio mio!, mio Dio!

diffamation [difamasjɔ̃] *nf* diffamazione *f*; **attaquer qn en ~** citare qn per diffamazione

différemment [difeʀamɑ̃] *adv* differentemente

différence [difeʀɑ̃s] *nf* differenza; **à la ~ de** a differenza di

différencier [difeʀɑ̃sje] *vt* differenziare; **se différencier** *vr* : **se ~ (de)** differenziarsi (da)

différent, e [difeʀɑ̃, ɑ̃t] *adj* : **~ (de)** differente (da), diverso(-a) (da); **à ~es reprises** a diverse *ou* più riprese; **pour ~es raisons** per diverse *ou* varie ragioni

différer [difeʀe] *vt* differire ▸ *vi* (*être différent*) : **~ (de)** differire (da)

difficile [difisil] *adj* difficile; **faire le ~** fare il difficile

difficilement [difisilmɑ̃] *adv* (*marcher, s'expliquer etc*) con difficoltà; **~ compréhensible/lisible** difficilmente comprensibile/leggibile

difficulté [difikylte] *nf* difficoltà *f inv*; **faire des ~s (pour)** fare (delle) difficoltà (per); **en ~** (*bateau, alpiniste*) in difficoltà; **avoir des ~s pour faire qch** avere difficoltà a fare qc

diffuser [difyze] *vt* diffondere; (*Comm : livres, journaux*) distribuire

digérer [diʒeʀe] *vt* (*aussi fig*) digerire
digestif, -ive [diʒɛstif, iv] *adj* digestivo(-a) ▸ *nm* digestivo
digestion [diʒɛstjɔ̃] *nf* digestione *f*; **bonne/mauvaise ~** buona/cattiva digestione
digital, e, -aux [diʒital, o] *adj* digitale
digne [diɲ] *adj* (*respectable*) degno(-a); **~ de qn/qch** degno(-a) di qn/qc; **~ d'intérêt/d'admiration** degno(-a) d'interesse/d'ammirazione; **~ de foi** degno(-a) di fede
dignité [diɲite] *nf* dignità *f inv*
digue [dig] *nf* diga
dilapider [dilapide] *vt* dilapidare
dilater [dilate] *vt* dilatare; **se dilater** *vr* dilatarsi
dilemme [dilɛm] *nm* dilemma *m*
diligence [diliʒɑ̃s] *nf* (*véhicule, empressement*) diligenza; **faire ~** provvedere con sollecitudine
diluer [dilɥe] *vt* (*peinture, alcool*) diluire; (*fig, péj : discours etc*) annacquare
dimanche [dimɑ̃ʃ] *nm* domenica; **le ~ des Rameaux/de Pâques** la domenica delle Palme/di Pasqua; *voir aussi* **lundi**
dimension [dimɑ̃sjɔ̃] *nf* dimensione *f*; **représenter qch en trois ~s** rappresentare qc tridimensionale
diminuer [diminɥe] *vt* diminuire; (*tricot*) calare ▸ *vi* diminuire
diminutif [diminytif] *nm* (*Ling, nom*) diminutivo
diminution [diminysjɔ̃] *nf* diminuzione *f*
dinde [dɛ̃d] *nf* tacchina
dindon [dɛ̃dɔ̃] *nm* tacchino
dindonneau [dɛ̃dɔno] *nm* giovane tacchino
dîner [dine] *nm* cena ▸ *vi* cenare; **~ d'affaires** cena d'affari; **~ de famille** cena di famiglia
dingue [dɛ̃g] (*fam*) *adj* suonato(-a), folle
dinosaure [dinɔzɔʀ] *nm* dinosauro
diplomate [diplɔmat] *adj, nm/f* diplomatico(-a) ▸ *nm* (*Culin*) diplomatico
diplomatie [diplɔmasi] *nf* diplomazia
diplôme [diplom] *nm* (*certificat*) diploma *m*; **avoir des ~s** avere dei titoli di studio
diplômé, e [diplome] *adj, nm/f* diplomato(-a)
dire [diʀ] *vt* dire; **se dire** *vr* dirsi; (*se prétendre*) : **se ~ malade** darsi (per) malato(-a) ▸ *nm* : **au ~ de** a detta di; **leurs ~s** quanto affermano; **~ qch à qn** dire qc a qn; **~ à qn que** dire a qn che; **~ ce qu'on pense** dire ciò che si pensa; **~ à qn qu'il fasse** *ou* **de faire qch** dire a qn che faccia *ou* di fare qc; **n'avoir rien à ~ (à)** (*objecter*) non avere niente da ridire (su); **vouloir ~ que** (*signifier*) voler dire che; **cela me/lui dit de faire** (*plaire*) mi/gli va di fare; **que dites-vous de ... ?** che ne dite di ...?; **dis pardon** chiedi scusa; **dis merci** di' grazie; **on dit que ...** si dice che ...; **comme on dit** come si dice; **on dirait que** si direbbe che; **on dirait du vin** si direbbe vino; **ça ne me dit rien** non mi dice niente; **à vrai ~** a dire il vero; **pour ainsi ~** per così dire; **cela va sans ~** va da sé; **dis donc !** (*pour attirer attention*) senti un po'!; **et ~ que ...** e dire che ...; **ceci** *ou* **cela dit** detto ciò; **c'est dit, voilà qui est dit** siamo intesi; **il n'y a pas à ~** non c'è che dire; **c'est ~ s'il était content** per dire quant'era contento; **c'est beaucoup/peu ~** a dir molto/poco; **c'est toi qui le dis** questo lo dici tu; **je ne vous le fais pas ~** lo dice lei stesso; **je te l'avais dit** te l'avevo detto; **je ne peux pas ~ le contraire** non posso dire il contrario; **tu peux le ~** puoi (ben) dirlo; **à qui le dis-tu** a chi lo dici; **cela ne se dit pas comme ça** non si dice così; **se ~ au revoir** dirsi arrivederci; **ça se dit ... en anglais** in inglese si dice ...
direct, e [diʀɛkt] *adj* (*aussi fig*) diretto(-a) ▸ *nm* (*train*) diretto; **~ du gauche/du droit** (*boxe*) diretto sinistro/destro; **en ~** (*émission, reportage*) in diretta; **train/bus ~** treno/autobus diretto
directement [diʀɛktəmɑ̃] *adv* direttamente
directeur, -trice [diʀɛktœʀ, tʀis] *adj* (*principe*) ispiratore(-trice); (*fil*) conduttore(-trice) ▸ *nm/f* direttore(-trice); **comité ~** comitato direttivo; **~ commercial/général** direttore commerciale/generale; **~ du personnel** direttore del personale; **~ de thèse** relatore *m*
direction [diʀɛksjɔ̃] *nf* (*aussi fig*) direzione *f*; (*Auto*) sterzo; **sous la ~ de** sotto la direzione di; **en ~ de** (*avion, train, bateau*) diretto(-a) a; **« toutes ~s »** (*Auto*) « tutte le direzioni »

directive [diʀɛktiv] *nf* direttiva
directrice [diʀɛktʀis] *adj, nf voir* **directeur**
dirent [diʀ] *vb voir* **dire**
dirigeant, e [diʀiʒɑ̃, ɑ̃t] *adj, nm/f* dirigente *m/f*
diriger [diʀiʒe] *vt* dirigere; **se diriger** *vr* dirigersi; (*s'orienter*) orientarsi; **~ sur** (*braquer : regard*) dirigere verso; (*: arme*) puntare su
dis [di] *vb voir* **dire**
discerner [disɛʀne] *vt* (*aussi fig*) discernere
discipline [disiplin] *nf* disciplina
discipliné, e [disipline] *adj* disciplinato(-a)
discographie [diskɔgʀafi] *nf* discografia
discontinu, e [diskɔ̃tiny] *adj* discontinuo(-a)
discontinuer [diskɔ̃tinɥe] *vi* : **sans ~** senza interruzione
discothèque [diskɔtɛk] *nf* discoteca; **~ (de prêt)** discoteca (*con dischi a prestito*)
discours [diskuʀ] *nm* (*aussi fig*) discorso ▸ *nmpl* (*bavardages*) discorsi *mpl*, chiacchiere *fpl*; **~ direct/indirect** (*Ling*) discorso diretto/indiretto
discret, -ète [diskʀɛ, ɛt] *adj* discreto(-a); **un endroit ~** un luogo appartato
discrétion [diskʀesjɔ̃] *nf* discrezione *f*; **à ~** (*boisson etc*) a volontà, a piacere; **à la ~ de qn** a discrezione di qn
discrimination [diskʀiminasjɔ̃] *nf* discriminazione *f*; **sans ~** indiscriminatamente
discussion [diskysjɔ̃] *nf* discussione *f*
discutable [diskytabl] *adj* discutibile
discuter [diskyte] *vt* discutere ▸ *vi* : **~ (de)** discutere (di)
dise [diz] *vb voir* **dire**
disjoncteur [disʒɔ̃ktœʀ] *nm* (*Élec*) interruttore *m* automatico
disloquer [dislɔke] *vt* (*membre*) slogare, lussare; **se disloquer** *vr* (*parti, empire*) smembrarsi; **se ~ l'épaule** slogarsi *ou* lussarsi la spalla
disons [dizɔ̃] *vb voir* **dire**
disparaître [dispaʀɛtʀ] *vi* sparire, scomparire; (*mourir*) scomparire; **faire ~** far sparire
disparité [dispaʀite] *nf* disparità *f inv*
disparition [dispaʀisjɔ̃] *nf* sparizione *f*, scomparsa
disparu, e [dispaʀy] *pp de* **disparaître** ▸ *nm/f* scomparso(-a); **être porté ~** essere dato(-a) per disperso(-a)
dispensaire [dispɑ̃sɛʀ] *nm* dispensario
dispenser [dispɑ̃se] *vt* (*attention, soins*) dispensare; **~ qn de qch/de faire qch** dispensare *ou* esonerare qn da qc/dal fare qc; **se ~ de qch/de faire qch** dispensarsi *ou* esimersi da qc/dal fare qc; **se faire ~ de qch** farsi dispensare *ou* esonerare da qc
disperser [dispɛʀse] *vt* disperdere; (*disséminer*) sparpagliare; **se disperser** *vr* (*aussi fig*) disperdersi
disponibilité [dispɔnibilite] *nf* disponibilità *f inv*; **en fonction de vos ~s** in base alle Sue/vostre disponibilità
disponible [dispɔnibl] *adj* disponibile
disposé, e [dispoze] *adj* disposto(-a); **bien/mal ~** (*personne*) di buon/cattivo umore; **bien/mal ~ envers qn** ben/mal disposto(-a) nei confronti di *ou* verso qn; **~ à** disposto(-a) a
disposer [dispoze] *vt* disporre ▸ *vi* : **~ de** (*avoir, utiliser*) disporre di; **se disposer** *vr* : **se ~ à faire qch** disporsi *ou* accingersi a fare qc
dispositif [dispozitif] *nm* dispositivo; **~ de sûreté** dispositivo di sicurezza
disposition [dispozisjɔ̃] *nf* (*arrangement, tendance, d'une loi*) disposizione *f*; (*humeur*) umore *m*; **dispositions** *nfpl* (*aptitudes*) predisposizione *f*; **à la ~ de qn** a disposizione di qn; **avoir qch à sa ~** avere qc a (propria) disposizione; **se mettre/être à la ~ de qn** mettersi/essere a disposizione di qn; **à l'entière ~ de qn** a completa disposizione di qn; **être dans de bonnes ~s à l'égard de qn** essere ben diposto(-a) nei confronti di qn; **prendre ses ~s pour faire qch** prendere disposizioni per fare qc
disproportionné, e [dispʀɔpɔʀsjɔne] *adj* sproporzionato(-a)
dispute [dispyt] *nf* litigio
disputer [dispyte] *vt* disputare; **se disputer** *vr* (*personnes*) litigare; (*match, combat*) disputarsi; **se ~ avec qn** litigare con qn; **ils se disputent sans cesse** litigano in continuazione; **~ qch à qn** contendere qc a qn
disquaire [diskɛʀ] *nm/f* negoziante *m/f* di dischi
disqualifier [diskalifje] *vt* squalificare

disque [disk] *nm* disco; **le lancement du ~** il lancio del disco; **~ compact** compact disc *m inv*; **~ dur** (*Inform*) disco rigido, hard disk *m inv*
disséminer [disemine] *vt* (*répandre*) disseminare, spargere; (*chasser*) disperdere
dissertation [disɛʀtasjɔ̃] *nf* (*Scol*) tema *m*, composizione *f*
dissident, e [disidɑ̃, ɑ̃t] *adj*, *nm/f* dissidente *m/f*
dissimuler [disimyle] *vt* dissimulare, nascondere; **se dissimuler** *vr* nascondersi
dissipé, e [disipe] *adj* (*élève*) indisciplinato(-a)
dissocier [disɔsje] *vt* dissociare; **se dissocier** *vr* (*éléments, groupe*) separarsi, dividersi; **se ~ de** (*groupe, point de vue etc*) dissociarsi da
dissolution [disɔlysjɔ̃] *nf* (*d'une substance*) dissoluzione *f*; (*d'une assemblée, Jur*) scioglimento
dissolvant, e [disɔlvɑ̃, ɑ̃t] *nm* solvente *m*
dissoudre [disudʀ] *vt* sciogliere; **se dissoudre** *vr* sciogliersi
dissuader [disɥade] *vt* dissuadere; **~ qn de faire qch** dissuadere qn dal fare qc
dissuasif, -ive [disɥazif, iv] *adj* dissuasivo(-a)
dissuasion [disɥazjɔ̃] *nf* dissuasione *f*
distance [distɑ̃s] *nf* distanza; **à ~** (*aussi fig*) a distanza; **(situé) à ~** (*Inform*) a distanza, remoto(-a); **tenir qn/se tenir à ~** tenere qn/tenersi a distanza; **à une ~ de 10 km** a una distanza di 10 km; **à 10 km/2 ans de ~** a 10 km/2 anni di distanza; **prendre ses ~s** prendere le distanze; **garder ses ~s** mantenere le distanze; **tenir la ~** (*Sport*) reggere la distanza; **~ focale** (*Photo*) distanza focale; **~ de sécurité** (*Auto*) distanza di sicurezza
distancer [distɑ̃se] *vt* distanziare; **se laisser ~** lasciarsi distanziare
distant, e [distɑ̃, ɑ̃t] *adj* (*aussi fig*) distante; **~ de** (*lieu*) distante da; **~ de cinq km** (*d'un lieu*) distante cinque km
distiller [distile] *vt* (*aussi fig*) distillare
distillerie [distilʀi] *nf* distilleria
distinct, e [distɛ̃(kt), ɛ̃kt] *adj* distinto(-a)
distinctement [distɛ̃ktəmɑ̃] *adv* (*voir*) distintamente; (*parler*) chiaramente
distinctif, -ive [distɛ̃ktif, iv] *adj* distintivo(-a)
distinction [distɛ̃ksjɔ̃] *nf* distinzione *f*; **sans ~** senza distinzione
distingué, e [distɛ̃ge] *adj* distinto(-a)
distinguer [distɛ̃ge] *vt* distinguere; **se distinguer** *vr*: **se ~ (de)** distinguersi (da); **~ qch/qn de** (*suj*: *caractéristique, trait*) distinguere qc/qn da
distraction [distʀaksjɔ̃] *nf* distrazione *f*
distraire [distʀɛʀ] *vt, vi* distrarre; **se distraire** *vr* distrarsi; **~ qn de qch** distrarre qn da qc; **~ l'attention** sviare l'attenzione
distrait, e [distʀɛ, ɛt] *pp de* **distraire** ▶ *adj* distratto(-a)
distrayant, e [distʀɛjɑ̃, ɑ̃t] *adj* che distrae
distribuer [distʀibɥe] *vt* distribuire
distributeur, -trice [distʀibytœʀ, tʀis] *nm/f* (*Comm*) distributore(-trice); **~ (automatique)** distributore (automatico); **~ automatique de billets** (*Banque*) sportello Bancomat
distribution [distʀibysjɔ̃] *nf* distribuzione *f*; (*acteurs*) cast *m inv*, interpreti *mpl*
dit, e [di, dit] *pp de* **dire** ▶ *adj* (*fixé*) : **le jour ~** il giorno fissato *ou* stabilito; **X, ~ Pierrot** (*surnommé*) X, detto Pierrot
dites [dit] *vb voir* **dire**
divan [divɑ̃] *nm* divano
divergence [divɛʀʒɑ̃s] *nf* divergenza
divergent, e [divɛʀʒɑ̃, ɑ̃t] *adj* divergente
diverger [divɛʀʒe] *vi* divergere
divers, e [divɛʀ, ɛʀs] *adj* (*varié*) vari(e), svariati(-e); (*différent*) diversi(-e); (*plusieurs*) diversi(-e), vari(e); **~ et variés/diverses et variées** vari e svariati/varie e svariate, diversi e svariati/diverse e svariate; **« ~ »** (*rubrique*) « varie »; **(frais) ~** (*Comm*) (spese *fpl*) varie
diversité [divɛʀsite] *nf* diversità *f inv*
divertir [divɛʀtiʀ] *vt* divertire; **se divertir** *vr* divertirsi
divertissant, e [divɛʀtisɑ̃, ɑ̃t] *adj* divertente
divertissement [divɛʀtismɑ̃] *nm* (*aussi Mus*) divertimento
dividende [dividɑ̃d] *nm* dividendo
divin, e [divɛ̃, in] *adj* (*aussi fig*) divino(-a)
divinité [divinite] *nf* divinità *f inv*

d

diviser [divize] *vt* dividere; **se diviser en** *vr* dividersi in; **~ par** dividere per; **~ un nombre par un autre** dividere un numero per un altro
division [divizjɔ̃] *nf* (*gén, Math, Mil*) divisione *f*; **1ère/2ème ~** (*Sport*) serie *f* A/B; **~ du travail** divisione del lavoro
divorce [divɔʀs] *nm* divorzio; (*fig*) divergenza
divorcé, e [divɔʀse] *adj, nm/f* divorziato(-a)
divorcer [divɔʀse] *vi* : **~ (de** *ou* **d'avec qn)** divorziare (da qn)
divulguer [divylge] *vt* divulgare
dix [dis] *adj inv, nm inv* dieci *m inv*; *voir aussi* **cinq**
dix-huit [dizɥit] *adj inv, nm inv* diciotto *m inv*; *voir aussi* **cinq**
dix-huitième [dizɥitjɛm] *adj, nm/f* diciottesimo(-a); *voir aussi* **cinquième**
dixième [dizjɛm] *adj, nm/f* decimo(-a) ▶ *nm* decimo; *voir aussi* **cinquième**
dix-neuf [diznœf] *adj inv, nm inv* diciannove *m inv*; *voir aussi* **cinq**
dix-neuvième [diznœvjɛm] *adj, nm/f* diciannovesimo(-a); *voir aussi* **cinquième**
dix-sept [disɛt] *adj inv, nm inv* diciassette *m inv*; *voir aussi* **cinq**
dix-septième [disɛtjɛm] *adj, nm/f* diciassettesimo(-a); *voir aussi* **cinquième**
dizaine [dizɛn] *nf* decina; **une ~ de ...** una decina di ...
do [do] *nm* (*Mus*) do *m inv*
docile [dɔsil] *adj* docile
dock [dɔk] *nm* (*bassin*) bacino; (*hangar, bâtiment*) magazzino; **~ flottant** bacino galleggiante
docker [dɔkɛʀ] *nm* scaricatore *m* (di porto)
docteur, e [dɔktœʀ] *nm/f* (*Méd*) dottore *m*; (*Univ*) ≈ dottore(-essa) di ricerca; **~ en médecine** dottore(-essa) in medicina; **~ en droit** dottore(-essa) in diritto
doctorat [dɔktɔʀa] *nm* : **~ d'Université** ≈ dottorato (di ricerca)
doctrine [dɔktʀin] *nf* dottrina
document [dɔkymɑ̃] *nm* documento
documentaire [dɔkymɑ̃tɛʀ] *adj* documentario(-a) ▶ *nm* documentario
documentation [dɔkymɑ̃tasjɔ̃] *nf* (*documents*) documentazione *f*
documenter [dɔkymɑ̃te] *vt* documentare; **se ~ (sur)** documentarsi (su)
dodo [dodo] *nm* : **aller faire ~** andare a (far la) nanna
dogue [dɔg] *nm* mastino
doigt [dwa] *nm* dito; **à deux ~s de** a un pelo da; **un ~ de whisky** (*fig*) un dito di whisky; **le petit ~** il mignolo; **au ~ et à l'œil** (*obéir*) a bacchetta; **montrer du ~** indicare col dito, additare; **compter sur ses ~s** contare sulle dita; **lever le ~** (*Scol*) alzare la mano; **connaître qch sur le bout des ~s** conoscere qc a menadito; **les ~s dans le nez** (*fam : très facilement*) ad occhi chiusi; **~ de pied** dito del piede
doit *etc* [dwa] *vb voir* **devoir**
dollar [dɔlaʀ] *nm* dollaro
DOM [dɔm] *sigle m ou sigle mpl* = *Département(s) d'outre-mer*
domaine [dɔmɛn] *nm* proprietà *f inv*; (*fig*) campo; **tomber dans le ~ public** diventare di dominio pubblico; **dans tous les ~s** in tutti i campi
domestique [dɔmɛstik] *adj* domestico(-a); (*Comm : marché, consommation*) interno(-a), domestico(-a) ▶ *nm/f* domestico(-a)
domicile [dɔmisil] *nm* domicilio; **à ~** a domicilio; **élire ~ à** eleggere domicilio a; **sans ~ fixe** senza fissa dimora; **~ conjugal** tetto coniugale; **~ légal** domicilio legale
domicilié, e [dɔmisilje] *adj* : **être ~ à** essere domiciliato(-a) a
dominant, e [dɔminɑ̃, ɑ̃t] *adj* (*aussi fig*) dominante
dominer [dɔmine] *vt* dominare; (*concurrents*) superare ▶ *vi* dominare; (*être le plus nombreux*) prevalere; **se dominer** *vr* dominarsi, controllarsi
domino [dɔmino] *nm* tessera del domino; **jouer aux ~s** giocare a domino
dommage [dɔmaʒ] *nm* danno; **c'est ~ de faire/que ...** è un peccato fare/che ...; **quel ~ !** che peccato!; **~s corporels** danni fisici; **~s et intérêts** risarcimento danni; **~s matériels** danni materiali
dompter [dɔ̃(p)te] *vt* (*aussi fig*) domare
dompteur, -euse [dɔ̃(p)tœʀ, øz] *nm/f* domatore(-trice)
DOM-ROM [dɔmʀɔm] *sigle m ou sigle mpl* = *Département(s) d'outre-mer/ Région(s) d'outre-mer*

DOM-TOM [dɔmtɔm] *sigle m ou sigle mpl = Département(s) d'outre-mer/ Territoire(s) d'outre-mer*

I cinque **Départements d'outre-mer** o **DOM** — la Guadalupa, la Martinica, Réunion, la Guyana francese e Mayotte — hanno una forma di governo analoga a quella degli altri *départements* metropolitani francesi, e i loro cittadini sono di nazionalità francese. Dal punto di vista amministrativo sono anche *Régions*, e in questo senso sono spesso chiamati *Régions d'outre-mer* o *ROM*. La parola **DOM-TOM** è ancora di uso corrente, ma il termine *Territoire d'outre-mer* è stato soppiantato da *Collectivité d'outre-mer* (*COM*). Tra le *COM* ci sono la Polinesia francese, Wallis e Futuna, la Nuova Caledonia e i territori polari. Questi territori sono indipendenti ma sono sotto la supervisione di un rappresentante del governo francese.

don [dɔ̃] *nm* dono; **avoir des ~s pour** essere portato(-a) per; **faire ~ de** fare dono di; **~ d'organes** donazione *f* di organi

donc [dɔ̃k] *conj* (*en conséquence*) quindi, dunque; (*après une digression*) allora, dunque; **voilà ~ la solution** ecco qui la soluzione; **je disais ~ que** dunque, dicevo che; **c'est ~ que** allora (significa che); **c'est ~ que j'avais raison** allora avevo ragione io; **venez ~ dîner à la maison** su, venga a cena da noi; **faites ~ !** e allora lo faccia!; **allons ~ !** su, andiamo!

donne [dɔn] *nf* (*Cartes*) distribuzione *f*; (*fig*) : **une nouvelle ~** un cambio di rotta; **changer la ~** cambiare la situazione

donné, e [dɔne] *adj* : **le prix/jour ~** (*convenu*) il dato prezzo/giorno; **c'est ~** (*pas cher*) è regalato; **étant ~ que ...** dato che ...

donnée [dɔne] *nf* dato

donner [dɔne] *vt* dare; (*maladie*) passare ▸ *vi* : **~ sur** (*fenêtre, chambre*) dare su; **se donner** *vr* darsi; **~ qch à qn** dare qc a qn; **~ l'heure à qn** dire l'ora a qn; **~ le ton** (*fig*) dare il tono; **~ à penser que** far pensare che; **~ à entendre que** dare ad intendere che; **faire ~ l'infanterie** far intervenire la fanteria; **~ dans** (*piège etc*) cadere in; **se ~ à fond à qch** darsi anima e corpo a qc; **s'en ~ (à cœur joie)** (*fam*) darsi alla pazza gioia; **se ~ du mal** *ou* **de la peine (pour faire qch)** darsi un gran daffare (per fare qc)

MOT-CLÉ

dont [dɔ̃] *pron rel* **1** (*appartenance*) : **dont le/la** il (la) cui; **la maison dont le toit est rouge** la casa il cui tetto è rosso; **la maison dont je vois le toit** la casa di cui vedo il tetto; **l'homme dont je connais la sœur** l'uomo di cui conosco la sorella; **c'est le chien dont le maître habite en face** è il cane il cui padrone abita di fronte
2 (*parmi lesquel(le)s*) : **deux livres, dont l'un est gros** due libri, dei quali uno è spesso; **il y avait plusieurs personnes, dont Gabrielle** c'erano parecchie persone, tra cui *ou* le quali Gabrielle; **10 blessés, dont 2 grièvement** 10 feriti, di cui 2 gravemente
3 (*provenance, origine*) da cui; **le pays dont il est originaire** il paese da cui viene *ou* di cui è originario
4 (*façon*) in cui; **la façon dont il l'a fait** il modo in cui l'ha fatto
5 (*au sujet de qui/quoi*) : **ce dont je parle** ciò di cui parlo; **le voyage dont je t'ai parlé** il viaggio di cui ti ho parlato; **le fils/livre dont il est si fier** il figlio/libro di cui è tanto fiero

dopage [dɔpaʒ] *nm* doping *m inv*

doré, e [dɔʀe] *adj* dorato(-a)

dorénavant [dɔʀenavɑ̃] *adv* d'ora in poi, d'ora in avanti

dorer [dɔʀe] *vt* (*cadre*) dorare; **(faire) ~** (*poulet, gâteau*) (far) indorare; **se ~ au soleil** dorarsi al sole; **~ la pilule à qn** indorare la pillola a qn

dorloter [dɔʀlɔte] *vt* coccolare; **se faire ~** farsi coccolare

dormir [dɔʀmiʀ] *vi* dormire; (*fig : ressources*) restare inattivo(-a); **ne fais pas de bruit, il dort** non fare rumore, sta dormendo; **~ à poings fermés** dormire della grossa

dortoir [dɔʀtwaʀ] *nm* dormitorio

dos [do] *nm* schiena, dorso; (*de vêtement*) schiena; (*de livre, cahier, main*) dorso; (*d'un papier, chèque*) retro; **voir au ~** vedi a tergo; **robe décolletée dans le ~** abito scollato sulla schiena;

de ~ di spalle; **~ à ~** schiena contro schiena; **sur le ~** (*s'allonger*) supino(-a); **à ~ de** a dorso di; **avoir bon ~** avere buone spalle; **se mettre qn à ~** inimicarsi qn

dosage [dozaʒ] *nm* dosaggio

dose [doz] *nf* dose *f*; **forcer la ~** (*fig*) rincarare la dose

doser [doze] *vt* dosare

dossard [dosaʀ] *nm* pettorale *m*, numero di gara

dossier [dosje] *nm* (*renseignements, fiches*) pratica, dossier *m inv*; (*chemise, enveloppe, Inform*) cartella; (*de chaise*) schienale *m*; (*Presse*) dossier *m inv*; **le ~ social/monétaire** (*fig*) la questione sociale/monetaria

doté, e [dɔte] *adj* : **~ de** dotato(-a) di, fornito(-a) di

douane [dwan] *nf* dogana; **passer la ~** passare la dogana; **en ~** (*marchandises, entrepôt*) fermo(-a) in dogana

douanier, -ière [dwanje, jɛʀ] *adj* doganale ▸ *nm* doganiere *m*

double [dubl] *adj* doppio(-a) ▸ *adv* : **voir ~** vedere doppio ▸ *nm* (*2 fois plus*) : **le ~ (de)** il doppio (di); (*autre exemplaire*) doppione *m*; (*sosie*) sosia *m inv/f inv*; **~ messieurs/mixte** (*Tennis*) doppio maschile/misto; **à ~ sens** a doppio senso; **à ~ tranchant** a doppio taglio; **faire ~ emploi** essere in più; **à ~s commandes** con doppi comandi; **en ~** (*exemplaire*) in duplice copia; **~ toit** (*tente*) soprattetto; **~ vue** preveggenza

doublé, e [duble] *adj* (*film*) doppiato(-a); **~ (de)** (*vêtement*) foderato(-a) (di)

double-cliquer [dubl(ə)klike] *vi* (*Inform*) fare doppio clic

doubler [duble] *vt* (*multiplier par 2*) raddoppiare; (*vêtement, chaussures*) foderare; (*voiture, concurrent*) superare; (*film*) doppiare; (*acteur*) sostituire (con una controfigura) ▸ *vi* raddoppiare; **se doubler** *vr* : **se ~ de** essere anche *ou* al tempo stesso; **~ un cap** (*Naut*) doppiare un capo; (*fig*) superare uno scoglio

doublure [dublyʀ] *nf* (*de vêtement*) fodera; (*acteur*) controfigura

douce [dus] *adj voir* **doux**

douceâtre [dusɑtʀ] *adj* dolciastro(-a)

doucement [dusmɑ̃] *adv* dolcemente; (*à voix basse*) sommessamente; (*lentement*) lentamente

douceur [dusœʀ] *nf* dolcezza; (*de peau*) morbidezza; (*de couleur, saveur*) delicatezza; (*de climat*) mitezza; **douceurs** *nfpl* (*friandises*) dolci *mpl*, dolciumi *mpl*; **en ~** (*filer*) di soppiatto

douche [duʃ] *nf* doccia; (*salle*) : **~s** docce *fpl*; **prendre une ~** fare una doccia; **~ écossaise** (*fig*) doccia scozzese; **~ froide** (*fig*) doccia fredda

doucher [duʃe] *vt* fare la doccia a; (*mouiller*) inzuppare; (*fig* : *réprimander*) dare una lavata di capo a; (: *enthousiasme*) raggelare; **se doucher** *vr* farsi la doccia

doué, e [dwe] *adj* : **~ (de)** dotato(-a) (di); **être ~ pour** essere portato(-a) per

douille [duj] *nf* (*Élec*) portalampada *m inv*; (*de projectile*) bossolo

douillet, te [dujɛ, ɛt] *adj* (*péj* : *personne*) delicatino(-a); (*lit*) morbido(-a)

douleur [dulœʀ] *nf* dolore *m*; **ressentir des ~s** avere dei dolori

douloureux, -euse [duluʀø, øz] *adj* doloroso(-a); (*membre*) dolente

doute [dut] *nm* dubbio; **sans ~** probabilmente; **sans nul** *ou* **aucun ~** senza (alcun) dubbio; **hors de ~** fuori dubbio; **nul ~ que** non c'è dubbio che; **mettre en ~ (que)** mettere in dubbio (che)

douter [dute] *vt* : **~ (de/que)** dubitare (di/che); **se douter** *vr* : **se ~ que/de qch** sospettare che/di qc; **j'en doute** ne dubito; **je m'en doutais** lo sospettavo; **ne ~ de rien** non sospettare (di) niente

douteux, -euse [dutø, øz] *adj* dubbio(-a); (*temps*) incerto(-a); (*péj*) losco(-a)

doux [du] *adj* (*sucré, pas brusque, eau* : *non calcaire*) dolce; (*pente, vent, fig*) leggero(-a); (*lisse* : *peau*) liscio(-a), morbido(-a); (*couleur, saveur, moutarde*) delicato(-a); (*climat*) mite; (*drogue*) leggero(-a); **en douce** (*partir etc*) alla chetichella; **tout ~** adagio, piano

douzaine [duzɛn] *nf* dozzina; **une ~ (de)** una dozzina (di)

douze [duz] *adj inv, nm inv* dodici *m inv*; *voir aussi* **cinq**

douzième [duzjɛm] *adj, nm/f* dodicesimo(-a) ▸ *nm* dodicesimo

dragée [dʀaʒe] *nf* (*bonbon, Méd*) confetto

draguer [dʀage] *vt* (*rivière*) dragare; (*fam* : *filles*) rimorchiare ▸ *vi* (*fam*) rimorchiare

dramatique [dʀamatik] *adj* drammatico(-a) ▶ *nf* (*TV*) sceneggiato
drame [dʀam] *nm* (*catastrophe, Théâtre*) dramma *m*; **~ familial** dramma famigliare
drap [dʀa] *nm* (*de lit*) lenzuolo; (*tissu*) tessuto di lana; **être dans de beaux ~s** (*fam*) essere nei guai; **~ de dessous/dessus** lenzuolo di sotto/sopra; **~ de plage** telo da mare
drapeau, x [dʀapo] *nm* bandiera; (*en sport, de chef de gare etc*) bandierina; **sous les drapeaux** sotto le armi; **le ~ blanc** la bandiera bianca
drap-housse [dʀaus] (*pl* **draps-housses**) *nm* lenzuolo con elastici agli angoli
dresser [dʀese] *vt* (*mettre vertical*) drizzare, rizzare; (*tente*) montare; (*fig : liste, bilan, contrat*) redigere, stilare; (*animal*) addestrare; **se dresser** *vr* ergersi; **~ l'oreille** drizzare gli orecchi; **~ la table** apparecchiare (la tavola); **~ qn contre qn d'autre** aizzare qn contro qn altro; **~ un procès-verbal à qn** stendere un verbale a qn; **~ une contravention à qn** fare una contravvenzione a qn; **se ~ sur la pointe des pieds** alzarsi sulla punta dei piedi
drogue [dʀɔg] *nf* droga; (*péj*) intruglio; **~ douce/dure** droga leggera/pesante
drogué, e [dʀɔge] *nm/f* drogato(-a)
droguer [dʀɔge] *vt* drogare; (*malade*) imbottire di medicine; **se droguer** *vr* (*aux stupéfiants*) drogarsi; (*péj*) imbottirsi di medicine
droguerie [dʀɔgʀi] *nf* drogheria (*negozio di prodotti chimici per la casa*)
droguiste [dʀɔgist] *nm/f* droghiere(-a)
droit, e [dʀwa, dʀwat] *adj* dritto(-a), diritto(-a); (*opposé à gauche*) destro(-a); (*fig : loyal, franc*) retto(-a) ▶ *adv* (*marcher, écrire*) diritto, dritto ▶ *nm* diritto; **droits** *nmpl* (*taxes*) diritti *mpl*; **direct/crochet du ~** (*Boxe*) diretto/gancio destro; **~ au but** *ou* **au fait/au cœur** dritto al punto *ou* ai fatti/al cuore; **avoir le ~ de** avere il diritto di; **avoir ~ à** avere diritto a; **être en ~ de** avere diritto di; **être dans son ~** essere dalla parte della ragione; **à bon ~** a buon diritto; **de quel ~ ?** con quale *ou* che diritto?; **à qui de ~** a chi di dovere; **avoir ~ de cité (dans)** (*fig*) appartenere di diritto (a); **~ coutumier** diritto consuetudinario; **~ de regard** potere *m* di intervento; **~ de réponse** diritto di replica; **~ de vote** diritto di voto; **~s d'auteur** diritti d'autore; **~s de douane** diritti doganali; **~s d'inscription** tasse *fpl* d'iscrizione
droite [dʀwat] *nf* (*direction, Pol*) destra; (*Math*) retta; **à ~ (de)** a destra (di); **de ~** (*Pol*) di destra
droitier, -ière [dʀwatje, jɛʀ] *adj* che usa la mano destra, destrimano *inv* ▶ *nm/f* chi usa la mano destra, destrimano *m inv/f inv*; **ce joueur est ~** gioca con la destra
drôle [dʀol] *adj* (*amusant*) divertente, buffo(-a); (*bizarre*) strano(-a); **un ~ de ...** (*bizarre*) uno(-a) strano(-a) ...; **il faut avoir une ~ de patience pour ...** ci vuole una bella pazienza per ...
dromadaire [dʀɔmadɛʀ] *nm* dromedario
dru, e [dʀy] *adj* (*cheveux*) folto(-a); (*herbe*) folto(-a), fitto(-a); (*pluie*) fitto(-a) ▶ *adv* (*pousser, tomber*) fitto fitto
du [dy] *dét, prép + art déf voir* **de**
dû, due [dy] *pp de* **devoir** ▶ *adj* (*somme*) dovuto(-a) ▶ *nm* (*somme, fig*) dovuto; **dû à** (*causé par*) dovuto(-a) a; **réclamer son dû** reclamare il dovuto
dune [dyn] *nf* duna
duplex [dyplɛks] *nm* (*appartement*) appartamento su due piani; **émission en ~** trasmissione *f* in collegamento
duquel [dykɛl] *voir* **lequel**
dur, e [dyʀ] *adj* duro(-a); (*climat, col*) rigido(-a); (*lumière*) violento(-a); (*œuf*) sodo(-a) ▶ *nm* : **en ~** (*construction*) in muratura ▶ *adv* (*travailler, taper etc*) duramente ▶ *nf* : **à la dure** duramente, severamente; **mener la vie dure à qn** rendere la vita dura *ou* difficile a qn; **~ d'oreille** duro(-a) d'orecchio
durant [dyʀɑ̃] *prép* durante; **~ des mois, des mois ~** per mesi
durcir [dyʀsiʀ] *vt* indurire; (*fig : politique etc*) irrigidire, inasprire ▶ *vi* indurire; **se durcir** *vr* indurirsi
durcissement [dyʀsismɑ̃] *nm* indurimento
durée [dyʀe] *nf* durata; **de courte/longue ~** di breve/lunga durata; **pile de longue ~** pila a lunga durata; **pour une ~ illimitée** per un periodo illimitato
durement [dyʀmɑ̃] *adv* duramente; **~ touché par la crise** duramente colpito dalla crisi

durer [dyʀe] *vi* durare
dureté [dyʀte] *nf* (*voir adj*) durezza; rigidità; violenza
duvet [dyvɛ] *nm* peluria, lanugine *f*; **(sac de couchage en) ~** piumino
DVD [devede] *sigle m* DVD *m inv*
dynamique [dinamik] *adj* dinamico(-a)
dynamisme [dinamism] *nm* dinamismo
dynamo [dinamo] *nf* dinamo *f inv*
dysenterie [disɑ̃tʀi] *nf* dissenteria
dyslexie [dislɛksi] *nf* dislessia

eau, x [o] *nf* acqua; **eaux** *nfpl* (*thermales*) acque *fpl*; **prendre l'~** (*chaussures, vêtements*) bagnarsi; **prendre les eaux** fare le cure termali; **tomber à l'~** (*fig*) andare a monte; **à l'~ de rose** all'acqua di rose; **~ bénite** acqua benedetta; **~ courante** acqua corrente; **~ de Cologne** acqua di Colonia; **~ de javel** candeggina, varechina; **~ de pluie** acqua piovana; **~ du robinet** acqua del rubinetto; **~ de toilette** acqua di toeletta, eau *f inv* de toilette; **~ douce** acqua dolce; **~ gazeuse** acqua gassata; **~ minérale** acqua minerale; **~ oxygénée** acqua ossigenata; **~ plate** acqua non gassata; **~ salée** acqua salata; **eaux ménagères** acque di scarico; **eaux territoriales** acque territoriali; **eaux usées** acque di rifiuto
eau-de-vie [odvi] (*pl* **eaux-de-vie**) *nf* acquavite *f*
ébahi, e [ebai] *adj* stupito(-a), stupefatto(-a)
ébats [eba] *vb voir* **ébattre** ▸ *nmpl* giochi *mpl*
ébaucher [eboʃe] *vt* abbozzare; **~ un sourire/geste** (*fig*) abbozzare un sorriso/gesto
ébène [ebɛn] *nf* ebano
ébéniste [ebenist] *nf* ebanista *m*
éblouir [ebluiʀ] *vt* abbagliare; (*fig*) impressionare
éboueur, -euse [ebwœʀ, øz] *nm/f* netturbino(-a)
ébouillanter [ebujɑ̃te] *vt* (*Culin*) sbollentare, scottare; **s'ébouillanter** *vr* scottarsi

éboulement [ebulmɑ̃] *nm* frana
ébouriffé, e [ebuʀife] *adj* arruffato(-a), scarmigliato(-a)
ébranler [ebʀɑ̃le] *vt* far tremare; (*rendre instable, fig : résolution*) far vacillare; (: *santé*) compromettere; **s'ébranler** *vr* (*train*) avviarsi
ébriété [ebʀijete] *nf* : **en état d'~** in stato di ubriachezza
ébullition [ebylisjɔ̃] *nf* ebollizione *f*; **en ~** (*aussi fig*) in ebollizione
écaille [ekɑj] *nf* (*de poisson*) squama; (*matière*) tartaruga; (*de peinture etc*) crosta, squama
écailler [ekɑje] *vt* (*poisson*) squamare; (*huître*) aprire; **s'écailler** *vr* scrostarsi
écart [ekaʀ] *nm* (*de prix etc*) differenza; (*de temps, embardée, mouvement*) scarto; **l'~ entre les pays riches et les pays pauvres** il divario tra i paesi ricchi e i paesi poveri; **faire des ~s de langage** parlare in modo sconveniente; **à l'~** in disparte; **à l'~ de** distante da; **faire le grand ~** fare la spaccata; **~ de conduite** sbandata
écarté, e [ekaʀte] *adj* (*lieu*) appartato(-a), isolato(-a); (*ouvert*) : **les jambes ~es** a gambe divaricate; **les bras ~s** con le braccia aperte
écarter [ekaʀte] *vt* (*séparer*) separare; (*ouvrir : bras*) allargare; (: *jambes*) divaricare; (: *rideau*) scostare; (*candidat*) scartare; **s'écarter** *vr* (*parois*) allargarsi; (*jambes*) divaricarsi; (*s'éloigner*) allontanarsi; **s'~ de** (*aussi fig*) scostarsi da, allontanarsi da
échafaud [eʃafo] *nm* patibolo
échafaudage [eʃafodaʒ] *nm* (*Constr*) impalcatura, ponteggio
échafauder [eʃafode] *vt* architettare, escogitare
échalote [eʃalɔt] *nf* (*Culin*) scalogno
échange [eʃɑ̃ʒ] *nm* scambio; **en ~ (de)** in cambio (di); **~s commerciaux/culturels** scambi commerciali/culturali; **~s de lettres** scambio di lettere; **~ de politesses** scambio di cortesie; **~ de vues** scambio di vedute *ou* opinioni
échanger [eʃɑ̃ʒe] *vt* scambiare; (*lettres, cadeaux*) scambiarsi; **~ qch (contre)** scambiare qc (con); **~ qch avec qn** scambiare qc con qn
échantillon [eʃɑ̃tijɔ̃] *nm* campione *m*; (*fig*) saggio
échapper [eʃape] *vi* : **~ à** sfuggire a; **s'échapper** *vr* fuggire, scappare; (*gaz, eau*) fuoriuscire; **~ à qn** sfuggire a qn; **~ des mains de qn** sfuggire di mano a qn; **laisser ~** lasciarsi sfuggire; **l'~ belle** scamparla bella
écharde [eʃaʀd] *nf* scheggia
écharpe [eʃaʀp] *nf* (*cache-nez*) sciarpa; (*de maire*) fascia; **avoir un bras en ~** (*Méd*) avere un braccio al collo; **prendre en ~** (*véhicule etc*) urtare di lato
échauffement [eʃofmɑ̃] *nm* (*Sport*) riscaldamento
échauffer [eʃofe] *vt* (*aussi fig*) scaldare; **s'échauffer** *vr* (*Sport*) riscaldarsi; (*dans la discussion*) scaldarsi, accalorarsi; **les esprits s'échauffent** si scaldano gli animi
échéance [eʃeɑ̃s] *nf* scadenza; **à brève/longue ~** a breve/lunga scadenza
échéant [eʃeɑ̃] : **le cas ~** *adv* all'occorrenza
échec [eʃɛk] *nm* (*d'une personne*) insuccesso; (*d'un projet*) fallimento, insuccesso; (*Échecs*) scacco; **échecs** *nmpl* (*jeu*) scacchi *mpl*; **~ et mat/au roi** scacco matto/al re; **mettre en ~** dare scacco; **tenir en ~** tenere in scacco; **faire ~ à** ostacolare
échelle [eʃɛl] *nf* (*aussi fig*) scala; **à l'~ de** in scala di; **sur une grande ~** su grande scala; **sur une petite ~** su scala ridotta; **faire la courte ~ à qn** fare scaletta a qn; **~ de corde** scala di corda
échelon [eʃ(ə)lɔ̃] *nm* (*d'échelle*) piolo; (*Admin, Sport*) livello, grado
échelonner [eʃ(ə)lɔne] *vt* scaglionare; **paiement échelonné** pagamento dilazionato
échine [eʃin] *nf* spina dorsale, colonna vertebrale; **~ de porc** lombata di maiale; **courber l'~** (*fig*) piegare la testa
échiquier [eʃikje] *nm* scacchiera
écho [eko] *nm* (*aussi fig*) eco *f ou m*; **se faire l'~ de** mettere in giro, spargere
échographie [ekogʀafi] *nf* ecografia
échouer [eʃwe] *vi* (*tentative*) fallire; (*candidat*) essere bocciato(-a), essere respinto(-a); (*débris etc*) venir portato(-a) in secca; (*aboutir : personne*) andare a finire, capitare; **s'échouer** *vr* arenarsi
éclabousser [eklabuse] *vt* schizzare; (*fig*) infangare

e

éclaboussure [eklabusyʀ] *nf* schizzo, spruzzo
éclair [eklɛʀ] *nm* (*aussi fig*) lampo; (*gâteau*) *bignè allungato ripieno di crema e ricoperto di glassa* ▶ *adj inv* (*voyage etc*) lampo *inv*
éclairage [eklɛʀaʒ] *nm* illuminazione *f*; (*lumière*) luce *f*; (*fig*) punto di vista; **~ indirect** luce indiretta
éclaircie [eklɛʀsi] *nf* schiarita
éclaircir [eklɛʀsiʀ] *vt* schiarire; (*fig : énigme*) chiarire; (*Culin : sauce*) allungare; **s'éclaircir** *vr* schiarirsi; (*cheveux*) sfoltirsi; (*situation etc*) chiarirsi; **s'~ la voix** schiarirsi la voce
éclaircissement [eklɛʀsismɑ̃] *nm* schiarimento; (*explication*) chiarimento
éclairer [ekleʀe] *vt* (*suj : lampe, lumière*) illuminare; (*suj : personne*) fare luce su; (*fig : instruire*) illuminare; (*: rendre compréhensible*) chiarire ▶ *vi* : **~ bien/mal** far molta/poca luce; **s'éclairer** *vr* illuminarsi; (*situation etc*) chiarirsi; **s'~ à la bougie** farsi luce con una candela; **s'~ à l'électricité** avere l'illuminazione elettrica
éclat [ekla] *nm* (*de bombe, verre*) scheggia; (*du soleil etc*) splendore *m*; (*d'une cérémonie*) sfarzo, splendore *m*; **faire un ~** (*scandale*) fare scalpore; **action d'~** azione *f* clamorosa; **voler en ~s** andare in frantumi; **des ~s de verre** schegge di vetro; **~ de rire** scoppio di risa; **~s de voix** rumore *msg* di voci
éclatant, e [eklatɑ̃, ɑ̃t] *adj* (*couleur*) luminoso(-a); (*lumière*) splendente; (*voix, son*) squillante; (*fig : évident*) lampante; (*: succès, revanche*) strepitoso(-a), clamoroso(-a)
éclater [eklate] *vi* (*aussi fig : guerre, épidémie*) scoppiare; (*groupe, parti*) sciogliersi, dividersi; **s'éclater** *vr* (*fam*) divertirsi come un(-a) matto(-a); **~ de rire/en sanglots** scoppiare a ridere/in singhiozzi
éclipse [eklips] *nf* (*aussi fig*) eclissi *f inv*
éclipser [eklipse] *vt* (*aussi fig*) eclissare; **s'éclipser** *vr* eclissarsi
écluse [eklyz] *nf* chiusa
écœurant [ekœʀɑ̃, ɑ̃t] *adj* nauseante, nauseabondo(-a)
écœurer [ekœʀe] *vt* nauseare; (*démoraliser*) scoraggiare
école [ekɔl] *nf* scuola; **aller à l'~** andare a scuola; **faire ~** fare scuola; **les grandes ~s** *prestigiosi istituti universitari francesi a cui si accede per concorso*; **~ de danse/de dessin/de musique** scuola di danza/di disegno/di musica; **~ élémentaire** scuola elementare; **~ hôtelière** scuola alberghiera; **~ maternelle** scuola materna, asilo; *vedi nota*; **~ primaire** scuola elementare; **~ privée/publique** scuola privata/statale; **~ secondaire** scuola media (*inferiore e superiore*)

L'**école maternelle** è pubblica in Francia, anche se non obbligatoria, ed è frequentata da bambini tra i 3 e i 6 anni d'età. In seguito i bambini si iscrivono all'*école primaire* fino agli 11 anni. In Francia è obbligatorio andare a scuola fino a 16 anni.

écolier, -ière [ekɔlje, jɛʀ] *nm/f* scolaro(-a)
écologie [ekɔlɔʒi] *nf* ecologia
écologique [ekɔlɔʒik] *adj* ecologico(-a)
écologiste [ekɔlɔʒist] *nm/f* ecologista *m/f*
économe [ekɔnɔm] *adj, nm/f* economo(-a)
économie [ekɔnɔmi] *nf* economia; (*d'argent, de temps*) risparmio, economia; **économies** *nfpl* (*pécule*) risparmi *mpl*; **une ~ de temps/d'argent** un risparmio di tempo/di denaro; **~ dirigée** economia dirigistica
économique [ekɔnɔmik] *adj* economico(-a)
économiser [ekɔnɔmize] *vt* risparmiare, economizzare ▶ *vi* risparmiare
écorce [ekɔʀs] *nf* corteccia; (*de fruit*) buccia, scorza
écorcher [ekɔʀʃe] *vt* (*animal*) scuoiare; (*égratigner*) sbucciare; (*fig : une langue*) storpiare; **s'~ le genou** sbucciarsi il ginocchio
écorchure [ekɔʀʃyʀ] *nf* sbucciatura
écossais, e [ekɔsɛ, ɛz] *adj* scozzese ▶ *nm/f* : **Écossais, e** scozzese *m/f*
Écosse [ekɔs] *nf* Scozia
écosser [ekɔse] *vt* sgusciare
écosystème [ekosistɛm] *nm* ecosistema *m*
écouler [ekule] *vt* (*stock*) smaltire; (*faux billets*) spacciare; **s'écouler** *vr* defluire; (*jours, temps*) scorrere
écoute [ekut] *nf* : **heure de grande ~** ora di massimo (indice) d'ascolto;

être/rester à l'~ (de) essere/restare in ascolto (di); **~s téléphoniques** intercettazione *fsg* telefonica; **être/ mettre qn sur ~** essere/mettere qn sotto controllo (telefonico)
écouter [ekute] *vt, vi* ascoltare; **s'écouter** *vr* dare troppo peso alla propria salute; **si je m'écoutais** se seguissi il mio istinto; **s'~ parler** compiacersi delle proprie parole
écouteur [ekutœʀ] *nm* (*du téléphone*) ricevitore *m*; **écouteurs** *nmpl* (*Radio*) auricolare *msg*, cuffie *fpl*
écran [ekʀɑ̃] *nm* (*TV, Inform*) schermo; **porter à l'~** (*Ciné*) portare sullo schermo; **faire ~** fare schermo; **le petit ~** il piccolo schermo; **~ de fumée** cortina di fumo; **~ géant** maxischermo; **~ plat** schermo piatto; **~ tactile** schermo tattile
écrasant, e [ekʀɑzɑ̃, ɑ̃t] *adj* schiacciante
écraser [ekʀɑze] *vt* (*aussi fig*) schiacciare; (*piéton*) investire; (*ennemi, armée*) annientare; (*Inform*) sovrascrivere; **écrase(-toi) !** (*fam*) chiudi il becco!, smettila!; **se faire ~** essere investito(-a); **s'~ (au sol)** (*avion*) schiantarsi (al suolo); **s'~ contre/sur** schiantarsi contro/su
écrémé, e [ekʀeme] *adj* (*lait*) scremato(-a)
écrevisse [ekʀəvis] *nf* gambero (di fiume)
écrier [ekʀije] : **s'écrier** *vr* esclamare
écrin [ekʀɛ̃] *nm* scrigno
écrire [ekʀiʀ] *vt, vi* scrivere; **s'écrire** *vr* (*réciproque*) scriversi; **ça s'écrit comment ?** come si scrive?; **~ à qn (que)** scrivere a qn (di)
écrit, e [ekʀi, it] *pp de* **écrire** ▸ *adj* : **bien ~** ben scritto(-a); **mal ~** scritto(-a) male ▸ *nm* scritto; **par ~** per iscritto
écriteau, x [ekʀito] *nm* cartello
écriture [ekʀityʀ] *nf* scrittura; **les É~s** le Scritture; **l'É~ sainte** la Sacra scrittura
écrivain, e [ekʀivɛ̃, ɛn] *nm/f* scrittore(-trice)
écrou [ekʀu] *nm* (*Tech*) dado
écrouler [ekʀule] : **s'écrouler** *vr* (*aussi fig*) crollare
écru [ekʀy] *adj* écru *inv*
ecstasy [ekstazi] *nf* ecstasy *f*
écu [eky] *nm* scudo; (*monnaie*) ecu *m inv*
écueil [ekœj] *nm* (*aussi fig*) scoglio
éculé, e [ekyle] *adj* scalcagnato(-a); (*fig : péj : plaisanterie etc*) trito(-a) e ritrito(-a)
écume [ekym] *nf* schiuma; **~ de mer** (*silicate*) schiuma di mare
écumoire [ekymwaʀ] *nf* schiumaiola
écureuil [ekyʀœj] *nm* scoiattolo
écurie [ekyʀi] *nf* scuderia
écusson [ekysɔ̃] *nm* scudo, stemma
eczéma [ɛgzema] *nm* eczema *m*
EDF [ədeɛf] *sigle f* (= *Électricité de France*) ≈ E.N.E.L. *m*
édifice [edifis] *nm* (*aussi fig*) edificio
édifier [edifje] *vt* edificare
éditer [edite] *vt* (*livre*) pubblicare; (*disque*) produrre; (*auteur, musicien*) pubblicare le opere di; (*texte*) curare (la pubblicazione di); (*Inform*) modificare, fare l'editing di
éditeur, -trice [editœʀ, tʀis] *nm/f* editore(-trice); (*rédacteur*) redattore(-trice)
édition [edisjɔ̃] *nf* edizione *f*; (*industrie du livre*) editoria; **~ sur écran** (*Inform*) modifica su schermo, editing *m inv*
édredon [edʀədɔ̃] *nm* piumino
éducateur, -trice [edykatœʀ, tʀis] *adj, nm/f* educatore(-trice); **~ spécialisé** insegnante *m/f* specializzato(-a)
éducatif, -ive [edykatif, iv] *adj* educativo(-a)
éducation [edykasjɔ̃] *nf* educazione *f*; **l'É~ nationale** la Pubblica Istruzione; **~ permanente** educazione permanente; **~ physique et sportive** (*Scol*) educazione fisica
édulcorant [edylkɔʀɑ̃] *nm* dolcificante *m*
édulcorer [edylkɔʀe] *vt* (*aussi fig*) addolcire
éduquer [edyke] *vt* educare; **bien éduqué** beneducato(-a); **mal éduqué** maleducato(-a)
effacé, e [efase] *adj* (*personne*) riservato(-a)
effacer [efase] *vt* (*aussi fig*) cancellare; **s'effacer** *vr* sbiadire; (*souvenir, erreur*) cancellarsi; (*personne*) scansarsi
effarant, e [efaʀɑ̃, ɑ̃t] *adj* sbalorditivo(-a)
effectif, -ive [efɛktif, iv] *adj* effettivo(-a) ▸ *nm* (*Mil, Scol, Comm*) effettivo
effectivement [efɛktivmɑ̃] *adv* effettivamente

effectuer [efɛktɥe] *vt* effettuare; **s'effectuer** *vr* svolgersi

efféminé, e [efemine] *adj* effeminato(-a)

effervescence [efɛʀvesɑ̃s] *nf* (*fig*) : **en ~** in fermento

effervescent, e [efɛʀvesɑ̃, ɑ̃t] *adj* (*aussi fig*) effervescente

effet [efɛ] *nm* effetto; (*Comm*) effetto, titolo; **effets** *nmpl* (*vêtements etc*) effetti *mpl*; **faire de l'~** fare effetto; (*nouvelle, décor*) far colpo; **sous l'~ de** sotto l'effetto di; **donner de l'~ à une balle** (*Tennis*) dare effetto a una palla; **à cet ~** a tal scopo; **en ~** in effetti; **avec ~ rétroactif** (*Jur* : *d'une loi, d'un jugement*) con effetto retroattivo; **~ de couleur/lumière** effetto di colore/luce; **~ de serre** effetto serra; **~ de style** effetto stilistico; **~s de voix** effetti di voce; **~s personnels** effetti personali; **~s spéciaux** effetti speciali

efficace [efikas] *adj* (*personne*) efficiente; (*action, médicament*) efficace

efficacité [efikasite] *nf* (*v adj*) efficienza; efficacia

effleurer [eflœʀe] *vt* (*aussi fig*) sfiorare

effondrement [efɔ̃dʀəmɑ̃] *nm* crollo

effondrer [efɔ̃dʀe] : **s'effondrer** *vr* crollare; (*blessé, coureur*) crollare, accasciarsi

efforcer [efɔʀse] : **s'efforcer de** *vr* : **s'~ de faire** sforzarsi di fare

effort [efɔʀ] *nm* sforzo; **faire un ~** fare uno sforzo; **faire tous ses ~s** fare ogni sforzo; **faire l'~ de ...** fare lo sforzo di ...; **sans ~** senza sforzo; **~ de mémoire/de volonté** sforzo di memoria/di volontà

effraction [efʀaksjɔ̃] *nf* scasso; **vol avec** *ou* **par ~** furto con scasso

effrayant, e [efʀɛjɑ̃, ɑ̃t] *adj* spaventoso(-a), tremendo(-a); (*sens affaibli*) tremendo(-a)

effrayer [efʀeje] *vt* spaventare; **s'effrayer (de)** *vr* spaventarsi (per)

effréné, e [efʀene] *adj* (*désir, course*) sfrenato(-a); (*musique*) scatenato(-a)

effriter [efʀite] : **s'effriter** *vr* sgretolarsi, sfaldarsi

effronté, e [efʀɔ̃te] *adj* sfrontato(-a), sfacciato(-a)

effroyable [efʀwajabl] *adj* spaventoso(-a)

effusion [efyzjɔ̃] *nf* effusione *f*; **sans ~ de sang** senza spargimento di sangue

égal, e, -aux [egal, o] *adj* uguale; (*terrain, surface*) uniforme, uguale; (*constant* : *vitesse, rythme*) costante, uniforme; (*équitable*) pari ▶ *nm/f* pari *m/f*; **être ~ à** essere uguale a; **ça lui est ~** per lui fa lo stesso; **c'est ~** fa lo stesso; **sans ~** che non ha uguali; **à l'~ de** a pari di; **d'~ à ~** da pari a pari

également [egalmɑ̃] *adv* anche

égaler [egale] *vt* uguagliare; **3 plus 3 égalent 6** 3 più 3 è uguale a 6

égalisation [egalizasjɔ̃] *nf* (*Sport*) pareggio

égaliser [egalize] *vt* (*sol, salaires*) livellare; (*chances*) rendere uguale; (*cheveux*) pareggiare ▶ *vi* (*Sport*) pareggiare

égalité [egalite] *nf* (*aussi Math*) uguaglianza; (*de terrain, vitesse*) uniformità; (*équité*) parità; **être à ~ (de points)** essere in pareggio *ou* a pari punti; **~ de droits** uguaglianza di diritti

égard [egaʀ] *nm* riguardo; **égards** *nmpl* (*marques de respect*) riguardo *msg*; **à cet ~** a questo proposito; **à tous/certains ~s** sotto tutti gli/certi aspetti; **eu ~ à** tenuto conto di, in considerazione di; **par ~ pour** per riguardo a; **sans ~ pour** senza riguardo per; **à l'~ de** (*personne*) nei confronti di; (*en ce qui concerne*) riguardo

égarer [egaʀe] *vt* smarrire, perdere; **s'égarer** *vr* smarrirsi; (*fig* : *dans une discussion etc*) perdere il filo

églefin [egləfɛ̃] *nm* (*Pêche*) eglefino

église [egliz] *nf* chiesa; **aller à l'~** andare in chiesa; **l'É~ catholique/presbytérienne** la Chiesa cattolica/presbiteriana

égoïsme [egɔism] *nm* egoismo

égoïste [egɔist] *adj, nm/f* egoista *m/f*

égorger [egɔʀʒe] *vt* sgozzare

égout [egu] *nm* fogna, fognatura; **le tout(-)à(-)l'~** la rete fognaria

égoutter [egute] *vt* far sgocciolare; **s'égoutter** *vr* sgocciolare; (*eau*) gocciolare

égouttoir [egutwaʀ] *nm* scolapiatti *m inv*

égratignure [egʀatiɲyʀ] *nf* graffio

Égypte [eʒipt] *nf* Egitto

égyptien, ne [eʒipsjɛ̃, jɛn] *adj* egiziano(-a); (*musée, art*) egizio(-a) ▶ *nm/f* : **Égyptien, ne** egiziano(-a)

eh [e] *excl* ehi!; **eh bien !** questa, poi!; **eh bien ?** e allora?; **eh bien** (*donc*) ebbene

éjaculation [eʒakylasjɔ̃] *nf* eiaculazione *f*
élaborer [elabɔʀe] *vt* elaborare
élagage [elagaʒ] *nm* potatura
élaguer [elage] *vt* potare; (*fig*) sfrondare
élan [elɑ̃] *nm* (*Zool*) alce *m*; (*Sport*) rincorsa, slancio; (*de véhicule, objet en mouvement*) spinta; (*fig : amoureux, patriotique*) slancio; **prendre son ~/de l'~** prendere la rincorsa; **perdre son ~** (*fig*) perdere l'entusiasmo (iniziale)
élancer [elɑ̃se] : **s'élancer** *vr* lanciarsi; (*fig : arbre, clocher*) svettare
élargir [elaʀʒiʀ] *vt* allargare; (*Jur*) scarcerare, rimettere in libertà; **s'élargir** *vr* allargarsi
élastique [elastik] *adj* (*aussi fig*) elastico(-a) ▸ *nm* elastico
électeur, -trice [elɛktœʀ, tʀis] *nm/f* elettore(-trice)
élection [elɛksjɔ̃] *nf* elezione *f*; **sa terre/patrie d'~** la propria terra/patria d'elezione; **~ partielle** elezione parziale; **~s législatives** elezioni legislative
électricien, ne [elɛktʀisjɛ̃, jɛn] *nm/f* elettricista *m/f*
électricité [elɛktʀisite] *nf* elettricità ; **fonctionner à l'~** funzionare a elettricità; **allumer/éteindre l'~** accendere/spegnere la luce; **~ statique** elettricità statica
électrique [elɛktʀik] *adj* (*aussi fig*) elettrico(-a)
électrocuter [elɛktʀɔkyte] *vt* fulminare
électroménager [elɛktʀomenaʒe] *adj* : **appareils ~s** elettrodomestici *mpl* ▸ *nm* : **l'~** il settore degli elettrodomestici
électron [elɛktʀɔ̃] *nm* elettrone *m*; **~ libre** elettrone libero; (*fig*) spirito libero
électronique [elɛktʀɔnik] *adj* elettronico(-a) ▸ *nf* elettronica
élégance [elegɑ̃s] *nf* eleganza
élégant, e [elegɑ̃, ɑ̃t] *adj* elegante
élément [elemɑ̃] *nm* elemento; **éléments** *nmpl* (*eau, air etc, rudiments*) elementi *mpl*
élémentaire [elemɑ̃tɛʀ] *adj* elementare
éléphant [elefɑ̃] *nm* elefante *m*; **~ de mer** elefante marino
élevage [el(ə)vaʒ] *nm* allevamento
élève [elɛv] *nm/f* (*Scol*) alunno(-a); (*disciple*) allievo(-a); **~ infirmière** allieva infermiera
élevé, e [el(ə)ve] *adj* elevato(-a); (*fig*) nobile; **bien ~** beneducato(-a); **mal ~** maleducato(-a)
élever [el(ə)ve] *vt* (*enfant, bétail*) allevare; (*hausser*) elevare; (*édifier*) innalzare; (*protestation*) sollevare; (*critique*) muovere; **s'élever** *vr* (*avion*) alzarsi in volo; (*alpiniste*) salire; (*clocher, montagne*) elevarsi; (*cri, niveau*) alzarsi; **~ la voix/le ton** alzare la voce/il tono; **~ qn au rang/grade de** elevare qn al rango/grado di; **~ un nombre au carré/cube** elevare un numero al quadrato/cubo; **s'~ contre qch** insorgere contro qc; **s'~ à** (*suj : frais, dégâts*) ammontare a
éleveur, -euse [el(ə)vœʀ, øz] *nm/f* allevatore(-trice)
éligible [eliʒibl] *adj* eleggibile
éliminatoire [eliminatwaʀ] *adj* eliminatorio(-a) ▸ *nf* (*Sport*) eliminatoria
éliminer [elimine] *vt* eliminare
élire [eliʀ] *vt* eleggere; **~ domicile à ...** eleggere il proprio domicilio a ...
élite [elit] *nf* élite *f inv*, fior fiore *m*; **tireur d'~** tiratore *m* scelto
élitiste [elitist] *adj* elitista
elle [ɛl] *pron* (*sujet*) ella, lei; (*: chose*) essa; (*complément*) lei; **~s** esse; **~ a gagné** (lei) ha vinto; **~ est partie ce matin** è partita stamattina
éloigné, e [elwaɲe] *adj* lontano(-a)
éloigner [elwaɲe] *vt* : **~ (de)** allontanare (da); (*fig : échéance, but*) differire; (*: soupçons*) fugare; **s'éloigner** *vr* : **s'~ (de)** allontanarsi (da)
élu, e [ely] *pp de* **élire** ▸ *nm/f* eletto(-a); **l'~ de son cœur** il proprio diletto; **les ~s locaux** gli amministratori locali
élucider [elyside] *vt* chiarire
éluder [elyde] *vt* eludere
Élysée [elize] *nm* : **l'~, le palais de l'~** l'Eliseo, il palazzo dell'Eliseo; **les Champs ~s** gli Champs Élysées
e-mail [imɛl] *nm* (*messagerie*) posta elettronica; (*message*) e-mail *f inv*; **envoyer qch par ~** inviare qc per post elettronica
émail, -aux [emaj, o] *nm* smalto
émaillé, e [emaje] *adj* smaltato(-a); **~ de** (*fig*) infiorato(-a) di

e

émanciper [emɑ̃sipe] *vt* emancipare; **s'émanciper** *vr* emanciparsi
emballage [ɑ̃balaʒ] *nm* imballaggio; **~ perdu** imballaggio a perdere
emballer [ɑ̃bale] *vt* imballare; (*fig* : *enthousiasmer*) elettrizzare; **s'emballer** *vr* (*moteur*) imballarsi; (*cheval*) imbizzarrirsi; (*fig*) scaldarsi; **il s'est emballé pour cette idée** l'idea l'ha entusiasmato
embarcadère [ɑ̃baʀkadɛʀ] *nm* imbarcadero
embarquement [ɑ̃baʀkəmɑ̃] *nm* imbarco
embarquer [ɑ̃baʀke] *vt* imbarcare; (*fam* : *emporter*) portare via; (: *arrêter*) arrestare ▶ *vi* (*personne*) imbarcarsi; (*Naut*) imbarcare; **s'embarquer** *vr* imbarcarsi; **s'~ dans** (*affaire, aventure*) imbarcarsi in
embarras [ɑ̃baʀa] *nm* (*confusion*) imbarazzo; (*ennui*) impiccio, difficoltà *f inv*; **être dans l'~** (*être ennuyé*) essere spiacente; (*gêne financière*) avere difficoltà finanziarie; **mettre qn dans l'~** mettere qn in imbarazzo; **~ gastrique** imbarazzo di stomaco
embarrassant, e [ɑ̃baʀasɑ̃, ɑ̃t] *adj* (*v vt*) ingombrante; imbarazzante
embarrassé, e [ɑ̃baʀase] *adj* imbarazzato(-a)
embarrasser [ɑ̃baʀase] *vt* ingombrare; (*troubler*) mettere in imbarazzo *ou* in difficoltà; **ne pas s'~ de** (*précautions*) non preoccuparsi di; **ne pas s'~ de scrupules** non farsi scrupoli
embauche [ɑ̃boʃ] *nf* assunzione *f*; **bureau d'~** ufficio assunzioni
embaucher [ɑ̃boʃe] *vt* assumere
embêtant, e [ɑ̃bɛtɑ̃, ɑ̃t] (*fam*) *adj* seccante
embêtement [ɑ̃bɛtmɑ̃] (*fam*) *nm* seccatura
embêter [ɑ̃bete] (*fam*) *vt* seccare, scocciare; **s'embêter** *vr* (*s'ennuyer*) annoiarsi; **il ne s'embête pas !** (*iron*) non si annoia di certo!
emblée [ɑ̃ble] : **d'~** *adv* immediatamente, al primo colpo
emblème [ɑ̃blɛm] *nm* emblema *m*
embobiner [ɑ̃bɔbine] *vt* (*fam* : *enjôler*) infinocchiare
emboîter [ɑ̃bwate] *vt* (*assembler*) incastrare; **~ le pas à qn** seguire qn passo per passo; **s'~ dans** incastrarsi in; **s'~ (l'un dans l'autre)** incastrarsi (uno nell'altro)
embouchure [ɑ̃buʃyʀ] *nf* (*Géo*) foce *f*; (*Mus*) imboccatura, bocchino
embourber [ɑ̃buʀbe] : **s'embourber** *vr* (*aussi fig*) impantanarsi
embourgeoiser [ɑ̃buʀʒwaze] : **s'embourgeoiser** *vr* imborghesirsi
embout [ɑ̃bu] *nm* (*de canne, de tuyau*) attacco, ghiera
embouteillage [ɑ̃butɛjaʒ] *nm* ingorgo
embranchement [ɑ̃bʀɑ̃ʃmɑ̃] *nm* ramificazione *f*; (*routier, fig*) bivio; (*Science*) tipo
embrasser [ɑ̃bʀase] *vt* (*aussi fig* : *sujet, période*) abbracciare; (*donner des baisers*) baciare; **s'embrasser** *vr* (*réciproque*) abbracciarsi; baciarsi; **~ une carrière/un métier** abbracciare una carriera/un mestiere
embrayage [ɑ̃bʀɛjaʒ] *nm* (*Auto*) frizione *f*
embrayer [ɑ̃bʀeje] *vi* (*Auto*) innestare la frizione; **~ sur qch** (*sujet*) attaccare con qc; (*activité*) lanciarsi in qc
embrouiller [ɑ̃bʀuje] *vt* (*fils*) ingarbugliare; (*fig* : *idées, fiches, personne*) confondere; **s'embrouiller** *vr* (*personne*) confondersi
embruns [ɑ̃bʀœ̃] *nmpl* spruzzi *mpl*
embué, e [ɑ̃bɥe] *adj* appannato(-a); **yeux ~s de larmes** occhi velati di lacrime
embuscade [ɑ̃byskad] *nf* imboscata; **tendre une ~ à qn** tendere un'imboscata a qn
émeraude [em(ə)ʀod] *nf* smeraldo ▶ *adj inv* verde smeraldo *inv*
émerger [emɛʀʒe] *vi* emergere
émerveiller [emɛʀveje] *vt* meravigliare; **s'émerveiller** *vr* : **s'~ de** meravigliarsi di
émettre [emɛtʀ] *vt* emettere; (*Radio, TV*) trasmettere; (*vœu*) pronunciare ▶ *vi* (*Radio, TV*) trasmettere; **~ sur ondes courtes** trasmettere su onde corte
émeus *etc* [emø] *vb voir* **émouvoir**
émeute [emøt] *nf* sommossa
émietter [emjete] *vt* sbriciolare, sminuzzare; **s'émietter** *vr* sbriciolarsi
émigration [emigʀasjɔ̃] *nf* emigrazione *f*
émigré, e [emigʀe] *nm/f* emigrato(-a)
émigrer [emigʀe] *vi* emigrare
émincer [emɛ̃se] *vt* affettare sottile

émirat [emiʀa] *nm* emirato; **les É~s arabes unis** gli Emirati Arabi Uniti
émission [emisjɔ̃] *nf* (*d'un son*) emissione *f*; (*TV, Radio*) trasmissione *f*
emmêler [ɑ̃mele] *vt* (*fils etc*) ingarbugliare, intricare; (*cheveux*) intricare; (*fig*) confondere; **s'emmêler** *vr* (*fils etc*) ingarbugliarsi, intricarsi
emménager [ɑ̃menaʒe] *vi* traslocare
emmener [ɑ̃m(ə)ne] *vt* condurre (con sé); (*comme otage*) portar via; **~ qn au cinéma/restaurant** portare qn al cinema/ristorante; **bien ~ une équipe** saper guidare una squadra
emmerder [ɑ̃mɛʀde] (*fam!*) *vt* rompere le palle a (*fam!*); **s'emmerder** *vr* essere scazzato(-a); **je t'emmerde !** fatti i cazzi tuoi! (*fam!*)
emmitoufler [ɑ̃mitufle] *vt* imbacuccare; **s'emmitoufler** *vr* imbacuccarsi
émoticone [emɔticon] *nm* (*Inform*) emoticon *f inv*, faccina
émotif, -ive [emɔtif, iv] *adj* emotivo(-a)
émotion [emosjɔ̃] *nf* emozione *f*; **avoir des ~s** (*fig*) prendersi uno spavento; **donner des ~s à** far prendere uno spavento a; **sans ~** senza emozione
émoussé, e [emuse] *adj* smussato(-a)
émouvant, e [emuvɑ̃, ɑ̃t] *adj* commovente
émouvoir [emuvwaʀ] *vt* (*troubler*) scuotere, turbare; (*toucher, attendrir*) commuovere; **s'émouvoir** *vr* (*v vt*) turbarsi; commuoversi
empaqueter [ɑ̃pakte] *vt* impacchettare
emparer [ɑ̃paʀe] : **s'emparer de** *vr* impadronirsi di; (*comme otage etc*) catturare; **s'~ du pouvoir** impossessarsi del potere
empêchement [ɑ̃pɛʃmɑ̃] *nm* impedimento
empêcher [ɑ̃peʃe] *vt* impedire; **~ qn de faire qch** impedire a qn di fare qc; **~ que qch (n')arrive/qn (ne) fasse** impedire che qc succeda/qn faccia; **il n'empêche que** ciò non toglie che; **je ne peux pas m'~ de penser** non posso fare a meno di pensare; **il n'a pas pu s'~ de rire** non ha potuto trattenersi dal ridere
empereur [ɑ̃pʀœʀ] *nm* imperatore(-trice)
empester [ɑ̃pɛste] *vt* impuzzolentire ▶ *vi* puzzare; **~ le tabac/le vin** puzzare di vino/tabacco
empêtrer [ɑ̃petʀe] : **s'empêtrer dans** *vr* (*des fils etc*) impigliarsi in; (*ses explications*) impegolarsi in; (*une affaire louche*) invischiarsi in
empiéter [ɑ̃pjete] : **~ sur** *vt* (*terrain, territoire*) sconfinare su; (*fig : droits, domaine*) usurpare
empiffrer [ɑ̃pifʀe] : **s'empiffrer** *vr* (*péj*) abbuffarsi, rimpinzarsi; **s'~ de qch** abbuffarsi/rimpinzarsi di qc
empiler [ɑ̃pile] *vt* accatastare, impilare; **s'empiler** *vr* accatastarsi
empire [ɑ̃piʀ] *nm* impero; (*fig*) influsso; **sous l'~ de** sotto l'influsso di
empirer [ɑ̃piʀe] *vi* peggiorare
emplacement [ɑ̃plasmɑ̃] *nm* ubicazione *f*; **sur l'~ d'une ville disparue** dove un tempo era situata la città ora scomparsa
emploi [ɑ̃plwa] *nm* (*utilisation*) uso, impiego; (*poste*) impiego, posto di lavoro; (*Ling*) uso; **l'~** (*Comm, Écon*) l'occupazione *f*; **d'~ facile/délicat** facile/delicato da usare; **offre/demande d'~** offerta/domanda di lavoro; **le plein ~** la piena occupazione; **~ du temps** orario
employé, e [ɑ̃plwaje] *nm/f* impiegato(-a); **~ de banque** impiegato(-a) di banca; **~ de bureau** impiegato(-a) (d'ufficio); **~ de maison** domestico(-a)
employer [ɑ̃plwaje] *vt* usare, impiegare; (*ouvrier, main-d'œuvre*) occupare, impiegare; **~ la force/les grands moyens** ricorrere all'uso della forza/ai mezzi estremi; **s'~ à qch/à faire** darsi da fare per qc/per fare
employeur, -euse [ɑ̃plwajœʀ, øz] *nm/f* datore(-trice) di lavoro
empoigner [ɑ̃pwaɲe] *vt* afferrare; **s'empoigner** *vr* (*fig : réciproque*) azzuffarsi
empoisonnement [ɑ̃pwazɔnmɑ̃] *nm* avvelenamento
empoisonner [ɑ̃pwazɔne] *vt* avvelenare; **~ qn** (*fam : embêter*) scocciare qn; **~ l'atmosphère** (*fig*) rovinare l'atmosfera; **il nous empoisonne l'existence** ci rovina l'esistenza
emporte-pièce [ɑ̃pɔʀtəpjɛs] (*pl* **emporte-pièces**) *nm* (*Tech*) fustella; (*Culin*) stampino

emporter [ɑ̃pɔʀte] *vt* (*se munir de*) portare (con sé); (*en dérobant*) portar via; (*emmener*) portare, condurre; (*suj : courant, vent, avalanche*) trascinare (via); (*: enthousiasme, colère*) trascinare; (*gagner, Mil*) espugnare; (*prix, avantage*) vincere, aggiudicarsi; **s'emporter** *vr* (*de colère*) arrabbiarsi; **la maladie qui l'a emporté** la malattia che l'ha portato via; **l'~ (sur)** avere la meglio (su); **boissons/plats chauds à ~** bevande/piatti caldi da asporto *ou* da portar via

empreinte [ɑ̃pʀɛ̃t] *nf* (*aussi fig*) impronta; **~ carbone** carbon footprint *f*; **~ écologique** impronta ecologica; **~s (digitales)** impronte (digitali)

empressé, e [ɑ̃pʀese] *adj* premuroso(-a)

empressement [ɑ̃pʀɛsmɑ̃] *nm* sollecitudine *f*, premura; (*hâte*) fretta

empresser [ɑ̃pʀese] : **s'empresser** *vr* : **s'~ de faire** (*se hâter*) affrettarsi a fare

emprise [ɑ̃pʀiz] *nf* ascendente *m*, influenza; **sous l'~ de** sotto l'influsso di

emprisonnement [ɑ̃pʀizɔnmɑ̃] *nm* carcerazione *f*

emprisonner [ɑ̃pʀizɔne] *vt* imprigionare

emprunt [ɑ̃pʀœ̃] *nm* prestito; **nom d'~** falso nome; **~ d'État** *ou* **public** prestito pubblico

emprunter [ɑ̃pʀœ̃te] *vt* (*argent, livre*) prendere a *ou* in prestito; (*route, itinéraire*) prendere, seguire; (*fig : style, manière*) prendere a prestito, fare proprio; **~ qch à qn** prendere qc in prestito da qn; **un mot emprunté à l'italien** un prestito dall'italiano

ému, e [emy] *pp de* **émouvoir** ▸ *adj* commosso(-a)

MOT-CLÉ

en [ɑ̃] *prép* **1** (*endroit, direction*) in; **habiter en France/ville** abitare in Francia/città; **aller en France/ville** andare in Francia/città

2 (*temps*) in; **en été/juin** in estate/giugno

3 (*moyen*) in; **en avion/taxi** in aereo/taxi

4 (*composition*) di; **c'est en verre/bois** è di vetro/legno; **un collier en argent** una collana d'argento

5 (*description, état*) : **une femme (habillée) en rouge** una donna vestita di rosso, una donna in rosso; **peindre qch en rouge** dipingere qc in *ou* di rosso; **en T/étoile** a T/stella; **en chemise/chaussettes** in camicia/calzini; **en soldat** da soldato; **cassé en plusieurs morceaux** rotto in più pezzi; **en réparation** in riparazione; **partir en vacances** partire in vacanza *ou* per le vacanze; **en deuil** in lutto; **le même en plus grand** lo stesso solo più grande; **en bon diplomate, il n'a rien dit** da buon diplomatico non ha detto nulla; **en bonne santé** in buona salute

6 (*avec gérondif*) : **en travaillant/dormant** lavorando/dormendo; **sortir en courant** uscire correndo *ou* di corsa

▸ *pron* **1** (*indéfini*) : **j'en ai** ne ho; **en as-tu ?** ne hai?; **je n'en veux pas** non ne voglio; **j'en ai assez** ne ho abbastanza; **combien y en a-t-il ?** quanti(-e) ce ne sono?; **où en étais-je ?** dov'ero rimasto?

2 (*provenance*) ne; **j'en viens** ne vengo, vengo da là

3 (*cause*) : **il en est malade** ne fa una malattia; **il en perd le sommeil** ci perde il sonno

5 (*complément de nom, d'adjectif, de verbe*) : **j'en connais les dangers/défauts** ne conosco i pericoli/difetti; **j'en suis fier** ne sono fiero; **j'en ai besoin** ne ho bisogno

encadrement [ɑ̃kadʀəmɑ̃] *nm* cornice *f*; **~ du crédit** (*Écon*) limitazione *f* del credito, stretta creditizia

encadrer [ɑ̃kadʀe] *vt* (*aussi fig*) incorniciare; (*soldats etc*) scortare; (*employés, personnel*) dirigere, coordinare; (*recrues*) istruire; (*enfants*) seguire, controllare; (*Comm : crédit*) limitare

encaisser [ɑ̃kese] *vt* (*aussi fig : coup, défait*) incassare

en-cas [ɑ̃ka] *nm inv* spuntino, merenda

encastrable [ɑ̃kastʀabl] *adj* incassabile

encastrer [ɑ̃kastʀe] *vt* : **~ qch dans** incassare qc in; **s'encastrer dans** *vr* incastrarsi in

enceinte [ɑ̃sɛ̃t] *adj f* incinta; **~ de 6 mois** incinta di 6 mesi ▸ *nf* : **dans l'~ de** all'interno di; **mur d'~** muro di cinta; **~ (acoustique)** cassa (acustica)

encens [ɑ̃sɑ̃] *nm* incenso

enchaîner [ɑ̃ʃene] *vt* incatenare; (*mouvements, séquence*) concatenare ▸ *vi* : **~ (sur)** riallacciarsi (a)

enchanté, e [ɑ̃ʃɑ̃te] *adj* (*ravi*) lieto(-a), felice; (*ensorcelé*) incantato(-a); **~ de faire votre connaissance** lieto di conoscerla

enchère [ɑ̃ʃɛʀ] *nf* offerta; **faire une ~** fare un'offerta; **mettre/vendre aux ~s** mettere/vendere all'asta; **les ~s montent** la posta in gioco si fa sempre più alta; **faire monter les ~s** (*fig*) alzare la posta in gioco

enclencher [ɑ̃klɑ̃ʃe] *vt* (*aussi fig*) mettere in moto; **s'enclencher** *vr* innestarsi, avviarsi

enclin, e [ɑ̃klɛ̃, in] *adj* : **~ à qch/à faire** propenso(-a) *ou* incline a qc/a fare qc

enclos [ɑ̃klo] *nm* (*espace*) piccola tenuta; (*clôture*) recinto

enclume [ɑ̃klym] *nf* incudine *f*

encoche [ɑ̃kɔʃ] *nf* tacca

encombrant, e [ɑ̃kɔ̃bʀɑ̃, ɑ̃t] *adj* ingombrante

encombre [ɑ̃kɔ̃bʀ] : **sans ~** *adv* senza intoppi *ou* intralci

encombrement [ɑ̃kɔ̃bʀəmɑ̃] *nm* ingombro; (*de circulation*) ingorgo; (*des lignes téléphoniques*) sovraccarico

encombrer [ɑ̃kɔ̃bʀe] *vt* ingombrare; **s'encombrer de** *vr* (*bagages etc*) caricarsi di; **~ le passage** intralciare il passaggio

encontre [ɑ̃kɔ̃tʀ] : **à l'~ de** *prép* (*à l'égard de*) nei confronti di; **aller à l'~ de** andare contro

encore [ɑ̃kɔʀ] *adv* ancora; **il y travaille ~** lavora ancora; **pas ~** non ancora; **~ !** (*insatisfaction*) ancora!; **~ une fois/deux jours** ancora una volta/due giorni; **~ plus fort/mieux** ancora più forte/meglio; **hier ~** solo ieri; **non seulement ..., mais ~** non solo ..., ma anche; **on lui dira avant de partir, et ~ !** glielo diranno tutt'al più prima di partire; **si ~** se soltanto, se almeno; **(et puis) quoi ~ ?** (e poi) che altro ancora?; **~ que** *conj* benché, nonostante

encourageant, e [ɑ̃kuʀaʒɑ̃, ɑ̃t] *adj* incoraggiante

encourager [ɑ̃kuʀaʒe] *vt* incoraggiare; **~ qn à faire qch** incoraggiare qn a fare qc

encourir [ɑ̃kuʀiʀ] *vt* incorrere in

encre [ɑ̃kʀ] *nf* inchiostro; **~ de Chine** inchiostro di china; **~ indélébile/sympathique** inchiostro indelebile/simpatico

encyclopédie [ɑ̃siklɔpedi] *nf* enciclopedia

endetter [ɑ̃dete] *vt* indebitare; **s'endetter** *vr* indebitarsi

endive [ɑ̃div] *nf* indivia, cicoria belga

endolori, e [ɑ̃dɔlɔʀi] *adj* indolenzito(-a)

endommager [ɑ̃dɔmaʒe] *vt* danneggiare

endormi, e [ɑ̃dɔʀmi] *pp de* **endormir** ▸ *adj* (*aussi fig*) addormentato(-a)

endormir [ɑ̃dɔʀmiʀ] *vt* (*enfant, malade*) addormentare; (*fig : soupçons, ennemi etc*) far tacere; (*: ennuyer*) far addormentare; (*Méd : dent, nerf*) anestetizzare; **s'endormir** *vr* (*aussi fig*) addormentarsi

endosser [ɑ̃dose] *vt* (*responsabilité*) addossarsi; (*chèque*) girare; (*uniforme, tenue*) indossare

endroit [ɑ̃dʀwa] *nm* posto, luogo; (*d'un objet, d'une douleur*) punto; (*opposé à l'envers*) diritto, dritto; **les gens de l'~** la gente del posto; **à l'~** (*vêtement, objet*) dalla parte giusta; **par ~s** qua e là; **à cet ~** in questo punto

endurance [ɑ̃dyʀɑ̃s] *nf* resistenza

endurant, e [ɑ̃dyʀɑ̃, ɑ̃t] *adj* resistente

endurcir [ɑ̃dyʀsiʀ] *vt* temprare; **s'endurcir** *vr* temprarsi

endurer [ɑ̃dyʀe] *vt* sopportare

énergétique [enɛʀʒetik] *adj* energetico(-a)

énergie [enɛʀʒi] *nf* energia; (*fig : morale*) vigore *m*, forza

énergique [enɛʀʒik] *adj* energico(-a)

énervant, e [enɛʀvɑ̃, ɑ̃t] *adj* irritante

énerver [enɛʀve] *vt* innervosire; **s'énerver** *vr* innervosirsi

enfance [ɑ̃fɑ̃s] *nf* infanzia; **c'est l'~ de l'art** è un gioco da ragazzi; **petite ~** prima infanzia; **souvenir/ami d'~** ricordo/amico d'infanzia; **retomber en ~** rimbambirsi

enfant [ɑ̃fɑ̃] *nm/f* bambino(-a); (*fils, fille*) figlio(-a); **petit ~** bambino(-a) (piccolo(-a)); **bon ~** bonaccione(-a); **~ adoptif** figlio adottivo; **~ de chœur** (*Rel*) chierichetto; (*fig*) angioletto; **~ naturel** figlio(-a) naturale; **~ prodige** bambino(-a) prodigio *inv*; **~ unique** figlio(-a) unico(-a)

enfantin, e [ɑ̃fɑ̃tɛ̃, in] *adj* infantile; (*simple*) semplicissimo(-a)

e

enfer [ɑ̃fɛʀ] *nm* inferno; **allure/bruit d'~** velocità/baccano infernale
enfermer [ɑ̃fɛʀme] *vt* rinchiudere; **s'enfermer** *vr* rinchiudersi, chiudersi; **s'~ à clef** chiudersi a chiave; **s'~ dans la solitude/le mutisme** rinchiudersi nella solitudine/nel mutismo
enfiler [ɑ̃file] *vt* infilare; **s'enfiler dans** *vr* infilarsi in; **~ qch dans** infilare qc in
enfin [ɑ̃fɛ̃] *adv* infine; (*pour finir, finalement*) finalmente; (*pour conclure, eh bien!*) insomma; (*de résignation*) mah!
enflammer [ɑ̃flɑme] *vt* dare fuoco a; (*Méd, fig*) infiammare; **s'enflammer** *vr* (*v vt*) prender fuoco; infiammarsi
enflé, e [ɑ̃fle] *adj* gonfio(-a)
enfler [ɑ̃fle] *vi* gonfiarsi
enfoncer [ɑ̃fɔ̃se] *vt* (*clou*) piantare; (*porte, côtes, lignes ennemies*) sfondare; (*fam : surpasser*) battere; **s'enfoncer** *vr* sprofondare; **s'~ dans** (*forêt, ville*) inoltrarsi in, addentrarsi in; **~ qch dans** (*faire pénétrer*) conficcare qc in; **~ son chapeau sur sa tête** calcarsi il cappello in testa; **s'~ dans la folie/dans le mensonge** sprofondare nella pazzia/nella menzogna
enfouir [ɑ̃fwiʀ] *vt* (*dans le sol*) sotterrare, seppellire; (*dans un tiroir*) cacciare, nascondere; **s'enfouir dans/sous** *vr* infilarsi in/sotto; **~ qch dans une poche** infilarsi qc in tasca
enfreindre [ɑ̃fʀɛ̃dʀ] *vt* infrangere
enfuir [ɑ̃fɥiʀ] : **s'enfuir** *vr* fuggire
engagé, e [ɑ̃gaʒe] *adj* impegnato(-a)
engagement [ɑ̃gaʒmɑ̃] *nm* impegno; (*contrat professionnel*) assunzione *f*; (*Sport*) ingaggio; **prendre l'~ de faire** prendersi l'impegno di fare; **sans ~** (*Comm*) senza impegno
engager [ɑ̃gaʒe] *vt* (*embaucher*) assumere; (*commencer*) iniziare; (*lier : suj : promesse etc*) impegnare; (*impliquer*) coinvolgere; (*entraîner*) trascinare; (*argent*) investire; (*Sport*) ingaggiare; **s'engager** *vr* (*Mil*) arruolarsi; (*promettre, politiquement*) impegnarsi; (*négociations*) avviarsi; **s'~ à faire qch** impegnarsi a fare qc; **s'~ dans** (*rue, passage, fig : voie*) imboccare; (*: carrière*) intraprendere; (*: affaire, discussion*) imbarcarsi in; **~ qn à faire/à qch** (*inciter*) esortare qn a fare/a qc; **~ qch dans** (*faire pénétrer*) introdurre qc in, far entrare qc in
engelures [ɑ̃ʒlyʀ] *nfpl* geloni *mpl*
engendrer [ɑ̃ʒɑ̃dʀe] *vt* generare
engin [ɑ̃ʒɛ̃] *nm* macchina, congegno; (*péj*) affare *m*, arnese *m*; (*missile*) missile *m*; **~ blindé** mezzo blindato; **~ de terrassement** macchina di sterro; **~ explosif** ordigno esplosivo
engloutir [ɑ̃glutiʀ] *vt* inghiottire; (*fig : dépenses*) sperperare; **s'engloutir** *vr* inabissarsi
engoncé, e [ɑ̃gɔ̃se] *adj* : **~ dans** infagottato(-a) in
engouement [ɑ̃gumɑ̃] *nm* infatuazione *f*
engouffrer [ɑ̃gufʀe] *vt* (*fam*) ingurgitare; **s'engouffrer dans** *vr* (*suj : eau*) riversarsi in; (*: vent*) entrare in; (*: personnes*) precipitarsi in
engourdir [ɑ̃guʀdiʀ] *vt* (*aussi fig*) intorpidire; **s'engourdir** *vr* intorpidirsi
engrais [ɑ̃gʀɛ] *nm* concime *m*, fertilizzante *m*; **~ chimique** fertilizzante chimico; **~ minéral/naturel** concime minerale/naturale; **~ organique** fertilizzante organico; **~ vert** concime verde
engraisser [ɑ̃gʀese] *vt* (*animal*) ingrassare; (*terre*) concimare ▶ *vi* (*péj : personne*) ingrassare
engrenage [ɑ̃gʀənaʒ] *nm* (*aussi fig*) ingranaggio
engueuler [ɑ̃gœle] (*fam*) *vt* strapazzare, dare una lavata di testa a; **se faire ~** prendersi una sgridata
enhardir [ɑ̃aʀdiʀ] *vt* imbaldanzire; **s'enhardir** *vr* farsi ardito(-a)
énigme [enigm] *nf* enigma *m*
enivrer [ɑ̃nivʀe] *vt* ubriacare; (*fig : suj : parfums, succès*) ubriacare, inebriare; **s'enivrer** *vr* ubriacarsi; **s'~ de** (*fig*) inebriarsi di
enjamber [ɑ̃ʒɑ̃be] *vt* scavalcare; (*suj : pont etc*) passare sopra
enjeu, x [ɑ̃ʒø] *nm* (*aussi fig*) posta (in gioco)
enjoliver [ɑ̃ʒɔlive] *vt* (*aussi fig*) abbellire
enjoliveur [ɑ̃ʒɔlivœʀ] *nm* (*Auto*) coprimozzo *inv*
enjoué, e [ɑ̃ʒwe] *adj* allegro(-a)
enlaidir [ɑ̃lediʀ] *vt, vi* imbruttire
enlèvement [ɑ̃lɛvmɑ̃] *nm* (*rapt*) rapimento; **l'~ des ordures ménagères** la rimozione dei rifiuti domestici
enlever [ɑ̃l(ə)ve] *vt* togliere, levare; (*vêtement, lunettes*) togliersi; (*Méd : organe, tumeur*) asportare; (*ordures,*

meubles à déménager) portar via; (*kidnapper*) rapire; (*prix, victoire, contrat etc*) ottenere, aggiudicarsi; **s'enlever** *vr* (*tache*) venir via; **~ qch à qn** (*possessions, espoir*) togliere qc a qn; **la maladie qui nous l'a enlevé** la malattia che ce l'ha portato via

enliser [ɑ̃lize] : **s'enliser** *vr* sprofondare; (*fig : dialogue etc*) insabbiarsi

enneigé, e [ɑ̃neʒe] *adj* (*pente, col*) innevato(-a); (*maison*) coperto(-a) di neve

ennemi, e [ɛnmi] *adj, nm/f* nemico(-a) ▸ *nm* (*Mil, gén*) nemico; **être l'~ de qch** essere nemico di qc

ennui [ɑ̃nɥi] *nm* noia; (*difficulté*) noia, fastidio; **avoir/s'attirer des ~s** avere/ tirarsi addosso delle noie *ou* dei fastidi

ennuyer [ɑ̃nɥije] *vt* (*importuner*) seccare, infastidire; (*lasser*) annoiare; **s'ennuyer** *vr* (*se lasser*) annoiarsi; **si cela ne vous ennuie pas** se non le (di)spiace; **s'~ de qn/qch** sentire la mancanza di qn/qc

ennuyeux, -euse [ɑ̃nɥijø, øz] *adj* (*lassant*) noioso(-a); (*contrariant*) seccante

énoncé [enɔ̃se] *nm* (*d'un problème, Ling*) enunciato; (*d'une loi*) testo

énorme [enɔʀm] *adj* enorme

énormément [enɔʀmemɑ̃] *adv* (*boire etc*) tantissimo; **~ de neige/gens** moltissima neve/gente

enquête [ɑ̃kɛt] *nf* inchiesta, indagine *f*

enquêter [ɑ̃kete] *vi* : **~ (sur)** indagare (su)

enragé [ɑ̃ʀaʒe] *adj* (*chien*) rabbioso(-a); (*furieux*) furibondo(-a); (*fig : passionné : joueur etc*) accanito(-a) ▸ *nm/f* : **un ~ de** un fanatico di

enrager [ɑ̃ʀaʒe] *vi* infuriarsi; **faire ~ qn** far infuriare qn

enrayer [ɑ̃ʀeje] *vt* bloccare; **s'enrayer** *vr* incepparsi

enregistrement [ɑ̃ʀ(ə)ʒistʀəmɑ̃] *nm* registrazione *f*; **~ (des bagages)** (*à l'aéroport*) check-in *m inv*

enregistrer [ɑ̃ʀ(ə)ʒistʀe] *vt* registrare

enrhumé, e [ɑ̃ʀyme] *adj* raffreddato

enrhumer [ɑ̃ʀyme] : **s'enrhumer** *vr* prendere il raffreddore

enrichir [ɑ̃ʀiʃiʀ] *vt* (*aussi fig*) arricchire; **s'enrichir** *vr* arricchirsi

enrichissant, e [ɑ̃ʀiʃisɑ̃, ɑ̃t] *adj* che arricchisce

enroué, e [ɑ̃ʀwe] *adj* rauco(-a)

enrouer [ɑ̃ʀwe] : **s'enrouer** *vr* diventare rauco(-a)

enrouler [ɑ̃ʀule] *vt* arrotolare, avvolgere; **s'enrouler** *vr* arrotolarsi, avvolgersi; **~ qch autour de** avvolgere qc attorno a

enseignant, e [ɑ̃sɛɲɑ̃, ɑ̃t] *adj, nm/f* insegnante *m/f*

enseigne [ɑ̃sɛɲ] *nf* insegna; **être logé à la même ~** (*fig*) essere nella stessa barca; **~ lumineuse** insegna luminosa

enseignement [ɑ̃sɛɲ(ə)mɑ̃] *nm* insegnamento; **~ primaire** istruzione *f* elementare; **~ privé/public** istruzione privata/pubblica; **~ secondaire** istruzione secondaria; **~ technique** istruzione tecnica

enseigner [ɑ̃seɲe] *vt, vi* insegnare; **~ qch à qn** insegnare qc a qn; **~ à qn que** insegnare a qn che

ensemble [ɑ̃sɑ̃bl] *adv* insieme, assieme ▸ *nm* insieme *m*; (*vêtement féminin*) completo; (*accord, harmonie*) unità, armonia; (*résidentiel*) complesso; **aller ~** (*être assorti*) star bene insieme; **impression/idée d'~** impressione *f*/ idea d'insieme; **dans l'~** nel complesso; **dans son ~** nel complesso, nel suo insieme; **~ instrumental/vocal** complesso strumentale/vocale

ensoleillé, e [ɑ̃sɔleje] *adj* soleggiato(-a)

ensorceler [ɑ̃sɔʀsəle] *vt* stregare

ensuite [ɑ̃sɥit] *adv* (*dans une succession : après*) poi, dopo; (*plus tard*) poi; **~ de quoi** dopo di che

ensuivre [ɑ̃sɥivʀ] : **s'ensuivre** *vr* : **il s'ensuit que ...** ne consegue che ...; **et tout ce qui s'ensuit** e tutto ciò che ne consegue

entamer [ɑ̃tame] *vt* (*pain, bouteille*) cominciare, attaccare; (*hostilités, pourparlers*) iniziare; (*fig : réputation*) intaccare

entasser [ɑ̃tɑse] *vt* ammucchiare; (*personnes*) ammassare, stipare; **s'entasser** *vr* (*v vt*) ammucchiarsi; ammassarsi, stiparsi

entendre [ɑ̃tɑ̃dʀ] *vt* sentire; (*accusé, témoin*) ascoltare; (*comprendre*) capire; (*vouloir dire*) intendere (dire); **s'entendre** *vr* (*sympathiser*) intendersi; (*se mettre d'accord*) intendersi, accordarsi; **j'ai entendu dire que** ho sentito dire che; **~ parler de** sentir parlare di; **~ raison** intendere ragione; **je m'entends** intendiamoci, voglio dire; **entendons-nous** intendiamoci; **(cela) s'entend** si intende; **laisser ~ que** (*insinuer*) lasciar intendere che; **qu'est-ce qu'il ne faut pas ~ !** che cosa non mi tocca sentire!; **j'ai mal entendu** ho capito male; **je suis heureux de vous l'~ dire** sono contento di sentirvelo dire; **ça s'entend !** (*c'est audible*) si sente!; **je vous entends très mal** la sento molto male

entendu, e [ɑ̃tɑ̃dy] *pp de* **entendre** ▶ *adj* (*affaire*) deciso(-a); (*air*) d'intesa; **étant ~ que** beninteso che; **(c'est) ~ !** siamo intesi!; **c'est ~** (*concession*) d'accordo; **bien ~ !** certamente!

entente [ɑ̃tɑ̃t] *nf* intesa; (*accord, traité*) accordo

enterrement [ɑ̃tɛʀmɑ̃] *nm* sepoltura; (*cérémonie, cortège*) funerale *m*

enterrer [ɑ̃teʀe] *vt* (*aussi fig* : *dispute*) seppellire; (: *projet*) insabbiare

entêtant, e [ɑ̃tɛtɑ̃, ɑ̃t] *adj* che stordisce

en-tête [ɑ̃tɛt] (*pl* **-s**) *nm* intestazione *f*; **enveloppe/papier à ~** busta/carta intestata

entêté, e [ɑ̃tete] *adj* testardo(-a)

entêtement [ɑ̃tɛtmɑ̃] *nm* testardaggine *f*

entêter [ɑ̃tete] : **s'entêter (à faire)** *vr* intestardirsi (a fare), ostinarsi (a fare)

enthousiasme [ɑ̃tuzjasm] *nm* entusiasmo; **avec ~** con entusiasmo

enthousiasmer [ɑ̃tuzjasme] *vt* entusiasmare; **s'enthousiasmer** *vr* : **s'~ (pour qch)** entusiasmarsi (per qc)

enthousiaste [ɑ̃tuzjast] *adj, nm/f* entusiasta *m/f*

entier, -ière [ɑ̃tje, jɛʀ] *adj* (*non entamé*) intero(-a); (*en totalité*) totale; (*total, complet*) totale, completo(-a); (*fig* : *caractère, personne*) tutto(-a) d'un pezzo ▶ *nm* (*Math*) intero; **en ~** per intero, interamente; **se donner tout ~ à qch** dedicarsi completamente a qc; **lait ~** latte intero; **nombre ~** numero intero

entièrement [ɑ̃tjɛʀmɑ̃] *adv* interamente

entonnoir [ɑ̃tɔnwaʀ] *nm* (*ustensile*) imbuto

entorse [ɑ̃tɔʀs] *nf* (*Méd*) storta; **~ à la loi** (*fig*) violazione *f* della legge; **~ au règlement** violazione *f* al regolamento; (*fig*) strappo alla regola; **se faire une ~ à la cheville/au poignet** storcersi la caviglia/il polso

entourage [ɑ̃tuʀaʒ] *nm* (*personnes proches*) cerchia

entourer [ɑ̃tuʀe] *vt* circondare; **s'entourer de** *vr* circondarsi di; **~ qch de** circondare qc di; **~ qn de soins/prévenances** circondare di cure/premure; **s'~ de mystère/luxe** circondarsi di mistero/lusso; **s'~ de précautions** prendere tutte le precauzioni possibili

entracte [ɑ̃tʀakt] *nm* intervallo

entraide [ɑ̃tʀɛd] *nf* aiuto reciproco

entrain [ɑ̃tʀɛ̃] *nm* brio, lena; **avec ~** (*danser*) con vivacità; (*pédaler, travailler*) di buona lena; **faire qch sans ~** fare qc senza entusiasmo

entraînement [ɑ̃tʀɛnmɑ̃] *nm* allenamento; (*Tech*) trasmissione *f*; **manquer d'~** essere fuori allenamento

entraîner [ɑ̃tʀene] *vt* (*tirer, charrier*) trascinare; (*Tech*) azionare; (*emmener*) portare; (*Sport*) allenare; (*impliquer, causer*) comportare; **s'entraîner** *vr* (*Sport*) allenarsi; **s'~ à qch/à faire qch** esercitarsi in qc/a fare qc

entraîneur, -euse [ɑ̃tʀɛnœʀ, øz] *nm/f* allenatore(-trice)

entre [ɑ̃tʀ] *prép* fra, tra; **l'un d'~ eux/nous** uno di loro/noi; **le meilleur d'~ eux/nous** il migliore tra loro/noi; **ils préfèrent rester ~ eux** preferiscono stare per conto loro; **~ autres (choses)** tra l'altro; **~ nous, ...** tra noi, ...; **ils se battent ~ eux** lottano tra di loro

entrecôte [ɑ̃tʀəkot] *nf* entrecôte *f inv*

entrée [ɑ̃tʀe] *nf* entrata, ingresso; (*d'une personne, au cinéma, à une exposition*) ingresso; (*Culin*) primo (piatto); (*Inform* : *de données*) inserimento; (*touche*) invio; **faire son ~ dans** fare il proprio ingresso in; **d'~** fin dall'inizio; **~ de service/des artistes** ingresso di servizio/degli artisti; **~ en matière** introduzione *f*; **~ en scène** entrata in scena; **~ en vigueur** entrata in vigore; **« ~ interdite »** « vietato l'ingresso »; **« ~ libre »** « ingresso libero »

entrefilet [ɑ̃tʀəfilɛ] *nm* trafiletto

entremets [ɑ̃tʀəmɛ] *nm* dolce *m*, dessert *m inv*

entreposer [ɑ̃tʀəpoze] *vt* depositare

entrepôt [ɑ̃tʀəpo] *nm* deposito, magazzino; **~ frigorifique** magazzino frigorifero

entreprenant, e [ɑ̃tʀəpʀənɑ̃, ɑ̃t] *vb voir* **entreprendre** ▸ *adj* intraprendente

entreprendre [ɑ̃tʀəpʀɑ̃dʀ] *vt* intraprendere; **~ de faire qch** accingersi a fare qc

entrepreneur, euse [ɑ̃tʀəpʀənœʀ, øz] *nm/f* (*Jur, Écon*) imprenditore(-trice); **~ de pompes funèbres** impresario di pompe funebri; **~ (en bâtiment)** impresario (edile)

entreprise [ɑ̃tʀəpʀiz] *nf* impresa; **~ agricole** azienda agricola; **~ de travaux publics** impresa di lavori pubblici

entrer [ɑ̃tʀe] *vi* entrare; (*objet*) : **(faire) ~ qch dans** fare entrare qc in ▸ *vt* (*Inform*) immettere, inserire; **~ dans** (*gén*) entrare in; (*faire partie de*) rientrare in; **~ au couvent/à l'hôpital** entrare in convento/ospedale; **~ en ébullition** entrare in ebollizione; **~ en scène** entrare in scena; **~ dans le système** (*Inform*) entrare nel sistema; **laisser ~ qn** far entrare qn; **laisser ~ qch** lasciar entrare qc; **faire ~** (*visiteur*) far entrare

entresol [ɑ̃tʀəsɔl] *nm* ammezzato

entre-temps [ɑ̃tʀətɑ̃] *adv* frattanto, intanto

entretenir [ɑ̃tʀət(ə)niʀ] *vt* (*maison, voiture*) provvedere alla manutenzione di; (*fraîcheur*) mantenere; (*feu*) alimentare; (*amitié, relations*) intrattenere; (*famille, maîtresse*) mantenere; **s'entretenir** *vr* (*se maintenir en forme*) mantenersi in forma; **s'~ (de qch)** intrattenersi (su qc); **~ qn (de qch)** intrattenere qn (su qc); **~ de bonnes relations (avec)** mantenere delle buone relazioni (con)

entretenu, e [ɑ̃tʀət(ə)ny] *pp de* **entretenir**; **bien/mal ~** (*maison, jardin*) ben/mal tenuto

entretien [ɑ̃tʀətjɛ̃] *nm* (*d'une famille*) mantenimento; (*discussion, audience*) colloquio; (*d'une maison, d'une machine*) manutenzione *f*; **frais d'~** spese *fpl* di manutenzione; **~ d'embauche** colloquio di lavoro

entrevoir [ɑ̃tʀəvwaʀ] *vt* (*aussi fig*) intravedere

entrevue [ɑ̃tʀəvy] *nf* colloquio, incontro

entrouvert, e [ɑ̃tʀuvɛʀ, ɛʀt] *adj* socchiuso(-a)

énumérer [enymeʀe] *vt* enumerare

envahir [ɑ̃vaiʀ] *vt* invadere

envahissant, e [ɑ̃vaisɑ̃, ɑ̃t] *adj* (*péj*) invadente

enveloppe [ɑ̃v(ə)lɔp] *nf* (*de lettre*) busta; (*d'un fruit, d'une graine*) baccello; **mettre sous ~** mettere in una busta; **~ à fenêtre** busta a finestra; **~ autocollante** busta autoadesiva; **~ budgétaire** dotazione *f* finanziaria

envelopper [ɑ̃v(ə)lɔpe] *vt* avvolgere; **s'~ dans un châle/une couverture** avvolgersi in uno scialle/una coperta

envenimer [ɑ̃v(ə)nime] *vt* inasprire; **s'envenimer** *vr* (*plaie*) infettarsi; (*situation*) inasprirsi

envergure [ɑ̃vɛʀgyʀ] *nf* (*d'un oiseau, avion*) apertura alare; (*fig : d'un projet*) portata; (*: d'une personne*) levatura; **d'~, de grande ~** (*travaux, opération*) di grande portata

enverrai *etc* [ɑ̃vɛʀe] *vb voir* **envoyer**

envers [ɑ̃vɛʀ] *prép* verso, nei confronti di ▸ *nm* (*d'une feuille*) verso; (*d'une étoffe, d'un vêtement*) rovescio; (*fig : d'un problème*) altro lato, altra faccia; **à l'~** (*aussi fig*) alla rovescia; **ses sentiments ~ elle** i suoi sentimenti per lei; **~ et contre tous** *ou* **tout** malgrado tutti gli ostacoli

enviable [ɑ̃vjabl] *adj* invidiabile; **peu ~** poco invidiabile

envie [ɑ̃vi] *nf* invidia; (*souhait, sur la peau*) voglia; (*autour des ongles*) pellicina intorno alle unghie; **avoir ~ de qch/de faire qch** aver voglia di qc/di fare qc; **j'ai ~ que ...** vorrei che ...; **donner à qn l'~ de qch/de faire qch** far venire a qn la voglia di qc/di fare qc; **ça lui fait ~** ne ha voglia

envier [ɑ̃vje] *vt* invidiare; **~ qch à qn** invidiare qc a qn; **n'avoir rien à ~ à** non aver niente da invidiare a

envieux, -euse [ɑ̃vjø, jøz] *adj, nm/f* invidioso(-a)

environ [ɑ̃viʀɔ̃] *adv* circa; **3 h/2 km ~, ~ 3 h/2 km** circa 3 ore/2 km, 3 ore/2 km circa

environnant, e [ɑ̃viʀɔnɑ̃, ɑ̃t] *adj* circostante

environnement [ɑ̃viʀɔnmɑ̃] *nm* ambiente *m*; **la protection de l'~** la tutela dell'ambiente; **un ~ de travail agréable** un ambiente di lavoro piacevole

environs [ɑ̃viʀɔ̃] *nmpl* dintorni *mpl*; **aux ~ de** nei dintorni di; (*fig : temps, somme*) circa, all'incirca

e

envisager [ɑ̃vizaʒe] *vt* esaminare; (*prendre en considération*) considerare; **~ de faire** avere intenzione *ou* prevedere di fare
envoi [ɑ̃vwa] *nm* (*d'une lettre, d'un paquet*) invio, spedizione *f*
envol [ɑ̃vɔl] *nm* : **prendre son ~** (*oiseau*) prendere *ou* spiccare il volo; (*fig*) decollare
envoler [ɑ̃vɔle] : **s'envoler** *vr* (*oiseau, feuille*) volar via; (*avion*) decollare, alzarsi in volo; (*fig : espoir, illusion*) sparire
envoûtant, e [ɑ̃vutɑ̃, ɑ̃t] *adj* affascinante, avvincente
envoyé, e [ɑ̃vwaje] *nm/f* inviato(-a) ▸ *adj* : **bien ~** (*fam : remarque, réponse*) azzeccato(-a); **~ spécial** (*Presse*) inviato(-a) speciale; **~ permanent** (*Presse*) corrispondente *m/f*
envoyer [ɑ̃vwaje] *vt* (*lettre, paquet*) spedire, mandare; (*e-mail, SMS, émissaire, mission*) inviare, mandare; (*projectile, ballon*) lanciare; **~ une gifle à qn** mollare una sberla a qn; **~ chercher qn/qch** mandare a chiamare qn/a cercare qc; **s'~ un apéritif** (*fam*) bersi *ou* prendersi un aperitivo
éolien, ne [eɔljɛ̃, jɛn] *adj* eolico(-a) ▸ *nm* eolico; **l'~ terrestre/maritime** l'eolico terrestre/marino; **énergie éolienne** energia eolica
éolienne [eɔljɛn] *nf* mulino a vento, turbina eolica
épagneul, e [epaɲœl] *nm/f* épagneul *m inv*
épais, se [epɛ, ɛs] *adj* spesso(-a); (*liquide, brouillard*) denso(-a); (*ténèbres, forêt*) fitto(-a)
épaisseur [epɛsœʀ] *nf* (*d'un mur*) spessore *m*; (*du brouillard*) densità *f inv*
épaissir [epesiʀ] *vt* (*sauce*) rendere denso(-a) ▸ *vi* (*suj : sauce*) addensarsi; **s'épaissir** *vr* (*sauce*) addensarsi; (*brouillard*) infittirsi
épanouir [epanwiʀ] : **s'épanouir** *vr* (*fleur*) sbocciare; (*visage*) illuminarsi; (*fig*) fiorire
épargne [epaʀɲ] *nf* risparmio; **l'~-logement** *forma di risparmio con facilitazioni in vista dell'acquisto di un immobile*
épargner [epaʀɲe] *vt, vi* risparmiare; **~ qch à qn** risparmiare qc a qn
éparpiller [epaʀpije] *vt* sparpagliare; (*fig : efforts*) disperdere; **s'éparpiller** *vr* sparpagliarsi; (*manifestants, étudiant*) disperdersi
épatant, e [epatɑ̃, ɑ̃t] (*fam*) *adj* straordinario(-a), splendido(-a)
épater [epate] *vt* stupire; (*impressionner*) sbalordire
épaule [epol] *nf* (*Anat, Culin*) spalla
épave [epav] *nf* (*bateau, fig*) relitto; (*véhicule*) rottame *m*
épée [epe] *nf* spada
épeler [ep(ə)le] *vt* pronunciare lettera per lettera, fare lo spelling di; **comment s'épelle ce mot ?** come si scrive questa parola?
éperdu, e [epɛʀdy] *adj* (*personne, regard*) sconvolto(-a); (*fuite*) disperato(-a), pazzo(-a)
éperdument [epɛʀdymɑ̃] *adv* : **~ amoureux** perdutamente innamorato; **s'en ficher ~** infischiarsene altamente
éperon [epʀɔ̃] *nm* sperone *m*
épervier [epɛʀvje] *nm* (*Zool*) sparviere *m*; (*Pêche*) giacchio
éphémère [efemɛʀ] *adj* effimero(-a)
épi [epi] *nm* spiga; (*dans les cheveux*) ciuffo ribelle; **en ~** (*stationnement, se garer*) a spina di pesce
épice [epis] *nf* spezia
épicé, e [epise] *adj* (*fig*) piccante
épicer [epise] *vt* aromatizzare, condire (con spezie); (*fig*) rendere piccante
épicerie [episʀi] *nf* negozio di (generi) alimentari; (*produits*) provviste *fpl*; **~ fine** generi *mpl* alimentari di lusso
épicier, -ière [episje, jɛʀ] *nm/f* negoziante *m/f* di generi alimentari
épidémie [epidemi] *nf* epidemia
épiderme [epidɛʀm] *nm* epidermide *f*
épier [epje] *vt* spiare
épilepsie [epilɛpsi] *nf* epilessia
épiler [epile] *vt* depilare; **s'~ les jambes/les sourcils** depilarsi le gambe/le sopracciglia; **se faire ~** farsi depilare; **pince à ~** pinzetta per sopracciglia
épilogue [epilɔg] *nm* epilogo
épinard [epinaʀ] *nm* : **~s** (*Culin*) spinaci
épine [epin] *nf* spina; **~ dorsale** spina dorsale
épineux, -euse [epinø, øz] *adj* (*aussi fig*) spinoso(-a)
épingle [epɛ̃gl] *nf* spillo; **tirer son ~ du jeu** tirarsi d'impiccio; **tiré à quatre ~s** in ghingheri, elegantissimo(-a); **monter qch en ~** mettere qc in

evidenza; **virage en ~ à cheveux** curva a gomito; **~ à chapeau** spillone *m*; **~ à cheveux** forcina; **~ à nourrice** *ou* **de sûreté** spilla da balia

épisode [epizɔd] *nm* episodio; **roman/film à ~s** romanzo/film *m inv* a puntate

épisodique [epizɔdik] *adj* episodico(-a)

épluche-légume(s) [eplyʃlegym] (*pl* **épluche-légumes**) *nm* pelapatate *m inv*

éplucher [eplyʃe] *vt* sbucciare; (*fig* : *texte, dossier*) spulciare

épluchures [eplyʃyʀ] *nfpl* bucce *fpl*

éponge [epɔ̃ʒ] *nf* spugna ▶ *adj* : **tissu ~** spugna; **passer l'~ (sur)** (*fig*) metterci una pietra sopra (a); **jeter l'~** (*fig*) gettare la spugna

éponger [epɔ̃ʒe] *vt* asciugare; (*fig* : *dette, déficit*) riassorbire; **s'~ le front** asciugarsi la fronte

époque [epɔk] *nf* epoca; **d'~** (*meuble*) d'epoca; **à cette ~** a quell'epoca; **à l'~ où/de** all'epoca in cui/di; **faire ~** fare epoca

épouse [epuz] *nf* sposa

épouser [epuze] *vt* (*personne, idées*) sposare; (*mouvement*) aderire a

épousseter [epuste] *vt* spolverare

époustouflant, e [epustuflɑ̃, ɑ̃t] *adj* sbalorditivo(-a), strabiliante

épouvantable [epuvɑ̃tabl] *adj* spaventoso(-a)

épouvantail [epuvɑ̃taj] *nm* spaventapasseri *m inv*; (*fig*) spauracchio

épouvante [epuvɑ̃t] *nf* spavento; **film/livre d'~** film/libro dell'orrore

épouvanter [epuvɑ̃te] *vt* terrorizzare

époux [epu] *nm* sposo; **les époux** *nmpl* gli sposi

épreuve [epʀœv] *nf* prova; (*Photo*) negativo; (*Typo*) bozza; **à l'~ des balles/du feu** (*vêtement*) a prova di proiettile/di fuoco; **à toute ~** a tutta prova; **mettre à l'~** mettere alla prova; **~ de force** (*fig*) prova di forza; **~ de sélection** (*Sport*) eliminatoria

éprouver [epʀuve] *vt* (*tendresse, remords, douleur*) provare; (*difficultés*) avere, incontrare; (*machine*) testare; (*personne*) mettere alla prova

éprouvette [epʀuvɛt] *nf* provetta

EPS [əpeɛs] *sigle f* = *Éducation physique et sportive*

épuisé, e [epɥize] *adj* esausto(-a); (*stock, livre*) esaurito(-a)

épuisement [epɥizmɑ̃] *nm* spossatezza; (*des ressources etc*) esaurimento; **jusqu'à ~ du stock** *ou* **des stocks** fino a esaurimento delle scorte

épuiser [epɥize] *vt* (*fatiguer*) spossare, sfinire; (*stock, ressources etc*) esaurire; **s'épuiser** *vr* (*se fatiguer*) spossarsi; (*stock*) esaurirsi

épuisette [epɥizɛt] *nf* (*Pêche*) guadino

équateur [ekwatœʀ] *nm* equatore *m*

équation [ekwasjɔ̃] *nf* equazione *f*; **mettre en ~** mettere in forma di equazione; **~ du premier/second degré** equazione di primo/secondo grado

équerre [ekɛʀ] *nf* (*pour dessiner, mesurer*) squadra; (*pour fixer*) *pezzo metallico di rinforzo a T o a L*; **à l'~, en ~** a squadra; **d'~** a squadra

équilibre [ekilibʀ] *nm* equilibrio; **être/mettre en ~** essere/mettere in equilibrio; **avoir le sens de l'~** avere il senso dell'equilibrio; **garder l'~** tenersi in equilibrio; **perdre l'~** perdere l'equilibrio; **en ~ instable** in equilibrio instabile; **~ budgétaire** pareggio di bilancio

équilibré, e [ekilibʀe] *adj* equilibrato(-a)

équilibrer [ekilibʀe] *vt* (*budget*) pareggiare; (*charge*) equilibrare; **s'équilibrer** *vr* (*poids*) equilibrarsi, bilanciarsi; (*fig*) bilanciarsi

équipage [ekipaʒ] *nm* equipaggio

équipe [ekip] *nf* squadra; (*groupe* : *parfois péj*) banda; **travailler par ~s** (*à l'usine*) lavorare a turni; **travailler en ~** lavorare in gruppo; **faire ~ avec** lavorare con; **~ de chercheurs** gruppo *ou* équipe *f inv* di ricercatori; **~ de nuit** turno di notte; **~ de sauveteurs** squadra di salvataggio; **~ de secours** squadra di soccorso

équipé, e [ekipe] *adj* attrezzato(-a)

équipement [ekipmɑ̃] *nm* (*d'un sportif*) attrezzatura, equipaggiamento; (*d'une cuisine*) attrezzatura; **biens/dépenses d'~** bene/spese strutturali; **~s sportifs** impianti sportivi; **~s collectifs** strutture *fpl* pubbliche; **(le ministère de) l'É~** (*Admin*) il Ministero dei lavori pubblici

équiper [ekipe] *vt* (*sportif etc*) equipaggiare; (*voiture, cuisine*) attrezzare; (*région*) dotare di

infrastrutture; **s'équiper** *vr* (*sportif*) equipaggiarsi, attrezzarsi; (*région, pays*) dotarsi di infrastrutture; **~ qn de** equipaggiare qn di; attrezzare qn di; **~ qch de** attrezzare qc di
équipier, -ière [ekipje, jɛʀ] *nm/f* compagno(-a) di squadra
équitable [ekitabl] *adj* equo(-a), giusto(-a)
équitation [ekitasjɔ̃] *nf* equitazione *f*; **faire de l'~** fare equitazione
équivalence [ekivalɑ̃s] *nf* equivalenza; (*Univ*) equiparazione *f*
équivalent, e [ekivalɑ̃, ɑ̃t] *adj, nm* equivalente *m*
équivaloir [ekivalwaʀ]: **~ à** *vt* equivalere a
équivaut [ekivo] *vb voir* **équivaloir**
érable [eʀabl] *nm* acero
érafler [eʀɑfle] *vt* graffiare; **s'~ (la main/les jambes)** graffiarsi (la mano/le gambe)
éraflure [eʀɑflyʀ] *nf* graffio
ère [ɛʀ] *nf* era; **en l'an 1050 de notre ~** nel 1050 dopo Cristo; **l'~ chrétienne** l'era cristiana
érection [eʀɛksjɔ̃] *nf* erezione *f*
éroder [eʀɔde] *vt* erodere
érosion [eʀozjɔ̃] *nf* (*aussi fig*) erosione *f*
érotique [eʀɔtik] *adj* erotico(-a)
errer [eʀe] *vi* errare, vagare
erreur [eʀœʀ] *nf* errore *m*; **tomber/être dans l'~** cadere/essere in errore; **induire qn en ~** trarre qn in inganno; **par ~** per sbaglio; **faire ~** commettere un errore; **~ de jugement** errore di giudizio; **~ judiciaire** errore giudiziario; **~ tactique** errore tattico
éruption [eʀypsjɔ̃] *nf* eruzione *f*; (*fig*: *de joie, folie*) impeto, accesso; **en ~** (*volcan*) in eruzione; **~ cutanée** eruzione cutanea; **~ volcanique** eruzione vulcanica
es [ɛ] *vb voir* **être**
ès [ɛs] *prép*: **licencié ès lettres/sciences** laureato in scienze/lettere; **docteur ès lettres** dottore in lettere
ESB *abr f* (= *Encéphalopathie Spongiforme Bovine*) BSE *f*
escabeau, x [ɛskabo] *nm* (*tabouret*) sgabello; (*échelle*) scala a libretto
escalade [ɛskalad] *nf* scalata; **l'~ de la guerre/violence** l'escalation *f inv* della guerra/violenza
escalader [ɛskalade] *vt* scalare
escale [ɛskal] *nf* scalo; **faire ~ (à)** fare scalo (a); **vol sans ~** volo senza scalo; **~ technique** scalo tecnico
escalier [ɛskalje] *nm* scala, scale *fpl*; **dans l'~** *ou* **les ~s** sulle scale; **descendre l'~** *ou* **les ~s** scendere le scale; **~ de secours/de service** scala di soccorso/di servizio; **~ roulant** *ou* **mécanique** scala mobile
escalope [ɛskalɔp] *nf* scaloppina
escapade [ɛskapad] *nf*: **faire une ~** fare una scappatella
escargot [ɛskaʀgo] *nm* lumaca
escarpé, e [ɛskaʀpe] *adj* scosceso(-a), ripido(-a)
esclavage [ɛsklavaʒ] *nm* schiavitù *f inv*
esclave [ɛsklav] *nm/f* schiavo(-a); **être ~ de qn/qch** (*fig*) essere schiavo(-a) di qn/qc
escompte [ɛskɔ̃t] *nm* sconto
escrime [ɛskʀim] *nf* scherma; **faire de l'~** tirare di scherma
escroc [ɛskʀo] *nm* truffatore(-trice), imbroglione(-a)
escroquer [ɛskʀɔke] *vt* (*personne*) imbrogliare; (*argent*) sottrarre
escroquerie [ɛskʀɔkʀi] *nf* raggiro, truffa
espace [ɛspas] *nm* spazio; **manquer d'~** non avere spazio sufficiente; **~ publicitaire** spazio pubblicitario; **~ vital** spazio vitale
espacer [ɛspase] *vt* distanziare; (*visites*) diradare; **s'espacer** *vr* (*visites etc*) diradarsi
espadon [ɛspadɔ̃] *nm* pesce *m* spada
espadrille [ɛspadʀij] *nf* espadrille *f inv*
Espagne [ɛspaɲ] *nf* Spagna
espagnol, e [ɛspaɲɔl] *adj* spagnolo(-a) ▸ *nm* (*langue*) spagnolo ▸ *nm/f*: **Espagnol, e** spagnolo(-a)
espèce [ɛspɛs] *nf* specie *f inv*; **espèces** *nfpl* (*Comm*) contanti *mpl*; **une ~ de** una specie di; **~ de maladroit/de brute !** razza di incapace/d'idiota!; **en l'~** nella fattispecie; **payer en ~s** pagare in contanti; **l'~ humaine** la specie umana; **cas d'~** caso particolare
espérance [ɛspeʀɑ̃s] *nf* speranza; **~ de vie** (*Démographie*) speranza *ou* aspettativa di vita
espérer [ɛspeʀe] *vt, vi* sperare; **j'espère (bien) !** lo spero (proprio *ou* bene)!; **~ que/faire qch/avoir fait qch** sperare che/di fare qc/di aver fatto qc;

je n'en espérais pas tant non mi aspettavo tanto
espiègle [ɛspjɛgl] *adj* birichino(-a)
espion, ne [ɛspjɔ̃, jɔn] *nm/f* spia ▸ *adj* : **bateau/avion ~** battello *m*/aereo *m* spia *inv*
espionnage [ɛspjɔnaʒ] *nm* spionaggio; **film/roman d'~** film/romanzo di spionaggio; **~ industriel** spionaggio industriale
espionner [ɛspjɔne] *vt* spiare
espoir [ɛspwaʀ] *nm* speranza; **avoir bon ~ que …** avere la speranza che …; **garder l'~ que …** nutrire la speranza che …; **dans l'~ de/que** sperando di/che; **reprendre ~** riprendere a sperare; **un ~ de la boxe/du ski** una speranza del pugilato/dello sci; **c'est sans ~** è senza speranza
esprit [ɛspʀi] *nm* spirito; (*pensée, intellect*) mente *f*; **l'~ de parti/de clan** lo spirito di partito/di clan; **paresse/vivacité d'~** pigrizia/vivacità mentale; **l'~ d'équipe/de compétition** lo spirito di gruppo/di competizione; **l'~ de famille** il senso della famiglia; **avoir l'~ de contradiction** essere un bastian contrario; **faire de l'~** fare dello spirito; **reprendre ses ~s** riprendere i sensi, ritornare in sé; **perdre l'~** impazzire; **avoir bon/mauvais ~** essere di animo buono/cattivo; **avoir l'~ à faire qch** aver voglia di fare qc; **avoir l'~ critique** avere spirito critico; **~s chagrins** anime meste; **~ de corps** spirito di corpo; **l'~ malin** (*le diable*) lo spirito maligno
esquimau, de, x [ɛskimo, od] *adj* eschimese ▸ *nm* (*Ling*) eschimese *m*; (*glace*) gelato ricoperto di cioccolato ▸ *nm/f* : **Esquimau, de** eschimese *m/f*; **chien ~** cane *m* eschimese
essai [esɛ] *nm* prova; (*d'une voiture*) collaudo; (*Rugby*) meta; (*Litt*) saggio; **essais** *nmpl* (*Sport, Auto*) collaudo *msg*; **à l'~** in prova; **~ gratuit** (*Comm*) campione *m* gratuito
essaim [esɛ̃] *nm* (*aussi fig*) sciame *m*
essayer [eseje] *vt* provare; (*méthode*) sperimentare ▸ *vi* provare; **~ de faire qch** provare a *ou* cercare di fare qc; **essayez un peu !** (*menace*) provateci solo!; **s'~ à faire qch** provare a fare qc; **s'~ à qch** cimentarsi in qc
essence [esɑ̃s] *nf* (*aussi fig*) essenza; (*carburant*) benzina; **par ~** per definizione; **prendre** *ou* **faire de l'~** far benzina; **~ de citron/de lavande** essenza di limone/di lavanda; **~ de térébenthine** essenza di trementina, acquaragia
essentiel, le [esɑ̃sjɛl] *adj* essenziale ▸ *nm* essenziale *m*; **être ~ à** essere fondamentale per; **c'est l'~** è la cosa più importante; **l'~ de** (*la majeure partie*) il grosso di
essieu, x [esjø] *nm* (*Auto*) assale *m*
essor [esɔʀ] *nm* (*de l'économie etc*) sviluppo; **prendre son ~** (*fig*) prendere il volo
essorer [esɔʀe] *vt* (*linge*) strizzare; (*machine à laver*) centrifugare; (*salade*) scolare
essouffler [esufle] *vt* lasciare senza fiato; **s'essouffler** *vr* restare senza fiato; (*économie*) arrancare
essuie-glace [esɥiglas] (*pl* **essuie-glaces**) *nm* tergicristallo
essuyer [esɥije] *vt* asciugare; (*épousseter*) spolverare; (*fig : subir*) subire; **s'essuyer** *vr* asciugarsi; **~ la vaisselle** asciugare i piatti
est[1] [ɛ] *vb voir* **être**
est[2] [ɛst] *nm* est *m* ▸ *adj inv* orientale, (ad) est *inv*; **à l'~** (*situation*) all'est; (*direction*) a est; **à l'~ de** a est di; **les pays de l'E~** i paesi dell'Est
est-ce que [ɛskə] *adv* : **~ c'est cher ?** è caro?; **~ c'était bon ?** era buono?; **quand est-ce qu'il part ?** quando (è che) parte?; **où est-ce qu'il va ?** dove va?; **qui est-ce qui le connaît/a fait ça ?** chi lo conosce/ha fatto questo?
esthéticienne [ɛstetisjɛn] *nf* estetista *f*
esthétique [ɛstetik] *adj* estetico(-a) ▸ *nf* estetica
estimation [ɛstimasjɔ̃] *nf* stima, valutazione *f*; **d'après mes ~s** secondo i miei calcoli
estime [ɛstim] *nf* stima; **avoir de l'~ pour qn** avere stima di qn
estimer [ɛstime] *vt* (*respecter, expertiser*) stimare; (*évaluer*) valutare; **~ que/être …** ritenere che/di essere …; **s'~ satisfait/heureux** ritenersi soddisfatto/felice; **j'estime cette distance à 6 km** ritengo che la distanza sia di 6 km
estival, e, -aux [ɛstival, o] *adj* estivo(-a)
estivant, e [ɛstivɑ̃, ɑ̃t] *nm/f* villeggiante *m/f*

e

estomac [ɛstɔma] *nm* stomaco; **avoir mal à l'~** avere male allo stomaco
estomper [ɛstɔ̃pe] : **s'estomper** *vr* sfumare; (*fig*) attenuarsi
Estonie [ɛstɔni] *nf* Estonia
estonien, ne [ɛstɔnjɛ̃, jɛn] *adj* estone ▸ *nm* estone *m* ▸ *nm/f* : **Estonien, ne** estone *m/f*
estrade [ɛstʀad] *nf* pedana
estragon [ɛstʀagɔ̃] *nm* dragoncello
estuaire [ɛstɥɛʀ] *nm* estuario
esturgeon [ɛstyʀʒɔ̃] *nm* storione *m*
et [e] *conj* e; **et aussi** e anche; **et lui** e lui; **et puis ?** e poi?; **et alors** *ou* **(puis) après ?** (*qu'importe!*) e allora?; (*ensuite*) e allora?, e poi?
étable [etabl] *nf* stalla
établi, e [etabli] *adj* (*réputation*) solido(-a); (*usage, préjugé*) radicato(-a); (*vérité*) accertato(-a); (*gouvernement*) al potere; (*coutumes*) consolidato(-a); (*ordre*) costituito(-a) ▸ *nm* banco
établir [etabliʀ] *vt* (*papiers d'identité, facture*) fare; (*liste*) compilare; (*règlement*) instaurare; (*entreprise*) impiantare; (*camp*) stabilire; (*fig* : *réputation, droit*) fondare; (*fait, culpabilité*) dimostrare; (*relations, record*) stabilire; **s'établir** *vr* (*entente*) stabilirsi; (*silence*) calare; **s'~ (à son compte)** mettersi in proprio; **s'~ à/près de** stabilirsi a/presso
établissement [etablismɑ̃] *nm* (*v vt* : *de facture*) emissione *f*; (*de liste*) compilazione *f*; (*de relations*) instaurazione *f*; installazione *f*; sistemazione *f*; creazione *f*; (*entreprise*) impresa; (*institution*) istituzione *f*; **~ scolaire** istituto scolastico
étage [etaʒ] *nm* (*d'immeuble*) piano; **habiter à l'~/au deuxième ~** abitare al primo piano/al secondo piano; **maison à deux ~s** casa a due piani; **de bas ~** di basso livello; (*médiocre*) di bassa lega
étagère [etaʒɛʀ] *nf* (*rayon*) ripiano, scaffale *m*; (*meuble*) scansia
étain [etɛ̃] *nm* (*élément*) stagno; (*matériau*) peltro; **pot en ~** vaso in peltro
étais *etc* [etɛ] *vb voir* **être**
étalage [etalaʒ] *nm* (*de magasin*) vetrina; **faire ~ de** far sfoggio di
étaler [etale] *vt* (*carte, nappe*) stendere, spiegare; (*peinture*) stendere; (*beurre*) spalmare; (*paiements, dates*) scaglionare; (*richesses, connaissances*) ostentare; **s'étaler** *vr* (*beurre*) spalmarsi; (*fam*) cadere lungo disteso; **s'~ sur** (*suj* : *paiements*) essere scaglionato(-a) su
étalon [etalɔ̃] *nm* (*mesure*) campione *m* (di misura); (*cheval*) stallone *m*; **l'~-or** (*Écon*) il tallone aureo
étanche [etɑ̃ʃ] *adj* stagno(-a); (*vêtement*) impermeabile; **cloison ~** (*aussi fig*) compartimento stagno
étang [etɑ̃] *nm* stagno
étant [etɑ̃] *vb voir* **être**; **donné**
étape [etap] *nf* tappa; **faire ~ à** fare tappa a; **brûler les ~s** (*fig*) bruciare le tappe
état [eta] *nm* stato; (*gouvernement*) : **l'É~** lo Stato; **un É~** uno Stato; (*liste, inventaire*) distinta; (*physique, mentale*) stato, condizione *f*; **être boucher de son ~** fare il macellaio di professione; **en bon/mauvais ~** in buono/cattivo stato; **en ~ (de marche)** funzionante; **remettre en ~** rimettere a posto; **hors d'~** fuori uso; **être en ~/hors d'~ de faire qch** essere/non essere in condizione di fare qc; **en tout ~ de cause** in ogni caso; **être dans tous ses ~s** essere fuori di sé; **faire ~ de** dichiarare; **être en ~ d'arrestation** (*Jur*) essere in stato di arresto; **en ~ de grâce** (*Rel, fig*) in stato di grazia; **en ~ d'ivresse** in stato di ubriachezza; **~ civil** stato civile; **~ d'alerte** stato di allerta; **~ d'esprit** stato d'animo; **l'~ d'urgence** lo stato di emergenza; **~ de choses** (*situation*) stato delle cose; **~ de guerre** stato di guerra; **~ des lieux** controllo dello stato dei locali; **~ de santé** stato di salute; **~ de siège** stato di assedio; **~ de veille** stato di veglia; **~s de service** (*Mil, Admin*) stato di servizio; **les É~s du Golfe** i paesi del Golfo
États-Unis [etazyni] *nmpl* : **les ~ (d'Amérique)** gli Stati Uniti (d'America)
étau, x [eto] *nm* (*Tech, fig*) morsa
etc. *abr* (= *et c(a)etera*) etc.
et caetera, et cetera [ɛtseteʀa] *adv* eccetera
été [ete] *pp de* **être** ▸ *nm* estate *f*; **en ~** in estate
éteindre [etɛ̃dʀ] *vt* (*aussi fig*) spegnere; **s'éteindre** *vr* (*aussi fig*) spegnersi
éteint, e [etɛ̃, ɛ̃t] *pp de* **éteindre** ▸ *adj* (*aussi fig*) spento(-a); **tous feux ~s** (*rouler*) a fari spenti

étendre [etɑ̃dʀ] *vt* stendere; (*fig : pouvoirs, connaissances*) estendere; **s'étendre** *vr* (*s'agrandir*) estendersi; (*s'allonger : personne*) stendersi; **s'~ sur** (*fig : sujet*) dilungarsi su
étendu, e [etɑ̃dy] *adj* esteso(-a)
étendue [etɑ̃dy] *nf* estensione *f*; (*d'eau, de sable*) distesa; (*importance*) entità *f inv*
éternel, le [etɛʀnɛl] *adj* eterno(-a); **les neiges éternelles** le nevi eterne
éternité [etɛʀnite] *nf* eternità *f inv*; **il y a** *ou* **ça fait une ~ que ...** è una vita che ...; **de toute ~** da sempre
éternuement [etɛʀnymɑ̃] *nm* starnuto
éternuer [etɛʀnɥe] *vi* starnutire
êtes [ɛt(z)] *vb voir* **être**
éthique [etik] *adj* etico(-a) ▸ *nf* etica
étiez [etje] *vb voir* **être**
étinceler [etɛ̃s(ə)le] *vi* scintillare; (*fig*) brillare
étincelle [etɛ̃sɛl] *nf* (*aussi fig*) scintilla
étiqueter [etik(ə)te] *vt* (*aussi fig*) etichettare
étiquette [etikɛt] *nf* (*aussi fig*) etichetta; **sans ~** (*Pol*) indipendente, che non appartiene a nessuno schieramento politico
étirer [etiʀe] *vt* distendere, stirare; **s'étirer** *vr* stirarsi, distendersi; (*convoi, route*) : **s'~ sur plusieurs kilomètres** estendersi per chilometri; **~ ses bras/jambes** stirare le braccia/gambe
étoffe [etɔf] *nf* stoffa; **avoir l'~ d'un chef** avere la stoffa del capo
étoile [etwal] *nf* stella; (*signe typographique*) stelletta ▸ *adj* : **danseur ~** primo ballerino; **la bonne/mauvaise ~ de qn** la buona/cattiva stella di qn; **à la belle ~** all'aperto; **~ de mer** stella marina; **~ filante** stella filante *ou* cadente; **~ polaire** stella polare
étoilé, e [etwale] *adj* stellato(-a)
étonnant, e [etɔnɑ̃, ɑ̃t] *adj* sorprendente
étonné, e [etɔne] *adj* stupito(-a), meravigliato(-a)
étonnement [etɔnmɑ̃] *nm* stupore *m*, meraviglia; **à mon grand ~, ...** con mio grande stupore, ..., con mia grande meraviglia, ...
étonner [etɔne] *vt* stupire, sorprendere, meravigliare; **s'~ que/de** stupirsi che/di, meravigliarsi che/di; **cela m'étonne (que)** mi sembra strano (che)
étouffer [etufe] *vt* soffocare; (*fig : nouvelle*) mettere a tacere ▸ *vi* (*aussi fig*) soffocare; **s'étouffer** *vr* (*en mangeant*) soffocarsi
étourderie [etuʀdəʀi] *nf* sbadataggine *f*; **faute d'~** errore di distrazione
étourdi, e [etuʀdi] *adj* sbadato(-a)
étourdir [etuʀdiʀ] *vt* stordire
étourdissement [etuʀdismɑ̃] *nm* stordimento
étrange [etʀɑ̃ʒ] *adj* strano(-a)
étranger, -ère [etʀɑ̃ʒe, ɛʀ] *adj* (*d'un autre pays*) straniero(-a); (*pas de la famille, non familier*) estraneo(-a) ▸ *nm/f* (*v adj*) straniero(-a); estraneo(-a) ▸ *nm* : **l'~** l'estero; **à l'~** all'estero; **de l'~** dall'estero
étrangler [etʀɑ̃gle] *vt* strangolare, strozzare; (*fig : presse, libertés*) soffocare; **s'étrangler** *vr* strozzarsi

MOT-CLÉ

être [ɛtʀ] *vi* **1** (*exister, se trouver*) essere; **je ne serai pas ici demain** non sarò qui domani; (*avec attribut : état, description*) essere; **il est fort** è forte; **il est instituteur** è maestro, fa il maestro; **vous êtes fatigué** lei è stanco; **soit un triangle ABC** dato un triangolo ABC
2 : **être à** (*appartenir*) essere di; **le livre est à Paul** il libro è di Paul; **c'est à moi/eux** è mio/loro
3 : **être de** (*provenance, origine*) essere di; **être de Genève/de la même famille** essere di Ginevra/della stessa famiglia
4 (*date*) : **nous sommes le 5 juin** (oggi) è il 5 giugno
▸ *vb aux* **1** essere; **être arrivé/allé** essere arrivato/andato; **il est parti** è partito
2 (*forme passive*) essere; **être fait par** essere fatto da; **il a été promu** è stato promosso
3 : **être à** (*obligation*) essere da; **c'est à réparer** è da riparare; **il est à espérer/souhaiter que ...** c'è da sperare/augurarsi che ...
▸ *vb impers* **1** : **il est** (+ *adj*) è; **il est impossible de le faire** è impossibile farlo
2 (*heure*) : **il est 10 heures, c'est 10 heures** sono le 10; **il est 1 heure** è l'una; **il est minuit** è mezzanotte
3 (*emphatique*) : **c'est moi** sono io; **c'est à lui de le faire** tocca *ou* sta a lui farlo
▸ *nm* (*individu, nature intime*) essere *m*; **être humain** essere umano

e

étrier [etʀije] *nm* staffa
étroit, e [etʀwa, wat] *adj* stretto(-a); (*fig : péj : idées*) ristretto(-a); **à l'~** (*vivre, être logé*) senza spazio sufficiente; **~ d'esprit** di vedute limitate
étude [etyd] *nf* studio; (*Scol*) sala di studio; **études** *nfpl* (*Scol*) studi *mpl*; **faire des ~s** studiare; **être à l'~** essere allo studio; **faire des ~s de droit/médecine** studiare legge/medicina; **~s secondaires/supérieures** studi secondari/superiori; **~ de cas** studio di un caso tipo; **~ de faisabilité** studio di fattibilità; **~ de marché** ricerca di mercato
étudiant, e [etydjɑ̃, jɑ̃t] *nm/f* studente(-essa) ▶ *adj* studentesco(-a)
étudier [etydje] *vt, vi* studiare
étui [etɥi] *nm* astuccio, custodia
eu, e [y] *pp de* **avoir**
eucalyptus [økaliptys] *nm* eucalipto
euh [ø] *excl* ehm
euphémisme [øfemism] *nm* eufemismo
euro [øʀo] *nm* euro *m inv*
Europe [øʀɔp] *nf* Europa; **l'~ centrale** l'Europa centrale; **l'~ de l'Est** l'Europa dell'Est
européen, ne [øʀɔpeɛ̃, ɛn] *adj* europeo(-a) ▶ *nm/f* : **Européen, ne** europeo(-a)
eus *etc* [y] *vb voir* **avoir**
eux [ø] *pron* (*fonction sujet*) loro, essi; (*fonction objet*) loro
évacuer [evakɥe] *vt* evacuare; (*toxines*) espellere
évader [evade] : **s'évader** *vr* evadere
évaluer [evalɥe] *vt* valutare
évangile [evɑ̃ʒil] *nm* vangelo; (*texte de la Bible*) : **É~** Vangelo; **ce n'est pas parole d'É~** (*fig*) non è il vangelo
évanouir [evanwiʀ] : **s'évanouir** *vr* svenire; (*fig : disparaître*) svanire
évanouissement [evanwismɑ̃] *nm* svenimento
évaporer [evapɔʀe] : **s'évaporer** *vr* evaporare
évasion [evazjɔ̃] *nf* evasione *f*; **littérature d'~** letteratura di evasione; **~ fiscale** evasione fiscale
éveillé, e [eveje] *adj* sveglio(-a)
éveiller [eveje] *vt* svegliare; (*curiosité etc*) destare; **s'éveiller** *vr* svegliarsi; (*fig*) risvegliarsi
événement [evɛnmɑ̃] *nm* evento; **un ~ historique** un evento storico; **un heureux ~** un felice evento; **les ~s lui ont donné raison** i fatti gli hanno dato ragione
éventail [evɑ̃taj] *nm* ventaglio; **en ~** a ventaglio
éventualité [evɑ̃tɥalite] *nf* eventualità *f inv*; **dans l'~ de** nell'eventualità di; **parer à toute ~** far fronte a ogni evenienza
éventuel, le [evɑ̃tɥɛl] *adj* eventuale
éventuellement [evɑ̃tɥɛlmɑ̃] *adv* eventualmente
évêque [evɛk] *nm* vescovo
évidemment [evidamɑ̃] *adv* evidentemente
évidence [evidɑ̃s] *nf* evidenza; (*fait*) cosa evidente; **se rendre à l'~** arrendersi all'evidenza; **nier l'~** negare l'evidenza; **à l'~** in modo evidente; **de toute ~** evidentemente; **en ~** in evidenza; **mettre en ~** mettere in evidenza, evidenziare
évident, e [evidɑ̃, ɑ̃t] *adj* evidente; **ce n'est pas ~** (*pas facile*) non è poi così semplice
évier [evje] *nm* lavello, acquaio
éviter [evite] *vt* evitare; **~ de faire/que qch ne se passe** evitare di fare/che succeda qc; **~ qch à qn** evitare qc a qn
évoluer [evɔlɥe] *vi* evolversi; (*enfant*) svilupparsi; (*danseur, avion*) compiere evoluzioni
évolution [evɔlysjɔ̃] *nf* evoluzione *f*; (*d'enfant*) sviluppo
évoquer [evɔke] *vt* evocare; (*mentionner*) citare, accennare a; (*Jur*) avocare
ex- [ɛks] *préf* ex; **son ~mari** il suo ex marito; **son ~femme** la sua ex moglie
exact, e [ɛgza(kt), ɛgzakt] *adj* esatto(-a); **l'heure exacte** l'ora esatta; **c'est ~** esatto
exactement [ɛgzaktəmɑ̃] *adv* esattamente
ex aequo [ɛgzeko] *adv* ex aequo ▶ *adj inv* : **classé 1er ~** classificato primo ex aequo
exagéré, e [ɛgzaʒeʀe] *adj* esagerato(-a)
exagérer [ɛgzaʒeʀe] *vt, vi* esagerare; **sans ~** senza esagerare; **il ne faut pas ~** non esageriamo; **encore en retard, tu exagères !** ancora in ritardo, stai proprio esagerando!
examen [ɛgzamɛ̃] *nm* esame *m*; **à l'~** all'esame; **mettre qn en ~** (*Jur*)

emettere un avviso di garanzia nei confronti di qn; **~ blanc** esercizio che simula l'esame; **~ d'entrée** esame di ammissione; **~ de conscience** esame di coscienza; **~ de la vue** esame della vista; **~ final** esame finale; **~ médical** esame medico
examinateur, -trice [ɛgzaminatœʀ, tʀis] *nm/f* (*Scol*) esaminatore(-trice)
examiner [ɛgzamine] *vt* esaminare
exaspérant, e [ɛgzaspeʀɑ̃, ɑ̃t] *adj* esasperante
exaspérer [ɛgzaspeʀe] *vt* esasperare
exaucer [egzose] *vt* esaudire
excédent [ɛksedɑ̃] *nm* eccedenza; **en ~** in eccedenza; **~ commercial** eccedente *m* commerciale; **~ de bagages** bagaglio in sovrappeso
excéder [ɛksede] *vt* (*dépasser*) eccedere, superare; (*agacer*) esasperare
excellence [ɛkselɑ̃s] *nf* eccellenza; **son E~** sua Eccellenza; **par ~** per eccellenza
excellent, e [ɛkselɑ̃, ɑ̃t] *adj* eccellente, ottimo(-a)
excentrique [ɛksɑ̃tʀik] *adj* eccentrico(-a)
excepté, e [ɛksɛpte] *adj* : **les élèves ~s** salvo *ou* tranne *ou* eccetto gli alunni ▶ *prép* : **~ les élèves** salvo *ou* tranne gli alunni; **~ si/quand ...** tranne se/quando ...; **~ que** eccetto *ou* tranne che
exception [ɛksɛpsjɔ̃] *nf* eccezione *f*; **faire ~/une ~** fare eccezione/un'eccezione; **sans ~** senza eccezioni; **à l'~ de** a eccezione di; **mesure/loi d'~** misura/legge speciale
exceptionnel, le [ɛksɛpsjɔnɛl] *adj* eccezionale
exceptionnellement [ɛksɛpsjɔnɛlmɑ̃] *adv* eccezionalmente
excès [ɛksɛ] *nm* eccesso ▶ *nmpl* (*abus*) eccessi *mpl*; **à l'~** (*boire, manger*) eccessivamente, esageratamente; (*économe, timide*) oltremodo; **tomber dans l'~ inverse** andare da un estremo all'altro; **avec ~** smoderatamente; **sans ~** senza eccedere; **~ de langage** libertà di linguaggio; **~ de pouvoir** abuso di potere; **~ de vitesse** eccesso di velocità; **~ de zèle** eccesso di zelo
excessif, -ive [ɛksesif, iv] *adj* eccessivo(-a)
excitant, e [ɛksitɑ̃, ɑ̃t] *adj, nm* eccitante *m*
excitation [ɛksitasjɔ̃] *nf* eccitazione *f*
exciter [ɛksite] *vt* eccitare; **s'exciter** *vr* eccitarsi
exclamer [ɛksklame] : **s'exclamer** *vr* esclamare; **« zut », s'exclama-t-il** « accidenti », esclamò
exclu, e [ɛkskly] *pp de* **exclure** ▶ *adj* : **il est/n'est pas ~ que** è/non è escluso che; **ce n'est pas ~** non è escluso
exclure [ɛksklyʀ] *vt* escludere
exclusif, -ive [ɛksklyzif, iv] *adj* esclusivo(-a); (*Comm : agent*) unico(-a)
exclusion [ɛksklyzjɔ̃] *nf* esclusione *f*; **à l'~ de** a esclusione di; **la lutte contre l'~** la lotta contro l'esclusione sociale
exclusivité [ɛksklyzivite] *nf* esclusiva; **en ~** in esclusiva; (*film*) in prima visione
excursion [ɛkskyʀsjɔ̃] *nf* escursione *f*; **faire une ~** fare un'escursione
excuse [ɛkskyz] *nf* scusa; **excuses** *nfpl* (*expression de regret*) scuse *fpl*; **faire des ~s** scusarsi; **mot d'~** (*Scol*) giustificazione *f*; **faire/présenter ses ~s** fare/presentare le proprie scuse; **lettre d'~s** lettera di scuse
excuser [ɛkskyze] *vt* scusare; **s'excuser** *vr* scusarsi; **« excusez-moi »** « (mi) scusi »; **se faire ~** scusarsi di non poter essere presente, chiedere di essere giustificato(-a)
exécuter [ɛgzekyte] *vt* eseguire; (*prisonnier*) giustiziare; **s'exécuter** *vr* decidersi
exécutif, -ive [ɛgzekytif, iv] *adj* esecutivo(-a) ▶ *nm* : **l'~** (*Pol*) l'esecutivo
exécution [ɛgzekysjɔ̃] *nf* esecuzione *f*; **mettre à ~** mettere in atto; **~ capitale** esecuzione capitale
exemplaire [ɛgzɑ̃plɛʀ] *adj, nm* esemplare *m*
exemple [ɛgzɑ̃pl] *nm* esempio; **par ~** ad *ou* per esempio; **donner l'~** dare l'esempio; **prendre ~ sur qn** prendere esempio da qn; **suivre l'~ de qn** seguire l'esempio di qn; **servir d'~ (à qn)** servire di esempio (a qn); **pour l'~** come esempio
exercer [ɛgzɛʀse] *vt* esercitare ▶ *vi* (*médecin, avocat*) esercitare; **s'exercer** *vr* esercitarsi; **s'~ à faire qch** esercitarsi a fare qc
exercice [ɛgzɛʀsis] *nm* esercizio; **l'~** (*activité sportive*) la ginnastica; **en ~** (*président, médecin*) in carica; **dans l'~ de ses fonctions** nell'esercizio delle proprie funzioni; **~s d'assouplissement** esercizi per sciogliere i muscoli

e

exhiber [ɛgzibe] *vt* esibire; **s'exhiber** *vr* esibirsi
exhibitionniste [ɛgzibisjɔnist] *nm/f* esibizionista *m/f*
exigeant, e [ɛgziʒɑ̃, ɑ̃t] *adj* esigente
exiger [ɛgziʒe] *vt* esigere
exil [ɛgzil] *nm* esilio; **en ~** in esilio; **~ fiscal** esilio fiscale
exilé, e [ɛgzile] *nm/f* esiliato(-a); **~ fiscal** esule *m/f* fiscale
exiler [ɛgzile] *vt* esiliare; **s'exiler** *vr* esiliarsi
existence [ɛgzistɑ̃s] *nf* esistenza; **dans l'~** durante la vita; **moyens d'~** mezzi *mpl* di sussistenza
exister [ɛgziste] *vi* esistere; **il existe un ...** c'è un ...; **il existe des ...** ci sono dei ...
exode [ɛgzɔd] *nm* esodo; **~ rural** esodo rurale
exorbitant, e [ɛgzɔʀbitɑ̃, ɑ̃t] *adj* esorbitante
exotique [ɛgzɔtik] *adj* esotico(-a)
expédier [ɛkspedje] *vt* spedire, inviare; (*troupes, renfort*) inviare; (*péj : travail*) sbrigare in fretta; **~ par la poste** spedire per posta
expéditeur, -trice [ɛkspeditœʀ, tʀis] *nm/f* mittente *m/f*
expédition [ɛkspedisjɔ̃] *nf* spedizione *f*; **~ punitive** spedizione punitiva
expérience [ɛkspeʀjɑ̃s] *nf* esperienza; (*scientifique*) esperimento; **avoir de l'~** avere esperienza; **faire l'~ de qch** fare l'esperienza di qc; **~ de chimie** esperimento di chimica
expérimenté, e [ɛkspeʀimɑ̃te] *adj* esperto(-a), provetto(-a)
expérimenter [ɛkspeʀimɑ̃te] *vt* sperimentare
expert, e [ɛkspɛʀ, ɛʀt] *adj* : **~ en** esperto in *ou* di ▸ *nm* esperto(-a); **~ en assurances** perito assicurativo
expert-comptable, experte-comptable [ɛkspɛrkɔ̃tabl, ɛkspɛrtkɔ̃tabl] (*mpl* **experts-comptables**, *fpl* **expertes-comptables**) *nm/f* ragioniere(-a)
expirer [ɛkspiʀe] *vi* (*passeport, bail*) scadere; (*respirer*) espirare; (*litt : mourir*) spirare
explication [ɛksplikasjɔ̃] *nf* spiegazione *f*; **~ de texte** (*Scol*) spiegazione del testo
explicite [ɛksplisit] *adj* esplicito(-a)
expliquer [ɛksplike] *vt* spiegare; **s'expliquer** *vr* spiegarsi; **~ (à qn) comment/que** spiegare (a qn) come/che; **ceci explique que/comment ...** questo spiega che/come ...; **son erreur s'explique** si spiega il suo errore; **je ne m'explique pas son retard/absence** non mi spiego il suo ritardo/la sua assenza
exploit [ɛksplwa] *nm* prodezza, exploit *m inv*
exploitant [ɛksplwatɑ̃] *nm* (*Agr*) coltivatore *m*; **les petits ~s** (*Agr*) i piccoli coltivatori
exploitation [ɛksplwatasjɔ̃] *nf* (*v vt*) sfruttamento; gestione *f*; **~ agricole** (*entreprise*) azienda agricola
exploiter [ɛksplwate] *vt* (*mine, fig, péj*) sfruttare; (*entreprise, ferme*) gestire
explorer [ɛksplɔʀe] *vt* esplorare
exploser [ɛksploze] *vi* esplodere, scoppiare; (*fig*) scoppiare
explosif, -ive [ɛksplozif, iv] *adj* esplosivo(-a) ▸ *nm* esplosivo
explosion [ɛksplozjɔ̃] *nf* esplosione *f*; **~ de colère** scoppio di collera; **~ de joie** esplosione di gioia; **~ démographique** esplosione demografica
exportateur, -trice [ɛkspɔʀtatœʀ, tʀis] *adj* esportatore(-trice) ▸ *nm* esportatore *m*
exportation [ɛkspɔʀtasjɔ̃] *nf* esportazione *f*
exporter [ɛkspɔʀte] *vt* esportare
exposant, e [ɛkspozɑ̃, ɑ̃t] *nm/f* espositore(-trice) ▸ *nm* (*Math*) esponente *m*
exposé, e [ɛkspoze] *adj* esposto(-a) ▸ *nm* (*Scol, conférence*) esposizione *f*; **~ à l'est/au sud** esposto(-a) a est/a sud; **bien ~** con una buona esposizione
exposer [ɛkspoze] *vt* esporre; **s'exposer à** *vr* esporsi a; **~ qn/qch à** esporre qn/qc a; **s'~ au soleil** esporsi al sole
exposition [ɛkspozisjɔ̃] *nf* esposizione *f*; **temps d'~** (*Photo*) tempo di esposizione
exprès[1] [ɛkspʀɛ] *adv* apposta; **faire ~ de faire qch** fare apposta a fare qc; **il l'a fait/ne l'a pas fait ~** l'ha fatto/non l'ha fatto apposta
exprès[2]**, expresse** [ɛkspʀɛs] *adj* (*ordre*) espresso(-a), esplicito(-a); (*défense*) assoluto(-a); (*Postes*) : **lettre/colis ~** lettera/pacco espresso; **envoyer qch en ~** spedire qc per espresso

express [ɛkspʀɛs] *adj, nm* : **(café) ~** (caffè) espresso; **(train) ~** (treno) espresso
expressif, -ive [ɛkspʀesif, iv] *adj* espressivo(-a)
expression [ɛkspʀesjɔ̃] *nf* espressione *f*; **réduit à sa plus simple ~** ridotto alla sua più semplice espressione; **liberté/ moyens d'~** libertà/mezzi *mpl* di espressione; **~ toute faite** frase *f* fatta
exprimer [ɛkspʀime] *vt* esprimere; (*jus, liquide*) spremere; **s'exprimer** *vr* esprimersi; **bien s'~** esprimersi bene; **s'~ en français** esprimersi in francese
expulser [ɛkspylse] *vt* espellere; (*locataire*) sfrattare
exquis, e [ɛkski, iz] *adj* squisito(-a)
extasier [ɛkstɑzje] : **s'extasier** *vr* : **s'~ sur** estasiarsi davanti a, andare in estasi davanti a
exténuer [ɛkstenɥe] *vt* estenuare
extérieur, e [ɛksteʀjœʀ] *adj* esterno(-a); (*commerce, politique*) estero(-a); (*calme, gaieté*) esteriore ▸ *nm* (*d'une maison, d'un récipient*) esterno; (*d'une personne*) aspetto esteriore; **contacts avec l'~** (*d'un pays*) contatti *mpl* con l'estero; **à l'~** all'esterno, fuori
externat [ɛkstɛʀna] *nm* (*Scol*) esternato
externe [ɛkstɛʀn] *adj* esterno(-a) ▸ *nm/f* (*Scol*) esterno(-a); (*étudiant en médecine*) studente(-essa) in medicina che fa pratica ospedaliera
extincteur [ɛkstɛ̃ktœʀ] *nm* estintore *m*
extinction [ɛkstɛ̃ksjɔ̃] *nf* estinzione *f*; (*d'un incendie*) estinzione *f*, spegnimento; **~ de voix** (*Méd*) abbassamento di voce
extra [ɛkstʀa] *adj* di prima qualità, ottimo(-a) ▸ *nm* extra *m inv*; (*employé*) avventizio ▸ *préf* extra
extraire [ɛkstʀɛʀ] *vt* estrarre; **~ qch de** estrarre qc da
extrait, e [ɛkstʀɛ, ɛt] *pp de* **extraire** ▸ *nm* (*de plante*) estratto; (*de film*) provino; (*livre*) brano, passaggio; **~ de naissance** estratto (del certificato) di nascita
extraordinaire [ɛkstʀaɔʀdinɛʀ] *adj* straordinario(-a); **mission/envoyé ~** missione *f*/inviato speciale; **ambassadeur ~** ambasciatore *m* straordinario; **assemblée ~** assemblea straordinaria
extravagant, e [ɛkstʀavagɑ̃, ɑ̃t] *adj* stravagante
extraverti, e [ɛkstʀavɛʀti] *adj* estroverso(-a)
extrême [ɛkstʀɛm] *adj* estremo(-a) ▸ *nm* : **les ~s** gli estremi; **d'un ~ à l'autre** da un estremo all'altro; **à l'~** all'estremo; **à l'~ rigueur** al limite, al massimo
extrêmement [ɛkstʀɛmmɑ̃] *adv* estremamente
Extrême-Orient [ɛkstʀɛmɔʀjɑ̃] *nm* Estremo Oriente *m*
extrémité [ɛkstʀemite] *nf* estremità *f inv*; (*situation*) situazione *f* critica; (*geste désespéré*) gesto estremo; **extrémités** *nfpl* (*pieds et mains*) estremità *f inv*; **à la dernière ~** (*à l'agonie*) in fin di vita
exubérant, e [ɛgzybeʀɑ̃, ɑ̃t] *adj* (*végétation*) rigoglioso(-a); (*caractère*) esuberante

F, f [ɛf] *abr* (= *féminin*) f; (= *franc*) fr.; (= *Fahrenheit*) F; (*appartement*) : **un F2/F3** un bilocale/trilocale
fa [fɑ] *nm inv* (*Mus*) fa *m inv*
fable [fɑbl] *nf* favola, fiaba
fabricant [fabʀikɑ̃] *nm* fabbricante *m*
fabrication [fabʀikasjɔ̃] *nf* fabbricazione *f*
fabrique [fabʀik] *nf* fabbrica
fabriquer [fabʀike] *vt* (*aussi fig*) fabbricare; **qu'est-ce qu'il fabrique ?** (*fam*) (che) cosa combina?; **~ en série** fabbricare *ou* produrre in serie
fabuleux, -euse [fabylø, øz] *adj* favoloso(-a)
fac [fak] (*fam*) *abr f* = *faculté* (*université*) unversità *f inv*; (*partie d'une université*) facoltà *f inv*; **aller à la ~** andare all'università; **être en ~ de lettres** fare (la facoltà di) lettere
façade [fasad] *nf* facciata
face [fas] *nf* faccia; (*fig*) aspetto ▸ *adj* : **le côté ~** il diritto; **perdre/sauver la ~** perdere/salvare la faccia; **regarder qn en ~** guardare in faccia qn; **la maison/le trottoir d'en ~** la casa/il marciapiede di fronte; **en ~ de** (*aussi fig*) di fronte a; **de ~** (*portrait, place*) di faccia; **~ à** (*vis-à-vis de, fig*) di fronte a; **faire ~ à qn/qch** far fronte a *ou* affrontare qn/qc; **faire ~ à la demande** (*Comm*) far fronte alla domanda; **~ à ~** uno(-a) di fronte all'altro(-a)
facette [fasɛt] *nf* (*d'un diamant*) faccetta; (*fig* : *d'un problème*) aspetto
fâché, e [fɑʃe] *adj* arrabbiato(-a); (*désolé*) spiacente; **être ~ avec qn** avercela con qn
fâcher [fɑʃe] *vt* far arrabbiare; **se fâcher** *vr* : **se ~ (contre qn)** arrabbiarsi (con qn); **se ~ avec qn** (*se brouiller*) litigare con qn
fâcheusement [fɑʃøzmɑ̃] *adv* spiacevolmente; **avoir ~ tendance à** avere una fastidiosa tendenza a
fâcheux, -euse [fɑʃø, øz] *adj* increscioso(-a), spiacevole; (*initiative*) infelice
faciès [fasjɛs] *nm* faccia
facile [fasil] *adj* (*aussi péj*) facile; (*personne, caractère*) facile, conciliante; **une femme ~** una donna facile *ou* di facili costumi; **~ à faire** facile da fare *ou* a farsi
facilement [fasilmɑ̃] *adv* facilmente; (*au moins*) almeno, facilmente
facilité [fasilite] *nf* facilità; **facilités** *nfpl* (*possibilités, Comm*) facilitazioni *fpl*, agevolazioni *fpl*; **elle a des ~s en langues** ha facilità con le lingue; **~s de crédit/de paiement** agevolazioni *ou* facilitazioni di credito/di pagamento
faciliter [fasilite] *vt* facilitare, agevolare
façon [fasɔ̃] *nf* modo, maniera; (*imitation*) : **châle ~ cachemire** scialle *m* tipo cachemire; **façons** *nfpl* (*comportement*) modi *mpl*; **faire des ~s** (*péj* : *être affecté*) fare moine; (: *faire des histoires*) fare complimenti; **de quelle ~ l'a-t-il fait ?** in che modo l'ha fatto?; **sans ~** *adv* senza complimenti ▸ *adj* (*personne*) alla mano; (*déjeuner*) alla buona; **d'une autre ~** in un altro modo; **de ~ agréable/agressive** in modo piacevole/aggressivo; **de ~ à faire/à ce que** in modo da fare/che; **de (telle) ~ que** in modo (tale) che; **de toute ~** ad ogni modo, comunque; **~ de parler** per modo di dire
facteur, -trice [faktœʀ, tʀis] *nm/f* postino(-a) ▸ *nm* (*aussi fig*) fattore *m*; **~ d'orgues/de pianos** (*Mus*) fabbricante *m* di organi/di pianoforti; (*Mus*) : **le ~ humain** il fattore umano; **~ rhésus** fattore RH
factice [faktis] *adj* (*bracelet etc*) finto(-a)
faction [faksjɔ̃] *nf* fazione *f*; **en ~** di guardia
facture [faktyʀ] *nf* fattura; (*de gaz, de téléphone etc*) bolletta; (*d'un artisan, d'un artiste*) stile *m*, tecnica
facturer [faktyʀe] *vt* fatturare
facultatif, -ive [fakyltatif, iv] *adj* facoltativo(-a); (*arrêt de bus*) facoltativo(-a), a richiesta

faculté [fakylte] *nf (aussi Univ)* facoltà *f inv*
fade [fad] *adj (goût)* insipido(-a); *(couleur)* scialbo(-a), smorto(-a); *(fig)* insulso(-a)
fagoté, e [fagɔte] *(fam) adj* conciato(-a) male; **drôlement/mal ~** conciato(-a) in modo bizzarro/male
FAI [ɛfai] *sigle m (= fournisseur d'accès à Internet)* Internet provider *m inv*
faible [fɛbl] *adj* debole; *(voix, lumière)* fievole, fioco(-a); *(élève, rendement)* scarso(-a) ▸ *nm* : **avoir un ~ pour qn/qch** avere un debole per qn/qc; **le point ~ de qn/qch** il punto debole di qn/qc
faiblement [fɛbləmɑ̃] *adv* debolmente
faiblesse [fɛblɛs] *nf* debolezza; *(de rendement, de revenus)* scarsità *f inv*
faiblir [febliʀ] *vi (lumière)* affievolirsi; *(vent, résistance etc)* calare, diminuire; *(ennemi)* cedere
faïence [fajɑ̃s] *nf* ceramica
faille [faj] *vb voir* **falloir** ▸ *nf (Géo)* faglia; *(fig)* incrinatura, pecca
faillir [fajiʀ] *vi* : **j'ai failli tomber/lui dire** ero lì lì per cadere/dirgli; **~ à une promesse/un engagement** venir meno a una promessa/un impegno

> **FAUX AMIS**
> **faillir** ne se traduit pas par le mot italien *fallire*.

faillite [fajit] *nf (Comm)* : **être en/faire ~** essere in/andare in fallimento; **~ frauduleuse** bancarotta fraudolenta
faim [fɛ̃] *nf* fame *f*; **avoir ~** avere fame; **la ~ dans le monde** la fame nel mondo; **rester sur sa ~** avere ancora fame; *(fig)* rimanere deluso(-a) *ou* insoddisfatto(-a); **~ d'amour/de richesse** sete *f* d'amore/di ricchezza
fainéant, e [fɛneɑ̃, ɑ̃t] *adj, nm/f* fannullone(-a)

MOT-CLÉ

faire [fɛʀ] *vt* **1** *(fabriquer, produire)* fare; **faire du vin/une offre/un film** fare il vino/un'offerta/un film; **faire du bruit/des taches/des dégâts** fare rumore/delle macchie/dei danni
2 *(effectuer : travail, opération)* fare; **que faites-vous ?** che cosa fa?; **faire la lessive** fare il bucato; **faire le ménage/les courses** fare le pulizie/le compere; **qu'a-t-il fait de sa valise ?** che cosa ne ha fatto della valigia?; **que faire ?** che fare?; **tu fais bien de me le dire** fai bene a dirmelo; **faire les magasins/l'Europe** *(visiter, parcourir)* girare (per) i negozi/l'Europa
3 *(études, sport)* fare; **faire du droit** fare legge; **faire du violon/piano** suonare il violino/piano
4 *(simuler)* :
faire l'innocent/l'ignorant fare l'innocente/lo gnorri
5 *(transformer, avoir un effet sur)* : **faire de qn un frustré/avocat** fare di qn un frustrato/avvocato; **ça ne me fait rien** la cosa mi lascia indifferente; **cela/ça ne fait rien** non fa niente; **faire que** *(impliquer)* fare sì che; **n'avoir que faire de qch** non sapere che farsene di qc
6 *(calculs, prix, mesures)* : **2 et 2 font 4** 2 più 2 uguale a 4; **9 divisé par 3 fait 3** 9 diviso 3 uguale a 3; **ça fait 10 m/15 €** sono 10 m/15 euro; **je vous le fais 10 €** glielo faccio a 10 euro
7 : **ne faire que** : **il ne fait que critiquer** non fa (altro) che criticare
8 *(dire)* dire; **« vraiment ? » fit-il** « davvero? » disse *ou* fece
9 *(maladie)* avere; **faire du diabète/de la tension/de la fièvre** avere il diabete/la pressione alta/la febbre
▸ *vi* **1** *(agir, s'y prendre)* fare; **il faut faire vite** bisogna fare presto; **comment a-t-il fait ?** come ha fatto?; **faites comme chez vous** fate come a casa vostra
2 *(paraître)* sembrare; **faire vieux/démodé** avere un'aria vecchia/fuori moda; **faire petit** sembrare piccolo; **ça fait bien** va bene; *(remplaçant un autre verbe)* fare; **remets-le en place — je viens de le faire** rimettilo a posto — l'ho appena fatto; **je peux le voir ? — faites !** posso vederlo? — faccia pure!
▸ *vb impers* **1** : **il fait beau** fa bello, è bel tempo; *voir aussi* **jour** ; **froid** *etc*
2 *(temps écoulé, durée)* : **ça fait 5 ans/heures qu'il est parti** sono 5 anni/ore che è partito; **ça fait 2 ans/heures qu'il y est** è lì da 2 anni/ore
▸ *vb aux* : **faire** *(+ infinitif)* far(e); **faire tomber/bouger qch** far cadere/muovere qc; **faire réparer qch** far riparare qc; **que veux-tu me faire croire/comprendre ?** che cosa vuoi farmi credere/capire?; **il m'a fait traverser la rue** mi ha fatto

attraversare la strada; **faire faire la vaisselle à qn** far lavare i piatti a qn ▸ *vr* : **se faire 1** (*vin*) invecchiare; (*fromage*) maturare
2 : **cela se fait beaucoup** si fa spesso; **cela ne se fait pas** non si fa
3 : **se faire** (+ *nom ou pron*) : **se faire une jupe** farsi una gonna ; **se faire des amis** farsi degli amici ; **se faire du souci** stare in pensiero, preoccuparsi ; **il ne s'en fait pas** non se la prende ; **sans s'en faire** senza prendersela ; **se faire des illusions** farsi delle illusioni ; **se faire beaucoup d'argent** fare molti soldi
4 : **se faire** (+ *adj* : *devenir*) : **se faire vieux** diventare vecchio ; **se faire beau** farsi bello
5 : **se faire à** (*s'habituer*) abituarsi a ; **je n'arrive pas à me faire à la nourriture/au climat** non riesco ad abituarmi al cibo/al clima
6 : **se faire** (+ *infinitif*) farsi ; **se faire examiner la vue/opérer** farsi controllare la vista/operare ; **il va se faire tuer/punir** si farà ammazzare/punire ; **il s'est fait aider** si è fatto aiutare ; **se faire faire un vêtement** farsi fare un vestito ; **se faire ouvrir (la porte)/aider (par qn)** farsi aprire (la porta)/aiutare (da qn) ; **se faire montrer/expliquer qch** farsi mostrare/spiegare qc
7 (*impersonnel*) : **comment se fait-il/faisait-il que ... ?** come mai...?; **il peut se faire que ...** può darsi che ...; **il se fait tard** si sta facendo tardi

faire-part [fɛʀpaʀ] *nm inv* : **~ de mariage/décès** partecipazione *f* di nozze/morte
faisable [fəzabl] *adj* fattibile
faisan, e [fəzɑ̃, an] *nm/f* fagiano(-a)
faisceau, x [fɛso] *nm* fascio
faisons [fəzɔ̃] *vb voir* **faire**
fait[1] [fɛ] *vb voir* **faire** ▸ *nm* fatto; **être le ~ de** essere opera di; **être au ~ de** essere al corrente di; **au ~** (*à propos*) a proposito; **aller droit/en venir au ~** andare dritto/venire al punto; **mettre qn au ~** mettere qn al corrente; **de ~** *adj, adv* di fatto; **du ~ que** per il fatto che, dato che; **du ~ de ceci** a causa di ciò; **de ce ~** di conseguenza, perciò; **en ~** in effetti, di fatto; **en ~ de repas/vacances** in fatto di pasti/vacanze; **prendre ~ et cause pour qn** prendere le difese di qn; **prendre qn sur le ~** cogliere qn sul fatto; **hauts ~s** (*exploits*) gesta *fpl*; **dire à qn son ~** dire a qn il fatto suo; **les ~s et gestes de qn** vita, morte e miracoli di qn; **~ accompli** fatto compiuto; **~ d'armes** fatto d'arme; **~ divers** fatto di cronaca
fait[2], e [fɛt] *pp de* **faire** ▸ *adj* (*fromage, melon*) maturo(-a); (*yeux*) truccato(-a); (*ongles*) dipinto(-a); **un homme ~** un uomo fatto; **être ~ pour** (*conçu pour, naturellement doué pour*) essere fatto per; **c'en est ~ de lui** per lui è finita; **c'en est ~ de notre tranquillité** è finita la pace; **tout ~** (*préparé à l'avance*) già pronto; **idée toute faite** idea preconcetta; **c'est bien ~ (pour lui)** gli sta bene
faîte [fɛt] *nm* vetta, cima; **au ~ de la gloire/des honneurs** (*fig*) all'apice della gloria/degli onori
faites [fɛt] *vb voir* **faire**
faitout [fɛtu] *nm* = **fait-tout**
faittout [fɛtu] *nm pentola milleusi di metallo o terracotta*
falaise [falɛz] *nf* scogliera
falloir [falwaʀ] *vb impers* (*besoin*) : **il va ~ 10 €** ci vorranno 10 €; **il faut** (+ *infinitif*) (*obligation*) bisogna + *infinito*; **il faut faire les lits** bisogna fare i letti; (*fatalité*) : **il a fallu qu'il l'apprenne** ha dovuto impararlo; **il me faut/faudrait 100 €** ho bisogno/avrei bisogno di 100 €; **il vous faut tourner à gauche après l'église** deve girare a sinistra dopo la chiesa; **nous avons ce qu'il (nous) faut** abbiamo quello che (ci) occorre; **il faut que je fasse les lits** devo fare i letti; **il a fallu que je parte** sono dovuto partire; **il faudrait qu'elle rentre** dovrebbe tornare a casa; **il faut toujours qu'il s'en mêle** deve sempre impicciarsene; **comme il faut** *adj, adv* (*bien, convenable*) come si deve, per bene; **s'en falloir** *vr* : **il s'en faut de 100 € (pour ...)** mancano 100 € (per ...); **il t'en faut peu !** ti basta poco!; **il s'en faut de beaucoup qu'il soit ...** è tutt'altro che ..., è ben lungi dall'essere ...; **il s'en est fallu de peu que ...** c'è mancato poco che ...; **... ou peu s'en faut** ... o quasi, ... o poco ci manca; **il ne fallait pas** (*pour remercier*) non doveva (disturbarsi); **faut le faire !** non è da tutti!; **il faudrait que ...** bisognerebbe che ...

falsifier [falsifje] *vt* falsificare
famé, e [fame] *adj* : **mal ~** malfamato(-a)
fameux, -euse [famø, øz] *adj* (*illustre* : *parfois péj*) famoso(-a); (*bon* : *repas, plat etc*) ottimo(-a); **ce n'est pas ~** non è un gran che
familial, e, -aux [familjal, jo] *adj* familiare
familiariser [familjaʀize] : **se familiariser avec** *vr* familiarizzarsi con
familiarité [familjaʀite] *nf* familiarità; **prendre des ~s avec qn** prendersi delle libertà con qn
familier, -ière [familje, jɛʀ] *adj* (*aussi Ling*) familiare; (*cavalier, impertinent*) troppo disinvolto(-a) *ou* familiare ▸ *nm* frequentatore *m* abituale
famille [famij] *nf* famiglia; **il a de la ~ à Paris** ha dei parenti a Parigi; **de ~** (*bijoux, secrets*) di famiglia; (*dîner, fête*) in famiglia
famine [famin] ▸ *nf* carestia
fanatique [fanatik] *adj, nm/f* fanatico(-a)
fané, e [fane] *adj* (*fleur*) appassito(-a), avvizzito(-a)
faner [fane] : **se faner** *vr* (*fleur*) appassire, avvizzire; (*couleur, tissu*) sbiadire
fanfare [fɑ̃faʀ] *nf* fanfara; **en ~** rumorosamente
fanfaron, ne [fɑ̃faʀɔ̃, ɔn] *nm/f* fanfarone(-a)
fanion [fanjɔ̃] *nm* bandierina
fantaisie [fɑ̃tezi] *nf* (*spontanéité*) estro, fantasia; (*caprice*) voglia, capriccio; (*Mus, Litt*) fantasia ▸ *adj* : **bijou ~** (oggetto di) bigiotteria; **pain de ~** pane *m* speciale; **agir selon sa ~** agire a modo proprio *ou* come pare e piace
fantaisiste [fɑ̃tezist] *adj* (*personne*) estroso(-a), strambo(-a); (*interprétation, statistiques*) fantasioso(-a)
fantasme [fɑ̃tasm] *nm* fantasma *m*, fantasia *f*; **~ sexuel** fantasia erotica
fantasque [fɑ̃task] *adj* bizzarro(-a)
fantassin [fɑ̃tasɛ̃] *nm* (*Mil*) fante *m*
fantastique [fɑ̃tastik] *adj* fantastico(-a); (*prix*) esorbitante
fantôme [fɑ̃tom] *nm* fantasma *m*
faon [fɑ̃] *nm* cerbiatto
FAQ [ɛfaky] *sigle f* (*Inform* : = *foire aux questions*) FAQ *fpl*, domande *fpl* frequenti
faramineux, -euse [faʀaminø, øz] (*fam*) *adj* (*prix*) esorbitante
farce [faʀs] *nf* (*Culin*) ripieno; (*blague*) scherzo; (*Théâtre*) farsa; **magasin de ~s et attrapes** negozio di oggetti per scherzi
farceur, -euse [faʀsœʀ, øz] *adj* giocherellone(-a) ▸ *nm/f* (*polisson*) birichino(-a)
farcir [faʀsiʀ] *vt* (*Culin*) farcire; (*fig*) : **~ qch de** imbottire *ou* infarcire qc di; **se farcir** *vr* (*fam* : *corvée*) beccarsi, sciropparsi; (*personne*) sorbirsi
fard [faʀ] *nm* trucco; **~ à joues** fard *m inv*; **~ à paupières** ombretto
fardeau, x [faʀdo] *nm* (*aussi fig*) fardello
farder [faʀde] : **se farder** *vr* truccarsi
farfelu, e [faʀfəly] *adj* strambo(-a)
farfouiller [faʀfuje] (*péj*) *vi* frugare, rovistare
farine [faʀin] *nf* farina; **~ de blé/maïs** farina di frumento/di granturco; **~s animales** farine animali
farineux, -euse [faʀinø, øz] *adj* farinoso(-a)
farouche [faʀuʃ] *adj* feroce; (*personne* : *peu sociable*) scontroso(-a), poco socievole; (*volonté, détermination*) tenace; **une femme peu ~** (*péj*) una donna facile
farouchement [faʀuʃmɑ̃] *adv* tenacemente
fart [faʀt] *nm* (*Ski*) sciolina
farter [faʀte] *vt* sciolinare
fascinant, e [fasinɑ̃, ɑ̃t] *adj* affascinante
fascination [fasinasjɔ̃] *nf* (*fig*) fascino
fasciner [fasine] *vt* affascinare
fascisme [faʃism] *nm* fascismo
fasciste [faʃist] *adj, nm/f* fascista *m/f*
fasse *etc* [fas] *vb voir* **faire**
faste [fast] *nm* fasto ▸ *adj* : **c'est un jour ~** è un giorno fortunato
fastidieux, -euse [fastidjø, jøz] *adj* fastidioso(-a)
fatal, e [fatal] *adj* fatale
fatalité [fatalite] *nf* fatalità *f inv*
fatidique [fatidik] *adj* fatidico(-a)
fatigant, e [fatigɑ̃, ɑ̃t] *adj* faticoso(-a), stancante; (*agaçant*) seccante, scocciante
fatigue [fatig] *nf* fatica
fatigué, e [fatige] *adj* stanco(-a); (*estomac, foie*) in disordine
fatiguer [fatige] *vt* (*aussi fig*) stancare; (*Tech*) sottoporre a fatica ▸ *vi* (*moteur*)

far fatica; **se fatiguer** *vr* stancarsi, affaticarsi; (*fig*) : **se ~ de** stancarsi di; **se ~ à faire qch** affannarsi a fare qc

fatras [fatʀɑ] *nm* ammasso, accozzaglia

faubourg [fobuʀ] *nm* sobborgo

fauché, e [foʃe] (*fam*) *adj* in bolletta *inv*, al verde *inv*

faucher [foʃe] *vt* (*aussi fig*) falciare; (*fam* : *voler*) fregare

faucille [fosij] *nf* falce *f*

faucon [fokɔ̃] *nm* falco

faudra [fodʀa] *vb voir* **falloir**

faufiler [fofile] *vt* (*Couture*) imbastire; **se faufiler** *vr* : **se ~ dans/parmi/entre** infilarsi *ou* intrufolarsi in/tra

faune [fon] *nf* (*Zool, fig, péj*) fauna ▸ *nm* fauno; **~ marine** fauna marina

faussaire [fosɛʀ] *nm* falsario; (*de signature, documents*) falsificatore *m*

fausse [fos] *adj voir* **faux²**

faussement [fosmɑ̃] *adv* (*accuser*) ingiustamente; (*croire*) erroneamente

fausser [fose] *vt* (*objet*) deformare, storcere; (*serrure*) forzare; (*fig* : *résultat, données*) alterare, falsare; **~ compagnie à qn** piantare in asso qn

faut [fo] *vb voir* **falloir**

faute [fot] *nf* errore *m*, sbaglio; (*manquement, Rel*) colpa, mancanza; (*Football etc*) fallo; **c'est de sa/ma ~** è colpa sua/mia; **être en ~** essere in colpa; **par la ~ de** per colpa di; **prendre qn en ~** cogliere qn in fallo; **~ de** (*temps, d'argent*) per *ou* in mancanza di; **sans ~** senz'altro; **~ de mieux ...** in mancanza di meglio ...; **~ d'inattention/d'orthographe** errore di distrazione/di ortografia; **~ de frappe** errore di battitura; **~ de goût** scelta di cattivo gusto; **~ professionnelle** mancanza *ou* errore professionale

fauteuil [fotœj] *nm* poltrona; **~ à bascule** sedia a dondolo; **~ d'orchestre** (*Théâtre*) poltrona di platea; **~ roulant** sedia a rotelle

fautif, -ive [fotif, iv] *adj* (*incorrect*) inesatto(-a), errato(-a); (*responsable*) colpevole ▸ *nm/f* colpevole *m/f*; **il est ~** è colpa sua

fauve [fov] *nm* (*animal*) belva; (*peintre*) fauve *m* ▸ *adj* (*couleur*) fulvo(-a)

faux¹ [fo] *nf* (*Agr*) falce *f*

faux², fausse [fo, fos] *adj* falso(-a); (*inexact*) sbagliato(-a); (*barbe, dent etc*) finto(-a); (*voix*) stonato(-a); (*piano*) scordato(-a); (*simulé*) : **fausse modestie** falsa modestia ▸ *adv* (*Mus*) : **jouer/chanter ~** stonare ▸ *nm* (*peinture, billet*) falso; **distinguer le vrai du ~** distinguere il vero dal falso; **le ~ numéro** il numero sbagliato; **faire fausse route** sbagliare strada; **faire ~ bond à qn** fare un bidone a qn; **fausse alerte** falso allarme *m*; **fausse clé** chiave *f* falsa; **fausse couche** aborto spontaneo; **fausse joie** gioia ingiustificata; **fausse note** (*Mus, fig*) stonatura, nota falsa; **~ ami** (*Ling*) falso amico; **~ col** solino, colletto staccabile; **~ départ** (*Sport, fig*) falsa partenza; **~ frais** *nmpl* spese *fpl* accessorie; **~ frère** (*fig* : *péj*) Giuda *m inv*; **~ mouvement** movimento falso; **~ nez** naso finto; **~ nom** nome *m* falso; **~ pas** (*aussi fig*) passo falso; **~ témoignage** (*délit*) falsa testimonianza

faux-filet [fofilɛ] (*pl* **-s**) *nm* controfiletto

faux-fuyant [fofɥijɑ̃] (*pl* **-s**) *nm* sotterfugio, scappatoia

faux-monnayeur [fomɔnɛjœʀ] (*pl* **-s**) *nm* falsario

faux-semblant [fosɑ̃blɑ̃] (*pl* **-s**) *nm* finzione *f*

faveur [favœʀ] *nf* favore *m*; **faveurs** *nfpl* (*d'une femme etc*) favori *mpl*; **avoir la ~ de qn** godere del favore di qn; **régime/traitement de ~** condizioni *mpl*/trattamento di favore; **à la ~ de la nuit** col favore della notte; **en ~ de qn/qch** a favore di qn/qc

favorable [favɔʀabl] *adj* favorevole

favori, te [favɔʀi, it] *adj* preferito(-a) ▸ *nm* (*champion, cheval*) favorito(-a); **favoris** *nmpl* (*barbe*) favoriti *mpl*

favoriser [favɔʀize] *vt* favorire

fax [faks] *nm inv* fax *m inv*

fébrile [febʀil] *adj* febbrile

fécond, e [fekɔ̃, ɔ̃d] *adj* (*aussi fig*) fecondo(-a)

fécondation [fekɔ̃dasjɔ̃] *nf* fecondazione *f*; **~ in vitro** fecondazione in vitro

féconder [fekɔ̃de] *vt* fecondare

fécondité [fekɔ̃dite] *nf* fecondità

fécule [fekyl] *nf* fecola

féculent [fekylɑ̃] *nm* farinaceo

fédéral, e, -aux [fedeʀal, o] *adj* federale

fédération [fedeʀasjɔ̃] *nf* federazione *f*; **la F~ française de football** la Federazione francese del gioco del calcio; **la F~ italienne de football** la Federazione italiana del gioco del calcio
fée [fe] *nf* fata
féerique [fe(e)ʀik] *adj* fiabesco(-a), magico(-a)
feignant, e [fɛɲɑ̃, ɑ̃t] *nm/f, adj* = **fainéant**
feindre [fɛ̃dʀ] *vt* fingere ▸ *vi* fingere, far finta; **~ de faire** fingere *ou* far finta di fare
feinte [fɛ̃t] *nf* (*aussi Sport*) finta
fêlé, e [fele] *adj* incrinato(-a); (*fam* : *fou*) tocco(-a)
fêler [fele] *vt* incrinare; **se fêler** *vr* incrinarsi; **se ~ le tibia/le coccyx** fratturarsi la tibia/il coccige
félicitations [felisitasjɔ̃] *nfpl* congratulazioni *fpl*, felicitazioni *fpl*
féliciter [felisite] *vt* : **~ qn (de qch/d'avoir fait qch)** congratularsi con qn (per qc/per aver fatto qc); **se ~ de qch/d'avoir fait qch** rallegrarsi di qc/di aver fatto qc
félin, e [felɛ̃, in] *adj* felino(-a) ▸ *nm* felino
fêlure [felyʀ] *nf* incrinatura, crepa
femelle [fəmɛl] *nf* femmina ▸ *adj* (*panthère, éléphant*) femmina *inv*
féminin, e [feminɛ̃, in] *adj* femminile ▸ *nm* (*Ling*) femminile *m*
féministe [feminist] *adj, nm/f* femminista *m/f*
femme [fam] *nf* donna; (*épouse*) moglie *f*; **devenir ~** diventare signorina; **jeune ~** giovane donna; **~ au foyer** casalinga; **~ d'affaires** donna d'affari; **~ d'intérieur** donna di casa; **~ de chambre** cameriera; **~ de ménage** donna delle pulizie; **~ de tête** donna intelligente e determinata; **~ du monde** donna di mondo; **~ fatale** femme fatale *f inv*
fémur [femyʀ] *nm* femore *m*
fendre [fɑ̃dʀ] *vt* spaccare; (*fig* : *foule, flots*) fendere; **se fendre** *vr* creparsi, incrinarsi; **~ l'air** fendere l'aria
fendu, e [fɑ̃dy] *adj* (*sol, mur*) crepato(-a); (*crâne*) spaccato(-a); (*lèvre*) screpolato(-a); (*jupe*) con lo spacco
fenêtre [f(ə)nɛtʀ] *nf* finestra; (*train*) finestrino; **regarder par la ~** guardare dalla finestra; **~ à guillotine** finestra a ghigliottina; **~ de lancement** (*Espace*) finestra di lancio
fenouil [fənuj] *nm* finocchio
fente [fɑ̃t] *nf* fessura; (*dans un vêtement*) spacco
féodal, e, -aux [feɔdal, o] *adj* feudale
fer [fɛʀ] *nm* ferro; **santé de ~** salute *f* di ferro; **avoir une main de ~** avere polso; **au ~ rouge** a fuoco; **en ~ à cheval** a ferro di cavallo; **~ à friser** arricciacapelli *m inv*; **~ à repasser** ferro da stiro; **~ à souder** saldatore *m*; **~ à vapeur** ferro a vapore; **~ de lance** (*Mil*) punta di lancia; (*fig*) punta di diamante; **~ forgé** ferro battuto
ferai *etc* [fəʀe] *vb voir* **faire**
fer-blanc [fɛʀblɑ̃] (*pl* **fers-blancs**) *nm* latta
férié, e [fɛʀje] *adj* : **jour ~** giorno festivo

> **FAUX AMIS**
> *giorno feriale* signifie **jour ouvrable** en italien.

ferions *etc* [fəʀjɔ̃] *vb voir* **faire**
ferme¹ [fɛʀm] *adj* fermo(-a); (*sol, chair*) sodo(-a) ▸ *adv* : **travailler ~** lavorare sodo; **discuter ~** discutere animatamente; **tenir ~** tenere duro
ferme² [fɛʀm] *nf* (*exploitation*) azienda agricola; (*maison*) fattoria
fermé, e [fɛʀme] *adj* (*aussi fig*) chiuso(-a); **~ pour travaux** chiuso per lavori
ferment [fɛʀmɑ̃] *nm* fermento; **~s lactiques** fermenti *mpl* lattici
fermenter [fɛʀmɑ̃te] *vi* fermentare; (*fig*) essere in fermento
fermer [fɛʀme] *vt* chiudere; (*lumière, radio, télévision*) spegnere ▸ *vi* (*porte, valise*) chiudersi; (*entreprise*) chiudere; **se fermer** *vr* chiudersi; **~ à clef** chiudere a chiave; **~ au verrou** chiudere col catenaccio; **~ les yeux (sur qch)** (*fig*) chiudere un occhio (su qc)

> **FAUX AMIS**
> **fermer** ne se traduit pas par le mot italien *fermare*.

fermeté [fɛʀməte] *nf* fermezza
fermeture [fɛʀmətyʀ] *nf* chiusura; **jour/heure de ~** (*Comm*) giorno/ora di chiusura; **~ éclair®** cerniera *f* lampo®, chiusura *f* lampo®; **~ à glissière** cerniera *f* lampo®, chiusura *f* lampo®
fermier, -ière [fɛʀmje, jɛʀ] *adj* : **beurre/cidre ~** burro/sidro di fattoria ▸ *nm/f* (*locataire*) fattore(-essa); (*agriculteur*) agricoltore(-trice)
fermoir [fɛʀmwaʀ] *nm* (*de bijou, robe*) fermaglio

féroce [feʀɔs] *adj* feroce
ferons [fəʀɔ̃] *vb voir* **faire**
ferraille [feʀɑj] *nf* ferri *mpl* vecchi, rottami *mpl*
ferrer [feʀe] *vt* (*cheval*) ferrare; (*chaussure*) chiodare; (*canne*) guarnire di ferro (sulla punta); (*poisson*) uncinare
ferronnerie [feʀɔnʀi] *nf* lavori *mpl* artistici in ferro battuto; **~ d'art** negozio di oggetti in ferro battuto
ferroviaire [feʀɔvjɛʀ] *adj* ferroviario(-a)
ferry-boat [fɛʀebot] (*pl* **-s**) *nm* ferry(-boat) *m inv*, nave *f* traghetto *inv*
fertile [fɛʀtil] *adj* (*aussi fig*) fertile; **~ en événements/incidents** ricco(-a) di avvenimenti/incidenti
fertiliser [fɛʀtilize] *vt* fertilizzare
fervent, e [fɛʀvɑ̃, ɑ̃t] *adj* fervente
ferveur [fɛʀvœʀ] *nf* fervore *m*
fesse [fɛs] *nf* gluteo, natica; **les ~s** il sedere
fessée [fese] *nf* sculacciata
festin [fɛstɛ̃] *nm* banchetto
festival [fɛstival] *nm* festival *m inv*
festivités [fɛstivite] *nfpl* festeggiamenti *mpl*
festoyer [fɛstwaje] *vi* far bisboccia *ou* festa
fêtard, e [fɛtaʀ, aʀd] (*fam*) *nm/f* festaiolo(-a)
fête [fɛt] *nf* festa; (*du nom*) onomastico; **faire la ~** fare la bella vita; **faire ~ à qn** far festa a qn; **se faire une ~ de** pregustare; **jour de ~** giorno festivo *ou* di festa; **les ~s (de fin d'année)** le feste (di fine anno); **salle/comité des ~s** salone/comitato delle feste; **la ~ des Mères/des Pères** la festa della Mamma/del Papà; **la F~ Nationale** la festa nazionale; **~ de charité** festa di beneficenza; **~ foraine** parco dei divertimenti, luna-park *m inv*
fêter [fete] *vt* festeggiare
fétiche [fetiʃ] *nm* feticcio; **objet/animal ~** oggetto/animale *m* portafortuna *inv*
fétide [fetid] *adj* fetido(-a)
feu[1] [fø] *adj* : **~ le roi/madame Dupont** il defunto re/la defunta signora Dupont; **~ son père** il suo defunto padre
feu[2]**, x** [fø] *nm* fuoco; (*signal lumineux*) luce *f*; (*de cuisinière*) fuoco, fiamma; (*fig : ardeur*) fuoco, foga; (*: sensation de brûlure*) bruciore *m*; **feux** *nmpl* (*éclat, lumière*) luce *fsg*; (*de signalisation*) semaforo *msg*; **tous feux éteints** (*Naut, Auto*) a luci spente; **au ~ !** al fuoco!; **à ~ doux/vif** (*Culin*) a fuoco moderato/vivo; **à petit ~** (*Culin, fig*) a fuoco lento; **faire ~** (*avec arme*) far fuoco; **ne pas faire long ~** (*fig*) avere breve durata; **commander le ~** (*Mil*) ordinare (di aprire) il fuoco; **tué au ~** (*Mil*) ucciso in combattimento; **mettre à ~** (*fusée*) lanciare; **pris entre deux feux** (*fig*) preso tra due fuochi; **en ~** in fiamme; **être tout ~ tout flamme (pour)** far fuoco e fiamme (per); **avoir le ~ sacré** avere il fuoco sacro; **prendre ~** prendere fuoco; **mettre le ~ à** dare fuoco a; **faire du ~** accendere il fuoco; **avez-vous du ~ ?** ha da accendere?; **donner le ~ vert à qch/qn** (*fig*) dare via libera a qc/qn; **s'arrêter aux feux** *ou* **au ~ rouge** fermarsi al semaforo *ou* al rosso; **~ arrière** (*Auto*) fanale *m* posteriore; **~ d'artifice** fuoco d'artificio; (*spectacle*) fuochi *mpl* d'artificio; **~ de camp** falò *m inv*, fuoco di campo; **~ de cheminée** fuoco (del caminetto); **~ de joie** falò *m inv*; **~ de paille** (*fig*) fuoco di paglia; **~ orange/rouge/vert** (*Auto*) (semaforo) giallo/rosso/verde *m*; **feux de brouillard/de croisement** (*Auto*) fari *mpl* fendinebbia *inv*/anabbaglianti; **feux de position/de stationnement** (*Auto*) luci di posizione/di stazionamento; **feux de route** (*Auto*) luci di profondità, abbaglianti *mpl*
feuillage [fœjaʒ] *nm* fogliame *m*
feuille [fœj] *nf* (*d'arbre*) foglia; (*de papier*) foglio; (*d'un livre*) pagina; (*de métal*) foglio, lamiera; **rendre ~ blanche** (*Scol*) consegnare il foglio bianco; **~ d'impôts** modulo per la dichiarazione dei redditi; **~ d'or** foglia d'oro; **~ de chou** (*fam : péj*) giornale *m* di poco conto; **~ de déplacement** (*Mil*) foglio di trasferta; **~ de paye/de maladie** foglio *m* paga *inv*/di malattia; **~ de présence** foglio di presenza; **~ de route** (*Mil, fig*) piano d'azione; **~ de température** tabella termometrica *ou* della temperatura; **~ de vigne** (*Bot*) foglia di vite; (*sur statue*) foglia di fico; **~ volante** foglio volante
feuillet [fœjɛ] *nm* foglietto
feuilleté, e [fœjte] *adj* (*Culin*) : **pâte feuilletée** pasta sfoglia; (*verre*) laminato(-a) ▸ *nm* (*gâteau*) sfogliata

feuilleter [fœjte] *vt* sfogliare
feuilleton [fœjtɔ̃] *nm* (*TV*) serie *f* televisiva, serial *m inv*; (*Radio*) romanzo a puntate; (*roman à épisodes*) romanzo *m* d'appendice, feuilleton *m inv*
feuillu, e [fœjy] *adj* frondoso(-a) ▶ *nm* (*Bot*) latifoglie *m inv*
feutre [føtʀ] *nm* feltro; (*chapeau*) cappello di feltro; (*stylo*) pennarello
feutré, e [føtʀe] *adj* (*en lavage*) infeltrito(-a); (*pas*) felpato(-a); (*atmosphère, bruit*) ovattato(-a)
feutrine [føtʀin] *nf* pannolenci *m*
fève [fɛv] *nf* fava; (*dans la galette des Rois*) *fava o figurina che si nasconde in un dolce tipico dell'Epifania*
février [fevʀije] *nm* febbraio; *voir aussi* **juillet**
FFF *abr = Fédération française de football*
fiable [fjabl] *adj* affidabile
fiançailles [fjɑ̃saj] *nfpl* fidanzamento *msg*
fiancé, e [fjɑ̃se] *nm/f* fidanzato(-a) ▶ *adj* : **être ~ (à)** essere fidanzato(-a) (con)
fiancer [fjɑ̃se] : **se fiancer** *vr* : **se ~ (avec)** fidanzarsi (con)
fibre [fibʀ] *nf* fibra; **avoir la ~ paternelle/militaire** avere la stoffa del padre/del soldato; **~ de verre** fibra di vetro; **~ optique** fibra ottica
ficeler [fis(ə)le] *vt* legare
ficelle [fisɛl] *nf* spago; (*pain*) piccola baguette *f inv*, filoncino; **les ~s du métier** (*fig*) i trucchi del mestiere; **tirer les ~s** (*fig*) tenere le fila; **tirer sur la ~** (*fig*) tirare la corda
fiche [fiʃ] *nf* scheda; (*Inform*) record *m inv*; (*Élec*) spina; **~ de paye** foglio *m* paga *inv*; **~ signalétique** (*Police*) scheda segnaletica; **~ technique** scheda tecnica
ficher [fiʃe] *vt* schedare; (*planter*) : **~ qch dans** conficcare *ou* piantare qc in; (*fam*) : **il ne fiche rien** non combina niente; **se ficher dans** *vr* (*s'enfoncer*) ficcarsi *ou* cacciarsi in; **~ qn à la porte** (*fam*) sbattere qn fuori; **ça me fiche la trouille** (*fam*) (questo) mi fa venire *ou* dà la tremarella; **fiche-le dans un coin** (*fam*) sbattilo *ou* ficcalo in un angolo; **fiche(-moi) le camp !** (*fam*) togliti dai piedi!; **fiche-moi la paix** (*fam*) non rompere; **se ~ de qn** (*fam*) prendere in giro qn; **se ~ de qch** (*fam*) fregarsene di qc; **je m'en fiche !** (*fam*) me ne frego!
fichier [fiʃje] *nm* schedario; (*Inform*) file *m inv*; **~ actif** *ou* **en cours d'utilisation** (*Inform*) file attivo; **~ d'adresses** indirizzario
fichu[1], e [fiʃy] *pp de* **ficher** ▶ *adj* (*fam : inutilisable*) andato(-a), da buttare; (*intensif*) : **~ temps** tempaccio; **être ~ de** (*fam*) essere capace di; **mal ~** (*fam : malade*) conciato(-a) male; (*mal fait*) fatto(-a) male; **bien ~** (*fam*) ben fatto(-a)
fichu[2] [fiʃy] *nm* (*foulard*) scialletto
fictif, -ive [fiktif, iv] *adj* fittizio(-a); (*valeur*) convenzionale; (*promesse*) falso(-a)
fiction [fiksjɔ̃] *nf* (*imagination*) fantasia; (*fait imaginé*) finzione *f*
fidèle [fidɛl] *adj* fedele; (*appareil*) preciso(-a) ▶ *nm/f* (*Rel*) : **les ~s** i fedeli
fidéliser [fidelise] *vt* (*clients*) fidelizar
fidélité [fidelite] *nf* fedeltà; **~ conjugale** fedeltà coniugale
fief [fjɛf] *nm* (*aussi fig*) feudo
fiel [fjɛl] *nm* (*aussi fig*) fiele *m*
fier[1] [fje] : **se fier** *vr* : **se ~ à** fidarsi di, fare affidamento su
fier[2], fière [fjɛʀ] *adj* : **~ (de)** fiero(-a) (di); **avoir fière allure** avere un gran bell'aspetto
fierté [fjɛʀte] *nf* fierezza
fièvre [fjɛvʀ] *nf* (*Méd*) febbre *f*; (*fig*) eccitazione *f* (febbrile); **avoir de la ~/39 de ~** avere la febbre/39 di febbre; **~ jaune/typhoïde** febbre gialla/tifoidea
fiévreux, -euse [fjevʀø, øz] *adj* febbricitante; (*fig*) febbrile
FIFA [fifa] *sigle f* (*= Fédération internationale de football association*) FIFA *f*
figer [fiʒe] : **se figer** *vr* (*sang, huile*) rapprendersi; (*fig : personne*) irrigidirsi; (*: institutions*) fossilizzarsi
fignoler [fiɲɔle] *vt* rifinire (con cura minuziosa)
figue [fig] *nf* fico (*frutto*); **~ de Barbarie** fico d'India
figuier [figje] *nm* fico (*albero*)
figurant, e [figyʀɑ̃, ɑ̃t] *nm/f* comparsa
figure [figyʀ] *nf* (*aussi fig*) figura; (*visage*) viso, faccia; **se casser la ~** (*fam*) cadere; **faire ~ de** fare la figura di; **faire bonne ~** avere l'aria contenta; **faire triste ~** aver l'aria triste; **~ de rhétorique/de style** figura retorica/di stile

figuré, e [figyʀe] *adj* figurato(-a)
figurer [figyʀe] *vi* figurare ▸ *vt* raffigurare, rappresentare; **se ~ qch/que** figurarsi *ou* immaginarsi qc/che; **figurez-vous que ...** si figuri che ...
fil [fil] *nm* filo; (*textile de lin*) (filo di) lino; **au ~ des heures/années** col passare delle ore/degli anni; **le ~ d'une histoire/de ses pensées** il filo di una storia/dei propri pensieri; **de ~ en aiguille** poco a poco, un po' alla volta; **ne tenir qu'à un ~** (*vie, réussite etc*) essere appeso(-a) a un filo; **donner du ~ à retordre à qn** dare del filo da torcere a qn; **donner/recevoir un coup de ~** fare/ricevere una telefonata; **~ à coudre/à pêche** filo da cucito/da pesca; **~ à plomb** filo a piombo; **~ à souder** filo per saldatura; **~ de fer** filo di ferro; **~ de fer barbelé** filo spinato; **~ électrique** filo elettrico
filandreux, -euse [filɑ̃dʀø, øz] *adj* fibroso(-a), filoso(-a)
filature [filatyʀ] *nf* (*fabrique*) filanda, filatura; (*policière*) pedinamento; **prendre qn en ~** pedinare qn
file [fil] *nf* fila; **à la ~** in fila; **prendre la ~ de droite** (*Auto*) mettersi nella fila di destra; **stationner en double ~** (*Auto*) parcheggiare in doppia fila; **en ~ indienne** in fila indiana; **~ d'attente** fila; (*Inform*) coda
filer [file] *vt* (*aussi fig*) filare; (*personne*) pedinare; (*fam*) : **~ qch à qn** rifilare qc a qn ▸ *vi* (*bas, maille*) smagliarsi; (*liquide, pâte*) filare; (*fam : partir*) filarsela; **~ à l'anglaise** filare all'inglese; **~ doux** rigare diritto; **~ un mauvais coton** essere in cattive acque
filet [filɛ] *nm* rete *f*; (*à cheveux*) reticella, retina; (*Culin*) filetto ▸ *nm* (*d'eau, sang*) filo; **~ (à bagages)** (*Rail*) rete *f* portabagagli *inv*; **~ (à provisions)** rete per la spesa
filiale [filjal] *nf* (*Comm*) filiale *f*
filière [filjɛʀ] *nf* (*hiérarchique, administrative*) trafila; (*industrielle : nucléaire, bois*) filiera; (*scolaire, universitaire*) indirizzo; **suivre la ~** (*dans sa carrière*) fare la gavetta
filigrane [filigʀan] *nm* filigrana; **en ~** (*fig*) tra le righe
fille [fij] *nf* (*opposé à garçon*) ragazza; (*opposé à fils*) figlia; (*à l'école*) femmina; **petite ~** ragazzina; **vieille ~** zitella; **jeune ~** ragazza
fillette [fijɛt] *nf* ragazzina
filleul, e [fijœl] *nm/f* figlioccio(-a)
film [film] *nm* (*pour photo*) pellicola; (*œuvre*) film *m inv*; (*couche*) strato; **~ alimentaire** pellicola alimentare; **~ d'animation** film d'animazione; **~ muet/parlant** film muto/parlato; **~ policier** film poliziesco
filmer [filme] *vt* filmare, riprendere
filon [filɔ̃] *nm* filone *m*; (*fig*) pacchia
fils [fis] *nm* figlio; (*Rel*) : **le F~ (de Dieu)** il Figlio di Dio; **~ à papa** (*péj*) figlio di papà; **~ de famille** rampollo di famiglia benestante
filtre [filtʀ] *nm* filtro; **« ~ ou sans ~ ? »** (*cigarette*) « con o senza filtro? »; **café/cafetière ~** caffè/macchina per caffè americano; **~ à air/à huile/à particules** (*Auto*) filtro dell'aria/dell'olio/antiparticolato
filtrer [filtʀe] *vt* filtrare; (*fig : candidats, nouvelles etc*) passare al vaglio ▸ *vi* (*aussi fig*) filtrare
fin[1] [fɛ̃] *nf* fine *f*; (*gén pl : but*) fine *m*, scopo; **(à la) ~ mai/juin** a fine maggio/giugno; **en ~ de journée/semaine** alla fine della giornata/settimana; **prendre ~** avere fine, terminare; **mener à bonne ~** condurre in porto *ou* a buon fine; **toucher à sa ~** volgere al termine; **mettre ~ à qch** mettere *ou* porre fine a qc; **mettre ~ à ses jours** mettere *ou* porre fine ai propri giorni; **à la ~** (*finalement*) alla fine; **sans ~** senza fine; **à cette ~** a tal fine, a questo scopo; **à toutes ~s utiles** per ogni evenienza; **parvenir à ses ~s** raggiungere i propri fini; **~ de non-recevoir** (*Jur, Admin*) irricevibilità; **~ de section** (*de ligne d'autobus*) fine *f* della tratta
fin[2]**, e** [fɛ̃, fin] *adj* (*mince*) fine, sottile; (*: visage, taille*) sottile; (*poudre, sable*) fine; (*sel*) fino(-a); (*esprit, personne, remarque*) sottile, acuto(-a) ▸ *adv* (*moudre, couper*) fine, sottile; **vouloir jouer au plus ~ (avec qn)** voler giocare d'astuzia (con qn); **c'est ~ !** (*iron*) molto astuto!; **avoir la vue/l'ouïe fine** avere la vista/l'udito fine; **le ~ fond de ...** la parte più remota di ...; **le ~ mot de ...** (*histoire, affaire*) il punto fondamentale di ...; **~ prêt** perfettamente pronto, prontissimo; **~ soûl** ubriaco fradicio; **or ~** oro fino; **linge ~** biancheria fine; **repas ~** pasto raffinato; **vin ~** vino

pregiato; **~ gourmet** buongustaio; **~ tireur** abile tiratore *m*; **fine mouche** (*fig*) vecchia volpe *f*; **~es herbes** (*Culin*) erbe *fpl* aromatiche

final, e [final] *adj* finale ▸ *nm* (*Mus*) finale *m*

finale [final] *nf* (*Sport*) finale *f*; **quart/8èmes/16èmes de ~** quarti *mpl*/ottavi *mpl*/sedicesimi *mpl* di finale

finalement [finalmɑ̃] *adv* (*à la fin*) infine; (*après tout*) in definitiva

finance [finɑ̃s] *nf* finanza; **moyennant ~** previo pagamento; **la ~ internationale** la finanza internazionale

financer [finɑ̃se] *vt* finanziare

financier, -ière [finɑ̃sje, jɛʀ] *adj* finanziario(-a) ▸ *nm/f* finanziere(-a) ▸ *nm* (*gâteau*) *dolce a forma di piccolo lingotto con farina di mandorle*

finesse [finɛs] *nf* (*aussi fig*) finezza; **finesses** *nfpl* (*subtilités*) finezze *fpl*; **~ d'esprit** acutezza d'ingegno

fini, e [fini] *adj* finito(-a); (*travail, vêtement*) : **bien/mal ~** ben/mal (ri)finito(-a); (*valeur intensive*) : **un artiste ~** un artista perfetto; **un égoïste ~** un egoista fatto e finito ▸ *nm* (*aspect de la surface*) finitezza; **un nombre ~ de** un numero finito di

finir [finiʀ] *vt* finire; (*être placé en fin de* : *période, livre etc*) chiudere, finire ▸ *vi* : **~ (de faire qch)** finire (di fare qc); **~ quelque part** finire da qualche parte; **~ par qch/par faire qch** finire con qc/col *ou* per fare qc; **il finit par m'agacer** finisce con l'infastidirmi; **~ en pointe/en tragédie** finire a punta/in tragedia; **en ~ (avec qn/qch)** finirla *ou* farla finita (con qn/qc); **à n'en plus ~** (*discussions*) a non finire; (*route*) che non finisce più; **il va mal ~** farà una brutta fine; **c'est bientôt fini ?** (*reproche*) la finiamo?

finition [finisjɔ̃] *nf* rifinitura

finlandais, e [fɛ̃lɑ̃dɛ, ɛz] *adj* finlandese ▸ *nm/f* : **Finlandais, e** finlandese *m/f*

Finlande [fɛ̃lɑ̃d] *nf* Finlandia

fiole [fjɔl] *nf* flacone *m*, boccetta

fioriture [fjɔʀityʀ] *nf* (*ornement*) fronzolo; (*Mus*) : **sans ~(s)** senza fronzoli

fioul [fjul] *nm* olio combustibile; **~ domestique** gasolio da riscaldamento

firme [fiʀm] *nf* ditta

> **FAUX AMIS**
> **firme** ne se traduit pas par le mot italien *firma*.

fis [fi] *vb voir* **faire**

fisc [fisk] *nm* fisco

fiscal, e, -aux [fiskal, o] *adj* fiscale

fiscalité [fiskalite] *nf* fiscalità; (*charges*) tasse *fpl*, imposte *fpl*; **~ directe/indirecte** imposizione *ou* fiscalità diretta/indiretta

fissure [fisyʀ] *nf* fessura, crepa; (*fig*) incrinatura

fissurer [fisyʀe] : **se fissurer** *vr* creparsi

fit [fi] *vb voir* **faire**

FIV [ɛfive] *abr f* (= *fécondation in vitro*) fecondazione *f* in vitro

fixation [fiksasjɔ̃] *nf* (*d'un objet*) fissaggio; (*d'une date*) fissare *m inv*; (*d'un prix*) determinazione *f*; (*Psych*) fissazione *f*; **fixations** *nfpl* (*Ski*) attacchi *mpl*; **faire une ~ sur qn/qch** fissarsi su qn/qc

fixe [fiks] *adj* fisso(-a) ▸ *nm* (*salaire de base*) fisso; **à heure ~** ad un'ora fissa; **à date ~** sempre alla stessa data; **menu à prix ~** menù a prezzo fisso

fixé, e [fikse] *adj* : **être ~ (sur)** (*savoir à quoi s'en tenir*) avere le idee chiare (su), saperla lunga (su); **à l'heure fixée** all'ora fissata; **au jour ~** il giorno fissato *ou* stabilito

fixement [fiksəmɑ̃] *adv* fissamente

fixer [fikse] *vt* fissare; **~ qch à/sur** (*attacher*) fissare qc a/su; **~ son regard/son attention sur** fissare lo sguardo/l'attenzione su; **~ son choix sur qch** scegliere qc; **se ~ quelque part** (*personne*) stabilirsi da qualche parte; **se ~ sur** (*suj* : *regard, attention*) fissarsi su

flacon [flakɔ̃] *nm* flacone *m*, boccetta

flageoler [flaʒɔle] *vi* (*jambes*) tremare

flageolet [flaʒɔlɛ] *nm* (*Mus*) flagioletto; (*Culin*) fagiolo nano

flagrant, e [flagʀɑ̃, ɑ̃t] *adj* (*erreur, injustice*) palese, flagrante; **prendre qn en ~ délit** (*Jur*) cogliere qn in flagranza di reato; (*fig*) cogliere qn in flagrante

flair [flɛʀ] *nm* fiuto; **avoir du ~** (*fig*) avere fiuto

flairer [fleʀe] *vt* (*aussi fig*) fiutare

flamand, e [flamɑ̃, ɑ̃d] *adj* fiammingo(-a) ▸ *nm* (*Ling*) fiammingo ▸ *nm/f* : **Flamand, e** fiammingo(-a)

flamant [flamɑ̃] *nm* (*Zool*) fenicottero; **~ rose** fenicottero rosa

flambant [flɑ̃bɑ̃] *adv* : **~ neuf** nuovo fiammante
flambé, e [flɑ̃be] *adj* (*Culin*) alla fiamma *inv*, flambé *inv*
flambeau, x [flɑ̃bo] *nm* fiaccola; **reprendre le ~** (*fig*) prendere il testimone
flambée [flɑ̃be] *nf* fiammata; (*fig*) : **~ de violence** ondata di violenza; (*Comm*) : **~ des prix** impennata dei prezzi
flamber [flɑ̃be] *vi* bruciare, ardere ▸ *vt* (*Culin*) flambare; **faire ~ des crêpes** fare delle crêpe flambé
flamboyer [flɑ̃bwaje] *vi* fiammeggiare; (*fig*) scintillare, sfavillare
flamme [flɑm] *nf* fiamma; (*d'une cuisinière*) fiamma, fuoco; (*fig : ardeur*) ardore *m*; **en ~s** in fiamme
flan [flɑ̃] *nm* (*Culin*) flan *m inv* (*tipo di sformato*); **~ au caramel/au chocolat** budino al caramello/al cioccolato; **en rester comme deux ronds de ~** (*fam*) rimanere a bocca aperta
flanc [flɑ̃] *nm* fianco; **à ~ de montagne/colline** sul fianco della montagna/collina; **tirer au ~** (*fam*) battere la fiacca, poltrire; **prêter le ~ à** (*fig : critiques etc*) prestare il fianco a
flancher [flɑ̃ʃe] *vi* cedere
flanelle [flanɛl] *nf* flanella
flâner [flɑne] *vi* andare a zonzo, gironzolare
flâneur, -euse [flɑnœʀ, øz] *nm/f* girandolone(-a)
flanquer [flɑ̃ke] *vt* (*être accolé à*) fiancheggiare; **~ qch sur/dans** (*fam : mettre*) sbattere *ou* schiaffare qc su/in; **~ par terre** scaraventare per terra; **~ à la porte** sbattere fuori; **~ la frousse à qn** mettere fifa a qn; **être flanqué de** (*suj : personne*) essere scortato(-a) *ou* fiancheggiato(-a) da
flaque [flak] *nf* (*d'eau*) pozzanghera; (*d'huile, de sang etc*) chiazza
flash [flaʃ] (*pl* **flashes**) *nm* (*Photo*) flash *m inv*; **au ~** (*prendre une photo*) con il flash; **~ d'information** (*TV, Radio*) notiziario *m* flash *inv*; **~ publicitaire** (*TV, Ciné*) spot *m inv* pubblicitario
flasque [flask] *adj* (*peau*) floscio(-a); (*chair*) flaccido(-a) ▸ *nf* fiasca, fiaschetta
flatter [flate] *vt* adulare, lusingare; (*suj : honneurs, amitié*) lusingare; (*caresser*) accarezzare; **se ~ de qch/de pouvoir faire** vantarsi di qc/di poter fare
flatteur, -euse [flatœʀ, øz] *adj* lusinghiero(-a) ▸ *nm/f* adulatore(-trice)
fléau, x [fleo] *nm* (*calamité*) flagello, calamità *f inv*
flèche [flɛʃ] *nf* freccia; (*de clocher*) guglia; (*de grue*) braccio; (*trait d'esprit, critique*) frecciata; **monter en ~** (*fig*) salire alle stelle *ou* vertiginosamente; **partir comme une ~** partire come un razzo
fléchette [fleʃɛt] *nf* freccetta; **fléchettes** *nfpl* (*jeu*) freccette *fpl*
fléchir [fleʃiʀ] *vt* flettere, piegare ▸ *vi* (*fig : courage*) venir meno; (*: prix*) calare, scendere
fléchissement [fleʃismɑ̃] *nm* (*des exportations, des cours*) flessione *f*
flegmatique [flɛgmatik] *adj* flemmatico(-a)
flegme [flɛgm] *nm* flemma
flemmard, e [flemaʀ, aʀd] (*fam*) *adj, nm/f* sfaticato(-a)
flétan [fletɑ̃] *nm* ippoglosso, halibut *m inv*
flétri, e [fletʀi] *adj* appassito(-a), avvizzito(-a); (*peau, visage*) avvizzito(-a), sciupato(-a)
flétrir [fletʀiʀ] *vt* far appassire, far avvizzire; (*peau, visage*) avvizzire, sciupare; (*fig*) : **~ la mémoire de qn** infangare la memoria di qn; **se flétrir** *vr* (*fleur, teint*) appassire
fleur [flœʀ] *nf* fiore *m*; **être en ~(s)** (*arbre*) essere in fiore; **tissu/papier à ~s** tessuto/carta a fiori; **la (fine) ~ de** (*fig*) il (fior)fiore di; **être ~ bleue** essere sentimentale; **à ~ de peau** a fior di pelle; **à ~ de terre** raso terra; **faire une ~ à qn** fare un favore a qn; **~ de lis** giglio
fleuret [flœʀɛ] *nm* (*arme, sport*) fioretto
fleuri, e [flœʀi] *adj* (*aussi fig : style*) fiorito(-a); (*papier, tissu*) a fiori; (*teint, nez*) colorito(-a)
fleurir [flœʀiʀ] *vi* (*aussi fig*) fiorire ▸ *vt* (*tombe*) mettere fiori su; (*chambre*) ornare di fiori
fleuriste [flœʀist] *nm/f* fiorista *m/f*, fioraio(-a)
fleuron [flœʀɔ̃] *nm* (*fig*) gioiello, gemma
fleuve [flœv] *nm* (*aussi fig*) fiume *m*; **roman-/discours-~** romanzo *m*/discorso *m* fiume *inv*

flexible [flɛksibl] *adj (aussi fig)* flessibile
flic [flik] *(fam) nm* sbirro
flingue [flɛ̃g] *(fam) nm* schioppo, fucile *m*
flipper [*n* flipœʀ, *vb* flipe] *nm* flipper *m inv* ▸ *vi (fam : être angoissé)* farsela sotto
flirter [flœʀte] *vi* flirtare; **~ avec** *(fig)* rasentare
flocon [flɔkɔ̃] *nm* fiocco; **~s d'avoine** fiocchi d'avena
floraison [flɔʀɛzɔ̃] *nf* fioritura
flore [flɔʀ] *nf* flora; **~ bactérienne** flora batterica; **~ microbienne** flora batterica
florissant, e [flɔʀisɑ̃, ɑ̃t] *adj (entreprise, commerce)* fiorente, florido(-a); *(santé, mine)* florido(-a); *(teint)* sano(-a)
flot [flo] *nm (de touristes)* marea; *(de paroles)* fiume *m*; **flots** *nmpl (de la mer)* flutti *mpl*, onde *fpl*; **remettre à ~** rimettere in acqua; *(fig)* rimettere in sesto; **être à ~** galleggiare; *(fig)* rimanere *ou* stare a galla; **à ~s** *(couler)* a fiumi
flottaison [flɔtɛzɔ̃] *nf* : **ligne de ~** linea di galleggiamento
flottant, e [flɔtɑ̃, ɑ̃t] *adj* galleggiante; *(vêtement)* largo(-a); *(cours, barême)* fluttuante
flotte [flɔt] *nf (Naut)* flotta; *(fam : eau, pluie)* acqua
flottement [flɔtmɑ̃] *nm (fig : hésitation)* esitazione *f*, titubanza; *(Écon)* fluttuazione *f*
flotter [flɔte] *vi (bateau, bois)* galleggiare; *(odeur)* aleggiare; *(drapeau, cheveux)* sventolare; *(fig : vêtements)* ballare, essere troppo largo(-a); *(Écon : monnaie)* fluttuare ▸ *vb impers (fam : pleuvoir)* : **il flotte** piove ▸ *vt (bois)* flottare; **faire ~** *(bois)* far fluitare, far trasportare dalla corrente
flotteur [flɔtœʀ] *nm* galleggiante *m*
flou, e [flu] *adj (photo)* sfocato(-a); *(dessin, forme)* sfumato(-a); *(fig : idée)* vago(-a) ▸ *nm* : **être dans le ~** navigare nell'incertezza
fluctuer [flyktɥe] *vi* fluttuare
fluide [flɥid] *adj* fluido(-a); *(circulation etc)* scorrevole ▸ *nm* fluido
fluidité [flɥidite] *nf (v adj)* fluidità *f inv*; scorrevolezza
fluor [flyɔʀ] *nm* fluoro
fluorescent, e [flyɔʀesɑ̃, ɑ̃t] *adj* fluorescente
flûte [flyt] *nf (Mus)* flauto; *(verre)* flûte *m inv*; *(pain)* filoncino; **~ !** accidenti!; **petite ~** flauto piccolo; **~ à bec/traversière** flauto a becco/traverso; **~ de Pan** flauto di Pan
flûtiste [flytist] *nm/f* flautista *m/f*
fluvial, e, -aux [flyvjal, jo] *adj* fluviale
flux [fly] *nm* flusso; **le ~ et le reflux** *(aussi fig)* il flusso e il riflusso
foc [fɔk] *nm (Naut)* fiocco
fœtus [fetys] *nm* feto
foi [fwa] *nf (Rel)* fede *f*; **sous la ~ du serment** sotto (il vincolo del) giuramento; **avoir ~ en** aver fede in; **ajouter ~ à** prestar fede a; **faire ~** *(prouver)* far fede; **digne de ~** degno di fede; **sur la ~ de** in base alla testimonianza di; **bonne ~** buonafede *f*; **mauvaise ~** malafede *f*; **être de bonne/mauvaise ~** essere in buonafede/malafede; **ma ~ !** mah!
foie [fwa] *nm* fegato; **~ gras** fegato d'oca
foin [fwɛ̃] *nm* fieno; **faire les ~s** fare il fieno; **faire du ~** *(fig : fam)* fare un putiferio
foire [fwaʀ] *nf* fiera; *(fête foraine)* luna park *m inv*; *(fam)* baraonda; **faire la ~** *(fig : fam)* far baldoria; **~ agricole** fiera agricola; **~ aux questions** *(Inform)* domande *fpl* frequenti; **~ exposition** fiera
fois [fwa] *nf* volta; **2 ~ 2** 2 per *ou* volte 2; **deux/quatre ~ plus grand (que)** due/quattro volte più grande (di); **une ~** *(passé)* una volta; *(futur)* un giorno, una volta; **encore une ~** ancora una volta; **une (bonne) ~ pour toutes** una volta per tutte, una buona volta; **une ~ que c'est fait** una volta fatto; **une ~ parti/couché, il ...** una volta partito/a letto, egli ...; **à la ~** *(ensemble)* contemporaneamente, insieme; **à la ~ grand et beau** allo stesso tempo grande e bello; **des ~** *(parfois)* a *ou* alle volte; **chaque ~ que** ogni volta che; **si des ~ ...** *(fam)* se alle volte *ou* per caso ...; **non, mais des ~ !** *(fam)* ma insomma!; **il était une ~ ...** c'era una volta ...
foison [fwazɔ̃] *nf* : **une ~ de** una profusione di; **à ~** a profusione, in abbondanza
fol [fɔl] *adj voir* **fou**
folichon, ne [fɔliʃɔ̃, ɔn] *adj* : **ça n'a rien de ~** è tutt'altro che divertente

folie [fɔli] *nf* follia; **la ~ des grandeurs** le manie di grandezza; **faire des ~s** fare follie
folklorique [fɔlklɔʀik] *adj* folcloristico(-a)
folle [fɔl] *adj f, nf voir* **fou**
follement [fɔlmɑ̃] *adv* follemente; (*drôle etc*) terribilmente
foncé, e [fɔ̃se] *adj* scuro(-a); **bleu/rouge ~** blu/rosso scuro
foncer [fɔ̃se] *vt* scurire; (*Culin* : *moule etc*) foderare ▶ *vi* scurirsi; (*fam* : *aller vite*) filare; **~ sur** (*fam*) avventarsi su
fonction [fɔ̃ksjɔ̃] *nf* funzione *f*; (*poste*) carica; **fonctions** *nfpl* (*activité, pouvoirs, corporelles*) funzioni *fpl*; **entrer en ~** assumere una carica; **reprendre ses ~s** riassumere le proprie funzioni; **voiture/appartement de ~** macchina/appartamento di rappresentanza; **faire ~ de** (*suj* : *personne*) svolgere le mansioni di; (: *chose*) fungere da; **la ~ publique** la pubblica amministrazione
fonctionnaire [fɔ̃ksjɔnɛʀ] *nm/f* impiegato(-a) statale
fonctionnel, le [fɔ̃ksjɔnɛl] *adj* funzionale
fonctionner [fɔ̃ksjɔne] *vi* funzionare; **faire ~** far funzionare
fond [fɔ̃] *nm* fondo; (*d'un tableau, décor, scène*) sfondo; (*opposé à la forme*) sostanza, contenuto; (*petite quantité*) : **un ~ de verre/bouteille** un goccio; (*Sport*) : **le ~** il fondo; **course/épreuve de ~** gara/prova di fondo; **au ~ de** in fondo a; **aller au ~ des choses** andare a fondo; **le ~ de sa pensée** i suoi pensieri più profondi; **sans ~** senza fondo; **toucher le ~** (*aussi fig*) toccare il fondo; **envoyer par le ~** (*couler*) affondare; **à ~** (*connaître*) a fondo; (*visser, soutenir*) fino in fondo; **à ~ (de train)** (*fam*) a tutta birra; **dans le ~, au ~** (*en somme*) in fondo; **de ~ en comble** (*complètement*) da cima a fondo; *voir aussi* **fonds**; **~ de teint** fondo tinta; **~ sonore** sottofondo (musicale)
fondamental, e, -aux [fɔ̃damɑ̃tal, o] *adj* fondamentale
fondant, e [fɔ̃dɑ̃, ɑ̃t] *adj* (*poire*) che si scioglie in bocca; (*chocolat*) fondente ▶ *nm* (*pâtisserie*) fondente *m*
fondateur, -trice [fɔ̃datœʀ, tʀis] *nm/f* fondatore(-trice); **groupe/membre ~** gruppo/membro fondatore
fondation [fɔ̃dasjɔ̃] *nf* fondazione *f*; **fondations** *nfpl* (*d'une maison*) fondazioni *fpl*, fondamenta *fpl*; **travaux de ~** (*Constr*) lavori *mpl* di fondazione
fondé, e [fɔ̃de] *adj* (*récit*) attendibile; (*accusation*) fondato(-a) ▶ *nm/f* : **~ de pouvoir** procuratore(-trice); **bien ~** fondato(-a); **mal ~** infondato(-a)
fondement [fɔ̃dmɑ̃] *nm* fondamento; **fondements** *nmpl* (*fig* : *de la société, d'une théorie*) fondamenti *mpl*; **sans ~** (*rumeur etc*) senza fondamento, infondato(-a)
fonder [fɔ̃de] *vt* fondare; (*fig*) : **~ qch sur** fondare *ou* basare qc su; **se ~ sur qch** basarsi su qc; **~ un foyer** (*se marier*) mettere su casa *ou* famiglia
fonderie [fɔ̃dʀi] *nf* fonderia
fondre [fɔ̃dʀ] *vt* (*métal, fig* : *couleurs etc*) fondere; (*neige, sucre, sel*) sciogliere ▶ *vi* fondere; (*neige, glace*) sciogliersi; (*fig* : *argent, courage*) svanire; (*se précipiter*) : **~ sur** piombare su; **se fondre** *vr* fondersi; **faire ~** (*neige, sucre etc*) sciogliere; **~ en larmes** sciogliersi in lacrime
fonds [fɔ̃] *nm* (*de bibliothèque*) fondo; (*Comm*) : **~ (de commerce)** impresa commerciale; (*fig*) : **~ de probité** riserva di probità ▶ *nmpl* (*argent*) fondi *mpl*; **être en ~** avere disponibilità finanziarie; **à ~ perdus** a fondo perduto; **mise de ~** investimento (di capitali); **le F~ monétaire international** il Fondo monetario internazionale; **~ de roulement** fondo di rotazione *ou* d'esercizio; **~ publics** fondi pubblici
fondu, e [fɔ̃dy] *adj* (*beurre, métal*) fuso(-a); (*neige*) sciolto(-a) ▶ *nm* (*Ciné*) dissolvenza; **~ enchaîné** dissolvenza incrociata
fondue [fɔ̃dy] *nf* (*Culin*) : **~ (savoyarde)** fonduta (al formaggio); **~ bourguignonne** fondue *f inv* bourguignonne *inv*
font [fɔ̃] *vb voir* **faire**
fontaine [fɔ̃tɛn] *nf* (*source*) fonte *f*; (*construction*) fontana
fonte [fɔ̃t] *nf* (*de la neige*) scioglimento; (*d'un métal*) fusione *f*; (*métal*) ghisa; **en ~ émaillée** di ghisa smaltata; **la ~ des neiges** lo scioglimento delle nevi
foot [fut] *nm* (*Sport*) calcio; **jouer au ~** giocare a calcio

football [futbol] *nm* calcio; **~ américain/ australien/gaélique** football *m inv* Americano/australiano/ gaelico

footballeur, -euse [futbolœʀ, øz] *nm/f* calciatore(-trice)

footing [futiŋ] *nm* : **faire du ~** fare footing *ou* jogging

for [fɔʀ] *nm* : **dans** *ou* **en mon/son ~ intérieur** nel mio/suo intimo

forage [fɔʀaʒ] *nm* perforazione *f*; (*d'un puits*) trivellazione *f*; **~ pétrolier** perforazione *ou* trivellazione petrolifera

forain, e [fɔʀɛ̃, ɛn] *adj* ambulante ▸ *nm/f* (*marchand*) venditore(-trice) ambulante; (*bateleur*) chi si esibisce alle fiere; (*fête foraine*) giostraio(-a)

forçat [fɔʀsa] *nm* forzato

force [fɔʀs] *nf* forza; **forces** *nfpl* (*physiques, Mil, navales etc*) forze *fpl*; (*effectifs*) : **d'importantes ~s de police** ingenti forze di polizia; **avoir de la ~** avere forza, essere forte; **être à bout de ~** essere allo stremo delle forze; **de toutes mes/ses ~s** con tutte le mie/ sue forze; **à la ~ du poignet** (*fig*) col sudore della fronte; **à ~ de faire** a forza di fare; **arriver en ~** arrivare in forze; **de ~** (*prendre, enlever etc*) di forza, a viva forza; **par la ~** con la forza; **à toute ~** (*absolument*) ad ogni costo, a tutti i costi; **cas de ~ majeure** caso di forza maggiore; **faire ~ de rames/voiles** far forza di remi/vele; **être de ~ à faire qch** essere in grado di fare qc; **dans la ~ de l'âge** nel pieno vigore degli anni; **de première ~** di primo ordine; **par la ~ des choses/de l'habitude** per forza di cose/d'abitudine; **les ~s armées** le forze armate; **la ~ publique** la forza pubblica; **les ~s de l'ordre** le forze dell'ordine; **~ centrifuge/d'inertie** forza centrifuga/d'inerzia; **~ d'âme/de caractère** forza d'animo/di carattere; **~ de dissuasion** deterrente *m*; **~ de frappe** force de frappe *f inv*; **~ de la nature** forza della natura; **~s d'intervention** (*Mil, Police*) forze d'intervento

forcé, e [fɔʀse] *adj* forzato(-a); **c'est ~ !** è inevitabile!

forcément [fɔʀsemɑ̃] *adv* per forza; **pas ~** non necessariamente

forcer [fɔʀse] *vt* forzare; (*moteur*) sforzare ▸ *vi* (*Sport, gén*) forzare; **se forcer** *vr* sforzarsi; **~ qn à faire qch** costringere qn a fare qc; **se ~ à faire qch** costringersi a fare qc; **~ la main à qn** forzare la mano a qn; **~ la dose** rincarare la dose; **~ l'allure** forzare l'andatura; **~ l'attention/le respect** imporsi all'attenzione/al rispetto

forer [fɔʀe] *vt* (*puits*) trivellare

forestier, -ière [fɔʀɛstje, jɛʀ] *adj* forestale

forêt [fɔʀɛ] *nf* foresta; **Office national des ~s** (*Admin*) *ente nazionale per la protezione delle zone boschive*; **~ vierge** foresta vergine

forfait [fɔʀfɛ] *nm* (*Comm*) forfait *m inv*; (*crime*) misfatto, infamia; **déclarer ~** (*Sport*) dichiarare forfait; **gagner par ~** vincere per forfait; **travailler à ~** lavorare a forfait

forfaitaire [fɔʀfɛtɛʀ] *adj* forfettario(-a)

forge [fɔʀʒ] *nf* fucina

forgeron, ne [fɔʀʒəʀɔ̃, ɔn] *nm/f* fabbro

formaliser [fɔʀmalize] : **se formaliser** *vr* : **se ~ (de)** formalizzarsi (per)

formalité [fɔʀmalite] *nf* formalità *f inv*

format [fɔʀma] *nm* formato

formater [fɔʀmate] *vt* (*disque*) formattare; **non formaté** non formattato

formation [fɔʀmasjɔ̃] *nf* formazione *f*; **en ~** (*voler, évoluer*) in formazione; **~ permanente/continue** formazione permanente; **~ professionnelle** formazione professionale; **~ des adultes** formazione degli adulti

forme [fɔʀm] *nf* forma; **formes** *nfpl* (*d'une femme*) forme *fpl*; **en ~ de poire** a forma di pera; **sous ~ de** sotto forma di; **être en (bonne/pleine) ~, avoir la ~** essere in (buona/piena) forma; **en bonne et due ~** (*Admin*) nella debita forma; **y mettre les ~s** agire con garbo *ou* tatto; **sans autre ~ de procès** (*fig*) senza tante cerimonie; **pour la ~** pro forma, per esigenze di forma

formel, le [fɔʀmɛl] *adj* (*preuve, décision*) categorico(-a), definitivo(-a); (*logique, politesse*) formale

formellement [fɔʀmɛlmɑ̃] *adv* formalmente

former [fɔʀme] *vt* formare; **se former** *vr* formarsi; (*organe, organisme*) svilupparsi

formidable [fɔʀmidabl] *adj* formidabile; (*excellent*) fantastico(-a), formidabile

f

formulaire [fɔʀmylɛʀ] *nm* modulo, formulario; **remplir un ~** compilare un modulo
formule [fɔʀmyl] *nf* formula; (*formulaire*) modulo; **selon la ~ consacrée** come si suol dire; **~ de politesse** formula di cortesia; (*en fin de lettre*) formula epistolare
formuler [fɔʀmyle] *vt* formulare
fort, e [fɔʀ, fɔʀt] *adj* forte; (*mer*) grosso(-a), agitato(-a) ▶ *adv* (*parler*) forte; (*frapper, serrer*) forte, con forza; (*beaucoup, très*) molto ▶ *nm* (*édifice, point fort*) forte *m*; **c'est un peu ~ !** questa poi!, questa è proprio grossa!; **à plus forte raison** a maggior ragione; **avoir ~ à faire avec qn** avere un bel da fare con qn; **se faire ~ de faire** dirsi sicuro(-a) di fare; **~ bien/peu** molto bene/poco; **au plus ~ de** nel bel mezzo di; **forte tête** testardo(-a)
forteresse [fɔʀtəʀɛs] *nf* fortezza
fortifiant, e [fɔʀtifjɑ̃, jɑ̃t] *adj, nm* ricostituente *m*
fortifications [fɔʀtifikasjɔ̃] *nfpl* fortificazioni *fpl*
fortuit, e [fɔʀtɥi, it] *adj* fortuito(-a)
fortune [fɔʀtyn] *nf* fortuna; (*sort*) : **des ~s diverses** destini *mpl* diversi; **faire ~** fare fortuna; **avoir de la ~** possedere una fortuna *ou* delle ricchezze; **de ~** (*improvisé*) di fortuna; (*compagnon*) di avventura; **bonne ~** fortuna; **mauvaise ~** cattiva *ou* mala sorte *f*
fortuné, e [fɔʀtyne] *adj* facoltoso(-a), ricco(-a)
fosse [fos] *nf* fossa; **~ à purin** fossa da letame; **~ aux lions/aux ours** fossa dei leoni/degli orsi; **~ commune** fossa comune; **~ d'orchestre** buca *ou* fossa dell'orchestra; **~ septique** fossa settica; **~s nasales** fosse nasali
fossé [fose] *nm* fosso, fossato; (*fig*) abisso
fossette [fosɛt] *nf* fossetta
fossile [fosil] *adj, nm* fossile *m*
fou, folle [fu, fɔl] (*devant nm commençant par voyelle ou h muet* **fol**) *adj* (*personne*) pazzo(-a), matto(-a), folle; (*regard, fam : extrême*) folle; (: *très grand*) : **ça prend un temps ~** prende una marea di tempo ▶ *nm/f* pazzo(-a), matto(-a) ▶ *nm* (*d'un roi*) buffone *m*, giullare *m*; (*Échecs*) alfiere *m*; (*Zool*) : **~ de Bassan** sula; **herbe folle** erbaccia; **mèche folle** ciuffo ribelle; **aiguille folle** ago impazzito; **~ à lier** matto(-a) da legare; **~ furieux/folle furieuse** pazzo(-a) furioso(-a); **être ~ de** (*sport, art etc*) andare pazzo(-a) per; (*personne*) essere pazzo(-a) di; (*chagrin, joie, colère*) essere pazzo(-a) *ou* folle di; **faire le ~** (*enfant etc*) fare il matto; **avoir le ~ rire** avere la ridarella
foudre [fudʀ] *nf* fulmine *m*; (*fig : colère*) collera; **s'attirer les ~s de qn** attirarsi le ire di qn
foudroyant, e [fudʀwajɑ̃, ɑ̃t] *adj* (*rapidité, succès*) fulmineo(-a), folgorante; (*maladie, poison, regard*) fulminante
fouet [fwɛ] *nm* (*aussi Culin*) frusta; **de plein ~** in pieno
fouetter [fwete] *vt* frustare; (*fig : suj : pluie, vagues, vent*) sferzare; (*Culin*) sbattere, frullare; (: *crème*) montare
fougère [fuʒɛʀ] *nf* felce *f*
fougue [fug] *nf* foga, impeto
fougueux, -euse [fugø, øz] *adj* focoso(-a)
fouille [fuj] *nf* (*de suspect, local*) perquisizione *f*; (*de quartier*) perlustrazione *f*; **fouilles** *nfpl* (*archéologiques*) scavi *mpl*
fouiller [fuje] *vt* (*suspect, local*) perquisire; (*quartier*) battere, perlustrare; (*creuser*) scavare; (*étude etc*) approfondire ▶ *vi* (*archéologue*) scavare, fare scavi; **~ dans/parmi** frugare *ou* rovistare in/tra
fouillis [fuji] *nm* confusione *f*
fouine [fwin] *nf* faina
fouiner [fwine] (*péj*) *vi* : **~ dans** ficcare il naso in
foulard [fulaʀ] *nm* foulard *m inv*; **~ islamique** velo islamico
foule [ful] *nf* folla; **une ~ de** (*beaucoup de*) una massa *ou* gran quantità di; **les ~s** le masse; **venir en ~** venire in massa
foulée [fule] *nf* (*Sport*) falcata; **dans la ~ de** sulla scia di
fouler [fule] *vt* pigiare; **se fouler** *vr* (*fam : se fatiguer*) : **tu ne t'es pas foulé !** non ti sei sprecato!; **se ~ la cheville/le bras** slogarsi la caviglia/il braccio; **~ aux pieds** (*fig : lois, principe*) calpestare; **~ le sol de son pays** calcare *ou* calpestare il suolo della patria
foulure [fulyʀ] *nf* slogatura
four [fuʀ] *nm* forno; (*Théâtre : échec*) fiasco; **un plat qui va au ~** un piatto da

forno; **~ à micro-ondes/à chaleur tournante** forno a microonde/ ventilato; **petits ~s** paste *fpl* mignon
fourbu, e [fuʀby] *adj* stremato(-a), sfinito(-a)
fourche [fuʀʃ] *nf* forcone *m*; (*de bicyclette, de moto*) forcella; (*d'une route*) bivio
fourchette [fuʀʃɛt] *nf* (*aussi Statistiques*) forchetta; **~ de prix** forbice *f* di prezzo; **~ à dessert** forchetta da dolce *ou* dessert
fourchu, e [fuʀʃy] *adj* (*cheveu*) con doppie punte; (*arbre etc*) biforcuto(-a)
fourgon [fuʀgɔ̃] *nm* (*Auto*) furgone *m*; (*Rail*) bagagliaio; **~ mortuaire** carro funebre
fourgonnette [fuʀgɔnɛt] *nf* furgoncino, camioncino
fourmi [fuʀmi] *nf* formica; **avoir des ~s dans les jambes/mains** (*fig*) avere un formicolio alle gambe/mani
fourmilière [fuʀmiljɛʀ] *nf* (*aussi fig*) formicaio
fourmiller [fuʀmije] *vi* pullulare; **~ de** brulicare *ou* pullulare di
fourneau, x [fuʀno] *nm* fornello
fournée [fuʀne] *nf* infornata
fourni, e [fuʀni] *adj* folto(-a); **bien/ mal ~ (en)** (*magasin etc*) ben/mal fornito(-a) (di)
fournir [fuʀniʀ] *vt* fornire; (*effort*) compiere; (*magasin, école*) : **~ en** rifornire di; **~ qch à qn** fornire qc a qn; **~ qn en** rifornire qn di; **se fournir** *vr* : **se ~ chez** rifornirsi da
fournisseur, -euse [fuʀnisœʀ, øz] *nm/f* fornitore(-trice); **~ d'accès à Internet** fornitore *m* d'accesso Internet
fourniture [fuʀnityʀ] *nf* fornitura; **fournitures** *nfpl* (*matériel, équipement*) materiali *mpl*, forniture *fpl*; **~s de bureau** forniture per ufficio; **~s scolaires** articoli *mpl* per la scuola
fourrage [fuʀaʒ] *nm* foraggio
fourré, e [fuʀe] *adj* (*bonbon, chocolat*) ripieno(-a); (*manteau, bottes*) foderato(-a) (di pelliccia) ▶ *nm* folto, boscaglia
fourreau, x [fuʀo] *nm* (*d'épée*) fodero, guaina
fourrer [fuʀe] (*fam*) *vt* (*mettre*) : **~ qch dans** cacciare *ou* ficcare qc in; **se fourrer dans/sous** *vr* cacciarsi *ou* ficcarsi in/sotto
fourre-tout [fuʀtu] *nm inv* (*sac*) borsone *m*; (*placard*) sgabuzzino, ripostiglio; (*fig*) guazzabuglio ▶ *adj inv* (*catégorie, loi*) minestrone *inv*
fourrière [fuʀjɛʀ] *nf* (*pour chiens*) canile *m* municipale; (*voitures*) deposito (veicoli rimossi); **ma voiture a été mise en** *ou* **à la ~** mi hanno rimosso la macchina
fourrure [fuʀyʀ] *nf* pelliccia; **col de ~** collo di pelliccia
foutre [futʀ] (*fam!*) *vt* (*mettre*) : **où est-ce que j'ai bien pu ~ mes lunettes ?** dove cavolo avrò messo i miei occhiali?; (*faire*) : **elle n'a rien foutu de la journée** non ha fatto un cavolo tutto il giorno; **qu'est-ce que tu fous ?** che cavolo fai?; **~ la trouille à qn** far cagare sotto qn; **~ qn à la porte** cacciare via qn; **fous(-moi) le camp !** fuori dalle palle!; **fous-moi la paix** lasciami in pace!; **se ~ de qn** prendere per il culo qn; **je m'en fous** non me ne frega un cavolo; **j'en ai rien à ~** non me ne frega un cazzo
foutu, e [futy] (*fam!*) *adj* (*fam : inutilisable*) andato(-a), da buttare; (*intensif*) : **~ temps** tempaccio; **être ~ de** (*fam*) essere capace di; **mal ~** (*malade*) conciato(-a) male; (*mal fait*) fatto(-a) male; **bien ~** ben fatto(-a)
foyer [fwaje] *nm* (*d'une cheminée, d'un four*) focolare *m*, fuoco; (*fig : d'incendie, d'infection*) focolaio; (*: de civilisation*) nucleo originario; (*famille*) famiglia; (*domicile*) casa, domicilio; (*Théâtre*) ridotto, foyer *m inv*; (*local de réunion*) centro, ritrovo; (*résidence : de vieillards, d'étudiants*) casa; (*salon*) sala (di ritrovo); (*Optique, Photo*) fuoco; **lunettes à double ~** occhiali *mpl* a lenti bifocali
fracassant, e [fʀakasɑ̃, ɑ̃t] *adj* clamoroso(-a)
fracasser [fʀakase] *vt* fracassare, schiantare
fraction [fʀaksjɔ̃] *nf* frazione *f*; **une ~ de seconde** una frazione di secondo
fractionner [fʀaksjɔne] *vt* frazionare; **se fractionner** *vr* frazionarsi
fracture [fʀaktyʀ] *nf* frattura; **~ de la jambe** frattura della gamba; **~ du crâne** frattura del cranio; **~ ouverte** frattura esposta
fracturer [fʀaktyʀe] *vt* (*coffre, serrure*) scassinare; (*os, membre*) fratturare;

f

se ~ la jambe/le crâne fratturarsi la gamba/il cranio

fragile [fʀaʒil] *adj* fragile; (*fig* : *estomac, santé, situation*) delicato(-a)

fragiliser [fʀaʒilize] *vt* rendere (più) fragile

fragilité [fʀaʒilite] *nf* (*v adj*) fragilità; delicatezza

fragment [fʀagmɑ̃] *nm* frammento

fraîche [fʀɛʃ] *adj voir* **frais**

fraîcheur [fʀɛʃœʀ] *nf* freschezza

fraîchir [fʀeʃiʀ] *vi* rinfrescare, rinfrescarsi

frais, fraîche [fʀɛ, fʀɛʃ] *adj* fresco(-a); (*accueil, réception*) freddo(-a) ▸ *adv* : **il fait ~** fa fresco ▸ *nm* : **mettre au ~** mettere in fresco ▸ *nmpl* (*dépenses*) spese *fpl*; **le voilà ~ !** (*iron*) ora sì che sta fresco!; **~ et dispos** fresco e riposato; **à boire/servir ~** da bere/servire freddo *ou* fresco; **~ débarqué de sa province** appena giunto dalla sua provincia; **prendre le ~** prendere il fresco; **faire des ~** sostenere delle spese; **à grands/peu de ~** con grande/poca spesa; **faire les ~ de** fare le spese di; **rentrer dans ses ~** rientrare nelle spese; (*fig*) restare con le pive nel sacco; **~ d'entretien** *nmpl* spese di manutenzione; **~ de déplacement/de logement** *nmpl* spese di viaggio/di alloggio; **~ de scolarité** *nmpl* tasse *fpl* scolastiche; **~ généraux** *nmpl* spese generali

fraise [fʀɛz] *nf* (*fruit*) fragola; (*outil*) fresa; (*de dentiste*) trapano; **~ des bois** fragola di bosco

fraisier [fʀezje] *nm* (*plante*) fragola; (*gâteau*) *torta a base di pan di spagna, crema e fragole*

framboise [fʀɑ̃bwaz] *nf* lampone *m*

franc, franche [fʀɑ̃, fʀɑ̃ʃ] *adj* (*personne, attitude*) franco(-a), schietto(-a); (*visage*) aperto(-a); (*refus, coupure*) netto(-a); (*couleur*) puro(-a), schietto(-a); (*intensif*) vero(-a) e proprio(-a); (*exempt*) : **~ de port** franco di porto; (*zone, port*) franco(-a); (*boutique*) in esenzione doganale, duty free *inv* ▸ *adv* : **parler ~** dire le cose come stanno ▸ *nm* (*monnaie*) franco; **~ belge/français/suisse** franco belga/francese/svizzero

français, e [fʀɑ̃sɛ, ɛz] *adj* francese ▸ *nm* (*langue*) francese *m* ▸ *nm/f* : **Français, e** francese

France [fʀɑ̃s] *nf* Francia; **~ 2, ~ 3**, *etc canali televisivi nazionali*

> In Francia ci sono cinque canali televisivi pubblici: *France 2*, *France 3*, a struttura regionale, *France 4*, un'emittente dedicata allo spettacolo, *France 5* a contenuto educativo e culturale e *France Ô* che trasmette programmi dai territori d'oltremare.

franche [fʀɑ̃ʃ] *adj f voir* **franc**

franchement [fʀɑ̃ʃmɑ̃] *adv* francamente; (*tout à fait, vraiment*) veramente; (*escl*) questa poi!, adesso basta!

franchir [fʀɑ̃ʃiʀ] *vt* (*obstacle, aussi fig*) superare; (*seuil, ligne, rivière*) oltrepassare, superare; (*distance*) percorrere

franchise [fʀɑ̃ʃiz] *nf* franchezza; (*douanière, d'impôt etc*) franchigia; **en toute ~** in tutta franchezza; **~ de bagages** bagaglio in franchigia

franciser [fʀɑ̃size] *vt* francesizzare

franc-jeu [fʀɑ̃ʒø] *nm* : **jouer ~** mettere le carte in tavola

franc-maçon, ne [fʀɑ̃masɔ̃, ɔn] (*mpl* **-s**, *fpl* **franc-maçonnes**) *nm* massone *m/f*

franc-maçonnerie [fʀɑ̃masɔnʀi] (*pl* **-s**) *nf* massoneria

franco [fʀɑ̃ko] *adv* (*Comm*) : **~ (de port)** franco (di porto)

francophone [fʀɑ̃kɔfɔn] *adj, nm/f* francofono(-a)

francophonie [fʀɑ̃kɔfɔni] *nf* francofonia

franc-parler [fʀɑ̃paʀle] (*pl* **francs-parlers**) *nm* : **avoir son ~** non aver peli sulla lingua

franc-tireur [fʀɑ̃tiʀœʀ] (*pl* **francs-tireurs**) *nm* (*Mil, aussi fig*) franco tiratore *m*

frange [fʀɑ̃ʒ] *nf* frangia; (*de cheveux*) frangia, frangetta

frangipane [fʀɑ̃ʒipan] *nf* crema pasticciera alle mandorle

franquette [fʀɑ̃kɛt] : **à la bonne ~** *adv* alla buona

frappant, e [fʀapɑ̃, ɑ̃t] *adj* impressionante

frappe [fʀap] *nf* (*sur clavier, Sport*) battuta

frappé, e [fʀape] *adj* (*personne*) : **~ de/par qch** colpito(-a) da qc; (*vin, café*) ghiacciato(-a), freddo(-a); **(être) ~ de stupeur** (rimanere) sbigottito(-a)

frapper [fʀape] *vt* colpire; (*monnaie*) coniare ▶ *vi* (*en arrivant chez qn*) bussare; **se frapper** *vr* (*fam*) angosciarsi; **~ à la porte** bussare (alla porta); **~ dans ses mains** battere le mani; **~ du poing sur** battere il pugno su; **~ un grand coup** (*fig*) assestare un bel colpo
frasques [fʀask] *nfpl* scappatelle *fpl*
fraternel, le [fʀatɛʀnɛl] *adj* fraterno(-a)
fraternité [fʀatɛʀnite] *nf* fraternità
fraude [fʀod] *nf* frode *f*; **passer qch en ~** far passare qc di frodo *ou* di contrabbando; **~ électorale** broglio elettorale; **~ fiscale** frode fiscale
fraudeur, -euse [fʀodœʀ, øz] *nm/f* frodatore(-trice), imbroglione(-a); (*candidat*) candidato(-a) sleale; (*du fisc*) evasore *m*
frauduleux, -euse [fʀodylø, øz] *adj* fraudolento(-a)
frayer [fʀeje] *vi* (*fréquenter*) : **~ avec qn** legare con *ou* frequentare qn; **se ~ un passage/chemin dans** aprirsi un passaggio/varco tra
frayeur [fʀɛjœʀ] *nf* spavento, panico
fredonner [fʀədɔne] *vt* canticchiare, canterellare
freezer [fʀizœʀ] *nm* freezer *m inv*, congelatore *m*
frein [fʀɛ̃] *nm* freno; **mettre un ~ à** (*fig*) porre freno a; **sans ~** (*sans limites*) sfrenato(-a); **~ à main** freno a mano; **~ moteur** freno motore; **~s à disques/ à tambours** freni a disco/a tamburo
freinage [fʀɛnaʒ] *nm* frenata, frenatura; **distance de ~** distanza di frenatura
freiner [fʀene] *vi, vt* frenare; **se freiner** *vr* (*fam*) darsi una regolata
frelaté, e [fʀəlate] *adj* adulterato(-a), sofisticato(-a)
frêle [fʀɛl] *adj* esile, gracile
frelon [fʀəlɔ̃] *nm* calabrone *m*
frémir [fʀemiʀ] *vi* (*de peur, de froid*) tremare; (*de joie*) fremere; (*bouillir*) sobbollire; (*feuille*) stormire
frémissement [fʀemismɑ̃] *nm* fremito
frêne [fʀɛn] *nm* frassino
frénétique [fʀenetik] *adj* frenetico(-a)
fréquemment [fʀekamɑ̃] *adv* frequentemente, di frequente
fréquence [fʀekɑ̃s] *nf* frequenza; **haute/basse ~** (*Radio*) alta/bassa frequenza
fréquent, e [fʀekɑ̃, ɑ̃t] *adj* frequente
fréquentation [fʀekɑ̃tasjɔ̃] *nf* frequentazione *f*; **fréquentations** *nfpl* (*relations*) : **de bonnes ~s** buone compagnie *fpl*; **de mauvaises ~s** cattive compagnie
fréquenté, e [fʀekɑ̃te] *adj* (*rue, établissement*) : **très/mal ~** molto/mal frequentato(-a)
fréquenter [fʀekɑ̃te] *vt* frequentare; **se fréquenter** *vr* frequentarsi
frère [fʀɛʀ] *nm* (*aussi fig*) fratello; (*Rel*) frate *m*; **partis/pays ~s** partiti *mpl*/ paesi *mpl* fratelli
fresque [fʀɛsk] *nf* affresco
fret [fʀɛ(t)] *nm* (*prix*) nolo, noleggio; (*cargaison, chargement*) carico
frétiller [fʀetije] *vi* (*poisson*) guizzare
fretin [fʀətɛ̃] *nm* : **le menu ~** i pesci piccoli (*fig*)
friable [fʀijabl] *adj* friabile
friand, e [fʀijɑ̃, fʀijɑ̃d] *adj* : **~ de** ghiotto(-a) *ou* goloso(-a) di ▶ *nm* (*Culin*) *pasta sfoglia ripiena di carne tritata*
friandise [fʀijɑ̃diz] *nf* dolcino
fric [fʀik] (*fam*) *nm* grana
friche [fʀiʃ] : **en ~** *adj, adv* (*Agr, fig*) incolto(-a) ▶ *nf* sodaglia; **~ industrielle** ex zona industriale
friction [fʀiksjɔ̃] *nf* frizione *f*; (*fig*) attrito
frigidaire® [fʀiʒidɛʀ] *nm* frigorifero
frigide [fʀiʒid] *adj* frigido(-a)
frigo [fʀigo] (*fam*) *nm* frigo
frigorifique [fʀigɔʀifik] *adj* frigorifero(-a)
frileux, -euse [fʀilø, øz] *adj* freddoloso(-a); (*fig*) cauto(-a), timoroso(-a)
frimer [fʀime] *vi* fare lo (la) sbruffone(-a)
frimeur, -euse [fʀimœʀ, øz] *nm/f* sbruffone(-a)
frimousse [fʀimus] *nf* musetto, faccino
fringale [fʀɛ̃gal] *nf* : **avoir la ~** avere una gran fame
fringues [fʀɛ̃g] (*fam*) *nfpl* vestiti *mpl*
fripé, e [fʀipe] *adj* sgualcito(-a), spiegazzato(-a)
fripouille [fʀipuj] (*péj*) *nf* canaglia, farabutto
frire [fʀiʀ] *vt, vi* friggere
frisé, e [fʀize] *adj* riccio(-a), ricciuto(-a); **(chicorée) frisée** indivia riccia
frisson [fʀisɔ̃] *nm* brivido

frissonner [fʀisɔne] *vi* tremare; (*fig* : *eau, feuillage*) agitarsi, fremere
frit, e [fʀi, fʀit] *pp de* **frire** ▸ *adj* fritto(-a); **(pommes) ~es** patate *fpl ou* patatine *fpl* fritte
frite [fʀit] *nf* patatina (fritta)
friteuse [fʀitøz] *nf* padella (per friggere); **~ électrique** friggitrice *f* (elettrica)
friture [fʀityʀ] *nf* (*huile*) olio per friggere; (*plat*) : **~ (de poissons)** frittura di pesce; (*Radio*) crepitio, ronzio; **huile de ~** olio per friggere
frivole [fʀivɔl] *adj* frivolo(-a)
froc [fʀɔk] *nm* (*fam*) pantaloni *mpl*, braghe *fpl*
froid, e [fʀwa, fʀwad] *adj* freddo(-a) ▸ *nm* freddo; (*absence de sympathie*) freddezza; **il fait ~** fa freddo; **manger ~** mangiare cibi freddi; **avoir/prendre ~** aver/prendere freddo; **à ~** a freddo; **les grands ~s** il cuore dell'inverno; **jeter un ~** (*fig*) gelare l'atmosfera; **être en ~ avec qn** non essere in buoni rapporti con qn; **battre ~ à qn** trattare qn freddamente *ou* con freddezza
froidement [fʀwadmɑ̃] *adv* freddamente
froisser [fʀwase] *vt* sgualcire, spiegazzare; (*fig* : *personne*) offendere; **se froisser** *vr* sgualcirsi, spiegazzarsi; (*se vexer*) offendersi; **se ~ un muscle** stirarsi un muscolo
frôler [fʀole] *vt* sfiorare; (*fig* : *catastrophe, échec*) sfiorare, rasentare
fromage [fʀɔmaʒ] *nm* formaggio; **~ blanc** *tipo di ricotta cremosa*; **~ de tête** pasticcio di carne di maiale, soppressata
froment [fʀɔmɑ̃] *nm* frumento, grano
froncer [fʀɔ̃se] *vt* (*tissu*) arricciare, increspare; **~ les sourcils** aggrottare le sopracciglia
fronde [fʀɔ̃d] *nf* (*arme*) fionda; (*rébellion*) fronda
front [fʀɔ̃] *nm* (*Anat*) fronte *f*; (*Mil, Météo, fig*) fronte *m*; **aller au/être sur le ~** (*Mil*) andare/essere al fronte; **avoir le ~ de faire qch** avere la faccia tosta *ou* la sfacciataggine di fare qc; **de ~** frontalmente; (*rouler*) fianco a fianco; (*simultanément*) contemporaneamente; **faire ~ à** fronteggiare, far fronte a; **~ de mer** lungomare *m*
frontalier, -ière [fʀɔ̃talje, jɛʀ] *adj* di frontiera *ou* confine ▸ *nm/f* : **(travailleurs) ~s** frontalieri *mpl*
frontière [fʀɔ̃tjɛʀ] *nf* frontiera, confine *m*; (*fig*) limite *m*, confine *m*; **poste/ville ~** posto/città di frontiera
frotter [fʀɔte] *vi* sfregare ▸ *vt* sfregare, strofinare; **se ~ à** (*fig*) avere a che fare con; **~ une allumette** sfregare un fiammifero; **se ~ les mains** (*fig*) fregarsi le mani
fruit [fʀɥi] *nm* (*aussi fig*) frutto; **fruits** *nmpl* (*de la terre, de la chasse*) frutti *mpl*; **un kilo de ~s** un chilo di frutta; **~s de mer** frutti di mare; **~s secs** frutta *fsg* secca
fruité, e [fʀɥite] *adj* (*vin, goût*) fruttato(-a)
fruitier, -ière [fʀɥitje, jɛʀ] *adj* : **arbre ~** albero da frutto ▸ *nm/f* fruttivendolo(-a)
frustrer [fʀystʀe] *vt* frustrare; **~ qn de qch** defraudare qn di qc
fuel [fjul] *nm* = **fioul**
fugace [fygas] *adj* fuggevole, fugace
fugitif, -ive [fyʒitif, iv] *adj* (*lueur, pensée*) fuggevole, fugace; (*prisonnier, esclave*) fuggitivo(-a) ▸ *nm/f* fuggitivo(-a)
fugue [fyg] *nf* (*d'un enfant, Mus*) fuga
fuir [fɥiʀ] *vt* (*bruit, foule*) sfuggire a, evitare; (*responsabilité*) sottrarsi a ▸ *vi* fuggire; (*gaz, eau*) fuoriuscire; (*robinet, tuyau*) perdere
fuite [fɥit] *nf* fuga; (*écoulement*) perdita, fuoriuscita; **être/mettre en ~** essere/mettere in fuga; **prendre la ~** fuggire, darsi alla fuga
fulgurant, e [fylgyʀɑ̃, ɑ̃t] *adj* (*vitesse, progrès*) fulmineo(-a); (*intuition*) folgorante
fumé, e [fyme] *adj* (*Culin*) affumicato(-a)
fumée [fyme] *nf* fumo; **partir en ~** (*fig*) andare in fumo
fumer [fyme] *vi* fumare ▸ *vt* (*cigarette, pipe*) fumare; (*jambon, poisson*) affumicare
fûmes [fym] *vb voir* **être**
fumeur, -euse [fymœʀ, øz] *nm/f* fumatore(-trice); **compartiment (pour) ~s/non-~s** scompartimento (per) fumatori/non fumatori; **~ passif** fumatore(-trice) passivo(-a)
fumier [fymje] *nm* letame *m*
funérailles [fyneʀaj] *nfpl* funerale *msg*, funerali *mpl*
fur [fyʀ] : **au ~ et à mesure (que)** *adv* man mano (che), via via (che); **au ~ et à**

mesure de leur progression a seconda della loro progressione
furet [fyʀɛ] *nm* furetto
fureter [fyʀ(ə)te] *(péj) vi* ficcare il naso
fureur [fyʀœʀ] *nf* furore *m*, ira; **faire ~** far furore
furie [fyʀi] *nf* furia; **en ~** *(mer)* infuriato(-a)
furieux, -euse [fyʀjø, jøz] *adj* furioso(-a); **être ~ contre qn** essere infuriato(-a) con qn
furoncle [fyʀɔ̃kl] *nm* foruncolo
furtif, -ive [fyʀtif, iv] *adj* furtivo(-a)
fus [fy] *vb voir* **être**
fusain [fyzɛ̃] *nm (Bot)* fusaggine *f*; *(Art)* carboncino
fuseau, x [fyzo] *nm (pantalon)* fuseaux *mpl (con la staffa)*; *(pour filer)* fuso; **en ~** *(jambes, colonne)* affusolato(-a); **~ horaire** fuso orario
fusée [fyze] *nf* razzo; **~ éclairante** segnale *m* luminoso, razzo di segnalazione
fusible [fyzibl] *nm* fusibile *m*
fusil [fyzi] *nm* fucile *m*; **~ à deux coups** doppietta; **~ sous-marin** fucile subacqueo
fusillade [fyzijad] *nf* fucilata; *(combat)* sparatoria
fusiller [fyzije] *vt* fucilare; **~ qn du regard** fulminare qn con lo sguardo
fusionner [fyzjɔne] *vi* fondersi
fût [fy] *nm (tonneau)* fusto, barile *m*; *(de canon)* affusto; *(d'arbre, de colonne)* fusto
futé, e [fyte] *adj* astuto(-a), furbo(-a)
futile [fytil] *adj* futile; *(personne)* frivolo(-a)
futur, e [fytyʀ] *adj* futuro(-a) ▸ *nm (avenir, Ling)* futuro; **au ~** *(Ling)* al futuro; **~ antérieur** futuro anteriore
fuyard, e [fɥijaʀ, aʀd] *nm/f* fuggiasco(-a), fuggitivo(-a)

g

gâcher [gɑʃe] *vt (gâter : travail, vacances, vie)* rovinare; *(gaspiller)* sprecare, sciupare
gâchette [gɑʃɛt] *nf (de fusil, pistolet)* grilletto
gâchis [gɑʃi] *nm (désordre)* caos *m inv*; *(gaspillage)* spreco
gaffe [gaf] *nf (instrument)* gaffa, mezzomarinaro; *(fam : erreur)* gaffe *f inv*; **faire ~** *(fam)* fare attenzione
gaffer [gafe] *vi* fare una gaffe
gaga [gaga] *(fam) adj* rimbambito(-a)
gage [gaʒ] *nm (aussi fig)* pegno; *(garantie)* garanzia; **mettre en ~** impegnare; **laisser en ~** lasciare in pegno
gagnant, e [gaɲɑ̃, ɑ̃t] *adj* : **billet/numéro ~** biglietto/numero vincente ▸ *adv* : **jouer ~** *(aux courses)* giocare sul vincente ▸ *nm/f (à la loterie etc)* vincitore(-trice)
gagne-pain [gaɲpɛ̃] *nm inv* mezzo di sostentamento
gagner [gaɲe] *vt (concours, procès, pari)* vincere; *(somme d'argent, revenu)* guadagnare; *(aller vers, envahir)* raggiungere; *(suj : maladie, feu)* propagarsi a; (: *sommeil, faim, fatigue)* avere il sopravento su ▸ *vi* vincere; **~ du temps/de la place** guadagnare tempo/spazio; **~ sa vie** guadagnarsi da vivere; **~ du terrain** *(aussi fig)* guadagnare terreno; **~ à faire qch** *(s'en trouver bien)* guadagnarci a fare qc; **~ en élégance/rapidité** guadagnare in eleganza/rapidità; **il y gagne** ci guadagna
gai, e [ge] *adj* allegro(-a); *(couleurs : pièce)* allegro(-a), vivace; *(un peu ivre)* allegro(-a), brillo(-a)

gaiement [gemɑ̃] *adv* allegramente
gaieté [gete] *nf* allegria; **de ~ de cœur** a cuor leggero
gain [gɛ̃] *nm* (*revenu*) reddito; (*bénéfice*) guadagno, profitto; (*au jeu*) vincita; (*fig : de temps, place*) risparmio; (*avantage*) guadagno; **avoir/obtenir ~ de cause** (*fig*) averla vinta
gaine [gɛn] *nf* (*corset, fourreau*) guaina
gala [gala] *nm* gala *m inv*; **soirée de ~** serata di gala
galant, e [galɑ̃, ɑ̃t] *adj* galante; (*femme*) leggero(-a); **en galante compagnie** in dolce compagnia
gale [gal] *nf* scabbia, rogna
galère [galɛʀ] *nf* galera; (*fig*) casino
galérer [galeʀe] (*fam*) *vi* sfacchinare
galerie [galʀi] *nf* (*aussi Théâtre*) galleria; (*de voiture*) portapacchi *m inv*; (*fig : spectateurs*) pubblico; **~ de peinture** galleria di pittura; **~ marchande** galleria con negozi
galet [galɛ] *nm* ciottolo
galette [galɛt] *nf* (*gâteau*) focaccia; (*crêpe*) crêpe *f inv* di grano saraceno; (*biscuit*) *tipo di biscotto secco*; **~ des Rois** *dolce tipico della festa dell'Epifania*
galipette [galipɛt] *nf* capriola
Galles [gal] *nfpl* : **le pays de ~** il Galles
gallois, e [galwa, waz] *adj* gallese *m/f* ▶ *nm/f* : **Gallois, e** gallese *m/f* ▶ *nm* (*langue*) gallese *m*
galon [galɔ̃] *nm* (*Mil, décoratif*) gallone *m*; **prendre du ~** (*Mil*) salire di grado; (*fig*) ottenere una promozione
galop [galo] *nm* galoppo; **au ~** al galoppo; **~ d'essai** (*fig*) esame *m* simulato
galoper [galɔpe] *vi* galoppare
gambader [gɑ̃bade] *vi* saltellare
gamberger [gɑ̃bɛʀʒe] (*fam*) *vi* pensare, riflettere
gamelle [gamɛl] *nf* gavetta; **ramasser une ~** (*fam*) fare un ruzzolone
gamin, e [gamɛ̃, in] *nm/f* ragazzino(-a); (*enfant*) bambino(-a)
gamme [gam] *nf* (*Mus*) scala; (*fig*) gamma
gang [gɑ̃g] *nm* gang *f inv*
ganglion [gɑ̃glijɔ̃] *nm* (*Méd, lymphatique*) ganglio; **avoir des ~s** avere dei gangli, avere un'infiammazione alle ghiandole
gangrène [gɑ̃gʀɛn] *nf* (*Méd, fig*) cancrena
gant [gɑ̃] *nm* guanto; **prendre des ~s** (*fig*) essere cauto(-a); **relever le ~** (*fig*) raccogliere il guanto; **~s de boxe** guantoni *mpl*; **~s de caoutchouc** guanti di gomma; **~ de crin** guanto di crine; **~ de toilette** guanto di spugna
garage [gaʀaʒ] *nm* (*abri*) garage *m inv*; (*entreprise*) autofficina; **~ à vélos** rimessa per le biciclette
garagiste [gaʀaʒist] *nm/f* (*propriétaire*) garagista *m/f*; (*mécanicien*) garagista, meccanico
garant, e [gaʀɑ̃, ɑ̃t] *nm/f* : **se porter ~ de qch/de qn** (*Jur, gén*) farsi garante di qc/di qn
garantie [gaʀɑ̃ti] *nf* garanzia; **(bon de) ~** (tagliando di) garanzia
garantir [gaʀɑ̃tiʀ] *vt* garantire; **~ qn/qch de qch** (*protéger*) proteggere qn/qc da qc; **je vous garantis que ...** le garantisco che ...; **garanti 2 ans/pure laine** garantito 2 anni/pura lana
garce [gaʀs] (*péj*) *nf* (*femme méchante*) carogna
garçon [gaʀsɔ̃] *nm* ragazzo; (*fils*) figlio; **petit ~** bambino; **jeune ~** ragazzo; **vieux ~** scapolo; **~ boucher/d'écurie** garzone *m* del macellaio/di stalla; **~ coiffeur** apprendista *m* parrucchiere; **~ de café** cameriere *m*; **~ manqué** maschiaccio
garçonnet [gaʀsɔnɛ] *nm* ragazzino
garde [gaʀd(ə)] *nm/f* (*de prisonnier, soldat*) guardia *f*; (*d'un domaine*) guardiano(-a) ▶ *nf* (*Mil, Sport, Typo etc*) guardia; **de ~** di turno, di guardia; **mettre en ~** mettere in guardia; **mise en ~** messa in guardia; **prendre ~ (à)** fare attenzione (a); **être sur ses ~s** stare in guardia; **monter la ~** montare la guardia; **avoir la ~ des enfants** (*après divorce*) avere la custodia dei bambini; **jusqu'à la ~** (*enfoncer*) fino in fondo; **~ à vue** *nf* (*Jur*) fermo (di polizia); **~ champêtre** *nm/f* guardia campestre; **~ d'enfants** *nm/f* baby-sitter *m inv/f inv*; **~ d'honneur** *nf* guardia d'onore; **~ des Sceaux** *nm/f* guardasigilli *m inv/f inv*; **~ descendante/montante** *nf* guardia smontante/montante; **~ du corps** *nm/f* guardia del corpo; **~ forestier(-ière)** *nm/f* guardia forestale; **~ mobile** *nm/f* guardia mobile
garde-à-vous [gaʀdavu] *nm inv* : **être/se mettre au ~** stare/mettersi sull'attenti; **~ !** attenti!

garde-boue [gaʀdəbu] (*pl* **garde-boue(s)**) *nm* parafango
garde-chasse [gaʀdəʃas] (*pl* **gardes-chasse(s)**) *nm/f* guardiacaccia *m inv/f inv*
garde-côte [gaʀdəkot] (*pl* **-s**) *nm/f* guardacoste *m inv/f inv* ▸ *nm* (*embarcation*) guardacoste *m inv*
garde-manger [gaʀdmɑ̃ʒe] (*pl* **garde-mangers**) *nm* dispensa
garder [gaʀde] *vt* (*conserver*) conservare; (: *sur soi* : *vêtement, chapeau*) tenere; (*surveiller*) sorvegliare; **se garder** *vr* (*aliment* : *se conserver*) conservarsi; **~ le lit/la chambre** restare *ou* rimanere a letto/in camera; **~ la ligne** mantenere la linea; **~ le silence** osservare il silenzio; **~ à vue** (*Jur*) sorvegliare a vista; **se ~ de faire qch** guardarsi dal fare qc; **pêche/chasse gardée** riserva di pesca/di caccia
garderie [gaʀdəʀi] *nf* asilo *m* nido *inv*
garde-robe [gaʀdəʀɔb] (*pl* **-s**) *nf* guardaroba *m inv*
gardien, ne [gaʀdjɛ̃, jɛn] *nm/f* (*garde*) custode *m/f*, guardiano(-a); (*de prison*) guardia, agente *m* di custodia; (*de domaine, réserve, musée*) custode ; (*de phare, cimetière, fig* : *garant*) guardiano(-a); (*d'immeuble*) portiere(-a); **~ de but** portiere *m*; **~ de la paix** vigile *m*; **~ de nuit** guardia notturna
gare [gaʀ] *nf* (*Rail*) stazione *f* ▸ *excl* : **~ à ...** attenzione a ...; **~ à ne pas ...** attenzione a non ...; **~ à toi** guai a te; **sans crier ~** senza avvisare; **~ de triage** stazione di smistamento; **~ maritime** stazione marittima; **~ routière** stazione degli autobus

> **FAUX AMIS**
> **gare** ne se traduit pas par le mot italien *gara*.

garer [gaʀe] *vt* posteggiare, parcheggiare; **se garer** *vr* (*véhicule, personne*) posteggiare, parcheggiare; (*pour laisser passer*) scansarsi
gargariser [gaʀgaʀize] : **se gargariser** *vr* fare gargarismi; **se ~ de** (*fig*) riempirsi la bocca di
gargouille [gaʀguj] *nf* garguglia
garni, e [gaʀni] *adj* (*plat*) con contorno
garniture [gaʀnityʀ] *nf* (*Culin* : *légumes*) contorno; (: *persil etc*) decorazione *f*; (*décoration*) ornamento; **~ de frein** (*Auto*) guarnizione *f* di freno
gars [gɑ] *nm* (*garçon*) ragazzo; (*homme*) tipo
Gascogne [gaskɔɲ] *nf* Guascogna
gas-oil [gazwal] *nm* gasolio
gaspillage [gaspijaʒ] *nm* spreco
gaspiller [gaspije] *vt* sprecare, sperperare
gastro-entérite [gastʀoɑ̃teʀit] (*pl* **-s**) *nf* gastroenterite *f*
gastronome [gastʀɔnɔm] *nm/f* buongustaio(-a)
gastronomique [gastʀɔnɔmik] *adj* : **menu ~** menu *m inv* gastronomico
gâteau, x [gɑto] *nm* dolce *m*, torta; **c'est du ~** (*fam* : *fig*) è una passeggiata; **~ d'anniversaire** torta di compleanno; **~ de riz** dolce di riso; **~ sec** biscotto
gâter [gɑte] *vt* (*personne*) viziare; **se gâter** *vr* (*dent, fruit, temps*) guastarsi; (*situation*) mettersi male
gâteux, -euse [gɑtø, øz] *adj* rimbambito(-a), rincretinito(-a)
gauche [goʃ] *adj* sinistro(-a); (*personne, style* : *maladroit*) goffo(-a) ▸ *nm* (*Boxe*) : **direct du ~** diretto sinistro ▸ *nf* (*Pol*) sinistra; **à ~** a sinistra; **à/à la ~ de** a/alla sinistra di; **de ~** (*Pol*) di sinistra
gaucher, -ère [goʃe, ɛʀ] *adj, nm/f* mancino(-a)
gauchiste [goʃist] *adj* sinistroide ▸ *nm/f* estremista *m/f* di sinistra
gaufre [gofʀ] *nf* cialda
gaufrette [gofʀɛt] *nf* wafer *m inv*
gaulois, e [golwa, waz] *adj* gallico(-a); (*grivois*) salace ▸ *nm/f* : **Gaulois, e** gallo(-a)
gaver [gave] *vt* ingozzare; **~ de** (*fig*) imbottire di; **se ~ de** (*personne*) rimpinzarsi di
gaz [gɑz] *nm inv* gas *m inv* ▸ *nmpl* (*flatulences*) gas *msg inv*, flatulenza *fsg*; **mettre les ~** (*Auto*) dare gas; **chambre à ~** camera a gas; **masque à ~** maschera antigas *inv*; **~ butane** gas butano; **~ carbonique** anidride *f* carbonica; **~ de schiste** gas da argille; **~ de ville** gas di città; **~ hilarant/lacrymogène** gas esilarante/lacrimogeno; **~ naturel/propane** gas naturale/propano
gaze [gɑz] *nf* garza
gazelle [gazɛl] *nf* gazzella
gazette [gazɛt] *nf* gazzetta

gazeux, -euse [gazø, øz] *adj* gassoso(-a); **eau/boisson gazeuse** acqua/bibita gassata
gazoduc [gazodyk] *nm* gasdotto
gazon [gazɔ̃] *nm* (*herbe*) erba; (*pelouse*) prato all'inglese
gazouiller [gazuje] *vi* (*oiseau*) cinguettare; (*enfant*) balbettare
geai [ʒɛ] *nm* (*Zool*) ghiandaia
géant, e [ʒeɑ̃, ɑ̃t] *adj* gigante, gigantesco(-a) ▸ *nm/f* gigante(-essa)
geindre [ʒɛ̃dʀ] *vi* gemere
gel [ʒɛl] *nm* gelo; (*fig* : *des salaires, des prix*) congelamento, blocco; (*produit de beauté*) gel *m inv*; **~ douche** gel doccia
gélatine [ʒelatin] *nf* gelatina
gelée [ʒ(ə)le] *nf* gelatina; (*Météo*) gelata, gelo; **viande en ~** carne *f* in gelatina; **~ blanche** brina; **~ royale** pappa reale
geler [ʒ(ə)le] *vt* ghiacciare; (*fig* : *prix, salaires, négociations*) congelare ▸ *vi* (*sol, eau*) ghiacciare; (*personne*) congelare; **il gèle** gela
gélule [ʒelyl] *nf* pillola, capsula
Gémeaux [ʒemo] *nmpl* (*Astrol*) Gemelli; **être ~** essere dei Gemelli
gémir [ʒemiʀ] *vi* gemere
gênant, e [ʒɛnɑ̃, ɑ̃t] *adj* (*meuble, objet*) ingombrante; (*histoire, personne*) imbarazzante
gencive [ʒɑ̃siv] *nf* gengiva
gendarme [ʒɑ̃daʀm] *nm/f* gendarme *m*, ≈ carabiniere(-a)
gendarmerie [ʒɑ̃daʀməʀi] *nf* (*corps*) ≈ corpo dei carabinieri; (*caserne, bureaux*) ≈ caserma dei carabinieri
gendre [ʒɑ̃dʀ] *nm* genero
gène [ʒɛn] *nm* gene *m*
gêne [ʒɛn] *nf* (*physique*) malessere *m*; (*embarras, confusion*) imbarazzo, disagio
gêné, e [ʒene] *adj* imbarazzato(-a), confuso(-a); (*dépourvu d'argent*) in difficoltà (economiche); **tu n'es pas ~ !** che faccia tosta!
gêner [ʒene] *vt* (*incommoder*) disturbare, dar fastidio a; (*encombrer*) intralciare; (*déranger*) dar fastidio a; (*embarrasser*) mettere a disagio, mettere in imbarazzo; **se gêner** *vr* farsi scrupolo; **je vais me ~ !** (*iron*) non mi farò certo dei problemi!; **ne vous gênez pas !** (*iron*) non fate complimenti!
général, e, -aux [ʒeneʀal, o] *adj* generale ▸ *nm* (*Mil*) generale *m*; **en ~** in genere, in generale; **à la satisfaction générale** con soddisfazione generale; **à la demande générale** a generale richiesta; **assemblée/grève générale** assemblea/sciopero generale; **culture/médecine générale** cultura/medicina generale; **répétition générale** prova generale
généralement [ʒeneʀalmɑ̃] *adv* generalmente; **~ parlant** generalmente parlando
généraliser [ʒeneʀalize] *vt* (*globaliser*) generalizzare; (*étendre*) diffondere ▸ *vi* generalizzare; **se généraliser** *vr* generalizzarsi
généraliste [ʒeneʀalist] *nm/f* (*Méd*) (medico *m*) generico *m*
généralité [ʒeneʀalite] *nf*: **généralités** *nfpl* (*banalités*) generalità *fpl*; (*introduction*) introduzione *fsg*
générateur, -trice [ʒeneʀatœʀ, tʀis] *adj* generatore(-trice) ▸ *nm* (*Tech, Inform*) generatore *m*
génération [ʒeneʀasjɔ̃] *nf* generazione *f*
généreux, -euse [ʒeneʀø, øz] *adj* generoso(-a)
générique [ʒeneʀik] *adj* generico(-a) ▸ *nm* (*Ciné, TV*) titoli *mpl* di testa; **médicaments ~s** farmaci *mpl* generici
générosité [ʒeneʀozite] *nf* generosità
genêt [ʒ(ə)nɛ] *nm* (*Bot*) ginestra
génétique [ʒenetik] *adj* genetico(-a) ▸ *nf* genetica
génétiquement [ʒenetikmɑ̃] *adv* geneticamente; **~ modifié** geneticamente modificato
Genève [ʒ(ə)nɛv] *n* Ginevra
génial, e, -aux [ʒenjal, o] *adj* geniale
génie [ʒeni] *nm* (*personne, don, Mil*) genio; **de ~** (*homme, idée etc*) geniale; **bon/mauvais ~** genio buono/cattivo; **avoir du ~** essere geniale; **~ civil** genio civile
genièvre [ʒənjɛvʀ] *nm* ginepro; **grain de ~** seme *m* di ginepro
génisse [ʒenis] *nf* giovenca; **foie de ~** fegato di manza
génital, e, -aux [ʒenital, o] *adj* genitale
génocide [ʒenɔsid] *nm* genocidio
génois, e [ʒenwa, waz] *adj* genovese ▸ *nf* (*gâteau*) pan *m inv* di Spagna
genou, x [ʒ(ə)nu] *nm* ginocchio; **à genoux** in ginocchio; **se mettre à genoux** mettersi in ginocchio;

prendre qn sur ses genoux prendere qn sulle ginocchia

genouillère [ʒ(ə)nujɛʀ] *nf* (*Sport*) ginocchiera

genre [ʒɑ̃ʀ] *nm* genere *m*; **se donner un ~** atteggiarsi; **avoir bon ~** presentarsi bene; **avoir mauvais ~** avere un aspetto poco raccomandabile; **études de** *ou* **sur le ~** studi *mpl* di genere; **s'accorder en ~ et en nombre** (*Ling*) accordarsi in genere e numero

gens [ʒɑ̃] *nmpl* (*fpl in alcune locuzioni*) gente *fsg*; **de braves ~** brava gente; **jeunes/vieilles ~** giovani *mpl*/vecchi *mpl*; **~ de maison** domestici *mpl*

gentil, le [ʒɑ̃ti, ij] *adj* gentile; (*enfant : sage*) bravo(-a), buono(-a); **c'est très ~ à vous** *ou* **de votre part** è molto gentile da parte sua

gentillesse [ʒɑ̃tijɛs] *nf* gentilezza, cortesia

gentiment [ʒɑ̃timɑ̃] *adv* gentilmente, cortesemente

géographe [ʒeɔgʀaf] *nm/f* geografo(-a)

géographie [ʒeɔgʀafi] *nf* geografia

géologie [ʒeɔlɔʒi] *nf* geologia

géologue [ʒeɔlɔg] *nm/f* geologo(-a)

géomètre [ʒeɔmɛtʀ] *nm/f* geometra *m/f*

géométrie [ʒeɔmetʀi] *nf* geometria; **à ~ variable** (*aussi fig*) a geometria variabile

géométrique [ʒeɔmetʀik] *adj* geometrico(-a)

géranium [ʒeʀanjɔm] *nm* geranio

gérant, e [ʒeʀɑ̃, ɑ̃t] *nm/f* gestore(-trice); **~ d'immeuble** amministratore(-trice)

gerbe [ʒɛʀb] *nf* (*de fleurs*) mazzo *m*; (*de blé*) covone *m*; (*d'eau*) zampillo

gercé, e [ʒɛʀse] *adj* screpolato(-a)

gerçure [ʒɛʀsyʀ] *nf* screpolatura

gérer [ʒeʀe] *vt* gestire

germain, e [ʒɛʀmɛ̃, ɛn] *adj voir* **cousin**

germe [ʒɛʀm] *nm* (*de blé, soja etc*) germoglio; (*microbe, fig*) germe *m*

germer [ʒɛʀme] *vi* germinare

geste [ʒɛst] *nm* (*aussi fig*) gesto; **un ~ de générosité** un gesto di generosità; **s'exprimer par ~s** esprimersi a gesti; **faire un ~ de refus** fare un gesto di diniego; **il fit un ~ de la main pour m'appeler** fece un cenno con la mano per chiamarmi; **pas un ~ !** nessuno si muova!

gestion [ʒɛstjɔ̃] *nf* gestione *f*; **~ de fichier(s)** (*Inform*) gestione di file; **~ différenciée** (*Agr*) gestione sostenibile; **la ~ différenciée des espaces verts** la gestione sostenibile delle aree verdi

gestionnaire [ʒɛstjɔnɛʀ] *nm/f* gestore(-trice)

gibier [ʒibje] *nm* selvaggina; (*fig*) preda

gicler [ʒikle] *vi* schizzare

gifle [ʒifl] *nf* schiaffo, sberla; (*fig : affront*) schiaffo (morale)

gifler [ʒifle] *vt* schiaffeggiare, prendere a schiaffi

gigantesque [ʒigɑ̃tɛsk] *adj* (*aussi fig*) gigantesco(-a)

gigot [ʒigo] *nm* cosciotto

gigoter [ʒigɔte] *vi* dimenarsi, dibattersi

gilet [ʒilɛ] *nm* (*pull*) pullover *m inv*; **~ de sauvetage** giubbotto di salvataggio; **~ pare-balles** giubbotto antiproiettile

gin [dʒin] *nm* gin *m inv*

gingembre [ʒɛ̃ʒɑ̃bʀ] *nm* zenzero

girafe [ʒiʀaf] *nf* giraffa

giratoire [ʒiʀatwaʀ] *adj* : **sens ~** senso di rotazione

girofle [ʒiʀɔfl] *nf* : **clou de ~** chiodo di garofano

girouette [ʒiʀwɛt] *nf* (*aussi fig*) banderuola

gitan, e [ʒitɑ̃, an] *nm/f* gitano(-a), zingaro(-a)

gîte [ʒit] *nm* (*maison*) alloggio; (*du lièvre*) tana; **le ~ et le couvert** vitto e alloggio; **~ rural** ≈ agriturismo

givre [ʒivʀ] *nm* brina

givré, e [ʒivʀe] *adj* (*fam : un peu fou*) suonato(-a) ; **citron ~** sorbetto di limone (*servito nella buccia*)

glace [glas] *nf* ghiaccio; (*crème glacée*) gelato; (*verre*) vetro; (*miroir*) specchio; (*de voiture*) finestrino; **glaces** *nfpl* (*Géo*) ghiacci *mpl*; **de ~** (*fig : accueil, visage*) glaciale; **rester de ~** rimanere di ghiaccio; **rompre la ~** (*fig*) rompere il ghiaccio

glacé, e [glase] *adj* ghiacciato(-a); (*main*) gelato(-a); (*fig : rire, accueil*) gelido(-a)

glacer [glase] *vt* ghiacciare, gelare; (*main, visage*) gelare; (*boisson*) ghiacciare; (*Culin : gâteau*) glassare; (*papier, tissu*) lucidare; **~ qn** (*fig : intimider*) raggelare qn

glacial, e, -aux [glasjal, jo] *adj* (*aussi fig*) glaciale

g

glacier [glasje] *nm* (*Géo*) ghiacciaio; (*marchand*) gelataio; **~ suspendu** ghiacciaio sospeso
glacière [glasjɛʀ] *nf* ghiacciaia
glaçon [glasɔ̃] *nm* pezzo di ghiaccio; (*pour boisson*) cubetto di ghiaccio
glaïeul [glajœl] *nm* gladiolo
glaise [glɛz] *nf* creta, argilla
gland [glɑ̃] *nm* ghianda; (*Anat*) glande *m*
glande [glɑ̃d] *nf* ghiandola
glas [glɑ] *nm* rintocco a morto
glissade [glisad] *nf* (*par jeu*) scivolata; (*chute*) scivolone *m*; **faire des ~s** fare degli scivoloni
glissant, e [glisɑ̃, ɑ̃t] *adj* scivoloso(-a); **s'aventurer sur un terrain ~** (*fig*) avventurarsi su un terreno scivoloso
glisse [glis] *nf* : **sports de ~** *sport in cui si scivola, come il surf, lo sci etc*
glissement [glismɑ̃] *nm* scorrimento; (*fig : de sens, tendance*) slittamento; **~ de terrain** smottamento, frana
glisser [glise] *vi* scivolare; (*terrain, planche*) essere scivoloso(-a) ▶ *vt* (*fig : mot, conseil*) sussurrare; **se glisser** *vr* (*erreur*) insinuarsi; **~ qch sous/dans** far scivolare qc sotto/in; **~ sur** (*fig : détail, fait*) sorvolare; **se ~ dans/entre** (*personne*) infilarsi in/tra
global, e, -aux [glɔbal, o] *adj* globale
globe [glɔb] *nm* globo; **~ oculaire** globo oculare; **~ terrestre** globo terrestre
globule [glɔbyl] *nm* : **~ blanc/rouge** globulo bianco/rosso
gloire [glwaʀ] *nf* gloria
glousser [gluse] *vi* chiocciare; (*rire*) ridacchiare
glouton, ne [glutɔ̃, ɔn] *adj* ingordo(-a)
gluant, e [glyɑ̃, ɑ̃t] *adj* appiccicoso(-a)
glucose [glykoz] *nm* glucosio
gluten [glytɛn] *nm* glutine *m*
glycine [glisin] *nf* glicine *m*
gobelet [gɔblɛ] *nm* (*en plastique*) bicchiere *m*; (*en métal*) calice *m*; (*à dés*) bussolotto
gober [gɔbe] *vt* inghiottire; (*fig : croire facilement*) bere
goéland [gɔelɑ̃] *nm* gabbiano
goélette [gɔelɛt] *nf* goletta
goinfre [gwɛ̃fʀ] *adj* ingordo(-a) ▶ *nm* ingordo
goinfrer [gwɛ̃fʀe] : **se goinfrer** *vr* abbuffarsi; **se ~ de** ingozzarsi di
golf [gɔlf] *nm* golf *m inv*; **~ miniature** minigolf *m inv*
golfe [gɔlf] *nm* golfo; **le ~ d'Aden** il golfo di Aden; **le ~ de Gascogne** il golfo di Guascogna; **le ~ du Lion** il golfo del Leone; **le ~ Persique** il golfo Persico
gomme [gɔm] *nf* gomma; **boule de ~** palla di gomma
gommer [gɔme] *vt* (*effacer*) cancellare
gond [gɔ̃] *nm* cardine *m*; **sortir de ses ~s** (*fig*) uscire dai gangheri
gondoler [gɔ̃dɔle] *vi* imbarcarsi, deformarsi; **se gondoler** *vr* imbarcarsi, deformarsi; (*fam*) ridere a crepapelle
gonflé, e [gɔ̃fle] *adj* gonfio(-a); **être ~** (*fam*) avere una bella faccia tosta
gonflement [gɔ̃fləmɑ̃] *nm* rigonfiamento, gonfiore *m*
gonfler [gɔ̃fle] *vt* (*pneu, ballon, fig : importance*) gonfiare ▶ *vi* gonfiarsi; (*Culin, pâte*) lievitare
gonzesse [gɔ̃zɛs] (*fam*) *nf* donna
googler [gugle] *vt* googlare
gorge [gɔʀʒ] *nf* (*Anat, Géo*) gola; **avoir mal à la ~** avere mal di gola; **avoir la ~ serrée** avere la gola serrata
gorgée [gɔʀʒe] *nf* sorso, sorsata; **boire à petites ~s** bere a piccoli sorsi; **boire à grandes ~s** bere a grandi sorsate
gorille [gɔʀij] *nm* gorilla *m inv*
gosse [gɔs] (*fam*) *nm/f* marmocchio(-a)
goudron [gudʀɔ̃] *nm* (*asphalte*) asfalto; (*du tabac*) catrame *m*
goudronner [gudʀɔne] *vt* (*route etc*) asfaltare
gouffre [gufʀ] *nm* baratro, voragine *f*; (*fig*) rovina
goulot [gulo] *nm* collo; **boire au ~** bere a canna
goulu, e [guly] *adj* ingordo(-a), avido(-a)
goulûment [gulymɑ̃] *adv* ingordamente, avidamente
gourde [guʀd] *nf* (*récipient*) borraccia; (*fam*) testa di rapa
gourdin [guʀdɛ̃] *nm* randello
gourmand, e [guʀmɑ̃, ɑ̃d] *adj* goloso(-a)
gourmandise [guʀmɑ̃diz] *nf* golosità *f inv*; (*bonbon*) leccornia, ghiottoneria
gousse [gus] *nf* (*de vanille etc*) baccello; **~ d'ail** spicchio d'aglio
goût [gu] *nm* gusto, sapore *m*; **goûts** *nmpl* : **chacun ses ~s** i gusti sono gusti; **le (bon) ~** il (buon) gusto; **de bon/mauvais ~** di buon/cattivo gusto;

avoir du/manquer de ~ avere/non avere gusto; **avoir bon/mauvais ~** (*aliment*) avere un buon/cattivo sapore; (*personne*) avere buon/cattivo gusto; **avoir du ~ pour** avere buon gusto per; **prendre ~ à** prendere gusto a; **à mon ~** a mio parere

goûter [gute] *vt* (*essayer*) assaggiare; (*apprécier*) gustare; (*la liberté, l'amour*) godersi ▸ *vi* (*à 4 heures*) fare merenda ▸ *nm* (*à 4 heures*) merenda; **~ à, ~ de** assaggiare; **~ d'anniversaire** festicciola di compleanno; **~ d'enfants** merenda dei bambini

goutte [gut] *nf* goccia; (*Méd : maladie*) gotta; **une ~ de whisky** un goccio di whisky; **~ à ~** (*verser, couler*) goccia a goccia

goutte-à-goutte [gutagut] *nm inv* (*Méd*) perfusione *f*, flebo *f inv*

gouttière [gutjɛʀ] *nf* grondaia

gouvernail [guvɛʀnaj] *nm* timone *m*

gouvernance [guvɛʀnɑ̃s] *nf* governance *f inv*

gouvernement [guvɛʀnəmɑ̃] *nm* governo; **membre du ~** membro del governo

gouverner [guvɛʀne] *vt* governare; (*fig : émotions*) dominare

GPL [ʒepeɛl] *sigle m* (*= gaz de pétrole liquéfié*) G.P.L. *m*

grâce [gʀɑs] *nf* (*Rel, faveur, charme, Jur*) grazia; **grâces** *nfpl* (*Rel*) grazie *fpl*; **de bonne ~** volentieri; **de mauvaise ~** malvolentieri; **dans les bonnes ~s de qn** nelle grazie di qn; **faire ~ à qn de qch** risparmiare qc a qn; **rendre ~(s) à** rendere grazie a; **demander ~** chiedere grazia; **droit de/recours en ~** (*Jur*) diritto di/domanda di grazia; **~ à** grazie a

gracier [gʀasje] *vt* (*Jur*) graziare

gracieusement [gʀasjøzmɑ̃] *adv* (*aimablement*) gentilmente; (*gratuitement*) gratuitamente; (*avec grâce*) graziosamente

gracieux, -euse [gʀasjø, jøz] *adj* (*personne*) grazioso(-a); (*mouvement, gestes*) aggraziato(-a); **à titre ~** a titolo gratuito; **concours ~** (*aide bénévole*) partecipazione *f* volontaria

grade [gʀad] *nm* (*Mil*) grado; (*Univ*) titolo (universitario); **monter en ~** salire di grado

gradin [gʀadɛ̃] *nm* gradinata; **gradins** *nmpl* (*de stade*) gradinate *fpl*

> **FAUX AMIS**
> **gradin** ne se traduit pas par le mot italien *gradino*.

gradué, e [gʀadɥe] *adj* (*règle, thermomètre, verre*) graduato(-a)

graduel, le [gʀadɥɛl] *adj* graduale

graffiti [gʀafiti] *nm* scritta, graffito

grain [gʀɛ̃] *nm* (*de blé, d'orge etc*) chicco; **un ~ de** (*fig : petite quantité*) un pizzico di; **mettre son ~ de sel** (*fig*) immischiarsi, voler sempre dire la propria; **~ de beauté** neo; **~ de café** chicco di caffè; **~ de poivre** grano di pepe; **~ de poussière** granello di polvere; **~ de raisin** acino d'uva; **~ de sable** (*fig*) granello

graine [gʀɛn] *nf* seme *m*; **mauvaise ~** (*mauvais sujet*) erba cattiva (*fig*); **une ~ de voyou** un pezzo di delinquente

graissage [gʀɛsaʒ] *nm* lubrificazione *f*

graisse [gʀɛs] *nf* grasso; (*lubrifiant*) lubrificante *m*

graisser [gʀese] *vt* (*machine, auto*) lubrificare

graisseux, -euse [gʀɛsø, øz] *adj* unto(-a); (*Anat*) adiposo(-a)

grammaire [gʀa(m)mɛʀ] *nf* grammatica

gramme [gʀam] *nm* grammo

grand, e [gʀɑ̃, gʀɑ̃d] *adj* grande; (*voyage, période*) lungo(-a); (*bruit*) forte ▸ *adv* : **~ ouvert** spalancato(-a); **voir ~** vedere le cose in grande; **de ~ matin** di primo mattino; **en ~** in grande; **un homme ~ et fort** un uomo grande e forte; **un ~ homme/artiste** un grande uomo/artista; **avoir ~ besoin de** avere un gran bisogno di; **il est ~ temps de** è (ormai) ora di; **son ~ frère** suo fratello maggiore; **il est assez ~ pour** è abbastanza grande per; **au ~ air** all'aperto; **au ~ jour** (*aussi fig*) alla luce del giorno; **~ blessé** ferito grave; **~s brûlés** grandi ustionati *mpl*; **~ écart** spaccata; **~ ensemble** complesso residenziale; **~ magasin** grande magazzino; **~ public** grande pubblico; **grande personne** grande *m*, adulto; **grande surface** ipermercato; **~es écoles** *istituti a livello universitario ad accesso selettivo*; **~es lignes** (*Rail*) linee *fpl* principali; **~es vacances** vacanze *fpl* estive

grand-chose [gʀɑ̃ʃoz] *nm inv/nf inv* : **ce n'est pas ~** non è un gran che

Grande-Bretagne [gʀɑ̃dbʀətaɲ] *nf* Gran Bretagna

g

grandeur [gʀɑ̃dœʀ] *nf* grandezza; **~ nature** (*portrait etc*) in grandezza naturale
grandiose [gʀɑ̃djoz] *adj* grandioso(-a)
grandir [gʀɑ̃diʀ] *vi* crescere ▸ *vt* (*suj : vêtement, chaussure*) far sembrare più alto(-a); (*fig*) nobilitare
grandissant, e [gʀɑ̃disɑ̃, ɑ̃t] *adj* crescente
grand-mère [gʀɑ̃mɛʀ] (*pl* **grand(s)-mères**) *nf* nonna
grand-peine [gʀɑ̃pɛn] : **à ~** *adv* a malapena
grand-père [gʀɑ̃pɛʀ] (*pl* **grands-pères**) *nm* nonno
grands-parents [gʀɑ̃paʀɑ̃] *nmpl* nonni *mpl*
grange [gʀɑ̃ʒ] *nf* fienile *m*
granit [gʀanit] *nm* granito
granulé [gʀanyle] *nm* (*Méd, gén*) granulo
granuleux, -euse [gʀanylø, øz] *adj* granuloso(-a)
graphique [gʀafik] *adj* grafico(-a) ▸ *nm* grafico
graphiste [gʀafist] *nm/f* grafico(-a)
grappe [gʀap] *nf* (*Bot, fig*) grappolo; **~ de raisin** grappolo d'uva
grappin [gʀapɛ̃] *nm* rampino; **mettre le ~ sur** (*fig*) mettere le mani su
gras, grasse [gʀɑ, gʀɑs] *adj* grasso(-a) ▸ *nm* (*Culin*) grasso; **faire la grasse matinée** alzarsi tardi; **matière grasse** grassi *mpl*; **en caractères ~, en ~** in grassetto, in neretto
grassement [gʀɑsmɑ̃] *adv* (*grossièrement : rire*) sguaiatamente; **~ payé** (*généreusement*) lautamente pagato
grassouillet, te [gʀɑsujɛ, ɛt] *adj* grassottello(-a), grassoccio(-a)
gratifiant, e [gʀatifjɑ̃, jɑ̃t] *adj* gratificante
gratifier [gʀatifje] *vt* gratificare; **~ qn de qch** gratificare qn con qc
gratin [gʀatɛ̃] *nm* (*Culin*) gratin *m inv*; **au ~** al gratin; **tout le ~ parisien** (*fig*) tutta la crema parigina
gratiné, e [gʀatine] *adj* (*Culin*) gratinato(-a); (*fam*) eccezionale
gratis [gʀatis] *adv, adj* gratis *inv*
gratitude [gʀatityd] *nf* gratitudine *f*
gratte-ciel [gʀatsjɛl] (*pl* **gratte-ciel(s)**) *nm* grattacielo
gratter [gʀate] *vt* grattare; (*enlever*) grattare via; **se gratter** *vr* grattarsi
gratuit, e [gʀatɥi, ɥit] *adj* (*aussi fig*) gratuito(-a)
gratuité [gʀatɥite] *nf* gratuità
gravats [gʀavɑ] *nmpl* calcinacci *mpl*, macerie *fpl*
grave [gʀav] *adj* grave; (*personne, air*) serio(-a), grave ▸ *nm* (*Mus*) suono grave; **ce n'est pas (si) ~ (que ça) !** non è poi così grave!; **blessé ~** ferito grave
gravement [gʀavmɑ̃] *adv* gravemente
graver [gʀave] *vt* (*Inform*) masterizzare; (*fig*) : **~ qch dans son esprit/sa mémoire** imprimersi qc in mente/memoria
graveur [gʀavœʀ] *nm* (*Inform*) masterizzatore *m*; **~ de CD/DVD** masterizzatore di CD/DVD
gravier [gʀavje] *nm* ghiaia
gravillons [gʀavijɔ̃] *nmpl* ghiaietta *fsg*, ghiaino *msg*
gravir [gʀaviʀ] *vt* inerpicarsi per
gravité [gʀavite] *nf* (*gén, Phys*) gravità; (*de personne, air*) serietà, gravità
graviter [gʀavite] *vi* : **~ autour de** (*aussi fig*) gravitare intorno a
gravure [gʀavyʀ] *nf* (*de nom, reproduction*) incisione *f*
gré [gʀe] *nm* : **à son ~** di proprio gradimento; **au ~ de...** secondo...; **contre le ~ de qn** contro la volontà di qn; **de son plein ~** spontaneamente, di propria spontanea volontà; **de ~ ou de force** per amore o per forza; **de bon ~** di buon grado; **bon ~ mal ~** volente o nolente; **de ~ à ~** (*Comm*) consensualmente; **savoir ~ à qn de qch** essere grato(-a) a qn di qc
grec, grecque [gʀɛk] *adj* greco(-a) ▸ *nm* greco ▸ *nm/f* : **Grec, Grecque** greco(-a)
Grèce [gʀɛs] *nf* Grecia
greffe [gʀɛf] *nf* (*Agr, Méd*) innesto ▸ *nm* (*Jur*) cancelleria; **~ du cœur/du rein** trapianto di cuore/del rene
greffer [gʀefe] *vt* (*Bot, Méd : tissu*) innestare; (*Méd : organe*) trapiantare, innestare; **se greffer** *vr* : **se ~ sur qch** innestarsi su qc
grêle [gʀɛl] *adj* gracile ▸ *nf* grandine *f*
grêler [gʀele] *vb impers* : **il grêle** grandina
grêlon [gʀɛlɔ̃] *nm* chicco di grandine
grelot [gʀəlo] *nm* sonaglio
grelotter [gʀəlɔte] *vi* tremare
grenade [gʀənad] *nf* (*arme*) granata; (*Bot*) melagrana; **~ lacrymogène** bomba lacrimogena

grenadine [gʀənadin] *nf* granatina
grenat [gʀəna] *adj inv* (*couleur*) granata *inv*
grenier [gʀənje] *nm* (*de maison*) solaio, soffitta; (*de ferme*) fienile *m*
grenouille [gʀənuj] *nf* rana
grès [gʀɛ] *nm* arenaria, grès *m*
grésillement [gʀezijmɑ̃] *nm* sfrigolio, crepitio
grésiller [gʀezije] *vi* (*Culin*) sfrigolare; (*Radio*) gracchiare
grève [gʀɛv] *nf* (*d'ouvriers*) sciopero; (*plage*) greto; **se mettre en/faire ~** mettersi in/fare sciopero; **~ de la faim** sciopero della fame; **~ du zèle** sciopero bianco; **~ perlée** sciopero a singhiozzo; **~ sauvage** sciopero selvaggio; **~ sur le tas** sciopero con occupazione (del posto di lavoro); **~ surprise** sciopero a sorpresa; **~ tournante** sciopero a scacchiera
gréviste [gʀevist] *nm/f* scioperante *m/f*
gribouiller [gʀibuje] *vt, vi* scarabocchiare
grièvement [gʀijɛvmɑ̃] *adv* gravemente; **~ blessé** gravemente ferito
griffe [gʀif] *nf* (*d'animal*) unghia, artiglio; (*fig : d'un couturier, parfumeur*) firma
griffer [gʀife] *vt* graffiare
griffonner [gʀifɔne] *vt* scarabocchiare
grignoter [gʀiɲɔte] *vt* (*pain, fromage*) sgranocchiare; (*fig : terrain, argent, temps*) mangiare poco a poco ▸ *vi* (*chipoter*) rosicchiare
gril [gʀil] *nm* griglia, graticola
grillade [gʀijad] *nf* grigliata
grillage [gʀijaʒ] *nm* (*treillis*) inferriata, grata; (*clôture*) rete *f* metallica
grille [gʀij] *nf* (*portail*) cancello; (*clôture*) grata, inferriata; (*fig : de mots croisés*) reticolato; (*statistique*) griglia, tabella; **~ (des programmes)** (*Radio, TV*) palinsesto; **~ des salaires** tabella salariale
grille-pain [gʀijpɛ̃] (*pl* **grille-pain(s)**) *nm* tostapane *m inv*
griller [gʀije] *vt* (*pain*) tostare, abbrustolire; (*viande*) cuocere alla griglia; (*café*) tostare; (*fig : ampoule, résistance*) bruciare ▸ *vi* bruciare; **~ un feu rouge** passare col rosso
grillon [gʀijɔ̃] *nm* grillo
grimace [gʀimas] *nf* smorfia; **faire des ~s** (*pour faire rire*) fare le boccacce
grimpant, e [gʀɛ̃pɑ̃, ɑ̃t] *adj* : **plante grimpante** pianta rampicante
grimper [gʀɛ̃pe] *vt* salire ▸ *vi* (*route, terrain*) inerpicarsi; (*fig : prix, nombre*) salire; **~ à/sur** arrampicarsi su
grincement [gʀɛ̃smɑ̃] *nm* (*voir vi*) cigolio; scricchiolio
grincer [gʀɛ̃se] *vi* (*porte, roue*) cigolare; (*plancher*) scricchiolare; **~ des dents** digrignare i denti
grincheux, -euse [gʀɛ̃ʃø, øz] *adj* scontroso(-a), scorbutico(-a)
gringalet [gʀɛ̃galɛ] *adj m* mingherlino(-a)
griotte [gʀijɔt] *nf* amarena
grippe [gʀip] *nf* influenza; **avoir la ~** avere l'influenza; **prendre qn/qch en ~** (*fig*) prendere qn/qc in antipatia; **~ aviaire** influenza aviaria; **~ porcine** influenza suina
grippé, e [gʀipe] *adj* (*moteur*) grippato(-a); **être ~** (*personne*) essere influenzato(-a)
gris, e [gʀi, gʀiz] *adj* (*couleur*) grigio(-a); (*ivre*) brillo(-a) ▸ *nm* grigio; **il fait ~** è nuvoloso; **faire grise mine** avere il muso lungo; **faire grise mine à qn** guardare di brutto qn; **~ perle** grigio perla *inv*
grisaille [gʀizaj] *nf* grigiore *m*
grisant, e [gʀizɑ̃, ɑ̃t] *adj* inebriante
grisâtre [gʀizɑtʀ] *adj* grigiastro(-a)
griser [gʀize] *vt* (*fig : suj : vitesse, victoire*) inebriare, ubriacare; **se ~ de** (*fig*) inebriarsi di
grisonnant, e [gʀizɔnɑ̃, ɑ̃t] *adj* brizzolato(-a)
grisonner [gʀizɔne] *vi* diventar grigio(-a)
grive [gʀiv] *nf* tordo
Groenland [gʀɔɛnlɑ̃d] *nm* Groenlandia
grogner [gʀɔɲe] *vi* (*porc*) grugnire; (*chien*) ringhiare; (*fig : personne*) brontolare
grognon, ne [gʀɔɲɔ̃, ɔn] *adj* musone(-a)
grommeler [gʀɔm(ə)le] *vi* borbottare, brontolare
gronder [gʀɔ̃de] *vi* (*canon, moteur*) rombare; (*tonnerre*) brontolare; (*animal*) ringhiare; (*fig : révolte, mécontentement*) ribollire, stare per scoppiare ▸ *vt* sgridare

> **FAUX AMIS**
> **gronder** ne se traduit pas par le mot italien *grondare*.

gros, grosse [gʀo, gʀos] *adj* grosso(-a); (*obèse*) grasso(-a); (*bruit*) forte ▸ *adv* : **risquer ~** rischiare grosso ▸ *nm* (*Comm*) : **le ~** commercio all'ingrosso; **écrire ~** avere una scrittura grossa; **gagner ~** guadagnare forte; **en ~** grosso modo, a grandi linee; **vente en ~** vendita all'ingrosso; **prix de ~** prezzo all'ingrosso; **par ~ temps** col brutto tempo; **par grosse mer** con mare mosso; **le ~ de** (*troupe, fortune*) il grosso di; **en avoir ~ sur le cœur** avere il magone; **~ intestin** intestino crasso *ou* grosso; **~ lot** primo premio; **~ mot** parolaccia; **~ œuvre** (*Constr*) fondamenta *fpl*, muri *mpl* portanti e tetto; **~ plan** (*Photo*) primo piano; **~ porteur** (*Aviat*) jumbo *m inv*; **~ sel** sale *m* grosso; **~ titre** (*Presse*) titolone *m*; **grosse caisse** (*Mus*) grancassa

groseille [gʀozɛj] *nf* (*Bot*) ribes *m inv*; **~ à maquereau** uva spina; **~ (blanche)** ribes (bianco); **~ (rouge)** ribes (rosso)

grosse [gʀos] *adj voir* **gros** ▸ *nf* (*Comm*) grossa

grossesse [gʀosɛs] *nf* gravidanza; **~ nerveuse** gravidanza isterica

grosseur [gʀosœʀ] *nf* grandezza, dimensioni *fpl*; (*corpulence*) robustezza; (*tumeur*) rigonfiamento

grossier, -ière [gʀosje, jɛʀ] *adj* (*vulgaire*) volgare; (*laine*) grezzo(-a); (*travail, erreur*) grossolano(-a)

grossièrement [gʀosjɛʀmɑ̃] *adv* volgarmente; (*en gros, à peu près*) grossolanamente

grossièreté [gʀosjɛʀte] *nf* (*impolitesse, incorrection*) volgarità *f inv*; (*imperfection*) grossolanità *f inv*, rozzezza

grossir [gʀosiʀ] *vi* ingrassare; (*fig* : *nombre, bruit*) crescere; (*rivière, eaux*) ingrossarsi ▸ *vt* (*suj* : *vêtement*) ingrossare; (: *microscope, lunette*) ingrandire; (*augmenter* : *nombre, importance*) aumentare; (*exagérer* : *histoire, erreur*) gonfiare, ingigantire

grossiste [gʀosist] *nm/f* (*Comm*) grossista *m/f*

grotesque [gʀɔtɛsk] *adj* grottesco(-a)

grotte [gʀɔt] *nf* grotta

grouiller [gʀuje] *vi* brulicare; **se grouiller** *vr* (*fam*) muoversi; **~ de** brulicare di

groupe [gʀup] *nm* gruppo; **~ de pression** gruppo di pressione; **~ électrogène** gruppo elettrogeno; **~ sanguin** gruppo sanguigno; **~ scolaire** complesso scolastico

grouper [gʀupe] *vt* raggruppare; (*ressources, moyens*) raccogliere; **se grouper** *vr* raggrupparsi, riunirsi

grue [gʀy] *nf* (*de chantier, Zool, Ciné*) gru *f inv*; **faire le pied de ~** (*fam*) aspettare a lungo in piedi

GSM [ʒeɛsɛm] *nm, adj* GSM *m inv*

guenon [gənɔ̃] *nf* scimmia femmina

guépard [gepaʀ] *nm* ghepardo

guêpe [gɛp] *nf* vespa

guêpier [gepje] *nm* (*fig*) vespaio

guère [gɛʀ] *adv* (*avec adjectif, adverbe, verbe*) : **ne ... ~** non molto; **il n'y a ~ que lui qui est content** solo lui è contento

guérilla [geʀija] *nf* guerriglia

guérir [geʀiʀ] *vt, vi* guarire; **~ de** (*Méd*) guarire da

guérison [geʀizɔ̃] *nf* guarigione *f*

guérisseur, -euse [geʀisœʀ, øz] *nm/f* guaritore(-trice)

guerre [gɛʀ] *nf* guerra; **en ~** in guerra; **faire la ~ à** fare (la) guerra a; **de ~ lasse** (*fig*) rinunciando a combattere; **de bonne ~** senza ipocrisia; **~ atomique** guerra atomica; **~ civile/mondiale** guerra civile/mondiale; **~ d'usure/de tranchées** guerra di logoramento/di trincea; **~ de religion** guerra di religione; **~ froide/sainte** guerra fredda/santa; **~ préventive** guerra preventiva; **~ totale** guerra globale

guerrier, -ière [gɛʀje, jɛʀ] *adj, nm/f* guerriero(-a)

guet [gɛ] *nm* : **faire le ~** stare in agguato

guet-apens [gɛtapɑ̃] (*pl* **guets-apens**) *nm* agguato; (*machination*) tranello

guetter [gete] *vt* (*épier*) spiare; (*attendre*) aspettare con impazienza; (*pour surprendre*) fare la posta a; (*suj* : *maladie, scandale*) incombere su

gueule [gœl] *nf* (*d'animal*) bocca, fauci *fpl*; (*du canon, tunnel*) bocca; (*fam* : *visage*) ceffo, muso; (: *bouche*) becco; **ta ~ !** (*fam*) chiudi il becco!; **avoir la ~ de bois** (*fam*) avere i postumi della sbornia

> **FAUX AMIS**
> **gueule** ne se traduit pas par le mot italien *gola*.

gueuler [gœle] (*fam*) *vi* urlare, sbraitare

gueuleton [gœltɔ̃] (*fam*) *nm* mangiata

gui [gi] *nm* vischio
guichet [giʃɛ] *nm* sportello; **les ~s** (*à la gare, au théâtre*) la biglietteria; **jouer à ~s fermés** recitare con il tutto esaurito
guide [gid] *nm/f* guida ▶ *nm* (*livre*) guida
guider [gide] *vt* guidare
guidon [gidɔ̃] *nm* manubrio
guillemets [gijmɛ] *nmpl* : **entre ~** tra virgolette
guimauve [gimov] *nf* (*sucrerie*) marshmallow *m inv*
guindé, e [gɛ̃de] *adj* compassato(-a)
guirlande [giʀlɑ̃d] *nf* (*de fleurs*) ghirlanda; (*de papier*) festone *m*; **~ de Noël** festone natalizio; **~ lumineuse** festone luminoso
guise [giz] *nf* : **à votre ~** come le pare; **en ~ de** (*en manière de, comme*) a mo' di; (*à la place de*) a guisa di
guitare [gitaʀ] *nf* chitarra; **~ sèche** chitarra senza amplificatore
gymnase [ʒimnɑz] *nm* palestra
gymnaste [ʒimnast] *nm/f* ginnasta *m/f*
gymnastique [ʒimnastik] *nf* ginnastica; **~ corrective/rythmique** ginnastica correttiva/ritmica
gynécologie [ʒinekɔlɔʒi] *nf* ginecologia
gynécologique [ʒinekɔlɔʒik] *adj* ginecologico(-a)
gynécologue [ʒinekɔlɔg] *nm/f* ginecologo(-a)

habile [abil] *adj* abile
habileté [abilte] *nf* abilità *f inv*
habillé, e [abije] *adj* vestito(-a); (*chic*) elegante; **~ de** (*Tech*) rivestito(-a) di
habiller [abije] *vt* vestire; (*objet*) rivestire; **s'habiller** *vr* vestirsi; (*mettre des vêtements chic*) vestirsi elegante; **s'~ de/en** vestirsi da; **s'~ chez/à** vestirsi da/a
habit [abi] *nm* (*costume*) tenuta; **habits** *nmpl* (*vêtements*) abiti *mpl*, vestiti *mpl*; **prendre l'~** (*Rel*) prendere *ou* vestire l'abito; **~ (de soirée)** abito da sera
habitant, e [abitɑ̃, ɑ̃t] *nm/f* abitante *m/f*; **loger chez l'~** alloggiare presso privati
habitation [abitasjɔ̃] *nf* abitazione *f*; **~s à loyer modéré** case *fpl* popolari
habiter [abite] *vt* (*maison, ville*) abitare in; (*suj : sentiment, envie*) animare ▶ *vi* : **~ à/dans** abitare a/in; **il habite Paris/la province** abita a Parigi/in provincia; **~ chez** *ou* **avec qn** abitare da *ou* presso *ou* con qn; **il habite rue Montmartre** abita in rue Montmartre
habitude [abityd] *nf* abitudine *f*; **avoir l'~ de faire** avere l'abitudine di fare; **avoir l'~ de qch** essere abituato(-a) a qc; **avoir l'~ des enfants** essere abituato(-a) ai bambini; **prendre l'~ de faire qch** prendere l'abitudine di fare qc; **perdre une ~** perdere un'abitudine; **d'~** di solito; **comme d'~** come al solito; **par ~** per abitudine
habitué, e [abitɥe] *adj* : **être ~ à** essere abituato(-a) a ▶ *nm/f* (*client*) habitué *m inv/f inv*, cliente *m/f* abituale
habituel, le [abitɥɛl] *adj* abituale, consueto(-a)

habituer [abitɥe] *vt* : **~ qn à qch/à faire** abituare qn a qc/a fare; **s'habituer** *vr* : **s'~ à/à faire** abituarsi a/a fare
hache ['aʃ] *nf* ascia
hacher ['aʃe] *vt* tritare; (*entrecouper, interrompre*) spezzare, interrompere; **~ menu** tritare fine *ou* minutamente
hachis ['aʃi] *nm* (*Culin*) trito; **~ Parmentier** *piatto a base di macinato di manzo e purea di patate*
haie ['ɛ] *nf* (*gén, Équitation*) siepe *f*; (*Sport*) ostacolo; **110 m/400 m ~s** 110 m/400 m ostacoli; **~ d'honneur** picchetto d'onore
haillons ['ɑjɔ̃] *nmpl* stracci *mpl*, cenci *mpl*
haine ['ɛn] *nf* odio
haïr ['aiʀ] *vt* odiare; **se haïr** *vr* odiarsi
hâlé, e ['ɑle] *adj* abbronzato(-a)
haleine [alɛn] *nf* fiato; **perdre ~** perdere il fiato; **à perdre ~** a perdifiato; **avoir mauvaise ~** avere l'alito cattivo; **reprendre ~** riprendere fiato; **hors d'~** senza fiato, trafelato(-a); **tenir en ~** tenere col fiato sospeso; **de longue ~** di ampio respiro
haleter ['alte] *vi* ansimare
hall ['ol] *nm* hall *f inv*, atrio
halle ['al] *nf* mercato coperto; (*hangar*) capannone *m*; **halles** *nfpl* (*marché principal*) mercati *mpl* generali
hallucination [alysinasjɔ̃] *nf* allucinazione *f*; **~ collective** allucinazione collettiva
halte ['alt] *nf* sosta; (*escale*) tappa; (*Rail*) fermata; (*excl*) alt!; **faire ~** fermarsi
haltère [altɛʀ] *nm* (*à boules, disques*) peso, manubrio; **haltères** *nmpl* : **faire des ~s** fare (sollevamento) pesi, fare pesistica
haltérophilie [alteʀɔfili] *nf* sollevamento pesi, pesistica
hamac ['amak] *nm* amaca
hameau, x ['amo] *nm* frazione *f*
hameçon [amsɔ̃] *nm* amo
hameçonnage [amsɔnaʒ] *nm* (*Internet*) phishing *m*
hanche ['ɑ̃ʃ] *nf* anca
handball ['ɑ̃dbal] *nm* pallamano *f*, handball *m*
handicapé, e ['ɑ̃dikape] *adj, nm/f* handicappato(-a), disabile *m/f*; **~ mental/physique** handicappato(-a) mentale/fisico(-a), disabile mentale/fisico (-a); **~ moteur** spastico(-a), disabile motorio(-a)
hangar ['ɑ̃gaʀ] *nm* capannone *m*; (*Aviat*) hangar *m inv*
hanneton ['antɔ̃] *nm* maggiolino
hanter ['ɑ̃te] *vt* (*suj : fantôme*) abitare; (*fig*) ossessionare; **une maison hantée** una casa infestata (dai fantasmi)
hantise ['ɑ̃tiz] *nf* ossessione *f*; **avoir la ~ de faire qc** essere ossessionato(-a) dall'idea di fare qc
harcèlement ['aʀsɛlmɑ̃] *nm* assillo; **~ moral** mobbing *m inv*; **~ sexuel** molestie *fpl* sessuali
harceler ['aʀsəle] *vt* (*Mil*) non dare tregua a; (*Chasse*) incalzare; (*fig*) assillare, tormentare; **~ de questions** assillare con domande
hardi, e ['aʀdi] *adj* ardito(-a), audace
hareng ['aʀɑ̃] *nm* arringa; **~ saur** arringa affumicata
hargne ['aʀɲ] *nf* astio
hargneux, -euse ['aʀɲø, øz] *adj* astioso(-a); (*chien*) ringhioso(-a)
haricot ['aʀiko] *nm* fagiolo; **~ blanc** fagiolo bianco; **~ rouge** fagiolo rosso; **~ vert** fagiolino
harmonica [aʀmɔnika] *nm* armonica (a bocca)
harmonie [aʀmɔni] *nf* armonia
harmonieux, -euse [aʀmɔnjø, øz] *adj* armonioso(-a)
harpe ['aʀp] *nf* arpa
hasard ['azaʀ] *nm* caso; **au ~** a caso, a casaccio; **par ~** per caso; **comme par ~** guarda caso; **à tout ~** per ogni evenienza, ad ogni buon conto
hâte ['ɑt] *nf* fretta, premura; **à la ~** alla bell'e meglio, frettolosamente; **en ~** in fretta; **avoir ~ de** aver fretta di
hâter ['ɑte] *vt* affrettare, accelerare; **se hâter** *vr* affrettarsi; **se ~ de** affrettarsi a
hâtif, -ive ['ɑtif, iv] *adj* affrettato(-a), frettoloso(-a); (*fruit, légume*) precoce
hausse ['os] *nf* aumento; (*de fusil*) alzo; **à la ~** al rialzo; **en ~** in aumento
hausser ['ose] *vt* alzare; **~ les épaules** alzare le spalle; **se ~ sur la pointe des pieds** alzarsi sulla punta dei piedi
haut, e ['o, 'ot] *adj* alto(-a) ▸ *adv* in alto ▸ *nm* alto, parte *f* superiore; (*d'un arbre, d'une montagne*) cima; **de 3 m de ~** alto(-a) 3 m; **~ de 2 m/5 étages** alto(-a) 2 m/5 piani; **en haute montagne** in alta montagna; **des ~s et des bas** (*fig*) degli alti e bassi; **en ~ lieu** in alto loco;

à haute voix, tout ~ ad alta voce; **du ~ de** dalla cima di; **tomber de ~** cadere dall'alto; (*fig*) provare una forte delusione; **prendre qch de ~** reagire a qc con arroganza; **traiter qn de ~** trattare qn dall'alto in basso; **de ~ en bas** dall'alto in basso; (*nettoyer*) da cima a fondo; **~ en couleur** (*scène, personne*) pittoresco(-a); **plus ~** più in alto, più su; (*dans un texte*) sopra; (*parler*) più forte; **en ~** in alto, in cima; (*dans une maison*) di sopra; **en ~ de** in cima a; **« ~ les mains ! »** «mani in alto!»; **~ débit** (*Inform*) banda larga; **haute coiffure** haute coiffure *f inv*, alta moda dell'acconciatura; **haute couture** alta moda; **haute fidélité** alta fedeltà; **haute finance** alta finanza; **haute trahison** alto tradimento

hautain, e ['otɛ̃, ɛn] *adj* altezzoso(-a), altero(-a)

hautbois ['obwɑ] *nm* oboe *m*

hauteur ['otœʀ] *nf* altezza; (*Géo*) altura; (*fig : noblesse*) elevatezza; (*: arrogance*) alterigia, altezzosità; **à ~ de** ad altezza di; **à ~ des yeux** all'altezza degli occhi; **à la ~ de** (*aussi fig*) all'altezza di; **à la ~** (*fig*) all'altezza

haut-parleur ['opaʀlœʀ] (*pl* **-s**) *nm* altoparlante *m*

hebdomadaire [ɛbdɔmadɛʀ] *adj, nm* settimanale *m*

hébergement [ebɛʀʒəmɑ̃] *nm* alloggiamento; **l'~ est prévu** è previsto l'alloggio

héberger [ebɛʀʒe] *vt* ospitare, alloggiare; (*réfugiés*) dare asilo a

hébergeur [ebɛʀʒœʀ] *nm* (*Internet*) host (computer) *m inv*

hébreu, x [ebʀø] *adj* ebraico(-a), ebreo(-a) ▸ *nm* ebraico

hectare [ɛktaʀ] *nm* ettaro

hein ['ɛ̃] *excl* eh?; **tu m'approuves, ~ ?** approvi, vero?; **Paul est venu, ~ ?** Paul è venuto, eh?; **j'ai eu tort, ~ ?** ho sbagliato, eh?

hélas ['elɑs] *excl* ahimè! ▸ *adv* purtroppo

héler ['ele] *vt* chiamare; **~ un taxi** fermare un taxi

hélice [elis] *nf* elica; **escalier en ~** (*à vis*) scala a chiocciola

hélicoptère [elikɔptɛʀ] *nm* elicottero

helvétique [ɛlvetik] *adj* elvetico(-a)

hématome [ematom] *nm* ematoma *m*

hémisphère [emisfɛʀ] *nm* : **~ nord/sud** emisfero nord/sud

hémorragie [emɔʀaʒi] *nf* emorragia; **~ cérébrale/interne** emorragia cerebrale/interna; **~ nasale** emorragia nasale

hémorroïdes [emɔʀɔid] *nfpl* emorroidi *fpl*

hennir ['eniʀ] *vi* nitrire

hépatite [epatit] *nf* epatite *f*

herbe [ɛʀb] *nf* erba; **en ~** (*aussi fig*) in erba; **touffe/brin d'~** ciuffo/filo d'erba

herbicide [ɛʀbisid] *nm* erbicida *m*

herboriste [ɛʀbɔʀist] *nm/f* erborista *m/f*

héréditaire [eʀeditɛʀ] *adj* ereditario(-a)

hérisson ['eʀisɔ̃] *nm* riccio

héritage [eʀitaʒ] *nm* (*aussi fig*) eredità; **faire un (petit) ~** entrare in possesso di una (piccola) eredità

hériter [eʀite] *vi* : **~ de qch (de qn)** ereditare qc (da qn)

héritier, -ière [eʀitje, jɛʀ] *nm/f* erede *m/f*

hermétique [ɛʀmetik] *adj* (*aussi fig*) ermetico(-a); (*fig*) : **~ à** indifferente a

hermine [ɛʀmin] *nf* ermellino

hernie ['ɛʀni] *nf* ernia

héroïne [eʀɔin] *nf* (*aussi drogue*) eroina

héroïque [eʀɔik] *adj* eroico(-a)

héron ['eʀɔ̃] *nm* airone *m*

héros ['eʀo] *nm* eroe *m*

hésitant, e [ezitɑ̃, ɑ̃t] *adj* esitante

hésitation [ezitasjɔ̃] *nf* esitazione *f*

hésiter [ezite] *vi* : **~ (à faire)** esitare (a fare); **je le dis sans ~** lo dico senza esitare; **~ entre** esitare tra; **~ sur qch** essere incerto(-a) su qc

hétérosexuel, le [eteʀɔsɛkɥɛl] *adj* eterosessuale

hêtre ['ɛtʀ] *nm* faggio

heure [œʀ] *nf* ora; **c'est l'~** è ora; **quelle ~ est-il ?** che ore sono?, che ora è?; **pourriez-vous me donner l'~, s'il vous plaît ?** potrebbe dirmi l'ora, per cortesia?; **2 ~s (du matin)** le 2 (di notte *ou* del mattino); **à la bonne ~** alla buon'ora, finalmente; **être à l'~** essere puntuale; (*montre*) essere giusto(-a); **mettre à l'~** regolare; **100 km à l'~** 100(km) all'ora; **à toute ~** a tutte le ore, in ogni momento; **24 ~s sur 24** 24 ore su 24; **à l'~ qu'il est** a quest'ora; **une ~ d'arrêt** un'ora di sosta; **sur l'~** all'istante; **pour l'~** per ora; **d'~ en ~** ogni ora; (*d'une heure à l'autre*) da un momento all'altro; **d'une ~ à l'autre**

da un momento all'altro; **de bonne ~** di buon'ora; **le bus passe à l'~** l'autobus passa in orario; **2 ~s de marche/travail** 2 ore di marcia/lavoro; **à l'~ actuelle** attualmente; **à quelle ~ ... ?** a che ora ...?; **~ d'été/locale** ora estiva/locale; **~ de pointe** ora di punta; **~s de bureau** orario *msg* di ufficio; **~s supplémentaires** straordinario *msg*

heureusement [œʀøzmɑ̃] *adv* fortunatamente, per fortuna

heureux, -euse [œʀø, øz] *adj* (*personne, visage*) felice, lieto(-a); (*nature, caractère*) gioviale; (*chanceux*) fortunato(-a); (*judicieux*) felice; **être ~ de qch/faire** essere contento(-a) di qc/fare; **être ~ que** essere felice *ou* lieto(-a) che; **s'estimer ~ de qch/que** ritenersi fortunato(-a) per qc/che; **encore ~ que ...** è già molto che ...

heurt ['œʀ] *nm* urto; **heurts** *nmpl* (*fig : bagarre*) scontri *mpl*; (*: désaccord*) contrasti *mpl*

heurter ['œʀte] *vt* urtare; (*fig*) offendere; **se heurter** *vr* urtare; (*voitures, personnes*) urtarsi; (*couleurs, tons*) contrastare; **se ~ à** (*fig*) imbattersi in; **~ qn de front** prendere qn di petto

hexagone [ɛgzagɔn] *nm* esagono; **l'H~** (*la France*) la Francia (*data la sua forma vagamente esagonale*)

hiberner [ibɛʀne] *vi* andare in letargo

hibou, x ['ibu] *nm* gufo

hideux, -euse ['idø, øz] *adj* orrendo(-a), ributtante

hier [jɛʀ] *adv* ieri; **~ matin/soir** ieri mattina/sera; **~ midi** ieri a mezzogiorno; **toute la journée/la matinée d'~** tutta la giornata/la mattina di ieri

hiérarchie ['jeʀaʀʃi] *nf* gerarchia

hindou, e [ɛ̃du] *adj* indù *inv*; (*Indien*) indiano(-a) ▸ *nm/f* : **Hindou, e** indù *m/f inv*; (*croyant*) induista *m/f*

hippique [ipik] *adj* ippico(-a)

hippisme [ipism] *nm* ippica

hippocampe [ipɔkɑ̃p] *nm* (*Zool*) cavalluccio marino, ippocampo; (*Anat*) ippocampo

hippodrome [ipɔdʀom] *nm* ippodromo

hippopotame [ipɔpɔtam] *nm* ippopotamo

hirondelle [iʀɔ̃dɛl] *nf* rondine *f*

hisser ['ise] *vt* issare; **se hisser** *vr* : **se ~ sur** issarsi su

histoire [istwaʀ] *nf* storia; **histoires** *nfpl* (*ennuis, chichis*) storie *fpl*; **l'~ de France** la storia di Francia; **une ~ de** una questione di; **faire des ~s** fare storie; **~ drôle** barzelletta

historique [istɔʀik] *adj* storico(-a) ▸ *nm* (*exposé, récit*) : **faire l'~ de** fare la cronistoria di

hiver [ivɛʀ] *nm* inverno; **en ~** in *ou* d'inverno

hivernal, e, -aux [ivɛʀnal, o] *adj* invernale

hiverner [ivɛʀne] *vi* svernare

HLM ['aʃɛlɛm] *sigle m ou sigle f* (*= habitation à loyer modéré*) ≈ casa popolare

hobby ['ɔbi] *nm* hobby *m inv*

hocher ['ɔʃe] *vt* : **~ la tête** scuotere la testa

hockey ['ɔkɛ] *nm* : **~ (sur glace/gazon)** hockey *m* (su ghiaccio/prato)

hold-up ['ɔldœp] *nm inv* rapina

hollandais, e ['ɔlɑ̃dɛ, ɛz] *adj* olandese ▸ *nm* (*langue*) olandese *m* ▸ *nm/f* : **Hollandais, e** olandese *m/f*; **les Hollandais** gli olandesi

Hollande ['ɔlɑ̃d] *nf* Olanda ▸ *nm* : **hollande** formaggio olandese

homard ['ɔmaʀ] *nm* astice *m*

homéopathique [ɔmeɔpatik] *adj* omeopatico(-a)

homicide [ɔmisid] *nm* omicidio; **~ involontaire** omicidio preterintenzionale

hommage [ɔmaʒ] *nm* omaggio; **rendre ~ à** rendere omaggio a; **en ~ de** in segno di; **faire ~ de qch à qn** dare qc in omaggio a qn; **présenter ses ~s** presentare i propri omaggi

homme [ɔm] *nm* uomo; **l'~ de la rue** l'uomo della strada; **~ à tout faire** uomo di fatica; **~ d'affaires** uomo d'affari; **~ d'Église** uomo di Chiesa; **~ d'État** uomo di Stato; **~ de loi** uomo di legge; **~ de main** sicario; **~ de paille** uomo di paglia, prestanome *m inv*; **~ des cavernes** uomo delle caverne

homogène [ɔmɔʒɛn] *adj* omogeneo(-a)

homologue [ɔmɔlɔg] *nm/f* omologo(-a)

homologué, e [ɔmɔlɔge] *adj* omologato(-a)

homonyme [ɔmɔnim] *nm* omonimo

homoparental, e, -aux [ɔmɔpaʀɑ̃tal, o] *adj* (*famille, foyer*) omogenitoriale, omoparentale

homosexuel, le [ɔmɔsɛksɥɛl] *adj* omosessuale
Hongrie ['ɔ̃gʀi] *nf* Ungheria
hongrois, e ['ɔ̃gʀwa, waz] *adj* ungherese ▸ *nm* (*langue*) ungherese *m* ▸ *nm/f* : **Hongrois, e** ungherese *m/f*
honnête [ɔnɛt] *adj* onesto(-a); (*satisfaisant*) discreto(-a)
honnêtement [ɔnɛtmɑ̃] *adv* (*v adj*) onestamente; discretamente
honnêteté [ɔnɛtte] *nf* onestà
honneur [ɔnœʀ] *nm* onore *m*; **honneurs** *nmpl* (*marques de distinction*) onori *mpl*; **l'~ lui revient** (*mérite*) è tutto merito suo; **à qui ai-je l'~ ?** con chi ho l'onore di parlare?; **cela me/te fait ~** (ciò) mi/ti fa onore; **«j'ai l'~ de ...»** «ho l'onore di ...»; **en l'~ de** (*personne*) in onore di; (*événement*) in occasione di; **faire ~ à** (*engagements*) onorare; (*famille, fig : repas etc*) fare onore a; **être à l'~** avere preminenza, avere il posto d'onore; **être en ~** essere in auge; **membre d'~** membro onorario; **table d'~** tavolo d'onore
honorable [ɔnɔʀabl] *adj* (*personne*) rispettabile; (*suffisant*) onorevole
honoraire [ɔnɔʀɛʀ] *adj* onorario(-a); **honoraires** *nmpl* (*d'un médecin, d'un avocat etc*) onorario *msg*; **professeur ~** professore onorario
honorer [ɔnɔʀe] *vt* onorare; (*suj : sentiment, qualité*) fare onore a; **~ qn de** onorare qn di; **s'~ de** onorarsi di
honte ['ɔ̃t] *nf* vergogna; **avoir ~ de** vergognarsi di, provare vergogna per; **faire ~ à qn** essere la vergogna di qn
honteux, -euse ['ɔ̃tø, øz] *adj* vergognoso(-a)
hôpital, -aux [ɔpital, o] *nm* ospedale *m*
hoquet ['ɔkɛ] *nm* singhiozzo; **avoir le ~** avere il singhiozzo
horaire [ɔʀɛʀ] *adj* orario(-a) ▸ *nm* orario; **horaires** *nmpl* (*conditions, heures de travail*) orario *msg*; **~ souple** orario flessibile *ou* elastico; **~ à la carte** *ou* **flexible** *ou* **mobile** orario flessibile *ou* elastico
horizon [ɔʀizɔ̃] *nm* (*aussi fig*) orizzonte *m*; **horizons** *nmpl* (*fig*) orizzonti *mpl*; **sur l'~** all'orizzonte
horizontal, e, -aux [ɔʀizɔ̃tal, o] *adj* orizzontale
horloge [ɔʀlɔʒ] *nf* orologio; **~ parlante** (*Tél*) ora esatta
horloger, -ère [ɔʀlɔʒe, ɛʀ] *nm/f* orologiaio(-a)
hormis ['ɔʀmi] *prép* salvo, tranne
horoscope [ɔʀɔskɔp] *nm* oroscopo
horreur [ɔʀœʀ] *nf* orrore *m*; **quelle ~ !** che orrore!; **avoir ~ de qch** detestare qc, avere orrore di qc; **cela me fait ~** (ciò) mi fa orrore
horrible [ɔʀibl] *adj* orribile, orrendo(-a)
horrifier [ɔʀifje] *vt* far inorridire
hors ['ɔʀ] *prép* (*sauf*) salvo; **~ de** fuori di *ou* da; **~ de propos** fuori luogo; **être ~ de soi** essere fuori di sé; **~ d'usage** fuori uso; **~ ligne** eccezionale, senza pari; (*Inform*) scollegato(-a); **~ pair** eccezionale, senza pari; **~ série** (*sur mesure*) fuori serie; (*exceptionnel*) eccezionale; **~ service** fuori servizio
hors-bord ['ɔʀbɔʀ] (*pl* **hors-bord(s)**) *nm* fuoribordo *m inv*
hors-d'œuvre ['ɔʀdœvʀ] *nm inv* antipasto
hors-la-loi ['ɔʀlalwa] *nm inv* fuorilegge *m inv*
hors-taxe [ɔʀtaks] *adj* ≈ al netto di IVA
hortensia [ɔʀtɑ̃sja] *nm* ortensia
hospice [ɔspis] *nm* ospizio, ricovero
hospitalier, -ière [ɔspitalje, jɛʀ] *adj* (*accueillant*) ospitale; (*Méd : service, centre*) ospedaliero(-a)
hospitaliser [ɔspitalize] *vt* ricoverare (in ospedale), ospedalizzare
hospitalité [ɔspitalite] *nf* ospitalità ; **offrir l'~ à qn** offrire ospitalità a qn
hostie [ɔsti] *nf* ostia
hostile [ɔstil] *adj* : **~ (à)** ostile (a)
hostilité [ɔstilite] *nf* ostilità *f inv*; **hostilités** *nfpl* (*Mil*) ostilità *fpl*
hôte [ot] *nm/f* ospite *m/f*; **~ payant** ospite pagante
hôtel [otɛl] *nm* albergo, hotel *m inv*; **aller à l'~** andare in albergo; **~ de ville** municipio; **~ (particulier)** palazzina signorile
hôtellerie [otɛlʀi] *nf* (*profession*) industria alberghiera; (*auberge*) locanda
hôtesse [otɛs] *nf* (*maîtresse de maison*) padrona di casa; (*dans une agence, une foire*) hostess *f inv*; **~ (d'accueil)** hostess; **~ (de l'air)** hostess
houblon ['ublɔ̃] *nm* luppolo
houille ['uj] *nf* carbone *m* (fossile); **~ blanche** carbone bianco
houle ['ul] *nf* onda (lunga)

h

houleux, -euse ['ulø, øz] *adj* (*mer*) mosso(-a); (*fig* : *discussion etc*) burrascoso(-a)
hourra ['uʀa] *nm, excl* urrà *m inv*, evviva *m inv*
housse ['us] *nf* fodera; **~ (penderie)** sacco *ou* custodia per abiti
houx ['u] *nm* agrifoglio
hublot ['yblo] *nm* oblò *m inv*
huche ['yʃ] *nf* : **~ à pain** madia per il pane
huer ['ɥe] *vt* fischiare ▸ *vi* stridere (*di gufo, civetta*)
huile [ɥil] *nf* olio; (*fam* : *personne importante*) pezzo grosso; **mer d'~** mare calmo come l'olio; **faire tache d'~** (*fig*) estendersi a macchia d'olio; **~ d'arachide** olio (di semi) di arachide; **~ de foie de morue** olio di fegato di merluzzo; **~ de ricin** olio di ricino; **~ de table** olio da tavola; **~ détergente** (*Auto*) olio detergente; **~ essentielle** olio essenziale; **~ solaire** olio solare
huissier, -ère [ɥisje, ɛʀ] *nm/f* usciere *m*; (*Jur*) ufficiale *m* giudiziario
huit ['ɥi(t)] *adj inv, nm inv* otto *inv*; **samedi en ~** (non questo sabato) sabato prossimo; **dans ~ jours** tra otto giorni; *voir aussi* **cinq**
huitaine ['ɥitɛn] *nf* : **une ~ de** (circa) otto; **une ~ de jours** otto giorni (circa), una settimana
huitième ['ɥitjɛm] *adj, nm/f* ottavo(-a) ▸ *nm* ottavo; *voir aussi* **cinquième**
huître [ɥitʀ] *nf* ostrica
humain, e [ymɛ̃, ɛn] *adj* umano(-a) ▸ *nm* umano
humanitaire [ymanitɛʀ] *adj* umanitario(-a)
humanité [ymanite] *nf* umanità
humble [œ̃bl] *adj* umile
humer ['yme] *vt* annusare, fiutare
humeur [ymœʀ] *nf* umore *m*; (*irritation*) stizza; **de bonne/mauvaise ~** di buon/cattivo umore; **cela m'a mis de mauvaise/bonne ~** (ciò) mi ha messo di cattivo/buon umore; **je suis de mauvaise/bonne ~** sono di cattivo/buon umore; **être d'~ à faire qch** essere in vena di fare qc
humide [ymid] *adj* umido(-a); (*route*) bagnato(-a)
humilier [ymilje] *vt* umiliare; **s'~ devant qn** umiliarsi davanti a qn
humilité [ymilite] *nf* umiltà
humoristique [ymɔʀistik] *adj* umoristico(-a)
humour [ymuʀ] *nm* umorismo; **il a un ~ particulier** ha un umorismo particolare; **avoir de l'~** avere il senso dell'umorismo, avere humour; **~ noir** umorismo nero
huppé, e ['ype] (*fam*) *adj* altolocato(-a)
hurlement ['yʀləmɑ̃] *nm* ululato; (*de personne*) urlo
hurler ['yʀle] *vi* (*animal, fig* : *vent etc*) ululare; (*personne*) urlare; (*fig* : *couleurs etc*) fare a pugni (*fig*); **~ à la mort** (*suj* : *chien*) ululare *ou* abbaiare alla luna
hutte ['yt] *nf* capanna, capanno
hydratant, e [idʀatɑ̃, ɑ̃t] *adj* idratante
hydraulique [idʀolik] *adj* idraulico(-a)
hydravion [idʀavjɔ̃] *nm* idrovolante *m*
hydrogène [idʀɔʒɛn] *nm* idrogeno
hydroglisseur [idʀɔglisœʀ] *nm* idroscivolante *m*
hyène [jɛn] *nf* iena
hygiène [iʒjɛn] *nf* igiene *f*; **~ corporelle/intime** igiene personale/intima
hygiénique [iʒenik] *adj* igienico(-a)
hymne [imn] *nm* inno; **~ national** inno nazionale
hyperlien [ipɛʀljɛ̃] *nm* (*Inform*) hyperlink *m inv*, link *m inv* ipertestuale
hypermarché [ipɛʀmaʀʃe] *nm* ipermercato
hypermétrope [ipɛʀmetʀɔp] *adj* ipermetrope
hypertension [ipɛʀtɑ̃sjɔ̃] *nf* ipertensione *f*
hypnose [ipnoz] *nf* ipnosi *f inv*
hypnotiser [ipnɔtize] *vt* ipnotizzare
hypocrisie [ipɔkʀizi] *nf* ipocrisia
hypocrite [ipɔkʀit] *adj, nm/f* ipocrita *m/f*
hypothèque [ipɔtɛk] *nf* ipoteca
hypothèse [ipɔtɛz] *nf* ipotesi *f inv*; **dans l'~ où ...** nell'ipotesi che ...
hystérique [isteʀik] *adj* isterico(-a)

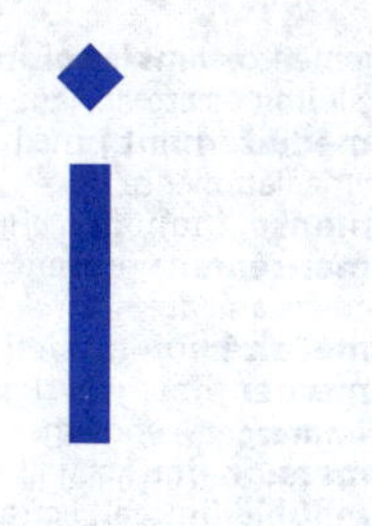

iceberg [ajsbɛʀg] *nm* iceberg *m inv*
ici [isi] *adv* qui, qua; **jusqu'~** fin qui; (*temporel*) finora; **d'~ là** da qui ad allora; (*en attendant*) nel frattempo; **d'~ peu** fra poco
icône [ikon] *nf* (*aussi Inform*) icona
idéal, e, -aux [ideal, o] *adj* ideale ▸ *nm* ideale *m*; **l'~ serait de/que** l'ideale sarebbe/che
idéaliste [idealist] *adj* idealistico(-a) ▸ *nm/f* idealista *m/f*
idée [ide] *nf* idea; **se faire des ~s** farsi delle idee; **avoir dans l'~ que** avere idea che; **avoir ~ que** aver idea che; **je n'en ai pas la moindre ~** non ne ho la minima *ou* la più pallida idea; **à l'~ de/que** all'idea di/che; **en voilà des ~s !** (*désapprobation*) che bella trovata!; **venir à l'~ de qn** venire in mente a qn; **avoir des ~s noires** vedere (tutto) nero; **~ fixe** idea fissa; **~s reçues** preconcetti *mpl*
identifiant [idɑ̃tifjɑ̃] *nm* (*Inform*) identificativo, nome *m* utente *inv*
identifier [idɑ̃tifje] *vt* identificare; **~ qch/qn à** identificare qc/qn con; **s'~ avec** *ou* **à qch/qn** (*héros etc*) identificarsi con qc/qn
identique [idɑ̃tik] *adj* : **~ (à)** identico(-a) (a)
identité [idɑ̃tite] *nf* identità *f inv*
idiot, e [idjo, idjɔt] *adj, nm/f* idiota *m/f*
idole [idɔl] *nf* idolo
idylle [idil] *nf* idillio
idyllique [idilik] *adj* idilliaco(-a)
if [if] *nm* (*Bot*) tasso
ignare [iɲaʀ] *adj* ignorante
ignoble [iɲɔbl] *adj* ignobile; (*taudis, nourriture*) immondo(-a), ripugnante
ignorance [iɲɔʀɑ̃s] *nf* ignoranza
ignorant, e [iɲɔʀɑ̃, ɑ̃t] *adj, nm/f* ignorante; **faire l'~** fare lo (la) gnorri
ignorer [iɲɔʀe] *vt* ignorare; **j'ignore comment/si** non so come/se; **~ que** ignorare che; **je n'ignore pas que ...** (lo) so che ...; **je l'ignore** lo ignoro, non lo so
il [il] *pron* (*personne*) egli, lui; (*animal, chose*) esso; (*en tournure impersonnelle*) : **il fait froid** fa freddo; (*en interrogation*) : **Pierre est-il arrivé ?** Pierre è arrivato?; **il a gagné** (lui) ha vinto; *voir aussi* **avoir**
île [il] *nf* isola; **les Îles** (*les Antilles*) le Antille; **l'~ de Beauté** la Corsica; **l'~ Maurice** l'isola Maurizio; **les ~s anglo-normandes/Britanniques** le isole Normanne/Britanniche; **les ~s Cocos** *ou* **Keeling** le isole Cocos *ou* Keeling; **les ~s Cook** le isole Cook; **les ~s Vierges** le isole Vergini
illégal, e, -aux [i(l)legal, o] *adj* illegale
illégalité [i(l)legalite] *nf* illegalità *f inv*; **être dans l'~** essere nell'illegalità
illégitime [i(l)leʒitim] *adj* illegittimo(-a); (*non justifié, non fondé*) ingiustificato(-a)
illettré, e [i(l)letʀe] *adj, nm/f* illetterato(-a)
illettrisme [i(l)letʀism] *nm* analfabetismo
illicite [i(l)lisit] *adj* illecito(-a)
illico [i(l)liko] (*fam*) *adv* all'istante, seduta stante
illimité, e [i(l)limite] *adj* illimitato(-a)
illisible [i(l)lizibl] *adj* illeggibile
illogique [i(l)lɔʒik] *adj* illogico(-a)
illuminer [i(l)lymine] *vt* illuminare; **s'illuminer** *vr* illuminarsi
illusion [i(l)lyzjɔ̃] *nf* illusione *f*; **se faire des ~s** farsi (delle) illusioni, illudersi; **faire ~** gettare polvere negli occhi; **~ d'optique** illusione ottica
illustration [i(l)lystʀasjɔ̃] *nf* illustrazione *f*
illustré, e [i(l)lystʀe] *adj* illustrato(-a) ▸ *nm* (*pour enfants*) giornalino
illustrer [i(l)lystʀe] *vt* illustrare; **s'illustrer** *vr* (*personne*) distinguersi
îlot [ilo] *nm* (*petite île*) isolotto; (*bloc de maisons*) isolato; **un ~ de verdure** un'oasi di verde
îlotier [i(l)lɔtje] *nm* poliziotto di quartiere
ils [il] *pron* essi, loro; **~ ont gagné** (loro) hanno vinto; **~ sont en vacances** sono in vacanza

image [imaʒ] *nf* immagine *f*; **~ d'Épinal** immagine stereotipata; **~ de marque** (*Comm* : *d'un produit*) immagine commerciale; (: *d'une personne, d'une entreprise*) immagine; **~ pieuse** santino

imagé, e [imaʒe] *adj* (*langage, style*) figurato(-a)

imaginaire [imaʒinɛʀ] *adj* immaginario(-a)

imaginatif, -ive [imaʒinatif, iv] *adj* ricco(-a) di immaginazione

imagination [imaʒinasjɔ̃] *nf* immaginazione *f*, fantasia; **avoir de l'~** avere immaginazione *ou* fantasia

imaginer [imaʒine] *vt* immaginare; (*expédient, mesure*) escogitare, ideare; **s'imaginer** *vr* immaginarsi; **~ que** immaginare che; **~ de faire qch** pensare di fare qc; **j'imagine qu'il a voulu plaisanter** immagino che abbia voluto scherzare; **qu'allez-vous ~ là ?** cosa va a pensare?; **s'~ que/pouvoir faire qch** credere che/di poter fare qc; **s'~ à 60 ans/en vacances** immaginarsi a 60 anni/in vacanza; **ne t'imagine pas que** non credere che

imam [imam] *nm* imam *m inv*

imbattable [ɛ̃batabl] *adj* imbattibile

imbécile [ɛ̃besil] *adj, nm/f* imbecille *m/f*

imbiber [ɛ̃bibe] *vt* : **~ qch de** impregnare qc di, imbevere qc di; **imbibé(e) d'eau** impregnato(-a) *ou* imbevuto(-a) d'acqua

imbu, e [ɛ̃by] *adj* : **~ de sa personne** pieno(-a) di sé

imbuvable [ɛ̃byvabl] *adj* imbevibile; (*fam* : *fig* : *personne*) insopportabile

imitateur, -trice [imitatœʀ, tʀis] *nm/f* imitatore(-trice)

imitation [imitasjɔ̃] *nf* imitazione *f*; **un sac ~ cuir** una borsa in finta pelle *ou* in similpelle

imiter [imite] *vt* imitare

immangeable [ɛ̃mɑ̃ʒabl] *adj* immangiabile

immatriculation [imatʀikylasjɔ̃] *nf* immatricolazione *f*

immatriculer [imatʀikyle] *vt* immatricolare; (*à la sécurité sociale etc*) iscrivere; **se faire ~** immatricolarsi; iscriversi; **voiture immatriculée dans la Seine** auto con targa della Senna

immature [imatyʀ] *adj* immaturo(-a)

immédiat, e [imedja, jat] *adj* immediato(-a) ▸ *nm* : **dans l'~** per il momento; **dans le voisinage ~ de** nelle immediate vicinanze di

immédiatement [imedjatmɑ̃] *adv* immediatamente

immense [i(m)mɑ̃s] *adj* immenso(-a)

immensément [i(m)mɑ̃semɑ̃] *adv* immensamente

immensité [i(m)mɑ̃site] *nf* immensità

immerger [imɛʀʒe] *vt* immergere; **s'immerger** *vr* immergersi

immersion [imɛʀsjɔ̃] *nf* immersione *f*

immeuble [imœbl] *nm* (*bâtiment*) palazzo, edificio ▸ *adj* (*Jur* : *bien*) immobile; **~ de rapport** immobile *m* redditizio; **~ locatif** immobile in locazione

immigration [imigʀasjɔ̃] *nf* immigrazione *f*

immigré, e [imigʀe] *nm/f* immigrato(-a)

imminent, e [iminɑ̃, ɑ̃t] *adj* imminente

immiscer [imise] : **s'immiscer dans** *vr* immischiarsi in

immobile [i(m)mɔbil] *adj* immobile; **rester/se tenir ~** rimanere/stare immobile

immobilier, -ière [imɔbilje, jɛʀ] *adj* immobiliare ▸ *nm* : **l'~** (*Comm*) il settore immobiliare; (*Jur*) i beni immobili; *voir* **promoteur** ; **société**

immobiliser [imɔbilize] *vt* immobilizzare; (*empêcher de fonctionner* : *machine, avion etc*) bloccare; **s'immobiliser** *vr* (*personne*) immobilizzarsi; (*machine, véhicule*) fermarsi

immoral, e, -aux [i(m)mɔʀal, o] *adj* immorale

immortel, le [imɔʀtɛl] *adj* immortale

immortelle [imɔʀtɛl] *nf* (*Bot*) sempreverde *m*

immuable [imɥabl] *adj* immutabile

immunisé, e [im(m)ynize] *adj* immunizzato(-a)

immunité [imynite] *nf* (*Biol, Jur*) immunità; **~ diplomatique/ parlementaire** immunità diplomatica/parlamentare

impact [ɛ̃pakt] *nm* impatto

impair, e [ɛ̃pɛʀ] *adj* dispari *inv* ▸ *nm* gaffe *f inv*

impardonnable [ɛ̃paʀdɔnabl] *adj* imperdonabile

imparfait, e [ɛ̃paʀfɛ, ɛt] *adj* imperfetto(-a); (*guérison*)

incompleto(-a), non perfetto(-a) ▸ *nm* (*Ling*) imperfetto
impartial, e, -aux [ɛ̃paʀsjal, o] *adj* imparziale
impasse [ɛ̃pɑs] *nf* (*cul-de-sac*) strada senza uscita, vicolo cieco; (*fig*) impasse *f inv*; **faire une ~** (*Scol*) *non studiare una parte del programma sperando che non venga richiesta all'esame*; **être dans l'~** (*négociations*) essere in un vicolo cieco
impassible [ɛ̃pasibl] *adj* impassibile
impatience [ɛ̃pasjɑ̃s] *nf* impazienza; **avec ~** con impazienza; **mouvement/signe d'~** gesto/segno di impazienza
impatient, e [ɛ̃pasjɑ̃, jɑ̃t] *adj* impaziente; **~ de faire qch** impaziente di fare qc
impatienter [ɛ̃pasjɑ̃te] *vt* spazientire; **s'impatienter** *vr* : **s'~ (de/contre)** spazientirsi *ou* impazientirsi (per/con)
impeccable [ɛ̃pekabl] *adj* impeccabile; (*fam*) perfetto(-a)
impensable [ɛ̃pɑ̃sabl] *adj* impensabile
imper [ɛ̃pɛʀ] (*fam*) *nm* = **imperméable**
impératif, -ive [ɛ̃peʀatif, iv] *adj* imperativo(-a) ▸ *nm* (*Ling*) imperativo; **impératifs** *nmpl* (*prescriptions : d'une charge, fonction*) dettami *mpl*, principi *mpl*; (*de la mode*) dettami
impératrice [ɛ̃peʀatʀis] *nf* imperatrice *f*
imperceptible [ɛ̃pɛʀsɛptibl] *adj* impercettibile
impérial, e, -aux [ɛ̃peʀjal, o] *adj* imperiale
impérieux, -euse [ɛ̃peʀjø, jøz] *adj* imperioso(-a)
impérissable [ɛ̃peʀisabl] *adj* (*écrit*) immortale; (*souvenir, gloire*) imperituro(-a)
imperméable [ɛ̃pɛʀmeabl] *adj* impermeabile; (*fig : personne*) : **~ à** refrattario(-a) a ▸ *nm* impermeabile *m*; **~ à l'air** a tenuta d'aria
impertinent, e [ɛ̃pɛʀtinɑ̃, ɑ̃t] *adj* impertinente
imperturbable [ɛ̃pɛʀtyʀbabl] *adj* imperturbabile
impétueux, -euse [ɛ̃petɥø, øz] *adj* impetuoso(-a)
impitoyable [ɛ̃pitwajabl] *adj* spietato(-a); (*argumentation*) inoppugnabile
implant [ɛ̃plɑ̃] *nm* (*Méd*) impianto
implanter [ɛ̃plɑ̃te] *vt* introdurre; (*Méd, usine, industrie*) impiantare; **s'implanter** *vr* : **s'~ dans** installarsi in; (*race, immigrants*) insediarsi in; (*idée, usage*) radicarsi in
implication [ɛ̃plikasjɔ̃] *nf* implicazione *f*
implicite [ɛ̃plisit] *adj* implicito(-a)
impliquer [ɛ̃plike] *vt* implicare; **~ qn (dans)** (*dans un complot*) implicare *ou* coinvolgere qn (in)
imploser [ɛ̃ploze] *vi* implodere
impoli, e [ɛ̃pɔli] *adj* sgarbato(-a), maleducato(-a); (*manières*) sgarbato(-a)
impolitesse [ɛ̃pɔlitɛs] *nf* maleducazione *f*, villania
impopulaire [ɛ̃pɔpylɛʀ] *adj* impopolare
importance [ɛ̃pɔʀtɑ̃s] *nf* importanza; **avoir de l'~** (*question*) avere importanza; (*personne*) essere importante; **sans ~** senza importanza; **quelle ~ ?** che importanza ha?; **d'~** importante
important, e [ɛ̃pɔʀtɑ̃, ɑ̃t] *adj* importante; (*quantitativement : somme, retard etc*) notevole, considerevole; (*péj : airs, ton, personne*) sostenuto(-a) ▸ *nm* : **l'~ (est de faire/que)** l'importante *m* (è fare/che); **c'est ~ à savoir** è importante saperlo
importateur, -trice [ɛ̃pɔʀtatœʀ, tʀis] *adj, nm/f* importatore(-trice); **pays ~ de blé** paese importatore di grano
importation [ɛ̃pɔʀtasjɔ̃] *nf* importazione *f*
importer [ɛ̃pɔʀte] *vt* importare ▸ *vi* (*être important*) importare; **~ à qn** importare a qn; **il importe de faire/que** è importante fare/che; **peu m'importe** (*je n'ai pas de préférence*) (per me) fa lo stesso; (*je m'en moque*) non mi importa; **peu importe !** non importa!; **peu importe que** non importa che; **peu importe le prix, nous paierons** non importa il prezzo, pagheremo; *voir aussi* **n'importe**
importun, e [ɛ̃pɔʀtœ̃, yn] *adj* importuno(-a) ▸ *nm* importuno
importuner [ɛ̃pɔʀtyne] *vt* importunare; (*bruit, interruptions*) disturbare
imposant, e [ɛ̃pozɑ̃, ɑ̃t] *adj* imponente; (*considérable : majorité*) notevole
imposer [ɛ̃poze] *vt* (*taxer*) tassare; (*faire accepter*) imporre; **s'imposer** *vr*

i

imporsi; (*être importun*) essere importuno(-a); **~ qch à qn** imporre qc a qn; **en ~ (à)** (*impressionner*) mettere soggezione (a); (*personne, présence*) incutere rispetto (a); **ça s'impose !** è essenziale!

impossible [ɛ̃pɔsibl] *adj* impossibile ▸ *nm* : **l'~** l'impossibile; **~ à faire** impossibile da fare *ou* a farsi; **il est ~ que** è impossibile che; **il est ~ d'arriver** è impossibile arrivare; **il m'est ~ de le faire** mi è impossibile farlo; **faire l'~** fare l'impossibile

imposteur [ɛ̃pɔstœʀ, øz] *nm/f* impostore(-a)

impôt [ɛ̃po] *nm* tassa, imposta; **payer des ~s** pagare le tasse; **payer 1 000 € d'~s** pagare 1000 euro di tasse; **~ direct/indirect** imposta diretta/indiretta; **~ foncier** imposta fondiaria; **~ sur la fortune** imposta patrimoniale; **~ sur le chiffre d'affaires** imposta sul giro d'affari; **~ sur le revenu** imposta sul reddito; **~ sur les plus-values** imposta sull'aumento del capitale; **~ sur les sociétés** imposta sugli utili delle società; **~s locaux** imposte locali

impotent, e [ɛ̃pɔtɑ̃, ɑ̃t] *adj* invalido(-a)

impraticable [ɛ̃pʀatikabl] *adj* (*projet, idée*) inattuabile, irrealizzabile; (*piste, chemin*) impraticabile

imprécis, e [ɛ̃pʀesi, iz] *adj* impreciso(-a)

imprégner [ɛ̃pʀeɲe] *vt* : **~ (de)** impregnare (di); (*lieu, air : de lumière*) inondare (di); **s'imprégner de** *vr* impregnarsi di; (*fig : langue étrangère*) assimilare; **une lettre imprégnée d'ironie** una lettera carica d'ironia

imprenable [ɛ̃pʀənabl] *adj* imprendibile, inespugnabile; **vue ~** vista panoramica (assicurata)

impression [ɛ̃pʀesjɔ̃] *nf* impressione *f*; (*d'étouffement*) sensazione *f*; (*émotion*) : **faire/produire une vive ~** fare/produrre una viva impressione; (*d'un ouvrage, d'un tissu*) stampa; (*dessin, motif*) motivo *ou* disegno (stampato); **faire bonne/mauvaise ~** fare buona/cattiva impressione; **donner l'~ d'être …** dare l'impressione di essere …; **donner une ~ de/l'~ que** dare un'impressione di/l'impressione che; **avoir l'~ de/que** avere l'impressione di/che; **faire ~** (*film, orateur, déclaration etc*) fare colpo, colpire; **~s de voyage** impressioni *fpl* di viaggio

impressionnant, e [ɛ̃pʀesjɔnɑ̃, ɑ̃t] *adj* impressionante; (*discours*) brillante; (*monument*) imponente

impressionner [ɛ̃pʀesjɔne] *vt* impressionare

imprévisible [ɛ̃pʀevizibl] *adj* imprevedibile

imprévu, e [ɛ̃pʀevy] *adj* imprevisto(-a) ▸ *nm* imprevisto; **en cas d'~** in caso d'imprevisti; **sauf ~** salvo imprevisti

imprimante [ɛ̃pʀimɑ̃t] *nf* (*Inform*) stampante *f*; **~ à jet d'encre** stampante a getto d'inchiostro; **~ (à) laser** stampante *f* laser *inv*

imprimé, e [ɛ̃pʀime] *adj* stampato(-a) ▸ *nm* modulo, stampato; (*Postes*) stampa; (*tissu*) tessuto stampato; (*dans une bibliothèque*) pubblicazione *f*; **un ~ à fleurs/pois** (*tissu*) un tessuto stampato a fiori/pois

imprimer [ɛ̃pʀime] *vt* stampare; (*empreinte, marque*) imprimere

imprimerie [ɛ̃pʀimʀi] *nf* (*technique*) stampa; (*établissement, atelier*) tipografia, stamperia

imprimeur, -euse [ɛ̃pʀimœʀ, øz] *nm/f* tipografo(-a)

improbable [ɛ̃pʀɔbabl] *adj* improbabile

impropre [ɛ̃pʀɔpʀ] *adj* improprio(-a); **~ à la consommation** (*aliments, produits*) inadatto(-a) al consumo

improviser [ɛ̃pʀɔvize] *vt, vi* improvvisare; **s'improviser** *vr* (*secours, réunion*) essere improvvisato(-a); **s'~ cuisinier** improvvisarsi cuoco

improviste [ɛ̃pʀɔvist] : **à l'~** *adv* all'improvviso

imprudence [ɛ̃pʀydɑ̃s] *nf* imprudenza

imprudent, e [ɛ̃pʀydɑ̃, ɑ̃t] *adj* imprudente, incauto(-a)

impudence [ɛ̃pydɑ̃s] *nf* impudenza

impudent, e [ɛ̃pydɑ̃, ɑ̃t] *adj* impudente

impuissant, e [ɛ̃pɥisɑ̃, ɑ̃t] *adj, nm* impotente *m*; **~ à faire qch** incapace di fare qc

impulsif, -ive [ɛ̃pylsif, iv] *adj* impulsivo(-a)

impulsion [ɛ̃pylsjɔ̃] *nf* (*aussi fig*) impulso; **sous l'~ de leurs chefs …** spinti dai loro capi …

impunément [ɛ̃pynemɑ̃] *adv* impunemente

impuni, e [ɛ̃pyni] *adj* impunito(-a)

impunité [ɛ̃pynite] *nf* impunità; **en toute ~** impunemente
impur, e [ɛ̃pyʀ] *adj* impuro(-a)
impureté [ɛ̃pyʀte] *nf* impurità *f inv*
imputable [ɛ̃pytabl] *adj* : **~ à** imputabile a
imputer [ɛ̃pyte] *vt* : **~ qch à/sur** imputare qc a
inabordable [inabɔʀdabl] *adj* (*lieu*) inaccessibile; (*cher*) troppo caro(-a), proibitivo(-a)
inacceptable [inaksɛptabl] *adj* inaccettabile
inaccessible [inaksesibl] *adj* inaccessibile; (*objectif*) irraggiungibile
inachevé, e [inaʃ(ə)ve] *adj* (*travail, esquisse*) incompiuto(-a); (*devoir*) non portato(-a) a termine; (*maison*) non terminato(-a)
inactif, -ive [inaktif, iv] *adj* inattivo(-a)
inadapté, e [inadapte] *adj* (*Psych*) disadattato(-a) ▸ *nm/f* (*péj*) disadattato(-a); **~ à** inadatto(-a) a
inadéquat, e [inadekwa(t), kwat] *adj* inadeguato(-a)
inadmissible [inadmisibl] *adj* inammissibile
inadvertance [inadvɛʀtɑ̃s] : **par ~** *adv* inavvertitamente
inanimé, e [inanime] *adj* (*matière*) inanimato(-a); (*corps, personne*) esanime, inanimato(-a); **tomber ~** cadere esanime
inanition [inanisjɔ̃] *nf* : **tomber d'~** crollare per la fame e lo sfinimento
inaperçu, e [inapɛʀsy] *adj* : **passer ~** passare inosservato(-a)
inapte [inapt] *adj* (*personne*) : **~ à (qch/ faire qch)** inadatto(-a) a (qc/fare qc); (*Mil*) inabile
inattendu, e [inatɑ̃dy] *adj* inatteso(-a), inaspettato(-a) ▸ *nm* : **l'~** l'imprevisto
inattentif, -ive [inatɑ̃tif, iv] *adj* disattento(-a)
inattention [inatɑ̃sjɔ̃] *nf* disattenzione *f*; **une minute d'~** un attimo di disattenzione; **par ~** per disattenzione; **faute/erreur d'~** errore *m* di distrazione
inaudible [inodibl] *adj* impercettibile
inaugural, e, -aux [inogyʀal, e] *adj* inaugurale; **discours ~** discorso inaugurale
inaugurer [inogyʀe] *vt* inaugurare
inavouable [inavwabl] *adj* inconfessabile
incalculable [ɛ̃kalkylabl] *adj* incalcolabile; **un nombre ~ de** un numero incalcolabile di
incapable [ɛ̃kapabl] *adj* (*aussi Jur*) incapace; **~ de faire qch** incapace di fare qc
incapacité [ɛ̃kapasite] *nf* (*aussi Jur*) incapacità; **être dans l'~ de faire** essere nell'impossibilità di fare; **~ de travail** inabilità al lavoro; **~ partielle/ totale** invalidità parziale/totale; **~ permanente** invalidità permanente
incarcération [ɛ̃kaʀseʀasjɔ̃] *nf* incarcerazione *f*
incarcérer [ɛ̃kaʀseʀe] *vt* incarcerare
incarné, e [ɛ̃kaʀne] *adj* incarnato(-a); **ongle ~** unghia incarnita
incassable [ɛ̃kɑsabl] *adj* (*verre*) infrangibile; (*fil*) resistente
incendie [ɛ̃sɑ̃di] *nm* incendio; **~ criminel** incendio doloso; **~ de forêt** incendio boschivo
incendier [ɛ̃sɑ̃dje] *vt* incendiare; (*fig : accabler de reproches*) strapazzare
incertain, e [ɛ̃sɛʀtɛ̃, ɛn] *adj* incerto(-a)
incertitude [ɛ̃sɛʀtityd] *nf* incertezza
incessamment [ɛ̃sesamɑ̃] *adv* al più presto, a momenti
inchangé, e [ɛ̃ʃɑ̃ʒe] *adj* immutato(-a), invariato(-a)
incidemment [ɛ̃sidamɑ̃] *adv* incidentalmente
incident, e [ɛ̃sidɑ̃, ɑ̃t] *adj* (*Jur, Ling*) incidentale ▸ *nm* incidente *m*; **~ de frontière** incidente di frontiera; **~ de parcours** incidente di percorso; **~ diplomatique** incidente diplomatico; **~ technique** incidente tecnico
incinérer [ɛ̃sineʀe] *vt* (*ordures*) incenerire; (*cadavre*) cremare
incisif, -ive [ɛ̃sizif, iv] *adj* (*ironie, critique*) pungente, mordace; (*style*) incisivo(-a); (*personne*) mordace
incisive [ɛ̃siziv] *nf* (*Anat*) incisivo
incitatif, -ive [ɛ̃sitatif, iv] *adj* (*tarification, mesures, politiques*) incentivante
incitation [ɛ̃sitasjɔ̃] *nf* incitamento; (*provocation*) istigazione *f*
inciter [ɛ̃site] *vt* : **~ qn à (faire) qch** incitare qn a (fare) qc
incivilité [ɛ̃sivilite] *nf*: **incivilités** *nfpl* comportamento *sg* antisociale

inclinable [ɛ̃klinabl] *adj* inclinabile; **siège (à dossier) ~** sedile *m* a schienale inclinabile
inclination [ɛ̃klinasjɔ̃] *nf* inclinazione *f*, propensione *f*; **montrer de l'~ pour les sciences** mostrare inclinazione per le scienze; **~s égoïstes/altruistes** tendenze *fpl* egoistiche/altruistiche
incliner [ɛ̃kline] *vt* inclinare; (*tête*) chinare ▸ *vi* : **~ à qch/à faire** essere incline *ou* propenso(-a) a qc/a fare; **s'incliner** *vr* (*personne*) inchinarsi; (*toit*) declinare; **~ la tête** (*pour saluer*) chinare la testa; **s'~ (devant)** inchinarsi (davanti *ou* di fronte a)
inclure [ɛ̃klyʀ] *vt* includere; (*billet, chèque*) accludere, allegare
inclus, e [ɛ̃kly, yz] *pp de* **inclure** ▸ *adj* (*joint à un envoi*) allegato(-a); (*compris* : *frais, dépense*) incluso(-a); **jusqu'au troisième chapitre ~** fino al terzo capitolo incluso; **jusqu'au 10 mars ~** fino al 10 marzo incluso
incognito [ɛ̃kɔɲito] *adv* in incognito
incohérent, e [ɛ̃kɔeʀɑ̃, ɑ̃t] *adj* incoerente
incollable [ɛ̃kɔlabl] *adj* (*riz*) che non attacca; **il est ~** (*fam* : *personne*) è imbattibile
incolore [ɛ̃kɔlɔʀ] *adj* incolore
incomber [ɛ̃kɔ̃be] : **~ à** *vt* spettare a; (*frais, réparations*) essere a carico di
incommoder [ɛ̃kɔmɔde] *vt* : **~ qn** dare fastidio a qn, infastidire qn
incomparable [ɛ̃kɔ̃paʀabl] *adj* incomparabile
incompatibilité [ɛ̃kɔ̃patibilite] *nf* incompatibilità *f inv*; **~ d'humeur** incompatibilità di carattere
incompatible [ɛ̃kɔ̃patibl] *adj* : **~ (avec)** incompatibile (con)
incompétent, e [ɛ̃kɔ̃petɑ̃, ɑ̃t] *adj* : **~ (en)** incompetente (in)
incomplet, -ète [ɛ̃kɔ̃plɛ, ɛt] *adj* incompleto(-a)
incompréhensible [ɛ̃kɔ̃pʀeɑ̃sibl] *adj* incomprensibile
incompréhension [ɛ̃kɔ̃pʀeɑ̃sjɔ̃] *nf* incomprensione *f*
incompris, e [ɛ̃kɔ̃pʀi, iz] *adj* incompreso(-a)
inconcevable [ɛ̃kɔ̃s(ə)vabl] *adj* inconcepibile
inconciliable [ɛ̃kɔ̃siljabl] *adj* inconciliabile
inconfortable [ɛ̃kɔ̃fɔʀtabl] *adj* (*aussi fig*) scomodo(-a)
incongru, e [ɛ̃kɔ̃gʀy] *adj* sconveniente
inconnu, e [ɛ̃kɔny] *adj* sconosciuto(-a), ignoto(-a); (*joie, sensation, visage*) sconosciuto(-a) ▸ *nm/f* sconosciuto(-a); (*étranger, tiers*) persona ignota ▸ *nm* : **l'~** l'ignoto
inconnue [ɛ̃kɔny] *nf* incognita
inconsciemment [ɛ̃kɔ̃sjamɑ̃] *adv* inconsciamente
inconscient, e [ɛ̃kɔ̃sjɑ̃, jɑ̃t] *adj* (*évanoui*) privo(-a) di sensi; (*irréfléchi*) incosciente; (*mouvement, geste, sentiment*) inconscio(-a) ▸ *nm* (*Psych*) inconscio; **~ de** (*danger*) inconsapevole di; (*conséquences*) ignaro(-a) di
inconsidéré, e [ɛ̃kɔ̃sideʀe] *adj* (*propos, zèle*) sconsiderato(-a); (*placement*) avventato(-a)
inconsistant, e [ɛ̃kɔ̃sistɑ̃, ɑ̃t] *adj* inconsistente
inconsolable [ɛ̃kɔ̃sɔlabl] *adj* inconsolabile
incontestable [ɛ̃kɔ̃tɛstabl] *adj* incontestabile
incontestablement [ɛ̃kɔ̃tɛstabləmɑ̃] *adv* incontestabilmente
incontinent, e [ɛ̃kɔ̃tinɑ̃, ɑ̃t] *adj* (*Méd*) incontinente
incontournable [ɛ̃kɔ̃tuʀnabl] *adj* (*rendez-vous*) da non perdere; (*destination, étape*) immancabile; (*acteur*) fondamentale; (*référence*) inimitabile
incontrôlable [ɛ̃kɔ̃tʀolabl] *adj* incontrollabile
inconvénient [ɛ̃kɔ̃venjɑ̃] *nm* inconveniente *m*; **si vous n'y voyez pas d'~** se lei non ha nulla in contrario; **y a-t-il un ~ à ce que nous nous rencontrions jeudi ?** ci sono problemi se ci incontriamo giovedì?
incorporer [ɛ̃kɔʀpɔʀe] *vt* incorporare; **~ (dans)** (*paragraphe* : *dans un livre*) inserire (in); **~ à** (*œufs etc*) aggiungere a
incorrect, e [ɛ̃kɔʀɛkt] *adj* (*impropre* : *phrase, terme*) inesatto(-a), scorretto(-a); (*dessin, réglage, interprétation*) inesatto(-a); (*inconvenant, déloyal*) scorretto(-a)
incorrigible [ɛ̃kɔʀiʒibl] *adj* incorreggibile
incrédule [ɛ̃kʀedyl] *adj* incredulo(-a)
increvable [ɛ̃kʀəvabl] *adj* (*ballon, pneu*) a prova di foratura; (*fig* : *fam* : *personne*) instancabile
incroyable [ɛ̃kʀwajabl] *adj* incredibile

incroyablement [ɛ̃kʀwajabləmɑ̃] *adv* incredibilmente
incruster [ɛ̃kʀyste] *vt* (*Art* : *insérer*) : **~ qch dans** inserire qc in; (: *décorer*) : **~ qch de** incrostare qc di; **s'incruster** *vr* incrostarsi; (*fig* : *invité*) piantare le tende, mettere radici; **incrusté de** (*pierres précieuses*) tempestato di
incubation [ɛ̃kybasjɔ̃] *nf* incubazione *f*; **période d'~** periodo d'incubazione
inculpé, e [ɛ̃kylpe] *nm/f* imputato(-a)
inculper [ɛ̃kylpe] *vt* : **~ (de)** incolpare (di)
inculquer [ɛ̃kylke] *vt* : **~ qch à qn** inculcare qc a qn
inculte [ɛ̃kylt] *adj* incolto(-a)
incursion [ɛ̃kyʀsjɔ̃] *nf* incursione *f*
Inde [ɛ̃d] *nf* India
indécent, e [ɛ̃desɑ̃, ɑ̃t] *adj* indecente
indécis, e [ɛ̃desi, iz] *adj* (*personne*) indeciso(-a)
indécrottable [ɛ̃dekʀɔtabl] (*fam*) *adj* incorreggibile
indéfendable [ɛ̃defɑ̃dabl] *adj* indifendibile; (*fig* : *cause, point de vue*) insostenibile
indéfini, e [ɛ̃defini] *adj* indefinito(-a); (*mot*) indeterminato(-a); (*Ling* : *article*) indeterminativo(-a)
indéfiniment [ɛ̃definimɑ̃] *adv* all'infinito
indéfinissable [ɛ̃definisabl] *adj* indefinibile
indélébile [ɛ̃delebil] *adj* indelebile
indélicat, e [ɛ̃delika, at] *adj* indelicato(-a); (*malhonnête*) scorretto(-a), disonesto(-a)
indemne [ɛ̃dɛmn] *adj* indenne
indemniser [ɛ̃dɛmnize] *vt* : **~ (qn de qch)** indennizzare *ou* risarcire (qn di qc); **se faire ~** farsi risarcire
indemnité [ɛ̃dɛmnite] *nf* (*dédommagement*) indennizzo; (*allocation*) indennità *f inv*; **~ de licenciement** liquidazione *f*; **~ de logement** indennità di alloggio; **~ journalière de chômage** sussidio giornaliero di disoccupazione; **~ parlementaire** indennità parlamentare
indéniable [ɛ̃denjabl] *adj* innegabile
indéniablement [ɛ̃denjabləmɑ̃] *adv* innegabilmente
indépendamment [ɛ̃depɑ̃damɑ̃] *adv* indipendentemente; **~ de** (*en faisant abstraction de*) indipendentemente da, a prescindere da
indépendance [ɛ̃depɑ̃dɑ̃s] *nf* indipendenza; **~ matérielle** indipendenza economica
indépendant, e [ɛ̃depɑ̃dɑ̃, ɑ̃t] *adj* indipendente; **~ de** indipendente da; **travailleur ~** lavoratore *m* autonomo; **chambre indépendante** camera indipendente
indescriptible [ɛ̃dɛskʀiptibl] *adj* indescrivibile
indésirable [ɛ̃deziʀabl] *adj* (*personne*) indesiderabile, non gradito(-a)
indestructible [ɛ̃dɛstʀyktibl] *adj* (*matière, chaussures*) indistruttibile; (*lien*) indissolubile
indéterminé, e [ɛ̃detɛʀmine] *adj* indeterminato(-a); (*impression, contours, goût*) indefinito(-a), indeterminato(-a)
index [ɛ̃dɛks] *nm* (*doigt, liste*) indice *m*; **mettre qn/qch à l'~** mettere qn/qc all'indice
indexé, e [ɛ̃dɛkse] *adj* (*Écon*) : **~ (sur)** indicizzato(-a) (su)
indicateur, -trice [ɛ̃dikatœʀ, tʀis] *nm/f* (*de la police*) informatore(-trice) ▶ *nm* (*instrument, Écon*) indicatore *m*; (*livre, brochure*) : **~ immobilier** guida immobiliare ▶ *adj* : **panneau ~** cartello indicatore; **tableau ~** pannello *ou* quadro indicatore; **~ des chemins de fer** orario ferroviario; **~ de rues** stradario; **~ de changement de direction** (*Auto*) indicatore di direzione, freccia
indicatif [ɛ̃dikatif] *nm* (*Ling*) indicativo; (*Radio*) sigla (musicale); (*téléphonique*) prefisso ▶ *adj* : **à titre ~** a titolo indicativo; **~ d'appel** (*Radio*) indicativo di chiamata
indication [ɛ̃dikasjɔ̃] *nf* indicazione *f*; (*mode d'emploi*) istruzioni *fpl*; (*marque, signe*) segno; **indications** *nfpl* (*d'une personne, d'un médicament*) indicazioni *fpl*; **~ d'origine** (*Comm*) luogo d'origine
indice [ɛ̃dis] *nm* (*d'une maladie, de fatigue*) segno, indice *m*; (*Police, Jur*) indizio; (*Écon, Science, Tech*) indice; (*Admin*) livello; **~ d'octane** numero d'ottano *ou* d'ottani; **~ de protection** fattore *m* di protezione; **~ de la production industrielle** indice della produzione industriale; **~ des prix** indice (generale) dei prezzi; **~ du coût**

i

de la vie indice del costo della vita; **~ inférieur** (*Inform*) indice (sottoscritto)
indicible [ɛ̃disibl] *adj* indicibile
indien, ne [ɛ̃djɛ̃, jɛn] *adj* (*d'Amérique, d'Inde*) indiano(-a) ▸ *nm/f*: **Indien, ne** indiano(-a)
indifféremment [ɛ̃difeʀamɑ̃] *adv* indifferentemente
indifférence [ɛ̃difeʀɑ̃s] *nf* indifferenza
indifférent, e [ɛ̃difeʀɑ̃, ɑ̃t] *adj* indifferente; **~ à qn/qch** indifferente a qn/qc
indigène [ɛ̃diʒɛn] *adj* indigeno(-a); (*coutume etc*) indigeno(-a), locale ▸ *nm/f* indigeno(-a)
indigeste [ɛ̃diʒɛst] *adj* indigesto(-a)
indigestion [ɛ̃diʒɛstjɔ̃] *nf* indigestione *f*; **avoir une ~** non aver digerito
indignation [ɛ̃diɲasjɔ̃] *nf* indignazione *f*; **~ générale** indignazione generale; **~ publique** pubblica indignazione
indigne [ɛ̃diɲ] *adj* indegno(-a); **~ de** indegno(-a) di
indigné, e [ɛ̃diɲe] *adj* indignato(-a)
indigner [ɛ̃diɲe] *vt* indignare; **s'~ (de qch)** (*se fâcher*) indignarsi (per qc); **s'~ contre qn** adirarsi con qn
indiqué, e [ɛ̃dike] *adj* indicato(-a); **ce n'est pas très ~** (*opportun, conseillé*) non è molto indicato; **remède/traitement ~** (*prescrit*) medicina/cura indicata
indiquer [ɛ̃dike] *vt* indicare; (*déterminer*: *date, lieu etc*) stabilire; (*dénoter*: *suj*: *traces, regard etc*) rivelare, indicare; **~ qch/qn du doigt** additare qc/qn; **à l'heure indiquée** all'ora stabilita; **pourriez-vous m'~ les toilettes/l'heure ?** potrebbe indicarmi il bagno/dirmi l'ora?
indirect, e [ɛ̃diʀɛkt] *adj* (*aussi Ling*) indiretto(-a)
indirectement [ɛ̃diʀɛktəmɑ̃] *adv* indirettamente
indiscipliné, e [ɛ̃disipline] *adj* (*écolier, troupes*) indisciplinato(-a)
indiscret, -ète [ɛ̃diskʀɛ, ɛt] *adj* indiscreto(-a)
indiscrétion [ɛ̃diskʀesjɔ̃] *nf* indiscrezione *f*; **sans ~, ...** senza essere indiscreto, ...
indiscutable [ɛ̃diskytabl] *adj* indiscutibile
indispensable [ɛ̃dispɑ̃sabl] *adj* indispensabile; **~ à qn/pour faire qch** indispensabile a qn/per fare qc
indisponible [ɛ̃dispɔnibl] *adj* (*local, personne*) non disponibile; (*capitaux*) indisponibile
indisposé, e [ɛ̃dispoze] *adj* indisposto(-a)
indissociable [ɛ̃disɔsjabl] *adj* indissociabile, inscindibile
indistinct, e [ɛ̃distɛ̃(kt), ɛ̃kt] *adj* indistinto(-a)
indistinctement [ɛ̃distɛ̃ktəmɑ̃] *adv* in modo confuso, indistintamente
individu [ɛ̃dividy] *nm* individuo
individuel, le [ɛ̃dividɥɛl] *adj* individuale; (*cas*) singolo(-a); (*maison*) unifamiliare; **chambre individuelle** camera singola
indolent, e [ɛ̃dɔlɑ̃, ɑ̃t] *adj* indolente
indolore [ɛ̃dɔlɔʀ] *adj* indolore
indomptable [ɛ̃dɔ̃(p)tabl] *adj* (*aussi fig*) indomabile
Indonésie [ɛ̃dɔnezi] *nf* Indonesia
indu, e [ɛ̃dy] *adj*: **à des heures ~es** a ore impossibili
indubitable [ɛ̃dybitabl] *adj* indubitabile; **il est ~ que** è indubbio che
indubitablement [ɛ̃dybitabləmɑ̃] *adv* indubbiamente, indubitabilmente
induire [ɛ̃dɥiʀ] *vt*: **~ qn en erreur** indurre qn in errore
indulgent, e [ɛ̃dylʒɑ̃, ɑ̃t] *adj* indulgente
industrialiser [ɛ̃dystʀijalize] *vt* industrializzare; **s'industrialiser** *vr* industrializzarsi
industrie [ɛ̃dystʀi] *nf* industria; **petite/moyenne/grande ~** piccola/media/grande industria; **~ automobile** industria automobilistica; **~ du livre/du spectacle** industria del libro/dello spettacolo; **~ légère/lourde** industria leggera/pesante; **~ textile** industria tessile
industriel, le [ɛ̃dystʀijɛl] *adj* industriale ▸ *nm* industriale *m*
inébranlable [inebʀɑ̃labl] *adj* (*masse, colonne, rocher*) solido(-a), indistruttibile; (*personne*: *déterminé, inflexible*) determinato(-a); (: *impassible*) imperturbabile; (*conviction, foi, certitude*) incrollabile
inédit, e [inedi, it] *adj* inedito(-a)

inefficace [inefikas] *adj (remède, moyen)* inefficace; *(machine, personne)* inefficiente
inégal, e, -aux [inegal, o] *adj (gén)* disuguale; *(lutte, combat)* impari *inv*; *(rythme, pouls)* ineguale, irregolare; *(humeur)* incostante, mutevole; *(œuvre, écrivain)* discontinuo(-a)
inégalable [inegalabl] *adj* ineguagliabile
inégalé, e [inegale] *adj (record)* imbattuto(-a)
inégalité [inegalite] *nf* disuguaglianza; *(de lutte, combat)* disparità *f inv*; **inégalités** *nfpl (économiques, sociales)* disuguaglianze *fpl*; **les ~s du terrain** le irregolarità *fpl* del terreno
inéluctable [inelyktabl] *adj* ineluttabile; *(règle)* implacabile
inepte [inɛpt] *adj (histoire, propos)* sciocco(-a); *(personne)* insulso(-a)
ineptie [inɛpsi] *nf (acte, propos)* stupidaggine *f*
inépuisable [inepɥizabl] *adj* inesauribile
inerte [inɛʀt] *adj* inerte
inertie [inɛʀsi] *nf* inerzia
inespéré, e [inɛspeʀe] *adj* insperato(-a)
inestimable [inɛstimabl] *adj* inestimabile
inévitable [inevitabl] *adj* inevitabile; *(obstacle)* impossibile da evitare
inévitablement [inevitabləmɑ̃] *adv* inevitabilmente
inexact, e [inɛgza(kt), akt] *adj* inesatto(-a)
inexcusable [inɛkskyzabl] *adj* imperdonabile
inexistant, e [inɛgzistɑ̃, ɑ̃t] *adj* inesistente
inexplicable [inɛksplikabl] *adj* inesplicabile, inspiegabile
inexploré, e [inɛksplɔʀe] *adj* inesplorato(-a)
inexprimable [inɛkspʀimabl] *adj* inesprimibile
in extremis [inɛkstʀemis] *adv, adj* in extremis *inv*
infaillible [ɛ̃fajibl] *adj* infallibile
infanterie [ɛ̃fɑ̃tʀi] *nf (Mil)* fanteria
infanticide [ɛ̃fɑ̃tisid] *nm* infanticidio
infantile [ɛ̃fɑ̃til] *adj* infantile
infarctus [ɛ̃faʀktys] *nm* : **~ (du myocarde)** infarto (del miocardio)
infatigable [ɛ̃fatigabl] *adj* infaticabile, instancabile
infect, e [ɛ̃fɛkt] *adj (odeur, goût, temps)* schifoso(-a); *(personne)* abietto(-a)
infecter [ɛ̃fɛkte] *vt (atmosphère, eau)* appestare; *(Méd)* infettare; **s'infecter** *vr (plaie)* infettarsi
infectieux, -euse [ɛ̃fɛksjø, jøz] *adj* infettivo(-a)
infection [ɛ̃fɛksjɔ̃] *nf (Méd)* infezione *f*; *(puanteur)* fetore *m*, puzza
inférieur, e [ɛ̃feʀjœʀ] *adj* inferiore; **~ à** inferiore a
infériorité [ɛ̃feʀjɔʀite] *nf* inferiorità; **~ numérique** inferiorità numerica
infernal, e, -aux [ɛ̃fɛʀnal, o] *adj* infernale; *(rythme, galop)* indiavolato(-a); *(enfant)* pestifero(-a)
infester [ɛ̃fɛste] *vt* infestare; **infesté de moustiques** infestato di zanzare
infidèle [ɛ̃fidɛl] *adj* infedele
infiltrer [ɛ̃filtʀe] : **s'infiltrer** *vr* : **s'~ dans** infiltrarsi in; *(vent, lumière)* infiltrarsi in, filtrare in
infime [ɛ̃fim] *adj* pessimo(-a); *(nombre, détail)* minuscolo(-a)
infini, e [ɛ̃fini] *adj* infinito(-a) ▸ *nm (Math, Photo)* infinito; **à l'~** all'infinito; **s'étendre à l'~** estendersi all'infinito; **un nombre ~ de** un numero infinito di
infiniment [ɛ̃finimɑ̃] *adv* infinitamente
infinité [ɛ̃finite] *nf* : **une ~ de** un'infinità di
infinitif, -ive [ɛ̃finitif, iv] *nm (Ling)* infinito ▸ *adj (mode, proposition)* infinitivo(-a)
infirme [ɛ̃fiʀm] *adj, nm/f* invalido(-a); **~ de guerre** invalido(-a) di guerra; **~ du travail** invalido(-a) del lavoro; **~ mental** minorato(-a) (psichico(-a)); **~ moteur** spastico(-a)
infirmerie [ɛ̃fiʀməʀi] *nf* infermeria
infirmier, -ière [ɛ̃fiʀmje, jɛʀ] *nm/f* infermiere(-a) ▸ *adj* : **élève ~(-ière)** allievo(-a) infermiere(-a); **infirmière chef** caposala *f inv*; **infirmière diplômée** infermiera diplomata
infirmité [ɛ̃fiʀmite] *nf* infermità *f inv*, menomazione *f*
inflammable [ɛ̃flamabl] *adj* infiammabile
inflation [ɛ̃flasjɔ̃] *nf* inflazione *f*; **~ galopante/rampante** inflazione galoppante/strisciante
influençable [ɛ̃flyɑ̃sabl] *adj* influenzabile

influence [ɛ̃flyɑ̃s] *nf* influenza; **sous l'~ de qch** (*alcool, drogue*) sotto effetto di qc
influencer [ɛ̃flyɑ̃se] *vt* influenzare
influent, e [ɛ̃flyɑ̃, ɑ̃t] *adj* influente
infobulle [ɛ̃fobyl] *nf* (*Inform*) tooltip *m inv*
informaticien, ne [ɛ̃fɔʀmatisjɛ̃, jɛn] *nm/f* informatico(-a)
information [ɛ̃fɔʀmasjɔ̃] *nf* (*gén, Inform*) informazione *f*; (*Presse, TV : nouvelle*) notizia; (*Jur*) istruttoria, inchiesta; **informations** *nfpl* (*Radio*) giornale *msg* radio *inv*, notiziario *msg*; **journal d'~** giornale *m* d'informazione
informatique [ɛ̃fɔʀmatik] *nf* informatica
informatiser [ɛ̃fɔʀmatize] *vt* informatizzare
informer [ɛ̃fɔʀme] *vt* : **~ qn (de)** informare qn (di); **s'informer** *vr* : **s'~ (de/sur/si)** informarsi (di/su/se)
infos [ɛ̃fo] *nfpl* = **informations**
infraction [ɛ̃fʀaksjɔ̃] *nf* infrazione *f*; **être en ~** (*Auto*) essere in contravvenzione
infranchissable [ɛ̃fʀɑ̃ʃisabl] *adj* insuperabile, insormontabile
infrarouge [ɛ̃fʀaʀuʒ] *adj* infrarosso(-a) ▸ *nm* (raggio) infrarosso
infrastructure [ɛ̃fʀastʀyktyʀ] *nf* (*d'une voie de chemin de fer*) piano di posa; (*d'une route*) piano stradale; (*Aviat, Mil*) infrastruttura; **infrastructures** *nfpl* (*d'un pays*) infrastrutture *fpl*; **~ touristique/hôtelière/routière** infrastruttura turistica/alberghiera/stradale
infuser [ɛ̃fyze] *vt* lasciare in infusione; (*thé, tisane*) fare un infuso di ▸ *vi* : **laisser ~** lasciare in infusione
infusion [ɛ̃fyzjɔ̃] *nf* infuso, infusione *f*
ingénier [ɛ̃ʒenje] : **s'ingénier** *vr* : **s'~ à faire qch** ingegnarsi a fare qc
ingénierie [ɛ̃ʒeniʀi] *nf* ingegneria; **~ génétique** ingegneria genetica
ingénieur, e [ɛ̃ʒenjœʀ] *nm/f* ingegnere *m*; **~ agronome** dottore *m* in agraria; **~ chimiste** dottore *m* in chimica; **~ des mines** ingegnere minerario; **~ du son** tecnico del suono
ingénieux, -euse [ɛ̃ʒenjø, jøz] *adj* ingegnoso(-a)
ingérence [ɛ̃ʒeʀɑ̃s] *nf* ingerenza
ingrat, e [ɛ̃gʀa, at] *adj* ingrato(-a)
ingrédient [ɛ̃gʀedjɑ̃] *nm* ingrediente *m*
ingurgiter [ɛ̃gyʀʒite] *vt* ingurgitare; **faire ~ qch à qn** far ingurgitare qc a qn; (*fig : connaissances*) imbottire qn di qc
inhabité, e [inabite] *adj* disabitato(-a)
inhabituel, le [inabitɥɛl] *adj* insolito(-a)
inhalation [inalasjɔ̃] *nf* (*Méd*) inalazione *f*; **faire des ~s** fare delle inalazioni
inhérent, e [ineʀɑ̃, ɑ̃t] *adj* : **~ à** inerente a
inhibition [inibisjɔ̃] *nf* inibizione *f*
inhumain, e [inymɛ̃, ɛn] *adj* inumano(-a), disumano(-a)
inhumer [inyme] *vt* inumare
inimaginable [inimaʒinabl] *adj* inimmaginabile
ininterrompu, e [inɛ̃teʀɔ̃py] *adj* ininterrotto(-a)
initial, e, -aux [inisjal, o] *adj* iniziale; **initiales** *nfpl* (*d'un nom, sigle etc*) iniziali *fpl*
initiation [inisjasjɔ̃] *nf* iniziazione *f*
initiative [inisjativ] *nf* iniziativa; **prendre l'~ de qch/de faire qch** prendere l'iniziativa di qc/di fare qc; **avoir de l'~** avere iniziativa; **esprit d'~** spirito d'iniziativa; **qualités d'~** iniziativa; **à** *ou* **sur l'~ de qn** su iniziativa di qn; **de sa propre ~** di propria iniziativa
initier [inisje] *vt* : **~ qn à** iniziare qn a; **s'initier à** *vr* (*métier, profession etc*) acquisire le basi di, imparare
injecter [ɛ̃ʒɛkte] *vt* iniettare
injection [ɛ̃ʒɛksjɔ̃] *nf* (*Méd*) iniezione *f*; (*Écon : de capitaux, crédits*) iniezione *f*, immissione *f*; **à ~** (*moteur, système*) a iniezione; **~ intraveineuse** iniezione intravenosa; **~ sous-cutanée** iniezione sottocutanea
injure [ɛ̃ʒyʀ] *nf* ingiuria
injurier [ɛ̃ʒyʀje] *vt* ingiuriare, insultare
injurieux, -euse [ɛ̃ʒyʀjø, jøz] *adj* ingiurioso(-a)
injuste [ɛ̃ʒyst] *adj* : **~ (avec/envers qn)** ingiusto(-a) (con/nei confronti di qn)
injustice [ɛ̃ʒystis] *nf* ingiustizia
injustifié, e [ɛ̃ʒystifje] *adj* ingiustificato(-a)
inlassable [ɛ̃lɑsabl] *adj* instancabile
inné, e [i(n)ne] *adj* innato(-a)
innocent, e [inɔsɑ̃, ɑ̃t] *adj, nm/f* innocente *m/f*; **faire l'~** fare l'innocente

innocenter [inɔsɑ̃te] *vt* (*personne*) considerare innocente; (*Jur : accusé*) assolvere; (*suj : déclaration etc*) scagionare
innombrable [i(n)nɔ̃bʀabl] *adj* innumerevole
innovation [inɔvasjɔ̃] *nf* innovazione *f*
innover [inɔve] *vt* innovare, rinnovare ▸ *vi* introdurre innovazioni
inoccupé, e [inɔkype] *adj* (*appartement, siège*) libero(-a); (*personne, vie*) inoperoso(-a)
inodore [inɔdɔʀ] *adj* inodore, inodoro(-a)
inoffensif, -ive [inɔfɑ̃sif, iv] *adj* inoffensivo(-a), innocuo(-a); (*plaisanterie*) innocuo(-a)
inondation [inɔ̃dasjɔ̃] *nf* inondazione *f*
inonder [inɔ̃de] *vt* inondare, allagare; (*fig : suj : touristes, immigrants*) invadere
inopportun, e [inɔpɔʀtœ̃, yn] *adj* inopportuno(-a)
inoubliable [inublijabl] *adj* indimenticabile
inouï, e [inwi] *adj* (*violence, vitesse*) inaudito(-a); (*événement, nouvelle*) incredibile
inox [inɔks] *adj* di acciaio inox *ou* inossidabile ▸ *nm* acciaio inox *ou* inossidabile
inquiet, -ète [ɛ̃kjɛ, ɛ̃kjɛt] *adj* (*par nature*) inquieto(-a); (*momentanément*) preoccupato(-a), inquieto(-a) ▸ *nm/f* ansioso(-a); **~ de qch/au sujet de qn** preoccupato(-a) per qc/qn
inquiétant, e [ɛ̃kjetɑ̃, ɑ̃t] *adj* (*affaire, situation*) inquietante, preoccupante; (*état d'un malade*) preoccupante; (*sinistre*) inquietante
inquiéter [ɛ̃kjete] *vt* (*alarmer*) preoccupare; (*suj : police*) causare fastidi a; **s'inquiéter** *vr* : **s'~ (de)** preoccuparsi (di)
inquiétude [ɛ̃kjetyd] *nf* inquietudine *f*, apprensione *f*
insaisissable [ɛ̃sezisabl] *adj* (*fugitif, ennemi*) inafferrabile; (*nuance, différence*) impercettibile; (*Jur : bien*) impignorabile
insalubre [ɛ̃salybʀ] *adj* insalubre
insatiable [ɛ̃sasjabl] *adj* insaziabile; (*soif*) inestinguibile
insatisfait, e [ɛ̃satisfɛ, ɛt] *adj* insoddisfatto(-a)
inscription [ɛ̃skʀipsjɔ̃] *nf* iscrizione *f*; (*caractères écrits ou gravés*) scritta; (*indication : sur un écriteau etc*) indicazione *f*, scritta; (*à une institution*) iscrizione
inscrire [ɛ̃skʀiʀ] *vt* iscrivere; (*nom, date*) annotare, segnare; (*dans la pierre, le métal*) incidere; (*sur une liste*) iscrivere, segnare; (*pour un rendez-vous etc*) (far) segnare; **s'inscrire** *vr* iscriversi; **~ qn à** iscrivere qn a; **s'~ (à)** iscriversi (a); **s'~ dans** (*suj : projet etc*) rientrare in; **s'~ en faux contre qch** smentire qc; (*Jur*) impugnare qc
insecte [ɛ̃sɛkt] *nm* insetto
insecticide [ɛ̃sɛktisid] *nm* insetticida *m*
insensé, e [ɛ̃sɑ̃se] *adj* insensato(-a)
insensible [ɛ̃sɑ̃sibl] *adj* insensibile; (*imperceptible*) impercettibile; **~ au froid/à la chaleur** insensibile al freddo/al caldo
insensiblement [ɛ̃sɑ̃sibləmɑ̃] *adv* in modo impercettibile
inséparable [ɛ̃sepaʀabl] *adj* : **~ (de)** inseparabile (da); **inséparables** *nmpl* (*oiseaux*) inseparabili *mpl*
insigne [ɛ̃siɲ] *nm* distintivo
insignifiant, e [ɛ̃siɲifjɑ̃, jɑ̃t] *adj* insignificante
insinuer [ɛ̃sinɥe] *vt* : **que voulez-vous ~ ?** che cosa vuole insinuare?; **s'insinuer dans** *vr* insinuarsi in
insipide [ɛ̃sipid] *adj* insipido(-a); (*fig*) insipido(-a), insulso(-a)
insister [ɛ̃siste] *vi* : **~ (sur)** insistere (su); **~ pour qch/pour faire qch** insistere per (ottenere) qc/per fare qc
insolation [ɛ̃sɔlasjɔ̃] *nf* insolazione *f*
insolent, e [ɛ̃sɔlɑ̃, ɑ̃t] *adj* insolente ▸ *nm/f* impertinente *m/f*, insolente *m/f*
insolite [ɛ̃sɔlit] *adj* insolito(-a)
insomnie [ɛ̃sɔmni] *nf* insonnia; **avoir des ~s** soffrire d'insonnia
insonoriser [ɛ̃sɔnɔʀize] *vt* insonorizzare
insouciant, e [ɛ̃susjɑ̃, jɑ̃t] *adj* (*nonchalant*) spensierato(-a)
insoupçonnable [ɛ̃supsɔnabl] *adj* insospettabile
insoupçonné, e [ɛ̃supsɔne] *adj* insospettato(-a)
insoutenable [ɛ̃sut(ə)nabl] *adj* (*argument, opinion*) insostenibile; (*lumière, chaleur, fig*) insopportabile
inspecter [ɛ̃spɛkte] *vt* ispezionare; (*personne*) esaminare
inspecteur, -trice [ɛ̃spɛktœʀ, tʀis] *nm/f* ispettore(-trice); **~ d'Académie**

i

≈ provveditore *m* agli studi; **~ (de police)** ispettore *m* (di polizia); **~ des finances** ispettore del Ministero delle Finanze; **~ des impôts** ispettore delle imposte

inspection [ɛ̃spɛksjɔ̃] *nf* ispezione *f*; **~ des Finances** ≈ ispettorato delle Finanze; **~ du Travail** ispettorato del lavoro

inspiration [ɛ̃spiʀasjɔ̃] *nf* ispirazione; (*Physiol*) inspirazione *f*

inspirer [ɛ̃spiʀe] *vt* ispirare ▶ *vi* inspirare; **s'inspirer de qch** *vr* ispirarsi a qc, trarre ispirazione da qc; **ça ne m'inspire pas beaucoup/vraiment pas** (ciò) non mi ispira molto/affatto; **~ de la crainte/de l'horreur à qn** suscitare paura/orrore in qn

instable [ɛ̃stabl] *adj* instabile

installation [ɛ̃stalasjɔ̃] *nf* (*v vt*) sistemazione *f*; installazione *f*; **l'~ électrique** l'impianto elettrico; **~s portuaires** attrezzature *fpl* portuali; **~s de loisirs** attrezzature ricreative; **~s industrielles** attrezzature industriali

installer [ɛ̃stale] *vt* (*gén*) sistemare; (*tente*) montare; (*gaz, électricité, téléphone*) installare; **s'installer** *vr* (*se loger*) sistemarsi; (*dans un fauteuil*) accomodarsi; (*fig : peur, épidémie*) diffondersi; **~ une salle de bains dans une pièce** installare un bagno in una stanza; **s'~ à l'hôtel/chez qn** sistemarsi in albergo/a casa di qn

instance [ɛ̃stɑ̃s] *nf* istanza; **les ~s internationales** (*Admin*) le autorità internazionali; **affaire en ~** pratica in corso; **courrier en ~** posta in partenza; **être en ~ de divorce** essere in attesa di divorzio; **train en ~ de départ** treno in partenza; **en première ~** (*Jur*) in prima istanza

instant, e [ɛ̃stɑ̃] *nm* istante *m*, attimo; (*moment présent*) presente *m*; (*temps très court*) : **un ~** un istante *ou* attimo; **sans perdre un ~** senza perdere un istante; **en un ~** in un attimo *ou* istante; **dans un ~** tra un attimo; (*tout de suite*) subito; **je l'ai vu à l'~** l'ho visto subito; **à l'~ (même) où** (proprio) nel momento in cui; **à chaque ~, à tout ~** a ogni istante, in ogni momento; **pour l'~** per il momento; **par ~s** a tratti; **de tous les ~s** ininterrotto(-a); **dès l'~ où** *ou* **que ...** dal momento che

instantané, e [ɛ̃stɑ̃tane] *adj* istantaneo(-a) ▶ *nm* (*Photo*) istantanea

instar [ɛ̃staʀ] : **à l'~ de** *prép* alla maniera di, sull'esempio di

instaurer [ɛ̃stɔʀe] *vt* instaurare; **s'instaurer** *vr* instaurarsi

instinct [ɛ̃stɛ̃] *nm* istinto; **avoir l'~ des affaires/du commerce** avere il senso degli affari/del commercio; **d'~** d'istinto, istintivamente; **faire qch d'~** fare qc d'istinto; **~ grégaire** istinto gregario; **~ de conservation** istinto di conservazione

instinctif, -ive [ɛ̃stɛ̃ktif, iv] *adj* istintivo(-a)

instinctivement [ɛ̃stɛ̃ktivmɑ̃] *adv* istintivamente

instituer [ɛ̃stitɥe] *vt* istituire; (*débat*) promuovere; **s'instituer** *vr* (*relations*) instaurarsi

institut [ɛ̃stity] *nm* istituto; **membre de l'I~** membro dell'Istituto di Francia; **~ de beauté** istituto di bellezza; **~ médico-légal** istituto di medicina legale; **I~ universitaire de technologie** *istituto a livello universitario per l'insegnamento della tecnologia*

instituteur, -trice [ɛ̃stitytœʀ, tʀis] *nm/f* maestro(-a) elementare

institution [ɛ̃stitysjɔ̃] *nf* istituzione *f*; (*collège, école privée*) istituto; **institutions** *nfpl* (*structures politiques et sociales*) istituzioni *fpl*

instructif, -ive [ɛ̃stʀyktif, iv] *adj* istruttivo(-a)

instruction [ɛ̃stʀyksjɔ̃] *nf* istruzione *f*; (*Jur : investigation*) istruttoria; (*: de procès*) istruzione; **instructions** *nfpl* (*ordres, mode d'emploi*) istruzioni *fpl*; **~ civique** educazione *f* civica; **~ ministérielle/préfectorale** (*Admin : directive*) circolare *f* ministeriale/prefettizia; **~ professionnelle/religieuse** istruzione professionale/religiosa; **~ publique/primaire** istruzione pubblica/elementare

instruire [ɛ̃stʀɥiʀ] *vt* (*élèves, procès*) istruire; (*recrues*) addestrare; **s'instruire** *vr* (*se cultiver*) istruirsi

instruit, e [ɛ̃stʀɥi, it] *pp de* **instruire** ▶ *adj* istruito(-a)

instrument [ɛ̃stʀymɑ̃] *nm* (*outil, Mus*) strumento; **~ à cordes/à vent** (*Mus*) strumento a corda/a fiato; **~ à percussion** (*Mus*) strumento a percussione; **~ de mesure** strumento di misura; **~ de musique** strumento musicale; **~ de travail** strumento di lavoro

insu [ɛ̃sy] *nm* : **à l'~ de qn** (*en cachette de*) all'insaputa di qn; (*inconsciemment*) senza rendersene conto, inconsciamente; **à son ~** a sua insaputa

insuffisance [ɛ̃syfizɑ̃s] *nf* insufficienza; **~ cardiaque** (*Méd*) insufficienza cardiaca; **~ hépatique** (*Méd*) insufficienza epatica

insuffisant, e [ɛ̃syfizɑ̃, ɑ̃t] *adj* insufficiente; (*travail*) inadeguato(-a)

insulaire [ɛ̃sylɛʀ] *adj* insulare; (*attitude*) chiuso(-a)

insuline [ɛ̃sylin] *nf* insulina

insulte [ɛ̃sylt] *nf* insulto

insulter [ɛ̃sylte] *vt* insultare

insupportable [ɛ̃sypɔʀtabl] *adj* insopportabile

insurgé, e [ɛ̃syʀʒe] *adj, nm/f* insorto(-a)

insurger [ɛ̃syʀʒe] : **s'insurger (contre)** *vr* insorgere (contro)

insurmontable [ɛ̃syʀmɔ̃tabl] *adj* insormontabile

intact, e [ɛ̃takt] *adj* intatto(-a)

intarissable [ɛ̃taʀisabl] *adj* inesauribile

intégral, e, -aux [ɛ̃tegʀal, o] *adj* integrale; **nu ~** nudo integrale

intégralement [ɛ̃tegʀalmɑ̃] *adv* integralmente

intégralité [ɛ̃tegʀalite] *nf* totalità; **dans son ~** nella sua interezza

intégrant, e [ɛ̃tegʀɑ̃, ɑ̃t] *adj* : **faire partie intégrante de qch** fare parte integrante di qc

intègre [ɛ̃tɛgʀ] *adj* integro(-a)

intégrer [ɛ̃tegʀe] *vt* integrare; (*Univ*) *essere ammesso a*; **s'intégrer** *vr* : **s'~ à/dans qch** integrarsi in qc

intégrisme [ɛ̃tegʀism] *nm* integralismo

intellectuel, le [ɛ̃telɛktɥɛl] *adj, nm/f* intellettuale *m/f*; (*péj*) intellettuale, intellettualoide *m/f*

intelligence [ɛ̃teliʒɑ̃s] *nf* intelligenza; (*personne*) intelligenza, mente *f*; (*compréhension*) : **~ de qch** comprensione *f* di qc; (*complicité*) : **regard/sourire d'~** sguardo/sorriso d'intesa; (*accord*) : **vivre en bonne/mauvaise ~ avec qn** vivere/non vivere in buona armonia con qn; **~ artificielle** intelligenza artificiale

intelligent, e [ɛ̃teliʒɑ̃, ɑ̃t] *adj* intelligente

intelligible [ɛ̃teliʒibl] *adj* intelligibile

intempéries [ɛ̃tɑ̃peʀi] *nfpl* intemperie *fpl*

intenable [ɛ̃t(ə)nabl] *adj* (*situation*) insostenibile; (*chaleur, enfant*) insopportabile

intendant, e [ɛ̃tɑ̃dɑ̃, ɑ̃t] *nm/f* (*Mil*) furiere *m*; (*Scol*) economo(-a); (*d'une propriété*) amministratore(-trice)

intense [ɛ̃tɑ̃s] *adj* intenso(-a)

intensif, -ive [ɛ̃tɑ̃sif, iv] *adj* intensivo(-a); **cours ~** corso intensivo; **~ en capital** fortemente capitalizzato(-a); **~ en main d'œuvre** ad alta intensità di lavoro

intensifier [ɛ̃tɑ̃sifje] *vt* intensificare, potenziare; (*la culture*) rafforzare; **s'intensifier** *vr* intensificarsi; (*douleur*) intensificarsi, acuirsi

intensité [ɛ̃tɑ̃site] *nf* intensità *f inv*

intenter [ɛ̃tɑ̃te] *vt* : **~ un procès contre** *ou* **à qn** intentare un processo contro qn; **~ une action contre** *ou* **à qn** intentare causa contro qn

intention [ɛ̃tɑ̃sjɔ̃] *nf* intenzione *f*; (*but, objectif*) intento; **avec** *ou* **dans l'~ de nuire** (*Jur*) con l'intento di nuocere; **avoir l'~ de faire qch** avere intenzione di fare qc; **dans l'~ de faire qch** con l'intenzione *ou* l'intento di fare qc; **à l'~ de qn** (*cadeau, prière etc*) per qn; (*film, ouvrage*) diretto(-a) a qn; **à cette ~** a questo scopo; **sans ~** involontariamente; **faire qch sans mauvaise ~** fare qc senza cattive intenzioni; **agir dans une bonne ~** agire a fin di bene

intentionné, e [ɛ̃tɑ̃sjɔne] *adj* : **bien/mal ~** bene/male intenzionato(-a)

interactif, -ive [ɛ̃tɛʀaktif, iv] *adj* interattivo(-a)

intercepter [ɛ̃tɛʀsɛpte] *vt* intercettare

interchangeable [ɛ̃tɛʀʃɑ̃ʒabl] *adj* intercambiabile

interdiction [ɛ̃tɛʀdiksjɔ̃] *nf* divieto, proibizione *f*; (*interdit*) interdetto; (*Jur*) interdizione *f*; **~ de faire qch** divieto *ou* proibizione di fare qc; **~ de séjour** (*Jur*) divieto di soggiorno

interdire [ɛ̃tɛʀdiʀ] *vt* (*gén*) vietare, proibire; (*journal, livre*) vietare; **~ qch à qn** vietare *ou* proibire qc a qn; **~ à qn de faire qch** vietare *ou* proibire a qn di fare qc; (*suj* : *chose*) impedire a qn di fare

i

qc; **s'~ qch** (*excès*) astenersi da qc; **il s'interdit d'y penser** si rifiuta di pensarci
interdit, e [ɛ̃tɛʀdi, it] *pp de* **interdire** ▸ *adj* (*stupéfait, frappé d'interdit*) interdetto(-a); (*livre*) vietato(-a) ▸ *nm* (*interdiction*) divieto, proibizione *f*; **film ~ aux moins de 18/13 ans** film vietato ai minori di 18/13 anni; **sens ~** senso vietato; **stationnement ~** sosta vietata, divieto di sosta; **~ bancaire** *ou* **de chéquier** *colpito dal divieto di emettere assegni*; **~ de séjour** colpito(-a) da divieto di soggiorno
intéressant, e [ɛ̃teʀesɑ̃, ɑ̃t] *adj* interessante; **faire l'~** cercare di rendersi interessante
intéressé, e [ɛ̃teʀese] *adj* interessato(-a); (*motifs*) d'interesse ▸ *nm/f* : **l'intéressé, e** l'interessato(-a); **les ~s** gli interessati
intéresser [ɛ̃teʀese] *vt* interessare; (*Comm* : *employés* : *aux bénéfices*) far partecipare; **ça n'intéresse personne** non interessa a nessuno; **~ qn à qch** interessare qn a qc; **~ qn dans une affaire** (*partenaire*) cointeressare qn ad un affare; **s'~ à qn/à ce que fait qn/ qch** interessarsi a qn/a ciò che fa qn/ qc; **s'~ à une science/un sport** interessarsi di una scienza/uno sport
intérêt [ɛ̃teʀɛ] *nm* (*aussi Comm*) interesse *m*; **intérêts** *nmpl* (*d'une personne, d'un groupe*) interessi *mpl*; **porter de l'~ à qn** interessarsi a qn; **avoir/n'avoir pas ~ à faire qch** avere/ non avere interesse a fare qc; **tu as ~ à te taire !** faresti meglio a tacere!; **avoir des ~s dans une compagnie** avere degli interessi in un'azienda; **les ~s de la dette** gli interessi del debito
intérieur, e [ɛ̃teʀjœʀ] *adj* (*paroi, commerce, cour, communication*) interno(-a); (*calme, joie, voix, monologue*) interiore ▸ *nm* : **l'~** (*d'une maison, d'un pays*) l'interno; **à l'~ (de)** all'interno (di); **de l'~** (*fig*) dall'interno; **ministère de l'I~** ministero degli Interni; **un ~ bourgeois/confortable** (*décor, mobilier*) una casa borghese/comoda; **tourner (une scène) en ~** (*Ciné*) girare (una scena) in interni; **vêtement/ chaussures d'~** abito/scarpe *fpl* da casa; **veste d'~** giacca da camera
intérieurement [ɛ̃teʀjœʀmɑ̃] *adv* (*au dedans*) internamente; (*mentalement, secrètement*) dentro di sé, tra sé e sé
intérim [ɛ̃teʀim] *nm* interim *m inv*; **par ~** (*provisoire*) ad interim; **faire de l'~** lavorare come interinale
intérimaire [ɛ̃teʀimɛʀ] *adj* (*fonction, charge*) interinale; (*ministre*) ad interim ▸ *nm/f* (*personne*) interinale *m/f*
interligne [ɛ̃tɛʀliɲ] *nm* interlinea
interlocuteur, -trice [ɛ̃tɛʀlɔkytœʀ, tʀis] *nm/f* interlocutore(-trice)
intermédiaire [ɛ̃tɛʀmedjɛʀ] *adj* intermedio(-a) ▸ *nm/f* intermediario(-a) ▸ *nm* : **sans ~** direttamente; **par l'~ de** tramite
interminable [ɛ̃tɛʀminabl] *adj* interminabile
intermittence [ɛ̃tɛʀmitɑ̃s] *nf* : **par ~** in modo discontinuo; (*travailler*) a periodi
intermittent, e [ɛ̃tɛʀmitɑ̃, ɑ̃t] *adj* intermittente ▸ *nm/f* : **les ~s du spectacle** i precari *ou* gli intermittenti dello spettacolo
internat [ɛ̃tɛʀna] *nm* (*situation d'interne*) internato; (*Scol* : *établissement*) interno, convitto; (: *élèves*) interni *mpl*; (*Méd* : *fonction*) internato
international, e, -aux [ɛ̃tɛʀnasjɔnal, o] *adj* internazionale ▸ *nm/f* (*Sport* : *joueur*) nazionale *m/f*
internaute [ɛ̃tɛʀnot] *nm/f* internauta *m/f*
interne [ɛ̃tɛʀn] *adj* interno(-a) ▸ *nm/f* (*Scol, Méd*) interno(-a)
Internet [ɛ̃tɛrnɛt] *nm* : **l'~** Internet *f*
interpeller [ɛ̃tɛʀpəle] *vt* (*appeler*) chiamare; (*apostropher*) apostrofare; (*suj* : *police*) fermare; (*Pol*) interpellare
interphone [ɛ̃tɛʀfɔn] *nm* (*de bureau*) interfono; (*d'un appartement*) citofono
interposer [ɛ̃tɛʀpoze] *vt* interporre, frapporre; **s'interposer** *vr* (*obstacle*) interporsi, frapporsi; (*dans une bagarre*) intromettersi; (*s'entremettre*) interporsi; **par personnes interposées** per interposta persona
interprète [ɛ̃tɛʀpʀɛt] *nm/f* interprete *m/f*; **être l'~ de qn/de qch** farsi interprete di qn/di qc
interpréter [ɛ̃tɛʀpʀete] *vt* interpretare
interrogatif, -ive [ɛ̃teʀɔgatif, iv] *adj* (*gén, Ling*) interrogativo(-a)
interrogation [ɛ̃teʀɔgasjɔ̃] *nf* interrogazione *f*; **~ écrite/orale** (*Scol*) interrogazione scritta/orale
interrogatoire [ɛ̃teʀɔgatwaʀ] *nm* (*aussi fig*) interrogatorio

interroger [ɛ̃teʀɔʒe] *vt* interrogare; (*données, ordinateur*) consultare, interrogare; **s'interroger** *vr* interrogarsi; **~ qn (sur qch)** interrogare qn (su qc); **~ qn du regard** guardare qn interrogativamente

interrompre [ɛ̃teʀɔ̃pʀ] *vt* interrompere; **s'interrompre** *vr* interrompersi

interrupteur [ɛ̃teʀyptœʀ] *nm* interruttore *m*

interruption [ɛ̃teʀypsjɔ̃] *nf* interruzione *f*; **sans ~** senza interruzione; **~ volontaire de grossesse** interruzione volontaria di gravidanza

intersection [ɛ̃tɛʀsɛksjɔ̃] *nf* intersezione *f*

intervalle [ɛ̃tɛʀval] *nm* intervallo; **à deux mois d'~** dopo un intervallo di due mesi; **à ~s rapprochés** a intervalli ravvicinati; **par ~s** a intervalli; **dans l'~** nel frattempo

intervenir [ɛ̃tɛʀvəniʀ] *vi* intervenire; (*survenir, se produire*) sopraggiungere, intervenire; **~ dans** intervenire in; **~ auprès de qn/en faveur de qn** intervenire presso qn/in favore di qn; **la police a dû ~** la polizia è dovuta intervenire

intervention [ɛ̃tɛʀvɑ̃sjɔ̃] *nf* intervento; **~ chirurgicale** (*Méd*) intervento chirurgico; **~ armée** intervento armato

intervertir [ɛ̃tɛʀvɛʀtiʀ] *vt* invertire; **~ les rôles** invertire le parti

interview [ɛ̃tɛʀvju] *nf* intervista

intestin, e [ɛ̃tɛstɛ̃, in] *adj* : **querelles/luttes ~es** liti *fpl*/lotte *fpl* intestine ▸ *nm* intestino; **~ grêle** intestino tenue

intime [ɛ̃tim] *adj, nm/f* intimo(-a)

intimider [ɛ̃timide] *vt* intimidire

intimité [ɛ̃timite] *nf* intimità; **dans l'~** nell'intimità

intolérable [ɛ̃tɔleʀabl] *adj* intollerabile

intox [ɛ̃tɔks] *nf* (*fam*) condizionamento

intoxication [ɛ̃tɔksikasjɔ̃] *nf* intossicazione *f*; **~ alimentaire** intossicazione *f* alimentare

intoxiquer [ɛ̃tɔksike] *vt* intossicare; **s'intoxiquer** *vr* intossicarsi

intraitable [ɛ̃tʀɛtabl] *adj* (*intransigeant*) inflessibile, intransigente; (*adversaire*) irriducibile

intransigeant, e [ɛ̃tʀɑ̃ziʒɑ̃, ɑ̃t] *adj* intransigente

intrépide [ɛ̃tʀepid] *adj* intrepido(-a)

intrigue [ɛ̃tʀig] *nf* intrigo; (*d'une pièce, d'un roman*) intreccio, trama

intriguer [ɛ̃tʀige] *vi* intrigare, brigare ▸ *vt* incuriosire, insospettire

introduction [ɛ̃tʀɔdyksjɔ̃] *nf* introduzione *f*; **~ aux mathématiques** (*ouvrage*) introduzione alla matematica; **paroles/chapitre d'~** parole *fpl*/capitolo d'introduzione; **lettre d'~** lettera di presentazione; **~ en Bourse** entrata in Borsa

introduire [ɛ̃tʀɔdɥiʀ] *vt* introdurre; (*Inform*) introdurre, inserire; **s'introduire** *vr* (*techniques, usages*) venire introdotto(-a); (*voleur*) introdursi; (*personne : dans un groupe, club*) introdursi, entrare; (*eau, fumée*) entrare, penetrare; **~ à qch** (*personne*) introdurre a qc; **~ qn auprès de qn/dans un club** (*présenter*) introdurre qn presso qn/in un club

introuvable [ɛ̃tʀuvabl] *adj* introvabile

intrus, e [ɛ̃tʀy, yz] *nm/f* intruso(-a)

intuition [ɛ̃tɥisjɔ̃] *nf* intuizione *f*; **avoir une ~** avere un'intuizione; **avoir l'~ de qch** intuire qc; **avoir de l'~** avere intuito

inusable [inyzabl] *adj* indistruttibile

inutile [inytil] *adj* inutile

inutilement [inytilmɑ̃] *adv* inutilmente

inutilisable [inytilizabl] *adj* inutilizzabile

invalide [ɛ̃valid] *adj, nm/f* invalido(-a) ▸ *nm* : **~ de guerre** invalido di guerra; **~ du travail** invalido del lavoro

invariable [ɛ̃vaʀjabl] *adj* (*loi, Ling, mot*) invariabile; (*habitudes*) immutabile; (*temps*) stabile

invasion [ɛ̃vazjɔ̃] *nf* (*aussi fig*) invasione *f*

inventaire [ɛ̃vɑ̃tɛʀ] *nm* inventario; **faire un ~** fare un inventario

inventer [ɛ̃vɑ̃te] *vt* inventare; (*histoire, excuse*) inventare, inventarsi

inventeur, -trice [ɛ̃vɑ̃tœʀ, tʀis] *nm/f* inventore(-trice)

inventif, -ive [ɛ̃vɑ̃tif, iv] *adj* ricco(-a) di inventiva

invention [ɛ̃vɑ̃sjɔ̃] *nf* invenzione *f*

inverse [ɛ̃vɛʀs] *adj* inverso(-a) ▸ *nm* : **l'~** l'inverso, il contrario; **en proportion ~** in proporzione inversa; **dans l'ordre/dans le sens ~** nell'ordine/nel senso inverso; **dans le sens ~ des aiguilles**

i

d'une montre in senso antiorario; **en sens ~** in senso inverso; **à l'~** al contrario
inversement [ɛ̃vɛʀsəmɑ̃] *adv* inversamente
inverser [ɛ̃vɛʀse] *vt* invertire
investir [ɛ̃vɛstiʀ] *vt* investire ▸ *vi* investire; **s'investir** *vr* : **s'~ dans qch** (*travail, activité*) investire in qc
investissement [ɛ̃vɛstismɑ̃] *nm* investimento
invisible [ɛ̃vizibl] *adj* invisibile
invitation [ɛ̃vitasjɔ̃] *nf* invito; **à/sur l'~ de qn** su invito di qn; **carte/lettre d'~** biglietto/lettera d'invito
invité, e [ɛ̃vite] *nm/f* invitato(-a)
inviter [ɛ̃vite] *vt* invitare; **~ qn à faire qch** invitare qn a fare qc
invivable [ɛ̃vivabl] *adj* insopportabile, impossibile
involontaire [ɛ̃vɔlɔ̃tɛʀ] *adj* involontario(-a)
invoquer [ɛ̃vɔke] *vt* invocare; (*excuse, argument*) addurre; (*jeunesse, ignorance*) addurre (come scusa)
invraisemblable [ɛ̃vʀɛsɑ̃blabl] *adj* inverosimile; (*bizarre*) incredibile
invulnérable [ɛ̃vylneʀabl] *adj* invulnerabile
iode [jɔd] *nm* iodio
iPod® [aɪpɔd, ipɔd] *nm* iPod® *m inv*
irai *etc* [iʀe] *vb voir* **aller**
Irak [iʀak] *nm* Iraq *m*
irakien, ne [iʀakjɛ̃, jɛn] *adj* iracheno(-a) ▸ *nm/f* : **Irakien, ne** iracheno(-a)
Iran [iʀɑ̃] *nm* Iran *m*
iranien, ne [iʀanjɛ̃, jɛn] *adj* iraniano(-a) ▸ *nm/f* : **Iranien, ne** iraniano(-a)
irions *etc* [iʀjɔ̃] *vb voir* **aller**
iris [iʀis] *nm* (*Bot*) iris *f inv*; (*Anat*) iride *f*
irlandais, e [iʀlɑ̃dɛ, ɛz] *adj* irlandese *m/f* ▸ *nm* (*langue*) irlandese *m* ▸ *nm/f* : **Irlandais, e** irlandese *m/f*
Irlande [iʀlɑ̃d] *nf* Irlanda; (*État*) (Repubblica d')Irlanda, Eire *m*; **la mer d'~** il mar d'Irlanda; **~ du Nord** Irlanda del Nord, Ulster *m*; **~ du Sud** Eire *m*
ironie [iʀɔni] *nf* ironia; **~ du sort** ironia della sorte
ironique [iʀɔnik] *adj* ironico(-a)
ironiser [iʀɔnize] *vi* ironizzare
irons *etc* [iʀɔ̃] *vb voir* **aller**
irradier [iʀadje] *vi* (*lumière*) irradiarsi, irradiare; (*douleur*) diffondersi ▸ *vt* irradiare
irraisonné, e [iʀɛzɔne] *adj* (*geste, acte*) inconsulto(-a); (*crainte*) irragionevole
irrationnel, le [iʀasjɔnɛl] *adj* irrazionale
irréalisable [iʀealizabl] *adj* irrealizzabile
irrécupérable [iʀekypeʀabl] *adj* irrecuperabile
irréel, le [iʀeɛl] *adj* irreale
irréfléchi, e [iʀefleʃi] *adj* (*personne*) sventato(-a); (*propos, acte*) inconsulto(-a), avventato(-a)
irrégularité [iʀegylaʀite] *nf* irregolarità *f inv*
irrégulier, -ière [iʀegylje, jɛʀ] *adj* irregolare; (*élève, athlète*) incostante; (*travail, effort*) irregolare, discontinuo(-a); (*peu honnête : agent, homme d'affaires*) scorretto(-a)
irrémédiable [iʀemedjabl] *adj* irrimediabile
irremplaçable [iʀɑ̃plasabl] *adj* insostituibile
irréparable [iʀepaʀabl] *adj* non riparabile; (*fig : tort, perte*) irreparabile
irréprochable [iʀepʀɔʃabl] *adj* irreprensibile
irrésistible [iʀezistibl] *adj* irresistibile
irrésolu, e [iʀezɔly] *adj* irresoluto(-a)
irrespectueux, -euse [iʀɛspɛktɥø, øz] *adj* irrispettoso(-a)
irresponsable [iʀɛspɔ̃sabl] *adj* irresponsabile
irréversible [iʀevɛʀsibl] *adj* irreversibile
irriguer [iʀige] *vt* irrigare
irritable [iʀitabl] *adj* irritabile
irriter [iʀite] *vt* irritare; **s'~ contre qn/de qch** irritarsi con qn/per qc
irruption [iʀypsjɔ̃] *nf* irruzione *f*; **faire ~ dans un endroit/chez qn** fare irruzione in un luogo/in casa di qn
Islam [islam] *nm* (*Rel*) : **l'~** l'Islam *m*
islamique [islamik] *adj* islamico(-a)
Islande [islɑ̃d] *nf* Islanda
isolant, e [izɔlɑ̃, ɑ̃t] *adj* isolante ▸ *nm* isolante *m*
isolation [izɔlasjɔ̃] *nf* : **~ acoustique/thermique** isolamento acustico/termico
isolé, e [izɔle] *adj* isolato(-a)
isoler [izɔle] *vt* isolare; **s'isoler** *vr* isolarsi
isoloir [izɔlwaʀ] *nm* cabina elettorale
Israël [isʀaɛl] *nm* Israele *m*

israélien, ne [israeljɛ̃, jɛn] *adj* israeliano(-a) ▸ *nm/f*: **Israélien, ne** israeliano(-a)
israélite [israelit] *adj* israelitico(-a) ▸ *nm/f*: **Israélite** israelita *m/f*
issu, e [isy] *adj*: **~ de** (*famille, milieu*) proveniente da; (*fig*: *résultant de*) nato(-a) da
issue [isy] *nf* (*d'un endroit, d'une rue*) uscita; (*de l'eau, la vapeur*) sfogo; (*solution*) via d'uscita; (*fin, résultat*) esito; **à l'~ de** alla fine di; **chemin/rue sans ~** strada/via senza uscita; **~ de secours** uscita di sicurezza
Italie [itali] *nf* Italia
italien, ne [italjɛ̃, jɛn] *adj* italiano(-a) ▸ *nm* (*langue*) italiano ▸ *nm/f*: **Italien, ne** italiano(-a)
italique [italik] *nm*: **(mettre un mot) en ~(s)** (mettere una parola) in corsivo
itinéraire [itinerɛr] *nm* itinerario; **~ bis** percorso alternativo
IUT [iyte] *sigle m* = *Institut universitaire de technologie*
IVG [iveʒe] *sigle f* = *interruption volontaire de grossesse*
ivoire [ivwar] *nm* avorio
ivre [ivr] *adj* ubriaco(-a); **~ de colère** accecato(-a) dall'ira; **~ de bonheur** ebbro(-a) di felicità; **~ mort** ubriaco(-a) fradicio(-a)
ivrogne [ivrɔɲ] *nm/f* ubriaco(-a)

j' [ʒ] *pron voir* **je**
jachère [ʒaʃɛr] *nf*: **(être) en ~** (*Agr*) (essere lasciato(-a)) a maggese
jacinthe [ʒasɛ̃t] *nf* giacinto
jadis [ʒadis] *adv* un tempo, una volta
jaillir [ʒajir] *vi* (*liquide*) zampillare, scaturire; (*lumière*) balenare all'improvviso; (*fig*: *cri, foule, etc*) levarsi all'improvviso; (*gratte-ciel*) ergersi
jais [ʒɛ] *nm* (*minéral*) jais *m inv*, giaietto; **(d'un noir) de ~** nero(-a) come il carbone
jalousie [ʒaluzi] *nf* gelosia
jaloux, -se [ʒalu, uz] *adj* geloso(-a); **être ~ de qn** essere geloso(-a) di qn
jamais [ʒamɛ] *adv* mai; **~ de la vie!** neanche per sogno!; **ne ... ~** non ... mai; **si ~ ...** se per caso ..., se mai ...; **à (tout) ~** per sempre
jambe [ʒɑ̃b] *nf* gamba; (*d'un cheval*) zampa; **à toutes ~s** a gambe levate
jambon [ʒɑ̃bɔ̃] *nm* prosciutto; **~ cru/fumé** prosciutto crudo/affumicato
jambonneau, x [ʒɑ̃bɔno] *nm* zampetto *ou* peduccio di maiale
jante [ʒɑ̃t] *nf* cerchio, cerchione *m*
janvier [ʒɑ̃vje] *nm* gennaio; *voir aussi* **juillet**
Japon [ʒapɔ̃] *nm* Giappone *m*
japonais, e [ʒapɔnɛ, ɛz] *adj* giapponese ▸ *nm* (*langue*) giapponese *m* ▸ *nm/f*: **Japonais, e** giapponese *m/f*
jardin [ʒardɛ̃] *nm* giardino; **~ botanique** orto botanico; **~ d'enfants** giardino d'infanzia, asilo; **~ japonais** giardino giapponese; **~ potager** orto; **~ public** giardino pubblico

jardinage [ʒaʀdinaʒ] *nm* giardinaggio
jardiner [ʒaʀdine] *vi* dedicarsi al giardinaggio
jardinier, -ière [ʒaʀdinje, jɛʀ] *nm/f* giardiniere(-a); **~ paysagiste** paesaggista *m/f*
jardinière [ʒaʀdinjɛʀ] *nf* (*de fenêtre*) cassetta per i fiori (*a tenere sul davanzale*); **~ d'enfants** maestra d'asilo; **~ (de légumes)** (*Culin*) giardiniera
jargon [ʒaʀgɔ̃] *nm* gergo
jarret [ʒaʀɛ] *nm* (*Anat*) poplide *m*; (*Culin*) stinco
jars [ʒaʀ] *nm* maschio dell'oca
jasmin [ʒasmɛ̃] *nm* gelsomino
jauge [ʒoʒ] *nf* (*capacité : d'un récipient*) capacità *f inv*; (*: d'un navire*) stazza; (*instrument*) calibro; **~ (de niveau) d'huile** indicatore *m* del livello dell'olio
jaunâtre [ʒonɑtʀ] *adj* giallastro
jaune [ʒon] *adj* giallo(-a) ▸ *nm* giallo; (*aussi* : **jaune d'œuf**) rosso d'uovo, tuorlo ▸ *nm/f* (*briseur de grève*) crumiro(-a) ▸ *adv* : **rire ~** (*fam*) ridere forzatamente
jaunir [ʒoniʀ] *vt, vi* ingiallire
jaunisse [ʒonis] *nf* itterizia
Javel [ʒavɛl] *nf voir* **eau**
javelot [ʒavlo] *nm* giavellotto; **lancer le ~** fare lancio del giavellotto
JDC [ʒidese] *sigle f* = *journée défense et citoyenneté* ; *vedi nota*

> La **JDC** è una giornata informativa sulle attività dell'esercito e sulla carriera militare, nonché sul sistema di difensa francese, alla quale tutti i cittadini francesi tra i 16 e 18 anni sono tenuti a partecipare da quanto il servizio di leva non è più obbligatorio. L'attestato di partecipazione assegnato al termine di questa giornata è indispensabile per potersi iscrivere all'università o a un concorso statale.

je [ʒ] *pron* io
jean [dʒin] *nm* (*Textile*) jeans *m inv*; (*pantalon*) jeans *mpl*
Jésus-Christ [ʒezykʀi(st)] *n* Gesù Cristo; **600 avant/après ~** 600 avanti/dopo Cristo
jet¹ [dʒɛt] *nm* (*avion*) jet *m inv*, aereo a reazione
jet² [ʒɛ] *nm* lancio; (*jaillissement*) getto, zampillo; **premier ~** (*fig : ébauche*) abbozzo; **arroser au ~** annaffiare con un tubo flessibile; **d'un (seul) ~** di getto; **du premier ~** al primo colpo; **~ d'eau** zampillo, getto d'acqua; (*fontaine*) fontana
jetable [ʒ(ə)tabl] *adj* usa e getta *inv*
jetée [ʒəte] *nf* (*digue*) molo
jeter [ʒ(ə)te] *vt* gettare; (*se défaire de*) buttare *ou* gettare via; (*lumière, son*) diffondere; **~ qch à qn** gettare *ou* buttare qc a qn; **~ qch à la poubelle** buttare *ou* gettare nell'immondizia; **~ l'ancre** gettare l'ancora; **~ le trouble/l'effroi parmi ...** seminare lo scompiglio/il terrore tra ...; **~ un coup d'œil (à)** dare un'occhiata (a); **~ un sort à qn** fare il malocchio a qn; **~ qn dehors/en prison** sbattere qn fuori/in prigione; **~ l'éponge** (*fig*) gettare la spugna; **~ des fleurs à qn** (*fig*) tessere le lodi di qn; **~ la pierre à qn** scagliare la prima pietra contro qn; **se ~ contre/dans/sur** gettarsi contro/in/su; **se ~ dans** (*suj : fleuve*) sfociare in; **se ~ par la fenêtre** buttarsi dalla finestra; **se ~ à l'eau** (*fig*) buttarsi
jeton [ʒ(ə)tɔ̃] *nm* gettone *m*; **avoir les ~s** (*fam*) avere fifa; **~s de présence** gettoni di presenza
jette *etc* [ʒɛt] *vb voir* **jeter**
jeu, x [ʒø] *nm* gioco; (*Tennis*) partita; (*Ciné, Mus, Théâtre*) interpretazione *f*; (*d'un engrenage*) gioco, movimento; **un ~ de clés/d'aiguilles** una serie di chiavi/di aghi; **par ~** per gioco *ou* scherzo; **d'entrée de ~** fin dall'inizio; **cacher son ~** (*fig*) nascondere le proprie intenzioni; **c'est le ~** *ou* **la règle du ~** è il gioco, sono le regole; **c'est un ~ d'enfant !** è un gioco da ragazzi!; **il a beau ~ de critiquer ton attitude** è facile per lui criticare il tuo atteggiamento; **être/remettre en ~** (*Football*) essere/rimettere in gioco; **être/entrer/mettre en ~** (*fig*) essere/entrare/mettere in gioco; **entrer dans le ~** (*fig*) entrare nel gioco; **entrer dans le ~ de qn** fare causa comune con qn; **se piquer/se prendre au ~** lasciarsi prendere dal gioco; **jouer gros ~** rischiare grosso; **~ d'échecs** gioco degli scacchi; **~ d'écritures** (*Comm*) *transazione puramente formale*; **~ d'orgue(s)** registro d'organo; **~ de cartes** gioco di carte; (*paquet*) mazzo di carte; **~ de construction** costruzioni *fpl*; **~ de hasard** gioco d'azzardo; **~ de**

l'oie gioco dell'oca; **~ de massacre** (*fig*) massacro; **~ de mots** gioco di parole; **~ de patience** gioco di pazienza; **~ de société** gioco di società; **jeux de lumière** giochi di luce; **Jeux olympiques** giochi olimpici, Olimpiadi *fpl*

jeudi [ʒødi] *nm* giovedì *m inv*; *voir aussi* **lundi**; **~ saint** giovedì santo

jeun [ʒœ̃] : **à ~** *adv* a digiuno

jeune [ʒœn] *adj* giovane ▸ *adv* : **faire ~** avere un'aria giovanile; **s'habiller ~** vestirsi in modo giovanile; **les ~s** i giovani; **~ fille** ragazza; **~ homme** giovanotto, ragazzo; **~ loup** giovane *m* rampante; **~ premier** attor *m* giovane; **~s gens** giovani *mpl*; **~s mariés** giovani sposi *mpl*

jeûne [ʒøn] *nm* digiuno

jeûner [ʒøne] *vi* digiunare

jeunesse [ʒœnɛs] *nf* giovinezza, gioventù *f inv*; (*apparence*) giovinezza; **la ~** (*les jeunes*) la gioventù

JO [ʒio] *sigle m* (= *Journal officiel*) ≈ G.U. ▸ *sigle mpl* = *Jeux olympiques*

joaillier, -ière [ʒɔaje, jɛʀ] *nm/f* gioielliere(-a)

job [dʒɔb] *nm* lavoro; **~ d'été/d'étudiant** lavoretto estivo/per studenti

jogging [dʒɔgiŋ] *nm* jogging *m inv*; (*survêtement*) tuta da ginnastica; **faire du ~** fare jogging

joie [ʒwa] *nf* gioia

joindre [ʒwɛ̃dʀ] *vt* unire, congiungere; (*à une lettre*) accludere, allegare; (*à un mail*) allegare; (*personne* : *réussir à contacter*) raggiungere, trovare; **se joindre** *vr* : **se ~ à** unirsi a; **~ les deux bouts** (*fig*) sbarcare il lunario

joint, e [ʒwɛ̃] *pp de* **joindre** ▸ *adj* (*pièces etc*) accluso(-a), allegato(-a) ▸ *nm* (*articulation, assemblage*) giuntura; (*de cannabis* : *fam*) canna, spinello; **pièce jointe** (documento) allegato; **sauter à pieds ~s** saltare a piè pari; **~ à** (*un paquet, une lettre etc*) accluso(-a) *ou* allegato(-a) a; (*aussi Inform*) : **pièce jointe** (documento) allegato; **chercher/trouver le ~** (*fig*) cercare/trovare il verso giusto; **~ de cardan** giunto cardanico; **~ de culasse** guarnizione *f* della testata; **~ de robinet** guarnizione per rubinetti; **~ universel** giunto universale

joker [(d)ʒɔkɛʀ] *nm* (*Cartes*) jolly *m inv*

joli, e [ʒɔli] *adj* grazioso(-a), carino(-a); **une jolie somme/situation** una bella somma/situazione; **c'est du ~ !** (*iron*) bella roba!; **un ~ gâchis** un bel pasticcio; **c'est bien ~ mais ...** sta bene, ma ...

jonc [ʒɔ̃] *nm* (*Bot*) giunco; (*bague*) anello a cerchio; (*bracelet*) braccialetto a cerchio

joncher [ʒɔ̃ʃe] *vt* (*suj* : *choses*) essere disseminato(-a) su; **jonché de** cosparso di

jonction [ʒɔ̃ksjɔ̃] *nf* : **(point de) ~** (*de routes, de fleuves*) confluenza

jongler [ʒɔ̃gle] *vi* fare giochi di destrezza; **~ avec** (*fig* : *chiffres, dates etc*) destreggiarsi tra *ou* con

jongleur, -euse [ʒɔ̃glœʀ, øz] *nm/f* giocoliere(-a)

jonquille [ʒɔ̃kij] *nf* giunchiglia

Jordanie [ʒɔʀdani] *nf* Giordania

joue [ʒu] *nf* guancia; **mettre en ~** prendere di mira

jouer [ʒwe] *vt* (*partie, jeu*) fare; (*carte, coup*) giocare; (*somme d'argent, fig* : *réputation etc*) giocarsi; (*pièce de théâtre, film*) dare; (*rôle*) interpretare; (*sentiment*) simulare, fingere; (*morceau de musique*) eseguire, suonare ▸ *vi* giocare; (*Mus*) suonare; (*Ciné, Théâtre*) recitare; (*bois, porte*) deformarsi; **~ sur** (*miser*) puntare su; **~ de** (*Mus*) suonare; **~ du couteau** maneggiare il coltello; **~ des coudes** farsi largo con i gomiti; **~ à** (*jeu, sport*) giocare a; **~ au héros** far l'eroe; **~ en faveur de qn/qch** giocare a favore di qn/qc; **~ avec** (*sa santé etc*) scherzare con; **se ~ de** (*difficultés*) non badare a; **se ~ de qn** prendersi gioco di qn; **~ un tour à qn** fare uno scherzo a qn; **~ la comédie** (*fig*) fare *ou* recitare la commedia; **~ à la baisse/hausse** (*Bourse*) giocare al ribasso/rialzo; **~ serré** fare un gioco prudente; **~ de malchance/malheur** essere sfortunato(-a); **~ sur les mots** giocare sulle parole; **à toi/nous de ~** tocca a te/a noi; **~ aux courses** giocare alle corse

jouet [ʒwɛ] *nm* giocattolo; **être le ~ de** (*fig* : *illusion etc*) essere vittima di

joueur, -euse [ʒwœʀ, øz] *nm/f* giocatore(-trice); (*musique*) suonatore(-trice) ▸ *adj* giocherellone(-a); **être beau/mauvais ~** (*fig*) sapere/non sapere perdere

j

joufflu, e [ʒufly] *adj* paffuto(-a)
joug [ʒu] *nm* giogo; **sous le ~ de** (*fig*) sotto il giogo di
jouir [ʒwiʀ] *vi* venire; **~ de** *vt* (*avoir*) godere di; (*savourer*) godersi
jouissance [ʒwisɑ̃s] *nf* (*aussi Jur*) godimento
jour [ʒuʀ] *nm* giorno; (*clarté*) luce *f*; (*ouverture*) apertura; (*fig* : *aspect*) : **sous un ~ favorable/nouveau** sotto una luce favorevole/nuova; (*Couture*) : **mouchoir à ~** fazzoletto ricamato a giorno; **jours** *nmpl* (*vie*) giorni *mpl*; **de nos ~s** al giorno d'oggi; **un ~** (*dans le passé, futur*) un giorno; **tous les ~s** tutti i giorni; **de ~** di giorno; **de ~ en ~** di giorno in giorno; **d'un ~ à l'autre** da un giorno all'altro; **du ~ au lendemain** dall'oggi al domani; **au ~ le ~** giorno per giorno; **il fait ~** è giorno; **en plein ~** (*lit*) in piena luce; (*au milieu de la journée*) in pieno giorno; (*fig*) alla luce del sole; **au ~** alla luce del sole; **au petit ~** all'alba; **au grand ~** (*fig*) alla luce del sole; **mettre au ~** riportare alla luce; **être à ~** essere aggiornato(-a); **mettre à ~** aggiornare; **mise à ~** aggiornamento; **donner le ~ à** dare alla luce; **voir le ~** nascere; **se faire ~** (*fig*) venire a galla; **~ férié** giorno festivo
journal, -aux [ʒuʀnal, o] *nm* giornale *m*; (*personnel*) diario; **le J~ officiel (de la République française)** ≈ la Gazzetta Ufficiale; **tenir un ~** tenere un diario; **~ de bord** giornale di bordo; **~ intime** diario; **~ parlé** giornale *m* radio *inv*; **~ télévisé** telegiornale *m*
journalier, -ière [ʒuʀnalje, jɛʀ] *adj* giornaliero(-a), quotidiano(-a); (*banal*) quotidiano(-a) ▸ *nm/f* bracciante *m/f*
journalisme [ʒuʀnalism] *nm* giornalismo
journaliste [ʒuʀnalist] *nm/f* giornalista *m/f*
journée [ʒuʀne] *nf* giornata; **la ~ continue** (*Admin*) l'orario continuato
joyau, x [ʒwajo] *nm* (*aussi fig*) gioiello
joyeux, -euse [ʒwajø, øz] *adj* allegro(-a); **~ Noël !** buon Natale!; **~ anniversaire !** buon compleanno!
JT [ʒite] *sigle m* (= *journal télévisé*) TG *m inv*
jubiler [ʒybile] *vi* esultare
jucher [ʒyʃe] *vt* : **être juché sur qch** essere in cima a qc
judas [ʒyda] *nm* spioncino
judiciaire [ʒydisjɛʀ] *adj* giudiziario(-a)
judicieux, -euse [ʒydisjø, jøz] *adj* giudizioso(-a)
judo [ʒydo] *nm* judo
juge [ʒyʒ] *nm/f* (*aussi Sport, fig*) giudice *m*; **~ d'instruction** giudice istruttore; **~ de paix** giudice conciliatore *ou* di pace; **~ de touche** (*Football*) guardalinee *m inv/f inv*; **~ des enfants** giudice del tribunale minorile
jugé [ʒyʒe] : **au ~** *adv* a occhio e croce
jugement [ʒyʒmɑ̃] *nm* giudizio; (*Jur*) sentenza; **~ de valeur** giudizio di valore
juger [ʒyʒe] *vt* giudicare ▸ *nm* : **au ~** a occhio e croce; **~ qn/qch satisfaisant** *etc* giudicare qn/qc soddisfacente *etc*; **~ bon de faire ...** giudicare *ou* ritenere opportuno fare ...; **~ que** ritenere che; **~ de qch** giudicare qc; **jugez de ma surprise** immagini la mia sorpresa
juif, -ive [ʒɥif, ʒɥiv] *adj* ebraico(-a) ▸ *nm/f* : **Juif, -ive** ebreo(-a)
juillet [ʒɥijɛ] *nm* luglio; **au mois de ~** nel mese di luglio; **en ~** in *ou* a luglio; **le premier ~** il primo luglio; **arriver le 2 ~** arrivare il 2 luglio; **début/fin ~** all'inizio/alla fine di luglio; **pendant le mois de ~** durante il mese di luglio; **au mois de ~ de l'année prochaine** a luglio del prossimo anno; **tous les ans en ~** ogni anno a luglio

> In Francia il **14 juillet** (14 luglio) si celebra, con parate, musica, balli e fuochi d'artificio, la presa della Bastiglia durante la rivoluzione francese. A Parigi si svolge una parata militare lungo gli Champs-Élysées cui assiste anche il Presidente.

juin [ʒɥɛ̃] *nm* giugno; *voir aussi* **juillet**
jumeau, jumelle, x [ʒymo, ɛl] *adj, nm/f* gemello(-a); **maisons jumelles** villetta *fsg* bifamiliare (*con parete in comune*)
jumelage [ʒym(ə)laʒ] *nm* gemellaggio
jumeler [ʒym(ə)le] *vt* (*Tech*) accoppiare, abbinare; (*villes*) gemellare; **roues jumelées** ruote *fpl* doppie; **pari jumelé** accoppiata
jumelle [ʒymɛl] *vb voir* **jumeler** ▸ *adj, nf voir* **jumeau**; **jumelles** *nfpl* (*instrument*) binocolo *msg*
jument [ʒymɑ̃] *nf* giumenta
jungle [ʒœ̃gl] *nf* (*aussi fig*) giungla
jupe [ʒyp] *nf* gonna
jupon [ʒypɔ̃] *nm* sottogonna

juré [ʒyʀe] *nm* giurato ▸ *adj* : **ennemi ~** nemico giurato

jurer [ʒyʀe] *vt* giurare ▸ *vi* (*dire des jurons*) imprecare, bestemmiare; (*être mal assorti* : *couleurs*) : **~ (avec)** fare a pugni (con); **~ de faire/que** (*s'engager, affirmer*) giurare di fare/che; **j'en jurerais** ci giurerei; **je n'en jurerais pas** non ci giurerei; **~ de qch** poter giurare su qc; **ils ne jurent que par lui** si fidano ciecamente di lui; **je vous jure !** ma dico io!

juridique [ʒyʀidik] *adj* (*action*) giudiziario(-a), legale; (*acte, études*) giuridico(-a)

jurisprudence [ʒyʀispʀydɑ̃s] *nf* giurisprudenza; **faire ~** costituire un precedente

juron [ʒyʀɔ̃] *nm* imprecazione *f*, bestemmia

jury [ʒyʀi] *nm* (*Jur*) giuria; (*Scol*) commissione *f*; **~ d'examen** commissione esaminatrice

jus [ʒy] *nm* succo; (*de viande*) sugo; (*fam* : *courant*) corrente *f* elettrica; (: *café*) caffè *m inv*; **~ d'orange** succo d'arancia; **~ de fruits** succo di frutta; **~ de pommes/de raisins** succo di mela/d'uva; **~ de tomates** succo di pomodoro

jusque [ʒysk] : **jusqu'à** *prép* fino a; **jusqu'au matin/soir** fino al mattino/a sera; **jusqu'à ce que** finché; **jusqu'à présent** *ou* **maintenant** finora; **~ sur/dans** fin sopra/dentro; **~-là** (*temps*) fino ad allora; (*espace*) fin lì *ou* là; **jusqu'ici** (*temps*) finora; (*espace*) fin qui

justaucorps [ʒystokɔʀ] *nm* (*Danse, Sport*) body *m inv*

juste [ʒyst] *adj* giusto(-a); (*exact, précis*) preciso(-a); (*étroit*) stretto(-a); (*insuffisant*) scarso(-a) ▸ *adv* : **chanter ~** essere intonato(-a); **arriver tout ~ à faire qch** riuscire appena a fare qc; **j'ai eu ~ assez de place pour ...** ho avuto appena lo spazio sufficiente per ...; **au ~** esattamente; **comme de ~** naturalmente; **le ~ milieu** il giusto mezzo; **à ~ titre** a buon diritto

justement [ʒystəmɑ̃] *adv* giustamente; **c'est ~ ce qu'il fallait faire** è proprio quello che bisognava fare

justesse [ʒystɛs] *nf* giustezza; **de ~** per un pelo, di misura

justice [ʒystis] *nf* giustizia; **rendre la ~** amministrare la giustizia; **traduire en ~** citare in giudizio; **obtenir ~** ottenere giustizia; **rendre ~ à qn** rendere giustizia a qn; **se faire ~** farsi giustizia

justificatif, -ive [ʒystifikatif, iv] *adj* giustificativo(-a) ▸ *nm* giustificativo; **~ de domicile** documento comprovante il domicilio

justifier [ʒystifje] *vt* giustificare; (*disculper*) scagionare; (*confirmer, prouver*) confermare; **se justifier** *vr* giustificarsi; scagionarsi; **~ de** provare, dimostrare; **non justifié** non giustificato; **justifié à droite/gauche** (*Typo*) giustificato a destra/a sinistra

juteux, -euse [ʒytø, øz] *adj* succoso(-a), sugoso(-a); (*fam* : *qui rapporte*) fruttuoso(-a)

juvénile [ʒyvenil] *adj* giovanile

juxtaposer [ʒykstapoze] *vt* giustapporre

K, k [kɑ] *abr* (= *kilo*) k; (*Inform*: = *kilooctet*) KB *m inv*
kaki [kaki] *adj inv* cachi *inv*, kaki *inv* ▸ *nm* (*fruit*) cachi *m inv*
kangourou [kɑ̃guʀu] *nm* canguro
kapok [kapɔk] *nm* kapok *m*, capoc *m*
karaté [kaʀate] *nm* karatè *m*
kascher [kaʃɛʀ] *adj* kasher *inv*
kayak [kajak] *nm* kayak *m inv*
képi [kepi] *nm* képi *m inv*
kermesse [kɛʀmɛs] *nf* fiera, kermesse *f inv*; (*fête villageoise*) sagra
kérosène [keʀozɛn] *nm* cherosene *m*
kidnapper [kidnape] *vt* rapire
kilo [kilo] *nm* chilo
kilogramme [kilɔgʀam] *nm* chilogrammo
kilométrage [kilɔmetʀaʒ] *nm* chilometraggio; **faible ~** basso chilometraggio
kilomètre [kilɔmɛtʀ] *nm* chilometro; **~s (à l')heure** chilometri *mpl* orari
kilométrique [kilɔmetʀik] *adj* chilometrico(-a); **compteur ~** contachilometri *m inv*
kinésithérapeute [kineziteʀapøt] *nm/f* fisioterapista *m/f*
kiosque [kjɔsk] *nm* (*de jardin*) chiosco, gazebo; (*à journaux, à fleurs*) chiosco, edicola
kir [kiʀ] *nm vino bianco con liquore di ribes nero*
kiwi [kiwi] *nm* (*fruit, oiseau*) kiwi *m inv*
klaxon [klaksɔn] *nm* clacson *m inv*
klaxonner [klaksɔne] *vi* suonare il clacson
km *abr* (= *kilomètre*) km
km/h *abr* (= *kilomètres/heure*) km/h
K.-O. [kao] *adj inv* (*Boxe*, *fig*) K. O. *inv*
kosovar, e [kɔsɔvaʀ] *adj* kosovaro(a) ▸ *nm/f*: **Kosovar, e** kosovaro(a)
Kosovo [kɔsɔvo] *nm* Kosovo
krach [kʀak] *nm* (*Écon*) crac *m inv*
kyrielle [kiʀjɛl] *nf*: **une ~ de ...** una sfilza di ...
kyste [kist] *nm* cisti *f inv*

l

l' [l] *voir* **le**

la [la] *nm* (*Mus*) la *m inv* ▸ *article, pron voir* **le**

là [la] *adv* là, lì; (*ici*) qui; (*dans le temps*) a quel punto, in quel momento; **est-ce que Catherine est là ?** c'è Caterina?; **elle n'est pas là** non c'è; **c'est là que** è là *ou* lì che; **là où** (là) dove; **de là** (*fig*) da lì; **par là** (*proche*) da *ou* di qui; (*éloigné*) da *ou* di là; (*fig*) con questo, con ciò; **que veux-tu dire par là ?** che cosa vuoi dire con questo?; **tout est là** è tutto qui; (*fig*) tutto qui; *voir aussi* **celui**

là-bas [labɑ] *adv* laggiù

laboratoire [labɔʀatwaʀ] *nm* laboratorio; **~ d'analyses** laboratorio di analisi; **~ de langues** laboratorio linguistico

laborieux, -euse [labɔʀjø, jøz] *adj* (*tâche*) laborioso(-a)

labourer [labuʀe] *vt* arare; (*fig*) lacerare

labyrinthe [labiʀɛ̃t] *nm* (*aussi fig*) labirinto

lac [lak] *nm* lago; **les Grands L~s** i Grandi Laghi; **le ~ Léman** il lago Lemano

lacet [lasɛ] *nm* (*de chaussure*) stringa, laccio; (*de route*) tornante *m*; (*piège*) laccio; **chaussures à ~s** scarpe *fpl* con i lacci

lâche [lɑʃ] *adj* (*poltron*) vigliacco(-a), vile; (*tissu, nœud, fil*) allentato(-a), lento(-a); (*flottant : vêtement*) largo(-a); (*morale, mœurs*) rilassato(-a) ▸ *nm/f* vigliacco(-a)

lâchement [lɑʃmɑ̃] *adv* (*par peur, par bassesse*) vigliaccamente, vilmente

lâcher [lɑʃe] *nm* (*de ballons, d'oiseaux*) lancio ▸ *vt* lasciare; (*ce qui tombe : sac, verre*) mollare, lasciar andare; (*oiseau, animal : libérer*) liberare; (*fig : mot, remarque*) lasciarsi sfuggire; (*Sport : distancer*) staccare; (*abandonner : personne*) piantare, lasciare ▸ *vi* (*corde, freins*) cedere; (*amarres*) mollarsi; **~ les chiens (contre qn)** sguinzagliare i cani (dietro a qn); **~ prise** (*fig*) mollare (la presa)

lâcheté [lɑʃte] *nf* viltà *f inv*

laconique [lakɔnik] *adj* laconico(-a)

lacrymogène [lakʀimɔʒɛn] *adj* lacrimogeno(-a)

lacune [lakyn] *nf* lacuna

là-dedans [ladədɑ̃] *adv* (*dans un lieu, objet*) là *ou* qui dentro; (*fig*) in ciò

là-dessous [ladsu] *adv* là *ou* qui sotto; (*fig*) sotto

là-dessus [ladsy] *adv* là *ou* qui sopra; (*fig*) con questo, detto ciò; (*: à ce sujet*) in proposito

lagune [lagyn] *nf* laguna (*di atollo*)

là-haut [lao] *adv* lassù

laïcité [laisite] *nf* laicità

laid, e [lɛ, lɛd] *adj* (*aussi fig*) brutto(-a)

laideur [lɛdœʀ] *nf* bruttezza

laie [lɛ] *nf* cinghiale *m* femmina *inv*

lainage [lɛnaʒ] *nm* (*vêtement*) indumento di lana; (*étoffe*) tessuto di lana

laine [lɛn] *nf* lana; **pure ~** pura lana; **~ à tricoter** lana per lavori a maglia; **~ de verre** lana di vetro; **~ peignée** lana pettinata; **~ vierge** lana vergine

laïque [laik] *adj, nm/f* laico(-a)

laisse [lɛs] *nf* guinzaglio; **tenir en ~** tenere al guinzaglio

laisser [lese] *vt, vb aux* lasciare; **~ qch à qn** lasciare qc a qn; **~ qn faire** lasciar fare qn; **se ~ exploiter** lasciarsi sfruttare; **se ~ aller** lasciarsi andare; **laisse-toi faire** lasciati convincere; **rien ne laisse à penser que ...** niente fa pensare che ...; **cela ne laisse pas de surprendre** ciò non finisce di sorprendere; **~ qn tranquille** lasciare in pace qn

laisser-aller [leseale] *nm inv* (*désinvolture*) noncuranza; (*péj*) trascuratezza

laissez-passer [lesepɑse] *nm inv* lasciapassare *m inv*

lait [lɛ] *nm* latte *m*; **frère/sœur de ~** fratello/sorella di latte; **~ concentré/**

condensé latte concentrato/ condensato; **~ de beauté** latte di bellezza; **~ de chèvre/vache** latte di capra/mucca; **~ démaquillant** latte detergente; **~ écrémé/entier** latte scremato/intero; **~ en poudre** latte in polvere; **~ maternel** latte materno
laitage [lɛtaʒ] *nm* latticino
laiterie [lɛtʀi] *nf* caseificio
laiteux, -euse [lɛtø, øz] *adj* latteo(-a), lattiginoso(-a)
laitier, -ière [letje, lɛtjɛʀ] *adj* (*produit, industrie*) lattiero(-a); (*vache*) da latte ▸ *nm/f* lattaio(-a)
laiton [lɛtɔ̃] *nm* ottone *m*
laitue [lety] *nf* lattuga
lama [lama] *nm* (*animal, bouddhiste*) lama *m inv*
lambeau, x [lɑ̃bo] *nm* (*aussi fig*) brandello; **en lambeaux** a brandelli
lame [lam] *nf* (*de couteau, rasoir, d'épée*) lama; (*lamelle*) lamina; (*vague*) onda; **~ de fond** onda di fondo
lamelle [lamɛl] *nf* (*petite lame, Bot*) lamella; (*petit morceau*) lamella, lamina; **couper en ~s** tagliare a lamelle
lamentable [lamɑ̃tabl] *adj* pietoso(-a), penoso(-a)
lamenter [lamɑ̃te] : **se lamenter** *vr* : **se ~ (sur)** (*se plaindre*) lamentarsi (di)
lampadaire [lɑ̃padɛʀ] *nm* (*de salon*) lampada a stelo; (*dans la rue*) lampione *m*
lampe [lɑ̃p] *nf* lampada; **~ à alcool** lampada a spirito; **~ à arc** lampada ad arco; **~ à bronzer** lampada a raggi ultravioletti; **~ à pétrole** lampada a petrolio; **~ à souder** lampada per saldare; **~ de poche** pila; **~ halogène** lampada alogena; **~ témoin** spia luminosa
lampion [lɑ̃pjɔ̃] *nm* lampioncino
lamproie [lɑ̃pʀwa] *nf* lampreda
lance [lɑ̃s] *nf* (*arme*) lancia; **~ à eau** lancia; **~ d'arrosage** lancia da irrigazione; **~ d'incendie** idrante *m*
lancée [lɑ̃se] *nf* : **être/continuer sur sa ~** essere trascinato(-a) dall'impeto
lancement [lɑ̃smɑ̃] *nm* lancio; **offre de ~** offerta di lancio
lance-pierre [lɑ̃spjɛʀ] (*pl* **lance-pierres**) *nm* fionda
lancer [lɑ̃se] *nm* (*Sport*) lancio; (*Pêche*) pesca a lancio ▸ *vt* lanciare; (*mandat d'arrêt*) spiccare; (*emprunt*) emettere; (*moteur*) avviare, mettere in moto; **se lancer** *vr* lanciarsi; **~ qch à qn** lanciare qc a qn; **~ un appel** lanciare un appello; **se ~ dans** (*discussion, aventure*) lanciarsi in; (*les affaires, la politique*) buttarsi in; **~ du poids** *nm* lancio del peso
lancinant, e [lɑ̃sinɑ̃, ɑ̃t] *adj* (*douleur*) lancinante
landau [lɑ̃do] *nm* carrozzina
lande [lɑ̃d] *nf* landa
langage [lɑ̃gaʒ] *nm* linguaggio; **~ d'assemblage** (*Inform*) linguaggio di assemblaggio; **~ de programmation** (*Inform*) linguaggio di programmazione; **~ machine** (*Inform*) linguaggio *m* macchina *inv*
langer [lɑ̃ʒe] *vt* fasciare; **table à ~** fasciatoio
langoureux, -euse [lɑ̃guʀø, øz] *adj* languido(-a)
langouste [lɑ̃gust] *nf* aragosta
langoustine [lɑ̃gustin] *nf* scampo
langue [lɑ̃g] *nf* (*Anat, Culin, Ling*) lingua; **tirer la ~ (à)** mostrare la lingua (a); **donner sa ~ au chat** rinunciare a capire *ou* a indovinare; **de ~ française** di lingua francese; **~ de bois** discorsi *mpl* vuoti e stereotipati, politichese *m*; **~ de terre** lingua di terra; **~ maternelle** lingua madre; **~ verte** gergo, argot *m inv*; **~s vivantes** lingue moderne; **~s étrangères** lingue straniere
langueur [lɑ̃gœʀ] *nf* languore *m*
languir [lɑ̃giʀ] *vi* languire; **se languir** *vr* languire; **faire ~ qn** far soffrire qn
lanière [lanjɛʀ] *nf* (*de fouet*) cordone *m*; (*de valise, bretelle*) cinghia; **en ~s** (*Culin* : *couper, découper*) a striscioline
lanterne [lɑ̃tɛʀn] *nf* (*portable, électrique*) lanterna; (*de voiture*) luce *f* (di posizione); **~ rouge** (*fig*) fanalino di coda; **~ vénitienne** lanterna veneziana
lapalissade [lapalisad] *nf* verità *f inv* lapalissiana
laper [lape] *vt* lappare
lapidaire [lapidɛʀ] *adj* (*aussi fig*) lapidario(-a); **musée ~** lapidario
lapin [lapɛ̃] *nm* coniglio; (*fourrure*) lapin *m inv*; **coup du ~** colpo violento (alla nuca); **poser un ~ à qn** fare un bidone a qn; **~ de garenne** coniglio selvatico
Laponie [lapɔni] *nf* Lapponia
laps [laps] *nm* : **~ de temps** lasso di tempo
laque [lak] *nf, nm* lacca
laquelle [lakɛl] *pron voir* **lequel**

larcin [laʀsɛ̃] *nm* furtarello
lard [laʀ] *nm* (*graisse*) lardo; **~ maigre** pancetta
lardon [laʀdɔ̃] *nm* (*Culin*) pezzetto di pancetta
large [laʀʒ] *adj* largo(-a) ▶ *adv* : **voir ~** essere di ampie vedute ▶ *nm* (*largeur*) : **5m de ~** 5m di larghezza; (*mer*) : **le ~** il largo; **au ~ de** al largo di; **ne pas en mener ~** sentirsi a disagio; **calculer ~** fare un calcolo approssimativo; **~ d'esprit** di larghe vedute
largement [laʀʒəmɑ̃] *adv* ampiamente, largamente; (*au minimum*) come minimo, tranquillamente; (*de loin*) di gran lunga; **il a ~ le temps** ha tutto il tempo che vuole; **il a ~ de quoi vivre** ha largamente di che vivere
largesse [laʀʒɛs] *nf* (*générosité*) generosità, larghezza; **largesses** *nfpl* (*dons*) elargizioni *fpl*
largeur [laʀʒœʀ] *nf* (*aussi fig*) larghezza; **~ d'esprit** larghezza di vedute
larguer [laʀge] *vt* (*fam : personne, emploi*) mollare, sbarazzarsi di; **~ les amarres** mollare gli ormeggi
larme [laʀm] *nf* (*de joie, douleur*) lacrima; **en ~s** in lacrime; **une ~ de** (*whisky, alcool*) un goccio di; **pleurer à chaudes ~s** piangere a calde lacrime
larmoyer [laʀmwaje] *vi* (*yeux*) lacrimare; (*se plaindre*) piagnucolare
larve [laʀv] *nf* (*Zool, fig*) larva
larvé, e [laʀve] *adj* (*fig : conflit, guerre*) latente
laryngite [laʀɛ̃ʒit] *nf* laringite *f*
larynx [laʀɛ̃ks] *nm* laringe *f*
las, lasse [lɑ, lɑs] *adj* stanco(-a)
laser [lazɛʀ] *nm* : **(rayon) ~** (raggio) laser *m inv*; **chaîne** *ou* **platine ~** lettore *m* di compact disc
lasse [lɑs] *adj f voir* **las**
lasser [lɑse] *vt* stancare; (*personne, patience*) logorare, stancare; **se lasser de** *vr* stancarsi di
latéral, e, -aux [lateʀal, o] *adj* laterale
latin, e [latɛ̃, in] *adj* latino(-a) ▶ *nm* (*Ling*) latino ▶ *nm/f* : **Latin, e** latino(-a); **y perdre son ~** non capirci niente
latitude [latityd] *nf* latitudine *f*; **avoir toute ~ pour faire qch** (*fig*) avere tutta la libertà per fare qc; **à 48 degrés de ~ nord** a 48 gradi di latitudine nord; **sous toutes les ~s** (*fig*) in tutto il mondo

lauréat, e [lɔʀea, at] *nm/f* vincitore(-trice)

> **FAUX AMIS**
> **lauréat** ne se traduit pas par le mot italien *laureato*.

laurier [lɔʀje] *nm* (*Bot*) alloro, lauro; (*Culin*) alloro; **lauriers** *nmpl* (*fig : honneurs*) allori *mpl*; **s'endormir sur ses ~s** dormire sugli allori
laurier-rose [lɔʀjeʀoz] (*pl* **lauriers-roses**) *nm* oleandro
lavable [lavabl] *adj* lavabile
lavabo [lavabo] *nm* (*de salle de bains*) lavabo, lavandino; **lavabos** *nmpl* (*toilettes*) toilette *f inv*
lavage [lavaʒ] *nm* lavaggio; **~ d'estomac** lavanda gastrica; **~ d'intestin** clistere *m*; **~ de cerveau** lavaggio del cervello
lavande [lavɑ̃d] *nf* (*aussi Bot*) lavanda
lave [lav] *nf* lava
lave-linge [lavlɛ̃ʒ] (*pl* **lave-linge(s)**) *nm* lavabiancheria *f inv*, lavatrice *f*
laver [lave] *vt* lavare; **se laver** *vr* lavarsi; **se ~ les dents** lavarsi i denti; **se ~ les mains** lavarsi le mani; **se ~ les mains de qch** (*fig*) lavarsi le mani di qc; **~ la vaisselle** lavare i piatti; **~ le linge** fare il bucato; **~ qn de** (*accusation*) scagionare qn da
laverie [lavʀi] *nf* : **~ (automatique)** lavanderia (automatica)
lavette [lavɛt] *nf* (*chiffon*) spugnetta; (*fig : péj : homme*) smidollato
laveur, -euse [lavœʀ, øz] *nm/f* (*de carreaux*) pulitore(-trice) di vetri; (*voitures*) lavamacchine *m inv/f inv*
lave-vaisselle [lavvɛsɛl] (*pl* **lave-vaisselle(s)**) *nm* lavastoviglie *f inv*
lavoir [lavwaʀ] *nm* lavatoio
laxatif, -ive [laksatif, iv] *adj* lassativo(-a) ▶ *nm* lassativo
laxisme [laksism] *nm* lassismo
laxiste [laksist] *adj* lassista
layette [lɛjɛt] *nf* corredino (per neonato)

MOT-CLÉ

le, l', la [l(ə), la] (*pl* **les**) *art déf* **1** il (la); **le livre/la pomme/l'arbre** il libro/la mela/l'albero; **les étudiants** gli studenti; **les voitures** le automobili
2 (*indiquant la possession*) : **se casser la jambe** rompersi la *ou* una gamba; **levez la main** alzate la mano; **avoir**

les yeux gris/le nez rouge avere gli occhi grigi/il naso rosso
3 (*temps*) : **le matin/soir** *adv* la mattina/sera; **le jeudi** (*d'habitude*) di *ou* il giovedì; (*ce jeudi-là*) quel *ou* il giovedì
4 (*distribution, fraction*) al (alla), il (la); **2 € le mètre/kilo** 2 euro al metro/il chilo; **le tiers/quart de** il terzo/quarto di
▶ *pron* 1 (*personne* : *mâle*) lo; (: *femelle*) la; (: *pl*) li (le); **je le/la vois** lo/la vedo; **je les vois** li/le vedo
2 (*animal, chose* : *singulier*) lo (la); (: *pl*) li (le); **je le/la vois** lo/la vedo; **je les vois** li/le vedo
3 (*remplaçant une phrase*) : **je ne le savais pas** non lo sapevo; **il était riche et ne l'est plus** era ricco e non lo è più

lécher [leʃe] *vt* leccare; (*suj* : *flamme*) lambire; **se lécher** *vr* leccarsi; **~ les vitrines** guardare le vetrine
lèche-vitrine [lɛʃvitʀin] (*pl* **lèche-vitrines**) *nm* : **faire du ~** guardare le vetrine
leçon [l(ə)sɔ̃] *nf* (*aussi fig*) lezione *f*; **faire la ~ à** (*fig*) fare la predica a; **~ de choses** (*Scol*) *metodo didattico a livello elementare per scienze naturali, fisica e chimica*; **~s de conduite** lezioni di guida; **~s particulières** lezioni private
lecteur, -trice [lɛktœʀ, tʀis] *nm/f* (*aussi Univ*) lettore(-trice) ▶ *nm* lettore *m*; **~ de CD/de DVD** lettore di CD/di DVD; **~ MP3** lettore MP3
lecture [lɛktyʀ] *nf* lettura; **en première/seconde ~** (*Pol* : *loi*) in prima/seconda lettura
ledit, ladite [lədi, ladit] (*pl* **lesdits, lesdites**) *adj* il suddetto, la suddetta
légal, e, -aux [legal, o] *adj* legale
légaliser [legalize] *vt* legalizzare
légalité [legalite] *nf* legalità; **être dans/sortir de la ~** essere nella/uscire dalla legalità
légendaire [leʒɑ̃dɛʀ] *adj* leggendario(-a); (*fig* : *rire, bonne humeur*) proverbiale
légende [leʒɑ̃d] *nf* (*mythe*) leggenda; (*de carte, plan, monnaie, médaille*) legenda; (*de texte, dessin*) didascalia
léger, -ère [leʒe, ɛʀ] *adj* leggero(-a); (*erreur*) lieve, piccolo(-a); (*retard, peine*) lieve, leggero(-a); **blessé ~** persona lievemente ferita; **à la légère** alla leggera, con leggerezza; **de mœurs légères** di facili costumi
légèrement [leʒɛʀmɑ̃] *adv* (*un peu*) leggermente; (*à la légère, délicatement, souplement*) con leggerezza; **~ plus grand** leggermente più grande; **~ en retard** leggermente in ritardo
légèreté [leʒɛʀte] *nf* leggerezza
légion [leʒjɔ̃] *nf* (*Mil*) legione *f*; **être ~** essere numerosi(-e); **L~ d'honneur** legion *f* d'onore; **~ étrangère** legione straniera

Istituita da Napoleone nel 1802 per premiare i servizi resi allo Stato, la **Légion d'honneur** è un prestigioso ordine cavalleresco francese capeggiato dal Presidente della Repubblica, il *Grand Maître*. I suoi membri ricevono un compenso annuale esentasse.

législatif, -ive [leʒislatif, iv] *adj* legislativo(-a)
législation [leʒislasjɔ̃] *nf* legislazione *f*
législatives [leʒislativ] *nfpl* (elezioni *fpl*) politiche *fpl*
légitime [leʒitim] *adj* legittimo(-a); **en état de ~ défense** (*Jur*) per legittima difesa
legs [lɛg] *nm* (*aussi fig*) eredità *f inv*
léguer [lege] *vt* : **~ qch (à qn)** (*Jur*) lasciare in eredità qc (a qn); (*fig* : *tradition, pouvoir*) tramandare qc (a qn)
légume [legym] *nm* verdura, ortaggio; **~s secs** legumi *mpl* secchi; **~s verts** verdura fresca
lendemain [lɑ̃dmɛ̃] *nm* : **le ~** il giorno dopo, l'indomani *m*; **le ~ matin/soir** l'indomani mattina/sera; **le ~ de** il giorno dopo; **au ~ de** il giorno dopo; **penser au ~** pensare al domani; **sans ~** senza futuro; **de beaux ~s** un felice seguito *ou* esito; **des ~s qui chantent** un futuro felice
lent, e [lɑ̃, lɑ̃t] *adj* lento(-a)
lente [lɑ̃t] *nf* lendine *m*
lentement [lɑ̃tmɑ̃] *adv* lentamente
lenteur [lɑ̃tœʀ] *nf* lentezza; **lenteurs** *nfpl* (*actions, décisions lentes*) lungaggini *fpl*
lentille [lɑ̃tij] *nf* (*Optique*) lente *f*; (*Bot, Culin*) lenticchia; **~ d'eau** (*Bot*) lenticchia d'acqua; **~s de contact** lenti a contatto
léopard [leɔpaʀ] *nm* leopardo; **tenue ~** tuta mimetica
lèpre [lɛpʀ] *nf* lebbra

FAUX AMIS
lèpre ne se traduit pas par le mot italien *lepre*.

lequel, laquelle [ləkɛl, lakɛl] (*pl* **lesquels,** *f* **lesquelles**) (*à + lequel =* **auquel**, *de + lequel =* **duquel** *etc*) *pron* (*interrogatif*) quale; (*relatif* : *sujet*) il (la) quale, che; (: *objet*) che; (: *après préposition*) il (la) quale, cui; (: *chose*) cui; **~/duquel des deux ?** quale/di quale dei due?; **l'entreprise avec laquelle il doit travailler** l'azienda con cui *ou* con la quale deve lavorare; **un homme sur la compétence duquel on ne peut compter** un uomo sulla cui competenza non si può contare ▸ *adj* : **auquel cas** nel qual caso; **il prit un livre, ~ livre ...** prese un libro, che ...

les [le] *voir* **le**

lesbienne [lɛsbjɛn] *nf* lesbica

lesdits, lesdites [ledi, dit] *adj voir* **ledit**

léser [leze] *vt* (*intérêt*) ledere; (*Méd* : *organe*) ledere, danneggiare

lésiner [lezine] *vi* : **~ (sur)** lesinare (su)

lésion [lezjɔ̃] *nf* lesione *f*; **~s cérébrales** lesioni cerebrali

lesquels, lesquelles [lekɛl] *pron voir* **lequel**

lessive [lesiv] *nf* (*poudre à laver*) detersivo; (*linge, opération*) bucato; **faire la ~** fare il bucato

lessiver [lesive] *vt* lavare (con detersivo)

lest [lɛst] *nm* zavorra; **jeter** *ou* **lâcher du ~** (*fig*) fare delle concessioni (per salvare la situazione)

leste [lɛst] *adj* (*personne, mouvement*) svelto(-a); (*osé* : *plaisanterie*) spinto(-a)

léthargie [letaʀʒi] *nf* (*Méd*) letargia; (*torpeur*) letargo

letton, ne [letɔ̃, ɔn] *adj* lettone ▸ *nm* (*Ling*) lettone *m* ▸ *nm/f* : **Letton, ne** lettone *m/f*

Lettonie [lɛtɔni] *nf* Lettonia

lettre [lɛtʀ] *nf* lettera; **lettres** *nfpl* (*Art, Scol*) lettere *fpl*; **à la ~** (*fig* : *obéir*) alla lettera; **par ~** (*dire, informer*) per lettera; **en ~s majuscules** *ou* **capitales** a lettere maiuscole; **en toutes ~s** (*en entier*) per esteso; (*fig* : *clairement*) a chiare lettere; **~ anonyme** lettera anonima; **~ de change** cambiale *f*; **~ de crédit** lettera di credito; **~s de noblesse** pedigree *m inv*; **~ de voiture** lettera di vettura; **~ morte** : **rester ~ morte** rimanere lettera morta; **~ ouverte** (*Pol, de journal*) lettera aperta; **~ piégée** lettera bomba

leucémie [løsemi] *nf* leucemia

leur [lœʀ] *adj poss* loro; **~ maison** la loro casa; **~s amis** i loro amici; **à ~ avis** secondo loro; **à ~ approche** quando si sono avvicinati; **à ~ vue** alla loro vista ▸ *pron* (*objet indirect*) loro; (*après un autre pronom à la troisième personne*) (a) loro; (*possessif*) : **le/la ~, les ~s** il/la loro, i (le) loro; **je ~ ai dit la vérité** ho detto loro la verità; **je le ~ ai donné** l'ho dato a loro, gliel'ho dato

leurre [lœʀ] *nm* esca; (*fig* : *illusion*) illusione *f*

leurrer [lœʀe] : **se leurrer** *vr* illudersi

levain [ləvɛ̃] *nm* (*de boulanger*) lievito naturale, lievito madre; **pain au ~** pane *m* con lievito naturale *ou* madre; **sans ~** azimo

levant, e [ləvɑ̃, ɑ̃t] *adj* : **soleil ~** sol *m* levante

levé, e [ləve] *adj* : **être ~** essere alzato(-a) *ou* in piedi; **à mains ~es** (*vote*) per alzata di mano; **au pied ~** su due piedi

levée [ləve] *nf* (*Postes*) levata; (*Cartes*) presa; **~ d'écrou** rilascio; **~ de boucliers** (*fig*) levata di scudi; **~ de terre** argine *m*; **~ de troupes/en masse** arruolamento di truppe/in massa; **~ du corps** rimozione *f* della salma

lever [l(ə)ve] *vt* alzare; (*interdiction, siège, séance*) togliere; (*impôts*) riscuotere; (*armée*) arruolare; (*Chasse*) stanare; (*fam* : *fille*) sedurre ▸ *vi* (*Culin*) lievitare; (*semis, graine*) spuntare ▸ *nm* : **au ~** al risveglio; **se lever** *vr* (*gén, brouillard*) alzarsi; (*soleil*) sorgere; (*jour*) spuntare; **au ~ du jour** allo spuntare del giorno; **au ~ du rideau** all'alzarsi del sipario; **au ~ du soleil** al sorgere del sole; **ça va se ~** sta tornando il sereno, sta schiarendo; **~ de soleil** sorgere *m* del sole; **~ du jour** spuntar *m* del giorno

levier [ləvje] *nm* (*aussi fig*) leva; **faire ~ sur** far leva su; **~ de changement de vitesse** leva del cambio; **~ de commande** leva di comando

lèvre [lɛvʀ] *nf* labbro; **du bout des ~s** (*manger*) svogliatamente; (*rire, parler, répondre*) a fior di labbra; **petites/grandes ~s** (*Anat*) piccole/grandi labbra *fpl*

lévrier [levʀije] *nm* levriere *m*

levure [l(ə)vyʀ] *nf* : **~ de boulanger** lievito di fornaio; **~ chimique** lievito chimico; **~ de bière** lievito di birra

l

lexique [lɛksik] *nm* (*glossaire*) lessico
lézard [lezaʀ] *nm* (*Zool*, *peau*) lucertola
lézarde [lezaʀd] *nf* crepa
liaison [ljɛzɔ̃] *nf* (*Rail*, *Aviat etc*) collegamento; (*relation amoureuse*) relazione *f*; (*Phonétique*) liaison *m inv*, legamento; **entrer/être en ~ avec** entrare/essere in contatto con; **avoir une ~ avec qn** avere una relazione con qn; **~ radio** collegamento *m* radio *inv*; **~ téléphonique** collegamento telefonico
liane [ljan] *nf* liana
liasse [ljas] *nf* (*de billets*) mazzetto; (*de lettres*) fascio, mazzo
Liban [libɑ̃] *nm* Libano
libeller [libele] *vt* (*chèque*, *mandat*) : **~ (au nom de)** intestare (a); (*lettre*, *rapport*) redigere
libellule [libelyl] *nf* libellula
libéral, e, -aux [libeʀal, o] *adj*, *nm/f* liberale *m/f*; **les professions ~es** le libere professioni
libéré, e [libeʀe] *adj* (*détenu*) liberato(-a), scarcerato(-a); (*territoire*, *zone*) liberato(-a); (*femme*) emancipato(-a); **~ de** liberato(-a) da; **être ~ sous caution** essere rilasciato(-a) sotto cauzione
libérer [libeʀe] *vt* liberare; **se libérer** *vr* (*se rendre disponible*) liberarsi; **~ qn de** liberare qn da
liberté [libɛʀte] *nf* libertà *f inv*; **libertés** *nfpl* (*privautés*) : **prendre des ~s avec qn** prendersi delle libertà con qn; **mettre/être en ~** mettere/essere in libertà; **en ~ provisoire** in libertà provvisoria; **en ~ surveillée** in libertà vigilata; **en ~ conditionnelle** in libertà vigilata; **~ d'action/d'association** libertà d'azione/di associazione; **~ d'esprit/d'opinion** libertà di pensiero/di opinione; **~ de conscience/de culte** libertà di coscienza/di culto; **~ de la presse** libertà di stampa; **~ syndicale/de réunion** libertà di associazione sindacale/di riunione; **~s individuelles** libertà *fpl* individuali; **~s publiques** diritti *mpl* civili
libertin, e [libɛʀtɛ̃, in] *adj* libertino(-a)
libraire [libʀɛʀ] *nm/f* libraio(-a)
librairie [libʀeʀi] *nf* libreria
libre [libʀ] *adj* libero(-a); (*enseignement*, *école*) privato(-a); **~ de** (*contrainte*, *obligation*) libero(-a) da; **avoir le champ ~** avere campo libero; **vente ~** (*Comm* : *produit*) libera vendita; **être en vente ~** (*Comm* : *produit*) essere venduto(-a) liberamente; **~ arbitre** libero arbitrio; **~ concurrence** libera concorrenza; **~ entreprise** libera impresa
libre-échange [libʀeʃɑ̃ʒ] *nm* libero scambio
libre-service [libʀəsɛʀvis] (*pl* **libres-services**) *nm* (*magasin*, *restaurant*) self-service *m inv*
Libye [libi] *nf* Libia
lice [lis] *nf* : **entrer en ~** entrare in lizza
licence [lisɑ̃s] *nf* (*Comm*) licenza; (*Sport*) tessera; (*diplôme*) *titolo universitario rilasciato dopo tre anni di studio*, ≈ laurea breve
licencié, e [lisɑ̃sje] *nm/f* (*Scol*) : **~ en lettres/en droit** *chi possiede una «licence» in lettere/in diritto*; (*Sport*) tesserato(-a)
licenciement [lisɑ̃simɑ̃] *nm* licenziamento; **~ économique** licenziamento per motivi economici
licencier [lisɑ̃sje] *vt* licenziare
lichen [likɛn] *nm* lichene *m*
licite [lisit] *adj* lecito(-a)
licorne [likɔʀn] *nf* unicorno
lie [li] *nf* (*du vin*, *cidre*) feccia
lié, e [lje] *adj* : **être très ~ avec qn** essere molto legato(-a) a qn; **être ~ par** (*serment*, *promesse*) essere legato(-a) da; **avoir partie liée (avec qn)** far lega (con qn)
liège [ljɛʒ] *nm* sughero
liégeois, e [ljeʒwa, waz] *adj* di Liegi; **café/chocolat ~** gelato al caffè/al cioccolato con la panna
lien [ljɛ̃] *nm* legaccio, laccio; (*fig* : *analogie*) legame *m*, nesso; (: *rapport affectif*, *culturel*) legame, vincolo; **le ~ social** il legame sociale; **~ de famille** vincolo familiare; **~ de parenté** vincolo di parentela
lier [lje] *vt* (*gén*, *fig*, *Culin*) legare; (*joindre*) collegare; **se ~ (avec qn)** fare amicizia (con qn); **~ qch à** (*attacher*) legare qc a; (*associer*) collegare qc a; **~ amitié (avec)** fare amicizia (con); **~ conversation (avec)** attaccare discorso (con); **~ connaissance (avec)** fare conoscenza (con)
lierre [ljɛʀ] *nm* edera
lieu, x [ljø] *nm* luogo; **lieux** *nmpl* (*habitation*, *salle*) : **vider** *ou* **quitter les**

lieux sgomberare, sloggiare; **arriver/être sur les lieux** (*d'un accident, d'une manifestation*) arrivare/essere sul posto *ou* luogo; **en ~ sûr** al sicuro; **en haut ~** in alto loco; **en premier ~** in primo luogo; **en dernier ~** infine; **avoir ~** aver luogo; **il n'y a pas ~ de s'inquiéter** non c'è motivo di preoccuparsi; **tenir ~ de** (*faire office de*) fare da; **donner ~ à** dar luogo a; **au ~ de** invece di; **~ commun** luogo comune; **~ de départ** luogo di partenza; **~ de naissance** luogo di nascita; **~ de rendez-vous** punto di ritrovo, luogo dell'appuntamento; **~ de travail** posto di lavoro; **~ public** luogo pubblico

lieu-dit [ljødi] (*pl* **lieux-dits**) *nm* località *f inv*

lieutenant, e [ljøt(ə)nɑ̃, ɑ̃t] *nm/f* tenente *m*; **~ de vaisseau** tenente di vascello

lièvre [ljɛvʀ] *nm* lepre *f*; **lever un ~** (*fig*) sollevare una questione spinosa

ligament [ligamɑ̃] *nm* legamento

ligne [liɲ] *nf* linea; **en ~** (*Inform*) in linea; **en ~ droite** in linea retta; **« à la ~ »** « a capo »; **garder la ~** (*silhouette féminine*) mantenere la linea; **entrer en ~ de compte** esser preso in considerazione; **~ d'arrivée** traguardo; **~ d'horizon** linea dell'orizzonte; **~ de but** linea di fondo; **~ de conduite** linea di condotta; **~ de départ** linea di partenza; **~ de flottaison** linea di galleggiamento; **~ de mire** linea di mira; **~ de touche** linea laterale; **~ directrice** linea direttrice; **~ fixe** linea fissa; **~ médiane** linea mediana; **~ ouverte** : **émission à ~ ouverte** trasmissione *f* in linea diretta (con gli ascoltatori)

lignée [liɲe] *nf* stirpe *f*, famiglia

ligoter [ligɔte] *vt* (*bras, personne*) legare

ligue [lig] *nf* lega; **la L~ arabe** la Lega Araba

liguer [lige] : **se liguer** *vr* : **se ~ (contre)** coalizzarsi (contro)

lilas [lila] *nm* lillà *m inv*

limace [limas] *nf* lumaca

limande [limɑ̃d] *nf* (*poisson*) limanda

lime [lim] *nf* (*Tech*) lima; (*Bot*) lime *m inv*; **~ à ongles** limetta per le unghie

limer [lime] *vt* limare

limitation [limitasjɔ̃] *nf* limitazione *f*, limite *m*; **sans ~ de temps** senza limiti di tempo; **~ de vitesse** limite di velocità; **~ des armements** limitazione degli armamenti; **~ des naissances** controllo delle nascite

limite [limit] *nf* (*de terrain, d'un pays*) confine *m*; (*partie ou point extrême, fig*) limite *m*; **dans la ~ de** nei limiti di; **à la ~** (*au pire*) al limite; **sans ~s** senza limiti; **vitesse ~** velocità *f inv* limite *inv ou* massima; **cas ~** caso *m* limite *inv*; **date ~ de vente** data di scadenza; **« date ~ de consommation ... »** « da consumarsi preferibilmente entro ... »; **~ d'âge** limite d'età

limiter [limite] *vt* (*restreindre*) limitare; **se limiter** *vr* : **se ~ (à qch/à faire)** limitarsi (a qc/a fare)

limitrophe [limitʀɔf] *adj* : **~ (de)** limitrofo(-a) (a)

limoger [limɔʒe] *vt* (*Pol*) silurare, rimuovere da un incarico

limon [limɔ̃] *nm* limo, fango

limonade [limɔnad] *nf* gazzosa

lin [lɛ̃] *nm* lino

linceul [lɛ̃sœl] *nm* sudario

linéaire [lineɛʀ] *adj* (*aussi fig*) lineare ▸ *nm* : **~ (de vente)** scaffale *m*

linge [lɛ̃ʒ] *nm* (*serviettes etc*) biancheria; (*pièce de tissu*) panno; (*lessive*) bucato; **~ (de corps)** biancheria intima; **~ (de toilette)** biancheria da bagno; **~ sale** biancheria sporca

lingerie [lɛ̃ʒʀi] *nf* biancheria (intima)

lingot [lɛ̃go] *nm* lingotto

linguistique [lɛ̃gɥistik] *adj* linguistico(-a) ▸ *nf* linguistica

lion, ne [ljɔ̃, ɔn] *nm/f* leone(-essa); (*Astrol*) : **L~** Leone; **être L~** essere del Leone; **~ de mer** leone marino

lionceau, x [ljɔ̃so] *nm* leoncino

liquéfier [likefje] *vt* liquefare; **se liquéfier** *vr* liquefarsi

liqueur [likœʀ] *nf* liquore *m*

liquidation [likidasjɔ̃] *nf* liquidazione *f*; **~ judiciaire** liquidazione giudiziaria

liquide [likid] *adj* liquido(-a) ▸ *nm* (*Phys, gén*) liquido; (*Comm*) : **en ~** in contanti; **air ~** aria liquida

liquider [likide] *vt* liquidare

liquidités [likidite] *nfpl* (*Comm*) liquidità *fpl inv*

liquoreux, -euse [likɔʀø, øz] *adj* liquoroso(-a)

lire [liʀ] *nf* (*monnaie*) lira ▸ *vt, vi* (*aussi fig*) leggere; **~ qch à qn** leggere qc a qn

lis [lis] *vb voir* **lire** ▸ *nm* = **lys**

liseuse [lizøz] *nf* (*Inform*) lettore *m* di libri elettronici
lisible [lizibl] *adj* leggibile
lisière [lizjɛʀ] *nf* (*de forêt, bois*) limite *m*, margine *m*
lisons [lizɔ̃] *vb voir* **lire**
lisse [lis] *adj* liscio(-a)
lisser [lise] *vt* lisciare
liste [list] *nf* lista; **faire la ~ de** fare la lista di; **~ d'attente** lista d'attesa; **~ de mariage** lista di matrimonio; **~ électorale** lista elettorale; **~ noire** lista nera
listing [listiŋ] *nm* (*Inform*) stampato (su modulo continuo)
lit [li] *nm* (*gén, de rivière*) letto; **faire son ~** fare il letto; **aller/se mettre au ~** andare/mettersi a letto; **d'un premier ~** (*Jur* : *enfant*) di primo letto; **~ d'enfant** lettino; **~ de camp** brandina
litchi [litʃi] *nm* litchi *m inv*
literie [litʀi] *nf* articoli *mpl* per il letto
litige [litiʒ] *nm* controversia; **en ~** (*point, cas*) controverso(-a)
litre [litʀ] *nm* litro
littéraire [liteʀɛʀ] *adj* (*œuvre, critique, langue*) letterario(-a); (*personne*) letterato(-a)
littéral, e, -aux [liteʀal, o] *adj* letterale
littérature [liteʀatyʀ] *nf* letteratura
littoral, e, -aux [litɔʀal, o] *adj, nm* litorale *m*
Lituanie [litɥani] *nf* Lituania
lituanien, ne [litɥanjɛ̃, jɛn] *adj* lituano(-a) ▸ *nm/f* : **Lituanien, ne** lituano(-a) ▸ *nm* lituano
livide [livid] *adj* livido(-a)
livraison [livʀɛzɔ̃] *nf* consegna; **~ à domicile** consegna a domicilio
livre [livʀ] *nm* (*gén*) libro; (*imprimerie*) : **le ~** l'editoria ▸ *nf* (*poids*) libbra; (*monnaie*) (lira) sterlina; **traduire qch à ~ ouvert** tradurre a vista; **~ blanc** libro bianco; **~ d'or** libro d'oro; (*pour visiteurs*) registro degli ospiti; **~ de bord** (*Naut*) libro di bordo; **~ de chevet** lettura preferita; **~ de comptes** libro contabile; **~ de cuisine** libro di cucina; **~ de poche** libro tascabile; **~ électronique** *ou* **numérique** e-book *m inv*, libro elettronico; **~ verte** sterlina verde
livré, e [livʀe] *adj* : **~ à** (*l'anarchie etc*) abbandonato(-a) a; **~ à soi-même** abbandonato(-a) a se stesso(-a)
livrer [livʀe] *vt* consegnare; (*secret, information*) rivelare; **se livrer à** *vr* (*se confier à*) confidarsi con; (*se rendre*) consegnarsi a; (*s'abandonner à* : *débauche etc*) abbandonarsi a; (*faire* : *pratiques, travail, enquête*) dedicarsi a; (: *sport*) darsi a; **~ bataille** dare battaglia
livret [livʀɛ] *nm* (*petit livre, d'opéra*) libretto; **~ de caisse d'épargne** libretto di risparmio; **~ de famille** *libretto contenente dati ufficiali riguardo lo stato di famiglia*; **~ scolaire** pagella
livreur, -euse [livʀœʀ, øz] *nm/f* fattorino, addetto(-a) alla consegna
local, e, -aux [lɔkal, o] *adj, nm* locale *m*
localiser [lɔkalize] *vt* localizzare
localité [lɔkalite] *nf* località *f inv*
locataire [lɔkatɛʀ] *nm/f* inquilino(-a), affittuario(-a)
location [lɔkasjɔ̃] *nf* affitto; (*de voiture etc*) noleggio; (*de billets, places*) prenotazione *f*; **« ~ de voitures »** « autonoleggio »; **~ de vacances** alloggio vacanza *ou* vacanze
locomotion [lɔkɔmosjɔ̃] *nf* locomozione *f*
locomotive [lɔkɔmɔtiv] *nf* (*Rail, fig*) locomotiva
locution [lɔkysjɔ̃] *nf* locuzione *f*
logarithme [lɔgaʀitm] *nm* logaritmo
loge [lɔʒ] *nf* (*Théâtre* : *d'artiste*) camerino; (: *de spectateurs*) palco; (*de concierge*) portineria; (*de franc-maçon*) loggia
logement [lɔʒmɑ̃] *nm* alloggio; (*Pol, Admin*) : **le ~** gli alloggi; **chercher un ~** cercare alloggio; **construire des ~s bon marché** costruire degli alloggi popolari; **crise du ~** crisi *f inv* degli alloggi; **~ de fonction** (*Admin*) alloggio messo a disposizione del dipendente
loger [lɔʒe] *vt* alloggiare, dare alloggio a; (*suj* : *hôtel, école*) ospitare, alloggiare ▸ *vi* abitare, vivere; **se loger** *vr* alloggiare; **se ~ dans** (*suj* : *balle, flèche*) conficcarsi in
logeur, -euse [lɔʒœʀ, øz] *nm/f* affittacamere *m inv/f inv*
logiciel, le [lɔʒisjɛl] (*Inform*) *nm* software *m inv* ▸ *adj* (*solution, suite, système*) applicativo(-a)
logique [lɔʒik] *adj* logico(-a) ▸ *nf* logica; **c'est ~** è logico
logistique [lɔʒistik] *nf* (*Mil, Écon*) logistica ▸ *adj* logistico(-a)
logo [lɔgo] *nm* (*Comm*) logo *m inv*, logotipo

loi [lwa] *nf* (*aussi fig*) legge *f*; **avoir force de ~** aver forza di legge; **faire la ~** dettar legge; **livre/tables de la ~** (*Rel*) libro/tavole *fpl* della legge; **la ~ de la jungle/du plus fort** la legge della giungla/del più forte; **proposition/projet de ~** proposta/progetto di legge; **~ d'orientation** legge di orientamento

loin [lwɛ̃] *adv* lontano; **plus ~** più avanti, più in là; **moins ~ (que)** meno lontano (di); **~ de** lontano da; **pas ~ de 1 000 €** quasi 1000 euro; **au ~** in lontananza; **de ~** da lontano; (*fig*) di gran lunga; **il revient de ~** (*fig*) l'ha scampata bella; **de ~ en ~** di tanto in tanto; **~ de là** (*bien au contraire*) al contrario

lointain, e [lwɛ̃tɛ̃, ɛn] *adj* lontano(-a) ▸ *nm* : **dans le ~** in lontananza

loir [lwaʀ] *nm* ghiro; **dormir comme un ~** dormire come un ghiro

loisir [lwaziʀ] *nm* : **heures de ~** tempo *msg* libero; **loisirs** *nmpl* (*temps libre*) tempo *msg* libero; (*activités*) svaghi *mpl*, passatempi *mpl*; **prendre/avoir le ~ de faire qch** prendersi/avere il tempo per fare qc; **(tout) à ~** a piacere, a volontà

lombaire [lɔ̃bɛʀ] *adj* lombare

londonien, ne [lɔ̃dɔnjɛ̃, jɛn] *adj* londinese ▸ *nm/f* : **Londonien, ne** londinese *m/f*

Londres [lɔ̃dʀ] *n* Londra

long, longue [lɔ̃, lɔ̃g] *adj* lungo(-a) ▸ *adv* : **en dire/savoir ~** dirla/saperla lunga ▸ *nm* : **de 5 m de ~** di 5 metri di lunghezza; **au ~ cours** (*Naut* : *navigation, capitaine*) di lungo corso; **de longue date, de longue durée** di vecchia data; **de longue haleine** di ampio respiro; **être ~ à faire** (*personne*) metterci tanto tempo a fare; **en ~** (*être couché, mis*) per lungo; **(tout) le ~ de** (*rue, bord*) lungo (tutto(-a)); **tout au ~ de** (*année, vie*) per tutto(-a), nel corso di; **marcher de ~ en large** camminare avanti e indietro; **en ~ et en large** (*fig* : *étudier, examiner*) approfonditamente, in lungo e in largo

longer [lɔ̃ʒe] *vt* costeggiare

longévité [lɔ̃ʒevite] *nf* longevità

longiligne [lɔ̃ʒiliɲ] *adj* longilineo(-a)

longitude [lɔ̃ʒityd] *nf* longitudine *f*; **à 45 degrés de ~ nord** a 45 gradi di longitudine nord

longtemps [lɔ̃tɑ̃] *adv* (*parler, jouer*) molto, per molto (tempo), a lungo; **avant ~** tra non molto; **pour/pendant ~** per molto tempo; **je n'en ai pas pour ~** non ne ho per molto; **mettre ~ à faire qch** metterci molto a fare qc; **ça ne va pas durer ~** non durerà molto *ou* a lungo; **elle/il en a pour ~ (à)** le/gli ci vorrà molto tempo (per); **il y a/n'y a pas ~ que je travaille/l'ai rencontré** è/non è da molto che lavoro/che l'ho incontrato; **il y a ~ que je n'ai pas travaillé** non lavoro da molto tempo

longue [lɔ̃g] *adj f voir* **long** ▸ *nf* : **à la ~** (*finalement*) a lungo andare, alla lunga

longuement [lɔ̃gmɑ̃] *adv* (*longtemps* : *parler, regarder*) a lungo, lungamente; (*en détail* : *expliquer, raconter*) dettagliatamente

longueur [lɔ̃gœʀ] *nf* lunghezza; **longueurs** *nfpl* (*fig* : *d'un film, livre*) lungaggini *fpl*; **une ~ (de piscine)** una vasca; **sur une ~ de 10 km** per 10 km; **en ~** (*mettre, être*) per lungo; **tirer en ~** tirare per le lunghe; **à ~ de journée** tutto il giorno; **d'une ~** (*Sport* : *gagner, battre*) per una lunghezza; **~ d'onde** lunghezza d'onda

loque [lɔk] *nf* (*fig* : *personne*) relitto; **loques** *nfpl* (*habits*) brandelli *mpl*; **être/tomber en ~s** essere/cadere a pezzi

loquet [lɔkɛ] *nm* (*de porte*) catenaccio, paletto

lorgner [lɔʀɲe] *vt* (*personne*) sbirciare; (*place, objet*) adocchiare

lors [lɔʀ] : **~ de** *prép* (*au moment de*) al momento di; (*pendant*) all'epoca di

lorsque [lɔʀsk] *conj* quando

losange [lɔzɑ̃ʒ] *nm* losanga; (*Géom*) rombo; **en ~** a losanga

lot [lo] *nm* (*part, position*) partita, lotto; (*quantité*) : **un ~ de ...** una partita di ...; (*de loterie*) premio; (*fig* : *destin*) destino, sorte *f*; (*Comm*) partita; (*Inform*) batch *m inv*; **~ de consolation** premio di consolazione

loterie [lɔtʀi] *nf* (*aussi fig*) lotteria; **L~ nationale** Lotteria nazionale

lotion [losjɔ̃] *nf* lozione *f*; **~ après rasage** lozione dopobarba; **~ capillaire** lozione per capelli

lotissement [lɔtismɑ̃] *nm* area lottizzata; (*parcelle*) lottizzazione *f*

loto [lɔto] *nm* (*jeu d'enfant*) tombola; (*jeu de hasard*) lotto

Il **Loto** è una lotteria statale che assegna grossi premi in denaro. I giocatori scelgono prima 5 numeri tra 1 e 49 e dopo un altro numero, tra 1 e 10. L'entità del premio è proporzionale alla quantità di numeri indovinati. I risultati vengono trasmessi per televisione tre volte alla settimana.

lotte [lɔt] *nf* (*Zool* : *de rivière*) bottatrice *f*; (*Culin*) coda di rospo; (: *de mer*) rana pescatrice

louange [lwɑ̃ʒ] *nf* : **à la ~ de qn/qch** in elogio a qn/qc; **louanges** *nfpl* (*compliments*) lodi *fpl*

louche [luʃ] *adj* losco(-a) ▸ *nf* mestolo

loucher [luʃe] *vi* (*personne*) essere strabico(-a); **~ sur qch** (*fig*) desiderare avidamente qc

louer [lwe] *vt* (*suj* : *propriétaire*) affittare, dare in affitto; (: *locataire*) affittare, prendere in affitto; (*voiture, téléviseur etc*) noleggiare; (*place de cinéma, de train etc*) prenotare; (*personne, qualités, bontés, Rel* : *Dieu*) lodare; **« à ~ »** (*maison, magasin*) « affittasi », « in affitto »; **se ~ de qch/d'avoir fait qch** vantarsi di qc/di aver fatto qc

loup [lu] *nm* lupo; (*poisson*) branzino, spigola; (*masque*) mascherina; **jeune ~** giovane *m* ambizioso; **~ de mer** lupo di mare

loupe [lup] *nf* (*Optique*) lente *f* (d'ingrandimento); **à la ~** (*fig*) nei dettagli; **~ de noyer** (*Menuiserie*) radica di noce

> **FAUX AMIS**
> **loupe** ne se traduit pas par le mot italien *lupa*.

louper [lupe] (*fam*) *vt* (*train etc*) perdere; (*examen*) essere bocciato(-a) a

lourd, e [luʀ, luʀd] *adj* (*aussi fig*) pesante; (*chaleur, temps*) afoso(-a), pesante ▸ *adv* : **peser ~** pesare molto; **~ de** (*conséquences, menaces*) carico(-a) di; (*fatigue, sommeil*) pieno(-a) di; **artillerie/industrie lourde** artiglieria/industria pesante

> **FAUX AMIS**
> **lourd** ne se traduit pas par le mot italien *lordo*.

lourdaud, e [luʀdo, od] (*péj*) *adj* (*physiquement*) maldestro(-a)

lourdement [luʀdəmɑ̃] *adv* pesantemente; **se tromper ~** sbagliarsi di grosso

loutre [lutʀ] *nf* lontra; (*fourrure*) (pelliccia di) lontra

louve [luv] *nf* lupa

louveteau, x [luv(ə)to] *nm* (*Zool*) lupacchiotto; (*scout*) lupetto

louvoyer [luvwaje] *vi* (*Naut*) bordeggiare; (*fig*) destreggiarsi, barcamenarsi

loyal, e, -aux [lwajal, o] *adj* leale

loyauté [lwajote] *nf* lealtà

loyer [lwaje] *nm* affitto

lu [ly] *pp de* **lire**

lubie [lybi] *nf* ghiribizzo, capriccio

lubrifiant [lybʀifjɑ̃] *nm* lubrificante *m*

lubrifier [lybʀifje] *vt* lubrificare

lubrique [lybʀik] *adj* (*regard*) libidinoso(-a)

lucarne [lykaʀn] *nf* abbaino; **la petite ~** (*la télévision*) la TV

lucide [lysid] *adj* lucido(-a)

lucidité [lysidite] *nf* lucidità

luciole [lysjɔl] *nf* lucciola

lucratif, -ive [lykʀatif, iv] *adj* lucrativo(-a), redditizio(-a); **à but non ~** non a scopo di lucro

ludique [lydik] *adj* ludico(-a)

luette [lɥɛt] *nf* ugola

lueur [lɥœʀ] *nf* (*des étoiles, d'une lampe*) chiarore *m*, luce *f*; (*fig* : *de désir, colère*) lampo; (: *d'espoir*) barlume *m*

luge [lyʒ] *nf* slittino; **faire de la ~** andare in slittino

lugubre [lygybʀ] *adj* lugubre

MOT-CLÉ

lui[1] [lɥi] *pron* **1** (*objet indirect* : *mâle*) gli; (: *femelle*) le; **je lui ai parlé** gli/le ho parlato; **il lui a offert un cadeau** gli/le ha fatto un regalo

2 (*après préposition, dans comparaison*) lui; **elle est contente de lui** è contenta di lui; **je la connais mieux que lui** la conosco meglio di lui

3 (*sujet, forme emphatique*) lui; **lui, il est à Paris** lui è a Parigi

4 : **lui-même** (*humain*) lui stesso, egli stesso; (*chose, animal*) esso stesso; (*après prép*) sé; **il a agi de lui-même** ha agito da solo

5 (*objet direct*) se stesso; (*sujet* : *humain*) lui stesso, egli stesso; (: *non humain ou inanimé*) esso stesso; **ce livre est à lui** questo libro è suo; **c'est à lui de jouer** tocca a lui giocare; **c'est lui qui l'a fait** è stato lui a farlo, l'ha fatto lui; **c'est lui que je vois** io vedo lui; **avec lui** con lui

lui² [lɥi] *pp de* **luire**
luire [lɥiʀ] *vi* (*gén*) luccicare; (*étoiles, lune*) risplendere
lumière [lymjɛʀ] *nf* luce *f*; (*fig : personne intelligente*) luminare *m*, genio; **lumières** *nfpl* (*d'une personne*) lumi *mpl*; **à la ~ de** (*aussi fig*) alla luce di; **à la ~ électrique** con la luce elettrica; **faire (toute) la ~ sur** (*fig*) fare (piena) luce su; **mettre qch en ~** (*fig*) mettere in luce qc; **~ du jour** luce del giorno; **~ du soleil** luce del sole
luminaire [lyminɛʀ] *nm* lume *m*
lumineux, -euse [lyminø, øz] *adj* (*aussi fig*) luminoso(-a)
lunatique [lynatik] *adj* lunatico(-a)
lundi [lœ̃di] *nm* lunedì *m inv*; **on est ~** è lunedì; **le ~ 20 août** lunedì 20 agosto; **il est venu ~** è venuto lunedì; **le(s) ~(s)** (*chaque lundi*) di *ou* al lunedì; **« à ~ »** « a lunedì »; **~ de Pâques** pasquetta; **~ de Pentecôte** lunedì di Pentecoste
lune [lyn] *nf* luna; **pleine/nouvelle ~** luna piena/nuova; **être dans la ~** avere la testa fra le nuvole; **~ de miel** luna di miele
lunette [lynɛt] *nf* : **~s** *nfpl* occhiali *mpl*; **~ arrière** (*Auto*) lunotto; **~ d'approche** (*Optique*) telescopio; **~s de plongée** occhiali da sub; **~s de soleil** occhiali da sole; **~s noires** occhiali scuri
lustre [lystʀ] *nm* (*de plafond*) lampadario; (*fig : éclat*) lustro
lustrer [lystʀe] *vt* lustrare, lucidare; (*poil d'un animal*) lucidare; (*vêtement : user*) logorare, rendere liso(-a)
luth [lyt] *nm* liuto
lutin [lytɛ̃] *nm* folletto
lutte [lyt] *nf* lotta; **de haute ~** a viva forza; **~ des classes** lotta di classe; **~ libre** (*Sport*) lotta libera

> **FAUX AMIS**
> **lutte** ne se traduit pas par le mot italien *lutto*.

lutter [lyte] *vi* lottare; **~ pour/contre qn/qch** lottare per/contro qn/qc
luxation [lyksasjɔ̃] *nf* lussazione *f*
luxe [lyks] *nm* lusso; **un ~ de** (*fig : détails, précautions*) una profusione di; **de ~** di lusso; **l'industrie du ~** l'industria del lusso
Luxembourg [lyksɑ̃buʀ] *nm* Lussemburgo
luxer [lykse] *vt* : **se ~ l'épaule/le genou** lussarsi la spalla/il ginocchio
luxueux, -euse [lyksɥø, øz] *adj* lussuoso(-a)
luxuriant, e [lyksyʀjɑ̃, jɑ̃t] *adj* lussureggiante
luzerne [lyzɛʀn] *nf* erba medica
lycée [lise] *nm* liceo; *vedi nota*

> Durante gli ultimi tre anni di scuola secondaria i ragazzi francesi frequantano il **lycée**, alla fine del quale sostegnono il *baccalauréat* prima di lasciare la scuola. Ci sono due tipi di **lycée**: il *lycée d'enseignement général et technologique*, con insegnamento generale e tecnologico e il *lycée professionnel* con corsi di formazione professionale. Alcuni **lycées**, e in particolare quelli con larghi bacini d'utenza e quelli dove si tengono corsi specialistici, sono anche collegi.

lycéen, ne [liseɛ̃, ɛn] *nm/f* liceale *m/f*
lymphe [lɛ̃f] *nf* linfa
lynx [lɛ̃ks] *nm* lince *f*
lyophilisé, e [ljɔfilize] *adj* liofilizzato(-a)
lyrique [liʀik] *adj* lirico(-a); **artiste/théâtre ~** cantante/teatro lirico; **comédie ~** operetta
lyrisme [liʀism] *nm* lirismo
lys [lis] *nm* giglio

M [ɛm] *abr* (= *Monsieur*) sig.
m' [m] *pron voir* **me**
ma [ma] *voir* **mon**
macaron [makaʀɔ̃] *nm* (*gâteau*) ≈ amaretto; (*insigne*) insegna rotonda; (*natte*) treccia (*arrotolata sull'orecchio*)
macaroni [makaʀɔni] *nmpl* maccheroni *mpl*; **~ au fromage/au gratin** maccheroni al formaggio/gratinati
macédoine [masedwan] *nf* : **~ de fruits** macedonia; **~ de légumes** verdura mista
macérer [maseʀe] *vi, vt* macerare
mâcher [mɑʃe] *vt* masticare; **ne pas ~ ses mots** non avere peli sulla lingua; **~ le travail à qn** (*fig*) far trovare la pappa pronta a qn
machin [maʃɛ̃] (*fam*) *nm* coso, aggeggio; (*personne*) : **M~** Coso(-a), Tizio(-a)
machinal, e, -aux [maʃinal, o] *adj* meccanico(-a)
machination [maʃinasjɔ̃] *nf* macchinazione *f*
machine [maʃin] *nf* macchina; (*fam* : *personne*) : **M~** Cosa; **faire ~ arrière** (*Naut*) far macchina indietro; (*fig*) fare marcia indietro; **~ à coudre/écrire** macchina da *ou* per cucire/scrivere; **~ à laver** lavatrice *f*; **~ à sous** macchinetta mangiasoldi *inv*, slot machine *f inv*; **~ à tricoter** macchina per maglieria; **~ à vapeur** macchina a vapore
machiste [ma(t)ʃist] *adj, nm/f* maschilista *m/f*
mâchoire [mɑʃwaʀ] *nf* mascella; (*Tech*) ganascia; **~ de frein** ganascia del freno
mâchonner [mɑʃɔne] *vt* masticare
maçon, ne [masɔ̃, ɔn] *nm/f* (*constructeur*) muratore *m*; (*franc-maçon*) massone *m*
maçonnerie [masɔnʀi] *nf* edilizia; (*murs*) muratura
macrobiotique [makʀɔbjɔtik] *adj* macrobiotico(-a)
Madame [madam] (*pl* **Mesdames**) *nf* signora; **~ Dupont** la signora Dupont; **occupez-vous de ~** si occupi della signora; **bonjour ~** buongiorno (signora); **~** (*sur lettre*) Gentile Signora; **chère ~** cara signora; (*sur lettre*) Gentile Signora; **madame la Directrice** la (signora) Direttrice; **Mesdames** (le) signore
madeleine [madlɛn] *nf* (*gâteau*) maddalena
Mademoiselle [madmwazɛl] (*pl* **Mesdemoiselles**) *nf* signorina; **~ Dupont** la signorina Dupont; **occupez-vous de ~** si occupi della signorina; **bonjour ~** buongiorno (signorina); **~** (*sur lettre*) Gentile Signorina; **chère ~** cara signorina; (*sur lettre*) Gentile Signorina; **Mesdemoiselles** (le) signorine
madère [madɛʀ] *nm* (*vin*) madera *m inv*
magasin [magazɛ̃] *nm* (*boutique*) negozio; (*entrepôt*) magazzino; (*d'une arme*) serbatoio; **en ~** (*Comm*) in magazzino; **faire les ~s** andare per negozi; **~ d'alimentation** negozio di generi alimentari
magazine [magazin] *nm* (*revue*) rivista; (*radiodiffusé, télévisé*) rubrica
Maghreb [magʀɛb] *nm* Magreb *m*
magicien, ne [maʒisjɛ̃, jɛn] *nm/f* mago(-a)
magie [maʒi] *nf* magia; **~ noire** magia nera
magique [maʒik] *adj* magico(-a)
magistral, -aux [maʒistʀal, o] *adj* magistrale; (*ton*) severo(-a), autoritario(-a); (*fam* : *gifle etc*) sonoro(-a); **cours ~** corso cattedratico
magistrat, e [maʒistʀa, at] *nm/f* magistrato
magistrature [maʒistʀatyʀ] *nf* magistratura
magnanime [maɲanim] *adj* magnanimo(-a)
magnat [magna] *nm* magnate *m*; **~ de la presse** magnate della stampa

magner [maɲe] : **se magner** (*fam*) *vr* sbrigarsi; **magne-toi ! on est en retard** sbrigati! siamo in ritardo
magnétique [maɲetik] *adj* magnetico(-a)
magnétophone [maɲetɔfɔn] *nm* registratore *m*; **~ à cassettes** registratore *m* a cassette, mangianastri *m inv*
magnétoscope [maɲetɔskɔp] *nm* videoregistratore *m*
magnifique [maɲifik] *adj* magnifico(-a)
magouille [maguj] (*fam*) *nf* intrallazzo
magret [magʀɛ] *nm* : **~ de canard** filetto d'anatra
mai [mɛ] *nm* maggio; *voir aussi* **juillet**

Il primo maggio (**le premier mai**) si celebra la festa del lavoro in Francia, in ricordo delle manifestazioni sindacali del 1886 negli Stati Uniti. Durante questa ricorrenza è tradizione scambiarsi un rametto di mughetto. L'8 maggio (**le 8 mai**) si celebra invece la resa dell'esercito tedesco ad Eisenhower il 7 maggio 1945; in molte città francesi si svolgono parate di ex-combattenti. Le dimostrazioni studentesche, gli scioperi e le sommosse di maggio e giugno 1968, sono chiamate in genere *les événements de mai 68*. Il governo De Gaulle resse ma le dimostrazioni portarono a riforme del sistema scolastico ed avviarono un processo di decentramento.

maigre [mɛgʀ] *adj* magro(-a); (*fig* : *végétation*) scarso(-a)
maigreur [mɛgʀœʀ] *nf* magrezza
maigrichon, ne [megʀiʃɔ̃, ɔn] *adj* (*fam*) magrolino(-a), mingherlino(-a)
maigrir [megʀiʀ] *vi* dimagrire
mail [mɛl] *nm* e-mail *f inv*
maille [maj] *nf* maglia; **avoir ~ à partir avec qn** avere a che dire con qn; **~ à l'endroit/l'envers** maglia diritta/rovescia
maillet [majɛ] *nm* maglio; (*de croquet*) mazza
maillon [majɔ̃] *nm* (*d'une chaîne*) anello
maillot [majo] *nm* maglia, maglietta; (*de danseur*) calzamaglia; (*de sportif*) maglia; **~ (de bain)** costume *m* da bagno; **~ de corps** canottiera; (*avec manches*) maglietta; **~ deux pièces** costume due pezzi; **~ jaune** (*Cyclisme*) maglia gialla; **~ une pièce** costume intero
main [mɛ̃] *nf* (*Anat*) mano *f*; (*de papier*) blocco di 25 fogli; **la ~ dans la ~** mano nella mano; **à une ~** con una mano; **à deux ~s** con due mani; **à la ~** (*tenir, avoir*) in mano; (*faire, tricoter etc*) a mano; **se donner la ~** darsi la mano; **donner** *ou* **tendre la ~ à qn** dare *ou* tendere la mano a qn; **se serrer la ~** stringersi la mano; **serrer la ~ à qn** stringere la mano a qn; **demander la ~ d'une femme** chiedere la mano di una donna; **sous la ~** sotto mano; **« haut les ~s ! »** « mani in alto! »; **à ~ levée** (*Art*) a mano libera; **à ~s levées** (*voter*) per alzata di mano; **attaque à ~ armée** aggressione *f* a mano armata; **à ~ droite/gauche** a destra/sinistra; **de première ~** (*renseignement, voiture*) di prima mano; **de ~ de maître** con maestria; **à remettre en ~s propres** da consegnare direttamente al destinatario; **faire ~ basse sur qch** fare man bassa di qc; **mettre la dernière ~ à qch** dare gli ultimi ritocchi a qc; **mettre la ~ à la pâte** (*fig*) occuparsi personalmente; **avoir qch/qn bien en ~** tenere qc/qn in pugno; **prendre qch en ~** (*fig*) prendere in mano qc; **avoir la ~** (*Cartes*) essere di mano; **céder/passer la ~** (*Cartes*) cedere/passare la mano; **forcer la ~ à qn** forzare la mano a qn; **s'en laver les ~s** (*fig*) lavarsene le mani; **se faire/perdre la ~** farsi/perdere la mano; **en un tour de ~** (*fig*) in un batter d'occhio; **~ courante** corrimano
main-d'œuvre [mɛ̃dœvʀ] (*pl* **mains-d'œuvre**) *nf* manodopera
mainmise [mɛ̃miz] *nf* : **avoir la ~ sur** avere il dominio di
mains-libres [mɛ̃libʀ] *adj inv* (*kit*) vivavoce *inv*; (*téléphone*) con (dispositivo) vivavoce
maint, e [mɛ̃, mɛ̃t] *adj* molto(-a), parecchio(-a); **à ~es reprises** a più riprese
maintenance [mɛ̃t(ə)nɑ̃s] *nf* (*Tech*) manutenzione *f*; (*Mil*) mantenimento in forza
maintenant [mɛ̃t(ə)nɑ̃] *adv* ora, adesso; **~ que** ora *ou* adesso che
maintenir [mɛ̃t(ə)niʀ] *vt* (*édifice, voûte*) sostenere, reggere; (*l'ordre, la paix, dans un état*) mantenere; (*affirmer* : *opinion*)

m

sostenere; **se maintenir** *vr* mantenersi; (*préjugé*) durare; **le malade se maintient** le condizioni del malato sono stazionarie

maintien [mɛ̃tjɛ̃] *nm* mantenimento; (*attitude*) contegno; **cours de ~** corso di portamento; (*heure*) lezione *f* di portamento; **~ de l'ordre** mantenimento dell'ordine

maire [mɛʀ] *nm/f* sindaco *m/f*

mairie [meʀi] *nf* (*endroit*) municipio, comune *m*; (*administration*) comune

mais [mɛ] *conj* ma; **~ non !** ma no!; **~ enfin** in fondo, dopo tutto; (*indignation*) ma insomma!; **~ encore ?** e allora?

maïs [mais] *nm* gran(o)turco, mais *m inv*

maison [mɛzɔ̃] *nf* casa; (*Comm*) casa, ditta; (*famille*) : **ami de la ~** amico di famiglia ▸ *adj inv* (*confiture*) fatto(-a) in casa *ou* casereccio(-a); **tarte ~** crostata fatta in casa *ou* casereccia; (*dans un restaurant*) crostata della casa; **à la ~** a casa; **fils de la ~** figlio; **~ centrale** carcere *m*; **~ close** casa chiusa; **~ d'arrêt** istituto di pena; **~ de campagne** casa di campagna; **~ de correction** riformatorio; **~ de la culture** centro culturale; **~ de passe** casa di appuntamenti; **~ de repos** clinica per convalescenti; **~ de retraite** casa di riposo, ospizio; **~ de santé** casa di cura; **~ des jeunes** centro ricreativo per i giovani; *vedi nota*; **~ mère** casa madre

Le **Maisons des jeunes et de la culture**, o MJC, sono centri giovanili che organizzano svariate attività sportive e culturali e sono anche impegnate nell'assistenza sociale. I centri sono parzialmente finanziati dallo Stato.

maître [mɛtʀ] *nm/f* padrone(-a); (*Scol*) maestro(-a); (*titre : Jur*) : **M~** (*avocat*) (l')avvocato; (*notaire*) (il (la)) notaio ▸ *adj* (*principal, essentiel*) principale; **être ~ de** (*soi-même*) essere padrone di; **être/rester ~ de la situation** avere/mantenere il controllo della situazione; **se rendre ~ de** (*pays, ville*) impadronirsi di; (*situation*) assumere il controllo di; (*incendie*) domare; **passer ~ dans l'art de** diventar maestro nell'arte di; **être ~ à une couleur** *avere la carta più alta di un dato seme*; **maison de ~** casa signorile; **voiture de ~** automobile *m* con autista; **~ à penser** *nm/f* guida intellettuale, maestro(-a) di pensiero; **~ auxiliaire** *nm/f* (*Scol*) supplente *m/f*; **~ chanteur(-euse)** *nm/f* ricattatore(-trice); **~ d'armes** *nm/f* maestro(-a) d'armi; **~ de chapelle** maestro di cappella; **~ de conférences** *nm/f* (*Univ*) *docente non titolare di cattedra*, ≈ professore(-essa) associato(-a); **~ d'école** maestro di scuola *ou* elementare; **~ de maison** padrone di casa; **~ d'œuvre** *nm/f* (*Constr*) direttore(-trice) dei lavori; **~ nageur(-euse)** *nm/f* bagnino(-a); **~ queux** *nm/f* capocuoco(-a) (*sulle navi*)

maîtresse [mɛtʀɛs] *nf* (*Scol*) maestra; (*amante*) amante *f* ▸ *adj* : **une ~ femme** una donna energica; **carte ~** (*fig*) carta vincente; **~ d'école** maestra di scuola *ou* elementare; **~ de maison** (*hôtesse*) padrona di casa; (*ménagère*) casalinga

maîtrise [metʀiz] *nf* (*aussi* : **maîtrise de soi**) autocontrollo; (*habileté*) maestria, perizia; (*suprématie, domination*) dominio; (*diplôme*) ≈ laurea; (*contremaîtres et chefs d'équipe*) capireparto *mpl* e capisquadra *mpl*

maîtriser [metʀize] *vt* (*cheval, incendie*) domare; (*forcené*) bloccare; (*sujet*) padroneggiare; (*émotion*) dominare; **se maîtriser** *vr* dominarsi, controllarsi

majestueux, -euse [maʒɛstɥø, øz] *adj* maestoso(-a)

majeur, e [maʒœʀ] *adj* maggiore; (*Jur*) maggiorenne ▸ *nm/f* (*Jur*) maggiorenne *m/f* ▸ *nm* (*doigt*) medio; **en majeure partie** per la maggior parte; **la majeure partie de** la maggior parte di; **lac M~** lago Maggiore

majorer [maʒɔʀe] *vt* maggiorare

majoritaire [maʒɔʀitɛʀ] *adj* (*groupe, parti*) di maggioranza, maggioritario(-a); (*Jur : associé, gérant*) maggioritario(-a); **système/scrutin ~** sistema *m*/scrutinio maggioritario

majorité [maʒɔʀite] *nf* (*Jur*) maggiore età *f inv*; (*des voix etc, parti*) maggioranza; (*généralité*) maggior parte *f*; **en ~** in maggioranza; **avoir la ~** avere la maggioranza; **la ~ silencieuse** la maggioranza silenziosa; **~ absolue** maggioranza assoluta; **~ relative** maggioranza relativa

majuscule [maʒyskyl] *adj, nf* : **(lettre) ~** (lettera) maiuscola

mal, maux [mal, mo] *nm* male *m*; (*difficulté, peine*) difficoltà *f inv* ▶ *adv* male ▶ *adj m* : **c'est ~ (de faire)** è male (fare); **être ~** (*mal installé*) stare scomodo(-a); **se sentir/se trouver ~** sentirsi/star male; **être ~ avec qn** essere in urto con qc; **il comprend ~** ha difficoltà di comprensione; **il a ~ compris** ha capito male; **~ tourner** (*situation*) finire *ou* andare male; (*personne*) prendere una brutta piega; **dire du ~ de qn** parlar male di qn; **ne vouloir de ~ à personne** non voler male a nessuno; **il n'a rien fait de ~** non ha fatto nulla di male; **penser du ~ de qn** pensare male di qn; **ne voir aucun ~ à** non veder(ci) nulla di male nel; **avoir du ~ à faire qch** stentare *ou* far fatica a fare qc; **sans penser** *ou* **songer à ~** senza pensare male; **craignant ~ faire** temendo di far male; **faire du ~ à qn** fare (del) male a qn; **il n'y a pas de ~** non è niente; **se donner du ~ pour faire qch** darsi da fare per fare qc; **se faire ~** farsi male; **se faire ~ au pied** farsi male a un piede; **ça fait ~** fa male; **j'ai ~ (ici)** mi fa male (qui); **j'ai ~ au dos** ho mal di schiena; **avoir ~ à la tête/aux dents** avere mal di testa/di denti; **avoir ~ au cœur** avere la nausea; **avoir le ~ de l'air** avere il mal d'aria; **avoir le ~ du pays** avere nostalgia della propria terra; **prendre ~** prendersi un malanno; **~ de la route** mal d'auto; **~ de mer** mal di mare; **~ en point** *adj inv* mal ridotto(-a); **maux de ventre** disturbi *mpl* intestinali

malade [malad] *adj* malato(-a) ▶ *nm/f* malato(-a), ammalato(-a); **tomber ~** ammalarsi; **être ~ du cœur** essere malato(-a) di cuore; **~ mental** malato mentale; **grand ~** malato grave; **cela me rend ~** mi fa star male

maladie [maladi] *nf* malattia; (*fig*) mania; **être rongé par la ~** essere divorato dalla malattia; **~ de peau** malattia della pelle

maladif, -ive [maladif, iv] *adj* malaticcio(-a); (*pâleur*) cadaverico(-a); (*curiosité, besoin, peur*) morboso(-a)

maladresse [maladʀɛs] *nf* goffaggine *f*; (*gaffe*) gaffe *f inv*

maladroit, e [maladʀwa, wat] *adj* maldestro(-a); (*malavisé, balourd*) inopportuno(-a)

maladroitement [maladʀwatmɑ̃] *adv* maldestramente, in modo maldestro

mal-aimé, e [maleme] (*pl* **mal-aimés, -es**) *nm/f* persona malvista

malaise [malɛz] *nm* (*aussi fig*) malessere *m*; **avoir un ~** accusare un malore; **~ cardiaque** malore cardiaco

malaria [malaʀja] *nf* malaria

malaxer [malakse] *vt* (*pétrir*) impastare; (*mêler*) mescolare

malbouffe [malbuf] *nf* (*fam*) junk food *m*, cibo spazzatura *inv*

malchance [malʃɑ̃s] *nf* sfortuna; **par ~** per disgrazia, sfortunatamente; **quelle ~ !** che sfortuna!

malchanceux, -euse [malʃɑ̃sø, øz] *adj* sfortunato(-a)

mâle [mɑl] *nm* (*aussi Tech*) maschio ▶ *adj* maschio(-a); **prise ~** (*Élec*) spina

malédiction [malediksjɔ̃] *nf* maledizione *f*

malentendant, e [malɑ̃tɑ̃dɑ̃, ɑ̃t] *nm/f* : **les ~s** i non udenti

malentendu [malɑ̃tɑ̃dy] *nm* malinteso; **il y a eu un ~** c'è stato un malinteso

malfaçon [malfasɔ̃] *nf* difetto di fabbricazione

malfaisant, e [malfəzɑ̃, ɑ̃t] *adj* malefico(-a), malvagio(-a)

malfaiteur, -trice [malfɛtœʀ, tʀis] *nm/f* malfattore(-trice)

malfamé, e [malfame] *adj* malfamato(-a)

malgache [malgaʃ] *adj* malgascio(-a) ▶ *nm* malgascio ▶ *nm/f* : **Malgache** malgascio(-a)

malgré [malgʀe] *prép* malgrado, nonostante; **~ soi/lui** suo malgrado; **~ tout** malgrado *ou* nonostante tutto

malheur [malœʀ] *nm* sfortuna; (*événement*) sventura, disgrazia; **par ~** sfortunatamente, disgraziatamente; **quel ~ !** che sfortuna!; (*ennui, inconvénient*) che guaio!; **faire un ~** (*fam : un éclat*) fare una pazzia; (*: avoir du succès*) far furore

malheureusement [maløʀøzmɑ̃] *adv* sfortunatamente, disgraziatamente

> **FAUX AMIS**
> **malheur** ne se traduit pas par le mot italien *malore*.

malheureux, -euse [maløʀø, øz] *adj* infelice; (*accident, geste*) spiacevole, deplorevole; (*adversaire, candidat*) sfortunato(-a); (*insignifiant*) misero(-a) ▶ *nm/f* infelice *m/f*, sventurato(-a); (*indigent, miséreux*) bisognoso(-a);

m

la malheureuse victime la povera vittima

malhonnête [malɔnɛt] *adj* disonesto(-a)

malhonnêteté [malɔnɛtte] *nf* disonestà

malice [malis] *nf* malizia

malicieux, -euse [malisjø, jøz] *adj* malizioso(-a)

malin, -igne [malɛ̃, maliɲ] *adj (f gén* **maline**: *astucieux, intelligent)* astuto(-a), furbo(-a); *(Méd)* maligno(-a); **faire le ~** fare il furbo; **éprouver un ~ plaisir à** trovare un piacere maligno a; **c'est ~ !** *(iron)* che furbo!

malingre [malɛ̃gʀ] *adj* mingherlino(-a), gracile

malle [mal] *nf (coffre, bagage)* baule *m*; *(Auto)* : **~ arrière** bagagliaio *ou* baule posteriore

malléable [maleabl] *adj (aussi fig)* malleabile

mallette [malɛt] *nf (valise, pour document)* valigetta

malmener [malməne] *vt* malmenare, maltrattare; *(fig : adversaire)* stracciare

malodorant, e [malɔdɔʀɑ̃, ɑ̃t] *adj* maleodorante

malpoli, e [malpɔli] *nm/f* maleducato(-a)

malsain, e [malsɛ̃, ɛn] *adj* malsano(-a); *(littérature)* immorale

malt [malt] *nm (Bot)* malto; **pur ~** *(whisky)* whisky *m inv* puro malto

Malte [malt] *nf* Malta

maltraitance [maltʀɛtɑ̃s] *nf (des enfants, des personnes âgées)* maltrattamenti *mpl*

maltraiter [maltʀete] *vt* maltrattare

malveillance [malvɛjɑ̃s] *nf* malevolenza; *(Jur)* dolo

malversation [malvɛʀsasjɔ̃] *nf* malversazione *f*

mal-vivre [malvivʀ] *nm inv* male *m* di vivere

maman [mamɑ̃] *nf* mamma

mamelle [mamɛl] *nf* mammella

mamelon [mam(ə)lɔ̃] *nm (Anat)* capezzolo; *(petite colline)* collinetta

mamie [mami] *(fam) nf* nonna; *(mon amie)* amica mia

mammifère [mamifɛʀ] *nm* mammifero

mammouth [mamut] *nm* mammut *m inv*

manche [mɑ̃ʃ] *nf (d'un vêtement)* manica; *(d'un jeu, tournoi)* manche *f inv*; **la M~** la Manica ▶ *nm (d'un outil, d'une casserole)* manico; *(fam : maladroit)* imbranato(-a); **à ~s courtes/longues** *(vêtement)* a maniche corte/lunghe; **faire la ~** *(chanteur des rues etc)* fare il giro col cappello; *(mendier)* chiedere l'elemosina; **~ à air** *nf (Aviat)* manica a vento; **~ à balai** *nm* manico di scopa; *(Aviat)* cloche *f inv*

manchette [mɑ̃ʃɛt] *nf (de chemise)* polsino; *(titre large)* titolone *m (in prima pagina)*; **faire la ~ des journaux** finire in prima pagina

manchot, e [mɑ̃ʃo, ɔt] *adj* monco(-a) ▶ *nm (Zool)* pinguino

mandarine [mɑ̃daʀin] *nf* mandarino

mandat [mɑ̃da] *nm (postal)* vaglia *m inv*; *(d'un député, président, procuration, Police)* mandato; **toucher un ~** riscuotere un vaglia; **~ d'amener** mandato di accompagnamento; **~ d'arrêt** mandato di arresto; **~ de dépôt** mandato di carcerazione; **~ de perquisition** mandato di perquisizione

mandataire [mɑ̃datɛʀ] *nm/f (représentant, délégué)* rappresentante *m/f*; *(Jur)* mandatario(-a)

manège [manɛʒ] *nm* maneggio; *(à la foire)* giostra; *(fig)* maneggi *mpl*; **faire un tour de ~** fare un giro in giostra; **~ de chevaux de bois** giostra

manette [manɛt] *nf* manetta, leva; **~ de jeu** joystick *m inv*

mangeable [mɑ̃ʒabl] *adj* mangiabile

mangeoire [mɑ̃ʒwaʀ] *nf* mangiatoia

manger [mɑ̃ʒe] *vt* mangiare; *(fortune, capital)* mangiarsi ▶ *vi* mangiare

mangue [mɑ̃g] *nf* mango

maniable [manjabl] *adj (outil, voiture)* maneggevole; *(voilier)* manovrabile; *(fig : personne)* malleabile

maniaque [manjak] *adj, nm/f* maniaco(-a)

manie [mani] *nf* mania

manier [manje] *vt (argent, appareil)* maneggiare; *(idées, mots, sentiments)* destreggiarsi con; *(peuple, camion)* manovrare

manière [manjɛʀ] *nf* maniera, modo; *(genre, style)* maniera, stile *m*; **manières** *nfpl (genre, attitude)* modi *mpl*, maniere *fpl*; *(chichis)* smancerie *fpl*, smorfie *fpl*; **de ~ à** in modo da; **de telle ~ que** in modo (tale) che; **de cette ~** in questo modo; **d'une ~ générale** in linea generale; **de toute ~** ad ogni modo, comunque; **d'une certaine ~** in un certo senso; **à la ~ de (qn)** alla maniera di (qn); **faire des ~s** (*chichis*) fare smorfie; (*se montrer difficile*) fare complimenti; **sans ~s** senza complimenti; **employer la ~ forte** usare la maniera forte; **complément/adverbe de ~** complemento/avverbio di modo *ou* maniera

maniéré, e [manjeʀe] *adj* affettato(-a)

manifestant, e [manifɛstɑ̃, ɑ̃t] *nm/f* manifestante *m/f*, dimostrante *m/f*

manifestation [manifɛstasjɔ̃] *nf* manifestazione *f*

manifeste [manifɛst] *adj* manifesto(-a), palese ▸*nm* manifesto

manifester [manifɛste] *vt* manifestare ▸*vi* (*Pol*) manifestare; **se manifester** *vr* manifestarsi; (*personne, témoin etc*) farsi vivo(-a)

manigancer [manigɑ̃se] *vt* combinare, ordire

manioc [manjɔk] *nm* manioca

manipulation [manipylasjɔ̃] *nf* (*aussi Méd*) manipolazione *f*; (*de colis*) movimentazione *f*; (*d'un groupe, individu*) strumentalizzazione *f*; **~s électorales** (*péj*) brogli *mpl* elettorali; **~ génétique** manipolazione genetica

manipuler [manipyle] *vt* manipolare; (*colis*) maneggiare; (*fig*) strumentalizzare

manivelle [manivɛl] *nf* manovella

mannequin [mankɛ̃] *nm* manichino ▸*nm/f* (*Mode*) modello(-a); **taille ~** taglia regolare; **elle a la taille ~** ha un fisico da indossatrice

manœuvre [manœvʀ] *nf* manovra ▸*nm/f* manovale *m/f*; **fausse ~** manovra sbagliata

manœuvrer [manœvʀe] *vt* manovrare ▸*vi* manovrare, far manovra; (*agir adroitement, Mil*) manovrare

manoir [manwaʀ] *nm* maniero

manque [mɑ̃k] *nm* mancanza; (*Méd*) astinenza; **manques** *nmpl* (*lacunes*) lacune *fpl*; **par ~ de** per mancanza di; **(être) en ~** (essere) in astinenza; **~ à gagner** mancato guadagno

manqué, e [mɑ̃ke] *adj* fallito(-a), mancato(-a); (*essai*) fallito(-a); **garçon ~** maschiaccio

manquer [mɑ̃ke] *vi* mancare; (*expérience*) fallire ▸*vt* (*coup, objectif*) mancare, fallire; (*photo*) sbagliare; (*personne*) non trovare; (*cours, réunion, rendez-vous*) non andare a; (*occasion*) perdere ▸*vb impers* : **il (nous) manque encore 100 €** (ci) mancano ancora 100 euro; **il manque des pages** mancano delle pagine; **l'argent qui leur manque** i soldi che mancano loro; **~ à qn** (*absent etc*) mancare a qn; **~ à** (*règles etc*) trasgredire; **~ de** (*argent, preuves*) non avere; (*Comm : d'un article*) essere senza; (*patience, imagination etc*) mancare di; **ne pas ~ qn** (*se venger*) farla pagare a qn; **ne pas ~ de faire** non mancare di fare; **il a manqué (de) se tuer** (ci) è mancato poco che si ammazzasse; **il ne manquerait plus que ...** ci mancherebbe solo che ...; **je n'y manquerai pas** non mancherò

mansarde [mɑ̃saʀd] *nf* mansarda

mansardé, e [mɑ̃saʀde] *adj* : **chambre mansardée** camera mansardata

mante [mɑ̃t] *nf* : **~ religieuse** mantide *f* religiosa

manteau, x [mɑ̃to] *nm* cappotto; (*de cheminée*) cappa; **sous le ~** (*publié, vendu*) sotto banco, clandestinamente

manucure [manykyʀ] *nm/f* manicure *m inv ou f inv*

manuel, le [manɥɛl] *adj* manuale ▸*nm/f persona più portata per le attività manuali* ▸*nm* manuale *m*; **travailleur ~** lavoratore *m* manuale

manufacture [manyfaktyʀ] *nf* manifattura

manufacturé, e [manyfaktyʀe] *adj* : **produit/article ~** manufatto

manuscrit, e [manyskʀi, it] *adj* manoscritto(-a) ▸*nm* manoscritto

manutention [manytɑ̃sjɔ̃] *nf* (*Comm*) movimentazione *f*

mappemonde [mapmɔ̃d] *nf* mappamondo

maquereau, x [makʀo] *nm* (*entremetteur, proxénète*) ruffiano; (*souteneur*) protettore *m*; (*Zool*) sgombro

maquette [makɛt] *nf* (*d'un décor, bâtiment*) plastico

maquettiste [maketist] *nm/f* bozzettista *m/f*

maquillage [makijaʒ] *nm* trucco; (*fraude*) falsificazione *f*

maquiller [makije] *vt* (*aussi statistique etc*) truccare; (*passeport*) falsificare; (*vérité*) snaturare; (*Théâtre, Ciné etc*)

m

truccare; **se maquiller** *vr* truccarsi; **~ une voiture** cambiare la carrozzeria di una macchina rubata

maquis [maki] *nm* (*Géo*) macchia; (*fig*) ginepraio, intrico; (*Mil*) ≈ Resistenza

maraîcher, -ère [maʀeʃe, ɛʀ] *adj* orticolo(-a) ▸ *nm/f* orticoltore(-trice); **culture maraîchère** orticoltura

marais [maʀɛ] *nm* palude *f*; **~ salant** salina

marasme [maʀasm] *nm* (*Écon, Pol*) ristagno; (*accablement, apathie*) abbattimento, depressione *f*

marathon [maʀatɔ̃] *nm* maratona

marbre [maʀbʀ] *nm* marmo; (*Typo*) bancone *m*; **rester de ~** rimanere di sasso

marc [maʀ] *nm* (*de pommes*) *residuo dopo la spremitura*; (*eau de vie*) grappa; **~ de café** fondo di caffè; **~ de raisin** vinaccia

marchand, e [maʀʃɑ̃, ɑ̃d] *nm/f* negoziante *m/f*, commerciante *m/f*; (*au marché*) (venditore(-trice)) ambulante *m/f* ▸ *adj* : **prix ~** prezzo commerciale; **valeur ~e** valore *m* commerciale; **le ~ de sable est passé** è ora di andare a nanna; **~ au détail** commerciante al dettaglio; **~ de biens** agente *m* immobiliare; **~ de fruits** fruttivendolo(-a); **~ de journaux** giornalaio(-a); **~ de légumes** ortolano(-a); **~ de poisson** pescivendolo(-a); **~ de tableaux/tapis** venditore *m* di quadri/tappeti; **~ de vins** vinaio, commerciante di vini; **~ des quatre saisons** fruttivendolo; **~ en gros** commerciante all'ingrosso

marchander [maʀʃɑ̃de] *vt* contrattare (l'acquisto di), discutere sul prezzo di; (*éloges*) lesinare ▸ *vi* mercanteggiare

marchandise [maʀʃɑ̃diz] *nf* merce *f*

marche [maʀʃ] *nf* (*d'escalier*) scalino, gradino; (*activité, Mus*) marcia; (*promenade*) camminata; (*du temps*) scorrere *m inv*; (*du progrès*) avanzata; (*d'une affaire*) andamento; (*fonctionnement, d'un service*) funzionamento; **à une heure de ~** a un'ora di marcia *ou* cammino; **dans le sens de la ~** (*Rail*) nel senso di marcia; **monter/prendre en ~** salire sul/ prendere il treno in corsa; **mettre en ~** mettere in moto, avviare; **remettre qch en ~** rimettere qc in moto; **se mettre en ~** (*personne*) mettersi in cammino *ou* marcia; (*machine*) mettersi in moto *ou* funzione; **~ arrière** (*Auto*) retromarcia; **faire ~ arrière** (*aussi fig*) fare marcia indietro, fare retromarcia; **~ à suivre** strada *ou* via da seguire

marché [maʀʃe] *nm* mercato; (*accord*) contratto; (*affaire*) affare *m*; **par dessus le ~** per giunta, per di più; **faire son ~** fare la spesa; **faire du ~ noir** comprare e vendere al mercato nero; **~ à terme/au comptant** (*Bourse*) mercato a termine/a pronti; **~ aux fleurs** mercato dei fiori; **~ aux puces** mercato delle pulci; **~ du travail** mercato del lavoro; **~ noir** mercato nero

marcher [maʀʃe] *vi* camminare; (*Mil*) marciare; (*voiture, train*) andare; (*usine, mécanisme*) funzionare, andare; (*réussir : affaires, études*) andare bene; (*fam : être d'accord : consentir*) starci; (*: croire naïvement*) cascarci; **la farce a réussi, tout le monde a marché** lo scherzo è riuscito, ci sono cascati tutti; **~ sur** camminare su, calpestare; (*Mil : ville etc*) marciare su; **~ dans** (*herbe etc*) camminare su, calpestare; (*flaque*) mettere i piedi in; **faire ~ qn** prendere in giro qn

marcheur, -euse [maʀʃœʀ, øz] *nm/f* camminatore(-trice)

mardi [maʀdi] *nm* martedì *m inv*; **M~ gras** Martedì grasso; *voir aussi* **lundi**

mare [maʀ] *nf* stagno, laghetto; **~ de sang** lago di sangue

> **FAUX AMIS**
> **mare** ne se traduit pas par le mot italien *mare*.

marécage [maʀekaʒ] *nm* palude *f*

marécageux, -euse [maʀekaʒø, øz] *adj* paludoso(-a), acquitrinoso(-a)

maréchal, e, -aux [maʀeʃal, o] *nm/f* maresciallo; **~ des logis** (*Mil*) sergente *m*

marée [maʀe] *nf* marea; **contre vents et ~s** (*fig*) superando ogni ostacolo; **~ basse** bassa marea; **~ descendante** riflusso; **~ haute** alta marea; **~ humaine** marea umana; **~ montante** flusso; **~ noire** marea nera

marelle [maʀɛl] *nf* : **(jouer à) la ~** (giocare a) campana *ou* settimana

margarine [maʀgaʀin] *nf* margarina

marge [maʀʒ] *nf* margine *m*; **en ~** a *ou* in margine; **en ~ de** (*fig : de la société, des affaires etc*) ai margini di; (*: qui se* *rapporte à*) in margine a; **~ bénéficiaire** (*Comm*) margine di utile; **~ d'erreur/de sécurité** margine d'errore/di sicurezza

marginal, e, -aux [maʀʒinal, o] *adj* marginale; (*asocial*) emarginato(-a) ▶ *nm/f* emarginato(-a)

marguerite [maʀgəʀit] *nf* (*Bot*) margherita

mari [maʀi] *nm* marito

mariage [maʀjaʒ] *nm* matrimonio; (*fig*) accostamento; **~ blanc** matrimonio di convenienza; **~ civil** matrimonio civile; **~ d'amour/d'intérêt/de raison** matrimonio d'amore/d'interesse/di convenienza; **~ religieux** matrimonio religioso

marié, e [maʀje] *adj* sposato(-a) ▶ *nm/f* sposo(-a); **les ~s** gli sposi; **les jeunes ~s** gli sposini *mpl*; **vive la mariée !** viva la sposa!

marier [maʀje] *vt* sposare; (*fig*) sposare, combinare; **se marier** *vr* sposarsi; **se ~ (avec)** sposarsi (con); (*fig*) sposarsi (con), combinarsi (con)

marijuana [maʀiʒwana] *nf* marijuana

marin, e [maʀɛ̃, in] *adj* marino(-a); (*carte*) nautico(-a); (*lunette*) da marina ▶ *nm* (*navigateur*) navigatore; (*matelot*) marinaio; **avoir le pied ~** avere il piede marino

marinade [maʀinad] *nf* (*Culin*) marinata

marine [maʀin] *adj f voir* **marin** ▶ *nf* marina ▶ *adj inv* (*couleur*) marino(-a) ▶ *nm* (*Mil*) marine *m inv*; **bleu ~** blu *m inv* scuro; **~ à voiles** barche *fpl* a vela; **~ de guerre/marchande** marina militare/mercantile

mariner [maʀine] *vt* (*poisson etc*) marinare ▶ *vi* marinare; **faire ~ qn** (*fig : fam*) tenere qn sulla corda

marionnette [maʀjɔnɛt] *nf* (*aussi fig*) marionetta, burattino; **marionnettes** *nfpl* (*spectacle*) spettacolo *msg* di marionette

maritalement [maʀitalmɑ̃] *adv* : **vivre ~** convivere

maritime [maʀitim] *adj* marittimo(-a); (*Naut : aviation*) navale

marmelade [maʀməlad] *nf* marmellata; **en ~** (*fig*) in poltiglia; **~ d'oranges** marmellata d'arance

marmite [maʀmit] *nf* pentolone *m*, marmitta

marmonner [maʀmɔne] *vt* borbottare

marmotter [maʀmɔte] *vt* biascicare

Maroc [maʀɔk] *nm* Marocco

maroquinerie [maʀɔkinʀi] *nf* pelletteria

marquant, e [maʀkɑ̃, ɑ̃t] *adj* (*événement*) memorabile; (*personnage*) importante

marque [maʀk] *nf* segno; (*initiales : sur linge, vêtement*) cifre *fpl*; (*trace : de pas, doigts*) traccia, impronta; (*fig : d'affection*) manifestazione *f*; (*Sport, Jeu*) punteggio; (*Comm : d'entreprise, cachet, contrôle*) marchio; (*: de produit, de disques*) marca; **à vos ~s !** (*Sport*) ai posti di partenza!; **de ~** (*produit*) di marca; (*fig : personnage, hôte*) di riguardo; **~ de fabrique** marca *ou* marchio di fabbrica; **~ déposée** marchio registrato

marqué, e [maʀke] *adj* (*taille*) accentuato(-a); (*linge, drap*) cifrato(-a); (*fig : différence etc*) netto(-a), marcato(-a); (*: personne : politiquement etc*) compromesso(-a); **il n'y a rien de ~** non c'è scritto niente

marquer [maʀke] *vt* (*gén*) segnare; (*linge, drap*) cifrare; (*bétail*) marchiare; (*suj : chose, fig : personne : impressionner*) lasciare il segno su; (*Sport : but, essai, panier*) segnare; (*: joueur*) marcare ▶ *vi* (*tampon, coup*) lasciare il segno; (*événement, personnalité*) fare epoca; (*Sport*) segnare; **~ un temps d'arrêt** segnare una battuta d'arresto; **~ le pas** (*fig*) segnare il passo; **un jour à ~ d'une pierre blanche** un giorno indimenticabile; **~ les points** segnare i punti

marqueterie [maʀkɛtʀi] *nf* intarsio

marqueur, -euse [maʀkœʀ, øz] *nm/f* (*Sport*) marcatore(-trice), giocatore(-trice) che segna un goal ▶ *nm* pennarello

marquis, e [maʀki, iz] *nm/f* marchese(-a) ▶ *nf* (*auvent : d'une gare*) pensilina; (*d'une maison*) tettoia (*sopra l'ingresso*)

marraine [maʀɛn] *nf* madrina

marrant, e [maʀɑ̃, ɑ̃t] (*fam*) *adj* spassoso(-a), buffo(-a); **pas ~** (*personne, caractère*) triste

marre [maʀ] (*fam*) *adv* : **en avoir ~ de** essere stufo(-a) di, averne abbastanza di

marrer [maʀe] : **se marrer** (*fam*) *vr* (*rire*) ridere; (*s'amuser*) divertirsi

m

marron, ne [marɔ̃, ɔn] *nm* marrone *m*, castagna; (*fam* : *coup de poing*) cazzotto ▸ *adj inv* (*couleur*) marrone ▸ *adj* (*péj* : *avocat, médecin*) abusivo(-a); **~ d'Inde** castagna d'India; **~s glacés** marrons *mpl* glacés

marronnier [marɔnje] *nm* ippocastano

mars [mars] *nm* marzo; *voir aussi* **juillet**

marseillais, e [marsɛjɛ, ɛz] *adj* marsigliese ▸ *nf* : **la Marseillaise** la Marsigliese

La Marsigliese è stato l'inno nazionale francese fin dal 1879. Le parole del *Chant de guerre de l'armée du Rhin*, come si chiamava originariamente la canzone, sono state scritte su musica anonima dal capitano Rouget de Lisle nel 1792. Adottata come marcia dal battaglione di Marsiglia, diventò famosa come la Marsigliese.

Marseille [marsɛj] *n* Marsiglia

marteau [marto] *nm* (*outil*) martello; (*de porte*) battaglio, batacchio

marteau-piqueur [martopikœr] (*pl* **marteaux-piqueurs**) *nm* martello pneumatico

marteler [martəle] *vt* martellare; (*mots, phrases*) scandire

martial, e, -aux [marsjal, o] *adj* marziale; **arts martiaux** arti *fpl* marziali; **loi martiale** legge *f* marziale; **cour martiale** corte *f* marziale

martien, ne [marsjɛ̃, jɛn] *adj* marziano(-a)

martinet [martinɛ] *nm* (*fouet*) staffile *m*; (*Zool*) rondone *m*; **si tu n'es pas sage, je prends le ~ !** se non fai il bravo, le prendi!

martyr, e [martir] *nm/f* martire *m/f* ▸ *adj* martire; **enfants ~s** *bambini vittime di abusi da parte dei genitori*

martyre [martir] *nm* martirio; **souffrir le ~** soffrire le pene dell'inferno

martyriser [martirize] *vt* martirizzare; (*fig* : *enfant*) sottoporre a violenza

marxiste [marksist] *adj* marxista, marxistico(-a) ▸ *nm/f* marxista *m/f*

mascara [maskara] *nm* mascara *m inv*

mascotte [maskɔt] *nf* mascotte *f inv*; (*objet*) portafortuna *m inv*

masculin, e [maskylɛ̃, in] *adj* (*gén*) maschile; (*voix, traits*) mascolino(-a) ▸ *nm* maschile *m*

masochiste [mazɔʃist] *adj* masochistico(-a), masochista ▸ *nm/f* masochista *m/f*

masque [mask] *nm* (*aussi fig*) maschera; (*Méd*) maschera da anestesia; **~ à gaz/à oxygène** maschera antigas/ad ossigeno; **~ de beauté** maschera di bellezza; **~ de plongée** maschera subacquea

masquer [maske] *vt* mascherare

massacre [masakr] *nm* massacro; **jeu de ~** (*à la foire*) tiro al fantoccio; (*fig*) macello, scempio

massacrer [masakre] *vt* (*aussi fig*) massacrare

massage [masaʒ] *nm* massaggio; **~ cardiaque** massaggio cardiaco

masse [mas] *nf* (*gén, Science, Élec*) massa; (*de cailloux, mots*) mucchio; (*maillet*) mazza; **masses** *nfpl* : **les ~s paysannes/laborieuses** le masse *fpl* contadine/dei lavoratori; **une ~ de, des ~s de** (*fam*) un sacco *ou* mucchio di; **en ~** *adv, adj* in massa; **~ monétaire** massa monetaria; **~ salariale** monte *m* salari *inv*

masser [mase] *vt* (*pétrir* : *personne, jambe*) massaggiare; **se masser** *vr* (*se regrouper*) ammassarsi

masseur, -euse [masœr, øz] *nm/f* massaggiatore(-trice)

massif, -ive [masif, iv] *adj* massiccio(-a); (*départs, déportations*) in massa ▸ *nm* (*montagneux*) massiccio; (*de fleurs*) cespuglio; **M~ Central** Massiccio centrale

massue [masy] *nf* mazza; **argument ~** argomento schiacciante

mastic [mastik] *nm* mastice *m*

mastiquer [mastike] *vt* (*aliment*) masticare

masturber [mastyrbe] *vt* : **se ~** masturbarsi

mat, e [mat] *adj* opaco(-a); (*teint*) olivastro(-a); (*bruit, son*) sordo(-a), smorzato(-a) ▸ *adj inv* (*Échecs*) : **le roi est ~** scacco matto

mât [mɑ] *nm* (*Naut*) albero; (*poteau, perche*) palo

match [matʃ] *nm* incontro, partita; **~ aller/retour** incontro *ou* partita di andata/di ritorno; **~ nul** pareggio; **faire ~ nul** pareggiare

matelas [mat(ə)lɑ] *nm* materasso; **~ à ressorts** materasso a molle; **~ pneumatique** materassino gonfiabile *ou* pneumatico

matelot [mat(ə)lo] *nm/f* marinaio
mater [mate] *vt* domare; (*fam*) sbirciare
matérialiser [materjalize] *vt* materializzare; **se matérialiser** *vr* (*rêve, projet*) materializzarsi
matérialiste [materjalist] *adj* materialistico(-a), materialista ▸ *nm/f* materialista *m/f*
matériau [materjo] *nm* materiale *m*; **matériaux de construction** materiali da costruzione
matériel, le [materjɛl] *adj* materiale; (*fig : péj : personne*) materialista ▸ *nm* (*équipement*) attrezzatura, materiale *m*; (*Inform*) hardware *m inv*; **il n'a pas le temps ~ de le faire** non ha il tempo materiale di farlo
matériellement [materjɛlmɑ̃] *adv* materialmente; **c'est ~ impossible** è materialmente impossibile
maternel, le [matɛrnɛl] *adj* materno(-a)
maternelle [matɛrnɛl] *nf* (*aussi* : **école maternelle**) scuola materna, asilo
maternité [matɛrnite] *nf* maternità; (*établissement*) clinica ostetrica, maternità
mathématique [matematik] *adj* matematico(-a); **mathématiques** *nfpl* (*science*) matematica *fsg*
maths [mat] (*fam*) *nfpl* matematica *fsg*
matière [matjɛr] *nf* materia; (*fig : d'un livre etc*) materia, argomento; **en ~ de** in materia *ou* fatto di; **donner ~ à** dare adito a; **~ grise** materia grigia; **~ plastique** materie *fpl* plastiche; **~s fécales** feci *fpl*; **~s grasses** grassi *mpl*; **~s premières** materie prime
Matignon [matiɲɔ̃] *n sede del Primo Ministro francese*

L'**hôtel Matignon** è l'ufficio e la residenza parigina del Primo Ministro francese. Per estensione il termine *Matignon* viene spesso usato per indicare il Primo Ministro o il suo staff.

matin [matɛ̃] *nm* mattina, mattino; **le ~** (*pendant le matin*) al *ou* il mattino, di mattina; **dimanche ~** domenica mattina; **jusqu'au ~** fino al mattino; **le lendemain ~** l'indomani mattina; **hier/demain ~** ieri/domani mattina; **du ~ au soir** dalla mattina alla sera; **tous les ~s** tutte le mattine; **une heure du ~** una di notte; **à demain ~ !** a domattina!; **un beau ~** un bel giorno; **de grand/bon ~** di prima mattina/ buon mattino; **tous les dimanches ~s** la domenica mattina, ogni domenica mattina
matinal, e, -aux [matinal, o] *adj* mattutino(-a); **être ~** essere mattiniero(-a)
matinée [matine] *nf* mattinata; (*spectacle*) spettacolo pomeridiano, matinée *f inv*; **en ~** in diurna
matou [matu] *nm* gatto (maschio)
matraquage [matrakaʒ] *nm* bastonatura, manganellate *fpl*; **~ publicitaire** martellamento pubblicitario
matraque [matrak] *nf* (*de malfaiteur*) randello; (*de policier*) manganello
matraquer [matrake] *vt* (*v nf*) randellare; manganellare
matricule [matrikyl] *nf* (*aussi* : **registre matricule**) registro matricolare, matricola ▸ *nm* (*aussi* : **numéro matricule** : *Mil, Admin*) numero di matricola
matrimonial, e, -aux [matrimɔnjal, o] *adj* matrimoniale
maturité [matyrite] *nf* maturità; (*d'un fruit*) maturazione *f*
maudit, e [modi, it] *adj* maledetto(-a)
maugréer [mogree] *vi* brontolare, borbottare
maussade [mosad] *adj* (*air, personne*) scontroso(-a), imbronciato(-a); (*propos*) pessimista; (*ciel, temps*) uggioso(-a); **(être) d'humeur ~** (essere) di cattivo umore
mauvais, e [mɔvɛ, ɛz] *adj* cattivo(-a); (*faux*) : **le ~ numéro/moment** il numero/momento sbagliato ▸ *nm* cattivo ▸ *adv* : **il fait ~** è brutto (tempo); **sentir ~** puzzare; **la mer est mauvaise** il mare è cattivo; **~ coucheur** orso; **~ coup** (*fig*) brutto tiro; **~ garçon** cattivo; **être ~ joueur** non saper perdere; **~ pas** brutta posizione *f ou* situazione *f*; **~ payeur** cattivo pagatore *m*; **mauvaise plaisanterie** scherzo di cattivo gusto; **~ traitements** maltrattamenti *mpl*; **mauvaise herbe** erbaccia; **mauvaise langue** malalingua; **mauvaise passe** brutta situazione *f*; (*période*) brutto periodo; **mauvaise tête** testone *m*, gran testardo(-a)

m

mauve [mov] *adj* (*couleur*) malva *inv* ▸ *nf* (*Bot*) malva
maux [mo] *nmpl voir* **mal**
maximal, e, -aux [maksimal, o] *adj* massimo(-a)
maximum [maksimɔm] *adj* massimo(-a) ▸ *nm* massimo; **elle a le ~ de chances pour réussir** è quasi sicuro che ce la faccia; **atteindre un/son ~** raggiungere il massimo; **au ~** al massimo
mayonnaise [majɔnɛz] *nf* maionese *f*
mazout [mazut] *nm* nafta; **chaudière/poêle à ~** caldaia/stufa a nafta
me [m(ə)] *pron* mi, me; **il ne m'a pas vu** non mi ha visto; **il me le donne** me lo da; **je m'ennuie** mi annoio; **je m'en vais** me ne vado
mec [mɛk] (*fam*) *nm* tizio, tipo
mécanicien, ne [mekanisjɛ̃, jɛn] *nm/f* meccanico *m*
mécanique [mekanik] *adj* meccanico(-a) ▸ *nf* meccanica; **ennui ~** noie *fpl* al motore
mécanisme [mekanism] *nm* meccanismo; **~ du taux de change** meccanismo del tasso di cambio
mécène [mesɛn] *nm/f* mecenate *m/f*
méchamment [meʃamɑ̃] *adv* con cattiveria, malvagiamente
méchanceté [meʃɑ̃ste] *nf* cattiveria, malvagità *f inv*
méchant, e [meʃɑ̃, ɑ̃t] *adj* (*personne, sourire*) cattivo(-a), malvagio(-a); (*enfant, animal*) cattivo(-a); **une méchante affaire** un brutto affare; **de méchante humeur** di cattivo umore; **« attention, chien ~ »** « attenti al cane »
mèche [mɛʃ] *nf* (*d'une lampe, d'une bougie*) stoppino; (*d'un explosif*) miccia; (*Méd*) zaffo, tampone *m*; (*d'un vilebrequin, d'une perceuse*) punta; (*de cheveux : coupés*) ciocca; (*: d'une autre couleur*) ciocca, mèche *f inv*; **se faire faire des ~s** farsi fare le mèche; **vendre la ~** svelare un segreto; **être de ~ avec qn** essere in combutta con qc
méchoui [meʃwi] *nm* montone *m* allo spiedo
méconnaissable [mekɔnɛsabl] *adj* irriconoscibile
méconnaître [mekɔnɛtʀ] *vt* (*ignorer*) ignorare; (*méjuger*) misconoscere
méconnu, e [mekɔny] *pp de* **méconnaître** ▸ *adj* (*génie*) incompreso(-a)
mécontent, e [mekɔ̃tɑ̃, ɑ̃t] *adj, nm/f* scontento(-a)
mécontentement [mekɔ̃tɑ̃tmɑ̃] *nm* scontento, malcontento
mécontenter [mekɔ̃tɑ̃te] *vt* scontentare
médaille [medaj] *nf* medaglia; (*Rel*) medaglietta
médaillon [medajɔ̃] *nm* (*aussi Culin*) medaglione *m*
médecin [med(ə)sɛ̃] *nm/f* medico; **~ de famille/du bord** medico di famiglia/di bordo; **~ généraliste/légiste** medico generico/legale; **~ traitant** medico curante
médecine [med(ə)sin] *nf* medicina; (*profession*) professione *f* medica; **~ du travail** medicina del lavoro; **~ générale/infantile** medicina generale/infantile; **~ légale/préventive** medicina legale/preventiva
média [medja] *nm* mezzo di comunicazione; **un ~ d'information** un mezzo d'informazione di massa; **les ~s** i mass media
médiateur, -trice [medjatœʀ, tʀis] *nm/f* mediatore(-trice) ▸ *nm* (*fonctionnaire*) ombudsman *m inv*
médiation [medjasjɔ̃] *nf* mediazione *f*
médiatique [medjatik] *adj* mediatico(-a)
médical, e, -aux [medikal, o] *adj* medico(-a); **visiteur** *ou* **délégué ~** informatore *m* scientifico *ou* medico
médicalement [medikalmɑ̃] *adv* dal punto di vista medico
médicament [medikamɑ̃] *nm* medicinale *m*, farmaco
médicinal, e, -aux [medisinal, o] *adj* medicinale
médiéval, e, -aux [medjeval, o] *adj* medi(o)evale
médiocre [medjɔkʀ] *adj* mediocre
médiocrité [medjɔkʀite] *nf* mediocrità *f inv*
médisant, e [medizɑ̃, ɑ̃t] *adj* malevolo(-a)
méditation [meditasjɔ̃] *nf* meditazione *f*
méditer [medite] *vi* meditare
Méditerranée [mediteʀane] *nf* : **la (mer) ~** il (mar) Mediterraneo
méditerranéen, ne [mediteʀaneɛ̃, ɛn] *adj* mediterraneo(-a) ▸ *nm/f* : **Méditerranéen, ne** mediterraneo(-a)

médium [medjɔm] *nm* medium *m inv/f inv*
médius [medjys] *nm* (dito) medio
méduse [medyz] *nf* medusa
méduser [medyze] *vt* sbigottire, sbalordire
meeting [mitiŋ] *nm* meeting *m inv*
méfait [mefɛ] *nm* misfatto, malefatta; **méfaits** *nmpl* (*ravages*) danni *mpl*
méfiance [mefjɑ̃s] *nf* diffidenza
méfiant, e [mefjɑ̃, jɑ̃t] *adj* diffidente
méfier [mefje] : **se méfier** *vr* fare attenzione; **se ~ de** diffidare di, non fidarsi di; (*faire attention*) fare attenzione a
mégalomane [megalɔman] *adj, nm/f* megalomane
mégaoctet [megaɔktɛ] *nm* megabyte *m inv*
mégarde [megaʀd] *nf* : **par ~** inavvertitamente
mégère [meʒɛʀ] (*péj*) *nf* megera
mégot [mego] *nm* cicca, mozzicone *m*
meilleur, e [mɛjœʀ] *adj* migliore ▸ *adv* : **il fait ~ qu'hier** fa più bello di ieri ▸ *nm* : **le ~** (*personne*) il migliore ▸ *nf* : **la meilleure** la migliore; **le ~ élève de la classe** il primo della classe; **le ~ des deux** il migliore dei due; **c'est la meilleure !** questa è bella!; **~ marché** meno caro, più conveniente
mél [mɛl] *nm* e-mail *f inv*
mélancolie [melɑ̃kɔli] *nf* malinconia
mélancolique [melɑ̃kɔlik] *adj* malinconico(-a); (*Méd*) melanconico(-a)
mélange [melɑ̃ʒ] *nm* mescolanza; (*de café, essence etc*) miscela
mélanger [melɑ̃ʒe] *vt* mescolare, mischiare; **se mélanger** *vr* mescolarsi, mischiarsi; **vous mélangez tout !** lei si confonde!
mélatonine [melatɔnin] *nf* melatonina
mêlée [mele] *nf* (*aussi Rugby, fig*) mischia; **entrer dans la ~** (*fig*) entrare nella polemica; **dans la ~ générale** nel caos generale
mêler [mele] *vt* mescolare, mischiare; **se mêler** *vr* mescolarsi; **~ à/avec/de** mescolare a/con/di; **se ~ à/avec/de** mescolarsi a/con/di; **se ~ de** (*suj : personne*) immischiarsi in, impicciarsi di; **~ qn à une affaire** coinvolgere qn in una faccenda; **mêle-toi de tes affaires !** fatti gli affari tuoi!
mélodie [melɔdi] *nf* melodia
mélodieux, -euse [melɔdjø, jøz] *adj* melodioso(-a)
melon [m(ə)lɔ̃] *nm* (*Bot*) melone *m*; (*aussi* : **chapeau melon**) bombetta; **~ d'eau** cocomero, anguria
membre [mɑ̃bʀ] *nm* membro; (*Anat*) arto, membro; **être ~ de** essere membro di; **les États ~s de l'Union européenne** gli Stati membri dell'Unione Europea; **~s inférieurs** arti inferiori
mémé [meme] (*fam*) *nf* nonnina; (*vieille femme*) vecchietta

MOT-CLÉ

même [mɛm] *adj* **1** (*avant le nom*) stesso(-a); **en même temps** nello stesso tempo, contemporaneamente; **ils ont les mêmes goûts** hanno gli stessi gusti
2 (*après le nom : renforcement*) : **il est la loyauté même** è la lealtà fatta persona; **ce sont ses paroles mêmes** sono le sue stesse parole
▸ *pron* : **le(la) même** lo(la) stesso(-a)
▸ *adv* **1** (*renforcement*) : **il n'a même pas pleuré** non ha nemmeno pianto; **même lui l'a dit** lo ha detto anche lui, lo ha detto lui stesso; **ici même** proprio qui
2 : **à même** : **à même la bouteille** direttamente dalla bottiglia ; **à même la peau** direttamente sulla pelle ; **être à même de faire** essere in grado di fare
3 : **de même** : **faire de même** fare lo stesso ; **lui de même** lui altrettanto ; **de même que** come anche ; **il en va de même pour** lo stesso dicasi per
4 : **même si** *conj* anche se

mémoire [memwaʀ] *nf* (*aussi Inform*) memoria ▸ *nm* (*Univ : petite thèse*) ≈ tesina; **mémoires** *nmpl* (*chroniques etc*) memorie *fpl*; **avoir la ~ des visages** essere fisionomista; **avoir la ~ des chiffres** ricordare facilmente i numeri; **n'avoir aucune ~** non avere memoria; **avoir de la ~** avere memoria; **à la ~ de** alla *ou* in memoria di; **pour ~** a titolo informativo; **de ~ d'homme** a memoria d'uomo; **de ~** a memoria; **mettre en ~** (*Inform*) memorizzare; **~ de maîtrise** ≈ tesi *f inv* di laurea; **~ centrale** memoria central; **~ de masse** memoria di massa;

m

~ morte memoria a sola lettura, ROM *f inv*; **~ vive** memoria ad accesso casuale, RAM *f inv*
mémorable [memɔʀabl] *adj* memorabile
mémoriser [memɔʀize] *vt* memorizzare
menaçant, e [mənasɑ̃, ɑ̃t] *adj* minaccioso(-a)
menace [mənas] *nf* minaccia; **~ en l'air** minaccia campata in aria
menacer [mənase] *vt* minacciare; **~ qn de qch/faire qch** minacciare qn di qc/fare qc; **la séance menaçait d'être longue** la seduta minacciava di durare a lungo
ménage [menaʒ] *nm* (*travail*) pulizie *fpl*; (*couple*) coppia; (*famille, Admin*) famiglia; **faire le ~** fare le pulizie; **faire des ~s** andare a servizio; **se mettre en ~ (avec)** andare a convivere (con); **heureux en ~** felicemente impegnato; **faire bon ~ avec qn** andare d'accordo con qn; **~ à trois** triangolo, menage *m inv* a tre
ménagement [menaʒmɑ̃] *nm* riguardo; **sans ~** senza riguardi
ménager[1] [menaʒe] *vt* (*personne, groupe*) trattare con riguardo; (*ressources*) gestire con oculatezza; (*temps*) risparmiare; (*santé*) avere cura di; (*installer : ouverture*) praticare; **se ménager** *vr* riguardarsi; **se ~ qch** assicurarsi qc; **~ ses forces** risparmiare le forze
ménager[2]**, -ère** [menaʒe, ɛʀ] *adj* domestico(-a); **enseignement ~** economia domestica; **appareils ~s** elettrodomestici *mpl*; **eaux ménagères** acque *fpl* reflue domestiche; **ordures ménagères** immondizie *fpl*
ménagère [menaʒɛʀ] *nf* (*femme*) casalinga; (*service de couverts*) servizio di posate
ménagerie [menaʒʀi] *nf* serraglio
mendiant, e [mɑ̃djɑ̃, jɑ̃t] *nm/f* mendicante *m/f*, accattone(-a) ▸ *nm dessert di nocciole, mandorle, uva passa, fichi secchi*
mendier [mɑ̃dje] *vi, vt* mendicare, elemosinare
mener [m(ə)ne] *vt* condurre; (*fig : diriger*) dirigere, guidare ▸ *vi* : **~ (à la marque)** (*Sport*) condurre; **~ à/dans/chez** portare a/in/da; **~ qch à bonne fin/à terme/à bien** condurre *ou* portare qc a buon fine/a termine/in porto; **~ à rien** non portare a nulla; **~ à tout** aprire molti sbocchi
meneur, -euse [mənœʀ, øz] *nm/f* capo; (*péj*) agitatore(-trice); **~ d'hommes** capo; **~ de jeu** (*Radio, TV*) conduttore(-trice); (*Sport*) playmaker *m inv/f inv*
méningite [menɛ̃ʒit] *nf* meningite *f*
ménisque [menisk] *nm* menisco
ménopause [menopoz] *nf* menopausa
menotte [mənɔt] *nf* manina; **menottes** *nfpl* (*bracelets*) manette *fpl*; **passer les ~s à qn** ammanettare qn
mensonge [mɑ̃sɔ̃ʒ] *nm* bugia, menzogna
mensonger, -ère [mɑ̃sɔ̃ʒe, ɛʀ] *adj* falso(-a)
mensualité [mɑ̃sɥalite] *nf* mensilità *f inv*; **par ~s** a rate mensili
mensuel, le [mɑ̃sɥɛl] *adj* mensile ▸ *nm* (*Presse*) mensile *m*
mensurations [mɑ̃syʀasjɔ̃] *nfpl* misure *fpl*
mental, e, -aux [mɑ̃tal, o] *adj* mentale ▸ *nm* mente *f*; **un ~ d'acier/à toute épreuve** una mente d'acciaio/infallibile
mentalité [mɑ̃talite] *nf* mentalità *f inv*
menteur, -euse [mɑ̃tœʀ, øz] *nm/f* bugiardo(-a)
menthe [mɑ̃t] *nf* menta; **~ (à l'eau)** menta
mention [mɑ̃sjɔ̃] *nf* (*note, référence*) menzione *f*, cenno; **faire ~ de** fare menzione di, accennare a; **~ passable** ≈ sufficienza; **être reçu à un examen avec la ~ bien** essere promosso a un esame con buono; **« rayer la ~ inutile »** (*Admin*) « cancellare la voce che non interessa »; **avec ~ très bien** con lode
mentionner [mɑ̃sjɔne] *vt* menzionare
mentir [mɑ̃tiʀ] *vi* mentire; **~ à qn** mentire a qn
menton [mɑ̃tɔ̃] *nm* mento; **double/triple ~** doppio/triplo mento
menu, e [məny] *adj* minuto(-a); (*voix*) sottile; (*peu important*) piccolo(-a), minuto(-a) ▸ *adv* : **couper/hacher ~** tagliare/tritare fine ▸ *nm* menù *m inv*; **par le ~** (*raconter*) per filo e per segno; **~ déroulant** menù a tendina; **~ touristique** menù turistico; **menue monnaie** spiccioli *mpl*
menuiserie [mənɥizʀi] *nf* (*métier, local*) falegnameria; (*Constr*) serramenti

mpl e pavimenti *mpl* (*in legno*); **plafond en ~** soffitto di legno
menuisier [mənɥizje] *nm* falegname *m*
méprendre [meprɑ̃dʀ]: **se méprendre** *vr* sbagliarsi; **à s'y ~** tanto da trarre in inganno
mépris [mepʀi] *pp de* **méprendre** ▸ *nm* (*dédain*) disprezzo; **au ~ de** a dispetto di
méprisable [mepʀizabl] *adj* spregevole, ignobile
méprisant, e [mepʀizɑ̃, ɑ̃t] *adj* sprezzante
méprise [mepʀiz] *nf* malinteso
mépriser [mepʀize] *vt* disprezzare
mer [mɛʀ] *nf* mare *m*; (*marée*) marea; **~ fermée** mare chiuso; **en ~** in mare; **prendre la ~** mettersi in mare; **en haute ~** in alto mare; **les ~s du sud** i mari del sud; **la ~ Adriatique/Baltique/Caspienne** il mar Adriatico/Baltico/Caspio; **la ~ des Antilles** *ou* **des Caraïbes** il mar delle Antille *ou* dei Caraibi; **la ~ Égée** il mare Egeo; **la ~ Ionienne** il mare Ionio; **la ~ Morte/Noire/Rouge** il mar Morto/Nero/Rosso; **la ~ du Nord** il mare del Nord; **la ~ des Sargasses** il mar dei Sargassi; **la ~ Tyrrhénienne** il mar Tirreno
mercenaire [mɛʀsənɛʀ] *nm* mercenario
mercerie [mɛʀsəʀi] *nf* merceria
merci [mɛʀsi] *excl* grazie ▸ *nm*: **dire ~ à qn** dire grazie a qn ▸ *nf* mercé *f*; **à la ~ de qn/qch** alla mercé di qn/qc; **~ beaucoup** molte grazie; **~ de/pour** grazie di/per; **non, ~** no grazie; **sans ~** spietato(-a), senza pietà
mercredi [mɛʀkʀədi] *nm* mercoledì *m inv*; **~ des Cendres** Mercoledì delle Ceneri; *voir aussi* **lundi**
mercure [mɛʀkyʀ] *nm* mercurio
merde [mɛʀd] (*fam!*) *nf* merda (*fam!*) ▸ *excl* merda (*fam!*); (*à un examen*) in bocca al lupo!
mère [mɛʀ] *nf* madre *f* ▸ *adj* madre; **maison ~** casa madre; **~ adoptive** madre adottiva; **~ célibataire** madre nubile; **~ de famille** madre di famiglia; **~ porteuse** madre surrogata
merguez [mɛʀgɛz] *nf salsiccia piccante nordafricana a base di manzo e/o montone*
méridional, e, -aux [meʀidjɔnal, o] *adj, nm/f* meridionale *m/f*
meringue [məʀɛ̃g] *nf* meringa
merisier [məʀizje] *nm* ciliegio (selvatico)
méritant, e [meʀitɑ̃, ɑ̃t] *adj* meritevole
mérite [meʀit] *nm* merito; **le ~ (de ceci) lui revient** il merito (di questo) è tutto suo; **ne pas avoir de ~ à faire qch** non avere alcun merito a fare qc
mériter [meʀite] *vt* meritare, meritarsi; **il mérite qu'on fasse ...** merita che si faccia ...
merlan [mɛʀlɑ̃] *nm* nasello
merle [mɛʀl] *nm* merlo
mérou [meʀu] *nm* cernia
merveille [mɛʀvɛj] *nf* meraviglia; **faire ~/des ~s** fare miracoli *ou* prodigi; **à ~** a meraviglia; **les sept ~s du monde** le sette meraviglie del mondo
merveilleux, -euse [mɛʀvɛjø, øz] *adj* meraviglioso(-a)
mes [me] *voir* **mon**
mésange [mezɑ̃ʒ] *nf* (*Zool*) cincia; **~ bleue** cinciarella
mésaventure [mezavɑ̃tyʀ] *nf* disavventura
Mesdames [medam] *nfpl voir* **Madame**
Mesdemoiselles [medmwazɛl] *nfpl voir* **Mademoiselle**
mésentente [mezɑ̃tɑ̃t] *nf* dissapore *m*, disaccordo
mesquin, e [mɛskɛ̃, in] *adj* meschino(-a)
mesquinerie [mɛskinʀi] *nf* meschinità *f inv*
message [mesaʒ] *nm* messaggio; **~ d'erreur** (*Inform*) messaggio d'errore; **~ de guidage** (*Inform*) prompt *m inv*; **~ publicitaire** spot *m inv*; **~ SMS** messaggio SMS; **~ téléphoné** telegramma *m* dettato per telefono
messager, -ère [mesaʒe, ɛʀ] *nm/f* messaggero(-a)
messagerie [mesaʒʀi] *nf* messaggeria; **~ (électronique)** (*Inform*) posta elettronica; **~ instantanée** (*Inform*) messaggistica istantanea
messe [mɛs] *nf* messa; **aller à la ~** andare a messa; **faire des ~s basses** (*fig, péj*) confabulare; **~ de minuit** messa di mezzanotte
Messieurs [mesjø] *nmpl voir* **Monsieur**
mesure [m(ə)zyʀ] *nf* misura; (*évaluation*) misurazione *f*, misura; (*Mus: cadence*) tempo; **~ de longueur/capacité** misura di lunghezza/capacità; (*disposition, acte*) misura,

provvedimento; **prendre des ~s** prendere delle misure *ou* dei provvedimenti; **sur ~** su misura; **à la ~ de** (*personne*) all'altezza di; (*chambre etc*) a misura di; **dans la ~ où** nella misura in cui; **dans la ~ de** nei limiti di; **dans une certaine ~** entro certi limiti; **à ~ que** man mano che; **en ~** (*Mus*) a tempo; **être en ~ de** essere in grado di; **dépasser la ~** (*fig*) oltrepassare i limiti, passare la misura; **unité/système de ~** unità *f inv*/sistema *m* di misura

mesurer [məzyʀe] *vt* misurare; (*risque, portée d'un acte*) valutare; **se ~ avec/à qn** misurarsi con qn; **il mesure 1 m 80** è alto 1,80 m

met [mɛ] *vb voir* **mettre**

métal, -aux [metal, o] *nm* metallo

métallique [metalik] *adj* metallico(-a)

métamorphose [metamɔʀfoz] *nf* metamorfosi *f inv*

métaphore [metafɔʀ] *nf* metafora

météo [meteo] *nf* (*bulletin*) bollettino meteorologico; (*service*) servizio meteorologico

météorite [meteɔʀit] *nm ou nf* meteorite *m ou f*

météorologie [meteɔʀɔlɔʒi] *nf* meteorologia; (*service*) servizio meteorologico

méthadone [metadɔn] *nf* metadone *m*

méthane [metan] *nm* metano

méthode [metɔd] *nf* metodo; (*livre, ouvrage*) corso

méthodique [metɔdik] *adj* metodico(-a)

méticuleux, -euse [metikylø, øz] *adj* meticoloso(-a)

métier [metje] *nm* (*profession, occupation : gén*) mestiere *m*, professione *f*; (*: manuel, artisanal*) mestiere; (*aussi* : **métier à tisser**) telaio; **avoir du ~** avere esperienza; **être du ~** essere del mestiere

métis, se [metis] *adj* meticcio(-a) ▸ *nm/f* meticcio(-a)

métrage [metʀaʒ] *nm* metratura; (*longueur de tissu*) metratura, metraggio; **long/moyen/court ~** (*Ciné*) lungo/medio/corto metraggio

mètre [mɛtʀ] *nm* metro; **un cent/huit cents ~s** (*Sport*) i cento/ottocento metri; **~ carré** metro quadro *ou* quadrato; **~ cube** metro cubo

métrique [metʀik] *adj* : **système ~** sistema *m* metrico ▸ *nf* metrica

métro [metʀo] *nm* metrò *m inv*, metropolitana

métronome [metʀɔnɔm] *nm* metronomo

métropole [metʀɔpɔl] *nf* (*capitale*) metropoli *f inv*; (*pays*) madrepatria (*rispetto ai possedimenti coloniali*)

mets [mɛ] *vb voir* **mettre** ▸ *nm* piatto, vivanda

metteur, -euse [metœʀ, øz] *nm/f* : **~ en scène** (*Théâtre, Ciné*) regista *m/f*

MOT-CLÉ

mettre [mɛtʀ] *vt* **1** mettere; **mettre en bouteille/en sac** imbottigliare/insaccare; **mettre en pages** impaginare; **mettre à la poste** imbucare

2 (*vêtements : revêtir*) mettere; (*: soi-même*) mettersi; **mets ton gilet** mettiti il golf

3 (*faire fonctionner : chauffage, électricité*) accendere; **mettre en marche** mettere in moto; **faire mettre le gaz/l'électricité** far mettere il gas/l'elettricità

4 (*consacrer*) : **mettre du temps/2 heures à faire qch** metterci del tempo/2 ore a fare qc

5 (*écrire*) : **qu'est-ce qu'il a mis sur la carte ?** che cos'ha messo *ou* scritto sulla scheda?; **mettre au pluriel** mettere al plurale

6 (*supposer*) : **mettons que ...** mettiamo che ...

7 : **y mettre du sien** metterci del proprio

▸ **se mettre** *vr* (*se placer*) mettersi; **où ça se met ?** dove si deve mettere?; **se mettre au lit** mettersi a letto; **se mettre qn à dos** inimicarsi qn; **se mettre de l'encre sur les doigts** macchiarsi le dita con l'inchiostro; **se mettre en maillot de bain** mettersi in costume da bagno; **n'avoir rien à se mettre** non avere niente da mettersi; **se mettre à faire** mettersi a fare; **se mettre au piano** (*s'asseoir*) mettersi al piano; (*apprendre*) mettersi a studiare pianoforte; **se mettre au travail/à l'étude** mettersi al lavoro/a studiare; **se mettre au régime** mettersi a dieta

meuble [mœbl] *nm* mobile *m*; (*Jur*) bene *m* mobile ▸ *adj* (*sol, terre*) friabile; **biens ~s** (*Jur*) beni *mpl* mobili

meublé, e [mœble] *adj* ammobiliato(-a); **chambre meublée** camera ammobiliata ▶ *nm* (*appartement*) appartamento ammobiliato

meubler [mœble] *vt* arredare; (*fig*) riempire, occupare; **se meubler** *vr* arredare la propria casa

meugler [møgle] *vi* muggire

meule [møl] *nf* (*à broyer*) macina; (*à aiguiser, à polir*) mola; (*de foin, blé*) covone *m*; (*de fromage*) forma

meunier, -ière [mønje, jɛʀ] *nm* mugnaio(-a) ▶ *nf* : **(à la) meunière** (*sole*) alla mugnaia

meurs *etc* [mœʀ] *vb voir* **mourir**

meurtre [mœʀtʀ] *nm* omicidio, assassinio

meurtrier, -ière [mœʀtʀije, ijɛʀ] *nm/f* omicida *m/f*, assassino(-a) ▶ *adj* micidiale; (*accident*) mortale; (*fureur, instinct*) omicida

meurtrir [mœʀtʀiʀ] *vt* ammaccare; (*fig*) ferire, straziare

meus *etc* [mœ] *vb voir* **mouvoir**

meute [møt] *nf* (*de chiens*) muta; (*de personnes*) ressa

mexicain, e [mɛksikɛ̃, ɛn] *adj* messicano(-a) ▶ *nm/f* : **Mexicain, e** messicano(-a)

Mexico [mɛksiko] *n* Città del Messico

Mexique [mɛksik] *nm* Messico

Mgr *abr* (= *Monseigneur*) Mons.

mi [mi] *nm* (*Mus*) mi *m inv* ▶ *préf* : **à la mi-janvier** a metà gennaio; **mi-bureau**, **mi-chambre** metà ufficio, metà camera; **à mi-jambes** a mezza gamba; **à mi-corps** a mezzo busto; **à mi-hauteur/pente** a mezza altezza/collina

miaulement [mjolmɑ̃] *nm* miagolio

miauler [mjole] *vi* miagolare

miche [miʃ] *nf* pagnotta

mi-chemin [miʃmɛ̃] : **à ~** *adv* a metà strada

mi-clos, e [miklo, kloz] (*mpl* **mi-clos**, *fpl* **mi-closes**) *adj* socchiuso(-a), semichiuso(-a)

micro [mikʀo] *nm* microfono; (*Inform*) personal computer *m inv*

microbe [mikʀɔb] *nm* microbo

microfibre [mikʀofibʀ] *nf* microfibra

micro-onde [mikʀoɔ̃d] (*pl* **-s**) *nf* : **four à ~s** forno a microonde ▶ *nm* : **un ~(s)** un microonde

microscope [mikʀɔskɔp] *nm* microscopio; **~ électronique** microscopio elettronico

microscopique [mikʀɔskɔpik] *adj* microscopico(-a)

midi [midi] *nm* mezzogiorno; **le M~** (*de la France*) il Sud della Francia; **à ~** a mezzogiorno; **tous les ~s** tutti i giorni a mezzogiorno; **le repas de ~** il pasto di mezzogiorno, il pranzo; **en plein ~** (intorno) a mezzogiorno

mie [mi] *nf* mollica

miel [mjɛl] *nm* miele *m*; **être tout ~** (*fig*) essere tutto(-a) miele

mielleux, -euse [mjelø, øz] (*péj*) *adj* mellifluo(-a)

mien, ne [mjɛ̃, mjɛn] *adj* mio(-a) ▶ *pron* : **le(la) ~(ne)** il (la) mio(-a); **les ~s/les miennes** i miei/le mie; **les ~s** (*ma famille*) i miei

miette [mjɛt] *nf* briciola; **en ~s** (*fig*) in briciole; **ne pas perdre une ~ de qch** non perdere una virgola di qc

MOT-CLÉ

mieux [mjø] *adv* **1** (*comparatif*) : **mieux (que)** meglio (di); **elle travaille/mange mieux** lavora/mangia meglio; **elle va mieux** sta meglio; **aimer mieux** preferire; **j'attendais mieux de vous** mi aspettavo di più da voi; **qui mieux est** ancora meglio, per di più; **crier à qui mieux mieux** fare a chi grida di più; **de mieux en mieux** di bene in meglio

2 (*superlatif*) meglio; **ce que je sais le mieux** quello che so meglio; **les livres les mieux faits** i libri fatti meglio

▶ *adj* **1** (*plus à l'aise, plus en forme*) meglio; **se sentir mieux** sentirsi meglio

2 (*plus satisfaisant, plus joli*) meglio, migliore; **c'est mieux ainsi** è meglio così; **c'est le mieux des deux** è il migliore dei due; **le/la mieux, les mieux** il/la migliore, i (le) migliori; **demandez-lui, c'est le mieux** chiedetelo a lui, è il migliore; **il est mieux sans moustache** sta meglio senza baffi; **il est mieux que son frère** è meglio di suo fratello

3 : **au mieux** al massimo; **au mieux avec** in ottimi rapporti con; **pour le mieux** nel modo migliore, per il meglio

▶ *nm* **1** meglio; **faute de mieux** in mancanza di meglio

m

2 : **de mon/ton mieux** del mio/tuo meglio; **faire de son mieux** fare del proprio meglio; **du mieux qu'il peut** meglio che può

mièvre [mjɛvʀ] *adj* lezioso(-a), sdolcinato(-a)
mignon, ne [miɲɔ̃, ɔn] *adj* carino(-a)
migraine [migʀɛn] *nf* emicrania
migrateur, -trice [migʀatœʀ, tʀis] *adj* migratore(-trice)
mijoter [miʒɔte] *vt* cuocere a fuoco lento; (*préparer*) preparare; (*fig*) architettare ▸ *vi* cuocere a fuoco lento; **qu'est-ce qu'il mijote ?** (*fig*) che cosa sta architettando?
milice [milis] *nf* milizia
milieu, x [miljø] *nm* mezzo, metà *f inv*; (*centre*) centro; (*fig : aussi* : **juste milieu**) giusta via di mezzo ▸ *nm* (*Biol : entourage*) ambiente *m*; (*pègre*) : **le ~** la malavita; **au ~ de** (*champ, fig : bruit, danger*) in mezzo a; (*hiver*) in pieno(-a); (*année, repos*) a metà; **au beau** *ou* **en plein ~ (de)** nel bel mezzo (di); ▸ *nm/f*: **~ de terrain** (*Football*) centrocampista *m/f*
militaire [militɛʀ] *adj, nm/f* militare *m*; **service ~** servizio militare
militant, e [militɑ̃, ɑ̃t] *adj, nm/f* militante *m/f*
militantisme [militɑ̃tism] *nm* militanza
militer [milite] *vi* (*personne*) militare; **~ pour/contre** (*suj : personne*) schierarsi a favore di/contro; (: *arguments, raisons*) deporre a favore/sfavore di
mille [mil] *adj inv, nm inv* mille *m* ▸ *adj* : **page ~** pagina mille ▸ *nm* : **~ marin** miglio marino *ou* nautico; **mettre dans le ~** (*fig*) fare centro; *voir aussi* **cinq**
millefeuille [milfœj] *nm* (*Bot*) millefoglio; (*Culin*) millefoglie *m inv*
millénaire [milenɛʀ] *nm* millennio ▸ *adj* (*aussi fig*) millenario(-a)
mille-patte(s) [milpat] (*pl* **mille-pattes**) *nm* millepiedi *m inv*
millésimé, e [milezime] *adj* millesimato(-a)
millet [mijɛ] *nm* miglio
milliard [miljaʀ] *nm* miliardo
milliardaire [miljaʀdɛʀ] *adj, nm/f* miliardario(-a)
millième [miljɛm] *adj, nm/f* millesimo(-a) ▸ *nm* millesimo; *voir aussi* **cinquième**
millier [milje] *nm* migliaio; **un ~ (de)** un migliaio (di); **par ~s** a migliaia
milligramme [miligʀam] *nm* milligrammo
millimètre [milimɛtʀ] *nm* millimetro
million [miljɔ̃] *nm* milione *m*; **deux ~s de** due milioni di
millionnaire [miljɔnɛʀ] *adj, nm/f* milionario(-a)
mime [mim] *nm/f* mimo *m* ▸ *nm* arte *f* del mimo, mimica
mimer [mime] *vt* mimare; (*singer*) fare l'imitazione di
mimétisme [mimetism] *nm* mimetismo
mimique [mimik] *nf* mimica
mimosa [mimoza] *nm* mimosa
minable [minabl] *adj* pietoso(-a)
mince [mɛ̃s] *adj* sottile; (*fig : profit, connaissance*) scarso(-a), magro(-a); (: *prétexte*) debole ▸ *excl* : **~ alors !** accidenti!
minceur [mɛ̃sœʀ] *nf* sottigliezza
mincir [mɛ̃siʀ] *vi* dimagrire
mine [min] *nf* (*figure, physionomie*) faccia; (*extérieur*) aria, aspetto; (*d'un crayon, d'un explosif*) mina; (*gisement, fig : ressource*) miniera; **les M~s** (*Admin*) *ente preposto allo studio del terreno e del sottosuolo*; **tu as bonne ~ aujourd'hui** ti trovo bene oggi; **avoir mauvaise ~** avere una brutta cera; **faire grise ~ à qn** accogliere qn freddamente; **faire ~ de faire** far finta di fare; **faire des ~s** fare moine; **ne pas payer de ~** non sembrare un granché; **~ de rien** come se niente fosse; **~ à ciel ouvert** miniera a cielo aperto; **~ de charbon** miniera di carbone
miner [mine] *vt* corrodere, erodere; (*Mil, forces, santé*) minare
minerai [minʀɛ] *nm* minerale *m*
minéral, e, -aux [mineʀal, o] *adj* minerale ▸ *nm* minerale *m*
minéralogique [mineʀalɔʒik] *adj* mineralogico(-a); **plaque ~** targa di immatricolazione
minet, te [minɛ, ɛt] *nm/f* micino(-a), gattino(-a); (*péj*) fichetto(-a)
mineur, e [minœʀ] *adj* minore; (*personne*) minorenne ▸ *nm/f* (*Jur*) minore *m/f*, minorenne *m/f* ▸ *nm* minatore *m*; (*Mil*) geniere *m* guastatore; **~ de fond** minatore in sotterraneo
miniature [minjatyʀ] *adj* in miniatura ▸ *nf* miniatura; **en ~** (*fig*) in miniatura

miniaturiser [minjatyʀize] *vt* miniaturizzare
minibus [minibys] *nm* minibus *m inv*, pulmino
minier, -ière [minje, jɛʀ] *adj* minerario(-a); (*pays*) di miniere
mini-jupe [miniʒyp] (*pl* **-s**) *nf* minigonna
minime [minim] *adj* (*fait*) insignificante; (*salaire, perte*) irrisorio(-a) ▶ *nm/f* (*Sport*) giovane atleta *m/f* (*tra i 13 e 15 anni*)
minimessage [minimesaʒ] *nm* messaggino
minimiser [minimize] *vt* minimizzare
minimum [minimɔm] *adj* minimo(-a) ▶ *nm* minimo; **un ~ de** un minimo di; **au ~** come minimo, almeno; **minima sociaux** *indennità per garantire il minimo vitale*; **~ vital** salario minimo; (*niveau de vie*) livello minimo di sussistenza
ministère [ministɛʀ] *nm* (*Pol, Rel*) ministero; **~ public** (*Jur*) pubblico ministero
ministre [ministʀ] *nm/f* (*Pol, Rel*) ministro *m/f*; **~ d'État** ministro senza portafoglio
minoritaire [minɔʀitɛʀ] *adj* minoritario(-a)
minorité [minɔʀite] *nf* minoranza; (*d'une personne*) minore età *f inv*; **être en ~** essere in minoranza; **mettre en ~** (*Pol*) mettere in minoranza
minuit [minɥi] *nm* mezzanotte *f*
minuscule [minyskyl] *adj* minuscolo(-a) ▶ *nf* : **(lettre) ~** (lettera) minuscola
minute [minyt] *nf* minuto; (*instant*) istante *m*, momento; (*Jur*) originale *m* ▶ *excl* : **~ !** un momento!; **d'une ~ à l'autre** da un momento all'altro, a momenti; **entrecôte/steak ~** costata/bistecca cucinata sul momento
minuter [minyte] *vt* calcolare al minuto
minuterie [minytʀi] *nf* timer *m inv*; (*d'un escalier*) interruttore *m* a tempo
minutieusement [minysjøzmɑ̃] *adv* minuziosamente
minutieux, -euse [minysjø, jøz] *adj* minuzioso(-a)
mirabelle [miʀabɛl] *nf* mirabella (*tipo di prugna*); (*eau de vie*) acquavite *f* di mirabella
miracle [miʀɑkl] *nm* miracolo; **faire/accomplir des ~s** fare/compiere miracoli
miraculeux, -euse [miʀakylø, øz] *adj* miracoloso(-a)
mirage [miʀaʒ] *nm* miraggio
mire [miʀ] *nf* (*d'un fusil*) mira; (*TV*) monoscopio; **point de ~** bersaglio; (*fig*) polo di attrazione; **ligne de ~** linea di mira
miroir [miʀwaʀ] *nm* specchio
miroiter [miʀwate] *vi* luccicare, scintillare; **faire ~ qch à qn** far balenare qc davanti agli occhi di qn
mis, e [mi, miz] *pp de* **mettre**
mise [miz] *nf* (*argent : au jeu*) posta, puntata; (*tenue*) abbigliamento, tenuta; **être de ~** essere opportuno(-a); **~ à feu** accensione *f*; **~ à jour** (*aussi Inform*) aggiornamento; **~ à mort** uccisione *f*; **~ à pied** sospensione *f* dal lavoro; **~ à prix** prezzo *m* base *inv*; **~ au point** (*Photo*) messa a fuoco; (*fig*) chiarimento; **~ de fonds** apporto di capitale; **~ en bouteilles** imbottigliamento; **~ en plis** messa in piega; **~ en scène** realizzazione *f*, regia; **~ en service** entrata in funzione; **~ sur pied** realizzazione *f*
miser [mize] *vt* (*enjeu*) puntare ▶ *vi* **~ sur** puntare su; (*fig*) contare su
misérable [mizeʀabl] *adj* miserabile, misero(-a); (*honteux, mesquin*) miserabile ▶ *nm/f* miserabile *m/f*, disgraziato(-a)
misère [mizɛʀ] *nf* miseria; **misères** *nfpl* (*ennuis*) noie *fpl*; (*méchancetés*) dispetti *mpl*; **tomber dans la ~** cadere in miseria; **être dans la ~** essere in miseria; **salaire de ~** salario da fame; **faire des ~s à qn** fare dispetti a qn; **~ noire** miseria nera
misogyne [mizɔʒin] *adj* misogino(-a)
missile [misil] *nm* missile *m*; **~ de croisière/stratégique** missile da crociera/strategico
mission [misjɔ̃] *nf* missione *f*; **partir en ~** (*Admin, Pol*) andare in missione; **~ de reconnaissance** (*Mil*) missione di ricognizione
missionnaire [misjɔnɛʀ] *nm/f* (*Rel*) missionario(-a)
mit [mi] *vb voir* **mettre**
mite [mit] *nf* tarma
mité, e [mite] *adj* tarmato(-a)

m

mi-temps [mitɑ̃] *nf* (*Sport* : *période*) tempo; (: *pause*) intervallo; **à ~** (*travailler, travail*) part-time *inv*, a mezza giornata
miteux, -euse [mitø, øz] *adj* misero(-a), miserabile
mitigé, e [mitiʒe] *adj* moderato(-a); (*succès, accueil*) tiepido(-a)
mitoyen, ne [mitwajɛ̃, jɛn] *adj* (*mur, cloison*) divisorio(-a); (*Jur*) di proprietà comune; **maisons mitoyennes** case *fpl* confinanti *ou* attigue
mitrailler [mitʀɑje] *vt* mitragliare; (*photographier*) bombardare di fotografie
mitraillette [mitʀɑjɛt] *nf* mitra *m inv*
mitrailleuse [mitʀɑjøz] *nf* mitragliatrice *f*
mi-voix [mivwa] : **à ~** *adv* sottovoce, a bassa voce
mixage [miksaʒ] *nm* missaggio, mixage *m inv*
mixer, mixeur [miksœʀ] *nm* (*Culin*) mixer *m inv*
mixité [miksite] *nf* (*Scol*) promiscuità; **~ sociale** mescolanza sociale
mixte [mikst] *adj* misto(-a)
mixture [mikstyʀ] *nf* mistura; (*boisson* : *péj*) intruglio; (*fig*) miscuglio
MJC [ɛmʒise] *sigle f* = *maison des jeunes et de la culture*
Mlle (*pl* **-s**) *abr* (= *Mademoiselle*) sig.na
MM *abr* (= *Messieurs*) Sigg.
Mme (*pl* **-s**) *abr* (= *Madame*) Sig.ra
mobile [mɔbil] *adj* mobile; (*population*) nomade ▸ *nm* (*téléphone*) cellulare *m*, telefonino; (*cause, motif*) movente *m*; (*œuvre d'art*) mobile *m inv*; **téléphone ~** cellulare *m*, telefonino
mobilier, -ière [mɔbilje, jɛʀ] *adj* (*Jur, Fin*) mobiliare ▸ *nm* mobilio, mobili *mpl*; **effets ~s** valori *mpl* mobiliari; **valeurs mobilières** titoli *mpl* mobiliari
mobiliser [mɔbilize] *vt* (*Mil, fig*) mobilitare
mobilité [mɔbilite] *nf* mobilità *f inv*
mocassin [mɔkasɛ̃] *nm* mocassino
moche [mɔʃ] (*fam*) *adj* brutto(-a)
modalité [mɔdalite] *nf* modalità *f inv*; **~s de paiement** modalità *fpl* di pagamento
mode [mɔd] *nf* moda ▸ *nm* (*de production, d'exploitation*) metodo; (*Ling, Mus, Inform*) modo; **à la ~** di moda; **~ d'emploi** istruzioni *fpl* (per l'uso); **~ de paiement** modalità *fpl* di pagamento; **~ de vie** stile *m* di vita
modèle [mɔdɛl] *nm* modello; (*Art* : *sujet*) soggetto; (: *personne qui pose*) modello(-a) ▸ *adj* modello *inv*; **~ courant** *ou* **de série** modello di serie; **~ déposé** modello depositato; **~ réduit** modello in scala ridotta
modeler [mɔd(ə)le] *vt* modellare; **~ qch sur/d'après** modellare qc su
modem [mɔdɛm] *nm* modem *m inv*
modération [mɔdeʀasjɔ̃] *nf* moderazione *f*
modéré, e [mɔdeʀe] *adj* moderato(-a); (*prix*) modico(-a) ▸ *nm/f* (*Pol*) moderato(-a)
modérer [mɔdeʀe] *vt* moderare; **se modérer** *vr* moderarsi
moderne [mɔdɛʀn] *adj* moderno(-a) ▸ *nm* (*Art*) moderno, arte *f* moderna
moderniser [mɔdɛʀnize] *vt* (*intérieur*) rimodernare; (*équipement, procédé*) modernizzare; **se moderniser** *vr* modernizzarsi
modeste [mɔdɛst] *adj* modesto(-a)
modestie [mɔdɛsti] *nf* modestia; **fausse ~** falsa modestia
modifier [mɔdifje] *vt* modificare; **se modifier** *vr* modificarsi
modique [mɔdik] *adj* modico(-a)
module [mɔdyl] *nm* modulo
moelle [mwal] *nf* midollo; **jusqu'à la ~** (*fig*) fino al midollo; **~ épinière** midollo spinale
moelleux, -euse [mwalø, øz] *adj* (*étoffe, siège*) morbido(-a), soffice; (*vin*) pastoso(-a); (*voix, son, chocolat*) vellutato(-a)
mœurs [mœʀ] *nfpl* condotta *fsg*; (*manières*) modi *mpl*, maniere *fpl*; (*pratiques sociales*) costumi *mpl*, usanze *fpl*; (*mode de vie*) stile *msg* di vita, abitudini *fpl*; (*d'une espèce animale*) abitudini *fpl*; **passer dans les ~** entrare nel costume
moi [mwa] *pron* (**m'** *avant en et y*) (*sujet*) io; (*objet direct*) mi; (*objet indirect*) me ▸ *nm* (*Psych*) io *m inv*; **c'est ~ qui l'ai fait** l'ho fatto io; **c'est ~ que vous avez appelé ?** mi ha chiamato?; **apporte-le-~** portamelo; **donnez-m'en** datemene; **à ~** (*possessif*) mio (mia), miei (mie); **le livre est à ~** il libro è mio; **un ami à ~** un mio amico; **avec ~** con me; **~, je ...** io ...
moi-même [mwamɛm] *pron* io stesso(-a); (*complément*) me stesso(-a)
moindre [mwɛ̃dʀ] *adj* (*comparatif*) minore, inferiore; (*superlatif*)

minimo(-a); **le/la ~ de** il/la minore di; **c'est la ~ des choses** mi sembra il minimo
moine [mwan] *nm* monaco, frate *m*
moineau, x [mwano] *nm* passero

MOT-CLÉ

moins [mwɛ̃] *adv* **1** (*comparatif*) : **moins (que)** meno (di); **il a 3 ans de moins que moi** ha 3 anni meno di me; **moins grand que** meno grande di; **moins je travaille, mieux je me porte** meno lavoro meglio sto
2 (*superlatif*) : **le moins** meno; **c'est ce que j'aime le moins** è ciò che mi piace meno; **le moins doué** il meno dotato; **la moins douée** la meno dotata; **au moins, du moins** almeno; **pour le moins** perlomeno
3 : **moins de** (*quantité, nombre*) meno; **moins de sable/d'eau** meno sabbia/ acqua; **moins de livres/gens** meno libri/gente; **moins de 2 ans/100 euros** meno di 2 anni/100 euro
4 : **de/en moins** in meno; **100 €/3 jours de moins** 100 euro/3 giorni in meno; **trois livres en moins** tre libri in meno; **de l'argent en moins** soldi in meno; **de moins en moins** sempre meno
5 : **à moins de** *conj* a meno di/che; **à moins de faire** a meno di fare, a meno che non si faccia
6 : **à moins de** *prép* a meno di; **à moins d'un accident** salvo incidenti
7 : **à moins que** *conj* a meno che; **à moins que tu ne fasses** a meno che tu non faccia
▶ *prép* : **4 moins 2** 4 meno 2; **il est moins 10** mancano 10; **il fait moins 5** siamo a meno cinque
▶ *conj* : **moins 2** meno 2

mois [mwa] *nm* mese *m*; (*salaire*) mensilità *f inv*, mensile *m*; **treizième ~** (*Comm*) tredicesima; **double ~** (*Comm*) doppia mensilità
moisi, e [mwazi] *adj* ammuffito(-a) ▶ *nm* muffa
moisir [mwaziʀ] *vi* (*aussi fig*) ammuffire, fare la muffa ▶ *vt* fare ammuffire; **~ en prison** marcire in prigione
moisissure [mwazisyʀ] *nf* muffa
moisson [mwasɔ̃] *nf* mietitura; (*céréales*) messe *f*, raccolto; **une ~ de souvenirs** una folla di ricordi; **une ~ de renseignements** una messe di informazioni
moissonner [mwasɔne] *vt* mietere
moissonneuse [mwasɔnøz] *nf* mietitrice *f*
moite [mwat] *adj* (*peau, mains*) umidiccio(-a); (*atmosphère, chaleur*) umido(-a)
moitié [mwatje] *nf* metà *f inv*; **sa ~** (*épouse*) la sua metà; **la ~ de** la metà di; **la ~ du temps/des gens** la metà del tempo/della gente; **à la ~ de** a metà di; **~ moins grand** alto la metà; **~ plus long** di metà più lungo; **à ~** a metà; **à ~ prix** a metà prezzo; **se mettre de ~** partecipare per metà; **~ ~** metà e metà
molaire [mɔlɛʀ] *nf* molare *m*
molécule [mɔlekyl] *nf* molecola
molester [mɔlɛste] *vt* (*brutaliser*) malmenare
molle [mɔl] *adj f voir* **mou**
mollement [mɔlmɑ̃] *adv* (*couché*) mollemente; (*protester*) timidamente; (*péj*) svogliatamente
mollet [mɔlɛ] *nm* (*Anat*) polpaccio ▶ *adj m* : **œuf ~** uovo bazzotto
molletonné, e [mɔltɔne] *adj* felpato(-a)
mollir [mɔliʀ] *vi* (*jambes, fig : personne*) cedere; (*Naut : vent*) calare; (*fig : courage, résolution*) venir meno
mollusque [mɔlysk] *nm* mollusco
môme [mom] (*fam*) *nm/f* (*enfant*) ragazzino(-a) ▶ *nf* (*fille, femme*) tipa
moment [mɔmɑ̃] *nm* momento; **ce n'est pas le ~** non è il momento; **à un certain ~** a un certo momento; **à un ~ donné** a un certo punto; **à quel ~ ?** in che momento?; **au même ~** nello stesso momento; **pour un bon ~** per un bel po'; **pour le ~** per il momento; **au ~ de** al momento di; **au ~ où** nel momento in cui; **à tout ~** tutti i momenti; (*continuellement*) continuamente; **en ce ~** in questo momento; **sur le ~** al momento; **par ~s** a tratti; **d'un ~ à l'autre** da un momento all'altro; **du ~ où** *ou* **que** dal momento che; **n'avoir pas un ~ à soi** non aver un momento per sé; **derniers ~s** ultimi momenti
momentané, e [mɔmɑ̃tane] *adj* momentaneo(-a)
momentanément [mɔmɑ̃tanemɑ̃] *adv* momentaneamente

momie [mɔmi] *nf* mummia
mon, ma [mɔ̃, ma] (*pl* **mes**) *adj poss* (il) mio, (la) mia, (i) miei, (le) mie; **~ père** mio padre; **ma maison** casa mia, la mia casa; **mes gants** i miei guanti; **une de mes amies** una mia amica
Monaco [mɔnako] *nm* : **(la principauté de) ~** (il principato di) Monaco
monarchie [mɔnaʀʃi] *nf* monarchia; **~ absolue/parlementaire** monarchia assoluta/parlamentare
monastère [mɔnastɛʀ] *nm* monastero
mondain, e [mɔ̃dɛ̃, ɛn] *adj* mondano(-a); (*peintre, écrivain*) che frequenta l'alta società ▸ *nm/f* mondano(-a); **carnet ~** cronaca mondana
mondanités [mɔ̃danite] *nfpl* mondanità *fpl inv*; (*Presse*) cronaca *fsg* mondana
monde [mɔ̃d] *nm* mondo; **le beau/grand ~** il bel/gran mondo; **il y a du ~** c'è molta gente; **beaucoup/peu de ~** molta/poca gente; **mettre au ~** mettere al mondo; **l'autre ~** l'altro mondo; **tout le ~** tutti *mpl*; **pas le moins du ~** per niente, affatto; **se faire un ~ de qch** dare un'importanza esagerata a qc; **tour du ~** giro del mondo; **homme/femme du ~** uomo/donna di mondo
mondial, e, -aux [mɔ̃djal, o] *adj* mondiale
mondialement [mɔ̃djalmɑ̃] *adv* universalmente, in tutto il mondo
mondialisation [mɔ̃djalizasjɔ̃] *nf* globalizzazione *f*
monégasque [mɔnegask] *adj* monegasco(-a) ▸ *nm/f* : **Monégasque** monegasco(-a)
monétaire [mɔnetɛʀ] *adj* monetario(-a)
monétiser [mɔnetize] *vt* monetizzare
moniteur, -trice [mɔnitœʀ, tʀis] *nm/f* (*de ski*) maestro(-a); (*d'éducation physique*) istruttore(-trice); (*de colonie de vacances*) animatore(-trice) ▸ *nm* (*Méd*) : **~ cardiaque** monitor *m inv* cardiaco; (*Inform*) monitor *m inv*; **~ d'auto-école** istruttore *m* di guida
monnaie [mɔnɛ] *nf* moneta; **avoir de la ~** avere moneta *ou* spiccioli *mpl*; **faire de la ~** cambiare; **avoir/faire la ~ de 20 €** avere da cambiare/cambiare 20 euro; **faire/donner à qn la ~ de 20 €** cambiare 20 euro a qn; **rendre à qn la ~ (sur 20 €)** dare a qn il resto (di 20 euro); **servir de ~ d'échange** (*fig*) servire da moneta di scambio; **payer en ~ de singe** ripagare solo a chiacchiere; **c'est ~ courante** è (cosa) di ordinaria amministrazione; **~ légale** moneta legale
monogamie [mɔnɔgami] *nf* monogamia
monologue [mɔnɔlɔg] *nm* monologo; **~ intérieur** monologo interiore
monologuer [mɔnɔlɔge] *vi* fare un monologo
monoparental, e, -aux [mɔnopaʀɑ̃tal, o] *adj* monogenitore *inv*
monoplace [mɔnoplas] *adj* monoposto *inv* ▸ *nm* (*avion*) monoposto *m inv* ▸ *nf* (*voiture*) monoposto *f inv*
monopole [mɔnɔpɔl] *nm* monopolio
monopoliser [mɔnɔpɔlize] *vt* monopolizzare
monotone [mɔnɔtɔn] *adj* monotono(-a)
monotonie [mɔnɔtɔni] *nf* monotonia
monovolume [mɔnɔvɔlym] *adj, nm* (*Auto*) monovolume *f inv*
Monsieur [məsjø] (*pl* **Messieurs**) *nm* signore *m*; **~ Dupont** il signor Dupont; **occupez-vous de ~** si occupi del signore; **bonjour ~** buongiorno (signore); **~** (*sur lettre*) Egregio Signore; **cher ~** caro signore; (*sur lettre*) Gentile Signore; **Messieurs** (i) signori; **un/le monsieur** un/il signore
monstre [mɔ̃stʀ] *nm* mostro ▸ *adj* (*fam*) mostruoso(-a), enorme; **un travail ~** un lavoro mostruoso; **~ sacré** mostro sacro
monstrueux, -euse [mɔ̃stʀyø, øz] *adj* mostruoso(-a)
mont [mɔ̃] *nm* : **par ~s et par vaux** in giro per il mondo; **le ~ de Vénus** il monte di Venere; **le M~ Blanc** il Monte Bianco
montage [mɔ̃taʒ] *nm* montaggio; (*d'une affaire financière*) organizzazione *f*; (*Élec*) collegamento; **~ sonore** montaggio sonoro
montagnard, e [mɔ̃taɲaʀ, aʀd] *adj, nm/f* montanaro(-a)
montagne [mɔ̃taɲ] *nf* montagna; **une ~ de** (*fig* : *quantité*) una montagna di; **la haute/moyenne ~** l'alta/la media montagna; **les ~s Rocheuses** le montagne Rocciose; **~s russes** montagne russe

montagneux, -euse [mɔ̃taɲø, øz] *adj* montuoso(-a)

montant, e [mɔ̃tɑ̃, ɑ̃t] *adj* (*mouvement*) ascendente; (*chemin*) in salita; (*robe, corsage*) accollato(-a); (*col, marée*) alto(-a) ▸ *nm* (*somme*) importo, ammontare *m*; (*d'une fenêtre*) stipite *m*; (*d'un lit*) spalliera; (*d'une échelle*) montante *m*

monte-charge [mɔ̃tʃaʀʒ] (*pl* **monte-charges**) *nm* montacarichi *m inv*

montée [mɔ̃te] *nf* (*escalade*) arrampicata; (*chemin, côte*) salita; **au milieu de la ~** a metà salita

monter [mɔ̃te] *vi* salire ▸ *vt* (*escalier, marches, côte*) salire; (*valise, déjeuner*) portare su; (*machine : assembler*) montare; (*Couture : manches, col*) attaccare; (*Théâtre : pièce*) allestire; (*affaire, société*) mettere su; (*coup*) organizzare; **se monter** *vr* (*s'équiper*) rifornirsi; **se ~ à** (*frais, réparation*) ammontare a; **~ à pied/en voiture** andare su *ou* salire a piedi/in macchina; **~ dans un train/avion/taxi** salire su un treno/aereo/taxi; **~ sur/à** (*arbre, échelle*) salire su; **~ à cheval/à bicyclette** salire *ou* montare a cavallo/ in bicicletta; **~ à l'assaut** andare all'assalto; **~ à bord** salire a bordo; **~ en grade** salire di grado; **~ sur les planches** calcare le scene; **~ à la tête à qn** (*vin, fig*) dare alla testa a qn; **~ la tête à qn** montare la testa a qn; **~ qch en épingle** gonfiare qc; **~ la garde** montare la guardia

monteur, -euse [mɔ̃tœʀ, øz] *nm/f* (*Tech, Ciné*) montatore(-trice)

montgolfière [mɔ̃gɔlfjɛʀ] *nf* mongolfiera

monticule [mɔ̃tikyl] *nm* monticello

montre [mɔ̃tʀ] *nf* orologio (da polso); **~ en main** orologio alla mano; **faire ~ de** far sfoggio di; (*faire preuve de*) far mostra di; **contre la ~** (*Sport*) a cronometro; **~ de plongée** orologio subacqueo

montrer [mɔ̃tʀe] *vt* mostrare; (*suj : panneau, flèche*) indicare; (*fig : décrire, dépeindre*) descrivere; **se montrer** *vr* apparire; **~ qch à qn** mostrare qc a qn; **~ qch du doigt** additare qc; **se ~ habile/à la hauteur/intelligent** (di)mostrarsi abile/all'altezza/ intelligente

monture [mɔ̃tyʀ] *nf* (*bête*) cavalcatura; (*d'une bague/de lunettes*) montatura

monument [mɔnymɑ̃] *nm* monumento; **~ aux morts** monumento ai caduti

moquer [mɔke] : **se moquer** *vr* : **se ~ de** prendere in giro, burlarsi di; (*fam : se désintéresser de*) infischiarsene di

moquette [mɔkɛt] *nf* moquette *f inv*

moqueur, -euse [mɔkœʀ, øz] *adj* beffardo(-a)

moral, e, -aux [mɔʀal, o] *adj* morale ▸ *nm* morale *m*; **au ~, sur le plan ~** sul piano morale; **avoir le ~ à zéro** avere il morale a terra

morale [mɔʀal] *nf* morale *f*; **faire la ~ à qn** fare la morale a qn

moralité [mɔʀalite] *nf* moralità *f inv*; (*conclusion, enseignement*) morale *f*

morceau, x [mɔʀso] *nm* pezzo; (*d'une œuvre*) brano; **couper/déchirer/ mettre en morceaux** tagliare/ strappare/fare a pezzi

morceler [mɔʀsəle] *vt* (*terrain*) frazionare, lottizzare

mordant, e [mɔʀdɑ̃, ɑ̃t] *adj* mordace; (*froid*) pungente ▸ *nm* mordente *m*

mordicus [mɔʀdikys] (*fam*) *adv* caparbiamente, con ostinazione

mordiller [mɔʀdije] *vt* mordicchiare

mordoré, e [mɔʀdɔʀe] *adj* mordoré *inv*

mordre [mɔʀdʀ] *vt* morsicare, mordere; (*suj : ancre, vis*) mordere ▸ *vi* (*poisson*) abboccare; **~ dans** (*fruit, gâteau*) addentare; **~ sur** (*fig*) oltrepassare; **~ à l'hameçon** abboccare

mordu, e [mɔʀdy] *pp de* **mordre** ▸ *adj* (*amoureux*) innamorato(-a) ▸ *nm/f* (*de voile etc*) patito(-a), fanatico(-a)

morfondre [mɔʀfɔ̃dʀ] : **se morfondre** *vr* annoiarsi (ad aspettare)

morgue [mɔʀg] *nf* (*arrogance*) tracotanza; (*lieu*) obitorio

morille [mɔʀij] *nf* spugnola

mormon, e [mɔʀmɔ̃, ɔn] *adj* mormonico(-a) ▸ *nm/f* : **Mormon, e** mormone *m/f*

morne [mɔʀn] *adj* cupo(-a), triste

morose [mɔʀoz] *adj* cupo(-a), imbronciato(-a); (*marché*) fiacco(-a), stagnante

morphologie [mɔʀfɔlɔʒi] *nf* morfologia

mors [mɔʀ] *nm* morso

morse [mɔʀs] *nm* (*Zool*) tricheco; (*signaux*) (alfabeto) morse *m inv*

morsure [mɔʀsyʀ] *nf* morso; (*du froid*) morsa; (*plaie*) morsicatura

mort, e [mɔʀ, mɔʀt] *pp de* **mourir** ▸ *nf* morte *f* ▸ *adj* morto(-a) ▸ *nm/f* (*dépouille mortelle, défunt*) morto(-a) ▸ *nm* (*Cartes*) morto; **de ~** (*silence, pâleur etc*) di morte; **à ~** (*blessé etc*) a morte; **à la ~ de qn** alla morte di qn; **à la vie, à la ~** per sempre; **~ ou vif** vivo(-a) o morto(-a); **~ de peur** morto(-a) di paura; **~ de fatigue** morto(-a) di stanchezza, stanco(-a) morto(-a); **~s et blessés** morti e feriti; **faire le ~** fare il morto; **se donner la ~** darsi la morte; **~ clinique** morte clinica

mortalité [mɔʀtalite] *nf* mortalità; **~ infantile** mortalità infantile

mortel, le [mɔʀtɛl] *adj* mortale; (*fig : froid, chaleur*) tremendo(-a); (: *soirée*) di una noia mortale ▸ *nm/f* mortale *m/f*

mortier [mɔʀtje] *nm* malta; (*canon, récipient*) mortaio

mort-né, e [mɔʀne] (*mpl* **-s**, *fpl* **mort-nées**) *adj* nato(-a) morto(-a); (*fig*) abortivo(-a)

mortuaire [mɔʀtɥɛʀ] *adj* (*cérémonie, couronne, drap*) funebre

morue [mɔʀy] *nf* merluzzo; (*Culin*) baccalà *m inv*

morveux, -euse [mɔʀvø, øz] (*fam*) *adj* moccioso(-a)

mosaïque [mɔzaik] *nf* (*aussi fig*) mosaico

Moscou [mɔsku] *n* Mosca

mosquée [mɔske] *nf* moschea

mot [mo] *nm* parola; **écrire/recevoir un ~** scrivere/ricevere due righe; **le ~ de la fin** la battuta finale; **bon ~** battuta (di spirito); **~ à ~** *adj* letterale ▸ *adv* in modo letterale ▸ *nm* traduzione *f* letterale; **à ces ~s** udite *ou* a queste parole; **sur ces ~s** detto questo; **en un ~** in breve, in una parola; **~ pour ~** parola per parola; **à ~s couverts** per sottintesi; **avoir le dernier ~** avere l'ultima parola; **prendre qn au ~** prendere qn in parola; **se donner le ~** passarsi parola; **avoir son ~ à dire** avere da dire la propria; **avoir des ~s avec qn** litigare con qn; **~ d'ordre** *ou* **de passe** parola d'ordine; **~s croisés** parole crociate

motard, e [mɔtaʀ, aʀd] *nm/f* motociclista *m/f*; (*de la police*) agente *m/f* in motocicletta

motel [mɔtɛl] *nm* motel *m inv*

moteur, -trice [mɔtœʀ, tʀis] *adj* (*Anat, Physiol*) motorio(-a); (*Tech*) motore(-trice); (*Auto*) : **à 4 roues motrices** a 4 ruote motrici ▸ *nm* motore *m*; (*fig : personne*) fautore *m*; **à ~** a motore; **~ à deux/quatre temps** motore a due/quattro tempi; **~ à explosion** motore a scoppio; **~ à réaction** motore a reazione; **~ de recherche** (*Inform*) motore di ricerca; **~ thermique** motore termico

motif [mɔtif] *nm* motivo; **motifs** *nmpl* (*Jur : d'une loi, d'un jugement*) motivazione *fsg*; **un ~ à fleurs** un motivo a fiori

motion [mosjɔ̃] *nf* mozione *f*; **~ de censure** mozione di sfiducia

motivation [mɔtivasjɔ̃] *nf* motivazione *f*

motivé, e [mɔtive] *adj* motivato(-a)

motiver [mɔtive] *vt* motivare

moto [moto] *nf* moto *f inv*

motoculteur [mɔtɔkyltœʀ] *nm* motocoltivatore *m*

motocycliste [mɔtɔsiklist] *nm/f* motociclista *m/f*

motorisé, e [mɔtɔʀize] *adj* motorizzato(-a)

motrice [mɔtʀis] *nf* (*Rail*) motrice *f* ▸ *adj f voir* **moteur**

motte [mɔt] *nf* : **~ de terre** zolla di terra; **~ de beurre** pane *m ou* panetto di burro; **~ de gazon** zolla erbosa

motus [mɔtys] *excl* : **~ (et bouche cousue) !** acqua in bocca!

mou, mol, molle [mu, mɔl] *adj* molle; (*matelas*) morbido(-a); (*personne*) fiacco(-a), molle; (: *résistance*) debole, fiacco(-a) ▸ *nm* (*abats*) polmone *m*; **avoir les jambes molles** aver le gambe molli; **donner du ~** allentare

mouche [muʃ] *nf* mosca; **prendre la ~** prendersela; **faire ~** fare centro; **bateau-~** *battello per gite sulla Senna*; **~ tsé-tsé** mosca *f* tse-tse *inv*

moucher [muʃe] *vt* (*enfant*) soffiare il naso a; (*chandelle, lampe*) smoccolare; (*fig*) dare una lavata di capo a; **se moucher** *vr* soffiarsi il naso

moucheron [muʃʀɔ̃] *nm* moscerino

mouchoir [muʃwaʀ] *nm* fazzoletto; **~ en papier** fazzoletto di carta

moudre [mudʀ] *vt* macinare

moue [mu] *nf* smorfia; **faire la ~** fare il broncio

mouette [mwɛt] *nf* gabbiano

moufle [mufl] *nf* muffola, manopola; (*Tech*) bozzello
mouflon [muflɔ̃] *nm* muflone *m*
mouillé, e [muje] *adj* bagnato(-a)
mouiller [muje] *vt* (*humecter*) inumidire; (*tremper*) bagnare; (*couper, diluer*) diluire, annacquare; (*ragoût, sauce*) allungare; (*mine*) posare; (*ancre*) gettare ▶ *vi* (*Naut*) ormeggiarsi, ancorarsi; **se mouiller** *vr* bagnarsi; (*fam*) compromettersi; **~ l'ancre** gettare l'ancora
moulant, e [mulɑ̃, ɑ̃t] *adj* attillato(-a), aderente
moule [mul] *vb voir* **moudre** ▶ *nf* mitilo, cozza ▶ *nm* stampo, forma; **~ à gâteaux** stampo per dolci; **~ à gaufre** stampo per cialde; **~ à tarte** tortiera
mouler [mule] *vt* fabbricare (da stampo), foggiare; (*couler*) fondere; (*suj : vêtement, bas*) modellare
moulin [mulɛ̃] *nm* mulino; (*fam*) motore *m*; **~ à café** macinacaffè *m inv*; **~ à eau** mulino ad acqua; **~ à légumes** passaverdure *m inv*; **~ à paroles** (*fig*) chiacchierone(-a); **~ à poivre** macinapepe *m inv*; **~ à prières** mulino di preghiera; **~ à vent** mulino a vento
moulinet [mulinɛ] *nm* mulinello
moulinette® [mulinɛt] *nf* passaverdure *m inv*
moulu, e [muly] *pp de* **moudre** ▶ *adj* (*café*) macinato(-a)
mourant, e [muʀɑ̃, ɑ̃t] *vb voir* **mourir** ▶ *adj* morente, moribondo(-a); (*feu*) morente ▶ *nm/f* moribondo(-a)
mourir [muʀiʀ] *vi* morire; **~ de faim** morire di fame; **~ de froid** morire di freddo; **~ d'ennui** (*fig*) annoiarsi a morte; **~ de rire** morire dal ridere; **~ de vieillesse** morire di vecchiaia; **~ assassiné** morire ammazzato; **~ d'envie de faire** morire dalla voglia di fare; **être las à ~** essere stanco morto; **s'ennuyer à ~** annoiarsi a morte
moussant, e [musɑ̃, ɑ̃t] *adj* : **bain ~** bagnoschiuma *m inv*
mousse [mus] *nf* (*Bot*) muschio; (*de l'eau, d'un shampooing*) schiuma; (*de champagne, bière*) schiuma, spuma; (*dessert, pâté*) mousse *f inv*; (*matériau*) gommapiuma® ▶ *nm* (*Naut*) mozzo; **bain ~** bagnoschiuma *m inv*; **balle ~** palla di gommapiuma®; **~ à raser** schiuma da barba; **~ carbonique** schiuma *f* antincendio *inv*
mousseline [muslin] *nf* mussola; **pommes ~** (*Culin*) purè *msg inv* di patate
mousser [muse] *vi* fare schiuma
mousseux, -euse [musø, øz] *adj* con la schiuma ▶ *nm* : **(vin) ~** (vino) spumante *m*
mousson [musɔ̃] *nf* monsone *m*
moustache [mustaʃ] *nf* baffi *mpl*; **moustaches** *nfpl* (*d'animal*) baffi *mpl*
moustachu, e [mustaʃy] *adj* baffuto(-a)
moustiquaire [mustikɛʀ] *nf* zanzariera
moustique [mustik] *nm* zanzara
moutarde [mutaʀd] *nf* (*Bot, condiment*) senape *f* ▶ *adj inv* senape *inv*
mouton [mutɔ̃] *nm* pecora; (*mâle*) montone *m*; (*péj*) pecora, pecorone *m*; **moutons** *nmpl* (*fig : petits nuages*) pecorelle *fpl*; (*flocons de poussière*) fiocco *ou* bioccolo di polvere
mouvement [muvmɑ̃] *nm* movimento; (*mécanisme : de montre*) meccanismo; (*fig : de colère, d'humeur*) moto; **en ~** in movimento; **mettre qch en ~** mettere in moto qc; **M~ de libération de la femme** movimento di liberazione della donna; **~ d'opinion** tendenza dell'opinione pubblica; **le ~ perpétuel** il moto perpetuo
mouvementé, e [muvmɑ̃te] *adj* movimentato(-a); (*récit*) animato(-a)
mouvoir [muvwaʀ] *vt* muovere; **se mouvoir** *vr* muoversi
moyen, ne [mwajɛ̃, jɛn] *adj* medio(-a); (*élève, résultat*) mediocre ▶ *nm* mezzo, modo; **moyens** *nmpl* (*intellectuels*) capacità *fpl*; (*physiques*) doti *fpl*; (*ressources pécuniaires*) mezzi *mpl*; **au ~ de** per mezzo di, mediante; **y a-t-il ~ de… ?** c'è modo di …?; **par quel ~ ?** in che modo?; **avec les ~s du bord** (*fig*) con i mezzi di cui si dispone; **par tous les ~s** in tutti i modi, con ogni mezzo; **employer les grands ~s** far uso di tutte le proprie risorse; **par ses propres ~s** coi propri mezzi; **M~ Âge** Medioevo; **~ d'expression** mezzo di espressione; **~ de locomotion** mezzo di locomozione; **~ de transport** mezzo di trasporto; **~ terme** medio termine
moyennant [mwajɛnɑ̃] *prép* (*somme d'argent*) dietro pagamento di, pagando; **~ quoi** dopodiché

m

moyenne [mwajɛn] *nf* media; (*Scol*) sufficienza; **en ~** in media; **~ d'âge** età *f inv* media; **~ entreprise** (*Comm*) media impresa

Moyen-Orient [mwajɛnɔʀjɑ̃] *nm* Medio Oriente *m*

moyeu, x [mwajø] *nm* mozzo

MST [ɛmɛste] *sigle f* = *maladie sexuellement transmissible*

mû, mue [my] *pp de* **mouvoir**

mue [my] *nf* (*v vi*) muda; muta

muer [mɥe] *vi* (*oiseau*) fare la muda; (*serpent, mammifère*) fare la muta; (*jeune garçon*) cambiare voce; **se muer** *vr* : **se ~ en** mutarsi in

muet, te [mɥɛ, mɥɛt] *adj* muto(-a) ▸ *nm/f* muto(-a) ▸ *nm* : **le ~** il cinema muto; **~ d'admiration/ d'étonnement** muto(-a) per l'ammirazione/lo stupore

mufle [myfl] *nm* muso; (*goujat, malotru*) zoticone(-a), cafone(-a)

mugir [myʒiʀ] *vi* muggire; (*fig*) ululare

mugissement [myʒismɑ̃] *nm* (*v vb*) muggito; ululato

muguet [mygɛ] *nm* mughetto

mulâtre, mulâtresse [mylɑtʀ, mylɑtʀɛs] *nm/f* mulatto(-a)

mule [myl] *nf* (*Zool*) mula; (*fig*) mulo; **mules** *nfpl* (*pantoufles*) pantofole *fpl*

mulet [mylɛ] *nm* (*mammifère*) mulo; (*poisson*) cefalo

mulot [mylo] *nm* topo campagnolo

multicolore [myltikɔlɔʀ] *adj* multicolore

multiethnique [myltiɛtnik] *adj* multietnico(-a)

multinationale [myltinasjɔnal] *nf* multinazionale *f*

multiple [myltipl] *adj* molteplice; (*nombre*) multiplo(-a) ▸ *nm* multiplo

multiplication [myltiplikasjɔ̃] *nf* moltiplicazione *f*

multiplier [myltiplije] *vt* moltiplicare; **se multiplier** *vr* moltiplicarsi

multiracial, e [myltiʀasjal,] *adj* multirazziale

multisalle(s) [myltisal] *adj* (*cinéma*) multisala *inv*

multitude [myltityd] *nf* moltitudine *f*

multivitaminé, e [myltivitamine] *adj* multivitaminico(-a)

municipal, e, -aux [mynisipal, o] *adj* comunale, municipale

municipalité [mynisipalite] *nf* (*corps municipal*) amministrazione *f* comunale; (*commune*) comune *m*

munir [myniʀ] *vt* : **~ qn/qch de** munire qn/qc di; **se munir** *vr* : **se ~ de** armarsi *ou* munirsi di

munitions [mynisjɔ̃] *nfpl* munizioni *fpl*

muqueuse [mykøz] *nf* mucosa

mur [myʀ] *nm* (*aussi fig*) muro; (*rondins*) palizzata; **faire le ~** (*interne, soldat*) saltare il muro; **les ~s de la ville** le mura della città; **~ du son** muro del suono

mûr, e [myʀ] *adj* maturo(-a)

muraille [myʀɑj] *nf* muraglia

mural, e, -aux [myʀal, o] *adj* murale; (*étagère, bibliothèque*) a muro ▸ *nm* (*Art*) murale *m*

mûre [myʀ] *nf* (*du mûrier*) mora (di gelso); (*de la ronce*) mora

murène [myʀɛn] *nf* murena

muret [myʀɛ] *nm* muretto

mûrier [myʀje] *nm* (*du ver à soie*) gelso, moro; (*ronce*) rovo

mûrir [myʀiʀ] *vi, vt* maturare

murmure [myʀmyʀ] *nm* mormorio; **~ d'approbation/d'admiration** mormorio di approvazione/di ammirazione

murmurer [myʀmyʀe] *vi* mormorare

musaraigne [myzaʀɛɲ] *nf* toporagno

musc [mysk] *nm* muschio

muscade [myskad] *nf* (*Bot* : *aussi* : **noix muscade**) noce *f* moscata

muscat [myska] *nm* moscato

muscle [myskl] *nm* muscolo

musclé, e [myskle] *adj* muscoloso(-a); (*fig*) energico(-a), deciso(-a)

muse [myz] *nf* musa

museau, x [myzo] *nm* muso

musée [myze] *nm* museo; (*de peinture*) pinacoteca

museler [myz(ə)le] *vt* mettere la museruola a; (*fig*) imbavagliare

muselière [myzəljɛʀ] *nf* museruola

musette [myzɛt] *nf* tascapane *m*

musical, e, -aux [myzikal, o] *adj* musicale

music-hall [myzikol] (*pl* **-s**) *nm* varietà *m inv*

musicien, ne [myzisjɛ̃, jɛn] *adj* che si intende di musica ▸ *nm/f* musicista *m/f*

musique [myzik] *nf* musica; (*fanfare*) banda; **faire de la ~** far musica; (*jouer d'un instrument*) suonare; **~ de chambre** musica da camera; **~ de film** musica da film; **~ de fond** musica di sottofondo; **~ militaire** banda militare

Istituita nel 1982 dal Ministro della cultura Jack Lang, la **fête de la musique** si celebra il 1 giugno nelle strade della maggior parte delle città e dei paesi francesi, dove si esibiscono musicisti professionisti e dilettanti. In città come Parigi, Lione o Marsiglia si può assistere gratuitamente ai concerti di grandi artisti di musica classica, pop o rap.

must [mœst] *nm* must *m inv*
musulman, e [myzylmɑ̃, an] *adj, nm/f* mu(s)sulmano(-a)
mutation [mytasjɔ̃] *nf* (*Admin*) trasferimento; (*Biol*) mutazione *f*
muter [myte] *vt* (*Admin*) trasferire
mutilé, e [mytile] *nm/f* mutilato(-a); **~ de guerre** mutilato di guerra; **~ du travail** mutilato del lavoro
mutiler [mytile] *vt* mutilare; (*fig*) danneggiare
mutin, e [mytɛ̃, in] *adj* birichino(-a), sbarazzino(-a) ▶ *nm* (*Mil, Naut*) ammutinato
mutinerie [mytinʀi] *nf* ammutinamento
mutisme [mytism] *nm* mutismo
mutuel, le [mytɥɛl] *adj* reciproco(-a); **établissement/société d'assurance mutuelle** (cassa) mutua
mutuelle [mytɥɛl] *nf* (cassa) mutua
myope [mjɔp] *adj, nm/f* miope *m/f*
myosotis [mjɔzɔtis] *nm* nontiscordardimé *m inv*
myrtille [miʀtij] *nf* mirtillo
mystère [mistɛʀ] *nm* mistero
mystérieusement [misteʀjøzmɑ̃] *adv* misteriosamente
mystérieux, -euse [misteʀjø, jøz] *adj* misterioso(-a)
mystifier [mistifje] *vt* mistificare
mythe [mit] *nm* mito
mythologie [mitɔlɔʒi] *nf* mitologia

n' [n] *adv voir* **ne**
nacelle [nasɛl] *nf* navicella
nacre [nakʀ] *nf* madreperla
nage [naʒ] *nf* nuoto; **traverser/s'éloigner à la ~** attraversare/allontanarsi a nuoto; **en ~** in un bagno di sudore; **~ indienne** stile *m* alla marinara; **~ libre** stile *m* libero
nageoire [naʒwaʀ] *nf* pinna
nager [naʒe] *vi* nuotare; (*fig*) non sapere che pesci pigliare ▶ *vt* (*le crawl etc*) nuotare a; **~ dans ses vêtements** ballare nei vestiti; **~ dans le bonheur** essere fuori di sé dalla gioia
nageur, -euse [naʒœʀ, øz] *nm/f* nuotatore(-trice)
naïf, naïve [naif, naiv] *adj* ingenuo(-a)
nain, e [nɛ̃, nɛn] *nm/f, adj* nano(-a)
naissance [nɛsɑ̃s] *nf* nascita; **donner ~ à** (*enfant*) mettere al mondo; (*fig : rumeurs, soupçons*) far nascere; **prendre ~** nascere; **aveugle de ~** cieco dalla nascita; **Français de ~** francese di nascita; **à la ~ des cheveux** all'attaccatura dei capelli; **lieu de ~** luogo di nascita
naissant, e [nɛsɑ̃, ɑ̃t] *adj* nascente; (*calvitie*) incipiente; (*barbe*) che spunta
naître [nɛtʀ] *vi* nascere; **~ de** (*résulter*) nascere da; **il est né en 1960** è nato nel 1960; **il naît plus de filles que de garçons** nascono più femmine che maschi; **faire ~** (*fig : soupçons, sentiment*) far nascere
naïveté [naivte] *nf* ingenuità *f inv*
nana [nana] (*fam*) *nf* ragazza

n

nappe [nap] *nf* tovaglia; **~ d'eau** falda acquifera; **~ de brouillard** banco di nebbia; **~ de gaz** coltre *f* di gas; **~ de mazout** chiazza di nafta
napper [nape] *vt* : **~ qch de** ricoprire qc (con uno strato) di, nappare qc di
napperon [napʀɔ̃] *nm* centrino
naquit *etc* [naki] *vb voir* **naître**
narguer [naʀge] *vt* sfidare
narine [naʀin] *nf* narice *f*
narquois, e [naʀkwa, waz] *adj* beffardo(-a)
narrateur, -trice [naʀatœʀ, tʀis] *nm/f* narratore(-trice)
natal, e [natal] *adj* natale
natalité [natalite] *nf* natalità
natation [natasjɔ̃] *nf* nuoto; **faire de la ~** fare nuoto
natif, -ive [natif, iv] *adj* nativo(-a); (*inné*) innato(-a); **~ de** (*originaire*) nativo(-a) di
nation [nasjɔ̃] *nf* nazione *f*; **les N~s Unies** le Nazioni Unite
national, e, -aux [nasjɔnal, o] *adj* nazionale; **nationaux** *nmpl* (*citoyens*) connazionali *mpl*; **obsèques ~es** funerali *mpl* di stato
nationale [nasjɔnal] *nf* : **(route) ~** (strada) statale *f*
nationaliser [nasjɔnalize] *vt* nazionalizzare
nationalisme [nasjɔnalism] *nm* nazionalismo
nationalité [nasjɔnalite] *nf* nazionalità *f inv*, cittadinanza; **il est de ~ française** è di nazionalità francese
natte [nat] *nf* (*tapis*) stuoia; (*cheveux*) treccia
naturaliser [natyʀalize] *vt* (*personne*) naturalizzare; (*animal, plante*) acclimatare
nature [natyʀ] *nf* natura ▸ *adj* (*yaourt*) bianco; (*thé*) senza niente; (*personne*) naturale, spontaneo(-a); **café ~** caffè nero; **payer en ~** pagare in natura; **peint d'après ~** dipinto dal vero; **être de ~ à faire qch** essere tale da fare qc; **~ morte** natura morta
naturel, le [natyʀɛl] *adj* naturale ▸ *nm* indole *f*, carattere *m*; (*aisance*) naturalezza; **au ~** (*Culin*) al naturale
naturellement [natyʀɛlmɑ̃] *adv* (*par tempérament, facilement*) con naturalezza; (*bien sûr, évidemment*) naturalmente
naufrage [nofʀaʒ] *nm* naufragio; (*fig*) rovina; **faire ~** naufragare
nausée [noze] *nf* (*aussi fig*) nausea; **avoir la ~** *ou* **des ~s** avere la nausea
nautique [notik] *adj* nautico(-a); **sports ~s** sport *mpl* nautici
naval, e [naval] *adj* navale
navet [navɛ] *nm* rapa; (*péj* : *film*) filmaccio
navette [navɛt] *nf* (*objet*) navetta, spola; (*véhicule*) navetta; **faire la ~ (entre)** (*aussi fig*) fare la spola (tra); **~ spatiale** navetta spaziale
navigateur, -trice [navigatœʀ, tʀis] *nm/f* (*Aviat, Naut*) navigatore(-trice) ▸ *nm* (*Inform*) browser *m inv*
navigation [navigasjɔ̃] *nf* navigazione *f*; **compagnie de ~** compagnia di navigazione
naviguer [navige] *vi* navigare
navire [naviʀ] *nm* nave *f*; **~ marchand/de guerre** nave mercantile/da guerra
navrer [navʀe] *vt* rattristare; **je suis navré (de/de faire/que)** sono spiacente *ou* desolato (di/di fare/che)
ne [n(ə)] *adv* non
né, e [ne] *pp de* **naître** ▸ *adj* : **un comédien né** un attore nato; **né en 1960** nato(-a) nel 1960; **née Dupont** nata Dupont; **bien né** di buona famiglia; **né de ... et de ...** (*sur acte de naissance etc*) figlio(-a) di ... e di ...; **né d'une mère française** nato(-a) da madre francese
néanmoins [neɑ̃mwɛ̃] *adv* tuttavia, (ciò) nondimeno
néant [neɑ̃] *nm* nulla *m inv*; **réduire à ~** annientare; (*espoir*) distruggere
nécessaire [nesesɛʀ] *adj* necessario(-a) ▸ *nm* : **faire le ~** fare il necessario; **est-il ~ que je m'en aille ?** è necessario che me ne vada?; **il est ~ de ...** è necessario ...; **n'emporter que le strict ~** prendere con sé solo lo stretto necessario; **~ de couture** astuccio da lavoro; **~ de toilette** (*sac*) necessaire *m inv* da toilette; **~ de voyage** necessaire *m inv* da viaggio
nécessité [nesesite] *nf* necessità *f inv*; **se trouver dans la ~ de faire qch** trovarsi nella necessità di fare qc; **par ~** per necessità
nécessiter [nesesite] *vt* necessitare di
nectar [nɛktaʀ] *nm* nettare *m*
nectarine [nɛktaʀin] *nf* nocepesca

néerlandais, e [neɛʀlɑ̃dɛ, ɛz] *adj* olandese ▸ *nm* (*langue*) olandese *m* ▸ *nm/f* : **Néerlandais, e** olandese *m/f*
nef [nɛf] *nf* navata
néfaste [nefast] *adj* nefasto(-a)
négatif, -ive [negatif, iv] *adj* negativo(-a) ▸ *nm* (*Photo*) negativo
négation [negasjɔ̃] *nf* negazione *f*
négative [negativ] *nf* : **répondre par la ~** rispondere negativamente
négligé, e [negliʒe] *adj* (*en désordre*) trascurato(-a), trasandato(-a) ▸ *nm* negligé *m inv*
négligeable [negliʒabl] *adj* trascurabile
négligence [negliʒɑ̃s] *nf* negligenza
négligent, e [negliʒɑ̃, ɑ̃t] *adj* negligente
négliger [negliʒe] *vt* trascurare; (*avis*) non tener conto di, non ascoltare; (*précautions*) trascurare di prendere; **se négliger** *vr* trascurarsi; **~ de faire qch** trascurare di fare qc
négociable [negɔsjabl] *adj* negoziabile
négociant, e [negɔsjɑ̃, jɑ̃t] *nm/f* negoziante *m/f*
négociation [negɔsjasjɔ̃] *nf* negoziato; **~s collectives** contrattazioni *fpl* sindacali
négocier [negɔsje] *vt* negoziare; (*virage*) prendere bene; (*obstacle*) aggirare ▸ *vi* (*Pol*) negoziare
nègre [nɛgʀ] (*péj*) *nm* negro ▸ *adj* negro(-a)
neige [nɛʒ] *nf* neve *f*; **battre les œufs en ~** montare le uova a neve; **~ carbonique** neve carbonica; **~ fondue** (*par terre*) neve sciolta; **~ poudreuse** neve farinosa
neiger [neʒe] *vi* nevicare
nénuphar [nenyfaʀ] *nm* ninfea
néologisme [neɔlɔʒism] *nm* neologismo
néon [neɔ̃] *nm* neon *m inv*
néophyte [neɔfit] *nm/f* neofita *m/f*
néo-zélandais, e [neoʒelɑ̃dɛ, ɛz] (*mpl* **néo-zélandais**, *fpl* **néo-zélandaises**) *adj* neozelandese ▸ *nm/f* : **Néo-Zélandais, e** neozelandese *m/f*
nerf [nɛʀ] *nm* nervo; (*fig : vigueur*) nerbo; **nerfs** *nmpl* (*équilibre nerveux*) nervi *mpl*; **être** *ou* **vivre sur les ~s** essere *ou* vivere costantemente in tensione; **être à bout de ~s** avere i nervi a fior di pelle; **passer ses ~s sur qn** sfogare il proprio nervosismo su qn
nerveux, -euse [nɛʀvø, øz] *adj* nervoso(-a); (*voiture*) scattante
nervosité [nɛʀvozite] *nf* nervosismo
n'est-ce pas [nɛspɑ] *adv* : **« c'est bon, ~ ? »** « è buono, vero? »; **« il a peur, ~ ? »** « ha paura, vero? »; **« ~ que c'est bon ? »** « vero che è buono? »; **lui, ~, il peut se le permettre** lui, vero, se lo può permettere
Net [nɛt] *nm* (*Internet*) : **le ~** Internet *f*; **surfer sur le ~** navigare in Internet
net, nette [nɛt] *adj* netto(-a); (*propre, sans tache*) pulito(-a) ▸ *adv* (*refuser*) categoricamente, nettamente ▸ *nm* : **mettre au ~** mettere in bella copia; **s'arrêter ~** fermarsi di colpo; **la lame a cassé ~** la lama si è spezzata di netto; **faire place nette** fare piazza pulita; **~ d'impôt** al netto d'imposta
nettement [nɛtmɑ̃] *adv* chiaramente; (*distinctement*) nitidamente, chiaramente; **~ mieux/meilleur** nettamente meglio/migliore
netteté [nɛtte] *nf* nitidezza, chiarezza
nettoyage [netwajaʒ] *nm* pulizia, pulitura; **~ à sec** lavaggio a secco
nettoyer [netwaje] *vt* pulire; (*fig*) ripulire
neuf[1] [nœf] *adj inv, nm inv* nove (*m*) *inv*; *voir aussi* **cinq**
neuf[2]**, neuve** [nœf, nœv] *adj* nuovo(-a) ▸ *nm* : **remettre à ~** rimettere a nuovo; **quoi de ~ ?** cosa c'è di nuovo?
neutralité [nøtʀalite] *nf* neutralità
neutre [nøtʀ] *adj* neutro(-a); (*Pol, fig*) neutrale ▸ *nm* (*Ling*) neutro
neuve [nœv] *adj voir* **neuf**[2]
neuvième [nœvjɛm] *adj, nm/f* nono(-a) ▸ *nm* nono; *voir aussi* **cinquième**
neveu, x [n(ə)vø] *nm* nipote *m* (*di zio, zia*)
névralgique [nevʀalʒik] *adj* (*aussi fig*) nevralgico(-a); **centre ~** centro nevralgico
nez [ne] *nm* naso; (*d'avion etc*) muso; **rire au ~ de qn** ridere in faccia a qn; **avoir du ~** avere naso; **avoir le ~ fin** avere buon naso *ou* fiuto; **~ à ~ avec** faccia a faccia con; **à vue de ~** a prima vista
ni [ni] *conj* : **ni l'un ni l'autre ne sont ...** né l'uno né l'altro sono ...; **il n'a rien vu ni entendu** non ha visto né sentito nulla

niche [niʃ] *nf* cuccia; (*de mur*) nicchia
nicher [niʃe] *vi* nidificare; **se ~ dans** (*oiseau*) fare il nido in; (*personne : se blottir*) rannicchiarsi in; (*: se cacher*) nascondersi in
nichon [niʃɔ̃] (*fam*) *nm* tetta
nickel [nikɛl] *nm* nichel *m* ▶ *adj* (*fam : impeccablement propre*) pulito(-a) a specchio; (*parfait*) perfetto(-a)
nid [ni] *nm* (*aussi fig*) nido; **~ d'abeilles** (*Couture, Textile*) nido d'api; **~ de poule** buca
nièce [njɛs] *nf* nipote *f* (*di zio, zia*)
nième [ɛnjɛm] *adj* : **la ~ fois** l'ennesima volta
nier [nje] *vt* negare
Nil [nil] *nm* Nilo
n'importe [nɛ̃pɔʀt] *adv* : **« ~ ! »** « non fa niente! »; **~ qui** chiunque; **~ quoi** qualsiasi cosa; **~ où** dovunque; **~ quoi !** (*fam : désapprobation*) sciocchezze!; **~ lequel/laquelle d'entre nous** uno(-a) qualsiasi di noi; **~ quel/quelle** qualsiasi, qualunque; **à ~ quel prix** a qualsiasi prezzo; **~ quand** in qualsiasi momento; **~ comment, il part ce soir** comunque sia, parte stasera; **~ comment** (*sans soin : travailler etc*) alla bell'e meglio
niveau, x [nivo] *nm* livello; **au ~ de** (*à la hauteur de*) all'altezza di, al livello di; (*à côté de, fig : en ce qui concerne*) a livello di; **de ~ (avec)** dello stesso livello di; **le ~ de la mer** il livello del mare; **~ (à bulle)** livella; **~ (d'eau)** livello idrico; **~ de vie** tenore *m* di vita; **~ social** livello sociale
niveler [niv(ə)le] *vt* (*aussi fig*) livellare
noble [nɔbl] *adj, nm/f* nobile *m/f*
noblesse [nɔblɛs] *nf* nobiltà
noce [nɔs] *nf* nozze *fpl*; (*gens*) invitati *mpl* (alle nozze); **il l'a épousée en secondes ~s** l'ha sposata in seconde nozze; **faire la ~** (*fam*) fare baldoria; **~s d'argent/d'or/de diamant** nozze d'argento/d'oro/di diamante
nocif, -ive [nɔsif, iv] *adj* nocivo(-a)
nocturne [nɔktyʀn] *adj* notturno(-a) ▶ *nf* (*Sport*) notturna; (*d'un magasin*) apertura notturna
Noël [nɔɛl] *nm ou nf* : **la (fête de) ~** la festa di Natale, il Natale
nœud [nø] *nm* (*de corde*) nodo; (*ruban*) fiocco; (*fig : liens*) vincolo; **~ de l'action** (*Théâtre etc*) nodo dell'azione; **~ coulant** nodo scorsoio; **~ gordien** nodo gordiano; **~ papillon** farfallino
noir, e [nwaʀ] *adj* nero(-a); (*race, personne*) negro(-a), nero(-a); (*obscur, sombre*) buio(-a), scuro(-a); (*roman, film*) noir *inv* ▶ *nm/f* negro(-a), nero(-a) ▶ *nm* (*couleur, matière*) nero; (*obscurité*) buio; **avoir peur du ~** avere paura del buio; **dans le ~** al buio ▶ *adv* : **au ~** (*travailler*) in nero; (*acheter, vendre*) al mercato nero; **il fait ~** fa buio
noircir [nwaʀsiʀ] *vi* annerire ▶ *vt* annerire; (*fig*) screditare
noire [nwaʀ] *nf* (*Mus*) semiminima
noisetier [nwaz(ə)tje] *nm* nocciolo
noisette [nwazɛt] *nf* nocciola; (*de beurre*) noce *f* ▶ *adj* (*yeux*) (color) nocciola *inv*
noix [nwa] *nf* noce *f*; **une ~ de beurre** una noce di burro; **à la ~** (*fam*) che non vale niente; **~ de cajou** noce di acagiù; **~ de coco** noce di cocco; **~ de veau** (*Culin*) noce di vitello; **~ (de) muscade** noce moscata
nom [nɔ̃] *nm* nome *m*; **connaître qn de ~** conoscere qn di nome; **au ~ de** in nome di; **~ d'une pipe** *ou* **d'un chien !** (*fam*) perbacco!, accidenti!; **~ de Dieu !** (*fam!*) per Dio!; **~ commun** nome comune; **~ composé** nome composto; **~ d'emprunt** nome fittizio; (*d'écrivain*) pseudonimo; **~ de famille** cognome *m*; **~ de fichier** (*fam*) nome di file; **~ de jeune fille** cognome *m* da ragazza; **~ déposé** nome depositato; **~ d'utilisateur** nome utente; **~ propre** nome proprio
nomade [nɔmad] *adj, nm/f* nomade *m/f*
nombre [nɔ̃bʀ] *nm* (*Math, Ling*) numero; **venir en ~** giungere numerosi(-e); **depuis ~ d'années** da molti anni; **ils sont au ~ de 3** sono in 3; **au ~ de mes amis** tra i miei amici; **sans ~** innumerevoli; **(bon) ~ de** un buon numero di; **~ entier/premier** numero intero/primo
nombreux, -euse [nɔ̃bʀø, øz] *adj* (*avec nom pl*) numerosi(-e), molti(-e); (*avec nom sg*) numeroso(-a); **peu ~** poco numeroso(-a); **de ~ cas** numerosi casi
nombril [nɔ̃bʀi(l)] *nm* ombelico
nommer [nɔme] *vt* (*baptiser, dénommer*) battezzare; (*qualifier*) chiamare; (*mentionner, citer*) fare il nome di, citare; (*désigner, choisir*) nominare; **se nommer** *vr* : **il se nomme Jean** si chiama Jean; (*se présenter*) presentarsi,

dire il proprio nome; **un nommé Leduc** un certo Leduc
non [nɔ̃] *adv* (*réponse*) no; (*avec loin, sans, seulement*) non; **Paul est venu, ~ ?** Paul è venuto, vero?; **c'est sympa, ~ ?** è simpatico, no?; **répondre** *ou* **dire que ~** rispondere *ou* dire di no; **~ (pas) que ...** non che ...; **~ plus** : **moi ~ plus** neanch'io, nemmeno io; **je préférais que ~** preferivo di no; **il se trouve que ~** si dà il caso di no; **je pense que ~** penso di no; **je suis sûr que ~** sono sicuro di no; **mais ~, ce n'est pas mal** ma no, non è (poi) male; **~ mais ... !** no ma ...!; **~ mais des fois !** ma ti (*ou* vi *ou* le) pare!; **~ loin/seulement** non lontano/solo
non alcoolisé, e [nɔ̃alkɔɔlize] *adj* analcolico(-a)
nonchalant, e [nɔ̃ʃalɑ̃, ɑ̃t] *adj* indifferente, svogliato(-a)
non-fumeur, -euse [nɔ̃fymœʀ, øz] (*mpl* **-s**, *fpl* **non-fumeuses**) *nm/f* non fumatore(-trice)
nonne [nɔn] *nf* suora

> **FAUX AMIS**
> **nonne** ne se traduit pas par le mot italien *nonna*.

non-retour [nɔ̃ʀətuʀ] *nm* : **point de ~** punto di non ritorno
non-sens [nɔ̃sɑ̃s] *nm* nonsenso, controsenso
non-stop [nɔnstɔp] *adj inv* non-stop *inv*
non-violence [nɔ̃vjɔlɑ̃s] *nf* nonviolenza
nord [nɔʀ] *nm* nord *m inv* ▶ *adj inv* nord *inv*, settentrionale; **au ~** (*situation*) al nord; (*direction*) a nord; **au ~ de** a nord di; **perdre le ~** perdere la bussola; *voir aussi* **pôle** ; **sud**
nord-est [nɔʀɛst] *nm inv* nordest *m inv*
nord-ouest [nɔʀwɛst] *nm inv* nordovest *m inv*
normal, e, -aux [nɔʀmal, o] *adj* normale
normale [nɔrmal] *nf* norma; (*Géom*) normale *f*
normalement [nɔʀmalmɑ̃] *adv* normalmente; (*en principe*) salvo imprevisti
normand, e [nɔʀmɑ̃, ɑ̃d] *adj* normanno(-a) ▶ *nm/f* : **Normand, e** normanno(-a)
Normandie [nɔʀmɑ̃di] *nf* Normandia
norme [nɔʀm] *nf* norma; (*Tech*) norma, standard *m inv*
Norvège [nɔʀvɛʒ] *nf* Norvegia
norvégien, ne [nɔʀveʒjɛ̃, jɛn] *adj* norvegese ▶ *nm* (*langue*) norvegese *m* ▶ *nm/f* : **Norvégien, ne** norvegese *m/f*
nos [no] *voir* **notre**
nostalgie [nɔstalʒi] *nf* nostalgia
nostalgique [nɔstalʒik] *adj* nostalgico(-a)
notable [nɔtabl] *adj* notevole ▶ *nm/f* notabile *m/f*
notaire [nɔtɛʀ] *nm/f* notaio *m/f*
notamment [nɔtamɑ̃] *adv* in particolare, specialmente
note [nɔt] *nf* (*Mus, annotation*) nota; (*Scol*) voto; (*facture*) conto; (*billet, notice*) nota, appunto; **prendre des ~s** prendere appunti; **prendre ~ de** prendere nota di; **une ~ de tristesse/de gaieté** una nota di tristezza/di allegria; **~ de service** nota di servizio
noter [nɔte] *vt* (*écrire*) annotare, segnare; (*remarquer*) notare, tener presente; (*Scol*) dare un voto a; (*Admin*) esprimere una valutazione su; **notez bien que ...** notate che ..., osservate che ...
notice [nɔtis] *nf* cenno, nota; (*brochure*) : **~ explicative** istruzioni *fpl* per l'uso
notifier [nɔtifje] *vt* : **~ qch à qn** notificare qc a qn
notion [nosjɔ̃] *nf* nozione *f*
notoire [nɔtwaʀ] *adj* notorio(-a); **le fait est ~** è un fatto notorio
notoriété [nɔtɔʀjete] *nf* notorietà; **c'est de ~ publique** è di dominio pubblico
notre, nos [nɔtʀ] *adj poss* (il) nostro, (la) nostra; *voir aussi* **mon**
nôtre [notʀ] *pron* : **le/la ~** il (la) nostro(-a); **les ~s** i (le) nostri(-e); **soyez des ~s** si unisca a noi
nouer [nwe] *vt* annodare; (*fig* : *alliance, amitié*) stringere; **~ la conversation** attaccar discorso; **avoir la gorge nouée** avere la gola serrata
noueux, -euse [nwø, øz] *adj* (*racine, bâton, main*) nodoso(-a); (*vieillard*) scarno(-a)
nougat [nuga] *nm* torrone *m*
nounours [nunuʀs] *nm* orsacchiotto
nourrice [nuʀis] *nf* balia; **mettre en ~** (*enfant*) mettere a balia
nourrir [nuʀiʀ] *vt* (*aussi fig* : *haine etc*) nutrire; (*donner les moyens de subsister*) dar da mangiare a; **logé nourri** con

vitto e alloggio; **bien/mal nourri** ben/mal nutrito; **~ au sein** allattare; **se ~ de légumes** nutrirsi di verdure; **se ~ de rêves** nutrirsi di sogni

nourrissant, e [nuʀisɑ̃, ɑ̃t] *adj* nutriente

nourriture [nuʀityʀ] *nf* cibo, nutrimento

nous [nu] *pron* noi; (*objet direct*) ci; (*objet indirect*) ci, ce; **avec ~** con noi; **~ avons gagné** (noi) abbiamo vinto; **~ sommes en vacances** siamo in vacanza; **il ~ le dit** ce lo dice; **il ~ en a parlé** ce ne ha parlato

nouveau, nouvel, nouvelle, -x [nuvo, nuvɛl] *adj* nuovo(-a); (*avant le nom : succession ou répétition*) neo ▸ *nm/f* nuovo(-a) ▸ *nm* : **il y a du ~** c'è del nuovo; **de ~, à ~** di nuovo; **~ riche** nuovo(-a) ricco(-a); **nouvelle vague** *adj* (*gén, Ciné*) della nouvelle vague; **~ venu** nuovo arrivato; **nouvelle venue** nuova arrivata; **Nouvel An** Anno Nuovo, Nuovo Anno; **nouveaux mariés** sposi *mpl* novelli

nouveau-né, e [nuvone] (*mpl* **-s**, *fpl* **nouveau-nées**) *adj, nm/f* neonato(-a)

nouveauté [nuvote] *nf* novità *f inv*

nouvel [nuvɛl] *adj m voir* **nouveau**

nouvelle [nuvɛl] *adj f voir* **nouveau** ▸ *nf* notizia; (*Litt*) novella; **nouvelles** *nfpl* (*Presse, TV*) notizie *fpl*; **je suis sans ~s de lui** non ho sue notizie

Nouvelle-Calédonie [nuvɛlkaledɔni] *nf* Nuova Caledonia

Nouvelle-Zélande [nuvɛlzelɑ̃d] *nf* Nuova Zelanda

novembre [nɔvɑ̃bʀ] *nm* novembre *m*; *voir aussi* **juillet**

noyade [nwajad] *nf* annegamento

noyau, x [nwajo] *nm* (*de fruit*) nocciolo; (*Biol, Phys, Géo, fig : centre*) nucleo; (*fig : d'artistes, résistants etc*) gruppo

noyé, e [nwaje] *nm/f* annegato(-a)

noyer [nwaje] *nm* noce *m* ▸ *vt* annegare; **se noyer** *vr* annegare, affogare; (*suicide*) annegarsi; **se ~ dans** (*fig : détails etc*) perdersi in; **~ son chagrin** annegare il proprio dispiacere; **~ son moteur** ingolfare il motore; **être noyé par la foule** essere inghiottito dalla folla; **~ le poisson** menare il can per l'aia

NTIC [ɛnteise] *sigle fpl* (*= nouvelles technologies de l'information et de la communication*) NTIC *fpl*

nu, e [ny] *adj* nudo(-a); (*fil*) scoperto(-a) ▸ *nm* (*Art*) nudo; **le nu intégral** il nudo integrale; **(les) pieds nus** a piedi nudi; **(la) tête nue** a capo scoperto; **à mains nues** a mani nude; **se mettre nu** mettersi nudo(-a); **mettre à nu** mettere a nudo

nuage [nɥaʒ] *nm* nuvola; (*de fumée, poussière*) nuvola, nube *f*; **sans ~s** (*fig : bonheur*) senza nubi; **le ~** (*Inform*) la nuvola informatica; **être dans les ~s** (*distrait*) essere tra le nuvole; **~ de lait** goccia di latte

nuageux, -euse [nɥaʒø, øz] *adj* nuvoloso(-a)

nuance [nɥɑ̃s] *nf* sfumatura; **il y a une ~ (entre ...)** c'è una leggera differenza (tra ...); **une ~ de tristesse** un'ombra di tristezza

nuancer [nɥɑ̃se] *vt* (*pensée, opinion*) esprimere con garbo

nucléaire [nykleɛʀ] *adj* nucleare ▸ *nm* : **le ~** il nucleare

nudiste [nydist] *nm/f* nudista *m/f*

nuée [nɥe] *nf* : **une ~ de** un grappolo di, un nugolo di

nues [ny] *nfpl* : **tomber des ~** cadere dalle nuvole; **porter qn aux ~** portare qn alle stelle

nuire [nɥiʀ] *vi* : **~ (à qn/qch)** nuocere (a qn/qc)

nuisible [nɥizibl] *adj* nocivo(-a); **animal ~** animale *m* nocivo

nuit [nɥi] *nf* notte *f*; **5 ~s de suite** 5 notti di seguito; **payer sa ~** pagare il pernottamento; **il fait ~** è notte, fa buio; **cette ~** questa notte; **de ~** (*vol, service*) notturno(-a); **~ blanche** notte in bianco; **~ de noces** notte di nozze; **~ de Noël** notte di Natale; **~ des temps** : **la ~ des temps** la notte dei tempi

nul, nulle [nyl] *adj* (*aucun*) nessuno(-a); (*minime, non valable*) nullo(-a); (*péj*) decisamente mediocre ▸ *pron* nessuno; **résultat ~, match ~** (*Sport*) pari; **nulle part** da nessuna parte; **être ~ (en)** non valere niente (in)

nullement [nylmɑ̃] *adv* affatto, per niente

numérique [nymeʀik] *adj* numerico(-a); (*Inform, Tech : appareil photo*) digitale

numéro [nymeʀo] *nm* numero; (*fig*) : **un (drôle de) ~** una bella sagoma, un bel tipo; **faire** *ou* **composer un ~** fare

ou comporre un numero; **~ d'identification personnel** numero di identificazione personale; **~ d'immatriculation** *ou* **minéralogique** numero di targa; **~ de téléphone** numero di telefono; **~ vert** numero verde
numéroter [nymeʀɔte] *vt* numerare
nuque [nyk] *nf* nuca
nu-tête [nytɛt] *adj inv* a capo scoperto
nutritif, -ive [nytʀitif, iv] *adj* nutritivo(-a)
nylon [nilɔ̃] *nm* nylon *m*

oasis [ɔazis] *nf* oasi *f inv*
obéir [ɔbeiʀ] *vi* : **~ (à)** obbedire (a), ubbidire (a)
obéissance [ɔbeisɑ̃s] *nf* obbedienza, ubbidienza
obéissant, e [ɔbeisɑ̃, ɑ̃t] *adj* obbediente, ubbidiente
obèse [ɔbɛz] *adj* obeso(-a)
obésité [ɔbezite] *nf* obesità
objecter [ɔbʒɛkte] *vt* obiettare; **~ qch à** opporre qc a; **~ (à qn) que** obiettare (a qn) che
objecteur [ɔbʒɛktœʀ] *nm* : **~ de conscience** obiettore *m* di coscienza
objectif, -ive [ɔbʒɛktif, iv] *adj* oggettivo(-a); (*impartial*) ob(b)iettivo(-a) ▸ *nm* (*but, Photo*) obiettivo; **~ à focale variable** ob(b)iettivo a focale variabile; **~ grand angulaire** (obiettivo) grandangolare *m*
objection [ɔbʒɛksjɔ̃] *nf* obiezione *f*; **~ de conscience** obiezione di coscienza
objectivité [ɔbʒɛktivite] *nf* oggettività; (*impartialité*) obiettività
objet [ɔbʒɛ] *nm* oggetto; **être** *ou* **faire l'~ de** essere oggetto di; **sans ~** (*sans fondement*) infondato(-a); **(bureau des) ~s trouvés** (ufficio degli) oggetti smarriti; **~ d'art** oggetto d'arte *ou* artistico; **~s de toilette** articoli *mpl* da toilette; **~s personnels** effetti *mpl* personali
obligation [ɔbligasjɔ̃] *nf* (*gén, morale*) obbligo; (*Jur, Comm*) obbligazione *f*; **sans ~ d'achat** senza impegno; **être dans l'~ de faire qch** vedersi costretto(-a) a fare qc; **avoir l'~ de**

faire qch avere la necessità di fare qc; **~s familiales** doveri *mpl* familiari
obligatoire [ɔbligatwaʀ] *adj* obbligatorio(-a)
obligatoirement [ɔbligatwaʀmɑ̃] *adv* obbligatoriamente; (*fatalement*) inevitabilmente
obligé, e [ɔbliʒe] *adj* : **~ de faire** obbligato(-a) a fare; **être très ~ à qn** (*redevable*) essere molto obbligato(-a) *ou* grato(-a) a qn; **je suis (bien) ~ (de le faire)** sono obbligato (a farlo)
obligeance [ɔbliʒɑ̃s] *nf* : **avoir l'~ de** avere la cortesia *ou* gentilezza di
obliger [ɔbliʒe] *vt* (*contraindre*) : **~ qn à qch/faire qch** obbligare qn a qc/fare qc; (*Jur*) vincolare; (*rendre service à*) fare cosa gradita a
oblique [ɔblik] *adj* obliquo(-a); **en ~** in diagonale
obliquer [ɔblike] *vi* : **~ vers** girare verso
oblitérer [ɔbliteʀe] *vt* obliterare
oblong, oblongue [ɔblɔ̃, ɔ̃g] *adj* oblungo(-a)
obnubiler [ɔbnybile] *vt* (*personne*) ossessionare; (*faculté mentales etc*) offuscare
obscène [ɔpsɛn] *adj* osceno(-a)
obscur, e [ɔpskyʀ] *adj* (*nuit* : *fig* : *auteur, passage*) oscuro(-a); (*pièce, endroit*) buio(-a), scuro(-a)
obscurcir [ɔpskyʀsiʀ] *vt* oscurare; **s'obscurcir** *vr* oscurarsi, offuscarsi
obscurité [ɔpskyʀite] *nf* oscurità; **dans l'~** al buio
obsédé, e [ɔpsede] *nm/f* : **un ~ de** un maniaco di; **~(e) sexuel(le)** maniaco(-a) sessuale
obséder [ɔpsede] *vt* ossessionare; **être obsédé par** essere ossessionato da
obsèques [ɔpsɛk] *nfpl* esequie *fpl*
observateur, -trice [ɔpsɛʀvatœʀ, tʀis] *adj, nm/f* osservatore(-trice)
observation [ɔpsɛʀvasjɔ̃] *nf* osservazione *f*; (*d'un règlement*) osservanza; **en ~** (*Méd*) in osservazione; **avoir l'esprit d'~** avere spirito d'osservazione
observatoire [ɔpsɛʀvatwaʀ] *nm* osservatorio
observer [ɔpsɛʀve] *vt* osservare; **s'observer** *vr* (*se surveiller*) controllarsi; **faire ~ qch à qn** (*le lui dire*) fare osservare qc a qn
obsession [ɔpsesjɔ̃] *nf* ossessione *f*; **avoir l'~ de** avere l'ossessione di
obsolescence [ɔpsɔlesɑ̃s] *nf* : **l'~ programmée** l'obsolescenza programmata
obstacle [ɔpstakl] *nm* (*aussi fig*) ostacolo; **faire ~ à** ostacolare
obstination [ɔpstinasjɔ̃] *nf* ostinazione *f*
obstiné, e [ɔpstine] *adj* ostinato(-a)
obstiner [ɔpstine] : **s'obstiner** *vr* ostinarsi; **s'~ à faire qch** ostinarsi a fare qc; **s'~ sur qch** ostinarsi *ou* impuntarsi su qc
obstruer [ɔpstʀye] *vt* ostruire; **s'obstruer** *vr* ostruirsi
obtenir [ɔptəniʀ] *vt* ottenere; **~ de pouvoir faire qch** ottenere di poter fare qc; **~ qch à qn** ottenere qc per qn; **~ de qn qu'il fasse** ottenere che qn faccia; **~ satisfaction** ottenere soddisfazione
obturateur [ɔptyʀatœʀ] *nm* otturatore *m*
obus [ɔby] *nm* granata
occasion [ɔkazjɔ̃] *nf* occasione *f*; **à plusieurs ~s** in molte occasioni; **à cette/la première ~** in questa/alla prima occasione; **avoir l'~ de faire** avere l'occasione di fare; **être l'~ de** essere occasione *ou* motivo di; **à l'~** eventualmente; **à l'~ de** in occasione di; **d'~** d'occasione; (*voiture*) di seconda mano
occasionnel, le [ɔkazjɔnɛl] *adj* occasionale
occasionner [ɔkazjɔne] *vt* causare, procurare; **~ qch à qn** causare *ou* procurare qc a qn
occident [ɔksidɑ̃] *nm* occidente *m*; **l'O~** (*Pol*) l'Occidente
occidental, e, -aux [ɔksidɑ̃tal, o] *adj, nm/f* occidentale *m/f*
occulte [ɔkylt] *adj* occulto(-a)
occupation [ɔkypasjɔ̃] *nf* occupazione *f*; **l'O~** l'occupazione (*della Francia da parte dei tedeschi*)
occupé, e [ɔkype] *adj* occupato(-a); **la ligne est occupée** la linea è occupata
occuper [ɔkype] *vt* occupare; **s'occuper** *vr* : **s'~ à qch** tenersi occupato(-a) con qc; **s'~ de** occuparsi di; **ça occupe trop de place** (ciò) occupa troppo spazio
occurrence [ɔkyʀɑ̃s] *nf* : **en l'~** in questo caso

> **FAUX AMIS**
> **occurrence** ne se traduit pas par le mot italien *occorrenza*.

OCDE [ɔsedeə] *sigle f* (= *Organisation de coopération et de développement économique*) OCSE *f*
océan [ɔseɑ̃] *nm* oceano; **l'~ Indien** l'oceano Indiano
Océanie [ɔseani] *nf* Oceania
ocre [ɔkʀ] *adj inv* (color) ocra *inv*
octave [ɔktav] *nf* (*Mus*) ottava
octet [ɔktɛ] *nm* (*Inform*) byte *m inv*
octobre [ɔktɔbʀ] *nm* ottobre *m*; *voir aussi* **juillet**
octroyer [ɔktʀwaje] *vt* : **~ qch à qn** concedere qc a qn; **s'octroyer** *vr* concedersi
oculiste [ɔkylist] *nm/f* oculista *m/f*
odeur [ɔdœʀ] *nf* odore *m*; **mauvaise ~** cattivo odore
odieux, -euse [ɔdjø, jøz] *adj* odioso(-a); (*enfant*) insopportabile
odorant, e [ɔdɔʀɑ̃, ɑ̃t] *adj* odoroso(-a)
odorat [ɔdɔʀa] *nm* odorato; **avoir l'~ fin** avere l'odorato fino
œdème [edɛm] *nm* edema *m*
œil [œj] (*pl* **yeux**) *nm* (*Anat*) occhio; (*d'une aiguille*) cruna; **avoir un œil au beurre noir** *ou* **poché** avere un occhio nero *ou* pesto; **à l'œil** (*fam*) gratis; **à l'œil nu** a occhio nudo; **avoir l'œil à** stare attento(-a) a; **avoir l'œil sur qn, tenir qn à œil** tenere d'occhio qn; **faire de l'œil à qn** fare l'occhiolino a qn; **voir qch d'un bon/mauvais œil** vedere qc di buon/cattivo occhio; **à l'œil vif** con gli occhi vispi; **à mes/ses yeux** per me/lui; **de ses propres yeux** con i propri occhi; **fermer les yeux (sur)** (*fig*) chiudere un occhio (su); **ne pas pouvoir fermer l'œil** non riuscire a chiudere occhio; **œil pour œil, dent pour dent** occhio per occhio, dente per dente; **les yeux fermés** (*en toute confiance*) ad occhi chiusi; **pour les beaux yeux de qn** (*fig*) per i begli occhi di qn; **œil de verre** occhio di vetro
œillade [œjad] *nf* : **lancer une œillade/faire des œillades (à)** ammiccare (a)
œillères [œjɛʀ] *nfpl* paraocchi *msg*; **avoir des œillères** (*fig : péj*) avere il paraocchi
œillet [œjɛ] *nm* (*Bot*) garofano; (*trou, bordure rigide*) occhiello
œuf [œf] *nm* uovo; **étouffer qch dans l'œuf** soffocare qc sul nascere; **œuf à la coque** uovo alla coque; **œuf au plat** uovo al tegame *ou* all'occhio di bue; **œuf de Pâques** uovo di Pasqua; **œuf dur** uovo sodo; **œuf mollet/poché** uovo bazzotto/in camicia; **œufs brouillés** uova strapazzate
œuvre [œvʀ] *nf* opera ▶ *nm* (*Constr*) : **le gros œuvre** il rustico; **œuvres** *nfpl* (*actes*) opere *fpl*; **être/se mettre à l'œuvre** essere/mettersi all'opera; **mettre en œuvre** (*moyens*) mettere in opera; (*plan, loi, projet*) attuare; **bonnes œuvres** opere buone; **œuvre d'art** opera d'arte; **œuvres de bienfaisance** opere di beneficenza
offense [ɔfɑ̃s] *nf* offesa; (*Rel*) peccato
offenser [ɔfɑ̃se] *vt* offendere; **s'~ de qch** offendersi per qc
offensive [ɔfɑ̃siv] *nf* (*Mil*) offensiva; (*fig : du froid, de l'hiver*) incalzare *m inv*; **passer à l'~** passare all'offensiva
offert, e [ɔfɛʀ, ɛʀt] *pp de* **offrir**
office [ɔfis] *nm* ufficio ▶ *nm ou nf* (*pièce*) tinello; **faire ~ de** fungere da; **d'~** d'ufficio; **bons ~s** (*Pol*) buoni uffici; **~ du tourisme** ente *m ou* ufficio del turismo
officiel, le [ɔfisjɛl] *adj* ufficiale; (*voiture*) di rappresentanza ▶ *nm/f* autorità *f inv*; (*Sport*) ufficiale *m/f* di gara
officier [ɔfisje] *nm* (*Mil, Naut*) ufficiale *m* ▶ *vi* (*Rel*) officiare, ufficiare; **~ de l'état-civil** ufficiale di stato civile; **~ de police** ufficiale di polizia; **~ ministériel** pubblico ufficiale
officieux, -euse [ɔfisjø, jøz] *adj* ufficioso(-a)
offrande [ɔfʀɑ̃d] *nf* offerta
offrant [ɔfʀɑ̃] *nm* : **vendre au plus ~** vendere al miglior offerente
offre [ɔfʀ] *vb voir* **offrir** ▶ *nf* offerta; **« ~s d'emploi »** « offerte di lavoro »; **~ d'emploi** offerta d'impiego; **~ publique d'achat** offerta pubblica d'acquisto; **~s de service** offerta di servizi
offrir [ɔfʀiʀ] *vt* : **~ (à)** offrire (a); (*en cadeau*) regalare (a); **s'offrir** *vr* (*suj : occasion, plaisir*) offrirsi; (*se payer : vacances, voiture*) regalarsi; **~ (à qn) de faire qch** offrire (a qn) di fare qc; **~ à boire à qn** offrire da bere a qn; **~ ses services à qn** offrire i propri servigi a qn; **~ le bras à qn** offrire il braccio a qn; **s'~ aux regards** mostrarsi
OGM [ɔʒɛm] *sigle m* (= *organisme génétiquement modifié*) OGM *m*

oie [wa] *nf* oca; **~ blanche** (*fig, péj*) (ragazza) ingenua
oignon [ɔɲɔ̃] *nm* cipolla; (*de tulipe etc*) bulbo; (*Méd*) callo; **ce ne sont pas tes ~s** (*fam*) non sono cavoli tuoi; **petits ~s** cipolline *fpl*
oiseau, x [wazo] *nm* uccello; **~ de nuit** uccello notturno; **~ de proie** (uccello) rapace *m*
oisif, -ive [wazif, iv] *adj, nm/f* ozioso(-a)
oléoduc [ɔleɔdyk] *nm* oleodotto
olive [ɔliv] *nf* oliva ▸ *adj inv* verde oliva *inv*
oliveraie [ɔlivʀɛ] *nf* uliveto, oliveto
olivier [ɔlivje] *nm* ulivo, olivo; (*bois*) olivo
OLP [ɔɛlpe] *sigle f* (= *Organisation de libération de la Palestine*) OLP *f*
olympique [ɔlɛ̃pik] *adj* (*record, stade*) olimpico(-a); (*champion*) olimpionico(-a); **piscine ~** piscina olimpionica
ombragé, e [ɔ̃bʀaʒe] *adj* ombroso(-a), ombreggiato(-a)
ombre [ɔ̃bʀ] *nf* ombra; **à l'~** all'ombra; (*fam : en prison*) dietro le sbarre; **à l'~ de** (*aussi fig*) all'ombra di; **donner/faire de l'~** dare/fare ombra; **dans l'~** nell'ombra; **vivre dans l'~** (*fig*) vivere nell'ombra; **laisser qch dans l'~** (*fig*) lasciare qc nell'ombra; **il n'y a pas l'~ d'un doute** non c'è ombra di dubbio; **~ à paupières** ombretto; **~ portée** ombra portata; **~s chinoises** ombre cinesi
omelette [ɔmlɛt] *nf* omelette *f inv*, frittata; **~ au fromage/au jambon** frittata *ou* omelette al formaggio/al prosciutto; **~ aux herbes** frittata *ou* omelette alle erbe; **~ baveuse** frittata *ou* omelette poco cotta all'interno; **~ flambée** frittata *ou* omelette alla fiamma; **~ norvégienne** *dolce di gelato, meringa e pan di spagna, caldo all'esterno e gelato all'interno*
omettre [ɔmɛtʀ] *vt* omettere, tralasciare; **~ de faire qch** omettere *ou* tralasciare di fare qc
omoplate [ɔmɔplat] *nf* scapola
on [ɔ̃] *pron* si; (*nous*) ci; **on peut le faire ainsi** si può fare così; **on les a attaqués** sono stati attaccati; **on vous demande au téléphone** chiedono di lei al telefono, la vogliono al telefono; **on va y aller demain** ci andremo domani; **autrefois, on croyait ...** una volta si credeva ...; **on ne peut plus stupide** estremamente stupido
oncle [ɔ̃kl] *nm* zio
onctueux, -euse [ɔ̃ktɥø, øz] *adj* (*liquide*) oleoso(-a); (*savon*) cremoso(-a); (*aliment, saveur*) vellutato(-a)
onde [ɔ̃d] *nf* onda; **sur les ~s** alla radio; **mettre en ~s** mettere *ou* mandare in onda; **grandes ~s** onde lunghe; **petites ~s** onde medie; **~ de choc** onda d'urto; **~s courtes** onde corte; **~s moyennes** onde medie; **~s sonores** onde sonore
ondée [ɔ̃de] *nf* acquazzone *m*
on-dit [ɔ̃di] *nm inv* diceria
onduler [ɔ̃dyle] *vi* ondeggiare; (*route*) serpeggiare; (*cheveux*) essere ondulato(-a)
onéreux, -euse [ɔneʀø, øz] *adj* oneroso(-a)
ONG [ɔɛnʒe] *sigle f* (= *organisation non-gouvernementale*) ONG *f inv*
ongle [ɔ̃gl] *nm* unghia; **se ronger les ~s** mangiarsi le unghie; **se faire les ~s** darsi lo smalto (sulle unghie)
ont [ɔ̃] *vb voir* **avoir**
ONU [ɔny] *sigle f* (= *Organisation des Nations unies*) O.N.U. *f*
onze ['ɔ̃z] *adj inv, nm inv* undici *m inv* ▸ *nm* (*Football*) : **le ~ de France** la nazionale francese (di calcio); *voir aussi* **cinq**
onzième ['ɔ̃zjɛm] *adj, nm/f* undicesimo(-a) ▸ *nm* undicesimo; *voir aussi* **cinquième**
OPA [ɔpea] *sigle f* (= *offre publique d'achat*) OPA *f inv*
opale [ɔpal] *nf* opale *m ou f*
opaque [ɔpak] *adj* (*vitre, verre*) opaco(-a); (*brouillard, nuit*) impenetrabile; (*fig*) : **des pratiques ~s** oscuro(-a)
opéra [ɔpeʀa] *nm* opera; (*édifice, théâtre*) teatro dell'Opera
opérateur, -trice [ɔpeʀatœʀ, tʀis] *nm/f* operatore(-trice); **les ~s téléphoniques** i gestori telefonici; **les ~s de téléphonie mobile** i gestori di telefonia mobile; **~ de prise de vues** operatore cinematografico, cameraman *m inv*
opération [ɔpeʀasjɔ̃] *nf* operazione *f*; **salle d'~** sala operatoria; **table d'~** tavolo operatorio; **~ à cœur ouvert**

operazione a cuore aperto; **~ de sauvetage** operazione di salvataggio; **~ publicitaire** operazione pubblicitaria

opératoire [ɔpeʀatwaʀ] *adj* (*manœuvre, méthode*) operatorio(-a); (*choc*) postoperatorio(-a); **bloc ~** reparto chirurgico

opérer [ɔpeʀe] *vt* operare; (*sauvetage*) effettuare; (*addition*) fare, eseguire ▸ *vi* agire, operare; (*Méd*) operare; **s'opérer** *vr* avvenire; **~ qn des amygdales/du cœur** operare qn alle tonsille/al cuore; **se faire ~** farsi operare; **se faire ~ des amygdales/du cœur** farsi operare alle tonsille/al cuore

opérette [ɔpeʀɛt] *nf* operetta

ophtalmologue [ɔftalmɔlɔg] *nm/f* oculista *m/f*, oftalmologo(-a)

opiner [ɔpine] *vi* : **~ de la tête** assentire (con un cenno del capo); **~ à** dare il proprio assenso a

opinion [ɔpinjɔ̃] *nf* opinione *f*; **avoir bonne/mauvaise ~ de** avere una buona/cattiva opinione di; **l'~ (publique)** l'opinione (pubblica); **~ américaine** opinione pubblica americana; **~ ouvrière** opinione del proletariato

opportun, e [ɔpɔʀtœ̃, yn] *adj* opportuno(-a); **en temps ~** al momento opportuno

opportuniste [ɔpɔʀtynist] *nm/f* opportunista *m/f* ▸ *adj* opportunistico(-a)

opposant, e [ɔpozɑ̃, ɑ̃t] *nm/f* (*à un régime, un projet*) oppositore(-trice)

opposé, e [ɔpoze] *adj* opposto(-a); (*couleurs*) contrastante; (*contre*) : **~ à** contrario(-a) a ▸ *nm* : **l'~** (*côté, sens, opposé*) l'opposto; (*d'une opinion, action*) il contrario; **être ~ à** (*suj : personne*) essere contrario(-a) a; **il est tout l'~ de son frère** è tutto l'opposto di suo fratello; **à l'~** (*fig*) al contrario; **à l'~ de** (*du côté opposé à*) dalla parte opposta di; (*fig*) in contraddizione con; (*: contrairement à*) al contrario di, contrariamente a

opposer [ɔpoze] *vt* contrapporre; (*rapprocher, comparer*) paragonare; (*suj : conflit, questions d'intérêt*) dividere; (*résistance*) opporre; **s'opposer** *vr* opporsi; **~ qch à** (*comme obstacle, objection*) opporre qc a; **s'~ à** opporsi a; **sa religion s'y oppose** la sua religione vi si oppone; **s'~ à ce que qn fasse** opporsi al fatto che qn faccia

opposition [ɔpozisjɔ̃] *nf* opposizione *f*; (*de couleurs*) contrasto; **l'~** (*Pol*) l'opposizione; **par ~** al contrario; **par ~ à** al contrario di; **entrer en ~ avec qn** entrare in conflitto con qn; **être en ~ avec** essere in conflitto con; (*idées, conduite*) essere in contraddizione con; **faire ~ à un chèque** bloccare un assegno

oppressant, e [ɔpʀesɑ̃, ɑ̃t] *adj* opprimente, oppressivo(-a)

oppresser [ɔpʀese] *vt* opprimere; **se sentir oppressé** sentirsi oppresso

oppression [ɔpʀesjɔ̃] *nf* oppressione *f*

opprimer [ɔpʀime] *vt* (*peuple, faibles*) opprimere

opter [ɔpte] *vi* : **~ pour** optare per; **~ entre** scegliere tra

opticien, ne [ɔptisjɛ̃, jɛn] *nm/f* ottico *m*

optimal, e, -aux [ɔptimal, o] *adj* ottimale

optimiser [ɔptimize] *vt* ottimizzare

optimisme [ɔptimism] *nm* ottimismo

optimiste [ɔptimist] *adj* ottimistico(-a) ▸ *nm/f* ottimista *m/f*

option [ɔpsjɔ̃] *nf* opzione *f*, scelta; (*Scol*) materia complementare; (*Comm, Auto*) optional *m inv*; (*Jur*) opzione *f*; **matière à ~** (*Scol*) materia facoltativa; **texte à ~** testo facoltativo

optique [ɔptik] *adj* ottico(-a); (*verres*) d'ottica ▸ *nf* ottica; (*commerce, industrie*) settore *m* dell'ottica; (*fig*) ottica, prospettiva

or [ɔʀ] *nm* oro ▸ *conj* ora, orbene; **d'or** (*fig*) d'oro; **en or** d'oro, in oro; (*fig : occasion*) d'oro; **un mari/enfant en or** un marito/bambino d'oro; **affaire en or** (*achat*) affare *m* d'oro; (*commerce*) miniera d'oro; **plaqué or** placcato in oro; **or blanc/jaune** oro bianco/giallo; **or noir** oro nero

orage [ɔʀaʒ] *nm* temporale *m*; (*fig*) burrasca

orageux, -euse [ɔʀaʒø, øz] *adj* temporalesco(-a); (*saison, contrée*) soggetto(-a) a temporali; (*fig*) burrascoso(-a)

oral, e, -aux [ɔʀal, o] *adj* orale ▸ *nm* (*Scol*) orale *m*; **par voie orale** (*Méd*) per via orale

orange [ɔʀɑ̃ʒ] *nf* arancia ▸ *adj inv* arancione *inv*, arancio *inv*; **~ amère**

O

arancia amara; **~ pressée** spremuta d'arancia; **~ sanguine** arancia sanguigna
orangé, e [ɔʀɑ̃ʒe] *adj* arancione *inv*, arancio *inv*
orangeade [ɔʀɑ̃ʒad] *nf* aranciata
oranger [ɔʀɑ̃ʒe] *nm* arancio
orangeraie [ɔʀɑ̃ʒʀɛ] *nf* aranceto
orateur, -trice [ɔʀatœʀ, tʀis] *nm/f* oratore(-trice)
orbite [ɔʀbit] *nf* orbita; **placer un satellite sur ~, mettre un satellite en ~** mettere in orbita un satellite; **dans l'~ de** (*fig*) nell'orbita di; **mettre sur ~** (*fig*) mettere in orbita
orchestre [ɔʀkɛstʀ] *nm* orchestra; (*Théâtre, Ciné*) platea
orchestrer [ɔʀkɛstʀe] *vt* (*Mus, fig*) orchestrare
orchidée [ɔʀkide] *nf* orchidea
ordinaire [ɔʀdinɛʀ] *adj* ordinario(-a); (*coutumier : maladresse etc*) solito(-a), abituale; (*modèle, qualité*) comune, ordinario(-a) ▶ *nm* (*menu*) rancio ▶ *nf* (*essence*) normale *f*; **d'~** di solito; **à l'~** di solito; **sortir de l'~** uscire dall'ordinario
ordinateur [ɔʀdinatœʀ] *nm* computer *m inv*; **~ portable** computer portatile
ordonnance [ɔʀdɔnɑ̃s] *nf* (*Méd*) ricetta (medica); (*groupement, disposition*) ordine *m*, disposizione *f*; (*Jur, Mil*) ordinanza; **~ de non-lieu** ordinanza di non luogo a procedere
ordonné, e [ɔʀdɔne] *adj* ordinato(-a)
ordonner [ɔʀdɔne] *vt* ordinare; (*meubles, appartement*) mettere in ordine; (*Méd*) prescrivere, ordinare; **s'ordonner** *vr* (*faits, maisons*) disporsi; **~ à qn de faire** ordinare a qn di fare; **~ le huis clos** (*Jur*) ordinare un'udienza a porte chiuse
ordre [ɔʀdʀ] *nm* ordine *m*; **ordres** *nmpl* (*Rel*) : **être/entrer dans les ~s** aver preso/prendere i voti; **payer à l'~ de** (*Comm*) pagare all'ordine di; **d'~ pratique** di ordine pratico; **(mettre) en ~** (mettere) in ordine; **avoir de l'~** essere ordinato(-a); **procéder par ~** procedere per ordine; **par ~ d'entrée en scène** (*Théâtre etc*) in ordine di comparizione; **mettre bon ~ à** sistemare; **rentrer dans l'~** ritornare alla normalità; **je n'ai pas d'~ à recevoir de vous** non ricevo ordini da lei; **être aux ~s de qn/sous les ~s de qn** essere agli ordini di qn/alle dipendenze di qn; **jusqu'à nouvel ~** fino a nuovo ordine; **rappeler qn à l'~** richiamare qn all'ordine; **donner (à qn) l'~ de** ordinare (a qn) di; **dans le même/dans un autre ~ d'idées** nello stesso/in un altro ordine di idee; **de premier/second ~** di prim'/second'ordine; **~ de grandeur** ordine di grandezza; **~ de mission** (*Mil*) ordine di missione; **~ du jour** (*d'une réunion, Mil*) ordine del giorno; **à l'~ du jour** (*fig*) all'ordine del giorno; **~ public** ordine pubblico
ordure [ɔʀdyʀ]: **ordures** *nfpl* (*balayures, déchets*) immondizie *fpl*, spazzatura *fsg*; **~s ménagères** spazzatura
oreille [ɔʀɛj] *nf* (*Anat*) orecchio; (*Tech : d'un écrou*) aletta; **avoir de l'~** avere orecchio; **avoir l'~ fine** avere l'orecchio fino; **l'~ basse** con le orecchie basse; **se faire tirer l'~** farsi pregare; **parler/dire qch à l'~ de qn** parlare/dire qc all'orecchio di qn
oreiller [ɔʀeje] *nm* guanciale *m*
oreillons [ɔʀɛjɔ̃] *nmpl* (*Méd*) orecchioni *mpl*
ores [ɔʀ] : **d'~ et déjà** *adv* fin d'ora
orfèvre [ɔʀfɛvʀ] *nm* orefice *m*, orafo; **être ~ en la matière** (*fig*) essere esperto in materia
orfèvrerie [ɔʀfɛvʀəʀi] *nf* oreficeria; (*ouvrage*) argenteria
organe [ɔʀgan] *nm* organo; (*d'un chanteur, orateur*) voce *f*; (*fig : représentant*) portavoce *m inv/f inv*; **~s de commande/de transmission** (*Tech*) organi di comando/di trasmissione
organigramme [ɔʀganigʀam] *nm* organigramma *m*; (*des opérations*) ordinogramma *m*
organique [ɔʀganik] *adj* organico(-a)
organisateur, -trice [ɔʀganizatœʀ, tʀis] *nm/f* organizzatore(-trice)
organisation [ɔʀganizasjɔ̃] *nf* organizzazione *f*; **O~ des Nations unies** Organizzazione delle Nazioni Unite; **O~ du traité de l'Atlantique Nord** Organizzazione del Trattato Nord Atlantico; **O~ mondiale de la Santé** Organizzazione Mondiale della Sanità
organiser [ɔʀganize] *vt* organizzare; **s'organiser** *vr* organizzarsi; (*choses*) sistemarsi
organisme [ɔʀganism] *nm* organismo

organiste [ɔʀganist] *nm/f* organista *m/f*
orgasme [ɔʀgasm] *nm* orgasmo
orge [ɔʀʒ] *nf* orzo
orgue [ɔʀg] *nm* (*Mus*) organo; **orgues** *nfpl* : **~s basaltiques** basalti *mpl* colonnari; **~ de Barbarie** organetto (di Barberia); **~ électrique** organo elettrico; **~ électronique** organo elettronico
orgueil [ɔʀgœj] *nm* orgoglio; (*arrogance, suffisance*) orgoglio, superbia; **il est l'~ de sa famille** è l'orgoglio della famiglia
orgueilleux, -euse [ɔʀgøjø, øz] *adj* orgoglioso(-a)
oriental, e, -aux [ɔʀjɑ̃tal, o] *adj* orientale ▶ *nm/f* : **Oriental, e** orientale *m/f*
orientation [ɔʀjɑ̃tasjɔ̃] *nf* orientamento; (*d'un journal*) orientamento, indirizzo; **avoir le sens de l'~** avere il senso dell'orientamento; **course d'~** corsa a orientamento; **~ professionnelle** orientamento professionale; (*service*) orientazione *f* professionale
orienté, e [ɔʀjɑ̃te] *adj* (*fig : article, journal*) con un certo indirizzo *ou* orientamento; **bien/mal ~** (*appartement*) ben/mal orientato(-a) *ou* esposto(-a); **~ au sud** esposto(-a) a sud
orienter [ɔʀjɑ̃te] *vt* orientare; (*voyageur, recherches, élève*) orientare, indirizzare; **s'orienter** *vr* orientarsi; **s'~ vers** (*fig : recherches, études*) orientarsi *ou* indirizzarsi verso
origan [ɔʀigɑ̃] *nm* origano
originaire [ɔʀiʒinɛʀ] *adj* originario(-a); **être ~ de** essere originario(-a) di
original, e, -aux [ɔʀiʒinal, o] *adj* originale ▶ *nm/f* (*excentrique*) originale *m/f* ▶ *nm* originale *m*
origine [ɔʀiʒin] *nf* origine *f*; (*d'un message, appel téléphonique*) provenienza; (*d'une révolution, réussite*) causa; **origines** *nfpl* (*d'une personne*) origini *fpl*; **d'~** (*nationalité, pays*) d'origine; (*pneus etc*) originale; (*bureau postal*) di provenienza; **dès l'~** fin da principio; **à l'~** all'inizio, in origine; **à l'~ de** all'origine di; **avoir son ~ dans qch** aver origine in *ou* da qc; **les ~s de la vie** le origini della vita
originel, le [ɔʀiʒinɛl] *adj* originale; **le péché ~** il peccato originale
orme [ɔʀm] *nm* olmo
orné, e [ɔʀne] *adj* (*style, discours*) ornato(-a), fiorito(-a); **~ de** ornato(-a) di *ou* con
ornement [ɔʀnəmɑ̃] *nm* ornamento; **ornements** *nmpl* : **~s sacerdotaux** paramenti *mpl* sacerdotali
orner [ɔʀne] *vt* ornare; (*discours*) infiorare; **~ qch de** ornare *ou* decorare qc con
ornière [ɔʀnjɛʀ] *nf* solco; **sortir de l'~** (*fig : impasse*) uscire da una situazione difficile
orphelin, e [ɔʀfəlɛ̃, in] *adj, nm/f* orfano(-a); **~ de mère/de père** orfano(-a) di madre/di padre
orphelinat [ɔʀfəlina] *nm* orfanotrofio
ORSEC [ɔʀsɛk] *sigle f* = *Organisation des secours*; **plan ~** piano d'emergenza
orteil [ɔʀtɛj] *nm* dito del piede; **gros ~** alluce *m*
orthodoxe [ɔʀtɔdɔks] *adj* ortodosso(-a)
orthographe [ɔʀtɔgʀaf] *nf* ortografia
ortie [ɔʀti] *nf* ortica; **~ blanche** ortica bianca
os [ɔs] *nm* osso; **os à moelle** ossobuco; **os de seiche** osso di seppia
osciller [ɔsile] *vi* oscillare; **~ entre** (*fig*) oscillare *ou* tentennare tra
osé, e [oze] *adj* (*démarche, tentative*) audace; (*plaisanterie, scène*) audace, osé *inv*
oseille [ozɛj] *nf* (*Bot*) acetosella; (*fam : argent*) grana, quattrini *mpl*
oser [oze] *vt* osare ▶ *vi* osare; **~ faire qch** osare fare qc; **je n'ose pas** non oso
osier [ozje] *nm* (*Bot*) vetrice *m*; **d'~, en ~** di vimini
osseux, -euse [ɔsø, øz] *adj* osseo(-a); (*main, visage*) ossuto(-a)
ostentation [ɔstɑ̃tasjɔ̃] *nf* ostentazione *f*; **faire ~ de qch** ostentare qc
otage [ɔtaʒ] *nm* ostaggio; **prendre qn en ~** prendere qn in ostaggio
OTAN [ɔtɑ̃] *sigle f* (= *Organisation du traité de l'Atlantique Nord*) NATO *f*
otarie [ɔtaʀi] *nf* otaria
ôter [ote] *vt* togliere; **~ qch de** togliere qc da; **~ qch à qn** togliere qc a qn; **6 ôté de 10 égale 4** 10 meno 6 uguale 4
otite [ɔtit] *nf* otite *f*
ou [u] *conj* o; **ou ... ou** o ... o; **ou bien** oppure, o

MOT-CLÉ

où [u] *pron* **1** (*lieu*) in cui, dove; **la chambre où il était** la camera in cui *ou* dove si trovava; **la ville où je l'ai rencontré** la città in cui l'ho incontrato; **la pièce d'où il est sorti** la stanza da cui è uscito; **le village d'où je viens** il paese da cui vengo; **les villes par où il est passé** le città per *ou* da cui è passato
2 (*temps, état*) in cui; **le jour où il est parti** il giorno in cui è partito; **au prix où c'est** al prezzo a cui è
▸ *adv* **1** (*interrogatif*) dove; **où est-il ?** dov'è?; **où va-t-il ?** dove va?; **par où ?** da dove?
2 (*relatif*) dove; **je sais où il est** so dov'è; **où que l'on aille** dovunque si vada

ouate ['wat] *nf* ovatta; **~ de cellulose** ovatta di cellulosa; **~ hydrophile** cotone *m* idrofilo
oubli [ubli] *nm* (*étourderie, négligence*) dimenticanza; (*absence de souvenirs*) oblio; **tomber dans l'~** cadere nell'oblio
oublier [ublije] *vt* dimenticare, dimenticarsi (di), scordare, scordarsi (di); (*laisser quelque part, négliger*) dimenticare; (*ne pas voir : erreurs etc*) tralasciare, trascurare; (*ne pas mettre : virgule, nom*) dimenticare (di mettere); **s'oublier** *vr* non pensare a se stesso(-a); (*euph*) sporcare, fare i propri bisogni; **~ que/de faire qch** dimenticare *ou* dimenticarsi che/di fare qc, scordare *ou* scordarsi che/di fare qc; **~ l'heure** lasciar passare l'ora
ouest [wɛst] *nm* ovest *m inv* ▸ *adj inv* (*côte, longitude*) ovest *inv*; (*région*) occidentale; **l'O~** (*région de France*) l'Ovest della Francia; (*Pol : l'Occident*) l'Ovest, l'Occidente; **à l'~ (de)** a ovest (di); **vent d'~** vento dell'ovest
ouf ['uf] *excl* ah!
oui ['wi] *adv* sì; **répondre (par) ~** rispondere di sì; **répondre par un ~** rispondere con un sì; **mais ~, bien sûr** ma sì, certo; **je suis sûr que ~** sono sicuro di sì; **je pense que ~** penso di sì; **pour un ~ ou pour un non** per un nonnulla
ouï-dire ['widiʀ] *nm inv* : **par ~** per sentito dire
ouïe [wi] *nf* udito; **ouïes** *nfpl* (*de poisson*) branchie *fpl*; (*d'un violon*) apertura a forma di esse
ouragan [uʀagɑ̃] *nm* (*aussi fig*) uragano
ourlet [uʀlɛ] *nm* (*Couture*) orlo; (*de l'oreille*) elice *f*; **faire un ~ à** fare l'orlo a
ours [uʀs] *nm* orso; **~ blanc/brun** orso bianco/bruno; **~ en peluche** orsacchiotto di peluche; **~ mal léché** bifolco; **~ marin** otaria
oursin [uʀsɛ̃] *nm* riccio (di mare)
ourson [uʀsɔ̃] *nm* orsetto
ouste [ust] *excl* su, via di qua!
outil [uti] *nm* attrezzo, utensile *m*; **~ de travail** attrezzo di lavoro
outiller [utije] *vt* attrezzare, equipaggiare
outrage [utʀaʒ] *nm* oltraggio; **faire subir les derniers ~s à** (*femme*) usare violenza a; **~ à la pudeur** (*Jur*) oltraggio al pudore; **~ à magistrat** (*Jur*) oltraggio ad un magistrato; **~ aux bonnes mœurs** (*Jur*) oltraggio alla morale
outrance [utʀɑ̃s] *nf* eccesso; **à ~** a oltranza
outre [utʀ] *nf* otre *m* ▸ *prép* oltre a ▸ *adv* : **passer ~** passare oltre; **passer ~ à** procedere a; **en ~** inoltre; **~ que** oltre a; **~ mesure** eccessivamente
outre-Atlantique [utʀatlɑ̃tik] *adv* oltreoceano
outre-mer [utʀəmɛʀ] *adv* oltremare; **d'~** d'oltremare
ouvert, e [uvɛʀ, ɛʀt] *pp de* **ouvrir** ▸ *adj* aperto(-a); (*Méd : fracture*) esposto(-a); **à bras ~s** a braccia aperte; **à livre ~** (*lire*) correntemente; **à cœur ~** (*Méd*) a cuore aperto
ouvertement [uvɛʀtəmɑ̃] *adv* apertamente
ouverture [uvɛʀtyʀ] *nf* apertura; (*Mus*) ouverture *f inv*; **ouvertures** *nfpl* (*offres, propositions*) preliminari *mpl*; **heures d'~** (*Comm*) orario *msg* di apertura; **jours d'~** (*Comm*) giorni *mpl* d'apertura; **~ d'esprit** apertura mentale; **~ (du diaphragme)** (*Photo*) apertura (del diaframma)
ouvrable [uvʀabl] *adj* : **jour ~** giorno feriale *ou* lavorativo; **heures ~s** orario *msg* d'ufficio
ouvrage [uvʀaʒ] *nm* (*travail, occupation*) lavoro, opera; (*objet : Couture, Tricot, Art*) lavoro; (*Mil, écrit, livre*) opera; **panier** *ou* **corbeille à ~** cestino da lavoro; **~ d'art** opera d'arte
ouvré, e [uvʀe] *adj* : **jour ~** (*Admin*) giorno di lavoro effettivo

ouvre-boîte [uvʀəbwat] (*pl* **ouvre-boîtes**) *nm* apriscatole *m inv*
ouvre-bouteille [uvʀəbutɛj] (*pl* **ouvre-bouteilles**) *nm* apribottiglie *m inv*
ouvrier, -ière [uvʀije, ijɛʀ] *nm/f, adj* operaio(-a); **classe ouvrière** classe operaia; **~ agricole** operaio agricolo; **~ qualifié** operaio qualificato *ou* specializzato; **~ spécialisé** operaio non qualificato
ouvrir [uvʀiʀ] *vt* aprire; (*Méd : abcès*) incidere ▶ *vi* aprire; **s'ouvrir** *vr* aprirsi; **~** *ou* **s'~ sur** dare su; **~ l'œil** (*fig*) tenere gli occhi aperti; **~ l'appétit à qn** stuzzicare l'appetito a qn; **~ des horizons/perspectives** aprire degli orizzonti/delle prospettive; **~ l'esprit** aprire la mente; **~ une session** (*Inform*) aprire una sessione; **~ à cœur/trèfle** (*Cartes*) aprire a cuori/fiori; **s'~ à** (*amour, art*) aprirsi a; **s'~ à qn (de qch)** aprirsi con qn (su qc); **s'~ les veines** tagliarsi le vene
ovaire [ɔvɛʀ] *nm* ovaia
ovale [ɔval] *adj* ovale
ovation [ɔvasjɔ̃] *nf* ovazione *f*
OVNI, ovni [ɔvni] *sigle m* (*= objet volant non identifié*) UFO *m inv*
ovule [ɔvyl] *nm* ovulo
oxyder [ɔkside] : **s'oxyder** *vr* ossidarsi
oxygène [ɔksiʒɛn] *nm* ossigeno
oxygéné, e [ɔksiʒene] *adj* : **cheveux ~s** capelli *mpl* ossigenati; **eau oxygénée** acqua ossigenata
ozone [ozon] *nm* ozono

p

PAC [pak] *sigle f = Politique agricole commune*
pacifique [pasifik] *adj* pacifico(-a) ▶ *nm* : **le P~, l'océan P~** il Pacifico, l'oceano Pacifico
pack [pak] *nm* (*Rugby*) pacchetto; (*de bouteilles, pots*) confezione *f*
pacotille [pakɔtij] (*péj*) *nf* paccottiglia; **de ~** da quattro soldi
PACS [paks] *sigle m* (*= Pacte Civil de Solidarité*) *contratto di unione civile in Francia*
pacte [pakt] *nm* patto; **~ d'alliance** patto di alleanza; **~ de non-agression** patto di non aggressione
pagaille [pagaj] *nf* caos *m inv*, disordine *m*; **en ~** (*en grande quantité*) in gran quantità; (*en désordre*) disordinatamente, in disordine
page [paʒ] *nf* pagina ▶ *nm* paggio; **mise en ~** impaginazione *f*; **être à la ~** essere à la page; **~ blanche** pagina bianca; **~ d'accueil** (*Inform*) home page *f inv*, pagina iniziale; **~ de garde** guardia; **~ Web** pagina Web
paiement [pɛmɑ̃] *nm* pagamento
païen, ne [pajɛ̃, pajɛn] *adj* pagano(-a); (*impie*) empio(-a) ▶ *nm/f* pagano(-a)
paillasson [pajasɔ̃] *nm* (*tapis-brosse*) zerbino
paille [pɑj] *nf* paglia; (*pour boire*) cannuccia; **être sur la ~** essere sul lastrico; **~ de fer** paglietta, paglia di ferro
pain [pɛ̃] *nm* pane *m*; (*Culin : de poisson, légumes*) sformato; **petit ~** panino; **~ au chocolat** *involtino di pasta sfoglia con cioccolato*; **~ bis/complet** pane

semintegrale/integrale; **~ d'épice(s)** panpepato; **~ de campagne** pane casereccio; **~ de cire** pane di cera; **~ de mie** pan *m* carré *inv*; **~ de seigle** pane di segale; **~ de sucre** pan di zucchero; **~ fantaisie** pane venduto al pezzo; **~ grillé** pane abbrustolito *ou* tostato; **~ noir** pane nero; **~ perdu** *pane raffermo inzuppato in latte e uovo e fritto*; **~ viennois** *tipo di pane dolce*

pair, e [pɛʀ] *adj* pari *inv* ▸ *nm* pari *m inv*; **aller** *ou* **marcher de ~ (avec)** andare di pari passo (con); **au ~** (*Fin*) alla pari; **valeur au ~** valore *m* alla pari; **jeune fille au ~** ragazza alla pari

paire [pɛʀ] *nf* paio; **une ~ de lunettes/ tenailles** un paio di occhiali/tenaglie; **les deux font la ~** quei due si sono trovati

paisible [pezibl] *adj* (*personne, caractère*) pacifico(-a), tranquillo(-a); (*ville, sommeil, vie, lac*) tranquillo(-a)

paix [pɛ] *nf* pace *f*; **faire la ~ avec** fare la pace con; **vivre en ~ avec** vivere in pace con; **avoir la ~** stare in pace

Pakistan [pakistɑ̃] *nm* Pakistan *m*

palais [palɛ] *nm* palazzo; (*Anat*) palato; **le P~ Bourbon** *sede dell'Assemblée Nationale*; **le P~ de Justice** il palazzo di giustizia; **le P~ de l'Élysée** il palazzo dell'Eliseo; **~ des expositions** palazzo delle esposizioni

pâle [pɑl] *adj* pallido(-a); **~ de colère/d'indignation** pallido d'ira/d'indignazione; **bleu/vert ~** azzurro/verde pallido

Palestine [palɛstin] *nf* Palestina

palette [palɛt] *nf* tavolozza; (*de produits*) gamma; (*plateau de chargement*) pallet *m inv*

palétuvier [paletyvje] *nm* mangrovia

pâleur [pɑlœʀ] *nf* pallore *m*

palier [palje] *nm* (*d'escalier*) pianerottolo; (*d'un graphique*) tracciato piatto; (*fig*) fase *f* di stabilità; **par ~s** (*procéder*) per gradi

pâlir [pɑliʀ] *vi* impallidire; (*couleur*) sbiadire; **faire ~ qn** fare impallidire qn

palissade [palisad] *nf* palizzata

pallier [palje] *vt* (*manque, crise*) cercare di ovviare a

palme [palm] *nf* (ramo di) palma; (*symbole*) palma; (*de plongeur*) pinna; **~s académiques** *onorificenza per meriti nell'ambito della Pubblica Istruzione*

palmé, e [palme] *adj* palmato(-a)

palmeraie [palməʀɛ] *nf* palmeto

palmier [palmje] *nm* palma

pâlot, e [pɑlo, ɔt] *adj* palliduccio(-a)

palourde [paluʀd] *nf* vongola

palper [palpe] *vt* palpare

palpitant, e [palpitɑ̃, ɑ̃t] *adj* (*film, récit*) appassionante; (*aventure*) eccitante

palpiter [palpite] *vi* palpitare

paludisme [palydism] *nm* malaria, paludismo

pamphlet [pɑ̃flɛ] *nm* libello, pamphlet *m inv*

pamplemousse [pɑ̃pləmus] *nm* pompelmo

pan [pɑ̃] *nm* (*d'un manteau, rideau*) lembo; (*d'un prisme, d'une tour*) faccia, lato; (*partie : d'affiche etc*) pannello ▸ *excl* pam *m*; **~ de chemise** lembo di camicia; **~ de mur** pezzo di muro

panache [panaʃ] *nm* pennacchio; **avoir du ~** (*fig*) avere una certa prestanza; **aimer le ~** (*fig*) amare i bei gesti

panaché, e [panaʃe] *adj* : **œillet ~** garofano screziato; **un (demi) ~** una birra piccola con la gazzosa; **glace panachée** gelato misto

panais [panɛ] *nm* pastinaca

pancarte [pɑ̃kaʀt] *nf* cartello

pancréas [pɑ̃kʀeɑs] *nm* pancreas *m inv*

pané, e [pane] *adj* impanato(-a)

panier [panje] *nm* cesto, cesta, cestino; (*Sport*) canestro; **le ~ de la ménagère** il carrello della spesa; **mettre au ~** cestinare; **c'est un ~ percé** ha le mani bucate; **~ à provisions** sporta (della spesa); **~ à salade** (*Culin*) scolainsalata *m inv*; (*Police*) cellulare *m*; **~ de crabes** (*fig*) nido di vipere

panier-repas [panjeʀ(ə)pɑ] (*pl* **paniers-repas**) *nm* cestino da viaggio

panique [panik] *nf* panico ▸ *adj* : **peur/ terreur ~** timor *m* panico

paniquer [panike] *vt* gettare nel panico ▸ *vi* essere preso(-a) dal panico

panne [pan] *nf* (*d'un mécanisme*) guasto; **mettre en ~** (*Naut*) mettere in cappa; **être/tomber en ~** essere/rimanere in panne; **il y a eu une ~ de courant** è mancata la corrente; **tomber en ~ d'essence** *ou* **sèche** restare a secco; **la télévision est en ~** la TV è rotta; **ma voiture est en ~** la mia macchina ha avuto un guasto; **~ d'électricité** guasto elettrico

panneau, x [pano] *nm* pannello; (*écriteau*) cartello; **donner** *ou* **tomber**

dans le ~ (*fig*) cadere nella rete; **~ d'affichage** bacheca; **~ de signalisation** cartello stradale; **~ électoral** tabellone *m* elettorale; **~ indicateur** cartello indicatore; **~ publicitaire** cartellone *m* pubblicitario

panoplie [panɔpli] *nf* (*d'arguments etc*) serie *f inv*; **~ de pompier/d'infirmière** costume *m* da pompiere/da infermiera

panorama [panɔʀama] *nm* panorama *m*

panse [pɑ̃s] *nf* (*Zool*) rumine *m*

pansement [pɑ̃smɑ̃] *nm* fasciatura; **~ adhésif** cerotto

pantalon [pɑ̃talɔ̃] *nm* pantaloni *mpl*, calzoni *mpl*; **~ de golf** pantaloni *ou* calzoni da golf; **~ de pyjama** pantaloni *ou* calzoni del pigiama; **~ de ski** pantaloni *ou* calzoni da sci

panthère [pɑ̃tɛʀ] *nf* pantera

pantin [pɑ̃tɛ̃] *nm* (*aussi péj*) burattino, fantoccio

pantoufle [pɑ̃tufl] *nf* pantofola

PAO [peao] *sigle f* = *publication assistée par ordinateur*

paon [pɑ̃] *nm* pavone *m*

papa [papa] *nm* papà *m inv*

papaye [papaj] *nf* papaia

pape [pap] *nm* papa *m*

paperasse [papʀas] (*péj*) *nf* scartoffia

paperasserie [papʀasʀi] (*péj*) *nf* scartoffie *fpl*

papeterie [papɛtʀi] *nf* fabbricazione *f* della carta; (*usine*) cartiera; (*magasin*) cartoleria; (*articles*) (articoli *mpl* di) cancelleria

papi [papi] (*fam*) *nm* nonno

papier [papje] *nm* carta; (*feuille*) foglio *ou* pezzo di carta; (*article*) pezzo, articolo; (*écrit officiel*) documento; **papiers** *nmpl* (*documents, notes* : *aussi* : **papiers d'identité**) documenti *mpl*; **sur le ~** (*théoriquement*) sulla carta; **jeter une phrase sur le ~** mettere una frase per iscritto; **noircir du ~** imbrattare fogli *ou* carte; **~ à dessin** carta da disegno; **~ à lettres** carta da lettere; **~ bible** carta velina; **~ bulle** carta gialla; **~ buvard** carta assorbente; **~ calque** carta da lucido; **~ carbone** cartacarbone *f*; **~ collant** carta adesiva; **~ couché** carta patinata; **~ (d')aluminium** carta stagnola *ou* d'alluminio; **~ d'Arménie** *carta aromatica da bruciare per profumare ambienti*; **~ d'emballage** carta da imballaggio; **~ de brouillon** carta da brutta copia; **~ de soie** carta di seta; **~ de verre** carta vetrata; **~ glacé** carta satinata; **~ gommé** carta gommata; **~ hygiénique** carta igienica; **~ journal** carta da giornale; **~ kraft** carta da pacchi; **~ mâché** cartapesta; **~ machine** carta da macchina; **~ peint** carta da parati; **~ pelure** carta velina; **~ thermique** carta termica

papillon [papijɔ̃] *nm* farfalla; (*fam* : *contravention*) multa; (*Tech* : *écrou*) dado ad alette; **~ de nuit** farfalla notturna, falena

papillonner [papijɔne] *vi* sfarfallare

papillote [papijɔt] *nf* (*pour cheveux*) cartina per arricciare i capelli; **en ~** (*Culin*) al cartoccio

papoter [papɔte] *vi* cianciare

paquebot [pak(ə)bo] *nm* transatlantico

pâquerette [pɑkʀɛt] *nf* margheritina, pratolina

Pâques [pɑk] *nfpl* Pasqua *fsg* ▶ *nm* Pasqua; **l'île de ~** l'isola di Pasqua; **joyeuses ~ !** buona Pasqua!; **de ~** pasquale, di Pasqua; **lundi de ~** Pasquetta; **œufs de ~** *voir encadré ci-dessous*

> In Francia si dice che le uova di Pasqua, **oeufs de Pâques**, vengono portate dalle campane che arrivano in volo da Roma e le depositano nei giardini delle case.

paquet [pakɛ] *nm* pacchetto; (*ballot*) fagotto; (*colis*) pacco; (*fig*) : **un ~ de** un mucchio di; **paquets** *nmpl* (*bagages*) bagagli *mpl*; **mettre le ~** (*fam*) mettercela tutta; **~ de mer** ondata

paquet-cadeau [pakɛkado] (*pl* **paquets-cadeaux**) *nm* pacco *m* regalo *inv*

MOT-CLÉ

par [paʀ] *prép* **1** (*cause*) per; (*agent*) da; (*auteur*) di; **par amour** per amore; **peint par un grand artiste** dipinto da un grande artista

2 (*lieu, direction*) : **passer par Lyon/par la côte** passare per Lione/per la costa; **par la fenêtre** (*jeter, regarder*) dalla finestra; **par terre** per terra; **par le haut/bas** dall'alto/dal basso; **par ici** di qui; **par où ?** da dove?; **par là** di là; **par-ci, par-là** di qua, di là

3 (*fréquence, distribution*) per, a; **3 fois par semaine** 3 volte per *ou* alla settimana; **3 par jour/par personne** 3 al giorno/per persona; **par centaines** a centinaia; **2 par 2** 2 a 2
4 (*moyen*) per; **par la poste** per posta; **finir/commencer par** finire/cominciare con; **finir/commencer par faire qch** finire/cominciare con il fare qc

parabolique [paʀabɔlik] *adj* parabolico(-a)
parachute [paʀaʃyt] *nm* paracadute *m inv*; **~ ventral** paracadute ventrale
parachuter [paʀaʃyte] *vt* paracadutare; (*fig : fam*) schiaffare
parachutiste [paʀaʃytist] *nm/f* paracadutista *m/f*
parade [paʀad] *nf* (*Mil*) parata, sfilata; (*de cirque, bateleurs*) sfilata; (*Escrime, Boxe*) parata; (*défense, riposte*) : **trouver la ~ à une attaque** parare un attacco; **de ~** *adj* da parata; (*superficiel*) esteriore
parader [paʀade] *vi* (*se pavaner*) pavoneggiarsi
paradis [paʀadi] *nm* paradiso; **~ fiscal** paradiso fiscale; **~ terrestre** paradiso terrestre
paradisiaque [paʀadizjak] *adj* paradisiaco(-a)
paradoxe [paʀadɔks] *nm* paradosso
paraffine [paʀafin] *nf* paraffina
parages [paʀaʒ] *nmpl* paraggi *mpl*; **dans les ~ (de)** nei paraggi (di)
paragraphe [paʀagʀaf] *nm* paragrafo
paraître [paʀɛtʀ] *vi* (*sembler*) sembrare; (*Presse*) uscire; (*apparaître*) apparire ▸ *vb impers* : **il paraît que** sembra *ou* pare che; **il me paraît que** mi sembra *ou* pare che; **il paraît absurde de/préférable que** sembra assurdo/preferibile che; **laisser ~ qch** manifestare qc; **il ne paraît pas son âge** non dimostra la sua età; **il aime ~** gli piace farsi vedere *ou* notare
parallèle [paʀalɛl] *adj* parallelo(-a); (*police*) segreto(-a); (*marché*) nero(-a); (*société, énergie*) alternativo(-a); (*école*) non ufficialmente riconosciuto(-a) ▸ *nm* parallelo ▸ *nf* parallela; **faire** *ou* **établir un ~ entre** fare un parallelo tra; **en ~** in parallelo; **mettre en ~** paragonare
paralyser [paʀalize] *vt* paralizzare
paramédical, e, -aux [paʀamedikal, o] *adj* : **personnel ~** personale *m* paramedico
paramètre [paʀamɛtʀ] *nm* parametro
paraphrase [paʀafʀɑz] *nf* parafrasi *f inv*
parapluie [paʀaplɥi] *nm* ombrello; **~ à manche télescopique** ombrello pieghevole; **~ atomique/nucléaire** ombrello atomico/nucleare; **~ pliant** ombrello pieghevole
parasite [paʀazit] *nm* parassita *m* ▸ *nm/f, adj* parassita *m*; **parasites** *nmpl* (*Tél*) rumori *mpl* parassiti
parasol [paʀasɔl] *nm* ombrellone *m*
paratonnerre [paʀatɔnɛʀ] *nm* parafulmine *m*
paravent [paʀavɑ̃] *nm* (*aussi fig*) paravento
parc [paʀk] *nm* parco; (*pour le bétail*) recinto; (*d'enfant*) box *m inv*; **~ de munitions** deposito di munizioni; **~ à huîtres** vivaio di ostriche; **~ automobile** (*d'un pays*) parco *m* macchine *inv*, veicoli *mpl* in circolazione; (*d'une société*) parco autovetture; **~ d'attractions** parco (dei) divertimenti; **~ de stationnement** parcheggio; **~ éolien** parco eolico; **~ national** parco nazionale; **~ naturel** parco naturale; **~ zoologique** giardino zoologico
parcelle [paʀsɛl] *nf* (*de terrain*) appezzamento, frammento, briciola; (*fig*) briciolo
parce que [paʀs(ə)kə] *conj* perché
parchemin [paʀʃəmɛ̃] *nm* pergamena
parcimonie [paʀsimɔni] *nf* parsimonia; **avec ~** con parsimonia
parcmètre [paʀkmɛtʀ], **parcomètre** [paʀkɔmɛtʀ] *nm* parchimetro
parcourir [paʀkuʀiʀ] *vt* (*trajet, distance*) percorrere; (*lieu, bois, suj : vibration*) attraversare; (*journal, article, livre*) dare una scorsa a; **~ qch des yeux/du regard** far scorrere gli occhi/lo sguardo su qc
parcours [paʀkuʀ] *vb voir* **parcourir** ▸ *nm* percorso; **sur le ~** sul percorso; **~ du combattant** (*Mil*) percorso di guerra
par-dessous [paʀd(ə)su] *prép, adv* sotto
pardessus [paʀdəsy] *nm* soprabito, cappotto
par-dessus [paʀd(ə)sy] *prép* sopra ▸ *adv* (al di) sopra; **~ le marché** per di più, per giunta
par-devant [paʀd(ə)vɑ̃] *prép* davanti a ▸ *adv* sul davanti

pardon [paʀdɔ̃] *nm* scusa, perdono ▶ *excl* scusi!, scusa!; (*politesse, demander de répéter*) come?, scusi?, scusa?, prego?; **demander ~ à qn (de qch/d'avoir fait qch)** chiedere perdono a qn (per qc/per aver fatto qc); **je vous demande ~** chiedo scusa

pardonner [paʀdɔne] *vt* perdonare; **~ qch à qn** perdonare qc a qn; **qui ne pardonne pas** (*maladie*) che non perdona; (*erreur*) fatale

pare-brise [paʀbʀiz] (*pl* **pare-brises**) *nm* parabrezza *m inv*

pare(-)choc(s) [paʀʃɔk] (*pl* **pare(-)chocs**) *nm* paraurti *m inv*

pare-feu [paʀfø] (*pl* **pare-feux**) *nm* tagliafuoco *m inv*; (*Inform*) firewall *m inv*

pareil, le [paʀɛj] *adj* uguale, identico(-a); (*tel*) simile ▶ *adv* : **habillés ~** vestiti uguale *ou* allo stesso modo; **faire ~** fare la stessa cosa; **un courage/livre ~** un coraggio/libro simile; **de ~s livres** dei libri così; **j'en veux un ~** ne voglio uno così; **rien de ~** niente del genere; **ne pas avoir son (sa) ~(le)** essere impareggiabile; **~ à** uguale a; **sans ~** senza pari, unico(-a); **c'est du ~ au même** se non è zuppa è pan bagnato (*fig*); **en ~ cas** in un caso del genere *ou* simile; **rendre la pareille à qn** rendere la pariglia a qn

parent, e [paʀɑ̃, ɑ̃t] *nm/f* parente *m/f* ▶ *adj* (*fig* : *analogue*) simile; **parents** *nmpl* (*père et mère*) genitori *mpl*; (*famille, proches*) parenti *mpl*; **être ~s/~ de qn** essere parenti/parente di qn; **~s adoptifs** genitori adottivi; **~s en ligne directe** parenti in linea diretta; **~s par alliance** parenti acquisiti

parenté [paʀɑ̃te] *nf* parentela; (*fig* : *entre langues, théories*) parentela; (: *entre caractères*) affinità *f inv*

parenthèse [paʀɑ̃tɛz] *nf* parentesi *f inv*; **ouvrir/fermer la ~** aprire/chiudere la parentesi; **entre ~s** fra parentesi; **mettre entre ~s** mettere da parte

parer [paʀe] *vt* (*décorer*) ornare; (*personne*) agghindare; (*éviter* : *coup, manœuvre*) parare; **~ à** (*danger, inconvénient*) far fronte a; **~ à toute éventualité** prepararsi ad ogni eventualità; **~ au plus pressé** attendere a ciò che è più urgente

pare-soleil [paʀsɔlɛj] *nm inv* (*Auto*) aletta *f* parasole *inv*

paresse [paʀɛs] *nf* pigrizia

paresseux, -euse [paʀesø, øz] *adj* pigro(-a) ▶ *nm* (*Zool*) bradipo

parfait, e [paʀfɛ, ɛt] *adj* perfetto(-a) ▶ *nm* (*Ling*) perfetto; (*Culin*) semifreddo ▶ *excl* perfetto!

parfaitement [paʀfɛtmɑ̃] *adv* perfettamente ▶ *excl* certo!; **cela lui est ~ égal** gli è del tutto indifferente

parfois [paʀfwa] *adv* a volte, talvolta

parfum [paʀfœ̃] *nm* profumo; (*de tabac, vin*) aroma *m*; (*goût* : *de glace, yaourt*) gusto

parfumé, e [paʀfyme] *adj* profumato(-a); **~ au café** (*aromatisé*) al (gusto di) caffè

parfumer [paʀfyme] *vt* profumare; (*crème, gâteau*) aromatizzare; **se parfumer** *vr* profumarsi; (*d'habitude*) usare profumo

parfumerie [paʀfymʀi] *nf* profumeria; **rayon ~** reparto profumeria

pari [paʀi] *nm* scommessa

parier [paʀje] *vt* scommettere; **j'aurais parié que si/non** avrei scommesso di sì/no

Paris [paʀi] *n* Parigi *f*

parisien, ne [paʀizjɛ̃, jɛn] *adj* parigino(-a) ▶ *nm/f* : **Parisien, ne** parigino(-a)

parité [paʀite] *nf* parità *f inv*; (*Pol*) : **~ hommes-femmes** rappresentanza paritaria di uomini e donne

parjure [paʀʒyʀ] *nm* spergiuro ▶ *nm/f* spergiuro(-a)

parking [paʀkiŋ] *nm* parcheggio

parlant, e [paʀlɑ̃, ɑ̃t] *adj* (*fig* : *portrait, image*) parlante; (: *comparaison, preuve*) eloquente; (*Ciné*) : **cinéma ~** (cinema *m inv*) sonoro ▶ *adv* : **généralement ~** generalmente parlando

parlement [paʀləmɑ̃] *nm* parlamento

parlementaire [paʀləmɑ̃tɛʀ] *adj* parlamentare ▶ *nm/f* parlamentare *m/f*

parler [paʀle] *nm* parlata ▶ *vi* parlare; **~ de qch/qn** parlare di qc/qn; **~ (à qn) de** parlare (a qn) di; **~ de faire qch** parlare di fare qc; **~ le/en français** parlare il/in francese; **~ affaires/politique** parlare di affari/politica; **~ en dormant** parlare nel sonno; **~ du nez** parlare col naso; **~ par gestes** parlare a gesti; **~ en l'air** fare discorsi campati in aria; **sans ~ de** per non parlare di; **tu parles !** stai scherzando!; **les faits parlent d'eux-mêmes** i fatti

parlano da soli; **n'en parlons plus** non parliamone più
parloir [paʀlwaʀ] *nm* parlatorio
parmesan [paʀməzɑ̃] *nm* parmigiano
parmi [paʀmi] *prép* tra, fra
paroi [paʀwa] *nf* parete *f*; **~ (rocheuse)** parete (rocciosa)
paroisse [paʀwas] *nf* parrocchia
parole [paʀɔl] *nf* parola; (*ton, débit de voix*) eloquio; **paroles** *nfpl* (*Mus : d'une chanson*) parole *fpl*; **la bonne ~** (*Rel*) la buona novella; **tenir ~** mantenere la parola; **n'avoir qu'une ~** essere di parola; **avoir/prendre la ~** avere/ prendere la parola; **demander/ obtenir la ~** chiedere/ottenere la parola; **donner la ~ à qn** dare la parola a qn; **perdre la ~** (*fig*) ammutolire; **croire qn sur ~** credere a qn sulla parola; **libéré sur ~** rilasciato sulla parola; **temps de ~** (*TV, Radio etc*) spazio dedicato al dibattito; **histoire sans ~s** vignetta senza parole; **ma ~ !** caspita!; **~ d'honneur** parola d'onore
parquet [paʀkɛ] *nm* parquet *m inv*; **le ~** (*Jur*) ≈ la procura della Repubblica
parrain [paʀɛ̃] *nm* padrino; (*d'un nouvel adhérent*) socio presentatore
parrainage [paʀɛnaʒ] *nm* patrocinio; **~ d'enfant** adozione a distanza
parrainer [paʀene] *vt* patrocinare; (*nouvel adhérent*) presentare; (*suj : entreprise*) sponsorizzare
pars [paʀ] *vb voir* **partir**
parsemer [paʀsəme] *vt* (*suj : feuilles, papiers*) essere sparpagliato(-a) su; **~ qch de** cospargere qc di; **un devoir parsemé de fautes** un compito infarcito di errori
part [paʀ] *vb voir* **partir** ▸ *nf* parte *f*; (*de gâteau, fromage*) porzione *f*; (*Fin : titre*) quota; **prendre ~ à** (*débat*) prendere parte a; (*soucis, douleur de qn*) partecipare a; **faire ~ de qch à qn** mettere qn al corrente di qc; **pour ma ~** per quanto mi riguarda; **à ~ entière** di pieno diritto; **de la ~ de** da parte di; **c'est de la ~ de qui ?** (*au téléphone*) chi lo/la desidera?; **de toute(s) ~(s)** da tutte le parti, da ogni parte; **de ~ et d'autre** da entrambe le parti; **de ~ en ~** da una parte all'altra; **d'une ~ ... d'autre ~** da una parte ... dall'altra; **nulle/quelque ~** da nessuna/qualche parte; **autre ~** in un altro posto; **à ~** a parte; (*de côté*) da parte; **à ~ cela** a parte questo; **pour une large/bonne ~** in larga/buona parte; **prendre qch en bonne/mauvaise ~** prendere qc bene/ male; **faire la ~ des choses** fare le opportune distinzioni; **faire la ~ belle à qn** dare a qn più di quanto gli/le spetta
partage [paʀtaʒ] *nm* spartizione *f*; (*de responsabilité etc*) divisione *f*; (*Pol : de suffrages*) parità *f inv*; **donner/recevoir qch en ~** dare/ricevere qc in sorte; **sans ~** assoluto(-a)
partagé, e [paʀtaʒe] *adj* (*avis*) discorde; (*amour*) corrisposto(-a); **torts ~s** torti *mpl* rispettivamente subiti; **être ~ entre** essere combattuto(-a) tra; **être ~ sur** essere discordi su
partager [paʀtaʒe] *vt* (*répartir : domaine, fortune*) suddividere; (*couper, diviser : gâteau, ville*) dividere; (*fig*) condividere; **se partager** *vr* (*héritage, actions*) spartirsi, dividersi; **~ qch avec qn** dividere qc con qn; **~ la joie de qn/ la responsabilité d'un acte** condividere la gioia di qn/la responsabilità di un atto
partenaire [paʀtənɛʀ] *nm/f* (*gén, Pol*) partner *m/f*; (*Sport*) compagno(-a) di squadra; (*fig*) interlocutore(-trice); **~s sociaux** parti *fpl ou* forze *fpl* sociali
parterre [paʀtɛʀ] *nm* (*de fleurs*) aiuola; (*Théâtre*) platea
parti [paʀti] *nm* (*Pol*) partito; **un beau/ riche ~** (*personne à marier*) un buon partito; **tirer ~ de** trarre profitto da; **prendre le ~ de faire qch** prendere la decisione di fare qc; **prendre le ~ de qn** schierarsi con qn; **prendre ~ pour/ contre qn** schierarsi a favore di/contro qn; **prendre ~** prendere posizione; **prendre son ~ de qch** rassegnarsi a qc; **par ~ pris** per partito preso
partial, e, -aux [paʀsjal, o] *adj* parziale
participant, e [paʀtisipɑ̃, ɑ̃t] *nm/f* partecipante *m/f*
participation [paʀtisipasjɔ̃] *nf* (*aussi Comm*) partecipazione *f*; **la ~ aux frais/ bénéfices** la partecipazione alle spese/ agli utili; **la ~ ouvrière** la partecipazione operaia; **« avec la ~ de »** « con la partecipazione di »
participer [paʀtisipe] : **~ à** *vt* partecipare a; **~ de** *vt* partecipare di
particularité [paʀtikylaʀite] *nf* particolarità *f inv*

particulier, -ière [paʀtikylje, jɛʀ] *adj* particolare; (*personnel, propre*) personale, particolare; (*privé : entretien, audience*) privato(-a) ▶ *nm* (*Admin*) privato; **« ~ vend ... »** (*Comm*) « privato vende ... »; **~ à** proprio(-a) di; **en ~** *adv* in particolare; (*en privé*) in privato

particulièrement [paʀtikyljɛʀmɑ̃] *adv* particolarmente

partie [paʀti] *nf* (*gén, Mus, Jur*) parte *f*; (*profession, spécialité*) campo, mestiere *m*; (*de cartes, tennis etc*) partita; (*fig : lutte, combat*) partita; **en ~** in parte; **faire ~ de qch** fare parte di qc; **prendre qn à ~** prendersela con qn; **en grande/ en majeure ~** in gran/per la maggior parte; **ce n'est que ~ remise** la faccenda è solo rinviata; **avoir ~ liée avec qn** essere in combutta con qn; **~ civile** (*Jur*) parte civile; **~ publique** (*Jur*) pubblico ministero; **~ de campagne** scampagnata; **~ de pêche** : **aller faire une ~ de pêche** andare a pesca

partiel, le [paʀsjɛl] *adj* parziale ▶ *nm* (*Scol*) parte *f* di un esame

partir [paʀtiʀ] *vi* partire; (*s'éloigner*) andare via; (*pétard*) esplodere; (*bouchon*) venire via; (*cris*) levarsi; (*tache*) sparire; **~ de** (*quitter, commencer à*) partire da; (*date, abonnement*) decorrere da; **~ pour/à** partire per; **~ de rien** partire dal nulla; **à ~ de** (a partire) da

partisan, e [paʀtizɑ̃, an] *nm/f* (*d'un parti, régime*) sostenitore(-trice); (*pendant la guerre*) partigiano(-a) ▶ *adj* di parte; **être ~ de qch/faire qch** essere favorevole a qc/fare qc

partition [paʀtisjɔ̃] *nf* (*Mus*) spartito

partout [paʀtu] *adv* dappertutto, dovunque; **~ où il allait** ovunque andasse; **de ~** dappertutto; **trente/ quarante ~** (*Tennis*) trenta/quaranta pari

paru, e [paʀy] *pp de* **paraître**

parution [paʀysjɔ̃] *nf* (*d'un livre*) uscita, pubblicazione *f*

parvenir [paʀvəniʀ] : **~ à** *vt* giungere a, arrivare a; (*à ses fins, à la fortune*) raggiungere; **~ à faire qch** riuscire a fare qc; **faire ~ qch à qn** far pervenire qc a qn

parvenu, e [paʀvəny] *pp de* **parvenir** ▶ *nm/f* (*péj*) parvenu *m inv*

parvis [paʀvi] *nm* sagrato

pas¹ [pɑ] *nm* passo; **~ à ~** passo passo; **au ~** al passo; **de ce ~** all'istante; **marcher à grands ~** camminare a grandi passi; **mettre qn au ~** mettere qn in riga; **au ~ de gymnastique/de course** a passo cadenzato/di corsa; **à ~ de loup** con passo felpato; **faire les cent ~** andare avanti e indietro, andare su e giù; **faire les premiers ~** (*aussi fig*) fare i primi passi; **retourner** *ou* **revenir sur ses ~** ritornare sui propri passi; **se tirer d'un mauvais ~** trarsi d'impaccio; **sur le ~ de la porte** sulla soglia; **le ~ de Calais** (*détroit*) lo stretto di Calais; **~ de porte** (*fig*) *caparra versata per l'affitto di un locale ad uso commerciale*

MOT-CLÉ

pas² [pɑ] *adv* **1** (*avec ne, non*) : **ne ... pas** non; **je ne vais pas à l'école** non vado a scuola; **il ne ment pas** non mente; **je ne mange pas de pain** non mangio pane; **il ne la voit pas/ne l'a pas vue/ ne la verra pas** non la vede/non l'ha vista/non la vedrà; **ils n'ont pas de voiture** non hanno la macchina; **il m'a dit de ne pas le faire** mi ha detto di non farlo; **non pas que ...** non che ...; **je n'en sais pas plus** non so niente di più; **il n'y avait pas plus de 200 personnes** non c'erano più di 200 persone; **ce n'est pas sans hésitation que ...** non è senza esitazione che ...; **je ne reviendrai pas de sitôt** non torno tanto presto

2 (*sans ne etc*) : **pas moi** non io, io no; (*renforçant l'opposition*) : **elle travaille, (mais) lui pas** *ou* **pas lui** lei lavora, (ma) lui no; (*dans des réponses négatives*) : **pas de sucre, merci !** niente zucchero, grazie!; **une pomme pas mûre** una mela non matura; **pas plus tard qu'hier** non più tardi di ieri; **pas du tout** niente affatto, per niente; **pas encore** non ancora; **ceci est à vous ou pas ?** è vostro o no?

3 : **pas mal** *adv* piuttosto, parecchio; (*passablement*) discretamente; (*assez bien*) abbastanza; (*plutôt bien*) piuttosto; **pas mal de** (*beaucoup de*) parecchio(-a); **ils ont pas mal d'enfants/d'argent** hanno parecchi bambini/soldi; **avoir pas mal de chance** essere molto fortunato(-a)

passable [pɑsabl] *adj* passabile; (*Scol*) sufficiente

passage [pasaʒ] *nm* passaggio; (*du temps*) passare *m inv*; (*extrait : d'un livre*) passo, brano; **sur le ~ du cortège** (*itinéraire*) lungo il tragitto del corteo; **« laissez/n'obstruez pas le ~ »** « lasciare libero il passaggio »; **de ~** di passaggio; **au ~** passando; **~ à niveau** passaggio a livello; **~ à tabac** fracco di botte; **~ à vide** giro a vuoto; (*fig*) brutto periodo; **~ clouté** strisce *fpl* pedonali, passaggio pedonale; **~ interdit** divieto di transito; **~ protégé** incrocio con diritto di precedenza; **~ souterrain** sottopassaggio

passager, -ère [pasaʒe, ɛʀ] *adj* passeggero(-a); (*rue*) molto frequentato(-a) ▸ *nm/f* passeggero(-a); **~ clandestin(e)** (passeggero(-a)) clandestino(-a)

passant, e [pasɑ̃, ɑ̃t] *adj* (*rue, endroit*) molto frequentato(-a) ▸ *nm/f* passante *m/f* ▸ *nm* (*d'une ceinture etc*) passante *m*; **en ~** (*remarquer*) di sfuggita, en passant; **venir voir qn en ~** fare una capatina da qn; **bande passante** (*Inform, Phys*) banda passante

passation [pasasjɔ̃] *nf* : **~ des pouvoirs** passaggio dei poteri

passe [pɑs] *nf* (*Sport*) passaggio; (*Naut*) stretto ▸ *nm* (*passe-partout*) passe-partout *m inv*; **être en ~ de faire** stare per fare; **être dans une bonne/mauvaise ~** (*fig*) avere un buon/brutto periodo; **~ d'armes** (*fig*) battibecco; **~s (magnétiques)** gesti *mpl* dell'ipnotizzatore

passé, e [pɑse] *adj* (*événement, temps*) passato(-a); (*couleur, tapisserie*) sbiadito(-a) ▸ *nm* (*aussi Ling*) passato ▸ *prép* : **~ 10 heures/7 ans** dopo 10 ore/7 anni; **il est midi ~** è mezzogiorno passato; **par le ~** in passato; **~ de mode** passato di moda; **~ simple/composé** (*Ling*) passato remoto/passato prossimo; **~ ce poids** oltre questo peso

passe-partout [pɑspaʀtu] *nm inv* (*clé*) passe-partout *m inv*, chiave *f* universale ▸ *adj inv* (*tenue, phrase*) adatto(-a) per tutte le occasioni

passeport [pɑspɔʀ] *nm* passaporto

passer [pɑse] *vi* passare; (*pour rendre visite*) : **~ (chez qn)** passare (da qn); (*être digéré, avalé : repas, vin*) andare giù; (*accusé, projet de loi*) : **~ devant** venire prima; (*réplique, plaisanterie*) essere tollerato(-a), passare; (*film, émission*) esserci; (*personne*) : **~ à la radio/télévision** andare alla radio/televisione; (*couleur, papier*) sbiadire ▸ *vt* passare; (*permettre : faute, bêtise*) : **~ qch à qn** lasciar passare qc a qn; (*enfiler : vêtement*) infilarsi; (*café, thé, soupe*) colare; (*film, pièce*) dare; (*disque*) mettere; (*couleur : suj : lumière*) sbiadire; **se passer** *vr* (*scène, action*) svolgersi; (*arriver*) : **que s'est-il passé?** cos'è successo?; (*se dérouler : entretien etc*) svolgersi; **~ qch à qn** (*stylo, grippe, message*) passare qc a qn; **~ par** (*lieu*) passare per *ou* da; (*intermédiaire, expérience*) passare attraverso; **~ sur** (*faute, détails*) sorvolare su; **~ dans les mœurs/l'usage** entrare nell'uso; **~ devant/derrière qn/qch** passare davanti/dietro a qn/qc; **~ avant qch/qn** (*fig*) venire prima di qc/qn; **laisser ~** (*air, personne*) lasciar passare; (*occasion, erreur*) lasciarsi sfuggire; **~ dans la classe supérieure** (*Scol*) passare nella classe superiore; **~ en** *ou* **la seconde/troisième** (*Auto*) passare in seconda/terza; **ce film passe au cinéma Lumière** al Lumière danno questo film; **~ une** *ou* **à la radio/visite médicale** fare una radiografia/visita medica; **~ aux aveux** decidersi a confessare; **~ à l'action** passare all'azione; **~ inaperçu** passare inosservato; **~ outre (à qch)** passare sopra (qc); **il passe pour avoir fait** si dice che abbia fatto; **~ pour riche/un imbécile/un cousin** passare per ricco/un imbecille/un cugino; **~ à table/au salon/à côté** andare a tavola/in soggiorno/di là; **~ à l'opposition/à l'ennemi** passare all'opposizione/al nemico; **ne faire que ~** fermarsi solo un attimo; **passe encore de ...** passi ancora che ...; **faire ~ à qn le goût/l'envie de qch** far passare a qn il gusto/la voglia di qc; **faire ~ qch** *ou* **qn pour** far passare qc *ou* qn per; **passons** non facciamoci caso; **~ son tour** saltare il proprio turno; **~ qch en fraude** far passare qc di contrabbando; **~ la tête/la main par la portière** infilare la testa/la mano attraverso la portiera; **je vous passe Nathalie** (*au téléphone*) le passo Nathalie; **~ la parole à qn** passare la parola a qn; **~ qn par les armes**

passare qn per le armi; **~ commande** fare un ordine; **~ un marché/accord** stipulare *ou* concludere un contratto/accordo; **se ~ les mains sous l'eau/de l'eau sur le visage** sciacquarsi le mani/il viso; **cela se passe de commentaires** questo non ha bisogno di commenti; **se ~ de qch** fare a meno di qc

passerelle [pasʀɛl] *nf* passerella

passe-temps [pastɑ̃] *nm inv* passatempo

passeur, -euse [pasœʀ, øz] *nm/f* passeur *m inv/f inv*

passible [pasibl] *adj* : **~ de** passibile di

passif, -ive [pasif, iv] *adj* passivo(-a) ▶ *nm* (*Ling, Comm*) passivo

passion [pasjɔ̃] *nf* passione *f*; **avoir la ~ de** avere la passione di; **fruit de la ~** frutto della passione; **la ~ du jeu/de l'argent** la passione del gioco/del denaro

passionnant, e [pasjɔnɑ̃, ɑ̃t] *adj* appassionante

passionné, e [pasjɔne] *adj* (*tempérament*) passionale; (*amour, description*) appassionato(-a) ▶ *nm/f* : **~ de/pour** appassionato(-a) di

passionner [pasjɔne] *vt* appassionare; (*débat, discussion*) vivacizzare; **se ~ pour qch** appassionarsi a *ou* per qc

passoire [paswaʀ] *nf* colino

pastèque [pastɛk] *nf* cocomero, anguria

pasteur [pastœʀ] *nm* pastore *m*

pasteuriser [pastœʀize] *vt* pastorizzare

pastille [pastij] *nf* pastiglia, pasticca; (*de papier etc*) pallino; **~s pour la toux** pastiglie per la tosse

pastis [pastis] *nm aperitivo a base di anice*

patate [patat] *nf* patata; **~ douce** patata dolce

patauger [patoʒe] *vi* (*pour s'amuser*) sguazzare; (*avec effort*) avanzare a stento; **~ dans** (*exposé, explications*) ingarbugliarsi in

pâte [pɑt] *nf* pasta; (*à frire*) pastella; **pâtes** *nfpl* (*macaroni etc*) pasta *fsg*; **fromage à ~ dure/molle** formaggio a pasta dura/molle; **~ à choux** pasta da bignè; **~ à modeler** plastilina®; **~ à papier** pasta di carta; **~ brisée** pasta frolla; **~ d'amandes** pasta di mandorle; **~ de fruits** gelatina; **~ feuilletée** pasta sfoglia

pâté [pɑte] *nm* (*charcuterie*) pâté *m inv*; (*tache d'encre*) macchia d'inchiostro; **~ de foie** pâté di fegato; **~ de lapin** pâté di coniglio; **~ de maisons** isolato; **~ (de sable)** formina (di sabbia); **~ en croûte** pâté in crosta

pâtée [pɑte] *nf* pastone *m*

patelin [patlɛ̃] (*fam*) *nm* paesino

patente [patɑ̃] *nf* (*Comm*) tassa di esercizio

> **FAUX AMIS**
> **patente** ne se traduit pas par le mot italien *patente*.

paternaliste [patɛʀnalist] *adj* paternalistico(-a)

paternel, le [patɛʀnɛl] *adj* paterno(-a)

paternité [patɛʀnite] *nf* paternità

pâteux, -euse [pɑtø, øz] *adj* (*encre*) denso(-a); (*substance*) pastoso(-a); **avoir la bouche/langue pâteuse** avere la bocca/lingua impastata

pathétique [patetik] *adj* patetico(-a)

patiemment [pasjamɑ̃] *adv* pazientemente

patience [pasjɑ̃s] *nf* pazienza; (*Cartes*) solitario; **être à bout de ~** stare per perdere la pazienza; **perdre/prendre ~** perdere la/avere pazienza

patient, e [pasjɑ̃, jɑ̃t] *adj* paziente ▶ *nm/f* (*Méd*) paziente *m/f*

patienter [pasjɑ̃te] *vi* pazientare

patin [patɛ̃] *nm* pattino; (*sport*) pattinaggio; (*pièce de tissu*) pattina; **~ (de frein)** (*Tech*) ceppo (del freno); **~s (à glace)** pattini (da ghiaccio); **~s à roulettes** pattini a rotelle

patinage [patinaʒ] *nm* pattinaggio; **~ artistique** pattinaggio artistico; **~ de vitesse** pattinaggio di velocità

patiner [patine] *vi* pattinare; (*embrayage, roue, voiture*) slittare; **se patiner** *vr* coprirsi di una patina

patineur, -euse [patinœʀ, øz] *nm/f* pattinatore(-trice)

patinoire [patinwaʀ] *nf* pista di pattinaggio

pâtir [pɑtiʀ] : **~ de** *vt* patire a causa di, risentire di

pâtisserie [pɑtisʀi] *nf* pasticceria; (*à la maison*) preparazione *f* di dolci; **pâtisseries** *nfpl* (*gâteaux*) dolci *mpl*, pasticceria

pâtissier, -ière [pɑtisje, jɛʀ] *nm/f* pasticciere(-a)

patois [patwa] *nm* patois *m inv*, dialetto

patrie [patʀi] *nf* patria

patrimoine [patʀimwan] *nm* patrimonio; **~ génétique** *ou* **héréditaire** (*Biol*) patrimonio ereditario

Il termine **les Journées européennes du patrimoine** indica un periodo dell'anno in cui le residenze statali vengono aperte al pubblico durante il fine settimana. Questa rara opportunità di visitare prestigiose istituzioni come i ministeri e l'Eliseo ha reso estremamente popolari le *Journées européennes du patrimoine*.

patriotique [patʀijɔtik] *adj* patriottico(-a)

patron, ne [patʀɔ̃, ɔn] *nm/f* (*chef*) principale *m/f*, capo(-a); (*propriétaire*) padrone(-a), proprietario(-a); (*Rel*) patrono(-a) ▸ *nm* (*Couture*) (carta)modello; **~s et employés** datori *mpl* di lavoro e dipendenti *mpl*

patronat [patʀɔna] *nm* padronato, datori *mpl* di lavoro

patronner [patʀɔne] *vt* patrocinare, appoggiare

patrouille [patʀuj] *nf* (*Mil, de police*) pattuglia; (*mission*) missione *f*; **~ de chasse** (*Aviat*) pattuglia di caccia; **~ de reconnaissance** pattuglia di ricognizione

patte [pat] *nf* zampa; (*languette de cuir, d'étoffe*) patta; (*de portefeuille*) linguetta; **~s** (*favoris*) basette *fpl*; **à ~s d'éléphant** a zampa d'elefante; **(se mettre) à quatre ~s** (mettersi) carponi; **en avoir plein les ~s** (*fam*) averne abbastanza (*di camminare, correre*); **~s d'oie** (*fig : rides*) zampe *fpl* di gallina; **~s de mouche** (*fig : écriture*) zampe di gallina

pâturage [pɑtyʀaʒ] *nm* pascolo

paume [pom] *nf* palmo

paumé, e [pome] (*fam*) *adj* perso(-a), perduto(-a)

paupière [popjɛʀ] *nf* palpebra

pause [poz] *nf* pausa

pauvre [povʀ] *adj, nm/f* povero(-a); **les pauvres** *nmpl* i poveri; **~ en calcium** povero(-a) di calcio

pauvreté [povʀəte] *nf* povertà

pavaner [pavane] : **se pavaner** *vr* pavoneggiarsi

pavé, e [pave] *adj* lastricato(-a) ▸ *nm* (*bloc de pierre*) pavé *m inv*, cubetto di porfido; (*pavage, pavement*) pavimentazione *f* stradale, lastricato; (*bifteck*) grossa bistecca; (*fam : livre etc*) mattone *m*; **être sur le ~** (*fig*) essere in mezzo alla strada; **~ numérique** (*Inform*) tastiera numerica

pavillon [pavijɔ̃] *nm* (*belvédère, Mus, Anat*) padiglione *m*; (*maisonnette, villa*) villetta, villino; (*Naut : drapeau*) bandiera; **~ de complaisance** bandiera *f* ombra *inv ou* di comodo

pavot [pavo] *nm* papavero

payant, e [pɛjɑ̃, ɑ̃t] *adj* (*spectateur*) pagante; (*billet, spectacle*) a pagamento; (*fig : entreprise*) redditizio(-a); **c'est ~** è a pagamento

paye [pɛj] *nf* paga

payement [pɛjmɑ̃] *nm* = **paiement**

payer [peje] *vt* pagare ▸ *vi* (*métier*) rendere; (*effort, tactique etc*) pagare; **il me l'a fait ~ 10 €** me l'ha fatto pagare 10 euro; **~ qn de** (*ses efforts, peines*) ripagare qn per; **~ qch à qn** pagare qc a qn; **ils nous ont payé le voyage** ci hanno pagato il viaggio; **~ qn de retour** contraccambiare *ou* ricambiare qn; **~ par chèque/en espèces** pagare con un assegno/in contanti; **~ cher qch** (*aussi fig*) pagare caro qc; **~ de sa personne** pagare di persona; **cela ne paie pas de mine** non ha l'aria molto allettante; **se ~ qch** concedersi qc; **se ~ de mots** limitarsi a parlare; **se ~ la tête de qn** prendersi gioco di qn

pays [pei] *nm* paese *m*; (*région*) regione *f*; **du ~** nostrano(-a), locale; **le ~ de Galles** il Galles

paysage [peizaʒ] *nm* paesaggio

paysan, ne [peizɑ̃, an] *nm/f* contadino(-a); (*péj*) bifolco(-a), zotico(-a) ▸ *adj* contadino(-a)

Pays-Bas [peiba] *nmpl* : **les ~** i Paesi Bassi

PDG [pedeʒe] *sigle m/f* = *président directeur général*

péage [peaʒ] *nm* pedaggio; (*endroit*) casello; **autoroute/pont à ~** autostrada/ponte *m* a pedaggio

peau, x [po] *nf* (*Anat, Zool*) pelle *f*; (*Bot*) buccia; (*du lait, de la peinture*) pellicina; **gants de ~** guanti *mpl* di pelle *f*; **être bien/mal dans sa ~** stare/non stare bene con se stessi; **se mettre dans la ~ de qn** mettersi nei panni di qn; **faire ~ neuve** rinnovarsi; **~ d'orange** (*aussi fig*) buccia d'arancia; **~ de chamois** pelle di daino

pêche [pɛʃ] *nf* (*sport, fruit*) pesca; (*endroit*) riserva di pesca; **aller à la ~**

andare a pesca; **avoir la ~** (*fam*) sentirsi in forma; **~ à la ligne** pesca con la lenza; **~ sous-marine** pesca subacquea

péché [peʃe] *nm* peccato; **~ mignon** debolezza

pécher [peʃe] *vi* peccare; (*chose*) avere delle pecche; **~ contre la bienséance/les bonnes mœurs** peccare contro la buona creanza/la morale

pêcher [peʃe] *nm* (*Bot*) pesco ▸ *vi, vt* pescare; **~ au chalut** pescare con la rete a strascico

pécheur, -eresse [peʃœʀ, peʃʀɛs] *nm/f* peccatore(-trice)

pêcheur, -euse [pɛʃœʀ, øz] *nm/f* pescatore(-trice); **~ de perles** pescatore di perle

pectoral, e, -aux [pɛktɔʀal, o] *adj* (*muscle*) pettorale; (*sirop*) espettorante; **pectoraux** *nmpl* (*Anat*) pettorali *mpl*

pédagogie [pedagɔʒi] *nf* pedagogia

pédagogique [pedagɔʒik] *adj* pedagogico(-a)

pédale [pedal] *nf* pedale *m*; **mettre la ~ douce** (*fam*) andarci con i piedi di piombo

pédalo [pedalo] *nm* pedalò *m inv*, moscone *m*

pédant, e [pedɑ̃, ɑ̃t] (*péj*) *adj* pedante ▸ *nm/f* pedante *m/f*

pédestre [pedɛstʀ] *adj* : **tourisme ~** escursionismo a piedi; **randonnée ~** (*activité*) escursionismo a piedi; (*excursion*) escursione *f* a piedi

pédiatre [pedjatʀ] *nm/f* pediatra *m/f*

pédicure [pedikyʀ] *nm/f* pedicure *m inv/f inv*

pédophile [pedɔfil] *adj, nm/f* pedofilo(-a)

pègre [pɛgʀ] *nf* malavita

peigne [pɛɲ] *vb voir* **peindre** ; **peigner** ▸ *nm* pettine *m*

peigner [peɲe] *vt* pettinare; **se peigner** *vr* pettinarsi

peignoir [pɛɲwaʀ] *nm* (*chez le coiffeur*) peignoir *m inv*, mantellina; (*de sportif*) accappatoio; (*déshabillé*) vestaglia; **~ de bain** accappatoio; **~ de plage** copricostume *m inv*

peinard, e [pɛnaʀ, aʀd] *adj* (*fam*) tranquillo(-a); **on est ~ ici** si sta in pace qui

peindre [pɛ̃dʀ] *vt* (*mur*) tinteggiare; (*carrosserie, objet*) pitturare, verniciare; (*paysage, fig*) dipingere; (*personne*) ritrarre

peine [pɛn] *nf* (*affliction*) dolore *m*, dispiacere *m*; (*mal, effort*) fatica; (*difficulté*) difficoltà *f inv*; (*punition, Jur*) pena; **faire de la ~ à qn** rattristare qn; **prendre la ~ de faire** prendersi la briga di fare; **se donner de la ~** darsi da fare; **ce n'est pas la ~ que vous fassiez/de faire** non vale la pena che faccia/di fare; **avoir de la ~ à faire** fare fatica a fare; **donnez-vous/veuillez vous donner la ~ d'entrer** si accomodi, prego; **pour la ~** per il disturbo; **c'est ~ perdue** è fatica sprecata; **à ~** (*presque*) appena; (*difficilement*) con difficoltà; **il y a à ~ huit jours** sono appena otto giorni; **à ~ était-elle sortie/montée dans la voiture que ....** era appena uscita/salita in macchina che ...; **c'est à ~ si j'ai pu me retenir** mi sono trattenuto a stento; **sous ~ d'être puni** i trasgressori saranno puniti; **défense d'afficher sous ~ d'amende** divieto di affissione sotto pena di multa; **~ capitale** pena capitale; **~ de mort** pena di morte

peiner [pene] *vi* far fatica ▸ *vt* addolorare, affliggere

peintre [pɛ̃tʀ] *nm/f* pittore(-trice); **~ (en bâtiment)** imbianchino(-a)

peinture [pɛ̃tyʀ] *nf* (*d'un objet*) verniciatura; (*de bâtiment*) tinteggiatura; (*tableau, toile, murale*) dipinto; (*Art*) pittura; (*couche de couleur, couleur*) vernice *f*; **refaire les ~s d'un appartement** ritinteggiare le pareti di un appartamento; **ne pas pouvoir voir qn en ~** non poter vedere qn; **« ~ fraîche »** « vernice fresca »; **~ brillante** vernice lucida; **~ laquée** vernice a lacca; **~ mate** vernice opaca

péjoratif, -ive [peʒɔʀatif, iv] *adj* peggiorativo(-a)

pelage [pəlaʒ] *nm* pelame *m*

pêle-mêle [pɛlmɛl] *adv* alla rinfusa

peler [pəle] *vt* sbucciare, pelare ▸ *vi* spellarsi

pèlerin [pɛlʀɛ̃] *nm* pellegrino

pèlerinage [pɛlʀinaʒ] *nm* pellegrinaggio; (*lieu*) meta di pellegrinaggio

pélican [pelikɑ̃] *nm* pellicano

pelle [pɛl] *nf* pala, badile *m*; (*d'enfant*) paletta; **~ à gâteau/tarte** paletta per dolci; **~ mécanique** pala meccanica

> **FAUX AMIS**
> **pelle** ne se traduit pas par le mot italien *pelle*.

P

pelleteuse [pɛltøz] *nf* pala meccanica, scavatrice *f*
pellicule [pelikyl] *nf* pellicola; (*pour appareil photo*) rullino; **pellicules** *nfpl* (*Méd*) forfora *fsg*
pelote [p(ə)lɔt] *nf* (*de fil, laine*) gomitolo; (*d'épingles*) puntaspilli *m inv*; **~ (basque)** (*balle, jeu*) pelota, palla basca
peloter [p(ə)lɔte] *vt* (*fam*) palpeggiare, palpare; **se peloter** *vr* palpeggiarsi, palparsi
peloton [p(ə)lɔtɔ̃] *nm* (*Mil*) plotone *m*; (*groupe, Sport*) gruppo; (*de pompiers, gendarmes*) squadra; **~ d'exécution** plotone d'esecuzione
pelotonner [p(ə)lɔtɔne]: **se pelotonner** *vr* raggomitolarsi
pelouse [p(ə)luz] *nf* prato
peluche [p(ə)lyʃ] *nf* peluzzo, peletto; **animal en ~** animale di peluche
pelure [p(ə)lyʀ] *nf* buccia; **~ d'oignon** buccia di cipolla
pénal, e, -aux [penal, o] *adj* penale
pénalité [penalite] *nf* penale *f*; (*Sport*) penalità *f inv*
penchant [pɑ̃ʃɑ̃] *nm*: **un ~ à faire qch** un'inclinazione a fare qc; **avoir un ~ pour qch** avere un debole per qc
pencher [pɑ̃ʃe] *vi* pendere ▸ *vt* inclinare; (*tête: en avant*) chinare; **se pencher** *vr* chinarsi; **se ~ sur** piegarsi su; (*fig: problème*) prendere in esame; **se ~ au dehors** sporgersi; **~ pour** propendere per
pendaison [pɑ̃dɛzɔ̃] *nf* impiccagione *f*
pendant[1] [pɑ̃dɑ̃] *prép* per; (*au cours de*) durante; **~ toute la journée** per tutta la giornata; **~ les heures de travail** durante le ore di lavoro; **~ que** mentre
pendant[2]**, e** [pɑ̃dɑ̃, ɑ̃t] *adj* (*bras, jambes, langue*) penzoloni *inv*, penzolante; (*Admin, Jur*) pendente ▸ *nm*: **être le ~ de** essere il pendant *m inv* di; (*fig*) assomigliare a; **faire ~ à** fare da pendant a; **~s d'oreilles** orecchini *mpl* pendenti
pendentif [pɑ̃dɑ̃tif] *nm* ciondolo, pendaglio
penderie [pɑ̃dʀi] *nf* (*meuble*) armadio; (*placard*) guardaroba
pendre [pɑ̃dʀ] *vt* appendere; (*personne*) impiccare ▸ *vi* pendere; **se ~ (à)** (*se suicider*) impiccarsi (a); **se ~ à** (*se suspendre*) appendersi *ou* aggrapparsi a; **~ à** pendere da; **~ qch à** appendere qc a
pendule [pɑ̃dyl] *nf* orologio a pendolo, pendola ▸ *nm* (*de sourcier*) pendolino; (*Phys*) pendolo
pénétrer [penetʀe] *vi* penetrare ▸ *vt* penetrare in; (*mystère, secret*) penetrare; **~ dans/à l'intérieur de** penetrare in/all'interno di; **se ~ de qch** far proprio(-a) qc
pénible [penibl] *adj* (*astreignant*) faticoso(-a); (*douloureux*) penoso(-a), doloroso(-a); (*personne, caractère*) pesante; **il m'est ~ de ...** è penoso per me ...
péniblement [peniblәmɑ̃] *adv* a fatica
péniche [peniʃ] *nf* chiatta; **~ de débarquement** (*Mil*) mezzo da sbarco
pénicilline [penisilin] *nf* penicillina
péninsule [penɛ̃syl] *nf* penisola
pénis [penis] *nm* pene *m*
pénitence [penitɑ̃s] *nf* penitenza; **faire ~** fare penitenza
pénitencier [penitɑ̃sje] *nm* penitenziario
pénombre [penɔ̃bʀ] *nf* penombra
pensée [pɑ̃se] *nf* pensiero; (*Bot*) viola del pensiero; **en ~** mentalmente; **se représenter qch par la** *ou* **en ~** rappresentare qc mentalmente
penser [pɑ̃se] *vi* pensare ▸ *vt* pensare; (*concevoir*) concepire; **~ à** pensare a; (*anniversaire, faire qch*) ricordarsi di; **~ que** pensare che; **~ à faire qch** pensare a fare qc; **~ faire qch** pensare di fare qc; **~ du bien/du mal de qn/qch** pensare bene/male di qn/qc; **faire ~ à** far pensare a; **n'y pensons plus** non pensiamoci più; **il ne dit pas ce qu'il pense** non dice ciò che pensa; **qu'en pensez-vous ?** cosa ne pensa?; **je le pense aussi** penso anch'io; **je ne le pense pas** non penso; **je ne pense pas comme vous** non la penso come lei; **j'aurais pensé que si/non** penserei di sì/no; **je pense que oui/non** penso di sì/no; **vous n'y pensez pas !** non ci pensi nemmeno!; **sans ~ à mal** senza pensare male
pensif, -ive [pɑ̃sif, iv] *adj* pensoso(-a), pensieroso(-a)
pension [pɑ̃sjɔ̃] *nf* pensione *f*; (*école*) collegio; **prendre ~ chez qn** stare a pensione da qn; **prendre ~ dans un hôtel** stare in albergo; **prendre qn en ~** prendere qn a pensione; **mettre en ~** (*enfant*) mettere in collegio; **~ alimentaire** (*d'étudiant*) borsa di

studio; (*de divorcée*) alimenti *mpl*; **~ complète** pensione completa; **~ d'invalidité** pensione d'invalidità; **~ de famille** pensione (familiare)
pensionnaire [pɑ̃sjɔnɛʀ] *nm/f* pensionante *m/f*; (*Scol*) convittore(-trice)
pensionnat [pɑ̃sjɔna] *nm* collegio, convitto
pente [pɑ̃t] *nf* pendenza; (*surface oblique, descente*) pendio; **en ~** in pendenza; **remonter la ~** (*fig*) risalire la china
Pentecôte [pɑ̃tkot] *nf* Pentecoste *f*; **lundi de ~** lunedì di Pentecoste
pénurie [penyʀi] *nf* penuria; **~ de main d'œuvre** penuria di manodopera
people [pipɔl] *adj ou adj inv* (di) gossip
pépé [pepe] (*fam*) *nm* nonnino
pépin [pepɛ̃] *nm* (*Bot*) seme *m*, semino; (*fam* : *ennui*) guaio, grana; (: *parapluie*) ombrello
pépinière [pepinjɛʀ] *nf* vivaio
pépite [pepit] *nf* pepita
perçant, e [pɛʀsɑ̃, ɑ̃t] *adj* (*regard, yeux*) penetrante; (*cri, voix, vue*) acuto(-a)
percepteur [pɛʀsɛptœʀ, tʀis] *nm/f* esattore(-trice)
perception [pɛʀsɛpsjɔ̃] *nf* percezione *f*; (*d'impôts etc*) riscossione *f*; (*bureau*) esattoria
percer [pɛʀse] *vt* forare, bucare; (*oreilles, narines*) bucare; (*abcès*) incidere; (*trou, fenêtre, tunnel*) aprire; (*mystère, énigme*) svelare; (*suj* : *bruit* : *oreilles, tympan*) perforare ▶ *vi* (*aube, soleil, dent*) spuntare; (*ironie*) trapelare; (*réussir* : *artiste*) sfondare; **~ une dent** (*suj* : *bébé*) mettere un dente
perceuse [pɛʀsøz] *nf* trapano
percevoir [pɛʀsəvwaʀ] *vt* percepire; (*taxe, impôt*) riscuotere
perche [pɛʀʃ] *nf* (*Zool*) pesce *m* persico; (*pièce de bois, métal*) pertica
percher [pɛʀʃe] *vt* : **~ qch sur** mettere qc in cima a; **se percher** *vr* appollaiarsi
perchiste [pɛʀʃist] *nm/f* (*Sport*) astista *m/f*; (*TV, Radio, Ciné*) giraffista *m/f*
perchoir [pɛʀʃwaʀ] *nm* (*dans le poulailler*) posatoio; (*bâton*) trespolo; (*fig*) *presidenza dell'Assemblée Nationale*
perçois *etc* [pɛʀswa] *vb voir* **percevoir**
perçu, e [pɛʀsy] *pp de* **percevoir**
percussion [pɛʀkysjɔ̃] *nf* percussione *f*
percussionniste [pɛʀkysjɔnist] *nm/f* percussionista *m/f*
percutant, e [pɛʀkytɑ̃, ɑ̃t] *adj* (*article, discours*) che colpisce
percuter [pɛʀkyte] *vt* colpire, urtare; (*suj* : *véhicule*) urtare ▶ *vi* : **~ contre** cozzare contro; (*exploser*) esplodere contro
perdant, e [pɛʀdɑ̃, ɑ̃t] *nm/f* perdente *m/f* ▶ *adj* perdente
perdition [pɛʀdisjɔ̃] *nf* : **en ~** (*Naut*) in pericolo
perdre [pɛʀdʀ] *vt* perdere; (*argent*) sprecare; (*personne*) rovinare ▶ *vi* perdere; **se perdre** *vr* perdersi; **il ne perd rien pour attendre** (*menace*) prima o dopo gliela farò pagare
perdrix [pɛʀdʀi] *nf* pernice *f*
perdu, e [pɛʀdy] *pp de* **perdre** ▶ *adj* perso(-a), perduto(-a); (*enfant, chien, objet*) smarrito(-a); (*isolé*) sperduto(-a); (*Comm* : *emballage*) a perdere; (*désemparé* : *personne*) smarrito(-a), perso(-a); (*malade, blessé*) spacciato(-a); **à vos moments ~s** nei ritagli di tempo
père [pɛʀ] *nm* padre *m*; **de ~ en fils** di padre in figlio; **~ de famille** padre di famiglia; **mon ~** (*Rel*) padre; **le ~ Noël** Babbo Natale *m*
péremption [peʀɑ̃psjɔ̃] *nf* : **date de ~** data di scadenza
péremptoire [peʀɑ̃ptwaʀ] *adj* (*argument, raison*) decisivo(-a); (*ton*) perentorio(-a)
perfection [pɛʀfɛksjɔ̃] *nf* perfezione *f*; **à la ~** *adv* alla perfezione
perfectionné, e [pɛʀfɛksjɔne] *adj* perfezionato(-a)
perfectionner [pɛʀfɛksjɔne] *vt* perfezionare; **se ~ en anglais** perfezionarsi nell'inglese
perforer [pɛʀfɔʀe] *vt* perforare
performance [pɛʀfɔʀmɑ̃s] *nf* prestazione *f*, performance *f inv*; (*fig*) prodezza; **performances** *nfpl* (*d'une machine, d'un véhicule*) prestazioni *fpl*
performant, e [pɛʀfɔʀmɑ̃, ɑ̃t] *adj* (*produit*) competitivo(-a); (*appareil*) dalle elevate prestazioni
perfusion [pɛʀfyzjɔ̃] *nf* perfusione *f*, flebo *f inv*
péricliter [peʀiklite] *vi* andare a rotoli
péril [peʀil] *nm* pericolo; **au ~ de sa vie** rischiando la vita; **à ses risques et ~s** a suo rischio e pericolo
périmé, e [peʀime] *adj* (*conception, idéologie*) superato(-a); (*passeport, billet*) scaduto(-a)

P

périmètre [peʀimɛtʀ] *nm* perimetro; **~ de sécurité** perimetro di sicurezza
période [peʀjɔd] *nf* periodo; **~ de l'ovulation/d'incubation** periodo dell'ovulazione/d'incubazione
périodique [peʀjɔdik] *adj* periodico(-a) ▸ *nm* periodico; **serviette ~** assorbente *m* igienico
périphérique [peʀifeʀik] *adj* periferico(-a); (*Radio*) *che trasmette da un paese confinante* ▸ *nm* (*Inform*) unità *f inv* periferica; (*Auto*) : **(boulevard) ~** circonvallazione *f*
périr [peʀiʀ] *vi* perire
périssable [peʀisabl] *adj* deperibile
perle [pɛʀl] *nf* (*aussi fig*) perla; (*de plastique, verre*) perlina; (*de rosée, sang, sueur*) goccia
permanence [pɛʀmanɑ̃s] *nf* permanenza; (*Admin* : *local*) sede *f* di un servizio (*ad orario continuato*); (: *service*) servizio ad orario continuato; (*Méd*) astanteria; (*Scol*) sala di studio (sorvegliata); **assurer une ~** (*service public, bureaux*) garantire un servizio ad orario continuato; **être de ~** essere di turno *ou* di servizio; **en ~** costantemente, sempre
permanent, e [pɛʀmanɑ̃, ɑ̃t] *adj* permanente; (*liaison, contrôle*) continuo(-a); (*collaboration*) continuativo(-a); (*spectacle*) continuato(-a) ▸ *nf* (*Coiffure*) permanente *f* ▸ *nm/f* (*d'un syndicat, d'un parti*) funzionario(-a)
perméable [pɛʀmeabl] *adj* permeabile; **~ à** (*fig*) sensibile a
permettre [pɛʀmɛtʀ] *vt* permettere; **rien ne permet de penser que ...** niente lascia pensare che ...; **~ à qn de faire qch** permettere a qn di fare qc; **se ~ qch** concedersi qc; **se ~ de faire qch** permettersi di fare qc; **permettez !** mi permetta!
permis, e [pɛʀmi, iz] *pp de* **permettre** ▸ *nm* licenza, permesso; **~ d'inhumer** autorizzazione *f* di inumazione; **~ de chasse/pêche** licenza di caccia/pesca; **~ de conduire** patente *f* (di guida); **~ de construire** licenza edilizia; **~ de séjour/travail** permesso di soggiorno/lavoro; **~ poids lourds** ≈ patente *f* (di guida) C
permission [pɛʀmisjɔ̃] *nf* permesso; (*Mil*) licenza; (: *papier*) (foglio di) licenza; **en ~** (*Mil*) in licenza; **avoir la ~ de faire qch** avere il permesso di fare qc
Pérou [peʀu] *nm* Perù *m*
perpétuel, le [pɛʀpetɥɛl] *adj* continuo(-a); (*dignité, fonction*) a vita; (*éternel*) eterno(-a)
perpétuité [pɛʀpetɥite] *nf* : **à ~** *adj, adv* a vita; **être condamné à ~** essere condannato all'ergastolo
perplexe [pɛʀplɛks] *adj* perplesso(-a)
perquisitionner [pɛʀkizisjɔne] *vi* fare una perquisizione
perron [peʀɔ̃] *nm* gradini *mpl* (d'ingresso)
perroquet [peʀɔkɛ] *nm* pappagallo
perruche [peʀyʃ] *nf* cocorita
perruque [peʀyk] *nf* parrucca
persécuter [pɛʀsekyte] *vt* perseguitare
persévérer [pɛʀseveʀe] *vi* perseverare; **~ à croire que** continuare a credere che; **~ dans qch** perseverare in qc
persil [pɛʀsi] *nm* prezzemolo
Persique [pɛʀsik] *adj* : **le golfe ~** il golfo Persico
persistant, e [pɛʀsistɑ̃, ɑ̃t] *adj* persistente; (*Bot*) persistente, sempreverde; **arbre à feuillage ~** albero sempreverde
persister [pɛʀsiste] *vi* persistere; **~ dans qch** persistere in qc; **~ à faire qch** persistere a fare qc
personnage [pɛʀsɔnaʒ] *nm* personaggio; (*individu*) tipo, individuo; (*Peinture*) figura
personnalité [pɛʀsɔnalite] *nf* personalità *f inv*
personne [pɛʀsɔn] *nf* persona ▸ *pron* nessuno; (*quelqu'un*) chiunque; **il n'y a ~** non c'è nessuno; **10 € par ~** 10 euro a testa; **en ~** (*soi-même*) in persona; **j'irai voir en ~** andrò a vedere di persona; **première/troisième ~** (*Ling*) prima/terza persona; **~ à charge** (*Jur*) persona a carico; **~ âgée** persona anziana; **~ civile** *ou* **morale** (*Jur*) persona giuridica
personnel, le [pɛʀsɔnɛl] *adj* personale; (*égoïste*) egoista ▸ *nm* personale *m*; **j'ai des idées personnelles à ce sujet** ho idee mie a questo proposito; **service du ~** ufficio del personale
personnellement [pɛʀsɔnɛlmɑ̃] *adv* (*en personne*) personalmente; **connaître qn ~** conoscere qn personalmente

perspective [pɛʀspɛktiv] *nf* prospettiva; **perspectives** *nfpl* (*horizons*) prospettive *fpl*; **en ~** (*fig*) in vista
perspicace [pɛʀspikas] *adj* perspicace
perspicacité [pɛʀspikasite] *nf* perspicacia
persuader [pɛʀsɥade] *vt* : **~ qn (de qch/de faire qch)** persuadere qn (di qc/a fare qc); **j'en suis persuadé** ne sono convinto
persuasif, -ive [pɛʀsɥazif, iv] *adj* persuasivo(-a), convincente
perte [pɛʀt] *nf* perdita; (*fig* : *ruine*) rovina; **pertes** *nfpl* (*personnes tuées*, *Comm*) perdite *fpl*; **à ~** (*Comm*) in perdita; **à ~ de vue** a perdita d'occhio; (*fig* : *discourir*) all'infinito; **en pure ~** inutilmente; **courir à sa ~** rovinarsi con le proprie mani; **être en ~ de vitesse** (*fig*) essere in ribasso; **avec ~ et fracas** di peso; **~ de chaleur/d'énergie** perdita di calore/di energia; **~ sèche** perdita secca; **~s blanches** perdite bianche
pertinent, e [pɛʀtinɑ̃, ɑ̃t] *adj* pertinente
perturbation [pɛʀtyʀbasjɔ̃] *nf* (*dans un service public*) scompiglio; (*agitation*, *trouble*) sconvolgimento; **~ (atmosphérique)** perturbazione *f* (atmosferica)
perturber [pɛʀtyʀbe] *vt* (*réunion*, *émission*) disturbare; (*transports*) disturbare il regolare funzionamento di; (*personne*) turbare
pervers, e [pɛʀvɛʀ, ɛʀs] *adj*, *nm/f* perverso(-a); **effet ~** effetto perverso
pervertir [pɛʀvɛʀtiʀ] *vt* (*dépraver*) corrompere, pervertire; (*changer*) snaturare, pervertire
pesant, e [pəzɑ̃, ɑ̃t] *adj* pesante ▸ *nm* : **il vaut son ~ d'or** vale tanto oro quanto pesa
pèse-personne [pɛzpɛʀsɔn] (*pl* **pèse-personne(s)**) *nm* bilancia *f* pesapersone *inv*
peser [pəze] *vt* pesare; (*considérer*, *comparer*) soppesare ▸ *vi* pesare; **~ cent kilos/peu** pesare cento chili/poco; **~ sur** (*levier*) far forza su; (*fig*) pesare su; **~ à qn** pesare a qn
pessimiste [pesimist] *adj* pessimista, pessimistico(-a) ▸ *nm/f* pessimista *m/f*
peste [pɛst] *nf* (*Méd*, *fig*) peste *f*
pétale [petal] *nm* petalo
pétanque [petɑ̃k] *nf* : **la ~** (il gioco del)le bocce *fpl* (*variante del sud della Francia*)

> La **pétanque**, che ha avuto origine nel sud della Francia, è una variante del gioco della bocce che si gioca su diverse superfici dure. Stando con i piedi uniti i giocatori gettano bocce d'acciaio verso un pallino di legno.

pétard [petaʀ] *nm* petardo
péter [pete] *vi* (*grenade*) scoppiare; (*casser*) spaccarsi; (*fam*) scoreggiare
pétillant, e [petijɑ̃, ɑ̃t] *adj* frizzante; (*regard*) scintillante
pétiller [petije] *vi* (*mousse*, *champagne*) frizzare; (*joie*, *yeux*) brillare; **~ d'intelligence** essere brillante
petit, e [p(ə)ti, it] *adj* piccolo(-a); (*pluie*) sottile; (*salaire*) esiguo(-a); (*mesquin*) piccolo(-a), meschino(-a) ▸ *nm/f* bambino(-a), piccolo(-a) ▸ *nm* (*d'un animal*) piccolo; **~ chat/voyage** gattino/viaggetto; **petite colline/promenade** collinetta/passeggiatina; **la classe des ~s** la classe dei piccoli; **faire des ~s** fare i piccoli; **en ~** in piccolo; **mon ~** piccolino; (*menaçant*) bello mio; **ma petite** piccolina; (*menaçant*) bella mia; **pauvre ~** poverino; **pour ~s et grands** per grandi e piccini; **les tout-~s** i piccini, i più piccoli; **~ à ~** poco a poco; **~(e) ami(e)** ragazzo(-a) (*fidanzato*); **~ déjeuner** (prima) colazione *f*; **~ doigt** mignolo; **~ écran** (*télévision*) piccolo schermo; **~ four** pasticcino; **~ pain** panino; **petite monnaie** spiccioli *mpl*; **petite vérole** vaiolo; **~s pois** piselli *mpl*; **~es annonces** annunci *mpl* economici; **~es gens** (*aux revenus modestes*) gente *f* modesta
petite-fille [pətitfij] (*pl* **petites-filles**) *nf* nipote *f* (*di nonni*)
petit-fils [pətifis] (*pl* **petits-fils**) *nm* nipote *m* (*di nonni*)
pétition [petisjɔ̃] *nf* petizione *f*; **faire signer une ~** far firmare una petizione
petits-enfants [pətizɑ̃fɑ̃] *nmpl* nipoti *mpl* (*di nonni*)
pétrin [petʀɛ̃] *nm* madia; **dans le ~** (*fam* : *fig*) nei guai
pétrir [petʀiʀ] *vt* (*pâte*) impastare; (*argile*, *cire*) plasmare; (*objet*) stringere forte
pétrole [petʀɔl] *nm* petrolio; **lampe/poêle à ~** lampada/stufa a petrolio

P

pétrolier, -ière [petʀɔlje, jɛʀ] *adj* (*industrie*) petrolifero(-a); (*pays*) produttore(-trice) di petrolio ▶ *nm* (*navire*) petroliera; (*financier*) petroliere *m*

MOT-CLÉ

peu [pø] *adv* **1** poco; **il boit peu** beve poco; **il est peu bavard** è poco loquace; **peu avant/après** poco prima/dopo; **depuis peu** da poco
2 : **peu de** poco(-a); **avoir peu de pain** avere poco pane; **il a peu d'espoir** ha poche speranze; **pour peu de temps** per poco tempo; **c'est (si) peu de chose** è poca cosa; **à peu de frais** con poca spesa
3 (*locutions*) : **peu à peu** poco a poco; **à peu près** circa, più o meno; **à peu près 10 kg/10 €** circa 10 kg/10 euro
▶ *nm* **1** : **le peu de gens qui** le poche persone che; **le peu de sable qui** la poca sabbia che; **le peu de courage qui nous restait** il poco coraggio che ci restava
2 : **un peu** un poco; **un petit peu** un pochino; **un peu d'espoir** un po' di speranza; **elle est un peu grande** è un po' grande; **essayez un peu !** provateci un po'!; **un peu plus/moins de** un po' più/meno di; **un peu plus et il la blessait** ci è mancato poco che non la ferisse; **pour peu qu'il fasse** per poco che faccia; **pour un peu, il ...** per un po', (egli) ...
▶ *pron* : **peu le savent** pochi *mpl* lo sanno; **avant** *ou* **sous peu** tra poco, fra breve; **de peu** poco; **il a gagné de peu** ha guadagnato poco; **il s'en est fallu de peu (qu'il ne le blesse)** ci è mancato poco (che non lo ferisse); **éviter qch de peu** evitare qc di *ou* per poco

peuple [pœpl] *nm* popolo; **il y a du ~** (*fam*) c'è molta gente
peuplé, e [pœple] *adj* popolato(-a); **très/peu ~** molto/poco popolato
peupler [pœple] *vt* popolare; **se peupler** *vr* popolarsi
peuplier [pøplije] *nm* pioppo
peur [pœʀ] *nf* paura; **avoir ~ (de/de faire/que)** aver paura (di/di fare/che); **j'ai ~ qu'il ne soit trop tard** ho paura che sia troppo tardi; **j'ai ~ qu'il (ne) vienne (pas)** ho paura che (non) venga; **prendre ~** prendere paura, spaventarsi; **faire ~ à qn** fare paura a qn, spaventare qn; **de ~ de/que** per paura di/che
peureux, -euse [pøʀø, øz] *adj* pauroso(-a); (*effrayé*) impaurito(-a)
peut [pø] *vb voir* **pouvoir**
peut-être [pøtɛtʀ] *adv* forse; **~ bien (qu'il fera/est)** può anche darsi (che faccia/sia); **~ que** può darsi che; **~ fera-t-il beau dimanche** può darsi che domenica faccia bello, forse domenica farà bello
phalange [falɑ̃ʒ] *nf* falange *f*
phallus [falys] *nm* fallo
phare [faʀ] *nm* faro ▶ *adj* : **produit ~** prodotto di punta; **se mettre en ~s, mettre ses ~s** mettere gli abbaglianti; **~s de recul** (*Auto*) luci *fpl* della retromarcia
pharmacie [faʀmasi] *nf* farmacia; (*produits*) medicinali *mpl*; (*armoire*) armadietto dei medicinali
pharmacien, ne [faʀmasjɛ̃, jɛn] *nm/f* farmacista *m/f*
phase [fɑz] *nf* fase *f*
phénomène [fenɔmɛn] *nm* fenomeno
philosophe [filɔzɔf] *nm/f, adj* filosofo(-a)
philosophie [filɔzɔfi] *nf* filosofia
phobie [fɔbi] *nf* fobia
phonétique [fɔnetik] *adj* fonetico(-a) ▶ *nf* fonetica
phoque [fɔk] *nm* foca
phosphate [fɔsfat] *nm* fosfato
phosphorescent, e [fɔsfɔʀesɑ̃, ɑ̃t] *adj* fosforescente
photo [fɔto] *nf* foto *f inv* ▶ *adj* : **appareil/pellicule ~** macchina/pellicola fotografica; **en ~** in fotografia; **prendre (qn) en ~** fotografare (qn); **aimer/faire de la ~** amare la/occuparsi di fotografia; **~ d'identité** fototessera; **~ en couleurs** foto a colori
photocopie [fɔtɔkɔpi] *nf* fotocopia
photocopier [fɔtɔkɔpje] *vt* fotocopiare
photocopieuse [fɔtɔkɔpjøz] *nf* fotocopiatrice *f*
photographe [fɔtɔgʀaf] *nm/f* fotografo(-a)
photographie [fɔtɔgʀafi] *nf* fotografia; **faire de la ~** occuparsi di fotografia
photographier [fɔtɔgʀafje] *vt* fotografare

photovoltaïque [fɔtovɔltaik] *adj* fotovoltaico(-a)
phrase [fʀɑz] *nf* frase *f*; **faire des ~s** parlare in punta di forchetta; **sans ~s** senza giri di parole
physicien, ne [fizisjɛ̃, jɛn] *nm/f* fisico *m*
physique [fizik] *adj* fisico(-a) ▸ *nm* fisico ▸ *nf* fisica; **au ~** fisicamente
physiquement [fizikmɑ̃] *adv* fisicamente
pianiste [pjanist] *nm/f* pianista *m/f*
piano [pjano] *nm* piano(forte) *m*; **~ à queue** piano(forte) a coda
pianoter [pjanɔte] *vi* strimpellare al pianoforte; **~ sur** (*table, vitre*) tamburellare su
pic [pik] *nm* (*instrument*) piccone *m*; (*montagne*) picco; (*Zool*) picchio; **à ~** a picco; **arriver/tomber à ~** arrivare/cadere a proposito; **couler à ~** (*bateau*) colare a picco; **~ à glace** piccozza
pichenette [piʃnɛt] *nf* buffetto
pichet [piʃɛ] *nm* brocchetta
pickpocket [pikpɔkɛt] *nm* borsaiolo
picorer [pikɔʀe] *vt* (*oiseau*) becchettare; (*personne : grignoter*) mangiucciare
pie [pi] *nf* gazza; (*fig : femme*) chiacchierona ▸ *adj inv* : **cheval/vache ~** cavallo/mucca pezzato/a
pièce [pjɛs] *nf* (*d'un logement*) stanza, locale *m*; (*Théâtre*) opera (teatrale); (*: représentation*) spettacolo; (*d'un mécanisme, d'une collection, d'un jeu*) pezzo; (*d'or, d'argent*) moneta; (*Couture*) toppa, pezza; (*document, de drap*) pezza; **une ~ de poisson** un pesce; **deux euros la ~** due euro al pezzo; **mettre en ~s** mandare in pezzi, fare a pezzi; **vendre à la ~** vendere al pezzo; **travailler/payer à la ~** lavorare/pagare a cottimo; **créer/inventer de toutes ~s** inventare di sana pianta; **maillot une ~** costume *m* intero; **un deux-~s cuisine** un (appartamento di) due stanze più cucina; **un trois-~s** un (appartamento di) tre stanze; **en ~s détachées (à monter)** in kit, da montare; **~ à conviction** elemento di prova; **~ d'eau** laghetto; **~ d'identité** documento; **~ de rechange** pezzo di ricambio; **~ de résistance** (*plat*) piatto forte; **~ jointe** (*Inform : d'e-mail*) allegato; **~ montée** torta a più piani; **~s détachées** pezzi di ricambio; **~s justificatives** pezze giustificative *ou* d'appoggio
pied [pje] *nm* (*Anat, Poésie, d'un meuble*) piede *m*; (*d'une table*) gamba; (*d'un mur*) base *f*; (*d'une plante*) piede *m*; **au ~ de** ai piedi di; **~s nus** *ou* **nu-~s** a piedi nudi; **à ~** a piedi; **à ~ sec** senza bagnarsi i piedi; **être à ~ d'œuvre** essere pronto(-a) a cominciare; **au ~ de la lettre** alla lettera; **au ~ levé** immediatamente, su due piedi; **de ~ en cap** dalla testa ai piedi; **en ~** in piedi; **avoir ~** toccare (*in acqua*); **avoir le ~ marin** avere il piede marino, essere un buon marinaio; **perdre ~** (*fig*) perdere la bussola; **sur ~** (*debout*) in piedi; (*rétabli*) in sesto; **vendre sur ~** (*Agr*) vendere prima della raccolta; **mettre sur ~** (*affaire etc*) mettere in piedi; **mettre à ~** (*employé*) sospendere; **sur le ~ de guerre** sul piede di guerra; **sur un ~ d'égalité** su un piede di parità; **faire du ~ à qn** fare piedino a qn; **mettre les ~s quelque part** mettere piede da qualche parte; **faire des ~s et des mains** darsi un gran da fare; **mettre qn au ~ du mur** mettere qn alle strette; **quel ~, ce film !** (*fam*) stupendo questo film!; **c'est le ~ !** (*fam*) stupendo!; **se lever du bon ~** partire col piede giusto; **il s'est levé du ~ gauche** alzarsi con la luna di traverso; **faire un ~ de nez à** fare marameo a; **~ de lit** piedi del letto; **~ de salade** piede di insalata; **~ de salade/tomate** piantina di insalata/pomodoro; **~ de vigne** ceppo di vite
pied-noir [pjenwaʀ] (*pl* **pieds-noirs**) *nm/f* francese *m/f* nato(-a) in Algeria
piège [pjɛʒ] *nm* trappola; (*fig*) tranello, trabocchetto; **prendre au ~** prendere in trappola; **tomber dans un ~** cadere in una trappola
piéger [pjeʒe] *vt* (*animal*) prendere con una trappola; (*avec une bombe, une mine*) munire di un ordigno esplosivo; (*fig*) intrappolare; **lettre piégée** lettera *f* bomba *inv*; **voiture piégée** autobomba
piercing [pjɛʀsiŋ] *nm* piercing *m inv*
pierre [pjɛʀ] *nf* pietra; **mur de ~s sèches** muro a secco; **faire d'une ~ deux coups** prendere due piccioni con una fava; **~ à briquet** pietrina (per accendino); **~ de taille** pietra da taglio; **~ de touche** pietra di paragone; **~ fine** pietra fine; **~ ponce** pietra pomice; **~ tombale** pietra tombale

P

pierreries [pjɛʀʀi] *nfpl* pietre *fpl* preziose
piétiner [pjetine] *vi* (*trépigner*) pestare i piedi; (*marquer le pas*) avanzare molto lentamente; (*fig*) segnare il passo ▶ *vt* calpestare
piéton, ne [pjetɔ̃, ɔn] *nm/f* pedone *m/f* ▶ *adj* pedonale
piétonnier, -ière [pjetɔnje, jɛʀ] *adj* pedonale
pieu, x [pjø] *nm* palo, piolo; (*fam*) letto
pieuvre [pjœvʀ] *nf* piovra
pieux, -euse [pjø, pjøz] *adj* pio(-a)
pigeon [piʒɔ̃] *nm* piccione *m*; **~ voyageur** piccione viaggiatore
piger [piʒe] (*fam*) *vt* capire ▶ *vi* capire
pigiste [piʒist] *nm/f* (*journaliste*) giornalista *m/f* freelance
pignon [piɲɔ̃] *nm* (*d'un mur, d'un engrenage*) pignone *m*; (*graine*) pinolo; **avoir ~ sur rue** *nm* (*fig*) avere un'attività ben avviata
pile [pil] *nf* (*tas*) mucchio, pila; (*d'un pont*) pilone *m*; (*Élec*) pila ▶ *adj* : **le côté ~** croce *f* ▶ *adv* (*net*) di botto; (*à temps*) a proposito, al momento giusto; **à deux heures ~** alle due in punto; **jouer à ~ ou face** ≈ fare a testa o croce; **~ ou face ?** ≈ testa o croce?; **une ~ de livres** una pila di libri; **~ alcaline** pila alcalina
piler [pile] *vt* pestare
pilier [pilje] *nm* pilastro; (*Rugby*) pilone *m*; **~ de bar** assiduo frequentatore *m* di bar
piller [pije] *vt* saccheggiare
pilote [pilɔt] *nm/f* pilota *m/f* ▶ *adj* pilota *inv*; **~ d'essai** (pilota) collaudatore *m*; **~ de chasse** pilota di caccia; **~ de course** pilota da corsa; **~ de ligne** pilota di linea
piloter [pilɔte] *vt* pilotare; (*fig* : *personne*) guidare; **piloté par menu** (*Inform*) comandato mediante menù
pilule [pilyl] *nf* pillola; **prendre la ~** prendere la pillola
piment [pimɑ̃] *nm* peperoncino; (*fig*) pepe *m*; **~ rouge** peperoncino rosso
pimenté, e [pimɑ̃te] *adj* al peperoncino; (*épicé fortement*) piccante
pin [pɛ̃] *nm* pino; **~ maritime** pino marittimo; **~ parasol** pino da pinoli
pinard [pinaʀ] (*fam*) *nm* vino
pince [pɛ̃s] *nf* (*outil*) pinza; (*d'un homard, crabe*) tenaglia, pinza; (*Couture* : *pli*) pince *f inv*; **~ à épiler** pinzetta; **~ à linge** molletta da bucato; **~ à sucre** molletta per lo zucchero; **~ universelle** pinza universale; **~s de cycliste** mollette *fpl* da ciclista (*per il fondo dei pantaloni*)
pincé, e [pɛ̃se] *adj* (*air*) altezzoso(-a); (*sourire*) forzato(-a) ▶ *nf* : **une pincée de sel/poivre** un pizzico di sale/pepe
pinceau, x [pɛ̃so] *nm* pennello
pincer [pɛ̃se] *vt* pizzicare; **se ~ le doigt** pizzicarsi il dito; **se ~ le nez** tapparsi il naso
pinède [pinɛd] *nf* pineta
pingouin [pɛ̃gwɛ̃] *nm* pinguino
ping-pong [piŋpɔ̃g] (*pl* **-s**) *nm* ping-pong *m inv*
pinson [pɛ̃sɔ̃] *nm* fringuello
pintade [pɛ̃tad] *nf* faraona
pioche [pjɔʃ] *nf* (*outil*) zappa
piocher [pjɔʃe] *vt* (*creuser*) zappare; **~ dans** (*un tas, une réserve*) pescare in
pion, ne [pjɔ̃, ɔn] *nm/f* (*fam* : *Scol*) sorvegliante *m/f* ▶ *nm* (*Échecs*) pedone *m*; (*Dames*) pedina
pionnier, -ère [pjɔnje, jɛʀ] *nm/f* pioniere(-a)
pipe [pip] *nf* pipa; **~ de bruyère** pipa di radica
piper [pipe] *vt* : **sans ~ mot** (*fam*) senza fiatare; **les dés sont pipés** (*fig*) qui gatta ci cova
piquant, e [pikɑ̃, ɑ̃t] *adj* (*barbe, fig* : *critique*) pungente; (*saveur*) piccante; (*fig* : *conversation*) arguto(-a), vivace ▶ *nm* (*épine*) spina; (*de hérisson*) aculeo; (*fig*) nota piccante
pique [pik] *nf* picca; (*fig*) frecciata ▶ *nm* (*Cartes*) picche *fpl*
pique-nique [piknik] (*pl* **-s**) *nm* picnic *m inv*
pique-niquer [piknike] *vi* fare un picnic
piquer [pike] *vt* pungere; (*Méd*) fare un'iniezione a; (: *tuer*) sopprimere; (*suj* : *serpent*) mordere; (: *fumée*) far bruciare; (: *poivre, piment*) pizzicare; (*Couture* : *tissu, vêtement*) impunturare; (*intérêt, curiosité etc*) stuzzicare; (*fam* : *prendre*) prendere; (: *voler, dérober*) fregare; (*planter*) : **~ qch dans** appuntare qc su; (*fixer*) : **~ qch à/sur** puntare qc a/su ▶ *vi* (*oiseau, avion*) scendere in picchiata; (*saveur*) pizzicare; **se piquer** *vr* pungersi; (*se vexer*) offendersi; **~ sur** scendere in picchiata su; **~ du nez** (*avion*) precipitare, cadere in picchiata; (*s'endormir*) cadere dal sonno; **~ une tête** (*plonger*) lanciarsi a capofitto; **~ un**

sprint *ou* **un cent mètres** (*fam*) fare una corsa; **~ une crise** (*fam*) avere una crisi di nervi; **~ au vif** (*fig*) pungere sul vivo

piquet [pikɛ] *nm* (*pieu*) picchetto, paletto; (*de tente*) picchetto; **mettre un élève au ~** mettere un alunno in castigo; **~ de grève** picchetto di sciopero

piqûre [pikyʀ] *nf* puntura; (*Méd*) iniezione *f*, puntura; (*de ver*) tarlatura; **faire une ~ à qn** fare un'iniezione *ou* una puntura a qn

piratage [piʀataʒ] *nm* (*Inform*) pirateria informatica

pirate [piʀat] *nm* pirata *m*; (*Inform*) hacker *m inv/f inv*, pirata *m* informatico ▸ *adj* (*émetteur, station*) pirata *inv*; **~ de l'air** pirata dell'aria, dirottatore *m*

pirater [piʀate] *vt* piratare ▸ *vi* (*Inform*) fare pirateria informatica

pire [piʀ] *adj* peggiore ▸ *nm* : **le ~** il peggio; **le/la ~** il/la peggiore; **le ~ de tout est de faire** la cosa peggiore è fare; **au ~** *adv* alla peggio, mal che vada

pirogue [piʀɔg] *nf* piroga

pis [pi] *nm* (*de vache*) mammella ▸ *adv* : **de mal en ~** di male in peggio

piscine [pisin] *nf* piscina; **~ couverte** piscina coperta; **~ en plein air** piscina scoperta *ou* all'aperto; **~ olympique** piscina olimpionica

pissenlit [pisɑ̃li] *nm* dente *m* di leone

pistache [pistaʃ] *nf* pistacchio

piste [pist] *nf* pista; (*d'un animal*) pista, tracce *fpl*; **être sur la ~ de qn** essere sulle tracce di qn; **~ cavalière** sentiero per equitazione; **~ cyclable** pista ciclabile; **~ sonore** colonna sonora

pistolet [pistɔlɛ] *nm* (*arme*) pistola; (*à peinture, vernis*) pistola a spruzzo; **~ à air comprimé** pistola ad aria compressa; **~ à bouchon** pistola a tappo; **~ à eau** pistola ad acqua

pistolet-mitrailleur [pistɔlɛmitʀajœʀ] (*pl* **pistolets-mitrailleurs**) *nm* pistola mitragliatrice

piston [pistɔ̃] *nm* (*Tech*) stantuffo, pistone *m*; (*fig*) raccomandazione *f*; **cornet/trombone à ~s** cornetta/trombone *m* a pistoni

pistonner [pistɔne] (*fam*) *vt* (*candidat*) raccomandare

piteux, -euse [pitø, øz] *adj* (*résultat*) pietoso(-a); (*mine, air*) abbacchiato(-a); **en ~ état** in uno stato pietoso

pitié [pitje] *nf* pietà; **sans ~** *adj* senza pietà; **faire ~** fare pena; **par ~, ...** per pietà, ...; **il me fait ~** mi fa pena; **avoir ~ de qn** avere pietà di qn

pitoyable [pitwajabl] *adj* pietoso(-a)

pittoresque [pitɔʀɛsk] *adj* pittoresco(-a)

pivoine [pivwan] *nf* peonia

PJ [peʒi] *sigle f* = *police judiciaire* ▸ *sigle fpl* (= *pièces jointes*) all.

placard [plakaʀ] *nm* (*armoire*) armadio a muro; **mettre qn au ~** (*fig*) relegare in un angolo; **~ publicitaire** manifesto pubblicitario

place [plas] *nf* posto; (*de ville, Écon*) piazza; (*prix*) biglietto; **en ~** (*mettre*) a posto; **de ~ en ~** qua e là; **sur ~** sul posto; **faire une enquête sur ~** fare un'inchiesta sul posto; **faire de la ~** fare posto; **faire ~ à qch** lasciar passare qc; **prendre ~** prendere posto; **ça prend de la ~** occupa molto posto; **à votre ~ ...** al suo posto ...; **remettre qn à sa ~** rimettere qn al suo posto; **ne pas rester/tenir en ~** non riuscire a star fermo(-a); **à la ~ de** (*en échange*) al posto di; **une quatre ~s** un'auto a quattro posti; **il y a 20 ~s assises/debout** ci sono 20 posti a sedere/in piedi; **~ d'honneur** posto d'onore; **~ forte** piazzaforte *f*; **~s arrière/avant** sedili *mpl* posteriori/anteriori

placé, e [plase] *adj* (*Équitation*) piazzato(-a); **haut ~** (*fig : personne*) altolocato(-a); **être bien/mal ~** (*objet*) essere sistemato(-a) bene/male; (*spectateur*) avere un buon/brutto posto; (*concurrent*) essere piazzato(-a) bene/male; **être bien/mal ~ pour faire** essere in una buona/brutta posizione per fare

placement [plasmɑ̃] *nm* sistemazione *f*; (*Fin*) investimento; **agence/bureau de ~** agenzia/ufficio di collocamento

placer [plase] *vt* mettere; (*procurer un emploi à*) sistemare; (*fig : marchandises*) piazzare; (*: capital*) investire; (*: mot : introduire dans la conversation*) dire; (*: histoire*) raccontare; **se placer** *vr* mettersi; (*cheval, concurrent*) piazzarsi

placide [plasid] *adj* placido(-a)

plafond [plafɔ̃] *nm* (*d'une pièce*) soffitto; (*Aviat, Écon*) plafond *m inv*; (*fig*) limite *m* massimo

plafonnier [plafɔnje] *nm* plafoniera; (*Auto*) luce interna

P

plage [plaʒ] *nf* spiaggia; (*fig*) fascia; **~ horaire/musicale** fascia oraria/ musicale; **~ arrière** (*Auto*) cappelliera
plagiat [plaʒja] *nm* plagio
plagier [plaʒje] *vt* plagiare
plaider [plede] *vi* (*avocat*) difendere una causa; (*plaignant*) intentare causa ▸ *vt* patrocinare; **~ l'irresponsabilité/la légitime défense** sostenere la tesi dell'irresponsabilità/della legittima difesa; **~ coupable/non coupable** dichiararsi colpevole/non colpevole; **~ pour/en faveur de qn** (*fig*) sostenere *ou* difendere la causa di qn
plaidoyer [plɛdwaje] *nm* (*Jur*) arringa; (*fig*) apologia
plaie [plɛ] *nf* piaga, ferita; (*fig* : *fléau*) piaga
plaignant, e [plɛɲɑ̃, ɑ̃t] *vb voir* **plaindre** ▸ *nm/f, adj* (*Jur*) querelante *m/f*
plaindre [plɛ̃dʀ] *vt* compatire; **se plaindre** *vr* lamentarsi; **se ~ (à qn) (de qn/qch)** lamentarsi (con qn) (di qn/qc); **se ~ de** (*souffrir*) accusare; **se ~ que** lamentarsi perché (+ *indicativo*)
plaine [plɛn] *nf* pianura
plain-pied [plɛ̃pje] : **de ~** *adv* allo stesso livello; (*fig*) senza difficoltà; **de ~ avec** allo stesso livello di
plainte [plɛ̃t] *nf* lamento, gemito; (*doléance*) lagnanza, lamentela; **porter ~** (*Jur*) sporgere denuncia
plaire [plɛʀ] *vi* piacere; **se plaire** *vr* (*quelque part*) trovarsi *ou* star bene; **cela me plaît** (questo) mi piace; **essayer de ~ à qn** cercare di piacere a qn; **se ~ à faire** divertirsi *ou* provare piacere a fare; **elle plaît aux hommes** (lei) piace agli uomini; **ce qu'il vous plaira** come vuole; **s'il vous plaît** per favore *ou* piacere
plaisance [plɛzɑ̃s] *nf* (*aussi* : **navigation de plaisance**) navigazione *f* da diporto
plaisant, e [plɛzɑ̃, ɑ̃t] *adj* piacevole, gradevole; (*histoire, anecdote*) divertente
plaisanter [plɛzɑ̃te] *vi* scherzare; **pour ~** per scherzo; **on ne plaisante pas avec cela** non si scherza con queste cose; **tu plaisantes !** ma tu scherzi!
plaisanterie [plɛzɑ̃tʀi] *nf* scherzo
plaisir [pleziʀ] *nm* piacere *m*; **boire/ manger avec ~** bere/mangiare con piacere; **faire ~ à qn** far piacere a qn; **ça me fait ~** (questo) mi fa piacere; **prendre ~ à qch/à faire qch** prendere gusto a qc/a fare qc; **j'ai le ~ de ...** ho il piacere di ...; **M et Mme Renault ont le ~ de vous faire part de ...** Il Sig. e la Sig.ra Renault hanno il piacere di annunciarvi ...; **se faire un ~ de faire qch** essere felicissimo(-a) di fare qc; **faites-moi le ~ de ...** mi faccia il piacere di ...; **au ~ (de vous revoir)** spero di rivederla; **faire qch pour le ~** *ou* **pour son ~** fare qc per il gusto *ou* piacere di farlo
plaît [plɛ] *vb voir* **plaire**
plan, e [plɑ̃, an] *adj* piano(-a) ▸ *nm* piano; (*Ciné*) inquadratura; (*roman, devoir*) schema *m*; (*ville, d'un bâtiment*) pianta; **au premier ~** (*photo etc*) in primo piano; **au second ~** in secondo piano; **laisser en ~** piantare in asso; **rester en ~** rimanere in sospeso; **mettre qch au premier ~** (*fig*) mettere qc in primo piano; **de premier/ second ~** (*personnage etc*) di primo/ secondo piano; **sur tous les ~s** da tutti i punti di vista; **sur le ~ sexuel** dal punto di vista sessuale; **~ d'action** piano d'azione; **~ d'eau** specchio d'acqua; **~ de cuisson** piano di cottura; **~ de travail** piano di lavoro; **~ de vol** (*Aviat*) piano di volo
planche [plɑ̃ʃ] *nf* (*de bois*) asse *f*, tavola; (*dans un livre, de dessins*) tavola, illustrazione *f*; (*d'un plongeoir*) pedana; **les planches** *nfpl* (*Théâtre*) le scene, il palcoscenico; **en ~s** *adj* di assi; **faire la ~** (*dans l'eau*) fare il morto; **avoir du pain sur la ~** avere di fronte una mole di lavoro; **~ à découper/à pain** tagliere *m*; **~ à dessin** tavola da disegno; **~ à repasser** asse *f* da stiro; **~ à roulettes** skate-board *m inv*; **~ à voile** windsurf *m inv*, tavola a vela; **~ de salut** (*fig*) ancora di salvezza; **~ de surf** tavola da surf
plancher [plɑ̃ʃe] *nm* (*entre deux étages*) solaio; (*sol*) pavimento; (*fig*) livello minimo ▸ *vi* : **~ sur qch** (*fam*) affrontare il tema di
planer [plane] *vi* (*oiseau*) librarsi; (*avion*) planare; (*fumée, odeur*) aleggiare; (*fam* : *être détaché*) essere con la testa tra le nuvole; (*à cause de la drogue*) essere sballato(-a); **~ sur** (*fig* : *danger, mystère*) incombere su
planète [planɛt] *nf* pianeta *m*
planeur [planœʀ] *nm* aliante *m*

planifier [planifje] *vt* pianificare
planning [planiŋ] *nm* (*de travail*) programma *m* di lavoro; **~ familial** pianificazione *f* familiare
plant [plɑ̃] *nm* piantina
plantage [pl[ɑ˜]taʒ] *nm* (*d'ordinateur*) l'impiantarsi
plante [plɑ̃t] *nf* pianta; **~ du pied** pianta del piede; **~ d'appartement** pianta da appartamento; **~ verte** pianta da appartamento
planter [plɑ̃te] *vt* piantare; (*échelle*) sistemare ▶ *vi* (*fam : ordinateur*) piantarsi; **se planter** *vr* (*fam : se tromper*) sbagliarsi; **~ qch dans** piantare qc in; **une allée plantée d'arbres** un viale alberato; **~ là** (*abandonner*) piantare là; **se ~ dans/devant** piantarsi in/davanti a
plaque [plak] *nf* (*d'ardoise, de verre*) lastra; (*de revêtement*) piastra; (*d'eczéma, dentaire*) placca; (*avec inscription*) targa; **~ chauffante** piastra (elettrica); **~ d'identité** piastrina di riconoscimento; **~ de beurre** panetto di burro; **~ de chocolat** tavoletta di cioccolata; **~ de cuisson** piano di cottura; **~ de four** placca da forno; **~ d'immatriculation** *ou* **minéralogique** targa (automobilistica); **~ de propreté** piastra di protezione (*per maniglie*); **~ tournante** (*fig*) centro, crocevia *m inv*
plaqué, e [plake] *nm* (*métal*) : **~ or/argent** placcatura in oro/argento; (*bois*) : **~ acajou** impiallacciatura in mogano ▶ *adj* : **~ or/argent** placcato(-a) oro/argento
plaquer [plake] *vt* (*bijou, Rugby*) placcare; (*bois*) impiallacciare; (*aplatir*) appiattire; (*fam : laisser tomber*) piantare; **se ~ contre** appiattirsi contro; **~ qn contre** schiacciare qn contro
plaquette [plakɛt] *nf* (*de chocolat*) tavoletta; (*de beurre*) panetto; (*de pilules*) scatoletta; (*Inform*) piastrina; **~s de frein** *nfpl* (*Auto*) pastiglie *fpl* dei freni
plastique [plastik] *adj* plastico(-a) ▶ *nm* plastica ▶ *nf* (*arts*) plastica; (*d'une statue*) plasticità; **objet/bouteille en ~** oggetto/bottiglia di plastica
plastiquer [plastike] *vt* far saltare col plastico
plat, e [pla, at] *adj* piatto(-a); (*talons*) basso(-a); (*cheveux*) liscio(-a) ▶ *nm* piatto; (*d'une route*) piano; **le premier/deuxième ~** la prima/seconda portata, il primo/secondo piatto; **le ~ de la main** il palmo della mano; **à ~ ventre** *adv* a pancia in giù, bocconi; (*tomber*) lungo(-a) disteso(-a); **à ~** *adv* orizzontalmente ▶ *adj* (*pneu*) a terra; (*batterie*) scarico(-a); **à ~** (*personne : fam*) a terra; **~ cuisiné** piatto precotto; **~ de résistance** piatto forte *ou* principale; **~ du jour** piatto del giorno; **~s préparés** cibi *mpl* precotti
platane [platan] *nm* platano
plateau, x [plato] *nm* (*support*) vassoio; (*d'une table*) piano; (*d'une balance, de tourne-disque*) piatto; (*Géo*) altopiano; (*fig : d'un graphique*) tracciato piano (elevato); (*Ciné*) set *m inv*; **sur le ~** (*TV*) in studio; **~ à fromage** piatto per i formaggi
plate-bande [platbɑ̃d] (*pl* **plates-bandes**) *nf* aiuola
plate-forme [platfɔʀm] (*pl* **plates-formes**) *nf* (*aussi Pol*) piattaforma; (*de quai*) marciapiede *m*; (*plateau*) altopiano; **~ de forage** piattaforma di trivellazione; **~ pétrolière** piattaforma petrolifera
platine [platin] *nm* platino ▶ *nf* (*d'un tourne-disque*) piatto ▶ *adj inv* platino *inv*; **~ CD** lettore *m* CD; **~ vinyle** giradischi *m inv*; **~ laser** lettore *m* laser
plâtre [plɑtʀ] *nm* gesso; (*statue, motif décoratif*) stucco; **plâtres** *nmpl* (*revêtements*) intonaco *msg*; **avoir un bras dans le ~** avere un braccio ingessato
plausible [plozibl] *adj* plausibile
plein, e [plɛ̃, plɛn] *adj* pieno(-a); (*jument*) gravido(-a) ▶ *prép* : **avoir de l'argent ~ les poches** avere le tasche piene di soldi ▶ *nm* : **faire le ~** (*d'essence*) fare il pieno; **faire le ~ des voix** ottenere il massimo dei voti; **faire le ~ de la salle** registrare un pienone; **avoir les mains ~es** avere le mani occupate; **à ~es mains** (*ramasser*) a piene mani; (*empoigner*) saldamente; **à ~, en ~** pienamente; **à ~ régime** a pieno regime; (*fig*) a tutta birra; **à ~ temps, à temps ~** a tempo pieno; **en ~ air** all'aria aperta; **jeux de ~ air** giochi *mpl* all'aria aperta; **la mer est pleine** c'è l'alta marea; **en pleine mer** in alto mare; **en pleine rue** in mezzo alla strada; **en ~ milieu** proprio nel mezzo;

en ~ jour/pleine nuit in pieno giorno/ piena notte; **en pleine croissance** in piena crescita; **en ~ sur** (*juste sur*) proprio su; **en avoir ~ le dos** (*fam*) averne le tasche piene; **~s pouvoirs** pieni poteri *mpl*

pleurer [plœʀe] *vi* piangere ▶ *vt* (*regretter*) rimpiangere; (*mort de qn*) piangere; **~ sur** (*personne*) piangere per; (*sort*) piangere su; **~ de rire** avere le lacrime agli occhi dal gran ridere

pleurnicher [plœʀniʃe] *vi* piagnucolare, frignare

pleurs [plœʀ] *nmpl* : **en ~** in lacrime

pleut [plø] *vb voir* **pleuvoir**

pleuvoir [pløvwaʀ] *vb impers, vi* piovere; **il pleut** piove; **il pleut des cordes** *ou* **à verse** *ou* **à torrents** piove a dirotto *ou* a catinelle, diluvia

pli [pli] *nm* piega; (*de peau*) piega; (*lettre*) plico; (*Cartes*) presa; **prendre le ~ de faire qch** prendere l'abitudine di fare qc; **ça ne va pas faire un ~** (*fam*) puoi contarci; **faux ~** (brutta) piega, grinza

pliant, e [plijɑ̃, plijɑ̃t] *adj* pieghevole ▶ *nm* seggiolino pieghevole

plier [plije] *vt* piegare; (*table pliante*) chiudere ▶ *vi* piegarsi; **se plier** *vr* : **se ~ à** piegarsi a; **~ bagage** (*fig*) far fagotto

plinthe [plɛ̃t] *nf* (*Menuiserie*) zoccolo

plissé, e [plise] *adj* (*jupe*) a pieghe, pieghettato(-a); (*peau*) grinzoso(-a)

plisser [plise] *vt* (*chiffonner*) spiegazzare; (*faire des plis*) pieghettare, fare delle pieghe in; (*front*) corrugare; (*bouche*) increspare; **se plisser** *vr* spiegazzarsi

plomb [plɔ̃] *nm* piombo; (*d'une cartouche*) pallino; (*Pêche, d'un colis*) piombino; (*d'une porte scellée*) sigillo di piombo; (*Élec*) : **~ (fusible)** fusibile *m*; **sommeil de ~** sonno di piombo; **soleil de ~** solleone *m*

plomberie [plɔ̃bʀi] *nf* idraulica; (*installation*) impianto idraulico

plombier, -ère [plɔ̃bje, jɛʀ] *nm/f* idraulico

plonge [plɔ̃ʒ] *nf* : **faire la ~** fare il/la lavapiatti *inv*

plongeant, e [plɔ̃ʒɑ̃, ɑ̃t] *adj* (*vue*) dall'alto *inv*; (*tir*) spiovente; (*décolleté*) profondo(-a)

plongée [plɔ̃ʒe] *nf* immersione *f*; (*Ciné, TV*) ripresa dall'alto; **sous-marin en ~** sottomarino in immersione; **faire de la ~ (sous-marine)** fare il sub(acqueo) *ou* sommozzatore; (*Sport : sans scaphandre*) fare immersione

plongeoir [plɔ̃ʒwaʀ] *nm* trampolino

plongeon [plɔ̃ʒɔ̃] *nm* tuffo

plonger [plɔ̃ʒe] *vi* tuffarsi; (*sous-marin*) immergersi ▶ *vt* immergere; (*enfoncer*) affondare; **~ dans un sommeil profond** sprofondare in un sonno profondo; **~ dans l'obscurité** sprofondare nell'oscurità; **~ qn dans l'embarras** gettare qn nell'imbarazzo

plongeur, -euse [plɔ̃ʒœʀ, øz] *nm/f* tuffatore(-trice); (*qui fait de la plongée sous-marine*) sommozzatore(-trice); (*de restaurant*) lavapiatti *m inv/f inv*

plu [ply] *pp de* **plaire** ; **pleuvoir**

pluie [plɥi] *nf* (*aussi fig*) pioggia; **une ~ brève/fine** una pioggia breve/sottile; **retomber en ~** ricadere a pioggia; **sous la ~** sotto la pioggia

plumage [plymaʒ] *nm* piumaggio

plume [plym] *nf* penna, piuma; (*matelas*) piuma; (*pour écrire, fig*) penna; **dessin à la ~** disegno a penna

plumeau, x [plymo] *nm* piumino (*per la polvere*)

plupart [plypaʀ] *nf* : **la ~** la maggior parte; **la ~ d'entre nous** la maggior parte di noi; **la ~ du temps** (per) la maggior parte del tempo; (*très souvent*) per lo più; **dans la ~ des cas** nella maggior parte dei casi; **pour la ~** per lo più, in maggioranza

pluriel, le [plyʀjɛl] *nm* plurale *m* ▶ *adj* (*société*) multirazziale; **au ~** al plurale

MOT-CLÉ

plus [ply] *adv* **1** (*forme négative*) : **ne ... plus** non ... più; **je n'ai plus d'argent** non ho più soldi; **il ne travaille plus** non lavora più

2 (*comparatif*) più; (*superlatif*) : **le plus** il più; **plus grand/intelligent (que)** più grande/intelligente (di); **le plus grand/intelligent** il più grande/ intelligente; **(tout) au plus** tutt'al più, al massimo; **plus d'intelligence/de possibilités (que)** più intelligenza/ possibilità (di)

3 (*davantage*) più; **il travaille plus (que)** lavora più (di); **plus il travaille, plus il est heureux** più lavora, più è felice; **il était plus de minuit** era mezzanotte passata; **plus de 3 heures/ 4 kilos** più di 3 ore/4 chili; **3 heures/ kilos de plus que** 3 ore/chili più di; **de**

plus en plus sempre più; **il a 3 ans de plus que moi** ha 3 anni più di me; **plus de pain** più pane; **plus de 10 personnes** più di 10 persone; **sans plus** e niente più; **de plus** (*en supplément*) in più; (*en outre*) inoltre, per di più; **3 kilos en plus** 3 chili in più; **en plus de** oltre (a); **d'autant plus que** tanto più che; **qui plus est** per di più, per giunta; **plus ou moins** più o meno; **ni plus ni moins** né più né meno
▶ *prép* : **4 plus 2** 4 più 2

plusieurs [plyzjœʀ] *adj, pron* parecchi(-e), molti(-e); **ils sont ~** ce ne sono parecchi *ou* molti
plus-value [plyvaly] (*pl* **-s**) *nf* (*Écon*) plusvalenza
plutôt [plyto] *adv* piuttosto; **fais ~ comme ça** fai piuttosto così; **~ que (de) faire qch** piuttosto che fare qc; **~ grand/rouge** piuttosto grande/rosso
pluvieux, -euse [plyvjø, jøz] *adj* piovoso(-a)
PMA [peɛma] *sigle f* (= *procréation médicalement assistée*) procreazione *f* assistita
PME [peɛmə] *sigle f inv* (= *petite et moyenne entreprise*) ≈ PMI *f inv*
PMU [peɛmy] *sigle m* (= *pari mutuel urbain*) *sistema di scommesse sui cavalli; vedi nota*

Il **PMU** (pari mutuel urbain) è il sistema di monopolio statale di scommesse sulle corse di cavalli. È possibile giocare nei bar che espongono il cartello *PMU*. Per scommettere si comprano biglietti a prezzo fisso sui cavalli vincenti o piazzati. La puntata tradizionale è quella su tre cavalli, la *tiercé*.

PNB [peɛnbe] *sigle m* (= *produit national brut*) PNL *m inv*
pneu, x [pnø] *nm* pneumatico, gomma
pneumonie [pnømɔni] *nf* polmonite *f*; **~ atypique** polmonite atipica
poche [pɔʃ] *nf* tasca; (*faux pli, sous les yeux*) borsa; (*d'eau, de pus*) sacca; (*Zool*) marsupio ▶ *nm* (*livre*) tascabile *m*; **de ~** tascabile; **en être de sa ~** pagare di tasca propria; **c'est dans la ~** è cosa fatta; **lampe de ~** pila
poché, e [pɔʃe] *adj* : **œuf ~** uovo in camicia *ou* affogato; **œil ~** occhio pesto
pochette [pɔʃɛt] *nf* busta, bustina; (*sac : de femme*) bustina, pochette *f inv*; (*: d'homme*) borsello; (*sur veston*) taschino; (*mouchoir*) fazzoletto da taschino; **~ d'allumettes** (fiammiferi) minerva® *mpl*; **~ de disque** copertina di disco; **~ surprise** *bustina con dentro caramelle e sorprese*
podcast [pɔdkast] *nm* podcast *m*
podcaster [pɔdkaste] *vi* scaricare in podcast
podium [pɔdjɔm] *nm* podio
poêle [pwal] *nm* stufa ▶ *nf* : **~ (à frire)** padella
poème [pɔɛm] *nm* poesia; (*long*) poema *m*
poésie [pɔezi] *nf* poesia
poète [pɔɛt] *nm/f* poeta(-essa) ▶ *adj* : **une femme ~** una poetessa
poétesse [pɔetɛs] *nf* poetessa
pognon [pɔɲɔ̃] (*fam*) *nm* grana, soldi *mpl*
poids [pwa] *nm* peso; (*fig : d'un impôt*) onere *m*; **prendre/perdre du ~** ingrassare/dimagrire; **faire le ~** (*fig*) essere all'altezza; **avoir un ~ sur la conscience** avere un peso sulla coscienza; **~ et haltères** sollevamento *msg* pesi *inv*, pesistica *fsg*; **de ~** *adj* (*argument*) rilevante, importante; **~ coq/mouche/moyen/plume** (*Boxe*) peso gallo/mosca/medio/piuma; **~ lourd** (*Boxe*) peso massimo; (*camion*) camion *m inv*, TIR *m inv*; (*: Admin*) automezzo pesante; **~ mort** (*aussi fig*) peso morto; **~ utile** carico utile
poignant, e [pwaɲɑ̃, ɑ̃t] *adj* struggente
poignard [pwaɲaʀ] *nm* pugnale *m*
poignarder [pwaɲaʀde] *vt* pugnalare
poigne [pwaɲ] *nf* stretta (della mano); **~ de fer** stretta *ou* mano d'acciaio; (*fermeté*) polso; **à ~** di polso
poignée [pwaɲe] *nf* (*de sel, dragées*) manciata; (*de cheveux*) ciuffo; (*fig : d'hommes*) pugno; (*de valise, porte*) maniglia; (*pour attraper un objet chaud*) presina; **~ de main** stretta di mano
poignet [pwaɲɛ] *nm* polso; (*d'une chemise*) polsino
poil [pwal] *nm* pelo; (*Anat*) pelo, peli *mpl*; **avoir du ~ sur la poitrine** avere il petto villoso *ou* coperto di peli; **à ~** (*fam*) nudo(-a); **au ~** (*fam*) perfetto(-a); **de tout ~** di ogni sorta; **être de bon/mauvais ~** (*fam*) essere di buon/cattivo umore; **~ à gratter** *polverina che provoca prurito*

poilu, e [pwaly] *adj* peloso(-a)
poinçonner [pwɛ̃sɔne] *vt* (*marchandise*) contrassegnare; (*bijou etc*) punzonare; (*billet, ticket*) forare
poing [pwɛ̃] *nm* pugno; **dormir à ~s fermés** dormire della grossa
point [pwɛ̃] *nm* punto ▶ *adv* = **pas**; **ne ... ~** non ... affatto; **faire le ~** (*Naut, fig*) fare il punto; **faire le ~ sur** fare il punto su; **en tout ~** da ogni punto di vista; **sur le ~ de faire qch** sul punto di fare qc; **au ~ de faire qch** al punto di fare qc; **au ~ que** al punto che; **à tel ~ que** a un punto tale che; **(mettre) au ~** (*mécanisme, affaire*) (mettere) a punto; (*appareil de photo*) (mettere) a fuoco; **à ~** (*Culin*) a puntino; (*viande*) normale; (*nommé*) al momento giusto; **du ~ de vue de** dal punto di vista di; **~ chaud** (*Mil, Pol*) punto caldo; **~ culminant** cima, vetta; (*fig*) punto culminante; **~ d'eau** sorgente *f*, punto d'acqua; **~ d'exclamation/d'interrogation** punto esclamativo/interrogativo; **~ de chaînette/croix/mousse** punto catenella/croce/legaccio; **~ de chute** punto di caduta; (*fig*) tappa; **~ de côté** fitta al fianco; **~ de départ** punto di partenza; **~ de jersey** maglia rasata; **~ de non-retour** punto di non ritorno; **~ de repère** punto di riferimento; **~ de vente** punto *m* vendita *inv*; **~ de vue** (*paysage*) vista; (*fig*) punto di vista; **~ faible** punto debole; **~ final** punto; **~ mort** : **au ~ mort** (*Auto*) in folle; (*affaire, entreprise*) a un punto morto; **~ noir** (*sur le visage*) punto nero; (*Auto*) punto pericoloso; (*difficulté*) intoppo; **~s cardinaux** punti *mpl* cardinali; **~s de suspension** puntini *mpl* di sospensione
pointe [pwɛ̃t] *nf* punta; (*allusion moqueuse*) frecciata; **pointes** *nfpl* (*Danse : chaussons*) scarpette *fpl* da ballerina; **être à la ~ de qch** (*fig*) essere all'avanguardia di qc; **faire/pousser une ~ jusqu'à** fare una puntata (fino) a; **sur la ~ des pieds** in punta di piedi; **en ~** a punta; **de ~** (*industries*) di punta; (*vitesse*) massimo(-a); **heures/jours de ~** ore/giorni di punta; **faire des ~s** danzare sulle punte; **~ d'asperge** punta d'asparago; **~ de vitesse** punta massima di velocità
pointer [pwɛ̃te] *vt* (*cocher*) spuntare; (*diriger*) puntare ▶ *vi* (*employé*) timbrare il cartellino; (*pousses, jour*) spuntare; **~ les oreilles** drizzare le orecchie; **note pointée** nota puntata
pointillé [pwɛ̃tije] *nm* linea punteggiata; (*Art*) tecnica divisionista
pointilleux, -euse [pwɛ̃tijø, øz] *adj* pignolo(-a)
pointu, e [pwɛ̃ty] *adj* (*clocher*) aguzzo(-a); (*chapeau*) a punta *inv*; (*son*) acuto(-a); (*fig : analyse*) sottile; (*: formation*) molto specialistico(-a)
pointure [pwɛ̃tyʀ] *nf* numero
point-virgule [pwɛ̃viʀgyl] (*pl* **points-virgules**) *nm* punto e virgola
poire [pwaʀ] *nf* pera; (*fam, péj : imbécile, sot*) pollo (*fig*); (*à injections, à lavement*) peretta; **~ électrique** peretta (della luce)
poireau, x [pwaʀo] *nm* porro
poirier [pwaʀje] *nm* pero; **faire le ~** fare la verticale
pois [pwɑ] *nm* pisello; (*sur une étoffe*) pois *m inv*, pallino; **à ~** a pois *ou* pallini; **~ cassés** piselli secchi spaccati; **~ chiche** cece *m*; **~ de senteur** pisello odoroso
poison [pwazɔ̃] *nm* veleno
poisseux, -euse [pwasø, øz] *adj* appiccicoso(-a)
poisson [pwasɔ̃] *nm* pesce *m*; (*Astrol*) : **P~s** Pesci; **être P~s** essere dei Pesci; **~ d'avril** pesce d'aprile; **~ rouge** pesce rosso; **~ volant** pesce volante
poissonnerie [pwasɔnʀi] *nf* pescheria
poissonnier, -ière [pwasɔnje, jɛʀ] *nm/f* pescivendolo(-a) ▶ *nf* pesciera
poitrine [pwatʀin] *nf* petto; (*seins*) seno, petto
poivre [pwavʀ] *nm* pepe *m*; **~ blanc/gris/vert** pepe bianco/nero/verde; **~ moulu/en grains** pepe macinato/in grani; **~ et sel** *adj* sale e pepe
poivrier [pwavʀije] *nm* (*Bot*) (pianta del) pepe *m*; (*ustensile*) pepiera
poivron [pwavʀɔ̃] *nm* peperone *m*; **~ rouge/vert** peperone rosso/verde
polaire [pɔlɛʀ] *adj* polare ▶ *nm* (*tissu*) pile *m* ▶ *nf* (*vêtement*) pile *m inv*
pôle [pol] *nm* polo; **le ~ Nord/Sud** il polo Nord/Sud; **~ d'attraction** polo d'attrazione; **~ de développement** polo di sviluppo; **~ positif/négatif** polo positivo/negativo
poli, e [pɔli] *adj* (*personne, refus*) educato(-a), cortese; (*surface*) levigato(-a), liscio(-a)

FAUX AMIS
poli ne se traduit pas par le mot italien *pulito*.

police [pɔlis] *nf* polizia; (*Assurances*) : **~ d'assurance** polizza d'assicurazione; **être dans la ~** essere nella polizia; **~ de caractère** (*Typo, Inform*) serie *f* completa di caratteri; **~ des mœurs** (squadra del) buoncostume *f*; **~ judiciaire** polizia giudiziaria; **~ secours** (squadra) volante *f*; **~ secrète** polizia segreta
policier, -ière [pɔlisje, jɛʀ] *adj* di polizia, poliziesco(-a) ▸ *nm/f* poliziotto(-a) ▸ *nm* (*roman, film*) giallo
polio [pɔljɔ], **poliomyélite** [pɔljɔmjelit] *nf* polio(mielite) *f*
polir [pɔliʀ] *vt* levigare, lucidare; (*fig*) lisciare

FAUX AMIS
polir ne se traduit pas par le mot italien *pulire*.

politesse [pɔlitɛs] *nf* buona educazione *f*; (*civilité*) cortesia; **politesses** *nfpl* convenevoli *mpl*; **devoir/rendre une ~ à qn** dovere/ restituire un favore a qn
politicien, ne [pɔlitisjɛ̃, jɛn] *nm/f* politico *m*; (*péj*) politicante *m/f* ▸ *adj* politicante
politique [pɔlitik] *adj* politico(-a) ▸ *nf* politica ▸ *nm* politico; **~ étrangère/ intérieure** politica estera/interna
politiquement [pɔlitikmɑ̃] *adv* politicamente; **~ correct** politicamente corretto
pollen [pɔlɛn] *nm* polline *m*
polluant, e [pɔlɥɑ̃, ɑ̃t] *adj* inquinante; **produit ~** prodotto inquinante
polluer [pɔlɥe] *vt* inquinare
pollution [pɔlysjɔ̃] *nf* inquinamento
polo [pɔlo] *nm* (*Sport*) polo; (*chemise*) polo *f inv*
Pologne [pɔlɔɲ] *nf* Polonia
polonais, e [pɔlɔnɛ, ɛz] *adj* polacco(-a) ▸ *nm* (*Ling*) polacco ▸ *nm/f* : **Polonais, e** polacco(-a)
poltron, ne [pɔltʀɔ̃, ɔn] *adj* vigliacco(-a)
Polynésie [pɔlinezi] *nf* Polinesia; **la ~ française** la Polinesia francese
polyvalent, e [pɔlivalɑ̃, ɑ̃t] *adj* polivalente; (*personne*) eclettico(-a); (*professeur, inspecteur*) che assolve incarichi diversi
pommade [pɔmad] *nf* pomata
pomme [pɔm] *nf* (*fruit*) mela; (*boule décorative*) pomo; **un steak ~s (frites)** bistecca e patatine (fritte); **tomber dans les ~s** (*fam*) svenire; **~ d'Adam** pomo d'Adamo; **~ d'arrosoir** cipolla; **~ de pin** pigna; **~ de terre** patata; **~s allumettes** patatine fritte (*tagliate sottili*); **~s vapeur** patate cotte al vapore
pommette [pɔmɛt] *nf* (*Anat*) zigomo; **avoir les ~s rouges** avere le guance rosse
pommier [pɔmje] *nm* melo
pompe [pɔ̃p] *nf* pompa; **en grande ~** in pompa magna; **~ à eau** pompa dell'acqua; **~ (à essence)** pompa della benzina; (*distributeur*) distributore *m* di benzina; **~ à huile** pompa dell'olio; **~ à incendie** pompa *f* antincendio *inv*; **~ de bicyclette** pompa della bicicletta; **~s funèbres** pompe funebri
pomper [pɔ̃pe] *vt* pompare; (*absorber*) assorbire
pompeux, -euse [pɔ̃pø, øz] (*péj*) *adj* pomposo(-a), ampolloso(-a)
pompier, -ère [pɔ̃pje, jɛʀ] *nm/f* pompiere(-a) ▸ *adj m* (*style*) pomposo(-a)
pompiste [pɔ̃pist] *nm/f* benzinaio(-a)
pompon [pɔ̃pɔ̃] *nm* pompon *m inv*
pomponner [pɔ̃pɔne] : **se pomponner** *vr* (*fam*) agghindarsi
ponce [pɔ̃s] *nf* : **pierre ~** pietra pomice
poncer [pɔ̃se] *vt* levigare
ponceuse [pɔ̃søz] *nf* levigatrice *f*
ponctualité [pɔ̃ktɥalite] *nf* puntualità
ponctuation [pɔ̃ktɥasjɔ̃] *nf* punteggiatura
ponctuel, le [pɔ̃ktɥɛl] *adj* puntuale; (*Tech*) puntiforme; (*fig : opération*) singolo(-a)
pondéré, e [pɔ̃deʀe] *adj* (*personne*) posato(-a)
pondre [pɔ̃dʀ] *vt* (*œufs*) deporre, fare; (*fig : fam*) partorire ▸ *vi* deporre *ou* fare le uova
poney [pɔnɛ] *nm* pony *m inv*
pont [pɔ̃] *nm* ponte *m*; **faire le ~** (*entre deux jours fériés*) fare il ponte; **faire un ~ d'or à qn** fare ponti d'oro a qn; **~ à péage** ponte a pedaggio; **~ aérien** ponte aereo; **~ arrière/avant** (*Auto*) ponte posteriore/anteriore; **~ basculant** ponte ribaltabile; **~ d'envol** ponte di volo *ou* lancio; **~ de graissage** ponte d'ingrassaggio;

P

~ élévateur ponte sollevatore; **~ roulant** carroponte *m*; **~ suspendu** ponte sospeso; **~ tournant** ponte girevole; **P~s et Chaussées** (*Admin*) ≈ Genio civile

ponte [pɔ̃t] *nf* deposizione *f* delle uova; (*œufs pondus*) uova *fpl* deposte ▸ *nm* (*fam*) pezzo grosso

pont-levis [pɔ̃lvi] (*pl* **ponts-levis**) *nm* ponte *m* levatoio

pop [pɔp] *adj inv* pop *inv* ▸ *nf* musica pop

populaire [pɔpylɛʀ] *adj* popolare

populariser [pɔpylaʀize] *vt* popolarizzare

popularité [pɔpylaʀite] *nf* popolarità

population [pɔpylasjɔ̃] *nf* popolazione *f*; **~ active** popolazione attiva

populeux, -euse [pɔpylø, øz] *adj* popoloso(-a)

porc [pɔʀ] *nm* maiale *m*; (*péj*) porco

porcelaine [pɔʀsəlɛn] *nf* porcellana

porcelet [pɔʀsəlɛ] *nm* porcellino

porc-épic [pɔʀkepik] (*pl* **porcs-épics**) *nm* porcospino

porche [pɔʀʃ] *nm* androne *m*

porcherie [pɔʀʃəʀi] *nf* (*aussi fig*) porcile *m*

> **FAUX AMIS**
> **porcherie** ne se traduit pas par le mot italien *porcheria*.

pore [pɔʀ] *nm* poro

poreux, -euse [pɔʀø, øz] *adj* poroso(-a)

porno [pɔʀno] *adj* porno *inv* ▸ *nm* (*genre*) porno; (*film*) film porno

port [pɔʀ] *nm* porto; (*Inform*) port; (*allure*) portamento; (*d'un colis, d'une lettre*) affrancatura; **le ~ d'un uniforme** l'indossare un'uniforme; **arriver à bon ~** (*personne*) arrivare sano(-a) e salvo(-a); (*chose*) arrivare in buono stato; **~ d'arme** porto d'armi; **~ d'attache** (*Naut*) porto d'immatricolazione; (*fig*) base *f*; **~ d'escale** porto di scalo; **~ de commerce** porto mercantile; **~ de pêche** porto di pesca; **~ dû** (*Comm*) porto assegnato; **~ franc** porto franco; **~ payé** (*Comm*) porto a carico del mittente; **~ pétrolier** porto petrolifero; **~ série/parallèle/USB** (*Inform*) porta seriale/parallela/USB

portable [pɔʀtabl] *adj* (*vêtement*) portabile; (*ordinateur*) portatile ▸ *nm* (*téléphone*) cellulare *m*, telephonino; (*ordinateur*) (computer *m inv*) portatile *m*

portail [pɔʀtaj] *nm* (*d'un parc*) cancellata; (*d'une cathédrale*: *Inform*) portale *m*

portant, e [pɔʀtɑ̃, ɑ̃t] *adj* (*parties, murs*) portante; **être bien/mal ~** (*personne*) stare bene/male

portatif, -ive [pɔʀtatif, iv] *adj* portatile

porte [pɔʀt] *nf* porta; (*d'une véhicule*) portiera; (*d'un meuble*) anta; **mettre qn à la ~** mettere qn alla porta; **prendre la ~** andarsene; **à ma/sa ~** (*tout près*) dietro l'angolo; **faire du ~ à ~** (*Comm*) vendere porta a porta; **journée ~s ouvertes** giornata di apertura al pubblico; **~ à ~** *nm* (*Comm*) porta a porta *m inv*; **~ d'entrée** porta d'ingresso; **~ d'embarquement** (*Aviat*) cancello; **~ de secours** porta di sicurezza; **~ de service** porta di servizio

porté, e [pɔʀte] *adj*: **être ~ sur qch** avere un debole per qc; **être ~ à faire qch** essere incline a fare qc

porte-avion(s) [pɔʀtavjɔ̃] (*pl* **porte-avions**) *nm* portaerei *f inv*

porte-bagage(s) [pɔʀtbagaʒ] (*pl* **porte-bagages**) *nm* (*d'une bicyclette, moto*) portapacchi *m inv*; (*Auto*) portabagagli *m inv*

porte-bonheur [pɔʀtbɔnœʀ] (*pl* **porte-bonheur(s)**) *nm* portafortuna *m inv*

porte-clé(s) [pɔʀtəkle] (*pl* **porte-clés**) *nm* portachiavi *m inv*

porte-document(s) [pɔʀtdɔkymɑ̃] (*pl* **porte-documents**) *nm* portacarte *m inv*

portée [pɔʀte] *nf* (*aussi fig*) portata; (*d'une chienne, d'une chatte*) cucciolata; (*Mus*) pentagramma *m*; **à (la) ~ (de)** raggiungibile (da); **hors de ~ (de)** non raggiungibile (da); **à ~ de la main/de voix** a portata di mano/di voce; **à la ~ de qn** alla portata di qn; **à la ~ de toutes les bourses** alla portata di tutti

portefeuille [pɔʀtəfœj] *nm* (*gén, Pol, Bourse*) portafoglio; **faire un lit en ~** fare il sacco al letto

porte-jarretelle(s) [pɔʀtʒaʀtɛl] (*pl* **porte-jarretelles**) *nm* reggicalze *m inv*

portemanteau, x [pɔʀt(ə)mɑ̃to] *nm* attaccapanni *m inv*

porte(-)monnaie [pɔʀtmɔnɛ] (*pl* **porte(-)monnaies**) *nm* portamonete *m inv*, borsellino

porte-parole [pɔʀtpaʀɔl] (*pl* **porte-parole(s)**) *nm/f* portavoce *m inv/f inv*

porter [pɔʀte] *vt* portare; (*suj : femme : fœtus*) portare in grembo; (*fig : supporter*) sopportare; (*responsabilité, patronyme*) avere; (*suj : jambes*) reggere; (*: arbre : fleurs, fruits*) produrre ▸ *vi* (*voix, cri*) sentirsi bene; (*regard*) essere acuto(-a); (*canon*) avere una gittata; (*radar*) avere un raggio; (*coup*) fare centro; (*fig : mots, argument*) avere effetto; **se porter** *vr* (*personne*) : **se ~ bien/mal** stare bene/male; **se ~ vers** portarsi *ou* spostarsi verso; **se ~ partie civile** costituirsi parte civile; **se ~ garant** farsi garante; **se ~ candidat à** presentarsi come candidato a; **~ qch/qn quelque part** portare qc/qn da qualche parte; **~ sur** (*suj : édifice*) poggiare su; (*: accent*) cadere su; (*: bras, tête*) urtare contro; (*: critique, conférence*) riguardare; **elle portait le nom de Rosalie** portava il nome di Rosalia; **~ qn au pouvoir** portare qn al potere; **~ secours/bonheur à qn** portare aiuto/fortuna a qn; **~ son âge** dimostrare la propria età; **~ un toast** fare un brindisi; **~ atteinte à** (*l'honneur etc*) attentare a; **se faire ~ malade** darsi malato(-a); **~ un jugement sur qn/qch** formulare un giudizio su qn/qc; **~ un livre/récit à l'écran** adattare un libro/racconto per lo schermo; **~ une cuillère à sa bouche** portare un cucchiaio alla bocca; **~ son attention/regard sur** rivolgere l'attenzione/lo sguardo verso; **~ son effort sur** dirigere i propri sforzi su; **~ un fait à la connaissance de qn** portare un fatto a conoscenza di qn; **~ à croire** indurre *ou* portare a credere

porteur, -euse [pɔʀtœʀ, øz] *nm/f* fattorino(-a); (*de bagages*) facchino(-a); (*en montagne*) portatore(-trice) ▸ *nm* (*Comm : d'un chèque*) portatore *m*; (*d'une obligation*) possessore *m*, detentore *m* ▸ *adj* portatore(-trice); **gros ~** (*avion*) cargo *m inv*, jumbo (jet) *m inv*; **au ~** (*chèque etc*) al portatore; **les petits ~s** (*Fin*) i piccoli risparmiatori; **être ~ de bonnes nouvelles** portare buone notizie

porte-voix [pɔʀtəvwa] *nm inv* megafono

portier, -ère [pɔʀtje, jɛʀ] *nm/f* portiere(-a) ▸ *nf* (*de voiture*) portiera; (*de train*) sportello

portillon [pɔʀtijɔ̃] *nm* portello

portion [pɔʀsjɔ̃] *nf* (*de nourriture*) porzione *f*; (*d'héritage, partie*) parte *f*; (*de terrain, route*) pezzo

porto [pɔʀto] *nm* (*vin*) porto

portrait [pɔʀtʀɛ] *nm* ritratto; **c'est tout le ~ de sa mère** è il ritratto di sua madre

portrait-robot [pɔʀtʀɛʀɔbo] (*pl* **portraits-robots**) *nm* identikit *m inv*

portuaire [pɔʀtɥɛʀ] *adj* portuale

portugais, e [pɔʀtygɛ, ɛz] *adj* portoghese ▸ *nm* (*Ling*) portoghese *m* ▸ *nm/f* : **Portugais, e** portoghese *m/f*

Portugal [pɔʀtygal] *nm* Portogallo

pose [poz] *nf* (*de moquette etc*) messa in opera; (*de rideau*) montaggio; (*position, d'un modèle*) posa; **(temps de) ~** (*Photo*) (tempo di) posa

posé, e [poze] *adj* posato(-a)

poser [poze] *vt* posare; (*moquette, papier peint*) posare, mettere in opera; (*rideaux*) montare; (*question, problème, difficulté*) porre; (*sa candidature*) presentare; (*chiffre*) scrivere; (*principe, conditions*) stabilire, porre; (*personne : mettre en valeur*) imporre ▸ *vi* (*modèle*) posare; **se poser** *vr* (*oiseau, avion*) posarsi; (*question, problème*) porsi; **~ qn à** lasciare qn a; **~ un problème à qn** costituire un problema per qn; **~ son/un regard sur qn/qch** posare lo sguardo su qn/qc; **se ~ en** (*personne*) atteggiarsi a

positif, -ive [pozitif, iv] *adj* positivo(-a)

position [pozisjɔ̃] *nf* posizione *f*; **être dans une ~ difficile/délicate** essere in una posizione difficile/delicata; **prendre ~** (*fig*) prendere posizione

posologie [pozɔlɔʒi] *nf* posologia

posséder [pɔsede] *vt* possedere; (*fam : duper*) fregare

possession [pɔsesjɔ̃] *nf* possesso; (*avoir, bien*) possedimento; **être/entrer en ~ de qch** essere/entrare in possesso di qc; **en sa/ma ~** in suo/mio possesso; **prendre ~ de qch** impadronirsi di qc; **être en ~ de toutes ses facultés** essere nel pieno possesso delle proprie facoltà

possibilité [pɔsibilite] *nf* possibilità *f inv*; **possibilités** *nfpl* (*moyens*) possibilità *fpl*; (*d'un pays, d'une découverte*) potenziale *msg*; **avoir la ~ de faire qch** avere la possibilità di fare qc

possible [pɔsibl] *adj* possibile; (*acceptable, supportable: situation, atmosphère*): **(ne) ... pas ~** impossibile ▶ *nm*: **faire (tout) son ~** fare tutto il possibile; **il est ~ que** è possibile che; **autant que ~** per quanto possibile; **si (c'est) ~** se possibile; **(ce n'est) pas ~!** (*étonnement*) incredibile!, assurdo!; **comme c'est pas ~** (*fam*) che di più non si può; **le plus/moins de livres ~** il maggior/minor numero possibile di libri; **le plus/moins d'eau ~** la maggiore/minore quantità d'acqua possibile; **aussitôt/dès que ~** non appena possibile; **gentil au ~** estremamente gentile

postal, e, -aux [pɔstal, o] *adj* postale; **sac ~** sacco postale

poste [pɔst] *nf* posta ▶ *nm* (*Mil, fonction*) posto; (*de budget*) voce *f*; **postes** *nfpl* poste *fpl*; **mettre à la ~** imbucare; **~ 31** (*Tél*) interno 31; **~ d'essence** distributore *m* di benzina; **~ d'incendie** idrante *m*; **~ de commandement** (*Mil etc*) posto di comando; **~ de contrôle** posto di controllo; **~ de douane** dogana; **~ de nuit** (*Ind*) turno di notte; **~ de péage** casello; **~ de pilotage** (*Aviat*) posto di pilotaggio; **~ de radio** radio *f inv*; **~ de secours** (posto di) pronto soccorso; **~ de télévision** televisore *m*; **~ de travail** stazione *f* di lavoro; **~ (de police)** commissariato (di polizia); **~ émetteur** (*Radio*) emittente *f*; **~ restante** fermo posta *m inv*

poster [*vb* poste, *n* pɔstɛʀ] *vt* (*lettre, colis*) imbucare; (*soldats*) disporre, piazzare ▶ *nm* poster *m inv*, manifesto; **se poster** *vr* appostarsi

postérieur, e [pɔsteʀjœʀ] *adj* posteriore ▶ *nm* (*fam*) didietro *m inv*, sedere *m*

postérieurement [pɔsteʀjœʀmɑ̃] *adv* posteriormente

postérité [pɔsteʀite] *nf* posteri *mpl*; **passer à la ~** passare ai posteri

posthume [pɔstym] *adj* postumo(-a); **à titre ~** a titolo postumo

postillonner [pɔstijɔne] *vi* sputacchiare

postuler [pɔstyle] *vt* sollecitare

posture [pɔstyʀ] *nf* posizione *f*; **être en bonne/mauvaise ~** (*fig*) trovarsi in buone/cattive acque

pot [po] *nm* vaso; (*à eau, lait*) brocca; **avoir du ~** (*fam*) avere fortuna; **boire/prendre un ~** (*fam*) bere qualcosa; **découvrir le ~ aux roses** scoprire gli altarini; **~ à tabac** barattolo per il tabacco; **~ d'échappement** (*Auto*) marmitta, tubo di scappamento; **~ (de chambre)** vaso da notte; **~ de fleurs** vaso di fiori; (*plante*) pianta

potable [pɔtabl] *adj* (*fig: boisson*) bevibile; (*: travail*) passabile; **eau (non) ~** acqua (non) potabile

potage [pɔtaʒ] *nm* minestra

potager, -ère [pɔtaʒe, ɛʀ] *adj*: **plante potagère** ortaggio; (*cultures*) di ortaggi; **(jardin) ~** orto

pot-au-feu [pɔtofø] (*pl* **pot(s)-au-feu**) *nm* (*mets*) lesso *ou* bollito misto; (*viande*) bollito ▶ *adj inv* (*fam: personne*) casalingo(-a)

pot-de-vin [podvɛ̃] (*pl* **pots-de-vin**) *nm* bustarella

pote [pɔt] (*fam*) *nm* amico

poteau, x [pɔto] *nm* palo; **~ d'arrivée/de départ** linea del traguardo/di partenza; **~ (d'exécution)** palo (della fucilazione); **~ indicateur** cartello stradale; **~ télégraphique** palo del telegrafo; **poteaux (de but)** palo (della porta)

potelé, e [pɔt(ə)le] *adj* paffuto(-a), rotondetto(-a)

potentiel, le [pɔtɑ̃sjɛl] *adj* potenziale ▶ *nm* potenziale *m*

poterie [pɔtʀi] *nf* ceramica

potiche [pɔtiʃ] *nf* (*fig: fam*) bella statuina

potier, -ère [pɔtje, jɛʀ] *nm/f* vasaio(-a)

potiron [pɔtiʀɔ̃] *nm* zucca

pou, x [pu] *nm* pidocchio

poubelle [pubɛl] *nf* pattumiera, bidone *m* della spazzatura

pouce [pus] *nm* pollice *m*; **se tourner** *ou* **se rouler les ~s** (*fig*) girarsi i pollici; **manger sur le ~** mangiare di corsa

poudre [pudʀ] *nf* polvere *f*; (*fard*) cipria; (*explosif*) polvere *f* da sparo; **en ~** in polvere; **~ à canon** polvere da cannone; **~ à éternuer** polvere da starnuto; **~ à priser** tabacco da fiuto *ou* da naso; **~ à récurer** detersivo abrasivo in polvere; **~ de riz** cipria

poudreuse [pudʀøz] *nf* neve *f* farinosa

poudrier [pudʀije] *nm* portacipria *m inv*

pouffer [pufe] *vi*: **~ (de rire)** scoppiare a ridere

poulailler [pulɑje] *nm* pollaio; (*Théâtre: fam*) piccionaia, loggione *m*

poulain [pulɛ̃] *nm* puledro; (*fig*) allievo

poule [pul] *nf* gallina; (*Sport*) girone *m*, batteria; (*Rugby*) girone *m* di eliminazione; (*fam : maîtresse*) amichetta; (*: fille de mœurs légères*) sgualdrinella; **~ d'eau** gallinella d'acqua; **~ mouillée** (*fig*) fifone(-a); **~ pondeuse** gallina ovaiola

poulet [pulɛ] *nm* pollastro, galletto; (*Culin*) pollo; (*fam*) piedipiatti *m inv*

poulie [puli] *nf* puleggia, carrucola

poulpe [pulp] *nm* polipo

pouls [pu] *nm* polso; **prendre le ~ de qn** sentire il polso a qn

poumon [pumɔ̃] *nm* polmone *m*; **~ artificiel** *ou* **d'acier** polmone d'acciaio

poupée [pupe] *nf* bambola; **jouer à la ~** giocare con le bambole; **de ~** (*très petit*) minuscolo(-a); **maison de ~** casa da bambola

pour [puʀ] *prép* per ▶ *nm* : **le ~ et le contre** il pro e il contro; **~ que** perché, affinché; **~ faire/avoir fait** per fare/aver fatto; **mot ~ mot** parola per parola; **jour ~ jour** giorno per giorno; **~ 30 euros d'essence** 30 euro di benzina; **10 ~ cent** 10 percento; **10 ~ cent des gens** il 10 percento della gente; **~ ton anniversaire** per il tuo compleanno; **fermé ~ (cause de) travaux** chiuso per lavori; **c'est ~ cela que ...** è per questo che ...; **~ de bon** per davvero; **~ quoi faire ?** per fare (che cosa)?; **je n'y suis ~ rien** non c'entro affatto *ou* per niente; **être ~ beaucoup dans qch** essere molto coinvolto(-a); **ce n'est pas ~ dire, mais ...** (*fam*) non è per dire ma ...; **il a parlé ~ moi** ha parlato per me; **~ un Français, il parle bien suédois** per essere francese, parla bene lo svedese; **~ riche qu'il soit** per quanto ricco sia; **la femme qu'il a eue ~ mère** la donna che ha avuta per madre; **~ moi, il a tort** per me ha torto; **~ ce qui est de ...** per quanto riguarda ...; **~ peu que** per poco che; **~ autant que** per quanto; **~ toujours** per sempre

pourboire [puʀbwaʀ] *nm* mancia

pourcentage [puʀsɑ̃taʒ] *nm* percentuale *f*; **travailler au ~** lavorare a provvigione

pourchasser [puʀʃase] *vt* dare la caccia a, inseguire

pourparlers [puʀpaʀle] *nmpl* trattative *fpl*; **être en ~ avec** essere in trattative con

pourpre [puʀpʀ] *adj* (rosso) porpora *inv*

pourquoi [puʀkwa] *adv, conj* perché ▶ *nm* : **le ~ (de)** il perché (di); **~ dis-tu cela ?** perché dici così?; **~ pas ?** perché no?; **c'est ~ ...** è per questo che ...

pourrai *etc* [puʀe] *vb voir* **pouvoir**

pourri, e [puʀi] *adj* (*aussi fig*) marcio(-a); (*temps, hiver*) umido(-a), piovoso(-a) ▶ *nm* marcio; **sentir le ~** puzzare di marcio

pourriel [puʀjɛl] *nm* (*Internet*) spam *m inv*

pourrir [puʀiʀ] *vi* marcire; (*fig : situation*) deteriorarsi ▶ *vt* far marcire; (*fig : corrompre*) corrompere; (*: gâter*) viziare

pourriture [puʀityʀ] *nf* putrefazione *f*; (*ce qui est pourri : aussi fig*) marciume *m*, marcio

poursuite [puʀsɥit] *nf* inseguimento; (*Jur*) procedimento, azione *f*; (*fig*) perseguimento; (*: continuation*) proseguimento; **poursuites** *nfpl* (*Jur*) azione *f* giudiziaria; **(course) ~** (*Cyclisme*) (corsa a) inseguimento; (*fig*) ricerca

poursuivre [puʀsɥivʀ] *vt* inseguire; (*relancer*) rincorrere; (*obséder*) perseguitare; (*fig : fortune, but*) perseguire; (*continuer : voyage, études*) proseguire ▶ *vi* proseguire; **se poursuivre** *vr* proseguire, continuare; **~ qn en justice** (*Jur*) perseguire qn in giudizio

pourtant [puʀtɑ̃] *adv* eppure; **et ~** eppure; **mais ~** eppure; **c'est ~ facile** eppure è facile

> **FAUX AMIS**
> **pourtant** ne se traduit pas par le mot italien *pertanto*.

pourtour [puʀtuʀ] *nm* perimetro

pourvoir [puʀvwaʀ] *vt* (*Comm*) : **~ qn en** rifornire qn di ▶ *vi* : **~ à qch** provvedere a qc; (*emploi*) coprire qc; **se pourvoir** *vr* (*Jur*) ricorrere; **~ qn de qch** (*recommandation etc*) fornire qc a qn; **~ qch de** (*dispositifs etc*) dotare qc di

pourvu, e [puʀvy] *pp de* **pourvoir** ▶ *adj* : **~ de** provvisto(-a) *ou* fornito(-a) di; **~ que** purché

pousse [pus] *nf* crescita; (*bourgeon*) germoglio; **jeune ~** (*Internet : entreprise*)

P

start-up *f inv*; **~s de bambou** germogli di bambù

poussée [puse] *nf* spinta; (*Méd*) accesso; (*fig : des prix*) impennata; (: *révolutionnaire*) ondata; (: *d'un parti politique*) improvvisa crescita; **donner une ~** dare una spinta

pousser [puse] *vt* spingere; (*émettre : soupir*) emettere; (*recherches etc*) approfondire ▸ *vi* (*croître*) crescere; (*fig : ville*) spuntare; (*personne*) spingersi; **se pousser** *vr* farsi in là; **~ qn à qch/à faire qch** spingere qn a qc/a fare qc; **faire ~** (*plante*) coltivare; **~ qn à bout** far uscire qn dai gangheri; **il a poussé la gentillesse jusqu'à ...** è stato così gentile da ...

poussette [pusɛt] *nf* passeggino; **~ de marché** carrello per la spesa

poussière [pusjɛʀ] *nf* polvere *f*; **une ~** un granello di polvere; **200 € et des ~s** 200 euro e rotti; **~ de charbon** polvere di carbone

poussiéreux, -euse [pusjeʀø, øz] *adj* polveroso(-a); (*teint*) terreo(-a)

poussin [pusɛ̃] *nm* pulcino

poutre [putʀ] *nf* trave *f*; **~s apparentes** travi *fpl* a vista

MOT-CLÉ

pouvoir [puvwaʀ] *nm* potere *m*; **le pouvoir** (*Pol : dirigeants*) il potere; (*Jur : procuration*) procura ▸ **pouvoirs** *nmpl* (*surnaturels, attributions*) poteri *mpl*; **pouvoir absorbant** capacità *f inv* di assorbimento, potere assorbente; **pouvoir calorifique** potere calorico; **pouvoir d'achat** potere d'acquisto; **les pouvoirs publics** i pubblici poteri ▸ *vb aux* potere; **je ne peux pas le réparer** non posso ripararlo; **déçu de ne pas pouvoir le faire** deluso di non poterlo fare; **tu ne peux pas savoir !** non puoi sapere!; **je n'en peux plus** non ne posso più; **je ne peux pas dire le contraire** non posso dire il contrario; **j'ai fait tout ce que j'ai pu** ho fatto tutto quello che ho potuto; **qu'est-ce que je pouvais bien faire ?** che cosa mai potevo fare?; **tu peux le dire** puoi dirlo; **il aurait pu le dire !** avrebbe potuto dirlo!; **vous pouvez aller au cinéma** potete andare al cinema; **il a pu avoir un accident** potrebbe aver avuto un incidente ▸ *vb impers* potere; **il peut arriver que ...** può succedere che ...; **il pourrait pleuvoir** potrebbe piovere ▸ *vt* potere; **on ne peut mieux** meglio non si può ▸ *vi* : **se pouvoir** : **il se peut que** può darsi che ; **cela se pourrait** può darsi

prairie [pʀeʀi] *nf* prateria

praline [pʀalɛ̃] *nf* pralina

praliné, e [pʀaline] *adj* pralinato(-a)

praticable [pʀatikabl] *adj* (*route*) praticabile; (*projet*) realizzabile

pratiquant, e [pʀatikɑ̃, ɑ̃t] *adj* praticante

pratique [pʀatik] *nf* pratica; (*coutume*) prassi *f inv*, pratica ▸ *adj* pratico(-a); (*horaire etc*) comodo(-a), pratico(-a); **dans la ~** in pratica; **mettre en ~** mettere in pratica

pratiquement [pʀatikmɑ̃] *adv* praticamente

pratiquer [pʀatike] *vt* praticare; (*méthode*) applicare; (*genre de vie*) condurre ▸ *vi* praticare

pré [pʀe] *nm* prato

préados [pʀeado] *nmpl* preadolescenti *mpl*

préalable [pʀealabl] *adj* preliminare ▸ *nm* condizione *f* preliminare; **sans avis ~** senza preavviso; **au ~** prima (di tutto)

préambule [pʀeɑ̃byl] *nm* preambolo; (*fig*) preludio; **sans ~** senza preamboli

préau, x [pʀeo] *nm* (*d'un monastère, d'une prison*) cortile *m*; (*d'une cour d'école*) portico

préavis [pʀeavi] *nm* : **~ (de licenciement)** preavviso (di licenziamento); **communication avec ~** comunicazione *f* con preavviso; **~ de congé** preavviso

précaire [pʀekɛʀ] *adj, nm/f* precario(-a)

précaution [pʀekosjɔ̃] *nf* precauzione *f*; **sans ~** incautamente; **prendre des/ses ~s** prendere delle/le proprie precauzioni; **pour plus de ~** per maggior sicurezza; **~s oratoires** caute osservazioni *fpl*

précédemment [pʀesedamɑ̃] *adv* precedentemente, in precedenza

précédent, e [pʀesedɑ̃, ɑ̃t] *adj* precedente ▸ *nm* precedente *m*; **sans ~** senza precedenti; **le jour ~** il giorno prima *ou* precedente

précéder [pʀesede] *vt* (*dans le temps*) precedere

précepte [pʀesɛpt] *nm* precetto

préchauffer [pʀeʃofe] *vt* preriscaldare
prêcher [pʀeʃe] *vt, vi* predicare; **~ un converti** sfondare una porta aperta
précieux, -euse [pʀesjø, jøz] *adj* prezioso(-a); (*bois*) pregiato(-a); (*Litt*) del preziosismo
précipice [pʀesipis] *nm* precipizio; **au bord du ~** (*fig*) sull'orlo del precipizio
précipitamment [pʀesipitamɑ̃] *adv* precipitosamente
précipitation [pʀesipitasjɔ̃] *nf* precipitazione *f*; **~s (atmosphériques)** precipitazioni (atmosferiche)
précipité, e [pʀesipite] *adj* (*respiration*) affannoso(-a); (*pas*) affrettato(-a); (*démarche, départ*) precipitoso(-a)
précipiter [pʀesipite] *vt* (*faire tomber*) gettare giù, far precipitare; (*hâter* : *pas, départ*) affrettare; **se précipiter** *vr* (*battements du cœur*) accelerare; (*respiration*) diventare affannoso(-a); (*événements*) precipitare; **se ~ sur/vers** gettarsi *ou* buttarsi su/verso; **se ~ au devant de qn** correre incontro a qn
précis, e [pʀesi, iz] *adj* preciso(-a) ▸ *nm* compendio
précisément [pʀesizemɑ̃] *adv* con precisione, precisamente; (*dans une réponse*) esattamente; **ma vie n'est pas ~ distrayante** la mia vita non è proprio divertente; **c'est ~ pour cela que je viens vous voir** è proprio per questo che vengo da lei
préciser [pʀesize] *vt* precisare; **se préciser** *vr* andare delineandosi
précision [pʀesizjɔ̃] *nf* precisione *f*; **précisions** *nfpl* (*plus amples détails*) precisazioni *fpl*
précoce [pʀekɔs] *adj* precoce
précocité [pʀekɔsite] *nf* precocità
préconçu, e [pʀekɔ̃sy] (*péj*) *adj* preconcetto(-a)
préconiser [pʀekɔnize] *vt* raccomandare
prédécesseur, e [pʀedesesœʀ] *nm/f* predecessore *m*
prédilection [pʀedilɛksjɔ̃] *nf* predilezione *f*; **de ~** prediletto(-a)
prédire [pʀediʀ] *vt* predire; **~ l'avenir** predire il futuro
prédisposition [pʀedispozisjɔ̃] *nf* predisposizione *f*
prédominer [pʀedɔmine] *vi* predominare
préemption [pʀeɑ̃psjɔ̃] *nf* : **droit de ~** (*Jur*) diritto di prelazione
préface [pʀefas] *nf* prefazione *f*; (*fig*) preludio
préfecture [pʀefɛktyʀ] *nf* prefettura; (*ville*) ≈ capoluogo di provincia; **~ de police** questura

> Le **préfectures** sono i centri amministrativi dei *départements* francesi; il *préfet*, un funzionario dell'amministrazione pubblica nominato dallo stato, è responsabile dell'applicazione delle politiche di governo. Le 22 regioni della Francia metropolitana, ciascuna delle quali comprende più *départements* e le 5 regioni d'oltremare, ognuna con un solo *département*, hanno un *préfet de région*.

préférable [pʀefeʀabl] *adj* preferibile; **il est ~ de faire ...** è preferibile fare ...; **être ~ à** essere preferibile rispetto a
préféré, e [pʀefeʀe] *adj, nm/f* preferito(-a)
préférence [pʀefeʀɑ̃s] *nf* preferenza; **de ~** preferibilmente; **de/par ~ à** *prép* piuttosto che; **avoir une ~ pour qn/qch** avere una predilezione per qn/qc; **par ordre de ~** in ordine di preferenza; **obtenir la ~ (sur qn)** essere preferito(-a) rispetto (a qn)
préférer [pʀefeʀe] *vt* : **~ (à)** preferire (a); **~ faire qch** preferire fare qc; **je préférerais du thé** preferirei del tè
préfet, -ète [pʀefɛ, ɛt] *nm/f* prefetto; **~ de police** questore *m*
préfixe [pʀefiks] *nm* prefisso
préhistorique [pʀeistɔʀik] *adj* preistorico(-a); (*très ancien*) preistorico(-a), antidiluviano(-a)
préjudice [pʀeʒydis] *nm* pregiudizio, danno; **porter ~ à qn/qch** recare danno a qn/qc; **au ~ de qn/qch** a danno di qn/qc
préjudiciable [pʀeʒydisjabl] *adj* : **~ à** nocivo(-a) per
préjugé [pʀeʒyʒe] *nm* pregiudizio, preconcetto; **avoir un ~ contre qn/qch** avere pregiudizi verso qn/qc; **bénéficier d'un ~ favorable** essere considerato(-a) favorevolmente
prélasser [pʀelɑse] : **se prélasser** *vr* lasciarsi andare
prélèvement [pʀelɛvmɑ̃] *nm* raccolta; (*Méd*) prelievo; **faire un ~ de sang** fare un prelievo di sangue; **~ à la source** (*Admin* : *des impôts*) prelievo alla fonte; **~s obligatoires** (*Admin*) ritenute *fpl* fiscali

P

prélever [pʀel(ə)ve] *vt* raccogliere; (*organe*) prelevare; (*argent*) : **~ (sur)** prelevare (da)
préliminaire [pʀeliminɛʀ] *adj* preliminare; **préliminaires** *nmpl* preliminari *mpl*
prématuré, e [pʀematyʀe] *adj* prematuro(-a)
préméditer [pʀemedite] *vt* premeditare
prémices [pʀemis] *nfpl* inizi *mpl*
premier, -ière [pʀəmje, jɛʀ] *adj, nm/f* primo(-a) ▶ *nm* (*premier étage*) primo piano; **au ~ abord** a prima vista, di primo acchito; **au** *ou* **du ~ coup** al primo colpo; **de ~ ordre** di prim'ordine; **à la première occasion** alla prima occasione; **de première qualité** di prima qualità; **de ~ choix** di prima scelta; **de première importance** di primaria importanza; **de première nécessité** di prima necessità; **le ~ venu** il primo venuto; **jeune ~** attor *m* giovane; **première classe** prima classe; **le ~ de l'an** il primo dell'anno; **première communion** prima comunione; **enfant du ~ lit** figlio di primo letto; **en ~ lieu** in primo luogo; **~ âge** (*d'un enfant*) primi mesi di vita; **P~ ministre** Primo Ministro
premièrement [pʀəmjɛʀmɑ̃] *adv* innanzitutto; (*dans une énumération*) primo
premier-né, première-née [pʀəmjene, pʀəmjɛʀne] (*pl* **premiers-nés, premières-nées**) *nm/f* primogenito(-a)
prémonition [pʀemɔnisjɔ̃] *nf* premonizione *f*
prémonitoire [pʀemɔnitwaʀ] *adj* premonitore
prémunir [pʀemyniʀ] : **se prémunir** *vr* : **se ~ contre qch** premunirsi contro qc
prenant, e [pʀənɑ̃, ɑ̃t] *vb voir* **prendre** ▶ *adj* (*film, livre*) avvincente; (*activité*) impegnativo(-a)
prénatal, e [pʀenatal] *adj* prenatale; (*allocation*) di maternità
prendre [pʀɑ̃dʀ] *vt* prendere; (*un bain, une douche*) fare; (*billet, essence, photographie*) fare; (*nouvelles, avis*) chiedere; (*attitude*) assumere; (*risques*) correre; (*du poids*) mettere su; (*de la valeur*) acquistare; (*vacances, repos*) prendersi; (*coûter : temps, place, argent*) richiedere; (*demander : somme, prix*) volere, chiedere; (*prélever : cotisation*) prelevare; (*coincer*) : **se ~ les doigts dans** prendersi le dita in ▶ *vi* (*liquide, peinture*) rapprendersi; (*ciment*) prendere; (*bouture, vaccin*) attecchire; (*plaisanterie, mensonge*) attaccare; (*incendie*) iniziare; (*allumette*) accendersi; (*se diriger*) : **~ à gauche** prendere a sinistra; **~ qch à qn** prendere qc a qn; **~ qn par la main/ dans ses bras** prendere qn per mano/ tra le braccia; **~ au piège** prendere in trappola; **~ la relève** dare il cambio; **~ la défense de qn** prendere le difese di qn; **~ l'air** prendere una boccata d'aria; **~ son temps** indugiare; **~ l'eau** (*embarcation*) imbarcare acqua; **~ sa retraite** andare in pensione; **~ la fuite** fuggire; **~ sa source** (*rivière*) nascere; **~ congé de qn** congedarsi da qn; **~ de l'âge** avanzare negli anni; **~ ses dispositions pour partir en voyage** fare i preparativi per un viaggio; **~ des notes** prendere appunti; **~ le lit** mettersi a letto; **~ sur soi** (*supporter*) sopportare; **~ sur soi de faire qch** assumersi l'impegno di fare qc; **~ de l'intérêt à qch** interessarsi a qc; **~ qch au sérieux** prendere qc sul serio; **~ qch pour prétexte** addurre qc come pretesto; **~ qn à témoin** chiamare qn come testimone; **à tout ~** tutto sommato; **~ qn en faute/flagrant délit** cogliere qn in fallo/flagrante; **s'en ~ à** prendersela con; **se ~ pour** credersi; **se ~ d'amitié/d'affection pour qn** provare amicizia/affetto per qn; **s'y ~** procedere; **il faudra s'y ~ à l'avance** bisognerà occuparsene in anticipo; **s'y ~ à deux fois** tentare più volte; **se ~ par la main/par le cou/ par la taille** prendersi per mano/per il collo/per la vita
preneur, -euse [pʀənœʀ, øz] *nm/f* : **trouver ~** trovare un acquirente; **être ~** essere interessato(-a)
prénom [pʀenɔ̃] *nm* nome *m* (di battesimo)
préoccupation [pʀeɔkypasjɔ̃] *nf* preoccupazione *f*
préoccuper [pʀeɔkype] *vt* preoccupare; (*absorber*) occupare; **se ~ de qch/de faire qch** preoccuparsi per qc/di fare qc
préparatifs [pʀepaʀatif] *nmpl* preparativi *mpl*

préparation [pʀepaʀasjɔ̃] *nf* preparazione *f*; (*Chim, Culin, Pharmacie*) preparato; (*Scol*) compito (*di preparazione alla lezione successiva*)
préparer [pʀepaʀe] *vt* preparare; **se préparer** *vr* prepararsi; **se ~ (à qch/à faire qch)** prepararsi (a qc/a fare qc); **~ qn à** preparare qn a; **~ qch à qn** (*surprise etc*) preparare qc a qn; (*suj : sort*) avere in serbo qc per qn
prépondérant, e [pʀepɔ̃deʀɑ̃, ɑ̃t] *adj* (*rôle*) principale; (*place*) di primo piano; (*influence*) preponderante; (*voix*) decisivo(-a)
préposé, e [pʀepoze] *adj* : **~ (à qch)** addetto(-a) (a qc) ▸ *nm* addetto(-a); (*Admin : facteur*) postino(-a), portalettere *m inv/f inv*; (*de la douane*) doganiere *m*; (*de vestiaire*) guardarobiere(-a)
préposition [pʀepozisjɔ̃] *nf* preposizione *f*
prérogative [pʀeʀɔgativ] *nf* prerogativa
près [pʀɛ] *adv* vicino; **~ de** *prép* vicino a; (*de mourir*) sul punto di; (*environ*) circa; **de ~** *adv* (*examiner*) attentamente; (*suivre*) da vicino; **à 5 mn ~** 5 minuti più, 5 minuti meno; **à cela ~ que** a parte il fatto che; **je ne suis pas ~ de lui pardonner** non ci penso neanche a perdonarlo; **on n'est pas à un jour ~** un giorno in più o in meno non cambia nulla
présage [pʀezaʒ] *nm* presagio
présager [pʀezaʒe] *vt* (*prévoir*) prevedere, presagire; (*annoncer*) lasciar presagire; **cela ne présage rien de bon** ciò non lascia presagire nulla di buono
presbyte [pʀɛsbit] *adj* presbite
presbytère [pʀɛsbitɛʀ] *nm* canonica
prescription [pʀɛskʀipsjɔ̃] *nf* prescrizione *f*
prescrire [pʀɛskʀiʀ] *vt* prescrivere; (*suj : circonstances*) esigere
présence [pʀezɑ̃s] *nf* presenza; (*écrivain*) influenza; **en ~ de** in presenza di; (*fig*) di fronte a; **en ~** (*armées, parties*) a confronto; **faire acte de ~** fare atto di presenza; **~ d'esprit** presenza di spirito
présent, e [pʀezɑ̃, ɑ̃t] *adj* presente; (*époque*) presente, attuale ▸ *nm* presente *m* ▸ *nf* (*Comm : lettre*) : **la présente** la presente; **les présents** *nmpl* i presenti; **à ~** ora, adesso; **dès à ~** (fin) da ora; **jusqu'à ~** finora; **à ~ que** ora che
présentable [pʀezɑ̃tabl] *adj* presentabile
présentation [pʀezɑ̃tasjɔ̃] *nf* presentazione *f*; (*d'un spectacle, vue*) apparire *m inv*; (*allure, apparence*) presenza; **faire les ~s** fare le presentazioni
présenter [pʀezɑ̃te] *vt* presentare; (*condoléances, excuses*) porgere ▸ *vi* (*personne*) : **~ mal/bien** presentarsi male/bene; **se présenter** *vr* presentarsi; **je vous présente Nadine** le presento Nadine; **se ~ bien/mal** (*affaire*) presentarsi bene/male
préservatif [pʀezɛʀvatif] *nm* preservativo
préserver [pʀezɛʀve] *vt* : **~ qn/qch de** preservare qn/qc da
président, e [pʀezidɑ̃, ɑ̃t] *nm/f* presidente(-essa); **~ de la République** presidente della Repubblica; **~ directeur(-trice) général(e)** presidente e amministratore delegato; **~ du jury** (*Jur*) presidente della giuria; (*d'examen*) presidente della commissione
présidentiel, le [pʀezidɑ̃sjɛl] *adj* presidenziale; **présidentielles** *nfpl* (*élections*) (elezioni *fpl*) presidenziali *fpl*
présider [pʀezide] *vt* : **~ (à)** presiedere (a)
présomption [pʀezɔ̃psjɔ̃] *nf* presunzione *f*; (*conjecture*) supposizione *f*; **~ d'innocence** presunzione d'innocenza
présomptueux, -euse [pʀezɔ̃ptɥø, øz] *adj* presuntuoso(-a)
presque [pʀɛsk] *adv* quasi; **~ toujours/rien** quasi sempre/niente; **~ pas** poco o niente; **~ pas de** pochissimo(-a); **il n'y avait ~ personne** non c'era quasi nessuno; **la voiture s'arrêta ~** l'auto quasi si fermò; **la ~ totalité (de)** quasi tutti(-e)
presqu'île [pʀɛskil] *nf* penisola
pressant, e [pʀesɑ̃, ɑ̃t] *adj* pressante; (*personne*) insistente
presse [pʀɛs] *nf* (*dispositif*) pressa; (*: Imprimerie*) macchina da stampa; (*journalisme*) stampa; **heures/moments de ~** (*dans un magasin*) ore *fpl*/momenti *mpl* di maggiore affluenza; (*dans une activité*) ore/momenti di massima attività; **mettre sous ~** dare

alle stampe; **ouvrage sous ~** opera in corso di stampa; **avoir bonne/mauvaise ~** (*fig*) avere una buona/cattiva stampa; **~ d'information/d'opinion** stampa d'informazione/di opinione; **~ du cœur/féminine** stampa rosa/femminile

pressé, e [pRese] *adj* (*personne*) frettoloso(-a); (*lettre, besogne*) urgente ▸ *nm* : **aller/courir au plus ~** occuparsi di ciò che è più urgente; **être ~ de faire qch** avere fretta di fare qc; **orange pressée** spremuta di arancia

pressentiment [pResɑ̃timɑ̃] *nm* presentimento

pressentir [pResɑ̃tiR] *vt* presentire; **~ qn comme ministre** interpellare qn per la carica di ministro

presse-papier(s) [pRɛspapje] (*pl* **presse-papiers**) *nm* fermacarte *m inv*

presser [pRese] *vt* (*fruit*) spremere; (*éponge*) strizzare; (*interrupteur*) premere; (*personne* : *harceler*) pressare; (*affaire, événement*) affrettare ▸ *vi* incalzare; **se presser** *vr* (*se hâter*) affrettarsi, sbrigarsi; (*se grouper*) accalcarsi; **~ qn de faire qch** sollecitare qn a fare qc; **le temps presse** il tempo stringe; **rien ne presse** non c'è fretta; **se ~ contre qn** stringersi contro qn; **~ le pas/l'allure** affrettare il passo/l'andatura; **~ qn entre/dans ses bras** stringere qn tra le braccia

pressing [pResiŋ] *nm* (*repassage*) stiratura a vapore; (*magasin*) lavasecco *m inv ou f inv*

pression [pResjɔ̃] *nf* pressione *f*; (*bouton*) bottone *m* a pressione; **faire ~ sur qn/qch** fare pressioni su qn/qc; **sous ~** *adj* sotto pressione; **bière à la ~** birra alla spina; **~ artérielle** pressione arteriosa; **~ atmosphérique** pressione atmosferica

prestataire [pRɛstatɛR] *nm/f* beneficiario(-a); **~ de services** (*Comm*) operatore(-trice) del settore terziario

prestation [pRɛstasjɔ̃] *nf* prestazione *f*; (*allocation*) indennità *f inv*; (*d'une assurance*) copertura; **~ de serment** giuramento; **~ de service** prestazione di servizi; **~s familiales** assegni *mpl* familiari

prestidigitateur, -trice [pRɛstidiʒitatœR, tRis] *nm/f* prestigiatore(-trice)

prestige [pRɛstiʒ] *nm* prestigio

prestigieux, -euse [pRɛstiʒjø, jøz] *adj* prestigioso(-a)

présumer [pRezyme] *vt* : **~ que** presumere *ou* supporre che; **~ de qn/qch** sopravvalutare qn/qc; **~ qn coupable/innocent** presumere che qn sia colpevole/innocente

prêt, e [pRɛ, pRɛt] *adj* pronto(-a) ▸ *nm* prestito; **~ à faire qch** pronto(-a) a fare qc; **~ à toute éventualité** pronto(-a) per ogni eventualità; **~ à tout** pronto(-a) a tutto; **à vos marques, ~s ? partez !** pronti, attenti, via!; **~ sur gages** prestito su pegno

prêt-à-porter [pRɛtapɔRte] (*pl* **prêts-à-porter**) *nm* prêt-à-porter *m inv*

prétendre [pRetɑ̃dR] *vt* : **~ faire qch/que** pretendere di fare qc/che; **~ à** pretendere a

prétendu, e [pRetɑ̃dy] *adj* sedicente

prétentieux, -euse [pRetɑ̃sjø, jøz] *adj* pretenzioso(-a)

prétention [pRetɑ̃sjɔ̃] *nf* pretenziosità; (*revendication, ambition*) pretesa; **sans ~** senza pretese

prêter [pRete] *vt* (*livre, argent*) prestare; (*caractère, propos*) attribuire; **se prêter** *vr* (*tissu, cuir*) cedere; **se ~ à qch** prestarsi a qc; **tu me le prêtes ?** me lo presti?; **~ à** (*commentaire, équivoque*) dare adito a; **~ à rire** far ridere; **~ assistance à** prestare assistenza a; **~ attention/l'oreille** prestare attenzione/orecchio; **~ de l'importance à qch** attribuire importanza a qc; **~ serment** prestare giuramento

prétexte [pRetɛkst] *nm* pretesto; **sous aucun ~** per nessuna ragione; **sous ~/le ~ que/de** col pretesto che/di

prétexter [pRetɛkste] *vt* addurre a pretesto; **~ que** addurre a pretesto il fatto che

prêtre [pRɛtR] *nm* prete *m*, sacerdote *m*

preuve [pRœv] *nf* prova; **jusqu'à ~ du contraire** fino a prova contraria; **faire ~ de** dar prova di; **faire ses ~s** mostrare le proprie capacità; **~ matérielle** (*Jur*) prova fisica; **~ par neuf** prova del nove

prévaloir [pRevalwaR] *vi* prevalere; **se prévaloir** *vr* : **se ~ de qch** (*tirer parti de*) avvalersi di qc; (*tirer vanité de*) vantarsi di qc

prévenant, e [pRev(ə)nɑ̃, ɑ̃t] *adj* premuroso(-a)

prévenir [pʀev(ə)niʀ] *vt* (*éviter, anticiper*) prevenire; **~ qn (de qch)** (*avertir*) avvertire *ou* avvisare qn (di qc); (*informer*) avvisare *ou* informare qn (di qc); **~ qn contre qch/qn** prevenire qn contro qc/qn; **~ qn en faveur de qch/qn** predisporre qn in favore di qc/qn
préventif, -ive [pʀevɑ̃tif, iv] *adj* preventivo(-a); **prison préventive** carcere *m* preventivo
prévention [pʀevɑ̃sjɔ̃] *nf* prevenzione *f*; (*Jur*) carcere *m* preventivo; **~ routière** (*organisation*) *ente per la prevenzione degli incidenti stradali*; (*service*) *insieme di misure per la prevenzione degli incidenti stradali*
prévenu, e [pʀev(ə)ny] *adj* : **être ~ contre qn** essere prevenuto(-a) nei confronti di qn ▸ *nm/f* imputato(-a); **être ~ en faveur de qn** essere ben disposto(-a) verso qn
prévision [pʀevizjɔ̃] *nf* : **~s** previsioni *fpl*; **en ~ de qch** in previsione di qc; **~s météorologiques** previsioni meteorologiche
prévoir [pʀevwaʀ] *vt* prevedere
prévoyant, e [pʀevwajɑ̃, ɑ̃t] *vb voir* **prévoir** ▸ *adj* previdente
prévu [pʀevy] *pp de* **prévoir**
prier [pʀije] *vi, vt* pregare; **~ qn de faire** pregare qn di fare; **~ qn à dîner/d'assister à une réunion** invitare qn a cena/ad assistere ad una riunione; **se faire ~** farsi pregare; **je vous en prie** prego; **je vous prie de faire** la prego di fare
prière [pʀijɛʀ] *nf* preghiera; **« ~ de ... »** « si prega di ... »
primaire [pʀimɛʀ] *adj* (*enseignement*) elementare; (*inspecteur*) scolastico(-a); (*péj*) primitivo(-a); (*Peinture* : *couleurs*) fondamentale ▸ *nm* (*Scol*) : **le ~** l'istruzione *f* elementare; **primaires** *nfpl* (*élections*) primarie *fpl*; **secteur ~** (*Écon*) (settore *m*) primario; **ère ~** (*Géo*) era primaria
prime [pʀim] *nf* premio; (*Comm* : *cadeau*) omaggio, regalo ▸ *adj* : **de ~ abord** di primo acchito; **~ de risque** premio di rischio; **~ de transport** premio di trasporto
primer [pʀime] *vt* premiare ▸ *vi* prevalere; **~ sur qch** prevalere su qc
primevère [pʀimvɛʀ] *nf* primula
primitif, -ive [pʀimitif, iv] *adj* primitivo(-a); (*état, texte*) originario(-a) ▸ *nm/f* primitivo(-a)

prince [pʀɛ̃s] *nm* principe *m*; **~ charmant** principe azzurro; **~ de Galles** (*Textile*) principe di Galles; **~ héritier** principe ereditario
princesse [pʀɛ̃sɛs] *nf* principessa
princier, -ière [pʀɛ̃sje, jɛʀ] *adj* principesco(-a)
principal, e, -aux [pʀɛ̃sipal, o] *adj* principale ▸ *nm/f* (*Scol* : *d'un collège*) ≈ preside *m/f* ▸ *nm* : **le ~** l'essenziale *m* ▸ *nf* (*Ling*) : **(proposition) principale** (proposizione *f*) principale *f*
principalement [pʀɛ̃sipalmɑ̃] *adv* principalmente, soprattutto
principe [pʀɛ̃sip] *nm* principio; **principes** *nmpl* (*sociaux, politiques*) principi *mpl*; **partir du ~ que** partire dal principio che; **pour le ~** per principio; **de ~** (*accord*) di massima; (*hostilité*) a priori; **par ~** per principio; **en ~** in linea di massima
printemps [pʀɛ̃tɑ̃] *nm* primavera
prioritaire [pʀijɔʀitɛʀ] *adj* prioritario(-a); (*Auto*) che ha la precedenza
priorité [pʀijɔʀite] *nf* priorità *f inv*; (*Auto*) precedenza; **en ~** per primo(-a), innanzitutto; **avoir la ~ (sur)** aver la precedenza (su); **~ à droite** precedenza a destra
pris, e [pʀi, pʀiz] *pp de* **prendre** ▸ *adj* (*place, journée, mains*) occupato(-a); (*personne*) impegnato(-a), occupato(-a); (*billets*) venduto(-a); (*Méd* : *nez*) chiuso(-a); (: *gorge*) infiammato(-a); (*crème, glace*) rappreso(-a); **être ~ de** (*peur*) essere colto(-a) da; (*fatigue*) essere sopraffatto(-a) da
prise [pʀiz] *nf* (*d'une ville, Sport, Élec*) presa; (*Pêche*) (pesce *m*) pescato; (*Chasse*) cacciagione *f*; (*point d'appui*) appiglio, presa; **en ~** (*Auto*) con la marcia più alta; **être aux ~s avec qn** (*fig*) essere alle prese con qn; **lâcher ~** lasciare la presa; **donner ~ à** (*fig*) dare adito a; **avoir ~ sur qn** avere un ascendente su qn; **~ à partie** *azione giuridica contro un magistrato*; **~ d'eau** presa d'acqua; **~ d'otages** presa di ostaggi; **~ de contact** presa di contatto; **~ de courant** presa di corrente; **~ de sang** prelievo di sangue; **~ de son** registrazione *f* audio *inv*; **~ de tabac** presa di tabacco; **~ multiple de terre** (*Élec*) presa multipla di terra; **~ de vue(s)** (*Photo*) fotografia; **~ de vue(s)**

P

ripresa (cinematografica); **~ en charge** (*par un taxi*) diritto fisso di corsa; (*par la sécurité sociale*) assunzione *f* di spese; **~ péritel** presa *f* SCART *inv*

priser [pRize] *vt* (*tabac*) fiutare; (*héroïne*) sniffare; (*estimer, apprécier*) stimare

prison [pRizɔ̃] *nf* carcere *m*, prigione *f*; (*fig*) prigione *f*; **aller/être en ~** andare/essere in carcere *ou* prigione; **être condamné à cinq ans de ~** essere condannato a cinque anni di carcere *ou* prigione

prisonnier, -ière [pRizɔnje, jɛR] *nm/f* (*détenu*) detenuto(-a); (*soldat*) prigioniero(-a) ▸ *adj* prigioniero(-a); **faire qn ~** fare qn prigioniero(-a)

privatisation [pRivatizasjɔ̃] *nf* privatizzazione *f*

privatiser [pRivatize] *vt* privatizzare

privé, e [pRive] *adj* privato(-a); **~ de** privo(-a) di; **en ~** in privato; **dans le ~** (*Écon*) nel (settore) privato

priver [pRive] *vt* : **~ qn de qch** (*droits, sommeil*) privare qn di qc; (*dessert*) togliere qc a qn; **se priver** *vr* : **se ~ (de qch)** privarsi (di qc); **se ~ de faire qch** rinunciare a fare qc; **ne pas se ~ de faire** non rinunciare a fare

privilège [pRivilɛʒ] *nm* privilegio

privilégier [pRivileʒje] *vt* privilegiare

prix [pRi] *nm* prezzo; (*récompense*) premio; **mettre à ~** (*aux enchères*) mettere all'asta; **au ~ fort** a un prezzo elevatissimo; **acheter qch à ~ d'or** comprare qc a peso d'oro; **hors de ~** carissimo(-a); **à aucun ~** a nessun costo; **à tout ~** ad ogni costo; **grand ~ automobile** gran premio (di formula uno); **~ conseillé** prezzo consigliato; **~ d'achat/de revient/de vente** prezzo d'acquisto/di costo/di vendita

probabilité [pRɔbabilite] *nf* probabilità *f inv*; **selon toute ~** con ogni probabilità

probable [pRɔbabl] *adj* probabile

probablement [pRɔbabləmɑ̃] *adv* probabilmente; **... « ~ »** (*dans une réponse*) ... « è probabile »

problème [pRɔblɛm] *nm* problema *m*

procédé [pRɔsede] *nm* (*méthode*) procedimento, processo; (*conduite*) comportamento, modo di fare

procéder [pRɔsede] *vi* procedere; **~ à** (*aussi Jur*) procedere a

procédure [pRɔsedyR] *nf* procedura; **~ civile/pénale** procedura civile/penale

procès [pRɔsɛ] *nm* (*Jur*) processo; **intenter un ~** intentare causa; **être en ~ avec qn** avere una causa in corso con qn; **faire le ~ de qn/qch** (*fig*) fare il processo a qn/qc; **sans autre forme de ~** senza tante formalità

processus [pRɔsesys] *nm* processo

procès-verbal [pRɔsɛvɛRbal] (*pl* **procès-verbaux**) *nm* (*Jur, relation*) verbale *m*; **avoir un ~** prendere una contravvenzione

prochain, e [pRɔʃɛ̃, ɛn] *adj* prossimo(-a) ▸ *nm* prossimo; **à la prochaine !, à la prochaine fois !** (*fam*) a presto!, arrivederci!; **un jour ~** nei prossimi giorni

prochainement [pRɔʃɛnmɑ̃] *adv* prossimamente

proche [pRɔʃ] *adj* vicino(-a); (*ami*) stretto(-a); (*parent, cousin*) prossimo(-a); **proches** *nmpl* (*parents*) parenti *mpl*; **l'un de ses ~s** (*amis*) uno dei suoi amici; **être ~ (de)** essere vicino(-a) (a); **de ~ en ~** poco a poco, progressivamente

Proche-Orient [pRɔʃɔRjɑ̃] *nm* : **le ~** il Medio Oriente

proclamer [pRɔklame] *vt* proclamare; (*résultat d'un examen*) pubblicare

procréation [pRɔkReasjɔ̃] *nf* : **~ (médicalement) assistée** procreazione assistita

procuration [pRɔkyRasjɔ̃] *nf* (*écrit, Jur*) procura, delega; **donner ~ à qn** conferire una procura a qn; **voter/acheter par ~** votare/acquistare per procura

procurer [pRɔkyRe] *vt* : **~ qch à qn** procurare qc a qn; **se procurer** *vr* procurarsi

procureur [pRɔkyRœR] *nm/f* : **~ (de la République)** procuratore *m* (della Repubblica); **~ général(e)** procuratore generale

prodige [pRɔdiʒ] *nm* prodigio

prodigieux, -euse [pRɔdiʒjø, jøz] *adj* prodigioso(-a)

prodiguer [pRɔdige] *vt* : **~ (à)** prodigare (a)

producteur, -trice [pRɔdyktœR, tRis] *adj* produttore(-trice) ▸ *nm/f* produttore(-trice); (*Radio, TV*) produttore *m* esecutivo; **société productrice** (*Ciné*) società *f inv* produttrice

productif, -ive [pRɔdyktif, iv] *adj* produttivo(-a)

production [pʀɔdyksjɔ̃] *nf* produzione *f*
productivité [pʀɔdyktivite] *nf* produttività
produire [pʀɔdɥiʀ] *vt* produrre ▸ *vi* (*investissement etc*) rendere; **se produire** *vr* (*acteur*) esibirsi; (*changement*) prodursi; (*événement*) verificarsi
produit, e [pʀɔdɥi, it] *pp de* **produire** ▸ *nm* prodotto; (*Math*) risultato; **~ d'entretien** prodotto per la pulizia della casa; **~ des ventes** proventi delle vendite; **~ national brut** prodotto nazionale lordo; **~ net** prodotto netto; **~ pour la vaisselle** detersivo per i piatti; **~s agricoles** prodotti agricoli; **~s alimentaires** prodotti alimentari; **~s de beauté** prodotti di bellezza
prof [pʀɔf] (*fam*) *nm/f* prof *m inv/f inv*
profane [pʀɔfan] *adj, nm/f* profano(-a); **en musique, ils sont complètement ~s** sono assolutamente dei profani per quanto concerne la musica
proférer [pʀɔfeʀe] *vt* proferire
professeur, e [pʀɔfesœʀ] *nm/f* professore(-essa); **~ (de faculté)** professore(-essa) universitario(-a)
profession [pʀɔfesjɔ̃] *nf* professione *f*; **faire ~ de** fare professione di; **de ~** di professione; **« sans ~ »** « disoccupato »; (*mère ou père au foyer*) « casalingo(-a) »
professionnel, le [pʀɔfesjɔnɛl] *adj* professionale; (*écrivain, sportif*) professionista; (*sport*) professionistico(-a) ▸ *nm/f* professionista *m/f*; (*ouvrier qualifié*) operaio(-a) specializzato
profil [pʀɔfil] *nm* profilo; (*d'une voiture*) linea; **de ~** di profilo; **~ des ventes** profilo delle vendite; **~ psychologique** profilo psicologico
profit [pʀɔfi] *nm* profitto; (*avantage*) profitto, vantaggio; **au ~ de qn** a vantaggio di qn; **au ~ de qch** a beneficio di qc; **tirer ~ de qch** trarre profitto da qc; **mettre à ~ qch** mettere a frutto qc; **pertes et ~s** (*Comm*) profitti *mpl* e perdite *fpl*
profitable [pʀɔfitabl] *adj* (*action*) vantaggioso(-a); (*leçon*) proficuo(-a)
profiter [pʀɔfite] : **~ de** *vt* approfittare di; **~ de ce que ...** approfittare del fatto che ...; **~ à qn/qch** (*entreprise etc*) rendere *ou* fruttare a qn/qc; **~ à qn** (*aliment etc*) giovare a qn
profond, e [pʀɔfɔ̃, ɔ̃d] *adj* profondo(-a); (*erreur*) grave; **au plus ~ de** nel profondo di; **la France profonde** la Francia rurale
profondément [pʀɔfɔ̃demɑ̃] *adv* profondamente
profondeur [pʀɔfɔ̃dœʀ] *nf* profondità *f inv*; **~ de champ** (*Photo*) profondità di campo
programme [pʀɔgʀam] *nm* programma *m*; **au ~ de ce soir** (*TV*) in programma stasera
programmer [pʀɔgʀame] *vt* programmare
programmeur, -euse [pʀɔgʀamœʀ, øz] *nm/f* (*Inform*) programmatore(-trice)
progrès [pʀɔgʀɛ] *nm* progresso; **faire des ~, être en ~** fare progressi
progresser [pʀɔgʀese] *vi* (*mal, troupes, inondation*) avanzare; (*élève, recherche*) progredire
progressif, -ive [pʀɔgʀesif, iv] *adj* progressivo(-a)
progressivement [pʀɔgʀesivmɑ̃] *adv* progressivamente
proie [pʀwa] *nf* preda; **être la ~ de** (*suj : maison, forêt : flammes etc*) essere in preda a; (*: personne*) essere vittima di; **être en ~ à** (*doute, douleur*) essere in preda a
projecteur [pʀɔʒɛktœʀ] *nm* proiettore *m*
projectile [pʀɔʒɛktil] *nm* proiettile *m*
projection [pʀɔʒɛksjɔ̃] *nf* proiezione *f*; **conférence avec ~s** conferenza con proiezione di diapositive (*ou* film)
projet [pʀɔʒɛ] *nm* progetto; (*ébauche*) abbozzo, bozza; **faire des ~s** fare progetti; **~ de loi** disegno di legge
projeter [pʀɔʒ(ə)te] *vt* (*ombre, film etc*) proiettare; (*envisager*) progettare; **~ de faire qch** progettare di fare qc
prolétaire [pʀɔletɛʀ] *nm/f* proletario(-a)
prolongation [pʀɔlɔ̃gasjɔ̃] *nf* prolungamento, prolungarsi *m inv*; (*délai*) proroga; (*Football*) tempo supplementare
prolongement [pʀɔlɔ̃ʒmɑ̃] *nm* prolungamento; **prolongements** *nmpl* (*fig : suites, conséquences*) sviluppi *mpl*, conseguenze *fpl*
prolonger [pʀɔlɔ̃ʒe] *vt* prolungare; (*billet*) estendere la validità di; (*délai*) prorogare; (*suj : chose*) essere il

P

prolungamento di; **se prolonger** *vr* (*leçon, repas*) protrarsi; (*route, chemin*) continuare

promenade [pʀɔm(ə)nad] *nf* passeggiata; **faire une ~** fare una passeggiata; **partir en ~** andarsene a spasso; **~ à pied** passeggiata (a piedi); **~ à vélo/en voiture** giro in bicicletta/ in macchina

promener [pʀɔm(ə)ne] *vt* portare a spasso; (*fig*) portarsi dietro; **se promener** *vr* (*à pied*) passeggiare; (*en voiture*) fare un giro; **~ les doigts/la main/le regard sur qch** far scorrere le dita/la mano/lo sguardo su qc

promesse [pʀɔmɛs] *nf* promessa; **la ~ de qch/de faire qch/que** la promessa di qc/di fare qc/che; **~ d'achat/de vente** (*Jur*) contratto preliminare d'acquisto/di vendita

prometteur, -euse [pʀɔmetœʀ, øz] *adj* promettente

promettre [pʀɔmɛtʀ] *vt* promettere ▶ *vi* promettere bene; **se ~ de faire qch** ripromettersi di fare qc; **~ qch à qn** promettere qc a qn; **~ à qn de faire qch** promettere a qn di fare qc

promiscuité [pʀɔmiskɥite] *nf* promiscuità

promontoire [pʀɔmɔ̃twaʀ] *nm* promontorio

promoteur, -trice [pʀɔmɔtœʀ, tʀis] *nm/f* promotore(-trice); **~ (immobilier)** costruttore *m* edile

promotion [pʀɔmosjɔ̃] *nf* promozione *f*; (*Scol : élèves d'une même année*) corso; **article en ~** (*Comm*) articolo in offerta speciale; **~ des ventes** (*Comm*) promozione delle vendite

promouvoir [pʀɔmuvwaʀ] *vt* promuovere

prompt, e [pʀɔ̃(pt), pʀɔ̃(p)t] *adj* pronto(-a); (*changement*) improvviso(-a); **~ à qch/faire qch** pronto a qc/fare qc

prôner [pʀone] *vt* (*louer*) esaltare; (*préconiser*) raccomandare

pronom [pʀɔnɔ̃] *nm* pronome *m*

prononcer [pʀɔnɔ̃se] *vt* pronunciare; (*souhait, vœu*) esprimere ▶ *vi* : **~ bien/mal** avere una buona/cattiva pronuncia; (*Jur*) pronunciarsi; **se prononcer** *vr* pronunciarsi; **se ~ en faveur de/contre qch/qn** pronunciarsi in favore di/contro qc/qn; **ça se prononce comment ?** come si pronuncia?

prononciation [pʀɔnɔ̃sjasjɔ̃] *nf* pronuncia; (*d'un jugement*) lettura; **avoir une bonne/mauvaise ~** avere una buona/cattiva pronuncia

pronostic [pʀɔnɔstik] *nm* (*Méd*) prognosi *f inv*; (*fig : aussi :* **pronostics** *: prévision*) pronostico

propagande [pʀɔpagɑ̃d] *nf* propaganda; **faire de la ~ pour qch** fare propaganda per qc

propager [pʀɔpaʒe] *vt* propagare; **se propager** *vr* propagarsi

prophète, prophétesse [pʀɔfɛt, etɛs] *nm/f* (*Rel*) profeta(-essa); (*augure, devin*) indovino(-a)

prophétie [pʀɔfesi] *nf* profezia

propice [pʀɔpis] *adj* propizio(-a)

proportion [pʀɔpɔʀsjɔ̃] *nf* proporzione *f*; **proportions** *nfpl* (*d'un édifice, du visage*) proporzioni *fpl*; **en ~** in proporzione; **à/en ~ de** in proporzione a; **hors de ~** sproporzionato(-a); **toute(s) ~(s) gardée(s)** fatte le debite proporzioni

propos [pʀɔpo] *nm* (*paroles*) parole *fpl*, discorsi *mpl*; (*intention, but*) proposito, intenzione *f*; (*sujet*) : **à quel ~ ?** a che proposito?; **à ~ de** a proposito di; **à tout ~** ad ogni istante; **à ce ~** a questo proposito; **à ~** a proposito; **hors de ~, mal à ~** a sproposito

proposer [pʀɔpoze] *vt* proporre; **~ de faire qch (à qn)** proporre di fare qc (a qn); **se ~ (pour faire qch)** offrirsi (di fare qc); **se ~ de faire qch** proporsi di fare qc

proposition [pʀɔpozisjɔ̃] *nf* proposta; (*Ling*) proposizione *f*; **sur la ~ de** su proposta di; **~ de loi** proposta di legge

propre [pʀɔpʀ] *adj* (*pas sale, net*) pulito(-a); (*cahier, copie*) ordinato(-a); (*travail*) ben fatto(-a); (*enfant*) che non ha più bisogno di pannolini; (*fig : honnête : personne*) onesto(-a); (*: affaire, argent*) pulito(-a); (*intensif possessif, Ling*) proprio(-a); (*particulier, spécifique*) : **~ à** proprio(-a) di, caratteristico(-a) di; (*convenable, approprié*) : **~ à** adatto(-a) a; (*de nature à*) : **~ à faire qch** adatto(-a) a fare qc ▶ *nm* : **mettre** *ou* **recopier au ~** mettere *ou* ricopiare in bella; **le ~ de** (*apanage, particularité*) la caratteristica di; **au ~ comme au figuré** (*Ling*) in senso proprio e figurato; **avoir qch en ~** avere qc in proprio; **appartenir à qn en ~** essere di proprietà di qn;

~ à rien (*péj* : *personne*) buono(-a) a nulla, incapace *m/f*

proprement [pʀɔpʀəmɑ̃] *adv* (*avec propreté*) come si deve; **à ~ parler** a dire il vero; **le village ~ dit** il paese vero e proprio

propreté [pʀɔpʀəte] *nf* pulizia; (*Scol*) ordine *m*

propriétaire [pʀɔpʀijetɛʀ] *nm/f* proprietario(-a); (*d'une maison* : *pour le locataire*) padrone(-a) di casa; **~ (immobilier)** proprietario di immobili; **~ récoltant** coltivatore *m* diretto; **~ terrien** proprietario terriero

propriété [pʀɔpʀijete] *nf* proprietà *f inv*; **~ artistique et littéraire** proprietà artistica e letteraria; **~ industrielle** proprietà industriale

propulser [pʀɔpylse] *vt* (*missile, engin*) spingere; (*projeter*) scagliare

prorata [pʀɔʀata] *nm* : **au ~ de** in proporzione a

proroger [pʀɔʀɔʒe] *vt* prorogare; (*assemblée*) aggiornare

proscrire [pʀɔskʀiʀ] *vt* (*exiler*) bandire; (*interdire*) proibire, proscrivere

prose [pʀoz] *nf* prosa

prospecter [pʀɔspɛkte] *vt* (*terrain*) esplorare; (*Comm* : *région*) scandagliare

prospectus [pʀɔspɛktys] *nm* (*feuille*) volantino pubblicitario; (*dépliant*) dépliant *m inv* pubblicitario

prospère [pʀɔspɛʀ] *adj* prospero(-a)

prospérer [pʀɔspeʀe] *vi* prosperare

prostate [pʀɔstat] *nf* prostata

prosterner [pʀɔstɛʀne] : **se prosterner** *vr* prosternarsi

prostitué, e [pʀɔstitɥe] *nm/f* prostituto(-a)

prostitution [pʀɔstitysjɔ̃] *nf* prostituzione *f*

protagoniste [pʀɔtagɔnist] *nm/f* protagonista *m/f*

protecteur, -trice [pʀɔtɛktœʀ, tʀis] *adj* protettore(-trice); (*péj* : *air, ton*) superiore ▸ *nm/f* protettore(-trice)

protection [pʀɔtɛksjɔ̃] *nf* protezione *f*; **~ civile** protezione civile; **~ judiciaire** (*des mineurs*) protezione giuridica; **~ maternelle et infantile** *ente per la protezione della donna incinta e del bambino fino a 6 anni*

protectionnisme [pʀɔtɛksjɔnism] *nm* protezionismo

protéger [pʀɔteʒe] *vt* proteggere; (*aider* : *personne, carrière*) appoggiare; **se ~ de qch/contre qch** proteggersi *ou* ripararsi da qc

protège-slip [pʀɔtɛʒslip] *nm* salvaslip *m inv*

protéine [pʀɔtein] *nf* proteina

protestant, e [pʀɔtɛstɑ̃, ɑ̃t] *adj, nm/f* protestante *m/f*

protestation [pʀɔtɛstasjɔ̃] *nf* protesta

protester [pʀɔtɛste] *vi* : **~ (contre qch)** protestare (contro qc); **~ de son innocence** protestare la propria innocenza

prothèse [pʀɔtɛz] *nf* protesi *f inv*; **~ dentaire** protesi dentaria

protocole [pʀɔtɔkɔl] *nm* protocollo; **chef du ~** capo del protocollo; **~ d'accord** protocollo d'accordo; **~ opératoire** (*Méd*) protocollo operatorio

proue [pʀu] *nf* prua

prouesse [pʀuɛs] *nf* prodezza; (*iron* : *action remarquable*) impresa

prouver [pʀuve] *vt* provare; (*montrer* : *reconnaissance etc*) dimostrare

provenance [pʀɔv(ə)nɑ̃s] *nf* provenienza; (*d'une famille*) origine *f*; **avion/train en ~ de** aereo/treno proveniente da

provenir [pʀɔv(ə)niʀ] : **~ de** *vt* provenire da; (*résulter de* : *cause*) derivare da

proverbe [pʀɔvɛʀb] *nm* proverbio

providentiel, le [pʀɔvidɑ̃sjɛl] *adj* provvidenziale

province [pʀɔvɛ̃s] *nf* provincia

proviseur, e [pʀɔvizœʀ] *nm/f* preside *m*

provision [pʀɔvizjɔ̃] *nf* (*réserve*) provvista, scorta; (*acompte*) anticipo; (*Comm* : *dans un compte*) copertura; **provisions** *nfpl* (*vivres*) provviste *fpl*; **faire ~ de qch** fare provvista di qc; **placard/armoire à ~s** dispensa

provisoire [pʀɔvizwaʀ] *adj* provvisorio(-a); **mise en liberté ~** libertà provvisoria

provisoirement [pʀɔvizwaʀmɑ̃] *adv* provvisoriamente

provocant, e [pʀɔvɔkɑ̃, ɑ̃t] *adj* (*agressif*) provocatorio(-a); (*excitant*) provocante

provocateur [pʀɔvɔkatœʀ] *nm* agitatore *m*, provocatore *m*

provocation [pʀɔvɔkasjɔ̃] *nf* provocazione *f*

provoquer [pʀɔvɔke] *vt* (*causer, défier*) provocare; (*aveux, explications*) sollecitare; **~ qn à** incitare *ou* spingere qn a; (*à une violence*) istigare qn a
proxénète [pʀɔksenɛt] *nm/f* protettore(-trice)
proximité [pʀɔksimite] *nf* prossimità *f inv*; **à ~** nelle vicinanze; **à ~ de** in prossimità di
prudemment [pʀydamɑ̃] *adv* prudentemente
prudence [pʀydɑ̃s] *nf* prudenza; **par (mesure de) ~** per prudenza
prudent, e [pʀydɑ̃, ɑ̃t] *adj* prudente; (*réservé*) riservato(-a); **ce n'est pas ~** non è prudente; **soyez ~ !** sia prudente!
prune [pʀyn] *nf* prugna, susina
pruneau, x [pʀyno] *nm* prugna secca
prunier [pʀynje] *nm* susino, prugno
PS [peɛs] *sigle m* = *parti socialiste*; (= *post-scriptum*) P.S. *m inv*
psaume [psom] *nm* salmo
pseudonyme [psødɔnim] *nm* pseudonimo; (*de comédien*) nome *m* d'arte
psychanalyse [psikanaliz] *nf* psicanalisi *f inv*
psychanalyste [psikanalist] *nm/f* psicanalista *m/f*
psychiatre [psikjatʀ] *nm/f* psichiatra *m/f*
psychiatrique [psikjatʀik] *adj* psichiatrico(-a)
psychique [psiʃik] *adj* psichico(-a)
psychologie [psikɔlɔʒi] *nf* psicologia
psychologique [psikɔlɔʒik] *adj* psicologico(-a)
psychologue [psikɔlɔg] *nm/f* psicologo(-a)
psychose [psikoz] *nf* psicosi *f inv*
pu [py] *pp de* **pouvoir**
puanteur [pɥɑ̃tœʀ] *nf* fetore *m*, puzzo
pub [pyb] *nf* (*fam* : *publicité*) pubblicità
puberté [pybɛʀte] *nf* pubertà
public, -ique [pyblik] *adj* pubblico(-a) ▶ *nm* pubblico; **en ~** in pubblico; **interdit au ~** vietato al pubblico; **le grand ~** il grande pubblico
publicitaire [pyblisitɛʀ] *adj* pubblicitario(-a); (*vente*) promozionale ▶ *nm/f* pubblicitario(-a); **rédacteur/ dessinateur ~** redattore *m*/ disegnatore *m* pubblicitario
publicité [pyblisite] *nf* pubblicità *f inv*; **faire trop de ~ autour de qch/qn** fare troppa pubblicità a qc/qn
publier [pyblije] *vt* pubblicare
publique [pyblik] *adj f voir* **public**
puce [pys] *nf* (*Zool*) pulce; (*Inform*) chip *m inv*; **les ~s** (*marché aux puces*) il mercatino delle pulci; **mettre la ~ à l'oreille à qn** mettere la pulce nell'orecchio a qn
pudeur [pydœʀ] *nf* pudore *m*
pudique [pydik] *adj* pudico(-a)
puer [pɥe] (*péj*) *vi* puzzare ▶ *vt* puzzare di
puériculteur, -trice [pɥeʀikyltœʀ, tʀis] *nm/f* puericultore(-trice)
puéril, e [pɥeʀil] *adj* puerile
puis [pɥi] *adv* poi; **et ~** e poi; **et ~ après !** e allora?; **et ~ quoi encore ?** non esageriamo!
puiser [pɥize] *vt* : **~ (dans)** (*aussi fig*) attingere (da)
puisque [pɥisk] *conj* dato che, visto che, poiché; **~ je te le dis !** visto che te lo dico io!
puissance [pɥisɑ̃s] *nf* potenza; **deux (à la) ~ cinq** due (elevato) alla quinta; **les ~s occultes** le forze occulte
puissant, e [pɥisɑ̃, ɑ̃t] *adj* potente
puits [pɥi] *nm* pozzo; **~ artésien** pozzo artesiano; **~ de mine** pozzo da miniera; **~ de science** pozzo di scienza
pull [pyl], **pull-over** [pylɔvœʀ] (*pl* **pull-overs**) *nm* pullover *m inv*, golf *m inv*
pulluler [pylyle] *vi* pullulare
pulpe [pylp] *nf* polpa
pulvériser [pylveʀize] *vt* (*solide*) polverizzare; (*liquide*) nebulizzare; (*fig* : *adversaire, record*) polverizzare
punaise [pynɛz] *nf* (*Zool*) cimice *f*; (*clou*) puntina (da disegno)
punch[1] [pɔ̃ʃ] *nm* (*boisson*) punch *m inv*
punch[2] [pœnʃ] *nm* (*Boxe*) punch *m inv*; **avoir du ~** avere potenza; (*fig* : *dynamisme*) energia; **il a du ~** ha grinta
punir [pyniʀ] *vt* punire; **~ qn de qch** punire qn per qc
punition [pynisjɔ̃] *nf* punizione *f*
pupille [pypij] *nf* (*Anat*) pupilla ▶ *nm/f* (*enfant*) pupillo; **~ de l'État** orfano(-a) affidato(-a) all'assistenza pubblica; **~ de la Nation** orfano(-a) di guerra
pupitre [pypitʀ] *nm* (*Scol*) banco; (*Rel, Mus*) leggio; **~ de commande** quadro di comando
pur, e [pyʀ] *adj* puro(-a); (*whisky, gin*) liscio(-a); (*air, ciel*) terso(-a); (*intentions*) disinteressato(-a) ▶ *nm* puro; **~ et simple** puro(-a) e semplice; **en pure**

perte inutilmente; **pure laine** pura lana
purée [pyʀe] *nf*: **~ (de pommes de terre)** purè *m inv* (di patate); **~ de marrons** crema di castagne; **~ de pois** (*fig*) nebbione *m*; **~ de tomates** passato di pomodori
purement [pyʀmɑ̃] *adv* puramente
purgatoire [pyʀgatwaʀ] *nm* purgatorio
purge [pyʀʒ] *nf* (*Pol, Méd*) purga
purger [pyʀʒe] *vt* (*conduite, freins*) spurgare; (*Méd*) purgare; (*Jur*: *peine*) scontare; (*Pol*) epurare
pur-sang [pyʀsɑ̃] (*pl* **pur(s)-sang(s)**) *nm* purosangue *m inv*
pus [py] *nm* pus *m*
putain [pytɛ̃] (*fam!*) *nf* puttana (*fam!*); **~ !** cazzo! (*fam!*); **ce/cette ~ de ...** questo cazzo di ... (*fam!*)
putois [pytwa] *nm* puzzola; **crier comme un ~** urlare come un ossesso
puzzle [pœzl] *nm* puzzle *m inv*; (*fig*) mosaico
PV [peve] *sigle m* = *procès-verbal*
pyjama [piʒama] *nm* pigiama *m*
pyramide [piʀamid] *nf* piramide *f*; **~ humaine** (*à moto etc*) piramide umana
Pyrénées [piʀene] *nfpl* Pirenei *mpl*
pyromane [piʀɔman] *nm/f* piromane *m/f*
python [pitɔ̃] *nm* pitone *m*

q

QCM [kyseɛm] *sigle m* (= *questionnaire à choix multiples*) test *m inv* a scelta multipla
QI [kyi] *sigle m* (= *quotient intellectuel*) Q.I. *m inv*
quadra [k(w)adʀa] *nm/f* (*fam*: = *quadragénaire*) quarantenne *m/f*
quadragénaire [k(w)adʀaʒenɛʀ] *nm/f* quarantenne *m/f*
quadriller [kadʀije] *vt* (*papier, page*) quadrettare; (*Police*: *ville, région etc*) *suddividere a scacchiera per facilitarne il controllo*
quadruple [k(w)adʀypl] *adj* quadruplo(-a) ▸ *nm* quadruplo
quai [ke] *nm* (*d'un port*) banchina, molo; (*d'une gare*) marciapiede *m*; (*d'un cours d'eau, canal*) argine *m*; **être à ~** (*navire*) essere in banchina; (*train*) essere al binario; **le Q~ d'Orsay** *il Ministero degli esteri francese*; **le Q~ des Orfèvres** *la centrale del dipartimento di polizia francese*
qualification [kalifikasjɔ̃] *nf* qualificazione *f*; (*désignation*) definizione *f*; (*aptitude*) qualifica; **~ professionnelle** qualifica professionale
qualifier [kalifje] *vt* (*aussi Ling, Sport*) qualificare; **se qualifier** *vr* (*Sport*) qualificarsi; **~ qch/qn de** (*appeler*) definire qc/qn; **~ qch de crime** definire qc un reato; **~ qn de sot** dare a qn dello stupido; **être qualifié pour** essere qualificato(-a) per
qualité [kalite] *nf* qualità *f inv*; (*titre, fonction*) qualifica; **en ~ de** in qualità di; **ès ~s** nell'esercizio delle proprie

funzioni; **avoir ~ pour** essere qualificato(-a) per; **de ~** di qualità; **rapport ~-prix** rapporto qualità-prezzo

quand [kɑ̃] *conj* quando ▸ *adv* quando; **~ arrivera-t-il ?** quando arriva?; **~ je serai riche, j'aurai une belle maison** quando sarò ricco avrò una bella casa; **~ même** comunque; **tu exagères ~ même** però esageri; **~ bien même** quand'anche

quant [kɑ̃] : **~ à** *prép* quanto a; **~ à moi, ...** quanto a me, ...; **il n'a rien dit ~ à ses projets** non ha detto niente riguardo ai suoi progetti

quantité [kɑ̃tite] *nf* quantità *f inv*; **une** *ou* **des ~(s) de** (*grand nombre*) una quantità di, un mucchio di; **en (grande) ~** in (grande) quantità; **en ~s industrielles** in grosse quantità; **du travail en ~** molto lavoro, una quantità di lavoro; **~ de** una grande quantità di, molti(-e)

quarantaine [kaʀɑ̃tɛn] *nf* (*nombre*) : **une ~ (de)** una quarantina (di); (*âge*) : **avoir la ~** essere sulla quarantina; (*isolement*) quarantena; **mettre en ~** (*aussi fig*) mettere in quarantena

quarante [kaʀɑ̃t] *adj inv, nm inv* quaranta ((*m*) *inv*); *voir aussi* **cinq**

quart [kaʀ] *nm* quarto; (*partie d'un litre*) : **un ~ de** un quarto di; (*surveillance* : *Naut, gén*) turno di guardia; **un kilo un ~** *ou* **et ~** un chilo e un quarto; **le ~ de** il quarto di; **2 h et** *ou* **un ~** le 2 e un quarto; **1 h moins le ~** l'una meno un quarto; **il est moins le ~** manca un quarto; **être de/prendre le ~** essere di/montare la guardia; **au ~ de tour** (*fig*) immediatamente; **~ d'heure** quarto d'ora; **~ de tour** quarto di giro; **~s de finale** (*Sport*) quarti di finale

quartier [kaʀtje] *nm* (*d'une ville*) quartiere *m*; (*partie*) quarto; (*de fruit*) spicchio; (*de fromage*) grosso pezzo; **quartiers** *nmpl* (*Mil*) caserma *fsg*; (*de blason*) quarti *mpl*; **cinéma/salle de ~** cinema *m inv* di quartiere; **avoir ~ libre** essere libero(-a); (*Mil*) essere in libera uscita; **ne pas faire de ~** non risparmiare nessuno; **~ commerçant/résidentiel** quartiere commerciale/residenziale; **~ général** quartier generale

quartz [kwaʀts] *nm* quarzo

quasi [kazi] *adv* quasi ▸ *préf* : **~-certitude** certezza quasi totale; **~-totalité** quasi totalità

quasiment [kazimɑ̃] *adv* quasi

quatorze [katɔʀz] *adj, nm inv* quattordici (*m*) *inv*; *voir aussi* **cinq**

quatorzième [katɔʀzjɛm] *adj inv, nm/f* quattordicesimo(-a) ▸ *nm* quattordicesimo; *voir aussi* **cinquième**

quatre [katʀ] *adj inv, nm inv* quattro *inv*; **à ~ pattes** a quattro zampe; **être tiré à ~ épingles** essere in ghingheri; **faire les ~ cents coups** condurre una vita dissipata; **se mettre en ~ pour qn** farsi in quattro per qn; **monter/descendre (l'escalier) ~ à ~** salire/scendere le scale a quattro a quattro; **à ~ mains** a quattro mani; *voir aussi* **cinq**

quatre-vingt-dix [katʀəvɛ̃dis] *adj inv, nm inv* novanta (*m*) *inv*; *voir aussi* **cinq**

quatre-vingt-dixième [katʀ(ə)vɛ̃dizjɛm] *adj, nm/f* novantesimo(-a) ▸ *nm* novantesimo; *voir aussi* **cinquième**

quatre-vingtième [katʀəvɛ̃tjɛm] *adj, nm/f* ottantesimo(-a) ▸ *nm* ottantesimo; *voir aussi* **cinquième**

quatre-vingts [katʀəvɛ̃] *adj inv, nm inv* ottanta (*m*) *inv*; *voir aussi* **cinq**

quatrième [katʀijɛm] *adj, nm/f* quarto(-a); *voir aussi* **cinquième**

quatuor [kwatɥɔʀ] *nm* (*Mus, fig*) quartetto

MOT-CLÉ

que [kə] *conj* **1** (*introduisant complétive*) che; **il sait que tu es là** sa che tu sei qui; **je veux que tu acceptes** voglio che tu accetti; **il a dit que oui** ha detto di sì

2 (*reprise d'autres conjonctions*) : **quand il rentrera et qu'il aura mangé** quando rientrerà e avrà mangiato; **si vous y allez et que vous décidez de revenir de bonne heure ...** se ci andate e (se) decidete di tornare presto...

3 (*en tête de phrase* : *hypothèse, souhait etc*) : **qu'il le veuille ou non** che (lo) voglia o no; **qu'il fasse ce qu'il voudra !** che faccia pure quello che vuole!

4 (*après comparatif*) di; **plus grand que** più grande di; *voir aussi* **plus**

5 (*temps*) : **elle venait à peine de sortir qu'il se mit à pleuvoir** era appena uscita che si mise a piovere; **il y a 4 ans**

qu'il est parti sono 4 anni che è partito
6 (*attribut*) : **c'est une erreur que de croire ...** è un errore credere che ...
7 (*but*) : **tenez-le qu'il ne tombe pas** tenetelo che non cada
8 (*seulement*) : **ne ... que** : **il ne boit que de l'eau** beve solo acqua, non beve che acqua
▸ *adv* **1** (*exclamation*) : **qu'il** *ou* **qu'est-ce qu'il est bête !** com'è stupido!, che stupido!; **qu'il** *ou* **qu'est-ce qu'il court vite !** quanto corre!, come corre veloce!; **que de livres !** quanti libri!
2 (*relatif*) che; **l'homme que je vois** l'uomo che vedo; **le livre que tu lis** il libro che leggi; (*temps*) : **un jour que j'étais ...** un giorno che *ou* in cui mi trovavo ...
3 (*interrogatif*) che (cosa), cosa; (*discriminatif*) cosa; **que fais-tu ?, qu'est-ce que tu fais ?** che fai?, che cosa fai?; **que préfères-tu, celui-ci ou celui-là ?** cosa preferisci, questo o quello?; **que fait-il dans la vie ?** che (cosa) fa nella vita?, cosa fa nella vita?; **qu'est-ce que c'est ?** che cos'è?; **que faire ?** che fare?; *voir aussi* **plus** ; **aussi** ; **autant**

Québec [kebɛk] *n* Quebec *m*

MOT-CLÉ

quel, quelle [kɛl] *adj* **1** (*interrogatif*) quale, che; **quel livre ?** che *ou* quale libro?; **dans quels pays êtes-vous allés ?** in quali paesi siete andati?; **quels acteurs préférez-vous ?** quali attori preferite?; **de quel auteur va-t-il parler ?** di quale autore parlerà?; **quel est ce livre ?** che libro è questo?
2 (*exclamatif*) che; **quelle surprise/coïncidence !** che sorpresa/coincidenza!; **quel dommage qu'il soit parti !** che peccato che sia partito!
3 : **quel que soit** (*personne*) chiunque sia; (*chose, animal*) qualunque sia; **quel que soit le coupable** chiunque sia il colpevole; **quel que soit votre avis** qualunque sia il vostro parere
▸ *pron interrog* quale; **de tous ces enfants, quel est le plus intelligent ?** di tutti questi bambini, qual è il più intelligente?

quelconque [kɛlkɔ̃k] *adj* qualsiasi, qualunque; (*médiocre*) mediocre; **pour une raison ~** per qualche motivo *ou* ragione

MOT-CLÉ

quelque [kɛlk] *adj* **1** qualche (*seguito dal singolare*); **il a dit quelques mots de remerciement** ha detto qualche parola di ringraziamento; **cela fait quelque temps que je ne l'ai (pas) vu** è da un po' di tempo che non lo vedo; **quelque espoir** qualche speranza; **il habite à quelque distance d'ici** abita un po' lontano da qui; **il a quelques amis** ha qualche amico; **a-t-il quelques amis ?** ha qualche amico?, ha amici?; **les quelques enfants qui ...** i pochi bambini che ...; **les quelques livres qui ...** i pochi libri che ...; **20 kg et quelque(s)** 20 kg e qualcosa
2 : **quelque ... que** qualsiasi; **quelque livre qu'il choisisse** qualsiasi libro scelga; **(par) quelque temps qu'il fasse** con qualsiasi tempo
3 : **quelque chose** *pron* qualcosa; **quelque chose d'autre** qualcos'altro; **y être pour quelque chose** entrarci; **ça m'a fait quelque chose** mi ha fatto emozionare; **puis-je faire quelque chose pour vous ?** posso fare qualcosa per lei?
4 : **quelque part** da qualche parte
5 : **en quelque sorte** in un certo senso
▸ *adv* **1** (*environ, à peu près*) circa; **une route de quelque 100 mètres** una strada di circa 100 metri
2 : **quelque peu** un po'

quelquefois [kɛlkəfwa] *adv* qualche volta
quelques-uns, unes [kɛlkəzœ̃, yn] *pron* alcuni(-e); **~ des lecteurs** alcuni lettori
quelqu'un [kɛlkœ̃] *pron* qualcuno(-a); **~ d'autre** qualcun altro
qu'en dira-t-on [kɑ̃diʀatɔ̃] *nm inv* chiacchiere *fpl*
querelle [kəʀɛl] *nf* lite *f*, disputa; **chercher ~ à qn** cercar lite con qn
quereller [kəʀele] *vr* : **se ~** litigare
qu'est-ce que [kɛskə] *vb + conj voir* **que** ; **qui**
qu'est-ce qui [kɛski] *vb + conj voir* **que** ; **qui**
question [kɛstjɔ̃] *nf* domanda; (*problème*) questione *f*; **il a été ~ de ...** si è trattato di ...; **il est ~ de les emprisonner** si

q

parla di metterli in carcere; **c'est une ~ de temps/d'habitude** è una questione di tempo/di abitudine; **de quoi est-il ~ ?** di che si tratta?; **il n'en est pas ~** non se ne parla neppure; **en ~** in questione; **hors de ~** fuori discussione; **je ne me suis jamais posé la ~** non mi sono mai posto la domanda; **(re)mettre en ~** (ri)mettere in discussione; **poser la ~ de confiance** (*Pol*) chiedere la fiducia; **~ d'actualité** (*Presse*) argomento di attualità; **~ piège** domanda *f* trabocchetto *inv*; **~ subsidiaire** domanda di riserva; **~s économiques/sociales** questioni economiche/sociali

questionnaire [kɛstjɔnɛʀ] *nm* questionario

questionner [kɛstjɔne] *vt* interrogare; **~ qn sur qch** interrogare qn su qc

quête [kɛt] *nf* (*collecte*) questua; (*recherche*) ricerca; **faire la ~** (*à l'église*) fare la questua; (*dans la rue*) chiedere soldi ai passanti; **se mettre en ~ de qch** mettersi alla ricerca di qc

quetsche [kwɛtʃ] *nf* susina, prugna

queue [kø] *nf* coda; (*de lettre, note*) gambo; (*fig : d'une casserole, poêle*) manico; (*: d'un fruit, d'une feuille*) picciolo; (*: file de personnes*) coda, fila; **en ~ (de train)** in coda (al treno); **faire la ~** fare la coda *ou* la fila; **se mettre à la ~** mettersi in coda *ou* fila; **histoire sans ~ ni tête** storia senza capo né coda; **à la ~ leu leu** in fila indiana; **finir en ~ de poisson** finire in niente; (*film*) avere un finale deludente; **~ de cheval** coda di cavallo; **~ de poisson** : **faire une ~ de poisson à qn** (*Auto*) tagliare la strada a qn dopo un sorpasso

MOT-CLÉ

qui [ki] *pron* **1** (*interrogatif*) chi; **qui (est-ce qui) ?** chi è?; **je ne sais pas qui c'est** non so chi sia; **à qui est ce sac ?** di chi è questa borsa?; **à qui parlais-tu ?** con chi parlavi?
2 (*relatif*) che; (*: après prép*) cui; **la femme qui travaille** la donna che lavora; **l'ami de qui je vous ai parlé** l'amico di cui vi ho parlato; **la dame chez qui je suis allé** la signora da cui sono andato; **la personne avec qui je l'ai vu** la persona con cui l'ho visto
3 (*sans antécédent*) : **amenez qui vous voulez** portate chi volete; **qui que ce soit** chiunque sia

quiconque [kikɔ̃k] *pron* chiunque

quille [kij] *nf* birillo; (*Naut*) chiglia; **(jeu de) ~s** birilli *mpl*

quincaillerie [kɛ̃kajʀi] *nf* ferramenta *fpl*; (*magasin*) negozio di ferramenta

quinconce [kɛ̃kɔ̃s] *nm* : **en ~** a quinconce

quinqua [kɛ̃ka] *nm/f* (*fam: = quinquagénaire*) cinquantenne *m/f*

quinquagénaire [kɛ̃kaʒenɛʀ] *nm/f* cinquantenne *m/f*

quinte [kɛ̃t] *nf* : **~ (de toux)** accesso di tosse

quintuple [kɛ̃typl] *adj* quintuplo(-a) ▸ *nm* : **le ~ de** il quintuplo di

quinzaine [kɛ̃zɛn] *nf* : **une ~ (de)** una quindicina (di); **une ~ (de jours)** quindici giorni *mpl*, due settimane *fpl*; **~ commerciale** *ou* **publicitaire** (due settimane di) vendite *fpl* promozionali

quinze [kɛ̃z] *adj inv, nm inv* quindici (*m*) *inv*; **demain en ~** domani a quindici; **dans ~ jours** tra quindici giorni; **le ~ de France** (*Rugby*) la nazionale di rugby; *voir aussi* **cinq**

quinzième [kɛ̃zjɛm] *adj, nm/f* quindicesimo(-a) ▸ *nm* quindicesimo; *voir aussi* **cinquième**

quiproquo [kipʀɔko] *nm* qui pro quo *m inv*

quittance [kitɑ̃s] *nf* ricevuta, quietanza

quitte [kit] *adj* : **être ~ envers qn** non avere più debiti verso qn; (*fig*) essere pari con qn; **être ~ de** (*obligation*) essere libero(-a) da; **en être ~ à bon compte** cavarsela a buon mercato; **~ à faire qch** a costo di fare qc; **~ ou double** (*jeu*) lascia o raddoppia; **c'est du ~ ou double** qui si rischia il tutto per tutto

quitter [kite] *vt* lasciare; (*fig : espoir, illusion*) perdere; (*suj : crainte, énergie*) abbandonare; (*vêtement*) togliere; **se quitter** *vr* lasciarsi; **~ la route** (*véhicule*) uscire di strada; **ne quittez pas** (*au téléphone*) resti in linea; **ne pas ~ qn d'une semelle** stare sempre dietro a qn

qui-vive [kiviv] *nm inv* : **être sur le ~** essere sul chi vive

MOT-CLÉ

quoi [kwa] *pron interrog* **1** (*interrogation directe*) (che) cosa; **quoi de plus beau que ... ?** cosa c'è di più bello di ...?; **quoi de neuf ?** ci sono novità?;

quoi encore ? e cosa ancora?; **et puis quoi encore !** e poi, cosa ancora?; **quoi ?** (*qu'est-ce que tu dis?*) cosa?
2 (*interrogation directe avec prép*) (che) cosa; **à quoi penses-tu ?** a cosa pensi?; **de quoi parlez-vous ?** di (che) cosa *ou* che parlate?; **en quoi puis-je vous aider ?** come la posso aiutare?; **à quoi bon ?** a che pro?
3 (*interrogation indirecte*) (che) cosa; **dis-moi à quoi ça sert** dimmi a (che) cosa *ou* che serve; **je ne sais pas à quoi il pense** non so a cosa pensi
▸ *pron rel* 1 ciò, che; **ce à quoi tu penses** ciò che pensi; **de quoi écrire** di che scrivere, qualcosa per scrivere; **il n'a pas de quoi se l'acheter** non ha i soldi per comprarlo; **il y a de quoi être fier** c'è di che essere fieri, c'è da esserne fieri; **merci — il n'y a pas de quoi** grazie — non c'è di che
2 (*locutions*) : **après quoi** dopo di che; **sur quoi** al che; **sans quoi, faute de quoi** altrimenti; **comme quoi** il che dimostra
3 : **quoi qu'il arrive** accada quel che accada, qualunque cosa accada; **quoi qu'il en soit** sia quel che sia; **quoi qu'elle fasse** qualunque cosa faccia; **si vous avez besoin de quoi que ce soit** di qualunque cosa abbiate bisogno
▸ *excl* cosa!

quoique [kwak] *conj* benché, sebbene
quotidien, ne [kɔtidjɛ̃, jɛn] *adj* quotidiano(-a) ▸ *nm* (*journal*) quotidiano; (*vie quotidienne*) vita quotidiana; **les grands ~s** i grandi quotidiani
quotidiennement [kɔtidjɛnmɑ̃] *adv* quotidianamente

R, r [ɛʀ] *abr* = **route, rue, recommandé**
rabais [ʀabɛ] *nm* ribasso, sconto; **au ~** a prezzo ridotto
rabaisser [ʀabese] *vt* (*réduire*) abbassare; (*dénigrer*) sminuire
rabat [ʀaba] *vb voir* **rabattre** ▸ *nm* patta
rabat-joie [ʀabaʒwa] (*pl* **rabat-joie(s)**) *nm/f* guastafeste *m inv/f inv*
rabattre [ʀabatʀ] *vt* (*couvercle, siège*) chiudere; (*col, visière*) abbassare; (*Couture*) spianare; (*Tennis : balle*) ribattere; (*gibier*) spingere verso i cacciatori; (*somme d'un prix*) ribassare; (*orgueil, prétentions*) far abbassare; (*Tricot : mailles*) diminuire; **se rabattre** *vr* abbassarsi, chiudersi; (*véhicule, coureur : changer de direction*) stringere bruscamente (di lato); **se ~ sur** ripiegare su
rabbin [ʀabɛ̃] *nm* rabbino
rabot [ʀabo] *nm* pialla
raboter [ʀabɔte] *vt* piallare
rabougri, e [ʀabugʀi] *adj* rachitico(-a)
racaille [ʀakɑj] (*péj*) *nf* plebaglia, gentaglia
raccommoder [ʀakɔmɔde] *vt* rammendare; (*fam*) riconciliare; **se raccommoder** *vr* (*fam*) : **se ~ avec** far pace con
raccompagner [ʀakɔ̃paɲe] *vt* riaccompagnare
raccord [ʀakɔʀ] *nm* (*Tech, Ciné*) raccordo; **~ de maçonnerie** raccordo in muratura; **~ de peinture** ritocco
raccorder [ʀakɔʀde] *vt* collegare; (*routes*) collegare, raccordare; **se raccorder à** *vr* essere collegato(-a) a;

(*fig*) ricollegarsi a; **~ qn au réseau du téléphone** allacciare qn alla rete telefonica
raccourci [RakuRsi] *nm* scorciatoia; (*fig*) scorcio; **en ~** in sintesi; **~ clavier** (*Inform*) tasto di scelta rapida
raccourcir [RakuRsiR] *vt* accorciare ▶ *vi* accorciarsi
raccrocher [RakRɔʃe] *vt* riappendere; (*fig* : *affaire*) salvare ▶ *vi* (*Tél*) riattaccare, riagganciare; **se raccrocher à** *vr* : **se ~ à** aggrapparsi a; **ne raccrochez pas** (*Tél*) rimanga in linea
race [Ras] *nf* razza; **de ~** di razza
rachat [Raʃa] *nm* riscatto
racheter [Raʃ(ə)te] *vt* (*acheter de nouveau*) ricomp(e)rare; (*acheter davantage de*) : **~ du lait/3 œufs** comprare altro latte/altre 3 uova; (*acheter d'occasion*) comperare (d'occasione); (*part, firme*) rilevare; (*pension, Rel, défaut, prisonnier*) riscattare; **se racheter** *vr* riscattarsi
racial, e, -aux [Rasjal, o] *adj* razziale
racine [Rasin] *nf* radice *f*; **~ carrée/cubique** radice quadrata/cubica; **prendre ~** (*fig*) mettere radici
racisme [Rasism] *nm* razzismo
raciste [Rasist] *adj* razzista ▶ *nm/f* razzista *m/f*
racket [Rakɛt] *nm* racket *m inv*
raclée [Rɑkle] (*fam*) *nf* (*correction*) sacco di botte; (*défaite*) batosta
racler [Rɑkle] *vt* (*casserole, plat*) grattare, pulire; (*frotter rudement*) raschiare; (*tache, boue*) raschiare via; (*fig* : *instrument de musique*) strimpellare; (*suj* : *chose* : *frotter contre*) sfregare contro; **se ~ la gorge** raschiarsi la gola
racontars [Rakɔ̃taR] *nmpl* pettegolezzi *mpl*, dicerie *fpl*
raconter [Rakɔ̃te] *vt* : **~ (à)** raccontare (a)
radar [RadaR] *nm* radar *m inv*
rade [Rad] *nf* rada; **en ~ de Toulon** nella rada di Tolone; **laisser/rester en ~** (*fig*) abbandonare/essere abbandonato(-a)
radeau, x [Rado] *nm* zattera; **~ de sauvetage** zattera di salvataggio
radiateur [RadjatœR] *nm* radiatore *m*; **~ électrique** radiatore elettrico
radiation [Radjasjɔ̃] *nf* radiazione *f*
radical, e, -aux [Radikal, o] *adj* radicale; (*infaillible* : *moyen*) infallibile ▶ *nm* (*Ling, Math*) radicale *m*
radier [Radje] *vt* radiare
radieux, -euse [Radjø, jøz] *adj* radioso(-a)
radin, e [Radɛ̃, in] (*fam*) *adj* tirchio(-a)
radio [Radjo] *nf* radio *f inv*; (*Méd* : *radioscopie*) radioscopia; (*radiographie*) radiografia; **à la ~** alla radio; **passer à la ~** andare in onda; **faire/se faire faire une ~** (*des reins/poumons*) fare/farsi fare una radiografia *ou* lastra; **~ libre** *nf* radio libera
radioactif, -ive [Radjoaktif, iv] *adj* radioattivo(-a)
radiographie [RadjɔgRafi] *nf* radiografia; (*photo*) radiografia, lastra
radiophonique [Radjɔfɔnik] *adj* radiofonico(-a)
radio-réveil [RadjoRevɛj] (*pl* **radios-réveils**) *nm* radiosveglia
radis [Radi] *nm* ravanello; **~ noir** rafano
radoter [Radɔte] *vi* farneticare
radoucir [RadusiR] *vt* raddolcire; **se radoucir** *vr* raddolcirsi
rafale [Rafal] *nf* (*de vent, d'arme*) raffica; (*d'applaudissements*) coro; **souffler en ~s** soffiare a raffiche; **tir en ~** tiro a raffiche; **~ de mitrailleuse** raffica di mitragliatrice
raffermir [RafɛRmiR] *vt* (*tissus, muscle*) rassodare; (*fig*) rafforzare; **se raffermir** *vr* rassodarsi; (*fig*) rafforzarsi
raffiner [Rafine] *vt* raffinare
raffinerie [RafinRi] *nf* raffineria
raffoler [Rafɔle] : **~ de** *vt* andar pazzo(-a) per
rafle [Rɑfl] *nf* (*police*) retata
rafler [Rɑfle] (*fam*) *vt* razziare; **~ la mise** (*fig*) sbaragliare i concorrenti
rafraîchir [RafReʃiR] *vt* rinfrescare; (*boisson, dessert*) raffreddare; (*fig*) dare una rinfrescata a ▶ *vi* : **mettre du vin/une boisson à ~** mettere il vino/una bevanda in fresco; **se rafraîchir** *vr* (*temps*) rinfrescare; (*personne*) rinfrescarsi; **~ la mémoire** *ou* **les idées à qn** rinfrescare la memoria a qn
rafraîchissant, e [RafReʃisɑ̃, ɑ̃t] *adj* (*boisson*) rinfrescante; (*brise*) fresco(-a)
rafraîchissement [RafReʃismɑ̃] *nm* (*aussi* : **rafraîchissement de la température**) abbassamento della temperatura; (*boisson*) bevanda fresca; **rafraîchissements** *nmpl* (*boissons, glaces etc*) rinfreschi *mpl*
rafting [Raftiŋ] *nm* rafting *m*

rage [ʀaʒ] *nf* (*Méd*) rabbia; **faire ~** (*tempête, incendie*) infuriare; **~ de dents** fortissimo mal di denti
ragot [ʀago] (*fam*) *nm* pettegolezzo
ragoût [ʀagu] *nm* spezzatino, stufato

> **FAUX AMIS**
> **ragoût** ne se traduit pas par le mot italien *ragù*.

raide [ʀɛd] *adj* (*droit : cheveux*) dritto(-a); (*ankylosé, guindé, dur*) rigido(-a); (*tendu*) teso(-a); (*escarpé*) ripido(-a); (*fam : surprenant*) incredibile; (: *sans argent*) in bolletta; (*fort : alcool*) forte; (*osé, licencieux*) spinto(-a) ▸ *adv* (*en pente raide*) ripidamente; **ça c'est un peu ~ !** figuriamoci!; **tomber ~ mort** cadere morto stecchito
raideur [ʀɛdœʀ] *nf* rigidità, rigidezza; (*d'une pente*) ripidezza
raidir [ʀediʀ] *vt* (*muscles, membres*) irrigidire; (*câble, fil de fer*) tendere; **se raidir** *vr* irrigidirsi; (*câble*) tendersi
raie [ʀɛ] *nf* (*Zool*) razza; (*rayure, des cheveux*) riga
raifort [ʀɛfɔʀ] *nm* rafano, cren *m inv*
rail [ʀɑj] *nm* rotaia; (*chemins de fer*) ferrovia; **les ~s** il binario; **par ~** per ferrovia
railler [ʀɑje] *vt* prendere in giro, canzonare
rainure [ʀenyʀ] *nf* scanalatura
raisin [ʀɛzɛ̃] *nm* uva; **raisins** *nmpl* uva *fsg*; **~ blanc/noir** uva bianca/nera; **~ muscat** uva moscata; **~s secs** uva passa, uvette *fpl*
raison [ʀɛzɔ̃] *nf* ragione *f*; (*motif, prétexte*) ragione *f*, motivo; **avoir ~** avere ragione; **donner ~ à qn** dare ragione a qn; **avoir ~ de qn/qch** avere ragione di qn/qc; **se faire une ~** farsi una ragione; **perdre/recouvrer la ~** perdere/ritrovare l'uso della ragione; **ramener qn à la ~** ricondurre qn alla ragione; **demander ~ à qn de** chiedere ragione a qn di; **ne pas entendre ~** non sentir ragione; **plus que de ~** più del necessario; **~ de plus, à plus forte ~** a maggior ragione; **en ~ de** (*proportionnellement à*) in proporzione a; (*à cause de*) dato(-a); **à ~ de** (*au taux de*) in ragione di; (*à proportion de*) in proporzione a; **sans ~** senza motivo; **pour la simple ~ que** per il semplice motivo che; **pour quelle ~ dit-il ceci ?** per quale motivo lo dice?; **il y a plusieurs ~s à cela** ciò è dovuto a vari motivi; **~ d'État** ragione di Stato; **~ d'être** ragione d'essere; **~ sociale** (*Comm*) ragione sociale
raisonnable [ʀɛzɔnabl] *adj* ragionevole
raisonné, e [ʀɛzɔne] *adj* ragionato(-a); **agriculture raisonnée** *approccio all'agricoltura che tiene conto della tutela dell'ambiente e della salute degli animali*
raisonnement [ʀɛzɔnmɑ̃] *nm* ragionamento
raisonner [ʀɛzɔne] *vi* ragionare ▸ *vt* (*personne*) far ragionare; (*attitude : justifier*) giustificare
rajeunir [ʀaʒœniʀ] *vt* ringiovanire; (*attribuer un âge moins avancé à*) dare meno anni a; (*fig*) rimodernare; (: *personnel*) rinnovare ▸ *vi* ringiovanire
rajouter [ʀaʒute] *vt* aggiungere; **~ que ...** aggiungere che ...; **en ~** caricare la dose, esagerare
rajuster [ʀaʒyste] *vt* (*cravate, coiffure*) (ri)aggiustarsi; (*salaires, prix*) adeguare, ritoccare; **se rajuster** *vr* rimettersi a posto
ralenti [ʀalɑ̃ti] *nm* : **au ~** al rallentatore; **tourner au ~** (*Auto*) girare al minimo
ralentir [ʀalɑ̃tiʀ] *vt* rallentare ▸ *vi* rallentare; **se ralentir** *vr* rallentare
ralentissement [ʀalɑ̃tismɑ̃] *nm* rallentamento
râler [ʀɑle] *vi* (*fam*) brontolare
rallier [ʀalje] *vt* (*rassembler*) radunare; (*rejoindre : troupe*) raggiungere; (*parti*) aderire a; (*gagner à sa cause : auditoire*) guadagnarsi il consenso di; (: *suffrages*) raccogliere; **se rallier** *vr* : **se ~ à** aderire a
rallonge [ʀalɔ̃ʒ] *nf* prolunga; (*argent*) supplemento
rallonger [ʀalɔ̃ʒe] *vt* allungare; (*délai*) prorogare ▸ *vi* allungarsi
rallye [ʀali] *nm* (*Sport*) rally *m inv*; (*Pol*) raduno
ramassage [ʀamɑsaʒ] *nm* raccolta; **~ scolaire** servizio di scuolabus
ramasser [ʀamɑse] *vt* raccogliere; (*objet tombé ou par terre*) raccogliere, raccattare; (*cahiers d'élèves*) raccogliere, ritirare; (*cartes à jouer etc*) prendere su; (*fam : arrêter*) portare dentro; **se ramasser** *vr* (*se pelotonner*) raggomitolarsi; (: *pour bondir*) accovacciarsi
ramassis [ʀamɑsi] (*péj*) *nm* accozzaglia
rambarde [ʀɑ̃baʀd] *nf* parapetto

rame [ʀam] *nf* (*aviron*) remo; (*de métro*) convoglio; (*de papier*) risma; **à la ~** (*traversée*) in barca a remi
rameau, x [ʀamo] *nm* ramoscello; (*fig*) ramo; **les Rameaux** la domenica delle Palme
ramener [ʀam(ə)ne] *vt* riportare; (*rabattre : couverture, visière*) : **~ qch sur** abbassare qc su; **se ramener** *vr* (*fam : arriver*) arrivare; **~ qch à** (*réduire, Math*) ridurre qc a; **~ qn à la vie** rianimare qn; **~ qn à la raison** ricondurre qn alla ragione; **se ~ à** (*se réduire à*) ridursi a
ramer [ʀame] *vi* remare
ramification [ʀamifikasjɔ̃] *nf* ramificazione *f*
ramollir [ʀamɔliʀ] *vt* rammollire; **se ramollir** *vr* rammollirsi, rammollire
rampe [ʀɑ̃p] *nf* rampa; (*d'escalier*) ringhiera; (*Théâtre*) ribalta; **~ de lancement** rampa di lancio
ramper [ʀɑ̃pe] *vi* (*aussi péj*) strisciare; (*plante*) arrampicarsi
rancard [ʀɑ̃kaʀ] (*fam*) *nm* (*rendez-vous*) appuntamento; (*renseignement*) informazione *f* confidenziale
rancart [ʀɑ̃kaʀ] (*fam*) *nm* : **mettre au ~** (*objet*) buttare via; (*projet*) scartare; (*personne*) liberarsi di
rance [ʀɑ̃s] *adj* rancido(-a)
rancœur [ʀɑ̃kœʀ] *nf* rancore *m*
rançon [ʀɑ̃sɔ̃] *nf* riscatto; **la ~ du succès** il prezzo del successo
rancune [ʀɑ̃kyn] *nf* rancore *m*; **garder ~ à qn (de qch)** serbare rancore a qn (per qc); **sans ~ !** senza rancore!
rancunier, -ière [ʀɑ̃kynje, jɛʀ] *adj* astioso(-a)
randonnée [ʀɑ̃dɔne] *nf* escursione *f*; **la ~ (pédestre)** (*activité*) il trekking; **ski de ~** sci *m inv* alpinismo
rang [ʀɑ̃] *nm* (*de spectateurs, d'un cortège*) fila; (*groupe de soldats*) riga; (*de perles*) filo; (*de tricot, de crochet*) giro; (*grade, d'un dignitaire, condition sociale*) rango; (*d'un officier*) grado; (*position dans un classement*) posto; **rangs** *nmpl* (*Mil*) ranghi *mpl*; **se mettre en ~s/sur un ~** mettersi in riga; **sur 3 ~s** su 3 file; **se mettre en ~s par 4** mettersi in fila per 4; **se mettre sur les ~s** (*fig*) entrare in lizza; **au premier/dernier ~** (*classement, fig*) al primo/ultimo posto; (*rangée de sièges*) in prima/ultima fila; **rentrer dans le ~** rientrare nei ranghi; **au ~ de** tra; **avoir ~ de** avere il grado di
rangé, e [ʀɑ̃ʒe] *adj* (*vie*) ordinato(-a); (*personne*) posato(-a)
rangée [ʀɑ̃ʒe] *nf* fila
ranger [ʀɑ̃ʒe] *vt* mettere in ordine, riordinare; (*voiture dans la rue*) parcheggiare; (*classer, arranger*) disporre, sistemare; **se ranger** *vr* (*se placer*) disporsi; (*véhicule, conducteur, piéton : s'écarter*) scansarsi; (*: s'arrêter*) fermarsi; (*s'assagir*) mettere la testa a posto; **se ~ à** (*avis*) schierarsi con
ranimer [ʀanime] *vt* rianimare; (*colère, douleur, souvenir*) risvegliare; (*feu*) ravvivare
rapace [ʀapas] *nm* rapace *m* ▸ *adj* (*péj*) rapace; **~ diurne/nocturne** rapace diurno/notturno
râpe [ʀɑp] *nf* (*Culin*) grattugia; (*à bois*) raspa
râper [ʀɑpe] *vt* (*Culin*) grattugiare; (*gratter, racler*) raspare
rapetisser [ʀap(ə)tise] *vi* rimpicciolire
rapide [ʀapid] *adj* (*coureur, voiture, cheval*) veloce; (*mouvement*) rapido(-a), veloce; (*prompt : personne, intelligence*) svelto(-a); (*guérison, décision, Photo*) rapido(-a) ▸ *nm* (*d'un cours d'eau*) rapida; (*train*) rapido
rapidement [ʀapidmɑ̃] *adv* rapidamente
rapidité [ʀapidite] *nf* (*v adj*) velocità *f inv*; rapidità, velocità; sveltezza; rapidità
rapiécer [ʀapjese] *vt* rappezzare, rattoppare
rappel [ʀapɛl] *nm* richiamo; (*Théâtre etc*) richiesta di bis; (*de salaire*) pagamento di arretrati; (*d'une aventure, d'une date*) ricordo; (*de limitation de vitesse : sur écriteau*) continua; **descente en ~** (*Alpinisme*) discesa a corda doppia; **~ à l'ordre** richiamo all'ordine
rappeler [ʀap(ə)le] *vt* richiamare; (*chien, docteur etc*) chiamare; (*acteur*) richiamare (in scena); (*faire se souvenir*) ricordare; **se rappeler** *vr* ricordare, ricordarsi; **se ~ que ...** ricordare *ou* ricordarsi che ...; **~ qn à la vie** richiamare qn in vita; **~ qn à la décence** rammentare a qn le regole della decenza; **ça rappelle la Provence** ricorda la Provenza; **~ à qn qch/de faire qch** ricordare a qn qc/di fare qc

rapport [ʀapɔʀ] *nm* (*compte rendu*) rapporto, relazione *f*; (*de police*) rapporto; (*de médecin légiste*) referto; (*profit : d'une terre, d'un immeuble*) reddito, rendita; (*lien, analogie, Math, Tech*) rapporto; **rapports** *nmpl* (*relations, contacts*) rapporti *mpl*; **avoir ~ à** riguardare; **être en ~ avec** essere in relazione con; **être/se mettre en ~ avec qn** essere/mettersi in contatto con qn; **par ~ à** (*comparé à*) rispetto a; (*à propos de*) riguardo a; **sous le ~ de** dal punto di vista di; **sous tous (les) ~s** da tutti i punti di vista; **~ qualité-prix** rapporto qualità-prezzo; **~s (sexuels)** rapporti (sessuali)

rapporter [ʀapɔʀte] *vt* riportare; (*apporter davantage*) portare ancora; (*revenir avec, ramener*) tornare con; (*Couture : poche, morceau de tissu*) applicare; (*suj : investissement, activité*) rendere; (*relater : faits, propos*) riferire; (*Jur*) annullare ▶ *vi* (*investissement, activité*) rendere; (*péj : Scol*) far la spia; **se rapporter** *vr* : **se ~ à** riferirsi a; **~ qch à** (*rendre*) riportare qc a; (*relater*) riferire qc a; (*fig : rattacher, ramener*) ricondurre *ou* ricollegare qc a; **s'en ~ à qn/au jugement de qn** rimettersi a qn/al giudizio di qn

rapporteur, -euse [ʀapɔʀtœʀ, øz] *nm/f* (*d'un procès, d'une commission*) relatore(-trice); (*péj : mouchard*) spia, spione(-a) ▶ *nm* (*Géom*) rapportatore *m*

rapprochement [ʀapʀɔʃmɑ̃] *nm* ravvicinamento; (*analogie, rapport*) accostamento

rapprocher [ʀapʀɔʃe] *vt* avvicinare; (*réunions, visites*) rendere più frequente; (*réunir : personnes*) ravvicinare; (*associer, comparer*) confrontare; **se rapprocher** *vr* avvicinarsi; (*fig : familles, pays*) ravvicinarsi; **~ qch (de)** avvicinare qc (a); **se ~ de** avvicinarsi a

raquette [ʀakɛt] *nf* racchetta

rare [ʀɑʀ] *adj* raro(-a); (*main d'œuvre, denrées*) scarso(-a); (*cheveux, herbe*) rado(-a); **se faire ~** diventare raro(-a); (*fig : personne*) farsi vedere poco

rarement [ʀɑʀmɑ̃] *adv* raramente, di rado

ras, e [ʀɑ, ʀɑz] *adj* (*tête, cheveux*) rasato(-a); (*poil, mesure, cuillère*) raso(-a); (*herbe*) basso(-a) ▶ *adv* (*couper*) cortissimo(-a); **faire table rase** fare tabula rasa; **en rase campagne** in aperta campagna; **à ~ bords** fino all'orlo; **au ~ de l'eau** a fior d'acqua; **au ~ du mur** rasente il muro; **en avoir ~ le bol** (*fam*) averne piene le scatole; **~ du cou** *adj* (*pull, robe*) girocollo

raser [ʀɑze] *vt* (*barbe, cheveux*) rasare; (*menton, personne*) radere; (*fam : ennuyer*) annoiare a morte; (*démolir : quartier*) radere al suolo; (*frôler : obstacle, surface*) rasentare, sfiorare; **se raser** *vr* radersi; (*fam : s'ennuyer*) annoiarsi a morte

rasoir [ʀɑzwaʀ] *nm* rasoio; **~ de sûreté** *ou* **mécanique** rasoio di sicurezza; **~ électrique** rasoio elettrico

rassasier [ʀasazje] *vt* saziare; **être rassasié** essere sazio

rassemblement [ʀasɑ̃bləmɑ̃] *nm* (*groupe*) assembramento; (*Pol*) unione *f*; **le ~** (*Mil*) l'adunata

rassembler [ʀasɑ̃ble] *vt* radunare; (*objets épars, documents, matériaux*) raccogliere; **se rassembler** *vr* radunarsi; **~ ses idées** raccogliere le idee; **~ ses esprits** riprendersi; **~ son courage** raccogliere il proprio coraggio

rassurer [ʀasyʀe] *vt* tranquillizzare, rassicurare; **se rassurer** *vr* tranquillizzarsi; **rassure-toi** tranquillizzati

rat [ʀa] *nm* (*Zool*) topo, ratto; (*danseuse*) *giovane allieva della scuola di ballo dell'Opera*; **~ musqué** topo muschiato

rate [ʀat] *nf* milza

raté, e [ʀate] *adj* (*tentative, opération*) fallito(-a); (*vacances, spectacle*) mal riuscito(-a) ▶ *nm/f* fallito(-a) ▶ *nm* (*d'arme à feu*) cilecca; (*fig*) carenza; **faire un ~** fare cilecca; **le moteur a des ~s** il motore perde colpi

râteau, x [ʀɑto] *nm* rastrello

rater [ʀate] *vi* (*coup de feu*) far cilecca; (*affaire, projet etc*) fallire ▶ *vt* (*cible, balle*) mancare; (*train, occasion*) perdere; (*démonstration, devoir*) sbagliare; (*échouer à : examen*) essere bocciato(-a) a; **~ son coup** far cilecca; **elle a raté son gâteau** la torta non le è riuscita

ration [ʀasjɔ̃] *nf* razione *f*; (*fig*) dose *f*; **~ alimentaire** razione alimentare giornaliera

rationner [ʀasjɔne] *vt* razionare; (*personne*) sottoporre a razionamento; **se rationner** *vr* sottoporsi a razionamento

ratisser [ʀatise] *vt* rastrellare; **~ large** raggiungere il maggior numero di persone
raton [ʀatɔ̃] *nm* : **~ laveur** procione *m*, orsetto lavatore
RATP [ɛʀatepe] *sigle f* (= *Régie autonome des transports parisiens*) *azienda di trasporti parigina*
rattacher [ʀataʃe] *vt* (*animal, cheveux*) legare di nuovo; (*incorporer* : *Admin etc*) annettere; (*fil électrique*) collegare; (*fig* : *relier*) ricollegare; (: *lier*) legare; **se rattacher** *vr* : **se ~ à** (*fig*) ricollegarsi a
rattraper [ʀatʀape] *vt* (*fugitif, animal échappé*) riprendere; (*retenir, empêcher de tomber*) trattenere; (*atteindre, rejoindre*) raggiungere; (*réparer* : *imprudence, erreur*) rimediare a; **se rattraper** *vr* (*regagner*) ricuperare; (*se dédommager d'une privation*) rifarsi; (*réparer une gaffe etc*) riprendersi; **se ~ (à)** (*se raccrocher*) aggrapparsi (a); **~ son retard/le temps perdu** ricuperare il ritardo/il tempo perduto
rature [ʀatyʀ] *nf* cancellatura
rauque [ʀok] *adj* roco
ravage [ʀavaʒ] *nm* : **~s** *nmpl* devastazioni *fpl*, danni *mpl*
ravi, e [ʀavi] *adj* estasiato(-a); **être ~ de/que** essere felicissimo(-a) *ou* lietissimo(-a) di/che
ravin [ʀavɛ̃] *nm* gola, burrone *m*
ravir [ʀaviʀ] *vt* (*enchanter*) entusiasmare, incantare; **à ~** meravigliosamente
raviser [ʀavize] : **se raviser** *vr* cambiare idea
ravissant, e [ʀavisɑ̃, ɑ̃t] *adj* incantevole, bellissimo(-a)
ravisseur, -euse [ʀavisœʀ, øz] *nm/f* rapitore(-trice)
ravitaillement [ʀavitajmɑ̃] *nm* rifornimento; **aller au ~** andare a fare la spesa; **~ en vol** (*Aviat*) rifornimento in volo
ravitailler [ʀavitaje] *vt* rifornire; **se ravitailler (en)** *vr* fare rifornimento *ou* rifornirsi (di)
raviver [ʀavive] *vt* ravvivare; (*douleur*) risvegliare
rayé, e [ʀeje] *adj* rigato(-a)
rayer [ʀeje] *vt* (*érafler*) rigare; (*barrer, raturer*) depennare; (*d'une liste*) radiare
rayon [ʀɛjɔ̃] *nm* raggio; (*étagère*) ripiano, scaffale *m*; (*de grand magasin*) reparto; (*fig* : *domaine*) campo; (*d'une ruche*) favo; **rayons** *nmpl* (*radiothérapie*) raggi *mpl*; **dans un ~ de ...** in un raggio di ...; **~ d'action** raggio d'azione; **~ de braquage** (*Auto*) raggio di sterzata; **~ de soleil** raggio di sole; **~ laser** raggio *m* laser *inv*; **~ vert** raggio verde; **~s cosmiques** raggi cosmici; **~s infrarouges/ultraviolets** raggi infrarossi/ultravioletti; **~s X** raggi x
rayonnant, e [ʀɛjɔnɑ̃, ɑ̃t] *adj* raggiante; **~ de santé** che sprizza salute
rayonnement [ʀɛjɔnmɑ̃] *nm* (*de soleil*) irraggiamento; (*ionisant*) radiazione *f*; (*fig*) influenza
rayonner [ʀɛjɔne] *vi* (*chaleur, énergie, avenues*) irradiarsi; (*fig* : *être radieux*) essere raggiante; (*touristes*) andare in giro (*partendo da uno stesso punto*)
rayure [ʀejyʀ] *nf* riga; (*éraflure*) graffio, riga; (*rainure, d'un fusil*) rigatura; **à ~s** a righe
raz-de-marée [ʀadmaʀe] *nm inv* maremoto; (*fig*) terremoto
R-D [ɛʀde] *sigle f* = *Recherche-Développement*
ré [ʀe] *nm* (*Mus*) re *m inv*
réaction [ʀeaksjɔ̃] *nf* reazione *f*; **par ~** come reazione; **avion/moteur à ~** aereo/motore a reazione; **~ en chaîne** (*aussi fig*) reazione a catena
réadapter [ʀeadapte] *vt* riadattare; (*Méd*) rieducare; **se ~ (à)** riadattarsi (a)
réagir [ʀeaʒiʀ] *vi* reagire; **~ à/contre** (*chose, personne*) reagire a/contro; **~ contre** reagire contro; **~ sur** ripercuotersi su
réalisateur, -trice [ʀealizatœʀ, tʀis] *nm/f* (*Radio, TV, Ciné*) regista *m/f*
réalisation [ʀealizasjɔ̃] *nf* realizzazione *f*; (*création, œuvre*) creazione *f*
réaliser [ʀealize] *vt* realizzare; **se réaliser** *vr* realizzarsi; **~ que** realizzare che
réaliste [ʀealist] *adj* realista; (*détail, chanson*) realistico(-a) ▶ *nm/f* realista *m/f*
réalité [ʀealite] *nf* realtà *f inv*; **en ~** in realtà; **dans la ~** nella realtà
réanimation [ʀeanimasjɔ̃] *nf* rianimazione *f*; **service de ~** reparto di rianimazione
rébarbatif, -ive [ʀebaʀbatif, iv] *adj* sgradevole; (*style*) barboso(-a)
rebattu, e [ʀ(ə)baty] *adj* trito(-a)

rebelle [Rəbɛl] *nm/f* ribelle *m/f* ▶ *adj* ribelle; **~ à** (*la patrie etc*) ribelle a; (*un art, un sujet*) refrattario(-a) a
rebeller [R(ə)bele] : **se rebeller** *vr* ribellarsi; **se ~ contre** ribellarsi a
rebiffer [R(ə)bife] : **se rebiffer** (*fam*) *vr* ribellarsi
rebond [R(ə)bɔ̃] *nm* rimbalzo
rebondir [R(ə)bɔ̃diR] *vi* rimbalzare; (*fig : procès, action*) riaprirsi
rebord [R(ə)bɔR] *nm* (*d'une table*) bordo, orlo; (*d'une fenêtre*) davanzale *m*; (*d'un fossé*) orlo
rebours [R(ə)buR] : **à ~** *adv* (*compter*) alla rovescia; **comprendre à ~** capire il contrario; **compte à ~** conto alla rovescia
rebrousser [R(ə)bRuse] *vt* : **~ chemin** tornare indietro
rebuter [R(ə)byte] *vt* ripugnare a; (*attitude, manières*) urtare
récalcitrant, e [Rekalsitʀɑ̃, ɑ̃t] *adj* ricalcitrante; (*caractère, esprit*) ribelle
récapituler [Rekapityle] *vt* ricapitolare
recel [Rəsɛl] *nm* ricettazione *f*
receler [R(ə)səle] *vt* (*fig : contenir*) racchiudere
receleur, -euse [R(ə)səlœR, øz] *nm/f* ricettatore(-trice)
récemment [Resamɑ̃] *adv* recentemente, di recente
recensement [R(ə)sɑ̃smɑ̃] *nm* (*de la population*) censimento; (*des ressources etc*) inventario
recenser [R(ə)sɑ̃se] *vt* (*population*) censire; (*ressources etc*) inventariare; (*dénombrer*) enumerare
récent, e [Resɑ̃, ɑ̃t] *adj* recente
récépissé [Resepise] *nm* (*Comm*) ricevuta
récepteur, -trice [ResɛptœR, tRis] *adj* ricevente ▶ *nm* ricevitore *m*; **~ (radio)** radioricevitore *m*
réception [Resɛpsjɔ̃] *nf* ricevimento; (*Radio, TV*) ricezione *f*; (*d'un membre : dans une assemblée etc*) ammissione *f*; (*accueil*) accoglienza; (*bureau*) reception *f inv*; (*Sport : après un saut*) atterraggio; (*: du ballon*) presa; **jour/heures de ~** giorno/orario *msg* di ricevimento; (*Méd*) giorno/orario *msg* di ambulatorio
réceptionniste [Resɛpsjɔnist] *nm/f* receptionist *m inv/f inv*
recette [R(ə)sɛt] *nf* (*Culin, fig*) ricetta; **recettes** *nfpl* (*Comm*) entrate *fpl*; **faire ~** (*spectacle, exposition*) avere molto successo
recevoir [R(ə)səvwaR] *vt* ricevere; (*émission, image, chaîne*) ricevere, prendere; (*coups, correction*) prendere; (*blessure, modifications*) subire; (*solution*) trovare; (*Scol : candidat*) promuovere; (*Jur : plainte*) accogliere ▶ *vi* ricevere; **se recevoir** *vr* (*athlète*) atterrare, ricadere; **il reçoit de 8 à 10** riceve dalle 8 alle 10; **il m'a reçu à 2 h** mi ha ricevuto alle 2; **~ qn à dîner** avere qn a cena; **être reçu** (*à un examen*) essere promosso; **être bien/mal reçu** essere accolto bene/male
rechange [R(ə)ʃɑ̃ʒ] : **de ~** *adj* (*pièces, vêtements*) di ricambio; (*roue*) di scorta; (*fig : politique, plan*) alternativo(-a)
recharge [R(ə)ʃaRʒ] *nf* ricambio, ricarica
rechargeable [R(ə)ʃaRʒabl] *adj* ricaricabile
recharger [R(ə)ʃaRʒe] *vt* ricaricare
réchaud [Reʃo] *nm* (*Culin*) fornello portatile, fornelletto
réchauffement [Reʃofmɑ̃] *nm* : **le ~ climatique** lo riscaldamento globale
réchauffer [Reʃofe] *vt* riscaldare; **se réchauffer** *vr* riscaldarsi; (*température*) salire
rêche [Rɛʃ] *adj* ruvido(-a)
recherche [R(ə)ʃɛRʃ] *nf* ricerca; (*raffinement*) ricercatezza; **recherches** *nfpl* (*de la police etc*) ricerche *fpl*; **être/se mettre à la ~ de** essere/mettersi alla ricerca di
recherché, e [R(ə)ʃɛRʃe] *adj* (*rare*) raro(-a); (*entouré, demandé*) (molto) richiesto(-a); (*raffiné, précieux*) ricercato(-a)
rechercher [R(ə)ʃɛRʃe] *vt* ricercare; (*objet égaré, main-d'œuvre, faveur, cause*) cercare; (*reprendre*) riprendere; **« ~ et remplacer »** (*Inform*) « ricerca e sostituisci »
rechute [R(ə)ʃyt] *nf* ricaduta; **faire** *ou* **avoir une ~** avere una ricaduta
récidiver [Residive] *vi* recidivare; (*fig*) essere recidivo(-a)
récif [Resif] *nm* scogliera
récipient [Resipjɑ̃] *nm* recipiente *m*
réciproque [ResipRɔk] *adj* reciproco(-a) ▶ *nf* : **rendre la ~** rendere la pariglia
récit [Resi] *nm* racconto
récital [Resital] *nm* recital *m inv*
réciter [Resite] *vt* recitare
réclamation [Reklamasjɔ̃] *nf* reclamo; **service des ~s** ufficio reclami

réclame [ʀeklɑm] *nf* pubblicità *f inv*; **faire de la ~ (pour qch/qn)** fare pubblicità (a qc/qn); **article en ~** articolo in offerta speciale
réclamer [ʀeklɑme] *vt* reclamare; (*aide*) invocare; (*nécessiter, requérir* : *suj* : *chose*) richiedere ▶ *vi* reclamare; **se ~ de qn** farsi forte dell'appoggio di qn
réclusion [ʀeklyzjɔ̃] *nf* reclusione *f*; **~ à perpétuité** carcere *m* a vita, ergastolo
recoin [ʀəkwɛ̃] *nm* recesso
reçois *etc* [ʀəswa] *vb voir* **recevoir**
récolte [ʀekɔlt] *nf* raccolta; (*produits récoltés*) raccolto
récolter [ʀekɔlte] *vt* raccogliere; (*fam* : *ennuis, coups*) beccarsi
recommandé, e [ʀ(ə)kɔmɑ̃de] *adj* raccomandato(-a) ▶ *nm* (*Postes*) : **en ~** per raccomandata
recommander [ʀ(ə)kɔmɑ̃de] *vt* raccomandare; (*suj* : *qualités etc*) rendere degno(-a) di considerazione; (*Postes* : *paquet, lettre*) spedire per raccomandata; **~ qch à qn** raccomandare qc a qn; **~ à qn de faire** raccomandare a qn di fare; **~ qn auprès de qn/à qn** raccomandare qn a qn; **il est recommandé de faire** si raccomanda di fare; **se ~ à qn** raccomandarsi a qn
recommencer [ʀ(ə)kɔmɑ̃se] *vt* ricominciare; (*erreur*) rifare ▶ *vi* ricominciare; **~ à faire** ricominciare a fare; **ne recommence pas !** non ricominciare!
récompense [ʀekɔ̃pɑ̃s] *nf* ricompensa; (*prix*) premio; **recevoir qch en ~** ricevere qc come ricompensa
récompenser [ʀekɔ̃pɑ̃se] *vt* ricompensare; **~ qn de** *ou* **pour qch** ricompensare qn per qc
réconcilier [ʀekɔ̃silje] *vt* riconciliare; **se réconcilier** *vr* : **se ~ (avec)** riconciliarsi (con); **~ qn avec qn/qch** riconciliare qn con qn/qc
reconduire [ʀ(ə)kɔ̃dɥiʀ] *vt* riaccompagnare; (*Jur* : *contrat, grève etc*) rinnovare; (*Pol*) prorogare
réconfort [ʀekɔ̃fɔʀ] *nm* conforto
réconforter [ʀekɔ̃fɔʀte] *vt* confortare; (*fig*) tirare su
reconnaissance [ʀ(ə)kɔnɛsɑ̃s] *nf* riconoscimento; (*gratitude*) riconoscenza; (*Mil*) ricognizione *f*; **en ~** (*Mil*) in ricognizione; **~ de dette** (*Jur*) ricognizione di debito
reconnaissant, e [ʀ(ə)kɔnɛsɑ̃, ɑ̃t] *vb voir* **reconnaître** ▶ *adj* riconoscente, grato(-a); **je vous serais ~ de bien vouloir …** le sarei grato di voler …
reconnaître [ʀ(ə)kɔnɛtʀ] *vt* riconoscere; (*Mil* : *terrain*) perlustrare; **~ qn/qch à** riconoscere qn/qc da; **~ que** riconoscere che; **~ à qn** (*qualités etc*) riconoscere a qn; **se ~ quelque part** (*s'y retrouver*) orientarsi
reconnu, e [ʀ(ə)kɔny] *pp de* **reconnaître** ▶ *adj* riconosciuto(-a); (*auteur*) affermato(-a)
reconstituer [ʀ(ə)kɔ̃stitɥe] *vt* ricostruire; (*Biol* : *tissus etc*) rigenerare
reconstruire [ʀ(ə)kɔ̃stʀɥiʀ] *vt* ricostruire
reconvertir [ʀ(ə)kɔ̃vɛʀtiʀ] *vt* (*usine*) riconvertire; (*personnel, troupes*) riciclare; **se ~ dans** (*un métier, une branche*) riqualificarsi in
record [ʀ(ə)kɔʀ] *nm* record *m inv*, primato ▶ *adj* (*vitesse, chiffre*) record *inv*; **battre tous les ~s** (*fig*) battere ogni record; **en un temps ~** a tempo di record; **à une vitesse ~** a velocità record; **~ du monde** record *ou* primato mondiale
recoucher [ʀ(ə)kuʃe] : **se recoucher** *vr* rimettersi a letto
recoupement [ʀ(ə)kupmɑ̃] *nm* : **par ~** grazie a un confronto (*da fonti diverse*); **faire un ~** fare un confronto (*da fonti diverse*)
recouper [ʀ(ə)kupe] : **se recouper** *vr* (*témoignages*) concordare
recourber [ʀ(ə)kuʀbe] *vt* curvare
recourir [ʀ(ə)kuʀiʀ] *vi* : **~ à** *vt* ricorrere a
recours [ʀ(ə)kuʀ] *nm* (*Jur*) ricorso; **avoir ~ à** fare ricorso a; **en dernier ~** come ultima risorsa; **c'est sans ~** non c'è via d'uscita; **~ en grâce** (*Jur*) domanda di grazia
recouvrer [ʀ(ə)kuvʀe] *vt* ricuperare; (*impôts, créance*) riscuotere
recouvrir [ʀ(ə)kuvʀiʀ] *vt* ricoprire; (*cacher, masquer*) nascondere; (*fig* : *embrasser*) abbracciare; **se recouvrir** *vr* (*se superposer*) sovrapporsi
récréation [ʀekʀeasjɔ̃] *nf* ricreazione *f*; (*Scol*) ricreazione *f*, intervallo
recroqueviller [ʀ(ə)kʀɔk(ə)vije] : **se recroqueviller** *vr* (*plantes, feuilles*) accartocciarsi; (*personne*) rannicchiarsi, raggomitolarsi

recrudescence [ʀ(ə)kʀydesɑ̃s] *nf* recrudescenza
recruter [ʀ(ə)kʀyte] *vt* (*Mil*: *adeptes*) reclutare; (*personnel, collaborateurs*) assumere
rectangle [ʀɛktɑ̃gl] *nm* rettangolo; **~ blanc** (*TV*) *simbolo che indica i programmi non adatti ai bambini*
rectangulaire [ʀɛktɑ̃gylɛʀ] *adj* rettangolare
rectificatif, -ive [ʀɛktifikatif, iv] *adj* (*état, compte, note*) di rettifica *inv* ▶ *nm* rettifica
rectifier [ʀɛktifje] *vt* rettificare
rectiligne [ʀɛktiliɲ] *adj* rettilineo(-a)
recto [ʀɛkto] *nm* (*d'une feuille*) retto, recto *m inv*
reçu, e [ʀ(ə)sy] *pp de* **recevoir** ▶ *adj* (*opinion, usage*) acquisito(-a) ▶ *nm* (*Comm*) ricevuta
recueil [ʀəkœj] *nm* raccolta
recueillir [ʀ(ə)kœjiʀ] *vt* raccogliere; (*accueillir*) accogliere; **se recueillir** *vr* raccogliersi
recul [ʀ(ə)kyl] *nm* (*d'une armée*) arretramento; (*fig* : *d'une épidémie*) regresso; (: *pour juger*) distacco; (*d'une arme à feu*) rinculo; **avoir un mouvement de ~** indietreggiare; **prendre du ~** indietreggiare; (*fig*) distaccarsi; **avec le ~** a distanza di tempo
reculé, e [ʀ(ə)kyle] *adj* lontano(-a), fuori mano *inv*; (*lointain dans le temps*) remoto(-a)
reculer [ʀ(ə)kyle] *vi* indietreggiare; (*fig* : *épidémie, civilisation*) regredire; (: *se dérober, hésiter*) tirarsi indietro ▶ *vt* spostare più indietro; (*mur, frontières*) spostare più in là; (*fig* : *possibilités, limites*) estendere; (: *date, livraison, décision*) rinviare; **~ devant** (*danger, difficulté*) indietreggiare davanti a; **~ pour mieux sauter** (*fig*) peggiorare le cose rimandando la decisione
reculons [ʀ(ə)kylɔ̃] : **à ~** *adv* all'indietro, a ritroso
récupérer [ʀekypeʀe] *vt* ricuperare ▶ *vi* ricuperare
récurer [ʀekyʀe] *vt* pulire (raschiando); **poudre à ~** detersivo abrasivo in polvere
reçut [ʀəsy] *vb voir* **recevoir**
recycler [ʀ(ə)sikle] *vt* riciclare; (*Scol*) orientare verso un altro indirizzo di studi; **se recycler** *vr* seguire un corso di aggiornamento professionale
rédacteur, -trice [ʀedaktœʀ, tʀis] *nm/f* redattore(-trice); **~ en chef** redattore *m* capo *inv*; **~ publicitaire** redattore pubblicitario
rédaction [ʀedaksjɔ̃] *nf* redazione *f*; (*d'un contrat*) stesura; (*Scol*) tema *m*, composizione *f*
redescendre [ʀ(ə)desɑ̃dʀ] *vi* ridiscendere ▶ *vt* (*bagages etc*) riportare giù; (*pente etc*) ridiscendere
redevance [ʀ(ə)dəvɑ̃s] *nf* canone *m*
rédiger [ʀediʒe] *vt* redigere
redire [ʀ(ə)diʀ] *vt* ridire; **avoir/trouver à ~ à qch** avere/trovare da ridire su qc
redoubler [ʀ(ə)duble] *vt* (*Scol* : *classe*) ripetere; (*Ling* : *lettre*) raddoppiare ▶ *vi* (*Scol*) ripetere (l'anno); **~ d'amabilité** diventare doppiamente gentile
redoutable [ʀ(ə)dutabl] *adj* temibile
redouter [ʀ(ə)dute] *vt* temere; **~ que/de faire** temere che/di fare
redressement [ʀ(ə)dʀɛsmɑ̃] *nm* (*de l'économie etc*) risanamento; **~ fiscal** rettifica delle imposte; **maison de ~** riformatorio
redresser [ʀ(ə)dʀese] *vt* raddrizzare; (*fig* : *situation, économie*) risanare; **se redresser** *vr* raddrizzarsi; (*se tenir très droit*) stare diritto(-a); (*fig* : *pays*) riprendersi; **~ (les roues)** (*Auto*) raddrizzare le ruote
réduction [ʀedyksjɔ̃] *nf* riduzione *f*; **en ~** *adv* (*en plus petit, en miniature*) in miniatura
réduire [ʀedɥiʀ] *vt* ridurre; (*rebelles*) sottomettere; (*Culin* : *jus, sauce*) far ispessire; **se réduire** *vr* : **se ~ à/en** ridursi a/in; **~ qn au silence/à la misère** ridurre qn al silenzio/in miseria; **~ qch à/en** ridurre qc a/in; **en être réduit à** essere ridotto a
réduit, e [ʀedɥi, it] *pp de* **réduire** ▶ *adj* ridotto(-a) ▶ *nm* bugigattolo, sgabuzzino
rééducation [ʀeedykasjɔ̃] *nf* rieducazione *f*; (*de délinquants*) rieducazione *f*, recupero; **centre de ~** centro di fisioterapia
réel, le [ʀeɛl] *adj* reale; (*intensif* : *avant le nom*) vero(-a) ▶ *nm* : **le ~** il reale
réellement [ʀeɛlmɑ̃] *adv* realmente
réexpédier [ʀeɛkspedje] *vt* rispedire
refaire [ʀ(ə)fɛʀ] *vt* rifare; (*santé, force*) riacquistare; **se refaire** *vr* (*en santé, argent etc*) riprendersi; **se ~ une santé** rimettersi; **se ~ à qch** riabituarsi a qc; **être refait** (*fam*) essere fregato

réfectoire [ʀefɛktwaʀ] *nm* refettorio
référence [ʀefeʀɑ̃s] *nf* riferimento; **références** *nfpl* (*garanties*) referenze *fpl*; **faire ~ à** fare riferimento a; **ouvrage de ~** opera di consultazione; **ce n'est pas une ~** (*fig*) questo non vuol dire (nulla); **~s exigées** (*sur petite annonce*) si chiedono referenze
référer [ʀefeʀe] : **se référer** *vr* : **se ~ à** (*ami, avis*) ricorrere a; (*texte, définition*) rifarsi a; (*se rapporter à*) riferirsi a; **en ~ à qn** sottoporre il caso a qn
refermer [ʀ(ə)fɛʀme] *vt* richiudere; **se refermer** *vr* richiudersi
refiler [ʀ(ə)file] (*fam*) *vt* : **~ qch à qn** rifilare qc a qn
réfléchi, e [ʀefleʃi] *adj* (*personne, Ling*) riflessivo(-a); (*action, décision*) ponderato(-a)
réfléchir [ʀefleʃiʀ] *vt* riflettere ▸ *vi* riflettere; **~ à** *ou* **sur** riflettere su; **c'est tout réfléchi** ci ho pensato bene
reflet [ʀ(ə)flɛ] *nm* riflesso; **reflets** *nmpl* (*du soleil, de la lumière*) riflesso *msg*; (*d'une étoffe, des cheveux*) riflessi *mpl*
refléter [ʀ(ə)flete] *vt* riflettere; (*fig* : *traduire*) rispecchiare; (: *exprimer*) esprimere; **se refléter** *vr* riflettersi; (*fig*) rispecchiarsi
réflexe [ʀeflɛks] *nm* riflesso; (*réaction*) reazione *f* istintiva ▸ *adj* (*acte*) riflesso(-a); (*mouvement*) automatico(-a); **avoir de bons ~s** avere buoni riflessi; **~ conditionné** riflesso condizionato
réflexion [ʀeflɛksjɔ̃] *nf* riflessione *f*; (*remarque*) osservazione *f*; **réflexions** *nfpl* (*méditations*) riflessioni *fpl*; **sans ~** senza riflettere; **~ faite, à la/après ~** a pensarci bene; **cela demande ~** è bene rifletterci su; **délai de ~** periodo di riflessione; **groupe de ~** gruppo di esperti
réflexologie [ʀeflɛksɔlɔʒi] *nf* riflessologia
réforme [ʀefɔʀm] *nf* riforma; (*de la discipline*) ristabilimento; **la R~** (*Rel*) la Riforma
réformer [ʀefɔʀme] *vt* (*institutions, Mil*) riformare; (*règle, discipline*) ristabilire
refouler [ʀ(ə)fule] *vt* (*envahisseurs*) respingere; (*liquide*) far rifluire; (*fig* : *larmes, colère*) reprimere; (*Psych*) rimuovere
refrain [ʀ(ə)fʀɛ̃] *nm* (*d'une chanson, fig*) ritornello; (*air*) motivo
refréner [ʀəfʀene] *vt* frenare
réfrigérateur [ʀefʀiʒeʀatœʀ] *nm* frigorifero
refroidir [ʀ(ə)fʀwadiʀ] *vt* (*aussi fig*) raffreddare ▸ *vi* raffreddarsi; **se refroidir** *vr* (*prendre froid* : *personne*) prendere freddo; (*temps, fig* : *ardeur, sentiments*) raffreddarsi
refroidissement [ʀ(ə)fʀwadismɑ̃] *nm* raffreddamento; (*grippe, rhume*) raffreddore *m*
refuge [ʀ(ə)fyʒ] *nm* rifugio; (*pour piétons*) salvagente *m*; **chercher/ trouver ~ auprès de qn** cercare/ trovare rifugio presso qn; **demander ~ à qn** chiedere asilo a qn
réfugié, e [ʀefyʒje] *adj, nm/f* rifugiato(-a), profugo(-a)
réfugier [ʀefyʒje] : **se réfugier** *vr* rifugiarsi; (*fig*) rifugiarsi, trovare rifugio
refus [ʀ(ə)fy] *nm* rifiuto; (*Scol*) bocciatura; **ce n'est pas de ~** (*fam*) non dico di no
refuser [ʀ(ə)fyze] *vt* rifiutare; (*Scol* : *candidat*) respingere ▸ *vi* (*Équitation*) rifiutare l'ostacolo; **~ qch à qn** negare qc a qn; **~ de faire** rifiutarsi di fare; **~ du monde** mandare via delle persone; **se ~ à faire qch** rifiutarsi di fare qc; **se ~ à qn** rifiutare di concedersi a qn; **il ne se refuse rien** non si fa mancare niente
regagner [ʀ(ə)gaɲe] *vt* (*lieu, place*) ritornare a
regain [ʀəgɛ̃] *nm* (*herbe*) fieno di secondo taglio; **un ~ de** (*de vie, activité, santé*) un ritorno di
régal [ʀegal] *nm* delizia; **c'est un (vrai) ~** è una (vera) delizia; **ce paysage est un ~ pour les yeux** è un piacere guardare questo paesaggio
régaler [ʀegale] *vt* : **~ qn** offrire un buon pranzo a qn; **se régaler** *vr* (*faire un bon repas*) concedersi un bel pranzetto; (*fig*) godersela; **c'est moi qui régale aujourd'hui !** oggi offro io!

> **FAUX AMIS**
> **régaler** ne se traduit pas par le mot italien *regalare*.

regard [ʀ(ə)gaʀ] *nm* sguardo; **parcourir/menacer du ~** percorrere/ minacciare con lo sguardo; **au ~ de** per quanto riguarda; **en ~** di fronte; (*traduction*) a fronte; **en ~ de** rispetto a
regardant, e [ʀ(ə)gaʀdɑ̃, ɑ̃t] *adj* : **très/ peu ~ (sur)** molto/poco attento(-a) (a)

regarder [R(ə)gaRde] *vt* guardare; (*envisager, considérer*) considerare; (*concerner*) riguardare ▸ *vi* guardare; **~ la télévision** guardare la televisione; **~ qn/qch comme** considerare qn/qc; **~ (qch) dans le dictionnaire/ l'annuaire** cercare (qc) nel dizionario/ nell'elenco telefonico; **~ par la fenêtre** guardare dalla finestra; **~ à** (*dépense, détails*) guardare *ou* badare a; **dépenser sans ~** non badare a spese; **cela me regarde** è una cosa che mi riguarda

régie [Reʒi] *nf* (*Admin*) gestione *f* pubblica; (*Comm, Ind*) *nome dato ad alcune aziende di stato*; (*Ciné, Théâtre*) regia; (*Radio, TV*) sala di registrazione

régime [Reʒim] *nm* regime *m*; (*diète*) dieta, regime *m*; (*de bananes*) casco; (*de dattes*) grappolo; **se mettre au/suivre un ~** mettersi a/seguire una dieta; **~ sans sel** dieta senza sale; **à bas/ haut ~** (*Auto*) a basso/alto numero di giri; **à plein ~** a pieno regime; **~ matrimonial** regime matrimoniale

régiment [Reʒimɑ̃] *nm* reggimento; **un ~ de** (*fig : fam*) un reggimento di; **un copain de ~** un amico di naia

région [Reʒjɔ̃] *nf* regione *f*; **la ~ parisienne** la zona di Parigi

La Francia metropolitana si suddivide in 22 regioni, ciascuna composta da diversi *départements*. Vi sono inoltre 5 regioni d'oltremare ognuna con un *département*. Ciascuna **région** è amministrata da un *conseil régional*, i cui membri, *les conseillers régionaux*, vengono eletti per un periodo di sei anni tramite elezioni regionali. L'espressione *la région* viene anche usata per indicare il consiglio regionale.

régional, e, -aux [Reʒjɔnal, o] *adj* regionale

régir [ReʒiR] *vt* (*suj : loi, règle*) disciplinare; (*Ling*) reggere

régisseur, -euse [ReʒisœR, øz] *nm/f* (*d'un domaine*) amministratore(-trice); (*Ciné, TV*) segretario(-a) di produzione; (*Théâtre*) direttore(-trice) di scena

registre [RəʒistR] *nm* registro; **~ de comptabilité** (libro) mastro; **~ de l'état civil** registro di stato civile

réglable [Reglabl] *adj* (*siège, flamme*) regolabile

réglage [Reglaʒ] *nm* (*d'une machine*) regolazione *f*, messa a punto; (*d'un moteur*) messa a punto

règle [Rɛgl] *nf* regola, norma; (*instrument*) riga, righello; (*de grammaire, de la poésie*) regola; (*Rel*) : **la ~** la regola; **règles** *nfpl* (*Physiol*) mestruazioni *fpl*; **j'ai pour ~ de ne pas me fâcher** per principio non mi arrabbio; **en ~** in regola; **être/se mettre en ~** essere/mettersi in regola; **dans** *ou* **selon les ~s** secondo le regole; **être de ~** essere di regola; **c'est la ~ que ...** succede regolarmente che ...; **en ~ générale** di regola, in generale; **~ de trois** (*Math*) regola del tre semplice

réglé, e [Regle] *adj* (*affaire*) sistemato(-a); (*vie, personne*) regolato(-a); (*papier*) a righe; **bien réglée** (*femme*) che ha il ciclo regolare

règlement [Rɛgləmɑ̃] *nm* (*de l'emploi du temps*) organizzazione *f*; (*d'un problème*) soluzione *f*; (*d'une facture, d'un fournisseur*) pagamento, saldo; (*Admin : arrêté*) decreto; (*Admin, gén : règles, statuts*) regolamento; **~ à la commande** pagamento anticipato; **~ en espèces/par chèque** pagamento in contanti/con assegno; **~ de compte(s)** regolamento di conti; **~ intérieur** regolamento interno; **~ judiciaire** liquidazione *f* giudiziaria

réglementaire [Rɛgləmɑ̃tɛR] *adj* regolamentare

réglementation [Rɛgləmɑ̃tasjɔ̃] *nf* regolamentazione *f*; (*règlements*) normativa

réglementer [Rɛgləmɑ̃te] *vt* regolamentare

régler [Regle] *vt* (*mécanisme, machine*) regolare; (*moteur*) mettere a punto; (*modalités etc*) fissare; (*emploi du temps etc*) organizzare; (*question, problème, conflit*) risolvere; (*note, facture, dette*) pagare, regolare; (*fournisseur*) pagare; **~ qch sur** regolare qc su; **~ son compte à qn** regolare i conti con qn; **~ un compte avec qn** regolare un conto con qn

réglisse [Reglis] *nf* liquirizia; **pâte/ bâton de ~** pasta/bastoncino di liquirizia

règne [Rɛɲ] *nm* regno; **le ~ végétal/ animal** il regno vegetale/animale

régner [Reɲe] *vi* regnare

regorger [R(ə)gɔRʒe] *vi* : **~ de** traboccare di

regret [R(ə)gRɛ] *nm* (*nostalgie*) rimpianto; (*repentir, remords*) rimpianto, rammarico; **à ~** a malincuore; **avec ~** con dispiacere *ou* rincrescimento; **à mon grand ~** con mio grande dispiacere *ou* rincrescimento; **être au ~ de devoir/ne pas pouvoir faire ...** essere spiacente di dovere/di non poter fare ...; **j'ai le ~ de vous informer que ...** sono dolente di informarla che ...

regrettable [R(ə)gRetabl] *adj* spiacevole, increscioso(-a); **il est ~ que** è un peccato che

regretter [R(ə)gRete] *vt* (*jeunesse, personne partie*) rimpiangere; (*action commise etc*) pentirsi di; (*déplorer*) disapprovare; (*non-réalisation d'un projet etc*) essere dispiaciuto(-a) per; **elle regrette que/de/d'avoir fait** le (di)spiace che/di/di aver fatto; **je regrette** mi (di)spiace

regrouper [R(ə)gRupe] *vt* raggruppare; **se regrouper** *vr* raggrupparsi

régulier, -ière [Regylje, jɛR] *adj* regolare; (*exact, ponctuel* : *employé*) preciso(-a); (*constant* : *élève, écrivain*) costante; (*fam* : *correct, loyal*) corretto(-a); **clergé ~** clero regolare; **armées/troupes régulières** eserciti *mpl*/truppe *fpl* regolari

régulièrement [RegyljɛRmɑ̃] *adv* regolarmente

rehausser [Rəose] *vt* rialzare; (*fig*) dare maggior risalto a

rein [Rɛ̃] *nm* rene *m*; **reins** *nmpl* (*Anat* : *dos, muscles du dos*) reni *fpl*; **avoir mal aux ~s** avere male ai reni; **~ artificiel** rene artificiale

reine [Rɛn] *nf* regina; **~ mère** regina madre

reine-claude [Rɛnklod] (*pl* **reines-claudes**) *nf* (Regina) claudia

réinscriptible [Reɛ̃skRiptibl] *adj* (*CD, DVD*) riscrivibile

réinsertion [Reɛ̃sɛRsjɔ̃] *nf* reinserimento

réintégrer [Reɛ̃tegRe] *vt* (*lieu*) ritornare a; (*fonctionnaire*) reintegrare

rejaillir [R(ə)ʒajiR] *vi* : **~ sur** ricadere su

rejet [Rəʒɛ] *nm* rigetto; (*d'un candidat*) bocciatura; (*d'offres*) rifiuto; (*Poésie*) *tipo di enjambement costituito di una sola parola*; (*Bot*) germoglio, pollone *m*; **phénomène de ~** (*Méd*) fenomeno di rigetto; **rejets** *nmpl* rifiuti *mpl*; **~s industriels/polluants** rifiuti industriali/inquinanti

rejeter [Rəʒ(ə)te] *vt* (*écarter* : *offres, candidat*) respingere; **~ un mot à la fin d'une phrase** spostare una parola alla fine di una frase; **~ la tête/les épaules en arrière** gettare la testa/le spalle all'indietro; **~ la responsabilité de qch sur qn** scaricare la responsabilità di qc su qn

rejoindre [R(ə)ʒwɛ̃dR] *vt* raggiungere; (*suj* : *route etc*) congiungersi con; **se rejoindre** *vr* (*personnes*) ritrovarsi, ricongiungersi; (*routes*) congiungersi; (*fig* : *observations, arguments*) coincidere; **je te rejoins au café** ti raggiungo al bar

réjouir [ReʒwiR] *vt* rallegrare; **se réjouir** *vr* rallegrarsi; **se ~ de qch/faire qch** essere felice di qc/di fare qc; **se ~ que** essere felice che

réjouissances [Reʒwisɑ̃s] *nfpl* (*joie collective*) giubilo *msg*; (*fête*) festeggiamenti *mpl*

relâche [Rəlɑʃ] *nf* : **faire ~** (*navire*) fare scalo; (*Ciné*) essere chiuso per turno di riposo; **jour de ~** (*Ciné*) giorno di riposo; **sans ~** senza posa, senza sosta

relâché, e [R(ə)lɑʃe] *adj* (*discipline*) rilassato(-a)

relâcher [R(ə)lɑʃe] *vt* (*corde, discipline*) allentare; (*animal, prisonnier*) rilasciare, liberare; **se relâcher** *vr* (*corde, discipline*) allentarsi; (*élève*) lasciarsi andare

relais [R(ə)lɛ] *nm* (*Sport*) : **(course de) ~** (corsa a) staffetta; (*Radio, TV*) ripetitore *m*; **satellite ~** satellite *m* per telecomunicazioni; **ville ~** tappa; **servir de ~** (*entre deux personnes*) fare da tramite; **équipe de ~** (*dans une usine etc*) squadra di turno; (*Sport*) squadra della staffetta; **prendre le ~ de qn** dare il cambio a qn; (*fig*) continuare l'operato di qn; **je prends le ~** continuo io; **~ routier** ≈ autogrill *m inv* per camionisti

relancer [R(ə)lɑ̃se] *vt* (*balle, fig* : *projet etc*) rilanciare; (*moteur*) rimettere in moto; (*personne*) sollecitare

relatif, -ive [R(ə)latif, iv] *adj* relativo(-a); **~ à** relativo(-a) a

relation [R(ə)lasjɔ̃] *nf* relazione *f*; **relations** *nfpl* (*rapports* : *avec d'autres personnes*) rapporti *mpl*; (*connaissances, amis*) conoscenze *fpl*; **avoir des ~s** (*personnes influentes*) avere delle conoscenze; **être/entrer en ~(s) avec** essere/mettersi in contatto con; **mettre qn en ~(s) avec** mettere qn in contatto con; **avoir** *ou* **entretenir des ~s avec** intrattenere rapporti con; **~s internationales** relazioni internazionali; **~s publiques** pubbliche relazioni; **~s sexuelles** rapporti sessuali

relaxer [Rəlakse] *vt* rilassare; (*Jur* : *détenu*) rilasciare; **se relaxer** *vr* rilassarsi

relayer [R(ə)leje] *vt* (*collaborateur etc*) dare il cambio a; **se relayer** *vr* darsi il cambio

reléguer [R(ə)lege] *vt* relegare; **~ au second plan** relegare in secondo piano; **se sentir relégué** sentirsi relegato

relève [Rəlɛv] *nf* cambio; (*personnes*) chi dà il cambio; **prendre la ~** dare il cambio

relevé, e [Rəl(ə)ve] *adj* (*bord de chapeau*) rialzato(-a); (*manches*) rimboccato(-a); (*virage*) sopraelevato(-a); (*fig* : *conversation, style*) elevato(-a); (: *sauce, plat*) piccante ▶ *nm* (*liste*) lista, nota; (*de cotes*) rilevamento; (*facture*) fattura; (*lecture* : *d'un compteur*) lettura; **~ d'identité bancaire** estremi *mpl* di un conto bancario; **~ de compte** estratto *m* conto *inv*

relever [Rəl(ə)ve] *vt* (*remettre debout*) rialzare; (*vitre, store, col*) tirare su; (*pays, économie*) risollevare; (*niveau de vie, salaire*) alzare; (*style, conversation*) alzare il livello di; (*plat, sauce*) insaporire; (*sentinelle, équipe*) dare il cambio a; (*souligner* : *points*) sottolineare; (*remarquer, constater*) rilevare; (*répliquer à* : *remarque, défi*) raccogliere; (*noter* : *adresse, dessin*) annotare; (: *plan*) mettere giù; (: *cotes etc*) rilevare; (*compteur*) leggere; (*ramasser* : *cahiers, copies*) raccogliere; **se relever** *vr* (*se remettre debout*) rialzarsi; (*sortir du lit*) alzarsi; (*fig*) : **se ~ (de)** riprendersi (da); **~ de** (*maladie*) rimettersi da; (*être du ressort de*) essere di competenza di; (*Admin* : *dépendre de*) dipendere da; (*fig* : *être du domaine de*) rientrare nell'ambito di; **~ qn de** (*Rel* : *vœux*) liberare *ou* sciogliere qn da; (*fonctions*) sollevare qn da; **~ la tête** (*aussi fig*) rialzare la testa

relief [Rəljɛf] *nm* rilievo; (*de pneu*) scolpitura; **reliefs** *nmpl* (*restes*) resti *mpl*; **en ~** in rilievo; (*photographie*) tridimensionale; **mettre en ~** (*fig*) mettere in rilievo *ou* risalto; **donner du ~ à** (*fig*) far risaltare

relier [Rəlje] *vt* collegare; (*livre*) rilegare; **~ qch à** collegare qc a; **livre relié cuir** libro rilegato in pelle

religieux, -euse [R(ə)liʒjø, jøz] *adj* religioso(-a) ▶ *nm* religioso ▶ *nf* religiosa; (*gâteau*) *dolcetto formato da un bigné più grande e uno più piccolo sovrapposti e ripieni di crema*

religion [R(ə)liʒjɔ̃] *nf* religione *f*; (*piété, dévotion*) fede *f*; **entrer en ~** prendere i voti

relire [R(ə)liR] *vt* rileggere; **se relire** *vr* rileggere ciò che si è scritto

reluire [R(ə)lɥiR] *vi* risplendere, brillare

remanier [R(ə)manje] *vt* rimaneggiare; (*Pol* : *ministère*) rimpastare

remarquable [R(ə)maRkabl] *adj* notevole; (*orateur, médecin*) ottimo(-a)

remarque [R(ə)maRk] *nf* osservazione *f*; (*écrite*) nota

remarquer [R(ə)maRke] *vt* (*voir*) notare; (*dire*) : **~ que** osservare che; **se remarquer** *vr* (*être apparent*) notarsi; **se faire ~** (*péj*) farsi notare; **faire ~ (à qn) que** fare notare (a qn) che; **faire ~ qch (à qn)** fare notare qc (a qn); **remarquez que ...** noti che ...

rembourrer [Rɑ̃buRe] *vt* imbottire

remboursement [Rɑ̃buRsəmɑ̃] *nm* rimborso; **envoi contre ~** spedizione *f* contro assegno

rembourser [Rɑ̃buRse] *vt* rimborsare

remède [R(ə)mɛd] *nm* (*médicament*) farmaco, medicina; (*thérapeutique, traitement*) cura, rimedio; (*fig*) rimedio; **trouver un ~ à** (*Méd*) trovare una cura per; (*fig*) trovare rimedio a; **un ~ à la crise** un rimedio alla crisi

remémorer [R(ə)memɔRe] : **se remémorer** *vr* rammentarsi

remerciement [R(ə)mɛRsimɑ̃] : **~s** *nmpl* ringraziamenti *mpl*; **(avec) tous mes ~s** vivi ringraziamenti

remercier [R(ə)mɛRsje] *vt* ringraziare; (*congédier* : *employé*) licenziare; **~ qn de qch/d'avoir fait qch** ringraziare qn di *ou* per qc/per aver fatto qc; **non, je vous remercie** no, la ringrazio

remettre [R(ə)mɛtR] *vt* rimettere; (*ajouter*) mettere ancora; (*rétablir* : *courant, eau*) far tornare; (*rendre, restituer*) ridare; (*donner* : *paquet, prix*) consegnare; (*ajourner, reporter*) rimandare, rinviare; **se remettre** *vr* ristabilirsi; **se ~ de** rimettersi *ou* riprendersi da; **s'en ~ à** (*personne, avis*) rimettersi *ou* affidarsi a; **se ~ à faire** rimettersi a fare; **se ~ à qch** riprendere qc; **~ qch en place** rimettere qc a posto; **~ qn** (*fam : reconnaître*) riconoscere qn; **~ qn à sa place** (*fig*) rimettere qn al suo posto; **~ une pendule à l'heure** regolare un orologio; **~ les pendules à l'heure** (*fig*) mettere i puntini sugli i; **~ un moteur/une machine en marche** rimettere in moto un motore/una macchina; **~ en état/en ordre/en usage** rimettere a posto/in ordine/in uso; **~ en cause/question** rimettere in questione; **~ sa démission** consegnare le proprie dimissioni; **~ qch à plus tard** rimandare qc a più tardi; **~ qch à neuf** rimettere a nuovo qc

remise [R(ə)miz] *nf* (*d'un colis, d'une récompense*) consegna; (*rabais, réduction*) riduzione *f*; (*lieu, local*) rimessa; **~ à neuf** rimessa a nuovo; **~ de peine** (*Jur*) condono della pena; **~ en cause** rimessa in questione; **~ en jeu** (*Football*) rimessa in gioco; **~ en marche** rimessa in moto; **~ en ordre** riordinamento; **~ en question** rimessa in questione

remontant [R(ə)mɔ̃tɑ̃] *nm* cordiale *m*, tonico

remontée [R(ə)mɔ̃te] *nf* risalita; **~s mécaniques** (*Ski*) impianti *mpl* di risalita

remonte-pente [R(ə)mɔ̃tpɑ̃t] (*pl* **-s**) *nm* ski-lift *m inv*

remonter [R(ə)mɔ̃te] *vi* risalire; (*jupe*) salire ▸ *vt* risalire; (*pantalon, col*) tirare su; (*limite, niveau*) rialzare; (*moteur, meuble*) rimontare; (*garde-robe, collection*) rifare; (*montre, mécanisme*) ricaricare; **~ à** (*dater de*) risalire a; **~ en voiture** risalire in macchina; **~ le moral à qn** tirare su di morale qn

remontrer [R(ə)mɔ̃tR] *vt* : **en ~ à qn** (*fig*) mostrare di saperla più lunga di qn

remords [R(ə)mɔR] *nm* rimorso; **avoir des ~** avere dei rimorsi

remorque [R(ə)mɔRk] *nf* rimorchio; **prendre en ~** prendere a rimorchio; **être à la ~** (*fig*) farsi trainare

remorquer [R(ə)mɔRke] *vt* rimorchiare, trainare

remorqueur [R(ə)mɔRkœR] *nm* rimorchiatore *m*

remous [Rəmu] *nm* (*à l'arrière d'un navire*) risucchio; (*d'une rivière*) mulinello; **remous** *nmpl* (*fig*) agitazione *f*

rempart [Rɑ̃paR] *nm* bastione *m*; (*fig*) scudo; **remparts** *nmpl* (*murs d'enceinte*) mura *fpl*

remplaçant, e [Rɑ̃plasɑ̃, ɑ̃t] *nm/f* sostituto(-a); (*Théâtre*) doppio *m*; (*Scol*) supplente *m/f*

remplacement [Rɑ̃plasmɑ̃] *nm* sostituzione *f*; (*job, Scol*) supplenza; **assurer le ~ de qn** sostituire qn; **faire des ~s** (*professeur*) fare delle supplenze; (*médecin*) sostituire altri medici

remplacer [Rɑ̃plase] *vt* sostituire, rimpiazzare; (*pneu, ampoule*) sostituire

rempli, e [Rɑ̃pli] *adj* pieno(-a); **~ de** pieno(-a) di

remplir [Rɑ̃pliR] *vt* riempire; (*questionnaire, fiche*) compilare; (*obligations, formalité*) adempiere a; (*fonction, rôle*) assolvere; (*conditions*) soddisfare; **se remplir** *vr* riempirsi; **~ qch de** riempire qc di; **~ qn de** (*joie, admiration*) riempire qn di

remporter [Rɑ̃pɔRte] *vt* riprendere, portare via; (*victoire, succès*) riportare

remuant, e [Rəmɥɑ̃, ɑ̃t] *adj* agitato(-a)

remue-ménage [R(ə)mymenaʒ] (*pl* **remue-ménage(s)**) *nm* confusione *f*, trambusto

remuer [Rəmɥe] *vt* (*partie du corps*) muovere; (*café, salade, sauce*) mescolare; (*émouvoir*) toccare, commuovere ▸ *vi* muoversi; **se remuer** *vr* muoversi; (*fig : se démener*) darsi da fare

rémunérer [RemyneRe] *vt* remunerare

renaissance [R(ə)nɛsɑ̃s] *nf* rinascita; **la R~** il Rinascimento

renaître [R(ə)nɛtR] *vi* rinascere; **~ à la vie/à l'espoir** rinascere alla vita/alla speranza

renard [R(ə)naR] *nm* volpe *f*

renchérir [Rɑ̃ʃeRiR] *vi* rincarare; **~ (sur)** (*fig*) esagerare (in)

rencontre [Rɑ̃kɔ̃tR] *nf* (*aussi Sport*) incontro; (*de cours d'eau*) confluenza; **faire la ~ de qn** incontrare qn; **aller à la ~ de qn** andare incontro a qn; **amis/amours de ~** amici *mpl*/amori *mpl* occasionali

rencontrer [Rɑ̃kɔ̃tRe] *vt* incontrare; **se rencontrer** *vr* incontrarsi; (*fleuves*) confluire

rendement [Rɑ̃dmɑ̃] *nm* (*d'un travailleur*) rendimento; (*d'une culture,* *d'une machine*) rendimento, resa; (*d'un investissement*) rendimento; **à plein ~** al massimo dell'efficienza

rendez-vous [Rɑ̃devu] *nm inv* appuntamento; (*lieu*) (punto di) ritrovo; **recevoir sur ~** ricevere per appuntamento; **donner ~ à qn** dare appuntamento a qn; **fixer un ~ à qn** fissare un appuntamento a qn; **avoir ~ (avec qn)** avere (un) appuntamento (con qn); **prendre ~ (avec qn)** prendere (un) appuntamento (con qn); **prendre ~ chez le médecin** prendere un appuntamento dal medico

rendre [Rɑ̃dR] *vt* rendere; (*livre, argent etc*) rendere, restituire; (*otages*) restituire; (*salut, une politesse*) ricambiare; (*sang, aliments*) vomitare; (*sons*) emettere; (*verdict, jugement*) emettere; **se rendre** *vr* arrendersi; **se ~ quelque part** andare *ou* recarsi da qualche parte; **se ~ compte de qch** rendersi conto di qc; **~ la vue/l'espoir à qn** restituire *ou* rendere la vista/la speranza a qn; **~ la liberté** restituire *ou* rendere la libertà; **~ la monnaie** dare il resto; **~ visite à qn** far visita a qn; **se ~ à** (*arguments, avis*) arrendersi a; **se ~ à l'évidence** arrendersi all'evidenza; **se ~ insupportable** rendersi insopportabile

rênes [Rɛn] *nfpl* redini *fpl*

renfermé, e [Rɑ̃fɛRme] *adj* (*fig : personne*) chiuso(-a) ▸ *nm* : **sentir le ~** avere odore di chiuso

renfermer [Rɑ̃fɛRme] *vt* racchiudere, contenere; **se ~ sur soi-même** (rin)chiudersi in se stesso(-a)

renflouer [Rɑ̃flue] *vt* (*aussi fig*) riportare a galla; (*caisses, finances*) rimpinguare

renforcer [Rɑ̃fɔRse] *vt* rinforzare, rafforzare; **~ qn dans ses opinions** rafforzare qn nelle sue opinioni

renfort [Rɑ̃fɔR] : **~s** *nmpl* (*Mil, gén*) rinforzi *mpl*; **en ~** di rinforzo; **à grand ~ de** con molto(-a), con abbondante uso di

renfrogné, e [Rɑ̃fRɔɲe] *adj* accigliato(-a)

renier [Rənje] *vt* rinnegare; (*engagements*) venir meno a

renifler [R(ə)nifle] *vi* tirar su col naso ▸ *vt* (*tabac, odeur*) annusare, fiutare

renne [Rɛn] *nm* renna

renom [Rənɔ̃] *nm* fama; **vin de grand ~** vino rinomato

renommé, e [R(ə)nɔme] *adj* rinomato(-a), famoso(-a)

renommée [R(ə)nɔme] *nf* fama

renoncer [R(ə)nɔ̃se] : **~ à** *vt* rinunciare a; **~ à faire qch** rinunciare a fare qc; **j'y renonce** ci rinuncio

renouer [Rənwe] *vt* (*cravate, lacets*) riannodare; (*fig : conversation*) riprendere; (*: liaison*) riallacciare; **~ avec** (*tradition, habitude*) riprendere; **~ avec qn** riallacciare i rapporti con qn

renouvelable [R(ə)nuv(ə)labl] *adj* (*contrat, bail, énergie*) rinnovabile; (*expérience*) ripetibile

renouveler [R(ə)nuv(ə)le] *vt* rinnovare; (*eau d'une piscine, pansement*) cambiare; (*exploit, méfait*) ripetere; **se renouveler** *vr* rinnovarsi; (*incident*) ripetersi

renouvellement [R(ə)nuvɛlmɑ̃] *nm* rinnovo; (*d'un usage, d'une mode*) rinnovarsi *m inv*; (*d'exploit*) ripetizione *f*; (*de pansement*) cambio; (*d'incident*) ripetersi *m inv*

rénover [Renɔve] *vt* rimettere a nuovo; (*enseignement, méthodes*) rinnovare

renseignement [Rɑ̃sɛɲmɑ̃] *nm* informazione *f*; **prendre des ~s sur** prendere informazioni su; **(guichet des) ~s** (sportello delle) informazioni; **service des ~s** servizio informazioni; **agent de ~s** agente *m* segreto; **les ~s généraux** ≈ l'ufficio politico della questura

renseigner [Rɑ̃seɲe] *vt* : **~ qn (sur)** informare qn (su); (*suj : expérience, document*) fornire informazioni su; **se renseigner** *vr* informarsi

rentabilité [Rɑ̃tabilite] *nf* redditività *f inv*

rentable [Rɑ̃tabl] *adj* redditizio(-a)

rente [Rɑ̃t] *nf* rendita; **~ viagère** rendita vitalizia

rentrée [Rɑ̃tRe] *nf* rientro; **~ (d'argent)** entrata; **la ~ (des classes)** la riapertura delle scuole; **la ~ (parlementaire)** la ripresa dell'attività parlamentare; **faire sa ~** tornare sulle scene

La **rentrée**, in settembre, rappresenta un momento importante della vita francese. Alunni ed insegnanti ritornano a scuola e la vita sociale e politica inizia di nuovo dopo la lunga pausa estiva.

r

rentrer [ʀɑ̃tʀe] *vi* (*entrer de nouveau*) rientrare; (*entrer*) entrare; (*revenir chez soi*) rientrare, rincasare ▸ *vt* (*foins*) portare dentro; (*véhicule etc*) mettere dentro; (*chemise dans pantalon etc*) infilare; (*griffes*) rinfoderare; (*train d'atterrissage*) far rientrare; (*fig* : *larmes, colère*) reprimere; **~ le ventre** tirare in dentro la pancia; **~ dans** rientrare in; (*entrer*) entrare in; (*heurter*) andare a sbattere contro; **~ dans l'ordre** ritornare alla normalità; **~ dans ses frais** rientrare nelle spese

renverse [ʀɑ̃vɛʀs] : **à la ~** *adv* all'indietro, riverso(-a)

renverser [ʀɑ̃vɛʀse] *vt* (*faire tomber*) rovesciare; (*piéton*) investire; (*liquide* : *volontairement*) versare; (*retourner*) capovolgere; (*intervertir*) invertire; (*fig* : *ministère, gouvernement*) rovesciare; (*stupéfier*) sbalordire; **se renverser** *vr* rovesciarsi; (*véhicule*) capovolgersi; **~ la tête en arrière** rovesciare la testa all'indietro; **~ la vapeur** dare il controvapore; (*fig*) fare un'inversione di marcia

renvoi [ʀɑ̃vwa] *nm* rinvio; (*d'un employé*) licenziamento; (*d'un élève*) espulsione *f*; (*éructation*) rutto

renvoyer [ʀɑ̃vwaje] *vt* (*faire retourner*) rimandare; (*faire partir*) mandare via; (*congédier* : *élève*) espellere; (: *domestique, employé*) licenziare; (*balle, son*) rinviare; (*colis etc*) rimandare indietro; (*lumière*) riflettere; **~ qch (à)** (*ajourner, différer*) rimandare qc (a); **~ qch à qn** rimandare qc a qn; **~ qn à** (*fig* : *référer*) rimandare qn a

repaire [ʀ(ə)pɛʀ] *nm* (*aussi fig*) covo

répandre [ʀepɑ̃dʀ] *vt* (*liquide*) versare, spargere; (*gravillons, sable, fig* : *terreur, joie*) spargere; (*lumière, chaleur, fig* : *nouvelle, usage*) diffondere; (*odeur*) spandere; **se répandre** *vr* (*liquide*) versarsi; (*odeur, fumée*) spandersi; (*foule*) sparpagliarsi; (*fig* : *épidémie, mode*) diffondersi; **se ~ en** (*injures*) prorompere in; (*compliments*) profondersi in

répandu, e [ʀepɑ̃dy] *pp de* **répandre** ▸ *adj* (*courant*) diffuso(-a); **papiers ~s par terre/sur un bureau** carte *fpl* sparse per terra/su una scrivania

réparation [ʀepaʀasjɔ̃] *nf* riparazione *f*; **réparations** *nfpl* (*travaux*) lavori *mpl* di riparazione; **en ~** in riparazione; **demander à qn ~ de** (*offense etc*) chiedere a qn riparazione di

réparer [ʀepaʀe] *vt* riparare; (*fig* : *offense, erreur*) riparare a

repartie [ʀepaʀti] *nf* risposta pronta; **avoir de la** *ou* **l'esprit de ~** avere la risposta pronta

repartir [ʀ(ə)paʀtiʀ] *vi* ripartire; (*fig* : *affaire*) rimettersi in moto; **~ à zéro** ripartire da zero

répartir [ʀepaʀtiʀ] *vt* ripartire, suddividere; **se répartir** *vr* (*travail, rôles*) spartirsi; **~ sur** (*étaler* : *dans le temps*) ripartire in; **~ en** (*classer, diviser*) suddividere in

répartition [ʀepaʀtisjɔ̃] *nf* ripartizione *f*, suddivisione *f*; (*de rôles*) assegnazione *f*

repas [ʀ(ə)pɑ] *nm* pasto; **à l'heure des ~** all'ora dei pasti

repassage [ʀ(ə)pɑsaʒ] *nm* stiratura

repasser [ʀ(ə)pɑse] *vi* ripassare ▸ *vt* (*vêtement*) stirare; (*examen, film*) ridare; (*leçon, rôle*) ripassare

repentir [ʀəpɑ̃tiʀ] *nm* pentimento; **se repentir** *vr* pentirsi; **se ~ de qch/d'avoir fait qch** pentirsi di qc/di aver fatto qc

répercussions [ʀepɛʀkysjɔ̃] *nfpl* (*fig*) ripercussioni *fpl*

répercuter [ʀepɛʀkyte] *vt* (*son, echo*) rinviare; (*hausse des prix*) far ripercuotere; (*consignes, informations*) trasmettere; (*impôt, taxe*) fare la traslazione di; **se répercuter** *vr* ripercuotersi; **se ~ sur** (*fig*) ripercuotersi su

repère [ʀ(ə)pɛʀ] *nm* (punto di) riferimento; (*Tech*) segno di riferimento; **point de ~** punto di riferimento

repérer [ʀ(ə)peʀe] *vt* individuare; (*abri, ennemi*) individuare, localizzare; **se repérer** *vr* orientarsi; **se faire ~** farsi scoprire *ou* notare

répertoire [ʀepɛʀtwaʀ] *nm* repertorio; (*de carnet*) rubrica; (*Inform*) directory *m inv*; (*indicateur*) guida

répéter [ʀepete] *vt* ripetere; (*nouvelle, secret*) riferire; (*Théâtre* : *rôle*) provare ▸ *vi* (*Théâtre etc*) provare; **se répéter** *vr* ripetersi; **je te répète que ...** ti ripeto che ...

répétition [ʀepetisjɔ̃] *nf* ripetizione *f*; (*Théâtre*) prova; **armes à ~** armi *fpl* a ripetizione; **~ générale** (*Théâtre*) prova generale

répit [ʀepi] *nm* tregua; (*fig*) tregua, respiro; **sans ~** senza tregua
replier [ʀ(ə)plije] *vt* ripiegare; **se replier** *vr* (*troupes*) ripiegare, ritirarsi; **se ~ sur soi-même** rinchiudersi in se stesso
réplique [ʀeplik] *nf* (*repartie, fig*) risposta; (*objection*) replica; (*Théâtre*) battuta; (*copie*) copia; **donner la ~ à** (*Théâtre*) dare la battuta a; (*fig*) ribattere a; **sans ~** che non ammette repliche
répliquer [ʀeplike] *vi* replicare, rispondere; (*avec impertinence, riposter*) rispondere; **~ à/que** replicare *ou* rispondere a/che
répondeur [ʀepɔ̃dœʀ] *nm* : **~ automatique** (*Tél*) segreteria telefonica
répondre [ʀepɔ̃dʀ] *vi* rispondere; **~ à** *vt* rispondere a; **~ que/de** rispondere che/di
réponse [ʀepɔ̃s] *nf* risposta; **avec ~ payée** (*Postes*) con risposta pagata; **avoir ~ à tout** avere sempre la risposta pronta; **en ~ à** in risposta a; **carte-/bulletin-~** cartolina/bollettino per la risposta
reportage [ʀ(ə)pɔʀtaʒ] *nm* servizio, reportage *m inv*; (*en direct*) cronaca; **le ~** (*genre, activité*) il reportage
reporter[1] [ʀəpɔʀte] *vt* riportare; **~ (à)** (*ajourner*) rinviare (a); **~ qch sur** (*affection*) riversare qc su; (*suffrages*) trasferire qc su; **se ~ à** (*époque*) riandare a; (*document, texte*) rifarsi a
reporter[2] [ʀəpɔʀtɛʀ] *nm/f* reporter *m inv/f inv*
repos [ʀ(ə)po] *nm* riposo; (*fig*) pace *f*, tranquillità; **~ !** (*Mil*) riposo!; **en/au ~** a riposo; **de tout ~** di tutto riposo
reposant, e [ʀ(ə)pozɑ̃, ɑ̃t] *adj* riposante; (*sommeil*) ristoratore(-trice)
reposer [ʀ(ə)poze] *vt* posare di nuovo; (*rideaux, carreaux*) rimettere; (*question, problème*) riproporre; (*délasser*) riposare ▸ *vi* riposare; (*personne*) : **ici repose ...** qui riposa ...; **se reposer** *vr* riposarsi; **~ sur** (*suj : bâtiment, fig*) poggiare su; **se ~ sur qn** fare assegnamento *ou* affidamento su qn
repoussant, e [ʀ(ə)pusɑ̃, ɑ̃t] *adj* ripugnante
repousser [ʀ(ə)puse] *vi* rispuntare, rincrescere ▸ *vt* respingere; (*tentation*) resistere a; (*rendez-vous, entrevue*) rimandare; (*répugner*) ripugnare
reprendre [ʀ(ə)pʀɑ̃dʀ] *vt* riprendere; (*se resservir de*) prendere ancora; (*Comm : racheter*) ritirare, prendere indietro; (*: firme, entreprise*) rilevare; (*refaire : article etc*) rivedere; (*jupe, pantalon*) fare delle modifiche a; (*émission, pièce*) ridare ▸ *vi* riprendere; (*affaires, industrie*) riprendersi; **se reprendre** *vr* riprendersi; **~ courage/des forces** riprendere coraggio/le forze; **~ la route** rimettersi in strada; **~ connaissance** riprendere conoscenza; **~ haleine** *ou* **son souffle** riprendere fiato; **~ la parole** riprendere la parola; **je viendrai te ~ à 4 h** vengo a riprenderti alle 4; **je reprends** stavo dicendo; **s'y ~ à deux/plusieurs fois** tentare due/diverse volte
représentant, e [ʀ(ə)pʀezɑ̃tɑ̃, ɑ̃t] *nm/f* rappresentante *m/f*; (*type, spécimen*) esempio
représentation [ʀ(ə)pʀezɑ̃tasjɔ̃] *nf* rappresentazione *f*; (*de pays, maison de commerce*) rappresentanza; **faire de la ~** (*Comm*) fare il rappresentante; **frais de ~** (*d'un diplomate*) spese *fpl* di rappresentanza
représenter [ʀ(ə)pʀezɑ̃te] *vt* rappresentare; **se représenter** *vr* (*occasion*) ripresentarsi; (*se figurer*) immaginarsi; **se ~ à** (*examen, élections*) ripresentarsi a
répression [ʀepʀesjɔ̃] *nf* repressione *f*; **mesures de ~** misure repressive
réprimer [ʀepʀime] *vt* reprimere
repris, e [ʀ(ə)pʀi, iz] *pp de* **reprendre** ▸ *nm/f* : **~ de justice** pregiudicato(-a)
reprise [ʀ(ə)pʀiz] *nf* ripresa; (*d'un article*) correzione *f*; (*de jupe, pantalon*) modifica; (*Théâtre, TV etc*) replica; (*Comm : d'un article usagé à l'achat d'un neuf*) ritiro; (*de location*) *somma dovuta al precedente affittuario per mobilio ceduto o lavori effettuati*; (*raccommodage*) rammendo; **la ~ des hostilités** la ripresa delle ostilità; **la ~ d'une entreprise** il rilevare di un'impresa; **à plusieurs ~s** a più riprese
repriser [ʀ(ə)pʀize] *vt* rammendare; **aiguille/coton à ~** ago/cotone *m* da rammendo
reproche [ʀ(ə)pʀɔʃ] *nm* rimprovero; (*critique, objection*) critica; **ton/air de ~** tono/aria di rimprovero; **sans ~(s)** irreprensibile

reprocher [ʀ(ə)pʀɔʃe] *vt* : **~ qch à qn** rimproverare qc a qn; **se ~ qch/d'avoir fait qch** rimproverarsi qc/d'aver fatto qc

reproduction [ʀ(ə)pʀɔdyksjɔ̃] *nf* riproduzione *f*; **droits de ~** diritti *mpl* di riproduzione; **~ interdite** riproduzione vietata

reproduire [ʀ(ə)pʀɔdɥiʀ] *vt* riprodurre; **se reproduire** *vr* riprodursi; (*faits, erreurs*) verificarsi di nuovo

reptile [ʀɛptil] *nm* rettile *m*

république [ʀepyblik] *nf* repubblica; **R~ d'Irlande** Repubblica d'Irlanda; **R~ populaire de Chine** Repubblica Popolare Cinese

répugnant, e [ʀepyɲɑ̃, ɑ̃t] *adj* ripugnante, disgustoso(-a)

répugner [ʀepyɲe] : **~ à** *vt* ripugnare a; **je répugne à la violence/à mentir** la violenza/mentire mi ripugna

réputation [ʀepytasjɔ̃] *nf* reputazione *f*, fama; **avoir la ~ d'être ...** aver fama di essere ...; **connaître qn/qch de ~** conoscere qn/qc di *ou* per fama; **de ~ mondiale** di fama mondiale

réputé, e [ʀepyte] *adj* rinomato(-a); **être ~ pour** essere rinomato(-a) per

requérir [ʀəkeʀiʀ] *vt* chiedere; (*nécessiter*) richiedere

requête [ʀəkɛt] *nf* richiesta; (*Jur*) istanza, domanda

requin [ʀəkɛ̃] *nm* (*aussi fig*) pescecane *m*, squalo

requis, e [ʀəki, iz] *pp de* **requérir** ▸ *adj* richiesto(-a)

RER [ɛʀøɛʀ] *sigle m* (= *Réseau express régional*) *rete metropolitana periferica di Parigi*

rescapé, e [ʀɛskape] *nm/f* superstite *m/f*

rescousse [ʀɛskus] *nf* : **aller/venir à la ~ de** correre/venire in aiuto a; **appeler qn à la ~** chiedere l'aiuto *ou* il soccorso di qn

réseau, x [ʀezo] *nm* rete *f*; (*de veines*) reticolo; **mettre en ~** (*ordinateurs, ressources*) mettere in rete; **~ routier** rete stradale; **~ social** rete sociale

In Francia i cartelli stradali sono blu per le autostrade (*autoroutes*), verdi per le strade statali (*routes nationales*) e bianchi per quelle locali (*routes départementales*). Le deviazioni temporanee sono segnalate in giallo e i luoghi di interesse in marrone.

réservation [ʀezɛʀvasjɔ̃] *nf* prenotazione *f*

réserve [ʀezɛʀv] *nf* riserva; (*d'un magasin : entrepôt*) magazzino; (*circonspection, discrétion*) riserbo, riservatezza; (*retenue*) riserbo; **réserves** *nfpl* (*de gaz, nutritives*) riserve *fpl*; **officier de ~** ufficiale *m* di riserva; **sous toutes ~s** con le debite riserve; **sous ~ de** con riserva di; **sans ~** senza riserve; **avoir/mettre/tenir qch en ~** avere/mettere/tenere qc da parte; **de ~** di riserva, di scorta; **~ naturelle** riserva naturale

réservé, e [ʀezɛʀve] *adj* (*circonspect*) riservato(-a); (*table, place*) prenotato(-a), riservato(-a); **~ à/pour** riservato(-a) a; **chasse/pêche réservée** riserva di caccia/pesca

réserver [ʀezɛʀve] *vt* (*retenir*) prenotare; (*réponse, diagnostic*) riservarsi di dare; (*mettre de côté, garder*) riservare; **~ qch à qn** (*place etc*) prenotare qc per qn; (*fig : surprise*) riservare qc a qn; **se ~ qch** riservarsi qc; **se ~ de faire qch** riservarsi di fare qc; **se ~ le droit de faire qch** riservarsi il diritto di fare qc

réservoir [ʀezɛʀvwaʀ] *nm* serbatoio

résidence [ʀezidɑ̃s] *nf* residenza; (*groupe d'immeubles*) complesso residenziale; **(en) ~ surveillée** (*Jur*) (agli) arresti domiciliari; **~ principale** prima casa; **~ secondaire** seconda casa; **~ universitaire** casa dello studente

résidentiel, le [ʀezidɑ̃sjɛl] *adj* residenziale

résider [ʀezide] *vi* : **~ à/dans/en** (*personne*) risiedere a/in; **~ dans/en** (*fig : chose*) consistere in

résidu [ʀezidy] *nm* residuo

résigner [ʀeziɲe] *vt* (*fonction, emploi*) rassegnare; **se résigner** *vr* rassegnarsi; **se ~ à qch/faire qch** rassegnarsi a qc/fare qc

résilier [ʀezilje] *vt* rescindere

résistance [ʀezistɑ̃s] *nf* resistenza; **la R~** la Resistenza

résistant, e [ʀezistɑ̃, ɑ̃t] *adj* resistente ▸ *nm/f* resistente *m/f*, partigiano(-a)

résister [ʀeziste] *vi* resistere; **~ à** *vt* resistere a

résolu, e [ʀezɔly] *pp de* **résoudre** ▸ *adj* risoluto(-a), deciso(-a); **être ~ à qch/faire qch** essere deciso a qc/fare qc

résolution [Rezɔlysjɔ̃] *nf* soluzione *f*; (*fermeté*) risoluzione *f*; (*décision*) risoluzione, decisione *f*; (*Inform*) risoluzione; **prendre la ~ de** prendere la decisione di; **bonnes ~s** buoni propositi *mpl*
résolve *etc* [Rezɔlv] *vb voir* **résoudre**
résonner [Rezɔne] *vi* risuonare; **~ de** risuonare di
résorber [RezɔRbe] : **se résorber** *vr* riassorbirsi; (*tumeur*) regredire; (*fig* : *déficit, chômage*) essere riassorbito(-a)
résoudre [RezudR] *vt* risolvere; **~ qn à faire qch** convincere qn a fare qc; **~ de faire qch** decidere di fare qc; **se ~ à qch/faire qch** risolversi *ou* decidersi a qc/fare qc
respect [Rɛspɛ] *nm* rispetto; **respects** *nmpl* : **présenter ses ~s à qn** presentare i propri rispetti a qn; **tenir qn en ~** tenere a bada qn
respecter [Rɛspɛkte] *vt* rispettare; **le lexicographe qui se respecte** (*fig*) un lessicografo che si rispetti
respectueux, -euse [Rɛspɛktɥø, øz] *adj* rispettoso(-a); **à une distance respectueuse** a debita distanza; **~ de** rispettoso(-a) di
respiration [RɛspiRasjɔ̃] *nf* respirazione *f*; (*normale, bruyante*) respiro; **faire une ~ complète** inspirare ed espirare; **retenir sa ~** trattenere il respiro; **~ artificielle** respirazione artificiale
respirer [RɛspiRe] *vi* respirare ▸ *vt* respirare; (*odeur, parfum*) aspirare; (*santé*) sprizzare; (*calme, paix*) esprimere
resplendir [Rɛsplɑ̃diR] *vi* risplendere; (*fig* : *visage*) : **~ (de)** risplendere (di)
responsabilité [Rɛspɔ̃sabilite] *nf* responsabilità *f inv*; (*charge*) carica; **accepter/refuser la ~ de** assumersi/ rifiutare la responsabilità di; **prendre ses ~s** assumersi le proprie responsabilità; **décliner toute ~** declinare ogni responsabilità; **~ civile/ pénale** responsabilità civile/penale; **~ collective/morale** responsabilità collettiva/morale
responsable [Rɛspɔ̃sabl] *adj* : **~ (de)** responsabile (di) ▸ *nm/f* responsabile *m/f*
resquiller [Rɛskije] *vi* (*au cinéma, au stade*) entrare senza pagare; (*dans le train*) viaggiare senza biglietto
ressaisir [R(ə)seziR] : **se ressaisir** *vr* riprendersi
ressasser [R(ə)sase] *vt* (*remords*) rimuginare; (*redire*) ripetere continuamente
ressemblance [R(ə)sɑ̃blɑ̃s] *nf* somiglianza
ressemblant, e [R(ə)sɑ̃blɑ̃, ɑ̃t] *adj* somigliante
ressembler [R(ə)sɑ̃ble] : **~ à** *vt* assomigliare a, somigliare a; **se ressembler** *vr* assomigliarsi, somigliarsi
ressentiment [R(ə)sɑ̃timɑ̃] *nm* risentimento
ressentir [R(ə)sɑ̃tiR] *vt* sentire, provare; **se ~ de** risentire di
resserrer [R(ə)seRe] *vt* (*pores*) restringere; (*nœud, boulon, cercle de gens*) stringere; (*fig*) rinsaldare; **se resserrer** *vr* stringersi; **se ~ (autour de)** stringersi (intorno a)
resservir [R(ə)sɛRviR] *vt* (*plat* : *servir à nouveau*) : **~ qch (à qn)** riservire qc (a qn); (: *servir davantage de*) : **~ de qch (à qn)** servire ancora un po' di qc (a qn); (*personne*) : **~ qn (d'un plat)** riservire qn ▸ *vi* servire di nuovo; **se ~ de** servirsi nuovamente di
ressort [Rəsɔr] *vb voir* **ressortir** ▸ *nm* (*pièce*) molla; (*dynamisme*) energia; **en dernier ~** (*Jur*) in ultima istanza; (*finalement*) in ultima analisi; **être du ~ de** essere di competenza di
ressortir [RəsɔRtiR] *vi* uscire di nuovo, riuscire; (*contraster*) risaltare, spiccare ▸ *vt* tirare fuori; **il ressort de ceci que ...** da questo risulta che ...; **faire ~ qch** (*fig*) mettere in risalto qc
ressortissant, e [R(ə)sɔRtisɑ̃, ɑ̃t] *nm/f* cittadino(-a)
ressource [R(ə)suRs] *nf* risorsa; **ressources** *nfpl* (*moyens, matériels, fig*) risorse *fpl*; **leur seule ~ était de** la loro unica risorsa era di; **~s d'énergie** risorse energetiche
ressusciter [Resysite] *vt, vi* risuscitare
restant, e [Rɛstɑ̃, ɑ̃t] *adj* rimasto(-a) ▸ *nm* resto; **un ~ de** degli avanzi di; (*fig* : *vestige*) dei resti di
restaurant [Rɛstɔrɑ̃] *nm* ristorante *m*; **manger au ~** mangiare al ristorante; **~ d'entreprise** mensa aziendale; **~ universitaire** mensa universitaria
restauration [RɛstɔRasjɔ̃] *nf* restaurazione *f*; (*Art*) restauro; (*hôtellerie*) ristorazione *f*; **~ rapide** fast food *m inv*

r

restaurer [RɛstɔRe] *vt* restaurare; **se restaurer** *vr* ristorarsi, rifocillarsi
reste [Rɛst] *nm* (*restant, Math*) resto; (*de trop*) avanzo; (*d'espoir, de tendresse*) residuo; **restes** *nmpl* (*Culin*) avanzi *mpl*; (*d'une cité, dépouille mortelle*) resti *mpl*; **utiliser un ~ de poulet** utilizzare degli avanzi di pollo; **faites ceci, je me charge du ~** lei faccia questo, del resto mi occupo io; **pour le ~, quant au ~** per il resto, quanto al resto; **le ~ du temps/des gens** il resto del tempo/ della gente; **avoir du temps/de l'argent de ~** avere tempo/denaro d'avanzo; **et tout le ~** e tutto il resto; **ne voulant pas être** *ou* **demeurer en ~** non volendo essere da meno; **partir sans attendre** *ou* **demander son ~** (*fig*) andarsene senza insistere *ou* fiatare; **du ~, au ~** del resto
rester [Rɛste] *vi* restare, rimanere ▶ *vb impers* : **il reste du pain** avanza del pane; **il me reste 2 œufs** ho ancora due uova; **il reste du temps** resta *ou* rimane un po' di tempo; **il reste 10 minutes** restano dieci minuti; **il me reste assez de temps** mi resta *ou* rimane tempo a sufficienza; **voilà tout ce qui me reste** questo è tutto quello che mi resta *ou* rimane; **ce qui me reste à faire** quello che mi resta *ou* rimane da fare; **(il) reste à savoir/ établir si ...** resta da sapere/stabilire se ...; **il reste que, il n'en reste pas moins que ...** resta *ou* rimane il fatto che ...; **en ~ à** (*stade, menaces*) fermarsi a; **restons-en là** lasciamo perdere; **~ immobile/assis** restare *ou* rimanere immobile/seduto; **~ sur sa faim/une impression** restare *ou* rimanere con la fame/con un'impressione; **il a failli y ~** per poco non ci restava *ou* rimaneva; **il y est resté** ci è restato *ou* rimasto
restituer [Rɛstitɥe] *vt* (*objet, somme*) : **~ qch (à qn)** restituire qc (a qn); (*texte, inscription*) ricostruire; (*son*) riprodurre
restreindre [RɛstRɛ̃dR] *vt* limitare, ridurre; **se restreindre** *vr* limitarsi
restriction [RɛstRiksjɔ̃] *nf* riduzione *f*; (*condition*) restrizione *f*; **restrictions** *nfpl* (*rationnement*) razionamento *msg*; **sans ~** senza riserve
résultat [Rezylta] *nm* risultato; (*d'une entrevue, négociation*) risultato, esito; **résultats** *nmpl* (*d'un examen, des élections*) risultati *mpl*; **exiger/obtenir des ~s** esigere/ottenere dei risultati; **~s sportifs** risultati sportivi
résulter [Rezylte] : **~ de** *vt* risultare da, derivare da; **il résulte de ceci que ...** da questo risulta *ou* deriva che ...
résumé [Rezyme] *nm* riassunto; (*ouvrage succinct*) riassunto, compendio; **faire le ~ de** riassumere; **en ~** in sintesi, riassumendo
résumer [Rezyme] *vt* riassumere; **se résumer** *vr* riassumere; **se ~ à** riassumersi in
résurrection [RezyRɛksjɔ̃] *nf* risurrezione *f*; (*fig*) rifioritura
rétablir [RetabliR] *vt* ristabilire; (*courant*) ripristinare; **se rétablir** *vr* ristabilirsi; (*silence, calme*) ritornare; **~ qn dans son emploi** reintegrare qn nel suo impiego; **~ qn dans ses droits** ristabilire i diritti di qn; **se ~ (sur la barre)** tirarsi su con le braccia (sulla sbarra)
rétablissement [Retablismɑ̃] *nm* ristabilimento; (*du courant*) ripristino; (*de la monarchie*) restaurazione *f*; (*retour à la santé*) guarigione *f*; **faire un ~** (*Gymnastique etc*) tirarsi su con le braccia (alla sbarra)
retaper [R(ə)tape] *vt* (*fam*) rimettere in sesto
retard [R(ə)taR] *nm* ritardo; **arriver en ~** arrivare in ritardo; **être en ~** essere in ritardo; (*dans paiement, travail, pays*) essere indietro; **être en ~ (de 2 heures)** essere in ritardo (di 2 ore); **avoir un ~ de 2 heures** (*Sport*) avere un ritardo di 2 ore; **avoir un ~ de 2 km** (*Sport*) essere indietro di 2 km; **rattraper son ~** recuperare il ritardo; **avoir du ~** essere in ritardo; (*sur un programme*) essere indietro; **prendre du ~** (*train, avion*) ritardare; (*montre*) rimanere indietro; **sans ~** (*le plus tôt possible*) senza indugio; **~ à l'allumage** (*Auto*) ritardo di accensione; **~ scolaire** ritardo negli studi
retardataire [R(ə)taRdatɛR] *nm/f* ritardatario(-a)
retardement [R(ə)taRdəmɑ̃] : **à ~** *adj* (*mine*) a scoppio ritardato; (*mécanisme*) a tempo; **dispositif à ~** (*Photo*) autoscatto; **bombe à ~** bomba a scoppio ritardato
retarder [R(ə)taRde] *vt* ritardare; (*personne*) fare perdere tempo a; (*montre*) mettere indietro ▶ *vi* (*horloge,*

montre) essere indietro; (: *d'habitude*) rimanere indietro; (*fig* : *personne*) essere rimasto(-a) indietro; **~ qn/qch (de 3 mois)** ritardare qn/qc (di 3 mesi); **je retarde (d'une heure)** il mio orologio è indietro (di un'ora)

retenir [Rət(ə)niR] *vt* trattenere; (*se rappeler* : *chanson, date*) ricordarsi di; (*suggestion, proposition* : *accepter*) prendere in considerazione; (*réserver* : *place, chambre*) prenotare; (*Math*) riportare; **se retenir** *vr* (*euph*) trattenerla; **se ~ (à)** aggrapparsi (a); **se ~ (de faire qch)** trattenersi (dal fare qc); **~ un rire/un sourire** trattenere una risata/un sorriso; **~ qn (de faire)** trattenere qn (dal fare); **~ qch (sur)** (*somme*) trattenere qc (da); **~ son souffle** *ou* **haleine** trattenere il respiro; **~ qn à dîner** trattenere qn a cena; **je pose 3 et je retiens 2** scrivo 3 e riporto 2

retentir [R(ə)tɑ̃tiR] *vi* risuonare, riecheggiare; **~ de** (*salle*) risuonare *ou* riecheggiare di; (*fig*) riecheggiare di

retentissant, e [R(ə)tɑ̃tisɑ̃, ɑ̃t] *adj* (*voix*) sonoro(-a); (*choc*) rumoroso(-a); (*fig* : *succès etc*) strepitoso(-a)

retenue [Rət(ə)ny] *nf* (*somme prélevée*) ritenuta, trattenuta; (*Math*) riporto; (*Scol*) punizione *f*; (*modération, réserve*) ritegno; (*Auto*) coda

réticence [Retisɑ̃s] *nf* reticenza; **sans ~** *adv* senza esitazioni

réticent, e [Retisɑ̃, ɑ̃t] *adj* reticente

rétine [Retin] *nf* retina

retiré, e [R(ə)tiRe] *adj* ritirato(-a); (*quartier*) fuori mano *inv*

retirer [R(ə)tiRe] *vt* ritirare; (*vêtement, lunettes*) togliersi; **se retirer** *vr* ritirarsi; **~ qch à qn** togliere qc a qn; **~ qn/qch de** tirare fuori qn/qc da; **~ un bénéfice/des avantages de** trarre *ou* ricavare un utile/dei vantaggi da; **se ~ de** ritirarsi da

retomber [R(ə)tɔ̃be] *vi* ricadere; (*atterrir* : *sauteur, cheval*) atterrare; **~ sur qn** (*responsabilité, frais*) ricadere su qn; **~ malade** riammalarsi; **~ dans l'erreur** ricadere nell'errore

rétorquer [RetɔRke] *vt* : **~ que** ribattere che

retouche [R(ə)tuʃ] *nf* (*à une peinture, photographie*) ritocco; (*à un vêtement*) modifica; **faire une ~ à** dare un ritocco a; fare una modifica a

retoucher [R(ə)tuʃe] *vt* (*photographie, tableau*) ritoccare; (*vêtement*) modificare

retour [R(ə)tuR] *nm* ritorno; (*Comm, Postes* : *renvoi*) rinvio; **au ~** al ritorno; **pendant le ~** durante il ritorno; **à mon/ton ~** al mio/tuo ritorno; **au ~ de** al ritorno di; **être de ~ (de)** essere di ritorno (da); **de ~ à Lyon/chez moi** ritornato(-a) a Lione/a casa; **« de ~ dans 10 minutes »** « torno tra 10 minuti »; **en ~** *adv* in cambio; **par ~ du courrier** a stretto giro di posta; **par un juste ~ des choses, il a dû payer une amende** ha dovuto pagare una multa, come era giusto; **match ~** partita di ritorno; **~ en arrière** (*fig, Ciné, Litt*) rievocazione *f*, flashback *m inv*; (*mesure*) passo indietro; **~ à l'envoyeur** (*Postes*) rinvio al mittente; **~ (automatique) à la ligne** (*Inform*) a capo *ou* ritorno automatico; **~ aux sources** (*fig*) ritorno alle origini; **~ de bâton** guadagno illecito; **~ de flamme** (*aussi fig* : *passion*) ritorno di fiamma; **~ de manivelle** (*fig*) contraccolpo; **~ offensif** nuovo attacco (*sferrato dopo aver indietreggiato*)

retourner [R(ə)tuRne] *vt* (*dans l'autre sens*) girare; (*arme*) rivolgere; (*sac, vêtement, terre, foin*) rivoltare; (*émouvoir* : *personne*) sconvolgere; (*renvoyer*) rispedire; (*restituer*) : **~ qch à qn** restituire qc a qn ▶ *vi* : **~ quelque part/vers/chez** ritornare da qualche parte/verso/da; **se retourner** *vr* girarsi, voltarsi; (*voiture*) ribaltarsi; (*fig: fam*) cavarsela; **~ à** (*état initial, activité*) ritornare a; **s'en retourner** *vr* ritornarsene; **se ~ contre qn/qch** (*fig*) ribellarsi contro qn/qc; (*suj* : *chose*) ritorcersi contro qn/qc; **savoir de quoi il retourne** sapere di (che) cosa si tratta; **~ en arrière** *ou* **sur ses pas** ritornare indietro *ou* sui propri passi; **~ aux sources** ritornare alle origini; **avoir le temps de se ~** avere il tempo di reagire

retrait [R(ə)tRɛ] *nm* ritiro; **en ~** (*porte, bâtiment*) rientrante; **se tenir en ~** starsene in disparte; **~ du permis (de conduire)** ritiro della patente

retraite [R(ə)tRɛt] *nf* (*d'une armée*) ritirata; (*d'un employé*) pensione *f*; (*asile, refuge, Rel*) ritiro; **être/mettre à la ~** essere/mettere in pensione; **prendre**

r

sa ~ andare in pensione; **~ anticipée** prepensionamento; **~ aux flambeaux** fiaccolata

retraité, e [R(ə)tRete] *adj, nm/f* pensionato(-a)

retrancher [R(ə)tRɑ̃ʃe] *vt* (*passage, détails*) sopprimere; **~ qch de** (*nombre, somme*) detrarre qc da; **se ~ derrière/dans** (*Mil, fig*) trincerarsi dietro/in

rétrécir [RetResiR] *vt* restringere ▸ *vi* restringersi; **se rétrécir** *vr* restringersi

rétro [RetRo] *adj* rétro *inv* ▸ *nm* (*fam*) = **rétroviseur**

rétroprojecteur [RetRopRɔʒɛktœR] *nm* lavagna luminosa

rétrospectif, -ive [RetRɔspɛktif, iv] *adj* retrospettivo(-a) ▸ *nf* retrospettiva

rétrospectivement [RetRɔspɛktivmɑ̃] *adv* retrospettivamente

retrousser [R(ə)tRuse] *vt* (*pantalon*) arrotolare; (*jupe*) tirarsi su; (*manches*) rimboccare; (*fig* : *nez, lèvres*) arricciare

retrouvailles [R(ə)tRuvɑj] *nfpl* : **les ~** (*d'amis*) il ritrovarsi

retrouver [R(ə)tRuve] *vt* ritrovare; (*reconnaître*) riconoscere; (*revoir*) rivedere; (*rejoindre*) raggiungere; **se retrouver** *vr* ritrovarsi; (*s'orienter*) orientarsi; **se ~ seul/sans argent** trovarsi solo/senza soldi; **se ~ quelque part** ritrovarsi da qualche parte; **se ~ dans** (*calculs, désordre*) raccapezzarsi in; **s'y ~** (*rentrer dans ses frais*) rientrare nelle spese

rétroviseur [RetRɔvizœR] *nm* (specchietto) retrovisore *m*

réunion [Reynjɔ̃] *nf* unione *f*; (*de preuves, fonds*) raccolta; (*de amis, séance, congrès*) riunione *f*; **~ électorale** riunione per designare le candidature; **~ sportive** riunione sportiva

réunir [ReyniR] *vt* riunire; (*preuves, fonds, papiers*) raccogliere; (*rapprocher, rattacher*) unire; **se réunir** *vr* riunirsi; (*s'allier* : *états*) unirsi; (*chemins etc*) congiungersi; (*cours d'eau*) confluire; **~ qch à** unire qc a

réussi, e [Reysi] *adj* riuscito(-a)

réussir [ReysiR] *vi* (*personne, tentative*) riuscire, avere successo; (*plante, culture*) crescere bene; (*personne* : *à un examen*) passare, essere promosso(-a) ▸ *vt* (*examen*) passare; **~ à faire qch** riuscire a fare qc; **j'ai réussi le soufflé** il soufflé mi è riuscito; **le travail/le mariage lui réussit** il lavoro/il matrimonio gli fa bene

réussite [Reysit] *nf* (*d'une tentative, d'un projet*) successo, buona riuscita; (*d'une personne*) successo; (*Cartes*) solitario

revaloir [R(ə)valwaR] *vt* : **je vous revaudrai cela** la ripagherò per questo

revanche [R(ə)vɑ̃ʃ] *nf* rivincita; **prendre sa ~ (sur)** prendersi la rivincita (su); **en ~** in compenso

rêve [Rɛv] *nm* sogno; **paysage/silence de ~** paesaggio/silenzio irreale; **la voiture/maison de ses ~s** l'auto/la casa dei suoi sogni; **~ éveillé** sogno a occhi aperti

réveil [Revɛj] *nm* risveglio; (*pendule*) sveglia; **au ~, je ...** al mio risveglio, io ...; **sonner le ~** (*Mil*) suonare la sveglia

réveiller [Reveje] *vt* svegliare; (*fig*) risvegliare; **se réveiller** *vr* svegliarsi; (*fig*) risvegliarsi, ridestarsi

réveillon [Revɛjɔ̃] *nm* cenone *m* della vigilia di Natale; (*de la Saint-Sylvestre*) cenone di Capodanno; (*soirée*) veglione *m*

réveillonner [Revɛjɔne] *vi* fare il cenone *ou* veglione

révélateur, -trice [RevelatœR, tRis] *adj* rivelatore(-trice) ▸ *nm* (*Photo*) rivelatore *m*

révéler [Revele] *vt* rivelare; **se révéler** *vr* rivelarsi; **se ~ facile/faux** rivelarsi facile/falso

revenant, e [R(ə)vənɑ̃, ɑ̃t] *nm/f* spirito, fantasma *m*

revendeur, -euse [R(ə)vɑ̃dœR, øz] *nm/f* rivenditore(-trice)

revendication [R(ə)vɑ̃dikasjɔ̃] *nf* rivendicazione *f*; **journée de ~** giornata di protesta

revendiquer [R(ə)vɑ̃dike] *vt* rivendicare ▸ *vi* (*Pol*) attuare azioni di protesta

revendre [R(ə)vɑ̃dR] *vt* (*d'occasion*) rivendere; (*détailler*) vendere (al dettaglio); **à ~** (*en abondance*) da vendere; **avoir du talent/de l'énergie à ~** avere talento/energia da vendere

revenir [Rəv(ə)niR] *vi* ritornare, tornare; **~ à** (*études, projet*) riprendere; (*équivaloir à*) equivalere a; (*part, honneur, responsabilité*) toccare *ou* spettare a; (*souvenir, nom*) venire in mente a; **~ (à qn)** (*santé, appétit, courage*) tornare (a qn); **~ de** (*fig* : *maladie, étonnement*) riprendersi da; **~ sur** (*question, sujet*) tornare su; (*promesse, engagement*) rimangiarsi; **faire ~** (*Culin*) far rosolare; **la rumeur m'est revenue que ...** mi è giunta voce che ...; **cela (nous) revient cher/à 20 euros** (ci) costa caro/20 euro; **~ à la charge** tornare alla carica; **~ à soi** tornare in sé; **je n'en reviens pas** (*surprise*) non riesco a capacitarmene; **~ sur ses pas** tornare sui propri passi; **cela revient au même** fa lo stesso; **cela revient à dire que** ciò equivale a dire che; **~ de loin** (*fig*) averla scampata bella

revenu, e [Rəv(ə)ny] *pp de* **revenir** ▸ *nm* reddito; **revenus** *nmpl* (*financiers*) reddito *msg*, entrate *fpl*

rêver [Reve] *vi* sognare ▸ *vt* sognare; **~ de/à** sognare; **~ que/de qch/faire qch** sognare che/qc/di fare qc

réverbère [RevɛRbɛR] *nm* lampione *m*

réverbérer [RevɛRbeRe] *vt* riverberare, riflettere

revers [R(ə)vɛR] *nm* rovescio; (*de la main*) dorso; (*d'un veston, de pantalon*) risvolto; **d'un ~ de main** con un manrovescio; **le ~ de la médaille** (*fig*) il rovescio della medaglia; **prendre à ~** attaccare alle spalle; **~ de fortune** rovescio di fortuna

revêtement [R(ə)vɛtmɑ̃] *nm* rivestimento

revêtir [R(ə)vetiR] *vt* (*vêtement*) indossare; (*fig : forme, caractère*) assumere; **~ qn de** vestire qn di *ou* con; (*fig : autorité*) investire qn di; **~ qch de** (*carreaux, boiserie, asphalte*) rivestire qc di; (*fig : apparence etc*) rivestire qc di *ou* con; (*signature, visa*) munire qc di

rêveur, -euse [RɛvœR, øz] *adj* (*personne*) sognatore(-trice); (*air, yeux*) sognante ▸ *nm/f* sognatore(-trice)

revient [Rəvjɛ̃] *vb voir* **revenir** ▸ *nm* : **prix de ~** (*Comm*) prezzo di costo

revigorer [R(ə)vigɔRe] *vt* rinvigorire

revirement [R(ə)viRmɑ̃] *nm* improvviso mutamento

réviser [Revize] *vt* rivedere; (*Scol*) ripassare; (*machine, installation*) revisionare

révision [Revizjɔ̃] *nf* revisione *f*; (*Scol*) ripasso; **conseil de ~** (*Mil*) consiglio di leva; **faire ses ~s** (*Scol*) fare un ripasso, ripassare; **la ~ des 10 000 km** (*Auto*) la revisione dopo 10.000 km

revivre [R(ə)vivR] *vi* rivivere ▸ *vt* rivivere; **faire ~** fare rivivere

revoir [R(ə)vwaR] *vt* rivedere; (*Scol*) ripassare ▸ *nm* : **au ~** arrivederci; **se revoir** *vr* rivedersi; **au ~ Monsieur/Madame** arrivederla; **dire au ~ à qn** salutare qn

révoltant, e [Revɔltɑ̃, ɑ̃t] *adj* rivoltante

révolte [Revɔlt] *nf* rivolta

révolter [Revɔlte] *vt* disgustare, indignare; **se révolter** *vr* : **se ~ (contre)** ribellarsi (contro); **se ~ (à)** indignarsi (di fronte a)

révolu, e [Revɔly] *adj* passato(-a); (*fini*) passato(-a), trascorso(-a); **âgé de 18 ans ~s** che ha 18 anni compiuti; **après 3 ans ~s** trascorsi 3 anni

révolution [Revɔlysjɔ̃] *nf* rivoluzione *f*; **être en ~** essere in rivolta; **la ~ industrielle** la rivoluzione industriale; **la R~ française** la rivoluzione francese

révolutionnaire [RevɔlysjɔnɛR] *adj*, *nm/f* rivoluzionario(-a)

revolver [RevɔlvɛR] *nm* pistola; (*à barillet*) rivoltella, revolver *m inv*

révoquer [Revɔke] *vt* destituire; (*arrêt, contrat, donation*) revocare

revue [R(ə)vy] *nf* (*aussi Mil*) rivista; (*inventaire, examen*) rassegna; **passer en ~** (*aussi fig : régiment*) passare in rassegna; **~ de presse** rassegna *f* stampa *inv*

rez-de-chaussée [Red(ə)ʃose] *nm inv* pianterreno, pianoterra *m inv*

RF [ɛRɛf] *sigle f* = *République française*

Rhin [Rɛ̃] *nm* Reno

rhinocéros [RinɔseRɔs] *nm* rinoceronte *m*

Rhône [Ron] *nm* Rodano

rhubarbe [RybaRb] *nf* rabarbaro

rhum [Rɔm] *nm* rum *m inv*, rhum *m inv*

rhumatisme [Rymatism] *nm* reumatismo; **avoir des ~s** avere i reumatismi

rhume [Rym] *nm* raffreddore *m*; **le ~ des foins** il raffreddore da fieno; **~ de cerveau** raffreddore di testa

ricaner [Rikane] *vi* sogghignare; (*avec gêne*) ridacchiare

riche [Riʃ] *adj* ricco(-a); **les ~s** i ricchi; **~ en** ricco(-a) di; **~ de** (*expérience, espérances*) pieno(-a) di

richesse [Riʃɛs] *nf* ricchezza; **richesses** *nfpl* (*argent, possessions*) ricchezze *fpl*

ricochet [Rikɔʃɛ] *nm* rimbalzo; **faire ~** rimbalzare; (*fig*) avere delle ripercussioni; **faire des ~s** (*sur l'eau*)

r

giocare a rimbalzello; **par ~** di rimbalzo; (*fig*) di riflesso *ou* rimbalzo

ride [Rid] *nf* ruga; (*fig*) increspatura

ridé, e [Ride] *adj* rugoso(-a)

rideau, x [Rido] *nm* (*de fenêtre, de douche*) tenda; (*Théâtre*) sipario; (*fig : d'arbres, de verdure*) cortina; **tirer/ouvrir les rideaux** tirare/aprire le tende; **~ de fer** (*d'une devanture*) saracinesca; (*Hist*) cortina di ferro

rider [Ride] *vt* coprire di rughe; (*fig*) increspare; **se rider** *vr* (*avec l'âge*) raggrinzirsi; (*de contrariété*) corrugarsi

ridicule [Ridikyl] *adj* ridicolo(-a) ▸*nm* ridicolo; **tourner qn en ~** mettere qn in ridicolo

ridiculiser [Ridikylize] *vt* ridicolizzare; **se ridiculiser** *vr* rendersi ridicolo(-a)

rien [Rjɛ̃] *pron* : **(ne) ... ~** niente, nulla ▸*nm* : **un petit ~** (*cadeau*) una cosuccia; **qu'est-ce que vous avez ? — ~** che cos'ha? — niente; **il n'a ~ dit/fait** non ha detto/fatto niente *ou* nulla; **il n'a ~** (*n'est pas blessé*) non ha niente; **de ~ !** di niente!, prego!; **n'avoir peur de ~** non avere paura di niente; **a-t-il jamais ~ fait pour nous ?** ha fatto mai niente *ou* nulla per noi?; **~ d'intéressant** niente di interessante; **~ d'autre** nient'altro; **~ du tout** niente di niente; **~ que** solo per; **~ que pour lui faire plaisir** solo per fargli piacere; **~ que la vérité** solo la verità; **~ que cela** solo questo; **des ~s** (delle) sciocchezze; **un ~ de** un pochino di; **en un ~ de temps** in un baleno

rieur, -euse [R(i)jœR, R(i)jøz] *adj* ridanciano(-a); (*yeux, expression*) ridente

rigide [Riʒid] *adj* rigido(-a)

rigoler [Rigɔle] *vi* ridere; (*s'amuser*) divertirsi; (*plaisanter*) scherzare

rigolo, te [Rigɔlo, ɔt] (*fam*) *adj* (*marrant*) spassoso(-a), divertente; (*curieux, étrange*) strano(-a) ▸*nm/f* mattacchione(-a); (*péj*) tipo(-a) poco serio(-a)

rigoureusement [RiguRøzmɑ̃] *adv* rigorosamente; **~ vrai/interdit** rigorosamente vero/vietato

rigoureux, -euse [RiguRø, øz] *adj* rigoroso(-a); (*climat*) rigido(-a); (*châtiment*) severo(-a)

rigueur [RigœR] *nf* rigore *m*; **de ~** (*terme, délai*) improrogabile; **« tenue de soirée de ~ »** « è di rigore l'abito da sera »; **être de ~** essere di rigore; **à la ~** al limite; **tenir ~ à qn de qch** avercela con qn per qc

rillettes [Rijɛt] *nfpl* (*Culin*) *specie di pâté à base di carne di maiale o oca cotta nel grasso*

rime [Rim] *nf* rima; **n'avoir ni ~ ni raison** non avere alcun senso

rimer [Rime] *vi* far rima; **~ avec** far rima con; **ne ~ à rien** non avere alcun senso

rinçage [Rɛ̃saʒ] *nm* sciacquatura; (*de machine à laver*) risciacquo; **liquide de ~** (*pour lave-vaisselle*) brillantante *m*

rincer [Rɛ̃se] *vt* sciacquare, risciacquare; **se ~ la bouche** sciacquarsi la bocca

ringard, e [Rɛ̃gaR, aRd] (*fam : péj*) *adj* da sfigati

riposter [Ripɔste] *vi* rispondere ▸*vt* : **~ que** rispondere che; **~ à** rispondere a

ripper [Ripe] *vt* (*CD, DVD*) rippare

rire [RiR] *vi* ridere; (*se divertir*) divertirsi; (*plaisanter*) scherzare ▸*nm* (*éclat de rire*) risata; (*façon de rire*) riso; **le ~** il riso; **~ de** ridere di; **se ~ de** ridersene di; **tu veux ~ !** ma tu scherzi!; **~ aux éclats/aux larmes** ridere fragorosamente/fino alle lacrime; **~ sous cape** ridere sotto i baffi; **~ au nez de qn** ridere in faccia a qn; **pour ~** per ridere

risible [Rizibl] *adj* ridicolo(-a)

risque [Risk] *nm* rischio; **aimer le ~** amare il rischio; **l'attrait du ~** il fascino del rischio; **prendre un ~/des ~s** rischiare; **à ses ~s et périls** a suo rischio e pericolo; **au ~ de** col rischio di; **~ d'incendie** rischio incendio

risqué, e [Riske] *adj* rischioso(-a); (*plaisanterie, histoire*) spinto(-a)

risquer [Riske] *vt* rischiare; (*allusion, comparaison, question*) arrischiare; (*Mil, gén : offensive, opération*) tentare; **tu risques qu'on te renvoie** rischi di farti licenziare; **ça ne risque rien** non corre alcun rischio; **il risque de se tuer** rischia di ammazzarsi; **ce qui risque de se produire** quello che può succedere; **il ne risque pas de recommencer** non c'è pericolo che ricominci; **se ~ dans** arrischiarsi in; **se ~ à qch/faire qch** azzardare qc/azzardarsi a fare qc; **~ le tout pour le tout** rischiare il tutto per tutto

rissoler [Risɔle] *vi, vt* : **(faire) ~ de la viande/des légumes** (fare) rosolare la carne/la verdura

ristourne [ʀistuʀn] *nf* (*Comm*) sconto
rite [ʀit] *nm* rito; **~s d'initiation** riti d'iniziazione
rivage [ʀivaʒ] *nm* riva
rival, e, -aux [ʀival, o] *adj* rivale ▸ *nm/f* rivale *m/f*; **sans ~** impareggiabile
rivaliser [ʀivalize] *vi* : **~ avec** rivaleggiare con; **~ d'élégance/de générosité avec qn** rivaleggiare in eleganza/in generosità con qn
rivalité [ʀivalite] *nf* rivalità *f inv*
rive [ʀiv] *nf* riva
riverain, e [ʀiv(ə)ʀɛ̃, ɛn] *adj* rivierasco(-a); (*d'une route, rue* : *propriété*) che dà sulla strada ▸ *nm/f* (*d'un fleuve, lac*) rivierasco(-a); (*d'une route, rue*) abitante *m/f*; (: *Jur*) frontista *m/f*
rivière [ʀivjɛʀ] *nf* fiume *m*; **~ de diamants** collana di diamanti
riz [ʀi] *nm* riso; **~ au lait** *crema di riso cotto nel latte*
rizière [ʀizjɛʀ] *nf* risaia
RN [ɛʀɛn] *sigle f* (= *route nationale*) ≈ S.S. *f*
robe [ʀɔb] *nf* (*vêtement féminin*) vestito, abito; (*de juge, d'avocat*) toga; (*d'ecclésiastique*) tonaca; (*d'un animal*) mantello; **~ de baptême** vestitino da battesimo; **~ de chambre** vestaglia; **~ de grossesse** abito *m ou* vestito *m* pré-maman *inv*; **~ de mariée** abito da sposa; **~ de soirée** abito da sera

> **FAUX AMIS**
> **robe** ne se traduit pas par le mot italien *roba*.

robinet [ʀɔbinɛ] *nm* rubinetto; **~ du gaz** rubinetto del gas; **~ mélangeur** (rubinetto) miscelatore *m*
robot [ʀɔbo] *nm* robot *m inv*; **~ de cuisine** robot da cucina
robuste [ʀɔbyst] *adj* robusto(-a), forte
robustesse [ʀɔbystɛs] *nf* robustezza
roc [ʀɔk] *nm* roccia
rocade [ʀɔkad] *nf* (*Auto*) tangenziale *f*
rocaille [ʀɔkɑj] *nf* (*pierraille*) pietraia; (*terrain caillouteux*) terreno sassoso; (*jardin*) giardino roccioso ▸ *adj* : **style ~** stile *m* rocaille
roche [ʀɔʃ] *nf* roccia; **~s éruptives/calcaires** rocce eruttive/calcaree
rocher [ʀɔʃe] *nm* (*bloc*) scoglio; (*matière*) roccia; (*Anat*) rocca
rocheux, -euse [ʀɔʃø, øz] *adj* roccioso(-a); **les (montagnes) Rocheuses** le montagne Rocciose
rodage [ʀɔdaʒ] *nm* rodaggio; **en ~** in rodaggio
rôder [ʀode] *vi* gironzolare; (*péj* : *de façon suspecte*) aggirarsi
rôdeur, -euse [ʀodœʀ, øz] *nm/f* vagabondo(-a); (*péj*) teppista *m/f*
rogne [ʀɔɲ] *nf* : **être en ~** essere incavolato(-a); **mettre en ~** far incavolare; **se mettre en ~** incavolarsi
rogner [ʀɔɲe] *vt* (*ongles*) tagliare; (*cuir, plaque de métal etc*) rifilare; (*fig*) lesinare su ▸ *vi* : **~ sur** (*fig*) lesinare su; **~ les ailes (à)** (*fig*) tarpare le ali (a)
rognons [ʀɔɲɔ̃] *nmpl* (*Culin*) rognoni *mpl*
roi [ʀwa] *nm* re *m inv*; **les R~s mages** i Re Magi; **le jour** *ou* **la fête des R~s, les R~s** l'Epifania

> Il 6 gennaio si celebra la **fête des Rois** e si mangia la *galette des Rois*, un dolce decorato con una coroncina di carta dorata. Dentro viene nascosto un oggettino, la *fève*: chi lo trova è re o regina per quel giorno e indossa la corona.

rôle [ʀol] *nm* ruolo; (*Ciné, Théâtre, fig*) parte *f*, ruolo; **jouer un ~ important dans ...** giocare un ruolo importante in ...
rollers [ʀɔlœʀ] (*fam*) *nmpl* pattini *mpl* in linea
romain, e [ʀɔmɛ̃, ɛn] *adj* romano(-a); (*Typo*) tondo(-a) ▸ *nm/f* : **Romain, e** romano(-a)
roman, e [ʀɔmɑ̃, an] *adj* (*Archit*) romanico(-a); (*Ling*) romanzo(-a) ▸ *nm* romanzo; **~ d'espionnage** romanzo di spionaggio; **~ noir** romanzo nero; **~ policier** (romanzo) giallo
romancer [ʀɔmɑ̃se] *vt* romanzare
romancier, -ière [ʀɔmɑ̃sje] *nm/f* romanziere(-a)
romanesque [ʀɔmanɛsk] *adj* romanzesco(-a); (*sentimental, rêveur*) romantico(-a)
roman-feuilleton [ʀɔmɑ̃fœjtɔ̃] (*pl* **romans-feuilletons**) *nm* romanzo a puntate
romanichel, le [ʀɔmaniʃɛl] *nm/f* zingaro(-a)
romantique [ʀɔmɑ̃tik] *adj* romantico(-a)
romarin [ʀɔmaʀɛ̃] *nm* rosmarino

r

rompre [Rɔ̃pR] *vt* rompere; (*entretien*) interrompere ▸ *vi* (*se séparer : fiancés*) rompere; **se rompre** *vr* rompersi; **~ avec** rompere con; **applaudir à tout ~** applaudire fragorosamente; **~ la glace** (*fig*) rompere il ghiaccio; **rompez (les rangs) !** (*Mil*) rompete le righe!; **se ~ les os** *ou* **le cou** rompersi l'osso del collo

rompu, e [Rɔ̃py] *pp de* **rompre**

ronchonner [Rɔ̃ʃɔne] (*fam*) *vi* brontolare, mugugnare

rond, e [Rɔ̃, Rɔ̃d] *adj* rotondo(-a); (*fam : ivre*) sbronzo(-a); (*sincère, décidé*) schietto(-a) ▸ *nm* cerchio ▸ *adv* : **tourner ~** (*moteur*) girare bene; **je n'ai plus un ~** (*fam*) non ho più una lira; **ça ne tourne pas ~** (*fig*) c'è qualcosa che non quadra; **pour faire un compte ~** per fare il conto tondo; **avoir le dos ~** avere la schiena curva; **en ~** (*s'asseoir, danser*) in cerchio; **faire des ~s de jambe** (*fig*) fare dei salamelecchi; **~ de serviette** portatovagliolo

ronde [Rɔ̃d] *nf* (*Mil, gén*) ronda; (*danse*) girotondo; (*Mus*) semibreve *f*; **à 10 km à la ~** nel raggio di 10 km; **passer qch à la ~** passarsi *ou* far girare qc

rondelet, te [Rɔ̃dlɛ, ɛt] *adj* rotondetto(-a), grassottello(-a); (*fig : somme*) discreto(-a)

rondelle [Rɔ̃dɛl] *nf* (*Tech*) rondella; (*tranche*) fettina

rond-point [Rɔ̃pwɛ̃] (*pl* **ronds-points**) *nm* piazza (circolare), rotonda; (*Auto*) rotatoria

ronflement [Rɔ̃fləmɑ̃] *nm* russare *m inv*; (*de moteur*) ronzio; (*de poêle*) borbottio

ronfler [Rɔ̃fle] *vi* (*personne*) russare; (*moteur*) ronzare; (*poêle*) borbottare

ronger [Rɔ̃ʒe] *vt* rosicchiare; (*suj : rouille*) corrodere; (*: mal*) consumare; (*: pensée*) rodere; **~ son frein** mordere il freno; **se ~ d'inquiétude/de souci** tormentarsi, angosciarsi; **se ~ les ongles** mangiarsi le unghie; **se ~ les sangs** rodersi

rongeur [Rɔ̃ʒœR] *nm* roditore *m*

ronronner [Rɔ̃Rɔne] *vi* (*chat*) fare le fusa; (*fig : moteur*) ronzare

rosbif [Rɔsbif] *nm* roast-beef *m inv*, rosbif *m inv*

rose [Roz] *nf* (*fleur*) rosa; (*vitrail*) rosone *m* ▸ *adj* rosa *inv* ▸ *nm* (*couleur*) rosa *m inv*; **~ bonbon** *adj* rosa confetto *inv*; **~ des sables** rosa del deserto; **~ des vents** rosa dei venti

rosé, e [Roze] *adj* rosato(-a); **(vin) ~** (vino) rosato, (vino) rosé *m inv*

roseau, x [Rozo] *nm* canna

rosée [Roze] *adj f voir* **rosé** ▸ *nf* rugiada; **une goutte de ~** una goccia di rugiada

rosier [Rozje] *nm* rosaio

rossignol [Rɔsiɲɔl] *nm* (*Zool*) usignolo; (*crochet*) grimaldello

rotation [Rɔtasjɔ̃] *nf* rotazione *f*; **par ~** a rotazione; **~ des cultures** rotazione delle colture; **~ des stocks** (*Comm*) rinnovo delle scorte

roter [Rɔte] (*fam*) *vi* ruttare

rôti [Roti] *nm* arrosto; **un ~ de bœuf/porc** un arrosto di manzo/maiale

rotin [Rɔtɛ̃] *nm* rotang *m inv*, rattan *m inv*

rôtir [RotiR] *vt* (*aussi :* **faire rôtir**) arrostire ▸ *vi* arrostire; **se ~ au soleil** arrostire *ou* arrostirsi al sole

rôtisserie [RɔtisRi] *nf* rosticceria

rôtissoire [RɔtiswaR] *nf* girarrosto

rotule [Rɔtyl] *nf* rotula

rouage [Rwaʒ] *nm* ingranaggio

roue [Ru] *nf* ruota; **faire la ~** (*paon, Gymnastique*) fare la ruota; **descendre en ~ libre** (*Auto*) andare in folle; **~s avant/arrière** ruote anteriori/posteriori; **grande ~** (*à la foire*) ruota panoramica; **~ à aubes** ruota a pale; **~ de secours** ruota di scorta; **~ dentée** ruota dentata

rouer [Rwe] *vt* : **~ qn de coups** pestare qn di santa ragione

rouge [Ruʒ] *adj, nm/f* rosso(-a) ▸ *nm* rosso; **(vin) ~** (vino) rosso; **passer au ~** (*signal*) diventare rosso; (*automobiliste*) passare col rosso; **porter au ~** (*métal*) arroventare; **sur la liste ~** (*Tél*) non incluso(-a) nell'elenco telefonico; **~ de honte/de colère** rosso(-a) per la vergogna/dalla collera; **se fâcher tout ~** andare in bestia; **voir ~** vedere rosso; **~ à joues** fard *m inv*; **~ (à lèvres)** rossetto

rouge-gorge [RuʒgɔRʒ] (*pl* **rouges-gorges**) *nm* pettirosso

rougeole [Ruʒɔl] *nf* morbillo

rougeoyer [Ruʒwaje] *vi* rosseggiare

rouget [Ruʒɛ] *nm* triglia

rougeur [Ruʒœr] *nf* (*du ciel, de l'incendie*) rosso; (*du visage*) rossore *m*; **rougeurs** *nfpl* (*Méd*) macchie *fpl* rosse

rougir [RuʒiR] *vi* diventare rosso(-a); (*de honte, timidité, plaisir*) arrossire

rouille [ʀuj] *nf* ruggine *f*; (*Culin*) *salsa provenzale piccante servita col pesce* ▸ *adj inv* color ruggine *inv*

rouillé, e [ʀuje] *adj* arrugginito(-a)

rouiller [ʀuje] *vt, vi* (*métal*) arrugginire; **se rouiller** *vr* arrugginirsi

roulant, e [ʀulɑ̃, ɑ̃t] *adj* (*meuble*) su *ou* a rotelle; **table roulante** carrello; (*surface, trottoir*) mobile; **matériel ~** (*Rail*) materiale *m* rotabile; **personnel ~** (*Rail*) personale *m* viaggiante

rouleau, x [ʀulo] *nm* rotolo; (*de machine à écrire, à peinture*) rullo; (*à mise en plis*) bigodino; (*Sport*) avvitamento; (*vague*) cavallone *m*; **être au bout du ~** (*fam*) essere alla frutta; **~ à pâtisserie** mattarello; **~ compresseur** rullo compressore; **~ de pellicule** rullino

roulement [ʀulmɑ̃] *nm* rotolamento; (*de véhicule*) passaggio; (*bruit : de véhicule*) rombo; (*: du tonnerre*) brontolio; (*rotation : d'ouvriers*) rotazione *f*; (*: de capitaux*) circolazione *f*; **par ~** a rotazione; **~ (à billes)** cuscinetto (a sfere); **~ d'yeux** roteare *m inv* degli occhi; **~ de tambour** rullo di tamburo

rouler [ʀule] *vt* (far) rotolare; (*tissu, tapis, cigarette*) arrotolare; (*Culin : pâte*) spianare; (*fam : tromper, duper*) fregare ▸ *vi* (*bille, boule, dé*) rotolare; (*voiture, train*) andare, viaggiare; (*automobiliste, cycliste*) andare, procedere; (*bateau*) rollare; (*tonnerre*) brontolare; **~ en bas de** (*personne*) ruzzolare giù da; **se ~ dans** (*boue*) rotolarsi in; (*couverture*) avvolgersi in; **~ qn dans la farine** (*fam*) infinocchiare qn; **~ les épaules** muovere le spalle (camminando); **~ les hanches** ancheggiare; **~ les « r »** pronunciare la « r »; **~ sur l'or** sguazzare nell'oro; **~ sa bosse** (*fam*) andare in giro

roulette [ʀulɛt] *nf* rotella; (*jeu*) roulette *f inv*; **table/fauteuil à ~s** tavolo/poltrona a rotelle; **la ~ russe** la roulette russa

roulis [ʀuli] *nm* rollio

roulotte [ʀulɔt] *nf* (*de bohémiens, forains*) carrozzone *m*

roumain, e [ʀumɛ̃, ɛn] *adj* rumeno(-a), romeno(-a) ▸ *nm* (*Ling*) rumeno, romeno ▸ *nm/f* : **Roumain, e** rumeno(-a), romeno(-a)

Roumanie [ʀumani] *nf* Romania

rouquin, e [ʀukɛ̃, in] (*péj*) *nm/f* rosso(-a) (di capelli)

rouspéter [ʀuspete] (*fam*) *vi* brontolare

rousse [ʀus] *adj voir* **roux**

rousseur [ʀusœʀ] *nf* : **tache de ~** lentiggine *f*

roussir [ʀusiʀ] *vt* (*herbe*) bruciare; (*linge*) strinare ▸ *vi* diventare rossiccio(-a); **faire ~ la viande/les oignons** far rosolare la carne/le cipolle

route [ʀut] *nf* strada; **par (la) ~** su strada; **il y a 3 heures de ~** ci sono 3 ore di strada; **en ~** strada facendo; **en ~ !** andiamo!; **en cours de ~** strada facendo; **mettre en ~** (*voiture, moteur*) avviare; **se mettre en ~** avviarsi, partire; **faire ~ vers** dirigersi verso; **faire fausse ~** (*fig*) essere fuori strada; **~ nationale** strada statale

routeur [ʀutøʀ] *nm* (*Inform*) router *m*

routier, -ière [ʀutje, jɛʀ] *adj* stradale ▸ *nm/f* (*camionneur*) camionista *m/f*; (*cycliste*) stradista *m* ▸ *nm* (*restaurant*) ristorante *m* (frequentato) da camionisti; **vieux ~** vecchia volpe *f*

routine [ʀutin] *nf* routine *f inv*, abitudine *f*; **visite/contrôle de ~** visita/controllo di routine

routinier, -ière [ʀutinje, jɛʀ] *adj* (*péj : travail*) monotono(-a); (*personne, esprit*) abitudinario(-a)

rouvrir [ʀuvʀiʀ] *vt, vi* riaprire; **se rouvrir** *vr* riaprirsi

roux, rousse [ʀu, ʀus] *adj* rosso(-a); (*personne*) rosso(-a) (di capelli) ▸ *nm/f* rosso(-a) di capelli ▸ *nm* (*Culin*) *preparazione base per salse fatta di burro fuso e farina*

royal, e, -aux [ʀwajal, o] *adj* reale; (*fig : festin, cadeau*) principesco(-a); (*: indifférence, paix*) totale

royaume [ʀwajom] *nm* regno; **le ~ des cieux** il regno dei cieli

Royaume-Uni [ʀwajomyni] *nm* : **le ~** il Regno Unito

royauté [ʀwajote] *nf* (*dignité*) dignità regale; (*régime*) monarchia

RSA [ɛʀɛsa] *sigle m* (*= revenu de solidarité active*) *sussidio statale a favore delle persone senza reddito o a reddito basso*

ruban [ʀybɑ̃] *nm* nastro; (*pour ourlet, couture*) fettuccia; **~ adhésif** nastro adesivo; **~ carbone** nastro carbonato

rubéole [ʀybeɔl] *nf* rosolia

rubis [ʀybi] *nm* rubino; **payer ~ sur l'ongle** pagare sull'unghia

rubrique [ʀybʀik] *nf* (*titre, catégorie*) voce *f*, categoria; (*Presse*) rubrica

r

ruche [Ryʃ] *nf* arnia, alveare *m*
rude [Ryd] *adj* (*barbe, toile, brosse*) ruvido(-a); (*métier, tâche, épreuve*) duro(-a); (*climat*) rigido(-a); (*bourru : manières, voix*) rude, rozzo(-a); **un ~ paysan/montagnard** un rude contadino/montanaro; **être mis à ~ épreuve** essere messo a dura prova
rudement [Rydmɑ̃] *adv* (*tomber*) malamente; (*traiter, reprocher*) duramente; (*fam : très*) molto; **j'ai ~ faim** ho una fame tremenda; **elle est ~ belle** è tremendamente bella
rudimentaire [Rydimɑ̃tɛR] *adj* rudimentale
rudiments [Rydimɑ̃] *nmpl* rudimenti *mpl*
rue [Ry] *nf* strada; (*suivi de nom propre*) via; **être/jeter qn à la ~** essere/gettare qn sulla strada
ruée [Rɥe] *nf* corsa; **la ~ vers l'or** la corsa all'oro
ruelle [Rɥɛl] *nf* viuzza, stradina
ruer [Rɥe] *vi* (*cheval*) scalciare; **se ruer** *vr* : **se ~ sur** gettarsi su; **se ~ vers/dans/hors de** precipitarsi verso/in/fuori da; **~ dans les brancards** recalcitrare
rugby [Rygbi] *nm* rugby *m inv*; **~ à quinze** rugby *m inv*; **~ à treize** *rugby con tredici giocatori*
rugir [RyʒiR] *vi* ruggire; (*fig*) urlare ▸ *vt* urlare
rugueux, -euse [Rygø, øz] *adj* rugoso(-a)
ruine [Rɥin] *nf* (*d'un régime, d'espérances*) crollo; (*d'une entreprise*) rovina; (*restes d'un édifice*) rudere *m*; **ruines** *nfpl* (*décombres*) rovine *fpl*; **tomber en ~** cadere in rovina; **être au bord de la ~** (*fig*) essere sull'orlo del fallimento
ruiner [Rɥine] *vt* rovinare; **se ruiner** *vr* rovinarsi
ruineux, -euse [Rɥinø, øz] *adj* terribilmente caro(-a)
ruisseau, x [Rɥiso] *nm* (*cours d'eau*) ruscello; (*caniveau*) cunetta, canale *m* di scolo; **ruisseaux de larmes/sang** fiumi di lacrime/sangue
ruisseler [Rɥis(ə)le] *vi* (*eau, pluie, larmes*) scorrere; (*mur, arbre, visage*) gocciolare; **~ d'eau/de pluie** gocciolare d'acqua/di pioggia; **~ de larmes/sueur** grondare di lacrime/di sudore; **~ de lumière** sfavillare di luce
rumeur [RymœR] *nf* brusio; (*nouvelle*) voce *f*

> **FAUX AMIS**
> **rumeur** ne se traduit pas par le mot italien *rumore*.

ruminer [Rymine] *vt* ruminare; (*fig*) rimuginare ▸ *vi* ruminare
rupture [RyptyR] *nf* rottura; **être en ~ de ban** (*fig*) essere in rotta con la società; **être en ~ de stock** (*Comm*) non avere scorte sufficienti
rural, e, -aux [RyRal, o] *adj* rurale; **les ruraux** *nmpl* la gente di campagna
ruse [Ryz] *nf* astuzia; **par ~** con l'astuzia
rusé, e [Ryze] *adj* astuto(-a)
russe [Rys] *adj* russo(-a) ▸ *nm* (*Ling*) russo ▸ *nm/f* : **Russe** russo(-a)
Russie [Rysi] *nf* Russia; **la ~ blanche** la Bielorussia; **la ~ Soviétique** la Repubblica Sovietica Russa
rustine [Rystin] *nf* toppa adesiva (*per camere d'aria*)
rustique [Rystik] *adj* rustico(-a); (*plante*) resistente
rythme [Ritm] *nm* ritmo; **au ~ de 10 par jour** al ritmo di 10 al giorno
rythmé, e [Ritme] *adj* ritmato(-a)

S

s' [s] *pron voir* **se**
sa [se] *voir* **son**
sable [sɑbl] *nm* sabbia; **~s mouvants** sabbie mobili
sablé, e [sɑble] *adj* (*allée*) cosparso(-a) di sabbia ▸ *nm* frollino; **pâte sablée** (*Culin*) pasta frolla
sabler [sɑble] *vt* cospargere di sabbia; **~ le champagne** (*fig*) festeggiare a champagne
sabot [sabo] *nm* (*chaussure, de cheval*) zoccolo; (*Tech*) ceppo; **~ (de Denver)** (*Auto* : *police*) morsetto *m* bloccaruota *inv*; **~ de frein** ceppo del freno
saboter [sabɔte] *vt* (*installation, négociation*) sabotare; (*travail, morceau de musique*) rovinare
sac [sak] *nm* sacco; **mettre à ~** (*ville etc*) saccheggiare; **~ à dos** zaino; **~ à main** borsetta; **~ à provisions** borsa della spesa; **~ de couchage** sacco a pelo; **~ de plage** borsa da spiaggia; **~ de voyage** borsa *ou* sacca da viaggio
saccadé, e [sakade] *adj* (*gestes, voix*) a scatti
saccager [sakaʒe] *vt* saccheggiare
saccharine [sakaʀin] *nf* saccarina
sachet [saʃɛ] *nm* sacchetto; (*shampooing*) bustina; **thé en ~s** tè in bustine; **~ de thé** bustina di tè
sacoche [sakɔʃ] *nf* borsa
sacré, e [sakʀe] *adj* sacro(-a); (*fam* : *satané*) maledetto(-a)
sacrement [sakʀəmɑ̃] *nm* sacramento; **administrer les derniers ~s à qn** amministrare l'Estrema Unzione a qn
sacrifice [sakʀifis] *nm* sacrificio; **faire le ~ de** fare il sacrificio di
sacrifier [sakʀifje] *vt* (*gén*) sacrificare; **se sacrifier** *vr* sacrificarsi; **~ à** (*à mode, tradition*) sacrificare a; **articles sacrifiés** (*Comm*) articoli a prezzi stracciati
sacristie [sakʀisti] *nf* sagrestia
sadique [sadik] *adj, nm/f* sadico(-a)
safran [safʀɑ̃] *nm* zafferano
sage [saʒ] *adj* assennato(-a); (*enfant*) buono(-a), bravo(-a) ▸ *nm/f* saggio(-a); **comité des ~s** comitato dei saggi
sage-femme [saʒfam] (*pl* **sages-femmes**) *nf* levatrice *f*, ostetrica
sagesse [saʒɛs] *nf* saggezza; (*d'un enfant*) bontà
Sagittaire [saʒitɛʀ] *nm* (*Astrol*) Sagittario; **être ~** essere del Sagittario
Sahara [saaʀa] *nm* : **le ~** il Sahara
saignant, e [sɛɲɑ̃, ɑ̃t] *adj* (*viande*) al sangue; (*blessure, plaie*) sanguinante
saigner [seɲe] *vi* sanguinare ▸ *vt* (*personne* : *Méd*) salassare; (: *fig*) dissanguare; (*animal* : *égorger*) sgozzare; **~ qn à blanc** (*fig*) dissanguare qn; **~ du nez** avere sangue dal naso
saillir [sajiʀ] *vi* sporgere ▸ *vt* (*Élevage*) montare; **faire ~** (*muscles etc*) far sporgere
sain, e [sɛ̃, sɛn] *adj* sano(-a); (*climat, habitation*) salubre; (*affaire, entreprise*) in buona salute; **~ et sauf** sano e salvo; **~ d'esprit** sano(-a) di mente
saindoux [sɛ̃du] *nm* strutto
saint, e [sɛ̃, sɛ̃t] *adj, nm/f* (*aussi fig*) santo(-a); **la Sainte Vierge** la Santa Vergine
sainteté [sɛ̃tte] *nf* santità *f inv*; **sa S~ le pape** Sua Santità il Papa
sais *etc* [sɛ] *vb voir* **savoir**
saisie [sezi] *nf* (*Jur*) sequestro; **à la ~** (*texte*) in fase di battitura; **~ (de données)** (*Inform*) inserimento *ou* immissione *f* (di dati)
saisir [seziʀ] *vt* afferrare; (*fig* : *occasion, prétexte*) cogliere; (*suj* : *sensations, émotions*) prendere; (*Inform*) inserire, immettere; (*Culin*) passare a fuoco vivo; (*Jur* : *biens*) sequestrare; (: *personne*) sequestrare i beni di; (: *publication interdite*) mettere sotto sequestro; **se saisir** *vr* : **se ~ de** (*personne*) impadronirsi di; **être saisi** (*de douleur, d'étonnement*) essere colto da; **~ un tribunal d'une affaire** portare una causa dinanzi a un tribunale

saisissant, e [sezisɑ̃, ɑ̃t] *adj* impressionante, sorprendente; (*froid*) pungente

saison [sɛzɔ̃] *nf* stagione *f*; **les quatre ~s** le quattro stagioni; **la belle/mauvaise ~** la bella/cattiva stagione; **être de ~** essere opportuno(-a); **en/hors ~** (*Tourisme*) durante la/fuori stagione; **haute/basse ~** (*Tourisme*) alta/bassa stagione; **morte ~** (*Tourisme*) stagione morta; **la ~ des pluies/des amours** la stagione delle piogge/degli amori

saisonnier, -ière [sɛzɔnje, jɛʀ] *adj* (*produits, travail*) stagionale; (*maladie*) di stagione ▸ *nm/f* stagionale *m/f*

salade [salad] *nf* insalata; **salades** *nfpl* (*fam*) : **raconter des ~s** raccontare delle fandonie; **haricots en ~** fagiolini *mpl* in insalata; **~ d'endives** insalata di cicoria belga; **~ de concombres** insalata di cetrioli; **~ de fruits** macedonia (di frutta); **~ de laitue** insalata di lattuga; **~ de tomates** insalata di pomodori; **~ niçoise** insalata *f* niçoise *inv ou* nizzarda; **~ russe** insalata russa

saladier [saladje] *nm* insalatiera

salaire [salɛʀ] *nm* salario, stipendio; (*fig*) compenso, ricompensa; **un ~ de misère** un salario *ou* uno stipendio da fame; **~ brut** salario *ou* stipendio lordo; **~ de base** salario *ou* stipendio di base; **~ minimum interprofessionnel de croissance** salario minimo garantito; **~ net** salario *ou* stipendio netto

salarié, e [salaʀje] *adj, nm/f* dipendente *m/f*

salaud [salo] (*fam!*) *nm* stronzo (*fam!*)

sale [sal] *adj* sporco(-a); (*fig* : *histoire, plaisanterie*) sconcio(-a); (: *avant le nom* : *fam*) brutto(-a)

salé, e [sale] *adj* (*aussi fig* : *note, facture*) salato(-a); (*Culin* : *conservé au sel*) sotto sale; (*fig* : *histoire, plaisanterie*) piccante ▸ *nm* (*porc salé*) carne *f* di maiale salata; **bien ~** ben salato(-a); **petit ~** *carne di maiale per bollito leggermente salata*

saler [sale] *vt* salare

saleté [salte] *nf* sporcizia; (*fig* : *action vile, chose sans valeur*) porcheria; (: *obscénité*) sconcezza; (: *microbe etc*) impurità *f inv*; **vivre dans la ~** vivere nella sporcizia

salière [saljɛʀ] *nf* saliera

salir [saliʀ] *vt* sporcare; (*fig* : *personne, réputation*) insozzare, macchiare; **se salir** *vr* (*aussi fig*) sporcarsi

salissant, e [salisɑ̃, ɑ̃t] *adj* (*tissu, couleur*) che sporca; (*métier*) in cui ci si sporca; **le blanc, c'est ~** il bianco si sporca facilmente

salle [sal] *nf* sala; (*pièce* : *gén*) sala, stanza; (*d'hôpital*) corsia; **faire ~ comble** fare il pienone; **~ à manger** sala da pranzo; **~ commune** (*d'hôpital*) corsia; **~ d'arme** sala d'armi; **~ d'attente** sala d'attesa; **~ d'eau** stanza da bagno; **~ d'embarquement** (*à l'aéroport*) imbarco; **~ d'exposition** salone *m ou* sala di esposizione; **~ d'opération** (*d'hôpital*) sala operatoria; **~ de bain(s)** bagno; **~ de bal/de danse** sala da ballo; **~ de cinéma** cinema *m inv*; **~ de classe** aula; **~ de concert** sala (per) concerti; **~ de consultation** sala di consultazione; **~ de douches** docce *fpl*; **~ de jeux** sala *f* giochi *inv*; **~ de projection** sala di proiezione; **~ de séjour** soggiorno; **~ de spectacle** (*Théâtre*) teatro; (*Ciné*) sala, cinema *m inv*; **~ des machines** sala *f* macchine *inv*; **~ des ventes** reparto *m* vendite *inv*; **~ obscure** cinema *m inv*

salon [salɔ̃] *nm* (*pièce, mobilier, littéraire*) salotto; (*exposition périodique*) salone *m*; **~ de coiffure** parrucchiere *m*; **~ de thé** sala da tè

salope [salɔp] (*fam!*) *nf* troia (*fam!*), puttana (*fam!*)

saloperie [salɔpʀi] (*fam!*) *nf* porcheria; (*action vile*) porcata

salopette [salɔpɛt] *nf* (*de travail*) tuta; (*pantalon*) salopette *f inv*

salsifis [salsifi] *nm* (*Bot*) barba di becco

salubre [salybʀ] *adj* salubre

saluer [salɥe] *vt* salutare

salut [saly] *nm* (*sauvegarde*) salvezza, scampo; (*Rel*) salvezza; (*geste, parole d'accueil, Mil*) saluto ▸ *excl* (*fam* : *pour dire bonjour*) ciao, salve; (: *pour dire au revoir*) ciao; (*style relevé*) salve; **~ public** salute *f* pubblica

salutations [salytasjɔ̃] *nfpl* saluti *mpl*; **recevez mes ~ distinguées** *ou* **respectueuses** distinti saluti

samedi [samdi] *nm* sabato; *voir aussi* **lundi**

SAMU [samy] *sigle m* (= *service d'assistance médicale d'urgence*) ≈ pronto soccorso

sanction [sɑ̃ksjɔ̃] *nf* sanzione *f*; (*conséquence*) (inevitabile) conseguenza; **prendre des ~s contre** prendere dei provvedimenti contro
sanctionner [sɑ̃ksjɔne] *vt* (*loi, décret, usage*) sancire, sanzionare; (*punir*) sanzionare
sandale [sɑ̃dal] *nf* sandalo
sandwich [sɑ̃dwi(t)ʃ] *nm* panino (imbottito), sandwich *m inv*; **être pris en ~ (entre)** essere bloccato (tra)
sang [sɑ̃] *nm* sangue *m*; **être en ~** essere insanguinato(-a); **jusqu'au ~** (*mordre, pincer*) a sangue; **se faire du mauvais ~** farsi sangue cattivo; **~ bleu** sangue blu
sang-froid [sɑ̃fʀwa] *nm inv* sangue freddo; **garder son ~** mantenere il sangue freddo; **perdre/retrouver son ~** perdere/riprendere il controllo (di sé); **faire qch de ~** fare qc a sangue freddo
sanglant, e [sɑ̃glɑ̃, ɑ̃t] *adj* (*visage, mains, arme*) insanguinato(-a); (*bataille, combat, affront*) sanguinoso(-a)
sangle [sɑ̃gl] *nf* cinghia; **sangles** *nfpl* (*pour lit etc*) piano *msg* di tela; **lit de ~(s)** branda (*con piano di tela*)
sanglier [sɑ̃glije] *nm* cinghiale *m*
sanglot [sɑ̃glo] *nm* singhiozzo
sangloter [sɑ̃glɔte] *vi* singhiozzare
sangsue [sɑ̃sy] *nf* sanguisuga
sanguin, e [sɑ̃gɛ̃, in] *adj* sanguigno(-a)
sanitaire [sanitɛʀ] *adj* sanitario(-a); **sanitaires** *nmpl* (*salle de bain et w.c.*) servizi *mpl* (igienici); **installation/appareil ~** impianto sanitario
sans [sɑ̃] *prép* senza; **~ qu'il s'en aperçoive** senza che se ne accorga; **~ scrupules** senza scrupoli; **~ manches** senza maniche
sans-abri [sɑ̃zabʀi] (*pl* **sans-abri(s)**) *nm/f* senzatetto *m inv/f inv*
sans-emploi [sɑ̃zɑ̃plwa] (*pl* **sans-emplois**) *nm/f* disoccupato(-a)
sans-gêne [sɑ̃ʒɛn] *adj inv* sfrontato(-a) ▶ *nm inv* sfrontatezza
santé [sɑ̃te] *nf* salute *f*; **avoir une ~ de fer** avere una salute di ferro; **avoir une ~ délicate** essere cagionevole di salute; **être en bonne ~** essere in buona salute; **boire à la ~ de qn** bere alla salute di qc; **« à la ~ de »** « alla salute di »; **« à votre/ta ~ ! »** « alla vostra/tua salute! »; **la ~ publique** la sanità pubblica; **service de ~** (*dans un port etc*) servizio di quarantena
saoudien, ne [saudjɛ̃, jɛn] *adj* saudita ▶ *nm/f* : **Saoudien, ne** arabo(-a) (saudita)
saoul, e [su, sul] *adj* = **soûl**
saper [sape] *vt* (*aussi fig*) scalzare; **se saper** *vr* (*fam*) vestirsi
sapeur-pompier [sapœʀpɔ̃pje] (*pl* **sapeurs-pompiers**) *nm/f* pompiere *m*
saphir [safiʀ] *nm* (*pierre précieuse*) zaffiro; (*d'électrophone*) puntina
sapin [sapɛ̃] *nm* abete *m*; **~ de Noël** albero di Natale
sarcastique [saʀkastik] *adj* sarcastico(-a)
Sardaigne [saʀdɛɲ] *nf* Sardegna
sardine [saʀdin] *nf* sardina; **~s à l'huile** sardine sott'olio
SARL [ɛsaɛʀɛl] *sigle f* (= *société à responsabilité limitée*) S.r.l.
sarrasin [saʀazɛ̃] *nm* grano saraceno
SARS [saʀ] *nf* SRAS (*syndrome respiratoire aigu sévère*)
satané, e [satane] *adj* dannato(-a)
satellite [satelit] *nm* (*Astron, Pol*) satellite *m*; **pays ~** paese *m* satellite; **retransmis par ~** (*Radio, TV*) ritrasmesso via satellite; **~ (artificiel)** satellite (artificiale)
satin [satɛ̃] *nm* raso
satire [satiʀ] *nf* satira; **faire la ~ de** fare la satira di
satirique [satiʀik] *adj* satirico(-a)
satisfaction [satisfaksjɔ̃] *nf* soddisfazione *f*; **à ma grande ~** con mia grande soddisfazione; **obtenir ~** ricevere soddisfazione; **donner ~ (à)** (*suj : employé, méthode*) dare soddisfazione (a); **donner ~ à** (*qn qui exige, pose des conditions*) soddisfare
satisfaire [satisfɛʀ] *vt* soddisfare; **se satisfaire** *vr* : **se ~ de** accontentarsi di; **~ à** soddisfare
satisfaisant, e [satisfəzɑ̃, ɑ̃t] *adj* soddisfacente
satisfait, e [satisfɛ, ɛt] *pp de* **satisfaire** ▶ *adj* : **~ (de)** soddisfatto(-a) (di)
saturer [satyʀe] *vt* (*aussi fig*) saturare; **~ qn/qch de** saturare qn/qc di; **être saturé de qch** essere saturo di qc
sauce [sos] *nf* salsa; **en ~** con salsa; **~ à salade** condimento per l'insalata; **~ aux câpres** salsa ai capperi; **~ blanche** salsa bianca; **~ mayonnaise** maionese *f*; **~ piquante** salsa piccante; **~ suprême**

salsa suprema; **~ tomate** salsa di pomodoro; **~ vinaigrette** salsa *f* vinaigrette *inv*
saucière [sosjɛʀ] *nf* salsiera
saucisse [sosis] *nf* salsiccia
saucisson [sosisɔ̃] *nm* salame *m*; **~ à l'ail** salame con l'aglio; **~ sec** salame *m*
sauf[1] [sof] *prép* salvo, tranne; **~ que ...** tranne che ...; **~ si ...** (*excepté*) salvo che ...; (*à moins que*) a meno che ...; **~ avis contraire** salvo parere contrario; **~ empêchement** salvo impedimenti; **~ erreur** salvo errori; **~ imprévu** salvo imprevisti
sauf[2]**, sauve** [sof, sov] *adj* salvo(-a); **laisser la vie sauve à qn** risparmiare qn
sauge [soʒ] *nf* salvia
saugrenu, e [sogʀəny] *adj* strampalato(-a), strano(-a)
saule [sol] *nm* salice *m*; **~ pleureur** salice piangente
saumon [somɔ̃] *nm* salmone *m* ▶ *adj inv* (*couleur*) (color) salmone *inv*
saumure [somyʀ] *nf* salamoia
saupoudrer [sopudʀe] *vt* : **~ qch de** (*de sel, chapelure, sucre*) cospargere qc di, spolverare qc di; (*fig : de citations etc*) infarcire qc di
saut [so] *nm* salto, balzo; (*Sport*) salto; (*Ski*) trampolino; **faire un ~** fare un salto; **faire un ~ chez qn** fare un salto da qn; **au ~ du lit** appena giù dal letto; **~ en hauteur/longueur/à la perche** salto in alto/in lungo/con l'asta; **le ~ à la corde** il salto della corda; **~ de page** (*Inform*) salto pagina; **~ en parachute** lancio col paracadute; **~ périlleux** salto mortale
sauté, e [sote] *adj* (*Culin*) rosolato(-a), al salto ▶ *nm* : **~ de veau** vitello al salto
sauter [sote] *vi* saltare; (*corde*) rompersi ▶ *vt* saltare; **~ dans/sur/vers** saltare in/su/verso; **faire ~** far saltare; **~ à pieds joints** saltare a piedi uniti; **~ à cloche pied** saltellare su un piede solo; **~ en parachute** lanciarsi col paracadute; **~ à la corde** saltare con la corda; **~ de joie** fare salti di gioia; **~ de colère** saltare dalla rabbia; **~ au cou de qn** saltare al collo di qn; **~ d'un sujet à l'autre** saltare di palo in frasca; **~ aux yeux** saltare agli occhi; **~ au plafond** (*fig*) scattare
sauterelle [sotʀɛl] *nf* cavalletta
sautiller [sotije] *vi* saltellare
sauvage [sovaʒ] *adj* selvatico(-a); (*lieu*) sperduto(-a); (*peuplade, mœurs*) selvaggio(-a); (*non officiel : camping, vente etc*) libero(-a) ▶ *nm/f* (*primitif, brute, barbare*) selvaggio(-a); (*timide*) selvatico(-a)
sauve [sov] *adj f voir* **sauf**[2]
sauvegarde [sovgaʀd] *nf* salvaguardia, tutela; **logiciel de ~** software *m inv* di backup; **faire une ~** (*Inform*) fare una copia di backup
sauvegarder [sovgaʀde] *vt* salvaguardare, tutelare; (*Inform : enregistrer*) salvare; (*: copier*) fare una copia di backup *ou* di riserva
sauve-qui-peut [sovkipø] *nm inv* fuggi fuggi *m inv* ▶ *excl* si salvi chi può
sauver [sove] *vt* salvare; (*récupérer : navire, entreprise*) soccorrere; **se sauver** *vr* (*s'enfuir*) scappare; (*fam : partir*) filarsela; **~ qn de** (*naufrage, désespoir*) trarre in salvo qn da; **~ la vie à qn** salvare la vita a qn; **~ les apparences** salvare le apparenze
sauvetage [sov(ə)taʒ] *nm* salvataggio; **ceinture de ~** cintura di salvataggio; **brassière** *ou* **gilet de ~** giubbotto di salvataggio; **~ en montagne** soccorso alpino
sauveteur, -euse [sov(ə)tœʀ, øz] *nm/f* soccorritore(-trice)
sauvette [sovɛt] : **à la ~** *adv* (*à la hâte*) frettolosamente; **vente à la ~** vendita ambulante abusiva
sauveur [sovœʀ] *nm* salvatore *m*; **le S~** (*Rel*) il Salvatore
savant, e [savɑ̃, ɑ̃t] *adj* (*personne*) dotto(-a), colto(-a); (*édition, revue*) dotto(-a); (*calé*) esperto(-a); (*compliqué*) difficile; (*habile : démonstration, combinaison*) sapiente ▶ *nm* studioso(-a), scienziato(-a); **animal ~** animale *m* addomesticato
saveur [savœʀ] *nf* (*aussi fig*) sapore *m*
savoir [savwaʀ] *vt* sapere ▶ *nm* sapere *m*; **se savoir** *vr* (*chose : être connu*) sapersi; **~ que/si/comment/combien** sapere che/se/come/quanto; **~ nager/se montrer ferme** saper nuotare/mostrarsi risoluto; **se ~ malade** sapere di essere malato; **il faut ~ que ...** bisogna dire che ...; **tu ne peux pas ~ combien ...** non immagini nemmeno quanto ...; **vous n'êtes pas sans ~ que ...** lei certo non ignora che ...; **je crois ~ que ...** credo di sapere

che ...; **je n'en sais rien** non ne so nulla; **à ~** cioè, vale a dire; **à ~ que ...** cioè ..., ossia ...; **faire ~ qch à qn** far sapere qc a qn; **ne rien vouloir ~** non volerne sapere; **pas que je sache** non che io sappia; **sans le ~** senza saperlo; **en ~ long** saperla lunga

savon [savɔ̃] *nm* sapone *m*; (*morceau*) saponetta, sapone; **passer un ~ à qn** (*fam*) dare una lavata di capo a qn

savonner [savɔne] *vt* insaponare; **se savonner** *vr* insaponarsi; **se ~ les mains/pieds** insaponarsi le mani/i piedi

savonnette [savɔnɛt] *nf* saponetta

savourer [savuʀe] *vt* gustare, assaporare

savoureux, -euse [savuʀø, øz] *adj* gustoso(-a)

saxo [saksɔ], **saxophone** [saksɔfɔn] *nm* sassofono

scabreux, -euse [skabʀø, øz] *adj* (*dangereux*) rischioso(-a); (*indécent*) scabroso(-a)

scandale [skɑ̃dal] *nm* scandalo; **provoquer un ~** provocare uno scandalo; **faire ~** fare scandalo; **faire du ~** fare baccano

scandaleux, -euse [skɑ̃dalø, øz] *adj* scandaloso(-a)

scandinave [skɑ̃dinav] *adj* scandinavo(-a) ▶ *nm/f* : **Scandinave** scandinavo(-a)

Scandinavie [skɑ̃dinavi] *nf* Scandinavia

scarabée [skaʀabe] *nm* scarabeo

scarlatine [skaʀlatin] *nf* scarlattina

scarole [skaʀɔl] *nf* scarola

sceau, x [so] *nm* (*cachet officiel*) sigillo; (*fig* : *signe manifeste*) impronta; **sous le ~ du secret** sotto il vincolo del segreto

sceller [sele] *vt* sigillare; (*barreau, chaîne etc*) fissare; (*fig* : *réconciliation, engagement*) suggellare

scénario [senaʀjo] *nm* (*Ciné* : *description des scènes*) sceneggiatura; (: *sujet*) soggetto; (*plan*) piano; **prévoir plusieurs ~s** prevedere diverse ipotesi; **selon le ~ habituel** come da copione

scène [sɛn] *nf* scena; **la ~** (*art dramatique*) il teatro, il palcoscenico; (*fig* : *dispute bruyante*) scenata; **la ~ politique/internationale** la scena politica/internazionale; **sur le devant de la ~** (*en pleine actualité*) in primo piano; **entrer en ~** entrare in scena; **par ordre d'entrée en ~** in ordine di apparizione; **mettre en ~** (*Théâtre, Ciné, fig*) mettere in scena; **porter à/adapter pour la ~** adattare per il teatro; **faire une ~ (à qn)** fare una scenata (a qn); **~ de ménage** scenata tra marito e moglie

sceptique [sɛptik] *adj, nm/f* scettico(-a)

schéma [ʃema] *nm* schema *m*

schématique [ʃematik] *adj* schematico(-a)

schiste [ʃist] *nm* scisto

sciatique [sjatik] *adj* : **nerf ~** nervo sciatico ▶ *nf* (*Méd*) sciatica

scie [si] *nf* sega; (*fam* : *péj* : *rengaine*) tiritera; **~ à bois** sega da legno; **~ à découper** sega da traforo; **~ à métaux** sega metallica; **~ circulaire** sega circolare; **~ sauteuse** seghetto da traforo

sciemment [sjamɑ̃] *adv* coscientemente

science [sjɑ̃s] *nf* scienza; (*savoir-faire*) perizia; **les ~s** (*Scol*) le scienze; **~s appliquées** scienze applicate; **~s expérimentales** scienze sperimentali; **~s humaines/sociales** scienze umanistiche/sociali; **~s naturelles** scienze naturali; **~s occultes** scienze occulte; **~s po** scienze politiche

science-fiction [sjɑ̃sfiksjɔ̃] (*pl* **sciences-fictions**) *nf* fantascienza

scientifique [sjɑ̃tifik] *adj* scientifico(-a) ▶ *nm/f* scienziato(-a); (*étudiant*) studente(-essa) di discipline scientifiche

scier [sje] *vt* segare

scierie [siʀi] *nf* segheria

scintiller [sɛ̃tije] *vi* scintillare

sciure [sjyʀ] *nf* : **~ (de bois)** segatura (di legno)

sclérose [skleʀoz] *nf* (*Méd, fig*) sclerosi *f*; **~ artérielle** arteriosclerosi *f inv*, sclerosi delle arterie; **~ en plaques** sclerosi a placche

scolaire [skɔlɛʀ] *adj* scolastico(-a); **l'année ~** l'anno scolastico; (*à l'université*) l'anno accademico; **en âge ~** in età scolare

scolariser [skɔlaʀize] *vt* (*pays, région*) dotare di scuole; (*enfant*) scolarizzare; **être scolarisé** andare a scuola

scolarité [skɔlaʀite] *nf* istruzione *f* scolastica; (*durée des études*) anni *mpl* di scuola; **frais de ~** retta *fsg*; **la ~ obligatoire** la scuola dell'obbligo

S

scooter [skutœʀ] *nm* scooter *m inv*
score [skɔʀ] *nm* punteggio; (*électoral*) risultato
scorpion [skɔʀpjɔ̃] *nm* scorpione *m*; (*Astrol*) : **S~** Scorpione; **être S~** essere dello Scorpione
scotch [skɔtʃ] *nm* (*whisky*) scotch *m inv*
Scotch® [skɔtʃ] *nm* (*adhésif*) scotch® *m inv*
scout, e [skut] *adj* scoutistico(-a) ▶ *nm* scout *m*
script [skʀipt] *nm* (*écriture*) stampatello; (*Ciné*) sceneggiatura
scrupule [skʀypyl] *nm* scrupolo; **être sans ~s** essere senza scrupoli
scruter [skʀyte] *vt* scrutare
scrutin [skʀytɛ̃] *nm* scrutinio; **ouverture/clôture d'un ~** inizio/termine di uno scrutinio; **~ à deux tours** scrutinio a due tornate; **~ de liste** scrutinio di lista; **~ majoritaire/proportionnel** scrutinio maggioritario/proporzionale; **~ uninominal** scrutinio uninominale
sculpter [skylte] *vt* scolpire
sculpteur, e [skyltœʀ] *nm/f* scultore(-trice)
sculpture [skyltyʀ] *nf* scultura; **~ sur bois** scultura in legno
SDF *sigle m* (= *sans domicile fixe*) senzatetto *m inv/f inv*; **les ~** i senzatetto
se, s' [s] *pron* si; **se voir comme l'on est** vedersi come si è; **ils s'aiment** si amano; **cela se répare facilement** si ripara facilmente; **se casser la jambe/se laver les mains** rompersi una gamba/lavarsi le mani
séance [seɑ̃s] *nf* (*d'assemblée, de tribunal*) seduta; (*récréative, musicale*) spettacolo; **ouvrir/lever la ~** aprire/togliere la seduta; **régler une affaire ~ tenante** sistemare una questione seduta stante
seau, x [so] *nm* secchio; **~ à glace** secchiello per il ghiaccio
sec, sèche [sɛk, sɛʃ] *adj* (*aussi fig* : *bruit, ton*) secco(-a); (*région, fig* : *cœur, personne*) arido(-a); (: *départ, démarrage*) brusco(-a) ▶ *nm* : **tenir au ~** tenere all'asciutto ▶ *adv* (*démarrer*) bruscamente; **je le prends ~** (*sans eau*) lo prendo liscio; **à pied ~** senza bagnarsi i piedi; **à ~** (*cours d'eau, source*) in secca; (*personne*) a corto di idee; (*à court d'argent*) al verde; **une toux sèche** una tosse secca; **avoir la gorge sèche** avere la gola secca; **boire ~** (*beaucoup*) bere forte
sécateur [sekatœʀ] *nm* cesoie *fpl* da giardiniere
sèche [sɛʃ] *adj f voir* **sec** ▶ *nf* (*fam*) sigaretta
sèche-cheveux [sɛʃʃəvø] *nm inv* asciugacapelli *m inv*
sèche-linge [sɛʃlɛ̃ʒ] (*pl* **sèche-linge(s)**) *nm* asciugabiancheria *m inv*
sèchement [sɛʃmɑ̃] *adv* seccamente
sécher [seʃe] *vt* (*linge, objet mouillé*) asciugare; (*dessécher* : *peau, blé, bois*) seccare; (: *étang*) prosciugare; (*fam* : *Scol* : *classe, cours*) marinare, bigiare ▶ *vi* (*linge, objet mouillé*) asciugarsi; (*herbe, blé, fleur*) seccarsi; (*fam* : *candidat*) fare scena muta; **se sécher** *vr* (*après le bain*) asciugarsi
sécheresse [sɛʃʀɛs] *nf* (*du climat, sol*) aridità; (*absence de pluie*) siccità; (*fig* : *du ton, style etc*) secchezza
séchoir [seʃwaʀ] *nm* (*à linge*) stendibiancheria *m inv*
second, e [s(ə)gɔ̃, ɔ̃d] *adj* (*deuxième*) secondo(-a) ▶ *nm* (*adjoint, assistant*) braccio destro, aiuto; (*étage*) secondo (piano); (*Naut*) secondo; **en ~** (*en second rang*) in seconda; **trouver son ~ souffle** ritrovare vigore, riprendere le energie; **être dans un état ~** essere stordito(-a) *ou* inebetito(-a); **doué de seconde vue** dotato di sesto senso; **de seconde main** di seconda mano
secondaire [s(ə)gɔ̃dɛʀ] *adj* secondario(-a); (*Méd* : *effets*) collaterale
seconde [s(ə)gɔ̃d] *nf* (*partie d'une minute*) secondo; (*Scol, Auto*) seconda; **voyager en ~** viaggiare in seconda (classe)
seconder [s(ə)gɔ̃de] *vt* (*assister*) assistere, aiutare; (*favoriser*) assecondare
secouer [s(ə)kwe] *vt* scuotere; (*passagers*) sballottare; **se secouer** *vr* scuotersi; (*personne* : *fam*) darsi una mossa; **~ la poussière d'un tapis** scuotere la polvere da un tappeto; **~ la tête** scuotere la testa
secourir [s(ə)kuʀiʀ] *vt* soccorrere
secourisme [s(ə)kuʀism] *nm* (*premiers soins*) pronto soccorso; (*sauvetage*) salvataggio
secouriste [s(ə)kuʀist] *nm/f* soccorritore(-trice)
secours [s(ə)kuʀ] *vb voir* **secourir** ▶ *nm* soccorso; (*aide*) aiuto ▶ *nmpl* (*aide financière, à un malade*) soccorsi *mpl*;

cet outil lui a été d'un grand ~ questo strumento gli è stato di grande aiuto; (*équipes de secours*) squadra di soccorso; **au ~ !** aiuto!; **appeler au ~** chiamare aiuto; **appeler qn à son ~** chiamare qn in aiuto; **aller au ~ de qn** accorrere in aiuto di qn; **porter ~ à qn** portare soccorso a qn; **les premiers ~** i primi soccorsi; **le ~ en montagne** il soccorso alpino

secousse [s(ə)kus] *nf* scossa; (*fig : choc psychologique*) colpo; **~ sismique/ tellurique** scossa sismica/tellurica

secret, -ète [səkʀɛ, ɛt] *adj* segreto(-a); (*intérieur : vie, pensée*) interiore; (*renfermé : personne*) chiuso(-a) ▸ *nm* segreto; (*discrétion absolue*) segretezza; **en ~** in segreto; **au ~** (*prisonnier*) rinchiuso(-a); **~ d'État** segreto di stato; **~ de fabrication** segreto di fabbricazione; **~ professionnel** segreto professionale

secrétaire [s(ə)kʀetɛʀ] *nm/f* segretario(-a) ▸ *nm* (*meuble*) secrétaire *m inv*; **~ d'ambassade** segretario(-a) d'ambasciata; **~ d'État** sottosegretario(-a) (di Stato); **~ de direction** segretario(-a) di direzione; **~ de mairie** segretario comunale; **~ de rédaction** segretario(-a) di redazione; **~ général(e)** segretario(-a) generale; **~ médical(e)** assistente *m/f* di un medico

secrétariat [s(ə)kʀetaʀja] *nm* (*d'organisme*) segretariato; (*bureau : d'entreprise, d'école*) segreteria; **~ d'État** segreteria di stato; **~ général** segreteria generale; **apprendre le ~** studiare per fare la segretaria

sectarisme [sɛktaʀism] *nm* settarismo

secte [sɛkt] *nf* setta

secteur [sɛktœʀ] *nm* settore *m*; (*d'une ville*) circoscrizione *f*; **branché sur le ~** (*Élec*) collegato alla rete; **fonctionne sur pile et ~** funziona a pile e a elettricità; **le ~ privé/public** il settore privato/pubblico; **le ~ primaire/ secondaire/tertiaire** il settore primario/secondario/terziario

section [sɛksjɔ̃] *nf* sezione *f*; (*d'une route, rivière*) tratto; (*de parcours d'autobus*) tratta; (*d'un chapitre, d'une œuvre*) estratto, sezione; (*d'une entreprise*) reparto; (*université*) dipartimento; **~ rythmique/des cuivres** (*Mus*) sezione ritmica/di ottoni; **tube de ~ 6,5 mm** tubo di 6,5 mm di sezione

sectionner [sɛksjɔne] *vt* sezionare; **se sectionner** *vr* (*câble*) rompersi

sécu [seky] (*fam*) *nf* = *sécurité sociale* ; *voir* **sécurité**

sécurité [sekyʀite] *nf* sicurezza; **la ~ nationale/internationale** la sicurezza nazionale/internazionale; **être en ~** essere al sicuro; **dispositif/système de ~** dispositivo/sistema di sicurezza; **mesures de ~** misure *fpl* di sicurezza; **la ~ de l'emploi** la sicurezza del lavoro; **la ~ routière** la sicurezza stradale; **la ~ sociale** ≈ la Previdenza Sociale

sédentaire [sedɑ̃tɛʀ] *adj* sedentario(-a)

séduction [sedyksjɔ̃] *nf* seduzione *f*

séduire [sedɥiʀ] *vt* sedurre

séduisant, e [sedɥizɑ̃, ɑ̃t] *vb voir* **séduire** ▸ *adj* seducente

ségrégation [segʀegasjɔ̃] *nf* segregazione *f*; **~ raciale** segregazione razziale

seiche [sɛʃ] *nf* seppia

seigle [sɛgl] *nm* segale *f*

seigneur [sɛɲœʀ] *nm* signore *m*; **le S~** (*Rel*) il Signore

sein [sɛ̃] *nm* seno; **au ~ de** in seno a; **donner le ~ à** (*bébé*) allattare; **nourrir au ~** allattare al seno

séisme [seism] *nm* sisma *m*

seize [sɛz] *adj inv, nm inv* sedici *m inv*; *voir aussi* **cinq**

seizième [sɛzjɛm] *adj, nm/f* sedicesimo(-a) ▸ *nm* sedicesimo; *voir aussi* **cinquième**

séjour [seʒuʀ] *nm* soggiorno

séjourner [seʒuʀne] *vi* soggiornare; (*suj : chose*) rimanere

sel [sɛl] *nm* sale *m*; (*fig : esprit, piquant*) spirito; **~ de cuisine** sale da cucina; **~ de table** sale da tavola; **~ fin** sale fino; **~ gemme** salgemma *m*; **~s de bain** sali da bagno

sélection [selɛksjɔ̃] *nf* selezione *f*; **faire/opérer une ~ parmi** fare/ operare una selezione tra; **épreuve de ~** (*Sport*) prova di selezione; **~ naturelle** selezione naturale; **~ professionnelle** selezione professionale

sélectionner [selɛksjɔne] *vt* selezionare

self-service [sɛlfsɛʀvis] (*pl* **-s**) *adj, nm* self-service *m inv*

S

selle [sɛl] *nf* (*de cheval, Culin*) sella; (*de bicyclette, motocyclette*) sellino; **selles** *nfpl* (*Méd*) feci *fpl*; **aller à la ~** (*Méd*) andare di corpo; **se mettre en ~** montare in sella
seller [sele] *vt* sellare
selon [s(ə)lɔ̃] *prép* secondo; (*en fonction de*) a seconda di, secondo; **~ que** a seconda che; **~ moi** secondo me
semaine [s(ə)mɛn] *nf* settimana; **en ~** durante la settimana, in settimana; **la ~ de quarante heures** la settimana di quaranta ore; **la ~ du blanc/du livre** (*Comm*) la settimana del bianco/del libro; **la ~ sainte** la settimana santa; **vivre à la petite ~** vivere alla giornata
semblable [sɑ̃blabl] *adj* : **~ (à)** simile (a) ▶ *nm* simile *m*; **de ~s mésaventures/calomnies** simili disavventure *fpl*/calunnie *fpl*
semblant [sɑ̃blɑ̃] *nm* : **un ~ d'intérêt/ de vérité** una parvenza d'interesse/di verità; **faire ~ (de faire qch)** far finta (di fare qc)
sembler [sɑ̃ble] *vb impers, vi* sembrare; **il semble inutile/bon de ...** sembra inutile/opportuno ...; **il semble (bien) que/ne semble pas que** sembra (proprio) che/non sembra che; **il me semble (bien) que vous avez raison** mi sembra *ou* mi pare (proprio) che abbia ragione; **il me semble le connaître** mi sembra *ou* pare di conoscerlo; **cela leur semblait cher/ pratique** gli sembrava caro/pratico; **~ être** sembrare di essere; **comme/ quand bon lui semble** come/quanto vuole lui, come/quanto gli pare; **me semble-t-il, à ce qu'il me semble** a quanto pare
semelle [s(ə)mɛl] *nf* (*de chaussure*) suola; (: *intérieure*) soletta; (*d'un ski*) soletta, suola; **battre la ~** battere i piedi per terra per scaldarsi; (*fig*) restare ad aspettare
semer [s(ə)me] *vt* (*graines, fig : poursuivants*) seminare; (*fig : éparpiller*) diffondere, spargere; **~ la discorde/ terreur parmi** seminare zizzania/il terrore tra; **semé de difficultés/d'erreurs** seminato di difficoltà/di errori
semestre [s(ə)mɛstʀ] *nm* semestre *m*
séminaire [seminɛʀ] *nm* seminario
semi-remorque [səmiʀəmɔʀk] (*pl* **-s**) *nf* semirimorchio ▶ *nm* (*camion*) autoarticolato
semoule [s(ə)mul] *nf* (*farine*) semolino; **~ de maïs** semola di mais; **~ de riz** semola di riso
sénat [sena] *nm* senato
sénateur, -trice [senatœʀ, tʀis] *nm/f* senatore(-trice)
sénile [senil] *adj* senile
senior [senjɔʀ] *nm/f* (*personne de 50 à 64 ans*) persona tra i 50 e i 64 anni; (*Sport*) senior *m/f*
sens[1] [sɑ̃] *vb voir* **sentir**
sens[2] [sɑ̃s] *nm* senso; **sens** *nmpl* (*sensualité*) sensi *mpl*; **avoir le ~ des affaires/de la mesure** avere il senso degli affari/della misura; **en dépit du bon ~** contro ogni buon senso; **tomber sous le ~** andare da sé, essere evidente; **ça n'a pas de ~** non ha senso; **en ce ~ que** nel senso che; **en un ~, dans un ~** in un certo senso; **à mon ~** secondo me; **dans le ~ des aiguilles d'une montre** in senso orario; **dans le ~ de la longueur/largeur** nel senso della lunghezza/larghezza; **dans le mauvais ~** nel senso sbagliato; **bon ~** buon senso; **reprendre ses ~** riprendere i sensi; **un sixième ~** un sesto senso; **~ commun** senso comune; **~ dessus dessous** sottosopra; **~ figuré/propre** senso figurato/proprio; **~ interdit/unique** senso vietato/unico
sensation [sɑ̃sasjɔ̃] *nf* (*effet de surprise*) colpo; **faire ~** far colpo; **à ~** (*péj*) a sensazione; (*journal*) sensazionalistico(-a)
sensationnel, le [sɑ̃sasjɔnɛl] *adj* sensazionale
sensé, e [sɑ̃se] *adj* sensato(-a)
sensibiliser [sɑ̃sibilize] *vt* sensibilizzare; **~ qn (à)** sensibilizzare qn (a)
sensibilité [sɑ̃sibilite] *nf* sensibilità *f inv*
sensible [sɑ̃sibl] *adj* sensibile; **~ à** sensibile a
sensiblement [sɑ̃sibləmɑ̃] *adv* (*notablement*) notevolmente; (*à peu près*) pressapoco; **ils ont ~ le même poids** hanno pressapoco lo stesso peso
sensiblerie [sɑ̃sibləʀi] *nf* sentimentalismo
sensuel, le [sɑ̃sɥɛl] *adj* sensuale
sentence [sɑ̃tɑ̃s] *nf* sentenza

sentier [sɑ̃tje] *nm* sentiero
sentiment [sɑ̃timɑ̃] *nm* sentimento; (*conscience, impression*) sensazione *f*, impressione *f*; (*avis, opinion*) parere *m*; **avoir le ~ de/que** avere la sensazione *ou* l'impressione di/che; **recevez mes ~s respectueux/dévoués** voglia gradire i miei più distinti/cordiali saluti; **veuillez agréer l'expression de mes ~s distingués** voglia gradire i miei più distinti saluti; **faire du ~** (*péj*) fare il sentimentale; **si vous me prenez par les ~s ...** se fa leva sui miei sentimenti ...
sentimental, e, -aux [sɑ̃timɑ̃tal, o] *adj* sentimentale
sentinelle [sɑ̃tinɛl] *nf* (*Mil*) sentinella; **en ~** di sentinella
sentir [sɑ̃tiʀ] *vt* sentire; (*avoir une odeur de*) avere un odore di; (*fig : dénoter*) sapere di ▶ *vi* (*exhaler une mauvaise odeur*) puzzare; **~ l'odeur de** sentire l'odore di; **~ une rose** annusare una rosa; **~ bon/mauvais** avere un buon/cattivo odore; **se ~ bien/mal à l'aise** sentirsi/non sentirsi a proprio agio; **se ~ mal** sentirsi male; **se ~ le courage/la force de faire qch** sentirsela di fare qc; **se ~ coupable de faire qch** sentirsi colpevole nel fare qc; **ne plus se ~ de joie** essere fuori di sé dalla gioia; **ne pas pouvoir ~ qn** (*fam*) non poter soffrire qn
séparation [sepaʀasjɔ̃] *nf* separazione *f*; **~ de biens** (*Jur*) separazione dei beni; **~ de corps** (*Jur*) separazione legale; **~ des pouvoirs** (*Pol*) separazione dei poteri
séparé, e [sepaʀe] *adj* separato(-a); **~ de** separato(-a) da
séparément [sepaʀemɑ̃] *adv* separatamente
séparer [sepaʀe] *vt* separare; **~ qch de** separare qc da; **~ qch par/au moyen de** dividere qc con/per mezzo di; **se séparer** *vr* separarsi; (*prendre congé : amis etc*) lasciarsi; (*route, tige etc*) dividersi; **se ~ (de)** (*se détacher*) staccarsi (da); **se ~ de** (*époux, objet personnel*) separarsi da; **~ une pièce/un jardin en deux** dividere in due una stanza/un giardino
sept [sɛt] *adj inv, nm inv* sette *m inv*; *voir aussi* **cinq**
septante [sɛptɑ̃t] *adj inv, nm inv* (*Belgique, Suisse*) settanta *m inv*
septembre [sɛptɑ̃bʀ] *nm* settembre *m*; *voir aussi* **juillet**
septicémie [sɛptisemi] *nf* setticemia
septième [sɛtjɛm] *adj, nm/f* settimo(-a) ▶ *nm* settimo; **être au ~ ciel** essere al settimo cielo; *voir aussi* **cinquième**
séquelles [sekɛl] *nfpl* postumi *mpl*; (*fig*) conseguenze *fpl*
séquençage [sekɑ̃saʒ] *nm* sequenziamento *m*
séquence [sekɑ̃s] *nf* sequenza
serbe [sɛʀb] *adj* serbo(-a)
Serbie [sɛʀbi] *nf* Serbia
serein, e [səʀɛ̃, ɛn] *adj* sereno(-a)
sergent, e [sɛʀʒɑ̃, ɑ̃t] *nm/f* sergente *m*
série [seʀi] *nf* serie *f*; (*de clefs*) mazzo; (*de casseroles*) batteria; **en ~** in serie; **de ~** (*voiture*) di serie; **hors ~** fuori serie; **soldes de fin de ~s** saldi *mpl* di fine serie; **~ noire** (*roman policier*) giallo; (*suite de malheurs*) periodo sfortunato; **~ (télévisée)** (*feuilleton*) serie (televisiva)
sérieusement [seʀjøzmɑ̃] *adv* seriamente; **il parle ~** parla seriamente, dice sul serio; **~ ?** davvero?
sérieux, -euse [seʀjø, jøz] *adj* serio(-a); (*client, renseignement*) affidabile; (*important : différence, augmentation*) notevole ▶ *nm* serietà; **garder son ~** restare serio(-a); **manquer de ~** non essere serio(-a); **prendre qch/qn au ~** prendere sul serio qc/qn; **se prendre au ~** prendersi troppo sul serio; **tu es ~ ?** parli sul serio?; **c'est ~ ?** è vero?
serin [s(ə)ʀɛ̃] *nm* canarino
seringue [s(ə)ʀɛ̃g] *nf* siringa
serment [sɛʀmɑ̃] *nm* giuramento; **faire le ~ de** giurare di; **témoigner sous ~** testimoniare sotto giuramento
sermon [sɛʀmɔ̃] *nm* (*aussi péj*) sermone *m*, predica
séropositif, -ive [seʀopozitif, iv] *adj, nm/f* sieropositivo(-a)
serpent [sɛʀpɑ̃] *nm* serpente *m*; **~ à lunettes** serpente dagli occhiali; **~ à sonnettes** serpente a sonagli
serpenter [sɛʀpɑ̃te] *vi* serpeggiare, snodarsi
serpillière [sɛʀpijɛʀ] *nf* strofinaccio (per pavimenti)
serre [sɛʀ] *nf* serra; **serres** *nfpl* (*griffes*) artigli *mpl*; **~ chaude/froide** serra calda/fredda

S

serré, e [seʀe] *adj* (*tissu, réseau, écriture*) fitto(-a); (*habits, passagers, lutte*) stretto(-a); (*partie, match*) serrato(-a); (*café*) ristretto(-a) ▸ *adv* : **jouer ~** giocare con prudenza; **écrire ~** scrivere fitto; **avoir le cœur ~** avere una stretta al cuore; **avoir la gorge serrée** avere un nodo in gola

serrer [seʀe] *vt* stringere; (*poings, mâchoires*) stringere, serrare; (*rapprocher* : *personnes, livres, lignes*) avvicinare ▸ *vi* : **~ à droite/gauche** stringere a destra/a sinistra; **se serrer** *vr* stringersi; **~ la main à qn** stringere la mano a qn; **~ qn dans ses bras/contre son cœur** stringere qn tra le braccia/al petto; **~ la gorge/le cœur à qn** serrare la gola/stringere il cuore a qn; **~ les dents** stringere i denti; **~ qn de près** incalzare qn; **~ le trottoir** accostarsi al marciapiede; **se ~ contre qn** stringersi a qn; **se ~ les coudes** aiutarsi *ou* sostenersi a vicenda; **se ~ la ceinture** tirare la cinghia; **~ la vis à qn** punire severamente qn; **~ les rangs** serrare le file

serrure [seʀyʀ] *nf* serratura

serrurier, -ère [seʀyʀje, jɛʀ] *nm/f* fabbro (*per serrature, lucchetti*)

sert *etc* [sɛʀ] *vb voir* **servir**

sertir [sɛʀtiʀ] *vt* (*pierre précieuse*) incastonare; (*deux pièces métalliques*) aggraffare

sérum [seʀɔm] *nm* siero; **~ physiologique** soluzione *f* fisiologica

servante [sɛʀvɑ̃t] *nf* domestica

serveur, -euse [sɛʀvœʀ, øz] *nm/f* (*de restaurant, extra*) cameriere(-a); (*Cartes*) mazziere(-a); (*Tennis*) battitore(-trice) ▸ *nm* (*Tél, Inform*) server *m*

serviable [sɛʀvjabl] *adj* servizievole

service [sɛʀvis] *nm* servizio; (*linge de table*) biancheria da tavola; (*aide, faveur*) favore *m*, piacere *m*; **services** *nmpl* (*prestations, Écon*) servizi *mpl*; **premier/second ~** (*série de repas*) primo/secondo turno; **~ compris/non compris** servizio compreso/escluso; **faire le ~** servire; **être en ~ chez qn** (*domestique*) essere a servizio da qn; **être au ~ de** (*patron, patrie*) essere al servizio di; **être au ~ de qn** (*personne, voiture*) essere a disposizione di qn; **porte de ~** porta di servizio; **rendre ~ (à qn)** fare un favore (a qn); (*suj* : *objet, outil*) essere utile a, servire a; **il aime rendre ~** gli piace rendersi utile; **rendre un ~ à qn** rendere un servizio a qn, fare un piacere a qn; **reprendre du ~** riprendere servizio; **heures de ~** orario di servizio; **être de ~** essere in servizio; **avoir 25 ans de ~** avere 25 anni di servizio; **être/mettre en ~** essere/mettere in funzione; **hors ~** fuori servizio; **être en ~ commandé** svolgere un incarico ufficiale; **~ à café/à thé** servizio da caffè/da tè; **~ à glaces** servizio da gelato; **~ après vente** servizio (di) assistenza clienti; **~ d'ordre** servizio d'ordine; **~ funèbre** servizio funebre; **~ militaire** servizio militare; **~ public** servizio pubblico; **~s secrets** servizi segreti; **~s sociaux** servizi sociali

serviette [sɛʀvjɛt] *nf* (*de table*) tovagliolo; (*de toilette*) asciugamano; (*porte-documents*) cartella; **~ éponge** asciugamano di spugna; **~ hygiénique** assorbente *m*

servir [sɛʀviʀ] *vt* servire; (*rente, pension, intérêts*) versare ▸ *vi* (*Tennis*) servire; (*Cartes*) dare le carte; **se servir** *vr* (*prendre d'un plat*) servirsi; **~ qch (à qn)** (*plat, boisson*) servire qc (a qn); **se ~ chez qn** (*s'approvisionner*) servirsi da qn; **se ~ de** servirsi di; **~ à qn** servire a qn; **ça m'a servi pour faire ...** mi è servito per fare ...; **~ à qch/faire qch** servire a qc/fare qc; **qu'est-ce que je vous sers ?** che cosa le servo?; **est-ce que je peux vous ~ quelque chose ?** posso offrirle qualcosa?; **vous êtes servi ?** è servito?; **ça peut ~** può servire; **ça peut encore ~** può ancora servire; **à quoi cela sert-il (de faire) ?** a che cosa serve (fare)?; **cela ne sert à rien** non serve a niente; **~ (à qn) de secrétaire** fare da segretaria (a qn); **~ la messe** servir messa; **~ une cause** servire una causa; **~ les intérêts de qn** servire gli interessi di qn; **~ à dîner/déjeuner à qn** servire il pranzo/la cena a qn; **~ le dîner à 18 h** servire la cena alle 6

serviteur [sɛʀvitœʀ] *nm* servitore *m*

ses [se] *voir* **son**

sésame [sezam] *nm* sesamo; **le ~ de la réussite/du bonheur** la ricetta del successo/della felicità

seuil [sœj] *nm* soglia; **recevoir qn sur le ~ (de sa maison)** accogliere qn sulla soglia (di casa); **au ~ de** (*fig*) alle soglie di; **~ de rentabilité** (*Comm*) soglia di redditività

seul, e [sœl] *adj* solo(-a) ▸ *adv* : **vivre ~** vivere solo(-a) ▸ *nm/f* : **j'en veux un ~** ne voglio uno solo; **une seule** una sola; **le ~ livre/homme** l'unico libro/uomo; **~ ce livre/cet homme, ce livre/cet homme ~** solo questo libro/ quest'uomo; **lui ~ peut …** solo lui può …; **à lui (tout) ~** da solo; **d'un ~ coup** (*subitement*) di colpo; **parler tout ~** parlare da solo; **faire qch (tout) ~** fare qc da solo; **~ à ~** a quattr'occhi; **il en reste un ~** ne resta uno solo; **pas une seule** nemmeno una

seulement [sœlmɑ̃] *adv* solo, solamente, soltanto; **~ hier, hier ~** solo ieri; **il consent, ~ il demande des garanties** è d'accordo però chiede delle garanzie; **non ~ … mais aussi** *ou* **encore** non solo … ma anche

sève [sɛv] *nf* linfa; (*fig*) vigore *m*

sévère [sevɛʀ] *adj* severo(-a)

sexe [sɛks] *nm* sesso; **le ~ fort/faible** il sesso forte/debole

sexuel, le [sɛksɥɛl] *adj* sessuale; **acte ~** atto sessuale

shampooing [ʃɑ̃pwɛ̃] *nm* shampoo *m inv*; **se faire un ~** farsi uno shampoo; **~ colorant/traitant** shampoo colorante/trattante

shiatzu [ʃjatsu] *nm* shiatsu *m inv*

short [ʃɔʀt] *nm* calzoncini *mpl* corti, shorts *mpl*

MOT-CLÉ

si [si] *adv* **1** (*oui*) sì; **Paul n'est pas venu ? — si !** Paul è venuto? — sì!; **je suis sûr que si** sono sicuro di sì; **je vous assure que si** le assicuro di sì
2 (*tellement*) : **si gentil/rapidement** così gentile/rapidamente; **si rapide qu'il soit** per quanto sia rapido
▸ *conj* se; **si tu veux** se vuoi; **je me demande si** mi chiedo se; **si seulement** se soltanto, se solo; **si ce n'est …** se non …; **si ce n'est que …** salvo (per il fatto) che …, se non fosse che …; **si bien que …** cosicché …; **si tant est que …** supposto che …, ammettendo che …; **(tant et) si bien que** tanto che, gira e rigira …; **s'il pouvait (seulement) venir !** se solo potesse venire!; **s'il le fait, c'est que …** se lo fa, significa che …; **s'il est aimable, eux par contre …** lui è gentile, loro invece …
▸ *nm* (*Mus*) si *m inv*

Sicile [sisil] *nf* Sicilia

sida [sida] *sigle m* (= *syndrome immunodéficitaire acquis*) AIDS *m*

sidéré, e [sideʀe] *adj* sbalordito(-a)

sidérurgie [sideʀyʀʒi] *nf* siderurgia

siècle [sjɛkl] *nm* secolo; **le ~ des lumières/de l'atome** il secolo dei lumi/dell'atomo

siège [sjɛʒ] *nm* sede *f*; (*pliant, d'une voiture*) sedile *m*; (*dans une assemblée, d'un député*) seggio; (*Mil*) assedio; **lever le ~** togliere l'assedio; **mettre le ~ devant une ville** cingere d'assedio una città; **se présenter par le ~** (*Méd : nouveau-né*) presentarsi col podice; **~ arrière/avant** (*Auto*) sedile posteriore/anteriore; **~ baquet** sedile (di auto sportiva); **~ social** (*Comm*) sede sociale

siéger [sjeʒe] *vi* (*député*) sedere; (*assemblée, tribunal*) aver sede; (*se trouver*) risiedere, trovarsi

sien, ne [sjɛ̃, sjɛn] *pron* : **le ~, la sienne** il suo, la sua; **les ~s, les siennes** i suoi, le sue; **y mettre du ~** metterci del proprio; **faire des siennes** (*fam*) farne una delle proprie; **les ~s** (*sa famille*) i suoi

sieste [sjɛst] *nf* sonnellino; **faire la ~** fare un sonnellino

sifflement [sifləmɑ̃] *nm* fischio; (*de la vapeur, du vent*) sibilo

siffler [sifle] *vi* fischiare; (*personne : chanter*) fischiare, fischiettare; (*serpent*) sibilare ▸ *vt* (*air, chanson*) fischiare, fischiettare; (*animal, pièce, fille*) fischiare a; (*faute, fin d'un match, départ*) fischiare; (*fam : verre, bouteille*) tracannare, scolarsi

sifflet [siflɛ] *nm* (*instrument*) fischietto; (*sifflement*) fischio; **sifflets** *nmpl* (*de mécontentement*) fischi *mpl*; **coup de ~** fischio

siffloter [siflɔte] *vi* fischiettare ▸ *vt* fischiettare

sigle [sigl] *nm* sigla

signal, -aux [siɲal, o] *nm* segnale *m*; **donner le ~ de** dare il segnale a; **~ d'alarme** segnale d'allarme; **~ d'alerte** segnale d'allarme; **~ de détresse** segnale di soccorso; **~ horaire** segnale orario; **~ optique/sonore** segnale ottico/sonoro; **signaux (lumineux)** (*Auto*) segnaletica *fsg* (luminosa); **signaux routiers** segnali stradali, segnaletica stradale

signalement [siɲalmɑ̃] *nm* connotati *mpl*
signaler [siɲale] *vt* segnalare; **se signaler** *vr* : **se ~ (par)** segnalarsi (per), distinguersi (per); **~ qch à qn/(à qn) que** segnalare qc a qn/(a qn) che; **~ qn à la police** segnalare qn alla polizia; **se ~ à l'attention de qn** segnalarsi all'attenzione di qn
signature [siɲatyʀ] *nf* firma
signe [siɲ] *nm* segno; **ne pas donner ~ de vie** non dar segno di vita; **c'est bon/ mauvais ~** è buon/cattivo segno; **c'est ~ que** è segno che; **faire un ~ de la tête/main** fare un cenno *ou* un segno con la testa/mano; **faire ~ à qn** (*fig*) farsi vivo(-a) con qn; **faire ~ à qn d'entrer** far segno *ou* cenno a qn di entrare; **en ~ de** in segno di; **le ~ de la croix** il segno della croce; **~ de ponctuation** segno di interpunzione; **~ du zodiaque** segno zodiacale; **~s particuliers** segni particolari
signer [siɲe] *vt* firmare; **se signer** *vr* farsi il segno della croce, segnarsi
significatif, -ive [siɲifikatif, iv] *adj* significativo(-a)
signification [siɲifikasjɔ̃] *nf* significato
signifier [siɲifje] *vt* (*vouloir dire*) significare; **~ qch (à qn)** (*faire connaître*) comunicare qc (a qn); (*Jur*) notificare qc (a qn)
silence [silɑ̃s] *nm* silenzio; (*Mus*) pausa; **garder le ~ sur qch** mantenere il silenzio su qc; **passer sous ~** passare sotto silenzio; **réduire au ~** ridurre al silenzio; **« ~ ! »** « silenzio! »
silencieux, -euse [silɑ̃sjø, jøz] *adj* silenzioso(-a) ▶ *nm* silenziatore *m*
silhouette [silwɛt] *nf* (*dessin*) silhouette *f inv*; (*lignes, contour, figure*) linea
sillage [sijaʒ] *nm* (*aussi fig*) scia; **dans le ~ de** (*fig*) nella scia di, sulle orme di
sillon [sijɔ̃] *nm* solco
sillonner [sijɔne] *vt* percorrere; (*creuser* : *suj* : *rides, crevasses*) solcare
simagrées [simagʀe] *nfpl* moine *fpl*, smancerie *fpl*
similaire [similɛʀ] *adj* similare, affine
similicuir [similikɥiʀ] *nm* similpelle *f*
similitude [similityd] *nf* somiglianza, similitudine *f*
simple [sɛ̃pl] *adj* semplice; (*péj* : *naïf*) sempliciotto(-a) ▶ *nm* (*Tennis*) : **~ messieurs/dames** singolo *ou* singolare *m* maschile/femminile; **simples** *nfpl* (*Méd* : *plantes médicinales*) semplici *mpl*; **une ~ objection/ formalité** una semplice obiezione/ formalità; **un ~ employé** un semplice impiegato; **un ~ particulier** un privato cittadino; **cela varie du ~ au double** può arrivare a raddoppiare; **dans le plus ~ appareil** nudo(-a); **réduit à sa plus ~ expression** ridotto alla sua forma più elementare; **~ d'esprit** sempliciotto(-a); **~ soldat** soldato semplice
simplicité [sɛ̃plisite] *nf* semplicità; **en toute ~** con grande naturalezza
simplifier [sɛ̃plifje] *vt* semplificare
simuler [simyle] *vt* simulare; (*suj* : *substance, revêtement*) simulare, imitare
simultané, e [simyltane] *adj* simultaneo(-a)
sincère [sɛ̃sɛʀ] *adj* sincero(-a); **mes ~s condoléances** le (mie) sentite condoglianze
sincèrement [sɛ̃sɛʀmɑ̃] *adv* sinceramente
sincérité [sɛ̃seʀite] *nf* sincerità; **en toute ~** in tutta sincerità
singe [sɛ̃ʒ] *nm* scimmia
singer [sɛ̃ʒe] *vt* scimmiottare
singeries [sɛ̃ʒʀi] *nfpl* smorfie *fpl*
singulariser [sɛ̃gylaʀize] *vt* rendere singolare; **se singulariser** *vr* (*personne*) farsi notare
singularité [sɛ̃gylaʀite] *nf* (*d'une toilette*) stravaganza; (*d'un fait*) singolarità
singulier, -ière [sɛ̃gylje, jɛʀ] *adj, nm* singolare *m*
sinistre [sinistʀ] *adj* sinistro(-a); (*appartement, soirée*) tetro(-a) ▶ *nm* (*incendie*) sinistro; **un ~ imbécile/ crétin** un povero imbecille/cretino
sinistré, e [sinistʀe] *adj, nm/f* sinistrato(-a)
sinon [sinɔ̃] *conj* (*autrement*) altrimenti; (*sauf*) tranne (che); **~ aujourd'hui ...** se non oggi ...
sinueux, -euse [sinɥø, øz] *adj* sinuoso(-a); (*fig* : *raisonnement*) tortuoso(-a)
sinus [sinys] *nm* seno
sinusite [sinyzit] *nf* sinusite *f*
sirène [siʀɛn] *nf* sirena; **~ d'alarme** sirena d'allarme

sirop [siRo] *nm* sciroppo; **~ contre la toux** sciroppo per la tosse; **~ de framboise/de menthe** sciroppo di lampone/alla menta
siroter [siRɔte] *vt* sorseggiare
sismique [sismik] *adj* sismico(-a)
site [sit] *nm* (*environnement*) luogo; (*paysage, environnement*) paesaggio; (*d'une ville etc : emplacement*) ubicazione *f*; **~s naturels/historiques** siti *mpl* naturali/storici; **~s touristiques** località *fpl* turistiche; **~ (pittoresque)** paesaggio (pittoresco); **~ Web** (*Inform*) sito
sitôt [sito] *adv* : **~ parti** (non) appena partito; **~ après** subito dopo; **pas de ~** non tanto presto, non così presto; **~ que** (non) appena
situation [sitɥasjɔ̃] *nf* (*d'un édifice, d'une ville*) ubicazione *f*; (*d'une personne, circonstances*) situazione *f*; (*emploi, place, poste*) posto; **être en ~ de faire qch** (*bien placé pour*) essere in grado di fare qc; **~ de famille** stato di famiglia
situé, e [sitɥe] *adj* : **bien/mal ~** ben/mal ubicato(-a); **~ à/près de** situato(-a) a/vicino a
situer [sitɥe] *vt* situare, collocare; (*en pensée*) ambientare; **se situer** *vr* : **se ~ à/dans/près de** trovarsi a/in/vicino a
six [sis] *adj inv, nm inv* sei *m inv*; *voir aussi* **cinq**
sixième [sizjɛm] *adj, nm/f* sesto(-a) ▶ *nm* sesto; *voir aussi* **cinquième**
skaï® [skaj] *nm* skai® *m inv*
ski [ski] *nm* (*objet*) sci *m inv*; **une paire de ~s** un paio di sci; **faire du ~** sciare; **aller faire du ~** andare a sciare; **~ alpin** sci alpino; **~ de fond** sci di fondo; **~ de piste** sci da discesa; **~ de randonnée** sci-alpinismo; **~ nautique** sci nautico
skier [skje] *vi* sciare
skieur, -euse [skjœR, skjøz] *nm/f* sciatore(-trice)
slalom [slalɔm] *nm* slalom *m inv*; **faire du ~ entre** (*fig*) fare lo slalom tra; **~ géant/spécial** slalom gigante/speciale
slip [slip] *nm* slip *m inv*
slogan [slɔgɑ̃] *nm* slogan *m inv*
SMIC [smik] *sigle m* = *salaire minimum interprofessionnel de croissance*

> In Francia, lo **SMIC** è la paga oraria minima legalmente riconosciuta per i lavoratori sopra i 18 anni. È legato ad un indice e si rivaluta ogni anno il primo gennaio o ogni volta che il costo della vita aumenta del 2%.

smoking [smɔkiŋ] *nm* smoking *m inv*
SMS [ɛsɛmɛs] *sigle m* sms *m inv*
SNCF [ɛsɛnseɛf] *sigle f* (= *Société nationale des chemins de fer français*) ≈ FF.SS.
snob [snɔb] *adj, nm/f* snob *m/f*
snobisme [snɔbism] *nm* snobismo
sobre [sɔbR] *adj* sobrio(-a); **~ de** (*gestes, compliments*) parco(-a) di
sobriquet [sɔbRikɛ] *nm* soprannome *m*, nomignolo
social, e, -aux [sɔsjal, o] *adj* sociale
socialisme [sɔsjalism] *nm* socialismo
socialiste [sɔsjalist] *adj, nm/f* socialista *m/f*
société [sɔsjete] *nf* società *f inv*; **la bonne/haute ~** la buona/alta società; **l'archipel de la S~** l'arcipelago della Società; **la ~ d'abondance/de consommation** la società del benessere/dei consumi; **~ à responsabilité limitée** società a responsabilità limitata; **~ anonyme** società per azioni; **~ d'investissement à capital variable** fondo di investimento; **~ de services** società di servizi; **~ par actions** società per azioni; **~ savante** associazione *f* scientifica
sociologie [sɔsjɔlɔʒi] *nf* sociologia
socle [sɔkl] *nm* zoccolo
socquette [sɔkɛt] *nf* calzino
sœur [sœR] *nf* sorella; (*religieuse*) suora, sorella; **~ Élisabeth** (*Rel*) suor Elisabetta; **~ aînée/cadette** sorella maggiore/minore; **~ de lait** sorella di latte
soi [swa] *pron* sé; **cela va de ~** va da sé
soi-disant [swadizɑ̃] *adj inv* sedicente, cosiddetto ▶ *adv* in apparenza, apparentemente
soie [swa] *nf* seta; (*de porc, sanglier*) setola; **~ sauvage** seta selvatica
soierie [swaRi] *nf* (*industrie*) seteria; (*tissu*) seta
soif [swaf] *nf* (*aussi fig*) sete *f*; **avoir ~** avere sete; **donner ~ (à qn)** far venire sete (a qn)
soigné, e [swaɲe] *adj* (*personne, mains, tenue*) curato(-a); (*travail*) accurato(-a); (*fam : facture*) salato(-a); **un rhume ~** un bel raffreddore
soigner [swaɲe] *vt* curare; (*s'occuper de : enfant, malade, invités*) prendersi cura di
soigneux, -euse [swaɲø, øz] *adj* (*propre*) ordinato(-a); (*méticuleux*)

S

accurato(-a); **~ de sa personne/de sa santé** che ha cura di sé/della propria salute

soi-même [swamɛm] *pron* se stesso

soin [swɛ̃] *nm* cura; **soins** *nmpl* (*à un malade, hygiène*) cure *fpl*; (*attentions, prévenance*) premure *fpl*, attenzioni *fpl*; **avoir** *ou* **prendre ~ de qch/qn** avere *ou* prendersi cura di qc/qn; **avoir** *ou* **prendre ~ de faire qch** avere cura di fare qc, badare di fare qc; **sans ~** *adj* trascurato(-a) ▶ *adv* senza cura, trascuratamente; **~s de la chevelure/de beauté/du corps** cura *fsg* dei capelli/di bellezza/del corpo; **les premiers ~s** primo soccorso; **aux bons ~s de** presso; **être aux petits ~s pour qn** essere pieno(-a) di premure per qn; **confier qn aux ~s de qn** affidare qn alle cure di qn; **~s palliatifs** cure palliative

soir [swaʀ] *nm* sera ▶ *adv* : **dimanche ~** domenica sera; **il fait frais le ~** di *ou* la sera fa fresco; **ce ~** questa sera; **«à ce ~ !»** «a stasera!»; **la veille au ~** la sera prima; **sept/dix heures du ~** sette/dieci di sera; **le repas/journal du ~** il pasto/giornale della sera; **hier/demain ~** ieri/domani sera

soirée [swaʀe] *nf* serata, sera; (*réception*) serata, ricevimento; **donner un film/une pièce en ~** (*Ciné, Théâtre*) dare uno spettacolo serale

soit [swa] *vb voir* **être** ▶ *conj* (*à savoir*) cioè ▶ *adv* (*marque l'assentiment*) va bene, e sia; **~ ..., ~ ...** (*en corrélation*) o ... o ...; **~ l'un, ~ l'autre** o uno o l'altro; **~ que ..., ~ que ...** sia che ... o che ...

soixantaine [swasɑ̃tɛn] *nf* : **une ~ (de)** una sessantina (di); **avoir la ~** essere sulla sessantina

soixante [swasɑ̃t] *adj inv, nm inv* sessanta *m inv*; *voir aussi* **cinq**

soixante-dix [swasɑ̃tdis] *adj inv, nm inv* settanta *m inv*; *voir aussi* **cinq**

soixante-dixième [swasɑ̃tdizjɛm] *adj, nm/f* settantesimo(-a) ▶ *nm* settantesimo; *voir aussi* **cinquième**

soixantième [swasɑ̃tjɛm] *adj, nm/f* sessantesimo(-a) ▶ *nm* sessantesimo; *voir aussi* **cinquième**

soja [sɔʒa] *nm* soia; **germes de ~** germi *mpl* di soia

sol [sɔl] *nm* (*de logement*) pavimento; (*territoire*) terra, suolo; (*Agr, Géo*) suolo, terreno; (*Mus*) sol *m inv*; **coucher sur le ~** dormire per terra

solaire [sɔlɛʀ] *adj* solare

soldat, e [sɔlda, t] *nm/f* soldato; **S~ inconnu** Milite *m* ignoto; **~ de plomb** soldatino di piombo

solde [sɔld] *nf* paga militare ▶ *nm* (*Comm*) saldo; **soldes** *nmpl ou nfpl* (*Comm*) saldi *mpl*; **à la ~ de qn** (*péj*) al soldo di qn; **en ~** (*vendre, acheter*) in saldo, in liquidazione; **aux ~s** in saldo; **~ à payer/débiteur** saldo debitore; **~ créditeur** saldo creditore

solder [sɔlde] *vt* (*compte*) saldare; (*marchandise*) liquidare, svendere; **se ~ par** (*opération, entreprise*) concludersi con; **article soldé (à) 10 euros** articolo venduto in saldo a 10 euro

sole [sɔl] *nf* sogliola

soleil [sɔlɛj] *nm* sole *m*; (*feu d'artifice*) girandola; (*acrobatie*) piroetta; (*Bot*) girasole *m*; **il y a** *ou* **il fait du ~** c'è il sole; **au ~** al sole; **en plein ~** in pieno sole; **le ~ levant/couchant** il levar/calar del sole; **le ~ de minuit** il sole di mezzanotte

solennel, le [sɔlanɛl] *adj* solenne

solfège [sɔlfɛʒ] *nm* solfeggio

solidaire [sɔlidɛʀ] *adj* solidale; **être ~ de** essere solidale con

solidarité [sɔlidaʀite] *nf* solidarietà; **par ~ (avec)** (*cesser le travail*) come gesto di solidarietà (nei confronti di)

solide [sɔlid] *adj* solido(-a); (*amitié*) saldo(-a); (*personne, estomac*) robusto(-a) ▶ *nm* solido; **un ~ coup de poing** (*fam*) un bel pugnone; **avoir les reins ~s** (*fig*) avere le spalle robuste; **~ au poste** (*fig*) presente, a fare il proprio dovere a qualsiasi costo

solidité [sɔlidite] *nf* solidità

soliste [sɔlist] *nm/f* solista *m/f*

solitaire [sɔlitɛʀ] *adj* solitario(-a); (*isolé : arbre, maison*) isolato(-a) ▶ *nm/f* solitario(-a) ▶ *nm* (*diamant, jeu*) solitario

solitude [sɔlityd] *nf* solitudine *f*

solliciter [sɔlisite] *vt* sollecitare; **~ qn (de faire qch)** sollecitare qn (a fare qc)

sollicitude [sɔlisityd] *nf* sollecitudine *f*

soluble [sɔlybl] *adj* solubile; (*problème etc*) risolvibile

solution [sɔlysjɔ̃] *nf* soluzione *f*; **~ de continuité** soluzione di continuità; **~ de facilité** soluzione di comodo

solvable [sɔlvabl] *adj* solvibile

sombre [sɔ̃bʀ] *adj* scuro(-a); (*fig : personne, visage, humeur*) cupo(-a); (*: avenir*) oscuro(-a)

sombrer [sɔ̃bʀe] *vi* (*bateau*) affondare; **~ corps et biens** affondare, sprofondare; **~ dans la misère/dans le désespoir** sprofondare nella miseria/nella disperazione
sommaire [sɔmɛʀ] *adj* sommario(-a) ▶ *nm* sommario; **faire le ~ de** fare il sunto di; **exécution ~** esecuzione *f* sommaria
somme [sɔm] *nf* somma; (*fig* : *d'efforts, de travail*) mole *f*, grande quantità *f inv* ▶ *nm* : **faire un ~** fare un sonnellino; **faire la ~ de** fare la somma di; **en ~** insomma, tutto sommato; **~ toute** tutto sommato
sommeil [sɔmɛj] *nm* sonno; **avoir ~** avere sonno; **avoir le ~ léger** avere il sonno leggero; **en ~** (*fig*) inattivo(-a)
sommeiller [sɔmeje] *vi* sonnecchiare
sommer [sɔme] *vt* : **~ qn de faire** intimare a qn di fare; (*Jur*) ingiungere a qn di fare
sommet [sɔmɛ] *nm* (*d'une montagne, tour, d'un arbre*) sommità *f inv*, cima; (*Géom, conférence, fig* : *de la hiérarchie*) vertice *m*; (: *de la perfection, gloire*) sommo; **l'air pur des ~s** l'aria pura di montagna
sommier [sɔmje] *nm* (*d'un lit*) rete *f*; **~ métallique/à lattes/à ressorts** rete metallica/a doghe/a molle
somnambule [sɔmnɑ̃byl] *nm/f* sonnambulo(-a)
somnifère [sɔmnifɛʀ] *nm* sonnifero
somnoler [sɔmnɔle] *vi* sonnecchiare
somptueux, -euse [sɔ̃ptɥø, øz] *adj* sontuoso(-a)
son[1], sa [sɔ̃, sa] (*pl* **ses**) *adj poss* (*masculin*) (il) suo; (*féminin*) (la) sua; (*valeur indéfinie*) il proprio, la propria; **~ livre** il suo libro; **sa chambre** la sua camera; **~ père/frère** suo padre/ fratello; **sa mère/sœur** sua madre/ sorella
son[2] [sɔ̃] *nm* suono; (*Radio, TV*) volume *m*; (*résidu de mouture*) crusca; (*sciure* : *pour bourrer*) segatura; **~ et lumière** *adj inv* luci e suoni
sondage [sɔ̃daʒ] *nm* sondaggio; **~ (d'opinion)** sondaggio (d'opinione)
sonde [sɔ̃d] *nf* sonda; (*Naut*) scandaglio; **~ à avalanche** *sonda per la ricerca di vittime di valanghe*; **~ spatiale** sonda spaziale
sonder [sɔ̃de] *vt* sondare; (*Naut*) scandagliare; (*bagages*) controllare; (*fig*) scrutare; (: *opinion*) sondare; **~ le terrain** (*fig*) sondare il terreno
songe [sɔ̃ʒ] *nm* sogno
songer [sɔ̃ʒe] : **~ à** *vt* (*rêver à*) sognare (di); (*penser à, envisager*) pensare a; **~ que** pensare che
songeur, -euse [sɔ̃ʒœʀ, øz] *adj* pensieroso(-a); **ça me laisse ~** mi dà da pensare
sonnant, e [sɔnɑ̃, ɑ̃t] *adj* : **espèces ~es et trébuchantes** denaro *msg* contante; **à huit heures ~es** alle otto in punto
sonné, e [sɔne] *adj* (*fam* : *fou*) suonato(-a); **il est midi ~** è mezzogiorno suonato; **il a quarante ans bien ~s** ha quarant'anni suonati
sonner [sɔne] *vi* suonare ▶ *vt* (*cloche, réveil*) suonare; (*domestique, infirmière*) chiamare; **~ qn** (*fam* : *suj* : *nouvelle, choc*) sbalordire qn; **~ du clairon** suonare la tromba; **~ bien/mal** (*phrase, mot*) suonar bene/male; **~ creux** (*être vide*) suonare vuoto; (*résonner*) risuonare; **~ faux** (*instrument*) stonare; (*rire*) suonare falso; **~ les heures** suonare le ore; **minuit vient de ~** è appena scoccata la mezzanotte; **~ chez qn** suonare alla porta di qn, suonare a qn
sonnerie [sɔnʀi] *nf* (*son* : *du téléphone*) squillo; (: *de réveil*) sveglia; (*d'horloge*) carillon *m*; (*de portable*) suoneria; (*sonnette*) campanello; (*mécanisme d'horloge*) suoneria; **~ d'alarme** campanello d'allarme; **~ de clairon** squillo di tromba
sonnette [sɔnɛt] *nf* campanello; **~ d'alarme** campanello d'allarme; **~ de nuit** campanello (di urgenza)
sonore [sɔnɔʀ] *adj* sonoro(-a); **effets ~s** effetti *mpl* sonori
sonorisation [sɔnɔʀizasjɔ̃] *nf* sonorizzazione *f*; (*matériel, installations*) impianto acustico
sonorité [sɔnɔʀite] *nf* sonorità
sophistiqué, e [sɔfistike] *adj* sofisticato(-a)
sorbet [sɔʀbɛ] *nm* sorbetto
sorcier, -ière [sɔʀsje, jɛʀ] *nm/f* stregone (strega) ▶ *adj* : **ce n'est pas ~** (*fam*) non è poi così difficile
sordide [sɔʀdid] *adj* sordido(-a)
sort [sɔʀ] *vb voir* **sortir** ▶ *nm* sorte *f*; **un coup du ~** un tiro del destino; **c'est une ironie du ~** ironia della sorte; **le ~ en est jeté** il dado è tratto; **tirer au ~** tirare a sorte; **tirer qch au ~** tirare qc a

S

sorte, sorteggiare qc; **jeter un ~** gettare il malocchio

sorte [sɔʀt] *vb voir* **sortir** ▸ *nf* specie *f inv*, sorta; **une ~ de** una specie di; **de la ~** in questo modo, così; **en quelque ~** in un certo qual modo; **de (telle) ~ que** in modo (tale) che; (*si bien que*) cosicché; **faire en ~ que/de** fare in modo che/da

sortie [sɔʀti] *nf* uscita; (*Mil*) sortita; (*fig : attaque verbale*) sfuriata; (*d'un gaz, de l'eau*) fuoriuscita; (*promenade, tour*) passeggiata, giro; (*Inform : d'imprimante*) uscita, output *m inv*; **les ~s** (*Comm*) le uscite; **à sa ~ ...** quanto è uscito(-a); **à la ~ de l'école/de l'usine** all'uscita di scuola/dalla fabbrica; **à la ~ de ce nouveau modèle** all'uscita di questo nuovo modello; **« ~ de camions »** « passo carraio »; **~ de bain** (*vêtement*) accappatoio; **~ de secours** uscita di sicurezza; **~ papier** copia stampata

sortilège [sɔʀtilɛʒ] *nm* sortilegio

sortir [sɔʀtiʀ] *nm* : **au ~ de l'hiver** sul finire dell'inverno, alla fine dell'inverno ▸ *vi* uscire; (*bourgeon, plante*) spuntare; (*s'échapper : eau, fumée*) fuoriuscire ▸ *vt* tirar fuori; (*mener dehors, promener*) portar fuori; (*produit, modèle*) far uscire; (*fam : expulser : personne*) sbatter fuori; (*Inform : sur papier*) stampare; **~ de** (*maladie, accident*) venire fuori da; (*rôle, cadre, compétence*) esulare da; (*fig : famille, université*) (pro)venire da; **~ du théâtre** uscire dal teatro; **~ de l'hôpital/de prison** uscire dall'ospedale/di prigione; **~ de la route** uscire di strada; **~ des rails** uscire dai binari, deragliare; **~ de ses gonds** (*fig*) uscire dai gangheri; **~ du système** (*Inform*) uscire dal sistema; **~ de table** alzarsi da tavola; **~ les mains de ses poches** tirar fuori le mani dalle tasche; **~ qn d'affaire/d'embarras** trarre qn d'impaccio; **se ~ de** (*d'une situation*) tirarsi fuori da; **s'en ~** (*malade*) cavarsela; (*d'une difficulté etc*) venirne fuori, cavarsela

sosie [sɔzi] *nm* sosia *m inv*

sot, sotte [so, sɔt] *adj, nm/f* stupido(-a), sciocco(-a)

sottise [sɔtiz] *nf* stupidità; (*propos, acte*) sciocchezza, stupidaggine *f*

sou [su] *nm* : **être près de ses ~s** essere molto attaccato ai soldi; **être sans le ~** essere al verde; **économiser ~ à ~** risparmiare fino al centesimo; **n'avoir pas un ~ de bon sens** non avere un briciolo di buon senso; **de quatre ~s** (*sans valeur*) da quattro soldi

soubresaut [subʀəso] *nm* (*de peur etc*) sussulto; (*d'un cheval*) scarto; (*d'un véhicule*) sobbalzo

souche [suʃ] *nf* (*d'un arbre*) ceppo; (*d'un registre, carnet*) matrice *f*, madre *f*; **dormir comme une ~** dormire come un ghiro; **de vieille ~** da molte generazioni; **carnet à ~s** libretto a madre e figlia

souci [susi] *nm* preoccupazione *f*; (*Bot*) calendola; **se faire du ~** essere preoccupato(-a); **avoir (le) ~ de** preoccuparsi di; **~s financiers** preoccupazioni economiche

soucier [susje] : **se soucier** *vr* : **se ~ de** preoccuparsi di

soucieux, -euse [susjø, jøz] *adj* preoccupato(-a); **~ de son apparence** che bada al proprio aspetto; **peu ~ de/que ...** noncurante di/del fatto che ...; **être ~ que le travail soit bien fait** tenerci che il lavoro sia fatto bene

soucoupe [sukup] *nf* piattino; **~ volante** disco volante

soudain, e [sudɛ̃, ɛn] *adj* improvviso(-a) ▸ *adv* improvvisamente

soude [sud] *nf* soda; **~ caustique** soda caustica

soudé, e [sude] *adj* (*fig*) unito(-a)

souder [sude] *vt* saldare; **se souder** *vr* (*os*) saldarsi

soudure [sudyʀ] *nf* saldatura; **faire la ~** (*assurer une transition*) assicurare la transizione

souffle [sufl] *nm* soffio; (*respiration*) respiro; (*d'une explosion*) spostamento d'aria; (*d'un ventilateur*) aria; (*du vent*) soffio, alito; (*fig : créateur etc*) alito; **retenir son ~** trattenere il respiro; **avoir du/manquer de ~** aver/non aver fiato; **être à bout de ~** avere il fiato grosso; **avoir le ~ court** avere il fiato corto; **un ~ d'air** *ou* **de vent** un soffio d'aria *ou* di vento; **second ~** (*fig : regain d'énergie, d'activité*) ripresa; **~ au cœur** (*Méd*) soffio (al cuore)

soufflé, e [sufle] *adj* (*riz, maïs*) soffiato(-a); (*fam : abasourdi*) sbalordito(-a) ▸ *nm* (*Culin*) soufflé *m inv*

souffler [sufle] *vi* (*vent*) soffiare; (*personne : haleter*) ansimare ▸ *vt* (*feu,* *bougie*) soffiare su; (*chasser* : *poussière, fumée*) soffiar via; (*Tech, Jeu*) soffiare; (*détruire* : *suj* : *explosion*) spazzar via; **~ sur** (*pour éteindre*) soffiare su; **~ qch à qn** (*réponse, leçon*) suggerire qc a qn; **~ qch à qn** (*fam* : *voler*) soffiare qc a qn; **~ son rôle à qn** suggerire la parte a qn; **laisser ~** (*fig* : *personne, animal*) lasciar riprendere fiato a; **ne pas ~ mot** (*ne rien dire*) non fiatare

souffrance [sufʀɑ̃s] *nf* sofferenza; **en ~** (*marchandise*) in giacenza; (*affaire*) in sospeso

souffrant, e [sufʀɑ̃, ɑ̃t] *adj* sofferente

souffre-douleur [sufʀədulœʀ] (*pl* **souffre-douleur(s)**) *nm* zimbello

souffrir [sufʀiʀ] *vi* soffrire ▸ *vt* (*faim, soif*) soffrire; (*torture*) subire; (*admettre*) ammettere; **~ de** (*maladie, solitude*) soffrire di; **~ des dents** aver mal di denti; **ne pas pouvoir ~ qch/que ...** non poter soffrire qc/che ..., non sopportare qc/che ...; **faire ~ qn** far soffrire qn; (*suj* : *dents, blessure etc*) far male a

soufre [sufʀ] *nm* zolfo

souhait [swɛ] *nm* augurio; **riche à ~** ricchissimo(-a); **marcher à ~** funzionare benissimo; **« à vos ~s ! »** « salute! »

souhaitable [swɛtabl] *adj* auspicabile

souhaiter [swete] *vt* augurare; **~ le bonjour/la bonne année à qn** augurare il buongiorno/buon anno a qn; **~ bon voyage/bonne route à qn** augurare buon viaggio a qn; **il est à ~ que** c'è da sperare che

soûl, e [su, sul] *adj* (*ivre*) ubriaco(-a) ▸ *nm* : **boire tout son ~** bere a volontà; **manger tout son ~** mangiare a sazietà; **~ de musique/plaisirs** ebbro(-a) di musica/piacere

soulagement [sulaʒmɑ̃] *nm* sollievo

soulager [sulaʒe] *vt* (*personne*) sollevare; (*mal, douleur, peine*) alleviare; **~ qn de** (*fardeau*) alleggerire qn di; **~ qn de son portefeuille** (*hum*) alleggerire qn del portafoglio; **j'ai pris un médicament qui m'a soulagé** ho preso un farmaco che mi ha dato sollievo

soûler [sule] *vt* ubriacare; (*fig*) inebriare; **se soûler** *vr* ubriacarsi; (*fig*) inebriarsi

soulever [sul(ə)ve] *vt* sollevare; **se soulever** *vr* sollevarsi; (*couvercle etc*) sollevare; **cela (me) soulève le cœur** mi dà il voltastomaco

soulier [sulje] *nm* scarpa; **une paire de ~s** un paio di scarpe; **~ bas** scarpe basse; **~s à talons** scarpe coi tacchi; **~s plats** scarpe basse

souligner [suliɲe] *vt* sottolineare

soumettre [sumɛtʀ] *vt* (*pays, rebelles*) sottomettere; **~ qn à** (*règlement, épreuve*) sottoporre qn a; **~ qch à** (*analyse, personne*) sottoporre qc a; **se ~ (à)** (*se rendre, obéir*) sottomettersi (a); **se ~ à** (*formalités, exigences*) sottoporsi a

soumis, e [sumi, iz] *pp de* **soumettre** ▸ *adj* sottomesso(-a); **revenus ~ à l'impôt** redditi *mpl* soggetti all'imposta

soumission [sumisjɔ̃] *nf* sottomissione *f*; (*Comm*) offerta

soupape [supap] *nf* valvola; **~ de sûreté** valvola di sicurezza; (*fig*) valvola di sfogo

soupçon [supsɔ̃] *nm* sospetto; **un ~ de** (*petite quantité*) un pizzico di, un goccio di; **avoir ~ de** sospettare; **au dessus de tout ~** al di sopra di ogni sospetto

soupçonner [supsɔne] *vt* sospettare; **~ que** sospettare che; **~ qn de qch/d'être** sospettare qn di qc/di essere

soupçonneux, -euse [supsɔnø, øz] *adj* sospettoso(-a)

soupe [sup] *nf* minestra, zuppa; **~ à l'oignon** zuppa di cipolla; **~ au lait** *adj inv* (*fig*) irascibile; **~ de poisson** zuppa di pesce; **~ populaire** mensa dei poveri

souper [supe] *vi* cenare ▸ *nm* cena; **avoir soupé de qch** (*fam*) averne fin sopra i capelli di qc

soupeser [supəze] *vt* soppesare

soupière [supjɛʀ] *nf* zuppiera

soupir [supiʀ] *nm* sospiro; (*Mus*) pausa di semiminima; **~ d'aise/de soulagement** sospiro di sollievo; **rendre le dernier ~** esalare l'ultimo respiro

soupirer [supiʀe] *vi* sospirare; **~ après qch** sospirare qc

souple [supl] *adj* (*branche, fig* : *règlement*) flessibile; (*col, cuir*) morbido(-a); (*membres, corps, personne*) agile; (*fig* : *esprit, caractère* : *qui s'adapte*) duttile; (: *démarche, taille* : *gracieux*) sciolto(-a), agile

souplesse [suplɛs] *nf* (*v adj*) flessibilità; morbidezza; agilità; duttilità;

scioltezza, agilità; **en ~, avec ~** (*atterrir, rebondir etc*) dolcemente, morbidamente

source [suʀs] *nf* sorgente *f*; (*fig : cause, point de départ*) origine *f*; (*: d'une information*) fonte *f*; **sources** *nfpl* (*textes originaux*) fonti *fpl*; **prendre sa ~ à/dans** (*suj : cours d'eau*) nascere da; **tenir qch de bonne ~/de ~ sûre** sapere qc da buona fonte/da fonte sicura; **~ d'eau minérale** sorgente di acqua minerale; **~ de chaleur** fonte di calore; **~ lumineuse** sorgente luminosa; **~ thermale** sorgente termale

sourcil [suʀsi] *nm* sopracciglio

sourciller [suʀsije] *vi* : **sans ~** senza batter ciglio

sourd, e [suʀ, suʀd] *adj* sordo(-a); (*couleur*) smorzato(-a); (*lutte*) nascosto(-a), segreto(-a) ▸ *nm/f* sordo(-a); **un bruit ~** un rumore sordo; **être ~ à** (*fig*) essere sordo(-a) a

sourdine [suʀdin] *nf* (*Mus*) sordina; **en ~** in sordina; **mettre une ~ à** (*fig*) moderare

sourd-muet, sourde-muette [suʀmyɛ, suʀdmyɛt] (*pl* **sourds-muets, sourdes-muettes**) *adj, nm/f* sordomuto(-a)

souriant, e [suʀjɑ̃, jɑ̃t] *vb voir* **sourire** ▸ *adj* sorridente

sourire [suʀiʀ] *nm* sorriso ▸ *vi* sorridere; **~ à qn** (*aussi fig*) sorridere a qn; **faire un ~ à qn** fare un sorriso a qn; **garder le ~** essere sempre sorridente, avere sempre il sorriso sulle labbra

souris [suʀi] *vb voir* **sourire** ▸ *nf* topo; (*Inform*) mouse *m inv*

sournois, e [suʀnwa, waz] *adj* subdolo(-a)

sous [su] *prép* sotto; **~ la pluie/le soleil** sotto la pioggia/il sole; **~ mes yeux** sotto i miei occhi; **~ terre** sotto terra; **~ vide** sotto vuoto; **~ les coups/les critiques** sotto i colpi/le critiche; **~ le choc** sotto choc; **~ l'influence/l'action de** sotto l'influsso/l'azione di; **~ les ordres/la protection de** agli ordini/sotto la protezione di; **~ telle rubrique/lettre** sotto tale voce/lettera; **~ antibiotiques** sotto (l'effetto di) antibiotici; **~ Louis XIVe** sotto Luigi XIV; **~ cet angle/ce rapport** sotto questo angolo/questo aspetto; **~ peu** tra poco

sous-bois [subwa] *nm inv* sottobosco

souscrire [suskʀiʀ] : **~ à** *vt* sottoscrivere; (*fig*) aderire a

sous-directeur, -trice [sudiʀɛktœʀ, tʀis] (*pl* **sous-directeurs, -trices**) *nm/f* vicedirettore(-trice)

sous-entendre [suzɑ̃tɑ̃dʀ] *vt* sottintendere

sous-entendu, e [suzɑ̃tɑ̃dy] (*pl* **sous-entendus, -es**) *adj* sottinteso(-a) ▸ *nm* sottinteso

sous-estimer [suzɛstime] *vt* sottovalutare

sous-jacent, e [suʒasɑ̃, ɑ̃t] (*pl* **sous-jacents, -es**) *adj* sottostante; (*fig : idée, difficulté*) recondito(-a)

sous-louer [sulwe] *vt* : **~ à qn** subaffittare a qn

sous-marin, e [sumaʀɛ̃, in] (*pl* **sous-marins, -es**) *adj* (*flore, volcan*) sottomarino(-a); (*navigation, pêche*) subacqueo(-a) ▸ *nm* sommergibile *m*, sottomarino

soussigné, e [susiɲe] *adj* : **je ~ ...** il (la) sottoscritto(-a) ... ▸ *nm/f* : **le ~** il sottoscritto; **les ~s** i (le) sottoscritti(-e)

sous-sol [susɔl] (*pl* **-s**) *nm* (*d'une construction*) seminterrato, scantinato; (*Géo*) sottosuolo; **en ~** in seminterrato

sous-titre [sutitʀ] (*pl* **-s**) *nm* sottotitolo

sous-titré, e [sutitʀe] (*pl* **sous-titrés, -ées**) *adj* (*film*) con sottotitoli

soustraction [sustʀaksjɔ̃] *nf* sottrazione *f*

soustraire [sustʀɛʀ] *vt* : **~ (à)** sottrarre (a); **se ~ à** sottrarsi a

sous-traitant [sutʀɛtɑ̃] (*pl* **-s**) *nm* subappaltatore *m*

sous-traiter [sutʀete] *vt* subappaltare

sous-vêtement [suvɛtmɑ̃] (*pl* **-s**) *nm* indumento intimo; **sous-vêtements** *nmpl* biancheria *fsg* intima

soutane [sutan] *nf* tonaca

soute [sut] *nf* stiva; **~ à bagages** bagagliaio

soutenance [sut(ə)nɑ̃s] *nf* : **~ de thèse** (*Univ*) discussione *f* della tesi

soutenir [sut(ə)niʀ] *vt* sostenere; (*choc*) sopportare; (*intérêt, effort*) tener vivo(-a); **se soutenir** *vr* (*s'aider mutuellement*) sostenersi a vicenda; (*être soutenable : point de vue*) reggere; (*sur ses jambes*) reggersi, sostenersi; **~ que** sostenere che; **~ la comparaison avec** reggere il confronto con; **~ le regard de qn** sostenere lo sguardo di qn

soutenu, e [sut(ə)ny] *pp de* **soutenir** ▸ *adj* (*attention, efforts*) costante, continuo(-a); (*style*) forbito(-a); (*couleur*) intenso(-a), carico(-a)
souterrain, e [sutɛʀɛ̃, ɛn] *adj* sotterraneo(-a) ▸ *nm* (passaggio) sotterraneo
soutien [sutjɛ̃] *nm* sostegno, appoggio; (*Mil*) appoggio; **apporter son ~ à** dare il proprio sostegno *ou* appoggio a; **~ scolaire** ripetizioni *fpl*
soutien-gorge [sutjɛ̃gɔʀʒ] (*pl* **soutiens-gorge**) *nm* reggiseno, reggipetto
soutirer [sutiʀe] *vt* : **~ qch à qn** (*argent*) spillare qc a qn; (*promesse*) strappare qc a qn
souvenir [suv(ə)niʀ] *nm* ricordo; (*cadeau, objet*) souvenir *m inv*, ricordo; **se souvenir** *vr* : **se ~ de/que** ricordarsi di/che; **garder le ~ de** conservare il ricordo di; **en ~ de** in ricordo di; **avec mes affectueux/meilleurs ~s, ...** affettuosi/cordiali saluti ...
souvent [suvɑ̃] *adv* spesso; **peu ~** di rado; **le plus ~** di solito
souverain, e [suv(ə)ʀɛ̃, ɛn] *adj* sovrano(-a); (*fig* : *remède*) molto efficace; (: *mépris*) sommo(-a) ▸ *nm/f* sovrano(-a); **le ~ pontife** il Sommo pontefice
souveraineté [suv(ə)ʀɛnte] *nf* sovranità
soyeux, -euse [swajø, øz] *adj* setoso(-a); (*fig* : *reflets, cheveux*) di seta
spacieux, -euse [spasjø, jøz] *adj* spazioso(-a)
spaghettis [spageti] *nmpl* spaghetti *mpl*
sparadrap [spaʀadʀa] *nm* cerotto
spatial, e, -aux [spasjal, o] *adj* spaziale
speaker, ine [spikœʀ, kʀin] *nm/f* (*Radio, TV*) annunciatore(-trice)
spécial, e, -aux [spesjal, o] *adj* speciale; (*bizarre*) particolare
spécialement [spesjalmɑ̃] *adv* particolarmente; (*tout exprès*) apposta; **pas ~** non in modo particolare
spécialiser [spesjalize] *vt* : **se ~** specializzarsi
spécialiste [spesjalist] *nm/f* specialista *m/f*
spécialité [spesjalite] *nf* specialità *f inv*; (*Scol*) indirizzo; **~ médicale** specialità medica; **~ pharmaceutique** specialità farmaceutica
spécifier [spesifje] *vt* specificare
spécimen [spesimɛn] *nm* esemplare *m*, modello; (*revue, manuel etc*) copia di saggio ▸ *adj* esemplare
spectacle [spɛktakl] *nm* spettacolo; **se donner en ~** (*péj*) dare spettacolo (di sé); **pièce/revue à grand ~** commedia/rivista spettacolare; **au ~ de ...** alla vista di ...
spectaculaire [spɛktakylɛʀ] *adj* spettacolare
spectateur, -trice [spɛktatœʀ, tʀis] *nm/f* spettatore(-trice)
spéculer [spekyle] *vi* : **~ (sur)** speculare (su)
spéléologie [speleɔlɔʒi] *nf* speleologia
sperme [spɛʀm] *nm* sperma *m*
sphère [sfɛʀ] *nf* sfera; **~ d'activité/d'influence** sfera d'attività/d'influenza
spirale [spiʀal] *nf* spirale *f*; **en ~** a spirale
spirituel, le [spiʀitɥɛl] *adj* spirituale; (*fin, piquant*) spiritoso(-a)
splendide [splɑ̃did] *adj* splendido(-a)
sponsoriser [spɔ̃sɔʀize] *vt* sponsorizzare
spontané, e [spɔ̃tane] *adj* spontaneo(-a)
spontanéité [spɔ̃taneite] *nf* spontaneità
sport [spɔʀ] *nm* sport *m inv* ▸ *adj inv* : **vêtement/ensemble ~** vestito/completo sportivo; (*fair-play*) sportivo(-a); **faire du ~** fare dello sport; **~ d'équipe** sport a squadre; **~ d'hiver** sport invernale; **~ de combat** sport di combattimento; **~ individuel** sport individuale
sportif, -ive [spɔʀtif, iv] *adj, nm/f* sportivo(-a); **les résultats ~s** i risultati sportivi
spot [spɔt] *nm* spot *m inv*; **~ (publicitaire)** spot (pubblicitario)
square [skwaʀ] *nm* giardinetto pubblico
squelette [skəlɛt] *nm* scheletro
squelettique [skəletik] *adj* scheletrico(-a)
stabiliser [stabilize] *vt* stabilizzare
stable [stabl] *adj* stabile
stade [stad] *nm* stadio
stadier [stadje] *nm addetto al mantenimento dell'ordine negli stadi*
stage [staʒ] *nm* stage *m inv*; (*d'avocat stagiaire*) tirocinio, pratica

S

stagiaire [staʒjɛʀ] *nm/f* tirocinante *m/f*; (*Pol*) stagista *m/f* ▸ *adj* : **avocat ~** praticante procuratore *m*
stagner [stagne] *vi* ristagnare
stand [stɑ̃d] *nm* (*d'exposition, de foire*) stand *m inv*; **~ de ravitaillement** (*Auto, Cyclisme*) posto di rifornimento; **~ de tir** tiro a segno
standard [stɑ̃daʀ] *adj inv* standard ▸ *nm* (*type, norme*) standard *m inv*; (*téléphonique*) centralino
standardiste [stɑ̃daʀdist] *nm/f* centralinista *m/f*
standing [stɑ̃diŋ] *nm* livello sociale; **immeuble de grand ~** stabile *m* di lusso
starter [staʀtɛʀ] *nm* (*Auto, Sport*) starter *m inv*; **mettre le ~** mettere lo starter
station [stasjɔ̃] *nf* stazione *f*; (*posture*) posizione *f*; **~ balnéaire** stazione balneare; **~ de graissage** (*dans un garage*) stazione di ingrassaggio; **~ de lavage** (*dans un garage*) autolavaggio; **~ de ski** stazione sciistica; **~ de sports d'hiver** stazione sciistica; **~ de taxis** posteggio di taxi; **~ thermale** stazione termale
stationnement [stasjɔnmɑ̃] *nm* sosta; **zone de ~ interdit** zona di sosta vietata; **~ alterné** sosta vietata a giorni alterni
stationner [stasjɔne] *vi* sostare
station-service [stasjɔ̃sɛʀvis] (*pl* **stations-service**) *nf* stazione *f* di servizio
statistique [statistik] *nf* statistica ▸ *adj* statistico(-a)
statue [staty] *nf* statua
statu quo [statykwo] *nm* : **maintenir le ~** mantenere lo status quo
statut [staty] *nm* posizione *f*, status *m inv*; **statuts** *nmpl* (*Jur, Admin* : *d'une association, société*) statuto *msg*
statutaire [statytɛʀ] *adj* statutario(-a)
Sté *abr* (= *société*) Soc.
steak [stɛk] *nm* bistecca
sténographie [stenɔgʀafi], **sténo** [stenɔ] *nf* stenografia
stéréotypé, e [steʀeɔtipe] *adj* stereotipato(-a)
stérile [steʀil] *adj* sterile
stérilet [steʀilɛ] *nm* (*Méd*) spirale *f*
stériliser [steʀilize] *vt* sterilizzare
sternum [stɛʀnɔm] *nm* sterno
stéroïde [steʀɔid] *nm* steroide *m*
stigmatiser [stigmatize] *vt* stigmatizzare
stimulant, e [stimylɑ̃, ɑ̃t] *adj* stimolante ▸ *nm* (*Méd*) stimolante *m*; (*fig*) stimolo, incentivo
stimuler [stimyle] *vt* stimolare
stipuler [stipyle] *vt* (*énoncer* : *condition, garantie*) stabilire; (*préciser* : *détail*) specificare; **~ que** stabilire che
stock [stɔk] *nm* (*Comm* : *de marchandises*) stock *m inv*, scorte *fpl*; (*Fin* : *d'or*) riserva; (*fig*) riserva, scorta; **en ~** in magazzino
stocker [stɔke] *vt* immagazzinare; (*déchets*) accumulare, ammassare
stoïque [stɔik] *adj* stoico(-a)
stop [stɔp] *nm* stop *m inv*; (*auto-stop*) autostop *m inv* ▸ *excl* : **~ !** stop!, alt!
stopper [stɔpe] *vt* bloccare, fermare; (*Couture*) fare un rammendo invisibile a ▸ *vi* fermarsi
store [stɔʀ] *nm* (*de bois*) tapparella; (*de tissu*) tendina avvolgibile; (*de magasin*) tendone *m*
strabisme [stʀabism] *nm* strabismo
strapontin [stʀapɔ̃tɛ̃] *nm* strapuntino; (*fig*) posto secondario *ou* poco importante
stratégie [stʀateʒi] *nf* strategia
stratégique [stʀateʒik] *adj* strategico(-a)
stress [stʀɛs] *nm* stress *m inv*
stressant, e [stʀesɑ̃, ɑ̃t] *adj* stressante
stresser [stʀese] *vt* stressare
strict, e [stʀikt] *adj* (*obligation, principes, interprétation*) rigoroso(-a); (*parents, décor*) severo(-a); (*tenue, langage*) castigato(-a); **c'est son droit le plus ~** è un suo inoppugnabile diritto; **dans la plus stricte intimité** nella più stretta intimità; **au sens ~ du mot** nel senso stretto del termine; **le ~ nécessaire** lo stretto necessario; **le ~ minimum** il minimo indispensabile
strident, e [stʀidɑ̃, ɑ̃t] *adj* stridulo(-a)
string [stʀiŋ] *nm* tanga *m inv*
strophe [stʀɔf] *nf* strofa
structure [stʀyktyʀ] *nf* struttura; **~s d'accueil** struttura di accoglienza; **~s touristiques** strutture turistiche
studieux, -euse [stydjø, jøz] *adj* (*élève*) studioso(-a); (*vacances, retraite*) di studio
studio [stydjo] *nm* studio; (*logement*) monolocale *m*
stupéfait, e [stypefɛ, ɛt] *adj* stupefatto(-a), stupito(-a)

stupéfiant, e [stypefjɑ̃, jɑ̃t] *adj* stupefacente ▶ *nm* (*Méd*) stupefacente *m*
stupéfier [stypefje] *vt* (*étonner*) stupire
stupeur [stypœʀ] *nf* stupore *m*
stupide [stypid] *adj* stupido(-a)
stupidité [stypidite] *nf* stupidità; (*propos, acte*) stupidaggine *f*
style [stil] *nm* stile *m*; **meuble de ~** mobile *m* in stile; **robe de ~** abito d'epoca; **en ~ télégraphique** con stile telegrafico; **~ administratif** stile burocratico; **~ de vie** stile di vita; **~ journalistique** stile giornalistico
stylé, e [stile] *adj* impeccabile
styliste [stilist] *nm/f* stilista *m/f*
stylo [stilo] *nm* penna, biro *f inv*; **~ à encre** penna stilografica; **~ (à) bille** penna a sfera
su, e [sy] *pp de* **savoir** ▶ *nm* : **au su de** a saputa di
suave [sɥav] *adj* soave
subalterne [sybaltɛʀn] *adj, nm/f* subalterno(-a)
subconscient [sypkɔ̃sjɑ̃] *nm* subconscio, subcosciente *m*
subir [sybiʀ] *vt* subire; (*traitement, opération*) sottoporsi a, subire; (*examen*) sostenere
subit, e [sybi, it] *adj* improvviso(-a), repentino(-a)
subitement [sybitmɑ̃] *adv* improvvisamente
subjectif, -ive [sybʒɛktif, iv] *adj* soggettivo(-a)
subjonctif [sybʒɔ̃ktif] *nm* (*Ling*) congiuntivo
subjuguer [sybʒyge] *vt* soggiogare
submerger [sybmɛʀʒe] *vt* sommergere; (*fig* : *suj* : *douleur*) sopraffare
subordonné, e [sybɔʀdɔne] *adj* (*Ling*) subordinato(-a) ▶ *nm/f* (*Admin, Mil*) subordinato(-a), subalterno(-a); **~ à** (*personne, résultats*) subordinato(-a) a
subrepticement [sybʀɛptismɑ̃] *adv* furtivamente
subside [sybzid] *nm* sussidio
subsidiaire [sybzidjɛʀ] *adj* : **question ~** questione *f* accessoria
subsister [sybziste] *vi* (*monument, erreur*) rimanere; (*personne, famille*) sopravvivere
substance [sypstɑ̃s] *nf* sostanza; **en ~** in sostanza, sostanzialmente
substantiel, le [sypstɑ̃sjɛl] *adj* (*aliment, repas*) sostanzioso(-a); (*fig* : *avantage, bénéfice*) sostanziale
substantif [sypstɑ̃tif] *nm* sostantivo
substituer [sypstitɥe] *vt* sostituire; **se ~ à qn** sostituirsi a qn; (*pour évincer*) sostituire qn
substitut [sypstity] *nm* (*magistrat*) sostituto; (*succédané*) surrogato
subterfuge [syptɛʀfyʒ] *nm* sotterfugio
subtil, e [syptil] *adj* sottile
subvenir [sybvəniʀ] : **~ à** *vt* provvedere a
subvention [sybvɑ̃sjɔ̃] *nf* sovvenzione *f*
subventionner [sybvɑ̃sjɔne] *vt* sovvenzionare
suc [syk] *nm* succo; **~s gastriques** succhi gastrici
succéder [syksede] : **~ à** *vt* (*directeur, roi*) succedere a; (*dans une série*) seguire; **se succéder** *vr* succedersi, susseguirsi
succès [syksɛ] *nm* successo; **avec ~** con successo; **sans ~** senza successo; **avoir du ~** avere successo; **à ~** di successo; **~ de librairie** best-seller *m inv*; **~ (féminins)** successo (con le donne)
successeur [syksesœʀ] *nm* successore *m*
successif, -ive [syksesif, iv] *adj* successivo(-a)
succession [syksesjɔ̃] *nf* (*série*) serie *f*; (*Jur, Pol*) successione *f*; **prendre la ~ de** succedere a
succomber [sykɔ̃be] *vi* morire; **~ (à)** (*fig*) soccombere (a)
succulent, e [sykylɑ̃, ɑ̃t] *adj* succulento(-a)
succursale [sykyʀsal] *nf* succursale *f*; **magasin à ~s multiples** negozio con più succursali
sucer [syse] *vt* succhiare; **~ son pouce** succhiarsi il pollice
sucette [sysɛt] *nf* (*bonbon*) lecca lecca *m inv*; (*de bébé*) succhiotto
sucre [sykʀ] *nm* zucchero; **morceau de ~** zolletta (di zucchero); **~ cristallisé** zucchero cristallino; **~ d'orge** zucchero d'orzo; **~ de betterave** zucchero di barbabietola; **~ de canne** zucchero di canna; **~ en morceaux** zucchero a zollette; **~ en poudre** zucchero in polvere; **~ glace** zucchero a velo
sucré, e [sykʀe] *adj* zuccherato(-a); (*au goût* : *vin, fruits etc*) dolce; (*péj* : *ton, voix*) sdolcinato(-a), zuccheroso(-a)
sucrer [sykʀe] *vt* zuccherare; **se sucrer** *vr* (*fam*) riempirsi le tasche

sucrerie [sykʀəʀi] *nf* zuccherificio; **sucreries** *nfpl* (*bonbons*) dolciumi *mpl*
sucrier, -ière [sykʀije, ijɛʀ] *adj* zuccheriero(-a), saccarifero(-a) ▶ *nm* (*fabricant*) zuccheriere *m*; (*récipient*) zuccheriera
sud [syd] *nm* sud *m inv* ▶ *adj inv* (*côte*) meridionale; (*façade, pôle*) sud *inv*; **au ~** al sud; **au ~ de** a sud di
sud-africain, e [sydafʀikɛ̃, ɛn] (*pl* **sud-africains, es**) *adj* sudafricano(-a) ▶ *nm/f*: **Sud-Africain, e** sudafricano(-a)
sud-américain, e [sydameʀikɛ̃, ɛn] (*pl* **sud-américain, es**) *adj* sudamericano(-a) ▶ *nm/f*: **Sud-Américain, e** sudamericano(-a)
sud-est [sydɛst] *nm inv* sudest *m inv* ▶ *adj inv* sudorientale
sud-ouest [sydwɛst] *nm inv* sudovest *m inv* ▶ *adj inv* sudoccidentale
Suède [sɥɛd] *nf* Svezia
suédois, e [sɥedwa, waz] *adj* svedese ▶ *nm* (*Ling*) svedese *m* ▶ *nm/f*: **Suédois, e** svedese *m/f*
suer [sɥe] *vi* sudare; (*mur, plâtre*) trasudare ▶ *vt* (*fig*: *exhaler*) trasudare; **~ à grosses gouttes** grondare di sudore
sueur [sɥœʀ] *nf* sudore *m*; **en ~** sudato(-a); **avoir des ~s froides** sudare freddo; **donner à qn des ~s froides** far sudare freddo qn
suffire [syfiʀ] *vi* bastare; **se suffire** *vr* bastare a se stesso(-a); **~ à qn** bastare a qn; **~ pour qch/pour faire qch** bastare per qc/per fare qc; **cela lui suffit** gli basta; **il suffit d'une négligence pour que ...** basta una negligenza perché ...; **cela suffit pour les irriter/qu'ils se fâchent** è quanto basta per farli arrabbiare/perché si arrabbino; **«ça suffit !»** «basta!»
suffisamment [syfizamɑ̃] *adv*: **~ (de)** abbastanza
suffisant, e [syfizɑ̃, ɑ̃t] *adj* sufficiente; (*personne, air, ton*) di sufficienza
suffixe [syfiks] *nm* suffisso
suffoquer [syfɔke] *vt* soffocare; (*suj*: *nouvelle, émotion*) lasciare senza parole ▶ *vi* soffocare; **~ de colère/d'indignation** soffocare dalla collera/dall'indignazione
suffrage [syfʀaʒ] *nm* suffragio; (*voix*) voto; (*du public etc*) consenso; **~ universel/direct/indirect** suffragio universale/diretto/indiretto; **~s exprimés** totale *msg* dei voti
suggérer [sygʒeʀe] *vt* suggerire; **~ qch à qn** suggerire qc a qn; **~ (à qn) que/de faire** suggerire (a qn) che/di fare
suggestion [sygʒɛstjɔ̃] *nf* suggerimento; (*Psych*) suggestione *f*
suicide [sɥisid] *nm* suicidio ▶ *adj*: **opération ~** missione *f* suicida
suicider [sɥiside]: **se suicider** *vr* suicidarsi
suie [sɥi] *nf* fuliggine *f*
suisse [sɥis] *adj* svizzero(-a) ▶ *nm* (*bedeau*) cerimoniere *m* ecclesiastico ▶ *nf*: **Suisse** Svizzera ▶ *nm/f*: **Suisse** svizzero(-a)
suite [sɥit] *nf* (*continuation, escorte*) seguito; (*série*: *de maisons, rues, Math*) serie *f inv*; (*conséquence, résultat*) conseguenza; (*ordre, liaison logique*) filo, logica; (*dans hôtel, Mus*) suite *f inv*; **suites** *nfpl* (*d'une maladie, chute*) postumi *mpl*; **prendre la ~ de** (*directeur etc*) succedere a; **donner ~ à** (*requête*) far seguito a; (*projet*) attuare, realizzare; **faire ~ à** far seguito a; **(faisant) ~ à votre lettre du ...** facendo seguito alla Vostra lettera del ...; **sans ~** incoerente; **de ~** (*d'affilée*) di seguito; (*immédiatement*) subito; **par la ~** in seguito; **à la ~** di seguito; **à la ~ de** (*derrière*) dietro a; (*en conséquence de*) in seguito a; **par ~ de** a causa di; **avoir de la ~ dans les idées** essere perseverante; **attendre la ~ des événements** attendere il corso degli eventi
suivant, e [sɥivɑ̃, ɑ̃t] *vb voir* **suivre** ▶ *adj* seguente ▶ *prép* secondo; **~ que** a seconda che, secondo che; **«au ~ !»** «avanti il prossimo!»
suivi, e [sɥivi] *pp de* **suivre** ▶ *adj* (*régulier*) regolare, continuo(-a); (*Comm*: *article*) di cui è assicurata la fornitura; (*cohérent*) coerente ▶ *nm* (*d'une affaire*) controllo; **très/peu ~** (*cours, feuilleton etc*) molto/poco seguito(-a)
suivre [sɥivʀ] *vt* seguire; (*consigne*) rispettare, attenersi a; (*Comm*: *article*) continuare la fornitura di ▶ *vi* seguire; **se suivre** *vr* succedersi, susseguirsi; (*être cohérent*: *raisonnement*) filare; **~ des yeux** seguire con gli occhi; **faire ~** (*lettre*) inoltrare; **~ son cours** (*suj*: *enquête, maladie*) seguire il proprio corso; **«à ~»** «continua»

sujet, te [syʒɛ, ɛt] *adj* : **être ~ à** essere *ou* andare soggetto(-a) a ▶ *nm/f* (*d'un souverain etc*) suddito(-a) ▶ *nm* soggetto; (*matière*) soggetto, argomento; (*raison*) motivo; **un ~ de dispute/mécontentement** un motivo di disputa/malcontento; **c'est à quel ~ ?** a che proposito?; **avoir ~ de se plaindre** aver motivo di lamentarsi; **un mauvais ~** un cattivo soggetto; **au ~ de** riguardo a, a proposito di; **~ à caution** dubbio(-a), poco attendibile; **~ d'examen** (*Scol*) materia d'esame; **~ d'expérience** (*Biol etc*) soggetto di un esperimento; **~ de conversation** argomento di conversazione

super [sypɛʀ] (*fam*) (*pl* **super(s)**) *adj* fantastico(-a)

superbe [sypɛʀb] *adj* splendido(-a), magnifico(-a) ▶ *nf* (*orgueil*) superbia

superficie [sypɛʀfisi] *nf* superficie *f*

superficiel, le [sypɛʀfisjɛl] *adj* superficiale

superflu, e [sypɛʀfly] *adj* superfluo(-a) ▶ *nm* : **le ~** il superfluo

supérieur, e [sypeʀjœʀ] *adj* superiore; (*air, sourire*) di superiorità ▶ *nm/f* superiore *m*; **Mère supérieure** (*Rel*) Madre *f* superiora; **à l'étage ~** al piano superiore; **~ à** superiore a; **~ en nombre** superiore per numero

supériorité [sypeʀjɔʀite] *nf* superiorità; **~ numérique** superiorità numerica

supermarché [sypɛʀmaʀʃe] *nm* supermercato

superposer [sypɛʀpoze] *vt* sovrapporre; **se superposer** *vr* sovrapporsi; **lits superposés** letti *mpl* a castello

superpuissance [sypɛʀpɥisɑ̃s] *nf* superpotenza

superstitieux, -euse [sypɛʀstisjø, jøz] *adj* superstizioso(-a)

superviser [sypɛʀvize] *vt* soprintendere a

supplanter [syplɑ̃te] *vt* soppiantare

suppléant, e [sypleɑ̃, ɑ̃t] *adj, nm/f* supplente *m/f*; **médecin ~** medico supplente *ou* sostituto

suppléer [syplee] *vt* (*mot manquant etc*) aggiungere; (*lacune, défaut*) supplire a; (*professeur, juge*) sostituire; **~ à** (*manque, défaut, qualité*) supplire a; (*chose manquante*) sostituire

supplément [syplemɑ̃] *nm* supplemento; **un ~ de travail** del lavoro straordinario; **un ~ de frites** una porzione extra di patatine fritte; **un ~ de 100 €** (*à payer*) un supplemento di 100 euro; **en ~** (*au menu etc*) in più, in supplemento; **~ d'information** informazioni *fpl* supplementari

supplémentaire [syplemɑ̃tɛʀ] *adj* (*crédits, délai*) supplementare; (*contrôles, train, bus etc*) straordinario(-a)

supplication [syplikasjɔ̃] *nf* (*Rel*) supplica; **supplications** *nfpl* (*adjurations*) suppliche *fpl*

supplice [syplis] *nm* supplizio; **être au ~** soffrire le pene dell'inferno

supplier [syplije] *vt* supplicare

support [sypɔʀ] *nm* supporto; **~ audio-visuel** mezzo audiovisivo

supportable [sypɔʀtabl] *adj* (*douleur, température*) sopportabile; (*procédé, conduite*) ammissibile

supporter[1] [sypɔʀtɛʀ], **supporteur, -trice** [sypɔʀtœʀ, tʀis] *nm/f* supporter *m inv/f inv*

supporter[2] [sypɔʀte] *vt* sopportare; (*poids, édifice*) reggere, sostenere; (*Sport*) sostenere, fare il tifo per

supposé, e [sypoze] *adj* presunto(-a)

supposer [sypoze] *vt* supporre; (*suj : chose*) presupporre; **~ que** supporre che; **en supposant** *ou* **à ~ que** supponendo che

suppositoire [sypozitwaʀ] *nm* supposta

suppression [sypʀesjɔ̃] *nf* soppressione *f*

supprimer [sypʀime] *vt* sopprimere; (*clause, mot*) eliminare; (*cause, douleur, personne*) sopprimere, eliminare; **~ qch à qn** togliere qc a qn

suprématie [sypʀemasi] *nf* supremazia

suprême [sypʀɛm] *adj* supremo(-a); (*bonheur, habileté*) eccezionale; (*ultime : espoir, effort*) estremo(-a); **les honneurs ~s** gli estremi onori

MOT-CLÉ

sur [syʀ] *prép* **1** su, sopra; **pose-le sur la table** posalo sul tavolo; **je n'ai pas d'argent sur moi** non ho denaro con me; **avoir de l'influence sur** avere influenza su; **avoir accident sur accident** avere un incidente dopo l'altro; **sur ce** *adv* detto ciò

2 (*direction*) verso; **en allant sur Paris** andando verso Parigi
3 (*à propos de*) su; **un livre/une conférence sur Balzac** un libro/una conferenza su Balzac
4 (*proportion, mesures*) su; **un sur 10** uno su 10; **sur 20, 2 sont venus** sono venuti 2 su 20; **4 m sur 2** 4 m per 2

sûr, e [syʀ] *adj* sicuro(-a); **~ de qch/que** (*personne*) sicuro(-a) di qc/che, certo(-a) di qc/che; **peu ~** poco sicuro(-a); **être ~ de qn** essere sicuro(-a) di qn; **~ et certain** certissimo(-a); **~ de soi** sicuro(-a) di sé; **le plus ~ est de …** la cosa più sicura è …
surcharge [syʀʃaʀʒ] *nf* sovraccarico; (*correction, ajout*) correzione *f*; (*sur une enveloppe*) sovrastampa; **prendre des passagers en ~** prendere più passeggeri di quanto consentito; **~ de travail** sovraccarico di lavoro; **~ pondérale** sovraccarico ponderale
surchargé, e [syʀʃaʀʒe] *adj* sovraccarico(-a); **~ de travail/soucis** oberato(-a) di lavoro/preoccupazioni
surcharger [syʀʃaʀʒe] *vt* sovraccaricare; (*texte*) correggere; (*timbre-poste*) sovrastampare
surchauffé, e [syʀʃofe] *adj* surriscaldato(-a)
surcroît [syʀkʀwa] *nm* aumento; **par** *ou* **de ~** per di più; **en ~** in aggiunta
surdité [syʀdite] *nf* sordità; **atteint de ~ totale** affetto da sordità totale
sureau, x [syʀo] *nm* sambuco
sûrement [syʀmɑ̃] *adv* sicuramente; **~ pas** no di certo
surenchère [syʀɑ̃ʃɛʀ] *nf* (*aux enchères*) offerta superiore, rilancio; (*sur prix fixe*) rincaro; **~ de violence** (*fig*) escalation *f inv* di violenza; **~ électorale** promesse *fpl* elettorali
surenchérir [syʀɑ̃ʃeʀiʀ] *vi* (*Comm*) rincarare; (*fig*) rilanciare, fare un'offerta maggiore
surendettement [syʀɑ̃dɛtmɑ̃] *nm* indebitamento eccessivo
surestimer [syʀɛstime] *vt* sopravvalutare
sûreté [syʀte] *nf* sicurezza; (*Jur*) garanzia; **être/mettre en ~** essere/mettere al sicuro; **pour plus de ~** per maggiore sicurezza; **attentat/crime contre la ~ de l'État** attentato/crimine contro la sicurezza dello stato
surexploiter [syʀɛksplwate] *vt* (*ressources, forêts*) sfruttare eccessivamente
surf [sœʀf] *nm* surf *m inv*; **faire du ~** fare surf
surface [syʀfas] *nf* superficie *f*; **~ plane/courbe** (*Géom*) superficie piana/curva; **faire ~** riemergere; **en ~** in superficie; (*fig*) superficialmente; **la pièce fait 100 m² de ~** la stanza ha una superficie di 100 m²; **~ de réparation** (*Sport*) area di rigore
surfait, e [syʀfɛ, ɛt] *adj* sopravvalutato(-a)
surfer [syʀfe] *vi* fare surf; **~ sur le net** navigare in Internet
surgelé, e [syʀʒəle] *adj* surgelato(-a)
surgir [syʀʒiʀ] *vi* sorgere; (*personne, véhicule*) spuntare; (*fig : problème, dilemme*) sorgere, nascere
surhumain, e [syʀymɛ̃, ɛn] *adj* sovrumano(-a)
sur-le-champ [syʀləʃɑ̃] *adv* all'istante
surlendemain [syʀlɑ̃d(ə)mɛ̃] *nm* : **le ~** due giorni dopo; **le ~ de …** due giorni dopo …; **le ~ soir** la sera di due giorni dopo
surmenage [syʀmənaʒ] *nm* (*Méd*) surmenage *m*; **le ~ intellectuel** il surmenage intellettuale
surmener [syʀməne] *vt* affaticare eccessivamente; **se surmener** *vr* affaticarsi eccessivamente
surmonter [syʀmɔ̃te] *vt* (*suj : coupole etc*) sovrastare; (*vaincre : difficulté, obstacle*) superare; (*: chagrin, colère*) vincere
surnaturel, le [syʀnatyʀɛl] *adj* soprannaturale; (*beauté*) straordinario(-a) ▶ *nm* : **le ~** il soprannaturale
surnom [syʀnɔ̃] *nm* soprannome *m*
surnombre [syʀnɔ̃bʀ] *nm* : **être en ~** essere in soprannumero
surpasser [syʀpɑse] *vt* superare; **se surpasser** *vr* superare se stesso(-a)
surpeuplé, e [syʀpœple] *adj* sovrappopolato(-a)
surpeuplement [syʀpœpləmɑ̃] *nm* sovrappopolazione *f*
surplace [syʀplas] *nm* (*Cyclisme*) surplace *m inv*; **faire du ~** (*fig*) non andare né avanti né indietro
surplomber [syʀplɔ̃be] *vi* essere a strapiombo ▶ *vt* essere a strapiombo su; (*dominer*) sovrastare

surplus [syʀply] *nm* eccedenza, surplus *m inv*; **~ de bois/tissu** rimanenza di legno/tessuto; **au ~** d'altronde, per giunta

surprenant, e [syʀpʀənɑ̃, ɑ̃t] *vb voir* **surprendre** ▶ *adj* sorprendente

surprendre [syʀpʀɑ̃dʀ] *vt* sorprendere; (*secret*) scoprire; (*clin d'œil*) intercettare; (*en rendant visite*) fare una sorpresa a; **se ~ à faire qch** sorprendersi a fare qc

surpris, e [syʀpʀi, iz] *pp de* **surprendre** ▶ *adj* sorpreso(-a); **~ de/que** sorpreso(-a) di/che

surprise [syʀpʀiz] *nf* sorpresa; **faire une ~ à qn** fare una sorpresa a qn; **voyage sans ~s** viaggio senza sorprese; **avoir la ~ de** avere la sorpresa di; **par ~** di sorpresa

surprise-partie [syʀpʀizpaʀti] (*pl* **surprises-parties**) *nf* festa, festicciola

sursaut [syʀso] *nm* sussulto, sobbalzo; **en ~** (*se réveiller*) di soprassalto; **~ d'énergie** guizzo di energia; **~ d'indignation** sussulto di indignazione

sursauter [syʀsote] *vi* sussultare, sobbalzare

sursis [syʀsi] *nm* proroga; (*Jur*) condizionale *f*; **condamné à 5 mois (de prison) avec ~** condannato a 5 mesi (di prigione) con condizionale; **en ~** (*condamné*) in attesa di giudizio; (*malade, planète*) a rischio

surtout [syʀtu] *adv* soprattutto; **il songe ~ à ses propres intérêts** pensa innanzi tutto ai suoi interessi; **il aime le sport, ~ le football** ama lo sport, soprattutto il calcio; **cet été, il a ~ fait de la pêche** quest'estate si è dedicato soprattutto alla pesca; **~ pas d'histoires !** soprattutto niente storie!; **~ pas !** no di certo!; **~ pas lui !** lui men che mai!; **~ que ...** tanto più che ...

surveillance [syʀvɛjɑ̃s] *nf* sorveglianza; **être sous la ~ de qn** essere sotto la sorveglianza di qn; **sous ~ médicale** sotto controllo medico; **la ~ du territoire** i servizi di controspionaggio

surveillant, e [syʀvɛjɑ̃, ɑ̃t] *nm/f* sorvegliante *m/f*; (*de prison*) guardia *f*

Nelle scuole superiori francesi gli insegnanti non sorvegliano gli alunni durante la ricreazione. Questo lavoro viene svolto da studenti universitati chiamati **surveillants** (o *pions*).

surveiller [syʀveje] *vt* sorvegliare; **se surveiller** *vr* controllarsi; **~ son langage** controllare il proprio linguaggio; **~ sa ligne** badare alla linea

survenir [syʀvəniʀ] *vi* (*changement*) verificarsi; **un incident est survenu** c'è stato un incidente

survêtement [syʀvɛtmɑ̃] *nm* tuta (da ginnastica)

survie [syʀvi] *nf* sopravvivenza; (*Rel*) immortalità *f inv*; **équipement de ~** attrezzatura di sopravvivenza

survivant, e [syʀvivɑ̃, ɑ̃t] *vb voir* **survivre** ▶ *nm/f* superstite *m/f*

survivre [syʀvivʀ] *vi* sopravvivere; **~ à** sopravvivere a; **la victime a peu de chances de ~** la vittima ha poche possibilità di sopravvivere

survoler [syʀvɔle] *vt* (*lieu, question*) sorvolare; (*fig : livre, écrit*) dare una veloce scorsa a

survolté, e [syʀvɔlte] *adj* (*fig : personne, ambiance*) sovreccitato(-a)

sus [sys] *adv* : **en ~** in più; **en ~ de** in aggiunta a; **~ à ... ! : ~ au tyran !** abbasso il tiranno!

susceptible [sysɛptibl] *adj* suscettibile; **~ d'amélioration** *ou* **d'être amélioré** suscettibile di miglioramenti; **~ de faire** (*capacité*) capace di *ou* in grado di fare

susciter [sysite] *vt* (*obstacles, ennuis*) creare; (*admiration, enthousiasme*) suscitare

suspect, e [syspɛ(kt), ɛkt] *adj* sospetto(-a) ▶ *nm/f* (*Jur*) sospetto(-a); **être peu ~ de** non essere sospettato(-a) di

suspecter [syspɛkte] *vt* sospettare; **~ qn d'être/d'avoir fait qch** sospettare qn di essere/di aver fatto qc; **~ qch de qch/faire** sospettare qc di qc/di fare

suspendre [syspɑ̃dʀ] *vt* sospendere; (*accrocher, fixer*) : **~ (à)** appendere (a); **se suspendre** *vr* : **se ~ à** (*s'accrocher à*) attaccarsi a

suspendu, e [syspɑ̃dy] *pp de* **suspendre** ▶ *adj* sospeso(-a); **~ à/au dessus de** sospeso(-a) a/sopra a; **voiture bien/mal suspendue** automobile con buone/cattive sospensioni; **être ~ aux lèvres de qn** pendere dalle labbra di qn

suspens [syspɑ̃] : **en ~** *adv* in sospeso; **tenir en ~** tenere in sospeso

suspense [syspɛns] *nm* suspense *f*
suspension [syspɑ̃sjɔ̃] *nf* sospensione *f*; (*lustre*) lampadario; **en ~** (*particules*) in sospensione; **~ d'audience** sospensione di una seduta
suture [sytyʀ] *nf*: **point de ~** punto di sutura
svelte [svɛlt] *nf* slanciato(-a), snello(-a)
SVP [ɛsvepe] *abr* (= *s'il vous plaît*) P.F.
syllabe [si(l)lab] *nf* sillaba
symbole [sɛ̃bɔl] *nm* simbolo; **~ graphique** (*Inform*) icona, simbolo grafico
symbolique [sɛ̃bɔlik] *adj* simbolico(-a) ▶ *nf* (*d'une religion, culture*) simbolica; (*science des symboles*) simbologia
symboliser [sɛ̃bɔlize] *vt* simboleggiare
symétrique [simetʀik] *adj* simmetrico(-a)
sympa [sɛ̃pa] (*fam*) *adj voir* **sympathique**
sympathie [sɛ̃pati] *nf* simpatia; (*condoléances*) condoglianze *fpl*; **accueillir avec ~** (*projet etc*) accogliere positivamente; **avoir de la ~ pour qn** provare simpatia per qn; **témoignages de ~** (*lors d'un deuil*) condoglianze *fpl*; **croyez à toute ma ~** voglia gradire i miei più cordiali saluti
sympathique [sɛ̃patik] *adj* simpatico(-a)
sympathisant, e [sɛ̃patizɑ̃, ɑ̃t] *nm/f* simpatizzante *m/f*
sympathiser [sɛ̃patize] *vi* (*s'entendre*) andare d'accordo; (*se fréquenter*) frequentarsi; **~ avec qn** andare d'accordo con qn
symphonie [sɛ̃fɔni] *nf* sinfonia
symptôme [sɛ̃ptom] *nm* sintomo
synagogue [sinagɔg] *nf* sinagoga
syncope [sɛ̃kɔp] *nf* (*Méd, Mus*) sincope *f*; **tomber en ~** avere una sincope
syndic [sɛ̃dik] *nm* amministratore *m*
syndical, e, -aux [sɛ̃dikal, o] *adj* sindacale; **centrale syndicale** sindacato
syndicaliste [sɛ̃dikalist] *nm/f* sindacalista *m/f*
syndicat [sɛ̃dika] *nm* (*d'ouvriers, d'employés*) sindacato; **~ d'initiative** azienda di soggiorno; **~ de producteurs** sindacato di produttori; **~ de propriétaires** consorzio di proprietari; **~ patronal** sindacato dei datori di lavoro
syndiqué, e [sɛ̃dike] *adj* (*ouvrier, employé*) iscritto(-a) a sindacato; **non ~** non iscritto(-a) a sindacato
syndiquer [sɛ̃dike]: **se syndiquer** *vr* organizzarsi in sindacato; (*adhérer*) iscriversi a un sindacato
synonyme [sinɔnim] *adj* sinonimico(-a) ▶ *nm* sinonimo; **être ~ de** essere sinonimo di
syntaxe [sɛ̃taks] *nf* sintassi *f inv*
synthèse [sɛ̃tɛz] *nf* sintesi *f*; **faire la ~ de** fare la sintesi di
synthétique [sɛ̃tetik] *adj* sintetico(-a)
Syrie [siʀi] *nf* Siria
systématique [sistematik] *adj* sistematico(-a)
système [sistɛm] *nm* sistema *m*; **le ~ D** l'arte di arrangiarsi; **~ décimal** sistema decimale; **~ expert** sistema esperto; **~ d'exploitation à disques** (*Inform*) sistema operativo a dischi; **~ métrique** sistema metrico; **~ nerveux** sistema nervoso; **~ solaire** sistema solare

t' [t] *pron voir* **te**
ta [ta] *voir* **ton¹**
tabac [taba] *nm* tabacco ▶ *adj inv* : **(couleur) ~** (color) tabacco *inv*; **passer qn à ~** (*fam*) pestare qn di santa ragione; **faire un ~** (*fam*) fare furore; **(débit** *ou* **bureau de) ~** tabaccheria; **~ à priser** tabacco da fiuto *ou* da naso; **~ blond/brun** tabacco biondo/scuro; **~ gris** trinciato forte
tabagisme [tabaʒism] *nm* tabagismo; **~ passif** fumo passivo
table [tabl] *nf* tavola, tavolo; (*invités*) tavolata; (*liste, numérique*) tavola, tabella; **à ~ !** a tavola!; **se mettre à ~** mettersi a tavola; (*fig : fam*) vuotare il sacco; **mettre** *ou* **dresser/desservir la ~** apparecchiare/sparecchiare (la tavola); **faire ~ rase de** fare tabula rasa di; **~ à repasser** asse *f* da stiro; **~ basse** tavolino; **~ d'écoute** impianto per l'intercettazione di comunicazioni telefoniche; **~ d'harmonie** tavola armonica; **~ d'hôte** menù *m inv* a prezzi fissi; **~ de chevet** *ou* **de nuit** comodino; **~ de cuisson** piano di cottura; **~ de lecture** (*Mus*) piatto (giradischi); **~ de multiplication** tavola pitagorica; **~ de toilette** tavolino da toilette; **~ des matières** indice *m*; **~ ronde** (*débat*) tavola rotonda; **~ roulante** carrello
tableau, x [tablo] *nm* (*Art, reproduction, fig*) quadro; (*panneau*) tabellone *m*, quadro; (*schéma*) tabella, tavola; **~ chronologique** tavola cronologica; **~ d'affichage** tabellone *m*; **~ de bord** (*Auto*) cruscotto; (*Aviat*) pannello *ou* quadro portastrumenti; **~ de chasse** carniere *m*; **~ de contrôle** pannello *ou* quadro di controllo; **~ de maître** quadro d'autore; **~ noir** lavagna
tablette [tablɛt] *nf* (*planche*) ripiano; (*Inform*) tablet *m*; **~ de chocolat** tavoletta di cioccolato
tableur [tablœʀ] *nm* (*Inform*) foglio elettronico, spreadsheet *m inv*
tablier [tablije] *nm* grembiule *m*; (*de pont*) piattaforma; (*de cheminée*) parafuoco
tabou, e [tabu] *nm* tabù *m inv* ▶ *adj* tabù *inv*
tabouret [tabuʀɛ] *nm* sgabello
tac [tak] *nm* : **du ~ au ~** per le rime
tache [taʃ] *nf* macchia; **faire ~ d'huile** estendersi a macchia d'olio; **~ de rousseur** *ou* **de son** lentiggine *f*, efelide *f*; **~ de vin** (*sur la peau*) voglia di vino *ou* fragola
tâche [tɑʃ] *nf* compito; **travailler à la ~** lavorare a cottimo
tacher [taʃe] *vt* (*aussi fig*) macchiare; **se tacher** *vr* macchiarsi
tâcher [tɑʃe] *vi* : **~ de faire** cercare di fare
tacheté, e [taʃte] *adj* : **~ (de)** punteggiato(-a) (di)
tact [takt] *nm* tatto; **avoir du ~** avere tatto
tactile [taktil] *adj* tattile
tactique [taktik] *adj* tattico(-a) ▶ *nf* tattica
taie [tɛ] *nf* : **~ (d'oreiller)** federa (di guanciale)
taille [tɑj] *nf* taglio; (*des arbres*) potatura; (*milieu du corps, d'un vêtement*) vita; (*hauteur*) statura; (*grandeur, grosseur : d'une personne*) taglia; (*: d'un objet*) grandezza, dimensioni *fpl*; (*Comm : mesure*) taglia, misura; (*fig : envergure*) levatura; **de ~ à faire** in grado di fare; **de ~** (*important*) grosso(-a); **quelle ~ faites-vous ?** che taglia ha?
taillé, e [tɑje] *adj* (*moustache, ongles*) tagliato(-a); (*arbre*) potato(-a); **~ pour** tagliato(-a) per; **~ en pointe** tagliato(-a) a punta
taille-crayon [tɑjkʀɛjɔ̃] (*pl* **taille-crayons**) *nm* temperamatite *m inv*
tailler [tɑje] *vt* tagliare; (*arbre, plante*) potare; (*crayon*) temperare; **se tailler** *vr* (*ongles, barbe*) tagliarsi; (*victoire*)

ottenere; (*fig* : *réputation*) farsi; (*fam* : *s'enfuir*) tagliare la corda; **~ dans la chair/le bois** incidere nella carne/nel legno; **~ grand/petit** (*suj* : *vêtement*) avere una foggia ampia/stretta

tailleur, -euse [tɑjœʀ, øs] *nm/f* (*couturier*) sarto(-a) ▸ *nm* (*vêtement pour femme*) tailleur *m inv*; **en ~** (*assis*) alla turca, a gambe incrociate; **~ de diamants** tagliatore(-trice) di diamanti; **~ de pierre** tagliapietre *m inv/f inv*

taillis [taji] *nm* bosco ceduo

taire [tɛʀ] *vt* tacere ▸ *vi* : **faire ~ qn** far tacere qn; **faire ~ qch** (*fig*) mettere a tacere qc; **se taire** *vr* tacere; **tais-toi !** taci!, stai zitto!

talc [talk] *nm* talco

talent [talɑ̃] *nm* talento; **talents** *nmpl* (*personnes*) talenti *mpl*, persone *fpl* di talento; **avoir du ~** avere talento

talkie-walkie [tokiwoki] (*pl* **talkies-walkies**) *nm* walkie-talkie *m inv*

talon [talɔ̃] *nm* (*Anat*) tallone *m*, calcagno; (*de chaussure*) tacco; (*chaussette*) tallone *m*; (*de jambon*) fondo; (*pain*) cantuccio; (*de chèque, billet*) talloncino, matrice *f*; **être sur les ~s de qn** stare alle calcagna di qn; **tourner/montrer les ~s** (*fig*) alzare i tacchi; **~s aiguilles** tacchi a spillo; **~s plats** tacchi bassi

talonner [talɔne] *vt* (*suivre de près*) tallonare; (*cheval*) spronare; (*fig* : *harceler*) tormentare, assillare

talus [taly] *nm* (*Géo*) scarpata; (*d'orchestre*) fossa; **~ de déblai** terrapieno *ou* scarpata di scavo; **~ de remblai** terrapieno

tambour [tɑ̃buʀ] *nm* (*Mus, Tech, Auto*) tamburo; (*musicien*) tamburino; (*porte*) bussola, porta girevole; **sans ~ ni trompette** alla chetichella

tambourin [tɑ̃buʀɛ̃] *nm* tamburello

tambouriner [tɑ̃buʀine] *vi* : **~ sur** *ou* **contre** tamburellare su

tamisé, e [tamize] *adj* (*fig* : *lumière*) smorzato(-a), attenuato(-a); (*ambiance*) ovattato(-a)

tampon [tɑ̃pɔ̃] *nm* tampone *m*; (*Rail*) respingente *inv*, tampone; (*fig*) cuscinetto; (*Inform* : *aussi* : **mémoire tampon**) memoria *f* tampone *inv*, memoria di transito; (*bouchon* : *de caoutchouc, bois*) tappo; (*cachet, timbre*) timbro; **solution ~** soluzione *f* tampone *inv*; (*aussi* : **tampon hygiénique**) tampone, assorbente *m* interno; **~ à récurer** paglietta; **~ buvard** tampone di carta assorbente; **~ encreur** tampone (per timbri)

tamponner [tɑ̃pɔne] *vt* (*essuyer*) tamponare, asciugare; (*heurter*) tamponare; (*avec un timbre*) timbrare; **se tamponner** *vr* (*voitures*) tamponarsi

tamponneuse [tɑ̃pɔnøz] *adj* : **autos ~s** autoscontro *msg*

tandem [tɑ̃dɛm] *nm* tandem *m inv*; (*fig* : *personnes*) duo *m inv*

tandis [tɑ̃di] : **~ que** *conj* mentre

tanguer [tɑ̃ge] *vi* beccheggiare

tant [tɑ̃] *adv* tanto; **~ de** (*sable, eau etc*) tanto(-a); **~ que** (*tellement*) tanto che; (*comparatif*) tanto quanto; **~ mieux** tanto meglio, meglio così; **~ mieux pour lui** tanto meglio per lui; **~ pis** pazienza; **~ pis pour lui** peggio per lui; **un ~ soit peu** un minimo; **s'il est un ~ soit peu subtil, il comprendra** se ha un minimo di acume capirà; **~ bien que mal** bene o male; **~ s'en faut** altro che, tutt'altro

tante [tɑ̃t] *nf* zia

tantôt [tɑ̃to] *adv* (*parfois*) : **~ … ~** a volte … a volte, ora … ora; (*cet après-midi*) oggi pomeriggio

taon [tɑ̃] *nm* tafano

tapage [tapaʒ] *nm* chiasso, baccano; (*fig*) scalpore *m*; **~ nocturne** (*Jur*) schiamazzi *mpl* notturni

tapageur, -euse [tapaʒœʀ, øz] *adj* chiassoso(-a)

tape [tap] *nf* pacca

tape-à-l'œil [tapalœj] *adj inv* vistoso(-a)

taper [tape] *vt* (*personne*) picchiare; (*lettre, cours*) battere (a macchina); (*Inform*) introdurre da tastiera; (*fam*) : **~ qn de 10 euros** spillare 10 euro a qn ▸ *vi* (*soleil*) picchiare; **se taper** *vr* (*fam* : *travail*) sorbirsi; (: *boire, manger*) sbafarsi; **~ sur qn** picchiare qn; (*fig*) sparlare di qn; **~ sur qch** (*clou, table etc*) battere su qc; **~ à** (*porte etc*) bussare a; **~ dans** (*fam* : *se servir*) metter mano a; **~ des mains/pieds** battere le mani/i piedi; **~ (à la machine/à l'ordinateur)** battere (a macchina/al computer)

tapi, e [tapi] *adj* : **~ dans/derrière** (*blotti*) rannicchiato(-a) *ou* accovacciato(-a) in/dietro; (*caché*) annidato(-a) *ou* nascosto(-a) in/dietro

tapis [tapi] *nm* tappeto; (*fig* : *de gazon, neige*) manto; **être sur le ~** (*fig*) essere oggetto della conversazione; **mettre sur le ~** (*fig*) mettere sul tappeto; **aller/envoyer au ~** (*Boxe*) andare/mandare al tappeto; **~ de sol** (*de tente*) *pavimento rinforzato*; **~ de souris** (*Inform*) *tappetino del mouse*; **~ roulant** nastro trasportatore

tapisser [tapise] *vt* tappezzare

tapisserie [tapisʀi] *nf* tappezzeria; (*broderie, travail*) ricamo; **faire ~** (*fig*) fare tappezzeria

tapissier, -ière [tapisje, jɛʀ] *nm/f* : **~(-décorateur)** tappezziere(-a)

tapoter [tapɔte] *vt* dare colpetti a *ou* su

taquiner [takine] *vt* stuzzicare, punzecchiare

tard [taʀ] *adv* tardi ▸ *nm* : **sur le ~** sul tardi; (*vers la fin de la vie*) in età avanzata; **au plus ~** al più tardi, al massimo; **plus ~** più tardi

tarder [taʀde] *vi* tardare; **il me tarde d'être** non vedo l'ora di essere; **sans (plus) ~** senza indugio

tardif, -ive [taʀdif, iv] *adj* (*heure*) tardo(-a); (*talent, fruit*) tardivo(-a)

tarif [taʀif] *nm* tariffa; **voyager à plein ~/à ~ réduit** viaggiare a tariffa intera/ridotta

tarir [taʀiʀ] *vi* inaridirsi; (*fig*) languire ▸ *vt* prosciugare; (*fig*) esaurire

tarte [taʀt] *nf* crostata; **~ à la crème** crostata alla crema; **~ aux pommes** crostata di mele

> **FAUX AMIS**
> **tarte** ne se traduit pas par le mot italien *torta*.

tartine [taʀtin] *nf* tartina; **~ beurrée** fetta di pane imburrata; **~ de miel** fetta di pane con miele

tartiner [taʀtine] *vt* spalmare; **fromage à ~** formaggio da spalmare

tartre [taʀtʀ] *nm* (*des dents*) tartaro; (*de chaudière*) incrostazione *f*

tas [tɑ] *nm* mucchio, ammasso; **un ~ de** (*fig*) un sacco *ou* mucchio di; **en ~** ammucchiato(-a), ammassato(-a); **dans le ~** (*fig*) nel mucchio, a casaccio; **formé sur le ~** che si è formato lavorando

tasse [tɑs] *nf* tazza; **boire la ~** (*en se baignant*) bere; **~ à café** tazzina da caffè; **~ à thé** tazza da tè

tassé, e [tɑse] *adj* : **bien ~** (*café etc*) forte

tasser [tɑse] *vt* (*terre, neige*) pigiare; (*entasser*) : **~ qch dans** stipare qc in; **se tasser** *vr* (*sol, terrain*) assestarsi; (*personne* : *avec l'âge*) rimpicciolire; (*fig* : *problème*) sistemarsi, accomodarsi

tâter [tɑte] *vt* tastare; (*avec un objet*) toccare; (*fig*) saggiare; **se tâter** *vr* riflettere, interrogarsi a lungo; **~ de** (*prison etc*) provare, sperimentare; **~ le terrain** (*fig*) tastare il terreno

tatillon, ne [tatijɔ̃, ɔn] *adj* pignolo(-a)

tâtonnement [tɑtɔnmɑ̃] *nm* : **par ~s** (*fig*) per tentativi

tâtonner [tɑtɔne] *vi* (*aussi fig*) procedere a tastoni *ou* per tentativi

tâtons [tɑtɔ̃] : **à ~** *adv* : **chercher/avancer à ~** cercare/avanzare a tastoni *ou* tentoni; (*fig*) a tentoni, alla cieca

tatouer [tatwe] *vt* tatuare

taudis [todi] *nm* topaia, tugurio

taule [tol] (*fam*) *nf* galera, gattabuia

taupe [top] *nf* talpa

taureau, x [tɔʀo] *nm* toro; (*Astrol*) : **T~** Toro; **être T~** essere del Toro

taux [to] *nm* tasso; **~ d'escompte** tasso di sconto; **~ d'intérêt** tasso d'interesse; **~ de mortalité** tasso di mortalità

taxe [taks] *nf* tassa, imposta; (*douanière*) dazio; **toutes ~s comprises** al lordo d'imposta; **~ à** *ou* **sur la valeur ajoutée** imposta sul valore aggiunto; **~ de séjour** tassa di soggiorno

taxer [takse] *vt* tassare; **~ qn de** (*fig* : *qualifier de*) definire; (: *accuser de*) tacciare di

taxi [taksi] *nm* taxi *m inv*, tassì *m inv*

tchèque [tʃɛk] *adj* ceco(-a) ▸ *nm* ceco ▸ *nm/f* : **Tchèque** ceco(-a)

tchétchène [tʃetʃɛn] *adj* ceceno'(-a) ▸ *nm/f* : **Tchétchène** ceceno(-a)

Tchétchénie [tʃetʃeni] *nf* Cecenia

te [tə] *pron* ti; (*réfléchi*) ti, te; **je dois te le dire** te lo devo dire; **il ne peut pas te voir** non può vederti; **tu te perdras** ti perderai; **tu t'en souviens** te ne ricordi

technicien, ne [tɛknisjɛ̃, jɛn] *nm/f* tecnico(-a)

technico-commercial, e [tɛknikokɔmɛʀsjal] (*pl* **technico-commerciaux**) *adj* tecnico-commerciale

technique [tɛknik] *adj* tecnico(-a) ▸ *nf* tecnica

techniquement [tɛknikmɑ̃] *adv* tecnicamente
techno [tɛkno] *adj* techno *inv* ▸ *nf* (*fam* : *Mus*) musica techno; (*fam*) = **technologie**
technologie [tɛknɔlɔʒi] *nf* tecnologia
technologique [tɛknɔlɔʒik] *adj* tecnologico(-a)
teck [tɛk] *nm* teck *m inv*
tee-shirt [tiʃœʀt] (*pl* **-s**) *nm* maglietta, tee-shirt *f inv*
teindre [tɛ̃dʀ] *vt* tingere; **se teindre** *vr* : **se ~ (les cheveux)** tingersi (i capelli)
teint, e [tɛ̃, tɛ̃t] *pp de* **teindre** ▸ *adj* tinto(-a) ▸ *nm* (*du visage : permanent*) carnagione *f*; (*momentané*) colorito; **grand ~** *adj inv* (*tissu*) dal colore solido; **bon ~** *adj inv* (*couleur*) resistente; (*personne*) convinto(-a)
teinté, e [tɛ̃te] *adj* (*verres, lunettes*) (leggermente) colorato(-a); (*bois*) tinto(-a); **~ acajou** tinta mogano *inv*; **~ de** (leggermente) tinto(-a) di; (*fig*) con una sfumatura di
teinter [tɛ̃te] *vt* (*aussi fig*) tingere
teinture [tɛ̃tyʀ] *nf* tintura; **~ d'iode** (*Méd*) tintura di iodio; **~ d'arnica** tintura di arnica
teinturerie [tɛ̃tyʀʀi] *nf* tintoria
teinturier, -ière [tɛ̃tyʀje, jɛʀ] *nm/f* tintore(-a)
tel, telle [tɛl] *adj* (*pareil*) tale; (*comme*) : **~ un/des ...** come un/dei ...; (*indéfini*) certo(-a), dato(-a); **une telle quantité de** una *ou* certa data quantità di; (*intensif*) : **un ~/de ~s ...** un tale/tali ...; **rien de ~** (non c'è) niente di meglio; **~ quel** tale quale; **~ que** come
télé [tele] *nf* (= *télévision*) tele *f inv*, tivù *f inv*; **à la ~** alla tivù *ou* tele
télécabine [telekabin] *nf* (*benne*) cabinovia, ovovia
télécarte [telekaʀt] *nf* scheda telefonica
téléchargeable [teleʃaʀʒabl] *adj* (*Inform*) scaricabile
téléchargement [teleʃaʀʒəmɑ̃] *nm* (*Inform*) scaricamento; **la lutte contre le ~ illégal** la lotta contro il download illegale
télécharger [teleʃaʀʒe] *vt* (*Inform*) scaricare
télécommande [telekɔmɑ̃d] *nf* telecomando
télécopieur [telekɔpjœʀ] *nm* fax *m inv*
télégramme [telegʀam] *nm* telegramma *m*
télégraphier [telegʀafje] *vt, vi* telegrafare
téléguider [telegide] *vt* teleguidare; (*fig*) comandare a distanza
télématique [telematik] *nf* telematica ▸ *adj* telematico(-a)
téléobjectif [teleɔbʒɛktif] *nm* teleobiettivo
téléopérateur, -trice [teleɔopɛratœʀ, tʀis] *nm/f* operatore(-trice) telefonico(a)
télépathie [telepati] *nf* telepatia
télépéage [telepeaʒ] *nm* telepass® *m inv*
téléphérique [telefeʀik] *nm* teleferica
téléphone [telefɔn] *nm* telefono; **avoir le ~** avere il telefono; **au ~** al telefono; **~ arabe** tam-tam *m inv* (*fig*); **~ rouge** telefono rosso; **~ sans fil** (telefono) cordless *m inv*
téléphoner [telefɔne] *vt, vi* telefonare; **~ à** telefonare a
téléphonique [telefɔnik] *adj* telefonico(-a); **cabine/appareil ~** cabina/apparecchio telefonico; **conversation/appel ~** conversazione/chiamata telefonica; **liaison ~** collegamento telefonico
téléprospection [telepʀɔspɛksjɔ̃] *nf* televendita
téléréalité [teleʀealite] *nf* reality TV *f*
télescope [telɛskɔp] *nm* telescopio
télescoper [telɛskɔpe] *vt* tamponare; **se télescoper** *vr* scontrarsi
téléscripteur [teleskʀiptœʀ] *nm* telescrivente *f*
télésiège [telesjɛʒ] *nm* seggiovia
téléski [teleski] *nm* ski-lift *m inv*, sciovia; **~ à archets/à perche** ski-lift ad ancora/a piattello
téléspectateur, -trice [telespɛktatœʀ, tʀis] *nm/f* telespettatore(-trice)
télétravail [teletʀavaj] *nm* telelavoro
télévente [televɑ̃t] *nf* vendita telefonica
téléverser [televɛʀse] *vt* (*fichier, photo*) caricare
téléviseur [televizœʀ] *nm* televisore *m*
télévision [televizjɔ̃] *nf* (*système*) televisione *f*; **(poste de) ~** apparecchio televisivo, televisione; **avoir la ~** avere la televisione; **à la ~** alla televisione; **~ en circuit fermé** televisione a

circuito chiuso; **~ numérique** TV *f inv* digitale; **~ par câble** televisione via cavo

télex [telɛks] *nm* telex *m inv*

telle [tɛl] *adj voir* **tel**

tellement [tɛlmɑ̃] *adv* tanto, talmente; **~ plus grand/cher (que)** talmente più grande/caro (che); **~ d'eau** tanta di quell'acqua; **il était ~ fatigué qu'il s'est endormi** era talmente *ou* così stanco che si è addormentato; **il s'est endormi ~ il était fatigué** si è addormentato tanto era stanco; **pas ~** non molto *ou* tanto; **pas ~ fort/lentement** non molto forte/lentamente; **il ne mange pas ~** non mangia un gran che

téméraire [temeʀɛʀ] *adj* temerario(-a)

témoignage [temwaɲaʒ] *nm (Jur, fig)* testimonianza

témoigner [temwaɲe] *vt* manifestare ▸ *vi (Jur)* testimoniare; **~ que** testimoniare che; *(fig)* dimostrare che; **~ de** *(confirmer)* testimoniare

témoin [temwɛ̃] *nm/f (aussi Sport)* testimone *m/f* ▸ *adj* campione *inv*, modello *inv* ▸ *adv* : **~ le fait que ...** lo conferma il fatto che ...; **être ~ de** essere testimone di; **prendre à ~** prendere come *ou* a testimone; **appartement ~** appartamento *m* tipo *inv*; **~ à charge** testimone a carico; **~ de connexion** *(Internet)* cookie *m inv*; **T~ de Jéhovah** Testimone *m/f* di Geova; **~ de moralité** garante *m* morale; **~ oculaire** testimone oculare

tempe [tɑ̃p] *nf* tempia

tempérament [tɑ̃peʀamɑ̃] *nm (caractère)* temperamento; *(santé)* costituzione *f*; **à ~** *(vente, achat)* a rate; **avoir du ~** aver temperamento; *(propension à l'amour)* essere un tipo sensuale

température [tɑ̃peʀatyʀ] *nf* temperatura; **prendre la ~ de** misurare la febbre a; *(fig)* tastare il polso a; **avoir** *ou* **faire de la ~** avere la *ou* un po' di febbre; **feuille/courbe de ~** cartella/curva della temperatura

tempéré, e [tɑ̃peʀe] *adj* temperato(-a)

tempête [tɑ̃pɛt] *nf (à terre)* tempesta; *(en mer)* burrasca; **vent de ~** vento di tempesta; *(fig)* aria di burrasca; **~ d'injures/de mots** torrente *m* di insulti/di parole; **~ de neige** tempesta *ou* tormenta di neve; **~ de sable** tempesta di sabbia

temple [tɑ̃pl] *nm (aussi fig)* tempio

temporaire [tɑ̃pɔʀɛʀ] *adj* temporaneo(-a)

temporiser [tɑ̃pɔʀize] *vi* temporeggiare

temps [tɑ̃] *nm* tempo ▸ *nmpl* : **les ~ changent** i tempi cambiano; **les ~ sont durs** sono tempi duri; **il fait beau/mauvais ~** fa bel/brutto tempo; **passer/employer son ~ à faire qch** passare/impiegare il proprio tempo a fare qc; **avoir le ~/tout le ~/juste le ~** avere il tempo/tutto il tempo/appena il tempo; **avoir du ~ de libre** avere (del) tempo libero; **avoir fait son ~** *(fig)* aver fatto il proprio tempo; **en ~ de paix/guerre** in tempo di pace/guerra; **en ~ utile** *(prescrit)* in tempo utile; **en ~ utile** *ou* **voulu** a tempo debito; **de ~ en ~, de ~ à autre** di tanto in tanto, ogni tanto; **en même ~** contemporaneamente, allo stesso tempo; **à ~** *(partir, arriver)* in tempo; **pendant ce ~** nel frattempo; **travailler à plein-~/à mi-~** lavorare a tempo pieno/part-time; **à ~ partiel** part-time *inv*; **dans le ~** un tempo; **de tout ~** sempre; **du ~ que** quando; **au/du ~/dans le ~ où** quando, al tempo in cui; **par ~ chaud/de pluie** con il bel tempo/la pioggia; **~ d'accès** *(Inform)* tempo di accesso; **~ d'arrêt** battuta d'arresto; **~ de pose** *(Photo)* tempo di posa; **~ mort** *(Sport)* interruzione *f*; *(Comm)* tempo morto; **travail à** *ou* **en ~ partagé** time-sharing *m inv*; **~ réel** *(Inform)* tempo reale

tenable [t(ə)nabl] *adj (fig)* sostenibile, sopportabile

tenace [tənas] *adj* tenace

tenant, e [tənɑ̃, ɑ̃t] *adj voir* **séance** ▸ *nm/f (Sport)* : **~ du titre** detentore(-trice) del titolo ▸ *nm* : **d'un seul ~** tutto intero; **les ~s et les aboutissants** *(fig)* gli annessi e i connessi

tendance [tɑ̃dɑ̃s] *nf* tendenza ▸ *adj inv* di tendenza, trendy *inv*; **avoir ~ à** aver tendenza *ou* tendere a; **~ à la hausse/baisse** *(Fin, Comm)* tendenza al rialzo/ribasso; **c'est très ~** fa molto tendenza

tendeur [tɑ̃dœʀ] *nm (de vélo)* tendicatena *m inv*; *(de câble, attache)* tenditore *m*; *(de tente)* tirante *m*

t

tendre [tɑ̃dʀ] *adj* tenero(-a); (*couleur, bleu*) tenue ▶ *vt* tendere; (*donner, offrir*) porgere; (*tapisserie*) : **tendu de soie** tappezzato di seta; **se tendre** *vr* (*corde*) tendersi; (*relations*) diventare teso(-a); **~ à qch/à faire** tendere a qc/a fare; **~ l'oreille** tendere l'orecchio; **~ le bras/la main** tendere il braccio/la mano; **~ la perche à qn** (*fig*) venire in aiuto a qn

tendrement [tɑ̃dʀəmɑ̃] *adv* teneramente

tendresse [tɑ̃dʀɛs] *nf* tenerezza

tendu, e [tɑ̃dy] *pp de* **tendre** ▶ *adj* teso(-a)

ténèbres [tenɛbʀ] *nfpl* tenebre *fpl*

teneur [tənœʀ] *nf* tenore *m*; **~ en cuivre** percentuale *f ou* tenore di rame

tenir [t(ə)niʀ] *vt* (*avec la main, un objet*) tenere; (*magasin, hôtel*) gestire; (*promesse*) mantenere ▶ *vi* tenere; (*neige, gel*) durare; (*survivre*) resistere; **se tenir** *vr* (*exposition, conférence*) aver luogo, tenersi; (*personne, monument*) stare; **se ~ debout/droit** stare in piedi/diritto; **bien/mal se ~** comportarsi bene/male; **se ~ à qch** tenersi a qc; **s'en ~ à qch** attenersi a qc; **~ à** (*personne, chose*) tenere a; (*dépendre de*) dipendere da; (*avoir pour cause*) essere dovuto(-a) a; **~ à faire** tenere *ou* tenerci a fare; **~ à ce que qn fasse qch** tenere *ou* tenerci che qn faccia qc; **~ de** (*ressembler à*) assomigliare a; **ça ne tient qu'à lui** dipende solo da lui; **~ qn pour** considerare qn; **~ qch de qn** (*histoire*) aver sentito qc da qn; (*qualité, défaut*) aver preso qc da qn; **~ une réunion/un débat** tenere una riunione/un dibattito; **~ la caisse/les comptes** tenere la cassa/i conti; **~ un rôle** avere un ruolo; **~ de la place** occupare posto; **~ l'alcool** reggere l'alcool; **~ bon/le coup** (*personne*) resistere, tenere duro; (*objet*) resistere; **~ 3 jours/2 mois** resistere 3 giorni/2 mesi; **~ au chaud/à l'abri** tenere al caldo/al riparo; **~ chaud** (*suj : manteau*) tenere caldo; **~ au chaud** (*café, plat*) tenere in caldo; **~ prêt** tener pronto; **~ parole** mantenere la parola; **~ en respect** tenere a bada; **~ sa langue** (*fig*) tenere la lingua a posto; **tiens/tenez, voilà le stylo !** tieni/tenga, ecco la penna!; **tiens, Pierre !** to', Pierre!; **tiens ?** (*surprise*) guarda un po'!; **tiens-toi bien !** (*pour informer*) tienti forte!; (*à table*) stai composto!

tennis [tenis] *nm* (*Sport*) tennis *m inv*; (*aussi* : **court de tennis**) campo da tennis; **tennis** *nmpl ou nfpl* (*aussi* : **chaussures de tennis**) scarpe *fpl* da tennis; **~ de table** ping-pong *m*

tennisman [tenisman] *nm* tennista *m*

tension [tɑ̃sjɔ̃] *nf* (*aussi fig*) tensione *f*; (*Méd*) pressione *f*; **faire** *ou* **avoir de la ~** avere la pressione alta; **~ nerveuse/raciale** tensione nervosa/razziale

tentation [tɑ̃tasjɔ̃] *nf* tentazione *f*

tentative [tɑ̃tativ] *nf* tentativo; **~ d'évasion/de suicide** tentativo d'evasione/di suicidio

tente [tɑ̃t] *nf* tenda; **~ à oxygène** tenda a ossigeno

tenter [tɑ̃te] *vt* tentare; **~ qch/de faire** tentare qc/di fare; **être tenté de penser/croire** essere tentato di pensare/credere; **~ sa chance** tentare la fortuna

tenture [tɑ̃tyʀ] *nf* tappezzeria

tenu, e [t(ə)ny] *pp de* **tenir** ▶ *adj* : **bien ~** ben tenuto(-a); **mal ~** tenuto(-a) male; **être ~ de faire/de ne pas faire/à qch** essere tenuto a fare/a non fare/a qc

tenue [təny] *nf* (*vêtements*) tenuta; **en petite ~** vestito(-a) succintamente; **« ~ correcte exigée »** « si richiede un abbigliamento adeguato »; **~ de combat/de jardinier** tenuta da combattimento/da giardiniere; **~ de pompier** divisa da pompiere; **~ de route** (*Auto*) tenuta di strada; **~ de soirée** abito da sera

ter [tɛʀ] *adj* (*adresse*) : **16 ~** 16/3

terme [tɛʀm] *nm* termine *m*; (*Fin*) scadenza, termine; (*loyer*) affitto, pigione *f*; **être en bons/mauvais ~s avec qn** essere/non essere in buoni termini con qn; **en d'autres ~s** in altri termini; **vente/achat à ~** (*Comm*) vendita/acquisto a termine; **au ~ de** al termine di; **à court/moyen/long ~** a breve/medio/lungo termine; **moyen ~** via di mezzo; **à ~** (*Méd : accoucher, né*) a termine; **avant ~** *adj* prematuro(-a) ▶ *adv* avanti tempo; **mettre un ~ à** porre termine a; **toucher à son ~** volgere al termine

terminaison [tɛʀminɛzɔ̃] *nf* (*Ling*) desinenza

terminal, e, -aux [tɛʀminal, o] *adj* terminale ▶ *nm* (*Inform*) terminale *m*; (*pétrolier*) stazione *f* terminale; (*gare, aérogare*) terminal *m inv*

terminale [tɛʀminal] *nf* (*Scol*) *ultimo anno della scuola media superiore*

terminer [tɛʀmine] *vt* terminare; (*nourriture, boisson*) finire; **un revers termine la manche** la manica termina con un risvolto; **se terminer** *vr* finire; **se ~ par/en** (*repas, chansons*) finire con; (*pointe, boule*) terminare con/a

terminus [tɛʀminys] *nm* capolinea *m*

terne [tɛʀn] *adj* (*couleur, teint*) smorto(-a); (*fig : personne, style*) scialbo(-a); (: *regard, œil*) spento(-a)

ternir [tɛʀniʀ] *vt* sbiadire; (*fig : honneur, réputation*) offuscare; **se ternir** *vr* perdere la brillantezza

terrain [teʀɛ̃] *nm* terreno; **sur le ~** (*fig*) sul posto; **gagner/perdre du ~** (*fig*) guadagnare/perdere terreno; **~ d'atterrissage** campo d'atterraggio; **~ d'aviation** campo d'aviazione; **~ d'entente** terreno d'incontro *ou* d'intesa; **~ de camping** campeggio; **~ de football/golf** campo da calcio/golf; **~ de jeu** campo *m* giochi *inv*; (*Sport*) terreno di gioco; **~ de rugby** campo da rugby; **~ de sport** campo sportivo; **~ vague** terreno abbandonato

terrasse [teʀas] *nf* terrazza, terrazzo; (*d'un café*) tavolini *mpl* all'aperto; **culture en ~s** coltivazione a terrazze; **s'asseoir à la ~** (*d'un café*) sedersi fuori

terrasser [teʀase] *vt* (*fig : adversaire*) atterrare; (*suj : maladie etc*) stroncare

terre [tɛʀ] *nf* (*aussi Élec*) terra; **terres** *nfpl* (*terrains, propriété*) terre *fpl*; **travail de la ~** lavoro della terra; **en ~** (*pipe, poterie*) di *ou* in terracotta; **mettre en ~** (*plante etc*) piantare; (*personne*) sotterrare; **à/par ~** (*mettre, être*) a/per terra; **~ à ~** *adj inv* (*considération, personne*) terra terra *inv*; **~ cuite** terracotta; **~ de bruyère** terra di brughiera; **la T~ de Feu** la Terra del Fuoco; **la ~ ferme** la terraferma; **~ glaise** argilla; **la T~ promise/Sainte** la Terra promessa/Santa

terreau [teʀo] *nm* terriccio

terre-plein [tɛʀplɛ̃] (*pl* **-s**) *nm* terrapieno

terrestre [teʀɛstʀ] *adj* terrestre; (*Rel, gén : choses, problèmes*) terreno(-a)

terreur [teʀœʀ] *nf* terrore *m*

terrible [teʀibl] *adj* terribile; (*fam*) fantastico(-a); **pas ~, ce livre** non è granché, questo libro

terrien, ne [teʀjɛ̃, jɛn] *adj* (*paysan*) contadino(-a), campagnolo(-a) ▸ *nm/f* (*non martien etc*) terrestre *m/f*; **propriétaire ~** proprietario terriero

terrier [tɛʀje] *nm* (*de lapin*) tana; (*chien*) terrier *m inv*

terrifier [teʀifje] *vt* terrorizzare

terrine [teʀin] *nf* (*récipient*) terrina; (*Culin*) pâté *m inv*

territoire [teʀitwaʀ] *nm* (*Pol*) territorio; **~s d'outremer** i territori francesi d'oltremare

terroriser [teʀɔʀize] *vt* terrorizzare

terrorisme [teʀɔʀism] *nm* terrorismo

terroriste [teʀɔʀist] *nm/f* terrorista *m/f* ▸ *adj* terrorista, terroristico(-a)

tertiaire [tɛʀsjɛʀ] *adj* terziario(-a) ▸ *nm* terziario

tes [te] *voir* **ton**

test [tɛst] *nm* (*Méd, Scol, Psych*) test *m inv*; **~ de niveau** test *m inv* (*per la determinazione del quoziente intellettivo dell'individuo*)

testament [tɛstamɑ̃] *nm* (*Jur, fig*) testamento; (*Rel*) : **T~** Testamento; **faire son ~** fare testamento

tester [tɛste] *vt* testare

testicule [tɛstikyl] *nm* testicolo

tétanos [tetanos] *nm* tetano

têtard [tɛtaʀ] *nm* girino

tête [tɛt] *nf* testa; (*Football*) colpo di testa; **il a une ~ sympathique** (*visage*) ha una faccia simpatica; **il a une ~ de plus qu'elle** è più alto di lei di una testa; **gagner d'une (courte) ~** vincere per una testa; **de la ~ aux pieds** dalla testa ai piedi; **de ~** (*wagon, voiture*) di testa; **calculer de ~** calcolare mentalmente; **en ~** in testa; **en ~ à ~** (*parler, entretien*) a tu per tu; **ils ont mangé en ~ à ~** hanno mangiato loro due da soli; **par ~** (*par personne*) a testa; **la ~ basse** a testa bassa; **la ~ en bas, la ~ la première** a testa in giù, di testa; **avoir la ~ dure** (*fig*) avere la testa dura; **être à/prendre la ~ de qch** essere/mettersi a capo di qc; **elle est à la ~ de sa classe** è la più brava della classe; **faire une ~** (*Football*) colpire di testa; **faire la ~** (*fig : bouder*) fare il broncio; **se mettre en ~ de faire** mettersi in testa di fare; **perdre la ~** (*fig : s'affoler*) andare fuori di testa; (: *devenir fou*) impazzire; **tenir ~ à qn** tener testa a qn; **ça ne va pas la ~ ?** (*fam*) sei fuori?; **~ brûlée** (*fig*) testa calda; **~ chercheuse** testata autoguidata; **~ d'affiche** (*Théâtre etc*) attore(-trice) principale; **~ d'enregistrement/d'impression** testina di registrazione/di stampa; **~ de bétail** capo di bestiame; **~ de lecture** testina di lettura; **~ de ligne** (*Transports*) capolinea *m*; **~ de liste** (*Pol*) capolista *m/f*; **~ de mort** teschio, testa di morto; **~ nucléaire** testata nucleare; **~ de pont** (*Mil, fig*) testa di ponte; **~ de série** (*Tennis*) testa di serie; **~ de taxi** stazione *f* di taxi; **~ de Turc** (*fig*) zimbello

tête-à-queue [tɛtakø] *nm inv* : **faire un ~** fare un testa-coda

téter [tete] *vt* : **~ (sa mère)** poppare (dalla mamma)

tétine [tetin] *nf* (*de vache*) mammella; (*de caoutchouc*) tettarella; (*sucette*) ciuccio, ciucciotto

têtu, e [tety] *adj* testardo(-a), cocciuto(-a)

texte [tɛkst] *nm* testo; (*Scol : d'un devoir, examen*) enunciato; **~s choisis** (*passage*) brani *mpl ou* passi *mpl* scelti; **apprendre son ~** (*Théâtre, Ciné*) imparare la propria parte; **un ~ de loi** un testo di legge

textile [tɛkstil] *adj* tessile ▸ *nm* fibra tessile; **le ~** l'industria tessile

Texto®, texto [tɛksto] *nm* messaggino, SMS *m inv*

texture [tɛkstyʀ] *nf* (*d'une matière*) struttura

TGV [teʒeve] *sigle m = train à grande vitesse*

Il **TGV** (**train à grande vitesse**) è un treno ad alta velocità che è stato introdotto nel 1981, nel tentativo di fare concorrenza al trasporto aereo ed automobilistico. Può raggiungere i 300 km all'ora ed è il secondo treno più veloce del mondo. Per viaggiare su questo treno è necessario avere una prenotazione e i biglietti di solito costano più di quelli dei treni normali.

thaïlandais, e [tajlɑ̃dɛ, ɛz] *adj* tailandese ▸ *nm/f* : **Thaïlandais, e** tailandese *m/f*

Thaïlande [tailɑ̃d] *nf* Tailandia

thé [te] *nm* tè *m inv*, the *m inv*; **prendre/faire le ~** prendere/fare il tè *ou* the; **~ au citron/au lait** tè *ou* the al limone/al latte

théâtral, e, -aux [teɑtʀal, o] *adj* teatrale

théâtre [teɑtʀ] *nm* teatro; (*fig : péj*) messa in scena; **le ~ de** (*fig : lieu*) il teatro di; **faire du ~** fare del teatro; **~ filmé** *produzioni teatrali filmate*

théière [tejɛʀ] *nf* teiera

thème [tɛm] *nm* tema *m*; (*Scol : traduction*) traduzione *f* (*verso la lingua straniera*); **~ astral** tema astrale

théologie [teɔlɔʒi] *nf* teologia

théorie [teɔʀi] *nf* teoria; **en ~** in teoria; **~ musicale** teoria musicale

théorique [teɔʀik] *adj* teorico(-a)

thérapie [teʀapi] *nf* terapia

thermal, e, -aux [tɛʀmal, o] *adj* termale

thermomètre [tɛʀmɔmɛtʀ] *nm* termometro

thermos® [tɛʀmos] *nm/f* : **(bouteille) ~** thermos® *m inv*

thermostat [tɛʀmɔsta] *nm* termostato

thèse [tɛz] *nf* tesi *f*; **pièce/roman à ~** opera teatrale/romanzo a tesi

thon [tɔ̃] *nm* tonno

thym [tɛ̃] *nm* timo

tibia [tibja] *nm* tibia

TIC® *sigle fpl* (*= technologies de l'information et de la communication*) informatica

tic [tik] *nm* (*mouvement nerveux*) tic *m inv*; (*de langage etc*) vizio, mania

ticket [tikɛ] *nm* (*de bus, métro*) biglietto; **~ de caisse** scontrino; **~ de quai** biglietto di accesso (*ai binari*); **~ modérateur** (*quote-part de frais médicaux*) ticket *m inv*; **~ repas** *ou* **restaurant** buono *m* pasto *inv*

tiède [tjɛd] *adj* tiepido(-a) ▸ *adv* : **boire ~** bere tiepido

tiédir [tjediʀ] *vi* intiepidire, intiepidirsi

tien, ne [tjɛ̃, tjɛn] *adj* tuo(-a) ▸ *pron* : **le(la) ~(ne)** il/la tuo(-a); **les ~s/les tiennes** i tuoi/le tue; **les ~s** (*ta famille*) i tuoi

tiens [tjɛ̃] *vb, excl voir* **tenir**

tiercé [tjɛʀse] *nm* (*aux courses*) ≈ Totip

tiers, tierce [tjɛʀ, tjɛʀs] *adj* terzo(-a) ▸ *nm* (*Jur : inconnu*) terzi *mpl*; (*Assurances*) : **assurance au ~** assicurazione *f* contro terzi; (*fraction*) terzo; **le ~ monde** il terzo mondo; **~ payant** (*Méd, Pharmacie*) *pagamento diretto da parte dell'ente mutualistico di prestazioni medico-ospedaliere*; **~ provisionnel** (*Fin*) acconto d'imposta

tige [tiʒ] *nf (de fleur, de plante)* stelo, gambo; *(baguette)* asta
tignasse [tiɲas] *(péj) nf* zazzera
tigre [tigʀ] *nm* tigre *f*
tigré, e [tigʀe] *adj* tigrato(-a); *(peau, fruit)* macchiettato(-a), chiazzato(-a)
tigresse [tigʀɛs] *nf (Zool)* tigre *f* (femmina); *(fig) donna gelosa e aggressiva*
tilleul [tijœl] *nm* tiglio; *(boisson)* infuso di tiglio
timbre [tɛ̃bʀ] *nm (aussi Mus)* timbro; *(aussi :* **timbre-poste***)* francobollo; *(sonnette)* campanello; **~ dateur** datario; **~ fiscal** marca da bollo
timbré, e [tɛ̃bʀe] *adj (enveloppe)* affrancare; *(fam : fou)* suonato(-a); **avoir une voix bien timbrée** avere un bel timbro di voce; **papier ~** carta da bollo
timide [timid] *adj* timido(-a)
timidement [timidmɑ̃] *adv* timidamente
timidité [timidite] *nf* timidezza
tintamarre [tɛ̃tamaʀ] *nm* chiasso, baccano
tinter [tɛ̃te] *vi (cloche)* rintoccare; *(argent, clefs)* tintinnare
tique [tik] *nf (Zool)* zecca
tir [tiʀ] *nm* tiro; **~ à l'arc** tiro con l'arco; **~ au fusil** tiro col fucile; **~ au pigeon** tiro al piccione; **~ d'obus** tiro di granate; **~ de barrage** fuoco di sbarramento; **~ de mitraillette** raffica di mitra
tirage [tiʀaʒ] *nm (Photo, Typo, Inform)* stampa; *(feuilles)* stampato; *(d'un journal etc : nombre d'exemplaires)* tiratura; *(: édition)* edizione *f*; *(d'une cheminée, d'un poêle)* tiraggio; *(de loterie)* estrazione *f*; *(fig : désaccord)* attrito; **~ au sort** sorteggio
tire [tiʀ] *nf* : **voleur à la ~** scippatore *m*; **vol à la ~** scippo
tiré, e [tiʀe] *adj (visage, traits)* tirato(-a) ▸ *nm (Comm)* trattario, trassato; **~ par les cheveux** tirato per i capelli; **~ à part** estratto
tire-bouchon [tiʀbuʃɔ̃] *(pl* **-s***) nm* cavatappi *m inv*
tirelire [tiʀliʀ] *nf* salvadanaio
tirer [tiʀe] *vt* tirare; *(fermer : porte, trappe, volet)* chiudere; *(choisir : carte, lot)* scegliere; *(conclusion, morale)* trarre; *(Comm : chèque)* emettere; *(loterie)* estrarre; *(en faisant feu : balle, coup)* sparare, tirare; *(: animal)* sparare a; *(journal, livre, Photo)* stampare ▸ *vi* tirare; *(faire feu)* sparare; **se tirer** *vr (fam)* tagliare la corda; **s'en ~** cavarsela; **il s'en est tiré** se l'è cavata; **~ qch de** *(extraire)* tirar fuori qc da, estrarre qc da; *(un son d'un instrument)* ottenere qc da; **~ qn de** *(embarras, mauvaise affaire)* tirare fuori qn da; **~ sur** *(corde, poignée)* tirare; *(faire feu sur)* sparare *ou* tirare a; *(pipe, cigarette)* dare una tirata a; **~ à l'arc/à la carabine** tirare con l'arco/con la carabina; **~ avantage/parti de** trarre vantaggio da; **~ les cartes** *(dire la bonne aventure)* fare *ou* leggere le carte; **~ à sa fin** essere agli sgoccioli; **~ la langue** mostrare la lingua; **~ en longueur** tirare per le lunghe; **~ 6 mètres** *(Naut)* pescare 6 metri; **~ son nom/son origine de** trarre il proprio nome/la propria origine da; **~ une substance d'une matière première** ricavare *ou* estrarre una sostanza da una materia prima
tiret [tiʀɛ] *nm* trattino, lineetta
tireur, -euse [tiʀœʀ, øz] *nm/f (Mil)* tiratore(-trice); *(Comm)* traente *m/f*; **bon ~** buon tiratore; **~ d'élite** tiratore *m* scelto; **tireuse de cartes** cartomante *f*
tiroir [tiʀwaʀ] *nm* cassetto
tiroir-caisse [tiʀwaʀkɛs] *(pl* **tiroirs-caisses***) nm* (registratore *m* di) cassa
tisane [tizan] *nf* tisana
tisser [tise] *vt (aussi fig)* tessere
tissu [tisy] *nm (aussi fig)* tessuto; **~ de mensonges** tessuto di bugie
tissu-éponge [tisyepɔ̃ʒ] *(pl* **tissus-éponges***) nm* spugna
titre [titʀ] *nm (gén, Sport, Comm, Chim)* titolo; **en ~** *(champion, responsable)* ufficiale; **à juste ~** a buon diritto; **à quel ~ ?** a che titolo?; **à aucun ~** per nessuna ragione; **au même ~** allo stesso modo; **au même ~ que** così come; **au ~ de la coopération** a titolo di cooperazione; **à ~ d'exemple** come esempio; **à ~ d'exercice** come esercizio; **à ~ exceptionnel** in via eccezionale; **à ~ amical** come amico; **à ~ d'information/d'essai** a titolo informativo/di prova; **à ~ gracieux** gratuitamente; **à ~ provisoire** in via provvisoria; **à ~ privé/consultatif** a titolo privato/di consultazione; **~ courant** titolo corrente; **~ de**

propriété atto di proprietà; **~ de transport** biglietto

tituber [titybe] *vi* barcollare, vacillare

titulaire [titylɛʀ] *adj* titolare ▸ *nm/f* (*Admin*) titolare *m/f*; **être ~ de** essere titolare di

titulariser [titylaʀize] *vt* nominare di ruolo

TNT *sigle f* (= *Télévision numérique terrestre*) televisione *f* digitale terrestre

toast [tost] *nm* fetta di pane tostato; (*de bienvenue*) brindisi *m inv*; **porter un ~ à qn** fare un brindisi *ou* brindare a qn

toboggan [tɔbɔgɑ̃] *nm* scivolo; (*Auto*) cavalcavia *m inv* (in metallo)

toc [tɔk] *nm* : **en ~** falso(-a)

TOC [tɔk] *sigle mpl* (= *troubles obsessionnels compulsifs*) DOC *mpl* (= *disturbi ossessivi compulsivi*)

tocsin [tɔksɛ̃] *nm* campane *fpl* a martello

tohu-bohu [tɔybɔy] *nm inv* (*désordre*) caos *m inv*, baraonda; (*tumulte*) trambusto

toi [twa] *pron* (*sujet*) tu; (*complément*) te, ti; **je veux partir avec ~** voglio partire con te; **lève-~ !** alzati!; **c'est ~ qui l'as fait ?** l'hai fatto tu?

toile [twal] *nf* tela; (*bâche*) telo; **grosse ~** tela rada; **tisser sa ~** (*araignée*) tessere la propria tela; **~ cirée** tela cerata; **~ d'araignée** ragnatela; **~ de fond** (*fig*) sfondo; **~ de jute/lin** tela di iuta/lino; **~ de tente** telo di tenda; **~ émeri** tela smeriglio

toilette [twalɛt] *nf* toilette *f inv*, toeletta; **toilettes** *nfpl* (*W.C.*) gabinetto, toilette *fsg*; **les ~s des dames/des messieurs** il gabinetto *ou* la toilette delle donne/degli uomini; **faire sa ~** (*se laver*) lavarsi; **faire la ~ de** (*animal*) fare la toeletta a; (*texte*) dare la pulitura a; **articles de ~** articoli *mpl* da toilette; **~ intime** igiene *f* intima

toi-même [twamɛm] *pron* tu stesso

toit [twa] *nm* tetto; **~ ouvrant** tetto apribile

toiture [twatyʀ] *nf* copertura

tôle [tol] *nf* lamiera; **tôles** *nfpl* (*carrosserie*) carrozzeria; **~ d'acier** lamiera d'acciaio; **~ ondulée** lamiera ondulata

tolérable [tɔleʀabl] *adj* tollerabile

tolérant, e [tɔleʀɑ̃, ɑ̃t] *adj* tollerante

tolérer [tɔleʀe] *vt* tollerare

tollé [tɔ(l)le] *nm* : **un ~ (d'injures/de protestations)** un coro generale (d'insulti/di proteste)

tomate [tɔmat] *nf* pomodoro

tombe [tɔ̃b] *nf* tomba

tombeau, x [tɔ̃bo] *nm* tomba; **à ~ ouvert** (*fig*) a rotta di collo

tombée [tɔ̃be] *nf* : **à la ~ du jour** *ou* **de la nuit** al tramonto, sul far della notte

tomber [tɔ̃be] *vi* cadere; (*prix, température*) scendere; (*personne, fête etc*) capitare ▸ *vt* : **~ la veste** togliersi la giacca; **~ sur** (*rencontrer*) imbattersi in; (*attaquer*) piombare su; **~ de fatigue/de sommeil** cascare dalla stanchezza/dal sonno; **~ à l'eau** (*fig*) andare a monte; **~ juste** (*opération, calcul*) dare una cifra tonda; **~ en panne** restare in panne; **~ en ruine** cadere in rovina; **ça tombe bien/mal** (*fig*) capita a proposito/sproposito; **il est bien/mal tombé** (*fig*) gli è andata bene/male

tombola [tɔ̃bɔla] *nf* tombola

tome [tɔm] *nm* tomo

ton[1]**, ta** [tɔ̃, ta] (*pl* **tes**) *adj poss* (il) tuo, (la) tua, (i) tuoi, (le) tue; *voir aussi* **mon**

ton[2] [tɔ̃] *nm* tono; **élever** *ou* **hausser le ~** alzare il tono; **donner le ~** (*fig*) dare il tono; **si vous le prenez sur ce ~** se la prende su questo tono; **de bon ~** di buon gusto; **~ sur ~** in tonalità diverse (dello stesso colore)

tonalité [tɔnalite] *nf* (*au téléphone*) segnale; (*de couleur, Mus*) tonalità *f inv*; (*ton*) tono

tondeuse [tɔ̃døz] *nf* (*à gazon*) tosaerba *m inv*; (*de coiffeur*) tosatrice *f* per capelli; (*pour la tonte*) tosatrice

tondre [tɔ̃dʀ] *vt* (*mouton*) tosare; (*pelouse*) tagliare; (*cheveux*) rasare

tongs [tɔ̃g] *nfpl* infradito *mpl*

tonifier [tɔnifje] *vi, vt* (*air, eau, peau, organisme*) tonificare

tonique [tɔnik] *adj* (*médicament, lotion, accent*) tonico(-a); (*fig : air, froid*) tonificante; (*: personne, idée*) stimolante ▸ *nm* tonico ▸ *nf* (*Mus*) tonica

tonne [tɔn] *nf* tonnellata

tonneau, x [tɔno] *nm* (*à vin, cidre*) botte; **jauger 2 000 tonneaux** (*Naut*) stazzare 2000 tonnellate; **faire des tonneaux** (*voiture*) ribaltarsi più volte; (*avion*) fare dei mulinelli

tonnelle [tɔnɛl] *nf* gazebo *m inv*

tonner [tɔne] *vi* tuonare; **~ contre qn/qch** inveire contro qn/qc; **il tonne** (*orage*) tuona

tonnerre [tɔnɛʀ] *nm* tuono; **du ~** (*fam*) formidabile, fantastico(-a); **coup de ~** (*fig*) fulmine *m* a ciel sereno; **~ d'applaudissements** uragano di applausi

tonus [tɔnys] *nm* (*des muscles*) tono; (*d'une personne*) dinamismo

top [tɔp] *nm* : **au 3ème ~** al terzo rintocco (*del segnale orario*) ▸ *adj* : **~ secret** top secret *inv*

topaze [tɔpɑz] *nf* topazio

topinambour [tɔpinɑ̃buʀ] *nm* topinambur *m inv*

torche [tɔʀʃ] *nf* torcia; **se mettre en ~** (*parachute*) non aprirsi

torchon [tɔʀʃɔ̃] *nm* strofinaccio

tordre [tɔʀdʀ] *vt* (*chiffon*) torcere; (*barre, fig* : *visage*) storcere; **se tordre** *vr* (*barre, roue*) piegarsi; (*ver, serpent*) contorcersi; **se ~ le pied/bras** storcersi il piede/braccio; **se ~ de douleur/de rire** (con)torcersi dal dolore/dalle risate

tordu, e [tɔʀdy] *pp de* **tordre** ▸ *adj* (*fig*) contorto(-a)

tornade [tɔʀnad] *nf* tornado

torrent [tɔʀɑ̃] *nm* torrente *m*; **il pleut à ~s** diluvia

torsade [tɔʀsad] *nf* treccia; (*Archit*) tortiglione *m*

torse [tɔʀs] *nm* torso; **~ nu** a torso nudo

tort [tɔʀ] *nm* torto; **avoir ~** avere torto; **être dans son ~** essere dalla parte del torto; **donner ~ à qn** dare torto a qn; **causer du ~ à** arrecare danno a; **en ~** in torto; **à ~** a torto; **à ~ ou à raison** a torto o a ragione; **à ~ et à travers** (*parler*) a vanvera; (*dépenser*) senza badarci; **aux ~s de** (*Jur*) contro

torticolis [tɔʀtikɔli] *nm* torcicollo

tortiller [tɔʀtije] *vt* attorcigliare; (*ses doigts*) tormentarsi; **se tortiller** *vr* contorcersi

tortionnaire [tɔʀsjɔnɛʀ] *nm/f* torturatore(-trice)

tortue [tɔʀty] *nf* (*Zool*) tartaruga, testuggine *f*; (*fig*) tartaruga

tortueux, -euse [tɔʀtɥø, øz] *adj* tortuoso(-a)

torture [tɔʀtyʀ] *nf* tortura

torturer [tɔʀtyʀe] *vt* torturare; (*fig*) tormentare

tôt [to] *adv* presto; **~ ou tard** presto o tardi; **si ~** così presto; **au plus ~** al più presto, quanto prima; **plus ~** prima; **il eut ~ fait de faire ...** fece presto a fare ...

total, e, -aux [tɔtal, o] *adj* totale ▸ *nm* totale *m*; **au ~** in totale; (*fig*) tutto sommato; **faire le ~** fare il totale

totalement [tɔtalmɑ̃] *adv* completamente

totaliser [tɔtalize] *vt* totalizzare

totalitaire [tɔtalitɛʀ] *adj* totalitario(-a)

totalité [tɔtalite] *nf* totalità; **en ~** totalmente

toubib [tubib] (*fam*) *nm/f* medico

touchant, e [tuʃɑ̃, ɑ̃t] *adj* commovente

touche [tuʃ] *nf* tasto; (*Peinture etc*) tocco, pennellata; (*fig* : *de couleur, nostalgie*) tocco; (*Rugby*) linea laterale; (*Football* : *aussi* : **remise en touche**) rimessa laterale; (*aussi* : **ligne de touche**) linea laterale; (*Escrime*) stoccata; **en ~** (*Rugby, Football*) in fallo laterale; **avoir une drôle de ~** essere conciato(-a) in modo strano; **~ de commande** (*Inform*) tasto di comando; **~ de fonction** (*Inform*) tasto operativo *ou* funzionale; **~ de retour** (*Inform*) tasto del ritorno

toucher [tuʃe] *nm* tatto; (*Mus*) tocco ▸ *vt* toccare; (*atteindre* : *d'un coup de feu etc*) colpire; (*affecter* : *pays, peuple*) colpire, toccare; (*émouvoir*) commuovere, toccare; (*concerner*) riguardare, toccare; (*recevoir* : *récompense*) ricevere; (: *salaire, argent, chèque*) riscuotere; (*aborder* : *problème, sujet*) affrontare; **se toucher** *vr* toccarsi; **au ~** al tatto; **~ à qch** (*frôler*) toccare qc; (*salaire, conditions*) modificare; (*vie privée, mode de vie*) riguardare; **~ au but** (*fig*) giungere alla meta; **je vais lui en ~ un mot** gliene parlerò; **~ à sa fin/son terme** volgere alla fine/al termine

touffe [tuf] *nf* ciuffo; **~ d'herbe** ciuffo d'erba

touffu, e [tufy] *adj* (*haie, forêt*) fitto(-a); (*cheveux*) folto(-a); (*fig* : *style, texte*) complesso(-a)

toujours [tuʒuʀ] *adv* sempre; (*encore*) ancora; **~ plus** sempre più; **pour ~** per sempre; **depuis ~** da sempre; **~ est-il que** fatto sta che; **essaie ~** prova pure

toupie [tupi] *nf* trottola

tour [tuʀ] *nf* (*aussi Échecs*) torre *f*; (*immeuble*) grattacielo ▸ *nm* giro; (*Sport* : *aussi* : **tour de piste**) giro (di pista); (*d'être servi*, *Pol*) turno; (*tournure* : *de la situation etc*) piega; (*circonférence*) : **de 3 m de ~** di 3 m di circonferenza; (*fig* : *ruse*, *stratagème*) scherzo, tiro; (*de prestidigitation etc*) numero; (*de cartes*) gioco (di prestigio); (*de potier*, *à bois*, *métaux*) tornio; **faire le ~ de** fare il giro di; (*fig* : *questions*, *possibilités*) esaminare; **faire un ~** fare un giro; **faire le ~ de l'Europe** fare il giro dell'Europa; **faire 2 ~s** (*danseur etc*) fare 2 giravolte; (*toupie*, *hélice*) fare 2 giri; **fermer à double ~** chiudere a doppia mandata; **c'est mon/son ~** tocca a me/te; **c'est au ~ de Philippe** tocca a Philippe; **à ~ de rôle, ~ à ~** a turno; **à ~ de bras** con tutta la forza delle braccia; (*fig*) con accanimento; **en un ~ de main** in men che non si dica; **~ d'horizon** *nm* (*fig*) panoramica; **~ de chant** *nm* recital *m inv*; **~ de contrôle** *nf* torre di controllo; **~ de force** *nm* faticaccia, tour *m inv* de force; **~ de garde** *nm* turno di guardia; **~ de lancement** *nf* torre di lancio; **~ de main** *nm* abilità *f inv* manuale; **~ de passe-passe** *nm* gioco di prestigio; **~ de poitrine** *nm* giro (di) petto; **~ de reins** *nm* lombaggine *f*; **~ de taille** *nm* (giro di) vita; **~ de tête** *nm* giro (di) testa

tourbe [tuʀb] *nf* torba

tourbillon [tuʀbijɔ̃] *nm* vortice *m*

tourbillonner [tuʀbijɔne] *vi* (*aussi fig*) turbinare; (*eau*, *rivière*) formare vortici

tourelle [tuʀɛl] *nf* torretta

tourisme [tuʀism] *nm* turismo; **office de ~** ufficio turistico; **agence de ~** agenzia turistica; **avion de ~** aereo da turismo; **voiture de ~** macchina privata; **faire du ~** fare del turismo

touriste [tuʀist] *nm/f* turista *m/f*

touristique [tuʀistik] *adj* turistico(-a)

tourment [tuʀmɑ̃] *nm* tormento

tourmenté, e [tuʀmɑ̃te] *adj* tormentato(-a); (*mer*) agitato(-a)

tourmenter [tuʀmɑ̃te] *vt* : **se tourmenter** *vr* tormentarsi

tournage [tuʀnaʒ] *nm* (*d'un film*) riprese *fpl*

tournant, e [tuʀnɑ̃, ɑ̃t] *adj* (*feu*, *scène*) girevole; (*escalier*) a chiocciola; (*mouvement*) di aggiramento ▸ *nm* (*de route*) curva; (*fig* : *dans la vie*, *politique*) svolta; *voir aussi* **grève** ; **plaque**

tournée [tuʀne] *nf* (*du facteur*, *boucher*) giro; (*d'artiste*, *de politicien*) tournée *f inv*; **payer une ~** offrire un giro di consumazioni; **faire la ~ de** fare il giro di; **~ électorale** tornata elettorale; **~ musicale** tournée musicale

tourner [tuʀne] *vt* girare; (*sauce*, *mélange*) mescolare; (*Naut* : *cap*) doppiare; (*fig* : *difficulté*, *obstacle*) aggirare ▸ *vi* girare; (*changer de direction* : *voiture*, *personne*) girare, voltare; (*lait etc*) andare a male; (*fig* : *chance*, *vent*) cambiare; **se tourner** *vr* girarsi, voltarsi; **se ~ vers** girarsi *ou* voltarsi verso; (*personne* : *pour demander*) rivolgersi a; (*profession*, *carrière*) orientarsi verso; **bien/mal ~** (*personne*) prendere una buona/cattiva strada; (*fig* : *chose*) andare bene/male; **~ autour de** girare intorno a; (*péj* : *importuner*) ronzare intorno a; **~ autour du pot** (*fig*) menare il can per l'aia; **~ à/en** degenerare in; **~ à la pluie** volgere alla pioggia; **~ au rouge** diventare rosso; **~ en ridicule** mettere in ridicolo; **~ le dos à** voltare le spalle *ou* la schiena a; (*fig*) voltare le spalle a; **~ court** non avere seguito; **se ~ les pouces** starsene con le mani in mano; **~ la tête** voltare *ou* girare la testa; **~ la tête à qn** (*fig*) fare girare la testa a qn; **~ de l'œil** svenire; **~ la page** (*fig*) voltare pagina

FAUX AMIS

tourner ne se traduit pas par le mot italien *tornare*.

tournesol [tuʀnəsɔl] *nm* (*Bot*) girasole *m*

tournevis [tuʀnəvis] *nm* cacciavite *m inv*

tournoi [tuʀnwa] *nm* torneo; **~ de bridge/de tennis** torneo di bridge/di tennis; **~ des six nations** (*Rugby*) torneo delle sei nazioni

tournure [tuʀnyʀ] *nf* (*Ling* : *syntaxe*) forma; (: *d'une phrase*) costruzione *f*; **la ~ des choses/événements** la piega delle cose/degli avvenimenti; **la ~ de qch** (*évolution*) l'evoluzione di qc; **prendre ~** prendere forma; **~ d'esprit** forma mentis

tourte [tuʀt] *nf* (*Culin*) torta salata

tourteau, x [tuʀto] *nm* (*Zool*) granciporro

tourterelle [tuʀtəʀɛl] *nf* tortora

tous [tu] *voir* **tout**
Toussaint [tusɛ̃] *nf*: **la ~** (la festa di) Ognissanti *m inv*
tousser [tuse] *vi* tossire

MOT-CLÉ

tout, e [tu, tut] (*mpl* **tous,** *fpl* **toutes**) *adj* **1** (*avec article*) tutto(-a); **tout le lait** tutto il latte; **toute la semaine** tutta la settimana; **toutes les trois/deux semaines** ogni tre/due settimane; **tout le temps** tutto il tempo; **tout le monde** *pron* tutti *mpl*; **c'est tout le contraire** è tutto il contrario; **tout un livre** tutto un libro; **c'est toute une affaire** è una cosa seria; **toutes les nuits** tutte le notti; **toutes les fois que ...** tutte le volte che ...; **tous les deux** tutti e due; **toutes les trois** tutti e tre
2 (*sans article*) : **à tout âge/à toute heure** a ogni età/ogni ora; **pour toute nourriture/vêtement, il avait ...** come unico cibo/vestito aveva ...; **à toute vitesse** a tutta velocità; **de tous côtés** *ou* **de toutes parts** da ogni parte, da tutte le parti; **à tout hasard** ad ogni buon conto, per ogni evenienza
▶ *pron* tutto; **il a tout fait** ha fatto tutto; **je les vois tous/toutes** li vedo tutti/tutte; **nous y sommes tous allés** ci siamo andati tutti; **en tout** in tutto; **tout ce qu'il sait** tutto ciò che sa; **en tout et pour tout** in tutto e per tutto; **tout ou rien** tutto o niente; **c'est tout** questo è tutto; **tout ce qu'il y a de plus aimable** tutto ciò che c'è di più piacevole
▶ *nm* tutto; **du tout au tout** del tutto; **le tout est de ...** l'essenziale è ...; **pas du tout** niente affatto, per niente
▶ *adv* **1** (**toute** *avant adj f commençant par consonne ou h aspiré*) (*très, complètement*) : **elle était tout émue** era tutta commossa; **elle était toute petite** era piccola piccola; **tout près** *ou* **à côté** qui vicino; **le tout premier** il primo in assoluto; **tout seul** da solo; **le livre tout entier** tutto il libro; **tout en haut** (proprio) in cima; **tout droit** (sempre) diritto; **tout ouvert** completamente aperto; **parler tout bas** parlare sommessamente; **tout simplement/doucement** semplicemente/piano piano
2 : **tout en** mentre; **tout en travaillant** mentre lavorava (*ou* lavoravano *etc*), lavorando
3 : **tout d'abord** innanzitutto; **tout à coup** tutt'a un tratto; **tout à fait** (*complètement : fini, prêt*) del tutto; (*exactement : vrai, juste, identique*) perfettamente; **« tout à fait ! »** « certamente! »; **tout à l'heure** (*passé*) poco fa; (*futur*) tra poco; **à tout à l'heure !** a tra poco!; **tout de même** però, lo stesso; **tout de suite** subito; **tout terrain** *ou* **tous terrains** *adj inv* fuoristrada *inv*

toutefois [tutfwa] *adv* tuttavia
toutes [tut] *voir* **tout**
toutou [tutu] (*fam*) *nm* cagnolino
toux [tu] *nf* tosse *f*
toxicomane [tɔksikɔman] *adj, nm/f* tossicodipendente
toxique [tɔksik] *adj* tossico(-a), velenoso
trac [tʀak] *nm* paura, fifa; (*Théâtre*) paura da palcoscenico; **avoir le ~** avere paura *ou* fifa
tracasser [tʀakase] *vt* tormentare, assillare; **se tracasser** *vr* preoccuparsi
trace [tʀas] *nf* traccia; (*de doigts*) impronta; **suivre à la ~** braccare; **~s de freinage** tracce di frenata; **~s de pas** orme *fpl*; **~s de pneus** tracce di pneumatici
tracer [tʀase] *vt* (*mot*) scrivere; (*route, ligne*) tracciare
tract [tʀakt] *nm* volantino
tracteur [tʀaktœʀ] *nm* trattore *m*
traction [tʀaksjɔ̃] *nf* trazione *f*; **~ arrière** trazione posteriore; **~ avant** trazione anteriore; **~ électrique/mécanique** trazione elettrica/meccanica
tradition [tʀadisjɔ̃] *nf* tradizione *f*
traditionnel, le [tʀadisjɔnɛl] *adj* tradizionale
traducteur, -trice [tʀadyktœʀ, tʀis] *nm/f* traduttore(-trice); **~ interprète** traduttore(-trice) interprete
traduction [tʀadyksjɔ̃] *nf* traduzione *f*; **~ simultanée** traduzione simultanea
traduire [tʀadɥiʀ] *vt* tradurre; (*émotion*) esprimere; **se ~ par** tradursi in; **~ en/du français** tradurre in/dal francese; **~ qn en justice** tradurre qn in giudizio
trafic [tʀafik] *nm* traffico; **~ (routier/aérien)** traffico (stradale/aereo);

~ d'armes traffico d'armi; **~ de drogue** traffico di droga

trafiquant, e [tʀafikɑ̃, ɑ̃t] *nm/f* trafficante *m/f*

trafiquer [tʀafike] *vt* (*péj* : *voiture*) truccare; (*serrure, appareil*) manomettere ▸ *vi* trafficare

tragédie [tʀaʒedi] *nf* tragedia

tragique [tʀaʒik] *adj* tragico(-a) ▸ *nm* : **prendre qch au ~** prendere qc sul tragico

trahir [tʀaiʀ] *vt* tradire; **se trahir** *vr* tradirsi

trahison [tʀaizɔ̃] *nf* tradimento

train [tʀɛ̃] *nm* treno; (*allure*) andatura, passo; (*fig* : *ensemble*) serie *f inv*; **être en ~ de faire qch** stare facendo qc; **mettre qch en ~** avviare qc; **mettre qn en ~** mettere qn di buon umore; **se mettre en ~** (*commencer*) mettersi all'opera; (*se mettre en forme*) mettersi in forma; **se sentir en ~** sentirsi in forma; **aller bon ~** procedere speditamente; **~ à grande vitesse** treno ad alta velocità; **~ arrière/avant** treno posteriore/anteriore; **~ d'atterrissage** carrello (d'atterraggio); **~ de pneus** treno di gomme; **~ de vie** tenore *m* di vita; **~ électrique** (*jouet*) trenino elettrico; **~ spécial** treno straordinario

traîne [tʀɛn] *nf* (*de robe*) strascico; **être à la ~** essere indietro

traîneau, x [tʀɛno] *nm* slitta

traîner [tʀene] *vt* (*remorque*) trainare; (*charge*) trascinare; (*enfant, chien*) portarsi dietro ▸ *vi* (*papiers, vêtements*) essere sparso(-a) qua e là; (*aller lentement*) attardarsi; (*vagabonder*) gironzolare; (*agir lentement*) prendersela comoda; (*durer*) andare per le lunghe; **se traîner** *vr* (*ramper*) strisciare; (*marcher avec difficulté*) trascinarsi; (*durer*) andare per le lunghe; **se ~ par terre** strisciare per terra; **~ qn au cinéma** trascinare qn al cinema; **~ les pieds** strascicare i piedi; **~ par terre** (*robe, manteau*) strisciare per terra; **~ qch par terre** trascinare qc per terra; **il traîne un rhume depuis l'hiver** si trascina un raffreddore da quest'inverno; **~ en longueur** andare per le lunghe

train-train [tʀɛ̃tʀɛ̃] *nm inv* tran tran *m inv*

traire [tʀɛʀ] *vt* mungere

trait, e [tʀɛ, ɛt] *pp de* **traire** ▸ *nm* tratto, linea; (*flèche*) freccia, strale *m*; **traits** *nmpl* (*du visage*) tratti *mpl*, lineamenti *mpl*; **d'un ~** (*boire*) d'un (sol) fiato; **boire à longs ~s** bere a lunghi sorsi; **de ~** (*animal*) da tiro; **avoir ~ à** riferirsi a, riguardare; **~ pour ~** punto per punto; **~ d'esprit** battuta (di spirito); **~ d'union** trattino, lineetta; (*fig*) trait d'union *m inv*, tramite *m*; **~ de caractère** caratteristica, tratto del carattere; **~ de génie** lampo di genio

traitant [tʀɛtɑ̃] *adj m* : **votre médecin ~** il suo medico curante; **shampooing ~** shampoo medicato; **crème traitante** crema curativa

traite [tʀɛt] *nf* (*Comm*) tratta, cambiale *f*; (*Agr*) mungitura; (*trajet*) tratto; **d'une (seule) ~** in una tirata, senza fermarsi; **la ~ des blanches/des noirs** la tratta delle bianche/dei negri

traité [tʀete] *nm* trattato

traitement [tʀɛtmɑ̃] *nm* trattamento; (*d'un malade*) terapia, cura; (*d'une affaire*) conduzione *f*; (*Inform*) elaborazione *f*; (*salaire*) stipendio; **mauvais ~s** maltrattamenti *mpl*; **~ de données/de l'information** elaborazione *f* (dei) dati/delle informazioni; **~ de texte** (*Inform*) elaborazione (dei) testi; **~ par lots** (*Inform*) elaborazione *f* a lotti

traiter [tʀete] *vt* trattare; (*maladie, malade*) curare; (*difficulté*) affrontare; (*Inform*) elaborare ▸ *vi* trattare; **~ qn d'idiot** dare dell'idiota a qn; **~ de qch** trattare di qc, riguardare qc

traiteur [tʀɛtœʀ] *nm* rosticciere *m* (*che vende cibi pronti*)

traître, traîtresse [tʀɛtʀ, tʀɛtʀɛs] *adj* traditore(-trice); **prendre qn en ~** prendere qn a tradimento

trajectoire [tʀaʒɛktwaʀ] *nf* traiettoria

trajet [tʀaʒɛ] *nm* tragitto; (*d'un nerf, d'une artère*) percorso; (*d'un projectile*) traiettoria

trampoline [tʀɑ̃pɔlin] *nm* trampolino (*per ginnastica*)

tramway [tʀamwɛ] *nm* tranvia; (*voiture*) tram *m inv*

tranchant, e [tʀɑ̃ʃɑ̃, ɑ̃t] *adj* tagliente; (*fig* : *personne, remarque, ton*) deciso(-a), risoluto(-a); (: *couleurs*) vivo(-a) ▸ *nm* taglio; **à double ~** (*argument, procédé*) a doppio taglio

tranche [tʀɑ̃ʃ] *nf* fetta; (*arête*) taglio; (*partie*) parte *f*; (*Comm* : *d'actions, de*

bons) serie *f inv*; (*de revenus, d'impôts*) fascia; (*Loterie*) : **~ (d'émission)** serie *f inv* (di emissione); **~ d'âge/de salaires** fascia d'età/di salario; **couper en ~s** tagliare a fette
tranché, e [tʀɑ̃ʃe] *adj* (*couleurs*) netto(-a), marcato(-a); (*opinions*) deciso(-a)
trancher [tʀɑ̃ʃe] *vt* tagliare; (*fig : question, débat*) risolvere ▶ *vi* (*ton, attitude*) : **~ avec** *ou* **sur** contrastare con; (*couleur*) spiccare *ou* risaltare su
tranquille [tʀɑ̃kil] *adj* tranquillo(-a); (*mer*) calmo(-a); **se tenir ~** (*enfant*) stare buono(-a); **avoir la conscience ~** avere la coscienza tranquilla; **laisse-moi ~ !** lasciami in pace!, lasciami stare!
tranquillisant, e [tʀɑ̃kilizɑ̃, ɑ̃t] *adj* tranquillizzante ▶ *nm* tranquillante *m*
tranquillité [tʀɑ̃kilite] *nf* tranquillità; **en toute ~** con la massima tranquillità; **~ d'esprit** tranquillità di spirito
transférer [tʀɑ̃sfeʀe] *vt* trasferire
transfert [tʀɑ̃sfɛʀ] *nm* trasferimento; (*Psych*) transfert *m inv*; **~ de fonds** trasferimento di fondi
transformation [tʀɑ̃sfɔʀmasjɔ̃] *nf* trasformazione *f*; **transformations** (*travaux*) lavori *mpl*; **industries de ~** industrie *fpl* di trasformazione
transformer [tʀɑ̃sfɔʀme] *vt* trasformare; **se transformer** *vr* trasformarsi; **~ du plomb en or** trasformare il piombo in oro
transfusion [tʀɑ̃sfyzjɔ̃] *nf* : **~ sanguine** trasfusione *f* (di sangue)
transgénique [tʀɑ̃sʒenik] *adj* transgenico(-a)
transgresser [tʀɑ̃sgʀese] *vt* trasgredire
transi, e [tʀɑ̃zi] *adj* intirizzito(-a)
transiger [tʀɑ̃ziʒe] *vi* transigere; **~ sur** *ou* **avec qch** transigere su *ou* con qc
transit [tʀɑ̃zit] *nm* transito; **de ~** (*port, document*) di transito; **en ~** (*marchandises, personnes*) in transito
transiter [tʀɑ̃zite] *vt* far transitare
transition [tʀɑ̃zisjɔ̃] *nf* transizione *f*; **la ~ énergétique** la transizione energetica
transitoire [tʀɑ̃zitwaʀ] *adj* transitorio(-a)
transmettre [tʀɑ̃smɛtʀ] *vt* (*aussi Méd, Radio etc*) trasmettere; (*secret, recette*) tramandare; (*vœux, amitiés*) porgere; (*Jur : pouvoir, autorité*) delegare
transmission [tʀɑ̃smisjɔ̃] *nf* trasmissione *f*; (*Jur*) delega; **transmissions** *nfpl* (*Mil*) trasmissioni *fpl*; **~ de données** trasmissione dati; **~ de pensée** trasmissione del pensiero, telepatia
transparent, e [tʀɑ̃spaʀɑ̃, ɑ̃t] *adj* trasparente
transpercer [tʀɑ̃spɛʀse] *vt* trapassare, trafiggere; (*fig : froid*) penetrare; (*: insulte*) trafiggere; **~ un vêtement/mur** passare attraverso un vestito/muro
transpiration [tʀɑ̃spiʀasjɔ̃] *nf* sudore *m*
transpirer [tʀɑ̃spiʀe] *vi* traspirare, sudare; (*information, nouvelle*) trapelare
transplanter [tʀɑ̃splɑ̃te] *vt* trapiantare
transport [tʀɑ̃spɔʀ] *nm* trasporto; **voiture/avion de ~** vettura/aereo da trasporto; **~ aérien** trasporto aereo; **~ de marchandises/de voyageurs** trasporto (di) merci/(di) viaggiatori; **~s en commun** mezzi *mpl* pubblici; **~s routiers** trasporti stradali
transporter [tʀɑ̃spɔʀte] *vt* trasportare; (*à la main, à dos*) portare, trasportare; **se transporter** *vr* : **se ~ quelque part** (*fig*) trasferirsi da qualche parte; **~ qn à l'hôpital** trasportare qn all'ospedale; **~ qn de bonheur** riempire qn di felicità
transporteur [tʀɑ̃spɔʀtœʀ] *nm* autotrasportatore *m*
transvaser [tʀɑ̃svaze] *vt* travasare
transversal, e, -aux [tʀɑ̃svɛʀsal, o] *adj* trasversale; (*Auto*) : **axe ~** strada principale che attraversa il paese
trapèze [tʀapɛz] *nm* trapezio
trappe [tʀap] *nf* (*de cave, grenier*) botola; (*piège*) trappola; **passer à la ~** accantonare
trapu, e [tʀapy] *adj* (*personne*) tracagnotto(-a), tarchiato(-a)
traquenard [tʀaknaʀ] *nm* trappola
traquer [tʀake] *vt* (*animal, prisonnier*) braccare; (*harceler*) perseguitare
traumatiser [tʀomatize] *vt* traumatizzare
travail, -aux [tʀavaj, o] *nm* lavoro; (*de la pierre, du bois*) lavorazione *f*; (*Méd*) doglie *fpl*, travaglio; **travaux** *nmpl* (*de réparation, agricoles etc*) lavori *mpl*;

être/entrer en ~ (*Méd*) essere/entrare in travaglio; **être sans ~** (*employé*) essere disoccupato(-a); **~ (au) noir** lavoro nero; **~ d'intérêt général** *lavoro non remunerato a titolo di pena sostitutiva o complementare per piccoli reati*; **~ de forçat** lavoro ingrato; **~ posté** lavoro a turni; **travaux des champs** lavoro *msg* dei campi; **travaux dirigés** (*Scol*) esercitazioni *fpl*; **travaux forcés** lavori forzati; **travaux manuels** (*Scol*) applicazioni *fpl* tecniche; **travaux ménagers** lavori domestici; **travaux pratiques** (*gén, en laboratoire*) esercitazioni *fpl*; **travaux publics** lavori pubblici, opere *fpl* pubbliche; **le bâtiment et les travaux publics** l'edilizia

travailler [tʀavaje] *vi* lavorare; (*bois*) cedere ▸ *vt* lavorare; (*discipline*) studiare; (*fig* : *influencer*) lavorarsi; **faire ~ l'argent** far fruttare il denaro; **cela le travaille** ciò lo tormenta; **~ la terre** lavorare la terra; **~ son piano** esercitarsi al piano; **~ à** lavorare a; (*fig* : *contribuer à*) darsi da fare per; **~ à faire** darsi da fare per fare

travailleur, -euse [tʀavajœʀ, øz] *adj* : **être ~** essere un gran lavoratore/una grande lavoratrice ▸ *nm/f* lavoratore(-trice); **~ de force** bracciante *m*; **~ intellectuel** lavoratore intellettuale; **~ manuel** lavoratore manuale; **~ social** operatore *m* sociale

travailliste [tʀavajist] *adj* laburista ▸ *nm/f* : **les ~s** i laburisti

travers [tʀavɛʀ] *nm* difetto; **en ~ (de)** di traverso (su); **au ~ (de)** attraverso; **de ~** *adj, adv* (*aussi fig*) di traverso; **à ~** attraverso; **regarder de ~** (*fig*) guardare di traverso

traverse [tʀavɛʀs] *nf* (*Rail*) traversina; **chemin de ~** scorciatoia

traversée [tʀavɛʀse] *nf* attraversamento; (*en mer*) traversata

traverser [tʀavɛʀse] *vt* attraversare; (*percer* : *suj* : *pluie, froid*) passare attraverso

traversin [tʀavɛʀsɛ̃] *nm* capezzale *m*

travesti [tʀavɛsti] *nm* (*costume*) travestimento; (*artiste de cabaret*) attore *m* travestito; (*homosexuel*) travestito

trébucher [tʀebyʃe] *vi* : **~ (sur)** incespicare (in)

trèfle [tʀɛfl] *nm* (*Bot*) trifoglio; (*Cartes*) fiori *mpl*; **~ à quatre feuilles** quadrifoglio

treize [tʀɛz] *adj inv, nm inv* tredici *m inv*; *voir aussi* **cinq**

treizième [tʀɛzjɛm] *adj, nm/f* tredicesimo(-a) ▸ *nm* tredicesimo; *voir aussi* **cinquième**

tréma [tʀema] *nm* dieresi *f inv*

tremblement [tʀɑ̃bləmɑ̃] *nm* (*de froid, fièvre, peur*) tremito; (*de voix, flamme*) tremolio; (*de vitre*) vibrazione *f*; **~ de terre** terremoto

trembler [tʀɑ̃ble] *vi* (*voix, flamme*) tremolare; (*terre, feuille*) tremare; (*vitre*) vibrare; **~ de** (*froid, peur*) tremare di; **~ de fièvre** tremare per la febbre; **~ pour qn** trepidare *ou* tremare per qn

trémousser [tʀemuse] : **se trémousser** *vr* agitarsi, dimenarsi

trempé, e [tʀɑ̃pe] *adj* bagnato(-a) fradicio(-a), inzuppato(-a); **acier ~** acciaio temprato(-a)

tremper [tʀɑ̃pe] *vt* inzuppare; (*plonger*) : **~ qch dans** immergere qc in ▸ *vi* (*lessive, vaisselle*) essere a mollo; (*fig*) : **~ dans** (*affaire, crime*) essere coinvolto(-a) in; **se tremper** *vr* (*dans la mer, piscine etc*) fare un rapido bagno; **se faire ~** inzupparsi; **faire/mettre à ~** mettere in ammollo

tremplin [tʀɑ̃plɛ̃] *nm* (*de gymnase*) pedana; (*de piscine, Ski, fig*) trampolino

trentaine [tʀɑ̃tɛn] *nf* : **une ~ (de)** una trentina (di); **avoir la ~** essere sulla trentina

trente [tʀɑ̃t] *adj inv, nm inv* trenta *m inv*; **voir ~-six chandelles** vedere le stelle; **être/se mettre sur son ~ et un** essere/mettersi in ghingheri; **~-trois tours** *nm* (*disque*) trentatré giri *m inv*; *voir aussi* **cinq**

trentième [tʀɑ̃tjɛm] *adj, nm/f* trentesimo(-a) ▸ *nm* trentesimo; *voir aussi* **cinquième**

trépidant, e [tʀepidɑ̃, ɑ̃t] *adj* (*fig*) febbrile

trépigner [tʀepiɲe] *vi* : **~ (d'enthousiasme/d'impatience)** pestare i piedi (per l'entusiasmo/l'impazienza)

très [tʀɛ] *adv* molto; **~ beau/bien** molto bello/bene; **~ critiqué** molto criticato, criticatissimo; **~ industrialisé** molto industrializzato;

j'ai ~ envie de ho molta voglia di; **j'ai ~ faim** ho molta fame
trésor [tʀezɔʀ] *nm* (*aussi fig*) tesoro; (*d'une organisation secrète*) fondi *mpl*; **T~ (public)** erario
trésorerie [tʀezɔʀʀi] *nf* (*fonds*) disponibilità *fpl*, liquidità *fpl*; (*gestion*) contabilità *f inv*; (*bureaux*) tesoreria; (*poste*) carica di tesoriere; **difficultés de ~** problemi *mpl* di liquidità *ou* cassa; **~ générale** ≈ tesoreria provinciale
trésorier, -ière [tʀezɔʀje, jɛʀ] *nm/f* tesoriere *m*
tressaillir [tʀesajiʀ] *vi* sussultare; (*de peur*) trasalire
tressauter [tʀesote] *vi* sobbalzare
tresse [tʀɛs] *nf* treccia
tresser [tʀese] *vt* intrecciare
tréteau, x [tʀeto] *nm* cavalletto, trespolo; **les tréteaux** (*fig*) il teatro ambulante
treuil [tʀœj] *nm* verricello
trêve [tʀɛv] *nf* (*Mil, Pol, fig*) tregua; **~ de …** basta con …, bando a …; **sans ~** senza tregua
tri [tʀi] *nm* cernita, selezione *f*; (*Inform*) ordinamento; (*Postes*) smistamento; **~ sélectif** (*des déchets*) raccolta differenziata
triangle [tʀijɑ̃gl] *nm* triangolo; **~ équilatéral/isocèle/rectangle** triangolo equilatero/isoscele/ rettangolo
triangulaire [tʀijɑ̃gylɛʀ] *adj* triangolare
tribord [tʀibɔʀ] *nm* : **à ~** a dritta
tribu [tʀiby] *nf* tribù *f inv*
tribunal, -aux [tʀibynal, o] *nm* tribunale *m*; **~ d'instance** pretura; **~ de commerce** *tribunale competente per le vertenze commerciali*; **~ de grande instance** tribunale civile; **~ de police** *tribunale penale competente in materia di contravvenzioni*; **~ pour enfants** tribunale per i minorenni
tribune [tʀibyn] *nf* tribuna; (*estrade*) tribuna, podio; (*débat*) dibattito; **~ libre** (*Presse*) tribuna aperta
tribut [tʀiby] *nm* tributo; **payer un lourd ~ à** (*fig*) pagare a caro prezzo
tributaire [tʀibytɛʀ] *adj* : **être ~ de** dipendere da
tricher [tʀiʃe] *vi* barare; (*à un examen*) copiare
tricheur, -euse [tʀiʃœʀ, øz] *nm/f* imbroglione(-a); (*au jeu*) baro(-a)
tricolore [tʀikɔlɔʀ] *adj* (*drapeau, papier*) tricolore; (*français*) francese
tricot [tʀiko] *nm* maglia; (*ouvrage*) lavoro a maglia; (*vêtement*) pullover *m inv*, golf *m inv*; **~ de corps** canottiera
tricoter [tʀikɔte] *vt* fare a maglia; **machine à ~** macchina per maglieria; **aiguille à ~** ferro (da calza)
tricycle [tʀisikl] *nm* triciclo
trier [tʀije] *vt* (*objets, documents*) fare la cernita di, selezionare; (*Postes, visiteurs*) smistare; (*Inform*) ordinare; (*fruits*) calibrare; (*grains*) selezionare
trimestre [tʀimɛstʀ] *nm* trimestre *m*
trimestriel, le [tʀimɛstʀijɛl] *adj* trimestrale
trinquer [tʀɛ̃ke] *vi* (*porter un toast*) brindare; (*fam*) sentirle; **~ à qch/la santé de qn** brindare a qc/alla salute di qn
triomphe [tʀijɔ̃f] *nm* trionfo; **être reçu/porté en ~** essere ricevuto/ portato in trionfo
triompher [tʀijɔ̃fe] *vi* trionfare; (*jubiler*) esultare, trionfare; **~ de qch** (*difficulté, résistance*) vincere *ou* superare qc; **~ de qn** trionfare su qn
tripes [tʀip] *nfpl* (*Culin*) trippa *fsg*; (*fam*) budella *fpl*
triple [tʀipl] *adj* (*à trois éléments*) triplice; (*trois fois plus grand*) triplo(-a) ▶ *nm* : **le ~ (de)** il triplo (di); **en ~ exemplaire** in triplice copia
triplé [tʀiple] *nm* (*Sport*) tripletta; **triplés, -ées** *nmpl/nfpl* (*bébés*) gemelli(-e) di un parto trigemino
tripler [tʀiple] *vi* triplicarsi ▶ *vt* triplicare
tripoter [tʀipɔte] *vt* maneggiare; (*fam*) palpeggiare ▶ *vi* (*fam*) frugare, rovistare
triste [tʀist] *adj* triste; **un ~ personnage** (*péj*) un brutto tipo; **une ~ affaire** (*péj*) una brutta faccenda; **c'est pas ~ !** (*fam*) da morir dal ridere!
tristesse [tʀistɛs] *nf* tristezza
trivial, e, -aux [tʀivjal, o] *adj* triviale
troc [tʀɔk] *nm* baratto; **faire du ~** fare a baratto
trognon [tʀɔɲɔ̃] *nm* torsolo
trois [tʀwɑ] *adj inv, nm inv* tre *m inv*; *voir aussi* **cinq**
troisième [tʀwɑzjɛm] *adj, nm/f* terzo(-a); **le ~ âge** la terza età; *voir aussi* **cinquième**

trombe [tʀɔ̃b] *nf* tromba; **en ~** (*arriver, passer*) come un razzo *ou* un turbine; **~ d'eau** violento acquazzone *m*

trombone [tʀɔ̃bɔn] *nm* (*Mus*) trombone *m*; (*de bureau*) clip *m inv*, fermaglio; **~ à coulisse** trombone a tiro

trompe [tʀɔ̃p] *nf* (*d'éléphant*) proboscide *f*; (*Mus*) corno; **~ d'Eustache** tromba di Eustachio; **~s utérines** tube uterine *ou* di Fallopio

tromper [tʀɔ̃pe] *vt* (*ami, client*) imbrogliare, ingannare; (*femme, mari*) tradire; (*fig : espoir, attente*) deludere; (*vigilance, poursuivants*) sfuggire a; (*suj : distance, ressemblance*) ingannare; **se tromper** *vr* sbagliare, sbagliarsi; **se ~ de voiture/jour** sbagliare macchina/giorno; **se ~ de 3 cm/20 euros** sbagliare di 3 cm/20 euro

trompette [tʀɔ̃pɛt] *nf* (*Mus*) tromba; **en ~** (*nez*) all'insù

trompeur, -euse [tʀɔ̃pœʀ, øz] *adj* ingannevole

tronc [tʀɔ̃] *nm* (*Bot, Anat*) tronco; (*d'église*) cassetta delle elemosine; **~ commun** *insegnamento unificato durante la scuola media inferiore e il primo anno delle superiori*; **~ d'arbre** tronco d'albero; **~ de cône** tronco di cono

tronçon [tʀɔ̃sɔ̃] *nm* tronco, tratto

tronçonner [tʀɔ̃sɔne] *vt* tagliare a pezzi

tronçonneuse [tʀɔ̃sɔnøz] *nf* motosega

trône [tʀon] *nm* trono; **monter sur le ~** ascendere *ou* salire al trono

trop [tʀo] *adv* troppo; **~ (nombreux)** troppi(-e); **~ peu (nombreux)** troppo pochi(-a); **~ (souvent)/(longtemps)** troppo spesso/a lungo; **~ de** (*nombre*) troppi(-e); (*quantité*) troppo(-a); **des livres en ~** dei libri in più *ou* di troppo; **3 livres/5 € de ~** 3 libri/5 euro in più *ou* di troppo

tropical, e, -aux [tʀɔpikal, o] *adj* tropicale

tropique [tʀɔpik] *nm* tropico; **tropiques** *nmpl* (*régions tropicales*) tropici *mpl*; **~ du Cancer/du Capricorne** Tropico del Cancro/del Capricorno

trop-plein [tʀoplɛ̃] (*pl* **-s**) *nm* (*de réservoir*) troppopieno; (*liquide*) liquido in eccesso; (*fig*) eccesso

troquer [tʀɔke] *vt* : **~ qch contre qch** barattare qc con qc; (*fig*) cambiare qc con qc

trot [tʀo] *nm* trotto; **aller au ~** (*fam*) andare di corsa

trotter [tʀɔte] *vi* trottare; (*fig*) correre

trotteuse [tʀɔtøz] *nf* lancetta dei secondi

trottinette [tʀɔtinɛt] *nf* monopattino

trottoir [tʀɔtwaʀ] *nm* marciapiede *m*; **faire le ~** (*péj*) battere il marciapiede; **~ roulant** tappeto mobile *ou* scorrevole

trou [tʀu] *nm* buco, foro; (*dans un jardin, Golf*) buca; (*fig, Comm*) buco; **~ d'aération** sfiato, sfiatatoio; **~ d'air** (*en avion*) vuoto d'aria; **~ de la serrure** buco della serratura; **~ de mémoire** vuoto di memoria; **~ noir** buco nero

troublant, e [tʀublɑ̃, ɑ̃t] *adj* (*ressemblance, erreur*) sconcertante, inquietante; (*beauté, regard*) conturbante

trouble [tʀubl] *adj* (*eau, liquide*) torbido(-a); (*image, mémoire*) confuso(-a); (*fig : affaire, histoire*) poco chiaro(-a) ▶ *adv* : **voir ~** non vedere chiaro ▶ *nm* turbamento; (*zizanie*) scompiglio; **troubles** *nmpl* (*Pol : manifestations*) disordini *mpl*; (*Méd*) turbe *fpl*, disturbi *mpl*; **~s de la personnalité** turbe della personalità; **~s de la vision** disturbi visivi *ou* della vista; **~s obsessionnels compulsifs** disturbi ossessivi compulsivi

trouble-fête [tʀubləfɛt] (*pl* **trouble-fêtes**) *nm/f* guastafeste *m inv/f inv*

troubler [tʀuble] *vt* (*personne, sommeil*) turbare; (*liquide*) intorbidire; (*horizon*) offuscare; (*ordre*) sovvertire; (*réunion*) disturbare; **se troubler** *vr* (*personne*) emozionarsi, confondersi; **~ l'ordre public** turbare l'ordine pubblico

trouer [tʀue] *vt* bucare; (*fig : silence, nuit*) squarciare

trouille [tʀuj] (*fam*) *nf* : **avoir la ~** farsela sotto

troupe [tʀup] *nf* (*Mil*) truppa; (*d'écoliers, de manifestants*) gruppo, schiera; **la ~** (*Mil : l'armée*) l'esercito; **~ (de théâtre)** troupe *f inv* (teatrale); **~s de choc** truppe d'assalto

troupeau, x [tʀupo] *nm* (*de moutons*) gregge *m*; (*de vaches*) mandria

trousse [tʀus] *nf* (*étui, de docteur*) borsa; (*d'écolier*) astuccio *m* portapenne *inv*;

aux ~s de (*fig*) alle calcagna di; **~ à outils** borsa degli attrezzi; **~ de toilette/de voyage** nécessaire da toeletta/da viaggio

trousseau, x [tʀuso] *nm* (*de jeune mariée*) corredo; **~ de clefs** mazzo di chiavi

trouvaille [tʀuvaj] *nf* scoperta; (*fig : idée etc*) trovata

trouver [tʀuve] *vt* trovare; (*rendre visite*) : **aller/venir ~ qn** andare/venire a trovare qn; **se trouver** *vr* trovarsi; **~ le loyer cher/le prix excessif** trovare l'affitto caro/il prezzo eccessivo; **je trouve que** trovo che; **~ à boire/critiquer** trovare da bere/da criticare; **elle se trouve être/avoir** il caso vuole che lei sia/abbia; **elle se trouve être libre** si ritrova ad essere libera; **il se trouve que** si dà il caso che; **se ~ bien** trovarsi bene; **se ~ bien (de qch)** essere soddisfatto(-a) (di qc); **se ~ mal** svenire

truand [tʀyɑ̃] *nm* malvivente *m*

truander [tʀyɑ̃de] (*fam*) *vt* bidonare, truffare

truc [tʀyk] *nm* (*astuce, de cinéma*) trucco; (*chose, machin*) coso, affare *m*; **avoir le ~** sapere come si fa; **c'est pas son ~** (*fam*) non fa per lui

truffe [tʀyf] *nf* (*Bot*) tartufo; (*nez*) naso del cane

truffer [tʀyfe] *vt* (*Culin*) tartufare; **truffé de** (*fig*) farcito di; (*: pièges*) pieno di

truie [tʀɥi] *nf* scrofa

truite [tʀɥit] *nf* trota

truquer [tʀyke] *vt* truccare; **scène truquée** (*Ciné*) scena con effetti speciali

TSVP [teɛsvepe] *abr* (*= tournez s'il vous plaît*) v.r.

TTC [tetese] *abr = toutes taxes comprises*; *voir* **taxe**

tu[1] [ty] *pron* tu (*en italien, « tu » n'est souvent pas traduit*); **tu as gagné** (tu) hai vinto; **tu pars maintenant ?** parti adesso? ▸ *nm* : **dire tu à qn** dare del tu a qn

tu[2]**, e** [ty] *pp de* **taire**

tuba [tyba] *nm* (*Mus*) tuba; (*Sport*) boccaglio

tube [tyb] *nm* tubo; (*d'aspirine, de dentifrice etc*) tubetto; (*chanson, disque*) successo; **~ à essai** provetta; **~ de peinture** tubetto di colore; **~ digestif** tubo digerente

tuberculose [tybɛʀkyloz] *nf* tubercolosi *f inv*

tuer [tɥe] *vt* uccidere, ammazzare; (*vie, activité, fig*) uccidere; **se tuer** *vr* uccidersi; (*dans un accident*) morire; **se ~ au travail** (*fig*) ammazzarsi di lavoro

tuerie [tyʀi] *nf* massacro, carneficina

tue-tête [tytɛt] : **à ~** *adv* a squarciagola

tueur, -euse [tɥœʀ, øz] *nm/f* assassino(-a); **~ à gages** sicario(-a)

tuile [tɥil] *nf* tegola; (*fam : ennui, malchance*) guaio

tulipe [tylip] *nf* tulipano

tuméfié, e [tymefje] *adj* tumefatto(-a)

tumeur [tymœʀ] *nf* tumore *m*; **~ maligne** tumore maligno

tumulte [tymylt] *nm* tumulto

tumultueux, -euse [tymyltɥø, øz] *adj* tumultuoso(-a)

tunique [tynik] *nf* tunica

Tunisie [tynizi] *nf* Tunisia

tunisien, ne [tynizjɛ̃, jɛn] *adj* tunisino(-a) ▸ *nm/f* : **Tunisien, ne** tunisino(-a)

tunnel [tynɛl] *nm* tunnel *m inv*, galleria

turbot [tyʀbo] *nm* (*Zool*) rombo

turbulent, e [tyʀbylɑ̃, ɑ̃t] *adj* turbolento(-a)

turc, turque [tyʀk] *adj* turco(-a) ▸ *nm/f* : **Turc, Turque** turco(-a) ▸ *nm* turco; **à la turque** (*assis, w.c.*) alla turca

turf [tyʀf] *nm* (*activité*) ippica

turfiste [tyʀfist] *nm/f* appassionato(-a) di ippica

Turquie [tyʀki] *nf* Turchia

turquoise [tyʀkwaz] *adj inv, nf* turchese *f*

tutelle [tytɛl] *nf* (*Jur, fig*) tutela; **être/mettre sous la ~ de** essere/porre sotto la tutela di

tuteur, -trice [tytœʀ, tʀis] *nm/f* (*Jur*) tutore(-trice) ▸ *nm* (*de plante*) tutore *m*

tutoiement [tytwamɑ̃] *nm* dare *m* del tu

tutoyer [tytwaje] *vt* : **~ qn** dare del tu a qn

tuyau, x [tɥijo] *nm* tubo; (*fam : conseil*) suggerimento; **avoir de bons tuyaux sur qch** essere ben informato(-a) su qc; **~ d'arrosage/d'échappement** tubo di annaffiamento/di scappamento; **~ d'incendie** manichetta *f* antincendio *inv*

tuyauterie [tɥijɔtʀi] *nf* tubature *fpl*

TVA [tevea] *sigle f* (*= taxe à ou sur la valeur ajoutée*) ≈ I.V.A. *f*

tweet [twit] *nm* tweet *m*
tweeter [twite] *vi* twittare
tympan [tɛ̃pɑ̃] *nm* (*Anat*) timpano
type [tip] *nm* tipo ▸ *adj* tipo *inv*; **le ~ travailleur** il tipo del lavoratore; **le ~ confortable** il tipo comodo; **avoir le ~ nordique** essere un tipo nordico
typé, e [tipe] *adj* : **être ~** essere un tipo
typique [tipik] *adj* tipico(-a)
tyran [tiʀɑ̃] *nm* tiranno
tyrannique [tiʀanik] *adj* tirannico(-a)
tzigane [dzigan] *adj, nm/f* zigano(-a)

ulcère [ylsɛʀ] *nm* ulcera; **~ à l'estomac** ulcera allo stomaco
ultérieur, e [ylteʀjœʀ] *adj* ulteriore; **reporté à une date ultérieure** rimandato a data da destinarsi
ultérieurement [ylteʀjœʀmɑ̃] *adv* ulteriormente
ultime [yltim] *adj* finale

MOT-CLÉ

un, une [œ̃, yn] *art indéf* un (una) + *consonante*, un (un') + *vocale*, uno (una) + *s impura, gn, pn, ps, x, z*; **un garçon/vieillard** un ragazzo/vecchio; **une amie** un'amica; **un sport** uno sport
▸ *pron* uno(-a); **l'un des meilleurs** uno dei migliori; **l'un ..., l'autre ...** l'uno ..., l'altro ....; **les uns ..., les autres ...** gli uni ..., gli altri ...; **l'un et l'autre** l'uno e l'altro; **l'un ou l'autre** uno o l'altro; **pas un seul** neanche uno; **un par un** uno a uno
▸ *adj* uno(-a); **une pomme seulement** solo una mela
▸ *nf* : **la une** (*Presse*) la prima pagina

unanime [ynanim] *adj* unanime; **ils sont ~s (à penser que ...)** sono tutti concordi (nel pensare che ...)
unanimité [ynanimite] *nf* unanimità; **à l'~** all'unanimità; **faire l'~** ottenere l'unanimità; **élire qn à l'~** eleggere qn all'unanimità
uni, e [yni] *adj* (*ton, tissu*) a tinta unita; (*couleur*) uniforme; (*surface, terrain*) piano(-a); (*famille, pays*) unito(-a)
▸ *nm* (*étoffe unie*) stoffa in tinta unita
unifier [ynifje] *vt* unificare; **s'unifier** *vr* unificarsi

uniforme [ynifɔʀm] *adj* uniforme; (*fig* : *vie*) piatto(-a) ▸ *nm* uniforme *f*, divisa; **être sous l'~** (*Mil*) aver intrapreso la carriera militare
uniformiser [ynifɔʀmize] *vt* uniformare
union [ynjɔ̃] *nf* unione *f*; **l'U~ soviétique** l'Unione sovietica; **~ conjugale** unione coniugale; **~ douanière** unione doganale; **U~ européenne** Unione Europea; **~ libre** convivenza
unique [ynik] *adj* unico(-a); **ménage à salaire ~** famiglia con un solo stipendio; **route à voie ~** strada a senso unico; **fils ~** figlio unico; **~ en France** unico(-a) in Francia
uniquement [ynikmɑ̃] *adv* unicamente
unir [yniʀ] *vt* unire; **s'unir** *vr* unirsi; **~ qch à** unire qc a; **s'~ à** *ou* **avec** unirsi a *ou* con
unitaire [ynitɛʀ] *adj* unitario(-a)
unité [ynite] *nf* unità *f inv*; **~ centrale (de traitement)** (*Inform*) unità centrale (di elaborazione); **~ d'action** unità d'azione; **~ de valeur** (*Univ*) ≈ esame *m* previsto dal piano di studi; **~ de vues** identità di vedute
univers [ynivɛʀ] *nm* universo
universel, le [ynivɛʀsɛl] *adj* universale; (*réaction*) generale
universitaire [ynivɛʀsitɛʀ] *adj* universitario(-a) ▸ *nm/f* docente *m/f* universitario(-a)
université [ynivɛʀsite] *nf* università *f inv*
uranium [yʀanjɔm] *nm* uranio; **~ appauvri** uranio impoverito
urbain, e [yʀbɛ̃, ɛn] *adj* urbano(-a); (*poli*) civile
urbanisme [yʀbanism] *nm* urbanistica
urgence [yʀʒɑ̃s] *nf* urgenza; (*Méd*) caso urgente; **on a eu 3 ~s ce matin** ci sono stati tre casi urgenti questa mattina; **d'~** d'urgenza; **en cas d'~** in caso di emergenza; **service des ~s** (*Méd*) (servizio di) pronto soccorso
urgent, e [yʀʒɑ̃, ɑ̃t] *adj* urgente
urine [yʀin] *nf* urina
urinoir [yʀinwaʀ] *nm* orinatoio, vespasiano
urne [yʀn] *nf* urna; **aller aux ~s** andare alle urne; **~ funéraire** urna cineraria
urticaire [yʀtikɛʀ] *nf* orticaria
us [ys] *nmpl* : **us et coutumes** usi *mpl* e costumi *mpl*
usage [yzaʒ] *nm* uso; (*coutume*) uso, usanza; (*bonnes manières*) buone maniere *fpl*; **c'est l'~** è la prassi; **faire ~ de** fare uso di; **avoir l'~ de** avere l'uso di; **à l'~** con l'uso; **à l'~ de** (*pour*) ad uso di; **en ~** in uso; **hors d'~** fuori uso; **à ~ interne/externe** (*Méd*) per uso interno/esterno
usagé, e [yzaʒe] *adj* usato(-a)
usager, -ère [yzaʒe, ɛʀ] *nm/f* utente *m/f*
usé, e [yze] *adj* (*outil, vêtement*) consunto(-a), logoro(-a); (*santé, personne*) malandato(-a); (*banal, rebattu*) trito(-a); **eaux ~es** scarichi *mpl*
user [yze] *vt* (*outil, vêtement*) consumare, logorare; (*consommer* : *charbon etc*) consumare; (*fig* : *santé, personne*) rovinare; **s'user** *vr* logorarsi; **s'~ à la tâche** *ou* **au travail** lavorare fino allo sfinimento; **~ de** (*moyen, droit*) avvalersi di
usine [yzin] *nf* fabbrica, stabilimento; **~ atomique** centrale *f* nucleare; **~ marémotrice** centrale *f* mareomotrice
usité, e [yzite] *adj* in uso; **peu ~** raro(-a)
ustensile [ystɑ̃sil] *nm* utensile *m*; **~ de cuisine** utensile da cucina
usuel, le [yzɥɛl] *adj* usuale
usure [yzyʀ] *nf* (*détérioration* : *Jur*) usura; **avoir qn à l'~** avere la meglio su qn a furia di insistere, convincere qn a furia di insistere
usurper [yzyʀpe] *vt* usurpare; **réputation usurpée** fama infondata
utérus [yteʀys] *nm* utero
utile [ytil] *adj* utile; (*collaborateur*) valido(-a); **~ à qn/qch** utile a qn/qc; **si cela peut vous être ~, ...** se può esserle utile ...
utilisateur, -trice [ytilizatœʀ, tʀis] *nm/f* utente *m/f*
utilisation [ytilizasjɔ̃] *nf* utilizzazione *f*, utilizzo
utiliser [ytilize] *vt* (*employer*) utilizzare, usare; (: *force, moyen*) usare; (*Culin* : *restes*) utilizzare; (*consommer, se servir de*) usare
utilitaire [ytilitɛʀ] *adj* utilitario(-a); (*véhicule*) ad uso commerciale ▸ *nm* (*Inform*) utilità
utilité [ytilite] *nf* utilità; **jouer les ~s** (*Théâtre*) avere parti *fpl* secondarie;

reconnu d'~ publique (*Admin*) riconosciuto di pubblica utilità; **c'est d'une grande ~** è di grande utilità; **quelle est l'~ de ceci ?** a che pro?; **il n'y a aucune ~ à ...** è inutile ...
utopie [ytɔpi] *nf* utopia
utopique [ytɔpik] *adj* utopico(-a)

va [va] *vb voir* **aller**
vacance [vakɑ̃s] *nf* (*d'un poste*) vacanza; **vacances** *nfpl* vacanze *fpl*, ferie *fpl*; (*Scol*) vacanze *fpl*; **les grandes ~s** le vacanze estive; (*travail*) ferie estive; **prendre des/ses ~s (en juin)** prendere le ferie (in giugno); **aller en ~s** andare in vacanza; **~s de Noël/ de Pâques** vacanze di Natale/di Pasqua
vacancier, -ière [vakɑ̃sje, jɛʀ] *nm/f* villeggiante *m/f*
vacant, e [vakɑ̃, ɑ̃t] *adj* (*poste, chaire*) vacante; (*appartement*) vuoto(-a), libero(-a)
vacarme [vakaʀm] *nm* chiasso, baccano
vacataire [vakatɛʀ] *nm/f* precario(-a); (*enseignement*) supplente *m/f*; (*Univ*) docente *m/f* fuori ruolo con contratto a termine
vaccin [vaksɛ̃] *nm* vaccino; **~ antidiphtérique/antivariolique** vaccino antidifterico/antivaioloso
vaccination [vaksinasjɔ̃] *nf* vaccinazione *f*
vacciner [vaksine] *vt* vaccinare; **~ qn contre** vaccinare qn contro; (*fig*) immunizzare qn da; **être vacciné** (*fig*) essere vaccinato
vache [vaʃ] *nf* vacca, mucca; (*cuir*) vacchetta ▸ *adj* (*fam*) : **être ~** essere una carogna; **manger de la ~ enragée** (*fam*) tirare la cinghia (*fig*); **période de ~s maigres** tempo di vacche magre; **~ à eau** ghirba; **~ à lait** (*fig*) persona da sfruttare; **~ folle** mucca pazza; **~ laitière** vacca da latte

vachement [vaʃmɑ̃] (*fam*) *adv* maledettamente, un sacco
vacherie [vaʃʀi] (*fam*) *nf* cattiveria; (*action*) carognata
vaciller [vasije] *vi* vacillare; (*sur ses fondations, sa base*) vacillare, traballare
vadrouille [vadʀuj] *nf* : **être/partir en ~** essere/andare a zonzo
VAE [veaə] *sigle m* (= *vélo à assistance électrique*) EPAC *f inv*, bicicletta *f* a pedalata assistita ▸ *sigle f* (= *validation des acquis de l'expérience*) *convalida delle competenze acquisite attraverso l'esperienza professionale*
va-et-vient [vaevjɛ̃] *nm inv* (*de pièce mobile*) viavai *m inv*; (*de personnes, véhicules*) andirivieni *m inv*, viavai *m inv*; (*Élec*) commutatore *m* a doppia via
vagabond, e [vagabɔ̃, ɔ̃d] *adj, nm/f* vagabondo(-a)
vagabonder [vagabɔ̃de] *vi* vagabondare; (*suj* : *pensées*) vagare, vagabondare
vagin [vaʒɛ̃] *nm* vagina
vague [vag] *nf* (*sur l'eau, d'une chevelure*) onda; (*d'immigrants, d'enthousiasme*) ondata ▸ *adj* (*confus*) vago(-a); (*regard*) perso(-a) nel vuoto; (*quelconque* : *cousin*) lontano(-a) ▸ *nm* : **rester dans le ~** rimanere nel vago; **un ~ bureau** un qualche ufficio; **être dans le ~** essere nel vago; **regarder dans le ~** guardare nel vuoto; **~ à l'âme** *nm* malinconia; **~ d'assaut** *nf* (*Mil*) ondata di assalto; **~ de chaleur** *nf* ondata di caldo; **~ de fond** *nf* ondata; **~ de froid** *nf* ondata di freddo
vaillant, e [vajɑ̃, ɑ̃t] *adj* coraggioso(-a), valoroso(-a); (*vigoureux*) vigoroso(-a); **n'avoir plus** *ou* **pas un sou ~** non avere (più) il becco di un quattrino
vain, e [vɛ̃, vɛn] *adj* vano(-a); (*fat* : *personne*) vacuo(-a); **en ~** invano
vaincre [vɛ̃kʀ] *vt* vincere
vaincu, e [vɛ̃ky] *pp de* **vaincre** ▸ *nm/f* (*Mil*) vinto(-a); (*Sport*) sconfitto(-a)
vainqueur [vɛ̃kœʀ] *adj, nm/f* vincitore(-trice)
vaisseau, x [vɛso] *nm* (*Anat*) vaso; (*Naut*) vascello; **capitaine de ~** capitano di vascello; **~ spatial** navicella spaziale
vaisselier [vɛsəlje] *nm* credenza
vaisselle [vɛsɛl] *nf* (*service*) stoviglie *fpl*; (*plats etc à laver*) piatti *mpl*; **faire la ~** lavare i piatti
valable [valabl] *adj* valido(-a)
valet [valɛ] *nm* servitore *m*, cameriere *m*; (*péj*) lacchè *m*, galoppino; (*cintre*) portaabiti *m inv*; (*Cartes*) fante *m*; **~ de chambre** cameriere; **~ de ferme** garzone *m* di fattoria; **~ de pied** domestico
valeur [valœʀ] *nf* valore *m*; **valeurs** *nfpl* (*morales*) valori *mpl*; **mettre en ~** (*aussi fig*) valorizzare; **avoir/prendre de la ~** avere/acquistare valore; **sans ~** senza valore; **~ absolue** valore assoluto; **~ d'échange** valore di scambio; **~s mobilières** valori *ou* titoli *mpl* mobiliari; **~s nominales** valori nominali
valide [valid] *adj* (*en bonne santé*) sano(-a); (*passeport, billet*) valido(-a)
valider [valide] *vt* convalidare
valise [valiz] *nf* valigia; **faire sa ~** fare la valigia; **~ diplomatique** valigia diplomatica
vallée [vale] *nf* valle *f*, vallata
vallon [valɔ̃] *nm* valletta
valoir [valwaʀ] *vi* valere ▸ *vt* valere; (*causer, procurer*) : **~ qch à qn** procurare qc a qn; **se valoir** *vr* equivalersi; **ça se vaut** una cosa vale l'altra; **faire ~** (*ses droits etc*) far valere; (*domaine, capitaux*) far fruttare; **faire ~ que** sottolineare che; **se faire ~** farsi valere; **à ~ sur** (*acompte*) a valere su; **vaille que vaille** bene o male; **cela ne me dit rien qui vaille** (questa faccenda) non mi dice nulla di buono; **ce climat ne me vaut rien** questo clima mi è nocivo; **~ la peine** valere la pena; **il vaut mieux se taire/que je fasse comme ceci** è meglio tacere/che (io) faccia così; **ça ne vaut rien** non vale niente; **~ cher** valere molto; **que vaut ce candidat ?** com'è questo candidato?
valse [vals] *nf* valzer *m inv*; **c'est la ~ des étiquettes** i prezzi cambiano in continuazione
vandalisme [vɑ̃dalism] *nm* vandalismo
vanille [vanij] *nf* vaniglia; **glace/crème à la ~** gelato/crema alla vaniglia
vanité [vanite] *nf* vanità; **tirer ~ de** vantarsi di
vaniteux, -euse [vanitø, øz] *adj* vanitoso(-a)
vanne [van] *nf* (*d'écluse etc*) paratoia; (*fam*) frecciata; **lancer une ~ à qn** lanciare una frecciata a qn

vannerie [vanʀi] *nf* (*art*) artigianato del vimine; (*objets*) articoli *mpl* di vimini
vantard, e [vɑ̃taʀ, aʀd] *adj* spaccone(-a), sbruffone(-a)
vanter [vɑ̃te] *vt* vantare; **~ les mérites de qch** vantare i meridi di qc; **se vanter** *vr* vantarsi; **se ~ de qch** vantarsi di qc; **se ~ d'avoir fait/de pouvoir faire** vantarsi d'aver fatto/di poter fare
vapeur [vapœʀ] *nf* vapore *m*; **vapeurs** *nfpl* (*bouffées de chaleur*) caldane *fpl*; **les ~s du vin** i fumi del vino; **machine/locomotive à ~** macchina/locomotiva a vapore; **à toute ~** (*fig*) a tutto vapore; **renverser la ~** invertire la marcia; (*fig*) fare marcia indietro; **cuit à la ~** (*Culin*) cotto al vapore
vaporeux, -euse [vapɔʀø, øz] *adj* (*flou, fondu*) sfumato(-a); (*léger, transparent*) vaporoso(-a)
vaporisateur [vapɔʀizatœʀ] *nm* vaporizzatore *m*
vaporiser [vapɔʀize] *vt* (*Chim*) vaporizzare; (*parfum etc*) spruzzare
vaquer [vake] *vi* : **~ à ses occupations** attendere alle proprie faccende
varappe [vaʀap] *nf* scalata, ascensione *f*; **faire de la ~** fare roccia
vareuse [vaʀøz] *nf* (*blouson de marin*) giubbotto da marinaio; (*d'uniforme*) giacca
variable [vaʀjabl] *adj* (*temps*) variabile; (*divers : résultats*) diverso(-a) ▸ *nf* (*Math*) variabile *f*; **~ d'ajustement** variabile di aggiustamento
varice [vaʀis] *nf* vena varicosa, varice *f*
varicelle [vaʀisɛl] *nf* varicella
varié, e [vaʀje] *adj* vario(-a); (*divers : goûts, résultats*) diverso(-a), vario(-a); **hors d'œuvre ~s** antipasti *mpl* assortiti
varier [vaʀje] *vi* variare; (*changer d'avis*) cambiare opinione; (*différer d'opinion*) divergere ▸ *vt* variare
variété [vaʀjete] *nf* varietà *f inv*; **une (grande) ~ de** una (grande) varietà di; **spectacle de ~s** spettacolo di varietà
variole [vaʀjɔl] *nf* vaiolo
vas [va] *vb voir* **aller**; **~-y !** dai!, forza!, su!
vase [vɑz] *nm* vaso ▸ *nf* melma; **en ~ clos** senza contatti con l'esterno; **~ de nuit** vaso da notte; **~s communicants** vasi comunicanti
vaseux, -euse [vɑzø, øz] *adj* melmoso(-a); (*fig : confus : discours*) fumoso(-a), confuso(-a); (*: personne : fatigué*) fiacco(-a), giù di corda; (*: étourdi*) distratto(-a)
vasistas [vazistɑs] *nm* vasistas *m inv*, finestrella (per aerazione)
vaste [vast] *adj* vasto(-a)
vautour [votuʀ] *nm* avvoltoio
vautrer [votʀe] : **se vautrer** *vr* (*dans la boue*) rotolarsi; (*sur le lit*) stravaccarsi; (*fig : dans le vice*) sguazzare
VDQS [vedekyɛs] *abr* (= *vin délimité de qualité supérieure*) *voir encadré ci-dessous*

> **VDQS** è il secondo marchio di qualità dei vini in Francia dopo AOC, ed è seguito dalla dicitura *vin de pays*. Il *vin de table* o *vin ordinaire* è un vino da tavola di origine non specificata, spesso miscelato.

veau, x [vo] *nm* vitello; **tuer le ~ gras** uccidere il vitello grasso
vécu, e [veky] *pp de* **vivre** ▸ *adj* vissuto(-a) ▸ *nm* vissuto
vedette [vədɛt] *nf* (*acteur, artiste*) divo(-a), star *f inv*; (*fig : personnalité*) esponente *m/f* di primo piano; (*canot*) motovedetta; (*Mil*) vedetta; **mettre qn en ~** (*Ciné etc*) scrivere il nome di qn al primo posto in cartellone; (*fig*) mettere in risalto; **avoir la ~** occupare il primo posto in cartellone
végétal, e, -aux [veʒetal, o] *adj, nm* vegetale *m*
végétalien, ne [veʒetaljɛ̃, jɛn] *adj, nm/f* vegetaliano(-a)
végétarien, ne [veʒetaʀjɛ̃, jɛn] *adj, nm/f* vegetariano(-a)
végétation [veʒetasjɔ̃] *nf* vegetazione *f*; **végétations** *nfpl* (*Méd*) (vegetazioni) adenoidi *fpl*; **opérer qn des ~s** operare qn di adenoidi; **~ arctique/tropicale** vegetazione artica/tropicale
véhicule [veikyl] *nm* veicolo; **~ utilitaire** veicolo ad uso commerciale
veille [vɛj] *nf* (*garde*) guardia; (*Psych*) veglia; (*jour*) vigilia; **la ~ au soir** la sera della vigilia; **à la ~ de** alla vigilia di; **l'état de ~** lo stato di veglia; **~ technologique** monitoraggio tecnologico; **~ concurentielle** intelligenza competitiva
veillée [veje] *nf* (*soirée*) serata; **~ d'armes** veglia d'armi; **~ (mortuaire)** veglia (funebre)
veiller [veje] *vi* vegliare; (*être de garde*) essere di guardia; (*être vigilant*) vigilare ▸ *vt* (*malade, mort*) vegliare;

~ à (*à l'ordre publique etc*) vegliare su; (*à l'approvisionnement etc*) occuparsi di; **~ à faire/à ce que** badare a fare/che; **~ sur** (*surveiller : enfants*) stare attento(-a) *ou* badare a

veilleur, -euse [vɛjœʀ, øz] *nm/f* : **~ de nuit** guardia notturna

veilleuse [vɛjøz] *nf* (*lampe*) lumino da notte; (*Auto*) luce *f* di posizione; (*flamme*) fiamma *f* pilota *inv*; **en ~** (*lampe*) con la luce bassa; (*fig : affaire*) a rilento

veinard, e [vɛnaʀ, aʀd] (*fam*) *nm/f* fortunato(-a)

veine [vɛn] *nf* vena; **avoir de la ~** (*fam*) essere fortunato(-a)

véliplanchiste [veliplɑ̃ʃist] *nm/f* windsurfista *m/f*

vélo [velo] *nm* bicicletta, bici *f inv*; **faire du ~** andare in bicicletta *ou* bici

vélomoteur [velɔmɔtœʀ] *nm* ciclomotore *m*, motorino

velours [v(ə)luʀ] *nm* velluto; **~ côtelé** velluto a coste; **~ de coton/laine/soie** velluto di cotone/lana/seta

velouté, e [vəlute] *adj* vellutato(-a) ▶ *nm* (*Culin*) : **~ d'asperges/de tomates** crema di asparagi/di pomodoro

velu, e [vəly] *adj* villoso(-a)

vendange [vɑ̃dɑ̃ʒ] *nf* vendemmia

vendanger [vɑ̃dɑ̃ʒe] *vi, vt* vendemmiare

vendeur, -euse [vɑ̃dœʀ, øz] *nm/f* (*de magasin*) commesso(-a); (*Comm*) venditore(-trice) ▶ *nm* (*Jur*) venditore *m*; **~ de journaux** giornalaio

vendre [vɑ̃dʀ] *vt* vendere; **~ qch à qn** vendere qc a qn; **cela se vend bien** (si) vende bene; **« à ~ »** « in vendita »

vendredi [vɑ̃dʀədi] *nm* venerdì *m inv*; **~ saint** Venerdì santo; *voir aussi* **lundi**

vénéneux, -euse [venenø, øz] *adj* velenoso(-a)

vénérien, ne [veneʀjɛ̃, jɛn] *adj* venereo(-a); **maladies vénériennes** malattie veneree

vengeance [vɑ̃ʒɑ̃s] *nf* vendetta

venger [vɑ̃ʒe] *vt* vendicare; **se venger** *vr* vendicarsi; **se ~ de/sur qch/qn** vendicarsi di/su qc/qn

venimeux, -euse [vənimø, øz] *adj* (*aussi fig*) velenoso(-a)

venin [vənɛ̃] *nm* veleno

venir [v(ə)niʀ] *vi* venire; (*saison etc*) arrivare; **~ de** (*lieu*) venire da; (*cause*) derivare da; **~ de faire** : **je viens d'y aller** ci sono appena stato; **je viens de le voir** l'ho appena visto; **s'il vient à pleuvoir** se dovesse piovere; **en ~ à faire** : **j'en viens à croire que** comincio a credere che; **il en est venu à mendier** si è ridotto a mendicare; **en ~ aux mains** venire alle mani; **les années/générations à ~** gli anni/le generazioni a venire; **où veux-tu en ~ ?** dove vuoi andare a parare?; **je te vois ~** so già dove vuoi arrivare; **il me vient des soupçons** mi vengono dei sospetti; **laisser ~** (*fig*) stare a guardare; **faire ~** (*docteur, plombier*) far venire, chiamare; **d'où vient que ... ?** per quale ragione ...?, come mai ...?; **~ au monde** venire al mondo

vent [vɑ̃] *nm* vento; **il y a du ~** c'è vento; **c'est du ~** (*fig : verbiage*) sono tutte chiacchiere; **au ~** (*Naut*) sopravvento; **sous le ~** sottovento; **avoir le ~ debout** *ou* **en face/arrière** *ou* **en poupe** avere il vento di prora/di poppa; **(être) dans le ~** (*fam*) (essere) all'ultima moda; **prendre le ~** (*fig*) sentire che aria tira; **avoir ~ de** avere sentore di; **aller contre ~s et marées** andare avanti malgrado gli ostacoli

vente [vɑ̃t] *nf* vendita; (*secteur*) vendite *fpl*; **mettre en ~** mettere in vendita; **~ aux enchères** vendita all'asta; **~ de charité** vendita di beneficenza; **~ par correspondance** vendita per corrispondenza

venteux, -euse [vɑ̃tø, øz] *adj* ventoso(-a)

ventilateur [vɑ̃tilatœʀ] *nm* ventilatore *m*

ventiler [vɑ̃tile] *vt* (*local*) aerare, ventilare; (*total, comptes*) ripartire

ventouse [vɑ̃tuz] *nf* ventosa

ventre [vɑ̃tʀ] *nm* ventre *m*, pancia; (*fig : de bateau*) ventre *m*; (: *d'outre*) pancia; **avoir/prendre du ~** avere/mettere su pancia; **avoir mal au ~** avere mal di pancia

venu, e [v(ə)ny] *pp de* **venir** ▶ *adj* : **être mal ~ à** *ou* **de faire** avere torto a fare; **mal/bien ~** mal/ben riuscito(-a)

ver [vɛʀ] *nm* verme *m*; (*du bois*) tarlo; **~ à soie** baco da seta; **~ blanc** larva del maggiolino; **~ de terre** lombrico; **~ luisant** lucciola; **~ solitaire** verme solitario; *voir aussi* **vers**

V

verbe [vɛʀb] *nm* (*Ling*) verbo; **avoir le ~ sonore** parlare a voce alta; **le V~** (*Rel*) il Verbo
verdâtre [vɛʀdɑtʀ] *adj* verdastro(-a)
verdict [vɛʀdik(t)] *nm* verdetto
verdir [vɛʀdiʀ] *vi* diventare verde; (*végétaux*) rinverdire ▸ *vt* colorare di verde
verdure [vɛʀdyʀ] *nf* vegetazione *f*, verde *m*; (*légumes verts*) verdura
véreux, -euse [veʀø, øz] *adj* (*contenant des vers*) bacato(-a); (*malhonnête*) disonesto(-a); (*suspect*) losco(-a)
verge [vɛʀʒ] *nf* verga
verger [vɛʀʒe] *nm* frutteto
verglacé, e [vɛʀglase] *adj* coperto(-a) di ghiaccio
verglas [vɛʀglɑ] *nm* ghiaccio (sulle strade)
véridique [veʀidik] *adj* veridico(-a), veritiero(-a)
vérification [veʀifikasjɔ̃] *nf* verifica; (*confirmation*) avverarsi *m inv*; **~ d'identité** (*Police*) accertamento d'identità
vérifier [veʀifje] *vt* verificare; (*suj : chose : prouver*) confermare; **se vérifier** *vr* avverarsi
véritable [veʀitabl] *adj* vero(-a); **un ~ désastre** un vero (e proprio) disastro
vérité [veʀite] *nf* verità *f inv*; (*d'un portrait romanesque*) verosimiglianza; **en ~** in verità, di fatto; (*à vrai dire*) per la verità; **à la ~** a dire il vero *ou* la verità
vermeil, le [vɛʀmɛj] *adj* vermiglio(-a) ▸ *nm* vermeil *m inv*
vermine [vɛʀmin] *nf* parassiti *mpl*; (*fig*) teppaglia
vermoulu, e [vɛʀmuly] *adj* tarlato(-a)
verni, e [vɛʀni] *adj* verniciato(-a); (*fam : veinard*) fortunato(-a); **cuir ~** vernice *f*; **souliers ~s** scarpe *fpl* di vernice
vernir [vɛʀniʀ] *vt* verniciare
vernis [vɛʀni] *nm* vernice *f*; **~ à ongles** smalto (per unghie)
vernissage [vɛʀnisaʒ] *nm* verniciatura; (*d'une exposition*) vernissage *m inv*
vérole [veʀɔl] *nf* (*aussi* : **petite vérole**) vaiolo; (*fam*) sifilide *f*
verre [vɛʀ] *nm* (*substance*) vetro; (*récipient, contenu*) bicchiere *m*; (*de lunettes*) lente *f*; **boire** *ou* **prendre un ~** bere *ou* prendere un bicchiere; **~ à dents** bicchiere per sciacqui; **~ à liqueur** bicchierino (da liquore); **~ à pied** (bicchiere a) calice *m*; **~ à vin** bicchiere da vino; **~ armé** vetro armato; **~ de lampe** campana del lume; **~ de montre** vetrino dell'orologio; **~ dépoli** vetro smerigliato; **~ feuilleté** vetro di sicurezza laminato; **~ trempé** vetro temprato; **~s de contact** lenti *fpl* a contatto; **~s fumés** lenti *fpl* affumicate
verrière [vɛʀjɛʀ] *nf* vetrata; (*toit vitré*) tettuccio trasparente
verrou [veʀu] *nm* chiavistello, catenaccio; **mettre le ~** mettere il catenaccio; **sous les ~s** (*en prison*) dentro
verrouillage [veʀujaʒ] *nm* chiusura con chiavistello *ou* catenaccio; **~ central** (*Auto*) chiusura centralizzata
verrouiller [veʀuje] *vt* (*porte*) chiudere col catenaccio; (*Mil*) chiudere, sbarrare
verrue [veʀy] *nf* verruca; (*fig*) bruttura
vers [vɛʀ] *nm* verso ▸ *prép* verso; **vers** *nmpl* (*poésie*) versi *mpl*
versant [vɛʀsɑ̃] *nm* versante *m*
versatile [vɛʀsatil] *adj* volubile
verse [vɛʀs] : **à ~** *adv* : **il pleut à ~** piove a dirotto
Verseau [vɛʀso] *nm* (*Astrol*) Acquario; **être ~** essere dell'Acquario
versement [vɛʀsəmɑ̃] *nm* versamento; **en 3 ~s** in 3 versamenti
verser [vɛʀse] *vt* versare; (*soldat*) : **~ qn dans** assegnare qn a; (*fig*) : **~ dans** cadere in; **~ à un compte** versare su un conto
version [vɛʀsjɔ̃] *nf* versione *f*; (*traduction*) traduzione *f* (*verso la lingua madre*); **film en ~ originale** film in versione originale
verso [vɛʀso] *nm* verso, retro; **voir au ~** vedi a tergo
vert, e [vɛʀ, vɛʀt] *adj* verde; (*personne : vigoureux*) in gamba; (*langage, propos*) crudo(-a); (*vin*) giovane ▸ *nm* (*couleur*) verde *m*; **les V~s** (*Pol*) i Verdi; **en voir/dire des ~es et des pas mûres** vederne/dirne di cotte e di crude; **se mettre au ~** andare a riposarsi in campagna; **~ bouteille** *adj inv* verde bottiglia *inv*; **~ d'eau** *adj inv* verde acqua *inv*; **~ pomme** *adj inv* verde mela *inv*
vertèbre [vɛʀtɛbʀ] *nf* vertebra
vertement [vɛʀtəmɑ̃] *adv* aspramente

vertical, e, -aux [vɛʀtikal, o] *adj* verticale
verticale [vɛʀtikal] *nf* verticale *f*; **à la ~** verticalmente
verticalement [vɛʀtikalmɑ̃] *adv* verticalmente
vertige [vɛʀtiʒ] *nm* (*peur du vide*) vertigini *fpl*; (*étourdissement, fig*) capogiro, vertigini; **ça me donne le ~** (*aussi fig*) mi dà le vertigini
vertigineux, -euse [vɛʀtiʒinø, øz] *adj* vertiginoso(-a)
vertu [vɛʀty] *nf* virtù *f inv*; **avoir la ~ de** avere la proprietà di; **en ~ de** in virtù di
vertueux, -euse [vɛʀtɥø, øz] *adj* virtuoso(-a)
verve [vɛʀv] *nf* brio, verve *f*; **être en ~** essere in vena
verveine [vɛʀvɛn] *nf* verbena; (*infusion*) infuso di verbena
vésicule [vezikyl] *nf* vescicola; **~ biliaire** cistifellea, colecisti *f inv*
vessie [vesi] *nf* vescica
veste [vɛst] *nf* giacca; **retourner sa ~** (*fig*) cambiare bandiera; **~ croisée** giacca a doppio petto; **~ droite** giacca a un petto
vestiaire [vɛstjɛʀ] *nm* (*au théâtre etc*) guardaroba *m inv*; (*de stade etc*) spogliatoio; **(armoire) ~** guardaroba
vestibule [vɛstibyl] *nm* anticamera, vestibolo
vestige [vɛstiʒ] *nm* vestigio; **vestiges** *nmpl* (*de ville, du passé*) vestigia *fpl*
vestimentaire [vɛstimɑ̃tɛʀ] *adj* (*dépense*) per il vestiario; (*détail, élégance*) dell'abbigliamento
veston [vɛstɔ̃] *nm* giacca
vêtement [vɛtmɑ̃] *nm* vestito, abito; (*Comm*) : **le ~** l'abbigliamento; **vêtements** *nmpl* (*habits*) vestiti *mpl*, abiti *mpl*; **~s de sport** abbigliamento *msg* sportivo
vétérinaire [veteʀinɛʀ] *adj, nm/f* veterinario(-a)
vêtir [vetiʀ] *vt* vestire; **se vêtir** *vr* vestirsi
vêtu, e [vety] *pp de* **vêtir** ▸ *adj* : **~ de** vestito(-a) di; **chaudement ~** ben coperto(-a)
vétuste [vetyst] *adj* vetusto(-a)
veuf, veuve [vœf, vœv] *adj* vedovo(-a) ▸ *nm* vedovo
veuve [vœv] *adj f voir* **veuf** ▸ *nf* vedova
vexant, e [vɛksɑ̃, ɑ̃t] *adj* (*contrariant*) seccante, irritante; (*blessant*) offensivo(-a)
vexations [vɛksasjɔ̃] *nfpl* vessazioni *fpl*, angherie *fpl*
vexer [vɛkse] *vt* offendere; **se vexer** *vr* offendersi
viable [vjabl] *adj* (*fœtus*) vitale; (*réforme*) valido(-a)
viande [vjɑ̃d] *nf* carne *f*; **~ blanche** carne bianca; **~ rouge** carne rossa
vibrer [vibʀe] *vi, vt* vibrare
vice [vis] *nm* vizio; **~ de fabrication/construction** difetto di fabbricazione/costruzione; **~ caché** (*Comm*) vizio occulto; **~ de forme** (*Jur*) vizio di forma
vicié, e [visje] *adj* (*air, Jur*) viziato(-a); (*goût*) alterato(-a)
vicieux, -euse [visjø, jøz] *adj* (*pervers, fautif*) vizioso(-a); (*méchant*) cattivo(-a)
vicinal, e, -aux [visinal, o] *adj* vicinale; **chemin ~** strada vicinale, stradina di campagna
victime [viktim] *nf* vittima; **être (la) ~ de** essere vittima di; **être ~ d'une attaque/d'un accident** essere vittima di un'aggressione/di un incidente
victoire [viktwaʀ] *nf* vittoria
victuailles [viktɥaj] *nfpl* viveri *mpl*, vettovaglie *fpl*
vidange [vidɑ̃ʒ] *nf* (*d'un fossé, réservoir*) svuotamento; (*Auto*) cambio dell'olio; (*de lavabo : bonde*) scarico; **faire la ~** (*Auto*) fare il cambio dell'olio; **tuyau de ~** tubo di scarico
vidanger [vidɑ̃ʒe] *vt* svuotare; **faire ~ la voiture** far fare il cambio dell'olio alla macchina
vide [vid] *adj* vuoto(-a) ▸ *nm* vuoto; **~ de** privo(-a) di; **sous ~** sotto vuoto; **regarder dans le ~** guardare nel vuoto; **parler dans le ~** parlare al muro; **faire le ~** (*dans son esprit*) liberare la mente; **faire le ~ autour de qn** fare il vuoto intorno a qn; **à ~** a vuoto
vidéo [video] *nf* video *m inv* ▸ *adj inv* : **bande/disque ~** videonastro/videodisco; (*technique*) video *inv*; **~ inverse** (*Inform*) video inverso
vidéoclip [videɔklip] *nm* videoclip *m inv*
vide-ordures [vidɔʀdyʀ] *nm inv* (colonna di) scarico delle immondizie
vider [vide] *vt* (*récipient*) (s)vuotare; (*contenu*) versare; (*salle, lieu*) vuotare; (*boire*) scolare, vuotare; (*Culin : volaille,*

poisson) pulire; (*résoudre* : *querelle*) risolvere; (*fatiguer*) sfinire; (*fam* : *expulser*) cacciare; **se vider** *vr* (*récipient*) (s)vuotarsi; **~ les lieux** sloggiare

videur [vidœʀ] *nm* (*de boîte de nuit*) buttafuori *m inv*

vie [vi] *nf* vita; **à ~** (*élu, membre*) a vita; **dans la ~ courante** nella vita di tutti i giorni; **avoir la ~ dure** (*résister*) essere duro(-a) a morire; **mener la ~ dure à qn** rendere la vita difficile a qn

vieil [vjɛj] *adj m voir* **vieux**

vieillard [vjɛjaʀ] *nm* vecchio; **les ~s** i vecchi, gli anziani

vieille [vjɛj] *adj f voir* **vieux**

vieilleries [vjɛjʀi] *nfpl* anticaglie *fpl*

vieillesse [vjɛjɛs] *nf* vecchiaia

vieillir [vjejiʀ] *vi, vt* invecchiare; **se vieillir** *vr* invecchiarsi; **il a beaucoup vieilli** è invecchiato molto

vierge [vjɛʀʒ] *adj* vergine ▸ *nf* vergine *f*; (*Astrol*) : **V~** Vergine; **être V~** essere della Vergine; **~ de** scevro(-a) di

vieux, vieil, vieille [vjø, vjɛj] *adj, nm/f* vecchio(-a) ▸ *nmpl* : **les ~** (*aussi parents*) i vecchi; **un petit ~** un vecchietto; **mon ~/ma vieille** (*fam*) caro mio/cara mia; **prendre un coup de ~** invecchiare (di colpo); **se faire ~** invecchiare; **~ garçon** scapolo; **~ jeu** *adj inv* all'antica, antiquato(-a)

vif, vive [vif, viv] *adj* vivo(-a); (*animé, alerte*) vivace; (*brusque*) brusco(-a); (*air, vent, froid*) pungente; (*déception*) profondo(-a); **brûlé ~** bruciato(-a) vivo; **eau/source vive** acqua/sorgente viva; **de vive voix** a viva voce; **toucher** *ou* **piquer qn au ~** toccare *ou* pungere qn sul vivo; **tailler** *ou* **couper dans le ~** incidere *ou* tagliare nel vivo; **à ~** (*plaie*) aperto(-a); **avoir les nerfs à ~** avere i nervi a fior di pelle; **sur le ~** (*Art*) dal vero; **entrer dans le ~ du sujet/débat** entrare nel vivo di un argomento/dibattito

vigne [viɲ] *nf* (*plante*) vite *f*; (*plantation*) vigna, vigneto; **~ vierge** vite *f* del Canada

vigneron, ne [viɲ(ə)ʀɔ̃, ɔn] *nm/f* viticoltore(-trice)

vignette [viɲɛt] *nf* (*motif, illustration*) vignetta; (*de marque*) contrassegno; (*Admin*) bollo (di circolazione); (: *sur médicament*) fustella

vignoble [viɲɔbl] *nm* vigneto, vigna; (*vignes d'une région*) vigneti *mpl*

vigoureux, -euse [viguʀø, øz] *adj* vigoroso(-a)

vigueur [vigœʀ] *nf* vigore *m*; **en ~** in uso; (*Jur*) in vigore; **être/entrer en ~** (*Jur*) essere/entrare in vigore

vilain, e [vilɛ̃, ɛn] *adj* brutto(-a); (*pas sage* : *enfant*) cattivo(-a) ▸ *nm* (*paysan*) villano; **ça va faire du/tourner au ~** (la cosa) si mette male; **~ mot** parolaccia

villa [villa] *nf* villa

village [vilaʒ] *nm* paese *m*, paesino; **~ de toile** tendopoli *f inv*; **~ de vacances** (*organisation*) villaggio turistico

villageois, e [vilaʒwa, waz] *adj* campagnolo(-a), paesano(-a) ▸ *nm/f* paesano(-a), abitante *m/f* del paese

ville [vil] *nf* città *f inv*; **la ~** (*administration*) il comune; **habiter en ~** abitare in città; (*opposé à banlieue*) abitare in centro; **aller en ~** andare in città; **~ nouvelle** città *f inv* di fondazione

vin [vɛ̃] *nm* vino; **avoir le ~ gai/triste** avere la sbornia allegra/triste; **~ blanc** vino bianco; **~ d'honneur** bicchierata; **~ de messe** vino da messa; **~ de pays** ≈ vino ad indicazione geografica tipica; **~ de table** vino da tavola; **~ nouveau** vino nuovo; **~ ordinaire** vino comune; **~ rosé** vino rosé *ou* rosato; **~ rouge** vino rosso

vinaigre [vinɛgʀ] *nm* aceto; **tourner au ~** (*fig*) prendere una brutta piega; **~ d'alcool** aceto di acquavite; **~ de vin** aceto di vino

vinaigrette [vinɛgʀɛt] *nf condimento per l'insalata a base di olio, aceto, sale e senape*

vindicatif, -ive [vɛ̃dikatif, iv] *adj* vendicativo(-a)

vingt [vɛ̃] *adj inv, nm inv* venti *m inv*; **~-quatre heures sur ~-quatre** ventiquattr'ore su ventiquattro; *voir aussi* **cinq**

vingtaine [vɛ̃tɛn] *nf* : **une ~ (de)** una ventina (di)

vingtième [vɛ̃tjɛm] *adj, nm/f* ventesimo(-a) ▸ *nm* ventesimo; **le ~ siècle** il ventesimo secolo; *voir aussi* **cinquième**

vinicole [vinikɔl] *adj* (*production, région*) vinicolo(-a)

vinyle [vinil] *nm* vinile *m*

viol [vjɔl] *nm* (*d'une femme*) stupro, violenza carnale; (*d'un lieu sacré*) violazione *f*
violacé, e [vjɔlase] *adj* violaceo(-a)
violemment [vjɔlamɑ̃] *adv* violentemente
violence [vjɔlɑ̃s] *nf* violenza; **faire ~ à qn** fare violenza a qn; **se faire ~** costringersi
violent, e [vjɔlɑ̃, ɑ̃t] *adj* violento(-a)
violer [vjɔle] *vt* violare; (*femme*) stuprare, violentare
violet, te [vjɔlɛ, ɛt] *adj* viola *inv*, violetto(-a) ▸ *nm* viola *m inv*, violetto
violette [vjɔlɛt] *nf* viola, violetta
violon [vjɔlɔ̃] *nm* violino; (*fam : prison*) guardina; **premier ~** (*Mus*) primo violino; **~ d'Ingres** hobby *m inv*, passatempo
violoncelle [vjɔlɔ̃sɛl] *nm* violoncello
violoniste [vjɔlɔnist] *nm/f* violinista *m/f*
vipère [vipɛʀ] *nf* vipera
virage [viʀaʒ] *nm* (*d'un véhicule, d'une route*) curva, svolta; (*fig : Pol etc*) svolta; **prendre un ~** prendere una curva; **~ sans visibilité** (*Auto*) curva cieca; **~ sur l'aile** (*Aviat*) virata sull'ala
virée [viʀe] *nf* giro
virement [viʀmɑ̃] *nm* (*Comm*) trasferimento, bonifico; **~ bancaire** bonifico (bancario); **~ postal** postagiro
virer [viʀe] *vt* (*Comm : somme*) : **~ qch (sur)** girare *ou* trasferire qc (su); (*fam : renvoyer*) cacciare via ▸ *vi* (*changer de direction*) girare, voltare; (*: Naut, Aviat*) virare; (*Chim, Photo*) virare; (*Méd : cuti-réaction*) risultare positivo(-a); **~ au bleu/au rouge** tendere all'azzurro/al rosso; **~ de bord** (*Naut*) virare di bordo; **~ sur l'aile** (*Aviat*) virare sull'ala
virevolter [viʀvɔlte] *vi* piroettare; (*fig*) svolazzare
virgule [viʀgyl] *nf* virgola; **4 ~ 2** 4 virgola 2; **~ flottante** virgola mobile
viril, e [viʀil] *adj* virile
virtuel, le [viʀtɥɛl] *adj* virtuale
virtuose [viʀtɥoz] *nm/f, adj* virtuoso(-a)
virulent, e [viʀylɑ̃, ɑ̃t] *adj* virulento(-a)
virus [viʀys] *nm* virus *m inv*
vis¹ [vi] *vb voir* **voir; vivre**
vis² [vis] *nf* vite *f*; **~ à tête plate** vite a testa piana; **~ à tête ronde** vite a testa tonda; **~ platinées** (*Auto*) puntine platinate; **~ sans fin** vite senza fine

visa [viza] *nm* visto; **~ de censure** (*Ciné*) visto della censura
visage [vizaʒ] *nm* viso, volto; (*fig : aspect*) volto; **à ~ découvert** (*franchement*) a viso aperto
vis-à-vis [vizavi] *adv* di fronte ▸ *nm inv* persona (*ou* cosa) di fronte; **~ de** di fronte a; (*fig : à l'égard de*) nei confronti di; (*: en comparaison de*) in confronto a; **en ~** di fronte; **sans ~** (*immeuble*) senza nulla di fronte
visée [vize] *nf* (*avec une arme*) puntamento, mira; (*Arpentage*) rilevamento; **visées** *nfpl* (*intentions*) mire *fpl*; **avoir des ~s sur qn/qch** avere delle mire su qn/qc
viser [vize] *vi* mirare ▸ *vt* mirare a; (*concerner*) riguardare; (*apposer un visa sur*) vistare; **~ à qch/faire** (*avoir pour but*) mirare a qc/fare
visibilité [vizibilite] *nf* visibilità; **bonne/mauvaise ~** buona/scarsa visibilità; **sans ~** (*pilotage, virage*) cieco(-a)
visible [vizibl] *adj* visibile; (*évident*) chiaro(-a), evidente; **est-il ~ ?** (*disponible*) riceve?
visière [vizjɛʀ] *nf* visiera; **mettre sa main en ~** ripararsi gli occhi dalla luce con la mano
vision [vizjɔ̃] *nf* (*sens*) vista; (*image*) visione *f*; **en première ~** (*Ciné*) in prima visione
visiophone [vizjɔfɔn] *nm* videotelefono
visite [vizit] *nf* visita; (*expertise*) sopralluogo; **faire une ~ à qn** fare una visita a qn; **rendre ~ à qn** far visita a qn; **être en ~ (chez qn)** essere in visita (da qn); **heures de ~** orario delle visite; **le droit de ~** (*Jur : aux enfants d'un(e) divorcé(e)*) diritto di accesso; **~ domiciliaire** perquisizione *f* domiciliare; **~ médicale** visita medica
visiter [vizite] *vt* visitare
visiteur, -euse [vizitœʀ, øz] *nm/f* (*touriste*) visitatore(-trice); **~ des douanes** ispettore *m* doganale; **~ médical** informatore *m* medico scientifico
vison [vizɔ̃] *nm* visone *m*
visser [vise] *vt* avvitare
visuel, le [vizɥɛl] *adj* visivo(-a) ▸ *nm* (*Inform*) schermo di visualizzazione, display *m inv*
vital, e, -aux [vital, o] *adj* vitale

vitalité [vitalite] *nf* vitalità
vitamine [vitamin] *nf* vitamina
vite [vit] *adv* (*rapidement* : *passer, travailler*) velocemente; (*sans délai*) presto; **faire ~** sbrigarsi; **ce sera ~ fini** finirà presto; **viens ~ !** vieni, presto!
vitesse [vitɛs] *nf* velocità *f inv*; (*Auto*) : **les ~s** le marce *fpl*; **prendre qn de ~** battere qn sul tempo; **faire de la ~** correre *ou* andare molto forte; **prendre de la ~** prendere velocità; **à toute ~** a tutta velocità; **en perte de ~** (*avion*) che perde quota; (*fig*) in declino, in ribasso; **limite de ~** limite di velocità; **changer de ~** (*Auto*) cambiare (marcia); **en première/deuxième ~** (*Auto*) in prima/seconda; **~ acquise** velocità acquisita; **~ de croisière** velocità di crociera; **~ de pointe** velocità massima; **~ du son** velocità del suono
viticulteur, -trice [vitikyltœʀ, tʀis] *nm/f* viticoltore (-trice)
vitrage [vitʀaʒ] *nm* (*cloison, toit*) vetrata; **double ~** doppi vetri *mpl*
vitrail, -aux [vitʀaj, o] *nm* vetrata; (*technique*) tecnica di costruzione delle vetrate
vitre [vitʀ] *nf* vetro
vitré, e [vitʀe] *adj* a vetri; **porte vitrée** porta a vetri
vitrine [vitʀin] *nf* vetrina; **~ publicitaire** vetrina, bacheca
vivable [vivabl] *adj* (*personne*) sopportabile; (*endroit*) vivibile
vivace [*adj* vivas, *adv* vivatʃe] *adj* (*Bot* : *plante*) perenne; (*fig* : *haine*) tenace ▸ *adv* (*Mus*) vivace
vivacité [vivasite] *nf* vivacità
vivant, e [vivɑ̃, ɑ̃t] *vb voir* **vivre** ▸ *adj* (*qui vit*) vivo(-a); (*animé* : *personne, œuvre*) vivo(-a), vivace; (*preuve, exemple, témoignage*) vivente; (*langue*) vivo(-a), moderno(-a) ▸ *nm* : **du ~ de ...** quando era ancora vivo(-a) ...; **les ~s et les morts** i vivi e i morti
vive [viv] *adj f voir* **vif** ▸ *vb voir* **vivre** ▸ *excl* viva; **~ les vacances !** viva le vacanze!
vivement [vivmɑ̃] *adv* vivamente; (*de façon brusque*) bruscamente; (*fortement*) fortemente ▸ *excl* : **~ qu'il s'en aille !** speriamo che se ne vada presto!; **~ les vacances !** ben vengano le vacanze!
vivier [vivje] *nm* vivaio
vivifiant, e [vivifjɑ̃, jɑ̃t] *adj* vivificante
vivoter [vivɔte] *vi* vivacchiare; (*affaire*) tirare avanti
vivre [vivʀ] *vi, vt* vivere ▸ *nm* : **le ~ et le couvert** (il) vitto e (l')alloggio; **vivres** *nmpl* (*nourriture*) viveri *mpl*; **la victime vit encore** la vittima è ancora in vita; **savoir ~** saper vivere; **se laisser ~** prendere la vita come viene; **ne plus ~** (*être anxieux*) non vivere più; **il a vécu** (*eu une vie aventureuse*) ha vissuto; **ce régime a vécu** questo regime ha fatto il suo tempo; **il est facile/difficile à ~** ha un carattere accomodante/difficile; **faire ~ qn** (*pourvoir à sa subsistance*) mantenere qn; **~ bien/mal** (*largement, chichement*) vivere agiatamente/ poveramente; **~ de** (*salaire etc*) vivere di
vlan [vlɑ̃] *excl* paf, paffete
VO [veo] *sigle f* (*Ciné*: = *version originale*) versione *f* originale; **film en VO** film in versione originale
vocabulaire [vɔkabylɛʀ] *nm* vocabolario
vocation [vɔkasjɔ̃] *nf* vocazione *f*; **avoir la ~** avere la vocazione
vœu, x [vø] *nm* (*souhait*) augurio; (*désir*) desiderio; (*à Dieu*) voto; **faire ~ de** fare voto di; **avec nos meilleurs vœux** con i nostri migliori *ou* più cari auguri; **faire le ~ que** sperare *ou* augurarsi che; **vœux de bonheur** auguri *mpl* di felicità; **vœux de bonne année** auguri *mpl* di buon anno
vogue [vɔg] *nf* moda, voga; **en ~** in voga, di moda
voici [vwasi] *prép* ecco; **et ~ que ...** ed ecco che ...; **il est parti ~ 3 ans** è partito tre anni fa; **~ deux ans que...** sono due anni che...; **me ~** eccomi qua; **en ~ un** eccone uno; **« ~ »** (*en offrant qch*) «ecco qua»
voie [vwa] *vb voir* **voir** ▸ *nf* (*chemin, passage*) via; (*Rail*) binario; (*Auto*) carreggiata; (*fig* : *orientation*) strada; **par ~ buccale** *ou* **orale** (*Méd*) per via orale; **par ~ rectale** per via rettale; **suivre la ~ hiérarchique** andare per via gerarchica; **ouvrir/montrer la ~** aprire/indicare la strada; **être en bonne ~** essere ben avviato(-a); **mettre qn sur la ~** mettere qn sulla strada giusta; **en ~ de** (*en cours de*) in via di; **pays en ~ de développement** paese *m* in via di sviluppo; **route à 2/3 ~s** strada a 2/3 corsie; **par la ~ aérienne/maritime** per via aerea/

marittima; **par ~ ferrée** per ferrovia; **~ à sens unique** strada a senso unico; **~ d'eau** (*Naut* : *voie navigable*) via navigabile; (: *entrée d'eau*) falla; **~ de fait** (*Jur*) via di fatto; **~ de garage** (*Rail*, *fig*) binario morto; (*fig*) : **~ express** ≈ superstrada; **~ ferrée** ferrovia; **la ~ lactée** la via lattea; **~ navigable** via navigabile; **~ prioritaire** strada con (diritto di) precedenza; **~ privée** strada privata; **la ~ publique** la pubblica via

voilà [vwala] *prép* (*en désignant*) ecco; **les ~** eccoli (qua); **en ~ un** eccone uno; **~ deux ans** due anni fa; **~ deux ans que ...** sono due anni che ...; **et ~ !** e questo è tutto!; **~ tout** ecco tutto; **« ~ »** (*en offrant qch*) « ecco qua »

voile [vwal] *nm* velo; (*tissu léger*) voile *m inv*; (*Photo*) velatura, velo ▸ *nf* (*de bateau*, *Sport*) vela; **prendre le ~** (*Rel*) prendere il velo; **mettre à la ~** (*Naut*) salpare; **~ au poumon** *nm* (*Méd*) velo al polmone; **~ du palais** *nm* (*Anat*) velo palatino, palato molle

voiler [vwale] *vt* velare; (*fausser* : *roue*) deformare; (: *bois*) incurvare; **se voiler** *vr* velarsi; (*Tech* : *roue, disque*) deformarsi; (: *planche*) incurvarsi; **se ~ la face** tapparsi gli occhi

voilier [vwalje] *nm* (*bateau*) veliero; (: *de plaisance*) barca a vela

voilure [vwalyʀ] *nf* velatura; (*d'un parachute*) calotta

voir [vwaʀ] *vi* vedere; (*comprendre*) : **je vois** capisco, vedo ▸ *vt* vedere; **se voir** *vr* vedersi; **ça se voit** (*c'est évident*) si vede; **~ à faire qch** vedere di fare qc; **~ loin** (*fig*) essere lungimirante; **je te vois venir** capisco dove vuoi arrivare; **faire ~ qch à qn** far vedere qc a qn; **en faire ~ à qn** (*fig*) farne (vedere) a qn di tutti i colori; **ne pas pouvoir ~ qn** (*fig*) non poter vedere qn; **regardez-~** veda un po'; **montrez-~** faccia un po' vedere; **dites-~** dica un po'; **voyons !** su!, andiamo!; **c'est à ~ !** è tutto da vedere!; **c'est à vous de ~** veda lei; **c'est ce qu'on va ~ !** la vedremo!; **avoir quelque chose à ~ avec** avere qualcosa a che vedere con; **cela n'a rien à ~ avec lui** non ha nulla a che vedere *ou* fare con lui

voire [vwaʀ] *adv* se non (addirittura); **il faudra attendre une semaine, ~ un mois** bisognerà aspettare una settimana, se non (addirittura) un mese

voisin, e [vwazɛ̃, in] *adj* vicino(-a); (*ressemblant*) simile ▸ *nm/f* vicino(-a); **~ de palier** vicino(-a) di pianerottolo

voisinage [vwazinaʒ] *nm* (*proximité*) vicinanza; (*environs*) vicinanze *fpl*; (*quartier*) quartiere *m*; (*voisins*) vicinato; **relations de bon ~** rapporti di buon vicinato

voiture [vwatyʀ] *nf* vettura, automobile *f*, macchina; (*wagon*) vettura, carrozza; **en ~ !** (*Rail*) in vettura!; **~ à bras** carretto a mano; **~ d'enfant** carrozzina; **~ d'infirme** carrozzella; **~ de sport** macchina sportiva

voix [vwɑ] *nf* voce *f*; (*Pol*) voto; **la ~ de la conscience/raison** la voce della coscienza/ragione; **à haute ~** ad alta voce; **à ~ basse** a bassa voce; **faire la grosse ~** fare la voce grossa; **avoir de la ~** avere voce; **rester sans ~** rimanere senza voce; **à 2/4 ~** (*Mus*) a 2/4 voci; **avoir/ne pas avoir ~ au chapitre** avere/non avere voce in capitolo; **mettre aux ~** mettere ai voti; **~ de basse/de ténor** voce di basso/di tenore

vol [vɔl] *nm* volo; (*mode d'appropriation, larcin*) furto; (*groupe d'oiseaux*) stormo; **à ~ d'oiseau** in linea d'aria; **au ~** (*attraper, saisir*) al volo; **prendre son ~** prendere il volo; **de haut ~** (*fig*) di alto bordo; **~ à l'étalage** taccheggio; **~ à la tire** borseggio, scippo; **~ à main armée** rapina a mano armata; **~ à voile** volo a vela; **~ avec effraction** furto con scasso; **~ de nuit** volo notturno; **~ en palier** (*Aviat*) volo orizzontale; **~ libre** (*Sport*) deltaplano; **~ plané** (*Aviat*) volo planato; **~ qualifié** furto aggravato; **~ simple** (*Jur*) furto semplice; **~ sur aile delta** (*Sport*) deltaplano

volage [vɔlaʒ] *adj* volubile

volaille [vɔlɑj] *nf* pollame *m*; (*oiseau*) pollo

volant, e [vɔlɑ̃, ɑ̃t] *adj* volante ▸ *nm* volante *m*; (*objet lancé, jeu*) volano; (*bande de tissu*) volant *m inv*; (*feuillet détachable*) figlia; **le personnel ~, les ~s** (*Aviat*) il personale di bordo; **~ de sécurité** (*fig*) margine *m* di sicurezza

volcan [vɔlkɑ̃] *nm* vulcano

volée [vɔle] *nf* (*groupe d'oiseaux*) stormo; (*Tennis*) volée *f inv*; **à la ~** al volo; **lancer à la ~** lanciare con forza; **semer à la ~**

seminare a spaglio; **à toute ~** (*sonner les cloches*) a distesa; (*lancer un projectile*) con tutta forza; **de haute ~** (*fig : de haut rang*) di alto bordo; (*de grande envergure*) di ampia portata; **~ (de coups)** scarica (di colpi); **~ de flèches** scarica di frecce; **~ d'obus** scarica di proiettili

voler [vɔle] *vi* volare; (*voleur*) rubare ▸ *vt* rubare; (*personne*) derubare; **~ en éclats** andare in frantumi; **~ de ses propres ailes** (*fig*) camminare con le proprie gambe; **~ au vent** svolazzare al vento

volet [vɔlɛ] *nm* (*de fenêtre*) imposta, persiana; (*Aviat*) alettone *f*; (*de feuillet, document*) parte *f* (*di foglio piegato*); (*fig : d'un plan, d'une politique*) parte, elemento; **trié sur le ~** scelto con la massima cura; **~ de freinage** (*Aviat*) aerofreno

voleur, -euse [vɔlœʀ, øz] *nm/f, adj* ladro(-a)

volley [vɔlɛ] *nm* = **volley-ball**

volley-ball [vɔlɛ(bol)] (*pl* **-s**) *nm* pallavolo *f*

volontaire [vɔlɔ̃tɛʀ] *adj* volontario(-a); (*délibéré*) intenzionale, voluto(-a); (*caractère, personne*) volitivo(-a) ▸ *nm/f* volontario(-a); (*Mil*) : **(engagé) ~** volontario

volonté [vɔlɔ̃te] *nf* volontà *f inv*; **à ~** a volontà; **bonne/mauvaise ~** buona/ cattiva volontà; **les dernières ~s de qn** le ultime volontà di qn

volontiers [vɔlɔ̃tje] *adv* volentieri; (*habituellement*) sovente, spesso

volt [vɔlt] *nm* volt *m inv*

volte-face [vɔltəfas] (*pl* **volte-face(s)**) *nf* dietrofront *m inv*; (*fig*) voltafaccia *m inv*; **faire ~** fare dietrofront; fare un voltafaccia

voltige [vɔltiʒ] *nf* (*au cirque, Aviat, fig*) acrobazia; (*Équitation*) volteggio; **numéro de haute ~** numero di alta acrobazia

voltiger [vɔltiʒe] *vi* svolazzare

volubile [vɔlybil] *adj* loquace

volume [vɔlym] *nm* volume *m*; (*Géom : solide*) solido

volumineux, -euse [vɔlyminø, øz] *adj* voluminoso(-a)

volupté [vɔlypte] *nf* voluttà *f inv*

vomi [vɔmi] *nm* vomito

vomir [vɔmiʀ] *vi* vomitare ▸ *vt* vomitare; **il vomit les lâches** i vigliacchi gli fanno schifo

vorace [vɔʀas] *adj* vorace

vos [vo] *voir* **votre**

VOST [veoɛste] *sigle f* (= *version originale sous-titrée*) versione *f* originale sottotitolata

vote [vɔt] *nm* (*de loi*) approvazione *f*; (*suffrage*) voto; (*consultation, élection*) votazione *f*, voto; **~ à bulletins secrets** voto a scrutinio segreto; **~ à main levée** votazione per alzata di mano; **~ par correspondance** voto per corrispondenza; **~ par procuration** voto per procura; **~ secret** votazione *f* segreta

voter [vɔte] *vi* votare ▸ *vt* approvare, votare

votre [vɔtʀ] (*pl* **vos**) *adj poss* (il) vostro, (la) vostra, (i) vostri, (le) vostre; (*forme de politesse*) (il) suo, (la) sua, (i) suoi, (le) sue

vôtre [votʀ] *pron* : **le ~, la ~, les ~s** il vostro, la vostra, i vostri, le vostre; (*forme de politesse*) il suo, la sua, i suoi, le sue; **les ~s** (*fig*) i vostri; i suoi; **à la ~** (*toast*) alla vostra; alla sua

voué, e [vwe] *adj* : **~ à** destinato(-a) a, condannato(-a) a

vouer [vwe] *vt* votare; **se vouer à** *vr* dedicarsi a; **~ sa vie** dedicare la propria vita a; **~ une amitié éternelle à qn** giurare eterna amicizia a qn

MOT-CLÉ

vouloir [vulwaʀ] *vt* **1** (*exiger, désirer*) volere; **voulez-vous du thé ?** vuole del tè?; **que me veut-il ?** cosa vuole da me?; **sans le vouloir** senza volere *ou* volerlo; **je voudrais ceci/faire** vorrei questo/fare; **le hasard a voulu que ...** il caso ha voluto che ...; **la tradition veut que ...** tradizione vuole che ...; **vouloir faire/que qn fasse** voler fare/ che qn faccia

2 (*consentir*) : **je veux bien** (*bonne volonté*) io sono d'accordo; (*concession*) posso anche ammetterlo; **oui, si on veut** (*en quelque sorte*) sì, se vogliamo; **si vous voulez** se vuole; **veuillez attendre** attenda per favore; **veuillez agréer ...** (*formule épistolaire*) voglia gradire ...; **comme vous voudrez** come vuole

3 : **en vouloir à** : **en vouloir à qn/qch** avercela con qn/qc ; **s'en vouloir (de qch/d'avoir fait qch)** essersi pentito(-a) (di qc/di aver fatto qc) ;

il en veut à mon argent ha delle mire sui miei soldi ; **vouloir qch à qn** augurare qc a qn
4 : **vouloir de qch/qn** (*accepter*) : **l'entreprise ne veut plus de lui** la ditta non ne vuole più sapere di lui ; **elle ne veut pas de son aide** non vuole il suo aiuto
5 : **vouloir dire (que)** (*signifier*) voler dire (che)
▸ *nm* : **le bon vouloir de qn** la buona volontà di qn

voulu, e [vuly] *pp de* **vouloir** ▸ *adj* (*requis*) necessario(-a), richiesto(-a); (*délibéré*) voluto(-a)
vous [vu] *pron* voi; (*forme de politesse*) lei; (*réfléchi : direct, indirect*) la, vi; (*réciproque*) vi ▸ *nm* : **employer le ~** dare del lei; **~ avez gagné** (voi) avete vinto; **~ êtes en vacances** siete in vacanza; **~ pouvez ~ asseoir** potete sedervi, può sedersi; **~ pouvez ~ en aller** potete andarvene, può andarsene; **je ~ le jure** ve lo giuro, glielo giuro; **il ~ en donne** ve ne dà, gliene dà
voûte [vut] *nf* volta; **la ~ céleste** la volta celeste; **~ du palais** (*Anat*) volta palatina; **~ plantaire** (*Anat*) volta plantare
vouvoiement [vuvwamɑ̃] *nm* dare *m* del lei
vouvoyer [vuvwaje] *vt* : **~ qn** ≈ dare del lei a qn
In francese, per rivolgersi alle persone che non si conoscono va sempre usato il **vous**, seguito dal verbo alla seconda persona plurale.
voyage [vwajaʒ] *nm* viaggio; **être en ~** essere in viaggio; **partir en ~** partire (per un viaggio); **faire un ~** fare un viaggio; **faire bon ~** fare buon viaggio; **elle aime les ~s** le piace viaggiare; **les gens du ~** (*de cirque*) gli artisti del circo; **~ d'affaires/d'agrément** viaggio d'affari/di piacere; **~ de noces** viaggio di nozze; **~ organisé** viaggio organizzato
voyager [vwajaʒe] *vi* viaggiare
voyageur, -euse [vwajaʒœʀ, øz] *nm/f* viaggiatore(-trice); (*touriste etc*) turista *m/f* ▸ *adj* (*tempérament*) nomade; **un grand ~** un grande esploratore; **~ (de commerce)** commesso viaggiatore
voyagiste [vwajaʒist] *nm/f* operatore(-trice) turistico(-a), tour operator *m inv/f inv*
voyant, e [vwajɑ̃, ɑ̃t] *adj* (*couleur*) vistoso(-a) ▸ *nm/f* (*personne*) vedente *m/f* ▸ *nm* (*signal lumineux*) spia (luminosa)
voyelle [vwajɛl] *nf* vocale *f*
voyou [vwaju] *nm* (*enfant*) monello; (*petit truand*) delinquente *m* ▸ *adj* sfrontato(-a)
vrac [vʀak] : **en ~** *adj, adv* alla rinfusa; (*Comm*) sfuso(-a)
vrai, e [vʀɛ] *adj* vero(-a) ▸ *nm* : **le ~** il vero, la verità; **à dire ~, à ~ dire** a dire il vero; **il est ~ que** è vero che; **être dans le ~** avere ragione
vraiment [vʀɛmɑ̃] *adv* veramente; (*dubitatif*) : **« ~ ? »** « davvero? », « veramente? »; (*intensif*) : **il est ~ rapide** è davvero *ou* veramente rapido
vraisemblable [vʀɛsɑ̃blabl] *adj* verosimile
vraisemblablement [vʀɛsɑ̃blabləmɑ̃] *adv* verosimilmente
vraisemblance [vʀɛsɑ̃blɑ̃s] *nf* verosimiglianza; **selon toute ~** con ogni probabilità
vrombir [vʀɔ̃biʀ] *vi* (*avion, moteur*) rombare; (*insecte*) ronzare
VRP [veɛʀpe] *sigle m* (= *voyageur, représentant, placier*) rappresentante *m* di commercio
VTT [vetete] *sigle m* (= *vélo tout terrain*) mountain bike *f inv*
vu[1] [vy] *prép* (*en raison de*) visto(-a); **vu que** visto che
vu[2]**, e** [vy] *pp de* **voir** ▸ *adj* : **bien/mal vu** (*fig*) ben/mal visto(-a) ▸ *nm* : **au vu et au su de tous** sotto gli occhi di tutti; **ni vu ni connu** senza che si sappia; **ni vu ni connu !** io non so niente!; **c'est tout vu** è così e basta
vue [vy] *nf* vista; (*panorama*) vista, veduta; (*image, photo*) veduta; **vues** *nfpl* (*idées*) idee *fpl*, vedute *fpl*; (*dessein*) mire *fpl*; **perdre la ~** perdere la vista; **perdre de ~** perdere di vista; **à la ~ de tous** davanti a tutti; **hors de ~** lontano(-a); **à première ~** a prima vista; **connaître qn de ~** conoscere qn di vista; **à ~** (*Comm*) a vista; **tirer à ~** sparare a vista; **à ~ d'œil** a vista d'occhio; (*à première vue*) a prima vista; **avoir ~ sur** (*suj : fenêtre*) dare su; **chambre ayant ~ sur le jardin** camera

con vista sul giardino; **en ~** in vista; **avoir qch en ~** aver qc in vista; **en ~ de** (*être, arriver*) in vista di; **en ~ de faire qch** allo scopo di fare qc; **~ d'ensemble** visione *f* generale *ou* d'insieme; **~ de l'esprit** concetto un po' utopico
vulgaire [vylgɛʀ] *adj* volgare
vulgariser [vylgaʀize] *vt* (*connaissances*) divulgare; (*rendre vulgaire*) involgarire
vulnérable [vylneʀabl] *adj* vulnerabile
vulve [vylv] *nf* vulva

wagon [vagɔ̃] *nm* (*de voyageurs, de marchandises*) vagone *m*
wagon-lit [vagɔ̃li] (*pl* **wagons-lits**) *nm* vagone *m* letto *inv*
wagon-restaurant [vagɔ̃ʀɛstɔʀɑ̃] (*pl* **wagons-restaurants**) *nm* vagone *m* ristorante *inv*
wallon, ne [walɔ̃, ɔn] *adj* vallone ▶ *nm/f* : **Wallon, ne** Vallone *m/f* ▶ *nm* (*langue*) vallone *m*
watt [wat] *nm* watt *m inv*
w-c [vese] *nmpl* WC *m inv*
Web [wɛb] *nm inv* : **le ~** la Rete
webcam [wɛbkam] *nf* webcam *f inv*
webmaster [wɛbmastɛʀ], **webmestre** [wɛbmɛstʀə] *nm/f* webmaster *m inv/f inv*
week-end [wikɛnd] (*pl* **-s**) *nm* week-end *m inv*, fine settimana *m*
western [wɛstɛʀn] *nm* western *m inv*
whisky [wiski] (*pl* **whiskies**) *nm* whisky *m inv*
Wi-Fi, wifi [wifi] *nm inv* Wi-Fi *m inv*

xénophobe [gzenɔfɔb] *nm/f* xenofobo(-a)
xérès [gzeʀɛs] *nm* xeres *m inv*
xylophone [gzilɔfɔn] *nm* xilofono

y

y [i] *adv, pron* ci; **nous y sommes** ci siamo; **j'y pense** ci penso; **s'y entendre/connaître** intendersene; *voir aussi* **aller**; **avoir**
yacht ['jɔt] *nm* yacht *m inv*
yaourt ['jauʀt] *nm* yogurt *m inv*
yeux ['jø] *nmpl de* **œil**
yoga ['jɔga] *nm* yoga *m inv*
yoghourt ['jɔguʀt] *nm* = **yaourt**
yo(-)yo [jojo] *nm* yo-yo *m inv*

Z

zapper [zape] *vi* fare zapping
zapping [zapiŋ] *nm* zapping *m inv*; **faire du ~** fare zapping
zèbre [zɛbʀə] *nm* (*Zool*) zebra
zébré, e [zebʀe] *adj* striato(-a)
zèle [zɛl] *nm* zelo; **faire du ~** (*péj*) fare lo/la zelante
zélé, e [zele] *adj* zelante
zéro [zeʀo] *adj* (*chiffre, nombre*) zero ▸ *nm* (*Scol*) zero; **au-dessus/au-dessous de ~** (*température*) sopra/sotto lo zero; **réduire à/partir de ~** ridurre a/partire da zero; **trois (buts) à ~** tre (goal) a zero
zeste [zɛst] *nm* (*Culin*) scorza; **un ~ de citron** una scorza di limone; (*fig*) : **un ~ de** un pizzico di
zézayer [zezeje] *vi* avere un difetto di pronuncia
zigzag [zigzag] *nm* zigzag *m inv*; (*point de machine à coudre*) zigzag *m inv*
zigzaguer [zigzage] *vi* zigzagare
zinc [zɛ̃g] *nm* zinco; (*comptoir*) banco
zipper [zipe] *vt* (*Inform*) zippare
zizanie [zizani] *nf* : **mettre** *ou* **semer la ~** mettere *ou* seminare zizzania
zizi [zizi] (*fam*) *nm* pisellino
zodiaque [zɔdjak] *nm* zodiaco; **les signes du ~** i segni zodiacali
zona [zona] *nm* herpes *m inv* zoster
zone [zon] *nf* (*Géo, Pol, Admin, gén*) zona; (*Inform*) area; (*quartiers*) : **la ~** la periferia (*zona molto povera delle grandi città*); **de seconde ~** (*fig* : *de second ordre*) di second'ordine; **~ bleue** zona disco; **~ d'action** (*Mil*) zona d'azione; **~ d'extension** zona di urbanizzazione; **~ d'urbanisation** zona di urbanizzazione; **~ franche** zona franca; **~ industrielle** zona industriale; **~ résidentielle** zona residenziale
zoo [zo(o)] *nm* zoo *m inv*
zoologie [zɔɔlɔʒi] *nf* zoologia
zoologique [zɔɔlɔʒik] *adj* zoologico(-a)
zut [zyt] *excl* accidenti

Perspectives sur l'italien

Sommaire

Introduction 4
L'Italie et ses régions 5
Portrait de l'Italie 7
L'Italie politique 8
Les mots italiens qui ont fait le tour du monde 9
Les mots italiens du français 10
Les mots français de l'italien 11
Améliorez votre prononciation 12
Exprimez-vous avec plus de naturel 14
La correspondance 16
Les SMS 16
Internet et le courrier électronique 17
La correspondance privée 19
La correspondance commerciale 21
Au téléphone 23
Locutions italiennes 24
Quelques problèmes de traduction courants 27

Introduction

Perspectives sur l'italien vous propose de découvrir différents aspects de l'Italie et de la langue italienne. Les pages qui suivent vous offrent la possibilité de faire connaissance avec le pays où l'on parle l'italien et avec ses habitants.

Des conseils pratiques sur la langue et des notes abordant les problèmes de traduction les plus fréquents vous aideront à parler l'italien avec davantage d'assurance. Une partie très utile consacrée à la correspondance vous fournit toutes les informations dont vous avez besoin pour pouvoir communiquer efficacement par écrit.

Nous avons également inclus un certain nombre de liens vers des ressources en ligne qui vous permettront d'approfondir vos connaissances sur l'Italie et la langue italienne.

Nous espérons que vous prendrez plaisir à consulter votre supplément *Perspectives sur l'italien*. Nous sommes sûrs qu'il vous aidera à mieux connaître l'Italie et à prendre confiance en vous, à l'écrit comme à l'oral.

L'Italie et ses régions

La langue italienne dans le monde
L'italien est la langue officielle dans deux cantons suisses (le Tessin et les Grisons – en italien *Ticino* et *Grigioni*), en république de Saint-Marin, et dans la Cité du Vatican. On parle aussi l'italien à Malte ainsi que dans certaines parties de la Croatie et de la Slovénie.

L'Italie et ses régions

Les six plus grandes villes italiennes

Ville	*Nom des habitants*	*Population*
Roma	i romani	2 638 842
Milano	i milanesi	1 262 101
Napoli	i napoletani	959 052
Torino	i torinesi	872 091
Palermo	i palermitani	654 987
Genova	i genovesi	582 320

L'Italie se compose d'un territoire continental, de deux grandes îles, la Sardaigne et la Sicile, ainsi que d'îles plus petites comme Elbe et Capri.

On y dénombre vingt régions administratives dont cinq sont des *regioni autonome*, lesquelles disposent de pouvoirs de décision plus importants que les autres. Trois de ces Régions autonomes se trouvent dans le nord (Vallée d'Aoste, Frioul-Vénétie Julienne et Trentin-Haut-Adige). Les deux autres sont les îles de Sardaigne et de Sicile. Le gouvernement central conserve ses compétences en matière de défense, d'affaires étrangères et de justice.

L'Italie n'est un pays unifié que depuis 1870. Jusqu'alors, certaines parties de la péninsule étaient contrôlées par différents pays comme l'Espagne, l'Autriche et la France. Il y avait, et il demeure toujours, une forte identité régionale, nombre de personnes parlant l'un des divers dialectes locaux. Aujourd'hui, tout le monde apprend l'italien standard à l'école mais on utilise beaucoup le *dialetto* avec ses voisins, ses amis et en famille.

Comme souvent dans les régions frontalières, on trouve des communautés bilingues. Par exemple, dans la région du Trentin-Haut-Adige, à l'extrémité nord de l'Italie, la langue majoritaire est l'allemand.

Portrait de l'Italie

- En superficie, l'Italie (301 323 km²) est plus petite que la France (549 000 km²).

- Le Pô (*Po* en italien, 652 km) est le fleuve le plus long d'Italie. Il prend sa source dans les Alpes et se jette dans l'Adriatique, près de Venise.

- La population italienne, qui compte environ 61 millions d'habitants, est un peu moins nombreuse que celle de la France. Son taux de natalité est très bas (1,4 enfant par femme). Il y a plus de décès que de naissances.

- L'économie italienne occupe le quatrième rang au sein de l'Union européenne et le septième à l'échelle mondiale.

- L'Italie est le deuxième plus gros producteur de vin au monde, après la France.

- Le point culminant de l'Italie est le Grand Paradis (*Gran Paradiso*, 4 061 m), dans les Alpes.

- Chaque année, près de 46 millions de touristes visitent l'Italie, ce qui fait de ce pays la cinquième des destinations touristiques les plus populaires du monde.

- L'Italie compte quatre volcans actifs : l'Etna, le Vésuve, le Stromboli et le Vulcano. L'Etna, qui entre fréquemment en éruption, est le volcan le plus actif d'Europe.

Quelques liens utiles :
www.governo.it
Site du gouvernement italien.
www.istat.it
Institut italien de la statistique.
www.enit.it
Agence italienne du tourisme.

L'Italie politique

- L'Italie a de nombreux partis politiques, qui forment souvent des alliances. Les deux principaux groupes sont le centre-droit et le centre-gauche. Le gouvernement est généralement formé par une coalition de plusieurs partis.

- Le Parlement italien se compose de deux Chambres : le Sénat (*il Senato*) et la Chambre des députés (*la Camera dei Deputati*). Le président de la République (*il Presidente della Repubblica*), qui est le chef de l'État, est élu pour 7 ans.

- Le Premier ministre (*il Presidente del Consiglio*) est le chef du gouvernement.

- On trouve en Italie deux minuscules États indépendants : Saint-Marin et la Cité du Vatican.

- Saint-Marin est la plus petite république d'Europe.

- L'État de la Cité du Vatican est le centre spirituel et administratif de l'Église catholique romaine. Il a deux langues officielles, l'italien et le latin.

Les mots italiens qui ont fait le tour du monde

Pour une grande part, la langue que les Italiens ont emportée avec eux dans d'autres pays se rapporte à la table : beaucoup d'immigrants ont ouvert des cafés et des restaurants. Aujourd'hui, dans le monde entier, on boit des cappuccinos et des expressos, on mange des ciabattas, des spaghettis, du minestrone et de la pizza.

Si ces boissons et ces plats nous sont familiers, on ne se rend pas toujours compte que les mots italiens auxquels ils doivent leur nom ont souvent une origine très intéressante. En voici quelques exemples :

- *cappuccino*
  Ce mot vient de « capucin ». Les capucins sont des moines dont la robe est marron, la couleur du cappuccino.

- *ciabatta*
  C'est-à-dire « chausson », en raison de la forme de ce pain.

- *macchiato*
  macchiato, « taché », décrit l'apparence d'un café noir dans lequel on a versé une goutte de lait.

- *spaghetti*
  spago signifie « ficelle » : les spaghettis sont donc de « petites ficelles ». Il existe un autre type de pâtes appelées *orecchiette*. Sachant que *un orecchio* est une oreille, vous pourrez probablement deviner à quoi ressemblent ces pâtes.

- *tiramisù*
  Ce mot ne décrit pas l'apparence du dessert mais son effet, puisqu'il signifie littéralement « tire-moi vers le haut », c'est-à-dire « remontant » (en référence à l'effet stimulant du café qu'il contient).

- *vermicelli*
  Il s'agit de pâtes très fines dont le nom, qui signifie « vermisseaux », a donné le mot français « vermicelle ».

Les mots italiens du français

Hormis les innombrables termes culinaires, d'autres mots italiens sont couramment employés en français.

• *solo*
Ce mot, qui signifie « seul » en italien et qui, à l'origine, était utilisé dans le domaine de la musique, est maintenant employé dans des contextes très variés.

• *fiasco*
Fiasco, qui désigne un type de bouteille que l'on trouve en Italie, a donné le mot « fiasque » en français, et il a été repris tel quel dans son sens figuré d'échec.

• *prima donna*
Ce terme utilisé pour désigner le premier rôle féminin dans un opéra signifie « première dame ». Il s'agit d'un autre terme musical dont l'usage s'est généralisé.

• *bimbo*
En italien, *bimbo* ne désigne pas une femme de façon désobligeante comme en français mais signifie simplement « petit garçon ». *Una bimba* est une petite fille.

• *impresario*
C'est dans le contexte des arts que ce mot est employé en français, mais en italien, il signifie également de façon plus générale « entrepreneur ».

• *paparazzo, paparazzi*
Ce terme provient d'un film du cinéaste Federico Fellini dans lequel un reporter-photographe du nom de Paparazzo a pour sujet de prédilection les vedettes.

• *omerta*
Ce mot (*omertà* en italien), qui à l'origine désignait la loi du silence dans la mafia, est entré dans le vocabulaire courant pour décrire une attitude consistant à ne donner aucune information susceptible de compromettre quelqu'un.

Les mots français de l'italien

Comme d'autres langues, l'italien a emprunté au français un certain nombre de termes au gré des modes et des inventions françaises. Ces emprunts sont courants dans les domaines de l'habillement, comme en témoignent *foulard*, *décolleté*, *lingerie*, *prêt-à-porter* et *coiffeur*, ainsi que dans le vocabulaire de la table, où l'on retrouve *chef* ou *sommelier* par exemple. La langue courante compte, elle aussi, un certain nombre de mots français, parmi lesquels *toilette*, *réclame* et *bouquet*, ou encore des expressions comme *femme fatale* ou *enfant prodige*.

Il est important de comprendre qu'un mot d'origine française ne signifie pas nécessairement la même chose des deux côtés des Alpes. Ainsi, les Italiens utilisent *charme* pour parler du pouvoir de séduction d'une personne et non pas dans le sens de « sortilège ». De la même manière, ils n'utilisent *croissant* que pour désigner la pâtisserie, et non pour décrire la forme d'un objet. Ces distinctions sont parfois plus subtiles ; par exemple, *aplomb* a la même signification dans les deux langues à cette nuance près qu'il n'a jamais de connotation péjorative en italien. À l'inverse, le mot *soubrette* renvoie dans les deux langues à des idées tout à fait différentes puisqu'en Italie il désigne non pas une servante, mais la danseuse vedette d'un cabaret. Ces différences plus ou moins importantes entre les deux langues nous rappellent qu'il est toujours judicieux de vérifier dans le dictionnaire le sens exact d'un mot, même si son apparence nous semble familière.

Améliorez votre prononciation

Les sons de l'italien

Les voyelles

De manière générale, l'apprentissage de la prononciation de l'italien est grandement facilité par le fait que, contrairement au français, on peut se fier à la manière dont s'écrit un mot pour savoir comment il se prononce.

a – se prononce comme le ***a*** de *chat*
e – se prononce comme le **e** de *belle* ou le ***é*** de *défaire*
i – se prononce comme le ***i*** de *chic*
o – se prononce comme le ***o*** de *orange* ou de *porte*
u – se prononce comme le ***ou*** de *boue*

Les voyelles se prononcent toujours en italien, quelle que soit leur position dans le mot.

- Elles ne sont jamais muettes comme peut le devenir ***e*** en français, dans *venir* par exemple. *Interessante* compte donc cinq syllabes en italien, contrairement à *intéressante* en français qui n'en a que quatre.
- En se combinant, certaines voyelles se prononcent comme un seul son en français ; par exemple ***ai*** ou ***ei***, qui équivalent à ***é*** ou ***è***, ou encore ***au***, qui a la même sonorité que ***o***. En italien, chacune des voyelles est prononcée.
- L'italien n'a pas de voyelles nasales comme le français. Une voyelle suivie d'un ***n*** ou d'un ***m*** sera prononcée normalement, tout comme le ***n*** ou le ***m*** qui la suit.
- Comme en français, les lettres ***e*** et ***o*** peuvent avoir des prononciations différentes en italien. Dans le mot *stella*, le ***e*** se prononce comme celui d'étoile. Dans *epoca*, il est ouvert comme celui de *baguette*. De même, la lettre ***o*** peut donner un son fermé (*odiare*) ou ouvert (*però*). Le dictionnaire vous sera d'une grande aide pour apprendre à faire ces distinctions.

Améliorez votre prononciation

Les consonnes

- En italien, une consonne doublée est plus longue qu'une consonne simple : *cat-ti-vo*, *inte-res-sante*, *An-na*.

- ***c*** suivi d'un ***e*** ou d'un ***i*** se prononce **tch**, comme dans *centro* et *facile*.

- ***ch*** se prononce ***k*** comme dans *fuochi* et *chiuso*.

- ***g*** suivi d'un ***e*** ou d'un ***i*** se prononce ***dj*** comme dans *leggero* et *giardino*.

- ***gh*** se prononce comme le ***g*** de *gardien*, comme dans *lunghi* et *spaghetti*.

- ***gl*** se prononce généralement comme le ***lli*** de *million*, par exemple dans *luglio*, *bagagli*, *foglie*, *tagliare*.

- ***gn*** se prononce comme en français dans le mot *poigne*, par exemple dans *gnocchi*, *giugno*.

- ***sc*** suivi de ***e*** ou de ***i*** se prononce ***sh*** comme le ***ch*** de *chanter*, par exemple dans *lasciare* et *sciare*.

L'accent tonique

- L'accent tonique se porte généralement sur l'avant-dernière syllabe, par exemple dans *cucina*, *studente*, *straniero*, *diciassette*, *parlare*, *avere*.

- Si un mot porte un accent écrit sur la dernière voyelle, par exemple *fedeltà*, *università*, *però*, *così*, *caffè*, accentuez cette voyelle en parlant.

- Dans certains mots, l'accent est mis sur d'autres syllabes : à la 3e personne du pluriel des verbes par exemple, où c'est l'antépénultième qui porte l'accent tonique : *capiscono* (= ils comprennent) ; *parlano* (= ils parlent).

- N'oubliez pas que les mots ne sont pas toujours accentués comme on pourrait s'y attendre (l'accent ne s'écrit que lorsqu'il porte sur la dernière syllabe). En cas de doute, regardez dans le dictionnaire : vous verrez que chaque entrée comporte une marque ressemblant à une apostrophe. La syllabe qui suit cette apostrophe est celle qu'il convient d'accentuer.

Lien utile :
www.accademiadellacrusca.it
L'académie de la langue italienne.

Exprimez-vous avec plus de naturel

Les mots et expressions de la conversation

En français, nous émaillons nos conversations de mots et de formules comme *donc*, *alors*, *au fait* pour structurer notre réflexion et souvent aussi pour exprimer un état d'esprit. Les mots italiens ci-dessous jouent le même rôle. En les employant, vous gagnerez en aisance et en naturel.

- ***allora***
  ***Allora**, che facciamo stasera?* (= alors)
- ***va bene***
  ***Va bene**, ho capito.* (= d'accord)
- ***ecco***
  ***Ecco** perché non sono venuti.* (= voilà)
  ***Ecco** Mario!* (= voilà)
  ***Eccolo**!* (= le voilà)
- ***forse***
  *Sì, ma **forse** hanno ragione.*
  (= peut-être)
- ***certo***
  ***Certo** che puoi.* (= bien sûr)
- ***dunque***
  ***Dunque**, come dicevo...* (= donc)
  ***Dunque** ha ragione lui.* (= donc)
- ***può darsi***
  *Sì, lo so, ma **può darsi** che...*
  (= peut-être)
- ***purtroppo***
  *Sì, **purtroppo**.* (= malheureusement)
- ***sinceramente***
  ***Sinceramente**, non m'importa niente.*
  (= sincèrement, franchement)
- ***comunque***
  ***Comunque**, non è sempre così.*
  (= pourtant)
- ***senz'altro***
  *Mi scriverai? – **Senz'altro**!*
  (= bien sûr)
  *È **senz'altro** meglio lui.* (= sans doute)
- ***davvero***
  *Ha pagato lui. – **Davvero**?* (= vraiment)
  *Sei **davvero** buffo.* (= vraiment)

Exprimez-vous avec plus de naturel

En variant les mots que vous employez pour faire passer une idée, vous contribuerez également à donner le sentiment que vous êtes à l'aise en italien. À titre d'exemple, au lieu de *Mi piace molto il calcio*, vous pourriez dire *Il calcio è la mia passione*. Voici d'autres suggestions :

Pour dire ce que vous aimez ou n'aimez pas

Adoro le ciliege.	J'adore...
Mi è piaciuto molto il tuo regalo.	J'ai beaucoup aimé...
Non mi piace il tennis.	Je n'aime pas...
Il suo ultimo film *non mi piace per niente.*	Je n'aime pas du tout.../ ...ne me plaît pas du tout.
Detesto mentire.	Je déteste...

Pour exprimer votre opinion

Credo che sia giusto.	Je crois que...
Penso che costino di più.	Je pense que...
Sono sicuro/sicura che ti piacerà.	Je suis sûr/sûre que...
Secondo me è stato un errore.	À mon avis...
A mio parere vincerà lui.	À mon avis...
A me sembra che qualche volta...	Il me semble que...

Pour exprimer votre accord ou votre désaccord

Hai ragione.	Tu as raison.
Giusto!	Exactement !
(Non) sono d'accordo.	Je (ne) suis (pas) d'accord.
Non direi.	Je ne dirais pas ça.
Certo!	Bien sûr !

La correspondance

La section suivante a été conçue pour vous aider à communiquer en toute confiance en italien, à l'écrit comme à l'oral. Grâce à des exemples de lettres, de courriels, et aux parties consacrées aux SMS et aux conversations téléphoniques, vous disposerez de tout le vocabulaire nécessaire à une communication réussie.

Les SMS

un sms *(esse emme esse)* = un SMS, un texto®
mandare un sms a qualcuno = envoyer un SMS à quelqu'un

Abréviation	Italien	Français
+ tardi	*più tardi*	plus tard
+o-	*più o meno*	plus ou moins
ba	*baci*	bisous, bises
bn	*bene*	bien
c ved	*ci vediamo*	à bientôt
C6?	*ci sei?*	tu es là?
cs	*cosa*	quoi, qu'est-ce que ?
dv	*dove*	où
k	*che*	que, qu'est-ce que, qui, quoi ?
k fai?	*che fai?*	qu'est-ce que tu fais ?
k6?	*chi sei?*	qui es-tu ?
ke cs?	*che cosa?*	quoi ?
nn	*non*	pas
qd, qnd	*quando*	quand
TAT	ti amo tanto	je t'adore
tu6	*tu sei*	tu es
TVB	*ti voglio bene*	je t'aime
TVTB	*ti voglio tanto bene*	je t'aime tant
x	*per*	pour
xke	*perché*	parce que
xke?	*perché?*	pourquoi ?

Internet et le courrier électronique

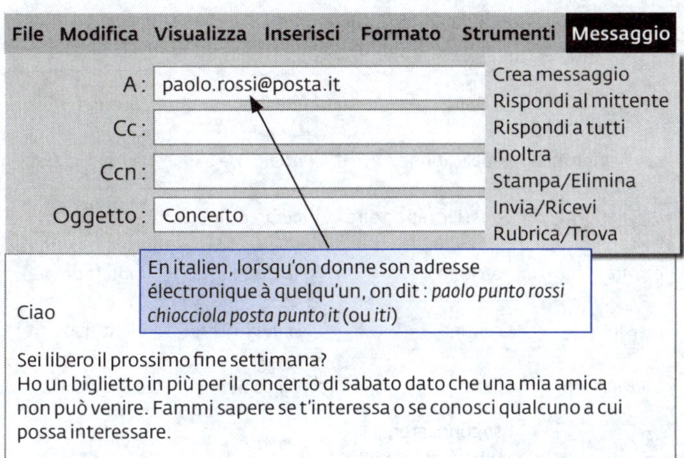

file	fichier
modifica	édition
visualizza	affichage
formato	format
inserisci	joindre
strumenti	outils
stampa	imprimer
elimina	supprimer
invia	envoyer
crea messaggio	nouveau message

rispondi al mittente	répondre
rispondi a tutti	répondre à tous
inoltra	transférer
ricevi	recevoir
A	à
Cc (copia carbone)	cc (copie carbone)
Ccn (copia carbone nascosta)	cci (copie carbone invisible)
oggetto	objet, sujet
rubrica	adresses
trova	rechercher

Internet et le courrier électronique

D'autres termes peuvent vous être utiles :

ADSL	ADSL
applicazione	application
cartella	dossier, répertoire
cercare	rechercher
cliccare	cliquer
collegamenti	liens
collegarsi	se connecter, ouvrir une session
copiare	copier
cronologia	historique
domande frequenti	FAQ, foire aux questions
fare doppio clic	double-cliquer
finestra	fenêtre
foglio di calcolo	feuille de calcul
icona	icône
impostazioni	préférences, paramètres
incollare	coller
indietro	page précédente

Internet	Internet
la Rete	la Toile, le Net
motore di ricerca	moteur de recherche
parola d'ordine	mot de passe
nome di utente	identifiant
pagina web	page web
preferiti	favoris
programma	programme
provider	Fournisseur d'Accès Internet, FAI
rete sociale	réseau social
scaricare	télécharger
scollegarsi	se déconnecter, fermer sa session
sito Internet	site web
stampare	imprimer
tastiera	clavier
utente	utilisateur
visualizzare	afficher, visualiser

La correspondance privée

La ville d'où vous écrivez et la date → *Siena, 5 giugno 2014*

Cara Maria,

Pas de majuscule au début de la lettre

ti ringrazio moltissimo del biglietto che mi hai mandato per il mio compleanno, che è arrivato proprio il giorno della mia festa!

Mi dispiace che tu non sia potuta venire a Milano per il mio compleanno e spero che ti sia ripresa dopo l'influenza. Mi piacerebbe poterti incontrare presto perché ho molte novità da raccontarti. Forse tra due settimane verrò a Torino con degli amici. Pensi di essere libera mercoledì 18? Ti telefono la prossima settimana, così ci mettiamo d'accordo.

Baci,

Anna

Autres manières de commencer une lettre personnelle	Autres manières de terminer une lettre personnelle
Carissima Maria *Mia cara Maria* *Cari Luigi e Silvia*	*Un abbraccio* (Je t'embrasse) *Bacioni* (Grosses bises) *Con affetto* (Affectueusement) *A presto* (À bientôt)

Quelques formules utiles

Ti ringrazio per la tua lettera.	Je te remercie de ta lettre.
Mi ha fatto piacere ricevere tue notizie.	Ça m'a fait plaisir d'avoir de tes nouvelles.
Scusami se non ti ho scritto prima.	Excuse-moi de ne pas avoir répondu plus tôt.
Salutami tanto Lucia.	Salue Lucia de ma part.
Tanti saluti anche da Paolo.	Paolo te dit bonjour.
Scrivi presto!	Écris-moi vite !

La correspondance commerciale

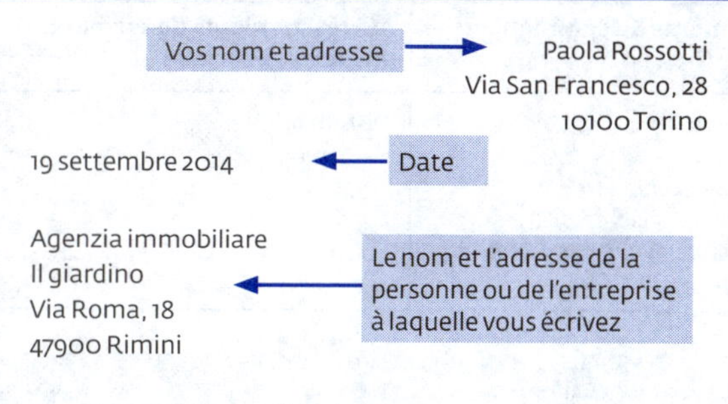

Vos nom et adresse → Paola Rossotti
Via San Francesco, 28
10100 Torino

19 settembre 2014 ← Date

Agenzia immobiliare
Il giardino
Via Roma, 18
47900 Rimini
← Le nom et l'adresse de la personne ou de l'entreprise à laquelle vous écrivez

OGGETTO: Richiesta di rimborso

Egr. signori,
vi scrivo per presentare reclamo in merito all'appartamento che ho affittato nel condominio Le Torri per il periodo 5-12 agosto. Avevo espressamente richiesto un appartamento con due camere e invece mi è stato assegnato un appartamento con una camera sola; mancava inoltre il condizionatore d'aria di cui il contratto di locazione fa specifica menzione.
Chiedo quindi un rimborso di 1000 euro comprensivo della differenza tra la tariffa che ho pagato per un appartamento con due camere e aria condizionata e quella per un appartamento con una camera sola senza aria condizionata, e di un risarcimento per i disagi subiti.

Allego fotocopia del contratto di locazione.

Distinti saluti

Paola Rossotti

La correspondance commerciale

Autres manières de commencer une lettre officielle	Autres manières de terminer une lettre officielle
Egregio signore, *Gentile signora,* *Egregio Signor Paolozzo,* *Gentile Signora Paolozzo,* *Spett. Ditta, (pour une lettre adressée à une entreprise)*	*Distinti saluti* *Colgo l'occasione per porgere distinti saluti* *Cordiali saluti*

Quelques formules utiles

La ringrazio della sua lettera del...	Je vous remercie pour votre lettre du...
In riferimento a...	Suite à...
Vi prego di inviarmi...	Je vous prie de m'envoyer...
In attesa di una sua risposta la ringrazio per l'attenzione.	Dans l'attente de votre réponse, je vous remercie de votre attention.
La ringrazio in anticipo per...	Merci par avance pour...

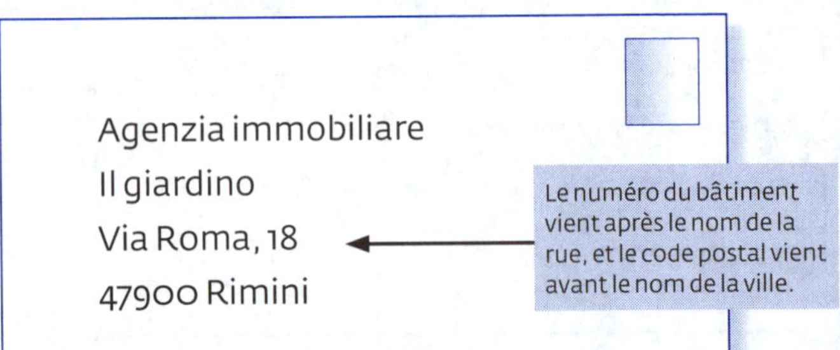

Au téléphone

Pour demander des renseignements

Qual è il prefisso di Livorno? — Quel est l'indicatif de Livourne ?
Cosa devo fare per ottenere la linea esterna? — Qu'est-ce que je dois faire pour avoir la ligne extérieure ?
Può darmi il numero dell'interno della Signora Busi? — Est-ce que vous pouvez me donner le numéro de poste de madame Busi ?

Quand vous faites un appel

Buongiorno, c'è Andrea? — Bonjour ! Est-ce qu'Andrea est là ?
Potrei parlare con Lucia, per favore? — Est-ce que je pourrais parler à Lucia s'il vous plaît ?
Parla la signora de Maggio? — Madame de Maggio ?
Può chiedergli/chiederle di richiamarmi? — Est-ce que vous pouvez lui demander de me rappeler ?
Richiamo fra mezz'ora. — Je rappellerai dans une demi-heure.
Posso lasciare un messaggio, per favore? — Est-ce que je pourrais laisser un message s'il vous plaît ?

Quand vous répondez au téléphone

Pronto! — Allô ?
Chi parla? — Qui est à l'appareil ?
Sono Marco. — C'est Marco.
Sì, sono io. — Oui, c'est moi.

Ce que vous entendrez peut-être

Chi devo dire? — C'est de la part de qui ?
Le passo la comunicazione. — Je vous le/la passe.
Attenda in linea. — Ne quittez pas.
Non risponde nessuno. — Ça ne répond pas.
La linea è occupata. — La ligne est occupée.
Vuole lasciare un messaggio? — Est-ce que vous voulez laisser un message ?

En cas de problème

Scusi, ho sbagliato numero. — Pardon, j'ai fait un mauvais numéro.
La linea è molto disturbata. — La ligne est très mauvaise.
Qui non c'è campo. — On ne capte pas ici.
Ho la batteria quasi scarica. — Je n'ai presque plus de batterie.
Non ti sento. — Je ne t'entends pas.
Ho finito il credito. — Je n'ai plus de crédit.
Ho dimenticato il caricabatteria/l'adattatore. — J'ai oublié mon chargeur/adaptateur.
Non c'è copertura. — Je n'ai pas de réseau.
Qual è la password wi-fi? — Quel est le mot de passe pour le wifi ?

Locutions italiennes

En italien comme dans bien d'autres langues, les gens ont recours à des expressions vivantes qui viennent d'images basées sur leur perception de la vie réelle. Les expressions courantes ci-dessous ont été regroupées en fonction du type d'image qu'elles évoquent. Pour rendre le tout plus amusant, nous vous donnons la traduction mot à mot ainsi que l'équivalent en français.

La table

dire pane al pane e vino al vino → appeler un chat un chat
mot à mot : *appeler le pain pain et le vin vin*

Se non è zuppa è pan bagnato. → C'est bonnet blanc et blanc bonnet.
mot à mot : *Si ce n'est pas de la soupe c'est du pain mouillé.*

rendere pan per focaccia → rendre à quelqu'un la monnaie de sa pièce
mot à mot : *donner du pain en échange de focaccia*

avere le mani in pasta → être mouillé, être dans le coup
mot à mot : *avoir les mains dans la pâte*

lavorare per la pagnotta → gagner son pain
mot à mot : *travailler pour son pain*

Ormai la frittata è fatta. → Le mal est fait.
mot à mot : *L'omelette est faite maintenant.*

Le climat

fare il bello e il cattivo tempo → faire la pluie et le beau temps
mot à mot : *faire le beau et le mauvais temps*

Non ci piove. → Ça ne fait pas l'ombre d'un doute.
mot à mot : *Il ne pleut pas là-dessus.*

Sposa bagnata sposa fortunata. → Mariage pluvieux, mariage heureux.
mot à mot : *mariée mouillée, mariée heureuse*

Fa un freddo cane. → Il fait un froid de canard.
mot à mot : *Il fait un froid de chien.*

Locutions italiennes

Les animaux

prendere due piccioni con una fava → faire d'une pierre deux coups
mot à mot : *tuer deux pigeons avec une fève*

Chi dorme non piglia pesci. → L'avenir appartient à ceux qui se lèvent tôt.
mot à mot : *Qui dort ne pêche aucun poisson.*

In bocca al lupo! → Bonne chance !
mot à mot : *Dans la gueule du loup !*

Meglio un uovo oggi che una gallina domani. → Un tiens vaut mieux que deux tu l'auras.
mot à mot : *Mieux vaut un œuf aujourd'hui qu'une poule demain.*

L'ospite è come il pesce, dopo tre giorni puzza. → Au bout d'un certain temps, on est soulagé de voir ses invités partir.
mot à mot : *Les invités sont comme le poisson,après trois jours ils commencent à sentir.*

Les parties du corps

essere un pugno in un occhio → être hideux
mot à mot : *être un coup de poing dans l'œil*

avere le mani bucate → jeter l'argent par les fenêtres
mot à mot : *avoir des trous dans les mains*

tenere il piede in due staffe → être au four et au moulin
mot à mot : *avoir le pied dans deux étriers*

Les vêtements

nascere con la camicia → naître avec une cuillère d'argent dans la bouche
mot à mot : *naître avec la chemise*

sudare sette camicie → travailler d'arrache-pied
mot à mot : *suer sept chemises*

Locutions italiennes

Les plantes

Se sono rose fioriranno. → C'est à l'usage que l'on peut juger de la qualité d'une chose.
mot à mot : *Si ce sont des roses, elles écloront.*

fare di ogni erba un fascio → mettre tout le monde dans le même panier
mot à mot : *mettre toutes les herbes en une seule botte*

Non sono tutte rose e fiori. → Ce n'est pas rose tous les jours.
mot à mot : *Ce n'est pas que roses et fleurs.*

Les couleurs

rosso di sera, bel tempo si spera → ciel rouge du soir, de soleil laisse l'espoir
mot à mot : *ciel rouge du soir, de beau temps laisse l'espoir*

vedere tutto nero → voir tout en noir
mot à mot : *voir tout noir*

Al buio tutti i gatti sono neri. → La nuit tous les chats sont gris.
mot à mot : *Dans l'obscurité tous les chats sont noirs.*

Quelques problèmes de traduction courants

Dans les pages suivantes, nous abordons quelques-unes des difficultés de traduction que vous risquez de rencontrer. Nous espérons que les astuces que nous vous donnons vous permettront d'éviter les pièges classiques de l'italien écrit et parlé.

Noms masculins et noms féminins

De nombreux noms communs français ont un genre différent en italien. On peut facilement faire des fautes ; c'est pourquoi le dictionnaire est un outil précieux en cas de doute.

• Certains noms sont féminins en français et masculins en italien :

la fleur → *il fiore*
la mer → *il mare*
la cuillère → *il cucchiaio*
la douleur → *il dolore*
la souris → *il topo*

• D'autres sont masculins en français et féminins en italien :

le tigre → *la tigre*
le malheur → *la sfortuna*
le sort → *la sorte*
le bonheur → *la felicità*

« Je », « tu », « il/elle »...

En français, le pronom personnel sujet (« je », « tu », « il/elle », etc.) est obligatoire alors qu'en italien le verbe s'emploie bien souvent seul :

Quel âge **as-tu** ? → *Quanti anni **hai**?*
Vous parlez très bien italien, madame. → ***Parla** bene l'italiano, signora.*
Vous êtes jeunes. → ***Siete** giovani.*

En italien, on emploie le pronom personnel pour attirer l'attention de quelqu'un ou pour créer un effet d'insistance.

***Tu** cosa pensi?* → Qu'est-ce que tu en penses, **toi** ?
***Lei** quale preferisce?* → Et **vous**, lequel préférez-vous ?
***Io** ci sono già stata.* → **Moi**, j'y suis déjà allée.

Quelques problèmes de traduction courants

« Du », « de la », « des »...

L'article partitif (« du pain », « de l'eau », « des pâtes », etc.) existe aussi en italien, mais on l'emploie moins souvent qu'en français.

• Dans certains cas, le partitif est facultatif

Avez-vous **de la** confiture ? → *Avete (**della**) marmellata?*
Veux-tu **du** sucre dans ton café ? → *Vuoi (**dello**) zucchero nel caffè?*

• Parfois on ne l'utilise pas du tout

Je ne mange jamais **de** fromage. → *Non mangio mai formaggio.*
Il me faut **du** temps. → *Mi occorre tempo.*

• Quand on passe une commande au restaurant, il n'est pas nécessaire

Je voudrais **du** poulet rôti. → *Vorrei il pollo arrosto.*
Pour moi **des** spaghettis, s'il vous plaît. → *Per me spaghetti, per favore.*

• Il n'est pas nécessaire non plus après ***quanto***...? (« combien de... ? »)

Combien de temps faut-il ? → ***Quanto** tempo ci vuole?*
Combien de bouteilles as-tu achetées ? → ***Quante** bottiglie hai comprato?*

• Enfin, ***più*** (« plus »), ***meno*** (« moins »), ***molto*** (« beaucoup »), ***poco*** (« peu ») ne sont jamais suivis de ***di***.

J'ai mangé **trop de** chocolats. → *Ho mangiato **troppi** cioccolatini.*
Il y a **assez de** pain pour tout le monde ? → *C'è **abbastanza** pane per tutti?*
Il y a **beaucoup de** livres sur la table. → *Ci sono **molti** libri sul tavolo.*
Nous n'avons pas **beaucoup de** temps. → *Non abbiamo **molto** tempo.*
Il y a **peu de** place. → *C'è **poco** spazio.*

Quelques problèmes de traduction courants

Le comparatif

En italien, on utilise les expressions ***più... di***, ***meno... di*** pour former le comparatif des adjectifs. Attention donc à ne pas utiliser ***che*** pour traduire « que » dans les comparaisons.

Il est **plus** grand **que** moi.	➜	*È **più** alto **di** me.*
Cette moto est **moins** rapide **que** la mienne.	➜	*Quella moto è **meno** veloce **della** mia.*
Je suis beaucoup **plus** lent **que** toi.	➜	*Sono molto **più** lento **di** te.*

En italien, on place ***come*** après l'adjectif pour former le comparatif d'égalité.

Il est **aussi** grand **que** moi.	➜	*È alto **come** me.*
Il n'est pas **aussi** bon **que** je croyais.	➜	*Non è bravo **come** credevo.*

Le superlatif

Contrairement au français, quand le superlatif relatif (« **le plus** gentil **de**..., **la plus** intelligente **de**... ») est placé après le nom (« **le** professeur **le plus** gentil **de**... »), il ne faut pas répéter l'article défini.

C'est **le** garçon **le plus** grand **de la** classe.	➜	*È **il** ragazzo **più** alto **della** classe.*
Sara est **la** fille **la plus** jolie **du** groupe.	➜	*Sara è **la** ragazza **più** carina **del** gruppo.*

« Tu » et « vous » en italien

En italien comme en français, il existe un « vous » de politesse qui est ***lei***. On emploie ***voi*** pour s'adresser à plusieurs personnes.

Et toi Roberto, **tu** as quel âge ?	➜	*E **tu**, Roberto, quanti anni hai?*
Est-ce que **vous** voudriez aussi un café, madame ?	➜	*Vuole un caffè anche **lei**, signora?*
D'où venez-**vous**, les garçons ?	➜	***Voi** ragazzi di dove siete?*

« Le lui », « la lui », « les lui »...

En italien, on traduit « le lui », « la lui », « les lui » de la manière suivante :

	masculin		féminin	
singulier	**le lui**	***glielo***	**la lui**	***gliela***
pluriel	**les lui**	***glieli***	**les lui**	***gliele***

Quelques problèmes de traduction courants

Devant une voyelle ou un *h*, les formes singulières ***glielo*** et ***gliela*** s'écrivent ***gliel'***.

Attention au « vous » de politesse ; « vous le », « vous la », « vous les », se traduisent également par ***glielo***, ***gliela***, ***glieli***, ***gliele***.

Je **le lui** ai dit tout de suite. → ***Gliel'****ho detto subito.*
Quand **la lui** remettrez-vous ? → *Quando* ***gliela*** *consegnerete?*
Je **les lui** donnerai demain. → ***Glieli*** *darò domani.*
Je ne sais pas si je peux **les lui** donner. → *Non so se* ***gliele*** *posso dare.*
Je peux **vous les** emballer si vous voulez. → ***Gliele*** *posso incartare se vuole.*

Traduction d'« aimer »

En italien, pour dire que l'on aime quelque chose, on emploie ***mi piace*** quand la chose ou la personne aimée est au singulier et ***mi piacciono*** quand elle est au pluriel.

J'aime bien l'Italie. → ***Mi piace*** *l'Italia.*
littéralement en italien : *L'Italie me plaît.*
J'aime bien les chiens. → ***Mi piacciono*** *i cani.*
littéralement en italien : *Les chiens me plaisent.*

Pour savoir s'il faut utiliser ***piace*** ou ***piacciono***, il suffit simplement de se demander si en français on utiliserait « plaît » ou « plaisent ».

Pour les autres personnes, il suffit de remplacer ***mi*** par ***ci***, ***ti***, ***le*** et ***vi*** :

Nous aimons bien la mer. → ***Ci piace*** *il mare.*
Nous aimons bien ses films. → ***Ci piacciono*** *i suoi film.*
Tu aimes mes chaussures ? → ***Ti piacciono*** *le mie scarpe?*
Est-ce que vous aimez la cuisine italienne, madame ? → ***Le piace*** *la cucina italiana, signora?*
Est-ce que vous aimez le football, les gars ? → ***Vi piace*** *il calcio, ragazzi?*

« Je pense que », « je crois que » …

Quelques problèmes de traduction courants

Quand vous exprimez un point de vue, souvenez-vous qu'en italien on emploie le présent du subjonctif là où en français on aurait le présent de l'indicatif après ***credo che...*** (« je crois que... »), ***penso che...*** (« je pense que... »), ***mi sembra che...*** (« il me semble que... »), que la phrase soit affirmative ou non :

Je crois qu'il est arrivé hier.	→ ***Credo che sia*** *arrivato ieri.*
Je pense que c'est juste.	→ ***Penso che sia*** *giusto.*
Je suis sûr que Paolo **comprend**.	→ ***Sono sicuro che*** *Paolo* ***capisca****.*
Je crois qu'il est plus grand.	→ ***Mi sembra che sia*** *più alto.*

Traduction de « être en train de »

En français, pour parler de quelque chose qui est en cours ou qui était en cours à un moment du passé, on emploie la tournure « être en train de » suivie du verbe à l'infinitif. En italien, on utilise la structure ***stare*** + verbe se terminant par ***-ando*** ou ***-endo*** :

Ils **sont en train de** jouer aux cartes.	→ ***Stanno*** *gioc****ando*** *a carte.*
Il **est en train de** lire le journal.	→ ***Sta*** *legg****endo*** *il giornale.*
Elle **est en train de** parler à maman.	→ ***Sta*** *parl****ando*** *con la mamma.*

Traduction de « venir de »

En italien, on utilise le passé composé avec ***appena*** pour traduire l'expression « venir de » + infinitif :

Je **viens de** l'acheter.	→ *L'****ho appena*** *compr****ato****.*
Je **viens d'**arriver.	→ ***Sono appena*** *arriv****ato****.*
Nous **venons de** nous réveiller.	→ *Ci* ***siamo appena*** *svegli****ati****.*

Attention aux prépositions !

Quelques problèmes de traduction courants

Il existe un certain nombre de tournures très proches en italien et en français, ce qui explique que l'on a parfois tendance à transposer une expression d'une langue à l'autre. Cela conduit le plus souvent à des fautes, qui portent notamment sur les prépositions. En effet, il faut se rappeler que des structures qui n'ont pas de préposition en français peuvent en comporter une en italien et inversement. En outre, pour une tournure ou un verbe donné, la préposition n'est pas forcément la même dans les deux langues, comme les exemples ci-dessous l'illustrent. Votre dictionnaire montre clairement comment utiliser les prépositions, n'hésitez pas à vous y référer !

C'est très facile **à faire**. ➜ *È molto facile* ***da fare***.
Je compte le voir cet après-midi. ➜ ***Conto di*** *vederlo questo pomeriggio*.
J'ai essayé de faire l'exercice. ➜ ***Ho provato a*** *fare l'esercizio*.
Je pense arriver ce soir. ➜ ***Penso di*** *arrivare stasera*.

Faux amis

De nombreux termes français et italiens se ressemblent mais certains n'ont pas du tout le même sens : ce sont des faux amis. Le mot italien ***confetti***, par exemple, n'a pas le même sens que le terme français « confetti » : il veut dire « dragées ». ***Gradino*** a pour équivalent français « marche » alors que le terme français « gradin » se traduit par ***gradinata***. Voici quelques autres exemples :

Oggi c'è una ***gara*** *di nuoto*. ➜ Aujourd'hui, il y a une **compétition** de natation.
C'est moi qui t'accompagne à la **gare**. ➜ *Ti accompagno io alla* ***stazione***.
C'è troppo ***rumore***, *non riesco a dormire*. ➜ Il y a trop de **bruit**, je n'arrive pas à dormir.
Ce ne sont que des **rumeurs**. ➜ *Sono solo* ***voci***.
Teniamo il vino in ***cantina***. ➜ Nous conservons le vin dans la **cave**.
À l'école, je mange toujours à la **cantine**. ➜ *A scuola mangio sempre in* ***mensa***.
Vorrei ***tornare*** *presto stasera*. ➜ Je voudrais **rentrer** tôt ce soir.
J'ai la tête qui **tourne**. ➜ *Mi* ***gira*** *la testa*.
Mi hai detto una ***bugia***. ➜ Tu m'as dit un **mensonge**.
Pourrais-tu allumer une **bougie** ? ➜ *Potresti accendere una* ***candela***?

ITALIANO – FRANCESE
ITALIEN – FRANÇAIS

a

A [a] *abbr* (= *autostrada*) A

PAROLA CHIAVE

a [a] (*a* + *il* = **al**, *a* + *lo* = **allo**, *a* + *l'* = **all'**, *a* + *la* = **alla**, *a* + *i* = **ai**, *a* + *gli* = **agli**, *a* + *le* = **alle**) *prep* **1** (*stato in luogo*) à ; **essere alla stazione** être à la gare ; **essere a casa/a scuola** être à la maison/à l'école ; **essere a Roma/al mare** être à Rome/à la mer ; **è a 10 km da qui** c'est à 10 km d'ici ; **restare a cena** rester (à) dîner
2 (*moto a luogo*) à ; **andare alla stazione** aller à la gare ; **andare a casa/a scuola** aller à la maison/à l'école ; **andare a Roma/al mare** aller à Rome/à la mer
3 (*tempo*) à ; **alle cinque** à 5 heures ; **a mezzanotte** à minuit ; **al mattino** au matin, le matin ; **a primavera** au printemps ; **a maggio** en mai ; **a Natale/Pasqua** à Noël/Pâques ; **a cinquant'anni** à cinquante ans ; **a domani!/lunedì!** à demain !/lundi ! ; **a giorni** dans quelques jours
4 (*complemento di termine*) à ; **dare qc a qn** donner qch à qn
5 (*mezzo, modo*) à ; **a piedi/cavallo** à pied/cheval ; **fatto a mano** fait (à la) main ; **motore/stufa a gas** moteur/poêle à gaz ; **correre a 100 km all'ora** rouler à 100 km à l'heure ; **una barca a motore** un bateau à moteur ; **alla radio/televisione** à la radio/télévision ; **a uno a uno** un par un, un à un ; **all'italiana** à l'italienne ; **a fatica** avec peine, à grand-peine
6 (*rapporto*) à, par ; (: *con prezzi*) à ; **due volte al giorno/alla settimana/al mese** deux fois par jour/par semaine/par mois ; **30 euro al litro** 30 euros le litre ; **prendo 300 euro al mese** je gagne 300 euros par mois ; **pagato a ore/a giornata** payé à l'heure/à la journée ; **vendere qc a 5 euro il chilo** vendre qch à 5 euros le kilo ; **cinque a sei** (*punteggio*) cinq à six

abbagliante [abbaʎ'ʎante] *agg* éblouissant(e) ; **abbaglianti** *smpl* (*Aut*) feux *mpl* de route

abbagliare [abbaʎ'ʎare] *vt* éblouir ; (*fig*: *illudere*) aveugler

abbaiare [abba'jare] *vi* aboyer

abbandonare [abbando'nare] *vt* abandonner ; (*trascurare*: *bambino, casa*) délaisser ; (*lasciar cadere*: *capo, braccia*) relâcher ; **abbandonarsi** *vpr*: **abbandonarsi (a)** s'abandonner (à) ; (*fig*) se laisser aller (à) ; (: *al vizio*) se livrer (à) ; **~ il campo** (*Mil*) abandonner le champ de bataille ; **~ la presa** lâcher prise

abbassare [abbas'sare] *vt* baisser ; **abbassarsi** *vpr* se baisser ; (*temperatura, sole ecc*) baisser ; (*fig*: *umiliarsi*) s'abaisser ; **~ le armi** déposer les armes

abbasso [ab'basso] *escl*: **~ il tiranno!** à bas le tyran !

abbastanza [abbas'tantsa] *avv* assez ; **non è ~ furbo** il n'est pas assez rusé ; **un vino ~ dolce** un vin assez doux ; **averne ~ di qc/qn** en avoir assez de qch/qn

abbattere [ab'battere] *vt* abattre ; (*fig*: *ostacolo, regime*) renverser ; **abbattersi** *vpr* se laisser abattre ; **abbattersi a terra** *o* **al suolo** s'abattre à terre *o* au sol ; **abbattersi su** s'abattre sur

abbattuto, -a [abbat'tuto] *agg* (*fig*) abattu(e)

abbazia [abbat'tsia] *sf* abbaye *f*

abbi ['abbi] *vb vedi* **avere**

abbia ['abbja] *vb vedi* **avere**

abbiamo [ab'bjamo] *vb vedi* **avere**

abbiano ['abbjano] *vb vedi* **avere**

abbiate [ab'bjate] *vb vedi* **avere**

abbiente [ab'bjɛnte] *agg* aisé(e) ; **abbienti** *smpl* riches *mpl*, nantis *mpl*

abbigliamento [abbiʎʎa'mento] *sm* habillement *m*

abbinare [abbi'nare] *vt* (*biglietti*) jumeler ; (*nomi*) associer ; (*colori, indumenti*) assortir ; **~ una camicia ad**

una gonna assortir une chemise avec une jupe
abboccare [abbok'kare] *vt* (*esca: prendere*) mordre ; (*tubi, canali: collegare*) aboucher ▶ *vi*: **~ all'amo** (*anche fig*) mordre à l'hameçon
abbonamento [abbona'mento] *sm* abonnement *m* ; **in ~** par abonnement ; **fare l'~ (a)** s'abonner (à)
abbonare [abbo'nare] *vt* abonner ; **abbonarsi** *vpr*: **abbonarsi (a)** (*a teatro, ferrovie, giornale*) s'abonner (à)
abbondante [abbon'dante] *agg* abondant(e) ; (*giacca*) un peu grand(e)
abbondanza [abbon'dantsa] *sf* abondance *f*
abbordabile [abbor'dabile] *agg* abordable
abbottonare [abbotto'nare] *vt* boutonner ; **abbottonarsi** *vpr* (*fam: fig: diventare riservato*) se tenir sur la réserve
abbracciare [abbrat'tʃare] *vt* (*anche fig*) embrasser ; **abbracciarsi** *vpr* s'embrasser
abbraccio [ab'brattʃo] *sm* embrassade *f*, accolade *f* ; **« un ~ »** (*in cartoline, lettere*) « bons baisers »
abbreviare [abbre'vjare] *vt* abréger ; (*cammino*) raccourcir
abbreviazione [abbrevjat'tsjone] *sf* abréviation *f*
abbronzante [abbron'dzante] *agg* bronzant(e) ▶ *sm* produit *m* solaire
abbronzare [abbron'dzare] *vt* bronzer ; **abbronzarsi** *vpr* se bronzer
abbronzato, -a [abbron'dzato] *agg* bronzé(e)
abbrustolire [abbrusto'lire] *vt* griller ; **abbrustolirsi** *vpr* griller ; (*fig: al sole*) se rôtir
abbuffarsi [abbuf'farsi] *vpr* (*fam*): **~ (di qc)** s'empiffrer (de qch)
abdicare [abdi'kare] *vi*: **~ (a)** (*al trono*) abdiquer ; (*a carica, diritto*) renoncer (à)
abete [a'bete] *sm* sapin *m* ; **~ bianco** sapin blanc ; **~ rosso** épicéa *m*, sapinette *f*
abile ['abile] *agg* habile ; **~ al servizio militare** apte au service militaire
abilità [abili'ta] *sf inv* adresse *f* ; (*astuzia*) habileté *f*
abisso [a'bisso] *sm* abîme *m*, gouffre *m* ; (*fig: differenza*) gouffre, fossé *m*
abitante [abi'tante] *sm/f* habitant(e)
abitare [abi'tare] *vt, vi* habiter ; **~ a Roma/in Italia** habiter à Rome/en Italie
abitazione [abitat'tsjone] *sf* habitation *f*
abito ['abito] *sm* (*vestito: da uomo*) costume *m* ; (*: da donna*) robe *f* ; (*modo di vestire: militare, civile*) tenue *f* ; (*: religioso*) habit *m* ; **abiti** *smpl* (*vestiti*) vêtements *mpl* ; **« è gradito l'~ scuro »** « tenue de soirée recommandée » ; **~ mentale** tournure *f* d'esprit ; **~ da cerimonia** *o* **da sera** tenue de soirée
abituale [abitu'ale] *agg* habituel(le)
abitualmente [abitual'mente] *avv* habituellement
abituare [abitu'are] *vt*: **~ (a)** habituer (à) ; **abituarsi** *vpr*: **abituarsi (a)** s'habituer (à)
abitudinario, -a [abitudi'narjo] *agg* (*persona, carattere*) routinier(-ière) ▶ *sm/f* routinier(-ière)
abitudine [abi'tudine] *sf* habitude *f* ; **avere l'~ di fare qc** avoir l'habitude de faire qch ; **d'~** d'habitude ; **per ~** par habitude
abolire [abo'lire] *vt* abolir
abortire [abor'tire] *vi* (*Med*) faire une fausse couche ; (*: deliberatamente*) avorter ; (*fig*) avorter, échouer
aborto [a'bɔrto] *sm* (*Med: spontaneo*) fausse couche *f* ; (*: provocato*) avortement *m* ; **~ clandestino** avortement clandestin
ABS [abi'ɛsse] *sigla m* ABS *m*
abside ['abside] *sf* abside *f*
abusare [abu'zare] *vi*: **~ di** abuser de ; **~ dell'alcool** abuser de l'alcool
abusivo, -a [abu'zivo] *agg* non autorisé(e) ▶ *sm/f* (*di casa*) squatter(-euse)
a.C. *abbr avv* (*= avanti Cristo*) av. J.-C.
acacia, -ce [a'katʃa] *sf* acacia *m*
accadde [ak'kadde] *vb vedi* **accadere**
accademia [akka'dɛmja] *sf* académie *f* ; (*scuola: d'arte, militare*) école *f*
accadere [akka'dere] *vi*: **~ (a)** arriver (à) ; **mi è accaduta una cosa strana stamane** il m'est arrivé quelque chose de bizarre ce matin ; **accada quel che accada** quoi qu'il arrive *o* advienne
accaldato, -a [akkal'dato] *agg* en sueur
accalorarsi [akkalo'rarsi] *vpr* s'échauffer, s'enflammer
accampamento [akkampa'mento] *sm* (*Mil*) camp *m* ; (*di indiani, zingari*) campement *m*

accampare [akkam'pare] *vt* camper ; **accamparsi** *vpr* camper ; (*indiani, zingari, profughi*) s'installer
accanirsi [akka'nirsi] *vpr* (*infierire*): **~ (contro)** s'acharner (contre) ; **~ (in)** (*ostinarsi, perseverare*) s'acharner (à)
accanito, -a [akka'nito] *agg* acharné(e) ; (*fumatore*) invétéré(e) ; **un lavoratore ~** un bourreau de travail
accanto [ak'kanto] *avv* à côté ; **~ a** à côté de, près de ; **la casa ~** la maison (d')à côté
accantonare [akkanto'nare] *vt* laisser de côté ; (*somma*) mettre de côté
accappatoio [akkappa'tojo] *sm* peignoir *m*
accarezzare [akkaret'tsare] *vt* (*anche fig*: *desiderio, progetto*) caresser
accasarsi [akka'sarsi] *vpr* se marier, se mettre en ménage
accasciarsi [akkaʃ'ʃarsi] *vpr* s'écrouler, s'affaisser ; (*fig*: *avvilirsi, abbattersi*) s'effondrer
accattone, -a [akkat'tone] *sm/f* mendiant(e)
accavallare [akkaval'lare] *vt* (*gambe*) croiser ; **accavallarsi** *vpr* (*nubi*) s'amonceler ; (*onde, fig*: *impegni*) se chevaucher ; (*fig*: *pensieri*) s'enchevêtrer
accecare [attʃe'kare] *vt* (*anche fig*) aveugler ▶ *vi* devenir aveugle
accedere [at'tʃɛdere] *vi*: **~ (a)** accéder (à)
accelerare [attʃele'rare] *vt* accélérer ; (*passo*) hâter ▶ *vi* accélérer
acceleratore [attʃelera'tore] *sm* accélérateur *m*
accendere [at'tʃɛndere] *vt* (*luce, candela, fiammifero*) allumer ; (*Comm*: *conto*) ouvrir ; (: *debito*) contracter ; (: *ipoteca*) constituer ; (*fig*: *ira, rivalità*) éveiller, exciter ; **accendersi** *vpr* s'allumer ; (*fig*: *lotta, conflitto*) éclater ; **~ il motore** (*Aut*) mettre le contact
accendino [attʃen'dino] *sm* briquet *m*
accennare [attʃen'nare] *vt* montrer, indiquer ; (*Mus*) donner les premières notes de ▶ *vi* (*alludere*): **~ a** faire allusion à ; **~ un saluto** (*con la mano*) esquisser un salut de la main ; (*col capo*) esquisser un salut de la tête ; **~ un sorriso** ébaucher un sourire ; **accenna a piovere** on dirait qu'il va pleuvoir
accenno [at'tʃenno] *sm* signe *m* ; (*fig*: *allusione*) allusion *f*
accensione [attʃen'sjone] *sf* (*di luce, Aut*) allumage *m* ; (*di conto*) ouverture *f* ; (*di conflitto*) éclatement *m* ; **~ di un debito** constitution *f* d'une dette
accento [at'tʃɛnto] *sm* accent *m* ; (*fig*) teinte *f*, nuance *f* ; **mettere l'~ su** (*fig*) mettre l'accent sur
accentuare [attʃentu'are] *vt* accentuer ; (*evidenziare*: *differenza, aspetto*) accentuer, souligner ; **accentuarsi** *vpr* s'accentuer ; (*peggiorare*: *crisi, tensione*) s'aggraver
accerchiare [attʃer'kjare] *vt* encercler
accertamento [attʃerta'mento] *sm* (*verifica*) vérification *f* ; (: *Dir*) constatation *f* ; **~ fiscale** contrôle *m* fiscal
accertare [attʃer'tare] *vt* vérifier ; **accertarsi** *vpr*: **accertarsi (di/che)** s'assurer (de/que)
acceso, -a [at'tʃeso] *pp di* **accendere** ▶ *agg* allumé(e) ; (*motore*) allumé(e), en marche ; (*colore*) vif (vive) ; (*fig*: *sostenitore*) fervent(e)
accessibile [attʃes'sibile] *agg* (*luogo*) accessible ; (*prezzo*) abordable ; (*fig*: *idea, concetto*) compréhensible, intelligible
accesso [at'tʃɛsso] *sm* (*anche fig*) accès *msg* ; **tempo di ~** (*Inform*) temps *msg* d'accès ; **~ casuale/sequenziale** *o* **seriale** (*Inform*) accès sélectif/ séquentiel
accessori [attʃes'sori] *smpl* (*anche Aut*) accessoires *mpl*
accetta [at'tʃetta] *sf* hachette *f*
accettabile [attʃet'tabile] *agg* acceptable
accettare [attʃet'tare] *vt* accepter ; **~ di fare qc** accepter de faire qch
accettazione [attʃettat'tsjone] *sf* acceptation *f* ; (*in hotel*) réception *f* ; (*in ospedale*) accueil *m* ; **~ bagagli** (*Aer*) enregistrement *m* des bagages
acchiappare [akkjap'pare] *vt* attraper
acciaieria [attʃaje'ria] *sf* aciérie *f*
acciaio [at'tʃajo] *sm* acier *m*
accidentato, -a [attʃiden'tato] *agg* accidenté(e)
accidente [attʃi'dɛnte] *sm* (*caso*) accident *m* ; **accidenti!** (*fam*: *per rabbia*) zut !, mince ! ; (: *per meraviglia*) oh là là !
accigliato, -a [attʃiʎ'ʎato] *agg* renfrogné(e)
accingersi [at'tʃindʒersi] *vpr*: **~ a fare** s'apprêter à faire
acciuffare [attʃuf'fare] *vt* attraper

acciuga, -ghe [at'tʃuga] *sf* anchois *msg* ; **magro come un'~** maigre comme un clou
accludere [ak'kludere] *vt* (*lettera, copia*): **~ (a)** joindre (à)
accoccolarsi [akkokko'larsi] *vpr* s'accroupir
accogliente [akkoʎ'ʎɛnte] *agg* accueillant(e)
accogliere [ak'kɔʎʎere] *vt* accueillir ; (*approvare*: *proposta, istanza*) accepter ; (*contenere*: *sogg*: *palazzo, stadio*) contenir, abriter
accolgo *ecc* [ak'kɔlgo] *vb vedi* **accogliere**
accolsi *ecc* [ak'kɔlsi] *vb vedi* **accogliere**
accoltellare [akkoltel'lare] *vt* poignarder
accomodamento [akkomoda'mento] *sm* arrangement *m*
accomodante [akkomo'dante] *agg* conciliant(e)
accomodare [akkomo'dare] *vt* (*aggiustare*) réparer ; **accomodarsi** *vpr* s'asseoir ; (*entrare*) entrer ; (*fig*: *risolversi*: *situazione*) s'arranger ; **si accomodi!** (*venga avanti!*) entrez ! ; (*si sieda!*) asseyez-vous !
accompagnamento [akkompaɲɲa'mento] *sm* (*anche Mus*) accompagnement *m* ; **lettera di ~** (*Comm*) lettre *f* de motivation
accompagnare [akkompaɲ'ɲare] *vt* (*anche Mus*) accompagner ; (*porta, cancello*) fermer doucement, retenir ; (*unire*) assortir ; **accompagnarsi** *vpr*: **accompagnarsi a** (*frequentare*) fréquenter ; (*al piano, alla chitarra*) s'accompagner à ; **~ qn a casa/alla porta** accompagner qn à la maison/à la porte ; **~ un regalo con un biglietto** accompagner un cadeau d'un billet ; **~ qn con lo sguardo** suivre qn du regard
accompagnatore, -trice [akkompaɲɲa'tore] *sm/f* (*anche Mus*) accompagnateur(-trice) ; **~ turistico(a)** guide accompagnateur(-trice)
acconciatura [akkontʃa'tura] *sf* coiffure *f*
accondiscendente [akkondiʃʃen'dɛnte] *agg* complaisant(e), condescendant(e)
acconsentire [akkonsen'tire] *vi*: **~ (a)** consentir (à), accéder (à), accepter (de) ; **chi tace acconsente** qui ne dit mot consent
accontentare [akkonten'tare] *vt* contenter, satisfaire ; **accontentarsi** *vpr*: **accontentarsi (di)** se contenter (de) ; **chi si accontenta gode** il faut se contenter de ce qu'on a
acconto [ak'konto] *sm* acompte *m* ; **~ di dividendo** acompte *m* sur le dividende
accorato, -a [akko'rato] *agg* affligé(e)
accorciare [akkor'tʃare] *vt* raccourcir ; **accorciarsi** *vpr* diminuer, raccourcir ; (*indumenti*) raccourcir
accordare [akkor'dare] *vt* concilier, mettre d'accord ; (*colori*) assortir ; (*Mus, Ling*) accorder ; **accordarsi** *vpr* (*persone*): **accordarsi (su)** se mettre d'accord (sur), convenir (de)
accordo [ak'kɔrdo] *sm* (*anche Mus*) accord *m* ; (*armonia*) accord, entente *f* ; **andare d'~ (con)** s'entendre (avec) ; **essere d'~ (con)** être d'accord (avec) ; **d'~!** d'accord ! ; **mettersi d'~ (con qn)** se mettre d'accord (avec qn) ; **prendere accordi con** passer des accords avec ; **come d'~ ...** comme convenu ... ; **~ commerciale** accord commercial
accorgersi [ak'kɔrdʒersi] *vpr*: **~ di** s'apercevoir de, se rendre compte de
accorrere [ak'korrere] *vi* accourir
accorto, -a [ak'kɔrto] *pp di* **accorgersi** ▸ *agg* avisé(e), prudent(e) ; **stare ~** faire attention
accostare [akkos'tare] *vt* aborder ; (*socchiudere*: *porta, persiane, imposte*) entrouvrir ; (*mettere vicino*) approcher ; (: *colori, stili*) marier ; (*appoggiare*: *scala*) appuyer ▸ *vi* (*Naut*) accoster ; (*Aut*) se garer ; **accostarsi** *vpr*: **accostarsi (a)** s'approcher (de), se rapprocher (de) ; (*fig*: *a idea, fede, partito*) adhérer (à)
accreditare [akkredi'tare] *vt* (*Comm*) créditer ; (*notizia*) confirmer ; (*diplomatico*) accréditer
accredito [ak'kredito] *sm* (*Comm*) crédit *m* ; (: *effetto*) accréditif *m*
accucciarsi [akkut'tʃarsi] *vpr* (*animale*) se coucher ; (*persona*) s'accroupir
accudire [akku'dire] *vt* (*bambino*) s'occuper de ; (*infermo, vecchio*) assister ▸ *vi*: **~ a** (*lavori domestici, casa*) vaquer à ; (*bambino*) s'occuper de ; (*infermo*) assister
accumulare [akkumu'lare] *vt* accumuler, entasser ; **accumularsi** *vpr* s'accumuler

accurato, -a [akku'rato] *agg* soigneux(-euse), appliqué(e) ; (*lavoro*) soigné(e)

accusa [ak'kuza] *sf* (*anche Dir*) accusation *f* ; **l'~, la pubblica ~** (*Dir*) le Ministère public ; **mettere qn sotto ~** mettre qn en accusation ; **in stato di ~** mis(e) en accusation

accusare [akku'zare] *vt* (*dare la colpa a*): **~ (di)** accuser (de) ; (*Dir*) accuser, inculper ; (*sentire*: *dolore*) ressentir ; **~ ricevuta di** (*Comm*) accuser réception de ; **~ la fatica** accuser la fatigue ; **ha accusato il colpo** (*fig*) il a accusé le coup

accusatore, -trice [akkuza'tore] *agg, sm/f* accusateur(-trice)

acerbo, -a [a'tʃɛrbo] *agg* (*frutto*) vert(e), pas mûr(e) ; (*aspro*) âpre ; (*fig*: *giovane*) pas mûr(e), immature

acero ['atʃero] *sm* érable *m*

acerrimo, -a [a'tʃɛrrimo] *agg* implacable

aceto [a'tʃeto] *sm* vinaigre *m* ; **mettere sotto ~** mettre sous vinaigre

acetone [atʃe'tone] *sm* acétone *f*

A.C.I. ['atʃi] *sigla m* (= *Automobile Club d'Italia*) ≈ A.C.F. *m*

acido, -a ['atʃido] *agg* acide, aigre ; (*Chim, colore*) acide ; (*fig*: *persona*) acariâtre ▶ *sm* (*Chim*) acide *m*

acino ['atʃino] *sm* grain *m* ; **~ d'uva** grain de raisin

acne ['akne] *sf* acné *f*

acqua ['akkwa] *sf* eau *f* ; **acque** *sfpl* (*anche Med*) eaux *fpl* ; **fare ~** (*barca*) prendre l'eau ; (*fig*: *ragionamento, teoria*) clocher, ne pas tourner rond ; **essere con** *o* **avere l'~ alla gola** avoir le couteau sur *o* sous la gorge ; **tirare ~ al proprio mulino** tirer la couverture à soi ; **navigare in cattive acque** (*fig*) traverser une mauvaise passe ; **~ in bocca!** bouche cousue ! ; **~ cheta/di mare** eau morte/de mer ; **~ corrente** eau courante ; **~ dolce/minerale** eau douce/minérale ; **~ ossigenata/piovana/salmastra** eau oxygénée/de pluie/saumâtre ; **~ potabile/salata/tonica** eau potable/salée/tonique ; **acque termali** eaux thermales

acquaio [ak'kwajo] *sm* évier *m*

acquaragia [akkwa'radʒa] *sf* (essence *f* de) térébenthine *f*

acquario [ak'kwarjo] *sm* aquarium *m* ; (*Zodiaco*): **A~** Verseau *m* ; **essere dell'A~** être Verseau

acquascooter [akkwas'kuter] *sm inv* scooter *m* des mers

acquatico, -a, -ci, -che [ak'kwatiko] *agg* aquatique

acquavite [akkwa'vite] *sf* eau-de-vie *f*

acquazzone [akkwat'tsone] *sm* averse *f*

acquedotto [akkwe'dotto] *sm* aqueduc *m*

acquerello [akkwe'rɛllo] *sm* aquarelle *f*

acquirente [akkwi'rɛnte] *sm/f* acheteur(-euse), acquéreur(-euse)

acquistare [akkwis'tare] *vt* acheter ; (*fig*: *stima, fama, merito*) gagner ▶ *vi*: **~ in** gagner en ; **~ in bellezza** gagner en beauté ; **ha acquistato in salute** il s'est (re)fait une santé

acquisto [ak'kwisto] *sm* achat *m* ; **fare acquisti** faire des emplettes ; **~ rateale** achat à tempérament

acquolina [akkwo'lina] *sf*: **avere l'~ in bocca** avoir l'eau à la bouche

acrobata, -i, -e [a'krɔbata] *sm/f* acrobate *m/f*

aculeo [a'kuleo] *sm* aiguillon *m*, dard *m* ; (*Bot*) épine *f*

acume [a'kume] *sm* perspicacité *f*, finesse *f*

acustico, -a, -ci, -che [a'kustiko] *agg, sf* acoustique *f*

acuto, -a [a'kuto] *agg* (*anche Mat, Ling, Mus*) aigu(-uë) ; (*fig*: *perspicace*) fin(e), perspicace ▶ *sm* (*Mus*) aigu *m*

adagio [a'dadʒo] *avv* lentement ; (*con cura*) doucement ▶ *sm* adage *m* ; (*Mus*) adagio *m*

adattamento [adatta'mento] *sm* adaptation *f* ; **avere spirito di ~** savoir s'adapter facilement

adattare [adat'tare] *vt* adapter ; **adattarsi** *vpr*: **adattarsi (a)** (*adeguarsi*) s'adapter (à)

adatto, -a [a'datto] *agg*: **~ (a)** (*persona*) fait(e) (pour), indiqué(e) (pour) ; (*mezzo, luogo*) approprié(e) (à) ; (*momento*) propice (à) ; **non è un film ~ ai bambini** ce n'est pas un film indiqué pour les enfants

addebitare [addebi'tare] *vt*: **~ a** (*Comm*) débiter de ; (*fig*: *colpa*: *attribuire*) attribuer à ; **~ una somma a qn** débiter qn d'une somme

addebito [ad'debito] *sm* (*Comm*) débit *m*

addentare [adden'tare] *vt* (*mela, panino*) mordre dans
addentrarsi [adden'trarsi] *vpr*: **~ in** (*in bosco*) s'enfoncer dans ; (*in palazzo*) pénétrer dans ; (*fig: in argomento*) s'engager dans
addestramento [addestra'mento] *sm* (*di animali*) dressage *m* ; (*di dipendente*) formation *f* ; **~ professionale** formation professionnelle
addestrare [addes'trare] *vt* (*animali*) dresser ; (*persone*) former ; **addestrarsi** *vpr*: **addestrarsi (in)** s'exercer (à)
addetto, -a [ad'detto] *agg*: **~ (a)** (*persona*) préposé(e) (à) ; (*oggetto*) servant (à) ▶ *sm/f* (*persona assegnata a incarico*) préposé(e) ; (*attaché*) attaché(e) ; **gli addetti ai lavori** (*anche fig*) les spécialistes *mpl* ; **« vietato l'ingresso ai non addetti ai lavori »** « entrée interdite *o* défense d'entrer aux personnes étrangères aux travaux » ; **~ commerciale** attaché(e) commercial(e) ; **~ stampa** attaché(e) de presse
addio [ad'dio] *sm, escl* (*formula di commiato: distacco*) adieu *m* ; **dare l'~ al celibato/nubilato** enterrer sa vie de garçon/jeune fille
addirittura [addirit'tura] *avv* (*perfino*) même, jusque ; (*decisamente*) carrément ; **~!** (*nientemeno*) rien que ça !, à ce point-là !
additare [addi'tare] *vt* (*persona, oggetto*) montrer du doigt ; (*fig: esporre*) exposer
additivo [addi'tivo] *sm* (*Chim*) additif *m*
addizione [addit'tsjone] *sf* addition *f*
addobbare [addob'bare] *vt* (*chiesa, vetrina, sala*) décorer ; **addobbarsi** *vpr* (*scherz*) s'accoutrer
addobbo [ad'dɔbbo] *sm* décoration *f* ; **addobbi natalizi** décorations *fpl* de Noël
addolorare [addolo'rare] *vt* faire de la peine à ; **addolorarsi** *vpr*: **addolorarsi (per)** avoir de la peine (pour)
addolorato, -a [addolo'rato] *agg* affligé(e) ; **l'Addolorata** (*Rel*) Notre-Dame des Sept Douleurs
addome [ad'dɔme] *sm* abdomen *m*
addomesticare [addomesti'kare] *vt* apprivoiser
addominale [addomi'nale] *agg* abdominal(e)
addormentare [addormen'tare] *vt* endormir ; **addormentarsi** *vpr* s'endormir
addosso [ad'dɔsso] *avv* (*su persona*) sur moi/toi/soi *ecc* ▶ *prep*: **~ a** (*sopra*) sur ; (*molto vicino*) près de ; **avere ~** (*vestito, occhiali*) porter ; (*soldi*) avoir sur soi ; **mettersi ~ il cappotto** mettre son manteau ; **andare ~ a** (*con macchina: altra macchina*) rentrer dans ; (*: pedone*) renverser ; **dare ~ a** (*fig: dare torto a*) donner tort à ; **stare ~ a qn** (*fig: opprimere*) être toujours sur le dos de qn ; **mettere le mani ~ a** (*picchiare*) lever la main sur ; (*catturare*) mettre la main sur ; (*molestare*) toucher ; **mettere gli occhi ~ a** loucher sur
adeguare [ade'gware] *vt* (*prezzo, costo*): **~ (a)** rajuster (en fonction de), réajuster (en fonction de) ; **adeguarsi** *vpr* (*conformarsi*): **adeguarsi (a)** s'adapter (à)
adeguato, -a [ade'gwato] *agg* (*prezzo, ricompensa, stipendio*) juste ; (*adatto*) approprié(e), adéquat(e)
adempiere [a'dempjere] *vt* (*dovere, voto*) accomplir ; (*promessa*) tenir ; (*comando*) exécuter
aderente [ade'rɛnte] *agg* adhérent(e) ; (*vestito*) moulant(e) ▶ *sm/f* adhérent(e), membre *m*
aderire [ade'rire] *vi*: **~ (a)** adhérer (à), coller (à) ; (*fig: a partito*) adhérer (à) ; (*: a proposta, richiesta*) adhérer (à), se rallier (à)
adesione [ade'zjone] *sf* adhésion *f* ; (*Fis*) adhérence *f* ; (*appoggio*) adhésion, ralliement *m*
adesivo, -a [ade'zivo] *agg* adhésif(-ive), collant(e) ▶ *sm* adhésif *m* ; (*etichetta*) autocollant *m* ; *vedi anche* **nastro**
adesso [a'dɛsso] *avv* maintenant ; (*or ora, poco fa*) à l'instant ; (*tra poco*) tout de suite, dans un instant ; **per ~** pour le moment ; **da ~ in poi** dorénavant, désormais
adiacente [adja'tʃɛnte] *agg* (*contiguo*): **~ (a)** adjacent(e) (à), contigu(-uë) (à)
adibire [adi'bire] *vt* (*destinare: locale*): **~ (a)** affecter (à), destiner (à)
adolescente [adoleʃ'ʃɛnte] *agg, sm/f* adolescent(e)
adoperare [adope'rare] *vt* se servir de, employer ; **adoperarsi** *vpr*: **adoperarsi per** mettre tout en œuvre pour
adorare [ado'rare] *vt* adorer

adottare [adot'tare] *vt* adopter
adottivo, -a [adot'tivo] *agg* adoptif(-ive) ; (*patria*) d'adoption
adozione [adot'tsjone] *sf* adoption *f* ; **d'~** (*patria*) d'adoption ; **~ a distanza** parrainage *m* d'enfants
adriatico, -a, -ci, -che [adri'atiko] *agg* adriatique ▶ *sm*: **l'A~, il mare A~** l'Adriatique *f*
ADSL [adiesse'ɛlle] *sigla m* (= *asymmetrical digital subscriber line*) ADSL *m*
adulare [adu'lare] *vt* flatter
adultero, -a [a'dultero] *agg, sm/f* adultère *m/f*
adulto, -a [a'dulto] *agg* adulte ; (*fig: maturo: opera, stile*) mûr(e) ▶ *sm/f* adulte *m/f* ; **per adulti** pour adultes
aereo, -a [a'ɛreo] *agg* aérien(ne) ▶ *sm* avion *m* ; **~ a reazione/da caccia/di linea** avion à réaction/de chasse/de ligne
aerobica [ae'rɔbika] *sf* aérobic *m*
aeronautica [aero'nautika] *sf* aéronautique *f* ; **~ civile** aéronautique civile ; **~ militare** aéronautique militaire
aeroporto [aero'pɔrto] *sm* aéroport *m*
aerosol [aero'sɔl] *sm inv* aérosol *m*
afa ['afa] *sf* chaleur *f* étouffante, chaleur lourde
affabile [af'fabile] *agg* affable
affaccendato, -a [affattʃen'dato] *agg* affairé(e), occupé(e)
affacciarsi [affat'tʃarsi] *vpr* (*sporgersi, guardare*): **~ (a)** se montrer (à), se mettre (à) ; **~ su** (*sogg: finestra, balcone*) donner sur ; **~ alla vita** entrer dans la vie
affamato, -a [affa'mato] *agg* affamé(e) ; **~ di** (*fig: di gloria, successo*) affamé(e) de, avide de
affannoso, -a [affan'noso] *agg* haletant(e) ; (*fig: ricerca*) fébrile
affare [af'fare] *sm* (*anche Comm, Dir*) affaire *f* ; (*fam: aggeggio*) machin *m*, truc *m* ; **affari** *smpl* (*anche Comm*) affaires *fpl* ; **~ fatto!** affaire conclue ! ; **sono affari miei** c'est mon affaire, ça me regarde ; **bada agli affari tuoi** occupe-toi de tes affaires ; **ministro degli Affari Esteri** ministre des Affaires étrangères
affascinante [affaʃʃi'nante] *agg* fascinant(e)
affascinare [affaʃʃi'nare] *vt* fasciner, séduire
affaticare [affati'kare] *vt* fatiguer ; **affaticarsi** *vpr* se fatiguer
affaticato, -a [affati'kato] *agg* fatigué(e)
affatto [af'fatto] *avv* (*interamente*) tout à fait, complètement ; (*rafforzativo di negazione*): **non ci penso ~** je n'y pense pas du tout ; **niente ~** pas du tout, pas le moins du monde ; **non è ~ male, questo posto** cet endroit n'est pas mal du tout
affermare [affer'mare] *vt* affirmer ; **affermarsi** *vpr* s'affirmer ; (*moda, spettacolo*) s'imposer
affermato, -a [affer'mato] *agg* affirmé(e)
affermazione [affermat'tsjone] *sf* affirmation *f* ; (*successo, vittoria*) succès *m*
afferrare [affer'rare] *vt* (*anche fig: occasione, concetto ecc*) saisir ; **afferrarsi** *vpr*: **afferrarsi a** s'accrocher à
affettare [affet'tare] *vt* (*pane, prosciutto*) couper en tranches ; (*ostentare*) affecter
affettatrice [affetta'tritʃe] *sf* trancheuse *f*
affettivo, -a [affet'tivo] *agg* affectif(-ive)
affetto, -a [af'fɛtto] *agg*: **essere ~ da** être atteint(e) de ▶ *sm* affection *f* ; **con ~** (*in lettera*) bien affectueusement ; **gli affetti familiari** les attaches *fpl* familiales
affettuoso, -a [affettu'oso] *agg* affectueux(-euse) ; **un saluto** *o* **un abbraccio ~** (*in lettera, cartolina*) bien affectueusement
affezionarsi [affettsjo'narsi] *vpr*: **~ a** s'attacher à
affezionato, -a [affettsjo'nato] *agg* (*persona, animale: attaccato*): **~ a** attaché(e) à ; (*abituale: cliente*) fidèle à
affiatato, -a [affja'tato] *agg* uni(e)
affibbiare [affib'bjare] *vt* (*fig: incarico*) refiler ; **~ un soprannome a qn** affubler qn d'un surnom
affidabile [affi'dabile] *agg* fiable
affidamento [affida'mento] *sm* (*Dir*) garde *f* ; **fare ~ su** (*fidarsi*) compter sur ; **non dà nessun ~** il n'inspire aucune confiance
affidare [affi'dare] *vt*: **~ a** (*anche Dir*) confier à ; (*pacco, macchina*) remettre à, confier à ; **affidarsi** *vpr*: **affidarsi a** se fier à ; (*a cure, medico*) s'en remettre à ;

mi affido alla tua discrezione je compte sur ta discrétion
affilare [affi'lare] *vt* aiguiser
affilato, -a [affi'lato] *agg* (*lama, coltello*) tranchant(e) ; (*volto, naso*) effilé(e)
affinché [affin'ke] *cong* pour que, afin que
affittare [affit'tare] *vt* louer
affitto [af'fitto] *sm* location *f*; (*prezzo*) loyer *m* ; **dare/prendere in ~** louer
affliggere [af'fliddʒere] *vt* affliger ; **affliggersi** *vpr*: **affliggersi (per)** s'affliger (de)
afflissi *ecc* [af'flissi] *vb vedi* **affliggere**
afflosciarsi [afflоʃ'ʃarsi] *vpr* devenir flasque
affluente [afflu'ɛnte] *sm* affluent *m*
affogare [affo'gare] *vt, vi* noyer ; **affogarsi** *vpr* se noyer
affollare [affol'lare] *vt* remplir, envahir ; **affollarsi** *vpr* se presser
affollato, -a [affol'lato] *agg* bondé(e)
affondare [affon'dare] *vt* couler ; (*nel terreno*: *radici, piedi*) enfoncer ▸ *vi* couler, sombrer ; **~ in** (*penetrare*) (s')enfoncer dans
affrancare [affran'kare] *vt* (*anche Amm*) affranchir ; (*lettera*: *meccanicamente*) timbrer ; **affrancarsi** *vpr*: **affrancarsi (da)** s'affranchir (de), se libérer (de)
affresco, -schi [af'fresko] *sm* fresque *f*
affrettare [affret'tare] *vt* presser ; **affrettarsi** *vpr* se dépêcher, se hâter
affrettato, -a [affret'tato] *agg* (*veloce*) rapide ; (*frettoloso*: *decisione*) hâtif(-ive), précipité(e) ; (: *lavoro*) hâtif(-ive), fait(e) à la hâte
affrontare [affron'tare] *vt* affronter ; (*esaminare*: *questione*) aborder ; **affrontarsi** *vpr* (*reciproco*) s'affronter
affumicato, -a [affumi'cato] *agg* (*prosciutto, aringa ecc*) fumé(e)
affusolato, -a [affuso'lato] *agg* fuselé(e)
afoso, -a [a'foso] *agg* étouffant(e), lourd(e)
Africa ['afrika] *sf* Afrique *f*
africano, -a [afri'kano] *agg* africain(e) ▸ *sm/f* Africain(e)
agenda [a'dʒɛnda] *sf* agenda *m* ; **~ da tavolo** agenda *m* de bureau ; **~ tascabile** agenda *m* de poche
agente [a'dʒɛnte] *sm* (*anche Chim ecc*) agent *m* ; **resistente agli agenti atmosferici** résistant aux intempéries ▸ *sm/f* agent *m* ; **~ delle tasse** receveur(-euse) des impôts ; **~ di cambio** employé(e) d'une société de bourse, agent de change ; **~ di custodia** gardien(ne) de prison ; **~ di pubblica sicurezza** agent de police ; **~ di vendita** agent commercial ; **~ marittimo** agent maritime ; **~ provocatore** agent provocateur ; **~ segreto** agent secret
agenzia [adʒen'tsia] *sf* agence *f*; **~ di collocamento/stampa** bureau *m* de placement/presse ; **~ immobiliare** agence immobilière ; **A~ Internazionale per l'Energia Atomica** Agence internationale pour l'énergie atomique ; **~ matrimoniale/ pubblicitaria** agence matrimoniale/de publicité ; **~ viaggi** agence de voyages *o* de tourisme
agevolare [adʒevo'lare] *vt* faciliter ; (*persona*) aider
agevolazione [adʒevolat'tsjone] *sf* facilité *f*; **~ di pagamento** facilité de paiement ; **agevolazioni creditizie** facilités de crédit ; **agevolazioni fiscali** allègements *mpl* fiscaux
agevole [a'dʒevole] *agg* aisé(e)
agganciare [aggan'tʃare] *vt* (*anche Ferr*) accrocher ; (*Tel*) raccrocher ; (*fig*: *ragazza, tipo*) aborder ; **agganciarsi** *vpr*: **agganciarsi a** s'accrocher à ; (*fig*: *in discorso*) se rattacher à
aggeggio [ad'dʒeddʒo] *sm* machin *m*, truc *m*
aggettivo [addʒet'tivo] *sm* adjectif *m*
agghiacciante [aggjat'tʃante] *agg* (*fig*: *spaventoso*) terrifiant(e)
aggiornare [addʒor'nare] *vt* mettre à jour ; (*persona*) mettre au courant ; (*seduta, causa, discussione*) ajourner ; **aggiornarsi** *vpr* se tenir au courant
aggiornato, -a [addʒor'nato] *agg* mis(e) à jour ; (*persona*) au courant
aggirare [addʒi'rare] *vt* (*evitare*: *anche fig*) contourner ; **aggirarsi** *vpr* rôder ; **aggirarsi su** (*costo, spesa*) s'élever environ à
aggiungere [ad'dʒundʒere] *vt*: **~ (a)** ajouter (à) ; **aggiungersi** *vpr* s'ajouter
aggiunsi *ecc* [ad'dʒunsi] *vb vedi* **aggiungere**
aggiustare [addʒus'tare] *vt* réparer ; (*adattare*: *vestito*) arranger ; (: *mira, tiro*) retoucher ; (*sistemare*: *cravatta, occhiali*) ajuster ; (: *lite*) arranger ; (*conto*) régler ;

aggiustarsi *vpr* s'arranger ; **ti aggiusto io!** tu vas avoir affaire à moi !

aggrapparsi [aggrap'parsi] *vpr*: **~ a** s'accrocher à, s'agripper à ; (*fig: a speranza, illusione*) s'accrocher à, se cramponner à

aggravare [aggra'vare] *vt* aggraver ; **aggravarsi** *vpr* s'aggraver

aggredire [aggre'dire] *vt* (*persona*) agresser ; (: *verbalmente*) attaquer ; (*stato*) attaquer

aggressione [aggres'sjone] *sf* agression *f* ; **~ a mano armata** agression à main armée

aggressivo, -a [aggres'sivo] *agg* agressif(-ive)

aggressore [aggres'sore] *sm* agresseur *m*

aggrottare [aggrot'tare] *vt* (*sopracciglia*) froncer ; (*fronte*) plisser

aggrovigliare [aggroviʎ'ʎare] *vt* embrouiller, emmêler ; **aggrovigliarsi** *vpr* (*fune*) s'emmêler ; (*fig: situazione*) s'embrouiller

agguato [ag'gwato] *sm* guet-apens *msg*, embuscade *f* ; **tendere un ~ a** tendre une embuscade à

agguerrito, -a [aggwer'rito] *agg* aguerri(e), endurci(e) ; (*preparato*) chevronné(e)

agiato, -a [a'dʒato] *agg* aisé(e)

agile ['adʒile] *agg* agile

agio ['adʒo] (*pl* **agi**) *sm* aise *f* ; **agi** *smpl* (*ricchezze*) aisance *fsg* ; **mettersi a proprio ~** se mettre à l'aise *o* à son aise ; **dare ~ a qn di fare qc** donner à qn le loisir de faire qch

agire [a'dʒire] *vi* agir ; (*comportarsi*) se conduire ; (*sogg: farmaco, veleno*) faire effet ; **~ contro qn** (*Dir*) engager une action contre qn

agitare [adʒi'tare] *vt* agiter ; (*sogg: cane: coda*) remuer ; (*fig: turbare*) troubler ; (: *incitare*) exciter ; **agitarsi** *vpr* s'agiter ; (*emozionarsi*) se troubler

agitato, -a [adʒi'tato] *agg* agité(e) ; (*discussione*) animé(e) ; (*persona: emozionato*) troublé(e)

aglio ['aʎʎo] *sm* ail *m*

agnello [aɲ'ɲɛllo] *sm* agneau *m*

ago ['ago] (*pl* **aghi**) *sm* aiguille *f* ; **~ da calza** aiguille à tricoter

agonistico, -a, -ci, -che [ago'nistiko] *agg* (*Sport, fig: spirito*) de compétition

agopuntura [agopun'tura] *sf* acuponcture *f*, acupuncture *f*

agosto [a'gosto] *sm* août *m* ; *vedi anche* **luglio**

agrario, -a [a'grarjo] *agg* agraire ; (*scuola*) d'agriculture ; **consorzio ~** coopérative *f* agricole

agricolo, -a [a'grikolo] *agg* agricole

agricoltore, -trice [agrikol'tore] *sm/f* agriculteur(-trice)

agricoltura [agrikol'tura] *sf* agriculture *f*

agrifoglio [agri'fɔʎʎo] *sm* houx *msg*

agriturismo [agritu'rizmo] *sm* (*luogo*) gîte *m* rural ; (*tipo di vacanza*) vacances *fpl* à la ferme ; (*Econ*) agrotourisme *m*, tourisme *m* rural

> Le terme **agriturismo** désigne des vacances à la ferme. Ces fermes proposent des chambres et également souvent des tables d'hôte à prix abordable.

agrodolce [agro'doltʃe] *agg* aigre-doux (aigre-douce) ▸ *sm* (*salsa*): **in ~** à l'aigre-doux

agrume [a'grume] *sm* agrume *m*

aguzzo, -a [a'guttso] *agg* pointu(e), aigu(-uë)

ahi ['ai] *escl* aïe !

AIDS ['aids] *abbr m o abbr f* SIDA *m*

airbag [er'bag] *sm inv* (*Aut*) airbag *m*

airone [ai'rone] *sm* héron *m*

aiuola [a'jwɔla] *sf* (*per fiori*) parterre *m*, plate-bande *f* ; (*per ortaggi*) plate-bande

aiutante [aju'tante] *sm/f* aide *m/f*, auxiliaire *m/f* ▸ *sm* (*Mil*) aide *m*, adjudant *m* ; (*Naut*) adjudant ; **~ di campo** aide de camp

aiutare [aju'tare] *vt* aider ; (*digestione, progresso*) faciliter ; **aiutarsi** *vpr*: **aiutarsi (con)** (*valersi, servirsi*) s'aider (de), se servir (de) ; **~ qn in qc/a fare qc** aider qn à qch/à faire qch

aiuto [a'juto] *sm* aide *f*, secours *msg* ; (*aiutante*) assistant(e) ; **~!** au secours ! ; **venire in ~ di** venir en aide à, venir au secours de ; **~ chirurgo** assistant(e) d'un chirurgien

ala ['ala] (*pl* **ali**) *sf* (*anche Sport*) aile *f* ; **fare ~** faire la haie ; **avere le ali ai piedi** (*fig*) avoir des ailes ; **~ destra/sinistra** (*Sport*) ailier *m* droit/gauche, aile droite/gauche

alabastro [ala'bastro] *sm* albâtre *m*

alano [a'lano] *sm* danois *msg*

alba ['alba] *sf* aube *f* ; **all'~** à l'aube, à la pointe du jour

albanese [alba'nese] *agg* albanais(e) ▸ *sm/f* Albanais(e)
Albania [alba'nia] *sf* Albanie *f*
alberato, -a [albe'rato] *agg* planté(e) d'arbres
albergo, -ghi [al'bɛrgo] *sm* (*edificio*) hôtel *m* ; **~ della gioventù** auberge *f* de jeunesse

Les **alberghi**, en Italie comme en France, sont classés par étoiles, et sont en général de bonne qualité bien qu'assez chers, en particulier dans les villes touristiques.

albero ['albero] *sm* (*anche Tecn*) arbre *m* ; (*Naut*) mât *m* ; **~ a camme** arbre à cames ; **~ a gomiti** vilebrequin *m*, essieu *m* coudé ; **~ genealogico/da frutto/di Natale** arbre généalogique/fruitier/de Noël ; **~ di trasmissione** (*Tecn*) arbre de transmission ; **~ maestro** (*Naut*) grand mât
albicocca, -che [albi'kɔkka] *sf* abricot *m*
album ['album] *sm inv* album *m* ; **~ da disegno** cahier *m* de dessins
albume [al'bume] *sm* blanc *m* d'œuf ; (*Biol*) albumen *m*
alce ['altʃe] *sm* élan *m*
alcol ['alkol] *sm inv* alcool *m* ; **darsi all'~** s'adonner à l'alcool ; **~ denaturato** alcool dénaturé ; **~ etilico/metilico** alcool éthylique/méthylique
alcolico, -a, -ci, -che [al'kɔliko] *agg* alcoolique ▸ *sm* boisson *f* alcoolisée
alcolizzato, -a [alkolid'dzato] *agg* alcoolisé(e) ▸ *sm/f* alcoolique *m/f*
alcuno, -a [al'kuno] *agg* aucun(e) ▸ *pron* (*nessuno*): **non ... ~** ne ... personne ; **alcuni/e** (*agg*) quelques ; (*pron*) quelques-uns (unes) ; **senza alcun riguardo** sans aucun égard ; **alcuni/e ... alcuni/e ...** quelques-uns (unes) ... d'autres ...
alfabetico, -a, -ci, -che [alfa'bɛtiko] *agg* alphabétique
alfabeto [alfa'bɛto] *sm* alphabet *m*
alga ['alga] *sf* algue *f*
algebra ['aldʒebra] *sf* algèbre *f*
Algeria [aldʒe'ria] *sf* Algérie *f*
algerino, -a [aldʒe'rino] *agg* algérien(ne) ▸ *sm/f* Algérien(ne)
aliante [ali'ante] *sm* planeur *m*
alibi ['alibi] *sm inv* (*anche fig*) alibi *m*
alice [a'litʃe] *sf* anchois *msg*
alieno, -a [a'ljɛno] *agg* (*avverso*): **~ (da)** contraire (à) ▸ *sm/f* extra-terrestre *m/f*
alimentare [alimen'tare] *agg* alimentaire ; **alimentari** *smpl* (*cibi*) denrées *fpl* alimentaires ; (*anche*: **negozio di alimentari**) épicerie *fsg*
alimentazione [alimentat'tsjone] *sf* (*anche Tecn, Inform*) alimentation *f* ; (*cibi*) nourriture *f*
aliquota [a'likwota] *sf* quote-part *f* ; **~ d'imposta** taux *m* d'imposition ; **~ minima** impôt *m* minimum
aliscafo [alis'kafo] *sm* hydroglisseur *m*
alito ['alito] *sm* haleine *f* ; **un ~ di vento** (*fig*) un souffle de vent ; **~ cattivo** mauvaise haleine
all. *abbr* (= *allegato*) P.J.
allacciamento [allattʃa'mento] *sm* (*di gas, acqua, Tel*) branchement *m*
allacciare [allat'tʃare] *vt* (*cintura*) attacher, boucler ; (*scarpe*) lacer ; (*luce, gas*) brancher ; (*fig*: *amicizia*) nouer ; **allacciarsi** *vpr* (*vestito*) s'attacher ; **~ o allacciarsi la cintura** boucler sa ceinture ; **« ~ le cinture di sicurezza »** « attachez vos ceintures »
allacciatura [allattʃa'tura] *sf* (*di scarpe*) laçage *m* ; (*con bottoni*) boutonnage *m* ; (*chiusura*) fermeture *f*
allagare [alla'gare] *vt* inonder ; **allagarsi** *vpr* être inondé(e)
allargare [allar'gare] *vt* élargir ; (*gambe, braccia*) écarter ; (*fig*: *conoscenze, ricerche*) étendre ; (*Mus*) ralentir ▸ *vi* prendre le large ; **allargarsi** *vpr* s'élargir ; (*fig*: *problema, fenomeno*) s'étendre
allarmare [allar'mare] *vt* alarmer, inquiéter ; **allarmarsi** *vpr* s'alarmer
allarme [al'larme] *sm* alarme *f* ; **dare l'~** donner l'alerte ; **mettere in ~** (*anche fig*) mettre en état d'alerte ; **falso ~** fausse alerte ; **~ aereo** alerte aérienne ; **~ antifurto** alarme
allattare [allat'tare] *vt* allaiter ; **~ artificialmente** nourrir au biberon
alleanza [alle'antsa] *sf* alliance *f* ; **A~ Nazionale** *parti de droite*
allearsi [alle'arsi] *vpr* s'allier
alleato, -a [alle'ato] *agg, sm/f* allié(e)
allegare [alle'gare] *vt* joindre, inclure ; (*denti*) agacer
allegato, -a [alle'gato] *agg* joint(e), inclus(e) ▸ *sm* pièce *f* jointe, annexe *f* ; (*di e-mail*) pièce *f* jointe ; **in ~** ci-joint(e) ; **in ~ Vi inviamo ...** nous vous envoyons ci-joint ...

allegerire [alleddʒe'rire] *vt* alléger ; (*fig: sofferenza, lavoro*) soulager ; (: *tasse*) dégrever ; (: *persona*: *derubare*) soulager
allegria [alle'gria] *sf* gaieté *f*
allegro, -a [al'legro] *agg* gai(e), joyeux(-euse) ; (*un po' brillo*) gai(e), éméché(e) ; (*faceto*) amusant(e) ; (*vivace: colore, suono*) gai(e) ▶ *sm* (*Mus*) allegro *m*
allenamento [allena'mento] *sm* entraînement *m*
allenare [alle'nare] *vt* entraîner ; **allenarsi** *vpr* s'entraîner
allenatore, -trice [allena'tore] *sm/f* entraîneur(-euse)
allentare [allen'tare] *vt* (*fune, nodo*) desserrer ; (*fig*: *disciplina*) relâcher ; **allentarsi** *vpr* se desserrer ; (*fune*) se détendre ; (*fig*: *legame*) se relâcher
allergia [aller'dʒia] *sf* (*anche fig*) allergie *f*
allergico, -a, -ci, -che [al'lɛrdʒiko] *agg* (*anche fig*): **~ (a)** allergique (à)
allestire [alles'tire] *vt* organiser ; (*spettacolo*) organiser, monter ; (*stand*) installer, monter ; (*vetrina*) faire
allettante [allet'tante] *agg* alléchant(e)
allevare [alle'vare] *vt* élever
alleviare [alle'vjare] *vt* soulager
allibito, -a [alli'bito] *agg* interdit(e), stupéfait(e)
allievo, -a [al'ljɛvo] *sm/f* (*anche Mil*) élève *m/f* ; **~ ufficiale** élève officier
alligatore [alliga'tore] *sm* alligator *m*
allineare [alline'are] *vt* aligner ; **allinearsi** *vpr* s'aligner ; **allinearsi a** *o* **con** (*Pol*) s'aligner sur
allodola [al'lɔdola] *sf* alouette *f*
alloggiare [allod'dʒare] *vt* héberger, loger ▶ *vi* loger ; (*aver dimora*) habiter
alloggio, -gi [al'lɔddʒo] *sm* (*anche Mil*) logement *m*
allontanare [allonta'nare] *vt* éloigner ; (*pericolo, persona*) écarter ; (*licenziare*) renvoyer, mettre à pied ; **allontanarsi** *vpr* s'éloigner
allora [al'lora] *avv* alors, à ce moment là ▶ *cong* dans ce cas, alors ; (*dunque*) alors ; **di ~, d'~** de ce temps-là ; **da ~ in poi** depuis lors, depuis ce temps-là ; **e ~?** (*che fare?*) alors ? ; (*e con ciò?*) et alors ?
alloro [al'lɔro] *sm* laurier *m* ; **dormire sugli allori** (*fig*) s'endormir sur ses lauriers
alluce ['allutʃe] *sm* gros orteil *m*
allucinante [allutʃi'nante] *agg* hallucinant(e)
allucinazione [allutʃinat'tsjone] *sf* hallucination *f*
alludere [al'ludere] *vi*: **~ a** faire allusion à
alluminio [allu'minjo] *sm* aluminium *m*
allungare [allun'gare] *vt* allonger ; (*gambe, braccia*) allonger, étendre ; (*vino, whisky*) couper ; (*fam*: *porgere, passare*) passer ; **allungarsi** *vpr* (*persona*: *distendersi*) s'allonger ; (*giornata*) rallonger ; (*territorio*) s'étendre ; **~ le mani** (*rubare*) chaparder, chiper ; **~ uno schiaffo a qn** allonger une gifle à qn
allusi *ecc* [al'luzi] *vb vedi* **alludere**
allusione [allu'zjone] *sf* allusion *f*
alluvione [allu'vjone] *sf* inondation *f*
almeno [al'meno] *avv* au moins ▶ *cong* (*se solo*): **(se) ~** si au moins
alogeno, -a [a'lɔdʒeno] *agg*: **lampada alogena** lampe *f* (à) halogène
alone [a'lone] *sm* (*di luna, fig*) halo *m* ; (*di macchia*) auréole *f* ; **un ~ di mistero** un halo de mystère
Alpi ['alpi] *sfpl* Alpes *fpl*
alpinismo [alpi'nizmo] *sm* alpinisme *m*
alpinista, -i, -e [alpi'nista] *sm/f* alpiniste *m/f*
alpino, -a [al'pino] *agg* alpin(e) ; **alpini** *smpl* (*Mil*) chasseurs *mpl* alpins
alt [alt] *escl* halte ! ▶ *sm*: **dare l'~** donner l'ordre de s'arrêter
altalena [alta'lena] *sf* (*a funi*) balançoire *f* ; (*bilico*) bascule *f*
altare [al'tare] *sm* autel *m* ; **portare all'~** (*fig*: *sposare*) conduire à l'autel
altermondialista, -i, -e [altermondja'lista] *agg, sm/f* altermondialiste *m/f*
alternare [alter'nare] *vt* alterner ; **alternarsi** *vpr* se succéder, se relayer
alternativa [alterna'tiva] *sf* alternative *f* ; **non abbiamo alternative** nous n'avons pas le choix
alternativo, -a [alterna'tivo] *agg* alternatif(-ive) ; (*cinema*) parallèle ; (*cucina*) non traditionnel(le) ; (*stile di vita*) non conventionnel(le) ; (*medicina*) doux (douce)
alterno, -a [al'tɛrno] *agg* alterné(e) ; **a giorni alterni** un jour sur deux ; **circolazione a targhe alterne** (*Aut*)

circulation des voitures selon le dernier chiffre de leur plaque d'immatriculation dans le cadre de la lutte contre la pollution

altero, -a [al'tɛro] *agg* altier(-ière), hautain(e)

altezza [al'tettsa] *sf* hauteur *f* ; (*di persona*) taille *f* ; (*di stoffa*) largeur *f* ; (*di temperatura, pressione*) niveau *m* ; (*di acque*) profondeur *f* ; **essere all'~ di** (*anche fig*) être à la hauteur de ; **Sua A~** Son Altesse

alticcio, -a, -ci, -ce [al'tittʃo] *agg* éméché(e), gai(e)

altitudine [alti'tudine] *sf* altitude *f*

alto, -a ['alto] *agg* haut(e) ; (*persona, statura*) grand(e) ; (*tessuto, stoffa*) large ; (*temperatura, pressione*) élevé(e) ; (*acqua*) profond(e) ; (*settentrionale*) septentrional(e), du nord ; (*acuto, forte: suono*) fort(e) ; (*prezzo, valore*) élevé(e) ▸ *avv* haut ; **in ~** en haut ; **il palazzo è ~ 20 metri** l'immeuble fait 20 mètres de haut ; **a notte alta** en pleine nuit ; **ad alta voce** à haute voix ; **mani in ~!** les mains en l'air ! ; **andare a testa alta** (*fig*) marcher la tête haute ; **trattare dall'~ in basso** (*fig*) mépriser, traiter avec condescendance ; **alti e bassi** (*fig*) les hauts et les bas ; **l'~ Medioevo** le haut Moyen-Age ; **l'~ Po** le cours supérieur du Pô ; **alta fedeltà** haute fidélité ; **alta finanza/moda/società** haute finance/couture/société

altoparlante [altopar'lante] *sm* haut-parleur *m*

altopiano [alto'pjano] (*pl* **altipiani**) *sm* haut plateau *m*

altrettanto, -a [altret'tanto] *agg* autant de ▸ *pron* autant ; (*la stessa cosa*) de même ▸ *avv* (*nello stesso modo, ugualmente*) aussi ; **tanti auguri! — grazie, ~!** tous mes vœux ! — merci, à vous de même !

altrimenti [altri'menti] *avv* autrement ; (*in caso contrario*) autrement, sinon

PAROLA CHIAVE

altro, -a ['altro] *agg* **1** (*diverso*) autre ; **questa è un'altra cosa** c'est (une) autre chose ; **passami l'altra maglia** donne-moi l'autre pull ; **d'altra parte** d'autre part

2 (*supplementare*) autre, encore ; **prendi un altro cioccolatino** prends un autre chocolat ; **hai avuto altre notizie?** as-tu eu d'autres nouvelles ? ; **hai altro pane?** as-tu encore du pain ?

3 (*nel tempo*): **l'altro giorno** l'autre jour ; **l'altr'anno** l'année dernière ; **l'altro ieri** avant-hier ; **domani l'altro** après-demain

▸ *pron* **1**: **un altro, un'altra** un autre, une autre ; **lo farà un altro** quelqu'un d'autre le fera ; **altri, altre** (*persone*) d'autres (personnes) ; (*cose*) d'autres ; **gli altri** (*la gente*) les autres ; **l'uno e l'altro** l'un et l'autre ; **aiutarsi l'un l'altro** s'aider les uns les autres ; **prendine un altro/un'altra** prends-en un autre/une autre ; **da un giorno/da un momento all'altro** d'un jour/d'un moment à l'autre

2 (*sostantivato: solo maschile*) autre ; **non ho altro da dire** je n'ai rien d'autre à dire ; **più che altro** surtout ; **se non altro** (tout) au moins ; **tra l'altro** entre autres ; **le dispiace? — tutt'altro!** cela vous ennuie ? — pas du tout, au contraire ! ; **ci mancherebbe altro!** il ne manquerait plus que ça ! ; **non faccio altro che lavorare** je ne fais que travailler ; **contento? — altro che!** content ? — et comment ! ; **hai altro da dirmi?** tu as autre chose à me dire ? ; *vedi anche* **senza**; **noialtri**; **voialtri**; **tutto**

altrove [al'trove] *avv* ailleurs

altruista, -i, -e [altru'ista] *agg, sm/f* altruiste *m/f*

alunno, -a [a'lunno] *sm/f* élève *m/f*

alveare [alve'are] *sm* ruche *f*

alzare [al'tsare] *vt* lever ; (*cassa, peso*) lever, soulever ; (*bandiera*) hisser ; (*leva*) tirer ; (*volume*) augmenter ; (*voce, edificio*) élever ; **alzarsi** *vpr* se lever ; (*aumentare*) monter, augmenter ; **~ (le carte)** couper (les cartes) ; **~ il gomito** lever le coude ; **~ le mani su qn** lever *o* porter la main sur qn ; **alzarsi in piedi** se mettre debout ; **~ le spalle** hausser les épaules ; **~ i tacchi** tourner les talons

amaca, -che [a'maka] *sf* hamac *m*

amalgamare [amalga'mare] *vt* amalgamer ; **amalgamarsi** *vpr* s'amalgamer

amante [a'mante] *agg*: **~ (di)** qui aime ▸ *sm/f* amant *m*, maîtresse *f*

amare [a'mare] *vt* aimer ; **amarsi** *vpr* s'aimer

amareggiato, -a [amared'dʒato] *agg* amer (amère), plein(e) d'amertume
amarena [ama'rɛna] *sf* griotte *f* ; (*bevanda*) sirop *m* de griotte
amarezza [ama'rettsa] *sf* amertume *f*
amaro, -a [a'maro] *agg* (*anche fig*) amer (amère) ▸ *sm* digestif *m*
amazzonico, -a, -ci, -che [amad'dzɔniko] *agg* amazonien(ne)
ambasciata [ambaʃ'ʃata] *sf* ambassade *f* ; (*messaggio*) message *m*
ambasciatore, -trice [ambaʃʃa'tore] *sm/f* ambassadeur(-drice)
ambedue [ambe'due] *agg inv* les deux ▸ *pron inv* tous (toutes) les deux ; **~ i ragazzi** les deux jeunes gens
ambientalista, -i, -e [ambjenta'lista] *agg* (*persona, gruppo*) écologiste ; (*disciplina*) environnementaliste
ambientare [ambjen'tare] *vt* situer ; **ambientarsi** *vpr* s'adapter, se familiariser
ambiente [am'bjɛnte] *sm* environnement *m* ; (*stanza*) pièce *f* ; (*fig: di lavoro, culturale*) milieu *m* ; (*atmosfera*) ambiance *f* ; **Ministero per l'A~** ministère *m* de l'Environnement
ambiguo, -a [am'biguo] *agg* ambigu(-uë)
ambizione [ambit'tsjone] *sf* ambition *f*
ambizioso, -a [ambit'tsjoso] *sm/f* ambitieux(-euse)
ambo ['ambo] *agg inv* deux ▸ *sm* (*Lotto*) *les deux nombres gagnants* ; **~ le parti** des deux côtés
ambra ['ambra] *sf* ambre *m* ; **~ grigia** ambre gris
ambulante [ambu'lante] *agg* ambulant(e) ▸ *sm* marchand *m* ambulant
ambulanza [ambu'lantsa] *sf* ambulance *f*
ambulatorio [ambula'torjo] *sm* (*Med: privato*) cabinet *m* de consultation ; (*: pubblico*) dispensaire *m*
America [a'mɛrika] *sf* Amérique *f* ; **l'~ latina** l'Amérique latine
americano, -a [ameri'kano] *agg* américain(e) ▸ *sm/f* Américain(e)
amianto [a'mjanto] *sm* amiante *m*
amichevole [ami'kevole] *agg* amical(e) ; **incontro ~** (*Sport*) rencontre *f* amicale
amicizia [ami'tʃittsja] *sf* amitié *f* ; **amicizie** *sfpl* (*amici, conoscenze*) amis *mpl*, relations *fpl* ; **fare ~ con qn** se lier d'amitié avec qn ; **un'affettuosa ~** une tendre amitié
amico, -a, -ci, -che [a'miko] *sm/f* ami(e) ; (*amante*) petit(e) ami(e) ; (*Internet*): **aggiungere come ~** ajouter comme ami ; **~ del cuore** ami intime ; **~ d'infanzia** ami d'enfance
amido ['amido] *sm* amidon *m*
ammaccare [ammak'kare] *vt* cabosser ; **ammaccarsi** *vpr* être cabossé(e)
ammaccatura [ammakka'tura] *sf* bosse *f* ; (*contusione*) bleu *m*
ammaestrare [ammaes'trare] *vt* dresser
ammainare [ammai'nare] *vt* amener
ammalarsi [amma'larsi] *vpr* tomber malade
ammalato, -a [amma'lato] *agg, sm/f* malade *m/f*
ammanettare [ammanet'tare] *vt* passer les menottes à
ammassare [ammas'sare] *vt* entasser ; (*persone*) rassembler ; **ammassarsi** *vpr* se rassembler, s'amasser
ammattire [ammat'tire] *vi* devenir fou (folle) ; **far ~ qn** (*fig*) rendre qn fou (folle)
ammazzare [ammat'tsare] *vt* tuer ; **ammazzarsi** *vpr* (*suicidarsi*) se tuer ; (*rimanere ucciso*) se tuer, trouver la mort ; **~ il tempo** (*fig*) tuer le temps ; **ammazzarsi di lavoro** se tuer au travail
ammettere [am'mettere] *vt* admettre ; (*riconoscere: responsabilità, colpa*) admettre, reconnaître ; **~ che ...** (*supporre*) admettre que ...
amministrare [amminis'trare] *vt* (*anche Rel*) administrer
amministratore, -trice [amministra'tore] *sm/f* administrateur(-trice) ; (*di condominio*) syndic *m* de copropriété ; **~ aggiunto** directeur(-trice) adjoint(e) ; **~ delegato** administrateur(-trice) délégué(e) ; **~ unico** directeur(-trice) unique
amministrazione [amministrat'tsjone] *sf* administration *f* ; **consiglio d'~** conseil *m* d'administration ; **l'~ comunale** l'administration municipale ; **~ controllata** ≈ redressement *m* judiciaire ; **~ fiduciaria** tutelle *f*

ammiraglio [ammi'raʎʎo] *sm* amiral *m*
ammirare [ammi'rare] *vt* admirer
ammirazione [ammirat'tsjone] *sf* admiration *f*
ammisi *ecc* [am'mizi] *vb vedi* **ammettere**
ammobiliato, -a [ammobi'ljato] *agg* meublé(e)
ammollo [am'mɔllo] *sm* trempage *m* ; **mettere in ~** mettre à tremper
ammoniaca [ammo'niaka] *sf* ammoniaque *f*
ammonire [ammo'nire] *vt* réprimander, reprendre ; (*avvertire*) avertir ; (*Sport*) donner un avertissement à ; (*Dir*) admonester
ammonizione [ammonit'tsjone] *sf* (*anche Sport*) avertissement *m* ; (*rimprovero*) réprimande *f*, reproche *m* ; (*Dir*) admonition *f*
ammontare [ammon'tare] *vi*: **~ a** s'élever à ▸*sm*: **l'~** le montant
ammorbidente [ammorbi'dɛnte] *sm* assouplissant *m*
ammorbidire [ammorbi'dire] *vt* (*tessuto, cuoio*) assouplir ; (*impasto, creta*) ramollir ; (*fig: addolcire*) adoucir
ammortizzatore [ammortiddza'tore] *sm* amortisseur *m*
ammucchiare [ammuk'kjare] *vt* entasser ; (*denaro, ricchezze*) accumuler ; **ammucchiarsi** *vpr* s'entasser, s'amonceler ; (*persone*) s'entasser
ammuffire [ammuf'fire] *vi* (*anche fig*) moisir
ammutolire [ammuto'lire] *vi* devenir muet(te)
amnesia [amne'zia] *sf* amnésie *f* ; **avere un'~** avoir un trou de mémoire
amnistia [amnis'tia] *sf* amnistie *f*
amo ['amo] *sm* hameçon *m* ; (*fig*) piège *m* ; **prendere all'~** prendre à l'hameçon ; (*fig*) prendre au piège
amore [a'more] *sm* amour *m* ; **amori** *smpl* (*storie d'amore*) amours *fpl* ; **il suo ~ per il teatro** son amour pour le théâtre ; **è un ~** (*bambino*) c'est un amour ; (*persona*) c'est une personne délicieuse ; **questo abito è un ~** c'est un amour de robe ; **andare d'~ e d'accordo con** s'entendre à merveille avec ; **fare l'~** *o* **all'~ con qn** faire l'amour avec qn ; **per ~ o per forza** de gré ou de force ; **per l'amor di Dio!** pour l'amour de Dieu ! ; **amor proprio** amour-propre *m*
amoroso, -a [amo'roso] *agg* affectueux(-euse) ; (*poesia, relazione*) amoureux(-euse)
ampio, -a ['ampjo] *agg* vaste, grand(e) ; (*strada, corridoio*) grand(e) ; (*gonna, vestito*) ample, large ; (*garanzie, conoscenze*) ample
amplesso [am'plɛsso] *sm* rapport *m* sexuel
ampliare [ampli'are] *vt* élargir ; (*aeroporto*) agrandir ; (*fig: discorso, ricerche, cultura*) étendre, développer ; **ampliarsi** *vpr* (*vedi vt*) s'élargir ; s'agrandir ; s'étendre
amplificatore [amplifika'tore] *sm* amplificateur *m*
amputare [ampu'tare] *vt* (*anche fig*) amputer
AN *sigla* (*Pol*) = *Alleanza Nazionale*
anabbagliante [anabbaʎ'ʎante] *agg* de croisement ; **anabbaglianti** *smpl* (*Aut*) feux *mpl* de croisement, codes *mpl*
anabolizzante [anabolid'dzante] *agg* anabolisant(e) ▸*sm* anabolisant *m*
analcolico, -a, -ci, -che [anal'kɔliko] *agg* sans alcool ▸*sm* boisson *f* sans alcool ; **bevanda analcolica** boisson sans alcool
analfabeta, -i, -e [analfa'bɛta] *agg, sm/f* analphabète *m/f*
analgesico, -a, -ci, -che [anal'dʒɛziko] *agg, sm* analgésique *m*
analisi [a'nalizi] *sf inv* analyse *f* ; **in ultima ~** en dernière analyse ; **~ dei costi** analyse des coûts ; **~ dei sistemi** analyse systémique *o* de système ; **~ grammaticale/del sangue** analyse grammaticale/du sang
analizzare [analid'dzare] *vt* analyser
analogo, -a, -ghi, -ghe [a'nalogo] *agg* analogue
ananas ['ananas] *sm inv* ananas *msg*
anarchia [anar'kia] *sf* anarchie *f*
anarchico, -a, -ci, -che [a'narkiko] *agg, sm/f* anarchiste *m/f*
A.N.A.S. ['anas] *sigla f* (= *Azienda Nazionale Autonoma delle Strade*) *organisme d'État chargé de la construction et de l'entretien du réseau routier national*
anatomia [anato'mia] *sf* anatomie *f* ; (*sezionamento*) dissection *f* ; (*fig: analisi minuta*) épluchage *m*
anatra ['anatra] *sf* canard *m* ; **~ selvatica** canard sauvage
anca, -che ['anka] *sf* hanche *f*

anche ['anke] *cong* (*inoltre, pure*) aussi, en outre ; (*perfino*) même ; **vengo anch'io** je viens moi aussi ; **~ se** même si ; **quand'~** quand bien même ; **~ volendo, non finiremmo in tempo** même si on le voulait, on n'arriverait pas à finir à temps ; **si può ~ fare** c'est faisable
ancora¹ [an'kora] *avv* encore ; (*di nuovo*) encore, de nouveau ; **~ più bello/~ meglio** encore plus beau/ encore mieux ; **non ~** pas encore ; **~ una volta** encore une fois ; **~ un po'** encore un peu
ancora² ['ankora] *sf* (*Naut*) ancre *f* ; (*Tecn*) armature *f* ; **gettare/levare l'~** jeter/lever l'ancre ; **~ di salvezza** (*fig*) ancre *o* planche *f* de salut
andare [an'dare] *vi* aller ; (*funzionare*) marcher ; (*strada, sentiero*) mener, conduire ; (*essere di moda*) être à la mode ; (*vendere bene*) se vendre ▸ *sm* : **a lungo ~** à la longue ; **~ a qn** (*essere adatto*) aller *o* convenir à qn ; (*piacere*) plaire à qn ; **non mi va più** (*cibo*) je n'en veux plus ; (*idea*) cela ne me dit plus rien ; **questa gonna non mi va più** (*non mi piace*) cette jupe ne me plaît plus ; (*è stretta ecc*) cette jupe ne me va plus ; **ti va di ~ al cinema?** ça te dit d'aller au cinéma ? ; **andarsene** s'en aller ; **~ in aereo** prendre l'avion ; **~ a cavallo/in macchina/a piedi** aller à cheval/en voiture/à pied ; **~ in montagna** aller à la montagne ; **~ a fare qc** aller faire qch ; **~ a pescare/ sciare** aller à la pêche/faire du ski ; **~ fiero di** être fier de ; **~ perduto** être perdu ; **se non vado errato** si je ne m'abuse ; **questa camicia va lavata** il faut laver cette chemise ; **va fatto entro oggi** il faut le faire aujourd'hui ; **come va?** (*lavoro, progetto*) comment ça marche ? ; **come va? — bene, grazie** comment ça va ? — bien, merci ; **vado e vengo** je reviens tout de suite ; **~ a male** s'abîmer ; **un prodotto che va molto** un produit qui se vend bien ; **~ per i 50** aller sur ses 50 ans ; **va da sé** cela va de soi ; **ne va dalla vostra vita** votre vie est en jeu ; **per questa volta vada** passe pour cette fois ; **con l'andar del tempo** avec le temps ; **racconta storie a tutto ~** il raconte des histoires à tout bout de champ
andata [an'data] *sf* aller *m* ; **biglietto di sola ~** (billet *m* d') aller simple ; **biglietto di ~ e ritorno** (billet) aller-retour *o* aller et retour
andrò *ecc* [an'drɔ] *vb vedi* **andare**
aneddoto [a'nɛddoto] *sm* anecdote *f*
anello [a'nɛllo] *sm* bague *f* ; (*cerchio, oggetto circolare, Astron*) anneau *m* ; (*di catena*) maillon *m* ; **anelli** *smpl* (*Ginnastica*) anneaux *mpl* ; **~ di fidanzamento** bague de fiançailles
anemico, -a, -ci, -che [a'nɛmiko] *agg* (*anche fig*) anémique
anestesia [aneste'zia] *sf* anesthésie *f*
angelo ['andʒelo] *sm* ange *m* ; **l'~ del focolare** la fée du logis ; **~ custode** (*Rel, fig*) ange gardien
angheria [ange'ria] *sf* brimade *f*, vexation *f*
anglicano, -a [angli'kano] *agg* anglican(e)
anglosassone [anglo'sassone] *agg* anglo-saxon(ne)
angolo ['angolo] *sm* coin *m* ; (*Mat*) angle *m* ; (*Calcio*) corner *m* ; **fare ~ con** être perpendiculaire à ; **è dietro l'~** c'est juste au coin ; (*fig*) c'est à deux pas d'ici ; (*: imminente*) cela va arriver d'un moment à l'autre ; **~ cottura** coin-cuisine *m*
angoscia [an'gɔʃʃa] *sf* angoisse *f*
anguilla [an'gwilla] *sf* anguille *f*
anguria [an'gurja] *sf* pastèque *f*
anice ['anitʃe] *sm* anis *msg* ; (*liquore*) anisette *f*
anima ['anima] *sf* âme *f* ; **un'~ in pena** (*anche fig*) une âme en peine ; **non c'era ~ viva** il n'y avait pas âme qui vive ; **volere un bene dell'~ a qn** aimer qn de tout son cœur ; **rompere l'~ a qn** casser les pieds à qn ; **il nonno buon'~** mon pauvre grand-père ; **~ gemella** âme sœur
animale [ani'male] *sm* (*anche fig*) animal *m* ▸ *agg* animal(e) ; **~ domestico** animal domestique
annacquare [annak'kware] *vt* (*vino*) couper, mouiller ; (*succo di frutta*) ajouter de l'eau à
annaffiare [annaf'fjare] *vt* arroser
annaffiatoio [annaffja'tojo] *sm* arrosoir *m*
annata [an'nata] *sf* année *f* ; **vino d'~** (vin *m* de) grand cru *m*
annegare [anne'gare] *vt* noyer ▸ *vi* se noyer ; **annegarsi** *vpr* se noyer
annerire [anne'rire] *vt* noircir ▸ *vi* se noircir

annientare [annjen'tare] *vt* anéantir
anniversario [anniver'sarjo] *sm* anniversaire *m* ; **~ di matrimonio** anniversaire de mariage
anno ['anno] *sm* année *f* ; **l'~ prossimo** l'année prochaine ; **quanti anni hai? — ho 10 anni** quel âge as-tu ? — j'ai 10 ans ; **gli anni 20** les années 20 ; **porta bene gli anni** il ne paraît *o* ne fait pas son âge ; **porta male gli anni** il paraît *o* fait plus vieux que son âge ; **gli anni di piombo** les années de plomb ; **~ commerciale** exercice *m* ; **~ giudiziario** année judiciaire ; **~ luce** année-lumière *f*
annodare [anno'dare] *vt* (*anche fig*: *rapporto*) nouer ; (*lacci, corde*) nouer, attacher
annoiare [anno'jare] *vt* ennuyer ; **annoiarsi** *vpr* s'ennuyer
annotare [anno'tare] *vt* marquer, noter ; (*commentare*) annoter
annuale [annu'ale] *agg* annuel(le)
annuire [annu'ire] *vi* faire signe que oui, acquiescer d'un signe de tête
annullare [annul'lare] *vt* annuler ; (*annientare, distruggere*) anéantir ; (*marca da bollo*) oblitérer
annunciare [annun'tʃare] *vt* annoncer
annuncio [an'nuntʃo] *sm* annonce *f* ; (*fig*: *pronostico, previsione*) signe *m* ; **piccoli annunci** petites annonces ; **~ pubblicitario** annonce publicitaire ; **annunci economici** petites annonces ; **annunci mortuari** nécrologie *fsg*
annuo, -a ['annuo] *agg* annuel(le)
annusare [annu'sare] *vt* sentir, flairer ; (*tabacco*) priser ; (*fig*: *pericolo, minaccia*) flairer
anomalo, -a [a'nɔmalo] *agg* anormal(e)
anonimo, -a [a'nɔnimo] *agg* anonyme ▸ *sm* auteur *m* anonyme ; **un tipo ~** (*peg*) un type quelconque ; **società anonima** (*Comm*) société *f* anonyme ; **Anonima sequestri** *association criminelle responsable d'enlèvements pour lesquels elle exige le paiement d'une rançon*
anoressia [anores'sia] *sf* anorexie *f*
anoressico, -a, -ci, -che [ano'rɛssiko] *agg* anorexique
anormale [anor'male] *agg, sm/f* anormal(e)
ANSA ['ansa] *sigla f* (= *Agenzia Nazionale Stampa Associata*) ≈ A.F.P. *f*
ansia ['ansja] *sf* anxiété *f*, inquiétude *f* ; (*Psic*) anxiété ; **stare in ~ (per)** se faire du souci (pour)
ansimare [ansi'mare] *vi* haleter, souffler
ansioso, -a [an'sjoso] *agg* anxieux(-euse)
anta ['anta] *sf* (*di finestra*) volet *m* ; (*di armadio*) porte *f*
Antartide [an'tartide] *sf*: **l'~** l'Antarctique *m*
antenna [an'tenna] *sf* antenne *f* ; **rizzare le antenne** (*fig*) dresser *o* tendre l'oreille ; **~ parabolica** antenne parabolique
anteprima [ante'prima] *sf* avant-première *f* ; **in ~** en avant-première
anteriore [ante'rjore] *agg* antérieur(e) ; (*sedile, ruota*) avant *inv*
antibiotico, -a, -ci, -che [antibi'ɔtiko] *agg, sm* antibiotique *m*
anticamera [anti'kamera] *sf* antichambre *f*, vestibule *m* ; **fare ~** faire antichambre ; **non mi passerebbe neanche per l'~ del cervello** cela ne me viendrait même pas à l'esprit
anticipare [antitʃi'pare] *vt* (*somma di denaro*) avancer ; (*notizia*) révéler
anticipo [an'titʃipo] *sm* (*anche Sport*) anticipation *f* ; (*somma*) avance *f*, acompte *m* ; **in ~** en avance ; **con un sensibile ~** avec une avance sensible
antico, -a, -chi, -che [an'tiko] *agg* antique ; **all'antica** à l'ancienne ; **gli antichi** les anciens *mpl*
anticoncezionale [antikontʃettsjo'nale] *agg* contraceptif(-ive) ▸ *sm* contraceptif *m*, moyen *m* de contraception
anticonformista, -i, -e [antikonfor'mista] *agg, sm/f* anticonformiste *m/f*
anticorpo [anti'kɔrpo] *sm* anticorps *msg*
antidoping ['anti'doupiŋ] *sm inv* (*Sport*) contrôle *m* antidopage *o* antidoping
antifona [an'tifona] *sf*: **capire l'~** (*fig*) saisir l'allusion
antiforfora [anti'forfora] *agg inv* antipelliculaire
antifurto [anti'furto] *sm* (*anche*: **sistema antifurto**) antivol *m*
antigelo [anti'dʒɛlo] *agg inv, sm* antigel *m*

antiglobalizzazione [antiglobaliddzst'tsjone] *sf* antimondialisation *f*
antincendio [antin'tʃɛndjo] *agg inv* (*misure*) contre l'incendie ; (*dispositivo*) de protection contre l'incendie ; **bombola ~** extincteur *m*
antinebbia [anti'nebbja] *sm inv* (*anche*: **faro antinebbia**) antibrouillard *m*
antiorario [antio'rarjo] *agg*: **in senso ~** dans le sens inverse des aiguilles d'une montre
antipasto [anti'pasto] *sm* hors-d'œuvre *m inv*
antipatia [antipa'tia] *sf* antipathie *f* ; **prendere in ~** prendre en grippe
antipatico, -a, -ci, -che [anti'patiko] *agg* antipathique ▸ *sm/f* personne *f* antipathique
antiquariato [antikwa'rjato] *sm* commerce *m* d'antiquités ; **un pezzo d'~** (*oggetto*) un objet d'art ; (*mobile*) un meuble ancien ; **mostra dell'~** salon *m* des antiquaires
antiquario [anti'kwarjo] *sm* antiquaire *m*
antiquato, -a [anti'kwato] *agg* désuet(-ète), vieilli(e)
antitraspirante [antitraspi'rante] *agg* antitranspirant(e)
antivirus [anti'virus] *sm inv* antivirus *msg*
antologia [antolo'dʒia] *sf* anthologie *f*
anulare [anu'lare] *agg* annulaire ▸ *sm* annulaire *m* ; **raccordo ~** périphérique *m*
anzi ['antsi] *cong* au contraire ; (*o meglio*) ou plutôt
anziano, -a [an'tsjano] *agg* âgé(e) ; (*Amm*) ancien(ne) ; (*socio*) ayant un droit d'ancienneté ▸ *sm/f* personne *f* âgée ; **gli anziani** les personnes âgées
anziché [antsi'ke] *cong* au lieu de
apatico, -a, -ci, -che [a'patiko] *agg* apathique
ape ['ape] *sf* abeille *f*
aperitivo [aperi'tivo] *sm* apéritif *m*
apertamente [aperta'mente] *avv* ouvertement
aperto, -a [a'pɛrto] *pp di* **aprire** ▸ *agg* (*anche fig*) ouvert(e) ▸ *sm*: **all'~** en plein air ; **a bocca aperta** bouche bée
apertura [aper'tura] *sf* ouverture *f* ; **~ alare** envergure *f* ; **~ di credito** (*Comm*) ouverture de crédit ; **~ mentale** ouverture d'esprit
apnea [ap'nɛa] *sf*: **in ~** en apnée
apostrofo [a'pɔstrofo] *sm* apostrophe *f*
appaio *ecc* [ap'pajo] *vb vedi* **apparire**
appalto [ap'palto] *sm* (*Comm*) adjudication *f* ; **dare/prendere in ~** donner/prendre en adjudication ; **appalti pubblici** marchés *mpl* publics
appannare [appan'nare] *vt* embuer ; **appannarsi** *vpr* s'embuer ; (*fig*: *vista*) se brouiller
apparecchiare [apparek'kjare] *vt*: **~ (la tavola)** mettre la table *o* le couvert
apparecchio [appa'rekkjo] *sm* appareil *m* ; **~ acustico** appareil auditif, audiophone *m* ; **~ telefonico** appareil téléphonique ; **~ televisivo** poste *m* de télévision
apparente [appa'rɛnte] *agg* apparent(e)
apparire [appa'rire] *vi* apparaître ; (*spuntare*: *sole, luna*) poindre ; (*sembrare*) paraître ; (*risultare*) ressortir
appartamento [apparta'mento] *sm* appartement *m*
appartarsi [appar'tarsi] *vpr* se mettre à l'écart
appartenere [apparte'nere] *vi*: **~ a** appartenir à ; (*spettare a*) appartenir à, revenir à
apparvi *ecc* [ap'parvi] *vb vedi* **apparire**
appassionare [appassjo'nare] *vt* passionner ; **appassionarsi** *vpr*: **appassionarsi a** se passionner pour
appassionato, -a [appassjo'nato] *agg* passionné(e) ▸ *sm/f* amateur(-trice)
appassire [appas'sire] *vi* (*anche fig*) se flétrir, se faner
appassito, -a [appas'sito] *agg* fané(e)
appello [ap'pɛllo] *sm* (*anche Mil*) appel *m* ; (*Univ*) session *f* ; **fare ~ a** en appeler à ; **fare l'~** (*Scol*) faire l'appel
appena [ap'pena] *avv* (*a fatica*) à peine ; (*soltanto, non di più*) seulement ; (*da poco*) juste ▸ *cong* (*subito dopo che*) dès *o* aussitôt que ; **(non) ~ furono arrivati ...** dès leur arrivée ... ; **ero ~ arrivato quando mi ha chiamato** je venais juste d'arriver quand il m'a appelé
appendere [ap'pɛndere] *vt*: **~ (a/su)** accrocher (à), suspendre (à) ; **appendersi** *vpr*: **appendersi (a/su)** s'accrocher (à)

appendice [appen'ditʃe] *sf* (*anche Anat*) appendice *m* ; **romanzo d'~** roman-feuilleton *m*
appendicite [appendi'tʃite] *sf* appendicite *f*
Appennini [appen'nini] *smpl* Apennins *mpl*
appesantire [appesan'tire] *vt* alourdir ; (*fig* : *atmosfera*) rendre lourd(e) ; **appesantirsi** *vpr* s'alourdir ; (*ingrassare*) s'empâter ; (*fig* : *atmosfera*) devenir lourd(e)
appetito [appe'tito] *sm* appétit *m* ; **buon ~!** bon appétit !
appiccare [appik'kare] *vt* : **~ il fuoco a** mettre le feu à
appiccicare [appittʃi'kare] *vt* coller ; (*soprannome*) attribuer, coller ; **appiccicarsi** *vpr* se coller ; **è un tipo che si appiccica** il est collant
appisolarsi [appizo'larsi] *vpr* s'endormir
applaudire [applau'dire] *vt* applaudir ; (*fig* : *approvare*) applaudir à ▸ *vi* applaudir
applauso [ap'plauzo] *sm* applaudissement *m*
applicare [appli'kare] *vt* (*etichetta, francobollo*) appliquer, coller ; (*crema*) mettre, étaler ; (*regolamento*) appliquer ; **applicarsi** *vpr* : **applicarsi (a)** s'appliquer (à)
applicazione [applikat'tsjone] *sf* (*Inform*) application *f*, app *f*
appoggiare [appod'dʒare] *vt* : **~ a** appuyer sur ; (*posare*) poser ; (*fig* : *sostenere*) appuyer, soutenir ; **appoggiarsi** *vpr* : **appoggiarsi a** s'appuyer sur
appoggio, -gi [ap'pɔddʒo] *sm* appui *m*, soutien *m* ; (*fig* : *aiuto, protezione*) appui
appositamente [appozita'mente] *avv* (*apposta*) exprès ; (*specialmente*) spécialement
apposito, -a [ap'pɔzito] *agg* spécial(e)
apposta [ap'pɔsta] *avv* exprès ; **neanche a farlo ~** comme par un fait exprès
appostarsi [appos'tarsi] *vpr* se poster
apprendere [ap'prɛndere] *vt* apprendre
apprendista, -i, -e [appren'dista] *sm/f* apprenti(e)
apprensione [appren'sjone] *sf* appréhension *f*
apprezzare [appret'tsare] *vt* apprécier
approdare [appro'dare] *vi* aborder ; **non ~ a nulla** (*fig*) n'aboutir à rien
approfittare [approfit'tare] *vi* : **~ di** (*di persona, situazione*) profiter de, tirer profit de ; (*di occasione, opportunità*) profiter de ; (*di donna, minore*) abuser de
approfondire [approfon'dire] *vt* (*anche fig*) approfondir ; **approfondirsi** *vpr* (*fig* : *conoscenza*) s'étendre ; (: *divario*) se creuser ; (: *crisi*) s'aggraver, s'envenimer
appropriato, -a [appro'prjato] *agg* approprié(e), adéquat(e)
approssimativo, -a [approssima'tivo] *agg* approximatif(-ive)
approvare [appro'vare] *vt* approuver ; (*candidato*) recevoir ; (*progetto di legge*) adopter
appuntamento [appunta'mento] *sm* rendez-vous *msg* ; **dare (un) ~ a qn** donner rendez-vous à qn ; **darsi ~** se donner rendez-vous ; **prendere ~ dal medico** prendre (un) rendez-vous chez le médecin
appunto [ap'punto] *sm* note *f* ; (*fig* : *rimprovero*) remarque *f* ▸ *avv* justement ; **prendere appunti** prendre des notes ; **fare un ~ a qn** faire une remarque à qn ; **per l'~!, ~!** justement !, précisément !
apribottiglie [apribot'tiʎʎe] *sm inv* ouvre-bouteille *m*, décapsuleur *m*
aprile [a'prile] *sm* avril *m* ; **pesce d'~** poisson *m* d'avril ; *vedi anche* **luglio**
aprire [a'prire] *vt* ouvrir ; (*vestito, camicia*) déboutonner ; (*ali*) ouvrir, déployer ; (*luce*) allumer ; **aprirsi** *vpr* s'ouvrir ; (*fiore*) s'ouvrir, éclore ; (*spaccarsi*) se fendre ; (*persona* : *confidarsi*) s'ouvrir, se confier ; **aprirsi a** (*ad esperienza*) s'ouvrir à ; **~ le ostilità** (*Mil*) engager *o* commencer les hostilités ; (*fig*) attaquer ; **~ il rubinetto/l'acqua** ouvrir le robinet ; **mi si è aperto lo stomaco** cela m'a ouvert l'appétit ; **apriti cielo!** juste ciel !
apriscatole [apris'katole] *sm inv* ouvre-boîte *m*
APT [api'ti] *sigla f* (= *Azienda di Promozione Turistica*) ≈ S.I. *m*
aquagym [akkwa'dʒim] *sf* aquagym *f*
aquila ['akwila] *sf* (*anche fig*) aigle *m* ; **~ reale** aigle royal
aquilone [akwi'lone] *sm* cerf-volant *m* ; (*vento*) vent *m* du nord

A/R *abbr = andata e ritorno (biglietto)* aller-retour *m*
Arabia Saudita [a'rabja sau'dita] *sf* Arabie *f* saoudite
arabo, -a ['arabo] *agg, sm* arabe *m* ▶ *sm/f* Arabe *m/f*; **per me, parla ~** pour moi, c'est du chinois *o* de l'hébreu
arachide [a'rakide] *sf* arachide *f*
aragosta [ara'gosta] *sf* langouste *f*
arancia, -ce [a'rantʃa] *sf* orange *f*
aranciata [aran'tʃata] *sf* orangeade *f*; **~ amara** boisson *f* à l'orange amère
arancione [aran'tʃone] *agg inv*: **(color) ~** orange *inv* ▶ *sm (colore)* orange *m*
arare [a'rare] *vt* labourer
aratro [a'ratro] *sm* charrue *f*
arazzo [a'rattso] *sm* tapisserie *f*
arbitrare [arbi'trare] *vt* arbitrer
arbitrario, -a [arbi'trarjo] *agg* arbitraire
arbitro ['arbitro] *sm* arbitre *m*; *(Tennis)* juge-arbitre *m*
arbusto [ar'busto] *sm* arbuste *m*
archeologia [arkeolo'dʒia] *sf* archéologie *f*
archeologo, -a, -gi, -ghe [arke'ɔlogo] *sm/f* archéologue *m/f*
architettare [arkitet'tare] *vt (piano, sistema)* concevoir; *(peg)* combiner, manigancer
architetto [arki'tetto] *sm* architecte *m*
architettura [arkitet'tura] *sf* architecture *f*
archivio [ar'kivjo] *sm* archives *fpl*; *(Inform)* fichier *m*
arco, -chi ['arko] *sm (anche Archit, Mat)* arc *m*; *(Mus)* archet *m*; **nell'~ di tre settimane** en l'espace de trois semaines; **~ costituzionale** *ensemble des partis qui participèrent à la formulation de la constitution italienne*
arcobaleno [arkoba'leno] *sm* arc-en-ciel *m*
arcuato, -a [arku'ato] *agg* arqué(e)
ardesia [ar'dɛzja] *sf* ardoise *f*; **grigio ~** bleu *inv o* gris *inv* ardoise
area ['area] *sf (anche monetaria)* zone *f*; *(Edil)* terrain *m*; *(misura)* aire *f*; **di ~ socialista** de mouvance socialiste; **~ di rigore** *(Sport)* surface de réparation; **~ di servizio** *(Aut)* aire de service; **~ fabbricabile** terrain à bâtir
arena [a'rɛna] *sf* arène *f*; *(anfiteatro)* arènes *fpl*; *(sabbia)* sable *m*
arenarsi [are'narsi] *vpr* (s')échouer; *(fig: negoziato, trattative)* s'enliser
argenteria [ardʒɛnte'ria] *sf* argenterie *f*
Argentina [ardʒen'tina] *sf* Argentine *f*
argentino, -a [ardʒen'tino] *agg* argentin(e) ▶ *sm/f* Argentin(e)
argento [ar'dʒɛnto] *sm* argent *m*; **avere l'~ (vivo) addosso** *(fig)* avoir du vif-argent dans les veines; **~ vivo** mercure *m*
argilla [ar'dʒilla] *sf* argile *f*
argine ['ardʒine] *sm (di fiume)* berge *f*; *(terrapieno)* digue *f*, remblai *m*; *(fig: difesa)* barrière *f*; **far ~ a, porre un ~ a** *(fig)* mettre un frein à
argomento [argo'mento] *sm* sujet *m*; *(pretesto, motivo)* prétexte *m*; *(per sostenere tesi)* argument *m*; **cambiare ~** changer de sujet
aria ['arja] *sf* air *m*; **all'~ aperta** en plein air; **manca l'~** cela manque d'air; **andare all'~** *(fig)* tomber à l'eau; **mandare all'~ qc** *(fig)* envoyer promener qch; **darsi delle arie (da)** se donner des airs (de); **ha la testa per ~** il est tête en l'air; **che ~ tira?** elle est comment l'ambiance ?
arido, -a ['arido] *agg (anche fig)* aride
arieggiare [arjed'dʒare] *vt* aérer
ariete [a'rjɛte] *sm* bélier *m*; *(Zodiaco)*: **A~** Bélier; **essere dell'A~** être Bélier
aringa, -ghe [a'ringa] *sf* hareng *m*; **~ affumicata/marinata** hareng saur/mariné
aritmetico, -a, -ci, -che [arit'mɛtiko] *agg* arithmétique ▶ *sf* arithmétique *f*
arma, -i ['arma] *sf* arme *f*; **chiamare alle armi** *(Mil)* appeler (sous les drapeaux); **essere sotto le armi** *(Mil)* être sous les armes; **passare qn per le armi** *(Mil)* passer qn par les armes; **combattere ad armi pari** combattre à armes égales; **essere alle prime armi** faire ses premières armes; **partire con armi e bagagli** partir avec armes et bagages; **~ a doppio taglio** arme à double tranchant; **~ atomica/nucleare** arme atomique/nucléaire; **~ bianca** arme blanche; **~ da fuoco** arme à feu; **armi di distruzione di massa** armes *fpl* de destruction massive
armadietto [arma'djetto] *sm (di medicinali)* armoire *f*; *(in palestra ecc)* casier *m*
armadio [ar'madjo] *sm* armoire *f*; **~ a muro** placard *m*

armato, -a [ar'mato] *agg*: **~ (di)** (*anche fig*) armé(e) (de) ; **rapina a mano armata** vol *m* à main armée
armatura [arma'tura] *sf* (*di cavaliere*) armure *f* ; (*Edil, Elettr*) armature *f*
armistizio [armis'tittsjo] *sm* armistice *m*
armonia [armo'nia] *sf* harmonie *f*
arnese [ar'nese] *sm* outil *m* ; (*oggetto, cosa*) truc *m*, machin *m* ; **male in ~** (*malvestito*) mal habillé(e), mal mis(e) ; (*di salute malferma*) mal en point ; (*povero*) sans le sou
arnia ['arnja] *sf* ruche *f*
aroma, -i [a'rɔma] *sm* arôme *m* ; **aromi** *smpl* (*Cuc*) aromates *mpl* ; **aromi artificiali/naturali** arômes artificiels/naturels
aromaterapia [aromatera'pia] *sf* aromathérapie *f*
arpa ['arpa] *sf* harpe *f*
arrabbiare [arrab'bjare] *vi*: **far ~ qn** mettre qn en colère ; **arrabbiarsi** *vpr* se mettre en colère
arrabbiato, -a [arrab'bjato] *agg* (*persona*) en colère, enragé(e) ; (*sguardo, tono*) plein(e) de colère
arrampicarsi [arrampi'karsi] *vpr* grimper ; **~ su** (*su albero, palo*) grimper sur ; **~ sugli specchi** (*fig*) se raccrocher aux branches
arrangiare [arran'dʒare] *vt* (*anche Mus*) arranger ; **arrangiarsi** *vpr* se débrouiller
arredamento [arreda'mento] *sm* (*azione*) décoration *f* ; (*mobili*) ameublement *m*
arredare [arre'dare] *vt* meubler
arrendersi [ar'rɛndersi] *vpr* se rendre ; **~ all'evidenza (dei fatti)** se rendre à l'évidence
arrestare [arres'tare] *vt* arrêter ; **arrestarsi** *vpr* s'arrêter
arresto [ar'rɛsto] *sm* arrêt *m* ; (*Dir*) arrestation *f* ; **subire un ~** (*fermarsi*) s'arrêter ; **mettere agli arresti** mettre aux arrêts ; **arresti domiciliari** détention *f* à domicile
arretrare [arre'trare] *vt* faire reculer ▶ *vi* reculer
arretrato, -a [arre'trato] *agg* (*paese*) arriéré(e) ; (*numero, copia*) ancien(ne) ; (*lavoro*) en retard ; **arretrati** *smpl* arriérés *mpl* ; **gli arretrati dello stipendio** les arriérés du salaire ; **i numeri arretrati** (*di giornale*) les vieux numéros
arricchire [arrik'kire] *vt* (*anche fig*) enrichir ; **arricchirsi** *vpr* s'enrichir
arrivare [arri'vare] *vi* arriver ; **~ a** arriver à ; **~ a casa/a Roma** arriver chez soi/à Rome ; **~ a fare qc** arriver à faire qch ; **mi è arrivato un pacco** j'ai reçu un colis ; **non ci arrivo** (*non ci riesco*) je n'y arrive pas ; (*non capisco*) je ne comprends pas
arrivederci [arrive'dertʃi] *escl* au revoir
arrivista, -i, -e [arri'vista] *sm/f* arriviste *m/f*
arrivo [ar'rivo] *sm* arrivée *f* ; **essere in ~** arriver ; **« arrivi »** (*Aer, Ferr*) « arrivées » ; **nuovi arrivi** (*in negozio*) nouveautés *fpl*
arrogante [arro'gante] *agg* arrogant(e)
arrossire [arros'sire] *vi* rougir
arrostire [arros'tire] *vt* (*al forno*) rôtir ; (*ai ferri*) griller ; **arrostirsi** *vpr*: **arrostirsi al sole** (*fig*) se dorer au soleil
arrosto [ar'rɔsto] *sm* (*Cuc*) rôti *m* ▶ *agg inv* rôti(e) ; **~ di maiale/manzo/vitello** rôti de porc/bœuf/veau
arrotolare [arroto'lare] *vt* enrouler ; (*sigaretta*) rouler
arrotondare [arroton'dare] *vt* (*anche fig: somma*) arrondir ; **~ per difetto/per eccesso** arrondir au chiffre inférieur/supérieur
arrugginito, -a [arruddʒin'nito] *agg* rouillé(e)
arte ['arte] *sf* art *m* ; **ad ~** à dessein ; **a regola d'~** selon les règles de l'art ; **senz'~ né parte** bon(ne) à rien
arteria [ar'tɛrja] *sf* artère *f* ; **~ stradale** artère
artico, -a, -ci, -che ['artiko] *agg* arctique ▶ *sm* : **l'A~** l'Arctique *m* ; **il Circolo polare ~** le cercle polaire arctique ; **l'Oceano ~** l'océan *m* Arctique
articolazione [artikolat'tsjone] *sf* articulation *f*
articolo [ar'tikolo] *sm* (*Comm, Stampa, Ling*) article *m* ; **un bell'~** (*fig*) un drôle de numéro ; **~ di fondo** (*Stampa*) article de fond ; **articoli di marca** articles de marque
artificiale [artifi'tʃale] *agg* (*anche fig*) artificiel(le)
artigianato [artidʒa'nato] *sm* artisanat *m*

artigiano, -a [arti'dʒano] *agg* artisanal(e) ▶ *sm/f* artisan(e)
artista, -i, -e [ar'tista] *sm/f* artiste *m/f* ; **un lavoro da ~** (*fig*) un travail d'artiste
artistico, -a, -ci, -che [ar'tistiko] *agg* artistique
artrite [ar'trite] *sf* arthrite *f*
ascella [aʃ'ʃɛlla] *sf* aisselle *f*
ascendente [aʃʃen'dɛnte] *sm* (*Astrol, fig*) ascendant *m* ; **ascendenti** *smpl* (*parenti diretti*) ascendants
ascensore [aʃʃen'sore] *sm* ascenseur *m*
ascesso [aʃ'ʃɛsso] *sm* abcès *msg*
asciugacapelli [aʃʃugaka'pelli] *sm inv* sèche-cheveux *msg*, séchoir *m*
asciugamano [aʃʃuga'mano] *sm* serviette *f* (de toilette) ; (*solo per le mani*) essuie-mains *msg*
asciugare [aʃʃu'gare] *vt* (*bambino, piatti*) essuyer ; (*capelli*) sécher ; **asciugarsi** *vpr* (*persona*) s'essuyer ; (*bucato*) sécher ; (*terreno, letto di fiume*) s'assécher ; **asciugarsi i capelli** se sécher les cheveux
asciutto, -a [aʃ'ʃutto] *agg* sec (sèche) ; (*fig*: *magro, snello*) maigre, sec (sèche) ▶ *sm*: **restare all'~** (*fig*: *senza soldi*) rester sur la paille ; **restare a bocca asciutta** (*fig*) rester les mains vides
ascoltare [askol'tare] *vt* écouter ; (*conferenza*) assister à ; **~ il consiglio di qn** écouter le conseil de qn
asfalto [as'falto] *sm* goudron *m*
Asia ['azja] *sf* Asie *f*
asiatico, -a, -ci, -che [a'zjatiko] *agg* asiatique ▶ *sm/f* Asiatique *m/f*
asilo [a'zilo] *sm* asile *m* ; **~ (d'infanzia)** (école *f*) maternelle *f* ; **~ nido** crèche *f* ; **~ politico** asile politique
asino ['asino] *sm* (*anche fig*) âne *m* ; **la bellezza dell'~** (*fig*: *di ragazza*) la beauté du diable
ASL [azl] *sigla f* = *Azienda Sanitaria Locale*
asma ['azma] *sf* asthme *m*
asparago, -gi [as'parago] *sm* asperge *f*
aspettare [aspet'tare] *vt* attendre ; **~ qn/qc** attendre qn/qch ; **aspettarsi qc** s'attendre à qch ; **fare ~ qn** faire attendre qn ; **~ un bambino** attendre un enfant ; **questo non me l'aspettavo!** je ne m'attendais pas à ça ! ; **me l'aspettavo!** je m'y attendais !
aspetto [as'pɛtto] *sm* aspect *m* ; **di bell'~** qui a de l'allure
aspirapolvere [aspira'polvere] *sm inv* aspirateur *m*
aspirare [aspi'rare] *vt* aspirer ▶ *vi*: **~ a** aspirer à
aspirina [aspi'rina] *sf* aspirine *f*
aspro, -a ['aspro] *agg* âpre ; (*fig*) rude, âpre
assaggiare [assad'dʒare] *vt* goûter ; (*mangiare poco*) goûter à
assaggini [assad'dʒini] *smpl* (*Cuc*) assortiment *m* (de dégustation)
assai [as'sai] *avv* (*molto*) beaucoup ; (: *con agg*) très, bien ▶ *agg inv* beaucoup de, bien des
assalgo *ecc* [as'salgo] *vb vedi* **assalire**
assalire [assa'lire] *vt* attaquer ; (*sogg*: *ricordi, paura, dubbio*) assaillir ; **la assalirono con insulti d'ogni genere** ils l'accablèrent d'injures de toutes sortes
assaltare [assal'tare] *vt* (*Mil, treno, diligenza*) prendre d'assaut ; (*banca*) attaquer
assalto [as'salto] *sm* assaut *m* ; **prendere d'~** (*fig*: *negozio, treno*) prendre d'assaut ; (: *personalità*) attaquer de front ; **d'~** (*fig*: *editoria, giornalista*) de choc
assassinare [assassi'nare] *vt* assassiner
assassino, -a [assas'sino] *agg* (*istinto, tendenza*) meurtrier(-ière) ; (*fig*: *sguardo, occhiata*) assassin(e) ▶ *sm/f* assassin *m*, meurtrier(-ière)
asse ['asse] *sm* (*Tecn, Mat*) axe *m* ▶ *sf* (*tavola di legno*) planche *f* ; **~ da stiro** planche à repasser ; **~ stradale** axe routier
assediare [asse'djare] *vt* assiéger
assegnare [asseɲ'ɲare] *vt* (*premio*) décerner ; (*somme*) allouer ; (*borsa di studio*) accorder ; (*compiti, lavoro, casa*) assigner ; (*persona*: *a reparto, ufficio*) affecter ; (*fissare*: *termine*) fixer
assegno [as'seɲɲo] *sm* chèque *m* ; **un ~ di** *o* **per un milione** un chèque d'un million ; **contro ~** contre remboursement ; **~ a vuoto** chèque sans provision ; **~ circolare** chèque circulaire ; **~ di malattia/di invalidità** allocation *f* maladie/d'invalidité ; **~ di studio** bourse *f* d'étude ; **~ di viaggio** chèque de voyage ; **~ non trasferibile** chèque barré ; **~ post-datato** chèque postdaté ; **~ sbarrato/non sbarrato** chèque barré/non barré ; **assegni**

alimentari pension *fsg* alimentaire ; **assegni familiari** allocations *fpl* familiales

assemblea [assem'blɛa] *sf* assemblée *f* ; **~ generale** assemblée générale

assentarsi [assen'tarsi] *vpr*: **~ (da)** s'absenter (de)

assente [as'sɛnte] *agg, sm/f* absent(e) ; **uno sguardo ~** (*fig*) un regard absent

assenza [as'sɛntsa] *sf* (*lontananza*) absence *f* ; (*mancanza*) manque *m*

assetato, -a [asse'tato] *agg* assoiffé(e) ; **~ di sangue** (*fig*) assoiffé(e) de sang

assicurare [assiku'rare] *vt* assurer ; (*fermare, legare*) fixer ; **assicurarsi** *vpr* (*accertarsi*): **assicurarsi (di)** s'assurer (de) ; **assicurarsi (contro)** (*contro furto, incendio*) s'assurer (contre) ; **assicurarsi qc** (*vittoria, posto*) s'assurer qch ; **te l'assicuro!** je te le garantis !

assicurazione [assikurat'tsjone] *sf* assurance *f* ; **~ contro terzi/multi-rischio** assurance au tiers/multirisque

assieme [as'sjɛme] *avv* ensemble *m* ▸ *prep*: **~ a** avec

assillare [assil'lare] *vt* (*sogg*: *dubbio, pensiero*) obséder ; (: *creditore*) harceler

assistente [assis'tɛnte] *sm/f* assistant(e) ; **~ di volo** hôtesse *f* de l'air, steward *m* ; **~ sociale** assistant(e) sociale ; **~ universitario** assistant(e)

assistenza [assis'tɛntsa] *sf* assistance *f* ; **~ legale** assistance judiciaire ; **~ ospedaliera** assistance hospitalière ; **~ sanitaria** assistance médicale ; **~ sociale** assistance sociale

assistere [as'sistere] *vt* assister ▸ *vi*: **~ (a)** assister (à)

asso ['asso] *sm* (*anche fig*) as *msg* ; **piantare qn in ~** laisser qn en plan

associare [asso'tʃare] *vt*: **~ a** (*idee, parole, fatti*) associer à ; **associarsi** *vpr*: **associarsi (a)** (*Comm, fig*) s'associer (à) ; (*ad organizzazione*) s'inscrire (à) ; **~ qn alle carceri** écrouer qn

associazione [assotʃat'tsjone] *sf* association *f* ; **~ a delinquere** (*Dir*) association de malfaiteurs ; **~ di categoria** association professionnelle ; **~ in partecipazione** (*Comm*) association en participation

assolsi *ecc* [as'sɔlsi] *vb vedi* **assolvere**

assolutamente [assoluta'mente] *avv* (*completamente*) tout à fait ; (*in ogni caso*) absolument

assoluto, -a [asso'luto] *agg* absolu(e) ; **in ~** dans l'absolu

assoluzione [assolut'tsjone] *sf* (*Dir*) acquittement *m* ; (*Rel*) absolution *f*

assolvere [as'sɔlvere] *vt* (*Dir*) acquitter ; (*Rel*) absoudre ; (*compito, dovere*) accomplir, s'acquitter de

assomigliare [assomiʎ'ʎare] *vi*: **~ a** ressembler à ; **assomigliarsi** *vpr* se ressembler

assonnato, -a [asson'nato] *agg* endormi(e)

assopirsi [asso'pirsi] *vpr* s'assoupir

assorbente [assor'bɛnte] *agg* absorbant(e); **carta ~** buvard *m* ; **~ esterno/igienico** serviette *f* hygiénique *o* périodique ; **~ interno** tampon *m*

assorbire [assor'bire] *vt* (*anche fig*: *impegnare*) absorber ; (*fig*: *far proprio*) assimiler

assordare [assor'dare] *vt* assourdir ; (*fig*) assommer

assortimento [assorti'mento] *sm* assortiment *m*

assortito, -a [assor'tito] *agg* assorti(e) ; **ben ~** bien assorti(e)

assuefazione [assuefat'tsjone] *sf* accoutumance *f*

assumere [as'sumere] *vt* (*impiegato*) embaucher ; (*responsabilità*) assumer, endosser ; (*contegno, espressione*) prendre ; (*sostanza, droga*) consommer

assunsi *ecc* [as'sunsi] *vb vedi* **assumere**

assurdità [assurdi'ta] *sf inv* absurdité *f*

assurdo, -a [as'surdo] *agg, sm* absurde *m*

asta ['asta] *sf* bâton *m* ; (*metodo di vendita*) vente *f* aux enchères

astemio, -a [as'tɛmjo] *agg* qui ne boit pas d'alcool ▸ *sm/f* personne *f* qui ne boit pas d'alcool

astenersi [aste'nersi] *vpr*: **~ (da)** s'abstenir (de)

asterisco, -schi [aste'risko] *sm* astérisque *m*

astice ['astitʃe] *sm* homard *m*

astigmatico, -a, -ci, -che [astig'matiko] *agg* astigmate

astinenza [asti'nɛntsa] *sf* abstinence *f* ; **crisi di ~** état *m* de manque

astratto, -a [as'tratto] *agg* abstrait(e)

astrologia [astrolo'dʒia] *sf* astrologie *f*

astronauta, -i, -e [astro'nauta] *sm/f* astronaute *m/f*

astronave [astro'nave] *sf* vaisseau *m* spatial
astronomia [astrono'mia] *sf* astronomie *f*
astronomico, -a, -ci, -che [astro'nɔmiko] *agg* astronomique
astuccio, -ci [as'tuttʃo] *sm* (*di fucile, occhiali*) étui *m* ; (*di collana*) écrin *m* ; (*per penne*) trousse *f*
astuto, -a [as'tuto] *agg* malin(-igne), rusé(e)
Atene [a'tene] *sf* Athènes
ateo, -a ['ateo] *agg, sm/f* athée *m/f*
atlante [a'tlante] *sm* atlas *msg* ; **i Monti dell'A~** l'Atlas *m*
atlantico, -a, -ci, -che [a'tlantiko] *agg* atlantique ▸ *sm*: **l'(Oceano) A~** l'(océan *m*) Atlantique *m*
atleta, -i, -e [a'tlɛta] *sm/f* athlète *m/f*
atletica [a'tlɛtika] *sf* athlétisme *m* ; **~ leggera** athlétisme ; **~ pesante** haltérophilie et lutte *f*
atmosfera [atmos'fɛra] *sf* (*anche fig*) atmosphère *f*
atomico, -a, -ci, -che [a'tɔmiko] *agg* atomique
atomo ['atomo] *sm* atome *m*
atrio ['atrjo] *sm* (*vestibolo*) entrée *f* ; (*di edificio*) hall *m*
atroce [a'trotʃe] *agg* atroce
attaccante [attak'kante] *sm/f* (*Sport*) attaquant(e)
attaccapanni [attakka'panni] *sm inv* portemanteau *m*
attaccare [attak'kare] *vt* (*unire*) attacher ; (: *cucendo*) coudre ; (*appendere*) accrocher ; (*affiggere*) coller ; (*avversario, nemico*) attaquer ; (*fig: contagiare*) passer ▸ *vi* (*colla, fig: moda*) prendre ; **attaccarsi** *vpr* s'attacher ; (*aderire al recipiente di cottura*) attacher, coller ; **attaccarsi (a)** (*afferrarsi*) s'accrocher (à) ; (*fig: affezionarsi*) s'attacher (à) ; **la salsa si è attaccata** la sauce a attaché ; **è sempre attaccato al telefono** il est tout le temps pendu au téléphone ; **~ discorso con qn** engager la conversation avec qn ; **con me non attacca!** avec moi ça ne prend pas !
attacco, -chi [at'takko] *sm* (*Mil, Sport, Med, fig*) attaque *f* ; (*Elettr*) prise *f* ; **attacchi** *smpl* (*per sci*) fixations *fpl*
atteggiamento [atteddʒa'mento] *sm* attitude *f*
attendere [at'tɛndere] *vt* attendre ▸ *vi* (*dedicarsi*): **~ a** s'occuper de
attendibile [atten'dibile] *agg* (*scusa, storia, persona*) digne de foi ; (*notizia*) de source sûre
attentato [atten'tato] *sm* attentat *m* ; **commettere un ~ contro qn** commettre un attentat contre qn ; **~ suicida** attentat *m* suicide
attento, -a [at'tɛnto] *agg* attentif(-ive) ▸ *escl* attention ! ; **stare ~ a** faire attention à ; **attenti!** (*Mil*) garde-à-vous ! ; **attenti al cane** attention au chien
attenzione [atten'tsjone] *sf* attention *f* ▸ *escl* attention ! ; **attenzioni** *sfpl* (*premure*) attentions *fpl* ; **fare ~ a** faire attention à ; **coprire qn di attenzioni** entourer qn d'attentions
atterraggio, -gi [atter'raddʒo] *sm* atterrissage *m* ; **~ di fortuna** atterrissage forcé
atterrare [atter'rare] *vi* atterrir ▸ *vt* terrasser, mettre à terre
attesa [at'tesa] *sf* vedi **atteso**
attesi *ecc* [at'tesi] *vb* vedi **attendere**
atteso, -a [at'teso] *pp di* **attendere** ▸ *sf* attente *f* ; **essere in attesa di qc** être dans l'attente de qch ; **in attesa di una vostra risposta** (*in lettera*) dans l'attente d'une réponse de votre part
attico, -ci ['attiko] *sm* (*Edil*) appartement *m* au dernier étage ; (*Archit*) attique *m*
attillato, -a [attil'lato] *agg* (*abito*) collant(e), moulant(e) ; (*persona: elegante*) tiré(e) à quatre épingles
attimo ['attimo] *sm* instant *m* ; **in un ~** en un instant
attirare [atti'rare] *vt* attirer ; **attirarsi delle critiche** s'attirer des critiques ; **l'idea mi attira** cela me tente, cela me dit
attitudine [atti'tudine] *sf* disposition *f*, aptitude *f*
attività [attivi'ta] *sf inv* activité *f* ; (*Comm*) actif *m* ; **~ liquide** (*Comm*) liquidités *fpl*, disponibilités *fpl*
attivo, -a [at'tivo] *agg* actif(-ive) ; (*Comm: impresa*) rentable ▸ *sm* actif *m* ; **in ~** (*bilancio, conti*) créditeur(-euse) ; **chiudere in ~** réaliser des bénéfices ; **avere qc al proprio ~** (*fig*) avoir qch à son actif
atto, -a ['atto] *agg* (*idoneo*): **~ a** apte à ▸ *sm* acte *m* ; **atti** *smpl* (*processo*) pièces *fpl* ; (*di congresso*) actes *mpl* ; **essere in ~** être en cours ; **mettere in ~** mettre à

exécution ; **fare ~ di fare qc** faire semblant *o* mine de faire qch ; **all'~ pratico** en pratique ; **dare ~ a qn di qc** donner acte à qn de qch ; **~ di morte/ di nascita** acte de décès/de naissance ; **~ di proprietà** acte de propriété ; **~ di vendita** acte de vente ; **~ pubblico** acte public ; **atti osceni (in luogo pubblico)** (*Dir*) outrage *m* public à la pudeur

attore, -trice [at'tore] *sm/f* acteur(-trice)

attorno [at'torno] *avv* autour, tout autour ▸ *prep*: **~ a** (*intorno a*) autour de ; **darsi d'~ (per)** s'affairer (à)

attraccare [attrak'kare] *vt, vi* accoster

attracco, -chi [at'trakko] *sm* (*Naut: manovra*) accostage *m* ; (*: punto*) quai *m*

attrae *ecc* [at'trae] *vb vedi* **attrarre**

attraente [attra'ɛnte] *agg* (*persona*) séduisant(e) ; (*prospettiva*) attrayant(e), séduisant(e)

attraggo *ecc* [at'traggo] *vb vedi* **attrarre**

attrarre [at'trarre] *vt* attirer

attrassi *ecc* [at'trassi] *vb vedi* **attrarre**

attraversare [attraver'sare] *vt* traverser

attraverso [attra'vɛrso] *prep* à travers ; (*mediante*) par

attrazione [attrat'tsjone] *sf* (*magnetica, spettacolo*) attraction *f* ; (*interesse, fisica*) attrait *m*

attrezzo [at'trettso] *sm* outil *m* ; (*Sport*) agrès *mpl*

attrice [at'tritʃe] *sf vedi* **attore**

attuale [attu'ale] *agg* actuel(le)

attualità [attuali'ta] *sf inv* actualité *f* ; **d'~** d'actualité ; **notizie d'~** nouvelles *fpl* d'actualité

attualmente [attual'mente] *avv* actuellement

attuare [attu'are] *vt* mettre en œuvre, réaliser ; **attuarsi** *vpr* se réaliser

attutire [attu'tire] *vt* amortir ; (*fig*) atténuer ; **attutirsi** *vpr* s'amortir ; (*fig*) s'atténuer

audio ['audjo] *sm* son *m*

audiovisivo, -a [audjovi'zivo] *agg* audiovisuel(le) ▸ *sm* audiovisuel *m*

audizione [audit'tsjone] *sf* audition *f*

augurare [augu'rare] *vt*: **~ a** souhaiter à ; **augurarsi** *vpr*: **augurarsi qc/di fare qc** espérer qch/faire qch

augurio [au'gurjo] *sm* vœux *mpl* ; **fare gli auguri a qn** présenter ses vœux à qn ; **(tanti) auguri!** tous mes vœux ! ; (*per compleanno*) bon anniversaire !

aula ['aula] *sf* salle *f* ; **~ di tribunale** salle de tribunal ; **~ magna** amphithéâtre *m*

aumentare [aumen'tare] *vt, vi* augmenter ; **~ di peso** (*persona*) prendre du poids ; **la produzione è aumentata del 50%** la production a augmenté de 50%

aumento [au'mento] *sm* augmentation *f* ; (*di prezzo*) hausse *f* ; **~ (di stipendio)** augmentation (de salaire)

aurora [au'rɔra] *sf* aurore *f*

ausiliare [auzi'ljare] *agg*: **(verbo) ~** (verbe *m*) auxiliaire *m*

Australia [aus'tralja] *sf* Australie *f*

australiano, -a [austra'ljano] *agg* australien(ne) ▸ *sm/f* Australien(ne)

Austria ['austria] *sf* Autriche *f*

austriaco, -a, -ci, -che [aus'triako] *agg* autrichien(ne) ▸ *sm/f* Autrichien(ne)

autentico, -a, -ci, -che [au'tɛntiko] *agg* authentique

autista, -i [au'tista] *sm* chauffeur *m*

auto ['auto] *sf inv* voiture *f* ; **~ blu** (*di rappresentanza*) voiture *f* officielle

autoabbronzante [autoabbron'dzante] *agg* autobronzant(e) ▸ *sm* autobronzant *m*

autoadesivo, -a [autoade'zivo] *agg* autocollant(e) ▸ *sm* autocollant *m*

autobiografico, -a, -ci, -che [autobio'grafiko] *agg* autobiographique

autobus ['autobus] *sm inv* autobus *msg*

autocarro [auto'karro] *sm* camion *m*, poids *msg* lourd

autocertificazione [autotʃertifikat'tsjone] *sf* déclaration *f* sur l'honneur

autodistruttivo, -a [autodistrut'tivo] *agg* autodestructeur(-trice)

autogol [auto'gɔl] *sm inv* but *m* marqué contre son camp

autografo, -a [au'tɔgrafo] *agg* autographe ▸ *sm* (*documento, firma*) autographe *m*

autogrill® [auto'gril] *sm inv* Restoroute® *m*

autoironia [autoiro'nia] *sf* autodérision *f*

automatico, -a, -ci, -che [auto'matiko] *agg* automatique ▸ *sm* (*bottone*) bouton-pression *m* ; (*arma*) arme *f* automatique ; **selezione**

automatica (*Tel*) sélection *f* automatique
automobile [auto'mɔbile] *sf* auto(mobile) *f*, voiture *f* ; **~ da corsa** voiture *f* de course
automobilista, -i, -e [automobi'lista] *sm/f* automobiliste *m/f*
autonoleggio [autono'leddʒo] *sm* location *f* de voitures
autonomia [autono'mia] *sf* autonomie *f*
autonomo, -a [au'tɔnomo] *agg* autonome ; (*lavoratore*) indépendant(e)
autopsia [autop'sia] *sf* autopsie *f*
autoradio [auto'radjo] *sf inv* (*apparecchio*) autoradio *m* ; (*autoveicolo*) voiture *f* émettrice
autore, -trice [au'tore] *sm/f* auteur(e) ; **quadro d'~** tableau *m* de maître
autoreggente [autored'dʒɛnte] *agg*: **calza ~** bas *m* auto-fixant
autoreverse [autore'vɛrs] *agg inv* auto-reverse *inv*
autorevole [auto'revole] *agg* (*personaggio*) influent(e) ; (*giudizio, opinione*) qui fait autorité ; **ho appreso la notizia da fonte ~** je le sais de bonne source
autorimessa [autori'messa] *sf* garage *m*
autorità [autori'ta] *sf inv* autorité *f* ; **le ~** les autorités
autorizzare [autorid'dzare] *vt* autoriser
autoscontro [autos'kontro] *sm* auto *f* tamponneuse
autoscuola [autos'kwɔla] *sf* auto-école *f*
autostima [autos'tima] *sf* estime *f* de soi
autostop [autos'tɔp] *sm* (auto) stop *m* ; **fare l'~** faire du stop, faire de l'auto-stop
autostoppista, -i, -e [autostop'pista] *sm/f* auto-stoppeur(-euse)
autostrada [autos'trada] *sf* autoroute *f* ; **~ informatica** autoroute de l'information

En Italie, les **autostrade** sont payantes et sont signalées par des pancartes vertes avec un A suivi d'un chiffre. Afin d'éviter les embouteillages au péage, il est possible d'acheter une carte de télépéage à l'avance. La vitesse est limitée à 130km/h sur les autoroutes italiennes comme sur les autoroutes françaises.

autovelox [auto'veloks] *sm inv* radar *m* (*de contrôle de vitesse*)
autovettura [autovet'tura] *sf* automobile *f*, voiture *f*
autunno [au'tunno] *sm* automne *m* ; **in ~** en automne
avambraccio [avam'brattʃo] (*pl(f)* **avambraccia**) *sm* avant-bras *msg*
avanguardia [avan'gwardja] *sf* (*Mil, Arte*) avant-garde *f* ; **essere all'~** (*fig*) être à l'avant-garde
avanti [a'vanti] *avv* (*stato in luogo*) devant ; (*moto: andare, venire*) en avant ; (*tempo: prima*) avant ▶ *prep* (*luogo*): **~ a** devant ; (*tempo*): **~ Cristo** avant Jésus-Christ ▶ *escl* (*entrate*) entrez ! ; (*Mil*) en avant ! ; (*coraggio!*) allez ! ▶ *sm inv* (*Sport*) avant *m* ; **andare ~** (*continuare*) continuer ; (*orologio*) avancer ; **andate ~, vi raggiungo** allez-y, je vous rejoins ; **essere ~ negli studi** être en avance dans ses études ; **il giorno ~** la veille ; **la settimana ~** la semaine d'avant ; **~ e indietro** de long en large ; **fare ~ e indietro** faire la navette ; **~ il prossimo!** au suivant !
avanzare [avan'tsare] *vt* avancer ; (*fig: domanda, richiesta*) présenter ; (*: promuovere*) monter en grade ; (*essere creditore*): **~ qc da qn** devoir qch à qn ▶ *vi* (*anche fig*) avancer ; **avanzano tre uova** il reste trois œufs
avaria [ava'ria] *sf* avarie *f* ; **motore in ~** moteur en panne
avaro, -a [a'varo] *agg, sm/f* avare *m/f*

PAROLA CHIAVE

avere [a'vere] *vt* **1** (*possedere*) avoir ; **ha una bella casa** elle a une belle maison ; **ha due bambini** il a deux enfants ; **non ho da mangiare/bere** je n'ai rien à manger/boire ; **avere pazienza** avoir de la patience
2 (*indossare, portare*) avoir ; **aveva una maglietta rossa** il avait un T-shirt rouge ; **ha gli occhiali** elle a des lunettes ; **ha i baffi** il a une moustache ; **ha i capelli lunghi** elle a les cheveux longs
3 (*ricevere*) avoir ; **hai avuto l'assegno?** as-tu reçu le chèque ?
4 (*età, dimensione*) avoir ; **ha nove anni** elle a neuf ans ; **la stanza ha 3 metri (di lunghezza)** la pièce fait 3 mètres (de long)
5 (*tempo*): **quanti ne abbiamo oggi?**

quel jour sommes-nous aujourd'hui ? ; **ne hai per molto?** en as-tu pour longtemps ?
6 (*fraseologia*): **avercela con qn** en vouloir à qn ; **cos'hai?** qu'est-ce que tu as ? ; **non ha niente a che vedere** *o* **fare con me** cela n'a rien à voir avec moi, je n'ai rien à voir là-dedans
▸ *vb aus* **1** avoir ; **aver bevuto/mangiato** avoir bu/mangé ; **ci ha creduto?** y a-t-il cru ?
2 (*+ da + infinito*): **avere da fare qc** avoir qch à faire ; **non ho niente da dire** je n'ai rien à dire ; **non hai che da chiederlo** tu n'as qu'à le demander
▸ *sm* (*Comm*) avoir *m* ; **gli averi** (*ricchezze*) les biens *mpl*

aviario, -a [a'vjarjo] *agg*: **influenza aviaria** grippe *f* aviaire
aviazione [avjat'tsjone] *sf* aviation *f* ; **~ civile/militare** aviation civile/militaire
avido, -a ['avido] *agg*: **~ (di)** avide (de)
avocado [avo'kado] *sm* (*pianta*) avocatier *m* ; (*frutto*) avocat *m*
avorio [a'vɔrjo] *sm* ivoire *m*
Avv. *abbr* (= *avvocato*) Me.
avvantaggiare [avvantad'dʒare] *vt* favoriser, avantager ; **avvantaggiarsi** *vpr* (*approfittare*): **avvantaggiarsi di** tirer profit de, profiter de ; **avvantaggiarsi nel lavoro** prendre de l'avance dans son travail
avvelenare [avvele'nare] *vt* (*anche fig*) empoisonner
avvengo *ecc* [av'vɛngo] *vb vedi* **avvenire**
avvenimento [avveni'mento] *sm* événement *m*
avvenire [avve'nire] *vi* (*fatto, episodio*) se dérouler ; (*incidente*) arriver, se passer ; (*disgrazia*) arriver ▸ *vb impers* arriver ▸ *sm* avenir *m* ; **in ~** à l'avenir
avvenni *ecc* [av'venni] *vb vedi* **avvenire**
avventato, -a [avven'tato] *agg* (*persona*: *imprudente*) irréfléchi(e) ; (: *precipitoso*) impulsif(-ive) ; (*decisione*) hasardeux(-euse)
avventura [avven'tura] *sf* aventure *f* ; **avere spirito d'~** avoir l'esprit d'aventure *o* aventurier
avventurarsi [avventu'rarsi] *vpr* s'aventurer
avventuroso, -a [avventu'roso] *agg* aventureux(-euse)
avverarsi [avve'rarsi] *vpr* s'accomplir
avverbio [av'vɛrbjo] *sm* adverbe *m*
avverrò *ecc* [avver'rɔ] *vb vedi* **avvenire**
avversario, -a [avver'sarjo] *agg* adverse ▸ *sm/f* adversaire *m/f*
avvertenza [avver'tɛntsa] *sf* (*ammonimento*) avertissement *m* ; (*consiglio*) conseil *m* ; (*cautela*) précaution *f* ; (*in libro*) avis *msg* au lecteur ; **avvertenze** *sfpl* (*su medicinali*) précautions *fpl* d'emploi
avvertimento [avverti'mento] *sm* avertissement *m*
avvertire [avver'tire] *vt* (*persona*) avertir, prévenir ; (*rumore*) percevoir ; (*stanchezza*) ressentir ; (*calore*) sentir
avviare [avvi'are] *vt* (*persona*) acheminer ; (*impresa*) mettre sur pied, lancer ; (*costruzione*) mettre en chantier *o* en train ; (*trattative*) engager ; (*dialogo, colloquio*) entamer ; (*motore*) mettre en marche ; (*fig*: *indirizzare*) orienter ; **avviarsi** *vpr* s'acheminer ; (*negli affari*) démarrer ; **avviarsi alla conclusione** (*conferenza, incontro*) être sur le point de se conclure, toucher à sa fin
avvicinare [avvitʃi'nare] *vt* rapprocher ; (*uno all'altro*): **~ a** approcher de ; **avvicinarsi** *vpr* (*essere imminente*) approcher ; **avvicinarsi a** (*a meta, persona*) approcher de ; (*somigliare*) se rapprocher de, être proche de ; **~ qn** (*per parlare ecc*) s'approcher de
avvilito, -a [avvi'lito] *agg* découragé(e)
avvincente [avvin'tʃɛnte] *agg* captivant(e)
avvisare [avvi'zare] *vt*: **~ (di)** (*informare*) prévenir (de) ; (*mettere in guardia*) avertir (de)
avviso [av'vizo] *sm* (*avvertimento, consiglio*) avertissement *m* ; (*annuncio, affisso*) avis *msg* ; (*inserzione pubblicitaria*) annonce *f* ; **a mio ~** à mon avis ; **mettere qn sull'~** mettre qn en garde ; **fino a nuovo ~** jusqu'à nouvel ordre ; **~ di chiamata** (*Tel*) signal *m* d'appel ; **~ di consegna** (*Comm*) avis de livraison ; **~ di garanzia** (*Dir*) avis d'ouverture d'enquête judiciaire ; **~ di pagamento/di spedizione** (*Comm*) avis de paiement/d'expédition ; **~ pubblicitario** annonce publicitaire
avvistare [avvis'tare] *vt* repérer

avvitare [avvi'tare] *vt* visser
avvocato, -essa [avvo'kato] *sm/f* (*Dir, fig*) avocat(e) ; **~ di parte civile** avocat de la partie civile ; **~ difensore** avocat de la défense
avvolgere [av'vɔldʒere] *vt* (*filo*) enrouler ; (*in carta, coperta*) envelopper ; **avvolgersi** *vpr* (*in coperta, mantello*) s'envelopper
avvolgibile [avvol'dʒibile] *sm* store *m*
avvolsi *ecc* [av'vɔlsi] *vb vedi* **avvolgere**
avvoltoio [avvol'tojo] *sm* (*anche fig*) vautour *m*
azalea [addʒa'lɛa] *sf* azalée *f*
azienda [ad'dzjɛnda] *sf* entreprise *f* ; **~ a partecipazione statale** entreprise mixte ; **~ agricola** exploitation *f* agricole ; **~ (autonoma) di soggiorno** syndicat *m* d'initiative ; **aziende pubbliche** entreprises publiques ; **A~ Sanitaria Locale** cabinet *m* médical de quartier
azione [at'tsjone] *sf* action *f* ; (*di gas, veleno*) effet *m* ; **mettere in ~** mettre en marche ; **~ sindacale** action syndicale ; **azioni preferenziali** (*Fin*) actions privilégiées *o* de priorité
azoto [ad'dzɔto] *sm* azote *m*
azzardare [addzar'dare] *vt* hasarder, risquer ; **azzardarsi** *vpr*: **azzardarsi (a fare qc)** se hasarder (à faire qch)
azzardo [ad'dzardo] *sm* risque *m* ; (*caso*) hasard *m* ; **gioco d'~** jeu *m* de hasard
azzeccare [attsek'kare] *vt* atteindre ; (*fig*) trouver, deviner
azzuffarsi [attsuf'farsi] *vpr* se bagarrer
azzurro, -a [ad'dzurro] *agg* bleu(e) ▸ *sm* bleu *m* clair, bleu ciel ; (*Sport*): **gli azzurri** les Italiens *mpl*, l'équipe *fsg* nationale italienne ; **il principe ~** le prince charmant

b

babbo ['babbo] *sm* papa *m* ; **B~ Natale** père Noël *m*
baby-sitter ['beibi 'sita] *sf inv* baby-sitter *m/f*
bacca, -che ['bakka] *sf* baie *f*
baccalà [bakka'la] *sm inv* morue *f* séchée ; (*fig*) andouille *f*
bacchetta [bak'ketta] *sf* baguette *f* ; **comandare (qn) a ~** faire marcher (qn) à la baguette ; **~ magica** baguette magique
bacheca, -che [ba'kɛka] *sf* (*mobile*) vitrine *f* ; (*Univ, in ufficio*) tableau *m* d'affichage
baciare [ba'tʃare] *vt* embrasser ; **baciarsi** *vpr* s'embrasser
bacinella [batʃi'nɛlla] *sf* cuvette *f*
bacino [ba'tʃino] *sm* (*Anat, Naut*) bassin *m* ; (*piccolo bacio*) bise *f* ; **~ carbonifero** bassin houiller ; **~ di carenaggio** bassin de radoub ; **~ petrolifero** gisement *m* de pétrole
bacio ['batʃo] *sm* baiser *m* ; **dare un ~ a qn** donner un baiser à qn
baco, -chi ['bako] *sm* ver *m* ; (*Inform: di programma*) bug *m*, bogue *m* ; **~ da seta** ver à soie
badare [ba'dare] *vi*: **~ a** (*fare attenzione*) faire attention à ; (*occuparsi di*) s'occuper de ; **non ~ a spese** ne pas regarder à la dépense ; **bada ai fatti tuoi!** occupe-toi de tes affaires !
baffi ['baffi] *smpl* moustache *fsg* ; **leccarsi i ~** (*fig*) se lécher les babines ; **ridere sotto i ~** (*fig*) rire dans sa barbe
bagagliaio [bagaʎ'ʎajo] *sm* (*Aut*) coffre *m* ; (*deposito bagagli*) consigne *f* ; (*Ferr*) fourgon *m*

bagaglio [ba'gaʎʎo] *sm* bagages *mpl* ; **fare/disfare i bagagli** faire/défaire ses bagages ; **~ a mano** bagage à main ; **~ culturale** bagage *msg* culturel

bagliore [baʎ'ʎore] *sm* (*anche fig*) lueur *f*

bagnante [baɲ'ɲante] *sm/f* baigneur(-euse)

bagnare [baɲ'ɲare] *vt* (*capelli, scarpe*) mouiller ; (*stoffa*) faire tremper ; (*sogg: fiume, anche fig: brindare*) arroser ; (*sogg: mare*) baigner ; **bagnarsi** *vpr* (*di pioggia, acqua*) se mouiller ; (*al mare*) se baigner ; (*in vasca*) prendre un bain ; **~ le piante** arroser les plantes

bagnato, -a [baɲ'ɲato] *agg* mouillé(e) ▸ *sm* (*terreno, strada*) zone *f o* partie *f* mouillé ; **guidare sul ~** conduire sur une route mouillée

bagnino, -a [baɲ'ɲino] *sm/f* maître nageur *m*

bagno ['baɲɲo] *sm* bain *m* ; (*locale*) salle *f* de bain ; **bagni** *smpl* (*stabilimento*) bains *mpl* ; **fare il ~** (*in vasca*) prendre un bain ; (*nel mare*) se baigner ; **dove è il ~?** où sont les toilettes ? ; **fare il ~ a qn** baigner qn ; **mettere a ~** (*bucato, legumi*) faire tremper

bagnomaria [baɲɲoma'ria] *sm*: **cuocere a ~** faire cuire au bain-marie

bagnoschiuma [baɲɲo'skjuma] *sm* bain *m* moussant

baia ['baja] *sf* baie *f*

balbettare [balbet'tare] *vi* bégayer ▸ *vt* (*scuse*) bredouiller, balbutier ; (*fig: lingua straniera*) baragouiner

balcanico, -a, -ci, -che [bal'kaniko] *agg* balkanique

balcone [bal'kone] *sm* balcon *m*

baldoria [bal'dɔrja] *sf*: **fare ~** (*festa*) faire la fête ; (*allegria rumorosa*) faire la foire, faire la bringue

balena [ba'lena] *sf* baleine *f*

baleno [ba'leno] *sm*: **in un ~** en un éclair

ballare [bal'lare] *vi, vt* danser ; **andare a ~** aller danser

ballerina [balle'rina] *sf* danseuse *f* ; (*scarpa*) ballerine *f* ; **~ di rivista** danseuse de cabaret *o* variétés

ballerino [balle'rino] *sm* danseur *m*

balletto [bal'letto] *sm* ballet *m*

ballo ['ballo] *sm* (*danza*) danse *f* ; (*festa*) bal *m* ; **essere in ~** (*fig*) être en jeu ; **tirare in ~** mettre en cause ; **~ in maschera** *o* **mascherato** bal masqué

balneare [balne'are] *agg* balnéaire

balsamo ['balsamo] *sm* (*anche fig*) baume *m* ; (*per capelli*) après-shampooing *m inv*

balzare [bal'tsare] *vi* bondir, sauter ; **~ su/in** (*sull'autobus, treno*) sauter dans ; (*in macchina*) sauter dans/en ; **la verità balza agli occhi** la vérité saute aux yeux

balzo ['baltso] *sm* bond *m* ; (*del terreno*) corniche *f* ; **fare un ~** faire un bond ; **prendere la palla al ~** (*fig*) saisir l'occasion

bambina [bam'bina] *sf* petite fille *f*, enfant *f* ; (*fig*) enfant ▸ *agg*: **moglie ~** femme *f* enfant ; **fare la ~** faire l'enfant *o* la gamine

bambino [bam'bino] *sm* petit garçon *m*, enfant *m* ; (*fig*) enfant ; **fare il ~** faire l'enfant *o* le gamin ; **fare un ~** avoir un enfant

bambola ['bambola] *sf* poupée *f*

bambù [bam'bu] *sm inv* bambou *m*

banale [ba'nale] *agg* banal(e)

banana [ba'nana] *sf* banane *f*

banca, -che ['banka] *sf* banque *f* ; **~ d'affari** banque d'affaires ; **~ (di) dati** banque de données

Les **banche** italiennes sont ouvertes le matin du lundi au vendredi, et reprennent après la pause-déjeuner, généralement de 14 h 30 à 15 h 30.

bancarella [banka'rɛlla] *sf* étal *m*

bancarotta [banka'rotta] *sf* (*Dir*) banqueroute *f* ; **fare ~** faire faillite

banchetto [ban'ketto] *sm* banquet *m*

banchiere, -a [ban'kjɛre] *sm/f* banquier(-ière)

banchina [ban'kina] *sf* (*di porto, di stazione*) quai *m* ; (*per pedoni*) accotement *m*, bas-côté *m* ; (*per ciclisti*) piste *f* ; **~ cedevole** (*Aut*) bas-côté non stabilisé ; **~ spartitraffico** (*Aut*) terre-plein *m* central

banco, -chi ['banko] *sm* (*di scuola, chiesa, in tribunale*) banc *m* ; (*di negozio*) comptoir *m* ; (*banca*) banque *f* ; **sotto ~** (*fig*) en cachette ; **tenere il ~** (*nei giochi*) tenir la banque ; **tener ~** (*conversare*) entretenir la conversation ; **~ degli imputati/dei testimoni** banc des accusés/des témoins ; **~ dei pegni** mont-de-piété *m* ; **~ del Lotto** ≈ PMU *m* (*Pari mutuel urbain*) ; **~ di chiesa** banc d'église ; **~ corallino** *o* **di corallo** banc de coraux ; **~ di nebbia** nappe *f* de brouillard ; **~ di prova** (*fig*) banc d'essai

Bancomat® ['bankomat] *sm inv* distributeur *m* automatique de billets ; (*tessera*) carte *f* bancaire, Carte *f* Bleue®
banconota [banko'nɔta] *sf* billet *m* (de banque)
banda ['banda] *sf* bande *f* ; (*Mus*) fanfare *f* ; **~ larga** haut débit *m* ; **~ perforata** (*Inform*) bande perforée
bandiera [ban'djɛra] *sf* drapeau *m* ; **cambiare ~** (*fig*) tourner sa veste ; **~ di comodo** pavillon *m* de complaisance
bandito [ban'dito] *sm* bandit *m*
bando ['bando] *sm* avis *msg* ; (*esilio*) bannissement *m* ; **mettere al ~ qn** (*fig*) mettre qn au ban ; **~ alle chiacchiere!** assez bavardé ! ; **~ agli scherzi** trêve de plaisanteries ; **~ di concorso** avis de concours (de recrutement)
bar [bar] *sm inv* bar *m*
bara ['bara] *sf* cercueil *m*
baracca, -che [ba'rakka] *sf* baraque *f* ; **mandare avanti la ~** (*fig*: *casa*) faire bouillir la marmite ; (: *affari*) faire marcher les affaires, mener la barque ; **piantare ~ e burattini** prendre ses cliques et ses claques
barare [ba'rare] *vi* tricher ; **~ al gioco** tricher au jeu
baratro ['baratro] *sm* gouffre *m* ; **sull'orlo del ~** (*fig*) au bord du gouffre
baratto [ba'ratto] *sm* troc *m*
barattolo [ba'rattolo] *sm* (*di latta*) boîte *f* ; (*di birra*) canette *f* ; (*di vetro*) pot *m*, bocal *m* ; (*di coccio*) pot ; **in ~** (*bibita*) en canette
barba ['barba] *sf* barbe *f* ; **farsi la ~** se raser ; **farla in ~ a qn** (*fig*) agir (au nez et) à la barbe de qn ; **servire qn di ~ e capelli** (*fig*) bien arranger qn ; **che ~!** quelle barbe !
barbabietola [barba'bjɛtola] *sf* betterave *f* ; **~ da zucchero** betterave sucrière
barbiere, -a [bar'bjɛre] *sm/f* coiffeur(-euse) pour hommes
barbone [bar'bone] *sm* (*cane*) caniche *m* ; (*vagabondo*) clochard *m*
barca, -che ['barka] *sf* (*Naut*) bateau *m* ; **una ~ di** (*fig*) un tas de ; **mandare avanti la ~** (*fig*) conduire sa barque ; **~ a remi** barque *f* à rames ; **~ a motore** bateau à moteur ; **~ a vela** bateau à voile
barcollare [barkol'lare] *vi* chanceler
barella [ba'rɛlla] *sf* civière *f*, brancard *m*
barile [ba'rile] *sm* baril *m*, fût *m*
barista, -i, -e [ba'rista] *sm* barman *m*, garçon *m* (de café) ▶ *sf* barmaid *f*
barocco, -a, -chi, -che [ba'rɔkko] *agg*, *sm* baroque *m*
barometro [ba'rɔmetro] *sm* baromètre *m*
barone [ba'rone] *sm* baron *m* ; (*peg*: *fig*) baron, magnat *m* ; **i baroni della medicina** les mandarins de la médecine
baronessa [baro'nessa] *sf* baronne *f*
barra ['barra] *sf* barre *f*
barrare [bar'rare] *vt* barrer
barricare [barri'kare] *vt* barricader ; **barricarsi** *vpr* se barricader
barriera [bar'rjɛra] *sf* barrière *f* ; **la Grande B~ Corallina** la Grande Barrière de corail
baruffa [ba'ruffa] *sf* bagarre *f* ; **fare ~ (con)** se bagarrer (avec)
barzelletta [barzel'letta] *sf* histoire *f* drôle, blague *f*
basare [ba'zare] *vt* baser ; **basarsi** *vpr*: **basarsi su** se baser sur
basco, -a, -schi, -sche ['basko] *agg* basque ▶ *sm/f* Basque *m/f* ▶ *sm* (*Ling*) basque *m* ; (*copricapo*) béret *m* (basque)
base ['baze] *sf* base *f* ; **di ~** de base ; **in ~ a** sur la base de, d'après ; **in ~ a ciò ...** d'après cela ... ; **a ~ di** (*latte ecc*) à base de ; **essere alla ~ di** être à la base de ; **gettare le basi per** jeter les bases pour ; **avere buone basi** (*culturali*) avoir de bonnes bases ; **~ di controllo** (*Aer*) base de contrôle
baseball ['beisbɔ:l] *sm* base-ball *m*
basette [ba'zette] *sfpl* pattes *fpl*
basilica, -che [ba'zilika] *sf* basilique *f*
basilico [ba'ziliko] *sm* basilic *m*
basket ['ba:skit] *sm* basket *m*
bassista, -i, -e [bas'sista] *sm/f* bassiste *m/f*
basso, -a ['basso] *agg* bas (basse) ; (*persona*) petit(e) ▶ *sm* bas *msg* ; (*Mus*) basse *f* ; **a occhi bassi** les yeux baissés ; **a ~ prezzo** à bas prix ; **scendere da ~** descendre ; **cadere in ~** (*fig*) tomber (bien) bas ; **la bassa Italia** l'Italie du Sud ; **il ~ Medioevo** le bas Moyen-Age
bassorilievo [bassori'ljɛvo] *sm* bas-relief *m*
bassotto, -a [bas'sɔtto] *agg* courtaud(e) ▶ *sm* (*cane*) basset *m*
basta ['basta] *escl* assez !, ça suffit ! ; **punto e ~** un point, c'est tout

bastardo, -a [bas'tardo] *agg* (*anche fig*) bâtard(e) ▸ *sm/f* bâtard(e) (*peg*), salaud *m*, conasse *f*
bastare [bas'tare] *vi*: **~ (a)** (*essere sufficiente*) suffire (à) ▸ *vb impers* suffire ; **~ a se stessi** se suffire à soi-même ; **basta chiedere a un vigile** il suffit de le demander à un agent ; **basti dire che ...** il suffit de dire que ...
bastonare [basto'nare] *vt* donner des coups de bâton à, battre ; **avere l'aria di un cane bastonato** avoir un air de chien battu
bastoncino [baston'tʃino] *sm* bâtonnet *m* ; (*Sci*) bâton *m* ; **bastoncini di pesce** (*Cuc*) bâtonnets de poisson
bastone [bas'tone] *sm* bâton *m* ; (*Sport*) crosse *f* ; **bastoni** *smpl* (*Carte*) *l'une des 4 couleurs d'un jeu de cartes italien* ; **mettere i bastoni fra le ruote a qn** mettre des bâtons dans les roues à qn ; **~ da passeggio** canne *f*
battaglia [bat'taʎʎa] *sf* bataille *f* ; (*fig*) lutte *f* ; **dare ~** livrer bataille ; **~ navale** (*Gioco*) bataille navale
battello [bat'tɛllo] *sm* bateau *m*
battente [bat'tɛnte] *sm* battant *m* ; (*per bussare*) heurtoir *m* ; **chiudere i battenti** (*fig*: *concludersi*) fermer ses portes
battere ['battere] *vt* battre ; (*panni, tappeti*) battre, taper ; (*porta*) cogner ▸ *vi* (*pioggia, cuore*) battre ; (*sole*) taper ; (*bussare*) frapper ; (*urtare*): **~ (contro)** cogner (contre) ; (*Tennis*) servir ; **battersi** *vpr*: **battersi (per)** se battre (pour) ; **~ bandiera italiana** battre pavillon italien ; **~ i denti** claquer des dents ; **~ a macchina** taper à la machine ; **~ le mani** applaudir ; **~ (il marciapiede)** (*fig*) faire le trottoir ; **~ le ore** sonner les heures ; **~ i piedi** taper du pied ; **~ un rigore** (*Calcio*) tirer un penalty ; **~ in testa** (*Aut*) cogner ; **~ su un argomento** insister *o* revenir sur un sujet ; **in un batter d'occhio** en un clin d'œil ; **senza batter ciglio** sans broncher ; **battersela** filer à l'anglaise
batteria [batte'ria] *sf* (*anche Mus, Tecn*) batterie *f* ; **~ da cucina** batterie de cuisine
batterio [bat'tɛrjo] *sm* bactérie *f*
batterista, -i, -e [batte'rista] *sm/f* batteur(-euse)
battesimo [bat'tezimo] *sm* baptême *m* ; **tenere qn a ~** tenir qn sur les fonds baptismaux
battezzare [batted'dzare] *vt* baptiser
battipanni [batti'panni] *sm inv* tapette *f*
battistrada [battis'trada] *sm inv* (*di pneumatico*) bande *f* de roulement ; (*di gara*) celui qui est en tête, celui qui mène
battito ['battito] *sm* (*di pioggia*) battement *m* ; (*orologio*) tic-tac *m inv* ; **~ cardiaco** battement du cœur
battuta [bat'tuta] *sf* (*Tip*) frappe *f* ; (*Mus*) mesure *f* ; (*Teatro*) réplique *f* ; (*frase spiritosa*) boutade *f* ; (*Polizia*) ratissage *m* ; (*Tennis*) service *m* ; **fare una ~ (di spirito)** faire de l'esprit ; **aver la ~ pronta** (*fig*) avoir la répartie facile, avoir de la répartie ; **è ancora alle prime battute** il est à ses débuts ; **~ di caccia** partie *f* de chasse
batuffolo [ba'tuffolo] *sm* (*di cotone, lana*) tampon *m*
baule [ba'ule] *sm* (*cassa*) malle *f* ; (*Aut*) coffre *m*
bava ['bava] *sf* bave *f* ; (*di vento*) souffle *m*
bavaglino [bavaʎ'ʎino] *sm* bavette *f*, bavoir *m*
bavaglio [ba'vaʎʎo] *sm* bâillon *m*
bavero ['bavero] *sm* col *m*, collet *m*
bazar [bad'dzar] *sm inv* bazar *m*
BCE *sigla f* (= *Banca centrale europea*) BCE *f*
beato, -a [be'ato] *agg, sm/f* bienheureux(-euse) ; **~ te!** tu as bien de la chance !
beccare [bek'kare] *vt* picoter, picorer ; (*fig*: *raffreddore*) choper ; (: *ladro*) pincer ; **beccarsi** *vpr* (*fig*: *bisticciare*) se chamailler ; **si è beccato l'influenza** il a chopé la grippe
beccherò *ecc* [bekke'rɔ] *vb vedi* **beccare**
becco, -chi ['bekko] *sm* bec *m* ; (*fam*: *fig*) cocu(e) ; **mettere il ~ in** (*fam*) fourrer son nez dans ; **chiudi il ~!** (*fam*) ferme-la !, boucle-la ! ; **non ho il ~ di un quattrino** (*fam*) je n'ai pas un radis
befana [be'fana] *sf* (*donna brutta*) vieille sorcière *f*

On célèbre la **Befana** le 6 janvier, le jour de l'Épiphanie. Selon la légende, la **Befana**, une gentille sorcière chevauchant son balai, apporte des cadeaux aux enfants sages... et du charbon aux autres.

beffardo, -a [bef'fardo] *agg* moqueur(-euse)
begli ['bɛʎʎi] *agg vedi* **bello**

bei ['bɛi] *agg vedi* **bello**
beige [bɛʒ] *agg inv, sm inv* beige *m*
bel [bɛl] *agg vedi* **bello**
belare [be'lare] *vi* bêler
belga, -gi, -ghe ['bɛlga] *agg* belge ▸ *sm/f* Belge *m/f*
Belgio ['bɛldʒo] *sm* Belgique *f*
bella ['bɛlla] *sf* (*innamorata, Sport, Carte*) belle *f*; (*anche*: **bella copia**) copie *f* mise au propre ; *vedi* **bello**
bellezza [bel'lettsa] *sf* beauté *f*; **chiudere** *o* **finire in ~** conclure *o* finir en beauté ; **che ~!** c'est chouette ! ; **ho pagato la ~ di 60.000 euro** j'ai payé la jolie somme de 60 000 euros

PAROLA CHIAVE

bello, -a ['bɛllo] (*dav sm* **bel** + *C*, **bell'** + *V*, **bello** + *s impura, gn, pn, ps, x, z*; *pl* **bei** + *C*, **begli** + *s impura ecc o V*) (*agg* **1** (*cosa, persona, tempo*) beau (belle) ; **le belle arti** les beaux-arts ; **farsi bello di qc** (*vantarsi*) se vanter de qch ; **fare la bella vita** avoir la belle vie ; **oh, bella!, anche questa è bella!** ça alors ! celle-là aussi elle est bien bonne !
2 (*quantità*): **una bella cifra** une jolie somme ; **un bel niente** rien du tout
3 (*rafforzativo*): **è una truffa bella e buona!** c'est une véritable escroquerie ! ; **è bell'e finito** c'est bel et bien fini
▸ *sm* beau *m* ; **adesso viene il bello** mais tu n'as pas entendu le meilleur ; **sul più bello** au plus beau moment ; **cosa fai di bello?** qu'est-ce que tu fais de beau ?, qu'est-ce que tu deviens ?
▸ *sf vedi* **bella**
▸ *avv*: **fa bello** il fait beau ; **alla bell'e meglio** tant bien que mal

belva ['belva] *sf* fauve *m* ; (*fig*) brute *f*
belvedere [belve'dere] *sm inv* belvédère *m*
benché [ben'ke] *cong* bien que, quoique ; **~ lo sappia molto bene ...** bien qu'il *o* quoiqu'il le sache très bien ...
benda ['bɛnda] *sf* bande *f*; (*per coprire gli occhi*) bandeau *m*
bendare [ben'dare] *vt* bander
bene ['bɛne] *avv* bien ; (*molto*): **ben più lungo/caro** bien plus long/cher ▸ *agg inv*: **gente ~** gens *mpl* bien ▸ *sm* bien *m* ; **beni** *smpl* (*averi*) biens *mpl* ; **io sto ~** je vais bien ; **io sto poco ~** je ne vais pas très bien ; **va ~** ça va ; **lo spero ~** je l'espère bien ; **fare ~** bien faire ; **fare ~ a** (*salute*) faire du bien à ; **fare del ~ a qn** faire du bien à qn ; **voler ~ a qn** aimer qn ; **di ~ in meglio** de mieux en mieux ; **l'avevo ben detto** je l'avais bien dit ; **un uomo per ~** un homme comme il faut ; **beni ambientali** richesses *fpl* naturelles ; **beni culturali** ≈ monuments *mpl* historiques ; **beni di consumo** biens de consommation ; **beni di consumo durevoli** biens de consommation durables ; **beni immateriali** biens immatériels ; **beni immobili** biens immobiliers ; **beni patrimoniali** biens patrimoniaux ; **beni privati** biens privés ; **beni pubblici** biens publics
benedetto, -a [bene'detto] *pp di* **benedire** ▸ *agg* bénit(e)
benedire [bene'dire] *vt* bénir ; **mandare qn a farsi ~** envoyer qn promener
beneducato, -a [benedu'kato] *agg* bien élevé(e)
beneficenza [benefi'tʃɛntsa] *sf* bienfaisance *f*, charité *f*; **fare ~** faire la charité ; (*fig*) faire le bon Samaritain
beneficio [bene'fitʃo] *sm* bénéfice *m* ; **con ~ d'inventario** (*fig*) sous bénéfice d'inventaire
benessere [be'nɛssere] *sm* bien-être *m* ; **la società del ~** la société d'abondance
benestante [benes'tante] *agg, sm/f* nanti(e)
benigno, -a [be'niɲɲo] *agg* bienveillant(e) ; (*Med*) bénin(-igne)
benvenuto, -a [benve'nuto] *agg* bienvenu(e) ▸ *sm* bienvenue *f*; **dare il ~ a qn** souhaiter la bienvenue à qn
benzina [ben'dzina] *sf* essence *f*; **fare ~** prendre de l'essence ; **~ verde** essence *f* sans plomb ; **rimanere senza ~** tomber en panne d'essence ; **~ super** super *m*
benzinaio, -a [bendzi'najo] *sm/f* pompiste *m/f*
bere ['bere] *vt* boire ; **beve qualcosa?** vous buvez quelque chose ? ; **darla a ~ a qn** faire marcher qn
berlina [ber'lina] *sf* (*Aut*) berline *f*; **mettere alla ~** (*fig*) exposer à la risée
Berlino [ber'lino] *sf* Berlin ; **~ est/ovest** Berlin-Est/-Ouest
bermuda [ber'muda] *smpl* (*calzoncini*) bermuda *m*

bernoccolo [ber'nɔkkolo] *sm* bosse *f*; **avere il ~ per qc** (*fig*) avoir la bosse de qch
berretto [ber'retto] *sm* béret *m*
berrò *ecc* [ber'rɔ] *vb vedi* **bere**
bersaglio [ber'saʎʎo] *sm* (*anche fig*: *persona, cosa*) cible *f*; (*obiettivo*) but *m*
besciamella [beʃʃa'mɛlla] *sf* (sauce) béchamel *f*
bestemmia [bes'temmja] *sf* blasphème *m*; (*espressione irriverente*) juron *m*; (*sproposito*) énormité *f*
bestemmiare [bestem'mjare] *vt* (*uso assoluto; vedi sf*) blasphémer ; jurer ; dire des énormités
bestia ['bestja] *sf* bête *f*; **andare in ~** (*fig*) sortir de ses gonds ; **lavorare come una ~** travailler comme un forcené ; **una ~ rara** (*fig*: *persona*) une bête curieuse ; **~!** imbécile ! ; **è una brutta ~** (*cosa*) ce n'est pas une mince affaire ; (*persona*) c'est un dur de dur ; **~ da soma** bête de somme
bestiale [bes'tjale] *agg* (*disumano*) bestial(e) ; (*fam*: *freddo, fame*) terrible
bestiame [bes'tjame] *sm* bétail *m*
betulla [be'tulla] *sf* bouleau *m*
bevanda [be'vanda] *sf* boisson *f*
bevo *ecc* ['bevo] *vb vedi* **bere**
bevuto, -a [be'vuto] *pp di* **bere**
bevvi *ecc* ['bevvi] *vb vedi* **bere**
biancheria [bjanke'ria] *sf* linge *m*; **~ femminile** lingerie *f*; **~ intima** linge de corps
bianco, -a, -chi, -che ['bjanko] *agg, sm/f* blanc (blanche) ▸ *sm* blanc *m*; **in ~** (*foglio, assegno*) en blanc ; (*notte*) blanc (blanche) ; **in ~ e nero** (*Cine, Fot*) en noir et blanc ; **mangiare in ~** manger des plats sans sauce ; **pesce in ~** poisson au court-bouillon ; **andare in ~** faire chou blanc ; **notte bianca** *o* **in ~** nuit blanche ; **voce bianca** (*Mus*) voix *fsg* blanche ; **votare scheda bianca** voter blanc ; **mosca bianca** (*fig*) mouton *m* à cinq pattes ; **~ dell'uovo** blanc d'œuf
biasimare [bjazi'mare] *vt* blâmer
Bibbia ['bibbja] *sf* Bible *f*
biberon [bibə'rɔn] *sm inv* biberon *m*
bibita ['bibita] *sf* boisson *f*
biblioteca, -che [bibljo'tɛka] *sf* bibliothèque *f*
bicarbonato [bikarbo'nato] *sm*: **~ (di sodio)** bicarbonate *m* (de soude)
bicchiere [bik'kjɛre] *sm* verre *m*; **è (facile) come bere un bicchier d'acqua** c'est simple comme bonjour, c'est bête comme chou
bicicletta [bitʃi'kletta] *sf* bicyclette *f*, vélo *m*; **andare in ~** aller à bicyclette, aller à vélo
bidè [bi'dɛ] *sm inv* bidet *m*
bidello, -a [bi'dɛllo] *sm/f* (*Scol*) concierge *m/f*; (*Univ*) appariteur(-trice)
bidone [bi'done] *sm* bidon *m*; (*anche*: **bidone dell'immondizia**) poubelle *f*; (*fam*: *truffa*) sale tour *m*; **fare un ~ a qn** (*fam*: *imbrogliare*) rouler qn, avoir qn
biforcarsi [bifor'karsi] *vpr* bifurquer
bigiotteria [bidʒotte'ria] *sf* bijou *m* (de) fantaisie ; (*negozio*) bijouterie *f* de fantaisie
bigliettaio, -a [biʎʎet'tajo] *sm/f* (*in treno, autobus*) receveur(-euse) ; (: *controllore*) contrôleur(-euse) ; (*Cine, Teatro*) guichetier(-ière)
biglietteria [biʎʎette'ria] *sf* guichet *m*
biglietto [biʎ'ʎetto] *sm* (*cartoncino*) carte *f*; (*di spettacoli, treni, aerei*) billet *m*; (*di metropolitana, autobus*) ticket *m*; (*anche*: **biglietto di banca**) billet ; **un ~ di sola andata** un billet aller simple ; **~ da visita** carte de visite ; **~ d'andata e ritorno** billet d'aller et retour ; **~ d'auguri** carte de vœux ; **~ elettronico** billet électronique ; **~ omaggio** entrée *f* gratuite
bignè [biɲ'ɲɛ] *sm inv* chou *m* à la crème
bigodino [bigo'dino] *sm* bigoudi *m*
bigotto, -a [bi'gɔtto] *agg, sm/f* bigot(e)
bikini [bi'kini] *sm inv* bikini *m*
bilancia, -ce [bi'lantʃa] *sf* balance *f*; (*pesapersone*) balance, pèse-personne *m*; (*per bambini*) pèse-bébé *m*; (*Zodiaco*): **B~** Balance ; **essere della B~** être Balance ; **~ commerciale** balance commerciale ; **~ dei pagamenti** balance des paiements
bilancio, -ci [bi'lantʃo] *sm* bilan *m*; **chiudere il ~ in attivo/passivo** présenter un bilan positif/négatif ; **fare il ~ di** (*fig*) faire le bilan de ; **~ consolidato** bilan consolidé ; **~ consuntivo** bilan ; **~ del carbonio** bilan carbone ; **~ di verifica** balance *f* de vérification ; **~ preventivo** budget *m*; **~ pubblico** budget de l'État
biliardino [biljar'dino] *sm* flipper *m*
biliardo [bi'ljardo] *sm* billard *m*
bilingue [bi'lingwe] *agg* bilingue
binario, -a [bi'narjo] *agg* binaire ▸ *sm* rail *m*, voie *f*; (*piattaforma*) quai *m*; **~ morto** voie de garage

binocolo [bi'nɔkolo] *sm* jumelle *f*, jumelles *fpl*
bio [bjo] *agg inv* bio *inv*
biocarburante [biokarbu'rante] *sm* biocarburant *m*
biodegradabile [biodegra'dabile] *agg* biodégradable
biodinamico, -a, -ci, -che [biodi'namiko] *agg* bio-dynamique
biografia [biogra'fia] *sf* biographie *f*
biologia [biolo'dʒia] *sf* biologie *f*
biologico, -a, -ci, -che [bio'lɔdʒiko] *agg* biologique
biondo, -a ['bjondo] *agg, sm/f* blond(e) ▸ *sm* (*colore*) blond *m* ; **~ cenere** blond cendré
biotecnologia [bioteknolo'dʒia] *sf* biotechnologie *f*
bipolare [bipɔ'laʀɛ] *agg* bipolaire
birichino, -a [biri'kino] *agg* (*malizioso*) espiègle ▸ *sm/f* (*vivace*) (petit(e)) polisson(ne) ; (*malizioso*) petit(e) espiègle *m/f*
birillo [bi'rillo] *sm* quille *f* ; **birilli** *smpl* (*gioco*) quilles *fpl*
biro® ['biro] *sf inv* bic® *m*, stylo-bille *m*
birra ['birra] *sf* bière *f* ; **una ~, per favore** (*al bar*) un demi *o* une bière, s'il vous plaît ; **a tutta ~** (*fig*) à toute pompe *o* allure ; **~ chiara/scura** bière blonde/brune
birreria [birre'ria] *sf* brasserie *f*
bis [bis] *escl* bis ! ▸ *sm inv* bis *m* ▸ *agg inv* (*treno, autobus*) supplémentaire ; **12 ~** (*numero*) 12 bis ; **chiedere il ~ a qn** bisser qn
bisbetico, -a, -ci, -che [biz'bɛtiko] *agg* acariâtre
bisbigliare [bizbiʎ'ʎare] *vi, vt* chuchoter
bisca, -sche ['biska] *sf* tripot *m*
biscia, -sce ['biʃʃa] *sf* couleuvre *f* ; **~ d'acqua** serpent *m* d'eau
biscottato, -a [biskot'tato] *agg* : **fette biscottate** biscottes *fpl*
biscotto [bis'kɔtto] *sm* biscuit *m*
bisessuale [bisessu'ale] *agg* bisexuel(le)
bisestile [bizes'tile] *agg* : **anno ~** année *f* bissextile
bisnonno, -a [biz'nɔnno] *sm/f* arrière-grand-père *m*, arrière-grand-mère *f*
bisognare [bizoɲ'ɲare] *vb impers* : **bisogna partire** il faut partir ; **bisogna che tu parta/lo faccia** il faut que tu partes/le fasses ; **bisogna parlargli** il faut lui parler
bisogno [bi'zoɲɲo] *sm* besoin *m* ; **avere ~ di qc/di fare qc** avoir besoin de qch/de faire qch ; **al ~, in caso di ~** au besoin, si besoin est ; **fare i propri bisogni** faire ses besoins
bistecca, -che [bis'tekka] *sf* bifteck *m*, steak *m* ; **~ al sangue/ai ferri** bifteck saignant/grillé
bisticciare [bistit'tʃare] *vi* se disputer, se chamailler ; **bisticciarsi** *vpr* se disputer, se chamailler
bisturi ['bisturi] *sm inv* (*Med*) bistouri *m*
bivio ['bivjo] *sm* (*biforcazione*) bifurcation *f* ; (*fig*) carrefour *m*
bizzarro, -a [bid'dzarro] *agg* bizarre
blaterare [blate'rare] *vi* jacasser
blindato, -a [blin'dato] *agg* blindé(e) ▸ *sm* blindé *m* ; **porta blindata** porte *f* blindée ; **camera blindata** chambre *f* forte ; **vetro ~** vitre *f* blindée ; **vita blindata** (*fig* : *di magistrato, giudice*) vie *f* surprotégée
bloccare [blok'kare] *vt* bloquer ; **bloccarsi** *vpr* se bloquer ; **~ il traffico** bloquer la circulation
bloccherò *ecc* [blokke'rɔ] *vb vedi* **bloccare**
blocchetto [blok'ketto] *sm* (*di biglietti di mezzi pubblici*) carnet ; **~ per appunti** bloc-notes *msg*, carnet *m*
blocco, -chi ['blɔkko] *sm* bloc *m* ; (*Mil*) blocus *m* ; (*arresto* : *di meccanismo, di prezzi*) blocage *m* ; **in ~** en bloc ; **~ cardiaco** arrêt *m* du cœur ; **~ mentale** blocage (mental) ; **~ stradale** barrage *m* routier
blog [blog] *sm inv* blog *m*, blogue *m* ; **scrivere ~** bloguer
blu [blu] *agg inv* bleu(e) ▸ *sm inv* bleu *m* (foncé)
blusa ['bluza] *sf* (*camiciotto*) blouse *f* ; (*camicetta*) chemisier *m*
boa ['bɔa] *sm inv* (*anche sciarpa*) boa *m* ▸ *sf* (*galleggiante*) bouée *f*
boato [bo'ato] *sm* détonation *f*
bob [bɔb] *sm inv* bob(sleigh) *m*
bocca, -che ['bokka] *sf* bouche *f* ; (*apertura*) ouverture *f* ; **essere di ~ buona** (*a tavola*) ne pas faire la fine bouche ; (*fig*) ne pas être difficile ; **acqua in ~** bouche cousue ; **essere sulla ~ di tutti** (*persona, notizia*) défrayer la chronique ; **rimanere a ~ asciutta** rester sans manger ; (*fig*)

rester sur sa faim ; **metter ~ (in qc)** mettre son grain de sel (dans qch) ; **in ~ al lupo!** bonne chance ! ; (*tra studenti, amici*) merde ! ; **~ di leone** (*Bot*) gueule-de-loup *f*

boccaccia [bok'kattʃa] *sf* (*malalingua*) mauvaise langue *f* ; **fare le boccacce** (*smorfia*) faire la grimace

boccale [bok'kale] *sm* (*per birra*) chope *f*

boccetta [bot'tʃetta] *sf* (*bottiglietta*) flacon *m* ; (*bocce, biliardo*) cochonnet *m*

boccia, -ce ['bɔttʃa] *sf* (*palla di legno, metallo*) boule *f* ; **gioco delle bocce** jeu *m* de boules

bocciare [bot'tʃare] *vt* (*proposta, progetto*) repousser, rejeter ; (*Scol*) recaler, coller ; (*Bocce*) tirer ; **essere bocciato ad un esame** être recalé *o* collé à un examen

bocciolo [bot'tʃɔlo] *sm* bouton *m*

boccone [bok'kone] *sm* bouchée *f* ; **mangiare un ~** manger un (petit) morceau

boicottare [boikot'tare] *vt* boycotter

bolla ['bolla] *sf* bulle *f* ; (*Med*) cloque *f* ; (*Comm*) bulletin *m*, bordereau *m* ; **finire in una ~ di sapone** (*fig*) s'évanouir en fumée ; **~ d'accompagnamento** bon de livraison ; **~ di consegna** bulletin de livraison ; **~ papale** bulle papale

bollente [bol'lɛnte] *agg* bouillant(e) ; **calmare i bollenti spiriti** calmer les esprits

bolletta [bol'letta] *sf* note *f* ; (*del telefono*) facture *f* ; (*ricevuta*) quittance *f* ; **essere in ~** être fauché(e) ; **~ di consegna** bulletin *m* de livraison ; **~ di spedizione** bordereau *m* d'expédition ; **~ doganale** acquit *m* de douane

bollettino [bollet'tino] *sm* bulletin *m* ; **~ di spedizione** bulletin d'expédition ; **~ medico** bulletin de santé ; **~ meteorologico** bulletin de la météo

bollire [bol'lire] *vi* bouillir ▸ *vt* (*portare ad ebollizione*) faire bouillir ; **qualcosa bolle in pentola** (*fig*) il se trame quelque chose

bollitore [bolli'tore] *sm* (*Tecn*) bouilleur *m* ; (*Cuc*) bouilloire *f*

bollo ['bollo] *sm* (*marchio*) timbre *m*, marque *f* ; **~ auto/di circolazione** vignette *f* ; **~ postale** cachet *m* de la poste

bomba ['bomba] *sf* bombe *f* ; **sei stato una ~!** tu as été sensationnel(le) !, tu as été du tonnerre ! ; **~ a mano** grenade *f* ; **~ ad orologeria** bombe à retardement ; **~ atomica** bombe atomique

bombardamento [bombarda'mento] *sm* bombardement *m*

bombardare [bombar'dare] *vt* (*anche fig*) bombarder

bombola ['bombola] *sf* bouteille *f* ; **~ del gas** bouteille de gaz

bomboletta [bombo'letta] *sf* bombe *f*

bomboniera [bombo'njɛra] *sf* bonbonnière *f*

bonifico, -ci [bo'nifiko] *sm* (*Banca*) virement *m*

bontà [bon'ta] *sf inv* (*di persona*) bonté *f* ; (*di prodotto*) (bonne) qualité *f* ; (*di soluzione*) validité *f* ; (*di pietanza*) délice *m* ; **aver la ~ di fare qc** (*fig*) avoir la bonté de faire qch

borbottare [borbot'tare] *vi* grogner ; (*stomaco*) gargouiller ▸ *vt* (*parole*) marmonner

borchia ['bɔrkja] *sf* (*di chiodo*) tête *f* ; (*per chiusure*) boucle *f*

bordeaux [bɔr'do] *sm inv* bordeaux *msg*

bordo ['bordo] *sm* bord *m* ; (*guarnizione*) bord, bordure *f* ; **a ~ di** à bord de ; **sul ~ della strada** au bord de la route ; **persona d'alto ~** (*fig*) personne *f* de haute condition

borghese [bor'gese] *agg, sm/f* bourgeois(e) ; **abito ~** habit *m* civil ; **poliziotto in ~** agent *m* en civil ; **piccolo ~** (*peg*) petit bourgeois

borgo, -ghi ['borgo] *sm* (*paesino*) bourg *m* ; (*sobborgo, quartiere*) faubourg *m*

borotalco, -chi [boro'talko] *sm* talc *m*

borraccia, -ce [bor'rattʃa] *sf* gourde *f*

borsa ['borsa] *sf* sac *m* ; (*borsetta*) sac à main ; (*Econ*): **la B~ (valori)** la Bourse (des valeurs) ; **avere le borse sotto gli occhi** avoir des poches sous les yeux ; **~ della spesa** sac à provisions ; **~ dell'acqua calda** bouillotte *f* ; **~ di studio** bourse *f* d'étude ; **B~ merci** Bourse de marchandises *o* commerce ; **~ nera** marché *m* noir

borsellino [borsel'lino] *sm* porte-monnaie *m*

borsetta [bor'setta] *sf* sac *m* à main

bosco, -schi ['bɔsko] *sm* bois *msg*

bosniaco, -a, -ci, -che [bo'zniako] *agg* bosniaque ▸ *sm/f* Bosniaque *m/f*

Bosnia Erzegovina ['bɔznja erdze'gɔvina] *sf* Bosnie-Herzégovine *f*

Bot [bɔt] *sigla m inv (= buono ordinario del Tesoro) bon du Trésor*
botanica [bo'tanika] *sf* botanique *f*
botanico, -a, -ci, -che [bo'taniko] *agg* botanique ▶ *sm* botaniste *m/f*
botola ['bɔtola] *sf* trappe *f*
botta ['bɔtta] *sf* coup *m* ; (*fig: rumore*) bruit *m* ; **dare un sacco di botte a qn** rouer qn de coups ; **~ e risposta** (*fig*) du tac au tac
botte ['botte] *sf* tonneau *m* ; **essere in una ~ di ferro** (*fig*) être à l'abri de tout danger ; **volere la ~ piena e la moglie ubriaca** vouloir le beurre et l'argent du beurre
bottega, -ghe [bot'tega] *sf* boutique *f* ; (*di artigiano, nel Medioevo*) atelier *m* ; **stare a ~ (da qn)** faire son apprentissage (chez qn) ; **le Botteghe Oscure** *siège du PDS (partito democratico della sinistra)*
bottiglia [bot'tiʎʎa] *sf* bouteille *f*
bottiglieria [bottiʎʎe'ria] *sf* débit *m* de boissons
bottino [bot'tino] *sm* butin *m* ; **fare ~ di qc** (*anche fig*) filer avec qch
botto ['bɔtto] *sm* coup *m* ; **di ~** tout à coup ; **in un ~** en un clin d'œil
bottone [bot'tone] *sm* bouton *m* ; **la stanza dei bottoni** (*fig*) les leviers de commande ; **attaccare un ~ a qn** (*fig*) tenir la jambe à qn ; **botton d'oro** bouton d'or
bovino, -a [bo'vino] *agg* bovin(e) ▶ *sm* bovin *m* ; **bovini** *smpl* (*Zool*) bovins *mpl*
box [bɔks] *sm inv* (*per cavalli*) box *msg* ; (*per macchina*) garage *m* ; (*per macchina da corsa*) stand *m* ; (*per bambini*) parc *m*
boxe [bɔks] *sf* boxe *f*
boxer ['bɔkser] *sm inv* (*cane*) boxer *m* ▶ *smpl* (*mutande*): **un paio di ~** un caleçon
braccetto [brat'tʃetto] *sm*: **a ~** bras dessus bras dessous
braccialetto [brattʃa'letto] *sm* bracelet *m*
bracciata [brat'tʃata] *sf* brassée *f* ; (*Nuoto*) brasse *f*
braccio ['brattʃo] *sm* (*pl(f)* **braccia**) (*Anat*) bras *msg* ; (*pl(m)* **bracci**) (*di gru, fiume*) bras ; (*di edificio*) aile *f* ; **portare sotto ~** porter sous le bras ; **è il suo ~ destro** c'est son bras droit ; **~ di ferro** (*anche fig*) bras de fer ; **mi sono cascate le braccia** (*fig*) les bras m'en sont tombés ; **~ di mare/di terra** bras de mer/de terre
bracciolo [brat'tʃɔlo] *sm* accoudoir *m*
bracco, -chi ['brakko] *sm* braque *m*
brace ['bratʃe] *sf* braise *f* ; **alla ~** (*Cuc*) cuit(e) sur la braise
braciola [bra'tʃɔla] *sf* (*Cuc*) côtelette *f*
branca, -che ['branka] *sf* (*settore*) branche *f*
branchia ['brankja] *sf* branchie *f*
branco, -chi ['branko] *sm* (*di cani, lupi: peg: di persone*) bande *f*
brandina [bran'dina] *sf* lit *m* de camp
brano ['brano] *sm* morceau *m*
Brasile [bra'zile] *sm* Brésil *m*
brasiliano, -a [brazi'ljano] *agg* brésilien(ne) ▶ *sm/f* Brésilien(ne)
bravo, -a ['bravo] *agg* bon(ne) ; (*bambino: beneducato*) sage ; **~ in** (*in materia ecc*) fort(e) en ; **~!** bravo ! ; **su da ~!** (*fam*) allez, courage ! ; **un ~ ragazzo** un bon garçon
bravura [bra'vura] *sf* habileté *f*, capacité *f*
Bretagna [bre'taɲɲa] *sf* Bretagne *f*
bretella [bre'tɛlla] *sf* (*per pantaloni, gen pl*) bretelle *f* ; (*Aut*) bretelle
bretone ['brɛtone] *agg* breton(ne) ▶ *sm/f* Breton(ne)
breve ['brɛve] *agg* (*vita, corso, tempo*) court(e), bref(-ève) ; (*discorso*) bref(-ève) ; (*strada*) court(e) ; **in ~** en bref ; **per farla ~** pour couper court, bref ; **a ~** (*Comm*) à court terme
brevettare [brevet'tare] *vt* breveter
brevetto [bre'vetto] *sm* brevet *m* ; **~ di pilota** brevet de pilote
bricco, -chi ['brikko] *sm* (*del latte*) pot *m* ; (*del caffè*) cafetière *f*
briciola ['britʃola] *sf* (*anche fig*) miette *f*
briciolo ['britʃolo] *sm* (*fig*) brin *m* ; **non ha un ~ di cervello** il a une cervelle de moineau
briga, -ghe ['briga] *sf* souci *m* ; **attaccar ~ con qn** chercher noise à qn ; **prendersi la ~ di fare qc** se donner la peine de faire qch
briglia ['briʎʎa] *sf* bride *f*, rêne *f* ; **a ~ sciolta** (*anche fig*) à bride abattue
brillante [bril'lante] *agg* brillant(e) ▶ *sm* brillant *m*
brillare [bril'lare] *vi* (*anche fig*) briller ; (*mina*) exploser ▶ *vt* (*mina*) faire sauter ; (*riso*) décortiquer
brillo, -a ['brillo] *agg* (*alticcio*) gris(e)
brina ['brina] *sf* givre *m*
brindare [brin'dare] *vi*: **~ (a qc/qn)** porter un toast (à qch/qn)

brindisi ['brindizi] *sm inv* toast *m*
brioche [bri'ɔʃ] *sf inv sorte de croissant*
britannico, -a, -ci, -che [bri'tanniko] *agg* britannique ▶ *sm/f* Britannique *m/f*
brivido ['brivido] *sm* frisson *m* ; (*fig*) ivresse *f* ; **racconti del ~** histoires *fpl* à suspense
brizzolato, -a [brittso'lato] *agg* grisonnant(e)
brocca, -che ['brɔkka] *sf* cruche *f*
broccoli ['brɔkkoli] *smpl* brocoli *msg*
brodo ['brɔdo] *sm* bouillon *m* ; **lasciare (cuocere) qn nel suo ~** laisser mijoter qn dans son jus ; **tutto fa ~** tout peut servir ; **~ ristretto** consommé *m*
bronchite [bron'kite] *sf* bronchite *f*
brontolare [bronto'lare] *vi* grogner, bougonner ; (*tuono*) gronder ; (*stomaco*) gargouiller
bronzo ['brondzo] *sm* bronze *m* ; **che faccia di ~!** quel culot !
browser [brauzer] *sm inv* (*Inform*) navigateur *m*
bruciapelo [brutʃa'pelo]: **a ~** *avv* à bout portant ; (*fig*) à brûle-pourpoint
bruciare [bru'tʃare] *vt* brûler ; (*avversari*: *Sport, fig*) griller ▶ *vi* brûler ; **bruciarsi** *vpr* se brûler ; (*fallire*) être cuit(e) ; **~ le tappe** (*fig*) brûler les étapes ; **bruciarsi la carriera** ruiner sa carrière
bruco, -chi ['bruko] *sm* chenille *f*
brufolo ['brufolo] *sm* bouton *m*
brullo, -a ['brullo] *agg* dépouillé(e)
bruno, -a ['bruno] *agg* brun(e)
brusco, -a, -schi, -sche ['brusko] *agg* brusque
brusio, -ii [bru'zio] *sm* (*di foglie*) bruissement *m* ; (*di persone, insetti*) bourdonnement *m*
brutale [bru'tale] *agg* brutal(e)
brutto, -a ['brutto] *agg* laid(e), moche ; (*situazione, strada*) mauvais(e) ; (*malattia*) grave ▶ *sm* laid *m* ; (*brutto tempo*) mauvais temps *msg* ; **il ~ è che ...** le malheur c'est que ... ; **hai fatto una brutta figura** tu as fait piètre figure ; **vedersela brutta** (*per un attimo*) avoir chaud ; (*per un periodo*) passer un mauvais quart d'heure
Bruxelles [bry'sɛl] *sf* Bruxelles
BSE [bi'ɛsse'ɛ] *sigla f* (= *Bovine Spongiform Encephalopathy*) ESB *f*
buca, -che ['buka] *sf* (*cavità*) trou *m* ; (*avvallamento*) creux *m* ; **~ delle lettere** boîte *f* aux lettres
bucaneve [buka'neve] *sm inv* perce-neige *f* o *m*
bucare [bu'kare] *vt* (*superficie, palloncino, biglietto*) percer ; (*vestiti*) trouer ; (*palloncino*) crever ; (*biglietto*: *controllare*) poinçonner ; **bucarsi** *vpr* crever ; (*fam*: *drogato*) se shooter, se piquer ; **~ (una gomma)** crever (un pneu) ; **avere le mani bucate** (*fig*) être un panier percé
bucato [bu'kato] *sm* lessive *f* ; **fare il ~** faire la lessive
buccia, -ce ['buttʃa] *sf* (*di frutta*) peau *f* ; (: *scorza dura*) écorce *f* ; (: *sbucciata*) pelure *f*
bucherò *ecc* [buke'rɔ] *vb vedi* **bucare**
buco, -chi ['buko] *sm* trou *m* ; **fare un ~ nell'acqua** faire chou blanc ; **farsi un ~** (*fam*: *drogarsi*) se shooter
buddismo [bud'dizmo] *sm* bouddhisme *m*
budino [bu'dino] *sm* flan *m*, crème *f* renversée ; **~ di cioccolata** flan au chocolat
bue ['bue] (*pl* **buoi**) *sm* bœuf *m*
bufera [bu'fɛra] *sf* tempête *f*
buffo, -a ['buffo] *agg* (*divertente*) drôle, marrant(e) ; (*bizzarro*) drôle (de) ; **è un individuo ~** (*bizzarro*) c'est un drôle d'individu
bugia [bu'dʒia] *sf* mensonge *m*
bugiardo, -a [bu'dʒardo] *agg, sm/f* menteur(-euse)
buio, -a ['bujo] *agg* sombre ▶ *sm* obscurité *f*, noir *m* ; **fa ~ pesto** il fait noir comme dans un four
bulbo ['bulbo] *sm* (*Bot*) bulbe *m*, oignon *m* ; **~ oculare** globe *m* oculaire
Bulgaria [bulga'ria] *sf* Bulgarie *f*
bulgaro, -a ['bulgaro] *agg* bulgare ▶ *sm/f* Bulgare *m/f* ▶ *sm* bulgare *m*
bulimia [buli'mia] *sf* boulimie *f*
bulimico, -a, -ci, -che [bu'limiko] *agg* boulimique
bullone [bul'lone] *sm* boulon *m*
buonanotte [bwona'nɔtte] *escl* bonne nuit ! ▶ *sf*: **dare la ~ a** dire bonne nuit à
buonasera [bwona'sera] *escl* bonsoir !
buongiorno [bwon'dʒorno] *escl* bonjour !
buongustaio, -a [bwongus'tajo] *sm/f* gourmet *m*

PAROLA CHIAVE

buono, -a ['bwɔno] (*dav sm*: **buon** + *C o V*, **buono** + *s impura, gn, pn, ps, x, z; dav sf*: **buon'** + *V*) *agg* **1** (*generoso, docile*:

persona, animale) bon(ne) ; (: *bambino*) sage ; **essere buono con qn** être gentil avec qn ; **stai buono!** reste tranquille !, sois sage ! ; **di buon cuore** de bon cœur ; **di buon grado** de bon gré ; **di buon occhio** d'un bon œil ; **mettere una buona parola per qn** parler en faveur de qn
2 (*di qualità*: *ristorante, cibo, lavoro, idea*) bon(ne) ; **che buono!** comme c'est bon !, quel régal ! ; **la buona società** le beau monde, la bonne société ; **le buone maniere** les bonnes manières ; **alla buona** sans façon(s)
3 (*abile, idoneo*: *medico, studente ecc*) bon(ne) ; **un buon allievo** un bon élève ; **buono a nulla** bon à rien ; **in buone mani** en bonnes mains ; **in buone condizioni** dans de bonnes conditions ; **avere buon senso** avoir du bon sens
4 (*propizio, vantaggioso*) bon(ne) ; **a buon mercato** (à) bon marché ; **un buon cambio** un taux de change favorable ; **al momento buono** au bon moment ; **buon pro ti faccia** grand bien te fasse ; **Dio ce la mandi buona!** que Dieu nous aide !
5 (*quantità, dose, voto*) bon(ne) ; **buona parte dei soldi** une bonne partie de l'argent
6 (*con valore intensivo*): **di buon'ora** de bonne heure ; **di buon mattino** de bon matin ; **di buon passo** d'un bon pas
7 (*auguri*): **buon compleanno!** bon anniversaire ! ; **buon divertimento!** amuse-toi bien !, amusez-vous bien ! ; **buona fortuna!** bonne chance ! ; **buon riposo!** repose-toi bien !, reposez-vous bien ! ; **buon viaggio!** bon voyage ! ; **tante buone cose!** bien des choses !
▸ *sm/f* (*persona*): **essere un buono/una buona** être gentil/gentille ; **i buoni e i cattivi** (*in storia, film*) les bons et les méchants ; **con le buone o con le cattive** de gré ou de force
▸ *sm inv* (*ciò che è buono*) bon *m* ; **un poco di buono** un vaurien, un pas grand-chose ; **una poco di buono** une fille de rien, une pas grand-chose ; **buon per me** tant mieux pour moi
▸ *sm* (*Comm*) bon *m* ; **buono del Tesoro** bon du Trésor

buonsenso [bwon'sɛnso] *sm* = **buon senso**; *vedi* **buono**

burattino [burat'tino] *sm* marionnette *f*

burbero, -a ['burbero] *agg* bourru(e)

burocratico, -a, -ci, -che [buro'kratiko] *agg* bureaucratique

burocrazia [burokrat'tsia] *sf* bureaucratie *f*

burrasca, -sche [bur'raska] *sf* orage *m*

burro ['burro] *sm* beurre *m*

burrone [bur'rone] *sm* ravin *m*

bussare [bus'sare] *vi* frapper ; **~ a quattrini** (*fig*) demander de l'argent

bussola ['bussola] *sf* boussole *f* ; **perdere la ~** (*fig*) perdre le nord

busta ['busta] *sf* (*da lettera*) enveloppe *f* ; (*astuccio*) étui *m*, trousse *f* ; **in ~ chiusa/aperta** sous pli cacheté/non cacheté ; **~ paga** feuille *f* de paye

bustarella [busta'rella] *sf* (*fig*) pot-de-vin *m*, dessous-de-table *m*

bustina [bus'tina] *sf* (*di cibi, farmaci*) sachet *m* ; (*Mil*) calot *m* ; **~ di tè** sachet de thé

busto ['busto] *sm* buste *m* ; (*corsetto*) corset *m* ; **a mezzo ~** (*ritratto*) en buste ; (*fotografia*) à mi-corps

buttare [but'tare] *vt* jeter ; (*sprecare*: *tempo*) perdre ; (: *denaro, energia*) gaspiller ; **buttarsi** *vpr* (*gettarsi*: *per terra, sul letto*) se jeter ; (*fig*) se jeter à l'eau ; **~ giù** (*schizzare*: *scritto*) jeter sur le papier ; (*cibo, boccone*) avaler ; (*edificio*) abattre, démolir ; **buttarsi giù** (*avvilirsi*) se décourager ; **ho buttato là una frase** j'ai lancé une remarque ; **buttarsi dalla finestra** se jeter par la fenêtre ; **buttarsi in acqua** sauter dans l'eau ; **~ fuori qn** chasser qn ; **~ via qc** jeter qch ; **buttiamoci!** on y va !

byte [bait] *sm inv* (*Inform*) octet *m*

C

cabina [ka'bina] *sf* cabine *f* ; (*da spiaggia*) cabine (de bain) ; (*di pilotaggio*) cockpit *m* ; (*di seggio elettorale*) isoloir *m* ; **~ di pilotaggio** cabine de pilotage ; **~ di proiezione** (*Cine*) cabine de projection ; **~ di registrazione** studio *m* d'enregistrement ; **~ telefonica** cabine téléphonique

cacao [ka'kao] *sm* (*Bot*) cacaotier *m*, cacaoyer *m* ; (*Cuc*) cacao *m*

caccia ['kattʃa] *sf* chasse *f* ▶ *sm inv* (*Aer*) chasseur *m* ; (*Naut*) contre-torpilleur *m* ; **andare a ~** aller à la chasse ; **dare la ~ a qn** prendre qn en chasse ; **~ all'uomo** chasse à l'homme ; **~ grossa** chasse aux fauves

cacciare [kat'tʃare] *vt* (*anche fig*) chasser ; (*ficcare*) fourrer ▶ *vi* chasser ; **cacciarsi** *vpr* (*fam*) se fourrer ; **~ fuori qn** mettre qn à la porte ; **~ un urlo** pousser un cri ; **dove s'è cacciato?** où s'est-il fourré ? ; **cacciarsi nei guai** se fourrer dans le pétrin

cacciatore, -trice [kattʃa'tore] *sm* chasseur(-euse) ; **~ di dote** coureur *m* de dot ; **~ di frodo** braconnier *m*

cacciavite [kattʃa'vite] *sm inv* tournevis *msg*

cactus ['kaktus] *sm inv* cactus *msg*

cadavere [ka'davere] *sm* cadavre *m*

caddi *ecc* ['kaddi] *vb vedi* **cadere**

cadenza [ka'dɛntsa] *sf* cadence *f* ; (*dialettale, linguistica*) accent *m*

cadere [ka'dere] *vi* tomber ; **questa gonna cade bene** cette jupe tombe bien ; **Natale cade di lunedì** Noël tombe un lundi ; **lasciar ~** (*anche fig*) laisser tomber ; **~ dal sonno** tomber de sommeil ; **~ dalle nuvole** (*fig*) tomber des nues

cadrò *ecc* [ka'drɔ] *vb vedi* **cadere**

caduta [ka'duta] *sf* chute *f* ; **contro la ~ dei capelli** contre la chute des cheveux ; **~ di tensione** chute de tension

caffè [kaf'fɛ] *sm inv* (*pianta*) caféier *m* ; (*bevanda, locale*) café *m* ; **~ corretto/macchiato** café arrosé/crème ; **~ in grani** café en grains ; **~ macinato** café moulu

caffelatte [kaffe'latte], **caffellatte** [kaffe'llatte] *sm inv* café *m* au lait

caffettiera [kaffet'tjɛra] *sf* cafetière *f*

cagna ['kaɲɲa] *sf* chienne *f* ; (*peg*) garce *f*

CAI ['kai] *sigla m* (= *Club Alpino Italiano*) club *m* alpin italien

calabrone [kala'brone] *sm* bourdon *m*, frelon *m*

calamaro [kala'maro] *sm* calmar *m*

calamita [kala'mita] *sf* aimant *m*

calamità [kalami'ta] *sf inv* calamité *f*, catastrophe *f* ; **~ naturale** catastrophe naturelle

calare [ka'lare] *vt* (*corda*) faire descendre ; (*scialuppa*) mettre à l'eau ; (*ancora*) jeter ; (*Maglia*) diminuer ▶ *vi* (*sole*) baisser, se coucher ; (*notte, silenzio*) tomber ; (*rumore, tensione, prezzo, inflazione*) baisser ; (*febbre*) baisser, tomber ; **~ di peso** maigrir

calcagno [kal'kaɲɲo] *sm* talon *m*

calce ['kaltʃe] *sm* : **in ~** au bas de la page ▶ *sf* (*composto*) chaux *fsg* ; **~ viva** chaux vive

calciare [kal'tʃare] *vi* (*animale*) ruer ; (*persona*) donner des coups de pied ▶ *vt* (*persona, oggetto*) donner des coups de pied à ; **~ il pallone** tirer, shooter

calciatore, -trice [kaltʃa'tore] *sm/f* footballeur(-euse)

calcio, -ci ['kaltʃo] *sm* (*di persona*) coup *m* de pied ; (*di animale*) ruade *f* ; (*Sport*) football *m* ; (*di pistola, fucile*) crosse *f* ; (*Chim*) calcium *m* ; **dare un ~ a qn/qc** donner un coup de pied à qn/qch ; **prendere qn/qc a calci** donner des coups de pied à qn/qch ; **~ d'angolo** corner *m* ; **~ di punizione** coup franc ; **~ di rigore** penalty *m*

calcolare [kalko'lare] *vt* calculer ; (*persona, fatto*) penser à, tenir compte de

C

calcolatore, -trice [kalkola'tore] *sm* (*macchina*) calculateur *m* ▶ *sf* (*anche*: **macchina calcolatrice**) machine *f* à calculer, calculatrice *f* ; **~ elettronico** ordinateur ; **calcolatrice tascabile** calculatrice de poche, calculette *f*
calcolatrice [kalkola'tritʃe] *sf vedi* **calcolatore**
calcolo ['kalkolo] *sm* (*anche Med*) calcul *m* ; **fare il ~ di** calculer ; **far ~ su qn** compter sur qn ; **fare i propri calcoli** (*fig*) faire ses calculs ; **per ~** (*fig*) par calcul
caldaia [kal'daja] *sf* (*Tecn*) chaudière *f*
caldo, -a ['kaldo] *agg* chaud(e) ; (*fig*: *abbraccio ecc*) chaleureux(-euse) ▶ *sm* chaleur *f* ; **aver ~** avoir chaud ; **fa ~** il fait chaud ; **non mi fa né ~ né freddo** cela ne me fait ni chaud ni froid ; **a ~** (*fig*) à chaud
caleidoscopio [kaleidos'kɔpjo] *sm* kaléidoscope *m*
calendario [kalen'darjo] *sm* calendrier *m* ; (*taccuino*) agenda *m* ; (*di teatro, cinema*) programme *m*
calibro ['kalibro] *sm* calibre *m* ; (*fig*) calibre, acabit *m* ; **un personaggio di grosso ~** un gros bonnet
calice ['kalitʃe] *sm* verre *m* à pied ; (*Rel*) calice *m*
California [kali'fɔrnja] *sf* Californie *f*
californiano, -a [kalifor'njano] *agg* californien(ne)
calligrafia [kalligra'fia] *sf* calligraphie *f* ; (*scrittura*) écriture *f*
callo ['kallo] *sm* (*ai piedi*) cor *m*, durillon *m* ; (*alle mani*) durillon ; **fare il ~ a qc** (*fig*) se faire à qch
calma ['kalma] *sf* calme *m* ; **faccia con ~** prenez votre temps ; **~ (di vento)** temps *msg* calme ; **~ equatoriale** calme équatorial
calmante [kal'mante] *agg* calmant(e) ▶ *sm* calmant *m*
calmare [kal'mare] *vt* calmer ; **calmarsi** *vpr* (*persona, vento, onde*) se calmer
calmo, -a ['kalmo] *agg* calme
calo ['kalo] *sm* (*di prezzi, vendite*) baisse *f*, diminution *f* ; (*di volume, peso*) diminution ; (*di vista, udito*) baisse ; **essere in ~** (*popolarità*) être en baisse
calore [ka'lore] *sm* chaleur *f* ; **essere in ~** (*Zool*) être en chaleur
caloria [kalo'ria] *sf* calorie *f*
calorifero [kalo'rifero] *sm* calorifère *m*
caloroso, -a [kalo'roso] *agg* (*persona*) qui n'est pas frileux(-euse) ; (*fig*: *accoglienza, applauso*) chaleureux(-euse) ; **essere ~** ne pas être frileux(-euse) ; (*fig*) être chaleureux(-euse)
calpestare [kalpes'tare] *vt* piétiner ; (*fig*: *diritti, sentimenti*) fouler aux pieds ; **« è vietato ~ l'erba »** « défense de marcher sur la pelouse »
calunnia [ka'lunnja] *sf* calomnie *f*
calvizie [kal'vittsje] *sf* calvitie *f*
calvo, -a ['kalvo] *agg* chauve
calza ['kaltsa] *sf* (*da donna*) bas *msg* ; (*da uomo*) chaussette *f* ; **fare la ~** tricoter
calzamaglia [kaltsa'maʎʎa] *sf* collant *m* ; (*per danza, ginnastica*) justaucorps *msg*
calzettone [kaltset'tone] *sm* chaussette *f*
calzino [kal'tsino] *sm* socquette *f*
calzolaio, -a [kaltso'lajo] *sm/f* (*che ripara scarpe*) cordonnier(-ère) ; (*che vende scarpe*) chausseur(-euse)
calzoncini [kaltson'tʃini] *smpl* short *m* ; **~ da bagno** maillot *m* de bain
calzone [kal'tsone] *sm* (*Cuc*) chausson *m* ; **calzoni** *smpl* (*pantaloni*) pantalon *msg*
camaleonte [kamale'onte] *sm* (*anche fig*) caméléon *m*
cambiamento [kambja'mento] *sm* changement *m* ; **cambiamenti climatici** changement *msg* climatique
cambiare [kam'bjare] *vt* changer ; (*banconota*: *in spiccioli*) faire la monnaie de ; (*barattare*): **~ (qc con qn/qc)** échanger (qch avec qn/contre qch) ▶ *vi* changer ; **cambiarsi** *vpr*: **cambiarsi (d'abito)** se changer ; **~ casa** déménager ; **~ idea** changer d'idée ; **~ (marcia)/(treno)** changer (de vitesse)/(de train) ; **cambiarsi la camicia** changer de chemise ; **mi cambia 100 euro?** (*in spiccioli*) est-ce que vous avez la monnaie de 100 euros ? ; **~ le carte in tavola** (*fig*) changer les règles du jeu ; **~ (l')aria in una stanza** aérer une pièce, renouveler l'air d'une pièce ; **è ora di ~ aria** (*andarsene*) il est temps de changer d'air
cambiavalute [kambjava'lute] *sm inv* (*persona*) cambiste *m*, changeur *m* ; (*ufficio*) bureau *m* de change
cambio ['kambjo] *sm* changement *m* ; (*sostituzione*) échange *m* ; (*scambio,*

Comm) change *m* ; (*Tecn, Aut*) boîte *f* de vitesses ; **in ~ di** en échange de ; **dare il ~ a qn** relayer qn, prendre la relève de qn ; **fare il ~** échanger ; **c'è stato il ~ della guardia nel partito** il y a eu un changement à la tête du parti ; **~ a termine** (*Comm*) change à terme ; **~ della guardia** relève *f* de la garde

camera ['kamera] *sf* (*anche Pol*) chambre *f* ; (*anche*: **camera da letto**) chambre (à coucher) ; **~ a gas** chambre à gaz ; **~ a un letto/due letti** chambre à un lit/deux lits ; **~ ardente** chapelle *f* ardente ; **~ blindata** chambre forte ; **~ da pranzo** salle *f* à manger ; **~ d'aria** (*di pneumatico, pallone*) chambre à air ; **C~ dei Deputati** Chambre des députés ; **~ del lavoro** chambre des Métiers ; **~ di commercio** chambre de commerce ; **~ di consiglio** chambre du conseil ; **~ matrimoniale** chambre pour deux (personnes) ; **~ oscura** (*Fot*) chambre noire

La **Camera dei Deputati**, la Chambre basse du Parlement italien, est présidée par le *Presidente della Camera*, choisi par les *deputati*. Les élections de la Chambre ont normalement lieu tous les cinq ans. Depuis la réforme électorale de 2005, ses membres sont élus au scrutin proportionnel.

camerata, -i, -e [kame'rata] *sm/f* (*compagno*: *di studio*) camarade *m/f* ; (*d'armi*) compagnon *m* ▶ *sf* chambrée *f*

cameriera [kame'rjɛra] *sf* (*domestica*) employée *f* de maison ; (*di ristorante*) serveuse *f* ; (*di albergo*) femme *f* de chambre

cameriere [kame'rjɛre] *sm* (*domestico*) employé *m* ; (*di ristorante*) serveur *m*, garçon *m* ; (*di albergo*) garçon

camerino [kame'rino] *sm* (*Teatro*) loge *f*

camice ['kamitʃe] *sm* (*Rel*) aube *f* ; (*per medici, tecnici*) blouse *f*

camicetta [kami'tʃetta] *sf* chemisier *m*

camicia, -cie [ka'mitʃa] *sf* chemise *f* ; **nato con la ~** (*fig*) né coiffé ; **sudare sette camicie** (*fig*) suer sang et eau ; **~ da notte** chemise de nuit ; **~ di forza** camisole *f* de force ; **C~ nera** (*Pol*) chemise noire

caminetto [kami'netto] *sm* cheminée *f*

camino [ka'mino] *sm* cheminée *f*

camion ['kamjon] *sm inv* camion *m*

camionista, -i [kamjo'nista] *sm* routier *m*

cammello [kam'mɛllo] *sm* (*Zool*) chameau *m* ; (*tessuto*) poil *m* de chameau

camminare [kammi'nare] *vi* marcher

cammino [kam'mino] *sm* marche *f* ; (*tratto percorso*) chemin *m* ; (*direzione, tragitto*) chemin, route *f* ; **mettersi in ~** se mettre en route ; **cammin facendo** chemin faisant ; **riprendere il ~** se remettre en route

camomilla [kamo'milla] *sf* camomille *f*

camoscio [ka'mɔʃʃo] *sm* chamois *msg* ; (*pelle*) peau *f* de chamois

campagna [kam'paɲɲa] *sf* campagne *f* ; **in ~** à la campagne ; **andare in ~** aller à la campagne ; **fare una ~** (*Mil*) faire campagne ; (*Pol*) faire une campagne électorale ; **~ promozionale vendite** campagne de promotion (des ventes) ; **~ pubblicitaria** campagne publicitaire

campana [kam'pana] *sf* cloche *f* ; **sordo come una ~** sourd comme un pot ; **sentire l'altra ~** (*fig*) entendre un autre son de cloche ; **~ (per la raccolta del vetro)** conteneur *m* à verre

campanello [kampa'nɛllo] *sm* sonnette *f* ; **~ d'allarme** (*anche fig*) sonnette d'alarme ; **~ elettrico** sonnette électrique

campanile [kampa'nile] *sm* clocher *m*

campeggio, -gi [kam'peddʒo] *sm* camping *m*

camper ['kæmpəʳ] *sm inv* camping-car *m*

campionario, -a [kampjo'narjo] *agg*: **fiera campionaria** foire-exposition *f* ▶ *sm* catalogue *m* d'échantillons

campionato [kampjo'nato] *sm* championnat *m*

campione, -essa [kam'pjone] *sm/f* (*Sport, fig*) champion(ne) ▶ *sm* (*saggio*) échantillon *m* ▶ *agg inv*: **squadra ~** équipe *f* championne ; **indagine ~** analyse *f* d'un échantillon ; **pugile/atleta ~** champion(ne) de boxe/d'athlétisme ; **~ del mondo** champion(ne) du monde ; **~ di misura** étalon *m* ; **~ gratuito** échantillon gratuit

campo ['kampo] *sm* (*Agr, spazio delimitato*) terrain *m* ; (*Mil, sfondo*) champ *m* ; (*accampamento*) camp *m*, campement *m* ; (*settore, ambito*) domaine *m* ; **i campi** (*campagna*) les champs ; **~ da aviazione** terrain d'aviation ; **~ da tennis** court *m* de tennis ; **~ di battaglia** (*Mil, fig*) champ de bataille ; **~ di concentramento** camp de concentration ; **~ di golf** terrain de golf ; **~ lungo** (*Cine, TV, Fot*) plan *m* général ; **~ profughi** camp de réfugiés ; **~ sportivo** terrain de sport ; **~ visivo** champ visuel ; **campi di neve** pistes *fpl*

Canada [kana'da] *sm* Canada *m*

canadese [kana'dese] *agg* canadien(ne) ▶ *sm/f* Canadien(ne) ; **(tenda) ~** canadienne *f*

canaglia [ka'naʎʎa] *sf* (*peg*) canaille *f*, crapule *f*

canale [ka'nale] *sm* (*anche fig*) canal *m* ; (*TV*) chaîne *f*

canapa ['kanapa] *sf* chanvre *m* ; **~ indiana** (*Bot*) chanvre indien

canarino [kana'rino] *sm* canari *m* ▶ *agg inv* (*colore*): **(giallo) ~** jaune canari *agg inv*

cancellare [kantʃel'lare] *vt* (*depennare*) rayer, biffer ; (*con gomma*) effacer ; (*annullare*) annuler

cancelleria [kantʃelle'ria] *sf* (*Amm: ufficio e residenza del cancelliere*) chancellerie *f* ; (*: per atti di pubbliche autorità*) greffe *m* ; (*quanto necessario per scrivere*) fournitures *fpl* de bureau

cancello [kan'tʃɛllo] *sm* grille *f*

cancro ['kankro] *sm* cancer *m* ; (*Zodiaco*): **C~** Cancer ; **essere del C~** être Cancer

candeggina [kanded'dʒina] *sf* eau *f* de Javel

candela [kan'dela] *sf* (*anche Aut*): **~ (di accensione)** bougie *f* ; **una lampadina da 100 candele** (*Elettr*) une ampoule de 100 candelas ; **a lume di ~** aux chandelles ; **tenere la ~** (*fig*) tenir la chandelle

candelabro [kande'labro] *sm* candélabre *m*

candeliere [kande'ljɛre] *sm* chandelier *m*

candidare [kandi'dare] *vt* (*per incarico, Pol*) poser la candidature de ; **candidarsi** *vpr* poser sa candidature

candidato, -a [kandi'dato] *sm/f* candidat(e)

candido, -a ['kandido] *agg* (*bianchissimo*) immaculé(e) ; (*fig*) candide

candito, -a [kan'dito] *agg* confit(e) ▶ *sm* fruit *m* confit

cane ['kane] *sm* (*anche di pistola, fucile*) chien *m* ; **fa un freddo ~** il fait un froid de canard ; **non c'era un ~** (*fig*) il n'y avait pas un chat ; **quell'attore è un ~** cet acteur joue comme un pied ; **~ da caccia/da guardia** chien de chasse/de garde ; **~ da salotto/da slitta** chien de salon/de traîneau ; **~ lupo** chien-loup *m* ; **~ pastore** chien de berger

canestro [ka'nɛstro] *sm* corbeille *f*, panier *m* ; (*Sport*) panier ; **fare un ~** (*Sport*) marquer un panier

canguro [kan'guro] *sm* kangourou *m*

canile [ka'nile] *sm* niche *f* ; (*allevamento*) chenil *m* ; **~ municipale** fourrière *f*

canna ['kanna] *sf* (*pianta*) canne *f*, roseau *m* ; (*bastone, tubo*) canne ; (*di fucile*) canon *m* ; (*di organo*) tuyau *m* ; (*fam: spinello*) joint *m* ; **~ da pesca** canne à pêche ; **~ da zucchero** canne à sucre ; **~ fumaria** tuyau de cheminée

cannelloni [kannel'loni] *smpl* (*Cuc*) cannelloni *mpl*

cannocchiale [kannok'kjale] *sm* lunette *f*, longue-vue *f*

cannone [kan'none] *sm* canon *m* ; (*di gonna*) pli *m* rond ; (*fig*) crack *m*, champion *m* ▶ *agg inv*: **donna ~** *très grosse femme montrée dans les foires*

cannuccia, -ce [kan'nuttʃa] *sf* paille *f*

canoa [ka'nɔa] *sf* canoë *m*

canone ['kanone] *sm* (*mensile, annuo*) redevance *f* ; (*criterio normativo*) canon *m* ; **equo ~** (*affitto*) *loyer maximum qu'un propriétaire peut exiger d'un locataire en vertu de la loi 392 de 1978*

canottaggio [kanot'taddʒo] *sm* aviron *m*

canottiera [kanot'tjɛra] *sf* maillot *m* de corps

canotto [ka'nɔtto] *sm* canot *m*

cantante [kan'tante] *sm/f* chanteur(-euse)

cantare [kan'tare] *vi, vt* chanter ; **~ vittoria** chanter victoire ; **fare ~ qn** (*fig*) faire chanter qn

cantautore, -trice [kantau'tore] *sm/f* compositeur(-trice)-interprète

cantiere [kan'tjɛre] *sm* (*Edil*) chantier *m* ; (*anche*: **cantiere navale**) chantier naval

cantina [kan'tina] *sf* (*di casa, per vino*) cave *f* ; (*bottega*) débit *m* de vin ; **~ sociale** coopérative *f* vinicole

C

canto ['kanto] *sm* chant *m* ; (*melodia*) chanson *f* ; (*Poesia*) poème *m* ; (: *parte di una poesia*) strophe *f* ; **da un ~** (*parte, lato*) d'une part ; **d'altro ~** d'autre part
canzonare [kantso'nare] *vt* railler, se moquer de
canzone [kan'tsone] *sf* (*Mus*) chanson *f* ; (*Poesia*) canzone *f*
caos ['kaos] *sm inv* chaos *msg*
caotico, -a, -ci, -che [ka'ɔtiko] *agg* chaotique
CAP [kap] *sigla m* (= *codice di avviamento postale*) CP *m*
capace [ka'patʃe] *agg* (*locale*) grand(e) ; (*persona*) capable ; **essere ~ di fare qc** être capable de faire qch ; **~ d'intendere e di volere** (*Dir*) en pleine possession de toutes ses facultés
capacità [kapatʃi'ta] *sf inv* (*capienza*) capacité *f*, contenance *f* ; (*abilità*) capacité
capanna [ka'panna] *sf* cabane *f*, hutte *f*
capannone [kapan'none] *sm* hangar *m*
caparbio, -a [ka'parbjo] *agg* obstiné(e), entêté(e)
caparra [ka'parra] *sf* arrhes *fpl*
capello [ka'pello] *sm* cheveu *m* ; **capelli** *smpl* cheveux *mpl* ; **ho i capelli grassi/secchi** j'ai les cheveux gras/secs ; **averne fin sopra i capelli di qc/qn** en avoir par-dessus la tête de qch/qn ; **mi ci hanno tirato per i capelli** (*fig*) ils m'ont forcé la main ; **tirato per i capelli** (*spiegazione*) tiré(e) par les cheveux
capezzolo [ka'pettsolo] *sm* mamelon *m*
capire [ka'pire] *vt* comprendre ; **~ al volo** comprendre en un éclair ; **si capisce!** (*certamente!*) bien sûr !
capitale [kapi'tale] *agg* capital(e) ▸ *sf* (*città*) capitale *f* ▸ *sm* (*Fin, Econ*) capital *m* ; (*ricchezza*) fortune *f*, capital ; **~ azionario** capital-actions *mpl* ; **~ d'esercizio** capital d'exploitation ; **~ di rischio/di ventura** capital-risque *m* ; **~ fisso** capital fixe ; **~ immobile** biens *mpl* immobiliers ; **~ liquido** liquidités *fpl* ; **~ mobile** biens meubles ; **~ sociale** (*di società*) capital social ; (*di club*) fonds *mpl*
capitano [kapi'tano] *sm* capitaine *m* ; (*Aer*) commandant *m* ; **~ di lungo corso** capitaine au long cours ; **~ di ventura** (*Storia*) condottiere *m* ; **~ d'industria** capitaine d'industrie
capitare [kapi'tare] *vi* arriver ; (*giungere casualmente*: *in situazione, male, bene*) tomber ▸ *vb impers* arriver ; **~ bene/male** tomber bien/mal ; **~ a proposito** tomber à point ; **mi è capitato un guaio** j'ai eu un ennui ; **se capita l'occasione** si l'occasion se présente
capitello [kapi'tɛllo] *sm* (*Archit*) chapiteau *m*
capitolo [ka'pitolo] *sm* chapitre *m* ; **capitoli** *smpl* (*Comm*) articles *mpl* ; **non ho voce in ~** (*fig*) je n'ai pas voix au chapitre
capitombolo [kapi'tombolo] *sm* culbute *f*
capo ['kapo] *sm* (*Anat*) tête *f* ; (*persona*) chef *m* ; (*estremità*: *di tavolo, filo*) bout *m* ; (*di biancheria, abbigliamento*) article *m* ; (*Geo*) cap *m* ; **andare a ~** aller à la ligne ; **« punto a ~ »** « point à la ligne » ; **da ~** depuis le début ; **in ~ a** (*tempo*) dans ; **da un ~ all'altro** d'un bout à l'autre ; **fra ~ e collo** (*all'improvviso*) à l'improviste ; **un discorso senza né ~ né coda** un discours sans queue ni tête ; **~ d'accusa** (*Dir*) chef d'accusation ; **~ di bestiame** tête de bétail ; **C~ di Buona Speranza** cap de Bonne Espérance ; **~ di vestiario** article vestimentaire ; **~ storico** chef historique
Capodanno [kapo'danno] *sm* jour *m* de l'An
capogiro [kapo'dʒiro] *sm* vertige *f* ; **da ~** (*fig*: *prezzi*) vertigineux(-euse)
capolavoro [kapola'voro] *sm* chef-d'œuvre *m*
capolinea [kapo'linea] (*pl* **capilinea**) *sm* (*fermata finale*) terminus *msg* ; (*punto di partenza*) tête *f* de ligne ; **giungere al ~** (*fig*: *finire*) toucher à son terme
capostazione [kapostat'tsjone] (*pl* **capistazione**) *sm* (*Ferr*) chef *m* de gare
capotavola [kapo'tavola] (*pl* **capitavola,** *pl(f) inv*) *sm/f* (*persona*) qui est assis en bout de table ; **sedere a ~** être assis en bout de table, être à la place d'honneur
capovolgere [kapo'vɔldʒere] *vt* (*bicchiere, immagine*) retourner ; (*barca, fig*) renverser ; **capovolgersi** *vpr* (*barca*) se retourner, chavirer ; (*macchina*) se retourner, capoter ; (*fig*) se renverser

cappa ['kappa] *sf* (*mantello*) cape *f* ; (*del camino*) manteau *m*, hotte *f* ▶ *sf inv o sm inv* (*lettera*) k *m inv*
cappella [kap'pɛlla] *sf* (*Archit*) chapelle *f*
cappello [kap'pɛllo] *sm* chapeau *m* ; **ti faccio tanto di ~!** (*fig*) chapeau ! ; **~ a bombetta** chapeau melon ; **~ a cilindro** haut-de-forme *m*
cappero ['kappero] *sm* câpre *f*
cappone [kap'pone] *sm* chapon *m*
cappotto [kap'pɔtto] *sm* manteau *m* ; (*per uomo*) pardessus *msg*
cappuccino [kapput'tʃino] *sm* (*frate*) capucin *m* ; (*bevanda*) café *m* crème
cappuccio [kap'puttʃo] *sm* (*copricapo*) capuche *f* ; (*della biro*) capuchon *m* ; (*fam*: *cappuccino*) crème *m*
capra ['kapra] *sf* chèvre *f*
capriccio, -ci [ka'prittʃo] *sm* caprice *m* ; **fare i capricci** faire des caprices ; **togliersi un ~** se faire plaisir ; **~ della sorte** caprice du hasard
capriccioso, -a [kaprit'tʃoso] *agg* capricieux(-euse)
Capricorno [kapri'kɔrno] *sm* (*Zodiaco*): **~** Capricorne *m* ; **essere del ~** être Capricorne
capriola [kapri'ɔla] *sf* cabriole *f*
capriolo [kapri'ɔlo] *sm* chevreuil *m*
capro ['kapro] *sm* bouc *m* ; **~ espiatorio** (*fig*) bouc émissaire
caprone [ka'prone] *sm* bouc *m*
capsula ['kapsula] *sf* capsule *f* ; **~ spaziale** capsule spatiale
captare [kap'tare] *vt* capter ; (*fig*: *intuire*) saisir, comprendre ; (*cattivarsi*: *attenzione*) capter ; (*appoggio*) gagner
carabiniere [karabi'njɛre] *sm* gendarme *m*

> En Italie, l'ordre public est assuré par les **Carabinieri** et la *Polizia*. Les *Carabinieri* sont un corps d'armée dont les missions peuvent aussi bien être militaires que civiles. En cas de besoin, les *Carabinieri* peuvent être contactés en composant le 112.

caraffa [ka'raffa] *sf* carafe *f*
Caraibi [kara'ibi] *smpl* Caraïbes *fpl* ; **il mar dei ~** la mer des Caraïbes
caramella [kara'mɛlla] *sf* bonbon *m*
carattere [ka'rattere] *sm* caractère *m* ; **avere un buon ~** avoir (un) bon caractère ; **di ~ tecnico/confidenziale** à caractère technique/confidentiel ; **essere in ~ con** (*intonarsi*) être en harmonie avec
caratteristica, -che [karatte'ristika] *sf* caractéristique *f*
caratteristico, -a, -ci, -che [karatte'ristiko] *agg* caractéristique
carbone [kar'bone] *sm* charbon *m* ; **essere** *o* **stare sui carboni ardenti** être sur des charbons ardents ; **~ fossile** houille *f*
carburante [karbu'rante] *sm* carburant *m*
carburatore [karbura'tore] *sm* carburateur *m*
carcerato, -a [kartʃe'rato] *sm/f* détenu(e), prisonnier(-ière)
carcere ['kartʃere] *sm* prison *f* ; **~ di massima sicurezza** quartier *m* de haute sécurité (dans une prison)
carciofo [kar'tʃɔfo] *sm* artichaut *m*
cardellino [kardel'lino] *sm* chardonneret *m*
cardiaco, -a, -ci, -che [kar'diako] *agg* cardiaque
cardinale [kardi'nale] *agg* cardinal(e) ▶ *sm* cardinal *m*
cardine ['kardine] *sm* gond *m* ; (*fig*) pivot *m*
cardo ['kardo] *sm* chardon *m*
carente [ka'rɛnte] *agg* (*struttura, organizzazione*): **~ (di)** manquant (de) ; (*cultura, istruzione*) limité(e) ; **~ di vitamine** (*dieta, alimentazione*) pauvre en vitamines ; **è un discorso ~ di logica** c'est un discours manquant de logique
carestia [kares'tia] *sf* famine *f* ; (*penuria*) pénurie *f*, disette *f*
carezza [ka'rettsa] *sf* caresse *f* ; **dare** *o* **fare una ~ a** donner *o* faire des caresses à
carica, -che ['karika] *sf* (*mansione ufficiale*) fonction *f*, charge *f* ; (*Mil, Tecn*) charge ; (*Elettr*): **~ (elettrica)** charge (électrique) ; (*fig*: *erotica*) charge ; (*di simpatia*) pouvoir *m* ; **entrare in ~** entrer en fonction *o* exercice ; **essere in ~** être en fonction *o* charge ; **ricoprire** *o* **rivestire una ~** occuper une fonction ; **uscire di ~** quitter ses fonctions ; **dare la ~ a** (*orologio*) remonter ; (*fig*: *persona*) donner du tonus à ; **tornare alla ~** (*fig*) revenir à la charge ; **ha una forte ~ di simpatia** il inspire beaucoup de sympathie
caricabatteria [karikabatte'ria] *sm inv* (*Elettr*) chargeur *m* de batterie
caricare [kari'kare] *vt* (*merce, camion, Mil, Inform*) charger ; (*orologio*)

remonter ; **caricarsi** *vpr*: **caricarsi di** (*di pacchi ecc*) se couvrir de ; (*di responsabilità*) accepter beaucoup de ; **~ qc su/di** charger qch sur/de ; **~ qn di lavoro** donner beaucoup de travail à qn

carico, -a, -chi, -che ['kariko] *agg* (*che porta un peso*): **~ (di)** chargé(e) (de) ; (*orologio*) remonté(e) ; (*fucile, batteria*) chargé(e) ; (*intenso*: *colore*) soutenu(e) ▸ *sm* (*il caricare*) chargement *m*, embarquement *m* ; (*ciò che si carica*) charge *f*, chargement, cargaison *f* ; (*Comm*) chargement ; (*fig*: *peso*) poids *msg* ; **~ di debiti** criblé(e) de dettes ; **essere a ~ di** (*accusa, prova*) constituer une charge contre ; (*spese*) être à la charge de ; **farsi ~ di** (*problema*) se charger de ; (*responsabilità*) endosser, assumer ; **persona a ~** personne *f* à charge ; **testimone a ~** témoin *m* à charge ; **a ~ del cliente** aux frais du client ; **capacità di ~** capacité *f* de charge ; **~ di lavoro** (*di ditta, reparto*) charge de travail ; **~ utile** charge utile

carie ['karje] *sf* (*Med*) carie *f*

carino, -a [ka'rino] *agg* (*bellino*) mignon(ne), joli(e) ; (*gentile*) gentil(le) ; (*simpatico*) sympathique ; **è ~ da parte tua** c'est gentil de ta part

carità [kari'ta] *sf* charité *f* ; **chiedere la ~** demander la charité ; **per ~!** (*escl di rifiuto*) pour l'amour de Dieu !

carnagione [karna'dʒone] *sf* teint *m*

carne ['karne] *sf* (*Anat*) chair *f* ; (*Cuc*) viande *f* ; **in ~ e ossa** en chair et en os ; **essere (bene) in ~** être (bien) en chair ; **non essere né ~ né pesce** (*fig*) être mi-figue mi-raisin ; **~ di maiale/manzo/agnello** viande de porc/bœuf/mouton ; **~ in scatola** corned-beef *m* ; **~ macinata** viande hachée ; **~ tritata** viande hachée

carnevale [karne'vale] *sm* carnaval *m*

> **Carnevale** est la période qui va de l'Épiphanie au début du carême, et qui est l'occasion, en particulier durant les jours qui précèdent le mercredi des Cendres, de fêtes, de bals costumés et de défilés. Le *Carnevale di Viareggio* en Toscane, où se déroule chaque année un défilé de chars sur un thème différent, et le *Carnevale di Venezia*, avec ses spectacles variés dans les rues et sur les places, sont deux des plus célèbres carnavals italiens.

caro, -a ['karo] *agg* (*amato*) cher (chère), aimé(e) ; (*gradito, simpatico*) aimable ; (*importante, costoso*) cher (chère) ; **se ti è cara la vita** si tu tiens à la vie

carogna [ka'roɲɲa] *sf* charogne *f* ; (*fig*) charogne, crapule *f*

carota [ka'rɔta] *sf* carotte *f*

carovana [karo'vana] *sf* caravane *f*

carponi [kar'poni] *avv* à quatre pattes

carrabile [kar'rabile] *agg* carrossable ; **« passo ~ »** « sortie de voitures »

carreggiata [karred'dʒata] *sf* chaussée *f* ; **rimettersi in ~** (*fig*) rentrer dans *o* retrouver le droit chemin ; **tenersi in ~** (*fig*) marcher droit

carrello [kar'rɛllo] *sm* chariot *m* ; (*Aer*) train *m* ; (*Cine, Teatro, Fot*) chariot, grue *f* ; (*tavolino a rotelle*) chariot, table *f* roulante

carriera [kar'rjɛra] *sf* carrière *f* ; **fare ~** faire carrière ; **di ~** (*ufficiale*) de carrière ; (*politico*) de métier ; **di gran ~** à vive allure

carriola [karri'ɔla] *sf* brouette *f*

carro ['karro] *sm* (*veicolo*) chariot *m*, char *m* ; (*materiale contenuto*) charretée *f* ; **il Gran/Piccolo C~** (*Astron*) le Grand/Petit Chariot ; **mettere il ~ avanti ai buoi** (*fig*) mettre la charrue avant les bœufs ; **~ armato** (*Mil*) char d'assaut, tank *m* ; **~ attrezzi** (*Aut*) dépanneuse *f* ; **~ bestiame** (*Ferr*) wagon *m* à bestiaux ; **~ funebre** fourgon *m* mortuaire ; **~ merci** (*Ferr*) wagon de marchandises

carrozza [kar'rɔttsa] *sf* (*vettura*) carrosse *f* ; (*Ferr*) voiture *f*, wagon *m* ; **~ letto** (*Ferr*) wagon-lit *m* ; **~ ristorante** (*Ferr*) wagon-restaurant *m*

carrozzeria [karrottse'ria] *sf* carrosserie *f*

carrozzina [karrot'tsina] *sf* poussette *f*, landau *m*

carta ['karta] *sf* papier *m* ; (*Geo*) carte *f* ; **carte** *sfpl* (*documenti*) papiers *mpl* ; **alla ~** (*al ristorante*) à la carte ; **dare ~ bianca a qn** (*fig*) donner carte blanche à qn ; **cambiare le carte in tavola** (*fig*) changer les règles du jeu ; **fare carte false** (*fig*) faire des pieds et des mains ; **~ assegni** carte bancaire ; **~ assorbente** (*Amm*) (papier) buvard *m* ; **~ bollata** papier timbré ; **~ d'identità** carte d'identité ; **~ d'imbarco** (*Aer, Naut*) carte d'embarquement ; **~ da bollo** papier timbré ; **~ (da gioco)** carte (à jouer) ;

~ da imballo papier d'emballage ; **~ da lettere** papier à lettres ; **~ da pacchi** papier kraft ; **~ da parati** papier peint ; **~ da visita** carte de visite ; **~ di circolazione** carte grise ; **~ di credito** carte de crédit ; **~ di debito** Carte Bleue® ; **~ (geografica)** carte (géographique) ; **~ igienica** papier hygiénique ; **~ legale** papier timbré ; **~ libera** (*Amm*) papier libre ; **~ millimetrata** papier millimétré ; **~ oleata** papier huilé ; **~ verde** (*Aut*) carte verte ; **~ vetrata** papier de verre

cartaccia, -ce [kar'tattʃa] *sf* (*peg*) paperasse *f*

cartapesta [karta'pesta] *sf* papier *m* mâché, carton-pâte *m*

cartella [kar'tɛlla] *sf* (*di tombola, lotteria*) billet *m* ; (*custodia: di cartone*) chemise *f* ; (*: di scolaro*) cartable *m* ; (*: di impiegato*) serviette *f* ; (*Inform*) dossier *m* ; **~ clinica** (*Med*) fiche *f* médicale

cartellino [kartel'lino] *sm* (*etichetta*) étiquette *f* ; (*su porta*) plaque *f* ; (*scheda*) fiche *f* ; **timbrare il ~** (*in ufficio*) pointer ; **~ di presenza** carte *f* de pointage

cartello [kar'tɛllo] *sm* (*avviso*) écriteau *m*, pancarte *f* ; (*in dimostrazioni*) pancarte ; (*Fin, Pol*) cartel *m* ; **~ pubblicitario** panneau *m* publicitaire ; **~ stradale** panneau *m* de signalisation

cartellone [kartel'lone] *sm* (*manifesto, Teatro*) affiche *f* ; (*della tombola*) tableau *m* ; **tenere il ~** (*spettacolo di grande successo*) tenir l'affiche ; **~ pubblicitario** affiche publicitaire

cartina [kar'tina] *sf* : **~ (geografica)** carte *f* ; (*per le sigarette*) papier *m* à cigarettes ; (*Aut, Geo*) carte *f* ; **~ (stradale)** carte (routière)

cartoccio, -ci [kar'tɔttʃo] *sm* cornet *m* ; **cuocere al ~** (*Cuc*) cuire en papillote

cartoleria [kartole'ria] *sf* papeterie *f*

cartolina [karto'lina] *sf* : **~ (illustrata)** carte *f* postale ; **~ di auguri** carte de vœux ; **~ postale** carte-lettre *f* ; **~ precetto** *o* **rosa** (*Mil*) feuille *f* d'appel

cartone [kar'tone] *sm* carton *m* ; (*per latte, succo di frutta ecc*) berlingot *m* ; **cartoni animati** (*Cine*) dessins *mpl* animés

cartuccia, -ce [kar'tuttʃa] *sf* cartouche *f* ; **mezza ~** (*fig: persona*) demi-portion *f* ; **~ a salve** cartouche à blanc

casa ['kasa] *sf* maison *f* ; (*a più piani*) immeuble *m* ; (*industria*) établissement *m*, firme *f* ; **essere a** *o* **in ~** être à la maison ; **vado a ~ mia** je vais à la maison *o* chez moi ; **vado a ~ tua** je vais chez toi ; **~ d'appuntamenti** maison de rendez-vous ; **~ da gioco** établissement *m* de jeux ; **C~ delle libertà** *coalition du centre-droit* ; **~ dello studente** foyer *m* d'étudiants ; **~ di correzione** maison de correction ; **~ di cura** maison de santé ; **~ di tolleranza** maison de tolérance ; **~ editrice** maison d'édition ; **~ di spedizione** entreprise *f* de routage ; **~ popolare** ≈ HLM *m ou f* (habitation à loyer modéré)

casacca, -che [ka'zakka] *sf* casaque *f*

casalinga, -ghe [kasa'linga] *sf* femme *f* au foyer

casalingo, -a, -ghi, -ghe [kasa'lingo] *agg* (*semplice*) simple ; (*fatto a casa*) maison *agg inv* ; (*persona: amante della casa*) casanier(-ière) ; **cucina casalinga** cuisine *f* bourgeoise *o* ménagère

cascare [kas'kare] *vi* (*cadere*) tomber ; **~ bene/male** (*fig*) tomber bien/mal ; **~ dalle nuvole** (*fig*) tomber des nues ; **~ dal sonno** tomber de sommeil ; **caschi il mondo** le monde dût-il s'écrouler ; **non cascherà il mondo se non ce la fai** si tu n'y arrives pas, on ne va pas en faire un drame

cascata [kas'kata] *sf* cascade *f* ; (*di grandi dimensioni*) chute *f*

cascherò *ecc* [kaske'rɔ] *vb vedi* **cascare**

casco, -schi ['kasko] *sm* casque *m* ; (*di banane*) régime *m* ; **~ blu** (*Mil*) casque bleu

caseificio [kazei'fitʃo] *sm* fromagerie *f*, laiterie *f*

casella [ka'sɛlla] *sf* case *f* ; **~ di posta elettronica** boîte *f* courriel ; **~ postale** boîte *f* postale

casello [ka'sɛllo] *sm* (*d'autostrada*) péage *m*

caserma [ka'sɛrma] *sf* (*Mil*) caserne *f* ; (*di carabinieri*) gendarmerie *f*

casino [ka'sino] *sm* bordel *m* ; (*fam: fig: confusione*) bordel, foutoir *m* ; **un ~ di** (*fam: fig, molto*) vachement de

casinò [kazi'nɔ] *sm inv* casino *m*

caso ['kazo] *sm* hasard *m* ; (*fatto, vicenda*) affaire *f*, cas *msg* ; (*Med, Ling*) cas ; **a ~** au hasard ; **al ~** le cas échéant ; **per ~** par hasard ; **in ogni ~, in tutti i**

casi en tout cas ; **in nessun ~** en aucun cas ; **in ~ contrario** dans le cas contraire ; **nel ~ che** au cas où, dans le cas où ; **~ mai** éventuellement ; **far ~ a qc/qn** faire attention à qch/qn ; **fare** *o* **porre** *o* **mettere il ~ che** admettre *o* supposer que ; **guarda ~** comme par hasard ; **è il ~ che ce ne andiamo** il vaut mieux que nous nous en allions ; **~ limite** cas limite

casolare [kaso'lare] *sm* maison *f* de campagne

caspita ['kaspita] *escl* (*di sorpresa*) ça alors ! ; (*di impazienza, contrarietà*) mais enfin !

cassa ['kassa] *sf* caisse *f* ; (*mobile*) coffre *m* ; (*di orologio*) boîtier *m* ; **~ (da morto)** (*bara*) cercueil *m* ; **battere ~ da qn** taper qn ; **~ armonica** caisse de résonance ; **~ automatica prelievi** distributeur *m* automatique de billets ; **~ continua** coffre *m* de nuit ; **C~ del Mezzogiorno** *ancien organisme public créé pour promouvoir le développement économique et social du sud de l'Italie* ; **~ di risonanza** (*Mus*) caisse de résonance ; (*fig*) amplificateur *m* ; **~ di risparmio** caisse d'épargne ; **~ integrazione** ≈ chômage *m* partiel ; **~ mutua** *o* **malattia** ≈ caisse de Sécurité Sociale ; **~ rurale e artigiana** *caisse de mutualité (pour agriculteurs et artisans)* ; **~ toracica** (*Anat*) cage *f* thoracique

cassaforte [kassa'fɔrte] (*pl* **casseforti**) *sf* coffre-fort *m*

cassapanca [kassa'panka] (*pl* **cassapanche**) *sf* bahut *m*

casseruola [kasse'rwɔla] *sf* casserole *f*

cassetta [kas'setta] *sf* caisse *f* ; (*per registratore*) cassette *f* ; **film di ~** (*commerciale*) film *m* qui fait recette ; **pane a** *o* **in ~** pain *m* de mie ; **~ delle lettere** boîte *f* aux lettres ; **~ di sicurezza** coffre *m*

cassetto [kas'setto] *sm* tiroir *m*

cassiere, -a [kas'sjɛre] *sm/f* caissier(-ière)

cassonetto [kasso'netto] *sm* benne *f* à ordures

castagna [kas'taɲɲa] *sf* châtaigne *f*, marron *m* ; **prendere qn in ~** (*fig*) prendre qn sur le fait *o* la main dans le sac

castagno [kas'taɲɲo] *sm* châtaigner *m*

castano, -a [kas'tano] *agg* châtain

castello [kas'tɛllo] *sm* château *m*

castigare [kasti'gare] *vt* punir

castigo, -ghi [kas'tigo] *sm* punition *f*

castoro [kas'tɔro] *sm* castor *m*

casuale [kazu'ale] *agg* fortuit(e), accidentel(le)

catalizzatore [kataliddza'tore] *sm* (*Aut*) pot *m* catalytique

catalogo, -ghi [ka'talogo] *sm* catalogue *m* ; **~ dei prezzi** liste *f* des prix

catarifrangente [katarifran'dʒɛnte] *sm* (*Aut*) cataphote *m*, catadioptre *m*

catarro [ka'tarro] *sm* catarrhe *m*

catastrofe [ka'tastrofe] *sf* catastrophe *f*

categoria [katego'ria] *sf* catégorie *f* ; (*di albergo, di parrucchiere*) classe *f*

catena [ka'tena] *sf* chaîne *f* ; **susseguirsi a ~** s'enchaîner ; **~ di montaggio** chaîne de montage ; **catene da neve** (*Aut*) chaînes *fpl*

catenina [kate'nina] *sf* (*gioiello*) chaîne *f*, chaînette *f*

cateratta [kate'ratta] *sf* (*Med*) cataracte *f* ; (*chiusa*) vanne *f*

catino [ka'tino] *sm* (*recipiente*) bassine *f*, cuvette *f* ; (*quantità contenuta*) bassine ; (*Geo*) bassin *m*

catrame [ka'trame] *sm* goudron *m*

cattedra ['kattedra] *sf* (*mobile*) bureau *m* ; (*Scol*: *incarico*) chaire *f* ; **salire** *o* **montare in ~** (*fig*) prendre un ton magistral

cattedrale [katte'drale] *sf* cathédrale *f*

cattiveria [katti'vɛrja] *sf* méchanceté *f* ; **fare una ~** faire une méchanceté

cattivo, -a [kat'tivo] *agg* mauvais(e) ; (*malvagio*) méchant(e), mauvais(e) ; (*turbolento*: *bambino*) méchant(e) ▶ *sm/f* méchant(e) ; **farsi ~ sangue** se faire du mauvais sang ; **farsi un ~ nome** se faire une mauvaise réputation ; **i cattivi** (*nei film*) les méchants

cattolico, -a, -ci, -che [kat'tɔliko] *agg, sm/f* catholique *m/f*

catturare [kattu'rare] *vt* capturer

causa ['kauza] *sf* cause *f* ; (*Dir*) affaire *f*, procès *msg* ; **a ~ di, per ~ di** à cause de ; **fare ~ a** (*Dir*) porter plainte contre ; **per ~ sua** par sa faute ; **essere parte in ~** (*fig*) être en cause ; **~ penale** procès pénal

causare [kau'zare] *vt* causer

cautela [kau'tɛla] *sf* prudence *f*, précaution *f*

cauto, -a ['kauto] *agg* prudent(e)

cauzione [kaut'tsjone] *sf* caution *f* ; **rilasciare dietro ~** (*Dir*) mettre en liberté sous caution

cava ['kava] *sf* carrière *f*

cavalcare [kaval'kare] *vt* monter, chevaucher ; (*sogg*: *ponte*) enjamber ▸ *vi* monter à cheval, faire du cheval

cavalcata [kaval'kata] *sf* promenade *f* à cheval ; (*Lett*) chevauchée *f* ; (*gruppo*) cavalcade *f*

cavalcavia [kavalka'via] *sm inv* autopont *m*

cavalcioni [kaval'tʃoni] : **a ~ (di)** *prep* à califourchon (sur), à cheval (sur)

cavaliere [kava'ljɛre] *sm* cavalier *m* ; (*Storia, titolo*) chevalier *m*

cavalletta [kaval'letta] *sf* sauterelle *f*

cavalletto [kaval'letto] *sm* (*Fot*) trépied *m* ; (*Pittura*) chevalet *m*

cavallo [ka'vallo] *sm* cheval *m* ; (*Scacchi*) cavalier *m* ; (*Aut*: *anche*: **cavallo vapore**) cheval(-vapeur) *m* ; (*di pantaloni*) entrejambe *m* ; **a ~** à cheval ; **a ~ di** à cheval sur, à califourchon sur ; **siamo a ~** (*fig*) ça y est, c'est bon ; **da ~** (*fig*) de cheval ; **a ~ tra due periodi** à cheval sur deux périodes ; **~ a dondolo** cheval à bascule ; **~ da corsa** cheval de course ; **~ da sella/soma** cheval de selle/somme ; **~ di battaglia** (*fig*) cheval de bataille

cavare [ka'vare] *vt* (*togliere*: *dente*) arracher ; (: *giacca, scarpe*) ôter, enlever ; **cavarsela** se débrouiller, s'en tirer

cavatappi [kava'tappi] *sm inv* tire-bouchon *m*

caverna [ka'vɛrna] *sf* caverne *f*

cavia ['kavja] *sf* (*anche fig*) cobaye *m*

caviale [ka'vjale] *sm* caviar *m*

caviglia [ka'viʎʎa] *sf* cheville *f*

cavo, -a ['kavo] *agg* creux(-euse) ▸ *sm* (*Anat*: *della mano*) creux *msg* ; (: *orale*) cavité *f* ; (*Elettr, Tel, Aut, corda*) câble *m* ; **via ~** (*collegamento, TV*) par câble

cavoletto [kavo'letto] *sm*: **~ di Bruxelles** chou *m* de Bruxelles

cavolfiore [kavol'fjore] *sm* chou-fleur *m*

cavolo ['kavolo] *sm* chou *m* ; **non m'importa un ~** (*fam*) je m'en fiche royalement ; **che ~ vuoi?** (*fam*) qu'est-ce-que tu veux encore ?

cazzo ['kattso] *sm* (*fam!*) bite *f* (*fam!*), queue *f* (*fam!*) ; **~!** (*fam!*: *fig*) merde ! (*fam!*) ; **non gliene importa un ~** (*fam!*: *fig*) il (n')en a rien à foutre (*fam!*) ; **fatti i cazzi tuoi** (*fam!*: *fig*) occupe-toi de tes fesses (*fam!*)

CCD [tʃitʃi'di] *sigla m* (*Pol*: = *Centro Cristiano Democratico*) *parti chrétien-démocrate*

CD [tʃi'di] *sigla m inv* (= *compact disc*) CD *m inv*

CD-Rom [tʃidi'rɔm] *sigla m inv* (= *Compact Disc Read Only Memory*) CD-Rom *m*

CDU [tʃidi'u] *sigla m* (= *Cristiani Democratici Uniti*) Chrétiens *mpl* démocrates unis

ce [tʃe] *pron vedi* **ci** ▸ *avv vedi* **ci**

Cecenia [tʃe'tʃenia] *sf* Tchétchénie *f*

ceceno, -a [tʃe'tʃeno] *agg* tchétchène ▸ *sm/f* Tchétchène *m/f*

ceci ['tʃetʃi] *smpl* pois *mpl* chiches

ceco, -a, -chi, -che ['tʃɛko] *agg* tchèque ▸ *sm/f* Tchèque *m/f* ▸ *sm* tchèque *m*

cedere ['tʃɛdere] *vt* (*posto, Dir*) céder ; (*turno*) donner ▸ *vi* céder ; **~ a** (*insistenza*) céder devant ; (*passione*) céder à ; (*destino*) se résigner à ; **~ il passo (a)** céder le pas (à) ; **~ la parola (a qn)** passer la parole (à qn)

cedola ['tʃɛdola] *sf* coupon *m*

CEE ['tʃee] *sigla f* (= *Comunità Economica Europea*) CEE *f*

ceffo ['tʃɛffo] *sm* (*peg*) type *m* louche ; **è un brutto ~** c'est un type louche

ceffone [tʃef'fone] *sm* gifle *f*, claque *f*

celebrare [tʃele'brare] *vt* (*anche fig*) célébrer ; (*Dir*: *contratto*) rédiger ; (: *processo*) faire ; **~ le lodi di** chanter les louanges de

celebre ['tʃɛlebre] *agg* célèbre

celeste [tʃe'lɛste] *agg* céleste ; (*azzurro*) bleu ciel *o* clair ▸ *sm* bleu *m* ciel *o* clair

celibe ['tʃɛlibe] *agg, sm* célibataire *m*

cella ['tʃɛlla] *sf* cellule *f* ; **~ di isolamento** (*per pazzi*) cabanon *m* ; (*per prigionieri*) cellule ; **in ~ d'isolamento** (*prigioniero*) en isolement cellulaire ; **~ di rigore** cellule disciplinaire de prison ; **~ frigorifera** chambre *f* froide

cellula ['tʃɛllula] *sf* cellule *f* ; **~ combattente** cellule *f* combattante ; **~ dormiente** cellule *f* dormante ; **~ fotoelettrica** cellule photo-électrique

cellulare [tʃellu'lare] *agg* cellulaire ▸ *sm* (*telefono*) (téléphone *m*) portable *m* ; (*anche*: **furgone cellulare**) voiture *f* cellulaire

cellulite [tʃellu'lite] *sf* cellulite *f*
cementare [tʃemen'tare] *vt* cimenter ; (*fig*) consolider
cemento [tʃe'mento] *sm* ciment *m* ; **~ armato** béton *m* armé
cena ['tʃena] *sf* dîner *m* ; **l'Ultima C~** (*Rel*) la Cène
cenare [tʃe'nare] *vi* dîner
cenere ['tʃenere] *sf* cendre *f*
cenno ['tʃenno] *sm* signe *m* ; (*breve notizia*) aperçu *m*, notice *f* ; **far ~ a** (*alludere a*) faire allusion à ; **far ~ di sì/no** faire signe que oui/non ; **un ~ d'intesa** un signe d'accord ; **cenni di storia dell'arte** introduction *fsg* à l'histoire de l'art
censimento [tʃensi'mento] *sm* recensement *m*
censura [tʃen'sura] *sf* (*anche fig*: *critica*) censure *f*
centenario, -a [tʃente'narjo] *agg*, *sm/f* centenaire *m/f* ▸ *sm* centenaire *m*
centesimo, -a [tʃen'tɛzimo] *agg* centième ▸ *sm* centième *m* ; (*moneta*: *anche euro*) centime *m* ; (*di euro, dollaro*) cent *m* ; **essere senza un ~** (*fig*) ne pas avoir un sou
centigrado, -a [tʃen'tigrado] *agg*, *sm* centigrade ; **20 gradi centigradi** 20 degrés centigrades *o* Celsius
centimetro [tʃen'timetro] *sm* centimètre *m*
centinaio [tʃenti'najo] (*pl(f)* **centinaia**) *sm* centaine *f* ; **un ~ (di)** une centaine (de) ; **a centinaia** par centaines
cento ['tʃɛnto] *agg inv*, *sm inv* cent *m* ; **per ~** pour cent ; **al ~ per ~** à cent pour cent ; **~ di questi giorni!** bon anniversaire ! ; *vedi anche* **cinque**
centomila [tʃento'mila] *agg inv*, *sm inv* cent mille *m inv* ; **te l'ho detto ~ volte** (*fig*) je te l'ai dit cent fois
centrale [tʃen'trale] *agg* central(e) ▸ *sf* (*anche*: **sede centrale**) siège *m* central ; **~ del latte** coopérative *f* laitière ; **~ di polizia** commissariat *m* central ; **~ elettrica** centrale *f* électrique ; **~ telefonica** central *m* téléphonique
centralinista [tʃentrali'nista] *sm/f* standardiste *m/f*
centralino [tʃentra'lino] *sm* standard *m*
centralizzato, -a [tʃentralid'dzato] *agg* (*riscaldamento*) central(e) ; (*chiusura*) centralisé(e)
centrare [tʃen'trare] *vt* (*bersaglio*) faire mouche ; (*canestro, porta*) marquer ; (*immagine*) centrer ; (*fig*: *problema*) cerner ; (*personaggio*) entrer dans la peau de
centrifuga [tʃen'trifuga] *sf* (*per biancheria*) essoreuse *f* ; (*di lavatrice*) essorage *m*
centro ['tʃɛntro] *sm* centre *m* ; (*di città*) centre ville ; (*città*) agglomération *f* ; **~ culturale/industriale** *ecc* (*città*) centre culturel/industriel *ecc* ; **fare ~** marquer ; (*fig*) mettre dans le mille ; **~ balneare** station *f* balnéaire ; **~ civico** *bureau décentralisé de la mairie fournissant des services* ; **~ commerciale** (*per acquisti, città*) centre commercial ; **~ d'igiene mentale** *centre fournissant une assistance psychiatrique* ; **C~ di permanenza temporanea** ≈ centre *m* de rétention administrative ; **~ elaborazione dati** centre de traitement des données ; **~ ospedaliero** centre hospitalier ; **~ sociale** centre social ; **~ storico** vieille ville *f* ; **centri nervosi** (*Anat*) centres nerveux ; **centri vitali** (*Anat*) centres vitaux
ceppo ['tʃeppo] *sm* (*di pianta, stirpe*) souche *f* ; (*da ardere*) bûche *f*
cera ['tʃera] *sf* cire *f* ; (*da scarpe*) cirage *m* ; (*per mobili*) cire, encaustique *f* ; (*fig*: *aspetto*) mine *f* ; **~ per pavimenti** encaustique
ceramica, -che [tʃe'ramika] *sf* céramique *f* ; (*prodotto*) faïence *f*
cerbiatto [tʃer'bjatto] *sm* faon *m*
cercare [tʃer'kare] *vt* chercher ; (*desiderare*: *gloria, ricchezza*) rechercher ▸ *vi*: **~ di fare qc** essayer de faire qch
cercherò *ecc* [tʃerke'rɔ] *vb vedi* **cercare**
cerchia ['tʃerkja] *sf* (*di mura*) enceinte *f* ; (*di amici*) cercle *m*
cerchietto [tʃer'kjetto] *sm* (*per capelli*) serre-tête *m*
cerchio, -chi ['tʃerkjo] *sm* cercle *m* ; (*di botte*) cerceau *m* ; **dare un colpo al ~ e uno alla botte** (*fig*) ménager la chèvre et le chou
cereale [tʃere'ale] *sm* céréale *f* ; **cereali** *smpl* (*Bot, per colazione*) céréales *fpl*
cerimonia [tʃeri'mɔnja] *sf* cérémonie *f* ; **senza tante cerimonie** (*senza formalità*) sans cérémonie ; (*con semplicità*) sans façons ; (*bruscamente*) sans autre forme de procès

cerino [tʃe'rino] *sm* allumette *f*
cernia ['tʃɛrnja] *sf* (*Zool*) mérou *m*
cerniera [tʃer'njɛra] *sf* charnière *f* ; **~ lampo** fermeture *f* éclair
cero ['tʃero] *sm* cierge *m*
cerotto [tʃe'rɔtto] *sm* sparadrap *m*
certamente [tʃerta'mente] *avv* certainement, bien sûr
certificato [tʃertifi'kato] *sm* (*Dir*) certificat *m* ; **~ di credito del Tesoro** *titre de crédit émis par l'État italien* ; **~ di nascita/di morte** acte *m* de naissance/de décès ; **~ medico** certificat médical
certo, -a ['tʃɛrto] *agg* certain(e) ; (*vittoria, risultato*) certain(e), sûr(e) ; (*amico*) sûr(e) ▸ *pron pl*: **certi(e)** (*persone*) certains (certaines) ; (*cose*) quelques-uns (unes) ▸ *avv* (*certamente*) certainement, sûrement ; (*senz'altro*) bien sûr ; **sono ~ di farcela** je suis certain *o* sûr d'y arriver ; **un ~ signor Rossi** un certain M. Rossi ; **certi amici miei** certains de mes amis ; **dopo un ~ tempo** après un certain temps ; **di una certa importanza** d'une certaine importance ; **un uomo di una certa età** un homme d'un certain âge ; **un ~ non so che** un je-ne-sais-quoi ; **di ~** certainement, sûrement ; **no di ~!** certainement pas ! ; **~ che no!** bien sûr que non ! ; **sì ~** oui, bien sûr
cervello, -i [tʃer'vɛllo] (*anche pl(f)* **cervella**) *sm* cerveau *m* ; **avere il** *o* **essere un ~ fino** avoir l'esprit fin ; **è uscito di ~, gli è dato di volta il ~** il a perdu la tête ; **~ elettronico** (*Inform*) cerveau électronique
cervo ['tʃɛrvo] *sm* cerf *m* ; **~ volante** cerf-volant *m*
cespuglio [tʃes'puʎʎo] *sm* buisson *m* ; (*coltivato*) arbuste *m*
cessare [tʃes'sare] *vi* cesser ▸ *vt* cesser ; **~ di fare qc** cesser de faire qch ; **dare il cessate il fuoco** (*Mil*) décréter le cessez-le-feu ; **« cessato allarme »** « fin d'alerte »
cestino [tʃes'tino] *sm* corbeille *f* ; **~ da lavoro** corbeille *f* à ouvrage ; **~ da viaggio** (*Ferr*) panier-repas *msg*
cesto ['tʃesto] *sm* panier *m*
ceto ['tʃɛto] *sm* classe *f*
cetriolino [tʃetrio'lino] *sm* cornichon *m*
cetriolo [tʃetri'ɔlo] *sm* concombre *m*
Cf., Cfr. *abbr* (= *confronta*) cf., Conf.
C.G.I.L. [tʃidʒi'ɛlle] *sigla f* (= *Confederazione Generale Italiana del Lavoro*) syndicat
chat line [tʃæt'laen] *sf inv* telephone *m* rose
chattare [t'ʃat'tare] *vi* (*Internet*) chatter

PAROLA CHIAVE

che [ke] *pron* **1** (*relativo*: *soggetto*) qui ; (: *oggetto*) que ; (: *con valore temporale*) où ; (: *complemento*) quoi ; **il ragazzo che è venuto** le garçon qui est venu ; **il libro che è sul tavolo** le livre qui est sur la table ; **la città che preferisco** la ville que je préfère ; **l'uomo/il libro che vedi** l'homme/le livre que tu vois ; **la sera che ti ho visto** le soir où je t'ai vu
2 (*interrogativo diretto*: *soggetto*) qu'est-ce qui ; (: *oggetto*) qu'est-ce que, que ; (*interrogativo indiretto*: *soggetto*) ce qui ; (: *oggetto*) ce que, que ; (: *complemento indiretto*) quoi ; **che succede?** que se passe-t-il ? ; **che fai?** qu'est-ce que tu fais ? ; **a che pensi?** à quoi penses-tu ? ; **non sa che fare** il ne sait pas quoi faire, il ne sait que faire ; **ma che dici!** mais que dis-tu ! ; **non so in che consista** je ne sais pas en quoi cela consiste
3 (*indefinito*): **un che di ...** un je-ne-sais-quoi de ... ; **quel tipo ha un che di losco** ce gars a un je-ne-sais-quoi de louche ; **un certo non so che** un (petit) je-ne-sais-quoi ; **non è un gran che** ça ne vaut pas grand-chose
▸ *agg* **1** (*interrogativo*) quel(le) ; (*pl*) quels (quelles) ; **che tipo di film preferisci?** quel genre de films préfères-tu ? ; **che vestito ti vuoi mettere?** quelle robe veux-tu mettre ? ; **che libri hai letto?** quels livres as-tu lus ?
2 (*esclamativo*) quel(le) ; (*pl*) quels (quelles) ; (: *con valore di come*) que ; **che buono!** que c'est bon ! ; **che macchina!** quelle voiture ! ; **che bel vestito!** quelle belle robe !
▸ *cong* **1** (*con proposizioni subordinate*) que ; **credo che verrà** je crois qu'il viendra ; **voglio che tu studi** je veux que tu étudies ; **so che tu c'eri** je sais que tu y étais ; **sono contento che tu sia venuto** je suis content que tu sois venu ; **non che sia sbagliato, ma ...** non pas que cela soit faux, mais ...
2 (*finale*) que ; **vieni qua, che ti veda** viens ici, que je te voie ; **stai attento**

che non cada fais attention qu'il ne tombe pas
3 (*temporale*): **arrivai che eri già partito** j'arrivai après que tu étais déjà parti ; **sono anni che non lo vedo** il y a des années que je ne le vois plus ; **è da aprile che non ci va** il n'y va plus depuis avril
4 (*in frasi imperative, concessive*): **che venga pure!** qu'il vienne ! ; **che tu sia benedetto!** sois béni ! ; **che tu venga o no, partiamo lo stesso** que tu viennes ou pas, nous partons quand même
5 (*comparativo*) que ; **più lungo che largo** plus long que large ; **più che naturale** on ne peut plus naturel ; **più bella che mai** plus belle que jamais ; *vedi anche* **più**; **tanto**; **meno**; **prima**; **sia**; **così**

chemioterapia [kemjotera'pia] *sf* chimiothérapie *f*
cherosene [kero'zɛne] *sm* kérosène *m*

PAROLA CHIAVE

chi [ki] *pron* **1** (*interrogativo*) qui, qu'est-ce que ; **chi è?** qui est-ce ? ; **di chi è questo libro?** à qui est ce livre ? ; **con chi parli?** avec qui parles-tu ? ; **a chi pensi?** à qui penses-tu ? ; **chi di voi?** qui de vous ? ; **non so chi l'abbia detto** je ne sais pas qui l'a dit ; **non so a chi rivolgermi** je ne sais pas à qui m'adresser
2 (*relativo*) celui (celle) qui ; (*pl*) ceux (celles) qui ; (: *dopo preposizione*) qui ; **chi non lavora non mangia** (celui) qui ne travaille pas ne mange pas ; **portate chi volete** venez avec qui vous voulez ; **dillo a chi vuoi** dis-le à qui tu veux ; **so io di chi parlo** moi, je sais de qui je parle
3 (*indefinito*): **chi ... chi ...** qui ... qui ... ; **chi dice una cosa, chi dice un'altra** les uns disent une chose, les autres en disent une autre

chiacchierare [kjakkje'rare] *vi* causer, parler ; (*discorrere futilmente*) bavarder ; (*far pettegolezzi*) jaser
chiacchiere ['kjakkjere] *sfpl* bruit *m*, potin *m* ; **fare due** *o* **quattro ~** faire un brin de causette
chiamare [kja'mare] *vt* appeler ; **chiamarsi** *vpr* s'appeler ; **mi chiamo Paolo** je m'appelle Paolo ; **mandare a ~ qn** faire appeler qn ; **~ aiuto** appeler au secours ; **~ alle armi** appeler sous les drapeaux ; **~ in causa** (*fig*) prendre à parti ; **~ in giudizio** (*Dir*) citer en justice
chiamata [kja'mata] *sf* (*Tel*) appel *m* ; (*Mil*) appel (sous les drapeaux) ; **~ alle urne** (*Pol*) élection *f* ; **~ in giudizio** (*Dir*) citation *f* en justice ; **~ senza risposta** appel *m* manqué
chiarezza [kja'rettsa] *sf* clarté *f*
chiarire [kja'rire] *vt* clarifier
chiaro, -a ['kjaro] *agg* clair(e) ; (*fig*: *netto*) net(te) ▸ *avv* clair ; **si sta facendo ~** le jour se lève ; **sia chiara una cosa** que ce soit clair ; **mettere in ~ qc** préciser qch ; **mettere le cose in ~** mettre les choses au point ; **parliamoci ~** disons-le franchement ; **trasmissione in ~** (*TV*) émission *f* en clair
chiasso ['kjasso] *sm* (*di persone*) tapage *m*, vacarme *m* ; (*di cose, veicoli*) vacarme ; **far ~** faire du tapage/vacarme ; (*fig*: *scalpore*) faire du bruit
chiave ['kjave] *sf, agg inv* clef *f*, clé *f* ; **chiudere a ~** fermer à clé ; **in ~ politica** en termes politiques, d'un point de vue politique ; **chiavi in mano** clés en main(s) ; **~ a forcella** clé à fourche ; **~ d'accensione** (*Aut*) clé de contact ; **~ di volta** (*anche fig*) clé de voûte ; **~ inglese** clé anglaise
chiavetta [kja'vɛtta] *sf*: **~ USB** (*Inform*) clé *f* USB
chiazza ['kjattsa] *sf* tache *f*
chicco, -chi ['kikko] *sm* (*seme*) grain *m* ; **~ d'uva** grain de raisin
chiedere ['kjɛdere] *vt* demander ▸ *vi*: **~ di qn** (*informarsi su qn*) demander des nouvelles de qn ; (*al telefono*) demander qn au téléphone ; **chiedersi** *vpr*: **chiedersi (se)** se demander (si) ; **~ qc a qn** demander qch à qn ; **~ a qn di qc** s'informer de qch auprès de qn ; **non chiedo altro** je ne demande pas mieux
chiesa ['kjɛza] *sf* église *f*
chiesi *ecc* ['kjɛzi] *vb vedi* **chiedere**
chiglia ['kiʎʎa] *sf* quille *f*
chilo ['kilo] *sm* kilo *m*
chilometro [ki'lɔmetro] *sm* kilomètre *m*
chimica ['kimika] *sf* chimie *f* ; *vedi anche* **chimico**
chimico, -a, -ci, -che ['kimiko] *agg* chimique ▸ *sm/f* chimiste *m/f*

chinare [ki'nare] *vt* pencher ; **chinarsi** *vpr* se pencher
chiocciola ['kjɔttʃola] *sf* escargot *m* ; (*di indirizzo e-mail*) arobase *f* ; **scala a ~** escalier *m* en colimaçon
chiodo ['kjɔdo] *sm* clou *m* ; **~ scaccia ~** (*proverbio*) un clou chasse l'autre ; **roba da chiodi!** c'est inouï !, ce n'est pas croyable ! ; **~ di garofano** (*Cuc*) clou de girofle ; **~ fisso** (*fig*) idée *f* fixe
chiosco, -schi ['kjɔsko] *sm* (*del giornalaio*) kiosque *m* ; (*di bibite*) buvette *f*
chiostro ['kjɔstro] *sm* cloître *m*
chiromante [kiro'mante] *sm/f* (*indovino*) chiromancien(ne), diseur(-euse) de bonne aventure
chirurgia [kirur'dʒia] *sf* chirurgie *f* ; **~ estetica** chirurgie esthétique
chirurgo, -ghi *o* **gi** [ki'rurgo] *sm* chirurgien(ne)
chissà [kis'sa] *avv*: **~!** qui sait ! ; **~, forse hai ragione** va savoir, tu as peut-être raison
chitarra [ki'tarra] *sf* guitare *f*
chitarrista, -i, -e [kitar'rista] *sm/f* guitariste *m/f*
chiudere ['kjudere] *vt* fermer ; (*strada*) barrer ; (*discorso*) clore, terminer ; (*recingere*) entourer ; (*porre termine a: incontro*) mettre fin à ; (*: ciclo, rassegna*) clore ▶ *vi* fermer ; **chiudersi** *vpr* (*meccanismo*) se fermer ; (*ferita*) se refermer ; (*persona: ritirarsi*) se retirer ; (*fig*) se renfermer *o* replier sur soi-même ; **chiudersi in casa** s'enfermer chez soi ; **~ un occhio su** (*fig*) fermer les yeux sur ; **chiudi la bocca!** *o* **il becco!** (*fam*) ferme-la !
chiunque [ki'unkwe] *pron* (*relativo*) tous (toutes) ceux (celles) qui ; (*indefinito*) quiconque, n'importe qui ; **~ sia non gli parlerò** qui qu'il soit, je ne lui parlerai pas
chiusi *ecc* ['kjusi] *vb vedi* **chiudere**
chiuso, -a ['kjuso] *pp di* **chiudere** ▶ *agg* fermé(e) ; (*strada, passaggio*) barré(e) ; (*persona: introverso*) renfermé(e) ; (*mente: limitata*) borné(e), étriqué(e) ▶ *sm*: **al ~** à l'abri ; **« ~ »** (*negozio ecc*) « fermé »
chiusura [kju'sura] *sf* fermeture *f* ; (*di strada*) barrage *m* ; (*di discorso*) conclusion *f* ; (*di dibattito*) clôture *f* ; (*di mente*) étroitesse *f* ; (*di fucile*) cran *m* de l'abattu ; **~ lampo®** fermeture Éclair®

PAROLA CHIAVE

ci [tʃi] (*dav lo, la, li, le, ne diventa* **ce**) *pron*
1 (*personale: noi*) nous ; (*impersonale*): **ci si veste** on s'habille ; **ci ha visti** il nous a vus ; **non ci ha dato niente** elle ne nous a rien donné ; **ci vestiamo** nous nous habillons, on s'habille ; **ci siamo divertiti** nous nous sommes amusés, on s'est amusé ; **ci aiutiamo a vicenda** on s'entraide, on s'aide mutuellement ; **ci amiamo** nous nous aimons, on s'aime
2 (*dimostrativo: di ciò, su ciò, in ciò ecc*) y ; **che ci posso fare?** qu'est-ce que je peux y faire ? ; **non so cosa farci** je ne sais pas quoi y faire ; **ci puoi contare** tu peux compter là-dessus, tu peux y compter ; **che c'entro io?** qu'est-ce que j'ai à voir là-dedans ? ; **non ci capisco nulla** je n'y comprends rien
▶ *avv* (*qui, lì*) y ; **ci abito da un anno** j'y habite depuis un an ; **ci vado spesso** j'y vais souvent ; **ci passa sopra un ponte** il y a un pont qui passe au-dessus ; **esserci** *vedi* **essere**

ciabatta [tʃa'batta] *sf* pantoufle *f*
ciambella [tʃam'bɛlla] *sf* (*Cuc*) *gâteau en forme de couronne* ; (*salvagente*) bouée *f* de sauvetage
ciao ['tʃao] *escl* salut !
ciascuno, -a [tʃas'kuno] (*dav sm* **ciascun** + *C, V,* **ciascuno** + *s impura, gn, pn, ps, x, z; dav sf:* **ciascuna** + *C,* **ciascun'** + *V*) *agg* chaque ▶ *pron* chacun(e) ; **ciascun bambino** chaque enfant ; **ciascuna ragazza** chaque jeune fille ; **~ di voi avrà la sua parte** chacun d'entre vous aura sa part ; **due caramelle per ~** deux bonbons chacun
cibarie [tʃi'barje] *sfpl* comestibles *mpl*
ciberattacco, -chi [tʃiberat'takko] *sm* cyberattaque *f*
cibermolestie [tʃibermo'lɛstje] *sfpl* harcèlement *m* en ligne
cibo ['tʃibo] *sm* aliment *m*, nourriture *f*
cicala [tʃi'kala] *sf* cigale *f*
cicatrice [tʃika'tritʃe] *sf* cicatrice *f*
cicca, -che ['tʃikka] *sf* (*gomma da masticare*) chewing-gum *m* ; (*mozzicone*) mégot *m* ; (*fam: sigaretta*) clope *m* ; **non vale una ~** (*fig*) cela ne vaut pas un sou
ciccia ['tʃittʃa] *sf* (*fam*) graisse *f*, lard *m*
ciccione, -a [tʃit'tʃone] *sm/f* (*fam*) gros lard *m*, grosse dondon *f*
ciclamino [tʃikla'mino] *sm* cyclamen *m*

ciclismo [tʃi'klizmo] *sm* cyclisme *m*
ciclista, -i, -e [tʃi'klista] *sm/f* cycliste *m/f*
ciclo ['tʃiklo] *sm* cycle *m* ; (*di una malattia*) évolution *f*
ciclomotore [tʃiklomo'tore] *sm* mobylette *f*
ciclone [tʃi'klone] *sm* cyclone *m*
cicogna [tʃi'koɲɲa] *sf* cigogne *f*
cieco, -a, -chi, -che ['tʃɛko] *agg, sm/f* aveugle *m/f* ; **alla cieca** à l'aveuglette
cielo ['tʃɛlo] *sm* ciel *m* ; **toccare il ~ con un dito** (*fig*) être aux anges ; **per amor del ~!** pour l'amour du ciel !
cifra ['tʃifra] *sf* chiffre *m* ; (*somma*) somme *f*
ciglio ['tʃiʎʎo] *sm* (*di strada*) bord *m* ; (*Anat*) (*pl(f)* **ciglia**) cil *m* ; (: *sopracciglio*) sourcil *m* ; **non ha battuto ~** (*fig*) il n'a pas bronché
cigno ['tʃiɲɲo] *sm* cygne *m*
cigolare [tʃigo'lare] *vi* grincer
Cile ['tʃile] *sm* Chili *m*
cileno, -a [tʃi'lɛno] *agg* chilien(ne) ▸ *sm/f* Chilien(ne)
ciliegia, -gie *o* **-ge** [tʃi'ljɛdʒa] *sf* cerise *f*
cilindrata [tʃilin'drata] *sf* (*Aut*) cylindrée *f* ; **di grossa/piccola ~** (*macchina, moto*) de grosse/petite cylindrée
cilindro [tʃi'lindro] *sm* cylindre *m* ; (*cappello*) haut-de-forme *m*
cima ['tʃima] *sf* cime *f*, sommet *m*, faîte *m* ; (*di campanile*) faîte, sommet ; (*estremità: di asta, corda*) bout *m* ; (*vetta*) sommet ; (*Naut*) haussière *f* ; (*fig: persona*) crack *m* ; **in ~ a** en haut de ; **da ~ a fondo** d'un bout à l'autre ; (*fig*) de fond en comble
cimice ['tʃimitʃe] *sf* (*Zool*) punaise *f* ; (*trasmittente*) micro *m* caché
ciminiera [tʃimi'njɛra] *sf* cheminée *f*
cimitero [tʃimi'tɛro] *sm* cimetière *m*
Cina ['tʃina] *sf* Chine *f*
cincin [tʃin'tʃin] *escl* à ta/votre santé, à la tienne/vôtre
cinema ['tʃinema] *sm inv* cinéma *m* ; **~ d'essai** cinéma d'art et d'essai ; **~ muto** cinéma muet
cinese [tʃi'nese] *agg* chinois(e) ▸ *sm/f* Chinois(e) ▸ *sm* chinois *m*
cinghia ['tʃingja] *sf* ceinture *f* ; (*Tecn*) courroie *f* ; **tirare la ~** (*fig*) se serrer la ceinture
cinghiale [tʃin'gjale] *sm* sanglier *m*
cinguettare [tʃingwet'tare] *vi* gazouiller
cinico, -a, -ci, -che ['tʃiniko] *agg, sm/f* cynique *m/f*
cinquanta [tʃin'kwanta] *agg inv, sm inv* cinquante *m inv* ; *vedi anche* **cinque**
cinquantesimo, -a [tʃinkwan'tɛzimo] *agg, sm/f* cinquantième *m/f* ; *vedi* **quinto**
cinquantina [tʃinkwan'tina] *sf*: **una ~ (di)** une cinquantaine (de) ; **essere sulla ~** (*età*) avoir la cinquantaine
cinque ['tʃinkwe] *agg inv, sm inv* cinq *m* ; **avere ~ anni** (*età*) avoir cinq ans ; **il ~ dicembre 1989** le cinq décembre 1989 ; **alle ~** (*ora*) à cinq heures ; **siamo in ~** nous sommes cinq
cinquecento [tʃinkwe'tʃɛnto] *agg inv, sm inv* cinq cents *m inv* ▸ *sm*: **il C~** le seizième siècle
cintura [tʃin'tura] *sf* ceinture *f* ; **~ di salvataggio** ceinture de sauvetage ; **~ di sicurezza** (*Aut, Aer*) ceinture de sécurité ; **~ (di) verde** ceinture verte ; **~ industriale** zone *f* industrielle
cinturino [tʃintu'rino] *sm* bracelet *m*
ciò [tʃɔ] *pron* ceci, cela ; **~ che** ce qui, ce que ; **~ nonostante** *o* **nondimeno** néanmoins ; **con tutto ~** malgré tout
ciocca, -che ['tʃɔkka] *sf* (*di capelli*) mèche *f*
cioccolata [tʃokko'lata] *sf* chocolat *m* ; **~ al latte/fondente** chocolat au lait/à croquer
cioccolatino [tʃokkola'tino] *sm* chocolat *m*
cioè [tʃo'ɛ] *avv* c'est-à-dire
ciotola ['tʃɔtola] *sf* bol *m*
ciottolo ['tʃɔttolo] *sm* (*di fiume, spiaggia*) galet *m* ; (*di strada*) caillou *m*
cipolla [tʃi'polla] *sf* oignon *m*
cipresso [tʃi'prɛsso] *sm* cyprès *msg*
cipria ['tʃiprja] *sf* poudre *f*
Cipro ['tʃipro] *sf* Chypre *m*
circa ['tʃirka] *avv* environ ▸ *prep* en ce qui concerne, quant à ; **a mezzogiorno ~** à midi environ ; **eravamo ~ cento** nous étions environ cent
circo, -chi ['tʃirko] *sm* cirque *m*
circolare [tʃirko'lare] *vi* circuler ▸ *agg* (*anche lettera*) circulaire ; (*Fin, Comm: assegno*) de banque ▸ *sf* (*Amm*) circulaire *f* ; (*linea di autobus*) ligne *f* circulaire d'autobus ; **circola voce che ...** le bruit court que ...
circolo ['tʃirkolo] *sm* cercle *m* ; **~ vizioso** cercle vicieux

circondare [tʃirkon'dare] *vt* entourer ; **circondarsi** *vpr*: **circondarsi di** s'entourer de
circonvallazione [tʃirkonvallat'tsjone] *sf* boulevard *m* périphérique, rocade *f*
circospetto, -a [tʃirkos'pɛtto] *agg* circonspect(e)
circostante [tʃirkos'tante] *agg* environnant(e)
circostanza [tʃirkos'tantsa] *sf* circonstance *f* ; **di ~** (*parole ecc*) de circonstance
circuito [tʃir'kuito] *sm* circuit *m* ; **a ~ chiuso** (*televisione*) en circuit fermé ; **c'è stato un corto ~** il y a eu un court-circuit ; **~ integrato** circuit intégré
C.I.S.L. [tʃizl] *sigla f* (*= Confederazione Italiana Sindacati Lavoratori*) *syndicat*
cisterna [tʃis'tɛrna] *sf* citerne *f*
cisti ['tʃisti] *sf inv* kyste *m*
cistite [tʃis'tite] *sf* cystite *f*
citare [tʃi'tare] *vt* (*menzionare*) citer ; **~ qn per danni** intenter une action en dommages et intérêts contre qn
citofono [tʃi'tɔfono] *sm* interphone *m*
città [tʃit'ta] *sf inv* ville *f* ; **in ~** en ville ; **~ d'arte** ville d'art ; **C~ del Capo** Le Cap ; **~ universitaria** ville universitaire
cittadinanza [tʃittadi'nantsa] *sf* population *f* ; (*Dir*) nationalité *f*
cittadino, -a [tʃitta'dino] *agg* citadin(e), de la ville ; (*traffico*) urbain(e) ▶ *sm/f* (*di stato*) citoyen(ne), ressortissant(e) ; (*che vive in città*) citadin(e)
ciuccio ['tʃiuttʃo] *sm* (*fam*) tétine *f*
ciuffo ['tʃuffo] *sm* (*di erba, di peli*) touffe *f* ; (*di capelli*) touffe, mèche *f* ; (*di penne*) plumeau *m*, huppe *f*
civetta [tʃi'vetta] *sf* (*Zool*) chouette *f* ; (*fig*) coquette *f* ▶ *agg inv*: **auto ~** voiture *f* banalisée ; **fare la ~ con qn** faire la coquette avec qn
civico, -a, -ci, -che ['tʃiviko] *agg* municipal(e) ; **guardia civica** gardien *m* de la paix ; **senso ~** sens *msg* civique
civile [tʃi'vile] *agg* (*Dir, non militare*) civil(e) ; (*nazione, popolo*) civilisé(e) ; (*cortese*: *persona, modi*) poli(e) ▶ *sm* civil *m* ; **stato ~** état *m* civil ; **abiti civili** vêtements *mpl* civils
civiltà [tʃivil'ta] *sf inv* civilisation *f* ; (*fig*: *buona educazione*) éducation *f*, politesse *f*
clacson ['klakson] *sm inv* (*Aut*) klaxon *m*
clandestino, -a [klandes'tino] *agg, sm/f* clandestin(e)
classe ['klasse] *sf* classe *f* ; **di ~** (*fig*) de classe ; **~ operaia** classe ouvrière ; **~ turistica** (*Aer*) classe économique
classico, -a, -ci, -che ['klassiko] *agg, sm* classique *m* ; (*anche*: **liceo classico**) ≈ lycée *m* section lettres
classifica, -che [klas'sifika] *sf* classement *m* ; (*di dischi*) hit-parade *m*
classificare [klassifi'kare] *vt* classer ; (*valutare*) noter ; **classificarsi** *vpr* se classer
clausola ['klauzola] *sf* (*Dir*) clause *f*
clavicembalo [klavi'tʃembalo] *sm* clavecin *m*
clavicola [kla'vikola] *sf* clavicule *f*
clic [klik] *sm inv* clic *m* ; **in un ~** en un clic
cliccare [klik'kare] *vi* (*Inform*) cliquer ; **~ due volte su** cliquer deux fois sur
cliente [kli'ɛnte] *sm/f* client(e)
clima, -i ['klima] *sm* climat *m*
climatizzatore [klimatiddzat'tore] *sm* climatiseur *m*
clinica, -che ['klinika] *sf* clinique *f*
clonare [klo'nare] *vt* cloner
clonazione [klona'tsjone] *sf* clonage *m*
cloro ['klɔro] *sm* chlore *m*
club [klub] *sm inv* club *m*
cm *abbr* (*= centimetro*) cm
c.m. *abbr* (*= corrente mese*) m.c.
coalizione [koalit'tsjone] *sf* coalition *f* ; (*Comm*) groupement *m*
COBAS ['kɔbas] *sigla mpl* (*= Comitati di base*) *organisation syndicale autonome surtout présente dans le secteur public*
coca ['koka] *sf* (*bibita*) coca *m* ; (*droga*) coke *f*
cocaina [koka'ina] *sf* cocaïne *f*
coccinella [kottʃi'nɛlla] *sf* coccinelle *f*
cocciuto, -a [kot'tʃuto] *agg* têtu(e), buté(e)
cocco, -chi ['kɔkko] *sm* (*pianta*) cocotier *m* ▶ *sm/f* (*fam*) chouchou(te), chéri(e) ; **noce di ~** (*frutto*) noix *f* de coco ; **è il ~ della mamma** c'est le chéri à sa maman
coccodrillo [kokko'drillo] *sm* crocodile *m*
coccolare [kokko'lare] *vt* cajoler, chouchouter
cocerò *ecc* [kotʃe'rɔ] *vb vedi* **cuocere**
cocomero [ko'komero] *sm* pastèque *f*

C

coda ['koda] *sf* queue *f* ; **con la ~ dell'occhio** du coin de l'œil ; **mettersi in ~** se mettre à la queue ; **avere la ~ di paglia** (*fig*) ne pas avoir la conscience tranquille ; **~ di cavallo** (*acconciatura*) queue de cheval ; **~ di rospo** (*Cuc*) baudroie *f* o lotte *f* (de mer)
codardo, -a [ko'dardo] *agg, sm/f* lâche *m/f*
codice ['kɔditʃe] *sm* code *m* ; (*manoscritto*) manuscrit *m* ; **~ a barre** code-barre *m* ; **~ civile** (*Dir*) code civil ; **~ della strada** (*Aut*) code de la route ; **~ di avviamento postale** code postal ; **~ fiscale** *code composé de chiffres et de lettres permettant d'identifier le sujet fiscal dans le registre des contributions* ; **~ penale** (*Dir*) code pénal ; **~ segreto** (*del Bancomat*) code confidentiel
coerente [koe'rɛnte] *agg* cohérent(e)
coetaneo, -a [koe'taneo] *agg* (*che ha la stessa età*) du même âge ; (*coevo*) contemporain(e) ▸ *sm/f* personne *f* du même âge ; **essere ~ di** avoir le même âge que
cofano ['kɔfano] *sm* (*Aut*) capot *m*
cogliere ['kɔʎʎere] *vt* (*fiore, frutto*) cueillir ; (*sorprendere*) prendre ; (*bersaglio*) atteindre, toucher ; (*fig: momento opportuno, significato*) saisir ; **~ l'occasione (per fare)** saisir l'occasion (pour faire) ; **~ nel segno** (*fig*) mettre dans le mille
cognato, -a [koɲ'ɲato] *sm/f* beau-frère *m*, belle-sœur *f*
cognome [koɲ'ɲome] *sm* nom *m* (de famille)

De nos jours, les femmes italiennes peuvent conserver leur propre nom après s'être mariées, mais par tradition, elles utilisent encore souvent le nom de famille de leur époux.

coincidenza [kointʃi'dɛntsa] *sf* coïncidence *f* ; (*Ferr, Aer, di autobus, fig*) correspondance *f*
coincidere [koin'tʃidere] *vi* coïncider
coinvolgere [koin'vɔldʒere] *vt*: **~ (in)** (*in lite, vicenda, scandalo*) impliquer (dans) ; (*in iniziativa*) faire participer (à)
colapasta [kola'pasta] *sm inv* passoire *f*
colare [ko'lare] *vt* (*liquido*) passer, filtrer ; (*pasta*) égoutter ; (*metallo*) fondre ▸ *vi* (*sudore*) couler ; (*contenitore*) fuir ; (*cera*) fondre ; **~ a picco** (*sogg: nave*) couler à pic ; (*: oggetto*) couler
colazione [kolat'tsjone] *sf* (*anche*: **prima colazione**) petit déjeuner *m* ; (*anche*: **seconda colazione**) déjeuner *m* ; **fare ~** prendre son petit déjeuner ; **~ di lavoro** déjeuner d'affaires
colera [ko'lɛra] *sm* (*Med*) choléra *m*
colgo *ecc* ['kɔlgo] *vb vedi* **cogliere**
colica, -che ['kɔlika] *sf* (*Med*) colique *f* ; **~ renale** colique néphrétique
colino [ko'lino] *sm* petite passoire *f*
colla ['kɔlla] (= **con** + **la**) *prep + art vedi* **con** ▸ *sf* colle *f*
collaborare [kollabo'rare] *vi*: **~ a** collaborer à
collaboratore, -trice [kollabora'tore] *sm/f* collaborateur(-trice) ; **~ esterno(a)** collaborateur(-trice) externe ; **collaboratrice familiare** employée *f* de maison
collana [kol'lana] *sf* collier *m* ; (*di libri*) collection *f*
collant [kɔ'lã] *sm inv* collant *m*
collare [kol'lare] *sm* collier *m*
collasso [kol'lasso] *sm* (*Med: cardiaco*) collapsus *msg* ; (*nervoso*) crise *f* de nerfs
collaudare [kollau'dare] *vt* essayer, tester
collega, -ghi, -ghe [kol'lɛga] *sm/f* collègue *m/f*
collegamento [kollega'mento] *sm* liaison *f* ; (*Inform: a Internet*) connexion *f* ; (*: tra oggetti*) raccourci *m* ; **ufficiale di ~** officier *m* de liaison ; **in ~ con Roma** (*TV*) en direct de Rome
collegare [kolle'gare] *vt* (*fili, apparecchi*) connecter, brancher ; (*città, zone*) relier, joindre ; (*Radio, TV*) relier, brancher ; (*fig*) relier, mettre en rapport ; **collegarsi** *vpr*: **collegarsi (con)** se mettre en communication (avec) ; **collegarsi a Internet** se connecter à Internet
collegio [kol'lɛdʒo] *sm* (*di medici, avvocati*) ordre *m* ; (*Scol*) collège *m* ; **~ elettorale** collège électoral
collera ['kɔllera] *sf* colère *f* ; **andare in ~** se mettre en colère
collerico, -a, -ci, -che [kol'lɛriko] *agg* coléreux(-euse)
colletta [kol'lɛtta] *sf* collecte *f*
colletto [kol'letto] *sm* col *m* ; **colletti bianchi** (*fig*) cols blancs
collezionare [kollettsjo'nare] *vt* collectionner
collezione [kollet'tsjone] *sf* collection *f*
collina [kol'lina] *sf* colline *f*

collirio [kol'lirjo] *sm* collyre *m*
collo ['kɔllo] (= **con** + **lo**) *prep* + *art vedi* **con** ▸ *sm* (*Anat*) cou *m* ; (: *di femore, utero ecc*) col *m* ; (*di abito*) col ; (*di bottiglia*) goulot *m* ; (*del piede*) cou-de-pied *m* ; (*pacco*) colis *msg*
collocamento [kolloka'mento] *sm* place *f*, situation *f* ; **Ufficio di ~** ≈ bureau *m* de placement ; **~ a riposo** (*di lavoratore*) mise *f* à la retraite
collocare [kollo'kare] *vt* (*oggetti*) ranger, placer ; (*persona*: *in impiego*) placer ; **~ a riposo** mettre à la retraite
collocazione [kollokat'tsjone] *sf* (*atto del collocare*) mise *f* en place ; (*luogo*) emplacement *m*, place *f* ; (*Biblioteca*: *di libro*) cote *f*
colloquio [kol'lɔkwjo] *sm* entretien *m*, entrevue *f* ; (*ufficiale, di lavoro*) entretien ; **avviare un ~ con** entamer un dialogue avec
colmare [kol'mare] *vt*: **~ di** remplir de ; (*fig*) combler de ; **~ un divario** (*fig*) combler un fossé
colombo [ko'lombo] *sm* pigeon *m* ; **colombi** (*fam*: *fig*) tourtereaux *mpl*
colonia [ko'lɔnja] *sf* colonie *f* ; **(acqua di) ~** eau *m* de Cologne
colonna [ko'lonna] *sf* colonne *f* ; (*di auto, dimostranti*) file *f* ; **~ sonora** (*Cine*) bande *f* originale ; **~ vertebrale** colonne vertébrale
colonnello [kolon'nɛllo] *sm* colonel *m*
colorante [kolo'rante] *sm* colorant *m*
colorare [kolo'rare] *vt* colorer ; (*disegno*) colorier
colore [ko'lore] *sm* couleur *f* ; **a colori** en couleurs ; **di ~** (*persona*) de couleur ; **diventare di tutti i colori** changer de couleur ; **farne di tutti i colori** en faire voir de toutes les couleurs ; **passarne di tutti i colori** en voir de toutes les couleurs
colorito, -a [kolo'rito] *agg* coloré(e) ▸ *sm* (*tinta*) coloris *msg* ; (*carnagione*) teint *m*
colpa ['kolpa] *sf* faute *f* ; (*peccato*) péché *m* ; **per ~ di** par la faute de ; **di chi è la ~?** à qui la faute ? ; **è ~ sua** c'est (de) sa faute ; **senso di ~** sentiment *m* de culpabilité ; **dare la ~ a qn di qc** rejeter sur qn la responsabilité de qch
colpevole [kol'pevole] *agg, sm/f* coupable *m/f*
colpire [kol'pire] *vt* (*bersaglio*) toucher ; (*ferire*) frapper ; (: *arma da fuoco*) atteindre ; (*danneggiare, fig*) frapper ; **rimanere colpito da** être frappé(e) par ; **è stato colpito da ordine di cattura** on a lancé un mandat d'arrêt contre lui ; **~ nel segno** (*fig*) faire mouche
colpo ['kolpo] *sm* coup *m* ; **di ~, tutto d'un ~** tout d'un coup, tout à coup ; **fare ~** faire sensation ; **fare ~ su qn** taper dans l'œil de qn ; **morire sul ~** mourir sur le coup ; **perdere colpi** (*macchina*) avoir des ratés ; (*persona*) perdre la boule ; **far venire un ~ a qn** (*fig*) ficher un coup à qn ; **ti venisse un ~!** (*fam*) va au diable ! ; **a ~ d'occhio** au premier coup d'œil ; **a ~ sicuro** à coup sûr ; **~ basso** (*Pugilato, fig*) coup bas ; **~ d'aria** coup de froid ; **~ di fulmine** coup de foudre ; **~ di grazia** coup de grâce ; **~ di scena** coup de théâtre ; **~ di sole** (*Med*) coup de soleil ; **~ di Stato** coup d'État ; **~ di telefono** coup de téléphone ; **~ di testa** coup de tête ; **~ di vento** coup de vent ; **~ in banca** hold-up *m inv* (d'une banque) ; **colpi di sole** (*sui capelli*) balayage *msg*
colsi *ecc* ['kɔlsi] *vb vedi* **cogliere**
coltellata [koltel'lata] *sf* coup *m* de couteau
coltello [kol'tɛllo] *sm* couteau *m* ; **avere il ~ dalla parte del manico** (*fig*) être maître de la situation ; **~ a serramanico** couteau à cran d'arrêt
coltivare [kolti'vare] *vt* (*anche fig*: *amicizia*) cultiver ; (*verdura*) cultiver, faire pousser
colto, -a ['kolto] *pp di* **cogliere** ▸ *agg* cultivé(e)
coma ['kɔma] *sm inv* coma *m* ; **in ~** dans le coma ; **~ irreversibile** coma dépassé
comandamento [komanda'mento] *sm* commandement *m*
comandante [koman'dante] *sm* commandant *m* ; (*di reggimento*) colonel *m*
comandare [koman'dare] *vi* commander ; **~ a qn di fare** (*imporre*) ordonner à qn de faire
combaciare [komba'tʃare] *vi* coïncider (parfaitement) ; (*fig*) concorder
combattere [kom'battere] *vt, vi* combattre
combinare [kombi'nare] *vt* combiner ; (*organizzare*) organiser ; (*fam*: *fare*) fabriquer ; **combinarsi** *vpr* (*fam*: *conciarsi*) s'accoutrer ; **ne ha**

C

combinato una delle sue il a fait des siennes
combinazione [kombinat'tsjone] *sf* combinaison *f*; (*caso fortuito*) coïncidence *f*, hasard *m*; (*di cassaforte*) combinaison *f*; **per ~** par hasard
combustibile [kombus'tibile] *agg, sm* combustible *m*

PAROLA CHIAVE

come ['kome] *avv* **1** (*alla maniera di*) comme; **ti comporti come lui** tu te conduis comme lui; **bianco come la neve** blanc comme neige
2 (*in qualità di*) comme, en tant que; **lavora come autista** il travaille comme chauffeur
3 (*interrogativo*) comment; **come ti chiami?** comment t'appelles-tu?; **come sta?** comment va-t-il?; **com'è il tuo amico?** comment est ton ami?; **come?** comment?; **come mai?** comment ça se fait?; **come mai non ci hai avvertiti?** comment se fait-il que tu ne nous aies pas avertis?
4 (*esclamativo*): **come sei bravo!** comme tu es fort!; **come mi dispiace!** comme je le regrette!
▶ *cong* **1** (*in che modo*) comment; **mi ha spiegato come l'ha conosciuto** il m'a expliqué comment il l'a connu; **non so come sia successo** je ne sais pas comment cela est arrivé
2 (*quasi se*) comme; **è come se fosse ancora qui** c'est comme s'il était encore là; **come niente fosse** comme si de rien n'était; **come non detto** fais (*o* faites) comme si je n'avais rien dit
3 (*correlativo, con comparativi*) que; **non è bravo come pensavo** il n'est pas aussi bon que je le pensais; **è meglio di come pensassi** c'est mieux que ce que je pensais
4 (*quando*) dès que; **come arrivò, iniziò a lavorare** dès qu'il arriva, il commença à travailler; *vedi anche* **così**; **oggi**; **ora²**

comico, -a, -ci, -che ['kɔmiko] *agg, sm* comique *m*
cominciare [komin'tʃare] *vt* commencer ▶ *vi* commencer; (*nella vita, carriera*) débuter, commencer; **~ a fare/col fare** commencer à faire/par faire; **cominciamo bene!** (*iron*) cela commence bien!
comitato [komi'tato] *sm* comité *m*; **~ di gestione** comité de gestion; **~ direttivo** comité directeur
comitiva [komi'tiva] *sf* groupe *m*
comizio [ko'mittsjo] *sm* (*Pol*) meeting *m*; **~ elettorale** meeting électoral
commedia [kom'mɛdja] *sf* comédie *f*; (*Teatro*) pièce *f* (de théâtre); (*: comica*) comédie; (*fig*) farce *f*; (*: finzione*) comédie
commemorare [kommemo'rare] *vt* commémorer
commentare [kommen'tare] *vt* commenter
commerciale [kommer'tʃale] *agg* commercial(e)
commercialista [kommertʃa'lista] *sm/f* diplômé(e) en sciences économiques; (*consulente*) (expert(e)-)comptable
commerciante [kommer'tʃante] *sm/f* négociant(e); (*negoziante*) commerçant(e); **~ all'ingrosso** commerçant(e) de gros
commerciare [kommer'tʃare] *vt* commercer ▶ *vi*: **~ in** faire du commerce de
commercio [kom'mɛrtʃo] *sm* commerce *m*; **in ~** (*prodotto*) dans le commerce; **essere nel ~** (*persona*) être dans le commerce; **~ al minuto/all'ingrosso** commerce de détail/en gros; **~ equo e solidale** commerce équitable
commesso, -a [kom'messo] *pp di* **commettere** ▶ *sm/f* vendeur(-euse); **~ viaggiatore** commis *m* voyageur
commestibile [kommes'tibile] *agg* comestible; **commestibili** *smpl* comestibles *mpl*
commettere [kom'mettere] *vt* commettre
commisi *ecc* [kom'mizi] *vb vedi* **commettere**
commissariato [kommissa'rjato] *sm* commissariat *m*; **~ di polizia** commissariat de police
commissario [kommis'sarjo] *sm* commissaire *m*; (*di pubblica sicurezza*) ≈ commissaire de police; (*Scol*) membre *m* (d'un jury d'examen); **alto ~** haut-commissaire *m*; **~ d'esame** (*Scol*) membre d'un jury d'examen; **~ di bordo** (*Naut*) commissaire de bord; **~ di gara** (*Sport*) commissaire de course; **~ tecnico** (*Sport*) entraîneur *m* (de l'équipe nationale)

commissione [kommis'sjone] *sf* commission *f*; (*Comm: ordinazione*) commande *f*; (*: percentuale*) commission; **commissioni** *sfpl* (*acquisti*) commissions *fpl*, courses *fpl*; **~ d'esame** jury *m* d'examen; **~ d'inchiesta** commission d'enquête; **~ permanente** commission permanente; **commissioni bancarie** frais *mpl* bancaires

commosso, -a [kom'mɔsso] *pp di* **commuovere**

commovente [kommo'vɛnte] *agg* émouvant(e)

commozione [kommot'tsjone] *sf* émotion *f*; **~ cerebrale** (*Med*) commotion *f* cérébrale

commuovere [kom'mwɔvere] *vt* émouvoir; **commuoversi** *vpr* s'émouvoir

comodino [komo'dino] *sm* table *f* de nuit

comodità [komodi'ta] *sf inv* confort *m*

comodo, -a ['kɔmodo] *agg* confortable; (*facile*) facile, pratique; (*conveniente, utile*) commode ▸ *sm* commodité *m*; **con ~** en prenant son temps; **fare il proprio ~** agir à sa guise; **far ~ (a qn)** arranger (qn); **stia ~!** ne vous dérangez pas!

compagnia [kompaɲ'ɲia] *sf* compagnie *f*; (*gruppo*) groupe *m*, bande *f*; **fare ~ a** tenir compagnie à; **essere di ~** être sociable

compagno, -a [kom'paɲɲo] *sm/f* (*di classe, gioco*) camarade *m/f*, copain (copine); (*Pol, di prigionia*) camarade; (*Sport*) coéquipier(-ière); **~ di lavoro/di scuola** camarade de travail/d'école; **~ di viaggio** compagnon (compagne) de voyage

compaio *ecc* [kom'pajo] *vb vedi* **comparire**

comparare [kompa'rare] *vt* comparer

comparativo, -a [kompara'tivo] *agg* comparatif(-ive) ▸ *sm* comparatif *m*

comparire [kompa'rire] *vi* apparaître; **~ in giudizio** (*Dir*) comparaître en justice

comparvi *ecc* [kom'parvi] *vb vedi* **comparire**

compassione [kompas'sjone] *sf* compassion *f*; **avere ~ di** avoir pitié de; **fare ~ (a)** faire pitié (à)

compasso [kom'passo] *sm* compas *msg*

compatibile [kompa'tibile] *agg* (*conciliabile, Inform*) compatible

compatire [kompa'tire] *vt* (*aver compassione di: qualcosa*) compatir à; (*: persone*) avoir de la compassion pour

compatto, -a [kom'patto] *agg* (*anche fig*) compact(e)

compensare [kompen'sare] *vt* (*rimunerare*) rétribuer, rémunérer; (*equilibrare*) compenser; **compensarsi** *vpr* (*reciproco*) se compenser; **~ qn di** (*risarcire*) dédommager qn de; (*fig: di fatiche, dolori*) récompenser qn de

compenso [kom'pɛnso] *sm* rétribution *f*; (*risarcimento*) dédommagement *m*; (*fig*) récompense *f*; **in ~** (*d'altra parte*) en revanche

compera ['kompera] *sf* achat *m*; **fare le compere** faire les courses

comperare [kompe'rare] *vt* = **comprare**

competente [kompe'tɛnte] *agg* compétent(e); **rivolgersi all'autorità ~** s'adresser à l'autorité compétente

competere [kom'pɛtere] *vi* (*essere in competizione*): **~ (con)** rivaliser (avec); **~ a** (*rientrare nella competenza*) être du ressort de; (*riguardare, spettare*) revenir à

competizione [kompetit'tsjone] *sf* compétition *f*; **spirito di ~** esprit *m* de compétition

compiangere [kom'pjandʒere] *vt* plaindre

compiere ['kompjere] *vt* (*concludere*) achever; (*adempiere*) accomplir; **compiersi** *vpr* (*avverarsi*) s'accomplir; **~ gli anni** fêter son anniversaire

compilare [kompi'lare] *vt* (*modulo*) remplir; (*elenco*) dresser; (*dizionario, grammatica*) compiler

compito ['kompito] *sm* (*incarico*) tâche *f*; (*dovere*) devoir *m*; (*Scol: in classe*) devoir (sur table), interrogation *f* écrite; (*: a casa*) devoir; **fare i compiti** faire ses devoirs

compleanno [komple'anno] *sm* anniversaire *m*

complessità [komplessi'ta] *sf inv* complexité *f*

complessivo, -a [komples'sivo] *agg* (*globale*) global(e); (*totale: cifra*) total(e)

complesso, -a [kom'plɛsso] *agg* complexe ▸ *sm* (*Psic, industriale ecc*) complexe *m*; (*Mus*) ensemble *m* instrumental; (*: corale*) ensemble vocal ; (: *orchestrina*) petit orchestre *f* ; (: *di musica pop*) groupe *m* ; **in o nel ~** dans l'ensemble ; **~ alberghiero** complexe hôtelier ; **~ edilizio** grand ensemble ; **~ vitaminico** complexe vitaminé

completamente [kompleta'mente] *avv* complètement

completare [komple'tare] *vt* (*serie, collezione*) compléter ; (*portare a termine*) achever

completo, -a [kom'plɛto] *agg* complet(-ète) ; (*fig*: *fiducia*) entier(-ière), total(e) ▸ *sm* ensemble *m* ; **essere al ~** être au complet ; **~ da sci** tenue *f* de ski

complicare [kompli'kare] *vt* compliquer ; **complicarsi** *vpr* se compliquer

complice ['kɔmplitʃe] *sm/f* complice *m/f*

complicità [komplitʃi'ta] *sf inv* complicité *f* ; **di ~** (*sguardo, sorriso*) complice

complimentarsi [komplimen'tarsi] *vpr* complimenter ; **~ (con)** complimenter

complimento [kompli'mento] *sm* compliment *m* ; **complimenti** *smpl* (*eccessiva formalità*) façons *fpl*, manières *fpl* ; (*ossequi*) compliments *mpl* ; **complimenti!** mes compliments ! ; **senza complimenti!** sans façons !

complottare [komplot'tare] *vi* conspirer, comploter

complotto [kom'plɔtto] *sm* complot *m*

compone *ecc* [kom'pone] *vb vedi* **comporre**

componente [kompo'nɛnte] *sm/f* membre *m* ▸ *sm* composant *m*

compongo *ecc* [kom'pongo] *vb vedi* **comporre**

componimento [komponi'mento] *sm* pièce *f* ; (*Scol*) rédaction *f*, composition *f*

comporre [kom'porre] *vt* composer ; (*mettere in ordine*) arranger ; (*Dir*) régler ; **comporsi** *vpr*: **comporsi di** se composer de, être formé(e) de

comportamento [komporta'mento] *sm* comportement *m*

comportare [kompor'tare] *vt* comporter, entraîner ; **comportarsi** *vpr* se comporter, se conduire

composi *ecc* [kom'pozi] *vb vedi* **comporre**

compositore, -trice [kompozi'tore] *sm/f* compositeur(-trice)

composto, -a [kom'posto] *pp di* **comporre** ▸ *agg* composé(e) ▸ *sm* composé *m* ▸ *sf* (*Cuc*) mélange *m* ; **stai ~!** tiens-toi bien !

comprare [kom'prare] *vt* acheter

comprendere [kom'prɛndere] *vt* comprendre

comprensibile [kompren'sibile] *agg* compréhensible

comprensione [kompren'sjone] *sf* compréhension *f*

comprensivo, -a [kompren'sivo] *agg* (*prezzo, totale*): **~ di** comprenant ; (*indulgente*) compréhensif(-ive) ; **il totale è ~ di ...** le total comprend ...

compreso, -a [kom'preso] *pp di* **comprendere** ▸ *agg* compris(e) ; **tutto ~** tout compris

compressa [kom'prɛssa] *sf* (*Med*: *pastiglia*) comprimé *m* ; (: *garza*) compresse *f*

comprimere [kom'primere] *vt* comprimer

compromesso, -a [kompro'messo] *pp di* **compromettere** ▸ *sm* compromis *msg*

compromettere [kompro'mettere] *vt* compromettre ; **compromettersi** *vpr* se compromettre

computer [kəm'pju:tər] *sm inv* ordinateur *m*

comunale [komu'nale] *agg* communal(e), municipal(e) ; **consiglio ~** conseil *m* municipal ; **palazzo ~** hôtel *m* de ville ; **è un impiegato ~** c'est un employé municipal

comune [ko'mune] *agg* commun(e) ; (*consueto*) courant(e) ; (*di livello medio*) moyen(ne) ; (*ordinario*) ordinaire ▸ *sm* (*Amm*: *ente*) commune *f*, municipalité *f* ; (: *sede*) mairie *f*, hôtel *m* de ville ▸ *sf* communauté *f* ; **fuori del ~** hors du commun ; **avere in ~** avoir en commun ; **mettere in ~** mettre en commun ; **un nostro ~ amico** un ami commun ; **fare cassa ~** faire bourse commune

La **Comune** est la plus petite divison administrative et politique italienne. Elle tient les registres de l'état civil (naissances, mariages et décès), peut lever des impôts et s'opposer à des projets de travaux publics et d'urbanisme. La **Comune** est dirigée par la *Giunta comunale* élue par le conseil municipal (*Consiglio comunale*). Le maire (*Sindaco*) est à la tête de ces deux organismes.

comunicare [komuni'kare] *vt* communiquer ; (*malattia*) transmettre, passer ; (*calore ecc*) transmettre ; (*Rel*) communier ▶ *vi* communiquer ; **comunicarsi** *vpr* (*propagarsi*): **comunicarsi a** se propager à

comunicato, -a [komuni'kato] *sm* communiqué *m* ; **~ stampa** communiqué de presse

comunicazione [komunikat'tsjone] *sf* communication *f* ; (*a congresso*) exposé *m*, communication ; **comunicazioni** *sfpl* (*terrestri, marittime*) communications *fpl* ; **essere in ~ con** être en communication avec ; **mettere in ~** mettre en communication ; **dare la ~ a qn** passer la communication à qn ; **ottenere la ~** obtenir la ligne ; **salvo comunicazioni contrarie da parte Vostra** sauf contrordre de votre part ; **~ (telefonica)** (*Tel*) communication (téléphonique)

comunione [komu'njone] *sf* communion *f* ; **~ dei beni** (*Dir*) communauté *f* entre époux

comunismo [komu'nizmo] *sm* communisme *m*

comunità [komuni'ta] *sf inv* communauté *f* ; **C~ Economica Europea** Communauté économique européenne ; **C~ di Stati Indipendenti** Communauté des États indépendants

comunque [ko'munkwe] *cong* quoi que ▶ *avv* (*in ogni modo*) de toute façon ; (*tuttavia*) quand même ; **~ sia** quoi qu'il en soit

con [kon] (*nei seguenti casi* **con** *può fondersi con l'articolo determinativo: con + il =* **col**, *con + lo =* **collo**, *con + l' =* **coll'**, *con + la =* **colla**, *con + i =* **coi**, *con + gli =* **cogli**, *con + le =* **colle**) *prep* avec ; (*modo*) avec, de ; (*mezzo*) par, en ; (*nonostante*) malgré ; (*tempo*) par ; **vieni ~ me** viens avec moi ; **portiamoli ~ noi** emmenons-les avec nous ; **posso venire ~ voi?** je peux venir avec vous ? ; **~ pazienza/rabbia/amore** avec patience/colère/amour ; **~ enfasi** avec emphase ; **~ mio grande stupore** à mon grand étonnement ; **~ il treno/l'aereo/la macchina/la bici** en train/avion/voiture/vélo ; **~ una scala a pioli** avec une échelle ; **condito ~ burro** au beurre ; **~ tutto ciò** malgré tout cela ; **villa ~ piscina** villa avec piscine ; **camera ~ vista** chambre avec vue ; **uomo ~ i baffi** homme avec une moustache ; **~ questo freddo non si può uscire** avec ce froid, on ne peut pas sortir ; **come va ~ tuo fratello?** comment va ton frère ? ; **confrontare qc ~ qc** comparer qch avec qch ; **~ tutti i suoi difetti riesce ugualmente simpatico** malgré tous ses défauts il est sympathique ; **~ l'autunno ricomincia la scuola** l'école recommence en automne ; **~ la bella stagione ricominciano a fiorire gli alberi** à la belle saison, les arbres recommencent à fleurir ; **~ la fine della guerra ...** à la fin de la guerre ... ; **partire col treno** partir par le train ; **~ la forza** par la force ; **~ tutto che era arrabbiato** bien qu'en colère ; **e ~ questo?** et alors ?

concedere [kon'tʃedere] *vt* accorder ; (*ammettere*) concéder ; **concedersi qc** s'accorder qch

concentrare [kontʃen'trare] *vt* concentrer ; **concentrarsi** *vpr* se concentrer

concentrazione [kontʃentrat'tsjone] *sf* concentration *f*

concepire [kontʃe'pire] *vt* concevoir

concerto [kon'tʃɛrto] *sm* (*Mus*) concert *m* ; (*: componimento*) concerto *m*

concessi *ecc* [kon'tʃɛssi] *vb vedi* **concedere**

concetto [kon'tʃɛtto] *sm* (*pensiero, idea*) concept *m*, notion *f* ; (*opinione, giudizio*) opinion *f* ; **impiegato di ~** *personne occupant un poste à responsabilité*

concezione [kontʃet'tsjone] *sf* conception *f* ; (*di piano*) élaboration *f*

conchiglia [kon'kiʎʎa] *sf* coquillage *m*

conciare [kon'tʃare] *vt* (*pelli*) tanner ; (*tabacco*) traiter ; (*fig: ridurre in cattivo stato*) mettre en piteux état ; **conciarsi** *vpr* (*fam*) s'arranger ; (*vestirsi male*) s'accoutrer ; **ti hanno conciato male** *o* **per le feste!** ils t'ont drôlement arrangé !

conciliare [kontʃi'ljare] *vt* concilier ; (*Dir: contravvenzione*) régler sur le champ ; (*sonno*) favoriser ; (*procurare: simpatia*) gagner ; **conciliarsi qc** gagner qch, s'attirer qch ; **conciliarsi con** se mettre d'accord avec

C

concime [kon'tʃime] *sm* engrais *msg*
conciso, -a [kon'tʃizo] *agg* concis(e)
concittadino, -a [kontʃitta'dino] *sm/f* concitoyen(ne)
concludere [kon'kludere] *vt* conclure ; (*Dir*: *nozze*) contracter ; (*dedurre*) déduire ; **concludersi** *vpr* se terminer ; **non ~ nulla** n'aboutir à rien
concordare [konkor'dare] *vt* (*prezzo*) fixer ; (*tregua*) conclure ; (*Ling*) s'accorder ▸ *vi* (*essere d'accordo*) être d'accord ; (*corrispondere*) concorder
concorde [kon'kɔrde] *agg* d'accord
concorrente [konkor'rɛnte] *sm/f* concurrent(e)
concorrenza [konkor'rɛntsa] *sf* concurrence *f* ; **a prezzi di ~** à des prix compétitifs ; **~ sleale** concurrence déloyale
concorrenziale [konkorren'tsjale] *agg* concurrentiel(le)
concorrere [kon'korrere] *vi*: **~ (a)** (*competere*) être en compétition (pour) ; (: *a posto, cattedra*) concourir (pour) ; (*partecipare*: *a un'impresa*) concourir (à)
concorso, -a [kon'korso] *pp di* **concorrere** ▸ *sm* concours *msg* ; **~ di bellezza** concours de beauté ; **~ di circostanze** concours de circonstances ; **~ di colpa** responsabilité *f* collective/partagée ; **~ in reato** (*Dir*) complicité *f* ; **~ ippico** concours hippique ; **~ per titoli** concours avec recrutement sur titres ; **~ (a impiego) pubblico** concours administratif
concreto, -a [kon'krɛto] *agg* concret(-ète) ▸ *sm*: **in ~** concrètement
condanna [kon'danna] *sf* condamnation *f* ; **~ a morte** condamnation à mort
condannare [kondan'nare] *vt* condamner ; (*Dir*): **~ a** condamner à ; **~ per** condamner pour ; **~ qn a morte/all'ergastolo** condamner qn à mort/à la prison à vie
condensare [konden'sare] *vt* condenser ; **condensarsi** *vpr* se condenser
condimento [kondi'mento] *sm* assaisonnement *m*
condire [kon'dire] *vt* assaisonner
condividere [kondi'videre] *vt* partager
condizionale [kondittsjo'nale] *agg* conditionnel(le) ▸ *sf* (*Dir*) sursis *msg* ▸ *sm* (*Ling*) conditionnel *m*
condizionare [kondittsjo'nare] *vt* conditionner ; **ad aria condizionata** climatisé(e)
condizionatore [kondittsjona'tore] *sm* climatiseur *m*
condizione [kondit'tsjone] *sf* condition *f* ; **a ~ che** à condition que ; **a nessuna ~** sous aucune condition ; **condizioni a convenirsi** conditions à définir ; **condizioni di lavoro** conditions de travail ; **condizioni di vendita** conditions de vente
condoglianze [kondoʎ'ʎantse] *sfpl* condoléances *fpl*
condominio [kondo'minjo] *sm* copropriété *f* ; (*edificio*) immeuble *m* en copropriété
condotta [kon'dotta] *sf* conduite *f* ; (*incarico sanitario*) *territoire confié à un médecin dépendant d'une commune*
conducente [kondu'tʃɛnte] *sm/f* conducteur(-trice)
conduco *ecc* [kon'duko] *vb vedi* **condurre**
condurre [kon'durre] *vt* (*azienda*) diriger ; (*combattimento*) mener ; (*accompagnare, guidare*) conduire ; (*trasportare*: *acqua, gas, fig*: *indurre*) conduire, amener ▸ *vi* (*Sport*) mener ; (*strada, fig*): **~ a** conduire à ; **condursi** *vpr* se conduire ; **~ a termine** mener à terme
condussi *ecc* [kon'dussi] *vb vedi* **condurre**
conferenza [konfe'rɛntsa] *sf* conférence *f* ; **~ stampa** conférence de presse
conferma [kon'ferma] *sf* confirmation *f*
confermare [konfer'mare] *vt* confirmer
confessare [konfes'sare] *vt* avouer ; (*Rel*) confesser ; **confessarsi** *vpr* (*Rel*) se confesser ; (*confidarsi*) se confier ; **andare a confessarsi** (*Rel*) aller se confesser
confetto [kon'fɛtto] *sm* dragée *f*
confettura [konfet'tura] *sf* confiture *f*
confezionare [konfettsjo'nare] *vt* (*vestito*) confectionner ; (*merci, pacchi*) emballer
confezione [konfet'tsjone] *sf* (*di abiti*) confection *f* ; (*imballaggio*) emballage *m* ; **confezioni** *sfpl* (*abbigliamento*) confection *fsg*, prêt-à-porter *msg* ; **in ~ da viaggio** de voyage ; **~ regalo**

paquet-cadeau *m* ; **~ risparmio** paquet *m* familial *o* économique ; **confezioni da uomo** vêtements *mpl* d'homme ; **confezioni per signora** vêtements de femme

conficcare [konfik'kare] *vt*: **~ qc in** planter qch dans, enfoncer qch dans ; **conficcarsi** *vpr* se planter, se loger

confidare [konfi'dare] *vi*: **~ in** compter sur ▶ *vt* confier ; **confidarsi** *vpr*: **confidarsi con qn** se confier à qn

configurare [konfigu'rare] *vt* (*Inform*) configurer ; **configurarsi** *vpr*: **configurarsi in** se traduire par

configurazione [konfigurat'tsjone] *sf* (*anche Inform*) configuration *f*

confinare [konfi'nare] *vi*: **~ (con)** confiner (à *o* avec) ▶ *vt* (*Dir*) condamner à la relégation ; (*fig*) reléguer ; **confinarsi** *vpr*: **confinarsi in** se confiner dans, s'isoler dans

Confindustria [konfin'dustrja] *abbr f* (= *Confederazione Generale dell'Industria Italiana*) ≈ CNPF *m*

confine [kon'fine] *sm* limite *f* ; (*di paese*) frontière *f* ; (*limite*) frontière, limite ; **territorio di ~** territoire *m* frontalier

confiscare [konfis'kare] *vt* confisquer

conflitto [kon'flitto] *sm* conflit *m* ; **essere in ~ con** être en conflit avec

confluenza [konflu'ɛntsa] *sf* (*di fiumi*) confluence *f* ; (*di strade, di idee*) convergence *f*

confondere [kon'fondere] *vt* (*mescolare confusamente*) mélanger, embrouiller ; (*una persona o cosa per un'altra*) confondre ; (*imbarazzare*) embarrasser ; **confondersi** *vpr* (*mescolarsi*) se confondre ; (*turbarsi*) se troubler ; (*sbagliare*) confondre ; **~ le idee a qn** embrouiller qn

confortare [konfor'tare] *vt* réconforter

confrontare [konfron'tare] *vt* comparer ; **confrontarsi** *vpr* s'affronter

confronto [kon'fronto] *sm* comparaison *f* ; (*Dir*) confrontation *f* ; (*Mil, Pol*) affrontement *m* ; **in** *o* **a ~ (di)** par rapport (à) ; **nei miei/tuoi confronti** à mon/ton égard

confusi *ecc* [kon'fuzi] *vb vedi* **confondere**

confusione [konfu'zjone] *sf* confusion *f* ; (*turbamento, agitazione*) confusion, trouble *m* ; **far ~** (*disordine*) mettre le fouillis ; (*chiasso*) faire du chahut ; (*confondere*) confondre

confuso, -a [kon'fuzo] *pp di* **confondere** ▶ *agg* confus(e)

congedare [kondʒe'dare] *vt* congédier ; (*Mil*) renvoyer ; **congedarsi** *vpr* prendre congé ; (*Mil*) être libéré(e)

congegno [kon'dʒeɲɲo] *sm* mécanisme *m*, dispositif *m*

congelare [kondʒe'lare] *vt* congeler ; (*Pol, Econ*) geler ; **congelarsi** *vpr* geler

congelatore [kondʒela'tore] *sm* congélateur *m*

congestione [kondʒes'tjone] *sf* (*Med*) congestion *f* ; (*di traffico*) embouteillage *m*

congettura [kondʒet'tura] *sf* conjecture *f*

congiungere [kon'dʒundʒere] *vt* joindre, relier ; (*mani*) joindre ; **congiungersi** *vpr* (*unirsi*: *fiumi ecc*) se rejoindre ; **congiungersi in matrimonio** s'unir par les liens du mariage

congiuntivite [kondʒunti'vite] *sf* conjonctivite *f*

congiuntivo [kondʒun'tivo] *sm* (*Ling*) subjonctif *m*

congiunto, -a [kon'dʒunto] *pp di* **congiungere** ▶ *agg* joint(e) ; (*legato da parentela, amicizia*) proche ▶ *sm/f* (*parente*) parent(e)

congiunzione [kondʒun'tsjone] *sf* conjonction *f*

congiura [kon'dʒura] *sf* conjuration *f*

congratularsi [kongratu'larsi] *vpr*: **~ con qn per qc** féliciter qn pour *o* de qch

congratulazioni [kongratulat'tsjoni] *sfpl* félicitations *fpl*

congresso [kon'grɛsso] *sm* congrès *msg* ; (*Pol*) Congrès

CONI ['koni] *sigla m* (= *Comitato Olimpico Nazionale Italiano*) comité *m* olympique national italien

coniare [ko'njare] *vt* (*moneta*) frapper ; (*fig*: *vocaboli, slogan*) forger, créer

coniglio [ko'niʎʎo] *sm* lapin *m* ; (*fig*) poule *f* mouillée

coniugare [konju'gare] *vt* conjuguer ; **coniugarsi** *vpr* (*sposarsi*) se marier

coniuge ['kɔnjudʒe] *sm/f* conjoint(e)

connazionale [konnattsjo'nale] *sm/f* compatriote *m/f*

connessione [konnes'sjone] *sf* liaison *f* ; (*fig*) lien *m*, rapport *m* ; (*Inform*: *a Internet*) connexion *f*

C

connettere [kon'nɛttere] *vt* relier, brancher ; (*Elettr*) connecter ; (*fig*) mettre en rapport ▶ *vi*: **non ~** divaguer, ne plus avoir les idées claires
cono ['kɔno] *sm* cône *m* ; **~ (gelato)** cornet *m*
conobbi *ecc* [ko'nobbi] *vb vedi* **conoscere**
conoscente [konoʃ'ʃɛnte] *sm/f* connaissance *f*
conoscenza [konoʃ'ʃɛntsa] *sf* connaissance *f* ; **essere a ~ di qc** avoir connaissance de qch ; **portare qn a ~ di qc** mettre qn au courant de qch ; **per vostra ~** pour information ; **fare la ~ di qn** faire la connaissance de qn ; **perdere ~** (*svenire*) perdre connaissance ; **~ tecnica** savoir-faire *m*
conoscere [ko'noʃʃere] *vt* connaître ; **conoscersi** *vpr* se connaître ; **~ qn di vista** connaître qn de vue ; **farsi ~** (*fig*) se faire un nom
conosciuto, -a [konoʃ'ʃuto] *pp di* **conoscere** ▶ *agg* connu(e)
conquista [kon'kwista] *sf* conquête *f*
conquistare [konkwis'tare] *vt* conquérir
consapevole [konsa'pevole] *agg*: **~ di** conscient(e) de
conscio, -a, -sci, -sce ['kɔnʃo] *agg* conscient(e) ▶ *sm* (*Psic*) conscient *m* ; **~ di** conscient de
consecutivo, -a [konseku'tivo] *agg* consécutif(-ive)
consegna [kon'seɲɲa] *sf* (*di merce*) livraison *f* ; (*di dispaccio, documento*) remise *f* ; (*Mil*) consigne *f* ; **dare in ~** livrer ; **prendere in ~ qc** réceptionner ; **alla ~** à la livraison ; **dare qc in ~ a** confier la garde de qch à ; **passare le consegne a** passer le relais à ; **pagamento alla ~** paiement *m* à la livraison ; **~ a domicilio** livraison à domicile ; **~ sollecita** livraison immédiate
consegnare [konseɲ'ɲare] *vt* (*pacco*) remettre ; (*merce*) livrer ; (*affidare*) confier ; (*alla memoria, alla posterità*) transmettre ; (*Mil*) consigner
conseguenza [konse'gwɛntsa] *sf* conséquence *f* ; **in ~ di** en conséquence de ; **per** *o* **di ~** par conséquent
consenso [kon'sɛnso] *sm* approbation *f* ; (*conformità di opinioni*) consensus *msg* ; (*assenso*) consentement *m* ; **~ informato** consentement *m* éclairé
consentire [konsen'tire] *vi*: **~ a** consentir à, accéder à ▶ *vt* permettre ; **mi si consenta di ringraziare** permettez-moi de remercier
conserva [kon'sɛrva] *sf* (*Cuc*) conserve *f* ; **~ di frutta/di pomodoro** conserve de fruits/de tomates ; **conserve alimentari** conserves (alimentaires)
conservare [konser'vare] *vt* (*Cuc*) conserver ; (*lettere, oggetto, ricordo*) conserver, garder ; (*innocenza, anonimato*) garder ; **conservarsi** *vpr* se conserver, se garder ; (*giovane*) rester
conservatore, -trice [konserva'tore] *agg, sm/f* (*Pol*) conservateur(-trice)
conservatorio [konserva'tɔrjo] *sm* (*Mus*) conservatoire *m*
conservazione [konservat'tsjone] *sf* conservation *f* ; **istinto di ~** instinct *m* de conservation ; **a lunga ~** longue conservation
considerare [konside'rare] *vt* considérer ; (*possibilità*) considérer, envisager ; (*persona, idea: reputare*) considérer comme ; (*contemplare, prevedere*) prévoir ; **considerarsi** *vpr* se considérer ; **~ qc molto/poco** attacher beaucoup/peu d'importance à qch
consigliare [konsiʎ'ʎare] *vt* conseiller ; **consigliarsi** *vpr*: **consigliarsi con qn** demander conseil à qn ; **~ a qn qc** conseiller qch à qn ; **~ a qn di fare qc** conseiller à qn de faire qch
consiglio [kon'siʎʎo] *sm* conseil *m* ; **~ d'amministrazione** conseil d'administration ; **C~ dei Ministri** (*Pol*) Conseil des ministres ; **C~ d'Europa** Conseil de l'Europe ; **~ di fabbrica** comité *m* d'entreprise ; **C~ di stato** Conseil d'État ; **C~ Superiore della Magistratura** ≈ Conseil supérieur de la magistrature
consistente [konsis'tɛnte] *agg* consistant(e)
consistere [kon'sistere] *vi*: **~ in** consister en
consolare [konso'lare] *agg* consulaire ▶ *vt* consoler ; **consolarsi** *vpr* se consoler
consolato [konso'lato] *sm* consulat *m*
consolazione [konsolat'tsjone] *sf* consolation *f*
console ['kɔnsole] *sm* (*Amm*) consul *m*
consonante [konso'nante] *sf* consonne *f*
consono, -a ['kɔnsono] *agg*: **~ a** conforme à

consorte [kon'sɔrte] *sm/f* époux (épouse)
constatare [konsta'tare] *vt* constater
consueto, -a [konsu'ɛto] *agg* coutumier(-ière), habituel(le) ▶ *sm*: **come di ~** comme d'habitude
consulente [konsu'lɛnte] *sm/f* consultant(e) ; **~ aziendale** conseiller(-ère) de gestion ; **~ legale** avocat(e)-conseil ; **~ tecnico** ingénieur-conseil *m* ; **~ tributario** conseil *m* fiscal
consultare [konsul'tare] *vt* consulter ; **consultarsi** *vpr* se consulter: **consultarsi (con)** consulter
consultorio [konsul'tɔrjo] *sm*: **~ familiare** *o* **matrimoniale** ≈ centre *m* de planning familial ; **~ pediatrico** centre de pédiatrie
consumare [konsu'mare] *vt* consommer ; (*logorare: scarpe, abito*) user ; **consumarsi** *vpr* s'user
contabile [kon'tabile] *agg, sm/f* comptable *m/f*
contachilometri [kontaki'lɔmetri] *sm inv* compteur *m* kilométrique
contadino, -a [konta'dino] *sm/f* (*anche peg*) paysan(ne)
contagiare [konta'dʒare] *vt* contaminer
contagioso, -a [konta'dʒoso] *agg* contagieux(-euse)
contagocce [konta'gottʃe] *sm inv* compte-gouttes *msg* ; **col ~** (*fig*) au compte-gouttes
contaminare [kontami'nare] *vt* contaminer, infecter
contante [kon'tante] *sm* comptant *m* ; **pagare in contanti** payer comptant
contare [kon'tare] *vt* compter ▶ *vi* compter ; **~ su** compter sur ; **~ di fare qc** compter faire qch ; **ha i giorni contati** ses jours sont comptés ; **ha le ore contate** ses heures sont comptées ; **la gente che conta** les personnalités en vue, la jet-set ; **uno che conta** un personnage influent
contatore [konta'tore] *sm* compteur *m*
contattare [kontat'tare] *vt* contacter
contatto [kon'tatto] *sm* contact *m* ; **mettersi in ~ con** se mettre en contact avec ; **essere in ~ con** être en contact avec ; **fare ~** (*Elettr: fili*) faire un court-circuit
conte ['konte] *sm* comte *m*
conteggiare [konted'dʒare] *vt* compter, calculer
contegno [kon'teɲɲo] *sm* tenue *f* ; **darsi un ~** se donner une contenance ; (*ricomporsi*) reprendre contenance
contemporaneamente [kontemporanea'mente] *avv* en même temps, simultanément
contemporaneo, -a [kontempo'raneo] *agg, sm/f* contemporain(e)
contendente [konten'dɛnte] *sm/f* adversaire *m/f*
contenere [konte'nere] *vt* contenir, renfermer ; (*reprimere*) contenir ; **contenersi** *vpr* se contenir
contenitore [konteni'tore] *sm* récipient *m*
contentezza [konten'tettsa] *sf* contentement *m*, joie *f*
contento, -a [kon'tɛnto] *agg* content(e) ; **~ di** content(e) de
contenuto, -a [konte'nuto] *agg* contenu(e) ▶ *sm* contenu *m*
contessa [kon'tessa] *sf* comtesse *f*
contestare [kontes'tare] *vt* (*Dir*) notifier ; (*fig*) contester ; **~ il sistema** contester le système
contesto [kon'tɛsto] *sm* contexte *m*
continentale [kontinen'tale] *agg, sm/f* continental(e)
continente [konti'nɛnte] *sm* continent *m* ▶ *agg* sobre
contingente [kontin'dʒɛnte] *agg* contingent(e) ▶ *sm* (*Comm, Mil*) contingent *m* ; **~ di leva** (*Mil*) contingent de recrutement
continuamente [kontinua'mente] *avv* continuellement ; (*frequentemente, ripetutamente*) tout le temps
continuare [kontinu'are] *vt, vi* continuer ; **~ a fare qc** continuer à faire qch ; **continua a nevicare/a fare freddo** il continue à neiger/à faire froid
continuità [kontinui'ta] *sf* continuité *f*
continuo, -a [kon'tinuo] *agg* continuel(le) ; (*Mat, Elettr*) continu(e) ; **di ~** continuellement
conto ['konto] *sm* compte *m* ; (*di ristorante*) addition *f* ; (*di albergo*) note *f* ; (*fig*) considération *f*, estime *f* ; **fare i conti con qn** (*fig*) régler ses comptes avec qn ; **fare ~ su qn/qc** compter sur qn/qch ; **fare ~ che** (*supporre*) supposer que ; **rendere ~ a qn di qc** rendre compte à qn de qch ; **rendersi ~ di qc/che** se rendre compte de qch/que ; **tener ~ di qn/qc** tenir compte de qn/

qch ; **tenere qc da ~** prendre soin de qch ; **per ~ di** pour le compte de ; **per ~ mio** pour mon compte ; (*da solo*) tout seul ; **a conti fatti, in fin dei conti** tout compte fait ; **ad ogni buon ~** en tout cas ; **di poco ~** de peu d'importance ; **di nessun ~** d'aucune importance ; **avere un ~ in sospeso con qn** devoir de l'argent à qn, être en dette avec qn ; (*fig*) avoir un compte à régler avec qn ; **mi hanno detto strane cose sul suo ~** ils m'ont dit des choses étranges sur son compte ; **~ alla rovescia** compte à rebours ; **~ capitale** compte capital ; **~ cifrato** compte numéroté ; **~ corrente** compte courant ; **~ corrente postale** compte chèque postal ; **~ economico** compte profits et pertes ; **~ in partecipazione** compte joint ; **~ passivo** compte passif ; **~ profitti e perdite** compte profits et pertes ; **~ valutario** compte en devises

contorno [kon'torno] *sm* (*linea*) contour *m* ; (*ornamento*) bordure *f* ; (*Cuc*) garniture *f*, accompagnement *m* ; **fare da ~ a** entourer

contorto, -a [kon'tɔrto] *agg* tordu(e) ; (*fig*) compliqué(e), contourné(e)

contrabbandiere, -a [kontrabban'djɛre] *sm/f* contrebandier(-ière)

contrabbando [kontrab'bando] *sm* contrebande *f* ; **merce di ~** marchandise *f* de contrebande

contrabbasso [kontrab'basso] *sm* (*Mus*) contrebasse *f*

contraccambiare [kontrakkam'bjare] *vt* rendre ; **per ~** pour rendre la politesse

contraccettivo, -a [kontrattʃet'tivo] *agg* contraceptif(-ive) ▶ *sm* contraceptif *m*

contraccolpo [kontrak'kolpo] *sm* (*di arma da fuoco*) recul *m* ; (*fig*) contrecoup *m*

contraddire [kontrad'dire] *vt* contredire ; **contraddirsi** *vpr* se contredire ; (*testimonianze*) être contradictoire

contraffare [kontraf'fare] *vt* (*voce*) contrefaire ; (*firma*) contrefaire, imiter

contrariamente [kontrarja'mente] *avv*: **~ a** contrairement à

contrariare [kontra'rjare] *vt* contrarier ; **contrariarsi** *vpr* se contrarier

contrario, -a [kon'trarjo] *agg* (*opposto*): **~ (a)** contraire (à) ; (*avverso*: *vento*) contraire, debout ; (*stagione*, *giudizio*) défavorable ▶ *sm* contraire *m* ; **essere ~ a** (*sfavorevole*) être contre, s'opposer à ; **avere qualcosa in ~** avoir quelque chose contre ; **non ho niente in ~** je n'ai rien contre ; **in caso ~** dans le cas contraire ; **al ~** au contraire

contrassegnare [kontrassep'ɲare] *vt* marquer

contrastare [kontras'tare] *vt* faire obstacle à, empêcher ; (*diritto*) contester ; (*amore*) contrarier ▶ *vi*: **~ (con)** (*essere in disaccordo*) être en désaccord (avec) ; (*persona*: *litigare*) se disputer (avec) ; (*giudizio*, *idea*) être en contraste (avec)

contrattacco [kontrat'takko] *sm* contre-attaque *f* ; (*fig*) contre-attaque, riposte *f* ; **passare al ~** (*fig*) contre-attaquer

contrattare [kontrat'tare] *vt* négocier

contrattempo [kontrat'tɛmpo] *sm* contretemps *msg*

contratto, -a [kon'tratto] *sm* (*Dir*) contrat *m* ; **~ a termine** contrat à terme ; **~ collettivo di lavoro** convention *f* collective ; **~ di acquisto** contrat d'achat ; **~ di affitto** bail *m*, contrat de location ; **~ di lavoro** contrat de travail ; **~ di locazione** contrat de location ; **~ di vendita** contrat de vente

contravvenzione [kontravven'tsjone] *sf* contravention *f*

contrazione [kontrat'tsjone] *sf* contraction *f* ; (*di prezzi*) réduction *f*

contribuente [kontribu'ɛnte] *sm/f* contribuable *m/f*

contribuire [kontribu'ire] *vi*: **~ a** contribuer à ; **~ a fare qc** contribuer à faire qch

contro ['kontro] *prep* contre ▶ *sm*: **il pro e il ~** le pour et le contre ; **~ di me/lui** contre moi/lui ; **pastiglie ~ la tosse** pastilles *fpl* contre la toux ; **girarsi ~ il muro** se tourner vers le mur ; **sbattere ~ il tavolo** se cogner à la table ; **~ ogni mia aspettativa** contre toute attente ; **per ~** par contre ; **~ pagamento** (*Comm*) contre paiement

controfigura [kontrofi'gura] *sf* (*Cine*) doublure *f*

controllare [kontrol'lare] *vt* (*verificare*) contrôler ; (*sorvegliare*) surveiller ; (*fig*:

dominare) maîtriser ; **controllarsi** *vpr* se contrôler, se maîtriser
controllo [kon'trɔllo] *sm* contrôle *m* ; (*sorveglianza*) surveillance *f* ; (*di sé*) maîtrise *f* ; **sotto ~** (*Tel*) sous écoute ; **di ~** (*visita*) de contrôle ; **~ delle nascite** contrôle des naissances ; **~ di gestione** contrôle de gestion ; **~ di qualità** contrôle de qualité ; **~ doganale** contrôle douanier
controllore [kontrol'lore] *sm* contrôleur(-euse) ; **~ del traffico aereo** *o* **di volo** contrôleur(-euse) de la navigation aérienne, contrôleur(-euse) aérien(ne), aiguilleur *m* du ciel
controluce [kontro'lutʃe] *sf inv* (*Fot*) contre-jour *m* ▶ *avv*: **(in) ~** (*essere, fotografare*) à contre-jour
contromano [kontro'mano] *avv* en sens contraire
controproducente [kontroprodu'tʃɛnte] *agg* contre-productif(-ive)
controsenso [kontro'sɛnso] *sm* contresens *msg*
controspionaggio [kontrospio'naddʒo] *sm* (*Mil*) contre-espionnage *m*
controversia [kontro'vɛrsja] *sf* controverse *f* ; (*Dir*) différend *m* ; **~ sindacale** conflit *m* syndical
controverso, -a [kontro'vɛrso] *agg* controversé(e)
controvoglia [kontro'vɔʎʎa] *avv* à contrecœur
contusione [kontu'zjone] *sf* (*Med*) contusion *f*
convalescente [konvaleʃ'ʃɛnte] *agg, sm/f* convalescent(e)
convalidare [konvali'dare] *vt* (*Dir*) valider ; (*biglietto*) composter ; (*fig: dubbio, sospetto*) confirmer
convegno [kon'veɲɲo] *sm* (*congresso*) congrès *msg* ; (*luogo*) lieu *m* de rendez-vous ; **darsi ~** se donner rendez-vous
convenevoli [konve'nevoli] *smpl* politesses *fpl*
conveniente [konve'njɛnte] *agg* avantageux(-euse), intéressant(e)
convenire [konve'nire] *vi* (*riunirsi*) affluer ; (*concordare*): **~ su** se mettre d'accord sur ; (*tornare vantaggioso*): **~ a** être avantageux(-euse) pour ▶ *vt* convenir de ▶ *vb impers* (*essere doveroso*): **conviene andarsene** il vaut mieux s'en aller ; (*essere vantaggioso*): **conviene fare/che facciamo** il vaut mieux faire ; **ne convengo** j'en conviens ; **come convenuto** comme convenu ; **in data da ~** à une date ultérieure ; **come (si) conviene ad una signorina** comme il convient à une demoiselle
convento [kon'vɛnto] *sm* (*di frati*) monastère *m* ; (*di suore*) couvent *m*
convenzionale [konventsjo'nale] *agg* conventionnel(le)
convenzione [konven'tsjone] *sf* convention *f* ; **le convenzioni (sociali)** les conventions (sociales)
conversare [konver'sare] *vi* converser, bavarder
conversazione [konversat'tsjone] *sf* conversation *f* ; **fare ~** causer, bavarder
conversione [konver'sjone] *sf* (*anche Inform*) conversion *f* ; **~ ad U** (*Aut*) demi-tour *m*
convertire [konver'tire] *vt* (*anche Inform*) convertir ; **convertirsi** *vpr*: **convertirsi (a)** se convertir (à)
convesso, -a [kon'vɛsso] *agg* convexe
convincente [konvin'tʃɛnte] *agg* convaincant(e)
convincere [kon'vintʃere] *vt* convaincre ; **convincersi** *vpr*: **convincersi (di qc)** se convaincre (de qch) ; **~ qn di qc** (*anche Dir*) convaincre qn de qch ; **~ qn a fare qc** convaincre qn de faire qch
convivente [konvi'vɛnte] *sm/f* concubin(e)
convivere [kon'vivere] *vi* cohabiter, vivre ensemble
convocare [konvo'kare] *vt* convoquer
convulsione [konvul'sjone] *sf* convulsion *f*
cooperare [koope'rare] *vi*: **~ (a)** coopérer (à)
cooperativa [koopera'tiva] *sf* coopérative *f*
coordinare [koordi'nare] *vt* coordonner
coperchio, -chi [ko'pɛrkjo] *sm* couvercle *m*
coperta [ko'pɛrta] *sf* couverture *f* ; (*da viaggio*) plaid *m*, couverture (de voyage) ; (*Naut*) pont *m*
copertina [koper'tina] *sf* couverture *f* ; (*di quaderno*) couverture, protège-cahier *m*
coperto, -a [ko'pɛrto] *pp di* **coprire** ▶ *agg* couvert(e) ▶ *sm* (*a tavola*) couvert *m* ; **~ di** couvert(e) de ; **al ~** à couvert

copertone [koper'tone] *sm* (*Aut*) pneu *m* ; (*telo*) bâche *f*
copertura [koper'tura] *sf* couverture *f* ; **fare un gioco di ~** (*Sport*) avoir un jeu défensif ; **~ assicurativa** couverture (d'un risque) par une assurance
copia ['kɔpja] *sf* copie *f* ; (*Fot*) épreuve *f* ; (*libro*) exemplaire *m* ; **brutta ~** brouillon *m* ; **bella ~** propre *m* ; **~ conforme** (*Dir*) copie conforme ; **~ omaggio** exemplaire gratuit
copiare [ko'pjare] *vt* copier ; (*imitare*) imiter
copione [ko'pjone] *sm* (*Cine, Teatro*) scénario *m*
coppa ['kɔppa] *sf* coupe *f* ; **coppe** *sfpl* (*Carte*) coupe *fsg* ; **~ dell'olio** (*Aut*) carter *m* d'huile
coppia ['kɔppja] *sf* couple *m* ; (*due oggetti*) paire *f* ; (*Sport*) double *m*
coprifuoco, -chi [kopri'fwɔko] *sm* couvre-feu *m*
copriletto [kopri'lɛtto] *sm inv* couvre-lit *m*, dessus-de-lit *m*
coprire [ko'prire] *vt* couvrir ; (*occupare: carica, posto*) occuper ; **coprirsi** *vpr* se couvrir ; **~ qn di baci** couvrir qn de baisers ; **coprirsi di** (*macchie, muffa*) se couvrir de ; **~ le spese** couvrir les frais ; **coprirsi le spalle** (*fig*) assurer ses arrières
coque [kɔk] *sf*: **uovo alla ~** œuf *m* à la coque
coraggio [ko'raddʒo] *sm* courage *m* ; **~!** courage ! ; **farsi ~** se donner du courage ; **hai un bel ~!** (*sfacciataggine*) tu as un sacré toupet !
corallo [ko'rallo] *sm* corail *m* ; **il mar dei Coralli** la mer de Corail
Corano [ko'rano] *sm* (*Rel*) Coran *m*
corazza [ko'rattsa] *sf* cuirasse *f* ; (*di animali*) carapace *f* ; (*Mil*) blindage *m*
corda ['kɔrda] *sf* corde *f* ; **dare ~ a qn** (*fig*) écouter qn ; **tenere sulla ~ qn** (*fig*) tenir qn sur des charbons ardents ; **tagliare la ~** (*fig*) filer à l'anglaise ; **essere giù di ~** ne pas être en forme ; (*essere depresso*) ne pas avoir le moral ; **~ vocale** corde vocale
cordiale [kor'djale] *agg* cordial(e) ▶ *sm* cordial *m*
cordless ['cordles] *sm inv* téléphone *m* sans fil
cordone [kor'done] *sm* cordon *m* ; **~ ombelicale** cordon ombilical ; **~ sanitario** cordon sanitaire
coreografia [koreogra'fia] *sf* chorégraphie *f*
coriandolo [ko'rjandolo] *sm* (*spezia*) coriandre *f* ; **coriandoli** *smpl* (*per carnevale ecc*) confettis *mpl*
cornacchia [kor'nakkja] *sf* corneille *f*
cornamusa [korna'muza] *sf* cornemuse *f*
cornetta [kor'netta] *sf* (*Mus*) cornet *m* (à pistons)
cornetto [kor'netto] *sm* (*Cuc*) croissant *m* ; (*gelato*) cornet *m* ; **~ acustico** (*Med*) cornet *m* acoustique
cornice [kor'nitʃe] *sf* cadre *m*, encadrement *m* ; (*fig*) cadre *m*, décor *m*
cornicione [korni'tʃone] *sm* corniche *f*
corno ['kɔrno] *sm* (*Zool: pl(f) corna, sostanza*) corne *f* ; (*Mus*) cor *m* ; **le corna del cervo** les bois du cerf ; **fare le corna a qn** tromper qn ; **dire peste e corna di qn** dire pis que pendre de qn ; **un ~!** des clous !, des prunes !
Cornovaglia [korno'vaʎʎa] *sf* Cornouailles *f*
cornuto, -a [kor'nuto] *agg* cornu(e) ; (*fam!: marito, moglie*) cocu(e)
coro ['kɔro] *sm* chœur *m*
corona [ko'rona] *sf* couronne *f*
corpo ['kɔrpo] *sm* corps *msg* ; (*di opere*) corpus *msg* ; **a ~ a ~** corps à corps ; **prendere ~** prendre corps ; **darsi anima e ~ a** se vouer corps et âme à ; **~ celeste** corps céleste ; **~ d'armata** corps d'armée ; **~ dei carabinieri** ≈ corps de gendarmerie ; **~ del reato** corps du délit ; **~ di ballo** corps de ballet ; **~ di guardia** corps de garde ; **~ diplomatico** corps diplomatique ; **~ insegnante** corps enseignant
corporatura [korpora'tura] *sf* taille *f*, corps *msg*
correggere [kor'rɛddʒere] *vt* corriger
corrente [kor'rɛnte] *agg* courant(e) ▶ *sm*: **essere/mettere al ~ (di)** être/mettre au courant (de) ▶ *sf* courant *m* ; **la vostra lettera del 5 ~ mese** (*Comm*) votre lettre du 5 courant ; **articoli di qualità ~** articles *mpl* de qualité courante ; **contro ~** à contre-courant ; **~ alternata/continua** courant alternatif/continu
correntemente [korrente'mente] *avv* couramment ; **parlare una lingua ~** parler couramment une langue
correre ['korrere] *vi* courir ; (*veicolo*) rouler ▶ *vt* (*gara, rischio*) courir ;

C

~ dietro a qn courir après qn ; **corre voce che ...** le bruit court que ...
corressi *ecc* [kor'rɛssi] *vb vedi* **correggere**
correzione [korret'tsjone] *sf* correction *f* ; **~ di bozze** correction d'épreuves
corridoio [korri'dojo] *sm* couloir *m* ; **manovre di ~** (*Pol*) intrigues *mpl* de couloir
corridore [korri'dore] *sm* coureur *m*
corriera [kor'rjɛra] *sf* car *m*, autocar *m*
corriere [kor'rjɛre] *sm* courrier *m* ; (*per trasporto merci*) entreprise *f* de transports
corrimano [korri'mano] *sm* main *f* courante
corrispondente [korrispon'dɛnte] *agg*, *sm/f* correspondant(e)
corrispondenza [korrispon'dɛntsa] *sf* correspondance *f* ; (*lettere*) correspondance, courrier *m* ; **~ in arrivo/in partenza** courrier du jour/en partance
corrispondere [korris'pondere] *vt* (*sentimenti*) payer de retour, partager ; (*stipendio*) payer, verser ▸ *vi* (*equivalere*): **~ a** correspondre à ; **~ con** (*essere in rapporto epistolare*) correspondre avec
corrodere [kor'rodere] *vt* corroder
corrompere [kor'rompere] *vt* corrompre
corroso, -a [kor'roso] *pp di* **corrodere**
corrotto, -a [kor'rotto] *pp di* **corrompere** ▸ *agg* corrompu(e)
corrugare [korru'gare] *vt*: **~ la fronte** plisser le front
corruppi *ecc* [kor'ruppi] *vb vedi* **corrompere**
corruzione [korrut'tsjone] *sf* corruption *f* ; **~ di minorenne** (*Dir*) détournement *m* de mineur
corsa ['korsa] *sf* course *f* ; (*di autobus*) trajet *m* ; **fare una ~** faire une course ; (*fig*) faire un saut ; (*Sport*) courir ; **andare** *o* **essere di ~** être pressé(e) ; **~ ad ostacoli** (*Ippica*) course d'obstacles ; (*Atletica*) course de haies ; **~ campestre** cross-country *m*
corsi *ecc* ['korsi] *vb vedi* **correre**
corsia [kor'sia] *sf* (*Aut*) voie *f* ; (*di pista*) couloir *m* ; (*di ospedale*) salle *f* ; **~ di sorpasso** (*Aut*) voie de dépassement ; **~ preferenziale** couloir d'autobus ; (*fig*) traitement *m* de faveur
corsivo, -a [kor'sivo] *agg* cursif(-ive) ▸ *sm* (*Tip*) italique *m* ; **in ~** en italique
corso, -a ['korso] *pp di* **correre** ▸ *agg* corse ▸ *sm/f* Corse *m/f* ▸ *sm* cours *msg* ; (*strada*) boulevard *m*, cours ; (: *per passeggiare*) cours ; **dar libero ~ a** donner libre cours à ; **nel ~ di** au cours de ; **in ~** (*anno*) courant(e) ; **«lavori in ~»** « travaux » ; **aver ~ legale** avoir cours ; **~ d'acqua** (*naturale*) cours d'eau ; (*artificiale*) voie *f* d'eau ; **~ serale** cours *mpl* du soir
corte ['korte] *sf* cour *f* ; **fare la ~ a qn** faire la cour à qn ; **C~ Costituzionale** Cour constitutionnelle ; **~ d'appello** cour d'appel ; **C~ dei Conti** Cour des comptes ; **~ di cassazione** cour de cassation ; **~ marziale** cour martiale
corteccia, -ce [kor'tettʃa] *sf* écorce *f*
corteggiare [korted'dʒare] *vt* courtiser
corteo [kor'tɛo] *sm* cortège *m* ; **~ funebre** cortège funèbre ; **~ nuziale** cortège nuptial
cortese [kor'teze] *agg* aimable, poli(e)
cortesia [korte'zia] *sf* courtoisie *f* ; **per ~** s'il te plaît, s'il vous plaît ; **fare una ~ a qn** rendre un service à qn ; **per ~, dov'è ...?** pardon, où est ... ?
cortile [kor'tile] *sm* cour *f*
cortina [kor'tina] *sf* rideau *m*
corto, -a ['korto] *agg* court(e) ▸ *avv*: **tagliare ~** couper court ; **essere a ~ di qc** être à court de qch ; **la settimana corta** la semaine de 5 jours ; **~ circuito** court-circuit *m*
corvo ['kɔrvo] *sm* corbeau *m*
cosa ['kɔsa] *sf* (*oggetto*) chose *f* ; (*faccenda*) affaire *f* ; **(che) ~?** quoi ?, hein ? ; **(che) cos'è?** qu'est-ce que c'est ? ; **a ~ pensi?** à quoi penses-tu ? ; **a cose fatte** (*dopo breve tempo*) après coup ; (*dopo lungo tempo*) rétrospectivement ; **tante belle cose!** bien des choses ! ; **ormai è ~ fatta!** (*positivo*) voilà qui est fait ! ; (*negativo*) maintenant c'est fait ! ; **è una ~ da niente** ce n'est pas grave
coscia, -sce ['kɔʃʃa] *sf* (*Anat*) cuisse *f* ; **~ di pollo** cuisse de poulet
cosciente [koʃ'ʃɛnte] *agg* conscient(e) ; **~ di** conscient(e) de

PAROLA CHIAVE

così [ko'si] *avv* **1** (*in questo modo*) ainsi, comme cela ; (*in tal modo*) de cette façon ; **le cose stanno così** il en est ainsi ; **non ho detto così!** je n'ai pas dit

cela !, ce n'est pas ce que j'ai dit ! ; **come stai? — così così** comment vas-tu ? — comme ci comme ça ; **e così via** et ainsi de suite ; **per così dire** pour ainsi dire
2 (*tanto*) (aus)si ; **così lontano** (aus)si loin ; **è un ragazzo così intelligente** c'est un garçon si intelligent
▸ *agg inv* (*tale*) tel(le), pareil(le) ; **non ho mai visto un film così** je n'ai jamais vu un film pareil
▸ *cong* 1 (*perciò*) comme ça, et ainsi ; **e così ho deciso di lasciarlo** et alors j'ai décidé de le quitter
2: **così ... come** comme, aussi ... que ; **non è così bravo come te** il n'est pas aussi fort que toi ; **non è così intelligente come sembra** il n'est pas aussi intelligent qu'il le paraît ; **non sei venuto così presto come avevi promesso** tu n'es pas venu aussi tôt que tu l'avais promis ; **così ... che** si ... que ; **ero così stanco che non riuscivo a lavorare** j'étais si fatigué que je n'arrivais pas à travailler ; **così sia** (*amen*) ainsi soit-il

cosiddetto, -a [kosid'detto] *agg* soi-disant *inv*
cosmetico, -a [koz'metiko] *agg, sm* cosmétique *m*
cospargere [kos'pardʒere] *vt*: **~ di** (*di sale, zucchero ecc*) saupoudrer de ; (*di ghiaia*) couvrir de
cospicuo, -a [kos'pikuo] *agg* considérable, important(e)
cospirare [kospi'rare] *vi* conspirer
cossi *ecc* [kɔssi] *vb vedi* **cuocere**
costa ['kɔsta] *sf* côte *f* ; **navigare sotto ~** longer la côte ; **velluto a coste** velours *msg* côtelé ; **la C~ Azzurra** la Côte d'Azur ; **la C~ d'Avorio** la Côte d'Ivoire
costante [kos'tante] *agg* constant(e)
▸ *sf* constante *f*
costare [kos'tare] *vi, vt* coûter ; **~ caro** coûter cher ; **costi quel che costi** coûte que coûte
costata [kos'tata] *sf* (*Cuc*) entrecôte *f*
costeggiare [kosted'dʒare] *vt* côtoyer, longer
costiero, -a [kos'tjɛro] *agg* côtier(-ière)
costituire [kostitu'ire] *vt* constituer ; **costituirsi** *vpr* se constituer ; **costituirsi alla polizia** se constituer prisonnier ; **costituirsi parte civile** (*Dir*) se constituer partie civile ; **il fatto non costituisce reato** ce fait ne constitue pas un délit
costituzione [kostitut'tsjone] *sf* constitution *f*
costo ['kɔsto] *sm* coût *m* ; **a ~ di** au risque de ; **a ~ di rimpiangere di ...** quitte à regretter de ... ; **a ogni** *o* **qualunque ~, a tutti i costi** à tout prix ; **sotto ~** au-dessous du prix ; **costi di esercizio** frais *mpl* d'exploitation ; **costi fissi** coûts *o* frais fixes ; **costi di gestione** frais de gestion ; **costi di produzione** frais de production
costola ['kɔstola] *sf* (*Anat*) côte *f* ; **avere qn alle costole** (*fig*) avoir qn sur le dos
costoso, -a [kos'toso] *agg* coûteux(-euse)
costringere [kos'trindʒere] *vt* obliger, contraindre ; **~ qn a fare qc** obliger qn à faire qch
costruire [kostru'ire] *vt* construire, bâtir ; (*Ling, fig*: *teoria*) construire
costruzione [kostrut'tsjone] *sf* (*atto del costruire, Ling*) construction *f* ; (*opera costruita*) construction, bâtiment *m* ; **di ~ inglese** fabriqué(e) en Grande-Bretagne
costume [kos'tume] *sm* (*abitudine*) habitude *f* ; (*uso, di Carnevale, tradizionale*) coutume *f* ; (*condotta morale*) mœurs *fpl* ; **i costumi** (*di popolazione*) les coutumes ; **donna di facili costumi** femme *f* de mœurs légères ; **~ (da bagno)** maillot *m* de bain
cotenna [ko'tenna] *sf* couenne *f*
cotoletta [koto'letta] *sf* (*Cuc*) côtelette *f*
cotone [ko'tone] *sm* coton *m* ; **~ idrofilo** coton hydrophile
cotta ['kɔtta] *sf* (*fam*: *innamoramento*) béguin *m*
cottimo ['kɔttimo] *sm*: **a ~** (*lavorare, pagare*) à la pièce
cotto, -a ['kɔtto] *pp di* **cuocere** ▸ *agg* cuit(e) ; (*fam*: *innamorato*) amoureux fou (amoureuse folle) ▸ *sm* (*terracotta*) terre *f* cuite ; **~ a puntino** cuit(e) à point ; **dirne di cotte e di crude a qn** dire à qn ses quatre vérités ; **farne di cotte e di crude** en faire des vertes et des pas mûres ; **mattone di ~** brique *f* ; **pavimento in ~** sol *m* carrelé
cottura [kot'tura] *sf* cuisson *f* ; **~ a fuoco lento** cuisson à feu doux

covare [ko'vare] *vt, vi* (*anche fig*) couver
covo ['kovo] *sm* tanière *f* ; (*di ladri, malviventi*) repaire *m* ; **~ di terroristi** repaire de terroristes
covone [ko'vone] *sm* gerbe *f*, meule *f*
cozza ['kɔttsa] *sf* moule *f*
cozzare [kot'tsare] *vi*: **~ contro** cogner (contre) ; (*fig*) se heurter à
crampo ['krampo] *sm* crampe *f*
cranio ['kranjo] *sm* crâne *m*
cratere [kra'tɛre] *sm* cratère *m*
cravatta [kra'vatta] *sf* cravate *f* ; **~ a farfalla** nœud *m* papillon
creare [kre'are] *vt* créer
crebbi *ecc* ['krebbi] *vb vedi* **crescere**
credente [kre'dɛnte] *sm/f* (*Rel*) croyant(e)
credenza [kre'dɛntsa] *sf* (*fede*) croyance *f* ; (*convinzione*) conviction *f* ; (*fiducia*) créance *f* ; (*armadio*) buffet *m*, desserte *f*
credere ['kredere] *vt* croire ▸ *vi* croire ; **credersi** *vpr*: **credersi furbo** se croire malin ; **~ in Dio/in qn** croire en Dieu/en qn ; **~ a** *o* **in** (*amicizia, valori, parole*) croire à *o* en ; **gli credo** je le crois ; **lo credo bene!** je veux bien le croire ! ; **fai quello che credi, fai come credi** fais ce que tu veux, fais comme tu veux
credito ['kredito] *sm* (*anche Comm*) crédit *m* ; (*somma dovuta*) créance *f* ; (*considerazione*) considération *f* ; **comprare a ~** acheter à crédit ; **~ agevolato** facilités *fpl* de crédit ; **~ d'imposta** crédit d'impôt ; **~ esigibile** créance exigible
crema ['krɛma] *sf* crème *f* ; (*da scarpe*) cirage *m* ; **~ idratante** crème hydratante ; **~ pasticciera** crème pâtissière ; **~ solare** crème solaire
cremare [kre'mare] *vt* incinérer
crepa ['krɛpa] *sf* (*nel terreno*) crevasse *f* ; (*nel muro, nel pavimento*) fissure *f*, lézarde *f*
crepaccio, -ci [kre'pattʃo] *sm* crevasse *f*
crepacuore [krepa'kwɔre] *sm*: **morire di ~** mourir de chagrin
crepare [kre'pare] *vi* crever ; **~ dalle risa/d'invidia** crever de rire/de jalousie
crêpe [krɛp] *sf inv* crêpe *f*
crepuscolo [kre'puskolo] *sm* crépuscule *m*
crescere ['kreʃʃere] *vi* grandir ; (*pianta*) pousser, croître ; (*rumore, prezzo, paura*) augmenter ; (*numero*) augmenter, croître ▸ *vt* (*figli*) élever
cresima ['krɛzima] *sf* (*Rel*) confirmation *f*
crespo, -a ['krespo] *agg* (*capelli*) crépu(e) ; (*tessuto*) crêpé(e) ▸ *sm* crêpe *m*
cresta ['kresta] *sf* crête *f* ; **alzare la ~** (*fig*) devenir trop sûr(e) de soi ; **abbassare la ~** (*fig*) se dégonfler ; **fare abbassare la ~ a qn** rabaisser son caquet à qn ; **essere sulla ~ dell'onda** (*fig: persona*) être au sommet de la gloire
creta ['kreta] *sf* terre *f* glaise
cretinata [kreti'nata] *sf* (*fam*): **dire/fare una ~** dire/faire une ânerie
cretino, -a [kre'tino] *agg, sm/f* crétin(e)
CRI [kri] *sigla f* (= *Croce Rossa Italiana*) ≈ CRF *f*
cric [krik] *sm inv* (*Tecn*) cric *m*, vérin *m*
criceto [kri'tʃɛto] *sm* hamster *m*
criminale [krimi'nale] *agg, sm/f* criminel(le)
criminalità [kriminali'ta] *sf* criminalité *f* ; **~ organizzata** crime *m* organisé
crimine ['krimine] *sm* (*Dir*) crime *m*
criptare [krip'tare] *vt* (*trasmissione*) brouiller
crisantemo [krizan'tɛmo] *sm* chrysanthème *m*
crisi ['krizi] *sf inv* crise *f* ; **essere in ~** (*partito, impresa ecc*) être en crise ; **~ di nervi** (*persona*) crise de nerfs ; **~ energetica** crise énergétique
cristallo [kris'tallo] *sm* cristal *m* ; **cristalli liquidi** cristaux liquides
cristianesimo [kristja'nezimo] *sm* christianisme *m*
cristiano, -a [kris'tjano] *agg, sm/f* chrétien(ne) ; **un povero ~** (*fig*) un pauvre homme ; **comportarsi da ~** (*fig*) se comporter de façon civilisée
Cristo ['kristo] *sm* Christ *m* ; **(un) povero cristo** un pauvre homme
criterio [kri'tɛrjo] *sm* critère *m* ; (*buon senso*) jugement *m*
critica, -che ['kritika] *sf* critique *f*
criticare [kriti'kare] *vt* critiquer
critico, -a, -ci, -che ['kritiko] *agg, sm* critique *m*
croato, -a [kro'ato] *agg* croate ▸ *sm/f* Croate *m/f*
Croazia [kro'attsja] *sf* Croatie *f*
croccante [krok'kante] *agg* croustillant(e) ▸ *sm* (*Cuc*) nougat *m*
croce ['krotʃe] *sf* croix *fsg* ; **in ~** (*di traverso*) en croix ; (*fig*) sur des charbons

ardents ; **mettere in ~** (*fig*) tourmenter ; **C~ Rossa** Croix-Rouge *f* ; **~ uncinata** croix gammée
crociata [kro'tʃata] *sf* croisade *f*
crociera [kro'tʃɛra] *sf* croisière *f* ; **velocità di ~** (*Aer, Naut*) vitesse *f* de croisière
crocifisso [krotʃi'fisso] *sm* crucifix *msg*
crollare [krol'lare] *vi* (*anche fig*) s'écrouler, s'effondrer ; (*fig: per stress*) flancher, lâcher ; **dopo mesi di lavoro è crollato** après des mois de travail il a flanché ; **i suoi nervi sono crollati** ses nerfs ont lâché
crollo ['krɔllo] *sm* écroulement *m*, effondrement *m* ; (*fig, Econ*) effondrement ; **~ in Borsa** krach *m* boursier
cromato, -a [kro'mato] *agg* chromé(e)
cromo ['krɔmo] *sm* chrome *m*
cronaca, -che ['krɔnaka] *sf* chronique *f* ; **fatto** *o* **episodio di ~** fait *m* divers ; **~ nera** faits *mpl* divers
cronico, -a, -ci, -che ['krɔniko] *agg* chronique
cronista, -i [kro'nista] *sm/f* (*Stampa*) chroniqueur(-euse)
cronometro [kro'nɔmetro] *sm* (*orologio*) chronomètre *m* ; (*cronografo*) chronographe *m*
crosta ['krɔsta] *sf* (*anche fig: quadro*) croûte *f* ; (*di ghiaccio*) couche *f* ; (*Zool*) carapace *f*
crostacei [kros'tatʃei] *smpl* crustacés *mpl*
crostata [kros'tata] *sf* (*Cuc*) tarte *f*
crostino [kros'tino] *sm* (*Cuc*) croûton *m*
cruciale [kru'tʃale] *agg* crucial(e)
cruciverba [krutʃi'vɛrba] *sm inv* mots *mpl* croisés
crudele [kru'dɛle] *agg* cruel(le)
crudo, -a ['krudo] *agg* cru(e) ; (*clima, inverno*) rude ; (*fig: parole*) dur(e) ; (*: spietato*) cruel(le)
crumiro, -a [kru'miro] *sm/f* (*peg*) briseur(-euse) de grève, jaune *m/f*
crusca ['kruska] *sf* son *m* (*résidu de mouture*)
cruscotto [krus'kɔtto] *sm* (*Aut*) tableau *m* de bord
CSI [tʃi'ɛsse'i] *sigla f* (*= Comunità di Stati Indipendenti*) CEI *f*
CSM [tʃi'ɛsse'ɛmme] *sigla m* (*= Consiglio Superiore della Magistratura*) CSM *m*
Cuba ['kuba] *sf* Cuba *m*
cubano, -a [ku'bano] *agg* cubain(e) ▶ *sm/f* Cubain(e)
cubetto [ku'betto] *sm* petit cube *m* ; **~ di ghiaccio** glaçon *m*
cubico, -a, -ci, -che ['kubiko] *agg* cubique
cubista, -i, -e ['kubista] *agg* (*Arte*) cubiste ▶ *sf* (*in discoteca*) danseuse *f* sur un cube
cubo, -a ['kubo] *agg* cube ▶ *sm* (*anche di discoteca*) cube *m* ; **elevare al ~** (*Mat*) élever au cube
cuccagna [kuk'kaɲɲa] *sf*: **albero della ~** mât *m* de cocagne ; **paese della ~** pays *m* de cocagne
cuccetta [kut'tʃetta] *sf* (*Ferr, Naut*) couchette *f*
cucchiaiata [kukkja'jata] *sf* cuillerée *f*
cucchiaino [kukkja'ino] *sm* (petite) cuiller *f*, cuillère *f* à café
cucchiaio [kuk'kjajo] *sm* cuiller *f*, cuillère *f* ; (*cucchiaiata*) cuillerée *f*
cuccia, -ce ['kuttʃa] *sf* niche *f* ; **a ~!** couché !
cucciolo ['kuttʃolo] *sm* chiot *m* ; (*piccolo*) petit *m*
cucina [ku'tʃina] *sf* cuisine *f* ; (*apparecchio*) cuisinière *f* ; **~ componibile** cuisine *f* intégrée ; **~ economica** fourneau *m*
cucinare [kutʃi'nare] *vt* cuisiner
cucire [ku'tʃire] *vt* coudre ; **~ la bocca a qn** (*fig*) clore le bec à qn
cucitrice [kutʃi'tritʃe] *sf* (*per fogli*) agrafeuse *f* ; (*per libri*) brocheuse *f*
cucù [ku'ku] *sm inv* (*Zool, nel gioco*) coucou *m* ; **orologio a ~** (pendule *f* à) coucou
cuffia ['kuffja] *sf* coiffe *f* ; (*da bagno*) bonnet *m* de bain ; (*per ascoltare*) casque *m*, écouteurs *mpl*
cugino, -a [ku'dʒino] *sm/f* cousin(e)

PAROLA CHIAVE

cui ['kui] *pron* **1** (*complemento di termine*): **(a) cui** (*persona*) à qui, auquel (à laquelle) ; (*animale, cosa*) auquel (à laquelle) ; (*ai quali*) à qui, auxquels (auxquelles) ; **le persone a cui accennavo** les personnes à qui *o* auxquelles je faisais allusion
2 (*con altre preposizioni: persona*) qui, lequel (laquelle) ; (*: cosa*) lequel (laquelle) ; (*pl*) lesquels (lesquelles) ; **la penna con cui scrivo** le stylo avec lequel j'écris ; **il paese da cui viene** le pays d'où il vient ; **il medico da cui è in cura** le médecin chez qui il va ; **parla**

varie lingue, fra *o* **tra cui l'inglese** elle parle plusieurs langues, dont l'anglais ; **il quartiere in cui abita** le quartier dans lequel il habite ; **vista la maniera in cui ti ha trattato** vu la façon dont il t'a traité ; **la ragione per cui ho taciuto** la raison pour laquelle je me suis tu ; **per cui non so più che fare** si bien que je ne sais plus quoi faire
3 (*inserito tra articolo e sostantivo*) dont ; **la donna i cui figli sono scomparsi** la femme dont les enfants ont disparu ; **il signore, dal cui figlio ho avuto il libro** le monsieur dont le fils m'a donné le livre ; **uno scienziato il cui nome tutti ricordano** un savant dont tout le monde se rappelle le nom ; **la signora, la cui figlia ho incontrato** la dame dont j'ai rencontré la fille

culinaria ['kuli'narja] *sf* art *m* culinaire
culla ['kulla] *sf* berceau *m*
cullare [kul'lare] *vt* bercer ; **cullarsi** *vpr*: **cullarsi in vane speranze** (*fig*) se bercer de vaines illusions ; **cullarsi nel dolce far niente** (*fig*) se laisser aller au farniente
culmine ['kulmine] *sm* sommet *m*, faîte *m*
culo ['kulo] *sm* (*fam!*) cul *m* (*fam!*) ; (: *fig*: *fortuna*): **aver ~** avoir du pot ; **prendere qn per il ~** (*fam!*) se foutre de qn (*fam!*)
culto ['kulto] *sm* culte *m*
cultura [kul'tura] *sf* culture *f* ; **di ~** (*persona*) cultivé(e) ; (*istituto*) culturel(le) ; **~ di massa** culture de masse ; **~ generale** culture générale
culturale [kultu'rale] *agg* culturel(le)
culturismo [kultu'rizmo] *sm* culturisme *m*
cumulativo, -a [kumula'tivo] *agg* (*prezzo*) d'ensemble ; (*biglietto*) de groupe
cumulo ['kumulo] *sm* (*mucchio*) tas *msg* ; (*di funzioni, redditi, pene*) cumul *m* ; (*Meteor*) cumulus *msg*
cunetta [ku'netta] *sf* (*di strada*) dos *m* d'âne ; (*scolo*) caniveau *m*
cuocere ['kwɔtʃere] *vt, vi* cuire ; **~ a vapore/al forno/in padella/in umido** cuire à la vapeur/au four/à la poêle/à l'étouffée
cuoco, -a, -chi, -che ['kwɔko] *sm/f* cuisinier(-ière)
cuoio ['kwɔjo] *sm* cuir *m* ; **cuoia** *sfpl*: **tirare le cuoia** (*morire*) casser sa pipe ; **~ capelluto** (*Anat*) cuir chevelu
cuore ['kwɔre] *sm* cœur *m* ; **cuori** *smpl* (*Carte*) cœur *msg* ; **avere buon ~** avoir bon cœur ; **stare a ~ a qn** tenir à cœur à qn ; **nel ~ di** (*giungla*) au cœur de ; (*notte*) en plein milieu de ; **un grazie di ~** merci de tout cœur ; **ringraziare di ~** remercier de tout cœur ; **nel profondo del (mio) ~** au fond de mon cœur ; **con la morte nel ~** la mort dans l'âme
cupo, -a ['kupo] *agg* (*colore*) foncé(e), sombre ; (*notte, fig*: *persona, tono*) sombre ; (*suono*) sourd(e)
cupola ['kupola] *sf* coupole *f*, dôme *m*
cura ['kura] *sf* soin *m* ; (*Med*) traitement *m* ; **aver ~ di qn** (*occuparsi di*) s'occuper de qn ; **prendersi ~ di** prendre soin de ; **a ~ di** (*libro, articolo*) sous la direction de ; **fare una ~** suivre un traitement ; **~ dimagrante** cure *f* d'amaigrissement, régime *m* ; **cure termali** cure *fsg* thermale
curare [ku'rare] *vt* soigner ; (*aver cura di*) avoir *o* prendre soin de ; (*testo*) préparer pour la publication ; **curarsi** *vpr* se soigner ; **curarsi di** (*prestare attenzione*) prêter attention à ; (*occuparsi di*) s'occuper de
curiosare [kurjo'sare] *vi* fureter, fouiller ; **~ nei negozi** fouiner dans les magasins ; **~ nelle faccende altrui** mettre son nez dans les affaires des autres
curiosità [kurjosi'ta] *sf* curiosité *f*
curioso, -a [ku'rjoso] *agg* (*anche bizzarro*) curieux(-euse) ; (*ficcanaso*) curieux(-euse), fouineur(-euse) ▶ *sm/f* curieux(-euse) ; **essere ~ di sapere se ...** être curieux(-euse) de savoir si ... ; **una folla di curiosi** une foule de curieux
cursore [kur'sore] *sm* (*Inform*) curseur *m*
curva ['kurva] *sf* courbe *f* ; (*stradale*) virage *m*, tournant *m*
curvare [kur'vare] *vt* courber ▶ *vi* tourner ; **curvarsi** *vpr* (*diventar curvo*) se courber
curvo, -a ['kurvo] *agg* (*linea*) courbe ; (*schiena, persona*) courbé(e) ; (: *verso qc o qn*) penché(e) ; (: *con le spalle*) voûté(e)
cuscinetto [kuʃʃi'netto] *sm* (*Tecn*) roulement *m*, palier *m* ; **~ a sfere** (*Tecn*) roulement à billes
cuscino [kuʃ'ʃino] *sm* (*guanciale*) oreiller *m* ; (*su divano*) coussin *m*
custode [kus'tɔde] *sm/f* gardien(ne)

custodia [kus'tɔdja] *sf* garde *f* ; (*astuccio*) étui *m* ; **avere qc in ~** garder qch ; **dare qc in ~ a qn** confier qch à qn ; **agente di ~** gardien(ne) de prison ; **~ cautelare** (*Dir*) détention *f* préventive ; **~ delle carceri** surveillance *f* des prisons

custodire [kusto'dire] *vt* garder

CV *abbr* (= *curriculum vitae*) CV *m*

cybercaffè [tʃiberkaf'fɛ] *sm inv* cybercafé *m*

cybernauta, -i, -e [tʃiber'nauta] *sm/f* cybernaute *m/f*

cyberspazio [tʃiber'spattsjo] *sm* cyberespace *m*

PAROLA CHIAVE

da [da] (*da* + *il* = **dal**, *da* + *lo* = **dallo**, *da* + *l'* = **dall'**, *da* + *la* = **dalla**, *da* + *i* = **dai**, *da* + *gli* = **dagli**, *da* + *le* = **dalle**) *prep* **1** (*agente*) par ; **scritto da un ragazzo di 15 anni** écrit par un garçon de 15 ans ; **dipinto da un grande artista** peint par un grand artiste

2 (*causa*) de ; **tremare dalla paura/dal freddo** trembler de peur/de froid ; **urlare dal dolore** hurler de douleur

3 (*stato in luogo*) chez ; **abito da lui** j'habite chez lui ; **sono dal giornalaio** je suis chez le marchand de journaux ; **ero da Francesco** j'étais chez Francesco

4 (*moto a luogo*) chez ; (*moto per luogo*) par ; **vado dal giornalaio** je vais chez le marchand de journaux ; **vado da Pietro** je vais chez Pietro ; **sono passati dalla finestra** ils sont passés par la fenêtre ; **è meglio che passi dal retro** il vaut mieux qu'il passe par derrière

5 (*provenienza, allontanamento*) de ; **arrivare/partire da Milano** arriver/partir de Milan ; **scendere dal treno/dalla macchina** descendre du train/de (la) voiture ; **arrivo ora dalla stazione** j'arrive à l'instant de la gare ; **viene dalla Francia** il vient de France ; **ti chiamo da una cabina** je t'appelle d'une cabine ; **viene da una famiglia povera** il vient d'une famille pauvre ; **si trova a 5 km da Roma** c'est à 5 km de Rome ; **devi fuggire da qui** tu dois t'enfuir d'ici

6 (*tempo*) depuis ; (: *nel futuro*) à partir

de ; **vivo qui da un anno** je vis ici depuis un an ; **è dalle tre che ti aspetto** je t'attends depuis trois heures ; **da bambino piangevo sempre** quand j'étais enfant, je pleurais toujours ; **da mattina a sera** du matin au soir ; **da oggi in poi** à partir d'aujourd'hui
7 (*modo, maniera*) en, en tant que, comme ; **comportarsi da uomo** se comporter comme un homme ; **non è da lui** cela ne lui ressemble pas ; **l'ho fatto da me** je l'ai fait tout seul
8 (*descrittivo*): **una macchina da corsa** une voiture de course ; **una ragazza dai capelli biondi** une fille aux cheveux blonds ; **sordo da un orecchio** sourd d'une oreille ; **abbigliamento da uomo** vêtements *mpl* pour homme ; **qualcosa da bere/ mangiare** quelque chose à boire/ manger ; **un vestito da 40 euro** une robe à 40 euros ; **una banconota da 100** un billet de 100 ; **è una cosa da poco** ce n'est pas grave ; (*regalo ecc*) c'est peu de chose

dà [da] *vb vedi* **dare**
daccapo, da capo [dak'kapo] *avv* de nouveau ; (*dal principio*) depuis le début
dado ['dado] *sm* (*anche Gioco*) dé *m* ; (*Cuc*) cube *m* ; (*Tecn*) écrou *m* ; **dadi** *smpl* (*Gioco*) dés *mpl*
daino ['daino] *sm* daim *m* ; **(pelle di) ~** peau *f* de chamois
daltonico, -a, -ci, -che [dal'tɔniko] *agg* (*Med*) daltonien(ne)
dama ['dama] *sf* dame *f* ; (*di ballerino*) cavalière *f* ; (*Gioco*) jeu *m* de dames ; **giocare a ~** jouer aux dames ; **far ~** damer ; **~ di compagnia** dame *o* demoiselle *f* de compagnie ; **~ di corte** dame d'honneur
damigiana [dami'dʒana] *sf* bonbonne *f*
danese [da'nese] *agg* danois(e) ▸ *sm/f* Danois(e) ▸ *sm* danois *m*
Danimarca [dani'marka] *sf* Danemark *m*
dannazione [dannat'tsjone] *sf* damnation *f* ▸ *escl* misère !
danneggiare [danned'dʒare] *vt* abîmer ; (*macchina, apparecchio*) endommager ; (*persona, reputazione*) faire *o* causer du tort à ; **la parte danneggiata** (*Dir*) la partie lésée
danno ['danno] *vb vedi* **dare** ▸ *sm* dommage *m* ; (*a persone*) préjudice *m*, tort *m* ; **danni** *smpl* (*Dir*) dommages et intérêts *mpl* ; **subire/causare** *o* **far ~** (*persona*) subir/causer un préjudice ; **a ~ di qn** au détriment de qn ; **chiedere i danni** demander des dommages et intérêts ; **risarcire i danni a qn** dédommager qn
dannoso, -a [dan'noso] *agg*: **~ (a, per)** nuisible (à), mauvais(e) (pour)
Danubio [da'nubjo] *sm* Danube *m*
danza ['dantsa] *sf* danse *f*
danzare [dan'tsare] *vt, vi* danser
dappertutto [dapper'tutto] *avv* partout
dapprima [dap'prima] *avv* tout d'abord
dare ['dare] *sm* (*Comm*) doit *m*, débit *m* ▸ *vt* donner ▸ *vi* (*guardare*): **~ su** donner sur ; **darsi** *vpr* se donner ; **darsi a** (*dedicarsi*) se consacrer à ; (*al gioco, ai vizi*) s'adonner à ; **il ~ e l'avere** (*Econ*) le doit et l'avoir ; **~ a intendere a qn che** donner à entendre à qn que ; **~ da mangiare a qn** donner à manger à qn ; **~ per buono** croire ; **~ qn per morto** donner qn pour mort ; **~ sui nervi** taper sur les nerfs ; **~ qc per scontato** donner qch pour sûr ; **~ alla testa** (*vino, fig*) monter à la tête ; **darsi al bere** s'adonner à la boisson ; **darsi alla bella vita** mener la vie de château *o* mener grand train ; **darsi ammalato** se faire porter malade ; **darsi da fare per fare qc** se donner de la peine *o* du mal pour faire qch ; **darsi per vinto** (*fig*) s'avouer vaincu ; **può darsi** peut-être ; **può darsi che** il se peut que, peut-être que ; **darsela a gambe** se sauver à toutes jambes ; **si dà il caso che ...** il se trouve que ... ; **quanti anni mi dai?** quel âge me donnes-tu ? ; **danno ancora quel film?** ils passent encore ce film ? ; **gli ha dato un figlio** elle lui a donné un enfant ; **ciò mi dà da pensare** cela me fait penser
data ['data] *sf* date *f* ; **in ~ da destinarsi** à une date ultérieure ; **in ~ odierna** à ce jour ; **amicizia di lunga** *o* **vecchia ~** amitié de longue *o* vieille date ; **~ di emissione** date d'émission ; **~ di nascita** date de naissance ; **~ di scadenza** (*di cambiale*) date d'échéance ; (*di prodotto*) date d'expiration *o* de péremption

dato, -a ['dato] *agg* donné(e) ▸ *sm* donnée *f* ; **dati** *smpl* (*informazioni*) données *fpl* ; **~ che** étant donné que ; **in dati casi** dans certains cas ; **un ~ di fatto** un fait établi ; **dati sensibili** informations *fpl* sensibles
datore, -trice [da'tore] *sm/f*: **~ di lavoro** employeur(-euse)
dattero ['dattero] *sm* datte *f*
dattilografia [dattilogra'fia] *sf* dactylographie *f*
dattilografo, -a [datti'lɔgrafo] *sm/f* dactylo *m/f*
davanti [da'vanti] *avv* devant ; (*dirimpetto*) en face ; (*nella parte anteriore*) à l'avant ▸ *agg inv* (*zampe*) de devant ; (*parte*) avant ▸ *sm inv* devant *m* ▸ *prep*: **~ a** devant
davanzale [davan'tsale] *sm* rebord *m*
davvero [dav'vero] *avv* vraiment ; **dico ~** je parle sérieusement
d.C. *abbr avv* (= *dopo Cristo*) ap. J.-C.
dea ['dɛa] (*pl* **dee**) *sf* déesse *f*
debbo *ecc* ['dɛbbo] *vb vedi* **dovere**
debito, -a ['debito] *agg* dû (due), voulu(e) ; (*meritato, proporzionato*) approprié(e) ▸ *sm* (*Dir, anche fig*) dette *f* ; (*Comm*) débit *m* ; **a tempo ~** en temps voulu ; **trattare qn col ~ rispetto** traiter qn avec le respect qui lui est dû ; **~ consolidato** dette consolidée ; **~ d'imposta** assujettissement *m* à l'impôt ; **~ pubblico** dette publique ; **debiti contabili** débits comptables
debole ['debole] *agg* faible ▸ *sm* point *m* faible ; **avere un ~ per qc/qn** avoir un faible pour qch/qn
debolezza [debo'lettsa] *sf* faiblesse *f*
debuttare [debut'tare] *vi* débuter ; (*Teatro, Cine*) faire ses débuts
decadenza [deka'dɛntsa] *sf* décadence *f*, déchéance *f* ; (*di diritto, del corpo*) déchéance
decaffeinato, -a [dekaffei'nato] *agg*: **(caffè) ~** (café *m*) décaféiné *m*
decapitare [dekapi'tare] *vt* décapiter
decappottabile [dekappot'tabile] *agg, sf* décapotable (*f*)
decennio [de'tʃɛnnjo] *sm* décennie *f*
decente [de'tʃɛnte] *agg* décent(e) ; (*accettabile*) acceptable
decesso [de'tʃɛsso] *sm* décès *m*
decidere [de'tʃidere] *vt* décider ; (*questione, lite*) régler ▸ *vi* décider ; **decidersi** *vpr*: **decidersi (a fare qc)** se décider (à faire qch) ; **~ che/di fare** décider que/de faire ; **~ di qc** décider de qch
decifrare [detʃi'frare] *vt* (*anche fig*) déchiffrer
decimale [detʃi'male] *agg* décimal(e)
decimo, -a ['dɛtʃimo] *agg, sm/f* dixième *m/f* ▸ *sm* dixième *m* ; *vedi anche* **quinto**
decina [de'tʃina] *sf* dizaine *f* ; **una ~ di** une dizaine de
decisi *ecc* [de'tʃizi] *vb vedi* **decidere**
decisione [detʃi'zjone] *sf* décision *f* ; **prendere una ~** prendre une décision ; **con ~** avec décision
decisivo, -a [detʃi'zivo] *agg* décisif(-ive)
deciso, -a [de'tʃizo] *pp di* **decidere** ▸ *agg* décidé(e)
declinare [dekli'nare] *vi, vt* décliner ; **~ le proprie generalità** décliner son identité
declinazione [deklinat'tsjone] *sf* déclinaison *f*
declino [de'klino] *sm* déclin *m* ; **in ~** en déclin
decodificatore [dekodifika'tore] *sm* décodeur *m*
decollare [dekol'lare] *vi* décoller
decollo [de'kɔllo] *sm* décollage *m*
decorare [deko'rare] *vt* décorer
decorazione [dekorat'tsjone] *sf* décoration *f*
decreto [de'kreto] *sm* décret *m* ; **~ legge** décret-loi *m*
dedica, -che ['dɛdika] *sf* dédicace *f*
dedicare [dedi'kare] *vt* (*libro*) dédicacer ; (*vittoria*) dédier ; (*sforzi, vita*) consacrer, vouer ; **dedicarsi** *vpr*: **dedicarsi a** se consacrer à
dedicherò *ecc* [dedike'rɔ] *vb vedi* **dedicare**
dedito, -a ['dɛdito] *agg*: **~ a** qui se consacre à ; (*a vizio*) qui s'adonne à, adonné(e) à
deduco *ecc* [de'duco] *vb vedi* **dedurre**
dedurre [de'durre] *vt* déduire ; (*derivare*) tirer
dedussi *ecc* [de'dussi] *vb vedi* **dedurre**
deficiente [defi'tʃɛnte] *agg* (*carente*) déficient(e) ; (*peg*) idiot(e), crétin(e) ▸ *sm/f* débile *m/f* ; (*peg*) idiot(e), crétin(e)
deficit ['dɛfitʃit] *sm inv* (*Econ*) déficit *m*
definire [defi'nire] *vt* définir ; (*risolvere*: *questione*) régler
definitiva [defini'tiva] *sf*: **in ~** (*dopotutto*) en définitive ; (*dunque*) en fin de compte

definitivo, -a [defini'tivo] *agg* définitif(-ive)
definizione [definit'tsjone] *sf* définition *f*; (*di disputa, vertenza*) règlement *m*
deformare [defor'mare] *vt* déformer; **deformarsi** *vpr* se déformer
deforme [de'forme] *agg* difforme
defunto, -a [de'funto] *agg, sm/f* défunt(e)
degenerare [dedʒene'rare] *vi* dégénérer
degente [de'dʒɛnte] *sm/f* (*costretto a letto*) personne *f* alitée; (*in ospedale*) malade *m/f* (hospitalisé(e))
deglutire [deglu'tire] *vt* déglutir
degnare [deɲ'ɲare] *vt*: **~ di** daigner; **degnarsi** *vpr*: **degnarsi di fare qc** daigner faire qch
degno, -a ['deɲɲo] *agg* digne; **~ di lode** digne d'éloges
degrado [de'grado] *sm*: **~ urbano** dégradation *f* de l'environnement urbain
delega, -ghe ['dɛlega] *sf* (*Dir*) délégation *f*; **per ~ notarile** par l'intermédiaire d'un avocat
deleterio, -a [dele'tɛrjo] *agg* délétère, nuisible; **il fumo è ~ per la salute** la fumée est nuisible à la santé
delfino [del'fino] *sm* (*anche Storia, fig*) dauphin *m*; (*stile di nuoto*) brasse *f* papillon
delicato, -a [deli'kato] *agg* (*anche fig*: *persona*) délicat(e); (*meccanismo, cristallo, porcellana*) fragile; (*pietanza, palato*) fin(e), délicat(e)
delinquente [delin'kwɛnte] *sm/f* délinquant(e); (*fig scherz*) voyou *m*
delinquenza [delin'kwɛntsa] *sf* délinquance *f*; **~ minorile** délinquance juvénile
delirare [deli'rare] *vi* délirer; (*fig*) délirer, divaguer
delirio [de'lirjo] *sm* délire *m*; **andare in ~** (*fig*) délirer; **mandare in ~** (*fig*) faire délirer
delitto [de'litto] *sm* (*Dir*) délit *m*; (*omicidio*) meurtre *m*; (*fig*) crime *m*; **~ d'onore** crime d'honneur; **~ perfetto** crime parfait
delizioso, -a [delit'tsjoso] *agg* (*persona, cibo ecc*) délicieux(-euse), exquis(e); (*spettacolo, luogo*) charmant(e)
deltaplano [delta'plano] *sm* deltaplane *m*; **volo col ~** vol en deltaplane
deludente [delu'dɛnte] *agg* décevant(e)
deludere [de'ludere] *vt* décevoir
delusi *ecc* [de'luzi] *vb vedi* **deludere**
delusione [delu'zjone] *sf* déception *f*
deluso, -a [de'luzo] *pp di* **deludere** ▶ *agg* déçu(e)
demmo ['demmo] *vb vedi* **dare**
democratico, -a, -ci, -che [demo'kratiko] *agg* démocratique
democrazia [demokrat'tsia] *sf* démocratie *f*; **D~ Cristiana** Démocratie chrétienne
demolire [demo'lire] *vt* démolir
demonio [de'mɔnjo] *sm* (*anche fig*) démon *m*; **il D~** le Démon
denaro [de'naro] *sm* argent *m*; **denari** *smpl* (*Carte*) *une des quatre couleurs dans un jeu de quarante cartes italien*
densità [densi'ta] *sf* (*Fis*) densité *f*; (*compattezza*: *anche fig*) épaisseur *f*, densité; **ad alta/bassa ~ di popolazione** fortement/faiblement peuplé(e)
denso, -a ['dɛnso] *agg* (*liquido, fumo, nebbia, nubi*) dense, épais(se); (*popolazione, traffico, discorso*) dense; **un periodo ~ di avvenimenti** une période riche en événements
dentale [den'tale] *agg* dentaire; (*Ling*) dental(e)
dente ['dɛnte] *sm* (*anche Tecn, Geo*) dent *f*; **al ~** (*Cuc*) pas trop cuit(e), al dente; **mettere i denti** faire ses dents; **mettere qc sotto i denti** se mettre qch sous la dent; **avere il ~ avvelenato contro qn** avoir une dent contre qn; **~ di leone** (*Bot*) pissenlit *m*, dent-de-lion *f*; **denti da latte** dents de lait; **denti del giudizio** dents de sagesse
dentiera [den'tjɛra] *sf* dentier *m*
dentifricio [denti'fritʃo] *sm* dentifrice *m*
dentista, -i, -e [den'tista] *sm/f* dentiste *m/f*
dentro ['dentro] *avv* (*nell'interno*) dedans, à l'intérieur; (*fig*: *nell'intimo*) intérieurement; (*in prigione*) en prison ▶ *prep*: **~ (a)** dans; **essere/andare ~** (*in casa*) être/aller à l'intérieur; (*in prigione*) être/aller en prison; **qui ~, là ~** là-dedans; **piegato in ~** plié (vers l'intérieur); **~ (al)la casa/macchina/**

tasca/il *o* **al cassetto** dans la maison/la voiture/la poche/le tiroir ; **~ di sé** en soi-même, intérieurement ; **tenere tutto ~** garder tout pour soi ; **darci ~** (*fam: fig*) s'y mettre à fond

denuncia, -ce *o* **cie** [de'nuntʃa] *sf* (*Dir*) déclaration *f* ; (*fig*) dénonciation *f* ; **fare una** *o* **sporgere ~ contro qn** porter plainte contre qn ; **~ dei redditi** déclaration d'impôts

denunciare [denun'tʃare] *vt* dénoncer ; (*reddito*) déclarer ; **~ qn/qc alla polizia** dénoncer qn/qch à la police

denutrito, -a [denu'trito] *agg* sous-alimenté(e), dénutri(e)

denutrizione [denutrit'tsjone] *sf* dénutrition *f*, sous-alimentation *f*

deodorante [deodo'rante] *agg, sm* déodorant *(m)*

deperire [depe'rire] *vi* dépérir ; (*merce*) se détériorer

depilare [depi'lare] *vt* dépiler ; **depilarsi** *vpr* s'épiler

depilatorio, -a [depila'tɔrjo] *agg* épilatoire

dépliant [depli'ɑ̃] *sm inv* dépliant *m*, prospectus *msg*

deplorevole [deplo'revole] *agg* déplorable

depone *ecc* [de'pone] *vb vedi* **deporre**

depongo *ecc* [de'pongo] *vb vedi* **deporre**

deporre [de'porre] *vt* déposer ; (*Dir*) déposer, témoigner ; **~ le armi** déposer les armes ; **~ le uova** pondre ; **~ contro/a favore** déposer contre/en faveur

deportare [depor'tare] *vt* déporter

deposi *ecc* [de'posi] *vb vedi* **deporre**

depositare [depozi'tare] *vt* déposer ; (*merci*) entreposer ; **depositarsi** *vpr* se déposer

deposito [de'pɔzito] *sm* (*anche Chim, Mil*) dépôt *m* ; (*per merci*) dépôt, entrepôt *m* ; **~ a risparmio** compte *m* de dépôt ; **~ bagagli** consigne *f* ; **~ di munizioni** dépôt de munitions

deposizione [depozit'tsjone] *sf* (*Dir*) déposition *f*, témoignage *m* ; **~ (dalla croce)** (*in pittura*) déposition de croix

depravato, -a [depra'vato] *agg, sm/f* dépravé(e)

depredare [depre'dare] *vt* piller ; (*persona*) dépouiller

depressione [depres'sjone] *sf* (*anche Econ, Meteor*) dépression *f* ; **area** *o* **zona di ~** (*Meteor*) zone *f* de dépression

depresso, -a [de'prɛsso] *pp di* **deprimere** ▸ *agg* déprimé(e) ; (*zona*) sous-développé(e)

deprezzare [depret'tsare] *vt* déprécier

deprimente [depri'mɛnte] *agg* déprimant(e)

deprimere [de'primere] *vt* déprimer

depurare [depu'rare] *vt* épurer

deputato, -a [depu'tato] *sm/f* député(e)

deragliare [deraʎ'ʎare] *vi* dérailler

deridere [de'ridere] *vt* railler

derisi *ecc* [de'risi] *vb vedi* **deridere**

deriva [de'riva] *sf* (*Naut, Aer*) dérive *f* ; **andare alla ~** (*anche fig*) aller à la dérive

derivare [deri'vare] *vt* dériver ▸ *vi*: **~ da** prendre sa source dans ; (*essere causato*) résulter de, dériver de

dermatologo, -a, -gi, -ghe [derma'tɔlogo] *sm/f* dermatologue *m/f*

derubare [deru'bare] *vt* voler ; **~ qn di qc** voler *o* dérober qch à qn

descrivere [des'krivere] *vt* décrire

descrizione [deskrit'tsjone] *sf* description *f*

deserto, -a [de'zɛrto] *agg* désert(e) ▸ *sm* désert *m*

desiderare [deside'rare] *vt* désirer ; (*amicizia*) rechercher ; **~ fare qc** désirer faire qch ; **~ che qn faccia qc** désirer que qn fasse qch ; **desidero sottolineare che ...** je voudrais souligner que ... ; **farsi ~** se faire désirer *o* attendre ; **lasciare a ~** laisser à désirer ; **desidera?** (*in un negozio*) vous désirez quelque chose ? ; **desidera bere qualcosa?** voulez-vous boire quelque chose ? ; **è desiderato al telefono** il est demandé au téléphone

desiderio [desi'dɛrjo] *sm* désir *m* ; (*bisogno*) besoin *m*

desideroso, -a [deside'roso] *agg*: **~ di** désireux(-euse) de

desinenza [dezi'nɛntsa] *sf* désinence *f*

desistere [de'sistere] *vi* renoncer ; (*Dir*) se désister ; **~ dal fare qc** renoncer à faire qch

desolato, -a [dezo'lato] *agg* désolé(e)

dessi *ecc* ['dessi] *vb vedi* **dare**

deste *ecc* ['deste] *vb vedi* **dare**

destinare [desti'nare] *vt*: **~ a** (*somma, fondi*) destiner à, affecter *o* allouer à ; (*posto*) affecter à, assigner à ; (*sorte*) destiner à ; (*lettera, pacco*) adresser à ; **in data da destinarsi** à une date ultérieure

destinatario, -a [destina'tarjo] *sm/f* destinataire *m/f*

destinazione [destinat'tsjone] *sf* destination *f* ; (*di funzionario*) affectation *f*

destino [des'tino] *sm* destin *m*

destituire [destitu'ire] *vt* destituer

destra ['dɛstra] *sf* (*mano*) main *f* droite ; (*parte*) droite *f* ; **la ~** (*Pol*) la droite ; **a ~** à droite ; **tenere la ~** (*Aut*) tenir *o* garder sa droite

destreggiarsi [destred'dʒarsi] *vpr* se débrouiller

destrezza [des'trettsa] *sf* habileté *f*, adresse *f* ; (*fig: accortezza*) sagacité *f*

destro, -a ['dɛstro] *agg* droit(e) ; (*fig: abile*) adroit(e), habile ; (*: accorto*) sagace ▶ *sm* (*Pugilato*) droite *f*

detenuto, -a [dete'nuto] *sm/f* détenu(e)

detergente [deter'dʒɛnte] *agg* détergent(e) ; (*latte, crema*) démaquillant(e) ▶ *sm* (*prodotto*) détergent *m*

determinare [determi'nare] *vt* déterminer ; (*data, prezzo*) fixer ; (*peggioramento, cambiamento*) provoquer

determinativo, -a [determina'tivo] *agg* (*aggettivo*) déterminant(e) ; (*articolo*) défini(e)

determinato, -a [determi'nato] *agg* déterminé(e)

detersivo [deter'sivo] *sm* (*per stoviglie*) produit *m* à vaisselle ; (*per bucato*) lessive *f* ; (*per pavimenti*) produit d'entretien

detestare [detes'tare] *vt* détester

detrae *ecc* [de'trae] *vb vedi* **detrarre**

detraggo *ecc* [de'traggo] *vb vedi* **detrarre**

detrarre [de'trarre] *vt*: **~ (da)** déduire (de)

detrassi *ecc* [de'trassi] *vb vedi* **detrarre**

detta ['detta] *sf*: **a ~ di** au dire de

dettaglio [det'taʎʎo] *sm* détail *m* ; **al ~** (*Comm*) au détail

dettare [det'tare] *vt* dicter ; **~ legge** (*fig*) faire la loi

dettato [det'tato] *sm* dictée *f*

detto, -a ['detto] *pp di* **dire** ▶ *agg* (*chiamato, stabilito*) dit(e) ; (*già nominato*) susdit(e) ▶ *sm* dicton *m*

devastare [devas'tare] *vt* dévaster, ravager

deviare [devi'are] *vi*: **~ da** (*anche fig*) dévier de, s'écarter de ▶ *vt* dévier ; (*fig*) détourner

deviazione [deviat'tsjone] *sf* déviation *f* ; **fare una ~** faire un détour

devo *ecc* ['devo] *vb vedi* **dovere**

devolvere [de'vɔlvere] *vt*: **~ (a)** (*somma*) affecter (à) ; (*controversia*) transmettre (à) ; **~ qc in beneficenza** faire don de qch au profit d'une œuvre de bienfaisance

devoto, -a [de'vɔto] *agg* (*religioso*) pieux(-euse) ; (*affezionato*) dévoué(e) ; **essere ~ a** (*alla patria, a tradizioni*) être fidèle à

devozione [devot'tsjone] *sf* (*Rel*) dévotion *f* ; (*affetto*) dévouement *m*

dezippare [dezip'pare] *vt* (*Inform*) dézipper

PAROLA CHIAVE

di [di] (*di + il =* **del**, *di + lo =* **dello**, *di + l' =* **dell'**, *di + la =* **della**, *di + i =* **dei**, *di + gli =* **degli**, *di + le =* **delle**) *prep*

1 (*specificazione, argomento*) de ; (*possesso*) de, à ; **la grandezza della casa** la grandeur de la maison ; **le foto delle vacanze** les photos des vacances ; **un'amica di mia madre** une amie de ma mère ; **una commedia di Goldoni** une comédie de Goldoni ; **la macchina di mio fratello** la voiture de mon frère ; **il libro è di Paolo** le livre est à Paolo ; **parlare di politica/d'affari** parler de politique/d'affaires ; **la città di Venezia** la ville de Venise

2 (*partitivo*) de ; **alcuni di voi** quelques-uns d'entre vous ; **il più bravo di tutti** le meilleur de tous ; **non c'è niente di peggio** il n'y a rien de pire

3 (*paragone*) que ; **più veloce di me** plus rapide que moi

4 (*provenienza*) de ; **partì di casa alle sei** il partit de la maison à six heures ; **è originario di Firenze** il est originaire de Florence

5 (*mezzo, strumento, causa*) de ; **spalmare di crema** enduire de crème ; **ricoprire di vernice** enduire de vernis ; **tremare di paura/freddo** trembler de peur/froid ; **morire di cancro** mourir d'un cancer

6 (*tempo*) en ; **di mattina** le matin ; **di notte** la nuit ; **d'estate** en été ; **di**

lunedì le lundi ; **di ora in ora** d'heure en heure
7 (*materia*) de, en ; **mobile di legno** meuble *m* de *o* en bois ; **camicia di seta** chemise *f* de *o* en soie
8 (*età, peso, misura, qualità*) de ; **una bimba di tre anni** une petite fille de trois ans ; **una trota di 1 kg** une truite d'un kilo ; **una strada di 10 km** une route de 10 km ; **un quadro di valore** un tableau de valeur
▸ *art partitivo* (*una certa quantità di*) du (de la) ; (: *negativo*) de ; **del pane** du pain ; **delle caramelle** des bonbons ; **degli amici miei** certains de mes amis ; **degli amici mi dissero che ...** des amis m'ont dit que ... ; **vuoi del vino?** est-ce que tu veux du vin ?

diabete [dia'bɛte] *sm* diabète *m*
diabetico, -a, -ci, -che [dia'bɛtiko] *agg, sm/f* diabétique *m/f*
diaframma, -i [dia'framma] *sm* (*Anat, Fot*) diaphragme *m* ; (*contraccettivo*) stérilet *m*
diagnosi [di'aɲɲozi] *sf inv* diagnostic *m*
diagonale [diago'nale] *agg* diagonal(e) ▸ *sf* diagonale *f*
diagramma, -i [dia'gramma] *sm* diagramme *m* ; **~ di flusso** graphique *m* de flux
dialetto [dia'lɛtto] *sm* dialecte *m*
La langue officielle en Italie est l'italien, mais il existe de nombreux dialectes (**dialetti**) importants et très distincts les uns des autres.
dialisi [di'alizi] *sf inv* (*Med*) dialyse *f*
dialogo, -ghi [di'alogo] *sm* dialogue *m*
diamante [dia'mante] *sm* diamant *m*
diametro [di'ametro] *sm* diamètre *m*
diapositiva [diapozi'tiva] *sf* diapositive *f*
diario [di'arjo] *sm* (*anche opera letteraria*) journal *m* ; (*registro*) registre *m* ; (*agenda*) agenda *m* ; (*Scol*) cahier *m* de textes ; **~ degli esami** (*Scol*) calendrier *m* des examens ; **~ di bordo** (*Naut*) journal de bord ; **~ di classe** (*Scol*) registre (de classe)
diarrea [diar'rɛa] *sf* diarrhée *f*
diavolo, -essa ['djavolo] *sm/f* diable (diablesse) ; **è un buon ~** c'est un bon diable ; **avere un ~ per capello** avoir les nerfs en boule ; **fa un freddo del ~** il fait un froid du diable ; **fare il ~ a quattro** faire le diable à quatre ; **mandare qn al ~** envoyer qn au diable ; **povero ~** pauvre diable
dibattito [di'battito] *sm* débat *m* ; **~ parlamentare** débat parlementaire
dice ['ditʃe] *vb vedi* **dire**
dicembre [di'tʃɛmbre] *sm* décembre *m* ; *vedi anche* **luglio**
diceria [ditʃe'ria] *sf* racontar *m* ; **corrono certe dicerie su ...** des bruits courent sur ...
dichiarare [dikja'rare] *vt* déclarer ; (*sciopero*) annoncer ; **dichiararsi** *vpr* se déclarer ; **si dichiara che ...** le soussigné déclare que ... ; **dichiararsi vinto** s'avouer vaincu ; **niente da ~** (*dogana*) rien à déclarer
dichiarazione [dikjarat'tsjone] *sf* (*vedi vb*) déclaration *f* ; annonce *f* ; **~ dei redditi** déclaration d'impôts
diciannove [ditʃan'nɔve] *agg inv, sm inv* dix-neuf (*m*) *inv* ; *vedi anche* **cinque**
diciassette [ditʃas'sɛtte] *agg inv, sm inv* dix-sept (*m*) *inv* ; *vedi anche* **cinque**
diciotto [di'tʃɔtto] *agg inv, sm inv* dix-huit (*m*) *inv* ; **prendere un ~** (*Univ*) ≈ avoir juste la moyenne ; *vedi anche* **cinque**
dicitura [ditʃi'tura] *sf* légende *f*
dico *ecc* ['diko] *vb vedi* **dire**
didascalia [didaska'lia] *sf* légende *f* ; (*Cine*) sous-titre *m* ; (*Teatro*) notes *fpl*
dieci ['djɛtʃi] *agg inv, sm inv* dix (*m*) *inv* ; *vedi anche* **cinque**
diedi *ecc* ['djɛdi] *vb vedi* **dare**
diesel ['di:zəl] *sm inv* diesel *m*
diessino, -a [dies'sino] *sm/f membre du parti DS*
dieta ['djɛta] *sf* régime *m* ; **essere a ~** être au régime ; **~ dimagrante** régime amaigrissant
dietro ['djɛtro] *avv* derrière ; (*nella parte posteriore: in una macchina*) à l'arrière ▸ *prep* derrière ; (*dopo*) après ▸ *agg inv* arrière ▸ *sm* (*di foglio*) verso *m* ; (*di giacca*) dos *msg* ; (*di casa*) derrière *m* ; **~ la casa** derrière la maison ; **uno ~ l'altro** l'un après l'autre ; **le zampe di ~** les pattes de derrière ; **~ richiesta** sur demande ; **~ richiesta di** à la demande de ; **~ compenso** moyennant finances ; **~ ricevuta** sur présentation du reçu ; **andare ~ a** (*anche fig*) suivre ; **stare ~ a qn** ne pas quitter qn d'un pas ; (*corteggiare*) courir après qn ; **portarsi ~ qn** emmener qn avec soi ; **portarsi ~**

qc apporter qch ; **ridere ~ a qn** rire dans le dos de qn
difendere [di'fɛndere] *vt* (*anche Dir*) défendre ; (*causa, diritto ecc*) plaider ; **difendersi** *vpr*: **difendersi (da)** se défendre (contre) ; **difendersi dal freddo** se défendre contre le *o* du froid ; **sapersi ~** savoir se défendre
difensore [difen'sore] *sm* défenseur *m* ; **(avvocato) ~** (*Dir*) avocat(e) de la défense
difesa [di'fesa] *sf* défense *f* ; **prendere le difese di qn** prendre la défense de qn
difesi *ecc* [di'fesi] *vb vedi* **difendere**
difetto [di'fɛtto] *sm* défaut *m* ; (*scarsità, mancanza*) manque *m* ; **far ~** faire défaut ; **essere in ~** être en faute ; **essere in ~ di qc** manquer de qch ; **per ~** par défaut ; **~ di fabbricazione** défaut *o* vice *m* de fabrication
difettoso, -a [difet'toso] *agg* défectueux(-euse)
differente [diffe'rɛnte] *agg* différent(e)
differenza [diffe'rɛntsa] *sf* différence *f* ; **a ~ di** à la différence de, contrairement à ; **non fare ~ (tra)** ne faire aucune différence (entre) ; **per me non fa ~** ça m'est égal
differire [diffe'rire] *vt* différer ▸ *vi* (*essere diverso*): **~ da** différer de
differita [diffe'rita] *sf*: **trasmettere in ~** transmettre en différé
difficile [dif'fitʃile] *agg* difficile ; (*poco probabile*): **è ~ che sia libero** il est peu probable qu'il soit libre ▸ *sm/f*: **fare il (la) ~** faire le (la) difficile ▸ *sm* difficulté *f* ; **il ~ è superato** le plus dur est fait ; **essere ~ nel mangiare** être difficile sur la nourriture
difficoltà [diffikol'ta] *sf inv* difficulté *f* ; **fare ~** faire des difficultés
diffidente [diffi'dɛnte] *agg* méfiant(e)
diffidenza [diffi'dɛntsa] *sf* méfiance *f*
diffondere [dif'fondere] *vt* diffuser, répandre ; (*acqua, gioia, profumo*) répandre ; **diffondersi** *vpr* (*vedi vt*) se diffuser, se répandre ; se répandre
diffusi *ecc* [dif'fuzi] *vb vedi* **diffondere**
diffuso, -a [dif'fuzo] *pp di* **diffondere** ▸ *agg* diffus(e) ; (*malattia, fenomeno*) répandu(e) ; **è opinione diffusa che ...** tout le monde pense que ...
diga, -ghe ['diga] *sf* barrage *m* ; (*portuale*) digue *f*
digerente [didʒe'rɛnte] *agg* digestif(-ive)
digerire [didʒe'rire] *vt* digérer
digestione [didʒes'tjone] *sf* digestion *f*
digestivo, -a [didʒes'tivo] *agg* digestif(-ive) ▸ *sm* digestif *m*
digitale [didʒi'tale] *agg* (*impronta*) digital(e) ; (*Inform, orologio*) numérique ; **televisione ~ terrestre** télévision *f* numérique terrestre ; **macchina fotografica ~/non ~** appareil *m* photo numérique/argentique
digitare [didʒi'tare] *vt, vi* (*Inform*) taper
digiunare [didʒu'nare] *vi* jeûner
digiuno, -a [di'dʒuno] *agg* à jeun ▸ *sm* jeûne *m* ; **a ~** à jeun
dignità [diɲɲi'ta] *sf inv* dignité *f*
DIGOS ['digos] *sigla f* (= *Divisione Investigazioni Generali e Operazioni Speciali*) *police spéciale responsable de la lutte antiterroriste et contre le crime organisé*
digrignare [digriɲ'ɲare] *vt*: **~ i denti** grincer des dents
dilapidare [dilapi'dare] *vt* dilapider
dilatare [dila'tare] *vt* dilater ; (*cavità, passaggio*) élargir ; **dilatarsi** *vpr* (*vedi vt*) se dilater ; s'élargir
dilazionare [dilattsjo'nare] *vt* échelonner, étaler
dilemma, -i [di'lɛmma] *sm* dilemme *m*
dilettante [dilet'tante] *agg, sm/f* amateur *m*, dilettante *m/f* ; (*Sport, anche peg*) amateur
diligente [dili'dʒɛnte] *agg* (*alunno*) appliqué(e) ; (*lavoro*) soigné(e)
diluire [dilu'ire] *vt* diluer
dilungarsi [dilun'garsi] *vpr* (*fig*): **~ (su)** (*su argomento*) s'étendre (sur) ; (*su spiegazioni, dettagli*) se perdre (dans)
diluviare [dilu'vjare] *vb impers* pleuvoir à verse ▸ *vi* (*fig: insulti*) pleuvoir
diluvio [di'luvjo] *sm* déluge *m* ; (*fig: di parole*) déluge ; (*: di ingiurie, infamie*) torrent *m* ; (*d'applausi*) tonnerre *m* ; **il ~ universale** le Déluge
dimagrante [dima'grante] *agg* amaigrissant(e)
dimagrire [dima'grire] *vi* maigrir
dimenare [dime'nare] *vt* remuer ; **dimenarsi** *vpr* s'agiter ; **~ la coda** remuer la queue
dimensione [dimen'sjone] *sf* (*Mat, fig*) dimension *f* ; **di grandi dimensioni** (*fig: fenomeno ecc*) de grande envergure ; **la ~ sociale** la dimension sociale
dimenticanza [dimenti'kantsa] *sf* oubli *m* ; (*distrazione*) étourderie *f*

d

dimenticare [dimenti'kare] *vt* oublier ; **dimenticarsi** *vpr*: **dimenticarsi di qc** oublier qch ; **dimenticarsi di fare qc** oublier de faire qch
dimestichezza [dimesti'kettsa] *sf* familiarité *f* ; **prendere ~ con** se familiariser avec
dimettere [di'mettere] *vt*: **~ (da)** (*da ospedale*) faire sortir (de) ; (*da ufficio*) renvoyer (de), congédier (de) ; **dimettersi** *vpr*: **dimettersi (da)** (*lavoro*) démissionner (de) ; (*carica*) se démettre (de) ; **è stato dimesso la settimana scorsa** (*malato*) il est sorti de l'hôpital la semaine dernière
dimezzare [dimed'dzare] *vt* réduire de moitié
diminuire [diminu'ire] *vt, vi* diminuer
diminutivo, -a [diminu'tivo] *agg* diminutif(-ive) ▸ *sm* diminutif *m*
diminuzione [diminut'tsjone] *sf* diminution *f* ; **in ~** en baisse
dimisi *ecc* [di'mizi] *vb vedi* **dimettere**
dimissioni [dimis'sjoni] *sfpl* démission *fsg* ; **dare** *o* **presentare le ~** donner *o* présenter sa démission, démissionner
dimostrare [dimos'trare] *vt* montrer ; (*colpevolezza, teorema*) démontrer ; (*simpatia, affetto*) témoigner, montrer ; (*ad una manifestazione pubblica*) manifester ; **dimostrarsi** *vpr* se montrer ; **dimostrarsi abile** se montrer habile ; **dimostra 30 anni** il paraît *o* fait 30 ans ; **non dimostra la sua età** il ne fait pas son âge
dimostrazione [dimostrat'tsjone] *sf* démonstration *f*, preuve *f* ; (*di prodotto, di un teorema*) démonstration ; (*sindacale, politica*) manifestation *f*
dinamica, -che [di'namika] *sf* (*Fis*) dynamique *f* ; (*di fatto, avvenimento*) déroulement *m*
dinamico, -a, -ci, -che [di'namiko] *agg* (*anche Fis*) dynamique
dinamite [dina'mite] *sf* dynamite *f*
dinamo ['dinamo] *sf inv* dynamo *f*
dinosauro [dino'sauro] *sm* dinosaure *m*
dintorno [din'torno] *avv* alentour ; **dintorni** *smpl*: **i dintorni di** les environs de, les alentours de ; **nei dintorni di** aux environs de, aux alentours de
dio ['dio] (*pl* **dei**) *sm* dieu *m* ; **D~** Dieu ; **gli dei** les dieux ; **D~ mio!** mon Dieu ! ; **D~ ce la mandi buona** espérons ! ; **D~ ce ne scampi e liberi!** Dieu nous en garde ! ; **si crede un ~** il ne se prend pas pour n'importe qui
dipartimento [diparti'mento] *sm* département *m* ; (*Univ*) département, ≈ UFR *f* (*unité de formation et de recherche*)
dipendente [dipen'dɛnte] *agg* dépendant(e) ; (*lavoratore*) salarié(e) ; (*Ling*) subordonné(e) ▸ *sm/f* salarié(e) ; (*impiegato*) employé(e) ; **i dipendenti dell'azienda** le personnel de l'entreprise ; **~ statale** fonctionnaire *m/f*
dipendere [di'pɛndere] *vi*: **~ da** dépendre de ; **dipende!** cela dépend ! ; **dipende da te** cela dépend de toi
dipesi *ecc* [di'pesi] *vb vedi* **dipendere**
dipingere [di'pindʒere] *vt* peindre
dipinsi *ecc* [di'pinsi] *vb vedi* **dipingere**
dipinto, -a [di'pinto] *pp di* **dipingere** ▸ *sm* peinture *f*, tableau *m*
diploma, -i [di'plɔma] *sm* diplôme *m*
diplomatico, -a, -ci, -che [diplo'matiko] *agg* diplomatique ; (*fig*) diplomate ▸ *sm* (*anche fig*) diplomate *m*
diplomazia [diplomat'tsia] *sf* (*anche fig*) diplomatie *f*
diporto [di'pɔrto] *sm*: **da ~** de plaisance
diradare [dira'dare] *vt* dissiper ; (*vegetazione*) éclaircir ; (*visite*) espacer ; **diradarsi** *vpr* se dissiper ; (*vegetazione*) s'éclaircir ; (*folla*) se disperser
dire ['dire] *vt* dire ; **~ qc a qn** dire qch à qn ; **~ a qn di fare qc** dire à qn de faire qch ; **~ di sì/no** dire oui/non ; **si dice che …** on dit que … ; **per così ~** pour ainsi dire ; **a dir poco** pour le moins ; **dica, signora?** (*in negozio*) madame, vous désirez ? ; **sa quello che dice** il sait de quoi il parle ; **lascialo ~** (*esprimersi*) laisse-le parler ; (*ignoralo*) laisse-le dire ; **come sarebbe a ~?** comment cela ? ; **che ne diresti di andarcene?** qu'est-ce-que tu en dis, on s'en va ? ; **chi l'avrebbe mai detto!** je ne l'aurais jamais cru ! ; **non c'è che ~** il n'y a pas à dire ; **non dico di no** ce n'est pas de refus ; **il che è tutto ~** c'est tout dire ; **dico bene?** n'est-ce pas ? ; **non ti dico la scena!** je ne te raconte pas la scène ! ; **dico sul serio** je parle sérieusement ; **detto fatto** (aus)sitôt dit (aus)sitôt fait ; **(è) presto detto!** c'est vite dit !
diressi *ecc* [di'rɛssi] *vb vedi* **dirigere**
diretta [di'rɛtta] *sf*: **in ~** (*Radio, TV*) en direct

diretto, -a [di'rɛtto] *pp di* **dirigere** ▸ *agg* direct(e) ▸ *sm* (*Ferr*) direct *m* ; **il mio ~ superiore** mon supérieur direct
direttore, -trice [diret'tore] *sm/f* (*anche Scol*) directeur(-trice) ; **~ amministrativo** directeur administratif ; **~ del carcere** directeur de prison ; **~ di produzione** (*Cine*) directeur de production ; **~ d'orchestra** chef *m* d'orchestre ; **~ sportivo** directeur sportif ; **~ tecnico** (*Sport*) entraîneur *m* ; **~ vendite** chef des ventes
direzione [diret'tsjone] *sf* direction *f* ; **in ~ di** en direction de
dirigente [diri'dʒɛnte] *agg* dirigeant(e) ▸ *sm/f* (*Pol*) dirigeant(e) ; **~ (di azienda)** (*Amm*) chef *m* d'entreprise ; **il personale ~** (*in azienda*) les cadres *mpl*
dirigere [di'ridʒere] *vt* (*anche Mus, impresa, attività*) diriger ; (*traffico*) régler ; (*lettera, parola*) adresser ; **dirigersi** *vpr*: **dirigersi verso** *o* **a** se diriger vers ; **~ i propri passi verso** diriger *o* tourner ses pas vers ; **il treno era diretto a Pavia** le train allait à Pavie *o* était à destination de Pavie
dirimpetto [dirim'pɛtto] *avv* en face ; **~ a** en face de
diritto, -a [di'ritto] *agg* droit(e) ▸ *avv* (tout) droit ; (*direttamente*) droit ▸ *sm* (*di moneta*) face *f* ; (*Tennis*) coup *m* droit ; (*Maglia*) maille *f* à l'endroit ; (*prerogativa*) droit *m* ; (*leggi, scienza*): **il ~** le droit ; **diritti** *smpl* (*tasse*) les droits *mpl* ; **andare ~** aller tout droit ; **stare ~** (*stare in piedi*) être debout, se tenir debout ; **stai ~!** tiens-toi droit(e) ! ; **aver ~ a qc** avoir droit à qch ; **avere il ~ di fare qc** avoir le droit de faire qch ; **a buon ~** à bon droit, à juste titre ; **lavorare a ~** (*Maglia*) tricoter au point mousse ; **~ penale** droit pénal ; **~ privato/pubblico** droit privé/public ; **diritti d'autore** droits d'auteur ; **diritti doganali** droits de douane
dirottamento [dirotta'mento] *sm* détournement *m*
dirottare [dirot'tare] *vt* détourner ▸ *vi* changer de route
dirottatore, -trice [dirotta'tore] *sm/f* pirate *m* de l'air
dirotto, -a [di'rotto] *agg* (*pianto*) désespéré(e) ; **piovere a ~** pleuvoir à verse ; **piangere a ~** pleurer à chaudes larmes
dirupo [di'rupo] *sm* précipice *m*
disabitato, -a [dizabi'tato] *agg* inhabité(e)
disabituarsi [disabitu'arsi] *vpr*: **~ (a)** se déshabituer (de)
disaccordo [dizak'kɔrdo] *sm* désaccord *m*
disadattato, -a [dizadat'tato] *agg, sm/f* inadapté(e)
disadorno, -a [diza'dorno] *agg* nu(e) ; (*fig*) dépouillé(e)
disagiato, -a [diza'dʒato] *agg* (*bisognoso*) indigent(e), nécessiteux(-euse) ; (*scomodo*) peu commode
disagio [di'zadʒo] *sm* (*dovuto a difficoltà economiche*) gêne *f* ; (*inconveniente*) désagrément *m* ; (*disturbo*) malaise *m* ; (*fig*: *imbarazzo*) gêne, embarras *msg* ; **essere a ~** être mal à l'aise
disapprovare [dizappro'vare] *vt* désapprouver
disapprovazione [dizapprovat'tsjone] *sf* désapprobation *f*
disappunto [dizap'punto] *sm* déception *f*
disarmare [dizar'mare] *vt, vi* (*anche fig*) désarmer
disarmo [di'zarmo] *sm* (*Mil*) désarmement *m*
disastro [di'zastro] *sm* désastre *m* ; (*fig*: *persona*) nullité *f*
disastroso, -a [dizas'troso] *agg* désastreux(-euse)
disattento, -a [dizat'tɛnto] *agg* inattentif(-ive), distrait(e)
disattenzione [dizatten'tsjone] *sf* inattention *f* ; (*svista*) distraction *f*, étourderie *f*
disavventura [dizavven'tura] *sf* mésaventure *f*
discapito [dis'kapito] *sm*: **a ~ di** au détriment de
discarica, -che [dis'karika] *sf* décharge *f*
discendere [diʃ'ʃendere] *vt, vi* descendre ; **~ da** (*famiglia*) descendre de
discesa [diʃ'ʃesa] *sf* (*pendio*) descente *f*, pente *f* ; (*calata*: *dei barbari ecc*) descente ; **in ~** (*strada*) en pente ; **~ libera** (*Sci*) descente libre
disciplina [diʃʃi'plina] *sf* discipline *f* ; (*Dir*) réglementation *f*

d

disco, -chi ['disko] *sm* disque *m* ; **~ magnetico/rigido** (*Inform*) disque magnétique/dur ; **~ orario** (*Aut*) disque de stationnement ; **~ volante** soucoupe *f* volante

discografico, -a, -ci, -che [disko'grafiko] *agg* (*mercato*) du disque ▶ *sm/f* producteur(-trice) de disques ; **casa discografica** maison *f* de disques

discorrere [dis'korrere] *vi*: **~ (di)** parler (de)

discorso, -a [dis'korso] *pp di* **discorrere** ▶ *sm* (*pubblico, Ling*) discours *msg* ; (*chiacchierata*) conversation *f* ; **discorsi frivoli** propos *mpl* frivoles ; **pochi discorsi!** parlons peu, parlons bien ; **questi sono discorsi che non hanno né capo né coda** cela n'a ni queue ni tête ; **cambiamo ~** parlons d'autre chose

discoteca, -che [disko'tɛka] *sf* discothèque *f*

discrepanza [diskre'pantsa] *sf* discordance *f*

discreto, -a [dis'kreto] *agg* discret(-ète) ; (*abbastanza buono*) assez bon(ne), pas mal

discriminazione [diskriminat'tsjone] *sf* discrimination *f*

discussi *ecc* [dis'kussi] *vb vedi* **discutere**

discussione [diskus'sjone] *sf* discussion *f* ; **mettere in ~** remettre en question ; **fuori ~** hors de question

discutere [dis'kutere] *vt* discuter ▶ *vi* discuter ; (*litigare*) se disputer ; **~ di un avvenimento** discuter d'un événement ; **~ di politica** discuter (de) politique

disdetta [diz'detta] *sf* annulation *f* ; (*di contratto*) résiliation *f* ; (*sfortuna*) malchance *f*

disdire [diz'dire] *vt* annuler ; (*contratto*) résilier ; **~ un contratto d'affitto** résilier un bail

disegnare [diseɲ'ɲare] *vt* dessiner ; (*progettare*) projeter

disegnatore, -trice [diseɲɲa'tore] *sm/f* dessinateur(-trice)

disegno [di'seɲɲo] *sm* (*anche su stoffa*) dessin *m* ; (*abbozzo, schema*) esquisse *f* ; (*progetto*) projet *m* ; (*fig*) dessein *m* ; **~ di legge** projet de loi ; **~ industriale** dessin industriel

diserbante [dizer'bante] *sm* désherbant *m*

disertare [dizer'tare] *vt, vi* (*anche Mil*) déserter ; (*amici*) délaisser

disfare [dis'fare] *vt* défaire ; (*neve*) faire fondre ; **disfarsi** *vpr* se défaire ; (*neve*) fondre ; **disfarsi di** (*liberarsi*) se défaire de, se débarrasser de

disfatto, -a [dis'fatto] *pp di* **disfare** ▶ *agg* (*vedi vt*) défait(e) ; fondu(e)

disgelo [diz'dʒɛlo] *sm* (*anche fig*) dégel *m*

disgrazia [diz'grattsja] *sf* malheur *m*, malchance *f* ; (*incidente*) accident *m*

disguido [diz'gwido] *sm* erreur *f* ; (*inconveniente*) problème *m* ; **~ postale** retard *m* dans l'acheminement du courrier

disgustare [dizgus'tare] *vt* dégoûter ; **disgustarsi** *vpr*: **disgustarsi di** se dégoûter de

disgusto [diz'gusto] *sm*: **~ (di)** dégoût *m* (de)

disgustoso, -a [dizgus'toso] *agg* (*anche fig*) dégoûtant(e)

disidratare [dizidra'tare] *vt* déshydrater

disimparare [dizimpa'rare] *vt* oublier, désapprendre

disinfettante [dizinfet'tante] *agg* désinfectant(e) ▶ *sm* désinfectant *m*

disinfettare [dizinfet'tare] *vt* désinfecter

disinibito, -a [dizini'bito] *agg* sans complexes

disinstallare [dizinstal'lare] *vt* désinstaller

disintegrare [dizinte'grare] *vt* désintégrer ; **disintegrarsi** *vpr* se désintégrer

disinteressarsi [disinteres'sarsi] *vpr*: **~ di** se désintéresser de

disinteresse [dizinte'rɛsse] *sm* manque *m* d'intérêt ; (*generosità*) désintéressement *m*

disintossicare [dizintossi'kare] *vt* désintoxiquer ; **disintossicarsi** *vpr* se désintoxiquer

disinvolto, -a [dizin'vɔlto] *agg* désinvolte

dismisura [dizmi'sura] *sf*: **a ~** démesurément

disoccupato, -a [dizokku'pato] *agg* au chômage ▶ *sm/f* chômeur(-euse)

disoccupazione [dizokkupat'tsjone] *sf* chômage *m*

disonesto, -a [dizo'nɛsto] *agg* malhonnête
disordinato, -a [dizordi'nato] *agg* désordonné(e) ; (*racconto, discorso*) décousu(e) ; (*vita*) désordonné(e), déréglé(e)
disordine [di'zordine] *sm* désordre *m* ; (*sregolatezza*) excès *msg* ; **disordini** *smpl* (*tumulti*) désordres *mpl* ; **in ~** en désordre
disorientare [dizorjen'tare] *vt* (*anche fig*) désorienter ; **disorientarsi** *vpr* s'égarer
disorientato, -a [dizorjen'tato] *agg* désorienté(e)
dispari ['dispari] *agg inv* (*Mat*) impair(e) ; (*forze*) inégal(e)
disparte [dis'parte]: **in ~** *avv* à l'écart, de côté ; **tenersi** *o* **starsene in ~** se tenir *o* rester à l'écart
dispendioso, -a [dispen'djoso] *agg* onéreux(-euse)
dispensa [dis'pɛnsa] *sf* (*mobile*) garde-manger *m* ; (*Dir, Rel*) dispense *f* ; (*fascicolo*) fascicule *m* ; **~ universitaria** (cours *msg*) polycopié *m*
disperato, -a [dispe'rato] *agg* désespéré(e) ▸ *sm/f* pauvre type (pauvre fille)
disperazione [disperat'tsjone] *sf* désespoir *m*
disperdere [dis'pɛrdere] *vt* disperser ; **disperdersi** *vpr* se disperser
disperso, -a [dis'pɛrso] *pp di* **disperdere** ▸ *sm/f* disparu(e)
dispetto [dis'pɛtto] *sm* (petite) méchanceté *f* ; (*stizza, irritazione*) dépit *m* ; **a ~ di** en dépit de ; **fare un ~ a qn** (*senza cattiveria*) taquiner qn ; (*infastidire*) embêter qn ; **con suo grande ~** à son grand dépit ; **farlo per ~** le faire exprès
dispettoso, -a [dispet'toso] *agg* (*senza cattiveria*) taquin(e) ; (*fastidioso*) agaçant(e)
dispiacere [dispja'tʃere] *sm* chagrin *m*, peine *f* ▸ *vi*: **~ a** déplaire à ▸ *vb impers*: **mi dispiace (che)** je regrette (que) ; **dispiaceri** *smpl* (*preoccupazioni, problemi*) soucis *mpl* ; **se non le dispiace me ne vado** si cela ne vous ennuie pas, je m'en vais
dispone *ecc* [di'spone] *vb vedi* **disporre**
dispongo *ecc* [di'spongo] *vb vedi* **disporre**
disponibile [dispo'nibile] *agg* (*anche fig*) disponible
disporre [dis'porre] *vt* (*anche Dir*) disposer ; (*preparare*) préparer ▸ *vi* disposer ; (*usufruire*): **~ di** disposer de ; **disporsi** *vpr* se disposer ; **disporsi a fare** se disposer à faire ; **disporsi all'attacco** se préparer à l'attaque ; **disporsi in cerchio** se mettre en rond
disposi *ecc* [di'sposi] *vb vedi* **disporre**
dispositivo [dispozi'tivo] *sm* dispositif *m* ; **~ di controllo** dispositif de contrôle ; **~ di sicurezza** dispositif de sécurité
disposizione [disposit'tsjone] *sf* (*anche Dir*) disposition *f* ; **a ~ di qn** à la disposition de qn ; **per ~ di legge** aux termes de la loi ; **disposizioni testamentarie** dispositions testamentaires
disposto, -a [dis'posto] *pp di* **disporre** ▸ *agg* (*incline*): **~ a** disposé(e) à
disprezzare [dispret'tsare] *vt* mépriser
disprezzo [dis'prɛttso] *sm* mépris *msg*
disputa ['disputa] *sf* (*discussione*) discussion *f* ; (*lite*) dispute *f* ; (*di torneo, campionato*) épreuve *f*
disputare [dispu'tare] *vt* (*torneo, partita*) disputer
disse ['disse] *vb vedi* **dire**
dissenteria [dissente'ria] *sf* dysenterie *f*
dissentire [dissen'tire] *vi*: **~ (da)** ne pas être d'accord (avec)
dissetante [disse'tante] *agg* désaltérant(e)
dissi ['dissi] *vb vedi* **dire**
dissimulare [dissimu'lare] *vt* dissimuler ; (*nascondere*) cacher
dissipare [dissi'pare] *vt* dissiper
dissuadere [dissua'dere] *vt*: **~ (da)** dissuader (de)
distaccare [distak'kare] *vt* détacher ; (*in gara*) distancer ; **distaccarsi** *vpr* se détacher
distacco, -chi [dis'takko] *sm* séparation *f* ; (*fig: indifferenza*) détachement *m* ; (*in gara*) écart *m* ; (*: vantaggio*) avance *f*
distante [dis'tante] *avv* loin ▸ *agg* (*lontano*) éloigné(e), loin ; (*fig: persona, sguardo*) distant(e) ; **è ~ da qui?** c'est loin d'ici ? ; **essere ~ nel tempo** être éloigné(e) dans le temps
distanza [dis'tantsa] *sf* (*anche fig*) distance *f* ; **a ~ di due giorni** à deux

d

jours de distance ; **tenere qn a ~** tenir qn à distance ; **prendere le distanze da qc/qn** prendre ses distances avec qch/qn ; **tenere** *o* **mantenere le distanze** garder ses distances ; **~ di sicurezza** (*Aut*) distance de sécurité ; **~ focale** distance focale

distanziare [distan'tsjare] *vt* (*nel tempo*) espacer ; (*avversario*) distancer

distare [dis'tare] *vi* (*essere lontano*): **~ da** être loin de ; **dista molto da qui?** c'est très loin d'ici ? ; **non dista molto** ce n'est pas très loin

distendere [dis'tɛndere] *vt* étendre ; (*gambe*) étendre, allonger ; (*muscoli*) relâcher ; (*rilassare*: *persona, nervi*) détendre ; **distendersi** *vpr* s'étendre, s'allonger ; (*rilassarsi*) se détendre

distesa [dis'tesa] *sf* étendue *f* ; **a ~** (*suonare*) à toute volée

disteso, -a [dis'teso] *pp di* **distendere** ▸ *agg* allongé(e) ; (*rilassato*) détendu(e)

distillare [distil'lare] *vt* distiller

distilleria [distille'ria] *sf* distillerie *f*

distinguere [dis'tingwere] *vt* distinguer ; **distinguersi** *vpr* se distinguer

distinta [dis'tinta] *sf* liste *f* ; **~ di pagamento** bordereau *m* de paiement ; **~ di versamento** bordereau de versement

distintivo, -a [distin'tivo] *agg* distinctif(-ive) ▸ *sm* insigne *m*

distinto, -a [dis'tinto] *pp di* **distinguere** ▸ *agg* distingué(e) ; **« distinti saluti »** (*in lettera*) « salutations distinguées »

distinzione [distin'tsjone] *sf* distinction *f* ; **non fare distinzioni** (*tra persone*) ne pas faire de différence ; (*tra cose*) ne pas faire de distinction ; **senza ~ di razza** sans distinction de race

distogliere [dis'tɔʎʎere] *vt*: **~ (da)** (*anche fig*) détourner (de)

distorsione [distor'sjone] *sf* (*Med*) entorse *f* ; (*Fis*) distorsion *f*

distrarre [dis'trarre] *vt* (*fig*: *persona, attenzione*) distraire ; (: *intrattenere, divertire*) divertir ; **distrarsi** *vpr* se distraire ; **~ lo sguardo** détourner le regard ; **non distrarti!** fais attention !

distratto, -a [dis'tratto] *pp di* **distrarre** ▸ *agg* distrait(e) ; (*sbadato*) étourdi(e)

distrazione [distrat'tsjone] *sf* distraction *f* ; **errore di ~** faute *f* d'étourderie

distretto [dis'tretto] *sm* (*Amm, Mil*) circonscription *f*

distribuire [distribu'ire] *vt* distribuer ; (*posti*) assigner ; (*ripartire*) répartir

distributore [distribu'tore] *sm* (*anche Aut*) distributeur *m* ; **~ automatico** distributeur automatique

districare [distri'kare] *vt* (*anche fig*) débrouiller, démêler ; **districarsi** *vpr* se débrouiller ; **districarsi da** (*fig*: *tirarsi fuori*) se dépêtrer de

distruggere [dis'truddʒere] *vt* (*anche fig*) détruire

distruzione [distrut'tsjone] *sf* destruction *f*

disturbare [distur'bare] *vt* déranger ; (*sonno, lezione*) troubler ; **disturbarsi** *vpr* se déranger ; **non si disturbi** ne vous dérangez pas

disturbo [dis'turbo] *sm* dérangement *m* ; (*Med*) trouble *m* ; (*Radio, TV*) brouillage *m* ; **~ della quiete pubblica** trouble à la tranquillité publique ; **le tolgo il ~** je ne vous dérangerai pas plus longtemps ; **disturbi di stomaco** troubles digestifs

disubbidiente [dizubbi'djɛnte] *agg* désobéissant(e)

disubbidire [dizubbi'dire] *vi*: **~ (a)** désobéir (à)

disumano, -a [dizu'mano] *agg* inhumain(e)

ditale [di'tale] *sm* dé *m* à coudre

dito ['dito] (*pl(f)* **dita**) *sm* doigt *m* ; (*del piede*) orteil *m* ; **mettersi le dita nel naso** se mettre les doigts dans le nez ; **mettere il ~ sulla piaga** (*fig*) mettre le doigt sur la difficulté ; **non ha mosso un ~ (per aiutarmi)** il n'a pas levé le petit doigt (pour m'aider) ; **ormai è segnato a ~** désormais on le montre du doigt

ditta ['ditta] *sf* firme *f*, maison *f*

dittatore [ditta'tore] *sm* dictateur *m*

dittatura [ditta'tura] *sf* dictature *f*

dittongo, -ghi [dit'tɔngo] *sm* diphtongue *f*

diurno, -a [di'urno] *agg* de jour ; **spettacolo ~** matinée *f*

diva ['diva] *sf* étoile *f*, vedette *f* ; (*attrice di cinema*) star *f*, vedette

divano [di'vano] *sm* canapé *m* ; (*senza schienale*) divan *m* ; **~ letto** canapé-lit *m*

divaricare [divari'kare] *vt* écarter

divario [di'varjo] *sm* (*di opinioni*) divergence *f*; (*squilibrio*) écart *m*, décalage *m*
diventare [diven'tare] *vi* devenir; **~ vecchio** vieillir; **c'è da ~ matti** il y a de quoi devenir fou
diversificare [diversifi'kare] *vt* diversifier; **diversificarsi** *vpr* se différencier
diversità [diversi'ta] *sf inv* diversité *f*
diversivo, -a [diver'sivo] *agg* de diversion ▸ *sm* dérivatif *m*; **fare un'azione diversiva** essayer de détourner l'attention
diverso, -a [di'vɛrso] *agg* différent(e) ▸ *sm/f* (*omosessuale*) homosexuel(le); **diversi, -e** *agg pl* différents(-es); (*vari*) divers(es); (*molteplici*) plusieurs ▸ *pron pl* (*vari*) plusieurs
divertente [diver'tɛnte] *agg* amusant(e)
divertimento [diverti'mento] *sm* amusement *m*; (*passatempo*) passe-temps *m*, distraction *f*; **buon ~!** amusez-vous bien!; **bel ~!** (*iron*) drôle d'amusement!
divertire [diver'tire] *vt* amuser; **divertirsi** *vpr* s'amuser; **divertiti!** amuse-toi bien!; **divertirsi alle spalle di qn** s'amuser aux dépens de qn
dividere [di'videre] *vt* (*anche fig*) diviser; (*ripartire*) partager; (*separare*) séparer; **dividersi** *vpr* se séparer; **dividersi in** se diviser en; **è diviso dalla moglie** il s'est séparé de sa femme; **si divide tra casa e lavoro** il partage son temps entre la maison et le travail
divieto [di'vjɛto] *sm* (*Dir*) interdiction *f*, défense *f*; **« ~ di sosta »** (*Aut*) « stationnement interdit »; **« ~ di accesso »** « défense d'entrer »; **« ~ di caccia »** « chasse interdite »; **« ~ di parcheggio »** « stationnement interdit »
divincolarsi [divinko'larsi] *vpr* se démener, se débattre
divino, -a [di'vino] *agg* (*anche fig*) divin(e)
divisa [di'viza] *sf* uniforme *m*; (*Comm*) devise *f*
divisi *ecc* [di'vizi] *vb vedi* **dividere**
divisione [divi'zjone] *sf* (*anche Mil, Sport*) division *f*; (*separazione*) séparation *f*; **~ in sillabe** division en syllabes
divo ['divo] *sm* vedette *f*, star *f*
divorare [divo'rare] *vt* (*anche fig*) dévorer; **~ qc con gli occhi** dévorer qch des yeux
divorziando, -a [divor'tsjando] *sm/f* personne *f* en instance de divorce, divorçant(e)
divorziare [divor'tsjare] *vi*: **~ (da)** divorcer (de)
divorzio [di'vɔrtsjo] *sm* divorce *m*
divulgare [divul'gare] *vt* divulguer; (*rendere comprensibile*) vulgariser; **divulgarsi** *vpr* se répandre
dizionario [dittsjo'narjo] *sm* dictionnaire *m*
DJ [di'dʒei] *sm/f* (= *disc jockey*) DJ *m*
do [dɔ] *sm inv* (*Mus*) do *m*, ut *m*; (*solfeggiando la scala*) do
dobbiamo [dob'bjamo] *vb vedi* **dovere**
D.O.C. [dɔk] *sigla* (= *Denominazione di Origine Controllata*) A.O.C. *f*
doccia, -ce ['dottʃa] *sf* douche *f*; (*condotto*) gouttière *f*; **fare la ~** prendre une douche; **~ fredda** (*fig*) douche froide
docente [do'tʃɛnte] *agg* enseignant(e) ▸ *sm/f* professeur *m*
docile ['dɔtʃile] *agg* docile
documentare [dokumen'tare] *vt* documenter; **documentarsi** *vpr*: **documentarsi (su)** se documenter (sur)
documentario [dokumen'tarjo] *sm* documentaire *m*
documento [doku'mento] *sm* document *m*; **documenti** *smpl* (*Amm*) papiers *mpl*; **documenti d'identità** papiers d'identité
dodicesimo, -a [dodi'tʃɛzimo] *agg, sm/f* douzième *m/f* ▸ *sm* douzième *m*; *vedi anche* **quinto**
dodici ['doditʃi] *agg inv, sm inv* douze (*m*) *inv*; *vedi anche* **cinque**
dogana [do'gana] *sf* douane *f*; **passare la ~** passer la douane
doganiere, -a [doga'njɛre] *sm/f* douanier(-ère)
doglie ['dɔʎʎe] *sfpl* douleurs *fpl* de l'accouchement
dolce ['doltʃe] *agg* (*anche fig*) doux (douce); (*zuccherato*) sucré(e) ▸ *sm* (*sapore*) sucré *m*; (*portata*) dessert *m*; (*torta*) gâteau *m*; **il ~ far niente** le farniente
dolcificante [doltʃifi'kante] *agg* édulcorant(e) ▸ *sm* édulcorant *m*

dollaro ['dɔllaro] *sm* dollar *m*
Dolomiti [dolo'miti] *sfpl* Dolomites *fpl*
dolore [do'lore] *sm* douleur *f*; **se lo scoprono sono dolori!** s'ils le découvrent, ça va mal aller !
doloroso, -a [dolo'roso] *agg* douloureux(-euse)
domanda [do'manda] *sf* (*anche Econ*) demande *f*; (*interrogazione*) question *f*; **fare una ~ a qn** poser une question à qn ; **fare ~ per un lavoro** faire une demande d'emploi ; **presentare regolare ~** adresser une demande conforme ; **fare ~ all'autorità giudiziaria** présenter une requête aux autorités judiciaires ; **~ di divorzio** demande de divorce ; **~ di matrimonio** demande en mariage
domandare [doman'dare] *vt* demander ; **domandarsi** *vpr* se demander ; **~ qc a qn** demander qch à qn ; **~ di qn** demander des nouvelles de qn ; (*al telefono ecc*) demander qn
domani [do'mani] *avv* demain ▶ *sm* demain *m* ; (*il futuro*) avenir *m* ; **dall'oggi al ~** du jour au lendemain ; **~ sera** demain soir ; **~ (a) otto** demain en huit ; **~ l'altro** après-demain ; **a ~!** à demain ! ; **un ~** un jour ; **~!** (*iron*) tu peux attendre !
domare [do'mare] *vt* dompter ; (*fig*) maîtriser
domatore, -trice [doma'tore] *sm/f* dompteur(-euse) ; **~ di cavalli/leoni** dompteur(-euse) de chevaux/lions
domattina [domat'tina] *avv* demain matin
domenica, -che [do'menika] *sf* dimanche *m* ; *vedi anche* **martedì**
domestico, -a, -ci, -che [do'mɛstiko] *agg* domestique ; (*abitudini, tradizioni*) familial(e) ▶ *sm* domestique *m*, employé *m* de maison ▶ *sf* domestique *f*, employée *f* de maison ; **rimanere tra le pareti domestiche** rester chez soi
domicilio [domi'tʃiljo] *sm* domicile *m* ; **a ~** (*lavoro, consegna*) à domicile
dominare [domi'nare] *vt* (*anche fig*) dominer ▶ *vi* dominer ; (*fig: prevalere*) l'emporter ; **dominarsi** *vpr* se dominer, se maîtriser
donare [do'nare] *vt*: **~ (a)** (*regalare*) offrir (à) ; (*in beneficenza*) faire don de (à) ▶ *vi* (*fig: colore, abito*): **~ (a)** aller bien (à) ; **~ sangue** donner son sang ; **~ organi** faire un don d'organes
donatore, -trice [dona'tore] *sm/f* (*Med*) donneur(-euse) ; **~ di organi** donneur(-euse) d'organes ; **~ di sangue** donneur(-euse) de sang
dondolare [dondo'lare] *vt* balancer ; **dondolarsi** *vpr* se balancer
dondolo ['dondolo] *sm*: **a ~** à bascule ; **sedia a ~** rocking-chair *m*
dongle ['dɔngol] *sm inv* dongle *m*
donna ['dɔnna] *sf* femme *f*; (*titolo*) madame *f*; (*Carte*) dame *f*; **figlio di buona ~!** (*fam*) salaud ! ; **~ a ore, ~ delle pulizie** femme de ménage ; **~ di casa** femme d'intérieur ; **~ di servizio** femme de ménage
donnaiolo [donna'jɔlo] *sm* coureur *m* (de jupons)
donnola ['dɔnnola] *sf* belette *f*
dono ['dono] *sm* cadeau *m* ; (*fig: grazia, qualità*) don *m*
doping [doʊ'piŋ] *sm* dopage *m*
dopo ['dopo] *avv* (*tempo, spazio*) après ; (*più tardi*) plus tard ▶ *prep* après ▶ *cong* (*temporale*): **~ aver studiato** après avoir étudié ▶ *agg inv*: **il giorno ~** le jour suivant, le lendemain ; **~ mangiato va a dormire** après avoir mangé, il va se coucher ; **un anno ~** un an après ; **~ di me/lui** après moi/lui ; **a ~!** à tout à l'heure ! ; **è subito ~ la chiesa** c'est juste après l'église
dopobarba [dopo'barba] *sm inv* après-rasage *m*, after-shave *m*
dopodomani [dopodo'mani] *avv* après-demain ▶ *sm inv* surlendemain *m*
doposci [dopoʃ'ʃi] *sm inv* après-ski *m*
doposole [dopo'sole] *agg inv, sm inv* après-soleil *(m)*
dopotutto [dopo'tutto] *avv* après tout
doppiaggio [dop'pjaddʒo] *sm* (*Cine*) doublage *m*
doppiare [dop'pjare] *vt* (*capo, Cine*) doubler
doppio, -a ['doppjo] *agg* double ; (*fig: falso*) faux (fausse) ▶ *sm* (*quantità, numero, misura*): **il ~ (di)** le double (de) ; (*Tennis*) double *m* ▶ *avv* double ; **battere una lettera in doppia copia** taper une lettre en double exemplaire ; **fare il ~ gioco** (*fig*) jouer un double jeu ; **chiudere a doppia mandata** fermer à double tour ; **frase a ~ senso** phrase à double sens ; **un utensile a ~ uso** un

outil à double emploi ; **~ mento** double menton *m* ; **~ senso** double sens *msg*

doppione [dop'pjone] *sm* double *m*

doppiopetto [doppjo'pɛtto] *sm* (*giacca*) veste *f* croisée ; (*mantello*) manteau *m* croisé

dormicchiare [dormik'kjare] *vi* sommeiller

dormiglione, -a [dormiʎ'ʎone] *sm/f* (grand(e)) dormeur(-euse)

dormire [dor'mire] *vi, vt* (*anche fig*) dormir ; **~ come un ghiro** dormir comme un loir ; **~ della grossa** dormir d'un sommeil de plomb ; **~ in piedi** dormir debout

dormita [dor'mita] *sf* somme *m* ; **farsi una ~** faire un somme

dormitorio [dormi'tɔrjo] *sm* dortoir *m* ; **città ~** ville-dortoir *f* ; **~ pubblico** asile *m* de nuit

dormiveglia [dormi'veʎʎa] *sm inv* demi-sommeil *m*

dorso ['dɔrso] *sm* dos *msg* ; **a ~ di cavallo/mulo** à dos de cheval/mulet

dosare [do'zare] *vt* (*anche Med*) doser

dose ['dɔze] *sf* (*anche Med*) dose *f*

dotato, -a [do'tato] *agg* : **~ di** (*di attrezzature ecc*) doté(e) de, équipé(e) de ; (*di talento ecc*) doué(e) de ; **una persona molto dotata** une personne très douée

dote ['dɔte] *sf* dot *f* ; (*fig*) qualité *f*

Dott. *abbr* (= *dottore*) ≈ Dr

dottorato [dotto'rato] *sm* (*Univ*) doctorat *m* ; **~ di ricerca** ≈ doctorat

dottore, -essa [dot'tore] *sm/f* (*medico*) docteur *m* ; (*laureato*) *titre donné au titulaire d'une 'laurea'* ; **~ in legge** licencié(e) en droit

En Italie, le titre de docteur est donné à toute personne titulaire d'une maîtrise, quelle qu'en soit la discipline. Une personne appelée **dottore** n'est donc pas forcément médecin.

dottrina [dot'trina] *sf* (*anche Rel*) doctrine *f* ; (*catechismo*) catéchisme *m* ; (*cultura*) culture *f*

Dott.ssa *abbr* (= *dottoressa*) ≈ Dr

PAROLA CHIAVE

dove ['dove] *avv* **1** (*in interrogative*) où ; **dove sei?** où es-tu ? ; **dove vai?** où vas-tu ? ; **dimmi dov'è!** dis-moi où il est ! ; **da dove viene?** d'où vient-il ? ; **di dove sei?** d'où es-tu ? ; **per dove si passa?** par où passe-t-on ?
2 (*in relative*) où ; (: *nel luogo in cui*) (là) où ; **qui è dove l'han trovato** c'est ici qu'ils l'ont trouvé ; **t'aiuto fin dove posso** je t'aide autant que je peux ; **la città dove sono nato** la ville où je suis né ; **dove va combina guai** où qu'il aille, il fait des bêtises ; **si sieda dove preferisce** asseyez-vous où vous voulez ; **resta dove sei** reste (là) où tu es
▶ *cong* (*mentre*) alors que ; **ha preso la colpa dove non era sua** il a endossé la faute alors qu'il n'était pas coupable

dovere [do'vere] *sm* devoir *m* ▶ *vt* (*somma, favore*) : **~ qc (a qn)** devoir qch (à qn) ▶ *vi* (*seguito da infinito* : *obbligo*) : **~ fare qc** devoir faire qch ; (: *necessità*) : **è dovuto partire** il a dû partir ; (: *intenzione*) : **devo partire domani** je dois partir demain ; (: *probabilità*) : **dev'essere tardi** il doit être tard ; (: *divieto*) : **non devi prenderlo** tu ne dois pas le prendre ; (: *assenza di obbligo*) : **non devi venire se non vuoi** tu n'es pas obligé de venir ; **quanto le devo?** combien je vous dois ? ; **avere il senso del ~** avoir le sens du devoir ; **rivolgersi a chi di ~** s'adresser à qui de droit ; **doveva accadere** cela devait arriver ; **a ~** comme il se doit ; **come si deve** comme il faut ; **una persona come si deve** une personne comme il faut

doveroso, -a [dove'roso] *agg* (*dovuto*) juste

dovrò *ecc* [do'vrɔ] *vb vedi* **dovere**

dovunque [do'vunkwe] *avv* n'importe où ; (*dappertutto*) partout ; **~ io vada ...** où que j'aille ...

dovuto, -a [do'vuto] *pp di* **dovere** ▶ *agg* (*causato*) : **~ a** dû (due) à ▶ *sm* dû *m* ; **nel modo ~** comme de juste ; **lavorare più del ~** travailler plus qu'il ne faut

dozzina [dod'dzina] *sf* douzaine *f* ; **una ~ di uova** une douzaine d'œufs ; **di** *o* **da ~** (*scrittore, spettacolo*) médiocre, de second ordre

dozzinale [doddzi'nale] *agg* ordinaire

drago, -ghi ['drago] *sm* dragon *m* ; (*fam* : *fig*) as *msg*, champion(ne)

dramma, -i ['dramma] *sm* (*anche fig*) drame *m* ; **fare un ~ di qc** faire un drame de qch

drammatico, -a, -ci, -che [dram'matiko] *agg* (*anche fig*) dramatique

drastico, -a, -ci, -che ['drastiko] *agg* draconien(ne)

dritto, -a ['dritto] *agg, avv* = **diritto** ▶ *sm/f* (*fam: furbo*): **è un ~** c'est un malin

droga, -ghe ['drɔga] *sf* (*stupefacente: anche fig*) drogue *f*; (*spezia*) épice *f*; **droghe leggere** drogues douces; **droghe pesanti** drogues dures

drogare [dro'gare] *vt* (*persona*) droguer; **drogarsi** *vpr* se droguer

drogato, -a [dro'gato] *sm/f* drogué(e)

drogheria [droge'ria] *sf* droguerie *f*; (*negozio di alimentari*) épicerie *f*

dromedario [drome'darjo] *sm* dromadaire *m*

DS [di'ɛsse] *sigla mpl* (= *Democratici di Sinistra*) Démocrates *mpl* de gauche, *parti de gauche italien*

dubbio, -a ['dubbjo] *agg* incertain(e); (*equivoco*) douteux(-euse) ▶ *sm* doute *m*; **mettere in ~ qc** mettre qch en doute; **avere il ~ che** avoir la sensation que; **essere in ~ fra** hésiter entre; **nutrire seri dubbi su qc** avoir de sérieux doutes sur qch; **senza ~** sans aucun doute

dubitare [dubi'tare] *vi* douter; **~ di qc/qn** douter de qch/qn; **~ di sé** douter de soi; **ne dubito** j'en doute

Dublino [du'blino] *sf* Dublin

duca, -chi ['duka] *sm* duc *m*

duchessa [du'kessa] *sf* duchesse *f*

due ['due] *agg inv, sm inv* deux *m inv*; **a ~ a ~** deux par deux; **dire ~ parole** dire deux mots; **ci metti ~ minuti** ça prend deux minutes; *vedi anche* **cinque**

duecento [due'tʃɛnto] *agg inv, sm inv* deux cents *m inv* ▶ *sm*: **il D~** le treizième siècle

duepezzi [due'pɛttsi] *sm inv* deux-pièces *msg*, bikini *m*; (*abito*) deux-pièces

dunque ['dunkwe] *cong* donc ▶ *sm inv*: **venire al ~** venir au fait

duomo ['dwɔmo] *sm* cathédrale *f*; **il ~ di Milano** le dôme de Milan

duplicato [dupli'kato] *sm* (*Dir*) duplicata *m inv*; (*copia*) double *m*

duplice ['duplitʃe] *agg* double; **in ~ copia** en double exemplaire

durante [du'rante] *prep* pendant; **vita natural ~** durant toute sa vie

durare [du'rare] *vi* durer; (*cibo*) se conserver; (*protrarsi*) durer, continuer; **~ fatica a** avoir de la peine à; **~ in carica** rester en fonction; **non può ~** cela ne peut pas continuer *o* durer

durezza [du'rettsa] *sf* (*vedi agg*) dureté *f*; difficulté *f*; entêtement *m*; sévérité *f*

duro, -a ['duro] *agg* dur(e); (*problema*) difficile; (*persona: ostinato*) têtu(e); (*: severo*) sévère ▶ *sm* dur *m*; (*difficoltà*) difficultés *fpl* ▶ *sm/f* dur(e) ▶ *avv*: **tener ~** tenir bon; **avere la pelle dura** (*fig*) avoir la peau dure; **~ di comprendonio** dur de la comprenette (*fam*); **~ d'orecchi** dur d'oreille; **fare il ~** jouer les durs

E *abbr* (= *est*) E
e [e] (*dav vocale anche* **ed**) *cong* et
è [ɛ] *vb vedi* **essere**
ebbe ['ɛbbe] *vb vedi* **avere**
ebbene [eb'bɛne] *cong* eh bien
ebbi ['ɛbbi] *vb vedi* **avere**
e-book [i'buk] *sm inv* livre *m* numérique *o* électronique
ebraico, -a, -ci, -che [e'braiko] *agg* hébraïque ▶ *sm* hébreu *m*; **popolo ~** peuple *m* hébreu
ebreo, -a [e'brɛo] *agg, sm/f* juif(-ive)
EC *abbr* (= *Eurocity*) *train reliant les grandes villes européennes du Luxembourg à l'Italie*
ecc. *abbr avv* (= *eccetera*) etc.
eccellente [ettʃel'lɛnte] *agg* excellent(e); (*fig: cadavere*) exquis(e); **omicidio ~** *assassinat d'un personnage en vue*
eccentrico, -a, -ci, -che [et'tʃɛntriko] *agg* excentrique
eccessivo, -a [ettʃes'sivo] *agg* excessif(-ive)
eccesso [et'tʃɛsso] *sm* excès *m*; **dare in eccessi** (*fig*) s'emporter; **per ~** (*arrotondare*) par excès; **~ di velocità** excès de vitesse; **~ di zelo** excès de zèle
eccetera [et'tʃɛtera] *avv* et cetera
eccetto [et'tʃɛtto] *prep* (*tranne*) sauf, excepté; **è permesso tutto ~ che fumare** on peut tout faire sauf fumer; **verrò domani ~ che non piova** je viendrai demain sauf s'il pleut, je viendrai demain à moins qu'il ne pleuve
eccezionale [ettʃettsjo'nale] *agg* exceptionnel(le); **in via del tutto ~** exceptionnellement
eccezione [ettʃet'tsjone] *sf* (*anche Dir*) exception *f*; **a ~ di** à l'exception de, sauf; **d'~** exceptionnel(le), de marque; **fare ~** faire exception; **fare un'~ (alla regola)** faire une exception (à la règle)
eccitare [ettʃi'tare] *vt* exciter; **eccitarsi** *vpr* s'exciter
ecco ['ɛkko] *avv* voilà; **eccomi!** me voilà!, me voici!; (*vengo!*) j'arrive!; **~ fatto!** ça y est, c'est fait!; **eccoci arrivati!** nous voilà arrivés!
eccome [ek'kome] *avv* et comment, évidemment; **ti piace? — ~!** ça te plaît? — et comment!
eclissi [e'klissi] *sf inv* éclipse *f*
eco ['ɛko] (*pl*(*m*) **echi**) *sm o sf* écho *m*; (*fig*) retentissement *m*, résonance *f*; **suscitare una vasta ~** avoir un grand retentissement
ecografia [ekogra'fia] *sf* échographie *f*
ecologia [ekolo'dʒia] *sf* écologie *f*
ecologico, -a, -ci, -che [eko'lɔdʒiko] *agg* écologique
economia [ekono'mia] *sf* économie *f*; **fare ~** faire des économies; **~ sommersa** *o* **sotterranea** économie souterraine
economico, -a, -ci, -che [eko'nɔmiko] *agg* économique; **edizione economica** édition bon marché
ecstasy ['ɛkstəsi] *sf* ecstasy *f*
edera ['edera] *sf* lierre *m*
edicola [e'dikola] *sf* kiosque *m* (à journaux)
edificio [edi'fitʃo] *sm* édifice *m*, bâtiment *m*; (*abitazione*) immeuble *m*; (*fig*) édifice *m*
edile [e'dile] *agg* (*imprenditore, impresa*) de bâtiment; (*industria*) du bâtiment
Edimburgo [edim'burgo] *sf* Édimbourg
editore, -trice [edi'tore] *agg* (*società, casa*) d'édition, éditeur(-trice) ▶ *sm/f* éditeur(-trice)
edizione [edit'tsjone] *sf* édition *f*; **una bella ~ della Traviata** une belle représentation de la Traviata; **la trentesima ~ della Fiera di Milano** la trentième Foire de Milan; **~ straordinaria** édition spéciale
educare [edu'kare] *vt* éduquer, élever; (*gusto, mente*) éduquer
educato, -a [edu'kato] *agg* bien élevé(e), poli(e); (*modi*) courtois(e); **in modo ~** poliment

educazione [edukat'tsjone] *sf* éducation *f* ; (*comportamento*) politesse *f*, bonnes manières *fpl* ; **per ~** par politesse ; **~ fisica** (*Scol*) éducation physique
educherò *ecc* [eduke'rɔ] *vb vedi* **educare**
effeminato, -a [effemi'nato] *agg* efféminé(e)
effervescente [effervеʃ'ʃɛnte] *agg* effervescent(e) ; (*fig*) effervescent(e), bouillonnant(e)
effettivo, -a [effet'tivo] *agg* effectif(-ive), réel(le) ; (*Amm*) en fonction ; (*Scol*) en titre, titulaire ; (*socio*) actif(-ive) ▸ *sm* (*Amm, Scol*) personnel *m* ; (*Mil*) effectif *m*
effetto [ef'fɛtto] *sm* (*anche Comm*) effet *m* ; **in effetti** en réalité, effectivement ; **fare ~** (*medicina*) faire de l'effet ; **cercare l'~** (re)chercher l'effet ; **~ serra** effet de serre ; **effetti personali** affaires *fpl* ; **effetti attivi** (*Comm*) effets à recevoir ; **effetti passivi** (*Comm*) effets à payer
efficace [effi'katʃe] *agg* efficace
efficiente [effi'tʃɛnte] *agg* (*persona*) efficace ; (*macchina*) performant(e)
Egitto [e'dʒitto] *sm* Égypte *f*
egiziano, -a [edʒit'tsjano] *agg* égyptien(ne) ▸ *sm/f* Égyptien(ne)
egli ['eʎʎi] *pron* il ; **~ stesso** lui-même
egoismo [ego'izmo] *sm* égoïsme *m*
egoista, -i, -e [ego'ista] *agg, sm/f* égoïste *m/f*
Egr. *abbr* = *Egregio*; **Egr. Sig.** Monsieur
E.I. *abbr* (= *Esercito Italiano*) *armée italienne*
elaborare [elabo'rare] *vt* élaborer ; (*dati*) traiter
elasticizzato, -a [elastitʃid'dzato] *agg* élastique ; **pantaloni elasticizzati** pantalon *msg* stretch®
elastico, -a, -ci, -che [e'lastiko] *agg* (*materiale*) élastique ; (*fig*) souple ▸ *sm* élastique *m*
elefante, -essa [ele'fante] *sm/f* éléphant(e)
elegante [ele'gante] *agg* élégant(e)
eleggere [e'lɛddʒere] *vt* élire
elementare [elemen'tare] *agg* élémentaire ; **le (scuole) elementari** (*Scol*) ≈ l'école *fsg* primaire ; **prima ~** (*Scol*) ≈ C.P. *m*, cours *m* préparatoire
elemento [ele'mento] *sm* (*anche fig, Chim*) élément *m* ; **elementi** *smpl* (*di scienza, arte*) notions *fpl*, éléments *mpl*
elemosina [ele'mɔzina] *sf* aumône *f* ; **chiedere l'~** demander l'aumône
elencare [elen'kare] *vt* (*mettere in elenco*) dresser la liste de ; (*enumerare*) énumérer
elencherò *ecc* [elenke'rɔ] *vb vedi* **elencare**
elenco, -chi [e'lɛnko] *sm* liste *f* ; **~ telefonico** annuaire *m* téléphonique
elessi *ecc* [e'lɛssi] *vb vedi* **eleggere**
elettorale [eletto'rale] *agg* électoral(e)
elettore, -trice [elet'tore] *sm/f* électeur(-trice)
elettrauto [elet'trauto] *sm inv* (*officina*) garage *m* ; (*negozio*) *magasin spécialisé dans l'équipement électrique pour voitures* ; (*tecnico*) mécanicien *m* (*spécialisé dans les installations électriques pour voitures*)
elettricista, -i [elettri'tʃista] *sm* électricien *m*
elettricità [elettritʃi'ta] *sf* électricité *f*
elettrico, -a, -ci, -che [e'lɛttriko] *agg* électrique
elettrizzante [elettrid'dzante] *agg* (*fig*) électrisant(e)
elettrizzare [elettrid'dzare] *vt* (*anche fig*) électriser ; **elettrizzarsi** *vpr* se charger ; (*fig*) être galvanisé(e)
elettrodomestico, -a, -ci, -che [elettrodo'mɛstiko] *agg* électroménager(-ère) ▸ *sm* électroménager *m* ; **apparecchio ~** appareil *m* électroménager
elettronico, -a, -ci, -che [elet'trɔniko] *agg* électronique
elezione [elet'tsjone] *sf* élection *f* ; **elezioni** *sfpl* (*amministrative, politiche*) élections *fpl* ; **patria d'~** patrie *f* d'adoption
elica, -che ['ɛlika] *sf* (*di nave, aereo*) hélice *f*
elicottero [eli'kɔttero] *sm* hélicoptère *m*
eliminare [elimi'nare] *vt* éliminer ; (*dubbi*) dissiper
elisoccorso [elisok'korso] *sm service d'hélicoptères de secours*
elmetto [el'metto] *sm* casque *m*
elogiare [elo'dʒare] *vt* faire l'éloge de
eloquente [elo'kwɛnte] *agg* éloquent(e) ; (*fig*) éloquent(e), parlant(e) ; **questi dati sono eloquenti** ces chiffres sont éloquents
eludere [e'ludere] *vt* (*domanda*) éluder ; (*regolamento, leggi*) contourner ; (*sorveglianza*) échapper à

elusi *ecc* [e'luzi] *vb vedi* **eludere**
e-mail [e'mail] *sf inv, agg inv* e-mail *m* ; **inviare qc per ~** envoyer qch par e-mail
emarginato, -a [emardʒi'nato] *sm/f* marginal(e)
emarginazione [emardʒinat'tsjone] *sf* marginalisation *f*
embrione [embri'one] *sm* (*anche Bot*) embryon *m* ; **in ~** (*fig*) à l'état embryonnaire
emendamento [emenda'mento] *sm* correction *f* ; (*Dir*) amendement *m*
emergenza [emer'dʒɛntsa] *sf* urgence *f* ; **in caso di ~** en cas d'urgence ; **stato di ~** état *m* d'urgence

Les numéros à composer en cas d'urgence (**in caso di emergenza**) sont les suivants: Police 113, Carabinieri 112, SAMU 118, Police routière 116, Sapeurs-pompiers 115.

emergere [e'mɛrdʒere] *vi* émerger ; (*fig: apparire*) se révéler ; (*: distinguersi*) se distinguer ; **emerge che ...** il ressort que ...
emersi *ecc* [e'mɛrsi] *vb vedi* **emergere**
emettere [e'mettere] *vt* (*suono, luce, onde radio ecc*) émettre ; (*grido, sospiro*) pousser ; (*assegno*) tirer ; (*francobollo*) mettre en circulation ; (*ordine, mandato*) délivrer ; (*Dir: sentenza*) rendre
emicrania [emi'kranja] *sf* migraine *f*
emigrare [emi'grare] *vi* émigrer ; (*uccelli*) migrer
emisfero [emis'fɛro] *sm* hémisphère *m* ; **~ australe** hémisphère austral ; **~ boreale** hémisphère boréal
emisi *ecc* [e'mizi] *vb vedi* **emettere**
emittente [emit'tɛnte] *agg* émetteur(-trice) ▶ *sf* (*Radio, TV*) émetteur *m* ; **~ privata** émetteur privé
emorragia, -gie [emorra'dʒia] *sf* hémorragie *m*
emorroidi [emor'rɔidi] *sfpl* hémorroïdes *fpl*
emotivo, -a [emo'tivo] *agg* émotif(-ive)
emozionante [emottsjo'nante] *agg* émouvant(e) ; (*appassionante*) passionnant(e), palpitant(e)
emozionare [emottsjo'nare] *vt* (*commuovere*) émouvoir ; (*appassionare*) passionner ; **emozionarsi** *vpr* s'émouvoir
emozionato, -a [emottsjo'nato] *agg* (*commosso*) ému(e) ; (*agitato*) nerveux(-euse) ; (*eccitato*) excité(e)
emozione [emot'tsjone] *sf* émotion *f* ; (*agitazione*) émotion, émoi *m*
enciclopedia [entʃiklope'dia] *sf* encyclopédie *f*
endovenoso, -a [endove'noso] *agg* intraveineux(-euse) ▶ *sf* (*iniezione*) intraveineuse *f*
E.N.E.L. ['enel] *sigla m* (= *Ente Nazionale per l'Energia Elettrica*) ≈ EDF *f*
energetico, -a, -ci, -che [ener'dʒɛtiko] *agg* énergétique
energia, -gie [ener'dʒia] *sf* énergie *f* ; (*fig: di stile, carattere*) force *f* ; **~ atomica** énergie atomique ; **~ elettrica** énergie électrique ; **~ eolica** énergie éolienne, éolien *m* ; **~ solare** énergie solaire
energico, -a, -ci, -che [e'nɛrdʒiko] *agg* énergique
enfasi ['ɛnfazi] *sf* emphase *f*
ennesimo, -a [en'nɛzimo] *agg* (*Mat*) énième, n-ième ; **per l'ennesima volta** pour la énième fois
enorme [e'norme] *agg* énorme
ente ['ɛnte] *sm* (*istituzione*) organisme *m* ; (*Filosofia*) être *m* ; **~ di ricerca** centre *m* de recherche ; **enti locali** ≈ collectivités *fpl* locales ; **enti pubblici** établissements *mpl* publics
entrambi, -e [en'trambi] *pron pl* tous (toutes) les deux ▶ *agg pl*: **~ i ragazzi** les deux garçons
entrare [en'trare] *vi*: **~ (in)** entrer (dans) ; (*in convento*) entrer (à) ; (*in macchina*) monter (en) ; **far ~ qn** faire entrer qn ; **~ in società con qn** (*Comm*) s'associer à *o* avec qn ; **~ in vigore** entrer en vigueur ; **questo non c'entra** (*fig*) cela n'a rien à voir ; **che c'entra?** et alors ?
entrata [en'trata] *sf* entrée *f* ; **entrate** *sfpl* (*Comm, Econ*) recettes *fpl* ; **con l'~ in vigore dei nuovi provvedimenti ...** avec l'entrée en vigueur des nouvelles mesures ... ; **« ~ libera »** « entrée libre » ; **entrate tributarie** recettes fiscales
entro ['entro] *prep*: **~ domani** d'ici demain ; **~ il 25 marzo** avant le 25 mars ; **~ e non oltre il 25 aprile** le 25 avril dernière limite
entusiasmare [entuzjaz'mare] *vt* enthousiasmer ; **entusiasmarsi** *vpr*: **entusiasmarsi (per)** s'enthousiasmer (pour)
entusiasmo [entu'zjazmo] *sm* enthousiasme *m*

entusiasta, -i, -e [entu'zjasta] *agg, sm/f* enthousiaste *m/f*
eolico, -a, -chi, -che [e'ɔliko] *agg* éolien(ne)
epatite [epa'tite] *sf* hépatite *f*
epidemia [epide'mia] *sf (anche fig)* épidémie *f*
epilessia [epiles'sia] *sf* épilepsie *f*
epilettico, -a, -ci, -che [epi'lɛttiko] *agg* épileptique
episodio [epi'zɔdjo] *sm* épisode *m* ; **a episodi** *(sceneggiato, telefilm)* à épisodes
epoca, -che ['ɛpoka] *sf (periodo storico)* époque *f* ; *(tempo)* période *f* ; *(Geo)* ère *f* ; **d'~** *(edificio, mobile)* d'époque, authentique ; **fare ~** faire époque, faire date
eppure [ep'pure] *cong (nondimeno)* et pourtant
EPT [epi'ti] *sigla m (= Ente provinciale per il turismo) Office de tourisme régional*
equatore [ekwa'tore] *sm* équateur *m*
equazione [ekwat'tsjone] *sf* équation *f*
equestre [e'kwɛstre] *agg* équestre
equilibrio [ekwi'librjo] *sm* équilibre *m* ; **perdere l'~** perdre l'équilibre ; **stare in ~ su** *(persona, oggetto)* être en équilibre sur
equino, -a [e'kwino] *agg (razza)* chevalin(e) ; *(carne)* de cheval
equipaggiamento [ekwipaddʒa'mento] *sm* équipement *m*
equipaggiare [ekwipad'dʒare] *vt*: **~ (di)** équiper (de) ; **equipaggiarsi** *vr* s'équiper
equipaggio [ekwi'paddʒo] *sm* équipage *m*
equitazione [ekwitat'tsjone] *sf* équitation *f*
equivalente [ekwiva'lɛnte] *agg* équivalent(e) ▸ *sm* équivalent *m*
equivoco, -a, -ci, -che [e'kwivoko] *agg, sm* équivoque *f* ; **a scanso di equivoci** pour éviter tout malentendu ; **giocare sull'~** jouer sur les mots
equo, -a ['ɛkwo] *agg (risultato, giudizio, spartizione)* équitable ; *(prezzo)* raisonnable
era[1] ['ɛra] *sf* ère *f*
era[2] *ecc* ['ɛra] *vb vedi* **essere**
erba ['ɛrba] *sf* herbe *f* ; **in ~** *(fig)* en herbe ; **fare di ogni ~ un fascio** *(fig)* mettre tout dans le même sac ; **~ medica** luzerne *f* ; **erbe aromatiche** herbes aromatiques, fines herbes
erbaccia, -ce [er'battʃa] *sf* mauvaise herbe *f*
erboristeria [erboriste'ria] *sf (scienza)* phytothérapie *f* ; *(negozio)* herboristerie *f*
erede [e'rɛde] *sm/f (anche fig)* héritier(-ière)
eredità [eredi'ta] *sf inv (anche fig)* héritage *m* ; **lasciare qc in ~ a qn** laisser qch en héritage à qn
ereditare [eredi'tare] *vt* hériter de
ereditario, -a [eredi'tarjo] *agg* héréditaire
eremita, -i [ere'mita] *sm* ermite *m*
ergastolo [er'gastolo] *sm* réclusion *f* à perpétuité
erica ['ɛrika] *sf* bruyère *f*
ermetico, -a, -ci, -che [er'mɛtiko] *agg* hermétique
ernia ['ɛrnja] *sf* hernie *f* ; **~ del disco** hernie discale
ero ['ɛro] *vb vedi* **essere**
eroe [e'rɔe] *sm* héros *msg*
erogare [ero'gare] *vt (capitali)* affecter ; *(gas, servizi)* distribuer
eroico, -a, -ci, -che [e'rɔiko] *agg* héroïque
eroina [ero'ina] *sf (persona, droga)* héroïne *f*
erosione [ero'zjone] *sf* érosion *f*
erotico, -a, -ci, -che [e'rɔtiko] *agg* érotique
errato, -a [er'rato] *agg* erroné(e)
errore [er'rore] *sm* erreur *f*, faute *f* ; *(colpa)* faute ; **per ~** par erreur ; **ci dev'essere un ~** il doit y avoir une erreur ; **~ giudiziario** erreur judiciaire
eruzione [erut'tsjone] *sf (Geo, Med)* éruption *f*
esacerbare [ezatʃer'bare] *vt* exacerber
esagerare [ezadʒe'rare] *vt, vi* exagérer ; **senza ~** sans exagérer ; **~ nel bere** boire à l'excès
esaltare [ezal'tare] *vt* exalter ; **esaltarsi** *vpr*: **esaltarsi (per)** s'exalter (pour)
esame [e'zame] *sm* examen *m* ; **fare** *o* **dare un ~** passer un examen ; **passare** *o* **superare un ~** réussir un examen ; **fare un ~ di coscienza** faire son examen de conscience ; **~ del sangue** analyse *f* du sang ; **~ di guida** permis *m*
esaminare [ezami'nare] *vt* examiner
esasperare [ezaspe'rare] *vt* exaspérer ; **esasperarsi** *vpr* s'exaspérer

esattamente [ezatta'mente] *avv* exactement
esattezza [ezat'tettsa] *sf* exactitude *f*, précision *f*; (*diligenza*) application *f*; **per l'~** pour être précis(e)
esatto, -a [e'zatto] *pp di* **esigere** ▶ *agg* exact(e)
esaudire [ezau'dire] *vt* (*desideri ecc*) exaucer
esauriente [ezau'rjɛnte] *agg* exhaustif(-ive)
esaurimento [ezauri'mento] *sm* (*di scorte*) épuisement *m*; (*Med*) dépression *f*; **svendita fino ad ~ della merce** soldes jusqu'à épuisement du stock; **~ nervoso** dépression nerveuse
esaurire [ezau'rire] *vt* épuiser; **esaurirsi** *vpr* s'épuiser
esaurito, -a [ezau'rito] *agg* (*scorte ecc*) épuisé(e); (*posto: al cinema, teatro*) complet(-ète); (*persona*) déprimé(e); **tutto ~** (*Teatro*) complet; **i posti erano tutti esauriti** la salle était complète; **il teatro ha registrato il tutto ~** le théâtre a affiché « complet »
esausto, -a [e'zausto] *agg* épuisé(e)
esca ['eska] (*pl* **esche**) *sf* (*anche fig*) appât *m*
esce ['ɛʃʃe] *vb vedi* **uscire**
eschimese [eski'mese] *agg* esquimau *inv*, eskimo *inv* ▶ *sm/f* Esquimau(de) ▶ *sm* esquimau *m*
esci ['ɛʃʃi] *vb vedi* **uscire**
esclamare [eskla'mare] *vi* s'exclamer
esclamativo, -a [esklama'tivo] *agg*: **punto ~** point *m* d'exclamation
esclamazione [esklamat'tsjone] *sf* exclamation *f*
escludere [es'kludere] *vt* exclure
esclusi *ecc* [es'kluzi] *vb vedi* **escludere**
esclusione [esklu'zjone] *sf* exclusion *f*; **a ~ di, fatta ~ per** à l'exception de; **~ sociale** exclusion
esclusiva [esklu'ziva] *sf* exclusivité *f*; **in ~** en exclusivité; **avere l'~ (di)** (*di notizia, prodotto*) avoir l'exclusivité (de)
esclusivamente [eskluziva'mente] *avv* exclusivement
esclusivo, -a [esklu'zivo] *agg* exclusif(-ive); (*circolo*) fermé(e)
escluso, -a [es'kluzo] *pp di* **escludere** ▶ *agg*: **nessuno ~** tous sans exception; **IVA esclusa** hors taxes
esco ['ɛsko] *vb vedi* **uscire**
escogitare [eskodʒi'tare] *vt* inventer, imaginer
escono ['ɛskono] *vb vedi* **uscire**
escursione [eskur'sjone] *sf* excursion *f*; **~ termica** amplitude *f* (thermique)
esecuzione [ezekut'tsjone] *sf* exécution *f*, réalisation *f*; (*Mus, Dir*) exécution; **~ capitale** exécution capitale
eseguire [eze'gwire] *vt* exécuter
esempio [e'zɛmpjo] *sm* exemple *m*; **fare un ~** donner un exemple; **per ~** par exemple
esemplare [ezem'plare] *agg, sm* exemplaire *m*
esercitare [ezertʃi'tare] *vt* exercer; **esercitarsi** *vr* s'exercer; **esercitarsi nella guida** s'entraîner à conduire
esercito [e'zɛrtʃito] *sm* (*anche fig*) armée *f*
esercizio [ezer'tʃittsjo] *sm* exercice *m*; (*allenamento*) exercice, entraînement *m*; (*attività commerciale*) magasin *m*; (*gestione*) gestion *f*; **costi di ~** (*Comm*) frais *mpl* d'exploitation; **nell'~ delle proprie funzioni** dans l'exercice de ses fonctions; **fuori ~** (*persona*) rouillé(e); (*non funzionante*) hors d'usage; **~ pubblico** (*Comm*) établissement *m*
esibire [ezi'bire] *vt* (*far vedere*) montrer; **esibirsi** *vr* (*attore, musicista*) se produire, s'exhiber
esibizione [ezibit'tsjone] *sf* (*di documento*) présentation *f*; (*spettacolo*) représentation *f*
esigente [ezi'dʒɛnte] *agg* exigeant(e)
esigere [e'zidʒere] *vt* exiger; (*imposte*) percevoir
esile ['ɛzile] *agg* mince; (*voce*) fluet(te)
esiliare [ezi'ljare] *vt* exiler
esilio [e'ziljo] *sm* exil *m*; **~ fiscale** exil fiscal
esistenza [ezis'tɛntsa] *sf* existence *f*
esistere [e'zistere] *vi* exister; **non esiste!** (*fam*) jamais de la vie !
esitare [ezi'tare] *vi* hésiter; **~ a fare** hésiter à faire
esito ['ɛzito] *sm* (*di esame, partita*) résultat *m*; (*di incontro, battaglia*) issue *f*
esodo ['ɛzodo] *sm* exode *m*
esonerare [ezone'rare] *vt*: **~ (da)** exonérer (de)
esordio [e'zɔrdjo] *sm* début *m*
esortare [ezor'tare] *vt*: **~ (a/a fare)** exhorter (à/à faire)
esotico, -a, -ci, -che [e'zɔtiko] *agg* exotique

e

espandere [es'pandere] *vt* étendre ; **espandersi** *vpr* (*Fis*) se détendre ; (*azienda*) s'agrandir ; (*paese*) s'étendre
espansione [espan'sjone] *sf* expansion *f* ; **~ di memoria** (*Inform*) extension *f* de mémoire
espansivo, -a [espan'sivo] *agg* expansif(-ive)
espatriare [espa'trjare] *vi* s'expatrier
espediente [espe'djɛnte] *sm* expédient *m* ; **vivere di espedienti** vivre d'expédients
espellere [es'pɛllere] *vt* (*da partito, società*) expulser ; (*da scuola*) renvoyer
esperienza [espe'rjɛntsa] *sf* expérience *f* ; **parlare per ~** parler en connaissance de cause
esperimento [esperi'mento] *sm* (*prova, verifica*) essai *m* ; (*Scienza*) expérience *f* ; **fare un ~** faire un essai, faire une expérience
esperto, -a [es'pɛrto] *agg, sm/f* expert(e)
espirare [espi'rare] *vt, vi* expirer
esplicito, -a [es'plitʃito] *agg* (*anche Ling*) explicite
esplodere [es'plɔdere] *vi* exploser ; (*fig: persona, fenomeno*) éclater ▶ *vt* (*colpo*) tirer
esplorare [esplo'rare] *vt* explorer
esplosione [esplo'zjone] *sf* (*anche fig*) explosion *f*
espone *ecc* [e'spone] *vb vedi* **esporre**
espongo *ecc* [e'spongo] *vb vedi* **esporre**
esponi *ecc* [e'sponi] *vb vedi* **esporre**
esporre [es'porre] *vt* (*anche Fot*) exposer ; **esporsi** *vr*: **esporsi a** (*sole, pericolo*) s'exposer à
esportare [espor'tare] *vt* exporter
esposi *ecc* [e'spose] *vb vedi* **esporre**
esposizione [espozit'tsjone] *sf* (*di quadri ecc, Fot*) exposition *f* ; (*racconto*) exposé *m*
esposto, -a [es'posto] *pp di* **esporre** ▶ *agg*: **~ a nord** exposé(e) au nord ▶ *sm* (*Amm*) requête *f* ; (: *petizione*) pétition *f*
espressione [espres'sjone] *sf* (*anche Mat*) expression *f*
espressivo, -a [espres'sivo] *agg* expressif(-ive)
espresso, -a [es'prɛsso] *pp di* **esprimere** ▶ *agg* express *inv* ▶ *sm* (*lettera, francobollo*) exprès *msg* ; (*anche*: **treno espresso**) (train *m*) express *msg* ; (*anche*: **caffè espresso**) express
esprimere [es'primere] *vt* exprimer ; **esprimersi** *vpr* s'exprimer
espulsi *ecc* [es'pulsi] *vb vedi* **espellere**
espulsione [espul'sjone] *sf* (*da partito, società*) expulsion *f* ; (*da scuola*) renvoi *m*
essenza [es'sɛntsa] *sf* essence *f*
essenziale [essen'tsjale] *agg* essentiel(le) ▶ *sm*: **l'~** l'essentiel *m*

PAROLA CHIAVE

essere ['ɛssere] *vi* **1** (*esistere, trovarsi, stare*) être ; **sono a casa** je suis à la maison ; **essere in piedi** être debout ; **essere seduto** être assis
2: **esserci**: **c'è** il y a ; **che c'è?** qu'est-ce qu'il y a ? ; **non c'è niente da fare** il n'y a rien à faire ; **ci sono!** (*anche fig*) j'y suis !
3 (*con attributo, sostantivo*) être ; **è giovane** il est jeune ; **è medico** il est médecin
4: **essere da** être à ; **è da farsi subito** c'est à faire tout de suite ; **c'è da sperare che ...** (il) reste à espérer que ...
5: **essere di** (*appartenere*) être à ; (*provenire*) être de ; **di chi è la penna?** à qui est le stylo ? ; **è di Carla** il est à Carla ; **è di Venezia** il est de Venise
6 (*data, ora*): **è il 15 agosto** c'est le 15 août ; **è lunedì** c'est lundi ; **che ora è?, che ore sono?** quelle heure est-il ? ; **è l'una** il est une heure ; **sono le due** il est deux heures ; **è mezzanotte** il est minuit
7 (*costare*): **quant'è?** combien ça fait ?, c'est combien ? ; **sono 200 euro** ça fait 200 euros
▶ *vb aus* **1** (*attivo, passivo*) être ; **essere arrivato/venuto** être arrivé/venu ; **se n'è andata** elle s'en est allée ; **essere fatto da** être fait de ; **è stata uccisa** elle a été tuée
2 (*riflessivo*): **si è pettinato** il s'est peigné ; **si sono lavati** ils se sont lavés
▶ *vb impers*: **è tardi** il est tard ; **è bello/caldo/freddo** il fait beau/chaud/froid ; **è possibile che venga** il est possible qu'il vienne ; **è così** c'est comme ça
▶ *sm* (*individuo, essenza*) être *m* ; **essere umano** être humain

essi ['essi] *pron pl vedi* **esso**
esso, -a ['esso] *pron* (*soggetto*) il (elle) ; (: *complemento*) lui (elle) ; (*pl: soggetto*) ils (elles) ; (: *complemento*) eux (elles) ;

~(a) stesso(a) lui-même (elle-même) ; **essi(e) stessi(e)** eux-mêmes (elles-mêmes)
est [ɛst] *sm* est *m* ; **i paesi dell'~** les pays de l'Est
estate [es'tate] *sf* été *m* ; **d'~, in ~** en été
esteriore [este'rjore] *agg* extérieur(e)
esterno, -a [es'tɛrno] *agg* extérieur(e) ; (*alunno*) externe ▶ *sm* extérieur *m* ▶ *sm/f* (*allievo*) externe *m/f* ; **esterni** *smpl* (*Cine*) extérieurs *mpl* ; **per uso ~** pour *o* à usage externe ; **all'~** à l'extérieur
estero, -a ['ɛstero] *agg* étranger(-ère) ▶ *sm*: **all'~** à l'étranger ; **Ministero degli Esteri, gli Esteri** ministère *m* des Affaires étrangères
esteso, -a [es'teso] *agg* vaste ; **scrivere per ~** écrire en toutes lettres, écrire intégralement
estetico, -a, -ci, -che [es'tɛtiko] *agg* esthétique ; **cura estetica** soins *mpl* esthétiques
estetista [este'tista] *sm/f* esthéticien(ne)
estinguere [es'tingwere] *vt* (*incendio, debito*) éteindre ; (*conto corrente*) clôturer ; **estinguersi** *vpr* s'éteindre
estinsi *ecc* [es'tinsi] *vb vedi* **estinguere**
estintore [estin'tore] *sm* extincteur *m*
estinzione [estin'tsjone] *sf* extinction *f* ; **in via di ~** en voie de disparition *o* d'extinction
estirpare [estir'pare] *vt* (*erbacce, dente*) arracher ; (*tumore, vizio*) extirper
estivo, -a [es'tivo] *agg* d'été, estival(e)
estorcere [es'tɔrtʃere] *vt* extorquer
estradizione [estradit'tsjone] *sf* extradition *f*
estrae *ecc* [e'strae] *vb vedi* **estrarre**
estraggo *ecc* [e'straggo] *vb vedi* **estrarre**
estraneo, -a [es'traneo] *agg, sm/f* étranger(-ère) ; **rimanere ~ a qc** rester étranger(-ère) à qch ; **sentirsi ~ a** se sentir étranger(-ère) à
estrarre [es'trarre] *vt* (*minerali, Mat*) extraire ; (*dente*) arracher, extraire ; (*pistola*) sortir ; (*sorteggiare*) tirer ; **~ a sorte** tirer au sort
estrassi *ecc* [es'trassi] *vb vedi* **estrarre**
estremamente [estrema'mente] *avv* extrêmement
estremista, -i, -e [estre'mista] *sm/f* extrémiste *m/f*
estremità [estremi'ta] *sf inv* extrémité *f*, bout *m* ▶ *sfpl* (*del corpo*) extrémités *fpl*
estremo, -a [es'trɛmo] *agg* extrême ; (*ora*) dernier(-ière) ▶ *sm* (*limite*) bout *m* ; **estremi** *smpl* (*Amm*) références *fpl* ; (*dati essenziali*) éléments *mpl* principaux ; **gli estremi di un reato** les éléments constitutifs d'un crime ; **da un ~ all'altro** d'un extrême à l'autre ; **l'E~ Oriente** l'Extrême-Orient *m*
estroverso, -a [estro'vɛrso] *agg, sm/f* extraverti(e), extroverti(e)
età [e'ta] *sf inv* (*di persona, animale*) âge *m* ; (*epoca*) époque *f*, ère *f* ; **all'~ di otto anni** à (l'âge de) huit ans ; **raggiungere la maggiore ~** atteindre la majorité ; **ha la mia ~** il a mon âge ; **di mezza ~** entre deux âges ; **in ~ avanzata** d'un âge avancé ; **la minore ~** (*Dir*) la minorité *f* ; **~ del bronzo** âge du bronze ; **~ della pietra** âge de la pierre
etere ['ɛtere] *sm* (*Chim, aria*) éther *m* ; **trasmissione via ~** transmission *f* par voie hertzienne
eternità [eterni'ta] *sf* éternité *f*
eterno, -a [e'tɛrno] *agg* éternel(le) ; (*attesa*) interminable ; **in ~** pour l'éternité, à jamais
eterogeneo, -a [etero'dʒɛneo] *agg* hétérogène
eterosessuale [eterosessu'ale] *agg, sm/f* hétérosexuel(le)
etica ['ɛtika] *sf* éthique *f*
etichetta [eti'ketta] *sf* (*cartellino, galateo*) étiquette *f*
etico, -a, -ci, -che ['ɛtiko] *agg* éthique
etilometro® [eti'lɔmetro] *sm* alcootest *m*
etimologia, -gie [etimolo'dʒia] *sf* étymologie *f*
etnico, -a, -ci, -che ['ɛtniko] *agg* ethnique
etrusco, -a, -schi, -sche [e'trusko] *agg, sm/f* étrusque *m/f*
ettaro ['ɛttaro] *sm* hectare *m*
etto ['ɛtto] *abbr m* (= *ettogrammo*) cent grammes
euro ['euro] *sm inv* euro *m*
Europa [eu'rɔpa] *sf* Europe *f*
europeo, -a [euro'pɛo] *agg* européen(ne) ▶ *sm/f* Européen(ne)
eutanasia [eutana'zia] *sf* euthanasie *f*
evacuare [evaku'are] *vt* (*anche Med*) évacuer
evadere [e'vadere] *vi*: **~ (da)** s'évader (de) ; (*da routine*) échapper (à) ▶ *vt*

(*ordine*) expédier ; (*lettera, pratica*) donner suite à ; (*fisco*) frauder
evaporare [evapo'rare] *vi* s'évaporer
evasi *ecc* [e'vazi] *vb vedi* **evadere**
evasione [eva'zjone] *sf* (*anche fig*) évasion *f* ; (*Comm*: *di ordine*) expédition *f* ; **letteratura d'~** littérature *f* d'évasion ; **~ fiscale** évasion fiscale, fraude *f* fiscale
evasivo, -a [eva'zivo] *agg* évasif(-ive)
evaso, -a [e'vazo] *pp di* **evadere** ▸ *sm/f* évadé(e)
evento [e'vɛnto] *sm* événement *m*
eventuale [eventu'ale] *agg* éventuel(le)
eventualmente [eventual'mente] *avv* éventuellement
evidente [evi'dɛnte] *agg* évident(e)
evidentemente [evidente'mente] *avv* (*palesemente*) de toute évidence ; (*sicuramente*) évidemment
evitare [evi'tare] *vt* éviter ; **~ di fare** éviter de faire ; **~ qc a qn** épargner qch à qn
evoluzione [evolut'tsjone] *sf* évolution *f*
evolversi [e'vɔlversi] *vpr* évoluer ; **con l'~ della situazione** au fil de l'évolution des événements
evviva [ev'viva] *escl* hourra ! ; **~ il re/la libertà!** vive le roi/la liberté !
ex [ɛks] *pref* ancien(ne), ex- ▸ *sm inv/sf inv* (*fidanzato ecc*) ex *m/f inv* ; **ex presidente** ancien *o* ex-président *m*
extra ['ɛkstra] *agg inv* extra ▸ *sm inv* (*pagare, ricevere*) extra *m inv*
extracomunitario, -a [ekstracomuni'tario] *agg* non ressortissant de l'UE ▸ *sm/f* immigré(e) d'un pays hors UE
extraterrestre [ekstrater'rɛstre] *agg, sm/f* extraterrestre *m/f*

fa [fa] *vb vedi* **fare** ▸ *sm inv* (*Mus*) fa *m* ▸ *avv*: **dieci anni/due giorni fa** il y a dix ans/deux jours ; **molto tempo fa** il y a longtemps
fabbrica, -che ['fabbrika] *sf* usine *f* ; **una piccola ~** une fabrique
fabbricare [fabbri'kare] *vt* (*casa, palazzo*) construire ; (*produrre, fig*) fabriquer
faccenda [fat'tʃɛnda] *sf* affaire *f* ; (*cosa da fare*) occupation *f* ; **le faccende domestiche** le ménage
facchino [fak'kino] *sm* porteur *m*
faccia, -ce ['fattʃa] *sf* figure *f* ; (*di moneta, medaglia*) face *f* ; **~ a ~** face à face ; **di ~ a** face à ; **dire qc in ~ a qn** dire qch en face à qn ; **avere la ~ (tosta) di dire/fare qc** avoir le toupet de dire/faire qch ; **fare qc alla ~ di qn** faire qch au nez et à la barbe de qn
facciata [fat'tʃata] *sf* (*di edificio*) façade *f* ; (*di foglio*) page *f*
faccina [fat'tʃina] *sf* (*Inform*) émoticône *f*
faccio ['fattʃo] *vb vedi* **fare**
facessi *ecc* [fa'tʃessi] *vb vedi* **fare**
facevo *ecc* [fa'tʃevo] *vb vedi* **fare**
facile ['fatʃile] *agg* facile ; (*carattere*) accommodant(e) ; (*peg*: *assunzione*) obtenu(e) par piston ; **~ a** (*incline*) enclin(e) à ; **è ~ che piova** il est probable qu'il pleuve ; **donna di facili costumi** femme *f* de petite vertu
facoltà [fakol'ta] *sf inv* (*anche Univ*) faculté *f* ; (*Chim*) propriété *f*
facoltativo, -a [fakolta'tivo] *agg* facultatif(-ive)

faggio ['faddʒo] *sm* hêtre *m* ; **di ~** en hêtre
fagiano [fa'dʒano] *sm* faisan *m*
fagiolino [fadʒo'lino] *sm* haricot *m* vert
fagiolo [fa'dʒɔlo] *sm* haricot *m* ; **capitare a ~** tomber à pic
fai ['fai] *vb vedi* **fare**
fai-da-te ['fai da t'te] *sm inv* bricolage *m*
falce ['faltʃe] *sf* faucille *f* ; **~ e martello** (*Pol*) la faucille et le marteau
falciare [fal'tʃare] *vt* faucher
falciatrice [faltʃa'tritʃe] *sf* faucheuse *f*
falco, -chi ['falko] *sm* (*anche fig*) faucon *m*
falda ['falda] *sf* (*Geo*) couche *f* ; (*di cappello*) bord *m* ; (*di cappotto*) basque *f* ; (*di monte*) pied *m* ; (*di tetto*) pente *f* ; **abito a falde** queue-de-pie *f* ; **nevica a larghe falde** il neige à gros flocons
falegname [faleɲ'ɲame] *sm* menuisier(-ère)
fallimento [falli'mento] *sm* échec *m* ; (*Dir*) faillite *f*
fallire [fal'lire] *vt* manquer, rater ▸ *vi* (*non riuscire*) : **~ (in)** échouer (dans) ; (*Dir*) faire faillite

> **FALSI AMICI**
> **fallire** non si traduce mai con la parola francese *faillir*.

fallo ['fallo] *sm* (*anche Sport*) faute *f* ; (*difetto*) défaut *m* ; (*Anat*) phallus *msg* ; **senza ~** sans faute ; **cogliere qn in ~** prendre qn en faute *o* en défaut ; **mettere il piede in ~** faire un faux pas ; **~ intenzionale** (*Sport*) irrégularité *f* ; **~ tecnico** (*Sport*) faute *f* technique
falò [fa'lɔ] *sm inv* feu *m* (de camp)
falsificare [falsifi'kare] *vt* (*banconote, monete*) contrefaire ; (*firma, documento, conti*) falsifier
falso, -a ['falso] *agg* faux (fausse) ▸ *sm* (*Dir*) faux *m* ; **essere un ~ magro** être un faux maigre ; **giurare il ~** se parjurer ; (*Dir*) faire un faux serment ; **~ in atto pubblico** faux et usage de faux
fama ['fama] *sf* célébrité *f* ; (*reputazione*) renommée *f*
fame ['fame] *sf* faim *f* ; **aver ~** avoir faim ; **fare la ~** (*fig*) crever la faim
famiglia [fa'miʎʎa] *sf* famille *f* ; **essere di ~** (*anche fig*) faire partie de la famille
familiare [fami'ljare] *agg* (*della famiglia* : *patrimonio, beni*) familial(e) ; (*abituale, ordinario*) familier(-ière) ▸ *sm/f* parent(e) ; **una vettura ~** une (voiture) familiale, un break
famoso, -a [fa'moso] *agg* célèbre ; (*memorabile*) fameux(-euse)
fanale [fa'nale] *sm* (*Aut*) phare *m* ; (*luce stradale*) lanterne *f* ; (*di faro*) fanal *m* ; (*Naut*) feu *m*
fanatico, -a, -ci, -che [fa'natiko] *agg* fanatique ▸ *sm/f* (*di sport, musica*) fana *m/f* ; **essere ~ di qc** être fana(tique) de qch, être accro à qch
fango, -ghi ['fango] *sm* boue *f* ; **fanghi** *smpl* (*Med*) bains *mpl* de boue ; **fare i fanghi** prendre des bains de boue
fanno ['fanno] *vb vedi* **fare**
fannullone, -a [fannul'lone] *sm/f* fainéant(e)
fantascienza [fantaʃ'ʃɛntsa] *sf* science-fiction *f*
fantasia [fanta'zia] *sf* imagination *f* ▸ *agg inv* : **vestito ~** robe *f* fantaisie
fantasma, -i [fan'tazma] *sm* fantôme *m*
fantastico, -a, -ci, -che [fan'tastiko] *agg* fantastique
fantino [fan'tino] *sm* jockey *m*
FAQ [fak] *sigla f* FAQ *f*
farabutto [fara'butto] *sm* crapule *f*
fard [far] *sm inv* fard *m*

PAROLA CHIAVE

fare ['fare] *vt* **1** (*creare, costruire*) faire ; **fare la cena** faire le dîner ; **fare un film** faire un film ; **fare una promessa** faire une promesse ; **fare rumore** faire du bruit
2 (*effettuare, praticare* : *attività, studi, sport*) faire ; **cosa fa?** (*adesso*) qu'est-ce qu'il est en train de faire ? ; (*di professione*) qu'est-ce qu'il fait ? ; **fare giurisprudenza** faire du droit ; **fare il medico** être médecin ; **fare un viaggio/una passeggiata** faire un voyage/une promenade ; **fare la spesa** faire les courses
3 (*simulare*) : **fare il malato** faire semblant d'être malade ; **fare l'indifferente** faire l'indifférent
4 (*suscitare* : *pena, ribrezzo*) faire ; **fare paura a qn** faire peur à qn ; **mi fa rabbia** ça me fait enrager, ça me met en rage ; **(non) fa niente** (*non importa*) ça ne fait rien
5 (*ammontare a*) : **3 più 3 fa 6** 3 et 3 font 6 ; **fanno 600 euro** ça fait 600 euros ; **Roma fa 3.000.000 di abitanti** Rome

f

compte 3 000 000 d'habitants ; **che ora fai?** quelle heure as-tu ?
6 (+ *infinito*): **far fare qc a qn** faire faire qch à qn ; **fammi vedere** fais-moi voir ; **far partire il motore** mettre le moteur en marche *o* en route ; **far riparare la macchina** faire réparer la voiture ; **far costruire una casa** faire construire une maison
7 (*dire*) faire, dire ; **« davvero? » fece** « vraiment ? » fit-il ; **« e con questo? » mi fa ...** « et alors ? » me dit-il ...
8: **farsi** se faire ; **farsi una gonna** se faire une jupe ; **farsi un nome** se faire un nom ; **farsi la permanente** se faire faire une permanente ; **farsi tagliare i capelli** se faire couper les cheveux ; **farsi operare** se faire opérer
9 (*fraseologia*): **farcela** y arriver ; **non ce la faccio più** je n'en peux plus ; **ce la faremo** nous y arriverons ; **me l'hanno fatta!** ils m'ont eu ! ; **lo facevo più giovane** je le croyais plus jeune ; **fare sì/no con la testa** faire oui/non de la tête
▸ *vi* **1** (*agire*) faire ; **fate come volete** faites comme vous voulez ; **fare presto** faire vite, se dépêcher ; **fare da** (*fungere*) tenir lieu de ; **non c'è niente da fare** il n'y rien à faire ; **saperci fare con qn/qc** savoir s'y prendre avec qn/qch ; **faccia pure!** faites donc !
2: **fare per** (*essere adatto*) convenir à ; **fare per fare qc** (*essere sul punto di*) aller faire qch, être sur le point de faire qch ; **fece per andarsene** il fit mine de s'en aller
3: **farsi**: **si fa così** on fait comme ça; **non si fa così!** (*rimprovero*) on n'agit pas ainsi !; **la festa non si fa** la fête n'a pas lieu
4: **fare a gara con qn** se mesurer avec *o* à qn ; **fare a pugni** se battre à coups de poing ; **fare in tempo a fare** avoir le temps de faire
▸ *vb impers*: **fa bel tempo** il fait beau temps ; **fa caldo/freddo** il fait chaud/ froid ; **fa notte** il fait nuit
▸ *vpr*: **farsi 1** (*diventare*) se faire, devenir ; **farsi prete** se faire prêtre ; **farsi vecchio** se faire vieux ; **si è fatto grande** il a grandi
2 (*spostarsi*): **farsi avanti/indietro/da parte** s'avancer/reculer/se mettre de côté
3 (*fam*: *drogarsi*) se défoncer
▸ *sm* **1** (*modo di fare*): **con fare distratto** d'un air distrait ; **ha un fare simpatico** il a des manières agréables
2: **sul far del giorno/della notte** au lever du jour/à la tombée de la nuit

farfalla [far'falla] *sf* papillon *m*
farina [fa'rina] *sf* farine *f* ; **questa non è ~ del tuo sacco** (*fig*) ça n'est pas de ton cru ; **~ gialla** farine de maïs ; **~ integrale** farine complète
farmacia, -cie [farma'tʃia] *sf* pharmacie *f*

> Outre les médicaments, les pharmacies italiennes vendent également des cosmétiques et autres produits d'hygiène corporelle. Elles sont normalement fermées le samedi et le dimanche, mais affichent en vitrine la liste des pharmacies de garde (**farmacie di turno**), ainsi que leur adresse.

farmacista, -i, -e [farma'tʃista] *sm/f* pharmacien(ne)
farmaco, -ci ['farmako] *sm* médicament *m*
faro ['faro] *sm* (*Naut, Aut*) phare *m* ; (*Aer*) feu *m*
fascia, -sce ['faʃʃa] *sf* (*di tessuto, carta, territorio, Med*) bande *f* ; (*Anat*) fascia *m* ; (*di sindaco*) écharpe *f* ; (*Tecn*) bague *f* ; (*di contribuenti, ascoltatori*) catégorie *f* ; **in fasce** (*neonato*) dans les langes ; **~ d'ozono** couche *f* d'ozone ; **~ oraria** créneau *m* horaire ; **fasce d'ascolto** (*Radio, TV*) heures *fpl* d'écoute
fasciare [faʃ'ʃare] *vt* (*anche Med*) bander ; (*bambino*) langer
fascicolo [faʃ'ʃikolo] *sm* (*di documenti*) dossier *m* ; (*di rivista, opuscolo*) fascicule *m*
fascino ['faʃʃino] *sm* fascination *f*
fascismo [faʃ'ʃizmo] *sm* fascisme *m*
fase ['faze] *sf* phase *f* ; **fuori ~** (*motore*) déréglé(e) ; **in ~ di espansione** en phase d'expansion
fastidio [fas'tidjo] *sm* (*disturbo*) gêne *f* ; (*grana*) embêtement *m* ; **dare ~ a qn** déranger qn ; **avere fastidi con la polizia** avoir des démêlés avec la police
fastidioso, -a [fasti'djoso] *agg* (*noioso*) ennuyeux(-euse) ; (*che infastidisce*: *bambino*) désagréable, agaçant(e) ; (*schifiltoso*) difficile
fata ['fata] *sf* fée *f*

fatale [fa'tale] *agg* fatal(e)
fatica, -che [fa'tika] *sf* (*anche Tecn*) fatigue *f* ; (*sforzo*) effort *m* ; (*difficoltà*) peine *f* ; **a ~** avec peine ; **respirare a ~** respirer à grand-peine ; **fare ~ a fare qc** avoir de la peine à faire qch, avoir du mal à faire qch ; **animale da ~** bête *f* de somme
faticoso, -a [fati'koso] *agg* (*gravoso, pesante*) pénible ; (*che richiede sforzo*) fatigant(e)
fatto, -a ['fatto] *pp di* **fare** ▸ *agg* : **un uomo ~** un homme accompli ▸ *sm* (*avvenimento*) fait *m* ; (*azione, di romanzo, film*) action *f* ; **~ a mano/in casa** fait(e) main/maison ; **è ben fatta** elle est bien faite ; **cogliere qn sul ~** prendre qn sur le fait ; **il ~ è che ...** le fait est que ... ; **~ sta che ...** il reste que ... ; **in ~ di ...** en fait de ... ; **fare i fatti propri** s'occuper de ses affaires ; **è uno che sa il ~ suo** c'est quelqu'un qui connaît son affaire ; **gli ho detto il ~ suo** je lui ai dit ses quatre vérités ; **porre qn di fronte al ~ compiuto** mettre qn devant le fait accompli
fattore [fat'tore] *sm* (*Mat, elemento*) facteur *m* ; (*Agr*) fermier *m* ; **~ di protezione** (*di crema*) indice *m* de protection
fattoria [fatto'ria] *sf* ferme *f*
fattorino [fatto'rino] *sm* (*di negozio*) livreur(-euse) ; (*di ufficio*) coursier *m* ; (*d'albergo*) chasseur *m*
fattura [fat'tura] *sf* (*Comm*) facture *f* ; (*di abito*) façon *f* ; (*stregoneria*) sorcellerie *f* ; **pagamento contro ~** paiement *m* contre facture
fatturato [fattu'rato] *sm* (*Comm*) chiffre *m* d'affaires ; **~ lordo** chiffre d'affaires brut
fauna ['fauna] *sf* faune *f*
fava ['fava] *sf* fève *f*
favola ['favola] *sf* (*fiaba*) conte *m* ; (*fandonia*) histoire *f* ; **le favole di Esopo/La Fontaine** les fables d'Ésope/ de La Fontaine ; **essere la ~ del paese** être la risée de tout le monde ; **la morale della ~** la morale de l'histoire
favoloso, -a [favo'loso] *agg* fabuleux(-euse)
favore [fa'vore] *sm* faveur *f*, service *m* ; **per ~** s'il vous/te plaît ; **di ~** (*prezzo, trattamento*) de faveur ; **fare un ~ a qn** rendre un service à qn ; **col ~ delle tenebre** à la faveur de la nuit
favorire [favo'rire] *vt* favoriser ; **vuole ~?** voulez-vous partager mon repas ? ; **favorisca in salotto** installez-vous au salon ; **favorisca i documenti** vos papiers, s'il vous plaît
fax [faks] *sm inv* fax *m* ; **qual è il numero di ~?** quel est le numéro de fax ?
fazzoletto [fattso'letto] *sm* mouchoir *m* ; (*per la testa*) foulard *m* ; **~ di carta** mouchoir *m* en papier
febbraio [feb'brajo] *sm* février *m* ; *vedi anche* **luglio**
febbre ['fɛbbre] *sf* (*anche fig*) fièvre *f* ; **avere la ~** avoir de la fièvre ; **~ da fieno** rhume *m* des foins
feci *ecc* ['fetʃi] *vb vedi* **fare**
fecondazione [fekondat'tsjone] *sf* fécondation *f* ; **~ artificiale** fécondation artificielle
fecondo, -a [fe'kondo] *agg* fécond(e)
fede ['fede] *sf* foi *f* ; (*fiducia : nell'avvenire, nel futuro*) foi, confiance *f* ; (*fedeltà*) fidélité *f* ; (*anello*) alliance *f* ; **aver ~ in qn** avoir foi en qn ; **in buona/cattiva ~** de bonne/mauvaise foi ; **in ~** (*Dir*) sur ma foi ; **far ~** faire foi ; **tener ~ a** (*a ideale*) rester fidèle à ; (*a giuramento, promessa*) tenir
fedele [fe'dele] *agg, sm/f* fidèle *m/f* ; **i fedeli** *smpl* (*Rel*) les fidèles *mpl* ; **~ a** fidèle à
federa ['fɛdera] *sf* taie *f* d'oreiller
federale [fede'rale] *agg* fédéral(e)
fegato ['fegato] *sm* foie *m* ; (*fig*) courage *m* ; **mangiarsi** *o* **rodersi il ~** se faire de la bile
felce ['feltʃe] *sf* fougère *f*
felice [fe'litʃe] *agg* heureux(-euse)
felicità [felitʃi'ta] *sf inv* bonheur *m*
felicitarsi [felitʃi'tarsi] *vpr* (*congratularsi*) : **~ con qn per qc** féliciter qn pour *o* de qch
felino, -a [fe'lino] *agg* félin(e) ▸ *sm* félin *m*
felpa ['felpa] *sf* sweat(-shirt) *m*
femmina ['femmina] *sf* (*Zool, Tecn*) femelle *f* ; (*figlia*) fille *f* ▸ *agg* femelle
femminile [femmi'nile] *agg* féminin(e) ▸ *sm* (*Ling*) féminin *m*
femore ['femore] *sm* fémur *m*
fenomeno [fe'nɔmeno] *sm* phénomène *m*
feriale [fe'rjale] *agg* : **giorno ~** jour *m* ouvrable
ferie ['fɛrje] *sfpl* vacances *fpl*, congé *m* ; **andare in ~** partir en vacances

ferire [fe'rire] *vt* blesser ; **ferirsi** *vpr*: **ferirsi (con)** se blesser (avec)
ferita [fe'rita] *sf* blessure *f*
ferito, -a [fe'rito] *sm/f* blessé(e)
fermaglio [fer'maʎʎo] *sm* fermoir *m*
fermare [fer'mare] *vt* arrêter ; (*porta*) fermer ; (*bottone*) fixer ; **fermarsi** *vpr* s'arrêter ; **fermarsi a fare qc** s'arrêter pour faire qch

FALSI AMICI
fermare non si traduce mai con la parola francese *fermer*.

fermata [fer'mata] *sf* arrêt *m* ; **~ dell'autobus** arrêt d'autobus
fermento [fer'mento] *sm* ferment *m* ; **fermenti lattici** ferments *mpl* lactiques
fermezza [fer'mettsa] *sf* (*fig*) fermeté *f*
fermo, -a ['fermo] *agg* (*persona*) immobile ; (*veicolo, traffico, orologio*) arrêté(e) ; (*voce, mano, fig*) ferme ▶ *sm* (*chiusura*) fermeture *f* ; **~ restando che ...** étant bien entendu que ... ; **~!** ne bouge pas ! ; **~ di polizia** (*Dir*) arrestation *f*
feroce [fe'rotʃe] *agg* (*animale*) féroce ; (*persona, gesto*) cruel(le) ; (*dolore*) atroce ; (*fame*) terrible
ferragosto [ferra'gosto] *sm* (*festa*) le quinze août ; (*periodo*) la période du quinze août

En Italie comme en France, **Ferragosto**, le quinze août, est un jour férié. Il marque la fête de l'Assomption, mais c' est également le jour férié le plus important de l'été. La plupart des Italiens font le pont et quittent les grandes villes pour se rendre dans les stations balnéaires, ce qui force le commerce et l'industrie à pratiquement cesser leurs activités.

ferramenta [ferra'menta] *sfpl*: **(negozio di) ~** quincaillerie *f*
ferro ['fɛrro] *sm* fer *m* ; (*strumento*) instrument *m* ; **ai ferri** (*bistecca, scampi*) grillé(e) ; **mettere a ~ e fuoco** mettre à feu et à sang ; **essere ai ferri corti** (*fig*) être à couteaux tirés ; **tocca ~!** touche du bois ! ; **i ferri del mestiere** (*fig*) les outils *mpl* ; **~ battuto** fer forgé ; **~ da calza** aiguille *f* à tricoter ; **~ da stiro** fer à repasser ; **~ di cavallo** fer à cheval
ferrovia [ferro'via] *sf* chemin *m* de fer, voie *f* ferrée ; **le ferrovie** (*servizi*) les chemins de fer
ferroviario, -a [ferro'vjarjo] *agg* ferroviaire, de chemin de fer
ferroviere [ferro'vjɛre] *sm* cheminot *m*, employé *m* du chemin de fer
fertile ['fɛrtile] *agg* fertile ; (*fig*) fécond(e)
fesso, -a ['fesso] *agg* (*fam*) crétin(e), idiot(e)
fessura [fes'sura] *sf* fissure *f* ; (*per moneta, gettone*) fente *f*
festa ['fɛsta] *sf* (*anche onomastico*) fête *f* ; (*compleanno*) anniversaire *m* ; (*vacanza*) jour *m* férié ; **far ~** (*dal lavoro*) avoir congé, chômer ; (*far baldoria*) faire la fête ; **far ~ a qn** faire fête à qn ; **essere vestito a ~** être endimanché ; **la ~ della mamma/del papa** la fête des mères/des pères ; **~ comandata** fête religieuse
festeggiare [fested'dʒare] *vt* fêter
festivo, -a [fes'tivo] *agg* de fête ; **giorno ~** jour *m* férié
feto ['fɛto] *sm* fœtus *msg*
fetta ['fetta] *sf* tranche *f* ; (*fig*) part *f*
fettuccine [fettut'tʃine] *sfpl* (*Cuc*) *pâtes alimentaires coupées en longs rubans*
FF.SS. *abbr* (= *Ferrovie dello Stato*) ≈ SNCF *f*
FI *sigla* (= *Forza Italia*) *parti de Silvio Berlusconi*
fiaba ['fjaba] *sf* conte *m* de fées
fiacca ['fjakka] *sf* fatigue *f*, lassitude *f* ; (*svogliatezza*) mollesse *f* ; **battere la ~** traîner sa flemme
fiacco, -a, -chi, -che ['fjakko] *agg* (*stanco*) fatigué(e) ; (*svogliato*) las (lasse) ; (*debole*) faible ; (: *mercato*) morose
fiaccola ['fjakkola] *sf* flambeau *m*
fiala ['fjala] *sf* ampoule *f*
fiamma ['fjamma] *sf* (*fuoco, fig: dell'amore, di libertà ecc*) flamme *f* ; (*fig: persona amata*) amour *m*
fiammante [fjam'mante] *agg* (*colore*) vif (vive) ; **nuovo ~** flambant neuf (neuve)
fiammifero [fjam'mifero] *sm* allumette *f*
fianco, -chi ['fjanko] *sm* (*di persona*) hanche *f* ; (*di nave, di monte*) flanc *m* ; (*di edificio*) côté *m* ; **di ~** de côté ; **~ a ~** côte à côte ; **prestare il ~ alle critiche** (*fig*) prêter le flanc à la critique ; **~ destr/sinistr!** (*Mil*) droite/ gauche !
fiasco, -schi ['fjasko] *sm* fiasque *f* ; (*fig*) fiasco *m*, échec *m* ; **fare ~** faire (un) fiasco

fiatare [fja'tare] *vi* (*fig*: *parlare*): **senza ~** sans souffler mot
fiato ['fjato] *sm* souffle *m* ; **fiati** *smpl* (*Mus*) instruments *mpl* à vent ; **avere il ~ grosso** avoir le souffle court ; **prendere ~** reprendre haleine ; **strumento a ~** instrument à vent ; **bere qc tutto d'un ~** boire qch d'un trait
fibbia ['fibbja] *sf* boucle *f*
fibra ['fibra] *sf* fibre *f* ; (*fig*) constitution *f* ; **~ di vetro** fibre de verre ; **~ ottica** fibre optique
ficcare [fik'kare] *vt* (*infilare*) fourrer ; (*con forza*) enfoncer ; (*chiodo, palo*) enfoncer ; **ficcarsi** *vpr* se fourrer ; **~ il naso negli affari altrui** fourrer son nez dans les affaires des autres ; **ficcarsi nei pasticci** *o* **nei guai** se fourrer dans le pétrin
ficcherò *ecc* [fikke'rɔ] *vb vedi* **ficcare**
fico, -a, -chi, -che ['fiko] *sm* (*pianta*) figuier *m* ; (*frutto*) figue *f* ▸ *sm/f* (*fam*: *persona*: *bello*) beau mec (belle nana) ; **che ~!** super ! ; **~ d'India** figue de Barbarie ; **~ secco** figue sèche
fidanzamento [fidantsa'mento] *sm* fiançailles *fpl*
fidanzarsi [fidan'tsarsi] *vpr*: **~ (con)** se fiancer (avec) *o* (à)
fidanzato, -a [fidan'tsato] *sm/f* fiancé(e)
fidarsi [fi'darsi] *vpr*: **~ di** avoir confiance en ; **~ è bene, non ~ è meglio** (*proverbio*) prudence est mère de sûreté
fidato, -a [fi'dato] *agg* sûr(e)
fiducia [fi'dutʃa] *sf* confiance *f* ; **avere ~ in qn/se stessi** avoir confiance en qn/soi ; **incarico di ~** mission *f* de confiance ; **persona di ~** personne *f* de confiance ; **è il mio uomo di ~** c'est mon homme de confiance ; **porre la questione di ~** (*Pol*) poser la question de confiance
fienile [fje'nile] *sm* grenier *m* à foin, grange *f*
fieno ['fjɛno] *sm* foin *m*
fiera ['fjɛra] *sf* (*locale*) kermesse *f* ; (*nazionale, internazionale*) Salon *m*, foire *f* ; (*di beneficenza*) vente *f* de charité ; (*animale*) foire ; **~ campionaria** foire-exposition *f* ; **~ del libro** Salon du Livre ; **la ~ di Milano** la Foire de Milan
fiero, -a ['fjɛro] *agg* (*orgoglioso*) fier (fière) ; (*crudele*) cruel(le), farouche ; (*intrepido*) intrépide
fifa ['fifa] *sf* (*fam*): **aver ~** avoir la trouille
fig. *abbr* (= *figura*) fig.
figlia ['fiʎʎa] *sf* fille *f* ; (*ricevuta*) volant *m*
figliastro, -a [fiʎ'ʎastro] *sm/f* beau-fils (belle-fille)
figlio ['fiʎʎo] *sm* fils *msg* ; (*senza distinzione di sesso*) enfant *m* ; **quanti figli hai?** combien d'enfants tu as ? ; **~ d'arte** enfant de la balle ; **~ di papà** fils à papa ; **~ di puttana** (*fam!*) fils de pute (*fam!*) ; **~ unico** fils unique
figura [fi'gura] *sf* (*forma, aspetto esterno*) forme *f* ; (*corporatura*) silhouette *f* ; (*Mat, illustrazione*) figure *f* ; (*in un libro*) illustration *f* ; **far ~** faire de l'effet ; **fare una brutta ~** faire une mauvaise impression ; **che ~!** quelle honte !
figurina [figu'rina] *sf* (*statuetta*) figurine *f* ; (*cartoncino*) image *f*
fila ['fila] *sf* file *f* ; (*coda*) queue *f* ; (*serie*) série *f* ; **di ~** d'affilée, de suite ; **fare la ~** faire la queue ; **in ~ indiana** en file indienne
filare [fi'lare] *vt* filer ▸ *vi* filer ; (*fig*: *discorso, ragionamento*) se tenir ; (*sfrecciare*) foncer ; (*fam*: *amoreggiare*) flirter ▸ *sm* (*di alberi ecc*) rangée *f* ; **~ diritto** (*fig*) marcher droit ; **filarsela** (*svignarsela*) filer à l'anglaise
filastrocca, -che [filas'trɔkka] *sf* comptine *f*
filatelia [filate'lia] *sf* philatélie *f*
filetto [fi'letto] *sm* filet *m* ; (*di ornamento*) passepoil *m*
filiale [fi'ljale] *agg* filial(e) ▸ *sf* (*Comm*) filiale *f*
film [film] *sm inv* film *m*
filo ['filo] *sm* (*anche fig*) fil *m* ; (*di perle*) rang *m* ; **un ~ d'aria** (*fig*) un souffle d'air ; **dare del ~ da torcere a qn** donner du fil à retordre à qn ; **fare il ~ a qn** (*corteggiare*) faire du plat à qn ; **per ~ e per segno** en détail ; **con un ~ di voce** avec un filet de voix ; **~ a piombo** fil à plomb ; **~ d'erba** brin *m* d'herbe ; **~ di perle** rang de perles ; **~ di Scozia** fil d'Écosse ; **~ spinato** barbelé *m*
filone [fi'lone] *sm* (*di minerali*) filon *m* ; (*di pane*) ≈ baguette *f* ; (*fig*) courant *m*
filosofia [filozo'fia] *sf* philosophie *f*
filosofo, -a [fi'lɔzofo] *sm/f* philosophe *m/f*
filtrare [fil'trare] *vt, vi* filtrer
filtro ['filtro] *sm* filtre *m* ; (*pozione*) philtre *m* ; **senza ~** (*sigaretta*) sans filtre ; **~ dell'olio** (*Aut*) filtre à huile

f

finale [fi'nale] *agg* final(e) ▸ *sm* finale *m* ▸ *sf* finale *f*
finalmente [final'mente] *avv* enfin, à la fin
finanza [fi'nantsa] *sf* finance *f*; **finanze** *sfpl* (*di Stato, individuo*) finances *fpl*; **la ~** (*Guardia*) ≈ la police fiscale; **(Intendenza di) ~** ≈ recette *f* des finances; **Ministro delle finanze** ministre *m* des Finances
finché [fin'ke] *cong* (*per tutto il tempo che*) tant que; (*fino al momento in cui*) jusqu'à ce que, jusqu'au moment où; **aspetta ~ io (non) sia tornato** attends que je sois revenu; **~ vorrai** tant que tu voudras; **aspetta ~ (non) esca** attends qu'il sorte
fine ['fine] *agg* (*sottile, raffinato*) fin(e); (*persona*) raffiné(e), distingué(e) ▸ *sf* fin *f* ▸ *sm* fin *f*; (*esito*) issue *f*; **in** *o* **alla ~** enfin; **alla fin ~** en fin de compte; **che ~ ha fatto?** qu'est-ce qu'il est devenu?; **buona ~ e miglior principio!** (*augurio*) bonne année!; **a fin di bene** dans une bonne intention; **al ~ di fare qc** afin de faire qch; **condurre qc a buon ~** mener qch à bon port; **secondo ~** arrière-pensée *f*; **lieto ~** heureux dénouement *m*
finestra [fi'nɛstra] *sf* fenêtre *f*
finestrino [fines'trino] *sm* (*di treno*) fenêtre; (*di macchina*) vitre *f*, glace *f*; (*di aereo*) hublot *m*
fingere ['findʒere] *vt* feindre; **fingersi** *vpr*: **fingersi ubriaco/pazzo** feindre d'être ivre/fou; **~ di fare qc** faire semblant de faire qch
finire [fi'nire] *vt* finir, terminer ▸ *vi* se terminer, s'achever ▸ *sm*: **sul ~ della festa** vers la fin de la fête; **~ di fare qc** (*completare*) terminer de faire qch; (*smettere*) arrêter de faire qch; **~ in galera** finir en prison; **farla finita** (*con la vita*) en finir; (*smetterla*) arrêter; **com'è andata a ~?** comment ça s'est terminé/fini?; **finiscila!** ça suffit!
finlandese [finlan'dese] *agg* finlandais(e) ▸ *sm/f* Finlandais(e) ▸ *sm* finnois *m*
Finlandia [fin'landja] *sf* Finlande *f*
fino, -a ['fino] *agg* fin(e) ▸ *prep* (*spesso troncato in* **fin**): **~ a** jusqu'à; **~ a non farcela più** jusqu'à n'en plus pouvoir; **~ a quando?, fin quando?** jusqu'à quand?; **fin qui** jusqu'ici; **fin dal 1960** dès 1960; **fin dalla nascita** dès la naissance; **fin da ieri** depuis hier
finocchio [fi'nɔkkjo] *sm* fenouil *m*; (*fam, peg*: *omosessuale*) pédé *m*, tapette *f*
finora [fi'nora] *avv* jusqu'à présent
finsi *ecc* ['finsi] *vb vedi* **fingere**
finta ['finta] *sf* (*simulazione*) comédie *f*; (*Sport*) feinte *f*; **fare ~ (di)** faire semblant (de); **l'ho detto per ~** (*mentendo*) j'ai dit ça pour voir; (*per scherzo*) je l'ai dit pour rire
finto, -a ['finto] *pp di* **fingere** ▸ *agg* (*capelli, denti*) faux (fausse); (*fiori*) artificiel(le); (*fig*) feint(e); **in finta pelle** en imitation cuir
finzione [fin'tsjone] *sf* dissimulation *f*
fiocco, -chi ['fjɔkko] *sm* (*di nastro*) nœud *m*; (*di lana, stoffa, neve*) flocon *m*; (*Naut*) foc *m*; **coi fiocchi** (*fig*: *di prima qualità*) hors pair; **fiocchi di avena/di granturco** flocons d'avoine/de maïs
fiocina ['fjɔtʃina] *sf* harpon *m*
fioco, -a, -chi, -che ['fjɔko] *agg* faible
fionda ['fjonda] *sf* fronde *f*
fioraio, -a [fjo'rajo] *sm/f* fleuriste *m/f*
fiore ['fjore] *sm* fleur *f*; **fiori** *smpl* (*Carte*) trèfle *msg*; **a fior d'acqua** à fleur d'eau; **dire qc a fior di labbra** susurrer qch; **nel ~ degli anni** dans la fleur de l'âge; **avere i nervi a fior di pelle** avoir les nerfs à fleur de peau; **è costato fior di quattrini** cela a coûté une petite fortune; **il fior ~ della società** la fine fleur de la société; **il ~ all'occhiello** le (plus beau) fleuron; **fior di latte** crème *f* (du lait); **fiori di campo** fleurs des champs
fiorentino, -a [fjoren'tino] *agg* florentin(e)
fioretto [fjo'retto] *sm* (*Scherma*) fleuret *m*
fiorire [fjo'rire] *vi* fleurir; (*fig*) être florissant(e)
Firenze [fi'rɛntse] *sf* Florence
firma ['firma] *sf* signature *f*; (*di artista, stilista*) griffe *f*

> **FALSI AMICI**
> **firma** non si traduce mai con la parola francese *firme*.

firmare [fir'mare] *vt* signer; **un abito firmato** une robe griffée
fisarmonica, -che [fizar'mɔnika] *sf* (*Mus*) accordéon *m*
fiscale [fis'kale] *agg* (*sistema, evasione*) fiscal(e); (*severo, meticoloso*) tatillon(ne); **medico ~** médecin-conseil *m*

fischiare [fis'kjare] *vt, vi* siffler ; **mi fischiano le orecchie** j'ai les oreilles qui bourdonnent ; (*fig*) j'ai les oreilles qui sifflent
fischietto [fis'kjetto] *sm* (*strumento*) sifflet *m*
fischio ['fiskjo] *sm* sifflement *m* ; **prendere fischi per fiaschi** prendre des vessies pour des lanternes
fisco ['fisko] *sm* fisc *m*
fisica ['fizika] *sf* physique *f* ; *vedi anche* **fisico**
fisico, -a, -ci, -che ['fiziko] *agg* physique ▸ *sm/f* physicien(ne) ▸ *sm* physique *m*
fisioterapia [fizjotera'pia] *sf* physiothérapie *f*
fisioterapista [fizjotera'pista] *sm/f* kinésithérapeute *m/f*
fissare [fis'sare] *vt* fixer ; (*stanza, albergo*) retenir ; **fissarsi** *vpr*: **fissarsi su** (*sogg*: *sguardo, attenzione*) se fixer sur ; **fissarsi su qc** (*fig*: *su idea*) se mettre qch dans la tête
fisso, -a ['fisso] *agg* fixe ▸ *avv*: **guardare ~ (qc/qn)** regarder fixement (qch/qn) ; **avere un ragazzo ~** avoir un petit ami de longue date ; **senza fissa dimora** sans domicile fixe
fitta ['fitta] *sf* élancement *m* ; **una ~ al cuore** (*fig*) un coup au cœur
fittizio, -a [fit'tittsjo] *agg* fictif(-ive)
fitto, -a ['fitto] *agg* (*nebbia*) épais(se) ; (*boscaglia*) touffu(e) ; (*pioggia*) dru(e) ▸ *sm* (*di bosco*) cœur *m* ; (*affitto*) loyer *m* ; **nel ~ del bosco** au cœur de la forêt
fiume ['fjume] *sm* fleuve *m* ▸ *agg inv*: **processo ~** procès-fleuve *m* ; **scorrere a fiumi** (*acqua, sangue*) couler à flots
fiutare [fju'tare] *vt* (*annusare*) sentir ; (*sogg*: *animale, fig*: *inganno, pista*) flairer ; (*tabacco, cocaina*) priser
flagrante [fla'grante] *agg* flagrant(e) ; **cogliere qn in ~** (*Dir*) prendre qn en flagrant délit ; (*fig*) prendre qn sur le fait
flanella [fla'nɛlla] *sf* flanelle *f*
flash [flæʃ] *sm inv* flash *m*
flauto ['flauto] *sm* flûte *f*
flessibile [fles'sibile] *agg* (*anche fig*) souple, flexible
flessibilità [flessibili'ta] *sf* (*anche fig*) flexibilité *f*
flessione [fles'sjone] *sf* (*piegamento, Ling*) flexion *f* ; (*economica*) ralentissement *m* ; (*di braccio, ginocchio*) flexion ; (*Ginnastica*: *a terra*) pompes *fpl* ; (: *in piedi*) fléchissement *m* ; (*di prezzo, moneta*) fléchissement
flettere ['flɛttere] *vt* fléchir ; **~ il busto** se pencher en avant
flipper ['flipper] *sm inv* flipper *m*
F.lli *abbr* (= *fratelli*) Frères
flora ['flɔra] *sf* flore *f*
florido, -a ['flɔrido] *agg* (*economia, industria*) florissant(e) ; (*aspetto*) épanoui(e)
floscio, -a, -sci, -sce ['flɔʃʃo] *agg* mou (molle)
flotta ['flɔtta] *sf* flotte *f*
fluido, -a ['fluido] *agg, sm* fluide (*m*)
fluoro [flu'ɔro] *sm* fluor *m*
flusso ['flusso] *sm* flux *msg* ; **~ e riflusso** flux et reflux *msg* ; **~ di cassa** (*Comm*) cash-flow *m*, marge *f* brute d'autofinancement
fluviale [flu'vjale] *agg* fluvial(e)
FMI ['effe'ɛmme'i] *sigla m* (= *Fondo Monetario Internazionale*) FMI *m*
foca, -che ['fɔka] *sf* phoque *m*
focaccia, -ce [fo'kattʃa] *sf* (*Cuc*) *pain assaisonné d'huile et de sel* ; (: *dolce*) *sorte de brioche* ; **rendere pan per ~** rendre à qn la monnaie de sa pièce
foce ['fotʃe] *sf* embouchure *f*
focolaio [foko'lajo] *sm* (*Med, fig*) foyer *m*
focolare [foko'lare] *sm* (*fig*: *famiglia*) foyer *m* ; (*caminetto*) âtre *m* ; (*Tecn*) foyer ; **~ domestico** foyer
fodera ['fɔdera] *sf* (*di vestito*) doublure *f* ; (*di libro*) couverture *f* ; (*di poltrona*) housse *f*
fodero ['fɔdero] *sm* (*di spada*) fourreau *m*, gaine *f* ; (*di pugnale, di pistola*) gaine
foga ['foga] *sf* fougue *f*
foglia ['fɔʎʎa] *sf* feuille *f* ; **ha mangiato la ~** (*fig*) il a compris le truc
foglio ['fɔʎʎo] *sm* feuille *f* ; (*banconota*) billet *m* ; **~ di calcolo** (*Inform*) feuille *f* de calcul ; **~ di via** (*Dir*) feuille de route ; **~ rosa** (*Aut*) ≈ permis *m* de conduire provisoire
fogna ['foɲɲa] *sf* égout *m*
föhn [fø:n] *sm inv* (*asciugacapelli*) sèche-cheveux *m inv*, séchoir *m*
folla ['folla] *sf* foule *f*
folle ['fɔlle] *agg* fou (folle) ; **in ~** (*Aut*) au point mort
follia [fol'lia] *sf* folie *f* ; **amare qn alla ~** aimer qn à la folie ; **costare una ~** coûter une petite fortune

folto, -a ['folto] *agg* (*capelli, peluria, bosco*) touffu(e) ; (*barba*) épais(se) ; (*schiera*) nombreux(-euse)
fon [fɔn] *sm inv vedi* **föhn**
fondamenta [fonda'menta] *sfpl* fondations *fpl*
fondamentale [fondamen'tale] *agg* fondamental(e)
fondamento [fonda'mento] *sm* fondement *m*
fondare [fon'dare] *vt* fonder ; (*fig*: *teoria, supposizione*): **~ su** fonder sur, baser sur ; **fondarsi** *vpr* (*teorie*): **fondarsi su** se fonder sur
fondente [fon'dɛnte] *agg*: **cioccolato ~** chocolat *m* à croquer
fondere ['fondere] *vt* fondre ; (*unire*: *imprese, gruppi*) fusionner ; (*fig*: *colori*) mélanger ▸ *vi* fondre ; **fondersi** *vpr* fondre ; (*fig*: *partiti*) fusionner
fondo, -a ['fondo] *agg* (*lago, buca*) profond(e) ; (*piatto*) creux(-euse) ; (*fig*: *notte*) noir(e) ▸ *sm* (*di recipiente, anche Sport*) fond *m* ; (*di lista*) bas *msg* ; (*di strada*) revêtement *m* ; (*bene immobile, somma di denaro*) fonds *msg* ; **fondi** *smpl* (*denaro*) fonds *mpl* ; **a notte fonda** en pleine nuit ; **in ~ a** (*pozzo, stanza*) au fond de ; (*strada*) au bout de ; **laggiù in ~** (*lontano*) là-bas au bout ; (*in profondità*) tout au fond ; **andare a ~** (*nave*) couler ; **in ~** (*fig*) au fond ; **conoscere a ~** connaître à fond ; **dar ~ a** (*fig*: *a provviste, soldi*) épuiser ; **toccare il ~ (di)** (*fig*) toucher le fond (de) ; **andare fino in ~** (*fig*) aller jusqu'au bout ; **a ~ perduto** (*Comm*) à fonds perdu ; **~ comune di investimento** fonds commun de placement ; **~ di previdenza** fonds de prévoyance ; **F~ Monetario Internazionale** Fonds monétaire international ; **~ tinta** = **fondotinta**; **~ urbano** propriété *f* urbaine ; **fondi di caffè** marc *msg* de café ; **fondi d'esercizio** fonds *msg* de commerce ; **fondi di magazzino** invendus *mpl* ; **fondi liquidi** liquide *msg* ; **fondi neri** caisse *fsg* noire
fondotinta [fondo'tinta] *sm inv* fond *m* de teint
fonetica [fo'nɛtika] *sf* phonétique *f*
fontana [fon'tana] *sf* fontaine *f*
fonte ['fonte] *sf* source *f* ▸ *sm* (*Rel*): **~ battesimale** fonts *mpl* baptismaux ; **~ energetica** source d'énergie *o* énergétique
foraggio [fo'raddʒo] *sm* (*per bestiame*) fourrage *m*
forare [fo'rare] *vt* crever ; (*biglietto*) perforer ; (*lamiera*) percer, trouer ; (*sogg*: *proiettile*) trouer ; **forarsi** *vpr* crever ; **~ (una gomma)** crever (un pneu)
forbici ['fɔrbitʃi] *sfpl* ciseaux *mpl*
forca, -che ['forka] *sf* (*Agr*) fourche *f* ; (*patibolo*) potence *f*
forchetta [for'ketta] *sf* fourchette *f* ; **essere una buona ~** (*fig*) avoir un bon *o* joli coup de fourchette
forcina [for'tʃina] *sf* (*per capelli*) épingle *f* à cheveux
foresta [fo'rɛsta] *sf* forêt *f* ; **la F~ Nera** la Forêt Noire
forestiero, -a [fores'tjɛro] *agg, sm/f* étranger(-ère)
forfora ['forfora] *sf* pellicules *fpl*
forma ['forma] *sf* forme *f* ; (*stampo da cucina*) moule *m* ; **forme** *sfpl* (*del corpo*) formes *fpl* ; **errori di ~** fautes *fpl* de style ; **essere in ~** être en forme ; **mantenersi in ~** garder la forme ; **in ~ ufficiale/privata** à titre officiel/privé ; **una ~ di formaggio** une meule de fromage
formaggino [formad'dʒino] *sm* fromage *m* fondu *o* à tartiner
formaggio [for'maddʒo] *sm* fromage *m*

> L'Italie est un grand producteur de fromages (que ce soient des fromages secs ou frais, de lait de vache, de brebis ou de bufflonne), et sa production varie grandement d'une région à l'autre. Ses **formaggi** les plus réputés sont le *parmigiano* (le parmesan), un fromage affiné produit dans la région de l'Émilie et utilisé pour accompagner les pâtes, et la *mozzarella*, un fromage frais de lait de vache ou de bufflonne, qu'on fait fondre sur les pizzas.

formale [for'male] *agg* formel(le)
formare [for'mare] *vt* (*anche fig*) former ; (*numero di telefono*) composer ; **formarsi** *vpr* se former ; **il treno si forma a Milano** le train est formé à Milan
formato [for'mato] *sm* format *m* ; **confezione ~ famiglia** paquet *m* familial ; **~ tascabile** de poche
formazione [format'tsjone] *sf* formation *f* ; **~ continua** formation

continue ; **~ permanente** formation permanente ; **~ professionale** formation professionnelle
formica®1 ['fɔrmika] *sf* (*materiale*) Formica® *m*
formica2, -che [for'mika] *sf* (*Zool*) fourmi *f*
formidabile [formi'dabile] *agg* formidable
formula ['fɔrmula] *sf* formule *f* ; **~ di cortesia** (*in lettere*) formule *f* de politesse
formulare [formu'lare] *vt* formuler
fornaio, -a [for'najo] *sm/f* boulanger(-è)
fornello [for'nɛllo] *sm* (*elettrico, a gas*) réchaud *m* ; (*di pipa*) fourneau *m*
fornire [for'nire] *vt*: **~ qc (a qn)** fournir qch (à qn) ; **fornirsi** *vpr*: **fornirsi di** (*procurarsi*) se munir de ; **~ qn di qc** (*provviste, merci*) approvisionner qn en qch ; (*abiti, merci*) fournir qch à qn
forno ['forno] *sm* four *m* ; (*panetteria*) boulangerie *f* ; **fare i forni** (*Med*) suivre un traitement par la chaleur
foro ['foro] *sm* (*buco*) trou *m* ; (*Storia*) forum *m* ; (*tribunale*) tribunal *m*
forse ['forse] *avv* (*può darsi che*) peut-être ; (*circa*) à peu près ; **essere in ~** être en doute
forte ['fɔrte] *agg* fort(e) ▸ *avv* (*a voce alta, colpire*) fort ; (*velocemente*) vite ▸ *sm* (*edificio, specialità*) fort *m* ; **piatto ~** (*Cuc*) plat *m* de résistance ; **andare ~** (*avere successo*) avoir du succès ; **avere un ~ mal di testa** avoir très mal à la tête, avoir un fort mal de tête ; **avere un ~ raffreddore** avoir un gros rhume ; **essere ~ in qc** (*bravo*) être fort en qch ; **farsi ~ di qc** s'appuyer sur qch
fortezza [for'tettsa] *sf* forteresse *f*
fortuito, -a [for'tuito] *agg* fortuit(e)
fortuna [for'tuna] *sf* (*destino*) sort *m* ; (*buona sorte*) chance *f* ; (*averi*) fortune *f* ; **per ~** heureusement ; **di ~** de fortune ; **atterraggio di ~** atterrissage *m* forcé ; **avere ~** avoir de la chance ; **portare ~** porter chance
fortunato, -a [fortu'nato] *agg* (*persona*) chanceux(-euse), qui a de la chance ; (*coincidenza, incontro*) heureux(-euse)
forza ['fɔrtsa] *sf* force *f* ▸ *escl* courage ! ; **forze** *sfpl* (*fisiche, Mil*) forces *fpl* ; **per ~** de force ; (*naturalmente*) forcément ; **per ~ di cose** par la force des choses ; **a viva ~** de vive force ; **a ~ di** à force de ; **farsi ~** (*coraggio*) prendre son courage à deux mains ; **bella ~!** (*iron*) tu parles ! ; **per causa di ~ maggiore** (*Dir*) dû à un cas de force majeure ; (*per estensione*) en cas de force majeure ; **~ di vendita** (*Comm*) ensemble *m* des représentants ; **~ di volontà** force de volonté ; **F~ Italia** *parti de centre-droit* ; **~ lavoro** main-d'œuvre *f* ; **~ motrice** force motrice ; **~ pubblica** force publique ; **forze armate** forces armées ; **forze dell'ordine** forces de l'ordre
forzare [for'tsare] *vt* forcer ; **~ qn a fare qc** forcer qn à faire qch ; **~ la mano** (*fig*: *esagerare*) forcer la dose ; **~ la mano a qn** forcer la main à qn
forzista [for'tsista] *sm/f* membre *m/f* de Forza Italia
foschia [fos'kia] *sf* brume *f*
fosco, -a, -schi, -sche ['fosko] *agg* (*colore, fig*) sombre ; (*cielo*) gris(e) ; **dipingere qc a tinte fosche** (*fig*) dresser un tableau très noir de qch
fosforo ['fɔsforo] *sm* phosphore *m*
fossa ['fɔssa] *sf* fosse *f* ; **~ biologica** fosse septique ; **~ comune** fosse commune
fossato [fos'sato] *sm* fossé *m* ; (*di fortezza*) douve *f*
fossetta [fos'setta] *sf* fossette *f*
fossi *ecc* ['fossi] *vb vedi* **essere**
fossile ['fɔssile] *agg, sm* fossile *m*
fosso ['fɔsso] *sm* (*fossa*) fossé *m* ; (*Mil*) tranchée *f*
foste *ecc* ['foste] *vb vedi* **essere**
foto ['fɔto] *sf inv* photo *f* ▸ *pref*: **~ ricordo** photo souvenir ; **~ tessera** photo d'identité
fotocamera [foto'kamera] *sf*: **~ digitale** appareil *m* photo snumérique
fotocopia [foto'kɔpja] *sf* photocopie *f*
fotocopiare [fotoko'pjare] *vt* photocopier
fotocopiatrice [fotokopja'tritʃe] *sf* photocopieuse *f*
fotografare [fotogra'fare] *vt* photographier
fotografia [fotogra'fia] *sf* photographie *f* ; **fare una ~** prendre une photographie ; **una ~ a colori/in bianco e nero** une photographie en couleurs/en noir et blanc
fotografico, -a, -ci, -che [foto'grafiko] *agg* (*mostra, riproduzione*)

de photographie ; (*pellicola, memoria*) photographique ; **macchina fotografica** appareil *m* photo(graphique)

fotografo, -a [fo'tɔgrafo] *sm/f* photographe *m/f*

fotoromanzo [fotoro'mandzo] *sm* roman-photo *m*

foulard [fu'lar] *sm inv* foulard *m*

fra [fra] *prep* = **tra**

fradicio, -a ['fraditʃo] *agg* (*bagnato*) trempé(e) ; (*guasto*) pourri(e) ; **ubriaco ~** ivre mort

fragile ['fradʒile] *agg* fragile

fragola ['fragola] *sf* fraise *f* ; (*pianta*) fraisier *m*

fragrante [fra'grante] *agg* parfumé(e)

fraintendere [frain'tɛndere] *vt* mal comprendre

frammento [fram'mento] *sm* fragment *m* ; (*di oggetto rotto*) débris *msg*, éclat *m*

frana ['frana] *sf* éboulement *m* ; **essere una ~** (*fig: incapace*) être une nullité

francese [fran'tʃeze] *agg* français(e) ▸ *sm/f* Français(e) ▸ *sm* français *m*

Francia ['frantʃa] *sf* France *f*

franco, -a, -chi, -che ['franko] *agg* (*leale, aperto*) franc (franche) ; (*Comm*) franco ; (*Storia*) franc (franque) ▸ *sm* (*moneta*) franc *m* ; **farla franca** (*fig*) s'en tirer ; **porto ~** port *m* franc ; **~ a bordo** franco à bord ; **~ di dogana** hors taxe ; **~ di porto** franco de port ; **~ fabbrica** départ *m* usine ; **~ francese/svizzero** (*moneta*) franc français/suisse ; **~ magazzino** départ entrepôt ; **~ tiratore** (*Mil, Pol*) franc-tireur *m*

francobollo [franko'bollo] *sm* timbre *m*

frangia, -ge ['frandʒa] *sf* frange *f*

frappé [frap'pe] *sm inv* milk-shake *m*

frase ['fraze] *sf* phrase *f* ; **~ fatta** cliché *m*

frassino ['frassino] *sm* frêne *m*

frastagliato, -a [frastaʎ'ʎato] *agg* découpé(e)

frastornare [frastor'nare] *vt* (*sogg: rumore*) déconcentrer ; (*: chiacchiere, alcool*) abrutir ; (*: colpo*) étourdir

frastuono [fras'twɔno] *sm* (*di automobili, di grida*) vacarme *m* ; (*di gente*) tapage *m*

frate ['frate] *sm* moine *m*, frère *m*

fratellastro [fratel'lastro] *sm* demi-frère *m*

fratello [fra'tɛllo] *sm* frère *m* ; **fratelli** *smpl* (*fratelli e sorelle*) frères et sœurs *mpl*

fraterno, -a [fra'tɛrno] *agg* fraternel(le)

frattempo [frat'tɛmpo] *sm*: **nel ~** entre temps *o* entre-temps

frattura [frat'tura] *sf* (*anche fig*) fracture *f*

frazione [frat'tsjone] *sf* fraction *f* ; (*borgata*): **~ (di comune)** hameau *m*

freccia, -ce ['frettʃa] *sf* flèche *f* ; (*Aut*) clignotant *m* ; **mettere la ~ a destra/sinistra** mettre son clignotant à droite/gauche

freddezza [fred'dettsa] *sf* froideur *f*

freddo, -a ['freddo] *agg* froid(e) ▸ *sm* froid *m* ; **aver ~** avoir froid ; **fa ~** il fait froid ; **soffrire il ~** craindre le froid ; **a ~** (*fig*) froidement

freddoloso, -a [freddo'loso] *agg* frileux(-euse)

fregare [fre'gare] *vt* (*sfregare*) frotter ; (*fam: truffare*) rouler ; (*: rubare*) piquer, faucher ; **fregarsene** (*fam!*): **chi se ne frega?** qu'est-ce que j'en ai à foutre (*fam!*) ?

fregherò *ecc* [frege'rɔ] *vb vedi* **fregare**

frenare [fre'nare] *vt* freiner ; (*lacrime*) retenir ▸ *vi* freiner ; **frenarsi** *vpr* (*fig: trattenersi*) se retenir ; (*controllarsi*) se maîtriser

freno ['freno] *sm* frein *m* ; (*morso*) mors *msg* ; **tenere a ~** (*passioni ecc*) réprimer ; **porre ~ a** mettre un frein à ; **tenere a ~ la lingua** tenir sa langue ; **~ a disco** frein à disque ; **~ a mano** frein à main

frequentare [frekwen'tare] *vt* fréquenter

frequentato, -a [frekwen'tato] *agg* fréquenté(e)

frequente [fre'kwɛnte] *agg* fréquent(e) ; **di ~** fréquemment, souvent

freschezza [fres'kettsa] *sf* fraîcheur *f*

fresco, -a, -schi, -sche ['fresko] *agg* frais (fraîche) ▸ *sm* (*temperatura*): **il ~** le frais *msg* ; **godere il ~** prendre le frais ; **~ di bucato** fraîchement lavé(e), d'une propreté impeccable ; **al ~** (*anche fig: prigione*) au frais ; **se aspetti lui, stai ~!** si tu comptes sur lui, tu n'es pas au bout de tes peines !

fretta ['fretta] *sf* hâte *f* ; **avere ~** être pressé(e) ; **in ~** vite, en vitesse ; **in ~ e furia** à toute vitesse ; **far ~ a qn** presser qn, bousculer qn

friggere ['friddʒere] *vt, vi* frire ; **vai a farti ~!** (*fam*) va te faire voir !
frigido, -a ['fridʒido] *agg* frigide
frigo, -ghi ['frigo] *sm* frigo *m*
frigorifero, -a [frigo'rifero] *agg* frigorifique ▸ *sm* réfrigérateur *m*, frigidaire® *m*
fringuello [frin'gwɛllo] *sm* pinson *m*
frissi *ecc* ['frissi] *vb vedi* **friggere**
frittata [frit'tata] *sf* omelette *f* ; **fare una ~** (*fig*) faire une bêtise
frittella [frit'tɛlla] *sf* (*Cuc*) beignet *m*
fritto, -a ['fritto] *pp di* **friggere** ▸ *agg* frit(e) ▸ *sm* friture *f* ; **siamo fritti!** (*fam: fig*) on est cuit ! ; **patatine fritte** frites *fpl* ; (*in pacchetti*) chips *fpl* ; **~ misto** (*di pesce*) friture de poisson
frittura [frit'tura] *sf* friture *f* ; **~ di pesce** friture de poisson
frivolo, -a ['frivolo] *agg* frivole
frizione [frit'tsjone] *sf* (*anche Fis*) friction *f* ; (*lozione*) lotion *f* ; (*Aut*) embrayage *m*
frizzante [frid'dzante] *agg* (*vino*) mousseux(-euse) ; (*acqua*) gazeux(-euse), pétillant(e) ; (*bibita*) gazeux(-euse) ; (*fig: persona*) plein(e) d'entrain
frodare [fro'dare] *vt* (*fisco, Stato*) frauder ; (*persona*) escroquer ; **~ una somma di denaro a qn** soutirer une somme d'argent à qn, escroquer qn d'une somme d'argent
frode ['frɔde] *sf* fraude *f* ; **~ fiscale** fraude fiscale
fronda ['fronda] *sf* branche *f* ; (*di partito*) fronde *f* ; **fronde** *sfpl* (*fogliame*) feuillage *msg*
frontale [fron'tale] *agg* frontal(e) ; (*scontro*) de plein fouet
frontalino [fronta'lino] *sm* (*Aut*) façade *f*
fronte ['fronte] *sf* (*Anat*) front *m* ; (*di edificio*) façade *f* ▸ *sm* (*Mil, Pol, Meteor*) front *m* ; **di ~** en face ; **di ~ a** (*dall'altra parte*) en face de ; (*davanti*) devant ; (*a paragone di*) au vu de ; **far ~ a** faire face à ; **testo a ~** texte *m* en regard
frontiera [fron'tjɛra] *sf* (*anche fig*) frontière *f*
frottola ['frɔttola] *sf* baliverne *f*, histoire *f* ; **raccontare un sacco di frottole** raconter des histoires
frugare [fru'gare] *vt* fouiller
frugherò *ecc* [fruge'rɔ] *vb vedi* **frugare**
frullare [frul'lare] *vt* (*Cuc*) fouetter, battre ▸ *vi* (*uccelli*) s'envoler avec un battement d'ailes ; **che ti frulla per la testa?** qu'est-ce qui te passe par la tête ?
frullato [frul'lato] *sm* ≈ milk-shake *m*
frullatore [frulla'tore] *sm* mixeur *m*
frumento [fru'mento] *sm* froment *m*
fruscio [fruʃ'ʃio] *sm* (*di tessuto*) froufrou *m*, frou-frou *m* ; (*di foglie, di acque*) bruissement *m* ; (*di carta*) bruissement, froissement *m* ; (*su disco*) grésillement *m*
frusta ['frusta] *sf* (*anche Cuc*) fouet *m*
frustare [frus'tare] *vt* fouetter
frustrato, -a [frus'trato] *agg* frustré(e)
frutta ['frutta] *sf* fruit *m* ; **essere alla ~** (*commensali*) en être au dessert ; **~ candita** fruits *mpl* confits ; **~ secca** fruits *mpl* secs
fruttare [frut'tare] *vi* fructifier ▸ *vt* : **~ (a)** (*investimento, attività*) rapporter (à) ; **il deposito in banca mi frutta il 10%** mon dépôt à la banque me rapporte 10% d'intérêts ; **quella gara gli fruttò la medaglia d'oro** cette compétition lui valut la médaille d'or
frutteto [frut'teto] *sm* verger *m*
fruttivendolo, -a [frutti'vendolo] *sm/f* marchand(e) de fruits et légumes
frutto ['frutto] *sm* (*anche fig: di sforzi, lavoro*) fruit *m* ; (*fig: di investimento*) rapport *m* ; **è ~ della tua immaginazione** c'est le fruit de ton imagination ; **frutti di mare** fruits de mer ; **frutti di bosco** fruits rouges
FS [effe'ɛsse] *abbr* (= *Ferrovie dello Stato*) ≈ SNCF *f*
fu [fu] *vb vedi* **essere** ▸ *agg inv* : **il fu Paolo Bianchi** feu Paolo Bianchi
fucilare [futʃi'lare] *vt* fusiller
fucile [fu'tʃile] *sm* fusil *m* ; **~ a canne mozze** fusil à canon scié
fucsia ['fuksja] *sf* (*fiore*) fuchsia *m* ▸ *sm, agg inv* (*colore*) (rose) fuchsia (*m*)
fuga, -ghe ['fuga] *sf* (*da prigione, istituto, di gas, liquidi*) fuite *f* ; (*da casa, Mus*) fugue *f* ; **mettere qn in ~** mettre qn en fuite ; **~ di cervelli** fuite des cerveaux
fuggire [fud'dʒire] *vi* (*di casa, città*) s'enfuir ; (*di prigione, situazione, pericolo*) s'échapper ▸ *vt* fuir ; **il tempo fugge** le temps passe vite ; **~ davanti a** (*a nemico, situazione*) fuir devant
fui ['fui] *vb vedi* **essere**

fuliggine [fu'liddʒine] *sf* suie *f*
fulmine ['fulmine] *sm* foudre *f*; **un ~ a ciel sereno** (*fig*) un coup de tonnerre
fumare [fu'mare] *vi, vt* fumer
fumatore, -trice [fuma'tore] *sm/f* fumeur(-euse) ; **«non fumatori»** « non fumeurs » ; **~ passivo(a)** fumeur(-euse) passif(-ive)
fumetto [fu'metto] *sm* bande *f* dessinée, BD *f*; **fumetti** *smpl* bandes *fpl* dessinées
fummo ['fummo] *vb vedi* **essere**
fumo ['fumo] *sm* fumée *f*; (*il fumare*) tabac *m* ; **fumi** *smpl* (*industriali*) fumées *fpl* ; **il ~ fa male** le tabac est mauvais pour la santé ; **vendere ~** (*fig*) tromper (par de vaines promesses) ; **è tutto ~ e niente arrosto** ce n'est que du vent ; **andare in ~** (*fig*) tomber à l'eau ; **i fumi dell'alcool** (*fig*) les vapeurs *fpl* de l'alcool ; **~ passivo** tabagisme *m* passif
fune ['fune] *sf* corde *f*; (*più grossa*) câble *m*
funebre ['funebre] *agg* funèbre
funerale [fune'rale] *sm* enterrement *m*
fungere ['fundʒere] *vi*: **~ da** (*persona*) faire fonction de ; (*cosa*) servir de, tenir lieu de
fungo, -ghi ['fungo] *sm* champignon *m* ; (*Med*) mycose *f*; **~ velenoso** champignon vénéneux ; **crescere come i funghi** (*fig*) pousser comme des champignons
funicolare [funiko'lare] *sf* funiculaire *m*
funivia [funi'via] *sf* téléphérique *m*
funsi *ecc* ['funsi] *vb vedi* **fungere**
funzionare [funtsjo'nare] *vi* (*macchina*) marcher, fonctionner ; (*sistema, idea*) marcher ; (*fungere*): **~ da** faire fonction de
funzionario [funtsjo'narjo] *sm* fonctionnaire *m* ; **~ statale** fonctionnaire
funzione [fun'tsjone] *sf* fonction *f*; **in ~** (*motore*) en marche ; (*meccanismo*) en service ; **in ~ di** (*come*) comme ; **far ~ di** faire fonction de ; **verbo usato in ~ di sostantivo** verbe employé comme substantif ; **vivere in ~ dei figli** vivre pour ses enfants
fuoco, -chi ['fwɔko] *sm* (*anche Chim*) feu *m* ; (*Ottica, Fot, Fis*) foyer *m* ; **dare ~ a qc** mettre le feu à qch ; **fare ~** (*sparare*) faire feu ; **prendere ~** prendre feu ; **al ~!** au feu ! ; **mettere a ~** (*Fot*) mettre au point ; **~ d'artificio** feu d'artifice ; **~ di paglia** feu de paille ; **~ di Sant'Antonio** *o* **sacro** (*Med*) zona *m* ; **~ fatuo** feu follet
fuorché [fwor'ke] *cong* sauf ▶ *prep* (*eccetto*) sauf, excepté
fuori ['fwɔri] *avv* dehors ▶ *prep*: **~ (di)** hors (de) ▶ *sm* dehors *msg*, extérieur *m* ; **~!** (*esci!*) sors ! ; (*esca!, uscire!*) sortez ! ; **essere in ~** (*sporgere*) dépasser ; **lasciar ~ qc** omettre qch ; **lasciar ~ qn** exclure qn ; **ceniamo a casa o ~?** on mange à la maison ou au restaurant ? ; **mangiamo ~ o dentro?** on mange dedans ou dehors ? ; **far ~** (*fam: soldi*) croquer ; (: *cioccolatini*) dévorer ; (: *rubare*) piquer ; **far ~ qn** (*fam*) descendre qn ; **essere tagliato ~** (*da un gruppo, ambiente*) être exclu ; **essere ~ di sé** (*dalla rabbia*) être hors de soi ; **Marco è ~ città** Marco est parti ; **~ luogo** (*inopportuno*) déplacé(e) ; **~ mano** (*luogo, località*) éloigné(e) ; **Chiara abita ~ mano** Chiara habite au diable ; **~ pasto** en dehors des repas ; **~ pericolo** hors de danger ; **(andate) ~ dai piedi!** allez ouste ! ; **~ servizio** (*distributore, ascensore*) en panne ; (*telefono*) en dérangement ; **~ stagione** hors saison ; **illustrazione ~ testo** hors-texte *m* ; **~ uso** hors d'usage
fuorigioco [fwori'dʒɔko] *sm inv* hors-jeu *m*
fuoristrada [fwori'strada] *sm inv* (*Aut*) voiture *f* tout-terrain
furbo, -a ['furbo] *agg* rusé(e), malin(-igne), futé(e) ; (*peg*) fourbe ▶ *sm/f* malin(-igne) ; **fare il ~** faire le malin ; **farsi ~** apprendre à se méfier
furente [fu'rɛnte] *agg* furieux(-euse), furibond(e)
furfante [fur'fante] *sm/f* vaurien(ne), canaille *f*
furgone [fur'gone] *sm* fourgon *m*
furia ['furja] *sf* (*ira*) colère *f*; (*impeto*) fureur *f*; (*fretta*) précipitation *f*; **a ~ di** à force de ; **andare su tutte le furie** sortir de ses gonds, entrer dans une colère noire
furibondo, -a [furi'bondo] *agg* furibond(e)
furioso, -a [fu'rjoso] *agg* furieux(-euse)
furono ['furono] *vb vedi* **essere**
furtivo, -a [fur'tivo] *agg* furtif(-ive)
furto ['furto] *sm* (*sottrazione*) vol *m* ; (*refurtiva*) butin *m* ; **~ con scasso** vol avec effraction

fusa ['fusa] *sfpl*: **fare le ~** ronronner
fuseaux [fy'zo] *smpl* caleçon *msg* ; (*con il passante sotto il piede*) fuseau *msg*
fusi *ecc* ['fuzi] *vb vedi* **fondere**
fusibile [fu'zibile] *sm* fusible *m*
fusione [fu'zjone] *sf* (*di metalli, fig*) fusion *f* ; (*colata*) fonte *f* ; (*Comm*) fusion, fusionnement *m*
fuso, -a ['fuzo] *pp di* **fondere** ▸ *sm* (*Filatura*) fuseau *m* ; **diritto come un ~** raide comme un piquet ; **~ orario** fuseau horaire
fustino [fus'tino] *sm* (*di detersivo*) baril *m*
fusto ['fusto] *sm* (*di albero, Anat*) tronc *m* ; (*recipiente*) bidon *m* ; (*di occhiali*) monture *f* ; (*fam: uomo*) gaillard *m* ; (*di candeliere*) pied *m* ; (*Archit*) tige *f*, fût *m*
futuro, -a [fu'turo] *agg* futur(e) ▸ *sm* (*anche Ling*) futur *m* ; (*il tempo a venire*) avenir *m*

g

g

gabbia ['gabbja] *sf* (*per animali, di ascensore*) cage *f* ; (*in tribunale*) box *msg* ; **la ~ degli accusati** (*Dir*) le box des accusés ; **una ~ di matti** une maison de fous ; **~ toracica** cage thoracique
gabbiano [gab'bjano] *sm* mouette *f*
gabinetto [gabi'netto] *sm* cabinet *m* ; (*sanitario: stanza*) W.-C. *mpl*, toilettes *fpl* ; (*: apparecchio*) cuvette *f* ; (*Scol: di fisica ecc*) laboratoire *m*
gaffe [gaf] *sf inv* gaffe *f* ; **fare una ~** faire une gaffe
galante [ga'lante] *agg* galant(e)
galassia [ga'lassja] *sf* galaxie *f*
galera [ga'lɛra] *sf* (*nave da guerra*) galère *f* ; (*prigione*) prison *f*
galla ['galla] *sf*: **a ~** à la surface ; **venire a ~** remonter à la surface ; (*fig: verità*) percer, se faire jour
galleggiare [galled'dʒare] *vi* flotter
galleria [galle'ria] *sf* galerie *f* ; (*traforo*) tunnel *m* ; (*Teatro, Cine*) galerie, balcon *m* ; **~ d'arte** galerie d'art ; **~ del vento** *o* **aerodinamica** soufflerie *f*
Galles ['galles] *sm*: **il ~** le pays de Galles
gallina [gal'lina] *sf* poule *f* ; **andare a letto con le galline** se coucher comme les poules
gallo ['gallo] *sm* coq *m* ; (*Storia*) Gaulois *msg* ▸ *agg inv*: **peso ~** poids *msg* coq ; **al canto del ~** au chant du coq ; **fare il ~** (*fig*) faire le coq
galoppare [galop'pare] *vi* galoper
galoppo [ga'lɔppo] *sm* galop *m* ; **al ~** au galop
gamba ['gamba] *sf* jambe *f* ; (*di sedia, tavolo*) pied *m* ; (*asta: di lettera*) jambage *m*, hampe *f* ; **in ~** (*in buona salute*) en

forme ; (*sveglio*) dégourdi(e), débrouillard(e) ; **per la sua età è ancora in ~** il est encore vert pour son âge ; **è una persona in ~** (*bravo, intelligente*) c'est une personne bien ; **prendere qc sotto ~** (*fig*) prendre qch par-dessus la jambe ; **scappare a gambe levate** s'enfuir à toutes jambes ; **gambe!** filons ! ; **in ~!** porte-toi bien !

gamberetto [gambe'retto] *sm* crevette *f*

gambero ['gambero] *sm* (*di acqua dolce*) écrevisse *f* ; (*di mare*) grosse crevette *f*

gambo ['gambo] *sm* (*di fiore*) tige *f* ; (*di frutta*) queue *f* ; (*di bicchiere*) pied *m*

gamma ['gamma] *sf* gamme *f* ; **~ di prodotti** gamme de produits

gancio ['gantʃo] *sm* crochet *m*

gara ['gara] *sf* compétition *f* ; **facciamo a ~ a chi arriva primo** on joue à qui arrive le premier ; **~ d'appalto** (*Comm*) appel *m* d'offres

FALSI AMICI

gara non si traduce mai con la parola francese *gare*.

garage [ga'raʒ] *sm inv* garage *m*

garantire [garan'tire] *vt* garantir ; (*aiuto, sostegno*) assurer

garanzia [garan'tsia] *sf* garantie *f* ; (*pegno*) gage *m* ; **in ~** sous garantie

garbato, -a [gar'bato] *agg* courtois(e), poli(e)

gareggiare [gared'dʒare] *vi*: **~ (in)** rivaliser (en)

gargarismo [garga'rizmo] *sm* gargarisme *m* ; **fare i gargarismi** faire des gargarismes

garofano [ga'rɔfano] *sm* œillet *m*

garza ['gardza] *sf* gaze *f*

garzone [gar'dzone] *sm* (*di bottega*) garçon *m*

gas [gas] *sm inv* gaz *msg* ; **sento odore di ~** ça sent le gaz ; **dare ~** (*Aut*) accélérer ; **a tutto ~** (*fig*) à pleins gaz ; **~ da argille** gaz de schiste ; **~ lacrimogeno** gaz lacrymogène ; **~ naturale** gaz naturel

gasolio [ga'zɔljo] *sm* gas-oil *m*, gazole *m*

gassato, -a [gas'sato] *agg* gazeux(-euse)

gastrite [gas'trite] *sf* gastrite *f*

gastronomia [gastrono'mia] *sf* gastronomie *f*

gattino [gat'tino] *sm* chaton *m*

gatto ['gatto] *sm* chat *m* ; **~ a nove code** martinet *m*, chat à neuf queues ; **~ delle nevi** (*Sci*) dameuse *f* ; **~ selvatico** chat sauvage

gazza ['gaddza] *sf* pie *f*

gel ['dʒel] *sm inv* gel *m*

gelare [dʒe'lare] *vt* (*congelare*) geler ; (*fig: piedi, mani*) geler, glacer ; (*: con sguardo, osservazione*) glacer ▸ *vi* geler ▸ *vb impers* geler ; **mi ha gelato il sangue** (*fig*) ça m'a glacé les sangs

gelateria [dʒelate'ria] *sf* glacier *m*

gelatina [dʒela'tina] *sf* (*Cuc*) gelée *f* ; **~ di frutta** gelée ; **~ esplosiva** gélatine *f* explosive

gelato, -a [dʒe'lato] *agg* (*mare, lago ecc*) gelé(e) ; (*bevanda, vivanda*) glacé(e) ; (*strada*) verglacé(e) ; (*mani, piedi*) glacé(e), gelé(e) ▸ *sm* glace *f* ; **essere ~ per il freddo/la paura** être transi(e) (de froid)/de peur

gelido, -a ['dʒɛlido] *agg* glacé(e), glacial(e) ; (*fig: accoglienza, sguardo*) glacial(e)

gelo ['dʒɛlo] *sm* (*temperatura*) gel *m* ; (*brina*) gelée *f* blanche ; (*fig: della morte, di terrore*) froid *m*

gelosia [dʒelo'sia] *sf* jalousie *f*

geloso, -a [dʒe'loso] *agg* jaloux(-se)

gelso ['dʒɛlso] *sm* mûrier *m*

gelsomino [dʒelso'mino] *sm* jasmin *m*

gemello, -a [dʒe'mɛllo] *agg* jumeau (jumelle) ▸ *sm/f* (frère) jumeau *m*, (sœur) jumelle *f* ; **gemelli** *smpl* (*persone*) jumeaux ; (*di camicia*) boutons *mpl* de manchette ; **letti** *mpl* **gemelli** lits jumeaux ; **Gemelli** (*Zodiaco*) Gémeaux *mpl* ; **essere dei Gemelli** être Gémeaux

gemere ['dʒɛmere] *vi* (*lamentarsi*) gémir ; (*cigolare*) grincer

gemma ['dʒɛmma] *sf* (*Bot*) bourgeon *m* ; (*pietra preziosa*) gemme *f*

generale [dʒene'rale] *agg* général(e) ▸ *sm* (*Mil*) général *m* ; **in ~** en général ; **a ~ richiesta** à la demande générale ; **direttore ~** directeur *m* général

generare [dʒene'rare] *vt* (*dar vita a*) engendrer ; (*: specie umana*) procréer ; (*cagionare: conseguenze, problemi*) engendrer ; (*: risultati*) causer, entraîner ; (*far sorgere: sospetti, desideri, passioni*) créer, susciter ; (*elettricità*) produire, générer

generazione [dʒenerat'tsjone] *sf* génération *f*

genere ['dʒɛnere] *sm* genre *m* ; (*tipo*)

genre, sorte *f*; (*merce, articolo*) article *m*, produit *m*; **in ~** en général; **cose del** *o* **di questo ~** des choses de ce genre; **~ umano** genre humain; **generi alimentari** denrées *fpl* *o* produits alimentaires; **generi di consumo** produits de consommation; **generi di prima necessità** biens *mpl* de première nécessité

generico, -a, -ci, -che [dʒe'nɛriko] *agg* général(e); (*vago, impreciso*) vague; **farmaci generici** médicaments *mpl* génériques

genero ['dʒɛnero] *sm* gendre *m*, beau-fils *m*

generoso, -a [dʒene'roso] *agg* généreux(-euse)

genetica [dʒe'nɛtika] *sf* génétique *f*

genetico, -a, -ci, -che [dʒe'nɛtiko] *agg* génétique

gengiva [dʒen'dʒiva] *sf* (*Anat*) gencive *f*

geniale [dʒe'njale] *agg* génial(e)

genio ['dʒɛnjo] *sm* génie *m*; **andare a ~ a qn** plaire à qn; **~ civile** (*Mil*) génie civil

genitore [dʒeni'tore] *sm* géniteur(-trice); **i miei genitori** mes parents *mpl*

gennaio [dʒen'najo] *sm* janvier *m*; *vedi anche* **luglio**

Genova ['dʒɛnova] *sf* Gênes

gente ['dʒɛnte] *sf* (*persone*) gens *mpl*, monde *m*; **~ di campagna** gens de la campagne; **ho ~ a cena** j'ai du monde à dîner; **brava ~** des braves gens

gentile [dʒen'tile] *agg* (*persona, atto*) gentil(le); (: *garbato*) aimable; (: *aggraziato*) gracieux(-euse), agréable; (*nelle lettere*): **G~ Signore** Cher Monsieur; (: *sulla busta*): **Gentil Signor Fernando Villa** Monsieur Fernando Villa

genuino, -a [dʒenu'ino] *agg* (*prodotto*) naturel(le); (*persona*) spontané(e), franc (franche); (*sentimento*) sincère

geografia [dʒeogra'fia] *sf* géographie *f*

geologia [dʒeolo'dʒia] *sf* géologie *f*

geometra, -i, -e [dʒe'ɔmetra] *sm/f* géomètre *m/f*

geometria [dʒeome'tria] *sf* géométrie *f*

geranio [dʒe'ranjo] *sm* géranium *m*

gerarchia [dʒerar'kia] *sf* hiérarchie *f*

gergo, -ghi ['dʒɛrgo] *sm* (*militare, politico*) jargon *m*; (*della malavita*) argot *m*

geriatria [dʒerja'tria] *sf* gériatrie *f*

Germania [dʒer'manja] *sf* Allemagne *f*; **~ occidentale/orientale** (*Hist*) Allemagne de l'Ouest/de l'Est

germe ['dʒɛrme] *sm* germe *m*; **in ~** (*fig*) en germe

germogliare [dʒermoʎ'ʎare] *vi* (*seme*) germer; (*ramo*) bourgeonner

geroglifico, -ci [dʒero'glifiko] *sm* hiéroglyphe *m*

gerundio [dʒe'rundjo] *sm* gérondif *m*

gesso ['dʒɛsso] *sm* (*minerale*) gypse *m*; (*Edil, Med, statua*) plâtre *m*; (*per scrivere*) (bâton *m* de) craie *f*

gestione [dʒes'tjone] *sf* (*di affari, ditta*) gestion *f*; (*di bar*) gérance *f*; **~ di magazzino** gestion des stocks; **~ patrimoniale** gestion de patrimoine

gestire [dʒes'tire] *vt* gérer

gesto ['dʒɛsto] *sm* geste *m*

Gesù [dʒe'zu] *sm* Jésus; **~ bambino** l'Enfant Jésus

gesuita, -i [dʒezu'ita] *sm* jésuite *m*

gettare [dʒet'tare] *vt* jeter; (*metalli, cera*) couler; **gettarsi** *vpr*: **gettarsi in** se jeter dans; **gettarsi dalla finestra** se jeter par la fenêtre; **~ uno sguardo a** jeter un coup d'œil à

getto ['dʒɛtto] *sm* jet *m*; **a ~ continuo** à jet continu; **di ~** (*fig*) d'un seul jet

gettone [dʒet'tone] *sm* jeton *m*; **apparecchio a gettoni** (*automatico*) distributeur *m* automatique; **~ di presenza** jeton de présence; **~ telefonico** jeton de téléphone

ghiacciaio [gjat'tʃajo] *sm* glacier *m*

ghiacciato, -a [gjat'tʃato] *agg* gelé(e); (*bevanda, mani*) glacé(e)

ghiaccio ['gjattʃo] *sm* glace *f*

ghiacciolo [gjat'tʃɔlo] *sm* glace *f*; (*tipo di gelato*) glace à l'eau

ghiaia ['gjaja] *sf* (*detriti*) gravier *m*; (*per strade*) gravillon *m*

ghianda ['gjanda] *sf* (*Bot*) gland *m*

ghiandola ['gjandola] *sf* glande *f*

ghiotto, -a ['gjotto] *agg* gourmand(e); (*cibo*) appétissant(e)

ghirlanda [gir'landa] *sf* guirlande *f*

ghiro ['giro] *sm* loir *m*; **dormire come un ~** dormir comme une marmotte *o* un loir

ghisa ['giza] *sf* fonte *f*

già [dʒa] *avv* (*prima*) déjà; (*ex, in precedenza*) ex, ancien(ne) ▸ *escl* oui!, bien sûr!; **~ che ci sei ...** pendant que tu y es ...

g

giacca, -che ['dʒakka] *sf* (*da uomo*) veste *f*, veston *m* ; (*da donna*) veste, jaquette *f* ; **~ a vento** anorak *m* ; (*senza imbottitura*) coupe-vent *m*
giacché [dʒak'ke] *cong* puisque, du moment que
giaccone [dʒak'kone] *sm* parka *f*
giada ['dʒada] *sf* jade *m*
giaguaro [dʒa'gwaro] *sm* jaguar *m*
giallo, -a ['dʒallo] *agg* jaune ▸ *sm* jaune *m* ; (*anche*: **film giallo**) film *m* policier ; (*anche*: **romanzo giallo**) roman *m* policier ; **il mar G~** la mer Jaune ; **diventare ~ di paura** être vert de peur
Giappone [dʒap'pone] *sm* Japon *m*
giapponese [dʒappo'nese] *agg* japonais(e) ▸ *sm/f* Japonais(e) ▸ *sm* japonais *m*
giardinaggio [dʒardi'naddʒo] *sm* jardinage *m*
giardiniere, -a [dʒardi'njɛre] *sm/f* jardinier(-ière)
giardino [dʒar'dino] *sm* jardin *m* ; **~ d'infanzia** jardin d'enfants, garderie *f* ; **~ pubblico** jardin public ; **~ zoologico** jardin zoologique
giavellotto [dʒavel'lɔtto] *sm* javelot *m*
giga ['giga] *sm inv* (*Inform*) giga *m*
gigabyte [dʒiga'bait] *sm inv* gigaoctet *m*
gigante, -essa [dʒi'gante] *agg, sm/f* géant(e) ; **confezione ~** paquet *m* géant
giglio ['dʒiʎʎo] *sm* lis *msg*
gilè [dʒi'lɛ] *sm inv* gilet *m*
gin [dʒin] *sm inv* gin *m*
ginecologo, -a, -gi, -ghe [dʒine'kɔlogo] *sm/f* gynécologue *m/f*
ginepro [dʒi'nepro] *sm* (*arbusto*) genévrier *m* ; (*bacca*) genièvre *f*
ginestra [dʒi'nɛstra] *sf* genêt *m*
Ginevra [dʒi'nevra] *sf* Genève ; **il Lago di ~** le Lac Léman
ginnastica [dʒin'nastika] *sf* gymnastique *f* ; (*Scol*) sport *m*
ginocchio [dʒi'nɔkkjo] (*pl*(*m*) **ginocchi**, *pl*(*f*) **ginocchia**) *sm* genou *m* ; **mettersi in ~** se mettre à genoux ; **stare in ~** être à genoux ; (*fig*) être mal en point
giocare [dʒo'kare] *vt, vi* jouer ; **~ a** jouer à ; **ciò gioca a suo favore** cela joue en sa faveur ; **~ d'astuzia** faire preuve d'astuce ; **giocarsi il posto** risquer sa place ; **a che gioco giochiamo?** à quel jeu jouons-nous ? ; **~ sull'equivoco** jouer sur l'ambiguïté
giocatore, -trice [dʒoka'tore] *sm/f* joueur(-euse)
giocattolo [dʒo'kattolo] *sm* jouet *m*
giocherò *ecc* [dʒoke'rɔ] *vb vedi* **giocare**
gioco, -chi ['dʒɔko] *sm* jeu *m* ; (*puntata*) mise *f* ; **entrare in ~** (*fig*) entrer en jeu ; **far buon viso a cattivo ~** faire contre mauvaise fortune bon cœur ; **fare il doppio ~** jouer double jeu ; **mettere in ~** (*rischiare*) mettre en jeu ; **per ~** pour rire ; **prendersi ~ di qn** se moquer de qn, se jouer de qn ; **stare al ~ di qn** jouer le jeu de qn ; **è in ~ la mia reputazione** ma réputation est en jeu ; **~ d'azzardo** jeu de hasard ; **~ degli scacchi** jeu d'échecs ; **~ del calcio** football *m* ; **~ di società** jeu de société ; **giochi olimpici** jeux olympiques
giocoliere [dʒoko'ljɛre] *sm* jongleur *m*
gioia ['dʒɔja] *sf* joie *f* ; (*pietra preziosa*) bijou *m*
gioielleria [dʒojelle'ria] *sf* bijouterie *f*
gioielliere [dʒojel'ljɛre] *sm* bijoutier(-ière)
gioiello [dʒo'jɛllo] *sm* bijou *m* ; (*oggetto da collezione, museo*) joyau *m* ; (*fig*: *persona*) perle *f* ; (: *cosa*) bijou ; **gioielli** *smpl* (*anelli, collane ecc*) bijoux *mpl* ; **i gioielli della corona** les joyaux de la Couronne
Giordania [dʒor'danja] *sf* Jordanie *f*
giornalaio, -a [dʒorna'lajo] *sm/f* marchand(e) de journaux
giornale [dʒor'nale] *sm* (*anche Comm*) journal *m* ; (*diario*) journal (intime) ; **~ di bordo** (*Naut*) journal de bord ; **~ radio** (bulletin *m* d')informations *fpl* (à la radio)
giornaliero, -a [dʒorna'ljɛro] *agg* quotidien(ne), journalier(-ière) ; (*che varia*) journalier(-ière) ▸ *sm/f* journalier(-ière)
giornalismo [dʒorna'lizmo] *sm* journalisme *m*
giornalista, -i, -e [dʒorna'lista] *sm/f* journaliste *m/f*
giornata [dʒor'nata] *sf* journée *f* ; **durante la ~ di ieri** pendant la journée d'hier ; **fresco di ~** (*uovo*) du jour ; **vivere alla ~** vivre au jour le jour ; **~ lavorativa** journée (de travail)
giorno ['dʒorno] *sm* jour *m* ; **al ~** par jour ; **di ~** de jour ; **~ per ~** (*alla giornata*) au jour le jour ; **del ~** (*notizia*,

avvenimento) du jour ; **che ~ è oggi?** quel jour sommes-nous aujourd'hui ? ; **da un ~ all'altro** du jour au lendemain ; **al ~ d'oggi** de nos jours, à l'heure actuelle ; **tutto il santo ~** toute la (sainte) journée ; **metter fine ai propri giorni** mettre fin à ses jours

giostra ['dʒɔstra] *sf* (*per bimbi*) manège *m* ; (*torneo storico*) joute *f*

giovane ['dʒovane] *agg* jeune ▸ *sm/f* jeune homme *m*, jeune fille *f* ; **i giovani** les jeunes ; **è ~ del mestiere** il est jeune dans le métier

giovare [dʒo'vare] *vi*: **~ (a)** (*essere utile*) être utile (à), servir (à) ; (*far bene*) faire du bien (à) ▸ *vb impers* être bon, être utile ; **giovarsi** *vpr*: **giovarsi di** (*di un esempio, argomento*) se servir de ; (*avvalersi*) tirer profit de ; **a che giova prendersela?** à quoi bon s'en faire ?

giovedì [dʒove'di] *sm inv* jeudi *m* ; *vedi anche* **martedì**

gioventù [dʒoven'tu] *sf* jeunesse *f*

gip [dʒip] *abbr m* (= *giudice per le indagini preliminari*) *juge chargé des enquêtes préliminaires*

giradischi [dʒira'diski] *sm inv* tourne-disque *m*

giraffa [dʒi'raffa] *sf* (*anche TV, Cine*) girafe *f*

girare [dʒi'rare] *vt* tourner ; (*città, paese*) parcourir ; (*assegno*) endosser ▸ *vi* tourner ; (*andare in giro: a piedi*) se promener ; (*: in macchina, autobus*) circuler ; **girarsi** *vpr* se tourner, se retourner ; **~ attorno a** faire le tour de ; (*un ostacolo*) contourner ; **~ per la città/le strade/la campagna** se promener en ville/dans les rues/à la campagne ; **si girava e rigirava nel letto** il se retournait sans cesse dans son lit ; **far ~ la testa a qn** (*altezza*) donner le vertige à qn ; (*fig*) tourner la tête à qn ; **una somma che fa ~ la testa** (*fig*) une somme vertigineuse ; **gira al largo!** de l'air ! ; **girala come ti pare** (*fig*) prends ça comme tu veux ; **gira e rigira, il problema non cambia** on a beau faire *o* on a beau dire, le problème reste le même ; **cosa ti gira?** (*fam*) qu'est-ce qui te prend ? ; **mi ha fatto ~ le scatole** (*fam*) il m'a cassé les pieds

girarrosto [dʒirar'rɔsto] *sm* (*Cuc*) tournebroche *m*

girasole [dʒira'sole] *sm* tournesol *m*

girevole [dʒi'revole] *agg* tournant(e)

girino [dʒi'rino] *sm* têtard *m*

giro ['dʒiro] *sm* tour *m* ; (*viaggio*) circuit *m* ; (*Carte*) main *f* ; (*di denaro, di droga, ambiente*) milieu *m* ; (*di amici*) cercle *m* ; **fare un ~** faire un tour ; **fare il ~ di** faire le tour de ; **andare in ~** se promener ; **guardarsi in ~** regarder autour de soi ; **prendere in ~ qn** (*fig*) se moquer de qn ; **a stretto ~ di posta** par retour du courrier ; **nel ~ di un mese** en l'espace d'un mois ; **essere nel ~** (*fig: giornalistico, teatro, politico ecc*) avoir ses entrées ; **essere fuori dal ~** ne pas *o* plus être dans le coup ; **~ d'affari** (*viaggio*) voyage *m* d'affaires ; (*Comm*) chiffre *m* d'affaires ; **~ di parole** détour *m* ; **~ di prova** (*Sport, Aut*) tour d'essai ; **~ turistico** voyage organisé ; **~ vita** tour de taille

girocollo [dʒiro'kɔllo] *sm*: **a ~** ras du cou

gironzolare [dʒirondzo'lare] *vi* flâner, se balader

gita ['dʒita] *sf* excursion *f* ; **fare una ~** faire une excursion

gitano, -a [dʒi'tano] *sm/f* gitan(e)

giù [dʒu] *avv* en bas ; (*allontanamento*) là-bas ; **in ~** en bas ; **venire/andare ~** descendre ; **la mia casa è un po' più in ~** ma maison est un peu plus bas ; **dai 6 anni in ~** au-dessous de 6 ans ; **~ di lì** (*pressappoco*) à peu près ; **correre ~ per la strada** dévaler la rue ; **cadere ~ per le scale** tomber dans les escaliers ; **essere ~** (*fig: di morale*) être déprimé(e), ne pas avoir le moral ; (*: di salute*) être patraque, ne pas être en forme ; **~ le mani!** bas les pattes ! ; **quel tipo non mi va ~** il ne me plaît pas, ce type-là

giubbotto [dʒub'bɔtto] *sm* blouson *m* ; **~ antiproiettile** gilet *m* pare-balles ; **~ salvagente** gilet de sauvetage

giudicare [dʒudi'kare] *vt* juger ; **~ qn/qc bello** trouver qn/qch beau

giudice ['dʒuditʃe] *sm* (*di gara, Dir*) juge *m* ; **~ conciliatore** juge de paix ; **~ istruttore** juge d'instruction ; **~ popolare** juré(e) ; **~ tutelare** juge des tutelles

giudizio [dʒu'dittsjo] *sm* (*capacità di valutazione*) jugement *m* ; (*opinione*) avis *msg* ; (*discernimento*) bon sens *msg*, raison *f* ; (*Dir: processo*) justice *f*, procès *msg* ; (*: verdetto*) jugement, sentence *f* ; **aver ~** avoir du bon sens ; **dente del ~**

dent *f* de sagesse ; **essere in attesa di ~** être dans l'attente d'un jugement ; **a mio ~** à mon avis ; **citare in ~** assigner *o* citer en justice ; **rinviare a ~** poursuivre en justice

giugno ['dʒuɲɲo] *sm* juin *m* ; *vedi anche* **luglio**

giungere ['dʒundʒere] *vi*: **~ (a/in)** (*arrivare*) parvenir (à) ; (*spingersi fino*): **~ a** en arriver à ▸ *vt* (*congiungere*) joindre ; **~ in porto/alla meta** (*fig*) toucher *o* parvenir au but ; **questo non mi giunge nuovo** je le savais déjà

giungla ['dʒungla] *sf* (*anche fig*) jungle *f*

giunsi *ecc* ['dʒunsi] *vb vedi* **giungere**

giuramento [dʒura'mento] *sm* serment *m* ; **~ falso** faux serment

giurare [dʒu'rare] *vt* jurer ▸ *vi* jurer ; (*Dir*) prêter serment ; **~ il falso** se parjurer ; **gliel'ho giurata** je lui ai juré que je me vengerai

giuria [dʒu'ria] *sf* jury *m*

giuridico, -a, -ci, -che [dʒu'ridiko] *agg* juridique

giustificare [dʒustifi'kare] *vt* justifier ; **giustificarsi** *vpr* se justifier ; **giustificarsi (di** *o* **per)** s'excuser (de)

giustificazione [dʒustifikat'tsjone] *sf* justification *f* ; (*Scol*) mot *m* d'excuse

giustizia [dʒus'tittsja] *sf* justice *f* ; **fare ~** rendre justice ; **farsi ~ (da sé)** se faire justice (à soi-même)

giustiziare [dʒustit'tsjare] *vt* exécuter

giusto, -a ['dʒusto] *agg* (*equo, vero*) juste ; (*adatto*: *momento*) bon(ne) ; (*preciso*: *misura, prezzo, peso, ora*) exact(e) ; (: *bilancia*) précis(e) ▸ *avv* (*esattamente*) juste ; (*per l'appunto, appena*) justement ; **arrivare ~** arriver à point (nommé) ; **ho ~ bisogno di te** j'ai justement besoin de toi

glaciale [gla'tʃale] *agg* (*anche fig*) glacial(e)

gli [ʎi] (dav V, s impura, gn, pn, ps, x, z) *art mpl* les ▸ *pron* (*a lui, esso*) lui (*in coppia con lo, la, li, le, ne*: *a lui ecc*) ; **gliele do** je les lui donne ; **gliene ho parlato** je lui en ai parlé ; *vedi anche* **il**

globale [glo'bale] *agg* global(e)

globo ['glɔbo] *sm* globe *m*

globulo ['glɔbulo] *sm* (*Anat*): **~ rosso/bianco** globule *m* rouge/blanc

gloria ['glɔrja] *sf* gloire *f* ; **farsi ~ di** se faire gloire de

gnocchi ['ɲɔkki] *smpl* (*Cuc*) gnocchis *mpl*

gobba ['gɔbba] *sf* bosse *f*

gobbo, -a ['gɔbbo] *agg* bossu(e) ; (*ricurvo*: *schiena, persona*) voûté(e) ; (: *vecchio*) courbé(e) ▸ *sm/f* bossu(e)

goccia, -ce ['gottʃa] *sf* goutte *f* ; **somigliarsi come due gocce d'acqua** se ressembler comme deux gouttes d'eau ; **è la ~ che fa traboccare il vaso!** c'est la goutte d'eau qui fait déborder le vase ! ; **~ di rugiada** goutte de rosée

gocciolare [gottʃo'lare] *vi* (*uscire a gocce*) couler goutte à goutte ; (*versare a gocce*) verser goutte à goutte

godere [go'dere] *vi*: **~ (di)** jouir (de) ; (*compiacersi*) se réjouir (de), être heureux(-euse) (de) ; (*trarre vantaggio da*) bénéficier (de) ▸ *vt* jouir de ; **~ il fresco** profiter de l'air frais ; **godersi la vita** se donner du bon temps ; **godersela** s'amuser

godrò *ecc* [go'drɔ] *vb vedi* **godere**

goffo, -a ['gɔffo] *agg* (*persona*) gauche ; (: *timido*) emprunté(e)

gola ['gola] *sf* (*Anat, di monte*) gorge *f* ; (*golosità*) gourmandise *f* ; (*di camino*) tuyau *m* ; **a piena ~** (*cantare, gridare*) à gorge déployée ; **fare ~** (*pietanza, prospettiva*) faire envie ; **prendere qn per la ~** (*fig*: *con cibo*) séduire qn en lui faisant des petits plats ; (: *costringere*) prendre qn à la gorge

> **FALSI AMICI**
> **gola** non si traduce mai con la parola francese *gueule*.

golf [gɔlf] *sm inv* (*Sport*) golf *m* ; (*maglia*) pull-over *m*

golfo ['golfo] *sm* golfe *m* ; **la guerra del G~** la guerre du Golfe

goloso, -a [go'loso] *agg* gourmand(e)

gomitata [gomi'tata] *sf*: **dare una ~ a** donner un coup de coude à ; **farsi avanti a (forza** *o* **furia di) gomitate** jouer des coudes ; **fare a gomitate per qc** se battre pour qch

gomito ['gomito] *sm* coude *m* ; (*di strada*) tournant *m* ; **alzare il ~** (*fig*) lever le coude ; **curva a ~** virage *m* en épingle à cheveux

gomitolo [go'mitolo] *sm* pelote *f*

gomma ['gomma] *sf* caoutchouc *m* ; (*per cancellare*) gomme *f* ; (*di veicolo*) pneu *m* ; **trasporto su ~** transport *m* routier ; **~ americana** (*da masticare*) chewing-gum *m*

gommone [gom'mone] *sm* canot *m* pneumatique

gonfiare [gon'fjare] *vt* (*pallone, vele*) gonfler ; (*fiume, fig: notizia ecc*) gonfler, grossir ; (*sogg: cibi*) gonfler l'estomac à, ballonner ; **gonfiarsi** *vpr* se gonfler ; (*mano*) enfler ; (*viso*) se bouffir
gonfio, -a ['gonfjo] *agg* (*pallone, vela*) gonflé(e) ; (*fiume*) gonflé(e), grossi(e) ; (*stomaco*) ballonné(e) ; (*mano*) enflé(e) ; (*viso*) bouffi(e) ; **occhi gonfi di pianto** yeux gonflés de larmes ; **~ di orgoglio** gonflé(e) *o* bouffi(e) d'orgueil ; **avere il portafoglio ~** avoir un portefeuille bien garni
gonfiore [gon'fjore] *sm* (*ai piedi*) enflure *f* ; (*allo stomaco*) ballonnement *m*
gonna ['gonna] *sf* jupe *f* ; **~ pantalone** jupe-culotte *f*
googlare [gu'glare] *vt* (*Inform*) googler
gorgo, -ghi ['gorgo] *sm* (*di fiume: cavità*) gouffre *m* ; (*: mulinello*) tourbillon *m*
gorgogliare [gorgoʎ'ʎare] *vi* (*acqua*) gargouiller ; (*gas*) barboter
gorilla [go'rilla] *sm inv* (*anche guardia del corpo*) gorille *m*
gotico, -a, -ci, -che ['gɔtiko] *agg, sm* gothique (*m*)
gotta ['gotta] *sf* goutte *f*
governance ['gɔvernans] *sf inv* gouvernance *f*
governare [gover'nare] *vt* (*stato*) gouverner ; (*azienda*) diriger ; (*pilotare, guidare*) piloter ; (*bestiame*) soigner
governo [go'vɛrno] *sm* gouvernement *m*
GPL [dʒipi'ɛlle] *sigla m* (*= Gas di Petrolio Liquefatto*) GPL *m*
GPS [dʒipi'ɛsse] *sigla m* (*= Global Positioning System*) GPS *m*
gracidare [gratʃi'dare] *vi* coasser
gracile ['gratʃile] *agg* frêle, grêle, fluet(te)
gradazione [gradat'tsjone] *sf* nuance *f* ; **~ alcolica** degré *m* d'alcool
gradevole [gra'devole] *agg* agréable
gradinata [gradi'nata] *sf* escalier *m* ; (*di stadio, teatro*) gradins *mpl*
gradino [gra'dino] *sm* marche *f*

> **FALSI AMICI**
> **gradino** non si traduce mai con la parola francese *gradin*.

gradire [gra'dire] *vt* (*accettare con piacere*) apprécier ; (*desiderare*) aimer ; **gradisce una tazza di tè?** désirez-vous une tasse de thé ?
grado ['grado] *sm* (*Mat, Fis ecc*) degré *m* ; (*Mil, carriera*) grade *m* ; (*sociale*) rang *m* ; **essere in ~ di fare qc** être à même *o* en mesure de faire qch ; **di buon ~** de bon gré ; **per gradi** par paliers *o* étapes ; **cugino di primo/secondo ~** cousin *m* au premier/deuxième degré ; **subire il terzo ~** (*anche fig*) subir un interrogatoire ; **essere al ~ più alto della carriera** être à l'échelon le plus haut de sa carrière ; **aumentare di ~** monter en grade
graduale [gradu'ale] *agg* graduel(le)
graffetta [graf'fetta] *sf* (*punto metallico*) agrafe *f* ; (*fermaglio per fogli*) trombone *m*
graffiare [graf'fjare] *vt* égratigner ; (*con unghie*) griffer ; (*su vernice, muro*) égratigner, érafler ; **graffiarsi** *vpr* s'égratigner ; (*con unghie*) se griffer
graffio ['graffjo] *sm* (*vedi vt*) égratignure *f* ; griffure *f* ; égratignure, éraflure *f* ; **è solo un ~** ce n'est qu'une petite égratignure
grafia [gra'fia] *sf* graphie *f* ; (*scrittura*) écriture *f*
grafico, -a, -ci, -che ['grafiko] *agg* graphique ▸ *sm* (*disegno*) graphique *m* ; (*persona*) graphiste *m/f* ; **~ a torta** (graphique de type) « camembert » *m*
grammatica, -che [gram'matika] *sf* grammaire *f*
grammo ['grammo] *sm* gramme *m*
grana ['grana] *sf* (*di minerali*) grain *m* ; (*fig: seccatura*) ennui *m*, histoire *f* ; (*: soldi*) fric *m*, pognon *m* ▸ *sm inv* (*formaggio*) ≈ parmesan *m*
granaio [gra'najo] *sm* grenier *m*, grange *f*
granata [gra'nata] *sf* (*arma*) obus *msg* ; (*: Storia, Bot*) grenade *f* ; (*pietra preziosa*) grenat *m*
Gran Bretagna [granbre'taɲɲa] *sf* Grande-Bretagne *f*
granchio ['grankjo] *sm* crabe *m* ; **prendere un ~** (*fig*) commettre une bévue
grande ['grande] (*a volte* **gran** + C, **grand'** + V) *agg* grand(e) ; (*pioggia*) gros (grosse) ; (*bevitore*) grand(e), gros (grosse) ; (*bugiardo, fumatore*) gros (grosse) ▸ *sm/f* (*persona adulta*) grande personne *f*, adulte *m/f* ; (*persona importante*) grand(e) ; **mio fratello più ~** mon frère aîné ; **il gran pubblico** le grand public ; **di gran classe** (*prodotto*) haut de gamme ; **una gran bella donna** une très belle femme ;

non è un gran che *o* **una gran cosa** ce n'est pas fameux, ce n'est pas terrible ; **non ne so gran che** je ne sais pas grand-chose à ce sujet ; **cosa farai da ~?** qu'est-ce que tu feras quand tu seras grand ? ; **fare le cose in ~** faire les choses en grand, voir grand ; **fare il ~** (*strafare*) jouer les grands seigneurs

grandezza [gran'dettsa] *sf* (*anche fig*) grandeur *f* ; **in ~ naturale** grandeur nature ; **manie di ~** folie *fsg* des grandeurs

grandinare [grandi'nare] *vb impers* grêler

grandine ['grandine] *sf* grêle *f*

granello [gra'nɛllo] *sm* (*di sabbia, pepe, cereali*) grain *m* ; (*di frutta: seme*) pépin *m*

granito [gra'nito] *sm* granit *m*

grano ['grano] *sm* (*Bot*) blé *m* ; (*chicco, di rosario*) grain *m* ; (*di collana*) perle *f* ; **~ di pepe** grain de poivre

granturco [gran'turko] *sm* maïs *msg*

grappa ['grappa] *sf* eau-de-vie *f*, marc *m*

grappolo ['grappolo] *sm* grappe *f*

grassetto [gras'setto] *sm* (*Tip*) (caractère *m*) gras *m*

grasso, -a ['grasso] *agg* gras (grasse) ; (*persona*) gras (grasse), gros (grosse) ; (*fig: annata*) bon(ne) ; (*: volgare*) paillard(e), grossier(-ière) ▶ *sm* graisse *f* ; **grassi animali/vegetali** graisses animales/végétales ; **farsi grasse risate** rire comme des fous

grata ['grata] *sf* grille *f*

graticola [gra'tikola] *sf* (*Cuc*) gril *m* ; (*grata*) grille *f*

gratis ['gratis] *avv* gratis, gratuitement

gratitudine [grati'tudine] *sf* gratitude *f*

grato, -a ['grato] *agg* (*riconoscente*) reconnaissant(e) ; (*gradito*) apprécié(e)

gratta ['gratta] *sm vedi* **gratta e vinci**

grattacapo [gratta'kapo] *sm* tracas *msg*, ennui *m*

grattacielo [gratta'tʃɛlo] *sm* gratte-ciel *m inv*

gratta e vinci [grarae'vintʃi] *sm* carte *f* à gratter

grattare [grat'tare] *vt* (*pelle*) gratter ; (*raschiare*) gratter, racler ; **grattarsi** *vpr* se gratter

grattugia, -gie [grat'tudʒa] *sf* râpe *f*

grattugiare [grattu'dʒare] *vt* râper ; **pane grattugiato** chapelure *f*

gratuito, -a [gra'tuito] *agg* (*anche fig*) gratuit(e)

grave ['grave] *agg* (*suono, errore, contegno, accento*) grave ; (*pericolo*) grand(e) ; (*responsabilità*) lourd(e), gros (grosse) ▶ *sm* (*Fis*) corps *msg* ; **un malato ~** un malade dans un état grave

gravemente [grave'mente] *avv* gravement

gravidanza [gravi'dantsa] *sf* grossesse *f*

gravità [gravi'ta] *sf* gravité *f* ; **forza di ~** force *f* de gravité

gravoso, -a [gra'voso] *agg* lourd(e)

grazia ['grattsja] *sf* (*anche Dir*) grâce *f* ; (*favore*) gentillesse *f*, plaisir *m* ; **di ~** (*iron*) de grâce ; **troppa ~!** (*iron*) c'est trop ! ; **quanta ~ di Dio!** quelle abondance ! ; **entrare nelle grazie di qn** entrer dans les bonnes grâces de qn ; **Ministero di G~ e Giustizia** ministère *m* de la Justice

grazie ['grattsje] *escl* merci ! ; **~ mille!/tante!/infinite!** merci mille fois !/beaucoup !/infiniment !

grazioso, -a [grat'tsjoso] *agg* (*persona*) mignon(ne) ; (*abito*) joli(e)

Grecia ['grɛtʃa] *sf* Grèce *f*

greco, -a, -ci, -che ['grɛko] *agg* grec (grecque) ▶ *sm/f* Grec (Grecque) ▶ *sm* grec *m*

gregge, -i ['greddʒe] *sm* troupeau *m*

grembiule [grem'bjule] *sm* tablier *m* ; (*sopravveste, di commessa*) blouse *f* ; (*di bambino*) tablier

grembo ['grɛmbo] *sm* giron *m* ; (*di madre*) sein *m*

grezzo, -a ['greddzo] *agg* (*materia*) brut(e) ; (*tessuto*) brut(e), cru(e) ; (*fig: ingegno*) (à l'état) brut(e)

gridare [gri'dare] *vi, vt* crier ; **~ aiuto** crier au secours

grido ['grido], **-i** (*pl*(*m*), **-a** (*pl*(*f*) *sm* cri *m* ; **di ~** de renom ; **all'ultimo ~** du dernier cri

grigio, -a, -gi, -gie ['gridʒo] *agg* (*anche fig*) gris(e) ▶ *sm* gris *m*

griglia ['griʎʎa] *sf* (*per arrostire*) gril *m* ; (*Elettr, inferriata*) grille *f* ; **alla ~** (*Cuc*) au gril, grillé(e)

grilletto [gril'letto] *sm* gâchette *f*, détente *f*

grillo ['grillo] *sm* grillon *m* ; (*fig*) lubie *f* ; **ha dei grilli per la testa** il a des lubies ; **gli è saltato il ~ di provare** la fantaisie lui a pris d'essayer

grinta ['grinta] *sf* poigne *f* ; **avere molta ~** avoir du punch *o* du mordant ; **un atleta di ~** un athlète déterminé
grissino [gris'sino] *sm* (*Cuc*) gressin *m*
grondaia [gron'daja] *sf* gouttière *f*
grondare [gron'dare] *vi* ruisseler ; (*dalla grondaia*) couler ▶ *vt* ruisseler ; **~ di sudore** ruisseler de sueur

> **FALSI AMICI**
> **grondare** non si traduce mai con la parola francese *gronder*.

groppa ['grɔppa] *sf* croupe *f* ; (*fam*: *di persona*) dos *m*
grossezza [gros'settsa] *sf* (*dimensione*) grosseur *f* ; (*spessore*) épaisseur *f*
grossista, -i, -e [gros'sista] *sm/f* (*Comm*) grossiste *m/f*, marchand(e) en gros
grosso, -a ['grɔsso] *agg* gros (grosse) ; (*fig*: *dolore, personaggio, nome ecc*) grand(e) ; (: *perdita, rischio, mare*) gros (grosse) ; (: *errore*) grossier(-ière), gros (grosse) ▶ *sm*: **il ~ di** le gros de ; **farla grossa** (*fig*) en faire de belles ; **dirle grosse** (*fig*) dire des énormités ; **questa è grossa!** c'est un peu fort ! ; **sbagliarsi di ~** se tromper lourdement ; **un pezzo ~** (*fig*) un gros bonnet ; **avere il fiato ~** avoir le souffle court ; **dormire della grossa** dormir à poings fermés
grotta ['grɔtta] *sf* grotte *f*
grottesco, -a, -schi, -sche [grot'tesko] *agg, sm* grotesque *(m)*
groviglio [gro'viʎʎo] *sm* (*di rami*) enchevêtrement *m* ; (*di corde*) nœud *m* ; (*fig*) embrouillement *m*
gru [gru] *sf inv* (*Zool, Tecn*) grue *f*
gruccia, -ce ['gruttʃa] *sf* (*per camminare*) béquille *f* ; (*per abiti*) cintre *m*
grumo ['grumo] *sm* (*di sangue*) caillot *m* ; (*di farina, vernice*) grumeau *m*
gruppo ['gruppo] *sm* groupe *m* ; **~ di supporto** groupe de parole ; **~ finanziario** groupe financier ; **~ parlamentare** groupe parlementaire ; **~ sanguigno** groupe sanguin
GSM [dʒiɛsse'ɛmme] *sigla m* GSM *m*
guadagnare [gwadaɲ'ɲare] *vt* gagner ; **tanto di guadagnato!** c'est toujours cela de gagné !
guadagno [gwa'daɲɲo] *sm* gain *m* ; (*Comm*) gain, bénéfice *m* ; (*fig*) bénéfice, profit *m* ; **~ lordo/netto** bénéfice brut/net
guado ['gwado] *sm* gué *m* ; **passare a ~** passer à gué
guai ['gwai] *escl*: **~ a te/a lui!** gare à toi/à lui !
guaio ['gwajo] *sm* ennui *m*, embêtement *m* ; **trovarsi in un brutto ~** être dans une sale situation ; **passare un brutto ~** avoir de gros ennuis
guaire [gwa'ire] *vi* couiner, japper
guancia, -ce ['gwantʃa] *sf* joue *f* ; (*di animale macellato*) bajoue *f*
guanciale [gwan'tʃale] *sm* (*cuscino*) oreiller *m* ; **dormire fra due guanciali** (*fig*) dormir sur ses deux oreilles
guanto ['gwanto] *sm* gant *m* ; **trattare qn con i guanti** (*fig*) prendre des gants avec qn ; **gettare il ~** (*fig*) jeter le gant
guardalinee [gwarda'linee] *sm inv* (*Sport*) juge *m* de touche
guardare [gwar'dare] *vt* regarder ; (*custodire*: *casa, bambini*) garder ; (*proteggere*: *persona*) protéger ; (: *la salute*) préserver ▶ *vi* (*badare*: *a spese, rischio*): **~ a** faire attention à ; (*essere rivolto*): **~ a** regarder vers, se tourner vers ; **guardarsi** *vpr* se regarder ; **~ su** (*su mare, piazza*) donner sur ; **~ di fare qc** tâcher de faire qch ; **guardarsi da** (*astenersi*) se garder de ; (*stare in guardia*) prendre garde à ; **guardarsi dal fare qc** se garder de faire qch ; **ma guarda un po'!** regarde-moi ça ! ; **e guarda caso ...** et comme par hasard ... ; **~ qn dall'alto in basso** regarder qn de haut en bas ; **non ~ in faccia a nessuno** (*fig*) agir sans scrupules ; **~ di traverso** regarder de travers ; **~ a vista qn** garder qn à vue ; **guarda di non sbagliare!** tâche de ne pas te tromper !
guardaroba [gwarda'rɔba] *sm inv* penderie *f* ; (*stanza, in teatro*) vestiaire *m* ; (*insieme degli abiti*) garde-robe *f*
guardia ['gwardja] *sf* garde *m* ; **fare la ~** monter la garde ; **stare in ~** (*fig*) être *o* se tenir sur ses gardes ; **il medico di ~** le médecin de garde ; **il fiume ha raggiunto il livello di ~** le fleuve a atteint la cote d'alerte ; **giocare a ~ e ladri** jouer au gendarme et au voleur ; **~ carceraria** gardien *m* de prison ; **~ costiera** garde-côte *m* ; **~ del corpo** garde du corps ; **G~ di Finanza** police *m* fiscale ; (*individuo*) agent *m* de la police fiscale ; **~ di pubblica sicurezza** agent *m* de police ; **~ forestale** garde forestier ; **~ giurata**

g

vigile *m* ; **~ medica** (*servizio notturno*) service *m* de garde ; **~ municipale** gardien de la paix ; **~ notturna** veilleur *m* de nuit

La **Guardia di Finanza** est un corps d'armée qui se charge des infractions aux lois régulant les impôts et les monopoles. Elle rend compte aux ministres de la Justice ou de l'Agriculture, suivant la fonction qu'elle remplit.

guardiano, -a [gwar'djano] *sm/f* gardien(ne) ; **~ dei porci** porcher(-ère) ; **~ notturno** veilleur(-euse) de nuit

guarigione [gwari'dʒone] *sf* guérison *f*, rétablissement *m* ; **auguri di pronta ~!** tous mes vœux pour un prompt rétablissement !

guarire [gwa'rire] *vt, vi* guérir

guarnire [gwar'nire] *vt* garnir

guastafeste [gwasta'fɛste] *sm inv/sf inv* trouble-fête *m/f inv*, rabat-joie *m inv*

guastare [gwas'tare] *vt* (*raccolto*) endommager ; **guastarsi** *vpr* (*cibo, tempo, rapporto*) se gâter ; (*meccanismo, motore*) tomber en panne, se détraquer

guasto, -a ['gwasto] *agg* (*motore, macchina, telefono*) en panne ; (*cibo*) abîmé(e), gâté(e) ; (*dente*) gâté(e) ; (*fig: corrotto*) corrompu(e), détraqué(e) ▶ *sm* panne *f* ; **« ~ »** « en panne »

guerra ['gwɛrra] *sf* guerre *f* ; **fare la ~ (a)** faire la guerre (à) ; **~ lampo** guerre éclair ; **~ mondiale** guerre mondiale ; **~ preventiva** guerre préventive

gufo ['gufo] *sm* hibou *m*

guida ['gwida] *sf* (*capo, libro per turisti*) guide *m* ; (*manuale*) manuel *m* ; (*direzione: di azienda, paese, gruppo*) direction *f* ; (*Aut: azione*) conduite *f* ; (*: insieme di strumenti*) direction ; (*tappeto*) tapis *msg*, chemin *m* d'escalier ; (*di cassetto, tenda*) glissière *f*, coulisse *f* ; **essere alla ~ di** être à la tête de ; **far da ~ a qn** (*mostrare la strada*) montrer le chemin à qn ; (*in una città*) servir de guide à qn ; **~ a destra/a sinistra** (*Aut*) conduite à droite/à gauche ; **~ alpina** guide de montagne ; **~ telefonica** annuaire *m* du téléphone ; **~ turistica** guide touristique

guidare [gwi'dare] *vt* (*gruppo, persona, ospite*) guider, conduire ; (*esercito, partito, paese, ribelli*) diriger ; (*automobile, barca, aereo, nave*) conduire ; (*classifica*) être en tête de

guidatore, -trice [gwida'tore] *sm/f* conducteur(-trice)

guinzaglio [gwin'tsaʎʎo] *sm* laisse *f* ; **tenere al ~** (*anche fig*) tenir en laisse

guscio, -sci ['guʃʃo] *sm* coquille *f* ; (*di rettili*) carapace *f*

gustare [gus'tare] *vt* (*assaggiare, anche fig: film, scena ecc*) goûter ; (*assaporare: cibi*) savourer, déguster ▶ *vi*: **~ a** plaire à ; **non mi gusta affatto** cela ne me plaît pas du tout

gusto ['gusto] *sm* goût *m* ; (*godimento, soddisfazione*) plaisir *m* ; (*di gelato*) parfum *m* ; **al ~ di fragola** à la fraise ; **di ~ barocco** de style baroque ; **mangiare di ~** manger de bon cœur ; **prenderci ~** y prendre goût

gustoso, -a [gus'toso] *agg* (*gen*) savoureux(-euse) ; (*: compagnia*) plaisant(e)

H¹, h¹ ['akka] *sf inv o sm inv* (*lettera*) H, h *m inv* ; **H come hotel** ≈ H comme Henri
H², h² *abbr* (= *ora*) h ; (= *etto*) hg ; (= *altezza*) h ; (= *idrogeno*) H
ha, hai [a, ai] *vb vedi* **avere**
hacker ['hækər] *sm/f inv* hacker(-euse), pirate *m/f* informatique
hall [hɔ:l] *sf inv* (*di hotel*) hall *m*
hamburger [am'burger] *sm inv* steak *m* haché ; (*panino*) hamburger *m*, burger *m*
handicap ['hændikap] *sm inv* (*Med, Sport*) handicap *m*
handicappato, -a [andikap'pato] *agg, sm/f* handicapé(e)
hanno ['anno] *vb vedi* **avere**
hard disk [ar'disk] *sm inv* disque *m* dur
hard discount [ardis'kaunt] *sm inv* hard discount *m*
hardware [ard'wer] *sm inv* matériel *m*
hascisch [aʃ'ʃiʃ] *sm* haschisch *m*
help [ɛlp] *sm inv* (*Inform*) aide *m*
herpes ['ɛrpes] *sm* (*Med*) herpès *m* ; **~ zoster** zona *m*
hi-fi ['haifai] *sm inv* hi-fi *f* ▸ *agg inv* hi-fi *inv*
ho [ɔ] *vb vedi* **avere**
hobby ['hɔbi] *sm inv* hobby *m*
hockey ['hɔki] *sm* hockey *m* ; **~ su ghiaccio** hockey sur glace
home page [hom 'paidʒ] *sf inv* (*Inform*) page *f* d'accueil
host ['houst] *sm inv* (*Internet*) hébergeur *m*
hostess ['houstis] *sf inv* (*in aereo*) hôtesse *f* (de l'air) ; (*a congresso ecc*) hôtesse *f* d'accueil
hot dog ['hɔtdɔg] *sm inv* hot-dog *m*
hotel [o'tɛl] *sm inv* hôtel *m*
humour ['hju:mə] *sm inv* humour *m*
humus ['umus] *sm inv* humus *m*
husky ['aski] *sm inv* husky *m*

i [i] *art mpl* les ; *vedi anche* **il**
IC *abbr* (= *Intercity*) *train direct*
ICI ['itʃi] *sigla f* (= *Imposta Comunale sugli Immobili*) taxe *f* foncière
icona [i'kɔna] *sf* (*anche Inform*) icône *f*
idea [i'dɛa] *sf* idée *f* ; (*aspirazione, proposito*) intention *f* ; **avere le idee chiare** avoir les idées claires ; **cambiare ~** changer d'avis ; **bella ~!** bonne idée ! ; (*iron*) tu parles d'une idée ! ; **dare l'~ di** (*sembrare*) avoir l'air de ; **neanche** *o* **neppure per ~!** jamais de la vie ! ; **un'~ di** (*un po'*) un soupçon de ; **~ fissa** idée fixe ; **idee politiche** idées politiques
ideale [ide'ale] *agg* idéal(e) ▸ *sm* idéal *m*
ideare [ide'are] *vt* (*progetto*) concevoir ; (*poesia*) créer
identico, -a, -ci, -che [i'dɛntiko] *agg* identique
identificare [identifi'kare] *vt* identifier ; **identificarsi** *vpr* : **identificarsi (con)** s'identifier (à)
identità [identi'ta] *sf inv* identité *f*
ideologia, -gie [ideolo'dʒia] *sf* idéologie *f*
idiomatico, -a, -ci, -che [idjo'matiko] *agg* idiomatique ; **frase idiomatica** expression *f* idiomatique
idiota, -i, -e [i'djɔta] *agg, sm/f* (*anche Med*) idiot(e)
idolo ['idolo] *sm* (*anche fig*) idole *f*
idoneità [idonei'ta] *sf* aptitude *f* ; **esame di ~** examen *m* d'aptitude
idoneo, -a [i'dɔneo] *agg* (*anche Mil*) : **~ (a)** apte (à)
idrante [i'drante] *sm* bouche *f* d'eau
idratante [idra'tante] *agg* hydratant(e) ▸ *sm* hydratant *m*
idraulico, -a, -ci, -che [i'drauliko] *agg* hydraulique ▸ *sm* plombier *m*
idroelettrico, -a, -ci, -che [idroe'lɛttriko] *agg* hydro-électrique
idrofilo, -a [i'drɔfilo] *agg* hydrophile
idrogeno [i'drɔdʒeno] *sm* hydrogène *m*
idrovolante [idrovo'lante] *sm* hydravion *m*
iena ['jɛna] *sf* hyène *f* ; (*fig*) chacal *m*
ieri ['jɛri] *avv* hier ; (*tempo passato*) autrefois ; **il giornale di ~** le journal d'hier ; **~ l'altro** *o* **l'altro ~** avant-hier ; **~ sera** hier soir
igiene [i'dʒɛne] *sf* hygiène *f* ; **norme d'~** règles *fpl* d'hygiène ; **ufficio d'~** bureau *m* d'hygiène ; **~ mentale** hygiène mentale ; **~ pubblica** hygiène publique
igienico, -a, -ci, -che [i'dʒɛniko] *agg* hygiénique ; (*impianto*) sanitaire ; (*fam* : *fig* : *consigliabile*) conseillé(e)
ignaro, -a [iɲ'ɲaro] *agg* : **~ (di)** ignorant(e) (de)
ignobile [iɲ'ɲɔbile] *agg* ignoble
ignorante [iɲɲo'rante] *agg* ignorant(e) ; (*zotico, grezzo*) grossier(-ière)
ignorare [iɲɲo'rare] *vt* ignorer
ignoto, -a [iɲ'ɲɔto] *agg* inconnu(e) ▸ *sm* (*ciò che non si sa*) : **l'~** l'inconnu *m* ▸ *sm/f* inconnu(e)

PAROLA CHIAVE

il [il] (*pl* **i**) (*diventa* **lo** (*pl* **gli**) *davanti a s impura, gn, pn, ps, x, z*; *f* **la** (*pl* **le**)) *art* **1** le (la) ; **il libro/lo studente/l'acqua** le livre/l'étudiant/l'eau ; **il coraggio/l'amore** le courage/l'amour ; **gli scolari** les élèves ; **le automobili** les voitures
2 (*possesso*) : **aprire gli occhi** ouvrir les yeux ; **rompersi la gamba** se casser la jambe ; **avere i capelli neri** avoir les cheveux noirs ; **mettiti le scarpe** mets tes chaussures
3 (*tempo*) : **il mattino** le matin ; **il venerdì** le vendredi ; **la settimana prossima** la semaine prochaine
4 (*distributivo*) le (la) ; **4 euro il chilo/il paio** 4 euros le kilo/la paire ; **110 km l'ora** 110 km à l'heure
5 (*partitivo*) du (de la) ; **hai messo lo zucchero?** as-tu mis du sucre ? ; **hai comprato il latte?** as-tu acheté du lait ?

6 (*con nomi propri*): **il Petrarca** Pétrarque ; **il Presidente Obama** le Président Obama ; **dov'è la Donatella?** où est Donatella ?
7 (*con nomi geografici*): **il Tevere** le Tibre ; **l'Italia** l'Italie ; **la Sardegna** la Sardaigne ; **l'Everest** l'Everest ; **le Alpi** les Alpes

illegale [ille'gale] *agg* illégal(e)
illeggibile [illed'dʒibile] *agg* illisible
illegittimo, -a [ille'dʒittimo] *agg* (*anche Dir*) illégitime
illeso, -a [il'lezo] *agg* indemne
illimitato, -a [illimi'tato] *agg* illimité(e)
ill.mo *abbr* (= *illustrissimo*) illustrissime
illudere [il'ludere] *vt* tromper, leurrer ; **illudersi** *vpr* se faire des illusions
illuminare [illumi'nare] *vt* (*anche fig*: *mente ecc*) éclairer ; (*fig*: *volto, sguardo*) illuminer, éclairer ; **illuminarsi** *vpr* (*anche fig*: *volto ecc*) s'éclairer ; **~ a giorno** éclairer a giorno
illuminazione [illuminat'tsjone] *sf* (*anche fig*: *ispirazione*) illumination *f* ; (*luce*) éclairage *m*
illusi *ecc* [il'luzi] *vb vedi* **illudere**
illusione [illu'zjone] *sf* illusion *f* ; **farsi delle illusioni** se faire des illusions ; **~ ottica** illusion d'optique
illuso, -a [il'luzo] *pp di* **illudere**
illustrare [illus'trare] *vt* illustrer
illustrazione [illustrat'tsjone] *sf* illustration *f*
illustre [il'lustre] *agg* illustre
imam [i'mam] *sm inv* imam *m*
imballaggio [imbal'laddʒo] *sm* emballage *m*
imballare [imbal'lare] *vt* (*anche Aut*) emballer ; (*lana*) faire des balles de ; **imballarsi** *vpr* (*Aut*) s'emballer
imbalsamare [imbalsa'mare] *vt* embaumer
imbambolato, -a [imbambo'lato] *agg* (*persona*) ahuri(e), stupéfait(e) ; (*sguardo*) ébahi(e)
imbarazzante [imbarat'tsante] *agg* embarrassant(e), gênant(e)
imbarazzare [imbarat'tsare] *vt* gêner, embarrasser ; (*stomaco*) déranger ; **imbarazzarsi** *vpr* se sentir gêné(e)
imbarazzato, -a [imbarat'tsato] *agg* (*vedi vt*) gêné(e) ; embarrassé(e)
imbarazzo [imba'rattso] *sm* embarras *msg* ; (*disagio*) gêne *f* ; **essere** *o* **trovarsi in ~** être *o* se trouver dans l'embarras ; **mettere in ~** mettre dans l'embarras
imbarcare [imbar'kare] *vt* (*Naut, Aer*) embarquer ; **imbarcarsi** *vpr*: **imbarcarsi (su)** s'embarquer (sur) ; **imbarcarsi (per)** s'embarquer (pour) ; **imbarcarsi in** (*fig*: *in affare, situazione*) s'embarquer dans
imbarcazione [imbarkat'tsjone] *sf* (*barca*) embarcation *f*, bateau *m* ; **~ di salvataggio** bateau de sauvetage
imbarco, -chi [im'barko] *sm* (*Naut, Aer*) embarquement *m*
imbastire [imbas'tire] *vt* bâtir, faufiler ; (*fig*: *abbozzare*) ébaucher
imbattersi [im'battersi] *vpr*: **~ in** tomber sur
imbattibile [imbat'tibile] *agg* imbattable
imbavagliare [imbavaʎ'ʎare] *vt* bâillonner ; (*fig*) museler
imbecille [imbe'tʃille] *agg, sm/f* imbécile *m/f*
imbiancare [imbjan'kare] *vt* blanchir ▶ *vi* blanchir, pâlir
imbianchino [imbjan'kino] *sm* peintre *m* en bâtiment
imboccare [imbok'kare] *vt* (*malato, bambino*) nourrir ; (*strada*) emprunter, prendre
imboccatura [imbokka'tura] *sf* entrée *f* ; (*di fiume, strumento musicale ecc*) embouchure *f* ; (*di damigiana*) goulot *m*
imboscata [imbos'kata] *sf* embuscade *f* ; **tendere un'~ a** tendre une embuscade à
imbottigliare [imbottiʎ'ʎare] *vt* mettre en bouteilles ; (*flotta, veicoli*) embouteiller ; **imbottigliarsi** *vpr* (*veicoli*) être pris(e) dans une embouteillage
imbottire [imbot'tire] *vt* rembourrer ; (*panino*) garnir ; (*fig*: *riempire*) bourrer ; **imbottirsi** *vpr*: **imbottirsi di** (*di cibo, sonniferi*) se bourrer de
imbottito, -a [imbot'tito] *agg* rembourré(e) ; (*giacca*) matelassé(e) ; **panino ~** sandwich *m*
imbranato, -a [imbra'nato] *agg, sm/f* empoté(e)
imbrogliare [imbroʎ'ʎare] *vt* embrouiller ; (*fig*: *raggirare*) tromper ; **imbrogliarsi** *vpr* s'embrouiller
imbroglione, -a [imbroʎ'ʎone] *sm/f* escroc *m*, voleuse *f*

i

imbronciato, -a [imbron'tʃato] *agg* boudeur(-euse), renfrogné(e)
imbucare [imbu'kare] *vt* mettre à la poste, poster
imburrare [imbur'rare] *vt* beurrer
imbuto [im'buto] *sm* entonnoir *m*
imitare [imi'tare] *vt* imiter ; (*riprodurre*) contrefaire
immagazzinare [immagaddzi'nare] *vt* emmagasiner ; (*fig*: *dati, informazioni*) stocker
immaginare [immadʒi'nare] *vt* imaginer ; (*ipotizzare, supporre*) supposer ; (*creare, inventare*) imaginer, concevoir ; (*intuire*) comprendre ; (*ritenere, illudersi*) s'imaginer ; **s'immagini!** mais pensez-vous !
immaginazione [immadʒinat'tsjone] *sf* imagination *f* ; (*cosa immaginata*) invention *f*
immagine [im'madʒine] *sf* image *f*
immancabile [imman'kabile] *agg* immanquable, inévitable
immane [im'mane] *agg* démesuré(e), énorme ; (*spaventoso, inumano*) horrible, effroyable
immangiabile [imman'dʒabile] *agg* immangeable
immatricolare [immatriko'lare] *vt* (*Aut*) immatriculer ; (*Scol*) inscrire ; **immatricolarsi** *vpr* (*Scol*) s'inscrire
immaturo, -a [imma'turo] *agg* (*frutto*) vert(e) ; (*persona*) pas mûr(e), immature ; (*Med*: *prematuro*) prématuré(e)
immedesimarsi [immedezi'marsi] *vpr*: **~ in** s'identifier à
immediatamente [immedjata'mente] *avv* immédiatement, tout de suite
immediato, -a [imme'djato] *agg* immédiat(e)
immenso, -a [im'mɛnso] *agg* immense ; (*odio*) profond(e)
immergere [im'mɛrdʒere] *vt* plonger, tremper ; **immergersi** *vpr* plonger ; **immergersi in** (*fig*: *dedicarsi a*) se plonger dans
immeritato, -a [immeri'tato] *agg* immérité(e)
immersione [immer'sjone] *sf* immersion *f* ; (*di sommergibile, subacqueo*) plongée *f* ; **linea di ~** (*Naut*) ligne *f* de flottaison
immettere [im'mettere] *vt*: **~ (in)** introduire (dans)
immigrato, -a [immi'grato] *agg, sm/f* immigré(e)
imminente [immi'nɛnte] *agg* imminent(e)
immischiare [immis'kjare] *vt*: **~ in** mêler à ; **immischiarsi** *vpr*: **immischiarsi in** se mêler de
immobile [im'mɔbile] *agg* immobile ▸ *sm* (*Dir*: *anche*: **bene immobile**) immeuble *m*
immobiliare [immobi'ljare] *agg* (*Dir*) immobilier(-ière) ; **patrimonio ~** patrimoine *m* immobilier ; **società ~** société *f* immobilière
immondizia [immon'dittsja] *sf* saleté *f* ; (*anche*: **immondizie**: *spazzatura, rifiuti*) ordures *fpl*, immondices *fpl*
immorale [immo'rale] *agg* immoral(e)
immortale [immor'tale] *agg* immortel(le)
immune [im'mune] *agg*: **~ (da)** (*Med*) immunisé(e) (contre) ; (*da critiche ecc*) exempt(e) (de)
immutabile [immu'tabile] *agg* immuable ; (*fisso*) inaltérable
impacchettare [impakket'tare] *vt* empaqueter
impacciato, -a [impat'tʃato] *agg* gêné(e), embarrassé(e) ; (*goffo*) gauche
impacco, -chi [im'pakko] *sm* (*Med*) compresse *f*
impadronirsi [impadro'nirsi] *vpr*: **~ di** (*impossessarsi*) s'emparer de ; (*fig*: *apprendere a fondo*) acquérir la maîtrise de
impagabile [impa'gabile] *agg* inestimable, irremplaçable
impalato, -a [impa'lato] *agg* (*fig*) cloué(e) sur place
impalcatura [impalka'tura] *sf* (*Edil*) échafaudage *m* ; (*fig*) charpente *f*, ossature *f*
impallidire [impalli'dire] *vi* (*anche fig*) pâlir
impanato, -a [impa'nato] *agg* (*Cuc*) pané(e)
impantanare [impanta'nare] *vt* transformer en bourbier ; **impantanarsi** *vpr* (*con la macchina*) s'embourber
impappinarsi [impappi'narsi] *vpr* s'embrouiller, s'empêtrer
imparare [impa'rare] *vt*: **~ qc/a fare qc** apprendre qch/à faire qch
impartire [impar'tire] *vt* donner

imparziale [impar'tsjale] *agg* impartial(e)
impassibile [impas'sibile] *agg* impassible
impastare [impas'tare] *vt* pétrir ; (*cemento*) gâcher ; (*mescolare: colori*) mélanger
impasticcarsi [impastik'karsi] *vpr* se bourrer de médicaments ; (*drogarsi*) se droguer
impasto [im'pasto] *sm* (*l'impastare: di pane*) pétrissage *m* ; (*: di cemento*) gâchage *m* ; (*pasta*) pâte *f* ; (*miscuglio*) mélange *m*
impatto [im'patto] *sm* impact *m* ; **punto d'~** point *m* d'impact ; **~ ambientale** impact *m* sur l'environnement
impaurire [impau'rire] *vt* effrayer, effaroucher ▶ *vi* (*anche*: **impaurirsi**) s'effrayer, s'épouvanter
impaziente [impat'tsjɛnte] *agg* impatient(e)
impazzata [impat'tsata] *sf*: **all'~** comme un(e) fou (folle) ; (*colpire*) n'importe où ; (*parlare*) à tort et à travers
impazzire [impat'tsire] *vi* devenir fou (folle) ; **~ per qn** être fou (folle) de qn ; **~ per qc** raffoler de qch ; **è da ~!** c'est fou !
impeccabile [impek'kabile] *agg* impeccable
impedimento [impedi'mento] *sm* (*anche Dir*) empêchement *m* ; (*Med*) handicap *m*
impedire [impe'dire] *vt* empêcher ; **~ qc a qn** interdire qch à qn ; **~ a qn di fare qc** empêcher qn de faire qch
impegnare [impeɲ'ɲare] *vt* engager ; **impegnarsi** *vpr* (*vincolarsi*): **impegnarsi (a fare qc)** s'engager (à faire qch) ; **impegnarsi in** (*in lavoro, compito*) se consacrer à ; **impegnarsi con qn** s'engager vis-à-vis de qn
impegnativo, -a [impeɲɲa'tivo] *agg* important(e) ; (*lettura*) qui demande de la concentration ; (*lavoro*) important(e), prenant(e) ▶ *sf*: **impegnativa del medico** *demande d'admission à l'hôpital faite par le médecin de famille*
impegnato, -a [impeɲ'ɲato] *agg* (*anche fig: romanzo, autore*) engagé(e) ; (*dato in pegno*) mis(e) en gage ; (*occupato*) occupé(e), pris(e)
impegno [im'peɲɲo] *sm* engagement *m* ; (*zelo*) application *f*, zèle *m* ; **impegni di lavoro** obligations *fpl* professionnelles
impellente [impel'lɛnte] *agg* impérieux(-euse), urgent(e)
impennarsi [impen'narsi] *vpr* (*anche Aer, fig*) se cabrer
impensierire [impensje'rire] *vt* inquiéter, préoccuper ; **impensierirsi** *vpr* s'inquiéter, se préoccuper
imperativo, -a [impera'tivo] *agg* (*anche fig*) impératif(-ive) ▶ *sm* (*Ling*) impératif *m*
imperatore, -trice [impera'tore] *sm/f* empereur (impératrice)
imperdonabile [imperdo'nabile] *agg* impardonnable
imperfetto, -a [imper'fɛtto] *agg* (*anche Ling*) imparfait(e) ▶ *sm* (*Ling*) imparfait *m*
imperiale [impe'rjale] *agg* impérial(e)
imperioso, -a [impe'rjoso] *agg* impérieux(-euse)
impermeabile [imperme'abile] *agg, sm* imperméable *m*
impero [im'pɛro] *sm* empire *m* ; (*forza, autorità*) puissance *f*, autorité *f*
impersonale [imperso'nale] *agg* (*anche Ling*) impersonnel(le)
impersonare [imperso'nare] *vt* (*personaggio*) interpréter, incarner ; (*dare vita concreta a un concetto*) personnifier, symboliser ; **impersonarsi** *vpr* (*attore*): **impersonarsi in** se mettre dans la peau de
imperterrito, -a [imper'tɛrrito] *agg* imperturbable
impertinente [imperti'nɛnte] *agg* impertinent(e)
impeto ['impeto] *sm* (*di corrente, vento*) violence *f* ; (*assalto*) charge *f* ; (*fig: impulso, trasporto*) élan *m*, transport *m* ; (*: calore, foga*) ardeur *f*, fougue *f* ; **con ~** avec violence ; (*con irruenza*) avec impétuosité ; **d'~** impulsivement
impettito, -a [impet'tito] *agg* tout(e) droit(e), raide ; **camminare ~** marcher en bombant le torse
impetuoso, -a [impetu'oso] *agg* impétueux(-euse)
impianto [im'pjanto] *sm* installation *f* ; (*apparecchiature*) équipement *m* ; **~ di risalita** (*Sci*) remontée *f* mécanique ; **~ di riscaldamento** installation de

chauffage ; **~ elettrico** installation électrique ; **~ sportivo** équipement sportif

impiccare [impik'kare] *vt* pendre ; **impiccarsi** *vpr* se pendre

impicciare [impit'tʃare] *vt* gêner, embarrasser ; **impicciarsi** *vpr* (*immischiarsi*): **impicciarsi (in)** se mêler (de) ; **impicciati degli affari tuoi!** mêle-toi de ce qui te regarde !

impiccione, -a [impit'tʃone] *sm/f* intrigant(e)

impiegare [impje'gare] *vt* utiliser, se servir de ; (*tempo*) occuper ; (*denaro*) investir ; (*assumere*) embaucher, engager ; **impiegarsi** *vpr* trouver une place *o* un emploi ; **impiego un'ora per andare a casa** je mets une heure pour aller chez moi

impiegato, -a [impje'gato] *sm/f* employé(e) ; **~ statale** fonctionnaire *m/f*

impiego, -ghi [im'pjɛgo] *sm* (*uso*) usage *m*, emploi *m* ; (*occupazione*) emploi *m* ; (*posto di lavoro*) poste *m*, place *f*, emploi ; (*Econ*) investissement *m*, placement *m* ; **pubblico ~** fonction *f* publique

impietosire [impjeto'sire] *vt* apitoyer, attendrir ; **impietosirsi** *vpr* s'apitoyer, s'attendrir

impigliare [impiʎ'ʎare] *vt* accrocher ; **impigliarsi** *vpr* se prendre

impigrire [impi'grire] *vt* rendre paresseux(-euse) ▸ *vi* (*divenire pigro: anche*: **impigrirsi**) devenir paresseux(-euse)

implicare [impli'kare] *vt* impliquer

implicito, -a [im'plitʃito] *agg* implicite, tacite

implorare [implo'rare] *vt* implorer

impolverare [impolve'rare] *vt* couvrir de poussière ; **impolverarsi** *vpr* se couvrir de poussière

impone *ecc* [im'pone] *vb vedi* **imporre**

imponente [impo'nɛnte] *agg* imposant(e)

impongo *ecc* [im'pongo] *vb vedi* **imporre**

imponibile [impo'nibile] *agg* imposable ▸ *sm* (*Econ*) assiette *f* de l'impôt

impopolare [impopo'lare] *agg* impopulaire

imporre [im'porre] *vt* (*regola*) imposer ; (*nome*) donner ; **imporsi** *vpr* (*farsi valere*): **imporsi (su)** s'imposer (sur) ; **~ a qn di fare qc** imposer à qn de faire qch

importante [impor'tante] *agg* important(e) ; (*abito, arredamento*) riche

importanza [impor'tantsa] *sf* importance *f* ; **dare ~ a qc** donner de l'importance à qch ; **darsi ~** se donner des airs ; **non ha ~** (*non fa nulla*) cela ne fait rien

importare [impor'tare] *vt* importer ▸ *vi*: **~ (a)** importer (à) ▸ *vb impers* (*essere necessario*) falloir ; (*interessare*) importer ; **non importa!** ça ne fait rien ! ; **non me ne importa!** je m'en moque ! ; **non importa che ...** (*non serve*) il n'est pas nécessaire que ...

importo [im'pɔrto] *sm* montant *m*, somme *f*

importunare [importu'nare] *vt* importuner

imposi *ecc* [im'posi] *vb vedi* **imporre**

imposizione [impozit'tsjone] *sf* (*ingiunzione, ordine*) imposition *f*, ordre *m* ; (*Econ*) imposition ; (*di nome*) attribution *f*

impossessarsi [imposses'sarsi] *vpr*: **~ di** s'emparer de

impossibile [impos'sibile] *agg, sm* impossible (*m*) ; **fare l'~** faire l'impossible

imposta [im'pɔsta] *sf* (*tassa*) impôt *m* ; (*di finestra*) volet *m* ; **~ di successione** droits *mpl* de succession ; **~ diretta/indiretta** impôt direct/indirect ; **~ indiretta sui consumi** impôt indirect sur les biens de consommation ; **~ locale sui redditi** redevance *f* locale sur les revenus ; **~ patrimoniale** impôt foncier ; **~ sugli utili** impôt sur les bénéfices ; **~ sul reddito** impôt sur le revenu ; **~ sul reddito delle persone fisiche** impôt sur le revenu des personnes physiques ; **~ sul valore aggiunto** taxe *f* à *o* sur la valeur ajoutée

impostare [impos'tare] *vt* (*imbucare*) poster ; (*preparare, predisporre*) organiser ; (*avviare*) mettre en route ; (*resoconto, rapporto*) baser ; (*problema*) poser, formuler ; (*Tip: pagina*) agencer ; **~ la voce** (*Mus*) poser la voix

impostazione [impostat'tsjone] *sf* (*di problema, questione*) formulation *f* ; (*di lavoro*) organisation *f* ; (*di attività*) mise *f* en route ; **impostazioni** *sfpl* (*di computer*) configuration *fsg*

impotente [impo'tɛnte] *agg* (*anche Med*) impuissant(e)
impraticabile [imprati'kabile] *agg* impraticable
imprecare [impre'kare] *vi* jurer ; **~ contro qn** pester contre qn
imprecazione [imprekat'tsjone] *sf* imprécation *f*
impregnare [impreɲ'ɲare] *vt*: **~ (di)** imprégner (de) ; (*fig*: *riempire*) remplir (de)
imprenditore, -trice [imprendi'tore] *sm/f* entrepreneur(-euse) ; **piccolo ~** petit entrepreneur
impresa [im'presa] *sf* entreprise *f* ; **~ familiare/pubblica** entreprise familiale/publique
impressionante [impressjo'nante] *agg* impressionnant(e)
impressionare [impressjo'nare] *vt* (*anche Fot*) impressionner ; **impressionarsi** *vpr* se laisser impressionner ; (*Fot*) être impressionné(e) ; **s'impressiona alla vista del sangue** il ne supporte pas la vue du sang
impressione [impres'sjone] *sf* (*traccia*) empreinte *f*, trace *f* ; (*fig*: *sensazione fisica*) sensation *f* ; **fare ~** (*colpire*) être impressionnant(e) ; (*turbare*) impressionner ; **fare buona/cattiva ~ (a)** faire bonne/mauvaise impression (à) ; **avere l'~ che** avoir l'impression que
imprevedibile [impreve'dibile] *agg* imprévisible
imprevisto, -a [impre'visto] *agg* imprévu(e) ▸ *sm* imprévu *m* ; **salvo imprevisti** sauf imprévu
imprigionare [impridʒo'nare] *vt* emprisonner ; (*intrappolare*) bloquer
improbabile [impro'babile] *agg* improbable
impronta [im'pronta] *sf* (*anche fig*: *segno caratteristico*) empreinte *f* ; **~ digitale** empreinte digitale ; **~ ecologica** empreinte écologique ; **~ genetica** empreinte génétique
improvvisamente [improvviza'mente] *avv* à l'improviste
improvvisare [improvvi'zare] *vt* improviser ; **improvvisarsi** *vpr* s'improviser
improvviso, -a [improv'vizo] *agg* imprévu(e) ; (*subitaneo*: *amore*) soudain(e) ; **d'~** tout à coup ; **all'~** soudainement
imprudente [impru'dɛnte] *agg* imprudent(e)
impugnare [impuɲ'ɲare] *vt* saisir ; (*Dir*: *sentenza*) attaquer, faire opposition à
impulsivo, -a [impul'sivo] *agg*, *sm/f* impulsif(-ive)
impulso [im'pulso] *sm* (*anche fig*: *stimolo*) impulsion *f* ; **d'~** de manière impulsive ; **dare ~ alle vendite** donner une impulsion *o* un essor aux ventes ; **~ elettrico** impulsion électrique
impuntarsi [impun'tarsi] *vpr* se refuser à avancer ; (*fig*: *ostinarsi*) s'entêter, se buter
imputato, -a [impu'tato] *sm/f* accusé(e), inculpé(e)

PAROLA CHIAVE

in [in] (*in + il* = **nel**, *in + lo* = **nello**, *in + l'* = **nell'**, *in + la* = **nella**, *in + i* = **nei**, *in + gli* = **negli**, *in + le* = **nelle**) *prep* **1** (*stato in luogo*) à, en ; (*dentro*) dans ; **vivo in Italia/in Portogallo** je vis en Italie/au Portugal ; **abito in città** j'habite en ville ; **abito in montagna/campagna** j'habite à la montagne/campagne ; **essere in casa** être à la maison ; **essere in ufficio** être au bureau ; **è nel cassetto/in salotto** c'est dans le tiroir/dans le salon ; **se fossi in te** si j'étais à ta place
2 (*moto a luogo*) à, en ; (: *dentro*) dans ; **andare in Francia/in Portogallo** aller en France/au Portugal ; **andare in montagna/campagna** aller à la montagne/campagne ; **andare in città** aller en ville ; **entrare in casa** entrer à la maison ; **andare in ufficio** aller au bureau ; **entrare in macchina** monter en voiture
3 (*tempo*: *determinato*) en, à ; (: *continuato*) en, dans ; **nel 1992/giugno/estate** en 1992/juin/été ; **l'ho fatto in sei mesi/in due ore** je l'ai fait en six mois/en deux heures ; **in gioventù, io ...** dans ma jeunesse, je ...
4 (*modo, maniera*) en ; **in silenzio** en silence ; **in abito da sera** en robe du soir ; **in guerra** (*nazione, popolo*) en guerre ; **in vacanza** en vacances ; **Maria Bianchi in Rossi** Maria Bianchi épouse Rossi ; **parlare in tedesco** parler en allemand

5 (*mezzo*) en ; **viaggiare in autobus/ treno/aereo** voyager en autobus/ train/avion
6 (*materia*) en, de ; **statua in marmo** statue en *o* de marbre ; **una collana in oro** un collier en or
7 (*misura*) en ; **siamo in quattro** nous sommes quatre ; **in tutto vengono tre metri** cela fait trois mètres en tout
8 (*fine*): **dare in dono** faire un cadeau ; **spende tutto in alcol** il dépense tout en alcool ; **in onore di** en l'honneur de

inabitabile [inabi'tabile] *agg* inhabitable
inaccessibile [inattʃes'sibile] *agg* (*luogo*) inaccessible ; (*persona*) inabordable ; (*mistero*) impénétrable
inaccettabile [inattʃet'tabile] *agg* inacceptable
inadatto, -a [ina'datto] *agg*: **~ (a)** inadapté(e) (à)
inadeguato, -a [inade'gwato] *agg* inadéquat(e)
inaffidabile [inaffi'dabile] *agg* non fiable
inamidato, -a [inami'dato] *agg* amidonné(e), empesé(e)
inarcare [inar'kare] *vt* courber, cambrer ; (*sopracciglia*) hausser, lever ; **inarcarsi** *vpr* se courber, se cambrer
inaspettato, -a [inaspet'tato] *agg* inattendu(e)
inasprire [inas'prire] *vt* (*disciplina*) durcir ; (*carattere*) aigrir ; (*rapporti*) envenimer ; **inasprirsi** *vpr* (*vedi vt*) se durcir ; s'aigrir ; s'envenimer
inattaccabile [inattak'kabile] *agg* inattaquable
inattendibile [inatten'dibile] *agg* qui n'est pas digne de foi
inatteso, -a [inat'teso] *agg* inattendu(e)
inattuabile [inattu'abile] *agg* irréalisable
inaudito, -a [inau'dito] *agg* inouï(e)
inaugurare [inaugu'rare] *vt* inaugurer
inaugurazione [inaugurat'tsjone] *sf* inauguration *f*
incallito, -a [inkal'lito] *agg* (*mani*) calleux(-euse) ; (*pelle*) endurci(e) ; (*fig: peccatore, fumatore*) invétéré(e)
incandescente [inkandeʃ'ʃɛnte] *agg* incandescent(e)
incantare [inkan'tare] *vt* (*meccanismo*) enrayer ; (*ammaliare*) enchanter, charmer ; **incantarsi** *vpr* (*meccanismo*) s'enrayer, se coincer ; (*essere ammaliato*) s'extasier, être en extase ; (*restare intontito*) rester hébété(e) ; (*ad esame*) sécher
incantevole [inkan'tevole] *agg* ravissant(e), charmant(e)
incanto [in'kanto] *sm* (*incantesimo*) enchantement *m*, charme *m* ; (*meraviglia, stupore*) merveille *f* ; (*asta*) enchères *fpl* ; **come per ~** comme par enchantement ; **ti sta d'~!** il te va à ravir ! ; **mettere all'~** mettre aux enchères, mettre à l'encan
incapace [inka'patʃe] *agg* incapable ; **~ d'intendere e di volere** (*Dir*) incapable d'entendre et de vouloir (*irresponsable pénalement*)
incarcerare [inkartʃe'rare] *vt* incarcérer
incaricare [inkari'kare] *vt*: **~ qn (di fare qc)** charger qn (de faire qch) ; **incaricarsi** *vpr*: **incaricarsi di qc/di fare qc** se charger de qch/de faire qch
incarico, -chi [in'kariko] *sm* charge *f* ; (*incombenza, compito*) tâche *f* ; (*Scol*) suppléance *f*
incartamento [inkarta'mento] *sm* dossier *m*
incartare [inkar'tare] *vt* envelopper, empaqueter
incassare [inkas'sare] *vt* (*merce*) mettre en caisse, emballer ; (*soldi, fig*) encaisser ; (*assegno*) toucher
incasso [in'kasso] *sm* (*introito*) recette *f*
incastrare [inkas'trare] *vt* encastrer ; (*far combaciare*) emboîter ; (*fig: intrappolare*) coincer ; **incastrarsi** *vpr* s'encastrer, s'emboîter ; (*restare bloccato*) se coincer
incatenare [inkate'nare] *vt* (*anche fig*) enchaîner ; **~ qn a qc** enchaîner qn à qch
incauto, -a [in'kauto] *agg* imprudent(e)
incavato, -a [inka'vato] *agg* creux(-euse) ; (*occhi*) enfoncé(e)
incendiare [intʃen'djare] *vt* incendier ; (*fig*) enflammer ; **incendiarsi** *vpr* prendre feu
incendio [in'tʃɛndjo] *sm* incendie *m*
inceneritore [intʃeneri'tore] *sm* incinérateur *m*
incenso [in'tʃɛnso] *sm* encens *msg*
incensurato, -a [intʃensu'rato] *agg* (*Dir*) qui a un casier judiciaire vierge

incentivare [intʃenti'vare] *vt* stimuler, encourager ; (*persona*) encourager
incentivo [intʃen'tivo] *sm* encouragement *m* ; (*economico*) mesure *f* incitative ; **~ alla produzione** prime *f* de production
inceppare [intʃep'pare] *vt* entraver ; **incepparsi** *vpr* s'enrayer, se coincer
incertezza [intʃer'tettsa] *sf* incertitude *f* ; (*dubbio, indecisione*) doute *m*
incerto, -a [in'tʃɛrto] *agg* incertain(e) ▶ *sm* incertain *m* ; (*imprevisto*) imprévu *m* ; **gli incerti del mestiere** les aléas du métier
incetta [in'tʃɛtta] *sf* accaparement *m* ; **fare ~ di qc** accaparer qch
inchiesta [in'kjɛsta] *sf* (*anche Dir*) enquête *f* ; (*Stampa*) reportage *m* ; **~ giudiziaria/parlamentare** enquête judiciaire/parlementaire
inchinare [inki'nare] *vt* baisser, incliner ; **inchinarsi** *vpr* se baisser ; (*per riverenza*) s'incliner
inchiodare [inkjo'dare] *vt* clouer ; **~ (la macchina)** stopper net ; **inchiodato a letto** cloué au lit
inchiostro [in'kjostro] *sm* encre *f* ; (*di seppia, calamaro*) encre de seiche ; **~ simpatico** encre sympathique
inciampare [intʃam'pare] *vi*: **~ (in)** trébucher (sur)
incidente [intʃi'dɛnte] *sm* accident *m* ; (*episodio, disturbo*) incident *m* ; **e con questo l'~ è chiuso** et ainsi l'incident est clos ; **~ automobilistico** *o* **d'auto** accident de voiture ; **~ diplomatico** incident diplomatique
incidere [in'tʃidere] *vi*: **~ su** (*ricadere, gravare*) avoir des répercussions sur ; (*influire*) avoir des conséquences sur ; (*su bilancio*) grever ▶ *vt* inciser, entailler ; (*intagliare*) graver ; (*disco, nastro*) enregistrer
incinta [in'tʃinta] *agg f* enceinte
incipriare [intʃi'prjare] *vt* poudrer ; **incipriarsi** *vpr* se poudrer
incirca [in'tʃirka] *avv*: **all'~** à peu près, environ
incisi *ecc* [in'tʃizi] *vb vedi* **incidere**
incisione [intʃi'zjone] *sf* entaille *f* ; (*Arte*) gravure *f* ; (*registrazione*) enregistrement *m* ; (*Med*) incision *f*
inciso, -a [in'tʃizo] *pp di* **incidere** ▶ *sm*: **fare un ~** faire une incise ; **per ~** incidemment ; (*in modo accessorio*) en passant
incitare [intʃi'tare] *vt* inciter, exhorter
incivile [intʃi'vile] *agg* barbare, sauvage ; (*villano*) grossier(-ière)
incl. *abbr* (= *incluso*) inclus(e)
inclinare [inkli'nare] *vt* incliner ▶ *vi* pencher ; **inclinarsi** *vpr* s'incliner
includere [in'kludere] *vt* inclure, joindre ; (*inserire*) insérer
incluso, -a [in'kluzo] *pp di* **includere** ▶ *agg* ci-inclus(e), ci-joint(e) ; (*compreso*) inclus(e)
incoerente [inkoe'rɛnte] *agg* incohérent(e)
incognita [in'kɔɲɲita] *sf* surprise *f*, imprévu *m*
incognito, -a [in'kɔɲɲito] *agg* inconnu(e) ▶ *sm*: **in ~** incognito *inv*
incollare [inkol'lare] *vt* encoller ; (*attaccare*) coller ; **~ gli occhi addosso a qn** (*fig*) fixer qn des yeux
incolore [inko'lore] *agg* incolore
incolpare [inkol'pare] *vt*: **~ (di)** accuser (de)
incolto, -a [in'kolto] *agg* inculte
incolume [in'kɔlume] *agg* indemne
incombenza [inkom'bɛntsa] *sf* tâche *f*
incombere [in'kombere] *vi*: **~ (su)** planer (sur)
incominciare [inkomin'tʃare] *vt, vi* commencer
incompetente [inkompe'tɛnte] *agg* incompétent(e) ▶ *sm/f* (*persona*) incapable *m/f*
incompiuto, -a [inkom'pjuto] *agg* inachevé(e)
incompleto, -a [inkom'plɛto] *agg* incomplet(-ète)
incomprensibile [inkompren'sibile] *agg* incompréhensible
inconcepibile [inkontʃe'pibile] *agg* inconcevable
inconciliabile [inkontʃi'ljabile] *agg* inconciliable
inconcludente [inkonklu'dɛnte] *agg* (*discorso*) qui n'aboutit à rien ; (*persona*) qui ne fait rien de bon
incondizionato, -a [inkondittsjo'nato] *agg* inconditionnel(le) ; (*resa*) sans condition
inconfondibile [inkonfon'dibile] *agg* incomparable ; **è un tipo ~** il est unique en son genre

inconsapevole [inkonsa'pevole] *agg*: **~ di** inconscient(e) de
inconscio, -a, -sci, -sce [in'kɔnʃo] *agg* inconscient(e) ▸ *sm* (*Psic*) inconscient *m*
inconsistente [inkonsis'tɛnte] *agg* inconsistant(e)
inconsueto, -a [inkonsu'ɛto] *agg* insolite
incontrare [inkon'trare] *vt* rencontrer ; **incontrarsi** *vpr* se rencontrer
incontro [in'kontro] *avv*: **~ a** à la rencontre de, au devant de ▸ *sm* (*fortuito*) rencontre *f* ; (*riunione, convegno*) rencontre, réunion *f* ; (*gara, partita, scontro*) rencontre, match *m* ; (*Mat*) point *m* d'intersection ; **andare** *o* **venire ~ a** (*richieste, esigenze*) aller *o* venir au-devant de ; **~ di calcio** rencontre *o* match de football ; **~ di pugilato** combat *m* de boxe
inconveniente [inkonve'njɛnte] *sm* inconvénient *m*
incoraggiamento [inkoraddʒa'mento] *sm* encouragement *m* ; **premio d'~** prix *m* d'encouragement
incoraggiare [inkorad'dʒare] *vt* (*anche fig*) encourager
incorniciare [inkorni'tʃare] *vt* encadrer
incoronare [inkoro'nare] *vt* couronner
incorrere [in'korrere] *vi*: **~ in** s'exposer à
incosciente [inkoʃ'ʃɛnte] *agg* inconscient(e)
incredibile [inkre'dibile] *agg* incroyable
incredulo, -a [in'krɛdulo] *agg* incrédule
incrementare [inkremen'tare] *vt* augmenter ; (*commercio, turismo*) développer
incremento [inkre'mento] *sm* développement *m* ; (*aumento numerico*) accroissement *m*
increscioso, -a [inkreʃ'ʃoso] *agg* fâcheux(-euse), ennuyeux(-euse)
incriminare [inkrimi'nare] *vt* inculper, incriminer
incrinare [inkri'nare] *vt* fêler ; (*fig: rapporti, amicizia*) gâter, compromettre ; **incrinarsi** *vpr* (*vedi vt*) se fêler ; se gâter, se compromettre
incrociare [inkro'tʃare] *vt, vi* (*anche Biol, Naut, Aer*) croiser ; **incrociarsi** *vpr* (*strade, veicoli ecc*) se croiser ; **~ le braccia** croiser les bras
incrocio, -ci [in'krotʃo] *sm* (*anche Biol*) croisement *m* ; (*stradale*) croisement, carrefour *m* ; (*Ferr*) nœud *m* ferroviaire
incubatrice [inkuba'tritʃe] *sf* couveuse *f*, incubateur *m*
incubo ['inkubo] *sm* (*anche fig*) cauchemar *m*
incurabile [inku'rabile] *agg* incurable
incurante [inku'rante] *agg*: **~ (di)** insouciant(e) (de)
incuriosire [inkurjo'sire] *vt* intéresser, intriguer ; **incuriosirsi** *vpr* être intrigué(e)
incursione [inkur'sjone] *sf* incursion *f* ; **~ aerea** raid *m* aérien
incurvare [inkur'vare] *vt* courber ; **incurvarsi** *vpr* se courber
incustodito, -a [inkusto'dito] *agg* laissé(e) sans surveillance ; (*parcheggio*) non gardé(e)
incutere [in'kutere] *vt*: **~ (a)** inspirer (à) ; **~ rispetto a qn** inspirer du respect à qn
indaco ['indako] *sm* indigo *m*
indaffarato, -a [indaffa'rato] *agg* affairé(e)
indagare [inda'gare] *vt* rechercher, chercher à connaître ▸ *vi*: **~ (su)** enquêter (sur)
indagine [in'dadʒine] *sf* investigation *f*, enquête *f* ; (*ricerca, studio*) recherche *f*, étude *f* ; **~ di mercato** analyse *f* *o* étude de marché
indebitare [indebi'tare] *vt* endetter ; **indebitarsi** *vpr* s'endetter
indebolire [indebo'lire] *vt* affaiblir ; **indebolirsi** *vpr* s'affaiblir
indecente [inde'tʃɛnte] *agg* indécent(e)
indeciso, -a [inde'tʃizo] *agg* indécis(e) ; (*questione*) non résolu(e)
indefinito, -a [indefi'nito] *agg* (*anche Ling*) indéfini(e)
indegno, -a [in'deɲɲo] *agg* indigne
indemoniato, -a [indemo'njato] *agg* (*posseduto*) possédé(e) ; (*agitato*) endiablé(e)
indenne [in'dɛnne] *agg* indemne
indennizzare [indennid'dzare] *vt* indemniser
indeterminativo, -a [indetermina'tivo] *agg* (*Ling*) indéfini(e)

India ['indja] *sf* Inde *f*; **le Indie occidentali** les Indes *fpl* occidentales *o* les Antilles *fpl o* les Caraïbes *fpl*
indiano, -a [in'djano] *agg* indien(ne) ▸ *sm/f* (*d'India, d'America*) Indien(ne) ; **l'Oceano I~** l'océan *m* Indien
indicare [indi'kare] *vt* (*mostrare, significare*) indiquer ; (*col dito*) montrer du doigt ; (*consigliare*) conseiller
indicativo, -a [indika'tivo] *agg* (*anche Ling*) indicatif(-ive) ▸ *sm* (*Ling*) indicatif *m*
indicazione [indikat'tsjone] *sf* indication *f*
indice ['inditʃe] *sm* (*Anat*) index *m inv* ; (*lancetta*) aiguille *f* ; (*di libro, volume*) table *f* des matières ; (*Tecn, Mat, Econ, fig*) indice *m* ; **~ azionario** indice des valeurs ; **~ dei prezzi al consumo** indice des prix à la consommation ; **~ di ascolto** indice d'écoute ; **~ di gradimento** (*Radio, TV*) indice de satisfaction
indicherò *ecc* [indike'rɔ] *vb vedi* **indicare**
indicibile [indi'tʃibile] *agg* indicible
indietreggiare [indjetred'dʒare] *vi* reculer
indietro [in'djɛtro] *avv* (*guardare*) en arrière ; **(all')~** à reculons ; (*cadere*) à la renverse ; **essere ~** (*col lavoro, nello studio*) être en retard ; (*orologio*) retarder ; **lasciare ~ qc** (*omettere*) oublier qch ; **rimandare qc ~** renvoyer qch ; **rimanere ~** se laisser distancer ; **tornare un passo ~** (*fig*) revenir en arrière ; **non andare né avanti né ~** (*fig*) piétiner ; **far marcia ~** (*anche fig*) faire marche arrière
indifeso, -a [indi'feso] *agg* sans défense
indifferente [indiffe'rɛnte] *agg* indifférent(e) ▸ *sm/f*: **fare l'~** jouer les indifférent(e)s
indigeno, -a [in'didʒeno] *agg, sm/f* indigène *m/f*
indigestione [indidʒes'tjone] *sf* indigestion *f*
indigesto, -a [indi'dʒɛsto] *agg* indigeste
indignare [indiɲ'ɲare] *vt* indigner ; **indignarsi** *vpr* s'indigner
indimenticabile [indimenti'kabile] *agg* inoubliable
indipendente [indipen'dɛnte] *agg* indépendant(e)
indire [in'dire] *vt* (*concorso*) ouvrir ; (*elezione*) fixer
indiretto, -a [indi'rɛtto] *agg* indirect(e)
indirizzare [indirit'tsare] *vt* adresser ; (*sforzi, energia*) concentrer ; (*persona*) orienter
indirizzo [indi'rittso] *sm* adresse *f* ; (*avvio*) orientation *f* ; (*scientifico, linguistico*) branche *f* ; (*Scol*) section *f* ; **studi ad ~ scientifico** études *fpl* scientifiques ; **~ Internet** adresse électronique, adresse IP ; **~ letterario** section littéraire
indiscreto, -a [indis'kreto] *agg* indiscret(-ète)
indiscusso, -a [indis'kusso] *agg* indiscuté(e)
indispensabile [indispen'sabile] *agg* indispensable
indispettire [indispet'tire] *vt* irriter, agacer ; **indispettirsi** *vpr* s'irriter, se fâcher
individuale [individu'ale] *agg* individuel(le)
individuare [individu'are] *vt* (*punto, posizione*) repérer, localiser ; (*persona*) identifier, reconnaître
individuo [indi'viduo] *sm* individu *m* ; (*peg*) type *m*
indiziato, -a [indit'tsjato] *agg, sm/f* suspect(e)
indizio [in'dittsjo] *sm* signe *m*, symptôme *m* ; (*Dir*) indice *m*
indole ['indole] *sf* caractère *m*, tempérament *m*
indolenzito, -a [indolen'tsito] *agg* endolori(e), engourdi(e)
indolore [indo'lore] *agg* (*anche fig*) indolore
indomani [indo'mani] *sm*: **l'~** le lendemain
indossare [indos'sare] *vt* (*mettere indosso*) endosser ; (*avere indosso*) porter
indossatore, -trice [indossa'tore] *sm/f* mannequin *m/f*
indottrinare [indottri'nare] *vt* endoctriner
indovinare [indovi'nare] *vt* deviner ; **tirare a ~** essayer de deviner, répondre au petit bonheur
indovinello [indovi'nɛllo] *sm* devinette *f*
indubbiamente [indubbja'mente] *avv* sans aucun doute, indubitablement

indubbio, -a [in'dubbjo] *agg* certain(e), incontestable
induco *ecc* [in'duko] *vb vedi* **indurre**
indugiare [indu'dʒare] *vi* hésiter, temporiser ; **~ a fare qc** tarder à faire qch
indugio, -gi [in'dudʒo] *sm* retard *m*, délai *m* ; **senza ~** sur le champ
indulgente [indul'dʒɛnte] *agg* indulgent(e)
indumento [indu'mento] *sm* vêtement *m* ; **indumenti** *smpl* effets *fpl* ; **indumenti intimi** sous-vêtements *mpl*
indurire [indu'rire] *vt* durcir ; (*fig*) endurcir ; **indurirsi** *vpr* durcir, s'endurcir
indurre [in'durre] *vt*: **~ qn a fare qc** pousser qn à faire qch ; **~ qn al male** pousser qn au vice ; **~ qn in tentazione** inciter qn à la tentation
indussi *ecc* [in'dussi] *vb vedi* **indurre**
industria [in'dustrja] *sf* industrie *f* ; **la piccola/grande ~** la petite/grande industrie ; **~ leggera/pesante** industrie légère/lourde
industriale [indus'trjale] *agg* industriel(le) ▸ *sm* industriel *m*
ineccepibile [inettʃe'pibile] *agg* irréprochable
inedito, -a [i'nɛdito] *agg* inédit(e)
inerente [ine'rɛnte] *agg*: **~ a** (*facente parte di*) inhérent(e) à ; (*concernente*) relatif(-ive) à ; **le qualità inerenti all'uomo** les qualités inhérentes à l'homme
inerme [i'nɛrme] *agg* (*indifeso*) sans défense ; (*disarmato*) désarmé(e)
inerpicarsi [inerpi'karsi] *vpr*: **~ (su)** grimper (sur)
inerte [i'nɛrte] *agg* inerte ; (*inattivo*) inactif(-ive)
inesatto, -a [ine'zatto] *agg* inexact(e)
inesistente [inezis'tɛnte] *agg* inexistant(e)
inesperienza [inespe'rjɛntsa] *sf* inexpérience *f*
inesperto, -a [ines'pɛrto] *agg* inexpérimenté(e), inexpert(e)
inevitabile [inevi'tabile] *agg* inévitable
inezia [i'nɛttsja] *sf* bagatelle *f* ; **per un'~** pour un rien
infagottare [infagot'tare] *vt* (*fig*) emmitoufler ; **infagottarsi** *vpr* s'emmitoufler ; (*vestirsi goffamente*) se fagoter
infallibile [infal'libile] *agg* infaillible
infamante [infa'mante] *agg* infamant(e)
infame [in'fame] *agg* infâme ; (*fig*: *pessimo*) ignoble, infect(e) ; **un tempo ~** (*fig*) un temps infect
infangare [infan'gare] *vt* couvrir de boue ; (*fig*: *nome, reputazione*) souiller, éclabousser ; **infangarsi** *vpr* se couvrir de boue ; **infangarsi la reputazione** souiller sa réputation
infantile [infan'tile] *agg* (*Med, Psic*) infantile ; (*linguaggio*) enfantin(e) ; (*immaturo*) infantile, enfantin(e) ; **letteratura ~** littérature *f* pour enfants
infanzia [in'fantsja] *sf* enfance *f* ; **la prima ~** la première enfance
infarinare [infari'nare] *vt* fariner ; **~ con** (*con zucchero ecc*) saupoudrer de
infarinatura [infarina'tura] *sf* (*fig*) vernis *m*, vagues notions *fpl*
infarto [in'farto] *sm* (*Med*): **~ (cardiaco)** infarctus *m* (du myocarde)
infastidire [infasti'dire] *vt* embêter, agacer ; **infastidirsi** *vpr* s'énerver, s'impatienter
infaticabile [infati'kabile] *agg* infatigable
infatti [in'fatti] *cong* (*in realtà*) en fait, en réalité ; (*in effetti*) en effet ; **~!** c'est vrai !
infatuarsi [infatu'arsi] *vpr*: **~ (di)** s'enticher (de)
infedele [infe'dele] *agg* infidèle
infelice [infe'litʃe] *agg* malheureux(-euse) ; (*lavoro*) manqué(e) ; (*non adatto*: *momento*) inopportun(e)
inferiore [infe'rjore] *agg, sm/f* inférieur(e) ▸ *sm/f*: **~ a** inférieur(e) à ; **~ alla media** inférieur(e) à la moyenne
inferiorità [inferjori'ta] *sf* infériorité *f* ; **complesso di ~** complexe *m* d'infériorité
infermeria [inferme'ria] *sf* infirmerie *f*
infermiere, -a [infer'mjɛre] *sm/f* infirmier(-ière)
infermità [infermi'ta] *sf inv* infirmité *f* ; **~ mentale** infirmité mentale, maladie *f* mentale
infermo, -a [in'fermo] *agg, sm/f* infirme *m/f* ; **~ di mente** malade *m/f* mental(e)
infernale [infer'nale] *agg* infernal(e), d'enfer ; (*malvagio*: *proposito, piano*)

diabolique ; **un baccano ~** un vacarme infernal, un bruit d'enfer

inferno [in'fɛrno] *sm* enfer *m* ; **soffrire le pene dell'~** (*fig*) souffrir les peines de l'enfer

inferriata [infer'rjata] *sf* grille *f*

infestare [infes'tare] *vt* infester

infettare [infet'tare] *vt* infecter ; (*trasmettere un'infezione*) contaminer ; **infettarsi** *vpr* s'infecter

infezione [infet'tsjone] *sf* infection *f*

infiammabile [infjam'mabile] *agg* inflammable

infiammare [infjam'mare] *vt* (*anche Med*) enflammer ; **infiammarsi** *vpr* (*anche Med*) s'enflammer

infiammazione [infjammat'tsjone] *sf* (*Med*) inflammation *f*

infierire [infje'rire] *vi*: **~ (su/contro)** s'acharner (sur/contre) ; (*epidemia*) sévir (dans), faire rage (dans)

infilare [infi'lare] *vt* enfiler ; (*chiave*) introduire ; (*anello*) passer ; (*strada, uscio*) prendre ; **infilarsi** *vpr*: **infilarsi in** (*in letto, bagno*) se glisser dans ; **infilarsi la giacca** enfiler sa veste

infiltrarsi [infil'trarsi] *vpr* s'infiltrer ; (*fig*) s'infiltrer, pénétrer

infilzare [infil'tsare] *vt* (*infilare*) enfiler, transpercer ; (*trafiggere*) embrocher

infimo, -a ['infimo] *agg* très bas (basse) ; **un albergo di ~ ordine** un hôtel de troisième ordre

infine [in'fine] *avv* enfin, finalement ; (*insomma*) enfin, à la fin

infinità [infini'ta] *sf* infinité *f* ; **un'~ di** une grande quantité de, un tas de

infinito, -a [infi'nito] *agg* infini(e) ; (*Ling*) infinitif(-ive) ▸ *sm* infini *m* ; (*Ling*) infinitif *m* ; **all'~** à l'infini

infinocchiare [infinok'kjare] *vt* (*fam*) rouler, avoir

infischiarsi [infis'kjarsi] *vpr*: **~** *o* **infischiarsene di** se moquer de, se ficher de

infisso, -a [in'fisso] *sm* (*in edificio*) cadre *m*, châssis *msg* ; (*di vani*) portes *fpl* et fenêtres *fpl*

inflazione [inflat'tsjone] *sf* inflation *f*

infliggere [in'fliddʒere] *vt*: **~ (a)** infliger (à)

inflissi *ecc* [in'flissi] *vb vedi* **infliggere**

influente [influ'ɛnte] *agg* influent(e)

influenza [influ'ɛntsa] *sf* influence *f* ; (*Med*) grippe *f* ; **~ aviaria** grippe aviaire ; **~ suina** grippe porcine *o* A/H1N1

influenzare [influen'tsare] *vt* influencer

influire [influ'ire] *vi*: **~ (su)** influer (sur)

influsso [in'flusso] *sm* influence *f*

infondato, -a [infon'dato] *agg* sans fondement, injustifié(e)

infondere [in'fondere] *vt*: **~ (in)** (*coraggio*) insuffler (à) ; (*speranza*) donner (à) ; **~ fiducia in qn** inspirer (de la) confiance à qn

informare [infor'mare] *vt* informer, renseigner ; **informarsi** *vpr*: **informarsi (di/su)** s'informer (de/sur), se renseigner (de/sur)

informatica [infor'matika] *sf* informatique *f*

informativo, -a [informa'tivo] *agg* d'information ; **a titolo ~** à titre d'information

informato, -a [infor'mato] *agg* informé(e), renseigné(e) ; **tenersi ~** se tenir informé(e)

informatore [informa'tore] *sm* (*di polizia*) indicateur(-trice)

informazione [informat'tsjone] *sf* renseignement *m* ; (*notizie*) information *f* ; **informazioni** *sfpl* informations *fpl* ; **chiedere un'~** demander un renseignement ; **~ di garanzia** (*Dir*) information judiciaire ; **informazioni turistiche** informations touristiques

> Dans les principales villes italiennes, on peut trouver de nombreux offices de tourisme qui sont généralement gérés par les *Aziende di promozione turistica* (*APT*) ou par les *Enti di promozione turistica* (*EPT*).

informe [in'forme] *agg* informe

informicolarsi [informiko'larsi] *vpr*: **mi si è informicolata una gamba** j'ai des fourmis dans la jambe

infortunato, -a [infortu'nato] *agg* accidenté(e) ▸ *sm/f* (*persona*) victime *f*, blessé(e)

infortunio [infor'tunjo] *sm* accident *m* ; **~ sul lavoro** accident du travail

infrazione [infrat'tsjone] *sf* infraction *f*

infreddatura [infredda'tura] *sf* (*raffreddore leggero*) léger rhume *m*, refroidissement *m*

infreddolito, -a [infreddo'lito] *agg* transi(e) de froid

infuori [in'fwɔri] *avv* en dehors ; **all'~ di** excepté, sauf, à part

i

infuriare [infu'rjare] *vi* faire rage, sévir ; **infuriarsi** *vpr* s'emporter, se mettre en fureur
infusione [infu'zjone] *sf* infusion *f*
infuso, -a [in'fuzo] *pp di* **infondere** ▸ *agg*: **scienza infusa** (*anche iron*) science *f* infuse ▸ *sm* (*bevanda*) infusion *f* ; **~ di camomilla** infusion de camomille
Ing. *abbr* (= *ingegnere*) ingénieur
ingaggiare [ingad'dʒare] *vt* (*equipaggio ecc*) engager, recruter ; (*combattimento*) engager
ingannare [ingan'nare] *vt* tromper ; (*fisco*) frauder ; (*fiducia*) trahir ; (*sorveglianza*) tromper, trahir ; **ingannarsi** *vpr* se tromper ; **~ il tempo/l'attesa** tuer le temps ; **l'apparenza inganna** les apparences sont trompeuses ; **se la memoria non m'inganna** si j'ai bonne mémoire
inganno [in'ganno] *sm* ruse *f* ; (*menzogna, frode*) mensonge *f* ; (*errore, illusione*) erreur *f*, illusion *f* ; **trarre qn in ~** induire qn en erreur
ingegnarsi [indʒeɲ'ɲarsi] *vpr*: **~ (a fare qc)** s'ingénier (à faire qch) ; **~ per vivere** vivre d'expédients ; **basta ~ un po'** il suffit de se donner un peu de mal
ingegnere [indʒeɲ'ɲɛre] *sm* ingénieur *m* ; **~ civile** ingénieur civil ; **~ navale** ingénieur des constructions navales
ingegneria [indʒeɲɲe'ria] *sf* ingénierie *f* ; **~ civile** ingénierie civile, génie *m* civil ; **~ genetica** ingénierie génétique, génie génétique
ingegno [in'dʒeɲɲo] *sm* esprit *m*, intelligence *f* ; (*disposizione*) talent *m*
ingegnoso, -a [indʒeɲ'ɲoso] *agg* ingénieux(-euse)
ingelosire [indʒelo'sire] *vt* rendre jaloux(-se) ; **ingelosirsi** *vpr* devenir jaloux(-se)
ingente [in'dʒɛnte] *agg* considérable
ingenuità [indʒenui'ta] *sf inv* (*innocenza*) ingénuité *f* ; (*dabbenaggine, azione*) naïveté *f*
ingenuo, -a [in'dʒɛnuo] *agg* ingénu(e) ; (*credulone*) naïf (naïve)
ingerire [indʒe'rire] *vt* ingérer, avaler
ingessare [indʒes'sare] *vt* (*Med*) plâtrer
ingessatura [indʒessa'tura] *sf* (*Med*) plâtre *m*
Inghilterra [ingil'tɛrra] *sf* Angleterre *f*
inghiottire [ingjot'tire] *vt* (*anche fig*) avaler
ingiallire [indʒal'lire] *vt*, *vi* jaunir
inginocchiarsi [indʒinok'kjarsi] *vpr* s'agenouiller
ingiù, in giù [in'dʒu] *avv* en bas ; **all'~** vers le bas
ingiuria [in'dʒurja] *sf* injure *f*
ingiustizia [indʒus'tittsja] *sf* injustice *f*
ingiusto, -a [in'dʒusto] *agg* injuste
inglese [in'glese] *agg* anglais(e) ▸ *sm/f* Anglais(e) ▸ *sm* anglais *m* ; **andarsene** *o* **filare all'~** s'en aller *o* filer à l'anglaise
ingoiare [ingo'jare] *vt* avaler, engloutir ; (*fig*) dévorer
ingolfare [ingol'fare] *vt* (*Aut*) noyer ; **ingolfarsi** *vpr* (*Aut*) se noyer, être noyé(e)
ingombrante [ingom'brante] *agg* encombrant(e)
ingombrare [ingom'brare] *vt* encombrer
ingordo, -a [in'gordo] *agg*: **~ (di)** glouton(ne), goulu(e) (de) ; (*di denaro, gloria*) avide (de) ▸ *sm/f* gourmand(e), glouton(ne)
ingorgo, -ghi [in'gorgo] *sm* engorgement *m* ; **~ (stradale)** embouteillage *m*, bouchon *m*, encombrement *m*
ingozzare [ingot'tsare] *vt* (*anche fig*) gaver ; **ingozzarsi** *vpr*: **ingozzarsi (di)** se gaver (de), s'empiffrer (de)
ingranaggio, -gi [ingra'naddʒo] *sm* (*Tecn*) engrenage *m* ; (*fig: di burocrazia*) rouages *mpl* ; **gli ingranaggi della burocrazia** les rouages de la bureaucratie
ingranare [ingra'nare] *vi* s'enclencher ; (*fig: persona*) embrayer ; (*: cosa*) marcher ▸ *vt*: **~ la marcia** (*Aut*) engager la vitesse, passer la vitesse
ingrandimento [ingrandi'mento] *sm* (*anche Fot*) agrandissement *m* ; (*Ottica*) grossissement *m*
ingrandire [ingran'dire] *vt* agrandir ; (*esagerare*) exagérer, grossir ▸ *vi* (*anche*: **ingrandirsi**) s'agrandir ; (*capitale*) s'accroître
ingrassare [ingras'sare] *vt* engraisser ; (*lubrificare*) graisser ▸ *vi* (*anche*: **ingrassarsi**) grossir, s'engraisser
ingrato, -a [in'grato] *agg* ingrat(e)
ingrediente [ingre'djɛnte] *sm* ingrédient *m*
ingresso [in'grɛsso] *sm* entrée *f* ; **~ di servizio** entrée de service ; **~ libero**

entrée libre ; **~ principale** entrée principale
ingrossare [ingros'sare] *vt* grossir ; **ingrossarsi** *vpr* grossir
ingrosso [in'grɔsso] *avv*: **all'~** (*Comm*) en gros, de gros ; (*all'incirca*) en gros, à peu près
inguaribile [ingwa'ribile] *agg* incurable
inguine ['ingwine] *sm* (*Anat*) aine *f*
inibire [ini'bire] *vt* interdire ; (*Psic*) inhiber ; **inibirsi** *vpr* être inhibé(e)
inibito, -a [ini'bito] *agg, sm/f* inhibé(e)
iniettare [injet'tare] *vt* injecter ; **iniettarsi** *vpr*: **iniettarsi di sangue** (*occhi*) s'injecter de sang
iniezione [injet'tsjone] *sf* (*Med*) piqûre *f*, injection *f* ; (*Tecn*) injection
ininterrottamente [ininterrotta'mente] *avv* sans interruption
ininterrotto, -a [ininter'rotto] *agg* ininterrompu(e)
iniziale [init'tsjale] *agg* initial(e) ▸ *sf* initiale *f*
iniziare [init'tsjare] *vi* commencer ▸ *vt* commencer ; **~ qn a** initier qn à ; **~ delle trattative** entamer des pourparlers ; **~ a fare qc** commencer à faire qch
iniziativa [inittsja'tiva] *sf* initiative *f* ; **prendere l'~** prendre l'initiative ; **~ privata** (*Comm*) initiative privée
inizio [i'nittsjo] *sm* début *m*, commencement *m* ; **all'~** au début ; **dare ~ a qc** commencer qch ; **essere agli inizi** être au début
innaffiare *ecc* [innaf'fjare] = **annaffiare** *ecc*
innamorare [innamo'rare] *vt* rendre amoureux(-euse) ; **innamorarsi** *vpr*: **innamorarsi (di)** (*di persona*) tomber amoureux(-euse) (de), s'éprendre (de) ; (*di oggetto, luogo*) tomber amoureux(-euse) (de)
innamorato, -a [innamo'rato] *agg, sm/f* amoureux(-euse) ; **~ di** amoureux(-euse) de
innanzitutto [innantsi'tutto] *avv* avant tout
innato, -a [in'nato] *agg* inné(e)
innaturale [innatu'rale] *agg* qui n'est pas naturel(le) ; (*comportamento*) affecté(e)
innegabile [inne'gabile] *agg* indéniable
innervosire [innervo'sire] *vt* énerver ; **innervosirsi** *vpr* s'énerver
innescare [innes'kare] *vt* amorcer
inno ['inno] *sm* hymne *m* ; **~ nazionale** hymne national
innocente [inno'tʃɛnte] *agg* innocent(e)
innocuo, -a [in'nɔkuo] *agg* inoffensif(-ive)
innovativo, -a [innova'tivo] *agg* innovateur(-trice), novateur(-trice), innovant(e)
innumerevole [innume'revole] *agg* innombrable
inoltrare [inol'trare] *vt* (*domanda*) présenter ; (*lettera, messaggio*) expédier ; **inoltrarsi** *vpr*: **inoltrarsi (in)** s'avancer (dans) ; (*fig*) avancer (dans)
inoltre [i'noltre] *avv* (*in più*) de plus ; (*per di più*) en outre
inondare [inon'dare] *vt* inonder
inopportuno, -a [inoppor'tuno] *agg* inopportun(e)
inorridire [inorri'dire] *vt* horrifier, remplir d'horreur ▸ *vi* être saisi(e) d'horreur
inosservato, -a [inosser'vato] *agg* (*persona*) inaperçu(e) ; (*regolamento*) inobservé(e) ; **passare ~** passer inaperçu(e)
inossidabile [inossi'dabile] *agg* inoxydable
INPS [inps] *sigla m* (= *Istituto Nazionale Previdenza Sociale*) ≈ Sécu *f* o Sécurité *f* Sociale
inquadrare [inkwa'drare] *vt* encadrer ; (*Cine, Fot*) cadrer ; (*fig*) situer
inquieto, -a [in'kwjɛto] *agg* (*irrequieto*) agité(e) ; (*preoccupato*) inquiet(-ète) ; (*stizzito*) fâché(e)
inquilino, -a [inkwi'lino] *sm/f* locataire *m/f*
inquinamento [inkwina'mento] *sm* pollution *f* ; **~ atmosferico** pollution atmosphérique ; **~ acustico** pollution sonore
inquinare [inkwi'nare] *vt* polluer ; (*prove*) falsifier
insabbiare [insab'bjare] *vt* (*fig*) enterrer ; **insabbiarsi** *vpr* s'ensabler ; (*fig*) être enterré(e)
insaccati [insak'kati] *smpl* (*Cuc*) *saucisses et saucissons*
insalata [insa'lata] *sf* salade *f* ; **in ~** en salade ; **~ belga** endive *f* ; **~ mista** (*Cuc*)

salade composée ; **~ russa** (*Cuc*) salade russe
insalatiera [insala'tjɛra] *sf* saladier *m*
insanabile [insa'nabile] *agg* (*piaga*) incurable ; (*fig*: *situazione*) irrémédiable ; (*odio*) implacable
insaputa [insa'puta] *sf*: **all'~ di** à l'insu de ; **a sua ~** à son insu
insediare [inse'djare] *vt* (*in carica*) installer ; **insediarsi** *vpr* (*in carica*) s'installer ; (*popolo, colonia, Mil*) s'établir
insegna [in'seɲɲa] *sf* (*emblema*) emblème *m* ; (*bandiera*) étendard *m* ; (*di albergo, negozio*) enseigne *f* ; **insegne** *sfpl* insignes *mpl*
insegnamento [inseɲɲa'mento] *sm* enseignement *m* ; (*precetto*) leçon *f* ; **trarre ~ da** tirer la leçon de
insegnante [inseɲ'ɲante] *agg* enseignant(e) ▸ *sm/f* (*scuola elementare*) instituteur(-trice) ; (*scuola media, superiore, Univ*) professeur *m/f* ; **~ di sostegno** aide-éducateur(-trice)
insegnare [inseɲ'ɲare] *vt* enseigner, apprendre ; **~ qc a qn** enseigner qch à qn ; **~ a qn a fare qc** apprendre à qn à faire qch ; **insegna matematica** il enseigne les mathématiques ; **come lei ben m'insegna ...** (*iron*) comme vous me le faites si bien remarquer ...
inseguimento [insegwi'mento] *sm* poursuite *f* ; **darsi all'~ di** se mettre à la poursuite de
inseguire [inse'gwire] *vt* poursuivre ; (*fig*: *sogni*) poursuivre, caresser ; (: *speranza*) nourrir
insenatura [insena'tura] *sf* (*di lago, mare*) crique *f* ; (*di fiume*) anse *f*
insensato, -a [insen'sato] *agg* insensé(e)
insensibile [insen'sibile] *agg* insensible
inserire [inse'rire] *vt* introduire ; (*spina*) brancher ; (*allegare*) joindre ; (*annuncio*) publier ; **inserirsi** *vpr*: **inserirsi (in)** s'insérer (dans) ; (*fig*) s'intégrer (dans), s'insérer (dans) ; **~ un annuncio sul giornale** publier une annonce dans le journal
inserviente [inser'vjɛnte] *sm/f* (*addetto alla pulizia*: *casa*) domestique *m/f* ; (: *scuola*) gardien(ne); (: *all'ospedale*) agent *m/f* de propreté
inserzione [inser'tsjone] *sf* (*l'introdurre*) introduction *f* ; (*l'aggiungere*) insertion *f* ; (*avviso, comunicato*) (petite) annonce *f* ; **fare un'~ sul giornale** passer une petite annonce dans le journal
insetticida, -i, -e [insetti'tʃida] *agg, sm* insecticide (*m*)
insetto [in'sɛtto] *sm* insecte *m*
insicuro, -a [insi'kuro] *agg*: **essere ~** (*persona*) ne pas être sûr(e) de soi
insieme [in'sjɛme] *avv* ensemble ; (*contemporaneamente*) en même temps, à la fois ▸ *sm* ensemble *m* ▸ *prep*: **~ a** *o* **con** avec ; **tutti ~** tous ensemble ; **tutto ~** tout en même temps ; (*in una volta*) à la fois, en même temps ; **nell'~** dans l'ensemble ; **d'~** (*veduta, quadro*) d'ensemble
insigne [in'siɲɲe] *agg* célèbre ; (*scrittore*) éminent(e)
insignificante [insiɲɲifi'kante] *agg* insignifiant(e)
insinuare [insinu'are] *vt*: **~ (in)** introduire (dans) ; (*fig*) insinuer (dans) ; **insinuarsi** *vpr*: **insinuarsi (in)** pénétrer (dans) ; (*fig*) s'insinuer (dans), se glisser (dans)
insipido, -a [in'sipido] *agg* insipide, fade
insistente [insis'tɛnte] *agg* (*persona, tono*) insistant(e) ; (*dolore, pioggia*) persistant(e)
insistere [in'sistere] *vi*: **~ su qc** insister sur qch ; **~ in qc/a fare qc** persister dans qch/à faire qch
insoddisfatto, -a [insoddis'fatto] *agg* insatisfait(e)
insofferente [insoffe'rɛnte] *agg* intolérant(e)
insolazione [insolat'tsjone] *sf* (*Med*) insolation *f*
insolente [inso'lɛnte] *agg* insolent(e)
insolito, -a [in'sɔlito] *agg* insolite, inhabituel(le)
insoluto, -a [inso'luto] *agg* non résolu(e) ; (*non pagato*) impayé(e)
insomma [in'somma] *avv* (*in breve, in conclusione*) bref, en définitive ; (*dunque*) donc ▸ *escl* enfin !, à la fin !
insonne [in'sɔnne] *agg* insomniaque ; **notte ~** nuit *f* blanche
insonnia [in'sɔnnja] *sf* insomnie *f*
insonnolito, -a [insonno'lito] *agg* ensommeillé(e)
insopportabile [insoppor'tabile] *agg* insupportable
insorgere [in'sordʒere] *vi* se soulever, s'insurger ; (*sintomo, malattia*) se déclarer ; (*difficoltà*) surgir

insorsi *ecc* [in'sorsi] *vb vedi* **insorgere**
insospettire [insospet'tire] *vt* éveiller les soupçons de ; **insospettirsi** *vpr* avoir des soupçons
inspirare [inspi'rare] *vt* inspirer
instabile [in'stabile] *agg* instable
installare [instal'lare] *vt* installer ; **installarsi** *vpr*: **installarsi (in)** s'installer (dans)
instancabile [instan'kabile] *agg* infatigable
instaurare [instau'rare] *vt* instaurer ; **instaurarsi** *vpr* s'établir, être instauré(e)
insuccesso [insut'tʃɛsso] *sm* insuccès *m*, échec *m*
insufficiente [insuffi'tʃɛnte] *agg* insuffisant(e) ; (*compito, candidato*) au-dessous de la moyenne
insufficienza [insuffi'tʃɛntsa] *sf* insuffisance *f* ; (*Scol*) note *f* au-dessous de la moyenne ; **~ di prove** (*Dir*) manque *m* de preuves ; **~ renale** insuffisance rénale
insulina [insu'lina] *sf* insuline *f*
insulso, -a [in'sulso] *agg* (*sciocco*) niais(e), sot(te) ; (: *privo di interesse*) insignifiant(e)
insultare [insul'tare] *vt* insulter
insulto [in'sulto] *sm* insulte *f*
intaccare [intak'kare] *vt* (*sogg*: *ruggine, acido*) attaquer, ronger ; (*fig*: *risparmi*) entamer ; (: *reputazione, qualità*) porter atteinte à
intagliare [intaʎ'ʎare] *vt* graver
intanto [in'tanto] *avv* (*nel frattempo*) pendant ce temps, en attendant ; (*per cominciare*) d'abord ; **~ che** pendant que
intasare [inta'sare] *vt* engorger ; (*strada, traffico*) embouteiller ; **intasarsi** *vpr* se boucher
intascare [intas'kare] *vt* (*mettere in tasca*) mettre dans sa poche ; (*soldi*) empocher
intatto, -a [in'tatto] *agg* intact(e)
intavolare [intavo'lare] *vt* entamer, engager
integrale [inte'grale] *agg* intégral(e) ; (*pane*) complet(-ète) ▶ *sm* (*Mat*) intégrale *f* ; **edizione ~** édition *f* intégrale ; **versione ~** (*film, documentario*) version *f* intégrale
integrante [inte'grante] *agg*: **essere parte ~ di** faire partie intégrante de
integrare [inte'grare] *vt* compléter ; (*Mat*) intégrer ; **integrarsi** *vpr* s'intégrer
integratore [integra'tore] *sm* complément *m*
integrità [integri'ta] *sf* intégrité *f*
integro, -a ['integro] *agg* (*intero, intatto*) intact(e) ; (*retto*) intègre
intelaiatura [intelaja'tura] *sf* châssis *msg*, structure *f*
intelletto [intel'lɛtto] *sm* raison *f*, esprit *m* ; (*intelligenza*) intelligence *f*
intellettuale [intellettu'ale] *agg, sm/f* intellectuel(le)
intelligente [intelli'dʒɛnte] *agg* intelligent(e)
intemperie [intem'pɛrje] *sfpl* intempéries *fpl*
intendere [in'tɛndere] *vt* (*capire, interpretare*) comprendre ; (*udire, voler dire*) entendre ; **intendersi** *vpr*: **intendersi di** s'entendre en, se connaître en ; **intendersi (su qc)** (*accordarsi*) s'entendre (sur qch), s'accorder (sur qch) ; **intende andarsene** il a l'intention de s'en aller ; **dare ad ~ a qn che ...** faire croire à qn que ... ; **intendersela con qn** (*avere una relazione*) avoir une liaison avec qn ; **non vuole ~ ragione** il ne veut pas entendre raison ; **s'intende!** bien entendu !, cela va sans dire ! ; **intendiamoci** entendons-nous ; **(ci siamo) intesi?** d'accord ?, c'est entendu ?
intenditore, -trice [intendi'tore] *sm/f* connaisseur(-euse) ; **a buon intenditor poche parole** (*proverbio*) à bon entendeur, salut !
intensivo, -a [inten'sivo] *agg* intensif(-ive)
intenso, -a [in'tɛnso] *agg* intense
intento, -a [in'tɛnto] *agg*: **~ a qc** absorbé(e) par qch ; **~ a fare qc** occupé(e) à faire qch ▶ *sm* (*fine*) but *m* ; (*proposito*) intention *f* ; **fare qc con l'~ di** faire qch dans l'intention de ; **riuscire nel proprio ~/nell'~** réussir dans son entreprise
intenzionale [intentsjo'nale] *agg* (*anche Dir*) intentionnel(le) ; **fallo ~** (*Sport*) faute *f* intentionnelle
intenzione [inten'tsjone] *sf* intention *f* ; **avere (l')~ di fare qc** avoir l'intention de faire qch
interattivo, -a [interat'tivo] *agg* interactif(-ive)
intercettare [intertʃet'tare] *vt* intercepter

intercity [inter'siti] *sm inv* (*Ferr*) train *m* reliant les grandes villes
interdetto, -a [inter'detto] *agg* interdit(e) ▸ *sm* (*Rel*) interdit *m* ; **rimanere ~** demeurer interdit(e)
interessante [interes'sante] *agg* intéressant(e) ; **essere in stato ~** être enceinte
interessare [interes'sare] *vt* intéresser ▸ *vi*: **~ a** intéresser ; **interessarsi** *vpr* (*mostrare interesse*): **interessarsi a** s'intéresser à ; **interessarsi di** (*occuparsi*) s'occuper de ; **precipitazioni che interessano le regioni settentrionali** précipitations qui touchent les régions du Nord ; **si è interessato di farmi avere quei biglietti** il s'est chargé de me procurer ces billets
interesse [inte'rɛsse] *sm* intérêt *m* ; **interessi** *smpl* (*affari*) intérêts *mpl*, affaires *fpl* ; (*hobby*) hobby *msg* ; (*tornaconto*): **fare qc per ~** faire qch par intérêt ; **~ maturato** (*Econ*) intérêt échu ; **~ privato in atti di ufficio** (*Amm*) usage *m* abusif d'écritures publiques
interfaccia, -ce [inter'fattʃa] *sf* (*Inform*) interface *f* ; **~ utente** interface utilisateur
interferenza [interfe'rɛntsa] *sf* interférence *f*
interferire [interfe'rire] *vi* interférer
interiezione [interjet'tsjone] *sf* interjection *f*
interiora [inte'rjora] *sfpl* entrailles *fpl*
interiore [inte'rjore] *agg* intérieur(e)
intermedio, -a [inter'mɛdjo] *agg* intermédiaire
internare [inter'nare] *vt* interner
internauta [inter'nɔta] *sm/f* internaute *m/f*
internazionale [internattsjo'nale] *agg* international(e) ▸ *sf*: **l'I~** l'Internationale *f*
Internet ['internet] *sf* Internet *m* ; **in ~** sur Internet
interno, -a [in'tɛrno] *agg* interne ; (*nazionale, fig*) intérieur(e) ▸ *sm* (*di edificio, Pittura, Cine*) intérieur *m* ; (*Tel*) poste *m* ▸ *sm/f* (*Scol*) interne *m/f* ; **interni** *smpl* (*Cine*) scènes *fpl* tournées en studio *o* en intérieur ; **all'~** à l'intérieur ; **commissione interna** (*Scol*) *en Italie, jury d'examen composé de professeurs de l'école* ; **per uso ~** (*Med*) pour usage interne ; **Ministero degli Interni, gli Interni** ministère *m* de l'Intérieur ; **notizie dall'~** (*Stampa*) nouvelles *fpl* de l'intérieur
intero, -a [in'tero] *agg* entier(-ière) ; (*prezzo, biglietto*) plein tarif ; **pagare il biglietto ~** payer tarif plein
interpellare [interpel'lare] *vt* consulter
interpretare [interpre'tare] *vt* interpréter
interprete [in'tɛrprete] *sm/f* interprète *m/f* ; **farsi ~ di** se faire l'interprète de
interrogare [interro'gare] *vt* interroger
interrogazione [interrogat'tsjone] *sf* interrogation *f* ; **~ (parlamentare)** (*Pol*) questions *fpl* au Parlement
interrompere [inter'rompere] *vt* interrompre ; **interrompersi** *vpr* s'interrompre
interruttore [interrut'tore] *sm* interrupteur *m*
interruzione [interrut'tsjone] *sf* interruption *f* ; **~ di gravidanza** interruption de grossesse
interurbana [interur'bana] *sf* (*Tel*) interurbain *m*
intervallo [inter'vallo] *sm* intervalle *m* ; (*Cine, Teatro*) entracte *m* ; **~ pubblicitario** page *f* de publicité
intervenire [interve'nire] *vi*: **~ (in)** intervenir (dans) ; **~ (a)** prendre part (à) ; (*Med*) intervenir
intervento [inter'vɛnto] *sm* (*anche Med*) intervention *f* ; (*partecipazione*) participation *f*, présence *f* ; **fare un ~** faire une intervention
intervista [inter'vista] *sf* interview *f*
intervistare [intervis'tare] *vt* interviewer
intestare [intes'tare] *vt* (*libro*) donner un titre à ; (*lettera*) mettre un en-tête à ; **~ a** (*proprietà, assegno ecc*) mettre au nom de
intestato, -a [intes'tato] *agg* au nom de ; **carta intestata** papier *m* à en-tête
intestino, -a [intes'tino] *agg* intestin(e) ▸ *sm* intestin *m*
intimidazione [intimidat'tsjone] *sf* intimidation *f*
intimidire [intimi'dire] *vt* intimider ▸ *vi* (*anche*: **intimidirsi**) être intimidé(e)
intimità [intimi'ta] *sf* intimité *f*

intimo, -a ['intimo] *agg* intime ; (*più interno*) profond(e), intime ; (*biancheria intima: da donna*) lingerie *f* ; (: *da uomo*) linge *m* de corps ; (*fig*) profond(e) ▸ *sm* (*dell'animo*) fond *m*, for *m* intérieur ; **parti intime** (*del corpo*) parties *fpl* intimes ; **rapporti intimi** rapports *mpl* intimes
intingolo [in'tingolo] *sm* (*Cuc: sugo*) sauce *f* ; (: *pietanza*) ragoût *m*
intitolare [intito'lare] *vt* intituler ; **~ a qn** (*monumento ecc*) donner le nom de qn à ; **intitolarsi** *vpr* s'intituler
intollerabile [intolle'rabile] *agg* intolérable
intollerante [intolle'rante] *agg* intolérant(e)
intonaco, -ci *o* **chi** [in'tɔnako] *sm* crépi *m*
intonare [into'nare] *vt* (*canto*) entonner ; (*armonizzare*) accorder ; (*adattare*) assortir ; **intonarsi** *vpr*: **intonarsi (a)** (*colore*) s'harmoniser (avec) ; (: *abito*) aller bien (avec) ; (*uso reciproco*) se marier
intontito, -a [inton'tito] *agg* abruti(e) ; **~ dal sonno** hébété(e) de sommeil
intoppo [in'tɔppo] *sm* obstacle *m*, entrave *f*
intorno [in'torno] *avv* autour, tout autour ; **~ a** (*attorno a*) autour de ; (*sull'argomento di*) sur, à propos de ; (*circa*) à peu près, environ
intossicare [intossi'kare] *vt* intoxiquer
intossicazione [intossikat'tsjone] *sf* intoxication *f*
intralciare [intral'tʃare] *vt* entraver, gêner
intransitivo, -a [intransi'tivo] *agg* intransitif(-ive) ▸ *sm* intransitif *m*
intraprendente [intrapren'dɛnte] *agg* entreprenant(e)
intraprendere [intra'prɛndere] *vt* entreprendre
intrattabile [intrat'tabile] *agg* intraitable
intrattenere [intratte'nere] *vt* entretenir ; **intrattenersi** *vpr* s'attarder, rester ; **intrattenersi su qc** s'entretenir de qch
intravedere [intrave'dere] *vt* (*anche fig*) entrevoir
intrecciare [intret'tʃare] *vt* (*capelli*) tresser, natter ; (*trama, fig*) tramer ; (*relazione, rapporti*) nouer ; **intrecciarsi** *vpr* s'entrelacer, s'entremêler ; **~ le mani** joindre les mains en croisant les doigts ; **~ una relazione amorosa** nouer une relation sentimentale ; **s'intreccino le danze!** que le bal commence !
intrigante [intri'gante] *agg, sm/f* intrigant(e)
intrinseco, -a, -ci, -che [in'trinseko] *agg* intrinsèque
intriso, -a [in'trizo] *agg*: **~ di** trempé(e) de
introdurre [intro'durre] *vt*: **~ (in)** introduire (dans) ; **introdursi** *vpr*: **introdursi in** s'introduire dans
introduzione [introdut'tsjone] *sf* introduction *f* ; (*prefazione*) introduction, avant-propos *msg*
introito [in'trɔito] *sm* recette *f* ; **introiti fiscali** rentrées *fpl* fiscales, recettes fiscales
intromettersi [intro'mettersi] *vpr*: **~ (in)** se mêler (de), s'interposer (dans)
intruglio [in'truʎʎo] *sm* mixture *f*
intrusione [intru'zjone] *sf* intrusion *f*
intruso, -a [in'truzo] *sm/f* intrus(e)
intuire [intu'ire] *vt* pressentir ; **intuiva che non sarebbe venuto** il avait l'intuition qu'il ne viendrait pas
intuito [in'tuito] *sm* intuition *f*
inumano, -a [inu'mano] *agg* inhumain(e)
inumidire [inumi'dire] *vt* humidifier, humecter ; **inumidirsi** *vpr* s'humecter
inutile [i'nutile] *agg* inutile ; **è stato tutto ~!** tout a été inutile !
inutilmente [inutil'mente] *avv* inutilement ; **l'ho cercato ~** je l'ai cherché en vain ; **ti preoccupi ~** tu t'inquiètes inutilement
invadente [inva'dɛnte] *agg* envahissant(e)
invadere [in'vadere] *vt* envahir
invaghirsi [inva'girsi] *vpr*: **~ (di)** s'éprendre (de), s'enticher (de)
invalidità [invalidi'ta] *sf* invalidité *f* ; (*Dir*) nullité *f*
invalido, -a [in'valido] *agg* invalide ▸ *sm/f* invalide *m/f* ; (*Dir*) nul(le) ; **~ del lavoro** invalide du travail ; **~ di guerra** invalide de guerre
invano [in'vano] *avv* en vain
invasione [inva'zjone] *sf* invasion *f* ; (*fig*) propagation *f*

i

invasore [inva'zore] *sm* envahisseur(-euse)
invecchiare [invek'kjare] *vi* vieillir ▶ *vt* (*stagionare*) faire vieillir ; (*far apparire più vecchio*) vieillir ; **lo trovo invecchiato** je trouve qu'il a vieilli
invece [in'vetʃe] *avv* au contraire ; **~ di** au lieu de, à la place de ; **~ che** au lieu de
inveire [inve'ire] *vi*: **~ contro** invectiver contre
inventare [inven'tare] *vt* inventer
inventario [inven'tarjo] *sm* inventaire *m* ; **fare l'~ di** (*fig*) passer en revue
inventore, -trice [inven'tore] *sm/f* inventeur(-trice)
invenzione [inven'tsjone] *sf* invention *f* ; (*immaginazione*) imagination *f*
invernale [inver'nale] *agg* hivernal(e)
inverno [in'vɛrno] *sm* hiver *m* ; **d'~** en hiver, l'hiver
inverosimile [invero'simile] *agg* invraisemblable
inversione [inver'sjone] *sf* inversion *f* ; **~ di marcia** (*Aut*) demi-tour *m*
inverso, -a [in'vɛrso] *agg, sm* inverse (*m*) ; **in senso ~** dans le sens inverse ; **in ordine ~** dans l'ordre inverse
invertire [inver'tire] *vt* (*direzione*) faire demi-tour, rebrousser chemin ; (*ruoli*) renverser, intervertir ; (*posto, disposizione*) changer, permuter ; **~ la marcia** (*Aut*) faire marche arrière ; **~ la rotta** (*Naut*) changer de cap ; (*fig*) faire volte-face
investigare [investi'gare] *vt* sonder ; (*causa*) rechercher ▶ *vi* enquêter
investigatore, -trice [investiga'tore] *sm/f* investigateur(-trice) ; **~ privato(a)** détective *m/f* (privé(e))
investimento [investi'mento] *sm* accident *m*, collision *f* ; (*Econ*) investissement *m*
investire [inves'tire] *vt* (*denaro*) investir ; (*pedone, ciclista*) renverser ; (*apostrofare*) assaillir ; **investirsi** *vpr* (*fig*): **investirsi di una parte** entrer dans la peau d'un personnage ; **~ qn di** (*di potere, carica*) investir qn de
inviare [invi'are] *vt* envoyer, expédier
inviato, -a [invi'ato] *sm/f* envoyé(e) ; **~ speciale** envoyé(e) spécial(e)
invidia [in'vidja] *sf* envie *f* ; **fare ~ a qn** faire envie à qn
invidiare [invi'djare] *vt*: **~ qn (per qc)** envier qn (de qch), jalouser qn (pour qch) ; **~ qc (a qn)** envier qch (à qn) ; **non aver nulla da ~ a nessuno** n'avoir rien à envier à personne
invidioso, -a [invi'djoso] *agg* envieux(-euse)
invio, -vii [in'vio] *sm* envoi *m* ; (*su tastiera*) entrée *f*
inviperito, -a [invipe'rito] *agg* furieux(-euse)
invisibile [invi'zibile] *agg* invisible
invitare [invi'tare] *vt* inviter ; **~ qn a fare qc** inviter qn à faire qch ; **~ qn a cena** inviter qn à dîner
invitato, -a [invi'tato] *sm/f* invité(e)
invito [in'vito] *sm* invitation *f* ; **dietro ~ del sig. Rossi** sur (l')invitation de M. Rossi
invocare [invo'kare] *vt* invoquer ; (*pace*) désirer, implorer ; **~ aiuto** appeler à l'aide
invogliare [invoʎ'ʎare] *vt*: **~ (qn a fare)** donner (à qn) envie (de faire)
involontario, -a [involon'tarjo] *agg* involontaire
involtino [invol'tino] *sm* (*Cuc*: *di carne*) paupiette *f* ; **~ primavera** rouleau *m* de printemps
involto [in'vɔlto] *sm* paquet *m*
involucro [in'vɔlukro] *sm* enveloppe *f*, emballage *m*
inzuppare [intsup'pare] *vt* tremper ; (*terreno*) détremper ; **inzupparsi** *vpr* (*imbeversi*) s'imprégner ; (*sotto la pioggia*) se faire tremper
io ['io] *pron* je ▶ *sm inv*: **l'io** le moi ; **io stesso(-a)** moi-même ; **sono io** c'est moi ; **io, credo che ...** moi, je crois que ...
iodio ['jɔdjo] *sm* iode *m*
Ionio ['jɔnjo] *sm*: **lo ~, il Mar ~** la mer Ionienne
iPad® [aipad] *sm* iPad® *m inv*
ipermercato [ipermer'kato] *sm* hypermarché *m*
ipertensione [iperten'sjone] *sf* hypertension *f*
ipertesto [iper'testo] *sm* hypertexte *m*
ipertestuale [ipertes'twale] *agg* (*Inform*) hypertexte ; **link ~, collegamento ~** hyperlien *m*
ipnosi [ip'nɔzi] *sf* hypnose *f*
ipnotizzare [ipnotid'dzare] *vt* hypnotiser
ipocrisia [ipokri'zia] *sf* hypocrisie *f*
ipocrita, -i, -e [i'pɔkrita] *agg, sm/f* hypocrite *m/f*
iPod® [aɪpɔd] *sm* iPod® *m inv*

ipoteca, -che [ipo'tɛka] *sf* hypothèque *f*
ipotesi [i'pɔtezi] *sf inv* hypothèse *f*; **per ~** par hypothèse; **facciamo l'~ che ...** supposons que ...; **ammettiamo per ~ che ...** admettons l'hypothèse selon laquelle ...; **nella peggiore/migliore delle ~** dans le pire/meilleur des cas; **nell'~ che venga** au cas où il viendrait, dans l'hypothèse où il viendrait; **se per ~ io partissi ...** au cas où je partirais ...
ippica ['ippika] *sf* hippisme *m*
ippico, -a, -ci, -che ['ippiko] *agg* hippique
ippocastano [ippokas'tano] *sm* marronnier *m* (d'Inde)
ippodromo [ip'pɔdromo] *sm* hippodrome *m*
ippopotamo [ippo'pɔtamo] *sm* hippopotame *m*
ipsilon ['ipsilon] *sf inv o sm inv* i grec *m*; (*dell'alfabeto greco*) upsilon *m*
IR *abbr* (*Ferr*: = *Interregionale*) *train interrégional*
iracheno, -a [ira'kɛno] *agg* irakien(ne) ▸ *sm/f* Irakien(ne)
iraniano, -a [ira'njano] *agg* iranien(ne) ▸ *sm/f* Iranien(ne)
iride ['iride] *sf* (*arcobaleno*) arc-en-ciel *m*; (*Anat, Bot*) iris *m*
Irlanda [ir'landa] *sf* Irlande *f*; **l'~ del Nord** l'Irlande du Nord; **la Repubblica d'~** la République d'Irlande; **il mar d'~** la mer d'Irlande
irlandese [irlan'dese] *agg* irlandais(e) ▸ *sm/f* Irlandais(e)
ironia [iro'nia] *sf* ironie *f*; **fare dell'~** ironiser
ironico, -a, -ci, -che [i'rɔniko] *agg* ironique
irragionevole [irradʒo'nevole] *agg* (*persona*) déraisonnable; (*decisione*) irraisonné(e)
irrazionale [irrattsjo'nale] *agg* irrationnel(le)
irreale [irre'ale] *agg* irréel(le)
irregolare [irrego'lare] *agg* irrégulier(-ière)
irremovibile [irremo'vibile] *agg* inébranlable
irrequieto, -a [irre'kwjɛto] *agg* agité(e)
irresistibile [irresis'tibile] *agg* irrésistible
irresponsabile [irrespon'sabile] *agg* irresponsable
irrigare [irri'gare] *vt* (*campo*) irriguer; (*sogg: fiume*) arroser
irrigidire [irridʒi'dire] *vt* (*anche fig*) durcir; (*muscolo*) raidir; **irrigidirsi** *vpr* (*anche persona*) se raidir; (: *fig*) se durcir
irrisorio, -a [irri'zɔrjo] *agg* dérisoire
irritare [irri'tare] *vt* irriter; **irritarsi** *vpr* s'irriter
irrompere [ir'rompere] *vi*: **~ in** faire irruption dans
irruente [irru'ɛnte] *agg* impétueux(-euse)
irruppi *ecc* [ir'ruppi] *vb vedi* **irrompere**
irruzione [irrut'tsjone] *sf* irruption *f*; (*polizia*) descente *f*; **fare ~ in** faire irruption dans
iscrissi *ecc* [is'krissi] *vb vedi* **iscrivere**
iscritto, -a [is'kritto] *pp di* **iscrivere** ▸ *sm/f* inscrit(e); **gli iscritti alla gara** les concurrents *mpl*; **per** *o* **in ~** par écrit
iscrivere [is'krivere] *vt*: **~ (a)** inscrire (à); **iscriversi** *vpr* s'inscrire
iscrizione [iskrit'tsjone] *sf* inscription *f*
Islam [iz'lam] *sm* Islam *m*
Islanda [iz'landa] *sf* Islande *f*
isola ['izola] *sf* île *f*; **~ pedonale** (*Aut*) zone *f* piétonnière
isolamento [izola'mento] *sm* isolement *m*; (*Tecn: acustico, termico*) isolation *f*; **~ acustico** insonorisation *f*; **~ termico** isolation thermique; (*tubi*) calorifugeage *m*
isolante [izo'lante] *agg* isolant(e) ▸ *sm* isolant *m*
isolare [izo'lare] *vt* isoler; (*suono*) insonoriser; **isolarsi** *vpr* s'isoler, se retirer
isolato, -a [izo'lato] *agg* isolé(e) ▸ *sm* (*edificio*) pâté *m* de maisons
ispettore, -trice [ispet'tore] *sm/f* inspecteur(-trice); **~ di Polizia** inspecteur(-trice) de police; **~ di reparto** chef *m* de rayon
ispezionare [ispettsjo'nare] *vt* inspecter
ispido, -a ['ispido] *agg* hirsute
ispirare [ispi'rare] *vt* inspirer; **ispirarsi** *vpr*: **ispirarsi a** s'inspirer de; **l'idea m'ispira** cette idée m'inspire
Israele [izra'ɛle] *sm* Israël *m*
israeliano, -a [izrae'ljano] *agg* israélien(ne) ▸ *sm/f* Israélien(ne)
issare [is'sare] *vt* hisser; **~ l'ancora** lever l'ancre
istantanea [istan'tanea] *sf* (*Fot*) instantané *m*

i

istantaneo, -a [istan'taneo] *agg* instantané(e)
istante [is'tante] *sm* instant *m* ; **all'~, sull'~** à l'instant, sur le champ
isterico, -a, -ci, -che [is'tɛriko] *agg* hystérique
istigare [isti'gare] *vt*: **~ (qn a qc/a fare qc)** inciter (qn à qch/à faire qch)
istinto [is'tinto] *sm* instinct *m* ; **d'~** (*fare, reagire*) d'instinct
istituire [istitu'ire] *vt* instituer, fonder ; (*inchiesta*) ouvrir
istituto [isti'tuto] *sm* (*ente*) institution *f* ; (*scuola*) établissement *m* ; (*di università*) institut *m* ; **~ di bellezza** institut de beauté ; **~ di credito** établissement de crédit ; **~ di ricerca** institut de recherche ; **~ tecnico commerciale** ≈ établissement d'études secondaires (*préparation au Bac G*)
istituzione [istitut'tsjone] *sf* institution *f* ; **istituzioni** *sfpl* (*Dir*) institutions *fpl* ; **lotta alle istituzioni** lutte *f* contre les pouvoirs établis
istmo ['istmo] *sm* isthme *m*
istrice ['istritʃe] *sm* porc-épic *m*
istruito, -a [istru'ito] *agg* instruit(e)
istruttore, -trice [istrut'tore] *sm/f* moniteur(-trice) ▸ *agg*: **giudice ~** juge *m/f* d'instruction
istruzione [istrut'tsjone] *sf* (*insegnamento, Dir*) instruction *f* ; (*sapere*) culture *f* ; **istruzioni** *sfpl* (*norme*) instructions *fpl* ; (*cultura*) culture, instruction ; **Ministero della Pubblica I~** ministère *m* de l'Éducation Nationale ; **istruzioni per l'uso** mode *msg* d'emploi ; **~ obbligatoria** (*Scol*) scolarité *f* obligatoire
Italia [i'talja] *sf* Italie *f*
italiano, -a [ita'ljano] *agg* italien(ne) ▸ *sm/f* Italien(ne) ▸ *sm* italien *m*
itinerario [itine'rarjo] *sm* itinéraire *m*
ittico, -a, -ci, -che ['ittiko] *agg* du poisson ; **il patrimonio ~** les richesses en poissons
Iugoslavia [jugoz'lavja] *sf* (*Hist*) = **Jugoslavia**
I.V.A. ['iva] *sigla f* (= *imposta sul valore aggiunto*) TVA *f*

jazz [dʒaz] *sm* jazz *m*
jeans [dʒinz] *smpl* (*calzoni*): **(un paio di) ~** jean *m*
jeep® [dʒip] *sf inv* jeep® *f*
jogging ['dʒɔgiŋ] *sm inv* jogging *m* ; **fare ~** faire du jogging
jolly ['dʒɔli] *sm inv* joker *m* ▸ *agg*: **caratteri ~** caractères *mpl* génériques
joystick [dʒois'tik] *sm inv* manche *m* à balai
judo [dʒu'dɔ] *sm* judo *m*
Jugoslavia [jugoz'lavja] *sf* (*Hist*) Yougoslavie *f*

K, k ['kappa] *sf inv o sm inv* (*lettera*) K, k *m inv* ; **K come Kursaal** ≈ K comme Kléber ▸ *abbr* (= *kilo-, chilo-*) K, k ; (*Inform*) K *m*

kamikaze [kami'kaddze] *sm inv* kamikaze *m*

karaoke [ka'raokɛ] *sm inv* karaoké *m*

karatè [kara'tɛ] *sm* karaté *m*

kayak [ka'jak] *sm inv* kayak *m*

kg *abbr* (= *chilogrammo*) kg

killer ['killer] *sm inv* tueur *m* à gages

kitsch [kitʃ] *sm* kitsch *m*, kitch *m*

kiwi ['kiwi] *sm inv* kiwi *m*

km *abbr* (= *chilometro*) km

K.O. [kappa'o] *sm inv* K.-O. *m*

koala [ko'ala] *sm inv* koala *m*

kosovaro, -a [koso'varo] *agg* kosovar(e) ▸ *sm/f* Kosovar(e)

Kosovo [ko'sovo] *sm* Kosovo *m*

krapfen ['krapfən] *sm inv* ≈ beignet *m* à la crème *o* à la confiture

l

l *abbr* (= *litro*) l

la [la] (*dav V* **l'**) *art f* la *f* ▸ *pron* la *f* ; (*forma di cortesia*) vous ▸ *sm inv* (*Mus*) la *m inv* ; *vedi anche* **il**

là [la] *avv* là ; **di là** de là ; (*moto per luogo*) par là ; (*dall'altra parte*) de l'autre côté ; **di là di** au-delà de, de l'autre côté de ; **per di là** par là ; **più in là** (*spazio*) plus loin ; (*tempo*) plus tard ; **là dentro/ sopra/sotto** là-dedans/-dessus/-dessous ; **fatti in là** pousse-toi ; **là per là** sur le moment, à brûle-pourpoint ; **essere in là con gli anni** avoir un âge avancé ; **essere più di là che di qua** (*fig*) être plus mort(e) que vif (vive) ; **ma va' là!** (*sorpresa*) tu parles ! ; (*incredulità*) sans blague ! ; **stavolta è andato troppo in là** cette fois-ci il a exagéré ; *vedi anche* **quello**

labbro ['labbro] *sm* (*pl*(*f*) **labbra**) (*solo nel senso Anat*) lèvre *f*

labirinto [labi'rinto] *sm* (*anche fig*) labyrinthe *m*

laboratorio [labora'tɔrjo] *sm* laboratoire *m* ; (*di arti, mestieri*) atelier *m* ; **~ linguistico** laboratoire de langues

laborioso, -a [labo'rjoso] *agg* laborieux(-euse)

lacca, -che ['lakka] *sf* (*anche per capelli*) laque *f* ; **~ per le unghie** vernis *msg* (à ongles)

laccio, -ci ['lattʃo] *sm* (*con nodo scorsoio*) collet *m* ; (*tirante, delle scarpe*) lacet *m* ; **~ emostatico** (*Med*) garrot *m*

lacerare [latʃe'rare] *vt* déchirer ; **lacerarsi** *vpr* se déchirer

lacrima ['lakrima] *sf* larme *f* ; **in lacrime** en larmes

lacrimogeno, -a [lakri'mɔdʒeno] *agg*: **(gas) ~** gaz *m* lacrymogène
lacuna [la'kuna] *sf* lacune *f*
ladro, -a ['ladro] *sm/f* voleur(-euse) ; **al ~!** au voleur !
laggiù [lad'dʒu] *avv* (*là in basso*) là-bas
lagnarsi [laɲ'ɲarsi] *vpr*: **~ (di)** se plaindre (de)
lago, -ghi ['lago] *sm* lac *m* ; (*fig*) mare *f* ; **un ~ di sangue** une mare de sang ; **L~ di Como** lac de Côme ; **L~ di Costanza** lac de Constance ; **L~ di Garda** lac de Garde ; **L~ Maggiore** lac Majeur
laguna [la'guna] *sf* lagune *f*
laico, -a, -ci, -che ['laiko] *agg, sm/f* laïc (laïque) ; (*frate*, *suora*) frère (soeur) convers(e)
lama ['lama] *sf* lame *f* ▸ *sm inv* (*Zool, Rel*) lama *m*
lamentare [lamen'tare] *vt* (*perdita ecc*) déplorer ; **lamentarsi** *vpr* (*gemere*): **lamentarsi (per)** gémir (pour) ; **lamentarsi (di)** (*rammaricarsi*) se plaindre (de)
lamentela [lamen'tɛla] *sf* plainte *f*
lametta [la'metta] *sf*: **~ da barba** lame *f* de rasoir
lamina ['lamina] *sf* lame *f*, feuille *f* ; **~ d'oro** feuille d'or
lampada ['lampada] *sf* lampe *f* ; **~ a gas** lampe à gaz ; **~ a petrolio** lampe à pétrole ; **~ a spirito** (*da saldatore*) lampe à souder ; **~ a stelo** lampadaire *m* ; **~ da tavolo** lampe de bureau
lampadario [lampa'darjo] *sm* lustre *m*
lampadina [lampa'dina] *sf* ampoule *f* ; **~ tascabile** lampe *f* de poche
lampante [lam'pante] *agg* (*fig*) évident(e)
lampeggiare [lamped'dʒare] *vi* (*sogg*: *luce*) étinceler ; (*Aut*) clignoter ▸ *vb impers*: **lampeggia** il y a des éclairs
lampeggiatore [lampeddʒa'tore] *sm* (*Aut*) clignotant *m*
lampione [lam'pjone] *sm* réverbère *m*
lampo ['lampo] *sm* éclair *m* ▸ *agg inv*: **cerniera ~** fermeture *f* éclair ; **come un ~** (*passare ecc*) comme un éclair ; **in un ~** en un éclair ; **la giornata è passata in un ~** la journée a passé en un clin d'œil ; **un ~ di genio** un éclair de génie
lampone [lam'pone] *sm* (*pianta*) framboisier *m* ; (*frutto*) framboise *f*
lana ['lana] *sf* laine *f* ; **di ~** (*maglia ecc*) en laine ; **pura ~ vergine** pure laine vierge ; **~ d'acciaio** paille *f* de fer ; **~ di vetro** laine de verre
lancetta [lan'tʃetta] *sf* aiguille *f*
lancia ['lantʃa] *sf* (*arma, di pompa*) lance *f* ; (*Naut*) canot *m*, chaloupe *f* ; **partire ~ in resta** (*fig*) partir en guerre ; **spezzare una ~ in favore di qn** (*fig*) faire un plaidoyer en faveur de qn ; **~ di salvataggio** canot de sauvetage
lanciafiamme [lantʃa'fjamme] *sm inv* lance-flammes *m inv*
lanciare [lan'tʃare] *vt* lancer ; **lanciarsi** *vpr*: **lanciarsi contro/su** se lancer contre/sur ; **~ un grido** lancer un cri ; **~ il disco/il peso** (*Sport*) lancer le disque/le poids ; **lanciarsi col paracadute** sauter en parachute ; **lanciarsi in acqua** sauter dans l'eau ; **lanciarsi in un'impresa** se lancer dans une entreprise ; **lanciarsi all'inseguimento di qn** se lancer à la poursuite de qn ; **si è lanciata!** (*fig*) elle s'est jetée à l'eau !
lancinante [lantʃi'nante] *agg* lancinant(e)
lancio, -ci ['lantʃo] *sm* (*anche Aer, Sport*) lancement *m* ; **il ~ di un prodotto** le lancement d'un produit ; **~ col paracadute** saut *m* en parachute ; **~ del disco** lancer *m* de disque ; **~ del peso** lancer *m* de poids
languido, -a ['langwido] *agg* langoureux(-euse)
lanterna [lan'tɛrna] *sf* lanterne *f* ; (*faro*) phare *m*
lapide ['lapide] *sf* (*di sepolcro*) pierre *f* tombale ; (*commemorativa*) plaque *f*
lapsus ['lapsus] *sm inv* lapsus *m* ; **~ freudiano** lapsus révélateur
lardo ['lardo] *sm* lard *m*
larga ['larga] *sf*: **stare** *o* **tenersi alla ~ (da)** se tenir à distance (de)
larghezza [lar'gettsa] *sf* largeur *f* ; (*liberalità*) largesse *f* ; (*abbondanza*: *di particolari ecc*) abondance *f* ; **una strada di venti metri di ~** une route de vingt mètres de large ; **con ~ di mezzi** avec de gros moyens ; **~ di vedute** largeur de vues
largo, -a, -ghi, -ghe ['largo] *agg* large ; (*fig*: *ricompensa, presenza*) gros (grosse) ▸ *sm* (*piazza*) place *f* ; **al ~** (*in mare*) au large ; **al ~ di Genova** au large de Gênes ; **~ due metri** large de deux mètres ; **~ di spalle** large d'épaules ; **di larghe vedute** large d'esprit ;

in larga misura dans une large mesure ; **su larga scala** sur une grande échelle ; **farsi ~ tra la folla** se frayer un chemin dans la foule

larice ['laritʃe] *sm* mélèze *m*

laringite [larin'dʒite] *sf* laryngite *f*

larva ['larva] *sf* larve *f*

lasagne [la'zaɲɲe] *sfpl* lasagnes *fpl*

lasciare [laʃ'ʃare] *vt* (*paese, casa, marito*) quitter ; (*briglie, volante*) lâcher ; (*dimenticare: occhiali ecc*) laisser ; (*affidare: compito*) confier ; **lasciarsi** *vpr* (*coppia*) se séparer ; **~ qn fare qc** laisser qn faire qch ; **lasciar fare qn** laisser faire qn ; **lasciar andare/correre/perdere** laisser aller/courir/tomber ; **lascia stare!** (*non toccare*) ne touche pas ! ; **lascia perdere** *o* **stare!** laisse tomber ! ; **lasciar qn erede** faire de qn son héritier ; **~ qc in eredità** laisser qch en héritage ; **~ la presa** lâcher prise ; **~ il segno (su qc)** (*fig*) laisser des traces (sur qch) ; **~ a desiderare** laisser à désirer ; **ci ha lasciato la vita** il y a laissé sa vie ; **lasciarsi andare (a)** se laisser aller (à) ; **lasciarsi truffare** se faire avoir

laser ['lazer] *agg inv* laser *inv* ▸ *sm inv* laser *m*

lassativo, -a [lassa'tivo] *agg* laxatif(-ive) ▸ *sm* laxatif *m*

lasso ['lasso] *sm*: **~ di tempo** laps *msg* de temps

lassù [las'su] *avv* là-haut

lastra ['lastra] *sf* (*anche Fot*) plaque *f* ; (*di pietra*) dalle *f* ; (*radiografia*) radiographie *f*

lastricato [lastri'kato] *sm* pavé *m*

laterale [late'rale] *agg* latéral(e) ▸ *sf* (*strada*) rue *f* perpendiculaire ▸ *sm* (*Calcio*) demi *m*

latino, -a [la'tino] *agg* latin(e) ▸ *sm* latin *m*

latitante [lati'tante] *agg* en fuite ; (*fig*) absent(e), inexistant(e) ▸ *sm* contumace *m*, contumax *m* ; **il boss mafioso è ~ da due mesi** le patron de la mafia est en cavale depuis deux mois

latitudine [lati'tudine] *sf* latitude *f*

lato, -a ['lato] *sm* côté *m* ▸ *agg*: **in senso ~** au sens large ; **d'altro ~** d'un autre côté

latta ['latta] *sf* (*materiale*) fer-blanc *m* ; (*recipiente*) bidon *m*

lattante [lat'tante] *sm/f* nourrisson *m*

latte ['latte] *sm* lait *m* ; **fratello di ~** frère *m* de lait ; **tutto ~ e miele** (*fig*) tout sucre et tout miel ; **~ detergente** lait démaquillant ; **~ di cocco** lait de coco ; **~ in polvere** lait en poudre ; **~ intero** lait entier ; **~ magro** *o* **scremato** lait écrémé ; **~ solare** lait solaire

latticini [latti'tʃini] *smpl* laitages *mpl*

lattina [lat'tina] *sf* boîte *f* ; **una ~ d'aranciata** une orangeade en boîte *o* en canette

lattuga, -ghe [lat'tuga] *sf* laitue *f*

laurea ['laurea] *sf* (*Scol*) ≈ maîtrise *f* ; **~ in lettere** ≈ maîtrise de lettres ; **~ in ingegneria** diplôme *m* d'ingénieur

> La **Laurea** est décernée aux étudiants au terme d'un cycle d'études de trois ans. Après la *Laurea*, les étudiants peuvent s'inscrire à une *Laurea specialistica* ou *Laurea magistrale* qui dure deux ans et comprend la rédaction d'un mémoire de recherche.

laureare [laure'are] *vt* ≈ décerner une maîtrise à ; **laurearsi** *vpr* ≈ passer sa maîtrise

laureato, -a [laure'ato] *agg* diplômé(e) de l'université ; (*poeta*) couronné(e) ▸ *sm/f* titulaire *m/f* d'un diplôme de maîtrise ; **~ in ingegneria** ingénieur diplômé

> **FALSI AMICI**
> **laureato** non si traduce mai con la parola francese *lauréat*.

lauro ['lauro] *sm* laurier *m*

lauto, -a ['lauto] *agg* (*pranzo*) somptueux(-euse), copieux(-euse) ; (*mancia*) généreux(-euse) ; **lauti guadagni** de jolis bénéfices *mpl*

lava ['lava] *sf* lave *f*

lavabo [la'vabo] *sm* lavabo *m*

lavaggio [la'vaddʒo] *sm* (*di macchina ecc*) lavage *m* ; (*di bucato*) lessive *f* ; **~ a mano** lavage à la main ; **~ a secco** nettoyage *m* à sec ; **~ del cervello** lavage de cerveau

lavagna [la'vaɲɲa] *sf* (*di scuola*) tableau *m* ; **~ interattiva** tableau blanc interactif ; **~ luminosa** tableau lumineux

lavanda [la'vanda] *sf* lavande *f* ; (*Med*) lavage *m* ; (*: intestinale*) lavement *m* ; **~ gastrica** lavage d'estomac

lavanderia [lavande'ria] *sf* blanchisserie *f* ; **~ a secco** teinturerie *f*, pressing *m* ; **~ automatica** laverie *f* automatique

lavandino [lavan'dino] *sm* (*in bagno*) lavabo *m* ; (*in cucina*) évier *m*

lavapiatti [lava'pjatti] *sm inv/sf inv* plongeur(-euse) ▸ *sf inv* (*macchina*) lave-vaisselle *m inv*

lavare [la'vare] *vt* laver ; **lavarsi** *vpr* se laver ; **~ i piatti** laver la vaisselle ; **~ a secco** nettoyer à sec ; **lavarsi le mani/i capelli/i denti** se laver les mains/les cheveux/les dents ; **~ i panni sporchi in pubblico** (*fig*) laver son linge sale en public

lavasecco [lava'sekko] *sm inv o sf inv* (*stabilimento*) teinturerie *f*, pressing *m*

lavastoviglie [lavasto'viʎʎe] *sf inv* (*macchina*) lave-vaisselle *m inv*

lavatrice [lava'tritʃe] *sf* machine *f* à laver, lave-linge *m inv*

lavorare [lavo'rare] *vi* (*persona*) travailler ; (*fig*: *bar, studio ecc*) marcher ▸ *vt* (*creta, pane ecc*) travailler, pétrir ; **~ a qc** travailler à qch ; **~ a maglia** tricoter ; **~ di fantasia** rêver ; **lavorarsi qn** travailler qn, insister auprès de qn

lavorativo, -a [lavora'tivo] *agg* (*giorno*) ouvrable ; (*capacità, ore*) de travail

lavoratore, -trice [lavora'tore] *sm/f, agg* travailleur(-euse)

lavoro [la'voro] *sm* travail *m* ; (*opera intellettuale*) œuvre *f* ; **Ministero del L~** ministère *m* du Travail ; **i lavori del parlamento** les travaux parlementaires ; **~ manuale** travail manuel ; **~ nero** travail au noir ; **lavori di casa/domestici** travaux ménagers/domestiques ; **lavori forzati** travaux forcés ; **lavori pubblici** travaux publics

le [le] *art fpl* les ▸ *pron* (*oggetto*) les ; (: *a lei, a essa*) lui ; (: *forma di cortesia*) vous ; **le ho viste ieri** je les ai vues hier ; **le ho detto la verità** je lui ai dit la vérité ; **le chiedo scusa, signora** excusez-moi, Madame ; *vedi anche* **il**

leale [le'ale] *agg* loyal(e)

lecca lecca ['lekka 'lekka] *sm inv* sucette *f*

leccapiedi [lekka'pjɛdi] *sm inv/sf inv* (*peg*) lèche-bottes *m inv*

leccare [lek'kare] *vt* lécher ; (*fig*: *adulare*) flatter ; **leccarsi i baffi** (*fig*) se lécher les babines

leccherò *ecc* [lekke'rɔ] *vb vedi* **leccare**

leccio, -ci ['lettʃo] *sm* chêne *m* vert

leccornia [lekkor'nia] *sf* gourmandises *fpl*

lecito, -a ['letʃito] *agg* permis(e) ; **se mi è ~** si vous me le permettez ; **mi sia ~ far presente che ...** permettez-moi de vous faire remarquer que ...

lega, -ghe ['lega] *sf* (*alleanza, unione*) ligue *f* ; (*di metalli*) alliage *m* ; (*misura*) lieue *f* ; **L~ Nord** (*Pol*) *parti régionaliste en Italie* ; **di bassa ~** (*metallo*) de mauvais aloi ; (*gente*) de bas étage

legaccio [le'gattʃo] *sm* lacet *m*

legale [le'gale] *agg* légal(e) ▸ *sm/f* (*avvocato*) avocat(e) ; **domicilio ~** domicile *m* (fixe)

legalizzare [legalid'dzare] *vt* légaliser

legame [le'game] *sm* (*anche fig*) lien *m* ; **~ affettivo/di sangue** lien affectif/du sang

legare [le'gare] *vt* attacher, ligoter ; (*capelli, cane*) attacher ; (*Chim*) allier ; (*fig*: *collegare*) lier ▸ *vi* (*far lega, fondersi*) s'allier ; (*andare d'accordo*) se lier ; **è pazzo da ~** (*fam*) il est fou à lier

legenda [le'dʒɛnda] *sf* = **leggenda**

legge ['leddʒe] *sf* loi *f* ; (*giurisprudenza*) droit *m* ; **facoltà di ~** faculté *f* de droit

leggenda [led'dʒɛnda] *sf* légende *f*

leggere ['lɛddʒere] *vt* lire ; **~ il pensiero di qn** lire au fond des pensées de qn ; **~ la mano a qn** lire les lignes de la main à qn

leggerezza [leddʒe'rettsa] *sf* légèreté *f*

leggero, -a [led'dʒɛro] *agg* léger(-ère) ; (*lavoro*) pas fatigant(e) ; **una ragazza leggera** (*fig*) une fille légère ; **alla leggera** (*non seriamente*) à la légère

leggio, -gi [led'dʒio] *sm* pupitre *m*

legherò *ecc* [lege'rɔ] *vb vedi* **legare**

legislativo, -a [ledʒizla'tivo] *agg* législatif(-ive)

legislatura [ledʒizlas'tura] *sf* législature *f*

legittimo, -a [le'dʒittimo] *agg* légitime ; **legittima difesa** (*Dir*) légitime défense *f*

legna ['leɲɲa] *sf* bois *msg* à brûler

legno ['leɲɲo] *sm* bois *msg* ; **un pezzo di ~** un bout de bois ; **di ~** en bois ; **~ compensato** contreplaqué *m*

lei ['lɛi] *pron* elle ; (*forma di cortesia*: *anche*: **Lei**) vous ▸ *sf inv*: **la mia ~** ma tendre moitié ▸ *sm*: **dare del ~ a qn** vouvoyer qn ; **~ stessa** elle-même ; **è ~** c'est elle

En italien, pour s'adresser à une personne que l'on ne connaît pas ou plus âgée que soi, on utilise **lei**, le pronom de la troisième personne du singulier.

lentamente [lenta'mente] *avv* lentement

lente ['lɛnte] *sf* (*Ottica*) lentille *f*; **lenti** *sfpl* (*occhiali*) lunettes *fpl*; **~ d'ingrandimento** loupe *f*; **lenti (a contatto) morbide/rigide** verres de contact *o* lentilles souples/rigides

lentezza [len'tettsa] *sf* lenteur *f*

lenticchia [len'tikkja] *sf* lentille *f*

lentiggine [len'tiddʒine] *sf* tache *f* de rousseur

lento, -a ['lɛnto] *agg* lent(e); (*fune, vite, nodo*) lâche; (*Mus*) lento *inv* ▸ *sm* (*ballo*) slow *m*

lenza ['lɛntsa] *sf* (*Pesca*) ligne *f*

lenzuolo [len'tswɔlo] *sm* drap *m*; **sotto le lenzuola** sous les draps; **~ da bagno** drap de bain; **~ funebre** linceul *m*

leone [le'one] *sm* lion *m*; (*Zodiaco*): **L~** Lion; **essere del L~** être Lion

leporino, -a [lepo'rino] *agg*: **labbro ~** bec-de-lièvre *m*

lepre ['lɛpre] *sf* lièvre *m*

FALSI AMICI
lepre non si traduce mai con la parola francese *lèpre*.

lercio, -a ['lɛrtʃo] *agg* crasseux(-euse)

lesione [le'zjone] *sf* (*anche Dir*) lésion *f*; (*in costruzione*) lézarde *f*

lessare [les'sare] *vt* faire cuire à l'eau

lessi *ecc* ['lɛssi] *vb vedi* **leggere**

lessico, -ci ['lɛssiko] *sm* (*Ling*) lexique *m*

lesso, -a ['lesso] *agg* cuit(e) à l'eau, bouilli(e) ▸ *sm* pot-au-feu *m*

letale [le'tale] *agg* mortel(le); (*dose*) létal(e)

letamaio [leta'majo] *sm* fosse *f* à fumier; (*fig*: *luogo sudicio*) porcherie *f*

letame [le'tame] *sm* fumier *m*

letargo, -ghi [le'targo] *sm* (*Zool*) hibernation *f*; (*Med*) léthargie *f*; **andare in ~** entrer en hibernation

lettera ['lɛttera] *sf* lettre *f*; **lettere** *sfpl* (*studi umanistici*) lettres *fpl*; **alla ~** (*citare, eseguire ecc*) à la lettre; (*tradurre*) mot à mot, littéralement; **diventar ~ morta** (*legge*) devenir lettre morte; **restar ~ morta** (*fig*) rester lettre morte; **~ assicurata** lettre à valeur déclarée; **~ di accompagnamento** lettre de motivation; **~ di cambio** lettre de change; **~ di credito** lettre de crédit; **~ di presentazione** lettre d'introduction; **~ di raccomandazione** lettre de recommandation; **~ di trasporto aereo** lettre de transport aérien; **~ di vettura** lettre de voiture; **~ raccomandata** lettre recommandée

letteralmente [letteral'mente] *avv* littéralement

letterario, -a [lette'rarjo] *agg* littéraire

letterato, -a [lette'rato] *agg* lettré(e) ▸ *sm/f* homme *m*/femme *f* de lettres

letteratura [lettera'tura] *sf* littérature *f*

lettiga, -ghe [let'tiga] *sf* (*anticamente*) litière *f*; (*portantina, barella*) civière *f*

lettino [let'tino] *sm* (*per bambini*) lit *m* d'enfant; **~ solare** solarium *m*

letto, -a ['lɛtto] *pp di* **leggere** ▸ *sm* lit *m*; **andare a ~** aller au lit; **mettersi a ~** (*ammalarsi*) s'aliter; **figlio di primo ~** enfant *m* d'un premier lit; **il ~ di un fiume** le lit d'un fleuve; **~ a castello** lits *mpl* superposés; **~ a una piazza** lit à une place; **~ matrimoniale/a due piazze** lit à deux places; **~ di morte** lit de mort

lettore, -trice [let'tore] *sm/f* lecteur(-trice) ▸ *sm* (*Inform*): **~ ottico (di caratteri)** lecteur *m* optique; **~ CD/DVD** lecteur de CD/DVD; **~ di libri elettronici** liseuse *f*; **~ MP3/MP4** lecteur MP3/MP4

lettura [let'tura] *sf* lecture *f*

leucemia [leutʃe'mia] *sf* leucémie *f*

leva ['lɛva] *sf* levier *m*; (*Mil*) recrutement *m*; **far ~ su** (*fig*: *cosa*) spéculer sur, se servir de; (: *persona*) avoir prise sur; **fare il servizio di ~** (*Mil*) faire son service militaire; **le nuove leve** (*fig*: *del cinema ecc*) la relève; **~ del cambio** (*Aut*) levier de changement de vitesse

levante [le'vante] *sm* levant *m*; (*vento*) vent *m* d'est; **il L~** le Levant

levare [le'vare] *vt* (*alzare*: *occhi ecc*) lever; (*togliere*: *tassa, indumento, coperchio*) enlever; (: *dente*) arracher; (: *fame*) assouvir; (: *sete*) étancher; **levarsi** *vpr* (*persona, vento, sole*) se lever; **levarsi (in piedi)** se mettre debout; **levarsi (dal letto)** se lever (du lit); **~ le tende** (*fig*) décamper; **levarsi il**

pensiero se libérer d'un souci ; **~ un grido** pousser un cri ; **levarsi di mezzo** *o* **dai piedi** ficher le camp

levatoio, -a [leva'tojo] *agg*: **ponte ~** pont-levis *msg*

lezione [let'tsjone] *sf* leçon *f* ; (*scuole superiori, Univ*) cours *msg* ; **andare a ~** aller en cours ; **fare ~** (*Scol*) faire cours ; **lezioni private** cours particuliers

li [li] *pron pl* (*oggetto*) les

lì [li] *avv* là ; **di** *o* **da lì** de là ; **per di lì** par là ; **di lì a pochi giorni** au bout de quelques jours ; **lì per lì** sur le moment ; **essere lì (lì) per fare** être sur le point de faire ; **lì dentro** là-dedans ; **lì sotto** là-dessous ; **lì sopra** là-dessus ; **tutto lì** c'est tout ; **la questione è finita lì** l'affaire en est restée là ; *vedi anche* **quello**

libanese [liba'nese] *agg* libanais(e) ▸ *sm/f* Libanais(e)

Libano ['libano] *sm* Liban *m*

libbra ['libbra] *sf* livre *f*

libeccio [li'bettʃo] *sm* (*vento*) suroît *m*

libellula [li'bɛllula] *sf* libellule *f*

liberale [libe'rale] *agg, sm/f* (*anche Pol*) libéral(e)

liberalizzare [liberalid'dzare] *vt* libéraliser

liberare [libe'rare] *vt* (*prigioniero, popolo*) libérer, délivrer ; (*stanza*) débarrasser ; (*passaggio*) dégager ; (*energia*) libérer ; **liberarsi** *vpr* se libérer, se délivrer ; **liberarsi di qc/qn** se libérer de qch/qn

libero, -a ['libero] *agg* libre ; **~ di fare qc** libre de faire qch ; **~ da** (*obblighi, doveri ecc*) libre de ; **una donna dai liberi costumi** une femme de mœurs légères ; **avere via libera** avoir le feu vert ; **dare via libera a qn** donner le feu vert à qn ; **via libera!** vas-y !, allez-y ! ; **~ arbitrio** libre arbitre *m* ; **~ professionista** membre *m* d'une profession libérale ; **~ scambio** libre-échange *m* ; **libera professione** profession *f* libérale ; **libera uscita** (*Mil*) quartier *m* libre

libertà [liber'ta] *sf inv* liberté *f* ▸ *sfpl*: **prendersi delle ~ (con qn)** prendre des libertés (avec qn) ; **~ di stampa** liberté de la presse ; **~ provvisoria/vigilata** (*Dir*) liberté provisoire/surveillée

Libia ['libja] *sf* Libye *f*

libico, -a, -ci, -che ['libiko] *agg* libyen(ne) ▸ *sm/f* Libyen(ne)

libidine [li'bidine] *sf* luxure *f*

libraio, -a [li'brajo] *sm/f* libraire *m/f*

librarsi [li'brarsi] *vpr* planer

libreria [libre'ria] *sf* (*negozio*) librairie *f* ; (*stanza, mobile*) bibliothèque *f*

libretto [li'bretto] *sm* (*piccolo libro*) petit livre *m* ; (*taccuino*) carnet *m* ; (*fascicoletto*) fascicule *m* ; (*registro: anche Mus*) livret *m* ; **~ degli assegni** carnet de chèques ; **~ di circolazione** (*Aut*) carte *f* grise ; **~ di risparmio** livret de caisse d'épargne ; **~ di lavoro** *livret faisant état des emplois occupés par un travailleur au cours de sa carrière* ; **~ universitario** *livret universitaire attestant des examens réussis par l'étudiant au cours de son cursus*

libro ['libro] *sm* livre *m* ; **~ bianco** (*Pol*) livre blanc ; **~ di cassa** livre de caisse ; **~ di consultazione** ouvrage *m* de référence ; **~ di testo** manuel *m* scolaire ; **~ elettronico** livre électronique ; **~ digitale** livre numérique ; **~ mastro** grand livre ; **~ nero** (*fig*) liste *f* noire ; **~ paga** registre *m* des traitements et salaires ; **~ tascabile** livre de poche ; **libri contabili/sociali** livres de comptabilité

licenza [li'tʃɛntsa] *sf* licence *f* ; (*di pesca, circolazione ecc*) permis *msg* ; (*Mil: congedo*) permission *f* ; (*libertà, arbitrio*) liberté *f* ; **andare in ~** (*Mil*) avoir une permission ; **su ~ di ...** (*Comm*) sous licence de ... ; **~ di esportazione** licence d'exportation ; **~ di fabbricazione** licence de fabrication ; **~ elementare** (*Scol*) *certificat d'études primaires* ; **~ media** (*Scol*) *brevet du premier cycle des études secondaires* ; **~ poetica** licence poétique

licenziamento [litʃentsja'mento] *sm* licenciement *m*

licenziare [litʃen'tsjare] *vt* (*lavoratore*) licencier ; (*Scol*) diplômer ; **licenziarsi** *vpr* (*impiegato*) démissionner

liceo [li'tʃɛo] *sm* (*Scol*) lycée *m* ; **~ classico/linguistico/scientifico** ≈ lycée section littéraire/langues/scientifique

Après la *scuola secondaria di primo grado*, les élèves italiens ont le choix entre une école technique ou professionnelle et un **liceo**, qui dure cinq ans et qui prepare à l'entrée à l'université. Il existe différents types de **liceo**, avec des programmes d'études différents (scientifique, littéraire, linguistique, artistique, etc.) suivant l'orientation choisie.

lido ['lido] *sm* plage *f*

lieto, -a ['ljɛto] *agg* (*allegro*) joyeux(-euse) ; (*soddisfatto, contento*) content(e) ; (*che dà letizia: notizia*) bon(ne) ; **«molto ~»** (*in presentazioni*) «enchanté(e)» ; **~ fine** happy end *m* ; **una storia a ~ fine** une histoire qui finit bien

lieve ['ljɛve] *agg* léger(-ère)

lievitare [ljevi'tare] *vi* lever ; (*fig*) monter, augmenter

lievito ['ljɛvito] *sm* levain *m* ; **~ di birra** levure *f* de bière

ligio, -a, -gi, -gie ['lidʒo] *agg*: **~ (a)** fidèle (à)

lilla ['lilla] *agg inv, sm inv* = **lillà**

lillà [lil'la] *agg inv, sm inv* lilas *msg*

lima ['lima] *sf* lime *f* ; **~ da unghie** lime à ongles

limaccioso, -a [limat'tʃoso] *agg* boueux(-euse)

limare [li'mare] *vt* limer ; (*fig*) fignoler

limitare [limi'tare] *vt* délimiter ; (*fig*) limiter ; **limitarsi** *vpr*: **limitarsi (in)** se limiter (dans) ; **limitarsi a qc/a fare qc** se limiter *o* se borner à qch/à faire qch

limite ['limite] *sm* limite *f* ▸ *agg inv*: **caso ~** cas *m* limite ; **al ~** (*fig*) à la limite ; **~ di velocità** limitation *f* de vitesse

La **limite de velocità** (limitation de vitesse) en Italie est de 50 km/h en ville, de 90 ou 110 km/h sur les routes et de 130 km/h en général sur les autoroutes.

limonata [limo'nata] *sf* citronnade *f* ; (*spremuta*) citron *m* pressé

limone [li'mone] *sm* (*pianta*) citronnier *m* ; (*frutto*) citron *m*

limpido, -a ['limpido] *agg* (*anche fig*) limpide

lince ['lintʃe] *sf* lynx *msg*

linciare [lin'tʃare] *vt* lyncher

linea ['linea] *sf* (*anche fig: di prodotto*) ligne *f* ; (*: stile*) style *m* ; **a grandi linee** à grands traits ; **mantenere la ~** garder la ligne ; **è caduta la ~** (*Tel*) la conversation a été coupée ; **rimanga in ~** (*Tel*) ne quittez pas ; **di ~** (*aereo, autobus ecc*) de ligne ; **volo di ~** vol *m* régulier ; **aereo di ~** avion *m* (de ligne) ; **in ~ d'aria** à vol d'oiseau ; **in ~ diretta da** (*TV, Radio*) en direct de ; **la nuova ~ di questi mobili ...** le nouveau design de ces meubles ... ; **di ~ moderna** de style moderne ; **~ aerea** ligne aérienne ; **~ continua** ligne continue ; **~ d'arrivo/di partenza** (*Sport*) ligne d'arrivée/de départ ; **~ di tiro** (*di arma da fuoco*) ligne de tir ; **~ di cortesia** ligne de courtoisie ; **~ fissa** (*Tel*) ligne fixe ; **~ punteggiata** pointillés *mpl*

lineamenti [linea'menti] *smpl* (*di volto*) traits *mpl*

lineare [line'are] *agg* (*anche fig*) linéaire

lineetta [line'etta] *sf* tiret *m* ; (*in composti*) trait *m* d'union

lingotto [lin'gɔtto] *sm* lingot *m*

lingua ['lingwa] *sf* langue *f* ; **mostrare la ~** tirer la langue ; **di ~ italiana** de langue italienne ; **~ madre** langue maternelle

linguaggio, -gi [lin'gwaddʒo] *sm* langage *m* ; **~ giuridico** langage juridique ; **~ macchina/di programmazione** (*Inform*) langage machine/de programmation

linguetta [lin'gwetta] *sf* languette *f*, patte *f* ; (*di busta*) languette ; (*Tecn*) clavette *f*

lino ['lino] *sm* lin *m*

linoleum [li'nɔleum] *sm inv* linoléum *m*

liposuzione [liposut'tsjone] *sf* (*Med*) liposuccion *f*

liquefatto, -a [likwe'fatto] *agg* liquéfié(e)

liquidare [likwi'dare] *vt* (*anche fig*) liquider ; (*pensione*) allouer ; **~ qn** (*fig: ucciderlo*) liquider qn ; (*: sbarazzarsene*) se débarrasser de qn

liquidazione [likwidat'tsjone] *sf* liquidation *f* ; (*indennità di lavoro*) indemnité *f* de licenciement

liquidità [likwidi'ta] *sf* (*denaro*) liquidité *f*

liquido, -a ['likwido] *agg, sm* liquide *m* ; **~ per freni** liquide de freins

liquirizia [likwi'rittsja] *sf* (*pianta*) réglisse *f* ; (*sostanza*) réglisse *f* o *m*

liquore [li'kwore] *sm* (*dolce*) liqueur *f* ; (*secco*) alcool *m*

lira ['lira] *sf* (*moneta italiana*) lire *f* ; (*di altri paesi*) livre *f* ; (*Mus*) lyre *f* ; **~ pesante** lire lourde ; **~ sterlina** livre sterling ; **~ verde** lire verte

lirico, -a, -ci, -che ['liriko] *agg* lyrique ; **cantante ~** chanteur (cantatrice) lyrique ; **teatro ~** théâtre *m* lyrique

I

Lisbona [lis'bona] *sf* Lisbonne *f*
lisca, -sche ['liska] *sf* arête *f*
lisciare [liʃ'ʃare] *vt* polir ; (*fig*) flatter ; **lisciarsi i capelli** se lisser les cheveux
liscio, -a, -sci, -sce ['liʃʃo] *agg* lisse ; (*whisky, gin*) nature ; (*fig: senza intoppi*) sans problèmes ▸ *sm* (*Mus*) bal-musette *m* ▸ *avv*: **andare ~** bien se passer ; **passarla liscia** bien s'en tirer
liso, -a ['lizo] *agg* râpé(e), usé(e)
lista ['lista] *sf* liste *f* ; **~ delle vivande** menu *m* ; **~ dei vini** carte *f* des vins ; **~ di discussione** (*in Internet*) liste de discussion ; **~ elettorale** liste électorale
listino [lis'tino] *sm* catalogue *m* ; **al ~** au barème ; **~ dei cambi** cours *mpl* du change ; **~ dei prezzi** liste *f* des prix ; **~ di borsa** cours *mpl* de la Bourse, cote *f* de la Bourse
lite ['lite] *sf* querelle *f*, dispute *f* ; (*Dir*) procès *msg*, litige *m*
litigare [liti'gare] *vi* se disputer, se quereller ; (*Dir*) être en procès
litigio [li'tidʒo] *sm* (*lite*) querelle *f*, dispute *f*
litorale [lito'rale] *sm* littoral *m*, côte *f*
litro ['litro] *sm* litre *m*
livellare [livel'lare] *vt* niveler
livello [li'vɛllo] *sm* niveau *m* ; **ad alto ~** (*fig*) de haut niveau ; **a ~ mondiale** à l'échelon mondial ; **a ~ psicologico** au niveau psychologique ; **a ~ di confidenza** en confidence ; **sul ~ del mare** au-dessus du niveau de la mer ; **~ di magazzino** niveau de stock ; **~ occupazionale** niveau de l'emploi ; **~ retributivo** niveau des salaires ; **~ soglia** niveau-seuil *m*
livido, -a ['livido] *agg* (*di rabbia, gelosia ecc*) livide ; (*malato*) blême, livide ; (*per percosse*) couvert(e) de bleus ; (*cielo*) orageux(-euse), de plomb ▸ *sm* (*su pelle*) bleu *m*
Livorno [li'vorno] *sf* Livourne *f*
lizza ['littsa] *sf* (*fig*): **scendere in ~** entrer en lice ; **essere in ~ (per)** (*fig*) être en lice (pour)
lo [lo] (*dav s impura, gn, pn, ps, x, z; dav V* **l'**) *art m* le ▸ *pron* le ; **lo sapevo** je le savais ; **lo so** je le sais ; *vedi anche* **il**
locale [lo'kale] *agg* local(e) ▸ *sm* (*stanza, ambiente*) pièce *f* ; (*Comm, Amm*) local *m* ; (*esercizio*) établissement *m* ; **~ notturno** boîte *f* de nuit
località [lokali'ta] *sf inv* localité *f*
locanda [lo'kanda] *sf* auberge *f*
locomotiva [lokomo'tiva] *sf* (*anche fig*) locomotive *f*
locuzione [lokut'tsjone] *sf* locution *f*
lodare [lo'dare] *vt* louer
lode ['lɔde] *sf* (*elogio*) éloge *m* ; **trenta e ~** (*Univ*) ≈ mention très bien avec félicitations du jury ; **laurearsi con 110 e ~** *obtenir son diplôme universitaire avec le maximum de points et les félicitations du jury*
loden ['lodən] *sm inv* loden *m*
lodevole [lo'devole] *agg* louable
logaritmo [loga'ritmo] *sm* logarithme *m*
loggarsi [log'garsi] *vpr* (*Inform*) se connecter
loggia, -ge ['lɔddʒa] *sf* loge *f* ; (*massonica*) Loge *f* ; (*Archit*) loggia *f*, loge
loggione [lod'dʒone] *sm* (*Teatro*) poulailler *m*
logico, -a, -ci, -che ['lɔdʒiko] *agg* logique
logorare [logo'rare] *vt* (*anche fig*) user ; (*persona*) épuiser ; **logorarsi** *vpr* (*vedi vt*) s'user ; s'épuiser
logoro, -a ['logoro] *agg* (*tappeto ecc*) usé(e) ; (*persona*) épuisé(e)
lombata [lom'bata] *sf* longe *f* ; (*manzo*) aloyau *m*
lombrico, -chi [lom'briko] *sm* lombric *m*
londinese [londi'nese] *agg, sm/f* londonien(ne) ▸ *sm/f* Londonien(ne)
Londra ['londra] *sf* Londres
longevo, -a [lon'dʒɛvo] *agg* d'une grande longévité
longitudine [londʒi'tudine] *sf* longitude *f*
lontananza [lonta'nantsa] *sf* distance *f* ; (*assenza*) séparation *f*, absence *f* ; **vedere una casa in ~** apercevoir une maison dans le lointain
lontano, -a [lon'tano] *agg* lointain(e) ; (*distante*) lointain(e), éloigné(e) ; (*assente*) absent(e) ; (*alieno, avverso*) distant(e) ▸ *avv* loin ; **più ~** plus loin ; **da** *o* **di ~** de loin ; **~ da** (*a grande distanza da*) loin de ; **è lontana la casa?** elle est loin, la maison ? ; **è ~ un chilometro** c'est à un kilomètre ; **alla lontana** plus ou moins ; (*in modo vago*) vaguement ; **siamo lontani dal dire/fare** nous sommes loin de dire/faire
loquace [lo'kwatʃe] *agg* (*persona*) loquace ; (*fig: gesto ecc*) éloquent(e)

lordo, -a ['lordo] *agg* (*sporco*) sale ; (*peso, stipendio*) brut(e) ; **~ d'imposta** avant impôts

> **FALSI AMICI**
> **lordo** non si traduce mai con la parola francese *lourd*.

loro ['loro] *pron* eux *mpl*, elles *fpl* ; (*complemento*): **(a) ~** leur ; (*forma di cortesia*: *anche*: **Loro**) vous ; **il(la) ~, i(le) ~** (*possessivo*) le(la) leur, les leurs ; (: *forma di cortesia*: *anche*: **Loro**) le(la) vôtre, les vôtres ▸ *agg*: **il(la) ~, i(le) ~** leur, leurs ; (*forma di cortesia*: *anche*: **Loro**) votre, vos *pl* ; **~ stessi/stesse** eux-mêmes/elles-mêmes ; (*forma di cortesia*: *anche*: **Loro stessi**) vous-même ; **di' ~ che verrò** dis-leur que je viendrai ; **i ~** (*genitori*) les leurs *mpl* ; **una ~ amica** une de leurs amies ; (*forma di cortesia*) une de vos amies ; **i ~ libri** leurs livres ; **il ~ padre** leur père ; **è dalla ~** (*parte*) il est de leur côté ; **hanno detto la ~** (*opinione*) ils ont tous eu leur mot à dire ; **hanno avuto le ~** (*guai*) ils ont eu leur lot de problèmes ; **hanno fatto una delle ~** ils ont fait encore une bêtise

losco, -a, -schi, -sche ['losko] *agg* louche

lotta ['lɔtta] *sf* lutte *f* ; (*fig*) désaccord *m* ; **essere in ~ (con)** être en désaccord (avec) ; **fare la ~ (con)** se battre (avec) ; **~ armata** lutte armée ; **~ di classe** (*Pol*) lutte des classes ; **~ libera** (*Sport*) lutte libre

lottare [lot'tare] *vi*: **~ (contro/per)** lutter (contre/pour)

lotteria [lotte'ria] *sf* loterie *f*

lotto ['lɔtto] *sm* lot *m* ; (*gioco*) loto *m* ; **vincere un terno al ~** (*anche fig*) gagner le gros lot

> Le **Lotto** est un jeu d'argent autorisé et géré par le ministère des Finances, qui consiste en un tirage au sort hebdomadaire.

lozione [lot'tsjone] *sf* lotion *f*

lubrificante [lubrifi'kante] *agg* lubrifiant(e) ▸ *sm* lubrifiant *m*

lubrificare [lubrifi'kare] *vt* lubrifier

lucchetto [luk'ketto] *sm* cadenas *msg*

luccicare [luttʃi'kare] *vi* briller

luccio, -ci ['luttʃo] *sm* brochet *m*

lucciola ['luttʃola] *sf* luciole *f* ; (*fig*) prostituée *f*

luce ['lutʃe] *sf* lumière *f* ; (*Aut*) feu *m* ; (*corrente elettrica*) électricité *f* ; **fare ~ su** (*fig*) tirer au clair ; **venire alla ~** (*fig*: *bimbo*) venir au monde, voir le jour ; **dare alla ~** (*fig*: *partorire*) donner le jour à ; **alla ~ dei fatti** à la lumière des événements ; **mettere in ~** mettre en lumière ; **mettere in buona/cattiva ~** présenter sous un jour favorable/défavorable ; **fare qc alla ~ del sole** faire qch au grand jour ; **anno ~** année-lumière *f*

lucernario [lutʃer'narjo] *sm* lucarne *f*

lucertola [lu'tʃɛrtola] *sf* lézard *m*

lucidare [lutʃi'dare] *vt* cirer

lucidatrice [lutʃida'tritʃe] *sf* cireuse *f*

lucido, -a ['lutʃido] *agg* brillant(e), luisant(e) ; (*lucidato*) ciré(e) ; (*fig*) lucide ▸ *sm* luisant *m* ; (*disegno*) calque *m* ; **~ per scarpe** cirage *m*

lucro ['lukro] *sm* profit *m*, gain *m* ; **a scopo di ~** dans un but lucratif ; **organizzazione senza scopo di ~** organisation *f* à but non lucratif

luglio ['luʎʎo] *sm* juillet *m* ; **nel mese di ~** au mois de juillet ; **in** *o* **a ~** en juillet ; **il primo ~** le premier juillet ; **arrivare il 2 ~** arriver le 2 juillet ; **all'inizio/alla fine di ~** début/fin juillet ; **durante il mese di ~** pendant le mois de juillet ; **a ~ del prossimo anno** au mois de juillet de l'année prochaine ; **ogni anno a ~** tous les ans en juillet

lugubre ['lugubre] *agg* lugubre

lui ['lui] *pron* (*soggetto*) il ; (*oggetto*: *per dare rilievo, con preposizione*) lui ▸ *sm inv*: **il mio ~** mon homme ; **~ stesso** lui-même ; **è ~** c'est lui

lumaca, -che [lu'maka] *sf* (*senza conchiglia*) limace *f* ; (*con conchiglia, fig*) escargot *m*

luminoso, -a [lumi'noso] *agg* (*anche fig*) lumineux(-euse) ; **insegna luminosa** enseigne *f* lumineuse

luna ['luna] *sf* lune *f* ; **avere la ~** être mal luné(e) ; **~ di miele** lune de miel ; **~ nuova/piena** nouvelle/pleine lune

luna park ['luna 'park] *sm inv* fête *f* foraine

lunare [lu'nare] *agg* lunaire

lunario [lu'narjo] *sm*: **sbarcare il ~** joindre les deux bouts

lunatico, -a, -ci, -che [lu'natiko] *agg* lunatique

lunedì [lune'di] *sm inv* lundi *m* ; *vedi anche* **martedì**

lunghezza [lun'gettsa] *sf* longueur *f* ; **~ d'onda** (*Fis*) longueur d'onde ; **essere**

sulla stessa ~ d'onda (*fig*) être sur la même longueur d'onde

lungo, -a, -ghi, -ghe ['lungo] *agg* long (longue) ; (*diluito: caffè, brodo*) léger(-ère) ▶ *sm*: **per (il) ~** (*nel verso della lunghezza*) dans le sens de la longueur ▶ *sf*: **alla lunga** à la longue ▶ *prep* (*rasente*) le long de ; (*durante*) pendant ; **essere ~ tre metri** faire trois mètres de long ; **avere la barba lunga** avoir une longue barbe ; **avere i capelli lunghi** avoir les cheveux longs ; **avere la lingua lunga** (*fig*) avoir la langue bien pendue ; **a ~ andare** à la longue ; **di ~ corso** (*Naut*) au long cours ; **a ~** (*per molto tempo*) longtemps ; **in ~ e in largo** en long et en large ; **essere in ~** (*in abito lungo*) porter du long ; **saperla lunga** en savoir long ; **andare per le lunghe** traîner en longueur ; **~ la strada** le long de la route ; **~ il corso dei secoli** au cours des siècles

lungomare [lungo'mare] *sm* bord *m* de mer

lunotto [lu'nɔtto] *sm* (*Aut*) vitre *f* arrière ; **~ termico** lunette *f* arrière chauffante

luogo, -ghi ['lwɔgo] *sm* lieu *m* ; (*posizione, passo di un libro*) endroit *m* ; **in ~ di** au lieu de ; **in primo ~** en premier lieu ; **aver ~** avoir lieu ; **parlare fuori ~** parler hors de propos ; **dar ~ a** donner lieu à ; **il ~ del delitto** le lieu du crime ; **~ comune** lieu commun ; **~ di nascita/di provenienza** lieu de naissance/de provenance ; **~ di pena** maison *f* d'arrêt ; **~ geometrico** lieu géométrique ; **~ pubblico** lieu public

lupo, -a ['lupo] *sm/f* loup (louve) ; **cane ~** chien-loup *m* ; **tempo da lupi** temps *m* de chien

> **FALSI AMICI**
> **lupa** non si traduce mai con la parola francese *loupe*.

luppolo ['luppolo] *sm* houblon *m*

lurido, -a ['lurido] *agg* crasseux(-euse) ; (*fig*) sale

lusingare [luzin'gare] *vt* flatter

Lussemburgo [lussem'burgo] *sm* Luxembourg *m* ▶ *sf* Luxembourg *f*

lusso ['lusso] *sm* luxe *m* ; **di ~** de luxe

lussuoso, -a [lussu'oso] *agg* luxueux(-euse)

lussuria [lus'surja] *sf* luxure *f*

lustrino [lus'trino] *sm* paillette *f*

lutto ['lutto] *sm* deuil *m* ; **essere in ~** être en deuil ; **portare il ~** porter le deuil

> **FALSI AMICI**
> **lutto** non si traduce mai con la parola francese *lutte*.

m *abbr* (= *metro*) m
ma [ma] *cong* mais ; **ma insomma!** mais enfin ! ; **ma no!** mais non !
macabro, -a ['makabro] *agg* macabre
macché [mak'ke] *escl* mais non !
maccheroni [makke'roni] *smpl* macaronis *mpl*
macchia ['makkja] *sf* tache *f* ; (*tipo di boscaglia*) maquis *m* ; **una ~ d'inchiostro** une tache d'encre ; **la notizia si è diffusa a ~ d'olio** (*fig*) la nouvelle a fait tache d'huile ; **darsi alla ~** (*fig*) prendre le maquis
macchiare [mak'kjare] *vt* tacher ; **macchiarsi** *vpr*: **macchiarsi (di)** se tacher (de) ; **macchiarsi di una colpa/di un delitto** se rendre coupable d'une faute/d'un crime
macchiato, -a [mak'kjato] *agg* taché(e) ; (*pelo, mantello*) tacheté(e) ; **caffè ~** café *m* avec une goutte de lait, noisette *f*
macchina ['makkina] *sf* (*Tecn, fig*) machine *f* ; (*automobile*) voiture *f* ; **andare in ~** (*Aut*) aller en voiture ; (*giornali ecc*) être mis(e) sous presse ; **salire in ~** monter dans la voiture ; **~ a vapore** machine à vapeur ; **~ agricola** machine agricole ; **~ da cucire** machine à coudre ; **~ da presa** caméra *f* ; **~ da scrivere** machine à écrire ; **~ fotografica** appareil *m* photographique ; **~ utensile** machine-outil *f*
macchinario [makki'narjo] *sm* machinerie *f*
macchinista, -i [makki'nista] *sm* (*Ferr*) mécanicien *m* ; (*Teatro*) machiniste *m*
macedonia [matʃe'dɔnja] *sf* macédoine *f* de fruits, salade *f* de fruits
macellaio, -a [matʃel'lajo] *sm/f* boucher(-ère)
macelleria [matʃelle'ria] *sf* boucherie *f*
macerie [ma'tʃɛrje] *sfpl* décombres *mpl*
macigno [ma'tʃiɲɲo] *sm* roc *m*, rocher *m*
macinare [matʃi'nare] *vt* moudre
macrobiotico, -a, -ci, -che [makrobi'ɔtiko] *agg* macrobiotique
Madonna [ma'dɔnna] *sf* Sainte Vierge *f* ; (*raffigurazione*) Madone *f*
madornale [mador'nale] *agg* (*errore*) énorme
madre ['madre] *sf* mère *f* ; (*di bolletta*) talon *m* ▸ *agg inv*: **ragazza ~** mère célibataire ; **scena ~** (*Teatro*) scène *f* principale ; (*fig*) grande scène
madrelingua [madre'lingwa] *sf* langue *f* maternelle
madreperla [madre'pɛrla] *sf* nacre *f*
madrina [ma'drina] *sf* marraine *f*
maestà [maes'ta] *sf inv* majesté *f* ; **Sua M~ la Regina** Sa Majesté la Reine
maestra [ma'ɛstra] *sf vedi* **maestro**
maestrale [maes'trale] *sm* vent *m* du nord-ouest
maestro, -a [ma'ɛstro] *sm/f* (*di scuola elementare*) instituteur(-trice), maître (maîtresse) ; (*di ballo*) professeur *m/f* ; (*di sci*) moniteur(-trice) ; (*esperto*) maître (maîtresse) ▸ *sm* (*anche fig*) maître *m* ; (*Mus*) maître, maestro *m* ▸ *agg* (*principale*): **muro ~** mur *m* porteur ; **un colpo da ~** (*fig*) un coup de maître ; **strada maestra** grand-route *f* ; **maestra d'asilo** maîtresse de l'école maternelle ; **~ di ballo** professeur de danse ; **~ di cerimonie** maître (maîtresse) de cérémonie ; **~ di scherma** maître *m* d'armes ; **~ di sci** moniteur(-trice) de ski ; **~ d'orchestra** chef *m* d'orchestre
mafia ['mafja] *sf* (*anche fig*) mafia *f*, maffia *f*
maga, -ghe ['maga] *sf* magicienne *f*
magari [ma'gari] *escl* (*esprime desiderio*): **~ fosse vero!** si seulement c'était vrai ! ▸ *avv* (*anche*) même ; (*forse*) peut-être ; **ti piacerebbe andare in Scozia? — ~!** aimerais-tu aller en Écosse ? — et comment !
magazzino [magad'dzino] *sm* magasin *m*, entrepôt *m* ; **grande ~** grand magasin ; **~ doganale** entrepôt douanier

maggio ['maddʒo] *sm* mai *m* ; *vedi anche* **luglio**
maggiorana [maddʒo'rana] *sf* marjolaine *f*
maggioranza [maddʒo'rantsa] *sf* majorité *f* ; **la ~ di** la plupart de ; **nella ~ dei casi** dans la plupart des cas
maggiordomo [maddʒor'dɔmo] *sm* majordome *m*
maggiore [mad'dʒore] *agg* plus grand(e) ; (*più importante*: *artista, opera*) plus important(e), principal(e) ; (*di grado superiore*: *caporale*) supérieur(e) ; (*più vecchio*: *sorella, fratello*) aîné(e) ; (*Mus*) majeur(e) ▸ *sm/f* (*di grado*) supérieur(e) ; (*di età*) aîné(e) ▸ *sm* (*Mil, Aer*) commandant *m* ; **la maggior parte** la plupart ; **a maggior ragione** à plus forte raison ; **andare per la ~** (*cantante, attore ecc*) être en vogue *o* à la mode
maggiorenne [maddʒo'rɛnne] *agg, sm/f* majeur(e)
magia [ma'dʒia] *sf* magie *f*
magico, -a, -ci, -che ['madʒiko] *agg* magique
magistrato [madʒis'trato] *sm* magistrat *m*
maglia ['maʎʎa] *sf* (*intreccio di fili, di rete*) maille *f* ; (*lavoro ai ferri*) tricot *m* ; (*lavoro all'uncinetto*) crochet *m* ; (*tessuto*) jersey *m* ; (*indumento*) tricot, maillot *m* (de corps) ; (*pull-over*) chandail *m* ; (*Sport*) maillot ; (*di catena, rete*) chaînon *m* ; **lavorare a/fare la ~** tricoter ; **~ diritta/rovescia** maille à l'endroit/à l'envers
maglietta [maʎ'ʎetta] *sf* (*sotto la camicia*) maillot *m* (de corps) ; (*T-shirt*) tee-shirt *m*
maglione [maʎ'ʎone] *sm* pull(-over) *m*
magnetico, -a, -ci, -che [maɲ'ɲɛtiko] *agg* (*anche fig*) magnétique
magnifico, -a, -ci, -che [maɲ'ɲifiko] *agg* magnifique, superbe ; (*ospite*) généreux(-euse) ; (*pranzo*) excellent(e)
magnolia [maɲ'ɲɔlja] *sf* magnolia *m*
mago, -ghi ['mago] *sm* (*anche fig*) magicien *m* ; (*illusionista*) prestidigitateur *m*, illusionniste *m*
magrebino, -a [magre'bino] *agg* maghrébin(e)
magrezza [ma'grettsa] *sf* maigreur *f*
magro, -a ['magro] *agg* (*anche fig*) maigre ; (*yogurt ecc*) allégé(e) ; (*scusa*) faible, mauvais(e) ▸ *sm* (*di carne*) maigre *m* ; **mangiare di ~** (*Rel*) faire maigre
mai ['mai] *avv* (*nessuna volta*) jamais ; (*talvolta*) déjà ; **non ... ~** ne ... jamais ; **~ più** plus jamais ; **come ~?** pourquoi (donc) ? ; **chi ~?** qui (donc) ? ; **dove ~?** où (donc) ? ; **quando ~?** quand (donc) ?
maiale [ma'jale] *sm* porc *m* (truie *f*), cochon(ne) ; (*carne*) porc ; (*fig*: *persona*: *sporco*) cochon(ne) ; (: *depravato*) porc
mail ['meil] *sf inv* = **e-mail**
maionese [majo'nese] *sf* mayonnaise *f*
mais ['mais] *sm inv* maïs *msg*
maiuscolo, -a [ma'juskolo] *agg* majuscule ▸ *sm* majuscule *f* ; (*Tip*) capitale *f* ; **scrivere (in) ~** *o* **in lettere maiuscole** écrire en capitales *o* en (lettres) majuscules
malafede [mala'fede] *sf* mauvaise foi *f*
malandato, -a [malan'dato] *agg* (*persona*: *di salute*) mal en point ; (: *finanziariamente*) dans une mauvaise passe ; (*trascurato*: *cosa*) en mauvais état ; (: *persona*) négligé(e)
malanno [ma'lanno] *sm* (*acciacco*) maladie *f* ; (*disgrazia*) malheur *m*
malapena [mala'pena] *sf*: **a ~** à grand-peine
malaria [ma'larja] *sf* malaria *f*, paludisme *m*
malato, -a [ma'lato] *agg, sm/f* malade *m/f* ; **darsi ~** se faire porter malade
malattia [malat'tia] *sf* maladie *f* ; **mettersi in ~** se mettre en congé maladie ; **farne una ~** en faire une maladie ; **~ infettiva** maladie infectieuse
malavita [mala'vita] *sf* milieu *m*, pègre *f* ; **della ~** du milieu
malavoglia [mala'vɔʎʎa] *sf*: **di ~** de mauvaise grâce, à contre-cœur
malconcio, -a, -ci, -ce [mal'kontʃo] *agg* en mauvais état
malcontento [malkon'tɛnto] *sm* mécontentement *m*
malcostume [malkos'tume] *sm* (*disonestà*) corruption *f* ; (*immoralità*) débauche *f*
maldestro, -a [mal'dɛstro] *agg* maladroit(e)
male ['male] *avv* mal ▸ *sm* mal *m* ; (*sventura*) malheur *m* ; **far ~** faire mal ; **far ~ alla salute** ne pas être bon pour la santé ; **far del ~ a qn** faire du mal à qn ; **parlar ~ di qn** dire du mal de qn ; **restare** *o* **rimanere ~** être déçu(e), être contrarié(e) ; **stare ~** (*fisicamente,*

moralmente) ne pas être bien ; **stare ~ a** (*abito, colore*) aller mal à ; **trattar ~ qn** maltraiter qn ; **andare a ~** (*cibo*) se gâter, s'abîmer ; (*latte*) tourner ; **aversela a ~** le prendre mal, se vexer ; **come va? — non c'è ~** comment ça va ? — pas mal ; **di ~ in peggio** de mal en pis ; **per ~ che vada** au pire ; **mal comune mezzo gaudio** douleur partagée est plus facile à supporter ; **un ~ necessario** un mal nécessaire ; **avere mal di testa** avoir mal à la tête ; **mal d'auto** mal des transports ; **mal di cuore** maladie *f* du cœur ; **mal di denti** mal de dents ; **mal di fegato** maladie du foie ; **mal di gola** mal de gorge ; **mal di mare** mal de mer ; **mal d'orecchi** mal *o* maux d'oreille *o* mal aux oreilles

maledetto, -a [male'detto] *pp di* **maledire** ▸ *agg* maudit(e)

maledire [male'dire] *vt* maudire

maledizione [maledit'tsjone] *sf* malédiction *f* ; (*disgrazia*) malheur *m* ; **~!** malédiction !

maleducato, -a [maledu'kato] *agg* mal élevé(e)

maleducazione [maledukat'tsjone] *sf* impolitesse *f*

malefico, -a, -ci, -che [ma'lɛfiko] *agg* maléfique

malessere [ma'lɛssere] *sm* (*anche fig*) malaise *m*

malfamato, -a [malfa'mato] *agg* mal famé(e)

malfattore [malfat'tore] *sm* malfaiteur *m*

malfermo, -a [mal'fermo] *agg* chancelant(e)

malgrado [mal'grado] *prep* malgré ▸ *cong* bien que, quoique ; **mio (*o* tuo *ecc*) ~** malgré moi (*o* toi *ecc*)

maligno, -a [ma'liɲɲo] *agg* méchant(e), mauvais(e) ; (*Med*: *tumore*) malin(-igne)

malinconia [malinko'nia] *sf* mélancolie *f*

malinconico, -a, -ci, -che [malin'kɔniko] *agg* mélancolique

malincuore [malin'kwɔre]: **a ~** *avv* à contre-cœur, à regret

malinteso, -a [malin'teso] *agg* mal compris(e) ▸ *sm* malentendu *m*, méprise *f*

malizia [ma'littsja] *sf* (*cattiveria*) méchanceté *f* ; (*furbizia*) malice *f* ; (*trucco*) truc *m*

malizioso, -a [malit'tsjoso] *agg* malicieux(-euse)

malmenare [malme'nare] *vt* (*picchiare*) frapper ; (*fig*: *trattar male*) malmener

malocchio [ma'lɔkkjo] *sm* mauvais œil *m* ; **gettare il ~ su qn** jeter un sort à qn

malora [ma'lora] *sf* (*fam*): **andare in ~** se ruiner ; **va in ~!** va-t'en au diable !

malore [ma'lore] *sm* malaise *m*

> **FALSI AMICI**
> **malore** non si traduce mai con la parola francese *malheur*.

malsano, -a [mal'sano] *agg* malsain(e)

malta ['malta] *sf* (*Edil*) mortier *m*

maltempo [mal'tɛmpo] *sm* mauvais temps *msg*

malto ['malto] *sm* malt *m*

maltrattare [maltrat'tare] *vt* (*persona, dipendente*) maltraiter ; (*abito, macchina*) maltraiter, ne pas prendre soin de

malumore [malu'more] *sm* (*di persona*) mauvaise humeur *f* ; (*discordia*) mécontentement *m* ; **essere di ~** être de mauvaise humeur

malva ['malva] *sf* (*Bot*) mauve *f* ▸ *agg, sm inv* mauve *m*

malvagio, -a, -gi, -gie [mal'vadʒo] *agg* méchant(e), mauvais(e)

malvivente [malvi'vɛnte] *sm/f* malfaiteur *m*, délinquant(e)

malvolentieri [malvolen'tjɛri] *avv* à contre-cœur

mamma ['mamma] *sf* (*fam*) maman *f* ; **~ mia!** mon Dieu !

mammella [mam'mɛlla] *sf* mamelle *f* ; (*di mucca*) pis *msg*

mammifero [mam'mifero] *sm* mammifère *m*

manata [ma'nata] *sf* tape *f*

mancanza [man'kantsa] *sf* (*carenza*) manque *m* ; (*fallo, colpa*) faute *f* ; (*imperfezione*) erreur *f* ; **per ~ di tempo** faute de temps ; **in ~ di meglio** faute de mieux ; **sento la ~ di Piero** Piero me manque

mancare [man'kare] *vi* (*essere insufficiente, venir meno*) manquer ; (*non esserci*) manquer, faire défaut ; (*essere lontano*): **~ (da)** être absent(e) (de), être loin (de) ; (*morire*) mourir, disparaître ; (*sbagliare*) se tromper, commettre une faute ; (*essere privo*): **~ di** manquer de ▸ *vt* (*bersaglio, colpo*) manquer, rater ; **~ da casa** être absent(e) de chez soi ; **~ di rispetto a *o* verso qn** manquer de respect à l'égard de qn ; **~ di parola** ne pas tenir parole ; **sentirsi ~** se sentir défaillir ; **mi manchi** tu me manques ; **mancò poco che morisse** il s'en est fallu de peu qu'il ne meure ; **mancano ancora 10 sterline** il manque encore 10 livres sterling ; **manca un quarto alle 6** il est six heures moins le quart ; **manca poco alle 6** il n'est pas loin de six heures ; **non mancherò!** je n'y manquerai pas ! ; **ci mancherebbe altro!** il ne manquerait plus que cela !

mancherò *ecc* [manke'rɔ] *vb vedi* **mancare**

mancia, -ce ['mantʃa] *sf* pourboire *m*

manciata [man'tʃata] *sf* poignée *f*

mancino, -a [man'tʃino] *agg* gauche ; (*persona*) gaucher(-ère)

mandarancio [manda'rantʃo] *sm* clémentine *f*

mandare [man'dare] *vt* envoyer ; (*grido*) pousser ; **~ a chiamare qn** faire appeler qn ; **~ a prendere qn** envoyer chercher qn ; **~ avanti** (*persona*) envoyer en reconnaissance ; (*fig*: *famiglia*) subvenir aux besoins de ; (: *ditta*) diriger ; (: *pratica*) faire suivre ; **~ giù qc** avaler qch ; (*fig*) digérer qch ; **~ in onda** (*Radio, TV*) diffuser, transmettre ; **~ in rovina** ruiner ; **~ via qn** renvoyer qn ; (*licenziare*) licencier qn

mandarino [manda'rino] *sm* (*frutto*) mandarine *f* ; (*funzionario cinese*) mandarin *m*

mandata [man'data] *sf* tour *m* ; **chiudere a doppia ~** fermer à double tour

mandato [man'dato] *sm* mandat *m* ; **~ d'arresto** mandat d'arrêt ; **~ di cattura** mandat d'arrêt ; **~ di comparizione/di perquisizione** mandat de comparution/de perquisition ; **~ di pagamento** mandat de paiement

mandibola [man'dibola] *sf* mandibule *f*, mâchoire *f* inférieure

mandorla ['mandorla] *sf* amande *f* ; **occhi a ~** yeux *mpl* en amande, yeux bridés

mandorlo ['mandorlo] *sm* amandier *m*

mandria ['mandrja] *sf* troupeau *m*

maneggiare [maned'dʒare] *vt* (*arnesi*) manier ; (*creta, cera*) travailler ; (*fig*: *capitali*) manier, brasser

maneggio, -gi [ma'neddʒo] *sm* maniement *m* ; (*di creta, cera*) travail *m* ; (*intrigo*) intrigue *f*, manœuvre *f* ; (*per cavalli*) manège *m*

manesco, -a, -schi, -sche [ma'nesko] *agg* brutal(e)

manette [ma'nette] *sfpl* menottes *fpl*

manganello [manga'nɛllo] *sm* matraque *f*

mangiare [man'dʒare] *vt* manger ; (*fig*: *intaccare*) manger, ronger ; (*Carte, Scacchi*) prendre ▶ *sm* manger *m* ; (*cibo*) nourriture *f* ; **fare da ~** faire *o* préparer à manger ; **mangiarsi le parole** manger *o* avaler ses mots ; **mangiarsi le unghie** se ronger les ongles ; **mangiarsi le mani** *o* **il fegato** s'en mordre les doigts ; **~ la foglia** comprendre le manège

mangime [man'dʒime] *sm* fourrage *m*

mango, -ghi ['mango] *sm* (*frutto*) mangue *f* ; (*albero*) manguier *m*

mania [ma'nia] *sf* manie *f* ; **avere la ~ di fare qc** avoir la manie de faire qch ; **~ di persecuzione** délire *m* de persécution

maniaco, -a, -ci, -che [ma'niako] *agg, sm/f* maniaque *m/f* ; **~ sessuale** obsédé(e) sexuel(le)

manica, -che ['manika] *sf* manche *f* ; (*fig*: *di delinquenti ecc*) bande *f* ; **la M~, il Canale della M~** la Manche ; **senza maniche** sans manches ; **in maniche di camicia** en manches de chemise ; **di ~ larga** (*fig*) pas regardant(e) ; (: *in valutazione*) indulgent(e) ; **di ~ stretta** (*fig*: *persona*) sévère ; **è un altro paio di maniche** c'est une autre paire de manches ; **~ a vento** (*Aer*) manche à air

manichino [mani'kino] *sm* mannequin *m*

manico, -ci ['maniko] *sm* manche *m* ; (*di spada, fioretto*) poignée *f* ; **~ di scopa** manche à *o* de balai

manicomio [mani'kɔmjo] *sm* hôpital *m* psychiatrique ; (*fig*) maison *f* de fous

manicure [mani'kure] *sm inv o sf inv* manucure *f o m* ▶ *sf inv* (*persona*) manucure *f o m*

maniera [ma'njɛra] *sf* manière *f*, façon *f* ; (*Arte*) manière ; **maniere** *sfpl* (*modi*) manières *fpl* ; **alla ~ di** à la manière de ; **in ~ che** de manière que ; **in una ~ o nell'altra** d'une manière ou d'une autre ; **buone/cattive maniere** bonnes/mauvaises manières ; **in tutte le maniere** par tous les moyens ; **usare buone maniere con qn** être poli(e) avec qn ; **usare le maniere forti** employer les grands moyens ; **di ~** (*artista*) maniériste

manifestare [manifes'tare] *vt, vi* manifester ; **manifestarsi** *vpr* se manifester

manifestazione [manifestat'tsjone] *sf* manifestation *f*

manifesto, -a [mani'fɛsto] *agg* manifeste ▸ *sm* affiche *f* ; (*scritto ideologico, programmatico*) manifeste *m*

maniglia [ma'niʎʎa] *sf* (*di porta*) poignée *f* ; (*Ginnastica*) poignée (du cheval d'arçons)

manipolare [manipo'lare] *vt* (*anche fig*) manipuler ; (*creta, cera*) travailler ; (*alterare: vino*) frelater

mannaro [man'naro]: **lupo ~** *sm* loup-garou *m*

mano, -i ['mano] *sf* main *f* ; (*strato: di vernice ecc*) couche *f* ; **darsi** *o* **stringersi la ~** se serrer la main ; **a ~** (*cucire, tagliare*) à la main ; **fatto a ~** fait main *o* à la main ; **dare una ~ (a qn)** (*fig*) donner un coup de main (à qn) ; **chiedere la ~ di qn** demander la main de qn ; **di prima ~** (*notizia*) de première main ; **di seconda ~** (*notizia*) de seconde main ; (*macchina*) d'occasion ; **alla ~** (*persona*) simple, sans façons ; **fuori ~** éloigné(e) ; **man ~** petit à petit ; **man ~ che** au fur et à mesure que ; **dare una ~ di vernice a qc** passer une couche de peinture sur qch ; **mani in alto!** haut les mains ! ; **a piene mani** (*fig*) par poignées, généreusement ; **avere qc per le mani** (*lavoro*) travailler sur qch ; (*informazione*) détenir ; **avere le mani bucate** (*fig*) être un panier percé ; **avere le mani in pasta** (*fig*) être dans le bain ; **venire alle mani** en venir aux mains ; **dare man forte a qn** prêter main-forte à qn ; **restare a mani vuote** (*fig*) rester les mains vides ; **mettere le mani avanti** (*fig*) être circonspect(e) ; **forzare la ~ a qn** forcer la main à qn

manodopera [mano'dɔpera] *sf* main-d'œuvre *f inv*

manometro [ma'nɔmetro] *sm* manomètre *m*

manomettere [mano'mettere] *vt* (*documenti*) falsifier ; (*lettera*) ouvrir ; (*serratura*) forcer

manopola [ma'nɔpola] *sf* (*di armatura*) gantelet *m* ; (*tipo di guanto*) moufle *f* ; (*di impugnatura*) poignée *f* ; (*pomello di apparecchio*) bouton *m*

manoscritto, -a [manos'kritto] *agg* manuscrit(e) ▸ *sm* manuscrit *m*

manovale [mano'vale] *sm* manœuvre *m*

manovella [mano'vɛlla] *sf* manivelle *f*

manovra [ma'nɔvra] *sf* manœuvre *f* ; (*fig*) manœuvre, manège *m* ; (: *fiscale, economica*) train *m* de mesures ; **manovre di corridoio** (*fig: Pol*) intrigues *fpl* de couloir

mansarda [man'sarda] *sf* mansarde *f*

mansione [man'sjone] *sf* fonction *f*

mansueto, -a [mansu'ɛto] *agg* (*animale*) docile ; (*persona*) doux (douce)

mantello [man'tɛllo] *sm* (*abbigliamento*) manteau *m*, cape *f* ; (*Zool*) robe *f*, pelage *m* ; (*fig: di neve ecc*) manteau, couche *f*

mantenere [mante'nere] *vt* (*posizione*) garder ; (*disciplina*) maintenir ; (*promessa*) tenir ; (*impegno*) respecter ; (*figli, famiglia*) entretenir, subvenir aux besoins de ; (*rotta, cammino*) suivre ; **mantenersi** *vpr* (*finanziariamente*) subvenir à ses besoins ; **mantenersi calmo/giovane** rester calme/jeune ; **~ i contatti con qn** rester en contact avec qn

Mantova ['mantova] *sf* Mantoue *f*

manuale [manu'ale] *agg* manuel(le) ▸ *sm* manuel *m*

manubrio [ma'nubrjo] *sm* manette *f*, poignée *f* ; (*di bicicletta ecc*) guidon *m* ; (*Ginnastica*) haltère *m*

manutenzione [manuten'tsjone] *sf* entretien *m* ; (*di impianto*) entretien, maintenance *f*

manzo ['mandzo] *sm* bœuf *m*

mappa ['mappa] *sf* carte *f*

mappamondo [mappa'mondo] *sm* (*disegno*) mappemonde *f* ; (*globo*) globe *m*

maratona [mara'tona] *sf* marathon *m*

marca, -che ['marka] *sf* (*anche Comm: di prodotti*) marque *f* ; (*contrassegno, scontrino*) ticket *m* ; **di (gran) ~** (*prodotto*) de (grande) marque ; **~ da bollo** timbre *m* fiscal

marcare [mar'kare] *vt* (*anche Sport*) marquer ; (*a fuoco*) marquer au fer rouge ; **~ visita** (*Mil*) se faire porter malade

marcherò *ecc* [marke'rɔ] *vb vedi* **marcare**

marchese, -a [mar'keze] *sm/f* marquis(e)
marchiare [mar'kjare] *vt* marquer au fer rouge
marcia, -ce ['martʃa] *sf* (*anche Mil, Mus*) marche *f*; (*Aut*) vitesse *f*; **mettersi in ~** se mettre en marche; **mettere in ~** mettre en marche; **far ~ indietro** (*Aut, fig*) faire marche arrière; **~ forzata** marche forcée; **~ funebre** marche funèbre
marciapiede [martʃa'pjɛde] *sm* (*di strada*) trottoir *m*; (*Ferr*) quai *m*
marciare [mar'tʃare] *vi* marcher; (*treno, macchina*) rouler
marcio, -a, -ci, -ce ['martʃo] *agg* (*anche fig*) pourri(e); (*ferita, piaga*) purulent(e) ▸ *sm*: **c'è del ~ in questa storia** (*fig*) cette histoire est louche; **avere torto ~** avoir complètement tort
marcire [mar'tʃire] *vi* (*anche fig*) pourrir; (*suppurare*) suppurer
marco, -chi ['marko] *sm* mark *m*
mare ['mare] *sm* (*anche fig*) mer *f*; (*grande quantità*) tas *msg*; **di ~** de mer; **per ~** par mer; **sul ~** au bord de la mer; **andare al ~** (*in vacanza ecc*) aller à la mer; **in alto ~** (*al largo*) en haute mer; (*fig*) dans l'impasse; **il ~ Adriatico** la mer Adriatique; **i mari del Sud** les mers du Sud

> **FALSI AMICI**
> **mare** non si traduce mai con la parola francese *mare*.

marea [ma'rɛa] *sf* marée *f*; **alta/bassa ~** marée haute/basse; **~ nera** marée noire
mareggiata [mared'dʒata] *sf* tempête *f*, bourrasque *f*
maremoto [mare'mɔto] *sm* raz *m* de marée
maresciallo [mareʃ'ʃallo] *sm* (*Mil*) maréchal *m*; (*sottufficiale*) adjudant *m*
margarina [marga'rina] *sf* margarine *f*
margherita [marge'rita] *sf* (*anche di stampante*) marguerite *f*
margine ['mardʒine] *sm* (*di foglio, fig: di tempo, guadagno*) marge *f*; (*di bosco*) lisière *f*; (*di via*) bord *m*; **avere un buon ~ di tempo** avoir de la marge; **~ di guadagno** marge bénéficiaire; **~ di sicurezza** marge de sécurité
marijuana [mæri'wa:nə] *sf* marijuana *f*
marina [ma'rina] *sf* (*costa*) bord *m* de mer; (*quadro, Mil*) marine *f*; **~ mercantile/militare** marine marchande/militaire
marinaio [mari'najo] *sm* marin *m*
marinare [mari'nare] *vt* (*Cuc*) mariner; **~ la scuola** (*fig*) faire l'école buissonnière
marino, -a [ma'rino] *agg* (*acqua*) de mer; (*brezza*) marin(e)
marionetta [marjo'netta] *sf* marionnette *f*
marito [ma'rito] *sm* mari *m*; **prendere ~** prendre un mari; **ragazza (in età) da ~** fille *f* à marier
marittimo, -a [ma'rittimo] *agg* maritime ▸ *sm* (*marinaio*) marin *m*; (*in cantieri, porti ecc*) docker *m*
marmellata [marmel'lata] *sf* confiture *f*
marmitta [mar'mitta] *sf* (*pentolone*) marmite *f*; (*Aut*) pot *m* d'échappement; **~ catalitica** pot *m* catalytique
marmo ['marmo] *sm* marbre *m*
marmotta [mar'mɔtta] *sf* marmotte *f*
marocchino, -a [marok'kino] *agg* marocain(e) ▸ *sm/f* Marocain(e)
Marocco [ma'rɔkko] *sm* Maroc *m*
marrone [mar'rone] *agg inv, sm* marron *m*
marsupio [mar'supjo] *sm* (*di canguro*) poche *f* marsupiale; (*borsellino*) banane *f*; (*per bambini*) porte-bébé *m*
martedì [marte'di] *sm inv* mardi *m*; **di** *o* **il ~** le mardi; **oggi è ~ 3 aprile** aujourd'hui nous sommes le mardi 3 avril; **~ stavo male** mardi j'étais malade; **il giornale di ~** le journal du mardi; **tutti i ~** tous les mardis; **« a ~ »** « à mardi »; **~ grasso** mardi gras
martellare [martel'lare] *vt* (*metalli*) marteler; (*picchiare, percuotere*) taper, frapper ▸ *vi* (*pulsare: tempie, cuore*) battre
martello [mar'tɛllo] *sm* (*anche Sport*) marteau *m*; **suonare a ~** (*campane*) sonner le tocsin; **~ pneumatico** marteau pneumatique
martire ['martire] *sm/f* martyr(e)
marxista, -i, -e [mark'sista] *agg, sm/f* marxiste *m/f*
marzapane [martsa'pane] *sm* massepain *m*
marzo ['martso] *sm* mars *m*; *vedi anche* **luglio**
mascalzone [maskal'tsone] *sm* voyou *m*, crapule *f*
mascara [mas'kara] *sm inv* mascara *m*

mascella [maʃ'ʃɛlla] *sf* mâchoire *f* supérieure
maschera ['maskera] *sf* (*anche fig*) masque *m* ; (*travestimento, per ballo*) déguisement *m* ; (*Teatro: personaggio*) personnage *m* ; (*Teatro, Cine: inserviente*) ouvreuse *f* ; **in ~** (*mascherato*) déguisé(e) ; **ballo in ~** bal *m* masqué ; **gettare la ~** (*fig*) lever *o* jeter le masque ; **~ antigas/subacquea** masque à gaz/de plongée ; **~ di bellezza** masque de beauté
mascherare [maske'rare] *vt* masquer ; (*fig: orgoglio, ambizioni*) masquer, dissimuler ; **mascherarsi** *vpr*: **mascherarsi da** se déguiser en ; (*fig*) prendre l'apparence de
maschile [mas'kile] *agg* (*anche Ling*) masculin(e) ; (*per ragazzi: scuola*) de garçons ; (*campionato*) hommes *inv* ▶ *sm* (*Ling*) masculin *m*
maschilista, -i, -e [maski'lista] *agg, sm/f* machiste
maschio, -a ['maskjo] *agg* mâle ▶ *sm* (*animale*) mâle *m* ; (*uomo*) homme *m* ; (*ragazzo, figlio*) garçon *m* ; (*Tecn*) taraud *m*
mascolino, -a [masko'lino] *agg* masculin(e)
massa ['massa] *sf* (*anche Fis, Elettr*) masse *f* ; (*di errori*) tas *msg* ; **in ~** (*accorrere*) en masse ; (*produrre*) en série ; **di ~** (*cultura, manifestazione*) de masse ; **adunata in ~** grand rassemblement *m* ; **la ~ (del popolo), le masse** les masses *fpl*
massacro [mas'sakro] *sm* massacre *m* ; (*fig*) désastre *m*
massaggiare [massad'dʒare] *vt* masser
massaggio [mas'saddʒo] *sm* massage *m* ; **~ cardiaco** massage cardiaque
massaia [mas'saja] *sf* ménagère *f*
masserizie [masse'rittsje] *sfpl* mobilier *m*
massiccio, -a, -ci, -ce [mas'sittʃo] *agg* massif(-ive) ; (*corporatura*) massif(-ive), trapu(e) ▶ *sm* (*montagna*) massif *m* ; **il M~ Centrale** le Massif central
massima ['massima] *sf* maxime *f* ; (*regola*) règle *f*, principe *m* ; (*temperatura*) température *f* maximale ; **in linea di ~** en principe
massimale [massi'male] *sm* maximum *m*, plafond *m*
massimo, -a ['massimo] *agg* maximum, maximal(e) ; (*Sport: peso*) lourd(e) ▶ *sm* maximum *m* ; **al ~** (*non più di*) au maximum, au plus ; **erano presenti le massime autorità** les plus hautes autorités étaient présentes ; **sfruttare qc al ~** exploiter pleinement qch ; **arriverò al ~ alle 5** j'arriverai à cinq heures au plus tard ; **arrivare entro il tempo ~** arriver dans les délais ; **il ~ della pena** (*Dir*) le maximum (de la peine)
masso ['masso] *sm* rocher *m*, roc *m*
masterizzare [masterid'dzare] *vt* graver
masterizzatore [masteriddza'tore] *sm* graveur *m* de CD
masticare [masti'kare] *vt* mastiquer, mâcher
mastice ['mastitʃe] *sm* mastic *m*
mastino [mas'tino] *sm* mâtin *m*
matassa [ma'tassa] *sf* écheveau *m*
matematica [mate'matika] *sf* mathématiques *fpl*
matematico, -a, -ci, -che [mate'matiko] *agg* mathématique ▶ *sm/f* mathématicien(ne)
materassino [materas'sino] *sm* tapis *msg* ; **~ gonfiabile** matelas *msg* pneumatique
materasso [mate'rasso] *sm* matelas *msg* ; **~ a molle** matelas à ressorts
materia [ma'tɛrja] *sf* matière *f* ; (*disciplina*) matière, discipline *f* ; (*argomento*) sujet *m*, question *f* ; **in ~ di** (*per quanto concerne*) en matière de ; **un esperto in ~** (*di musica ecc*) un expert en la matière ; **prima di entrare in ~** avant d'entrer dans le vif du sujet ; **sono ignorante in ~** je suis ignorant en la matière ; **~ cerebrale** substance *f* grise (cérébrale) ; **~ grassa** matières *fpl* grasses ; **~ grigia** (*anche fig*) matière grise ; **materie plastiche** matière *fsg* plastique ; **materie prime** matières premières
materiale [mate'rjale] *agg* matériel(le) ; (*fig: grossolano*) grossier(-ière) ▶ *sm* matériel *m* ; **~ da costruzione** matériau *m* de construction
maternità [materni'ta] *sf* maternité *f* ; **in (congedo di) ~** en congé (de) maternité
materno, -a [ma'tɛrno] *agg* maternel(le) ; (*terra*) natal(e) ; **scuola materna** école *f* maternelle
matita [ma'tita] *sf* crayon *m* ; **~ per gli occhi** crayon pour les yeux ; **matite colorate** crayons de couleur

m

matricola [ma'trikola] *sf* (*registro*) matricule *f* ; (*persona, numero*) matricule *m* ; (*Univ*) étudiant(e) de première année
matrigna [ma'triɲɲa] *sf* belle-mère *f*
matrimoniale [matrimo'njale] *agg* matrimonial(e) ; (*camera*) pour deux ; (*banchetto*) de mariage ; **letto ~** grand lit *m*, lit *m* double
matrimonio [matri'mɔnjo] *sm* mariage *m*
mattina [mat'tina] *sf* (*parte del giorno*) matin *m* ; **la** *o* **di ~** le matin ; **di prima ~, la ~ presto** tôt le matin, le matin de bonne heure ; **dalla ~ alla sera** (*continuamente*) du matin au soir ; (*improvvisamente*) du jour au lendemain
matto, -a ['matto] *agg* (*pazzo, folle*) fou (folle) ; (*fig: falso*) faux (fausse) ▸ *sm/f* fou (folle) ▸ *sf* (*Carte*) joker *m* ; **avere una voglia matta di qc** avoir une envie folle de qch ; **far diventare ~ qn** rendre qn fou (folle)
mattone [mat'tone] *sm* brique *f* ; (*peg: fig: film*) navet *m* ; (*: libro*) pavé *m*
mattonella [matto'nɛlla] *sf* carreau *m* ; (*di biliardo*) bande *f* ; **pavimento a mattonelle** carrelage *m*
maturare [matu'rare] *vt* (*anche fig*) mûrir, faire mûrir ▸ *vi* (*anche:* **maturarsi**) mûrir ; (*interessi*) rapporter ; **~ una decisione** décider après mûre réflexion
maturità [maturi'ta] *sf* maturité *f* ; (*Scol*) ≈ baccalauréat *m*

Le diplôme communément appelé **maturità** est conféré aux élèves qui ont été reçus à l'examen de fin de scolarité (à 18 ou 19 ans). Ce diplôme permet d'accéder aux études universitaires.

maturo, -a [ma'turo] *agg* (*persona, frutto*) mûr(e) ; (*fig: tempo*) idéal(e) ; (*Scol*) ≈ bachelier(-ière) ; **il tempo è ~ per ...** c'est le bon moment pour ...
max. *abbr* (*= massimo*) max.
maxischermo [maksis'kermo] *sm* écran *m* géant
mazza ['mattsa] *sf* (*bastone*) gourdin *m* ; (*martello*) masse *f*, massue *f* ; **~ da baseball** batte *f* de base-ball ; **~ da golf** club *m*
mazzata [mat'tsata] *sf* coup *m* de massue ; (*fig*) coup dur
mazzo ['mattso] *sm* (*di fiori*) bouquet *m* ; (*di ortaggi*) botte *f* ; (*Carte*) jeu *m* ; (*di chiavi*) trousseau *m* ; (*di matite*) assortiment *m*
me [me] *pron* moi ; **me stesso(-a)** moi-même ; **sei bravo quanto me** tu es aussi fort que moi ; *vedi anche* **mi²**
meccanico, -a, -ci, -che [mek'kaniko] *agg* mécanique ; (*fig*) mécanique, machinal(e) ▸ *sm* mécanicien *m*, mécano *m*
meccanismo [mekka'nizmo] *sm* (*anche fig*) mécanisme *m*
medaglia [me'daʎʎa] *sf* médaille *f* ; **~ d'oro** (*Sport*) médaille d'or
medesimo, -a [me'dezimo] *agg* même ; **io ~** (*in persona*) moi-même
media ['mɛdja] *sf* moyenne *f* ; **le medie** *sfpl* (*Scol*) *le premier cycle de l'enseignement secondaire*, ≈ collège *m* ; **al di sopra/al di sotto della ~** au-dessus/au-dessous de la moyenne ; **viaggiare ad una ~ di ...** rouler à une moyenne de ... ; ▸ *sm* **~ sociali** médias *o* media *mpl* sociaux ; *vedi anche* **medio**
mediante [me'djante] *prep* au moyen de
mediatore, -trice [medja'tore] *sm/f* médiateur(-trice) ; (*Comm*) courtier(-ière) ; **fare da ~ fra** servir d'intermédiaire entre
medicare [medi'kare] *vt* soigner
medicina [medi'tʃina] *sf* médecine *f* ; (*farmaco, medicamento*) médicament *m* ; **~ legale** médecine légale
medico, -a, -ci, -che ['mɛdiko] *agg* médical(e) ▸ *sm* médecin *m* ; **~ di bordo** médecin de bord ; **~ di famiglia** médecin de famille ; **~ fiscale** *médecin chargé d'effectuer les visites de contrôle* ; **~ generico** (médecin) généraliste *m*
medievale [medje'vale] *agg* médiéval(e) ; (*fig*) moyenâgeux(-euse)
medio, -a ['mɛdjo] *agg* moyen(ne) ▸ *sm* (*dito*) majeur *m* ; **licenza media** ≈ brevet *m* d'études du premier cycle ; **scuola media** *premier cycle de l'enseignement secondaire*, ≈ collège *m* ; **il M~ Oriente** le Moyen-Orient *m*
mediocre [me'djɔkre] *agg* médiocre
Medioevo [medjo'ɛvo] *sm* Moyen Age *m*
meditare [medi'tare] *vt* méditer ; (*progettare*) méditer, projeter ▸ *vi* méditer
mediterraneo, -a [mediter'raneo] *agg* méditerranéen(ne) ; **il (mare) M~** la (mer) Méditerranée
medusa [me'duza] *sf* méduse *f*

mega ['mega] *sm inv* (*Inform*) méga *m*
megabyte [mega'bait] *sm inv* (*Inform*) mégaoctet *m*
megafono [me'gafono] *sm* mégaphone *m*
meglio ['mɛʎʎo] *avv* mieux ; (*superlativo*) le (la) mieux ▶ *agg inv* mieux ▶ *sm/f*: **il(la) ~** le mieux, le (la) meilleur(e) ; **sto ~ di ieri** je vais mieux qu'hier ; **(va) ~ così** c'est mieux ainsi ; **faresti ~ ad andartene** tu ferais mieux de t'en aller ; **per ~ dire** pour mieux dire ; **o ~** ou plutôt ; **andare di bene in ~** aller de mieux en mieux ; **è ~ di lei** il est mieux qu'elle ; **alla (bell'e) ~** tant bien que mal ; **fare del proprio ~** faire de son mieux ; **il ~ che ci sia** ce qu'il y a de mieux ; **per il ~** pour le mieux ; **avere la ~ su qn** l'emporter sur qn, avoir le dessus sur qn
mela ['mela] *sf* pomme *f* ; **~ cotogna** coing *m*
melagrana [mela'grana] *sf* grenade *f*
melanzana [melan'dzana] *sf* aubergine *f*
melatonina [melato'nina] *sf* mélatonine *f*
melma ['melma] *sf* boue *f*
melo ['melo] *sm* pommier *m*
melodia [melo'dia] *sf* mélodie *f*
melone [me'lone] *sm* melon *m*
membro ['mɛmbro] *sm* membre *m* ; (*Anat*) (*pl(f)* **membra**) membres *mpl*
memorandum [memo'randum] *sm inv* mémorandum *m*
memoria [me'mɔrja] *sf* (*anche Inform*) mémoire *f* ; (*ricordo*) mémoire, souvenir *m* ; **memorie** *sfpl* (*opera autobiografica*) mémoires *mpl* ; **a ~** (*imparare*) par cœur ; (*sapere*) par cœur, de mémoire ; **a ~ d'uomo** de mémoire d'homme ; **~ centrale** (*Inform*) mémoire centrale ; **~ di massa** (*Inform*) mémoire de masse ; **~ di sola lettura** (*Inform*) mémoire morte ; **~ tampone** (*Inform*) mémoire tampon
mendicante [mendi'kante] *sm/f* mendiant(e)

PAROLA CHIAVE

meno ['meno] *avv* **1** (*in minore misura*) moins ; **(di) meno** moins ; **lavorare/costare meno** travailler/coûter moins ; **ne voglio di meno** j'en veux moins ; **in meno** en moins ; **cento euro in meno** cent euros de *o* en moins ; **meno fumo più mangio** moins je fume et plus je mange ; **è sempre meno semplice** c'est de moins en moins simple
2 (*comparativo*) moins ; **meno di** moins que ; **lavora meno di te** il travaille moins que toi ; **meno di quanto pensassi** moins que je ne pensais ; **meno ... di** moins ... que ; **meno alto di me** moins grand que moi ; **meno tardi di quanto pensassi** moins tard que je ne pensais ; **meno ... che** moins ... que ; **è meno intelligente che ricco** il est moins intelligent que riche
3 (*superlativo*) moins ; **il meno pericoloso** le moins dangereux ; **il meno dotato degli studenti** le moins doué des étudiants
4 (*Mat*) moins ; **8 meno 5 uguale 3** 8 moins 5 font trois ; **sono le 8 meno un quarto** il est huit heures moins le quart ; **ha preso 6 meno** (*Scol*) il a eu tout juste la moyenne ; **meno 5 gradi** moins 5 (degrés)
5 (*fraseologia*): **quanto meno poteva telefonare** il pouvait au moins téléphoner ; **non so se accettare o meno** je ne sais si je dois accepter ou pas ; **fare a meno di qc/qn** (*privarsene*) se passer de qch/qn ; **non potevo fare a meno di ridere** je ne pouvais m'empêcher de rire ; **meno male!** heureusement ! ; **meno male che sei arrivato** heureusement que tu es arrivé ; **non essere da meno di** ne pas être inférieur(e) à ; *vedi anche* **più**
▶ *agg inv*: **meno ... (di)** moins ... (que) ; **ha fatto meno errori di tutti** il a fait moins de fautes que tous les autres
▶ *sm inv* **1**: **il meno** (*il minimo*) le moins ; **era il meno che ti potesse succedere** c'était le moins qu'il pouvait t'arriver ; *vedi anche* **più**
2 (*Mat*) signe *m* moins
▶ *prep* (*eccetto*) sauf, excepté ; **tutti meno lui** tout le monde sauf lui ; **100 euro meno le spese** 100 euros sans (compter) les frais ; **a meno che non piova** à moins qu'il ne pleuve ; **non posso, a meno di prendere ferie** je ne peux pas, à moins de prendre un congé

menopausa [meno'pauza] *sf* ménopause *f*
mensa ['mɛnsa] *sf* table *f* ; (*pasto, pranzo*) repas *m* ; (*locale*: *di ditta, Mil, Scol*) cantine *f*

m

mensile [men'sile] *agg* mensuel(le) ▸ *sm* (*periodico*) mensuel *m* ; (*stipendio*) mois *msg*, salaire *m*
mensola ['mɛnsola] *sf* étagère *f*
menta ['menta] *sf* menthe *f* ; (*bibita*) menthe, sirop *m* de menthe ; (*liquore*) liqueur *m* de menthe ; (*caramella*) bonbon *m* à la menthe ; **~ piperita** menthe poivrée
mentale [men'tale] *agg* mental(e)
mentalità [mentali'ta] *sf inv* mentalité *f*
mente ['mente] *sf* esprit *m* ; (*memoria*) esprit *m*, tête *f* ; (*intelletto, intelligenza*) intelligence *f* ; **imparare qc a ~** apprendre qch par cœur ; **sapere qc a ~** savoir qch par cœur ; **avere in ~ (di fare) qc** avoir l'intention de faire qch ; **far venire in ~ qc a qn** rappeler qch à qn ; **mettersi in ~ di fare qc** se mettre dans la tête de faire qch ; **passare di ~ a qn** sortir de l'esprit à qn ; **tenere a ~ qc** se rappeler qch ; **a ~ fredda** froidement ; **lasciami fare ~ locale** laisse-moi me concentrer
mentire [men'tire] *vi*: **~ (a)** mentir (à)
mento ['mento] *sm* menton *m* ; **doppio ~** double menton
mentre ['mentre] *cong* (*temporale*) pendant que ; (*avversativa*: *invece*) tandis que, alors que ▸ *sm*: **in quel ~** à ce moment-là, sur ces entrefaites
menù [me'nu] *sm inv* menu *m* ; **~ turistico** menu touristique
menzionare [mentsjo'nare] *vt* mentionner
menzogna [men'tsoɲɲa] *sf* mensonge *m*
meraviglia [mera'viʎʎa] *sf* étonnement *m*, surprise *f* ; (*persona, cosa*) merveille *f* ; **a ~** (*benissimo*) à merveille
meravigliare [meraviʎ'ʎare] *vt* étonner, surprendre ; **meravigliarsi** *vpr*: **meravigliarsi (di)** s'étonner (de)
meraviglioso, -a [meraviʎ'ʎoso] *agg* merveilleux(-euse)
mercante [mer'kante] *sm* marchand *m* ; **~ d'arte** marchand d'art ; **~ di cavalli** marchand de chevaux
mercatino [merka'tino] *sm* (*rionale*) petit marché *m* ; (*Econ*) marché hors cote
mercato [mer'kato] *sm* marché *m* ; **di ~** (*economia, prezzo, ricerche*) de marché ; **mettere** *o* **lanciare sul ~** mettre sur le marché ; **a buon ~** (à) bon marché ; **~ a termine** marché à terme ; **~ al rialzo/al ribasso** (*Borsa*) marché à la hausse/à la baisse ; **M~ Comune (Europeo)** Marché commun (européen) ; **~ dei cambi** marché des changes ; **~ del lavoro** marché du travail ; **~ nero** marché noir ; **~ unico europeo** marché unique européen
merce ['mɛrtʃe] *sf* marchandise *f* ; **treno/vagone merci** train *m*/wagon *m* de marchandises ; **~ deperibile** denrée *f* périssable
mercé [mer'tʃe] *sf*: **essere alla ~ di qn** être à la merci de qn
merceria [mertʃe'ria] *sf* (*bottega, articoli*) mercerie *f*
mercoledì [merkole'di] *sm inv* mercredi *m* ; **M~ delle Ceneri** mercredi des Cendres ; *vedi anche* **martedì**
mercurio [mer'kurjo] *sm* mercure *m*
merda ['mɛrda] *sf* (*fam!*) merde *f* (*fam!*)
merenda [me'rɛnda] *sf* goûter *m* ; **fare ~** goûter
merendina [merɛn'dina] *sf* casse-croûte *m inv*
meridiana [meri'djana] *sf* cadran *m* solaire
meridiano, -a [meri'djano] *agg* de midi ; (*Astron*) méridien(ne) ▸ *sm* (*Geo*) méridien *m*
meridionale [meridjo'nale] *agg* méridional(e) ; (*dell'Italia del sud*) du Sud de l'Italie ▸ *sm/f* Méridional(e) ; (*italiano del sud*) Italien(ne) du Sud
meridione [meri'djone] *sm* (*punto cardinale*) sud *m* ; (*di paese*) midi *m*, sud
meringa, -ghe [me'ringa] *sf* (*Cuc*) meringue *f*
meritare [meri'tare] *vt* mériter ▸ *vb impers* (*valere la pena*): **merita andare** cela vaut la peine d'y aller ; **non merita neanche parlarne** cela ne vaut même pas la peine d'en parler ; **per quel che merita** pour ce que ça vaut
meritevole [meri'tevole] *agg* digne
merito ['mɛrito] *sm* mérite *m* ; (*compenso*) récompense *f* ; **in ~ a** à propos de ; **dare a qn il ~ di** attribuer à qn le mérite de ; **a pari ~** à égalité, ex aequo ; **entrare nel ~ di una questione** entrer dans le vif d'un sujet ; **non so niente in ~** je n'en sais rien
merletto [mer'letto] *sm* dentelle *f*
merlo ['mɛrlo] *sm* (*Zool*) merle *m* ; (*Archit*) créneau *m*
merluzzo [mer'luttso] *sm* morue *f*

meschino, -a [mes'kino] *agg* (*gretto*) mesquin(e) ; (*abitazione, tenore di vita*) misérable ; **fare una figura meschina** faire piètre figure

mescolare [mesko'lare] *vt* mélanger ; (*salsa*) remuer ; (*mettere in disordine*) mêler, mélanger ; (*carte*) battre ; **mescolarsi** *vpr* (*unirsi*) se mêler, se mélanger ; (*confondersi*) se confondre ; **mescolarsi (in)** (*fig*: *immischiarsi, impicciarsi*) se mêler (de)

mese ['mese] *sm* mois *m* ; **il ~ scorso** le mois dernier ; **il corrente ~** le mois courant

messa ['messa] *sf* (*Rel, Mus*) messe *f* ; **~ a fuoco** (*Fot*) mise *f* au point ; **~ a punto** (*Tecn, fig*) mise au point ; **~ a terra** (*Elettr*) mise à la terre ; **~ in moto** (*Aut, fig*) démarrage *m* ; **~ in opera** mise en œuvre ; **~ in piega** mise en plis ; **~ in scena** *vedi* **messinscena**

messaggero [messad'dʒɛro] *sm* (*di notizia*) messager *m* ; (*Posta*) porteur *m*

messaggiare [messad'dʒare] *vt, vi* envoyer un SMS *o* un texto ; **messaggiarsi** *vpr* s'envoyer des SMS *o* des textos

messaggino [messad'dʒino] *sm* (*di telefonino*) SMS *m*, texto *m*

messaggistica [messad'dʒistica] *sf*: **~ immediata** (*Inform*) messagerie *f* instantanée ; **programma di ~ immediata** service *m* de messagerie instantanée

messaggio [mes'saddʒo] *sm* (*anche fig*) message *m* ; (*discorso*) discours *msg* ; (: *breve*) allocution *f*, message ; **~ di posta elettronica** message *m* électronique

messale [mes'sale] *sm* missel *m*

messicano, -a [messi'kano] *agg* mexicain(e) ▸ *sm/f* Mexicain(e)

Messico ['mɛssiko] *sm* Mexique *m* ; **Città del ~** Mexico

messinscena [messin'ʃɛna] *sf* mise *f* en scène

messo, -a ['messo] *pp di* **mettere** ▸ *sm* messager *m* ; (*comunale, giudiziario*) huissier *m*

mestiere [mes'tjɛre] *sm* métier *m* ; **i mestieri** (*lavori domestici*) les travaux *mpl* ménagers ; **di ~** de métier ; **essere del ~** être du métier

mestolo ['mestolo] *sm* (*Cuc*) louche *f*

mestruazione [mestruat'tsjone] *sf* menstruation *f* ; **avere le mestruazioni** avoir ses règles

meta ['mɛta] *sf* destination *f*, but *m* ; (*fig*) but, objectif *m*

metà [me'ta] *sf inv* moitié *f* ; (*punto di mezzo*) milieu *m* ; **dividere qc a** *o* **per ~** partager qch en deux ; **fare a ~** partager ; **a ~ prezzo** à moitié prix ; **a ~ strada** à mi-chemin ; **a ~ settimana** en milieu de semaine ; **verso la ~ del mese** vers le milieu du mois ; **dire le cose a ~** dire les choses à moitié ; **fare le cose a ~** faire les choses à moitié ; **la mia dolce ~** (*fam*: *scherz*) ma chère moitié

metadone [meta'done] *sm* méthadone *f*

metafora [me'tafora] *sf* métaphore *f*

metallico, -a, -ci, -che [me'talliko] *agg* métallique

metallo [me'tallo] *sm* métal *m* ; **di ~** en métal ; **metalli preziosi** métaux précieux

metalmeccanico, -a, -ci, -che [metalmek'kaniko] *agg* métallurgiste, de la métallurgie ▸ *sm* métallurgiste *m*, métallo *m*

metano [me'tano] *sm* méthane *m*

meticcio, -a, -ci, -ce [me'tittʃo] *sm/f* métis(se)

metodico, -a, -ci, -che [me'tɔdiko] *agg* méthodique

metodo ['mɛtodo] *sm* méthode *f* ; **fare qc con/senza ~** faire qch avec/sans méthode

metro ['mɛtro] *sm* mètre *m* ; (*fig*: *criterio di giudizio*) critère *m*

metropolitana [metropoli'tana] *sf* métropolitain *m*, métro *m* ; **~ leggera** métro *m* aérien

mettere ['mettere] *vt* mettre ; (*abiti*: *portare*) porter ; **mettersi** *vpr* se mettre ; **~ allegria a qn** rendre qn joyeux ; **~ un annuncio sul giornale** mettre une annonce dans le journal ; **~ a confronto** comparer ; **~ in conto** (*somma ecc*) mettre sur le compte ; (*considerare*) prendre en compte ; **~ fame a qn** donner faim à qn ; **~ in luce** (*problemi, errori*) mettre en lumière ; **~ a tacere qn** faire taire qn ; **~ a tacere qc** étouffer qch ; **~ su casa** monter son ménage ; **~ su un negozio** ouvrir un magasin ; **~ su peso** prendre du poids ; **~ via** (*spostare*) ranger ; (*risparmiare*: *soldi*) mettre de côté ; **mettiamo che ...** mettons que ... ; **mettersi il cappello** mettre son chapeau ; **metterci**: **metterci molta cura** y mettre beaucoup de soins ; **metterci molto tempo** y mettre beaucoup de temps ; **ci ho messo 3 ore per venire** j'ai mis 3 heures pour venir ; **mettercela tutta** (*impegnarsi*) faire tout son possible ; **mettersi bene/ male** (*disporsi*: *faccenda*) être en bonne/ mauvaise voie ; **mettersi in lungo** (*vestirsi*) se mettre en robe du soir ; **mettersi in bianco** s'habiller en blanc ; **mettersi con qn** (*in coppia*: *gioco*, *relazione*) se mettre avec qn ; **mettersi nei guai** se mettre dans le pétrin ; **ci siamo messi insieme il mese scorso** (*coppia*) nous nous sommes mis ensemble le mois passé ; **mettersi al lavoro** *o* **a lavorare** se mettre au travail *o* à travailler ; **mettersi a letto** (*per dormire*) se mettre au lit ; (*per malattia*) s'aliter ; **mettersi a piangere/ridere** se mettre à pleurer/rire ; **mettersi a sedere** s'asseoir ; **mettersi in società con qn** (*in società*) s'associer à *o* avec qn

mezzanotte [meddza'nɔtte] *sf* minuit *m* ; **a ~** à minuit

mezzo, -a ['mɛddzo] *agg* demi(e) ▸ *avv* (*a metà*): **~ distrutto/morto** à moitié détruit/mort ▸ *sm* (*metà*) demi *m*, moitié *f* ; (*parte centrale*: *di strada, piazza ecc*) milieu *m* ; (*per raggiungere un fine*) moyen *m* ; (*veicolo*) moyen de transport ; **mezzi** *smpl* (*possibilità economiche*) moyens *mpl* ; **nove e ~** neuf heures et demi ; **mezzanotte e ~** minuit et demie ; **mezzogiorno e ~** midi et demie ; **di mezza età** entre deux âges ; **aver una mezza idea di fare qc** avoir plus ou moins envie de faire qch ; **di mezza stagione** de demi-saison ; **un soprabito di mezza stagione** un pardessus de demi-saison ; **è stata una mezza tragedia** ça a presque été une tragédie ; **a mezza voce** à mi-voix ; **una volta e ~ più grande** une fois et demie plus grand ; **di ~** (*centrale*) central(e), du milieu ; **andarci di ~** (*subire danno*) subir les conséquences ; **esserci di ~** (*ostacolo*) empêcher ; **levarsi** *o* **togliersi di ~** s'en aller, se tirer ; **mettersi di ~** s'en mêler ; **togliere di ~** (*persona*) écarter, se débarrasser de ; (*cosa*) enlever, débarrasser ; (*fam*: *uccidere*) supprimer, se débarrasser de ; **non c'è una via di ~** il n'y a pas de compromis possible ; **in ~ a** au milieu de ; **nel bel ~ (di)** en plein milieu (de) ; **per** *o* **a ~ di** au moyen de ; **a ~ corriere** par un service de messageries, par l'intermédiaire d'un transporteur ; **~ chilo** demi-kilo *m* ; **~ litro** demi-litre *m* ; **mezz'ora** demi-heure *f* ; **mezzi di comunicazione di massa** mass media *mpl* ; **mezzi di trasporto** moyens de transport ; **mezzi pubblici** transports *mpl* en commun

mezzogiorno [meddzo'dʒorno] *sm* midi *m* ; (*Geo*) Midi, sud *m* ; **a ~** à midi ; **il M~** (*in Italia*) le Sud de l'Italie

mi[1] [mi] *sm inv* (*Mus*) mi *m*

mi[2] [mi] (*dav lo, la, li, le, ne diventa* **me**) *pron* (*oggetto, riflessivo*) me ; (*complemento di termine*) me, moi ; **mi aiuti?** tu m'aides ? ; **me ne ha parlato** il m'en a parlé ; **mi servo da solo** je me sers tout seul

miagolare [mjago'lare] *vi* miauler

mica ['mika] *sf* mica *f* ▸ *avv* (*fam*): **non ... ~** pas du tout ; **non sono ~ stanco** je ne suis pas du tout fatigué ; **non sarà ~ partito?** il n'est quand même pas parti ? ; **~ male** pas mal

miccia, -ce ['mittʃa] *sf* mèche *f*

micidiale [mitʃi'djale] *agg* mortel(le) ; (*clima*) terrible ; (*effetto*) néfaste

microfibra [mikro'fibra] *sf* microfibre *f*

microfono [mi'krɔfono] *sm* (*Tecn*) microphone *m*, micro *m*

microscopio [mikros'kɔpjo] *sm* microscope *m*

midollo [mi'dollo] (*pl* **midolla**) *sm* moelle *f* ; **fino al ~** (*fig*) jusqu'aux os ; **~ spinale** moelle épinière

miele ['mjɛle] *sm* miel *m*

migliaio [miʎ'ʎajo] (*pl(f)* **migliaia**) *sm* (*mille*) millier *m* ; **un ~ (di)** un millier (de) ; **a migliaia** par milliers

miglio ['miʎʎo] *sm* (*pl(f)* **miglia**) mille *m* ; (*Bot*) millet *m* ; **~ marino** *o* **nautico** mille marin

miglioramento [miʎʎora'mento] *sm* amélioration *f*

migliorare [miʎʎo'rare] *vt* améliorer ▸ *vi* s'améliorer

migliore [miʎ'ʎore] *agg* (*comparativo*): **~ (di)** meilleur(e) (que) ; (*superlativo*): **il(la) ~** le meilleur (la meilleure) ▸ *sm/f*: **il(la) ~** le meilleur (la meilleure) ; **il miglior vino di questa regione** le meilleur vin de cette région ; **nel ~ dei casi** dans le meilleur des cas ; **con i**

migliori auguri avec mes/nos meilleurs vœux
mignolo ['miɲɲolo] *sm* (*di mano*) auriculaire *m*, petit doigt *m* ; (*del piede*) petit orteil *m*
Milano [mi'lano] *sf* Milan
miliardario, -a [miljar'darjo] *agg*, *sm/f* milliardaire *m/f*
miliardo [mi'ljardo] *sm* milliard *m* ; **un ~ di euro** un milliard d'euros
milione [mi'ljone] *sm* million *m* ; **un ~ di euro** un million d'euros
militante [mili'tante] *agg*, *sm/f* militant(e)
militare [mili'tare] *vi* (*in marina, artiglieria ecc*) faire son service militaire ; (*fig*: *in movimento, partito*) militer ▸ *agg*, *sm* militaire *m* ; **fare il ~** faire son service (militaire) ; **~ di carriera** militaire de carrière
mille ['mille] (*pl* **mila**) *agg*, *sm* mille *m inv* ; **dieci mila** dix mille ; *vedi anche* **cinque**
millennio [mil'lɛnnjo] *sm* millénaire *m*
millepiedi [mille'pjɛdi] *sm inv* mille-pattes *m inv*
millesimo, -a [mil'lɛzimo] *agg*, *sm* millième (*m*)
milligrammo [milli'grammo] *sm* milligramme *m*
millimetro [mil'limetro] *sm* millimètre *m*
milza ['miltsa] *sf* rate *f*
mimetizzare [mimetid'dzare] *vt* camoufler ; **mimetizzarsi** *vpr* (*Mil*) se camoufler ; (*animale, pianta*) se camoufler par mimétisme
mimo ['mimo] *sm* mime *m*
mimosa [mi'mosa] *sf* mimosa *m*
min. *abbr* (= *minuto*) mn ; (= *minimo*) min
mina ['mina] *sf* mine *f*
minaccia, -ce [mi'nattʃa] *sf* menace *f* ; **sotto la ~ di** sous la menace de
minacciare [minat'tʃare] *vt* menacer ; **~ qn di morte** menacer qn de mort ; **~ di fare qc** menacer de faire qch ; **minaccia di piovere** le temps est à la pluie
minare [mi'nare] *vt* (*anche fig*: *salute*) miner ; (: *tranquillità*) troubler
minatore [mina'tore] *sm* mineur *m*
minerale [mine'rale] *agg* minéral(e) ▸ *sm* (*materiale*) minéral *m* ; (*Tecn*: *estrazione mineraria*) minerai *m* ▸ *sf* (*bibita*: *anche*: **acqua minerale**) eau *f* minérale
minerario, -a [mine'rarjo] *agg* minier(-ière)
minestra [mi'nɛstra] *sf* soupe *f*, potage *m* ; **~ di verdure** soupe de légumes ; **~ in brodo** bouillon *m* avec des pâtes
miniatura [minja'tura] *sf* miniature *f* ; (*genere di pittura*) enluminure *f*, miniature ; **in ~** en miniature
miniera [mi'njɛra] *sf* (*anche fig*) mine *f* ; **~ di carbone** mine de charbon
minigonna [mini'gonna] *sf* mini-jupe *f*
minimo, -a ['minimo] *agg* (*il più piccolo*) le plus petit (la plus petite), le (la) moindre ; (*piccolissimo*) très petit(e), très court(e), infime ; (*il più basso*) le plus bas (la plus basse), minimum ▸ *sm* minimum *m* ; (*Aut*) ralenti *m* ; **come ~** au moins ; **girare al ~** (*Aut*) tourner au ralenti ; **il ~ indispensabile** le minimum indispensable ; **è il ~ che possa fare** c'est la moindre des choses ; **il ~ della pena** (*Dir*) le minimum (de la peine)
ministero [minis'tɛro] *sm* (*Pol, Rel*) ministère *m* ; **Pubblico M~** (*Dir*) ministère public ; **~ delle Finanze** ministère des Finances
ministro [mi'nistro] *sm* (*Pol, Rel*) ministre *m* ; **~ della Pubblica Istruzione** ministre de l'Éducation Nationale
minoranza [mino'rantsa] *sf* minorité *f* ; **essere in ~** être en minorité
minore [mi'nore] *agg* (*comparativo*: *più piccolo*) plus petit(e), moindre ; (*meno importante*) mineur(e) ; (*più giovane*) cadet(te), plus jeune ; (*meno grave*) moins important(e), moins grave ; (*Mat*) inférieur(e) ▸ *sm/f* (*minorenne*) mineur(e) ; **in misura ~** dans une moindre mesure ; **il male ~** le moindre mal ; **il fratello ~** le frère cadet ; **le opere minori** les œuvres mineures
minorenne [mino'rɛnne] *agg*, *sm/f* mineur(e)
minuscolo, -a [mi'nuskolo] *agg*, *sm/f* minuscule *f* ; **scrivere tutto (in) ~** écrire tout en (lettres) minuscules
minuto, -a [mi'nuto] *agg* (*scrittura, lineamenti*) fin(e) ; (*corporatura*) menu(e) ; (*fig*: *lavoro, relazione*) détaillé(e), minutieux(-euse) ▸ *sm* minute *f* ; **sbrigati, abbiamo i minuti contati** dépêche-toi, on n'a pas une minute à perdre ; **al ~** (*Comm*) au détail

m

mio, mia ['mio] (*pl* **miei** *o* **mie**) *agg*: **(il) ~, (la) mia** mon, ma ; (*pl*): **i miei, le mie** mes ▸ *pron*: **il ~, la mia** le mien, la mienne ; **i miei** (*genitori*) mes parents ; **una mia amica** une de mes amies ; **i miei guanti** mes gants ; **~ padre** mon père ; **mia madre** ma mère ; **è ~** c'est à moi ; **è dalla mia (parte)** il est de mon côté ; **ho detto la mia** j'ai dit ce que j'avais à dire ; **anch'io ho avuto le mie** (*guai*) moi aussi j'ai eu mon lot de problèmes ; **ne ho fatta una delle mie!** (*sciocchezze*) j'ai encore fait une bêtise ! ; **cerco di stare sulle mie** j'essaie de me tenir sur la réserve
miope ['miope] *agg* myope
mira ['mira] *sf* mire *f* ; (*fig*: *fine, scopo*) but *m*, objectif *m* ; **mire** *sfpl* (*ambizioni*) visées *fpl* ; **avere una buona ~** bien viser ; **avere une cattiva ~** mal viser ; **prendere la ~** viser ; **prendere di ~ qn** (*fig*) prendre qn pour cible, avoir qn dans le collimateur
miracolo [mi'rakolo] *sm* miracle *m*
miraggio [mi'raddʒo] *sm* mirage *m*
mirare [mi'rare] *vi*: **~ a** viser à ; (*fig*: *successo, potere*) aspirer à, viser à
mirino [mi'rino] *sm* (*Tecn*) guidon *m* ; (*Fot*) viseur *m*
mirtillo [mir'tillo] *sm* myrtille *f*
miscela [miʃ'ʃɛla] *sf* mélange *m*
mischia ['miskja] *sf* bagarre *f* ; (*Sport*) mêlée *f*
miscuglio [mis'kuʎʎo] *sm* mélange *m*, mixture *f* ; (*fig*) mélange
mise ['mize] *vb vedi* **mettere**
miserabile [mize'rabile] *agg* misérable, de misère ; (*spregevole*) méprisable
miseria [mi'zɛrja] *sf* (*povertà*) misère *f*, dénuement *m* ; (*infelicità*) misère ; (*meschinità*) mesquinerie *f* ; **miserie** *sfpl* (*della vita ecc*) malheurs *mpl* ; **costare una ~** coûter une misère ; **piangere ~** crier *o* pleurer misère ; **ridursi in ~** tomber dans la misère ; **porca ~!** (*fam*) misère !, nom d'un chien !
misericordia [mizeri'kɔrdja] *sf* miséricorde *f*
misero, -a ['mizero] *agg* misérable ; (*stipendio, salario*) misérable, de misère ; (*meschino*) mesquin(e)
misi ['mizi] *vb vedi* **mettere**
misogino [mi'zɔdʒino] *sm* misogyne *m*
missile ['missile] *sm* missile *m*, fusée *f* ; **~ balistico** missile balistique ; **~ terra-aria** missile sol-air
missionario, -a [missjo'narjo] *agg*, *sm/f* missionnaire *m/f*
missione [mis'sjone] *sf* mission *f*
misterioso, -a [miste'rjoso] *agg* mystérieux(-euse)
mistero [mis'tɛro] *sm* mystère *m* ; **fare ~ di qc** faire mystère de qch ; **quanti misteri!** en voilà des mystères !
misto, -a ['misto] *agg* mixte ; (*gelato*) panaché(e) ; (*tessuto*) mélangé(e) ; (*piatto*) varié(e) ; (*emozioni*) mêlé(e) ▸ *sm* mélange *m* ; **un tessuto in ~ lino** un (tissu) métis
mistura [mis'tura] *sf* mélange *m*, mixture *f*
misura [mi'zura] *sf* (*anche Mus, fig*) mesure *f* ; (*di abiti*) taille *f* ; (*di scarpe*) pointure *f* ; **nella ~ in cui** dans la mesure où ; **in giusta ~** dans la juste mesure ; **su ~** sur mesure ; **oltre ~** outre mesure ; **in ugual ~** de la même façon ; (*allo stesso modo*) de la même façon ; **a ~ d'uomo** à la mesure de l'homme ; **passare la ~** dépasser *o* excéder la mesure ; **non avere il senso della ~** ne pas avoir le sens de la mesure ; **prendere le misure a/di qn** prendre les mesures de qn ; **ho preso le mie misure** j'ai pris mes dispositions ; **~ di capacità/lunghezza** mesure de capacité/longueur ; **misure di prevenzione/sicurezza** mesures de prévention/sécurité
misurare [mizu'rare] *vt* mesurer ; (*abito*) essayer ; (*pesare, anche fig*) peser ▸ *vi* mesurer ; **misurarsi** *vpr*: **misurarsi con** (*fig*) se mesurer à
mite ['mite] *agg* doux (douce)
mitico, -a, -ci, -che ['mitiko] *agg* mythique
mito ['mito] *sm* mythe *m* ; **è un ~** (*persona*: *eccezionale*) il est super
mitologia [mitolo'dʒia] *sf* mythologie *f*
mitra ['mitra] *sm inv* (*arma*) mitraillette *f* ▸ *sf* (*Rel*) mitre *f*
mittente [mit'tɛnte] *sm/f* expéditeur(-trice)
mm *abbr* (= *millimetro*) mm
mobile ['mɔbile] *agg* mobile ; (*Dir*: *bene*) mobilier(-ière) ▸ *sm* (*arredamento*) meuble *m* ; **mobili** *smpl* mobilier *msg*, meubles *mpl*
mocassino [mokas'sino] *sm* mocassin *m*
moda ['mɔda] *sf* mode *f* ; **alla/di ~** à la mode ; **fuori ~** démodé(e)

Tout comme en France, l'industrie de la **moda** est un secteur florissant en Italie. Les créateurs italiens créent des vêtements et des accessoires qui s'exportent dans le monde entier.

modalità [modali'ta] *sf inv* modalité *f* ; **seguire attentamente le ~ d'uso** bien suivre le mode d'emploi ; **~ di pagamento** modalité de paiement ; **~ giuridiche** procédure *fsg* juridique

modella [mo'dɛlla] *sf* (*di pittore, scultore*) modèle *m* ; (*indossatrice*) mannequin *m*

modello [mo'dɛllo] *sm* modèle *m* ; (*stampo*) moule *m* ; (*modulo amministrativo*) formulaire *m* ; (*schema teorico*) plan *m* ▶ *agg inv* modèle *inv*

modem ['mɔdem] *sm inv* modem *m*

moderatore, -trice [modera'tore] *sm/f* président(e) ; (*TV*) animateur(-trice) ; **~ di lista** (*in chat ecc*) modérateur *m* de liste

moderno, -a [mo'dɛrno] *agg* moderne

modesto, -a [mo'dɛsto] *agg* modeste ; **secondo il mio ~ parere** à mon humble avis

modico, -a, -ci, -che ['mɔdiko] *agg* modique

modifica, -che [mo'difika] *sf* modification *f* ; **subire delle modifiche** subir des modifications

modificare [modifi'kare] *vt* modifier ; **modificarsi** *vpr* se modifier

modo ['mɔdo] *sm* (*di essere, agire, sentire*) façon *f*, manière *f* ; (*mezzo, espediente, occasione*) moyen *m* ; (*regola, limite*) règle *f* ; (*misura*) mesure *f* ; (*Ling, Mus*) mode *m* ; **modi** *smpl* (*comportamento*) manières *fpl*, façons *fpl* ; **a suo ~, a ~ suo** à sa façon, à sa manière ; **di** *o* **in ~ che** (*così da*) de manière *o* façon à ; **in ~ da fare qc** de manière *o* façon à faire qch ; **in** *o* **ad ogni ~** de toute façon, de toute manière ; **in tutti i modi** (*comunque sia*) quoi qu'il en soit ; (*in ogni caso*) en tous les cas ; **in un certo qual ~** d'une certaine manière ; **in qualche ~** en quelque sorte ; **oltre ~** outre mesure ; **un ~ di dire** une tournure (de phrase), une locution ; **per ~ di dire** pour ainsi dire ; **fare a ~ proprio** faire à sa façon, en faire à sa tête ; **fare le cose a ~** faire les choses comme il se doit ; **una persona a ~** une personne comme il faut ; **c'è ~ e ~ di ...** il y a l'art et la manière pour ...

modulo ['mɔdulo] *sm* (*documento*) document *m* ; (*modello*) formulaire *m* ; (*schema stampato*) formulaire, imprimé *m* ; (*Archit, lunare, di comando*) module *m* ; **~ continuo** papier *m* en continu ; **~ d'iscrizione** demande *f* d'inscription ; **~ di domanda** demande ; **~ di versamento** bordereau *m* de versement

mogano ['mɔgano] *sm* acajou *m* ; **di ~** en acajou

mogio, -a, -gi, -gie ['mɔdʒo] *agg* penaud(e), mortifié(e)

moglie ['moʎʎe] *sf* femme *f*, épouse *f*

moine [mo'ine] *sfpl* câlineries *fpl*, cajoleries *fpl* ; (*smancerie*) simagrées *fpl*, minauderies *fpl* ; **fare le ~ a qn** faire des cajoleries à qn

molare [mo'lare] *sm* molaire *f*

mole ['mɔle] *sf* (*dimensioni*) grandeur *f* ; (*costruzione*) édifice *m* imposant ; (*fig*) quantité *f* ; **una ~ di lavoro** beaucoup de travail

molestare [moles'tare] *vt* (*infastidire*) importuner, agacer ; (*sessualmente*) harceler

molestia [mo'lɛstja] *sf* ennui *m*, tracas *m* ; **molestie** harcèlement *msg* ; **molestie sessuali** harcèlement *msg* sexuel

molla ['mɔlla] *sf* ressort *m* ; **molle** *sfpl* (*per camino*) pincettes *fpl* ; **materasso a molle** matelas *msg* à ressorts ; **prendere qn con le molle** prendre qn avec des pincettes

mollare [mol'lare] *vt* lâcher ; (*lavoro*) quitter ; (*ragazzo*) larguer ; (*fig: ceffone*) flanquer ▶ *vi* (*cedere*) lâcher ; **~ gli ormeggi** (*Naut*) larguer les amarres ; **~ la presa** lâcher prise

molle ['mɔlle] *agg* mou (molle) ; (*muscoli*) flasque

molletta [mol'letta] *sf* (*per capelli*) barrette *f* ; (*per panni stesi*) pince *f* à linge ; **mollette** *sfpl* (*per zollette di zucchero*) pince *fsg* à sucre

mollica, -che [mol'lika] *sf* mie *f* de pain

mollusco, -schi [mol'lusko] *sm* mollusque *m*

molo ['mɔlo] *sm* jetée *f*, quai *m*

moltiplicare [moltipli'kare] *vt* multiplier ; **moltiplicarsi** *vpr* se multiplier

moltiplicazione [moltiplikat'tsjone] *sf* multiplication *f*

PAROLA CHIAVE

molto, -a ['molto] *agg* (*quantità*) beaucoup de ; **molta neve/gente/pioggia** beaucoup de neige/gens/pluie ; **molto pane/carbone** beaucoup de pain/charbon ; **molto tempo** longtemps ; **molti libri** beaucoup de livres ; **molte persone** beaucoup de personnes ; **non ho molto tempo** je n'ai pas beaucoup de temps ; **per molto** (*tempo*) pendant longtemps ; **ci vuole molto (tempo)?** est-ce qu'il y en a pour longtemps ?
▸ *avv* **1** (*parlare, capire, amare*) beaucoup ; **viaggia molto** il voyage beaucoup ; **non viaggia molto** il ne voyage pas beaucoup ; **arriverà tra non molto** il arrivera dans peu de temps, il arrivera sous peu
2 (*intensivo*: *con agg, avv*) très ; (: *con pp*) beaucoup ; **non piove molto** il ne pleut pas beaucoup ; **molto buono** très bon ; **molto meglio** beaucoup *o* bien mieux ; **molto peggiore** bien pire ; **non è molto buono** il n'est pas très bon
▸ *pron* beaucoup ; **c'era gente, ma non molta** il y avait du monde mais pas tant que cela ; **molti credono che …** beaucoup croient que … ; **molte sono rimaste a casa** beaucoup sont restées chez elles

momentaneamente [momentanea'mente] *avv* momentanément
momentaneo, -a [momen'taneo] *agg* momentané(e)
momento [mo'mento] *sm* moment *m* ; **da un ~ all'altro** d'un moment à l'autre ; (*all'improvviso*) tout à coup ; **per il ~** pour le moment ; **dal ~ che** du moment que, étant donné que ; **a momenti** d'un moment à l'autre, d'une minute à l'autre ; (*molto presto*) dans un instant ; (*quasi*) presque ; **sul ~** sur le moment ; **all'ultimo ~** au dernier moment ; **del ~** (*campione, fatto*) du moment
monaca, -che ['mɔnaka] *sf* religieuse *f*, sœur *f*
Monaco ['mɔnako] *sf*: **~ (di Baviera)** Munich ; **Principato di ~** principauté *f* de Monaco
monaco, -ci ['mɔnako] *sm* moine *m*
monarchia [monar'kia] *sf* monarchie *f*
monastero [monas'tɛro] *sm* (*di monaci*) monastère *m* ; (*di monache*) couvent *f*
mondano, -a [mon'dano] *agg* mondain(e)
mondiale [mon'djale] *agg* mondial(e) ; (*campionato*) du monde ; **di fama ~** de renommée mondiale
mondo ['mondo] *sm* monde *m* ; **un ~ di** (*fig*: *grande quantità*) un tas de, une foule de ; **il gran** *o* **bel ~** le grand *o* beau monde ; **venire/mettere al ~** (*nascere*) venir/mettre au monde ; **andare all'altro ~** passer dans l'autre monde ; **mandare qn all'altro ~** envoyer *o* expédier qn dans l'autre monde ; **di ~** (*uomo, donna*) du monde ; **per niente** *o* **per nessuna cosa al ~** pour rien au monde ; **da che ~ è ~** depuis que le monde est monde ; **vivere fuori dal ~** vivre dans un autre monde ; **(sono) cose dell'altro ~!** c'est incroyable ! ; **com'è piccolo il ~!** (que) le monde est petit !
monello [mo'nɛllo] *sm* (*ragazzo di strada*) titi *m*, galopin *m* ; (*ragazzo vivace*) polisson *m*, gamin *m*
moneta [mo'neta] *sf* pièce *f* de monnaie ; (*Econ*: *valuta*) monnaie *f* ; (*denaro spicciolo*) petite monnaie ; **~ estera** devise *f* étrangère ; **~ legale** monnaie légale
monetizzare [monetid'dzare] *vt* (*sito web, contenuto*) monétiser
mongolfiera [mongol'fjɛra] *sf* montgolfière *f*
monitor ['mɔnitə] *sm inv* moniteur *m*
monolocale [monolo'kale] *sm* (*appartamento*) studio *m*
monopolio [mono'pɔljo] *sm* (*anche fig*) monopole *m* ; **~ di stato** monopole d'État
monotematico, -a, -ci, -che [monote'matiko] *agg* : **è un po' ~** il parle toujours de la même chose
monotono, -a [mo'nɔtono] *agg* monotone
monovolume [monovo'lume] *agg inv* monovolume ▸ *sf inv* (*Aut*) monovolume *m*
monsone [mon'sone] *sm* mousson *f*
montacarichi [monta'kariki] *sm inv* monte-charge *m inv*
montaggio, -gi [mon'taddʒo] *sm* (*anche Cine*) montage *m*
montagna [mon'taɲɲa] *sf* montagne *f* ; **andare in ~** aller à la montagne ;

aria di ~ air *m* de la montagne ; **strada di ~** route *f* de montagne ; **una casa in ~** une maison à la montagne ; **le Montagne Rocciose** les (montagnes) Rocheuses *fpl* ; **montagne russe** montagnes *fpl* russes

montanaro, -a [monta'naro] *agg, sm/f* montagnard(e)

montano, -a [mon'tano] *agg* des montagnes

montare [mon'tare] *vt* (*anche Cine, Fot*) monter ; (*Zool*) monter, saillir ; (*apparecchiatura*) monter, assembler ; (*uova*) monter, battre ; (*panna*) fouetter ; (*brillante*) monter, enchâsser ; (*fig*: *esagerare*) grossir, gonfler ▶ *vi* monter ; (*maionese*) prendre ; **~ la guardia** (*Mil*) monter la garde ; **~ qn** *o* **la testa a qn** monter la tête à qn ; **montarsi (la testa)** se monter la tête ; **~ in bicicletta** monter à bicyclette ; **~ a cavallo** monter à cheval ; **~ in macchina/in treno** monter en voiture/dans le train

montatura [monta'tura] *sf* monture *f* ; (*fig*) bluff *m*, coup *m* monté ; **~ pubblicitaria** coup de pub

monte ['monte] *sm* mont *m* ; (*fig*: *mucchio*) tas *msg* ; **a ~** en amont ; **andare a ~** (*fig*) échouer ; **mandare a ~ qc** (*fig*) faire échouer qch ; **il M~ Bianco** le Mont-Blanc ; **il M~ Everest** le Mont Everest, l'Everest *m* ; **il M~ Cervino** le Cervin ; **il M~ Rosa** le (Mont) Rose ; **~ di pietà** mont-de-piété *m*

montepremi [monte'prεmi] *m inv* cagnotte *f*

montone [mon'tone] *sm* mouton *m* (mâle), bélier *m* ; (*giacca*) veste *f* en peau de mouton ; **carne di ~** viande *f* de mouton

montuoso, -a [montu'oso] *agg* montagneux(-euse)

monumento [monu'mento] *sm* monument *m*

moquette [mɔ'kεt] *sf* moquette *f*

mora ['mɔra] *sf* (*del rovo*) mûre *f* ; (*del gelso*) mûre (du mûrier) ; (*Dir*) retard *m* ; (: *somma*) amende *f*

morale [mo'rale] *agg* moral(e) ▶ *sf* morale *f* ; (*complesso di norme*) morale, éthique *f* ▶ *sm* (*condizione psichica*) moral *m* ; **la ~ della favola** la morale de l'histoire ; **essere giù di ~** ne pas avoir le moral, ne pas avoir bon moral ; **avere il ~ a terra** avoir le moral à zéro

morbido, -a ['mɔrbido] *agg* (*al tatto*) doux (douce) ; (*cuscino, letto*) moelleux(-euse) ; (*carne*) tendre ; (*fig*: *atteggiamento*) souple

morbillo [mor'billo] *sm* rougeole *f*

morbo ['mɔrbo] *sm* maladie *f*

morboso, -a [mor'boso] *agg* morbide

mordere ['mɔrdere] *vt* (*sogg*: *persona, cane*) mordre ; (*addentare*) mordre, croquer

moribondo, -a [mori'bondo] *agg, sm/f* moribond(e), mourant(e)

morire [mo'rire] *vi* (*anche fig*) mourir ; **~ di dolore** mourir de douleur ; **~ di fame** mourir de faim ; **~ di freddo** mourir de froid ; **~ d'invidia** crever de jalousie ; **~ di noia/di paura** mourir d'ennui/de peur ; **~ dalla voglia di fare qc** mourir d'envie de faire qch ; **un caldo da ~** une chaleur épouvantable

mormorare [mormo'rare] *vi* (*anche acque*) murmurer ; (*fronde*) murmurer, bruire ; **si mormora che ...** le bruit court que ..., on dit que ... ; **la gente mormora** les gens parlent

moro, -a ['mɔro] *agg* (*dai capelli scuri*) brun(e) ; (*di carnagione scura*) basané(e) ▶ *sm/f* (*vedi agg*) brun(e) ; personne *f* au teint basané *o* mat ; **i mori** (*Storia*) les Maures *mpl*

morsa ['mɔrsa] *sf* étau *m* ; (*fig*: *del ghiaccio*) étreinte *f* ; (: *del terrore*) emprise *f*

morsicare [morsi'kare] *vt* mordre

morso, -a ['mɔrso] *pp di* **mordere** ▶ *sm* morsure *f* ; (*parte della briglia*) mors *msg* ; **dare un ~ a** mordre ; **i morsi della fame** les affres *fpl* de la faim

mortadella [morta'dεlla] *sf* mortadelle *f*

mortaio [mor'tajo] *sm* mortier *m*

mortale [mor'tale] *agg* mortel(le) ▶ *sm* mortel *m*

morte ['mɔrte] *sf* mort *f* ; (*fig*: *rovina, fine*) fin *f* ; **in punto di ~** à l'article de la mort ; **ferito a ~** mortellement blessé ; **essere annoiato a ~** s'ennuyer à mourir ; **avercela a ~ con qn** en vouloir à mort à qn ; **avere la ~ nel cuore** avoir la mort dans l'âme

morto, -a ['mɔrto] *pp di* **morire** ▶ *agg* (*anche fig*) mort(e) ; (*fig*: *corpo*) inerte ▶ *sm/f* mort(e) ; **i morti** (*defunti*) les morts ; **~ di sonno/stanchezza** mort(e) de sommeil/fatigue ; **fare il ~** (*in acqua*) faire la planche ; **un ~ di fame**

m

(*fig, peg*) un crève-la-faim *m* ; **le campane suonavano a ~** les cloches sonnaient le glas ; **il Mar M~** la mer Morte
mosaico, -ci [mo'zaiko] *sm* mosaïque *f* ; **l'ultimo tassello del ~** (*fig*) le dernier maillon de la chaîne
Mosca ['moska] *sf* Moscou
mosca, -sche ['moska] *sf* mouche *f* ▸ *agg inv*: **peso ~** poids *msg* mouche ; **rimanere** *o* **restare con un pugno di mosche** (*fig*) se retrouver les mains vides ; **non si sentiva volare una ~** (*fig*) on aurait entendu une mouche voler ; **~ bianca** (*fig*) mouton *m* à cinq pattes ; **~ cieca** colin-maillard *m*
moscerino [moʃʃe'rino] *sm* moucheron *m*
moschea [mos'kɛa] *sf* mosquée *f*
moscio, -a, -sci, -sce ['moʃʃo] *agg* (*fig*) mou (molle) ; **ha la « r » moscia** il grasseye les « r »
moscone [mos'kone] *sm* (*Zool*) grosse mouche *f* ; (*barca*) pédalo *m*
mossa ['mɔssa] *sf* mouvement *m* ; (*fig*) manœuvre *f* ; (*gesto*) geste *m* ; (*nel gioco*) coup *m* ; **darsi una ~** (*fig*) se dépêcher, se grouiller ; **prendere le mosse da** partir de, commencer par
mossi *ecc* ['mɔssi] *vb vedi* **muovere**
mosso, -a ['mɔsso] *pp di* **muovere** ▸ *agg* (*foto*) flou(e) ; (*mare*) agité(e) ; (*capelli*) ondulé(e)
mostarda [mos'tarda] *sf* moutarde *f* ; **~ di Cremona** *condiment à base de fruits confits au vinaigre*
mostra ['mostra] *sf* exposition *f* ; (*ostentazione*) étalage *m* ; **far ~ di** (*fingere*) faire semblant de ; **far ~ di sé** se pavaner ; **in ~** en vitrine ; **mettersi in ~** se faire remarquer
mostrare [mos'trare] *vt* montrer, faire voir ; (*ostentare*) étaler ; (*fingere*: *dolore ecc*) feindre ▸ *vi*: **~ di fare** faire semblant de faire ; **mostrarsi** *vpr* (*in pubblico*) se montrer ; **mostrarsi malato** feindre la maladie, feindre d'être malade ; **~ la lingua** tirer la langue
mostro ['mostro] *sm* monstre *m*
mostruoso, -a [mostru'oso] *agg* (*anche fig*) monstrueux(-euse)
motel [mo'tɛl] *sm inv* motel *m*
motivare [moti'vare] *vt* (*causare*) causer ; (*giustificare*) justifier ; (*stimolare*) motiver
motivo [mo'tivo] *sm* raison *f* ; (*movente*) motif *m*, mobile *m* ; (*letterario*) thème *m* ; (*disegno*) motif *m* ; (*Mus*) thème, motif ; **per quale ~?** pour quelle raison ? ; **per motivi di salute** pour des raisons de santé ; **per motivi personali** pour des raisons personnelles
moto ['mɔto] *sm* (*anche Fis, Mus*) mouvement *m* ▸ *sf inv* (*motocicletta*) moto *f* ; **fare del ~** faire de l'exercice ; **un ~ d'impazienza** un mouvement d'impatience ; **mettere in ~** (*veicolo*) mettre en route, démarrer ; (*fig*) mettre en mouvement *o* branle
motociclista, -i, -e [mototʃi'klista] *sm/f* motocycliste *m/f*
motore, -trice [mo'tore] *agg* moteur(-trice) ▸ *sm* moteur *m* ; **a ~** à moteur ; **~ a combustione interna/a reazione** moteur à combustion interne/à réaction ; **~ elettrico** moteur électrique ; **~ di ricerca** (*Inform*) moteur de recherche
motorino [moto'rino] *sm* (*piccolo ciclomotore*) mobylette *f*, cyclomoteur *m* ; **~ di avviamento** démarreur *m*
motoscafo [motos'kafo] *sm* bateau *m* à moteur
motto ['mɔtto] *sm* (*battuta scherzosa*) boutade *f*, plaisanterie *f* ; (*frase emblematica*) devise *f*
mouse ['maus] *sm inv* (*Inform*) souris *f*
movente [mo'vɛnte] *sm* mobile *m*
movimento [movi'mento] *sm* (*anche Mus*) mouvement *m* ; (*fig*: *animazione, vivacità*) animation *f* ; **essere sempre in ~** être toujours sur la brèche ; **fare un po' di ~** (*esercizio fisico*) faire un peu d'exercice ; **c'è molto ~ in città** il y a beaucoup d'animation en ville ; **~ di capitali** mouvement de capitaux ; **M~ per la Liberazione della Donna** mouvement de libération de la femme
mozione [mot'tsjone] *sf* (*Pol*) motion *f* ; **~ d'ordine** (*Pol*) motion d'ordre
mozzarella [mottsa'rɛlla] *sf* mozzarella *f*
mozzicone [mottsi'kone] *sm* (*di sigaretta*) mégot *m* ; (*di candela*) bout *m*
mucca, -che ['mukka] *sf* vache *f* ; **~ pazza** vache *f* folle
mucchio ['mukkjo] *sm* (*anche fig*) tas *msg* ; **un ~ di** un tas de
muco, -chi ['muko] *sm* mucus *msg*
muffa ['muffa] *sf* moisissure *f* ; **fare la ~** moisir
muggire [mud'dʒire] *vi* mugir

mughetto [mu'getto] *sm* muguet *m*
mulino [mu'lino] *sm* moulin *m* ; **~ a vento** moulin à vent
mulo ['mulo] *sm* mulet *m*
multa ['multa] *sf* amende *f*, contravention *f*
multietnico, -a, -ci, -che [multi'ɛtniko] *agg* multiethnique
multirazziale [multirat'tsjale] *agg* multiracial(e)
multisala [multi'sala] *agg inv* (*cinema*) multisalle(s)
multivitaminico, -a, -ci, -che [multivita'miniko] *agg* multivitaminé(e)
mummia ['mummja] *sf* momie *f*
mungere ['mundʒere] *vt* traire ; (*fig*) exploiter
municipale [munitʃi'pale] *agg* municipal(e) ; **palazzo ~** hôtel *m* de ville ; **autorità municipali** autorités *fpl* de la ville
municipio [muni'tʃipjo] *sm* mairie *f* ; (*edificio*) mairie, hôtel *m* de ville ; **sposarsi in ~** se marier civilement
munizioni [munit'tsjoni] *sfpl* (*Mil*) munitions *fpl*
munsi *ecc* ['munsi] *vb vedi* **mungere**
muoio *ecc* ['mwɔjo] *vb vedi* **morire**
muovere ['mwɔvere] *vt* (*cassa, libro*) déplacer ; (*braccia, gambe*) bouger, remuer ; (*macchina, ingranaggio*) mouvoir ; (*sollevare: questione, obiezione*) soulever ; (*: accusa*) porter ; **muoversi** *vpr* (*spostarsi*) bouger ; (*mettersi in marcia*) se mettre en marche ; (*adoperarsi, darsi da fare*) se remuer, se démener ; (*sbrigarsi*) se dépêcher ; **~ causa a qn** (*Dir*) porter plainte contre qn, intenter une action en justice contre qn ; **~ a compassione** apitoyer ; **~ al pianto** faire pleurer ; **~ guerra a** *o* **contro qn** faire la guerre à qn ; **~ mari e monti** remuer ciel et terre ; **~ i primi passi** (*anche fig*) faire ses premiers pas ; **muoviti!** dépêche-toi !
mura ['mura] *sfpl* (*cinta cittadina*) remparts *mpl*
murale [mu'rale] *agg* mural(e)
muratore [mura'tore] *sm* maçon *m*
muro ['muro] *sm* (*anche fig: di nebbia, ghiaccio*) mur *m* ; **armadio a ~** placard *m* ; **mettere al ~** (*fucilare*) mettre *o* envoyer au poteau ; **~ del suono** mur du son ; **~ di cinta** mur d'enceinte ; **~ di gomma** (*fig*) mur (de silence) ; **~ divisorio** mur de refend, cloison *f*
muschio ['muskjo] *sm* (*Bot*) mousse *f* ; (*in profumeria*) musc *m*
muscolare [musko'lare] *agg* musculaire
muscolo ['muskolo] *sm* muscle *m*
museo [mu'zɛo] *sm* musée *m*
museruola [muze'rwɔla] *sf* muselière *f*
musica ['muzika] *sf* musique *f* ; **~ da ballo/camera** musique de danse/chambre ; **~ leggera** musique légère
musicale [muzi'kale] *agg* musical(e)
musicista, -i, -e [muzi'tʃista] *sm/f* musicien(ne)
muso ['muzo] *sm* museau *m* ; (*peg: di persona*) figure *f*, gueule *f* ; (*fig: di auto, aereo*) nez *m* ; **tenere il ~ a qn** faire la tête à qn
mussulmano, -a [mussul'mano] *agg, sm/f* musulman(e)
muta ['muta] *sf* (*di cani*) meute *f* ; (*Zool*) mue *f* ; (*di subacqueo*) combinaison *f* de plongée
mutande [mu'tande] *sfpl* (*da uomo*) slip *msg* ; (*da donna*) slip, culotte *fsg*
muto, -a ['muto] *agg* (*anche Cine, Ling*) muet(te) ; **~ per lo stupore** muet(te) d'étonnement
mutuo, -a ['mutuo] *agg* mutuel(le) ▶ *sm* (*Econ*) prêt *m*, crédit *m* ; **~ ipotecario** prêt hypothécaire

m

N *abbr* (= *nord*) N.
n *abbr* (= *numero*) No, no
nafta ['nafta] *sf* (*Chim*) naphte *m* ; (*per motori diesel*) gazole *m* ; (*da riscaldamento*) mazout *m*
naftalina [nafta'lina] *sf* naphtaline *f*
naia ['naja] *sf* (*Mil*) service *m* (militaire)
naïf [na'if] *agg inv* naïf (naïve)
nanna ['nanna] *sf*: **fare la ~** faire dodo ; **andare/mettere a ~** aller/mettre au dodo
nano, -a ['nano] *agg, sm/f* nain(e)
napoletano, -a [napole'tano] *agg* napolitain(e) ▶ *sm/f* Napolitain(e) ▶ *sm* (*zona*): **il ~** la région de Naples ▶ *sf* (*per caffè*) cafetière *f* napolitaine
Napoli ['napoli] *sf* Naples
narciso [nar'tʃizo] *sm* (*Bot*) narcisse *m*
narcotico, -ci [nar'kɔtiko] *sm* narcotique *m*
narice [na'ritʃe] *sf* narine *f*
narrare [nar'rare] *vt* raconter
narrativa [narra'tiva] *sf* prose *f* ; **la ~ dell'800** le roman du XIXe siècle
nasale [na'sale] *agg* nasal(e)
nascere ['naʃʃere] *vi* (*anche fig*) naître ; (*pianta*) pousser ; (*fiume*) prendre sa source ; (*sole*) poindre ; **è nata nel 1962** elle est née en 1962 ; **da cosa nasce cosa** de fil en aiguille
nascita ['naʃʃita] *sf* (*anche fig*) naissance *f* ; (*di pianta*) croissance *f* ; (*di sole*) lever *m* ; **la ~ del fiume** l'endroit où la rivière prend sa source
nascondere [nas'kondere] *vt* cacher ; **nascondersi** *vpr* se cacher
nascondiglio [naskon'diʎʎo] *sm* cachette *f*
nascondino [naskon'dino] *sm* cache-cache *m*
nascosi *ecc* [nas'kosi] *vb vedi* **nascondere**
nascosto, -a [nas'kosto] *pp di* **nascondere** ▶ *agg* (*anche fig*) caché(e) ; **di ~** en cachette
nasello [na'sɛllo] *sm* merlan *m*
naso ['naso] *sm* nez *m* ; (*fig*) flair *m*
nastro ['nastro] *sm* (*anche Tip*) ruban *m* ; **~ adesivo** ruban adhésif ; **~ magnetico** bande *f* magnétique ; **~ trasportatore** tapis *msg* roulant
nasturzio [nas'turtsjo] *sm* capucine *f*
natale [na'tale] *agg* (*città*) natal(e) ▶ *sm*: **N~** Noël *m* ; **natali** *smpl* (*nascita*) naissance *fsg* ; **di illustri natali** de haute naissance ; **giorno ~** jour *m* de naissance
natalizio, -a [nata'littsjo] *agg* de Noël
natica, -che ['natika] *sf* fesse *f*
nato, -a ['nato] *pp di* **nascere** ▶ *agg*: **un oratore/artista ~** un orateur/artiste né ; **nata Pieri** née Pieri
natura [na'tura] *sf* nature *f* ; **problemi di ~ finanziaria** problèmes financiers ; **~ morta** nature morte
naturale [natu'rale] *agg* naturel(le) ▶ *sm*: **al ~** (*alimenti*) au naturel, nature ; (*ritratto*) d'après nature ; **(ma) è ~!** (*ovviamente*) (mais) bien sûr ! ; **a grandezza ~** grandeur nature ; **acqua ~** eau naturelle
naturalmente [natural'mente] *avv* naturellement
naturista, -i, -e [natu'rista] *agg, sm/f* naturiste *m/f*
naufragare [naufra'gare] *vi* faire naufrage ; (*fig*) échouer
naufrago, -ghi ['naufrago] *sm* naufragé *m*
nausea ['nauzea] *sf* (*anche fig*) nausée *f* ; **avere la ~** avoir mal au cœur ; **fino alla ~** jusqu'à en avoir la nausée ; (*fig*) à satiété
nauseabondo, -a [nauzea'bondo] *agg* (*odore*) nauséabond(e) ; (*sapore*) écœurant(e) ; (*fig*) répugnant(e), écœurant(e)
nauseante [nauze'ante] *agg* = **nauseabondo**
nautico, -a, -ci, -che ['nautiko] *agg* nautique ▶ *sf* nautisme *m* ; **salone ~** salon *m* nautique
navale [na'vale] *agg* naval(e)
navata [na'vata] *sf* (*centrale, laterale*) nef *f*
nave ['nave] *sf* navire *m*, bateau *m* ; **~ cisterna** bateau citerne ; **~ da carico**

cargo *m* ; **~ da guerra** navire de guerre ; **~ passeggeri** paquebot *m* ; **~ portaerei** porte-avions *msg* ; **~ spaziale** vaisseau *m* spatial
navetta [na'vetta] *sf* navette *f* ▶ *agg inv* (*treno, pullman*) qui fait la navette ; **servizio di ~** navette ; **~ spaziale** navette spatiale
navicella [navi'tʃɛlla] *sf* nacelle *f*
navigare [navi'gare] *vi* naviguer ; **~ in cattive acque** (*fig*) traverser une mauvaise passe ; **~ in Internet** surfer sur le net
navigatore, -trice [naviga'tore] *sm/f* navigateur(-trice) ; **~ satellitare** GPS *m*
navigazione [navigat'tsjone] *sf* navigation *f* ; **dopo una settimana di ~** après une semaine de navigation ; **~ interna/spaziale** navigation intérieure/spatiale
nazionale [nattsjo'nale] *agg* national(e) ▶ *sf* (*Sport*) équipe *f* nationale
nazionalità [nattsjonali'ta] *sf inv* nationalité *f*
nazione [nat'tsjone] *sf* nation *f*
naziskin ['na:tsi skin] *sm inv* skinhead *m*
NB *abbr* (= *nota bene*) NB

PAROLA CHIAVE

ne [ne] *pron* **1** (*di lui*) de lui ; (*di lei*) d'elle ; (*di loro*) d'eux (d'elles) ; **ne riconosco la voce** je reconnais sa (*o* leur, leurs) voix ; **ne ricordo gli occhi** je me souviens de ses (*o* leurs) yeux
2 (*di questa, quella cosa*) en ; **ne voglio ancora** j'en veux encore ; **non parliamone più** n'en parlons plus ; **dammene ancora** donne-m'en encore
3 (*da ciò*) en ; **ne deduco che ...** j'en déduis que ... ; **ne consegue ...** il en résulte ..., il s'ensuit ...
4 (*con valore partitivo*): **hai dei libri? — sì, ne ho** as-tu des livres ? — oui, j'en ai ; **hai del pane? — no, non ne ho** as-tu du pain ? — non, je n'en ai pas ; **quanti anni hai? — ne ho 17** quel âge as-tu ? — j'ai 17 ans
▶ *avv* (*moto da luogo*: *da lì*) en ; **ne vengo ora** j'en viens

né [ne] *cong*: **né ... né** ni ... ni ; **né l'uno né l'altro lo vuole** ni l'un ni l'autre ne le veut ; **non parla né l'italiano né il tedesco** il ne parle ni l'italien ni l'allemand ; **non piove né nevica** il ne pleut pas et il ne neige pas
neanche [ne'anke] *avv* non plus ▶ *cong* même ; **non l'ho ~ chiamato** je ne l'ai même pas appelé ; **~ se volesse potrebbe venire** même s'il le voulait, il ne pourrait pas venir ; **non l'ho visto — neanch'io** je ne l'ai pas vu — moi non plus ; **~ per idea** *o* **sogno!** jamais de la vie ! ; **non ci penso ~!** je n'y pense même pas ! ; **~ un bambino ci crederebbe!** même un enfant n'y croirait pas ! ; **~ a pagarlo lo farebbe** même si on le payait, il ne le ferait pas
nebbia ['nebbja] *sf* brouillard *m*
necessariamente [netʃessarja'mente] *avv* nécessairement ; (*conseguentemente*) forcément
necessario, -a [netʃes'sarjo] *agg* nécessaire ▶ *sm*: **fare il ~** faire le nécessaire ; **lo stretto ~** le strict nécessaire
necessità [netʃessi'ta] *sf inv* nécessité *f* ; **di ~** nécessairement ; **avere ~ di fare qc** avoir besoin de faire qch ; **fare di ~ virtù** faire de nécessité vertu
necrologio, -gi [nekro'lɔdʒo] *sm* nécrologie *f*
negare [ne'gare] *vt* nier ; (*rifiutare*) refuser ; **~ di aver fatto/che** nier avoir fait/que
negativa [nega'tiva] *sf* (*Fot*) négatif *m*
negativo, -a [nega'tivo] *agg* (*anche Mat, Fis, Fot*) négatif(-ive) ▶ *sm* (*Fot*) négatif *m*
negherò *ecc* [nege'rɔ] *vb vedi* **negare**
negligente [negli'dʒɛnte] *agg* négligent(e)
negoziante [negot'tsjante] *sm/f* négociant(e), commerçant(e)
negoziare [negot'tsjare] *vt* négocier
negoziato [negot'tsjato] *sm* négociation *f*
negozio [ne'gɔttsjo] *sm* magasin *m* ; (*affare*) affaire *f* ; **~ giuridico** (*Dir*) acte *m* juridique

Les heures d'ouverture des magasins italiens peuvent varier ; dans les grandes villes, de plus en plus de commerces font la journée continue, et sont même parfois ouverts le dimanche. Dans la plupart des cas cependant, les **negozi** ferment pour la pause du déjeuner : ils sont ouverts de 8 h 30–9 h 00 à 12 h 30–13 h 00 et rouvrent de 15 h 00–15 h 30 à 19 h 00–19 h 30.

n

negro, -a ['negro] *agg* Noir(e) ; (*arte, musica*) nègre ▸ *sm/f* noir(e)
nemico, -a, -ci, -che [ne'miko] *agg, sm/f* ennemi(e) ; **essere ~ di** (*contrario a*) être contre ; (*nocivo a*) être nuisible à
nemmeno [nem'meno] *avv, cong* = **neanche**
neo ['nɛo] *sm* grain *m* de beauté ; (*Med*) nævus *msg* ; (*fig*) imperfection *f*
neon ['nɛon] *sm inv* néon *m* ; **lampada al ~** lampe *f* au néon
neonato, -a [neo'nato] *agg, sm/f* nouveau-né(e)
neozelandese [neoddzelan'dese] *agg, sm/f* néo-zélandais(e)
neppure [nep'pure] *avv, cong* = **neanche**
nero, -a ['nero] *agg* (*anche fig*) noir(e) ▸ *sm/f* Noir(e) ▸ *sm* noir *m* ; **cronaca nera** faits *mpl* divers ; **il Mar N~** la mer Noire ; **nella miseria più nera** dans la misère la plus noire ; **essere di umore ~, essere ~** être d'une humeur noire ; **mettere ~ su bianco** mettre noir sur blanc ; **vedere tutto ~** voir tout en noir
nervo ['nɛrvo] *sm* nerf *m* ; (*Bot*) nervure *f* ; **avere i nervi a fior di pelle** avoir les nerfs à fleur de peau ; **dare sui nervi a qn** taper sur les nerfs de qn ; **tenere/avere i nervi saldi** garder/avoir les nerfs solides ; **che nervi!** que c'est énervant !
nervoso, -a [ner'voso] *agg* nerveux(-euse) ▸ *sm* (*malumore, ira*): **far venire il ~ a qn** énerver qn ; **farsi prendere dal ~** s'énerver
nespola ['nɛspola] *sf* nèfle *f*
nesso ['nɛsso] *sm* lien *m*

PAROLA CHIAVE

nessuno, -a [nes'suno] (*dav sm* **nessun** + C, V, **nessuno** + *s impura, gn, pn, ps, x, z; dav sf* **nessuna** + C, **nessun'** + V) *agg*
1 (*nemmeno uno*) aucun(e), pas un(e), nul(le) ; **non c'è nessun libro** il n'y a aucun livre ; **nessun altro** personne d'autre ; **nessun'altra cosa** aucune autre chose ; **in nessun luogo** nulle part
2 (*qualche*) aucun(e) ; **hai nessuna obiezione?** tu n'as aucune objection ?
▸ *pron* **1** (*persona*) personne, aucun(e) ; (*cosa*) aucun(e) ; **non è venuto nessuno?** personne n'est venu ?
2 (*qualcuno*) personne, quelqu'un ; **ha telefonato nessuno?** personne n'a téléphoné ?, est-ce que quelqu'un a téléphoné ?

nettare [net'tare] *sm* nectar *m*
nettezza [net'tettsa] *sf* propreté *f* ; **~ urbana** service *m* de voirie
netto, -a ['netto] *agg* (*pulito*) propre ; (*risposta, guadagno, peso*) net (nette) ; **tagliare qc di ~** couper *o* trancher net qch ; **un taglio ~ col passato** (*fig*) une coupure nette avec le passé
netturbino [nettur'bino] *sm* éboueur *m*
neutrale [neu'trale] *agg* neutre
neutro, -a ['nɛutro] *agg, sm* neutre *m*
neve ['neve] *sf* neige *f* ; **montare a ~** (*Cuc*) battre en neige ; **nevi perenni** neiges éternelles
nevicare [nevi'kare] *vb impers* neiger ; **nevica** il neige
nevicata [nevi'kata] *sf* chute *f* de neige
nevischio [ne'viskjo] *sm* neige *f* fondue
nevoso, -a [ne'voso] *agg* neigeux(-euse)
nevralgia [nevral'dʒia] *sf* névralgie *f*
nevrastenico, -a, -ci, -che [nevras'tɛniko] *agg, sm/f* (*Med, fig*) neurasthénique *m/f*
nevrosi [ne'vrɔzi] *sf inv* névrose *f*
nevrotico, -a, -ci, -che [ne'vrɔtiko] *agg* (*Med, fig*) névrotique ▸ *sm/f* névrosé(e)
nicchia ['nikkja] *sf* (*anche fig*) niche *f* ; (*naturale*) cavité *f* ; **~ di mercato** (*Comm*) créneau *m* (de vente)
nicchiare [nik'kjare] *vi* hésiter, tergiverser
nichel ['nikel] *sm* nickel *m*
nicotina [niko'tina] *sf* nicotine *f*
nido ['nido] *sm* nid *m* ▸ *agg inv*: **asilo ~** crèche *f* ; **a ~ d'ape** à nid d'abeilles

PAROLA CHIAVE

niente ['njɛnte] *pron* **1** rien ; **niente può fermarlo** rien ne peut l'arrêter ; **niente di niente** rien de rien ; **nient'altro** rien d'autre ; **come se niente fosse** comme si de rien n'était ; **cose da niente** des riens, des bagatelles ; **per niente** pour rien ; **poco o niente** presque rien, trois fois rien ; **grazie! — di niente** merci ! — de rien ; **non per niente, ma ...** ce n'est pas pour dire, mais ... ; **un uomo da niente** un rien du tout
2 (*qualcosa*): **hai bisogno di niente?**

as-tu besoin de quelque chose ?, tu n'as besoin de rien ?
3: **non ... niente** ne ... rien ; **non ho visto niente** je n'ai rien vu ; **non ho niente da dire** je n'ai rien à dire ; **non può farci niente** il ne peut rien y faire ; **(non) fa niente** cela ne fait rien
▶ *sm* rien *m* ; **un bel niente** rien du tout ; **basta un niente per farla piangere** il suffit d'un rien pour la faire pleurer ; **finire in niente** ne pas avoir de suite, se terminer en eau de boudin
▶ *avv* (*in nessuna misura*): **non ... niente** ne ... pas du tout ; **non ... (per) niente** ne ... pas du tout ; **non è (per) niente male** il n'est pas mal du tout ; **non ci penso per niente** je n'y pense pas du tout ; **niente affatto** pas du tout, pas le moins du monde
▶ *agg*: **niente paura!** n'ayez pas peur !

ninfa ['ninfa] *sf* nymphe *f*
ninfea [nin'fɛa] *sf* nymphéa *m*, nénuphar *m*
ninna-nanna [ninna'nanna] *sf* berceuse *f*
ninnolo ['ninnolo] *sm* joujou *m* ; (*gingillo*) bibelot *m*
nipote [ni'pote] *sm/f* (*di zii*) neveu (nièce) ; (*di nonni*) petit-fils (petite-fille)
nitido, -a ['nitido] *agg* (*immagine*) net (nette)
nitrire [ni'trire] *vi* hennir
nitrito [ni'trito] *sm* (*verso*) hennissement *m*
nitroglicerina [nitroglitʃe'rina] *sf* nitroglycérine *f*
no [nɔ] *avv* non ; **vieni o no?** tu viens oui ou non ? ; **perché no?** pourquoi pas ? ; **lo conosciamo? — tu no ma io sì** est-ce que nous le connaissons ? — toi, non mais moi, oui ; **verrai, no?** tu viendras, n'est-ce pas ?
nobile ['nɔbile] *agg, sm/f* noble *m/f*
nocca, -che ['nɔkka] *sf* jointure *f* (des doigts)
noccio *ecc* ['nɔttʃo] *vb vedi* **nuocere**
nocciola [not'tʃɔla] *agg inv, sf* noisette *f*
nocciolina [nottʃo'lina] *sf* (*anche*: **nocciolina americana**) cacahuète *f*
nocciolo ['nɔttʃolo] *sm* (*in frutto*) noyau *m* ; (*fig: punto essenziale*) nœud *m* ; (*Bot: albero*) [not'tʃɔlo] noisetier *m*
noce ['notʃe] *sm* noyer *m* ▶ *sf* noix *fsg* ▶ *agg inv* marron, brun(e) ; **una ~ di burro** une noix de beurre ; **~ di cocco** noix de coco ; **~ moscata** (noix de) muscade *f*
nocevo *ecc* [no'tʃevo] *vb vedi* **nuocere**
nocivo, -a [no'tʃivo] *agg* (*sostanza*) nocif(-ive) ; (*animale*) nuisible
nocqui *ecc* ['nɔkkwi] *vb vedi* **nuocere**
nodo ['nɔdo] *sm* nœud *m* ; (*fig: legame*) lien *m* ; **avere un ~ alla gola** avoir la gorge nouée ; **tutti i nodi vengono al pettine** (tôt ou tard) tous les problèmes finissent par émerger
no-global [no'global] *sm/f inv, agg inv* altermondialiste *m/f*
noi ['noi] *pron* nous ; **~ stessi(e)** nous-mêmes
noia ['nɔja] *sf* ennui *m* ; **mi è venuto a ~** je m'en suis lassé(e) ; **dare ~ a** déranger ; **avere delle noie con** avoir des ennuis avec
noioso, -a [no'joso] *agg* ennuyeux(-euse) ; (*fastidioso*) agaçant(e)
noleggiare [noled'dʒare] *vt* louer
noleggio [no'leddʒo] *sm* location *f*
nomade ['nɔmade] *agg, sm/f* nomade *m/f*
nome ['nome] *sm* nom *m* ; (*fig*) renommée *f* ; **a ~ di** de la part de ; **in ~ di** au nom de ; **chiamare qn per ~** appeler qn par son prénom ; **conoscere qn di ~** connaître qn de nom ; **fare il ~ di qn** nommer qn ; **farsi un ~** se faire un nom ; **faccia pure il mio ~** vous pouvez dire que vous me connaissez ; **~ da ragazza/da sposata** nom de jeune fille/d'épouse ; **~ d'arte** pseudonyme *m* ; **~ depositato** nom déposé ; **~ di battesimo** nom de baptême ; **~ utente** (*Inform*) nom d'utilisateur, identifiant *m*
nomignolo [no'miɲɲolo] *sm* surnom *m*, sobriquet *m*
nomina ['nɔmina] *sf* nomination *f*
nominale [nomi'nale] *agg* (*anche Ling*) nominal(e)
nominare [nomi'nare] *vt* nommer ; **non l'ho mai sentito ~** je n'en ai jamais entendu parler
nominativo, -a [nomina'tivo] *agg* nominatif(-ive) ▶ *sm* (*Amm*) nom *m* et prénom ; (*Ling*) nominatif *m*
non [non] *avv* ne ... pas ▶ *pref vedi anche* **affatto**; **appena**
nonché [non'ke] *cong* (*e non solo*) non seulement ... mais aussi ; (*inoltre*) ainsi que

n

noncurante [nonku'rante] *agg* (*persona, atteggiamento*): **~ (di)** insouciant(e) (de) ; **con fare ~** d'une façon nonchalante

nonno, -a ['nɔnno] *sm/f* grand-père (grand-mère) ; **i nonni** *smpl* (*nonno e nonna*) les grands-parents *mpl*

> **FALSI AMICI**
> **nonna** non si traduce mai con la parola francese *nonne*.

nonnulla [non'nulla] *sm inv*: **un ~** un rien

nono, -a ['nɔno] *agg, sm/f* neuvième *m/f* ▸ *sm* neuvième *m*

nonostante [nonos'tante] *prep* malgré, en dépit de ▸ *cong* bien que, quoique ; **ciò ~** malgré cela

nontiscordardimé [nontiskordardi'me] *sm inv* myosotis *msg*

nord [nɔrd] *agg inv, sm* nord *m* ; **a ~ (di)** au nord (de) ; **verso ~** vers le nord ; **il mare del N~** la mer du Nord ; **l'America del N~** l'Amérique du Nord

nordest [nor'dɛst] *sm* nord-est *m*

nordovest [nor'dɔvest] *sm* nord-ouest *m*

norma ['nɔrma] *sf* norme *f* ; (*regola, consuetudine*) règle *f* ; **di ~** d'habitude, normalement ; **a ~ di legge** aux termes de la loi ; **per tua ~ e regola** pour ta gouverne ; **al di sopra della ~** supérieur à la norme ; **~ giuridica** norme, règle de droit ; **norme di sicurezza** consignes *fpl* de sécurité ; **norme per l'uso** mode *msg* d'emploi

normale [nor'male] *agg* normal(e) ▸ *sf* (*Geom*) normale *f*

normalmente [normal'mente] *avv* normalement

norvegese [norve'dʒese] *agg* norvégien(ne) ▸ *sm/f* Norvégien(ne) ▸ *sm* norvégien *m*

Norvegia [nor'vɛdʒa] *sf* Norvège *f*

nostalgia [nostal'dʒia] *sf* nostalgie *f*

nostrano, -a [nos'trano] *agg* du pays

nostro, -a ['nɔstro] *agg*: **(il) ~, (la) nostra** notre ▸ *pron*: **il ~, la nostra** le nôtre, la nôtre ; **i nostri** (*genitori*) nos parents ; **una nostra amica** une de nos amies ; **i nostri libri** nos livres ; **~ padre** notre père ; **è ~** il est à nous, c'est le nôtre ; **l'ultima nostra** (*Comm*) notre dernière lettre ; **è dalla nostra** il est de notre côté ; **vogliamo dire la nostra** nous avons notre mot à dire ; **alla nostra!** (*brindisi*) à notre santé ! ; **abbiamo avuto le nostre** nous avons eu notre lot de malheurs ; **ne abbiamo fatta una delle nostre!** nous avons encore fait une bêtise ! ; **arrivano i nostri!** les renforts arrivent !

nota ['nɔta] *sf* (*anche Mus*) note *f* ; (*elenco*) liste *f* ; (*segno*) caractéristique *f* ; **prendere ~ di qc** prendre note de qch ; (*fig*) prendre bonne note de qch ; **degno di ~** digne d'être remarqué, remarquable ; **note a piè di pagina** notes en bas de page ; **note caratteristiche** caractéristiques dominantes

notaio [no'tajo] *sm* notaire *m*

notare [no'tare] *vt* remarquer ; (*segnare*) marquer ; (*registrare*) annoter ; **farsi ~** (*anche peg*) se faire remarquer

notevole [no'tevole] *agg* (*talento, capacità*) considérable, remarquable ; (*peso*) considérable

notifica, -che [no'tifika] *sf* notification *f*

notizia [no'tittsja] *sf* nouvelle *f* ; (*conoscenza, nozione*) notion *f* ; **ultime notizie** dernières nouvelles ; **notizie sportive** nouvelles sportives

notiziario [notit'tsjarjo] *sm* (*Radio, TV*) nouvelles *fpl*, informations *fpl*

noto, -a ['nɔto] *agg* connu(e)

notorietà [notorje'ta] *sf* notoriété *f* ; **atto di ~** acte *m* de notoriété

notorio, -a [no'tɔrjo] *agg* notoire ; **atto ~** acte *m* de notoriété

nottambulo, -a [not'tambulo] *sm/f* noctambule *m/f*

nottata [not'tata] *sf* nuit *f*

notte ['nɔtte] *sf* nuit *f* ; **di ~** la nuit ; **buona ~!** bonne nuit ! ; (*fig*) n'en parlons plus ! ; **dammi 30 euro e buona ~!** donne-moi 30 euros et n'en parlons plus ! ; **si, buona ~!** mais oui, c'est ça ! ; **questa ~** cette nuit ; **nella ~ dei tempi** dans la nuit des temps ; **~ bianca** nuit blanche

notturno, -a [not'turno] *agg* nocturne ▸ *sm* (*Mus*) nocturne *m* ▸ *sf* (*Sport*) match *m* nocturne

novanta [no'vanta] *agg inv, sm inv* quatre-vingt-dix (*m*) *inv* ; *vedi anche* **cinque**

novantesimo, -a [novan'tɛzimo] *agg, sm/f* quatre-vingt-dixième *m/f*

nove ['nɔve] *agg inv, sm inv* neuf (*m*) *inv* ; *vedi anche* **cinque**

novecento [nove'tʃɛnto] *agg inv, sm inv* neuf cents *(m) inv* ▶ *sm*: **il N~** le vingtième siècle

novella [no'vɛlla] *sf* nouvelle *f*, conte *m*

novello, -a [no'vɛllo] *agg* nouveau (nouvelle) ; **sposi novelli** jeunes mariés *mpl*

novembre [no'vɛmbre] *sm* novembre *m* ; *vedi anche* **luglio**

novità [novi'ta] *sf inv* nouveauté *f* ; *(notizia)* nouvelle *f* ; **le ~ della moda** les nouveautés de la mode

nozione [not'tsjone] *sf* notion *f* ; **nozioni** *sfpl (rudimenti)* notions *fpl*

nozze ['nɔttse] *sfpl* noces *fpl* ; **~ d'argento/d'oro** noces d'argent/d'or

nubile ['nubile] *agg* célibataire

nuca, -che [nuka] *sf* nuque *f*

nucleare [nukle'are] *agg, sm* nucléaire *(m)*

nucleo ['nukleo] *sm (anche fig)* noyau *m* ; *(Mil, Polizia)* détachement *m* ; **~ antidroga** ≈ brigade *f* des stupéfiants ; **~ familiare** cellule *f* familiale

nudista, -i, -e [nu'dista] *sm/f* nudiste *m/f*

nudo, -a ['nudo] *agg* nu(e) ▶ *sm (Arte)* nu *m* ; **a occhio ~** à l'œil nu ; **a piedi nudi** nu-pieds, pieds nus ; **mettere a ~** mettre à nu ; **gli ha detto ~ e crudo che ...** il lui a carrément dit que ...

nulla ['nulla] *pron, avv* = **niente** ▶ *sm*: **il ~** le néant ; **svanire nel ~** disparaître sans laisser de traces ; **basta un ~ per farlo arrabbiare** il suffit d'un rien pour qu'il se mette en colère

nullità [nulli'ta] *sf inv (anche Dir)* nullité *f*

nullo, -a ['nullo] *agg* nul(le)

numerale [nume'rale] *agg* numéral(e) ▶ *sm* numéral *m*

numerare [nume'rare] *vt* numéroter

numerico, -a, -ci, -che [nu'mɛriko] *agg* numérique

numero ['numero] *sm (anche Ling)* nombre *m* ; *(romano, arabo)* chiffre *m* ; *(di matricola, giornale ecc)* numéro *m* ; **tanto per fare ~** juste pour qu'on soit plus nombreux ; **che ~ tuo fratello!** quel numéro, ton frère ! ; **dare i numeri** dérailler, débloquer ; **ha tutti i numeri per riuscire** il a toutes les qualités pour réussir ; **~ chiuso** *(Univ)* numerus clausus *m* ; **~ civico** numéro *(d'une maison)* ; **~ di scarpe** pointure *f* ; **~ di telefono** numéro de téléphone ; **~ doppio** *(di rivista)* numéro double ; **~ verde** *(Tel)* numéro vert

numeroso, -a [nume'roso] *agg* nombreux(-euse)

nuoccio *ecc* ['nwɔttʃo] *vb vedi* **nuocere**

nuocere ['nwɔtʃere] *vi*: **~ a** nuire à ; **tentar non nuoce** qui ne risque rien n'a rien

nuora ['nwɔra] *sf* belle-fille *f*

nuotare [nwo'tare] *vi* nager ; *(galleggiare)* flotter ; **~ nell'oro** rouler sur l'or

nuotatore, -trice [nwota'tore] *sm/f* nageur(-euse)

nuoto ['nwɔto] *sm* natation *f* ; **a ~** à la nage

nuova ['nwɔva] *sf (notizia)* nouvelle *f*

nuovamente [nwɔva'mente] *avv* de nouveau

Nuova Zelanda ['nwɔva dze'landa] *sf* Nouvelle-Zélande *f*

nuovo, -a ['nwɔvo] *agg* nouveau (nouvelle) ; *(in buono stato, non usato)* neuf (neuve) ; **come ~** comme neuf (neuve) ; **~ fiammante, ~ di zecca** flambant neuf (neuve) ; **di ~** de nouveau ; **fino a ~ ordine** jusqu'à nouvel ordre ; **il suo volto non mi è ~** son visage ne m'est pas étranger ; **rimettere a ~** remettre à neuf

nutriente [nutri'ɛnte] *agg* nourrissant(e)

nutrimento [nutri'mento] *sm* nourriture *f*

nutrire [nu'trire] *vt (anche fig)* nourrir ; **nutrirsi** *vpr*: **nutrirsi di** se nourrir de

nuvola ['nuvola] *sf* nuage *m*

nuvoloso, -a [nuvo'loso] *agg* nuageux(-euse)

nuziale [nut'tsjale] *agg* nuptial(e)

nylon ['nailən] *sm* nylon *m*

O. *abbr* (= *ovest*) O.

o [o] (*dav V spesso* **od**) *cong* ou ; **o ... o** ou ... ou, soit ... soit ; **o l'uno o l'altro** l'un ou l'autre

oasi ['ɔazi] *sf inv* (*anche fig*) oasis *fsg*

obbediente *ecc* [obbe'djɛnte] *agg* = **ubbidiente** *ecc*

obbligare [obbli'gare] *vt*: **~ (qn a fare qc)** obliger (qn à faire qch) ; **obbligarsi** *vpr* (*Dir*) s'obliger ; **obbligarsi a fare qc** (*impegnarsi*) s'engager à faire qch

obbligatorio, -a [obbliga'tɔrjo] *agg* obligatoire

obbligo, -ghi ['ɔbbligo] *sm* obligation *f* ; (*dovere*) devoir *m* ; **avere l'~ di fare qc** être dans l'obligation de faire qch ; **essere d'~** être obligatoire ; (*discorso, applauso*) être de rigueur ; **avere degli obblighi con** *o* **verso qn** avoir des obligations envers qn ; **la scuola dell'~** la scolarité obligatoire ; **le formalità d'~** les formalités *fpl* requises

obeso, -a [o'beso] *agg* obèse

obiettare [objet'tare] *vt*: **~ (su/che)** objecter (à/que)

obiettivo, -a [objet'tivo] *agg* objectif(-ive) ▶ *sm* (*Fot, Mil, fig*) objectif *m*

obiettore [objet'tore] *sm* objecteur *m* ; **~ di coscienza** objecteur de conscience

obiezione [objet'tsjone] *sf* objection *f*

obitorio [obi'tɔrjo] *sm* morgue *f*

obliquo, -a [o'blikwo] *agg* (*anche Mat*) oblique ; (*fig*: *indiretto*) indirect(e) ; (: *non onesto*) louche

obliterare [oblite'rare] *vt* oblitérer

oblò [o'blɔ] *sm inv* hublot *m*

oboe ['ɔboe] *sm inv* hautbois *msg*

oca ['ɔka] (*pl* **oche**) *sf* (*anche peg*) oie *f* ; **~ giuliva** bécasse *f*

occasione [okka'zjone] *sf* occasion *f* ; **cogliere l'~** saisir l'occasion ; **all'~** à l'occasion ; **alla prima ~** à la première occasion ; **d'~** d'occasion

occhiaia [ok'kjaja] *sf* orbite *f* ; **occhiaie** *sfpl* (*per stanchezza*) cernes *mpl* ; **avere le occhiaie** avoir les yeux cernés

occhiali [ok'kjali] *smpl* lunettes *fpl* ; **~ da sole/da vista** lunettes de soleil/de vue

occhiata [ok'kjata] *sf* coup d'œil *m* ; **dare un'~ a** jeter un coup d'œil à ; **un'~ d'intesa** un coup d'œil complice

occhiello [ok'kjɛllo] *sm* boutonnière *f* ; (*di libro*) faux-titre *m*

occhio ['ɔkkjo] *sm* œil *m* ; **~!** attention ! ; **a ~ nudo** à l'œil nu ; **a quattr'occhi** entre quatre-z'yeux ; **avere ~** avoir le compas dans l'œil ; **chiudere un ~ (su)** (*fig*) fermer les yeux (sur) ; **costare un ~ della testa** coûter les yeux de la tête ; **dare all'~** *o* **nell'~ a qn** taper dans l'œil de qn ; **fare l'~ a qc** s'habituer à qch ; **tenere d'~ qn** avoir *o* tenir qn à l'œil ; **tener d'~ qc** surveiller qch ; **vedere di buon/cattivo ~ qc/qn** voir qch/qn d'un bon/mauvais œil

occhiolino [okkjo'lino] *sm*: **fare l'~ a qn** faire un clin d'œil à qn

occidentale [ottʃiden'tale] *agg, sm/f* occidental(e)

occidente [ottʃi'dɛnte] *sm* ouest *m* ; (*Pol*): **l'O~** l'Occident *m* ; **a ~** à l'ouest

occorrente [okkor'rɛnte] *agg, sm* nécessaire (*m*) ; **ho tutto l'~** j'ai tout ce qu'il faut

occorrenza [okkor'rɛntsa] *sf*: **all'~** au besoin

> **FALSI AMICI**
> **occorrenza** non si traduce mai con la parola francese *occurrence*.

occorrere [ok'korrere] *vi* falloir, être nécessaire ; **(mi) occorre una penna** il (me) faut un stylo ▶ *vb impers*: **occorre farlo** il faut le faire ; **occorre che tu parta** il faut que tu partes ; **gli occorrono dei libri** il lui faut des livres ; **mi occorre un'ora di tempo** il me faut une heure ; **non occorre che si disturbi** il n'est pas nécessaire que vous vous dérangiez

occulto, -a [ok'kulto] *agg* occulte

occupare [okku'pare] *vt* occuper ; **occuparsi** *vpr*: **occuparsi di** s'occuper de

occupato, -a [okku'pato] *agg* occupé(e)
occupazione [okkupat'tsjone] *sf* occupation *f* ; (*impiego, lavoro*) emploi *m*
oceano [o'tʃɛano] *sm* océan *m*
ocra ['ɔkra] *sf, agg inv* ocre (*f*)
OCSE ['ɔkse] *sigla f* (= *Organizzazione per la Cooperazione e lo Sviluppo Economico*) OCDE *f*
oculare [oku'lare] *agg* (*Anat, testimone*) oculaire
oculato, -a [oku'lato] *agg* (*persona*) avisé(e), circonspect(e) ; (*scelta*) judicieux(-euse)
oculista, -i, -e [oku'lista] *sm/f* oculiste *m/f*
odiare [o'djare] *vt* (*nemico ecc*) haïr ; (*caffè, violenza ecc*) détester ; **odiarsi** *vpr* se haïr, se détester ; **odio stirare** je déteste repasser
odierno, -a [o'djɛrno] *agg* (*di oggi*) d'aujourd'hui ; (*attuale*) actuel(le) ; **in data odierna** ce jour
odio ['ɔdjo] *sm* haine *f* ; **avere in ~ qc/qn** haïr qch/qn
odioso, -a [o'djoso] *agg* odieux(-euse) ; **rendersi ~ (a)** se rendre odieux(-euse) (à)
odorare [odo'rare] *vt, vi* sentir ; **odora di lavanda** cela sent la lavande
odore [o'dore] *sm* odeur *f* ; **odori** *smpl* (*Cuc*) aromates *mpl* ; **sento ~ di bruciato/di fumo** cela sent le brûlé/la fumée ; **buon/cattivo ~** bonne/mauvaise odeur ; **in ~ di** (*fig*) en odeur de
offendere [of'fɛndere] *vt* blesser, vexer ; (*morale*) offenser ; (*vista*) choquer ; (*libertà, diritti*) violer ; **offendersi** *vpr* (*reciproco*) s'injurier ; (*risentirsi*) se vexer, se froisser
offerente [offe'rɛnte] *sm/f*: **al miglior ~** au plus offrant
offerta [of'fɛrta] *sf* (*donazione, Econ*) offre *f* ; (*Rel*) offrande *f* ; (*in gara d'appalto*) soumission *f* ; (*in aste*) enchère *f* ; **fare un'~** (*in chiesa*) faire une offrande ; (*per appalto*) soumissionner ; (*ad un'asta*) faire une enchère ; **~ di matrimonio** demande *f* en mariage ; **~ pubblica di acquisto/di vendita** offre publique d'achat/de vente ; **~ reale** offre réelle ; **~ speciale** promotion *f* ; **« offerte d'impiego »** « offres d'emploi »
offesa [of'fesa] *sf* offense *f*
offeso, -a [of'feso] *pp di* **offendere** ▸ *agg* blessé(e), vexé(e) ▸ *sm/f* offensé(e) ; **essere ~ con qn** être brouillé(e) avec qn ; **parte offesa** (*Dir*) partie lésée
officina [offi'tʃina] *sf* atelier *m* ; **~ meccanica** garage *m*
offrire [of'frire] *vt* offrir ; **offrirsi** *vpr* s'offrir ; **offrirsi (di fare)** proposer (de faire) ; **ti offro da bere/un caffè** je t'offre à boire/un café ; **« offresi posto di segretaria »** « recherchons secrétaire » ; **« segretaria offresi »** « recherche poste de secrétaire »
offuscare [offus'kare] *vt* assombrir, obscurcir ; (*fig*: *intelletto*) troubler ; (: *fama*) ternir ; **offuscarsi** *vpr* (*immagine*) s'assombrir, s'obscurcir ; (*fama*) se ternir
oggettivo, -a [oddʒet'tivo] *agg* objectif(-ive)
oggetto [od'dʒɛtto] *sm* objet *m* ; **essere ~ di** (*di critiche, controversia*) être l'objet de, faire l'objet de ; **essere ~ di scherno** être un objet de risée ; **donna ~** femme-objet *f* ; **(ufficio) oggetti smarriti** (bureau *m* des) objets trouvés ; **oggetti preziosi** objets précieux
oggi ['ɔddʒi] *avv, sm* aujourd'hui ; **~ stesso** aujourd'hui même ; **~ come ~** aujourd'hui ; **dall'~ al domani** du jour au lendemain ; **a tutt'~** jusqu'à aujourd'hui ; **~ a otto** aujourd'hui en huit
oggigiorno [oddʒi'dʒorno] *avv* aujourd'hui, de nos jours
OGM [ɔdʒi'ɛmme] *sigla m* (= *organismo geneticamente modificato*) OGM *m*
ogni ['oɲɲi] *agg* chaque, tous (toutes) les ; **~ volta che ...** chaque fois que ... ; **~ sera** chaque soir, tous les soirs ; **~ giorno** chaque jour, tous les jours ; **~ donna** chaque femme, toutes les femmes ; **viene ~ due giorni** il vient tous les deux jours ; **~ cosa** tout ; **ad ~ costo** à tout prix ; **in ~ luogo** en tout lieu ; **~ tanto** de temps en temps
Ognissanti [oɲɲis'santi] *sm* Toussaint *f*
ognuno, -a [oɲ'ɲuno] *pron* chacun(e)
Olanda [o'landa] *sf* Hollande *f*
olandese [olan'dese] *agg* hollandais(e) ▸ *sm/f* Hollandais(e) ▸ *sm* hollandais *m*
oleandro [ole'andro] *sm* laurier-rose *m*
oleodotto [oleo'dɔtto] *sm* oléoduc *m*, pipe-line *f*

oleoso, -a [ole'oso] *agg* huileux(-euse) ; (*che contiene olio*) oléagineux(-euse)
olfatto [ol'fatto] *sm* odorat *m*
oliare [o'ljare] *vt* huiler
oliera [o'ljɛra] *sf* huilier *m*
Olimpiadi [olim'piadi] *sfpl* Jeux *mpl* olympiques
olimpico, -a, -ci, -che [o'limpiko] *agg* olympique
olio ['ɔljo] *sm* huile *f* ; **un (quadro a) ~** une huile ; **sott'~** (*Cuc*) à l'huile ; **~ di fegato di merluzzo** huile de foie de morue ; **~ di semi vari/d'oliva** huile végétale/d'olive ; **~ santo** huile sainte ; **~ solare** huile solaire ; **oli essenziali** huiles essentielles
oliva [o'liva] *sf* olive *f* ▸ *agg inv*: **verde ~** vert olive
olivo [o'livo] *sm* olivier *m*
olmo ['ɔlmo] *sm* orme *m*
OLP [ɔlp] *sigla f* (= *Organizzazione per la Liberazione della Palestina*) OLP *f*
oltraggio [ol'traddʒo] *sm* (*anche Dir*) outrage *m* ; **~ a pubblico ufficiale** outrage à agent de la force publique ; **~ al pudore** outrage à la pudeur ; **~ alla corte** outrage à la Cour
oltranza [ol'trantsa] *sf*: **a ~** à outrance
oltre ['oltre] *avv* (*più in là*) plus loin ; (*di più*) davantage ; (*nel tempo*) plus longtemps ▸ *prep* (*di là da*) au-delà de ; (*più di*) plus de ; (*in aggiunta a*) en plus de, outre ; **~ a** (*eccetto*) à part ; **~ a tutto** qui plus est ; **~ il fiume** de l'autre côté du fleuve ; **~ a ciò** en plus (de cela)
oltrepassare [oltrepas'sare] *vt* dépasser ; (*fig*) dépasser, outrepasser
omaggio [o'maddʒo] *sm* (*dono*) cadeau *m* ; (*segno di rispetto*) hommage *m* ; **omaggi** *smpl* (*complimenti*) hommages *mpl* ; **dare qc in ~** faire cadeau de qch ; **campione in ~** échantillon *m* gratuit ; **rendere ~ a** rendre hommage à ; **presentare i propri omaggi a qn** présenter ses hommages à qn
ombelico, -chi [ombe'liko] *sm* nombril *m*
ombra ['ombra] *sf* ombre *f* ▸ *agg inv*: **governo ~** gouvernement *m* fantôme ; **sedere all'~** être assis(e) à l'ombre ; **restare nell'~** (*fig*) rester dans l'ombre ; **senza ~ di dubbio** sans l'ombre d'un doute
ombrello [om'brɛllo] *sm* parapluie *m*
ombrellone [ombrel'lone] *sm* parasol *m*
ombretto [om'bretto] *sm* fard *m* à paupières
OMC [oɛmme'tʃi] *sigla f* (= *Organizzazione Mondiale del Commercio*) OMC *f*
omelette [ɔmə'lɛt] *sf inv* omelette *f*
omelia [ome'lia] *sf* homélie *f*
omeopatia [omeopa'tia] *sf* homéopathie *f*
omertà [omer'ta] *sf* loi *f* du silence
omettere [o'mettere] *vt* omettre ; **~ di fare qc** omettre de faire qch
omicida, -i, -e [omi'tʃida] *agg, sm/f* meurtrier(-ière)
omicidio [omi'tʃidjo] *sm* meurtre *m*, homicide *m* ; **~ colposo** homicide volontaire ; **~ premeditato** meurtre avec préméditation
omisi *ecc* [o'mizi] *vb vedi* **omettere**
omissione [omis'sjone] *sf* omission *f* ; **reato d'~** délit *m* d'omission ; **~ di atti d'ufficio** ≈ négligence *f* (*commise par un fonctionnaire*) ; **~ di denuncia** non-dénonciation *f* de crime ; **~ di soccorso** non-assistance *f* à personne en danger
omogeneizzato [omodʒeneid'dzato] *sm* petit pot *m*
omogeneo, -a [omo'dʒɛneo] *agg* homogène
omogenitoriale [omoʒenito'rjale] *agg* homoparental(e)
omonimo, -a [o'mɔnimo] *agg, sm* homonyme *m* ; **questa città e la regione omonima** cette ville et la région du même nom
omosessuale [omosessu'ale] *agg, sm/f* homosexuel(le)
OMS [o'ɛmme'ɛsse] *sigla f* (= *Organizzazione Mondiale della Sanità*) OMS *f*
On. *abbr* (*Pol*: = *onorevole*) député
onda ['onda] *sf* vague *f* ; (*di capelli*) ondulation *f* ; (*Fis*) onde *f* ; **andare in ~** (*Radio, TV*) être diffusé(e) ; **mandare in ~** diffuser ; **~ verde** (*Aut*) feux *mpl* synchronisés de signalisation ; **onde corte/lunghe/medie** ondes courtes/longues/moyennes
onere ['ɔnere] *sm* (*Dir, fig*) charge *f* ; **oneri finanziari** charges financières ; **oneri fiscali** charges fiscales
onestà [ones'ta] *sf* honnêteté *f*
onesto, -a [o'nɛsto] *agg* honnête
ONG [ɔenne'dʒi] *sigla f inv* (= *Organizzazione Non Governativa*) ONG *f*

onnipotente [onnipo'tɛnte] *agg* tout(e)-puissant(e)
onomastico, -ci [ono'mastiko] *sm* fête *f*; **oggi è il mio ~** aujourd'hui c'est ma fête
onorare [ono'rare] *vt* honorer ; **onorarsi** *vpr*: **onorarsi di** (*pregiarsi*) s'honorer de
onorario, -a [ono'rarjo] *agg* honoraire ▶ *sm* (*compenso*) honoraires *mpl*
onore [o'nore] *sm* honneur *m* ; **in ~ di** en l'honneur de ; **fare ~ a** faire honneur à ; **fare gli onori di casa** faire les honneurs de la maison ; **farsi ~** se distinguer ; **a onor del vero** à vrai dire ; **medaglia d'~** médaille *f* d'honneur ; **posto d'~** place *f* d'honneur ; **uomo d'~** homme *m* d'honneur
onorevole [ono'revole] *agg* honorable ▶ *sm/f* membre *m* du Parlement italien ; **l'~ ministro** Monsieur/Madame le ministre ; **l'~ Bianchi** Monsieur/Madame le (la) député(e) Bianchi
ontano [on'tano] *sm* aulne *m*
O.N.U. ['ɔnu] *sigla f* (= *Organizzazione delle Nazioni Unite*) ONU *f*
opaco, -a, -chi, -che [o'pako] *agg* (*non trasparente*) opaque ; (*metallo*) mat(e)
opale [o'pale] *sm o sf* opale *f*
opera ['ɔpera] *sf* œuvre *f*; (*lavoro, fatica intellettuale*) travail *m* ; (*costruzione*) ouvrage *m* ; (*Mus*) opéra *m* ; **per ~ sua** grâce à lui ; **fare ~ di persuasione presso qn** user de persuasion à l'égard de qn ; **mettersi/essere all'~** se mettre/être à l'œuvre ; **~ d'arte** œuvre d'art ; **~ lirica** opéra lyrique ; **~ pia** œuvre pie ; **opere pubbliche** travaux publics ; **opere di restauro** (*Arte*) travaux de restauration ; (*Archit*) travaux de rénovation ; **opere di scavo** fouilles *fpl* ; **~ teatrale** pièce *f* de théâtre
operaio, -a [ope'rajo] *agg, sm/f* ouvrier(-ière) ; **~ non specializzato** ouvrier spécialisé, O.S. *m inv* ; **~ specializzato** ouvrier qualifié *o* professionnel, O.P. *m inv*
operare [ope'rare] *vt, vi* (*anche Med*) opérer ; **operarsi** *vpr* se faire opérer ; **~ qn d'urgenza** opérer qn d'urgence ; **~ a favore di qn** agir en faveur de qn ; **~ nel settore dei trasporti** travailler dans le secteur des transports ; **operarsi d'appendicite** se faire opérer de l'appendicite
operazione [operat'tsjone] *sf* (*anche Mil, Mat, Med*) opération *f*; **un'~ al cuore** une opération du cœur ; **operazioni in Borsa** opérations boursières
operetta [ope'retta] *sf* opérette *f*
opinione [opi'njone] *sf* opinion *f*; **avere il coraggio delle proprie opinioni** avoir le courage de ses opinions ; **~ pubblica** opinion publique
oppio ['ɔppjo] *sm* opium *m*
oppongo *ecc* [op'pongo] *vb vedi* **opporre**
opporre [op'porre] *vt* opposer ; **opporsi** *vpr*: **opporsi (a)** s'opposer (à)
opportunista, -i, -e [opportu'nista] *sm/f* opportuniste *m/f*
opportunità [opportuni'ta] *sf inv* occasion *f*; (*di scelta, decisione*) opportunité *f*; **cogliere l'~** saisir l'occasion
opportuno, -a [oppor'tuno] *agg* convenable, approprié(e) ; (*propizio, favorevole*) opportun(e) ; **a tempo ~** en temps utile
opposi *ecc* [op'posi] *vb vedi* **opporre**
opposizione [oppozit'tsjone] *sf* (*anche Pol*) opposition *f*; **essere in netta ~** être en nette opposition ; **fare ~ a qc** faire *o* mettre opposition à qch
opposto, -a [op'posto] *pp di* **opporre** ▶ *agg* opposé(e) ▶ *sm* contraire *m* ; **all'~** au contraire
oppressione [oppres'sjone] *sf* (*anche fig*) oppression *f*
opprimente [oppri'mɛnte] *agg* (*vedi vt*) oppressant(e) ; opprimant(e)
opprimere [op'primere] *vt* (*sogg: peso, caldo, dovere*) oppresser ; (*discorso, tiranno*) opprimer
oppure [op'pure] *cong* ou, ou bien ; (*altrimenti*) sinon, autrement
optare [op'tare] *vi* opter ; **~ per** opter pour
opuscolo [o'puskolo] *sm* brochure *f*
opzione [op'tsjone] *sf* option *f*; **diritto di ~** droit *m* d'option
ora[1] ['ora] *sf* heure *f*; (*momento*) temps *msg* ; **che ~ è?, che ore sono?** quelle heure est-il ? ; **domani a quest'~** demain à cette heure-ci ; **fare le ore piccole** veiller jusqu'à une heure avancée ; **è ~ di partire** il est temps de partir ; **non veder l'~ di fare qc** avoir hâte de faire qch ; **di buon'~** de bonne heure ; **alla buon'~** à la bonne heure ;

~ di pranzo heure du repas ; **~ di punta** heure de pointe ; **~ estiva/legale** heure d'été/légale ; **~ locale** heure locale

ora² ['ora] *avv* (*adesso*) maintenant ; (*tra poco*) sous peu ; **~ ... ~** tantôt ... tantôt ; **d'~ in poi** désormais ; **d'~ in avanti** dorénavant ; **or ~** à l'instant ; **~ come ~** pour le moment ; **10 anni or sono** il y a 10 ans ; **è uscito proprio ~** il vient juste de sortir

oracolo [o'rakolo] *sm* oracle *m*

orale [o'rale] *agg* oral(e) ▸ *sm* (*Scol*) oral *m*

orario, -a [o'rarjo] *agg, sm* horaire *m* ; **disco ~** disque *(m)* bleu *o* de stationnement ; **~ di apertura/di chiusura** heures *fpl* d'ouverture/de fermeture ; **~ di lavoro** heures de travail ; **~ d'ufficio** heures de bureau ; **~ elastico** horaire souple *o* variable *o* flexible ; **~ ferroviario** indicateur *m* des chemins de fer ; **~ spezzato** journée *f* (de travail) non continue

orata [o'rata] *sf* daurade *f*

oratore, -trice [ora'tore] *sm/f* orateur(-trice)

orbita ['ɔrbita] *sf* orbite *f*

orchestra [or'kɛstra] *sf* (*Mus*) orchestre *m* ; (*Teatro*) fosse *f* d'orchestre

orchidea [orki'dɛa] *sf* orchidée *f*

ordigno [or'diɲɲo] *sm* engin *m* ; **~ esplosivo** engin explosif

ordinale [ordi'nale] *agg* ordinal(e) ▸ *sm* ordinal *m*

ordinare [ordi'nare] *vt* (*mettere in ordine*) mettre en ordre, ranger ; (*merce*) commander ; (*medicina, cura*) prescrire ; (*Rel*) ordonner ; **ordinarsi** *vpr* se ranger ; **~ qc a qn** (*comandare*) ordonner qch à qn ; **~ a qn di fare qc** ordonner à qn de faire qch

ordinario, -a [ordi'narjo] *agg* (*comune*) ordinaire, normal(e) ; (*grossolano, rozzo*) ordinaire ; (*Scol*) titulaire ▸ *sm* (*a scuola*) professeur *m/f* titulaire ; (*Univ*) titulaire *m/f* d'une chaire

ordinato, -a [ordi'nato] *agg* (*persona*) ordonné(e) ; (*stanza, vita*) rangé(e)

ordinazione [ordinat'tsjone] *sf* (*Comm*) commande *f* ; (*Rel*) ordination *f* ; **fare un'~ di qc** passer une commande de qch ; **su ~** sur commande

ordine ['ordine] *sm* (*anche Rel*) ordre *m* ; **d'~ pratico** (*problema*) d'ordre pratique ; **essere in ~** (*stanza*) être en ordre ; (*documento*) être en règle ; (*persona*) être bien mis(e) *o* soigné(e) ; **mettere in ~** mettre en ordre, ranger ; **all'~** (*Comm*) à ordre ; **di prim'~** de premier ordre ; **fino a nuovo ~** jusqu'à nouvel ordre ; **richiamare all'~** rappeler à l'ordre ; **all'~ del giorno** (*fig*) à l'ordre du jour ; **l'~ degli avvocati/dei medici** l'ordre des avocats/des médecins ; **~ d'acquisto** ordre d'achat ; **~ di pagamento** ordre de paiement ; **~ del giorno** (*anche Mil*) ordre du jour ; **ordini (sacri)** (*Rel*) ordres

orecchino [orek'kino] *sm* boucle *f* d'oreille

orecchio [o'rekkjo] (*pl(f)* **orecchie**) *sm* oreille *f* ; **avere ~** avoir de l'oreille ; **a ~** (*senza leggere la musica*) sans partition, de mémoire ; **venire all'~ di qn** arriver aux oreilles de qn ; **fare orecchie da mercante** faire la sourde oreille

orecchioni [orek'kjoni] *smpl* (*Med*) oreillons *mpl*

orefice [o'refitʃe] *sm* orfèvre *m*

oreficeria [orefitʃe'ria] *sf* orfèvrerie *f* ; (*gioielleria*) bijouterie *f*

orfano, -a ['ɔrfano] *agg, sm/f* orphelin(e) ; **~ di madre/padre** orphelin(e) de mère/père

organetto [orga'netto] *sm* (*Mus*) orgue *m* de Barbarie

organico, -a, -ci, -che [or'ganiko] *agg* organique ; (*piano, progetto*) organisé(e) ; (*omogeneo*) homogène, cohérent(e) ▸ *sm* (*personale*) personnel *m* ; (*Mil*) effectif *m*

organigramma, -i [organi'gramma] *sm* organigramme *m*

organismo [orga'nizmo] *sm* (*anche Amm*) organisme *m*

organizzare [organid'dzare] *vt* organiser ; **organizzarsi** *vpr* s'organiser

organizzazione [organiddzat'tsjone] *sf* organisation *f* ; **O~ Mondiale della Sanità** Organisation mondiale de la santé

organo ['ɔrgano] *sm* (*Anat, Amm*) organe *m* ; (*Mus*) orgue *m* ; **~ di controllo/di informazione** organe de contrôle/d'information ; **~ di trasmissione** organe de transmission

orgia, -ge ['ordʒa] *sf* orgie *f* ; (*fig: di colori, luci*) débauche *f*

orgoglio [or'goʎʎo] *sm* orgueil *m* ; (*fierezza*) fierté *f*

orgoglioso, -a [orgoʎ'ʎoso] *agg* orgueilleux(-euse) ; **~ (di)** (*fiero*) fier(-ière) (de)
orientale [orjen'tale] *agg, sm/f* oriental(e)
orientamento [orjenta'mento] *sm* orientation *f* ; **senso di ~** sens *msg* de l'orientation ; **perdere l'~** ne plus savoir où l'on est ; **~ professionale** orientation professionnelle
orientare [orjen'tare] *vt* (*anche fig*) orienter ; **orientarsi** *vpr* (*anche fig*) s'orienter
oriente [o'rjɛnte] *sm* est *m* ; **l'O~** l'Orient *m* ; **il Medio/l'Estremo O~** le Moyen-/l'Extrême-Orient ; **a ~** à l'est
origano [o'rigano] *sm* origan *m*
originale [oridʒi'nale] *agg* original(e) ▸ *sm* original *m*
originario, -a [oridʒi'narjo] *agg* (*paese, persona*) originaire ; (*primitivo*) primitif(-ive), originel(le) ; (*testo ecc: autentico*) d'origine
origine [o'ridʒine] *sf* origine *f* ; **avere ~ (da)** tirer son origine (de), avoir son origine (dans) ; **dare ~ a** être à l'origine de, engendrer ; **in ~** à l'origine ; **d'~ italiana** d'origine italienne
origliare [oriʎ'ʎare] *vi, vt* écouter (en cachette)
orina [o'rina] *sf* urine *f*
orinare [ori'nare] *vi, vt* uriner
orizzontale [oriddzon'tale] *agg* horizontal(e)
orizzonte [orid'dzonte] *sm* (*anche fig*) horizon *m*
orlo ['orlo] *sm* (*di bicchiere ecc, fig*) bord *m* ; (*di gonna, vestito*) ourlet *m* ; **pieno fino all'~** plein à ras bords ; **sull'~ della pazzia/della rovina** au bord de la folie/de la ruine ; **~ a giorno** ourlet à jours
orma ['orma] *sf* (*di persona, animale*) trace *f* ; (*fig*) empreinte *f* ; **seguire** *o* **calcare le orme di** (*fig*) suivre les traces de
ormai [or'mai] *avv* (*già, adesso*) maintenant ; (*a questo punto*) désormais ; (*quasi*) presque
ormeggiare [ormed'dʒare] *vt* amarrer ; **ormeggiarsi** *vpr* s'amarrer
ormone [or'mone] *sm* hormone *f*
ornamentale [ornamen'tale] *agg* ornemental(e)
ornare [or'nare] *vt* orner, décorer ; **ornarsi** *vpr*: **ornarsi (di)** s'orner (de)
ornitologia [ornitolo'dʒia] *sf* ornithologie *f*
oro ['ɔro] *sm* or *m* ; **in ~** en or ; **d'~** (*anche fig: occasione*) en or ; **un ragazzo/un affare d'~** un garçon/une affaire en or ; **prendere qc per ~ colato** prendre qch pour argent comptant ; **~ zecchino** or pur
orologio [oro'lɔdʒo] *sm* horloge *f* ; **~ a sveglia** réveil *m* ; **~ al quarzo** horloge à quartz ; **~ biologico** horloge biologique ; **~ da polso** montre *f*
oroscopo [o'rɔskopo] *sm* horoscope *m*
orrendo, -a [or'rɛndo] *agg* (*spaventoso*) épouvantable, terrifiant(e) ; (*bruttissimo*) horrible
orribile [or'ribile] *agg* horrible ; (*tempo, giornata*) horrible, affreux(-euse)
orrore [or'rore] *sm* horreur *f* ; **avere ~ di** avoir horreur de ; **mi fai ~** tu me fais horreur
orsacchiotto [orsak'kjɔtto] *sm* nounours *msg*
orso ['orso] *sm* (*anche fig*) ours *msg* ; **~ bianco/bruno** ours blanc/brun ; **~ polare** ours polaire
ortaggio [or'taddʒo] *sm* légume *m*
ortensia [or'tɛnsja] *sf* hortensia *m*
ortica, -che [or'tika] *sf* ortie *f*
orticaria [orti'karja] *sf* urticaire *f*
orto ['ɔrto] *sm* potager *m* ; **~ botanico** jardin *m* botanique
ortodosso, -a [orto'dɔsso] *agg* orthodoxe
ortografia [ortogra'fia] *sf* orthographe *f*
ortopedico, -a, -ci, -che [orto'pɛdiko] *agg* orthopédique ▸ *sm* orthopédiste *m*
orzaiolo [ordza'jɔlo] *sm* (*Med*) orgelet *m*
orzo ['ɔrdzo] *sm* orge *f*
osare [o'zare] *vt, vi* oser ; **~ fare qc** oser faire qch ; **come osi?** comment oses-tu ?
oscenità [oʃʃeni'ta] *sf inv* obscénité *f* ; (*fig: opera, oggetto*) horreur *f*
osceno, -a [oʃ'ʃɛno] *agg* obscène ; (*ripugnante*) affreux(-euse)
oscillare [oʃʃil'lare] *vi* osciller ; (*dondolare*) se balancer ; (*indice*) varier ; (*prezzi*) fluctuer
oscurare [osku'rare] *vt* (*anche fig*) obscurcir ; **oscurarsi** *vpr* s'obscurcir ; **si oscurò in volto** son visage s'assombrit
oscurità [oskuri'ta] *sf* obscurité *f*

O

oscuro, -a [os'kuro] *agg* (*anche fig*) obscur(e) ▶ *sm* (*fig*): **essere all'~ (di)** ignorer ; **tenere qn all'~ (di)** tenir qn dans l'ignorance (de) ; **io sono completamente all'~** je n'en sais absolument rien
ospedale [ospe'dale] *sm* hôpital *m* ; **~ militare** hôpital militaire
ospitale [ospi'tale] *agg* hospitalier(-ière)
ospitare [ospi'tare] *vt* offrir l'hospitalité à ; (*sogg*: *albergo*) accueillir, recevoir ; (: *museo*) contenir
ospite ['ɔspite] *sm/f* (*chi ospita*) hôte(-esse) ; (*chi è ospitato*) invité(e) ; **la squadra ~** l'équipe invitée
ospizio [os'pittsjo] *sm* hospice *m*
osservare [osser'vare] *vt* observer ; (*rilevare*) remarquer ; **far ~ qc a qn** (*sottolineare*) faire remarquer qch à qn
osservazione [osservat'tsjone] *sf* (*esame attento*) observation *f* ; (*rimprovero*) observation, remarque *f* ; **fare un'~ (a qn)** faire une observation *o* une remarque (à qn) ; **tenere in ~** garder en observation
ossessionare [ossessjo'nare] *vt* obséder
ossessione [osses'sjone] *sf* (*anche Psic*) obsession *f* ; (*l'essere invasato*) hantise *f*
ossia [os'sia] *cong* ou, à savoir, c'est-à-dire
ossido ['ɔssido] *sm* oxyde *m* ; **~ di carbonio** oxyde de carbone
ossigenare [ossidʒe'nare] *vt* (*Chim*, *capelli*) oxygéner
ossigeno [os'sidʒeno] *sm* oxygène *m* ; **dare ~ a** (*fig*) donner un second souffle à
osso ['ɔsso] (*pl*(*f*) **ossa**) *sm* (*anche Anat*) os *msg* ; (*nocciolo*) noyau *m* ; **d'~** en os ; **avere le ossa rotte** (*fig*) être rompu(e) de fatigue ; **bagnato fino all'~** trempé jusqu'aux os ; **essere ridotto all'~** (*fig*: *al limite estremo*) être réduit à la portion congrue ; **rompersi l'~ del collo** se casser le cou ; **~ di seppia** os de seiche ; **~ duro** (*persona*) dur(e) à cuire ; (*difficoltà*) os
ostacolare [ostako'lare] *vt* entraver
ostacolo [os'takolo] *sm* (*anche fig*, *Sport*) obstacle *m* ; **essere di ~ (a)** faire obstacle (à)
ostaggio [os'taddʒo] *sm* otage *m* ; **prendere qn in ~** prendre qn en otage
ostello [os'tɛllo] *sm*: **~ della gioventù** auberge *f* de jeunesse
ostentare [osten'tare] *vt* (*lusso*) étaler ; (*disprezzo*) afficher
osteria [oste'ria] *sf* petit restaurant *m* ; (*bettola*) bistrot *m*
ostetrico, -a, -ci, -che [os'tɛtriko] *agg* obstétrique ▶ *sm/f* obstétricien(ne)
ostia ['ɔstja] *sf* (*Rel*) hostie *f* ; (*per medicinali*) cachet *m*
ostico, -a, -ci, -che ['ɔstiko] *agg* (*fig*) difficile, dur(e)
ostile [os'tile] *agg* hostile
ostinarsi [osti'narsi] *vpr* s'obstiner ; **~ in qc/a fare qc** s'obstiner dans qch/à faire qch
ostinato, -a [osti'nato] *agg* obstiné(e)
ostrica, -che ['ɔstrika] *sf* huître *f*
ostruire [ostru'ire] *vt* obstruer, boucher
otite [o'tite] *sf* otite *f*
ottanta [ot'tanta] *agg inv*, *sm inv* quatre-vingts (*m*) *inv* ; *vedi anche* **cinque**
ottavo, -a [ot'tavo] *agg*, *sm* huitième (*m*)
ottenere [otte'nere] *vt* obtenir
ottica, -che ['ɔttika] *agg*, *sf* optique *f*
ottico, -a, -ci, -che ['ɔttiko] *agg* optique ▶ *sm* opticien(ne)
ottimamente [ottima'mente] *avv* très bien, à merveille
ottimismo [otti'mizmo] *sm* optimisme *m*
ottimista, -i, -e [otti'mista] *sm/f* optimiste *m/f*
ottimo, -a ['ɔttimo] *agg* excellent(e)
otto ['ɔtto] *agg inv*, *sm inv* huit (*m*) *inv* ; *vedi anche* **cinque**
ottobre [ot'tobre] *sm* octobre *m* ; *vedi anche* **luglio**
ottocento [otto'tʃɛnto] *agg inv*, *sm inv* huit cents (*m*) *inv* ▶ *sm inv*: **l'O~** le dix-neuvième siècle
ottone [ot'tone] *sm* laiton *m*, cuivre *m* (jaune) ; **ottoni** *smpl* (*Mus*) cuivres *mpl*
otturare [ottu'rare] *vt* obstruer, boucher ; (*dente*) obturer, plomber ; **otturarsi** *vpr* se boucher
otturazione [otturat'tsjone] *sf* obturation *f* ; (*di dente*) plombage *m*
ottuso, -a [ot'tuzo] *agg* obtus(e) ; (*peg*: *fig*) obtus(e), borné(e)
outlet ['autlet] *sm inv* (*negozio*, *centro commerciale*) outlet *m*
ovaia [o'vaja] *sf* ovaire *m*
ovale [o'vale] *agg*, *sm* ovale (*m*) ; **palla ~** (*gioco*) ballon *m* ovale
ovatta [o'vatta] *sf* ouate *f*

ovest ['ɔvest] *sm* ouest *m* ; **a ~ (di)** à l'ouest (de) ; **verso ~** vers l'ouest
ovile [o'vile] *sm* bergerie *f* ; **tornare all'~** (*fig*) rentrer au bercail
ovulazione [ovulat'tsjone] *sf* ovulation *f*
ovulo ['ɔvulo] *sm* ovule *m*
ovunque [o'vunkwe] *avv* = **dovunque**
ovviare [ovvi'are] *vi*: **~ a** remédier à
ovvio, -a ['ɔvvjo] *agg* évident(e)
oziare [ot'tsjare] *vi* paresser
ozio ['ɔttsjo] *sm* (*inattività*) oisiveté *f* ; (*tempo libero*) loisir *m* ; **stare in ~** être oisif(-ive)
ozono [od'dzɔno] *sm* ozone *m* ; **buco dell'~** trou *m* d'ozone

P *abbr* (= *parcheggio*) P
p. *abbr* (= *pagina*) p
pacchetto [pak'ketto] *sm* paquet *m* ; (*Pol*) ensemble *m* de propositions ; **~ applicativo** (*Inform*) progiciel *m* ; **~ azionario** paquet d'actions ; **~ regalo** paquet-cadeau *m* ; **~ turistico** forfait-vacances *m*
pacco, -chi ['pakko] *sm* paquet *m* ; **~ postale** colis *msg* postal
pace ['patʃe] *sf* paix *f* ; **darsi ~** en prendre son parti ; **fare (la) ~ con qn** faire la paix avec qn ; **lasciare qn in ~** laisser qn en paix ; **oggi voglio stare in ~** aujourd'hui je veux qu'on me laisse tranquille
pacifico, -a, -ci, -che [pa'tʃifiko] *agg* (*persona, popolo*) pacifique ; (*vita*) paisible ; (*fig: ovvio*) évident(e) ▸ *sm*: **il P~, l'Oceano P~** le Pacifique, l'océan *m* Pacifique
pacifista, -i, -e [patʃi'fista] *sm/f* pacifiste *m/f*
padella [pa'dɛlla] *sf* poêle *f* ; (*per infermi*) bassin *m* (hygiénique)
padiglione [padiʎ'ʎone] *sm* pavillon *m* ; **~ auricolare** (*Anat*) pavillon de l'oreille
Padova ['padova] *sf* Padoue
padre ['padre] *sm* père *m* ; (*Dio*) Père *m* ; **padri** *smpl* (*avi*) ancêtres *mpl* ; **il Santo P~** le Saint-Père
padrino [pa'drino] *sm* (*anche di mafia*) parrain *m*
padronanza [padro'nantsa] *sf* maîtrise *f* ; **ha una buona ~ del francese** il maîtrise bien le français
padrone, -a [pa'drone] *sm/f* (*proprietario*) propriétaire *m/f* ; (*datore di*

lavoro) patron(ne) ; (*dominatore*) maître (maîtresse) ; (*profondo conoscitore*) expert(e) ; **essere ~ di una lingua** maîtriser une langue ; **essere ~ di sé** être maître (maîtresse) de soi ; **~ del campo** (*fig*) maître (maîtresse) de la situation ; **~ di casa, padrona di casa** (*ospite*) maître (maîtresse) de maison ; (*per inquilino*) propriétaire *m/f*

paesaggio [pae'zaddʒo] *sm* paysage *m*

paese [pa'eze] *sm* (*regione, territorio*) pays *msg* ; (*villaggio*) village *m* ; **il ~ d'origine** *o* **di provenienza** le pays d'origine ; **mandare qn a quel ~** envoyer promener qn ; **i Paesi Bassi** les Pays-Bas

paga, -ghe ['paga] *sf* paye *f*, paie *f* ; (*di impiegato*) traitement *m* ; (*di domestico*) gages *mpl* ; **giorno di ~** jour *m* de paie ; *vedi anche* **busta**

pagamento [paga'mento] *sm* paiement *m* ; **~ alla consegna/all'ordine** paiement à la livraison/à la commande ; **~ anticipato** paiement anticipé

pagare [pa'gare] *vt* (*anche fig*) payer ; (*conto, acquisto*) payer, régler ; (*debito*) payer, acquitter ; **quanto l'hai pagato?** combien l'as-tu payé ? ; **~ in contanti** payer comptant ; **~ con carta di credito** payer avec une carte de crédit ; **~ da bere a qn** payer à boire à qn ; **~ di persona** (*fig*) payer de sa personne ; **pagarla cara** (*fig*) payer cher

pagella [pa'dʒɛlla] *sf* (*Scol*) bulletin *m*, livret *m* scolaire

pagellino [padʒel'lino] *sm* (*Scol*) bulletin *m* de notes (*bimestriel*) ; (*Sport, Pol*) bilan *m*

pagherò [page'rɔ] *vb vedi* **pagare** ▶ *sm inv* (*anche*: **pagherò cambiario**) billet *m* à ordre

pagina ['padʒina] *sf* page *f* ; **a ~ 5** à la page 5 ; **voltare ~** (*anche fig*) tourner la page ; **pagine gialle** (*Tel*) pages jaunes

paglia ['paʎʎa] *sf* paille *f* ; **avere la coda di ~** (*fig*) ne pas avoir la conscience tranquille ; **fuoco di ~** (*fig*) feu *m* de paille ; **~ di ferro** (*per stoviglie*) paille de fer ; **~ e fieno** (*pasta*) *mélange de tagliatelles nature et aux épinards*

pagliaccio [paʎ'ʎattʃo] *sm* clown *m* ; (*fig*: *divertente*) clown, pitre *m* ; (*ridicolo*) guignol *m*

paglietta [paʎ'ʎetta] *sf* (*cappello per uomo*) canotier *m* ; (*per stoviglie*) paille *f* de fer

pagnotta [paɲ'ɲɔtta] *sf* miche *f* ; (*fig*) croûte *f*

paio ['pajo] (*pl*(*f*) **paia**) *sm* paire *f* ; **un ~ di** (*alcuni*) quelques ; **un ~ di pantaloni** un pantalon ; **un ~ di occhiali** une paire de lunettes ; **un ~ di volte** une ou deux fois ; **è un altro ~ di maniche** (*fig*) c'est une autre paire de manches

pala ['pala] *sf* (*attrezzo*) pelle *f* ; (*di remo, ventilatore, elica*) pale *f* ; (*di timone*) safran *m* ; (*di mulino*) aile *f* ; **~ meccanica** pelle mécanique, pelleteuse *f*

palato [pa'lato] *sm* palais *msg*

palazzo [pa'lattso] *sm* palais *msg* ; (*edificio*) immeuble *m* ; (: *signorile*) hôtel *m* particulier ; **il P~** (*fig*: *sede di potere politico*) ≈ le Château ; **~ dello sport** palais des sports ; **~ di giustizia** palais de justice ; **~ di vetro** (*dell'ONU*) siège *m* des Nations Unies

palco, -chi ['palko] *sm* (*Teatro*: *palcoscenico*) scène *f* ; (: *palchetto*) loge *f* ; (*tavolato*) estrade *f* ; (*ripiano*) rayon *m*

palcoscenico, -ci [palkoʃ'ʃɛniko] *sm* (*Teatro*) scène *f*, planches *fpl*

palese [pa'leze] *agg* manifeste ; (*errore*) évident(e)

Palestina [pales'tina] *sf* Palestine *f*

palestra [pa'lɛstra] *sf* (*locale*) gymnase *m* ; (*esercizi ginnici*) gymnastique *f* ; (*fig*) apprentissage *m*

paletta [pa'letta] *sf* (*giocattolo, di netturbino*) pelle *f* ; (*per dolci*) pelle à tarte ; (*per gelato*) pelle à glace ; (*di vigile, capostazione*) disque *m*

paletto [pa'letto] *sm* (*di metallo, legno*) pieu *m*, piquet *m* ; (*di porta, finestra*) verrou *m*

palio ['paljo] *sm* (*gara*): **il P~** *course de chevaux dont la tradition remonte au Moyen Âge* ; **mettere qc in ~** mettre qch en jeu

palla ['palla] *sf* (*per gioco, proiettile*) balle *f* ; (*Biliardo*) bille *f* ; (*di cannone*) boulet *m* ; **prendere la ~ al balzo** (*fig*) saisir la balle au bond ; **essere una ~ al piede** (*fig*) être un boulet à traîner ; **~ di neve** boule *f* de neige ; **~ ovale** (*Rugby*) ballon *m* ovale

pallacanestro [pallaka'nɛstro] *sf* basket(-ball) *m*

pallamano [palla'mano] *sf* hand-ball *m*
pallanuoto [palla'nwɔto] *sf* water-polo *m*
pallavolo [palla'volo] *sf* volley(-ball) *m*
palleggiare [palled'dʒare] *vi* (*Basket*) dribbler ; (*Calcio*) s'échauffer, jongler avec la balle ; (*Tennis*) faire des balles
palliativo [pallja'tivo] *sm* palliatif *m*
pallido, -a ['pallido] *agg* pâle ; (*luce*) blafard(e) ; **non avere la più pallida idea di qc** ne pas avoir la moindre idée de qch
pallina [pal'lina] *sf* bille *f* ; (*di gomma*) balle *f*
palloncino [pallon'tʃino] *sm* ballon *m* ; (*lampioncino*) lanterne *f* vénitienne
pallone [pal'lone] *sm* (*palla, aerostato*) ballon *m* ; **(gioco del) ~** football *m*
pallottola [pal'lɔttola] *sf* (*di pistola*) balle *f* ; (*di carta*) boule *f*
palma ['palma] *sf* (*Bot*: *pianta*) palmier *m* ; (: *ramo*) palme *f* ; (*Anat*) paume *f* ; **Domenica delle Palme** dimanche *m* des Rameaux ; **~ da cocco** cocotier *m* ; **~ da datteri** dattier *m*
palmo ['palmo] *sm* (*Anat*) paume *f* ; (*misura di lunghezza*) empan *m* ; **essere alto un ~** (*fig*) être haut comme trois pommes ; **restare con un ~ di naso** rester tout(e) penaud(e)
palo ['palo] *sm* pieu *m*, piquet *m* ; (*sostegno*) pilier *m* ; **fare da** *o* **il ~** (*fig*) faire le guet ; **saltare di ~ in frasca** (*fig*) sauter du coq à l'âne
palombaro [palom'baro] *sm* plongeur(-euse)
palpare [pal'pare] *vt* palper
palpebra ['palpebra] *sf* paupière *f*
palude [pa'lude] *sf* marécage *m*, marais *msg*
pancetta [pan'tʃetta] *sf* (*Cuc*) lard *m* ; (*scherz*: *pancia*) brioche *f*, bedaine *f* ; **~ affumicata** lard fumé, bacon *m*
panchina [pan'kina] *sf* banc *m* ; (*Sport*: *sedile, anche fig*) banc de touche ; (: *allenatore*) entraîneur *m* ; (: *riserve*) remplaçants *mpl* ; **sedere** *o* **stare in ~** (*fig*: *allenatore*) être l'entraîneur
pancia, -ce ['pantʃa] *sf* ventre *m* ; **avere mal di ~** avoir mal au ventre ; **a ~ piena** le ventre plein
panciotto [pan'tʃɔtto] *sm* gilet *m*
pancreas ['pankreas] *sm inv* pancréas *msg*
panda ['panda] *sm inv* panda *m*
pane ['pane] *sm* pain *m* ; (*forma*: *di burro*) motte *f* ; **guadagnarsi il ~** gagner son pain ; **dire ~ al ~, vino al vino** appeler un chat un chat ; **rendere pan per focaccia** rendre à qn la monnaie de sa pièce ; **pan di Spagna** génoise *f* ; **~ a cassetta** pain de mie ; **~ bianco** pain blanc ; **~ casereccio** pain de ménage ; **~ di segale** pain de seigle ; **~ integrale** pain complet ; **~ nero** pain noir ; **~ tostato** pain grillé
panetteria [panette'ria] *sf* boulangerie *f*
panettiere, -a [panet'tjɛre] *sm/f* boulanger(-ère)
panettone [panet'tone] *sm* *sorte de grosse brioche avec des fruits confits que l'on mange traditionnellement à Noël*
pangrattato [pangrat'tato] *sm* chapelure *f*
panico, -a, -ci, -che ['paniko] *agg*: **timor ~** peur *f* panique ▶ *sm* panique *f* ; **essere in preda al ~** être en proie à la panique ; **lasciarsi prendere dal ~** paniquer
paniere [pa'njɛre] *sm* (*anche Econ*) panier *m*
panificio, -ci [pani'fitʃo] *sm* boulangerie *f*
panino [pa'nino] *sm* petit pain *m* ; **~ (imbottito)** sandwich *m* ; **~ caldo** *sandwich qui se mange chaud*
panna ['panna] *sf* crème *f* ; (*Aut*) = **panne**; **~ da cucina** crème fraîche ; **~ montata** crème fouettée, (crème) Chantilly *f*
panne ['pan] *sf inv*: **essere in ~** (*Aut*) être en panne
pannello [pan'nɛllo] *sm* panneau *m* ; (*Elettr*) tableau *m* ; **~ di controllo** tableau de contrôle ; **~ isolante** panneau isolant ; **~ solare** panneau solaire
panno ['panno] *sm* tissu *m* ; **panni** *smpl* (*abiti*) vêtements *mpl* ; **mettersi nei panni di qn** (*fig*) se mettre à la place de qn
pannocchia [pan'nɔkkja] *sf* (*di mais ecc*) épi *m*
pannolino [panno'lino] *sm* (*per bambini*) couche *f* ; (*per donne*) serviette *f* hygiénique
panorama, -i [pano'rama] *sm* panorama *m*
pantalone [panta'lone] *agg inv*: **gonna ~** jupe-culotte *f* ; **pantaloni** *smpl* pantalon *msg*

P

pantano [pan'tano] *sm* bourbier *m*
pantera [pan'tɛra] *sf* panthère *f*; (*macchina*) ≈ voiture de la police
pantofola [pan'tɔfola] *sf* pantoufle *f*, chausson *m*
papa, -i ['papa] *sm* pape *m*

Le **Papa** (pape), chef suprême de l'Église catholique, réside dans la cité du Vatican, un tout petit État indépendant qui se trouve à Rome et dont le territoire consiste principalement en la basilique Saint-Pierre. La résidence papale s'installa en Avignon en 1307, puis retourna à Rome en 1377.

papà [pa'pa] *sm inv* papa *m*
papavero [pa'pavero] *sm* pavot *m*; (*selvatico*) coquelicot *m*; **gli alti papaveri** les gros bonnets
pappa ['pappa] *sf* bouillie *f*; **~ reale** gelée *f* royale
pappagallo [pappa'gallo] *sm* perroquet *m*; (*fig*: *uomo*) dragueur *m*; (*per malati*) urinal *m*, pistolet *m*
parabola [pa'rabola] *sf* parabole *f*
parabolico, -a, -ci, -che [para'bɔliko] *agg* parabolique
parabrezza [para'breddza] *sm inv* pare-brise *m inv*
paracadute [paraka'dute] *sm inv* parachute *m*
paradiso [para'dizo] *sm* paradis *msg*; **~ fiscale** paradis fiscal; **~ terrestre** paradis terrestre
paradossale [parados'sale] *agg* paradoxal(e)
parafulmine [para'fulmine] *sm* paratonnerre *m*
paraggi [pa'raddʒi] *smpl* parages *mpl*; **nei ~** dans les parages
paragonare [parago'nare] *vt*: **~ con** *o* **a** comparer à *o* avec
paragone [para'gone] *sm* comparaison *f*; **in ~ a, a ~ di** en comparaison de; **non avere paragoni** ne pas avoir son pareil
paragrafo [pa'ragrafo] *sm* paragraphe *m*
paralisi [pa'ralizi] *sf inv* paralysie *f*
parallelo, -a [paral'lɛlo] *agg* parallèle ▸ *sm* (*Geom*) parallèle *m*; **fare un ~ tra** faire *o* établir un parallèle entre
paralume [para'lume] *sm* abat-jour *m inv*
parametro [pa'rametro] *sm* paramètre *m*; (*fig*) critère *m*
paranoia [para'nɔja] *sf* paranoïa *f*; (*fam*: *fig*) galère *f*; **andare in ~** (*fam*: *fig*) flipper
paranoico, -a, -ci, -che [para'nɔiko] *agg, sm/f* paranoïaque *m/f*
paraocchi [para'ɔkki] *sm inv* œillère *f*; **avere i ~** (*fig*) avoir des œillères
parapetto [para'pɛtto] *sm* parapet *m*, garde-fou *m*
parare [pa'rare] *vt* (*addobbare, scansare*) parer; (*proteggere*) protéger; (*Calcio*) bloquer ▸ *vi*: **dove vuole andare a ~?** où veut-il en venir?; **pararsi** *vpr*: **pararsi davanti a qc/qn** se placer devant qch/qn; (*all'improvviso*) surgir devant qch/qn
parata [pa'rata] *sf* (*Sport*) arrêt *m*; (*rivista militare*) parade *f*; **vista la mala ~** vu que les choses se gâtent
paraurti [para'urti] *sm inv* (*Aut*) pare-chocs *m inv*
paravento [para'vɛnto] *sm* paravent *m*; **fare da ~ a** (*fig*) servir de couverture à
parcella [par'tʃɛlla] *sf* (note *f* d')honoraires *mpl*
parcheggiare [parked'dʒare] *vt* garer
parcheggio [par'keddʒo] *sm* (*piazzale, viale*) parking *m*; (*sosta*) stationnement *m*; (*manovra*) manœuvre *f*; (*singolo posto*) place *f*
parchimetro [par'kimetro] *sm* parc(o)mètre *m*
parco, -a, -chi, -che ['parko] *agg* (*sobrio*) sobre, modéré(e); (*avaro*) avare ▸ *sm* parc *m*; **~ macchine** parc automobile; **~ nazionale** parc national
parecchio, -a [pa'rekkjo] *agg* beaucoup de; (*numerosi*): **parecchi(e)** plusieurs ▸ *pron* beaucoup; (*tempo*) longtemps ▸ *avv* (*con agg*) très, fort; (*con vb*) beaucoup, bien
pareggiare [pared'dʒare] *vt* (*terreno*) égaliser; (*bilancio*) équilibrer ▸ *vi* (*Sport*) égaliser
pareggio [pa'reddʒo] *sm* (*Econ*) équilibre *m*; (*Sport*) égalisation *f*; (*: esito*) match *m* nul
parente [pa'rɛnte] *sm/f* parent(e); **abbiamo dei parenti a Parigi** nous avons de la famille à Paris
parentela [paren'tɛla] *sf* parenté *f*
parentesi [pa'rɛntezi] *sf inv* parenthèse *f*; (*fig*) période *f*; **tra ~** (*anche fig*) entre parenthèses; **~ tonde/**

quadre/graffe parenthèses *fpl*/ crochets *mpl*/accolades *fpl*

parere [pa'rere] *sm* avis *msg*; (*consiglio*) conseil *m* ▸ *vi* sembler, paraître ▸ *vb impers*: **pare che ...** il semble que ...; **a mio ~** à mon avis; **mi pare che ...** il me semble que ...; **mi pare di sì/no** je crois que oui/non; **fai come ti pare** fais comme tu veux; **che ti pare del mio libro?** que penses-tu de mon livre?

parete [pa'rete] *sf* mur *m*; (*di monte, organo*) paroi *f*

pari ['pari] *agg inv* même, égal(e); (*in giochi*) ex aequo, à égalité; (*Mat*) pair(e) ▸ *sm inv* égalité *f*; (*in Gran Bretagna*) lord *m*; (*Gioco*) numéro *m* pair ▸ *sm inv/sf inv* égal(e), pareil(le) ▸ *avv*: **~ ~** (*copiare ecc*) mot à mot; **essere ~ a qn in qc** égaler qn en qch; **siamo ~** nous sommes quittes; **senza ~** sans égal(e), sans pareil(le); **andare di ~ passo con qn** aller de pair avec qn; **al ~ di** comme; **mettersi in ~ con** se tenir au courant de; **alla ~** (*allo stesso livello*) à égalité; (*Borsa*) au pair; **ragazza alla ~** fille au pair; **mettersi alla ~ con** se mettre sur un pied d'égalité avec; **i tuoi ~** tes semblables

> **FALSI AMICI**
> **pari** non si traduce mai con la parola francese *pari*.

Parigi [pa'ridʒi] *sf* Paris

parità [pari'ta] *sf* égalité *f*

parlamentare [parlamen'tare] *agg* parlementaire ▸ *sm/f* parlementaire *m/f* ▸ *vi* parlementer

parlamento [parla'mento] *sm* parlement *m*

> La constitution italienne, instaurée le premier janvier 1948, donne au **Parlamento** un pouvoir législatif. Le Parlement se compose de deux Chambres: la *Camera dei deputati* et le *Senato*. Les élections parlementaires ont lieu tous les cinq ans.

parlantina [parlan'tina] *sf* (*fam*) baratin *m*; **avere ~** avoir du bagou(t)

parlare [par'lare] *vi* parler ▸ *vt* parler; **~ (a qn) di** parler (à qn) de; **~ con qn** parler avec qn; **~ chiaro** parler (haut et) clair; **~ male di qn** dire du mal de qn; **~ male di qc** parler en mal de qch; **~ del più e del meno** parler de choses et d'autres; **ne ho sentito ~** j'en ai entendu parler; **non parliamone più** n'en parlons plus; **i dati parlano** (*fig*) les faits parlent d'eux-mêmes; **non se ne parla!** (il n'en est) pas question!

parmigiano, -a [parmi'dʒano] *agg* parmesan(e) ▸ *sm* parmesan *m*; **alla parmigiana** (*Cuc*) *à base de sauce tomate, de parmesan et de mozzarella*

parola [pa'rɔla] *sf* mot *m*; (*Dir, facoltà, promessa*) parole *f*; **parole** *sfpl* (*chiacchiere*) mots *mpl*, paroles *fpl*; **chiedere la ~** demander la parole; **non una ~, mi raccomando!** surtout pas un mot!; **dare la ~ a qn** (*in assemblea*) passer la parole à qn; **dare la propria ~ a qn** donner sa parole à qn; **non ne ha fatto ~ con nessuno** il n'en a touché mot à personne; **mantenere la ~** tenir (sa) parole; **mettere una buona ~ per qn** intercéder en faveur de qn; **passare dalle parole ai fatti** passer à l'action; **prendere la ~** prendre la parole; **rimanere senza parole** rester coi, rester bouche bée; **rimangiarsi la ~** retirer sa parole; **non ho parole per ringraziarla** je ne sais comment vous remercier; **rivolgere la ~ a qn** adresser la parole à qn; **non è detta l'ultima ~** je n'ai pas dit mon dernier mot; **è un uomo di ~** c'est un homme de parole; **in parole povere** en peu de mots; **sulla ~** (*credere*) sur parole; **è una ~!** c'est facile à dire!; **~ d'onore** parole d'honneur; **~ d'ordine** mot d'ordre; (*Mil*) mot de passe; **parole incrociate** mots croisés

parolaccia, -ce [paro'lattʃa] *sf* gros mot *m*

parrò *ecc* [par'rɔ] *vb vedi* **parere**

parrocchia [par'rɔkkja] *sf* paroisse *f*

parrucca, -che [par'rukka] *sf* perruque *f*

parrucchiere, -a [parruk'kjɛre] *sm/f* coiffeur(-euse)

parte ['parte] *sf* partie *f*; (*lato, direzione*) côté *m*; (*quota spettante a ciascuno*) part *f*; (*Pol: partito*) parti *m*; (*Teatro, compito*) rôle *m*; **a ~** à part; **scherzi a ~** toute plaisanterie à part, blague *f* à part; **a ~ ciò** à part cela, cela mis à part; **è un caso a ~** c'est un cas à part; **inviare a ~** (*campioni ecc*) envoyer séparément; **in ~** en partie; **da ~** (*in disparte*) à l'écart; **mettere da ~** mettre de côté; **prendere da ~** prendre à part; **d'altra ~** d'ailleurs; **da ~ di** (*per conto di*) de la part de; **da ~ mia** pour ma part, quant à moi; **da ~ di madre** du côté de leur

P

mère ; **essere dalla ~ della ragione** avoir raison ; **da ~ a ~** de part en part ; **da qualche ~** quelque part ; **da nessuna ~** nulle part ; **da questa ~** (*in questa direzione*) par ici ; **da ogni ~** de toute(s) part(s) ; **far ~ di qc** faire partie de qch ; **prendere ~ a qc** prendre part à qch ; **prendere le parti di qn** prendre parti pour qn, prendre le parti de qn ; **mettere qn a ~ di qc** mettre qn au courant de qch ; **costituirsi ~ civile contro qn** (*Dir*) se constituer partie civile contre qn ; **la ~ lesa** (*Dir*) la partie lésée ; **le parti in causa** les parties en cause

partecipare [partetʃi'pare] *vi*: **~ (a)** participer (à), prendre part (à)

parteggiare [parted'dʒare] *vi*: **~ per** prendre le parti de, se ranger du côté de

partenza [par'tɛntsa] *sf* départ *m* ; **« partenze »** (*in aeroporto ecc*) « départs » ; **essere in ~** être sur le point de partir ; **il treno in ~ per Parigi ha un'ora di ritardo** le train à destination de Paris a un retard d'une heure ; **tornare al punto di ~** (*fig*) revenir au point de départ ; **falsa ~** faux départ

participio [parti'tʃipjo] *sm* participe *m* ; **~ passato/presente** participe passé/présent

particolare [partiko'lare] *agg* particulier(-ière) ; (*speciale, fuori dal comune*) spécial(e) ▸ *sm* détail *m* ; **in ~** en particulier ; **entrare nei particolari** entrer dans les détails

partire [par'tire] *vi* partir ; **sono partita da Roma alle 7** je suis partie de Rome à 7 heures ; **il volo parte da Linate** le vol part de Linate ; **a ~ da** à partir de, à compter de ; **la seconda a ~ da destra** la deuxième en partant de la droite

partita [par'tita] *sf* (*Sport*) match *m* ; (*di carte, scacchi*) partie *f* ; (*Comm: di merce*) lot *m* ; (*Econ: registrazione*) écriture *f* ; **~ di caccia** partie de chasse ; **~ semplice/doppia** (*Comm*) comptabilité *f* en partie simple/double ; **~ IVA** *numéro de TVA attribué aux commerçants, aux professions libérales, aux artistes etc*

partito [par'tito] *sm* parti *m* ; **un buon ~** (*da sposare*) un bon parti ; **per ~ preso** de parti pris, c'est du parti pris ; **l'ha detto per ~ preso** il l'a dit par parti pris ; **mettere la testa a ~** se ranger, s'assagir

parto ['parto] *sm* (*Med*) accouchement *m* ; (*fig: di fantasia*) création *f* ; **sala ~** salle *f* d'accouchement ; **morire di ~** mourir en couches

parvi *ecc* ['parvi] *vb vedi* **parere**

parziale [par'tsjale] *agg* (*incompleto*) partiel(le) ; (*fazioso*) partial(e)

pascolare [pasko'lare] *vt* mener paître ▸ *vi* paître, pâturer

pascolo ['paskolo] *sm* pâturage *m*

Pasqua ['paskwa] *sf* (*cristiana*) Pâques *fpl* ; (*ebraica*) pâque *f* ; **isola di ~** île *f* de Pâques

passabile [pas'sabile] *agg* passable

passaggio [pas'saddʒo] *sm* passage *m* ; (*Sport*) passe *f* ; **di ~** (*persona*) de passage ; (*di sfuggita*) en passant ; **dare un ~ a qn** accompagner qn (en voiture) ; **mi ha chiesto un ~ fino a casa** il m'a demandé de le ramener chez lui ; **~ a livello** passage à niveau ; **~ di proprietà** transfert *m* de propriété ; **~ pedonale** passage clouté

passamontagna [passamon'taɲɲa] *sm inv* passe-montagne *m*, cagoule *f*

passante [pas'sante] *sm/f* passant(e) ▸ *sm* passant *m*

passaporto [passa'pɔrto] *sm* passeport *m*

passare [pas'sare] *vi* passer ▸ *vt* (*pacco, messaggio*) passer ; (*esame*) être reçu(e) à, réussir ; (*proposta: approvare*) approuver ; (*sorpassare, anche fig*) dépasser ; (*verdura: triturare*) passer au moulin à légume ; **~ attraverso** (*passaggio*) passer à travers ; (*fig: esperienza*) connaître ; **~ avanti a qn** (*in fila*) passer avant qn ; (*fig*) dépasser qn ; **~ in banca** passer à la banque ; **~ oltre** passer son chemin ; (*fig*) passer à autre chose ; **~ per** (*luogo*) passer par ; (*fig: esperienza*) vivre, connaître ; **ci siamo passati tutti** on est tous passés par là ; **~ per stupido** passer pour un idiot ; **~ sopra qc** (*fig*) passer sur qch ; **~ ad altro** (*in riunione*) passer à un autre sujet ; **~ un esame** être reçu(e) *o* réussir à un examen ; **~ inosservato** passer inaperçu ; **~ a prendere qn/qc** passer prendre qn/qch ; **~ di moda** passer de mode ; **~ alla storia** passer à la postérité ; **le passo Mario** (*Tel*) je vous passe Mario ; **farsi ~ per qn** se faire passer pour qn ; **ti è passato il mal di testa?** ton mal de tête est-il passé ? ; **lasciar ~** (*persona, veicolo*) laisser passer ; (*errore, svista*) omettre ; **ha 30 anni e passa** il a passé la trentaine ; (*tempo fa*) il y a plus de 30 ans ; **passarsela**: **come te la passi?** comment ça va ?

passatempo [passa'tɛmpo] *sm* passe-temps *msg*

passato, -a [pas'sato] *agg* passé(e) ▸ *sm* passé *m* ; (*Cuc*) potage *m* ; **l'anno ~** l'année passée, l'année dernière ; **nel corso degli anni passati** au cours de ces dernières années ; **nei tempi passati** dans le passé, autrefois ; **sono le otto passate** il est huit heures passées ; **è acqua passata** (*fig*) c'est du passé, cela appartient au passé ; **~ di verdura** (*Cuc*) potage *m o* coulis *m* de légumes ; **~ prossimo/remoto** (*Ling*) passé composé/simple

passeggero, -a [passed'dʒɛro] *agg, sm/f* passager(-ère)

passeggiare [passed'dʒare] *vi* se promener

passeggiata [passed'dʒata] *sf* promenade *f* ; **fare una ~** faire une promenade

passeggino [passed'dʒino] *sm* poussette *f*

passerella [passe'rɛlla] *sf* passerelle *f* ; (*per indossatrici*) estrade *f*

passero ['passero] *sm* moineau *m*

passione [pas'sjone] *sf* passion *f* ; (*Rel*) Passion

passivo, -a [pas'sivo] *agg* passif(-ive) ; (*Econ*) débiteur(-trice) ▸ *sm* (*Ling, Econ*) passif *m*

passo ['passo] *sm* pas *msg* ; (*andatura*) pas, train *m* ; (*fig*: *brano*) passage *m*, extrait *m* ; (*valico*) col *m* ; **a ~ d'uomo** au pas ; **~ (a) ~** pas à pas ; **fare due** *o* **quattro passi** faire un petit tour ; **andare al ~ coi tempi** vivre avec son temps ; **di questo ~** (*in questo modo*) au train où vont les choses ; **fare i primi passi** (*anche fig*) faire les premiers pas ; **fare il gran ~** (*fig*) franchir le pas ; **fare un ~ falso** (*fig*) faire un faux pas ; **tornare sui propri passi** revenir sur ses pas ; **« ~ carraio »** « sortie de véhicules »

pasta ['pasta] *sf* pâte *f* ; (*spaghetti ecc*) pâtes *fpl* ; (*fig*: *indole*) caractère *m* ; **paste** *sfpl* (*pasticcini*) pâtisseries *fpl*, gâteaux *mpl* ; **essere una ~ d'uomo** être une bonne pâte ; **~ dentifricia** (*dentifricio*) pâte dentifrice ; **~ in brodo** bouillon *m* avec des pâtes ; **~ sfoglia** pâte feuilletée

pastasciutta [pastaʃ'ʃutta] *sf* pâtes *fpl*

pastella [pas'tɛlla] *sf* pâte *f* à frire

pastello [pas'tɛllo] *sm* pastel *m* ▸ *agg inv*: **rosa/verde ~** rose/vert pastel *inv*

pasticceria [pastittʃe'ria] *sf* pâtisserie *f* ; (*assortimento di dolci*) pâtisseries *fpl*

pasticciere, -a [pastit'tʃɛre] *sm/f* pâtissier(-ière)

pasticcino [pastit'tʃino] *sm* petit four *m*

pasticcio [pas'tittʃo] *sm* (*Cuc*) tourte *f* ; (*fig*: *lavoro ecc*) gâchis *msg* ; (: *confusione*) imbroglio *m* ; **essere nei pasticci** être dans le pétrin ; **mettersi in un bel ~** se mettre dans de beaux draps

pastiglia [pas'tiʎʎa] *sf* pastille *f*

pastina [pas'tina] *sf* pâtes *fpl* à potage

pasto ['pasto] *sm* repas *msg*

pastore, -a [pas'tore] *sm/f* berger(-ère) ; (*Rel*) pasteur *m* ; **~ scozzese** (*Zool*) colley *m* ; **~ tedesco** (*Zool*) berger allemand

patata [pa'tata] *sf* pomme *f* de terre ; **~ americana** patate *f* douce ; **~ bollente** (*fig*) problème *m* épineux ; **passare la ~ bollente** refiler le bébé ; **~ dolce** patate douce ; **patate fritte** frites *fpl*

patatine [pata'tine] *sfpl* (*in sacchetto*) chips *fpl* ; **~ fritte** frites *fpl*

patente [pa'tɛnte] *sf* permis *msg* ; **~ (di guida)** permis (de conduire) ; **~ a punti** *permis (de conduire) à points*

> **FALSI AMICI**
> **patente** non si traduce mai con la parola francese *patente*.

paternità [paterni'ta] *sf* paternité *f*

patetico, -a, -ci, -che [pa'tɛtiko] *agg* pathétique

patibolo [pa'tibolo] *sm* échafaud *m*

patina ['patina] *sf* (*su rame ecc*) patine *f* ; (*sulla lingua*) enduit *m*

patire [pa'tire] *vt* subir, endurer ▸ *vi* souffrir

patito, -a [pa'tito] *sm/f* mordu(e), fana *m/f*

patologia [patolo'dʒia] *sf* pathologie *f*

patria ['patrja] *sf* patrie *f* ; (*città e luogo natale*) pays *msg*

patrigno [pa'triɲɲo] *sm* beau-père *m*

patrimonio [patri'mɔnjo] *sm* (*Dir, fig*) patrimoine *m* ; **costare un ~** coûter

P

une fortune ; **~ culturale** patrimoine culturel ; **~ ereditario** patrimoine héréditaire ; **~ naturale/costiero/ boschivo** richesses *fpl* naturelles/ côtières/en bois ; **~ pubblico** biens *mpl* publics ; **~ spirituale** patrimoine spirituel

patrono, -a [pa'trɔno] *sm/f* (*Dir*) défenseur(-euse), avocat(e) ; (*santo*) patron(ne) ; (*promotore*) parrain (marraine)

patteggiare [patted'dʒare] *vt* négocier ▶ *vi* pactiser, négocier

pattinaggio [patti'naddʒo] *sm* patin *m* ; (*spettacolo*) patinage *m* ; **~ a rotelle/sul ghiaccio** patin à roulettes/à glace

pattinare [patti'nare] *vi* patiner, faire du patin ; **~ sul ghiaccio** faire du patin à glace

pattinatore, -trice [pattina'tore] *sm/f* patineur(-euse)

pattino ['pattino] *sm* (*anche Aer*) patin *m* ; (: *coda*) béquille *f* ; **pattini da ghiaccio/a rotelle** patins à glace/à roulettes ; **pattini in linea** rollers *mpl*

patto ['patto] *sm* (*accordo*) pacte *m* ; (*condizione*) condition *f* ; **a ~ che** à condition que ; **a nessun ~** à aucun prix ; **venire** *o* **scendere a patti (con qn)** transiger (avec qn) ; **venir meno ai patti** manquer à ses engagements

pattuglia [pat'tuʎʎa] *sf* patrouille *f*

pattuire [pattu'ire] *vt* négocier

pattumiera [pattu'mjɛra] *sf* poubelle *f*

paura [pa'ura] *sf* peur *f* ; **aver ~ di** avoir peur de ; **aver ~ di fare** avoir peur de faire ; **aver ~ che** avoir peur que ; **far ~ a** faire peur à ; **per ~ di/che** par *o* de peur de/que ; **ho ~ di sì/no** je crains que oui/non

pauroso, -a [pau'roso] *agg* (*che fa paura*) épouvantable, effroyable ; (*che ha paura*) peureux(-euse), craintif(-ive) ; (*fig: straordinario*) incroyable

pausa ['pauza] *sf* pause *f* ; **fare una ~** faire une pause

pavimento [pavi'mento] *sm* sol *m*, plancher *m*

pavone [pa'vone] *sm* (*anche fig*) paon *m*

pazientare [pattsjen'tare] *vi* patienter

paziente [pat'tsjɛnte] *agg, sm/f* patient(e)

pazienza [pat'tsjɛntsa] *sf* patience *f* ; **perdere la ~** perdre patience

pazzesco, -a, -schi, -sche [pat'tsesko] *agg* (*fig*) fou (folle), incroyable

pazzia [pat'tsia] *sf* folie *f* ; **è stata una ~!** cela a été une folie !

pazzo, -a ['pattso] *agg, sm/f* fou (folle) ; **andare ~ per** être fou (folle) de ; **~ di gioia/d'amore** fou (folle) de joie/d'amour ; **cose da pazzi!** c'est de la folie ! ; **~ da legare** fou (folle) à lier

PDA [pidi'a] *sigla m* (= *personal digital assistant*) PDA *m*

peccare [pek'kare] *vi* pécher ; **~ di negligenza** pécher par négligence

peccato [pek'kato] *sm* péché *m* ; **è un ~ che ...** c'est dommage que ... ; **che ~!** quel dommage ! ; **~ di gioventù/di gola** (*fig*) péché de jeunesse/de gourmandise ; **~ originale** péché originel

peccherò *ecc* [pekke'rɔ] *vb vedi* **peccare**

pece ['petʃe] *sf* poix *fsg*

pecora ['pɛkora] *sf* mouton *m*, brebis *fsg* ; (*fig*) brebis ; **~ nera** (*fig*) brebis galeuse

pecorino [peko'rino] *sm* fromage *m* de brebis

pedaggio [pe'daddʒo] *sm* péage *m*

pedagogia [pedago'dʒia] *sf* pédagogie *f*

pedalare [peda'lare] *vi* pédaler

pedale [pe'dale] *sm* pédale *f*

pedana [pe'dana] *sf* estrade *f* ; (*Sport: nel salto*) sautoir *m* ; (: *nella scherma*) piste *f*

pedante [pe'dante] (*peg*) *agg* pointilleux(-euse), ergoteur(-euse) ▶ *sm/f* ergoteur(-euse), chicaneur(-euse)

pedata [pe'data] *sf* (*calcio*) coup *m* de pied ; **prendere qn a pedate** donner des coups de pied à qn ; **prendere qc a pedate** donner des coups de pied dans qch

pediatra, -i, -e [pe'djatra] *sm/f* pédiatre *m/f*

pedicure [pedi'kure] *sm inv/sf inv* pédicure *m/f*

pedina [pe'dina] *sf* (*anche fig*) pion *m*

pedinare [pedi'nare] *vt* filer, prendre en filature

pedofilo, -a [pe'dɔfilo] *agg, sm/f* pédophile *m/f*

pedonale [pedo'nale] *agg* piéton(ne), piétonnier(-ière) ; *vedi anche* **passaggio**; **isola**

pedone, -a [pe'done] *sm/f* piéton(ne) ▸ *sm* (*Scacchi*) pion *m*
peggio ['pɛddʒo] *avv* (*stare, andare ecc*) plus mal ; (*meno: riuscito, informato*) moins bien ▸ *agg* (*peggiore*) pire, plus mauvais(e) ; (*meno opportuno*) pire ▸ *sm/f*: **il(la) ~** le(la) pire ; **sto ~ di ieri** je vais plus mal qu'hier ; **~ così** tant pis ; **~ per te!** tant pis pour toi ! ; **o, ~** ou, pire encore ; **è ~ di lei** il est pire qu'elle ; **alla (meno) ~** (*in qualche modo*) tant bien que mal ; (*nella peggior ipotesi*) au pire ; **avere la ~** avoir le dessous
peggiorare [peddʒo'rare] *vt* empirer, aggraver ▸ *vi* empirer, s'aggraver ; **il paziente è peggiorato** l'état du patient a empiré *o* s'est aggravé
peggiore [ped'dʒore] *agg* (*comparativo*): **~ (di)** pire (que) ; (*superlativo*): **il(la) ~** le(la) pire ▸ *sm/f*: **il(la) ~** le(la) pire ; **il peggior posto del mondo** le pire endroit du monde ; **nel ~ dei casi** dans le pire des cas, au pire
pegno ['peɲɲo] *sm* gage *m* ; **dare qc in ~** mettre qch en gage ; **in ~ d'amicizia** en signe d'amitié
pelare [pe'lare] *vt* peler ; (*spennare, fig*) plumer ; (*spellare*) écorcher, dépouiller ; (*sbucciare*) éplucher ; **pelarsi** *vpr* (*perdere i capelli*) se dégarnir ; (*perdere la pelle*) peler
pelato, -a [pe'lato] *agg* (*sbucciato*) épluché(e) ; (*calvo*) chauve ; **(pomodori) pelati** tomates *fpl* pelées
pelle ['pɛlle] *sf* peau *f* ; (*cuoio*) cuir *m* ; **essere ~ ed ossa** n'avoir que la peau sur les os ; **avere la ~ d'oca** avoir la chair de poule ; **avere i nervi a fior di ~** avoir les nerfs à vif, être à fleur de peau ; **non stare più nella ~ dalla gioia** ne plus se sentir de joie ; **lasciarci la ~** y laisser sa peau ; **amici per la ~** amis pour la vie

> **FALSI AMICI**
> **pelle** non si traduce mai con la parola francese *pelle*.

pellegrinaggio [pellegri'naddʒo] *sm* pèlerinage *m*
pellerossa [pelle'rossa] (*pl* **pellirosse**) *sm/f* Peau-Rouge *m/f*
pellicano [pelli'kano] *sm* pélican *m*
pelliccia, -ce [pel'littʃa] *sf* fourrure *f* ; **~ ecologica** fourrure *f* synthétique
pellicola [pel'likola] *sf* pellicule *f* ; (*film*) film *m*
pelo ['pelo] *sm* poil *m* ; (*pelliccia*) fourrure *f* ; (*superficie: dell'acqua*) fil *m* ; **per un ~** de justesse ; **c'è mancato un ~ che affogasse** il s'en est fallu d'un cheveu qu'il ne se noie ; **cercare il ~ nell'uovo** (*fig*) chercher la petite bête ; **non avere peli sulla lingua** ne pas mâcher ses mots
peloso, -a [pe'loso] *agg* poilu(e)
peltro ['peltro] *sm* étain *m*
peluche [pə'lyʃ] *sm* peluche *f* ; **di ~** en peluche
peluria [pe'lurja] *sf* duvet *m*
pena ['pena] *sf* peine *f* ; **mi fa ~** il me fait de la peine ; **far ~** faire pitié ; **essere** *o* **stare in ~ per qc/qn** se faire du souci pour qch/qn ; **prendersi** *o* **darsi la ~ di fare qc** prendre *o* se donner la peine de faire qch ; **valere la ~** valoir la peine ; **non ne vale la ~** cela n'en vaut pas la peine ; **~ detentiva** peine d'emprisonnement *o* de détention ; **~ di morte** peine de mort ; **~ pecuniaria** peine pécuniaire
penale [pe'nale] *agg* pénal(e) ▸ *sf* (*anche*: **clausola penale**) clause *f* pénale ; (*somma*) pénalité *f*
pendente [pen'dɛnte] *agg* penché(e) ; (*Dir*) pendant(e) ▸ *sm* (*ciondolo*) pendentif *m* ; (*orecchino*) pendant *m* d'oreille
pendere ['pɛndere] *vt* pencher ▸ *vi* (*fig*: *incombere*): **~ su** peser sur ; **~ da** (*essere appeso*) être suspendu(e) à, pendre à
pendio, -dii [pen'dio] *sm* pente *f* ; **in ~** en pente
pendola ['pɛndola] *sf* pendule *f*
pendolare [pendo'lare] *agg* pendulaire ▸ *sm/f* (*anche*: **lavoratore pendolare**) *personne faisant la navette entre son domicile et son lieu de travail* ; (*a Parigi*) banlieusard(e)
pendolino [pendo'lino] *sm* (*Ferr*) *train à grande vitesse*
pene ['pɛne] *sm* pénis *msg*
penetrante [pene'trante] *agg* pénétrant(e)
penetrare [pene'trare] *vi*: **~ (in)** pénétrer (dans) ▸ *vt* pénétrer
penicillina [penitʃil'lina] *sf* pénicilline *f*
penisola [pe'nizola] *sf* péninsule *f*
penitenziario, -a [peniten'tsjarjo] *agg* pénitentiaire ▸ *sm* pénitencier *m*
penna ['penna] *sf* (*di uccello*) plume *f* ; (*per scrivere*) stylo *m* ; **penne** *sfpl* (*Cuc*) *type de pâtes alimentaires en forme de cylindre court* ; **~ a feltro** (crayon *m*)

feutre *m* ; **~ a sfera** stylo *m* (à) bille ; **~ stilografica** stylo (à plume) ; **~ USB** clef *f* USB

pennarello [penna'rɛllo] *sm* (crayon *m*) feutre *m*

pennello [pen'nɛllo] *sm* pinceau *m* ; **a ~** à merveille, parfaitement ; **~ per la barba** blaireau *m*

pennetta [pe'neta] *sf*: **~ USB** clef *f* USB

penombra [pe'nombra] *sf* pénombre *f*

pensare [pen'sare] *vi* penser ▸ *vt* penser ; **~ a** penser à ; **~ di fare qc** penser faire qch ; **devo pensarci su** je dois y réfléchir ; **penso di sì/no** je pense que oui/non ; **a pensarci bene** tout bien considéré ; **non voglio nemmeno pensarci** c'est hors de question ; **ci penso io** je m'en charge, je m'en occupe

pensiero [pen'sjɛro] *sm* pensée *f* ; (*ansia, preoccupazione*) souci *m*, inquiétude *f* ; (*fig*: *dono*) (petit) cadeau *m* ; **darsi ~ per qc** se faire du souci pour qch ; **stare in ~ per qn** être inquiet(-ète) pour qn ; **un ~ gentile** (*fig*) une gentille attention

pensieroso, -a [pensje'roso] *agg* pensif(-ive)

pensile ['pɛnsile] *agg* (*giardino*) suspendu(e) ; **(mobili) pensili** *mpl* armoires *fpl* murales

pensionato, -a [pensjo'nato] *sm/f* retraité(e) ▸ *sm* (*istituto*) pensionnat *m*

pensione [pen'sjone] *sf* (*di lavoratore*) retraite *f* ; (*vitto e alloggio*) pension *f* ; (*albergo*) pension de famille ; **andare in ~** prendre sa retraite ; **mezza ~** demi-pension *f* ; **~ completa** pension complète ; **~ d'invalidità** pension d'invalidité

pentirsi [pen'tirsi] *vpr*: **~ (di)** se repentir (de) ; (*rammaricarsi*) regretter (de)

pentola ['pentola] *sf* casserole *f*, marmite *f* ; (*contenuto*) casserole ; **~ a pressione** cocotte *f* minute, autocuiseur *m*

penultimo, -a [pe'nultimo] *agg, sm/f* avant-dernier(-ière)

penzolare [pendzo'lare] *vi*: **~ (da)** pendre (de)

pepe ['pepe] *sm* (*Bot*) poivrier *m* ; (*spezie*) poivre *m* ; **tutto ~** (*fig*: *persona*) sémillant(e), pétillant(e) ; **~ di Caienna** poivre de Cayenne ; **~ in grani/macinato** poivre en grains/moulu

peperoncino [peperon'tʃino] *sm* piment *m* ; **~ rosso** piment rouge

peperone [pepe'rone] *sm* (*Bot*: *pianta*) piment *m* ; (: *frutto*) poivron *m* ; **rosso come un ~** rouge comme une pivoine ; **~ (verde)** poivron vert ; **peperoni ripieni** poivrons farcis

pepita [pe'pita] *sf* pépite *f*

PAROLA CHIAVE

per [per] *prep* **1** (*moto attraverso luogo*) par ; **i ladri sono passati per la finestra** les voleurs sont passés par la fenêtre ; **passare per il giardino** passer par le jardin ; **l'ho cercato per tutta la casa** je l'ai cherché dans toute la maison

2 (*moto a luogo*) pour ; **partire per la Germania/il mare** partir pour l'Allemagne/la mer ; **il treno per Roma** le train pour Rome ; **proseguire per Londra** continuer jusqu'à Londres

3 (*stato in luogo*): **seduto/sdraiato per terra** assis/allongé par terre

4 (*tempo*: *durante*) pendant ; (: *entro*) pour ; **per anni/molto tempo** pendant des années/longtemps ; **per tutta l'estate non l'ho visto** je ne l'ai pas vu pendant tout l'été ; **lo rividi per Natale** je le revis à Noël ; **lo faccio per lunedì** je le fais pour lundi

5 (*mezzo, maniera*) par ; **per lettera** par lettre ; **per via aerea** par avion ; **prendere qn per un braccio** prendre qn par le bras ; **per abitudine** par habitude

6 (*causa, scopo*) pour ; **assente per malattia** absent pour cause de maladie ; **arrestato per furto** arrêté pour vol ; **lavora per la famiglia** il travaille pour sa famille ; **ottimo per il mal di gola** excellent pour le mal de gorge

7 (*limitazione*) pour ; **è troppo difficile per lui** c'est trop difficile pour lui ; **per quel che mi riguarda** en ce qui me concerne ; **per poco che sia** si peu que ce soit ; **per quello che mi interessa** pour ce que ça m'intéresse ; **per questa volta ti perdono** pour cette fois je te pardonne

8 (*prezzo, misura*) pour ; (*distributivo*) par ; **venduto per 3 milioni** vendu (pour) 3 millions ; **la strada continua per 3 km** la route continue sur 3 km ;

100 euro per persona 100 euros par personne ; **entrare uno per volta** entrer un par un ; **giorno per giorno** jour après jour ; **analizzare uno per uno** analyser un par un ; **due per parte** deux de chaque côté ; **5 per cento** 5 pour cent ; **3 per 4 fa 12** 3 fois 4 font 12 ; **dividere/moltiplicare 12 per 4** diviser/multiplier 12 par 4
9 (*in qualità di*) comme ; (*al posto di*) pour ; **avere qn per professore** avoir qn comme professeur ; **ti ho preso per Mario** je t'ai pris pour Mario ; **dare per morto qn** donner qn pour mort ; **prendere per pazzo** prendre pour un fou
10 (*seguito da vb*: *finale*): **per fare qc** pour faire qch ; (: *causale*): **per aver fatto qc** pour avoir fait qch ; **è abbastanza grande per andarci da solo** il est assez grand pour y aller tout seul

pera ['pera] *sf* poire *f* ; (*fam*: *iniezione di eroina*) dose *f*, shoot *m*
perbene [per'bɛne] *agg inv* bien, comme il faut ▸ *avv* (*con cura*) comme il faut
percentuale [pertʃentu'ale] *agg* en pour cent ▸ *sf* pourcentage *m*
percepire [pertʃe'pire] *vt* percevoir

PAROLA CHIAVE

perché [per'ke] *avv* pourquoi ; **perché no?** pourquoi pas ? ; **perché non vuoi andarci?** pourquoi ne veux-tu pas y aller ? ; **spiegami perché l'hai fatto** explique-moi pourquoi tu l'as fait
▸ *cong* **1** (*causale*) parce que ; **dormo perché sono stanco** je dors parce que je suis fatigué ; **non posso uscire perché ho da fare** je ne peux pas sortir parce que j'ai des choses à faire
2 (*finale*) pour que ; **te lo do perché tu lo legga** je te le donne pour que tu le lises ; **te lo dico perché tu lo sappia** je te le dis pour que tu le saches
3 (*consecutivo*): **è troppo forte perché si possa batterlo** il est trop fort pour qu'on puisse le battre
▸ *sm inv* (*motivo*) pourquoi *m*, raison *f*, motif *m* ; **chiedigli il perché di questa scelta** demande-lui la raison de ce choix ; **non c'è un vero perché** il n'y a pas de vraie raison

perciò [per'tʃɔ] *cong* c'est pourquoi, par conséquent
percorrere [per'korrere] *vt* parcourir
percorso, -a [per'korso] *pp di* **percorrere** ▸ *sm* (*tragitto*) parcours *msg* ; (*tratto*) trajet *m*
percuotere [per'kwɔtere] *vt* (*picchiare*) frapper ; (*urtare con violenza*) se cogner contre
percussione [perkus'sjone] *sf* percussion *f* ; **strumenti a ~** (*Mus*) instruments *mpl* à percussion
perdere ['pɛrdere] *vt* perdre ; (*lasciarsi sfuggire*: *treno, lezione*) manquer, rater ▸ *vi* (*serbatoio ecc*) fuir ; (*avere la peggio*) perdre ; **perdersi** *vpr* se perdre ; **saper ~** être bon(ne) perdant(e) ; **lascia ~!** laisse tomber ! ; **non aver niente da ~** n'avoir rien à perdre ; **un'occasione da non ~** une occasion à ne pas manquer ; **~ al gioco** perdre au jeu ; **~ di vista qn** perdre qn de vue ; **perdersi di vista** se perdre de vue ; **perdersi alla vista** disparaître de la vue ; **perdersi in chiacchiere** se perdre en bavardages
perdigiorno [perdi'dʒorno] *sm inv/sf inv* fainéant(e)
perdita ['pɛrdita] *sf* perte *f* ; (*dispersione*: *di gas*) fuite *f* ; **essere in ~** (*Comm*) être en déficit ; **a ~ d'occhio** à perte de vue
perdonare [perdo'nare] *vt* pardonner ; **per farsi ~** pour se faire pardonner ; **perdona la domanda ...** pardon si je te pose cette question ... ; **vogliate ~ il (mio) ritardo** veuillez pardonner mon retard ; **un male che non perdona** une maladie qui ne pardonne pas
perdono [per'dono] *sm* pardon *m* ; **chiedere ~ (a)** demander pardon (à)
perdutamente [perduta'mente] *avv* éperdument
perenne [pe'rɛnne] *agg* éternel(le)
perfettamente [perfetta'mente] *avv* parfaitement ; **sai ~ che ...** tu sais parfaitement que ...
perfetto, -a [per'fetto] *agg* parfait(e) ▸ *sm* (*Ling*) parfait *m*
perfezionamento [perfettsjona'mento] *sm* perfectionnement *m* ; **corso di ~** stage *m* de perfectionnement
perfezionare [perfettsjo'nare] *vt* perfectionner, parfaire ; (*compiere*) réaliser ; **perfezionarsi** *vpr* se perfectionner

perfezione [perfet'tsjone] *sf* perfection *f*; **a ~** à la perfection
perfino [per'fino] *avv* même
perforare [perfo'rare] *vt* perforer ; (*roccia*) percer
pergamena [perga'mɛna] *sf* parchemin *m*
pericolante [periko'lante] *agg* croulant(e) ; **edificio ~** bâtiment *m* qui risque de s'écrouler
pericolo [pe'rikolo] *sm* danger *m* ; **non c'è ~ che paghi** (*scherz*) il n'y a pas de danger qu'il paye ; **fuori ~** hors de danger ; **essere in ~** être en danger ; **mettere in ~** mettre en danger ; **~ pubblico** danger public
pericoloso, -a [periko'loso] *agg* dangereux(-euse)
periferia [perife'ria] *sf* périphérie *f*, banlieue *f*; **in ~** en banlieue
perifrasi [pe'rifrazi] *sf inv* périphrase *f*
perimetro [pe'rimetro] *sm* périmètre *m*
periodico, -a, -ci, -che [peri'ɔdiko] *agg, sm* périodique *(m)*
periodo [pe'riodo] *sm* période *f*; **~ contabile** exercice *m* comptable ; **~ di prova** période d'essai
peripezie [peripet'tsie] *sfpl* péripéties *fpl*
perito, -a [pe'rito] *agg* expert(e) ▸ *sm* (*esperto*) expert *m* ; **~ agrario** technicien *m* agricole ; **~ chimico** chimiste *m* diplômé
perizoma, -i [peri'dzoma] *sm* string *m*
perla ['pɛrla] *sf* perle *f* ▸ *agg inv*: **grigio ~** gris perle *inv* ; **~ coltivata** perle de culture
perlina [per'lina] *sf* perle *f*
perlustrare [perlus'trare] *vt* explorer
permaloso, -a [perma'loso] *agg* susceptible
permanente [perma'nɛnte] *agg* permanent(e) ▸ *sf* permanente *f*
permanenza [perma'nɛntsa] *sf* permanence *f*; (*soggiorno*) séjour *m* ; **buona ~!** bon séjour !
permeare [perme'are] *vt* imprégner
permesso, -a [per'messo] *pp di* **permettere** ▸ *sm* (*autorizzazione, a militare*) permission *f*; (*a impiegato*) congé *m* ; (*foglio*) permis *msg* ; **chiedere il ~ di fare qc** demander la permission de faire qch ; **~?, è ~?** (*entrando*) on peut entrer ? ; (*passando*) pardon, excusez-moi ; **~ di lavoro** permis de travail ; **~ di pesca** permis de pêche ; **~ di soggiorno** permis de séjour
permettere [per'mettere] *vt* permettre ; **permettersi** *vpr* se permettre ; **~ a qn qc/di fare qc** permettre à qn qch/de faire qch ; **permette?** (*nel presentarsi, per ballare*) vous permettez ? ; (*entrando*) on peut entrer ? ; **mi sia permesso sottolineare che ...** permettez-moi de souligner que ... ; **potersi ~ qc/di fare qc** pouvoir se permettre qch/de faire qch
permisi *ecc* [per'mizi] *vb vedi* **permettere**
pernacchia [per'nakkja] *sf*: **fare una ~** faire « pfft » (en signe de dérision)
pernice [per'nitʃe] *sf* perdrix *fsg*
perno ['pɛrno] *sm* pivot *m*, axe *m* ; (*fig*) pivot
pernottare [pernot'tare] *vi* passer la nuit
pero ['pero] *sm* poirier *m*
però [pe'rɔ] *cong* (*ma*) mais ; (*tuttavia*) cependant ; **~, non è male!** pas mal du tout !
perpendicolare [perpendiko'lare] *agg, sf* perpendiculaire *(f)* ; **~ a** perpendiculaire à
perplesso, -a [per'plɛsso] *agg* perplexe
perquisire [perkwi'zire] *vt* (*persona*) fouiller ; (*stanza*) perquisitionner
perquisizione [perkwizit'tsjone] *sf* (*vedi vt*) fouille *f*; perquisition *f*
perse *ecc* ['pɛrse] *vb vedi* **perdere**
persecuzione [persekut'tsjone] *sf* persécution *f*; (*fig*) cauchemar *m* ; **mania di ~** (*Psic*) délire *m* de persécution
perseguitare [persegwi'tare] *vt* persécuter
perseverante [perseve'rante] *agg* persévérant(e)
persi *ecc* ['pɛrsi] *vb vedi* **perdere**
Persia ['pɛrsja] *sf* Perse *f*
persiana [per'sjana] *sf* volet *m*, persienne *f*; **~ avvolgibile** store *m*
persino [per'sino] *avv* = **perfino**
persistente [persis'tɛnte] *agg* persistant(e)
perso, -a ['pɛrso] *pp di* **perdere** ▸ *agg* perdu(e) ; **a tempo ~** à temps perdu ; **è tempo ~** c'est du temps perdu ; **~ per ~** perdu pour perdu
persona [per'sona] *sf* personne *f*; **c'erano delle persone** il y avait des

gens ; **di ~** personnellement ; **curare la propria ~** être très soigneux(-euse) de sa personne ; **~ fisica/giuridica** (*Dir*) personne physique/juridique

personaggio [perso'naddʒo] *sm* personnage *m* ; **un ~ politico** une personnalité politique

personale [perso'nale] *agg* personnel(le) ▶ *sm* personnel *m* ; (*figura fisica*) physique *m* ▶ *sf* (*mostra*) exposition *f*

personalità [personali'ta] *sf inv* personnalité *f*

perspicace [perspi'katʃe] *agg* perspicace

persuadere [persua'dere] *vt*: **~ (qn di qc/a fare qc)** persuader (qn de qch/de faire qch)

pertanto [per'tanto] *cong* (*quindi*) par conséquent, donc ; (*tuttavia*) néanmoins

> **FALSI AMICI**
> **pertanto** non si traduce mai con la parola francese *pourtant*.

pertica, -che ['pɛrtika] *sf* perche *f* ; (*attrezzo ginnico*) mât *m*

pertinente [perti'nɛnte] *agg* pertinent(e) ; **~ a** relatif(-ive) à, concernant

pertosse [per'tosse] *sf* coqueluche *f*

perturbazione [perturbat'tsjone] *sf*: **~ (atmosferica)** perturbation *f* (atmosphérique)

pervadere [per'vadere] *vt* envahir

perverso, -a [per'vɛrso] *agg* pervers(e)

pervertito, -a [perver'tito] *sm/f* perverti(e)

p.es. *abbr* (= *per esempio*) p. ex.

pesante [pe'sante] *agg* (*anche fig*: *cibo, aria, silenzio*) lourd(e) ; (*fig*: *persona*) assommant(e), fatigant(e) ; (: *battuta*) cru(e), de mauvais goût ; (: *libro*) ennuyeux(-euse) ; (: *lavoro*) pénible, fatigant(e) ; **avere il sonno ~** avoir le sommeil lourd ; *vedi anche* **atletica**; **industria**

pesare [pe'sare] *vt* peser ▶ *vi* peser ; (*essere pesante*) peser lourd ; **pesarsi** *vpr* se peser ; **~ le parole** peser ses mots ; **~ sulla coscienza** peser sur la conscience ; **~ sullo stomaco** rester sur l'estomac ; **mi pesa ammetterlo** cela me coûte de l'admettre ; **tutta la responsabilità pesa su di lui** toute la responsabilité pèse sur lui ; **è una situazione che mi pesa** c'est une situation pénible pour moi ; **il suo parere pesa molto** son avis a beaucoup de poids

pesca[1] ['pɛska] (*pl* **pesche**) *sf* (*Bot*) pêche *f*

pesca[2] ['peska] *sf* (*attività, Sport*) pêche *f* ; **andare a ~** aller à la pêche ; **~ con la lenza** pêche à la ligne ; **~ di beneficenza** tombola *f* ; **~ subacquea** pêche sous-marine

pescare [pes'kare] *vt* pêcher ; (*dall'acqua*) repêcher ; (*prendere a caso*) piocher ; (*fig*: *trovare*) pêcher, trouver

pescatore, -trice [peska'tore] *sm/f* pêcheur(-euse)

pesce ['peʃʃe] *sm* poisson *m* ; (*Zodiaco*): **Pesci** Poissons ; **essere dei Pesci** être (du) Poisson ; **non saper che pesci prendere** *o* **pigliare** (*fig*) ne pas savoir sur quel pied danser ; **~ d'aprile!** poisson d'avril ! ; **~ martello** requin *m* marteau ; **~ rosso** poisson rouge ; **~ spada** espadon *m*

pescecane [peʃʃe'kane] *sm* requin *m*

peschereccio, -ci [peske'rettʃo] *sm* bateau *m* de pêche, chalutier *m*

pescheria [peske'ria] *sf* poissonnerie *f*

pescherò *ecc* [peske'rɔ] *vb vedi* **pescare**

peso ['peso] *sm* poids *msg* ; (*moneta*) peso *m* ; **sollevare qc di ~** soulever qch à bout de bras ; **dar ~ a qc** (*fig*) donner du poids à qch ; **essere di ~ a qn** (*fig*) être un poids pour qn ; **essere un ~ morto** être un poids mort ; **avere due pesi e due misure** (*fig*) avoir deux poids, deux mesures ; **sollevamento pesi** haltérophilie *f*, poids et haltères *mpl* ; **~ lordo/netto** poids brut/net ; **~ massimo/medio** (*Pugilato*) poids lourd/moyen ; **~ specifico** poids spécifique

pessimismo [pessi'mizmo] *sm* pessimisme *m*

pessimista, -i, -e [pessi'mista] *agg, sm/f* pessimiste *m/f*

pessimo, -a ['pɛssimo] *agg* très mauvais(e) ; (*riprovevole*: *persona*) détestable ; **essere di ~ umore** être de très mauvaise humeur ; **di pessima qualità** de très mauvaise qualité

pestare [pes'tare] *vt* (*calpestare*) marcher sur ; (*frantumare*) écraser, broyer ; (*fig*: *picchiare*) frapper, passer à tabac ; **~ i piedi** marcher sur les pieds ; **~ i piedi a qn** (*anche fig*) marcher sur les pieds de qn

peste ['pɛste] *sf* peste *f* ; (*fig* : *persona*) peste, teigne *f*
pestello [pes'tɛllo] *sm* pilon *m*
petalo ['pɛtalo] *sm* pétale *m*
petardo [pe'tardo] *sm* pétard *m*
petizione [petit'tsjone] *sf* pétition *f*
petroliera [petro'ljɛra] *sf* (*nave*) pétrolier *m*
petrolio [pe'trɔljo] *sm* pétrole *m* ; **~ grezzo** pétrole brut
pettegolare [pettego'lare] *vi* potiner, jaser
pettegolezzo [pettego'leddzo] *sm* potin *m*, commérage *m*, ragot *m* ; **fare pettegolezzi** jaser, faire des commérages
pettegolo, -a [pet'tegolo] *agg* cancanier(-ière) ▸ *sm/f* concierge *m/f*, pipelette *f*
pettinare [petti'nare] *vt* peigner, coiffer ; **pettinarsi** *vpr* se peigner, se coiffer
pettinatura [pettina'tura] *sf* coiffure *f*
pettine ['pɛttine] *sm* peigne *m* ; **a ~** (*parcheggio*) en épi
pettirosso [petti'rosso] *sm* rouge-gorge *m*
petto ['pɛtto] *sm* (*Anat*) poitrine *f* ; (*di animale*) poitrail *m* ; (*di abito*) devant *m* ; **prendere qn/qc di ~** prendre qn/qch à bras-le-corps ; **a doppio ~** (*abito*) croisé(e) ; **~ di pollo** blanc *m* de poulet
petulante [petu'lante] *agg* impertinent(e), insolent(e)
pezza ['pɛttsa] *sf* morceau *m* de tissu ; (*toppa*) pièce *f* ; (*cencio*) chiffon *m* ; **~ d'appoggio** *o* **giustificativa** (*Amm*) pièce justificative ; **di ~** (*bambola*) de chiffon ; **trattare qn come una ~ da piedi** traiter qn comme un chien
pezzente [pet'tsɛnte] *sm/f* pouilleux(-euse)
pezzo ['pɛttso] *sm* morceau *m*, bout *m* ; (*parte, brandello*) bout ; (*di macchina, arnese, scacchi*) pièce *f* ; (*Mus* : *brano*) morceau ; (*Stampa*) article *m* ; **aspettare un ~** attendre un bon bout de temps ; **andare a pezzi** se briser en mille morceaux ; **essere a pezzi** (*fig* : *persona*) être à bout ; **fare a pezzi** (*oggetto*) casser ; (*fig* : *persona*) anéantir, détruire ; **essere tutto d'un ~** (*fig*) être d'une seule pièce ; **un bel ~ di ragazza** un beau brin de fille ; **due pezzi** = **duepezzi** ; **~ di cronaca** (*Stampa*) fait *m* divers ; **~ di ricambio** (*Aut*) pièce détachée ; **~ grosso** *o* **da novanta** (*fig*) gros bonnet *m*
phishing ['fiʃʃin(g)] *sm* (*Inform*) hameçonnage *m*
piaccio *ecc* ['pjattʃo] *vb vedi* **piacere**
piacente [pja'tʃɛnte] *agg* plaisant(e), agréable
piacere [pja'tʃere] *vi* : **~ (a)** plaire (à) ▸ *sm* plaisir *m* ; (*favore*) service *m* ; **mi piace la poesia** j'aime la poésie ; **non mi piace il caffè** je n'aime pas le café ; **gli piace viaggiare** il aime voyager ; **le piacerebbe andare al cinema** elle aimerait aller au cinéma ; **il suo discorso è piaciuto molto** son discours a beaucoup plu ; **~!** (*nelle presentazioni*) enchanté(e) ! ; **con ~!** avec plaisir ! ; **per ~!** s'il te/vous plaît ! ; **fare un ~ a qn** rendre (un) service à qn ; **mi fa ~ per lui** je suis content(e) pour lui ; **mi farebbe ~ rivederlo** j'aurais plaisir à le revoir ; **è stato un ~ conoscerla** ravi(e) d'avoir fait votre connaissance ; **ma fammi il ~!** oh, je t'en prie !
piacevole [pja'tʃevole] *agg* agréable, plaisant(e)
piacqui *ecc* ['pjakkwi] *vb vedi* **piacere**
piaga, -ghe ['pjaga] *sf* (*anche fig*) plaie *f* ; **mettere il dito sulla ~** (*fig*) retourner le couteau dans la plaie
piagnucolare [pjaɲɲuko'lare] *vi* pleurnicher
pianeggiante [pjaned'dʒante] *agg* plat(e)
pianerottolo [pjane'rɔttolo] *sm* palier *m*
pianeta, -i [pja'neta] *sm* planète *f*
piangere ['pjandʒere] *vi, vt* pleurer ; **~ di gioia** pleurer de joie ; **~ la morte di qn** pleurer la mort de qn ; **mi piange il cuore** cela me fend le cœur
pianificare [pjanifi'kare] *vt* planifier
pianista, -i, -e [pja'nista] *sm/f* pianiste *m/f*
piano, -a ['pjano] *agg* (*piatto*) plat(e) ; (*Mat*) plan(e) ; (*fig*) simple, facile ▸ *avv* (*lentamente*) doucement, lentement ; (*a bassa voce*) à voix basse, doucement ; (*con cautela*) doucement ▸ *sm* plan *m* ; (*pianura*) plaine *f* ; (*livello*) niveau *m* ; (*di edificio*) étage *m* ; (*Mus* : *pianoforte*) piano *m* ; **pian ~** tout doucement ; **una palazzina di cinque piani** un immeuble à cinq étages ; **al ~ di sopra/ di sotto** à l'étage supérieur/inférieur ;

all'ultimo ~ au dernier étage ; **in primo ~** (*Fot, Cine ecc*) au premier plan ; **in secondo ~** (*Fot, Cine ecc*) à l'arrière-plan ; **di primo ~** (*fig*) de premier plan ; **di secondo ~** d'importance secondaire ; **un fattore di secondo ~** un facteur secondaire ; **passare in secondo ~** passer au second plan ; **mettere tutto sullo stesso ~** mettre tout sur le même plan ; **tutto secondo i piani** tout se déroule comme prévu ; **~ di lavoro** (*superficie*) plan de travail ; (*programma*) plan de travail, planning *m* ; **~ regolatore** (*Urbanistica*) plan d'aménagement ; **~ stradale** chaussée *f* ; **~ terra** = **pianoterra**

pianoforte [pjano'fɔrte] *sm* (*Mus*) piano *m*

pianoterra [pjano'tɛrra] *sm inv* rez-de-chaussée *m* ; **al ~** au rez-de-chaussée

piansi *ecc* ['pjansi] *vb vedi* **piangere**

pianta ['pjanta] *sf* (*Bot, Anat*) plante *f* ; (*grafico, carta topografica*) plan *m* ; **in ~ stabile** en permanence, définitivement ; **~ stradale** plan des rues

piantare [pjan'tare] *vt* planter ; (*fam*: *fig*: *persona*) laisser en plan, planter ; (: *marito, fidanzato*) plaquer ; **piantarsi** *vpr* (*conficcarsi*: *proiettile*) s'enfoncer ; **piantarsi davanti a** (*mettersi*) se planter devant ; **~ qn in asso** laisser qn en plan ; **~ grane** (*fig*) faire des histoires ; **piantala!** (*fam*) arrête !, ça suffit !

pianterreno [pjanter'reno] *sm* = **pianoterra**

pianura [pja'nura] *sf* plaine *f*

piastra ['pjastra] *sf* plaque *f* ; **alla ~** (*Cuc*) grillé(e) ; **~ di registrazione** platine *f* cassettes *inv* ; **~ per capelli** lisseur *m*

piastrella [pjas'trɛlla] *sf* carreau *m*

piastrina [pjas'trina] *sf* (*Anat*) plaquette *f* ; (*Mil*) plaque *f*

piattaforma [pjatta'forma] *sf* plate-forme *f* ; **~ continentale** plateau *m* continental ; **~ di lancio** plate-forme de lancement ; **~ girevole** plaque *f* tournante ; **~ rivendicativa** *ensemble des revendications d'une catégorie professionnelle*

piattino [pjat'tino] *sm* (*di tazza*) soucoupe *f*

piatto, -a ['pjatto] *agg* plat(e) ▸ *sm* assiette *f* ; (*vivanda, portata*) plat *m* ; (*di bilancia, giradischi*) plateau *m* ; (*recipiente, quantità*) assiette ; **piatti** *smpl* (*Mus*) cymbales *fpl* ; **un ~ di minestra** une assiette de soupe ; **primo ~** entrée *f* ; **secondo ~** plat principal ; **~ del giorno** plat du jour ; **~ fondo/piano** assiette creuse/plate ; **~ forte** plat de résistance

piazza ['pjattsa] *sf* place *f* ; **a una ~** (*letto, lenzuolo*) à une place ; **a due piazze** à deux places ; **scendere in ~** (*manifestanti*) descendre dans la rue ; **far ~ pulita** (*fig*) faire place nette ; **mettere in ~** (*fig*) faire étalage de ; **~ d'armi** (*Mil*) place d'armes

piazzale [pjat'tsale] *sm* esplanade *f*

piazzola [pjat'tsɔla] *sf* (*Aut*) emplacement *m*

piccante [pik'kante] *agg* piquant(e) ; (*fig*) osé(e)

picchetto [pik'ketto] *sm* piquet *m* ; (*gruppo di scioperanti*) piquet de grève

picchiare [pik'kjare] *vt* frapper, taper ▸ *vi* frapper ; **~ contro** (*sbattere*) heurter

picchiata [pik'kjata] *sf* piqué *m* ; **scendere in ~** piquer, descendre en piqué

picchio, -chi ['pikkjo] *sm* pic *m*

piccino, -a [pit'tʃino] *agg, sm/f* petit(e)

piccione [pit'tʃone] *sm* pigeon *m* ; **pigliare due piccioni con una fava** (*fig*) faire d'une pierre deux coups ; **~ viaggiatore** pigeon voyageur

picco, -chi ['pikko] *sm* (*vetta*) pic *m*, sommet *m* ; **colare a ~** couler à pic ; (*fig*: *persona*) se ruiner ; (*azienda*) faire faillite

piccolo, -a ['pikkolo] *agg* petit(e) ; (*errore*) petit(e), léger(-ère) ▸ *sm/f* petit(e) ▸ *sm*: **nel mio ~** dans la faible mesure de mes moyens ; **piccoli** *smpl* (*di animale*) petits *mpl* ; **in ~** en miniature, en petit ; **una piccola casa in campagna** une petite maison à la campagne ; **una cosa piccola** une petite chose ; **la piccola borghesia** la petite bourgeoisie

piccone [pik'kone] *sm* pioche *f*

piccozza [pik'kɔttsa] *sf* piolet *m*

picnic [pik'nik] *sm inv* pique-nique *m* ; **fare un ~** pique-niquer

pidocchio, -chi [pi'dɔkkjo] *sm* pou *m*

P

piede ['pjɛde] *sm* pied *m* ; **a piedi** à pied ; **a piedi nudi** pieds nus ; **essere in piedi** être debout ; **stare in piedi** rester debout ; **andare a piedi** aller à pied ; **a ~ libero** (*Dir*) en liberté ; **su due piedi** au pied levé ; **mettere in piedi** (*fig*: *preparare*) mettre sur pied ; **prendere ~** (*fig*) prendre pied ; **puntare i piedi** (*fig*) s'obstiner ; **sentirsi mancare la terra sotto i piedi** sentir la terre se dérober sous ses pieds ; **non sta in piedi** il ne tient pas debout ; (*fig*) cela ne tient pas debout ; **tenere in piedi** (*persona*) maintenir debout ; (*fig*: *mantenere*) faire marcher, faire fonctionner ; **sul ~ di guerra** sur le pied de guerre ; **alzarsi col ~ sbagliato** se lever du pied gauche ; **~ di porco** pince-monseigneur *f* ; **piedi piatti** (*Anat*) pieds plats

piega, -ghe ['pjɛga] *sf* pli *m* ; (*anche*: **messa in piega**) mise *f* en plis ; **prendere una brutta** *o* **cattiva ~** (*fig*: *avvenimenti*) prendre une mauvaise tournure ; **il tuo ragionamento non fa una ~** ton raisonnement est correct ; **non ha fatto una ~** (*fig*: *persona*) il n'a pas bronché

piegare [pje'gare] *vt* plier, courber ; (*braccia, gambe*) plier, fléchir ; (*testa*) pencher ; (*tovagliolo, foglio, abito*) plier ▸ *vi* tourner ; **piegarsi** *vpr* se plier

piegherò *ecc* [pjege'rɔ] *vb vedi* **piegare**

pieghevole [pje'gevole] *agg* pliant(e) ▸ *sm* dépliant *m*

Piemonte [pje'monte] *sm* Piémont *m*

piena ['pjɛna] *sf* (*di fiume*) crue *f* ; (*gran folla*) foule *f* ; **essere in ~** être en crue

pieno, -a ['pjɛno] *agg* plein(e) ; (*viso, fianchi*) plein(e), rebondi(e) ▸ *sm* (*di benzina*) plein *m* ; (*di gente*) foule *f* ; **~ di** plein(e) de ; **a piene mani** à pleines mains ; **a tempo ~** à plein temps ; **a pieni voti** (*eleggere*) à l'unanimité ; (*laurearsi*) avec mention ; **in ~ giorno/piena notte** en plein jour/pleine nuit ; **in ~ inverno** en plein hiver ; **in piena stagione** en pleine saison ; **avere pieni poteri** avoir les pleins pouvoirs ; **in ~** (*sbagliare*) complètement ; (*colpire, centrare*) en plein dans le mille ; **fare il ~** (*di benzina*) faire le plein

piercing ['pirsiŋ] *sm inv* piercing *m*

pietà [pje'ta] *sf* pitié *f* ; **avere ~ di** avoir pitié de ; **far ~** faire pitié ; **senza ~** sans pitié, sans merci

pietanza [pje'tantsa] *sf* plat *m*

pietoso, -a [pje'toso] *agg* (*compassionevole*) compatissant(e) ; (*che fa pietà*) piteux(-euse)

pietra ['pjɛtra] *sf* pierre *f* ; **l'età della ~** l'âge de la pierre ; **di ~** (*anche fig*) en pierre ; **mettiamoci una ~ sopra** (*fig*) tirons le rideau sur cette affaire ; **~ dello scandalo** (*fig*: *persona*) personne *f* par qui le scandale arrive ; (: *cosa*) cause *f* du scandale ; **~ di paragone** (*fig*) pierre de touche ; **~ preziosa** pierre précieuse

piffero ['piffero] *sm* fifre *m*, pipeau *m*

pigiama, -i [pi'dʒama] *sm* pyjama *m*

pigliare [piʎ'ʎare] *vt* (*fam*) prendre

pigna ['piɲɲa] *sf* pomme *f* de pin

pignolo, -a [piɲ'ɲɔlo] *agg* (*persona*) tatillon(ne), pointilleux(-euse) ; (*esame*) méticuleux(-euse)

pigrizia [pi'grittsja] *sf* paresse *f*

pigro, -a ['pigro] *agg* paresseux(-euse), fainéant(e), feignant(e)

PIL [pil] *sigla m* (= *prodotto interno lordo*) PIB *m*

pila ['pila] *sf* (*di libri, piatti*) pile *f* ; (*fam*: *torcia*) lampe *f* (de poche) ; (*per acqua benedetta*) bénitier *m* ; **a ~, a pile** à piles

pilastro [pi'lastro] *sm* pilier *m*

pile ['pail] *sm inv* (*materiale, maglia*) laine *f* polaire, polaire *m*

pillola ['pillola] *sf* (*anche anticoncezionale*) pilule *f* ; **prendere la ~** prendre la pilule

pilone [pi'lone] *sm* (*di ponte*) pile *f* ; (*linea elettrica*) pylône *m*

pilota, -i, -e [pi'lɔta] *agg inv, sm/f* pilote (*m*) ; **~ automatico** pilote automatique

pinacoteca, -che [pinako'tɛka] *sf* pinacothèque *f*

pineta [pi'neta] *sf* pinède *f*

ping-pong [ping 'pɔng] *sm inv* ping-pong *m*

pinguino [pin'gwino] *sm* pingouin *m*

pinna ['pinna] *sf* (*di pesce*) nageoire *f* ; (*di gomma*) palme *f*

pino ['pino] *sm* pin *m* ; **di ~** de pin ; **~ marittimo/silvestre** pin maritime/sylvestre

pinolo [pi'nɔlo] *sm* pignon *m*

pinza ['pintsa] *sf* (*anche*: **pinze** *sfpl*) pince *f*

pinzette [pin'tsette] *sfpl* pince *fsg* à épiler

pioggia, -ge ['pjɔddʒa] *sf* (*anche fig: di regali, fiori ecc*) pluie *f* ; **sotto la ~** sous la pluie ; **~ acida** pluie acide
piolo [pi'ɔlo] *sm* (*paletto*) pieu *m*, piquet *m* ; (*di scala*) barreau *m*
piombare [pjom'bare] *vi* (*cadere*) tomber ; (*fig: nell'angoscia*) sombrer ; (*: arrivare improvvisamente*) arriver à l'improviste ▶ *vt* plomber ; **~ su** (*su nemico, vittima*) se jeter sur
piombatura [pjomba'tura] *sf* plombage *m*
piombino [pjom'bino] *sm* plomb *m*
piombo ['pjombo] *sm* plomb *m* ; **a ~** (*cadere*) d'aplomb ; (*muro ecc*) à plomb ; **senza ~** (*benzina*) sans plomb ; **andare con i piedi di ~** (*fig*) être prudent ; *vedi anche* **filo**
pioniere, -a [pjo'njɛre] *sm/f* (*anche fig*) pionnier(-ière)
pioppo ['pjɔppo] *sm* peuplier *m*
piovere ['pjɔvere] *vb impers, vi* pleuvoir ; **piove** il pleut ; **non ci piove sopra** (*fig*) il n'y a pas l'ombre d'un doute, c'est sûr et certain
piovigginare [pjoviddʒi'nare] *vb impers* bruiner, crachiner
piovoso, -a [pjo'voso] *agg* pluvieux(-euse)
piovra ['pjɔvra] *sf* pieuvre *f*
piovve *ecc* [pjɔvve] *vb vedi* **piovere**
pipa ['pipa] *sf* pipe *f*
pipì [pi'pi] *sf* pipi *m* ; **fare ~** faire pipi
pipistrello [pipis'trɛllo] *sm* chauve-souris *fsg*
piramide [pi'ramide] *sf* pyramide *f*
pirata, -i [pi'rata] *sm* pirate *m* ▶ *agg inv*: **nave ~** bateau *m* pirate ; **radio ~** radio *f* pirate ; **~ informatico** (*Inform*) pirate *m/f* informatique ; **~ della strada** chauffard *m*
pirateria [pirate'ria] (*Inform*) *sf*: **~ informatica** piratage *f* ; **fare ~ informatica** pirater
Pirenei [pire'nɛi] *smpl* Pyrénées *fpl*
piromane [pi'rɔmane] *sm/f* pyromane *m/f*
piroscafo [pi'rɔskafo] *sm* bateau *m* à vapeur
pisciare [piʃ'ʃare] *vi* (*fam*) pisser
piscina [piʃ'ʃina] *sf* piscine *f*
pisello [pi'sɛllo] *sm* petit pois *m*
pisolino [pizo'lino] *sm* petit somme *m* ; **fare un ~** faire un petit somme
pista ['pista] *sf* piste *f* ; **~ ciclabile** piste cyclable ; **~ da ballo** piste de danse ; **~ di lancio** rampe *f* de lancement ; **~ di rullaggio** voie *f* de circulation ; **~ di volo** piste d'envol
pistacchio, -chi [pis'takkjo] *sm* (*albero*) pistachier *m* ; (*seme*) pistache *f* ▶ *agg inv*: **verde ~** vert pistache *inv*
pistola [pis'tɔla] *sf* pistolet *m* ; **~ a spruzzo** pistolet (pulvérisateur) ; **~ a tamburo** revolver *m*
pistone [pis'tone] *sm* piston *m*
pitone [pi'tone] *sm* python *m*
pittore, -trice [pit'tore] *sm/f* peintre (femme peintre) ; (*imbianchino*) peintre (en bâtiments)
pittoresco, -a, -schi, -sche [pitto'resko] *agg* pittoresque
pittura [pit'tura] *sf* peinture *f*
pitturare [pittu'rare] *vt* peindre

PAROLA CHIAVE

più [pju] *avv* **1** (*in maggiore quantità*) plus ; **di più** davantage, plus ; **costa di più** ça coûte plus cher ; **ne voglio di più** j'en veux plus *o* davantage ; **una volta di più** une fois de plus ; **per di più** (*inoltre*) de plus, en outre ; **in più** en plus ; **3 persone/50 euro in più** 3 personnes/50 euros en plus ; **più dormo e più dormirei** plus je dors et plus j'ai envie de dormir ; **più o meno** plus ou moins ; **né più né meno** ni plus ni moins ; **chi più chi meno** certains plus que d'autres ; **è sempre più difficile** c'est de plus en plus difficile ; **a più non posso** (*urlare*) à tue-tête ; (*correre*) à perdre haleine
2 (*comparativo*) plus ; **più di** plus que ; **lavoro più di te** je travaille plus que toi ; **più di quanto pensassi** plus que je ne pensais ; **più ... di** plus ... que ; **più buono di lui** meilleur que lui ; **più tardi di me** plus tard que moi ; **è più tardi di quanto pensassi** il est plus tard que je ne pensais ; **più ... che** plus ... que ; **è più intelligente che ricco** il est plus intelligent que riche ; **più che altro** surtout ; **più che bene/buono** plus que bien/bon ; **più che mai** plus que jamais
3 (*superlativo*) plus ; **il più grande** le plus grand ; **il più dotato degli studenti** le plus doué des étudiants ; **è quello che compro più spesso** c'est celui que j'achète le plus souvent ; **al più presto** au plus tôt ; **al più tardi** au plus tard ; **il più delle volte** le plus souvent

P

4 (*negazione*): **non ... più** ne ... plus ; **non ho più soldi** je n'ai plus d'argent ; **non parlo più** je ne parle plus ; **non l'ho più rivisto** je ne l'ai plus revu
5 (*Mat*) plus ; **4 più 5 fa 9** 4 plus 5 font 9 ; **più 5 gradi** 5 degrés (au-dessus de zéro) ; **6 più** (*voto*) juste au-dessus de la moyenne
▸ *prep* (*con l'aggiunta di*) plus ; **500 più le spese** 500 plus les frais ; **siamo in quattro più il nonno** nous sommes quatre plus grand-père
▸ *agg inv* **1**: **più ... (di)** (*quantità*) plus de ... (que) ; **ci vuole più denaro/tempo** il faut plus d'argent/de temps ; **più persone di quante ci aspettassimo** plus de monde que nous n'en attendions
2 (*numerosi, diversi*) plusieurs ; **l'aspettai per più giorni** je l'attendis plusieurs jours
▸ *sm* **1** (*la maggior parte*): **il più è fatto** le plus gros est fait ; **parlare del più e del meno** parler de tout et de rien, parler de la pluie et du beau temps
2 (*Mat*) plus *m* ; **se aggiungiamo un più, la funzione diventa ...** si nous ajoutons un (signe) plus, la fonction devient ...
3: **i più** (*la maggioranza*) la plupart *fsg*, la majorité *fsg*

piuma ['pjuma] *sf* plume *f* ; (*per pescare*) leurre *m* ▸ *agg inv*: **peso ~** (*Sport*) poids *msg* plume ; **piume** *sfpl* (*piumaggio*) plumes *fpl*
piumino [pju'mino] *sm* (*per letto*) édredon *m* ; (: *tipo danese*) couette *f* ; (*giacca*) anorak *m* ; (*per cipria*) houppette *f* ; (*per spolverare*) plumeau *m*
piuttosto [pjut'tɔsto] *avv* plutôt ; **~ che** (*anziché*) plutôt que
pizza ['pittsa] *sf* (*Cuc*) pizza *f* ; (*Cine*) bobine *f* ; **che ~!** (*fig*) quelle barbe !
pizzeria [pittse'ria] *sf* pizzeria *f*
pizzicare [pittsi'kare] *vt* (*anche fig*: *ladro*) pincer ; (*solleticare, pungere*) piquer ▸ *vi* (*prudere*) démanger ; (*essere piccante*) piquer
pizzico, -chi ['pittsiko] *sm* (*pizzicotto*) pinçon *m* ; (*piccola quantità*) pincée *f* ; (*puntura d'insetto*) piqûre *f* ; **un ~ di fantasia** un peu d'imagination
pizzicotto [pittsi'kɔtto] *sm* pinçon *m* ; **dare un ~ a qn** pincer qn
pizzo ['pittso] *sm* (*merletto*) dentelle *f* ; (*barbetta*) barbiche *f* ; (*fig*: *tangente*) *somme d'argent exigée régulièrement par la mafia dans ses activités de racket*
plagiare [pla'dʒare] *vt* plagier ; (*Dir*) suggestionner
plaid [plɛd] *sm inv* plaid *m*
planare [pla'nare] *vi* planer
plasma, -i ['plazma] *sm* plasma *m*
plasmare [plaz'mare] *vt* (*anche fig*) modeler
plastica ['plastika] *sf* plastique *m* ; (*Med*) chirurgie *f* plastique ; **di ~** en plastique ; **~ facciale** chirurgie faciale
platano ['platano] *sm* platane *m*
platea [pla'tɛa] *sf* parterre *m* ; (*fig*: *spettatori*) public *m*
platino ['platino] *sm* platine *m* ▸ *agg inv*: **biondo ~** blond platine
plausibile [plau'zibile] *agg* plausible
plenilunio [pleni'lunjo] *sm* pleine lune *f*
plettro ['plɛttro] *sm* (*Mus*) médiator *m*
pleurite [pleu'rite] *sf* pleurésie *f*
plico, -chi ['pliko] *sm* pli *m* ; **in ~ a parte** dans un pli à part
plotone [plo'tone] *sm* (*Mil*) peloton *m* ; **~ d'esecuzione** peloton d'exécution
plurale [plu'rale] *agg* pluriel(le) ▸ *sm* pluriel *m*
P.M. [pi'ɛmme] *abbr* (*Pol*: = *Pubblico Ministero*) ministère public
PMI [piɛmme'i] *sigla f inv*: **Piccola e Media Impresa** PME *f* (= *petite et moyenne entreprise*)
pneumatico, -a, -ci, -che [pneu'matiko] *agg* pneumatique ▸ *sm* (*Aut*) pneu *m*
po' [pɔ] *avv, sm vedi* **poco**

PAROLA CHIAVE

poco, -a, -chi, -che ['pɔko] *agg* (*quantità*) peu de ; **poco pane/denaro/spazio** peu de pain/d'argent/de place ; **poche persone/notizie** peu de personnes/nouvelles ; **con poca spesa** à peu de frais ; **ci vediamo tra poco** à bientôt ; (*fra pochissimo tempo*) à tout de suite
▸ *avv* **1** peu ; **guadagna/parla poco** il gagne/parle peu
2 (*con agg*) peu ; (*con avv*) pas très ; **è poco espansivo/socievole** il est peu expansif/sociable ; **sta poco bene** il ne va pas très bien ; **è poco più vecchia di lui** elle n'est guère plus vieille que lui

3 (*tempo*): **poco prima/dopo** peu avant/après ; **il film dura poco** le film ne dure pas longtemps ; **ci vediamo molto poco** nous nous voyons très peu
4: **un po'** un peu ; **è un po' corto** il est un peu court ; **arriverà fra un po'** il arrivera dans peu de temps ; **un po' prima/dopo** un peu avant/après ; **un po' meglio** un peu mieux
5 (*fraseologia*): **a dir poco** au bas mot, pour le moins ; **a poco a poco** peu à peu ; **per poco non cadevo** il s'en est fallu de peu que je ne tombe, j'ai failli tomber ; **è una cosa da poco** c'est peu de chose
▶ *pron* peu ; **pochi** (*persone*) peu (de gens *o* personnes) ; (*cose*) peu ; **ci vuole tempo ed io ne ho poco** il faut du temps et j'en ai peu ; **pochi lo sanno** peu (de gens) le savent
▶ *sm* **1** peu *m* ; **vive del poco che ha** il vit du peu qu'il a ; **vi ho detto quel poco che so** je vous ai dit le peu que je sais
2: **un po'** un peu ; **un po' di zucchero/soldi/tempo** un peu de sucre/d'argent/de temps ; **un bel po' di denaro** beaucoup d'argent ; **un po' per ciascuno** un peu (à) chacun

podcast ['pɔdkast] *sm inv* podcast *m*
podere [po'dere] *sm* domaine *m*
podio ['pɔdjo] *sm* (*palco*) estrade *f* ; (*Sport*) podium *m*
podismo [po'dizmo] *sm* (*Sport*: *marcia*) marche *f* ; (: *corsa*) course *f* à pied
poesia [poe'zia] *sf* poésie *f*
poeta, -essa [po'ɛta] *sm/f* poète (poétesse)
poggiare [pod'dʒare] *vt* appuyer ▶ *vi* reposer
poggiatesta [poddʒa'tɛsta] *sm inv* appui-tête *m*
poggio ['pɔddʒo] *sm* coteau *m*
poi ['pɔi] *avv* (*dopo*) puis, après ; (*alla fine*) en définitive, après tout ; **e ~ ...** (*inoltre*) d'ailleurs ..., du reste ... ; **questa ~ (è bella)!** (*iron*) ça par exemple (elle est bien bonne) !
poiché [poi'ke] *cong* puisque
poker ['pɔker] *sm inv* poker *m* ; (*di assi, re*) carré *m*, poker *m*
polacco, -a, -chi, -che [po'lakko] *agg* polonais(e) ▶ *sm/f* Polonais(e) ▶ *sm* polonais *m*
polare [po'lare] *agg* polaire
polemica, -che [po'lɛmika] *sf* polémique *f* ; **fare polemiche** faire polémique, créer la polémique
polemico, -a, -ci, -che [po'lɛmiko] *agg* polémique
polenta [po'lɛnta] *sf* (*Cuc*) polenta *f*
poliomielite [poljomie'lite] *sf* poliomyélite *f*
polipo ['pɔlipo] *sm* (*Zool*) poulpe *m* ; (*Med*) polype *m*
polistirolo [polisti'rɔlo] *sm* polystyrène *m*
politica, -che [po'litika] *sf* (*anche fig*) politique *f* ; **darsi alla ~** se lancer dans la politique ; **fare ~** faire de la politique ; **la ~ del governo** la politique du gouvernement ; **~ aziendale** politique de l'entreprise ; **~ dei prezzi** politique des prix ; **~ dei redditi** politique des revenus ; **~ economica** politique économique ; **~ estera** politique internationale
politicamente [politika'mente] *avv* politiquement ; **~ corretto** politiquement correct
politico, -a, -ci, -che [po'litiko] *agg* politique ▶ *sm* (*anche*: **uomo politico**) (homme *m*) politique *m* ; (*peg*) politicien(ne)
polizia [polit'tsia] *sf* police *f* ; **~ giudiziaria/sanitaria** police judiciaire/sanitaire ; **~ stradale** police de la route ; **~ tributaria** ≈ inspection *f* des impôts

En Italie, l'ordre public est assuré par la **Polizia** et les *Carabinieri*. Pour demander l'intervention della **Polizia**, il faut composer le 113.

poliziesco, -a, -schi, -sche [polit'tsjesko] *agg* policier(-ière)
poliziotto, -a [polit'tsjɔtto] *sm/f* agent *m* de police, policier(-ère) ▶ *agg inv*: **cane ~** chien *m* policier ; **donna ~** femme *f* policier *o* policière ; **~ di quartiere** agent *m* de police de quartier
polizza ['pɔlittsa] *sf* police *f* ; **~ di assicurazione** police d'assurance ; **~ di carico** connaissement *m*
pollaio [pol'lajo] *sm* poulailler *m*
pollice ['pɔllitʃe] *sm* pouce *m*
polline ['pɔlline] *sm* pollen *m*
pollo ['pollo] *sm* poulet *m* ; (*fig*: *credulone*) pigeon *m*, dindon *m* ; **far ridere i polli** (*situazione, persona*) être grotesque

P

polmone [pol'mone] *sm* poumon *m* ; (*fig* : *di città*) réserve *f* d'oxygène ; **~ d'acciaio** (*Med*) poumon d'acier
polmonite [polmo'nite] *sf* pneumonie *f* ; **~ atipica** pneumonie *f* atypique
polo ['pɔlo] *sm* (*anche fig*) pôle *m* ; (*gioco, maglia*) polo *m* ▸ *sf inv* (*maglia*) polo *m* ; **essere ai poli opposti** (*fig*) être aux antipodes ; **~ negativo/positivo** pôle négatif/positif ; **P~** (*Pol*) *coalition de centre-droite* ; **~ nord/sud** pôle nord/sud
Polonia [po'lɔnja] *sf* Pologne *f*
polpa ['polpa] *sf* pulpe *f* ; (*carne*) noix *fsg*
polpaccio [pol'pattʃo] *sm* mollet *m*
polpastrello [polpas'trɛllo] *sm* pulpe *f* des doigts
polpetta [pol'petta] *sf* boulette *f*
polpo ['polpo] *sm* poulpe *m*
polsino [pol'sino] *sm* manchette *f* ; (*bottone*) bouton *m* de manchette
polso ['polso] *sm* (*Anat*) poignet *m* ; (*pulsazione*) pouls *msg* ; (*fig* : *forza*) poigne *f* ; **avere ~** (*fig*) avoir de la poigne ; **un uomo di ~** un homme à poigne ; **tastare il ~** (*Med*) prendre le pouls ; **tastava il ~ della situazione** il prenait la température (de la situation)
poltrire [pol'trire] *vi* paresser
poltrona [pol'trona] *sf* (*anche fig*) fauteuil *m* ; (*Teatro*) fauteuil *m* d'orchestre
polvere ['polvere] *sf* poussière *f* ; (*frammento minutissimo*) poudre *f* ; **in ~** en poudre ; (*caffè*) soluble ; **~ d'oro** poudre d'or ; **~ da sparo/pirica** poudre (à canon) ; **~ di ferro** limaille *f* de fer ; **polveri sottili** particules *fpl* en suspension
pomata [po'mata] *sf* pommade *f*
pomello [po'mɛllo] *sm* pommeau *m*
pomeriggio [pome'riddʒo] *sm* après-midi *m o f* ; **nel primo/tardo ~** en début/fin d'après-midi
pomice ['pomitʃe] *sf* ponce *f*
pomo ['pomo] *sm* (*mela*) pomme *f* ; (*oggetto ornamentale*) pommeau *m* ; **~ d'Adamo** (*Anat*) pomme d'Adam
pomodoro [pomo'dɔro] *sm* tomate *f* ; **pomodori pelati** tomates pelées
pompa ['pompa] *sf* pompe *f* ; **~ antincendio** pompe à incendie ; **~ di benzina** pompe à essence ; **(impresa di) pompe funebri** pompes funèbres
pompare [pom'pare] *vt* (*liquido, aria*) pomper ; (*ruota, materassino*) gonfler ; (*fig* : *esagerare*) gonfler, grossir
pompelmo [pom'pɛlmo] *sm* pamplemousse *m* ; **(succo di) ~** jus *msg* de pamplemousse
pompiere [pom'pjɛre] *sm* pompier *m*
ponente [po'nɛnte] *sm* ouest *m* ; (*vento*) vent *m* d'ouest
pongo, poni *ecc* ['pongo, 'poni] *vb vedi* **porre**
ponte ['ponte] *sm* (*anche fig* : *giorno di festa*) pont *m* ; (*impalcatura*) échafaudage *m* ; (*Med* : *protesi dentaria*) bridge *m* ; **vivere sotto i ponti** vivre sous les ponts ; **tagliare i ponti (con)** (*fig*) couper les ponts (avec) ; **governo ~** (*Pol*) gouvernement *m* provisoire *o* transitoire ; **~ aereo** pont aérien ; **~ di barche** (*Mil*) pont de bateaux ; **~ di comando** (*Naut*) passerelle *f* de commandement ; **~ di coperta** (*Naut*) pont supérieur ; **~ di lancio** (*su portaerei*) pont d'envol ; **~ levatoio** pont-levis *msg* ; **~ radio** liaison *f* radio ; **~ sospeso** pont suspendu
pontefice [pon'tefitʃe] *sm* pontife *m*
popcorn ['pɔpkɔːn] *sm inv* pop-corn *m inv*
popolare [popo'lare] *agg* populaire ▸ *vt* (*territorio, città*) peupler ; (*locale, stadio*) remplir ; **popolarsi** *vpr* se remplir
popolazione [popolat'tsjone] *sf* population *f*
popolo ['pɔpolo] *sm* peuple *m*
poppa ['poppa] *sf* (*Naut*) poupe *f*, arrière *m* ; (*mammella*) téton *m* ; **a ~** à l'arrière
porcellana [portʃel'lana] *sf* porcelaine *f*
porcellino, -a [portʃel'lino] *sm/f* porcelet *m*, cochonnet *m* ; **~ d'India** cochon *m* d'Inde
porcheria [porke'ria] *sf* saleté *f* ; (*fig* : *discorso maleducato*) cochonneries *fpl*, grossièreté *f* ; (: *azione disonesta*) sale coup *m* ; (: *cosa mal fatta*) cochonnerie *f*

> **FALSI AMICI**
> **porcheria** non si traduce mai con la parola francese *porcherie*.

porcile [por'tʃile] *sm* (*anche fig*) porcherie *f*
porcino, -a [por'tʃino] *agg* porcin(e) ▸ *sm* (*fungo*) cèpe *m*, bolet *m*
porco, -ci ['pɔrko] *sm* (*maiale*) cochon *m* ; (*carne*) porc *m* ; (*peg* : *fig*) cochon *m* ; **~!** gros dégoûtant !

porcospino [porkos'pino] *sm* porc-épic *m*
porgere ['pɔrdʒere] *vt*: **~ (a)** tendre (à)
pornografia [pornogra'fia] *sf* pornographie *f*
pornografico, -a, -ci, -che [porno'grafiko] *agg* pornographique
poro ['pɔro] *sm* pore *m*
porpora ['porpora] *sf* pourpre *f*; (*colore*) pourpre *m*
porre ['porre] *vt* (*mettere*) mettre ; (*collocare, posare*) poser ; (*fig*: *supporre*) mettre, supposer ; **porsi** *vpr* se mettre ; **~ le basi di** (*fig*) jeter les bases de ; **poniamo (il caso) che ...** mettons que ..., supposons que ... ; **~ una domanda a qn** poser une question à qn ; **~ freno a** mettre un frein à ; **posto che ...** en admettant que ... ; **porsi in salvo** se mettre à l'abri
porro ['pɔrro] *sm* (*Bot*) poireau *m* ; (*Med*) verrue *f*
porsi *ecc* ['pɔrsi] *vb vedi* **porgere**
porta ['pɔrta] *sf* porte *f*; (*Calcio*) but *m* ; **~ a ~** (*vendita*) porte à porte ; **a porte chiuse** (*Dir*) à huis clos ; **mettere alla ~** (*persona*) mettre à la porte ; **essere alle porte** (*fig*: *crisi, inverno*) approcher, être imminent(e) ; **~ di servizio/sicurezza** porte de service/secours ; **~ stagna** porte étanche
portabagagli [portaba'gaʎʎi] *sm inv* (*facchino*) porteur *m* ; (*Aut*) galerie *f*; (*Ferr*) porte-bagages *msg inv*
portacenere [porta'tʃenere] *sm inv* cendrier *m*
portachiavi [porta'kjavi] *sm inv* porte-clefs *msg inv*, porte-clés *msg inv*
portaerei [porta'ɛrei] *agg inv* porte-avions *inv* ▸ *sf inv* porte-avions *msg inv*
portafinestra [portafi'nɛstra] (*pl* **portefinestre**) *sf* porte-fenêtre *f*
portafoglio [porta'fɔʎʎo] *sm* (*anche Pol, Borsa*) portefeuille *m* ; (*cartella*) porte-documents *msg inv*, serviette *f*; **senza ~** (*ministro*) sans portefeuille ; **~ titoli** portefeuille titres
portafortuna [portafor'tuna] *sm inv* porte-bonheur *m inv*
portale [por'tale] *sm* (*Inform*) portail *m*
portamento [porta'mento] *sm* allure *f*
portamonete [portamo'nete] *sm inv* porte-monnaie *m inv*
portante [por'tante] *agg* portant(e)
portantina [portan'tina] *sf* chaise *f* à porteur ; (*per ammalati*) brancard *m*
portaombrelli [portaom'brɛlli] *sm inv* porte-parapluies *msg inv*
portapacchi [porta'pakki] *sm inv* (*portabagagli*) porte-bagages *msg inv*
portare [por'tare] *vt* porter ; (*condurre*) amener ; (: *sogg*: *strada*) mener, conduire ; (*bagagli*) apporter ; (*serbare*: *odio*) nourrir ; (: *rancore*) garder ; **portarsi** *vpr* (*recarsi*) se rendre, aller ; **~ qc a qn** (*recare*) apporter qch à qn ; **~ qn a** (*fig*: *indurre*) mener qn à ; **~ avanti** (*discorso, idea*) poursuivre ; **~ via qc** (*rimuovere*) emmener qch, emporter qch ; (*rubare*) emporter qch ; **~ i bambini a spasso** emmener les enfants en promenade ; **mi porta un caffè, per favore?** vous m'apportez un café, s'il vous plaît ? ; **~ fortuna/sfortuna a** porter chance/malheur à ; **~ qc alla bocca** porter qch à ses lèvres ; **~ bene gli anni** ne pas paraître *o* porter son âge ; **il documento porta la tua firma** le document porte ta signature ; **la polizia si è portata sul luogo del disastro** la police s'est rendue sur les lieux de la catastrophe
portasigarette [portasiga'rette] *sm inv* étui *m* à cigarettes
portata [por'tata] *sf* (*vivanda*) plat *m* ; (*di veicolo*) charge *f* utile ; (*di arma, anche fig*: *limite*) portée *f*; (*volume d'acqua*) débit *m* ; (*fig*: *importanza*) portée, envergure *f*; **alla ~ di tutti** (*conoscenza*) à la portée de tout le monde ; (*prezzo*) à la portée de toutes les bourses ; **a ~ di** à (la) portée de ; **fuori ~** hors de portée ; **a ~ di mano** à portée de la main ; **di grande ~** de grande envergure
portatile [por'tatile] *agg* portatif(-ive), portable
portato, -a [por'tato] *agg*: **essere ~ a qc/a fare qc** être doué(e) pour qch/pour faire qch
portauovo [porta'wɔvo] *sm inv* coquetier *m*
portavoce [porta'votʃe] *sm inv/sf inv* porte-parole *m/f inv*
portento [por'tɛnto] *sm* prodige *m*
portiera [por'tjɛra] *sf* (*di auto*) portière *f*
portiere, -a [por'tjɛre] *sm/f* (*di caseggiato, hotel*) concierge *m/f* ▸ *sm* (*Calcio*) gardien *m* de but
portinaio, -a [porti'najo] *sm/f* concierge *m/f*

portineria [portine'ria] *sf* (*di palazzo*) loge *f* du concierge ; (*di castello*) conciergerie *f*

porto, -a ['pɔrto] *pp di* **porgere** ▶ *sm* (*Naut*) port *m* ▶ *sm inv* (*vino*) porto *m* ; **andare** *o* **giungere in ~** (*fig*) aboutir ; **condurre qc in ~** mener qch à bien ; **la tua casa è un ~ di mare** on entre chez toi comme dans un moulin ; **~ d'armi** port d'armes ; **~ di mare** port maritime ; **~ di scalo** port d'escale ; **~ fluviale** port fluvial ; **~ franco** port franc ; **~ marittimo** port maritime ; **~ militare** port militaire ; **~ pagato** port payé

Portogallo [porto'gallo] *sm* Portugal *m*

portoghese [porto'gese] *agg* portugais(e) ▶ *sm/f* Portugais(e) ; (*fig*) resquilleur(-euse) ▶ *sm* portugais *m*

portone [por'tone] *sm* porte *f* principale, porte d'entrée ; (*per vetture*) porte cochère

portuale [portu'ale] *agg* portuaire ▶ *sm* docker *m*

porzione [por'tsjone] *sf* partie *f* ; (*di cibo*) portion *f*

posa ['pɔsa] *sf* pose *f* ; (*atteggiamento*) attitude *f* ; **senza ~** sans répit ; **mettersi in ~** poser ; **teatro di ~** studio *m* de cinéma ; **~ in opera** mise *f* en œuvre

posare [po'sare] *vt, vi* poser ; **posarsi** *vpr* se poser ; **~ su** (*ponte, teoria*) reposer sur

posata [po'sata] *sf* couvert *m* ; **posate** *sfpl* (*cucchiaio, forchetta ecc*) couverts *mpl*

poscritto [pos'kritto] *sm* post-scriptum *m inv*

posi *ecc* ['posi] *vb vedi* **posare**

positivo, -a [pozi'tivo] *agg* positif(-ive)

posizione [pozit'tsjone] *sf* (*anche economica*) position *f* ; (*luogo*) site *m*, position ; **farsi una ~** se faire une situation ; **~ eretta** station *f o* position debout ; **prendere ~** (*fig*) prendre position ; **luci di ~** (*Aut*) feux *mpl* de position, veilleuses *fpl*

posporre [pos'porre] *vt* (*differire*) remettre, renvoyer

possedere [posse'dere] *vt* posséder ; **essere posseduto da** (*fig: ira, rabbia*) être en proie à

possessivo, -a [posses'sivo] *agg* possessif(-ive)

possesso [pos'sɛsso] *sm* (*Dir*) possession *f* ; (*proprietà*) propriété *f* ; **essere/entrare in ~ di** être/entrer en possession de ; **prendere ~ di qc** prendre possession de qch ; **nel pieno ~ delle proprie facoltà** en pleine possession de ses moyens

possessore [posses'sore] *sm* possesseur *m*

possibile [pos'sibile] *agg* possible ▶ *sm* : **fare tutto il ~** faire tout son possible ; **prima ~** le plus tôt possible ; **al più tardi ~** le plus tard possible ; **nei limiti del ~** dans les limites du possible

possibilità [possibili'ta] *sf inv* possibilité *f* ▶ *sfpl* (*mezzi*) moyens *mpl* ; **aver la ~ di fare qc** avoir la possibilité de faire qch ; **nei limiti delle nostre ~** dans la limite de nos moyens

possidente [possi'dɛnte] *sm/f* propriétaire *m/f*

possiedo *ecc* [pos'sjɛdo] *vb vedi* **possedere**

posso *ecc* ['pɔsso] *vb vedi* **potere**

posta ['pɔsta] *sf* (*servizio, ufficio postale*) poste *f* ; (*corrispondenza*) courrier *m* ; (*nei giochi d'azzardo: somma che si punta*) mise *f*, enjeu *m* ; (*: vincita*) mise ; (*Caccia*) affût *m* ; **Poste** *sfpl* ≈ PTT *fpl* ; **piccola ~** (*su giornale*) courrier *m* des lecteurs ; **la ~ in gioco è troppo alta** (*fig*) l'enjeu est trop important ; **fare la ~ a qn** (*fig*) guetter qn ; **a bella ~** (*apposta*) délibérément ; **~ aerea** poste aérienne ; **~ elettronica** courrier électronique ; **~ ordinaria** courrier à tarif réduit ; **~ prioritaria** courrier prioritaire

En dehors des services postaux, les **Poste** italiennes offrent divers services bancaires et commerciaux. Elles sont normalement ouvertes le matin, du lundi au samedi. Les postes centrales sont quant à elles ouvertes toute la journée.

postale [pos'tale] *agg* postal(e) ▶ *sm* (*treno*) train *m* postal ; (*nave*) bateau *m* postal ; (*furgone*) fourgon *m* postal ; *vedi anche* **codice**

postare [pɔst'are] *vt* (*Inform*) poster

posteggiare [posted'dʒare] *vt* garer ▶ *vi* se garer

posteggio [pos'teddʒo] *sm* (*di taxi, autobus*) station *f* ; (*per custodia veicoli*) parking *m*

poster ['pɔster] *sm inv* poster *m*

posteriore [poste'rjore] *agg* postérieur(e) ▶ *sm* (*fam: sedere*) postérieur *m*

posticipare [postitʃi'pare] *vt* renvoyer, remettre

postino, -a [pos'tino] *sm/f* facteur(-trice)

posto, -a ['posto] *pp di* **porre** ▶ *sm* (*luogo*) lieu *m*, endroit *m* ; (*spazio libero, di parcheggio, al teatro, in treno, anche impiego*) place *f* ; (*Mil*) poste *m* ; **prender ~** prendre place ; **a ~** (*stanza, documento*) en ordre ; (*persona*) bien, comme il faut ; (*problema*: *risolto*) résolu(e) ; **al ~ di** à la place de, au lieu de ; **sul ~** sur place ; **mettere a ~** (*riordinare*) ranger ; (*faccenda*: *sistemare*) mettre bon ordre dans, mettre en ordre ; (*persona*) remettre à sa place ; **aver un buon ~** (*impiego*) avoir une bonne place ; **~ di blocco** barrage *m* ; **~ di lavoro** emploi *m* ; **~ di polizia** poste de police ; **~ di responsabilità** poste à responsabilité ; **~ di villeggiatura** lieu de vacances ; **~ telefonico pubblico** téléphone *m* public ; **posti in piedi** (*in teatro, in autobus*) places *fpl* debout

potabile [po'tabile] *agg* potable

potare [po'tare] *vt* tailler

potassio [po'tassjo] *sm* potassium *m*

potente [po'tɛnte] *agg* puissant(e) ; (*veleno*) violent(e)

potenza [po'tɛntsa] *sf* puissance *f* ; (*di veleno*) virulence *f* ; **le Grandi Potenze** les Grandes Puissances ; **all'ennesima ~** (*fig*) au plus haut degré, à la n-ième puissance ; **~ economica** puissance économique ; **~ militare** puissance militaire

potenziale [poten'tsjale] *agg* potentiel(le) ▶ *sm* potentiel *m*

PAROLA CHIAVE

potere [po'tere] *sm* pouvoir *m* ; **al potere** (*partito ecc*) au pouvoir ; **potere d'acquisto** pouvoir d'achat ; **potere esecutivo** pouvoir exécutif ; **potere giudiziario** pouvoir judiciaire ; **potere legislativo** pouvoir législatif

▶ *vb aus* **1** (*essere in grado di*) pouvoir ; **non ha potuto ripararlo** il n'a pas pu le réparer ; **non è potuto venire** il n'a pas pu venir ; **spiacente di non poter aiutare** désolé(e) de ne pas pouvoir être utile ; **non ne posso più** je n'en peux plus

2 (*avere il permesso*) pouvoir ; **posso entrare?** puis-je entrer ? ; **si può sapere dove sei stato?** peut-on savoir où tu étais ?

3 (*eventualità*) pouvoir ; **potrebbe essere vero** cela pourrait être vrai ; **può aver avuto un incidente** il a pu avoir un accident ; **può darsi** ça se peut ; **può darsi** *o* **essere che non venga** il se peut qu'il ne vienne pas

4 (*augurio, suggerimento*): **potessi almeno parlargli!** si je pouvais au moins lui parler ! ; **potresti almeno scusarti!** tu pourrais au moins t'excuser !

5 (*avere potere*) pouvoir ; **può molto per noi** il peut faire beaucoup pour nous

potrò *ecc* [po'trɔ] *vb vedi* **potere**

povero, -a ['pɔvero] *agg* pauvre ; (*scarso*: *raccolto, risultati*) maigre ▶ *sm/f* pauvre *m/f* ; **i poveri** les pauvres ; **~ di** pauvre en ; **un minerale ~ di ferro** un minerai pauvre en fer ; **un paese ~ di risorse** un pays pauvre en ressources ; **~ me!** pauvre de moi !

povertà [pover'ta] *sf* pauvreté *f*

pozzanghera [pot'tsangera] *sf* flaque *f*

pozzo ['pottso] *sm* puits *msg* ; **~ nero** fosse *f* d'aisances ; **~ petrolifero** puits de pétrole

PRA [pra] *sigla m* (= *Pubblico Registro Automobilistico*) *bureau d'enregistrement des véhicules automobiles*

pranzare [pran'dzare] *vi* déjeuner

pranzo ['prandzo] *sm* repas *msg* ; (*a mezzogiorno*) déjeuner *m*

prassi ['prassi] *sf inv* pratique *f*, usage *m*

pratica, -che ['pratika] *sf* pratique *f* ; (*esperienza*) expérience *f* ; (*tirocinio*) apprentissage *m* ; (*Amm*: *affare*) affaire *f* ; (: *incartamento*) dossier *m* ; **avere ~ di un luogo/usi** connaître un endroit/les coutumes ; **in ~** pratiquement, en fait ; **mettere in ~** mettre en pratique ; **fare le pratiche per** (*Amm*) faire les démarches nécessaires pour ; **~ restrittiva** pratique restrictive ; **pratiche illecite** agissements *mpl* illicites

praticabile [prati'kabile] *agg* praticable

praticamente [pratika'mente] *avv* pratiquement

praticare [prati'kare] *vt* pratiquer ; (*eseguire*: *apertura, incisione*) faire, pratiquer ; (*sconto*) faire

pratico, -a, -ci, -che ['pratiko] *agg* pratique ; **essere ~ di** (*di tecnica, professione*) avoir de l'expérience dans ; (*di luogo, ambiente*) bien connaître ; **all'atto ~** dans la pratique ; **è ~ del mestiere** il connaît bien le métier ; **mi è più ~ venire di pomeriggio** il m'est plus commode de venir dans l'après-midi

prato ['prato] *sm* pré *m*, prairie *f* ; (*in giardino*) gazon *m*, pelouse *f* ; **su ~** (*Sport*) sur gazon ; **~ inglese** gazon anglais

preavviso [preav'vizo] *sm* préavis *msg* ; **telefonata con ~** communication *f* avec préavis *o* avec avis d'appel

precario, -a [pre'karjo] *agg* précaire ; (*lavoratore*) temporaire

precauzione [prekaut'tsjone] *sf* précaution *f* ; **prendere precauzioni** prendre des *o* ses précautions

precedente [pretʃe'dɛnte] *agg* précédent(e) ▸ *sm* précédent *m* ; **il giorno ~** le jour précédent, la veille ; **senza precedenti** sans précédents ; **buoni/cattivi precedenti** (*fig*: *di persona*) bons/mauvais antécédents *mpl* ; **precedenti penali** (*Dir*) condamnations *fpl* antérieures

precedenza [pretʃe'dɛntsa] *sf* priorité *f* ; **dare ~ assoluta a qc** accorder la priorité absolue à qch ; **dare la ~ (a)** (*Aut*) laisser la priorité (à)

precedere [pre'tʃɛdere] *vt* précéder ; (*nel parlare, nell'agire*) devancer ; **volevo dirglielo ma mi ha preceduto** je voulais le lui dire mais il m'a devancé(e)

precipitare [pretʃipi'tare] *vi* (*cadere*) tomber ; (*aereo*) s'écraser ; (*Chim*) précipiter ; (*fig*: *situazione*) se détériorer ▸ *vt* (*fig*: *affrettare*) précipiter ; **precipitarsi** *vpr* (*gettarsi*) se précipiter, se ruer ; (*affrettarsi*) se précipiter

precipitoso, -a [pretʃipi'toso] *agg* (*caduta, fuga*) précipité(e) ; (*fig*: *avventato*) hâtif(-ive)

precipizio [pretʃi'pittsjo] *sm* précipice *m* ; **a ~** abrupt(e) ; (*fig*: *con gran fretta*) avec précipitation

precisamente [pretʃiza'mente] *avv* avec précision ; (*per l'appunto*) précisément, justement

precisare [pretʃi'zare] *vt* préciser, spécifier ; **vi preciseremo la data in seguito** nous vous préciserons la date ultérieurement ; **tengo a ~ che ...** je tiens à préciser que ...

precisione [pretʃi'zjone] *sf* précision *f* ; **strumenti di ~** instruments *mpl* de précision

preciso, -a [pre'tʃizo] *agg* précis(e) ; (*uguale*) identique ; **due disegni precisi** deux dessins identiques ; **sono le 9 precise** il est 9 heures précises

precludere [pre'kludere] *vt* barrer, entraver

precoce [pre'kɔtʃe] *agg* précoce

preconcetto, -a [prekon'tʃɛtto] *agg* préconçu(e) ▸ *sm* préjugé *m*

precursore [prekur'sore] *sm* précurseur *m*

preda ['prɛda] *sf* (*bottino*) butin *m* ; (*animale, fig*) proie *f* ; **essere ~ di** être la proie de ; (*in balia di*) être en proie à

predica, -che ['prɛdika] *sf* sermon *m*

predicare [predi'kare] *vt, vi* prêcher

predicato [predi'kato] *sm* (*Ling*) prédicat *m* ; **~ verbale** verbe *m* ; **~ nominale** *verbe + attribut du sujet*

prediletto, -a [predi'lɛtto] *pp di* **prediligere** ▸ *agg* favori(e), préféré(e) ▸ *sm/f* préféré(e)

prediligere [predi'lidʒere] *vt* préférer

predire [pre'dire] *vt* prédire, annoncer

predisporre [predis'porre] *vt* prévoir, préparer ; **~ qn a qc** préparer qn à qch

predizione [predit'tsjone] *sf* prédiction *f*

prefazione [prefat'tsjone] *sf* préface *f*, avant-propos *msg*

preferenza [prefe'rɛntsa] *sf* préférence *f* ; **di ~** de préférence ; **dare la ~ a** donner la préférence à ; **(voto di) ~** (*Pol*) vote *m* préférentiel

preferire [prefe'rire] *vt* préférer ; **~ fare qc** préférer faire qch ; **~ qc a qc** préférer qch à qch

prefiggersi [pre'fiddʒersi] *vpr* : **~ qch** se fixer qch

prefisso, -a [pre'fisso] *pp di* **prefiggersi** ▸ *sm* (*Ling*) préfixe *m* ; (*Tel*) indicatif *m* ; **qual è il ~ per Roma?** quel est l'indicatif de Rome ?

pregare [pre'gare] *vi, vt* prier ; **~ qn di fare qc** prier qn de faire qch ; **farsi ~** se faire prier ; **si sieda, la prego** asseyez-vous, je vous en prie

pregevole [pre'dʒevole] *agg* de valeur

pregherò *ecc* [prege'rɔ] *vb vedi* **pregare**

preghiera [pre'gjɛra] *sf* prière *f*

pregiato, -a [pre'dʒato] *agg* (*metallo*) précieux(-euse) ; (*stoffa*) riche ; (*valuta*) fort(e) ; (*vino*) grand(e)
pregio ['prɛdʒo] *sm* (*stima*) estime *f* ; (*qualità*) qualité *f* ; (*valore*) valeur *f* ; **di ~** de valeur ; **il ~ di questo sistema è ...** le mérite de ce système est ...
pregiudicare [predʒudi'kare] *vt* (*interessi*) porter préjudice à, compromettre ; (*avvenire, esito*) compromettre
pregiudizio [predʒu'dittsjo] *sm* préjugé *m*
prego ['prɛgo] *escl* (*a chi ringrazia*) je vous/t'en prie ; **~, sedetevi** je vous en prie, asseyez-vous ; **~, dopo di lei** je vous en prie, après vous ; **~?** (*desidera*) vous désirez ? ; (*come ha detto?*) pardon ?
pregustare [pregus'tare] *vt* savourer à l'avance
prelevare [prele'vare] *vt* (*Banca*) prélever, retirer ; (*campione*) prélever ; (*merce*) retirer ; (*persona*) appréhender
prelievo [pre'ljɛvo] *sm* (*Banca*) retrait *m* ; (*Med*) prélèvement *m* ; **~ di sangue** prise *f* de sang ; **~ fiscale** prélèvement fiscal
preliminare [prelimi'nare] *agg* préliminaire, préalable ▸ *sm* préliminaire *m*
premere ['prɛmere] *vt* appuyer (sur), presser ▸ *vi* appuyer ; **~ il grilletto** appuyer sur la détente ; **~ su** appuyer sur ; (*fig*) faire pression sur ; **una faccenda che mi preme tanto** une affaire qui me tient à cœur
premettere [pre'mettere] *vt* dire d'abord ; **premetto che ...** je dois dire avant tout que ... ; **premesso che ...** étant donné que ... ; **ciò premesso ...** ceci étant dit ...
premiare [pre'mjare] *vt* récompenser
premiazione [premjat'tsjone] *sf* distribution *f* des prix
premio ['prɛmjo] *sm* prix *msg* ; (*ricompensa*) récompense *f* ; (*di lotteria*) lot *m* ; (*Amm, Borsa*: *indennità*) prime *f* ▸ *agg inv* (*vacanza, viaggio*) gratuit(e) ; **vincere il primo ~** gagner le premier prix ; **~ di assicurazione** prime d'assurance ; **~ di consolazione** lot de consolation ; **~ di produzione** prime de rendement ; **~ d'ingaggio** (*Sport*) prime d'engagement
premisi *ecc* [pre'mizi] *vb vedi* **premettere**
premunirsi [premu'nirsi] *vpr*: **~ (di)** s'armer (de), se munir (de) ; **~ (contro)** se prémunir (contre)
premura [pre'mura] *sf* (*fretta*) hâte *f* ; (*riguardo*) attention *f*, soin *m* ; **premure** *sfpl* (*attenzioni, cure*) attentions *fpl*, prévenances *fpl* ; **aver ~** (*fretta*) être pressé(e) ; **far ~ a qn** presser qn ; **usare ogni ~ nei riguardi di qn** être plein(e) d'attentions à l'égard de qn
premuroso, -a [premu'roso] *agg* empressé(e), prévenant(e)
prendere ['prɛndere] *vt* prendre ; (*portare con sé*) prendre, emporter ; (*catturare*: *ladro, pesce*) prendre, attraper ; (*guadagnare, centrare*) toucher ; (*raffreddore ecc*) attraper ▸ *vi* prendre ; **prendersi** *vpr*: **prendersi a pugni** se donner des coups de poing ; **prendersi a botte** se bagarrer ; **andare a ~** aller chercher ; **~ (qc) da** (*ereditare*) tenir (qch) de ; **~ qn/qc per** (*scambiare*) prendre qn/qch pour ; **~ in giro qn** se moquer de qn ; **~ l'abitudine di** prendre l'habitude de ; **~ qn in braccio** prendre qn dans ses bras ; **~ fuoco** prendre feu ; **~ le generalità di qn** relever l'identité de qn ; **~ nota di** prendre note de ; **~ parte a** prendre part à ; **~ posto** (*sedersi*) prendre place ; **~ il sole** se faire bronzer ; **prendersi cura di qn/qc** prendre soin de qn/qch ; **prendi qualcosa?** (*da bere, da mangiare*) tu prends quelque chose ? ; **prendo un caffè** je prends un café ; **prendersi un impegno** prendre un engagement ; **~ a fare qc** commencer à faire qch ; **~ a destra** prendre à droite ; **prendersela** (*preoccuparsi*) s'en faire ; (*adirarsi*) se fâcher ; **prendersela con qn** s'en prendre à qn
prenotare [preno'tare] *vt* (*tavolo, stanza*) réserver, retenir ; (*vacanza, volo*) réserver
prenotazione [prenotat'tsjone] *sf* réservation *f*
preoccupare [preokku'pare] *vt* inquiéter, tracasser, préoccuper ; **preoccuparsi** *vpr*: **preoccuparsi (per)** s'inquiéter (pour), se tracasser (pour) ; **preoccuparsi di qc/di fare qc** (*occuparsene*) se charger de qch/de faire qch
preoccupazione [preokkupat'tsjone] *sf* (*apprensione*) inquiétude *f* ; (*pensiero inquietante*) souci *m*, préoccupation *f*

P

preparare [prepa'rare] *vt* préparer ; **prepararsi** *vpr* se préparer ; **~ da mangiare** préparer à manger ; **prepararsi (a)** se préparer (à) ; **prepararsi a fare qc** se préparer à faire qch

preparativi [prepara'tivi] *smpl* préparatifs *mpl*

preposizione [preposit'tsjone] *sf* (*Ling*) préposition *f* ; **~ articolata** article *m* contracté

prepotente [prepo'tɛnte] *agg* tyrannique, autoritaire ; (*fig*: *bisogno, desiderio*) impérieux(-euse), irrésistible ▶ *sm/f* tyran *m*, despote *m*

presa ['presa] *sf* prise *f* ; (*Elettr*) : **~ (di corrente)** prise (de courant) ; (*piccola quantità* : *di sale*) pincée *f* ; **far ~** (*colla*) prendre ; (*fig* : *su pubblico*) avoir prise ; **a ~ rapida** (*cemento*) à prise rapide ; **di forte ~** (*fig*) qui a beaucoup d'impact ; **una ~ in giro** (*fig*) une raillerie, une moquerie ; **in ~ diretta** (*Cine*) en direct ; **essere alle prese con qc** (*fig*) être aux prises avec qch ; **~ d'acqua/d'aria** prise d'eau/d'air ; **~ di posizione** (*fig*) prise de position

presagio [pre'zadʒo] *sm* présage *m*

presbite ['prɛzbite] *agg* presbyte

prescrivere [pres'krivere] *vt* prescrire

prese *ecc* ['prese] *vb vedi* **prendere**

presentare [prezen'tare] *vt* présenter ; **presentarsi** *vpr* se présenter ; **~ qn a** présenter qn à ; **le presento Anna** je vous présente Anna ; **presentarsi a qn** (*farsi conoscere*) se présenter à qn ; **presentarsi come candidato (per/a)** se porter candidat(e) (pour/à) ; **presentarsi bene/male** se présenter bien/mal ; **la situazione si presenta difficile** la situation s'annonce difficile ; **permetta che mi presenti** permettez-moi de me présenter

presente [pre'zɛnte] *agg* présent(e) ▶ *sm/f* (*persona*) personne *f* présente ▶ *sm* présent *m* ▶ *sf* (*lettera*) présente *f* ; **presenti** *smpl* (*persone*) les personnes *fpl* présentes, les présents *mpl* ; **aver ~ qc/qn** avoir qch/qn à l'esprit ; **con la ~ vi comunico ...** par la présente, je vous communique ... ; **essere ~ a una riunione** être présent(e) à une réunion ; **tenere ~ qn/qc** tenir compte de qn/qch ; **esclusi i presenti** exception faite des personnes ici présentes

presentimento [presenti'mento] *sm* pressentiment *m* ; **avere un ~** avoir un pressentiment

presenza [pre'zɛntsa] *sf* présence *f* ; (*aspetto esteriore*) allure *f* ; **alla** *o* **in ~ di** en présence de ; **di bella ~** d'un bel aspect ; **~ di spirito** présence d'esprit

presepio [pre'zɛpjo] *sm* crèche *f*

preservare [preser'vare] *vt* : **~ (da)** préserver (de)

preservativo [preserva'tivo] *sm* préservatif *m*

presi *ecc* ['presi] *vb vedi* **prendere**

preside ['prɛside] *sm/f* (*Scol*) directeur(-trice), proviseur(-eure) ; **~ di facoltà** (*Univ*) doyen(ne)

presidente [presi'dɛnte] *sm/f* président(e) ; **P~ del Consiglio (dei Ministri)** Président(e) du Conseil ; **P~ della Repubblica** Président(e) de la République ; **P~ della Camera** Président(e) de la Chambre des députés, ≈ Président(e) de l'Assemblée nationale

> Le **Presidente della Repubblica**, élu tous les sept ans par le Parlement, a pour tâche de nommer le *Presidente del Consiglio* (chef du gouvernement), et peut convoquer des élections anticipées ou un référendum, et dissoudre les Chambres. Son rôle est essentiellement honorifique : il préside le Conseil des ministres et présente les grandes lignes du programme du gouvernement au Parlement.

presiedere [pre'sjɛdere] *vt* présider ▶ *vi* : **~ (a)** (*a dibattito, incontro*) présider (à)

pressappoco [pressap'pɔko] *avv* environ, à peu près

pressare [pres'sare] *vt* presser, tasser ; (*fig*) presser, harceler

pressi ['prɛssi] *smpl* : **nei ~ di** dans les environs de

pressione [pres'sjone] *sf* pression *f* ; **far ~ su qn** faire pression sur qn ; **essere sotto ~** (*fig*) être sous pression ; **~ atmosferica** pression atmosphérique ; **~ sanguigna** tension *f* (artérielle)

presso ['prɛsso] *prep* (*vicino a*) près de ; (*in dato ambiente, cerchia*) auprès de ; **~ qn** (*a casa di*) chez qn ; **~ la banca** à la banque ; **~ una banca** dans une banque ; **lavora ~ di noi** il travaille chez nous ; **ha avuto successo ~ i giovani** il a eu du succès chez les jeunes

prestante [pres'tante] *agg* avenant(e), agréable

prestare [pres'tare] *vt*: **~ (qc a qn)** prêter (qch à qn) ; **prestarsi** *vpr* (*offrirsi*): **prestarsi (a fare qc)** accepter (de faire qch) ; **prestarsi (per** *o* **a qc)** (*essere adatto*) se prêter (à qch) ; **~ aiuto (a)** prêter son aide (à) ; **~ ascolto** *o* **orecchio (a)** prêter l'oreille (à) ; **~ attenzione (a)** prêter attention (à) ; **~ fede (a)** ajouter *o* accorder foi (à) ; **~ giuramento** prêter serment ; **la frase si presta a molteplici interpretazioni** la phrase se prête à de multiples interprétations

prestazione [prestat'tsjone] *sf* (*di macchina, atleta*) performance *f* ; (*di professionista*) prestation *f*

prestigiatore, -trice [prestidʒa'tore] *sm/f* prestidigitateur(-trice)

prestigio [pres'tidʒo] *sm* prestige *m* ; **gioco di ~** tour *m* de prestidigitation

prestito ['prɛstito] *sm* prêt *m* ; (*Ling*) emprunt *m* ; **dare qc in** *o* **a ~** prêter qch ; **prendere qc in** *o* **a ~** emprunter qch ; **~ pubblico** emprunt public

presto ['prɛsto] *avv* (*tra poco*) bientôt ; (*in fretta*) vite ; (*di buon'ora*) tôt ; **a ~** à bientôt ; **al più ~** au plus tôt ; **fai ~** fais vite ; **si fa ~ a criticare** c'est facile de critiquer

presumere [pre'zumere] *vt* présumer ; (*avere la pretesa*) prétendre

presunsi *ecc* [pre'zunsi] *vb vedi* **presumere**

presuntuoso, -a [prezuntu'oso] *agg* présomptueux(-euse)

presunzione [prezun'tsjone] *sf* (*anche Dir*) présomption *f*

prete ['prɛte] *sm* prêtre *m*

pretendente [preten'dɛnte] *sm/f* prétendant(e) ; **il ~ al trono** le prétendant au trône

pretendere [pre'tɛndere] *vt* (*esigere*) exiger, demander ; **~ che** (*sostenere*) prétendre que ; **pretende di aver sempre ragione** il veut toujours avoir raison

pretesa [pre'tesa] *sf* (*esigenza*) exigence *f* ; (*presunzione*) prétention *f* ; (*sfarzo*) luxe *m* ostentatoire ; **avanzare una ~** exprimer une revendication ; **senza pretese** sans prétention

pretesto [pre'tɛsto] *sm* prétexte *m* ; **con il ~ di** sous (le) prétexte de

prevalere [preva'lere] *vi* prévaloir ; (*vincere*) l'emporter

prevedere [preve'dere] *vt* prévoir ; **nulla lasciava ~ che ...** rien ne laissait prévoir que ... ; **come previsto** comme prévu ; **spese previste** dépenses *fpl* prévues ; **previsto per martedì** prévu pour mardi

prevenire [preve'nire] *vt* prévenir ; (*avvertire*): **~ qn (di)** prévenir qn (de)

preventivo, -a [preven'tivo] *agg* préventif(-ive) ▸ *sm* (*Comm*) devis *msg* ; **bilancio ~** budget *m* ; **carcere ~** détention *f* préventive ; **fare un ~** faire *o* établir un devis

prevenzione [preven'tsjone] *sf* prévention *f*

previdente [previ'dɛnte] *agg* prévoyant(e)

previdenza [previ'dɛntsa] *sf* prévoyance *f* ; **~ sociale** ≈ Sécurité *f* sociale

previdi *ecc* [pre'vidi] *vb vedi* **prevedere**

previsione [previ'zjone] *sf* prévision *f* ; **in ~ di** en prévision de ; **previsioni meteorologiche** *o* **del tempo** prévisions météorologiques

previsto, -a [pre'visto] *pp di* **prevedere** ▸ *sm*: **meno/più del ~** (*quantità*) moins/plus que prévu ; **prima del ~** plus tôt que prévu

prezioso, -a [pret'tsjoso] *agg* précieux(-euse) ▸ *sm* bijou *m* ▸ *sm/f*: **fare il/la ~(-a)** se faire désirer

prezzemolo [pret'tsemolo] *sm* persil *m*

prezzo ['prɛttso] *sm* prix *msg* ; **a ~ di costo** à prix coûtant ; **a caro ~** (*fig*) cher ; **~ d'acquisto/di vendita** prix d'achat/de vente ; **~ di fabbrica** prix d'usine ; **~ di mercato** prix du marché ; **~ scontato** prix réduit ; **~ unitario** prix unitaire

prigione [pri'dʒone] *sf* (*anche fig*) prison *f*

prigioniero, -a [pridʒo'njɛro] *agg, sm/f* prisonnier(-ière) ; **fare qn ~** faire qn prisonnier(-ière)

prima ['prima] *sf* première *f* ; (*Scol*: *elementare*) ≈ CP *m* (cours préparatoire) ; (: *media*) ≈ sixième *f* ; *vedi anche* **primo** ▸ *avv* (*tempo prima*) avant ; (*in anticipo*) d'avance, à l'avance ; (*nel passato*) autrefois ; (*più presto*) plus tôt, avant ; (*in primo luogo*) d'abord ; **~ di** *prep* (*di incontro ecc*) avant ; **~ di** *cong* (*di incontrare ecc*) avant de ; (*piuttosto che*)

P

plutôt que ; **~ o poi** tôt ou tard ; **non l'avevo mai vista ~** je ne l'avais jamais vue avant *o* auparavant ; **quanto ~** le plus tôt possible ; **~ viene lui** lui d'abord ; **~ di tutto** avant tout ; **~ che si pagasse** avant de payer

primario, -a [pri'marjo] *agg* (*precedente*) primaire ; (*principale*) principal(e) ▸ *sm* (*Med*) médecin-chef *m/f* ; **l'era primaria** l'ère primaire, le primaire

primatista, -i, -e [prima'tista] *sm/f* (*Sport*) recordman (recordwoman)

primato [pri'mato] *sm* primauté *f* ; (*Sport*) record *m*

primavera [prima'vɛra] *sf* printemps *msg* ; **in ~** au printemps

primitivo, -a [primi'tivo] *agg* primitif(-ive)

primizie [pri'mittsje] *sfpl* primeurs *mpl*

primo, -a ['primo] *agg* premier(-ière) ▸ *sm/f* (*persona*) premier(-ière) ▸ *sm* (*Cuc*: *anche*: **primo piatto**) entrée *f* ; (*anche*: **minuto primo**) minute *f* ; **il ~ luglio** le premier juillet ▸ *avv* primo, premièrement ; **in prima pagina** à la une ; **la prima (casa/macchina) è la mia** la première (maison/voiture), c'est la mienne ; **per prima cosa** avant toute chose, avant tout ; **in prima classe** (*viaggiare*) en première classe ; (*Scol*) ≈ au CP *o* cours préparatoire ; **di prima mattina** tôt le matin ; **in un ~ tempo** *o* **momento** dans un premier temps, sur le moment ; **in ~ luogo** en premier lieu ; **di prim'ordine** *o* **prima qualità** de premier ordre, de première qualité ; **ai primi freddi** aux premiers froids ; **ai primi di maggio** début mai ; **i primi del Novecento** le début du vingtième siècle ; **~ attore** (*Teatro*) acteur *m* principal ; **prima donna** (*Teatro*) prima donna *f*

primordiale [primor'djale] *agg* primordial(e)

primula ['primula] *sf* (*Bot*) primevère *f*

principale [printʃi'pale] *agg* principal(e) ▸ *sm* patron(ne)

principalmente [printʃipal'mente] *avv* principalement

principe ['printʃipe] *sm* prince *m* ; **~ ereditario** prince héritier

principessa [printʃi'pessa] *sf* princesse *f*

principiante [printʃi'pjante] *sm/f* débutant(e)

principio [prin'tʃipjo] *sm* (*inizio*) commencement *m*, début *m* ; (*origine*) origine *f* ; (*concetto, norma*) principe *m* ; **principi** *smpl* (*concetti fondamentali*) principes *mpl* ; **al** *o* **in ~** au commencement, au début ; **fin dal ~** dès le début ; **per ~** par principe ; **una questione di ~** une question de principe ; **una persona di sani principi morali** une personne ayant de sains principes moraux ; **~ attivo** (*Chim, in farmaco*) principe actif

priorità [priori'ta] *sf inv* priorité *f* ; **avere la ~ (su)** avoir la priorité (sur)

prioritario, -a [priori'tarjo] *agg* prioritaire ; **posta prioritaria** courrier *m* prioritaire

privare [pri'vare] *vt*: **~ qn/qc di** priver qn/qch de ; **privarsi** *vpr*: **privarsi di** se priver de

privato, -a [pri'vato] *agg* privé(e) ; (*casa, macchina*) particulier(-ière) ▸ *sm* (*anche*: **privato cittadino**) particulier *m* ; **in ~** en privé ; **ritirarsi a vita privata** se retirer de la vie publique ; **« non vendiamo a privati »** « pas de vente au détail » ; **lezione privata** cours *msg* particulier

privilegiare [privile'dʒare] *vt* privilégier

privilegiato, -a [privile'dʒato] *agg* privilégié(e) ; (*trattamento*) préférentiel(le) ; **azioni privilegiate** (*Fin*) actions *fpl* privilégiées

privilegio [privi'lɛdʒo] *sm* privilège *m* ; **avere il ~ di fare** avoir le privilège de faire

privo, -a ['privo] *agg*: **~ di** dépourvu(e) de, sans

pro [prɔ] *prep* au bénéfice de, au profit de ▸ *sm inv* (*utilità*) avantage *m*, bénéfice *m* ; **a che ~?** à quoi bon ? ; **i ~ e i contro** le pour et le contre

probabile [pro'babile] *agg* probable

probabilità [probabili'ta] *sf inv* (*anche Mat*) probabilité *f* ; (*possibilità di riuscita*) chances *fpl* ; **con molta ~** selon toute probabilité

probabilmente [probabil'mente] *avv* probablement

problema, -i [pro'blɛma] *sm* problème *m*

proboscide [pro'bɔʃʃide] *sf* trompe *f*

procedere [pro'tʃɛdere] *vi* (*avanzare*) avancer ; (*fig*: *proseguire*) continuer ; (*seguire il proprio corso*: *affare*) marcher ;

(*comportarsi, agire*) procéder ; (*iniziare*): **~ (a fare qc)** commencer (à faire qch) ; **~ contro** intenter une action contre ; **prima di ~ oltre** avant de continuer ; **gli affari procedono bene** les affaires marchent ; **bisogna ~ con cautela** il faut procéder avec prudence ; **non luogo a ~** (*Dir*) non-lieu *m*
procedura [protʃe'dura] *sf* procédure *f*
processare [protʃes'sare] *vt* (*Dir*) juger
processione [protʃes'sjone] *sf* procession *f*
processo [pro'tʃɛsso] *sm* (*metodo*) procédé *m* ; (*procedimento*) processus *msg* ; (*Dir*) procès *msg* ; **essere sotto ~** être en procès ; **mettere sotto ~** (*fig*) mettre en accusation ; **~ chimico** procédé chimique ; **~ di crescita** processus de croissance ; **~ di fabbricazione** procédé de fabrication
procinto [pro'tʃinto] *sm*: **in ~ di fare** sur le point de faire
proclamare [prokla'mare] *vt* proclamer
procreare [prokre'are] *vt* procréer
procurare [proku'rare] *vt* (*procacciare*) procurer ; (*causare*: *guai, problemi*) causer ; **~ che** (*fare in modo*) faire en sorte que
prodigio [pro'didʒo] *sm* (*anche fig*) prodige *m*
prodotto, -a [pro'dotto] *pp di* **produrre** ▸*sm* produit *m* ; **~ di base** produit de base ; **~ finale** produit final ; **~ interno lordo** produit intérieur brut ; **~ nazionale lordo** produit national brut ; **prodotti agricoli** produits agricoles ; **prodotti chimici** produits chimiques ; **prodotti di bellezza** produits de beauté
produco *ecc* [pro'duko] *vb vedi* **produrre**
produrre [pro'durre] *vt* produire ; **~ in giudizio** (*Dir*) produire en justice
produssi *ecc* [pro'dussi] *vb vedi* **produrre**
produzione [produt'tsjone] *sf* production *f* ; **~ in serie** production en série
Prof. *abbr* (= *professore*) Prof.
profanare [profa'nare] *vt* profaner
professare [profes'sare] *vt* (*esprimere*) professer ; (*praticare*) exercer
professionale [professjo'nale] *agg* professionnel(le) ; **scuola ~** école *f* professionnelle
professione [profes'sjone] *sf* (*attività*) profession *f* ; **di ~** de profession ; **libera ~** profession libérale
professionista, -i, -e [professjo'nista] *sm/f* personne *f* qui exerce une profession libérale ; (*Sport*) professionnel(le)
professore, -essa [profes'sore] *sm/f* professeur *m/f* ; **~ d'orchestra** instrumentiste *m/f*
profilo [pro'filo] *sm* profil *m* ; (*di corpo*) silhouette *f* ; (*sommaria descrizione*) aperçu *m* ; **di ~** de profil ; **sotto il ~ giuridico** du point de vue juridique
profitto [pro'fitto] *sm* profit *m* ; (*fig*) progrès *mpl* ; (*Comm*) bénéfice *m* ; **trarre ~ da** tirer profit de ; **vendere con ~** vendre en faisant du bénéfice ; **conto profitti e perdite** compte *m* de profits et pertes
profondità [profondi'ta] *sf inv* profondeur *f*
profondo, -a [pro'fondo] *agg* profond(e) ▸*sm* profondeurs *fpl* ; **~ 8 metri** de 8 mètres de profondeur ; **nel ~ sud** dans le sud profond ; **nel ~ del cuore** du plus profond du cœur
profugo, -a, -ghi, -ghe ['prɔfugo] *sm/f* réfugié(e)
profumare [profu'mare] *vt* parfumer ▸*vi* sentir bon ; **profumarsi** *vpr* se parfumer
profumato, -a [profu'mato] *agg* parfumé(e)
profumeria [profume'ria] *sf* parfumerie *f*
profumo [pro'fumo] *sm* parfum *m*
progettare [prodʒet'tare] *vt* projeter ; (*edificio*) faire le plan de ; **~ di fare qc** projeter de faire qch
progetto [pro'dʒɛtto] *sm* projet *m* ; (*per edificio, macchina*) plan *m* ; **avere in ~ di fare qc** envisager de faire qch, projeter de faire qch ; **fare progetti** faire des projets ; **~ di legge** projet de loi
programma, -i [pro'gramma] *sm* (*anche Inform*) programme *m* ; **avere in ~ di fare qc** envisager de faire qch ; **i programmi della settimana** (*TV, Radio*) les programmes de la semaine ; **~ applicativo** (*Inform*) programme d'application
programmare [program'mare] *vt* (*viaggio, vacanze*) projeter ; (*Inform, spettacolo*) programmer ; (*Econ*) planifier

P

programmatore, -trice [programma'tore] *sm/f* (*Inform*) programmeur(-euse)
progredire [progre'dire] *vi* avancer ; **~ (in)** (*migliorare*) progresser (dans)
progresso [pro'grɛsso] *sm* progrès *msg* ; **fare progressi (in)** faire des progrès (dans)
proibire [proi'bire] *vt*: **~ (qc a qn)** interdire (qch à qn), défendre (qch à qn) ; **~ a qn di fare qc** (*vietare*) interdire à qn de faire qch, défendre à qn de faire qch ; (*impedire*) empêcher qn de faire qch
proiettare [projet'tare] *vt* projeter ; (*film*: *presentare*) passer
proiettile [pro'jɛttile] *sm* projectile *m*, balle *f*
proiettore [projet'tore] *sm* (*Aut*) phare *m* ; (*Cine, Fot*) projecteur *m*
proiezione [projet'tsjone] *sf* projection *f* ; **~ elettorale** prévisions *fpl* électorales
proliferare [prolife'rare] *vi* proliférer ; (*fig*) se répandre
prolunga, -ghe [pro'lunga] *sf* rallonge *f*
prolungare [prolun'gare] *vt* prolonger ; (*termine*) différer
promemoria [prome'mɔrja] *sm inv* mémento *m*
promessa [pro'messa] *sf* promesse *f* ; (*fig*) espoir *m* ; **fare una ~ (a qn)** faire une promesse (à qn)
promettere [pro'mettere] *vt*: **~ (a qn qc/di fare qc)** promettre (à qn qch/de faire qch)
prominente [promi'nɛnte] *agg* proéminent(e), saillant(e)
promisi *ecc* [pro'mizi] *vb vedi* **promettere**
promontorio [promon'tɔrjo] *sm* promontoire *m*
promozione [promot'tsjone] *sf* promotion *f* ; **~ delle vendite** promotion des ventes
promuovere [pro'mwɔvere] *vt* promouvoir ; (*studente*) faire passer, recevoir ; (*Sport*) faire passer dans la catégorie supérieure
pronipote [proni'pote] *sm/f* (*di nonni*) arrière-petit-fils (arrière-petite-fille) ; (*di zii*) petit-neveu (petite-nièce) ; **pronipoti** *smpl* (*discendenti*) descendants *mpl*
pronome [pro'nome] *sm* pronom *m*
prontezza [pron'tettsa] *sf* rapidité *f* ; **~ di riflessi** bons réflexes *mpl* ; **~ di spirito** présence *f* d'esprit
pronto, -a ['pronto] *agg* prêt(e) ; (*rapido*) rapide, prompt(e) ; (*propenso*): **~ a** enclin(e) à ; **essere ~ a fare qc** être prêt(e) à faire qch ; **~, chi parla?** (*Tel*) allô, qui est à l'appareil ? ; **avere la risposta pronta** avoir de la répartie ; **a pronta cassa** (*Comm*) comptant ; **pronta consegna** (*Comm*) livraison *f* immédiate ; **~ soccorso** (*Med*) service *m* des urgences
prontuario [prontu'arjo] *sm* précis *msg*
pronuncia [pro'nuntʃa] *sf* prononciation *f*
pronunciare [pronun'tʃare] *vt* prononcer ; **pronunciarsi** *vpr* se prononcer ; **pronunciarsi a favore di/contro** se prononcer en faveur de/contre ; **non mi pronuncio** je ne me prononce pas
propaganda [propa'ganda] *sf* propagande *f* ; (*commerciale*) publicité *f*
propendere [pro'pɛndere] *vi*: **~ per** (*ipotesi, idee*) pencher pour ; (*persona*) être favorable à
propinare [propi'nare] *vt* administrer
proporre [pro'porre] *vt* proposer ; **~ a qn qc/di fare qc** proposer à qn qch/de faire qch ; **proporsi qc** se proposer qch, se fixer qch ; **proporsi di fare qc** se proposer de faire qch ; **proporsi una meta** se fixer un but
proporzionale [proportsjo'nale] *agg* proportionnel(le) ; **direttamente/inversamente ~ (a)** directement/inversement proportionnel(le) (à)
proporzione [propor'tsjone] *sf* proportion *f* ; **proporzioni** *sfpl* (*dimensioni*) proportions *fpl* ; **in ~ (a)** proportionnellement (à)
proposito [pro'pɔzito] *sm* (*proponimento*) résolution *f*, intention *f* ; **a ~ di** (*quanto a*) à propos de ; **di ~** (*apposta*) à dessein, exprès ; **a ~, ...** à propos ... ; **a questo ~** à ce propos ; **capitare a ~** arriver au bon moment
proposizione [propozit'tsjone] *sf* (*Ling, Mat*) proposition *f*
proposta [pro'posta] *sf* proposition *f* ; **fare una ~ (a)** faire une proposition (à) ; **~ di legge** proposition de loi
proprietà [proprje'ta] *sf inv* propriété *f* ; **essere di ~ di qn** appartenir à qn ;

~ edilizia propriété bâtie ; **~ letteraria** propriété littéraire ; **~ privata** propriété privée

proprietario, -a [proprje'tarjo] *sm/f* propriétaire *m/f* ; **~ terriero** propriétaire foncier *o* terrien

proprio, -a ['prɔprjo] *agg* (*tipico*): **~ di** propre à ; (*di lui, lei, impersonale*) son (sa) ; (*di loro*) leur ; (: *rafforzativo*) son (sa) propre ; leur propre ; (*Ling*: *nome*) propre ▶ *avv* (*precisamente*) précisément, juste ; (*davvero*) vraiment ; (*affatto*): **non ... ~** ne ... pas du tout ▶ *sm*: **in ~** (*Comm*: *essere, mettersi*) à son compte ; **con i miei propri occhi** de mes propres yeux ; **amare i propri figli** aimer ses enfants ; **il bar è ~ lì** le bar est juste là ; **~ così!** absolument !, parfaitement !

prorogare [proro'gare] *vt* proroger

prosa ['prɔza] *sf* prose *f* ; **di ~** (*stagione, compagnia*) théâtral(e) ; (*attore*) de théâtre

prosciogliere [proʃ'ʃɔʎʎere] *vt*: **~ (da)** (*da giuramento, obbligo*) libérer (de) ; (*Dir*) acquitter (de)

prosciugare [proʃʃu'gare] *vt* assécher, dessécher ; **prosciugarsi** *vpr* se dessécher

prosciutto [proʃ'ʃutto] *sm* jambon *m* ; **~ cotto/crudo** jambon cuit *o* blanc/cru

proseguimento [prosegwi'mento] *sm* (*di studi, cammino, ricerche*) suite *f* ; (*di impresa*) continuation *f* ; **buon ~!** (*augurio*) bonne continuation ! ; (*a chi viaggia*) bonne fin de voyage !

proseguire [prose'gwire] *vt* poursuivre ▶ *vi* continuer

prosperare [prospe'rare] *vi* prospérer

prospettare [prospet'tare] *vt* (*fig*: *situazione*) exposer, présenter ; (: *ipotesi*) avancer ; **prospettarsi** *vpr* s'annoncer, se présenter

prospettiva [prospet'tiva] *sf* perspective *f* ; (*veduta*) vue *f* ; **avere buone prospettive** avoir des chances

prospetto [pros'pɛtto] *sm* (*in grafico*) élévation *f* ; (*veduta*) perspective *f*, vue *f* ; (*facciata*) façade *f* ; (*tabella*) tableau *m* ; **~ informativo** brochure *f* d'information

prossimità [prossimi'ta] *sf* proximité *f* ; **in ~ di** à proximité de ; (*temporale*) à l'approche de

prossimo, -a ['prɔssimo] *agg* prochain(e) ; (*parente*) proche ▶ *sm* prochain *m* ; **~ a** (*vicino*) proche de ; **nei prossimi giorni** dans les jours à venir ; **in un ~ futuro** dans un avenir proche ; **venerdì ~ venturo** vendredi prochain ; **essere ~ a fare qc** être sur le point de faire qch

prostituirsi [prostitu'irsi] *vpr* se prostituer

prostituta [prosti'tuta] *sf* prostituée *f*

protagonista, -i, -e [protago'nista] *sm/f* (*attore*) acteur(-trice) principal(e) ; (*di romanzo*) héros (héroïne), personnage *m* principal ; (*di vicenda*) protagoniste *m/f*

proteggere [pro'tɛddʒere] *vt*: **~ (da)** protéger (de)

proteina [prote'ina] *sf* protéine *f*

protendere [pro'tɛndere] *vt* tendre

protesta [pro'tɛsta] *sf* protestation *f*

protestante [protes'tante] *agg, sm/f* protestant(e)

protestare [protes'tare] *vt* (*innocenza ecc*) protester de ; (*Dir*) protester ▶ *vi* (*disapprovare*): **~ (contro)** protester (contre) ; **protestarsi** *vpr*: **protestarsi innocente** protester de son innocence

protetto, -a [pro'tɛtto] *pp di* **proteggere**

protezione [protet'tsjone] *sf* protection *f* ; **~ civile** protection civile

prototipo [pro'tɔtipo] *sm* prototype *m*

protrarre [pro'trarre] *vt* (*prolungare*) prolonger ; (*rimandare*) différer, renvoyer ; **protrarsi** *vpr* se prolonger, durer

protuberanza [protube'rantsa] *sf* protubérance *f*

prova ['prɔva] *sf* (*esperimento, tentativo*) essai *m* ; (*momento difficile, cimento, Scol, Sport*) épreuve *f* ; (*Dir, Mat*) preuve *f* ; (*Teatro*) répétition *f* ; (*di abito*) essayage *m* ; **di ~** (*giro, corsa*) d'essai ; **fare una ~** (*tentativo*) faire un essai ; **mettere alla ~** mettre à l'épreuve ; **in ~** (*assumere, essere*) à l'essai ; **dar ~ di** faire preuve de ; **a ~ di** (*di fuoco*) à l'épreuve de ; (*in testimonianza di*) en témoignage de ; **a ~ di bomba** (*fig*) à toute épreuve ; **~ a carico** (*Dir*) charge *f* ; **~ del fuoco** (*fig*) preuve décisive, test *m* décisif ; **~ del nove** (*Mat*) preuve par neuf ; (*fig*) preuve ; **~ di velocità** (*Aut*) essai de vitesse ; **~ generale** (*anche fig*) répétition générale

provare [pro'vare] *vt* (*sperimentare*) tester ; (*tentare, indossare*: *abito*)

P

essayer ; (*assaggiare*) goûter ; (*sentire*: *emozione*) éprouver, ressentir ; (*mettere alla prova*) éprouver ; (*confermare*) prouver ; **provarsi** *vpr*: **provarsi (a fare)** essayer (de faire) ; **~ a fare qc** essayer de faire qch

provenienza [prove'njɛntsa] *sf* (*di merci, trasporti*) provenance *f* ; (*di persone*) origine *f*

provenire [prove'nire] *vi*: **~ da** (*merci*) provenir de ; (*persona, passeggero*) venir de ; (*situazione, conseguenze*) découler de

proventi [pro'vɛnti] *smpl* revenu *msg*

proverbio [pro'vɛrbjo] *sm* proverbe *m*

provetta [pro'vetta] *sf* éprouvette *f* ; **bambino in ~** bébé-éprouvette *m*

provider [pro'vaider] *sm inv* fournisseur *m* d'accès

provincia, -ce *o* **cie** [pro'vintʃa] *sf* province *f*

La **Provincia** est la division politique et administrative supérieure à la commune et inférieure à la région. Elle a quelques responsabilités dans le domaine de l'urbanisme, des transports, de l'éducation et de la santé. Chaque **provincia** est gouvernée par la *Giunta provinciale* et le *Consiglio provinciale*, dont le président nomme les membres de la *Giunta*.

provino [pro'vino] *sm* (*Cine*) bout *m* d'essai ; (*Fot*) épreuves *fpl*

provocante [provo'kante] *agg* provocant(e)

provocare [provo'kare] *vt* provoquer

provocazione [provokat'tsjone] *sf* provocation *f*

provvedere [provve'dere] *vi* (*intervenire*) prendre les mesures nécessaires, faire le nécessaire ; **~ a qc** pourvoir à qch ; **~ a fare qc** veiller à ce que qch soit fait ; **provvedi perché tutto sia pronto** veille à ce que tout soit prêt

provvedimento [provvedi'mento] *sm* (*misura*) mesure *f* ; (*Dir*) disposition *f* ; **prendere provvedimenti** prendre des mesures ; **~ disciplinare** mesure disciplinaire

provvidenza [provvi'dɛntsa] *sf*: **la ~** la providence

provvigione [provvi'dʒone] *sf* (*percentuale*) commission *f*

provvisorio, -a [provvi'zɔrjo] *agg* provisoire

provvista [prov'vista] *sf* provision *f* ; **fare provviste** faire des provisions

prua ['prua] *sf* proue *f*

prudente [pru'dɛnte] *agg* prudent(e)

prudenza [pru'dɛntsa] *sf* prudence *f* ; **per ~** par prudence

prudere ['prudere] *vi* démanger, picoter

prugna ['pruɲɲa] *sf* prune *f* ; **~ secca** pruneau *m*

prurito [pru'rito] *sm* démangeaison *f*

P.S. [pi'ɛsse] *abbr* (= *post-scriptum*) P.S. *m* ; (*Comm*: = *partita semplice*) comptabilité *f* en partie simple

pseudonimo [pseu'dɔnimo] *sm* pseudonyme *m*

psicanalisi [psika'nalizi] *sf* psychanalyse *f*

psicanalista, -i, -e [psikana'lista] *sm/f* psychanalyste *m/f*

psiche ['psike] *sf* psyché *f*

psichiatra, -i, -e [psi'kjatra] *sm/f* psychiatre *m/f*

psichiatrico, -a, -ci, -che [psi'kjatriko] *agg* psychiatrique

psicologia [psikolo'dʒia] *sf* psychologie *f*

psicologico, -a, -ci, -che [psiko'lɔdʒiko] *agg* psychologique

psicologo, -a, -gi, -ghe [psi'kɔlogo] *sm/f* psychologue *m/f*

psicopatico, -a, -ci, -che [psiko'patiko] *agg* psychopathique ▶ *sm/f* psychopathe *m/f*

pubblicare [pubbli'kare] *vt* publier

pubblicazione [pubblikat'tsjone] *sf* publication *f* ; **pubblicazioni** *sfpl* (*anche*: **pubblicazioni matrimoniali**): **fare le pubblicazioni (matrimoniali)** publier les bans

pubblicità [pubblitʃi'ta] *sf inv* publicité *f* ; **fare ~ a qc** faire de la publicité *o* réclame pour qch

pubblico, -a, -ci, -che ['pubbliko] *agg* public(-ique) ▶ *sm* public *m* ; **in ~** en public ; **la pubblica amministrazione** l'Administration *f* ; **~ esercizio** (*Comm*) établissement *m* ; **~ funzionario** fonctionnaire *m/f*

pube ['pube] *sm* pubis *msg*

pubertà [puber'ta] *sf* puberté *f*

pudico, -a, -ci, -che [pu'diko] *agg* pudique

pudore [pu'dore] *sm* pudeur *f*

puerile [pue'rile] *agg* puéril(e)

pugilato [pudʒi'lato] *sm* boxe *f*

pugile ['pudʒile] *sm* boxeur *m*

pugnalare [puɲɲa'lare] *vt* poignarder

pugnale [puɲ'ɲale] *sm* poignard *m*
pugno ['puɲɲo] *sm* poing *m* ; (*colpo*) coup *m* de poing ; (*quantità*) poignée *f* ; **di proprio ~** de sa main ; **avere qn in ~** avoir qn en main ; **tenere la situazione in ~** avoir la situation (bien) en main
pulce ['pultʃe] *sf* puce *f* ; **mettere la ~ nell'orecchio a qn** mettre la puce à l'oreille de qn ; **mercato delle pulci** marché *m* aux puces
pulcino [pul'tʃino] *sm* poussin *m*
pulire [pu'lire] *vt* nettoyer ; **~ a secco** nettoyer à sec

> **FALSI AMICI**
> **pulire** non si traduce mai con la parola francese *polir*.

pulito, -a [pu'lito] *agg* propre, net(te) ; (*fig*) honnête ▸ *sf* nettoyage *m* (rapide) ; **una faccenda poco pulita** une affaire pas claire ; **avere la coscienza pulita** avoir la conscience tranquille ; **dare una pulita** faire un peu de nettoyage ; **dare una pulita a qc** nettoyer rapidement qch

> **FALSI AMICI**
> **pulito** non si traduce mai con la parola francese *poli*.

pulitura [puli'tura] *sf* nettoyage *m*
pulizia [pulit'tsia] *sf* (*atto*) nettoyage *m* ; (*condizione*) propreté *f* ; **fare le pulizie** faire le ménage ; **fare ~** (*fig*) faire place nette ; **~ etnica** purification *f* ethnique
pullman ['pulman] *sm inv* car *m*, autocar *m*
pullover [pul'lɔver] *sm inv* pull-over *m*, pull *m*
pullulare [pullu'lare] *vi* pulluler
pulmino [pul'mino] *sm* minibus *msg*
pulpito ['pulpito] *sm* chaire *f*
pulsante [pul'sante] *sm* bouton *m*
pulsare [pul'sare] *vi* battre ; (*fig*) palpiter
pulviscolo [pul'viskolo] *sm* poussières *fpl* ; **~ atmosferico** particules *fpl* en suspension
puma ['puma] *sm inv* puma *m*
pungente [pun'dʒɛnte] *agg* (*freddo*) vif (vive) ; (*odore*) piquant(e) ; (*ironia, commento*) piquant(e), mordant(e)
pungere ['pundʒere] *vt* piquer ; (*freddo*) mordre ; **~ qn sul vivo** (*fig*) piquer qn au vif
pungiglione [pundʒiʎ'ʎone] *sm* dard *m*, aiguillon *m*
punire [pu'nire] *vt* punir
punizione [punit'tsjone] *sf* punition *f* ; (*Sport*) coup *m* franc
punsi *ecc* ['punsi] *vb vedi* **pungere**
punta ['punta] *sf* pointe *f* ; (*parte terminale*) bout *m* ; (*di monte*) pic *m* ; (*di trapano*) mèche *f*, foret *m* ; **in ~ di piedi** sur la pointe des pieds ; **sulla ~ della lingua** (*fig*) sur le bout de la langue ; **di ~** (*personaggio*) important(e) ; **ore di ~** heures *fpl* de pointe
puntare [pun'tare] *vt* (*chiodo, piedi, gomiti*) appuyer ; (*pistola*) pointer ; (*scommettere*): **~ su** miser sur ▸ *vi* (*mirare*): **~ a** viser à ; **~ su** (*avviarsi*) se diriger vers ; (*fig*: *contare*) compter sur
puntata [pun'tata] *sf* (*gita*) pointe *f* ; (*scommessa*) mise *f* ; (*di sceneggiato*) épisode *m* ; **farò una ~ a Parigi** je ferai un saut *o* je pousserai jusqu'à Paris ; **romanzo a puntate** roman-feuilleton *m*
puntatore [punta'tore] *sm* (*Inform*) pointeur *m*
punteggiatura [puntеddʒa'tura] *sf* (*punti*) pointillage *m* ; (*Ling*) ponctuation *f*
punteggio [pun'teddʒo] *sm* (*in gara, partita*) score *m*
puntellare [puntel'lare] *vt* (*sorreggere*) soutenir ; **puntellarsi** *vpr* s'appuyer
puntello [pun'tɛllo] *sm* (*trave*) étai *m*
puntina [pun'tina] *sf* pointe *f* ; (*Aut*) vis *fsg* platinée ; **~ da disegno** punaise *f*
puntino [pun'tino] *sm* point *m* ; **a ~** (*benissimo*) à la perfection ; **cotto a ~** (cuit) à point ; **mettere i puntini sulle i** (*fig*) mettre les points sur les i
punto, -a ['punto] *pp di* **pungere** ▸ *sm* point *m* ; (*posto, luogo*) lieu *m*, endroit *m* ▸ *avv*: **non ... ~** ne ... point ; **due punti** (*Ling*) deux-points *mpl* ; **ad un certo ~** à un moment donné ; **a tal ~** à tel point ; **di ~ in bianco** de but en blanc ; **essere a buon ~** avoir bien avancé ; **fare il ~** (*Naut*) faire le point ; **fare il ~ della situazione** faire le point (de la situation) ; **le 6 in ~** 6 heures juste ; **mezzogiorno in ~** midi juste ; **mettere a ~** (*anche fig*) mettre au point ; **sul ~ di fare** sur le point de faire ; **venire al ~** en venir à l'essentiel ; **vestito di tutto ~** habillé de pied en cap ; **~ cardinale** point cardinal ; **~ d'arrivo** point d'arrivée ; **~ d'incontro** point de

contact ; **~ debole** point faible ; **~ di partenza** (*anche fig*) point de départ ; **~ di riferimento** point de repère ; **~ di vendita** point de vente ; **~ di vista** point de vue ; **~ esclamativo** point d'exclamation ; **~ interrogativo** point d'interrogation ; **~ e virgola** point-virgule *m* ; **~ morto** point mort ; **~ nero** (*Anat*) point noir ; **~ nevralgico** (*anche fig*) point névralgique ; **punti di sospensione** points de suspension

puntuale [puntu'ale] *agg* circonstancié(e), précis(e) ; (*persona*) ponctuel(le) ; (*treno, autobus*) à l'heure

puntura [pun'tura] *sf* piqûre *f* ; (*Med*) ponction *f* ; (*fam: iniezione*) piqûre *f* ; (*dolore*) élancement *m* ; **~ d'insetto** piqûre d'insecte

punzecchiare [puntsek'kjare] *vt* piquer ; (*fig*) taquiner

può *ecc* [pwɔ] *vb vedi* **potere**

pupazzo [pu'pattso] *sm* pantin *m*

pupilla [pu'pilla] *sf* (*Anat*) pupille *f*

purché [pur'ke] *cong* pourvu que, à condition que

pure ['pure] *cong* (*tuttavia*) pourtant, cependant ; (*sebbene*) même si ▸ *avv* (*anche*) aussi, également ; **pur di** (*al fine di*) pour ; **faccia ~!** allez-y !, je vous en prie !

purè [pu'rɛ] *sm*: **~ di patate** purée *f* de pommes de terre

purezza [pu'rettsa] *sf* pureté *f*

purgante [pur'gante] *sm* (*Med*) purgatif *m*

purgatorio [purga'tɔrjo] *sm* purgatoire *m*

purificare [purifi'kare] *vt* purifier ; **purificarsi** *vpr* se purifier

puro, -a ['puro] *agg* pur(e) ; **di pura razza** de pure race ; **per ~ caso** par pur hasard

purosangue [puro'sangwe] *agg* pur-sang *inv* ▸ *sm inv/sf inv* (*Zool*) pur-sang *m*

purtroppo [pur'trɔppo] *avv* malheureusement

pus [pus] *sm* pus *msg*

pustola ['pustola] *sf* pustule *f*

putiferio [puti'fɛrjo] *sm* pagaille *f*

putrefatto, -a [putre'fatto] *agg* pourri(e), putréfié(e)

puttana [put'tana] *sf* (*fam!*) putain *f* (*fam!*)

puzzare [put'tsare] *vi* puer, sentir mauvais ; **la faccenda puzza (d'imbroglio)** cette affaire sent le roussi

puzzo ['puttso] *sm* mauvaise odeur *f*, puanteur *f*

puzzola ['puttsola] *sf* putois *msg*

puzzolente [puttso'lɛnte] *agg* puant(e)

P.V.C. [pivi'tʃi] *sigla m* (= *polyvinyl chloride*) PVC *m*

q

q *abbr* (= *quintale*) q.
qua [kwa] *avv* ici ; **in ~** de ce côté ; **fatti più in ~** pousse-toi un peu ; **~ dentro** là-dedans ; **~ fuori** dehors ; **~ sotto** là-dessous ; **da un anno in ~** depuis un an ; **da quando in ~?** depuis quand ? ; **per di ~** par ici ; **al di ~ di** (*fiume, strada*) en deçà de ; *vedi anche* **questo**
quaderno [kwa'dɛrno] *sm* cahier *m*
quadrante [kwa'drante] *sm* (*anche Astron*) cadran *m* ; (*Mat*) quadrant *m*
quadrare [kwa'drare] *vi* (*bilancio, conto*) tomber juste ; **~ (con)** (*descrizione*) concorder (avec) ▶ *vt* (*Mat*) carrer ; **far ~ il bilancio** équilibrer le budget ; **non mi quadra** (*fig*) ça ne me plaît pas
quadrato, -a [kwa'drato] *agg* carré(e) ; (*fig*: *robusto*) solide ; (: *assennato*) rangé(e) ▶ *sm* (*Mat*) carré *m* ; (*Pugilato*) ring *m* ; **5 al ~** 5 au carré
quadrifoglio [kwadri'fɔʎʎo] *sm* trèfle *m* à quatre feuilles
quadrimestre [kwadri'mɛstre] *sm* quadrimestre *m* ; (*Scol*) *division de l'année scolaire*
quadro ['kwadro] *sm* (*anche fig*) tableau *m* ; (*quadrato*) carré *m* ▶ *agg inv*: **legge ~** loi-cadre *f* ; **quadri** *smpl* (*Pol*) dirigeants *mpl* ; (*Mil, Amm*) cadres *mpl* ; (*Carte*) carreau *msg* ; **a quadri** à carreaux ; **fare un ~ della situazione** brosser un tableau de la situation ; **~ clinico** (*Med*) bilan *m* clinique ; **~ di comando** tableau de bord ; **quadri intermedi** (*Amm*) cadres moyens
quadruplo, -a ['kwadruplo] *agg, sm* quadruple (*m*)
quaggiù [kwad'dʒu] *avv* ici ; (*sulla terra*) ici-bas
quaglia ['kwaʎʎa] *sf* caille *f*
qualche ['kwalke] *agg* (*alcuni*) quelques ; (*un certo, parecchio*) certain(e) ; **ho comprato ~ libro** j'ai acheté quelques livres ; **~ volta** quelquefois ; **hai ~ sigaretta?** est-ce que tu as des cigarettes ? ; **un personaggio di ~ rilievo** un personnage d'une certaine importance ; **c'è ~ medico?** y a-t-il un médecin ? ; **in ~ modo** d'une façon ou d'une autre ; **~ cosa = qualcosa**
qualcosa [kwal'kɔsa] *pron* quelque chose ; **qualcos'altro** quelque chose d'autre, autre chose ; **~ di nuovo** quelque chose de neuf ; **~ da mangiare** quelque chose à manger ; **c'è ~ che non va?** y a-t-il quelque chose qui ne va pas ?
qualcuno [kwal'kuno] *pron* quelqu'un ; (*alcuni*) quelques-uns *mpl*, certains *mpl* ; **~ è dalla nostra parte** certains sont de notre côté ; **qualcun altro** quelqu'un d'autre

PAROLA CHIAVE

quale ['kwale] (*spesso troncato in* **qual**) *agg* **1** (*interrogativo*) quel(le) ; **quale uomo?** quel homme ? ; **quale denaro?** quel argent ? ; **quali sono i tuoi programmi?** quels sont tes projets ? ; **quale stanza preferisci?** quelle pièce préfères-tu ?
2 (*relativo*: *come*): **il risultato fu quale ci si aspettava** le résultat fut celui que l'on attendait
3 (*esclamativo*) quel(le) ; **quale disgrazia!** quel malheur !
▶ *pron* **1** (*interrogativo*) lequel (laquelle) ; **quale dei due scegli?** lequel des deux choisis-tu ? ; **qual è il più bello?** lequel est le plus beau ?
2 (*relativo*): **il(la) quale** (*soggetto*) qui, lequel (laquelle) ; (*oggetto*) que ; (: *persona*: *con preposizione*) qui, lequel (laquelle) ; (*cosa*) lequel (laquelle) ; (*possessivo*) dont ; **suo padre, il quale è avvocato, ...** son père, qui est avocat, ... ; **il signore con il quale parlavo** le monsieur avec qui *o* lequel je parlais ; **la donna per la quale ...** la femme pour qui *o* laquelle ... ; **il palazzo nel quale abito** l'immeuble où *o* dans lequel j'habite ; **l'arma con**

la quale ha sparato l'arme avec laquelle il a tiré ; **il ritratto del quale vediamo una riproduzione** le portrait dont nous voyons une reproduction ; **l'albergo al quale ci siamo fermati** l'hôtel où *o* dans lequel nous sommes descendus ; **la signora della quale ammiriamo l'abilità** la dame dont nous admirons l'habileté
3 (*relativo*: *in elenchi*) tel(le) que, comme ; **piante quali l'edera** des plantes telles que le lierre, des plantes comme le lierre ; **quale sindaco di questa città** en tant que maire de cette ville

qualifica, -che [kwa'lifika] *sf* qualification *f* ; (*titolo*) titre *m*
qualificato, -a [kwalifi'kato] *agg* qualifié(e) ; (*esperto, abile*) compétent(e) ; **non mi ritengo ~ per questo lavoro** je ne me considère pas qualifié(e) pour ce travail ; **operaio(a) ~** ouvrier(-ère) qualifié(e)
qualificazione [kwalifikat'tsjone] *sf* qualification *f* ; **gara di ~** (*Sport*) épreuve *f* de qualification
qualità [kwali'ta] *sf inv* qualité *f* ; **di ottima** *o* **di prima ~** de première qualité ; **in ~ di** en qualité de ; **articoli di ogni ~** articles *mpl* de toutes sortes ; **prodotto di ~** produit *m* de première qualité ; **fare una scelta di ~** choisir la qualité
qualora [kwa'lora] *cong* au cas où
qualsiasi [kwal'siasi] *agg inv* n'importe quel(le) ; (*mediocre*) quelconque ; **~ cosa/persona** n'importe quoi/qui ; **mettiti un vestito ~** mets n'importe quelle robe ; **~ cosa accada** quoi qu'il arrive ; **a ~ costo** à n'importe quel prix ; **l'uomo ~** Monsieur *m* Tout-le-monde, l'homme *m* de la rue
qualunque [kwa'lunkwe] *agg inv* = **qualsiasi**
quando ['kwando] *cong* quand, lorsque
▸ *avv* quand ; **~ sarò ricco** quand je serai riche ; **da ~** depuis que ; **quand'anche** même si, quand bien même ; **da ~ sei qui?** depuis quand es-tu arrivé(e) ? ; **di ~ in ~** de temps en temps
quantità [kwanti'ta] *sf inv* quantité *f* ; **una ~ di** une quantité de ; **in grande ~** en grande quantité

PAROLA CHIAVE

quanto, -a ['kwanto] *agg*
1 (*interrogativo*) combien de ; **quanto denaro?** combien d'argent ? ; **quanto vino prendo?** j'achète combien de bouteilles de vin ? ; **quanti libri/ragazzi?** combien de livres/garçons ? ; **quanto tempo ti fermi?** combien de temps restes-tu ? ; **quanti anni hai?** quel âge as-tu ?
2 (*esclamativo*): **quante storie!** que d'histoires ! ; **quanto fracasso!** quel vacarme ! ; **quante storie racconta!** que d'histoires il raconte ! ; **quanto tempo sprecato!** que de temps perdu !
3 (*relativo*: *quantità, numero*) (tout) le ... que, autant de ... que ; **ho quanto denaro mi occorre** j'ai tout l'argent qu'il me faut ; **prendi quanto pane ti serve** prends tout le pain dont tu as besoin ; **prendi quanti libri vuoi** prends tous les livres *o* autant de livres que tu veux
▸ *pron* **1** (*interrogativo*) combien ; **quanti, quante** (*persone*) combien ; **quanto mi dai?** combien me donnes-tu ? ; **pensa a quanto puoi ottenere** pense à tout ce que tu peux obtenir ; **quanti me ne hai portati?** combien m'en as-tu apporté ? ; **quanti ne abbiamo oggi?** (*data*) le combien sommes-nous aujourd'hui ? ; **quanto starai via?** combien de temps resteras-tu absent(e) ? ; **da quanto sei qui?** depuis combien de temps es-tu ici ?
2 (*relativo*: *quantità, numero*) tout ce que ; **quanti** (*soggetto*) tous ceux qui ; (*oggetto*) tous ceux que ; **quante** (*soggetto*) toutes celles qui ; (*oggetto*) toutes celles que ; **farò quanto posso** je ferai ce que je peux ; **a quanto dice lui** à ce qu'il dit ; **possono venire quanti sono stati invitati** tous ceux qui ont été invités peuvent venir
▸ *avv* **1** (*interrogativo*: *con agg, avv*) à quel point ; (: *con vb*) combien ; **quanto stanco ti sembrava?** à quel point te semblait-il fatigué ? ; **quanto costa?** combien ça coûte ? ; **quant'è?** ça fait combien ?, c'est combien ?
2 (*esclamativo*: *con agg, avv*) que, comme ; (: *con vb*) comme ; **quanto costa!** c'est cher ! ; **quanto sono felice!** que je suis

heureux(-euse) ! ; **quanto più bella è ora!** elle est tellement plus belle maintenant ! ; **sapessi quanto abbiamo camminato!** si tu savais combien nous avons marché !
3: **in quanto** (*in qualità di*) en tant que ; (*perché, per il fatto che*) puisque, car ; **in quanto legale della signora** en tant qu'avocat de Madame ; **non è possibile, in quanto non abbiamo i mezzi** ce n'est pas possible puisque *o* car nous n'en avons pas les moyens ; **(in) quanto a** (*per ciò che riguarda*) quant à ; **quanto a lui ...** quant à lui ...
4: **per quanto** (*nonostante, anche se*) bien que, quoique ; **per quanto si sforzi, non ce la farà** il a beau faire des efforts, il n'y arrivera pas ; **per quanto sia brava, fa degli errori** si forte qu'elle soit, elle fait des fautes ; **per quanto io sappia** autant que je sache

quaranta ['kwa'ranta] *agg inv, sm inv* quarante *(m) inv* ; *vedi anche* **cinque**
quarantena [kwaran'tɛna] *sf* quarantaine *f*
quarantesimo, -a [kwaran'tɛzimo] *agg, sm/f* quarantième *m/f* ; *vedi anche* **quinto**
quarantina [kwaran'tina] *sf*: **una ~ (di)** une quarantaine (de) ; **essere sulla ~** avoir la quarantaine ; *vedi anche* **cinquantina**
quarta ['kwarta] *sf* (*Scol*: *elementare*) ≈ CM 1 *m* ; (: *superiore*) ≈ première *f* ; (*Aut*) quatrième *f* (vitesse *f*) ; **partire in ~** partir à toute vitesse ; *vedi anche* **quarto**
quartetto [kwar'tetto] *sm* (*anche Mus*) quatuor *m* ; (*jazz*) quartet *m*
quartiere [kwar'tjɛre] *sm* quartier *m* ; (*Mil*) quartier(s) ; **i quartieri alti** les beaux quartiers ; **lotta senza ~** lutte *f* sans merci ; **~ residenziale** quartier résidentiel ; **~ generale** (*Mil, fig*) quartier général
quarto, -a ['kwarto] *agg, sm/f* quatrième *m/f* ▶ *sm* quart *m* ; **un ~ di vino** un quart de vin ; **un ~ d'ora** un quart d'heure ; **tre quarti d'ora** trois quarts d'heure ; **le sei e un ~** six heures et quart ; **le nove meno un ~** neuf heures moins le quart ; **le otto e tre quarti** neuf heures moins le quart ; **passare un brutto ~ d'ora** passer un mauvais quart d'heure ; **il ~ potere** la presse ; **quarti di finale** quarts de finale
quarzo ['kwartso] *sm* quartz *m* ; **al ~** (*orologio, lampada*) à quartz
quasi ['kwazi] *avv* presque ▶ *cong* (*anche*: **quasi che**) comme si ; **ha ~ vinto** il a presque gagné ; **~ fosse lui il padre** comme si c'était lui le père ; **non piove ~ mai** il ne pleut presque jamais ; **~ ~ me ne andrei** j'aurais presque envie de m'en aller, je serais bien tenté(e) de partir
quassù [kwas'su] *avv* ici
quattordici [kwat'torditʃi] *agg inv, sm inv* quatorze *(m) inv* ; *vedi anche* **cinque**
quattrini [kwat'trini] *smpl* argent *msg*
quattro ['kwattro] *agg inv, sm inv* quatre *(m) inv* ; **farsi in ~ per qn** se mettre en quatre pour qn ; **in ~ e quattr'otto** en moins de deux ; **dirne ~ a qn** dire ses quatre vérités à qn ; **fare ~ chiacchiere** bavarder, papoter ; *vedi anche* **cinque**
quattrocento [kwattro'tʃɛnto] *agg inv, sm inv* quatre cents *(m) inv* ▶ *sm*: **il Q~** le quinzième siècle

PAROLA CHIAVE

quello, -a ['kwello] (*dav sm* **quel** + C, **quell'** + V, **quello** + *s impura, gn, pn, ps, x, z; pl* **quei** + C, **quegli** + V *o s impura ecc; dav sf* **quella** +C, **quell'**+V; *pl* **quelle**) *agg* ce, cet + V *o h aspirata*, cette *f* ; **quello stivale** cette botte ; **quell'uomo** cet homme ; **quella casa** cette maison ; **quegli uomini** ces hommes ; **quelle piante** ces plantes ; **quei fatti** ces faits ; **quel libro lì** *o* **là** ce livre-là
▶ *pron* **1** (*dimostrativo*) celui-là (celle-là) ; (*ciò*) cela ; **quello è mio fratello** voilà mon frère ; **conosci quella?** tu la connais celle-là ? ; **prendo quello bianco** je prends le blanc ; **chi è quello?** qui est-ce ? ; **prendiamo quelli/quelle** prenons ceux-là/celles-là ; **gli ho detto proprio quello** c'est exactement ce que je lui ai dit
2 (*relativo*): **quello che** celui (celle) qui ; **quelli/quelle che** ceux/celles qui ; **è lui quello che non voleva venire** c'est lui qui ne voulait pas venir ; **è quella che ti ho prestato** c'est celle que je t'ai prêtée ; **ho fatto quello che potevo** j'ai fait ce que je pouvais ; **in quel di Milano** près de *o* aux alentours de Milan

quercia, -ce ['kwɛrtʃa] *sf* chêne *m* ; **di ~** en chêne ; **forte come una ~** fort(e) comme un chêne
querela [kwe'rɛla] *sf* (*Dir*) plainte *f*
quesito [kwe'sito] *sm* (*interrogativo*) question *f* ; (*problema*) problème *m*
questionario [kwestjo'narjo] *sm* questionnaire *m*
questione [kwes'tjone] *sf* (*problema*) question *f* ; (*litigio*) dispute *f* ; (*politica, sociale*) problème *m*, question ; **il caso in ~** l'affaire en question ; **la persona in ~** la personne en question ; **non voglio essere chiamato in ~** je ne veux pas être mis en cause ; **è ~ di tempo** c'est une question de temps ; **la ~ meridionale** la question du développement du Sud de l'Italie

PAROLA CHIAVE

questo, -a ['kwesto] *agg*
1 (*dimostrativo*) ce, cet + *V o h aspirata*, cette *f* ; **questi/queste** ces ; **questo ragazzo è molto in gamba** c'est un garçon très capable ; **questo libro (qui** *o* **qua)** ce livre(-ci) ; **io prendo questo cappotto, tu quello** moi, je prends ce manteau, toi, celui-là ; **quest'oggi** aujourd'hui même ; **questa sera** ce soir
2 (*enfatico*): **non fatemi più prendere di queste paure** ne me faites plus peur comme ça
▸ *pron* (*dimostrativo*) celui-ci (celle-ci) ; (*ciò*) ceci ; **questi/queste** ceux-ci/ celles-ci ; **voglio questo** je veux celui-ci ; **prendo questo (qui** *o* **qua)** je prends celui-ci ; **preferisci questi o quelli?** tu préfères ceux-ci ou ceux-là ? ; **questo intendevo io** c'est ce que je voulais dire ; **questo non dovevi dirlo** ça, tu ne devais pas le dire ; **vengono Paolo e Mario: questo da Roma, quello da Palermo** Paolo et Mario viennent, l'un de Rome, l'autre de Palerme ; **e con questo?** et alors ? ; **e con questo se n'è andato** sur ce, il est parti ; **questo è quanto** c'est tout

questura [kwes'tura] *sf* préfecture *f* de police
qui [kwi] *avv* ici ; **da** *o* **di ~** d'ici ; **di ~ in avanti** dorénavant ; **di ~ a poco/a una settimana** d'ici peu/une semaine ; **~ dentro** là-dedans ; **~ sopra** là-dessus ; **~ vicino** près d'ici ; *vedi anche* **questo**
quietanza [kwje'tantsa] *sf* (*ricevuta*) quittance *f*, acquit *m* ; **per ~** pour acquit
quiete ['kwjɛte] *sf* calme *m*, tranquillité *f* ; **turbare la ~ pubblica** (*Dir*) troubler l'ordre public
quieto, -a ['kwjeto] *agg* (*persona*) calme, tranquille ; (*mare, notte*) calme ; **il ~ vivere** la vie tranquille
quindi ['kwindi] *avv* (*poi, in seguito*) ensuite, puis ▸ *cong* (*perciò, di conseguenza*) donc, par conséquent
quindici ['kwinditʃi] *agg inv, sm inv* quinze (*m*) *inv* ; **~ giorni** quinze jours ; *vedi anche* **cinque**
quindicina [kwindi'tʃina] *sf*: **una ~ (di)** une quinzaine (de) ; **fra una ~ di giorni** dans une quinzaine (de jours)
quinta ['kwinta] *sf* (*Scol: elementare*) ≈ CM 2 *m* ; (: *superiore*) terminale *f* ; (*Aut*) cinquième *f* (vitesse *f*) ; (*Teatro*) coulisse *f* ; **dietro le quinte** (*fig*) dans les coulisses ; *vedi anche* **quinto**
quintale [kwin'tale] *sm* quintal *m*
quinto, -a ['kwinto] *agg, sm/f* cinquième *m/f* ▸ *sm* cinquième *m* ; **un ~ della popolazione** un cinquième de la population ; **tre quinti** trois cinquièmes ; **in quinta pagina** en page cinq ; **il ~ potere** les mass media *mpl*
quiz [kwidz] *sm inv* (*indovinello*) devinette *f* ; (*TV: anche*: **gioco a quiz**) jeu *m* télévisé
quota ['kwɔta] *sf* (*parte*) part *f* ; (*somma: d'ingresso, di società*) cotisation *f* ; (*altitudine, Aer*) altitude *f* ; (*Ippica*) cote *f* ; **ad alta/bassa ~** (*Aer*) à haute/basse altitude ; **prendere/perdere ~** (*Aer*) prendre/perdre de l'altitude ; **~ di mercato** part de marché ; **~ d'iscrizione** droit *m* d'inscription ; **~ imponibile** tranche *f* d'imposition du revenu
quotidiano, -a [kwoti'djano] *agg* quotidien(ne) ▸ *sm* (*giornale*) quotidien *m*
quoziente [kwot'tsjɛnte] *sm* (*anche Mat*) quotient *m* ; **~ di crescita** taux *m* de croissance ; **~ d'intelligenza** quotient intellectuel, QI *m*

R *abbr* (*Ferr*) = *rapido*
rabbia ['rabbja] *sf* (*collera*) colère *f* ; (*Med*) rage *f* ; (*furia*) fureur *f* ; **fare ~ a qn** faire enrager qn ; **il tuo modo d'agire mi fa ~** ta façon de faire me tape sur les nerfs ; **mi fai ~ quando dici queste cose** tu m'énerves quand tu dis cela
rabbino [rab'bino] *sm* rabbin *m*
rabbioso, -a [rab'bjoso] *agg* furieux(-euse) ; (*facile all'ira*) coléreux(-euse) ; (*Med*) enragé(e)
rabbonire [rabbo'nire] *vt* calmer, apaiser ; **rabbonirsi** *vpr* se calmer, s'apaiser
rabbrividire [rabbrivi'dire] *vi* frissonner ; (*fig* : *per orrore, ribrezzo*) frémir
raccapezzarsi [rakkapet'tsarsi] *vpr* : **non raccapezzarcisi** ne pas s'y retrouver
raccapricciante [rakkaprit'tʃante] *agg* affreux (euse), horrible
raccattapalle [rakkatta'palle] *sm inv* (*Sport*) ramasseur(-euse) de balles
raccattare [rakkat'tare] *vt* ramasser
racchetta [rak'ketta] *sf* (*per tennis, ping-pong*) raquette *f* ; **~ da neve** raquette (pour la neige) ; **~ da sci** bâton *m* de ski
racchiudere [rak'kjudere] *vt* (*circondare*) renfermer ; (*contenere*) contenir
raccogliere [rak'kɔʎʎere] *vt* (*oggetti*) ramasser ; (*persone*) rassembler ; (*fiori*) cueillir ; (*Agr*) récolter ; (*voti, applausi*) recueillir ; (*francobolli*) collectionner ; (*capelli*) attacher ; (*fig* : *energie*) rassembler ; (: *allusione*) relever ; **raccogliersi** *vpr* se réunir, se rassembler ; (*fig*) se recueillir ; **non ha raccolto (l'allusione)** il n'a pas relevé (l'allusion) ; **~ i frutti del proprio lavoro** recueillir le fruit de son travail ; **~ le idee** rassembler ses idées ; **essere raccolto in preghiera** être recueilli
raccolta [rak'kɔlta] *sf* récolte *f* ; (*collezione*) collection *f* ; (*di poesie*) recueil *m* ; (*di dati*) collecte *f* ; **chiamare a ~** battre le rappel ; **fare la ~ di qc** faire collection de qch ; **~ differenziata** (*dei rifiuti*) collecte *f* sélective (*des déchets*)
raccolto, -a [rak'kɔlto] *pp vedi* **raccogliere** ▶ *agg* (*fondi*) recueilli(e) ; (*appartato*) intime ; (*capelli*) attaché(e) ; (*fig* : *composto*) contenu(e) ▶ *sm* (*Agr*) récolte *f*
raccomandabile [rakkoman'dabile] *agg* recommandable ; **un tipo poco ~** un type peu recommandable
raccomandare [rakkoman'dare] *vt* recommander ; (*persona* : *per lavoro, concorso*) recommander, pistonner ; **raccomandarsi** *vpr* : **raccomandarsi a qn** se recommander à qn ; **~ a qn di fare qc** recommander à qn de faire qch ; **~ a qn di non fare qc** recommander à qn de ne pas faire qch ; **~ qn a qn/alle cure di qn** confier qn à qn/aux soins de qn ; **mi raccomando!** je t'en (*o* vous en) prie !, je compte sur toi (*o* vous) !
raccomandata [rakkoman'data] *sf* lettre *f* recommandée ; **~ con ricevuta di ritorno** lettre recommandée avec accusé de réception
raccontare [rakkon'tare] *vt* : **~ (a)** raconter (à) ; **cosa mi racconti di nuovo?** qu'est-ce que tu me racontes de neuf ? ; **a me non la racconti!** tu ne me feras pas croire ça !
racconto [rak'konto] *sm* récit *m* ; **racconti per bambini** contes *mpl* pour enfants
raccordo [rak'kɔrdo] *sm* (*Tecn* : *giunzione*) raccord *m* ; (*Aut*) raccordement *m* ; **~ anulare** (*Aut*) périphérique *m* ; **~ autostradale** bretelle *f* ; **~ ferroviario** embranchement *m* ferroviaire ; **~ stradale** embranchement
racimolare [ratʃimo'lare] *vt* (*fig* : *somma*) rassembler (à grand-peine)
rada ['rada] *sf* rade *f*
radar ['radar] *sm inv, agg inv* radar *m*

raddoppiare [raddop'pjare] *vt* doubler ; (*fig*: *premure, sforzi*) redoubler de ▸ *vi* doubler

raddrizzare [raddrit'tsare] *vt* redresser ; (*occhiali*) rajuster ; (*fig*: *correggere*) corriger

radere ['radere] *vt* raser ; (*fig*: *rasentare*) raser ; **radersi** *vpr* se raser ; **~ al suolo** raser, détruire complètement

radiare [ra'djare] *vt* radier, rayer

radiatore [radja'tore] *sm* radiateur *m*

radiazione [radjat'tsjone] *sf* radiation *f*

radicale [radi'kale] *agg* (*anche Pol*) radical(e) ▸ *sm* (*Mat*) radical *m* ▸ *sm/f* (*Pol*) radical(e)

radicchio [ra'dikkjo] *sm* chicorée *f*

radice [ra'ditʃe] *sf* (*Bot, Mat*) racine *f* ; **segno di ~** (*Mat*) racine ; **colpire alla ~** (*fig*: *problema ecc*) attaquer à la racine ; **mettere radici** (*anche fig*) prendre racine ; (*fig*: *odio, idee ecc*) s'enraciner ; (: *persona*) prendre racine, s'incruster ; **~ cubica/quadrata** (*Mat*) racine cubique/carrée

radio ['radjo] *sf inv* radio *f* ; (*ricetrasmittente*) (poste *m* de) radio ▸ *sm* (*Chim*) radium *m* ▸ *agg inv*: **stazione ~** station *f* de radiodiffusion ; **giornale ~** informations *fpl*, bulletin *m* d'information ; **trasmettere per ~** transmettre par radio ; **~ libera** radio libre

radioattivo, -a [radjoat'tivo] *agg* radioactif(-ive)

radiocronaca, -che [radjo'krɔnaka] *sf* radio-reportage *m*

radiografia [radjogra'fia] *sf* radiographie *f* ; (*lastra*) radio(graphie) *f*

radioso, -a [ra'djoso] *agg* radieux(-euse), rayonnant(e)

radiosveglia [radjoz'veʎʎa] *sf* radio-réveil *m*

rado, -a ['rado] *agg* rare ; (*capelli*) clairsemé(e), rare ; **di ~** rarement ; **non di ~** assez souvent

radunare [radu'nare] *vt* rassembler ; **radunarsi** *vpr* se rassembler

radura [ra'dura] *sf* clairière *f*

raffermo, -a [raf'fermo] *agg* rassis(e)

raffica, -che ['raffika] *sf* rafale *f*

raffigurare [raffigu'rare] *vt* représenter

raffinato, -a [raffi'nato] *agg* (*anche fig*) raffiné(e)

rafforzare [raffor'tsare] *vt* renforcer ; (*persona*) fortifier

raffreddamento [raffredda'mento] *sm* refroidissement *m* ; **~ ad acqua/aria** refroidissement par eau/air

raffreddare [raffred'dare] *vt* refroidir ; (*stanza, aria*) rafraîchir ; **raffreddarsi** *vpr* se refroidir ; (*prendere un raffreddore*) s'enrhumer

raffreddato, -a [raffred'dato] *agg* (*Med*) enrhumé(e)

raffreddore [raffred'dore] *sm* (*Med*) rhume *m*

raffronto [raf'fronto] *sm* comparaison *f*

rafia ['rafja] *sf* raphia *m*

rafting ['rafting] *sm* rafting *m*

ragazza [ra'gattsa] *sf* fille *f* ; (*giovane donna*) jeune fille ; (*fam*: *fidanzata*) petite amie *f* ; **nome da ~** nom *m* de jeune fille ; **~ madre** fille-mère ; **~ squillo** call-girl *f*

ragazzo [ra'gattso] *sm* garçon *m* ; (*giovane uomo*) jeune homme *m* ; (*figlio*) fils *msg* ; (*fam*: *fidanzato*) petit ami *m* ; **ragazzi** *smpl* enfants *mpl* ; (*più grandi*) jeunes *mpl* ; **per ragazzi** pour enfants

raggiante [rad'dʒante] *agg* rayonnant(e), radieux(-euse)

raggio ['raddʒo] *sm* rayon *m* ; **nel ~ di 20 km** à 20 km à la ronde, dans un rayon de 20 km ; **a largo ~** (*inchiesta, esplorazione*) de grande envergure ; **~ d'azione** rayon d'action ; **~ laser** rayon laser ; **raggi X** rayons x

raggirare [raddʒi'rare] *vt* (*fig*) duper, embobiner

raggiungere [rad'dʒundʒere] *vt* (*persona*) rejoindre ; (*luogo*) arriver à ; (*toccare*) toucher, atteindre ; (*fig*: *successo, meta*) atteindre, arriver à ; (: *eguagliare*) égaler, rattraper ; **~ il proprio scopo** atteindre son but, arriver à ses fins ; **~ un accordo** parvenir à un accord

raggomitolarsi [raggomito'larsi] *vpr* (*fig*) se pelotonner

raggranellare [raggranel'lare] *vt* rassembler (petit à petit)

raggruppare [raggrup'pare] *vt* regrouper

ragionamento [radʒona'mento] *sm* raisonnement *m*

ragionare [radʒo'nare] *vi* raisonner ; **~ di** (*discorrere*) parler (de), discuter (de) ; **cerca di ~!** essaie de réfléchir !

ragione [ra'dʒone] *sf* raison *f* ; **aver ~** avoir raison ; **perdere la ~** perdre la raison ; **a ragion veduta** en connaissance de cause ; **a maggior ~** à plus forte raison ; **aver ~ (di)** avoir raison (de) ; **dare ~ a qn** donner raison à qn ; **a/con ~** avec raison, à juste titre ; **picchiare qn di santa ~** rouer qn de coups ; **farsi una ~ (di)** se faire une raison (de) ; **in ~ di** à raison de ; **~ di scambio** taux *msg* d'échange ; **ragion di stato** raison d'État ; **~ sociale** (*Comm*) raison sociale

ragioneria [radʒone'ria] *sf* comptabilité *f*

ragionevole [radʒo'nevole] *agg* raisonnable

ragioniere, -a [radʒo'njɛre] *sm/f* comptable *m/f*

ragliare [raʎ'ʎare] *vi* braire

ragnatela [raɲɲa'tela] *sf* toile *f* d'araignée

ragno ['raɲɲo] *sm* araignée *f* ; **non cavare un ~ dal buco** (*fig*) n'aboutir à rien

ragù [ra'gu] *sm inv* (*Cuc: sugo*) sauce *f* bolognaise

FALSI AMICI
ragù non si traduce mai con la parola francese *ragoût*.

RAI-TV ['raiti'vu] *sigla f* (= *Radio televisione italiana*) ≈ France Télévisions *f*

rallegrare [ralle'grare] *vt* égayer ; **rallegrarsi** *vpr* se réjouir ; **rallegrarsi con qn** féliciter qn

rallentare [rallen'tare] *vt, vi* ralentir ; **~ il passo** ralentir le pas

rallentatore [rallenta'tore] *sm* (*Cine*) ralenti *m* ; **al ~** (*anche fig*) au ralenti

ramanzina [raman'dzina] *sf* réprimande *f* ; **ricevere una ~** recevoir un savon ; **fare una ~ a qn** passer un savon à qn

rame ['rame] *sm* cuivre *m* ; **di ~** en cuivre ; **incisione su ~** gravure *f* sur cuivre

rammaricarsi [rammari'karsi] *vpr*: **~ (di)** regretter (de)

rammendare [rammen'dare] *vt* raccommoder, repriser

ramo ['ramo] *sm* (*anche fig*) branche *f* ; (*di fiume*) bras *msg* ; **non è il mio ~** ce n'est pas mon rayon

ramoscello [ramoʃ'ʃɛllo] *sm* rameau *m*

rampa ['rampa] *sf* rampe *f* ; **~ di accesso** rampe d'accès ; **~ di lancio** (*Aer*) rampe de lancement

rampicante [rampi'kante] *agg* grimpant(e) ▶ *sm* (*Bot*) plante *f* grimpante

rana ['rana] *sf* grenouille *f* ; (*anche*: **nuoto a rana**) brasse *f* ; **~ pescatrice** baudroie *f*, lotte *f* de mer

rancido, -a ['rantʃido] *agg, sm* rance *m*

rancore [ran'kore] *sm* rancune *f* ; (*forte risentimento*) rancœur *f* ; **serbare ~ verso qn** avoir de la rancune envers qn

randagio, -a, -gi, -gie *o* **-ge** [ran'dadʒo] *agg*: **cane ~** chien *m* errant

randello [ran'dɛllo] *sm* matraque *f*, gourdin *m*

rango, -ghi ['rango] *sm* rang *m* ; **rientrare nei ranghi** rentrer dans les rangs ; **uscire dai ranghi** sortir du rang ; **di basso ~** d'un rang inférieur

rannicchiarsi [rannik'kjarsi] *vpr* se blottir

rannuvolarsi [rannuvo'larsi] *vpr* se couvrir

rapa ['rapa] *sf* (*Bot*) navet *m*

rapace [ra'patʃe] *agg, sm* rapace *m*

rapare [ra'pare] *vt* raser

rapidamente [rapida'mente] *avv* rapidement

rapidità [rapidi'ta] *sf* rapidité *f*

rapido, -a ['rapido] *agg* rapide ▶ *sm* (*Ferr*) rapide *m*

rapimento [rapi'mento] *sm* enlèvement *m*, kidnapping *m*, rapt *m* ; (*fig: estasi*) ravissement *m*

rapina [ra'pina] *sf* vol *m* ; **~ a mano armata** vol à main armée ; **~ in banca** hold-up *m*

rapinare [rapi'nare] *vt* (*persona*) voler, dévaliser ; (*banca*) dévaliser

rapinatore, -trice [rapina'tore] *sm/f* voleur(-euse)

rapire [ra'pire] *vt* kidnapper, enlever ; (*fig*) ravir

rapitore, -trice [rapi'tore] *sm/f* ravisseur(-euse)

rapporto [rap'pɔrto] *sm* (*resoconto, legame*) rapport *m* ; (*di marce*) vitesse *f* ; **rapporti** *smpl* (*tra persone, paesi*) rapports *mpl* ; **fare ~ a qn su qc** faire un rapport à qn sur qch ; **andare a ~ da qn** aller au rapport auprès de qn ; **chiamare qn a ~** appeler qn au rapport ; **in ~ a quanto è successo** par rapport à ce qui est arrivé ; **essere in buoni/cattivi rapporti con qn** être en bons/mauvais termes avec qn ; **~ d'affari/di lavoro** rapport d'affaires/

de travail ; **~ sentimentale** relation *f* sentimentale ; **rapporti coniugali** rapports conjugaux ; **rapporti intimi** relations intimes ; **rapporti sessuali** rapports sexuels

rappresaglia [rappre'saʎʎa] *sf* représailles *fpl*

rappresentante [rapprezen'tante] *sm/f* représentant(e) ; **~ di commercio** représentant(e) de commerce ; **~ sindacale** représentant(e) syndical(e)

rappresentare [rapprezen'tare] *vt* représenter ; (*Teatro*) représenter, jouer ; (*Cine*) passer ; **farsi ~ dal proprio legale** se faire représenter par son avocat

rappresentazione [rapprezentat'tsjone] *sf* représentation *f* ; **prima ~ assoluta** première *f*

raramente [rara'mente] *avv* rarement

rarefatto, -a [rare'fatto] *agg* raréfié(e)

raro, -a ['raro] *agg* rare

rasare [ra'sare] *vt* (*barba, capelli*) raser ; (*siepi, erba*) tondre ; **rasarsi** *vpr* se raser

raschiare [ras'kjare] *vt* racler ▸ *vi* (*con la gola*) se racler la gorge

rasente [ra'zɛnte] *prep* : **~ (a)** au ras de

raso, -a ['raso] *pp di* **radere** ▸ *agg* ras(e) ▸ *sm* (*tessuto*) satin *m* ▸ *prep* : **~ terra** à ras de terre, au ras du sol

rasoio [ra'sojo] *sm* rasoir *m* ; **~ elettrico** rasoir électrique

rassegna [ras'seɲɲa] *sf* (*Mil, pubblicazione*) revue *f* ; (*resoconto*) compte rendu *m* ; (*mostra*) exposition *f* ; (*Cine*) festival *m* ; **passare in ~** (*Mil, fig*) passer en revue

rassegnare [rasseɲ'ɲare] *vt* : **~ le dimissioni** donner sa démission ; **rassegnarsi** *vpr* : **rassegnarsi (a qc/a fare qc)** se résigner (à qch/à faire qch)

rassicurare [rassiku'rare] *vt* rassurer ; **rassicurarsi** *vpr* se rassurer

rassodare [rasso'dare] *vt* (*anche fig*) raffermir ; **rassodarsi** *vpr* se raffermir

rassomiglianza [rassomiʎ'ʎantsa] *sf* ressemblance *f*

rassomigliare [rassomiʎ'ʎare] *vi* : **~ a** ressembler à

rastrellare [rastrel'lare] *vt* (*zona*) ratisser ; (*fieno*) râteler

rastrello [ras'trɛllo] *sm* râteau *m*

rata ['rata] *sf* versement *m* ; **a rate** à crédit, à tempérament

ratificare [ratifi'kare] *vt* ratifier

ratto ['ratto] *sm* (*Dir*) enlèvement *m* ; (*Zool*) rat *m*

rattoppare [rattop'pare] *vt* rapiécer

rattristare [rattris'tare] *vt* rendre triste, attrister ; **rattristarsi** *vpr* s'attrister

rauco, -a, -chi, -che ['rauko] *agg* (*voce*) rauque ; (*persona*) enroué(e)

ravanello [rava'nɛllo] *sm* radis *msg*

ravioli [ravi'ɔli] *smpl* (*Cuc*) raviolis *mpl*

ravvivare [ravvi'vare] *vt* raviver ; (*malato*) ramener à la vie ; (*fig*) raviver, ranimer ; **ravvivarsi** *vpr* (*fig*) se ranimer

razionale [rattsjo'nale] *agg* rationnel(le)

razionare [rattsjo'nare] *vt* rationner

razione [rat'tsjone] *sf* ration *f*

razza ['rattsa] *sf* race *f* ; (*discendenza, stirpe*) souche *f* ; (*pesce*) raie *f* ; **di ~** (*animale*) de race ; **che ~ di domande!** mais quelle question ! ; **~ d'imbecille!** espèce d'imbécile !

razziale [rat'tsjale] *agg* racial(e)

razzismo [rat'tsizmo] *sm* racisme *m*

razzista, -i, -e [rat'tsista] *agg, sm/f* raciste *m/f*

razzo ['raddzo] *sm* fusée *f* ; **come un ~** (*fig*) comme une flèche ; **~ di segnalazione** fusée de signalisation ; **~ vettore** lanceur *m*

R.C. *sigla m* (*= partito della Rifondazione Comunista*) *parti de gauche italien*

re [re] *sm inv* roi *m* ; (*Mus*) ré *m*

reagire [rea'dʒire] *vi* réagir

reale [re'ale] *agg* réel(le) ; (*di, da re*) royal(e) ▸ *sm* : **il ~** le réel *m* ; **i Reali, la coppia ~** les souverains *mpl*

realizzare [realid'dzare] *vt* (*anche Comm*) réaliser ; (*goal, punto*) marquer ; **realizzarsi** *vpr* se réaliser

realmente [real'mente] *avv* réellement

realtà [real'ta] *sf inv* réalité *f* ; **in ~** en réalité

reato [re'ato] *sm* (*Dir*) délit *m*

reattore [reat'tore] *sm* (*Aer*) réacteur *m* ; **~ nucleare** réacteur nucléaire

reazionario, -a [reattsjo'narjo] *agg, sm/f* (*Pol*) réactionnaire *m/f*

reazione [reat'tsjone] *sf* réaction *f* ; **a ~** (*motore, aereo*) à réaction ; **forze della ~** forces *fpl* réactionnaires ; **~ a catena** (*anche fig*) réaction en chaîne ; **~ nucleare** réaction nucléaire

rebus ['rɛbus] *sm inv* rébus *msg* ; (*fig*) énigme *f*
recapitare [rekapi'tare] *vt*: **~ (a)** remettre (à)
recapito [re'kapito] *sm* (*indirizzo*) adresse *f*; (*consegna*) remise *f*; **~ a domicilio** livraison *f* à domicile ; **~ telefonico** numéro *m* de téléphone
recedere [re'tʃɛdere] *vi*: **~ da** (*fig*: *da decisione*) revenir sur ; (: *da impegno*) renoncer à ; (*da contratto*) résilier
recensione [retʃen'sjone] *sf* critique *f*
recente [re'tʃɛnte] *agg* récent(e) ; **di ~** récemment
recentemente [retʃente'mente] *avv* récemment
recidere [re'tʃidere] *vt* couper
recintare [retʃin'tare] *vt* clôturer
recinto [re'tʃinto] *sm* (*spazio*) enceinte *f*, enclos *msg* ; (*reticolato*) clôture *f*
recipiente [retʃi'pjɛnte] *sm* récipient *m*
reciproco, -a, -ci, -che [re'tʃiproko] *agg* réciproque
recita ['rɛtʃita] *sf* représentation *f*
recitare [retʃi'tare] *vt* réciter ; (*ruolo, dramma*) jouer ▶ *vi* (*attore*) jouer ; **~ (la commedia)** (*fig*) jouer la comédie
reclamare [rekla'mare] *vi, vt* réclamer
reclamo [re'klamo] *sm* réclamation *f*; **sporgere ~ a** déposer une réclamation auprès de
reclinabile [rekli'nabile] *agg* (*sedile*) inclinable
reclusione [reklu'zjone] *sf* réclusion *f*
recluta ['rɛkluta] *sf* recrue *f*
recondito, -a [re'kɔndito] *agg* (*anche fig*) secret(-ète), caché(e)
record ['rɛkord] *agg inv, sm inv* record *m* ; **a tempo di ~** en un temps record ; **~ mondiale** record du monde
recriminazione [rekriminat'tsjone] *sf* récrimination *f*
recuperare [rekupe'rare] *vt* récupérer ; (*salute*) retrouver, recouvrer
redarguire [redar'gwire] *vt* réprimander
redassi *ecc* [re'dassi] *vb vedi* **redigere**
redditizio, -a [reddi'tittsjo] *agg* rentable
reddito ['rɛddito] *sm* revenu *m* ; **~ complessivo** revenu global ; **~ da lavoro** revenu du travail ; **~ disponibile** revenu disponible ; **~ fisso** revenu fixe ; **~ imponibile/non imponibile** revenu imposable/non imposable ; **~ nazionale** revenu national ; **~ pubblico** revenus *mpl* publics, revenus de l'État
redigere [re'didʒere] *vt* rédiger
redini ['rɛdini] *sfpl* rênes *fpl* ; **le ~ dello Stato** (*fig*) les rênes de l'État
reduce ['rɛdutʃe] *agg*: **~ da** de retour de ▶ *sm/f* rescapé(e) ; (*combattente*) ancien(ne) combattant(e) ; **essere ~ da** (*da esame*) venir de passer ; (*da colloquio*) venir d'avoir ; (*da malattia*) sortir de
referendum [refe'rɛndum] *sm inv* référendum *m*
referenza [refe'rɛntsa] *sf* référence *f*
referto [re'fɛrto] *sm* (*Med*) rapport *m*
regalare [rega'lare] *vt*: **~ qc (a qn)** offrir qch (à qn)

> **FALSI AMICI**
> **regalare** non si traduce mai con la parola francese *régaler*.

regalo [re'galo] *sm* cadeau *m* ▶ *agg inv*: **confezione ~** paquet-cadeau *m* ; **fare un ~ a qn** faire un cadeau à qn ; **« articoli da ~ »** « cadeaux »
regata [re'gata] *sf* régate *f*
reggere ['rɛddʒere] *vt* (*tenere*) tenir ; (*sostenere, sopportare*) soutenir ; (*impresa*) diriger ; (*paese*) gouverner ; (*Ling*) régir ▶ *vi* (*durare*) durer ; (*fig*: *teoria ecc*) tenir debout ; (*a peso ecc*): **~ a** résister à ; **reggersi** *vpr* (*stare ritto*) se tenir ; (*fig*: *dominarsi*) se contrôler ; **reggersi a** (*tenersi*) se tenir à ; **reggersi sulle gambe** *o* **in piedi** tenir debout ; **reggiti forte** (*anche fig*) tiens-toi bien
reggia ['rɛddʒa] *sf* palais *msg* royal ; (*fig*) palais
reggicalze [reddʒi'kaltse] *sm inv* porte-jarretelles *m inv*
reggimento [reddʒi'mento] *sm* (*Mil*) régiment *m*
reggiseno [reddʒi'seno] *sm* soutien-gorge *m*
regia, -gie [re'dʒia] *sf* mise *f* en scène
regime [re'dʒime] *sm* régime *m* ; **~ alimentare** régime alimentaire ; **~ torrentizio** régime torrentiel ; **~ vegetariano** régime végétarien
regina [re'dʒina] *sf* reine *f*; (*Scacchi*) reine, dame *f*; (*Carte*) dame
regionale [redʒo'nale] *agg* régional(e) ▶ *sm* (*Ferr*) (train *m*) omnibus *m inv*
: Les trains **regionali** parcourent de courtes distances et desservent la plupart des gares, y compris celles qui sont peu fréquentées.

r

regione [re'dʒone] *sf* région *f*
La **Regione** est la plus grande division administrative d'Italie. Chacune des 20 **Regioni** est composée d'un nombre variable de *Province*, elles-mêmes subdivisées en *Comuni*. Chacune des régions a un *capoluogo*, un chef-lieu de région. Cinq régions (Val-d'Aoste, Frioul-Vénétie Julienne, Trentin-Haut-Adige, Sicile et Sardaigne) ont un statut particulier et plus de pouvoir. La **Regione** est gouvernée par la *Giunta regionale*, qui est nommée par le *Presidente* de la **Regione**.

regista, -i, -e [re'dʒista] *sm/f* metteur (femme metteur) en scène

registrare [redʒis'trare] *vt* enregistrer ; (*annotare*) inscrire ; (*freni, congegno*) régler ; **~ il bagaglio** (*Aer*) faire enregistrer les bagages

registratore [redʒistra'tore] *sm* magnétophone *m* ; **~ a cassette** magnétophone *m* à cassettes ; **~ di cassa** caisse *f* enregistreuse ; **~ di volo** enregistreur de vol, boîte *f* noire

registro [re'dʒistro] *sm* registre *m* ; **ufficio del ~** (administration *f* de l')enregistrement *m* ; **~ di bordo** journal *m* de bord ; **~ (di cassa)** livre *m* (de caisse) ; **registri contabili** livres *mpl* de comptabilité

regnare [reɲ'ɲare] *vi* (*anche fig*) régner

regno ['reɲɲo] *sm* royaume *m* ; (*periodo, fig*) règne *m* ; **il R~ Unito** le Royaume-Uni ; **~ animale/vegetale** règne animal/végétal

regola ['rɛgola] *sf* règle *f* ; **di ~** en général ; **essere in ~** (*anche fig*) être en règle ; **mettersi in ~** se mettre en règle ; **avere le carte in ~** (*fig*) avoir tous les atouts (en main) ; **per tua (norma e) ~** pour ta gouverne ; **a ~ d'arte** dans les règles de l'art

regolabile [rego'labile] *agg* réglable

regolamento [regola'mento] *sm* règlement *m* ; **~ di conti** (*fig*) règlement de comptes

regolare [rego'lare] *agg* régulier(-ière) ▸ *vt* régler ; (*commercio, scambi*) réglementer ; (*governare*) régir ; **regolarsi** *vpr* (*comportarsi*) se comporter ; **presentare ~ domanda** présenter une demande en bonne et due forme ; **~ i conti con qn** (*fig*) régler ses comptes avec qn ; **regolarsi nel bere** modérer sa consommation d'alcool

relativo, -a [rela'tivo] *agg* relatif(-ive) ; **~ a** (*dati, commenti*) concernant

relazione [relat'tsjone] *sf* (*rapporto: fra cose, fenomeni*) relation *f* ; (*: fra persone*) relation ; (*: fra amanti*) liaison *f* ; (*rapporto scritto, orale, Mat*) rapport *m* ; **relazioni** *sfpl* (*conoscenze*) relations *fpl* ; **essere in ~** être en relation ; **mettere in ~** mettre en rapport ; **in ~ a** relativement à ; **in ~ alla sua richiesta** suite à votre demande ; **fare una ~** présenter un rapport ; **relazioni pubbliche** relations publiques

relegare [rele'gare] *vt* reléguer

religione [reli'dʒone] *sf* religion *f*
Le catholicisme est la religion (**religione**) de la majorité de la population en Italie, mais tous les principaux cultes y sont reconnus et protégés.

reliquia [re'likwja] *sf* relique *f*

relitto [re'litto] *sm* (*Naut*) épave *f* ; (*fig*) épave, loque *f*

remare [re'mare] *vi* ramer

reminiscenze [reminiʃ'ʃɛntse] *sfpl* réminiscences *fpl*

remissivo, -a [remis'sivo] *agg* soumis(e) ; (*Dir*) de rémission

remo ['rɛmo] *sm* rame *f*

remoto, -a [re'mɔto] *agg* (*nel tempo*) lointain(e) ; (*nello spazio*) éloigné(e) ; *vedi anche* **passato**

rendere ['rɛndere] *vt* (*restituire, far diventare*) rendre ; (*produrre*) rapporter ▸ *vi* (*fruttare*) rapporter ; **rendersi** *vpr*: **rendersi utile/antipatico** se rendre utile/antipathique ; **~ qc possibile** rendre qch possible ; **~ grazie a qn** rendre grâce à qn ; **~ omaggio a qn** rendre hommage à qn ; **~ un servizio a qn** rendre (un) service à qn ; **~ una testimonianza** fournir un témoignage ; **~ la visita a qn** rendre visite à qn (en retour) ; **non so se rendo l'idea** je ne sais pas si vous voyez ce que je veux dire ; **rendersi conto di qc** se rendre compte de qch

rendimento [rendi'mento] *sm* rendement *m*

rendita ['rɛndita] *sf* rente *f* ; **vivere di ~** vivre de ses rentes ; **~ annua** rente annuelle ; **~ vitalizia** rente viagère

rene ['rɛne] *sm* rein *m* ; **~ artificiale** rein artificiel

renna ['rɛnna] *sf* renne *m* ; (*pelle*) daim *m*

reparto [re'parto] *sm* (*di ospedale*) service *m* ; (*di negozio*) rayon *m* ; (*di ufficio*) secteur *m* ; (*di fabbrica*) atelier *m* ; (*Mil*) détachement *m* ; **~ elettrodomestici** rayon (de l')électroménager ; **~ personale** service du personnel ; **~ vendite** service des ventes

repellente [repel'lɛnte] *agg* (*fig*) rebutant(e), repoussant(e)

repentaglio [repen'taʎʎo] *sm*: **mettere a ~** mettre en danger

repentino, -a [repen'tino] *agg* subit(e), soudain(e)

repertorio [reper'tɔrjo] *sm* répertoire *m*

replica, -che ['rɛplika] *sf* (*ripetizione*) répétition *f* ; (*risposta, copia*) réplique *f* ; (*Teatro*) représentation *f*

replicare [repli'kare] *vt* répéter ; (*rispondere*) répliquer ; (*Teatro*) rejouer ; (*Cine*) repasser

repressione [repres'sjone] *sf* répression *f*

represso, -a [re'prɛsso] *pp di* **reprimere** ▶ *agg* réprimé(e)

reprimere [re'primere] *vt* réprimer

repubblica, -che [re'pubblika] *sf* république *f* ; **la R~ Dominicana** la République dominicaine ; **la R~ Ceca** la République tchèque

reputazione [reputat'tsjone] *sf* réputation *f* ; **avere una buona ~** avoir une bonne réputation

requisire [rekwi'zire] *vt* réquisitionner

requisito [rekwi'zito] *sm* qualité *f* requise

resa ['resa] *sf* (*l'arrendersi*) reddition *f*, capitulation *f* ; (*restituzione*) retour *m* ; (*utilità, rendimento*) rendement *m* ; **la ~ dei conti** (*fig*) le moment de rendre des comptes

resi *ecc* ['resi] *vb vedi* **rendere**

residente [resi'dɛnte] *agg* résident(e)

residenziale [residen'tsjale] *agg* résidentiel(le)

residuo, -a [re'siduo] *agg* restant(e) ▶ *sm* reste *m* ; (*Chim*) résidu *m* ; **~ di bilancio** boni *m* (de budget) ; **residui industriali** déchets *mpl* industriels

resina ['rɛzina] *sf* résine *f*

resistente [resis'tɛnte] *agg*: **~ (a)** résistant(e) (à)

resistenza [resis'tɛntsa] *sf* résistance *f* ; **la R~** la Résistance

> La **Resistenza** italienne s'est battue contre les nazis et les fascistes durant la Seconde Guerre mondiale. La Résistance fut particulièrement active après la chute du gouvernement fasciste le 25 juillet 1943, pendant l'occupation allemande et durant la période de la République de Salò de Mussolini en Italie du nord. Les membres de la Résistance venaient de tous les bords de l'échiquier politique et jouèrent un rôle vital à la libération et au cours de la formation du nouveau gouvernement démocratique.

resistere [re'sistere] *vi*: **~ (a)** résister (à)

resoconto [reso'konto] *sm* (*relazione*) compte *m* rendu ; (*rendiconto*) relevé *m* de comptes

respingere [res'pindʒere] *vt* repousser ; (*pacco, lettera*) renvoyer, retourner ; (*Scol*: *bocciare*) recaler

respirare [respi'rare] *vi, vt* respirer ; **ora finalmente posso ~!** enfin, je respire !

respirazione [respirat'tsjone] *sf* respiration *f* ; **~ artificiale** respiration artificielle

respiro [res'piro] *sm* souffle *m* ; (*atto di respirare*) respiration *f* ; (*fig*) répit *m* ; **di ampio ~** (*opera, lavoro*) de longue haleine ; **concedersi un attimo di ~** s'accorder un moment de répit ; **fino all'ultimo ~** (*fig*) jusqu'au dernier soupir ; **lavorare senza ~** travailler sans répit

responsabile [respon'sabile] *agg, sm/f*: **~ (di)** responsable *m/f* (de)

responsabilità [responsabili'ta] *sf inv* responsabilité *f* ; **assumersi le proprie ~** assumer ses responsabilités ; **~ civile/penale** responsabilité civile/pénale ; **~ patrimoniale** responsabilité patrimoniale

responso [res'pɔnso] *sm* verdict *m*

ressa ['rɛssa] *sf* cohue *f*

ressi *ecc* ['rɛssi] *vb vedi* **reggere**

restare [res'tare] *vi* rester ; **~ in buoni rapporti** rester en bons termes ; **~ senza parole** rester bouche bée ; **~ sorpreso** être étonné ; **restarci male** être déçu ; **restano pochi giorni** il reste peu de jours ; **non resta più**

r

niente il ne reste plus rien ; **non resta che andare** il ne reste plus qu'à partir ; **che resti tra noi** que cela reste entre nous

restaurare [restau'rare] *vt* restaurer ; (*fig*) rétablir

restio, -a [res'tio] *agg*: **~ a fare qc** peu enclin(e) à faire qch

restituire [restitu'ire] *vt* rendre ; (*energie, forze*) redonner

resto ['rɛsto] *sm* reste *m* ; (*denaro*) monnaie *f* ; **resti** *smpl* (*di cibo, di civiltà*) restes *mpl* ; (*di città*) ruines *fpl* ; **del ~** du reste, d'ailleurs ; **resti mortali** dépouille *fsg* mortelle

restringere [res'trindʒere] *vt* rétrécir ; (*fig: limitare*) restreindre, limiter ; **restringersi** *vpr* (*strada*) se rétrécir ; (*spazio*) se resserrer ; (*stoffa*) rétrécir

rete ['rete] *sf* (*intreccio, per pesca, caccia, Tennis, in circo*) filet *m* ; (*di recinzione*) grillage *m* ; (*del letto*) sommier *m* métallique ; (*fig: sistema di collegamenti*) réseau *m* ; (*: insidia*) piège *m* ; (*Calcio*) but *m* ; (*Inform*): **la R~** la Toile ; **segnare una ~** (*Calcio*) marquer un but ; **calze a ~** bas *mpl* résille ; **~ da pesca** filet de pêche ; **~ di distribuzione** réseau de distribution ; **~ ferroviaria** réseau ferroviaire ; **~ stradale** réseau routier ; **~ (televisiva)** (*sistema*) réseau de télévision ; (*canale*) chaîne *f*

reticente [reti'tʃɛnte] *agg* réticent(e)

reticolato [retiko'lato] *sm* (*rete*) grillage *m* ; (*di filo spinato*) barbelés *mpl*

retina ['rɛtina] *sf* (*Anat*) rétine *f*

retorico, -a, -ci, -che [re'tɔriko] *agg* rhétorique

retribuire [retribu'ire] *vt* rétribuer

retro ['retro] *sm inv* derrière *m* ▶ *avv* (*dietro*): **vedi ~** voir au verso

retrocedere [retro'tʃɛdere] *vi* reculer ▶ *vt* (*Mil*) rétrograder ; **la squadra è retrocessa in serie B** l'équipe est descendue *o* passée en seconde division

retrogrado, -a [re'trɔgrado] *agg* rétrograde

retromarcia [retro'martʃa] *sf* (*Aut*) marche *f* arrière

retroscena [retroʃ'ʃɛna] *sf* (*Teatro*) arrière-scène *f* ▶ *sm inv* (*Teatro, fig*) coulisses *fpl* ; (*di affare losco*) dessous *mpl* ; **conoscere i ~ (di qc)** connaître les coulisses (de qch) ; (*peg*) connaître les dessous (de qch)

retrovisore [retrovi'zore] *sm* (*Aut*) rétroviseur *m*

retta ['rɛtta] *sf* (*Mat*) droite *f* ; (*di convitto*) pension *f* ; **dar ~ a qn** (*fig*) écouter qn, suivre les conseils de qn ; **dammi ~!** crois-moi !

rettangolare [rettango'lare] *agg* rectangulaire

rettangolo, -a [ret'tangolo] *agg, sm* rectangle *m*

rettifica, -che [ret'tifika] *sf* rectification *f*

rettile ['rɛttile] *sm* reptile *m* ; **i rettili** les reptiles

rettilineo, -a [retti'lineo] *agg* rectiligne ; (*andatura*) droit(e) ▶ *sm* (*Aut, Ferr*) ligne *f* droite

retto, -a ['rɛtto] *pp di* **reggere** ▶ *agg* (*linea*) droit(e) ▶ *sm* (*Anat*) rectum *m*

rettore [ret'tore] *sm* (*Univ, Rel*) recteur *m*

reumatismo [reuma'tizmo] *sm* rhumatisme *m*

revisione [revi'zjone] *sf* révision *f* ; **~ contabile** audit *m* ; **~ di bozze** correction *f* des épreuves

revisore [revi'zore] *sm* réviseur(-euse) ; **~ di bozze** correcteur(-trice) d'épreuves ; **~ di conti** commissaire *m* aux comptes

revival [ri'vaivəl] *sm inv* revival *m*

revoca, -che ['rɛvoka] *sf* révocation *f*

revocare [revo'kare] *vt* révoquer

revolver [re'vɔlver] *sm inv* revolver *m*

riabbia *ecc* [ri'abbja] *vb vedi* **riavere**

riabilitare [riabili'tare] *vt* (*Dir, fig*) réhabiliter ; (*Med*) rééduquer

rianimazione [rianimat'tsjone] *sf* (*Med*) réanimation *f* ; **centro di ~** centre *m* de réanimation

riaprire [ria'prire] *vt* rouvrir ; **riaprirsi** *vpr* rouvrir

riarmo [ri'armo] *sm* (*Mil*) réarmement *m* ; **corsa al ~** course *f* aux armements

riassumere [rias'sumere] *vt* (*riprendere: attività*) reprendre ; (*: dipendente*) réembaucher ; (*sintetizzare*) résumer

riassunto, -a [rias'sunto] *pp di* **riassumere** ▶ *sm* résumé *m* ; **~ delle puntate precedenti** (*TV, su giornale*) résumé des épisodes précédents

riattaccare [riattak'kare] *vt* (*manifesto, francobollo*) recoller ; (*bottoni: ricucire*) recoudre ; (*Tel, quadro*) raccrocher

riavere [ria'vere] *vt* avoir de nouveau ; (*avere indietro*) récupérer ; **riaversi** *vpr* (*da svenimento, stordimento*) revenir à soi ; (*dallo spavento*) se remettre

ribadire [riba'dire] *vt* (*fig*) confirmer ; **~ un concetto** insister sur une idée

ribalta [ri'balta] *sf* (*sportello*) abattant *m* ; (*Teatro: proscenio*) avant-scène *f* ; (*apparecchio d'illuminazione, fig*) rampe *f* ; **tornare alla ~** (*personaggio*) revenir sur le devant de la scène ; (*problema*) revenir à l'ordre du jour, redevenir d'actualité

ribaltabile [ribal'tabile] *agg* (*sedile*) inclinable

ribaltare [ribal'tare] *vt* renverser ▸ *vi* (*anche*: **ribaltarsi**) se renverser

ribassare [ribas'sare] *vt, vi* baisser

ribattere [ri'battere] *vt* (*battere di nuovo*) rebattre ; (*lettera: a macchina*) retaper ; (*palla*) renvoyer ; (*confutare*) réfuter ; **~ che** répliquer que

ribellarsi [ribel'larsi] *vpr*: **~ (a)** se révolter (contre) ; (*rifiutare di ubbidire*) se rebeller (contre)

ribelle [ri'bɛlle] *agg, sm/f* rebelle *m/f*

ribes ['ribes] *sm inv* (*pianta*) groseillier *m* ; (*frutto*) groseille *f* ; **~ nero** cassis *msg*

ribrezzo [ri'breddzo] *sm* dégoût *m* ; **far ~ a** faire horreur à

ributtante [ribut'tante] *agg* répugnant(e)

ricadere [rika'dere] *vi* retomber ; **~ su** (*anche fig: fatiche, colpe*) retomber sur

ricaduta [rika'duta] *sf* (*Med*) rechute *f*

ricamare [rika'mare] *vt* broder

ricambiare [rikam'bjare] *vt* (*cambiare di nuovo*) rechanger ; (*contraccambiare*) rendre

ricambio [ri'kambjo] *sm* rechange *m* ; (*Med*) métabolisme *m* ; **malattie del ~** troubles *mpl* du métabolisme ; **pezzi di ~, ricambi** pièces *fpl* de rechange ; **~ della manodopera** rotation *f* du personnel

ricamo [ri'kamo] *sm* broderie *f* ; **senza ricami** (*fig*) sans broder

ricapitolare [rikapito'lare] *vt* récapituler

ricaricare [rikari'kare] *vt* recharger ; (*orologio, giocattolo, fig*) remonter ; (*pipa*) bourrer de nouveau

ricattare [rikat'tare] *vt* faire du chantage à, faire chanter

ricatto [ri'katto] *sm* (*anche morale*) chantage *m* ; **subire un ~** être victime d'un chantage

ricavare [rika'vare] *vt* tirer ; (*dedurre*) déduire

ricchezza [rik'kettsa] *sf* richesse *f* ; **ricchezze** *sfpl* (*beni*) richesses *fpl* ; **ricchezze naturali** richesses naturelles

riccio, -a ['rittʃo] *agg* frisé(e) ▸ *sm* (*Zool*) hérisson *m* ; (*Bot*) bogue *f* ; **~ di mare** (*Zool*) oursin *m*

ricciolo ['rittʃolo] *sm* boucle *f*

ricco, -a, -chi, -che ['rikko] *agg* riche ; (*fantasia*) fertile ▸ *sm/f* (*persona*) riche *m/f* ; **~ di** (*di materie prime, risorse*) riche en ; (*di idee, illustrazioni, di fantasia*) plein(e) de ; **i ricchi** les riches

ricerca, -che [ri'tʃerka] *sf* recherche *f* ; **essere alla ~ di** être à la recherche de ; **mettersi alla ~ di** se mettre à la recherche de ; **avviare le ricerche** entreprendre les recherches ; **~ di mercato** étude de marché ; **~ operativa** recherche opérationnelle

ricercare [ritʃer'kare] *vt* rechercher

ricercato, -a [ritʃer'kato] *agg* recherché(e) ▸ *sm/f* (*dalla polizia*) personne *f* recherchée

ricercatore, -trice [ritʃerka'tore] *sm/f* chercheur(-euse)

ricetta [ri'tʃɛtta] *sf* (*Med*) ordonnance *f* ; (*Cuc*) recette *f* ; (*fig: antidoto*) remède *m*

ricettazione [ritʃettat'tsjone] *sf* recel *m*

ricevere [ri'tʃevere] *vt* (*anche Tel, Radio*) recevoir ; (*stipendio*) toucher

ricevimento [ritʃevi'mento] *sm* réception *f* ; **al ~ della merce** à la réception de la marchandise

ricevitore [ritʃevi'tore] *sm* (*Tel, Tecn*) récepteur *m* ; **~ delle imposte** receveur *m* des contributions, percepteur *m*

ricevuta [ritʃe'vuta] *sf* reçu *m*, récépissé *m* ; (*di merci*) récépissé ; **accusare ~ di qc** (*Comm*) accuser réception de qch ; **~ di ritorno** (*Posta*) accusé *m* de réception ; **~ di versamento** (*Banca*) bordereau *m* de versement ; **~ fiscale** facture *f*

> Les gérants d'hôtels et de restaurants sont tenus de délivrer une **ricevuta** (un reçu) à leurs clients. Il est préférable de l'accepter, car si vous n'êtes pas en mesure de la produire au cours d'un éventuel contrôle, vous pourriez avoir une amende.

richiamare [rikja'mare] *vt* (*chiamare di nuovo*) rappeler ; (*chiamare indietro*) réclamer ; (*rimproverare*) réprimander, reprendre ; (*attirare*) attirer ; **richiamarsi** *vpr*: **richiamarsi a** se référer à ; **~ qn all'ordine** rappeler qn à l'ordre ; **desidero ~ la vostra attenzione su ...** je désire attirer votre attention sur ...

richiedere [ri'kjɛdere] *vt* (*chiedere di nuovo*) redemander ; (*chiedere: informazioni, documento, cure*) demander ; (*pretendere*) exiger ; **essere molto richiesto** être très demandé

richiesta [ri'kjɛsta] *sf* demande *f* ; (*Amm: istanza*) requête *f* ; **a ~** sur demande ; **a gran ~** à la demande générale

riciclare [ritʃi'klare] *vt* (*anche fig*) recycler

ricino ['ritʃino] *sm*: **olio di ~** huile *f* de ricin

ricognizione [rikoɲɲit'tsjone] *sf* (*Mil, Dir*) reconnaissance *f*

ricominciare [rikomin'tʃare] *vt, vi* recommencer ; **~ a fare qc** recommencer à faire qch, se remettre à faire qch

ricompensa [rikom'pensa] *sf* récompense *f*

ricompensare [rikompen'sare] *vt* récompenser

riconciliare [rikontʃi'ljare] *vt* réconcilier ; **riconciliarsi** *vpr* se réconcilier

riconoscente [rikonoʃ'ʃɛnte] *agg* reconnaissant(e)

riconoscere [riko'noʃʃere] *vt* reconnaître ; **~ qn colpevole** reconnaître la culpabilité de qn

ricoperto, -a [riko'pɛrto] *pp di* **ricoprire** ▸ *sm* (*gelato*) esquimau *m*

ricopiare [riko'pjare] *vt* recopier

ricoprire [riko'prire] *vt* recouvrir ; (*carica*) occuper

ricordare [rikor'dare] *vt* se rappeler, se souvenir de ; (*menzionare*) mentionner, rappeler ; (*rassomigliare*) rappeler ; **ricordarsi** *vpr*: **ricordarsi (di)** se rappeler, se souvenir (de) ; **ricordarsi di aver fatto qc** se rappeler avoir fait qch, se souvenir d'avoir fait qch ; **~ qc a qn** rappeler qch à qn

ricordo [ri'kɔrdo] *sm* souvenir *m* ; **~ di famiglia** souvenir de famille

ricorrente [rikor'rɛnte] *agg* qui revient, qui se répète ; (*Med*) récurrent(e)

ricorrenza [rikor'rɛntsa] *sf* répétition *f* ; (*festività*) fête *f*

ricorrere [ri'korrere] *vi* (*fenomeno*) se répéter ; (*data, festa*) être ; **oggi ricorre il loro anniversario di matrimonio** c'est aujourd'hui leur anniversaire de mariage ; **~ a** (*a persona, autorità*) recourir à, avoir recours à ; **~ alla violenza** recourir à la violence ; **~ in appello** interjeter *o* faire appel

ricostituente [rikostitu'ɛnte] *agg*: **cura ~** traitement *m* reconstituant ▸ *sm* (*Med*) fortifiant *m*

ricostruire [rikostru'ire] *vt* reconstruire

ricotta [ri'kɔtta] *sf* ricotta *f*

ricoverare [rikove'rare] *vt*: **~ (in)** (*in ospedale*) hospitaliser (à) ; (*in manicomio*) interner (à)

ricovero [ri'kovero] *sm* (*in ospedale*) hospitalisation *f* ; (*in manicomio*) internement *m* ; (*per anziani*) hospice *m* ; (*rifugio*) abri *m*, refuge *m*

ricreazione [rikreat'tsjone] *sf* (*distrazione*) distraction *f* ; (*Scol*) récréation *f* ; (*riposo*) repos *msg*

ricredersi [ri'kredersi] *vpr* changer d'avis, se raviser

ridacchiare [ridak'kjare] *vi* ricaner

ridare [ri'dare] *vt* redonner ; (*restituire*) rendre

ridere ['ridere] *vi* rire ; **~ di** (*deridere*) se moquer de ; **c'è poco da ~** il n'y a pas de quoi rire

ridicolo, -a [ri'dikolo] *agg* ridicule ▸ *sm* ridicule *m* ; **rendersi ~** se ridiculiser ; **cadere nel ~** tomber dans le ridicule

ridimensionare [ridimensjo'nare] *vt* réorganiser ; (*fig*) ramener à de justes proportions

ridire [ri'dire] *vt* redire ; (*narrare*) raconter ; (: *per spettegolare*) répéter ; **avere/trovare da ~** avoir/trouver à redire

ridondante [ridon'dante] *agg* redondant(e)

ridotto, -a [ri'dotto] *pp di* **ridurre** ▸ *agg* réduit(e)

riduco *ecc* [ri'duko] *vb vedi* **ridurre**

ridurre [ri'durre] *vt* réduire ; (*opera letteraria, Radio, TV*) adapter ; **ridursi** *vpr* (*rimpicciolire*) se rétrécir ; **ridursi a** (*limitarsi*) se réduire à ; **~ a pezzi** réduire en morceaux ; **~ qc in polvere** réduire qch en poudre ; **~ al silenzio** réduire au silence ; **~ qn in fin di vita** (*sogg*:

incidente) blesser qn mortellement ; **ridursi male** se mettre en piteux état ; **ridursi a pelle e ossa** n'avoir plus que la peau et les os

ridussi *ecc* [ri'dussi] *vb vedi* **ridurre**

riduttore [ridut'tore] *sm* (*Elettr*) transformateur *m*

riduzione [ridut'tsjone] *sf* réduction *f*

riebbi *ecc* [ri'ɛbbi] *vb vedi* **riavere**

riempire [riem'pire] *vt*: **~ (di)** remplir (de) ; **riempirsi** *vpr* se remplir ; **~ qn di gioia** combler qn de joie

rientranza [rien'trantsa] *sf* renfoncement *m*

rientrare [rien'trare] *vi* rentrer ; (*muro, strada*: *fare una rientranza*) présenter un renfoncement ; **~ in** (*anche fig*) rentrer dans ; **~ (a casa)** rentrer (chez soi) ; **~ nelle spese** rentrer dans ses frais

riepilogare [riepilo'gare] *vt* récapituler

riesco *ecc* [ri'ɛsko] *vb vedi* **riuscire**

rifare [ri'fare] *vt* refaire ; (*imitare*) imiter ; **rifarsi** *vpr*: **rifarsi a** (*riferirsi, alludere*) se référer à ; (: *scrittore, stile*) renvoyer à ; **rifarsi delle spese** rentrer dans ses frais ; **rifarsi di una perdita (di denaro)** récupérer son argent ; **rifarsi una vita** refaire sa vie

riferimento [riferi'mento] *sm* (*rimando*) référence *f* ; (*allusione*) allusion *f* ; **punto di ~** point *m* de repère ; **in** *o* **con ~ a** suite à ; **far ~ a** se référer à ; (*alludere*) faire allusion à

riferire [rife'rire] *vt* rapporter ▶ *vi*: **~ (su qc a qn)** faire un compte rendu (sur qch à qn) ; **riferirsi** *vpr*: **riferirsi a** se référer à ; (*alludere*) faire allusion à ; **riferirò** je ferai la commission, je le dirai

rifinire [rifi'nire] *vt* (*perfezionare*) mettre la dernière main à

rifiutare [rifju'tare] *vt* refuser ; **~** *o* **rifiutarsi di fare qc** refuser de faire qch

rifiuto [ri'fjuto] *sm* refus *msg* ; **rifiuti** *smpl* (*spazzatura*) ordures *fpl*

riflessione [rifles'sjone] *sf* réflexion *f*

riflessivo, -a [rifles'sivo] *agg* (*anche Ling*) réfléchi(e)

riflesso, -a [ri'flesso] *pp di* **riflettere** ▶ *agg* réfléchi(e) ▶ *sm* reflet *m* ; (*Fisiol*) réflexe *m* ; **di** *o* **per ~** indirectement, par ricochet ; **avere i riflessi pronti** avoir de bons réflexes

riflessologia [riflessolo'dʒia] *sf* réflexologie *f* ; **~ (plantare)** réflexologie (plantaire)

riflettere [ri'flɛttere] *vt* réfléchir ▶ *vi* (*meditare*): **~ (su)** réfléchir (sur) ; **riflettersi** *vpr*: **riflettersi (su)** se refléter (dans) ; (*ripercuotersi*) se répercuter (sur)

riflettore [riflet'tore] *sm* (*TV, Teatro*) projecteur *m* ; (*Cine*) sunlight *m* ; (*Radio*) réflecteur *m*

riflusso [ri'flusso] *sm* (*anche fig*) reflux *msg*

riforma [ri'forma] *sf* réforme *f* ; (*Rel*): **la R~** la Réforme

riformatorio [riforma'tɔrjo] *sm* maison *f* de correction

rifornimento [riforni'mento] *sm* ravitaillement *m* ; **rifornimenti** *smpl* (*viveri, materiale*) provisions *fpl* ; **fare ~ di** (*di viveri ecc*) faire provision de ; **fare ~ di benzina** prendre de l'essence ; **posto di ~** centre *m* de ravitaillement

rifornire [rifor'nire] *vt*: **~ di** ravitailler en ; **rifornirsi** *vpr*: **rifornirsi di qc** s'approvisionner en qch

rifugiarsi [rifu'dʒarsi] *vpr* se réfugier

rifugiato, -a [rifu'dʒato] *sm/f* réfugié(e)

rifugio [ri'fudʒo] *sm* abri *m* ; (*fig, in montagna*) refuge *m* ; **~ antiaereo** abri antiaérien ; **~ (anti)atomico** abri antiatomique

riga, -ghe ['riga] *sf* ligne *f* ; (*fila*) rangée *f* ; (*Mil*) rang *m* ; (*scriminatura*) raie *f* ; (*righello*) règle *f* ; **in ~** (*persone ecc*) en rang ; **a righe** (*foglio*) rayé(e) ; (*vestito*) à rayures ; **buttare giù due righe** écrire quelques lignes ; **mandami due righe appena arrivi** écris-moi un mot dès que tu arrives

rigare [ri'gare] *vt* (*foglio*) régler ; (*superficie*) rayer ▶ *vi*: **~ diritto** (*fig*) bien se comporter

rigattiere [rigat'tjɛre] *sm* brocanteur(-euse) ; (*di vestiario*) fripier(-ière)

righerò *ecc* [rige'rɔ] *vb vedi* **rigare**

rigido, -a ['ridʒido] *agg* (*anche fig*: *persona, sistema*) rigide ; (*clima*) rigoureux(-euse) ; (*membra*) raide ; (: *dal freddo*) engourdi(e)

rigoglioso, -a [rigoʎ'ʎoso] *agg* (*pianta*) luxuriant(e) ; (*fig*: *commercio, sviluppo*) florissant(e)

rigore [ri'gore] *sm* rigueur *f* ; (*anche*: **calcio di rigore**) penalty *m* ; **« è di ~ l'abito da sera »** « tenue de soirée exigée » ; **a rigor di termini**

r

strictement parlant ; **area di ~** (*Calcio*) surface *f* de réparation

riguardare [rigwar'dare] *vt* regarder (de nouveau) ; (*considerare*) considérer ; (*esaminare*: *conti*) revoir ; (*concernere*) concerner, regarder ; **riguardarsi** *vpr* (*aver cura di sé*) se ménager ; **per quel che mi riguarda** en ce qui me concerne ; **sono affari che non ti riguardano** ce sont des choses qui ne te regardent pas

riguardo [ri'gwardo] *sm* (*attenzione*) précaution *f* ; (*considerazione*) égard *m* ; (*attinenza*) rapport *m* ; **~ a** quant à ; **per ~ a** par égard pour ; **un'ospite di ~** un invité de marque ; **non aver riguardi nel fare qc** ne pas avoir peur de faire qch

rilasciare [rilaʃ'ʃare] *vt* (*prigioniero*) relâcher ; (*documento*) délivrer ; (*intervista*) accorder

rilassare [rilas'sare] *vt* détendre ; **rilassarsi** *vpr* se relaxer, se détendre ; (*muscolo*) se détendre

rilegare [rile'gare] *vt* ficeler (de nouveau) ; (*libro*) relier

rileggere [ri'lɛddʒere] *vt* relire

rilento [ri'lɛnto]: **a ~** *avv* au ralenti

rilevante [rile'vante] *agg* (*notevole*) considérable ; (*importante*) important(e), majeur(e)

rilevare [rile'vare] *vt* (*notare*) remarquer ; (*raccogliere*: *dati*) enregistrer ; (*Mil*) relever ; (*Comm*) racheter ; **dalle indagini si rileva che ...** l'enquête a montré que ...

rilievo [ri'ljɛvo] *sm* (*Geo, Arte*) relief *m* ; (*fig*: *rilevanza*) importance *f* ; (*osservazione, appunto*) remarque *f* ; (*Topografia*) levé *m* ; **in ~** en relief ; **dar ~ a qc** (*fig*) donner de l'importance à qch ; **mettere in ~ qc** (*fig*) mettre qch en relief ; **di poco/nessun ~** (*fig*) de peu d'importance/d'aucune importance ; **un personaggio di ~** un personnage important

riluttante [rilut'tante] *agg* réticent(e)

rima ['rima] *sf* rime *f* ; **rime** *sfpl* (*versi*) vers *mpl* ; **far ~ con** rimer avec ; **mettere in ~** mettre en vers ; **rispondere per le rime a qn** répondre à qn du tac au tac

rimandare [riman'dare] *vt* (*mandare di nuovo, indirizzare*) renvoyer ; (*rinviare*) remettre ; (*studente*) recaler, coller ; **~ qc al giorno dopo** remettre qch au lendemain ; **essere rimandato in matematica** (*Scol*) être recalé *o* collé en maths

rimando [ri'mando] *sm* (*di testo*) renvoi *m* ; (*dilazione*) délai *m* ; **di ~** en retour

rimanente [rima'nɛnte] *agg* restant(e) ▶ *sm* restant *m* ; **i rimanenti** (*persone*) les autres *mpl*

rimanere [rima'nere] *vi* rester ; **~ vedovo(a)** rester veuf (veuve) ; **rimangono poche settimane a Pasqua** il ne reste que quelques semaines avant Pâques ; **rimane da vedere se ...** reste à savoir si ... ; **non ci rimane che accettare** il ne nous reste qu'à accepter ; **c'è rimasto male** il s'est vexé, cela ne lui a pas plu

rimangiare [riman'dʒare] *vt*: **rimangiarsi la parola** revenir sur ce qu'on a dit

rimango *ecc* [ri'mango] *vb vedi* **rimanere**

rimarginare [rimardʒi'nare] *vt* cicatriser ▶ *vi*: **rimarginarsi** *vpr* (*ferita*) se cicatriser

rimbalzare [rimbal'tsare] *vi* rebondir ; (*proiettile*) ricocher

rimbambito, -a [rimbam'bito] *agg* gâteux(-euse) ; **un vecchio ~** un vieux gâteux

rimboccare [rimbok'kare] *vt* (*orlo, coperta*) border ; (*pantaloni*) retrousser ; **rimboccarsi le maniche** (*fig*) retrousser ses manches

rimbombare [rimbom'bare] *vi* résonner, retentir

rimborsare [rimbor'sare] *vt* rembourser ; **~ qc a qn** rembourser qch à qn ; **~ qn di qc** rembourser qn de qch

rimediare [rime'djare] *vi*: **~ a** remédier à ▶ *vt* (*fam*: *procurarsi*) se procurer

rimedio [ri'mɛdjo] *sm* remède *m* ; **porre ~ a qc** remédier à qch ; **non c'è ~** on ne peut rien y faire

rimettere [ri'mettere] *vt* (*condonare, Comm*) remettre ; (*merci*) livrer ; (*vomitare*) rendre ; (*perdere*: *anche*: **rimetterci**) perdre, y laisser ; (*affidare*: *decisione*): **~ (a)** remettre (à) ; **rimettersi** *vpr* se remettre ; **rimettersi a** s'en remettre à ; **~ a nuovo** (*casa ecc*) remettre à neuf ; **rimetterci di tasca propria** en être de sa poche ; **rimettersi al bello** (*tempo*) se remettre au beau ; **rimettersi in cammino** se remettre en route ; **rimettersi al**

lavoro se remettre au travail ; **rimettersi in salute** se remettre, se rétablir

rimisi *ecc* [ri'mizi] *vb vedi* **rimettere**

rimmel® ['rimmel] *sm inv* rimmel® *m*

rimodernare [rimoder'nare] *vt* (*locale*) moderniser ; (*casa*) remettre à neuf

rimorchiare [rimor'kjare] *vt* remorquer ; (*fam*: *fig*: *ragazza*) draguer

rimorchio [ri'mɔrkjo] *sm* (*manovra*) remorquage *m* ; (*veicolo, cavo*) remorque *f* ; **prendere a ~** prendre en remorque, remorquer ; **cavo da ~** (câble *m* de) remorque ; **autocarro con ~** camion *m* à remorque

rimorso [ri'mɔrso] *sm* remords *msg*

rimozione [rimot'tsjone] *sf* déplacement *m* ; (*da un impiego*) destitution *f* ; (*Psic*) refoulement *m* ; **~ forzata** (*Aut*) mise *f* en fourrière

rimpatriare [rimpa'trjare] *vi* retourner dans son pays ▸ *vt* rapatrier

rimpiangere [rim'pjandʒere] *vt* regretter ; **~ di non aver fatto qc** regretter de ne pas avoir fait qch

rimpianto, -a [rim'pjanto] *pp di* **rimpiangere** ▸ *sm* regret *m*

rimpiazzare [rimpjat'tsare] *vt* remplacer

rimpicciolire [rimpittʃo'lire] *vt, vi* (*anche*: **rimpicciolirsi**) rapetisser

rimpinzare [rimpin'tsare] *vt*: **~ (di)** bourrer (de) ; **rimpinzarsi** *vpr* se bourrer, s'empiffrer

rimproverare [rimprove'rare] *vt* reprocher ; (*bambini*) gronder, réprimander

rimuovere [ri'mwɔvere] *vt* enlever ; (*fig*: *ostacolo*) éliminer ; (*dipendente*) destituer ; (*Psic*) refouler

Rinascimento [rinaʃʃi'mento] *sm*: **il ~** la Renaissance

rinascita [ri'naʃʃita] *sf* (*culturale*) renaissance *f*, renouveau *m* ; (*economica*) reprise *f*

rincarare [rinka'rare] *vt* augmenter le prix de ▸ *vi* augmenter ; **~ la dose** (*fig*) renchérir

rincasare [rinka'sare] *vi* rentrer (chez soi)

rinchiudere [rin'kjudere] *vt* enfermer ; **rinchiudersi** *vpr* (*in casa ecc*) s'enfermer ; **rinchiudersi in se stesso** se replier sur soi-même

rincorrere [rin'korrere] *vt* poursuivre

rincorsa [rin'korsa] *sf* élan *m* ; **prendere la ~** prendre son élan

rincrescere [rin'kreʃʃere] *vb impers*: **mi rincresce (che/di)** je regrette (que/de)

rinfacciare [rinfat'tʃare] *vt*: **~ qc a qn** reprocher qch à qn

rinforzare [rinfor'tsare] *vt* (*muscoli*) raffermir ; (*edificio*) consolider ; (*fig*) renforcer ▸ *vi* (*anche*: **rinforzarsi**) se renforcer

rinfrescare [rinfres'kare] *vt* rafraîchir ▸ *vi* (*tempo*) se rafraîchir ; **rinfrescarsi** *vpr* se rafraîchir ; **~ la memoria a qn** rafraîchir la mémoire à qn

rinfresco, -schi [rin'fresko] *sm* (*festa*) réception *f*, cocktail *m* ; **rinfreschi** *smpl* (*bevande, dolci*) rafraîchissements *mpl*

rinfusa [rin'fuza] *sf*: **alla ~** pêle-mêle, en vrac

ringhiare [rin'gjare] *vi* grogner

ringhiera [rin'gjɛra] *sf* (*parapetto*) balustrade *f* ; (*di ballatoio*) garde-fou *m* ; (*di scale*) rampe *f*

ringiovanire [rindʒova'nire] *vt* rajeunir ▸ *vi* (*anche*: **ringiovanirsi**) rajeunir

ringraziamento [ringrattsja'mento] *sm* remerciement *m* ; **lettera/biglietto di ~** lettre *f*/billet *m* de remerciement

ringraziare [ringrat'tsjare] *vt* remercier ; **~ qn di qc** remercier qn de qch ; **~ qn per aver fatto qc** remercier qn d'avoir fait qch

rinnegare [rinne'gare] *vt* renier

rinnovabile [rinno'vabile] *agg* (*contratto, energia*) renouvelable

rinnovamento [rinnova'mento] *sm* renouveau *m* ; (*economico*) reprise *f* ; (*di impianti*) renouvellement *m*

rinnovare [rinno'vare] *vt* (*casa*) rénover ; (*contratto*) renouveler ; **rinnovarsi** *vpr* se renouveler

rinoceronte [rinotʃe'ronte] *sm* rhinocéros *msg*

rinomato, -a [rino'mato] *agg* renommé(e)

rintracciare [rintrat'tʃare] *vt* (*persona scomparsa, documento*) retrouver ; **~ qn telefonicamente** joindre qn par téléphone

rintronare [rintro'nare] *vi* retentir, résonner ▸ *vt* étourdir

rinunciare [rinun'tʃare] *vi*: **~ a** renoncer à ; **~ a fare qc** renoncer à faire qch

rinviare [rinvi'are] *vt* (*rimandare indietro*) renvoyer ; **~ qc (a)** (*differire*) remettre qch (à) ; **~ qn a** (*fare un*

r

rimando) renvoyer qn à ; **~ a giudizio** (*Dir*) mettre en accusation

rinvio, -vii [rin'vio] *sm* (*di merci, in un testo*) renvoi *m* ; (*di seduta*) ajournement *m* ; **~ a giudizio** (*Dir*) mise *f* en accusation

riò *ecc* [ri'ɔ] *vb vedi* **riavere**

rione [ri'one] *sm* quartier *m*

riordinare [riordi'nare] *vt* (*rimettere in ordine*) ranger ; (*riorganizzare*) réorganiser

riorganizzare [riorganid'dzare] *vt* réorganiser

ripagare [ripa'gare] *vt* (*pagare di nuovo*) repayer ; (*ricompensare*) récompenser

riparare [ripa'rare] *vt* (*proteggere*) protéger ; (*correggere, aggiustare*) réparer ; (*Scol*) passer un examen de repêchage ▸ *vi* (*rifugiarsi*) se réfugier ; (*mettere rimedio*): **~ a** remédier à ; **ripararsi** *vpr* (*dalla pioggia ecc*) se protéger, se mettre à l'abri

riparazione [riparat'tsjone] *sf* réparation *f* ; (*Dir*: *risarcimento*) dédommagement *m* ; **esame di ~** (*Scol*) examen *m* de repêchage

riparo [ri'paro] *sm* (*protezione*) abri *m* ; (*rimedio, provvedimento*) remède *m* ; **al ~ da** (*da sole, vento*) à l'abri de ; **mettersi al ~** se mettre à l'abri ; **correre ai ripari** (*fig*) prendre des mesures (d'urgence)

ripartire [ripar'tire] *vt, vi* répartir

ripassare [ripas'sare] *vi* repasser ▸ *vt* (*scritto*) relire, revoir ; (*lezione*) réviser, repasser ; (*camicia*) repasser

ripensare [ripen'sare] *vi* repenser ; **~ a qc** repenser à qch ; **a ripensarci ...** réflexion faite ...

ripercuotersi [riper'kwɔtersi] *vpr*: **~ su** (*fig*) se répercuter sur

ripercussione [riperkus'sjone] *sf* (*fig*) répercussion *f* ; **avere delle ripercussioni su** avoir des répercussions sur

ripescare [ripes'kare] *vt* repêcher ; (*fig*: *ritrovare*) dénicher

ripetere [ri'pɛtere] *vt* répéter ; (*Scol*: *anno, classe*) redoubler ; (: *lezione*) réviser, repasser

ripetitore [ripeti'tore] *sm* (*Radio, TV*) relais *msg* ; **~ per telefoni cellulari** antenne-relais *f*

ripetizione [ripetit'tsjone] *sf* répétition *f* ; (*di lezione*) révision *f* ; **ripetizioni** *sfpl* (*Scol*: *lezioni private*) cours *mpl* particuliers ; **fucile a ~** fusil *m* à répétition

ripiano [ri'pjano] *sm* étagère *f*, rayon *m*

ripicca, -che [ri'pikka] *sf*: **per ~** par dépit

ripido, -a ['ripido] *agg* raide

ripiegare [ripje'gare] *vt* replier ▸ *vi* (*Mil*) se replier ; **ripiegarsi** *vpr* (*incurvarsi*) se courber ; **~ su** (*fig*: *accontentarsi*) se rabattre sur

ripieno, -a [ri'pjɛno] *agg* rempli(e) ; (*Cuc*) farci(e) ▸ *sm* (*Cuc*) farce *f*

ripone, ripongo *ecc* [ri'pone, ri'pongo] *vb vedi* **riporre**

riporre [ri'porre] *vt* remettre ; (*mettere via*) ranger ; **~ la propria fiducia in qn** placer sa confiance en qn

riportare [ripor'tare] *vt* reporter ; (*portare indietro*) rapporter, rendre ; (*riferire*) rapporter ; (*citare*) citer ; (*vittoria, successo*) remporter ; (*Mat*) retenir ; **riportarsi** *vpr*: **riportarsi a** (*riferirsi*) se reporter à ; **~ danni** subir des dommages ; **ha riportato gravi ferite** il a été grièvement blessé

riposare [ripo'sare] *vt* (*posare di nuovo*) poser de nouveau ; (*dar riposo a*) reposer ; **riposarsi** *vpr* se reposer ; **qui riposa ...** (*su tomba*) ici repose ..., ci-gît ...

riposi *ecc* [ri'posi] *vb vedi* **riporre**

riposo [ri'pɔso] *sm* repos *msg* ; **~!** (*Mil*) repos ! ; **a ~** (*in pensione*) à la retraite ; **giorno di ~** (*Cine, Teatro*) relâche *f* ; (*ristorante*) fermeture *f* hebdomadaire

ripostiglio [ripos'tiʎʎo] *sm* débarras *msg*

riprendere [ri'prɛndere] *vt* reprendre ; (*riacchiappare*) rattraper ; (*Fot*) prendre ; (*Cine*) filmer ; **riprendersi** *vpr* (*da malattia*) se remettre ; (*correggersi*) se reprendre ; **~ il cammino** reprendre la route ; **~ i sensi** reprendre connaissance ; **~ sonno** se rendormir ; **~ a fare qc** recommencer à faire qch

ripresa [ri'presa] *sf* (*anche Sport, Econ*) reprise *f* ; (*da malattia*) rétablissement *m* ; (*Fot*) prise *f* de vues ; (*Calcio*) deuxième mi-temps *f* ; **a più riprese** à plusieurs reprises ; **~ cinematografica** tournage *m*

ripristinare [ripristi'nare] *vt* (*tradizione*) rétablir ; (*legge*) remettre en vigueur ; (*edificio*) restaurer

riprodurre [ripro'durre] *vt* (*immagine*) reproduire ; (*stampare*) réimprimer ;

(*ritrarre*) représenter ; **riprodursi** *vpr* se reproduire ; (*riformarsi*) se réformer

riprovare [ripro'vare] *vt* essayer de nouveau ; (*sensazione*) revivre ▶ *vi* (*tentare*): **~ (a fare qc)** réessayer (de faire qch), essayer de nouveau (de faire qch) ; **riproverò più tardi** je réessaierai plus tard

ripudiare [ripu'djare] *vt* (*persona*) répudier ; (*cose, idee*) renier

ripugnante [ripuɲ'ɲante] *agg* répugnant(e)

riquadro [ri'kwadro] *sm* carré *m* ; (*Archit*) panneau *m*

risaia [ri'saja] *sf* rizière *f*

risalire [risa'lire] *vi* remonter ; **~ a** (*fig: data*) remonter à

risaltare [risal'tare] *vi* (*colori ecc*) ressortir ; (*fig: distinguersi*) se distinguer

risaputo, -a [risa'puto] *agg*: **è ~ che ...** tout le monde sait que ...

risarcimento [risartʃi'mento] *sm* dédommagement *m* ; **~ danni** dommages-intérêts *mpl*

risarcire [risar'tʃire] *vt*: **~ qn di qc** dédommager qn de qch ; **~ i danni a qn** payer des dommages-intérêts à qn

risata [ri'sata] *sf* rire *m* ; **farsi una ~** bien rigoler

riscaldamento [riskalda'mento] *sm* chauffage *m* ; (*aumento di temperatura*) échauffement *m* ; **~ centrale** *o* **centralizzato** *o* **autonomo** chauffage central ; **~ globale** réchauffement *m* climatique

riscaldare [riskal'dare] *vt* (*anche fig: ambiente, atmosfera*) réchauffer ; (*fig: eccitare*) échauffer ; **riscaldarsi** *vpr* se réchauffer ; (*fig: infervorarsi*) s'échauffer

riscatto [ris'katto] *sm* (*liberazione*) rachat *m* ; (*somma pagata*) rançon *f* ; (*Dir*) délivrance *f*

rischiarare [riskja'rare] *vt* (*illuminare*) éclairer ; (*colore*) éclaircir ; **rischiararsi** *vpr* (*tempo, cielo*) s'éclaircir ; (*fig: volto*) se rasséréner

rischiare [ris'kjare] *vt* risquer ; **~ di fare qc** risquer de faire qch ; **rischia di piovere** il risque de pleuvoir

rischio ['riskjo] *sm* risque *m* ; **a mio ~ e pericolo** à mes risques et périls ; **correre il ~ di fare qc** courir le risque de faire qch ; **a ~ di ...** au risque de ... ; **c'è il ~ che scoppi la guerra** la guerre risque d'éclater ; **a ~** (*fig: quartiere, ragazzi*) en difficulté ; **soggetto a ~** (*Med*) sujet à risque ; **i rischi del mestiere** les risques du métier

rischioso, -a [ris'kjoso] *agg* risqué(e)

risciacquare [riʃʃak'kware] *vt* rincer

riscontrare [riskon'trare] *vt* (*confrontare*) comparer ; (*esaminare*) vérifier, contrôler ; (*rilevare*) relever

riscrivibile [riscri'vibile] *agg* (*CD, DVD*) réinscriptible

riscuotere [ris'kwɔtere] *vt* (*stipendio*) toucher ; (*tasse, affitto*) percevoir ; (*assegno*) encaisser, toucher ; (*fig: successo*) remporter ; **riscuotersi** *vpr*: **riscuotersi (da)** (*da indolenza ecc*) sortir (de)

rise *ecc* ['rise] *vb vedi* **ridere**

risentimento [risenti'mento] *sm* ressentiment *m*

risentire [risen'tire] *vt* (*rumore*) réentendre ; (*provare*) ressentir ▶ *vi*: **~ di** se ressentir de ; **risentirsi** *vpr*: **risentirsi (di** *o* **per)** se vexer (de *o* pour)

risentito, -a [risen'tito] *agg* vexé(e)

riserbo [ri'sɛrbo] *sm* (*riservatezza*) réserve *f*

riserva [ri'sɛrva] *sf* réserve *f* ; (*Sport*) remplaçant(e) ; **di ~** de réserve ; **fare ~ di** (*di cibo ecc*) faire provision de ; **tenere in ~** tenir en réserve ; **essere in ~** (*Aut*) être sur la réserve ; **avere delle riserve su** avoir des réserves sur ; **con le dovute riserve** sous toutes réserves ; **ha accettato con la ~ di potersi ritirare** il a accepté sous réserve de pouvoir se retirer

riservare [riser'vare] *vt* (*tenere in serbo*) garder ; (*prenotare*) réserver, retenir ; (*differire: decisione*) réserver ; **riservarsi** *vpr*: **riservarsi di fare qc** se réserver la possibilité de faire qch ; **riservarsi il diritto di fare qc** se réserver le droit de faire qch

riservato, -a [riser'vato] *agg* réservé(e) ; (*segreto*) confidentiel(le)

risi *ecc* ['risi] *vb vedi* **ridere**

risiedere [ri'sjɛdere] *vi*: **~ a/in** résider à/en

risma ['rizma] *sf* (*di carta*) rame *f* ; (*fig*) espèce *f*, acabit *m*

riso ['riso] *pp di* **ridere** ▶ *sm* (*pl(f)* **risa**) (*il ridere*) rire *m* ; (*Bot*) riz *m* ; **uno scoppio di risa** un éclat de rire

risolino [riso'lino] *sm* petit rire *m* (moqueur)

risolsi *ecc* [ri'sɔlsi] *vb vedi* **risolvere**

risolto, -a [ri'sɔlto] *pp di* **risolvere**

risoluto, -a [riso'luto] *agg* résolu(e)
risoluzione [risolut'tsjone] *sf* (*anche Ottica, Mat*) résolution *f*; (*Dir: di contratto*) résolution, résiliation *f*
risolvere [ri'sɔlvere] *vt* résoudre ; **risolversi** *vpr* (*decidersi*): **risolversi a fare qc** se résoudre à faire qch ; **risolversi in** (*andare a finire*) se terminer en ; **~ di fare qc** (*decidere*) décider de faire qch ; **risolversi in bene** bien se terminer ; **risolversi in nulla** finir en queue de poisson
risonanza [riso'nantsa] *sf* (*Fis*) résonance *f*; (*fig*) retentissement *m* ; **avere vasta ~** (*fig: fatto, scandalo*) avoir un grand retentissement
risorgere [ri'sordʒere] *vi* (*Rel*) ressusciter ; (*sole*) se lever ; (*fig: problemi*) réapparaître ; (*: cultura, movimento*) renaître
risorgimento [risordʒi'mento] *sm*: **il R~** le Risorgimento

Le **Risorgimento** désigne la période qui s'étend du début du XIXe siècle à la proclamation du royaume d'Italie en 1861, et qui fut marquée par de grands bouleversements. Influencé par les événements de la Révolution française, le peuple italien exprima son besoin de liberté politique et individuelle. Le **Risorgimento** ouvrit la voie à l'unification de l'Italie en 1871.

risorsa [ri'sorsa] *sf* ressource *f*; **risorse umane** ressources *fpl* humaines
risorsi *ecc* [ri'sorsi] *vb vedi* **risorgere**
risotto [ri'sɔtto] *sm* risotto *m*
risparmiare [rispar'mjare] *vt* épargner ; (*forze*) ménager ▶ *vi* faire des économies ; **~ qc a qn** épargner qch à qn ; **~ fatica** éviter des efforts inutiles ; **risparmiati il disturbo!** ce n'est pas la peine de te déranger !
risparmio [ris'parmjo] *sm* épargne *f*; (*di forza, tempo*) économie *f*; **risparmi** *smpl* (*denaro*) économies *fpl*
rispecchiare [rispek'kjare] *vt* (*anche fig*) refléter
rispettabile [rispet'tabile] *agg* respectable ; (*considerevole*) considérable
rispettare [rispet'tare] *vt* respecter ; **farsi ~** se faire respecter ; **~ le distanze** respecter les distances ; **~ i tempi** respecter les délais ; **ogni persona che si rispetti** toute personne qui se respecte
rispettivo, -a [rispet'tivo] *agg* respectif(-ive)
rispetto [ris'pɛtto] *sm* respect *m* ; **rispetti** *smpl* (*saluti*) respects *mpl* ; **~ a** par rapport à ; **portare ~ a** témoigner du respect à ; **mancare di ~ a qn** manquer de respect envers qn ; **con ~ parlando** sauf votre respect ; **(porga) i miei rispetti alla signora** (présentez) mes hommages à votre femme
rispondere [ris'pondere] *vi*: **~ (a)** répondre (à) ; **~ di sì** répondre oui ; **~ di qc** (*essere responsabile*) répondre de qch ; **~ a qn di qc** être responsable de qch envers qn
risposta [ris'posta] *sf* réponse *f*; **in ~ a** en réponse à ; **dare una ~** donner une réponse ; **diamo ~ alla vostra lettera del ...** en réponse à votre lettre du ...
rissa ['rissa] *sf* bagarre *f*
ristampa [ris'tampa] *sf* (*il ristampare*) réimpression *f*; (*opera*) réédition *f*, nouvelle édition *f*
ristorante [risto'rante] *sm* restaurant *m*
ristretto, -a [ris'tretto] *pp di* **restringere** ▶ *agg* (*spazio, anche fig: mentalità*) étroit(e) ; (*fig: significato, uso, gruppo*) restreint(e) ; **~ a** (*limitato*) limité(e) à ; **brodo ~** consommé *m* ; **caffè ~** ≈ express *m* (serré)
ristrutturare [ristruttu'rare] *vt* restructurer
risucchiare [risuk'kjare] *vt* engloutir
risultare [risul'tare] *vi* (*derivare*) résulter, découler ; (*dimostrarsi*) se révéler ; **~ vincitore** être le vainqueur ; **mi risulta che ...** il me semble que ... ; **(ne) risulta che ...** il en résulte que ... ; **non mi risulta che sia così** il ne me semble pas qu'il en soit ainsi ; **le tue previsioni sono risultate esatte** tes prévisions se sont avérées exactes ; **da quanto mi risulta ...** que je sache ...
risultato [risul'tato] *sm* résultat *m*
risuonare [riswo'nare] *vi* résonner
risurrezione [risurret'tsjone] *sf* résurrection *f*
risuscitare [risuʃʃi'tare] *vt, vi* ressusciter
risveglio [riz'veʎʎo] *sm* (*anche fig*) réveil *m*
risvolto [riz'vɔlto] *sm* (*di giacca*) revers *msg* ; (*di manica*) manchette *f*; (*di libro*) volet *m* ; (*fig: aspetto*) aspect *m* ; (*: conseguenza*) conséquence *f*

ritagliare [ritaʎ'ʎare] *vt* (*tagliare di nuovo*) recouper ; (*tagliar via*) découper
ritardare [ritar'dare] *vi* retarder ▸ *vt* retarder ; (*viaggio, pagamento*) retarder, différer
ritardo [ri'tardo] *sm* retard *m* ; **in ~** en retard ; **scusi il ~** désolé(e) d'être en retard ; **siamo in ~ di 10 minuti** nous sommes en retard de 10 minutes ; **il volo ha due ore di ~** le vol a deux heures de retard
ritegno [ri'teɲɲo] *sm* retenue *f*
ritenere [rite'nere] *vt* (*giudicare*) estimer, penser ; (*trattenere*) retenir
ritengo, ritenni *ecc* [ri'tɛngo, ri'tenni] *vb vedi* **ritenere**
riterrò *ecc* [riter'rɔ] *vb vedi* **ritenere**
ritiene *ecc* [ri'tjɛne] *vb vedi* **ritenere**
ritirare [riti'rare] *vt* retirer ; (*esercito*) replier ; **ritirarsi** *vpr* se retirer ; (*Mil*) se replier ; (*stoffa*) rétrécir ; **~ dalla circolazione** (*banconote ecc*) retirer de la circulation ; **gli hanno ritirato la patente** on lui a retiré son permis ; **ritirarsi a vita privata** se retirer de la vie publique
ritmo ['ritmo] *sm* rythme *m* ; **ballare al ~ di valzer** danser au rythme de la valse ; **il ~ della vita moderna** le rythme de la vie moderne
rito ['rito] *sm* rite *m* ; **di ~** d'usage ; **sposarsi secondo il ~ civile** faire un mariage civil
ritoccare [ritok'kare] *vt* retoucher
ritornare [ritor'nare] *vi* revenir ; (*ridiventare*) redevenir ▸ *vt* (*restituire*): **~ qc a qn** rendre qch à qn
ritornello [ritor'nɛllo] *sm* refrain *m*
ritorno [ri'torno] *sm* retour *m* ; **al ~** au retour ; **essere di ~** être de retour ; **far ~** revenir ; **avere un ~ di fiamma** (*anche fig*) avoir un retour de flamme ; **viaggio di ~** voyage *m* de retour
ritrarre [ri'trarre] *vt* (*mano*) retirer ; (*sguardo*) détourner ; (*in dipinto: persona*) faire un portrait de ; (: *paesaggio*) représenter
ritrattare [ritrat'tare] *vt* (*trattare nuovamente*) traiter de nouveau ; **~ una dichiarazione** revenir sur une déclaration, se rétracter
ritratto, -a [ri'tratto] *pp di* **ritrarre** ▸ *sm* portrait *m*
ritrovare [ritro'vare] *vt* retrouver ; **ritrovarsi** *vpr* se retrouver ; (*raccapezzarsi*) s'y retrouver
ritto, -a ['ritto] *agg* (*persona*) debout ; (*capelli*) dressé(e) ; (*palo*) droit(e)
rituale [ritu'ale] *agg* (*Rel*) rituel(le) ; (*abituale*) traditionnel(le) ▸ *sm* (*Rel, fig*) rituel *m*
riunione [riu'njone] *sf* (*adunanza*) réunion *f* ; **essere in ~** être en réunion
riunire [riu'nire] *vt* réunir ; (*riconciliare*) réconcilier ; **riunirsi** *vpr* (*radunarsi*) se réunir
riuscire [riuʃ'ʃire] *vi* réussir ; (*essere, apparire*) être ; **~ in qc** réussir dans qch ; **~ a fare qc** réussir *o* arriver à faire qch ; **ciò mi riesce nuovo** cela est tout à fait nouveau pour moi
riva ['riva] *sf* (*di fiume, lago*) rive *f*, bord *m* ; (*del mare*) rivage *m* ; **in ~ al mare** au bord de la mer
rivale [ri'vale] *agg, sm/f* rival(e) ; **non avere rivali** ne pas avoir de rivaux ; (*fig*) ne pas avoir son pareil
rivalità [rivali'ta] *sf inv* rivalité *f*
rivalutare [rivalu'tare] *vt* (*Econ*) réévaluer ; (*fig: opera d'arte ecc*) réhabiliter
rivedere [rive'dere] *vt* revoir ; (*riesaminare*) revoir, réviser
rivedrò *ecc* [rive'drɔ] *vb vedi* **rivedere**
rivelare [rive'lare] *vt* révéler ; **rivelarsi** *vpr* se révéler ; **rivelarsi onesto** se révéler honnête
rivelazione [rivelat'tsjone] *sf* révélation *f*
rivendicare [rivendi'kare] *vt* revendiquer
rivenditore, -trice [rivendi'tore] *sm/f* détaillant(e) ; **~ autorizzato** (*Comm*) revendeur officiel
riverbero [ri'vɛrbero] *sm* (*di luce, calore*) réverbération *f* ; (*di suono*) réflexion *f*
rivestimento [rivesti'mento] *sm* revêtement *m*
rivestire [rives'tire] *vt* rhabiller ; (*fig: avere, assumere*) revêtir ; (: *carica*) occuper ; **~ di/con** (*ricoprire: con stoffa, carta*) recouvrir de/avec
rividi *ecc* [ri'vidi] *vb vedi* **rivedere**
rivincita [ri'vintʃita] *sf* (*anche fig*) revanche *f* ; **prendersi la ~ (su)** prendre sa revanche (sur)
rivista [ri'vista] *sf* revue *f*
rivolgere [ri'vɔldʒere] *vt*: **~ (a)** (*parole*) adresser (à) ; (*attenzione*) diriger (sur) ; (*pensieri, sguardo*) tourner (vers) ; (*domanda*) poser (à) ; **rivolgersi** *vpr*

r

(*voltarsi indietro*) se retourner ; **rivolgersi a** (*fig: per informazioni*) s'adresser à ; **~ un'accusa/una critica a qn** adresser une accusation/une critique à qn ; **rivolgersi all'ufficio competente** s'adresser au bureau concerné

rivolsi *ecc* [ri'vɔlsi] *vb vedi* **rivolgere**

rivolta [ri'vɔlta] *sf* (*fig*) révolte *f*

rivoltella [rivol'tɛlla] *sf* révolver *m*

rivoluzionare [rivoluttsjo'nare] *vt* révolutionner

rivoluzionario, -a [rivoluttsjo'narjo] *agg, sm/f* révolutionnaire *m/f*

rivoluzione [rivolut'tsjone] *sf* révolution *f*

rizzare [rit'tsare] *vt* (*tenda*) dresser ; (*bandiera*) hisser ; **rizzarsi** *vpr* (*persona*) se dresser ; (*capelli*) se hérisser ; **rizzarsi in piedi** se mettre debout

roba ['rɔba] *sf* (*cosa*) chose *f* ; (*beni*) affaires *fpl* ; (*tessuto, indumento*) vêtement *m* ; (*merce*) marchandise *f* ; (*materiale*) objet *m* ; (*fam: droga*) came *f* ; **~ da mangiare** choses *fpl* à manger ; **~ da matti!** c'est de la folie !

> **FALSI AMICI**
> **roba** non si traduce mai con la parola francese *robe*.

robot ['rɔbot] *sm inv* (*anche fig*) robot *m*

robusto, -a [ro'busto] *agg* (*persona*) robuste ; (*catena, pianta, fig*) solide ; (*vino*) fort(e)

rocchetto [rok'ketto] *sm* bobine *f*

roccia, -ce [rɔttʃa] *sf* (*minerale*) roche *f* ; (*masso di pietra*) rocher *m* ; **fare ~** (*Alpinismo*) faire de la varappe, faire du rocher ; **è una ~** (*fig: persona*) c'est un roc

roco, -a, -chi, -che ['rɔko] *agg* rauque

rodaggio [ro'daddʒo] *sm* rodage *m* ; **essere in ~** (*macchina*) être en rodage ; **periodo di ~** (*anche fig*) période *f* de rodage

roditore [rodi'tore] *sm* rongeur *m*

rododendro [rodo'dɛndro] *sm* rhododendron *m*

rognone [roɲ'ɲone] *sm* (*Cuc*) rognon *m*

rogo, -ghi ['rɔgo] *sm* bûcher *m* ; (*incendio*) incendie *m* ; **mettere al ~** condamner au bûcher

rollio [rol'lio] *sm* roulis *msg*

Roma ['roma] *sf* Rome

Romania [roma'nia] *sf* Roumanie *f*

romanico, -a, -ci, -che [ro'maniko] *agg* roman(e)

romano, -a [ro'mano] *agg* romain(e) ▸ *sm/f* Romain(e) ; **i Romani** les Romains *mpl* ; **pagare alla romana** payer chacun sa part *o* son écot

romantico, -a, -ci, -che [ro'mantiko] *agg, sm/f* romantique *m/f*

romanziere [roman'dzjɛre] *sm* romancier(-ière)

romanzo, -a [ro'mandzo] *agg* (*Ling*) roman(e) ▸ *sm* roman *m* ; **~ cavalleresco** roman de cape et d'épée ; **~ d'appendice** roman-feuilleton *m* ; **~ giallo/poliziesco** roman policier, polar *m* ; **~ rosa** roman à l'eau de rose

rombo ['rombo] *sm* (*di motore*) vrombissement *m* ; (*di cannone, tuono*) grondement *m* ; (*Geom*) losange *m* ; (*Zool*) turbot *m*

rompere ['rompere] *vt* casser ; (*fig: silenzio, incanto, fidanzamento, contratto*) rompre ; (*: sonno, conversazione*) interrompre ; **rompersi** *vpr* (*spezzarsi*) se rompre ; (*guastarsi*) se casser ; **~ con qn/qc** rompre avec qn/qch ; **~ (le scatole) a qn** (*fam*) casser les pieds à qn ; **rompersi un braccio/una gamba** se casser un bras/une jambe ; **mi sono rotto** (*fam*) j'en ai marre ; **la serratura si è rotta** la serrure s'est cassée

rompiscatole [rompis'katole] *sm inv/sf inv* (*fam*) casse-pieds *m/f inv*

rondine ['rondine] *sf* (*Zool*) hirondelle *f* ; **coda di ~** (*legno*) queue *f* d'hirondelle ; (*moda*) queue-de-pie *f*

ronzare [ron'dzare] *vi* (*insetto*) bourdonner ; (*motore*) ronfler

ronzio, -ii [ron'dzio] *sm* (*vedi vi*) bourdonnement *m* ; ronflement *m*

rosa ['rɔza] *sf* rose *f* ▸ *agg inv, sm inv* (*colore*) rose *m* ; **la ~ dei candidati** le groupe de candidats

rosato, -a [ro'zato] *agg* rosé(e) ▸ *sm* (*vino*) rosé *m*

rosicchiare [rosik'kjare] *vt* ronger ; (*mangiucchiare*) grignoter

rosmarino [rozma'rino] *sm* romarin *m*

rosolare [rozo'lare] *vt* (*Cuc*) rissoler

rosolia [rozo'lia] *sf* (*Med*) rubéole *f*

rosone [ro'zone] *sm* rosace *f*

rospo ['rɔspo] *sm* crapaud *m* ; **ingoiare un ~** (*fig*) avaler des couleuvres ; **sputare il ~** (*fam*) cracher le morceau ; **è (brutto come) un ~** il est laid comme un pou

rossetto [ros'setto] *sm* rouge *m* à lèvres

rosso, -a ['rosso] *agg* (*colore*) rouge ; (*capelli, peli*) roux (rousse) ▸ *sm* (*colore*) rouge *m* ▸ *sm/f* (*Pol*) rouge *m/f* ; **diventare ~ (per la vergogna)** rougir (de honte) ; **essere in ~** (*senza soldi*) être dans le rouge ; **il Mar R~** la mer Rouge ; **a luce rossa** (*Cine*) porno *inv* ; **~ d'uovo** jaune *m* d'œuf

rosticceria [rostittʃe'ria] *sf* charcuterie *f* ; **andare a mangiare in ~** aller chez le (charcutier-)traiteur

rotaia [ro'taja] *sf* (*Ferr*) rail *m* ; (*solco*) ornière *f*

rotella [ro'tɛlla] *sf* roulette *f* ; (*di meccanismo*) roue *f* ; **gli manca qualche ~** (*fam*) il lui manque une case, il a un petit grain

rotolare [roto'lare] *vt, vi* rouler ; **rotolarsi** *vpr* se rouler

rotolo ['rɔtolo] *sm* rouleau *m* ; **andare a rotoli** (*fig: azienda*) péricliter

rotondo, -a [ro'tondo] *agg* rond(e) ▸ *sf* (*edificio*) rotonde *f*

rotta ['rotta] *sf* (*Aer, Naut*) route *f* ; **fare ~ su/per/verso** mettre le cap sur, faire route vers ; **cambiare ~** (*anche fig*) changer de cap ; **ufficiale di ~** officier *m* des montres *o* de navigation ; **a ~ di collo** à toute vitesse ; **essere in ~ con qn** (*fig*) être brouillé(e) avec qn

rottamare [rotta'mare] *vt* mettre à la ferraille ; **~ un'auto** *recevoir une prime pour avoir envoyé une voiture à la casse*

rottame [rot'tame] *sm* débris *msg* ; **rottami** *smpl* (*di aereo, macchina*) débris *mpl* ; (*di nave*) épave *fsg* ; **è un ~** (*fig: persona*) c'est une épave ; **rottami di ferro** ferraille *f*

rotto, -a ['rotto] *pp di* **rompere** ▸ *agg* (*spezzato*) cassé(e) ; (*lacerato*) déchiré(e) ; (*voce*) cassé(e) ; **~ a** (*persona*) rompu(e) à ; **100 euro e rotti** 100 euros et des poussières ; **la TV è rotta** la télévision est en panne

rottura [rot'tura] *sf* (*anche fig*) rupture *f* ; (*Med*) fracture *f* ; **che ~ (di scatole)!** (*fam*) que c'est pénible !

roulotte [ru'lɔt] *sf inv* caravane *f*

rovente [ro'vɛnte] *agg* brûlant(e)

rovere ['rovere] *sm* (*Bot*) rouvre *m* ; (*legno*) chêne *f*

rovescia [ro'vɛʃʃa] *sf*: **alla ~** à l'envers

rovesciare [roveʃ'ʃare] *vt* (*anche fig*) renverser ; (*rivoltare: tasche*) retourner ; **rovesciarsi** *vpr* se renverser ; (*liquido*) se répandre ; (*macchina*) se retourner ; (*barca*) chavirer

rovescio, -sci [ro'vɛʃʃo] *sm* (*anche Tennis*) revers *msg* ; (*Maglia: anche*: **punto rovescio**) point *m* à l'envers ; **a ~** à l'envers ; **il ~ della medaglia** (*fig*) l'envers de la médaille ; **~ di fortuna** revers de fortune ; **~ (di pioggia)** averse *f*

rovina [ro'vina] *sf* ruine *f* ; **rovine** *sfpl* (*ruderi*) ruines *fpl* ; **andare in ~** (*edificio*) tomber en ruine(s) ; (*persona*) se ruiner ; (*società*) aller à la ruine ; **mandare in ~** ruiner

rovinare [rovi'nare] *vi* s'écrouler ▸ *vt* ruiner ; (*abito*) abîmer ; (*serata, festa*) gâcher ; **rovinarsi** *vpr* (*persona*) se ruiner ; (*oggetto, vestito*) s'abîmer

rovistare [rovis'tare] *vt* fouiller

rovo ['rovo] *sm* ronce *f*

rozzo, -a ['roddzo] *agg* (*non rifinito*) brut(e) ; (*mobile*) grossier(-ière) ; (*fig*) fruste, rude

rubare [ru'bare] *vt* voler ; **~ qc a qn** voler qch à qn

rubinetto [rubi'netto] *sm* robinet *m*

rubino [ru'bino] *sm* rubis *msg*

rubrica, -che [ru'brika] *sf* (*quaderno*) répertoire *m* ; (*Stampa*) rubrique *f* ; (*TV, Radio*) émission *f* ; **~ d'indirizzi** carnet *m* (d'adresses) ; **~ telefonica** répertoire *m* téléphonique

rudere ['rudere] *sm* (*rovine*) ruines *fpl* ; (*fig: persona*) ruine *f*, épave *f*

rudimentale [rudimen'tale] *agg* rudimentaire

rudimenti [rudi'menti] *smpl* rudiments *mpl*

ruffiano, -a [ruf'fjano] *sm/f* (*mezzano: uomo*) souteneur *m*, maquereau *m* ; (*: donna*) maquerelle *f*, entremetteuse *f* ; (*adulatore*) lèche-bottes *m/f inv*

ruga, -ghe ['ruga] *sf* ride *f*

ruggine ['ruddʒine] *sf* rouille *f*

ruggire [rud'dʒire] *vi* rugir

rugiada [ru'dʒada] *sf* rosée *f*

rugoso, -a [ru'goso] *agg* (*volto*) ridé(e) ; (*mani*) rugueux(euse)

rullino [rul'lino] *sm* pellicule *f* (photographique)

rullo ['rullo] *sm* rouleau *m* ; (*di tamburi*) roulement *m* ; **~ compressore** rouleau compresseur

rum [rum] *sm inv* rhum *m*

rumeno, -a [ru'mɛno] *agg* roumain(e) ▸ *sm/f* Roumain(e) ▸ *sm* roumain *m*

r

ruminare [rumi'nare] *vt* ruminer
rumore [ru'more] *sm* bruit *m* ; **fare ~** faire du bruit ; **un ~ di passi** un bruit de pas ; **la notizia ha fatto molto ~** la nouvelle a fait beaucoup de bruit

> **FALSI AMICI**
> **rumore** non si traduce mai con la parola francese *rumeur*.

rumoroso, -a [rumo'roso] *agg* bruyant(e)
ruolo ['rwɔlo] *sm* rôle *m* ; (*Amm*: *elenco*) cadre *m* ; **di ~** titulaire ; **il personale fuori ~** les vacataires *mpl*
ruota ['rwɔta] *sf* roue *f* ; (*di roulette*) roulette *f* ; (*in luna park*) grande roue ; **a ~** (*a forma circolare*) en forme de cercle ; **fare la ~** faire la roue ; **l'ultima ~ del carro** (*fig*) la cinquième roue du carrosse ; **la ~ della fortuna** la roue de la fortune ; **parlare a ~ libera** parler librement ; **~ di scorta** roue de secours
ruotare [rwo'tare] *vt, vi* tourner
rupe ['rupe] *sf* rocher *m*
ruppi *ecc* ['ruppi] *vb vedi* **rompere**
rurale [ru'rale] *agg* rural(e)
ruscello [ruʃ'ʃɛllo] *sm* ruisseau *m*
ruspa ['ruspa] *sf* scraper *m*, décapeuse *f*
russare [rus'sare] *vi* ronfler
Russia ['russja] *sf* Russie *f*
russo, -a ['russo] *agg* russe ▸ *sm/f* Russe *m/f* ▸ *sm* russe *m*
rustico, -a, -ci, -che ['rustiko] *agg* rustique ; (*fig*) rude ▸ *sm* (*Edil*) maison *f* rustique
ruttare [rut'tare] *vi* roter
rutto ['rutto] *sm* rot *m*
ruvido, -a ['ruvido] *agg* rugueux(-euse)

S

S. *abbr* (= *sud*) S. ; (= *santo*(*-a*)) St(e).
sa [sa] *vb vedi* **sapere**
sabato ['sabato] *sm* samedi *m* ; *vedi anche* **martedì**
sabbia ['sabbja] *agg inv, sf* sable (*m*) ; **sabbie mobili** sables mouvants
sabbioso, -a [sab'bjoso] *agg* sableux(-euse)
sacca, -che ['sakka] *sf* sac *m* ; (*bisaccia*) musette *f*, besace *f* ; (*insenatura, rientranza*) anse *f* ; (*Anat, Biol*) poche *f* ; **~ da viaggio** sac de voyage ; **~ d'aria** trou *m* d'air
saccarina [sakka'rina] *sf* saccharine *f*
saccheggiare [sakked'dʒare] *vt* piller, saccager
sacchetto [sak'ketto] *sm* sachet *m* ; **~ di carta/di plastica** sachet en papier/en plastique
sacco, -chi ['sakko] *sm* sac *m* ; **un ~ di** (*fig*) un tas de ; **mangiare al ~** faire un pique-nique ; **cogliere** *o* **prendere qn con le mani nel ~** (*fig*) prendre qn la main dans le sac ; **mettere qn nel ~** (*fig*) avoir qn ; **vuotare il ~** (*fig*) vider son sac ; **~ a pelo** sac de couchage ; **~ per i rifiuti** sac-poubelle
sacerdote [satʃer'dɔte] *sm* prêtre *m*
sacrificare [sakrifi'kare] *vt* sacrifier ; **sacrificarsi** *vpr* se sacrifier
sacrificio [sakri'fitʃo] *sm* sacrifice *m*
sacro, -a ['sakro] *agg* sacré(e)
sadico, -a, -ci, -che ['sadiko] *agg, sm/f* sadique *m/f*
saetta [sa'etta] *sf* éclair *m*
safari [sa'fari] *sm inv* safari *m*
saggezza [sad'dʒettsa] *sf* sagesse *f*

saggio, -a, -gi, -ge ['saddʒo] *agg* sage ▶ *sm* (*persona*) sage *m* ; (*campione indicativo*) échantillon *m*, spécimen *m* ; (*ricerca, esame critico*) essai *m* ; (*Scol*) petit spectacle *m* (de fin d'année) ; **dare ~ di** faire preuve de ; **in ~** spécimen ; **~ ginnico** spectacle de gymnastique

Sagittario [sadʒit'tarjo] *sm* (*Zodiaco*) Sagittaire *m* ; **essere del ~** être Sagittaire

sagoma ['sagoma] *sf* silhouette *f* ; (*modello*) modèle *m*, patron *m* ; (*bersaglio*) silhouette de tir ; (*fig: persona*) (drôle *m* de) numéro *m*

sagra ['sagra] *sf* (*festa popolare*) kermesse *f*, fête *f*

La **sagra** est une fête populaire en plein air avec musique, bals, jeux et spécialités gastronomiques.

sagrestano [sagres'tano] *sm* sacristain *m*

sagrestia [sagres'tia] *sf* sacristie *f*

sai ['sai] *vb vedi* **sapere**

sala ['sala] *sf* salle *f* ; **~ da ballo/da gioco** salle de bal *o* de danse/de jeux ; **~ da pranzo** salle à manger ; **~ d'aspetto** salle d'attente ; **~ (dei) comandi** salle des commandes ; **~ delle udienze** (*Dir*) salle d'audience ; **~ macchine** (*Naut*) salle des machines, machinerie *f* ; **~ operatoria** (*Med*) salle d'opération ; **~ per conferenze** salle de réunion ; **~ per ricevimenti** salle de réception

salame [sa'lame] *sm* saucisson *m* ; (*fig: persona goffa*) andouille *f*

salamoia [sala'mɔja] *sf* (*Cuc*) saumure *f* ; **in ~** dans la saumure, saumuré(e)

salato, -a [sa'lato] *agg* (*anche fig*) salé(e) ▶ *sm* (*sapore*) salé *m*

saldare [sal'dare] *vt* (*congiungere*) lier ; (*Tecn: parti metalliche, con saldatura autogena*) souder ; (*conto*) solder ; (*debito*) régler

saldo, -a ['saldo] *agg* (*resistente, anche fig*) solide ; (*fig: irremovibile*) ferme ▶ *sm* (*svendita, cifra da pagare*) solde *m* ; (*di conto*) règlement *m* ; **saldi** *smpl* (*Comm*) soldes *mpl* ; **un'amicizia salda** (*fig*) une amitié solide ; **essere ~ nella propria fede** (*fig*) être ferme dans sa foi ; **~ attivo/passivo** solde créditeur/débiteur ; **~ da riportare** solde à reporter

sale ['sale] *sm* sel *m* ; **sali** *smpl* (*Med: da annusare*) sels *mpl* ; **sotto ~** dans le sel ; **mettere sotto ~** saler ; **avere poco ~ in zucca** ne pas être futé(e) ; **restare di ~** (*fig*) rester baba ; **~ da cucina** sel de cuisine ; **~ fino** sel fin ; **~ grosso** gros sel ; **~ marino** sel marin ; **sali da bagno** sels de bain ; **sali e tabacchi** bureau *m* de tabac ; **sali minerali** sels minéraux

salgo *ecc* ['salgo] *vb vedi* **salire**

salice ['salitʃe] *sm* saule *m* ; **~ piangente** saule pleureur

saliente [sa'ljɛnte] *agg* saillant(e)

saliera [sa'ljɛra] *sf* salière *f*

salire [sa'lire] *vi* monter ▶ *vt* (*scale, pendio*) monter ; **~ da qn** (*andare a trovare*) monter chez qn ; **~ su** monter sur ; **~ sul treno/sull'autobus** monter dans le train/dans l'autobus ; **~ in macchina** monter en voiture ; **~ a cavallo** monter à cheval ; **~ al potere** arriver *o* accéder au pouvoir ; **~ al trono** monter sur le trône ; **~ alle stelle** (*prezzi*) monter *o* grimper en flèche

salita [sa'lita] *sf* montée *f* ; (*erta*) montée, côte *f* ; **in ~** en côte

saliva [sa'liva] *sf* salive *f*

salma ['salma] *sf* dépouille *f* mortelle

salmo ['salmo] *sm* psaume *m*

salmone [sal'mone] *sm* saumon *m* ▶ *agg inv* (*colore*) saumon *inv*

salone [sa'lone] *sm* (*stanza, in albergo, su nave*) salle *f* ; (*mostra, di parrucchiere*) salon *m* ; **~ dell'automobile** Salon de l'automobile ; **~ di ricevimento** salon de réception ; **~ di bellezza** salon de beauté

salotto [sa'lɔtto] *sm* salon *m* ; **fare ~** (*chiacchierare*) faire la causette

salpare [sal'pare] *vi* partir, appareiller ▶ *vt*: **~ l'ancora** lever l'ancre

salsa ['salsa] *sf* sauce *f* ; **in tutte le salse** (*fig*) à toutes les sauces ; **~ di pomodoro** sauce tomate

salsiccia [sal'sittʃa] *sf* saucisse *f*

saltare [sal'tare] *vi* sauter ▶ *vt* (*ostacolo: anche Cuc*) sauter ; **~ il pranzo** ne pas manger ; **~ addosso a qn** (*aggredire*) sauter sur qn ; **gli è saltato addosso** il lui a sauté dessus ; **~ fuori** (*fig*) sortir ; **~ fuori con** (*con frase, commento*) lâcher ; **~ giù da** (*da treno, muro*) sauter de ; **~ da un argomento all'altro** sauter d'un sujet à l'autre ; **far ~** (*anche serratura*) faire sauter ; **far ~ il banco** (*Gioco*) faire sauter la banque ; **far ~ il governo** faire sauter le

S

gouvernement ; **farsi ~ le cervella** se faire sauter la cervelle ; **ma che ti salta in mente?** mais qu'est-ce qui te passe par la tête ?, mais qu'est-ce qui te prend ?

saltellare [saltel'lare] *vi* sautiller

salto ['salto] *sm* (*anche Sport*) saut *m* ; **fare un ~** faire un saut ; **fare un ~ da qn** (*fig*) faire un saut chez qn ; **fare un ~ nel buio** faire le saut ; **fare quattro salti** danser ; **~ con l'asta** (*Sport*) saut à la perche ; **~ di qualità** saut de qualité ; **~ in alto/lungo** (*Sport*) saut en hauteur/longueur ; **~ mortale** saut périlleux *o* de la mort

saltuario [saltu'arjo] *agg* irrégulier(-ière), intermittent(e)

salubre [sa'lubre] *agg* salubre

salume [sa'lume] *sm* charcuterie *f* ; **salumi** *smpl* (*insaccati*) charcuterie *fsg*

salumeria [salume'ria] *sf* charcuterie *f*

salutare [salu'tare] *agg* salutaire ▸ *vt* (*amico, conoscente*: *incontrando*) dire bonjour à ; (: *nel congedarsi*) dire au revoir à ; (*Mil*) saluer ; (*accogliere con gioia, applausi*) acclamer ; **mi saluti sua moglie** dites bonjour à votre femme de ma part

salute [sa'lute] *sf* santé *f* ; **~!** (*a chi starnutisce*) à tes/vos souhaits ! ; (*nei brindisi*) santé !, à la tienne/vôtre ! ; **essere in ~, godere di buona ~** être en bonne santé ; **è tutta ~!** c'est excellent pour la santé ! ; **la ~ pubblica** la santé public ; **bere alla ~ di qn** boire à la santé de qn

saluto [sa'luto] *sm* salut *m* ; **togliere il ~ a qn** ne plus dire bonjour à qn ; **« cari/tanti saluti »** « meilleurs souvenirs » ; **« distinti saluti »** « salutations distinguées » ; **vogliate gradire i nostri più distinti saluti** veuillez agréer nos salutations distinguées ; **i miei saluti alla sua signora** mon bon souvenir à votre épouse, bien des choses à votre épouse ; **~ militare** salut militaire

salvadanaio [salvada'najo] *sm* tirelire *f*

salvagente [salva'dʒɛnte] *sm* (*Naut*: *a ciambella*) bouée *f* de sauvetage ; (: *a giubbotto*) gilet *m* de sauvetage ; (*stradale*) refuge *m*

salvaguardare [salvagwar'dare] *vt* sauvegarder

salvare [sal'vare] *vt* (*trarre da un pericolo*) sauver ; (*proteggere*) protéger, préserver ; **salvarsi** *vpr* s'en sortir ; **salvarsi da** échapper à ; (*difendersi*) se protéger de ; **~ la vita a qn** sauver la vie à qn ; **~ le apparenze/la faccia** sauver les apparences/la face

salvaschermo [salvas'kermo] *sm* (*Inform*) écran *m* de veille

salvaslip [salva'zlip] *sm inv* protège-slip *m*

salvataggio [salva'taddʒo] *sm* sauvetage *m* ; **di ~** de sauvetage

salve ['salve] *escl* (*fam*) salut !

salvia ['salvja] *sf* sauge *f*

salvietta [sal'vjetta] *sf* serviette *f*

salvo, -a ['salvo] *agg* (*scampato a pericolo*) sauf (sauve) ; (*fuori pericolo*) sauvé(e) ▸ *sm*: **in ~** à l'abri, en sûreté ▸ *prep* (*eccetto*) sauf, excepté, à part ; **~ che** (*tranne*) à moins que ; **~ errori ed omissioni** sauf erreur ou omission ; **mettersi in ~** se mettre à l'abri ; **portare in ~** sauver ; **~ imprevisti** sauf imprévus

sambuco [sam'buko] *sm* sureau *m*

sandalo ['sandalo] *sm* (*Bot*) santal *m* ; (*calzatura*) sandale *f*

sangue ['sangwe] *sm* sang *m* ; **al ~** (*bistecca*) saignant(e) ; **all'ultimo ~** (*duello, lotta*) à mort ; **farsi cattivo ~ (per)** se faire du mauvais sang (pour) ; **non corre buon ~ tra di loro** ils ne sont pas en bons termes ; **buon ~ non mente!** bon sang ne saurait mentir ! ; **a ~ freddo** (*fig*) de sang-froid ; **~ blu** sang bleu

sanguinare [sangwi'nare] *vi* saigner

sanità [sani'ta] *sf* santé *f* ; (*salubrità*) salubrité *f* ; **Ministero della S~** ministère *m* de la Santé ; **~ mentale** santé mentale ; **~ pubblica** santé publique

sanitario, -a [sani'tarjo] *agg* sanitaire ▸ *sm* (*persona*) médecin *m/f* ; **sanitari** *smpl* (*impianti*) sanitaire *msg*, sanitaires *mpl*

sanno ['sanno] *vb vedi* **sapere**

sano, -a ['sano] *agg* sain(e) ; (*integro*) entier(-ière), intact(e) ; **~ di mente** sain(e) d'esprit ; **di sana pianta** entièrement ; (*inventare, creare*) de toutes pièces ; **~ e salvo** sain(e) et sauf (sauve)

santo, -a ['santo] (*usato dav s impura, gn, pn, ps, x, z*) *agg* saint(e) ; (*inviolabile*)

sacré(e), saint(e) ▶ *sm/f* saint(e) ; **parole sante!** la voix de la vérité ! ; **tutto il ~ giorno** toute la sainte journée ; **non c'è ~ che tenga!** il n'y a rien à faire !, c'est peine perdue ! ; **S~ Padre** Saint-Père *m* ; **Santa Sede** Saint-Siège *m*
santuario [santu'arjo] *sm* sanctuaire *m*
sanzione [san'tsjone] *sf* sanction *f* ; **sanzioni economiche** sanctions économiques
sapere [sa'pere] *vt* (*conoscere: lingua, mestiere*) connaître ; (*essere al corrente di*) savoir ; (*apprendere: notizia*) apprendre, savoir ▶ *vi*: **~ di** (*aver sapore*) avoir un goût de ; (*aver odore*) sentir ▶ *sm*: **il ~** le savoir ; **saper fare qc** savoir faire qch ; **far ~ qc a qn** faire savoir qch à qn ; **non lo so** je ne sais pas ; **non so il francese** je ne sais pas parler français ; **venire a ~ qc** apprendre qch ; **venire a ~ qc da qn** savoir qch par qn ; **non ne vuole più ~ di lei** il ne veut plus entendre parler d'elle ; **che io sappia, per quanto ne so** que je sache ; **mi sa che non sia vero** il me semble que ce n'est pas vrai ; **saperla lunga** en savoir long
sapone [sa'pone] *sm* savon *m* ; **~ da barba** savon à barbe ; **~ da bucato** savon pour la lessive ; **~ liquido** savon liquide
sapore [sa'pore] *sm* saveur *f*, goût *m* ; (*fig*) ton *m*
saporito, -a [sapo'rito] *agg* savoureux(-euse) ; (*ben condito*) relevé(e)
sappiamo [sap'pjamo] *vb vedi* **sapere**
saprò *ecc* [sa'prɔ] *vb vedi* **sapere**
sarà *ecc* [sa'ra] *vb vedi* **essere**
saracinesca [saratʃi'neska] *sf* rideau *m* de fer
sarcastico, -a, -ci, -che [sar'kastiko] *agg* sarcastique
Sardegna [sar'deɲɲa] *sf* Sardaigne *f*
sardina [sar'dina] *sf* sardine *f*
sarei *ecc* [sa'rɛi] *vb vedi* **essere**
SARS [sars] *sigla f* SRAS *m*
sarta ['sarta] *sf* couturière *f*
sarto ['sarto] *sm* (*per uomini*) tailleur *m* ; (*per donne*) couturier *m* ; **~ d'alta moda** grand couturier
sasso ['sasso] *sm* caillou *m* ; (*masso*) roc *m*, rocher *m* ; **caduta sassi** chute *f* de pierres ; **restare di ~** rester pétrifié(e) ; (*sorpreso*) rester sidéré(e) *o* médusé(e)
sassofono [sas'sɔfono] *sm* saxophone *m*
sassoso, -a [sas'soso] *agg* pierreux(-euse), caillouteux(-euse)
Satana ['satana] *sm* Satan *m*
satellite [sa'tɛllite] *agg inv, sm* satellite (*m*) ; **via ~** par satellite ; **~ (artificiale)** satellite (artificiel)
satira ['satira] *sf* satire *f*
sauna ['sauna] *sf* sauna *m o f* ; **fare la ~** prendre un sauna
saziare [sat'tsjare] *vt* (*persona, appetito*) rassasier ; (*fig*) assouvir ; **saziarsi** *vpr*: **saziarsi (di)** se rassasier (de) ; (*fig*) se lasser (de)
sazio, -a ['sattsjo] *agg* rassasié(e) ; (*fig: appagato*) assouvi(e), repu(e) ; (*: stufo*) las(se)
sbadato, -a [zba'dato] *agg* étourdi(e), distrait(e)
sbadigliare [zbadiʎ'ʎare] *vi* bâiller
sbadiglio [zba'diʎʎo] *sm* bâillement *m* ; **fare uno ~** bâiller
sbagliare [zbaʎ'ʎare] *vt* (*conto, pronuncia, somma*) se tromper dans ; (*persona, strada, indirizzo*) se tromper de ▶ *vi* se tromper ; (*comportarsi male*) avoir tort, mal agir ; **sbagliarsi** *vpr* se tromper ; **~ la mira** mal viser ; **~ strada** se tromper de route ; **scusi, ho sbagliato numero** (*Tel*) excusez-moi, je me suis trompé(e) de numéro ; **non c'è da sbagliarsi** on ne peut pas se tromper
sbagliato, -a [zbaʎ'ʎato] *agg* faux (fausse) ; (*conto, somma*) inexact(e) ; (*conclusione, citazione, idea*) erroné(e) ; **è ~!** c'est faux ! ; **è l'indirizzo ~** ce n'est pas la bonne adresse
sbaglio ['zbaʎʎo] *sm* erreur *f* ; (*in compito*) faute *f* ; **per ~** par mégarde ; **fare uno ~** se tromper ; (*per sbadataggine*) faire une bêtise
sbalordire [zbalor'dire] *vt* (*stordire*) étourdir ; (*stupire*) abasourdir ▶ *vi* stupéfier, ébahir
sbalzare [zbal'tsare] *vt* jeter, projeter ▶ *vi* (*balzare di scatto*) bondir ; (*rimbalzare*) rebondir ; (*saltare*) sauter
sbandare [zban'dare] *vi* (*nave*) donner de la bande, donner de la gîte ; (*veicolo*) faire une embardée
sbaraglio [zba'raʎʎo] *sm* (*fig*): **mandare qn allo ~** envoyer qn à la ruine ; **buttarsi allo ~** (*fig*) risquer le tout pour le tout

sbarazzarsi [zbarat'tsarsi] *vpr*: **~ di** (*di peso*) se décharger de ; (*di seccatore*) se débarrasser de
sbarcare [zbar'kare] *vt* débarquer ▶ *vi*: **~ (da)** débarquer (de) ; *vedi anche* **lunario**
sbarra ['zbarra] *sf* (*bastone, spranga*) barre *f*, barreau *m* ; (*di passaggio a livello, cancello*) barrière *f* ; (*Sport*) barre ; (*per sollevamento pesi*) haltère *m* ; **presentarsi alla ~** (*Dir*) se présenter à la barre ; **dietro le sbarre** (*fig*) derrière les barreaux
sbarrare [zbar'rare] *vt* (*chiudere con sbarre*) barricader ; (*impedire, bloccare*) barrer ; **~ il passo (a qn)** barrer la route (à qn) ; **~ gli occhi** écarquiller les yeux
sbattere ['zbattere] *vt* (*porta*) claquer ; (*panni, tappeti, ali*) battre ; (*Cuc*) battre, fouetter ; (*urtare*) cogner ▶ *vi* (*porta, finestra*) claquer ; (*ali, vele*) battre ; **~ contro qc/qn** se cogner contre qch/qn ; **~ qn fuori** flanquer qn à la porte ; **~ qn in galera** jeter qn en prison ; **sbattersene** (*fam!*) s'en foutre (*fam!*) ; **me ne sbatto di tutto ciò** (*fam!*) je m'en fous de tout ça (*fam!*)
sbavare [zba'vare] *vi* baver
sberla ['zbɛrla] *sf* gifle *f*, claque *f*
sbiadire [zbja'dire] *vt* décolorer ▶ *vi* se décolorer, passer
sbiadito, -a [zbja'dito] *agg* décoloré(e), déteint(e) ; (*fig*: *bellezza*) fané(e)
sbiancare [zbjan'kare] *vt* blanchir ▶ *vi* (*diventare bianco*) pâlir ; (*impallidire*) blêmir, pâlir
sbirciata [zbir'tʃata] *sf*: **dare una ~ a** jeter un coup d'œil à
sbloccare [zblok'kare] *vt* (*meccanismo, situazione*) débloquer ; (*affitti*) libérer, débloquer ; **sbloccarsi** *vpr* se débloquer
sboccare [zbok'kare] *vi*: **~ in** (*fiume*) se jeter dans ; (*strada, corteo*) déboucher sur ; (*fig*: *concludersi*) aboutir à
sboccato, -a [zbok'kato] *agg* (*persona*) grossier(-ière), mal embouché(e) ; (*linguaggio*) grossier(-ière)
sbocciare [zbot'tʃare] *vi* (*fiore*) éclore, s'épanouir ; (*fig*: *sentimento*) naître
sbollire [zbol'lire] *vi* (*fig*) se calmer, s'apaiser
sbornia ['zbɔrnja] *sf* (*fam*) cuite *f* ; **prendersi una ~** prendre une cuite
sborsare [zbor'sare] *vt* débourser
sbottare [zbot'tare] *vi* éclater
sbottonare [zbotto'nare] *vt* déboutonner
sbraitare [zbrai'tare] *vi* brailler, gueuler
sbranare [zbra'nare] *vt* dévorer
sbriciolare [zbritʃo'lare] *vt* émietter ; **sbriciolarsi** *vpr* s'émietter, s'effriter
sbrigare [zbri'gare] *vt* (*pratica*) expédier ; (*faccenda*) régler ; (*cliente*) s'occuper de ; **sbrigarsi** *vpr* se dépêcher
sbronza ['zbrontsa] *sf* cuite *f* ; **prendersi una ~** prendre une cuite
sbronzarsi [zbron'tsarsi] *vpr* (*fam*) se soûler, se cuiter
sbronzo, -a ['zbrontso] *agg* (*fam*) soûl(e), rond(e)
sbruffone, -a [zbruf'fone] *sm/f* frimeur(-euse), fanfaron(ne)
sbucare [zbu'kare] *vi* (*apparire all'improvviso*) sortir ; **~ da** déboucher de, sortir de
sbucciare [zbut'tʃare] *vt* (*patata*) éplucher ; (*frutta*) peler ; (*piselli*) écosser ; **sbucciarsi un ginocchio** s'écorcher un genou
sbucherò *ecc* [zbuke'rɔ] *vb vedi* **sbucare**
sbuffare [zbuf'fare] *vi* (*persona*) souffler ; (*cavallo*) s'ébrouer ; (*treno*) rejeter des nuages de fumée
scabroso, -a [ska'broso] *agg* (*fig*: *difficile*) épineux(-euse) ; (: *imbarazzante, sconcio*) scabreux(-euse)
scacchi ['skakki] *smpl* (*gioco*) échecs *mpl* ; **a ~** à carreaux
scacchiera [skak'kjɛra] *sf* échiquier *m* ; **sciopero a ~** grève *f* tournante
scacciare [skat'tʃare] *vt* chasser ; **~ qn di casa** chasser qn de chez soi
scaddi *ecc* ['skaddi] *vb vedi* **scadere**
scadente [ska'dɛnte] *agg* (*materiale*) de mauvaise qualité, médiocre ; (*studente*) mauvais(e), piètre
scadenza [ska'dɛntsa] *sf* échéance *f* ; **a breve/lunga ~** à courte/longue échéance, à court/long terme ; **data di ~** (*di alimenti*) date *f* limite *o* de péremption ; **~ a termine** échéance à terme
scadere [ska'dere] *vi* (*cambiale, contratto, impegno*) échoir, expirer ; (*tempo*) échoir ; **~ agli occhi di qn** baisser dans l'estime de qn ; **il mio passaporto è scaduto** mon passeport est périmé

scafandro [ska'fandro] *sm* scaphandre *m*
scaffale [skaf'fale] *sm* étagère *f*
scafista [ska'fista] *sm* trafiquant *m* de clandestins, passeur *m*
scafo ['skafo] *sm* (*Naut, di carro armato*) coque *f*
scagionare [skadʒo'nare] *vt* disculper
scaglia ['skaʎʎa] *sf* (*Zool*) écaille *f* ; (*scheggia*) éclat *m*
scagliare [skaʎ'ʎare] *vt* (*anche fig*) jeter ; **scagliarsi** *vpr*: **scagliarsi su/contro** s'élancer sur, se jeter sur ; (*fig*) se dresser contre
scala ['skala] *sf* escalier *m* ; (*di corda, in disegno, valore*) échelle *f* ; (*Mus, di colori*) gamme *f* ; (*nel poker*) séquence *f* ; **scale** *sfpl* (*scalinata*) escalier *msg* ; **su larga** *o* **vasta ~** sur une grande échelle ; **su piccola ~, su ~ ridotta** sur une petite échelle ; **economie di ~** économies *fpl* d'échelle ; **su ~ nazionale/mondiale** à l'échelle nationale/mondiale ; **in ~ di 1 a 100.000** à l'échelle de 1 pour 100 000 ; **riproduzione in ~** reproduction *f* à l'échelle ; **~ a chiocciola** escalier en colimaçon ; **~ a libretto** escabeau *m* ; **~ di misure** échelle d'évaluation ; **~ mobile** escalier roulant, escalator *m* ; **~ mobile (dei salari)** échelle mobile (des salaires) ; **~ reale** (*Carte*) quinte *f* flush
scalare [ska'lare] *vt* (*Alpinismo*) faire l'ascension de, escalader ; (*muro*) escalader ; (*debito, somma*) défalquer
scaldabagno [skalda'baɲɲo] *sm* chauffe-eau *m inv*
scaldacollo [skalda'kɔllo] *sm inv* écharpe *f* tube
scaldare [skal'dare] *vt* chauffer, réchauffer ; **scaldarsi** *vpr* (*al fuoco, al sole*) se chauffer, se réchauffer ; (*fig: eccitarsi*) s'échauffer ; (*: arrabbiarsi*) s'emporter ; **~ la sedia** (*fig*) faire simplement acte de présence ; **scaldarsi i muscoli** s'échauffer
scalfire [skal'fire] *vt* (*superficie*) érafler, rayer ; (*pelle*) égratigner, érafler
scalinata [skali'nata] *sf* escalier *m*
scalino [ska'lino] *sm* (*gradino*) marche *f* ; (*Alpinismo*) baignoire *f* ; (*fig*) échelon *m*
scalo ['skalo] *sm* (*Naut, Aer*) escale *f* ; (*Ferr*) gare *f* ; **fare ~ a** (*Naut, Aer*) faire escale à ; **~ aereo** escale (d'une ligne aérienne) ; **~ merci** (*Ferr*) gare de marchandises
scaloppina [skalop'pina] *sf* (*Cuc*) escalope *f*
scalpello [skal'pɛllo] *sm* burin *m* ; (*di scultore*) ciseau *m* ; (*Med*) scalpel *m*
scalpore [skal'pore] *sm* (*risonanza*) bruit *m*, tapage *m* ; **far ~** (*notizia ecc*) faire du bruit
scaltro, -a ['skaltro] *agg* avisé(e), adroit(e)
scalzo, -a ['skaltso] *agg* nu-pieds *inv*, pieds nus *inv*
scambiare [skam'bjare] *vt* échanger ; **scambiarsi** *vpr* (*auguri, confidenze, visite*) échanger ; **~ qn/qc per** (*confondere*) prendre qn/qch pour
scambio ['skambjo] *sm* échange *m* ; (*errore*) erreur *f* ; (*Ferr*) aiguillage *m* ; **fare (uno) ~** échanger ; **libero ~** libre-échange *m* ; **scambi con l'estero** échanges avec l'étranger
scampagnata [skampaɲ'ɲata] *sf* partie *f* de campagne ; **fare una ~** faire une partie de campagne
scampare [skam'pare] *vt* (*evitare*) échapper à ; (*salvare*) sauver ▶ *vi*: **~ a** (*a morte ecc*) échapper à ; **~ qc da** sauver qch de ; **scamparla bella** l'échapper belle
scampo[1] ['skampo] *sm* (*salvezza*) issue *f*, salut *m* ; **cercare ~ nella fuga** chercher son salut dans la fuite ; **non c'è (via di) ~** il n'y a pas d'issue
scampo[2] ['skampo] *sm* (*Zool*) langoustine *f*
scampolo ['skampolo] *sm* coupon *m*
scanalatura [skanala'tura] *sf* rainure *f*, cannelure *f*
scandagliare [skandaʎ'ʎare] *vt* (*Naut, fig*) sonder
scandalizzare [skandalid'dzare] *vt* scandaliser ; **scandalizzarsi** *vpr* s'offusquer
scandalo ['skandalo] *sm* scandale *m* ; **dare ~** faire scandale
Scandinavia [skandi'navja] *sf* Scandinavie *f*
scanner ['skanner] *sm inv* scanner *m*
scannerizzare [skannerid'dzare] *vt* (*Inform*) scanner
scansafatiche [skansafa'tike] *sm inv/sf inv* fainéant(e)
scansare [skan'sare] *vt* (*evitare*) esquiver ; (*: pericolo*) éviter ; **scansarsi** *vpr* s'écarter, se garer

scansia [skan'sia] *sf* étagère *f*
scanso ['skanso] *sm*: **a ~ di equivoci** pour éviter tout malentendu
scantinato [skanti'nato] *sm* sous-sol *m*
scapaccione [skapat'tʃone] *sm* taloche *f*, calotte *f*
scapestrato, -a [skapes'trato] *agg* dissipé(e)
scapola ['skapola] *sf* omoplate *f*
scapolo ['skapolo] *sm* célibataire *m*
scappamento [skappa'mento] *sm* (*Aut*) échappement *m*
scappare [skap'pare] *vi* (*fuggire*) fuir, s'enfuir ; (*andare via in fretta*) courir, se sauver ; **scappo a telefonare** je cours téléphoner ; **scusatemi devo ~** excusez-moi, je dois me sauver ; **~ di prigione** s'évader de prison ; **~ di mano** (*oggetto*) échapper (des mains) ; **~ di mente a qn** sortir de l'esprit à qn, échapper à qn ; **lasciarsi ~** laisser échapper ; **mi sono lasciata ~ questo dettaglio** ce détail m'a échappé ; **mi scappò detto/da dire ...** je n'ai pu m'empêcher de dire ...
scappatoia [skappa'toja] *sf* échappatoire *f*
scarabeo [skara'bɛo] *sm* scarabée *m*
scarabocchiare [skarabok'kjare] *vt* griffonner, gribouiller
scarabocchio [skara'bɔkkjo] *sm* griffonnage *m*, gribouillage *m*
scarafaggio [skara'faddʒo] *sm* cafard *m*
scaramanzia [skaraman'tsia] *sf*: **per ~** pour conjurer le mauvais sort
scaraventare [skaraven'tare] *vt* jeter, flanquer ; **scaraventarsi** *vpr* se ruer
scarcerare [skartʃe'rare] *vt* libérer, remettre en liberté
scardinare [skardi'nare] *vt* faire sortir de ses gonds
scaricare [skari'kare] *vt* décharger ; (*passeggeri*) déposer ; (*sogg*: *corso d'acqua*) déverser ; (*fig*) libérer, soulager ; (*da Internet*) télécharger ; **scaricarsi** *vpr* (*orologio*) s'arrêter ; (*batteria, accumulatore*) se décharger ; (*fulmine*) tomber ; (*fig*) se détendre, se défouler ; **~ le proprie responsabilità su qn** décharger ses responsabilités sur qn ; **~ la colpa addosso a qn** rejeter la faute sur qn ; **il fulmine si scaricò su un albero** la foudre tomba sur un arbre
scarico, -a, -chi, -che ['skariko] *agg* déchargé(e) ; (*orologio*) arrêté(e) ▶ *sm* (*di merci, materiali*) déchargement *m* ; (*di immondizie*) décharge *f* ; (*luogo*) dépotoir *m*, décharge ; (*Tecn*: *deflusso*) évacuation *f*, écoulement *m* ; (*Aut*) échappement *m* ; **divieto di ~** décharge interdite ; **~ del lavandino** tuyau *m* d'écoulement de l'évier
scarlattina [skarlat'tina] *sf* scarlatine *f*
scarlatto, -a [skar'latto] *agg* écarlate
scarpa ['skarpa] *sf* chaussure *f*, soulier *m* ; **fare le scarpe a qn** (*fig*) poignarder qn dans le dos ; **è una vecchia ~** (*fam*) c'est une vieille peau ; **scarpe coi tacchi (alti)** chaussures *fpl* à talons (hauts) ; **scarpe col tacco basso** chaussures à talons plats ; **scarpe da ginnastica** chaussures de sport ; **scarpe da tennis** (chaussures de) tennis *mpl*
scarpata [skar'pata] *sf* talus *msg*
scarpiera [skar'pjɛra] *sf* placard *m* à chaussures
scarpone [skar'pone] *sm* brodequin *m*, gros soulier *m* ; **scarponi da montagna** chaussures *fpl* de montagne ; **scarponi da sci** chaussures de ski
scarseggiare [skarsed'dʒare] *vi* manquer ; **~ di** manquer de, être à court de
scarso, -a ['skarso] *agg* (*insufficiente*) insuffisant(e) ; (*povero*: *annata*) maigre ; (*risultato, voto*) médiocre ; **~ di** dépourvu(e) de ; **3 chili scarsi** à peine 3 kilos
scartare [skar'tare] *vt* (*pacco*) dépaqueter, défaire ; (*idea*) écarter, repousser ; (*candidato*) éliminer ; (*soldato*) réformer ; (*carte da gioco*) écarter, se défausser de ; (*Calcio*) dribbler ▶ *vi* (*animale, veicolo*) faire un écart
scarto ['skarto] *sm* (*esclusione*) élimination *f* ; (*cosa esclusa, materiale di cattiva qualità*) rebut *m* ; (: *prodotto*) déchet *m* ; (*movimento, differenza*) écart *m*
scassinare [skassi'nare] *vt* forcer, crocheter
scatenare [skate'nare] *vt* déchaîner, exciter ; **scatenarsi** *vpr* (*temporale, rivolta*) éclater ; (*persona*) se déchaîner

scatola ['skatola] *sf* boîte *f* ; **in ~** (*cibi*) en boîte, en conserve ; **una ~ di cioccolatini** une boîte de chocolats ; **comprare qc a ~ chiusa** acheter qch les yeux fermés ; **~ cranica** boîte crânienne ; **~ nera** (*Aer*) boîte noire
scatolone [skato'lone] *sm* carton *m*
scattare [skat'tare] *vt* (*fotografia*) prendre ▸ *vi* (*congegno, molla ecc*) se déclencher ; (*balzare*) bondir ; (*correndo*: *Sport*) sprinter ; (*fig*: *per l'ira*) s'emporter ; (: *avere inizio*) commencer ; (*legge, provvedimento*) entrer en vigueur ; **~ in piedi** se lever d'un bond ; **far ~** (*anche fig*) déclencher, provoquer
scatto ['skatto] *sm* (*dispositivo*) déclenchement *m*, déclic *m* ; (: *di arma da fuoco*) détente *f* ; (*rumore*) déclic ; (*balzo*) bond *m* ; (*Tel*) unité *f* ; (*accelerazione, Sport*) sprint *m* ; (*fig*: *di ira ecc*) accès *msg* ; (: *di stipendio*) augmentation *f* ; **a ~** (*serratura*) à déclic ; **di ~** brusquement ; **~ di anzianità** avancement *m* à l'ancienneté
scavalcare [skaval'kare] *vt* (*ostacolo, staccionata*) sauter, franchir ; (*fig*) dépasser
scavare [ska'vare] *vt* creuser ; (*tesoro ecc*) déterrer
scavo ['skavo] *sm* creusement *m*, percement *m* ; (*Archeologia*) fouille *f*
scegliere ['ʃeʎʎere] *vt* choisir ; **~ di fare** choisir de faire
sceicco, -chi [ʃe'ikko] *sm* cheik *m*, cheikh *m*
scelgo *ecc* ['ʃelgo] *vb vedi* **scegliere**
scellino [ʃel'lino] *sm* schilling *m*
scelta ['ʃelta] *sf* choix *m* ; **a ~** (*frutta, formaggi*) au choix
scelto, -a ['ʃelto] *pp di* **scegliere** ▸ *agg* (*gruppo*) choisi(e) ; (*Mil*) d'élite
scemo, -a ['ʃemo] *agg* bête, stupide, idiot(e) ▸ *sm/f* idiot(e), imbécile *m/f*
scena ['ʃɛna] *sf* (*Teatro*) scène *f* ; (: *luogo dell'azione teatrale*) décor *m* ; (: *palcoscenico*) scène, plateau *m* ; (*spettacolo naturale*) scène, tableau *m* ; **scene** *sfpl* (*fig*: *teatro*) planches *fpl* ; (: *scenata*) scène *fsg* ; **andare in ~** jouer ; **mettere in ~** mettre en scène ; **uscire di ~** sortir de scène ; (*fig*: *uomo politico*) se retirer de la vie publique ; **fare scene** (*fig*) faire des histoires ; **fare ~ muta** (*fig*) sécher
scenario [ʃe'narjo] *sm* (*Teatro*) décor *m* ; (*paesaggio naturale*) cadre *m* ; (*di film*) scénario *m*
scenata [ʃe'nata] *sf* scène *f* ; **fare una ~** faire une scène
scendere ['ʃendere] *vi* descendre ; (*notte, sera*) tomber ; (*temperatura, prezzo*) baisser, diminuer ▸ *vt* (*scale, pendio*) descendre ; **~ da cavallo** descendre de cheval ; **~ dalle scale/le scale** descendre l'escalier ; **~ dal treno** descendre du train ; **~ dalla macchina** descendre de voiture ; **~ ad un albergo** descendre dans un hôtel ; **~ in piazza** (*per protestare*) descendre dans la rue
sceneggiato [ʃened'dʒato] *sm* feuilleton *m*
scettico, -a, -ci, -che ['ʃɛttiko] *agg* sceptique
scettro ['ʃɛttro] *sm* sceptre *m* ; (*fig*) titre *m*
scheda ['skɛda] *sf* fiche *f* ; (*breve testo*) encadré *m* ; (*Inform*) carte *f* ; **~ audio** (*Inform*) carte *f* son ; **~ bianca** bulletin *m* blanc ; **~ di memoria** carte mémoire ; **~ elettorale** bulletin de vote ; **~ madre** (*Inform*) carte mère ; **~ magnetica** (*Tel*) carte magnétique ; **~ perforata** carte *o* fiche perforée ; **~ ricaricabile** (*Tel*) carte rechargeable ; **~ SIM** carte *f* SIM ; **~ video** (*Inform*) carte graphique
schedario [ske'darjo] *sm* fichier *m*
schedina [ske'dina] *sf* *grille à remplir pour les jeux de loto ou paris sportifs*
scheggia, -ge ['skeddʒa] *sf* (*di pietra, vetro*) éclat *m* ; (*di legno*) écharde *f*
scheletro ['skɛletro] *sm* squelette *m* ; **avere uno ~ nell'armadio** (*fig*) taire un secret compromettant, avoir un cadavre dans le placard
schema, -i ['skɛma] *sm* (*abbozzo, progetto*) plan *m*, schéma *m* ; (*diagramma*) figure *f*, schéma ; (*sistema, modello base*) système *m*, règle *f* ; **ribellarsi agli schemi** se rebeller contre les contraintes ; **secondo gli schemi tradizionali** selon les modèles traditionnels
scherma ['skerma] *sf* escrime *f*
schermaglia [sker'maʎʎa] *sf* altercation *f*
schermo ['skermo] *sm* écran *m* ; **il piccolo ~** (*TV*) le petit écran ; **il grande ~** (*Cine*) le grand écran ; **a ~ panoramico** (*TV*) à écran

S

panoramique ; **~ piatto** écran plat ; **~ tattile** écran tactile

schernire [sker'nire] *vt* bafouer

scherzare [sker'tsare] *vi* plaisanter

scherzo ['skertso] *sm* plaisanterie *f*, blague *f* ; (*Mus*) scherzo *m* ; **per ~** pour rire, pour plaisanter ; **fare uno ~ a qn** jouer un tour à qn ; **è uno ~!** (*fig: facile*) c'est un jeu d'enfant ! ; **scherzi a parte** blague à part ; **scherzi di luce** jeux *mpl* de lumière

schiaccianoci [skjattʃa'notʃi] *sm inv* casse-noix *msg inv*

schiacciare [skjat'tʃare] *vt* (*rompere*) écraser ; (*sgusciare: noci*) casser ; (*fig*) écraser, accabler ; **schiacciarsi** *vpr* (*appiattirsi*) s'aplatir ; (*frantumarsi*) s'écraser ; **~ un pisolino** faire un petit somme, piquer un roupillon

schiaffeggiare [skjaffed'dʒare] *vt* gifler

schiaffo ['skjaffo] *sm* gifle *f*, claque *f* ; (*fig: mortificazione, umiliazione*) affront *m*, gifle ; **dare uno ~ a qn** donner une gifle à qn ; **prendere qn a schiaffi** gifler qn ; **uno ~ morale** une gifle

schiantare [skjan'tare] *vt* fracasser, écraser ; **schiantarsi** *vpr* se fracasser ; **schiantarsi al suolo** (*aereo*) s'écraser

schiarire [skja'rire] *vt* éclaircir ; (*capelli*) décolorer ; **schiarirsi** *vpr* s'éclaircir ; **schiarirsi la voce** s'éclaircir la voix ; **schiarirsi i capelli** se décolorer les cheveux

schiavitù [skjavi'tu] *sf* esclavage *m*

schiavo, -a ['skjavo] *sm/f* esclave *m/f*

schiena ['skjɛna] *sf* dos *msg*

schienale [skje'nale] *sm* (*di poltrona*) dossier *m*

schiera ['skjɛra] *sf* (*Mil: allineamento*) rang *m* ; (*: insieme di soldati*) troupe *f* ; (*gruppo*) groupe *m*, bande *f* ; **villette a ~** lotissement *msg* (de pavillons mitoyens)

schieramento [skjera'mento] *sm* (*Mil*) déploiement *m* ; (*Sport*) formation *f* ; (*fig*) coalition *f*

schierare [skje'rare] *vt* aligner, ranger ; **schierarsi** *vpr* s'aligner ; **schierarsi con** *o* **dalla parte di/contro** (*fig*) se ranger avec *o* du côté de/contre

schifo ['skifo] *sm* dégoût *m* ; **fare ~** dégoûter, répugner ; **mi fa ~** c'est dégoûtant, cela me dégoûte ; **quel libro è uno ~** ce livre est nul

schifoso, -a [ski'foso] *agg* (*ripugnante*) dégoûtant(e), répugnant(e) ; (*molto scadente*) nul(le)

schioccare [skjok'kare] *vt* faire claquer

schiudere ['skjudere] *vt* (*labbra*) entrouvrir ; (*fiore*) épanouir ; **schiudersi** *vpr* (*fiore*) s'épanouir, éclore ; (*labbra*) s'entrouvrir, se desserrer

schiuma ['skjuma] *sf* (*di sapone, latte*) mousse *f* ; (*di birra*) mousse, faux-col *m* ; **avere la ~ alla bocca** (*fig*) écumer (de rage)

schivare [ski'vare] *vt* esquiver

schivo, -a ['skivo] *agg* (*ritroso*) réservé(e) ; (*timido*) qui se dérobe

schizzare [skit'tsare] *vt* (*spruzzare*) éclabousser ; (*fig: abbozzare*) esquisser, croquer ▶ *vi* jaillir, gicler ; (*saltar fuori*) bondir, s'élancer ; **~ via** (*animale, persona*) partir comme une flèche ; (*macchina, moto*) démarrer en trombe

schizzinoso, -a [skittsi'noso] *agg* difficile, délicat(e)

schizzo ['skittso] *sm* (*di liquido*) éclaboussure *f* ; (*abbozzo*) esquisse *f*, croquis *msg*

sci [ʃi] *sm inv* ski *m* ; **~ alpinismo** ski alpin ; **~ d'acqua/nautico** ski nautique ; **~ di fondo** ski de fond

scia, scie ['ʃia] *sf* (*di imbarcazione*) sillage *m* ; (*di odore*) traînée *f* ; **sulla ~ di** (*fig*) à la suite de ; **seguire la ~ di qn** marcher sur les traces de qn

scià [ʃa] *sm inv* shah *m*, chah *m*, schah *m*

sciabola ['ʃabola] *sf* sabre *m*

sciacallo [ʃa'kallo] *sm* (*anche fig*) chacal *m*

sciacquare [ʃak'kware] *vt* rincer

sciagura [ʃa'gura] *sf* (*disgrazia*) catastrophe *f* ; (*sfortuna*) malheur *m*

scialacquare [ʃalak'kware] *vt* dilapider, dissiper

scialbo, -a ['ʃalbo] *agg* (*pallido*) pâle ; (*smorto*) blafard(e) ; (*fig*) insignifiant(e)

scialle ['ʃalle] *sm* châle *m*

scialuppa [ʃa'luppa] *sf* chaloupe *f* ; **~ di salvataggio** chaloupe de sauvetage

sciame ['ʃame] *sm* essaim *m*

sciare [ʃi'are] *vi* skier, faire du ski ; **andare a ~** aller faire du ski

sciarpa ['ʃarpa] *sf* écharpe *f*, cache-nez *m* ; (*fascia*) écharpe

sciatore, -trice [ʃia'tore] *sm/f* skieur(-euse)

sciatto, -a ['ʃatto] *agg* négligé(e)

scientifico, -a, -ci, -che [ʃen'tifiko] *agg* scientifique ; **la (polizia) scientifica** la police scientifique
scienza ['ʃɛntsa] *sf* science *f* ; (*conoscenza*) connaissance *f* ; **scienze** *sfpl* (*Scol*) sciences *fpl* ; **scienze naturali** sciences naturelles ; **scienze politiche** sciences politiques
scienziato, -a [ʃen'tsjato] *sm/f* savant(e), scientifique *m/f*
scimmia ['ʃimmja] *sf* singe *m* ; (*femmina*) guenon *f*
scimpanzé [ʃimpan'tse] *sm inv* chimpanzé *m*
scintilla [ʃin'tilla] *sf* (*anche fig*) étincelle *f*
scintillare [ʃintil'lare] *vi* scintiller, étinceler ; (*acqua*) miroiter ; (*occhi*) étinceler
sciocchezza [ʃok'kettsa] *sf* sottise *f*, bêtise *f* ; (*inezia*) bagatelle *f*, rien *m* ; **dire/fare delle sciocchezze** dire/faire des bêtises
sciocco, -a, -chi, -che ['ʃɔkko] *agg* bête, sot(te)
sciogliere ['ʃɔʎʎere] *vt* (*in acqua*) dissoudre ; (*neve*) faire fondre ; (*disfare*: *nodo*) défaire ; (: *capelli*) dénouer ; (*slegare*) détacher ; (*fig*: *persona*: *da obbligo*) délier, relever ; (: *contratto*) résilier ; (: *parlamento, matrimonio, società*) dissoudre ; (: *riunione*) clore ; (: *seduta*) lever ; (: *muscoli*) assouplir ; (: *enigma*) résoudre ; (: *mistero*) dissiper, débrouiller ; (: *voto*) accomplir ; **sciogliersi** *vpr* (*vedi vt*) se dissoudre ; (*ghiaccio, gelato, neve*) fondre ; (*nodo*) se défaire ; (*persona*: *slegarsi*) se détacher ; (*fig*: *da legame*) se libérer ; **~ il ghiaccio** (*fig*) rompre *o* briser la glace ; **~ le vele** larguer les voiles
scioglilingua [ʃoʎʎi'lingwa] *sm inv* phrase *f* difficile à prononcer
sciolgo *ecc* ['ʃɔlgo] *vb vedi* **sciogliere**
sciolto, -a ['ʃɔlto] *pp di* **sciogliere** ▸ *agg* (*franco, disinvolto*) désinvolte, dégagé(e) ; (*agile*) souple ; (*verso*) blanc ; **essere ~ nei movimenti** avoir de l'aisance dans les mouvements
scioperare [ʃope'rare] *vi* faire grève
sciopero ['ʃɔpero] *sm* grève *f* ; **fare ~** faire grève ; **entrare in ~** se mettre en grève ; **~ a singhiozzo** grève perlée ; **~ bianco** grève du zèle ; **~ della fame** grève de la faim ; **~ di solidarietà** grève de solidarité ; **~ selvaggio** grève sauvage
sciovia [ʃio'via] *sf* remonte-pente *m*, téléski *m*, tire-fesses *m inv*
scippare [ʃip'pare] *vt*: **~ qn** voler qn (*en lui arrachant son sac etc*)
scirocco [ʃi'rɔkko] *sm* sirocco *m*
sciroppo [ʃi'rɔppo] *sm* sirop *m* ; **~ per la tosse** sirop contre la toux
scisma, -i ['ʃizma] *sm* schisme *m*
scissione [ʃis'sjone] *sf* (*anche fig*) scission *f* ; **~ nucleare** fission *f* nucléaire
sciupare [ʃu'pare] *vt* (*abito, libro*) abîmer ; (*appetito*) couper ; (*tempo, denaro*) gaspiller ; **sciuparsi** *vpr* (*abito ecc*) se chiffonner ; (*rovinarsi la salute*) s'user la santé, s'user
scivolare [ʃivo'lare] *vi* glisser
scivolo ['ʃivolo] *sm* (*Tecn*) glissière *f* ; (*gioco*) toboggan *m*
scivoloso, -a [ʃivo'loso] *agg* glissant(e)
sclerosi [skle'rɔzi] *sf* sclérose *f* ; **~ a placche** sclérose en plaques
scoccare [skok'kare] *vt* (*freccia*) décocher ; (*ore*) sonner ; (*bacio*) envoyer ▸ *vi* (*scintilla, bagliore*) jaillir ; (*ore*) sonner
scoccherò *ecc* [skokke'rɔ] *vb vedi* **scoccare**
scocciare [skot'tʃare] *vt* (*fam*) embêter, casser les pieds à ; **scocciarsi** *vpr* s'embêter, en avoir marre
scodella [sko'dɛlla] *sf* (*piatto fondo*) assiette *f* creuse ; (*ciotola*) bol *m*
scodinzolare [skodintso'lare] *vi* (*cane*) remuer la queue, frétiller de la queue
scogliera [skoʎ'ʎɛra] *sf* rochers *mpl* ; (*costa rocciosa*) falaise *f*
scoglio ['skɔʎʎo] *sm* roche *f*, rocher *m* ; (*fig*) écueil *m*
scoiattolo [sko'jattolo] *sm* écureuil *m*
scolapasta [skola'pasta] *sm inv* passoire *f*
scolapiatti [skola'pjatti] *sm inv* égouttoir *m*
scolare [sko'lare] *agg* scolaire ▸ *vt* (*bottiglie*) vider ; (*spaghetti, verdure*) égoutter ▸ *vi* (*liquido*) s'écouler, s'égoutter ; **scolarsi una bottiglia** (*fam*) siffler une bouteille
scolaresca [skola'reska] *sf* (*in una classe*) classe *f* ; (*in una scuola*) écoliers *mpl*
scolaro, -a [sko'laro] *sm/f* écolier(-ière)
scolastico, -a, -ci, -che [sko'lastiko] *agg* scolaire
scollato, -a [skol'lato] *agg* décolleté(e)
scollatura [skolla'tura] *sf* décolleté *m*

S

scollegare [skolle'gare] *vt* (*fili, apparecchi*) débrancher
scolo ['skolo] *sm* (*di liquidi, rifiuti*) écoulement *m* ; **canale di ~** canal *m* d'écoulement ; **tubo di ~** tuyau *m* d'écoulement
scolorire [skolo'rire] *vt* décolorer, déteindre ; **scolorirsi** *vpr* se décolorer
scolpire [skol'pire] *vt* sculpter
scombussolare [skombusso'lare] *vt* (*progetto*) bouleverser ; (*stomaco*) déranger
scommessa [skom'messa] *sf* (*atto*) pari *m* ; (*somma di denaro*) enjeu *m* ; **fare una ~** parier, faire un pari
scommettere [skom'mettere] *vt* parier
scomodare [skomo'dare] *vt* déranger ; **scomodarsi** *vpr* se déranger ; **scomodarsi a fare qc** prendre la peine de faire qch ; **non si scomodi** ne vous dérangez pas
scomodo, -a ['skɔmodo] *agg* (*poltrona ecc*) inconfortable ; (*sistemazione*) pas pratique, pas commode ; (*orario*) peu pratique ; (*personaggio*) qui dérange ; (*fig*: *posizione*) difficile
scomparire [skompa'rire] *vi* disparaître ; (*fig*: *morire*) disparaître, s'éteindre ; **~ di fronte a** (*fig*: *fare cattiva figura*) faire piètre figure vis-à-vis de
scompartimento [skomparti'mento] *sm* (*di treno*) compartiment *m* ; (*di borsa*) poche *f* ; (*ambiente*) division *f*
scompigliare [skompiʎ'ʎare] *vt* ébouriffer, décoiffer
scomunicare [skomuni'kare] *vt* excommunier
sconcio, -a, -ci, -ce ['skontʃo] *agg* obscène ▸ *sm* (*cosa fatta male*) horreur *f* ; **è uno ~!** c'est une honte !
sconfiggere [skon'fiddʒere] *vt* (*nemico*) battre ; (*malattia, corruzione*) vaincre
sconfinare [skonfi'nare] *vi* franchir la frontière ; **~ in** (*in proprietà privata ecc*) pénétrer dans, empiéter sur ; **~ (da)** (*fig*) s'écarter (de)
sconfitta [skon'fitta] *sf* défaite *f*
sconforto [skon'fɔrto] *sm* découragement *m*
scongelare [skondʒe'lare] *vt* décongeler
scongiurare [skondʒu'rare] *vt* (*persona, fig*: *pericolo*) conjurer
scongiuro [skon'dʒuro] *sm* conjuration *f* ; **fare gli scongiuri** conjurer le mauvais sort
sconnesso, -a [skon'nɛsso] *agg* disjoint(e) ; (*parti di macchinario*) disloqué(e) ; (*fig*: *discorso, ragionamento*) décousu(e)
sconosciuto, -a [skonoʃ'ʃuto] *agg, sm/f* inconnu(e)
sconsigliare [skonsiʎ'ʎare] *vt*: **~ (qc a qn)** déconseiller (qch à qn) ; **~ qn di fare qc** déconseiller à qn de faire qch
sconsolato, -a [skonso'lato] *agg* (*addolorato*) inconsolable ; (*deluso*) affligé(e)
scontare [skon'tare] *vt* (*Comm*: *detrarre*) déduire ; (: *cambiale*) escompter ; (: *debito*) éteindre ; (*prezzo*) faire une réduction sur ; (*colpa*) expier ; (*eccessi, errori*) payer, expier ; (*pena, condanna*) purger
scontato, -a [skon'tato] *agg* (*prezzo*) réduit(e) ; (*merce*) à prix réduit ; (*risultato*) prévu(e), escompté(e) ; **dare per ~ qc/che** considérer comme évident(e) qch/que
scontento, -a [skon'tɛnto] *agg*: **~ (di)** mécontent(e) (de) ▸ *sm* mécontentement *m*
sconto ['skonto] *sm* (*bancario*) escompte *m* ; (*riduzione*) réduction *f*, remise *f* ; **fare lo ~ (a)** faire une réduction (à) ; **uno ~ del 10%** une remise de 10%
scontrarsi [skon'trarsi] *vpr* (*persona, veicolo*): **~ con** entrer en collision avec ; (*reciproco*: *veicoli*) entrer en collision ; (*fig*: *eserciti*) s'affronter ; (: *persone*) s'opposer
scontrino [skon'trino] *sm* (*anche*: **scontrino fiscale**) ticket *m* de caisse ; (*Comm*) reçu *m*, récépissé *m*

> Les gérants de bars et de magasins sont tenus de délivrer un **scontrino** (un ticket) à leurs clients. Il est préférable de l'accepter, car si vous n'êtes pas en mesure de le produire au cours d'un éventuel contrôle, vous pourriez avoir une amende.

scontro ['skontro] *sm* (*di veicoli*) collision *f* ; (*tra eserciti*) combat *m*, affrontement *m* ; (*tra persone*) affrontement ; **~ a fuoco** fusillade *f*, échange *m* de coups de feu
scontroso, -a [skon'troso] *agg* ombrageux(-euse)

sconveniente [skonve'njɛnte] *agg* (*contegno, parole*) inconvenant(e) ; (*prezzo ecc*) désavantageux(-euse)

sconvolgere [skon'vɔldʒere] *vt* bouleverser

sconvolto, -a [skon'vɔlto] *pp di* **sconvolgere** ▸ *agg* (*persona*) bouleversé(e)

scopa ['skopa] *sf* balai *m* ; (*Carte*) *jeu de cartes italien à deux ou à quatre joueurs*

scopare [sko'pare] *vt* balayer ; (*fam!*) baiser (*fam !*)

scoperta [sko'pɛrta] *sf* découverte *f* ; **andare alla ~ di qc** aller à la découverte de qch ; **che ~!** tu parles d'une découverte !

scoperto, -a [sko'pɛrto] *pp di* **scoprire** ▸ *agg* (*pentola*) découvert(e), sans couvercle ; (*capo, spalle*) nu(e) ; (*macchina*) décapoté(e) ; (*assegno, conto*) sans provision ▸ *sm*: **allo ~** (*dormire ecc*) à la belle étoile ; (*agire*) à découvert ; **a viso ~** à découvert

scopo ['skɔpo] *sm* but *m* ; **a che ~?** dans quel but ? ; **adatto allo ~** fait pour ; **allo ~ di fare qc** dans le but de faire qch, avec l'intention de faire qch ; **a ~ di lucro** pour de l'argent ; **senza ~** sans but

scoppiare [skop'pjare] *vi* (*anche fig*: *guerra, epidemia*) éclater ; (*caldaia, bomba*) exploser ; (*pneumatico*) éclater, crever ; **~ in lacrime** *o* **a piangere** fondre en larmes ; **~ a ridere** éclater de rire ; **~ dal caldo** (*fam*) crever de chaud ; **~ di salute** respirer la santé

scoppiettare [skoppjet'tare] *vi* crépiter

scoppio ['skɔppjo] *sm* éclatement *m* ; (*esplosione*) explosion *f* ; **uno ~ di risa** un éclat de rire ; **uno ~ di collera** une explosion de colère

scoprire [sko'prire] *vt* découvrir ; (*lapide, monumento*) dévoiler ; **scoprirsi** *vpr* se découvrir ; (*fig*) se découvrir, dévoiler son jeu

scoraggiare [skorad'dʒare] *vt* décourager ; **scoraggiarsi** *vpr* se décourager

scorciatoia [skortʃa'toja] *sf* raccourci *m* ; (*fig*) biais *msg*

scorcio ['skortʃo] *sm* (*Arte*) raccourci *m* ; (*di secolo, periodo*) fin *f* ; **di ~** (*vedere*) en raccourci ; **~ panoramico** panorama *m*

scordare [skor'dare] *vt* oublier ; **scordarsi** *vpr*: **scordarsi di qc/di fare qc** oublier qch/de faire qch

scorgere ['skɔrdʒere] *vt* apercevoir ; (*fig: difficoltà ecc*) entrevoir

scorpacciata [skorpat'tʃata] *sf* bombance *f*, gueuleton *m* ; **fare una ~ di** s'empiffrer de, se gaver de

scorpione [skor'pjone] *sm* scorpion *m* ; (*Zodiaco*): **S~** Scorpion ; **essere dello S~** être Scorpion

scorrere ['skorrere] *vt* (*lettera, giornale*) parcourir ▸ *vi* (*fiume, lacrime*) couler ; (*fune, cassetto*) glisser ; (*tempo*) passer

scorretto, -a [skor'rɛtto] *agg* (*sbagliato, sleale*) incorrect(e) ; (*sgarbato*) impoli(e), grossier(-ière) ; (*sconveniente*) inconvenant(e)

scorrevole [skor'revole] *agg* (*porta*) coulissant(e) ; (*fig: prosa, stile*) fluide, coulant(e) ; (*: traffico*) fluide ; **nastro ~** tapis *msg* roulant

scorsi *ecc* ['skɔrsi] *vb vedi* **scorgere**

scorso, -a ['skorso] *pp di* **scorrere**; **scorgere** ▸ *agg* passé(e), dernier(-ière) ; **l'anno ~** l'année dernière, l'an passé ; **lo ~ mese** le mois dernier

scorsoio, -a [skor'sojo] *agg* (*nodo*) coulant(e)

scorta ['skɔrta] *sf* (*di personalità*) escorte *f* ; (*convoglio*) convoi *m* ; (*provvista*) provision *f*, réserve *f* ; **sotto la ~ di due agenti** escorté de deux agents ; **fare ~ di** faire des provisions de, stocker ; **di ~** (*materiali*) de réserve ; (*ruota*) de secours

scortese [skor'tese] *agg* impoli(e), désobligeant(e)

scorza ['skɔrdza] *sf* (*di limone, arancia*) zeste *m* ; (*di castagna*) écorce *f*

scosceso, -a [skoʃ'ʃeso] *agg* escarpé(e), abrupt(e)

scossa ['skɔssa] *sf* (*sussulto*) secousse *f* ; (*fig*) choc *m* ; **prendere la ~** prendre une décharge ; **~ elettrica** (*Elettr*) décharge *f* ; **~ di terremoto** secousse sismique

scosso, -a ['skɔsso] *pp di* **scuotere** ▸ *agg* (*persona*) secoué(e) ; (*nervi*) ébranlé(e)

scostante [skos'tante] *agg* (*atteggiamento*) rébarbatif(-ive) ; (*individuo*) antipathique

scotch ['skɔtʃ] *sm inv* (*whisky*) scotch *m*

scottare [skot'tare] *vt* (*ustionare*) brûler ; (*Cuc: pollo*) échauder ; (*: verdura*) blanchir, ébouillanter ▸ *vi* brûler ; (*fig: faccenda*) être brûlant(e) ; **scottarsi** *vpr* se brûler ; (*fig*) être échaudé(e)

scottatura [skotta'tura] *sf* brûlure *f*

scotto, -a ['skɔtto] *agg* trop cuit(e) ▸ *sm* (*fig*): **pagare lo ~ (di)** payer les conséquences (de)
scovare [sko'vare] *vt* débusquer ; (*fig*) dénicher, dégoter
Scozia ['skɔttsja] *sf* Écosse *f*
scozzese [skot'tsese] *agg* écossais(e) ▸ *sm/f* Écossais(e)
screditare [skredi'tare] *vt* discréditer ; **screditarsi** *vpr* se discréditer
screen saver ['skrιin'sειvər] *sm inv* (*Inform*) économiseur *m* d'écran
scremato, -a [skre'mato] *agg* écrémé(e)
screpolato, -a [skrepo'lato] *agg* (*labbra*) gercé(e) ; (*muro*) crevassé(e)
screzio ['skrεttsjo] *sm* désaccord *m*, brouille *f*
scricchiolare [skrikkjo'lare] *vi* (*pavimento, sedia*) craquer ; (*porta*) grincer
scrigno ['skriɲɲo] *sm* coffret *m*, écrin *m*
scriminatura [skrimina'tura] *sf* raie *f*
scrissi *ecc* ['skrissi] *vb vedi* **scrivere**
scritta ['skritta] *sf* inscription *f*
scritto, -a ['skritto] *pp di* **scrivere** ▸ *agg* écrit(e)
scrittoio [skrit'tojo] *sm* bureau *m*
scrittore, -trice [skrit'tore] *sm/f* écrivain(e)
scrittura [skrit'tura] *sf* (*anche Dir*) écriture *f* ; (*Cine, Teatro*) engagement *m* ; **le Sacre Scritture** les Saintes Écritures ; **~ privata** écriture privée, acte *m* sous seing privé ; **scritture contabili** écritures
scritturare [skrittu'rare] *vt* (*attore ecc*) engager ; (*Comm: importo*) transcrire
scrivania [skriva'nia] *sf* bureau *m*
scrivere ['skrivere] *vt* écrire ; **come si scrive?** comment est-ce que cela s'écrit ? ; **~ qc a qn** écrire qch à qn ; **~ a penna/a matita** écrire au stylo/au crayon ; **~ qc maiuscolo/minuscolo** écrire qch en majuscules/minuscules
scroccone, -a [skrok'kone] *sm/f* tapeur(-euse) ; (*a cena*) pique-assiette *m/f inv*
scrofa ['skrɔfa] *sf* truie *f*
scrollare [skrol'lare] *vt* (*scuotere*) secouer ; **scrollarsi** *vpr* (*anche fig*) se secouer ; **~ il capo** hocher la tête ; **~ le spalle** hausser les épaules ; **scrollarsi di dosso la malinconia** chasser la mélancolie
scrupolo ['skrupolo] *sm* scrupule *m* ; (*meticolosità*) méticulosité *f* ; **senza scrupoli** sans scrupules
scrupoloso, -a [skrupo'loso] *agg* (*persona*) scrupuleux(-euse) ; (*lavoro*) méticuleux(-euse)
scrutare [skru'tare] *vt* scruter
scucire [sku'tʃire] *vt* découdre ; **scucirsi** *vpr* se découdre
scuderia [skude'ria] *sf* (*anche Aut*) écurie *f*
scudetto [sku'detto] *sm* (*Sport*) championnat *m* ; (*distintivo*) écusson *m*
scudo ['skudo] *sm* (*arma*) bouclier *m* ; (*rivestimento*) écran *m* ; (*Zool*) écusson *m* ; (*Araldica*) écu *m* ; **farsi ~ di** *o* **con qc** se retrancher derrière qch ; **~ aereo** défense *f* antiaérienne ; **~ crociato** (*Pol*) *symbole du parti démocrate-chrétien en Italie* ; **~ missilistico** défense antimissile ; **~ termico** bouclier thermique
sculacciare [skulat'tʃare] *vt* fesser, donner une fessée à
scultore, -trice [skul'tore] *sm/f* sculpteur(-trice)
scultura [skul'tura] *sf* sculpture *f*
scuola ['skwɔla] *sf* école *f* ; (*insieme di istituzioni*) enseignement *m* ; (*di cucito ecc*) cours *msg* ; **~ dell'obbligo** enseignement obligatoire ; **~ elementare/materna** école primaire/maternelle ; **~ guida** auto-école *f* ; **~ media** ≈ collège *m* ; **~ privata/pubblica** école privée/publique ; **~ tecnica** ≈ collège technique ; **scuole serali** cours *mpl* du soir

Depuis l'adoption de la loi sur la réforme de l'éducation en 2003, les enfants italiens vont à la *scuola dell'infanzia* pendant trois ans avant de passer cinq années à la *scuola primaria* (école primaire). Ce premier cycle d'éducation est complété par trois années de *scuola secondaria di primo grado* (l'équivalent du collège en France), puis cinq années de *scuola secondaria di secondo grado*, où les élèves ont le choix entre différents types d'établissements et de spécialisations.

scuotere ['skwɔtere] *vt* secouer, remuer ; (*fig: turbare*) secouer ;

scuotersi *vpr* sursauter ; (*fig*: *da apatia*) se secouer ; (: *turbarsi*) s'émouvoir
scure ['skure] *sf* hache *f*, cognée *f*
scuro, -a ['skuro] *agg* (*stanza, notte*) sombre ; (*colore, capelli, occhi*) foncé(e) ; (*tabacco, birra*) brun(e) ; (*fig*) sombre ▸ *sm* (*buio*) obscurité *f* ; (*imposta*) volet *m* ; **verde/rosso ~** vert/rouge foncé
scusa ['skuza] *sf* excuse *f* ; (*perdono*) pardon *m* ; **chiedere ~ a qn (per/di)** demander pardon à qn (pour/de) ; **chiedo ~** (*mi dispiace*) excuse-/excusez-moi ; (*disturbando ecc*) excuse-/excusez-moi, pardon ; **porgere le proprie scuse a qn** présenter ses excuses à qn ; **tutte scuse!** ce n'est qu'un prétexte *o* une excuse !
scusare [sku'zare] *vt* (*giustificare*) excuser ; (*perdonare*) pardonner ; **scusarsi** *vpr*: **scusarsi (di)** s'excuser (de) ; **scusa!, scusami!** pardon !, excuse-moi ! ; **(mi) scusi!** pardon !, excusez-moi ! ; (*per richiamare l'attenzione*) (je vous demande) pardon!
sdegnato, -a [zdeɲ'ɲato] *agg* indigné(e)
sdegno ['zdeɲɲo] *sm* (*ira*) indignation *f* ; (*disprezzo*) dédain *m*
sdolcinato, -a [zdoltʃi'nato] *agg* doucereux(-euse)
sdraiarsi [zdra'jarsi] *vpr* s'étendre
sdraio ['zdrajo] *sm*: **sedia a ~** chaise *f* longue, transat *m*
sdrucciolevole [zdruttʃo'levole] *agg* glissant(e)
se [se] *pron vedi* **si** ▸ *cong* si ; **se nevica non vengo** s'il neige je ne viens pas ; **se fossi in te** si j'étais toi ; **resta qui se preferisci** reste ici si tu préfères ; **sarei rimasto se me l'avessero chiesto** je serais resté s'ils me l'avaient demandé ; **non puoi fare altro se non telefonare** tu ne peux rien faire d'autre que téléphoner ; **se mai venisse ...** si jamais il venait ... ; **siamo noi se mai che le siamo grati** s'il y a quelqu'un qui doit vous être reconnaissant, c'est bien nous ; **se solo potessi avvertirlo!** si seulement je pouvais l'avertir ! ; **se non altro** au moins, du moins ; **se no** (*altrimenti*) sinon ; **non so se chiederlo** je ne sais pas si je dois le demander ; **non so se scrivere o telefonare** je ne sais pas si je dois écrire ou téléphoner ; **guarda lì sotto se c'è** regarde là-dessous s'il y est
sé [se] *pron* (*indefinito*) soi ; (*definito*: *singolare*) lui (elle) ; (: *plurale*) eux (elles) ; **di per sé non è un problema** ce n'est pas un problème en soi ; **parlare tra sé e sé** se parler à soi-même ; **ridere tra sé e sé** rire dans sa barbe ; **va da sé che ...** il va de soi que ... ; **è un caso a sé (stante)** c'est un cas à part, c'est un cas particulier ; *vedi anche* **stesso**
sebbene [seb'bɛne] *cong* bien que, quoique
sec. *abbr* (= *secolo*) s. ; (= *secondo*) s
secca ['sekka] *sf* (*del mare*) bas-fond *m*
seccare [sek'kare] *vt* (*rendere secco*) sécher ; (*prosciugare*) assécher ; (*fig*: *importunare*) ennuyer, embêter ▸ *vi* (*diventare secco*) sécher ; (*prosciugarsi*) s'assécher ; **seccarsi** *vpr* (*fiori, torrente, gola*) se dessécher ; (*fig*) se fâcher ; **si è seccato molto** cela l'a beaucoup contrarié
seccato, -a [sek'kato] *agg* séché(e) ; (*fig*: *infastidito*) fâché(e), contrarié(e) ; (: *stufo*) fatigué(e)
seccatura [sekka'tura] *sf* (*fig*) embêtement *m*, ennui *m*
seccherò *ecc* [sekke'rɔ] *vb vedi* **seccare**
secchiello [sek'kjɛllo] *sm* (*per bambini*) (petit) seau *m*
secchio ['sekkjo] *sm* seau *m*
secco, -a, -chi, -che ['sekko] *agg* (*anche fig*) sec (sèche) ; (*pozzo, sorgente*) à sec, tari(e) ; (*ramo, foglia*) mort(e) ▸ *sm* (*siccità*) sécheresse *f* ; **avere la gola secca** avoir la gorge sèche ; **far ~ qn** (*fig*) tuer qn sur le coup ; **restarci ~** (*fig*: *morire*) mourir sur le coup ; **lavare a ~** nettoyer à sec ; **tirare a ~** (*barca ecc*) mettre en cale sèche ; **rimanere in** *o* **a secca** (*Naut*) s'échouer ; (*fig*: *senza soldi*) être à sec, être fauché(e)
secolare [seko'lare] *agg* séculaire ; (*laico*) séculier(-ière)
secolo ['sɛkolo] *sm* siècle *m* ; **la scoperta del ~** la découverte du siècle ; **al ~** (*con nomi*) de son vrai nom
seconda [se'konda] *sf* (*Scol*: *elementare*) ≈ CE1 *m* (cours élémentaire 1) ; (: *media*) ≈ cinquième *f* ; (*Aut, Ferr*) seconde *f* ; **comandante in ~** commandant *m* en second ; **a ~ che** selon que, suivant que ; **a ~ di** selon ; *vedi anche* **secondo**
secondario, -a [sekon'darjo] *agg* (*aspetto, problema*) secondaire ; (*proposizione*) subordonné(e) ; **scuole secondarie** écoles *fpl* secondaires

S

secondo, -a [se'kondo] *agg* second(e), deuxième ▶ *sm/f* second(e), deuxième *m/f* ▶ *sm* (*anche*: **minuto secondo**) seconde *f*; (*portata*) plat *m* de résistance ▶ *prep*: **~ me/lui** d'après moi/lui ; **in ~ luogo** en second lieu ; **di seconda mano** (*merce*) d'occasion ; (*notizia*) de seconde main ; **passare in ~ piano** passer au second plan ; **~ la legge** selon la loi ; **seconda classe** (*Ferr*) deuxième classe *f*, seconde *f* (classe) ; **seconda colazione** déjeuner *m* ; *vedi anche* **seconda**

sedano ['sɛdano] *sm* céleri *m*

sedativo, -a [seda'tivo] *agg* sédatif(-ive) ▶ *sm* sédatif *m*

sede ['sɛde] *sf* siège *m* ; **in ~ di** (*in occasione di*) pendant ; **in altra ~** dans un autre lieu ; **in separata ~** (*fig*: *privatamente*) entre quatre z'yeux ; **in ~ legislativa** *au sein d'une commission parlementaire ayant le pouvoir d'approuver une loi* ; **un'azienda con diverse sedi in città** une entreprise ayant plusieurs succursales en ville ; **la Santa S~** le Saint-Siège ; **~ centrale** maison *f* mère ; **~ sociale** siège social ; **~ stradale** chaussée *f*

sedentario, -a [seden'tarjo] *agg* sédentaire

sedere [se'dere] *vi* être assis(e) ; (*in adunanza, tribunale ecc*) siéger ▶ *sm* (*Anat*) derrière *m* ; **sedersi** *vpr* s'asseoir ; **posto a ~** place *f* assise

sedia ['sɛdja] *sf* chaise *f* ; **~ a rotelle** fauteuil *m* roulant ; **~ elettrica** chaise électrique

sedici ['seditʃi] *agg inv, sm inv* seize (*m*) *inv* ; *vedi anche* **cinque**

sedile [se'dile] *sm* (*in veicoli*) siège *m* ; (*panchina*) banquette *f*

seducente [sedu'tʃɛnte] *agg* séduisant(e)

sedurre [se'durre] *vt* séduire

seduta [se'duta] *sf* (*riunione*) séance *f* ; (*con medico, legale*) consultation *f* ; **essere in ~** être en conférence ; **~ spiritica** séance de spiritisme ; **~ stante** (*fig*) séance tenante, sur-le-champ

seduzione [sedut'tsjone] *sf* séduction *f* ; (*fascino*) charme *m*

SEeO *abbr* (= *salvo errori e omissioni*) SEO

sega, -ghe ['sega] *sf* scie *f*

segale ['segale] *sf* seigle *m* ; **pane di ~** pain *m* de seigle

segare [se'gare] *vt* scier ; (*stringere*: *polsi ecc*) couper

seggio ['sɛddʒo] *sm* siège *m* ; **~ elettorale** (*per votazioni*) bureau *m* de vote

seggiola ['sɛddʒola] *sf* chaise *f*

seggiolone [seddʒo'lone] *sm* (*per bambini*) chaise *f* d'enfants, chaise haute

seggiovia [seddʒo'via] *sf* télésiège *m*

segherò *ecc* [sege'rɔ] *vb vedi* **segare**

segnalare [seɲɲa'lare] *vt* signaler ; (*persona*: *per lavoro*) recommander ; **segnalarsi** *vpr* (*per abilità ecc*) se distinguer

segnale [seɲ'ɲale] *sm* signal *m* ; **il telefono dà il ~ di occupato** le téléphone sonne occupé ; **~ acustico** signal acoustique ; **~ d'allarme** signal d'alarme ; **~ elettrico/luminoso** signal électrique/lumineux ; **~ orario** signal horaire ; **~ stradale** signal de route

segnalibro [seɲɲa'libro] *sm* signet *m*

segnare [seɲ'ɲare] *vt* marquer ; (*prendere nota*) noter, enregistrer ; (*Sport*: *goal*) marquer ; **segnarsi** *vpr* (*Rel*) faire le signe de la croix, se signer ; **~ il passo** marquer le pas ; **l'orologio segna le quattro** l'horloge indique quatre heures ; **segnò la fine della loro amicizia** cela marqua la fin de leur amitié

segno ['seɲɲo] *sm* signe *m* ; (*impronta*) trace *f* ; **fare ~ di sì/no** faire signe que oui/non ; **fare ~ a qn di fermarsi** faire signe à qn de s'arrêter ; **cogliere** *o* **colpire nel ~** (*fig*: *indovinare*) deviner juste ; (*raggiungere l'effetto*) faire mouche ; **in** *o* **come ~ d'amicizia** en signe d'amitié ; **lasciare il ~** (*anche fig*) laisser des traces ; **passare il ~** dépasser les bornes ; **il ~ della croce** le signe de la croix ; **~ zodiacale** signe du zodiaque *o* zodiacal ; **segni particolari** (*su documento*) signes particuliers

segretario, -a [segre'tarjo] *sm/f* secrétaire *m/f* ; **~ comunale** secrétaire de mairie ; **~ di partito** secrétaire de parti ; **~ di Stato** (*negli Stati Uniti*) secrétaire d'État

segreteria [segrete'ria] *sf* secrétariat *m* ; **~ telefonica** répondeur *m* téléphonique, messagerie *f* vocale

segreto, -a [se'greto] *agg* secret(-ète) ▶ *sm* secret *m* ; **in ~** en secret ; **~ professionale** secret professionnel

seguace [se'gwatʃe] *sm/f* (*di dottrina*) disciple *m/f*; (*di ideologia*) partisan(e)
seguente [se'gwɛnte] *agg* suivant(e)
seguire [se'gwire] *vt, vi* suivre; **~ i consigli di qn** suivre les conseils de qn; **come segue** ainsi, de la façon suivante; **«segue»** «à suivre»
seguitare [segwi'tare] *vt* continuer, poursuivre ▸ *vi*: **~ (a fare qc)** continuer (à *o* de faire qch)
seguito ['segwito] *sm* (*continuazione*) suite *f*; (*discepoli*) disciple *m*, adepte *m/f*; (*consenso*) succès *msg*; **di ~** de suite, sans arrêt; **in ~** ensuite, par la suite; **in ~ a, a ~ di** (*dopo*) suite à; (*a causa di*) à la suite de; **essere al ~ di qn** faire partie de la suite de qn; **non aver ~** (*conseguenze*) ne pas avoir de suite(s); **facciamo ~ alla lettera del 9/1/93** suite à la lettre du 9/1/93
sei ['sɛi] *vb vedi* **essere** ▸ *agg inv, sm inv* six (*m*) *inv*; *vedi anche* **cinque**
seicento [sei'tʃɛnto] *agg inv, sm inv* six cents (*m*) *inv* ▸ *sm*: **il S~** le dix-septième siècle
selciato [sel'tʃato] *sm* pavé *m*
selezionare [selettsjo'nare] *vt* sélectionner
selezione [selet'tsjone] *sf* sélection *f*; **fare una ~** faire une sélection
sella ['sɛlla] *sf* selle *f*
sellino [sel'lino] *sm* selle *f*
selvaggina [selvad'dʒina] *sf* gibier *m*
selvaggio, -a, -gi, -ge [sel'vaddʒo] *agg, sm/f* sauvage *m/f*
selvatico, -a, -ci, -che [sel'vatiko] *agg* sauvage
semaforo [se'maforo] *sm* feu *m*
sembrare [sem'brare] *vi* sembler, paraître ▸ *vb impers*: **sembra che** il semble que, on dirait que; **questa macchina sembra nuova** cette voiture semble *o* paraît neuve; **sembrava un gentiluomo** il semblait *o* il paraissait être un gentleman; **mi sembra che** il me semble que; **sembrava volerci aiutare** il avait l'air de vouloir nous aider, on aurait dit qu'il voulait nous aider; **non mi sembra vero!** je n'en crois pas mes oreilles!
seme ['seme] *sm* (*Bot*) graine *f*; (*: di pere, mele, uva*) pépin *m*; (*semente*) semence *f*; (*sperma*) sperme *m*; (*Carte*) couleur *f*; (*fig: causa, origine*) germe *m*
semestre [se'mɛstre] *sm* semestre *m*
semifinale [semifi'nale] *sf* demi-finale *f*
semifreddo [semi'freddo] *sm* (*dolce*) entremets *msg* glacé, parfait *m*
seminare [semi'nare] *vt* semer
seminario [semi'narjo] *sm* séminaire *m*
seminterrato [seminter'rato] *sm* sous-sol *m*
semola ['semola] *sf* semoule *f*; **~ di grano duro** semoule de blé dur
semolino [semo'lino] *sm* semoule *f*
semplice ['semplitʃe] *agg* simple; **è una ~ formalità** ce n'est qu'une formalité, c'est une simple formalité
sempre ['sɛmpre] *avv* toujours; **da ~** depuis toujours; **per ~** pour toujours, à jamais; **una volta per ~** une fois pour toutes; **~ che** à condition que, si toutefois, en admettant que; **~ più** de plus en plus; **~ meno** de moins en moins; **va ~ meglio** cela va de mieux en mieux; **è ~ meglio che niente** c'est toujours mieux que rien; **è (pur) ~ tuo fratello** il n'empêche que c'est ton frère, il n'en est pas moins ton frère; **posso ~ tentare** je peux toujours essayer; **c'è ~ la possibilità che ...** il y a toujours la possibilité que ..., il reste quand même la possibilité que ...
sempreverde [sempre'verde] *agg* (*Bot*) à feuilles persistantes, semper virens *inv* ▸ *sm o sf* plante *f o* arbre *m* à feuilles persistantes, semper virens *msg inv*
senape ['sɛnape] *sf* (*Cuc*) moutarde *f*
senato [se'nato] *sm* sénat *m*

> Le **senato** est la Chambre haute du Parlement italien; ses fonctions sont similaires à celles de la *Camera dei deputati*. Les candidats doivent avoir 40 ans au minimum; quant aux électeurs, ils doivent être âgés de plus de 25 ans. Les élections sont organisées tous les cinq ans. Les anciens chefs d'État deviennent sénateurs à vie, et la même distinction revient à cinq membres du public choisis par le président de la République pour leurs accomplissements scientifiques, sociaux, artistiques ou littéraires. La Chambre est présidée par le *Presidente del Senato* qui est élu par les sénateurs.

senatore [sena'tore] *sm* sénateur *m*
senno ['senno] *sm* sagesse *f*, bon sens *msg*; **col ~ di poi** avec un peu de recul, après coup

S

seno ['seno] *sm* (*anche fig*) sein *m* ; (*petto*) sein, poitrine *f* ; (*Mat, fig: cavità*) sinus *msg* ; (*Geo*) anse *f*, crique *f* ; **in ~ a** (*entro, nell'ambito di*) au sein de
sensato, -a [sen'sato] *agg* sensé(e), judicieux(-euse)
sensazionale [sensattsjo'nale] *agg* sensationnel(le)
sensazione [sensat'tsjone] *sf* sensation *f* ; (*impressione, presentimento*) sensation, impression *f* ; **avere la ~ che** avoir la sensation *o* l'impression que ; **fare ~** faire sensation
sensibile [sen'sibile] *agg* sensible ; **~ a** sensible à
senso ['sɛnso] *sm* sens *msg* ; (*impressione, sensazione*) sensation *f*, impression *f* ; **sensi** *smpl* (*sensualità*) sens *mpl* ; (*coscienza*) connaissance *fsg*, sens *mpl* ; **avere ~ pratico** avoir le sens pratique ; **avere un sesto ~** avoir un sixième sens ; **fare ~ (a)** (*ripugnare*) répugner (à) ; **ciò non ha ~** (*non significa nulla*) cela ne veut rien dire ; (*è illogico*) cela ne rime à rien ; **nel ~ che** en ce sens que ; **nel vero ~ della parola** au sens propre du mot ; **nel ~ della lunghezza/della larghezza** dans le sens de la longueur/de la largeur ; **in ~ opposto** en sens inverse ; **in ~ orario/antiorario** dans le sens des aiguilles d'une montre/dans le sens contraire à celui des aiguilles d'une montre ; **ho dato disposizioni in quel ~** j'ai donné des instructions dans ce sens ; **~ comune** sens commun ; **~ di colpa** sentiment *m* de culpabilité ; **~ del dovere** sens du devoir ; **~ dell'umorismo** sens de l'humour ; **~ unico** sens unique ; **~ vietato** sens interdit
sensuale [sensu'ale] *agg* sensuel(le)
sentenza [sen'tɛntsa] *sf* (*Dir*) sentence *f*, jugement *m* ; (*massima*) maxime *f*
sentiero [sen'tjɛro] *sm* (*anche fig*) sentier *m*
sentimentale [sentimen'tale] *agg* sentimental(e)
sentimento [senti'mento] *sm* sentiment *m*
sentinella [senti'nɛlla] *sf* sentinelle *f*
sentire [sen'tire] *vt* sentir ; (*al tatto*) sentir, toucher ; (*sapore*) goûter ; (*udire*) entendre ; (*ascoltare, dar retta a*) écouter ; (*consultare*) consulter ; (*provare: sentimento, sensazione*) ressentir, éprouver ▸ *vi*: **~ di** sentir ; **sentirsi** *vpr* se sentir ; **ho sentito dire che ...** j'ai entendu dire que ... ; **a ~ lui ...** à l'entendre ..., à l'en croire ... ; **fatti ~!** donne de tes nouvelles ! ; **intendo ~ il mio legale** j'ai l'intention de consulter mon avocat ; **~ il polso a qn** tâter le pouls de qn ; **~ la mancanza di qn** ressentir l'absence de qn ; **sento molto la sua mancanza** elle me manque beaucoup ; **come ti senti?** comment te sens-tu ? ; **non mi sento bene** je ne me sens pas bien ; **te la senti di farlo?** tu penses pouvoir le faire ? ; **non me la sento** je n'en ai pas le courage ; **ci sentiamo!** à un de ces jours ! ; (*al telefono*) on se rappelle !
sentito, -a [sen'tito] *agg* (*ringraziamenti, auguri*) sincère ; **per ~ dire** par ouï-dire
senza ['sɛntsa] *prep, cong* sans ; **~ dir nulla** sans rien dire ; **~ contare che ...** sans compter que ... ; **~ di me** sans moi ; **~ che io lo sapessi** sans que je le sache ; **senz'altro** sans faute, certainement ; **~ dubbio** sans aucun doute ; **~ scrupoli** sans scrupules ; **fare ~ qc** se passer de qch
separare [sepa'rare] *vt* séparer ; **separarsi** *vpr* se séparer ; **separarsi da** se séparer de
separato, -a [sepa'rato] *agg* séparé(e)
seppellire [seppel'lire] *vt* enterrer, ensevelir ; (*oggetto*) ensevelir, enfouir
seppi *ecc* ['sɛppi] *vb vedi* **sapere**
seppia ['seppja] *sf* seiche *f* ▸ *agg inv* sépia *inv*
sequenza [se'kwɛntsa] *sf* (*serie*) suite *f* ; (*Cine, serie di carte*) séquence *f*
sequenziamento [sekwentsja'mento] *sm* séquençage *m*
sequestrare [sekwes'trare] *vt* (*Dir*) saisir, confisquer ; (*rapire*) enlever, kidnapper ; (*tenere in isolamento*) séquestrer
sequestro [se'kwɛstro] *sm* (*Dir*) séquestre *m*, saisie *f* ; **~ di persona** enlèvement *m* de personne, rapt *m*, kidnapping *m*
sera ['sera] *sf* soir *m* ; **di ~** le soir ; **domani ~** demain soir ; **questa ~** ce soir
serale [se'rale] *agg* du soir
serata [se'rata] *sf* soirée *f* ; (*spettacolo*) représentation *f*

serbare [ser'bare] *vt* (*denaro*) mettre de côté ; (*segreto*) garder ; **~ rancore a qn** garder rancune à qn
serbatoio [serba'tojo] *sm* réservoir *m* ; (*cisterna*) citerne *f*
serbo[1] ['sɛrbo] *sm*: **tenere** *o* **avere in ~ qc** garder *o* avoir qch de côté
serbo[2], -a ['sɛrbo] *agg* serbe ▶ *sm/f* Serbe *m/f* ▶ *sm* serbe *m*
sereno, -a [se'reno] *agg* serein(e) ▶ *sm* beau temps *msg* ; **un fulmine a ciel ~** (*fig*) un coup de massue
sergente [ser'dʒɛnte] *sm* sergent *m* ; **~ maggiore** sergent-major *m*
serie ['sɛrje] *sf inv* série *f* ; (*Calcio*) division *f* ; **modello di ~/fuori ~** (*Comm*) modèle *m* de série/hors-série ; **squadra di ~ A/B** ≈ équipe de 1re/2e division ; **in ~** (*produzione*) en série ; **tutta una ~ di problemi** toute une série de problèmes
serietà [serje'ta] *sf* sérieux *m*
serio, -a ['sɛrjo] *agg* sérieux(-euse) ▶ *sm*: **sul ~** (*davvero*) sérieusement ; (*seriamente*) sérieusement, pour de bon ; **dico sul ~** je parle sérieusement ; **faccio sul ~** je ne plaisante pas ; **prendere qc/qn sul ~** prendre qch/qn au sérieux
serpente [ser'pɛnte] *sm* serpent *m* ; (*pelle*) peau *f* de serpent ; (*peg*: *fig*) vipère *f* ; **~ a sonagli** serpent à sonnettes
serra ['sɛrra] *sf* (*Bot, Geo*) serre *f* ▶ *agg inv*: **effetto ~** effet de serre
serranda [ser'randa] *sf* rideau *m* de fer
serratura [serra'tura] *sf* serrure *f*
server ['server] *sm inv* (*Inform*) serveur *m*
servire [ser'vire] *vt* servir ; (*Calcio ecc*) passer le ballon à ; (: *rimessa*) remettre en jeu ; (*Carte*) distribuer ; (*sogg*: *servizio pubblico*) desservir ▶ *vi* (*anche Sport*) servir ; **servirsi** *vpr* se servir ; **~ Messa** servir la messe ; **~ a/a fare** servir à/à faire ; **~ (a qn) di** servir (à qn) de ; **non mi serve più** je n'en ai plus besoin ; **non serve che lei vada** il n'est pas utile que vous y alliez ; **servirsi di qc** se servir de qch ; **servirsi da** (*in negozio*) se servir chez ; **serviti pure!** sers-toi !
servizievole [servit'tsjevole] *agg* serviable
servizio [ser'vittsjo] *sm* service *m* ; (*Stampa, TV, Radio*) reportage *m* ; **servizi** *smpl* (*strutture*) services *mpl* ; (*di casa*) salle *fsg* de bains et toilettes ; **prendere a ~** (*domestica*) engager, prendre à son service ; **donna a mezzo ~** femme *f* de ménage à mi-temps ; **entrata di ~** entrée *f* de service ; **essere di ~** être de service ; **fuori ~** (*telefono*) en dérangement ; (*toilette*) hors d'usage ; (*macchine*) en panne ; **~ compreso/escluso** service compris/non compris ; **casa con doppi servizi** maison *f* avec deux salles de bains ; **~ assistenza clienti** service après-vente ; **~ d'ordine** service d'ordre ; **~ da tè** service à thé ; **~ di posate** ménagère *f* ; **~ fotografico** reportage photographique ; **~ militare** service militaire ; **servizi di sicurezza** services de la sûreté ; **servizi segreti** services secrets
sessanta [ses'santa] *agg inv, sm inv* soixante (*m*) *inv* ; *vedi anche* **cinque**
sessantesimo, -a [sessan'tɛzimo] *agg, sm/f* soixantième *m/f*
sessione [ses'sjone] *sf* session *f*
sesso ['sɛsso] *sm* sexe *m* ; **il ~ debole/forte** le sexe faible/fort
sessuale [sessu'ale] *agg* sexuel(le)
sestante [ses'tante] *sm* sextant *m*
sesto, -a ['sɛsto] *agg, sm/f* sixième *m/f* ▶ *sm* sixième *m* ; **rimettere in ~** (*aggiustare*) remettre en état ; (*fig*: *persona*) remettre sur pied, remettre d'aplomb
seta ['seta] *sf* soie *f*
sete ['sete] *sf* soif *f* ; **avere ~** avoir soif ; **~ di potere** soif de pouvoir
setola ['setola] *sf* (*di maiale, cinghiale*) soie *f* ; (*di cavallo*) crin *m*
setta ['sɛtta] *sf* secte *f*
settanta [set'tanta] *agg inv, sm inv* soixante-dix (*m*) *inv* ; *vedi anche* **cinque**
settantesimo, -a [settan'tɛzimo] *agg, sm/f* soixante-dixième *m/f*
settare [set'tare] *vt* (*Inform*) configurer
sette ['sɛtte] *agg inv, sm inv* sept (*m*) *inv* ; *vedi anche* **cinque**
settecento [sette'tʃɛnto] *agg inv, sm inv* sept cents *m inv* ▶ *sm*: **il S~** le dix-huitième siècle
settembre [set'tɛmbre] *sm* septembre *m* ; *vedi anche* **luglio**
settentrionale [settentrjo'nale] *agg* septentrional(e), du nord ▶ *sm/f* (*in Italia*) habitant(e) du Nord (de l'Italie)
settentrione [setten'trjone] *sm* nord *m*
settimana [setti'mana] *sf* semaine *f* ; **a metà ~** au milieu de la semaine ;

S

~ corta semaine de 5 jours ; **~ santa** semaine sainte
settimanale [settima'nale] *agg, sm* hebdomadaire *(m)*
settimo, -a ['sɛttimo] *agg, sm/f* septième *m/f* ▸ *sm* septième *m* ; **essere al ~ cielo** être au septième ciel
settore [set'tore] *sm* secteur *m* ; **~ privato/pubblico** secteur privé/public ; **~ terziario** secteur tertiaire
severità [severi'ta] *sf* sévérité *f*
severo, -a [se'vɛro] *agg* sévère
seviziare [sevit'tsjare] *vt* exercer des sévices sur, torturer
sezionare [settsjo'nare] *vt* sectionner ; *(Med)* disséquer
sezione [set'tsjone] *sf* section *f* ; *(Med)* dissection *f* ; *(Disegno)* section, coupe *f*
sfacchinata [sfakki'nata] *sf (fam)* corvée *f*
sfacciato, -a [sfat'tʃato] *agg* effronté(e)
sfamare [sfa'mare] *vt* nourrir, rassasier ; **sfamarsi** *vpr* se nourrir, manger à sa faim
sfasciare [sfaʃ'ʃare] *vt (ferita)* débander ; *(neonato)* enlever les langes à ; *(distruggere)* démolir, mettre en pièces ; **sfasciarsi** *vpr (rompersi)* se fracasser ; *(fig: dissolversi)* se disloquer
sfavorevole [sfavo'revole] *agg* défavorable
sfera ['sfɛra] *sf* sphère *f* ; *(fig: condizione sociale)* milieu *m* ; *(: ambito, settore)* sphère, domaine *m* ; **~ di influenza** sphère d'influence
sferrare [sfer'rare] *vt (fig: pugno, calcio)* lancer ; *(: attacco)* déclencher
sfida ['sfida] *sf* défi *m*
sfidare [sfi'dare] *vt (a duello, gara)* défier ; *(fig)* défier, braver ; **~ qn a fare qc** défier qn de faire qch ; **~ il pericolo** braver le danger ; **sfido che ...** je parie que ...
sfiducia [sfi'dutʃa] *sf* méfiance *f*, manque *m* de confiance ; *(sconforto)* découragement *m* ; **voto di ~** *(Pol)* motion *f* de censure
sfigurare [sfigu'rare] *vt* défigurer ▸ *vi* faire piètre figure
sfilare [sfi'lare] *vt (ago)* désenfiler ; *(abito, scarpe)* enlever ▸ *vi* défiler ; **sfilarsi** *vpr (perle)* se désenfiler ; *(orlo, tessuto)* s'effiler ; *(calza)* filer ; **sfilarsi la gonna** enlever sa jupe
sfilata [sfi'lata] *sf* défilé *m* ; **~ di moda** défilé de mode
sfinge ['sfindʒe] *sf* sphinx *m*
sfinito, -a [sfi'nito] *agg* épuisé(e)
sfiorare [sfjo'rare] *vt* frôler ; *(argomento)* effleurer ; *(successo)* friser ; **~ la velocità di 150 km/h** friser les 150 km/h
sfiorire [sfjo'rire] *vi* se faner, se flétrir ; *(fig)* se faner
sfocato, -a [sfo'kato] *agg (Fot)* flou(e)
sfociare [sfo'tʃare] *vi*: **~ in** *(corso d'acqua)* se jeter dans ; *(fig: malcontento)* aboutir à
sfoderato, -a [sfode'rato] *agg* sans doublure
sfogare [sfo'gare] *vt* donner libre cours à ; **sfogarsi** *vpr (persona)* se défouler ; **sfogarsi con qn** *(confidarsi)* s'épancher auprès de qn, ouvrir son cœur à qn
sfoggiare [sfod'dʒare] *vt (eleganza, erudizione)* étaler, faire étalage de ; *(vestito)* exhiber, arborer ▸ *vi (vivere nel lusso)* mener grand train ; **sfoggiava nel vestire** elle faisait étalage de ses toilettes
sfoglia ['sfɔʎʎa] *sf (Cuc)* abaisse *f* ; **pasta ~** pâte *f* feuilletée
sfogliare [sfoʎ'ʎare] *vt* feuilleter
sfogo, -ghi ['sfogo] *sm (di gas, liquidi)* sortie *f* ; *(di ambiente)* ouverture *f* ; *(Med: eruzione cutanea)* éruption *f* ; *(fig: di dolore)* épanchement *m* ; *(: di collera)* explosion *f* ; **dare ~ a** *(fig)* donner libre cours à
sfondare [sfon'dare] *vt (scatola, sedia)* défoncer ; *(porta)* enfoncer, défoncer ; *(Mil, scarpe)* percer ▸ *vi (attore, artista)* percer
sfondo ['sfondo] *sm (Arte)* fond *m*, arrière-plan *m* ; *(fig: di film, romanzo ecc)* toile *f* de fond
sformato, -a [sfor'mato] *agg* déformé(e) ▸ *sm (Cuc)* gratin *m*
sfortuna [sfor'tuna] *sf* malchance *f* ; **avere ~** avoir de la malchance ; **che ~!** ce n'est vraiment pas de chance !, quelle déveine !
sfortunato, -a [sfortu'nato] *agg* malchanceux(-euse) ; **~ al gioco** malchanceux(-euse) au jeu
sforzare [sfor'tsare] *vt (voce)* forcer ; **sforzarsi** *vpr*: **sforzarsi di** *o* **a fare qc** s'efforcer de faire qch ; **~ qn (a fare qc)** forcer qn (à faire qch)

sforzo ['sfɔrtso] *sm* effort *m* ; **fare uno ~** faire un effort ; **essere sotto ~** (*motore, macchina*) être trop poussé(e)
sfrattare [sfrat'tare] *vt* expulser
sfratto ['sfratto] *sm* (*Dir*) expulsion *f* ; **dare lo ~ a qn** expulser qn, sommer qn de déménager
sfrecciare [sfret'tʃare] *vi* filer à toute vitesse
sfregare [sfre'gare] *vt* (*strofinare*) frotter ; (*graffiare*) rayer ; **sfregarsi le mani** se frotter les mains ; **~ un fiammifero** frotter une allumette
sfregiare [sfre'dʒare] *vt* (*persona*) balafrer ; (*quadro*) rayer
sfrenato, -a [sfre'nato] *agg* (*corsa*) effréné(e) ; (*lusso*) effréné(e), démesuré(e)
sfrontato, -a [sfron'tato] *agg* effronté(e)
sfruttamento [sfrutta'mento] *sm* exploitation *f* ; (*anche fig*) utilisation *f* ; **~ della prostituzione** proxénétisme *m*
sfruttare [sfrut'tare] *vt* exploiter ; (*utilizzare*: *spazio*) utiliser ; (*fig*: *occasione, potere*) profiter de
sfuggire [sfud'dʒire] *vi* fuir ; **~ a** échapper à ; **~ di mano a qn** (*vaso*) échapper des mains à qn ; (*situazione*) échapper à qn ; **lasciarsi ~ un'occasione** rater une occasion ; **~ al controllo** échapper au contrôle ; **mi sfugge il nome** le nom m'échappe
sfumare [sfu'mare] *vt* (*colore, contorni*) estomper ; (*capelli*) couper en dégradé ▸ *vi* (*nebbia*) se dissiper ; (*colori, contorni*) s'estomper ; (*fig*: *speranze*) s'évanouir
sfumatura [sfuma'tura] *sf* nuance *f* ; (*fig*: *ironica, di disprezzo*) pointe *f* ; (*di capelli*) (coupe *f* en) dégradé *m*
sfuriata [sfu'rjata] *sf* accès *m* de colère ; **fare una ~ a qn** piquer une crise contre qn
sgabello [zga'bɛllo] *sm* tabouret *m*
sgabuzzino [zgabud'dzino] *sm* débarras *msg*, cagibi *m*
sgambettare [zgambet'tare] *vi* gigoter ; (*camminare*) trottiner
sgambetto [zgam'betto] *sm*: **far lo ~ a qn** faire un croche-pied à qn, faire un croc-en-jambe à qn ; (*fig*) couper l'herbe sous le pied à qn, supplanter qn
sganciare [zgan'tʃare] *vt* décrocher ; (*bomba*) lâcher, larguer ; (*missile*) lancer ; (*fam*: *fig*: *soldi*) lâcher ; **sganciarsi** *vpr* se décrocher ; **sganciarsi (da)** (*fig*) se débarrasser (de)
sgangherato, -a [zgange'rato] *agg* (*porta*) dégondé(e) ; (*auto*) démoli(e), déglingué(e) ; **una risata sgangherata** un éclat de rire
sgarbato, -a [zgar'bato] *agg* (*gesto*) grossier(-ière) ; (*persona*) impoli(e)
sgarbo ['zgarbo] *sm* impolitesse *f*, incorrection *f* ; **fare uno ~ a qn** commettre une impolitesse envers qn
sgargiante [zgar'dʒante] *agg* voyant(e)
sgattaiolare [zgattajo'lare] *vi* s'éclipser, s'esquiver
sgelare [zdʒe'lare] *vt, vi* dégeler
sghignazzare [zgiɲɲat'tsare] *vi* ricaner
sgobbare [zgob'bare] *vi* (*fam*) bosser, trimer
sgomberare [zgombe'rare] *vt* (*tavolo*) débarrasser ; (*stanza*) débarrasser, déblayer ; (*piazza, città*) évacuer ▸ *vi* déménager
sgombro, -a ['zgombro] *agg* (*stanza, mobile*) vide ; (*fig*: *mente*) libre ▸ *sm* (*Zool*) maquereau *m* ; (*di feriti ecc*) évacuation *f*
sgonfiare [zgon'fjare] *vt* (*pneumatico*) dégonfler ; (*caviglie, ematoma*) désenfler ; **sgonfiarsi** *vpr* (*vedi vt*) se dégonfler ; (se) désenfler
sgonfio, -a ['zgonfjo] *agg* (*vedi vt*) dégonflé(e) ; désenflé(e)
sgorbio ['zgɔrbjo] *sm* griffonnage *m*, gribouillis *msg*
sgradevole [zgra'devole] *agg* désagréable, déplaisant(e)
sgradito, -a [zgra'dito] *agg* désagréable
sgranare [zgra'nare] *vt* (*piselli*) écosser ; **~ gli occhi** (*fig*) écarquiller les yeux
sgranchire [zgran'kire] *vt* (*anche*: **sgranchirsi**) se dégourdir ; **sgranchirsi le gambe** se dégourdir les jambes
sgranocchiare [zgranok'kjare] *vt* croquer
sgravio ['zgravjo] *sm*: **~ fiscale** dégrèvement *m* (d'impôt)
sgraziato, -a [zgrat'tsjato] *agg* disgracieux(-euse)
sgridare [zgri'dare] *vt* gronder
sgualcire [zgwal'tʃire] *vt* froisser, chiffonner
sgualdrina [zgwal'drina] *sf* (*peg*) garce *f*

S

sguardo ['zgwardo] *sm* regard *m* ; (*occhiata*) coup *m* d'œil ; **dare uno ~ a qc** jeter un coup d'œil à qch ; **alzare** *o* **sollevare lo ~** lever les yeux ; **cercare qc/qn con lo ~** chercher qch/qn des yeux

sguazzare [zgwat'tsare] *vi* (*nell'acqua*) patauger ; **~ in** (*fig*: *trovarsi bene*) être à son aise dans ; **~ nell'oro** (*fig*) rouler sur l'or

sguinzagliare [zgwintsaʎ'ʎare] *vt* (*cane*) lâcher ; (*fig*: *persona*) lancer ; **~ qn dietro a qn** lancer qn à la recherche de qn

sgusciare [zguʃ'ʃare] *vt* (*uova*) éplucher ; (*piselli*) écosser ; (*castagne*) décortiquer ▸ *vi* (*scivolare*) glisser ; (*sfuggire di mano*) s'échapper ; **~ via** s'esquiver, se dérober

shampoo [ʃæm'pu:] *sm inv* shampooing *m*, shampoing *m*

shiatzu [ʃi'atstsu] *sm inv* shiatsu *m*

shock [ʃɔk] *sm inv* choc *m*

PAROLA CHIAVE

si [si] (*dav lo, la, li, le, ne diventa* **se**) *pron*
1 (*in riflessivi*) se ; **lavarsi** se laver ; **si è lavata** elle s'est lavée ; **si è tagliato** il s'est coupé ; **si credono importanti** ils se croient importants ; **odiarsi** se détester ; **si amano** ils s'aiment
2 (*con complemento oggetto*): **lavarsi le mani** se laver les mains ; **sporcarsi i pantaloni** salir son pantalon ; **si sta lavando i capelli** il est en train de se laver les cheveux
3 (*passivo*): **si ripara facilmente** cela se répare facilement ; **affittasi camera** chambre à louer
4 (*impersonale*) on ; **si dice che ...** on dit que ... ; **si vede che è vecchio** on voit qu'il est vieux ; **non si fa credito** on ne fait pas crédit ; **ci si sbaglia facilmente** on s'y trompe facilement
5 (*noi*) on ; **tra poco si parte** on part sous peu, on part bientôt
▸ *sm inv* (*Mus*) si *m*

sì [si] *avv* oui ; (*in risposte ad interrogative negative*) si ▸ *sm* oui *m* ; **dire (di) sì** dire (que) oui ; **spero/penso di sì** j'espère/je pense que oui ; **fece di sì col capo** il fit signe que oui de la tête ; **uno sì e uno no** un sur deux ; **un giorno sì e uno no** un jour sur deux, tous les deux jours ; **saranno stati sì e no in venti** ils étaient environ une vingtaine ; **la finite, sì o no?** vous avez fini, oui ou non ? ; **non ti interessa? – sì!** ça ne t'intéresse pas ? – si ! ; **per me è sì** pour moi c'est oui ; **e sì che ...** et dire que ... ; **non mi aspettavo un sì** je ne m'attendais pas à un oui

sia[1] ['sia] *cong*: **~ che lavori, ~ che non lavori** qu'il travaille ou non ; **verranno ~ Luigi che suo fratello** Luigi et son frère viendront l'un comme l'autre ; **questa sedia è ~ bella che comoda** cette chaise est aussi belle que confortable

sia[2] ['sia] *vb vedi* **essere**

siamo ['sjamo] *vb vedi* **essere**

sicario [si'karjo] *sm/f* tueur(-euse) à gages

sicché [sik'ke] *cong* (*perciò*) de sorte que, c'est pourquoi ; (*e quindi*) donc, alors

siccità [sittʃi'ta] *sf* sécheresse *f*

siccome [sik'kome] *cong* comme, puisque

Sicilia [si'tʃilja] *sf* Sicile *f*

sicura [si'kura] *sf* (*di arma*) cran *m* de sûreté ; (*di spilla*) fermoir *m* de sécurité

sicurezza [siku'rettsa] *sf* sécurité *f* ; (*di persona*) sûreté *f* ; (: *fiducia in sé*) assurance *f* ; (*certezza*) certitude *f* ; (*di guadagno, notizia*) assurance ; **avere la ~ che...** avoir la certitude que ..., être sûr que ... ; **lo so con ~** je le sais avec certitude ; **ha risposto con molta ~** il a répondu avec beaucoup d'assurance ; **di ~** (*valvola ecc*) de sûreté ; **pubblica ~** sûreté publique ; **agente di pubblica ~** agent *m* de police ; **~ stradale** sécurité routière

sicuro, -a [si'kuro] *agg* sûr(e) ; (*guadagno, risultato*) assuré(e) ▸ *avv* (*certamente*) bien sûr ▸ *sm*: **dare per ~ che** être sûr(e) et certain(e) que ; **sentirsi ~** (*non in pericolo*) se sentir en sécurité ; (*ad esame*) être sûr(e) de soi ; **sono ~ di averlo visto** je suis sûr(e) de l'avoir vu ; **sono ~ che non c'era** je suis sûr(e) qu'il n'y était pas ; **~ di sé** sûr(e) de soi ; **andare a colpo ~** (*fig*) aller à coup sûr ; **di ~** (*sicuramente*) sûrement ; **andare sul ~** ne pas courir de risques ; **mettere al ~** mettre en lieu sûr, mettre à l'abri

siedo *ecc* ['sjɛdo] *vb vedi* **sedere**

siepe ['sjɛpe] *sf* haie *f*

siero ['sjɛro] *sm* (lacto)sérum *m* ; (*del sangue*) sérum sanguin ; (*Med*) sérum ; **~ antivipera** sérum antivenimeux
sieronegativo, -a [sjɛronega'tivo] *agg, sm/f* séronégatif(-ive)
sieropositivo, -a [sjɛropozi'tivo] *agg, sm/f* séropositif(-ive)
siete ['sjɛte] *vb vedi* **essere**
sifilide [si'filide] *sf* syphilis *fsg*
Sig. *abbr* (= *signore*) M.
sigaretta [siga'retta] *sf* cigarette *f*
sigaro ['sigaro] *sm* cigare *m*
Sigg. *abbr* (= *signori*) MM.
sigillare [sidʒil'lare] *vt* sceller ; (*busta*) cacheter
sigillo [si'dʒillo] *sm* sceau *m* ; (*per lettera*) cachet *m* ; **sigilli** *smpl* (*Dir*) scellés *mpl*
sigla ['sigla] *sf* sigle *m* ; (*firma*) paraphe *m* ; **~ automobilistica** *lettres indiquant sur les plaques d'immatriculation la province italienne* ; **~ musicale** (*Radio, TV*) indicatif *m*
Sig.na *abbr* (= *signorina*) Mlle
significare [siɲɲifi'kare] *vt* signifier ; **cosa significa?** qu'est-ce que cela signifie ?
significato [siɲɲifi'kato] *sm* signification *f* ; (*fig*) valeur *f*
signora [siɲ'ɲora] *sf* (*termine di cortesia, padrona*) madame *f* ; (*donna, persona benestante*) dame *f* ; **la ~ Bianchi** madame Bianchi ; **buon giorno S~** (*in negozio ecc*) bonjour, madame ; **gentile S~ Rossi** (*in lettere*) Madame Rossi ; **il signor Rossi e ~** monsieur et madame Rossi ; **signore e signori** Mesdames et messieurs ; **le presento la mia ~** je vous présente mon épouse
signore [siɲ'ɲore] *sm* (*anche termine di cortesia*) monsieur *m* ; (*principe, sovrano*) seigneur *m* ; (*individuo ricco, colto ecc*) monsieur ; (*Rel*): **il S~** le Seigneur ; **il signor Bianchi** monsieur Bianchi ; **i signori Bianchi** (*coniugi*) monsieur et madame Bianchi ; **buon giorno S~** (*in negozio ecc*) bonjour, monsieur ; **gentile Signor Rossi** (*in lettere*) Monsieur Rossi ; *vedi anche* **signora**
signorile [siɲɲo'rile] *agg* (*comportamento*) distingué(e) ; (*abitazione*) de grand standing ; (*quartiere*) résidentiel(le)
signorina [siɲɲo'rina] *sf* (*termine di cortesia*) mademoiselle *f* ; (*donna giovane, nubile*) demoiselle *f*, jeune fille *f* ; **la ~ Bianchi** mademoiselle Bianchi ; **buon giorno S~** (*in negozio ecc*) bonjour, mademoiselle ; **gentile S~ Rossi** (*in lettere*) Mademoiselle Rossi
Sig.ra *abbr* (= *signora*) Mme
silenziatore [silentsja'tore] *sm* silencieux *msg*
silenzio [si'lɛntsjo] *sm* silence *m* ; **passare qc sotto ~** passer qch sous silence ; **fate ~!** taisez-vous !
silenzioso, -a [silen'tsjoso] *agg* silencieux(-euse)
silicio [si'litʃo] *sm* silicium *m*
silicone [sili'kone] *sm* silicone *m*
sillaba ['sillaba] *sf* syllabe *f*
siluro [si'luro] *sm* torpille *f*
SIM [sim] *sigla f inv* (*Tel*): **~ card** carte *f* SIM
simboleggiare [simboled'dʒare] *vt* symboliser
simbolo ['simbolo] *sm* symbole *m*
simile ['simile] *agg* semblable, pareil(le) ; (*analogo*): **~ (a)** semblable (à) ▸ *sm/f* (*persona*) semblable *m/f* ; **non ho mai visto niente di ~** je n'ai jamais rien vu de pareil ; **è insegnante o qualcosa di ~** il est enseignant ou quelque chose de ce genre ; **vendono vasi e simili** ils vendent des vases et d'autres articles de ce genre ; **i propri simili** ses semblables
simmetria [simme'tria] *sf* symétrie *f*
simpatia [simpa'tia] *sf* (*per persona*) sympathie *f* ; (*per cosa*) penchant *m* ; **avere ~ per qn** avoir de la sympathie pour qn ; **con ~** (*su lettera ecc*) bien cordialement
simpatico, -a, -ci, -che [sim'patiko] *agg* (*anche inchiostro*) sympathique ; (*casa, albergo*) agréable ; (*film, libro*) chouette
simpatizzare [simpatid'dzare] *vi*: **~ con** sympathiser avec ; **~ per il comunismo** être un(e) sympathisant(e) communiste
simulare [simu'lare] *vt* simuler
simultaneo, -a [simul'taneo] *agg* simultané(e)
sinagoga, -ghe [sina'gɔga] *sf* synagogue *f*
sincerità [sintʃeri'ta] *sf* sincérité *f*
sincero, -a [sin'tʃɛro] *agg* sincère ; (*vino*) pur(e)
sindacale [sinda'kale] *agg* syndical(e)
sindacato [sinda'kato] *sm* (*di lavoratori*) syndicat *m* ; (*Econ*) contrôle *m*

sindaco, -ci ['sindako] *sm* (*di città*) maire ((femme) maire) ; (*in società*) commissaire *m* aux comptes
sinfonia [sinfo'nia] *sf* symphonie *f*
singhiozzare [singjot'tsare] *vi* avoir le hoquet ; (*piangere*) sangloter
singhiozzo [sin'gjottso] *sm* hoquet *m* ; (*pianto convulso*) sanglot *m* ; **avere il ~** avoir le hoquet ; **a ~** (*fig*: *procedere*) par à-coups ; (*sciopero*) perlé(e)
single ['siŋgol] *agg inv* célibataire ▶ *sm/f inv* célibataire *m/f*
singolare [singo'lare] *agg* singulier(-ière) ▶ *sm* (*Ling*) singulier *m* ; **~ maschile/femminile** (*Tennis*) simple *m* messieurs/dames
singolo, -a ['singolo] *agg* (*articolo*) chaque ; (*fatto*) unique ; (*cabina*) individuel(le) ; (*letto*) à une place ▶ *sm* (*individuo*) chacun(e) ; (*Sport*) = **singolare**; **un volume ~** un seul volume ; **ogni ~ individuo** chaque individu ; **camera singola** chambre *f* pour une personne, chambre individuelle ; **esaminare i singoli articoli di una legge** examiner les articles d'une loi un par un
sinistra [si'nistra] *sf* (*anche Pol*) gauche *f* ; **a ~** à gauche ; **a ~ di** à la gauche de ; **di ~** de gauche ; **tenere la ~** tenir sa gauche ; **guida a ~** conduite *f* à gauche
sinistro, -a [si'nistro] *agg* gauche ; (*fig*) sinistre ▶ *sm* (*incidente*) sinistre *m* ; (*Pugilato*) gauche *m* ; (*Calcio*) tir *m* du pied gauche
sinonimo, -a [si'nɔnimo] *agg, sm* synonyme *m*
sintassi [sin'tassi] *sf inv* syntaxe *f*
sintesi ['sintezi] *sf inv* synthèse *f* ; **in ~** en résumé
sintetico, -a, -ci, -che [sin'tɛtiko] *agg* synthétique ; (*essenziale*) concis(e)
sintetizzare [sintetid'dzare] *vt* synthétiser
sintomatico, -a, -ci, -che [sinto'matiko] *agg* symptomatique
sintomo ['sintomo] *sm* (*anche fig*) symptôme *m*
sintonizzare [sintonid'dzare] *vt* syntoniser ; **sintonizzarsi** *vpr*: **sintonizzarsi su** se brancher sur
sipario [si'parjo] *sm* rideau *m* ; **calare il ~** (*fig*) tirer le rideau
sirena [si'rɛna] *sf* sirène *f* ; **~ d'allarme** sirène d'alarme
Siria ['sirja] *sf* Syrie *f*
siringa, -ghe [si'ringa] *sf* seringue *f*
sismico, -a, -ci, -che ['sizmiko] *agg* sismique
sistema, -i [sis'tɛma] *sm* système *m* ; (*procedimento*) système, méthode *f* ; **trovare il ~ per fare qc** trouver la façon pour faire qch ; **~ di vita** mode *m* de vie ; **~ metrico decimale** système métrique décimal ; **~ monetario** système monétaire ; **~ nervoso** système nerveux ; **~ operativo** (*Inform*) système d'exploitation ; **~ solare** système solaire
sistemare [siste'mare] *vt* (*ordinare*) ranger ; (*questione*) régler ; (*persona*: *procurare un lavoro a*) placer, trouver un travail à ; (: *dare alloggio a*) installer, loger ; **sistemarsi** *vpr* (*problema*) se régler ; (*persona*: *sposarsi*) se caser ; (: *trovare lavoro*) trouver un travail ; (: *trovare alloggio*) s'installer ; **~ qn in un albergo** loger qn à l'hôtel ; **ti sistemo io!** (*fig*) tu vas avoir affaire à moi !
sistematico, -a, -ci, -che [siste'matiko] *agg* systématique
sistemazione [sistemat'tsjone] *sf* (*di oggetti*) rangement *m* ; (*di questione*) règlement *m* ; **trovare una ~** (*persona*: *trovare lavoro*) trouver un travail ; (: *trovare un alloggio*) s'installer
sito, -a ['sito] *agg* (*situato*) situé(e) ▶ *sm* (*luogo*) site *m* ; **~ Internet** site Internet
situazione [situat'tsjone] *sf* situation *f* ; **vista la sua ~ familiare** vu sa situation familiale ; **mi trovo in una ~ critica** je me trouve dans une situation critique
ski-lift ['ski:lift] *sm inv* remonte-pente *m*, téléski *m*
slacciare [zlat'tʃare] *vt* (*camicia*) déboutonner ; (*cintura*) défaire ; **slacciarsi le scarpe** délier *o* défaire les lacets de ses chaussures
slanciato, -a [zlan'tʃato] *agg* élancé(e)
slancio ['zlantʃo] *sm* bond *m* ; (*rincorsa, fig*) élan *m* ; **di ~** avec élan ; **in uno ~ di simpatia** dans un élan de sympathie
slavo, -a ['zlavo] *agg* slave ▶ *sm/f* Slave *m/f*
sleale [zle'ale] *agg* déloyal(e)
slegare [zle'gare] *vt* détacher ; (*pacco*) défaire, déficeler
slip [zlip] *sm inv* slip *m*
slitta ['zlitta] *sf* (*veicolo*) traîneau *m* ; (*per giocare*) luge *f*

slittare [zlit'tare] *vi* (*scivolare: con slitta*) aller en traîneau ; (*: accidentalmente: veicolo*) déraper ; (*: persona*) glisser ; (*: ruota*) patiner ; (*fig: incontro, conferenza*) être reporté(e)
s.l.m. *abbr* (= *sul livello del mare*) au-dessus du niveau de la mer
slogare [zlo'gare] *vt* (*Med*) luxer, déboîter ; **slogarsi la spalla** se luxer *o* se déboîter l'épaule ; **slogarsi la caviglia** se fouler la cheville
sloggiare [zlod'dʒare] *vt* (*inquilino*) déloger ▶ *vi* (*andarsene*) déménager ; (*fam*) décamper, dégager
Slovacchia [zlo'vakkja] *sf* Slovaquie *f*
slovacco, -a [zlo'vakko] *agg* slovaque ▶ *sm/f* Slovaque *m/f* ▶ *sm* slovaque *m*
Slovenia [zlo'vɛnja] *sf* Slovénie *f*
sloveno, -a [zlo'vɛno] *agg* slovène ▶ *sm/f* Slovène *m/f* ▶ *sm* slovène *m*
smacchiare [zmak'kjare] *vt* détacher
smacchiatore [zmakkja'tore] *sm* détachant *m*
smacco, -chi ['zmakko] *sm* échec *m*
smagliante [zmaʎ'ʎante] *agg* (*colore, bellezza, sorriso*) éclatant(e) ; **in forma ~** dans une forme éblouissante
smagliatura [zmaʎʎa'tura] *sf* (*su calza*) échelle *f*, démaillage *m* ; (*Med*) vergeture *f*
smaliziato, -a [zmalit'tsjato] *agg* (*persona*) dégourdi(e) ; (*aspetto, aria*) déluré(e)
smaltimento [zmalti'mento] *sm* (*di acque*) écoulement *m* ; (*di rifiuti*) élimination *f* ; (*del traffico*) décongestionnement *m*
smaltire [zmal'tire] *vt* (*cibo*) digérer ; (*peso*) réduire ; (*acque*) faire couler ; (*rifiuti*) éliminer ; (*rabbia*) faire passer ; (*sbornia*) cuver ; (*merce*) écouler
smalto ['zmalto] *sm* émail *m* ; **~ per unghie** vernis *msg* à ongles
smantellare [zmantel'lare] *vt* (*anche fig*) démanteler
smarrimento [zmarri'mento] *sm* (*di oggetto*) perte *f* ; (*fig: turbamento*) égarement *m*, désarroi *m*
smarrire [zmar'rire] *vt* perdre, égarer ; **smarrirsi** *vpr* se perdre, s'égarer
smascherare [zmaske'rare] *vt* (*colpevole ecc*) démasquer
SME [zmɛ] *sigla m* (= *Sistema Monetario Europeo*) SME *m*
smentire [zmen'tire] *vt* (*notizia, testimone*) démentir ; (*reputazione*) manquer à ; **smentirsi** *vpr* se contredire
smeraldo [zme'raldo] *sm* émeraude *f* ▶ *agg inv*: **verde ~** vert émeraude *inv*
smesso, -a ['zmesso] *pp di* **smettere** ▶ *agg* (*abito*) qu'on ne porte plus
smettere ['zmettere] *vt* arrêter ; (*indumenti*) ne plus porter, ne plus mettre ▶ *vi* arrêter, cesser ; **~ di fare qc** arrêter de faire qch
smilzo, -a ['zmiltso] *agg* mince
sminuire [zminu'ire] *vt* diminuer, amoindrir
sminuzzare [zminut'tsare] *vt* hacher, émincer
smisi *ecc* ['zmizi] *vb vedi* **smettere**
smistare [zmis'tare] *vt* trier
smisurato, -a [zmizu'rato] *agg* démesuré(e)
smoking ['smoukiŋ] *sm inv* smoking *m*
smontare [zmon'tare] *vt* (*anche fig*) démonter ▶ *vi* (*scendere: da cavallo, treno*): **~ (da)** descendre (de) ; (*terminare il lavoro*) finir son service ; **smontarsi** *vpr* (*scoraggiarsi*) se décourager, se dégonfler
smorfia ['zmɔrfja] *sf* grimace *f* ; (*atteggiamento lezioso*) minauderies *fpl*, manières *fpl* ; **fare smorfie** faire des grimaces ; (*lezioso*) faire des simagrées
smorto, -a ['zmɔrto] *agg* (*carnagione*) pâle, blême ; (*colore*) pâle, terne
smorzare [zmor'tsare] *vt* (*suoni, colori*) atténuer, amortir ; (*luce*) tamiser, voiler ; (*sete*) étancher ; (*entusiasmo*) calmer, refroidir ; **smorzarsi** *vpr* (*suono*) s'atténuer ; (*luce*) se voiler ; (*entusiasmo*) tomber
SMS [ɛsseɛmme'ɛsse] *sigla m inv* = *short message service; (sistema, messaggio)* SMS *m*
smuovere ['zmwɔvere] *vt* déplacer ; (*fig: da inerzia, ozio*) secouer ; **smuoversi** *vpr* bouger ; **~ qn da un proposito** faire changer qn d'avis
snaturato, -a [znatu'rato] *agg* dénaturé(e)
snello, -a ['znɛllo] *agg* svelte, élancé(e)
snervante [zner'vante] *agg* énervant(e), crispant(e)
snobbare [znob'bare] *vt* snober
snodare [zno'dare] *vt* (*articolazioni*) dénouer ; **snodarsi** *vpr* (*strada, fiume*) se dérouler, serpenter
snodato, -a [zno'dato] *agg* (*fune ecc*) dénoué(e) ; (*articolazione, persona*) souple
so [so] *vb vedi* **sapere**

S

sobbarcarsi [sobbar'karsi] *vpr* (*spesa e fatica*) engager ; (*a fatica*) s'astreindre à
sobrio, -a ['sɔbrjo] *agg* sobre
socchiudere [sok'kjudere] *vt* (*porta*) entrebâiller, entrouvrir ; (*occhi*) entrouvrir
socchiuso, -a [sok'kjuso] *pp di* **socchiudere** ▶ *agg* (*vedi vt*) entrebâillé(e) ; entrouvert(e)
soccorrere [sok'korrere] *vt* secourir
soccorritore, -trice [sokkorri'tore] *sm/f* secouriste *m/f* ; **un ~** un secouriste, un sauveteur
soccorso, -a [sok'korso] *pp di* **soccorrere** ▶ *sm* secours *msg* ; **prestare ~ a qn** porter secours à qn ; **venire in ~ di qn** venir au secours de qn ; **operazioni di ~** opérations *fpl* de secours ; **~ stradale** secours routier ; *vedi anche* **pronto**; **società**
sociale [so'tʃale] *agg* social(e) ; (*di associazione*: *gita ecc*) de l'association
socialismo [sotʃa'lizmo] *sm* socialisme *m*
socialista, -i, -e [sotʃa'lista] *agg, sm/f* socialiste *m/f*
società [sotʃe'ta] *sf inv* (*anche Comm*) société *f* ; (*sportiva*) association *f*, club *m* ; **mettersi in ~ con qn** s'associer à *o* avec qn ; **l'alta ~** la haute société ; **~ a responsabilità limitata** société à responsabilité limitée ; **~ anonima** société anonyme ; **~ di mutuo soccorso** société d'assurance mutuelle ; **~ fiduciaria** société fiduciaire ; **~ per azioni** société par actions
socievole [so'tʃevole] *agg* sociable
socio ['sɔtʃo] *sm* (*Dir, Comm*) associé(e), sociétaire *m/f* ; (*di associazione*) membre *m*
soda ['sɔda] *sf* (*Chim*) soude *f* ; (*acqua gassata*) soda *m*
soddisfacente [soddisfa'tʃɛnte] *agg* satisfaisant(e)
soddisfare [soddis'fare] *vt* satisfaire ▶ *vi*: **~ a** satisfaire à, répondre à
soddisfatto, -a [soddis'fatto] *pp di* **soddisfare** ▶ *agg* satisfait(e) ; **~ di** satisfait(e) de
soddisfazione [soddisfat'tsjone] *sf* satisfaction *f*
sodo, -a ['sɔdo] *agg* (*muscolo*) ferme ; (*uovo*) dur(e) ▶ *sm*: **venire al ~** en venir au fait ▶ *avv* (*picchiare, lavorare*) dur ; (*dormire*) profondément
sofà [so'fa] *sm inv* sofa *m*, canapé *m*
sofferenza [soffe'rɛntsa] *sf* souffrance *f* ; **in ~** (*Comm*) en souffrance
sofferto, -a [sof'fɛrto] *pp di* **soffrire** ▶ *agg* (*vittoria, decisione*) difficile
soffiare [sof'fjare] *vt, vi* souffler ; **~ qc a qn** (*fig*: *portar via*) souffler qch à qn ; **soffiarsi il naso** se moucher
soffiata [sof'fjata] *sf* (*fam*) cafardage *m*, mouchardage *m* ; **fare una ~ alla polizia** moucharder
soffice ['sɔffitʃe] *agg* (*lana*) moelleux(-euse) ; (*letto*) douillet(te)
soffio ['soffjo] *sm* souffle *m*
soffitta [sof'fitta] *sf* (*solaio*) grenier *m* ; (*stanza*) mansarde *f*
soffitto [sof'fitto] *sm* plafond *m*
soffocante [soffo'kante] *agg* (*odore*) suffocant(e) ; (*caldo, anche fig*) étouffant(e)
soffocare [soffo'kare] *vt* (*anche fig*) étouffer ; (*uccidere*) étouffer, suffoquer ▶ *vi* (*anche*: **soffocarsi**: *morire*) étouffer, suffoquer ; (*dal caldo ecc*) étouffer
soffrire [sof'frire] *vt* souffrir ; (*sopportare*) souffrir, supporter ▶ *vi* souffrir ; **~ di** souffrir de
soffritto, -a [sof'fritto] *sm* (*Cuc*) *hachis d'oignons, de fines herbes et de lard maigre que l'on fait revenir dans l'huile*
sofisticato, -a [sofisti'kato] *agg* sophistiqué(e) ; (*vino*) frelaté(e)
software [sɔft'wɛa] *sm inv* logiciel *m*
soggettivo, -a [soddʒet'tivo] *agg* subjectif(-ive) ; **proposizione soggettiva** proposition *f* sujet *inv*
soggetto, -a [sod'dʒɛtto] *agg*: **~ a** (*sottomesso*) soumis(e) à, assujetti(e) à ; (*esposto*: *a variazioni, danni ecc*) sujet(te) à ▶ *sm* sujet *m* ; **~ a tassa** assujetti(e) à l'impôt ; **recitare a ~** (*Teatro*) improviser
soggezione [soddʒet'tsjone] *sf* (*sottomissione*) assujettissement *m*, soumission *f* ; (*timidezza*) timidité *f* ; **avere ~ di qn** être intimidé(e) par qn
soggiorno [sod'dʒorno] *sm* séjour *m* ; (*stanza*) (salle *f* de) séjour ; **azienda di ~ e turismo** ≈ syndicat *m* d'initiative
soglia ['sɔʎʎa] *sf* seuil *m* ; **l'inverno è alle soglie** l'hiver approche
sogliola ['sɔʎʎola] *sf* sole *f*
sognare [soɲ'ɲare] *vt, vi* rêver ; **~** (*anche*: **sognarsi**) **di qc** rêver de qch ; **~ di fare qc** rêver de faire qch ; **~ a occhi aperti** se faire des illusions

sogno ['soɲɲo] *sm* rêve *m* ; **neanche per ~** jamais de la vie
soia ['sɔja] *sf* soja *m*
sol [sɔl] *sm inv* (*Mus*) sol *m inv*
solaio [so'lajo] *sm* grenier *m*
solamente [sola'mente] *avv* seulement
solare [so'lare] *agg* solaire
solco ['solko] *sm* (*in terreno, di disco*: *ruga*) sillon *m* ; (*di ruota*) ornière *f*
soldato [sol'dato] *sm* soldat *m* ; **~ di leva** recrue *f*, conscrit *m* ; **~ semplice** simple soldat
soldo ['sɔldo] *sm* sou *m* ; **soldi** *smpl* (*denaro*) argent *msg* ; **non ho soldi** je n'ai pas d'argent
sole ['sole] *sm* soleil *m* ; **prendere il ~** prendre un bain de soleil ; **agire alla luce del ~** agir au grand jour
soleggiato, -a [soled'dʒato] *agg* ensoleillé(e)
solenne [so'lɛnne] *agg* solennel(le) ; (*castigo*) magistral(e) ; (*bugiardo*) fieffé(e)
solidale [soli'dale] *agg*: **~ (con)** solidaire (de)
solidarietà [solidarje'ta] *sf* solidarité *f*
solido, -a ['sɔlido] *agg* solide ; (*Geom*) dans l'espace ▶ *sm* (*Geom*) solide *m* ; **in ~** (*Dir*) solidairement
solista, -i, -e [so'lista] *agg, sm/f* soliste *m/f*
solitamente [solita'mente] *avv* habituellement
solitario, -a [soli'tarjo] *agg* solitaire ▶ *sm* (*Carte*) réussite *f* ; (*gioiello*) solitaire *m*
solito, -a ['sɔlito] *agg* habituel(le) ▶ *sm* (*modo abituale*) habitude *f* ; **essere ~ fare qc** avoir l'habitude de faire qch ; **di ~** d'habitude ; **come al ~** comme d'habitude ; **più tardi del ~** plus tard que d'habitude ; **sei sempre il ~!** tu es toujours le même ! ; **cosa bevi? — il ~!** qu'est-ce que tu bois ? — comme d'habitude ! ; **siamo alle solite!** (*fam*) ça recommence !, nous y revoilà !
solitudine [soli'tudine] *sf* solitude *f*
solletico [sol'letiko] *sm* chatouillement *m*, chatouille *f* ; **fare il ~ a qn** chatouiller qn ; **soffrire il ~** être chatouilleux(-euse)
sollevamento [solleva'mento] *sm* soulèvement *m* ; **~ pesi** haltérophilie *f*, poids et haltères *mpl*
sollevare [solle'vare] *vt* (*anche fig*) soulever ; **sollevarsi** *vpr* se lever, se relever ; (*fig*: *riprendersi*) se remettre ; (: *ribellarsi*) se soulever ; **sollevarsi da terra** (*persona*) se relever ; (*aereo*) décoller ; **sentirsi sollevato(a)** se sentir soulagé(e)
sollievo [sol'ljɛvo] *sm* soulagement *m* ; (*conforto*) réconfort *m* ; **con mio grande ~** à mon grand soulagement
solo, -a ['solo] *agg* seul(e) ; (*senza altri*): **eravamo soli** nous étions tout seuls ; (*con numerale*): **noi tre soli** nous trois seulement ▶ *avv* seulement, ne ... que ; **un ~ libro** un seul livre, un livre seulement ; **da ~** tout seul ; **faccio da sola** je le fais toute seule ; **vive (da) ~** il vit seul ; **possiamo vederci da soli?** pouvons-nous nous voir seul à seul ? ; **è il ~ proprietario** c'est le seul propriétaire ; **l'incontrò due sole volte** il ne le rencontra que deux fois ; **non ~ ... ma anche** non seulement ... mais aussi ; **~ che** mais
soltanto [sol'tanto] *avv* seulement, ne ... que
solubile [so'lubile] *agg* soluble ; **caffè ~** café *m* soluble
soluzione [solut'tsjone] *sf* solution *f* ; **~ di continuità** solution de continuité
solvente [sol'vɛnte] *agg* (*Chim*) dissolvant(e) ; (*debitore*) solvable ▶ *sm* solvant *m*, dissolvant *m*
somaro, -a [so'maro] *sm/f* âne(-esse) ; (*fig*: *persona*) ignorant(e) ; (: *alunno*) cancre *m*
somiglianza [somiʎ'ʎantsa] *sf* ressemblance *f*
somigliare [somiʎ'ʎare] *vi*: **~ a** ressembler à ; **somigliarsi** *vpr* se ressembler
somma ['somma] *sf* somme *f* ; **tirare le somme** (*fig*) tirer les conclusions
sommare [som'mare] *vt* (*Mat*) additionner ; (*aggiungere*) ajouter ; **tutto sommato** tout compte fait, tout bien considéré
sommario, -a [som'marjo] *agg, sm* sommaire (*m*)
sommergibile [sommer'dʒibile] *sm* submersible *m*, sous-marin *m*
sommerso, -a [som'mɛrso] *agg* (*sott'acqua, fig*: *di lavoro*) submergé(e) ; (: *economia*) souterrain(e) ▶ *sm*: **il ~** l'économie *f* souterraine
sommità [sommi'ta] *sf inv* sommet *m* ; (*fig*) summum *m*

S

sommossa [som'mɔssa] *sf* émeute *f*, soulèvement *m*
sonda ['sonda] *sf* sonde *f* ▶ *agg inv*: **pallone ~** ballon *m* sonde ; **~ spaziale** sonde spatiale
sondaggio [son'daddʒo] *sm* sondage *m* ; **~ d'opinioni** sondage d'opinion
sondare [son'dare] *vt* (*anche fig*) sonder
sonetto [so'netto] *sm* sonnet *m*
sonnambulo, -a [son'nambulo] *sm/f* somnambule *m/f*
sonnellino [sonnel'lino] *sm* somme *m*, roupillon *m* ; (*pomeridiano*) sieste *f*
sonnifero [son'nifero] *sm* somnifère *m*
sonno ['sonno] *sm* sommeil *m* ; **aver ~** avoir sommeil ; **prendere ~** s'endormir
sono ['sono] *vb vedi* **essere**
sonoro, -a [so'nɔro] *agg* sonore ; (*fig*: *sconfitta, ceffone*) retentissant(e) ▶ *sm* (*anche*: **cinema sonoro**): **il ~** le cinéma parlant *o* sonore ; *vedi anche* **colonna**
sontuoso, -a [sontu'oso] *agg* somptueux(-euse)
soppalco [sop'palko] *sm* soupente *f*
sopportare [soppor'tare] *vt* supporter
sopprimere [sop'primere] *vt* supprimer
sopra ['sopra] *prep* sur ; (*più in su di*) au-dessus de ; (*di più di*) plus de ▶ *avv* dessus ; (*nella parte superiore*) dessus, au-dessus ; (*più in alto*) au-dessus ; (*in testo*) plus haut, par-dessus ▶ *sm inv* (*parte superiore*) dessus *msg* ; **di ~** (*al piano superiore*) au-dessus, en haut ; **~ il livello del mare** au-dessus du niveau de la mer ; **5 gradi ~ lo zero** 5 degrés au-dessus de zéro ; **al di ~ di ogni sospetto** au-dessus de tout soupçon ; **~ i 30 anni** au-dessus de 30 ans, de plus de 30 ans ; **per i motivi ~ illustrati** pour les raisons illustrées plus haut ; **dormiamoci ~** la nuit porte conseil ; **passar ~ qc** (*fig*) passer sur qch, fermer les yeux sur qch
soprabito [so'prabito] *sm* (*da uomo*) pardessus *msg* ; (*da donna*) trench *m*, imperméable *m*
sopracciglio [soprat'tʃiʎʎo] ((*f*)*pl* **sopracciglia**) *sm* sourcil *m*
sopraffare [sopraf'fare] *vt* accabler ; (*superare, vincere*) écraser
sopralluogo, -ghi [sopral'lwɔgo] *sm* (*di esperti*) inspection *f* ; (*Dir*) contrôle *m* de justice ; (*di polizia*) descente *f* de police
soprammobile [sopram'mɔbile] *sm* bibelot *m*
soprannaturale [soprannatu'rale] *agg* surnaturel(le)
soprannome [sopran'nome] *sm* surnom *m*, sobriquet *m*
soprano, -a [so'prano] *sm/f* soprano *m/f* ▶ *sm* (*voce*) soprano *m*
soprappensiero ['soprappen'sjɛro] *avv* distrait(e)
soprassalto [sopras'salto] *sm*: **di ~** en sursaut
soprassedere [soprasse'dere] *vi*: **~ (a)** surseoir (à), différer (à)
soprattutto [soprat'tutto] *avv* surtout
sopravvalutare [sopravvalu'tare] *vt* surestimer, surévaluer
sopravvento [soprav'vɛnto] *sm*: **avere/prendere il ~ (su)** avoir/ prendre le dessus (sur)
sopravvissuto, -a [sopravvis'suto] *pp di* **sopravvivere** ▶ *sm/f* survivant(e)
sopravvivere [soprav'vivere] *vi* survivre ; **~ a** survivre à
sopruso [so'pruzo] *sm* abus *msg*
soqquadro [sok'kwadro] *sm*: **mettere a ~** mettre sens dessus dessous
sorbetto [sor'betto] *sm* sorbet *m*
sordina [sor'dina] *sf*: **in ~** en sourdine
sordo, -a ['sordo] *agg, sm/f* sourd(e)
sordomuto, -a [sordo'muto] *agg, sm/f* sourd-muet (sourde-muette)
sorella [so'rɛlla] *sf* sœur *f*
sorgente [sor'dʒɛnte] *sf* source *f* ; **acqua di ~** eau *f* de source ; **~ luminosa** source lumineuse ; **~ termale** source thermale
sorgere ['sordʒere] *vi* se lever ; (*fig*: *complicazione, difficoltà*) naître, surgir ▶ *sm*: **al ~ del sole** au lever du soleil
sornione, -a [sor'njone] *agg* sournois(e)
sorpassare [sorpas'sare] *vt* (*Aut*) doubler ; **~ (in)** (*fig*: *persona*) dépasser (en)
sorprendente [sorpren'dɛnte] *agg* surprenant(e), étonnant(e)
sorprendere [sor'prɛndere] *vt* surprendre ; **sorprendersi** *vpr*: **sorprendersi (di)** s'étonner (de), être surpris(e) (de)
sorpresa [sor'presa] *sf* surprise *f* ; **fare una ~ a qn** faire une surprise à qn ; **prendere qn di ~** prendre qn au dépourvu
sorpreso, -a [sor'preso] *agg* surpris(e)

sorreggere [sor'rɛddʒere] *vt* (*peso*) soutenir ; (*fig*) soutenir, aider ; **sorreggersi** *vpr* (*tenersi ritto*) se tenir debout ; **sorreggersi a** se tenir à
sorridere [sor'ridere] *vi* sourire
sorriso [sor'riso] *pp di* **sorridere** ▶ *sm* sourire *m* ; **fare un ~ a qn** faire un sourire à qn
sorsi *ecc* ['sorsi] *vb vedi* **sorgere**
sorso ['sorso] *sm* gorgée *f*, coup *m* ; **d'un ~** d'un coup, d'un trait
sorta ['sɔrta] *sf* sorte *f* ; **di ~** (*in negative*) aucun(e) ; **ogni ~ di** toute sorte de ; **di ogni ~** de toute sorte, de tout genre ; **che ~ di persone frequenti?** quel genre de personnes fréquentes-tu ?
sorte ['sɔrte] *sf* (*destino*) sort *m*, destin *m* ; (*condizioni di vita*) sort ; (*caso*) hasard *m* ; **tirare a ~** tirer au sort ; **tentare la ~** tenter sa chance
sorteggio [sor'teddʒo] *sm* tirage *m* au sort
sorvegliante [sorveʎ'ʎante] *sm/f* surveillant(e)
sorveglianza [sorveʎ'ʎantsa] *sf* surveillance *f*
sorvegliare [sorveʎ'ʎare] *vt* surveiller
sorvolare [sorvo'lare] *vt* survoler ▶ *vi*: **~ su** (*fig*) glisser sur, passer sur
S.O.S. ['esseɔ'ɛsse] *sigla m inv* S.O.S. *m*
sosia ['sɔzja] *sm inv/sf inv* sosie *m*
sospendere [sos'pɛndere] *vt* suspendre ; **~ qn da un incarico** relever qn de ses fonctions
sospettare [sospet'tare] *vt* soupçonner ▶ *vi*: **~ di qn** soupçonner qn ; (*diffidare*) se méfier de qn ; **~ qn di qc** soupçonner qn de qch
sospetto, -a [sos'pɛtto] *agg* suspect(e) ▶ *sm* soupçon *m* ▶ *sm/f* (*persona sospetta*) suspect(e) ; **destare sospetti** éveiller des soupçons
sospettoso, -a [sospet'toso] *agg* (*carattere*) soupçonneux(-euse) ; (*sguardo*) suspicieux(-euse)
sospirare [sospi'rare] *vi* soupirer ▶ *vt* (*vacanze ecc*) attendre impatiemment ; (*patria ecc*) regretter
sospiro [sos'piro] *sm* soupir *m* ; **~ di sollievo** soupir de soulagement
sosta ['sɔsta] *sf* (*fermata*) arrêt *m*, halte *f* ; (*pausa*) pause *f*, répit *m* ; **senza ~** sans répit ; **divieto di ~** (*Aut*) stationnement interdit
sostantivo [sostan'tivo] *sm* substantif *m*
sostanza [sos'tantsa] *sf* substance *f* ; (*elemento fondamentale*) essence *f* ; **sostanze** *sfpl* (*patrimonio*) biens *mpl*, richesses *fpl* ; **in ~** en somme, en définitive ; **la ~ del discorso** la substance du discours
sostare [sos'tare] *vi* s'arrêter ; (*Aut*) stationner ; (*fare una pausa*) faire une halte, faire une pause
sostegno [sos'teɲɲo] *sm* (*anche fig*) soutien *m* ; **a ~ di** à l'appui de ; **di ~** (*trave, muro*) de soutènement ; **insegnante di ~** *enseignant(e) s'occupant des élèves à problèmes ou handicapés d'une classe*
sostenere [soste'nere] *vt* soutenir ; **sostenersi** *vpr* se tenir ; (*fig*) s'appuyer ; **~ qn** soutenir qn ; **~ un esame** passer un examen ; **~ il confronto** soutenir la comparaison, supporter la comparaison
sostentamento [sostenta'mento] *sm* subsistance *f* ; **mezzi di ~** moyens *mpl* de subsistance
sostituire [sostitu'ire] *vt*: **~ (con)** remplacer (par) ; **~ a** substituer à
sostituto, -a [sosti'tuto] *sm/f* substitut *m* ; **~ procuratore della Repubblica** substitut du procureur de la République
sostituzione [sostitut'tsjone] *sf* remplacement *m*, substitution *f* ; **in ~ di** à la place de
sottaceti [sotta'tʃeti] *smpl* (*Cuc*) pickles *mpl*
sottana [sot'tana] *sf* (*gonna*) jupe *f*
sotterfugio [sotter'fudʒo] *sm* subterfuge *m*
sotterraneo, -a [sotter'raneo] *agg* souterrain(e) ▶ *sm* (*locale*) sous-sol *m* ; (*passaggio*) souterrain *m* ▶ *sf* métropolitain *m*, métro *m*
sotterrare [sotter'rare] *vt* enterrer, ensevelir
sottile [sot'tile] *agg* (*filo, lama, figura*) mince ; (*caviglia, polvere, capelli, olfatto*) fin(e) ; (*fig: leggero*) léger(-ère) ; (*: vista*) perçant(e) ; (*: mente, discorso*) subtil(e), fin(e) ▶ *sm*: **non andare per il ~** ne pas y aller par quatre chemins
sottinteso, -a [sottin'teso] *sm* sous-entendu *m* ; **parlare per sottintesi** parler par sous-entendus
sotto ['sotto] *prep* sous ; (*ai piedi di: montagna, mura*) au pied de ; (*più in basso*) au-dessous de ; (*poco prima di*:

feste, esami) à l'approche de ▶ *avv* (*più in basso*) dessous ; (*nella parte inferiore*) en dessous ▶ *sm* (*parte inferiore*) dessous *msg* ; **di ~** (*al piano inferiore*) en bas, au-dessous ; (*in scritto*) ci-dessous ; **~ il livello del mare** au-dessous du niveau de la mer ; **~ terra** sous terre ; **~ il sole/ la pioggia** sous le soleil/la pluie ; **~ casa** en bas ; **5 gradi ~ lo zero** 5 degrés au-dessous de zéro ; **~ il chilo** moins d'un kilo ; **~ i 18 anni** au-dessous de 18 ans, de moins de 18 ans ; **ha 5 impiegati ~ di sé** il a 5 employés sous ses ordres ; **~ falso nome** sous un faux nom ; **~ forma di** sous forme de ; **~ vuoto** = **sottovuoto**; **~ Natale** vers (la) Noël ; **~ un certo punto di vista** d'un certain point de vue

sottofondo [sotto'fondo] *sm* fond *m* sonore ; **musica di ~** fond musical

sottolineare [sottoline'are] *vt* souligner

sottomarino, -a [sottoma'rino] *agg* sous-marin(e) ▶ *sm* sous-marin *m*

sottopassaggio [sottopas'saddʒo] *sm* passage *m* souterrain

sottoporre [sotto'porre] *vt*: **~ (a)** soumettre (à) ; **sottoporsi** *vpr*: **sottoporsi (a)** se soumettre (à)

sottoscritto, -a [sottos'kritto] *sm/f*: **il/la ~(a), io ~(a)** je soussigné(e)

sottosopra [sotto'sopra] *avv* à l'envers ; (*fig*: *in grande disordine*) sens dessus dessous

sottoterra [sotto'tɛrra] *avv* sous terre

sottotitolo [sotto'titolo] *sm* sous-titre *m*

sottovalutare [sottovalu'tare] *vt* sous-estimer

sottoveste [sotto'vɛste] *sf* combinaison *f*

sottovoce [sotto'votʃe] *avv* à voix basse

sottovuoto [sotto'vwɔto] *avv, agg* sous vide

sottrarre [sot'trarre] *vt* (*Mat*) soustraire ; **sottrarsi** *vpr*: **sottrarsi (a)** se soustraire (à), se dérober (à) ; **~ qc a qn** soustraire qch à qn ; **~ qn al pericolo** sauver qn d'un danger

sottrazione [sottrat'tsjone] *sf* soustraction *f*

souvenir [suvə'nir] *sm inv* souvenir *m*

sovietico, -a, -ci, -che [so'vjɛtiko] *agg* soviétique ▶ *sm/f* Soviétique *m/f*

sovraccarico, -a, -chi, -che [sovrak'kariko] *agg*: **~ (di)** surchargé(e) (de) ▶ *sm* surcharge *f*

sovraffollato, -a [sovraffol'lato] *agg* bondé(e)

sovrannaturale [sovrannatu'rale] *agg* = **soprannaturale**

sovrano, -a [so'vrano] *agg* souverain(e) ; (*fig*: *sommo*) suprême ▶ *sm/f* souverain(e) ; **i sovrani** les souverains

sovrapporre [sovrap'porre] *vt*: **~ (a)** superposer (à) ; **sovrapporsi** *vpr*: **sovrapporsi (a)** se superposer (à)

sovvenzione [sovven'tsjone] *sf* subvention *f*

sozzo, -a ['sottso] *agg* crasseux(-euse)

S.p.A. [ɛssepi'ɑ] *abbr f* (= *società per azioni*) S.p.A.

spaccare [spak'kare] *vt* (*legna*) fendre ; (*piatto*) briser, casser ; **spaccarsi** *vpr* se fendre, se briser ; **~ il minuto** être ultra-précis(e) ; **un sole che spacca le pietre** un soleil de plomb

spaccatura [spakka'tura] *sf* (*anche fig*) cassure *f* ; (*fenditura, punto di rottura*) fente *f*

spaccherò *ecc* [spakke'rɔ] *vb vedi* **spaccare**

spacciare [spat'tʃare] *vt* (*vendere*) vendre ; (*mettere in circolazione*) écouler ; **spacciarsi** *vpr*: **spacciarsi per** se faire passer pour ; **~ qc per** faire passer qch pour ; **~ droga** vendre de la drogue

spacciatore, -trice [spattʃa'tore] *sm/f*: **~ (di droga)** revendeur(-euse) de drogue, dealer(-euse)

spaccio ['spattʃo] *sm* (*di merce rubata, denaro falso*) trafic *m* ; (*vendita*) débit *m*, vente *f* ; (*bottega*) magasin *m* ; **~ di droga** trafic de drogue

spacco, -chi ['spakko] *sm* (*strappo*) déchirure *f*, accroc *m* ; (*di gonna*) fente *f*

spaccone [spak'kone] *sm/f* fanfaron(ne)

spada ['spada] *sf* épée *f* ; **spade** *sfpl* (*Carte*) épées *fpl* (*dans un jeu de 40 cartes italiennes*) ; **~ di Damocle** épée de Damoclès

spaesato, -a [spae'zato] *agg* dépaysé(e)

spaghetti [spa'getti] *smpl* spaghettis *mpl*

Spagna ['spaɲɲa] *sf* Espagne *f*

spagnolo, -a [spaɲ'ɲɔlo] *agg* espagnol(e) ▶ *sm/f* Espagnol(e) ▶ *sm* espagnol *m*

spago, -ghi ['spago] *sm* ficelle *f*; **dare ~ a qn** (*fig*) laisser faire qn
spaiato, -a [spa'jato] *agg* dépareillé(e)
spalancare [spalan'kare] *vt* ouvrir tout(e) grand(e) ; (*occhi*) écarquiller ; **spalancarsi** *vpr* s'ouvrir tout(e) grand(e)
spalare [spa'lare] *vt* déblayer
spalla ['spalla] *sf* épaule *f*; (*fig*: *attore*) faire-valoir *m inv* ; **spalle** *sfpl* (*dorso*) dos *msg* ; **di spalle** de dos ; **seduto alle mie spalle** assis derrière moi ; **colpire qn alle spalle** frapper qn dans le dos ; **gettarsi qc dietro alle spalle** (*fig*) laisser qch derrière soi ; **avere tutto sulle proprie spalle** (*fig*) tout avoir sur les bras ; **ridere alle spalle di qn** rire dans le dos de qn ; **mettere qn con le spalle al muro** (*fig*) mettre qn au pied du mur ; **vivere alle spalle di qn** (*fig*) vivre aux dépens *o* aux crochets de qn
spalliera [spal'ljɛra] *sf* (*di sedia*) dossier *m* ; (*di letto*: *da capo*) tête *f* de lit ; (: *da piede*) pied *m* de lit ; (*Ginnastica*) espalier *m*
spallina [spal'lina] *sf* (*Mil, imbottitura*) épaulette *f*; (*di sottoveste*) bretelle *f*
spalmare [spal'mare] *vt* étaler
spalti ['spalti] *smpl* gradins *mpl*
spamming ['spammiŋ] *sm inv* (*Inform*) spam *m*, courrier *m* indésirable
spandere ['spandere] *vt* verser ; (*effondere*) répandre ; **spandersi** *vpr* se répandre
sparare [spa'rare] *vt* tirer ; (*pugni, calci*) décocher, lancer ; (*fig*: *fandonie*) raconter ▶ *vi* faire feu ; **~ a qn/qc** tirer sur qn/qch
sparatoria [spara'tɔrja] *sf* fusillade *f*; (*scontro a fuoco*) échange *m* de coups de feu
sparecchiare [sparek'kjare] *vt*: **~ (la tavola)** desservir *o* débarrasser (la table)
spareggio [spa'reddʒo] *sm* (*Carte, Sport*) belle *f*; (*partita*) match *m* de barrage
spargere ['spardʒere] *vt* répandre ; (*versare*) verser ; **spargersi** *vpr* se répandre ; **~ una voce** faire courir un bruit
sparire [spa'rire] *vi* disparaître ; **~ dalla circolazione** disparaître de la circulation
sparlare [spar'lare] *vi* parler à tort et à travers ; **~ di qn** dire du mal de qn, médire de qn
sparo ['sparo] *sm* décharge *f*; (*rumore*) détonation *f*
spartire [spar'tire] *vt* partager, diviser
spartito [spar'tito] *sm* (*Mus*) partition *f*
spartitraffico [sparti'traffiko] *sm inv* (*Aut*): **banchina ~** terre-plein *m* central
sparviero [spar'vjɛro] *sm* épervier *m*
spasimante [spazi'mante] *sm/f* soupirant(e)
spassionato, -a [spassjo'nato] *agg* impartial(e), sans parti pris
spasso ['spasso] *sm* (*divertimento*): **è uno ~ uscire con lui** on se marre bien avec lui ; **darsi agli spassi** prendre du bon temps ; **andare a ~** aller se promener ; **mandare qn a ~** (*fig*: *mandare via*) envoyer promener qn ; (: *licenziare*) mettre qn à la porte ; **essere a ~** (*fig*: *disoccupato*) être au chômage
spatola ['spatola] *sf* spatule *f*
spavaldo, -a [spa'valdo] *agg* effronté(e), fanfaron(ne)
spaventapasseri [spaventa'passeri] *sm inv* épouvantail *m*
spaventare [spaven'tare] *vt* effrayer, épouvanter ; **spaventarsi** *vpr* être effrayé(e), prendre peur
spavento [spa'vento] *sm* frayeur *f*; **far ~ a qn** faire peur à qn, effrayer qn
spaventoso, -a [spaven'toso] *agg* épouvantable, affreux(-euse) ; (*fam*: *fortuna, fame*) terrible
spazientire [spattsjen'tire] *vi* (*anche*: **spazientirsi**) s'impatienter
spazio ['spattsjo] *sm* espace *m* ; (*posto, anche fig*) place *f*; (*Mus*) interligne *m* ; **fare ~ per qc/qn** faire de la place pour qch/à qn ; **nello ~ di un giorno** en l'espace d'un jour ; **dare ~ a** (*fig*: *a persona*) laisser de la marge à ; **~ aereo** espace aérien
spazioso, -a [spat'tsjoso] *agg* spacieux(-euse)
spazzacamino [spattsaka'mino] *sm* ramoneur(-euse)
spazzaneve [spattsa'neve] *sm inv* chasse-neige *m inv*
spazzare [spat'tsare] *vt* balayer
spazzatura [spattsa'tura] *sf* ordures *fpl*
spazzino, -a [spat'tsino] *sm/f* balayeur(-euse) (de rues) ; (*netturbino*) éboueur *m*
spazzola ['spattsola] *sf* brosse *f*; (*di tergicristalli*) balai *m* ; **capelli a ~** cheveux *mpl* en brosse

spazzolare [spattso'lare] *vt* brosser
spazzolino [spattso'lino] *sm* (petite) brosse *f* ; **~ da denti** brosse à dents
specchiarsi [spek'kjarsi] *vpr* se regarder (dans une glace) ; (*riflettersi*) se refléter
specchietto [spek'kjetto] *sm* glace *f*, miroir *m* ; (*prospetto*) tableau *m* ; **~ per le allodole** (*fig*) miroir aux alouettes ; **~ retrovisore** (*Aut*) rétroviseur *m*
specchio ['spɛkkjo] *sm* glace *f*, miroir *m* ; (*tabella*) tableau *m* ; **uno ~ d'acqua** une étendue d'eau
speciale [spe'tʃale] *agg* spécial(e) ; **in special modo** en particulier, tout particulièrement ; **leggi speciali** lois *fpl* d'exception
specialista, -i, -e [spetʃa'lista] *sm/f* (*anche Med*) spécialiste *m/f*
specialità [spetʃali'ta] *sf inv* spécialité *f*
specialmente [spetʃal'mente] *avv* spécialement, surtout
specie ['spɛtʃe] *sf inv* (*Biol, Bot, Zool*) espèce *f* ; (*tipo, qualità*) sorte *f*, espèce, genre *m* ▸ *avv* spécialement, surtout ; **ogni ~ di verdura** toutes sortes de légumes ; **una ~ di** une espèce de ; **nella ~** en l'occurrence ; **fare ~ a qn** étonner qn ; **la ~ umana** le genre humain
specificare [spetʃifi'kare] *vt* spécifier, préciser
specifico, -a, -ci, -che [spe'tʃifiko] *agg* spécifique
speculare [speku'lare] *vi* : **~ (su)** spéculer (sur)
speculazione [spekulat'tsjone] *sf* spéculation *f*
spedire [spe'dire] *vt* expédier, envoyer ; (*fig* : *persona*) envoyer ; **~ per posta** expédier *o* envoyer par la poste
spegnere ['spɛɲɲere] *vt* éteindre ; **spegnersi** *vpr* (*anche fig* : *morire*) s'éteindre ; (*apparecchi elettrici*) s'arrêter
spellare [spel'lare] *vt* (*scuoiare*) dépouiller ; **spellarsi** *vpr* (*persona*) peler
spendere ['spɛndere] *vt* dépenser ; (*fig*) employer ; **~ una buona parola per qn** dire un mot en faveur de qn
spengo *ecc* ['spɛngo] *vb vedi* **spegnere**
spensi *ecc* ['spɛnsi] *vb vedi* **spegnere**
spensierato, -a [spensje'rato] *agg* insouciant(e)
spento, -a ['spɛnto] *pp di* **spegnere** ▸ *agg* éteint(e)
speranza [spe'rantsa] *sf* espoir *m* ; (*Rel*) espérance *f* ; **pieno di speranze** plein d'espoir ; **senza ~** sans espoir ; **nella ~ di rivederti** dans l'espoir de te revoir
sperare [spe'rare] *vt* espérer ▸ *vi* : **~ in** espérer en ; **~ che/di fare** espérer que/faire ; **lo spero** j'espère bien ; **spero di sì** j'espère que oui ; **tutto fa ~ per il meglio** tout laisse à penser que cela ira pour le mieux
sperduto, -a [sper'duto] *agg* (*posto*) perdu(e) ; (*persona* : *imbarazzato, a disagio*) perdu(e), dépaysé(e)
sperimentale [sperimen'tale] *agg* expérimental(e) ; (*teatro, cinema*) d'avant-garde ; **in via ~** expérimentalement
sperimentare [sperimen'tare] *vt* expérimenter ; (*fig* : *sapere per esperienza*) faire l'expérience de ; (: *tentare*) tenter
sperma, -i ['spɛrma] *sm* sperme *m*
sperone [spe'rone] *sm* éperon *m*
sperperare [sperpe'rare] *vt* dilapider
spesa ['spesa] *sf* (*versamento*) dépense *f* ; (*somma*) frais *mpl* ; (*acquisto*) achat *m* ; (*quotidiana*) courses *fpl*, commissions *fpl* ; **fare la ~** faire les courses ; **uscire a fare spese** sortir faire des emplettes *o* des achats ; **con la modica ~ di ...** pour la modique somme de ... ; **ho avuto tante spese** j'ai fait beaucoup de dépenses ; **100 euro più le spese** 100 euros sans compter les frais ; **a spese di** (*a carico di*) aux frais de ; (*fig* : *a danno di*) aux dépens de ; **~ pubblica** dépenses *fpl* publiques ; **spese accessorie** faux frais, frais annexes ; **spese d'impianto** frais d'établissement ; **spese di gestione** frais de gestion ; **spese di manutenzione** frais d'entretien ; **spese di sbarco e sdoganamento** frais de manutention portuaire ; **spese di trasporto** frais de transport ; **spese di viaggio** frais de déplacement ; **spese generali** frais généraux ; **spese legali** frais de justice ; **spese postali** frais d'envoi
spesso, -a ['spesso] *agg* épais(se) ▸ *avv* souvent ; **spesse volte** souvent, fréquemment ; **~ e volentieri** bien souvent
spessore [spes'sore] *sm* (*anche fig*) épaisseur *f* ; **ha uno ~ di 20 cm** il mesure *o* fait 20 cm d'épaisseur
Spett. *abbr* = *spettabile* ; **Spett. Ditta** (*su busta*) Maison ; (*in una lettera*) Messieurs

spettacolo [spet'takolo] *sm* spectacle *m* ; (*Cine*) séance *f* ; (*Teatro*) représentation *f* ; **dare ~ (di sé)** se donner en spectacle

spettare [spet'tare] *vi* : **~ a** revenir à ; **spetta a te decidere** c'est à toi de décider

spettatore, -trice [spetta'tore] *sm/f* (*Cine, Teatro*) spectateur(-trice) ; (*di avvenimento, incidente*) témoin *m*

spettegolare [spettego'lare] *vi* faire des commérages, cancaner

spettinato, -a [spetti'nato] *agg* décoiffé(e), dépeigné(e)

spettro ['spɛttro] *sm* (*anche fig*) spectre *m*

spezie ['spɛttsje] *sfpl* (*Cuc*) épices *fpl*

spezzare [spet'tsare] *vt* casser ; (*fig*) couper ; (*in varie parti*) diviser ; (*per una pausa*) interrompre ; **spezzarsi** *vpr* se casser ; **~ il cuore a qn** (*fig*) briser *o* fendre le cœur à qn

spezzatino [spettsa'tino] *sm* (*Cuc* : *di manzo, agnello*) ragoût *m* ; (: *di pollo, coniglio*) fricassée *f* ; (: *di vitello*) ≈ blanquette *f* ; (: *di montone*) ≈ navarin *m*

spezzettare [spettset'tare] *vt* couper en petits morceaux

spia ['spia] *sf* espion(ne) ; (*confidente della polizia*) indicateur(-trice), mouchard(e) ; (*bambino*) rapporteur(-euse) ; (*Elettr*) voyant *m* ; (*fessura*) judas *msg* ; (*fig*) indice *m* ; **~ dell'olio** (*Aut*) voyant d'huile

spiacente [spja'tʃɛnte] *agg* désolé(e), navré(e) ; **essere ~ di qc/di fare qc** être désolé(e) de qch/de faire qch

spiacevole [spja'tʃevole] *agg* (*incidente, avvenimento*) fâcheux(-euse) ; (*esperienza, dovere*) déplaisant(e), désagréable

spiaggia, -ge ['spjaddʒa] *sf* plage *f* ; **l'ultima ~** (*fig*) la dernière chance ; **~ libera** (*dove non si paga*) plage publique

spianare [spja'nare] *vt* (*terreno*) aplanir, niveler ; (*pasta*) étendre ; (*edificio, quartiere*) raser ; (*fucile*) épauler ; (*pistola*) braquer ; **~ il cammino a qn** paver la voie à qn

spiare [spi'are] *vt* (*nemico, mossa*) épier ; (*occasione*) guetter

spiazzo ['spjattso] *sm* étendue *f*

spicchio ['spikkjo] *sm* (*di agrumi*) quartier *m* ; (*di aglio*) gousse *f* ; (*parte*) tranche *f*

spicciare [spit'tʃare] *vt* (*faccenda*) expédier ; **spicciarsi** *vpr* se dépêcher, se presser

spicciolo, -a ['spittʃolo] *agg* : **moneta spicciola** petite monnaie *f* ; **spiccioli** *smpl* (*soldi*) monnaie *fsg*

spicco, -chi ['spikko] *sm* : **di ~** (*fatto*) marquant(e) ; (*personaggio*) en vue ; **fare ~** se distinguer, ressortir

spiedino [spje'dino] *sm* brochette *f*

spiedo ['spjɛdo] *sm* (*Cuc*) broche *f* ; **pollo allo ~** poulet *m* à la broche

spiegare [spje'gare] *vt* (*concetto ecc*) expliquer ; (*ali*) déployer ; (*tovaglia*) déplier ; **spiegarsi** *vpr* s'expliquer ; **~ qc a qn** expliquer qch à qn ; **non mi spiego come ...** je ne m'explique pas comment ...

spiegazione [spjegat'tsjone] *sf* explication *f* ; **avere una ~ con qn** avoir une explication avec qn

spiegherò *ecc* [spjege'rɔ] *vb vedi* **spiegare**

spietato, -a [spje'tato] *agg* impitoyable

spifferare [spiffe'rare] *vt* (*fam*) moucharder

spiffero ['spiffero] *sm* (*fam*) courant *m* d'air

spiga, -ghe ['spiga] *sf* (*Bot*) épi *m* ; **tessuto a ~** tissu *m* à chevrons

spigliato, -a [spiʎ'ʎato] *agg* désinvolte

spigolo ['spigolo] *sm* coin *m* ; (*Geom*) arête *f*

spilla ['spilla] *sf* (*gioiello*) broche *f* ; (*da cravatta, cappello*) épingle *f*

spillo ['spillo] *sm* épingle *f* ; **tacchi a ~** talons *mpl* aiguilles ; **~ da balia** *o* **di sicurezza** épingle à nourrice *o* de sûreté

S

spilorcio, -a, -ci, -ce [spi'lortʃo] *agg* radin(e) ▸ *sm/f* radin(e), grippe-sou *m/f*

spina ['spina] *sf* (*Bot*) épine *f* ; (*Zool* : *di istrice*) piquant *m* ; (: *di pesce*) arête *f* ▸ *sf* (*Elettr*) fiche *f* ; (*di botte*) cannelle *f* ; **una birra alla ~** une bière (à la) pression ; **stare sulle spine** (*fig*) être sur des charbons ardents ; **a ~ di pesce** (*tessuto, disegno*) à chevrons ; **~ dorsale** épine dorsale

spinacio [spi'natʃo] *sm* épinard *m* ; **spinaci** *smpl* (*Cuc*) épinards *mpl*

spinello [spi'nɛllo] *sm* (*fam*) joint *m*

spingere ['spindʒere] *vt* pousser ; (*pulsante*) appuyer sur ; (*fig* : *sguardo*) diriger, porter ; **spingersi** *vpr* (*inoltrarsi*) s'avancer ; **~ qn a fare qc** pousser qn à faire qch ; **spingersi troppo lontano** aller trop loin

spinoso, -a [spi'noso] *agg* (*anche fig*) épineux(-euse)

spinsi *ecc* ['spinsi] *vb vedi* **spingere**

spinta ['spinta] *sf* poussée *f* ; (*fig*: *stimolo*) impulsion *f* ; (: *appoggio, raccomandazione*) coup *m* de piston, coup de pouce ; **dare una ~ a qn** pousser qn ; (*fig*: *aiutare*) donner un coup de pouce à qn

spinto, -a ['spinto] *pp di* **spingere** ▸ *agg* (*scabroso*) osé(e) ; (*posizione, idea*) extrémiste

spionaggio [spio'naddʒo] *sm* espionnage *m* ; **~ industriale** espionnage industriel

spioncino [spion'tʃino] *sm* judas *msg*

spiraglio [spi'raʎʎo] *sm* (*fessura*) fente *f* ; (*di luce*) rayon *m* ; (*di aria*) filet *m* ; (*fig*: *barlume*) lueur *f*

spirale [spi'rale] *sf* spirale *f* ; (*contraccettivo*) stérilet *m* ; (*fig*: *di violenza, terrore*) escalade *f* ; **a ~** en spirale, en vrille

spiritato, -a [spiri'tato] *agg* (*espressione*) démoniaque ; (*occhi*) exorbité(e) ; (*persona*) possédé(e)

spiritismo [spiri'tizmo] *sm* spiritisme *m*

spirito ['spirito] *sm* esprit *m* ; **di ~** d'esprit ; **fare dello ~** faire de l'esprit ; **~ di classe** esprit de caste ; **~ di contraddizione** esprit de contradiction ; **~ di parte** esprit partisan

spiritosaggine [spirito'saddʒine] *sf* plaisanterie *f* (d'un goût douteux)

spiritoso, -a [spiri'toso] *agg* (*persona*) spirituel(le), plein(e) d'esprit ; (*battuta*) spirituel(le), drôle ▸ *sm/f*: **fare lo ~** (*peg*) faire le malin (la maligne)

spirituale [spiritu'ale] *agg* spirituel(le)

splendere ['splɛndere] *vi* briller, resplendir ; (*fig*: *volto*) resplendir ; (: *occhi*) briller ; (: *pavimento*) briller, reluire

splendido, -a ['splɛndido] *agg* splendide ; (*munifico*) généreux(-euse)

splendore [splen'dore] *sm* splendeur *f*

spogliare [spoʎ'ʎare] *vt* déshabiller ; **spogliarsi** *vpr* se déshabiller ; **~ qn di** (*fig*) dépouiller qn de

spogliarello [spoʎʎa'rɛllo] *sm* strip-tease *m*

spogliatoio [spoʎʎa'tojo] *sm* vestiaire *m*

spola ['spɔla] *sf* navette *f* ; **fare la ~ (fra)** (*fig*) faire la navette (entre)

spolverare [spolve'rare] *vt* (*mobile*) épousseter ; (*vestito*) brosser, dépoussiérer ; (*torta*) saupoudrer ; (*fig*: *mangiare avidamente*) engloutir, dévorer ▸ *vi* enlever la poussière

spontaneo, -a [spon'taneo] *agg* spontané(e) ; **di sua spontanea volontà** de son plein gré

sporcare [spor'kare] *vt* (*anche fig*) salir ; **sporcarsi** *vpr* se salir

sporcizia [spor'tʃittsja] *sf* saleté *f* ; (*sudiciume*) saleté, crasse *f*

sporco, -a, -chi, -che ['spɔrko] *agg* (*anche fig*: *faccenda, denaro*) sale ; (: *film ecc*) cochon(ne) ; **avere la fedina penale sporca** avoir un casier judiciaire chargé ; **avere la coscienza sporca** ne pas avoir la conscience tranquille, avoir quelque chose sur la conscience

sporgenza [spor'dʒɛntsa] *sf* saillie *f*

sporgere ['spɔrdʒere] *vt* (*braccia*) tendre ; (*viso*) pencher ; (*denuncia*) déposer ▸ *vi* dépasser ; **sporgersi** *vpr*: **sporgersi (da)** se pencher (à) ; **~ querela contro qn** (*Dir*) porter plainte contre qn

sporsi *ecc* ['spɔrsi] *vb vedi* **sporgere**

sport [spɔrt] *sm inv* sport *m* ; **fare dello ~** faire du sport ; **per ~** (*fig*) pour son plaisir ; **~ invernali** sports *mpl* d'hiver

sportello [spor'tɛllo] *sm* (*di treno, auto*) portière *f* ; (*di banca, ufficio*) guichet *m* ; **~ automatico** (*per prelievi*) guichet automatique

sportivo, -a [spor'tivo] *agg* sportif(-ive) ; (*abito, giacca*) de sport ▸ *sm/f* sportif(-ive)

sposa ['spɔza] *sf* mariée *f* ; (*moglie*) femme *f*, épouse *f* ; **abito da ~** robe *f* de mariée

sposalizio [spoza'littsjo] *sm* mariage *m*

sposare [spo'zare] *vt* (*anche fig*) épouser ; (*unire in matrimonio*) marier ; **sposarsi** *vpr* se marier ; **sposarsi con qn** se marier avec qn

sposato, -a [spo'zato] *agg* marié(e)

sposo ['spɔzo] *sm* marié *m* ; (*marito*) mari *m*, époux *msg* ; **gli sposi** les mariés

spossato, -a [spos'sato] *agg* épuisé(e), éreinté(e)

spostare [spos'tare] *vt* déplacer ; (*riunione, incontro*) reporter, renvoyer ; **spostarsi** *vpr* se déplacer ; **hanno spostato la partenza di qualche giorno** ils ont reculé le départ de quelques jours
spranga, -ghe ['spranga] *sf* barre *f*
sprecare [spre'kare] *vt* gaspiller
spregevole [spre'dʒevole] *agg* méprisable
spremere ['sprɛmere] *vt* presser ; (*fig: popolo*) pressurer ; **spremersi le meningi** (*fig*) se creuser la cervelle *o* les méninges
spremiagrumi [spremia'grumi] *sm inv* presse-agrumes *m inv*
spremuta [spre'muta] *sf* jus *msg* ; **~ d'arancia** jus d'orange, orange *f* pressée
sprezzante [spret'tsante] *agg* méprisant(e)
sprofondare [sprofon'dare] *vi* (*casa, tetto, pavimento*) s'effondrer ; (*terreno*) s'affaisser ; (*nel fango, nella melma*) s'embourber, s'enliser ; (*fig*) sombrer ; **sprofondarsi** *vpr*: **sprofondarsi in** (*in poltrona, divano*) s'affaler dans *o* sur ; (*in studio, lavoro*) se plonger dans
spronare [spro'nare] *vt* éperonner ; (*fig*) pousser, encourager
sproporzionato, -a [sproportsjo'nato] *agg* disproportionné(e) ; (*eccessivo*) excessif(-ive) ; **~ a** disproportionné(e) par rapport à
sproporzione [spropor'tsjone] *sf* disproportion *f*
sproposito [spro'pɔzito] *sm* bévue *f* ; (*errore*) grosse faute *f* ; **a ~** (*intervenire*) mal à propos, à tort et à travers
sprovveduto, -a [sprovve'duto] *agg* peu averti(e), naïf(-ïve) ▶ *sm/f* faible *m/f*
sprovvista [sprov'vista] *sf*: **alla ~** au dépourvu
sprovvisto, -a [sprov'visto] *agg*: **~ (di)** dépourvu(e) (de) ; **ne siamo sprovvisti** (*negozio*) on est à court
spruzzare [sprut'tsare] *vt* (*con nebulizzatore*) vaporiser ; (*aspergere*) asperger, humecter ; (*spargere sopra*) saupoudrer
spugna ['spuɲɲa] *sf* (*Zool*) éponge *f* ; (*tessuto*) tissu *m* éponge ; **gettare la ~** (*fig*) jeter l'éponge
spuma ['spuma] *sf* (*del mare*) écume *f* ; (*di birra ecc*) mousse *f*
spumante [spu'mante] *sm* mousseux *msg*
spuntare [spun'tare] *vt* (*coltello*) émousser ; (*capelli*) rafraîchir, couper les pointes de ; (*elenco*) pointer ▶ *vi* (*germogli, capelli*) pousser ; (*denti*) percer ; (*apparire improvvisamente*) surgir ▶ *sm*: **allo ~ del sole** au lever du soleil ; **spuntarsi** *vpr* (*perdere la punta*) s'émousser ; **spuntarla** y arriver ; **spuntarla con qn** l'emporter sur qn
spuntino [spun'tino] *sm* casse-croûte *m inv*
spunto ['spunto] *sm* (*Teatro*) premiers mots *mpl* d'une réplique ; (*Mus*) première mesure *f* ; **dare lo ~ a** (*fig*) fournir l'occasion de ; **prendere ~ da** (*fig: artista ecc*) s'inspirer de
sputare [spu'tare] *vt, vi* (*anche fig*) cracher ; **~ sentenze** pontifier ; *vedi anche* **rospo**
squadra ['skwadra] *sf* (*di operai, pompieri, Sport*) équipe *f* ; (*strumento*) équerre *f* ; (*Mil*) escouade *f* ; (*Aer, Naut*) escadre *f* ; **a squadre** (*gioco, lavoro ecc*) par équipes ; **~ di calcio** équipe de football ; **~ mobile** ≈ garde *f* mobile
squagliarsi [skwaʎ'ʎarsi] *vpr* fondre, se liquéfier ; (*fig*) filer en douce, filer à l'anglaise
squalifica, -che [skwa'lifika] *sf* disqualification *f*
squalificare [skwalifi'kare] *vt* disqualifier
squallido, -a ['skwallido] *agg* minable ; (*ambiente, faccenda*) sordide
squalo ['skwalo] *sm* requin *m*
squama ['skwama] *sf* (*Zool, Bot*) écaille *f* ; (*Anat*) squame *f*
squarciagola [skwartʃa'gola] *avv*: **a ~** à tue-tête
squattrinato, -a [skwattri'nato] *agg* fauché(e), sans-le-sou *inv* ▶ *sm/f* fauché(e), sans-le-sou *m/f inv*
squilibrato, -a [skwili'brato] *agg, sm/f* déséquilibré(e)
squillante [skwil'lante] *agg* (*voce*) aigu(-uë) ; (*fig: colore*) vif (vive)
squillare [skwil'lare] *vi* (*campanello, telefono*) sonner ; (*tromba*) retentir
squillo ['skwillo] *sm* sonnerie *f* ; (*di campanello*) coup *m* de sonnette ▶ *agg inv*: **ragazza ~** call-girl *f*
squisito, -a [skwi'zito] *agg* exquis(e) ; (*cibo, vino*) exquis(e), délicieux(-euse)

squittire [skwit'tire] *vi* (*uccello*) piailler ; (*topo*) couiner
sradicare [zradi'kare] *vt* déraciner ; (*fig*) extirper
sregolato, -a [zrego'lato] *agg* déréglé(e)
S.r.l. ['ɛsse'ɛrre'ɛlle] *abbr f* (= *società a responsabilità limitata*) S.A.R.L. *f*
srotolare [zroto'lare] *vt* dérouler
SS *sigla* = *Sassari*
S.S. *abbr* (*Aut*: = *strada statale*) ≈ RN *f*
SSN *abbr* (= *Servizio Sanitario Nazionale*) ≈ CPAM *f*
sta *ecc* [sta] *vb vedi* **stare**
stabile ['stabile] *agg* stable ▸ *sm* immeuble *m* ; **teatro ~** ≈ théâtre *m* municipal
stabilimento [stabili'mento] *sm* (*balneare, termale*) établissement *m* ; (*fabbrica*) usine *f* ; **~ tessile** usine textile
stabilire [stabi'lire] *vt* (*residenza, leggi*) établir ; (*prezzi, data*) fixer ; (*decidere*) décider ; **stabilirsi** *vpr* (*prendere dimora*) s'établir, se fixer ; **resta stabilito che ...** il est convenu que ...
staccare [stak'kare] *vt* détacher ; (*quadro*) décrocher ; (*apparecchio elettrico*) débrancher ; (*fig*: *da luogo, genitori*) éloigner ; (*Sport*) distancer ▸ *vi* (*fam*: *al lavoro*) débrayer ; **staccarsi** *vpr*: **staccarsi (da)** (*bottone*) se découdre (de) ; (*cerotto*) se décoller (de) ; (*persona*) se détacher (de) ; **~ un assegno** tirer *o* émettre un chèque ; **~ un biglietto** vendre un billet ; **~ il telefono** décrocher le téléphone ; **non ~ gli occhi da qn** ne pas quitter qn des yeux
stadio ['stadjo] *sm* (*Sport, fase*) stade *m*
staffa ['staffa] *sf* (*di sella*) étrier *m* ; (*Tecn*) bride *f*, patte *f* ; **perdere le staffe** (*fig*) sortir de ses gonds
staffetta [staf'fetta] *sf* (*messo*) estafette *f* ; (*Sport*) relais *msg*
stagionale [stadʒo'nale] *agg, sm/f* saisonnier(-ière)
stagionato, -a [stadʒo'nato] *agg* (*formaggio*) affiné(e), fait(e) ; (*vino*) vieux (vieille), vieilli(e) ; (*legname*) sec (sèche) ; (*fig scherz*: *persona*) d'âge mûr, d'un certain âge
stagione [sta'dʒone] *sf* saison *f* ; **alta/bassa ~** haute/basse saison ; **in alta ~** en pleine saison ; **in bassa ~** hors saison
stagista, -i, -e [sta'dʒista] *sm/f* stagiaire *m/f*
stagno, -a ['staɲɲo] *agg* étanche ▸ *sm* (*Chim*) étain *m* ; (*acquitrino*) étang *m*
stagnola [staɲ'ɲɔla] *sf* (*anche*: **carta stagnola**) papier *m* d'aluminium, papier alu
stalla ['stalla] *sf* (*per mucche*) étable *f* ; (*per cavalli*) écurie *f* ; (*per pecore*) bergerie *f*
stallone [stal'lone] *sm* étalon *m*
stamattina [stamat'tina] *avv* ce matin
stambecco [stam'bekko] *sm* bouquetin *m*
stampa ['stampa] *sf* (*tecnica*) imprimerie *f* ; (*procedimento*) impression *f* ; (*copia, Posta*) imprimé *m* ; (*Fot*) tirage *m* ; (*insieme di quotidiani, giornalisti ecc*) presse *f* ; (*riproduzione artistica*) estampe *f*, gravure *f* ; **andare in ~** aller sous presse ; **mandare in ~** mettre sous presse ; **errore di ~** coquille *f* ; **prova di ~** épreuve *f* ; **libertà di ~** liberté *f* de la presse
stampante [stam'pante] *sf* imprimante *f* ; **~ a getto d'inchiostro** imprimante à jet d'encre ; **~ laser** imprimante laser *inv* ; **~ seriale** imprimante série ; **~ termica** imprimante thermique, thermo-imprimante *f*
stampare [stam'pare] *vt* imprimer ; (*pubblicare*) publier ; (*Fot*) tirer ; (*Arte*) graver ; (*coniare*) estamper
stampatello [stampa'tɛllo] *sm* caractère *m* d'imprimerie ; **in ~** en caractères d'imprimerie
stampella [stam'pɛlla] *sf* béquille *f*
stampo ['stampo] *sm* (*Cuc, Tecn*) moule *m* ; **di vecchio ~** (*fig*) vieux jeu *inv*
stanare [sta'nare] *vt* débusquer ; (*fig*) dénicher
stancare [stan'kare] *vt* fatiguer ; **stancarsi** *vpr* se fatiguer ; **stancarsi (di qc/di fare qc)** se lasser (de qch/de faire qch)
stanchezza [stan'kettsa] *sf* (*vedi agg*) fatigue *f* ; lassitude *f*
stanco, -a, -chi, -che ['stanko] *agg* fatigué(e) ; **~ (di qc/di fare qc)** (*infastidito*) las (lasse) (de qch/de faire qch)
stanghetta [stan'getta] *sf* (*di occhiali*) branche *f* ; (*Mus*) barre *f* de mesure
stanno ['stanno] *vb vedi* **stare**
stanotte [sta'nɔtte] *avv* cette nuit

stante ['stante] *prep*: **a sé ~** (*storia, caso, ufficio*) indépendant(e), à part ; *vedi anche* **seduta**
stantio, -a, -tii, -tie [stan'tio] *agg* (*burro, formaggio*) rance ; (*fig*) dépassé(e)
stantuffo [stan'tuffo] *sm* piston *m*
stanza ['stantsa] *sf* pièce *f* ; (*Poesia*) stance *f* ; **essere di ~ a** (*Mil*) être en garnison à ; **~ da bagno/da pranzo** salle *f* de bains/à manger ; **~ da letto** chambre *f* à coucher
stappare [stap'pare] *vt* déboucher

PAROLA CHIAVE

stare ['stare] *vi* **1** (*rimanere*) rester ; **stare a casa** rester à la maison ; **stare in piedi** rester debout ; **stare fermo** rester immobile, ne pas bouger ; **starò via due giorni** je serai absent (pendant) deux jours
2 (*abitare*) habiter ; **sta a Roma da due anni** il habite (à) Rome depuis deux ans ; **sto qui vicino** j'habite (tout) près d'ici
3 (*essere, trovarsi*) être, se trouver ; **sta sopra il tavolo** il est sur la table ; **stavo dal dentista** j'étais chez le dentiste ; **stando così le cose** puisqu'il en est ainsi ; **stare a dieta** être au régime ; **non sta bene!** (*non è decenza*) ça ne se fait pas ! ; **puoi starne certo!** tu peux en être sûr(e) ! ; **starsene in un angolo** rester dans un coin
4 (*sentirsi*): **stare bene/male** (*di salute*) aller bien/mal ; **come stai?** comment vas-tu ? ; **sto bene con lui** je me sens bien avec lui
5 (*abito, scarpe*): **come mi sta?** comment ça me va ? ; **ti sta molto bene** ça te va très bien
6 (*seguito da gerundio*) être en train de + *infinitif* ; **sto aspettando** je suis en train d'attendre
7: **stare a fare qc** rester faire qch ; **stare a sentire** rester écouter ; **stiamo a vedere** nous verrons ; **sono stati a parlare per ore** ils ont parlé pendant des heures ; **sta' un po' a sentire** écoute un peu
8 (*essere in procinto*): **stare per fare qc** être sur le point de faire qch, aller faire qch ; **stavo per andarmene** j'allais m'en aller
9 (*spettare*): **stare a ...** être à ... (de) ; **sta a me giudicare** c'est à moi de juger ; **non sta a lui decidere** ce n'est pas à lui de décider
10: **starci** (*essere contenuto*) entrer ; (*essere d'accordo*) être d'accord ; **non ci sta più nulla** il n'y a plus de place ; **ci stai ad uscire a cena?** ça te va, de sortir dîner ? ; **mi spiace, ma non ci sto** je regrette, mais je ne suis pas d'accord ; **una che ci sta** une fille facile

starnutire [starnu'tire] *vi* éternuer
starnuto [star'nuto] *sm* éternuement *m*
stasera [sta'sera] *avv* ce soir
statale [sta'tale] *agg* d'État, de l'État ▶ *sm/f* (*dipendente statale*) fonctionnaire *m/f* ▶ *sf* (*anche*: **strada statale**) route *f* nationale
statista, -i [sta'tista] *sm* homme *m* d'État
statistica [sta'tistika] *sf* statistique *f* ; **fare una ~** faire des statistiques
stato, -a ['stato] *pp di* **essere**; **stare** ▶ *sm* état *m* ; (*ceto*) condition *f* ; **in ~ d'accusa/di arresto** (*Dir*) en état d'accusation/d'arrestation ; **in ~ interessante** enceinte ; **gli Stati Uniti (d'America)** les États-Unis *mpl* (d'Amérique) ; **~ civile** (*Amm*) état civil ; **~ d'assedio/d'emergenza** état de siège/d'urgence ; **~ d'animo** état d'âme ; **~ di famiglia** situation *f* de famille ; **~ maggiore** (*Mil*) état-major *m* ; **~ patrimoniale** situation patrimoniale
statua ['statua] *sf* statue *f*
statunitense [statuni'tɛnse] *agg* des États-Unis ▶ *sm/f* Américain(e) (des États-Unis)
statura [sta'tura] *sf* taille *f* ; (*fig*) valeur *f* ; **essere alto/basso di ~** être de grande/petite taille
statuto [sta'tuto] *sm* (*Dir*) statut *m* ; **regione a ~ speciale** *région italienne ayant une autonomie dans certains secteurs* ; **~ della società** (*Comm*) statuts *mpl* de la société
stavolta [sta'vɔlta] *avv* cette fois
stazionario, -a [stattsjo'narjo] *agg* stationnaire
stazione [stat'tsjone] *sf* (*dei treni*) gare *f* ; (*Radio, di villeggiatura*) station *f* ; **~ balneare** station balnéaire ; **~ centrale** gare centrale ; **~ climatica** station climatique ; **~ degli autobus** gare routière ; **~ di lavoro** (*Inform*) poste *m* de travail ; **~ di polizia** poste de

police ; **~ di servizio** station-service *f* ; **~ di transito** gare de transit ; **~ (ferroviaria)** gare (ferroviaire) ; **~ invernale** station de sports d'hiver ; **~ termale** station thermale

stecca, -che ['stekka] *sf* (*assicella*) latte *f* ; (*di ombrello*) baleine *f* ; (*di biliardo*) queue *f* ; (*di sigarette*) cartouche *f* ; (*Med*) attelle *f* ; **fare** *o* **prendere una ~** (*stonatura*) faire un canard

steccato [stek'kato] *sm* palissade *f*, barrière *f*

stella ['stella] *sf* étoile *f* ; (*fig* : *del cinema, teatro*) étoile, vedette *f* ; **vedere le stelle** (*fig*) voir 36 chandelles ; **i prezzi sono saliti alle stelle** les prix ont grimpé en flèche ; **~ alpina** edelweiss *m* ; **~ cadente** étoile filante ; **~ di mare** étoile de mer ; **~ filante** serpentin *m*

stelo ['stɛlo] *sm* (*Bot*) tige *f* ; **lampada a ~** lampadaire *m*

stemma ['stɛmma] *sm* armoiries *fpl*

stemmo ['stɛmmo] *vb vedi* **stare**

stempiato, -a [stem'pjato] *agg* aux tempes dégarnies

stendere ['stɛndere] *vt* étendre ; (*colore*) étaler ; (*relazione*) rédiger ; **stendersi** *vpr* s'étendre ; (*a letto ecc*) s'étendre, s'allonger

stenografia [stenogra'fia] *sf* sténo(graphie) *f*

stentare [sten'tare] *vi* : **~ a fare qc** avoir du mal *o* de la peine à faire qch ; **stento a crederci** j'ai du mal *o* de la peine à le croire

stento ['stɛnto] *sm* (*fatica*) peine *f*, difficulté *f* ; **stenti** *smpl* (*privazioni*) privations *fpl* ; **a ~** avec peine, à grand-peine

sterco, -chi ['stɛrko] *sm* excrément *m*

stereo ['stɛreo] *agg inv* stéréo ▸ *sm inv* (*impianto*) chaîne *f* stéréo

sterile ['stɛrile] *agg* stérile ; (*siringa*) stérilisé(e)

sterilizzare [sterilid'dzare] *vt* stériliser

sterlina [ster'lina] *sf* (*anche* : **lira sterlina**) (livre *f*) sterling *f*

sterminare [stermi'nare] *vt* exterminer

sterminato, -a [stermi'nato] *agg* immense, infini(e)

sterminio [ster'minjo] *sm* extermination *f* ; **campo di ~** camp *m* d'extermination

sterno ['stɛrno] *sm* (*Anat*) sternum *m*

steroide [ste'rɔide] *sm* stéroïde *m*

sterzare [ster'tsare] *vt, vi* braquer

sterzo ['stɛrtso] *sm* direction *f*

stessi *ecc* ['stessi] *vb vedi* **stare**

stesso, -a ['stesso] *agg, pron* même ; **lo ~ ministro** (*rafforzativo*) le ministre en personne ; **se ~** lui-même, soi-même ; **se stessa** elle-même, soi-même ; **se stessi, se stesse** eux-mêmes, elles-mêmes ; **quello ~ giorno** le même jour ; **lo ~** le même, elles-mêmes ; **la stessa** la même ; **fa lo ~** c'est la même chose, cela revient au même ; **parto lo ~** je pars quand même ; **per me è lo ~** pour moi, c'est pareil, pour moi, c'est la même chose ; *vedi anche* **io**; **tu** *ecc*

stesura [ste'sura] *sf* (*di contratto*) rédaction *f* ; (*di libro*) version *f*

stetti *ecc* ['stɛtti] *vb vedi* **stare**

stia *ecc* ['stia] *vb vedi* **stare**

stilare [sti'lare] *vt* (*contratto*) dresser ; (*documento*) rédiger

stile ['stile] *sm* style *m* ; **mobili in ~** meubles *mpl* de style ; **in grande ~** (*fig*) en grande pompe ; **vecchio ~** vieux jeu ; **è proprio nel suo ~** (*fig*) c'est bien dans son style ; **~ libero** (*Sport*) nage *f* libre, crawl *m*

stilista, -i, -e [sti'lista] *sm/f* styliste *m/f*

stilografica, -che [stilo'grafika] *sf* (*anche* : **penna stilografica**) stylo *m*

stima ['stima] *sf* (*apprezzamento*) estime *f* ; (*valutazione*) estimation *f*, évaluation *f* ; **avere ~ di qn** avoir de l'estime pour qn ; **godere della ~ di qn** jouir de l'estime de qn ; **fare la ~ di qc** estimer qch, expertiser qch

stimare [sti'mare] *vt* estimer ; **~ che** (*ritenere*) estimer que

stimolare [stimo'lare] *vt* stimuler ; **~ qn a fare qc** pousser qn à faire qch

stimolo ['stimolo] *sm* stimulant *m*, stimulation *f* ; (*acustico, ottico*) stimulus *msg* ; **sentire lo ~ della fame** avoir faim

stingere ['stindʒere] *vi* (*anche* : **stingersi**) déteindre

stinto, -a ['stinto] *pp di* **stingere**

stipare [sti'pare] *vt* entasser ; **stiparsi** *vpr* s'entasser

stipendio [sti'pɛndjo] *sm* salaire *m*, paye *f* ; (: *di impiegato*) appointements *mpl* ; (: *di dipendente statale*) traitement *m*

stipite ['stipite] *sm* montant *m*

stipulare [stipu'lare] *vt* stipuler

stirare [sti'rare] *vt* (*abito*) repasser ; (*distendere*) étirer ; **stirarsi** *vpr* (*persona*) s'étirer ; **stirarsi un muscolo** se faire une élongation
stitichezza [stiti'kettsa] *sf* constipation *f*
stitico, -a, -ci, -che ['stitiko] *agg* constipé(e)
stiva ['stiva] *sf* (*di nave*) cale *f*, soute *f*
stivale [sti'vale] *sm* botte *f*
stizza ['stittsa] *sf* dépit *m*, agacement *m*
stoffa ['stɔffa] *sf* tissu *m*, étoffe *f* ; **avere la ~ di** (*fig*) avoir l'étoffe de ; **avere della ~** (*fig*) avoir de l'étoffe
stomaco, -chi ['stɔmako] *sm* (*anche fig*) estomac *m* ; **dare di ~** vomir
stonato, -a [sto'nato] *agg* (*strumento*) désaccordé(e) ; (*persona*): **essere ~** chanter faux ; **nota stonata** (*fig*) fausse note *f*
stop [stɔp] *sm inv* (*fanalino, segnale*) stop *m* ; (*Calcio*) blocage *m*
storcere ['stɔrtʃere] *vt* tordre ; **storcersi** *vpr* se tordre ; **~ il naso** (*fig*) faire la grimace ; **storcersi la caviglia** se fouler la cheville
stordire [stor'dire] *vt* étourdir ; (*fig*: *sbalordire*) abasourdir, ahurir ; **stordirsi** *vpr* s'étourdir
stordito, -a [stor'dito] *agg* étourdi(e) ; (*fig*) abasourdi(e), ahuri(e)
storia ['stɔrja] *sf* histoire *f* ; **storie** *sfpl* (*pretesti*) histoires *fpl* ; (*smancerie*) manières *fpl* ; **passare alla ~** passer à la postérité ; **non ha fatto storie** il n'a pas fait d'histoires ; **~ naturale** histoire naturelle
storico, -a, -ci, -che ['stɔriko] *agg* historique ▸ *sm/f* historien(ne)
storione [sto'rjone] *sm* esturgeon *m*
stormo ['stormo] *sm* (*di uccelli*) vol *m*, volée *f*
storpio, -a ['stɔrpjo] *agg* estropié(e)
storsi *ecc* ['stɔrsi] *vb vedi* **storcere**
storta ['stɔrta] *sf* (*distorsione*) entorse *f*, foulure *f*
storto, -a ['stɔrto] *pp di* **storcere** ▸ *agg* (*gamba, riga, chiodo*) tordu(e) ; (*quadro*) de travers ; (*fig*: *ragionamento*) faux (fausse) ▸ *avv*: **guardare ~ qn** (*fig*) regarder qn de travers ; **avere gli occhi storti** loucher ; **è andato tutto ~** tout est allé de travers
stoviglie [sto'viʎʎe] *sfpl* vaisselle *fsg*
strabico, -a, -ci, -che ['strabiko] *agg* strabique ; **è ~** il louche
stracchino [strak'kino] *sm fromage gras non fermenté de Lombardie*
stracciare [strat'tʃare] *vt* déchirer ; (*fam*: *avversario*) écraser ; **stracciarsi** *vpr* se déchirer
straccio, -a, -ci, -ce ['strattʃo] *agg*: **carta straccia** vieux papiers *mpl* ▸ *sm* (*cencio*) guenille *f* ; (: *per pulire*) chiffon *m* ; (: *per pavimenti*) serpillière *f* ; **stracci** *smpl* (*peg*: *indumenti, cose proprie*) nippes *fpl*, frusques *fpl* ; **si è ridotto a uno ~** c'est une loque ; **non ha uno ~ di lavoro** il n'a même pas de quoi gagner sa vie
strada ['strada] *sf* (*di paese, campagna*) route *f* ; (*in città*) rue *f* ; (*cammino, fig*) chemin *m* ; (*varco, passaggio*) chemin *m*, voie *f* ; **~ facendo** chemin faisant, en route ; **tre ore di ~ (a piedi)/(in macchina)** trois heures de route (à pied)/(en voiture) ; **fare ~ a qn** montrer le chemin à qn ; **farsi ~** (*fig*: *persona*) faire du *o* son chemin ; **essere sulla buona ~** (*con indagine ecc*) être sur la bonne voie ; **essere fuori ~** (*fig*) faire fausse route ; **portare qn sulla cattiva ~** détourner qn du droit chemin ; **donna di ~** fille *f* des rues ; **ragazzi di ~** gamins *mpl* des rues ; **~ ferrata** voie ferrée, chemin de fer ; **~ maestra** grand-route *f* ; **~ principale** (*città*) rue principale ; **~ senza uscita** voie sans issue ; (*fig*) impasse *f*

L'Italie a un bon réseau routier. Les routes nationales (**strade statali**) sont signalées par des panneaux bleus, alors que ceux des autoroutes (**autostrade**) sont verts.

stradale [stra'dale] *agg* routier(-ière) ▸ *sf* (*anche*: **polizia stradale**) police *f* de la route
strafalcione [strafal'tʃone] *sm* énormité *f*, bourde *f*
strafare [stra'fare] *vi* en faire trop, faire du zèle
strafottente [strafot'tɛnte] *agg, sm/f* arrogant(e), insolent(e)
strage ['stradʒe] *sf* massacre *m*
stralunato, -a [stralu'nato] *agg* (*persona*) hagard(e), égaré(e) ; (*occhi*) hagard(e)
strambo, -a ['strambo] *agg* bizarre, loufoque
strampalato, -a [strampa'lato] *agg* farfelu(e)

stranezza [stra'nettsa] *sf* étrangeté *f* ; (*discorso, comportamento*) singularité *f*
strangolare [strango'lare] *vt* étrangler ; **strangolarsi** *vpr* s'étrangler
straniero, -a [stra'njɛro] *agg, sm/f* étranger(-ère)
strano, -a ['strano] *agg* étrange, bizarre
straordinario, -a [straordi'narjo] *agg* extraordinaire ; (*caso, treno*) spécial(e) ▶ *sm* (*lavoro*) heures *fpl* supplémentaires
strapiombo [stra'pjombo] *sm* précipice *m* ; **a ~** en surplomb
strappare [strap'pare] *vt* arracher ; (*carta, muscolo*) déchirer ; (*vittoria*) remporter ; **strapparsi** *vpr* (*lacerarsi*) se déchirer ; (*corda*) se rompre ; **~ qc a qn** arracher qch à qn ; **strapparsi i capelli** s'arracher les cheveux
strappo ['strappo] *sm* (*lacerazione*) déchirure *f*, accroc *m* ; (*strattone*) secousse *f* ; (*Med*) déchirure ; (*fig: infrazione, eccezione*) entorse *f* ; **dare uno ~ a qn** (*fam: fig: passaggio*) accompagner qn en voiture ; **fare uno ~ alla regola** faire une entorse au règlement ; **~ muscolare** déchirure musculaire
straripare [strari'pare] *vi* déborder
strascico, -chi ['straʃʃiko] *sm* (*di abito*) traîne *f* ; (*fig: conseguenza*) séquelle *f*, suite *f*
stratagemma, -i [strata'dʒɛmma] *sm* stratagème *m*
strategia, -gie [strate'dʒia] *sf* stratégie *f*
strategico, -a, -ci, -che [stra'tɛdʒiko] *agg* stratégique
strato ['strato] *sm* (*anche fig*) couche *f* ; (*Geo*) couche, strate *f* ; (*Meteor*) stratus *msg* ; **~ d'ozono** couche d'ozone
strattone [strat'tone] *sm* forte secousse *f* ; **dare uno ~ a qc** donner un coup sec à qch
stravagante [strava'gante] *agg* extravagant(e)
stravolto, -a [stra'vɔlto] *agg* (*vedi vt*) déformé(e), altéré(e) ; dénaturé(e) ; (*persona*) bouleversé(e)
strazio ['strattsjo] *sm* torture *f*, supplice *m* ; **fare ~ di** (*di corpo*) mutiler ; **essere uno ~** (*fig: persona*) être une vraie calamité ; (*: film, scena*) être lamentable
strega, -ghe ['strega] *sf* sorcière *f* ; (*fig*) mégère *f*
stregare [stre'gare] *vt* ensorceler ; (*fig*) ensorceler, envoûter
stregone [stre'gone] *sm* sorcier *m*
strepitoso, -a [strepi'toso] *agg* bruyant(e) ; (*fig: successo*) retentissant(e), éclatant(e)
stressante [stres'sante] *agg* stressant(e)
stressato, -a [stres'sato] *agg* stressé(e)
stretta ['stretta] *sf* étreinte *f* ; **essere alle strette** être au pied du mur ; **una ~ al cuore** un serrement de cœur ; **una ~ di mano** une poignée de main ; **~ creditizia** encadrement *m* du crédit
strettamente [stretta'mente] *avv* (*in modo stretto*) étroitement ; (*rigorosamente*) strictement
stretto, -a ['stretto] *pp di* **stringere** ▶ *agg* étroit(e) ; (*nodo, curva*) serré(e) ; (*intimo: amico*) intime ; (*parente*) proche ; (*preciso: significato*) strict(e) ▶ *sm* (*braccio di mare*) détroit *m* ; **a denti stretti** en serrant les dents ; **lo ~ necessario** *o* **indispensabile** le strict nécessaire
strettoia [stret'toja] *sf* (*di strada*) chaussée *f* rétrécie ; (*fig*) situation *f* difficile
striato, -a [stri'ato] *agg* à rayures, rayé(e)
stridulo, -a ['stridulo] *agg* strident(e)
strillare [stril'lare] *vt, vi* crier
strillo ['strillo] *sm* cri *m*
striminzito, -a [strimin'tsito] *agg* (*misero*) étriqué(e) ; (*molto magro*) malingre, maigrichon(ne)
strimpellare [strimpel'lare] *vt* (*violino, chitarra*) racler ; **~ il piano** pianoter
stringa, -ghe ['stringa] *sf* (*di scarpe*) lacet *m* ; (*numerica*) chaîne *f*
stringato, -a [strin'gato] *agg* (*discorso, resoconto*) concis(e)
stringere ['strindʒere] *vt* (*pugno, mascella, denti, viti*) serrer ; (*occhi*) plisser ; (*abito*) rétrécir ; (*discorso*) abréger ; (*patto*) conclure ; (*passo*) accélérer ▶ *vi* (*essere stretto*) serrer ; **stringersi** *vpr*: **stringersi (a)** se serrer (contre) ; **~ la mano a qn** serrer la main à qn ; **~ gli occhi** plisser les yeux ; **~ amicizia con qn** se lier d'amitié avec qn ; **una scena che stringe il cuore** un spectacle qui vous serre le cœur ; **stringi stringi** en fin de compte ; **il tempo stringe** le temps presse

strinsi *ecc* ['strinsi] *vb vedi* **stringere**
striscia, -sce ['striʃʃa] *sf* (*di carta, tessuto*) bande *f* ; (*riga*) raie *f*, rayure *f* ; **a strisce** à rayures, rayé(e) ; **strisce (pedonali)** passage *msg* clouté *o* piéton
strisciare [striʃ'ʃare] *vt* (*piedi*) traîner ; (*muro, macchina*) érafler ▸ *vi* ramper
striscio ['striʃʃo] *sm* (*Med*) frottis *msg* ; (*segno*) éraflure *f* ; **di ~** (*colpire*) de biais ; (*ferire*) superficiellement
striscione [striʃ'ʃone] *sm* banderole *f*
stritolare [strito'lare] *vt* broyer
strizzare [strit'tsare] *vt* (*panni*) tordre, essorer ; (*spugna*) presser ; **~ l'occhio (a)** cligner de l'œil (à)
strofa ['strɔfa] *sf* (*di poesia*) strophe *f* ; (*di canzone*) couplet *m*
strofinaccio [strofi'nattʃo] *sm* (*per piatti*) torchon *m* ; (*per pavimenti*) serpillière *f* ; (*per spolverare*) chiffon *m*
strofinare [strofi'nare] *vt* frotter
stroncare [stron'kare] *vt* (*ribellione*) écraser ; (*film, libro*) démolir ; (*sogg: infarto ecc*) emporter
stronzo ['strontso] *sm* (*sterco*) crotte *f*, excrément *m* ; (*fam!: fig: stupido*) con(ne) (*fam !*) ; (*: malvagio*) salaud (salope) (*fam !*)
strozzare [strot'tsare] *vt* (*soffocare*) étrangler ; (*occludere*) obstruer ; **strozzarsi** *vpr* s'étrangler
struccare [struk'kare] *vt* démaquiller ; **struccarsi** *vpr* se démaquiller
strumentale [strumen'tale] *agg* instrumental(e)
strumentalizzare [strumentalid'dzare] *vt* se servir de, exploiter
strumento [stru'mento] *sm* (*anche fig*) instrument *m* ; (*arnese*) outil *m* ; **~ (musicale)** instrument (de musique) ; **~ a fiato/a corda** *o* **ad arco** instrument à vent/à cordes ; **strumenti di bordo** (*Naut, Aer*) instruments de bord ; **strumenti di precisione** instruments de précision
strutto ['strutto] *sm* saindoux *m*
struttura [strut'tura] *sf* (*di edificio, racconto, fig*) structure *f* ; (*di macchina*) châssis *msg*
struzzo ['struttso] *sm* autruche *f* ; **fare come lo ~** pratiquer la politique de l'autruche
stuccare [stuk'kare] *vt* mastiquer ; (*decorare con stucchi*) stuquer
stucco, -chi ['stukko] *sm* (*per muro*) plâtre *m* ; (*per legno, vetro*) mastic *m* ; (*ornamentale*) stuc *m* ; **rimanere di ~** (*fig*) être sidéré(e)
studente, -essa [stu'dɛnte] *sm/f* (*di università*) étudiant(e) ; (*di scuola superiore*) lycéen(ne)
studiare [stu'djare] *vt, vi* étudier ; **oggi devo ~** aujourd'hui je dois travailler
studio ['studjo] *sm* étude *f* ; (*stanza*) bureau *m* ; (*: di artista*) atelier *m* ; (*: di notaio, procuratore*) étude ; (*: di medico, dentista*) cabinet *m* ; (*Cine, TV, Radio*) studio *m* ; **studi** *smpl* (*Scol*) études *fpl* ; **alla fine degli studi** à la fin des études ; **secondo recenti studi** d'après de récentes études ; **essere allo ~** être à l'étude ; **~ legale** étude d'avocat ; **~ medico** cabinet de consultation
studioso, -a [stu'djoso] *agg* studieux(-euse) ▸ *sm/f* savant *m* ; **uno ~ di politica industriale** un spécialiste de politique industrielle
stufa ['stufa] *sf* (*a gas, legna, carbone*) poêle *m* ; (*elettrica*) radiateur *m*
stufare [stu'fare] *vt* (*Cuc*) cuire à l'étouffée ; (*fam: fig*) embêter, ennuyer ; **stufarsi** *vpr* (*fam: fig*) en avoir assez, en avoir marre
stufo, -a ['stufo] *agg* (*fam*): **essere ~ (di qc/fare qc)** en avoir assez (de qch/de faire qch), en avoir marre (de qch/de faire qch)
stuoia ['stwɔja] *sf* natte *f*
stupefacente [stupefa'tʃɛnte] *agg* stupéfiant(e) ; (*meraviglia*) splendide ▸ *sm* (*anche*: **sostanza stupefacente**) stupéfiant *m*
stupefatto, -a [stupe'fatto] *agg* stupéfait(e)
stupendo, -a [stu'pɛndo] *agg* superbe, magnifique
stupidaggine [stupi'daddʒine] *sf* stupidité *f* ; (*azione*) bêtise *f*, idiotie *f* ; **è una ~** (*inezia*) c'est une bagatelle
stupidità [stupidi'ta] *sf* stupidité *f*
stupido, -a ['stupido] *agg* stupide, bête
stupire [stu'pire] *vt* étonner, surprendre ; **stupirsi** *vpr*: **stupirsi (di)** s'étonner (de) ; **non c'è da stupirsi** il n'y a pas de quoi s'étonner, ce n'est pas étonnant
stupore [stu'pore] *sm* stupeur *f*
stuprare [stu'prare] *vt* violer
stupro ['stupro] *sm* viol *m*
sturare [stu'rare] *vt* déboucher

S

stuzzicadenti [stuttsika'dɛnti] *sm inv* cure-dents *msg*
stuzzicare [stuttsi'kare] *vt* (*ferita*) toucher ; (*persona*) taquiner ; (*cane*) agacer, énerver ; (*appetito*) aiguiser ; (: *curiosità*) piquer

PAROLA CHIAVE

su [su] (*su + il =* **sul**, *su + lo =* **sullo**, *su + l' =* **sull'**, *su + la =* **sulla**, *su + i =* **sui**, *su + gli =* **sugli**, *su + le =* **sulle**) *prep* **1** (*posizione*) sur ; **è sul tavolo** il est sur la table ; **mettilo sul tavolo** mets-le sur la table ; **fare rotta su Palermo** faire route vers Palerme ; **un paesino sul mare** un petit village au bord de la mer ; **un paesino sulla montagna** un petit village dans la montagne ; **salire sul treno** monter dans le train ; **tre casi su dieci** trois cas sur dix
2 (*argomento*) sur ; **un'opera su Cesare** une œuvre sur César ; **un articolo sull'argomento** un article sur le sujet
3 (*circa*) environ ; **costerà sui 3 milioni** cela coûtera environ 3 millions ; **una ragazza sui 17 anni** une fille d'environ 17 ans ; **peserà sui 30 chili** cela doit peser environ 30 kilos
4 (*modo*): **su misura** sur mesure ; **su ordinazione** sur commande ; **su richiesta** sur demande
▸ *avv* **1** (*in alto*) en haut ; (*verso l'alto*) vers le haut ; **rimani su** reste en haut ; **vieni su** monte ; **guarda su** regarde en haut ; **andare su e giù** (*passeggiare*) faire les cent pas ; **su le mani!** haut les mains ! ; **vieni su da me?** tu montes chez moi ? ; **in su** (*verso l'alto*) en haut ; (*in poi*) à partir de ; **dai 20 anni in su** à partir de 20 ans ; **dal milione in su** à partir d'un million
2 (*addosso*) dessus ; **cos'hai su?** qu'est-ce que tu portes ? ; **metti su questo** mets-toi ça
▸ *escl* allons ! ; **su coraggio!** allons, courage ! ; **su avanti, muoviti!** allons, vite, dépêche-toi !

subacqueo, -a [su'bakkweo] *agg* sous-marin(e) ▸ *sm/f* plongeur(-euse)
subbuglio [sub'buʎʎo] *sm* agitation *f*, émoi *m* ; **essere/mettere in ~** être/mettre en émoi
subdolo, -a ['subdolo] *agg* sournois(e)
subentrare [suben'trare] *vi*: **~ a qn** succéder à qn ; **gli subentrò alla guida dell'azienda** il lui succéda à la tête de l'entreprise ; **sono subentrati altri problemi** d'autres problèmes ont surgi
subire [su'bire] *vt* subir
subito ['subito] *avv* tout de suite ; **~ dopo** tout de suite après
subodorare [subodo'rare] *vt* subodorer, flairer
subordinato, -a [subordi'nato] *agg* subordonné(e) ; **lavoro ~** travail *m* salarié ; **proposizione subordinata** proposition *f* subordonnée
succedere [sut'tʃɛdere] *vi* (*accadere*) arriver, se passer ; (*seguire*): **~ a** succéder à ; **succedersi** *vpr* se succéder, se suivre ; **cos'è successo?** que s'est-il passé ? ; **~ al trono** succéder au trône ; **sono cose che succedono** ce sont des choses qui arrivent
successivo, -a [suttʃes'sivo] *agg* (*mese*) suivant(e) ; (*fase*) successif(-ive) ; **il giorno ~** le jour suivant, le lendemain ; **in un momento ~** dans un deuxième temps
successo, -a [sut'tʃɛsso] *pp di* **succedere** ▸ *sm* succès *msg*, réussite *f* ; **di ~** (*libro, personaggio*) à succès ; **avere ~** avoir du succès
succhiare [suk'kjare] *vt* sucer
succhiotto [suk'kjɔtto] *sm* tétine *f*, sucette *f*
succinto, -a [sut'tʃinto] *agg* (*discorso*) succinct(e) ; (*stile*) concis(e) ; (*abito*) très court(e)
succo, -chi ['sukko] *sm* (*di arancia ecc*) jus *msg* ; (*gastrico*) suc *m* ; (*fig*) substance *f* ; **~ di frutta/pomodoro** jus de fruits/tomate
succursale [sukkur'sale] *sf* succursale *f*
sud [sud] *agg inv*, *sm* sud (*m*) ; **verso ~** vers le sud ; **l'Italia del S~** le sud de l'Italie ; **l'America del S~** l'Amérique du Sud
Sudafrica [su'dafrika] *sm* Afrique *f* du Sud
Sudamerica [suda'merika] *sm* Amérique *f* du Sud
sudare [su'dare] *vi* transpirer ; (*fig*) suer, trimer ; **~ freddo** avoir des sueurs froides
sudato, -a [su'dato] *agg* (*persona*) en sueur ; (*mani*) moite ; (*fig: denaro*) gagné(e) à la sueur de son front

suddividere [suddi'videre] *vt* (*testo, libro*) subdiviser ; (*ripartire*: *credito, somma*) partager

sudest [su'dɛst] *sm* sud-est *m* ; **vento di ~** vent *m* de sud-est ; **~ asiatico** Asie *f* du Sud-Est

sudicio, -a, -ci, -ce ['suditʃo] *agg* sale, crasseux(-euse) ; (*fig*) sale, louche

sudore [su'dore] *sm* sueur *f*

sudovest [su'dɔvest] *sm* sud-ouest *m* ; **vento di ~** vent *m* du sud-ouest, suroît *m*

sufficiente [suffi'tʃɛnte] *agg* suffisant(e) ; (*Scol*) passable

sufficienza [suffi'tʃɛntsa] *sf* suffisance *f* ; (*Scol*) moyenne *f* ; **a ~** assez, suffisamment ; **ne ho avuto a ~!** j'en ai eu assez !, ça m'a suffi ! ; **un'aria di ~** un air de suffisance

suffisso [suf'fisso] *sm* suffixe *m*

suggerimento [suddʒeri'mento] *sm* suggestion *f* ; (*consiglio*) conseil *m* ; **dietro suo ~** sur son conseil

suggerire [suddʒe'rire] *vt* (*risposta, battuta*) souffler ; (*consigliare, proporre*) suggérer ; (*richiamare alla mente*) évoquer ; **~ a qn di fare qc** suggérer à qn de faire qch

suggestionare [suddʒestjo'nare] *vt* suggestionner, influencer

suggestivo, -a [suddʒes'tivo] *agg* suggestif(-ive)

sughero ['sugero] *sm* liège *m*

sugo, -ghi ['sugo] *sm* (*di arrosto, verdure, frutta*) jus *msg* ; (*condimento*) sauce *f* ; (*fig*) substance *f*

suicida, -i, -e [sui'tʃida] *agg* suicidaire ▸ *sm/f* suicidé(e)

suicidarsi [suitʃi'darsi] *vpr* se suicider

suicidio [sui'tʃidjo] *sm* suicide *m*

suino, -a [su'ino] *agg* de porc ▸ *sm* porc *m*, cochon *m* ; **carne suina** viande *f* de porc ; **i suini** les porcins *mpl*

sultano, -a [sul'tano] *sm/f* sultan(e)

suo, sua ['suo] (*pl* **suoi, sue**) *agg*: **(il) ~, (la) sua** son, sa ; (*forma di cortesia*: *anche*: **Suo**) votre ▸ *pron*: **il ~** le sien ; **la sua** la sienne ; **i suoi** (*genitori*) ses parents ; **una sua amica** une de ses amies ; (*forma di cortesia*) une de vos amies ; **i suoi guanti** ses gants ; (*forma di cortesia*) vos gants ; **~ padre** son père ; (*forma di cortesia*) votre père ; **è ~!** (*di lui*) c'est le sien !, il est à lui ! ; (*di lei*) c'est le sien !, il est à elle ! ; (*forma di cortesia*) c'est le vôtre!, il est à vous ! ; **è dalla sua** (*parte*) il est de son côté ; (: *forma di cortesia*) il est de votre côté ; **lui ha detto la sua** il a donné son avis, il a dit ce qu'il pensait ; **alla sua!** (*brindisi*) à sa santé ! ; (*forma di cortesia*) à votre santé ! ; **anche lui ha avuto le sue** (*guai*) lui aussi il a eu son lot de malheurs ; **Marco ne ha fatta una delle sue** Marco a encore fait des siennes ; **Sandra sta sulle sue** Sandra garde ses distances

suocero, -a ['swɔtʃero] *sm/f* beau-père *m*, belle-mère *f* ; **i suoceri** les beaux-parents *mpl*

suola ['swɔla] *sf* semelle *f*

suolo ['swɔlo] *sm* sol *m* ; **~ pubblico** terrain *m* public

suonare [swo'nare] *vt* (*brano*) jouer ; (*strumento*) jouer de ; (*campana, ore, allarme*) sonner ▸ *vi* sonner ; **~ il clacson** klaxonner ; **questa storia non mi suona bene** cette histoire ne me convainc pas ; **gliele ha suonate** il lui a donné une raclée

suoneria [swone'ria] *sf* sonnerie *f*

suono ['swɔno] *sm* son *m* ; **a suon di** (*fig*) à coups de

suora ['swɔra] *sf* sœur *f*, religieuse *f* ; **Suor Maria** sœur Marie

super ['super] *agg inv* (*anche*: **benzina super**) super *inv* ▸ *sf inv* super *m*

superare [supe'rare] *vt* (*limite*) dépasser ; (*bivio*) passer ; (*percorso*) parcourir ; (*fiume*) franchir, traverser ; (*veicolo*) dépasser, doubler ; (*fig*: *difficoltà, malattia*) surmonter, vaincre ; (: *esame*) réussir, être reçu(e) à ; (: *risultare migliore di*) surpasser, l'emporter sur ; **~ qn in altezza/peso** être plus grand(e)/plus gros (grosse) que qn ; **ha superato la cinquantina** il a passé la cinquantaine ; **~ i limiti di velocità** dépasser les limites de vitesse ; **ha superato se stesso** il s'est surpassé

superbia [su'pɛrbja] *sf* morgue *f*, suffisance *f*

superbo, -a [su'pɛrbo] *agg* hautain(e) ; (*fig*: *magnifico*) superbe

superficiale [superfi'tʃale] *agg* superficiel(le)

superficie, -ci [super'fitʃe] *sf* surface *f* ; **tornare in ~** (*a galla*) remonter à la surface ; (*fig*: *problemi*) refaire surface ; **~ alare** (*Aer*) surface alaire ; **~ velica** (*Naut*) (surface de) voilure *f*

superfluo, -a [su'pɛrfluo] *agg* superflu(e)
superiore [supe'rjore] *agg* supérieur(e) ; (*temperatura, livello*): **~ (a)** au-dessus (de) ▸ *sm/f* supérieur(e) ; **le superiori** *sfpl* (*Scol*) *les cinq dernières années de l'enseignement secondaire en Italie*
superlativo, -a [superla'tivo] *agg* exceptionnel(le) ▸ *sm* (*Ling*) superlatif *m*
supermercato [supermer'kato] *sm* supermarché *m*
superstite [su'pɛrstite] *sm/f* survivant(e), rescapé(e)
superstizione [superstit'tsjone] *sf* superstition *f*
superstizioso, -a [superstit'tsjoso] *agg* superstitieux(-euse)
superstrada [super'strada] *sf* voie *f* express
supino, -a [su'pino] *agg* sur le dos
supplementare [supplemen'tare] *agg* supplémentaire ; **tempi supplementari** (*Sport*) prolongations *fpl*
supplemento [supple'mento] *sm* supplément *m*

Les trains Intercity et Eurocity sont à **supplemento**. Il faut donc penser à acheter ce supplément en même temps que son billet pour monter à bord de l'un de ces trains.

supplente [sup'plɛnte] *agg* suppléant(e) ▸ *sm/f* (*insegnante*) remplaçant(e), ≈ maître (maîtresse)-auxiliaire ; (*impiegato*) remplaçant(e)
supplica, -che ['supplika] *sf* (*preghiera*) supplication *f* ; (*domanda scritta*) supplique *f*, requête *f*
supplicare [suppli'kare] *vt* supplier
supplizio [sup'plittsjo] *sm* (*anche fig*) supplice *m*
suppongo *ecc* [sup'pongo] *vb vedi* **supporre**
supponi *ecc* [sup'poni] *vb vedi* **supporre**
supporre [sup'porre] *vt* supposer ; **supponiamo che ...** supposons que ...
supporto [sup'pɔrto] *sm* support *m*
supposta [sup'posta] *sf* suppositoire *m*
supremo, -a [su'prɛmo] *agg* suprême ; **Corte Suprema** Cour *f* suprême
surgelare [surdʒe'lare] *vt* surgeler
surgelato, -a [surdʒe'lato] *agg* surgelé(e) ▸ *sm* surgelé *m*
surplus [syr'ply] *sm inv* surplus *msg* ; (*eccesso di produzione*) surproduction *f*
surriscaldare [surriskal'dare] *vt* surchauffer
suscettibile [suʃʃet'tibile] *agg* susceptible
suscitare [suʃʃi'tare] *vt* susciter
susina [su'sina] *sf* prune *f*
susseguire [susse'gwire] *vt* suivre ; **susseguirsi** *vpr* se succéder, se suivre
sussidio [sus'sidjo] *sm* subside *m*, allocation *f* ; (*dello stato*) subvention *f* ; **~ di disoccupazione** allocation de chômage ; **~ per malattia** allocation de maladie ; **sussidi audiovisivi** moyens *mpl* audiovisuels ; **sussidi didattici** matériel *m* didactique
sussultare [sussul'tare] *vi* (*trasalire*) sursauter ; (*muoversi*) trembler
sussurrare [sussur'rare] *vt* chuchoter, murmurer ▸ *vi* chuchoter, murmurer ; (*fig: foglie, vento*) murmurer ; **si sussurra che ...** on murmure que ...
sussurro [sus'surro] *sm* chuchotement *m*, murmure *m* ; (*fig: di foglie ecc*) murmure
svagare [zva'gare] *vt* distraire ; **svagarsi** *vpr* se distraire, se changer les idées
svago, -ghi ['zvago] *sm* (*riposo, ricreazione*) distraction *f* ; (*passatempo*) passe-temps *msg inv*, distraction
svaligiare [zvali'dʒare] *vt* (*banca, negozio*) cambrioler ; (*casa*) cambrioler, dévaliser
svalutare [zvalu'tare] *vt* dévaluer ; **svalutarsi** *vpr* se dévaluer
svalutazione [zvalutat'tsjone] *sf* (*Econ*) dévaluation *f*
svalvolato, -a [zvalvo'lato] *sm/f* (*fam*) fêlé(e)
svanire [zva'nire] *vi* (*odore*) s'évaporer ; (*fumo*) se dissiper ; (*immagine*) s'estomper ; (*sogno, fig*) s'évanouir
svantaggiato, -a [zvantad'dʒato] *agg* défavorisé(e)
svantaggio [zvan'taddʒo] *sm* désavantage *m* ; (*Sport*) retard *m* ; **essere in ~** être défavorisé(e) ; **tornare a ~ di** désavantager
svariato, -a [zva'rjato] *agg* varié(e) ; **svariate volte** plusieurs fois
svastica, -che ['zvastika] *sf* svastika *m*, swastika *m* ; (*simbolo nazista*) croix *fsg* gammée

svedese [zve'dese] *agg* suédois(e) ▶ *sm/f* Suédois(e) ▶ *sm* suédois *m*
sveglia ['zveʎʎa] *sf* réveil *m* ; **~ telefonica** réveil téléphonique
svegliare [zveʎ'ʎare] *vt* réveiller ; *(fig)* éveiller ; **svegliarsi** *vpr (anche fig)* se réveiller
sveglio, -a, -gli, -glie ['zveʎʎo] *agg* réveillé(e) ; *(fig: vivace, furbo)* éveillé(e), dégourdi(e)
svelare [zve'lare] *vt* dévoiler
svelto, -a ['zvɛlto] *agg (veloce: passo, persona ecc)* rapide ; *(intelligenza)* vif (vive), vivace ; *(figura)* svelte, élancé(e) ; **alla svelta** en vitesse, rapidement ; **un tipo ~** un type dégourdi, un type débrouillard ; **essere ~ di mano** *(incline a rubare)* être habile à voler ; *(manesco)* avoir la main leste
svendere ['zvendere] *vt* solder, brader
svendita ['zvendita] *sf* solde *m*
svengo *ecc* ['zvɛngo] *vb vedi* **svenire**
svenimento [zveni'mento] *sm* évanouissement *m*
svenire [zve'nire] *vi* s'évanouir
sventare [zven'tare] *vt* éventer
sventato, -a [zven'tato] *agg (distratto)* étourdi(e), écervelé(e) ; *(imprudente)* imprudent(e)
sventolare [zvento'lare] *vt* agiter ▶ *vi* flotter
sventura [zven'tura] *sf (cattiva sorte)* malchance *f* ; *(disgrazia)* malheur *m*
sverrò *ecc* [zver'rɔ] *vb vedi* **svenire**
svestire [zves'tire] *vt* déshabiller ; **svestirsi** *vpr* se déshabiller
Svezia ['zvɛtsja] *sf* Suède *f*
sviare [zvi'are] *vt* détourner ; **~ (da)** *(fig)* détourner (de)
svignarsela [zviɲ'ɲarsela] *vpr* s'esquiver, filer à l'anglaise
sviluppare [zvilup'pare] *vt* développer ; **svilupparsi** *vpr* se développer
sviluppo [zvi'luppo] *sm* développement *m* ; **in via di ~** en voie de développement ; **paesi in via di ~** pays *mpl* en voie de développement
svincolo ['zvinkolo] *sm (di deposito, merci)* dédouanement *m* ; *(raccordo stradale)* bretelle *f* ; *(: fra autostrade)* échangeur *m*
svista ['zvista] *sf* faute *f* d'étourderie
svitare [zvi'tare] *vt* dévisser
Svizzera ['zvittsera] *sf* Suisse *f*
svizzero, -a ['zvittsero] *agg* suisse ▶ *sm/f* Suisse (Suissesse) *m/f*
svogliato, -a [zvoʎ'ʎato] *agg* sans entrain ; **essere ~** n'avoir goût à rien
svolgere ['zvɔldʒere] *vt (gomitolo, nastro)* dérouler ; *(fig: tema, argomento)* développer ; *(: piano, programma)* exécuter ; **svolgersi** *vpr (dispiegarsi)* se dérouler ; *(fig: accadere)* se dérouler, se passer ; **tutto si è svolto secondo i piani** tout s'est passé comme prévu
svolsi *ecc* ['zvɔlsi] *vb vedi* **svolgere**
svolta ['zvɔlta] *sf (anche fig)* tournant *m* ; *(curva)* virage *m* ; **essere ad una ~ nella propria vita** être à un tournant de sa vie
svoltare [zvol'tare] *vi* tourner ; **~ a destra/sinistra** tourner à droite/gauche
svuotare [zvwo'tare] *vt* vider

T [t] *abbr* (= *tabaccheria*) bureau *m* de tabac

t [ti] *abbr* (= *tonnellata*) T., t.

tabaccheria [tabakke'ria] *sf* bureau *m* de tabac

Les **tabaccherie** vendent des cigarettes et du tabac. Ces bureaux de tabac se reconnaissent à leur enseigne représentant un T blanc sur fond noir. Certains d'entre eux vendent également des journaux.

tabacco, -chi [ta'bakko] *sm* tabac *m*

tabella [ta'bɛlla] *sf* (*tavola, elenco*) tableau *m* ; (*di interessi, salari*) barème *m* ; **~ dei prezzi** liste *f* des prix ; **~ di marcia** planning *m*, plan *m* de travail ; (*Sport*) plan de route ; (*fig*) planning

tabellone [tabel'lone] *sm* (*per pubblicità*) panneau *m* ; (*per informazioni*) tableau *m* d'affichage ; (: *in stazione*) tableau (des départs *o* arrivées)

tablet ['tablet] *sm inv* (*Inform*) tablette *f*

TAC ['tak] *sigla f* (*Med*: = *Tomografia Assiale Computerizzata*) scanner *m*

tacchino [tak'kino] *sm* dindon *m* ; (*Cuc*) dinde *f*

tacco, -chi ['takko] *sm* talon *m* ; **tacchi alti/a spillo** talons hauts/aiguilles

taccuino [takku'ino] *sm* carnet *m*, calepin *m*

tacere [ta'tʃere] *vi* se taire ▸ *vt* taire ; **far ~ qn** faire taire qn ; **mettere a ~ qc** étouffer qch

tachimetro [ta'kimetro] *sm* compte-tours *m inv* ; (*Aut*) compteur *m* de vitesse

tacqui *ecc* ['takkwi] *vb vedi* **tacere**

tafano [ta'fano] *sm* taon *m*

taglia ['taʎʎa] *sf* (*statura, misura*) taille *f* ; (*ricompensa*) récompense *f* ; **taglie forti** (*Abbigliamento*) grandes tailles

tagliacarte [taʎʎa'karte] *sm inv* coupe-papier *m*

tagliando [taʎ'ʎando] *sm* coupon *m*

tagliare [taʎ'ʎare] *vt* couper ; (*carne*) couper, découper ▸ *vi* couper ; **tagliarsi** *vpr* se couper ; **~ la curva** couper un virage, prendre un virage à la corde ; **~ corto** (*fig*) couper court ; **~ la corda** (*fig*) filer ; **~ i ponti (con)** (*fig*) couper les ponts (avec) ; **~ la strada a qn** couper la route à qn ; (*fig*) barrer la route à qn ; **~ la testa al toro** (*fig*) trancher ; **essere tagliati fuori dal mondo** être coupés du monde

tagliatelle [taʎʎa'tɛlle] *sfpl* nouilles *fpl*, tagliatelles *fpl*

tagliaunghie [taʎʎa'ungje] *sm inv* coupe-ongles *m inv*

tagliente [taʎ'ʎɛnte] *agg* coupant(e), tranchant(e) ; (*fig*) mordant(e)

taglio ['taʎʎo] *sm* (*atto: di stoffa*) découpage *m* ; (: *di capelli, erba*) coupe *f* ; (: *di arto*) amputation *f* ; (: *di vino*) coupage *m* ; (: *di droga*) mélange *m* ; (*effetto: su stoffa, carta*) entaille *f* ; (: *ferita, anche di film, banconota*) coupure *f* ; (*quantità: di carne*) morceau *m* ; (: *di tessuto*) coupe, coupon *m* ; (*stile: di capelli, abito*) coupe ; **di ~ classico** (*abito*) classique ; **colpire la palla di ~** (*Tennis*) couper la balle ; **dare un ~ netto a** (*fig: a rapporto*) rompre ; **biglietti di grosso/piccolo ~** (*banconote*) grosses/petites coupures ; **~ cesareo** césarienne *f*

talco, -chi ['talko] *sm* talc *m*

PAROLA CHIAVE

tale ['tale] *agg* **1** (*simile, così grande*) tel(le) ; **un/una tale** un tel/une telle ; **non accetto tali discorsi** je n'accepte pas de tels propos ; **la mia rabbia era tale che lo colpii** ma colère était telle que je l'ai frappé ; **è di una tale arroganza!** il est d'une telle arrogance ! ; **fa un tale chiasso** il fait un de ces boucans

2 (*indefinito*) certain(e) ; **ha telefonato una tale Michela** une certaine Michela a téléphoné ; **il giorno tale all'ora tale** tel jour à telle heure ; **la tal persona** cette personne

3 (*nelle similitudini*): **tale ... tale** tel(le) ... tel(le) ; **tale padre tale figlio** tel père tel fils ; **hai il vestito tale quale il mio** tu as exactement la même robe que moi
▸ *pron* (*indefinito*: *persona*): **un/una tale** un tel/une telle ; **quel/quella tale** celui-là/celle-là ; **il tal dei tali** monsieur Untel

talebano [tale'bano] *sm* Taliban *m*
talento [ta'lɛnto] *sm* talent *m*
talismano [taliz'mano] *sm* talisman *m*
talloncino [tallon'tʃino] *sm* talon *m* ; (*di medicinali*) vignette *f*
tallone [tal'lone] *sm* talon *m*
talmente [tal'mente] *avv* tellement, si
talpa ['talpa] *sf* (*anche fig*) taupe *f*
talvolta [tal'vɔlta] *avv* parfois, quelquefois
tamburello [tambu'rɛllo] *sm* tambourin *m*
tamburo [tam'buro] *sm* tambour *m* ; (*di pistola*) barillet *m* ; **freni a ~** freins *mpl* à tambour ; **pistola a ~** revolver *m* ; **a ~ battente** (*fig*) tambour battant
Tamigi [ta'midʒi] *sm* Tamise *f*
tamponare [tampo'nare] *vt* boucher, tamponner ; (*macchina*) tamponner
tampone [tam'pone] *sm* tampon *m* ; (*assorbente interno*) tampon hygiénique *o* périodique ; (*per timbri*) tampon encreur
tana ['tana] *sf* tanière *f* ; (*fig*: *di malviventi*) repaire *m* ; (: *tugurio*) taudis *msg*
tanga ['tanga] *sm inv* string *m*
tangente [tan'dʒɛnte] *agg* tangent(e)
▸ *sf* tangente *f* ; (*quota*) quote-part *f* ; (*denaro estorto*) pot-de-vin *m*
tangenziale [tandʒen'tsjale] *sf* boulevard *m* périphérique
tanica, -che ['tanika] *sf* jerrican *m*

PAROLA CHIAVE

tanto, -a ['tanto] *agg* **1** (*molto*: *quantità*) très, beaucoup de ; (: *numero*) beaucoup de, nombreux(-euse) ; **tanto pane/latte** beaucoup de pain/lait ; **tante volte** de nombreuses fois ; **tante persone** de nombreuses personnes ; **tanti auguri!** tous mes vœux ! ; **tante grazie** merci beaucoup ; **tanto tempo** longtemps ; **ogni tanti chilometri** tous les x kilomètres
2: **tanto ... quanto** autant de ... que (de) ; **ho tanta pazienza quanta ne hai tu** j'ai autant de patience que toi ; **ha tanti amici quanti nemici** il a autant d'amis que d'ennemis
3 (*rafforzativo*) : **tanta fatica per niente!** tous ces efforts pour rien ! ; **tanto ... che** tant ... que, tellement ... que ; **ha tanta volontà che riesce in ogni cosa** elle a tellement de volonté qu'elle réussit en tout
▸ *pron* **1** (*molto*) beaucoup ; (*così tanto*) tant ; **tanti, tante** (*persone*) de nombreuses personnes, beaucoup de gens ; (*cose*) beaucoup de choses ; **non credevo ce ne fosse tanto** je ne croyais pas qu'il y en avait tant ; **una persona come tante** une personne comme beaucoup d'autres ; **è passato tanto** (*tempo*) il y a si longtemps ; **è tanto che aspetto** il y a longtemps que j'attends ; **due volte tanto** deux fois plus ; **tempo? ne ho tanto quanto basta** du temps ? mais j'ai tout le temps qu'il me faut
2 (*indeterminato*) tant ; **tanto per l'affitto, tanto per il gas** tant pour le loyer, tant pour le gaz ; **riceve un tanto al mese** il reçoit tant par mois ; **di tanto in tanto** de temps en temps ; **ogni tanto** de temps en temps ; **se tanto mi dà tanto** si c'est comme ça ; **tanto vale partire** *o* **che partiamo subito** autant partir immédiatement
3 (*dimostrativo*) tant ; **tanto meglio!** tant mieux ! ; **tanto peggio per lui!** tant pis pour lui ! ; **tanto di guadagnato** autant de gagné
▸ *avv* **1** (*molto*: *con agg, avv*) très ; (: *con vb*) très ; **è tanto intelligente** elle est si intelligente ; **vengo tanto volentieri** je viens très volontiers ; **non ci vuole tanto a capirlo** ça n'est pas dur à comprendre ; **è tanto bella!** elle est si belle ! ; **sta tanto meglio adesso!** il va beaucoup mieux maintenant ! ;
2 (*così tanto*: *con agg, avv*) si ; (: *con vb*) tant, tellement ; **non urlare tanto** ne crie pas si fort ; **ha tanto urlato che l'hanno lasciato andare** il a tellement hurlé qu'ils l'ont laissé partir ; **era tanto bella da non credere** elle était si belle qu'on n'en croyait pas ses yeux
3: **tanto ... quanto** autant que, aussi ... que ; **conosco tanto Carlo quanto suo padre** je connais Carlo, ainsi que son père ; **è tanto bella quanto buona**

elle est aussi belle que gentille ; **non è poi tanto complicato quanto sembri** en fin de compte, ce n'est pas aussi compliqué que cela en a l'air ; **tanto più ... tanto più** plus ... plus ; **tanto più insisti, tanto più non mollerà** plus tu insistes, moins il cédera ; **quanto più ... tanto meno** plus ... moins ; **quanto più lo conosco, tanto meno mi piace** plus je le connais, moins il me plaît
4 (*solamente*) histoire de, pour ; **tanto per cambiare/scherzare/dire** histoire de changer/blaguer/dire ; **una volta tanto** une fois de temps en temps
▶ *cong* (*comunque, perché*) après tout ; **non insistere, tanto è inutile** n'insiste pas, de toute façon c'est inutile

tappa ['tappa] *sf* (*anche fig*) étape *f* ; (*fermata*) halte *f* ; **a tappe** (*corsa, gara*) par étapes ; **bruciare le tappe** (*fig*) brûler les étapes

tappare [tap'pare] *vt* boucher ; **tapparsi** *vpr*: **tapparsi in casa** s'enfermer chez soi ; **tapparsi la bocca** se taire ; **tapparsi le orecchie** se boucher les oreilles

tapparella [tappa'rɛlla] *sf* store *m*

tappetino [tappe'tino] *sm* (*del mouse*) tapis *m* de souris

tappeto [tap'peto] *sm* (*anche Pugilato*) tapis *msg* ; (*di tavolo: rivestimento*) tapis de table ; **mandare al ~** (*fig*) envoyer au tapis ; **bombardamento a ~** pilonnage *m* ; **~ persiano** tapis persan ; **~ verde** (*tavolo da gioco*) tapis vert

tappezzare [tappet'tsare] *vt* tapisser

tappezzeria [tappettse'ria] *sf* (*anche Arte*) tapisserie *f* ; (*carta da parati*) papier *m* peint ; (*in una macchina*) habillage *m* ; **fare da ~** (*fig*) faire tapisserie

tappo ['tappo] *sm* bouchon *m* ; (*fig: persona bassa*) petit bout *m* d'homme/de femme ; **~ a corona** capsule *f* ; **~ a vite** bouchon (à vis)

tardare [tar'dare] *vi* être en retard ; **~ a fare qc** tarder à faire qch

tardi ['tardi] *avv* tard ; **più ~** plus tard ; **al più ~** au plus tard ; **sul ~** (*verso sera*) tard dans la soirée ; **far ~** (*ad appuntamento*) être en retard ; (*restare alzato*) se coucher tard ; **ho lavorato fino a ~** j'ai travaillé tard ; **è troppo ~** il est trop tard

targa, -ghe ['targa] *sf* plaque *f* ; (*Aut*) plaque minéralogique *o* d'immatriculation

targhetta [tar'getta] *sf* (*con nome, indirizzo*) étiquette *f*

tariffa [ta'riffa] *sf* tarif *m* ; **la ~ in vigore** le tarif en vigueur ; **~ normale** plein tarif ; **~ ridotta** tarif réduit ; **~ salariale** niveau *m* des salaires ; **~ unica** tarif unique ; **tariffe doganali/postali/telefoniche** tarifs douaniers/postaux/du téléphone

tarlo ['tarlo] *sm* ver *m* à bois ; **roso dal ~ della gelosia/del rimorso** (*fig*) rongé(e) par la jalousie/le remords

tarma ['tarma] *sf* mite *f*

tarocco, -chi [ta'rɔkko] *sm* tarot *m* ; **tarocchi** *smpl* (*gioco*) tarots *mpl*

tartaruga, -ghe [tarta'ruga] *sf* (*anche fig*) tortue *f* ; (*materiale*) écaille *f*

tartina [tar'tina] *sf* canapé *m*

tartufo [tar'tufo] *sm* (*Bot*) truffe *f* ; **~ bianco/nero** truffe blanche/noire

tasca, -sche ['taska] *sf* (*anche Anat*) poche *f* ; **da ~** de poche ; **fare i conti in ~ a qn** (*fig*) se mêler des finances de qn ; **conoscere come le proprie tasche** (*fig*) connaître comme sa poche

tascabile [tas'kabile] *agg* de poche
▶ *sm* (*libro*) livre *m* de poche

tassa ['tassa] *sf* taxe *f* ; (*per iscrizione: a scuola ecc*) droits *mpl* ; (*doganale*) droits de douane ; **~ di circolazione** (*Aut*) vignette *f* automobile ; **~ di soggiorno** taxe de séjour

tassare [tas'sare] *vt* taxer

tassello [tas'sɛllo] *sm* morceau *m* ; (*fig: di vicenda*) élément *m*

tassì [tas'si] *sm inv* = **taxi**

tassista, -i, -e [tas'sista] *sm/f* chauffeur(-euse) de taxi

tasso ['tasso] *sm* taux *msg* ; (*Zool*) blaireau *m* ; **~ di cambio/d'interesse** taux de change/d'intérêt ; **~ di crescita** taux de croissance

tastare [tas'tare] *vt* tâter ; **~ il terreno** (*fig*) tâter le terrain

tastiera [tas'tjera] *sf* clavier *m*

tasto ['tasto] *sm* (*di piano, computer ecc*) touche *f* ; (*di radio, TV*) bouton *m* ; **toccare un ~ delicato** (*fig*) toucher une corde sensible

tastoni [tas'toni] *avv*: **procedere (a) ~** avancer à tâtons

tatto ['tatto] *sm* (*senso*) toucher *m* ; (*fig*) tact *m* ; **al ~** au toucher ; **avere ~** avoir du tact
tatuaggio [tatu'addʒo] *sm* tatouage *m*
tatuare [tatu'are] *vt* tatouer
tavola ['tavola] *sf* (*asse, illustrazione*) planche *f* ; (*mobile, prospetto*) table *f* ; (*lastra*) plaque *f* ; (*quadro*) tableau *m* ; **è in ~!** (*cena, pranzo*) à table ! ; **la buona ~** (*fig: cucina*) la bonne table ; **~ calda** snack *m* ; **~ da stiro** planche à repasser ; **~ rotonda** (*fig*) table ronde
tavoletta [tavo'letta] *sf* tablette *f* ; **a ~** (*Aut: a massima velocità*) le pied au plancher ; **andare a ~** appuyer sur le champignon
tavolino [tavo'lino] *sm* (petite) table *f* ; (*scrivania*) bureau *m* ; **decidere qc a ~** (*fig*) décider qch sur le papier ; **~ da gioco/da tè** table de jeu/de salon
tavolo ['tavolo] *sm* table *f* ; **~ da lavoro** table de travail ; **~ da disegno** table à dessin ; **~ da gioco/da ping-pong** table de jeu/de ping-pong ; **~ operatorio** (*Med*) table d'opération
taxi ['taksi] *sm inv* taxi *m*
tazza ['tattsa] *sf* tasse *f* ; (*del water*) cuvette *f* ; **~ da tè/caffè** tasse à thé/café ; **una ~ di tè** une tasse de thé
TBC [tibi'tʃi] *abbr f* (= *tubercolosi*) tuberculose *f*
te [te] *pron* toi ; *vedi anche* **ti**
tè [te] *sm inv* thé *m* ; **tè danzante** thé dansant
teatrale [tea'trale] *agg* théâtral(e)
teatro [te'atro] *sm* théâtre *m* ; (*spettacolo*) représentation *f* théâtrale ; **~ comico** comédie *f* ; **~ di posa** studio *m* ; **~ di prosa** théâtre
techno ['tɛkno] *agg* techno *inv* ; **musica ~** musique *f* techno
tecnica, -che ['tɛknika] *sf* technique *f*
tecnico, -a, -ci, -che ['tɛkniko] *agg* technique ▸ *sm/f* technicien(ne) ▸ *sf* technique *f*
tecnologia [teknolo'dʒia] *sf* technologie *f* ; **alta ~** technologie de pointe
tedesco, -a, -schi, -sche [te'desko] *agg* allemand(e) ▸ *sm/f* Allemand(e) ▸ *sm* allemand *m* ; **~ occidentale/orientale** Allemand(e) de l'Ouest/de l'Est
tegame [te'game] *sm* poêle *f* ; **al ~** (*zucchine*) sauté(e) ; **uova al ~** œufs *mpl* au *o* sur le plat
tegola ['tegola] *sf* tuile *f*
teiera [te'jɛra] *sf* théière *f*
tel. *abbr* (= *telefono*) tél.
tela ['tela] *sf* toile *f* ; **di ~** (*calzoni ecc*) en toile ; **~ cerata** toile cirée ; **~ di ragno** toile d'araignée
telaio [te'lajo] *sm* (*apparecchio*) métier *m* ; (*struttura*) armature *f* ; (*di macchina*) châssis *msg* ; (*di finestra*) bâti *m* ; (*Elettr*) cadre *m*
telecamera [tele'kamera] *sf* caméra *f* (de télévision)
telecomando [teleko'mando] *sm* télécommande *f*
telecronaca, -che [tele'krɔnaka] *sf* reportage *m* télévisé, téléreportage *m*
telefonare [telefo'nare] *vi* téléphoner ; **~ a qn** téléphoner à qn
telefonata [telefo'nata] *sf* coup *m* de téléphone, coup de fil (*fam*) ; **fare una ~ (a qn)** téléphoner (à qn) ; **~ a carico del destinatario** communication *f* en PCV ; **~ con preavviso** communication avec préavis ; **~ urbana/interurbana** ≈ communication locale/en dehors de la région
telefonico, -a, -ci, -che [tele'fɔniko] *agg* téléphonique
telefonino [telefo'nino] *sm* (*cellulare*) (téléphone *m*) portable *m*
telefono [te'lɛfono] *sm* téléphone *m* ; **avere il ~** avoir le téléphone ; **~ a gettoni** téléphone à jetons ; **~ azzurro** ≈ numéro *m* vert pour l'enfance maltraitée ; **~ fisso** fixe *m* ; **~ interno** interphone *m* ; **~ pubblico** téléphone public ; **~ rosa** ≈ SOS femmes battues
telegiornale [teledʒor'nale] *sm* journal *m* télévisé
telegramma, -i [tele'gramma] *sm* télégramme *m*
telelavoro [telela'voro] *sm* télétravail *m*
telepass® [tele'pass] *sm inv* télépéage *m*
telepatia [telepa'tia] *sf* télépathie *f*
telescopio [teles'kɔpjo] *sm* téléscope *m*
teleselezione [teleselet'tsjone] *sf* automatique *m* ; **in ~** en automatique
telespettatore, -trice [telespetta'tore] *sm/f* téléspectateur(-trice)
televendita [tele'vendita] *sf* télévente *f*

t

televisione [televi'zjone] *sf* télévision *f* ; **~ digitale** télévision numérique

La **televisione** italienne se compose de trois chaînes publiques (RAI 1, 2 et 3), ainsi que d'un grand nombre de chaînes privées. Ces dernières sont souvent des chaînes locales ou régionales, indépendantes ou bien faisant partie d'un réseau. En tant que service public, la RAI est sous l'autorité du ministère des Communications.

televisore [televi'zore] *sm* téléviseur *m*, poste *m* de télévision

tema, -i ['tɛma] *sm* sujet *m*, thème *m* ; (*Mus, Lett*) thème ; (*Scol*) composition *f*, rédaction *f*, dissertation *f* ; (*Ling*) thème

temere [te'mere] *vt* craindre, redouter ; (*fig: freddo, calore*) craindre ▸ *vi* (*aver paura*) avoir peur ; (*essere preoccupato*) craindre ; **~ di/che/per** craindre de/que/pour

temperamatite [temperama'tite] *sm inv* taille-crayon *m*

temperamento [tempera'mento] *sm* tempérament *m*

temperatura [tempera'tura] *sf* température *f* ; **a ~ ambiente** à température ambiante

temperino [tempe'rino] *sm* canif *m*

tempesta [tem'pɛsta] *sf* tempête *f* ; (*fig: di colpi*) grêle *f* ; **~ di neve/di sabbia** tempête de neige/de sable

tempia ['tɛmpja] *sf* tempe *f*

tempio ['tɛmpjo] *sm* temple *m*

tempo ['tɛmpo] *sm* (*anche Ling, Mus*) temps *msg* ; (*durata*) durée *f* ; (*termine*) délai *m* ; (*di film, gioco: parte*) partie *f* ; (*Sport*) mi-temps *fsg* ; **un ~** jadis, autrefois ; **da ~** depuis longtemps ; **~ fa** il y a quelque temps ; **poco ~ dopo** peu de temps après ; **a ~ e luogo** en temps et lieu ; **ogni cosa a suo ~** chaque chose en son temps ; **al ~ stesso, a un ~** en même temps ; **per ~** promptement ; **a/in ~** à temps ; **che ~ fa?** quel temps fait-il ? ; **per qualche ~** pendant quelque temps ; **trovare il ~ di fare qc** trouver le temps de faire qch ; **avere fatto il proprio ~** avoir fait son temps ; **fare a** *o* **in ~** avoir le temps ; **rispettare i tempi** respecter les délais ; **primo/secondo ~** (*di film*) première/seconde partie ; (*Sport*) première/seconde mi-temps ; **stringere i tempi** accélérer ; **con i tempi che corrono** par les temps qui courent ; **in questi ultimi tempi** ces derniers temps ; **ai miei tempi** de mon temps ; **in ~ reale** en temps réel ; **in ~ utile** en temps utile ; **~ di cottura** temps de cuisson ; **~ libero** loisirs *mpl* ; **tempi di esecuzione/di lavorazione** délai *msg* d'exécution/de fabrication ; **tempi morti** temps *mpl* morts

temporale [tempo'rale] *agg* temporel(le) ; (*Anat*) temporal(e) ▸ *sm* (*Meteor*) orage *m*

temporaneo, -a [tempo'raneo] *agg* temporaire

tenace [te'natʃe] *agg* tenace

tenaglie [te'naʎʎe] *sfpl* tenaille *fsg* ; (*per denti*) davier *msg* ; (*Zool*) pinces *fpl*

tenda ['tɛnda] *sf* (*riparo, per campeggio*) tente *f* ; (*di negozio*) store *m* ; (*di finestra*) rideau *m*

tendenza [ten'dɛntsa] *sf* tendance *f* ; (*disposizione*) tendance, penchant *m* ; **avere ~ a** *o* **per** avoir tendance à ; **~ al rialzo/ribasso** (*Borsa*) tendance à la hausse/à la baisse

tendere ['tɛndere] *vt* tendre ▸ *vi*: **~ a qc/a fare qc** avoir tendance à qch/à faire qch ; **il tempo tende al bello** le temps se met au beau ; **tutti i nostri sforzi sono tesi a ...** tous nos efforts tendent à ... ; **~ l'orecchio** tendre l'oreille ; **un blu che tende al verde** un bleu qui tire sur le vert

tendine ['tɛndine] *sm* tendon *m*

tendone [ten'done] *sm* (*di negozio*) store *m* ; (*di camion*) bâche *f* ; **~ da circo** chapiteau *m*

tenebre ['tɛnebre] *sfpl* ténèbres *fpl*

tenente [te'nɛnte] *sm* lieutenant *m* ; **~ colonnello** lieutenant-colonel *m* ; **~ di vascello** lieutenant de vaisseau

tenere [te'nere] *vt* tenir ; (*conservare*) garder ; (*contenere*) contenir ; (*seguire: strada*) suivre ; (*conferenza*) tenir, donner ; (*lezione*) donner ▸ *vi* tenir ; **tenersi** *vpr*: **tenersi (a)** (*aggrapparsi*) se tenir (à) ; (*attenersi*) s'en tenir (à) ; **~ a qc/a fare qc** tenir à qch/à faire qch ; **~ in gran conto** *o* **considerazione qn** tenir qn en estime ; **tener conto di qc** tenir compte de qch ; **tener d'occhio** avoir à l'œil ; **tener presente qc** avoir qch à l'esprit ; **~ la porta aperta** laisser la porte ouverte ; **~ per una squadra** supporter une équipe ; **non ci sono scuse che tengano** il n'y a pas d'excuses qui tiennent ; **ci tengo molto** j'y tiens beaucoup ; **tenersi per mano** se tenir par la main ; **tenersi in piedi** se tenir debout

tenero, -a ['tɛnero] *agg* tendre ▶ *sm*: **tra quei due c'è del ~** il y a quelque chose entre eux deux ; **pianticelle tenere** jeunes plantes ; **tenera età** âge tendre

tengo *ecc* ['tɛngo] *vb vedi* **tenere**

tenni *ecc* ['tenni] *vb vedi* **tenere**

tennis ['tɛnnis] *sm inv* tennis *msg inv* ; **~ da tavolo** tennis de table

tennista, -i, -e [ten'nista] *sm/f* joueur(-euse) de tennis

tenore [te'nore] *sm* (*tono*) ton *m* ; (*Mus*) ténor *m* ; **~ di vita** train *m* de vie

tensione [ten'sjone] *sf* tension *f* ; **alta ~** haute tension

tentare [ten'tare] *vt* tenter ; **~ qc/di fare qc** tenter qch/de faire qch ; **~ la sorte** tenter sa chance

tentativo [tenta'tivo] *sm* tentative *f* ; **fare un ~** faire une tentative

tentazione [tentat'tsjone] *sf* tentation *f* ; **avere la ~ di fare** être tenté(e) de faire

tentennare [tenten'nare] *vi* tituber, chanceler ; (*fig*) hésiter ▶ *vt*: **~ il capo** hocher la tête

tentoni [ten'toni] *avv*: **a ~** à tâtons ; **camminare a ~** marcher à tâtons

tenue ['tɛnue] *agg* (*anche fig*) ténu(e) ; (*colore*) pâle

tenuta [te'nuta] *sf* (*capacità*) capacité *f* ; (*abito*) tenue *f* ; (*Agr*) domaine *m*, propriété *f* ; **a ~ d'aria** hermétique ; **a ~ stagna** étanche ; **~ da lavoro** vêtement *m* de travail ; **tenuta da sci** combinaison *f* de ski ; **~ di strada** tenue *f* de route

teologia [teolo'dʒia] *sf* théologie *f*

teoria [teo'ria] *sf* théorie *f* ; **in ~** en théorie

tepore [te'pore] *sm* (*anche fig*) tiédeur *f*

teppista, -i [tep'pista] *sm* voyou *m*, blouson noir *m*

terapia [tera'pia] *sf* traitement *m* ; **~ intensiva** soins *mpl* intensifs

tergicristallo [terdʒikris'tallo] *sm* essuie-glace *m*

tergiversare [terdʒiver'sare] *vi* tergiverser

termale [ter'male] *agg* thermal(e)

terme ['tɛrme] *sfpl* thermes *mpl*

terminale [termi'nale] *agg* terminal(e) ▶ *sm* terminal *m*

terminare [termi'nare] *vt* terminer, achever ▶ *vi* finir, se terminer ; **~ di fare qc** finir de faire qch

termine ['tɛrmine] *sm* (*anche Mat, Ling*) terme *m* ; (*di tempo*) limite *f*, délai *m* ; **termini** *smpl* (*fig*) termes *mpl* ; **fissare un ~** fixer un délai ; **aver ~** prendre fin ; **portare a ~** mener à terme ; **a breve/lungo ~** à court/long terme ; **contratto a ~** (*Comm*) contrat *m* à terme ; **ai termini di legge** aux termes de la loi ; **complemento di ~** (*Ling*) complément *m* d'attribution ; **ridurre ai minimi termini** (*Mat*) réduire à sa plus simple expression ; **in altri termini** en d'autres termes ; **senza mezzi termini** (*fig*) sans mâcher ses mots ; **~ di paragone** terme de comparaison

termometro [ter'mɔmetro] *sm* thermomètre *m*

termos ['tɛrmos] *sm inv* = **thermos**

termosifone [termosi'fone] *sm* (*impianto*) thermosiphon *m* ; (*radiatore*) radiateur *m*

termostato [ter'mɔstato] *sm* thermostat *m*

terra ['tɛrra] *sf* terre *f* ; **terre** *sfpl* (*possedimenti*) terres *fpl* ; **a** *o* **per ~** par terre ; **avere una gomma a ~** avoir un pneu à plat ; **essere a ~** (*fig*) être à plat ; **sotto ~** sous terre ; **via ~** (*viaggiare*) par terre ; **la T~ Santa** la Terre Sainte ; **~ ~** (*fig*) terre à terre ; **sentirsi mancare la ~ sotto i piedi** (*fig*) se sentir perdu(e) ; **~ battuta** terre battue ; **T~ del Fuoco** Terre de Feu ; **~ di nessuno** terrain *m* neutre ; **~ di Siena** terre de Sienne

terracotta [terra'kɔtta] *sf* terre *f* cuite

terraferma [terra'ferma] *sf* terre *f* ferme

terrazza [ter'rattsa] *sf* terrasse *f*

terrazzo [ter'rattso] *sm* terrasse *f* ; (*Agr*) étagement *m*

terremoto [terre'mɔto] *sm* tremblement *m* de terre ; (*fig*) ouragan *m*

terreno, -a [ter'reno] *agg* (*beni, vita*) terrestre ▶ *sm* terrain *m* ; (*area coltivabile*) terre *f* ; (*suolo*) sol *m* ; **preparare/tastare il ~** (*fig*) préparer/tâter le terrain ; **gli è mancato il ~**

t

sotto i piedi il a perdu pied ; **guadagnare ~** (*fig*) gagner du terrain ; **~ di gioco** (*Sport*) terrain de jeu

terrestre [ter'rɛstre] *agg* terrestre ▶ *sm/f* terrien(ne)

terribile [ter'ribile] *agg* terrible

terrificante [terrifi'kante] *agg* terrifiant(e)

terrina [ter'rina] *sf* (*Cuc*) terrine *f*

territoriale [territo'rjale] *agg* territorial(e)

territorio [terri'tɔrjo] *sm* territoire *m*

terrore [ter'rore] *sm* terreur *f* ; **avere il ~ di qc** être terrorisé(e) par qch ; **ho il ~ che/di ...** ma terreur est que/de ...

terrorismo [terro'rizmo] *sm* terrorisme *m*

terrorista, -i, -e [terro'rista] *sm/f* terroriste *m/f*

terrorizzare [terrorid'dzare] *vt* terroriser

terza ['tɛrtsa] *sf* (*Scol: elementare*) ≈ CE2 *m* ; (*: media*) *dernière année de la scolarité obligatoire* ; (*: superiore*) ≈ seconde *f* ; (*Aut*) troisième *f* (vitesse)

terzino [ter'tsino] *sm* (*Calcio*) arrière *m*

terzo, -a ['tɛrtso] *agg, sm/f* troisième *m/f* ▶ *sm* (*anche Dir*) tiers *msg* ; **terzi** *smpl* (*altri*) tiers *mpl* ; **la terza età** le troisième âge ; **il ~ mondo** le Tiers Monde ; **di terz'ordine** de troisième ordre ; **agire per conto di terzi** agir pour le compte d'un tiers ; **assicurazione contro terzi** assurance au tiers ; **terza pagina** (*di quotidiano*) rubrique *f* culturelle

teschio ['tɛskjo] *sm* crâne *m*

tesi[1] ['tɛzi] *sf* (*da dimostrare*) thèse *f* ; (*di teorema*) proposition *f* ; **~ di laurea** ≈ mémoire *m* de maîtrise

tesi *ecc*[2] ['tɛsi] *vb vedi* **tendere**

teso, -a ['teso] *pp di* **tendere** ▶ *agg* tendu(e)

tesoro [te'zɔro] *sm* trésor *m* ; **Ministero del T~** ≈ ministère *m* des Finances ; **far ~ di** mettre à profit

tessera ['tɛssera] *sf* carte *f* ; (*di mosaico*) tesselle *f* ; **~ magnetica** carte magnétique

tessuto [tes'suto] *sm* tissu *m* ; **~ muscolare** tissu musculaire

test ['tɛst] *sm inv* test *m*

testa ['tɛsta] *sf* (*anche fig*) tête *f* ; **a ~ alta/bassa** la tête haute/basse ; **di ~** (*tuffarsi*) la tête la première ; **avere la ~ dura** (*fig*) avoir la tête dure ; **dare alla ~ a qn** (*fig*) monter à la tête à qn ; **fare di ~ propria** (*fig*) n'en faire qu'à sa tête ; **tenere ~ a** (*a nemico ecc*) tenir tête à ; **sei fuori di ~?** ça ne va pas la tête ? ; **di ~** (*vettura*) de tête ; **essere in ~** (*in gara*) être en tête ; **in ~ alla classifica** en tête du classement ; **essere alla ~ di** (*di società, esercito*) être à la tête de ; **~ o croce?** pile ou face ? ; **~ d'aglio** tête d'ail ; **~ di serie** (*Tennis*) tête de série ; **~ d'uovo** tête d'œuf ; **teste di cuoio** *membres de la police spécialisés dans les opérations paramilitaires*

testamento [testa'mento] *sm* testament *m* ; **fare ~** faire son testament ; **Antico/Nuovo T~** Ancien/Nouveau Testament

testardo, -a [tes'tardo] *agg* têtu(e), entêté(e)

testata [tes'tata] *sf* (*di letto, colonna, missile*) tête *f* ; (*colpo*) coup *m* de tête ; (*di giornale*) titre *m* ; (*giornale*) journal *m* ; **~ nucleare** tête nucléaire

testicolo [tes'tikolo] *sm* testicule *m*

testimone [testi'mɔne] *sm/f* témoin *m* ; **~ oculare** témoin oculaire

testimoniare [testimo'njare] *vt, vi* témoigner ; **~ il falso** faire un faux témoignage ; **~ la propria amicizia** témoigner de son amitié

testo ['tɛsto] *sm* texte *m* ; (*Scol*) manuel *m* ; **fare ~** faire autorité

testuggine [tes'tuddʒine] *sf* tortue *f*

tetano ['tɛtano] *sm* (*Med*) tétanos *msg*

tetto ['tetto] *sm* toit *m* ; (*fig: limite*) plafond *m* ; **abbandonare il ~ coniugale** abandonner le domicile conjugal

tettoia [tet'toja] *sf* hangar *m* ; (*di stazione*) marquise *f*

tettuccio [tet'tuttʃo] *sm*: **~ apribile** (*Aut*) toit *m* ouvrant

Tevere ['tevere] *sm* Tibre *m*

TG, Tg [ti'dʒi] *abbr m* (*= telegiornale*) JT *m*

thermos® ['tɛrmos] *sm inv* thermos® *m o f sg*

ti [ti] (*dav lo, la, li, le, ne diventa* **te**) *pron* te ; **vestiti!** habille-toi ! ; **ti aiuto?** je peux t'aider ? ; **te lo ha dato?** il te l'a donné ? ; **ti sei lavato?** tu t'es lavé ?

tibia ['tibja] *sf* tibia *m*

tic [tik] *sm inv*: **~ nervoso** tic *m* nerveux

ticchettio [tikket'tio] *sm* (*di orologio*) tic-tac *m* ; (*di pioggia*) crépitement *m* ; (*di macchina da scrivere*) cliquetis *msg*

ticket ['tikit] *sm inv* (*Med*) ticket *m* modérateur

> Le **ticket** désigne la somme à payer pour certaines prestations médicales, ainsi que pour le service des urgences et pour l'achat de médicaments sur ordonnance.

tiene *ecc* ['tjɛne] *vb vedi* **tenere**
tiepido, -a ['tjɛpido] *agg* tiède
tifo ['tifo] *sm* (*Med*) typhus *msg* ; **fare il ~ per** (*Sport*) être un supporter de
tifone [ti'fone] *sm* typhon *m*
tifoso, -a [ti'foso] *sm/f* (*Sport ecc*) supporter *m*
tiglio ['tiʎʎo] *sm* tilleul *m*
tigre ['tigre] *sf* tigre *m*
timbrare [tim'brare] *vt* timbrer, tamponner ; (*francobollo*) oblitérer ; **~ il cartellino** pointer
timbro ['timbro] *sm* timbre *m*, tampon *m* ; (*bollo*) cachet *m* ; (*di voce, musica*) timbre ; **~ postale** cachet de la poste
timido, -a ['timido] *agg* timide
timo ['timo] *sm* thym *m*
timone [ti'mone] *sm* (*Naut, Aer, fig*) gouvernail *m*
timore [ti'more] *sm* peur *f*, appréhension *f* ; (*rispetto*) crainte *f* ; **avere ~ di sbagliare** craindre de se tromper ; **aver ~ del dolore** craindre la douleur ; **timor di Dio** crainte de Dieu ; **~ reverenziale** crainte révérencielle
timpano ['timpano] *sm* (*Anat*) tympan *m* ; (*Mus*) timbale *f*
tingere ['tindʒere] *vt* teinter ; (*capelli, vestito*) teindre
tinsi *ecc* ['tinsi] *vb vedi* **tingere**
tinta ['tinta] *sf* (*materia colorante*) teinture *f* ; (*anche fig*: *colore*) teinte *f* ; **in ~** assorti(e)
tintinnare [tintin'nare] *vi* tinter
tintoria [tinto'ria] *sf* teinturerie *f*
tintura [tin'tura] *sf* teinture *f* ; **~ di iodio** teinture d'iode
tipico, -a, -ci, -che ['tipiko] *agg* typique
tipo ['tipo] *sm* type *m* ; (*genere*) type, sorte *f* ; (*individuo*) numéro *m* ▶ *agg inv* type ; **sul ~ di questo** dans ce genre là ; **di tutti i tipi** en tous genres, de toutes sortes ; **che ~!** quel numéro !
tipografia [tipogra'fia] *sf* typographie *f* ; (*laboratorio*) imprimerie *f*
TIR [tir] *sm inv* (*automezzo*) camion *m*
tirare [ti'rare] *vt* tirer ; (*distendere*: *corda, molla*) tendre ; (*lanciare*) jeter, lancer ; (*palla*) lancer ▶ *vi* tirer ; (*vento*) souffler ; (*Sport*) faire du tir ; **tirarsi** *vpr*: **tirarsi indietro** reculer ; (*fig*) reculer, se dérober ; **~ qn da parte** prendre qn à part ; **~ un sospiro** (*di sollievo*) pousser un soupir ; **~ a indovinare** essayer de deviner ; **~ sul prezzo** marchander ; **~ avanti** vivoter ; **si tira avanti** on fait aller ; **tirar dritto** (*camminare*) continuer ; **~ fuori** (*estrarre*) sortir ; **~ giù** (*abbassare*) baisser ; (*buttare in basso*) jeter ; **~ su** remonter ; (*capelli*) relever ; (*fig*: *col naso*) renifler ; (: *bambino*) élever ; **mi ha tirato su** il m'a remonté le moral ; **tirati su!** secoue-toi ! ; **~ le cuoia** casser sa pipe ; **~ via** enlever, ôter
tiratura [tira'tura] *sf* tirage *m* ; **edizione a ~ limitata** édition *f* à tirage limité
tirchio, -a ['tirkjo] *agg* pingre
tiro ['tiro] *sm* tir *m* ; (*colpo, sparo, fig*) coup *m* ; (*traiettoria*) portée *f* ; **da ~** (*cavallo*) de trait ; **giocare un brutto ~ a qn** jouer un mauvais tour à qn ; **se mi capita a ~ ...** si je l'attrape ... ; **~ a segno** tir (à la cible) ; **~ al piccione** tir au pigeon ; **~ con l'arco** tir à l'arc ; **~ mancino** coup bas
tirocinio [tiro'tʃinjo] *sm* apprentissage *m* ; (*di avvocato, studente*) stage *m*
tiroide [ti'rɔide] *sf* thyroïde *f*
Tirreno [tir'rɛno] *sm*: **il (mar) ~** la mer Tyrrhénienne
tisana [ti'zana] *sf* tisane *f*
titolare [tito'lare] *sm/f* (*di ufficio*) titulaire *m/f* ; (*di locale, negozio, attività*) propriétaire *m/f* ; (*Sport*: *di squadra*) joueur(-euse) professionnel(le)
titolo ['titolo] *sm* titre *m* ; **a ~ di** (*come sottofirma di*) à titre de ; **a che ~?** de quel droit ? ; **a ~ di cronaca** à titre d'information ; **a ~ di premio** en guise de récompense ; **~ di credito** titre de crédit ; **~ obbligazionario** obligation *f* ; **titoli accademici** titres universitaires ; **titoli di stato** bons *mpl* du Trésor ; **titoli di testa** (*Cine*) générique *m*
titubante [titu'bante] *agg* hésitant(e)
toast ['toust] *sm inv* toast *m* ; (*farcito*) ≈ croque-monsieur *m inv*
toccante [tok'kante] *agg* touchant(e)
toccare [tok'kare] *vt* (*anche commuovere*) toucher ; (*spostare, manomettere*) toucher à ; (*far cenno a*: *argomento*) aborder ; (*fig*: *persona*:

riguardare) regarder, concerner ; (: *ferire*) blesser, vexer ▶ *vi*: **~ a** (*succedere*) arriver à ; (*spettare*) appartenir à, être à ; **~ il fondo** (*in acqua*) avoir pied ; (*fig*) être au plus bas ; **~ con mano** (*fig*) faire l'expérience de ; **~ la meta** arriver au bout ; **~ da vicino** toucher de près ; **~ qn sul vivo** piquer qn au vif ; **a chi tocca?** à qui le tour ? ; **tocca a te giocare** c'est à toi de jouer ; **mi toccò pagare** j'ai été obligé(e) de payer

toccherò *ecc* [tokke'rɔ] *vb vedi* **toccare**

togliere ['tɔʎʎere] *vt* enlever, ôter ; (*riprendere*) reprendre ; **togliersi** *vpr* (*allontanarsi*) s'en aller ; **~ qc a qn** priver qn de qch ; **~ 4 da 6** ôter 4 de 6 ; **~ il saluto a qn** ne plus dire bonjour à qn ; **ciò non toglie che** il n'empêche que ; **togliersi il cappello/i guanti** enlever son chapeau/ses gants ; **togliersi la vita** se suicider ; **togliersi di mezzo** se tirer ; **togliti di mezzo** *o* **dai piedi!** tire-toi de là !

toilette [twa'lɛt] *sf inv* (*mobile*) toilette *f*, coiffeuse *f* ; (*stanza*) cabinet *m* de toilette ; (*gabinetto*) toilettes *fpl* ; (*cosmesi, abito*) toilette

tolgo *ecc* ['tɔlgo] *vb vedi* **togliere**

tollerare [tolle'rare] *vt* tolérer ; (*dolori, disagi*) supporter ; **non tollero repliche** je n'admets pas qu'on me réponde ; **non sono tollerati i ritardi** les retards ne sont pas tolérés

tolsi *ecc* ['tɔlsi] *vb vedi* **togliere**

tomba ['tomba] *sf* tombe *f*

tombino [tom'bino] *sm* bouche *f* d'égout

tombola ['tombola] *sf* (*gioco*) loto *m* ; (*ruzzolone*) dégringolade *f*

tondo, -a ['tondo] *agg* rond(e)

tonfo ['tonfo] *sm* bruit *m* sourd ; **fare un ~** (*cadere*) tomber

tonificare [tonifi'kare] *vt* tonifier

tonnellata [tonnel'lata] *sf* tonne *f*

tonno ['tonno] *sm* thon *m*

tono ['tɔno] *sm* ton *m* ; (*di muscoli, corpo*) tonus *msg* ; **rispondere a ~** répondre avec répartie ; **darsi un ~** se donner des airs ; **~ muscolare** tonus musculaire

tonsilla [ton'silla] *sf* amygdale *f*

tonto, -a ['tonto] *agg, sm/f* imbécile *m/f*, ahuri(e) ; **fare il finto ~** faire l'âne

topazio [to'pattsjo] *sm* topaze *f*

topo ['tɔpo] *sm* rat *m* ; **~ d'albergo** (*fig*) rat d'hôtel ; **~ di biblioteca** (*fig*) rat de bibliothèque ; **~ muschiato** (*anche pelliccia*) rat musqué

toppa ['tɔppa] *sf* (*pezza*) pièce *f* ; (*serratura*) trou *m* de serrure

torace [to'ratʃe] *sm* thorax *msg*

torba ['torba] *sf* tourbe *f*

torcere ['tɔrtʃere] *vt* tordre ; **torcersi** *vpr* (*contorcersi*) se tordre ; **~ la bocca** faire la moue ; **non ~ un capello a qn** ne pas toucher à un cheveu de qn ; **dare del filo da ~ a qn** donner du fil à retordre à qn

torcia, -ce ['tɔrtʃa] *sf* torche *f* ; **~ elettrica** torche électrique

torcicollo [tortʃi'kɔllo] *sm* torticolis *msg*

tordo ['tordo] *sm* grive *f*

Torino [to'rino] *sf* Turin

tormenta [tor'menta] *sf* tempête *f* de neige

tormentare [tormen'tare] *vt* tourmenter ; **tormentarsi** *vpr* se tourmenter

tornado [tor'nado] *sm* tornade *f*

tornante [tor'nante] *sm* tournant *m*

tornare [tor'nare] *vi* revenir ; (*venire via: da teatro, cinema*) rentrer ; (*andare di nuovo*) retourner ; (*ridiventare*) redevenir ; (*riuscire: conto*) être juste ; **~ a casa** rentrer (chez soi), rentrer à la maison ; **~ al punto di partenza** revenir au point de départ ; **~ utile** être utile ; **i conti tornano** le compte est bon ; (*fig*) tout est clair

> **FALSI AMICI**
> **tornare** non si traduce mai con la parola francese *tourner*.

torneo [tor'nɛo] *sm* tournoi *m*

tornio ['tornjo] *sm* tour *m*

toro ['tɔro] *sm* taureau *m* ; (*Zodiaco*): **T~** Taureau *m* ; **essere del T~** être Taureau

torre ['torre] *sf* tour *f* ; **~ di controllo** tour de contrôle ; **~ di lancio** rampe *f* de lancement

torrente [tor'rɛnte] *sm* torrent *m*

torrione [tor'rjone] *sm* (*di castello*) donjon *m* ; (*Naut*) tourelle *f* ; (*roccia*) piton *m*

torrone [tor'rone] *sm* nougat *m*

torsi *ecc* ['tɔrsi] *vb vedi* **torcere**

torsione [tor'sjone] *sf* (*anche Fis*) torsion *f* ; (*Ginnastica*) rotation *f* (du tronc)

torso ['torso] *sm* trognon *m* ; (*tronco, statua*) torse *m* ; **a ~ nudo** torse nu

torsolo ['torsolo] *sm* (*di pianta*) tige *f* ; (*di frutta*) trognon *m*
torta ['torta] *sf* gâteau *m*

FALSI AMICI
torta non si traduce mai con la parola francese *tarte*.

tortellino [tortel'lino] *sm* (*Cuc*): **un piatto di tortellini** un plat de tortellinis
torto, -a ['tɔrto] *pp di* **torcere** ▶ *agg* tordu(e) ▶ *sm* tort *m* ; **fare un ~ a qn** faire du tort à qn ; **aver ~** avoir tort ; **a ~** à tort ; **a ~ o a ragione** à tort ou à raison ; **passare dalla parte del ~** se mettre dans son tort ; **non hai tutti i torti** tu n'as pas tout à fait tort
tortora ['tortora] *sf* tourterelle *f* ▶ *agg inv*: **grigio ~** gris taupe
tortura [tor'tura] *sf* torture *f*
torturare [tortu'rare] *vt* torturer
tosare [to'zare] *vt* (*animale, persona*) tondre ; (*siepi ecc*) tailler
Toscana [tos'kana] *sf* Toscane *f*
tosse ['tosse] *sf* toux *f sg* ; **ho la ~** je tousse
tossico, -a, -ci, -che ['tɔssiko] *agg* toxique
tossicodipendente [tossikodipen'dɛnte] *sm/f* toxicomane *m/f*
tossire [tos'sire] *vi* tousser
tostapane [tosta'pane] *sm inv* grille-pain *m inv*
totale [to'tale] *agg* total(e) ▶ *sm* total *m*
totocalcio [toto'kaltʃo] *sm* ≈ loto *m* sportif
tovaglia [to'vaʎʎa] *sf* nappe *f*
tovagliolo [tovaʎ'ʎɔlo] *sm* serviette *f*
tra [tra] *prep* (*due persone, cose*) entre ; (*più persone, cose*) parmi ; (*tempo*: *entro*) dans ; **prendere qn ~ le braccia** prendre qn dans ses bras ; **litigano ~ (di) loro** ils se disputent ; **~ 5 giorni** dans 5 jours ; **~ breve** *o* **poco** sous peu, d'ici peu ; **~ sé e sé** (*parlare ecc*) en son for intérieur ; **sia detto ~ noi** entre nous soit dit ; **~ una cosa e l'altra, non sono riuscito a chiamarlo** avec tout ce que j'ai eu à faire, je n'ai pas réussi à l'appeler
traboccare [trabok'kare] *vi* déborder
trabocchetto [trabok'ketto] *sm* (*fig*) piège *m* ▶ *agg inv*: **domanda ~** question *f* piège
traccia, -ce ['trattʃa] *sf* (*segno, striscia*) trace *f* ; (*orma*) trace, piste *f* ; (*abbozzo*) plan *m* ; **essere sulle tracce di qn** être sur la piste de qn ; **perdere le tracce di qn** perdre la trace de qn
tracciare [trat'tʃare] *vt* tracer ; (*fig*: *tratteggiare*) esquisser, ébaucher ; **~ il quadro della situazione** brosser le tableau de la situation
trachea [tra'kɛa] *sf* trachée *f*
tracolla [tra'kɔlla] *sf* bandoulière *f* ; **(borsa a) ~** sac *m* à bandoulière ; **portare qc a ~** porter qch en bandoulière
tradimento [tradi'mento] *sm* trahison *f* ; (*coniuge*) infidélité *f* ; **a ~** (*con l'inganno*) en traître ; (*all'improvviso*) par surprise ; **alto ~** haute trahison
tradire [tra'dire] *vt* trahir ; (*coniuge*) tromper ; (*segreto*) livrer, trahir ;
tradirsi *vpr* se trahir
tradizionale [tradittsjo'nale] *agg* traditionnel(le)
tradizione [tradit'tsjone] *sf* tradition *f*
tradurre [tra'durre] *vt* traduire ; (*Dir*: *persona*) transférer ; **~ dall'italiano al** *o* **in francese** traduire de l'italien vers le français ; **~ in cifre** chiffrer ; **~ in atto** mettre en pratique
traduzione [tradut'tsjone] *sf* traduction *f* ; (*Scol*: *dalla propria lingua*) thème *m* ; (: *dalla lingua straniera*) version *f* ; (*Dir*) transfert *m*
trae ['trae] *vb vedi* **trarre**
trafficante [traffi'kante] *sm/f* commerçant(e) ; (*peg*) trafiquant(e)
trafficare [traffi'kare] *vi* (*commerciare*): **~ (in)** faire du commerce (de) ; (*affaccendarsi*) s'affairer, bricoler ▶ *vt* (*peg*) trafiquer
traffico, -ci ['traffiko] *sm* trafic *m* ; (*commercio*) commerce *m* ; (*movimento*) circulation *f* ; **~ stradale** circulation ; **~ di armi/droga** trafic d'armes/de stupéfiants
tragedia [tra'dʒɛdja] *sf* (*anche fig*) tragédie *f*
traggo *ecc* ['traggo] *vb vedi* **trarre**
traghetto [tra'getto] *sm* passage *m* ; (*imbarcazione*: *piccola*) bac *m* ; (: *grande*) ferry-boat *m* ▶ *agg inv*: **nave ~** ferry-boat *m* ; **~ spaziale** navette *f* spatiale
tragico, -a, -ci, -che ['tradʒiko] *agg* tragique ▶ *sm/f* tragédien(ne) ; **prendere tutto sul ~** prendre tout au tragique

tragitto [tra'dʒitto] *sm* trajet *m*, chemin *m*
traguardo [tra'gwardo] *sm* (*Sport*) ligne *f* d'arrivée ; (*fig*) but *m*, objectif *m*
trai *ecc* ['trai] *vb vedi* **trarre**
traiettoria [trajet'tɔrja] *sf* trajectoire *f*
trainare [trai'nare] *vt* tirer, tracter ; (*rimorchiare*) remorquer ; (*fig: stimolare*) stimuler
tralasciare [tralaʃ'ʃare] *vt* (*studi*) interrompre ; (*particolari*) omettre ; **~ di fare qc** omettre de faire qch
traliccio [tra'littʃo] *sm* (*Elettr*) pylône *m*
tram [tram] *sm inv* tram(way) *m*
trama ['trama] *sf* (*di tessuto*) trame *f* ; (*fig: argomento*) intrigue *f* ; (*: inganno*) machination *f*
tramandare [traman'dare] *vt* transmettre
trambusto [tram'busto] *sm* chahut *m*
tramezzino [tramed'dzino] *sm* sandwich *m*
tramite ['tramite] *prep* par, par l'intermédiaire de ▶ *sm* intermédiaire *m* ; **agire/fare da ~** servir d'intermédiaire
tramontare [tramon'tare] *vi* (*sole*) se coucher ; (*fig: fama*) se ternir
tramonto [tra'monto] *sm* coucher *m* de soleil ; (*fig*) déclin *m*
trampolino [trampo'lino] *sm* (*per tuffi*) plongeoir *m* ; (*per sci, fig*) tremplin *m* ; (*in palestra*) trampoline *m* ; **gli è servito da ~ per la carriera** ça lui a servi de tremplin pour sa carrière
tranello [tra'nɛllo] *sm* piège *m* ; **tendere un ~ a qn** tendre un piège à qn ; **cadere in un ~** tomber dans un piège
tranne ['tranne] *prep* sauf, excepté ; **~ che** à moins que ; **tutti i giorni ~ il venerdì** tous les jours, excepté le vendredi
tranquillante [trankwil'lante] *sm* (*Med*) tranquillisant *m*
tranquillità [trankwilli'ta] *sf* tranquillité *f*
tranquillizzare [trankwillid'dzare] *vt* tranquilliser
tranquillo, -a [tran'kwillo] *agg* tranquille ; **sta' ~** (*non preoccuparti*) ne t'inquiète pas ; (*bambino*) reste tranquille
transazione [transat'tsjone] *sf* transaction *f*
transenna [tran'senna] *sf* (*barriera*) barrière *f*
transgenico, -a, -ci, -che [trans'dʒeniko] *agg* transgénique
transigere [tran'sidʒere] *vi* (*Dir*) transiger ; **su ciò non transigo** je ne transigerai pas là-dessus
transitabile [transi'tabile] *agg* praticable
transitare [transi'tare] *vi* passer
transitivo, -a [transi'tivo] *agg* transitif(-ive)
transito ['transito] *sm* transit *m* ; **« divieto di ~ »** « circulation interdite » ; **« ~ interrotto »** « route barrée »
trapano ['trapano] *sm* perceuse *f* ; (*Med*) fraise *f* ; (*in odontoiatria*) roulette *f*
trapelare [trape'lare] *vi* filtrer
trapezio [tra'pɛttsjo] *sm* trapèze *m*
trapiantare [trapjan'tare] *vt* (*pianta*) transplanter, repiquer ; (*Med*) greffer
trapianto [tra'pjanto] *sm* (*di piante*) transplantation *f*, repiquage *m* ; (*Med*) greffe *f* ; **~ cardiaco** greffe du cœur
trappola ['trappola] *sf* piège *m* ; **tendere una ~ (a qn)** tendre un piège (à qn)
trapunta [tra'punta] *sf* édredon *m*
trarre ['trarre] *vt* (*vantaggio*) tirer ; (*guadagno*) retirer ; **~ beneficio da** tirer profit de ; **~ le conclusioni** tirer les conclusions ; **~ esempio da qn** prendre exemple sur qn ; **~ qn d'impaccio** tirer qn d'embarras ; **~ in inganno** induire en erreur ; **~ origine da** tirer son origine de ; **~ in salvo** sauver
trasalire [trasa'lire] *vi* tressaillir
trasandato, -a [trazan'dato] *agg* négligé(e)
trascinare [traʃʃi'nare] *vt* traîner ; **trascinarsi** *vpr* (*strisciare*) se traîner
trascorrere [tras'korrere] *vt, vi* passer
trascrivere [tras'krivere] *vt* transcrire
trascurare [trasku'rare] *vt* négliger ; **~ di fare qc** négliger de faire qch
trasferimento [trasferi'mento] *sm* transfert *m* ; (*somme*) virement *m* ; (*abitazione*) déplacement *m* ; **~ di chiamata** (*Tel*) transfert d'appel
trasferire [trasfe'rire] *vt* transférer ; (*dipendente*) muter ; (*somma*) virer ; **trasferirsi** *vpr* (*cambiare casa*) déménager ; (*ufficio*) être transféré(e) *o* muté(e) ; **trasferirsi a** s'installer à, s'établir à
trasferta [tras'fɛrta] *sf* (*di impiegato*) déplacement *m*, mutation *f* ; (*indennità*)

indemnité *f* de déplacement ; (*Sport*) déplacement *m*

trasformare [trasfor'mare] *vt* transformer ; **trasformarsi** *vpr* se transformer

trasformatore [trasforma'tore] *sm* transformateur *m*

trasfusione [trasfu'zjone] *sf* (*Med*) transfusion *f*

trasgredire [trazgre'dire] *vt* transgresser

traslocare [trazlo'kare] *vt* transférer ▸ *vi*: **traslocarsi** *vpr* déménager ; (*trasferirsi*) aller s'installer

trasloco, -chi [traz'lɔko] *sm* déménagement *m*

trasmettere [traz'mettere] *vt* transmettre ; (*TV, Radio*) diffuser ▸ *vi* transmettre

trasmissione [trazmis'sjone] *sf* transmission *f* ; (*Radio, TV*) diffusion *f* ; (: *programma*) émission *f*

trasparente [traspa'rɛnte] *agg* (*anche fig*) transparent(e) ▸ *sm* (*per audiovisivi*) transparent *m*

trasportare [traspor'tare] *vt* transporter ; **lasciarsi ~ (da)** (*fig*) se laisser transporter (par), se laisser emporter (par)

trasporto [tras'pɔrto] *sm* transport *m* ; (*fig*) transport, élan *m* ; **compagnia di ~** compagnie *f* de transports ; **mezzi di ~** moyens *mpl* de transport ; **con ~** (*fig*) avec passion, avec ardeur ; **~ funebre** enterrement *m* ; **~ pubblico** transports *mpl* publics ; **~ stradale** transports routiers *o* par route

trassi *ecc* ['trassi] *vb vedi* **trarre**

trasversale [trazver'sale] *agg* transversal(e) ; **via ~** rue *f* transversale

tratta ['tratta] *sf* (*anche Econ*) traite *f* ; **la ~ delle bianche** la traite des Blanches

trattamento [tratta'mento] *sm* traitement *m* ; (*servizio*) service *m* ; **~ economico** conditions *fpl* salariales ; **~ di fine rapporto** (*Econ*) prime *f* de fin de carrière ; (*per licenziamento*) indemnité *f* de licenciement ; (*per dimissioni*) indemnité de départ

trattare [trat'tare] *vt, vi* traiter ; **~ bene qn** bien traiter qn ; **~ male qn** mal traiter qn ; **~ con qn** négocier avec qn ; **si tratta di ...** il s'agit de ... ; **si tratterebbe solo di poche ore** ce ne serait que pour quelques heures

trattenere [tratte'nere] *vt* retenir ; (*intrattenere*) distraire ; (*astenersi dal consegnare*) garder ; **trattenersi** *vpr* (*soffermarsi*) rester ; **trattenersi (da)** (*astenersi*) se retenir *o* s'empêcher (de) ; **sono stato trattenuto in ufficio** j'ai été retenu au bureau

trattino [trat'tino] *sm* tiret *m* ; (*in parole composte*) trait *m* d'union

tratto, -a ['tratto] *pp di* **trarre** ▸ *sm* trait *m* ; (*parte*) morceau *m*, bout *m* ; (*di strada, mare, cielo*) bout ; (*di autostrada*) tronçon *m* ; (*di tempo*) moment *m* ; **a tratti** par moments ; **a un ~, d'un ~** tout à coup ; **a grandi tratti** (*fig*) à grands traits

trattore [trat'tore] *sm* tracteur *m*

trattoria [tratto'ria] *sf* petit restaurant *m*

trauma, -i ['trauma] *sm* traumatisme *m* ; **~ cranico/psichico** traumatisme crânien/psychique

travaglio [tra'vaʎʎo] *sm* (*angoscia*) tourment *m* ; (*parto*) travail *m* ; **sala ~** salle *f* de travail

travasare [trava'zare] *vt* transvaser

traversa [tra'vɛrsa] *sf* (*trave*) entretoise *f* ; (*di sedia*) barreau *m* ; (*via traversa*) rue *f* transversale ; (*Ferr*) traverse *f* ; (*Calcio*) barre *f* transversale

traversata [traver'sata] *sf* traversée *f*

traversie [traver'sie] *sfpl* (*fig*) malheurs *mpl*

traverso, -a [tra'vɛrso] *agg* transversal(e) ; **andare di ~** (*cibo*) aller de travers ; **guardare qn di ~** regarder qn de travers ; **via traversa** rue *f* transversale ; (*fig*) voie *f* détournée

travestimento [travesti'mento] *sm* déguisement *m*

travestire [traves'tire] *vt* déguiser ; **travestirsi** *vpr* se déguiser

travolgere [tra'vɔldʒere] *vt* emporter ; (*Aut*) renverser ; (*fig*) affecter ; (*sogg: passione*) emporter

tre [tre] *agg inv, sm inv* trois (*m*) *inv* ; *vedi anche* **cinque**

treccia, -ce ['trettʃa] *sf* tresse *f* ; (*di capelli*) tresse, natte *f* ; **lavorato a trecce** (*pullover ecc*) à torsades

trecento [tre'tʃɛnto] *agg inv, sm inv* trois cents *m inv* ▸ *sm*: **il T~** le quatorzième siècle

tredici ['treditʃi] *agg inv, sm inv* treize (*m*) *inv* ▸ *sm inv*: **fare ~** *gagner au totocalcio* ; *vedi anche* **cinque**

t

tregua ['tregwa] *sf* trêve *f* ; (*fig*) temps *m* de répit, arrêt *m* ; **senza ~** (*fig*) sans répit
tremare [tre'mare] *vi* trembler ; **~ di** (*di freddo*) trembler de, grelotter de
tremendo, -a [tre'mɛndo] *agg* terrible, affreux(-euse) ; (*fam*) terrible
tremito ['trɛmito] *sm* tremblement *m*
treno ['trɛno] *sm* train *m* ; **~ di gomme** (*Aut*) train de pneus ; **~ diretto** (train) direct ; **~ merci** train de marchandises ; **~ straordinario** convoi *m* spécial ; **~ viaggiatori** train de voyageurs

Il existe différents types de **treni** en Italie : les *Intercity* (IC), les *Eurocity* (EC) et les *espressi* (E) desservent le réseau longue distance et assurent un service de nuit. Les *interregionali* (IR) et les *regionali* (R), quant à eux, sont des trains locaux qui desservent les gares moins importantes.

trenta ['trenta] *agg inv*, *sm inv* trente (*m*) *inv* ▸ *sm* (*Scol*) : **~ e lode** *note maximum avec les félicitations du jury (à l'université)* ; *vedi anche* **cinque**
trentesimo, -a [tren'tɛzimo] *agg*, *sm inv/sf inv* trentième *m/f*
trentina [tren'tina] *sf* : **una ~ (di)** une trentaine (de) ; **essere sulla ~** avoir une trentaine d'années ; *vedi anche* **cinquantina**
trepidante [trepi'dante] *agg* anxieux(-euse)
triangolo [tri'angolo] *sm* triangle *m* ; (*Aut* : *segnale*) triangle de signalisation
tribù [tri'bu] *sf inv* tribu *f*
tribuna [tri'buna] *sf* tribune *f* ; (*Sport* : *palco fisso*) tribunes *fpl* ; **~ della stampa** tribunes de presse
tribunale [tribu'nale] *sm* tribunal *m* ; **presentarsi in ~** comparaître en justice ; **~ militare** tribunal militaire ; **~ supremo** Cour *f* suprême
triciclo [tri'tʃiklo] *sm* tricycle *m*
trifoglio [tri'fɔʎʎo] *sm* trèfle *m*
triglia ['triʎʎa] *sf* rouget *m*
trimestre [tri'mɛstre] *sm* trimestre *m*
trincea [trin'tʃɛa] *sf* tranchée *f*
trionfare [trion'fare] *vi* (*anche fig*) : **~ (su)** triompher (de) ; (*fig* : *esultare*) triompher
trionfo [tri'onfo] *sm* triomphe *m*
triplicare [tripli'kare] *vt* tripler
triplo, -a ['triplo] *agg* triple ▸ *sm* : **il ~ di** le triple de
trippa ['trippa] *sf* (*Cuc*) tripes *fpl* ; (*fam* : *pancia*) ventre *m*, brioche *f* (*fam*)
triste ['triste] *agg* triste
tritare [tri'tare] *vt* hacher
triviale [tri'vjale] *agg* trivial(e)
trofeo [tro'fɛo] *sm* trophée *m* ; **~ di caccia** trophée de chasse
tromba ['tromba] *sf* (*Mus*) trompette *f* ; (*Aut*) klaxon *m*, avertisseur *m* ; **~ d'aria** tornade *f* ; **~ delle scale** cage *f* d'escalier ; **~ marina** cyclone *m*
trombone [trom'bone] *sm* trombone *m*
trombosi [trom'bɔzi] *sf inv* thrombose *f*
troncare [tron'kare] *vt* couper, trancher ; (*Ling*) tronquer ; (*fig*) rompre ; (: *carriera*) briser
tronco, -a, -chi, -che ['tronko] *agg* tronqué(e) ; (*Ling*) *accentué sur la dernière syllabe* ; (: *per troncamento*) apocopé(e) ; (*fig*) interrompu(e) ▸ *sm* (*Bot*, *Anat*) tronc *m* ; (*fig* : *pezzo*, *parte*) tronçon *m* ; **in ~** (*licenziare*) sur-le-champ
trono ['trɔno] *sm* trône *m* ; **salire al ~** monter sur le trône
tropicale [tropi'kale] *agg* tropical(e)
troppo, -a ['trɔppo] *agg* trop *inv* ; (*seguito da sostantivo*) trop de ▸ *pron*, *avv* trop ; **c'era troppa gente** il y avait trop de gens ; **fa ~ caldo** il fait trop chaud ; **troppe difficoltà** trop de difficultés ; **ne hai messo ~** tu en as mis trop ; **~ amaro** trop amer ; **~ tardi** trop tard ; **lavora ~** il travaille trop ; **essere di ~** être de trop ; **~ buono da parte tua** c'est trop gentil de ta part
trota ['trɔta] *sf* truite *f*
trottola ['trɔttola] *sf* toupie *f*
trovare [tro'vare] *vt* trouver ; **trovarsi** *vpr* (*essere situato*) se trouver ; (*essere*, *stare*) être ; (*capitare*) arriver ; (*reciproco* : *incontrarsi*) se voir ; **andare a ~ qn** aller voir qn ; **~ qn molto deperito** trouver qn très affaibli(e) ; **~ qn colpevole** reconnaître qn coupable ; **trovo giusto fare …** je trouve qu'il est juste de faire … ; **trovo giusto che tu venga** je pense qu'il est juste que tu viennes ; **trovo sbagliato che …** je trouve que c'est injuste que … ; **trovo che …** (*giudicare*) je trouve que … ; **trovarsi bene/male** (*in un luogo*) se plaire/ne pas se plaire ; **trovarsi bene/male con qn** bien/mal s'entendre avec qn ; **trovarsi d'accordo con qn** tomber d'accord avec qn
truccare [truk'kare] *vt* maquiller ; (*travestire*) déguiser ; (*Sport*) truquer ;

(*Aut*) trafiquer ; **truccarsi** *vpr* se maquiller

trucco, -chi ['trukko] *sm* truc *m*, combine *f* ; (*artificio scenico*) trucage *m* ; (*cosmesi, insieme di cosmetici*) maquillage *m* ; **i trucchi del mestiere** les secrets du métier

truffa ['truffa] *sf* escroquerie *f*

truffare [truf'fare] *vt* escroquer

truffatore, -trice [truffa'tore] *sm/f* escroc *m*, voleuse *f*

truppa ['truppa] *sf* troupe *f*

tu [tu] *pron* (*soggetto*) tu ; **tu stesso(a)** toi-même ; **dare del tu a qn** tutoyer qn ; **trovarsi a tu per tu con qn** se retrouver en tête-à-tête avec qn

tubo ['tubo] *sm* (*cavo*) tuyau *m* ; (*Elettr, Anat*) tube *m* ; **~ di scappamento** (*Aut*) tuyau d'échappement ; **~ digerente** tube digestif

tuffare [tuf'fare] *vt* plonger ; **tuffarsi** *vpr*: **tuffarsi (in)** (*anche fig*) plonger (dans)

tuffo ['tuffo] *sm* plongeon *m* ; (*breve bagno*) trempette *f* ; **un ~ al cuore** un coup au cœur

tulipano [tuli'pano] *sm* tulipe *f*

tumore [tu'more] *sm* (*Med*) tumeur *f* ; **~ benigno/maligno** tumeur bénigne/ maligne

Tunisia [tuni'zia] *sf* Tunisie *f*

tuo, tua ['tuo] (*pl* **tuoi, tue**) *agg*: **(il) ~, (la) tua** ton (ta) ▶ *pron*: **il ~, la tua** le tien (la tienne) ; **i tuoi** les tiens ; **le tue** les tiennes ; **i tuoi** (*genitori*) tes parents ; **una tua amica** une de tes amies ; **i tuoi guanti** tes gants ; **le tue scarpe** tes chaussures ; **~ padre** ton père ; **è ~!** c'est à toi ! ; **vuoi dire la tua?** (*opinione*) veux-tu donner ton avis ? ; **è dalla tua** il est de ton côté ; **alla tua!** (*brindisi*) à la tienne ! ; **anche tu hai avuto le tue** (*guai*) toi aussi tu as eu ton lot de problèmes ; **ne hai fatta una delle tue!** tu as encore fait des tiennes ! ; **cerca di stare sulle tue** essaie de garder tes distances

tuonare [two'nare] *vb impers* tonner, gronder ▶ *vi* (*fig*) tonner

tuono ['twɔno] *sm* tonnerre *m*

tuorlo ['twɔrlo] *sm* jaune *m* d'œuf

turbante [tur'bante] *sm* turban *m*

turbare [tur'bare] *vt* troubler, perturber ; (*fig*) troubler ; **~ la quiete pubblica** (*Dir*) troubler l'ordre public

turbolenza [turbo'lɛntsa] *sf* turbulence *f* ; (*di periodo*) agitation *f*, désordre *m*

turchese [tur'kese] *agg, sm* turquoise (*m*) ▶ *sf* (*minerale*) turquoise *f*

Turchia [tur'kia] *sf* Turquie *f*

turco, -a, -chi, -che ['turko] *agg* turc (turque) ▶ *sm/f* Turc (Turque) ▶ *sm* turc *m* ; **per me parla ~** pour moi, c'est du chinois *o* de l'hébreu ; **fumare come un ~** fumer comme un pompier

turismo [tu'rizmo] *sm* tourisme *m* ; **~ sessuale** tourisme sexuel

turista, -i, -e [tu'rista] *sm/f* touriste *m/f*

turistico, -a, -ci, -che [tu'ristiko] *agg* touristique

turno ['turno] *sm* (*di lavoro*) roulement *m* ; (*di servizi*) service *m* ; (*Sport*) tour *m* ; **a ~** (*rispondere*) chacun(e) (à) son tour ; (*lavorare*) en équipe ; **di ~** (*soldato, medico*) de garde ; **fare a ~ (a fare qc)** se relayer (pour faire qch) ; **è il suo ~** c'est son tour ; **chiuso per ~** repos hebdomadaire

turpe ['turpe] *agg* abject(e) ; (*atto*) obscène

tuta ['tuta] *sf* combinaison *f*, bleu *m* ; (*indumento sportivo*) survêtement *m*, jogging *m* ; **~ mimetica** (*Mil*) tenue *f* de camouflage, tenue léopard ; **~ da ginnastica** jogging *m* ; **~ spaziale** scaphandre *m* ; **~ subacquea** combinaison de plongée

tutela [tu'tɛla] *sf* (*Dir: potestà, protezione*) tutelle *f* ; (*difesa*) défense *f*, protection *f* ; (*di interesse*) sauvegarde *f* ; **a ~ del consumatore** pour la protection du consommateur ; **~ dell'ambiente** protection de l'environnement

tuttavia [tutta'via] *cong* toutefois, cependant

PAROLA CHIAVE

tutto, -a ['tutto] *agg* **1** (*intero*) tout(e) ; (*pl*) tous (toutes) ; **tutta la notte** toute la nuit ; **tutto il libro** tout le livre ; **tutta una bottiglia** toute une bouteille ; **in tutto il mondo** dans le monde entier ; **tutti i ragazzi** tous les garçons ; **tutte le notti** toutes les nuits ; **a tutt'oggi** jusqu'à présent ; **a tutta velocità** à toute vitesse ; **tutti e due** tous les deux ; **tutti e cinque** tous les cinq

2 (*completamente*): **era tutta sporca** elle était toute sale ; **è tutta sua madre** c'est tout le portrait de sa mère ▸ *pron* (*ogni cosa*) tout ; (*pl*) tous ; **ha mangiato tutto** il a tout mangé ; **tutto considerato** tout bien considéré, tout compte fait ; **in tutto** en tout ; **in tutto eravamo 50** en tout nous étions 50 ; **tutto è in ordine** tout est en ordre ; **dimmi tutto** dis-moi tout ; **tutto compreso** tout compris ; **in tutto e per tutto** en tout et pour tout ; **con tutto che** (*malgrado*) bien que ; **del tutto** du tout ; **il che è tutto dire** c'est tout dire ; **tutti sanno che** tout le monde sait que ; **vengono tutti** ils viennent tous ; **tutti quanti** tous ▸ *avv* (*completamente*) tout ; **è tutto il contrario** c'est tout le contraire ; **tutt'al più** tout au plus ; **saranno stati tutt'al più 50** ils devaient être au plus 50 ; **tutt'altro** pas du tout ; **ti dispiace? — no, tutt'altro** ça t'embête ? — non, pas du tout ; **è tutt'altro che felice** il est loin d'être heureux ; **tutt'a un tratto** tout d'un coup ; **tutt'intorno** tout autour ▸ *sm*: **il tutto** le tout ; **il tutto si è svolto senza incidenti** le tout s'est déroulé sans incidents ; **il tutto le costerà tre milioni** cela lui coûtera trois millions en tout

tuttora [tut'tora] *avv* toujours, encore
TV [ti'vu] *sigla f inv* (= *televisione*) télé *f* ▸ *sigla Treviso*
tweet [twit] *sm inv* tweet *m*
twittare [twit'tare] *vi, vt* tweeter

ubbidiente [ubbi'djɛnte] *agg* obéissant(e)
ubbidire [ubbi'dire] *vi*: **~ (a)** obéir (à)
ubriacare [ubria'kare] *vt* enivrer, soûler ; (*fig*) griser ; **ubriacarsi** *vpr* s'enivrer, se soûler
ubriaco, -a, -chi, -che [ubri'ako] *agg* ivre ▸ *sm/f* ivrogne *m/f*
uccello [ut'tʃɛllo] *sm* oiseau *m* ; **~ del malaugurio** oiseau de mauvais augure
uccidere [ut'tʃidere] *vt* (*anche fig*) tuer ; **uccidersi** *vpr* se tuer
udito [u'dito] *sm* ouïe *f*
UE *sigla f* (= *Unione Europea*) UE *f*
UEM *sigla f* (= *Unione economica e monetaria*) UEM *f*
uffa ['uffa] *escl* (*di impazienza*) zut ! ; (*di noia*) la barbe !, quelle barbe !
ufficiale [uffi'tʃale] *agg* officiel(le) ▸ *sm* (*Amm, Mil*) officier *m* ; **in forma ~** officiellement ; **pubblico ~** officier ministériel ; **~ di marina** officier de marine ; **~ di stato civile** fonctionnaire *m/f* d'état civil ; **~ giudiziario** huissier *m* ; **~ medico** médecin-major *m* ; **~ sanitario** officier de santé
ufficio [uf'fitʃo] *sm* (*posto di lavoro*) bureau *m* ; (*dovere, compito*) charge *f* ; (*agenzia*) agence *f*, office *m* ; (*Dir*: *organo*) office ; **d'~** d'office ; **~ brevetti** bureau des brevets ; **~ (del) personale** bureau du personnel ; **~ di collocamento** bureau de placement ; **~ funebre** (*Rel*) office funèbre, service *m* funèbre ; **~ informazioni** bureau de renseignements ; **~ oggetti smarriti**

bureau des objets trouvés ; **~ postale** bureau de poste ; **~ vendite** service *m* des ventes

ufficioso, -a [uffi'tʃoso] *agg* officieux(-euse)

uguaglianza [ugwaʎ'ʎantsa] *sf* égalité *f*

uguagliare [ugwaʎ'ʎare] *vt* (*rendere uguale*) égaliser ; (*record*) égaler

uguale [u'gwale] *agg* égal(e) ; (*identico: cose, persone*) pareil(le) ; (*diritti, doveri*) le (la) même ▸ *avv* (*costare, valere*) pareil ; **~ a** (*cosa*) le (la) même que ; (*persona*) comme ; **essere ~ a se stesso** être égal(e) à soi-même ; **per me è ~** pour moi c'est la même chose, pour moi c'est pareil ; **due ragazzi uguali d'età** deux garçons du même âge ; **sono bravi ~** ils sont aussi bons l'un que l'autre

UIL [wil] *sigla f* (= *Unione Italiana del Lavoro*) *syndicat*

ulcera ['ultʃera] *sf* ulcère *m* ; **~ gastrica** ulcère à l'estomac

ulivo [u'livo] *sm vedi* **olivo**; (*Pol*): **U~** *coalition de centre-gauche*

ulteriore [ulte'rjore] *agg* ultérieur(e) ; (*aggiuntivo*) supplémentaire

ultimamente [ultima'mente] *avv* dernièrement

ultimare [ulti'mare] *vt* achever, terminer

ultimo, -a ['ultimo] *agg* dernier(-ière) ; (*fig: sommo, fondamentale*) fondamental(e) ▸ *sm/f* dernier(-ière) ; **fino all'~** jusqu'à la fin, jusqu'au bout ; **da ~, in ~** enfin, à la fin ; **all'~ piano** au dernier étage ; **per ~** (*entrare, arrivare*) le dernier (la dernière) ; **in ultima pagina** (*di giornale*) en dernière page ; **negli ultimi tempi** ces derniers temps ; **all'~ momento** au dernier moment ; **la vostra lettera del 7 aprile ~ scorso ...** votre lettre du 7 avril dernier ... ; **in ultima analisi** en conclusion ; **in ~ luogo** en dernier lieu ; **l'~ grido (della moda)** le dernier cri (de la mode)

ululare [ulu'lare] *vi* hurler

umanità [umani'ta] *sf* humanité *f*

umano, -a [u'mano] *agg* humain(e)

umidità [umidi'ta] *sf* humidité *f*

umido, -a ['umido] *agg* humide ; (*mano*) moite ; (*occhi*) mouillé(e) ▸ *sm* humidité *f* ; **in ~** (*Cuc*) en sauce

umile ['umile] *agg* humble ; (*non superbo*) modeste

umiliare [umi'ljare] *vt* humilier ; **umiliarsi** *vpr* s'humilier ; **umiliarsi a** s'abaisser à

umore [u'more] *sm* humeur *f* ; **di buon/cattivo ~** de bonne/mauvaise humeur ; **umor vitreo** humeur vitrée

umorismo [umo'rizmo] *sm* humour *m* ; **avere il senso dell'~** avoir le sens de l'humour

umoristico, -a, -ci, -che [umo'ristiko] *agg* humoristique

unanime [u'nanime] *agg* unanime

uncinetto [untʃi'netto] *sm* crochet *m* ; **lavoro all'~** travail *m* au crochet

uncino [un'tʃino] *sm* croc *m*, crochet *m*

undicenne [undi'tʃɛnne] *agg* (âgé(e)) de onze ans ▸ *sm/f* garçon (fille) de onze ans

undicesimo, -a [undi'tʃɛzimo] *agg, sm/f* onzième *m/f*

undici ['unditʃi] *agg inv, sm inv* onze (*m*) *inv* ; *vedi anche* **cinque**

ungere ['undʒere] *vt* graisser, huiler ; (*Rel*) oindre ; (*fig: ingraziarsi*) graisser la patte à ; **ungersi** *vpr* s'enduire ; (*sporcarsi*) se tacher

ungherese [unge'rese] *agg* hongrois(e) ▸ *sm/f* Hongrois(e) ▸ *sm* hongrois *m*

Ungheria [unge'ria] *sf* Hongrie *f*

unghia ['ungja] *sf* (*di persona*) ongle *m* ; (*di gatto*) griffe *f* ; (*di bovini, suini*) onglon *m* ; (*di rapace*) serre *f* ; (*di cavallo*) sabot *m* ; **pagare sull'~** (*fig*) payer rubis sur l'ongle

unguento [un'gwɛnto] *sm* onguent *m*, baume *m*

unico, -a, -ci, -che ['uniko] *agg* unique ; (*solo*) unique, seul(e) ; **agente ~** (*Comm*) agent *m* exclusif ; **atto ~** (*Teatro*) pièce *f* en un acte ; **figlio ~** fils *msg* unique

unificare [unifi'kare] *vt* unifier ; (*standardizzare*) normaliser, standardiser

unificazione [unifikat'tsjone] *sf* (*vedi vb*) unification *f* ; normalisation *f*, standardisation *f*

uniforme [uni'forme] *agg* uniforme ▸ *sf* uniforme *m*, tenue *f* ; **alta ~** grand uniforme, grande tenue

unione [u'njone] *sf* union *f* ; **U~ economica e monetaria** Union économique ; **U~ Europea** Union européenne ; **~ di fatto** union *f* de fait ; **~ monetaria** union monétaire ; **ex U~ Sovietica** ancienne Union soviétique

unire [u'nire] *vt*: **~ (a)** unir (à), joindre (à) ; (*congiungere*) relier (à) ; **unirsi** *vpr* (*reciproco*) s'unir ; **unirsi a** se joindre à ; **~ in matrimonio** unir (en mariage)

unità [uni'ta] *sf inv* unité *f* ; **una squadriglia di otto ~** (*Mil*) une escadrille de huit avions ; **~ centrale (di elaborazione)** (*Inform*) unité centrale ; **~ di misura** unité de mesure ; **~ didattica** (*Scol*) unité ; **~ monetaria** unité monétaire

unito, -a [u'nito] *agg* uni(e) ; **in tinta unita** uni(e) ; **uniti in matrimonio** unis par les liens du mariage

universale [univer'sale] *agg* universel(le)

università [universi'ta] *sf inv* université *f* ; **~ popolare** université populaire

universo [uni'vɛrso] *sm* univers *msg*

PAROLA CHIAVE

uno, -a ['uno] (*dav sm* **un** + *C, V*, **uno** + *s impura, gn, pn, ps, x, z; dav sf* **un'** + *V*, **una** + *C*) *art indef* **1** un(e) ; **un bambino** un enfant ; **una strada** une route ; **uno zingaro** un tzigane
2 (*intensivo*): **ho avuto una paura!** j'ai eu une de ces peurs !
▸ *pron* **1** un(e) ; **su, prendine uno** allez, prends-en un ; **guarda se ce n'è uno qui** regarde s'il y en a un ici ; **l'uno o l'altro** l'un ou l'autre ; **l'uno e l'altro** l'un et l'autre ; **aiutarsi l'un l'altro** s'aider les uns les autres ; **sono entrati l'uno dopo l'altro** ils sont entrés l'un après l'autre ; **a uno a uno** un par un ; **metà per uno** moitié moitié
2 (*tale*) un tel (une telle) ; **ho incontrato uno che ti conosce** j'ai rencontré quelqu'un qui te connaît
3 (*con valore impersonale*) : **se uno vuole può andarci** si on veut, on peut y aller ; **cosa può fare uno in quella situazione?** qu'est-ce qu'on peut faire dans cette situation ?
▸ *agg* un(e) ; **una mela e due pere** une pomme et deux poires ; **uno più uno fa due** un plus un font deux
▸ *sm* (*primo numero*) un *m*
▸ *sf*: **l'una** (*ora*): **è l'una di notte** il est une heure du matin

unsi *ecc* ['unsi] *vb vedi* **ungere**

unto, -a ['unto] *pp di* **ungere** ▸ *agg* graisseux(-euse) ▸ *sm* graisse *f*

uomo ['wɔmo] (*pl* **uomini**) *sm* homme *m* ; (*in squadra*) joueur *m* ; **un brav'~** un brave homme ; **da ~** (*abito, scarpe*) d'homme ; **a memoria d'~** de mémoire d'homme ; **a passo d'~** au pas ; **l'~ della strada** l'homme de la rue ; **~ d'affari/d'azione** homme d'affaires/d'action ; **~ di fiducia/di mondo/di paglia** homme de confiance/du monde/de paille ; **~ politico** homme politique ; **~ radar** (*Aer*) contrôleur *m* aérien ; **~ rana** homme-grenouille *m*

uovo ['wɔvo] (*pl(f)* **uova**) *sm* œuf *m* ; **cercare il pelo nell'~** (*fig*) chercher la petite bête ; **~ affogato/alla coque** (*Cuc*) œuf poché/à la coque ; **~ bazzotto/sodo** (*Cuc*) œuf mollet/dur ; **~ di Pasqua** œuf de Pâques ; **~ in camicia** œuf poché ; **uova strapazzate/al tegame** (*Cuc*) œufs brouillés/au plat

uragano [ura'gano] *sm* ouragan *m* ; (*fig: di applausi ecc*) tonnerre *m*, tempête *f*

uranio [u'ranjo] *sm* uranium *m*; **uranio impoverito** uranium appauvri

urbanistica [urba'nistika] *sf* urbanisme *m*

urbano, -a [ur'bano] *agg* urbain(e) ; (*fig: civile, cortese*) courtois(e)

urgente [ur'dʒɛnte] *agg* urgent(e)

urgenza [ur'dʒɛntsa] *sf* urgence *f* ; **d'~** d'urgence ; **non c'è ~** cela ne presse pas, rien ne presse ; **questo lavoro va fatto con ~** ce travail doit être fait immédiatement

urlare [ur'lare] *vi* hurler ▸ *vt* (*insulti*) hurler ; (*canzone*) chanter à tue-tête

urlo ['urlo] (*pl(m)* **urli**, *pl(f)* **urla**) *sm* hurlement *m*, cri *m*

urrà [ur'ra] *escl* hourra !

U.R.S.S. ['urs] *sigla f* (= *Unione delle Repubbliche Socialiste Sovietiche*) URSS *f*

urtare [ur'tare] *vt* heurter, bousculer ; (*fig: colpire*) choquer ; (*: irritare*) contrarier ▸ *vi*: **~ contro** *o* **in** se heurter contre *o* à ; **urtarsi** *vpr* (*reciproco*) se heurter ; (*: fig*) se brouiller ; (*persona: irritarsi*) se fâcher ; **~ i nervi** taper sur les nerfs

USA ['uza] *sigla mpl* (= *United States of America*) USA *mpl*

usanza [u'zantsa] *sf* usage *m*, coutume *f* ; (*abitudine*) habitude *f*

usare [u'zare] *vt* (*adoperare*) utiliser, se servir de ; (: *forza, astuzia*) user de ▶ *vi* (*andare di moda*) être à la mode ▶ *vb impers*: **qui usa così** ici c'est la coutume ; **~ fare qc** (*essere solito*) avoir l'habitude de faire qch ; **~ la massima cura nel fare qc** mettre le plus grand soin à faire qch ; **~ violenza a qn** violer qn

usato, -a [u'zato] *agg* (*non nuovo*: *abiti*) usagé(e) ; (: *macchina*) d'occasion ▶ *sm* occasions *fpl* ; **mercato dell'~** marché *m* de l'occasion

uscire [uʃ'ʃire] *vi* sortir ; (*gas, acqua*) s'échapper ; (*giornale*) paraître, sortir ; **~ da** (*da edificio, luogo*) sortir de ; **~ da** *o* **di casa** sortir de chez soi ; **~ in macchina** sortir en voiture ; **~ di strada** (*macchina*) quitter la route ; **questo esce dalle mie competenze** ce n'est pas de mon ressort ; **~ con una battuta** répondre par une pirouette

uscita [uʃ'ʃita] *sf* sortie *f* ; (*di libro*) parution *f* ; (*Econ*) dépense *f* ; (*fig*: *battuta*) boutade *f* ; **«vietata l'~»** « sortie interdite » ; **libera ~** (*Mil*) quartier *m* libre ; **~ di sicurezza** sortie de secours

usignolo [uziɲ'ɲɔlo] *sm* rossignol *m*

uso ['uzo] *sm* emploi *m*, usage *m* ; (*esercizio*) usage ; (*abitudine*) usage, coutume *f* ; **fare ~ di** utiliser, employer ; **essere in ~** être en usage ; **a ~ di** à l'usage de ; **fuori ~** hors d'usage ; **fotografia ~ tessera** photo(graphie) *f* d'identité ; **norme d'~** règles *fpl* en vigueur ; **~ esterno** usage externe

ustione [us'tjone] *sf* brûlure *f*

usuale [uzu'ale] *agg* usuel(le), courant(e)

usura [u'zura] *sf* usure *f*

utensile [uten'sile] *sm* (*attrezzo*) outil *m* ▶ *agg*: **macchina ~** machine-outil *f* ; **utensili da cucina** ustensiles *mpl* de cuisine

utente [u'tɛnte] *sm/f* usager(-ère)

utero ['utero] *sm* utérus *msg* ; **l'~ in affitto** le prêt d'utérus

utile ['utile] *agg* utile ▶ *sm* profit *m* ; (*vantaggio*) avantage *m* ; (*Econ*) bénéfice *m* ; **rendersi ~** se rendre utile ; **tempo ~ per** délai *m* pour ; **unire l'~ al dilettevole** joindre l'utile à l'agréable ; **partecipare agli utili** participer aux bénéfices

utilizzare [utilid'dzare] *vt* utiliser

UVA [uvi'a] *sigla mpl* (= *ultravioletto prossimo*) UVA *mpl*

uva ['uva] *sf* raisin *m* ; **~ da tavola** raisin de table ; **~ passa** raisin sec ; **~ spina** groseille *f* à maquereau

UVB [uvi'bi] *sigla mpl* (= *ultravioletto lontano*) UVB *mpl*

V

v. *abbr* (= *vedi*) v. ; (= *verso*, *versetto*) V.
va, va' [va] *vb vedi* **andare**
vacante [va'kante] *agg* vacant(e)
vacanza [va'kantsa] *sf* vacances *fpl* ; (*l'essere vacante*) vacance *f* ; **vacanze** *sfpl* (*estive*, *Scol*) vacances ; **essere/andare in ~** être/aller en vacances ; **prendersi una ~** prendre des vacances ; **far ~** ne pas travailler, prendre un congé ; **le scuole fanno ~ il 15 febbraio** les écoles sont fermées le 15 février ; **vacanze estive** grandes vacances ; **vacanze natalizie** vacances de Noël
vacca, -che ['vakka] *sf* vache *f* ; (*peg*: *donnaccia*) putain *f* (*fam!*)
vaccinare [vattʃi'nare] *vt* vacciner ; **farsi ~** se faire vacciner
vaccino [vat'tʃino] *sm* vaccin *m*
vacillare [vatʃil'lare] *vi* vaciller, chanceler ; **la sua fede vacillava** sa foi vacillait
vacuo, -a ['vakuo] *agg* (*fig*: *vuoto*, *futile*) vide ▸ *sm* vide *m*
vado *ecc* ['vado] *vb vedi* **andare**
vagabondo, -a [vaga'bondo] *sm/f* vagabond(e) ; (*fig*: *fannullone*) fainéant(e)
vagare [va'gare] *vi* errer
vagherò *ecc* [vage'rɔ] *vb vedi* **vagare**
vagina [va'dʒina] *sf* vagin *m*
vaglia ['vaʎʎa] *sm inv*: **~ postale** mandat-poste *m*, mandat *m* postal ; **~ cambiario** billet *m* à ordre
vagliare [vaʎ'ʎare] *vt* cribler, tamiser ; (*fig*: *valutare*) passer au crible
vago, -a, -ghi, -ghe ['vago] *agg* vague, flou(e) ; (*leggiadro*) gracieux(-euse), agréable
vagone [va'gone] *sm* wagon *m* ; **~ letto** wagon-lit *m* ; **~ merci** wagon de marchandises ; **~ ristorante** wagon-restaurant *m*
vai ['vai] *vb vedi* **andare**
vaiolo [va'jɔlo] *sm* variole *f*
valanga, -ghe [va'langa] *sf* (*anche fig*) avalanche *f*
valere [va'lere] *vi* valoir ; (*documento*, *obiezione ecc*) être valable ▸ *vt* (*prezzo*, *sforzo*) valoir ; (*fruttare*) rendre ; **valersi** *vpr*: **valersi di** se servir de ; **~ qc a qn** (*procurare*) valoir qch à qn ; **far ~** (*autorità ecc*) faire valoir ; **far ~ le proprie ragioni** faire valoir ses raisons ; **farsi ~** se faire valoir ; **vale a dire** c'est-à-dire ; **~ la pena** valoir la peine ; **non ne vale la pena** cela ne vaut pas la peine ; **l'uno vale l'altro** ils se valent ; **non vale niente** cela ne vaut rien ; **tanto vale non farlo** autant ne pas le faire ; **valersi dei consigli di qn** se servir des conseils de qn
valgo *ecc* ['valgo] *vb vedi* **valere**
valicare [vali'kare] *vt* franchir
valico, -chi ['valiko] *sm* (*passo*) col *m*
valido, -a ['valido] *agg* valable ; (*rimedio*, *aiuto*, *contributo*) valable, efficace ; **essere di ~ aiuto a qn** apporter une aide efficace à qn
valigia, -gie *o* **-ge** [va'lidʒa] *sf* valise *f* ; **fare le valigie** (*anche fig*) faire ses valises ; **~ diplomatica** valise diplomatique
valle ['valle] *sf* vallée *f* ; **a ~** en aval ; **scendere a ~** descendre dans la vallée
valore [va'lore] *sm* valeur *f* ; (*coraggio*) courage *m*, bravoure *f* ; **valori** *smpl* (*oggetti preziosi*) objets *mpl* de valeur ; (*Borsa*, *anche sociali*, *morali*) valeurs *fpl* ; **di ~** de valeur ; **non avere alcun ~** n'avoir aucune valeur ; **avere ~ di** (*valere come*) équivaloir à ; **~ aggiunto** valeur ajoutée ; **~ civile** ≈ courage *m* ; **~ d'uso/di scambio** valeur d'usage/d'échange ; **~ di realizzo/di riscatto** valeur de réalisation/de rachat ; **~ legale/nominale** valeur légale/nominale ; **~ militare** valeur militaire ; **valori bollati** timbres *mpl* fiscaux et postaux ; **valori umani** valeurs humaines
valorizzare [valorid'dzare] *vt* valoriser ; (*fig*: *mettere in risalto*) mettre en valeur

valuta [va'luta] *sf* monnaie *f*, devise *f* ; (*Banca*: *per conteggio di interessi*) valeur *f* ; **~ 15 gennaio** valeur 15 janvier ; **~ estera** devise étrangère
valutare [valu'tare] *vt* (*terreno, danno*) évaluer, estimer ; **la casa è valutata 2 milioni** la maison est évaluée à 2 millions ; **~ il pro e il contro** peser le pour et le contre
valvola ['valvola] *sf* (*Tecn*) soupape *f*, vanne *f* ; (*Elettr*) fusible *m*, plomb *m* ; (*Anat*) valvule *f* ; **~ a farfalla** (*Aut*) (vanne *f*) papillon *m* ; **~ di sfogo** (*fig*) soupape de sécurité, exutoire *m* ; **~ di sicurezza** soupape de sécurité
valzer ['valtser] *sm inv* valse *f*
vampata [vam'pata] *sf* bouffée *f*
vampiro [vam'piro] *sm* vampire *m*
vandalismo [vanda'lizmo] *sm* vandalisme *m*
vandalo ['vandalo] *sm* vandale *m*
vaneggiare [vaned'dʒare] *vi* délirer, divaguer
vanga, -ghe ['vanga] *sf* bêche *f*
vangelo [van'dʒɛlo] *sm* évangile *m*
vaniglia [va'niʎʎa] *sf* (*Bot*) vanillier *m* ; (*essenza*) vanille *f*
vanità [vani'ta] *sf* vanité *f* ; (*futilità*) inutilité *f*
vanitoso, -a [vani'toso] *agg* vaniteux(-euse)
vanno ['vanno] *vb vedi* **andare**
vano, -a ['vano] *agg* vain(e) ▸ *sm* (*di porta, finestra*) embrasure *f* ; (*stanza, locale*) pièce *f* ; **~ portabagagli** (*Aut*) coffre *m* à bagages
vantaggio [van'taddʒo] *sm* avantage *m* ; (*distacco, anche Sport*) avance *f* ; **trarre ~ da** tirer profit de ; **essere in ~ su qn** avoir un avantage sur qn ; **essere in ~** (*in gara*) mener ; **portarsi in ~** (*in gara*) prendre de l'avance
vantaggioso, -a [vantad'dʒoso] *agg* avantageux(-euse)
vantare [van'tare] *vt* vanter ; **vantarsi** *vpr*: **vantarsi (di qc/di aver fatto qc)** se vanter (de qch/d'avoir fait qch)
vanvera ['vanvera] *sf*: **parlare a ~** parler à tort et à travers ; **fare le cose a ~** faire les choses sans réfléchir
vapore [va'pore] *sm* vapeur *f* ; **vapori** *smpl* (*esalazioni*) vapeurs *fpl* ; **a ~** (*caldaia ecc*) à vapeur ; **al ~** (*Cuc*) à la vapeur
varare [va'rare] *vt* (*Naut*) lancer ; (*fig*: *legge, provvedimento*) approuver
varcare [var'kare] *vt* (*soglia, confine*) franchir ; (*fig*: *limiti ecc*) dépasser
varco, -chi ['varko] *sm* passage *m* ; **aprirsi un ~ tra la folla** se frayer un passage dans la foule ; **aspettare qn al ~** attendre qn au tournant
varechina [vare'kina] *sf* eau *f* de Javel
variabile [va'rjabile] *agg, sf* variable (*f*)
varicella [vari'tʃɛlla] *sf* varicelle *f*
varicoso, -a [vari'koso] *agg* variqueux(-euse) ; **avere le vene varicose** avoir des varices
varietà [varje'ta] *sf inv* variété *f* ▸ *sm inv*: **(spettacolo di) ~** spectacle *m* de variétés, variétés *fpl*
vario, -a ['varjo] *agg* (*variato*) varié(e) ; (*instabile, mutevole*) variable ▸ *pron pl*: **vari, varie** (*persone*) plusieurs ; **ci sono varie possibilità** il y a plusieurs possibilités ; **varie ed eventuali** divers *mpl*
varo ['varo] *sm* (*Naut*) lancement *m* ; (*fig*: *di legge, progetto*) mise *f* en vigueur, promulgation *f*
varrò *ecc* [var'rɔ] *vb vedi* **valere**
vasaio [va'zajo] *sm* potier *m*
vasca, -sche ['vaska] *sf* (*recipiente*) bac *m* ; (*Tecn*) cuve *f* ; (*bacino*) bassin *m* ; **~ da bagno** baignoire *f*
vaschetta [vas'ketta] *sf* (*per gelato*) barquette *f* ; (*del frigorifero*) bac *m* ; (*per sviluppare fotografie*) cuvette *f*
vaselina [vaze'lina] *sf* vaseline *f*
vaso ['vazo] *sm* (*per pianta*) pot *m* ; (*per fiori*) vase *m* ; (*Anat*) vaisseau *m* ; **~ da fiori** (*per fiori*) vase ; (*per piante*) pot *m* de fleurs ; **~ da notte** pot de chambre ; **vasi comunicanti** vases communicants
vassoio [vas'sojo] *sm* plateau *m*
vasto, -a ['vasto] *agg* vaste ; **di vaste proporzioni** (*incendio*) d'énormes proportions ; (*fenomeno, rivolta*) de grande importance ; **su vasta scala** sur une grande échelle
ve [ve] *pron vedi* **vi** ▸ *avv vedi* **vi**
vecchiaia [vek'kjaja] *sf* vieillesse *f*
vecchio, -a ['vekkjo] *agg* vieux (vieille) ; (*antico, antiquato, di prima*) ancien(ne) ▸ *sm/f* vieux (vieille) ; **i vecchi** (*gli anziani*) les vieux *mpl* ; **di vecchia data** de longue date ; **è un mio ~ amico** c'est un de mes vieux amis ; **una vecchia storia** une vieille histoire ; **essere ~ del mestiere** être un vieux routier

vedere [ve'dere] *vt* voir ; **vedersi** *vpr* se voir ; **far ~ qc a qn** faire voir qch à qn ; **non (ci) si vede** on n'y voit rien ; **vedi pagina 8** voir à la page 8 ; **farsi ~** (*farsi vivo*) donner signe de vie, donner de ses nouvelles ; (*pavoneggiarsi*) se pavaner ; **fatti ~!** viens ici que je te voie ! ; **farsi ~ da un medico** aller voir un médecin ; **ci vediamo!** à bientôt ! ; **ci vediamo domani!** à demain ! ; **si vede che ...** (*è chiaro*) on voit bien que ... ; **si vede che non ha avuto tempo** il n'a probablement pas eu le temps ; **è da ~ se ...** il faut voir si ... ; **vederci chiaro** (*fig*) voir clair ; **non ~ l'ora di fare qc** avoir hâte de faire qch ; **non vedo l'ora di ...** il me tarde de ... ; **non aver niente a che ~ con qc/qn** ne rien avoir à voir avec qch/qn ; **non poter ~ qn** (*anche fig*) ne pas pouvoir voir qn ; **~ di fare qc** essayer de faire qch ; **te la farò ~ io!** tu vas avoir affaire à moi ! ; **vedersi costretto a fare qc** se voir dans l'obligation de faire qch ; **vedersela con qn** s'arranger avec qn

vedetta [ve'detta] *sf* vedette *f* ; (*Naut*) vigie *f* ; **essere di ~** être en vedette

vedovo, -a ['vedovo] *sm/f* veuf (veuve) ; **rimaner ~** rester veuf (veuve)

vedrò *ecc* [ve'drɔ] *vb vedi* **vedere**

veduta [ve'duta] *sf* vue *f* ; **vedute** *sfpl* (*fig: opinioni*) idées *fpl* ; **di larghe** *o* **ampie vedute** large d'idées *o* d'esprit ; **di vedute limitate** étroit(e) d'esprit

vegetale [vedʒe'tale] *agg* végétal(e) ; (*brodo*) de légumes ▶ *sm* végétal *m* ; (*fig: invalido*) légume *m* ; (*privo di vivacità, di iniziative*) mollasson(ne)

vegetariano, -a [vedʒeta'rjano] *agg, sm/f* végétarien(ne)

vegetazione [vedʒetat'tsjone] *sf* végétation *f*

vegeto, -a ['vɛdʒeto] *agg*: **essere vivo e ~** avoir bon pied bon œil

veglia ['veʎʎa] *sf* (*anche Mil*) veille *f* ; (*a malato, salma*) veillée *f* ; **tra il sonno e la ~** entre la veille et le sommeil ; **~ di Natale** veillée de Noël ; **~ funebre** veillée funèbre

veglione [veʎ'ʎone] *sm* bal *m* ; **~ di Capodanno** réveillon *m* du jour de l'An

veicolo [ve'ikolo] *sm* véhicule *m* ; **~ ferroviario** train *m* ; **~ spaziale** engin *m* spatial

vela ['vela] *sf* (*anche Sport*) voile *f* ; **far ~ per** faire voile vers ; **andare a gonfie vele** (*fig*) marcher comme sur des roulettes

veleno [ve'leno] *sm* poison *m* ; (*di serpenti, insetti*) venin *m*

velenoso, -a [vele'noso] *agg* (*sostanza*) toxique ; (*pianta*) vénéneux(-euse) ; (*animale, fig*) venimeux(-euse)

veliero [ve'ljɛro] *sm* voilier *m*

velluto [vel'luto] *sm* velours *msg* ; **~ a coste** velours côtelé

velo ['velo] *sm* voile *m* ; (*fig: di polvere ecc*) couche *f* ; **prendere il ~** (*monaca*) prendre le voile ; **stendere un ~ pietoso su un episodio** jeter un voile sur un incident ; **avere un ~ di tristezza negli occhi** avoir un voile de tristesse dans les yeux ; **~ nuziale** voile de la mariée

veloce [ve'lotʃe] *agg* rapide ▶ *avv* rapidement, vite

velocità [velotʃi'ta] *sf inv* vitesse *f* ; **cambio di ~** (*Aut*) changement *m* de vitesse ; **a forte** *o* **grande ~** à grande vitesse ; **alta ~** (*Ferr*) grande vitesse ; **~ del suono** vitesse du son ; **~ di crociera** vitesse de croisière

vena ['vena] *sf* (*Anat*) veine *f* ; (*acqua*) source *f* ; (: *sotterranea*) nappe *f* ; **essere in ~ di qc/di fare qc** être en veine de qch/de faire qch ; **non è in ~ di scherzi oggi** il n'est pas d'humeur à plaisanter aujourd'hui

venale [ve'nale] *agg* vénal(e)

vendemmia [ven'demmja] *sf* (*raccolta*) vendange *f*, vendanges *fpl* ; (*quantità, vino*) vendange

vendere ['vɛndere] *vt* vendre ; **~ all'asta** vendre aux enchères ; **~ all'ingrosso** vendre en gros ; **«vendesi»** « à vendre » ; **aver ragione da ~** avoir mille fois raison

vendetta [ven'detta] *sf* vengeance *f*

vendicare [vendi'kare] *vt* venger ; **vendicarsi** *vpr*: **vendicarsi (di)** se venger (de)

vendita ['vendita] *sf* vente *f* ; (*negozio*) magasin *m* ; **essere in ~** être en vente ; **mettere in ~** mettre en vente ; **reparto vendite** service *m* des ventes ; **~ al dettaglio** *o* **al minuto** vente au détail ; **~ all'asta** vente aux enchères ; **~ all'ingrosso** vente en gros

venerare [vene'rare] *vt* vénérer

venerdì [vener'di] *sm inv* vendredi *m* ; **V~ Santo** vendredi saint ; *vedi anche* **martedì**

venereo, -a [ve'nɛreo] *agg* vénérien(ne)
Venezia [ve'nettsja] *sf* Venise
vengo *ecc* ['vɛngo] *vb vedi* **venire**
veniale [ve'njale] *agg* véniel(le)
venire [ve'nire] *vi* (*avvicinarsi*) venir ; (*giungere, capitare*) arriver ; (*riuscire*: *dolce, fotografia*) être réussi(e) ; (*come ausiliare*: *essere*) être ; **quanto viene?** c'est combien ? ; **viene 2 euro il chilo** cela coûte 2 euros le kilo ; **~ ammirato da tutti** être admiré de tous ; **~ a capo di qc** venir à bout de qch ; **~ bene in fotografia** être bien en photo ; **~ al dunque** *o* **al nocciolo** *o* **al fatto** (en) venir au fait ; **venir fuori** sortir ; **~ giù** descendre ; (*cadere*: *neve*) tomber ; **~ meno** (*svenire*) s'évanouir ; **~ meno a qc** (*a promessa, impegno*) manquer à qch ; **~ su** monter ; (*crescere*) grandir, pousser ; **~ via** partir ; (*staccarsi*) se détacher ; **~ a sapere qc** avoir connaissance de qch, apprendre qch ; **~ a trovare qn** venir voir qn ; **negli anni a ~** dans les années à venir ; **è venuto il momento di ...** le moment est venu de ... ; **mi fa ~ i brividi** cela me donne des frissons ; **li facciamo ~ per la festa?** on les invite à la fête ?
venni *ecc* ['venni] *vb vedi* **venire**
ventaglio [ven'taʎʎo] *sm* éventail *m*
ventata [ven'tata] *sf* coup *m* de vent ; **una ~ di allegria** un souffle de joie
ventenne [ven'tɛnne] *agg* (âgé(e)) de vingt ans ▸ *sm/f* garçon (fille) de vingt ans
ventesimo, -a [ven'tɛzimo] *agg, sm/f* vingtième *m/f*
venti ['venti] *agg inv, sm inv* vingt *(m) inv* ; *vedi anche* **cinque**
ventilare [venti'lare] *vt* ventiler, aérer ; (*fig*: *idea*) proposer ; **~ una proposta** faire une proposition
ventilatore [ventila'tore] *sm* ventilateur *m*
ventina [ven'tina] *sf*: **una ~ di** une vingtaine de ; **essere sulla ~** avoir une vingtaine d'années
vento ['vɛnto] *sm* vent *m* ; **c'è ~** il y a du vent ; **un colpo di ~** un coup de vent ; **contro ~** contre le vent ; **~ contrario** vent contraire
ventola ['vɛntola] *sf* (*Aut*) ventilateur *m*
ventosa [ven'tosa] *sf* ventouse *f*
ventoso, -a [ven'toso] *agg* venteux(-euse)
ventre ['vɛntre] *sm* ventre *m*
vera ['vera] *sf* (*anello*) alliance *f* (*anneau*)
veramente [vera'mente] *avv* vraiment ; (*ma, tuttavia, nondimeno*) à dire vrai, à vrai dire ; **~?** c'est vrai ?
veranda [ve'randa] *sf* véranda *f*
verbale [ver'bale] *agg* (*anche Ling*) verbal(e) ▸ *sm* procès-verbal *m* ; **mettere a ~** verbaliser
verbo ['vɛrbo] *sm* (*Ling*) verbe *m* ; (*parola*) mot *m*, parole *f* ; (*Rel*): **il V~** le Verbe
verde ['verde] *agg* (*anche fig*) vert(e) ; (*benzina*) sans plomb ▸ *sm* (*colore, zona*) vert *m* ▸ *sm/f* (*Pol*) vert(e) ; **i Verdi** *smpl* (*Pol*) les Verts *mpl* ; **essere al ~** (*fig*) être sans le sou ; **~ bottiglia** vert bouteille ; **~ pubblico** espaces *mpl* verts
verdetto [ver'detto] *sm* verdict *m*
verdura [ver'dura] *sf* légumes *mpl*
vergine ['verdʒine] *agg, sf* vierge *(f)* ; (*Rel, Zodiaco*): **V~** Vierge ; **essere della V~** être Vierge ; **pura lana ~** pure laine *f* vierge ; **olio ~ d'oliva** huile *f* d'olive vierge
vergogna [ver'goɲɲa] *sf* honte *f*
vergognarsi [vergoɲ'ɲarsi] *vpr*: **~ (di)** avoir honte (de)
vergognoso, -a [vergoɲ'ɲoso] *agg* (*persona, cosa*) honteux(-euse)
verifica, -che [ve'rifika] *sf* vérification *f* ; **fare una ~ di** faire un contrôle de ; **~ contabile** vérification des comptes
verificare [verifi'kare] *vt* vérifier ; (*Fin*) contrôler
verità [veri'ta] *sf inv* vérité *f* ; **in ~** en vérité ; **a dir la ~, per la ~** à vrai dire
verme ['vɛrme] *sm* ver *m* ; **sei un ~!** tu es ignoble !
vermiglio [ver'miʎʎo] *sm* vermeil *m*
vernice [ver'nitʃe] *sf* (*colorazione*) peinture *f* ; (*trasparente*) vernis *msg* ; **scarpe di ~** chaussures *fpl* vernies ; **« ~ fresca »** « peinture fraîche »
verniciare [verni'tʃare] *vt* (*colorare*) peindre ; (*con vernice trasparente*) vernir
vero, -a ['vero] *agg* vrai(e) ; (*intenso, profondo*: *affetto*) véritable ▸ *sm* (*verità*) vrai *m* ; (*natura, realtà*): **dipingere dal ~** peindre d'après nature ; **un ~ e proprio disastro** un véritable désastre ; **tant'è ~ che ...** la preuve en est que ... ; **dire il ~** dire la vérité ; **a onor del ~, a dire il ~** à vrai dire
verosimile [vero'simile] *agg* vraisemblable

V

verrò *ecc* [ver'rɔ] *vb vedi* **venire**
verruca, -che [ver'ruka] *sf* verrue *f*
versamento [versa'mento] *sm* (*in banca*) versement *m* ; (*Med*) épanchement *m*
versante [ver'sante] *sm* (*Geo*) versant *m* ; **sul ~ di ...** (*fig: per quanto riguarda*) en ce qui concerne ..., pour ce qui est de ...
versare [ver'sare] *vt* (*anche Econ*) verser ; (*rovesciare: sale, liquido*) renverser ▸ *vi*: **~ in gravi difficoltà** se trouver dans de graves difficultés ; **versarsi** *vpr* (*rovesciarsi*) se renverser ; **versarsi (in)** (*folla*) se déverser (dans) ; (*fiume*) se jeter (dans)
versatile [ver'satile] *agg* (*fig*) éclectique
versione [ver'sjone] *sf* version *f* ; (*traduzione*) traduction *f*
verso[1] ['vɛrso] *sm* (*di poesia*) vers *msg* ; (*di animale, uccello*) cri *m* ; **versi** *smpl* (*poesia*) vers *mpl* ; **rifare il ~ a qn** singer qn ; **per un ~ o per l'altro** d'une façon ou d'une autre ; **prendere qn per il ~ giusto** savoir prendre qn ; **non c'è ~ di persuaderlo** il n'y a pas moyen de le persuader
verso[2] ['vɛrso] *prep* (*in direzione di, in senso temporale*) vers ; (*nei pressi di*) du côté de ; (*nei confronti di*) envers, à l'égard de ; **~ di me** envers moi ; **~ l'alto/il basso** vers le haut/le bas ; **guarda ~ di qua/di là** regarde par ici/par là ; **~ le nove** vers neuf heures
vertebra ['vɛrtebra] *sf* vertèbre *f*
vertebrale [verte'brale] *agg* vertébral(e) ; **colonna ~** colonne *f* vertébrale
verticale [verti'kale] *agg* vertical(e) ▸ *sf* (*Mat*) verticale *f* ; (*Ginnastica*) équilibre *m*
vertice ['vɛrtitʃe] *sm* (*anche Mat*) sommet *m* ; **al ~** (*riunione, conferenza*) au sommet
vertigine [ver'tidʒine] *sf* vertige *m* ; **avere le vertigini** avoir le vertige
vescica, -che [veʃ'ʃika] *sf* (*urinaria*) vessie *f* ; (*Med*) ampoule *f*, cloque *f* ; **~ (biliare)** vésicule *f* (biliaire)
vescovo ['veskovo] *sm* évêque *m*
vespa ['vɛspa] *sf* (*Zool*) guêpe *f*
vestaglia [ves'taʎʎa] *sf* robe *f* de chambre
vestire [ves'tire] *vt* habiller ; **vestirsi** *vpr* s'habiller
vestito, -a [ves'tito] *agg* habillé(e), vêtu(e) ▸ *sm* (*da donna*) robe *f* ; (*da uomo*) costume *m*, complet *m* ; **vestiti** *smpl* (*indumenti, abiti*) vêtements *mpl*
veterinario, -a [veteri'narjo] *agg, sm/f* vétérinaire ▸ *sf* médecine *f* vétérinaire
veto ['vɛto] *sm inv* veto *m* ; **porre il ~ a qc** mettre son veto à qch
vetraio [ve'trajo] *sm* (*operaio*) verrier *m* ; (*venditore*) vitrier *m*
vetrata [ve'trata] *sf* (*chiusura*) baie *f* vitrée ; (*di chiesa*) vitrail *m*
vetrato, -a [ve'trato] *agg* vitré(e) ; **carta vetrata** papier *m* de verre
vetrina [ve'trina] *sf* vitrine *f*
vetrinista, -i, -e [vetri'nista] *sm/f* étalagiste *m/f*
vetro ['vetro] *sm* (*materiale*) verre *m* ; (*oggetto di vetro*) verrerie *f* ; (*frammento di vetro*) bout *m* de verre ; (*lastra per finestre, porte*) vitre *f*, carreau *m* ; **~ blindato** vitre blindée ; **~ di sicurezza** verre de sécurité ; **~ infrangibile** verre incassable ; **vetri di Murano** verre de Murano
vetta ['vetta] *sf* sommet *m* ; (*fig*) tête *f*, première place *f* ; **in ~ alla classifica** en tête du classement
vettura [vet'tura] *sf* (*anche Ferr*) voiture *f* ; **~ di piazza** fiacre *m*
vezzeggiativo [vettseddʒa'tivo] *sm* (*Ling*) diminutif *m*
vi [vi] (*dav lo, la, li, le, ne diventa* **ve**) *pron* vous ▸ *avv* (*qui, lì*) y ; **vi è, vi sono** il y a
via ['via] *sf* (*strada*) route *f* ; (*di città*) rue *f* ; (*sentiero, passaggio*) chemin *m* ; (*percorso, Anat*) voie *f* ; (*: fig*) chemin ▸ *avv*: **andare ~** s'en aller ; **essere ~** être absent(e) ▸ *prep* (*passando per*) via ▸ *escl*: **~!** (*per allontanare*) va-t'en ! ; allez-vous-en ! ; (*Sport*) partez ! ; (*per incoraggiare*) allez ! ; allons ! ▸ *sm* (*segnale di partenza: Sport*) départ *m* ; **per ~ aerea** par avion ; **per ~ di** à cause de ; **in ~ amichevole** à l'amiable ; **in ~ di guarigione** en voie de guérison ; **in ~ eccezionale** exceptionnellement, à titre exceptionnel ; **in ~ privata** en privé ; **in ~ provvisoria** provisoirement, à titre provisoire ; **~ ~** peu à peu ; **~ ~ che** (au fur et) à mesure que ; **e ~ dicendo, e ~ di questo passo** et ainsi de suite, etc ; **dare il ~ (a)** (*in gara*) donner le départ (à) ; (*fig*) donner le feu vert (à) ; **essere una ~ di mezzo**

tra ... être à mi-chemin entre ... ; **non ci sono vie di mezzo** on n'a pas le choix ; **~ d'uscita** (*fig*) issue *f* ; **~ di scampo** (*fig*) moyen de s'en sortir ; **V~ Lattea** voie lactée ; **vie di comunicazione** voies *fpl* de communication ; **vie respiratorie** voies respiratoires

viadotto [via'dotto] *sm* viaduc *m*

viaggiare [viad'dʒare] *vi* voyager ; (*veicolo*) rouler ; **~ in treno** voyager en train

viaggiatore, -trice [viaddʒa'tore] *agg, sm/f* voyageur(-euse)

viaggio [vi'addʒo] *sm* voyage *m* ; (*cammino, tragitto*) route *f* ; (*fam: con droghe*) voyage, trip *m* ; **buon ~!** bon voyage ! ; **~ d'affari** voyage d'affaires ; **~ di nozze** voyage de noces ; **~ di piacere/di studio** voyage d'agrément/ d'études ; **~ organizzato** voyage organisé

viale [vi'ale] *sm* avenue *f*, boulevard *m* ; **il ~ del tramonto** (*fig*) le déclin

viavai [via'vai] *sm inv* va-et-vient *m inv*

vibrare [vi'brare] *vt* (*colpo*) donner, asséner ▸ *vi*: **~ (di)** vibrer (de)

vice ['vitʃe] *sm inv/sf inv* adjoint(e)

vicenda [vi'tʃɛnda] *sf* événement *m* ; **a ~** (*a turno*) à tour de rôle ; (*reciprocamente*) réciproquement, mutuellement ; **con alterne vicende** avec des hauts et des bas

viceversa [vitʃe'vɛrsa] *avv* vice(-)versa ; (*al contrario*) inversement ▸ *cong* au contraire

vicinanza [vitʃi'nantsa] *sf* voisinage *m* ; **nelle vicinanze** dans les environs, dans les alentours

vicino, -a [vi'tʃino] *agg* voisin(e) ; (*accanto*) à côté ; (*nel tempo*) proche ▸ *sm/f*: **~ (di casa)** voisin(e) ▸ *avv* près ; **da ~** de près ; **~ a** près de, à côté de ; **essere ~ alla meta** être près du but ; **mi sono stati molto vicini** (*fig*) ils m'ont beaucoup soutenu(e) ; **i vicini (di casa)** les voisins *mpl*

vicolo ['vikolo] *sm* ruelle *f* ; **~ cieco** (*anche fig*) impasse *f*, cul-de-sac *m*

video ['video] *sm inv* écran *m* ; (*videoclip*) vidéo *f* ; (*:di musica*) clip *m* ; (*videocassetta*) cassette *f* vidéo, VHS *f*

videocamera [video'kamera] *sf* (*per uso domestico*) caméscope *m*

videocassetta [videokas'setta] *sf* vidéocassette *f*, cassette *f* vidéo, VHS *f*

videoclip [video'klip] *sm inv* vidéoclip *m*

videogioco, -chi [video'dʒɔko] *sm* jeu *m* vidéo

videoregistratore [videoredʒistra'tore] *sm* magnétoscope *m*

videotelefono [videote'lɛfono] *sm* visiophone *m*

vidi *ecc* ['vidi] *vb vedi* **vedere**

vietare [vje'tare] *vt* interdire, défendre ; **~ qc a qn** interdire *o* défendre qch à qn ; **~ a qn di fare qc** interdire *o* défendre à qn de faire qch

vietato, -a [vje'tato] *agg* interdit(e) ; **« ~ fumare »** « défense de fumer » ; **« ~ l'ingresso »** « entrée interdite » ; **« ~ ai minori di 14/18 anni »** « interdit aux moins de 14/18 ans » ; **« senso ~ »** (*Aut*) « sens interdit » ; **« sosta vietata »** (*Aut*) « stationnement interdit »

vigente [vi'dʒɛnte] *agg* (*norma ecc*) en vigueur

vigile ['vidʒile] *agg* vigilant(e) ▸ *sm*: **~ (urbano)** agent *m* (de police) ; **~ del fuoco** pompier *m*, sapeur-pompier *m*

Les **Vigili urbani** sont un corps de police municipale dépendant de la *Comune*, dont la tâche principale est de régler la circulation automobile en ville et de contrôler les services et les commerces.

vigilia [vi'dʒilja] *sf* veille *f* ; **la ~ di Natale** la veille de Noël

vigliacco, -a, -chi, -che [viʎ'ʎakko] *agg, sm/f* lâche *m/f*

vigneto [viɲ'ɲeto] *sm* vignoble *m*

vignetta [viɲ'ɲetta] *sf* illustration *f* ; **~ umoristica** dessin *m* humoristique

vigore [vi'gore] *sm* vigueur *f* ; **essere/ entrare in ~** être/entrer en vigueur

vile ['vile] *agg* (*spregevole*) vil(e) ; (*codardo*) lâche

villa ['villa] *sf* (*casa signorile*) manoir *m* ; (*casa con giardino*) villa *f*

villaggio [vil'laddʒo] *sm* village *m* ; **~ turistico** village de vacances

villano, -a [vil'lano] *agg* grossier(-ière) ▸ *sm/f* goujat *m*, malotru(e)

villeggiatura [villeddʒa'tura] *sf* vacances *fpl* ; **luogo di ~** lieu *m* de villégiature, lieu de vacances

villetta [vil'letta] *sf* pavillon *m*

vimine ['vimine] *sm* osier *m* ; **di vimini** en osier

vincere ['vintʃere] *vt* gagner ; (*fig: difficoltà, malattia*) surmonter ; (: *timore, timidezza*) vaincre ▸ *vi* gagner ; **vinca il migliore!** que le meilleur gagne !
vincitore, -trice [vintʃi'tore] *sm/f* vainqueur *m* ; (*di gara, partita*) vainqueur, gagnant(e)
vinicolo, -a [vi'nikolo] *agg* vinicole
vino ['vino] *sm* vin *m* ; **~ bianco/rosato/rosso** vin blanc/rosé/rouge ; **~ da pasto** vin de table

Avec la France, l'Italie est le principal producteur mondial de vin. Les **vini** de qualité bénéficient du label D.O.C. (*denominazione d'origine controllata*), qui figure sur l'étiquette de la bouteille.

vinsi *ecc* ['vinsi] *vb vedi* **vincere**
viola [vi'ɔla] *sf* (*Bot*) violette *f* ; (*Mus*) viole *f* ▸ *agg inv* (*colore*) violet(te) ▸ *sm inv* (*colore*) violet *m*
violare [vio'lare] *vt* (*legge*) violer, enfreindre
violentare [violen'tare] *vt* violer
violento, -a [vio'lɛnto] *agg, sm/f* violent(e)
violenza [vio'lɛntsa] *sf* violence *f* ; **non ~** (*Pol*) non-violence *f* ; **usare ~ a** violer ; **~ carnale** viol *m*
violetta, -a [vio'letta] *sf* (*Bot*) violette *f*
violetto, -a [vio'letto] *agg* violet(te) ▸ *sm* (*colore*) violet *m*
violinista, -i, -e [violi'nista] *sm/f* violoniste *m/f*
violino [vio'lino] *sm* violon *m*
violoncello [violon'tʃɛllo] *sm* violoncelle *m*
viottolo [vi'ɔttolo] *sm* sentier *m*
VIP [vip] *sigla m inv/sigla f inv* (= *Very Important Person*) VIP *m*
vipera ['vipera] *sf* (*anche fig*) vipère *f*
virare [vi'rare] *vt* virer ▸ *vi*: **~ di bordo** (*Naut*) virer de bord
virgola ['virgola] *sf* virgule *f*
virgolette [virgo'lette] *sfpl* guillemets *mpl* ; **tra ~** (*anche fig*) entre guillemets
virile [vi'rile] *agg* viril(e)
virtù [vir'tu] *sf inv* vertu *f* ; **in** *o* **per ~ di** en vertu de
virtuale [virtu'ale] *agg* virtuel(le)
virus ['virus] *sm inv* virus *msg*
viscere ['viʃʃere] *sm* (*anche fig*) viscère *m* ▸ *sfpl* (*di animale, fig: della terra*) entrailles *fpl*
vischio ['viskjo] *sm* gui *m* ; (*sostanza*) glu *f*
viscido, -a ['viʃʃido] *agg* (*anche fig*) visqueux(-euse) ; (*strada ecc*) glissant(e) ; (*fig: individuo*) abject(e), infect(e)
visibile [vi'zibile] *agg* visible
visibilità [vizibili'ta] *sf* visibilité *f*
visiera [vi'zjɛra] *sf* visière *f*
visione [vi'zjone] *sf* vision *f* ; **prendere ~ di qc** prendre connaissance de qch ; **film in prima ~** première exclusivité *f* ; **film in seconda ~** reprise *f*
visita ['vizita] *sf* visite *f* ; **avere visite** recevoir des visites ; **far ~ a qn** rendre visite à qn ; **in ~ ufficiale** en visite officielle ; **orario di visite** (*in ospedale*) heures *fpl* de visite ; **~ a domicilio** visite à domicile ; **~ di controllo** (*Med*) visite de contrôle ; **~ fiscale** visite de la médecine du travail ; **~ guidata** visite guidée ; **~ medica** visite médicale
visitare [vizi'tare] *vt* (*persona*) rendre visite à ; (*luogo*) visiter ; (*Med*) examiner
visitatore, -trice [vizita'tore] *sm/f* visiteur(-euse)
visivo, -a [vi'zivo] *agg* (*organi, memoria*) visuel(le)
viso ['vizo] *sm* visage *m*, figure *f* ; **fare buon ~ a cattivo gioco** faire contre mauvaise fortune bon cœur ; **vai a lavarti il ~** va te laver la figure
visone [vi'zone] *sm* vison *m*
vispo, -a ['vispo] *agg* vif (vive), alerte
vissi *ecc* ['vissi] *vb vedi* **vivere**
vista ['vista] *sf* vue *f* ; **a ~** (*anche Comm*) à vue ; **a prima ~** à première vue ; (*fig: sulle prime*) de prime abord ; **a ~ d'occhio** à vue d'œil ; **di ~** de vue ; **perdere di ~** perdre de vue ; **in ~** en vue ; **avere qc in ~** avoir qch en vue ; **mettersi in ~** se faire remarquer ; **in ~ di** en vue de ; **far ~ di fare qc** faire semblant de faire qch
visto, -a ['visto] *pp di* **vedere** ▸ *sm* visa *m* ; **~ che ...** vu que ... ; **~ d'ingresso/di soggiorno** visa d'entrée/de séjour ; **~ di transito/permanente** visa de transit/permanent
vistoso, -a [vis'toso] *agg* (*appariscente*) voyant(e) ; (*ingente*) considérable
visuale [vizu'ale] *agg* visuel(le) ▸ *sf* (*vista, panorama*) vue *f*
vita ['vita] *sf* vie *f* ; (*Anat*) taille *f* ; **essere in ~** être en vie ; **pieno di ~** plein de vie ; **a ~** (*senatore ecc*) à vie ; **fare la ~** (*prostituirsi*) se prostituer ; **~ di campagna/di famiglia** vie à la

campagne/de famille ; **~ notturna** vie nocturne ; **~ privata** vie privée
vitale [vi'tale] *agg* vital(e)
vitamina [vita'mina] *sf* vitamine *f* ; **~ C** vitamine C
vite ['vite] *sf* (*Bot*) vigne *f* ; (*Meccanica*) vis *fsg* ; (*Aer*) vrille *f* ; **a ~** à vis ; **giro di ~** (*fig*) tour *m* de vis
vitello [vi'tɛllo] *sm* veau *m*
vittima ['vittima] *sf* victime *f* ; **fare la ~** jouer les martyrs
vitto ['vitto] *sm* nourriture *f* ; **~ e alloggio** le gîte et le couvert ; **con ~ e alloggio** logé(e) et nourri(e)
vittoria [vit'tɔrja] *sf* victoire *f*
viva ['viva] *escl* vive ! ; **~ la libertà!** vive la liberté !
vivace [vi'vatʃe] *agg* vif (vive)
vivaio [vi'vajo] *sm* (*Pesca*) vivier *m* ; (*Agr*) pépinière *f*
vivavoce [viva'votʃe] *sm inv*, (*dispositivo*) haut-parleur *m*, kit *m* mains-libres ; **mettere il ~** mettre le haut-parleur
vivente [vi'vɛnte] *agg*, *sm/f* vivant(e)
vivere ['vivere] *vi*, *vt* vivre ▸ *sm* vie *f* ; **viveri** *smpl* (*vettovaglie*) vivres *mpl* ; **~ di** (*di elemosina*, *pesca*) vivre de ; **il quieto ~** la vie tranquille
vivido, -a ['vivido] *agg* vif (vive)
vivisezione [viviset'tsjone] *sf* vivisection *f*
vivo, -a ['vivo] *agg* vif (vive) ; (*fig*: *vivente*) vivant(e) ▸ *sm*: **pungere qn nel ~** (*fig*) piquer qn au vif ; **i vivi** les vivants *mpl* ; **essere ~ e vegeto** avoir bon pied bon œil ; **farsi ~** (*fig*) se manifester, donner de ses nouvelles ; **con ~ rammarico** avec un vif regret ; **congratulazioni vivissime** toutes mes (*o* nos) félicitations ; **con i più vivi ringraziamenti** tous mes (*o* nos) remerciements ; **ritrarre dal ~** faire un portrait d'après nature ; **entrare nel ~ di una questione** entrer dans le vif du sujet
vivrò *ecc* [viv'rɔ] *vb vedi* **vivere**
viziare [vit'tsjare] *vt* (*bambino*) gâter ; (*corrompere*) corrompre ; (*Dir*) vicier
viziato, -a [vit'tsjato] *agg* (*bambino*) gâté(e) ; (*corrotto*) corrompu(e) ; (*Dir*) vicié(e) ; **aria viziata** air *m* vicié
vizio ['vittsjo] *sm* (*anche Dir*) vice *m* ; **~ di forma** vice de forme ; **~ procedurale** vice de procédure
V.le *abbr* (= *viale*) av.
vocabolario [vokabo'larjo] *sm* (*dizionario*) dictionnaire *m* ; (*lessico*) vocabulaire *m*
vocabolo [vo'kabolo] *sm* vocable *m*, mot *m*
vocale [vo'kale] *agg* vocal(e) ▸ *sf* (*Ling*) voyelle *f*
vocazione [vokat'tsjone] *sf* vocation *f*
voce ['votʃe] *sf* (*anche Ling*) voix *fsg* ; (*di animale*) cri *m* ; (*diceria*) rumeur *f*, bruit *m* ; (*di dizionario*) entrée *f* ; (*vocabolo*) mot *m* ; (*di elenco*) rubrique *f* ; **parlare ad alta/a bassa ~** parler à haute voix/à voix basse ; **fare la ~ grossa** faire la grosse voix ; **dar ~ a qc** exprimer qch ; **a gran ~** à pleine voix ; **te lo dico a ~** je te le dis de vive voix ; **a una ~** à une voix ; (*tutti insieme*) d'une seule voix ; **aver ~ in capitolo** avoir voix au chapitre ; **~ bianca** voix blanche ; **~ di bilancio** poste *m* budgétaire ; **voci di corridoio** bruits de couloir
voga ['voga] *sf* (*Naut*) nage *f* ; **essere in ~** (*fig*) être en vogue
vogare [vo'gare] *vi* nager, ramer
vogherò *ecc* [voge'rɔ] *vb vedi* **vogare**
voglia ['vɔʎʎa] *sf* envie *f* ; **aver ~ di qc/di fare qc** avoir envie de qch/de faire qch ; **di buona ~** de bon cœur ; **fare qc contro ~** faire qch à contre-cœur
voglio *ecc* ['vɔʎʎo] *vb vedi* **volere**
voi ['voi] *pron* vous ; **~ stessi** vous-mêmes
volante [vo'lante] *agg* volant(e) ▸ *sm* volant *m* ▸ *sf* (*anche*: **squadra volante**) police *f* secours ; **otto ~** montagnes *fpl* russes
volantino [volan'tino] *sm* tract *m* ; (*pubblicitario*) prospectus *msg*
volare [vo'lare] *vi* voler ; (*viaggiare in aereo*) aller en avion ; (*schiaffi*) pleuvoir ; **~ via** s'envoler ; **il tempo vola** le temps passe vite
volatile [vo'latile] *agg* (*Chim*) volatil(e) ▸ *sm* (*Zool*) oiseau *m*
volenteroso, -a [volente'roso] *agg* plein(e) de bonne volonté
volentieri [volen'tjɛri] *avv* volontiers

PAROLA CHIAVE

volere [vo'lere] *vt* **1** (*esigere*, *desiderare*) vouloir ; **voler fare** vouloir faire ; **ti vogliono al telefono** on te demande au téléphone ; **volere che qn faccia** vouloir que qn fasse ; **volete del caffè?** vous voulez du café ? ; **vorrei questo** je

V

voudrais ça ; **vorrei andarmene** je voudrais partir ; **che lei lo voglia o no** que vous le vouliez ou non ; **volevo parlartene** je voulais t'en parler ; **come vuoi** comme tu veux ; **senza volere** *o* **volerlo** (*inavvertitamente*) sans le vouloir
2 (*consentire*): **vogliate attendere, per piacere** veuillez attendre, s'il vous plaît ; **vogliamo andare?** on y va ? ; **vuole** *o* **vorrebbe essere così gentile da ...?** auriez-vous l'amabilité de ... ? ; **non ha voluto ricevermi** elle n'a pas voulu me recevoir
3: **volerci** (*essere necessario*) falloir ; **quanta farina ci vuole per questa torta?** combien de farine faut-il pour ce gâteau ? ; **ci vogliono due ore per arrivare a Venezia** il faut deux heures pour aller à Venise ; **è quel che ci vuole** c'est ce qu'il faut
4: **voler bene a qn** (*amore*) aimer qn ; (*affetto*) bien aimer qn ; **voler male a qn** détester qn ; **non gliene voglio** (*non ce l'ho con lui*) je ne lui en veux pas ; **voler dire** (*significare*) vouloir dire ; **voglio dire ...** (*per correggersi*) je veux dire ... ; **volevo ben dire!** c'est bien ce que je voulais dire ! ; **la leggenda vuole che ...** la légende veut que ... ; **te la sei voluta** tu l'as voulue
▸ *sm* volonté *f* ; **contro il volere di** contre la volonté de ; **per volere di qn** selon la volonté de qn

volgare [vol'gare] *agg* vulgaire ; (*rozzo*) vulgaire, grossier(-ière)
voliera [vo'ljɛra] *sf* volière *f*
volitivo, -a [voli'tivo] *agg* volontaire
volli *ecc* ['vɔlli] *vb vedi* **volere**
volo ['volo] *sm* vol *m* ; **prendere al ~** (*autobus ecc*) prendre au vol ; (*palla, occasione*) saisir au vol ; **capire al ~** comprendre tout de suite ; **veduta a ~ d'uccello** vue *f* aérienne ; **~ charter** vol charter ; **~ di linea** vol régulier ; **~ spaziale** vol spatial
volontà [volon'ta] *sf inv* volonté *f* ; **buona/cattiva ~** bonne/mauvaise volonté ; **a ~** à volonté ; **le sue ultime ~** (*testamento*) ses dernières volontés
volontario, -a [volon'tarjo] *agg* volontaire ▸ *sm/f* volontaire *m/f*, bénévole *m/f*
volpe ['volpe] *sf* renard *m*
volta ['vɔlta] *sf* (*momento, circostanza*) fois *fsg* ; (*turno, giro*) tour *m* ; (*curva*) tournant *m* ; (*Archit*) voûte *f* ; **a mia/tua ~** à mon/ton tour ; **due volte** deux fois ; **una ~** une fois ; (*nel passato*) autrefois, jadis ; **una ~ sola** une seule fois ; **per una ~** pour une fois ; **c'era una ~** il était une fois ; **una cosa per ~** une chose à la fois ; **molte volte** souvent ; **a volte** parfois ; **una ~ o l'altra** une fois ou l'autre ; **una ~ tanto** pour une fois ; **una ~ per tutte** une fois pour toutes ; **una ~ che ...** une fois que ... ; **alla ~ di** (*direzione*) en direction de, à destination de, pour ; **lo facciamo un'altra ~** nous le ferons une autre fois ; **di ~ in ~** d'une fois à l'autre ; **3 volte 4 fa 12** 3 fois 4 douze ; **ti ha dato di ~ il cervello?** tu as perdu la tête ?
voltafaccia [volta'fattʃa] *sm inv* volte-face *f* ; **fare un ~** faire volte-face
voltaggio [vol'taddʒo] *sm* voltage *m*
voltare [vol'tare] *vt* (*occhi, spalle*) tourner ; (*girare, rigirare*) retourner ▸ *vi* tourner ; **voltarsi** *vpr* se tourner, se retourner ; **~ l'angolo** tourner le coin de la rue
voltastomaco [voltas'tɔmako] *sm* nausée *f* ; **avere il ~** avoir la nausée ; **dare il ~ a** donner la nausée à ; (*fig*) dégoûter, écœurer
volto ['vɔlto] *sm* visage *m*
volubile [vo'lubile] *agg* changeant(e)
volume [vo'lume] *sm* volume *m*
vomitare [vomi'tare] *vt* vomir, rendre ▸ *vi* vomir
vomito ['vɔmito] *sm* vomissement *m* ; (*materia*) vomissure *f*
vongola ['vongola] *sf* coque *f*, palourde *f*
vorace [vo'ratʃe] *agg* vorace
voragine [vo'radʒine] *sf* gouffre *m*
vorrò *ecc* [vor'rɔ] *vb vedi* **volere**
vortice ['vɔrtitʃe] *sm* (*anche fig*) tourbillon *m*
vostro, -a ['vɔstro] *agg*: **(il) ~, (la) vostra** votre ; (*forma di cortesia*: *anche*: **Vostro**) votre ▸ *pron*: **il ~, la vostra** le (la) vôtre ; **i vostri** (*genitori*) vos parents ; **una vostra amica** une de vos amies ; **i vostri libri** vos livres ; **~ padre** votre père ; **l'ultima vostra** (*Comm*: *lettera*) votre dernière lettre ; **è dalla vostra** (*parte*) il est de votre côté ; **dite la vostra!** donnez votre opinion ! ; **alla vostra!** (*brindisi*) à votre santé !, à la

vôtre ! ; **voi due avete avuto le vostre** (*fig*) vous deux, vous avez eu votre lot de malheurs

votante [vo'tante] *sm/f* votant(e)

votare [vo'tare] *vt* voter ; (*Rel*) vouer ▸ *vi* voter ; **votarsi** *vpr*: **votarsi a** se vouer à

voto ['voto] *sm* (*Rel*) vœu *m* ; (*Pol*) vote *m* ; (*Scol*) note *f* ; **prendere i voti** (*Rel*) entrer en religion ; **avere bei/brutti voti** (*Scol*) avoir de bonnes/mauvaises notes ; **a pieni voti** (*Scol*) avec mention ; **~ di fiducia** vote de confiance

vs. *abbr* (= *vostro*) v/

vulcano [vul'kano] *sm* volcan *m*

vulnerabile [vulne'rabile] *agg* vulnérable

vuoi, vuole ['vwɔi, 'vwɔle] *vb vedi* **volere**

vuotare [vwo'tare] *vt* vider ; **vuotarsi** *vpr* se vider

vuoto, -a ['vwɔto] *agg* (*anche fig*) vide ; (*minacce*) vain(e) ▸ *sm* (*anche fig*) vide *m* ; **a mani vuote** (*anche fig*) les mains vides ; **a ~** (*assegno*) sans provision ; **il nostro tentativo è andato a ~** notre tentative a échoué ; **~ a perdere** verre *m* non consigné, verre perdu ; **~ a rendere** verre consigné ; **~ d'aria** trou *m* d'air

wafer ['vafer] *sm inv* (*Cuc*) gaufrette *f*

water ['vater] *sm inv* waters *mpl*, W-C *mpl*

watt [vat] *sm inv* (*Elettr*) watt *m*

WC [vi'tʃi] *sm inv* W-C *mpl*

Web [web] *sm inv* toile *f*, Web *m*

webcam [web'kam] *sf inv* (*Inform*) webcam *f*

weekend ['wi:kend] *sm inv* week-end *m*

western ['wɛstern] *agg, sm inv* (*Cine*) western *m* ; **~ all'italiana** western-spaghetti *m*

whisky ['wiski] *sm inv* whisky *m*

Wi-Fi [uai'fai] *sm, agg inv* (*Inform*) wifi *m inv*

windsurf ['windsə:f] *sm inv* planche *f* à voile

würstel ['vyrstəl] *sm inv* saucisse *f* de Francfort

xenofobo, -a [kse'nɔfobo] *agg, sm/f* xénophobe *m/f*
xilofono [ksi'lɔfono] *sm* xylophone *m*

yacht [jɔt] *sm inv* yacht *m*
yoga ['jɔga] *agg inv* de yoga ▶ *sm* yoga *m*
yogurt ['jɔgurt] *sm inv* yog(h)ourt *m*, yaourt *m*

Z

zabaione ['dzaba'jone] *sm* sabayon *m*
zaffata [tsaf'fata] *sf* (*tanfo*) mauvaise odeur *f*
zafferano [dzaffe'rano] *sm* safran *m*
zaffiro [dzaf'firo] *sm* saphir *m*
zaino ['dzaino] *sm* sac *m* à dos
zampa ['tsampa] *sf* patte *f*; **a quattro zampe** (*carponi*) à quatre pattes ; **giù le zampe!** (*fig*) bas les pattes ! ; **zampe di gallina** (*calligrafia*) pattes de mouche ; (*rughe*) pattes(-)d'oie
zampillare [tsampil'lare] *vi* jaillir
zanzara [dzan'dzara] *sf* moustique *m*
zanzariera [dzandza'rjɛra] *sf* moustiquaire *f*
zappa ['tsappa] *sf* pioche *f*
zapping ['dzappin(g)] *sm* (*TV*) zapping *m*
zar [dzar] *sm inv* tsar *m*, tzar *m*
zarina [dza'rina] *sf* tsarine *f*, tzarine *f*
zattera ['dzattera] *sf* radeau *m*
zebra ['dzɛbra] *sf* zèbre *m* ; **zebre** *sfpl* (*Aut*) passage *msg* clouté
zecca, -che ['tsekka] *sf* (*Zool*) tique *f*; (*officina di monete*) (hôtel *m* de la) Monnaie *f*; **nuovo di ~** (*fig*) flambant neuf (neuve)
zelo ['dzelo] *sm* zèle *m*
zenzero ['dzendzero] *sm* gingembre *m*
zeppa ['tseppa] *sf* cale *f*
zeppo, -a ['tseppo] *agg*: **~ di** bourré(e) de ; **pieno ~** plein(e) à craquer
zerbino [dzer'bino] *sm* paillasson *m*
zero ['dzɛro] *sm* zéro *m* ; **vincere per tre a ~** gagner par trois à zéro ; **sta per scoccare l'ora ~** l'heure H approche
zia ['tsia] *sf* tante *f*
zibellino [dzibel'lino] *sm* zibeline *f*
zigomo ['dzigomo] *sm* pommette *f*
zigzag [dzig'dzag] *sm inv* zigzag *m* ; **andare a ~** faire des zigzags, zigzaguer
zinco ['dzinko] *sm* zinc *m*
zingaro, -a ['dzingaro] *sm/f* tzigane *m/f*, tsigane *m/f*; (*peg*) bohémien(ne)
zio ['tsio] (*pl* **zii**) *sm* oncle *m* ; **gli zii** (*zio e zia*) l'oncle et la tante
zippare [dzip'pare] *vt* (*Inform*) compresser
zitella [dzi'tɛlla] *sf* vieille fille *f*
zitto, -a ['tsitto] *agg* silencieux(-euse) ; **sta' ~!** tais-toi !, chut !
zoccolo ['tsɔkkolo] *sm* (*Zool, calzatura*) sabot *m* ; (*basamento: di marmo, pietra*) socle *m* ; (*di parete*) plinthe *f*; (*di armadio*) base *f*
zodiacale [dzodia'kale] *agg* zodiacal(e) ; **segno ~** signe *m* zodiacal *o* du Zodiaque
zodiaco, -ci [dzo'diako] *sm* Zodiaque *m*
zolfo ['dzolfo] *sm* soufre *m*
zolla ['dzolla] *sf* motte *f* de terre
zolletta [dzol'letta] *sf* morceau *m* de sucre
zona ['dzɔna] *sf* zone *f*; **~ di depressione** (*Meteor*) zone de dépression ; **~ disco** (*Aut*) zone bleue ; **~ industriale** zone industrielle ; **~ pedonale** zone piétonnière ; **~ verde** espace *m* vert
zonzo ['dzondzo]: **a ~** *avv*: **andare a ~** se balader
zoo ['dzɔo] *sm inv* zoo *m*
zoologia [dzoolo'dʒia] *sf* zoologie *f*
zoppicare [tsoppi'kare] *vi* boiter ; (*fig: in matematica ecc*) être faible
zoppo, -a ['tsɔppo] *agg* boiteux(-euse)
ZTL [dzetati'ɛlle] *sigla f* (= *Zona a Traffico Limitato*) zone *f* à circulation limitée
zucca, -che ['tsukka] *sf* (*Bot*) courge *f*; (*: giallo arancione*) citrouille *f*; (*peg, scherz*) caboche *f*
zuccherare [tsukke'rare] *vt* sucrer
zuccherato, -a [tsukke'rato] *agg* sucré(e)
zuccheriera [tsukke'rjɛra] *sf* sucrier *m*
zucchero ['tsukkero] *sm* sucre *m* ; (*fig*) bonne pâte *f*; **~ a velo** sucre glace ; **~ caramellato** sucre caramélisé ; **~ di canna** sucre de canne ; **~ filato** barbe *f* à papa
zucchina [tsuk'kina] *sf* courgette *f*
zuffa ['dzuffa] *sf* bagarre *f*; (*mischia*) mêlée *f*

zuppa ['tsuppa] *sf* soupe *f*; **~ inglese** (Cuc) *gâteau à base de génoise imbibée d'alcool, de crème pâtissière et de chocolat*
zuppo, -a ['tsuppo] *agg* trempé(e)

Grammaire italienne

Table des matières

1 L'article 3

2 Le nom 6

3 Les adjectifs 10

4 Le verbe 16

5 Les pronoms 26

6 Les adverbes 32

7 Les prépositions 32

1 L'article

1.1 L'article défini

L'**article défini** est celui qui se met devant un nom dont le sens est complètement déterminé.

	avec un nom masculin	avec un nom féminin
singulier	**il, lo (l')**	**la (l')**
pluriel	**i, gli**	**le**

On emploie **il** et **i** devant un nom masculin commençant par une consonne :

il bambino – i bambini *l'enfant – les enfants*

On emploie **lo** et **gli** devant un nom masculin commençant par **s** suivi d'une consonne (= **s impura**), par **x**, **z** ou dans les groupes **ps**, **gn**. L'article **gli** s'emploie également devant les noms masculins pluriels commençant par une voyelle :

lo sbaglio – gli sbagli *la faute – les fautes*
lo zio – gli zii *l'oncle – les oncles*
lo spettacolo – gli spettacoli *le spectacle – les spectacles*
lo psicologo – gli psicologi *le psychologue – les psychologues*
gli amici *les amis*

On emploie **la** et **le** devant un nom féminin commençant par une consonne :

la donna – le donne *la femme – les femmes*

L'article défini **lo**, **la** est élidé devant un mot commençant par une voyelle :

l'operaio *l'ouvrier* **l'amica** *l'amie*

L'**emploi de l'article défini** italien est comparable à celui de l'article défini français. Il existe cependant quelques **différences essentielles**. En italien, on met l'article défini :

- devant l'**adjectif possessif** sauf dans des cas particuliers (voir 3.2.1) :

  il mio cane *mon chien* **la mia tazza** *ma tasse*

- devant **les années**, **les heures** et **les pourcentages** :

  i giovani del '68 *les jeunes de 1968*
  siamo arrivati alle nove *nous sommes arrivés à neuf heures*
  il 70% degli studenti *70% des étudiants*

1.2 L'article indéfini

Comme en français, l'**article indéfini** indique que le nom n'est pas précisé.

La forme de l'article indéfini est déterminée par le genre du nom.

	avec un nom masculin	avec un nom féminin
singulier	**un/uno**	**una/un'**
pluriel	–	–

L'**emploi de l'article indéfini** italien est comparable à celui de l'article indéfini français. Il faut cependant noter qu'en italien, l'article indéfini n'existe pas au pluriel. On peut toutefois le traduire par les formes plurielles de l'article partitif ou par l'adjectif indéfini **alcuni**. On dira :

ho ancora dubbi *ou* — *j'ai encore* ***des*** *doutes*
ho ancora **dei** dubbi *ou*
ho ancora **alcuni** dubbi

On emploie **un** devant un nom masculin singulier commençant par une consonne ou par une voyelle :

un cane *un chien* — **un amico** *un ami*

On emploie **uno** devant un nom commençant par **s impura** (c'est-à-dire suivi d'une consonne), par **x**, **z** ou dans les groupes **ps**, **gn** :

uno sbaglio *une faute* — **uno zaino** *un sac à dos*
uno psichiatra *un psychiatre*

On emploie **una** devant un nom féminin singulier commençant par une consonne :

una donna *une femme*

L'article indéfini **una** est élidé et devient **un'** devant un nom féminin commençant par une voyelle :

un'amica *une amie*

1.3 L'article partitif

L'**article partitif** italien résulte de la combinaison de la préposition **di** avec l'article défini **il**, **lo**, **la**, **i**, **gli**, **le**.

	avec un nom masculin	avec un nom féminin
singulier	**del, dello**	**della**
pluriel	**dei, degli**	**delle**

En italien, on utilise l'article partitif pluriel (ou l'adjectif indéfini **alcuni** *quelques*) pour traduire l'article indéfini ***des***, qui n'a pas d'équivalent direct :

*j'ai **des** devoirs* — ho compiti *ou* ho **dei** compiti *ou* ho **alcuni** compiti

Les articles **dello**, **della** sont élidés devant un mot commençant par une voyelle :

dammi dell'olio — *donne-moi de l'huile*
dammi dell'acqua — *donne-moi de l'eau*

Contrairement au français, l'article partitif n'est pas obligatoire dans les phrases affirmatives et interrogatives. On l'omet également dans les phrases négatives quand, en français, on utilise la préposition *de*.

ci vuole fantasia — *il faut de l'imagination*
metti limone nell'insalata? — *tu mets du citron dans la salade ?*
non ho compiti — *je n'ai pas de devoirs*

2 Le nom

2.1 Genre des noms et formation du féminin

Catégorie des inanimés

De nombreux mots italiens ont le même genre que leurs équivalents français mais beaucoup d'autres ont un genre différent dans les deux langues. En voici quelques-uns :

Noms féminins en français et masculins en italien

aide	**aiuto**	*huile*	**olio**
année	**anno**	*mer*	**mare**
armoire	**armadio**	*méthode*	**metodo**
arrivée	**arrivo**	*minute*	**minuto**
assiette	**piatto**	*nage, natation*	**nuoto**
cheminée	**camino**	*oreille*	**orecchio**
cuillère	**cucchiaio**	*paire*	**paio**
dent	**dente**	*rencontre*	**incontro**
étude	**studio**	*seconde*	**secondo**
fumée	**fumo**	*serviette*	**tovagliolo**
glace	**gelato**	*suite*	**seguito**
horloge, montre	**orologio**	*vitre*	**vetro**

Alors que les mots italiens terminés par **-ore** sont masculins, les noms français correspondants, terminés par *-eur*, sont en général du féminin.

un fiore *(une fleur)* **un errore** *(une erreur)* **il calore** *(la chaleur)*

Noms masculins en français et féminins en italien

âge	**età**	*escalier*	**scala**
air	**aria**	*été*	**estate**
bonheur	**felicità**	*fauteuil*	**poltrona**
calme	**calma**	*matin*	**mattina**
chiffre	**cifra**	*ongle*	**unghia**
chocolat	**cioccolata**	*orchestre*	**orchestra**
choix	**scelta**	*papier*	**carta**
collier	**collana**	*petit déjeuner*	**colazione**
couple	**coppia**	*printemps*	**primavera**
crayon	**matita**	*sable*	**sabbia**
départ	**partenza**	*soir*	**sera**
dimanche	**domenica**	*tarif*	**tariffa**

En italien, les **lettres de l'alphabet** sont du féminin :

una c *un c*

On remarque les mêmes différences pour certains **noms propres géographiques** (pays, régions ou fleuves) :

noms masculins en italien	équivalents en français	noms féminins en italien	équivalents en français
il Belgio	*la Belgique*	**la Danimarca**	*le Danemark*
il Principato di Monaco	*la Principauté de Monaco*	**la Cambogia**	*le Cambodge*
i Pirenei	*les Pyrénées*	**la Liberia**	*le Libéria*

En italien, les noms terminés par **-o** sont en général masculins :

il libro *(le livre)* **il prezzo** *(le prix)* **il muro** *(le mur)*

➢ Il existe quelques **exceptions** :

la mano *(la main)* **la radio** *(la radio)*

Les noms terminés par **-a**, **-i**, **-tà** sont en général féminins :

la casa *(la maison)* **la crisi** *(la crise)* **la verità** *(la vérité)*

➢ Il existe toutefois quelques **exceptions** :

il diploma *(le diplôme)* **il dramma** *(le drame)*
il problema *(le problème)* **il poema** *(le poème)*

Les noms terminés par **-e** peuvent être masculins ou féminins :

- noms masculins :
  il ponte *(le pont)* **il fiume** *(le fleuve)* **il dente** *(la dent)*
- noms féminins :
  la fame *(la faim)* **la notte** *(la nuit)* **la chiave** *(la clé)*

Catégorie des animés

En italien, le féminin des noms d'**êtres animés** se marque en général par addition ou modification d'un suffixe.

Règle générale

- Les noms terminés par **-a** font leur féminin en **-essa** :

poeta *(poète)* **poetessa** **duca** *(duc)* **duchessa**

- Les noms terminés par **-o** font leur féminin en **-a** :

amico *(ami)* **amica** **figlio** *(fils)* **figlia**
zio *(oncle)* **zia** **gatto** *(chat)* **gatta**

- Les noms terminés par **-e** font leur féminin en **-a** ou en **-essa** :
  - féminin en **-a** :
    signor**e** *(monsieur)* signor**a** – padron**e** *(patron)* padron**a**
  - féminin en **-essa** :
    princip**e** *(prince)* princip**essa** – leon**e** *(lion)* leon**essa**
- Les noms terminés par **-tore** font leur féminin en **-trice** :
  at**tore** *(acteur)* at**trice** – scrit**tore** *(écrivain)* scrit**trice**

➢ mais dottore (*docteur*) devient au féminin dottor**essa**.

Cas particuliers
Certains mots ne possèdent qu'une **seule forme** pour les deux genres :

il/la cantante
(le chanteur, la chanteuse)

il/la giornalista
(le/la journaliste)

2.2 Nombre des noms et formation du pluriel

Le **pluriel des noms** se fait en italien par modification du suffixe.

Règle générale
Les noms féminins terminés par **-a** font leur pluriel en **-e**, les noms masculins terminés par **-a** et les noms masculins et féminins terminés par **-o**, **-e** font leur pluriel en **-i**.

	singulier	pluriel	exemples	
féminin	-a	-e	la cas**a**	le cas**e**
masculin	-a	-i	il sistem**a**	i sistem**i**
masculin et féminin	-o -e	-i	il bambin**o** la man**o** il can**e** la lezion**e**	i bambin**i** le man**i** i can**i** le lezion**i**

Cas particuliers
Les noms féminins **ala** et **arma** forment leur pluriel en **-i** :

ala al**i**　　　　arma arm**i**

Les noms terminés par **-ca** et **-ga** forment leur pluriel respectivement en **-chi** et **ghi** au masculin et **-che** et **-ghe** au féminin :

il monarca *(le monarque)* i monar**chi**
la strega *(la sorcière)* le stre**ghe**

➢ Attention : belga (*Belge*) devient bel**gi** au masculin pluriel.

Les noms terminés par **-cia** et **-gia** perdent le **i** au pluriel si les consonnes **c** et **g** sont précédées d'une consonne :

la provincia (*la province*) le provinc**e**
la spiaggia (*la plage*) le spiagg**e**

➢ On écrira cependant : la camicia (*la chemise*) le camici**e**
la valigia (*la valise*) le valig**ie**

Les noms terminés par **-co** et **-go** forment leur pluriel en **-chi** et **-ghi** si l'accent tonique tombe sur l'avant-dernière syllabe. Ils formeront leur pluriel en **-ci** et **-gi** si l'accent tonique tombe sur l'antépénultième :

cuo**co** (*cuisinier*) cuo**chi** – medi**co** (*médecin*) medi**ci** –
alber**go** (*hôtel*) alber**ghi**

➢ Il y a cependant des exceptions, par exemple :

amico – ami**ci** catalogo – catalo**ghi**

Certains noms terminés par **-io** perdent le **i** au pluriel :

viagg**io** (*voyage*) viagg**i** figl**io** (*fils*) figl**i**
ragg**io** (*rayon*) ragg**i** bac**io** (*baiser*) bac**i**

➢ On écrira cependant : z**io** (*oncle*) z**ii**

Certains noms masculins terminés par **-o** forment leur pluriel en **-a** et sont féminins au pluriel :

il centinaio (*la centaine*) le centinai**a**
l'uovo (*l'œuf*) le uov**a**
il paio (*la paire*) le pai**a**

Font exception certains noms désignant des parties du corps, qui au pluriel changent de genre et prennent **a** :

il labbro (*la lèvre*) le labbr**a** – il braccio (*le bras*) le bracci**a**
il ginocchio (*le genou*) le ginocchi**a** – il dito (*le doigt*) le dit**a**

Certains noms ne subissent aucune transformation en passant au pluriel :

il re (*le roi*) i re – la città (*la ville*) le città

3 Les adjectifs

3.1 Les adjectifs qualificatifs

3.1.1 Genre et nombre des adjectifs qualificatifs

Les adjectifs qualificatifs suivent les règles de genre et de nombre des noms.

Règle générale

	singulier	pluriel	exemples	
masculin	**-o**	**i**	italian**o**	italian**i**
masculin	**-e**	**i**	facil**e**	facil**i**
féminin	**-a**	**e**	italian**a**	italian**e**
féminin	**-e**	**i**	facil**e**	facil**i**

Les adjectifs qui se terminent par **-e** peuvent être masculins ou féminins.

Cas particuliers

Les adjectifs terminés par **-co** forment leur pluriel en :

- **chi** si l'accent tonique tombe sur l'avant-dernière syllabe
  bianco bian**chi** – antico anti**chi**
- **ci** si l'accent tonique tombe sur l'antépénultième syllabe
  magnifico magnifi**ci** – unico uni**ci**

Les adjectifs terminés par **-go** forment leur pluriel en **-ghi** :

lar**go** lar**ghi** – lun**go** lun**ghi**

Les adjectifs terminés par **-ca** et **-ga** forment leur pluriel en **-che** et **-ghe** :

uni**ca** uni**che** – lar**ga** lar**ghe**

Au masculin, l'adjectif qualificatif **bello** suit les règles de l'article défini.

	singulier	pluriel	exemples
masculin devant une consonne	bel	bei	un bel bambino bei bambini
masculin devant une voyelle	bell'	begli	un bell'uomo begli uomini

masculin devant s impura	bello	begli	un bello scherzo begli scherzi
féminin devant une consonne	bella	belle	una bella ragazza belle ragazze
féminin devant une voyelle	bell'	belle	una bell'amica belle amiche

Si l'adjectif **bello** suit le nom, on utilise au masculin singulier **bello**, au masculin pluriel **belli**, au féminin singulier **bella** et au féminin pluriel **belle**.

un bell'uomo → un uomo bello

L'adjectif **buono** suit les règles de l'article indéfini.

	singulier	exemples	pluriel
masculin devant une consonne ou une voyelle	buon	un buon bambino un buon artista	buoni
masculin devant s impura	buono	un buono studente	buoni
féminin devant une voyelle	buon'	una buon'amica	buone
féminin devant une consonne	buona	una buona ragazza	buone

3.1.2 Degrés de comparaison des adjectifs qualificatifs

Le comparatif de supériorité se forme au moyen de **più** placé devant l'adjectif. Le deuxième terme de la comparaison est introduit par :

- **di** devant un nom ou un pronom personnel :

Sara è più giovane **di** Paolo — *Sara est plus jeune que Paolo*
Sara è più giovane **di** me — *Sara est plus jeune que moi*
Sara è più giovane **di** sua cugina — *Sara est plus jeune que sa cousine*

➢ **Attention** : la particule **di** devient **del**, **dell'**, **dello** devant un nom masculin singulier, **dei**, **degli** devant un nom masculin pluriel, **della**, **dell'** devant un nom féminin singulier et **delle** devant un nom féminin pluriel :

la Francia è più grande **dell'**Italia
la France est plus grande que l'Italie

- **che** quand on compare deux adjectifs :

  Teresa è più simpatica **che** intelligente
  Teresa est plus sympathique qu'intelligente

Le comparatif d'égalité se forme au moyen de **quanto** ou **come** placé devant le deuxième terme de la comparaison. L'emploi de **tanto** (avec **quanto**) et de **così** (avec **come**) devant l'adjectif est facultatif :

sono (tanto) stanco **quanto** te *je suis aussi fatigué que toi*

Le comparatif d'infériorité se forme au moyen de **meno** placé devant l'adjectif. Comme dans le comparatif de supériorité, le deuxième terme de la comparaison est introduit par :

- **di** devant un nom ou un pronom personnel :

  Sara è meno giovane **di** Paolo *Sara est moins jeune que Paolo*
  Sara è meno giovane **di** me *Sara est moins jeune que moi*
  Sara è meno giovane **di** sua cugina *Sara est moins jeune que sa cousine*

➢ **Attention** : la particule **di** devient **del**, **dell', dello** devant un nom masculin singulier, **dei**, **degli** devant un nom masculin pluriel, **della**, **dell'** devant un nom féminin singulier et **delle** devant un nom féminin pluriel :

l'Italia è meno grande **della** Francia
l'Italie est moins grande que la France

- **che** quand on compare deux adjectifs :

  Teresa è meno simpatica **che** intelligente
  Teresa est moins sympathique qu'intelligente

Le superlatif relatif se forme au moyen de l'article défini suivi de **più** ou **meno**.

il **più** forte *le plus fort* la **meno** pigra *la moins paresseuse*
i **più** forti *les plus forts* le **meno** pigre *les moins paresseuses*

À la différence du français, **più** et **meno** ne sont pas précédés de l'article défini lorsqu'ils suivent un nom :

è l'alunno più/meno intelligente della classe
c'est l'élève le plus/le moins intelligent de la classe

Pour former le superlatif absolu, on remplace la terminaison plurielle de l'adjectif qualificatif par le suffixe **-issimo**, **-issima**, **-issimi**, **-issime** ou on utilise **molto** devant l'adjectif :

un lavoro noiosissimo (*ou* **molto noioso**)
un travail très ennuyeux

lavori noiosissimi (*ou* **molto noiosi**)
des travaux très ennuyeux

una storia noiosissima (*ou* **molto noiosa**)
une histoire très ennuyeuse

storie noiosissime (*ou* **molto noiose**)
des histoires très ennuyeuses

Comme en français, on trouve des adjectifs qui possèdent à la fois des **comparatifs** et des **superlatifs réguliers** (entre parenthèses dans le tableau) et **irréguliers.**

adjectif	comparatif de supériorité	équivalent en français	superlatif relatif et absolu	équivalent en français
buono	migliore (*ou* più buono)	*meilleur*	il migliore (*ou* il più buono)	*le meilleur*
			ottimo (*ou* buonissimo)	*excellent*
cattivo	peggiore (*ou* più cattivo)	*pire* (ou *plus mauvais*)	il peggiore (*ou* il più cattivo)	*le pire* (ou *le plus mauvais*)
			pessimo (*ou* cattivissimo)	*très mauvais*
grande	maggiore (*ou* più grande)	*plus grand, plus âgé*	il maggiore (*ou* il più grande)	*le plus grand, le plus âgé*
			massimo	*très grand*
piccolo	minore (*ou* più piccolo)	*plus petit, plus jeune, moindre*	il minore (*ou* il più piccolo)	*le plus petit, le plus jeune*
			minimo	*très petit*

3.2 Les adjectifs déterminatifs

3.2.1 Les adjectifs possessifs

un possesseur	masculin singulier	masculin pluriel	féminin singulier	féminin pluriel
1re personne	**mio**	**miei**	**mia**	**mie**
2e personne	**tuo**	**tuoi**	**tua**	**tue**
3e personne	**suo**	**suoi**	**sua**	**sue**
plusieurs possesseurs				
1re personne	**nostro**	**nostri**	**nostra**	**nostre**
2e personne	**vostro**	**vostri**	**vostra**	**vostre**
3e personne	**loro**	**loro**	**loro**	**loro**

L'adjectif possessif s'accorde en genre et en nombre avec le nom auquel il se rapporte.

Contrairement au français, l'adjectif possessif s'emploie en général avec l'article défini :

il mio libro *(mon livre)* **la** mia casa *(ma maison)*

Cependant, dans certains cas, on omet l'article défini devant les noms de parenté :

mia madre *(ma mère)* **tuo** padre *(ton père)*
suo fratello *(son frère)* **nostro** zio *(notre oncle)*

➢ mais **on conserve l'article défini** :

- quand le nom de parenté est au pluriel :

i suoi fratelli *(ses frères)* **i nostri** zii *(nos oncles)*

- quand le nom de parenté est qualifié par un adjectif qualificatif :

il mio giovane cugino *(mon jeune cousin)*

- quand le nom de parenté est précédé de **loro** :

la loro madre *leur mère*

- avec les noms **papà**, **mamma**, **nonno**, **nonna** et les diminutifs :

la mia mamma *(ma maman)* **il mio** fratellino *(mon petit frère)*

3.2.2 Les adjectifs démonstratifs

masculin singulier	masculin pluriel	féminin singulier	féminin pluriel
questo (quest')	**questi**	**questa (quest')**	**queste**
quello (quell') – quel	**quegli – quei**	**quella (quell')**	**quelle**

L'italien possède trois formes variables en genre et en nombre pour les adjectifs démonstratifs : **questo** (pour ce qui est proche), **quello** (pour ce qui est éloigné) et la forme plus rare **codesto** (surtout employé dans le langage bureaucratique et dans certaines régions d'Italie).

Les formes **questo** et **questa** peuvent être élidées devant un nom commençant par une voyelle :

quest'anno *cette année(-ci)* **quest'amica** *cette amie(-ci)*

L'adjectif démonstratif **quello** suit les règles de l'adjectif qualificatif **bello** (voir 3.1.1) :

- on emploie **quello/quegli** devant un nom masculin

commençant par **s impura**, z, gn, ps, x :

quello studente *cet étudiant*

- **quello** devient **quel** devant un nom masculin commençant par une consonne :

quel cane *ce chien*

- **quello** devient **quell'** devant un nom masculin commençant par une voyelle :

quell'attore *cet acteur*

- **quella** devient **quell'** devant un nom féminin commençant par une voyelle :

quell'alunna *cette élève*

3.2.3 Les adjectifs interrogatifs

masculin singulier	féminin singulier	masculin pluriel	féminin pluriel	en français
che	**che**	**che**	**che**	*quel, quelle, quels, quelles*
quale	**quale**	**quali**	**quali**	*quel, quelle, quels, quelles*
quanto	**quanta**	**quanti**	**quante**	*combien de/d'*

L'adjectif interrogatif **che** est invariable et équivaut à **quale**, qui varie en nombre.

che/quale libro vuoi? *quel livre veux-tu ?*
che/quali libri vuoi? *quels livres veux-tu ?*

L'adjectif interrogatif **quale** devient **qual** devant les formes du verbe **essere** (*être*) commençant par **e** :

qual è la capitale dell'Italia? *quelle est la capitale de l'Italie ?*

L'adjectif interrogatif **quanto** varie en genre et en nombre :

quanti anni hai? *quel âge as-tu ?*
quante persone ci sono? *combien de personnes y a-t-il ?*

Les adjectifs **che**, **quale**, **quanto** peuvent avoir une fonction exclamative :

che ragazza! *quelle fille !*

On emploie également **che**, **quale**, **quanto** dans les interrogations indirectes :

mi domando quanti figli abbia
je me demande combien d'enfants il a

4 Le verbe

4.1 Considérations générales

On distingue traditionnellement trois groupes de verbes en italien :

- le **premier groupe** comprend les verbes qui finissent par **-are** ; c'est le groupe le plus nombreux :

  parl**are** *parler*

- le **deuxième groupe** comprend les verbes qui finissent par **-ere** :

  legg**ere** *lire*

- le **troisième groupe** comprend les verbes qui finissent par **-ire** :

  serv**ire** *servir*

Les auxiliaires **essere** et **avere** (*être* et *avoir*) permettent, comme en français, de former les **temps composés**.

4.2 Conjugaison des verbes

Dans les tableaux ci-dessous, les pronoms personnels sont mentionnés par souci de clarté car ils ne sont que rarement exprimés devant un verbe.

L'auxiliaire essere :

indicativo presente – *présent de l'indicatif*	indicativo imperfetto – *imparfait de l'indicatif*	indicativo futuro semplice – *futur simple*	condizionale presente – *conditionnel présent*
(io) **sono**	(io) **ero**	(io) **sarò**	(io) **sarei**
(tu) **sei**	(tu) **eri**	(tu) **sarai**	(tu) **saresti**
(egli) **è**	(egli) **era**	(egli) **sarà**	(egli) **sarebbe**
(noi) **siamo**	(noi) **eravamo**	(noi) **saremo**	(noi) **saremmo**
(voi) **siete**	(voi) **eravate**	(voi) **sarete**	(voi) **sareste**
(essi) **sono**	(essi) **erano**	(essi) **saranno**	(essi) **sarebbero**
passato prossimo – *passé composé*	**trapassato prossimo – *plus-que-parfait***	**futuro anteriore – *futur antérieur***	**condizionale passato – *conditionnel passé***
(io) **sono stato**	(io) **ero stato**	(io) **sarò stato**	(io) **sarei stato**

congiuntivo presente – *subjonctif présent*	congiuntivo imperfetto – *subjonctif imparfait*	imperativo – *impératif*	participio presente – *participe présent*
(io) **sia**	(io) **fossi**	—	—
(tu) **sia**	(tu) **fossi**	**sii**	participio passato – *participe passé*
(egli) **sia**	(egli) **fosse**	—	
(noi) **siamo**	(noi) **fossimo**	**siamo**	**stato**
(voi) **siate**	(voi) **foste**	**siate**	gerundio – *gérondif*
(essi) **siano**	(essi) **fossero**	—	**essendo**

L'auxiliaire avere :

indicativo presente – *présent de l'indicatif*	indicativo imperfetto – *imparfait de l'indicatif*	indicativo futuro semplice – *futur simple*	condizionale presente – *conditionnel présent*
(io) **ho**	(io) **avevo**	(io) **avrò**	(io) **avrei**
(tu) **hai**	(tu) **avevi**	(tu) **avrai**	(tu) **avresti**
(egli) **ha**	(egli) **aveva**	(egli) **avrà**	(egli) **avrebbe**
(noi) **abbiamo**	(noi) **avevamo**	(noi) **avremo**	(noi) **avremmo**
(voi) **avete**	(voi) **avevate**	(voi) **avrete**	(voi) **avreste**
(essi) **hanno**	(essi) **avevano**	(essi) **avranno**	(essi) **avrebbero**
passato prossimo – *passé composé*	trapassato prossimo – *plus-que-parfait*	futuro anteriore – *futur antérieur*	condizionale passato – *conditionnel passé*
(io) **ho avuto**	(io) **avevo avuto**	(io) **avrò avuto**	(io) **avrei avuto**
congiuntivo presente – *subjonctif présent*	congiuntivo imperfetto – *subjonctif imparfait*	imperativo – *impératif*	participio presente – *participe présent*
(io) **abbia**	(io) **avessi**	—	—
(tu) **abbia**	(tu) **avessi**	**abbi**	participio passato – *participe passé*
(egli) **abbia**	(egli) **avesse**	—	
(noi) **abbiamo**	(noi) **avessimo**	**abbiamo**	**avuto**
(voi) **abbiate**	(voi) **aveste**	**abbiate**	gerundio – *gérondif*
(essi) **abbiano**	(essi) **avessero**	—	**avendo**

En italien, pour former le présent, l'imparfait, le futur simple, le conditionnel présent, le subjonctif présent et imparfait, l'impératif, le participe passé et présent, le gérondif des verbes réguliers, on remplace la terminaison de l'infinitif par les terminaisons de ces temps.

infinitif : **parlare** ➜ **PARL-** + terminaisons
infinitif : **vendere** ➜ **VEND-** + terminaisons
infinitif : **servire** ➜ **SERV-** + terminaisons

Les terminaisons des trois groupes sont les suivantes :

- **1er groupe** – modèle des verbes réguliers en **-are**

indicativo presente *– présent de l'indicatif*	**indicativo imperfetto** *– imparfait de l'indicatif*	**indicativo futuro semplice** *– futur simple*	**condizionale presente** *– conditionnel présent*
(io) **-o**	(io) **-avo**	(io) **-erò**	(io) **-erei**
(tu) **-i**	(tu) **-avi**	(tu) **-erai**	(tu) **-eresti**
(egli) **-a**	(egli) **-ava**	(egli) **-erà**	(egli) **-erebbe**
(noi) **-iamo**	(noi) **-avamo**	(noi) **-eremo**	(noi) **-eremmo**
(voi) **-ate**	(voi) **-avate**	(voi) **-erete**	(voi) **-ereste**
(essi) **-ano**	(essi) **-avano**	(essi) **-eranno**	(essi) **-erebbero**
congiuntivo presente *– subjonctif présent*	**congiuntivo imperfetto** *– subjonctif imparfait*	**imperativo** *– impératif*	**participio presente** *– participe présent*
(io) **-i**	(io) **-assi**	—	**-ante**
(tu) **-i**	(tu) **-assi**	**-a**	**participio passato** *– participe passé*
(egli) **-i**	(egli) **-asse**	—	
(noi) **-iamo**	(noi) **-assimo**	**-iamo**	**-ato**
(voi) **-iate**	(voi) **-aste**	**-ate**	**gerundio** *– gérondif*
(essi) **-ino**	(essi) **assero**	—	**-ando**

- **2ᵉ groupe** – modèle des verbes réguliers en **-ere**

indicativo presente *– présent de l'indicatif*	**indicativo imperfetto** *– imparfait de l'indicatif*	**indicativo futuro semplice** *– futur simple*	**condizionale presente** *– conditionnel présent*
(io) **-o** (tu) **-i** (egli) **-a** (noi) **-iamo** (voi) **-ete** (essi) **-ono**	(io) **-evo** (tu) **-evi** (egli) **-eva** (noi) **-evamo** (voi) **-evate** (essi) **-evano**	(io) **-erò** (tu) **-erai** (egli) **-erà** (noi) **-eremo** (voi) **-erete** (essi) **-eranno**	(io) **-erei** (tu) **-eresti** (egli) **-erebbe** (noi) **-eremmo** (voi) **-ereste** (essi) **-erebbero**
congiuntivo presente *– subjonctif présent*	**congiuntivo imperfetto** *– subjonctif imparfait*	**imperativo** *– impératif*	**participio presente** *– participe présent*
(io) **-a** (tu) **-a** (egli) **-a** (noi) **-iamo** (voi) **-iate** (essi) **-ano**	(io) **-essi** (tu) **-essi** (egli) **-esse** (noi) **-essimo** (voi) **-este** (essi) **-essero**	— **-i** — **-iamo** **-ete** —	**-ente** **participio passato** *– participe passé* **-uto** **gerundio** *– gérondif* **-endo**

- **3ᵉ groupe** – modèle des verbes réguliers en **-ire**

indicativo presente *– présent de l'indicatif*	**indicativo imperfetto** *– imparfait de l'indicatif*	**indicativo futuro semplice** *– futur simple*	**condizionale presente** *– conditionnel présent*
(io) **-o** (tu) **-i** (egli) **-e** (noi) **-iamo** (voi) **-ite** (essi) **-ono**	(io) **-ivo** (tu) **-ivi** (egli) **-iva** (noi) **-ivamo** (voi) **-ivate** (essi) **-ivano**	(io) **-irò** (tu) **-irai** (egli) **-irà** (noi) **-iremo** (voi) **-irete** (essi) **-iranno**	(io) **-irei** (tu) **-iresti** (egli) **-irebbe** (noi) **-iremmo** (voi) **-ireste** (essi) **-irebbero**

congiuntivo presente – *subjonctif présent*	**congiuntivo imperfetto** – *subjonctif imparfait*	**imperativo** – *impératif*	**participio presente** – *participe présent*
(io) **-a**	(io) **-issi**	—	**-ente**
(tu) **-a**	(tu) **-issi**	**-i**	**participio passato** – *participe passé*
(egli) **-a**	(egli) **-isse**	—	
(noi) **-iamo**	(noi) **-issimo**	**-iamo**	**-ito**
(voi) **-iate**	(voi) **-iste**	**-ite**	**gerundio** – *gérondif*
(essi) **-ano**	(essi) **-issero**	—	
			-endo

➢ **Attention** : Quand un verbe ne suit pas les règles de conjugaison de son groupe d'appartenance, on parle de **verbe irrégulier**. Les principaux verbes irréguliers sont :

• **à l'indicatif présent**

andare *aller*	**stare** *rester*	**fare** *faire*	**dare** *donner*	**potere** *pouvoir*	**volere** *vouloir*	**dovere** *devoir*
vado	**sto**	**faccio**	**do**	**posso**	**voglio**	**devo**
vai	**stai**	**fai**	**dai**	**puoi**	**vuoi**	**devi**
va	**sta**	**fa**	**dà**	**può**	**vuole**	**deve**
andiamo	**stiamo**	**facciamo**	**diamo**	**possiamo**	**vogliamo**	**dobbiamo**
andate	**state**	**fate**	**date**	**potete**	**volete**	**dovete**
vanno	**stanno**	**fanno**	**danno**	**possono**	**vogliono**	**devono**
sapere *savoir*	**bere** *boire*	**vincere** *gagner*	**dire** *dire*	**tenere** *tenir*	**venire** *venir*	**uscire** *sortir*
so	**bevo**	**vinco**	**dico**	**tengo**	**vengo**	**esco**
sai	**bevi**	**vinci**	**dici**	**tieni**	**vieni**	**esci**
sa	**beve**	**vince**	**dice**	**tiene**	**viene**	**esce**
sappiamo	**beviamo**	**vinciamo**	**diciamo**	**teniamo**	**veniamo**	**usciamo**
sapete	**bevete**	**vincete**	**dite**	**tenete**	**venite**	**uscite**
sanno	**bevono**	**vincono**	**dicono**	**tengono**	**vengono**	**escono**

- **à l'indicatif imparfait**

fare *faire*	bere *boire*	dire *dire*	tradurre *traduire*
facevo facevi faceva facevamo facevate facevano	bevevo bevevi beveva bevevamo bevevate bevevano	dicevo dicevi diceva dicevamo dicevate dicevano	traducevo traducevi traduceva traducevamo traducevate traducevano

- **au futur simple et au conditionnel présent**

infinitif	en français	futur simple	conditionnel présent
andare	*aller*	andrò	andrei
dovere	*devoir*	dovrò	dovrei
potere	*pouvoir*	potrò	potrei
sapere	*savoir*	saprò	saprei
vedere	*voir*	vedrò	vedrei
vivere	*vivre*	vivrò	vivrei
rimanere	*rester*	rimarrò	rimarrei
tenere	*tenir*	terrò	terrei
venire	*venir*	verrò	verrei
volere	*vouloir*	vorrò	vorrei
bere	*boire*	berrò	berrei
dare	*donner*	darò	darei
fare	*faire*	farò	farei
stare	*rester*	starò	starei

• à l'impératif

andare *aller*	dare *donner*	fare *faire*	stare *rester*	sapere *savoir*	dire *dire*
va'	da'	fa'	sta'	sappi	di'
andiamo	diamo	facciamo	stiamo	sappiamo	diciamo
andate	date	fate	state	sappiate	dite

• au subjonctif présent

andare *aller*	stare *rester*	fare *faire*	dare *donner*	sapere *savoir*	potere *pouvoir*
vada	stia	faccia	dia	sappia	possa
vada	stia	faccia	dia	sappia	possa
vada	stia	faccia	dia	sappia	possa
andiamo	stiamo	facciamo	diamo	sappiamo	possiamo
andiate	stiate	facciate	diate	sappiate	possiate
vadano	stiano	facciano	diano	sappiano	possano
volere *vouloir*	**dovere** *devoir*	**bere** *boire*	**dire** *dire*	**uscire** *sortir*	**venire** *venir*
voglia	debba	beva	dica	esca	venga
voglia	debba	beva	dica	esca	venga
voglia	debba	beva	dica	esca	venga
vogliamo	dobbiamo	beviamo	diciamo	usciamo	veniamo
vogliate	dobbiate	beviate	diciate	usciate	veniate
vogliano	debbano	bevano	dicano	escano	vengano

• au subjonctif imparfait

dare *donner*	fare *faire*	stare *rester*	dire *dire*
dessi	facessi	stessi	dicessi
dessi	facessi	stessi	dicessi
desse	facesse	stesse	dicesse
dessimo	facessimo	stessimo	dicessimo
deste	faceste	steste	diceste
dessero	facessero	stessero	dicessero

4.3 Remarques importantes

En italien, on utilise le subjonctif présent pour former la **forme de politesse à l'impératif** :

prenda un caffè! *prenez un café !* **parli!** *parlez !*

En présence d'un auxiliaire, le **participe passé** sert principalement à former les **temps composés** des verbes. Il faut noter que certains verbes ont un **participe irrégulier**. Voici les principaux :

accendere → acceso *allumé*
aprire → aperto *ouvert*
bere → bevuto *bu*
chiedere → chiesto *demandé*
chiudere → chiuso *fermé*
correre → corso *couru*
decidere → deciso *décidé*
dire → detto *dit*
fare → fatto *fait*
leggere → letto *lu*
mettere → messo *mis*
nascere → nato *né*
prendere → preso *pris*
rimanere → rimasto *resté*
rispondere → risposto *répondu*
scegliere → scelto *choisi*
scrivere → scritto *écrit*
vedere → visto *vu*
venire → venuto *venu*
vivere → vissuto *vécu*

Le **participe passé** des verbes conjugués avec l'auxiliaire **essere** s'accorde en genre et en nombre avec le sujet du verbe :

Paolo e Sara sono venut**i** ieri *Paolo et Sara sont venus hier*

Le **participe passé** des verbes conjugués avec l'auxiliaire **avere** reste invariable. Il s'accorde cependant en genre et en nombre avec le pronom COD qui précède :

le ho lett**e** (le = le storie) *je les ai lues (les = les histoires)*

Pour traduire la tournure ***être en train de***, on utilise en italien **stare** + **gérondif**.

je suis en train de lire **sto leggendo**

Pour traduire **le passé récent** (*venir de*), on utilise en italien **avere/essere** + **appena** + participe passé.

je viens de terminer l'exercice **ho appena finito l'esercizio**

Pour traduire **le futur proche** (*aller + infinitif*), on utilise en italien **stare per** + infinitif.

je vais sortir **sto per uscire** *j'allais sortir* **stavo per uscire**

En italien, on exprime **la négation** au moyen de l'adverbe **non** placé avant le verbe. Comme en français, les autres mots négatifs permettent de nuancer l'idée négative.

non studia *il n'étudie pas*
non studia mai *il n'étudie jamais*
non studia più *il n'étudie plus*
non studia niente *il n'étudie rien*

- À la **forme négative**, à l'**impératif**, on emploie **non** devant le verbe mais à la deuxième personne du singulier, on utilise **non** + infinitif.

mangiate! *mangez !* **non mangiate!** *ne mangez pas !*
mangia! *mange !* **non mangiare!** *ne mange pas !*

- En italien, on exprime la **forme interrogative** en ajoutant une intonation montante à la phrase déclarative.

hai capito? *tu as compris ?* ou *est-ce que tu as compris ?*
ou *as-tu compris ?*

4.4 Emploi des modes et des temps

Les **différences essentielles** entre le français et l'italien dans l'emploi des modes et des temps apparaissent dans les cas suivants :

- dans les **hypothétiques** introduites par **se**, pour exprimer la **possibilité**

condition possible	conséquence	remarques
se vieni/verrai alla festa *si tu viens à la fête,*	**ti presento/ presenterò la mia amica** *je te présente/ présenterai mon amie*	*En italien, on peut employer le futur simple après la conjonction* **se**.

- dans les **hypothétiques** introduites par **se**, pour exprimer la **potentialité**

condition potentielle	conséquence	remarques
se venissi alla festa, *si tu venais à la fête,*	**ti presenterei la mia amica** *je te présenterais mon amie*	*En italien, on emploie le subjonctif imparfait après la conjonction* **se**.

- dans les **hypothétiques** introduites par **se**, pour exprimer l'**impossibilité**

condition impossible	conséquence	remarques
se fossi venuto, *si tu étais venu,*	**ti avrei presentato la mia amica** *je t'aurais présenté mon amie*	*En italien, on emploie le subjonctif plus-que-parfait après la conjonction* **se**.

- après les verbes exprimant une **opinion**, une **impression** ou un **jugement** employés à la forme affirmative

en italien	en français	remarques
penso che sia in ritardo	*je pense qu'il est en retard*	*En italien, on emploie le subjonctif présent.*
mi sembra che sia una buon'idea	*je pense que c'est une bonne idée*	
spero che tu venga con me	*j'espère que tu viendras avec moi*	

5 Les pronoms

5.1 Les pronoms personnels

Les **pronoms personnels sujets** italiens sont :

	singulier	pluriel
1re personne	**io**	**noi**
2e personne	**tu**	**voi**
3e personne	**egli, lui, esso** **ella, lei, essa**	**essi, esse, loro**

Les pronoms personnels sujets sont souvent omis en italien. Mais on les utilise quand on veut mettre en évidence ou lever toute ambiguïté quant à la personne.

io lavoro mentre tu ti diverti
moi, je travaille tandis que toi, tu t'amuses

penso che tu non sia all'altezza
je pense que tu n'es pas à la hauteur

Dans la **langue courante**, on emploie le plus souvent à la 3e personne du singulier **lui** pour le masculin et **lei** pour le féminin, et à la 3e personne du pluriel **loro**.

En italien, la **forme de politesse** est la troisième personne du singulier, **Lei**, qu'on écrit généralement avec une majuscule.

Le pronom français *on* se traduit en italien par **si** :

si può ballare fino a mezzanotte
on peut danser jusqu'à minuit

Les **pronoms personnels compléments italiens** peuvent être toniques ou atones :

formes toniques

formes toniques	singulier	pluriel
1re personne	**me**	**noi**
2e personne	**te**	**voi**
3e personne masculin féminin réfléchi	**lui** **lei** **sé**	**loro** **loro** **sé**

Comme en français, on utilise **les formes toniques** des pronoms personnels compléments après les prépositions.

tocca a me *c'est à moi*

formes atones COD et COI

formes atones COD	singulier	pluriel
1re personne	**mi**	**ci**
2e personne	**ti**	**vi**
3e personne masculin féminin réfléchi	**lo/l'** **la/l'** **si**	**li** **le** **si**

formes atones COI	singulier	pluriel
1re personne	**mi**	**ci**
2e personne	**ti**	**vi**
3e personne masculin féminin réfléchi	**gli** **le** **si**	**loro/gli** **loro/gli** **si**

Les formes atones **mi**, **ti**, **ci**, **vi**, **si** s'emploient pour remplacer des compléments directs ou indirects :

COD **ti ascolto** *je t'écoute*
COI **ti telefono** *je te téléphone*

Dans la langue courante, on utilise plus souvent **gli** que **loro** à la troisième personne du pluriel. Signalons que le pronom **loro** se place après le verbe.

je leur ai téléphoné **ho telefonato loro** *ou* **gli ho telefonato**

Les pronoms personnels compléments atones se placent généralement **avant** le verbe. Mais ils se placent **après** le verbe avec un infinitif (qui perd le « e » final), un gérondif et un impératif auxquels ils sont rattachés :

le regalerò un libro *je lui offrirai un livre*
sono venuto per parlar**ti** *je suis venu pour te parler*
parlando**gli**, saprai la verità *en lui parlant, tu sauras la vérité*
lascia**mi**! *laisse-moi !*

Avec les verbes **dovere**, **potere**, **volere** et **sapere**, les deux constructions sont possibles :

voglio conoscer**la** *ou* **la** voglio conoscere
je veux la connaître

À **l'impératif**, les pronoms personnels se placent **avant** le verbe employé à la **forme de politesse** :

mi dica — *dites-moi*

Le pronom **ci** (*y* en français) peut également remplacer des compléments de lieu indiquant la direction ou des compléments du verbe introduits par les prépositions **a** et **su** suivies d'un nom désignant une chose ou (à la différence du français) une personne.

ci vado ogni giorno (ci = a scuola) — *j'y vais tous les jours (à l'école)*

ho pensato al tuo regalo — *j'ai pensé à ton cadeau*
ci ho pensato — *j'y ai pensé*

conto su tuo fratello — *je compte sur ton frère*
ci conto — *je compte sur lui*

Le pronom **ne** (*en* en français) peut avoir le sens de : **di questo/a/i/e**, **da questo/a/i/e** et, à la différence du français, de : **di lui**, **di lei**, **di loro**, **da lui**, **da lei**, **da loro**. Le pronom **ne** peut également se substituer aux partitifs ou accompagner les quantificatifs.

me **ne** ricordo (ne = di Sara) — *je me souviens d'elle*
non **ne** sono sicuro (ne = di questo) — *je n'en suis pas sûr*
ne ho mangiati tanti (ne = biscotti) — *j'en ai mangé beaucoup*

➢ **Attention** : contrairement au français, en italien, l'accord du participe passé avec le pronom **ne** est obligatoire.

Lorsque deux pronoms se suivent, les formes atones **mi**, **ti**, **ci**, **vi**, **si** deviennent **me**, **te**, **ce**, **ve**, **se** devant un autre pronom, et le pronom **gli + lo/la/li/le/ne** s'écrit **glielo**, **gliela**, **glieli**, **gliele**, **gliene**.

me lo dici — *tu me le dis*
glielo dico — *je le lui dis* ou *je le leur dis*

Contrairement au français, le pronom COI précède toujours le pronom COD en italien :

je la lui montrerai — **gliela mostrerò**

Les **doubles pronoms** se placent généralement avant le verbe. Mais ils se placent après le verbe avec un infinitif, un gérondif, un impératif auxquels ils sont rattachés.

puoi ricordarmelo? *tu peux me le rappeler ?*
dammelo! *donne-le-moi !*

Certains verbes redoublent la consonne du pronom **ci**, **le**, **mi** à l'impératif.

vacci *(vas-y)* – **dalle** *(donne-lui)* – **dimmi** *(dis-moi)*

5.2 Les pronoms possessifs

Les formes des **pronoms possessifs** sont identiques à celles des adjectifs possessifs. Comme en français, les pronoms possessifs s'emploient toujours **avec l'article défini**.

il mio professore di francese è più severo del tuo
mon professeur de français est plus sévère que le tien

un possesseur	masculin singulier	masculin pluriel	féminin singulier	féminin pluriel
1re personne	mio	miei	mia	mie
2e personne	tuo	tuoi	tua	tue
3e personne	suo	suoi	sua	sue
plusieurs possesseurs				
1re personne	nostro	nostri	nostra	nostre
2e personne	vostro	vostri	vostra	vostre
3e personne	loro	loro	loro	loro

5.3 Les pronoms démonstratifs

	singulier	pluriel
masculin	questo quello	questi quelli
féminin	questa quella	queste quelle

On emploie la forme **questo** pour ce qui est proche et **quello** pour ce qui est éloigné.

On emploie **questo** ou **quello** pour traduire le pronom démonstratif neutre *cela* :

non ho detto questo *je n'ai pas dit cela*

On traduit *ce qui*, *ce que* par **quello che** (ou **ciò che**) :

quello che mi dici è giusto *ce que tu me dis est juste*

5.4 Les pronoms relatifs

Comme en français, les **pronoms relatifs italiens** présentent des formes invariables et variables. Ils peuvent être simples ou composés.

formes invariables simples	formes variables composées
che, cui, chi	**il quale, la quale, i quali, le quali**

Le pronom relatif **che** peut être sujet ou complément.

conosco la ragazza che ha vinto
je connais la fille qui a gagné

conosco la ragazza che abbiamo incontrato
je connais la fille que nous avons rencontrée

Le pronom **cui** s'applique à des personnes et à des choses ; il s'emploie comme complément d'objet indirect et il est précédé d'une préposition. Il correspond aux formes composées **il quale**, **la quale**, **i quali**, **le quali**.

a cui = al quale, alla quale, ai quali, alle quali
à qui, auquel, à laquelle, auxquels, auxquelles

con cui = con il quale, con la quale, con i quali, con le quali
avec qui, avec lequel, avec laquelle, avec lesquels, avec lesquelles

di cui = del quale, della quale, dei quali, delle quali
dont, de qui, duquel, de laquelle, desquels, desquelles

in cui = nel quale, nella quale, nei quali, nelle quali
où, dans lequel, dans laquelle, dans lesquels, dans lesquelles

da cui = dal quale, dalla quale, dai quali, dalle quali
dont, d'où, de qui

Quand le pronom **cui** est placé entre un article défini et un nom, il a la valeur de complément du nom et se traduit en français par *dont* :

una malattia le cui conseguenze possono essere mortali
une maladie dont les conséquences peuvent être mortelles

Le pronom relatif **chi** s'applique à des personnes et s'emploie avec un verbe au singulier. On le traduit par *celui/celle/ceux/celles qui* :

chi ha detto questo ha mentito
celui qui a dit cela a menti

5.5 Les pronoms interrogatifs

pronoms interrogatifs	en français
chi	*qui*
che (*ou* **che cosa** *ou* **cosa**)	*que* *qu'est-ce qui* *qu'est-ce que*
quale/quali	*lequel/lesquels* *laquelle/lesquelles*
quanto/i **quanta/e**	*combien*

Le pronom **chi** peut être employé seul ou avec une préposition :

chi è venuto? *qui est venu ?*
con chi esci? *avec qui sors-tu ?*

Le pronom **che** peut être employé seul ou avec une préposition :

che (*ou* **che cosa** *ou* **cosa**) **vuoi?**
que veux-tu ?

che (*ou* **che cosa** *ou* **cosa**) **è successo?**
qu'est-ce qui est arrivé ?

a che (*ou* **che cosa** *ou* **cosa**) **pensi?**
à quoi penses-tu ?

Le pronom **quanto** varie en genre et en nombre :

(voglio della farina) quanta ne vuoi?
combien en veux-tu ?

(ci sono degli studenti) quanti ce ne sono?
combien y en a-t-il ?

6 Les adverbes

On forme généralement les adverbes en ajoutant **-mente** au féminin de l'adjectif :

certo *(masc.)* certa *(fém.)* certa**mente**
forte *(masc.)* forte *(fém.)* forte**mente**

Dans les adjectifs qui se terminent par **-le** ou **-re**, on élimine le **e** pour former l'adverbe :

facil**e** facil**mente** regol**are** regolar**mente**

Les adverbes suivants sont de formation **irrégulière** :

buono → **bene** cattivo → **male**

L'adverbe se place généralement immédiatement après le verbe :

ho lavorato tanto *j'ai beaucoup travaillé*

Pour former les **comparatifs de supériorité et d'infériorité** des adverbes, on met **più/meno** devant l'adverbe :

potresti parlare più chiaramente?
pourrais-tu parler plus clairement ?

verrò meno spesso
je viendrai moins souvent

7 Les prépositions

À la différence du français où seules les prépositions *à* et *de* se fondent avec l'article défini pour former l'article contracté, en italien les prépositions simples **a**, **di**, **da**, **in**, **su** se combinent avec les articles définis pour former les **prépositions articulées**. Signalons que les formes articulées de la préposition **con** s'emploient rarement.

	il	lo	l'	la	i	gli	le
a	al	allo	all'	alla	ai	agli	alle
da	dal	dallo	dall'	dalla	dai	dagli	dalle
di	del	dello	dell'	della	dei	degli	delle
in	nel	nello	nell'	nella	nei	negli	nelle
su	sul	sullo	sull'	sulla	sui	sugli	sulle
con	col	—	—	—	coi	—	colle

Achevé d'imprimer en Italie par Grafica Veneta S.p.A.
N° d'éditeur : 10217919 - Dépôt légal : Mai 2016